Wysk
Verwaltungsgerichtsordnung

Beck'sche Kompakt-Kommentare

Verwaltungsgerichts- ordnung

Herausgegeben von

Prof. Dr. habil. Peter Wysk
Richter am Bundesverwaltungsgericht, Leipzig
Privatdozent, Honorarprofessor der Humboldt-Universität zu Berlin

Bearbeitet von

Dr. Christian Bamberger
Vors. Richter am
VG Münster, Münster
Lehrbeauftragter an der Westfälischen
Wilhelms-Universität Münster

Joachim Buchheister
Präsident des
OVG Berlin-Brandenburg, Berlin

Dr. Kirsten Kuhlmann
Richterin am
Bundesverwaltungsgericht, Leipzig

Prof. Dr. habil. Peter Wysk
Richter am
Bundesverwaltungsgericht, Leipzig

3. Auflage 2020

C.H.BECK

Zitiervorschläge:
Bearbeiter in Wysk VwGO § … Rn. …
Wysk/*Bearbeiter* VwGO § … Rn. …

www.beck.de

ISBN 978 3 406 74951 3

© 2020 Verlag C. H. Beck oHG
Wilhelmstr. 9, 80801 München
Druck: Friedrich Pustet GmbH & Co. KG
Gutenbergstraße 8, 93051 Regensburg
Satz: Druckerei C. H. Beck Nördlingen
(Adresse wie Verlag)
Umschlaggestaltung: fernlicht kommunikationsdesign, Gauting

CO_2
neutral

chbeck.de/nachhaltig

Gedruckt auf säurefreiem, alterungsbeständigem Papier
(hergestellt aus chlorfrei gebleichtem Zellstoff)

Vorwort

Mit der dritten Auflage legen die Autoren der Vorauflage eine gründliche Überarbeitung und Aktualisierung des Kommentars vor. Auch seit Erscheinen der zweiten Auflage hat sich wieder viel getan. Es steht die flächendeckend verbindliche Einführung des elektronischen Rechtsverkehrs (ERV) bevor, dessen eingehende Darstellung *Joachim Buchheister* übernommen hat. Dabei ist auch schon § 55d mitkommentiert worden, der sog. professionelle Einreicher zur aktiven Nutzung des ERV verpflichtet. Die Vorschrift wird zwar erst am 1.1.2022 in Kraft treten, hat aber schon Vorwirkungen für die heutige Praxis. Zum zweiten ist das EMöGG vom 18.10.2017 in Kraft getreten, das in gewissem Rahmen Ton-, Film-, Rundfunk und Fernsehaufnahmen zulässt (§ 169 GVG nF) und kraft entsprechender Anwendung (§ 55 VwGO) die Realität der Öffentlichkeit auch bei den Verwaltungsgerichten deutlich beeinflussen wird. In diesem Zusammenhang hat der Gesetzgeber den aufgehobenen § 175 mit neuem Inhalt reaktiviert. Kleinere und größere Änderungen hat die VwGO seit 2016 auch im Übrigen erfahren. Das betrifft die §§ 46, 47, 48, 50, 67a, 70, 81, 86, 90, 100, 105, 124, 147, 151, 152a und 173. Schließlich waren die zum 1.1.2020 in Kraft getretenen Änderungen der §§ 55a, 106 und 120 durch Art. 5 des Gesetzes vom 12.12.2019 (BGBl. I 2633) zu berücksichtigen sowie die am 1.1.2024 in Kraft tretenden Änderungen der §§ 67, 188 und 194 durch Gesetz vom 12.12.2019 (BGBl. I 2652), die schon vermerkt sind.

Wie die Vorauflagen ist der Kommentar in besonderer Weise der praktischen Nutzbarkeit verpflichtet. Das betrifft den Umfang – er soll weiterhin in jede Aktentasche passen –, genauso aber den Inhalt, der jedem potenziellen Nutzer, dem Anwalt, Studierenden, Referendar wie auch Richtern, schnelle und zuverlässige Informationen sowie die Möglichkeit zur Vertiefung anhand weiterführender Hinweise bieten will. Diesem Ziel ist geschuldet, dass das Schwergewicht auf der Vermittlung der Praxis der Gerichte liegt, in dem sich das Prozessrecht verbindlich herausbildet. Gleichwohl wird nirgends auf eine pointierte eigene Stellungnahme verzichtet, wo immer die Praxis – die oft uneinheitlicher ist als vermutet – dazu Anlass gibt. Die Konzeption, den Kommentartexten Handreichungen für typische Prozesssituationen beizugeben, hat sich bewährt. Dies hat zur Aufnahme neuer Themen geführt – wie dem richterlichen Bereitschaftsdienst, für den durch die Abschiebungsdurchsuchung nach § 58 AufenthaltsG nF ein neuartiges Bedürfnis entstanden ist –, aber auch zur Erweiterung der Formulierungsvorschläge für die Praxis. In einen neuen Anhang aufgenommen wurde eine Sammlung von Entscheidungsformeln und Klageanträgen für typische Prozesssituationen in allen Rechtszügen. Die Formulierungsvorschläge sind mit knappen Erläuterungen und Hinweisen auf Kommentarstellen versehen, die ihren Gebrauch erleichtern sollen.

Die Kommentierungen bilden den Rechtsstand am 1. Februar 2020 ab. Anregungen und Kritik zu Händen des Herausgebers sind stets willkommen. Für die Förderung der dritten Auflage haben der Herausgeber und die Autoren erneut Herrn Dr. Rolf-Georg Müller und Frau Ass. iur. Saskia Henze-Wiskow, Verlag C. H. BECK, sehr zu danken.

Leipzig, im Februar 2020   Peter Wysk

Inhaltsverzeichnis

Teil I. Gerichtsverfassung

Inhaltsverzeichnis

Inhaltsverzeichnis

Inhaltsverzeichnis

Inhaltsverzeichnis

Abkürzungs- und Literaturverzeichnis

Abkürzungs- und Literaturverzeichnis

BR-Drs.	Bundesrats-Drucksache
BRHG	Bundesrechnungshofgesetz
BRS	Baurechtssammlung (Zeitschrift)
BSG	Bundessozialgericht
BStatG	Bundesstatistikgesetz
BT-Drs.	Bundestags-Drucksache, zitiert nach Wahlperiode und Nummer
Buchh	Buchholz, Sammel- und Nachschlagewerk der Rechtsprechung des Bundesverwaltungsgerichts, hrsg. von Mitgliedern des Gerichts
BV	Berechnungsverordnung
BVerfGE	Entscheidungssammlung des Bundesverfassungsgerichts
BVerfGK	Entscheidungssammlung des Bundesverfassungsgerichts (Kammerentscheidungen)
BVerfSchG	Bundesverfassungsschutzgesetz
BVerwG	Bundesverwaltungsgericht
BVerwGE	Entscheidungen des Bundesverwaltungsgerichts (sog. Amtliche Sammlung; hrsg. von Mitgliedern des Gerichts)
BVFG	Bundes
BW	Baden-Württemberg
BZRG	Bundeszentralregistergesetz
CD	Compact Disk
CR	Computerrecht (Zeitschrift)
dh	das heißt
DB	Der Betrieb (Zeitschrift)
DB	Deutsche Bahn
DDR	Deutsche Demokratische Republik
ders.	derselbe
dies.	dieselbe
DIN	Deutsches Institut für Normung
DNotZ	Deutsche Notar-Zeitschrift
DÖD	Der Öffentliche Dienst
DÖV	Die Öffentliche Verwaltung (Zeitschrift)
DRiG	Deutsches Richtergesetz
DRK	Deutsches Rotes Kreuz
Drs.	Drucksache
DStR	Deutsches Steuerrecht (Zeitschrift)
DVBl	Deutsches Verwaltungsblatt (Zeitschrift)
DVD	Digital Versatile Disc
EB	Empfangsbekenntnis
EFG	Entscheidungen der Finanzgerichte
eG	eingetragene Genossenschaft
EG(V)	Vertrag zur Gründung der Europäischen Gemeinschaft
EGBGB	Einführungsgesetz zum Bürgerlichen Gesetzbuch

Abkürzungs-und Literaturverzeichnis

XVIII

Abkürzungs-und Literaturverzeichnis

K. Baumann	Baumann, Karsten: Private Luftfahrtverwaltung – Die Delegation hoheitlicher Befugnisse an private und privatrechtsförmig organisierte Verwaltungsträger im deutschen Luftverkehrsrecht, Köln u. a. 2002
Kap.	Kapitel
kath.	katholisch
KB/KBeschl.	Kammerbeschluss (BVerfG)
KDVG	Kriegsdienstverweigerungsgesetz
KG	Kommanditgesellschaft
KGaA	Kommanditgesellschaft auf Aktien
KgfEG	Kriegsgefangenenentschädigungsgesetz
KHG	Krankenhausfinanzierungsgesetz
Kissel/Mayer	Kissel/Mayer, GVG, Kommentar, 8. Aufl. 2015
Kopp/Ramsauer .	Kopp/Ramsauer, VwVfG, Kommentar, 20. Aufl. 2019
Kopp/Schenke ...	Kopp/Schenke, VwGO, Kommentar, 25. Aufl. 2019
krit.	kritisch
KrW-/AbfG	Kreislaufwirtschafts- und Abfallgesetz
KrWG	Kreislaufwirtschaftsgesetz
Kuhla/Hütten- brink Verwaltungs- prozess	Kuhla/Hüttenbrink, Der Verwaltungsprozess, Handbuch, 3. Aufl. 2002
kV	Kilovolt
KWG	Kreditwesengesetz
LABV	Verordnung über die Landesanwaltschaft Bayern
LAG	Lastenausgleichsgesetz
Landmann/Roh- mer UmweltR ...	Landmann/Rohmer, Umweltrecht, Loseblatt-Kommentar, Stand: Mai 2015
LBauO	Landes-Bauordnung
LG	Landgericht
lit.	Buchstabe
LKRZ	Zeitschrift für Landes- und Kommunalrecht Hessen – Rheinland- Pfalz – Saarland
LKV	Landes- und Kommunalverwaltung
LMRR	Lebensmittelrecht Rechtsprechung
Lorenz	Lorenz, Verwaltungsprozeßrecht, Lehrbuch, 2000
LPartG	Lebenspartnerschaftsgesetz
Ls.	Leitsatz
LSA	Land Sachsen-Anhalt
LSG	Landessozialgericht
LSK	Leitsatzkartei
LuftSiG	Luftsicherheitsgesetz
LuftVG	Luftverkehrsgesetz
LuftVO	Luftverkehrs-Ordnung
LuftVZO	Luftverkehrs-Zulassung-Ordnung

Abkürzungs-und Literaturverzeichnis

MAD .... Militärischer Abschirmdienst
MADG .... Gesetz über den militärischen Abschirmdienst
MBE .... Mitberichterstatter
MBPlG .... Magnetschwebebahnplanungsgesetz
Maunz/Dürig .... Maunz/Dürig, Grundgesetz, Loseblatt-Kommentar, Stand: 2019
MDR .... Monatsschrift für deutsches Recht (Zeitschrift)
MEPolG .... Musterentwurf eines einheitlichen Polizeigesetzes v. 25.11.1977
MKLS .... Meyer-Ladewig/Keller/Leitherer/Schmidt, SGG: Sozialgerichtsgesetz, Kommentar, 13. Aufl. 2020
mm .... Millimeter
MMR .... Multimedia und Recht. Zeitschrift für Informations-, Telekommunikations- und Medienrecht
MRVO Nr. 165 . Verordnung Nr. 165 über die Verwaltungsgerichtsbarkeit in der britischen Zone (Militärregierungsverordnung) v. 15.9.1948 (VOBl. BrZ S. 263)
MüKoZPO .... Münchener Kommentar zur Zivilprozessordnung, 2017 ff.
v. Münch/Kunig v. Münch/Kunig, Grundgesetz-Kommentar, Gesamtwerk in 2 Bänden, 7. Aufl. 2020
Musielak/Voit .... Musielak/Voit, Zivilprozessordnung, Kommentar, 17. Aufl. 2020
MV .... Mecklenburg-Vorpommern
mWv .... mit Wirkung vom

nF .... neue Fassung/Folge
NAB .... Nichtannahmebeschluss (BVerfG-Kammer)
Nachw. .... Nachweise
Nds. .... Niedersachsen
NdsOVG .... Niedersächsisches Oberverwaltungsgericht (Lüneburg)
NdsVBl. .... Niedersächsische Verwaltungsblätter (Zeitschrift)
NJOZ .... Neue Juristische Online-Zeitschrift
NJW .... Neue Juristische Wochenschrift (Zeitschrift)
NK-VwGO ...... Sodan/Ziekow, VwGO, Kommentar, 5. Aufl., München 2018
NordÖR .... Zeitschrift für Öffentliches Recht in Norddeutschland
Nr. .... Nummer
NRW .... Nordrhein-Westfalen
NStZ .... Neue Zeitschrift für Strafrecht
NStZ-RR .... Neue Zeitschrift für Strafrecht – Rechtsprechungsreport
NuR .... Natur und Recht (Zeitschrift)
NVwZ .... Neue Zeitschrift für Verwaltungsrecht
NVwZ-RR ...... Neue Zeitschrift für Verwaltungsrecht – Rechtsprechungsreport
NWVBl. .... Nordrhein-Westfälische Verwaltungsblätter
NZA .... Neue Zeitschrift für Arbeits- und Sozialrecht
NZM .... Neue Zeitschrift für Miet- und Wohnungsrecht

Abkürzungs-und Literaturverzeichnis

Abkürzungs-und Literaturverzeichnis

Verwaltungsgerichtsordnung (VwGO)

vom 21. Januar 1960 (BGBl. I 17),
in der Fassung der Bekanntmachung vom 19. März 1991 (BGBl. I 686),
zuletzt geändert durch Art. 56 des Gesetzes vom 12. Dezember 2019 (BGBl. I 2652).

Teil I. Gerichtsverfassung

1. Abschnitt. Gerichte

§ 1 [Sachliche und organisatorische Unabhängigkeit]

Die Verwaltungsgerichtsbarkeit wird durch unabhängige, von den Verwaltungsbehörden getrennte Gerichte ausgeübt.

I. Konstituierung einer Verwaltungsgerichtsbarkeit

Die VwGO bekennt sich einleitend zu einer **eigenständigen** (allgemeinen) **1** **Verwaltungsgerichtsbarkeit.** Mit deren Auftrag aus Art. 19 IV 1 GG, jedermann vor Rechtsverletzungen durch die öffentliche Gewalt zu schützen, bildet sie in den Worten von *Richard Thoma* den „Schlußstein im Gewölbe des Rechtsstaats", heute allerdings gemeinsam mit der Sozial- und der Finanzgerichtsbarkeit (vgl. § 1 SGG und § 1 FGO) und mit der Verfassungsgerichtsbarkeit. Die Schaffung eigener Gerichtsbarkeiten für öffentlich-rechtliche Streitigkeiten füllt **verfassungsrechtliche Spielräume:** Art. 95 I GG verlangt für die bezeichneten fünf Gebiete nur oberste Fachgerichte des Bundes. Ein Unterbau aus Tatsacheninstanzen in den Ländern (Art. 30, 92 GG) ist dabei zwar mitgedacht; die Ländergesetzgeber sind jedoch nicht gehalten, diesen aus Gerichten derselben Fachrichtung zu bilden (zum Streitstand NK-VwGO § 1 Rn. 27, Rn. 6 ff.). Insofern enthält § 1 eine **doppelte Absage:** an die (generelle) Miterledigung von Verwaltungsstreitsachen durch Gerichte anderer Gerichtszweige, insbes. der ordentlichen Gerichtsbarkeit (sog. justizstaatliche Lösung), und an eine Einheits-Fachgerichtsbarkeit für das gesamte öffentliche Recht. Freilich sind diese einfach-gesetzlichen Grundentscheidungen ebenso änderbar, weshalb immer wieder über eine Zusammenlegung der öffentlich-rechtlichen Gerichtsbarkeiten diskutiert wird.

Ihr Regelungsziel der Konstituierung einer Verwaltungsgerichtsbarkeit be- **2** werkstelligt die VwGO mit einer erstaunlich geringen Zahl von (effektiv) 194 Paragrafen. Eine **textliche Vollregelung** enthält sie nicht. Vollständigkeit erreicht erst mithilfe einer weitreichenden Inkorporation von Gesetzen (ZPO, GVG), die für die ordentliche Gerichtsbarkeit geschaffen wurden, aber als

modellhaft geltend und für entsprechend anwendbar erklärt werden
(→ § 173 Rn. 7 ff.). Mitzulesen sind ferner ergänzende Vorschriften, insbes.
Art. 92 ff. GG und das unmittelbar anwendbare DRiG. Schließlich wird der
Text der VwGO (1) modifiziert durch Prozessrecht in Fachgesetzen des
Bundes (zB AEG, FStrG, LuftVG, VwVfG, WehrPfG), das ihr nach dem
Spezialitätsgrundsatz vorgeht, und (2) ergänzt durch Landesrecht (geregelt in
Ausführungsgesetzen [AGVwGO; JustizG NRW]), für das sie sich punktuell
ausdrücklich öffnet. Die originären VwGO-Bestimmungen gelten vor allem
den Besonderheiten der gerichtlichen Kontrolle des wichtigsten Instruments
der Verwaltung: des Verwaltungsakts. Die VwGO erscheint dadurch wie ein
Sonderprozessgesetz für den VA, das für ihn besondere Verfahrensarten
und Sachentscheidungsvoraussetzungen schafft, wegen des Verfahrens iÜ aber
in weitem Umfang auf das bewährte Prozessrecht der ordentlichen Gerichtsbarkeit zurückgreift.

II. Verwaltungsgerichtsbarkeit und ihre Organe

3   § 1 schließt sachlich an die organrechtlichen Aussagen in Art. 20 II 2, 92 und
97 GG an. Demnach meint der Begriff „Gerichtsbarkeit" die staatliche
Rechtsprechungsgewalt (die „Gerichtshoheit", vgl. BVerfGE 54, 277), wo-
hingegen der Wortbestandteil „Verwaltungs-„ den durch Rechtswegbestim-
mungen festgelegten Geschäftskreis der Gerichtsbarkeit bezeichnet (→ vor
§ 40 Rn. 27). Innerhalb der drei öffentlichen Gerichtsbarkeiten (FG, SG, VG
→ § 40 Rn. 7) ist die **Verwaltungsgerichtsbarkeit** der VwGO damit die
Ausübung rechtsprechender Gewalt durch Fachgerichte für öffentlich-rechtliche Streitigkeiten nichtverfassungsrechtlicher Art, die keiner anderen Gerichtsbarkeit zugewiesen sind (→ § 40 Rn. 75).

4   Nach Art. 20 II 2 GG wird Rechtsprechung durch besondere (staatliche)
Organe ausgeübt. Diese bezeichnet § 1 – in Wiederholung von Art. 92 GG –
als **„Gerichte".** Der Begriff ist **mehrdeutig:** Er kann das Rechtsprechungsorgan iSd zur Entscheidung berufenen **Spruchkörpers** meinen (Gericht im
jurisdiktionellen Sinne: Kammer, Senat, Einzelrichter) oder aber die **Gerichtsbehörde** (Gericht im administrativen Sinne, etwa: das VG Berlin, den
Bayerischen VGH), also eine Verwaltungsstelle iSd § 1 IV VwVfG mit einem
Präsidenten an der Spitze nichtrichterlichen Personals (vgl. §§ 4, 5 I, 38 f.).
Dem Spruchkörper kann nur ein anderer Spruchkörper übergeordnet sein,
der Gerichtsbehörde nur eine andere Behörde (Chefpräsident, Ministerium).
Welcher Gerichtsbegriff gemeint ist, muss dem konkreten Zusammenhang
entnommen werden (SSB § 1 Rn. 26). Der ZPO entstammt der Begriff des
Prozessgerichts. Er ist Bestandteil der VwGO, soweit diese Normen in
Bezug nimmt, die ihn enthalten (zB → § 166 Rn. 46). Gemeint ist der zur
(kontradiktorischen) Sachentscheidung befugte Spruchkörper in Abgrenzung
gegen Gerichtsstellen, die funktional nicht mit jurisdiktionellen, sondern
rechtsprechungsbegleitenden Aufgaben (Kostenfestsetzung, Vollstreckung) betraut sind wie der Urkundsbeamte (vgl. nur §§ 78 III, 129a, 573, 724 II ZPO)
oder das Vollstreckungsgericht (vgl. nur §§ 731, 767 I, 769 II, 1078 ZPO).

§ 1 garantiert (wie § 1 GVG) die **Unabhängigkeit** der „Gerichte". Sie gilt 5
den Spruchkörpern (NK-VwGO § 1 Rn. 39 ff.). Die Gerichtsverwaltungen
stehen demgegenüber in einer Hierarchie unterhalb eines Bundes- oder
Landesministeriums und sind weisungsabhängig (zu ihrer Eingliederung in die
Ministerialverwaltung → § 38 Rn. 2). Die Unabhängigkeit der Spruchkörper
ist nicht gleichzusetzen mit jener, die Art. 97 I GG den Richtern als Organ-
waltern der Gerichte (Art. 92 GG) zuerkannt (dazu Maunz/Dürig GG
Art. 97 Rn. 111). Organisatorische Einheiten können nur in einem institutionellen Sinne unabhängig sein; persönliche Elemente (Art. 97 II GG) sind
notwendig ausgenommen. Die einfachrechtliche Gewährleistung reicht daher
genau so weit, wie es die institutionelle Absicherung der in Art. 97 I GG
verbürgten Unabhängigkeit der Richter erfordert. Sie garantiert Spruchkörpern Weisungsfreiheit in Ausübung rechtsprechender Gewalt sowie bei Tätigkeiten, die diese unmittelbar beeinflussen (NK-VwGO § 1 Rn. 67 ff.). Daher
ist die **Geschäftsverteilung,** wiewohl keine Spruchtätigkeit, von der Un-
abhängigkeitsgarantie umfasst. Hingegen berühren ministerielle Vorschriften
etwa über die in der mündlichen Verhandlung zu tragende **Amtstracht**
(Robe, Hemd, Krawatte/Halsbinde usw., vgl. etwa Anordnung des Bundespräsidenten betr. das BVerwG v. 11.6.1953, BGBl. I 382) die Unabhängigkeit
nicht, ebenso wenig die Zuteilung von Materialien (IT usw.) oder die Zuweisung von Räumlichkeiten durch die Gerichtsverwaltung, sofern dadurch
die Spruchtätigkeit nicht eingeschränkt wird.

Das weitere Gebot der **Trennung von den Verwaltungsbehörden** erklärt 6
sich von der heutigen Verfassungslage her iW historisch. Es bekräftigt die
Absage an die Beseitigung von Rechtsverletzungen der öffentlichen Gewalt
ausschließlich durch Verwaltungsstellen (Verwaltungsrechtspflege), wie sie bis
ins 19. Jhdt. verbreitet war (→ Rn. 8). **Zulässig** bleiben moderne Formen
der Verwaltungsrechtspflege wie das Widerspruchsverfahren nach §§ 68 ff.,
wenn sie dem Rechtsschutz durch Gerichte (unbeschadet der Verzahnungen
mit ihm → § 68 Rn. 1) nicht entgegenstehen.

Aus der Perspektive der Gewaltentrennung (Art. 20 II 2 GG, § 4 DRiG) ist 7
das Trennungsgebot auch **personell, sächlich und haushaltsrechtlich** zu
beachten. Daher verbietet es etwa die (Mit)Verwendung des Personals einer
Verwaltungsbehörde in der Gerichtsverwaltung. Zulässig sind nur völlig untergeordnete Verbindungen wie eine gemeinsame Telefonzentrale oder die
praktisch häufige Unterbringung in einem gemeinsamen Gebäude.

III. Entwicklung der Verwaltungsgerichtsbarkeit

Die Verwaltungsgerichtsbarkeit ist, wie § 184 erkennen lässt, keine Errungen- 8
schaft der Bundesrepublik (näher SSB Einl. Rn. 70 ff.). Sie feierte im Gegenteil im Jahr 2013 ihr **150-jähriges Bestehen** (Sonderheft „150 Jahre Verwaltungsgerichtsbarkeit in Deutschland", DVBl. 2013, 1273; Stolleis S. 180;
VGH BW Festschrift). Ihre Anfänge liegen in **Baden,** wo 1863 die gesetzlichen Grundlagen geschaffen wurden und 1864 ein oberstes Landesverwal-
tungsgericht unter der traditionellen Bezeichnung „Verwaltungsgerichtshof"
(VGH) gegründet wurde. Auch andernorts bestanden schon im 19. Jhdt.

echte VG mit Berufsrichtern: das Preußische OVG in Berlin (1875) und VGH
in den süddeutschen Ländern Hessen-Darmstadt (1875) und Bayern (1878).
In zweiter und letzter Instanz zu entscheiden hatten sie nach dem Enumerationsprinzip (→ § 40 Rn. 75) über einzelne Streitigkeiten des öffentlichen
Rechts, vor allem Abgabensachen und Polizeiverfügungen. Generell vorgesehen war nur die behördeninterne Kontrolle durch weisungsabhängige Bedienstete der Verwaltung, die eine Administrativjustiz ausübten. Vorbild war
die in Preußen geübte Kameraljustiz (nach der Kammergerichtsordnung von
1709), wo ab 1808 Verwaltungssachen den Gerichten zugewiesen wurden.
Diese **Verwaltungs‚rechtspflege'** (vgl. Art. 182 der Paulskirchenverfassung
von 1848) sollte iW jedoch die objektive Rechtmäßigkeit des Verwaltungshandelns sichern, weniger die subjektiven Rechte des Einzelnen (näher NK-
VwGO § 1 Rn. 1 ff.; Grawert FS Menger, S. 35 ff.).

9   Der Forderung des liberalen Bürgertums, eine unabhängige Verwaltungs-
(gerichts)kontrolle einzurichten, wurde erst sehr viel später, nämlich im
20. Jhdt. entsprochen. Bis zum Ende des **Kaiserreichs** (1918) waren zwar in
fast allen deutschen Ländern Verwaltungsgerichte geschaffen worden (neben
fortbestehender Administrativjustiz für bestimmte Sachgebiete zB durch das
Reichseisenbahn-, Reichsversicherungs- und das Patentamt). Die Zuständigkeit dieser Gerichte folgte jedoch weiterhin dem Enumerationsprinzip. Erst in
der **Weimarer Zeit** garantierte Art. 107 WRV Verwaltungsgerichte im Rei-
che und in den Ländern zum Schutze der einzelnen gegen Anordnungen und
Verfügungen der Verwaltungsbehörden. Art. 102 WRV forderte die Unabhängigkeit der Richter.

10   Entfalten konnten sich diese Garantien nicht, weil die **NS-Diktatur** einen
systematischen Abbau des verwaltungsgerichtlichen Rechtsschutzes betrieb.
Für eine gegen den Staat gerichtete Gerichtsbarkeit war in der Führer-
ideologie kein Platz. Die erstinstanzlichen VG wurden 1939 aufgelöst, ihre
Aufgaben Verwaltungsbehörden übertragen. Nur scheinbar wurde durch Füh-
rererlass von 1941 das in der Weimarer Zeit vorgesehene, aber nicht verwirk-
lichte Reichsverwaltungsgericht errichtet: In Wahrheit war es eine bloße
organisatorische Zusammenfassung des Preußischen OVG, weiterer Gerichte
und Spruchstellen sowie des VGH Wien, überdies besetzt mit versetzbaren,
also ihrer persönlichen Unabhängigkeit beraubten Richtern.

11   Erst **nach dem Zweiten Weltkrieg** kam es in den westlichen Besatzungs-
zonen zu einer Ertüchtigung der Verwaltungsgerichtsbarkeit, die besonders
durch die **Besatzungsmächte** befördert wurde. Das Kontrollratsgesetz v.
10.10.1946 (ABl. MilReg Nr. 14 S. 315) sah eine Wiedererrichtung von
Verwaltungsgerichten in den Zonen und in Berlin vor. Die Gestaltung blieb
den Zonenbefehlshabern überlassen. In den Ländern der amerikanischen
Zone wurden ab 1946 Verwaltungsgerichtsgesetze nach einem Mustergesetz
erlassen; 1947 folgte das VGG und in der britischen Zone die Militärregierungsverordnung (MRVO) Nr. 165 v. 15.9.1948, die in vieler Hinsicht Vorbild der VwGO geworden ist und bis zu deren Inkrafttreten (1960) auch von
dem 1953 errichteten **BVerwG** (→ § 2 Rn. 5) angewendet wurde. Die
Zonenentwicklung hatte indes eine als unerträglich empfundene Zersplitterung der Verwaltungsgerichtsbarkeit zur Folge. Abhilfe sollte eine Verwal-

tungsgerichtsordnung schaffen, die das BVerwG als vereinheitlichende Instanz (Art. 96 GG aF) ergänzte. Dieses Vorhaben konnte, nach einem Regierungsentwurf von 1952, erst mit G v. 21.1.1960 (BGBl. I 17) umgesetzt werden. Seit ihrem Inkrafttreten am 1.4.1960 (→ § 195 Rn. 1) ist die VwGO Gegenstand zahlreicher Änderungen, viele davon im Zeichen der Verfahrensbeschleunigung (SSB Einl. Rn. 89 ff.; Lorenz § 2).

Die VwGO ist eine **Kodifikation im gesetzestechnischen Sinne.** Mit **11a** ihr sollte die Zersplitterung des verwaltungsgerichtlichen Verfahrensrechts beseitigt und die in der WRV vorgesehene Verwaltungsgerichtsbarkeit vollständig verwirklicht werden. Die VwGO verstand sich deshalb von Anfang an als erschöpfende, früheres Bundesrecht teilweise aufhebende und entgegenstehendes Landesrecht verdrängende Vollregelung des Rechtsschutzes durch Verwaltungsgerichte (Kopp/Schenke Rn. 8) und enthielt in **§ 195 II** eine (allerdings deklaratorische) **kodifikatorische Klausel** (→ § 195 Rn. 1), wie sie sich herkömmlich in (außer Mode gekommenen) Einführungsgesetzen findet (etwa in § 55 EGBGB oder § 14 I EGZPO). Einer solchen Klausel bedurfte es freilich nicht mehr, weil die VwGO gesetzgebungstechnisch Derogationswirkung unmittelbar kraft der grundgesetzlichen Kompetenzordnung entfaltet: Der Bund hat die konkurrierende Gesetzgebungszuständigkeit für die Gerichtsverfassung und das gerichtliche Verfahren (Art. 74 I Nr. 1 GG); daher haben die Länder die Befugnis zur Gesetzgebung nur, solange und soweit der Bund von ihr keinen Gebrauch gemacht hat (Art. 72 I GG).

Aus dem Alltag der VG und OVG nicht mehr wegzudenken ist die Streit- **12** schlichtung **(Mediation).** Nach der Idee dahinter ist eine einvernehmliche Gestaltung der gemeinsamen Zukunft sinnvoller als (nur) die gerichtliche Entscheidung eines singulären Konflikts aus der Vergangenheit (vgl. BVerfG NJW-RR 2007, 1073). Die Besonderheit der Mediation liegt darin, dass die Konfliktlösung von den Kontrahenten selbst (autonom) entwickelt wird. Eingeführt wurde die (Verwaltungs)Mediation ursprünglich im Eigeninitiative der VG als gerichtsinterne Streitbeilegung. Heute ist sie im MediationsG vom 26.7.2012 (BGBl. I 1577) konzipiert und steht seither im Verwaltungsprozess durch Anordnung der entspr. Geltung der ZPO-Bestimmungen (§ 278a ZPO) als freiwilliges, vertrauliches und strukturiertes Zwischenverfahren zur Verfügung. Alternativ kann der Güterichter (§ 278 ZPO) als Instrument der Konfliktbeilegung genutzt werden (→ § 173 Rn. 9a ff.).

§ 2 [Gliederung der Verwaltungsgerichtsbarkeit]

Gerichte der Verwaltungsgerichtsbarkeit sind in den Ländern die Verwaltungsgerichte und je ein Oberverwaltungsgericht, im Bund das Bundesverwaltungsgericht mit Sitz in Leipzig.

Die Verwaltungsgerichtsbarkeit ist **dreistufig** aufgebaut, mit einem verfas- **1** sungsunmittelbar vorgesehenen obersten Bundesgericht (dem BVerwG, Art. 95 I GG, § 10 VwGO) und einem Unterbau mit zwei obligatorischen Stufen in den Ländern (VG, OVG; vgl. Art. 92, 30 GG). Die Landesgerichte sind Rechts- und Tatsacheninstanzen, das BVerwG idR Revisionsgericht (§ 49), das in dieser Funktion auf die Nachprüfung von Bundesrecht beschränkt und an die Tatsachenfeststellungen in dem angefochtenen Urteil gebunden ist (§ 137). Nicht mehr nur ausnahmsweise weist der Gesetzgeber dem BVerwG daneben, vor allem im Fachplanungsrecht, erstinstanzliche Verfahren zu (§ 50), die es auch als Tatsachengericht zu bearbeiten hat.

2 Die drei Stufen der Instanzen (VG – OVG – BVerwG) bilden je einen eigenen **Rechtszug** (vgl. § 45). Die Stufen sind nicht gleichbedeutend mit der Abfolge der Instanzen auf Rechtsmittel hin. Die Ausgestaltung des **Instanzenzugs** überlässt die Verfassung dem Gesetzgeber. Weder Art. 19 IV GG noch das Rechtsstaatsprinzip gewährleisten die Nachprüfung gerichtlicher Entscheidungen durch eine höhere Instanz (BVerfGE 19, 323 (327 f.); 11, 232 (233)). Freilich geht die VwGO über die verfassungsrechtlichen Mindestvorgaben hinaus. Im Bereich des **Landesrechts,** das vom BVerwG nicht nachgeprüft werden kann (→ § 137 I), ist der Instanzenzug idR zweizügig (VG – OVG). **Verschieben** kann er sich durch generelle Anhebung der Eingangsinstanz vom VG (§ 45) zum OVG (§ 48) oder zum BVerwG (§ 50) sowie im Einzelfall durch Zulassung der Sprungrevision vom VG zum BVerwG (§ 134).

3 Vorgaben für die Gestaltung ihrer Gerichte werden den Ländern in zweifacher Hinsicht gemacht: Die **Bezeichnungen** der Ländergerichte werden **vereinheitlicht** (mit der Ausnahme für die traditionelle Bezeichnung „VGH" in § 184). Damit ist vorausgesetzt, dass der Typbezeichnung (VG, OVG) die zur Individualisierung eines einzelnen Gerichts unabdingbaren **Namenszusätze** beigefügt werden. Diese Zusätze sind Teil des Errichtungsaktes (§ 3). Die VG führen meist den Namen der politischen Gemeinde, in der sie ihren Sitz haben (zB „VG Hannover"; so ausdrücklich § 1 II 2 NdsAGVwGO). Den Namen der OVG/VGH und der VG in jenen Ländern, die nur ein einziges besitzen (Saarland und Schleswig-Holstein), wird der Name des Bundeslandes beigegeben, das ihren Gerichtsbezirk darstellt (OVG für das Land Nordrhein-Westfalen; Bayerischer VGH; VG des Saarlandes usw.). Zulässig ist die Beifügung der Landesbezeichnung (wie „Bayerisches VG Regensburg") oder überkommener Kennzeichnungen („Hanseatisches Oberverwaltungsgericht"). In der Literatur und der neuen Zitierpraxis des BVerwG werden die OVG/VGH oft abkürzend mit ihrer Sitzgemeinde bezeichnet (OVG Münster, VGH Kassel usw.).

4 Die **Zahl der VG** je Bundesland ist in § 2 unausgesprochen auf „mindestens eins" festgelegt, die **Zahl der OVG** ausdrücklich auf „je ein(s)" (= höchstens eins). Unberührt bleibt die Befugnis, gemeinsame Einrichtungen (zB ein OVG) für mehrere Länder zu schaffen (§ 3 II). Die **Beschränkung** für die OVG erklärt sich aus deren Vereinheitlichungsfunktion für das Landesrecht. Diese kann durch das auf Bundesrecht fixierte BVerwG (vgl. § 137 I) nicht vergleichbar wahrgenommen werden wie vom BGH für das Zivilrecht, das überwiegend Bundesrecht ist. Heute wird die Verwaltungsgerichtsbarkeit in den Ländern durch 52 VG und 15 OVG/VGH ausgeübt (www.verwaltungsgerichtsbarkeit.de).

Der **Sitz eines Gerichts** wird durch Gesetz des Trägers der jeweiligen 5
Gerichtsbarkeit (Länder/Bund) bestimmt, idR als Teil des Errichtungs- oder
Verlegungsgesetzes (§ 3 I Nr. 1, 2). Das **BVerwG** (§ 10) wurde 1953 durch
G v. 23.9.1952 (BGBl. I 625; aufgeh. durch § 195 II Nr. 1 VwGO) errich-
tet, zunächst in Berlin; die beiden ihm eingegliederten Wehrdienstsenate
mussten wegen alliierter Vorbehaltsrechte nach München detachiert werden
(VO vom 30.8.1957, BGBl. I 1330; § 73 I 4 WDO aF; Näheres unter
www.bverwg.de). Die **Verlegung nach Leipzig** in das Reichsgerichtsgebäu-
de von 1895 wurde durch G v. 21.11.1997 (BGBl. I 2742) beschlossen, der
Zeitpunkt durch VO des BMJ v. 24.6.2002 (BGBl. I 2371) auf den 26.8.2002
festgesetzt (G und VO nach Anpassung des § 2 VwGO aufgeh. durch
Art. 110 und 111 G v. 19.4.2006, BGBl. I 866).

§ 3 [Gerichtsorganisation in den Ländern]

(1) Durch Gesetz werden angeordnet
1. die Errichtung und Aufhebung eines Verwaltungsgerichts oder eines Oberverwaltungsgerichts,
2. die Verlegung eines Gerichtssitzes,
3. Änderungen in der Abgrenzung der Gerichtsbezirke,
4. die Zuweisung einzelner Sachgebiete an ein Verwaltungsgericht für die Bezirke mehrerer Verwaltungsgerichte,
4a. die Zuweisung von Verfahren, bei denen sich die örtliche Zuständigkeit nach
   § 52 Nr. 2 Satz 1, 2 oder 5 bestimmt, an ein anderes Verwaltungsgericht oder
   an mehrere Verwaltungsgerichte des Landes,
5. die Errichtung einzelner Kammern des Verwaltungsgerichts oder einzelner
   Senate des Oberverwaltungsgerichts an anderen Orten,
6. der Übergang anhängiger Verfahren auf ein anderes Gericht bei Maßnahmen
   nach den Nummern 1, 3, 4 und 4a, wenn sich die Zuständigkeit nicht nach
   den bisher geltenden Vorschriften richten soll.
**(2) Mehrere Länder können die Errichtung eines gemeinsamen Gerichts oder
gemeinsamer Spruchkörper eines Gerichts oder die Ausdehnung von Gerichts-
bezirken über die Landesgrenzen hinaus, auch für einzelne Sachgebiete, vereinbaren.**

I. Allgemeine Organisationsvorgaben

Die Vorschrift ermächtigt – und verpflichtet – die Landesgesetzgeber, eine 1
funktionsfähige Gerichtsorganisation (im administrativen Sinne → § 1 Rn. 4)
mit VG und einem OVG herzustellen. Die VwGO beschränkt sich auf die
unabdingbaren Vorgaben für eine bundeseinheitliche Struktur der Landes-
gerichtsbarkeit. Innerhalb dieses Rahmens bleiben den Ländern Spielräume,
eine ihren Verhältnissen angepasste Gestaltung zu wählen.

Alle Anordnungen haben zwingend durch **formelles** (Parlaments)**Gesetz** 2
zu erfolgen (BVerfGE 2, 307 (316–319)). Der Bundesgesetzgeber will damit
die Gerichtsorganisation einer Gestaltung durch die Ministerialverwaltung

(Verwaltungsanordnung, Rechtsverordnung) entziehen. Den Ländern im Bereich der Gerichtsverfassung formelle Gesetze abzuverlangen, ist der Bundesgesetzgeber iR der konkurrierenden Gesetzgebung befugt (Art. 74 I Nr. 1 GG).

3 Diesem Gesetzesauftrag sind die Länder in **Ausführungsgesetzen** (AGVwGO; JustizG NRW) nachgekommen (Zugriff zB über www.beckonline.de). Mit ihnen werden auch Einzelermächtigungen der Länder zu **abweichendem Prozessrecht** ausgefüllt (→ § 173 Rn. 5). Abweichende Regelungen finden sich auch in Bundesgesetzen (zB **§ 83 AsylG**).

II. Einzelregelungen (I)

4 Zwingend festzulegen ist die **Zahl der VG** (→ § 2 Rn. 4), die sich aus der Zahl der Errichtungsakte ableitet. Fakultativ können weitere organisatorische Regelungen getroffen werden (→ Rn. 8).

5 **Errichtung** (I Nr. 1) ist die Gründung eines neuen bzw. die Bestätigung eines bestehenden Gerichts im administrativen Sinne (→ § 1 Rn. 4), wozu der Name des Gerichts (→ § 2 Rn. 3), sein Sitz und Bezirk unabdingbar gehören. **Aufhebung** ist actus contrarius zur Errichtung, der auch bei Schaffung eines gemeinsamen Gerichts (→ Rn. 10) erforderlich werden kann.

6 **Gerichtssitz** (→ § 2 Rn. 5) ist die politische Gemeinde, in der sich der Amtssitz des Präsidenten und die Spruchkörper befinden. Bei der Bestimmung des **OVG-Sitzes** in den Flächenstaaten wird die ungeschriebene Regel beachtet, diese nicht in der Landeshauptstadt zu errichten (Ausnahme zurzeit noch Bayern). Bei detachierten (auswärtigen) Spruchkörpern in anderen Gemeinden (→ Rn. 9) muss die weit überwiegende Zahl der Spruchkörper am Gerichtssitz verbleiben. Die **Verlegung** des Sitzes (I Nr. 2) beschränkt sich auf die Bestimmung einer anderen politischen Gemeinde. Bei der Auslagerung einzelner Spruchkörper in **Nebenstellen** innerhalb derselben Gemeinde (nicht zu verwechseln mit Zweigstellen nach I Nr. 5 → Rn. 9; s.a. § 7 I 4 SGG) bleibt der Sitz erhalten. Zu auswärtigen Sitzungen eines Spruchkörpers vgl. § 102 III.

7 **Gerichtsbezirk** ist der räumliche Bereich, in dem das Gericht seine Gerichtsgewalt ausübt. Er bestimmt die örtliche Zuständigkeit (§ 52) und wird meist mithilfe der Bezeichnung von Städten und Kreisen festgelegt. Der Bezirk eines OVG ist das jeweilige Bundesland, sofern keine länderübergreifende Vereinbarung getroffen ist (→ Rn. 10).

8 **Fakultativ** kann angeordnet werden: die Konzentration einzelner Sachgebiete oder Dekonzentration von Verfahren aus Gründen der Spezialisierung oder eines Belastungsausgleichs (I Nr. 4, 4a: sog. Öffnungsklausel gegenüber § 52 Nr. 2) und der Übergang anhängiger Verfahren bei Organisationsänderungen (I Nr. 6). Ein Beispiel hierfür ist die Konzentration von **Asylverfahren,** die nach § 52 Nr. 2 S. 4 nF zu einer Verschiebung der örtlichen Zuständigkeit führt.

9 § 4 I Nr. 5 gibt die Möglichkeit, im Interesse ortsnaher Rechtsprechung einzelne Kammern oder Senate in Gemeinden außerhalb des Gerichtssitzes zu errichten. Diese **detachierten Spruchkörper** (Zweigstellen) bleiben organisationsrechtlich Teil des Stammgerichts mit dessen Sitz (→ Rn. 6).

III. Staatsverträge über gemeinsame Einrichtungen (II)

Nach II können Länder gemeinsame Einrichtungen (zB ein OVG) für ihre **10** Länderbereiche schaffen. Davon ist immer nur vereinzelt Gebrauch gemacht worden, derzeit nur von den Ländern Berlin und Brandenburg ("OVG Berlin-Brandenburg" mit Sitz in Berlin). Die Vereinbarung kommt durch Staatsvertrag zustande, der durch formelle Landesgesetze bestätigt werden muss (arg. § 3 I; str., SSB § 3 Rn. 17).

§ 4 [Präsidium und Geschäftsverteilung]

¹ **Für die Gerichte der Verwaltungsgerichtsbarkeit gelten die Vorschriften des Zweiten Titels des Gerichtsverfassungsgesetzes entsprechend.** ² **Die Mitglieder und drei Vertreter des für Entscheidungen nach § 99 Abs. 2 zuständigen Spruchkörpers bestimmt das Präsidium jeweils für die Dauer von vier Jahren.** ³ **Die Mitglieder und ihre Vertreter müssen Richter auf Lebenszeit sein.**

Das grundrechtsgleiche Recht auf den **gesetzlichen Richter** (Art. 101 I 2 **1** GG) fordert eine personenscharfe Vorabverteilung aller künftigen Streitverfahren, die bis in die konkrete Richterbank des Spruchkörpers reicht (BVerfG NJW 2012, 2334). Diese Vorabverteilung wird erreicht durch sich „trichterförmig" verengende Zuständigkeitsbestimmungen über den Rechtsweg, über das sachlich und örtlich zuständige VG und innerhalb dieses schließlich über die Geschäftsverteilungs- und Besetzungsregelungen des jeweiligen VG. Die Geschäftsverteilung ist Kernbestandteil der – verfassungsrechtlich vorgeprägten – **Präsidialverfassung**, die für die Verwaltungsgerichtsbarkeit durch dynamische Verweisung auf das Modell der ordentlichen Gerichtsbarkeit eingeführt ist (zur Verweisungstechnik der VwGO → § 173 Rn. 2). Mit ihr wird innerhalb des einzelnen Gerichts zugleich die Unabhängigkeit der Richter (Art. 97 GG) institutionell abgesichert, weil die richterlichen Geschäfte in Selbstverwaltung geregelt werden. Die „entsprechende" Anwendung der Vorschriften der §§ 21a bis 21j GVG erlaubt Abweichungen nur, soweit Unterschiede zwischen den Gerichtsbarkeiten dies gebieten (BVerwGE 44, 172 (174)). Wegen der Einzelheiten der Präsidialverfassung wird auf die Kommentierungen zum GVG verwiesen (zB Kissel; ThP ZPO GVG), ferner auf SSB und NK-VwGO zu § 4.

Im Zentrum der richterlichen Selbstverwaltung steht das **Präsidium,** ein **2** grds. gewähltes, nach innen wie außen unabhängiges Organ der Richterschaft eines Gerichts im administrativen Sinne (§§ 21a und 21b GVG), das die **Geschäfte** auf die Spruchkörper (Kammern, Senate) **verteilt.** Es bestimmt nach § 21e I GVG deren Besetzung (dh die Zuweisung ihrer ständigen berufsrichterlichen Mitglieder), die Verteilung der eingehenden Streitsachen auf die Spruchkörper und die Regelung der Vertretung zwischen den Spruchkörpern. Dies erfordert, alle potenziellen Streitverfahren nach abstrakten Kriterien (idR nach [Teil-] Sachgebieten) im Voraus zuzuordnen. Die Anordnungen sind daher grds. vor dem Beginn eines jeden Geschäftsjahres (str. ist, ob es sich, wie meist praktiziert, um das Kalenderjahr handeln muss) für dessen Dauer durch Präsidialbeschluss festzulegen, was zulässigerweise im Umlaufverfahren (→ § 122 Rn. 4a) erfolgen kann (BVerwGE 88, 159).

3 Die Regelungen sind in einem **Geschäftsverteilungsplan** zusammenfassend darzustellen. Er tritt nach dem Jährlichkeitsprinzip (§ 21e I 2 GVG) am Ende des Jahres oW außer Kraft (BVerwG NJW 1991, 1370 und NJW 1985, 822). Das Vollständigkeitsprinzip verlangt, für das neue Geschäftsjahr nicht nur die neu eingehenden, sondern mit konstitutiver Wirkung auch diejenigen Sachen (erneut) zuzuweisen, die in der alten Geschäftsverteilung bereits verteilt worden waren. Einer Übergangsregelung für anhängige Verfahren bedarf es nicht. Die durch einen (neuen) Geschäftsverteilungsplan begründeten Zuständigkeiten erfassen auch die anhängigen Verfahren (BVerwG BauR 2014, 57). Eine (unterjährige) **Umverteilung** ausschließlich anhängiger Verfahren im laufenden Geschäftsjahr (§ 21e III GVG) ist mit Art. 101 I 2 GG vereinbar, wenn die umverteilten Sachen nach allgemeinen, abstrakten Merkmalen bestimmt sind (BVerwG NVwZ 2019, 82). GVP sind jederzeit einsehbar und idR auf den Internetseiten der Gerichte veröffentlicht (erreichbar etwa über www.verwaltungsgerichtsbarkeit.de). Die Heranziehung der **ehrenamtlichen Verwaltungsrichter** (§§ 19 ff.) ist in § 30 gesondert der gerichtlichen Geschäftsverteilung überantwortet, weil das GVG für diese (anders als für die in der Strafgerichtsbarkeit verwendeten Schöffen, §§ 44 ff. GVG) keine Vorschriften enthält. **Nicht** zur Geschäftsverteilung gehört die **Bildung der Spruchkörper** (§ 5 II; § 9 II; § 10 II). Sie ist Sache der Justizverwaltungen (→ § 5 Rn. 10).

3a Sache der präsidialen Geschäftsverteilung (nicht des Präsidenten, BGH NJW 1987, 1198 (1200)) ist es, einen **richterlichen Bereitschaftsdienst** für die Bearbeitung eiliger Angelegenheiten außerhalb der Dienstzeiten einzurichten. Ergibt sich ein Bedarf dafür, zwingt Art. 19 IV GG dazu, die nötigen Regelungen im GVP zu treffen. Ein **Bedarf** für einen Bereitschaftsdienst ist zu bejahen, wenn im Gerichtssprengel mehr als nur ausnahmsweise Rechtsschutzanträge außerhalb der üblichen Dienststunden absehbar sind, deren effektive Behandlung keinen Aufschub dulden. Solche unaufschiebbaren Eilsachen ergeben sich vornehmlich (aber nicht nur) bei den VG I. Instanz aus dem Asyl- und Ausländerrecht (Abschiebungen), häufig auch aus dem Versammlungsrecht (Verbote von Versammlungen an Wochenenden). Sie können sich neuerdings aus dem Gebot der praktischen Wirksamkeit eines **Richtervorbehalts** ergeben. § 58 VIII AufenthG nF normiert einen Richtervorbehalt für die Durchsuchung der Wohnung abzuschiebender Ausländer zu dem Zweck ihrer Ergreifung, für die die VG zuständig sind (→ § 40 Rn. 55). Ob daraus ein Bedarf folgt, richtet sich nach den Gegebenheiten im jeweiligen Gerichtssprengel, namentlich nach der Zahl und den Aufenthaltsorten ausreisepflichtiger Ausländer. Verletzen Gerichtspräsidien ihre Pflicht zur Einrichtung eines Bereitschaftsdienstes und stützen die Behörden ihre Anordnungskompetenz deswegen auf Gefahr im Verzug (§ 58 VIII 1 Auf-

enthG), führt dies zur Rechts- und Verfassungswidrigkeit der Durchsuchungsanordnung. Weisungen der Justizverwaltung an das Präsidium, Bereitschaftsrichter vorzusehen, sind dennoch als Eingriff in die richterliche Unabhängigkeit (Art. 97 GG) generell ausgeschlossen (aA SSB § 4 Rn. 79 bei
offensichtlicher Erforderlichkeit).

Der Bereitschaftsdienst besteht in der **uneingeschränkten Erreichbarkeit** 3b
eines Richters (für jeden Rechtsschutzsuchenden, aber auch für Behörden)
ganzjährig auch außerhalb der üblichen Dienststunden bei Tage (auch in der
Zeit 6 bis 21 Uhr), bei einem über Ausnahmefälle hinausgehenden Bedarf
auch während der Nachtzeit (BVerfG NJW 2019, 1428). **Praktische Probleme** der Erreichbarkeit und Umsetzung etwaiger Eilentscheidungen – die
erheblich sein können – hat die Gerichtsverwaltung zu lösen (→ § 13 Rn. 7).
Der GVP muss nach dem Prinzip des gesetzlichen Richters **personenscharf**
bestimmen, welcher Richter zu welcher Zeit Dienst hat; insoweit kommt es
gegenüber der regulären Geschäftsverteilung zu einer partiellen Zuständigkeitsverlagerung. Es ist aber nicht zu beanstanden, wenn der GVP vorsieht,
dass der für den Bereitschaftsfall zuständige Richter die ihn erreichenden
Eilanträge weiterzubearbeiten hat (BVerwG DRiZ 2009, 299). Wegen der
wahrzunehmenden Vorsitzendenbefugnisse (auch etwa nach § 80 VIII einschließlich Hängebeschlüssen) können **nur Lebenszeitrichter** zu Bereit-
schaftsrichtern bestellt werden; Proberichter scheiden generell aus (§ 28 II 2
DRiG), ebenso andere Richterarten, die keinen Vorsitz führen bzw. Vorsitzende nicht vertreten dürfen (→ § 5 Rn. 12).

Die gesamtgerichtliche Geschäftsverteilung muss ergänzt werden durch eine **4**
spruchkörperinterne Verteilung der Geschäfte (**§ 21g GVG**). Diese Kam-
mer- bzw. Senatsgeschäftsverteilungspläne kommen durch Mehrheitsentscheidung aller dem Spruchkörper angehörenden Berufsrichter zustande; im neuen
Geschäftsjahr eintretende Berufsrichter sind anzuhören (§ 21g VI GVG). Die
interne Verteilung soll in regulär besetzten Spruchkörpern (§ 5 III, § 9 III,
§ 10 III) eine gleichmäßige Arbeitsbelastung sichern. In überbesetzten
Spruchkörpern (→ § 5 Rn. 20) ist aus Gründen der Manipulationsvorsorge
(BGH NJW 1994, 1735), vor allem aber zur Bestimmung des gesetzlichen
Richters zur Vorabfestlegung der Richterbank zusätzlich eine **Mitwirkungsregelung** erforderlich, die neben dem Berichterstatter (→ § 5 Rn. 4a) die
weiter mitwirkenden Berufsrichter und (zumindest abstrakt) deren Vertreter
fixiert (SSB § 4 Rn. 49 f.). In nicht überbesetzten Spruchkörpern (→ § 5
Rn. 20) hat der Vorsitzende ein Ermessen, eine Sache im Einzelfall (ad hoc)
einem Berufsrichter zur Bearbeitung zuzuweisen, weil dadurch nicht die
vorab bestimmte Richterbank verändert wird (str., NK-VwGO § 82
Rn. 59 ff.). Kommt eine Entscheidung durch (gesetzlich bestimmten oder
gewillkürten) **Einzelrichter** in Betracht (→ § 6 Rn. 3), ist auch dieser im
Voraus zu bestimmen. Die **Umsetzung** der internen Geschäftsverteilung auf
den Einzelfall erfolgt dadurch, dass der Vorsitzende neue Streitsachen dem in
der GV vorausbestimmten Richter als Berichterstatter zuschreibt. Die Übertragung auf ihn als Einzelrichter erfolgt durch gesonderten Beschluss des
Spruchkörpers (→ § 6 Rn. 33).

5   Sonderregelungen gegenüber dem Grundmodell gelten für die nach §§ 99 II, 189 bei den OVG und beim BVerwG zu bildenden **Fachsenate für sog. In-Camera-Verfahren.** Das erhebliche Geheimhaltungsbedürfnis der Zwischenverfahren nach § 99 veranlasst, den Kreis der hiermit befassten Richter schon durch Geschäftsverteilungsmaßnahmen möglichst zu begrenzen. Deshalb sehen S. 2 und 3 eine Abweichung vom Jährlichkeitsprinzip des § 21e I 2 GVG und die Bestellung einer größeren Zahl fester Vertreter vor. Die OVG entscheiden mit drei Berufsrichtern (S. 3) und also in der Regelbesetzung (§ 9 III S. 1 Hs. 1, S. 3 → § 9 Rn. 3), die auch für In-Camera-Verfahren des BVerwG gilt (vgl. § 10 III). Alle Richter müssen Lebenszeitrichter sein. Überbesetzung der Spruchkörper (→ § 5 Rn. 20) ist auch hier zulässig.

6   Über die **Einsichtnahme in Geschäftsverteilungspläne** des Gerichts oder eines Spruchkörpers hat der Präsident des jeweiligen Gerichts zu entscheiden (arg. § 21e IX Hs. 1 GVG). Die Einsichtnahme setzt nicht die Darlegung eines besonderen Interesses voraus und steht auch Nichtverfahrensbeteiligten offen. Über das Ersuchen auf Übersendung eines Ausdrucks oder einer Kopie ist nach pflichtgemäßem Ermessen zu entscheiden (BGH Beschl. v. 25.9.2019 – IV AR (VZ) 2/18).

7   Rechtsnatur und **Rechtsschutz gegen GVP** werfen zahlreiche Fragen auf (Eyermann Rn. 50 ff.; Kopp/Schenke Rn. 9 f.; Kissel/Mayer GVG § 21e Rn. 121 mwN). **Prozessbeteiligte** können eine **inzidente Prüfung** unter dem Gesichtspunkt der Entscheidung durch den gesetzlichen Richter (Art. 101 I 2 GG) verlangen. Fehler der Geschäftsverteilung und die willkürliche Auslegung eines GVP durch einen Spruchkörper können die unvorschriftsmäßige Besetzung des Gerichts iSd § 138 Nr. 1 zur Folge haben (NK-VwGO § 4 Rn. 48 f.; BVerfGE 131, 268 Rn. 129; BFH NJW 2019, 1326). **Betroffene Richter** können sich gegen willkürliche Zuweisungen mit der Feststellungsklage nach § 43, in Eilfällen mit der einstweiligen Anordnung nach § 123 zur Wehr setzen (BVerfG NJW 2008, 909; DRiZ 1991, 100; BVerwGE 50, 11 (13 ff.); 67, 222).

§ 5 [Organisation der Verwaltungsgerichte]

(1) Das Verwaltungsgericht besteht aus dem Präsidenten und aus den Vorsitzenden Richtern und weiteren Richtern in erforderlicher Anzahl.

(2) Bei dem Verwaltungsgericht werden Kammern gebildet.

(3) [1] Die Kammer des Verwaltungsgerichts entscheidet in der Besetzung von drei Richtern und zwei ehrenamtlichen Richtern, soweit nicht ein Einzelrichter entscheidet. [2] Bei Beschlüssen außerhalb der mündlichen Verhandlung und bei Gerichtsbescheiden (§ 84) wirken die ehrenamtlichen Richter nicht mit.

Übersicht

I. Richterliche Funktionsstellen der VG (I)

Die Vorschrift legt – exemplarisch für die gesamte Gerichtsbarkeit – die **1** wichtigsten Elemente der Organisation der Verwaltungsgerichtsbarkeit I. Instanz fest. Regelungszweck ist die Herstellung der Einheitlichkeit der VG in Bund und Ländern. Entspr. Regelungen finden sich daher für die **OVG** in § 9 und für das **BVerwG** in § 10. Danach sind bei den VG aller Stufen die **berufsrichterlichen Funktionsstellen** des Präsidenten, der Vorsitzenden Richter(innen) und der „weiteren" (beisitzenden) Richter(innen) (→ Rn. 4) vorgeschrieben.

Der **Präsident** (die Präsidentin) hat eine Doppelstellung inne als Leiter der **2** Gerichtsbehörde (→ § 1 Rn. 4) und als Richter in der Funktion eines „geborenen" Vorsitzenden (§ 4 I iVm § 21f I GVG). Nach allgemeinen Prinzipien ist ihm/ihr ist ein ständiger Vertreter (Vizepräsidenten/in) zur Seite gestellt, der typischerweise den nichtrichterlichen Bediensteten überordnet wird (§ 21h GVG). In Verwaltungs- und Justizangelegenheiten wird der Präsident von richterlichen Dezernent(inn)en (Pressesprecher, Beauftragten für Daten-, Geheimschutz, IT/EDV usw.) und in Personalfragen von Präsidialrichter(inne)n unterstützt (→ § 39 Rn. 2). Der Präsident bestimmt nach § 21e I 3 GVG selbst, welche richterlichen Aufgaben er wahrnimmt. Die **Doppelpräsidentschaft** bei einem OVG und einem FG sieht der BFH (NJW 2019, 1326) kritisch. Die damit verbundene Häufung von Ämtern in zwei Gerichtsbarkeiten sei geeignet, das Vertrauen in die Fachgerichtsbarkeit zu beeinträchtigen. Dieser Umstand für sich gesehen trifft jedenfalls bei kleinen Gerichten erkennbar nicht zu, wie sich aus der Rechtsprechung zum Doppelvorsitz ergibt (→ Rn. 8). Anders mögen Verfahrensverzögerungen zu beurteilen sein, die durch die Ämterhäufung bedingt sind.

Die **Vorsitzenden** müssen Lebenszeitrichter sein (§ 28 II 2 DRiG) und **3** dienstrechtlich ein entspr. Amt bekleiden (BesGr „R"). Sie führen den Vorsitz in den Spruchkörpern und sind vom Präsidium (§ 21a GVG) auf diese zu verteilen (§ 21f I GVG). In einem Spruchkörper dürfen zwei dienstrechtliche Vorsitzende tätig sein (etwa als Vertreter eines Beisitzers), aber nur jeweils einem kann das Präsidium den Vorsitz übertragen (→ Rn. 12). Vorsitzenden sind Kompetenzen vorbehalten (zB §§ 82 II, 86 III; § 173 iVm § 216 II ZPO), die sie ermächtigen und verpflichten, innerhalb des Spruchkörpers zu integrieren und Qualität und Stetigkeit der Kammerrechtsprechung zu gewährleisten. Sie sollen Sachkunde, Erfahrung und Menschenkenntnis besitzen und durch geistige Überzeugungskraft den **richtunggebenden Einfluss** ausüben. Dies soll erfordern, dass sie mindestens 75% der Aufgaben als Vorsitzende selbst wahrnehmen (BGHZ 37, 210 (215); 88, 1 (8); Kissel/Mayer GVG § 59 Rn. 12). Ob diese Forderung verfassungsrechtlich gewährleistet ist oder lediglich dem einfachen Recht entstammt, ist offen (BVerfGK 3, 192 (197)). Bei der Rechtsfindung im konkreten Fall sind Aufgabe, Leistung und Verantwortung aller Mitglieder des erkennenden Gerichts formal völlig gleich (BVerfG NJW 2012, 2334; zum Richterbild Rennert JZ 2013, 297 und SSB Vorbem. § 81).

4   Der Vorsitzende wird flankiert von **Beisitzern**. § 5 I nennt sie „weitere Richter", § 117 I 3 „beisitzende Richter", und meint jene Berufsrichter, die kein Funktionsamt bekleiden. Der Begriff ist nicht gleichbedeutend mit dem des **Berichterstatters** (BE), den die VwGO an 11 Stellen erwähnt. Ihn definiert § 82 II als den nach der Geschäftsverteilung zuständigen Berufsrichter (§ 21g GVG). Gemeint ist jenes Mitglied eines kollegial besetzten Spruchkörpers, dem eine Streitsache nach der spruchkörperinternen Geschäftsverteilung (§ 21g GVG) planmäßig zur Bearbeitung und Förderung zugewiesen ist und der die Entscheidung durch Gutachten oder Entscheidungsentwürfe vorbereitet. Der funktionale Vorsitzende schreibt ihm die Sache in der Eingangsverfügung konkret zu. Der Vorsitzende ist selbst BE, soweit er eigene Sachen bearbeitet, etwa weil er nach dem KammerGVP ein eigenes Dezernat verwaltet. Str. ist, ob der BE auch im Einzelfall bestellt werden darf (→ § 4 Rn. 4).

5   Ergänzend mitzulesen sind die §§ 15–18, in denen (nach dem Muster des § 8 DRiG) die möglichen **Richterdienstverhältnisse** der Verwaltungsgerichtsbarkeit bezeichnet sind: Richter auf Lebenszeit, auf Zeit, auf Probe und kraft Auftrags. Die in § 5 miterwähnten **ehrenamtlichen Richter** (§§ 19 ff.) wirken lediglich bei bestimmten Entscheidungen mit (§ 5 III → Rn. 17). Sie üben dabei rechtsprechende Gewalt aus (§§ 1, 45 DRiG), werden durch die Geschäftsverteilung zugewiesen (§ 30), gehören aber nicht zur Organisation der VG.

6   Mit den Beschreibungen der Funktionsstellen sind **Handlungsaufträge** an die Länder verbunden: Die Haushaltsgesetzgeber werden verpflichtet, Planstellen für die Berufsrichter ihrer nach § 3 I Nr. 1 errichteten VG zu schaffen (staatliche **Ausstattungspflicht**), die (Justiz)Ministerialverwaltungen haben geeignetes Personal auszuwählen (Art. 33 II GG), zu ernennen und in die Planstellen einzuweisen (BVerwG NJW 2001, 3493; BGH NJW 1985, 2337).

7   Stellen für Vorsitzende und weitere Richter müssen gerichtsbezogen „in erforderlicher Anzahl" bereitgestellt werden. Unter den zur Stellenzahlermittlung eingesetzten **Personalbedarfsberechnungsmethoden** hat das fortschreibungsfähige System PEBB§Y bundesweit Bedeutung (www.mj.niedersachsen.de und www.drb.de). Leitschnur der Berechnung hat nach Art. 19 IV GG und Art. 6 I EMRK zu sein, auf Dauer ausreichende Kapazitäten der Gerichte zu schaffen und eine nicht nur kurzfristige Überlastung der Richterschaft zu vermeiden (BVerfGE 36, 264 (275); EGMR NJW 1997, 2809 (2810)).

8   Eine **Unterbesetzung** der VG wirkt sich auf die Rechtmäßigkeit der Entscheidungen grds. nur dann aus, wenn die Entscheidungsbesetzung (→ Rn. 14) im Einzelfall nicht den gesetzlichen Vorgaben entspricht. Dieser Fall kann auch

bei längerfristiger **Vakanz von Vorsitzendenstellen** eintreten. Der normwidrige Zustand einer Verhinderung ist in analoger Anwendung der Vertretungsregelung nur für eine kurze Übergangszeit hinnehmbar. Die Praxis toleriert zu Recht maximal sechs Monate. Jede vermeidbare und die übliche Dauer echter Vertretungsfälle überschreitende Verzögerung der Übertragung des Vorsitzes an einen anderen Vorsitzenden im dienstrechtlichen Sinne entzieht der Vertretungsregelung die Grundlage und führt zur nicht ordnungsgemäßen Besetzung des Spruchkörpers (BVerwG NJW 2001, 3493; 1986, 1366 (1367)); dies schlägt im einzelnen Verfahren als absoluter Revisionsgrund durch (§ 138 Nr. 1; § 124 II Nr. 5). Das Präsidium kann einen Vorsitzenden zwei Spruchkörpern zuweisen **(Doppelvorsitz → Rn. 12).** Eine dadurch ausgelöste **Überbeanspruchung** führt grds. nicht zu einem Verstoß gegen den Anspruch auf den gesetzlichen Richter (BVerfG NJW 2012, 2334). Der BFH (NJW 2019, 1326) verlangt jedoch, dass der GVP erkennen lassen muss, mit welchem Bruchteil seiner Arbeitskraft ein Richter, der in mehreren Spruchkörpern tätig ist, dem jeweiligen Spruchköper zugewiesen ist.

II. Kammerprinzip (II)

Die Spruchkörper der Verwaltungsgerichtsbarkeit sind traditionell auf allen **9** Stufen als **Kollegialgerichte** ausgestaltet: Jedem Spruchkörper sind dauerhaft mehrere Berufsrichter zugewiesen (vgl. § 21g I 1 GVG), die idR auch als Kollegium (III) mit der absoluten Mehrheit der Stimmen (§ 196 I GVG) entscheiden. Auf der Stufe der VG heißen diese Kollegialspruchkörper **„Kammern"**, bei den höherstufigen Gerichten **„Senate"** (§§ 9, 10). Damit übernimmt die VwGO die überkommenen Bezeichnungen für entspr. Stufen anderer Gerichtszweige. Das Kollegialmodell wird durch **Einzelrichtermodelle** ergänzt (§ 6; § 87a VwGO; § 76 AsylG). Kollegialentscheidungen sollen eine im Diskurs unterschiedlicher Richterpersönlichkeiten gewonnene und dadurch in hohem Maße ausgewogene Rechtsprechung gewährleisten. Bei Bürgern wie bei Verwaltungen finden sie typischerweise größere Akzeptanz als Einzelrichterentscheidungen (SSB § 5 Rn. 14), weshalb die Tätigkeit von Einzelrichtern in den höheren Instanzen zunehmend eingeschränkt ist (→ § 6 Rn. 2).

Die Verpflichtung auf das Kammerprinzip enthält einen **Auftrag zur** **10** **Bildung** von Kammern. Dessen **Adressat** ist streitig: Die Praxis sieht die staatliche **(Justiz)Ministerialverwaltung** berechtigt und verpflichtet, nicht also die Gerichtspräsidien als Organe richterlicher Selbstverwaltung. Entsprechend werden in den Ausführungsgesetzen die Minister oder Präsident(inn)en als nachgeordnete Stellen der Ministerialverwaltung mit der Bildung der Kammern beauftragt. Zum **Organisationsakt** der Kammerbildung gehören die Bestimmung ihrer Zahl, ihre Benennung und die Festlegung der Gesamtzahl zugehöriger Funktionsstellen. Dabei ist zu beachten, dass jede Kammer einen Vorsitzenden haben muss (§ 21f I GVG), was die praktisch verbreitete Mehrfachzuordnung allerdings nicht ausschließt (→ Rn. 8, 12). Kein Teil der Kammerbildung ist die dienstrechtliche Ernennung und Zuordnung der Richter zu einem Gericht; sie ist regelmäßig der Ministerialverwaltung vor-

behalten. Nachgelagert ist die Besetzung der Kammern mit Berufsrichtern
(→ Rn. 11).

III. Kammerbesetzung, Richterbank und Sitzgruppe

1. Kammerbesetzung

11 Dem organisationsrechtlichen Akt der Kammerbildung folgt die Besetzung
der Kammern: Ihnen werden durch die präsidiale Geschäftsverteilung ständige
berufsrichterliche Mitglieder und ehrenamtliche Richter zugewiesen (→ § 4
Rn. 2 f.). Die erforderliche Art und Zahl der Richter ist teilweise aus § 5 zu
erschließen, iÜ dem DRiG zu entnehmen. Die Vorschriften in III 1 und 2
konkretisieren zwar unmittelbar nur die Besetzung der Richterbank bei Entscheidungen der Kammer (→ Rn. 14); sie lassen jedoch Rückschlüsse auf die
organisatorische Regelbesetzung der VG zu, die bei Kammerbildung und
Geschäftsverteilung zu beachten sind: Jeder Kammer sind danach regelmäßig
drei „Richter" als ständige Mitglieder zuzuweisen. Je nach Arbeitsanfall kann
einer Kammer eine größere Zahl Richter zugewiesen werden (Überbesetzung
→ Rn. 20).

12   Mit dem **Begriff „Richter"** meint die VwGO – hier wie überall – nur die
Berufsrichter iSd §§ 15 bis 17 (besonders deutlich § 54 II) ohne Rücksicht
auf ihre Funktion (→ Rn. 2) oder ihr Dienstverhältnis (→ § 15 Rn. 1). § 5 I
setzt voraus, dass einer der Richter **Vorsitzender** ist (§ 21f I GVG). Dazu
werden die Vorsitzenden im dienstrechtlichen Sinne vom Präsidium auf die
Spruchkörper verteilt. Sie können bei vorübergehender **Verhinderung** durch
einen Lebenszeitrichter vertreten werden (§ 28 II 2 DRiG). Kein Vorsitzender oder sein Vertreter können daher Proberichter, Richter kraft Auftrags und
auch Richter auf Zeit sein (→ § 18 Rn. 3a). Der Vertreter muss (ständiges)
Mitglied des Spruchkörpers und durch den GVP zum Vertreter bestimmt sein.
In die Praxis handelt es sich regelmäßig, aber nicht notwendig, um den
dienstältesten Beisitzer („BE 1"). Bei dessen Verhinderung tritt kraft Gesetzes
das dienst- bzw. lebensälteste Mitglied des Spruchkörpers ein (§ 21f II GVG).
Das Dienstalter ist im GVP durch die Reihenfolge der Nennung kenntlich zu
machen. Es ist rechtlich zulässig und nicht unüblich, einzelne Richter mehreren Kammern zuzuweisen (**Mehrfachzuweisung,** § 21e I 4 GVG) oder
einem Vorsitzenden gleichzeitig den Vorsitz in mehreren Spruchkörpern zu
übertragen („**Doppelvorsitz",** BGH NJW 1967, 1566; → Rn. 8). Die gelegentlich praktizierte „Aufteilung" des Vorsitzes auf teilzeitbeschäftigte Vorsitzende setzt die Bildung getrennter Spruchkörper (etwa mit a/b-Nummern)
voraus, die iÜ personenidentisch besetzt sein können.

13   Die für die Kammerarbeit erforderliche Zahl **ehrenamtlicher Richter** ist
im Auswahlverfahren vorauszubestimmen (→ § 27 Rn. 1 f.) und in der Geschäftsverteilung kammerscharf zu konkretisieren (§ 30).

2. Richterbank (reguläre Entscheidungsbesetzung)

14 **a) Anzahl und Art der mitwirkungsberechtigten Richter.** Gem. § 55
iVm § 192 I GVG ist die **Anzahl** der bei Entscheidungen mitwirkenden

Richter gesetzlich zu bestimmen. Dem entspricht § 5 III, wonach Kammern (aufgrund mündlicher Verhandlung) mit drei Berufs- und zwei ehrenamtlichen Richtern entscheiden, außerhalb mündlicher Verhandlung nur mit den Berufsrichtern (Ausnahmen → Rn. 17).

Zur **Art** der an Entscheidungen mitwirkungsberechtigten **Berufsrichter** 15 macht § 5 III keine Vorgaben; denn er spricht nur von (Berufs)Richtern ohne Rücksicht auf deren Typus (§§ 15 ff.). Vorgaben mit Allgemeinverbindlichkeit enthält aber das **DRiG**: Den **Vorsitz** bei Kollegialentscheidungen darf nach § 28 II 2 DRiG nur ein Lebenszeitrichter führen (→ Rn. 12). Er wird regelmäßig – muss aber nicht notwendig – der Kammervorsitzende sein (→ Rn. 4, 12). Im Verhinderungsfall kann er sich vertreten lassen, auch in der mündlichen Verhandlung. Richter im Nebenamt dürfen dort den Vorsitz führen, wenn sie Lebenszeitrichter sind (str., aA Eyermann § 16 Rn. 5). Der die Verhandlung leitende Vorsitzende iSd § 103 I ist daher nicht notwendig der Kammervorsitzende im funktionalen Sinn.

Für die **Beisitzer** gelten andere Beschränkungen: An allen Kammerent- 16 scheidungen innerhalb und außerhalb der mündlichen Verhandlung (anders bei der Kammergeschäftsverteilung, § 21g I GVG) darf **höchstens ein** Richter auf Probe, kraft Auftrags oder ein abgeordneter Richter mitwirken (§ 29 S. 1 DRiG) Richter im Nebenamt (§ 16) sind hier nicht genannt und dürfen. Spezialgesetzlich sind **besondere Besetzungen** der Richterbank vorgesehen (zB § 187 I; § 76 AsylG; § 84 BPersVG).

b) Mitwirkung der ehrenamtlichen Richter. Die Mitwirkung der beiden 17 ehrenamtlichen Richter ist von der Durchführung einer **mündlichen Verhandlung** abhängig: Bei Entscheidungsarten, die kraft Gesetzes oder nach Ermessen des Spruchkörpers ohne mündliche Verhandlung ergehen dürfen *und* auch so ergehen (Beschlüsse vgl. § 101 III; zu Gerichtsbescheiden → § 84 Rn. 14), wirken nur drei Berufsrichter der Kammer mit. Hiervon gilt eine **Ausnahme bei Vorlagebeschlüssen** nach Art. 100 I GG und an den EuGH nach Art. 267 AEUV: An ihnen müssen die Ehrenamtlichen mitwirken, sofern sie an der Entscheidung in der Hauptsache mitwirken müssen (BVerfGE 16, 305; NVwZ 2005, 801). Der tragende Gesichtspunkt hierfür ist die funktionale Verschränkung der Vorlage mit der aufgrund mündlicher Verhandlung zu fällenden Endentscheidung. Dieser Gedanke schlägt in Vorlageentscheidungen aller Instanzen durch (→ § 10 Rn. 3).

Soweit jedoch Entscheidungen (gleich welcher Art) **tatsächlich aufgrund** 17a **mündlicher Verhandlung gefällt** werden, ist die Mitwirkung von zwei ehrenamtlichen Richtern erforderlich. Das gilt auch für Urteile ohne mündliche Verhandlung (§ 101 II), weil das Absehen von einer Verhandlung nicht vom Entschluss der Kammer, sondern vom Einverständnis der Beteiligten abhängt. An Entscheidungen eines **Einzelrichters** (→ § 6 Rn. 22) sind Ehrenamtliche nie beteiligt (III 1: „soweit nicht…").

c) Termine ohne Entscheidung; Verkündungen. Für Termine ohne zu 18 fällende Entscheidung (OT, ET, Verkündungstermine) enthält § 5 keine Vorgaben. **OT und ET** können von einem beliebigen Mitglied der Kammer durchgeführt werden, üblicherweise vom BE, ggf. gemeinsam mit dem Vor-

sitzenden, aber auch vor der Kammer (ohne Ehrenamtliche) stattfinden
(→ § 87 Rn. 4). Besetzungsvorgaben bestehen für die **Verkündung von
Entscheidungen** (Urteilen, Beschlüssen). Sog. Stuhlurteile werden mit der
jeweiligen Sitzgruppe verkündet, eigens angesetzte **Verkündungstermine**
ggf. in anderer Besetzung; der/die Vorsitzende kann ein Urteil allein verkünden. Besetzungsfehler bleiben idR unschädlich (→ § 116 Rn. 7, 9).

3. Sitzgruppe (konkrete Spruchbesetzung)

19 Die **Sitz- oder Spruchgruppe** (also die im Entscheidungszeitpunkt personenscharf festgelegte Gruppe mitwirkender Richter) wird namentlich in der
Kammergeschäftsverteilung (→ § 4 Rn. 4) bestimmt. Insofern ist zwischen
Regel- und Überbesetzung (→ Rn. 20) zu unterscheiden. Bei organisatori-
scher Regelbesetzung einer Kammer mit drei Berufsrichtern (→ Rn. 11)
wirken alle ihr zugewiesenen Berufsrichter mit. Für verhinderte Richter tritt
der vorbestimmte Vertreter ein. Entspr. gilt für die Senate der OVG und des
BVerwG.

20 Sind einer Kammer mehr Beisitzer zugewiesen als die regelmäßige Entscheidungsbesetzung erfordert **(Überbesetzung),** ist dies verfassungsrechtlich
grds. unbedenklich, wenn die Überbesetzung einer geordneten Rechtsprechung dient (zB wegen hoher Kammerbelastung) und die Entscheidungsbesetzung im Einzelfall durch eine dem Gebot des gesetzlichen Richters
genügende (abstrakte) Mitwirkungsregelung gebunden ist. Eine absolute zahlenmäßige Grenze bildet das Verbot, faktisch zwei unabhängige Spruchkörper
bilden zu können (BVerfG NJW 1997, 1497; SSB § 4 Rn. 29). Zu Folgen
von **Besetzungsfehlern** vgl. BeckOK VwGO § 5 Rn. 9.

§ 6 [Einzelrichter]

(1) [1]Die Kammer soll in der Regel den Rechtsstreit einem ihrer Mitglieder als
Einzelrichter zur Entscheidung übertragen, wenn
1. die Sache keine besonderen Schwierigkeiten tatsächlicher oder rechtlicher Art
   aufweist und
2. die Rechtssache keine grundsätzliche Bedeutung hat.
[2]Ein Richter auf Probe darf im ersten Jahr nach seiner Ernennung nicht Einzelrichter sein.
(2) Der Rechtsstreit darf dem Einzelrichter nicht übertragen werden, wenn
bereits vor der Kammer mündlich verhandelt worden ist, es sei denn, daß inzwischen ein Vorbehalts-, Teil- oder Zwischenurteil ergangen ist.
(3) [1]Der Einzelrichter kann nach Anhörung der Beteiligten den Rechtsstreit auf
die Kammer zurückübertragen, wenn sich aus einer wesentlichen Änderung der
Prozeßlage ergibt, daß die Rechtssache grundsätzliche Bedeutung hat oder die
Sache besondere Schwierigkeiten tatsächlicher oder rechtlicher Art aufweist. [2]Eine
erneute Übertragung auf den Einzelrichter ist ausgeschlossen.
(4) [1]Beschlüsse nach den Absätzen 1 und 3 sind unanfechtbar. [2]Auf eine
unterlassene Übertragung kann ein Rechtsbehelf nicht gestützt werden.

Übersicht

I. Einzelrichter: Bedeutung und Arten

Abweichend von § 5 II, III werden die Kammern des VG verpflichtet („soll **1** in der Regel"), **alle durchschnittlichen Streitverfahren,** dh die große Zahl (→ Rn. 4), von einem ihrer Mitglieder als Einzelrichter (ER) erledigen zu lassen. Damit ist die Notwendigkeit verbunden, für jede eingehende Sache eine Kammerentscheidung zur Übertragung herbeizuführen (→ Rn. 33). Allein dieser quantitative Aspekt verleiht der Vorschrift erhebliche Bedeutung und weist auf die **Normzwecke** hin: Entlastung der VG, Beschleunigung der Verfahren und nicht zuletzt auf Personaleinsparung (SSB § 6 Rn. 11). Sie haben den Gesetzgeber 1993 (BGBl. I 50) veranlasst, mit dem neuen § 6 das Kollegialprinzip des § 5 dahin zu modifizieren, dass nicht jede Sache von der voll besetzten Kammer erledigt werden muss, wohl aber in starker Rückbindung an die Kammerrechtsprechung. Entsprechende Ermächtigungen galten schon im Zivilprozess (§§ 348, 348a ZPO mit dem grds. originären ER) und wurden zeitgleich im Finanzprozess eingeführt (§ 6 FGO). Die Rspr. zu diesen Bestimmungen sollte vergleichend herangezogen werden. Im Schrifttum werden gravierende **Nachteile** von Einzelrichterentscheidungen aufgezeigt (Eyermann § 6 Rn. 2 mwN), die indes durch eine sachgerechte Handhabung ausgeglichen werden können. Immerhin zeigt die Praxis, dass mit der Sachbearbeitung durch ER nicht zwingend eine Verfahrensbeschleunigung einhergeht.

2   § 6 gilt – im Anschluss an § 5 – **nur für die VG.** Das ergibt sich aus der Verwendung der – den Spruchkörpern der VG vorbehaltenen – Bezeichnung „Kammer" in I 1. Bei den OVG und dem BVerwG ist § 6 nicht anwendbar, auch nicht, wenn diese Gerichte (etwa nach §§ 48 ff.) erstinstanzlich tätig werden. Bezugnahmen, die eine entsprechende Anwendung ermöglichen würden, gibt es weder in den §§ 9 ff. noch in den Vorschriften über das Berufungs- (§ 125 I) und das Revisionsverfahren (§ 141 iVm § 125 I), wo nur der Teil II (§§ 54 ff.) für anwendbar erklärt ist.

3   Die kammerinitiierte Regelübertragung ergänzt **anders gelagerte Einzelrichterzuständigkeiten,** die teilweise auch für die Obergerichte nutzbar sind, nämlich (1.) die Alleinentscheidungskompetenzen des Vorsitzenden oder Berichterstatters im vorbereitenden und im Eilverfahren vor den VG und OVG (§ 87a I, III; § 80 VIII; § 125 I), (2.) den von den Beteiligten konsentierten Einzelrichter (§ 87a II, III) und schließlich (3.) die originären Einzelrichterzuständigkeiten in bestimmten Nebenverfahren (§ 169 VwGO; § 66 VI 1, § 68 I 5 GKG; § 4 VII 1 JVEG; § 33 VIII 1, § 56 II RVG). Für den Sonderfall einer verwaltungsgerichtlichen Vernehmung oder Vereidigung von Zeugen und Sachverständigen im Verwaltungsverfahren sieht § 180 S. 1 die Befugnis des Präsidiums vor, im Geschäftsverteilungsplan einen Einzelrichter zu bestimmen. Zu den Besonderheiten im **Asylverfahren** nach § 76 AsylG vgl. Eyermann § 6 Rn. 22. Vom beauftragten und ersuchten (Einzel-)Richter (§ 96 II) unterscheiden sich alle Ermächtigungen dadurch, dass die Entscheidung des gesamten Rechtsstreits übertragen wird und nicht nur die Erledigung von Verfahrensschritten.

II. Auslegungsgrundsätze

4   Die Auslegung des § 6 ist mit zahlreichen Streitfragen belastet. Diese resultieren in aller Regel aus dem **Spannungsverhältnis** zwischen dem Kollegialprinzip des § 5 II und der – auch beim ER zukommenden – uneingeschränkten Unabhängigkeit (Art. 97 I GG). Dieses ist grds. zugunsten des **Kollegialprinzips** aufzulösen. Die mit ihm verfolgten Ziele der Einheitlichkeit der Rspr. im Kammerbezirk und ihre Rückführbarkeit auf die Willensbildung in einem Kollegialorgan sollen durch § 6 nicht angetastet werden. Das Kollegialprinzip ist ein wesentliches Strukturelement der Verwaltungsgerichtsbarkeit (vgl. § 5 II, § 9 II, § 10 II) und bleibt Leitlinie der Auslegung (Eyermann § 6 Rn. 18; SSB § 6 Rn. 35). Die Unabhängigkeit des ER soll demnach Einzelfallgerechtigkeit unter Rückbindung an die Kammerrechtsprechung gewährleisten.

5   § 6 I 1 formuliert nicht nur „negative" Übertragungsvoraussetzungen; seine Aussage geht weit darüber hinaus: **Alle** vor der Kammer anhängigen **Verfahren** sollen übertragen werden, soweit dies gesetzlich nicht ausgeschlossen ist. Nach diesem Ansatz sind **nur Übertragungshindernisse:** in I 1 Nr. 1 und 2 gegenstandsbezogene (→ Rn. 7 ff.), in I 2 adressatenbezogene (→ Rn. 15) und in II verfahrensbezogene (→ Rn. 16). Der Wortlaut in I 1 („keine … und … keine …") beschreibt unübertragbare Verfahrens-Teilmengen, sodass jeder Grund für sich die Übertragung ausschließt. Praktisch nötigt diese Konstruktion dazu, die zu übertragenden Verfahren durch eine Sub-traktionsmethode zu ermitteln.

Streitig ist, ob die Übertragungshindernisse des I 1 ebenso auszulegen sind **6** wie **ähnlich lautende Begriffe** in § 84 I 1 zum Gerichtsbescheid und § 124 II Nr. 2, 3 bzw. § 132 II Nr. 1 iR der Berufungs- und Revisions-zulassung (vgl. NK-VwGO § 6 Rn. 24). Die Frage ist zu **verneinen,** weil die Begriffe aus ihrem jeweiligen **Funktionszusammenhang** gedeutet wer-den müssen: In § 6 geht es darum, ob ein einzelner Richter oder die Kammer entscheiden muss, in § 84 darum, ob eine mündliche Verhandlung verzichtbar ist und in § 124, § 132 darum, ob ein weiterer Rechtszug eröffnet werden muss. Dementsprechend variieren die Anforderungen an die relevanten Schwierigkeiten und die Grundsätzlichkeit erheblich. Praktische Richtschnur hat in § 6 zu sein, ob sich – aus Kammersicht oder im Hinblick auf die Außenwirkung – **überwiegende Vorteile einer Kollegialentscheidung** ergeben (Schnellenbach DVBl 1993, 230 (232)). Die Beurteilung erfordert eine **Prognose** der Kammer über den Verlauf des weiteren Verfahrens und die Entscheidung, bei der ihr ein Beurteilungsspielraum zugestanden wird (BVerwG Buchh 310 § 6 VwGO Nr. 1)

III. Übertragungshindernisse

1. Besondere Schwierigkeiten (I 1 Nr. 1)

Eine Sache weist nach dem praktischen Auslegungsansatz (→ Rn. 6) „beson- **7** dere" Schwierigkeiten auf, wenn der Schwierigkeitsgrad ihrer Erledigung voraussichtlich deutlich **über dem Durchschnitt** der bisher bei der Kammer anhängig gewordenen Sachen liegt. **Leitlinie** ist die Erwägung, ob die größe-re Überzeugungskraft einer Kollegialentscheidung (→ § 5 Rn. 9) und Sach-verstand und Erfahrungsschatz der Kammer deren Befassung erfordert.

Bei den VG als Tatsacheninstanz können die Schwierigkeiten **tatsächlicher 8** oder **rechtlicher Art** sein und sich demnach aus dem Erfassen des Sachver-halts, der Würdigung vorgelegter oder zu erhebender Beweise oder aus der Rechtsanwendung ergeben. Bei dieser Bewertung ist auf den Erkenntnis- und Erfahrungshorizont der einzelnen Kammer abzustellen.

Die **Offenheit** des Verfahrensausgangs kann daher ein Indiz für besondere **9** Schwierigkeiten sein, sie genügt als solche aber nicht. Auch die Notwendig-keit einer **Beweiserhebung** oder –würdigung schließt für sich die Über-tragung nicht aus, wohl aber die atypische Komplexität des Sachverhalts und seiner Aufklärung oder eine potenziell kontroverse Würdigung von Beweis-mitteln (etwa der Überzeugungskraft widerstreitender Zeugenaussagen).

Besonders schwierig sind idR Streitverfahren mit **erheblicher Bedeutung 10** über den Einzelfall hinaus. Diese kann sich aus den wirtschaftlichen, gesell-schaftlichen oder politischen Auswirkungen oder aus Konsequenzen für die Verwaltungspraxis ergeben, auch aus gravierenden Folgen für einen Beteilig-ten. Wegen der größeren Überzeugungskraft einer Kammerentscheidung setzt sich das Kollegialprinzip dann gegenüber den Zwecken des § 6 (→ Rn. 1) durch.

11   **Rechtliche Schwierigkeiten** resultieren aus der entscheidungserheblichen Anwendung entlegener Normen, unbestimmter Rechtsbegriffe oder ausländischen Rechts, die weder in der Kammer- noch in der sonstigen Rspr. geklärt und nicht oW zu beantworten sind. Das ruft – außer in einfach gelagerten Fragen – die **Richtlinien- und Koordinierungsfunktion** des Kollegialspruchkörpers auf den Plan und wird dadurch eine grundsätzliche Bedeutung nahelegen. Ist eine Rechts- oder Tatsachenfrage in der Kammerrechtsprechung geklärt, nicht aber in der ober- bzw. höchstrichterlichen Rspr. oder ist sie dort umstritten, begründet dies allenfalls grundsätzliche Bedeutung. Strikter ist der Grad der Vorklärung bei **Verfassungs- und Europarecht** maßgeblich. Die Notwendigkeit einer **Vorlage** an das BVerfG (Art. 100 I GG) oder an den EuGH (Art. 267 AEUV) steht einer Übertragung immer entgegen (BVerfG NJW 1999, 274 und → § 5 Rn. 17; SSB § 6 Rn. 71).

2. Grundsätzliche Bedeutung (I 1 Nr. 2)

12   **Leitlinie** des zweiten Übertragungshindernisses ist die Bewahrung der Einheitlichkeit der Rspr. im Bezirk. In den Voraussetzungen ergibt sich dabei eine weitgehende Übereinstimmung mit entsprechenden **Zulassungsgründen** in § 124 II Nr. 3 und § 132 II Nr. 1; tatsächlich wird sich eine erstinstanzliche Grundsätzlichkeit jedoch in mehr Fallgestaltungen ergeben als in übergeordneten Instanzen.

13   Grundsätzliche Bedeutung nach I 1 Nr. 2 können in einer Tatsacheninstanz Rechts- ebenso wie Tatsachenfragen haben, wenn sie **ungeklärt** sind. Nicht jede Unklarheit erfordert aber auch eine Befassung des Kollegiums. Als einfach sind Fragen zu betrachten, deren Beantwortung sich aus dem Gesetz ergibt. Das ist anzunehmen, wenn sich im internen Diskurs der Kammermitglieder kein potenzieller Dissens abzeichnet. Bei der Beseitigung von Unklarheiten ist der ER zudem nie gehindert, sich informell mit dem Kollegium abzustimmen.

14   Auch schwierige Fragen sind einer **Klärung** nicht oW **bedürftig.** Sie müssen entscheidungserheblich und verallgemeinerungsfähig sein sowie über den Einzelfall hinausweisen. Dies ist stets zu bejahen, wenn ihretwegen die Berufung oder Revision zugelassen werden müsste (§ 124 II Nr. 3; § 132 II Nr. 1). Hinreichende Bedeutung ist gegeben, wenn die Antwort gewichtige Auswirkungen auf die Beteiligten oder die Kammerrechtsprechung hat und ferner, wenn von Rspr. des übergeordneten OVG oder des BVerwG abgewichen werden soll; denn **Divergenz** ist ein anerkannter Fall der grundsätzlichen Bedeutung. Das gilt auch für den Fall, dass der voraussichtliche ER von der Kammerrechtsprechung abweichen will (str., NK-VwGO § 6 Rn. 47). Die Abweichung von der Rspr. anderer Landes-VG kann die Notwendigkeit indizieren, zunächst eine Kammerlinie zu entwickeln, zu bestätigen oder fortzuentwickeln.

3. Übertragungsverbote

a) Proberichter im ersten Jahr (I 2). Eine übertragbare Sache darf nicht **15** auf einen **Richter auf Probe** (→ § 17 Nr. 1 und § 12 DRiG) im ersten Jahr nach seiner Ernennung übertragen werden (I 2). Das Verbot soll eine berufsrichterliche Mindesterfahrung sicherstellen. In Asylverfahren ist das Übertragungsverbot auf sechs Monate reduziert (§ 76 V AsylG). Es gilt auch für **Richter kraft Auftrags** (§ 17 Nr. 2), auf deren Verwendung die Vorschriften für Proberichter gem. § 16 II DRiG entspr. gelten (aA die Literatur vgl. SSB § 6 Rn. 51 mwN). Das Verbot gilt aber nicht für Richter auf Zeit (§ 17 Nr. 3). Der Jahreszeitraum beginnt mit dem Tag des Wirksamwerdens der Ernennung und ist nach § 188 II BGB (§ 57 iVm § 222 ZPO) zu berechnen. Fällt eine bereits übertragene Sache auf einen Proberichter im ersten Jahr, der neu in die Kammer eintritt, so ist dieser als ER verhindert; zuständig wird automatisch der Vertreter (str., → Rn. 30).

b) Mündliche Verhandlung (II). Ein am Verfahrensstadium orientiertes **16** Übertragungsverbot ist in II begründet. Ist **vor der Kammer mündlich verhandelt worden,** so ist der Rechtsstreit bereits so weit gediehen, dass eine Übertragung seine Erledigung verzögern würde. Streitig ist, ab wann „mündlich verhandelt worden ist". Richtiger Ansicht nach kommt es weder auf die Eröffnung der Verhandlung an (§ 103 I) noch auf den Sachbericht (§ 103 II), sondern auf die Antragstellung (§ 103 III). Mit der Verwendung des Perfekts („verhandelt worden ist") stellt das Gesetz auf den Eintritt der Entscheidungsreife ab (vgl. Kopp/Schenke § 6 Rn. 15; NK-VwGO § 6 Rn. 38). Keine Verhandlung sind demnach Erörterungstermine und alle sonstigen Prozesshandlungen (Beweisbeschluss, PKH-Bescheidung uä); das Übertragungsverbot greift auch nicht ein, wenn nach Erlass eines Gerichtsbescheides mündliche Verhandlung beantragt wird.

Die **Rückausnahme** („es sei denn") des Ergehens eines Vorbehalts-, Teil- **17** oder Zwischenurteils (→ § 107 Rn. 5) trägt dem Umstand Rechnung, dass damit zwischen mündlicher Verhandlung und Übertragungsbeschluss [„inzwischen"] die Befassung der Kammer zu einem gewissen Abschluss gekommen ist, der Rechtsstreit aber noch zum einen Teil offen ist, der vom ER beschleunigt entschieden werden kann.

IV. Übertragung

1. Gegenstand der Übertragung

Zu übertragen ist „der [gesamte] Rechtsstreit" (I 1). Gemeint sind alle beim **18** VG durch Klageerhebung (§ 81) oder selbstständige Rechtsschutzanträge (§§ 80, 80a; § 123; §§ 167 ff.) eingeleiteten Verfahren, die durch Kollegialentscheidung zu beenden sind. Unerheblich ist, auf welche Art (Urteil oder [Einstellungs-]Beschluss) der Rechtsstreit tatsächlich erledigt wird. Zum Umfang der Entscheidungsbefugnisse des ER vgl. → Rn. 24.

Die Übertragung erfasst **unselbstständige Nebenverfahren** (PKH-Be- **19** scheidungen nach § 166 iVm §§ 114 ff. ZPO; Beweiserhebungen nach § 98 iVm §§ 485 ff. ZPO) und die Anhörungsrüge nach § 152a. Wegen ihrer Selbstständigkeit können Klageverfahren und sachlich zugehörige Verfahren des **einstweiligen Rechtsschutzes** (§ 80 V, § 80a III; § 123) sowie **Vollstreckungsverfahren** verfahrensmäßig getrennte Wege gehen, soweit nicht ohnehin der Vorsitzende originär zuständig ist (§ 80 VIII; § 169). Sie müssen gesondert übertragen werden (str., SSB § 6 Rn. 7; aA Eyermann § 6 Rn. 7; BFSA § 6 Rn. 4). Das **Kostenrecht** sieht teilweise originäre ER-Zuständigkeiten vor (→ § 165 Rn. 3 ff.).

2. Intendiertes Übertragungsermessen

20 Liegt kein gegenstands- oder verfahrensbezogenes Übertragungshindernis (→ Rn. 7 ff. und 16) vor, so bestimmt I 1 die Rechtsfolge mit der höchst umstrittenen (scheinbar tautologischen) Formel „soll in der Regel" (Kopp/ Schenke § 6 Rn. 10; NK-VwGO § 6 Rn. 41 ff.). Das BVerwG deutet sie als **intendiertes Ermessen** (BVerwG NVwZ-RR 2002, 150 (151); 2000, 257), das weder besonders zum Ausdruck gebracht noch begründet werden muss (→ Rn. 37). Das adressatenbezogene Übertragungsverbot (I 2 → Rn. 15) beeinflusst die Auswahl des ER (→ Rn. 22), steht einer Übertragung als solcher aber nicht entgegen.

21 Liegen **atypische Umstände** vor, so ist der Kammer ein (in interner Beschlussfassung auszuübendes) Ermessen eröffnet, von der Übertragung **abzusehen**. Solche Umstände können darin liegen, dass die Kammer in einem neu zugewiesenen Rechtsgebiet noch keine Kammerlinie entwickelt hat, die baldige Erledigung einer Sache zu erwarten ist (bei Vergleichsverhandlungen oder nur vorsorglicher Klageerhebung). Auch **in der Person des ER** liegende Gründe dürfen berücksichtigt werden (str., Eyermann § 6 Rn. 18; SSB § 6 Rn. 36; aA NK-VwGO § 6 Rn. 47). Zu ihnen gehören mangelnde Erfahrung, starke Arbeitsbelastung, aber auch der erkennbare Wille des ER, von der Kammerlinie abzuweichen, denn diese Absicht verleiht der Sache grundsätzliche Bedeutung. Die Unabhängigkeit des ER lässt sich nicht ins Feld führen, weil der Rechtsstreit bei Beschlussfassung noch bei der ebenso unabhängigen Kammer (§ 1) anhängig ist. Das durch atypische Umstände eröffnete Ermessen dient der Rechtspflege, nicht den Interessen der Verfahrensbeteiligten; diese können daher keine bestimmte Ermessensausübung verlangen (hM, Eyermann § 6 Rn. 18).

3. Übertragungsadressat

22 Die Kammer darf den Rechtsstreit nur „einem ihrer Mitglieder" übertragen (I 1). Gemeint sind die der Kammer durch den gerichtlichen GVP **zugewiesenen Berufsrichter** (iSd § 15 ff.); Vertreter aus anderen Kammern scheiden damit aus. Voraussetzung ist jedoch, dass der Richter ein Dezernat zu bearbeiten hat; ein „ohne eigenes Dezernat" (dazu NK-VwGO § 4 Rn. 85) zugewiesenes Kammermitglied ist kraft gerichtlicher GV von der ER-Tätigkeit ausgeschlossen.

In diesem Rahmen kommt jedes Kammermitglied, auch der Vorsitzende **23** (arg. § 21g III GVG) in Betracht. Üblich ist es, den im GVP festgelegten Berichterstatter als ER vorzusehen. In jedem Fall ist nach § 4 iVm § 21g III iVm II GVG eine **Vorausbestimmung** durch eine kammerinterne ER-Regelung im Kammer-GVP erforderlich. Ein nachfolgendes Auswahlermessen besteht mithin nicht. Ausgeschlossen sind **Probe- und Auftragsrichter** im ersten Jahr nach ihrer Ernennung (→ Rn. 15). Das zuständige Kammermitglied ist eindeutig zu bezeichnen (→ Rn. 36).

4. Wirkung der Übertragung

Die Übertragung des Rechtsstreits erfolgt „zur Entscheidung" des Rechts- **24** streits (I 1). Der ER ist kein Entscheidungsorgan neben der Kammer, sondern wird das „Verwaltungsgericht" (BVerwG NVwZ 2005, 98; VGH BW VBlBW 2005, 60), entscheidet den Rechtsstreit „als Einzelrichter" abschließend – in voller richterlicher Unabhängigkeit (Art. 97 I GG) und mit allen Befugnissen, die sonst der Kammer zustehen (auch zum Erlass eines Gerichtsbescheides nach § 84). Er übernimmt das Verfahren in dem Stand, den es bei Übertragung hat. Die ehrenamtlichen Richter wirken an seinen Entscheidungen nie mit (→ § 5 Rn. 17).

Bei **Verhinderung** des ER (der vorübergehenden tatsächlichen oder recht- **25** lichen Unmöglichkeit, die Amtsgeschäfte wahrzunehmen, BVerwG NJW 2001, 3493) tritt der im Kammer-GVP vorgesehene Vertreter ein. Ein Fall der Verhinderung ist die erfolgreiche Ablehnung wegen **Befangenheit** (BFHE 187, 206), über die nach hM gem. § 54 iVm § 45 I ZPO die durch GVP bestimmte Kammer ohne den abgelehnten ER zu befinden hat; an dessen Stelle tritt sein planmäßiger Vertreter (vgl. NK-VwGO § 6 Rn. 63; Eyermann § 6 Rn. 7 → § 54 Rn. 24).

5. Beendigung der Übertragung

a) Gründe für ein Rückfallen an die Kammer. Die Rückübertragung auf **26** die Kammer ist die einzige Form der gewillkürten Beendigung der ER-Zuständigkeit (→ Rn. 38). Streitig ist das automatische Rückfallen an die Kammer wegen einer **Veränderung der Verhältnisse.** Diskutiert werden der Wechsel der Kammerzuständigkeit durch Geschäftsverteilung, die Verweisung an ein anderes Gericht und die Verfahrensfortführung nach Zurückverweisung (→ Rn. 27 ff.). Nicht vorgesehen ist eine Beendigung unmittelbar durch Entscheidung eines Rechtsmittelgerichts.

b) Änderung der Verhältnisse. Wird eine übertragene Sache einer anderen **27** Kammer zugeteilt – sei es infolge einer **Änderung des gerichtlichen Geschäftsverteilungsplans** oder infolge **Abgabe** nach irrtümlicher Erstzuteilung –, soll dies die ER-Zuständigkeit nach hM nicht berühren (SSB § 6 Rn. 29; Kopp/Schenke § 6 Rn. 4; BeckOK VwGO § 6 Rn. 39; NK-VwGO § 6 Rn. 69; aA BFSA § 6 Rn. 18; Eyermann § 6 Rn. 7).

Ebenso soll die Übertragung auf den ER **fortbestehen** bei **rechtsweg-** **28** **interner Verweisung** eines übertragenen Verfahrens an ein anderes (sachlich

oder örtlich zuständiges) VG oder **Neubestimmung** der Zuständigkeit nach
§ 53 (HmbOVG Beschl. v. 22.9.2009 – 1 Bf 162/09.Z, Rn. 25, Kopp/
Schenke § 6 Rn. 4, NK-VwGO § 6 Rn. 69; aA Eyermann § 6 Rn. 7; SSB
§ 6 Rn. 29; BFSA § 6 Rn. 18).

29   Der hM ist **nicht zuzustimmen.** Die automatische Fortdauer der Übertragung greift in den Beurteilungsspielraum der neuen Kammer ein
(→ Rn. 6), was nicht hinreichend legitimiert und auch nicht deshalb erträg-
lich ist, weil der neue ER – der nicht durch Beschluss, sondern aufgrund
Zuweisung des Vorsitzenden gem. dem kammerinternen GVP bestimmt wird
– die Möglichkeit zur Rückübertragung (§ 6 III) hat, wenn er sich eine
entsprechende Einschätzung seiner Kammer zu eigen macht.

30   Nach wohl allg. Ansicht entfällt die ER-Zuständigkeit automatisch bei
Verweisung in einen anderen Rechtsweg, da sich dort die Besetzungsfrage
nach anderen Regeln als nach § 6 stellt (SSB § 6 Rn. 29). Fällt die Sache in
einer neuen Kammer auf einen **Proberichter** im ersten Jahr (vgl. I 2), so sind
die Folgen streitig. Richtig ist, dass dann der geschäftsplanmäßige (Probe)
Richter (wenngleich in einem uneigentlichen Sinne) verhindert ist und nach
allgemeinen Regeln (→ Rn. 25) zu vertreten ist (HessVGH NVwZ-RR
1993, 332). Nach aA fällt die Sache an die Kammer zurück (Eyermann § 6
Rn. 14). Dasselbe Problem entsteht bei Neutritt eines Proberichters in die
Kammer (dazu → Rn. 15).

V. Verfahren der Übertragung

1. Anhörung

31   Der Berichterstatter oder Vorsitzende hat den Beteiligten **Gelegenheit zur
Stellungnahme** zu geben, sobald die Übertragung konkret beabsichtigt ist
(BVerwGE 110, 40 (45); Eyermann § 6 Rn. 12; Kopp/Schenke § 6 Rn. 19;
SSB § 6 Rn. 13; Redeker/v. Oertzen § 6 Rn. 4). Eine Anhörung vor Übertragung der Sache ist zwar nach dem Wortlaut des § 6 I nicht vorgesehen
(anders als in § 6 III 1 für die Rückübertragung), wohl aber nach dem
Grundsatz rechtlichen Gehörs geboten (Art. 103 I GG). Die Übertragung entscheidet über die Richterbank (→ § 5 Rn. 14) und beeinflusst damit
das Recht auf den gesetzlichen Richter (Art. 101 I 2 GG). Die Beteiligten
erwarten zu Recht, dass die Übertragungsabsicht einer kammerinternen Willensbildung entspricht und vorbeschlossen ist. Gegen die verbreitete Praxis
einer **Anhörung „auf Vorrat"** (uU schon mit der Eingangsverfügung) ist
nach hM nichts einzuwenden (NK-VwGO § 6 Rn. 75). Zu Fehlerfolgen
→ Rn. 43 ff.

2. Zeitpunkt

32   Wegen der Regelverpflichtung aus I 1 (→ Rn. 20) hat die Kammer für jede
Sache eine (interne) Entscheidung über die Übertragung zu treffen. Diese hat
spätestens vor der Entscheidung zu erfolgen, idR aber sobald eine Basis für die
hinreichend gesicherte Prognose (→ Rn. 6) besteht, dass kein gegen-
standsbezogenes Übertragungshindernis (→ Rn. 7 ff.) vorliegt. Das wird in

der Regel eine Kenntnis der Klagebegründung, -erwiderung und der Verwaltungsvorgänge erfordern, kann aber auch früher erkennbar werden (etwa bei ersichtlicher Unzulässigkeit mit Eingang der Klageschrift). Im Fortgang des Verfahrens kann sich das Übertragungsverbot nach II ergeben (→ Rn. 16).

3. Form, Zuständigkeit und Inhalt

Für jede Sache ist ein **Beschluss** der Kammer zur Übertragung erforderlich. **33** Die Beschlussfassung folgt allgemeinen Regeln (§ 173 S. 1 iVm §§ 192 ff. GVG für Beratung und Abstimmung); iaR wird von einer mündlichen Verhandlung abgesehen (§ 101 III) und im Umlaufverfahren entschieden. Der Beschluss kann konkludent gefasst werden, etwa indem der BE (ggf. auf der Grundlage eines erläuternden Vermerks) eine Sachentscheidung durch die Kammer vorschlägt und dafür eine Mehrheit findet. Ein Übertragungsbeschluss ist hingegen (unter)schriftlich zu dokumentieren, weshalb die Praxis regelmäßig die Form des Sachbeschlusses wählt (zur Bekanntgabe → Rn. 35).

Mitzuwirken hat jene **Richterbank,** die für eine Entscheidung des Rechtsstreits in der gewählten Form geschäftsverteilungsmäßig vorgesehen ist **34** (§ 5 III 2). Der vorgesehene ER wirkt mit, wenn es sich wie meist um den Berichterstatter (→ § 5 Rn. 4) handelt.

Der Beschluss zur Übertragung ist **bekannt zu geben** (→ § 56 Rn. 43). **35** Dies kann, da er nicht zu verkünden und unanfechtbar ist (§ 6 IV 1 → Rn. 42), nach § 173 S. 1 iVm § 329 II ZPO formlos geschehen (BVerwG NVwZ-RR 2002, 150 Rn. 8), auch gleichzeitig mit der mündlichen Verhandlung oder der Sachentscheidung (vgl. Kopp/Schenke § 6 Rn. 14 und 20; SSB § 6 Rn. 29; BFHE 175, 16 (17); NdsOVG NVwZ 1998, 85 (86); modifizierend: VGH BW ESVGH 44, 81 (82)). In der mündlichen Verhandlung durch den ER kann die konkludente Bekanntgabe der Übertragung liegen. Zu Fehlerfolgen → Rn. 45.

Str. ist, wann die **Übertragung wirksam** wird, der ER also tätig werden **35a** darf: ab Eingang des Beschlusses auf der Geschäftsstelle, mit der Aufgabe zur Post (SSB Rn. 46) oder mit der Kenntniserlangung der Beteiligten. Die **Rspr.** stellt überwiegend auf die Bekanntgabe (an den letzten Beteiligten?) ab (VGH Mannheim InfAuslR 2016, 281; BVerwG NVwZ-RR 2002, 150 (151); OVG Münster GewArch 2018, 117; AuAS 2004, 202). Das ist abzulehnen: Die Übertragung ist ein spruchkörperinterner Vorgang der Geschäftsverteilung, der mit der (dokumentierten) **Übergabe an die Geschäftsstelle** abgeschlossen ist (ebenso NK-VwGO Rn. 83). Die Übergabe bildet zugleich eine für das Gericht und alle Beteiligten klare und nachvollziehbare Zäsur.

In einem Übertragungsbeschluss ist neben dem Übertragungsgegenstand **36** der **ER genau zu bezeichnen,** allerdings mithilfe der seine Zuständigkeit abstrakt-funktional begründenden Merkmale („Der Rechtsstreit wird auf den Vorsitzenden/den Berichterstatter zur Entscheidung als Einzelrichter übertragen."). Die namentliche Nennung des ER (neben der unabdingbaren Angabe der funktionalen „Rolle") ist nur ein unschädlicher Hinweis auf den im Übertragungszeitpunkt zuständigen Richter, bindet die Zuständigkeit aber nicht an dessen Person. Das Ausscheiden des ER aus der Kammer und jede sonstige Verhinderung führt zum Eintritt des ihm geschäftsplanmäßig nachfolgenden Kammermitglieds (→ Rn. 25; NK-VwGO § 6 Rn. 52 f.).

37   Dem Beschluss kann eine **Begründung** beigegeben werden, eine Pflicht hierzu besteht aber nicht, auch dann nicht, wenn ein Beteiligter der beabsichtigten Übertragung – iR des Anhörungsverfahrens – widersprochen hat (hM, BVerwG NVwZ-RR 2002, 150; BFH BStBl 2001 II, 415; Eyermann § 6 Rn. 10; aA Kopp/Schenke § 6 Rn. 14; NK-VwGO § 6 Rn. 81). Allerdings entspricht dann eine kurze Begründung dem Gebot fairer Prozessführung. Verfassungsrechtliche Bedenken gegen die Entbehrlichkeit der Begründung bestehen nicht (vgl. BVerfGE 81, 97 (106); 50, 287 (289 f.)).

VI. Rückübertragung (III)

38   Die Rückübertragung eines Verfahrens auf die Kammer ist zulässig, wenn sich nachträglich ein gegenständliches **Übertragungshindernis** iSd I 1 Nr. 1 und 2 (→ Rn. 7 ff.) einstellt. Dieses muss seine Ursache in einer „wesentlichen Änderung der Prozesslage" haben. Darunter ist eine **objektive Änderung der Sach- oder Rechtslage** zu verstehen (neues Vorbringen, neue Beweismittel, Klage- oder Rechtsänderungen; hM BVerwGE 110, 40 Rn. 19; Eyermann § 6 Rn. 19; SSB § 6 Rn. 30; Kopp/Schenke § 6 Rn. 22). Es genügt nicht, dass der ER die Schwierigkeiten oder die Bedeutung der unveränderten Sache anders einschätzt als die Kammer (BGH NJW 2003, 2900 zu § 526 II Nr. 1 ZPO). Damit soll verhindert werden, dass der ER eine abweichende Einschätzung der Übertragbarkeit durchsetzen kann; denn eine erneute Übertragung auf ihn wäre ausgeschlossen (III 2). Aus entsprechenden Gründen ist der Wille des ER, von der Kammerrechtsprechung abzuweichen (→ Rn. 14), für sich gesehen keine Änderung der Prozesslage. Zur Beurteilung der Änderung ist allerdings nur der ER befugt (BVerwG NVwZ 2005, 98 und 460).

39   Ist der Übertragungsbeschluss unter Verletzung der prozessualen Gewährleistungen der Verfassung zustande gekommen, die – ausnahmsweise – in einem Rechtsmittelverfahren beachtlich sind (→ Rn. 44 f.), ist eine **verfassungskonforme Auslegung** des III 1 geboten. In solchen Fällen ist eine Zurückübertragung auch dann zulässig, wenn der ER aufgrund des Verfahrensverlaufs zum Ergebnis gelangt, dass die Rechtssache – entgegen der ursprünglichen Annahme der Kammer – grundsätzliche Bedeutung hat oder besondere Schwierigkeiten aufweist. Anderenfalls zwänge man den ER, sehenden Auges eine unter dem Makel der Gehörsverletzung stehende Entscheidung zu erlassen (BVerwGE 110, 40 (45)). Dasselbe gilt, wenn der Rechtsstreit dem BVerfG oder EuGH vorgelegt werden muss (→ Rn. 11).

40   Liegen die Voraussetzungen für eine Rückübertragung vor, so ist dem ER – anders als der Kammer bei der Übertragung – ein **nicht intendiertes Ermessen** eingeräumt, das mit dem (bewusst gegen die Regelverpflichtung aus I 1 gesetzten) Wort „kann" gemeint ist (BVerwG NVwZ 2005, 98). Das Ermessen kann bei schwerwiegenden Fehlern (→ Rn. 39) oder einem erheblichen Gewicht einer Rechtssache „auf Null" **reduziert** sein. Soweit in diesen Fällen die Ermessensausübung dem Schutz von Rechten dient, können die Beteiligten die Rückübertragung verlangen, was mit dem dann erweiterten Rechtsschutz (→ Rn. 45) korrespondiert.

Entschließt sich der ER zur Rückübertragung, so hat er die Beteiligten **41** **anzuhören** (vgl. → Rn. 31). Die Rückübertragung erfolgt durch unanfechtbaren **Beschluss** des ER, der nicht begründet werden muss (§ 122 II 1). Ist die Änderung der Prozesslage iSd III 1 nicht offensichtlich oder ist sie streitig, kann es tunlich sein, die Gründe für die Rückübertragung im Beschluss festzustellen (vgl. → Rn. 37). Die Kammer ist an einen neuen Übertragung gehindert (III 2). Davon ist eine Ausnahme zu machen, wenn es allein um die verfassungsrechtlich gebotene Korrektur des Übertragungsbeschlusses geht (Kopp/Schenke § 6 Rn. 25).

VII. Rechtsmittel und Fehlerfolgen (IV)

1. Unanfechtbarkeit

Unanfechtbar sind nach IV im Ergebnis **sämtliche Entscheidungen** des **42** Gerichts zur Übertragung, Rückübertragung oder zu ihrem Unterlassen. Das gilt für alle verlautbarten Entscheidungen, also für förmliche Ablehnungen einer beantragten (Rück)Übertragung wie auch für interne Willensbildungen.

2. Inzidente Überprüfbarkeit in Rechtsmittelverfahren

Angesichts der Unanfechtbarkeit der Übertragungsentscheidungen hat die **43** Frage besondere Bedeutung, ob ihre Fehler inzident in einem **Rechtsmittelverfahren gegen die Sachentscheidung** des ER oder (nach Rückübertragung) der Kammer geprüft werden können. Diese Frage wird sehr differenziert beantwortet: Die Gesamtregelung in IV zeigt, dass Verstöße gegen § 6 für sich gesehen **grds. nicht** zum Erfolg eines Rechtsmittels gegen die Sachentscheidung führen sollen (BVerwGE 110, 40). Nach § 173 S. 1 iVm § 512 ZPO bzw. § 557 II ZPO (§ 548 aF) sind die der Endentscheidung vorausgehenden (hier nach § 6 IV) unanfechtbaren Entscheidungen einer inhaltlichen Beurteilung durch das Revisionsgericht entzogen (BVerwG NVwZ-RR 2002, 150). Das gilt entspr. für Berufungszulassungsverfahren (§ 124 II Nr. 5) und für Beschwerdeverfahren gegen die Nichtzulassung der Revision.

Hiervon abweichend können **ausnahmsweise** solche Verfahrensmängel **44** der (Rück)Übertragung gerügt werden, wenn Folgen des Verfahrensmangels der angefochtenen Sachentscheidung weiterwirkend anhaften (BVerwG Beschl. v. 27.10.2004 – 7 B 110.04; NVwZ-RR 2000, 257; 1999, 587 (588)). **Weiterwirkende Übertragungsmängel** (iS von § 124 II Nr. 5 bzw. § 138) sind anerkannt, wenn der Verstoß gegen § 6 zugleich eine Verletzung der prozessualen Gewährleistungen der Verfassung darstellt (BVerwGE 110, 40 mwN). Diese Grenze ist nicht bei jeder irrtümlichen Überschreitung der Kompetenzen und jeder fehlerhaften Anwendung des Prozessrechts überschritten, sondern erst dann, wenn die Sachentscheidung infolge der Vorentscheidung **willkürlich oder manipulativ** ist (BVerwGE 65, 287 (291); NJW 1993, 381; NJW 1992, 2075; Buchh 310 § 54 VwGO Nr. 51 und § 138

Nr. 1 VwGO Nr. 32; NK-VwGO § 124 Rn. 201). Eine Verletzung der Garantie des **gesetzlichen Richters** erfordert eine willkürliche Handhabung des für die Besetzung des Gerichts maßgeblichen Rechts (BVerfGE 29, 45 (49); 6, 45 (52); stRspr) oder ein grundlegendes Verkennen der Bedeutung und Tragweite von Art. 101 I 2 GG (BVerfGE 82, 286 (299)).

45   Ein **relevanter Verstoß gegen Art. 101 I 2 GG** liegt daher erst dann vor, wenn ein Übertragungsbeschluss gänzlich fehlt (dann ist der ER nicht gesetzlicher Richter, BVerwG NVwZ-RR 2002, 150; SSB § 6 Rn. 8 und 21; BGH NJW 1993, 600). Andere Verfahrensfehler stellen die Gewährleistung des gesetzlichen Richters nur bei **objektiver Willkür** oder **Manipulationsabsicht** infrage (BVerwG NVwZ-RR 2002, 150 Rn. 8). Dazu gehören sehr grobe Fehleinschätzungen der Übertragbarkeit (I 1) und erhebliche Ermessensfehler (wie die verfrühte Übertragung). Generell nicht dazu gehören Fehler der **Anhörung** oder der **Bekanntgabe** des Übertragungsbeschlusses bzw. ihres Zeitpunktes (BVerwGE 110, 40 Rn. 21). Diese Fehler können nur dann relevant sein, wenn sie einem Beteiligten das **rechtliche Gehör verwehren** (§ 108 II; Art. 103 I GG). Dazu muss dieser aber konkret vortragen, entweder (1) inwiefern das Gericht fehlerkausal entscheidungserheblichen Vortrag nicht zu Kenntnis genommen hat oder (2) was er bei Vermeidung des Fehlers vorgetragen hätte und inwiefern dies hätte ergebnisrelevant sein können (→ § 138 Rn. 22). Nicht zu folgen ist daher OVG Münster GewArch 2018, 117, wonach allein schon die Verhinderung des Bestreitenkönnens von Übertragungsvoraussetzungen ausreichen soll.

46   Die Rüge eines Verstoßes gegen den Grundsatz des rechtlichen Gehörs ist unbeachtlich, wenn der Beteiligte es unterlassen hat, sich durch geeignete Anträge **rechtliches Gehör zu verschaffen,** wenn er sich also etwa rügelos auf eine mündliche Verhandlung vor dem ER einlässt (zur Schädlichkeit rügelosen Einlassens **entspr.** § 295 ZPO BVerwG Beschl. v. 7.10.2004 − 3 B 62.04 − juris Rn. 5 mwN; Beschl. v. 11.4.2001 − 8 B 277.00, nv). Eine Gehörsverletzung kann in der Zeit zwischen der Übertragung und der Endentscheidung aber auch **geheilt** werden (BVerwGE 110, 40 (45)). Das kann dadurch geschehen, dass die Beteiligten ausdrücklich erklären oder durch rügelose Einlassung zu verstehen geben, dass sie gegen die Entscheidung durch den ER keine Bedenken haben Bei Widerspruch eines Beteiligten bietet § 6 III 1 eine Korrekturmöglichkeit, die verfassungskonform zu handhaben ist (→ Rn. 39).

3. Bindung an fehlerhafte Berufungszulassung

47 Das OVG ist auch an eine **fehlerhafte Berufungszulassung** durch den ER **gebunden,** selbst wenn dieser die Zulassung entgegen § 124a I 1 auf den Zulassungsgrund des § 124 II Nr. 2 gestützt hat (BVerwG NVwZ 2005, 821 zur Zulassung nach § 124 II Nr. 3; VGH BW DÖV 2009, 1010 Rn. 32).

48   Zu fragen ist allerdings, ob im Einzelfall ein **Widerspruch zwischen Übertragung und Zulassung** besteht: Hat die Kammer die Voraussetzungen für die Übertragung (§ 6 I 1) zu Unrecht bejaht, so ist der ER zur Rückübertragung nicht einmal befugt (→ Rn. 38); sind die Voraussetzungen erst infolge einer Prozessveränderung entfallen (III 1), so kann der ER ermessensfehlerfrei von der Rückübertragung auf die Kammer abgesehen haben und gleichwohl verpflichtet sein, die Berufung nach § 124a I 1 iVm § 124 II Nr. 3 zuzulassen (ebenso BVerwG NVwZ 2005, 98 Rn. 15 f.; VGH BW DÖV 2009, 1010; Kopp/Schenke § 124a Rn. 4 und Eyermann § 124a Rn. 2 sowie SSB § 124a Rn. 11).

§§ 7 und 8 *(weggefallen)*

§ 9 [Organisation des Oberverwaltungsgerichts]

(1) Das Oberverwaltungsgericht besteht aus dem Präsidenten und aus den Vorsitzenden Richtern und weiteren Richtern in erforderlicher Anzahl.

(2) Bei dem Oberverwaltungsgericht werden Senate gebildet.

(3) [1] Die Senate des Oberverwaltungsgerichts entscheiden in der Besetzung von drei Richtern; die Landesgesetzgebung kann vorsehen, daß die Senate in der Besetzung von fünf Richtern entscheiden, von denen zwei auch ehrenamtliche Richter sein können. [2] Für die Fälle des § 48 Abs. 1 kann auch vorgesehen werden, daß die Senate in der Besetzung von fünf Richtern und zwei ehrenamtlichen Richtern entscheiden. [3] Satz 1 Halbsatz 2 und Satz 2 gelten nicht für die Fälle des § 99 Abs. 2.

Die OVG (VGH s. § 184) sind die obersten VG in den Ländern (§ 2). Ihr **1** Aufgabenbereich ist in den Zuständigkeitsregelungen der §§ 46 bis 48 festgelegt, ihre **Organisation** in § 9 durch eine in Aufbau und Wortwahl parallele Vorschrift zu § 5. Die Spruchkörper des OVG heißen traditionell **Senate** (II). Der **Präsident** des OVG (BesGr R6/R8) ist geborener Vorsitzender Richter eines Senats (→ § 5 Rn. 3). In Angelegenheiten der Gerichtsverwaltung ist er den VG-Präsidenten übergeordnet („Chefpräsident"), der Ministerialebene nachgeordnet und insofern Leiter einer Landesmittelbehörde.

Eigenständig geregelt ist die Besetzung der Senate bei Entscheidungen. Die **2** bundesrechtliche **Regelbesetzung** in Urteils- wie Beschlussverfahren besteht aus drei vom OVG ernannten Berufsrichtern (BesGr R2/R3). Lebenszeitrichter anderer Gerichte dürfen nach § 16 mitwirken als abgeordnete Richter zum Zweck der Erprobung (→ § 15 Rn. 3) oder als Richter im Nebenamt; als solche können auch ordentliche Professoren des Rechts berufen werden. **Nicht mitwirken** dürfen Richter auf Probe und kraft Auftrags (nur bei den VG, § 17). An allen Entscheidungen müssen mindestens zwei ständige Senatsmitglieder mitwirken (§ 29 S. 1 DRiG, § 21 II 2 GVG).

Zwei **Öffnungsklauseln** ermächtigen die Landesgesetzgeber, abweichende **3** Besetzungen vorzusehen. Nach III 1 Hs. 2 kann die **Regelbesetzung** voraussetzungslos – generell oder bereichsspezifisch – **erweitert** werden, und zwar auf fünf Richter oder auf drei (Berufs)Richter und zwei Ehrenamtliche.

Landesrechtlich differenziert ist die Besetzung in **Normenkontrollverfahren** nach § 47 (→ § 47 Rn. 98).

4   Unabhängig davon kann für die Fälle des § 48 I, die sog. **erstinstanzlichen** (technischen) **Großverfahren,** eine Entscheidung mit fünf Berufsrichtern und zwei Ehrenamtlichen vorgesehen werden, gewissermaßen als Ausgleich für den Wegfall einer Tatsacheninstanz (Schnellenbach DVBl 1993, 235). Das vorgegebene Zahlenverhältnis (3 zu 2) ist nach zutr. hM nicht disponibel. Die Praxis der Länder beteiligt Ehrenamtliche (nach dem Modell des § 5 III) nur bei mündlichen Verhandlungen. Ist ihre Mitwirkung vorgesehen, wirken sie auch bei **Gerichtsbescheiden des OVG** in erstinstanzlichen Verfahren mit (§ 84 I 3 iVm § 5 III 1). Das Landesrecht kann dies entspr. § 5 III 2 abweichend regeln. **Vorlagebeschlüsse** sind in voller Urteilsbesetzung zu fällen (→ § 5 Rn. 17).

5   Bei den OVG sind **Fachsenate** für besondere Angelegenheiten zu bilden. Fachsenate für **In-Camera-Verfahren** nach §§ 99 II, 189 entscheiden in der Regelbesetzung mit drei Richtern nach III 1 Hs. 1 iVm § 4 S. 3. Die Rückausnahme in III 3 versperrt die Möglichkeit, durch Landesrecht eine abweichende Besetzung vorzusehen. Die **Disziplinarsenate** entscheiden in der Regelbesetzung mit Beamtenbeisitzern als ehrenamtlichen Richtern nach Maßgabe der § 65 I iVm §§ 46 ff. BDG, die Fachsenate für **Personalvertretungssachen** in der nach Bundes- oder Landesrecht vorgesehenen Besetzung (→ § 19 Rn. 2), die angegliederten Berufsgerichte (s. § 187 I) in der durch Landesrecht bestimmten Besetzung.

6   **Einzelrichter** können beim Oberverwaltungsgericht nur im vorbereitenden Verfahren (§ 87a I, III) als konsentierter ER (§ 87 II, III) tätig werden sowie bei Kosten- und Streitwertbeschwerden, wenn die angefochtene Entscheidung von einem Einzelrichter oder einem Rechtspfleger erlassen wurde (§ 66 VI 1 Hs. 2, § 68 I 5 GKG; § 33 VIII 1 Hs. 2, § 56 II 1 RVG). Keinesfalls anwendbar ist **§ 6.**

§ 10 [Gliederung des Bundesverwaltungsgerichts]

(1) Das Bundesverwaltungsgericht besteht aus dem Präsidenten und aus den Vorsitzenden Richtern und weiteren Richtern in erforderlicher Anzahl.

(2) Bei dem Bundesverwaltungsgericht werden Senate gebildet.

(3) Die Senate des Bundesverwaltungsgerichts entscheiden in der Besetzung von fünf Richtern, bei Beschlüssen außerhalb der mündlichen Verhandlung in der Besetzung von drei Richtern.

1   Oberstes VG ist das bereits 1953, also vor der VwGO, auf der Grundlage von Art. 95 I GG errichtete **BVerwG** (→ § 2 Rn. 5; www.bverwg.de). Es hat organisationsrechtlich dieselbe Struktur wie die Instanzgerichte (§ 5, § 9). Besonderheiten gelten für die Berufung der (etwa 55) **Bundesrichter/innen** (BesGr R6). Sie werden nach Art. 95 II GG iVm § 1 RiWahlG vom BMJV, dem das BVerwG justiziell zugeordnet ist (→ § 38 Rn. 2), gemeinsam mit dem Richterwahlausschuss „gewählt" und vom Bundespräsidenten ernannt

(Art. 60 GG). Zum Mindestalter → § 15 Rn. 4. Rechtsprechend tätig werden dürfen nur Lebenszeitrichter (§ 15). Sofern die Gewählten dies nicht bereits sind, werden sie gleichzeitig hierzu ernannt. Präsident/in (BesGr R10), Vize-präsident/in (BesGr R8 mit Zulage) und die Vorsitzenden Richter/innen (BesGr R8) werden ohne Wahl vom Bundespräsidenten ernannt; der Ernennung liegt eine Auswahlentscheidung des BMJV zugrunde (→ § 38 Rn. 2), der ein internes Interessenbekundungsverfahren und dienstliche Beurteilungen des Präsidenten vorausgehen. Andere als ernannte Bundesrichter/innen können am BVerwG nicht rechtsprechend tätig werden. Abgeordnete Richter und Beamte können aber als **wissenschaftliche Mitarbeiter** eingesetzt werden, was in den Bundesländern zT als sog. Ersatzerprobung für das erste Beförderungsamt anerkannt wird.

Derzeit bestehen **zehn Revisionssenate,** die als Rechtsmittelgerichte über **2** Rechtsfragen des revisiblen (Bundes- und Unions)Rechts entscheiden (→ § 49 Rn. 1). Derzeit vier dieser Senate sind zugleich mit Verfahren befasst, in denen das BVerwG kraft einzelgesetzlicher Bestimmung erst- und letztinstanzliches (Tatsachen)Gericht ist (→ § 50 Rn. 1). Gem. § 189 besteht ein Fachsenat für Entscheidungen nach § 99 II (sog. In-Camera-Verfahren). Den Senaten (II) sind neben der/dem Vorsitzenden mindestens vier weitere Bundesrichter/innen zugewiesen, abhängig vom Geschäftsanfall auch mehr (Überbesetzung → § 5 Rn. 20).

Die **Entscheidungsbesetzungen** nach III gelten unabhängig davon, ob **3** das BVerwG als Revisionsgericht oder als erstinstanzliches Gericht entscheidet. **Urteile** fallen nach Hs. 1 stets mit fünf Richtern, auch dann, wenn sie ohne mündliche Verhandlung (§ 101 II) ergehen, denn Hs. 2 (drei Richter) gilt nur für **Beschlüsse.** Auch diese sind nach Hs. 1 mit fünf Richtern zu fällen, sofern eine (freigestellte, § 101 III) mündliche Verhandlung stattgefunden hat. Eine Ausnahme gilt für Anhörungsrügen (→ § 152a Rn. 10). IÜ werden sie mit drei Richtern gefasst (wie Beiladungen, vorläufige Streitwertfestsetzungen oder in vorläufigen Rechtsschutzverfahren). **Gerichtsbescheide** in erstinstanzlichen Verfahren ergehen wegen des Verweises in § 84 I 3 mit Urteilsbesetzung. Diese ist aus systematischen Erwägungen auch für **Vorlagebeschlüsse** zu beachten (→ § 5 Rn. 17).

III setzt voraus, dass in einem konkreten Verfahren eine Entscheidung **3a** gegenüber den Beteiligten getroffen wird. Für **interne Beschlüsse eines Spruchkörpers** können Sonderregelungen gelten. So wirken an der Senatsgeschäftsverteilung „alle" dem Senat angehörenden Richter mit (§ 21g I GVG). Über Vorlagen an den Großen Senat ist „durch Beschluß in der für Urteile erforderlichen Besetzung" zu entscheiden (§ 11 III 3). Wo keine Sonderregelungen bestehen, ist die Grundregel des III Hs. 1 (Urteilsbesetzung) als Ausdruck des in § 11 III 3 zum Ausdruck kommenden allgemeinen Rechtsgedankens anzuwenden. Das gilt etwa für die Beantwortung von Anfragen des BVerfG, für Berichtigungsbeschlüsse (§ 118 ff.) oder für Beschlüsse, mit denen über die Zulassung von Ton- und Filmaufnahmen eines Verkündungstermins nach § 169 III GVG iVm § 55 entschieden wird. Die Praxis der Senate geht freilich dahin, interne Beschlüsse in Dreier-Besetzung zu fassen. Zur Besetzung in Befangenheitsverfahren → § 54 Rn. 24.

3b **Einzelrichter** werden beim BVerwG nach § 87a nur in erstinstanzlichen Verfahren tätig sowie bei Kosten- und Streitwertrechtsbehelfen (→ Vor § 154 Rn. 21; BVerwG AnwBl 2019, 107; NVwZ 2006, 479; 2005, 466). In Beschwerde- und Revisionsverfahren sind Einzelrichter isd § 87a ausgeschlossen (§ 141 S. 2), § 6 gilt nur für die VG.

4 Dem BVerwG sind **zwei Wehrdienstsenate** eingegliedert. Der dem BVerwG früher eingegliederte **Disziplinarsenat** existiert nicht mehr. Die Wehrdienstsenate entscheiden als Berufungs- bzw. Beschwerdeinstanz über den Truppendienstgerichten (→ Rn. 13) in der Besetzung von drei Richtern, in der Hauptverhandlung unter Mitwirkung von zwei besonders bestellten ehrenamtlichen Richtern („Soldatenbeisitzern", § 80 III, IV WDO). In Disziplinarangelegenheiten verfahren die Senate als Tatsachengerichte iW nach der StPO (§ 91 WDO). Das Präsidium kann den Wehrdienstsenaten nach dem verfassungsrechtlich fragwürdigen § 80 II WDO nur Bundesrichter zuweisen, die vom BMJV (nach Rücksprache mit dem BMVg) hierfür bestimmt worden sind.

§ 11 [Großer Senat]

(1) Bei dem Bundesverwaltungsgericht wird ein Großer Senat gebildet.

(2) Der Große Senat entscheidet, wenn ein Senat in einer Rechtsfrage von der Entscheidung eines anderen Senats oder des Großen Senats abweichen will.

(3) [1] Eine Vorlage an den Großen Senat ist nur zulässig, wenn der Senat, von dessen Entscheidung abgewichen werden soll, auf Anfrage des erkennenden Senats erklärt hat, daß er an seiner Rechtsauffassung festhält. [2] Kann der Senat, von dessen Entscheidung abgewichen werden soll, wegen einer Änderung des Geschäftsverteilungsplanes mit der Rechtsfrage nicht mehr befaßt werden, tritt der Senat an seine Stelle, der nach dem Geschäftsverteilungsplan für den Fall, in dem abweichend entschieden wurde, nunmehr zuständig wäre. [3] Über die Anfrage und die Antwort entscheidet der jeweilige Senat durch Beschluß in der für Urteile erforderlichen Besetzung.

(4) Der erkennende Senat kann eine Frage von grundsätzlicher Bedeutung dem Großen Senat zur Entscheidung vorlegen, wenn das nach seiner Auffassung zur Fortbildung des Rechts oder zur Sicherung einer einheitlichen Rechtsprechung erforderlich ist.

(5) [1] Der Große Senat besteht aus dem Präsidenten und je einem Richter der Revisionssenate, in denen der Präsident nicht den Vorsitz führt. [2] Legt ein anderer als ein Revisionssenat vor oder soll von dessen Entscheidung abgewichen werden, ist auch ein Mitglied dieses Senats im Großen Senat vertreten. [3] Bei einer Verhinderung des Präsidenten tritt ein Richter des Senats, dem er angehört, an seine Stelle.

(6) [1] Die Mitglieder und die Vertreter werden durch das Präsidium für ein Geschäftsjahr bestellt. [2] Das gilt auch für das Mitglied eines anderen Senats nach Absatz 5 Satz 2 und für seinen Vertreter. [3] Den Vorsitz im Großen Senat führt der Präsident, bei Verhinderung das dienstälteste Mitglied. [4] Bei Stimmengleichheit gibt die Stimme des Vorsitzenden den Ausschlag.

(7) [1] Der Große Senat entscheidet nur über die Rechtsfrage. [2] Er kann ohne mündliche Verhandlung entscheiden. [3] Seine Entscheidung ist in der vorliegenden Sache für den erkennenden Senat bindend.

Das Gebot der Rechtssicherheit (Art. 20 III GG) verlangt Vorkehrungen zur **1** **Wahrung der Einheitlichkeit der Rechtsprechung.** Wegen der Unabhängigkeit der Richter (Art. 97 I GG, § 1) können Spruchkröper in denselben Rechtsfragen zu gegenteiligen Ergebnissen gelangen, und zwar auch innerhalb desselben Gerichts. Eine automatische Bindung an einzelne Judikate oder gar dort niedergelegte Rechtssätze sieht die VwGO nur ausnahmsweise vor (vgl. § 47 V 2; § 121). Gegenläufig wird die **Rechtseinheit durch Verfahren gesichert:** durch die Rechtsmittelzüge, durch Vorlagepflichten und durch besondere Spruchkörper. Unter den erstinstanzlichen VG eines Bundeslandes (und deren Kammern) sorgt das OVG für Vereinheitlichung, hins. des Landesrechts idR abschließend (§ 137 I). Länderübergreifend nimmt diese Aufgabe das BVerwG iW für das Bundesrecht (§ 137 I) wahr. Alle Gerichte unterliegen unter bestimmten Voraussetzungen Vorlagepflichten an das BVerfG (Art. 100 I GG) und an den EuGH (Art. 267 AEUV). Die Einheitlichkeit der **Rechtsprechung der obersten Gerichtshöfe** des Bundes (Art. 95 I GG) wird gem. Art. 95 III GG und dem RsprEinhG durch einen **Gemeinsamen Senat** dieser Gerichtshöfe (GmS-OGB) gesichert.

Die Rechtsprechungseinheit im Verhältnis der Senate eines einzelnen **2** Bundesgerichts zueinander haben die sog. **Großen Senate** (GrS) nach den jeweiligen Prozessordnungen zu wahren, für das BVerwG gem. § 11. Entsprechendes gilt bei den OVG nach § 12. In der Praxis haben die GrS freilich **geringe Bedeutung,** schon weil Divergenzen, die zur Anrufung eines GrS zwingen, möglichst vermieden oder im „Anfrageverfahren" (III 1 → Rn. 3) beseitigt werden.

Der GrS des BVerwG entscheidet **ausschließlich auf Anrufung** durch **3** einen Senat (§ 10 II). Sie leitet ein Zwischenverfahren im Verwaltungsprozess ein. Ob der GrS angerufen wird, steht bei **Fragen von grundsätzlicher Bedeutung** im rechtsgebundenen Ermessen (IV). Hingegen ist der vorlegungsgeneigte Senat zur Anrufung verpflichtet, wenn er in einer Rechtsfrage von der Rechtsauffassung eines anderen Senats abweichen will (**Divergenz,** II; Ausnahmen in Fällen sachlicher Erledigung der Frage, vgl. Kopp/Schenke § 11 Rn. 5). (Nur) Der Divergenzvorlage hat ein **obligatorisches bilaterales Anfrageverfahren** vorauszugehen. Denn diese Vorlage ist unzulässig, wenn der Senat, von dessen Entscheidung abgewichen werden soll, auf Anfrage erklärt, dass er an seiner Rechtsauffassung nicht festhält. Über die Anfrage und die Antwort entscheiden die jeweiligen Senate durch **Beschluss** (III 3). Dieser Begriff, der in der VwGO schillernd verwendet wird (→ § 122 Rn. 1a), meint hier eine interne, schriftlich dokumentierte (mehrheitliche) Willensbildung des Senates in der für Urteile erforderlichen Besetzung. Die Beschlüsse sind dem jeweils anderen Senat zuzuleiten. Die Prozessbeteiligten sind über beide zu unterrichten. Das versteht sich wegen des Verbots von Überraschungsentscheidungen von selbst.

4   Soll der GrS angerufen werden, hat der vorlagewillige Senat die Prozessbeteiligten **anzuhören** (Art. 103 I GG). Anhörungen können formlos, aber auch durch Beschluss erfolgen, der das Verfahren analog § 94 aussetzt und den Beteiligten unter Darstellung des Verfahrensstandes Gelegenheit zur Stellungnahme gibt, ob der GrS anzurufen ist (Divergenz) oder angerufen werden soll (grundsätzliche Bedeutung). Entscheidet sich der erkennende Senat für die Vorlage, folgt ein (jederzeit zurücknehmbarer) begründeter **Vorlagebeschluss** in der üblichen Form nach § 122, ggf. nach freigestellter mündlicher Verhandlung. Er ist in der für Urteile erforderlichen Besetzung zu fassen (entspr. III 3) und dem Präsidenten als Vorsitzendem des GrS zuzuleiten.

5   Die **Richterbank** des GrS ist in V geregelt: Entscheidungen werden durch den Vorsitz führenden Präsidenten (Mitglied kraft Amtes; bei Verhinderung tritt ein Richter des Senats, dem er angehört, an seine Stelle, V 3) und je einen Richter der übrigen (derzeit zehn) Revisionssenate gefällt. Dem GrS gehört ferner ein Mitglied der Wehrdienstsenate (→ § 10 Rn. 4) an, falls dieser vorlegt oder von seiner Entscheidung abgewichen werden soll. Die weiter mitwirkenden Richter sind durch Geschäftsverteilung (§ 4) vorab zu bestellen.

6   Der GrS **entscheidet** über die Zulässigkeit der Vorlage (die analog § 109 Gegenstand eines Zwischenbeschlusses sein kann) und bejahendenfalls (nur) über die vorgelegte Rechtsfrage (VII 1). Die Entscheidung ergeht als Beschluss nach freigestellter mündlicher Verhandlung, für die keine Zustimmung der Beteiligten erforderlich ist. Die Entscheidung ist in der anlassgebenden Streitsache **bindend** und erfasst daher den erkennenden (vorlegenden) Senat wie einen ihm kraft Neuregelung der Geschäftsverteilung etwa nachfolgenden. Die Bindung **entfällt** ausnahmsweise nach den Grundsätzen, die zu § 130 II, § 144 VI für den Bindungswegfall eines zurückverweisenden Beschlusses entwickelt worden sind (→ § 144 Rn. 21).

7   **Rechtsbehelfe** gibt es weder gegen das Unterlassen der Anrufung noch gegen die hierüber gefassten Beschlüsse noch gegen die Entscheidung des GrS. In Betracht kommt allein die **Verfassungsbeschwerde** gegen die Endentscheidung, die bei willkürlichem Unterlassen einer (obligatorischen) Vorlage auf eine Verletzung des gesetzlichen Richters (Art. 101 I 2 GG) gestützt werden kann (vgl. BVerfG NJW 1989, 2613; BVerfGE 79, 301).

§ 12 [Großer Senat bei dem Oberverwaltungsgericht]

(1) [1]Die Vorschriften des § 11 gelten für das Oberverwaltungsgericht entsprechend, soweit es über eine Frage des Landesrechts endgültig entscheidet. [2]An die Stelle der Revisionssenate treten die nach diesem Gesetz gebildeten Berufungssenate.

(2) Besteht ein Oberverwaltungsgericht nur aus zwei Berufungssenaten, so treten an die Stelle des Großen Senats die Vereinigten Senate.

(3) Durch Landesgesetz kann eine abweichende Zusammensetzung des Großen Senats bestimmt werden.

Wie beim BVerwG (§ 11) ist bei den OVG/VGH (nicht aber bei den VG) ein **1**
Großer Senat (GrS) nur aus den Berufungssenaten (unter Ausschluss evtl.
Fachsenate) zu bilden. **§ 11 gilt entspr.** Die regelmäßige Zusammensetzung
(§ 11 V) kann landesrechtlich abweichend geregelt werden (III). Andere als
die in § 12 ausdrücklich vorgesehenen Abweichungen sind ausgeschlossen.

Bei sehr kleinen OVG/VGH mit nur zwei Berufungssenaten (zB in Bre- **2**
men) tritt an die Stelle des richterselektierten GrS (→ § 11 Rn. 5) ein **Ver-**
einigter Senat (II). Er ist ein Gremium aus allen Berufsrichtern der **beiden**
Senate, also ohne Mitwirkung evtl. landesrechtlich vorgesehener ehrenamtlicher Richter (Eyermann Rn. 8).

Entspr. § 11 II und IV ist die **Anrufung** des GrS bei Divergenz obliga- **3**
torisch, bei Grundsatzfragen fakultativ. Allerdings kommt eine Divergenz-
anrufung nicht bei jeder Abweichung in Betracht, sondern nur bei abschließenden Entscheidungen der OVG/VGH über nicht revisibles Landesrecht.
Eine abweichungsfähige Entscheidung muss rechtskräftig sein (Eyermann
Rn. 2; **aA** NK-VwGO § 12 Rn. 15 f.; Kopp/Schenke § 12 Rn. 1; BFSA
§ 12 Rn. 3).

Die **Verletzung einer Vorlagepflicht** an den GrS eines OVG kann einen **4**
rügefähigen Verfahrensfehler (§ 132 II Nr. 3) in Form des Verstoßes gegen
den gesetzlichen Richter (Art. 101 I 2 GG) ergeben, falls die Vorlagepflicht
willkürlich missachtet wurde. In Divergenzfällen (§ 12 I iVm § 11 II
und III) setzt ein Verstoß durch Nichtvorlage voraus, dass es sich um eine
entscheidungserhebliche Rechtsfrage bei Anwendung **ein und derselben**
Norm des Landesrechts handelt; die Gleichheit der Rechtsfrage bei iW
gleichlautenden Vorschriften verschiedener Gesetze reicht nicht aus (BVerwG
NVwZ 2006, 1404 Rn. 14; Buchh 406.11 § 1 BauGB Nr. 112 S. 45; **str.**).

§ 13 [Geschäftsstelle]

**Bei jedem Gericht wird eine Geschäftsstelle eingerichtet. Sie wird mit der
erforderlichen Anzahl von Urkundsbeamten besetzt.**

Die Geschäftsstelle ist ein besonderer Teil der Gerichtsverwaltung (§ 38), der **1**
durch seine unmittelbare Zuordnung zu den Spruchkörpern von dieser organisatorisch abgegrenzt ist. Sie entlastet die Spruchkörper von bestimmten
prozessualen Aufgaben. Bei ihnen handelt es sich um **administrative Hilfs-**
funktionen wie die Vereinnahmung neuer Sachen, die Registerführung,
Akten- und Terminverwaltung, die Ausführung von Zustellungen und Ladungen, Protokollführung (§ 105), Entscheidungsübersendung, die Gewährung von Akteneinsicht im Gericht (→ § 100 Rn. 10) und die fernmündliche
und elektronische Kommunikation. Dieser „Kontakt nach außen" macht die
Geschäftsstelle zu einem **wichtigen Scharnier** zwischen den Spruchkörpern
und dem Publikum (Verfahrensbeteiligten, Anwälten, interessierten Außenstehenden).

Die Besetzung der Geschäftsstelle mit **Urkundsbeamten** erklärt sich aus **2**
prozessualen Aufgaben, die ihnen zur selbstständigen und weisungsfreien

Erledigung übertragen sind (BVerwG DRiZ 1970, 27; iE SSB § 13 Rn. 6 f.). Zu dieser Art **Aufgaben** gehören Beurkundungen (wie der Verkündungsvermerk nach § 117 VI und die Ausstellung von Rechtskraftzeugnissen, § 173 S. 1 iVm § 706 ZPO), die Erteilung bestimmter Ausfertigungen (§ 168 II), Prüfungen im PKH-Verfahren (→ § 166 Rn. 48a), die Festsetzung von Kosten (§ 164) und Entschädigungen nach dem JVEG. Auch die sog. **Rechtsantragsstelle** ist mit Urkundsbeamten besetzt. Dort können Rechtsunkundige Anträge zu Protokoll erklären (vgl. nur § 81 I 2; § 123 III iVm § 920 III ZPO; § 147 I; § 152a II; § 166 iVm § 117 I 1 ZPO).

3   Die Sonderstellung der Geschäftsstelle innerhalb der Gerichtsverwaltung ist bedingt durch ihre **fachliche Weisungsfreiheit** von der Gerichtsleitung: Die administrativen Verrichtungen bleiben in der Verantwortung des Spruchkörpers und werden nach richterlicher Anordnung ausgeführt. Gegenüber Dritten bleiben Urkundsbeamte unabhängig. Ihre Entscheidungen, die keine Justizverwaltungsakte iSd §§ 23 ff. EGGVG sind, unterliegen im Gegenzug der **Erinnerung** (§ 151).

4   Der **Begriff des Urkundsbeamten** ist in der VwGO ein prozessualer Funktionsbegriff und nicht beamten- oder dienstrechtlich definiert (BVerwG NVwZ-RR 2007, 717). Der Träger des Gerichts, je nach Gerichtsstufe also der Bund oder das jeweilige Land, bestimmt die erforderliche Vorbildung und die statusrechtlichen Anforderungen (→ Rn. 5). Meist handelt es sich um Angestellte oder Beamte des mittleren bis höheren Dienstes. **§ 153 GVG,** der eine besondere Vorbildung fordert, gilt ausschließlich für die ordentliche Gerichtsbarkeit (SSB § 13 Rn. 2), wo Urkungsbeamte als richterliches Organ tätig und insoweit an Weisungen nicht gebunden sind (BVerfGE 22, 299 (310); Kopp/Schenke § 164 Rn. 3). Die Justizverwaltung kann aber fordern, dass Urkundsbeamte eine Befähigung als **Rechtspfleger** gem. § 2 RPflG haben müssen. Indes haben Urkundsbeamte funktional Aufgaben zu erledigen, die in der ordentlichen Gerichtsbarkeit dem Rechtspfleger zugewiesen sind. Sie werden idR Beamten des gehobenen oder höheren Dienstes mit einer Rechtspflegerausbildung übertragen und weisungsfrei ausgeführt (→ § 164 Rn. 9). Innerhalb eines Gerichts entscheidet der Präsident, welche nichtrichterlichen Bediensteten Aufgaben der Urkundsbeamten erledigen.

5   Wem der organisatorische Akt der **Einrichtung** einer Geschäftsstelle obliegt, ist streitig. Richtigerweise ist er – ebenso wie ihre angemessene Ausstattung mit Personal – dem Träger des Gerichts (nicht der Gerichtsverwaltung) vorbehalten. Eines formellen Gesetzes bedarf es nicht, weil die Errichtung der Geschäftsstelle nicht in § 3 aufgeführt (auch nicht Teil der Errichtung iSd Nr. 1) ist. Die Praxis bedient sich gelegentlich der Ausführungsgesetzgebung (AGVwGO), iÜ ministerieller Verwaltungsvorschriften. Die **Ablauforganisation** wird durch den Präsidenten in Geschäfts(stellen)ordnungen und Dienstanweisungen geregelt (zB GStO-BVerwG vom 17.3.2008 → § 10 Rn. 2). Das VwVfG ist nicht anzuwenden, weil die Tätigkeit der Geschäftsstelle keine Verwaltungstätigkeit iSd §§ 1, 9 VwVfG ist.

6   „Die" Geschäftsstelle ist eine funktional gegliederte **Einheit.** Sie verfügt über **zentrale Einrichtungen** (wie die Eingangsgeschäftsstelle mit Postannahmestelle, Registratur und Rechtsantragsstelle), ist jedoch **dezentral**

organisiert, indem einzelne Urkundsbeamte und Mitarbeiter einem oder mehreren (ggf. auswärtigen) Spruchkörpern fest zugeordnet sind. Zunehmend wird die Geschäftsstelle in **Serviceeinheiten** oder Arbeitsgruppen gegliedert, in denen Urkundsbeamte („Geschäftsstellen-Verwalter[innen]"), sonstige Mitarbeiter und Kanzleikräfte den Geschäftsanfall „synergetisch" bewältigen. Geleitet wird die Geschäftsstelle von einem dem Präsidenten unterstehenden **Geschäftsleiter.**

Organisatorische Herausforderungen hat die Geschäftsstelle bei der Ge- **7** währleistung eines **richterlichen Bereitschaftsdienstes** (→ § 4 Rn. 3a f.) zu bewältigen. Die Gerichtsverwaltung muss für dessen Effektivität sorgen, also dafür, dass der zuständige Richter (der sich nicht im Gericht aufhalten muss) sofort über Anträge informiert wird, dass er erforderlichenfalls Akten einsehen kann und dass Verfügungen und Beschlüsse schriftlich abgesetzt und den Beteiligten mitgeteilt werden können. Das erfordert die physische, telefonische und mittlerweile auch elektronische Erreichbarkeit der Geschäftsstelle durch das Publikum zu den im GVP festgelegten Bereitschaftszeiten, also außerhalb der regulären, dh vom Präsidenten bestimmten Dienstzeiten. Die Gewährung eines ggf. erforderlichen Zugriffs auf die Akten eines anderen Spruchkörpers ist datenschutzrechtlich unproblematisch, weil kraft Geschäftsverteilung eine partielle Zuständigkeitsverlagerung auf den Bereitschaftsrichter stattfindet.

§ 14 [Rechts- und Amtshilfe]

Alle Gerichte und Verwaltungsbehörden leisten den Gerichten der Verwaltungsgerichtsbarkeit Rechts- und Amtshilfe.

Die Verpflichtung „aller Behörden des Bundes und der Länder", sich gegen- **1** seitig und umfassend Hilfe zu leisten, ergibt sich übergreifend aus **Art. 35 I GG.** Sie wird in § 14 lediglich bekräftigt. Rechts- und Amtshilfe kann danach jeder Spruchkörper und jede Stelle der Gerichtsbehörde beanspruchen, soweit die VwGO ihr Kompetenzen einräumt.

Der gesetzlich nicht definierte Begriff der **Rechtshilfe** verlangt die Vor- **2** nahme einer richterlichen Amtshandlung eines Gerichts zugunsten eines ersuchenden Prozessgerichts. In Betracht kommen vorwiegend Maßnahmen der Beweisaufnahme wie Zeugenvernehmungen. Eine Sonderform der Rechtshilfe zugunsten von Verwaltungsbehörden ist in § 180 geregelt. **Amtshilfe** ist die ergänzende Hilfe, die eine Behörde einem Prozessgericht oder einer Gerichtsverwaltung leistet (vgl. § 4 I VwVfG, § 3 I SGB X). Beispiele sind die Erteilung von Auskünften, die Bereitstellung von Sitzungsräumen für auswärtige Gerichtstermine oder die Übersendung von Akten, für die § 99 Sonderregeln enthält.

Die Unterstützung ist auf **Ersuchen** hin zu gewähren, das eindeutig, aber **3** nicht zwingend schriftlich abgefasst sein muss. Die Einzelheiten der Unterstützungspflicht sind durch Rückgriff auf anderweitige Regelungen zu erschließen: Auf **Rechtshilfeersuchen** sind gem. § 173 S. 1 die §§ 157, 158

und 159 GVG entspr. anzuwenden (SSB § 173 Rn. 109). Danach kann idR
nur ein anderes VG oder ein Amtsgericht um Rechtshilfe angegangen werden
(§ 157 GVG). Das Ersuchen darf grds. nicht auf seine Berechtigung hin
untersucht und also nicht abgelehnt werden (§ 158 GVG). Für Rechtsbehelfe
gegen die Entscheidung des ersuchten Gerichts gilt § 173 S. 1 iVm § 159
GVG. Für die Durchführung der **Amtshilfe** kann auf die §§ 4 ff. VwVfG
zurückgegriffen werden, die allgemeine Grundsätze enthalten. Da die Befugnisse im Wege eines Ersuchens nicht erweitert werden, müssen beide Stellen
(die ersuchende und die ersuchte) befugt sein, die erbetene Amtshandlung
selbst vorzunehmen. Die ersuchte Stelle verfährt bei Vornahme der erbetenen
Amtshandlung nach ihrem Recht. Die **Kosten** der Rechtshilfe sind in § 164
GVG geregelt, die Kosten der Amtshilfe in § 8 VwVfG.

4   **Internationale Rechts- und Amtshilfe,** die bei Zeugenvernehmungen
und Zustellungen im Ausland erforderlich sein kann, ist auf diplomatischem
Wege zu erlangen und richtet sich iÜ nach internationalen Verträgen
(BVerwG NJW 1984, 574; SSB § 14 Rn. 12). **Unionsrechtlich** ergeben sich
Hilfeverpflichtungen zugunsten der nationalen Gerichte aus dem Grundsatz
des unionsfreundlichen Verhaltens (Kopp/Schenke Rn. 7).

2. Abschnitt. Richter

§ 15 [Hauptamtliche Richter]

**(1) Die Richter werden auf Lebenszeit ernannt, soweit nicht in §§ 16 und 17
Abweichendes bestimmt ist.**
(2) *(weggefallen)*
**(3) Die Richter des Bundesverwaltungsgerichts müssen das fünfunddreißigste
Lebensjahr vollendet haben.**

1   Mit dem Begriff „Richter" meint die VwGO durchweg nur **Berufsrichter,**
was insbes. aus der Gegenüberstellung in § 19 deutlich wird. Ihr **Berufsrecht**
ist gem. Art. 98 GG durch besondere Bundes- und Landesgesetze zu regeln,
wie im DRiG und in den LRiG geschehen. Die Prozessordnungen bestimmen die in den Spruchkörpern zu verwendenden **Richterarten.** Mit dieser
Zielrichtung befasst sich der 2. Abschnitt mit den Berufsrichtern. Die ehrenamtlichen Richter sind im 3. Abschnitt (§§ 19 bis 34) geregelt.

2   Richtig ist § 15 I so zu verstehen, dass in Spruchkörpern grds. **auf Lebenszeit ernannte** Richter (§ 10 DRiG) zu verwenden sind, die dem Regeltyp
des hauptamtlich und planmäßig endgültig angestellten Richters iSd
Art. 97 II GG entsprechen (BVerfGE 4, 331 (334)). Diese Forderung deckt
sich mit §§ 8 ff., § 28 DRiG, weshalb in § 15 I iW nur die **Vorbehaltsklausel** des Soweit-Satzes von Bedeutung ist, die ausschließlich VwGO-
interne Abweichungen erlaubt: Nach § 17 können – nur bei den Gerichten I. Instanz – Richter auf Probe, kraft Auftrags und nunmehr auch solche
auf Zeit verwendet werden, nach § 16 – bei den VG und OVG – auch

Richter im Nebenamt. Die **Amtsbezeichnungen** der Richterarten sind § 19a DRiG geregelt. Die **Zahl** der Verwaltungsrichter beläuft sich in Bund und Ländern auf 2.009 (Stand 2016; davon rund 41% Frauen), womit sie die größte unter den drei öffentlich-rechtlichen Gerichtsbarkeitszweigen ist (www.bundesjustizamt.de).

Unmittelbar nach § 15 I zulässig ist es, bei den VG angestellte Lebenszeit- **3** richter der BesGr R 1 vor Übertragung eines Richteramtes mit höherem Endgrundgehalt (R 2) bei den OVG zu verwenden. Diese laufbahntypische **Erprobung** erfolgt im Wege zeitlich begrenzter **Abordnung** (§ 37 DRiG). Abgeordnete Richter müssen im Geschäftsverteilungsplan des Gerichts → § 4 Rn. 2) als solche kenntlich gemacht werden, um die Mitwirkungsbeschränkungen (§ 29 DRiG) überprüfbar zu machen. Beim **BVerwG** dürfen wegen Art. 95 II GG nur die besonders berufenen Lebenszeitrichter (§ 15) verwendet werden (→ § 10 Rn. 1).

Die Ernennung der Richter und die persönlichen Voraussetzungen sind im **4** DRiG, dort insbes. in § 9, und in den LRiG enthalten. Die am BVerwG tätigen Bundesrichter müssen nach III eine **gerichtsstufenspezifische persönliche Voraussetzung** in Form eines **Mindestalters** erfüllen. Der Zeitpunkt der Vollendung des verlangten 35. Lebensjahres (das nach §§ 187 II 2, 188 II BGB zu berechnen ist) kann in dem gestuften Verfahren der Berufung (→ § 10 Rn. 1) fraglich sein. Richtiger Ansicht nach kommt es auf die Ernennung an (Art. 60 GG), regelmäßig also auf Wirksamkeit die Aushändigung der Urkunde, sonst auf das in einer sog. Wirkungsurkunde bestimmte Datum.

Ein **Verstoß** gegen Besetzungsvorschriften (§ 5 III iVm dem DRiG, §§ 15 **5** bis 17) ist ein absoluter Revisionsgrund iSd § 138 Nr. 1, im Berufungszulassungsrecht ein Verfahrensmangel (§ 124 II Nr. 5).

§ 16 [Richter im Nebenamt]

Bei dem Oberverwaltungsgericht und bei dem Verwaltungsgericht können auf Lebenszeit ernannte Richter anderer Gerichte und ordentliche Professoren des Rechts für eine bestimmte Zeit von mindestens zwei Jahren, längstens jedoch für die Dauer ihres Hauptamts, zu Richtern im Nebenamt ernannt werden.

Als Ausnahme zu § 15 I (§ 8 DRiG) wird die **vorübergehende Verwen-** **1** **dung** von Rechtsprofessoren und solchen Lebenszeitrichtern zugelassen, die ihr Hauptamt bei einem anderen Gericht haben. Sie können statusrechtlich zum Richter im Nebenamt bei einem VG oder einem OVG/VGH (nicht beim BVerwG) ernannt werden und führen dort die Bezeichnung „Richter am" VG bzw. OVG (VGH). Bei Richtern ist die Verwendung im Nebenamt dienstrechtlich mit einer befristeten **Abordnung** verbunden (§ 37 DRiG).

Das **Auswahlermessen** wird durch die – weitgehend überholten – Ziele **2** gesteuert, einen vorübergehenden Personalbedarf zu decken oder Spezialisten zu gewinnen. Demgemäß können **Lebenszeitrichter** einer beliebigen Gerichtsbarkeit ernannt werden. So ist es in NRW Tradition, erfahrene Strafrichter der LG und OLG für die Mitarbeit in den Disziplinarkammern und -senaten der Verwaltungsgerichtsbarkeit zu gewinnen.

3   Unter den hochschulrechtlich vorgesehenen **Rechtslehrern** (zu diesem Begriff → § 67 Rn. 6) kommen nur „ordentliche Professoren des Rechts" als Richter im Nebenamt in Betracht. Sie müssen an einer Hochschule tätig sein, an der Rechtswissenschaft studiert werden kann. Unter einem „ordentlichen" Professor (er ist nach § 7 DRiG zum Richteramt befähigt) ist nach der Überführung der C- in die W-Besoldung ein Amt der Besoldungsgruppe W 3 zu verstehen (vgl. § 77 I BBesG). Junior-, Honorar- oder außerplanmäßige Professoren kommen daher nicht in Betracht.

4   Die **Ernennung** ist auf bestimmte Zeit auszusprechen, mindestens auf zwei Jahre; sie kann erneuert werden. Das Nebenamt ist durch die Dauer des Hauptamtes begrenzt, weil dieses dem Richter im Nebenamt die persönliche Unabhängigkeit garantiert. Deshalb kommt es nicht nur auf die Innehabung des Hauptamtes an, sondern auch auf seine Ausübbarkeit. Suspendierungen jeder Art (§ 35, § 63 II DRiG oder § 66 BBG) schlagen auf die Wahrnehmbarkeit des Nebenamtes durch.

5   Ein Richter im Nebenamt kann nach den für die jeweilige Instanz geltenden Regeln **Einzelrichter** sein (→ § 6 Rn. 2 f.), darf den **Vorsitz** aber nur führen, wenn er Lebenszeitrichter ist (§ 28 II 2 DRiG). Die **Zahl** der an Entscheidungen mitwirkenden Richter im Nebenamt, auch neben Richtern iSd § 17, ist nicht begrenzt (vgl. § 29 DRiG).

§ 17 [Richterarten bei den Verwaltungsgerichten]

Bei den Verwaltungsgerichten können auch folgende Richter verwendet werden:
1. Richter auf Probe,
2. Richter kraft Auftrags und
3. Richter auf Zeit.

1   Die Vorschrift wurde (zusammen mit § 18) durch Art. 7 Nr. 2 des Asylverfahrensbeschleunigungsgesetzes v. 20.10.2015 (BGBl. I 1722) mWv 24.10.2015 (Art. 15 I des Gesetzes) ergänzt. Seither erlaubt die angefügte Nr. 3 erstmals, bei den VG Richter auf Zeit (§ 8 DRiG) zu verwenden. Motiviert ist die Änderung durch den „präzedenzlosen" Zustrom von Flüchtlingen mit geschätzten 800 000 zusätzlichen Asylsuchenden allein im Jahr 2015. Die absehbare Mehrbelastung der VG durch Verfahren um Asyl, sonstige (ausländerrechtliche) Aufenthaltstitel und staatliche Leistungen will der Gesetzgeber dadurch abfangen, dass er ermöglicht, Beamte auf Lebenszeit als sofort voll einsetzbare Richter auf Zeit zu gewinnen (Rn. 3). Damit soll dem vermeintlichen Dilemma Rechnung getragen werden, dass die Sonderbelastung (die als solche vor Ansprüchen wegen überlanger Verfahrensdauern nach § 198 GVG nicht schützt → § 173 Rn. 30) mit dem vorhandenen Personal nicht zeitgerecht bewältigt werden kann, andererseits die Belastung nicht lange genug anhalten könnte, um die Einstellung zusätzlicher Lebenszeitrichter zu rechtfertigen (vgl. BT-Drs. 18/6185, BT-Drs. 18/6386, BR-Drs. 466/15).

Mit anderer Zielrichtung als bei Richtern im Nebenamt (→ § 16 Rn. 2) **2** ermöglichen Nr. 1 und 2 in Ausfüllung der Vorbehaltsklausel des § 15 I, bei den VG auch **Proberichter** und **Auftragsrichter** zu verwenden. Verwendungszweck ist ausschließlich die Auswahl und **Heranbildung des Nachwuchses.** Ziel der Verwendung ist daher durchweg die Übernahme in ein Richterdienstverhältnis auf Lebenszeit (vgl. § 12 I und § 14 I DRiG). Dieser Ausbildungszweck erklärt die Verwendung nur in der I. Instanz; sie muss allerdings dauerhaft angelegt sein. Im Anwendungsbereich des Art. 6 I EMRK wird der Einsatz dieser Richterarten wegen ihrer eingeschränkten persönlichen Unabhängigkeit teilweise, aber zu Unrecht für konventionswidrig gehalten (Eyermann § 17 Rn. 1; differenzierend SSB § 17 Rn. 2).

Wer Richter auf Probe, kraft Auftrags oder auf Zeit ist, regelt das **DRiG,** **2a** ebenso die Einzelheiten ihrer Berufung und Verwendung (vgl. §§ 12 f., 22; §§ 14 ff., 23 DRiG). Alle Verwaltungsrichter führen die Amtsbezeichnung „Richter", Proberichter ohne Zusatz, alle anderen mit einem das Gericht (nicht auch noch dessen Sitz) bezeichnenden Zusatz („am VG/OVG/VGH"; vgl. § 19a II, III DRiG). Alle Richter sind mit ihrer Dienststellung **im GVP des Gerichts** (nicht notwendig auch in der einzelnen Entscheidung) zu **kennzeichnen.** Das hebt § 29 DRiG für Proberichter, Auftrags- und abgeordnete Richter (→ § 15 Rn. 3) besonders hervor, weil bei einer gerichtlichen Entscheidung nicht mehr als einer dieser Richterarten mitwirken darf (anders bei Zeitrichtern → § 18 Rn. 3a). Zur Tätigkeit der Probe- und Auftragsrichter als Einzelrichter → § 6 Rn. 15, zu Fragen der Mitwirkung → § 5 Rn. 12, 15, zu Besetzungsfehlern → § 15 Rn. 5.

Anders motiviert, nämlich durch die erhebliche Zusatzbelastung mit Ver- **3** waltungsstreitverfahren von Flüchtlingen (→ Zahlen bei BVerfGE 148, 69 Rn. 2), ist die in Nr. 3 seit dem 24.10.2015 zugelassene Verwendung von **Richtern auf Zeit** (ebenfalls nur) bei den VG I. Instanz. Dieser Richtertypus gehört zwar zu den in § 8 DRiG vorgesehenen vier Statusformen des Richterdienstverhältnisses; auf den Einsatz von Zeitrichtern in der Verwaltungsgerichtsbarkeit hatte der Gesetzgeber aber bisher mit guten Gründen verzichtet (Rn. 4). Nunmehr wird die Justizverwaltung ermächtigt, Beamte auf Lebenszeit mit der Befähigung zum Richteramt (§ 9 DRiG) vorübergehend als Richter zu verwenden (→ § 18). Damit soll Belastungssituationen begegnet werden, in denen die Richterzahl nicht ausreicht, die Einstellung zusätzlicher Lebenszeitrichter wegen des vorübergehenden Charakters des Bedarfs aber nicht vertretbar erscheint (BVerfGE 148, 69 Rn. 119). Als Abweichung vom Regeltypus des Lebenszeitrichters (§ 10 DRiG und § 15 I) und wegen des zeitlich von vornherein begrenzten Einsatzes erklärt § 11 DRiG eine Ernennung zum Richter auf Zeit allerdings „nur unter den durch Bundesgesetz bestimmten Voraussetzungen und nur für die bundesgesetzlich bestimmten Aufgaben" für zulässig. Diesen Anforderungen soll § 18 nF genügen.

Das BVerfG (E 148, 69) hat §§ 17 Nr. 3, 18 für **mit der Verfassung** **4** **vereinbar** erklärt. **§ 18 ist aber verfassungskonform auszulegen** (→ § 18 Rn. 5b). Das ändert nichts daran, dass gegen die Verwendung von Beamten als Zeitrichter in der Verwaltungsgerichtsbarkeit schwerwiegende rechtsstaatliche Bedenken fortbestehen (dazu Voraufl. Rn. 4 und die abw. Ansicht der Richterin Hermanns BVerfGE 148, 69 (133 ff.). Deshalb ist in einigen Bundesländern von dieser Möglichkeit bewusst kein Gebrauch gemacht worden. Effektive und **rechtsstaatlich unbedenkliche Alternativen** bestehen weiterhin mit der Abordnung von Richtern anderer Gerichtsbarkeiten und, auch wenn dies teilweise noch gesetzlich ermöglicht werden müsste, mit der freiwilligen Verlängerung der Dienstzeit, der Reaktivierung richterlicher Pensionäre und auch mit der Gewinnung von Rechtsanwälten als Zeitrichter.

§ 18 [Verwendung von Richtern auf Zeit]

[1] **Zur Deckung eines nur vorübergehenden Personalbedarfs kann ein Beamter auf Lebenszeit mit der Befähigung zum Richteramt für die Dauer von mindestens zwei Jahren, längstens jedoch für die Dauer seines Hauptamts, zum Richter auf Zeit ernannt werden.** [2] **§ 15 Absatz 1 Satz 1 und 3 sowie Absatz 2 des Deutschen Richtergesetzes ist entsprechend anzuwenden.**

1   Die Vorschrift beschränkte ursprünglich die Mitwirkung von Richtern auf Probe und kraft Auftrags an Entscheidungen und im Vorsitz der Kammern. Diese Beschränkungen gelten nunmehr in der Ausgestaltung durch §§ 28 f. DRiG allgemein, weshalb § 18 durch das RPflEntlG mWv 11.9.1993 ersatzlos gestrichen worden war. Anlässlich der Flüchtlingswelle 2015 ist die Vorschrift durch Art. 7 Nr. 2 des Asylverfahrensbeschleunigungsgesetzes (→ § 17 Rn. 1) mWv 24.10.2015 mit neuem Inhalt gefüllt worden.

2   § 18 nF soll den in § 17 Nr. 3 erlaubten **Einsatz von Richtern auf Zeit** bei den VG I. Instanz den Vorgaben des DRiG entsprechend absichern. **§ 11 DRiG** schreibt vor, dass eine Ernennung zum Richter auf Zeit „nur für die bundesgesetzlich bestimmten Aufgaben zulässig" ist. Diese umschreibt § 18 S. 1 mit dem unbestimmten Rechtsbegriff „eines nur vorübergehenden Personalbedarfs". Er kann durch Auslegung hinreichend präzisiert werden, wobei die erhöhten Risiken des Einsatzes von Zeitrichtern für die richterliche Unabhängigkeit eine enge Auslegung gebieten. Erforderlich ist eine **außergewöhnliche Belastungssituation** bei einem konkreten VG. Diese liegt vor, wenn der Anhang an Verfahren mit den beim Gericht vorhandenen und durch herkömmliche Instrumente der Personalbewirtschaftung (wie Abordnungen, Versetzungen) zu beordernde Personal nicht ohne überlange Verfahrenslaufzeiten (§ 173 S. 2 iVm § 198 GVG) abgearbeitet werden kann (BVerfGE 148, 69 Rn. 121 f.). **Anlassgebend** für die Belastung kann ein exorbitanter Zuwachs an Verfahren in allen Rechtsbereichen sein (BVerfGE 148, 69 Rn. 121). Auch wenn die Regelungen durch die absehbare Sonderbelastung der VG mit Verfahren von Flüchtlingen motiviert war (BT-Drs. 18/6185), ist ihre Anwendbarkeit nicht auf Belastungen durch Asylverfahren beschränkt. Ein Bedarf kann ebenso durch typischerweise massenhaft anfallende Streitverfahren um Gebührensatzungen oder neue Eingriffsgesetze ausgelöst werden, besonders, wenn deren Gültigkeit fraglich ist. Der Bedarf kann aber auch aus Verfahrenskonzentrationen oder Umverteilungen gem. § 3 I, § 52 Nr. 2 S. 4 nF resultieren.

Die Belastungssituation darf nur **vorübergehend** bestehen. Dies setzt eine **2a** (eingeschränkt überprüfbare) **Prognose** der für die Einstellung von Richtern zuständigen Ministerialverwaltung voraus, dass die Eingangszahlen in überschaubarer Zukunft nicht weit genug zurückgehen, um die verbleibende Belastung mit angemessenen Laufzeiten abbauen zu können (BVerfGE 148, 69 Rn. 120). Die Bedarfsprognose ist nach allgemeinen Regeln nur eingeschränkt darauf überprüfbar, ob sie von richtigen tatsächlichen Annahmen ausgegangen ist und methodisch fehlerfrei ist. Die enge Auslegung gebietet aber, bei ihr das **gesamte Richterpersonal alle Gerichtsbarkeiten des jeweiligen Landes** in den Blick zu nehmen, wie dies beim Übergang der Sozialhilfe auf die Sozialgerichte durch Abordnung von Verwaltungsrichtern geschehen ist. Die Zusatzbelastung muss mindestens zwei Jahre anhalten (entspr. der Untergrenze für die Beschäftigung von Zeitrichtern → Rn. 4) und darf nicht auf Dauer bestehen. **Dauerhaftigkeit** ist anzunehmen, wenn mit einem Rückgang der Eingangszahlen nicht innerhalb von 5 bis 10 Jahren gerechnet werden kann (zust. Eyermann Rn. 3) Maßstab ist hier nicht die durchschnittliche Tätigkeitsdauer von Lebenszeitrichtern, sondern die prognostizierbare Unmöglichkeit, eine aufgestockte Zahl von Dauerkräften bei einem Rückgang der Belastung dem Bestand der dann noch zu bearbeitenden Verfahren mithilfe der Nichtwiederbesetzung wegfallender Stellen anpassen zu können.

Der (Sonder)Bedarf rechtfertigt die Einstellung von Zeitrichtern, soll die **3** Gerichtspräsidien aber nicht auch auf einen bestimmten **Einsatz** festlegen. Zeitrichter müssen daher zwar bei dem VG eingesetzt werden, bei dem der erhöhte Personalbedarf besteht; durch GVP kann aber frei bestimmt werden, ob sie dort zur Bewältigung der Sonderbelastung oder in anderen Rechtsgebieten eingesetzt werden. Dies kann etwa genutzt werden, um Ausschließungen wegen Vorbefassung (§ 54 II) oder Befangenheitsgesuchen vorzubeugen. **Problematisch** wäre es jedoch, wenn ein Richter auf Zeit in Verfahren entscheiden würde, an denen seine Stammbehörde oder eine dieser vorgesetzte Behörde beteiligt war oder ist. Dies muss im Geschäftsverteilungsplan ausgeschlossen werden, Verfahrensbeteiligten ist zudem zu ermöglichen, ggf. einen Befangenheitsantrag zu stellen (BVerfGE 148, 69 Rn. 109 f.).

Die **Verwendung der Zeitrichter** ist von Anfang an Lebenszeitrichtern **3a** angeglichen, was dem gesetzlichen Einstellungszweck entspricht, wegen der fehlenden Einübung richterlicher Tätigigkeiten aber praktische Probleme mit sich bringen kann. § 28 II DRiG verwehrt ihnen die **Führung des Vorsitzes,** iU können sie aber ohne Einschränkung eingesetzt werden: Sie müssen keine Erprobungsphase durchlaufen, wie sie für Proberichter oder gem. § 16 II DRiG auch für Richter kraft Auftrags obligatorisch ist. Anders als diese dürfen sie auch sofort nach ihrer Ernennung als Einzelrichter iSd § 6 und § 76 AsylG tätig sein. In § 29 DRiG sind sie nicht einbezogen; Kammerentscheidungen durten daher mit zwei Zeitrichtern neben dem (funktionalen) Lebenszeit-Vorsitzenden gefasst werden. Insofern konsequent lautet ihr Dienstbezeichnung „Richter am VG" (§ 19a I DRiG).

4   Um die richterliche Unabhängigkeit zu wahren, legt S. 1 einen **Zeitrahmen für die Tätigkeit als Zeitrichter** fest, und zwar in Anlehnung an die für Richter im Nebenamt geltende Regelung in § 16. Dabei hat sich der Gesetzgeber Stimmen in der Literatur angeschlossen, die eine Tätigkeitsdauer von zwei Jahren als **Untergrenze** für finanziell anderweitig abgesicherte Beamte ansehen (BT-Drs. 18/6185 S. 57 unter Bezugnahme auf Schmidt–Räntsch DRiG § 11 Rn. 4). Verfassungsrechtlich ist die Mindestamtszeit noch hinzunehmen (BVerfGE 148, 69 Rn. 124). Damit kommen Beamte nicht in Betracht, die im Ernennungszeitpunkt weniger als zwei Jahre im Beamtendienst verbleiben würden. Eine **Höchstgrenze** ist nur insofern bestimmt, als das Richteramt „längstens für die Dauer des Hauptamts" (dh des ruhenden Amtes als Beamter) bestehen darf. Das Fehlen einer numerischen Höchstgrenze soll ermöglichen, den Einsatz von Zeitrichtern flexibel am Bedarf auszurichten (Kronisch DVBl 2016, S. 490, 493). In der Praxis haben sich vielfach Ernennungen für drei Jahre eingebürgert. Allerdings bringt die Wendung zum Ausdruck, dass sich das Zeitrichteramt durch eine **dauerhafte Verknüpfung** mit dem (ruhenden) Amt als Beamter auszeichnet, das seine Unabhängigkeit sichert. Daraus ergeben sich Besonderheiten für die Beendigung des Richteramtes (→ Rn. 5a). Die Beschäftigungsdauer ist in der Ernennungsurkunde festzulegen. Da eine erneute Ernennung ausgeschlossen ist (→ Rn. 5b) muss die Zeit des von ihm zu befriedigenden Bedarfs vorab prognostisch endgültig bestimmt sein.

5   Den **Status der Zeitrichter** gleicht **S. 2** durch entsprechende Anwendung der Regelungen in **§ 15 I 1 und 3 und II DRiG** demjenigen der Richter kraft Auftrags an. Nach I 1 behält damit der Richter auf Zeit sein bisheriges Amt, nach I 3 ruhen für die Dauer des Richterverhältnisses die Rechte und Pflichten aus dem Beamtenverhältnis mit Ausnahme der Pflicht zur Amtsverschwiegenheit und des Verbots der Annahme von Geschenken. Dies trägt der Inkompatibilitätsregelung in § 4 I DRiG Rechnung, die zwar nicht das gleichzeitige Bestehen von Richter– und Beamten–Dienstverhältnissen verbietet, wohl aber die gleichzeitige Wahrnehmung von Aufgaben der rechtsprechenden und der vollziehenden Gewalt. Das Verbot macht es zwingend, während einer Verwendung als Richter die Pflichten aus dem Beamtenverhältnis ruhend zu stellen. Bewusst **ausgenommen** aus der Verweisung ist die Regelung in § 15 I 2 DRiG über die **Besoldung und Versorgung** der Richter auf Zeit. Sie bestimmen sich bei Auftragsrichtern (bis zur Übernahme in ein Lebenszeitdienstverhältnis) nach dem bisherigen Amt in der Verwaltung. Dem Bund fehlt die Gesetzgebungskompetenz, Besoldung und Versorgung der Richter der Länder festzulegen; sie ist aus dem Kompetenztitel in Art. 74 I Nr. 27 GG ausgeklammert. Damit ist es Sache der Länder, auch für Zeitrichter die Besoldung festzulegen und geeignete Beamte ua durch eine attraktive Gestaltung der Bezüge zu gewinnen.

5a   Das **Zeitrichteramt endet** automatisch mit Ablauf des in der Ernennungsurkunde genannten Zeitpunkts. Eine nachträgliche Verkürzung der Amtszeit ist ausgeschlossen (BVerfGE 14, 56, 71). Wohl aber kommt die enge Verknüpfung mit dem Hauptamt als Beamter (→ Rn. 4) zum Tragen. Deshalb darf das Richterdienstverhältnis nicht über das reguläre Ende des Beamtenverhältnisses hinausreichen, muss aber auch für den gesamten Zeitraum des Einsatzes als Richter fortbestehen. Der Richter auf Zeit verliert daher sein Richteramt, wenn er auf eigenen Wunsch oder sonst aus dem Beamtenverhältnis ausscheidet. Der Amtsverlust kann indes nicht ohne seinen Willen eintreten. Eine Entlassung ist nur nach den für Richter auf Lebenszeit generell geltenden Vorschriften (§§ 21, 30 ff. DRiG) möglich (BVerfGE 148, 136 f.).

Nach dem Ende der Richterdienstzeit kehren Zeitrichter ohne neuerliche **5b** Personalentscheidung in die Verwaltung zurück. Eine **wiederholte Ernennung** bei Fortdauer des Bedarfs (Kettenernennung) ist **unzulässig.** Das ergibt sich zwar nicht aus dem Wortlaut des § 18, wohl aber aus einer verfassungskonformen Auslegung, nach der die wiederholte Bestellung eines Beamten zum Richter auf Zeit nach Ablauf seiner Amtszeit ausgeschlossen ist, um einen am „Wohlverhalten" des Beamten ausgerichteten Einfluss der Ministerialverwaltung auf die Amtszeit zu minimieren (BVerfGE 148, 69 Rn. 33).

Fraglich ist, in welchem Umfang eine Verwendung von Zeitrichtern unter **6** Verstoß gegen die Einstellungsvoraussetzungen auf Sachentscheidungen durchschlagen, an denen sie mitwirken. Allenfalls in Ausnahmefällen kann die Mitwirkung einer solchen Zeitrichters in einem Rechtsmittelverfahren gegen die Sachentscheidung als **Verfahrensmangel** iSv § 138 Nr. 1 (Besetzungsrüge) beanstandet werden. Wie in ähnlichen Fällen (→ § 29 Rn. 9) kommt ein Besetzungsfehler nur dann in Betracht, wenn der Fehler den Schutzzweck des in **Art. 101 I 2 GG** gewährleisteten Anspruchs auf den gesetzlichen Richter oder einer sonstigen prozessualen Gewährleistung der Verfassung beeinträchtigt. Das ist erst anzunehmen, wenn die Sachentscheidung infolge der Verwendung des Zeitrichters **willkürlich oder manipulativ** ist (→ § 6 Rn. 44 und → § 138 Rn. 7 ff.). Dies wird jedoch kaum jemals praktisch werden, sodass eine Beschäftigung entgegen gesetzlichen Beschränkungen iaR folgenlos bleiben wird. IÜ lassen sich Probleme, die sich aus der früheren Verwaltungstätigkeit eines Richters ergeben könnten, über die (strenge) Anwendung der Vorschriften über die Ausschließung von Richtern und ihre Ablehnung wegen Besorgnis der Befangenheit (§ 54 iVm §§ 41 bis 49 ZPO) bewältigen.

3. Abschnitt. Ehrenamtliche Richter

§ 19 [Mitwirkung ehrenamtlicher Verwaltungsrichter]

Der ehrenamtliche Richter wirkt bei der mündlichen Verhandlung und der Urteilsfindung mit gleichen Rechten wie der Richter mit.

I. Laienbeteiligung in der Verwaltungsgerichtsbarkeit

Die Mitwirkung juristisch nicht vorgebildeter Laien (heute fast durchgehend **1** neutral „ehrenamtliche Richter" genannt, § 45a DRiG) in den Tatsacheninstanzen aller Gerichtsbarkeiten hat **Tradition.** Insgesamt sind dort weit über

100 000 ehrenamtliche Richter tätig (Bundesverband ehrenamtlicher Richte-
rinnen und Richter e.V. unter www.schoeffen.de). Verfassungsrechtlich ist
ihre Mitwirkung nicht geboten, und rechtspraktisch hat sie sich **überlebt**
(str.). Eine Rechtfertigung für den erheblichen Aufwand ihrer Berufung und
Zuziehung lässt sich nur noch schwer finden (eingehend NK–VwGO § 19
Rn. 3 ff.). Mit den komplexen Konstellationen verwaltungsgerichtlicher Verfahren sind Laien regelmäßig überfordert, und von Sonderbereichen abgesehen (→ Rn. 2 f.) darf von ihnen weder Sachverstand noch eine Plausibili-
täts- oder gar Richtigkeitskontrolle erwartet werden. Am ehesten ist die
Mitwirkung unter dem – freilich gewichtigen – Aspekt besonderer Kontakt-
pflege der Verwaltungsgerichtsbarkeit zur interessierten Bevölkerung zu
rechtfertigen. Auch wenn die Beseitigung der Laienmitwirkung zur Professio-
nalisierung der Rspr. beitragen würde, ist doch zu respektieren, dass die Vorschriften wegen der unabdingbaren Berufung und Mitwirkung einer großen
Zahl ehrenamtlicher Verwaltungsrichter bei 52 VG und 10 von 15 OVG
(Bln-Bbg., Brem., Hmb., Hess., MV, Nds., NRW, RhPf., LSA, SchlH) de
lege lata **erhebliche Bedeutung** haben.

2   Das DRiG gilt grds. nur für Berufsrichter (§ 2 DRiG), enthält aber in
einem eigenen Abschnitt (**§§ 44 bis 45a DRiG**) allgemeine Vorschriften über
ehrenamtliche Richter. § 44 I DRiG verlangt zusätzlich gerichtsbarkeitsspezi-
fische **Sonderregelungen.** Für die Verwaltungsgerichtsbarkeit der Länder
sind diese im 3. Abschnitt (§§ 19 bis 34) der VwGO enthalten. Für fach-
kundige Laienbeisitzer in Sonderspruchkörpern gelten die §§ 19 ff. nicht,
sondern ausschließlich die Sonderregelungen des Fachrechts, nach denen sie
berufen werden. Das betrifft die sog. Beamtenbeisitzer im Disziplinarrecht
(§§ 46 ff. BDG), die Soldatenbeisitzer im Wehrdisziplinarrecht nach der
WDO (→ Rn. 3) und etwa die Fachbeisitzer im Personalvertretungsrecht des
Bundes (vgl. § 84 BPersVG) und der Länder (§ 187 II).

3   Eine Laienmitwirkung gibt es bei den Landesgerichten in abgestuftem
Umfang: bei den **VG** generell (§ 5 III) und bei den **OVG** (§ 34) nach Maßgabe des Landesrechts (→ § 9 Rn. 3 f.). Für das **BVerwG** gelten die Vorschriften des 3. Abschnitts nicht. Dort sind in den Revisionssenaten keine
ehrenamtlichen Richter vorgesehen (§ 10 III), weil nur über Rechtsfragen zu
entscheiden ist. Hingegen entscheiden die eingegliederten Wehrdienstsenate
(→ § 10 Rn. 4) nach ihrem Fachrecht in Verhandlungen unter Mitwirkung
von zwei besonders bestellten ehrenamtlichen Richtern (§ 80 III, IV WDO).
In Wehrbeschwerdeverfahren werden abschließende Sachentscheidungen in
der Besetzung mit ehrenamtlichen Richtern getroffen (BVerwG NZWehrr
2008, 261).

4   Ehrenamtliche Richter werden durch eine **Wahl** (§ 29) in ihr Amt „berufen", eine Ernennung erfolgt grds. nicht (→ § 25 Rn. 2). Die Wahl kennzeichnet daher den Beginn ihrer Amtszeit, nicht etwa erst die Vereidigung
(→ Rn. 4a) oder die erste Heranziehung zu einer Sitzung (§ 30). Ehrenamtliche Richter üben ein **pflichtiges Ehrenamt** (arg. § 31 GVG) aus, können
aber wegen ihrer richterlichen Tätigkeiten keine Ehrenbeamte iSd § 5 BeamtStG (§ 115 BRRG aF), § 177 BBG sein. Das Landesrecht sieht teilweise
vor, dass sie in ein Ehrenrichterverhältnis berufen werden (Nachw. bei NK-

VwGO § 19 Rn. 13). Für **Gesetzesänderungen** im 3. Abschnitt ist die Übergangsvorschrift in § 6 EGGVG zu beachten (→ § 186 Rn. 4).

Die **Vereidigung** der ehrenamtlichen Verwaltungsrichter richtet sich ein- **4a** heitlich für alle Gerichtszweige nach **§ 45 DRiG**. Vereidigung ist das Ablegen eines Eides oder Gelöbnisses durch Nachsprechen oder Ablesen einer der Formeln der § 45 III bis V und VII DRiG, wobei die rechte Hand erhoben werden soll (II 3). Sie hat nach der Bestellung vor der ersten Dienstleistung in öffentlicher Sitzung vor den berufsrichterlichen Mitgliedern einer Kammer zu erfolgen, an der Ehrenamtliche mitzuwirken haben, nie also vor dem Einzelrichter (§ 5 III). Zuständig für die Abnahme des Eides ist der Vorsitzende im sitzungsleitenden, nicht funktionellen Sinne (→ § 5 Rn. 4, 15). Ein zeitlicher Zusammenhang mit der ersten Sitzungsteilnahme wird zwar regelmäßig bestehen, ist aber nicht erforderlich, was eine Vereidigung aller Neugewählten in einer Sitzung zu Beginn der Amtsperiode möglich macht (str.). Die Vereidigung muss stets für jeden Gewählten gesondert erfolgen. Die Vereidigung gilt für die **Dauer** des Amtes iSd § 25 (BVerwGE 15, 96), bei erneuter Bestellung auch für jede sich unmittelbar anschließende Amtszeit (II 2).

Vereidigung bzw. Gelöbnis ist konstitutives Element wirksamer Amtsaus- **4b** übung. Fehlt sie, ist das Gericht nicht vorschriftsmäßig besetzt, denn es hat ein Nichtrichter bei der Urteilsfindung mitgewirkt (BVerwG Beschl. v. 11.7.2014 – 2 B 70.13; BVerwGE 73, 78 (79) mwN). Der Fehler lässt sich nicht rückwirkend beseitigen, weil jede Vereidigung nur für die Zukunft wirkt (Eyermann § 31 Rn. 4). **Unbeachtlich** ist das Fehlen bloßer Förmlichkeit (der Öffentlichkeit oder Protokollierung, des Handerhebens, BVerwGE 73, 78 (81); NJW 1981, 1110). Besetzungsfehler können in Rechtsmittelverfahren nach § 124 II Nr. 5, § 138 Nr. 1 geltend gemacht werden (BVerwG Beschl. v. 29.8.2011 – 6 B 28.11). Eine Rüge in der mündlichen Verhandlung ist nicht zu fordern (so aber für den Strafprozess BGH NJW 2003, 2545). Die Anhörungsrüge nach § 152a ist nicht gegeben, da keine Verletzung des rechtlichen Gehörs vorliegt. Nach Ausschöpfung des Rechtswegs ist die auf Art. 101 I 2 GG gestützte Verfassungsbeschwerde möglich, nach Rechtskraft des Urteils Nichtigkeitsklage nach § 153 iVm § 579 I Nr. 1 ZPO.

II. Rechte ehrenamtlicher Verwaltungsrichter

Die ehrenamtlichen Verwaltungsrichter sind Richter iSd Art. 92 GG und – **5** iR ihrer Mitwirkung – unabhängig iSd Art. 97 I GG (§ 45 I 1 DRiG). Ihre **persönliche Unabhängigkeit** ist (im Unterschied zu Art. 97 II GG) nur **partiell geschützt** durch eine feste Amtszeit (§ 25), streng formalisierte Verfahren der Berufung (§§ 20 bis 23) und vorzeitigen Abberufung (§ 44 II DRiG; § 24 I) geschützt, gegen ihren Arbeitgeber durch Ansprüche auf Freistellung und Arbeitsschutz (§ 45 Ia DRiG), aber auch durch ein gesetzliches Recht auf Entschädigung (vgl. § 32). Zum (fehlenden) Anspruch auf Freistellung vom Dienst für in die Gleitzeit fallende ehrenamtliche Richtertätigkeit vgl. BVerwGE 140, 178.

Sachliche Unabhängigkeit gewährleistet § 19 durch Gleichstellung mit **6** den Berufsrichtern. Diese beschränkt sich jedoch auf die Phase der **unmittel-**

baren Mitwirkung an Kammerentscheidungen mit mündlicher Verhandlung (§ 5 III). Ohne Bedeutung ist, ob das Verfahren durch Urteil oder Beschluss abgeschlossen wird (NK-VwGO § 19 Rn. 14 f.). Zu Vorlagebeschlüssen → § 5 Rn. 17.

7   Bei der Entscheidungsfindung besitzen sie **Mitwirkungsbefugnisse:** In der mündlichen Verhandlung sind sie den berufsrichterlichen Beisitzern gleichgestellt, sind weisungsfrei und können etwa Fragen stellen (§ 104 II). Vorsitzendenbefugnisse stehen ihnen nicht zu (§ 28 II DRiG). Entsprechendes gilt für alle Beratungen am Sitzungstag und die der mündlichen Verhandlung folgenden Abstimmungen (§ 173 iVm §§ 192 ff. GVG). Dabei ist ihnen auf Verlangen Einsicht in die Akten zu geben und das Wort zu erteilen.

8   Die Mitwirkung **beginnt** am Sitzungstag und **endet** mit dem Fällen des Urteils, dh der internen Beschlussfassung über den Tenor und die Nebenentscheidungen (§ 112). Die Vor- und Nachbereitungsphasen bleiben ausgeklammert. Die Ehrenamtlichen müssen daher auf andere Weise in den Stand gesetzt werden, ihre Mitwirkung **sachgerecht ausüben** zu können, dem Gang der mündlichen Verhandlung zu folgen und zu einer § 108 genügenden Überzeugung zu gelangen. Sie sind in geeigneter Weise über die Verfahren zu **informieren.** Verbreitete Übung ist es, sie vor der Verhandlung im Beratungszimmer mit einer Sache vertraut zu machen oder ihnen einen Sachbericht auszuhändigen. Ein Anspruch hierauf besteht aber nicht, ebenso wenig wie auf die Gewährung vorbereitender Akteneinsicht, die Übersendung von Gutachten, Entscheidungsentwürfen oä oder die Teilnahme an spruchkörperinternen Vorberatungen. Die Ehrenamtlichen sollen sich ihre **Überzeugung aus der mündlichen Verhandlung** bilden. Deshalb genügt es regelmäßig, sie durch den Vortrag des wesentlichen Inhalts der Akten zu Beginn der mündlichen Verhandlung (§ 103 II) und durch die tatsächliche und rechtliche Erörterung der Sache während ihres Verlaufs (§ 104 I) über den Streitgegenstand und den Streitstoff in Kenntnis zu setzen. Ihnen eine weitergehende Unterrichtung im vorbereitenden Verfahren zu ermöglichen, steht im Ermessen des Spruchkörpers. Auf den **Aktenvortrag** in der mündlichen Verhandlung (wenngleich mit Einverständnis der Beteiligten) zu verzichten, kann einen Verfahrensmangel darstellen (BVerwG NJW 1984, 251; aA BSG SozR 4-1500 § 112 Nr. 3 Rn. 5). In der **Beratung,** die der mündlichen Verhandlung nachfolgt und auf ihr beruht (§ 101 I), ist ihnen die Rechtslage so zu erläutern, dass sie auch insoweit zu einem eigenständigen Urteil gelangen können (BVerwG Beschl. v. 14.4.2011 – 3 B 4.11, juris Rn. 4 mwN).

9   Die **Verkündung des Urteils** gehört nicht zur mündlichen Verhandlung, liegt also jenseits der Grenze ihrer Mitwirkung; allerdings ist es üblich und zulässig, die Ehrenamtlichen an einer noch am Sitzungstag erfolgenden Verkündung teilnehmen zu lassen (→ § 116 Rn. 17). An der **Abfassung und Unterschrift des vollständigen Urteils** sind sie in keinem Fall beteiligt (§ 117 I 4). Anderslautende Bestrebungen sind gesetzwidrig und verkennen, dass auch die Berufsrichter mit ihrer Unterschrift nicht die Richtigkeit der Gründe bestätigen, sondern nur, dass diese die Auffassung der Mehrheit der Richter wiedergeben, die an ihr mitgewirkt haben.

III. Pflichten der ehrenamtlichen Richter

Die Pflichten der Ehrenamtlichen sind nirgends umfassend niedergelegt. Das **10** DRiG geht von einer näheren Bestimmung in den Prozessordnungen aus (§ 45 IX DRiG), die VwGO schweigt jedoch. Nur punktuell sind Pflichten geregelt wie diejenigen, den Eid bzw. das Gelöbnis zu leisten (§ 45 III, IV DRiG), das Beratungsgeheimnis zu wahren (§ 45 I 2 DRiG) und sich zu Sitzungen rechtzeitig einzufinden (§ 33 I VwGO). In den Vorschriften über die Wahl (insbes. den Ablehnungsgründen des § 23) ist eine **Pflicht zur Ausübung** des Amtes vorausgesetzt. Mit dem Recht auf Entschädigung (→ Rn. 5) korrespondiert eine Obliegenheit, ihre korrekte Berechnung zu ermöglichen (OVG Bln-Bbg NVwZ-RR 2008, 846: Amtspflicht).

Soweit nicht geregelt, sind die Pflichten **aus der Eidesformel** (§ 45 III, **11** IV DRiG) erkennbar. Daraus ablesbar sind die selbstverständliche Bindung (nur) an Gesetz und Recht (Art. 20 III, Art. 97 I GG) und eine Verpflichtung zur Unparteilichkeit, die sich auch in der ausdrücklich geregelten Möglichkeit der Ablehnung widerspiegelt (§ 54 II, III). Der **Gleichstellung** mit den Berufsrichtern lässt sich immerhin eine Pflicht entnehmen, mit diesen – ungeachtet von Meinungsverschiedenheiten – zusammenzuarbeiten. Der Stimme dürfen sie sich nicht enthalten (§ 195 GVG). Selbstverständlich sein sollte das achtungswürdige Verhalten auch außerhalb des Amtes (Kopp/Schenke § 19 Rn. 3, str.). In Gleichstellung mit den Berufsrichtern ist ihnen seit dem 1.7.2008 die Prozessvertretung vor demjenigen Spruchkörper verwehrt, dem sie angehören (→ § 67 Rn. 19).

Pflichtverletzungen sind vorrangig durch Verhängung eines Ordnungs- **12** geldes (§ 33) zu ahnden. Bei gröblichen Verstößen ist eine Entbindung vom Amt möglich (§ 24 I Nr. 2).

§ 20 [Voraussetzungen für die Berufung ehrenamtlicher Richter]

[1] Der ehrenamtliche Richter muß Deutscher sein. [2] Er soll das 25. Lebens-jahr vollendet und seinen Wohnsitz innerhalb des Gerichtsbezirks haben.

I. Die Berufung ehrenamtlicher Verwaltungsrichter

Die ehrenamtlichen Richter der Verwaltungsgerichtsbarkeit werden – un- **1** abhängig vom Willen oder der Mitwirkung der Kandidaten – auf Vorschlag der Kommunen (§ 28) durch Wahl eines Ausschusses (§ 26) berufen und sind allein dadurch zur Amtsausübung verpflichtet. Ziel des **aufwendigen Auswahlverfahrens** ist die Rekrutierung geeigneter Personen aus der Bevölkerung. Die Eignungsbestimmung überlässt die VwGO dem Prozess der (politischen) Willensbildung in den kommunalen Vertretungskörperschaften und im Wahlausschuss. Ihm setzt sie nur **Grenzen,** um typischerweise ungeeignete Personen vom Amt fernzuhalten. Die Wählbarkeit macht sie daher außer von drei Minimalvoraussetzungen (§ 20) nur vom Nichtvorliegen von Ausschließungs- und Hinderungsgründen (§ 21, § 22) abhängig. Die im Interesse von

Kandidaten eingeräumten Ablehnungsrechte (§ 23) wirken sich nur bei Geltendmachung durch einen Gewählten aus, sind aber aus verfahrensökonomischen Gründen schon frühzeitig zu bedenken.

II. Berufungsmindestvoraussetzungen

2 Unabdingbare persönliche Berufungs-(Wahl-)voraussetzung ist die Eigenschaft als **Deutsche(r) iSd Art. 116 GG.** Die deutsche Staatsangehörigkeit ist demnach hinreichende, aber keine notwendige Voraussetzung. Auch sog. Statusdeutsche (Sodan GG Art. 116 Rn. 2 ff.) sind wählbar. Die **Beherrschung der deutschen Sprache** ist kein Erfordernis, berührt aber zweifellos den Grad der Eignung für das Amt. Dasselbe gilt für sonstige Eignungsminderungen (→ Rn. 5).

3 Als **Soll**-Erfordernis (dazu SBS VwVfG § 40 Rn. 26 f.) ausgestaltet ist die (erst mWv 2005 von 30 Jahren herabgesetzte) **Mindestaltersgrenze** von 25 Jahren, die eine ausreichende Lebenserfahrung sichern soll. Die Gewählten müssen im Regelfall das 25. Lebensjahr vollendet haben; ein atypischer Fall, der ausnahmsweise Vorschlag und Wahl jüngerer Kandidaten erlaubt, ist praktisch schwer denkbar und müsste schon mit dem Vorschlag nachvollziehbar (schriftlich) begründet werden. Es ist angemessen – wenngleich nicht verpflichtend –, für das OVG (§ 34) Kandidaten mit höherem Lebensalter vorzuschlagen. Ein **Höchstalter** (wie nach § 33 Nr. 2 GVG für Schöffen) ist **nicht** festgelegt. Gewählte haben ab Vollendung des 65. Lebensjahrs lediglich ein Ablehnungsrecht (§ 23 I Nr. 6), Tätige, die während der Wahlperiode das 65. Lebensjahr vollenden, haben einen Entbindungsanspruch (§ 24 I Nr. 3).

4 Das ebenfalls nur regelmäßig zwingende Erfordernis eines **Wohnsitzes innerhalb des Gerichtsbezirks** (→ § 3 Rn. 7) soll verbreiteter Auffassung zufolge eine gewisse Vertrautheit mit den örtlichen Verhältnissen gewährleisten (Eyermann § 20 Rn. 4), richtigerweise aber im Interesse des Kandidaten die zumutbare Erreichbarkeit des Gerichts (NK-VwGO § 20 Rn. 9). Beides rechtfertigt es, den Wohnsitz gem. **§ 7 BGB** (Lebensmittelpunkt) zu bestimmen und nicht nach dem Melde- oder dem Wahlrecht (str., NK-VwGO § 20 Rn. 8; SSB § 20 Rn. 6). Ein Nebenwohnsitz genügt. Ein atypischer Fall kann nach den konkreten Ortsverhältnissen vorliegen (geringe Entfernung zu einem Gericht im benachbarten Sprengel, OVG NRW OVGE 41, 173). Fehlt infolge Wohnsitznahme außerhalb des Landes das aktive Wahlrecht, so liegt ein Ausschließungsgrund vor → § 21 Rn. 4).

5 Unabdingbar sind die **körperlichen** (gesundheitlichen) und **geistigen Fähigkeiten** für das Amt. Sie sind zwar nicht ausdrücklich normiert, werden aber erkennbar als selbstverständlich vorausgesetzt, wie der Entbindungsgrund nach § 24 I Nr. 4 und § 33 Nr. 4 GVG zeigt (NK-VwGO § 20 Rn. 5). Ungeeignet und damit nicht wählbar sind daher Personen mit geistigen oder körperlichen Gebrechen (analog § 33 Nr. 4 GVG), für die eine Nichtverurteilung wegen Schuldunfähigkeit (§§ 20, 63 StGB) ein zwingendes Indiz ist. Geringergradige Eignungsminderungen (Taubheit, Stummheit) sind im politischen Auswahlprozess (→ Rn. 1) zu berücksichtigen (aA NK-VwGO § 20 Rn. 5).

Die Berufungsvoraussetzungen müssen durchweg **im Zeitpunkt der Wahl** 6
(§ 29 I) vorliegen, mit der die Amtszeit des Gewählten beginnt (HmbOVG
NVwZ-RR 2009, 276). Das gilt (insoweit übereinstimmend mit § 33 Nr. 1
GVG) auch für das Lebensalterserfordernis (NK-VwGO § 20 Rn. 13 ff.).
Daher kann bereits bei Erstellung der Vorschlagslisten berücksichtigt werden,
dass ein Kandidat bei der Wahl das Mindestalter erreicht oder (anders als nach
§ 33 Nr. 3 GVG) seinen Wohnsitz im Gerichtsbezirk genommen haben wird.

III. Verstöße und Fehlerfolgen

Fehlt im Zeitpunkt der Wahl eine der Voraussetzungen des § 20 (und sei es, 7
weil kein atypischer Fall gegeben ist → Rn. 3 f.), so ist die Person **nicht
wählbar.** Die Beurteilung der **Folgen** für eine gleichwohl durchgeführte
Wahl hat zu bedenken, dass die Funktionsfähigkeit der Rechtsprechung auf
dem Spiel steht: Würde man Wahlfehler automatisch auf die Wirksamkeit der
Berufung durchschlagen lassen, so wäre das Gericht bei Mitwirkung eines
solchen Laien nicht vorschriftsmäßig besetzt, alle Entscheidungen wären mit
einem absoluten Revisionsgrund (§ 138 Nr. 1) und einem Wiederaufnahmegrund (§ 153 iVm § 579 I Nr. 1 ZPO) behaftet.

Die Fehlerfolgen werden daher zu Recht **relativiert.** Einem Verstoß gegen 8
Soll-Bestimmungen wird teilweise gar keine Bedeutung beigemessen (Kopp/
Schenke § 20 Rn. 3). Auch wenn dem mit der hM nicht zuzustimmen ist,
macht ein Verstoß gegen § 20 nicht die Wahl ungültig; vielmehr ist ein
geltend gemachter Fehler in einem **Entbindungsverfahren nach § 24 I
Nr. 1, III** zu prüfen. Wird der Verstoß dort festgestellt, ist der Ehrenamtliche
durch rechtsgestaltenden Beschluss mit Wirkung für die Zukunft von seinem
Amt abzuberufen (hM, NK-VwGO § 20 Rn. 16 f.; SSB § 20 Rn. 9 f.;
Kopp/Schenke § 20 Rn. 2; Eyermann § 20 Rn. 5 f.). Eine auf den maßgeblichen Zeitpunkt zurückwirkende **Heilung** von Mängeln durch Änderungen der Sachlage nach der Wahl kommt nicht in Betracht. Entscheidungen,
an denen der fehlerhaft Berufene vor dem Beschluss mitgewirkt hat, bleiben
wirksam; allein die Einleitung eines Entbindungsverfahrens führt nicht zu
einem Mitwirkungsverbot. Bei Ausschließungs- und Hinderungsgründen
(§§ 21, 22) gilt dasselbe (vgl. § 24 I Nr. 1; NK-VwGO § 21 Rn. 9).

§ 21 [Ausschließungsgründe]

(1) Vom Amt des ehrenamtlichen Richters sind ausgeschlossen
1. Personen, die infolge Richterspruchs die Fähigkeit zur Bekleidung öffentlicher
   Ämter nicht besitzen oder wegen einer vorsätzlichen Tat zu einer Freiheitsstrafe
   von mehr als sechs Monaten verurteilt worden sind,
2. Personen, gegen die Anklage wegen einer Tat erhoben ist, die den Verlust der
   Fähigkeit zur Bekleidung öffentlicher Ämter zur Folge haben kann,
3. Personen, die nicht das Wahlrecht zu den gesetzgebenden Körperschaften des
   Landes besitzen.

(2) Personen, die in Vermögensverfall geraten sind, sollen nicht zu ehrenamtlichen Richtern berufen werden.

1 Die „negativen" Berufungsvoraussetzungen trennt die VwGO in – jeweils abschließende – Ausschließungsgründe (§ 21) und Hinderungsgründe (§ 22). Vom Amt (und damit von der Wählbarkeit) ausgeschlossen sind (entspr. § 32 Nr. 1 bis 3 GVG) Personen, die sich durch ihr **Verhalten** als **ungeeignet** erwiesen haben. Der Mangel an **Verfassungstreue** ist nach hM kein zusätzlicher Ausschließungsgrund (NK-VwGO § 21 Rn. 2; Eyermann § 21 Rn. 1), kann aber als Entbindungsgrund berücksichtigt werden (→ § 24 Rn. 4). Zwingend sind die Ausschließungsgründe nach I („sind"), was in ihrem Gewicht und der Gesichertheit ihres Nachweises zu sehen ist. Bei Vermögensverfall (II) sollen hingegen die Umstände des Einzelfalles berücksichtigt werden dürfen. Zu den **Folgen** einer Wahl trotz Vorliegens eines Ausschließungsgrundes → § 20 Rn. 7 f.

2 Die **Fähigkeit zur Bekleidung öffentlicher Ämter** (I Nr. 1 Fall 1) geht infolge Richterspruchs verloren: nach § 45 I StGB als automatische **Nebenfolge** einer strafgerichtlichen Verurteilung, nach § 45 II StGB oder nach § 39 II BVerfGG durch spruchrichterliche bzw. verfassungsgerichtliche Aberkennung, und zwar für die Dauer des nach § 45a II StGB zu berechnenden Verlusts (zur Tilgung im Strafregister vgl. § 49 II, § 50 BZRG) oder Grundrechtsverwirkung. Ohne besonderen Richterspruch schließt auch das sich in der **Dauer einer Freiheitsstrafe** (mehr als sechs Monate) ausdrückende Gewicht einer Straftat die Wählbarkeit aus (I Nr. 1 Fall 2).

3 Bereits die **Erhebung der Anklage** (§ 151 StPO) wegen einer Tat, die abstrakt gesehen die Nebenfolge nach § 45 StGB auslösen kann, steht bis zur rechtskräftigen Entscheidung des Strafgerichts einer Berufung entgegen (I Nr. 2).

4 I Nr. 3 betrifft nur das **aktive Wahlrecht** („Stimmrecht") zu den gesetzgebenden Körperschaften jenes Landes, in dem ein Kandidat ehrenamtlicher Richter werden soll (insbes. zum Landtag, nicht zu einer Kommunalvertretung). Es kann ebenfalls durch oder infolge **Richterspruchs** (§ 45 StGB oder nach § 39 II BVerfGG „Wahlrecht") ausgeschlossen sein. I.Ü entscheiden die **Landeswahlgesetze.** Deren im Detail sehr unterschiedlichen Regelungen (vgl. nur § 1 NRWLWahlG und Art. 1 BayLWG) haben neben I Nr. 1 und § 20 fast nur Bedeutung, soweit es um das **Wohnsitzerfordernis** geht. Nach überwiegender Auffassung ist das Fehlen eines wahlrechtlichen Hauptwohnsitzes Ausschließungsgrund (OVG LSA NVwZ-RR 2009, 225; HmbOVG NVwZ-RR 2002, 552; OVG NRW NVwZ-RR 1994, 60; ebenso SSB § 21 Rn. 3; BeckOK VwGO § 21 Rn. 4). Im Schrifttum wird dieses Erfordernis mit guten Gründen verneint (nur bei Bemakelung, Spezialität des § 20 S. 2; vgl. NK-VwGO § 21 Rn. 8; Eyermann § 21 Rn. 4; Kopp/Schenke § 21 Rn. 2).

5 Der nicht definierte Regel-Ausschlussgrund („soll" → § 20 Rn. 3) des **Vermögensverfalls** (II) liegt sicher vor ab Eröffnung des Insolvenzverfahrens (§ 1903 BGB; §§ 6, 102 ff. KO; § 58 VerglO). Str. ist, ob bereits das Vorliegen objektiver Gründe (wie der Zahlungsunfähigkeit) für seine Eröffnung

genügt; das ist zu bejahen (Eyermann § 21 Rn. 5; BeckOK VwGO § 21 Rn. 5; aA NK-VwGO § 21 Rn. 10; Redeker/v. Oertzen § 21 Rn. 3). Eine solche Lage ermöglicht aber die Prüfung eines atypischen **Ausnahmefalls,** der in Betracht kommt, wenn die Notlage unverschuldet oder eine Rest-schuldbefreiung zu erwarten ist (Kopp/Schenke § 21 Rn 3; BFSA § 21 Rn. 6).

§ 22 [Hinderungsgründe]

Zu ehrenamtlichen Richten können nicht berufen werden
1. **Mitglieder des Bundestages, des Europäischen Parlaments, der gesetzgeben-den Körperschaften eines Landes, der Bundesregierung oder einer Landes-regierung,**
2. **Richter,**
3. **Beamte und Angestellte im öffentlichen Dienst, soweit sie nicht ehrenamtlich tätig sind,**
4. **Berufssoldaten und Soldaten auf Zeit,**
4a. *(aufgehoben)*
5. **Rechtsanwälte, Notare und Personen, die fremde Rechtsangelegenheiten ge-schäftsmäßig besorgen.**

Die abschließend aufgeführten Hinderungsgründe für die Berufung, denen **1** im Unterschied zu den Ausschließungsgründen des § 21 jede persönliche Bemakelung fehlt, erfüllen einen **doppelten Zweck:** Sie sollen Personen fernhalten, bei denen Interessen- und Pflichtenkollisionen auftreten können, und die Unabhängigkeit der Gerichte stärken, indem unerwünschte Gewal-tenverschränkungen abgewehrt werden (→ § 1 Rn. 6 f.). Es soll dadurch jeder Verdacht ausgeschlossen werden, dass die VG die Verwaltung zum Nachteil des Bürgers schützen (vgl. OVG NRW NVwZ-RR 1994, 704; → Rn. 4). Abgesehen davon können Ehrenamtliche für eine konkret zu entscheidende Streitsache nicht danach gezielt ausgesucht werden, ob sie dem Streitgegen-stand nahe- oder fernstehen. Interessenkollisionen im Einzelfall ist mithilfe der Befangenheitsvorschriften (§ 54) Rechnung zu tragen (BVerwG NVwZ 2010, 256). Zum maßgeblichen **Zeitpunkt** → § 20 Rn. 6, zu den **Folgen** der Nichtbeachtung eines Berufungshindernisses → § 20 Rn. 7 f.

Zu den **gesetzgebenden Körperschaften** (Nr. 1) gehören auch Zweite **2** Kammern wie der Bundesrat. Seine Mitglieder sind aber idR Beamte (Nr. 3) oder **Regierungsmitglieder.** Wer zu diesen gehört, bestimmt sich im Bund nach Art. 62 GG, sonst nach den Landesverfassungen. Keine Regierungsmit-glieder sind Stadt-/Gemeinderäte; sie gehören kommunalen Selbstverwal-tungskörperschaften ohne Staatsqualität an, die Organe der Verwaltung sind; sie fallen auch nicht unter Nr. 3 (→ Rn. 4).

Nr. 2 meint **Berufsrichter** – gleich welcher Gerichtsbarkeit und in wel- **3** chem Dienstverhältnis (§ 8 DRiG; §§ 15 ff.) – während ihrer aktiven Dienst-zeit. Sie sind wählbar, sobald sie dauerhaft beurlaubt sind oder eine Wiederberufung ausgeschlossen ist (wie in der Freistellungsphase der Altersteilzeit im Blockmodell).

4   **Beamte** oder **Angestellte** (nicht Arbeiter, OVG Bln-Bbg Beschl. v. 2.11.2005 – 4 E 23.05, Rn. 4) **im öffentlichen Dienst** sind während ihrer aktiven Dienstzeit nicht wählbar wegen potenzieller Konflikte, die sich aus dem besonderen Näheverhältnis zu einem öffentlich-rechtlichen Dienstherrn ergeben (BVerwG Buchh 310 § 22 VwGO Nr. 2; OVG NRW NVwZ-RR 2009, 530). **Wer** Beamter ist, ergibt sich aus den Beamtengesetzen (etwa §§ 3 ff. BeamtStG: Berufung in ein bestimmtes Dienstverhältnis bei einer dienstherrnfähigen juristischen Person durch Aushändigung einer Urkunde) bzw. bei sonstigen Bediensteten aus dem Anstellungsvertrag. **Stadt- bzw. Gemeinderäte,** die vielfach als ehrenamtliche Richter tätig sind, stehen in keinem solchen Rechtsverhältnis und sind zudem ehrenamtlich tätig (Nr. 3 Hs. 2).

5   Um **öffentlichen Dienst** handelt es sich grds. bei allen öffentlich-rechtlich organisierten Rechtsträgern. Neben Bund, Ländern und Kommunen gehören zu ihnen etwa IHK, Sparkassen, Rundfunkanstalten und Sozialversicherungsträger und das THW (→ Rn. 6), ebenso die **Nachfolgeunternehmen** der Deutschen Bundespost und Deutschen Bahn, die gegenüber den bei ihnen beschäftigten Beamten Dienstherrnbefugnisse wahrnehmen (§ 1 PostPersG; Art. 143a und b GG), ferner Unternehmen, an denen eine Person des öffentlichen Rechts **mehrheitlich beteiligt** ist (Kopp/Schenke § 22 Rn. 2). Nicht zum öffentlichen Dienst gehören die **Religionsgemeinschaften** (HmbOVG DÖV 1970, 102; Kopp/Schenke § 22 Rn. 2).

6   Wählbar sind nach Nr. 3 Hs. 2 die nur **ehrenamtlich** im öffentlichen Dienst **Tätigen** (auch Ehrenbeamte). Dazu gehören Reservehelfer des THW (einer Bundesanstalt im Geschäftsbereich des BMI, § 1 II THW-Gesetz v. 22.1.1990, BGBl. I 118). Diese Ausnahme gilt gem. § 186 S. 1 jedoch nicht in den Stadtstaaten (HmbOVG NVwZ-RR 2009, 276).

7   Die vorstehenden Grundsätze gelten entspr. für **Soldaten** (Nr. 4), dh aktive Berufssoldaten und Soldaten auf Zeit, die gem. § 41 SG in ein Dienstverhältnis berufen sind. Der Hinderungsgrund besteht ab dem Tag der Ernennung (§ 4 I SG).

8   **Angehörige rechtsberatender Berufe** (Nr. 5) sind außer Rechtsanwälten (§ 12 BRAO) und Notaren (§ 12 BNotO) alle sonstigen Personen, die weisungsfrei geschäftsmäßige (idR entgeltlich) Rechtsberatung besorgen, zB Rechtsdienstleister nach §§ 10 ff. RDG sowie Prozessagenten (§ 157 III ZPO), Steuerberater, Patentanwälte, Wirtschafts- oder Buchprüfer. Str. ist, ob Mitglieder berufsständischer Vereinigungen (Gewerkschaftssekretäre, Verbandsvertreter) dazu gehören (bejahend: Eyermann § § 22 Rn. 9; Kopp/ Schenke § 22 Rn. 2; verneinend: NK-VwGO § 22 Rn. 18; Redeker/v. Oertzen § 22 Rn. 2). Keine Rechtsangelegenheiten besorgen die nach Maßgabe der §§ 1896 ff. BGB bestellten Betreuer (HmbOVG NVwZ-RR 2009, 362).

9   Nicht geeignet sind nach § 44a DRiG Personen, die in den **Machtapparat der DDR** verstrickt waren, insbes. als Stasi-Bedienstete oder informelle Mitarbeiter (vgl. G v. 24.7.1992, BGBl. I 1386).

§ 23 [Ablehnungsgründe]

(1) Die Berufung zum Amt des ehrenamtlichen Richters dürfen ablehnen
1. Geistliche und Religionsdiener,
2. Schöffen und andere ehrenamtliche Richter,
3. Personen, die zwei Amtsperioden lang als ehrenamtliche Richter bei Gerichten der allgemeinen Verwaltungsgerichtsbarkeit tätig gewesen sind,
4. Ärzte, Krankenpfleger, Hebammen,
5. Apothekenleiter, die keinen weiteren Apotheker beschäftigen,
6. Personen, die die Regelaltersgrenze nach dem Sechsten Buch Sozialgesetzbuch erreicht haben.

(2) In besonderen Härtefällen kann außerdem auf Antrag von der Übernahme des Amtes befreit werden.

Bei Vorliegen eines der abschließend aufgeführten Gründe des § 23 ist **1** Gewählten ein subjektiv öffentliches **Recht auf Ablehnung** eingeräumt, das besonders ausgeübt werden muss. Zum Teil wird besonderen Belastungen Rechnung getragen (Nr. 2, 3, 6), zum Teil werden Berufstätigkeiten (auch im öffentlichen Interesse) als vorrangig eingestuft (Nr. 1, 4, 5). Nicht erfasste Härtefälle können zur Befreiung führen (II).

I. Ablehnungsgründe

Zu den **Geistlichen** und Religionsdienern (I Nr. 1) gehört, wer einer Kirche **2** oder hinreichend verfassten (jüdischen, islamischen oder sonstigen) Religions- oder Glaubensgemeinschaft angehört und auf Dauer aktiv mit kultischen Handlungen betraut ist, nicht hingegen weltliche Kirchendiener oder Amtsträger (Küster, Mitglieder der Zeugen Jehovas, BVerwGE 34, 291).

I Nr. 2 erlaubt die Abwehr der gleichzeitigen Belastung durch die – **3** ebenfalls pflichtigen – Tätigkeiten als **Schöffe** (der ehrenamtlichen Richter in der Strafgerichtsbarkeit, § 45a DRiG, §§ 30 ff. GVG) oder als ehrenamtlicher Richter anderer Gerichtsbarkeiten (§§ 44 ff. DRiG; § 105 GVG für Handelsrichter, §§ 12 ff. SGG für ehrenamtliche Sozialrichter).

Die Belastung durch die Tätigkeit bei Gerichten der allgemeinen **Ver- 4** **waltungsgerichtsbarkeit** erfasst I Nr. 3. Wiedergewählte dürfen die Amtstätigkeit nach zwei, nicht notwendig aufeinander folgenden Amtsperioden ablehnen, gem. § 25 also nach 10 Jahren. Die gleichzeitige Tätigkeit bei einem VG und einem OVG wird nicht zusammengerechnet.

Ärzte, Krankenpfleger (Krankenschwestern), **Hebammen** werden im **5** Interesse der gesundheitlichen Versorgung der Bevölkerung, aber auch wegen ihrer besonderen Anspannung (etwa durch Schichtdienst) vor weiterer Belastung geschützt (I Nr. 4). Der Schutz ist bei vergleichbarer Lage auf die Angehörigen sonstiger **Heil- und Heilhilfsberufe** im Bereich der Humanmedizin (ua Zahnärzte, Altenpfleger) auszudehnen (iE str., Eyermann § 23 Rn. 5; NK-VwGO § 23 Rn. 8; SSB § 23 Rn. 3).

6   Im öffentlichen Interesse der Arzneimittelsicherheit werden **Apotheken-leiter** geschützt, die keinen weiteren Apotheker beschäftigen, der bei ihrer Abwesenheit als verantwortlicher Vertreter fungieren kann (§ 7 ApoG, § 2 II ApBetrO). Sie sind nicht genötigt, einen Vertreter einzustellen, um als Ehrenamtliche fungieren zu können.

7   Die früher fixierte Altersbelastungsgrenze (Vollendung des 65. Lebensjahres) ist durch die dynamische Verweisung auf die Regelaltersgrenze nach SGB VI ersetzt worden (derzeit nach § 35 S. 2 Vollendung des 67. Lebensjahres). Eine Höchstaltersgrenze für die Tätigkeit kennt die VwGO nicht (→ § 20 Rn. 3).

II. Befreiung von der Amtsübernahme

8   In besonderen Härtefällen kann „von der Übernahme" des Amtes befreit werden. Die Formulierung zeigt, dass schon **bei der Wahl vorliegenden** Härtegründen Rechnung getragen werden soll. Für nachträgliche Härtegründe gilt § 24 II. An einen „besonderen" Härtefall sind hohe Anforderungen zu stellen, um die prinzipielle Pflichtigkeit der Amtsübernahme nicht unterlaufen zu können. Die vorgebrachten und belegten Umstände müssen den Ablehnungsgründen in I ähnlich sein und einen spezifischen Bezug zur Tätigkeit der ehrenamtlichen Richter aufweisen (vgl. auch § 24 II). Dazu gehören langdauernde Krankheit oder Gebrechlichkeit, langfristige und häufige Abwesenheiten bzw. Auslandsaufenthalte, ernste religiöse oder Gewissensgründe. Eine **starke allgemeine berufliche Belastung** genügt regelmäßig nicht, schon wegen der Freistellungs- und Arbeitsschutzansprüche aus § 45 Ia DRiG. Unaufschiebbare Angelegenheiten sind als Verhinderungen geltend zu machen. Die **Interessen** der Gerichtsbarkeit **an der Übernahme des Amtes** sind mit denen des Betroffenen abzuwägen. Zu bedenken ist die Zahl der verbleibenden ehrenamtlichen Richter und Auswirkungen auf die Zahl der Heranziehung mit Blick auf die Richtzahl des § 27.

III. Verfahren

9   Ablehnungs- und Befreiungsgründe müssen vom Betroffenen nach ihrem Eintritt mit einem **Antrag** geltend gemacht und nachgewiesen werden. Dies ist frühestens nach der Wahl möglich. Allerdings steht es frei, Vorliegen und Ausübung solcher Gründe bereits im Vorschlags- und Berufungsverfahren einzustellen. Der Antrag ist beim OVG anzubringen, da über die Gründe in einem **Entbindungsverfahren** (§ 24) zu entscheiden ist. Das ergibt sich für die Ablehnungsgründe aus § 24 III 1 iVm I Nr. 3, für die Härtefallbefreiung aus § 24 IV iVm III 1.

10   Liegt ein Ablehnungsgrund nach I vor, muss dem Antrag entsprochen werden (§ 24 I; „ist … zu entbinden"). In Härtefallen ist eine sog. **einheitliche Ermessensentscheidung** zu treffen („kann"), deren Ergebnis auf eine Befreiung hin intendiert ist; denn gegenläufige Gründe sind bereits Teil der Härtefallprüfung (→ Rn. 9).

§ 24 [Entbindung vom Amt]

(1) Ein ehrenamtlicher Richter ist von seinem Amt zu entbinden, wenn er
1. nach §§ 20 bis 22 nicht berufen werden konnte oder nicht mehr berufen werden kann oder
2. seine Amtspflichten gröblich verletzt hat oder
3. einen Ablehnungsgrund nach § 23 Abs. 1 geltend macht oder
4. die zur Ausübung seines Amtes erforderlichen geistigen oder körperlichen Fähigkeiten nicht mehr besitzt oder
5. seinen Wohnsitz im Gerichtsbezirk aufgibt.

(2) In besonderen Härtefällen kann außerdem auf Antrag von der weiteren Ausübung des Amtes entbunden werden.

(3) ¹Die Entscheidung trifft ein Senat des Oberverwaltungsgerichts in den Fällen des Absatzes 1 Nr. 1, 2 und 4 auf Antrag des Präsidenten des Verwaltungsgerichts, in den Fällen des Absatzes 1 Nr. 3 und 5 und des Absatzes 2 auf Antrag des ehrenamtlichen Richters. ²Die Entscheidung ergeht durch Beschluß nach Anhörung des ehrenamtlichen Richters. ³Sie ist unanfechtbar.

(4) Absatz 3 gilt entsprechend in den Fällen des § 23 Abs. 2.

(5) Auf Antrag des ehrenamtlichen Richters ist die Entscheidung nach Absatz 3 von dem Senat des Oberverwaltungsgerichts aufzuheben, wenn Anklage nach § 21 Nr. 2 erhoben war und der Angeschuldigte rechtskräftig außer Verfolgung gesetzt oder freigesprochen worden ist.

Die Entbindung ist die **exklusive Reaktion** auf Umstände, die einer weiteren Tätigkeit des Richters iSd §§ 20 bis 23 entgegenstehen. Unerheblich ist es, ob diese Umstände bei der Berufung (Wahl) vorliegen und nachträglich bekannt werden oder nachträglich eintreten. All solche Umstände stellen tendenziell die Funktionsfähigkeit der Rspr. und die persönliche Unabhängigkeit des Richters infrage. Zu verhindern gilt es **dreierlei**: dass die ehrenamtlichen Richter sich nach Gutdünken ihrem pflichtigen Ehrenamt entziehen können, dass sie willkürlich abberufen werden und dass die (bis zur Entbindung gebotene) Mitwirkung eines fehlerhaft berufenen Richters Entscheidungen fehlerhaft macht.

Daher schreibt § 44 II DRiG vor, dass die Abberufung vor Ablauf ihrer Amtszeit nur unter gesetzlich bestimmten Voraussetzungen und gegen ihren Willen nur durch Entscheidung eines Gerichts zulässig ist (vgl. auch BVerfGE 87, 68 (85)). **Bis zur Entbindung** durch Gerichtsbeschluss bleiben daher Rechte und Pflichten des Richters (→ § 19 Rn. 5 ff.) unberührt und der Spruchkörper trotz Mitwirkung eines fehlerhaft berufenen Richters ordnungsgemäß besetzt. Eine **vorläufige** Amtsentbindung kennt die VwGO nicht; im einzelnen Streitverfahren kann aber zu prüfen sein, ob ein Verhinderungsgrund nach § 54 vorliegt (BGH MDR 1977, 284). Neben der Entbindung besteht nur noch die Möglichkeit der **Wahlanfechtung** (→ § 29 Rn. 7).

1

2

I. Die einzelnen Entbindungsgründe

3 I Nr. 1 verpflichtet zur Abberufung vAw (III 1), wenn ein Richter nicht hätte gewählt werden dürfen (anfängliche **Unzulässigkeit der Berufung** gem. §§ 20 bis 22) oder wenn ein solches Berufungshindernis im Laufe der Amtsperiode eintritt. Die Gleichstellung ist sachgerecht, weil die Abberufung zur Funktionserhaltung der Rspr. (→ Rn. 1) in keinem Falle rückwirkend möglich ist (→ Rn. 8). Eine **Heilung** infolge einer Sachverhaltsänderung gibt es nicht; in Sonderfällen ermöglicht § 24 V eine Aufhebung des Entbindungsbeschlusses (→ Rn. 9).

4   Nur **gröbliche Verletzungen von Amtspflichten** (→ § 19 Rn. 10 f.) rechtfertigen die ebenfalls amtsseitig einzuleitende Abberufung (III 1). Nichtgröbliche Pflichtverletzungen können durch Verhängung von Ordnungsgeld (§ 33) geahndet werden. Sie sind auch sonst vorrangig zu erwägen (OVG NRW NVwZ 1987, 233 zu unentschuldigtem Fernbleiben; OVG Bln-Bbg NVwZ-RR 2008, 846: wahrheitswidrige Abrechnung der Entschädigung). Ein **Mangel an Verfassungstreue** (→ § 21 Rn. 1) ist zu berücksichtigen, wenn er sich in einer greifbaren und beharrlichen Leugnung der Gesetzesbindung (Art. 20 III, Art. 97 I GG) ausdrückt (str., aA NK-VwGO § 24 Rn. 7). Gröblichkeit ist anzunehmen bei schwerwiegenden bzw. wiederholten Verstößen und setzt Vorwerfbarkeit des Verhaltens voraus.

5   Ein **Ablehnungsberechtigter nach § 23** wird stets nur auf eigenen Antrag (III 1, IV) entbunden, kann dies aber – nach seinen jeweiligen Lebensumständen – jederzeit nach der Wahl für den Rest der Amtsperiode verlangen. Das gilt auch für **Härtefälle:** Die Befreiung von der (erstmaligen) Übernahme des Amtes (§ 23 II) ist gem. § 24 IV, III 1 zu beantragen, die Entbindung von der weiteren Ausübung des Amtes wegen nachträglichem Eintritt von Härtegründen (nach erfolgter Heranziehung) gem. § 24 II, III 1. Die **Interessen** der Gerichtsbarkeit **am Verbleiben im Amt** sind jeweils mit denen des Richters abzuwägen.

6   Die für die Amtsausübung bedeutsamen **geistigen und körperlichen Fähigkeiten** (etwa auch für die Reisetätigkeit) werden als selbstverständlich vorausgesetzt. Beachtlich ist ihr Wegfall während der Amtsperiode, aber auch, wenn sie der Ehrenamtliche schon bei der Wahl „nicht mehr besitzt" (I Nr. 4).

7   Bei **Fehlen eines Wohnsitzes** (I Nr. 5) ist zu unterscheiden: Wird der Hauptwohnsitz nach der Wahl **aus dem Bundesland** der Tätigkeit verlegt und geht damit der Verlust des aktiven Wahlrechtes einher, so ist der Ehrenamtliche gem. § 24 I Nr. 1 iVm § 21 I Nr. 3 vAw abzuberufen (OVG LSA NVwZ-RR 2009, 225 → § 21 Rn. 4). Wird der Wohnsitz (nur) **im Gerichtsbezirk** aufgegeben, so ist der Ehrenamtliche nach § 24 I Nr. 5, III 1 iVm § 20 S. 2 auf eigenen Antrag hin zu entbinden, was mit dem Charakter als Soll-Erfordernis im Interesse des Richters übereinstimmt (→ § 20 Rn. 4); OVG LSA Beschl. v. 15.9.1999 – E 1 S 112/99). Bei schon **anfänglichem** Fehlen des Wohnsitzerfordernisses greift § 24 I Nr. 1 ein (iVm § 20 S. 2 oder § 21 I Nr. 3).

II. Entbindungsverfahren

Das Entbindungsverfahren ist als **nicht-kontradiktorischer Innenrechts-** 8
streit der Gerichtsbarkeit konzipiert. Seine rudimentäre Regelung in III
und V wird ergänzt durch die Grundsätze der Zweckmäßigkeit und eines
fairen, rechtsstaatlichen Verfahrens, nicht also unmittelbar durch die §§ 81 ff.

Das Verfahren wird **ausschließlich auf Antrag** eingeleitet, den nach III 1 9
entweder nur der Ehrenamtliche stellen kann oder nur der Präsident des
Gerichts (VG/OVG), bei dem der Richter tätig ist. Der Antrag ist beim OVG
anzubringen, bei Richteranträgen auf dem Dienstweg; anderenfalls ist der
VG-Präsident zu informieren. Der Antrag kann formlos gestellt werden (ggf.
bei der Rechtsantragsstelle, § 81 I 2 → § 13 Rn. 2), ist aber zu begründen. Er
unterliegt keinem Vertretungszwang, weil § 67 nicht anwendbar ist
(→ Rn. 8).

Zur Entscheidung **zuständig** ist ein durch GVP zu bestimmender Senat 10
des OVG (III 1). Die Entscheidung ergeht, sofern nicht seinem Antrag entsprochen wird, nach Anhörung des Richters und ohne (allerdings freigestellte)
Erörterung **durch Beschluss** (III 2), der selbstverständlich zu begründen ist.
Der Beschluss wirkt rechtsgestaltend, schließt die Mitwirkung des Ehrenamtlichen also ab seiner Bekanntgabe für die Zukunft aus. Er ist unanfechtbar (III
3) und kann formlos bekannt gegeben werden. Der Bekanntgabezeitpunkt ist
wegen der Folgen für die Besetzung des betroffenen Spruchkörpers
(Art. 101 I 2 GG) zu dokumentieren. Eine Änderung des Beschlusses ist
daher ausgeschlossen. Wegen der Rehabilitierungswirkung ist in den **Fällen
des V** eine Aufhebung des Beschlusses zugelassen.

Entspr. anwendbar sind die Verfahrensvorschriften (nicht die Entbin- 11
dungsgründe) auf die Beisitzer der besonderen Spruchkörper der Verwaltungsgerichtsbarkeit (→ § 19 Rn. 2), soweit im Bundes- oder Landesrecht
(vgl. § 13 AGVwGO BW) keine spezielle Regelung getroffen ist (HmbOVG
Beschl. v. 3.6.2009 – 3 AS 10/09).

§ 25 [Wahlperiode]

Die ehrenamtlichen Richter werden auf fünf Jahre gewählt.

Die Amtsperiode ist mWv 1.1.2005 (G v. 21.12.2004, BGBl. I 3599) zur 1
Minderung des Verwaltungsaufwandes von vier auf fünf Jahre **verlängert**
worden, was eine Übergangsvorschrift erforderlich machte (→ § 19 Rn. 4,
§ 186 S. 2).

Der **Beginn** des Fünf-Jahres-Zeitraums ist nicht geregelt. Die VwGO will 2
einen nahtlosen Anschluss der Amtsperioden gewährleisten: Findet die Wahl
vor dem Ende der laufenden Amtsperiode statt, so gelangen die neuen Ehrenamtlichen erst unmittelbar nach Ablauf der Altperiode ins Amt („durch", aber
nicht schon „mit" der Wahl). Wird erst nach deren Ablauf gewählt, so verlängert sich die Amtsperiode der bisherigen Richter bis zur Neuwahl (§ 29 II).
Eine erhebliche Verzögerung der Wahl führt in den Verwaltungsstreitverfahren

zu Verstößen gegen den gesetzlichen Richter (Art. 101 I 2 GG) mit der Folge ordnungswidriger Besetzung iS von § 124 II Nr. 5 und § 138 Nr. 1. Das **Ende** der Amtsperiode berechnet sich (da nicht das Ereignis der Wahl den Fristbeginn auslöst) entspr. § 187 II, § 188 II Fall 2 BGB (Eyermann § 25 Rn. 2). Zur Verlängerung wegen verspäteter Neuwahl § 29 II.

3   **Nach- bzw. Ergänzungswahlen** bei Entbindung oder Tod von ehrenamtlichen Richtern sind nicht vorgesehen und daher grds. unzulässig (Eyermann § 25 Rn. 3 und § 29 Rn. 9; aA NK-VwGO § 29 Rn. 14). Eine Ausnahme ist zu bejahen, wenn die Verringerung der ehrenamtlichen Richter die Funktionsfähigkeit der Gerichtsbarkeit infrage zu stellen droht.

§ 26 [Wahlausschuss]

(1) Bei jedem Verwaltungsgericht wird ein Ausschuß zur Wahl der ehrenamtlichen Richter bestellt.

(2) [1] Der Ausschuß besteht aus dem Präsidenten des Verwaltungsgerichts als Vorsitzendem, einem von der Landesregierung bestimmten Verwaltungsbeamten und sieben Vertrauensleuten als Beisitzern. [2] Die Vertrauensleute, ferner sieben Vertreter werden aus den Einwohnern des Verwaltungsgerichtsbezirks vom Landtag oder von einem durch ihn bestimmten Landtagsausschuß oder nach Maßgabe eines Landesgesetzes gewählt. [3] Sie müssen die Voraussetzungen zur Berufung als ehrenamtliche Richter erfüllen. [4] Die Landesregierungen werden ermächtigt, durch Rechtsverordnung die Zuständigkeit für die Bestimmung des Verwaltungsbeamten abweichend von Satz 1 zu regeln. [5] Sie können diese Ermächtigung auf oberste Landesbehörden übertragen. [6] In den Fällen des § 3 Abs. 2 richtet sich die Zuständigkeit für die Bestellung des Verwaltungsbeamten sowie des Landes für die Wahl der Vertrauensleute nach dem Sitz des Gerichts. [7] Die Landesgesetzgebung kann in diesen Fällen vorsehen, dass jede beteiligte Landesregierung einen Verwaltungsbeamten in den Ausschuss entsendet und dass jedes beteiligte Land mindestens zwei Vertrauensleute bestellt.

(3) Der Ausschuß ist beschlußfähig, wenn wenigstens der Vorsitzende, ein Verwaltungsbeamter und drei Vertrauensleute anwesend sind.

1   Die Vorschrift verpflichtet die Länder zur **Konstituierung** von Ausschüssen, deren einzige Aufgabe die verbindliche Auswahl und Berufung (§ 29) der von den Kommunen (§ 28) vorgeschlagenen Kandidaten ist (I). Sie nehmen eine Aufgabe der sog. „reinen" (nicht justizförmigen) Justizverwaltung wahr. Die Ausschüsse sind kein Teil der Gerichtsverwaltung, sondern **ständige Organe des Landes**, die „bei" dem jeweiligen Gericht eingerichtet sind. Die nichtgeborenen Mitglieder (→ Rn. 2) werden periodisch neu bestellt. Einzelheiten regelt das Landesrecht, dem bundesrechtlich ein Rahmen für die Zusammensetzung (II) und Beschlussfähigkeit (III) gesetzt wird.

2   Ein Wahlausschuss ist **für jedes VG** zu bestellen, für ein **OVG** nur dann, wenn die Landesgesetzgebung die Mitwirkung ehrenamtlicher Richter vorsieht (§ 34 → § 9 Rn. 3 f.). Der Ausschuss besteht aus 9 Mitgliedern. Geborenes Mitglied ist der **Gerichtspräsident,** der den Vorsitz führt. Er wird im

Verhinderungsfall durch den Vizepräsidenten vertreten (zur Anwendbarkeit des § 21h GVG vgl. BGH NJW 1974, 509). Ihm sind **acht** gekorene Mitglieder als **Beisitzer** an die Seite gegeben: ein **Verwaltungsbeamter** als Vertreter der Landesregierung (II 1, 4, 5) und sieben aus den Einwohnern des Verwaltungsgerichtsbezirks gewählte **Vertrauensleute** nebst gleich vielen Vertretern (II 1, 2, 3). Letztere müssen ihrerseits die Voraussetzungen zur Berufung als ehrenamtliche Richter (§ 20 bis 23) erfüllen; das Entbindungsverfahren nach § 24 gilt entspr. (differenzierend NK–VwGO § 26 Rn. 9). Die Tätigkeit des Verwaltungsbeamten gehört zu seinem Dienstverhältnis, die Vertrauensleute üben ein Ehrenamt aus und werden nach § 32 entschädigt.

Die **Beisitzer** werden durch Länderorgane ausgewählt: Den Verwaltungs- **3** beamten (und seine[n] Vertreter) bestimmt die Landesregierung oder eine Landesstelle, die in einer – von ihr oder einer obersten Landesbehörde erlassenen – Rechtsverordnung damit beauftragt ist. Die Vertrauensleute werden vom Landtag, von einem Landtagsausschuss oder nach Maßgabe eines Landesgesetzes (meist im AGVwGO → § 3 Rn. 3) gewählt; ihre Amtsperiode ist dort – entspr. § 25 – auf fünf oder vier Jahre festgelegt. In II 6 und 7 sind Regelungen für den Fall enthalten, dass gem. § 3 II mehrere Länder ein **gemeinsames Gericht** unterhalten (→ § 3 Rn. 10). Unausgesprochen werden dem Landesrecht sonstige notwendige Konkretisierungen überlassen (→ § 29 Rn. 1). Die **Beschlussfähigkeit** des Wahlausschusses (III) erfordert eine nach Zahl und Status qualifizierte Anwesenheitsmehrheit (fünf von neun Mitgliedern). Vertretung ist bei jedem Mitglied zulässig.

In der Rechtsprechung werden die Bestimmungen über den Wahlausschuss **4** (seine Zusammensetzung und Beschlussfassung) unter dem Aspekt der **Rechtsfolgen von Verstößen** betrachtet. Zu unterscheiden sind die Auswirkungen von Wahlfehlern auf die Wahl selbst, auf die Gewählten und auf die Besetzung der Spruchkörper bei Mitwirkung fehlerhaft gewählter Ehrenamtlicher. Fehler können Gewählte und Übergangene durch Wahlanfechtung oder in einem Entbindungsverfahren (§ 24) geltend machen (→ § 29 Rn. 4 ff.). Verfahrensbeteiligte können in einem Rechtsmittelverfahren eine auf Wahlfehler gestützte **Besetzungsrüge** erheben (§ 124 II Nr. 5; § 138 Nr. 1), die aber nur höchst ausnahmsweise durchgreift, wenn der Fehler den Schutzzweck des Art. 101 I 2 GG berührt (BVerwG NVwZ 1988, 724; Buchh 310 § 26 VwGO Nr. 1 und 2; ebenso BGHSt 33, 126 (129)). Dies trifft hauptsächlich bei so schwerwiegenden Fehlern zu, dass von einer Wahl im Rechtssinne nicht mehr gesprochen werden kann und eine Manipulierung des Ergebnisses eines Richterspruchs schon in der Wahlphase ernsthaft in Betracht zu ziehen ist (BVerfG NJW 1982, 2368). Letzteres ist kaum denkbar, weil der Wahlausschuss für die Bestimmung des gesetzlichen Richters eine lediglich vorbereitende Entscheidung trifft und keinen unmittelbaren Einfluss auf die Zuteilung des einzelnen ehrenamtlichen Richters zu einem bestimmten Spruchkörper ausübt. Daher ist ein hinreichender Einfluss zu Recht abgelehnt worden für Fälle einer unstatthaften Vertretung im Vorsitz des Ausschusses und bei der Diskussion über Kandidaten aufgrund einer Bewerberliste, die Angaben zu persönlichen Merkmalen oder über die Zugehörigkeit von Kandidaten zu einer politischen Partei enthielt (→ § 28 Rn. 4).

§ 27 [Zahl der ehrenamtlichen Richter]

Die für jedes Verwaltungsgericht erforderliche Zahl von ehrenamtlichen Richtern wird durch den Präsidenten so bestimmt, daß voraussichtlich jeder zu höchstens zwölf ordentlichen Sitzungstagen im Jahr herangezogen wird.

1   Die Ermittlung der Zahl erforderlicher ehrenamtlicher Richter für die Rechtsprechungstätigkeit am einzelnen Gericht liefert die wesentliche Basis für die Berechnung der Personenzahl, die in die Vorschlagsliste aufzunehmen ist (§ 28 S. 1 und 3). Deshalb werden die Präsidenten der VG bzw. OVG zu einer **Prognose** verpflichtet, die für die gesamte Amtsperiode (§ 25) gültig ist, sich aber auf ein absehbar typisches Geschäftsjahr des Gerichts und absehbare Änderungen zu stützen hat (NK-VwGO § 27 Rn. 1).

2   Die **Berechnung** der erforderlichen Zahl der Ehrenamtlichen erfolgt nach der **Faustformel:** Gesamtzahl der Sitzungstage des Gerichts x 6. Bei den **VG** sind zunächst die voraussichtlichen jährlichen Sitzungstage jeder Kammer zu addieren. Die Summe daraus ist durch 12 (= Maximalzahl der Sitzungstage eines Ehrenamtlichen, § 27) zu dividieren und sodann zu verdoppeln (zwei Ehrenamtliche pro Streitsache nach § 5 III 1). Bei den **OVG** (§ 34) sind jene Senate einzustellen, die nach Landesrecht unter Mitwirkung von Ehrenamtlichen (ebenfalls zwei, § 9 III) zu entscheiden haben. Hinzuzurechnen sind die für die Hilfsliste (§ 30 II) vorgesehenen Richter und ferner – wegen der grds. Unzulässigkeit einer Nachwahl (→ § 25 Rn. 4) – eine Reserve für ausscheidende Richter. Die Prognose muss so **frühzeitig** erstellt werden, dass sie bei der Aufstellung der Vorschlagslisten berücksichtigt werden kann. Die zusätzlich zu bestimmende **Verteilung** der Gesamtzahl zu Wählender auf die Kreise und kreisfreien Städte (bzw. Bezirke § 185 I) ist Sache des Wahlausschusses (§ 28 S. 2).

3   Die Orientierung an der Heranziehung zu „höchstens zwölf ordentlichen Sitzungstagen im Jahr" ist ein bloßer **Berechnungsfaktor** für die Prognose. Weder die Gewählten noch die Verfahrensbeteiligten haben einen Anspruch darauf, dass der Wert individuell eingehalten wird. Zu den Fehlerfolgen → § 26 Rn. 4.

§ 28 [Vorschlagsliste]

[1]Die Kreise und kreisfreien Städte stellen in jedem fünften Jahr eine Vorschlagsliste für ehrenamtliche Richter auf. [2]Der Ausschuß bestimmt für jeden Kreis und für jede kreisfreie Stadt die Zahl der Personen, die in die Vorschlagsliste aufzunehmen sind. [3]Hierbei ist die doppelte Anzahl der nach § 27 erforderlichen ehrenamtlichen Richter zugrunde zu legen. [4]Für die Aufnahme in die Liste ist die Zustimmung von zwei Dritteln der anwesenden Mitglieder der Vertretungskörperschaft des Kreises oder der kreisfreien Stadt, mindestens jedoch die Hälfte der gesetzlichen Mitgliederzahl erforderlich. [5]Die jeweiligen Regelungen zur Beschlussfassung der Vertretungskörperschaft bleiben unberührt. [6]Die Vorschlagslisten sollen außer dem Namen auch den Geburtsort, den Geburtstag und Beruf

des Vorgeschlagenen enthalten; sie sind dem Präsidenten des zuständigen Verwaltungsgerichts zu übermitteln.

Als ehrenamtlicher Richter **wählbar** ist nur, wer in eine **Vorschlagsliste** 1 aufgenommen worden ist, die von den Kreisen und kreisfreien Städten des Gerichtsbezirks zu erstellen ist (§ 29 I). Die Auswahl der Personen ist dadurch der politischen Willensbildung in den Kommunen überantwortet. Sie nehmen eine Aufgabe des übertragenen Wirkungskreises unter der Fachaufsicht des Landes wahr. In den **Stadtstaaten** Berlin und Hamburg treten an die Stelle der Kreise die Bezirke (§ 185 I).

Das Vorschlagsverfahren wird dadurch **eingeleitet,** dass der Wahlausschuss 2 jedem Kreis und jeder kreisfreien Stadt bzw. jedem Bezirk die Zahl der auf sie entfallenden Kandidaten mitteilt (S. 2). Die Mitteilung macht der Präsident des VG als Vorsitzender des jeweiligen Ausschusses (§ 26 II 1) im fünften Jahr der Amtsperiode (§ 25), und zwar so rechtzeitig, dass die Berufung vor Ablauf der Amtsperiode möglich ist. Die Zahl der Vorzuschlagenden errechnet sich aus dem Doppelten der vom Präsidenten ermittelten Zahl der benötigten Richter (S. 2 iVm § 27).

Die Suche und Vorauswahl geeigneter Personen ist Sache der Kommunal- 3 verwaltung. Die **Aufnahme in die Vorschlagsliste** erfolgt durch Zustimmung der Vertretungskörperschaft (Kreistag, Rat, Bezirksvertretung). Das Zustimmungsverfahren richtet sich nach den Regelungen der Kommunalgesetze zur Beschlussfassung der Vertretungskörperschaft (S. 5). Die Zustimmung erfordert für jeden Kandidaten das Quorum des S. 4. Die Vorschlagsliste ist sodann dem Präsidenten des VG zu übermitteln (S. 6 Hs. 2).

Zum **Inhalt** der Liste äußert sich die Soll-Vorschrift in S. 6 erstaunlich 4 kärglich. Zentraler Zweck ist es, dem Wahlausschuss die Berufung geeigneter Personen zu ermöglichen. Die Eignung (gemessen nicht nur an den Voraussetzungen für die Berufung nach §§ 20 bis 23) ist so weit wie möglich bereits innerkommunal zu bejahen, die verbindliche Entscheidung steht aber nur dem Wahlausschuss zu. Deshalb dürfen die Listen zwar keine eigene Eignungsabstufung enthalten, aber deutlich mehr als die Minimalangaben nach S. 6 (also Namen [einschließlich der Anschriften], Geburtsort, Geburtstag, Beruf der Vorgeschlagenen). Angebracht ist insbes. eine Erklärung, inwieweit die gesetzlichen Voraussetzungen für die Berufung geprüft worden sind und vorliegen. Angaben, die für das Amt ohne Bedeutung sind, darf die Liste nicht enthalten. Es liegt im Ermessen des Ausschusses, inwieweit er sich auf die Angaben der Kommunen verlässt oder zusätzliche Angaben fordert bzw. eigene Ermittlungen anstellt (→ § 29 Rn. 2).

§ 29 [Wahlverfahren]

(1) Der Ausschuß wählt aus den Vorschlagslisten mit einer Mehrheit von mindestens zwei Dritteln der Stimmen die erforderliche Zahl von ehrenamtlichen Richtern.

(2) Bis zur Neuwahl bleiben die bisherigen ehrenamtlichen Richter im Amt.

I. Wahlverfahren

1   Die **Gestaltung des Wahlverfahrens** überlässt die VwGO, ebenso wie die
Arbeit des Wahlausschusses (26), dem organisatorischen Ermessen des Aus-
schussvorsitzenden. Nur das Quorum ist bestimmt (→ Rn. 3), womit eine
Abstimmung über die Kandidaten in persönlicher Anwesenheit (also nicht im
Umlaufverfahren) vorausgesetzt ist. Zu Einberufung und Verlauf dieser **Wahl-
sitzung** (Förmlichkeiten, Gesprächsverlauf, einzuhaltenden Wahlrechts-
grundsätzen oder Protokollierung) bestehen keine direkten Vorgaben.

2   Der Ausschuss hat für jeden Vorgeschlagenen eine **Auswahlentscheidung**
zu treffen; Gruppenbildung ist zulässig. Die Auswahl muss sich allein an der
Eignung orientieren. Die hM gesteht dem Ausschuss ein Ermessen zu. Dem
ist nicht zuzustimmen. Der Ausschuss muss die geeignetsten Kandidaten
bestimmen; bei der Bewertung der Eignung ist ihm ein gerichtlich nur
beschränkt überprüfbarer Spielraum eingeräumt **(Einschätzungsprärogative)**. Zu den Auswahlkriterien VG Karlsruhe Urt. v. 18.2.2011 – 1 K 1569/
10. Erörterungen zur Person und zu persönlichen Merkmalen eines Vorgeschlagenen sowie entsprechende Informationen an die Ausschussmitglieder
sind zulässig, soweit sachbezogene Kriterien angelegt werden (BVerwG
NVwZ 1988, 724; Buchh 310 § 29 VwGO Nr. 2). Der Ausschuss darf eigene
Ermittlungen anstellen, sofern er dies für sachgerecht hält. Maßstab kann alles
sein, was für die Urteilsfähigkeit im Amt von Bedeutung ist, also auch etwa
eine bisherige Tätigkeit als ehrenamtlicher Richter (Eyermann § 28 Rn. 3),
nicht aber die Parteizugehörigkeit oder Weltanschauung.

3   Zu wählen sind Ehrenamtliche aus den kommunalen Vorschlagslisten (§ 28)
in der vom Präsidenten bestimmten Zahl (→ § 27 Rn. 2). Gewählt ist, wer
(mindestens) **zwei Drittel der abgegebenen Stimmen** auf sich vereinigt
(I). Entscheidend ist nicht die gesetzliche Mitgliederzahl (dann 6 von 9 gem.
§ 26 II 1), sondern das Stimmverhältnis der anwesenden Mitglieder im mindestens beschlussfähigen Ausschuss (§ 26 III), dort also 4 von 5 Stimmen.
Stimmenthaltung ist ausgeschlossen (Rechtsgedanke des § 195 GVG). Die
Wahl ist grds. offen durchzuführen. Die Gewählten sind mit der neuen Amtsperiode berufen oder, falls diese bereits begonnen hat, sofort mit Bekanntgabe
der Wahl (arg. § 29 II → § 25 Rn. 2).

II. Wahlfehler

4   Eine Wahl kann **fehlerhaft** sein, wenn Verfahrensvorschriften nicht beachtet
wurden, ein Kandidat nicht wählbar war oder aus unsachlichen Gründen
übergangen bzw. zurückgesetzt wurde. Verfahrensfehler sind bereits Verstöße
gegen das Vorschlagsverfahren (§ 28), ferner jede Missachtung von Wahlvor-
schriften (etwa: Nichtwahl infolge Auslosung, Besetzung und Beschlussfähigkeit des Wahlausschusses, § 26 II, III, Nichterreichen des Quorums nach
§ 29 I). Die Nichtwählbarkeit kann sich daraus ergeben, dass ein Kandidat
nicht auf der Vorschlagsliste stand (I) oder in seiner Person zwingende Hindernisse nach §§ 20 bis 22 vorlagen. Vorgeschlagene, die ein Ablehnungsrecht

nach § 23 haben, gelten bis zur Ausübung dieses Rechts als wählbar; die rechtzeitige Klärung ihrer Bereitschaft ist tunlich, aber nicht zwingend.

Für die **Geltendmachung** eines Wahlfehlers – durch gewählte und über- 5 gangene Kandidaten und durch Verfahrensbeteiligte – bestehen **drei Wege:** die Wahlanfechtung, das Entbindungsverfahren (§ 24) und die Besetzungsrüge (→ Rn. 9). Vieles dazu ist ungeklärt.

Das **Entbindungsverfahren** ist vorrangig, hat aber einen begrenzten An- 6 wendungsbereich. Es steht Gewählten nur beim Vorliegen von Ablehnungsgründen nach § 23 offen. Die Missachtung der Berufungsminima nach §§ 20 bis 22 iVm § 24 I Nr. 1, 2, 4 kann nach hM nur der VG-Präsident rügen; Gewählten soll insofern die Antragsbefugnis fehlen (vgl. § 24 III 1; NK-VwGO § 29 Rn. 7). Ob im Entbindungsverfahren auch Fehler des Wahlverfahrens berücksichtigt werden können, ist offen, richtiger Ansicht aber zu verneinen: Verfahrensfehler können nur fristgebunden mit der Anfechtungsklage nach § 42 I geltend gemacht werden (NK-VwGO § 29 Rn. 8 mwN).

Formelle Fehler des Vorschlags- oder Wahlverfahrens jenseits der Entbin- 7 dungsgründe (§ 20 bis 23) müssen Gewählte oder übergangene Interessenten durch Anfechtung von Wahlakten geltend machen. Offen ist, ob dafür die **Anfechtungsklage** (§§ 42 I) zur Verfügung steht oder (nur) eine Wahlprüfungsklage (BVerwG NJW 1988, 219). Richtiger Ansicht nach ist jeder einzelne Wahlakt ein VA (NK-VwGO § 29 Rn. 7; str.), der jeden Gewählten mit Bekanntgabe verpflichtet und von diesem innerhalb der Anfechtungsfristen (§§ 70, 74) angefochten werden kann. Übergangene Interessenten können ebenfalls eine (Dritt)Anfechtungsklage (→ § 42 Rn. 16) in Bezug auf einzelne Gewählte erheben, wenn sie geltend machen können, sie hätten diesen gegenüber vorrangig berücksichtigt werden müssen. Eine Verpflichtungsklage griffe in die Einschätzungsprärogative des Wahlausschusses ein, ist aber auch unnötig: Der Ausschuss ist nach Aufhebung einer Wahl zur Neuwahl unter Berücksichtigung des Urteilsgründe verpflichtet. Daneben muss Übergangenen aus Gründen effektiven Rechtsschutzes eine **Wahlprüfungsklage** offenstehen, weil ihnen hinreichende Erkenntnisse über Wahlvorgänge kaum zugänglich sein werden. Mit dieser Klage können sie die Aufhebung der gesamten Wahl verlangen, bei schweren Fehlern Nichtigkeitsfeststellung und eine Wiederholungswahl, in der über die Auswahl fehlerfrei entschieden (VG Stuttgart VBlBW 2002, 261). Ob dabei Verstöße gegen die §§ 20 bis 22 berücksichtigt werden dürfen, ist ungeklärt, aber zu bejahen.

Die **Beachtlichkeit von Fehlern** ist nach allgemeinen Grundsätzen einge- 8 schränkt. Hat eine Wahl stattgefunden, so können Fehler jeder Art nur in einem gerichtlichen Verfahrens geltend gemacht werden. Sie sind nur beachtlich, wenn sie das Wahlergebnis beeinflusst haben **(Relevanz).** Relevante Verstöße machen die Wahl **aufhebbar** und nur bei besonders gewichtigen Fehlern nichtig. Nach den für Berufsrichter (§ 46 DRiG) und zu § 24 entwickelten Grundsätzen wirkt eine Aufhebung der Wahl ex nunc und lässt zurückliegende Amtshandlungen grds. (Ausnahmen → Rn. 9) unberührt (vgl. BVerwG NJW 1988, 219; Buchh 310 § 28 VwGO Nr. 2).

Die **Beteiligten** eines Verwaltungsrechtsstreits können Wahlfehler nur mit 9 der **Besetzungsrüge** (§ 124 II Nr. 5; § 138 Nr. 1) in einem Rechtsmittelverfahren gegen die Sachentscheidung geltend machen. Die Rüge greift erst durch, wenn ein Fehler den Schutzzweck des Art. 101 I 2 GG berührt (BVerwG NVwZ 1988, 724; Buchh 310 § 26 VwGO Nr. 1 und 2; ebenso BGHSt 33, 126 (129)), was höchst ausnahmsweise anzunehmen ist, etwa wenn von einer Wahl im Rechtssinne nicht mehr gesprochen werden kann oder die Besorgnis einer Einflussnahme bzw. Manipulation begründet ist (BVerfGE 17, 294 (299)), die auf die angefochtene Entscheidung durchschlagen könnte (BVerfG NJW 1982, 2368; KB v. 12.7.1990 – 1 BvR 1269/87). Dies ist aber kaum denkbar: Die Zuteilung des einzelnen ehrenamtlichen Richters zu einem bestimmten Spruchkörper ist Sache des Präsidiums (→ § 30 Rn. 1 f.), sodass der Wahlausschuss für die Bestimmung des gesetzlichen Richters eine lediglich vorbereitende Entscheidung trifft. Keine durchschlagenden Fehler sind daher die unstatthafte Vertretung des Präsidenten oder die Diskussion über Kandidaten anhand unsachgemäßer Merkmale (wie ihrer Parteizugehörigkeit → Rn. 2).

§ 30 [Heranziehung zu Sitzungen]

(1) Das Präsidium des Verwaltungsgerichts bestimmt vor Beginn des Geschäftsjahres die Reihenfolge, in der die ehrenamtlichen Richter zu den Sitzungen heranzuziehen sind.

(2) Für die Heranziehung von Vertretern bei unvorhergesehener Verhinderung kann eine Hilfsliste aus ehrenamtlichen Richtern aufgestellt werden, die am Gerichtssitz oder in seiner Nähe wohnen.

1   Die ehrenamtlichen Richter sind bei ihrer Mitwirkung im Spruchkörper Richter iSd Art. 92 GG. Zur Gewährleistung des gesetzlichen Richters (Art. 101 I 2 GG) muss sichergestellt sein, dass sie – ebenso wie Berufsrichter – in einer formal **vorausbestimmten Weise** an Streitverfahren mitwirken. Die Präsidialverfassung enthält dafür keine Vorgaben (→ § 4 Rn. 1 f.); diese Lücke schließt § 30. Danach hat das Präsidium nach Maßgabe von § 4 S. 1 iVm § 21e GVG in der Geschäftsverteilung **ergänzende Regelungen** für die Heranziehung der nach §§ 25 ff. Gewählten zu beschließen.

I. Regelmäßige Heranziehung

1. Hauptliste (I)

2   In der sog. Hauptliste hat das Präsidium die Ehrenamtlichen bestimmten Kammern namentlich fest **zuzuweisen.** Mehrfachzuweisungen sind zulässig, wobei die Grenze des § 27 zu beachten ist. Zulässig, aber unpraktisch ist auch eine einheitliche Liste für das ganze Gericht (SSB § 30 Rn. 5). Die Verteilungskriterien liegen im Ermessen des Präsidiums (BVerwG NJW 1962, 268: Sachnähe zu Materien darf berücksichtigt werden), ohne dass der Ehrenamtliche eine bestimmte Ausübung beanspruchen kann.

Die **Reihenfolge der Mitwirkung** an einzelnen Sitzungen ist vom Präsi- 3
dium vor Beginn des Geschäftsjahres generell und so genau festzulegen, dass
die Möglichkeit von Manipulationen so weit wie möglich ausgeschlossen
wird. Diese Festlegung dient der Gewährleistung des gesetzlichen Richters
(BVerwG Beschl. v. 20.2.2014 – 8 B 64.13; BVerwGE 88, 159 (163)).
Erforderlich ist, die Ehrenamtlichen in eine Reihenfolge zu bringen (meist
alphabetisch oder umgekehrt alphabetisch) und sie den einzelnen Sitzungen
zuzuordnen, was nach der zeitlichen Abfolge der Ladungen oder der Sitzungstage geschehen kann. Ein Unterschied ergibt sich bei eingeschobenen Sitzungen, weshalb die Zugrundelegung der Ladungen vorteilhaft ist. Schließlich
ist der **Turnus** festzulegen, der vorgibt, ob bei Beginn eines neuen Geschäftsjahres die Heranziehung fortläuft oder am Listenanfang bzw. Listenende neu
beginnt.

2. Ladung

Die **Bestimmung,** welche Ehrenamtlichen nach den allgemeinen Regelun- 4
gen des GVP im Einzelfall heranzuziehen sind, ist Sache des Vorsitzenden. Er
kann dies der Geschäftsstelle (§ 13) allgemein zur selbstständigen Ermittlung
übertragen (BVerwGE 44, 215 (216); DVBl 1981, 493; Kopp/Schenke § 30
Rn. 4). Die Entscheidung verbleibt aber in der Verantwortung des Vorsitzenden; Zweifelsfälle hat stets er zu klären.

Form- und Fristbestimmungen für die Heranziehung im Einzelfall 5
bestehen nicht (→ § 56 Rn. 3). Das Vorgehen wird von dem Zweck gesteuert, den regulär vorgesehenen Ehrenamtlichen heranzuziehen und die Regel-
einhaltung im Streitfall nachweisen zu können. Es entspricht daher der Praxis,
die ehrenamtlichen Richter so frühzeitig **schriftlich zu laden,** dass sie sich
auf den Termin einrichten können und das Gericht bei mitgeteilter Verhinderung für Vertretung sorgen kann. Bei kurzfristig eintretender Verhinderung
(→ Rn. 7) genügt eine telefonische Ladung, die zu dokumentieren ist.

II. Verhinderung und Vertretung

1. Begriff der Verhinderung

Verhinderungen ehrenamtlicher Richter sind alltäglich, können bei mündli- 6
chen Verhandlungen mit mehreren Sitzungstagen auch nach Verhandlungs-
beginn eintreten (BVerwG NJW 1986, 3154). **Anerkannte Fälle** der Verhinderung sind eigene Erkrankung und alternativlose Betreuung erkrankter
Familienangehöriger sowie Urlaub (BVerwG Buchh 310 § 30 Nr. 4 und 13).
Der Verhinderung steht es entspr. § 54 II 1 GVG gleich, wenn der Ehrenamtliche nicht erreichbar ist (BVerwG NVwZ 1984, 579 (580); DÖV 1980,
766 (767)). Berufliche Verpflichtungen sind wegen des Freistellungsanspruchs
aus § 45 Ia DRiG nur unter engen Voraussetzungen (Unzumutbarkeit) anzuerkennen (BVerwGE 44, 218). **Keine** Verhinderung ist die Weigerung zu
erscheinen. Der Ehrenamtliche ist ungeachtet der Ankündigung zu laden; erst
bei Nichterscheinen im Termin kann auf die Hilfsliste (→ Rn. 9) zurückgegriffen werden (BVerwG NJW 1963, 1219). Die pflichtgemäße Beurtei-

lung, ob ein Verhinderungsfall vorliegt, ist zunächst Sache des Ehrenamtlichen selbst. Der Vorsitzende darf sich auf dessen Angaben verlassen (BVerwG NVwZ 1984, 580; Buchh 310 § 30 Nr. 13), sofern keine Anhaltspunkte für eine Fehleinschätzung deutlich werden (BVerwG NVwZ 1986, 1010); dem Vorsitzenden steht insofern ein Beurteilungsspielraum zu, der im nächsten Rechtszug auf Besetzungsrüge hin nur eingeschränkt überprüft werden kann.

2. Unvorhersehbarkeit

7 Für Verhinderungen muss der GVP durch **Vertretungsregelungen** Vorsorge treffen. **Vorhersehbare** (reagible) Fälle sind **innerhalb der Hauptliste** zu bewältigen. Meist wird der jeweils Nächste aus dieser Liste geladen und der Ausgefallene bei der nächsten Sitzung oder Ladung herangezogen. Nur bei unvorhergesehener (kurzfristiger) Verhinderung ist der Rückgriff auf die Hilfsliste (→ Rn. 9) erlaubt.

8   Die Abgrenzung der Fälle ist Sache des Präsidiums, das die **Unvorhersehbarkeit** iSd II etwa im GVP definieren kann (BVerwG DÖV 1991, 893). Sie kann pauschal mit einer Zahl von Tagen vor der Sitzung bestimmt werden, bis zu der die Verhinderung bekannt wird (näher BVerwG NJW 1992, 254; NVwZ 1984, 579). Fehlt eine solche Regelung, ist auf die Übung des Gerichts abzustellen (BVerwGE 44, 215). In jedem Fall ist eine Verhinderung unvorhergesehen, wenn eine Ladung des Vertreters von der Hauptliste nicht mehr möglich ist, insbes. bei unentschuldigtem Nichterscheinen (BVerwG Buchh 310 § 30 Nr. 10).

3. Hilfsliste

9 Die Aufstellung einer Hilfsliste für unvorhergesehene Verhinderungen steht im Ermessen des Präsidiums. Als Hilfsliste bezeichnet II eine Zusammenstellung aus – kurzfristig verfügbaren – Ehrenamtlichen mit gerichtsnahem Wohnsitz (→ § 20 Rn. 4). Die Anzahl der auf ihr benötigten Personen kann schon bei der Wahl berücksichtigt werden (→ § 27 Rn. 2); doppelte Listungen auf der Haupt- und Hilfsliste sind zulässig. Anders als die Hauptliste (→ Rn. 2) hat die Hilfsliste iSd II gerichtsübergreifenden Charakter. Bei detachierten Spruchkörpern (→ § 3 Rn. 6) sind gesonderte Hilfslisten zulässig. Auch die Reihenfolge des Zugriffs auf diese Liste muss festgelegt werden (BVerwG Beschl. v. 1.4.1981 – 6 CB 114.80). Ist kein Ehrenamtlicher von der Hilfsliste erreichbar, muss der anstehende Termin aufgehoben und neu geladen werden (Eyermann § 30 Rn. 11).

III. Verstoßfolgen

10 Die Heranziehung eines falschen ehrenamtlichen Richters hat zur Konsequenz, dass das Gericht **nicht ordnungsgemäß besetzt** ist, was mit der Besetzungsrüge nach § 138 Nr. 1 geltend gemacht werden kann (BVerwGE 44, 215; NJW 1986, 3154). Es ist unerheblich, ob der Grund in einer fehlerhaften Listenaufstellung, einer Abweichung von der vorgegebenen Reihenfolge, der Falschbeurteilung eines Verhinderungsfalles oder im verfrühten

Zugriff auf die Hilfsliste liegt. Von diesem Grundsatz gibt es **zwei Ausnahmen:** die irrige Ladung durch die Geschäftsstelle (BVerwG Buchh 310 § 133 VwGO Nr. 62) und die fehlerhafte Annahme eines Verhinderungsfalles, die sich iR des Beurteilungsspielraums des Vorsitzenden hält (Kopp/ Schenke § 30 Rn. 8).

§ 31 *(weggefallen)*

§ 32 [Entschädigung]

Der ehrenamtliche Richter und der Vertrauensmann (§ 26) erhalten eine Entschädigung nach dem Justizvergütungs- und -entschädigungsgesetz.

Ehrenamtliche Richter stehen in keinem vergüteten Amtsverhältnis, sofern sie **1** nicht in ein Ehrenrichterverhältnis berufen sind (› § 19 Rn. 4), das diese Ansprüche selbstständig regelt. Sie werden daher nur für die einzelne Heranziehung **entschädigt.** Rechtsgrundlage ist das **JVEG** (dort § 1 I 1 Nr. 2; vgl. die Kommentierungen durch Hartmann, Abschn. V, oder Zimmermann). Dieses gilt auch für die Vertrauensleute des Wahlausschusses iSd § 26 II 1 (vgl. § 1 IV JVEG).

Auf fristgebundenen **Antrag** (§ 4 I, VI, VII, § 2 JVEG) werden Ersatz für **2** notwendige Aufwendungen, Einbußen und Verdienstausfall gewährt (Auflistung in § 15 I JVEG). In der Praxis wird am Ende eines Sitzungstages ein vorbereitetes Formular ausgehändigt. Die Entschädigung wird vom **Urkundsbeamten** formlos angewiesen, sofern nicht gerichtliche Festsetzung beantragt wird. Die Festsetzung kann mit der **Beschwerde** angefochten werden (§ 4 III bis V JVEG).

§ 33 [Ordnungsgeld]

(1) [1]Gegen einen ehrenamtlichen Richter, der sich ohne genügende Entschuldigung zu einer Sitzung nicht rechtzeitig einfindet oder der sich seinen Pflichten auf andere Weise entzieht, kann ein Ordnungsgeld festgesetzt werden. [2]Zugleich können ihm die durch sein Verhalten verursachten Kosten auferlegt werden.

(2) [1]Die Entscheidung trifft der Vorsitzende. [2]Bei nachträglicher Entschuldigung kann er sie ganz oder zum Teil aufheben.

In den nicht völlig singulären Fällen, in denen sich ein ehrenamtlicher Richter **1** „seinen Pflichten entzieht", kann er durch Festsetzung eines Ordnungsgeldes (Ordnungshaft ist unzulässig) zur Pflichterfüllung angehalten werden (I 1). Diese **Disziplinarmaßnahme** geht einer Entbindung vom Amt grds. vor, die ohnehin nur bei gröblichen Amtspflichtverletzungen zulässig ist (§ 24 I Nr. 2).

2   Der Ehrenamtliche muss seine Pflichten (→ § 19 Rn. 10) **schuldhaft** verletzt haben, was mit seiner Hilfe aufzuklären ist. Eine nachträgliche Entschuldigung kann zur vollständigen oder teilweisen Aufhebung der Maßnahme führen (II 2). Nur im Falle der Festsetzung können etwaige separierbare
Kosten auferlegt werden, die durch die Pflichtverletzung ausgelöst worden
sind (I 2).

3   Die **Höhe** des Ordnungsgeldes bestimmt sich nach hM nach Art. 6
EGStGB (5 bis 1000 Euro), Zahlungserleichterungen können nach Art. 7
EGStGB gewährt werden. Die Entscheidungen trifft der **Vorsitzende** durch
Beschluss (II 1), gegen den die **Beschwerde** nach § 146 I statthaft ist, sofern
keine Festsetzung des OVG in Rede steht (§ 152 I). Zum Vertretungszwang
nach § 67 IV → § 165 Rn. 4. Die Vollstreckung richtet sich nach § 169.

§ 34 [Ehrenamtliche Richter beim OVG]

**§§ 19 bis 33 gelten für die ehrenamtlichen Richter bei dem Oberverwaltungs-
gericht entsprechend, wenn die Landesgesetzgebung bestimmt hat, daß bei diesem Gericht ehrenamtliche Richter mitwirken.**

1   Die §§ 19 bis 33 gelten unmittelbar nur für die erstinstanzlichen VG (§ 5 III).
Daher fehlen Regelungen für die OVG/VGH jener Länder, deren Landesrecht eine solche Mitwirkung aufgrund der Ermächtigungen des § 9 III vorsieht (→ § 19 Rn. 1), derzeit die meisten der Bundesländer. In die normative
Lücke tritt § 34 mit der Anordnung der entsprechenden Anwendung der
§§ 19 ff. auf die Berufung und Mitwirkung Ehrenamtlicher bei dem obersten
Landesgericht.

2   Aus der entsprechenden Anwendung ergeben sich **Modifikationen:** An
die Stelle des VG-Präsidenten tritt der Präsident des OVG (zB in § 26 II 1).
Er trifft auch die Entscheidung über Entbindungen nach § 24 III. Der Wahlausschuss nach § 26 muss bei dem OVG gebildet werden. Eine gleichzeitige
Tätigkeit bei einem VG und dem OVG ist zulässig (OVG NRW OVGE 33,
185). Die Tätigkeit bei einem VG ist aber ein Ablehnungsgrund iSd § 23 I
Nr. 2. Die Festsetzung eines Ordnungsgeldes nach § 33 kann wegen § 152 I
nicht mit der Beschwerde angegriffen werden.

4. Abschnitt. Vertreter des öffentlichen Interesses

§ 35 [Vertreter des Bundesinteresses beim BVerwG]

**(1) [1]Die Bundesregierung bestellt einen Vertreter des Bundesinteresses beim
Bundesverwaltungsgericht und richtet ihn im Bundesministerium des Innern ein.
[2]Der Vertreter des Bundesinteresses beim Bundesverwaltungsgericht kann sich an
jedem Verfahren vor dem Bundesverwaltungsgericht beteiligen; dies gilt nicht für**

Verfahren vor den Wehrdienstsenaten. [3] Er ist an die Weisungen der Bundesregierung gebunden.

(2) Das Bundesverwaltungsgericht gibt dem Vertreter des Bundesinteresses beim Bundesverwaltungsgericht Gelegenheit zur Äußerung.

Die VwGO trifft Vorsorge, dass die in verwaltungsgerichtlichen Verfahren **1** allgegenwärtigen **öffentlichen Interessen** nicht nur durch die Parteien prozesstaktisch beleuchtet werden. Die im 4. Abschnitt vorgesehenen Behörden sollen im Einzelfall berührte öffentliche Interessen aus einer übergeordneten und neutralen Perspektive in den Prozess einbringen und vertreten. Beim BVerwG handelt es sich um den obligatorisch zu bestellenden **Vertreter des Bundesinteresses** (VBI), auf Landesebene um die fakultativen **Vertreter des öffentlichen Interesses** (VöI → § 36).

Mit der Neufassung des § 35 durch G vom 9.7.2001 (BGBl. I 1510) mWv **2** 1.1.2002 ist die **Institution des Oberbundesanwalts** (OBA) aus fiskalischen Gründen durch eine funktional iW identische Behörde ersetzt worden. Der VBI ist eine mit Ministerialbeamten besetzte Bundesbehörde, die beim BMI als besondere Organisationseinheit eingerichtet ist und dessen Dienstaufsicht untersteht. Die **Aufgabe** des VBI besteht – nicht anders als beim OBA – darin, als qualifizierte Einrichtung der Rechtspflege das BVerwG bei der Rechtsfindung zu unterstützen und im öffentlichen Interesse an der Verwirklichung des Rechts mitzuwirken (BVerwGE 18, 205 (207); 96, 258 (261)). Der VBI hat daher eine eher beratende, der Objektivität verpflichtete und nicht vom Interesse einer Partei geleitete Funktion als insofern „**unbeteiligter Mittler**". Dabei ist er gem. I 3 (nur) an die Weisungen der Bundesregierung gebunden, die in einer allgemeinen Dienstanweisung (AVwV zu § 35 idF der Bekanntmachung vom 31.1.2002, GMBl. S. 132) niedergelegt sind (allgemein zugängliche Informationen unter www.vbi.eu). Zur notwendigen **Befähigung** des VBI → § 37 I. Die Sinnhaftigkeit der Institution wird allerdings (vor allem aus Kostengründen) immer wieder **rechtspolitisch infrage gestellt** – zu Unrecht, denn er ist ein unverzichtbarer Vermittler der Bundesinteressen auf der Grundlage einer eigenständigen Ermittlung und Koordinierung der – nicht immer konsistenten – Auffassungen der Fachministerien zu Bundesrechtsfragen (SSB Rn. 13; BeckOK VwGO Rn. 2).

Der VBI hat nach I 2 – außer an Verfahren vor den Wehrdienstsenaten **3** (Hs. 2), für die der Bundeswehrdisziplinaranwalt nach der WBO zuständig ist – die **umfassende Befugnis,** sich an jedem **anhängigen Verfahren** vor dem BVerwG zu beteiligen, auch an Verfahren vor dem Großen und dem Gemeinsamen Senat (arg. § 13 II-IV RsprEinhG); er kann diese Befugnis **jederzeit ausüben,** auch noch nach einer Nichtbeteiligungserklärung. Die Beteiligung erfolgt durch **Anzeige** im einzelnen Verfahren gegenüber dem Revisionssenat; die Beteiligung darf für Verfahrensgruppen generell eingeschränkt werden (BVerwG NVwZ 1996, 79; Eyermann § 35 Rn. 6; str.). Der VBI ist vom Senat über alle Verfahren zu informieren, für die er seine Beteiligungsbereitschaft nicht vorab eingeschränkt hat (II).

Macht er von seiner Beteiligungsbefugnis Gebrauch, wird er **Verfahrens-** **4** **beteiligter** (§ 63 Nr. 4), ist mithin keine Gerichtsperson, die nach § 54 abgelehnt werden könnte. Der VBI hat damit **weitgehend dieselbe Stellung** wie die übrigen Beteiligten nach § 63 Nr. 1 bis 3 (SSB Rn. 10; BeckOK VwGO Rn. 12 ff.). Er kann also vortragen und Anträge stellen, worauf er aus Neutralitätsgründen aber meist verzichtet. Will das BVerwG ohne mündliche Verhandlung entscheiden, muss auch der VBI verzichten (§ 101 II); die Zurücknahme der Revision bedarf seiner Einwilligung (so ausdrücklich § 140 I 2), ebenso der erstinstanzlichen Klage (§ 92 I 2) sowie anderer Klagen während des Revisionsverfahrens (Rechtsgedanke des § 140 I 2). **Nicht** aber muss er der Verfahrensbeendigung durch Vergleich und Erklärung der Hauptsachenerledigung zustimmen, die den Hauptbeteiligten vorbehalten sind.

5   Dem VBI fehlt, außer zur Erhebung von Nichtigkeits- und Restitutionsklagen, zu denen er besonders ermächtigt ist (§ 153 II), eine Rechtsmittelbefugnis. Daher **kann er kein (Rechtsmittel)Verfahren initiieren.** Eine Verfügung über den Verfahrensgegenstand ist ihm grds. verwehrt (BVerwGE 128, 155 Rn. 23; Kopp/Schenke § 35 Rn. 5). Wie für den OBA geklärt (BVerwGE 96, 258 (261) → § 132 Rn. 5), ist er weder zur Nichtzulassungsbeschwerde noch zur Einlegung der Revision (GS, BVerwGE 25, 170 (174 f.)) noch einer Anschlussrevision berechtigt (BVerwGE 128, 155 (160), str.). Deshalb kann er Verfahrensfehler der Vorinstanz nicht selbstständig rügen.

6   **Verfahrenskosten** trägt der VBI in Revisionsverfahren trotz seiner Beteiligtenstellung **nicht:** Er kann nicht unterliegender Teil iSd § 154 I sein (→ § 154 Rn. 1) und auch kein Verfahren einleiten (§ 154 II → a.a.O. Rn. 7); eine Vorschrift über die Kostenbelastung bei Antragstellung (wie bei Beigeladenen) fehlt. Kosten hat er nur im Fall einer erfolglosen Wiederaufnahme- oder Restitutionsklage zu tragen (§ 154 I, IV). Andererseits sind seine Kosten auch nicht erstattungsfähig (→ § 162 Rn. 64; vgl. BeckOK VwGO Rn. 16).

§ 36 [Vertreter des öffentlichen Interesses]

(1) [1] **Bei dem Oberverwaltungsgericht und bei dem Verwaltungsgericht kann nach Maßgabe einer Rechtsverordnung der Landesregierung ein Vertreter des öffentlichen Interesses bestimmt werden.** [2] **Dabei kann ihm allgemein oder für bestimmte Fälle die Vertretung des Landes oder von Landesbehörden übertragen werden.**
(2) § 35 Abs. 2 gilt entsprechend.

1   Anders als die Bundesregierung durch § 35 I 1 werden die Länder nicht verpflichtet, sondern nur ermächtigt, eine **Landesbehörde** zu schaffen, die in Verfahren vor dem VG und dem OVG/VGH das jeweilige öffentliche Interesse vertritt (I 1). Diese Behörde kann zugleich mit der Prozessvertretung von Landesstellen (nicht: von Kommunen) betraut werden, die Partei eines Verwaltungsrechtsstreits sind (I 2). Der als solcher neutrale VÖI wird dann, wie in Bayern, zum **Landesanwalt** und dann auch so bezeichnet (s. Art. 16 BayAGVwGO iVm LABV). Die geforderte Befähigung der Amtswalter ergibt sich aus § 37 II.

Einen VöI können die Länder institutionell nur bei ihren Gerichten (VG/ **2** OVG) und funktionell beschränkt auf Gerichtsverfahren bestellen (BVerwG NVwZ-RR 1997, 519 mwN). Nach Maßgabe des Landesrechts kann er sich aber durch Individualerklärung an jedem anhängigen Verfahren **beteiligen** oder seine Beteiligung durch Generalerklärung für Gruppen von Verfahren einschränken.

Falls der VöI von seiner Beteiligungsbefugnis Gebrauch macht, wird er – **3** wie auch der VBI – gem. § 63 Nr. 4 **Verfahrensbeteiligter** (→ § 35 Rn. 4). Für ihn gelten aber die Grundsätze für notwendig Beigeladene entsprechend. Daher setzt die Wirksamkeit einer – ggf. fiktiven – Zurücknahme der Klage oder Berufung nach Stellung der Anträge in der mündlichen Verhandlung (auch) die **Einwilligung** des VöI voraus, falls er an der Verhandlung teilgenommen hat (§ 92 I 2, II 2; § 126 I 2, II 2, vgl. BVerwG NVwZ 2009, 666). **Kosten** trägt er nur als Rechtsmittelführer (§ 154 II), iÜ bleibt seine Beteiligung kostenneutral (→ § 154 Rn. 2, 11, 12a; SSB § 154 Rn. 6 ff.).

Die Spruchkörper haben ihm **Gelegenheit zur Äußerung** in allen Ver- **4** fahren zu geben, an denen er sich potenziell beteiligen kann (II iVm § 35 II). Der VöI kann selbstständig **Anträge** stellen und – wiederum anders als der VBI – **Rechtsmittel** einlegen, und zwar sogar Nichtzulassungsbeschwerde oder Revision ganz unabhängig von einer eigenen materiellen oder formellen Beschwer (→ § 124 Rn. 7 und → § 132 Rn. 5). Voraussetzung ist aber, dass er von seiner Beteiligungsbefugnis rechtzeitig Gebrauch gemacht hat. Die **Beteiligungsbefugnis** kann nur bis zum Abschluss des Verfahrens und vor jenem Gericht **ausgeübt** werden, bei dem er bestellt ist (BVerwGE 90, 337 (339); NJW 1994, 3024 (3025)). Allerdings kann er sich grds. auch noch in offener Anfechtungsfrist (durch Einreichung einer Revisionsschrift beim OVG) beteiligen, um Revision einzulegen, also auch noch nach Verkündung oder Zustellung des Berufungsurteils (BVerwGE 16, 265; Buchh 402.24 § 2 Nr. 83; Buchh 11 Art. 140 GG Nr. 50).

Tritt der VöI als Landesanwalt auf, dh als **Prozessvertreter** des Landes oder **5** einer Landesbehörde, so gelten für ihn die Regeln, die für eine Partei gelten. Soweit Vertretungszwang besteht, kommt ihm das **Behördenprivileg** zu (§ 67 IV 4 iVm § 37 II).

§ 37 [Befähigung von VBl und VöI]

(1) Der Vertreter des Bundesinteresses beim Bundesverwaltungsgericht und seine hauptamtlichen Mitarbeiter des höheren Dienstes müssen die Befähigung zum Richteramt haben oder die Voraussetzungen des § 110 Satz 1 des Deutschen Richtergesetzes erfüllen.

(2) Der Vertreter des öffentlichen Interesses bei dem Oberverwaltungsgericht und bei dem Verwaltungsgericht muß die Befähigung zum Richteramt nach dem Deutschen Richtergesetz haben; § 174 bleibt unberührt.

1 Im Grundsatz müssen der **VBI** beim BVerwG (§ 35) und seine hauptamtlichen Mitarbeiter (I) wie auch der **VöI** (§ 36) beim OVG und bei den VG (II) persönlich die **Befähigung zum Richteramt** (§§ 5 bis 7 DRiG) besitzen.
2 Abweichend kann die **Befähigung zum höheren Verwaltungsdienst** genügen. Für den **VBI** kommt dies praktisch nicht in Betracht (vgl. § 110 S. 1 DRiG). Für **VöI** genügt gem. II Hs. 2 generell der Erwerb gem. § 174 I. Ist der VöI aber zugleich zum **Landesanwalt** bestellt (→ § 36 Rn. 1), verlangt § 122 V, I DRiG ausnahmslos die Befähigung zum Richteramt; § 110 S. 1 DRiG bleibt anwendbar.

5. Abschnitt. Gerichtsverwaltung

§ 38 [Dienstaufsicht]

(1) Der Präsident des Gerichts übt die Dienstaufsicht über die Richter, Beamten, Angestellten und Arbeiter aus.

(2) Übergeordnete Dienstaufsichtsbehörde für das Verwaltungsgericht ist der Präsident des Oberverwaltungsgerichts.

I. Begriff der Gerichtsverwaltung

1 **Gerichtsverwaltung** ist die verwaltende Tätigkeit eines Gerichts im administrativen Sinne (→ § 1 Rn. 4) mit dem Ziel, fortlaufend die Funktionsfähigkeit der Rechtsprechung in den Spruchkörpern zu gewährleisten. Zu ihr gehören daher alle Verwaltungsgeschäfte im unmittelbaren sachlichen Zusammenhang mit der rechtsprechenden Tätigkeit, vor allem die Bereitstellung der für sie notwendigen sächlichen und personellen Mittel (Pforte, Fahrdienst, Botendienst, Bibliothek, Material), die Geschäftsstelle (§ 13), das zugehörige Haushalts- und Kostenwesen, die Ausbildung des juristischen Nachwuchses, die Öffentlichkeitsarbeit, Stellungnahmen zu Gesetzesvorhaben, der fachliche Austausch mit anderen Gerichten, die Pflege grenzüberschreitender Kontakte sowie die Ausübung der Dienstaufsicht iSd § 38 VwGO (ausf. SSB § 38 Rn. 8 ff.). Andere Verwaltungsgeschäfte dürfen einem Verwaltungsgericht nicht übertragen werden (§ 39). Die VwGO befasst sich mit der Gerichtsverwaltung nur in zwei sparsamen Vorschriften, ohne den Verwaltungsbetrieb umfassend zu regeln. Für die Tätigkeit der Bediensteten (Beamte, Tarifbeschäftigte und sonstige Beschäftigte) ist ergänzend das öffentliche Dienstrecht und Arbeitsrecht des Bundes und der Länder heranzuziehen, für die Verwaltungsabläufe das jeweilige Organisationsrecht. Weitergehendes festzulegen ist Sache der übergeordneten Ministerien, für die Ländergerichte auch des Landesrechts, und vor allem der Gerichtspräsidenten, denen insoweit die Dienstaufsicht zusteht.

II. Dienstaufsicht

Dienstaufsicht meint allgemein die Leitung, Ordnung und Überwachung **2**
der jurisdiktionellen und administrativen Dienstgeschäfte (SSB § 38 Rn. 17).
Das Funktionieren der VG im administrativen Sinne (→ § 1 Rn. 4) ist freilich
außerhalb der VwGO geregelt: die Tätigkeit der Bediensteten (Richter,
Beamte, Tarifbeschäftigte) im Dienst- oder Arbeitsrecht des Bundes und der
Länder, die Verwaltungsabläufe im jeweiligen Organisationsrecht. Dort finden
sich auch die **Maßstäbe und Instrumente** der Dienstaufsicht, für Richter
im DRiG. § 38 regelt ergänzend lediglich die Zuständigkeit für die **personelle Dienstaufsicht** auf der unteren und mittleren Ebene, also bei den Länder-
gerichten nach § 2. Diese Stufen sind dem Zugriff des Bundesrechts nur
deshalb ausgesetzt, weil sie traditionell der Gerichtsverwaltung iSd Art. 74 I
Nr. 1 GG zugerechnet werden (str., NK-VwGO § 38 Rn. 5).

Jeder Präsident ist für die Beschäftigten seines Gerichts untere **Dienstauf-** **3**
sichtsbehörde (I). Übergeordnet ist diesen und allen dort Beschäftigten
(BGH NJW 2002, 359) der Präsident des OVG (→ Rn. 9), von dem es in
jedem Land nur ein einziges geben darf (→ § 2 Rn. 4). Die Präsidenten
werden durch ihre Vizepräsidenten vertreten (§ 19a DRiG). Die Vorsitzenden
der Spruchkörper haben keine Dienstaufsichtsbefugnisse über die Richter und
nichtrichterlichen Bediensteten ihrer Spruchkörper. Sie können allerdings
ebenso wie weitere Richter gem. § 42 DRiG zur Mithilfe herangezogen
werden (zB als Präsidialrichter), solange sie nur unterstützend tätig werden.
Nach Landesrecht ressortiert die Verwaltungsgerichtsbarkeit regelmäßig bei
den Justizminiserien bzw. Senatsverwaltungen für Justiz als oberster Dienstaufsichtsbehörde, teilweise beim Innenminister (Bay). Das **BVerwG** ist kraft
Organisationserlass des Bundeskanzlers vom 15.11.1969 (BAnz 1969 Nr. 214)
dem Geschäftsbereich des BJMV zugeordnet. Die Ordnung des **allgemeinen
Dienstbetriebs** unterliegt der Leitungsbefugnis des Präsidenten als Leiter der
Gerichtsbehörde (→ § 39 Rn. 1).

III. Dienstaufsicht über Richter

Gegenüber **Richtern** besteht die Dienstaufsicht in allen Maßnahmen, die **4**
einen konkreten Bezug zu ihrem dienstlichen oder außerdienstlichen Verhalten
haben und (unabhängig von der Intention) geeignet sind, dieses Verhalten zu
beeinflussen. Die Garantie der **richterlichen Unabhängigkeit** (Art. 97 GG)
fordert eine Begrenzung der Dienstaufsicht, die in **§ 26 DRiG** enthalten ist.
Die Abgrenzung zwischen einwirkungsfreien und der Dienstaufsicht unterliegenden Bereichen richterlicher Tätigkeit ist insbes. von den **Richterdienstgerichten** (→ Rn. 7) entwickelt worden (vgl. etwa BGH NJW 1984, 2471;
1991, 421; BGHZ 95, 313; 85, 145; 51, 363; 47, 275; 61, 374).

Danach ist ein Kernbereich von einem äußeren Ordnungsbereich zu unter- **5**
scheiden; die genaue Abgrenzung ist im Einzelfall schwierig. Zum **Kernbereich** gehört die eigentliche rechtsprechende Tätigkeit (Rechtsfindung,
Rechtsspruch einschließlich der Reihenfolge der Terminierung, der Handhabung der Sitzungspolizei, der Vereidigung ehrenamtlicher Richter, der Art

der Protokollführung, der dienstlichen Äußerung in einem Ablehnungsverfahren) und alle Vor- und Nachbereitungen sowie die richterliche Selbstverwaltung im und durch das Präsidium. Die Dienstaufsicht ist hier reduziert auf eine reine Beobachtung des Dienstbetriebes, der Geschäftslage (auch qua Erledigungsstatistik) und der Arbeit der Richter (BGHZ 112, 193). Eine Ausnahme ist lediglich anerkannt bei einem offenkundigen, jedem Zweifel entrückten richterlichen Fehlgriff (BGH NVWZ-RR 2015, 826 Rn. 21). Ansonsten ist der Dienstaufsicht jede inhaltliche Einflussnahme, sei es auch nur psychologisch durch Kritik oder Lob, strikt verwehrt (BGH NJW 1988, 421).

6   Zulässig sind Maßnahmen der Dienstaufsicht im **äußeren Ordnungsbereich** (BVerfGE 38, 139 (151)). Zur äußeren Ordnung sollen gehören: die Amtstracht (die in Verwaltungsvorschriften festgelegt und selbst zu beschaffen ist), die Zuweisung eines Dienstzimmers und dessen Ausstattung, die Zuteilung von Sitzungssälen, die einzusetzende Bürotechnik, die Ausbildung von Referendaren und Praktikanten. Hierzu gehören auch die Anhaltung zur Wahrung von Fristen, auch für das Absetzen des Urteils (§ 117 IV) und die Aufforderung, eine Liste mit Restanten zu einem Stichtag vorzulegen und die Gründe mitzuteilen, die einer Erledigung entgegenstehen (Eyermann Rn. 8). Zulässig ist insb. die turnusmäßige oder anlassbezogene **Geschäftsprüfung** der Richterdezernate (Bader Rn. 4). Solange Instrumente der Leistungsmessung, des Leistungsvergleichs und allgemein der Erzielung einer „guten" Rechtspflege keine inhaltsbezogenen Vorgaben enthalten, sind sie als solche mit Art. 97 GG kompatibel (NK-VwGO Rn. 22). Unzulässig können solche Maßnahmen hingegen sein, wenn sie im Einzelfall den Kernbereich inhaltlich berühren, und sei es auch nur mittelbar. Keine Maßnahme der Dienstaufsicht ist die **Geschäftsverteilung,** weil sie weder vom Gerichtspräsidenten ausgeht noch das Verhalten eines bestimmten Richters oder einer Gruppe von Richtern betrifft (NK-VwGO Rn. 18).

7   Die **Mittel** der Dienstaufsicht gegenüber Richtern sind in § 26 II DRiG abschließend aufgeführt. Zu ihnen gehören – bezogen auf die Sacherledigung – der vergangenheitsorientierte **Vorhalt** und die zukunftsgerichtete **Ermahnung.** Missbilligung und Beanstandung betreffen das persönliche Verhalten des Richters (BGH DRiZ 1997, 467). Maßnahme der Dienstaufsicht iSd § 26 III DRiG ist auch die **dienstliche Beurteilung,** die als Mittel zur Bestenauslese grds. mit der Unabhängigkeit vereinbar ist (stRspr, BGHZ 90, 41). Dasselbe gilt für jede Stellungnahme einer übergeordneten dienstaufsichtführenden Stelle gegenüber einem Richter, die sich krit. mit seinem Verhalten befasst. Kein zulässiges Mittel der Dienstaufsicht im richterlichen Bereich ist die **Weisung;** dies gilt auch im Bereich der äußeren Ordnung (BGH NJW 2015, 1250).

IV. Rechtsschutz gegen Maßnahmen der Dienstaufsicht

8   Gegen Maßnahmen der Dienstaufsicht ist ein gespaltener Rechtsweg gegeben (Eyermann § 40 Rn. 158). Mit der Behauptung, ihre richterliche Unabhängigkeit sei beeinträchtigt, können Richter das für sie zuständige **Richterdienstgericht** (→ § 40 Rn. 15 f.) des Bundes (§§ 61 ff. DRiG) oder ihres Landes (§§ 77 ff. DRiG) anrufen (sog. **Unabhängigkeitsstreit**). Das Dienst-

gericht entscheidet im sog. Prüfungsverfahren nach Maßgabe der VwGO (§§ 66 f. DRiG). Seine Sachentscheidungsbefugnis ist strikt auf den Anfechtungsgrund aus § 26 III DRiG beschränkt. Daneben bleibt eine **allgemeine Rechtmäßigkeitskontrolle** derselben Maßnahme statthaft, die gem. § 71 III DRiG iVm § 126 BBG für Bundesrichter, § 54 BeamtStG (§ 126 I BRRG) für Landesrichter den VG vorbehalten ist (stRspr, BGH NJW 2002, 359 zur dienstlichen Beurteilung; BGHZ 90, 41 (48); 102, 369 (371); BVerwG NJW-RR 2010, 272; BVerwGE 67, 222; BVerfGE 87, 68 (79, 86)). Eine Konzentration der Prüfung beim zuerst angerufenen Gericht nach § 17 II GVG erfolgt nicht.

V. Übergeordnete Dienstaufsichtsbehörde

§ 38 II sieht vor, dass die übergeordnete Dienstaufsicht über die VG bei dem 9 Präsidenten des OVG liegt. Die Regelung beschränkt sich entsprechend dem Zusammenhang mit § 38 I auf die personelle Dienstaufsicht (→ Rn ?), schließt aber eine weitergehende Kompetenz im Bereich der Dienstaufsicht kraft Landesrecht nicht aus. Im Bereich der personellen Dienstaufsicht kann die übergeordnete Dienstaufsichtsbehörde Maßnahmen gegenüber dem in § 38 I bezeichneten Personenkreis selbst vornehmen oder deren Vornahme anweisen (vgl. NK–VwGO Rn. 33). Oberste Dienstaufsichtsbehörde auf Landesebene ist das Landesministerium, dessen Ressort die Verwaltungsgerichtsbarkeit zugeordnet ist, und auf Bundesebene das Bundesjustizministerium, wobei die Wahrnehmung der Dienstaufsicht über Richter dem Minister bzw. dem Amtschef obliegt.

§ 39 [Verwaltungsgeschäfte]

Dem Gericht dürfen keine Verwaltungsgeschäfte außerhalb der Gerichtsverwaltung übertragen werden.

Die Doppelstellung der Gerichte als Rechtsprechungsorgan und Gerichts- 1 behörde (→ § 1 Rn. 4) nötigt bei der Gerichtsverwaltung (→ § 38 Rn. 1) zu **Verschränkungen** der Aufgabenwahrnehmung mit dem richterlichen Personal. § 39 geht von ihrer generellen Zulässigkeit aus. Der Grundsatz der Gewaltenteilung (Art. 20 II 2 GG) schließt Überschneidungen zwischen den Gewalten nicht aus (BVerfGE 30, 1 (28)), zumal die Verwaltung der eigenen Geschäfte letztlich die Unabhängigkeit der Gerichte sichert (BVerfGE 4, 331 (347)). Daher verbietet § 39 nur die Übertragung gerichtsfremder, allgemeiner Verwaltungsgeschäfte auf die VG, wobei eine Abgrenzung zwischen Aufgaben der Gerichtsverwaltung und solchen der allgemeinen Justizverwaltung (etwa bei der Mitarbeit von Richtern in ministeriellen Arbeitsgruppen, bei der Fertigung von Stellungnahmen zu Gesetzgebungsvorhaben etc.) schwierig sein kann und nicht zu eng gehandhabt werden sollte. Die Vorschrift richtet an die Landesgesetzgeber, aber auch an Verwaltungsstellen, die dem Gericht im administrativen Sinne übergeordnet sind, regelmäßig also an die (Justiz)

Ministerialverwaltung. Sie konkretisiert das organisatorische Trennungsverbot des § 1 (→ § 1 Rn. 6 f.) und das Verbot des § 4 I DRiG, außerhalb der Gerichtsverwaltung (§ 4 II Nr. 1 DRiG) zugleich Aufgaben der vollziehenden Gewalt wahrzunehmen.

2   Entsprechend werden richterliche Funktionsstellen auch für die Gerichtsverwaltung benötigt. Für den **Präsidenten** ist die Funktionsverschränkung gesetzlich vorgegeben: Er ist geborener Vorsitzender eines Spruchkörpers (→ § 5 Rn. 3) und zugleich Behördenleiter. Als Teil seiner Leitungsbefugnisse obliegt ihm die Organisationsgewalt über die Gerichtsverwaltung und gem. § 38 I die personelle Dienstaufsicht, ferner die Leitung des Präsidiums in § 4 iVm § 21a II GVG und diejenige des Wahlausschusses in § 26 II 1. Er ist im Bund und den meisten Ländern zudem geborener Vorsitzender des Präsidialrats (vgl. §§ 54 I, 74 II DRiG). Soweit es um das Gerichtsgebäude und Liegenschaften geht, steht ihm gewohnheitsrechtlich das Hausrecht zu (→ § 40 Rn. 148a). In Hausangelegenheiten hat er sich ansonsten mit seiner Landesverwaltung, einer ausgegründeten Trägergesellschaft (beim BVerwG seit 2013 mit der BIMA) oder einem privaten Verpächter zu arrangieren.

3   Bei den Geschäften der Gerichtsverwaltung wird der Präsident vom **Vizepräsidenten** vertreten (§ 4 iVm § 21h GVG). Ihm dürfen bestimmte Aufgaben (etwa die Angelegenheiten des nichtrichterlichen Personals) zur selbstständigen Erledigung übertragen werden. Beide werden von zuarbeitenden Beamten und Angestellten unterstützt, in leitender Funktion auch von richterlichen Dezernenten **(Präsidialrichtern).** An sie kann die Leitung bestimmter Aufgabenbereiche (Personal, Presse, IT usw.) unter der organisatorischen Aufsicht des Präsidenten delegiert werden. Sie sind gem. § 42 DRiG zur Übernahme solcher Aufgaben als Nebentätigkeit verpflichtet. In der Regel handelt es sich um Bewährungsdienstposten mit Aussicht auf Beförderung, weshalb Interessenbekundungs- und Auswahlverfahren durchgeführt werden sollten. Dezernenten werden vom Präsidium im Umfang ihrer Verwaltungstätigkeit von richterlichen Aufgaben freigestellt (§ 4 iVm § 21e VI GVG), was in der spruchkörperinternen Geschäftsverteilung (→ § 4 Rn. 4) umzusetzen ist.

6. Abschnitt. Verwaltungsrechtsweg und Zuständigkeit

Vorbemerkungen zu §§ 40 bis 53

Übersicht

I. Justizgewährung

1. Zugang zu Gericht und Effektivität des Rechtsschutzes

Jedermann ist zum Schutz seiner Rechte ungehinderter Zugang zu Gericht **1** zu gewähren. Dieser **Anspruch auf Justizgewährung** ergibt sich für die allgemeine wie die besonderen Verwaltungsgerichtsbarkeiten aus **Art. 19 IV 1 GG** (BVerfGE 58, 1 (40)), für die übrigen Gerichtsbarkeiten aus Art. 2 I GG iVm Art. 20 III GG (Rechtsstaatsprinzip; BVerfG WM 2010, 170; BVerfGE 54, 277 (291)). Die grundgesetzlichen Garantien umfassen den Zugang zu den Gerichten, die Prüfung des Streitbegehrens in einem förmlichen Verfahren und die verbindliche Entscheidung durch einen Richter (BVerfGE 107, 395 (401)). Zu „aktiven" staatlichen Pflichten gegenüber Unbemittelten → § 166 Rn. 1. Verstärkt wird dieser Anspruch durch das in Art. 19 IV GG verbürgte Recht auf **Effektivität des Rechtsschutzes.** Es garantiert nicht nur das formelle Recht und die theoretische Möglichkeit, die Gerichte anzurufen, sondern eine möglichst wirksame gerichtliche Kontrolle in allen einfachgesetzlich zur Verfügung gestellten Instanzen (BVerfGE 40, 262 (275)).

Die Rechtsschutzgarantien der Verfassung werden in erster Linie in den **2** Prozessordnungen eingelöst (BVerfGE 96, 27 (39)). Sie stellen Verfahren der Rechtskontrolle bereit, die durch Rechtsbehelfe eingeleitet werden, auf deren Bescheidung der Antragsteller einen Anspruch hat. Beachtung fordern die Rechtsschutzgarantien auch bei der **Auslegung und Anwendung** der Prozessordnung durch die Gerichte. Sie dürfen den Zugang zu gesetzlich eröffneten Rechtsschutzmöglichkeiten nicht in unzumutbarer, aus Sachgründen nicht mehr zu rechtfertigender Weise Weise erschweren (stRspr, BVerfGE 110, 339 (342); 85, 337; 44, 302 (305); 74, 228 (234)). Unbemittelten wird dazu finanzielle Hilfe gewährt (§ 166). Der Grundsatz der Rechtsmittelklarheit gebietet es ferner, dem Rechtsuchenden den **Weg zur Überprüfung** gerichtlicher Entscheidungen verständlich vorzuzeichnen und ihm insbes. die Prüfung zu ermöglichen, ob und unter welchen Voraussetzungen ein Rechtsbehelf (→ § 58 Rn. 1) zulässig ist (BVerfGE 107, 395 (416 f.); 108, 341 (349)).

3   Effektivität der Rechtsverfolgung verlangt auch, dass Gerichtsverfahren **in angemessener Zeit beendet** werden (vgl. BVerfGE 93, 1 (13)). Richtungweisend wurde hier die **Rspr.** des **EGMR,** der durch eine übermäßig lange Verfahrensdauer die Rechte auf ein faires Verfahren (Art. 6 I EMRK) und auf wirksame Beschwerde (Art. 13 EMRK) verletzt ansieht (EGMR-GK NJW 2001, 2694, NJW 2010, 3355). Im Anschluss an diese Rspr. sind durch G v. 24.11.2011 (BGBl. I 2302) **Ansprüche zur Kompensation** der materiellen und immateriellen Nachteile aus überlangen Verfahrensdauern geschaffen und als 17. Titel (§§ 198–201) in das GVG eingefügt worden. Dieser gilt mit den Maßgaben in § 173 S. 2 nF für die Verwaltungsgerichtsbarkeit entsprechend (→ § 173 Rn. 28 ff.).

2. Prozessvoraussetzungen und Prozessrechtsverhältnis

4   Den verfassungsrechtlichen Vorgaben folgend, macht die VwGO den **Zugang zu Gericht** nur von niederschwelligen Voraussetzungen abhängig, die jeder Rechtsschutzsuchende oW erfüllen kann. Erforderlich ist allein die wirksame Anbringung eines **Rechtsschutzantrags:** Der Antrag muss bei dem gemeinten Gericht eingehen, frei von Bedingungen sein und der gesetzlich vorgesehenen Form entsprechen (paradigmatisch für alle Rechtsbehelfe → § 81 Rn. 1 ff.). Nur diese Mindesterfordernisse sind als (echte) **Prozessvoraussetzungen** zu bezeichnen. Ob und welche prozessualen Voraussetzungen darüber hinaus erfüllt sein müssen, damit das Gericht in der Sache entscheiden darf, ist eine Frage der Zulässigkeit des Antrags, ob ihm zu entsprechen ist, eine Frage seiner Begründetheit. Mit Erfüllung der Prozessvoraussetzungen entsteht ein **Prozessrechtsverhältnis** iS eines durch die VwGO gestalteten mehrseitigen Rechtsverhältnisses zwischen dem Gericht, dem Rechtsschutzsuchenden und seinem Gegner. Weitere Verfahrensbeteiligte können nach eigener Entscheidung hinzutreten (VBl, VöI §§ 35 f.) oder kraft Entschließung des Gerichts als Beigeladene (§ 65) in das Prozessrechtsverhältnis einbezogen werden (SSB Einl. Rn. 155). Dieses als Einheit verstandene Prozessrechtsverhältnis wird bei der Einlegung von Rechtsmitteln in einem höheren Rechtszug fortgesetzt (BVerwG NJW 1973, 261).

3. Zulässigkeit und Begründetheit

5   Ist ein Prozessrechtsverhältnis entstanden, hat der Rechtsschutzantrag (dh Rechtsbehelf → § 58 Rn. 3) nur dann Erfolg, wenn er sich als zulässig und begründet erweist. Die **gerichtliche Prüfung** ist dabei **gestuft:** Eine Sachentscheidung darf ein VG grds. nur nach einer positiven Entscheidung über die Zulässigkeit eines Rechtsbehelfs treffen **(Grundsatz des Vorrangs der**

Zulässigkeitsvoraussetzungen). Dies ergibt sich aus der gesetzlichen Ausformung der Zulässigkeits- als Sachurteilsvoraussetzungen gem. §§ 40 ff. (BVerwGE 157, 292 Rn. 19). Nur nach Bejahung der Zulässigkeit ist das angerufene Gericht ermächtigt, in der Sache zu entscheiden, also die Begründetheit zu prüfen (zu bejahen oder zu verneinen); zu Ausnahmen → Rn. 15, zu den Folgen der Unzulässigkeit → Rn. 12.

Die Unterscheidung von **Zulässigkeit und Begründetheit** als zwingend **6** gestufte Prüfungsstationen liegt dem gesamten Prozessrecht zugrunde (in der VwGO vgl. § 109 und §§ 42 II, 80 V, 125 II 1, 143 S. 2 einerseits, §§ 72, 122 II 2, 130a und b, 144 II, III, 148 andererseits). Der **Begriff der Zulässigkeit** sollte für den Rechtsbehelf reserviert bleiben (zulässig sind Klage, Berufung, Revision usw.; vgl. Lorenz § 10 Rn. 2). Hingegen zielt der Begriff der **Statthaftigkeit** auf den Inhalt der tenorierten Entscheidung, zu dem ein Gericht ermächtigt ist, und der deshalb mit einer Klageart (→ Rn. 47) erlaubterweise verlangt werden kann. Bei **Prozesshandlungen,** mit denen die Beteiligten oder das Gericht auf das gerichtliche Verfahren eröffnend, abschließend oder sonst rechtsgestaltend einwirken (wie Klageerhebung, -änderung oder -rücknahme), ist richtig von Fehlerhaftigkeit oder „(Un)Wirksamkeit" zu sprechen. Ihre Wirksamkeit ist an Voraussetzungen (wie die Prozess- und ggf. Postulationsfähigkeit) gebunden.

Prozesshandlungen sind durchweg **bedingungsfeindlich,** unwiderruflich **6a** und nicht anfechtbar (→ § 92 Rn. 6). Sie können nur nach Maßgabe der im Prozessrecht vorgesehenen Erklärungen (Rücknahme, Erledigungserklärung, Vergleich) und mit den damit verknüpften Konsequenzen (Kostentragung) aus der Welt geschafft werden. Eine **Umdeutung unstatthafter Rechtsbehelfe** in den statthaften ist nicht ausgeschlossen, unterliegt aber engen Grenzen (→ § 88 Rn. 10 f.).

Zulässig ist ein Rechtsbehelf, wenn ein Prozessrechtsverhältnis besteht, **7** die Sachentscheidungsvoraussetzungen (SEV) erfüllt sind (in Urteilsverfahren „Sachurteilsvoraussetzungen" genannt) und keine Prozesshindernisse vorliegen (SSB vor § 40 Rn. 1 ff.). Wann ein Rechtsbehelf **begründet** ist, muss ausgehend von der Rechtsschutzform (→ Rn. 47) beantwortet werden. Für VA-Klagen (§ 42 I) sind die Begründetheitsvoraussetzungen in § 113 I und V formuliert, für die anderen Klage- bzw. Verfahrensarten müssen sie aus dem Gesetz erschlossen werden (→ § 42 Rn. 80; → § 43 Rn. 78).

Die Zulässigkeitsvoraussetzungen müssen im Regelfall (Ausnahmen **8** → Rn. 9) − erst und noch − **im Zeitpunkt der letzten mündlichen Verhandlung** des letzten Rechtszuges vorliegen, bei Entscheidungen ohne mündliche Verhandlung im Zeitpunkt des Beschließens (§ 112); bis dahin können fehlende Voraussetzungen regelmäßig **nachträglich erfüllt,** fehlerhafte geheilt werden (BVerwGE 106, 295 (299); NVwZ 2018, 986). Hingegen ist äußerst differenziert zu beurteilen, auf welchen Zeitpunkt es für das Vorliegen der Begründungsheitsvoraussetzungen ankommt (→ § 113 Rn. 14 ff.). Das Gericht hat die SEV einschließlich derjenigen der Vorinstanz in jedem Verfahrensstadium grds. **von Amts wegen zu prüfen** (BGHZ 161, 165). Das gilt auch für die Revisionsinstanz (BVerwGE 71, 73 (74); 57, 342 (344) und 36, 317 (321)). Dabei hat es zwar die von der Vorinstanz festgestellten, nicht mit durchgreifenden Revisionsgründen entkräfteten Tatsachen zugrunde zu legen (→ § 137 Rn. 21); dies gilt jedoch nicht für Prozesstatsachen (Eyermann § 137 Rn. 46). Zudem ist nach heutiger Auffassung in weiten Bereichen **Zurückhaltung bei der ungefragten Fehlersuche** zu beachten (→ § 86 Rn. 15). Die Amtsermittlung verpflichtet das Gericht nicht dazu, auf bloße Mutmaßungen hin Ermittlungen ins Blaue hinein anzustellen (BVerwG RdL 2013, 197).

8a   Besonderheiten gelten für die **Rechtswegprüfung:** Dabei muss das zuerst angerufene Gericht die vom Kläger behaupteten rechtswegbegründenden Tatsachen als zutreffend unterstellen (GmS-OGB BGHZ 108, 284; Eyermann Rn. 34 mwN) und bei Zweifeln eine verbindliche Entscheidung über den Rechtsweg herbeizuführen. In höheren Rechtszügen können der Rechtsweg und die Gerichtszuständigkeit grds. nicht mehr infrage gestellt werden (§ 83 S. 1 bzw. § 173 S. 1 iVm § 17a V GVG → § 41 Rn. 30). Das BVerwG hat in seiner Funktion als erstinstanzliches Gericht (§ 50) seine Zuständigkeit wie ein VG zu prüfen.

9   Eine kleine Gruppe von SEV müssen bereits bei Einleitung des gerichtlichen Verfahrens vorliegen, eine Nachholung ist ausgeschlossen. Zu diesen sog. **Zugangs-** oder **Klagevoraussetzungen** gehört bei Anfechtungsklagen das objektive Vorliegen eines VA (→ § 42 Rn. 12). Ob bei Leistungs- und Verpflichtungsklagen der erfolglose **Antrag im Verwaltungsverfahren** auf Vornahme eines gleichsinnigen VA (→ § 42 Rn. 55; vorbehaltlich abweichenden Bundesrechts, BVerwGE 130, 39 (46)) zu dieser Art (oder zu den nachholbaren) SEV zu rechnen ist, wird in der Rspr. unterschiedlich beantwortet (Nachw. in BVerwG NJW-RR 2010, 1504 Rn. 24; Eyermann § 42 Rn. 36 f.). Außer in den Fällen der Untätigkeit der mit einem Antrag befassten Behörde (§ 75) muss auch ein erforderliches **Vorverfahren** (§§ 68 ff.) im Zeitpunkt des Eingangs des Rechtsschutzantrags bei Gericht durchgeführt sein (SSB Vorb Rn. 20). Alle anderen SUV sind nachholbar (BVerwG RdL 2013, 197 zur Vollmachtsvorlage nach Ablauf der Klagefrist).

10   Die **Zuständigkeit des Gerichts** (→ Rn. 34) muss wegen der Unerheblichkeit nachträglicher Veränderungen (vgl. § 17 I 1 GVG → § 83 Rn. 5) schon bei Antragstellung bei Gericht gegeben sein. Das Fehlen der Zuständigkeit führt aber (nur) zur Verweisung an das zuständige Gericht (→ § 41); in höhren Rechtszügen ist es unbeachtlich (→ Rn. 8a). Das gilt grds. auch für Eilanträge, die beim unzuständigen Gericht eingehen (→ § 41 Rn. 7). Zum Antrag auf Aussetzung der Vollziehung nach § 80 IV als Zulässigkeitsvoraussetzung eines Rechtsschutzantrags nach §§ 80 V → § 80 Rn. 44 und SSB § 80a Rn. 72.

11   Die Unzulässigkeit hindert das angegangene Gericht an einer Sachentscheidung, schränkt die **Dispositionsbefugnis der Verfahrensbeteiligten** aber nicht ein. Ihnen bleibt es unbenommen, sich zu vergleichen, ein Begehren zu erfüllen, den Rechtsschutzantrag zurückzunehmen oder das Verfahren für erledigt zu erklären. Das gilt grds. auch dann, wenn der Rechtsschutzantrag von einem nicht Prozess- oder Postulationsfähigen oder einem vollmachtlosen Vertreter gestellt wurde (→ § 162 Rn. 21). Das angerufene Gericht ist daraufhin zur Einstellung des Verfahrens und zur Entscheidung über die Kosten

(§ 92 III; § 161 II) ungeachtet der Zulässigkeit berechtigt und verpflichtet. IR der Billigkeitsentscheidung über die Kostenverteilung ist dem Umstand ggf. Rechnung zu tragen, dass die Klage unzulässig war (→ § 161 Rn. 31 ff.).

4. Folgen fehlender Zulässigkeitsvoraussetzungen

Fehlen Zulässigkeitsvoraussetzungen (→ Rn. 7), sind die Folgen differenziert: **12** Bei **versehentlich eingereichten** Rechtsschutzanträgen (zB abgesandte Entwürfe) entsteht kein Prozessrechtsverhältnis. Die Schreiben sind zurückzusenden oder nach Benachrichtigung des Absenders zu den Generalakten zu nehmen. Nicht beim gemeinten Gericht eingehende Anträge **(Irrläufer)** sind aus dem Gesichtspunkt des Nobile Officium unter Benachrichtigung des Absenders weiterzuleiten (→ § 81 Rn. 9 ff.).

Liegt ein Prozesshindernis vor oder **fehlt eine SEV** (→ Rn. 7), darf das **13** angerufene Gericht, solange der Mangel besteht, nicht in der Sache entscheiden; was es stattdessen zu veranlassen hat, variiert mit der Art des Mangels und dem Zeitpunkt seines Eintretens: Ist das Gericht bei Anrufung **unzuständig,** muss es den Antrag an das zuständige Gericht **verweisen.** Das folgt bei Wahl des falschen Rechtswegs aus § 17a II 1 GVG (→ § 41 Rn. 3), der bei sachlicher (auch instanzieller) und örtlicher Unzuständigkeit von § 83 in Bezug genommen wird. Hingegen wird die bei Rechtshängigkeit gegebene Zulässigkeit des beschrittenen Rechtsweges durch eine **nachträgliche Veränderung** der sie begründenden Umstände nicht berührt (§ 17 I 1 GVG, sog. perpetuatio fori → § 83 Rn. 5). Bei anderen SEV ist zu unterscheiden, ob der Mangel heilbar ist. Bejahendenfalls genügt die Heilung im Entscheidungszeitpunkt. Der Wegfall der Beteiligungs-, Prozessfähigkeit und der Vertretung führt zunächst zur Unterbrechung bzw. Aussetzung des Prozesses (§ 173 S. 1 iVm §§ 239, 241, 246 ZPO). Wie letztlich zu entscheiden ist, bestimmt sich nach der Lage bei Prozessfortsetzung, die auch vom Verhalten des Antragstellers abhängt, der den Antrag etwa zurücknehmen (§ 92) oder die Sache ggf. für erledigt erklären kann (§ 161 II). Beim Fehlen von Klagevoraussetzungen (→ Rn. 9) bleibt der Rechtsschutzantrag unzulässig.

Ist ein Rechtsschutzantrag im Entscheidungszeitpunkt unzulässig, hat eine **14** rein **prozessuale Entscheidung** (ohne Sachprüfung, a-limine, also „vor der Schwelle des Gerichs") zu ergehen: Eine Klage ist durch sog. Prozessurteil [als unzulässig] abzuweisen (zum Sprachgebrauch § 80b), ein sonstiger Antrag ist abzulehnen (vgl. § 124a V 4, § 146 II), ein Rechtsmittel zu verwerfen (vgl. § 125 II 1 für die Berufung, § 146 IV 4 für die Beschwerde, § 144 I für die Revision und § 152a IV 1 für die Anhörungsrüge). Zu einer Entscheidung über die Begründetheit ist das Gericht nach dem Grundsatz des Vorrangs der Zulässigkeitsvoraussetzungen in keinem Fall befugt (BVerwGE 5, 37 (39)). Bei Zulässigkeit hat das Gericht hingegen ein – stattgebendes oder abweisendes – **Sachurteil** auf der Grundlage einer Beurteilung der materiellen Rechtslage zu erlassen. Die Unterscheidung ist bedeutsam: Wegen der Verschiedenheit der Rechtskraftwirkung einer Prozess- und einer Sachabweisung (BVerwGE 141, 311 → § 121 Rn. 11 ff.) darf eine Klage nicht zugleich aus prozessrechtlichen und aus sachlich-rechtlichen Gründen abgewiesen werden (stRspr; BVerwGE 111, 306 (312); BGH NJW-RR 2018, 974 Rn. 15).

14a   Eine **unzutreffende Abweisung** durch Prozessurteil anstatt durch Sachurteil kann einen **Verfahrensmangel** iSd Berufungsrechts (§ 124 II Nr. 5) und Revisionsrechts (§ 132 II Nr. 3) darstellen (stRspr, BVerwGE 30, 111 (113); Kopp/Schenke § 132 Rn. 21). Das ist der Fall, wenn SEV wenn die inkorrekte Entscheidung auf einer fehlerhaften Anwendung gerade der prozessualen Vorschriften beruht, etwa einer Verkennung ihrer Begriffsinhalte und der zugrunde zu legenden Maßstäbe (zu § 42 II BVerwG ZfB 2019, 181 Rn. 7: fälschliche Verneinung von Drittschutz; NVwZ 2014, 1675; Beschl. v. 28.6.2007 – 7 B 4.07: zu strenger Maßstab an die notwendige Geltendmachung einer Rechtsverletzung; NVwZ-RR 2002, 323; Buchh 428 § 37 VermG Nr. 29; Buchh 424.5 GrdstVG Nr. 1; NVwZ-RR 1996, 369; zur Wiedereinsetzung BVerwG ZOV 2014, 55; DÖV 2008, 253; Buchh 310 § 82 VwGO Nr. 11: Falschauslegung des Beklagten). Hingegen liegt ein **materiellrechtlicher** Mangel vor, wenn eine materiell-rechtliche Vorfrage unzutreffend beantwortet worden ist (BVerwGE 149, 94 Rn. 15; NVwZ 2018, 739 Rn. 11 mwN). Hat das Gericht eine Klage als unzulässig abgewiesen, sind etwaige Ausführungen zur Sache nicht entscheidungstragende ergänzende Hinweise an die Parteien zu werten, die nicht an der Rechtskraft des Urteils teilnehmen (BVerwG NVwZ 2019, 649); eine der Prozessabweisung beigegebene Sachbeurteilung ist bei der Bestimmung des maßgeblichen Urteilsinhalts als „nicht geschrieben" zu behandeln (BVerwGE 111, 306 (312) mwN), sodass der überschießende materielle Teil der Urteilsbegründung den Kläger nicht beschwert (BVerwG NVwZ 2019, 649 Rn. 22).

15   Das Gericht darf **grds. auch nicht offen lassen,** ob ein Antrag zulässig ist, und ihn – wie in der Praxis zu häufig anzutreffen – als „jedenfalls unbegründet" bescheiden. Die Rspr. anerkennt allerdings **Ausnahmen:** Das VG darf eine Klage als unbegründet abweisen, wenn zweifelhaft ist, ob (1) die Klagebefugnis fehlt (BVerwG VRS 133, 187 Rn. 17; Buchh 442.151 § 45 StVO Nr. 12; „Vorprüfungscharakter" des § 42 II → § 42 Rn. 123) oder (2) das Feststellungsinteresse nach § 256 I ZPO fehlt: BGH NJW 1978, 2031 (2032), (3) ein Fortsetzungsfeststellungsinteresse iSd § 113 I 4 anzuerkennen ist (BVerwG Buchh 310 § 113 VwGO Nr. 237; vgl. auch BVerwG DÖV 1968, 214; BayVGH BayVBl 1988, 212; BFH BayVBl 1988, 219; Sendler DVBl 1982, 923) oder (4) das allgemeine Rechtsschutzbedürfnis zu verneinen ist (BGHZ 130, 390 (399)). (5) Schließlich dürfen in vorläufigen Rechtsschutzverfahren schwierige Zulässigkeitsfragen offen bleiben, falls sich der Antrag als offensichtlich unbegründet erweist (→ § 123 Rn. 2). Bei tatsächlichen Umständen, von denen sowohl die Zulässigkeit als auch die Begründetheit abhängt, sog. **doppelrelevanten Tatsachen** (auch im Streit um die Beteiligungs- und Prozessfähigkeit), gilt der Grundsatz, dass diese Tatsachen erst in der Begründetheit geprüft werden; für die Zulässigkeit reicht die Behauptung der erforderlichen Tatsachen durch den Kläger aus (BGHZ 124, 237 (240) mwN; krit. BLAHG ZPO Grundz § 253 Rn. 15). Hat das VG eine unzulässige Klage durch Sachurteil als unbegründet abgewiesen und dies zugleich auf prozess- und sachlich-rechtliche Gründe gestützt, kann das

BVerwG das vorinstanzliche Urteil durch Beschluss in ein Prozessurteil umwandeln (→ § 133 Rn. 39). Ob das Revisionsgericht bei fehlerhafter Abweisung als unzulässig auf die Ausführungen zur Unbegründetheit zugreifen darf (§ 144 IV), ist zweifelhaft; mindestens muss den Beteiligten zuvor Gelegenheit zur Äußerung gegeben werden (vgl. BVerwG NVwZ 2019, 649).

II. Zulässigkeitsvoraussetzungen

1. Systematisierung

Im Verwaltungsprozess bedürfen die Zulässigkeitsvoraussetzungen regelmäßig **16** ausdrücklicher und intensiver Befassung, auch wenn dies in der letztlich abgesetzten Entscheidung nicht erkennbar Niederschlag finden muss. Die Zulässigkeitsvoraussetzungen regelt die VwGO abschließend und erschöpfend (BVerfGE 20, 238 (250 f.); 83, 24 (30); BVerwGE 61, 360 (363)). Sie haben unterschiedliche, oft mehrfache **Zielrichtungen:** Zuständigkeitsvorschriften sollen sicherstellen, dass der gesetzliche Richter (Art. 101 I 2 GG) in der Sache entscheidet, andere schützen das Gericht und den Gegner vor unnötiger Sachbefassung (zB die Klagebefugnis, das Vorverfahren und das allgemeine Rechtsschutzbedürfnis), wieder andere die Verwaltung in ihrem Interesse, alsbald Sicherheit über den Bestand ihrer Entscheidung zu erlangen (zB die Fristbestimmungen).

Anders als die Abfolge der Prüfung von Zulässigkeit und Begründetheit, ist **17** die **Prüfungsreihenfolge** der Zulässigkeitsvoraussetzungen weitgehend eine Frage bloßer Zweckmäßigkeit und dient einem möglichst voraussetzungsfreien Gutachtenaufbau (Kopp/Schenke Vorb Rn. 17 f.; ThP ZPO Vorbem § 253 Rn. 14). Nicht nur logisch, sondern prozessual vorrangig ist die wirksame Antragstellung bei Gericht; denn sie lässt das Prozessrechtsverhältnis entstehen (→ Rn. 3), das nur in streng formalisierter Weise und mit Kostenfolgen (§§ 154 ff.) beseitigt werden kann. In § 45, aber auch § 17a II GVG (iVm § 173 S. 1 bzw. § 83) kommt der **Vorrang der Rechtswegprüfung** vor der (gerichtsbarkeitsinternen) Zuständigkeitsbestimmung zum Ausdruck: Zwar hat jedes angegangene Gericht seine Zuständigkeit zu prüfen; aber nur ein Gericht des eröffneten Rechtswegs darf seine eigene sachliche, instanzielle und örtliche Zuständigkeit verbindlich bejahen, ggf. im Verfahren der Vorabentscheidung (→ § 41 Rn. 17 ff.). Die logische Priorität des Rechtsweges gegenüber den übrigen Zulässigkeitsvoraussetzungen beruht darauf, dass über diese nur nach Maßgabe der eigenen Prozessordnung entschieden werden kann.

Die weiteren Zulässigkeitsvoraussetzungen werden in **allgemeine** und **be- 18 sondere Sachurteilsvoraussetzungen** eingeteilt, je nachdem, ob sie von der Rechtsschutzform (→ Rn. 47) abhängen und daher erst nach deren Klärung geprüft werden können. **Allgemeine SEV,** die für jedes verwaltungsgerichtliche Verfahren erforderlich sind, sind die deutsche Gerichtsgewalt (→ Rn. 20 ff.), die Eröffnung des Verwaltungsrechtswegs (→ Rn. 27) und das Fehlen von Prozesshindernissen (→ Rn. 31 f.). Nur mit Einschränkungen als „allgemein" zu betrachten sind die beteiligtenbezogenen SEV (→ Rn. 33), die örtliche Zuständigkeit, die nach § 52 teils von der Klage/Antragsart abhängt, und auch das scheinbar „allgemeine" Rechtsschutzbedürfnis (→ Rn. 41), das in aller Regel einzelfallbezogene Überlegungen erfordert, die erst nach der Rechtsschutzform angestellt werden können (zur vorbeugenden Unterlassungsklage → § 42 Rn. 65).

19 Die im Einzelfall identifizierte Rechtsschutzform entscheidet, ob und welche weiteren **besonderen SEV** (→ Rn. 34 ff.) vorliegen müssen. Vor allem – aber nicht nur – die sog. Verwaltungsaktsklagen (§ 42 I) erfordern zusätzliche SEV, deren Fehlen eine gerichtliche Sachentscheidung hindert und die angefochtene Entscheidung der Verwaltung – meist dauerhaft – prozessual immunisiert: Rechtsfehler bleiben insoweit unbeanstandet. Zu den besonderen SEV (→ Rn. 34) zählen die Klagebefugnis, die ordnungsgemäße Durchführung bzw. Einleitung eines Vorverfahrens und die Wahrung der Klagefrist (→ Rn. 35 ff.).

2. Deutsche Gerichtsgewalt

20 **a) Exterritoriale; fremde Staaten.** Die Beteiligten und der Gegenstand eines Rechtsstreits müssen der deutschen Gerichtsgewalt unterworfen sein. Urteile, die trotz ihres Fehlens ergehen, sind unwirksam (SSB Vorb § 40 Rn. 51 mwN). **Gerichtsgewalt** ist die Befugnis der Gerichte, judizielle Akte gegenüber den Verfahrensbeteiligten zu erlassen. Sie beschränkt sich nach Grundsätzen des Völkerrechts (vgl. Art. 25 GG) auf das Staatsgebiet der Bundesrepublik Deutschland einschließlich des Luftraums über ihm und der Gewässer (Eyermann vor § 40 Rn. 2 ff.). Korrespondierend besagt das völkerrechtliche **Territorialitätsprinzip,** dass eine Norm inländischen Rechts keine Geltung im Ausland beanspruchen darf. Als **exterritoriale Bereiche** mit Immunität sind nach Völkergewohnheitsrecht Botschaften und Konsulargelände ausländischer Missionen auf deutschem Staatsgebiet jedenfalls dann ausgenommen, wenn die diplomatische Mission in der Erfüllung ihrer Aufgaben beeinträchtigt würde (BVerfGE 15, 25 (34)).

21 Der deutschen Gerichtsgewalt untersteht **jedermann,** der sich auf dem Staatsgebiet befindet. Von der deutschen Gerichtsbarkeit **befreit** (exemt) sind gem. **§§ 18, 19 GVG** Mitglieder und Beschäftigte diplomatischer Missionen und konsularischer Vertretungen, ferner stationierte NATO-Truppen nach dem NATO-Truppenstatut (BGBl. 1961 II S. 1183; 1966 I S. 653). Immunität genießen souveräne **Staaten** bei hoheitlichem Handeln sowie ihre Staatsoberhäupter und Regierungsmitglieder (BVerfGE 46, 342 (346); 64, 1 (23)). Die Rechtsakte **zwischenstaatlicher Einrichtungen** unterliegen grds. nur der im Einrichtungsvertrag vorgesehenen Gerichtsbarkeit der Einrichtung oder eines anderen Staates (Eyermann vor § 40 Rn. 6 mwN). Hingegen bilden Indemnität und Immunität der **Abgeordneten** gem. Art. 46 GG lediglich persönliche Verfahrenshindernisse.

22 **b) Rechtsakte der Europäischen Union.** Die Europäisierung der Rechtsordnungen hat eine Europäisierung des Verwaltungsrechts und des (Verwaltungs)Rechtsschutzes nach sich gezogen (ausführlich NK-VwGO Einleitung

EVR; Berkemann in FS Ramsauer, S. 83 ff.). **Maßnahmen von Organen der EU** (Art. 288 AEUV = ex-Art. 249 EG) beim direkten Vollzug von Unionsrecht unterliegen nicht der deutschen Gerichtsbarkeit. Art. 19 IV GG gewährleistet Rechtsschutz nur gegen Maßnahmen der deutschen öffentlichen (exekutivischen) Gewalt (Sodan GG Art. 19 Rn. 28). Gegen EU-Rechtsakte wird Rechtsschutz allein nach Maßgabe des EU-Vertrages durch Gerichte der EU gewährleistet, die mit Inkrafttreten des Vertrags von Lissabon am 1.12.2009 Rechtspersönlichkeit erlangt hat. Rechtsschutz gewähren der Gerichtshof der Europäischen Union (EuGH), das Gericht I. Instanz (EuG) und Fachgerichte (wie das Gericht für den öffentlichen Dienst; vgl. Art. 19, Art. 251 ff. AEUV; Näheres unter *eur-lex.europa.eu*).

Das materielle **Unionsrecht** gehört zu Gesetz und Recht iSd Art. 20 III **23** GG, ist mithin revisibles Recht iSd § 137 I, und ist von deutschen Behörden und Gerichten nach den Regeln des nationalen Rechts zu vollziehen (EuGH Slg. 1983 I-2633; BVerwG NVwZ-RR 2004, 413). Der **EuGH** verlangt, dass das Unionsrecht im nationalen Rechtsschutz effektiv und nichtdiskriminierend angewendet wird (Effektivitäts- und Äquivalenzprinzip). Die nationalen Instanzgerichte haben eine Kompetenz zur Prüfung und Auslegung von Unionsbestimmungen, dürfen diese bei Zweifeln an der Gültigkeit aber nicht unangewendet lassen. Die **Verwerfungskompetenz** für Unionsrecht ist beim EuGH konzentriert (Art. 263 AEUV; NK-VwGO EVR Rn. 44 ff.). Bei Gültigkeitsbedenken wie bei Auslegungszweifeln können sie nach Art. 267 AEUV eine **Vorabentscheidung des EuGH** einholen; letztinstanzliche nationale Gerichte, deren Entscheidung nicht mehr mit Rechtsmitteln des innerstaatlichen Rechts angefochten werden können, sind zur Anrufung des EuGH verpflichtet (EuGH Slg. 1982, I-3415 (3430)). Zur Vorlagepflicht in **vorläufigen Rechtsschutzverfahren** → § 80 Rn. 55.

Der EuGH ist **gesetzlicher Richter** iSd Art. 101 I 2 GG (→ Rn. 27). Ein **23a** deutsches Gericht kann dem Rechtsschutzsuchenden des Ausgangsrechtsstreits den gesetzlichen Richter entziehen, wenn es (a) seiner Pflicht zur Anrufung des EuGH im Wege des Vorabentscheidungsverfahrens nicht nachkommt, aber auch (b) ein Vorabentscheidungsersuchen stellt, obwohl eine Zuständigkeit des EuGH nicht gegeben ist (BVerfG NJW 2013, 1499 Rn. 91; BVerfGE 73, 339 (366 ff.); 126, 286 (315)). Beides kann mit der Verfassungsbeschwerde gerügt werden (BVerfGE 135, 155 Rn. 181; NJW 2010, 1268; BVerfGE 82, 159 (192, 195)). Bei Unterlassen der Vorlage liegt eine Verletzung jedenfalls dann vor, wenn die Fachgerichte willkürlich davon ausgehen, die Rechtslage sei eindeutig (**„acte clair"**) oder durch Rechtsprechung des EuGH/EuG in einer Weise geklärt, die keinen vernünftigen Zweifel lässt (**„acte éclairé"**; vgl. EuGH Slg. 1982, I-3415). Hierzu hat sich eine breite Kasuistik herausgebildet, die den Ausgang einer Verfassungsbeschwerde schwer vorhersehbar macht.

Vorlagen an den EuGH haben in der gerichtlichen Praxis erhebliche **23b** Bedeutung. Die Kenntnis der Regeln für die **richtige Abfassung** von Vorlagebeschlüssen ist unabdingbar. Der EuGH geht mit Vorlagen zwar deutlich großzügiger um als das BVerfG, erwartet aber, dass ein nationales Gericht sich iR der gebotenen Zusammenarbeit mit dem EuGH Kenntnis von den Anforderungen an derartige Beschlüsse verschafft und diese sorgfältig beachtet, damit er zu einer „dienlichen Auslegung des Unionsrechts" gelangen kann; anderenfalls ist eine Vorlage unzulässig (Art. 53 II Verfahrensordnung; EuGH DVBl 2014, 1523). Die Anforderungen an Vorabentscheidungsersuchen sind in Art. 94 der Verfahrensordnung enthalten; der EuGH hat sie in einer immer wieder aktualisierten **Handreichung** zusammengefasst (Empfehlungen an die nationalen Gerichte v. 8.11.2019, ABl 2019/C 380/01). Die Vorlageentscheidung dient als Grundlage für das gesamte Verfahren vor dem EuGH; nur sie werden den Regierungen der Mitgliedstaaten und den anderen Beteiligten zur Stellungnahme zugestellt. Vorlagebeschlüsse werden weitgehend vollständig in die Arbeitssprache Französisch übersetzt und den EuGH-Richtern sowie dem Generalanwalt zur Verfügung gestellt. Sog. Omissis (Auslassungen) sind insbes. Namen und Literaturverweise; nicht ausgelassen werden die Vorschriften des nationalen Rechts, auf deren Wiedergabe im Wortlaut keinesfalls verzichtet werden sollte. Den Mitgliedstaaten wird eine Übersetzung ins Englische übermittelt; diese wird gekürzt, wenn der Vorlagebeschluss länger als 12 Seiten ist.

24   Sieht ein VG nationales Recht im **Widerspruch zu Unionsrecht** stehen, kommt eine Vorlage nicht in Betracht. Dem EuGH ist es in stRspr verwehrt, in einem Verfahren nach Art. 267 AEUV über die Vereinbarkeit nationaler Vorschriften mit dem Unionsrecht zu befinden. Eine Vorlage ist aber zu dessen Auslegung zulässig. Der EuGH ist befugt, dem vorlegenden VG alle Kriterien für die Auslegung des Unionsrechts an die Hand zu geben, die es ihm ermöglichen, die Vereinbarkeit festzustellen (EuGH Slg. 2007, I-5869). Eine unionsrechtswidrige nationale Bestimmung darf wegen des **Anwendungsvorrangs des Unionsrechts** (grundl. EuGH Slg. 1964, 1251 (1269); Slg. 2009, I-11049 Rn. 81 mwN; NJW 2011, 2187 Rn. 54 ff.; BVerwGE 87, 154 (158 ff.); 31, 145 (169, 174); 73, 339 (374)) einer behördlichen oder gerichtlichen Entscheidung nicht zugrunde gelegt werden. Dies gilt auch für formelle Gesetze, die – soweit sie nicht unionsrechtskonform ausgelegt werden können – nicht angewendet werden dürfen. Eine Pflicht zur Vorlage an das BVerfG nach Art. 100 I GG besteht hier nicht (BVerfGE 75, 223 (244); DVBl 2000, 900 (901); BVerwGE 87, 154 (158)).

25   **c) Rechtswegfreie deutsche Hoheitsakte.** Die Vorstellung, es gebe **vorrechtliches Handeln** des Staates oder rechtlichen Bindungen entzogene Hoheitsakte, ist historisch überholt und mit Art. 1 III GG unvereinbar. Art. 19 IV GG garantiert Rechtsschutz gegen Rechtsverletzungen durch Exekutivakte. Daher ist staatliches Handeln, das keiner gerichtlichen Kontrolle unterliegt (nicht „justiziabel" ist), eine besonders rechtfertigungsbedürftige Ausnahme. Freilich muss ein Streit **rechtliche Qualität** haben, also durch Rechtsnormen geprägt sein. Dies ist bei der Prüfung der Rechtswegeröffnung mit zu beantworten und namentlich für Regierungsakte und Gnadenerweise differenzierend zu beurteilen (→ Rn. 78 ff.). Davon zu unterscheiden ist die – in der Begründetheit der Klage zu erörternde – Frage der **gerichtlichen Kontrolldichte.** Gerichtliche Kontrolle endet dort, wo das materielle Recht der Exekutive in verfassungsrechtlich unbedenklicher Weise Entscheidungen

abverlangt, ohne dafür hinreichend bestimmte Entscheidungsprogramme vorzugeben (BVerfG NJW 2001, 1121; BVerfGE 88, 40 (61)). Sie ist daher
eingeschränkt, wo einer Verwaltungsentscheidung in hohem Maße wertende
Elemente anhaften (wN Kopp/Ramsauer VwVfG § 40 Rn. 17 ff.; Prognoseentscheidungen → § 114 Rn. 9).

Dem Rechtsweg **entzogen** sind Beschränkungen des Brief-, Post- und **26**
Fernmeldegeheimnisses (Art. 10 II 2 iVm Art. 19 IV 3 GG), auch etwa
der Abschlussbericht eines parlamentarischen Untersuchungsausschusses
(Art. 44 IV GG), nicht aber dessen sonstige Verfahrenshandlungen wie Beweiserhebungen (BVerfG NVwZ 2009, 1353). **Verfassungsrechtliche Strei-**
tigkeiten können in die Lücke zwischen § 40 I 1 (der sie den VG entzieht)
und den Enumerationskatalogen der Verfassungsprozessgesetze des Bundes
und der Länder fallen; die Konsequenzen für den Rechtsschutz sind streitig
(→ Rn. 92).

3. Rechtsweg

a) Zuständigkeit und Rechtsweg. Nach dem typisch deutschen Prinzip **27**
des gesetzlichen Richters (Art. 101 I 2 GG) darf Rechtsschutz – dh Schutz
durch ein Gericht – nur zuständigkeitsgemäß gewährt werden. Die Zuständigkeit kann sich auf die Gerichtsbarkeit, auf das Gericht innerhalb der ver-
tikalen und horizontalen Gliederung der Gerichte derselben Gerichtsbarkeit
oder auf die Bestimmung des richtigen Spruchkörpers innerhalb eines Gerichts (Geschäftsverteilung → § 4 Rn. 2 ff.) beziehen. Der Begriff **„Rechts-**
weg" meint in seiner überkommenen Bedeutung, dass überhaupt Zugang zu
einem (echten, „ordentlichen") Gericht besteht (→ § 1 Rn. 8); das ist wegen
der Rechtsschutzgarantie des Art. 19 IV GG heute überholt. In einem System
der Spartengerichtsbarkeit (mit Fachgerichtsbarkeiten) bezeichnet „Rechtsweg" die nach der Gattung der Streitsachen bestimmte **Zuständigkeit einer**
Gerichtsbarkeit (so der Sprachgebrauch in Art. 19 IV 2 GG) in Abgrenzung
zu anderen Zweigen der in Art. 95 Abs. 1 GG zum Ausdruck kommenden
Spartengerichtsbarkeiten (→ § 1 Rn. 3). Innerhalb eines Zweiges wird das
entscheidungsbefugte Gericht durch weitere Zuständigkeitsvorschriften nach
sachlichen, örtlichen, funktionellen bzw. instanziellen Merkmalen bestimmt
(→ § 45 Rn. 1).

b) Generalklausel und Sonderzuweisungen. Heute ist der Verwaltungs- **28**
rechtsweg in § 40 I 1 durch eine **Generalklausel** für alle öffentlich-rechtlichen Streitigkeiten eröffnet, die nicht durch Bundes- oder Landesgesetz
anderen Gerichtsbarkeiten zugewiesen sind. Solche **abdrängenden Sonder-**
zuweisungen bestehen für die besonderen VG der Sozial- und Finanzgerichtsbarkeit (→ Rn. 7 ff.), in weit größerem Umfang aber – teilweise verfassungsrechtlich fundiert – an die ordentlichen Gerichte, die bis heute
(systemwidrig) große Teile des öffentlichen Wirtschaftsrechts bearbeiten. Das
ist zunächst **historisch** zu erklären: Zwar gab es schon Mitte des 19. Jhdts. in
einigen Ländern echte VG; sie waren jedoch nur enumerativ zuständig, die
Kontrolle von Hoheitsakten iÜ fand behördenintern statt (Verwaltungsrechts-

pflege → § 1 Rn. 8). Bedeutsamere Rechtseingriffe wurden von den traditionell als „ordentlich" bezeichneten Gerichten überprüft, weil sie in allen Instanzen mit Garantien ausgestattet waren, die jedenfalls seit der Aufklärung rechtsstaatlich als unabdingbar angesehen werden, um als „echte" Gerichte Rechtsprechung ausüben zu können. Daraus erklärt sich ursprünglich die Zuständigkeit der ordentlichen Gerichte für **Strafsachen** (§ 13 GVG), seiner Natur nach ebenfalls öffentliches Recht. Der **Fortbestand der Zuweisungen** namentlich des **öffentlichen Wirtschaftsrechts** an die ordentliche Gerichte erklärt sich aus heute unberechtigten Vorurteilen, nach denen VG zu langsam, zu wissenschaftlich und zu staatsfreundlich seien, vornehmlich aber aus einer bedenklichen ideologischen Grundposition, dass nämlich das Wirtschaften dem unbeeinflussten Markt überlassen bleiben, dem staatlichen Zugriff also möglichst entzogen sein sollte.

29   Anderen Ursprungs sind die Zuständigkeiten für bestimmte öffentlich-rechtliche **Entschädigungen** und die **Amtshaftung** (→ Rn. 19 ff.). Nach der Fiskustheorie (EM-Ehlers § 3 Rn. 72 ff.) wurden Handlungen des Staates dem Privatrecht zugeordnet, wenn er als Vermögensträger (Fiskus) auftrat, und zwar vornehmlich, um dem Bürger überhaupt den Weg zu einem Gericht zu eröffnen. Im Zuge der Verfeinerung der verwaltungsrechtlichen Dogmatik wurden mehr und mehr Angelegenheiten als öffentlich-rechtlich identifiziert und den ordentlichen Gerichten entzogen. Gegen diese schleichende Reduzierung des Anwendungsbereichs des § 13 GVG wandte sich das RG (zuletzt 1944) mit einer **Traditionsrechtsprechung:** Als bürgerlich-rechtliche Streitigkeiten kraft Überlieferung sei alles anzusehen, was bei Inkrafttreten des GVG 1879 als bürgerlich-rechtlich betrachtet worden sei (RGZ 92, 313; 166, 218 (225)). Der Anerkennung dieser Rechtsprechung als gewohnheitsrechtlich durch den BGH (BGHZ 3, 162 (164)) hat der VwGO-Gesetzgeber in § 40 I 1 mit dem Erfordernis der „ausdrücklichen" Sonderzuweisung eine Absage erteilt (→ Rn. 3), soweit keine verfassungsrechtliche Zuweisung an die ordentliche Gerichtsbarkeit bestand (→ Rn. 19). Im Gegenzug hat er in § 40 II drei wichtige Fälle der Traditionsrechtsprechung fortgeschrieben (→ Rn. 24).

30   Streitigkeiten über **Enteignungsentschädigungen** (allerdings nur den Summenstreit) hat der Verfassungsgeber in Art. 14 III 4 GG im Anschluss an die entsprechende Regelung in Art. 153 II 3 WRV der ordentlichen Gerichtsbarkeit zugewiesen. Maßgebend dafür war die Überzeugung, bei den Zivilgerichten sei ein besonderes Engagement für die Eigentümerinteressen zu erwarten, die bürgerlichen Rechte würden deshalb durch sie am besten gesichert (v. Münch/Kunig, GG Art. 14 Rn. 96). Das ist zwar inzwischen rechtspolitisch überholt, bestimmt aber weiterhin den Inhalt des Art. 14 III GG.

4. Prozesshindernisse

31   Prozesshindernisse bilden „negative" SEV (BGH NJW 2008, 1227): Sie verhindern nicht die Entstehung eines Prozessrechtsverhältnisses, wohl aber eine Sachentscheidung und zwingen zu einem Prozessurteil. Sie sind „allgemeine"

SEV, weil sie von der Rechtsschutzform unabhängig sind. Ihre Feststellung ergibt sich regelmäßig aus einem Vergleich der alten und neuen Streitgegenstände bzw. Klagebegehren.

Prozesshindernisse sind das **Verbot doppelter Rechtshängigkeit** (§ 173   **32** iVm § 17 I 2 GVG) und das Verbot erneuter Entscheidung über denselben Streitgegenstand **(res iudicata)**, eine Konsequenz der materiellen Rechtskraft (§ 121) einer Gerichtsentscheidung. Stellt sich das rechtskräftig Entschiedene in einem Nachfolgeprozess nur als Vorfrage, ergibt sich eine präjudizierende Bindungswirkung: Das zweite Gericht muss die Vorfrage beantworten, darf sie aber nicht abweichend vom ersten Gericht entscheiden (Abweichungsverbot, vgl. Eyermann § 121 Rn. 11). Auch **Verzicht** und **Verwirkung** sind Prozesshindernisse, wenn sie sich auf das Gebrauchmachen von Rechtsbehelfen (etwa die Klageerhebung) beziehen und nicht auf das materielle Recht (→ Rn. 45).

5. Beteiligtenbezogene Sachentscheidungsvoraussetzungen

Zu den allgemeinen SEV werden die Beteiligungsfähigkeit (§ 61) und die   **33** Prozessfähigkeit (§ 62) der Beteiligten eines Verfahrens (§ 63) gezählt. Je nach Landesrecht kann jedoch die Rechtsschutzform (→ Rn. 47) Einfluss darauf nehmen, wer „richtiger" Beteiligter sein kann (vgl. nur § 61 Nr. 3). Hingegen ist die Postulationsfähigkeit, die in höheren Rechtszügen eine juristische Qualifikation des prozessual Handelnden fordert, keine SEV, sondern Voraussetzung für die Wirksamkeit von Prozesshandlungen (→ Rn. 6, 38).

6. Besondere Sachentscheidungsvoraussetzungen

a) Zuständigkeiten. Das innerhalb des Rechtsweges im Einzelfall zur Ent-   **34** scheidung berufene Gericht ist nach höchst differenzierten Kriterien sachlicher, funktioneller bzw. instanzieller und örtlicher Zuständigkeit (→ § 45 Rn. 1) zu bestimmen, die in §§ 45 bis 53 niedergelegt sind. Zuständigkeitsvorschriften bestimmen durchweg das Gericht im administrativen Sinn (→ § 1 Rn. 4; Kopp/Schenke § 45 Rn. 2); der zur Entscheidung berufene Spruchkörper ergibt sich erst aus der gerichtsinternen Geschäftsverteilung (§ 4). Zuständigkeitsvorschriften dienen der Wahrung des gesetzlichen Richters (Art. 101 I 2 GG), wo Grundrechte berührt sind auch dem Grundrechtsschutz (BVerfGE 56, 216). Wegen der von ihnen geschützten Interessen sind sie **indisponibel,** also keiner Vereinbarung der Prozessparteien (etwa über den Gerichtsstand → § 52) zugänglich.

b) Prozessführungsbefugnis. Verwaltungsrechtsschutz dient nach deutscher   **35** Tradition dem Schutz bei Verletzungen eigener **subjektiver Rechte** durch die öffentliche Gewalt (Art. 19 IV 1 GG). Daher sind objektive Rechtmäßigkeitsprüfungen nur aufgrund besonderer gesetzlicher Ermächtigung (→ § 42 Rn. 95 ff.) zulässig, ebenso **Popularklagen,** mit denen sich Kläger auf Rechte Dritter berufen, sowie sog. **Interessentenklagen,** mit denen Kläger kein Recht, sondern bloße Interessen geltend machen, die nicht rechtlich geschützt ist. Im Grundsatz aber müssen die am Verfahren Beteiligten (§ 63) befugt sein, das im Streit stehende Recht **im eigenen Namen geltend zu machen** bzw. zu verteidigen; nur dann dürfen sie vom Gericht selbst eine Sachentscheidung verlangen. Dieses Erfordernis der **Prozessführungsbefugnis** wird als allgemeines Rechtsinstitut in der VwGO vorausgesetzt.

36   Die Prozessführungsbefugnis fällt grds. mit der Innehabung einer eigenen materiellen Rechtsposition zusammen. Daher hat die aktive Prozessführungsbefugnis bei Verwaltungsaktsklagen für den Kläger nach – freilich bestrittener Ansicht – eine spezielle Ausprägung in der **Klagebefugnis** gem. § 42 II gefunden. Ob eine entsprechende Regelung der Beklagtenbefugnis (iS passiver Prozessführungsbefugnis) in § 78 enthalten ist, ist ebenfalls streitig (→ § 78 Rn. 1). In jedem Fall zu vermeiden ist es, im Zusammenhang mit der Zulässigkeit die Begriffe **Sachlegitimation** zu verwenden bzw. Aktivlegitimation (für die Klägerseite) und Passivlegitimation (auf Beklagtenseite). Diese Begriffe sind Überreste des überwundenen materiellen Parteibegriffs, der es nur den am streitigen materiellen Rechtsverhältnis beteiligten Rechtssubjekten erlaubte, Partei eines Prozesses zu sein. Nach der Hinwendung zum formellen Beteiligtenbegriff (→ § 63 Rn. 3) sind diese unklaren Begriffe strikt der materiellen Berechtigung oder Verpflichtung vorzubehalten und damit der Begründetheit zuzuordnen.

37   In bestimmten Fällen erlaubt es die Rechtsordnung **Dritten,** fremde Rechte im eigenen Namen vor Gericht geltend zu machen, zu verteidigen oder zu bestreiten. Sie treten als **Prozessstandschafter** auf. Im Unterschied zur Vertretung ist der Standschafter ermächtigt, fremde Rechte im eigenen Namen geltend zu machen. Rechtsinnehabung und Rechtsausübung fallen auseinander. Eine **gewillkürte** Prozessstandschaft ist im Verwaltungsprozess grds. unzulässig. Fälle gesetzlicher Prozessstandschaft sind die Klagen von Testamentsvollstreckern, Vermögens-, Nachlass- oder Insolvenzverwaltern, die als Parteien kraft Amtes handeln. Zur Ausübungsbefugnis von Wohnungseigentümern und WEG-Gemeinschaften in Nachbarstreitigkeiten BVerwG UPR 2019, 381. In Fällen von **Rechtsnachfolge** belässt § 265 Abs. 2 S. 1 ZPO dem bisherigen Rechtsinhaber (ungeachtet seiner Stellung im prozess) die Prozessführungsbefugnis (Eyermann, § 41 Rn. 84). In der VwGO ist die Prozessstandschaft von **Behörden** zugelassen, sofern das Landesrecht dies bestimmt (§ 61 Nr. 3; § 78 I Nr. 2). Behörden treten dann für ihre jeweiligen Rechtsträger auf. Nach § 173 iVm § 265 ZPO bleibt der Kläger nach Veräußerung der streitbefangenen Sache als Prozessstandschafter des neuen Eigentümers Beteiligter des Rechtsstreits.

38   Keine SEV ist die **Postulationsfähigkeit.** Sie meint persönliche Eigenschaften, um vor dem OVG und dem BVerwG wirksam Prozesshandlungen vornehmen zu können, und gehört damit zu den **Prozesshandlungsvoraussetzungen.** Ihre Voraussetzungen sind in § 67 ausgeformt (→ § 67 Rn. 18). Für den Rechtsschutzsuchenden bewirkt sie einen Vertretungszwang; denn postulationsfähig sind nur Bevollmächtigte iSd § 67 IV. Prozesshandlungen, insbes. Prozesserklärungen eines nicht ordnungsgemäß vertretenen Beteiligten sind nicht beachtlich abgegeben. Wird ein Beteiligter bei einem Rechtsschutzantrag (etwa bei einem Rechtsmittel oder Normenkontrollantrag) nicht ausreichend vertreten, kommt streng genommen schon kein Prozessrechts-

verhältnis zustande; der Antrag wird aber aus Gründen der Klarheit (mit allen Kostenfolgen) als wirksam, aber unzulässig behandelt. Heilung durch Genehmigung ist nicht möglich, denn die Postulationsfähigkeit muss im Zeitpunkt der Prozesshandlung bestehen (SSB § 67 Rn. 73 ff.). Zur Möglichkeit Postulationsunfähiger, mithilfe von **PKH** einen Bevollmächtigten für einen fristgebundenen Rechtsbehelf zu erhalten → § 166 Rn. 8 ff.

c) Vorverfahren; Klagefristen. § 68 fordert ein **Vorverfahren** vor Erhebung einer der Verwaltungsaktsklagen (§ 42 I). Dasselbe gilt für bestimmte Sachbegehren nach Sonderregelungen auch unabhängig von der Klageart (zB nach § 126 III BRRG, § 126 BBG für Bundesbeamte, § 54 II BeamtStG für Beamte der Länder und Kommunen). Dieses Vorverfahren, das durch einen außergerichtlichen Rechtsbehelf, den Widerspruch (§ 69), eingeleitet wird, hat eine **Doppelfunktion:** Es ist ein Verwaltungsverfahren (vgl. § 79 VwVfG); dessen erfolglose Durchführung eine (im Prozess nachholbare) besondere SEV. Allerdings gehört nicht das gesamte Vorverfahren zu den SEV, sondern nur die ordnungsgemäße Einleitung (§ 70) und sein erfolgloser Abschluss mit einem Widerspruchsbescheid (Ausnahme: § 75; Eyermann § 68 Rn. 20 ff). Die Einhaltung der **Widerspruchsfrist** ist SEV bei Drittanfechtungen, ansonsten nur dann, wenn sich die Widerspruchsbehörde darauf stützt, nicht also, wenn sie trotz Fristversäumung eine Sachentscheidung trifft (BVerwG NVwZ 1983, 608; NVwZ-RR 1989, 85 str., → § 70 Rn. 1). **39**

Klagefristen (§ 74) sind bei allen Klagearten einzuhalten, die ein Vorverfahren iSd §§ 68 ff. erfordern. Das ist konsequent, weil mit dem Vornahmeantrag bzw. der behördlichen (Widerspruchs)Entscheidung der notwendige klare Anknüpfungspunkt für die Fristauslösung gegeben ist. Ihre innere Rechtfertigung erhalten Fristen aus dem Gegnerschutz und der Rechtssicherheit; denn nach ihrem Ablauf ist – vorbehaltlich genügender Entschuldigung (§ 60) – geklärt, dass es bei dem VA sein Bewenden hat. **40**

d) Rechtsschutzbedürfnis. Jede Inanspruchnahme eines Gerichts erfordert ein anerkennungswertes Rechtsschutzinteresse (BVerfG NJW 2005, 1855). Dieses ist indiziert, wenn die allgemeinen und besonderen SEV erfüllt sind; Anlass zu weiterer Prüfung eines „allgemeinen" Rechtsschutzbedürfnisses besteht daneben regelmäßig nicht. Da die Rechtsordnung, wo sie subjektiv-öffentliche Rechte gewährt, auch deren Durchsetzungsfähigkeit anerkennt (Art. 19 IV GG), fehlt das Rechtsschutzbedürfnis an einer vom vermeintlichen Inhaber des behaupteten materiellen Anspruchs erhobenen (Leistungs) Klage nur, wenn besondere Umstände vorliegen, die diesen Zusammenhang durchbrechen und das Interesse an der Durchführung des Rechtsstreits entfallen lassen (BVerwGE 81, 164). In diesem Sinne kann einem Kläger das Rechtsschutzbedürfnis – trotz Zulässigkeit der Klage iÜ – unter dem Gesichtspunkt des **Rechtsmissbrauchs** abzusprechen sein. Dazu haben sich typische **Fallgruppen** entwickelt, die jedoch nicht abschließend sind: **41**

Um eine **unnötige Klage** handelt es sich, wenn das Klageziel ohne gerichtliche Hilfe erreichbar ist, insbes. einfacher, umfassender, schneller oder billiger. Voraussetzung ist aber, dass das Klageziel auf dem alternativen Weg ohne wesentliche Abstriche verfolgt werden kann. **Leistungsklagen** **42**

(→ Rn. 50 f.) können in diesem Sinne verfrüht sein, wenn die Behörde noch nicht mit dem Begehren befasst war (BVerwG NVwZ 2009, 1314 Rn. 4) oder es das einschlägige materielle Recht gebietet, die geforderte Leistung zunächst bei der Behörde zu beantragen (BVerwGE 114, 350 (354); Buchh 232.1 § 40 BLV Nr. 22). Dürfte sich die Behörde durch Erlass eines **Leistungsbescheides** selbst einen Titel verschaffen, ist ihre Leistungsklage nicht notwendig unnötig, wenn die Klage zu einer schnelleren Klärung führt (bei Wegfall des Vorverfahrens) und früher Prozesszinsen beansprucht werden können (BVerwGE 58, 319; 50, 171; 21, 270; abl. Eyermann vor § 40 Rn. 13). Eine sog. nachgezogene Fortsetzungsfeststellungsklage (→ § 113 Rn. 88) zur Vorbereitung eines Amtshaftungsprozesses ist unnötig, weil sofort Amtshaftungsklage erhoben werden kann (BVerwGE 81, 226). Zu isolierten Anfechtungsklagen → § 42 Rn. 82 ff.

43   Eine Klage kann **eindeutig nutzlos** sein. Das ist der Fall, wenn das erstrebte Urteil dem Kläger offensichtlich keinerlei rechtlichen oder tatsächlichen Vorteil bringen, insbes. seine Rechtsstellung nicht verbessern könnte (BVerwG NVwZ-RR 2009, 980; BVerwGE 78, 85 (91) betr. einen Normenkontrollantrag gegen einen Bebauungsplan; NVwZ 1995, 894: Unverwertbarkeit einer Bauerlaubnis; BVerwG Beschl. v. 8.7.2015 – 5 PB 19.14: Wahlprüfung nach Neuwahl eines Personalrats). Es reicht aus, wenn positive Folgewirkungen einer Aufhebung von Bescheiden nicht auszuschließen sind (BVerwG NVwZ 2015, 742: Nachsorge des Bergwerkunternehmens; NVwZ-RR 2009, 980). IdS können Berufs- und Zeitsoldaten, die sich auf Grund freiwilliger Verpflichtung im aktiven Sanitätsdienst der Bundeswehr befinden, ihren Grundrechtsschutz aus Art. 4 III 1 GG schon vor Beendigung ihres Dienstverhältnisses durch eine Anerkennung als Kriegsdienstverweigerer verbessern (BVerwGE 142, 48 unter Aufgabe der bish. Rspr.). Nutzlos sind Anfechtungsklagen gegen **erledigte VA** (§ 43 II VwVfG, insbes. bei irreversibler Vollziehung); in Bezug auf sie ist – bei entsprechendem Feststellungsinteresse – nur die Fortsetzungsfeststellungsklage (§ 113 I 4) statthaft (BVerwGE 53, 134 (137), → § 113 Rn. 56 ff.). Der Umstand, dass es im Gefolge der Klage zum Erlass eines inhaltsgleichen Rechtsaktes kommen kann, ist als solcher bedeutungslos, wenn das Verfahren die Beseitigung von Rechtsverletzungen erwarten lässt (BVerwG NVwZ 2002, 1126). Verpflichtungsklagen auf beamtenrechtliche Ernennung erledigen sich wegen des Grundsatzes der Ämterstabilität jedenfalls bei Beachtung bestimmter Förmlichkeiten (BVerwG NVwZ 2019, 968) mit der Ernennung eines Konkurrenten; erfolgversprechend kann der Übergang zu einem Wiederherstellungsantrag sein (BVerwGE 118, 370; 80, 127; vgl. aber BVerfG NVwZ 2008, 70).

44   Ist der Kläger aus jenseits des Verfahrens liegenden Gründen **an einer Verwertung** der eingeklagten Rechtsposition **gehindert,** kann bereits das **verwaltungsverfahrensrechtliche   Sachbescheidungsinteresse**   fehlen (BVerwG Buchh 402.242 § 60 Abs. 1 AufenthG Nr. 36 Rn. 12), das dem Rechtsschutzbedürfnis entspricht. Ein Verwertungshindernis liegt vor, wenn die privatrechtlichen Verhältnisse die Verwirklichung des beantragten Vorhabens nicht zulassen (BVerwG NVwZ 2004, 1240; Buchh 445.4 § 31 WHG

Nr. 16; Wysk ZLW 2003, 602 (609) zu vertraglichen Unterlassungspflichten). Eine Klage auf Notenverbesserung ist unnütz, wenn die Verbesserung sich nicht auf die konkrete Rechtsstellung verbessernd auswirkt, zB weil sie für Versetzung, Bestehen oder angestrebten Numerus clausus irrelevant ist (BVerwG DÖV 1983, 819; Eyermann vor § 40 Rn. 19 mwN). Zur Prüfungswiederholung BVerwGE 88, 111; zur Lage bei Kriegsdienstverweigerung und Wehrdienst vgl. BVerwGE 44, 120; 61, 246; 74, 342; 82, 154; zur Streitwertbeschwerde → § 165 Rn. 4.

Die Ausübung des Klagerechts kann dem Rechtsinhaber verwehrt sein, weil **45** sie **aus anderen Gründen missbräuchlich** ist (zu sog. Sperrgrundstücken → § 42 Rn. 134). Hauptanwendungsfall ist die **Verwirkung** als Ausformung des Verbots widersprüchlichen Verhaltens. Sie hindert auch im öffentlichen Recht die Ausübbarkeit von Rechten aller Art (BVerwGE 163, 36 Rn. 18 ff.; 149, 211 Rn. 29; 111, 162 (172 f.)). Mit Art. 19 Abs. 4 S. 1 GG ist dies vereinbar (stRspr, BVerfGE 32, 305 (308 f.); BVerwG Buchh 11 Art. 33 Abs. 2 GG Nr. 88 Rn. 18 ff.). Hat der Kläger sein materielles Recht verwirkt, ist die Klage unbegründet, ist das Klagerecht verwirkt, ist sie unzulässig. Praktische Bedeutung hat die Verwirkung eines prozessualen Rechts besonders in **Nachbar- und Konkurrentenstreitigkeiten,** bei denen (etwa mangels Bekanntgabe des VA) Rechtsbehelfe oft nicht fristgebunden sind: Hat der Dritte sein Klagerecht verwirkt, ist es ihm verwehrt, die Rechtswidrigkeit der angefochtenen Verfügung geltend machen kann (BVerwGE 163, 36 Rn. 21; NVwZ 2019, 245).

Die prozessuale **Verwirkung setzt voraus,** dass seit der ersten Möglichkeit **45a** des Gebrauchmachens längere Zeit verstrichen ist **(Zeitmoment)** und besondere Umstände hinzutreten, die das verspätete Gebrauchmachen als Verstoß gegen Treu und Glauben erscheinen lassen **(Umstandsmoment;** BVerfGE 32, 305 (308 f.); BVerwGE 44, 339 (343); ZLW 2019, 290). Der Rechtsbehelfsführer muss bei einer Gesamtwürdigung unter Verhältnissen untätig geblieben sein, unter denen vernünftigerweise etwas zur Wahrung des Rechts unternommen zu werden pflegt. Er muss eine Situation geschaffen haben, auf die der Gegner vertrauen, sich einstellen und einrichten durfte **(Vertrauensmoment;** BVerwGE 49, 351 (358) und 102, 33 (36)). Dieser muss infolgedessen tatsächlich und berechtigterweise darauf vertraut haben, dass von dem Rechtsbehelf kein Gebrauch mehr gemacht wird *(Vertrauenstatbestand),* und er muss sich darauf eingerichtet haben, sodass ihm aus der Ausübung des Klagerechts ein unzumutbarer Nachteil entstünde *(Vertrauensbetätigung).* Eine **Behörde** kann ein verwirkbare Rechtsposition verwirken, sofern dadurch keine die Interessen des Gegners überwiegenden öffentlichen Interessen beeinträchtigt werden (BVerfG DVBl 2001, 456).

Nach Entstehen des Klagerechts kann auf dieses **verzichtet** werden (iE **46** NK-VwGO § 74 Rn. 47 ff.). Dazu bedarf es einer Erklärung des Klägers, er verzichte auf die gerichtliche Geltendmachung eines Rechtes. Die Erklärung kann gegenüber dem Gegner oder dem Gericht abgegeben werden. Bei Erklärung **gegenüber dem Gericht** handelt es sich um eine einseitige prozessuale Willenserklärung, die nach dem Ergehen der gerichtlichen Entscheidung möglich und allein nach den Maßstäben des Prozessrechts zu beurteilen ist. Sie muss unter Anlegung eines strengen Maßstabs eindeutig, unzweifelhaft und unmissverständlich sein (BVerwGE 55, 355 (357)), wenngleich die Erklärung ausgelegt werden darf. Sie kann grds. weder angefochten noch zurückgenommen noch widerrufen werden. Ein dem Prozessgegner gegenüber, also **außergerichtlich** (rechtsgeschäftlich) vereinbarter Klageverzicht ist auf Einrede hin im Prozess zu berücksichtigen und führt dann zur Unzulässigkeit des Rechtsbehelfs. Nach der stRspr des BGH (NJW 1985, 2334) kann dieser Rechtsbehelfsverzicht mit Zustimmung des Gegners bis zum Eintritt der Rechtskraft der gerichtlichen Entscheidung widerrufen werden. Diese Rspr. ist auf den Verwaltungsprozess nicht übertragbar, wenn ein **VA** inmitten steht: Er wird durch den Verzicht bestandskräftig, was vom Gericht vAw beachtet werden muss.

III. Rechtsschutzformen (Klage-/Antrags-/Verfahrensarten)

1. Bedeutung der Rechtsschutzformen

47 Der Begriff „Rechtsschutzform" ist kein Synonym für „Rechtsbehelf" (→ § 58 Rn. 2), sondern zielt auf den gesetzlich zugelassenen Inhalt des gerichtlichen Entscheidungsausspruchs (des Urteils- oder Beschlusstenors). In Verfahren, die durch Urteil zu entscheiden sind (§ 107), spricht man von „Klageart", in anderen von „Antragsart", übergreifend synonym von „Verfahrensart". Für die Gesetzeskonformität des Entscheidungsausspruchs ist der Begriff der **Statthaftigkeit** geprägt worden: Anordnen darf ein Gericht nur, wozu es ermächtigt ist; nur dies kann ein Rechtsschutzsuchender korrespondierend verlangen. Der Rechtsschutzantrag (§ 81) muss daher – und sei es im Wege der Auslegung – einem der gesetzlich vorgeprägten (statthaften) Entscheidungsinhalte (zB nach § 113 I bis V) entsprechen. Anderenfalls ist das Begehren im Verwaltungsprozess unstatthaft, der Rechtsbehelf unzulässig. Insofern gehört die Notwendigkeit, dass sich das Begehren den Voraussetzungen einer in der VwGO vorgeprägten Rechtsschutzform zuordnen lässt, durchaus zu den **Zulässigkeitsvoraussetzungen** eines jeden Rechtsbehelfs (BVerwGE 100, 262 Rn. 9; str., aA Schenke VerwProzR Rn. 64). Die richtige Zuordnung von Begehren und Rechtsschutzform ist vom Gericht vAw zu prüfen, das dabei an die Formulierung des Antrags durch den Kläger nicht gebunden ist (§ 88). Eine andere Frage ist, ob die Rechtsschutzformen der VwGO ein **offenes oder geschlossenes System** bilden (NK-VwGO § 42 Rn. 12). Der Bundesgesetzgeber hat bewusst, um die Befugnisse der VG nicht allzu sehr einzuengen, von einer Aufzählung der zulässigen Klagearten abgesehen (vgl. BVerfGE 20, 238 (250 f.)). In der Rspr. ist jedenfalls anerkannt, dass die VG iR einer statthaften Klageart zur Auslegung und richterlichen Fortbildung des Prozessrechts befugt sind (BVerwG Buchh 310 § 40 VwGO Nr. 179 S. 61), was etwa iR der Feststellungsklage bei normativem Unrecht geschehen ist (→ § 43 Rn. 67). Diese Befugnis wird allerdings durch die einfach-gesetzlich eingeräumte Entscheidungsmacht der Gerichte begrenzt.

Die VwGO **begrenzt die Befugnis der VG zu Entscheidungsaussprü-** **48**
chen aus unterschiedlichen – teilweise verfassungsrechtlich hinterlegten –
Gründen: Aus prozessualen (nicht logischen) Gründen eingeschränkt ist die
Befugnis zur Aufhebung eines erledigten VA (→ Rn. 43 und → § 42 Rn. 22)
sowie zur Feststellung seiner bloßen Rechtswidrigkeit (→ § 43 Rn. 2), aus
Gründen der Gewaltenteilung ausgeschlossen ist der Erlass eines beantragten
VA durch das Gericht (→ § 42 Rn. 43) und die Feststellung der Nichtigkeit
einer Norm. Für formelle Gesetze und Unionsrecht folgt dies aus der Kon-
zentration der Verwerfungskompetenz (nicht der Prüfungskompetenz) beim
BVerfG (Art. 100 I GG) und EuGH (→ Rn. 23); für untergesetzliche Normen ist jedenfalls die prinzipale Verwerfung durch § 47 begrenzt (Bsp.
BVerwGE 100, 262: Feststellung der Unwirksamkeit/Rechtswidrigkeit eines
kommunalen Mietspiegels). Führt eine solche Norm zu einer Rechtsverletzung, kommt freilich die allgemeine Feststellungsklage in Betracht (→ § 43
Rn. 67 ff.). Freier gestellt sind die VG im vorläufigen Rechtsschutz, wo ihnen
§§ 80a, 80 V und § 123 III iVm § 938 I ZPO die Befugnis zugesteht, alle im
Einzelfall erforderlichen Sicherungsmaßnahmen zu treffen (→ § 123 Rn. 30).
Auch wenn sich die im Verwaltungsrechtsweg zu behandelnden Begehren bei
verständiger Würdigung im Regelfall einer Rechtsschutzform zuordnen lassen, stehen diese Erwägungen doch prinzipiell der Ansicht entgegen, das
System der VwGO sei offen oder oW erweiterbar.

2. „System" der Rechtsschutzformen

Die statthaften Entscheidungsinhalte – korrespondierend die ihrer Art nach **49**
möglichen Rechtsschutzanträge – hat die VwGO in Rechtsschutzformen
gefasst. Man hat sich bewusst zu machen, dass die **Zivilprozessordnung** mit
ihren tradierten Klage- und Antragsarten (dazu ThP ZPO Vorbem § 253
Rn. 2 ff.; BLAHG ZPO Grundz § 253 Rn. 7 ff.) gem. § 173 S. 1 auch
insoweit entspr. anwendbar ist. Demgemäß sind hier wie dort **nach ihrer**
Wirkung Gestaltungs-, Leistungs- und Feststellungsklagen unterschieden, die
auf den Erlass entsprechender Urteile (→ § 107 Rn. 5) abzielen, also auf eine
Umgestaltung der Rechtslage unmittelbar durch das Gericht, auf die Verurteilung der Verwaltung zu einem bestimmten Tun, Dulden oder Unterlassen
oder auf eine bloße Feststellung.

Die Klageart-Regelungen der VwGO (§§ 42, 43) stellen demgegenüber **50**
punktuelle Sonderregeln dar, die sich ganz überwiegend aus der spezifischen
Notwendigkeit zur verwaltungsgerichtlichen **Überprüfung der Verwal-**
tungstätigkeit iZm VA erklären. Dafür finden sich in der VwGO eine
spezielle Gestaltungsklage (die Anfechtungsklage → § 42 Rn. 4), eine spezielle
Leistungsklage (die Verpflichtungsklage → § 42 Rn. 43 ff.) und Formen der
Feststellungsklage für nichtige (→ § 43 Rn. 37) und erledigte VA (→ § 113
Rn. 56). Die besonderen Regelungen zur allgemeinen (positiven und negativen) Feststellungsklage in § 43 I, die in § 256 I ZPO grds. übertragbar geregelt ist, sind letztlich dadurch bedingt, dass ihr Verhältnis zu den VA-Klagen
zu bestimmen ist, was die VwGO mithilfe besonderer SEV bewerkstelligt
(§ 43 II 1 und 2).

51   Hingegen konnte sich der VwGO-Gesetzgeber wegen der subsidiären Geltung der ZPO bei der allgemeinen **Leistungsklage** (→ § 42 Rn. 59 ff.) auf die bloße Erwähnung dieser Klageart (nämlich in § 43 II und § 111) beschränken. Nicht erwähnt wird die **Zwischenfeststellungsklage,** die nach § 173 iVm § 256 II ZPO statthaft ist. Hingegen ist eine **allgemeine Gestaltungsklage,** die die ZPO nicht kennt, auch in der VwGO nicht anzuerkennen: Eine solche Rechtsmacht hätte den VG ausdrücklich eingeräumt werden müssen (str., wie hier Eyermann/Rennert Rn. 16; aA Eyermann/Happ § 42 Rn. 70). Es ist daher abzulehnen, soweit in der Rspr. unter Hinweis auf das Gebot effektiven Rechtsschutzes teilweise eine sog. **kassatorische Leistungsklage** zugelassen wird, mit der das VG Rechtsakte der Verwaltung, die keine VA sind, selbst aufhebt (→ § 42 Rn. 60).

52   Der **vorläufige Rechtsschutz** erfordert – ebenfalls wegen des Instituts des VA und dessen Vollziehbarkeit – besondere Verfahrensarten. Gegen (dritt) belastende VA steht die Regelung ihrer Vollziehbarkeit (§§ 80 ff.) zur Verfügung, bei erstrebten VA und sonstigen Eilfällen die einstweilige Anordnung nach § 123, auf die je nach Lage die Vorschriften der ZPO über Arrest und einstweilige Verfügung Anwendung finden (§ 123 III).

53   Keine Verfahrensart ist der sog. **vorbeugende Rechtsschutz.** Er findet in den Bahnen der gängigen Rechtsschutzformen statt, seine Zulässigkeit stellt aber qualifizierte Anforderungen an die besonderen SEV. Denn die VwGO sieht in Übereinstimmung mit dem Verfassungsrecht (Art. 19 IV GG) aus Gründen der Gewaltenteilung nachträglichen Rechtsschutz gegen bereits erfolgtes Verwaltungshandeln als grds. ausreichend an. Drohendes Verwaltungshandeln soll daher nur ausnahmsweise abgewendet werden können, wenn der Verweis auf nachgängigen Rechtsschutz unzumutbare Nachteile mit sich bringen würde (Eyermann vor § 40 Rn. 25).

§ 40 [Zulässigkeit des Verwaltungsrechtsweges]

(1) [1]Der Verwaltungsrechtsweg ist in allen öffentlich-rechtlichen Streitigkeiten nichtverfassungsrechtlicher Art gegeben, soweit die Streitigkeiten nicht durch Bundesgesetz einem anderen Gericht ausdrücklich zugewiesen sind. [2]Öffentlich-rechtliche Streitigkeiten auf dem Gebiet des Landesrechts können einem anderen Gericht auch durch Landesgesetz zugewiesen werden.

(2) [1]Für vermögensrechtliche Ansprüche aus Aufopferung für das gemeine Wohl und aus öffentlich-rechtlicher Verwahrung sowie für Schadensersatzansprüche aus der Verletzung öffentlich-rechtlicher Pflichten, die nicht auf einem öffentlich-rechtlichen Vertrag beruhen, ist der ordentliche Rechtsweg gegeben; dies gilt nicht für Streitigkeiten über das Bestehen und die Höhe eines Ausgleichsanspruchs iR des Artikels 14 Abs. 1 Satz 2 des Grundgesetzes. [2]Die besonderen Vorschriften des Beamtenrechts sowie über den Rechtsweg bei Ausgleich von Vermögensnachteilen wegen Rücknahme rechtswidriger Verwaltungsakte bleiben unberührt.

Übersicht

1 Die zentrale rechtswegeröffnende Norm der VwGO, das Pendant zu § 13 GVG, enthält einen Mikrokosmos an Bedeutung, die sich mit jedem Wort verbindet. Immerhin sind **zwei Themenbereiche** deutlich zu erkennen: Einleitend eine **Generalklausel** für öffentlich-rechtliche Streitigkeiten, die eine Abgrenzung der Bereiche des öffentlichen und privaten Rechts erfordert und damit die Gesamtheit der materiellrechtlichen Anspruchs- und Ermächtigungsgrundlagen der Rechtsordnung widerspiegelt (B.). Aus Rechtsgründen **vorrangig** (→ Rn. 2) wird jedoch in allen Absätzen und Sätzen zunächst zur Suche nach **Sonderzuweisungen** aufgefordert, was in dem für das deutsche Recht charakteristischen Labyrinth spezieller Rechtswege im Recht des Bundes und der Länder erhebliche Probleme mit sich bringt (A.).

A. Sonderzuweisungen

I. Geltungsgrund und Reichweite

Der Rechtswegeröffnung nach I 1 gehen Regelungen vor, die Streitigkeiten **2** beliebiger Art den VG zuweisen (sog. **auf**drängende Sonderzuweisungen) oder Streitigkeiten öffentlich-rechtlicher Art anderen Gerichtsbarkeiten zuweisen (sog. **ab**drängende Sonderzuweisungen). Der **Vorrang** solcher Sonderzuweisungen folgt aus dem gewohnheitsrechtlich anerkannten Vorrang des spezielleren Gesetzes (Grundsatz lex specialis). Dass der „Sofern"-Halbsatz des § 40 I 1 nur die **abdrängenden** Zuweisungen erwähnt, erklärt sich aus der Absicht, die bei Inkrafttreten der VwGO (1.4.1960 → § 195 Rn. 1) vorhandenen bundesgesetzlichen Zuweisungen öffentlich-rechtlicher Streitigkeiten an andere Gerichte aufrechtzuerhalten; diese wären ansonsten nach dem Vorrang des späteren speziellen Gesetzes (lex posterior derogat legi priori) von § 40 I 1 abgelöst worden. Für zeitlich nachfolgende abdrängende Sonderzuweisungen ist § 40 I 1 nach demselben Grundsatz nur deklaratorisch.

Die universitäre Ausbildung fordert gelegentlich eine umständliche **Prü-** **2a** **fungsreihenfolge:** Zunächst seien nach dem Lex-specialis-Grundsatz aufdrängende Sonderzuweisungen zu prüfen, bei deren Fehlen der öffentlich-rechtliche Charakter der Streitigkeit nach I 1 und erst bei dessen Bejahung abdrängende Sonderzuweisungen. Hinter dieser – zu sehr am Wortlaut und nicht an Spezialitätsgrundsätzen orientierten – Auffassung verbirgt sich das Missverständnis, abdrängende Zuweisungen erforderten eine ausdrücklich identifizierte öffentlich-rechtliche Qualität der Streitigkeit. Maßgeblich ist aber allein, dass der Klagegegenstand von einer Zuweisungsnorm erfasst wird, die der Generalklausel vorgeht.

Unangetastet geblieben sind nur solche abdrängenden Sonderzuweisungen, **3** die durch förmliches **Bundesgesetz** vorgesehen waren. Landesgesetzliche Sonderzuweisungen aus der Zeit vor Erlass der VwGO sind entfallen (Art. 31 GG) und nur kraft bundesrechtlicher Ermächtigung möglich (Eyermann Rn. 102 und → Rn. 59). Die Zuweisung muss im Gesetz „ausdrücklich" enthalten sein, was Gewohnheitsrecht ausschließt und sich historisch gegen die in der Rspr. des RG und des BGH entwickelten Zivilprozesssachen kraft Tradition wendet, die im Gegenzug teilweise verfassungsrechtlich verankert, teilweise in § 40 II (→ Rn. 24 ff.) fortgeschrieben worden sind (→ vor § 40 Rn. 24).

Das Ausdrücklichkeits-Erfordernis steht auch der Anerkennung von **Zu-** **4** **weisungen kraft Sachnähe** entgegen; eine **Auslegung** von Zuweisungsnormen nach den gängigen Kanones (einschl. Sinn und Zweck) bleibt freilich möglich (BVerwGE 15, 34 (36)). Es genügt, wenn sich der Wille des Gesetzes zu einer Sonderzuweisung aus dem Gesamtgehalt der Regelung und dem Sachzusammenhang eindeutig und logisch zwingend erschließt (Kopp/Schenke Rn. 49 mwN). Die Reichweite einer Sonderzuweisung wird durch den Grundsatz der Spartengerichtsbarkeit (Art. 95 I GG) bestimmt, mit dem sich eine **Auslegungsregel** verbindet: Einheitliche Rechtsmaterien will der Gesetzgeber im Zweifel insgesamt (einschließlich der Neben- und Hilfsansprüche) der speziellen Gerichtsbarkeit zugewiesen wissen (GmS-OGB BGHZ 78, 274 (276); BVerwGE 40, 254; 37, 231 (236); 20, 334; NJW 1984, 191; BGHZ 89, 250; Eyermann Rn. 100). Ausnahmen davon kann es bei konkurrierenden Sachzusammenhängen ein und derselben Materie geben.

II. Abdrängende Sonderzuweisungen

5 Abdrängende Sonderzuweisungen finden sich außerhalb der VwGO, aber auch in § 40 selbst: II 1 weist tradierte vermögensrechtliche Streitigkeiten unmittelbar den ordentlichen Gerichten zu, I 1 Hs. 2 enthält einen generellen Vorbehalt zugunsten Bundesrechts und I 2 eine Ermächtigung an die Landesgesetzgeber. Insgesamt ergibt sich eine (im Verhältnis zu wenigen aufdrängenden Zuweisungen) erhebliche Zahl abdrängender Zuweisungen, die über die Rechtsordnung verteilt und schwer überschaubar sind. Nur zum Teil soll damit der **Spezialisierung** von (Fach)Gerichten und besonderen Spruchkörpern Rechnung getragen werden; überwiegend handelt es sich um **historische Reminiszenzen,** die im Nachhall der alten Fiskustheorie vermögensrechtliche Streitigkeiten besser bei den ordentlichen Gerichten aufgehoben glauben (→ vor § 40 Rn. 28). Das erklärt die große Zahl von Zuweisungen öffentlich-rechtlicher Streitigkeiten an die ordentliche Gerichtsbarkeit (→ Rn. 19 ff.). Insbesondere im Staatshaftungsrecht ist jedoch die dadurch provozierte Trennung von Primär- und Sekundärrechtsschutz misslich und überholt (Eyermann § 40 Rn. 103).

6 Die abdrängenden Sonderzuweisungen können in **vier Gruppen** zusammengefasst werden: Zuweisungen (1) an besondere Verwaltungsgerichtsbarkeiten und an besondere Rechtswege, (2) an die ordentlichen Gerichte kraft Verfassung oder kraft Überlieferung (II 1), (3) bundesgesetzliche Einzelzuweisungen, die vor allem Justizsachen und Bereiche des Wirtschaftsverwaltungsrechts betreffen, sowie (4) von Streitigkeiten auf dem Gebiet des Landesrechts nach dessen Maßgabe (I 2).

1. Zuweisungen an spezielle Rechtswege

7 **a) Öffentlich-rechtliche Fachgerichtsbarkeiten.** Vorrangig sind die Zuweisungen an die besonderen Verwaltungsgerichtsbarkeiten (vgl. Art. 95 I GG). Sie werden weitgehend vom Enumerationsprinzip beherrscht und entziehen der Generalklausel des § 40 I 1 Sachgebiete im Umfang ihrer Reichweite. Die **Sozialgerichtsbarkeit** ist nach § 51 SGG zuständig sowohl für öffentlich-rechtliche wie privatrechtliche Streitigkeiten aus dem **Sozialver-**

sicherungsrecht (MKLS SGG zu § 51). Neben den klassischen Gebieten (gesetzliche Krankenversicherung, Kassenarztrecht, Arbeitslosenversicherung, Kriegsopferversorgung) zählen dazu Angelegenheiten der Pflegeversicherung (SGB XI), seit dem 1.1.2005 aber auch solche der **Sozialhilfe** und des Asylbewerberleistungsgesetzes (§ 51 I Nr. 6a SGG → § 188 Rn. 6). Die Wegverlagerung der Sozialhilfe von der Verwaltungsgerichtsbarkeit ist systemwidrig, eine Rechtsbereinigung erscheint dringend geboten (ebenso Eyermann Rn. 140, 144a).

Die **Finanzgerichtsbarkeit** erledigt nach § 33 FGO öffentlich-rechtliche **8** Streitigkeiten über Abgabenangelegenheiten (Steuern, Gebühren und Beiträge, aber auch Zölle, Umlagen, Sonderabgaben und Abschöpfungen nach EU-Recht, BFHE 119, 223 (226)), soweit die Abgaben der Bundesgesetzgebung unterliegen und durch Bundes- oder Landesfinanzbehörden verwaltet werden, ferner über Vollzugsakte der Finanzbehörden nach der AO und über bestimmte berufsrechtliche Streitigkeiten nach dem Steuerberatungsgesetz (nicht für Ausnahmegenehmigungen für gewerbliche Tätigkeiten eines Steuerberaters: BVerwGE 144, 211) sowie nach Einzelzuweisungen durch Bundes- oder Landesgesetz (Eyermann Rn. 146 und Gräber FGO § 33; Schwarz FGO § 33). Um das Kindergeld wird vor dem FG gestritten, wenn es nach §§ 62 ff. EStG als Steuervergünstigung gezahlt wird. Allerdings begründet § 33 FGO keine umfassende behördenbezogene Zuständigkeit der Finanzgerichtsbarkeit für die gesamte öffentlich-rechtliche Tätigkeit der Finanzbehörden. Vielmehr muss die Angelegenheit gerade mit der Anwendung abgabenrechtlicher Vorschriften verknüpft und dadurch geprägt sein. Zu **Akteneinsichtsansprüchen** → Rn. 159.

Zu **Überschneidungen** mit VG-Zuständigkeiten kommt es vielfältig (SSB **9** Rn. 691 f.). Vor allem Streitigkeiten um örtliche Verbrauchs- und Aufwandssteuern (Art. 105 IIa GG; Spielgerätesteuer: BVerwGE 110, 237 (240)) und um kommunale Abgaben (Getränke-, Hunde-, Vergnügungs-, Zweitwohnungssteuer, Gebühren, Beiträge) und die übrigen nicht von Landesfinanzbehörden verwalteten Abgaben gehören vor die VG. Die Verwaltung der Realsteuern (Grundsteuer, Gewerbesteuer) sind von den Flächenstaaten (nicht von den Stadtstaaten) in die Verwaltung der Kommunen übertragen worden; Streitigkeiten um Festsetzung und Erhebung gehören damit vor die VG, nicht solche um die Bemessungsgrundlagen (BVerwGE 19, 68; BFHE 160,115 (118)). Vor die VG gehören ferner Streitigkeiten um Akteneinsicht in Steuerakten eines Insolvenzschuldners (BVerwG ZIP 2012, 2417; BFH ZIP 2013, 1252) und um Bescheinigungen, die nicht vom FinA auszustellen sind (BVerwGE 79, 171; 90, 350; DVBl 2013, 1193), und um Umsatzsteuer, die sich aus öffentlich-rechtlichem Vertrag ergibt (BVerwG Urt. v. 29.8.2019 – 3 C 30.17). Auch die **dienstrechtlichen Angelegenheiten** der bei Finanzämtern Beschäftigten gehören vor die VG oder die Arbeitsgerichte (→ Rn. 60, 67). **Steuerrechtliche Vorfragen,** auch wenn sie zentral sind, ändern eine anderweitig begründete Rechtswegzuständigkeit nicht (→ Rn. 102; zur Umsatzsteuer BVerwG Urt. v. 29.8.2019 – 3 C 30.17 – juris).

10 **b) Andere besondere Rechtswege.** Der Bund darf nach Maßgabe der Art. 92 und 96 GG neben den in Art. 95 I GG genannten (Sonder)Gerichte unmittelbar-staatliche Fachgerichte einrichten (vgl. Art. 101 II GG). Nach **Bundesrecht** bestehen Patentgerichte, Wehrdienstgerichte, Richterdienst- und Berufsgerichte. Die **Länder** dürfen iR ihrer Gesetzgebungskompetenz solche Gerichte verselbstständigen und als mittelbar-staatliche ausgestalten (Art. 30 GG; vgl. Eyermann Rn. 153).

11 Die Länder haben teilweise von der Ermächtigung des § 187 I Gebrauch gemacht, **Landesdisziplinar-** und **Landesberufsgerichte** zu errichten und sie anderen Gerichten **an**zugliedern oder diesen als besondere Spruchkörper **ein**zugliedern (→ Rn. 18). Auf das Verhältnis dieser Gerichte zu den VG finden §§ **17 ff. GVG** Anwendung (BVerwGE 103, 26: analog), bei einge-gliederten Spruchkörpern über § 83 (Eyermann Rn. 158; → § 41 Rn. 6).

12 **aa) Patentgerichte.** Maßnahmen des Patentamtes (nach § 65 PatG, dem GebrMG, GeschmMG, WZG, HalbleiterschutzG), des Bundessortenamtes (§ 34 SortenschutzG) und Patentnichtigkeitsklagen gegen Patentinhaber (BGHZ 18, 81) gehören vor die Bundesgerichtsbarkeit für **Angelegenheiten des gewerblichen Rechtsschutzes,** für die dem Bund die ausschließliche Gesetzgebungskompetenz zusteht (Art. 73 I Nr. 9 GG). Sie ist zweistufig aus-gestaltet mit dem Bundespatentgericht als Instanz- und dem BGH als Rechts-mittelgericht (vgl. Art. 96 I und III GG).

13 **bb) Wehrdienstgerichte.** Gemäß Art. 96 IV GG kann der Bund für Per-sonen, die zu ihm in einem öffentlich-rechtlichen Dienstverhältnis stehen, Bundesgerichte zur Entscheidung in Disziplinar- und Beschwerdeverfahren errichten. Für die **truppendienstlichen** und **disziplinarrechtlichen** Ange-legenheiten der Soldaten nach der WBO hat der Bund als **Wehrdienst-gerichte** die Truppendienstgerichte (§§ 69 bis 79 WDO) errichtet; beim BVerwG sind ihnen zwei Wehrdienstsenate übergeordnet (§ 80 WDO), die als Berufungs- und Beschwerdeinstanz fungieren (→ § 10 Rn. 4).

14 Die **truppendienstlichen Angelegenheiten,** die von den im Verwal-tungsrechtsweg zu entscheidenden **statusrechtlichen** abzugrenzen sind (§ 82 SG → Rn. 62), betreffen das Verhältnis der militärischen Über- und Unter-ordnung (stRspr, BVerwGE 135, 247, zur Befragung durch Angehörige des MAD außerhalb eines Sicherheitsüberprüfungsverfahrens; DÖV 2005, 1047 mwN). Für die Bestimmung, ob es sich um eine truppendienstliche Angele-genheit oder um eine Verwaltungsangelegenheit handelt, für die der Rechts-weg zu den VG eröffnet ist, ist auf die wahre Natur des geltend gemachten Anspruchs und auf die daraus abzuleitende Rechtsfolge abzustellen.

15 **cc) Richterdienstgerichte.** Für die Angelegenheiten der Richter besteht ein **gespaltener Rechtsweg** (→ § 38 Rn. 7). Über Klagen von **Bundes-richtern** (ebenso bei Bundesanwälten, § 122 IV, V DRiG, und Mitgliedern des Bundesrechnungshofs, § 18 BRHG) wegen Verletzung der richterlichen Unabhängigkeit, in Disziplinarsachen (→ Rn. 70) und Versetzungen entschei-det erst- und letztinstanzlich das **Dienstgericht des Bundes** als besonderer Senat des BGH (§ 61 I DRiG). Für **Richter im Landesdienst** haben die

Länder nach §§ 77 ff. DRiG eine zweistufige Dienstgerichtsbarkeit einzurichten, die meist bei den ordentlichen Gerichten angesiedelt ist (zB §§ 35 ff. LRiG NRW; Art. 56 ff. BayRiG). Über ihnen entscheidet das Dienstgericht des Bundes im dritten Rechtszug (§ 62 II DRiG).

Hingegen sind für Klagen „aus" dem Richterdienstverhältnis die VG zuständig (→ Rn. 61). Das gilt auch dann, wenn ein und dieselbe Maßnahme im Unabhängigkeitsstreit vor den Richterdienstgerichten und vor den VG auf ihre Rechtmäßigkeit iÜ überprüft werden soll (BVerwG NJW-RR 2010, 272 zu einer Untersuchungsanordnung mit dem Zweck, Zweifel an der Dienstunfähigkeit eines Richters außerhalb eines Verfahrens auf Versetzung in den Ruhestand zu beseitigen). Die Überprüfungsbegehren bilden keinen einheitlichen Streitgegenstand, sondern zwei verschiedene Streitgegenstände (vgl. BVerwGE 67, 222 (223)). Die Rechtsbehelfe sind nebeneinander in verschiedenen Rechtswegen mit unterschiedlichen Rechtsschutzzielen zu verfolgen (vgl. BGHZ 90, 41 (50 f.)). Das steht auch der in § 17 II GVG vorgesehenen Konzentration der Prüfungsbefugnisse bei dem zuerst angerufenen Gericht (§ 17 I 2 GVG, § 90 I VwGO, § 66 I 1, § 83 DRiG) entgegen. **16**

dd) Berufsgerichte. Für die beratenden Berufe hat der Bund auf der Grundlage seiner Gesetzgebungskompetenz (Art. 74 I Nr. 1 GG: Rechtsanwaltschaft, Notariat und Rechtsberatung) **Berufsgerichte** eingerichtet. Ihr unterfallen Rechtsanwälte (BRAO) und Notare (BNotO), Patentanwälte (PAO), Steuerberater und -bevollmächtigte (StBerG) sowie Wirtschafts- und Buchprüfer (WPrO). Zuständig sind die Berufsgerichte für die Berufszulassung und für standes- und disziplinarrechtliche Streitigkeiten, teilweise auch für alle anderen Streitigkeiten nach den Berufsgesetzen (Eyermann Rn. 159). **17**

In den **Ländern** sind weitere Berufsgerichte für die Ingenieurberufe (zB Architekten und Stadtplaner) und Heilberufe (Ärzte, Zahnärzte, Tierärzte und Apotheker) eingerichtet, soweit das Berufsrecht landesrechtlich geordnet werden kann. Die Berufsgerichte müssen „echte" Gerichte iSd Art. 19 IV GG, dürfen aber mittelbar-staatliche Gerichte sein, deren Träger öffentlich-rechtliche Körperschaften außerhalb von Bund und Ländern (etwa Gemeinden) sind. Sie sind teils selbstständig, teils den ordentlichen Gerichten, teils den allgemeinen VG angegliedert (→ Rn. 11). Sie können nur für standes- und disziplinarrechtliche Streitigkeiten zuständig gemacht werden; für andere Streitigkeiten (zB die Berufszulassung) bleiben die VG zuständig. **18**

2. Zivilprozesssachen kraft Verfassung

a) Staatshaftungssachen: Überblick. Das Recht der Haftung des Staates für rechtswidrige Eingriffe und des Ausgleichs für rechtmäßige Inanspruchnahmen Privater ist weder in materiell-rechtlicher noch in prozessualer Hinsicht konsistent geregelt. Materiell-rechtlich besteht eine Vielzahl konkurrierender, teils richterrechtlich entwickelter und in ihren Grundlagen nicht völlig geklärter Anspruchsgrundlagen (Maunz/Dürig GG Art. 34 Rn. 17 ff., 34 ff.) Prozessual verfehlt und reformbedürftig (Eyermann Rn. 103 ff.) ist vor allem die Aufspaltung des Primär- und des Sekundärrechtsschutzes **19**

(→ Rn. 20). Seinen Grund hat die Aufspaltung in der historischen Entwicklung der vermögensrechtlichen Staatshaftungsansprüche, die traditionell den Zivilgerichten zugewiesen sind (→ vor § 40 Rn. 25 ff.). Die beiden ältesten Fälle – Enteignungsentschädigung und Amtshaftung – sind nunmehr im GG geregelt. Weitere Fälle dieser sog. Zivilprozesssachen kraft Tradition/Überlieferung werden in § 40 II 1 fortgeschrieben. Eine grundlegende Konsolidierung des Staatshaftungsrechts bedürfte daher neben einer einfachgesetzlichen Neuregelung der Anspruchsgrundlagen auch gewisser Eingriffe in das Verfassungsrecht.

20   **b) Enteignungsentschädigung (Art. 14 III 4 GG).** Bei allen Streitigkeiten um die **Höhe der Entschädigung** bei rechtmäßiger Enteignung (sog. Summenstreit) steht nach Art. 14 III 4 GG entspr. der deutschen Rechtstradition (→ vor § 40 Rn. 29 f.) der Rechtsweg zu den ordentlichen Gerichten offen. Klagen gegen die **Enteignung** selbst (der sog. Zulassungsstreit) gehört entweder vor die Verfassungsgerichte (bei Legalenteignungen) oder gem. § 40 I 1 vor die VG (bei Administrativenteignung). Art. 14 III 4 GG enthält damit eine prozessuale Sonderregelung, die in ihrem Anwendungsbereich die sonst begründete allgemeine Zuständigkeit der VG nach § 40 I 1 verdrängt. Ein **Summenstreit** liegt vor, wenn eine höhere oder überhaupt eine Entschädigung, aber auch, wenn eine andere Art der Entschädigung oder Ersatz für Folgeschäden verlangt wird (BGHZ 95, 28 (30)). Im Summenstreit ist die Rechtmäßigkeit der Enteignung eine Vorfrage der Begründetheit, die bei Bestandskraft des Enteignungsakts bindend entschieden ist; bei Legalenteignungen ist Art. 100 GG zu beachten.

21   Die Zuweisung greift nur bei **Enteignungen im eigentlichen Sinne** ein (BGH ZOV 2003, 326; SSB Rn. 499 ff.). Insofern enthält Art. 14 III 4 GG die prozessuale Ergänzung des in Art. 14 III 2 GG normierten Grundsatzes der Gesetzmäßigkeit der Entschädigung (BVerfGE 58, 300 (319)). Um eine Enteignung (Art. 14 III GG) im verfassungsrechtlichen Sinn handelt es sich nach stRspr des BVerfG nur beim unmittelbaren Zugriff auf das Eigentum durch formellen Entzug eines wohlerworbenen Rechts durch gezielten staatlichen Rechtsakt (BVerfGE 79, 174 (191) mwN; Sodan GG Art. 14 Rn. 23 ff.). Demgem. liegt keine Enteignung vor bei **mittelbaren Beeinträchtigungen** des Eigentums durch Realakte (zB Immissionen), durch normatives Unrecht oder Inhaltsbestimmungen (→ Rn. 43). Für rechtswidrige Eingriffe solcher Art ist der enteignungsgleiche Eingriff entwickelt worden, für rechtmäßige der enteignende Eingriff (→ Rn. 29 ff.).

22   **c) Amtshaftung (Art. 34 S. 3 GG).** Nach Art. 34 S. 3 GG darf der ordentliche Rechtsweg für Amtshaftungsklagen iSd S. 1 und 2 (Schadensersatz und Rückgriff) *nicht ausgeschlossen* werden. Darin liegt ein Verbot an den Gesetzgeber, abweichend von der historischen Zuordnung solcher Ansprüche zum zivilrechtlichen Haftungsrichter (→ Rn. 38) einen anderen Rechtsweg vorzusehen. Der VwGO-Gesetzgeber hat dem in **§ 40 II 1 Fall 3** („Verletzung öffentlich-rechtlicher Pflichten") durch die Sonderzuweisung an den ordentlichen Rechtsweg Rechnung getragen. Erstinstanzlich zuständig sind die **LG** (§ 71 II Nr. 2 GVG). Erfasst werden Ansprüche nach nationalem Recht wegen schuldhaft rechtswidrigem Amtshandeln eines Beamten im haftungsrechtlichen Sinn (§ 839 BGB), für die die öffentliche Hand nach Art. 34 GG zu haften hat. Der Rechtsweg ist auch für **akzessorische Hilfs- und Nebenansprüche** eröffnet (vgl. etwa zum Rechtsweg für Auskunftsverlangen beim Amtshaftungsanspruch BGHZ 67, 81 (91) und BGHZ 78, 274 (276 ff.)).

Die Rechtswegeröffnung unterliegt **zwei tradierten Einschränkungen,** 23 die auf ähnlich gelagerte Ansprüche (→ Rn. 25) durchschlagen: Sie gilt nur für Ansprüche *gegen* die Anstellungskörperschaft (nicht für solche des Staates, BVerwGE 37, 231 (236); BGHZ 43, 272), und sie richtet sich nur auf *Geld*schadensersatz (BGHZ 121, 367 (374)). Wird Schadensersatz durch Naturalrestitution (zB durch ein Amtshandeln) verlangt, liegt ein allgemeiner deliktischer Schadensersatzanspruch vor, für den der ordentliche Rechtsweg unabhängig von Art. 32 GG nach § 13 GVG eröffnet ist. Wird hingegen eine Amtshandlung als Folgenbeseitigung für öffentlich-rechtliches Handeln verlangt, sind die VG nach § 40 I 1 zuständig.

3. Fortgeschriebene Zivilprozesssachen „kraft Tradition" (II 1)

§ 40 II 1 weist den ordentlichen Gerichten weitere Fallgruppen der vom RG 24 entwickelten sog. Zivilprozesssachen kraft Überlieferung zu (→ vor § 40 Rn. 29). Maßgebend dafür ist der Sachzusammenhang mit den – den Zivilgerichten zugewiesenen – Amtshaftungs- (Art. 34 S. 3 GG) und Entschädigungsansprüchen (Art. 14 III 4 GG). Erfasst werden **drei Fallgruppen:** vermögensrechtliche Ansprüche aus Aufopferung, aus öffentlich-rechtlicher Verwahrung und Schadensersatzansprüche aus der Verletzung öffentlich-rechtlicher Pflichten.

Da II 1 Ausnahmen von der Generalklausel in I 1 enthält, müssen die 25 Fallgruppen **eng ausgelegt** werden. Daraus rechtfertigte sich, auf alle drei Fallgruppen jene **Einschränkungen** zu übertragen, die für die verfassungsrechtlichen Ansprüche gelten (→ Rn. 23): Erfasst werden (1) nur **Ansprüche gegen den Staat,** nicht aber umgekehrt Ansprüche des Staates gegen den Bürger; (2) die Ansprüche müssen sich ihrem Inhalt nach auf **Geld oder vertretbare Sachen** richten; Naturalrestitution (Folgenbeseitigung) scheidet aus.

Vor die VG gehört der Streit um **Billigkeitsentschädigungen,** die vom 26 Gesetzgeber ohne notwendige Herleitung aus Grundrechten geschaffen worden sind. Das gilt jedenfalls, soweit keine ausdrückliche Rechtswegzuweisung zu den ordentlichen Gerichten vorgesehen ist (so in § 19a FStrG; § 39 WaStrG). Vor die VG gehören auch spezielle Ausprägungen des allgemeinen (ungeschriebenen) Aufopferungsanspruchs, die von II 1 nicht erfasst werden (Eyermann Rn. 108).

a) Aufopferung (II 1 Fall 1). Den Zivilgerichten zugewiesen sind ver 27 mögensrechtliche Ansprüche aus Aufopferung für das gemeine Wohl. Die Aufopferung geht auf §§ 74, 75 Einl. prALR von 1794 zurück und gewährt eine Entschädigung für **rechtmäßige hoheitliche Eingriffe,** die dem Ein-

zelnen ein Sonderopfer auferlegen. Nach hM werden von dem allgemeinen
Aufopferungsanspruch nur Eingriffe in **immaterielle Rechtsgüter** erfasst,
zu denen unstreitig Gesundheit, Leben, körperliche Bewegungsfreiheit gehören (BGHZ 13, 88; Maunz/Dürig GG Art. 34 Rn. 52), nach einer zutreffenden Mindermeinung auch solche in das allgemeine Persönlichkeitsrecht mit
den Rechtsgütern Ehre und Kreditwürdigkeit (Eyermann Rn. 107). Der
Begriff der Aufopferung ist im Zusammenhang mit der Rechtswegeröffnung
weit zu verstehen. Daraus ist der Schluss zu ziehen, dass spezielle Ausprägungen des Aufopferungsanspruchs (→ Rn. 29) ebenfalls nach II 1 Fall 1 vor die
Zivilgerichte gehören (str., Eyermann Rn. 108 mN).

28   Die **Rechtsfolge** des allg. Aufopferungsanspruchs wegen eines hoheitlichen Eingriffs in die körperliche Unversehrtheit ist *nicht* mehr auf den Ersatz
materieller Schäden begrenzt, sondern umfasst auch nichtvermögensrechtliche Nachteile des Betroffenen (BGHZ 215, 335). Der BGH hat seine
frühere Auffassung, der Anspruch sei auf eine angemessene Entschädigung
in Geld unter Ausschluss eines Schmerzensgeldes begrenzt (BGHZ 45, 58
(77); 20, 61 (68 ff.)), im Blick auf § 253 II BGB nF ausdrücklich aufgegeben,
sowei keine spezialgesetzlichen Begrenzungen bestehen. Die Rechtswegzuweisung in II 1 Fall 1 gilt jedoch nur für „vermögensrechtliche Ansprüche", die auf Geldleistung gerichtet sind, weiterhin aber nicht für Ansprüche
auf Folgenbeseitigung (SSB Rn. 530 mwN).

29 b) Enteignungs-/aufopferungsgleicher Eingriff. Nach stRspr des BGH
sind auch die **richterrechtlichen Haftungsinstitute** des enteignungsglei-
chen und des enteignenden Eingriffs aus dem allgemeinen Aufopferungs-
gedanken der §§ 74, 75 Einl. prALR herzuleiten (BGHZ 102, 350 (357);
100, 136 (145); 90, 17 (29); str.). Wegen dieser Herleitung werden derartige
Entschädigungsansprüche § 40 II 1 Fall 1 („Aufopferung") zugeordnet und
sind im **Zivilrechtsweg** zu verfolgen (BGHZ 90, 17 (31); 91, 20 (28)).
Ersterer gewährt Entschädigung bei schuldlos rechtswidrigen Eingriffen in das
Eigentum, die keine Enteignung (→ Rn. 21) darstellen, Letzterer für atypische, unbeabsichtigte Nebenfolgen rechtmäßigen Verwaltungshandelns. Bei
schuldlos rechtswidrigen Eingriffen in nichtvermögenswerte Rechte
(→ Rn. 27) liegt ein **aufopferungsgleicher** Eingriff mit entsprechenden
Rechtsfolgen vor.

30   Entschädigungsansprüche aus **enteignungsgleichem Eingriff** setzen voraus, dass rechtswidrig in eine durch Art. 14 GG geschützte Rechtsposition
von hoher Hand unmittelbar eingegriffen wird und dem Berechtigten dadurch ein besonderes, anderen nicht zugemutetes Opfer für die Allgemeinheit
auferlegt wird (BGHZ 117, 240 (252)).

31   Bei **normativem Unrecht** ist zu differenzieren: Keine Grundlage für eine
Staatshaftung wegen enteignungs- bzw. aufopferungsgleichen Eingriffs bieten
die nachteiligen Auswirkungen und der Vollzug verfassungswidriger **formeller Gesetze** (BGHZ 102, 350 (359); 100, 136), wohl aber rechtswidriger
untergesetzlicher Normen (Rechtsverordnungen und Satzungen), die an eigenen Nichtigkeitsgründen leiden. Der Anspruch ist auf Ausgleich nur des
Substanzverlustes begrenzt (zB BGHZ 111, 349 (353)).

c) Enteignender Eingriff. Nach der Rspr. des BGH ist ein öffentlich-recht- **32** licher Anspruch auf Entschädigung aus dem Gesichtspunkt des **enteignenden Eingriffs** begründet, wenn rechtmäßiges hoheitliches Handeln zu mittelbaren Eingriffen (zB infolge von Lärm) in nachbarliches Eigentum führt. Der Entschädigungsanspruch setzt, wenn keine (Teil)Enteignung erfolgt ist, voraus, dass die Grenze dessen überschritten wird, was ein Nachbar nach § 906 BGB entschädigungslos hinnehmen muss (BGHZ 129, 124 (125 f.); 122, 76 (77 f.); 91, 20 (26 f.)).

Eine Entschädigungspflicht auf dieser Grundlage können **Geräusch-** **33** **immissionen** erst auslösen, wenn sie die enteignungsrechtliche Zumutbarkeitsschwelle überschreiten, die nicht mit der fachplanungsrechtlichen Erheblichkeitsschwelle gleichgesetzt werden darf, sondern deutlich über dieser liegt (vgl. BGHZ 122, 76 (78 f.)). In der neueren Rspr. bejaht der BGH den Anspruch grds. nur noch, wenn das öffentliche Vorhaben, das zu den Lärmimmissionen führt, nicht durch einen Planfeststellungsbeschluss gedeckt ist, der die Immissionsproblematik zu bewältigen hat (BGH MDR 2010, 142; BGHZ 161, 323; 97; 114 (119 f.); WM 1987, 245).

Der Anspruch richtet sich grds. nur auf **Geldausgleich** für Schallschutz- **34** einrichtungen. Eine Entschädigung für einen **Minderwert** des Grundstücks kommt erst in Betracht, wenn Schutzeinrichtungen keine wirksame Abhilfe versprechen oder unverhältnismäßige Aufwendungen erfordern (vgl. Kopp/ Ramsauer VwVfG § 74 Rn. 105a).

d) Öffentlich-rechtliche Verwahrung (II 1 Fall 2). Vermögensrechtliche **35** Ansprüche des Bürgers gegen den Staat (→ Rn. 25) aus öffentlich-rechtlicher Verwahrung sind den ordentlichen Gerichten zugewiesen. **Verwahrung** ist die physische Sachherrschaft einer Behörde über die Sache eines anderen Eigentümers oder Besitzers iR der Erfüllung öffentlicher Aufgaben (vgl. BGHZ 21, 219; OLG Köln NVwZ 1994, 618; Kopp/Schenke Rn. 65). Die Sachherrschaft kann durch Vertrag (Benutzungsverhältnis, Hinterlegung; BGHZ NJW 1990, 1230: Fundbüro) oder Hoheitsakt (Beschlagnahme, Sicherstellung) begründet werden, nach § 23 III EGGVG auch durch strafprozessuale Maßnahmen der Staatsanwaltschaft oder eines ordentlichen Gerichts (NdsOVG DVBl 2010, 399: Pfändung eines PKW aufgrund richterlichen Beschlusses nach § 111d StPO; OLG Nürnberg NStZ 2006, 654 f. mwN). Die Ausübung der Obhut kann privaten Dritten (Beauftragten wie zB Abschleppunternehmern) überlassen werden, bleibt aber rechtlich der öffentlichen Hand zuzurechnen.

Die Verwahrung muss **Hauptzweck** sein, liegt daher nicht vor bei kurz- **36** fristigen Transportvorgängen (Abschleppen) oder bei der Rückgabe gleichartiger Gegenstände (BGHZ 34, 349; str.). Die Verwahrung kann durch ein anderes Rechtsverhältnis überlagert sein ist dann als deren Teil zu beurteilen (BVerwG Buchh 427.2 § 21a FG Nr. 11: Urkundenübergabe zu Beweiszwecken im Lastenausgleichsverfahren).

Die Ansprüche sind jedenfalls **vermögensrechtlich,** wenn sie auf Geld- **37** leistung (Lagerkosten, Aufwendungsersatz, Schadensersatz analog §§ 688 ff. BGB) gerichtet sind. **Andere Anspruchsinhalte** (Herausgabe, Rückgabe,

Auskunft über Verbleib) können nicht vor den ordentlichen Gerichten geltend gemacht werden (**str.** → Rn. 25). Bei vertraglicher Verwahrung sind die VG nach dem spezielleren Fall 3 des II 1 (→ Rn. 42) zuständig. Bei Geldersatzansprüchen wegen Verletzung von Verwahrerpflichten ergibt sich eine Konkurrenz zu Amtshaftungsansprüchen, die nach § 17 II 2 GVG (Ausnahme vom Grundsatz der Gesamtzuständigkeit) stets ausschließlich im ordentlichen Rechtsweg geprüft werden dürfen.

38 **e) Verletzung nichtvertraglicher öffentlich-rechtlicher Pflichten (II 1 Fall 3).** Der ordentliche Rechtsweg ist gegeben für Schadensersatzansprüche aus der Verletzung öffentlich-rechtlicher Pflichten, die nicht auf einem öffentlich-rechtlichen Vertrag beruhen (zu Vertragsverletzungen → Rn. 41). Hauptfall ist die **Amtshaftung** (→ Rn. 22). Daneben sind Fälle selten, in denen die Verletzung nichtvertraglicher öffentlich-rechtlicher Pflichten zu Ansprüchen führt, die nach II 1 zu den ordentlichen Gerichten „umgelenkt" werden müssen; denn nach der Rspr. des BGH führt die Verletzung öffentlich-rechtlicher Pflichten, die eine Beeinträchtigung eines absoluten Rechtsguts zur Folge hat, zu deliktischen Schadensersatzansprüchen, die nach § 13 GVG ohnehin vor die Zivilgerichte gehören (BGHZ 121, 367; Eyermann Rn. 118; Kopp/Schenke Rn. 70). Das gilt auch für **Verkehrssicherungspflichten**, die vom BGH grds. als privatrechtlich und nur dann als öffentlich-rechtlich aufgefasst werden, wenn dies – wie regelmäßig im Straßenrecht der Länder – ausdrücklich bestimmt ist (BGHZ 112, 74; Kopp/Schenke Rn. 27).

39 Unübersichtlich ist die Lage bei Ersatzansprüchen aus **nichtvertraglichen** (gesetzlichen) **Schuldverhältnissen.** Nach stRspr (sehr str.) setzt die Zuweisung an die ordentlichen Gerichte nach II 1 Fall 3 einen aktuellen sachlichen Zusammenhang mit einem Amtshaftungsanspruch voraus (BVerwG NJW 2002, 2894; 1976, 1468 mwN; ebenso NJW 1986, 1109; BGHZ 43, 34 (40 f.); aA etwa Kopp/Schenke Rn. 72 mwN). Erfüllungs- und Haftungsansprüche aus einem einheitlichen Rechtsverhältnis sollen nicht in getrennten Rechtswegen verfolgt werden müssen. Daher gehören Ansprüche aus **öffentlich-rechtlicher pVV** bzw **pFV** (analog § 280 I BGB) grds. vor die VG, desgleichen Ansprüche analog § 311 II BGB (früher **culpa in contrahendo**), wenn der Schaden im sachlichen Zusammenhang mit Anbahnung, Abschluss oder Abwicklung eines öffentlich-rechtlichen Vertrages entstanden ist (BVerwG NVwZ 2003, 1383: fehlerhafte Verweigerung der Einstellung in ein Beamtenverhältnis; BGH NJW 1986, 1109; sehr str., abl. Eyermann Rn. 121; NK-VwGO Rn. 566 ff.). Entsprechendes gilt für öffentlich-rechtliche Leistungs- und Benutzungsverhältnisse oder die öffentlich-rechtliche Geschäftsführung ohne Auftrag (→ Rn. 139).

40 Nach der Rspr. des EuGH sind die Mitgliedstaaten der EU ihren Bürgern zum Ersatz der Schäden verpflichtet, die durch dem Nationalstaat zurechenbare Verstöße gegen das Unionsrecht entstehen, gleichviel ob der zur Last gelegte Verstoß dem nationalen Gesetzgeber, seiner Verwaltung oder seinen Gerichten zuzuschreiben ist, sofern die verletzte Unionsrechtsnorm bezweckt, dem Einzelnen Rechte zu verleihen, der Verstoß hinreichend qualifiziert ist und zwischen dem Verstoß und dem Schaden ein unmittelbarer Kausalzusammenhang besteht (EuGH Slg. 1991, I-5403 Rn. 42 f. – Francovich; NJW 1992, 165; 1996, 1267; 1996, 3141; 2003, 3539). Dieser sog. **unionsrechtliche Staatshaftungsanspruch** (vgl. BGHZ 146, 153 (161 f.)) gehört in jedem Falle vor die Zivilgerichte (SSB Rn. 542; NK-VwGO Rn. 573; Eyermann Rn. 117).

f) Verträge und Vertragsverletzungen. Für **Primäransprüche** (Erfüllung) **41** aus vertraglichen Sonderverbindungen des öffentlichen Rechts entnimmt die hM im Umkehrschluss aus II 1 („die nicht") eine generelle Zuständigkeit der Verwaltungsgerichtsbarkeit nach I 1. Daher ist bei öffentlich-rechtlichen Verträgen über Gegenstände, die einer besonderen Verwaltungsgerichtsbarkeit (etwa den SG oder FG) zugeordnet sind, dieser Rechtsweg gegeben.

Aus denselben Erwägungen sind die VG zuständig für **Sekundäransprü-** **42** **che** aus der Verletzung von Haupt- und Nebenleistungspflichten aus einer öffentlich-rechtlichen Sonderverbindung, insbes. Schadensersatzansprüche aus öffentlich-rechtlichem Vertrag, die nicht zugleich eine pVV oder culpa in contrahendo darstellen. Im Falle der Pflichtverletzung aus einem öffentlich-rechtlichen Verwahrungsvertrag geht die Rechtswegbestimmung nach II 1 Fall 3 derjenigen nach II Fall 2 („vermögensrechtliche Ansprüche aus Verwahrung") vor (→ Rn. 37, 39)

g) Ausgleichsansprüche iR des Art. 14 I 2 GG (II 1 Hs. 2). Belastungen **43** des Eigentums, die sich nicht als Enteignung, sondern als **Inhalts- und Schrankenbestimmungen** iSd Art. 14 I 2 GG darstellen, sind grds. entschädigungslos hinzunehmen. Überschreiten sie aber die Grenze des Zumutbaren, ist der Gesetzgeber gehalten, Ausgleichsansprüche zu schaffen. Diese finden sich in natur- und denkmalschutzrechtlichen Unterschutzstellungen (vgl. BVerfGE 100, 226 (245); BVerwGE 94, 1 (3)) und in immissions- und fachplanungsrechtlichen Auflagenbestimmungen (§ 75 II 2 und 4 VwVfG; Nachw. bei Eyermann Rn. 111). Der Entzug konkreter Eigentumspositionen durch Einschränkungen der Nutzungs- und Verfügung, die der Güterbeschaffung dienen, wirft stets die Frage nach Ausgleichsregelungen auf (BVerfGE 143, 246 Rn. 258). Solche hat der Gesetzgeber im Zusammenhang mit dem Atomausstieg in **§ 7e und § 7f AtG** idF des 16. AtGÄndG geschaffen (BT-Drucks. 19/2508 S. 20). Für derartige Geldansprüche schreibt II 1 Hs. 2 mWv 1.1.2002 (Gesetz v. 20.12.2001, BGBl. I 3987) den Verwaltungsrechtsweg vor. Das ist konsequent, denn der Ausgleichsanspruch ist unabdingbarer Teil der Inhaltsbestimmung, die ihrerseits als hoheitliche Maßnahme durch die VG zu überprüfen ist. Gleichwohl war bis zur Änderung des II 1 umstritten, in welchem Rechtsweg derartige Ansprüche zu verfolgen sind: Der BGH betrachtete sie als Ansprüche aus Aufopferung (§ 40 II 1 Fall 1), das BVerwG sah Art. 14 I 2 GG als Rechtsgrundlage (und damit § 40 I 1 als einschlägig) an. Die Übergangsbestimmung in § 194 V hat diese Meinungsverschiedenheit für die ab 1.1.2002 bei Gericht anhängig werdenden Verfahren entschieden. Damit sind auch die vom BGH bislang vertretenen Ausnahmen für Nutzungsbeschränkungen mit „salvatorischen Klauseln" und für „drastische Fälle", die sich als enteignende Eingriffe darstellten (BGHZ 128, 204 (207); DVBl 1999, 603 (608)), insgesamt überholt (Eyermann Rn. 111).

44 **h) Rückausnahmen (II 2).** „Unberührt" von der Zuweisung in II 1 an die ordentlichen Gerichte bleiben zum einen die **besonderen Vorschriften des Beamtenrechts.** Gemeint ist die umfassende Rechtswegzuweisung an die VG für Streitigkeiten aus dem Beamtenverhältnis (näher → Rn. 60), zu denen auch Schadensersatzansprüche von Beamten zählen, die nicht auf Amtshaftung gestützt sind (→ Rn. 60, 66).

45 Unberührt bleiben nach II 2 auch Vorschriften über den Rechtsweg bei **Ausgleich von Vermögensnachteilen** wegen Rücknahme **rechtswidriger** VA (§ 48 III VwVfG). Diese Rückausnahme geht ins Leere bzw. greift nur noch für inhaltsgleiche Spezialvorschriften, seit die Sonderzuweisung an die ordentlichen Gerichte in § 48 VI VwVfG aufgehoben ist. Ausgleichsansprüche gegen den Staat gehören nach I 1 vor die VG. Das gilt auch für **Ausgleichsansprüche nach §§ 7e und 7f AtG** (BT-Drucks. 19/2508 S. 20). Für Vermögensnachteile bei **Widerruf eines rechtmäßigen VA** ordnet § 49 VI 3 VwVfG (ähnlich § 21 VI BImSchG) den ordentlichen Rechtsweg an, was sich aus der Nähe zur Enteignung erklärt. Es handelt sich um eine abdrängende bundesrechtliche Sonderzuweisung iSd I 1 (vgl. auch Eyermann Rn. 113, 169 f.).

46 **i) Auffangzuständigkeit der ordentlichen Gerichtsbarkeit.** Bei Rechtsverletzungen durch Akte öffentlicher Gewalt kann der ordentliche Rechtsweg durch einfaches Gesetz nicht ausgeschlossen werden, wenn eine andere Zuständigkeit nicht begründet ist (Art. 19 IV 2 GG). Diese Auffangzuständigkeit kann neben der Generalklausel des § 40 I 1 allenfalls noch bei bestimmten Streitigkeiten verfassungsrechtlicher Art Bedeutung erlangen (→ Rn. 92). Nicht-justiziable Streitigkeiten (→ Rn. 77) sind wegen Art. 19 IV 2 GG im Bereich rechtsverletzender Akte öffentlicher Gewalt nicht möglich (NK-VwGO Rn. 527).

4. Einzelzuweisung von Justizsachen

47 **a) Justizverwaltungsakte (§ 23 EGGVG).** § 23 EGGVG eröffnet die Nachprüfung spezifisch justizmäßiger VA, sog. Justizverwaltungsakte. Die als Provisorium gedachte Regelung (BT-Drs. III/1094, 15) soll die Überprüfung der sachnäheren ordentlichen Gerichtsbarkeit übertragen, weil diese in Zivil- und Strafsachen über bessere Kenntnisse und Erfahrungen verfüge (BT-Drs. III/55 S. 60 f.; BVerwG NJW 2007, 1478 Rn. 17 mwN; BGH NJW 1994, 1950 f.). Sachlich zuständig sind die OLG (§ 25 EGGVG).

48 **Justizverwaltungsakte** (im Einzelnen vgl. Kopp/Schenke § 179 Rn. 1 ff.) sind nach § 23 I, II EGGVG Anordnungen, Verfügungen oder sonstige Maßnahmen von Justiz- oder Vollzugsbehörden zur Regelung einzelner Angelegenheiten **auf bestimmten Rechtsgebieten** (bürgerliches Recht, Handelsrecht, Zivilprozessrecht, freiwillige Gerichtsbarkeit, Strafrechtspflege und Justizvollzug). Bei Maßnahmen, die über die in § 23 EGGVG aufgeführten Gebiete hinausreichen (auch zB solchen der Arbeitsgerichte), bleibt es bei § 40 (BVerwG NJW 1989, 412 (413 f.): Pressemitteilungen der Staatsanwaltschaft über ein Ermittlungsverfahren). Es muss sich um eine einzelne Angelegenheit handeln, nicht notwendig um einen VA; auch Unterlassen und schlicht-hoheitlichen Handeln werden erfasst, sofern sie unmittelbare Außenwirkung haben. Ebenso wenig kommt es auf die **Klageart** an (BVerwG NJW 1989, 412), die auf Anfechtung, Verpflichtung, Leistung oder Feststellung gerichtet sein kann. Hat sich die Maßnahme vor der gerichtlichen Entscheidung **erledigt,** spricht das Gericht nach § 28 I 4 EGGVG aus, dass die Maßnahme rechtswidrig gewesen ist, wenn der Antragsteller ein berechtigtes Interesse an dieser Feststellung hat.

Der **Begriff der Justizbehörde** ist funktional und nicht organisatorisch zu **49** verstehen. Es kommt daher auf die Qualifizierung der Aufgabe an, nicht aber darauf, ob die ausführende Behörde – isd klassischen Justizbegriffs – organisatorisch dem Justizministerium nachgeordnet ist. Eine Maßnahme einer Justizbehörde liegt daher vor, wenn die konkrete Amtshandlung in Wahrnehmung einer Aufgabe vorgenommen wird, die der jeweiligen Behörde als ihre spezifische Aufgabe auf einem der in § 23 EGGVG genannten Rechtsgebiete zugewiesen ist (BVerwGE 69, 192 (195)). Justizbehörde idS können daher sein: die Regierung eines Landes, die Justiz- und Innenminister, Finanzbehörden, das Bundeskartellamt sowie die Staatsanwaltschaft und die Polizeibehörden (→ Rn. 52). Justizverwaltungsakte sind Maßnahmen der Staatsanwaltschaft (→ Rn. 51).

b) Maßnahmen von Gerichten. Als Justizbehörden iSd § 23 EGGVG **50** kommen auch Gerichte und ihre Organe in Betracht, sofern sie Verwaltungsmaßnahmen auf einem der genannten Rechtsgebiete (→ Rn. 48) treffen. Das kann der Fall sein, wenn ein Gericht als **Gerichtsbehörde** über die Gewährung von Reisekostenbeihilfen außerhalb der PKH entscheidet (→ § 166 Rn. 62) oder der Gerichtsvorstand über Akteneinsicht an Dritte (§ 299 II ZPO), über die Fertigung von Kopien aus Registern (BGHZ 108, 32) oder die Übersendung von Entscheidungsanschriften an Dritte (Eyermann Rn. 127). Erfasst werden nur Maßnahmen der ordentlichen Gerichte, nicht hingegen der Arbeitsgerichte (BGH NJW 2003, 2989) und der allgemeinen und besonderen VG. Keine spezifisch justizförmigen Angelegenheiten sind sachgebietsübergreifende Maßnahmen der Gerichtsverwaltungen wie die allgemeine Beeidigung von Dolmetschern und die Ermächtigung von Übersetzern gem. § 55 iVm § 189 II GVG (BVerwG NJW 2007, 1478). Wird das Gericht **als Rechtsprechungsorgan** (→ § 1 Rn. 4) tätig, scheidet ein Justizverwaltungsakt aus, wenn die Maßnahme als Rspr. in richterlicher Unabhängigkeit und auf der Grundlage der Prozessordnung vorgenommen wird. So zu beurteilen sind etwa Rechtshilfemaßnahmen von Richtern (Eyermann Rn. 129).

c) Maßnahmen der Staatsanwaltschaft. Maßnahmen der Staatsanwalt- **51** schaft in Strafermittlungsverfahren sind grds. Justizverwaltungsakte, der Rechtsschutz gegen Eingriffsakte ist jedoch teilweise in der StPO geregelt. Gegen Maßnahmen aufgrund der originären Kompetenzen der Staatsanwaltschaft kann sich der Betroffene jederzeit mit Anträgen auf richterliche Entscheidung gem. § 98 II 2, § 111e II 3, § 132 III 2 StPO wenden. Diese Vorschriften sind ihrem Wortlaut nach lückenhaft, erlauben insbes. nur die

Überprüfung der Fortdauer einer Maßnahme, weshalb früher teilweise einer ergänzenden Anwendung der §§ 23 ff. EGGVG das Wort geredet wurde (vgl. BVerwGE 47, 255). Die hM wendet die Vorschriften heute jedoch über den Wortlaut hinaus analog an und ermöglicht – auch nach Erledigung – die richterliche Überprüfung der Rechtmäßigkeit ihrer Anordnung und der Art und Weise ihrer Durchführung (BVerfGE 96, 44 (49); BGH NJW 2000, 84). Der lückenfüllende Rückgriff auf §§ 23 ff. EGGVG ist daher nicht erforderlich (Eyermann Rn. 131; aA SSB Rn. 613).

52   **d) Maßnahmen der Polizeibehörden.** Polizeibehörden sind organisationsrechtlich durch ihre Zugehörigkeit zur Verwaltung gekennzeichnet, funktionell hingegen durch ihre doppelte Aufgabenstellung mit präventiver Gefahrenabwehr einerseits, repressiver Strafverfolgung andererseits (vgl. § 1 I, III ASOG Bln; § 1 I PolG NRW). In Strafermittlungsverfahren besitzen Polizeibeamte nach Maßgabe des Landesrechts den Status von **Ermittlungspersonen der Staatsanwaltschaft** (§ 152 GVG). Diese nehmen nach deren Weisung funktional Aufgaben und Befugnisse der Strafverfolgungsbehörden nach der StPO wahr. Maßnahmen der Polizei zur Verfolgung einer strafbaren Handlung sind daher Justizverwaltungsakte. Das gilt etwa für die vorläufige Festnahme und Mitnahme zur Wache zwecks Feststellung der für das Strafverfahren benötigten Personalien (BVerwGE 47, 255) oder die Aufnahme von Lichtbildern zum Zwecke der Strafverfolgung (BVerwG Buchh 310 § 40 VwGO Nr. 138).

53   Die Zuordnung einer einzelnen Maßnahme kann schwierig sein, wenn für sie gleichgerichtete **Rechtsgrundlagen** im Polizeirecht und in der StPO vorhanden sind. Das ist der Fall zB für Festnahmen, Identitätsfeststellungen, Haus- und Wohnungsdurchsuchungen oder erkennungsdienstliche Maßnahmen. Handeln Polizeibeamte als **Ermittlungspersonen,** gilt für deren Maßnahmen das zur Staatsanwaltschaft Gesagte (→ Rn. 51). Über den Rechtsweg entscheidet, sofern keine Sonderzuweisung besteht, der funktionelle Zusammenhang der Maßnahme im einzelnen Fall. Den VG ist nach I 1 die Überprüfung aller **Maßnahmen gefahrenabwehrender Art** auf der Grundlage der Polizei- und Sicherheitsgesetze zugewiesen. Zur Abschiebungsdurchsuchung nach § 58 VIII AufenthG → Rn. 55.

54   Bei sog. **doppelfunktionalen Maßnahmen,** die präventiven und/oder repressiven Charakter haben (können), ist die Zuordnung anhand des (erkennbaren) Grundes oder Ziels des polizeilichen Einschreitens vorzunehmen. Führt dies nicht weiter, entscheidet nach hM das Schwergewicht der konkreten Maßnahme (BayVGH BayVBl 2010, 220; BVerwGE 47, 255 (264); OVG NRW NJW 1980, 855). Die Sachverhaltsanalyse kann jedoch ergeben, dass in einem Geschehensablauf eine objektive zeitliche Zäsur erkennbar ist, sei es, dass die Schwelle des § 152 II StPO noch nicht überschritten ist (BVerwGE 45, 51; NJW 1990, 2768), sei es, dass eine Maßnahme von einer präventiven in eine repressive umschlägt oder umgekehrt. Bei der polizeilich angeordneten **erkennungsdienstlichen Behandlung** und Sammlung von Unterlagen ist zu unterscheiden, ob sie nach der 1. oder 2. Alt. des **§ 81b StPO** erfolgt. Maßnahmen nach der 2. Alt. sind funktional keine Verfahrenshandlung iR eines Strafverfahrens, sondern eine Verwaltungsmaßnahme zur Vorsorge für die Verfolgung von Straftaten (BVerwG NVwZ-RR 2011, 710, BVerwGE 66, 192 (195 f.); NJW 2006, 1225; vgl. Neumann, jurisPR-BVerwG 19/2011 Anm. 5). Ist eine hinreichend eindeutige Zuordnung nicht möglich (Bsp.: Videoüberwachung eines öffentlichen Platzes zur Verhütung und Verfolgung von Straftaten), sollen beide Rechtswege offenstehen und das angerufene Gericht die Rechtmäßigkeit unter jedem Gesichtspunkt überprüfen dürfen (vgl. § 17 II GVG, str., vgl. Wysk VerwArch 2018, 141).

e) Maßnahmen mit Richtervorbehalt. Gefahrenabwehrende Freiheitsent- **55** ziehungen (Art. 104 II 1 GG), Durchsuchungen von Wohnungen (Art. 13 II GG) und teilweise auch Datenerhebungen stehen unter **Richtervorbehalt.** Zuständig für die Anordnung der Maßnahme ist nach Bundes- wie nach Landesrecht durchweg das AG (vgl. nur §§ 1, 3 FEVG; § 40 BGSG). Das Verfahren bestimmt sich nach dem FGG, das als Rechtsmittel die sofortige Beschwerde zum LG vorsieht. Auch der nachgängige Rechtsschutz einschließlich der Fortsetzungsfeststellung bei Erledigung steht den AG zu (BVerwGE 62, 317 (321)). IÜ bleibt es bei der Zuständigkeit der VG (BVerwGE 45, 51 (54); OVG NRW NJW 1992, 2172; OVG Weimar DÖV 1999, 511). Nunmehr normiert § 58 VIII AufenthG nF einen **Richtervorbehalt für Durchsuchung der Wohnung abzuschiebender Ausländer** zu dem Zweck ihrer Ergreifung. Ihre Überprüfung obliegt mangels anderweitiger bundesgesetzlicher Zuweisung den VG nach § 40 I 1; das Landesrecht darf eine anderweitige Zuweisung vornehmen (§ 58 X AufenthG).

f) Wirtschaftsverwaltungsrecht. Aus heutiger Sicht systemwidrig und nach **55a** der zugrunde liegenden Ansicht, Zivilgerichte seien wirtschaftsnäher, überholt (Eyermann Rn. 100) sind Sonderzuweisungen an die ordentlichen Gerichte in den Bereichen des Kartellverwaltungsrechts (§ 63 IV, § 91 GWB), Vergaberechts (§§ 116 III, 125 II, 126 ff. GWB) und Regulierungsrechts (§ 75 EnWG und § 35 CCS-Gesetz). Nach § 48 I und IV WpÜG entscheidet über die Beschwerde gegen Verfügungen der BaFin ausschließlich das für den Sitz der BaFin zuständige OLG Frankfurt aM. Die Sonderzuweisung erfasst aber nur Verfügungen in Bezug auf Angebote zum Erwerb von Wertpapieren (§ 1 WpÜG), hieran anknüpfende, akzessorische Verfügungen (wie der Verwaltungsvollstreckung) sowie Hilfs- und Nebenansprüche (BVerwG NVwZ 2012, 1563).

5. Abdrängende Zuweisungen durch Landesgesetz (I 2)

Der Landesgesetzgeber ist durch I 2 zu abdrängenden Rechtswegbestimmun- **56** gen für öffentlich-rechtliche Streitigkeiten **auf dem Gebiet des Landesrechts** ermächtigt (näher SSB Rn. 492 ff.). Regelungen finden sich vor allem im Polizei- und Ordnungsrecht (Eyermann Rn. 102). Zuweisungen nach I 2 gehen einer abdrängenden Zuweisung nach II 1 vor, soweit diese nicht verfassungsrechtlich verankert ist (→ Rn. 20 ff.).

Streitigkeiten um **Entschädigungsansprüche** des Bürgers gegen die An- **57** stellungskörperschaft der handelnden Amtswalter bzw. gegen den Träger der polizei- oder ordnungsbehördlichen Kosten sind traditionellerweise (§ 73 PrPVG) den ordentlichen Gerichten zugewiesen (vgl. etwa § 67 PolG NRW ivm § 43 I OBG NRW; § 65 ASOG Bln; vgl. Will VerwArch 2015, 55, 73). Auch das erklärt sich aus dem Sachzusammenhang mit der Amtshaftung. Eine Zuweisung an die Zivilgerichte auch für **Rückgriffsansprüche** besteht nach § 58 PolG BW und § 54 SächsPolG.

58   Hingegen sind die Geltendmachung von **Erstattungsansprüchen** zwischen Hoheitsträgern und **Aufwendungsersatzansprüche** eines Hoheitsträgers gegen den polizeirechtlich Verantwortlichen im Landesrecht meist ausdrücklich den VG zugewiesen (vgl. etwa § 67 PolG NRW ivm § 43 II OBG NRW; § 65 BlnASOG). Solche *auf*drängenden Zuweisungen sind wegen Verstoßes gegen die verfassungsrechtliche Kompetenzordnung ungültig, die insofern nicht für die Länder geöffnet ist (str., vgl. SSB Rn. 34 f.); für den Rechtsweg gilt die Generalklausel des § 40 I 1.

III. Aufdrängende Sonderzuweisungen

59 Jeder Gerichtsbarkeit können Gattungen von Verfahrensgegenständen ohne Rücksicht auf die Rechtsnatur der Streitigkeit zugewiesen werden. Solche aufdrängenden Sonderzuweisungen an die Verwaltungsgerichtsbarkeit können in Bundesgesetzen oder kraft bundesrechtlicher Ermächtigung (vgl. Art. 71, Art. 72 I GG) in Landesgesetzen (→ Rn. 74) enthalten sein, müssen aber in jedem Fall ausdrücklich erfolgen (→ Rn. 3). Sie sind freilich deutlich seltener als abdrängende Zuweisungen. Die bundesrechtlichen Zuweisungen betreffen ganz überwiegend die öffentlich-rechtlichen Dienst- und Arbeitsverhältnisse einschließlich der sachverwandten Bereiche des Disziplinar- und Personalvertretungsrechts (→ Rn. 60 ff.). Daneben bestehen verstreut Einzelzuweisungen wie etwa nach § 338 LAG für das Lastenausgleichsrecht.

1. Streitigkeiten aus Dienstverhältnissen

60 Umfassende Zuständigkeiten der VG sind für Streitigkeiten „aus" den Dienstverhältnissen der Beamten, Richter, Soldaten und gewisser anderer Bediensteter begründet. Für Streitigkeiten **aus dem Beamtenverhältnis** ergibt sich das aus § 126 I, II BRRG (fortbestehendes, unmittelbar geltendes Rahmenrecht), aus § 126 BBG für Bundesbeamte und aus § 54 I BeamtStG für Landes- und Kommunalbeamte (zu Revisionen bei Klagen aus dem Beamtenverhältnis → § 191).

61   § 126 BRRG, § 126 BBG und § 54 I BeamtStG gelten kraft gesetzlicher Bezugnahmen entspr. für Klagen aus den Dienstverhältnissen der **Richter** im Bundesdienst (§ 46 DRiG) und im Landesdienst (§ 71 DRiG). Ähnliche ausdrückliche Zuweisungen bestehen nach § 82 SG für Klagen der **Soldaten** aus dem Wehrdienstverhältnis. Nur noch im Spannungs- oder Verteidigungsfall gelten Zuweisungen für Klagen von **Wehrpflichtigen** (§ 32 iVm § 2 WPflG) und **Zivildienstleistende** (§ 78 II iVm § 1a II ZDG).

62   Bei **Soldaten** werden nur die statusrechtlichen Angelegenheiten von der Zuweisung erfasst; truppendienstliche und disziplinarrechtliche Angelegenheiten sind den Wehrdienstgerichten zugewiesen (→ Rn. 13 f. und Eyermann Rn. 156, 164). Der Verwaltungsrechtsweg ist für die Überprüfung einer dienstlichen **Beurteilung eines Soldaten** eröffnet, wenn sie von einem zivilen Vorgesetzten erstellt worden ist. In diesem Fall fehlt es an dem Verhältnis der militärischen Über- und Unterordnung bzw. der truppendienstlichen Unterstellung, die Grundlage der von den Wehrdienstgerichten zu überprüfenden Rechte und Pflichten ist (BVerwG NVwZ-RR 2009, 541; zu ähnlichen Konstellationen bei im Bereich des BND tätigen Soldaten BVerwGE 81, 258 (259)).

Ohne ausdrückliche Bestimmung kommt eine Anwendung der beamten- **63** rechtlichen Sonderzuweisungen (→ Rn. 61) auf andere öffentlich-rechtliche Dienstverhältnisse (Minister, Lehrbeauftragte, Beliehene) nicht in Betracht (→ Rn. 59), wohl aber eine Zuständigkeit der VG nach der Generalklausel (→ Rn. 67). Für Klagen von Geistlichen, die ihr Pfarrerdienstverhältnis oder ein sonstiges **Kirchenbeamtenverhältnis** betrifft (zB gegen die Versetzung in den Ruhestand), ist kein Rechtsweg zu den staatlichen Gerichten (wohl aber zu etwaigen kirchlichen) eröffnet; stRspr, BVerwG NJW 2003, 2112; BVerwGE 95, 379 (381 ff.)). Den öffentlich-rechtlichen Religionsgesellschaften und ihren Verbänden bleibt es überlassen, die Rechtsverhältnisse ihrer Beamten und Seelsorger durch Kirchenrecht gleichzustellen (§ 135 BRRG).

Die Zuweisungen sind jeweils in jeder Hinsicht **umfassend:** Sie gelten für **64** alle möglichen **Kläger,** die Aufzählungen in den Rechtswegnormen sind nicht abschließend. Außer aktiven und früheren Beamten und Soldaten, solchen im Ruhestand und ihren Hinterbliebenen sowie die Dienstherren werden Klagen von Nichtbediensteten auf Ernennung bzw. Einstellung (dazu BVerwGE 136, 140) und auf Schadensersatz wegen Nichternennung (BVerwGE 100, 280) sowie Klagen Dritter erfasst, soweit sie ihre Grundlage im Dienstverhältnis haben (Klage auf Aussagegenehmigung: BVerwGE 66, 39).

Die Zuweisungen gelten für alle **Arten von Dienstverhältnissen** beim **65** Bund, den Ländern und Kommunen (vgl. etwa § 4 BeamtStG; § 1 II SG), nicht aber, wenn ein Angestelltenverhältnis besteht (BVerwGE 90, 147: angestellte Referendare). Schließlich werden alle Ansprüche erfasst, die ihre Grundlage im Beamten-, Soldatenrecht usw. haben und ein konkretes Dienstverhältnis betreffen (BVerwGE 40, 205; NVwZ-RR 1997, 194). Zum einschlägigen Dienstrecht gehören nicht nur die jeweiligen Kerngesetze (BeamtStG, BBG; SG usw.), sondern auch die dienstrechtlichen Nebengesetze (über Besoldung, Laufbahn, Urlaubs- oder Beihilfeansprüche).

Vor die VG gehören demgemäß Ansprüche auf **Schadensersatz** aus Ver- **66** letzung der Fürsorgepflicht des Dienstherrn (BVerwGE 80, 123; 44, 52; 13, 17; NVwZ 2009, 787), die durch konkurrierende Ansprüche aus Amtshaftung oder Verwahrung, für die der Rechtsweg zu den ordentlichen Gerichten gegeben ist (II 1), nicht verdrängt werden (BVerwGE 67, 222 (226)). Die **Rückausnahme in II 2 Fall 1** („Die besonderen Vorschriften des Beamtenrechts […] bleiben unberührt" → Rn. 60) entscheidet die in diesen Fällen theoretisch bestehende Normkonkurrenz zu der abdrängenden Sonderzuweisung (II 1) zugunsten der aufdrängenden (→ Rn. 61). Schmerzensgeld kann freilich nur aus Delikt und daher vor den ordentlichen Gerichten verlangt werden (Eyermann Rn. 167). Dasselbe gilt für Richter und Soldaten.

2. Arbeitsverhältnisse des öffentlichen Dienstes

67 Die Arbeitsverhältnisse des öffentlichen Dienstes (also bei einer dienstherrnfähigen juristischen Person, vgl. etwa § 2 BeamtStG) können außerhalb des Beamtenrechts öffentlich-rechtlich oder privatrechtlich ausgestaltet sein. Für die **privatrechtlichen** Arbeits- und **Angestelltenverhältnisse,** auch soweit sie sich nach dem TVöD richten, sind gem. § 2 ArbGG die Arbeitsgerichte zuständig. Die VG sind nach § 40 I 1 zuständig für die öffentlich-rechtlichen Arbeitsverhältnisse (BVerwGE 49, 137; 55, 255: Lehrbeauftragte; BVerwGE 90, 147: Ausbildungsverhältnisse). Inhaltlich erfasst werden Ansprüche auf Eingehung, Änderung und Beendigung.

68 Streitigkeiten „aus" einem Tarifvertrag sind arbeitsrechtlicher Natur. Die **Allgemeinverbindlichkeitserklärung** eines Tarifvertrages gem. § 5 I TVG ist öffentlich-rechtlich und nach I 1 den VG zugewiesen (BVerwGE 136, 75; BVerwGE 80, 355). **Betriebsverfassungsrechtliche Angelegenheiten** iwS in den Betrieben öffentlicher Arbeitgeber gehören ohne Rücksicht auf die Rechtsnatur der Streitigkeit vor die Arbeitsgerichte (§ 2a ArbGG; BVerwG ZBR 1998, 424). Sie betreffen die Mitbestimmung von Arbeitnehmern, die auf der Grundlage privatrechtlicher Arbeitsverträge beschäftigt werden. Für die Mitwirkung der Beschäftigten in öffentlich-rechtlichen Dienstverhältnissen gilt das öffentlich-rechtliche Korrelat des Personalvertretungsrechts mit Sonderzuweisungen (→ Rn. 71).

3. Disziplinargerichtsbarkeit

69 Klagen gegen Anordnungen und Maßnahmen der Dienstvorgesetzten von **Bundesbeamten** sind nach den §§ 45 ff. BDG seit 2001 besonderen Spruchkörpern der VG bzw. OVG (Disziplinarkammern und -senaten) zugewiesen. Entsprechendes gilt nach § 66 ZDG für Zivildienstleistende. Die **Länder** haben ähnliche Vorschriften geschaffen. Sie machen dabei von der Ermächtigung aus § 187 I Gebrauch, den Gerichten der Verwaltungsgerichtsbarkeit im Wege aufdrängender Sonderzuweisungen Aufgaben der Disziplinargerichtsbarkeit zu übertragen.

70 In den Disziplinarsachen der **Richter** entscheiden die Richterdienstgerichte bei den ordentlichen Gerichten (§ 62 I Nr. 1 DRiG; BVerwGE 78, 261 (218)) in einem besonderen Rechtsweg (→ Rn. 15). Entsprechendes gilt für die Disziplinarsachen der **Soldaten,** die vor die Truppendienstgerichte gehören (§§ 68 ff., 80 WDO; → Rn. 13).

4. Personalvertretungsrecht

71 Die Vertretung der Beamten, Angestellten und Arbeiter im öffentlichen Dienst gegenüber dem Dienstherrn (das Personalvertretungsrecht) ist das Gegenstück zum Betriebsverfassungsrecht und gehört zum Sonderrecht des Staates. Gerichtliche Entscheidungen auf dem Gebiet des **Bundes–Personal–**

vertretungsrechts sind den VG zugewiesen (§ 83 BPersVG). Das Bundesrecht schreibt die Einrichtung besonderer Spruchkörper dort vor (PV–Kammern und -Senate). Im dritten Rechtszug entscheidet das BVerwG (§ 83 I BPersVG). Die Gerichtsverfassung der Spruchkörper richtet sich nach der VwGO (BVerwGE 115, 223), ihr Verfahren jedoch gem. § 83 II BPersVG nach dem Beschlussverfahren des ArbGG (§§ 80 ff.), in dem urteilsvertretende Beschlüsse zu fassen sind.

Die **Länder** dürfen nach § 187 II für ihr Personalvertretungsrecht von der **72** VwGO abweichende Vorschriften über die Besetzung und das Verfahren der Landesgerichte erlassen. Von dieser Ermächtigung ist überwiegend Gebrauch gemacht worden, um die gerichtlichen Verfahren im Landes-Personalvertretungsrecht dem BPersVG – mit dem Verfahrensrecht nach dem ArbGG – nachzubilden; nur wenige Länder schreiben die Anwendung der VwGO vor.

In Streitigkeiten zwischen **Dienststellen der Bundeswehr** und den dort **73** gebildeten Personalräten um Beteiligungsrechte nach dem SBG, die ausschließlich Soldaten betreffen, sind die Wehrdienstgerichte zuständig (BVerwGE 115, 223), im falschen Rechtsweg erhobene Klagen sind zu verweisen.

5. Aufdrängende Zuweisungen durch Landesgesetz

Sonderzuweisungen aufdrängender Art sind den Ländern nur nach Maßgabe **74** des § 187 erlaubt, also für die Disziplinargerichtsbarkeit (→ Rn. 69), die Schiedsgerichtsbarkeit und das Personalvertretungsrecht (→ Rn. 72). Demgegenüber erlaubt I 2 nur abdrängende Sonderzuweisungen (→ Rn. 56).

B. Die Generalklausel (I 1)

Ist keine auf- oder abdrängende Sonderzuweisung (→ Rn. 2 ff.) einschlägig, **75** ist nach I 1 der Verwaltungsrechtsweg „in allen öffentlich-rechtlichen Streitigkeiten nichtverfassungsrechtlicher Art" gegeben („eröffnet"). Diese sog. Generalklausel („in allen") erfüllt die verfassungsrechtliche Garantie umfassenden Rechtsschutzes gegen Rechtsverletzungen durch die öffentliche Gewalt aus Art. 19 IV 1 GG. Sie hat frühere Enumerationsklauseln bzw. beschränkte Generalklauseln in den Ländern abgelöst, die meist (wie Abgabensachen und Polizeiverfügungen) das Vorliegen eines VA voraussetzten. Die **rechtsschutzeröffnende Funktion des VA,** die ihm nach den Enumerationsklauseln früher zukam, ist damit vollständig **entfallen.** Das Prozessrecht sichert heute allerdings die besondere **Fehlerresistenz und Bestandskraft** des VA ab, die zum guten Teil seine Fortexistenz als spezifisches Handlungsinstrument der Verwaltung erklärt (vgl. §§ 43 bis 47 VwVfG, § 113 I VwGO: Bestandskraftfähigkeit, Heilbarkeit; Notwendigkeit besonderer Aufhebung usw.) Prozessrechtlich erklären sich daraus einige der besonderen SEV der Verwaltungsakts-Klagen, die zur Unanfechtbarkeit von VA führen (wie § 74) oder dem Gericht die Aufhebung von Planfeststellungsbeschlüssen zugunsten von Reparaturmaßnahmen verbieten (§ 75 Ia VwVfG).

I. Rechtliche Streitigkeit

1. Begriff der Streitigkeit

76 Mit dem Begriff der „Streitigkeit" verdeutlicht die Vorschrift, dass der Verwaltungsrechtsweg für alle Rechtsschutzanträge eröffnet sein muss, die an ein VG herangetragen werden, also für alle **gerichtlichen Rechtsbehelfe** der VwGO (→ § 58 Rn. 2). Das gilt allerdings uneingeschränkt nur für erstinstanzliche Rechtsschutzanträge; in Rechtsmittelverfahren prüft das VG höherer Instanz nach § 17a V GVG nicht mehr, ob der beschrittene Rechtsweg zulässig ist, sofern der Vorderrichter ihn ohne Missachtung einer Rechtswegrüge bejaht hat (→ § 41 Rn. 14). Bei **außergerichtlichen Rechtsbehelfen** ist der Verwaltungsrechtsweg dann zu prüfen, wenn der Rechtsbehelf einen funktionalen Zusammenhang mit dem Verwaltungsprozess aufweist. Das ist beim Widerspruch nach §§ 68 ff. wegen seines Vorschaltcharakters der Fall; der Widerspruch ist daher nur statthaft, wenn ein VA ergangen ist, der im Verwaltungsrechtsweg angefochten oder erstrebt werden kann (→ § 68 Rn. 1).

2. „Justizfreie" Hoheitsakte?

77 Das Erfordernis einer „-rechtlichen" Streitigkeit versperrt den Rechtsweg für Streitigkeiten über außerrechtliche Fragen, die anhand der anwendbaren Normen (rechtliche auf der einen Seite, gesellschaftliche, moralische auf der anderen) recht eindeutig zu identifizieren sind. Vor allem aber verweist es auf die Fälle der sog. justizfrei (besser: gerichtsfrei) bleibenden Hoheitsakte. Auch unter diesem Stichwort wird erheblicher historischer Ballast transportiert; freilich gibt es Fälle gerichtlich nicht überprüfbarer Hoheitsakte bis heute (→ vor § 40 Rn. 19); sie müssen im verfassten Rechtsstaat aber schon wegen Art. 1 III GG die besonders rechtfertigungsbedürftige **Ausnahme** bleiben. IR des I 1 diskutiert werden vor allem **vier Fallgruppen:** Gnadenentscheidungen (→ Rn. 78), Regierungsakte (→ Rn. 80), Sonderstatusverhältnisse (→ Rn. 81) und Innenrechtsstreitigkeiten (→ Rn. 82). Die Entscheidung, ob eine Maßnahme gerichtsfrei bleibt, ist grds. (außer bei Offensichtlichkeit) dem Gericht des Rechtswegs vorbehalten, der im Falle der Nachprüfbarkeit eröffnet wäre (BVerwGE 49, 221 (222); Buchh 310 § 40 VwGO Nr. 171; NJW 1983, 187).

3. Gnadenentscheidungen

78 Als gerichtlich nicht nachprüfbar gilt weiterhin die **Ablehnung eines Gnadengesuchs** (BVerfGE 25, 352; BVerwG NJW 1983, 187; BVerwGE 49, 221; 14, 73; näher Eyermann Rn. 12). Dahinter steht die traditionelle Auffassung, dass Gnadenentscheidungen außerrechtliche Akte seien („Gnade vor Recht"). Die hA im Schrifttum lehnt dies mit dem Hinweis ab, dass der staatliche Strafanspruch berührt werde und die Ausübung der Begnadigungsbefugnis (durch den Bundespräsidenten, Art. 60 II, III GG, oder von ihm beauftragte Behörden) Ausübung vollziehender Staatsgewalt iSd Art. 1 III

GG sei, die insbes. an das Gleichbehandlungsgebot aus Art. 3 GG gebunden ist (SSB Rn. 119 f.).

Als rechtliche Streitigkeit anerkannt ist aber der Streit um den **Widerruf** 79 einer Begnadigung. Die Begnadigung beseitigt den staatlichen Strafanspruch und räumt damit dem Verurteilten einen öffentlich-rechtlichen Besitzstand ein, der durch den Widerruf entzogen wird (BVerfGE 30, 108 (110 f.)). Die Streitigkeiten sind jedenfalls bei Delegation der Befugnis auf Verwaltungsstellen nichtverfassungsrechtlicher Art, betreffen aber Akte auf dem Gebiet der Strafrechtspflege, für die nach §§ 23 ff. EGGVG (→ Rn. 47) der **ordentliche Rechtsweg** eröffnet ist.

4. Regierungsakte

Staatsleitende Akte oberster Staatsorgane (Regierungsakte) sind heute als 80 justiziable Hoheitsakte anerkannt (BK Art. 19 IV Rn. 223 ff.). Die frühere Einordnung in einen rechtlich nicht durchdrungenen ("impermeablen") Bereich rein politischer Gestaltung ("Politik vor Recht") ist durch den Verfassungsstaat überholt. Ihr Zustandekommen und jedenfalls ihre Grenzen sind rechtlich gestaltet, weshalb sie konsequenterweise Gegenstand verfassungsrechtlicher Organstreitigkeiten sein können (Art. 93 I Nr. 1 GG). Beeinträchtigen sie Rechtspositionen Dritter (Bsp.: staatliche Warnung vor Geschäftspraktiken, die das Grundrecht aus Art. 14 I GG berühren), gewährleistet Art. 19 IV 1 GG den Rechtsweg. Eine andere Frage ist, ob solche Akte (etwa Maßnahmen der Außenpolitik) subjektive Individualrechte berühren können; ist dies der Fall, kann der Kernbereich politischer Gestaltung auch durch eine Zurücknahme der Kontrolldichte gegen gerichtliche Einflussnahme geschützt werden (Bsp.: Beurteilungsspielraum bei verteidigungspolitischen Entscheidungen, BVerwG BauR 2007, 78).

5. Sonderstatusverhältnisse

In besonderen Beziehungen zum Staat stehen Beamte (BVerfG NVwZ 2003, 81 73), Soldaten (BVerfG NVwZ-RR 2008, 330), Wehr- und Zivildienstleistende, Schüler und deren erziehungsberechtigte Eltern in der staatlichen Pflichtschule (BVerfGE 34, 165 (192 f.); 47, 46 (78 ff.)), Studenten sowie Häftlinge (BVerfGE 33, 1 (11)). Es ist geklärt, dass diese Sonderstatusverhältnisse (früher als „besondere Gewaltverhältnisse" bezeichnet) insgesamt Rechtsverhältnisse sind und im Verlaufe ihres Bestehens durch (eingebettete) Rechtsakte konkretisiert werden. Das galt fraglos schon immer für das Verhältnis, durch das die natürliche oder die juristische Person (die Dienst- oder Anstaltsherren) verbunden und der Status begründet wird. Dieses „Grundverhältnis" entsteht durch VA und ist etwa bei Beamten insbes. durch die Zugehörigkeit zu einer Laufbahn- und Besoldungsgruppe und die Amtsbezeichnung gekennzeichnet (BVerwG NVwZ-RR 2009, 211 Rn. 15 mwN). Nicht den Status berührende (interne) Anordnungen und Weisungen (im „Betriebsverhältnis") ergehen zwar in Ausübung der Organisations- oder Direktionsbefugnis des Dienst- oder Anstaltsherrn und sind dann mangels

Außenwirkung iSd § 35 VwVfG keine VA (BVerwGE 60, 144). Sie sind gleichwohl durch Rechtsnormen geprägt und können die Betroffenen in subjektiv-öffentlichen Rechten verletzen (BVerwGE 67, 222 (225)).

6. Innerorganschaftliche Streitigkeiten

82 Regelungen über die interne Organisation des Staates und seiner Untergliederungen sind nach heutigem Verständnis durchweg Rechtsnormen. Sie schaffen **rechtlich konstituierte** und prinzipiell gerichtlich überprüfbare Beziehungen zwischen den Organen und Organteilen von juristischen Personen des öffentlichen Rechts. Intrapersonale Rechtssätze sind (Innen)Recht, was für Organstreitverfahren zwischen Verfassungsorganen in Art. 93 I Nr. 1 GG anerkannt ist. Darüber besteht kein Diskussionsbedarf mehr, seit die Anfang des 20. Jhdts. entwickelte **Impermeabilitätstheorie** (Laband und Jellinek) überwunden ist, die als Rechtssätze nur solche Normen ansehen will, die individuellen Verhaltensfreiheiten Grenzen ziehen, den Staat hingegen als ein von den Rechtssubjekten der Gesellschaft getrenntes und von Rechtssätzen selbst nicht durchdringbares Rechtssubjekt versteht.

83 Wenn die Rspr. auch unter der Geltung des GG zunächst noch gezögert hat, intrapersonale Streitigkeiten zwischen organisatorischen Funktionsteilen juristischer Personen oder teilrechtsfähiger Vereinigungen als justiziabel anzusehen, dann deshalb, weil die streitigen Kompetenzen keine subjektiv-öffentlichen Rechte einräumen (Eyermann Rn. 15; str.), jedenfalls dem jeweiligen Organ(teil) im Interesse der juristischen Person eingeräumt sind, nicht aber im persönlichen Interesse des Organwalters (Amtsträgers). Dementsprechend kennzeichnet es heute die **Schnittstelle** zwischen gerichtsfreien und justiziablen Organstreitigkeiten, dass um solche Kompetenzen bzw. Funktionen gestritten wird, die einem Organ(teil) Rechtsmacht zur **eigenständigen Wahrnehmung im kontrastierenden Zusammenspiel** von Organen oder Organteilen innerhalb eines Kollegialorgans einräumen (Eyermann Rn. 15 mwN; sog. Kontrastfunktion der Kompetenz → § 42 Rn. 99, 165).

84 Hauptanwendungsfall sind die sog. **Kommunalverfassungsstreitigkeiten.** Sie sind Streitigkeiten zwischen den Organen von Selbstverwaltungskörperschaften (Gemeinden und Gemeindeverbänden auf der Grundlage des sie „verfassenden" Organisationsrechts (BVerwG NVwZ-RR 1994, 352; Buchh 310 § 40 VwGO Nr. 179 mwN). Entspr. Streitigkeiten gibt es in plural verfassten Verwaltungskörperschaften und Anstalten wie Universitäten (BVerwG NVwZ 1985, 112), Rundfunkanstalten oder Industrie- und Handelskammern (BVerwG NVwZ 2004, 1253). Von verwaltungsrechtlichen Organstreitverfahren zu unterscheiden sind Streitigkeiten um Anordnungen der juristischen Person gegenüber einem ihrer Organwalter aus dem „Betriebsverhältnis" (→ Rn. 81) und um das Handeln von Organen gegenüber Dritten; letztere Akte sind der juristischen Person zurechenbar und finden im Außenrechtsverhältnis statt. Auch im **personalvertretungsrechtlichen Beschlussverfahren** geht es nicht um die individuellen Rechtsbeziehungen der Beschäftigten zum Arbeitgeber oder um sonstige materielle Rechte, sondern

typischerweise um das Innenrecht in Form der Beteiligungsrechte des Personalrats (BVerwG JurPC 1996, 79 Rn. 19).

Prozessual erweisen sich diese Fälle deshalb als problematisch, weil die **85** VwGO auf Streitigkeiten in Außenrechtsverhältnissen, vor allem um VA zugeschnitten ist. Das erfordert für Innenrechtsstreitigkeiten bei mehreren SEV der Zulässigkeitsstation (→ vor § 40 Rn. 16 ff.) **Anpassungen** der Auslegung oder Modifikationen (teilweise durch Analogie). Solche Anpassungen sind erforderlich bei bei der Klagebefugnis (→ § 42 Rn. 165), bei der Bestimmung des richtigen Klagegegners (→ § 78 Rn. 3 ff.) und bei der Beteiligungs- und Prozessfähigkeit. Lediglich bei der Frage nach der richtigen Rechtsschutzform haben sich die von der VwGO bereitgestellten Klagearten als ausreichend erwiesen, da die Begehren oW als allgemeine Leistungs- und Feststellungsbegehren gefasst werden können (→ § 42 Rn. 27; zum „System" der Klagearten → vor § 40 Rn. 44).

Nicht um Innenrechtsstreitigkeiten handelt es sich bei **Aufsichts-** **86** **beschwerden.** Mit ihnen verlangt zwar ein außerhalb der Verwaltung stehender Dritter eine Aufsichtsmaßnahme gegenüber nachgeordneten Stellen oder Bediensteten, die sich aus innerbehördlichen Befugnissen ergeben. Für den Beschwerdeführer verbindet sich damit aber (nur) das Problem, aus organisatorischen Befugnissen im Innenverhältnis ein subjektiv-öffentliches Recht iSd § 42 II herleiten zu müssen; dieses Recht ist als Anspruch auf formelle Bescheidung der Aufsichtsbeschwerde anerkannt (BVerwG Buchh 450.1 § 17 WBO Nr. 62).

II. Streitigkeit nichtverfassungsrechtlicher Art

Nicht in die Zuständigkeit der Verwaltungsgerichtsbarkeit fallen öffentlich- **87** rechtliche „Streitigkeiten verfassungsrechtlicher Art". Wodurch diese genau gekennzeichnet sind, ist bis heute nicht abschließend geklärt. Einigkeit besteht lediglich darüber, dass es grds. auf eine **materiell-rechtliche Qualifizierung** des streitigen Rechtsverhältnisses ankommt und nicht darauf, dass die Streitigkeit in einem gesetzlichen Zuständigkeitskatalog einem Verfassungsgericht zugewiesen ist (so die formelle Theorie seit Wertenbruch, DÖV 1959, 507). Eine (redundante) Wiederholung des Vorbehalts in I 1 zugunsten abdrängender Sonderzuweisungen (→ Rn. 2) darf schon wegen des Wortlauts, der auf die verfassungsrechtliche „Art" der Streitigkeit abstellt, nicht angenommen werden. Für eine materielle Qualifizierung spricht aber vor allem der **Zweck des Vorbehalts** zu verhindern, dass sich die VG in die spezifisch verfassungsrechtliche Willensbildung oberster Staatsorgane einmischen (Eyermann Rn. 17).

Die **Rspr.** fragt danach, ob der geltend gemachte Klageanspruch in einem **88** Rechtsverhältnis wurzelt, das entscheidend vom Verfassungsrecht geprägt ist (BVerwGE 116, 234 (237); 96, 45 (48)). Es genügt nicht – wie auch sonst (→ Rn. 102) –, dass nur eine Vorfrage verfassungsrechtlicher Art ist (BVerwGE 96, 45; 80, 355; 50, 124 (131); NJW 1985, 2344). Zum **Verfassungsrecht** gehört das formelle und materielle Staatsverfassungsrecht (BVerwGE 96, 45 (48)), neben der Verfassung selbst also das interne Parlamentsrecht, das Parteien-, Abgeordneten- und spezifische Ministerrecht (daher verneinend für eine beamtenrechtliche Aussagegenehmigung BVerwGE 109, 258). Einzelfälle bei SSB Rn. 153 ff.

89 Wegen der nicht auszuräumenden Unschärfen der materiellen Kriterien will die hL die Betrachtung um ein beteiligtenbezogenes (formelles) Kriterium ergänzen. Nach ihrer Faustformel von der sog. **doppelten Verfassungsunmittelbarkeit** muss (1) Streitobjekt materielles Staatsverfassungsrecht sein und (2) müssen die beteiligten Streitsubjekte Verfassungsorgane oder Teile von ihnen sein. Verfassungsrechtssubjekte sind Gebietskörperschaften mit Staatsqualität (Bund und die Länder, nicht aber Kommunen), die von der Rechtsordnung als Zuordnungssubjekte überindividueller verfassungsrechtlicher Rechte und Pflichten anerkannt werden.

90 Die überwiegende Ansicht fordert, dass auf beiden Seiten des Streitverhältnisses Verfassungsorgane stehen. Das ist zu eng; es genügt, dass der **Rechtsschutzgegner** ein Verfassungsrechtssubjekt ist, das gerade als solches in Anspruch genommen wird (materielle Subjektstheorie, vgl. Eyermann Rn. 21; SSB Rn. 149). Dementsprechend sind **Normerlass- oder –änderungsklagen** verfassungsrechtlicher Art, wenn sie auf den Erlass formeller (Parlaments) Gesetze gerichtet sind. Hingegen gehören Streitigkeiten um den Erlass untergesetzlicher Normen vor die VG, weil es um Normsetzung durch die Verwaltung geht (vgl. BVerwGE 129, 116; Eyermann Rn. 59; str., aA Kopp/Schenke Rn. 32g ff.).

91 Praktische Bedeutung hat die Abgrenzung vor allem im Handeln zwischen **Bund und Ländern.** So besitzt eine ausdrücklich auf Art. 85 III GG gestützte Weisung des Bundes stets verfassungsrechtliche Qualität (BVerwG NVwZ 1998, 500). In sog. Bund-Länder-Streitigkeiten ist das BVerwG nach § 50 I Nr. 1 nur dann erst- und letztinstanzlich zuständig, wenn die Streitigkeit nichtverfassungsrechtlicher Art ist (→ § 50 Rn. 5).

92 Der Gesetzgeber nimmt damit in Kauf, dass der **Rechtsschutz** in Fällen verfassungsrechtlicher Streitigkeiten **lückenhaft** sein kann. Diese Absicht darf nicht durch eine erweiternde Auslegung des § 40 unterlaufen werden. Wird eine Verletzung subjektiv-öffentlicher Rechte behauptet, verlangt Art. 19 IV GG freilich eine gerichtliche Überprüfungsmöglichkeit. Ob diese nach S. 2 des Art. 19 IV GG durch die ordentlichen Gerichte oder durch die VG zu gewähren ist, ist fraglich. Das BVerwG vertritt wegen der Sachnähe eine extensive Auslegung des § 40 I 1 (BVerwG NJW 1985, 2344; vgl. auch Eyermann Rn. 17).

III. Öffentlich-rechtliche Streitigkeit

1. Zweiteilung in öffentliches und privates Recht

93 Die Teilung der Rechtsregime (Dichotomie) in öffentliches und privates (bürgerliches) Recht ist in der deutschen Rechtsordnung traditionell fest verankert und liegt ihr weiterhin zugrunde, unberührt von fundamentaler Kritik (dazu NK-VwGO Rn. 57 ff. mwN). Hinter ihr steht die prinzipielle Unterscheidung von Staat und Gesellschaft mit je eigenen Wertungen, Regelungstypiken und Rechtsbindungen (an die Kompetenzordnung, die Grundrechte, an Verfahrensrecht usw.). Eine Abgrenzung verlangen dementsprechend nicht nur die prozessualen Generalklauseln in § 40 und § 13 GVG für das bürgerliche Recht, sondern auch das GG (vgl. nur Art. 74 I Nr. 1 mit der Gesetzgebungskompetenz für „das bürgerliche Recht"). Umso misslicher ist es, dass sich bisher weder eine Definition durchgesetzt hat noch Rechtsbereiche oder auch nur einzelne Gesetze trennscharf abgegrenzt werden können. Das liegt teils an Schwächen jeder der Theorien, teils am beständigen Wandel des Verständnisses vom Staat und seinen Beziehungen (beispielhaft zur Fiskustheorie → vor § 40 Rn. 29). Daher ist kaum zu kritisieren, dass der VwGO-Gesetzgeber die Definition der Bereiche der Rechtsentwicklung überlassen wollte.

2. Zuordnung von Rechtssätzen (das Qualifizierungsproblem)

Ob eine Streitigkeit öffentlich-rechtlich oder bürgerlich-rechtlich ist, richtet **94** sich nach der Natur des Rechtsverhältnisses, aus dem der geltend gemachte Anspruch hergeleitet wird (GmS-OGB BGHZ 97, 312 (313 f.); BGHZ 108, 284 (286); 102, 280 (283); BGH NJW 2000, 1042; BVerwGE 96, 71 (73); NJW 2006, 2568). Von den zahlreichen Ansätzen und Theorien über die Zuordnung von Rechtssätzen zu einem Rechtsregime (**Qualifizierungsfrage**) sind heute iW nur noch drei von Interesse (vgl. Eyermann Rn. 41). Erörterungsbedarf ergibt sich aber nur, wo die Theorien zu entscheidungserheblichen Unterschieden führen. Bei **Unionsrecht** gelten keine Besonderheiten, denn über die Zuweisung einer Streitigkeit an eine Gerichtsbarkeit entscheidet allein das nationale Recht.

Die Subjektions- oder **Subordinationstheorie,** die schon die Rspr. des **95** RG beherrschte (RGZ 167, 281) und weiterhin den Ausgangspunkt der Qualifizierung darstellt, begreift als öffentlich-rechtlich solche Rechtssätze, die ein Über-/Unterordnungsverhältnis zwischen dem Staat und dem Einzelnen herstellen; Privatrecht sind demgegenüber Rechtssätze zur Koordination willensautonomer Rechtssubjekte (GmS-OGB BGHZ 97, 312 (314)). Diese Theorie erklärt das Handeln der Eingriffsverwaltung, tut sich aber schwer damit, Gleichordnungsverhältnisse zwischen Staat/Staat und Staat/Bürger zu kategorisieren. Vor allem aber ist sie zirkulär, weil sie Rechtssätze durch ein Über-/Unterordnungsverhältnis qualifiziert, die dieses erst konstituieren.

Die **Interessentheorie** stellt darauf ab, ob die inmitten stehende Norm **96** privaten Interessen oder der Verwirklichung des Gemeinwohls, einer öffentlichen Aufgabe bzw. einem öffentlichen Interesse dient. Gegen sie spricht, dass die privaten und öffentlichen Interessenbereiche nicht hinreichend klassifikatorisch abgrenzbar sind, bestimmte (die drittschützenden) Normen Mischlagen schützen und der Staat stets nur in Verfolgung einer öffentlichen Aufgabe handeln darf.

Mit Recht wird daher in der vorherrschenden Lit. die modifizierte Sub- **97** jekts-, besser **Sonderrechtstheorie** als überlegen angesehen (BVerwG NJW 2013, 2298; NJW 2006, 2568), wenngleich einzuräumen ist, dass sie wegen uneinheitlicher Formulierungen und Unschärfen (SSB Rn. 222 ff.)

nicht alle Probleme löst. Nach der Sonderrechtstheorie ist öffentliches Recht das Amts- oder **Sonderrecht des Staates,** mithin die Gesamtheit jener Rechtssätze, bei denen zumindest ein Zuordnungssubjekt ausschließlich der Staat oder einer seiner Untergliederungen sein kann, also berechtigt, verpflichtet oder organisiert wird (vgl. GmS-OGB BGHZ 108, 284 (287); Eyermann Rn. 44 mwN). Rechtssätze, deren Zuordnungssubjekt **jedermann** (also *auch* der Staat) sein kann, gehören dem Privatrecht an (BVerwGE 156, 320 Rn. 5; 87, 115 (119); CR 2019, 529).

98   Die Rspr. neigt dazu, die Theorien zu **kombinieren** (GmS-OGB BGHZ 121, 126 und BGHZ 108, 284; BVerwGE 89, 281; Buchh 300 § 13 GVG Nr. 4). Regelmäßig komme es darauf an, ob die Beteiligten zueinander in einem hoheitlichen Verhältnis der Über- und Unterordnung stehen und sich der Träger hoheitlicher Gewalt der besonderen Rechtssätze des öffentlichen Rechts bedient (GmS-OGB BGHZ 97, 312 (314); BVerwGE 129, 9; NJW 2006, 2568). Dementsprechend sind **Gleichordnungsverhältnisse** öffentlich-rechtlich, wenn die das Rechtsverhältnis beherrschenden Rechtsnormen nicht für jedermann gelten, sondern Sonderrecht des Staates oder sonstiger Träger öffentlicher Aufgaben sind, was daran zu erkennen ist, dass sich der Rechtssatz zumindest auf einer Seite ausschließlich an Hoheitsträger wendet (GmS-OGB BGHZ 102, 280 (286 f.); BVerwG NJW 2006, 2568). Insbes. zur Qualifizierung von Verträgen und des schlichten Verwaltungshandelns wird die **Interessentheorie** ergänzend herangezogen.

99   (Ungeschriebene) Rechtssätze, die in beiden Rechtsgebieten **gemeinsam gelten** und je nach Sachzusammenhang dem privaten oder dem öffentlichen Recht zuzuordnen sind, gibt es nicht. Aus der Inhaltsgleichheit einer Norm oder eines Rechtsprinzips (wie etwa dem aus § 242 BGB entwickelten Prinzip von Treu und Glauben, auch Bereicherungs- und Folgenbeseitigungsansprüche, GoA) lässt sich nicht folgern, dass es sich um dieselbe Norm handelt, sondern nur, dass öffentlich-rechtliche und privatrechtliche Äquivalente bestehen, die in ihren Details iaR voneinander abweichen (ähnlich Kopp/Schenke Rn. 11).

3. Ermittlung der streitentscheidenden Rechtssätze (das Identifizierungsproblem)

100   Der Qualifizierung eines Rechtssatzes geht logisch die Frage voraus, welche Rechtssätze zur Anwendung kommen und auf welche von diesen die Zuordnung abzustellen hat. Diese Identifizierung beurteilt sich ausgehend vom Streitgegenstand (GmS-OGB BGHZ 102, 280 (282)). Dieser ist öffentlich-rechtlich, wenn der Klageanspruch aus einem öffentlich-rechtlichen Rechtsverhältnis hergeleitet wird (BVerfGE 42, 103 (113); GmS-OGB BGHZ 102, 280 (283); BVerwGE 96, 71 (73)). Die häufig verwendete Formel, es komme auf die **streitentscheidenden Normen** an, ist irreführend und ohne Präzisierung besonders in den häufigen Fällen unbehelflich, in denen sich der materielle Anspruch nach einem Gemenge aus privaten und öffentlichen Normen beurteilt. Richtig ist es, auf die begehrten Rechtsfolgen abzustellen: Der Streit gehört dem öffentlichen Recht an, **wenn die begehrten Rechts-**

folgen einer Norm des öffentlichen Rechts entstammen. Allein sie ist die „entscheidungssteuernde" Rechtsnorm (Ziekow VwVfG § 1 Rn. 21). Alle weiteren Normen, wiewohl entscheidungserheblich, sind bloße **Vorfragen,** die auf der Voraussetzungsseite der entscheidungssteuernden Norm zu beantworten sind (zur Vorfragenkompetenz → Rn. 102). Sie bleiben bei der Zuordnung außer Betracht, und zwar auch dann, wenn sie, wären sie prinzipaliter zu beantworten, in einen anderen Rechtsweg gehörten (GmS-OGB BGHZ 102, 280 (283); BVerwGE 65, 260 (262)). Die Entscheidung über eine Vorfrage erwächst nicht in materielle Rechtskraft, auch dann nicht, wenn es sich um tragende Urteilselemente handelt (→ § 121 Rn. 11).

Die Identifizierung der einschlägigen Rechtssätze und die Bestimmung **101** ihrer „wahren" Natur hat das Gericht **vAw** und ohne Bindung an den Vortrag des Rechtsschutzsuchenden vorzunehmen. Den tatsächlichen Vortrag hat es als zutreffend zu unterstellen; einer Beweisaufnahme bedarf es nicht (GmS-OGB BGHZ 102, 280 (284); Eyermann Rn. 34 mwN). Bei Klagen auf Vornahme oder Unterlassen kommt es auf den Anspruch an, der sich aus dem tatsächlichen Vortrag ergibt, bei Abwehrklagen (→ Rn. 132) darauf, welchen Rechts sich die Verwaltung berühmt; ob das Recht besteht, ist eine Frage der Begründetheit (BVerwGE 87, 115). Bei negativen Feststellungsklagen ist das vom Gegner beanspruchte Recht entscheidend (GmS-OGB BGHZ 102, 280; BVerwG ZBR 1998, 424). Schwierigkeiten bei der Ermittlung des maßgeblichen Rechtssatzes bestehen, wo sich das Begehren nach ungeschriebenen Rechtssätzen oder solchen beurteilt, die Äquivalente in beiden Rechtsbereichen haben und insofern ambivalent sind (→ Rn. 122).

4. Vorfragenkompetenz

Soweit es die streitentscheidenden Normen erfordern, sind die VG ermächtigt **102** und verpflichtet, **rechtswegfremde Rechtsfragen** inzident zu prüfen und grds. auch selbst entscheidungstragend zu beantworten (wie etwa die nach §§ 1589 ff. BGB zu beantwortende Frage nach dem Grad der Verwandtschaft). Das folgt daraus, dass Rechtswege nur für prozessuale Ansprüche vorgeschrieben sind, nicht aber für einzelne Rechtsnormen. Deshalb ist das Gericht nach § 17 II 1 GVG verpflichtet, ein Klagebegehren, für das der Verwaltungsrechtsweg gegeben ist, unter allen in Betracht kommenden Gesichtspunkten – auch rechtswegfremden – zu prüfen. Voraussetzung ist, dass die Gesichtspunkte einen **einheitlichen Streitgegenstand** (→ § 121 Rn. 5) betreffen (i.E. → § 41 Rn. 12 ff.).

Die sog. **Vorfragenkompetenz** bleibt bestehen, wenn die entscheidungs- **103** erhebliche Rechtsfrage in einem anderweitig zwischen den Beteiligten anhängigen Rechtsstreit ebenfalls inzident zu beantworten ist. Das VG hat aber gem. § 93a, § 94 nach pflichtgemäßem Ermessen über eine **Aussetzung** seines Verfahrens zu befinden. Ist eine entscheidungstragende Vorfrage von dem an sich zuständigen Gericht entschieden, hat das VG dies kraft der materiellen Rechtskraftbindung (§ 121) zu beachten (BVerwG NVwZ 2015, 830). Dasselbe gilt bei Bestandskraft von VA, die nicht von einem zur Nichtigkeit führenden Fehler (§ 44 VwVfG) infiziert sind. Ist andererseits über eine Anspruchsvoraussetzung durch VA oder in einem gesonderten Verfahren zu entscheiden, handelt es sich nicht um eine Vorfrage; die Entscheidung muss herbeigeführt bzw. abgewartet werden und ist im Folgeprozess ungeprüft zugrunde zu legen (Eyermann Rn. 39).

104   Die Vorfragenkompetenz umfasst auch die Auslegung und Anwendung des **Verfassungs-** und des **Unionsrechts,** und sie erstreckt sich auch auf die Gültigkeit entscheidungserheblicher Normen. Ergibt die – in jedem Fall unbeschränkte – Prüfung einen zur Nichtigkeit führenden Fehler, ist die fachgerichtliche **Verwerfungskompetenz** bei formellen Gesetzen (des Bundes und der Länder) sowie bei Unionsrecht durch die Vorlagepflichten aus Art. 100 I GG und Art. 267 AEUV eingeschränkt (→ vor § 40 Rn. 22 ff.). Bei entscheidungserheblichen Regeln des Völkerrechts (Art. 25 GG) in sog. Normqualifizierungsverfahren ergibt sich dies aus Art. 100 II GG.

105   **Untergesetzliche Rechtsnormen** (Verordnungen, Satzungen) dürfen inzident überprüft und bei Ungültigkeit durch das entscheidende Fachgericht verworfen werden. Zu beachten ist allerdings das heute weitgehend anerkannte **Verbot ungefragter Fehlersuche:** Eine Inzidentprüfung erfolgt nur, wenn die Ungültigkeit der Vorschriften gerügt worden ist oder sich der Fehler aufdrängt (BVerwGE 116, 188; NVwZ-RR 2009, 690 für Wahlrechtsverstöße; Buchh 310 § 128a VwGO Nr. 2 für die Satzungskontrolle).

106   Keine bloße Vorfrage betrifft die **Aufrechnung** mit einer rechtswegfremden (Gegen)Forderung. Nach hM ist die Entscheidung über das *Bestehen* einer solchen Forderung im Verwaltungsrechtsweg unzulässig (BVerwGE NJW 1999, 160 (161); Eyermann Rn. 38 f.; § 41 Rn. 19). Zuzulassen ist die Aufrechnung daher nur, wenn die Gegenforderung bestandskräftig ist bzw. rechtskräftig festgestellt oder unbestritten (BVerwGE 77, 19 (24)). Das VG stellt dann bei der Vorfrage der Wirksamkeit der Aufrechnung (§§ 387, 390 BGB) nur das Erlöschen der Hauptforderung im Umfang der Gegenforderung fest. Bei *bestrittenen* Gegenforderungen erwüchse die Entscheidung über das Bestehen der Gegenforderung entspr. § 322 II ZPO in Rechtskraft, was ein unzulässiger Übergriff in eine fremde Rechtswegzuständigkeit wäre. § 17 II GVG hilft nicht weiter: Keinesfalls darf das VG über eine Gegenforderung entscheiden, deren Prüfung nach § 17 II 2 GVG der ordentlichen Gerichtsbarkeit vorbehalten ist (→ Rn. 20 ff.). Um einen bloßen rechtlichen Gesichtspunkt iSd § 17 II 1 GVG handelt es sich bei der Gegenforderung nicht, denn mit ihr wird der Klage ein weiterer Streitgegenstand hinzugefügt. Die normativen Vorgaben lassen sich mit praktischen Erwägungen der Prozessökonomie und der Rechtsschutzeffektivität nicht aufweichen (vgl. NK-VwGO Rn. 278 f.; § 17 GVG Rn. 44 ff.). Zu Verfahren bei Aufrechnung mit einer vor dem zuständigen Gericht anhängigen Gegenforderung → § 94 Rn. 17.

5. Freiheit der Formenwahl und Zwei-Stufen-Theorie

107   **a) Freiheit der Formenwahl.** Die Schwierigkeiten der Zuordnung des Verwaltungsverhaltens zum öffentlichen oder zum privaten Recht ergeben sich im Bereich der Leistungsverwaltung daraus, dass der Verwaltung eine **Freiheit der Formenwahl** zusteht: Sie darf sich der Handlungs- und Organisationsformen des öffentlichen oder des bürgerlichen Rechts bedienen, sofern die Rechtsordnung privatrechtliche Handlungsformen nicht ausdrücklich oder sinngemäß ausschließt (BVerwGE 96, 71; Eyermann Rn. 45 f.). Wahlfreiheit steht regelmäßig dort zu, wenn die Verwaltung allein aufgrund von Aufgabenzuweisungs- oder Zuständigkeitsnormen tätig wird, die nicht unmittelbar das Staat-Bürger-Verhältnis regeln. Zu diesen Bereichen gehört insbes. die gesamte Bedarfsdeckung der öffentlichen Verwaltung, die Sicherung der Daseinsvorsorge, Subventionsgewährungen und die Benutzung öffentlicher Sachen und Einrichtungen.

b) Trennung von Gewährung und Abwicklung. Bei Subventionen und **108** der Benutzung öffentlicher Einrichtungen stellt sich das Zusatzproblem, dass über das „Ob" aus Rechtsgründen stets öffentlich-rechtlich entschieden werden muss: Die Bewilligungs- oder Zulassungsansprüche gründen in Normen, die ausschließlich eine Untergliederung des Staates verpflichten oder berechtigen. Die Freiheit zur Wahl der im bürgerlichen Recht entwickelten Vertragstypen ist der Verwaltung erst für die Abwicklung (das „Wie" der Leistungsgewährung) eröffnet. Entscheidet sie sich für eine privatrechtliche Abwicklung – was in ihrem Ermessen steht – so ist unter Rechtsweggesichtspunkten zu fragen, welche Stufe – das Ob oder das Wie – in einem konkreten Fall betroffen ist. In derartigen Fällen soll die sog. **Zwei-Stufen-Theorie** die Trennung von Gewährungs-/Zulassungsentscheidung und Abwicklung prozessual nachvollziehen (Anwendungsbeispiele unter → Rn. 150, 165).

6. Einbeziehung Privater in die Erfüllung öffentlicher Aufgaben

Das Handeln natürlicher und juristischer Personen des Privatrechts in Außen **109** rechtsbeziehungen ist Indiz für privatrechtliches Handeln, denn sie verfügen von sich aus nicht über hoheitliche Handlungsmacht. Diese wächst ihnen nicht deshalb zu, weil sie von einer öffentlich-rechtlichen Erlaubnis oder Genehmigung Gebrauch machen (Kopp/Schenke Rn. 9a) oder weil ihr Handeln Bindungen des öffentlichen Rechts unterliegt (zum Verwaltungsprivatrecht → Rn. 174). Ebenso wenig ist schon die Übertragung einer öffentlichen Aufgabe auf sie mit der Einräumung öffentlich-rechtlicher Befugnisse verbunden. Erst die (zusätzliche) **Beleihung** führt zur Übertragung begrenzter hoheitlicher Handlungs- und Entscheidungsbefugnisse gegenüber Dritten (Eyermann Rn. 87). Sie muss idR durch Gesetz oder aufgrund eines Gesetzes erfolgen (BVerwGE 61, 222; NVwZ 1991, 59).

Diese Grundsätze gelten auch, wenn der Staat oder sonstige Hoheitsträger **110** (wie Kommunen) sich eines Privaten bedienen. Ihnen steht es nach dem Grundsatz der Organisationsfreiheit grds. frei, öffentliche Aufgaben durch eigene Organe und Bedienstete oder durch rechtlich selbstständige Dritte erfüllen zu lassen. Dafür steht eine breite Palette von Möglichkeiten zur Verfügung. Ein Hoheitsträger kann sich Privater auf vertraglicher Grundlage bedienen, er darf aber auch öffentlich-rechtlich oder privatrechtlich organisierte Rechtspersonen schaffen und ihnen Aufgaben und Befugnisse übertragen (Eyermann Rn. 54). Die Privaten können als Beliehene, Verwaltungshelfer oder schlichte Hilfspersonen auf vertraglicher Grundlage, als durch Gesetz Indienstgenommene oder beauftragte selbstständige Rechtsträger (wie kommunale Eigengesellschaften) an Verwaltungsaufgaben beteiligt werden.

111   Beispiele für **Beliehene** sind der verantwortliche Luftfahrzeugführer (§ 12 LuftSiG), die Flugsicherungsorganisationen (§ 31b, § 31f LuftVG; zur Luftverkehrsverwaltung durch Private umfassend: K. Baumann S. 70 ff.), Sachverständige (wie der TÜV), Jagdaufseher oder der Bezirksschornsteinfeger (Einzelheiten bei SSB Rn. 275 ff.; Eyermann Rn. 89). Sie handeln Dritten gegenüber – iR der ihnen übertragenen Befugnisse – öffentlich-rechtlich.

112   Die **Nachfolgeunternehmen** des ehemaligen Sondervermögens **Deutsche Bundespost** sind nach ihrer Umwandlung in Unternehmen privater Rechtsform (vgl. Art. 143b GG; Deutsche Post AG und Telekom AG) selbstständige Leistungsträger (Eyermann Rn. 56). Sie handeln ihren Kunden gegenüber privatrechtlich; lediglich bei förmlichen Briefzustelldienstleistungen sind sie (wie andere Lizenznehmer, die Briefzustelldienstleistungen erbringen) mit Hoheitsbefugnissen ausgestattet (§ 33 I PostG: beliehene Unternehmer). Gegenüber den in den Nachfolgeunternehmen weiterbeschäftigten Beamten üben sie die Dienstherrnbefugnisse des Bundes aus (§ 1 PostPersRG).

113   Die anderen Formen der Beteiligung Privater an Verwaltungsaufgaben werfen im Zusammenhang mit dem Rechtsweg iW nur Fragen der **Zurechnung** ihres Handelns an einen Hoheitsträger auf. Diese Zurechnung ist selbstverständlich, wo abgrenzbare Aufgabenteile durch unselbstständig handelnde **Hilfspersonen** ausgeführt werden, die auf der Grundlage privatrechtlicher Vereinbarungen mit der Verwaltung tätig werden. Dazu zählt die Herstellung von Gewerken durch Werkunternehmer im Straßenbau oder die Beauftragung von Abschleppunternehmern (vgl. § 15 ASOG Bln).

114   Auch eine **Indienstnahme Privater** ist nur durch oder aufgrund eines Gesetzes zulässig (Bsp. Pflicht zur unentgeltlichen Beförderung Schwerbehinderter im ÖPNV, BVerfGE 68, 155 (170 ff.)). Durch sie nimmt der Staat die persönlichen oder sächlichen Kräfte Privater in Anspruch, um öffentliche Aufgaben erledigen zu lassen. Die Indienstnahme erschöpft sich darin, Rechte und Pflichten zwischen dem Staat und dem Privaten zu begründen. Sie kann daher nur dort vorliegen, wo eine Aufgabe erfüllt werden kann, ohne dass der Indienstgenommene dabei gegenüber sonstigen Rechtssubjekten hoheitliche Kompetenzen wahrnehmen muss. Eine Zurechnung seines Handelns an den Staat erfolgt nicht.

115   **Verwaltungshelfer** (SSB Rn. 280 ff.) werden aufgrund einer Beauftragung iR der Erfüllung von Verwaltungsaufgaben tätig. Die Behörde trägt die Verantwortung für Verwaltungshelfer, derer sie sich bei der Erfüllung ihrer Aufgaben bedient (BGH NVwZ 2006, 966; LMRR 2007, 2). Zum Teil wird zwischen selbstständigen und unselbstständigen Verwaltungshelfern differenziert. Bei der unselbstständigen Verwaltungshilfe (Erfüllungsgehilfe) wird das Handeln des Privaten oW der Verwaltung zugerechnet und ist dann öffentlich-rechtlich. Bei der selbstständigen Verwaltungshilfe tritt der Helfer in eigenem Namen mit Außenwirkung auf (wenn auch ohne hoheitliche Befugnisse). Sein Handeln ist dann privatrechtlich. Zur Abgrenzung werden verschiedene Kriterien herangezogen, die etwa darauf abstellen, ob der Private als Werkzeug der Verwaltung erscheint, wie groß der ihm eingeräumte Entscheidungsspielraum ist und wie stark der hoheitliche Charakter der Maßnahme im Vordergrund steht.

7. Leitlinien für die Zuordnung von Verwaltungshandeln

a) Fälle eindeutiger Zuordnung. Kaum Probleme bereitet die Identifizierung der streitentscheidenden Norm, wenn eine **eindeutig öffentlich-rechtliche Handlungsform** (Norm, VA) im Streit ist. Eine Streitigkeit ist daher allein deshalb – ohne Rücksicht auf die Qualität des vollzogenen materiellen Rechts – öffentlich-rechtlich, wenn die Verwaltung den **VA** (§ 35 VwVfG → § 42 Rn. 8 ff.) als Handlungsform wählt (BVerwG NVwZ 2009, 1558). Sie berühmt sich damit einer im öffentlichen Recht wurzelnden Rechtsmacht: der Verwaltungsaktsbefugnis. Ob diese besteht, ist eine Frage der Begründetheit. Auch privatrechtsgestaltende VA sind öffentlich-rechtlich, weil die Einwirkung auf privatrechtliche Verhältnisse ihren Charakter als VA nicht verändert (→ § 42 Rn. 19). Aus entsprechenden Gründen ist der Streit um die sofortige **Vollziehung eines VA** (§§ 80, 80a) öffentlich-rechtlich, weil die Behörde von ihrer exklusiven Befugnis aus § 80 II 1 Nr. 4 Gebrauch macht. Ansprüche auf Erlass einer **Norm** sind aus denselben Erwägungen öffentlich-rechtlich; nichtverfassungsrechtlicher Art sind sie aber nur dann, wenn mit einer untergesetzlichen Norm (Verordnung, Satzung, Verwaltungsvorschrift) die Rechtssetzungsbefugnis der Verwaltung im Streit ist. 116

Der Hinweis auf die hoheitliche Handlungsform **führt in die Irre,** wenn die VA-Befugnis einer Norm entstammt, die **nicht im Verwaltungsrechtsweg** zu prüfen ist, weil für einen VA eine abdrängende Sonderzuweisung besteht, die im Verhältnis zu den SG und FG sowie im Bereich polizeilichen Handelns bei Justizverwaltungsakten zu beachten sind (→ Rn. 47 ff.). Auch abgesehen davon wird das Vorliegen eines VA in der Praxis selten zur Begründung für die Eröffnung des Verwaltungsrechtswegs herangezogen, weil die Qualifizierung der VA-Befugnis wegen möglicher Sonderzuweisungen doch zu einem Rückgriff auf die maßgebliche Rechtsnorm nötigt, auf die der **Regelungsgehalt des** (angefochtenen oder erstrebten) **VA** meist ohnehin recht eindeutig hinweist. 117

Zur Begründung des Verwaltungsrechtswegs kann der Hinweis genügen, die streitigen Rechtsfolgen richteten sich nach einem **insgesamt öffentlich-rechtlichen Regelungsregime** (zB einem Polizeigesetz). Dieses Argumentationsmuster genügt 118

– in Bereichen der klassischen **Eingriffsverwaltung,** wo mit dem Instrument des VA polizei- oder ordnungsrechtliche Ge- und Verbote durchgesetzt oder verlangt werden („Anspruch auf Einschreiten gegen");

– bei **Erlaubnissen** (Genehmigungen, Planfeststellungen, Bewilligungen, Verleihungen usw.), die einseitig-hoheitlich nach öffentlichem Recht zu erteilen sind.

Allerdings führt der Hinweis auf das öffentlich-rechtliche Regelungsregime in die Irre, wenn in Wahrheit um zivilrechtliche Ansprüche gestritten wird, die in öffentlich-rechtlichen Normkomplexen ebenso vorkommen (Bsp. § 89

WHG; Art. 9 III GG) wie umgekehrt öffentlich-rechtliche Vorschriften etwa im BGB (vgl. zum Fundrecht BVerwGE 162, 63).

119 **b) Zweifelsfälle.** Zweifelsfälle treten dort auf, wo das Begehren in den Rechtsfolgen sachlich gleichgerichteter Normen des öffentlichen wie des privaten Rechts enthalten ist. Das gilt besonders für Ansprüche auf Geldzahlung, Erstattung, Ersatz, Restitution, Herausgabe und die Ausübung des Hausrechts.

120 Bei Ambivalenz der Rechtsfolge ist eine Wahl zwischen den konkurrierenden Rechtssätzen zu treffen. Dabei ist die Orientierung daran **unbehelflich,** dass auf einer Seite des streitigen Rechtsverhältnisses der **Staat** oder eine seiner Untergliederungen steht (alte Subjektstheorie) und dass öffentliche Aufgaben wahrgenommen werden. Der Staat darf seine Aufgaben, soweit keine eingengenden Vorgaben bestehen, anerkanntermaßen ebenso öffentlich-rechtlich wie privatrechtlich erfüllen (zur sog. Freiheit der Formenwahl → Rn. 107; Eyermann Rn. 45; Kopp/Schenke Rn. 12 f.). Umgekehrt führt es nicht zwingend auf öffentliches Recht, wenn ein privates Rechtssubjekt gehandelt hat oder in Anspruch genommen wird (zur Einbindung Privater in die Erfüllung öffentlicher Aufgaben → Rn. 109).

121 Zur Identifizierung der einschlägigen Norm ist daher zunächst unerlässlich, auf den **Klagegrund,** dh den zur Begründung des Anspruchs unterbreiteten Lebenssachverhalt, zurückzugreifen. Die Einbeziehung der tatsächlichen Umstände, aus denen ein Anspruch abgeleitet oder eine Maßnahme gerechtfertigt wird, führt auf die **Voraussetzungsseite** der Normen. Das erlaubt zum einen die Bestimmung, ob überhaupt ein Rechtsbereich betroffen sein kann, in dem eine Wahlfreiheit der Verwaltung besteht; ist das nicht der Fall, liegt öffentliches Recht vor. Die Bewertung der Tatsachen (zB bei Amtspflichtverletzung) kann auf eine eindeutige normative Grundlage führen (wie Geldschadensersatz aus Amtshaftung).

122 Vielfach bleibt das Verwaltungshandeln aber auch dann **ambivalent,** vor allem, wenn auf der Voraussetzungsseite **Realakte** (Immissionen, eigentumsbeeinträchtigendes Verhalten, Äußerungen usw.) zu subsumieren sind, die aus sich heraus keinen definierten Rechtscharakter besitzen (→ Rn. 126). Das schließt eine klare Identifizierung insbes. dann aus, wenn ungeschriebene Rechtssätze bestehen oder **parallele Rechtsinstitute** im öffentlichen und im bürgerlichen Recht (Erstattung/Kondiktion; GoA; Abwehransprüche; Schadensersatz/Entschädigung). Soweit es um **Analogie** geht, folgt der öffentlich-rechtliche Charakter der angewendeten Normen des Privatrechts daraus, dass eine Lücke im öffentlichen Recht geschlossen wird (vgl. NK–VwGO Rn. 324).

123 **c) Hilfsmittel in Zweifelsfällen.** In Zweifelsfällen ist eine **umfassende Würdigung** des Einzelfalls vorzunehmen, die sich an Indizien, am Sachzusammenhang und hilfsweise an Vermutungsregeln orientiert.

124 **aa) Indizien.** Geht es darum, welches Regime die Verwaltung im Einzelfall gewählt hat, gelten für die Auslegung von Erklärungen und die Deutung von Verhalten die allgemeinen Regeln (§§ 133, 157 BGB). Die heranzuziehenden

Umstände zielen aber idR nicht unmittelbar auf die Klarstellung des aufgesuchten Rechtsregimes; daher sind **Indizien** auszuwerten. Wichtige Hinweise kann die Wortwahl geben: die Bezeichnung eines Nutzungsverhältnisses als „Mietvertrag"; Vereinbarung eines „Entgelts", eines „Tarifs" oder einer „Gebühr"; ergänzende Regelung durch einseitige Regelung („Satzung", „Nutzungsordnung") oder durch AGB bzw. unter Mitwirkung des Betroffenen; Androhung von Zwangsmitteln; Hinweis auf Anschluss- und Benutzungszwang; Haftungsausschlussvereinbarungen, die nur im Privatrecht möglich sind (BVerwG NVwZ 1985, 48; Eyermann Rn. 51).

In Rechtsbereichen, in denen eine Verwaltungsübung entwickelt ist, spricht **125** eine tatsächliche Vermutung dafür, dass sie die eingefahrenen Bahnen nicht ohne sichtbaren Grund verlässt (sog. **Traditionstheorie;** Eyermann Rn. 45). Einen Hinweis liefert auch der Umstand, dass sich die Nutzung einer Sache nicht iR ihres unmittelbaren öffentlichen Zwecks hält; dann wird die Nutzung häufig privatrechtlich ausgestaltet sein. Ebenso verhält es sich, wenn die Verwaltung bei Wahlfreiheit ein erkennbares Interesse daran hat, typische öffentlich-rechtliche Bindungen abzustellen.

bb) Sachzusammenhang; Kehrseitentheorie. Vielfach wird der **Sach- 126 und Funktionszusammenhang** der streitigen Maßnahme Aufschluss geben. Realakte sind öffentlich-rechtlich, wenn sie Folgen einer öffentlich-rechtlich geregelten Tätigkeit (Bsp. Aufschüttungen im Straßenbau) oder der Wahrnehmung einer hoheitlichen Befugnis oder Aufgabe sind (Eyermann Rn. 82). Nebenakte teilen den Rechtscharakter des Hauptaktes (Bsp. Verwahrung von Taschen anlässlich eines Besuchs der Bibliothek).

Eine besondere Ausprägung ist die sog. **Kehrseitentheorie.** Sie beruht auf **127** der Überlegung, dass eine Maßnahme, die nach Maßgabe öffentlichen Rechts ergangen ist, immer auch nur nach Maßgabe öffentlichen Rechts rückgängig gemacht werden kann. **Beseitigungs- und Abwehransprüche** sind daher öffentlich-rechtlich, wenn es die Maßnahme war, deren Beseitigung begehrt wird. **Erstattungsansprüche** teilen als gleichsam umgekehrte Leistungsansprüche deren Rechtsqualität (BVerwGE 89, 7 (9)). Bei Erstattungs- und Ausgleichsbegehren ist mithin auf den (vermeintlichen) Rechtsgrund abzustellen. Ist er privatrechtlich, handelt es sich um Kondiktionsansprüche nach den §§ 812 ff. BGB, ansonsten um öffentlich-rechtliche Erstattungsansprüche, für die eigene Regeln gelten (→ Rn. 142).

cc) Hilfsweise: Vermutung für öffentlich-rechtliches Handeln. Erlaubt **128** die Gesamtschau der Umstände keine eindeutige Identifizierung, greift eine **Vermutungsregel:** Öffentliches Recht ist das Sonderrecht zur Verfassung und Disziplinierung des Staates und seiner Untergliederungen. Daher ist davon auszugehen, dass ein Träger öffentlicher Verwaltung eine ihm durch einen Rechtssatz des öffentlichen Rechts zugewiesene Aufgabe oder Zuständigkeit in der Regel auch im Bereich und mit den Mitteln des öffentlichen Rechts erfüllen will. Jedes Handeln der öffentlichen Verwaltung im Zusammenhang mit der Erfüllung einer öffentlich-rechtlich zugewiesenen Aufgabe ist daher nach öffentlichem Recht zu beurteilen, solange der Wille, in privatrechtlicher Handlungsform tätig zu werden, nicht hinreichend deutlich in Erscheinung tritt (BVerwGE 96, 71 (76); Buchh 436.1 § 35 Nr. 1).

8. Kirchliches Handeln

129 Die Überprüfbarkeit religionsgemeinschaftlichen Handelns durch staatliche Gerichte gehört zu den umstrittensten Fragen des deutschen Staatskirchenrechts (dazu iE SSB Rn. 106 ff.; Eyermann Rn. 92 ff.). Kirchen und bestimmten korporierten Religionsgemeinschaften erkennt das staatliche Recht, unter Wahrung ihrer **vorstaatlichen Autonomie,** den Status von Körperschaften des öffentlichen Rechts zu (Art. 137 V WRV iVm Art. 140 GG). Dadurch sind sie vor staatlicher Einmischung in ihre inneren Verhältnisse (Lehre und Verkündung, kirchliche Organisation) geschützt. Dem Staat bleibt aber das Recht zur Prüfung, ob eine religiöse Gemeinschaft vorliegt, die ein Selbstbestimmungsrecht beanspruchen kann (zu den Anforderungen BVerwGE 90, 112 (115 ff.)). Angehörigen einer korporierten Religionsgesellschaft eröffnet der Justizgewährungsanspruch (→ vor §§ 40 Rn. 1) die Anrufung staatlicher Gerichte, wenn und soweit sie geltend machen, ein Akt ihrer Religionsgesellschaft habe sie in ihren subjektiven, vom Staat verliehenen Rechten verletzt (BVerwGE 149, 139 Rn. 12 ff.). Geistliche und Beamte einer Religionsgesellschaft haben, obwohl das **Dienstrecht** zum Kernbereich des Selbstbestimmungsrechts gehört, das Recht, dienstrechtliche Maßnahmen durch staatliche Gerichte überprüfen zu lassen (BVerwGE 149, 139 unter Aufgabe der bish. Rspr. in BVerwGE 117, 145). Kostenerstattungsansprüche am Verfahren vor einem Kirchengericht können grds. vor den staatlichen Gerichten wegen des staatlichen Gewaltmonopols eingeklagt werden (BVerwGE 153, 282). Vor der Anrufung des staatlichen Gerichts muss ein von der Religionsgesellschaft eröffneter eigener Rechtsweg erfolglos beschritten sein.

130 Einer staatlichen Kontrolle unterliegen ausnahmsweise die unmittelbaren **vermögensrechtlichen Auswirkungen** einer kirchlichen Maßnahme. Überprüfbar sind daher etwa die weltlichen Folgen eines Kirchenaustritts (BVerwG NJW 1979, 2322) oder die vermögensrechtlichen Folgen dienstrechtlicher Maßnahmen (BVerwGE 25, 226). Soweit dabei **Vorfragen** des innerkirchlichen Rechts entscheidungserheblich werden, darf nur die Wirksamkeit der darauf beruhenden Maßnahme, nicht ihre Vereinbarkeit mit Kirchenrecht überprüft werden (BVerwG NJW 1983, 2582; BVerwGE 116, 87; BGH NJW 2000, 1555; BGHZ 154, 306). Die sog. **Kirchengutsgarantie** (Art. 140 GG, Art. 138 Abs. 2 WRV) verbietet Eingriffe, die gerade und speziell das Kirchengut treffen, also Säkularisationen oder säkularisationsähnliche Akte. Sie erstreckt sich auf die einer Religionsgesellschaft hoheitlich eingeräumte Möglichkeit, ein im staatlichen Eigentum stehendes Kirchengebäude zu nutzen (BVerwGE 87, 115). Vor Eingriffen kann sich eine Kirche vor den VG wehren.

131 Die **Beziehungen zu kirchenfremden Privaten** sind teils öffentlich-rechtlich, teils privatrechtlich gestaltet. In diesem Handeln können Kirchen vor den staatlichen Gerichten klagen und verklagt werden (SSB Rn. 13;

Rn. 474 ff.). Hauptfälle sind das Besteuerungsrecht (Art. 137 VI GG), das Betreiben anerkannter kirchlicher Privatschulen und nach Auffassung des BVerwG auch das Bestattungswesen (BVerwGE 25, 364; aA Eyermann Rn. 96). Kirchliches Sonderrecht prägt das Handeln gegenüber Dritten beim Religionsunterricht an öffentlichen Schulen und bei der Benutzung von Einrichtungen in kirchlicher Trägerschaft wie Friedhöfen, nicht dagegen, wenn weltanschaulich ungebundene gemeinnützige Zwecke verfolgt werden (wie mit dem Betrieb von Krankenhäusern und Kindergärten). Die Errichtung eines **Grabmals** auf dem Friedhof einer Religionsgesellschaft ist kein der staatlichen Gerichtsbarkeit entzogenes Internum (BVerwG NJW 1990, 2079). Entsprechendes gilt für das sog. **Angelus-Läuten.** Es gehört zwar als kultische Handlung zu den inneren Angelegenheiten (anders das bloße Zeitschlagen), berührt wegen der potenziellen Kollision mit dem Ruhebedürfnis der Nachbarn aber auch staatliche Belange. Daher ist für Streitigkeiten zum Schutz der Nachbarn vor schädlichen Immissionen – entgegen früherer Auffassung (vgl. RGZ 56, 25) – der Rechtsweg zu den staatlichen Gerichten eröffnet. Wo sich Kirchen auf das Gebiet des Privatrechts begeben (etwa bei der Materialbeschaffung oder dem Abschluss von Angestelltenverträgen), gelten die allgemeinen staatlichen Regeln.

IV. Einzelfälle (alphabetisch)

1. Abwehr- und Unterlassungsansprüche

132 Die privatrechtliche oder öffentlich-rechtliche Natur von Abwehransprüchen korrespondiert mit der **Qualität des Eingriffs,** deren Kehrseite sie sind (→ Rn. 127; BVerwGE 68, 62). Dementsprechend sind Ansprüche des Staates gegen den Bürger, der öffentliche Sachen und Einrichtungen stört, stets privatrechtlich (Kopp/Schenke Rn. 29a; Eyermann Rn. 78). Hingegen sind Ansprüche des Bürgers auf **Unterlassung** von Störungen subjektiver Rechte (Eigentum, Gesundheit usw.) durch einen Hoheitsträger öffentlich-rechtlich, denn es geht um grundrechtliche Abwehrrechte.

133 Nach wie vor nicht völlig geklärt ist – bei Fehlen einer spezialgesetzlichen Grundlage – die **Rechtsgrundlage** des öffentlich-rechtlichen Abwehranspruchs. Sie kann unmittelbar aus den Grundrechten (Art. 2 II und Art. 14 I GG) oder aus den analog anzuwendenden §§ 1004, 906 BGB hergeleitet werden (BVerwGE 79, 254). Nach BVerwGE 131, 171 leitet sich der Unterlassungsanspruch aus einer grundrechtlich geschützten Position ab, jedenfalls aus dem allgemeinen Persönlichkeitsrecht (Art. 2 I iVm Art. 1 I GG). Die Grundrechte schützen den Grundrechtsträger vor rechtswidrigen Beeinträchtigungen jeder Art, auch solchen durch schlichtes Verwaltungshandeln. Infolgedessen kann der Bürger, wenn ihm eine derartige Rechtsverletzung droht, gestützt auf das jeweils berührte Grundrecht Unterlassung verlangen (BVerwGE 82, 76 (77 f.) mwN).

134 Hauptanwendungsfall ist die **Immissionsabwehrklage,** die sich meist gegen **Geräuscheinwirkungen** durch öffentliche Anlagen und Veranstaltungen richtet (BVerwGE 79, 254: Feueralarmsirene; BVerwGE 68, 62: liturgi-

sches Glockengeläut; BVerwGE 81, 197; 88, 143; BGHZ 121, 241: Jugend-
zeltplatz; weitere Bsp. bei Eyermann Rn. 82). Bei physischen Einwirkungen
(Immissionen) entspricht die Schwelle dem **Beeinträchtigungsniveau,** das
der Betroffene gem. § 906 BGB von einem Nachbarn nicht hinzunehmen
hätte und gegen das er sich auch im Immissionsschutzrecht unter Berufung
auf §§ 5, 22 BImSchG erfolgreich wehren könnte, mithin unterhalb der
Gesundheitsschädigung und unterhalb des schweren und unerträglichen Eingriffs in das Eigentum (BVerwGE 74, 315 (327); 68, 58; 65, 313).

135   Abzuwehren sind auch die ungerechtfertigte Errichtung eines öffentlichen
Bauvorhabens auf einem fremden Grundstück (BVerwGE 50, 282) oder die
unerlaubte **Zuführung von Wasser** (BVerwGE 89, 69 (79); Buchh 406.16
Grundeigentumsschutz Nr. 59). Denn die Wahrnehmung der wasserrechtlichen Unterhaltungspflicht geschieht in Erfüllung einer öffentlichen Aufgabe
des Trägers der Unterhaltungslast (BVerwGE 44, 235). Zu Störungen durch
Anlagen- und Verkehrslärm → Rn. 136; Beeinträchtigungen durch Miteigentümer → § 42 Rn. 195; zum Folgenbeseitigungsanspruch → Rn. 145.

2. Anlagen

136 **a) Hoheitlich betriebene Anlagen.** Emittierende Anlagen können von Privaten, von Hoheitsträgern oder von Privaten mit einer öffentlich-rechtlichen
Erlaubnis (Genehmigung, Planfeststellung) betrieben werden. Öffentlich-
rechtlich sind alle Ansprüche gegen einen hoheitlichen Anlagenbetreiber, der
eine **gewidmete Verkehrsanlage** errichtet und Dritten kraft Widmung zur
Verfügung stellt. Das gilt etwa für öffentliche Straßen, die von einem Träger
der Straßenbaulast unterhalten werden. Öffentlich-rechtlich sind auch Streitigkeiten um **Verkehrsregelungen,** die sich auf die Anlage beziehen. Bei
anderen Anlagen kommt es darauf an, ob ein Zusammenhang mit öffentlicher
oder fiskalischer Aufgabenstellung besteht (→ Rn. 132).

137 **b) Anlagen Privater.** Gegen Private, die keine Beliehenen sind, können nur
privatrechtliche Abwehransprüche bestehen (§§ 1004, 906 BGB). Jedoch
dürfen praktisch alle störenden Anlagen nur aufgrund einer öffentlich-rechtlichen Erlaubnis (Genehmigung, Planfeststellung, Plangenehmigung usw.) errichtet und betrieben werden. Das gilt für Gewerbebetriebe, immissionsschutzrechtliche Anlagen (vgl. die 4. BImSchV), 110-kV-Freileitungen und
private Verkehrsanlagen wie Eisenbahnstrecken der DB AG (Zulassung nach
AEG) oder Flughäfen (Zulassung nach LuftVG). In diesen Fällen konkurrie-
ren die Ansprüche gegen den Betreiber mit Ansprüchen gegen die über die
Zulassung entscheidende Behörde. Öffentlich-rechtlich sind Streitigkeiten um
die **Zulassung** der Anlage, ihre Modifikation, Einschränkung oder Aufhebung und um behördlich festzusetzende Schutzansprüche (zB § 74 II
VwVfG) oder nachträgliche Anordnungen (zB nach § 17 BImSchG). In
solchen **Nachbarstreitigkeiten** (→ § 42 Rn. 90) ist die Klage gegen die
Behörde zu richten, der Anlagenbetreiber ist notwendig beizuladen (§ 65 II).
Umfassend zum **Rechtsschutz im Fachplanungsrecht** Kopp/Ramsauer
VwVfG § 75 Rn. 65 ff.

Hingegen sind Ansprüche unmittelbar gegen **privatrechtlich organisierte** **138** **Anlagenbetreiber** (die DB AG, → Art. 87e GG, Flughafengesellschaften usw.) und erst recht gegen Anlagenbenutzer (Verkehrsteilnehmer, Fluggesellschaften) vor den Zivilgerichten zu verfolgen (Kopp/Schenke Rn. 9b). Sie wurzeln in privatrechtlichen Normen wie §§ 1004, 906 BGB oder § 14 BImSchG. Das gilt auch, wenn die Ansprüche nach der neueren Rspr. des BGH durch eine Genehmigung, Planfeststellung usw. überlagert oder ausgeschlossen sind (→ Rn. 33).

3. Ersatz- und Erstattungsansprüche

a) Aufwendungsersatz aus Geschäftsführung ohne Auftrag. Das Institut **139** der GoA besteht auch im öffentlichen Recht BVerwG NVwZ-RR 2004, 84; BVerwGE 80, 170; BayVGH BayVBl. 2012, 177). Für die öffentlich-rechtlichen Aufwendungsersatzansprüche gelten die §§ 677 ff. BGB entspr. (Eyermann Rn. 76; Kopp/Schenke Rn. 26). Zwei **Fallgruppen** sind zu unterscheiden:

(1) Ein privater Geschäftsführer erledigt ein Geschäft aus dem öffentlich- **140** rechtlichen Pflichtenkreis eines Trägers hoheitlicher Verwaltung (zum Tierfund BVerwGE 162, 63). Der Aufwendungsersatzanspruch ist öffentlich-rechtlich, weil nach hM auf den Rechtscharakter des getätigten Geschäfts und nicht auf die Rechtsqualität des Handelns abzustellen ist (BVerwGE 80, 170). Hätte die Verwaltung als Geschäftsführer Wahlfreiheit, kommt es auf ihren mutmaßlichen Willen an; dabei gilt wie stets eine widerlegliche Vermutung für öffentlich-rechtliches Handeln (→ Rn. 128).

(2) Erledigt ein Träger öffentlicher Gewalt ein Geschäft für einen privaten **141** Geschäftsherrn, können Ersatzansprüche der Verwaltung nach dem allgemeinen Ansatz nur privatrechtlich sein. Die Annahme einer Geschäftsführung ohne Auftrag der Verwaltung für den Bürger verbietet sich nicht einmal dann oW, wenn die öffentliche Hand bei dem betreffenden Vorgang hauptsächlich zur Erfüllung öffentlich-rechtlicher Pflichten tätig geworden ist (stRspr, BGHZ 156, 394 (397 f.) mwN auch zu den gegen diese Betrachtungsweise im Schrifttum erhobenen Bedenken).

b) Erstattungsansprüche, öffentlich-rechtliche. Der (allgemeine) öffent- **142** lich-rechtliche Erstattungsanspruch ist ein eigenständiges Rechtsinstitut des öffentlichen Rechts, abgeleitet aus allgemeinen Grundsätzen des Verwaltungsrechts, insbes. der Gesetzmäßigkeit der Verwaltung (BVerwGE 112, 351 (353 f.); 100, 56 (59); 87, 169 (172); 71, 85 (88)). Er dient der Rückabwicklung rechtsgrundlos erbrachter Leistungen oder sonstiger Vermögensverschiebungen. Sonderformen sind **spezialgesetzlich** geregelt (vgl. § 49a VwVfG, § 53 BeamtVG oder § 12 II BBesG), wobei Sonderzuweisungen den Rechtsweg regeln können (wie § 54 I BeamtStG). **Anspruchsvoraussetzungen** und **Rechtsfolgen** iÜ entsprechen denen des zivilrechtlichen Bereicherungsanspruchs (BVerwGE 131, 153 Rn. 13). Ausnahmen davon hat das BVerwG lediglich dann anerkannt, wenn und soweit den §§ 812 ff. BGB eine Interessenbewertung zugrunde liegt, die in das öffentliche Recht nicht übertragbar ist (BVerwGE 71, 85). Die Parallelität der Institute wirft die Frage der Abgrenzung auf. Bei Leistungen teilt der Erstattungsanspruch die Rechtsnatur der rückabzuwickelnden Vermögensverschiebung (→ Rn. 127). Demgem. kommt es auf die Rechtsgrundlage der Leistung an. Bei sonstigen Vermögensverschiebungen („Erlangung von etwas auf sonstige Weise") ist auf den Sachzusammenhang der Verschiebung abzustellen.

143 **c) Schadensersatzansprüche.** Ansprüche **gegen Hoheitsträger** auf Ersatz von Schäden können privatrechtlich oder öffentlich-rechtlich sein, je nachdem, ob sie aus der Verletzung einer privat- oder öffentlich-rechtlichen Pflicht folgen (→ Rn. 23 zu deliktischen Ansprüchen nach §§ 823 ff. BGB; → Rn. 38 zur Verkehrssicherungspflicht; → Rn. 22 zu Amtspflichten). Handelt es sich um Amtshaftung oder Schadensersatzansprüche aus der Verletzung öffentlich-rechtlicher Pflichten, schreiben Art. 34 S. 2 GG, § 40 II 1 den ordentlichen Rechtsweg vor.

144 Macht der Staat Ansprüche **gegen den Bürger** geltend oder wird anderes als Geldschadensersatz verlangt (→ Rn. 23), bleibt es aber auch dann beim Verwaltungsrechtsweg (I 1). Dasselbe gilt, wenn wegen der Verletzung öffentlich-rechtlicher Pflichten Ansprüche auf Naturalrestitution, Widerruf einer Erklärung oder eine Amtshandlung geltend gemacht werden (BVerwGE 15, 143; 39, 173; Kopp/Schenke Rn. 59; Eyermann Rn. 117).

4. Folgenbeseitigungsansprüche

145 Folgenbeseitigungsansprüche sind iSv Naturalrestitution auf Wiederherstellung des Status quo ante gerichtet. Ihre Rechtsnatur entspricht als Kehrseite derjenigen des Eingriffs, der beseitigt werden soll (zum Widerruf ehrverletzender Behauptungen → Rn. 162). Wird Rückgabe von Geld als Folgenbeseitigung (und nicht als Schadensersatz) verlangt, bleibt die Generalklausel in I 1 einschlägig. Eine spezielle Form des Folgenbeseitigungsanspruchs betrifft den Vollzug von VA nach deren gerichtlicher Aufhebung (Vollzugsfolgenbeseitigungsanspruch § 113 I 2).

5. Öffentliche Sachen und Einrichtungen

146 Öffentliche Sachen und Einrichtungen sind solche, mit denen ein Hoheitsträger öffentliche Zwecke und Aufgaben erfüllt. Es kann sich um Sachen im Gemeingebrauch (zB Straßen, Schulen, Bäder), im Anstaltsgebrauch (Stadthallen oder Plätze) oder im Verwaltungsgebrauch handeln (Näheres bei Papier in Erichsen/Ehlers AllgVerwR § 37 ff.). Im Zusammenhang mit öffentlichen Sachen sind beim Rechtsweg **drei Problembereiche** zu erörtern: (a) Hausrechtsausübungen bei öffentlichen Gebäuden, (b) Herausgabeansprüche und (c) Zulassung zur und Ausgestaltung der Nutzung.

147 **a) Hausrechtsausübungen.** Die Zuordnung von Hausrechtsausübungen durch Träger öffentlicher Verwaltung im Zusammenhang mit Gebäuden ist differenziert zu betrachten. Es kann sich um Hausverbote handeln, dh die Untersagung, ein Gebäude zu betreten, oder auch nur um die Modalitäten des Betretens wie etwa die Anordnung, sich auf Waffen durch- oder untersuchen zu lassen. Sofern kein gesetzlich geregelter Fall vorliegt (solche finden sich beim Bundestagspräsidenten nach Art. 40 II 1 GG sowie im Kommunalrecht), kann sich die **Rechtsgrundlage** sowohl aus Eigentum oder Besitz ergeben (§§ 1004, 903 oder §§ 859 f. BGB) als auch aus der öffentlich-rechtlichen Sachherrschaft, dem Widmungsakt. Kann der Hausrechtsinhaber Befugnisse des privaten wie des öffentlichen Rechts ausüben (nicht bei einer privatrechtlich organisierten Einrichtung), ist zunächst zu fragen, ob eine **eindeutige Formenwahl** getroffen ist (Indizien sind die Wortwahl und die Beifügung einer Rechtsbehelfsbelehrung, vgl. VG Neustadt LKRZ 2010, 178).

Führt die Auslegung nicht zu einem eindeutigen Ergebnis, ist streitig, **148** worauf abzustellen ist. Die heute hM stellt auf den **Zweck des Hausverbots** und dessen Zusammenhang mit der Aufgabenwahrnehmung der Einrichtung ab (vgl. OVG NRW NVwZ-RR 1989, 316; HessVGH NJW 1990, 1250; Jutzi LKRZ 2009, 16; Eyermann Rn. 66; Kopp/Ramsauer VwVfG § 35 Rn. 37; Kopp/Schenke Rn. 22; NK-VwGO Rn. 387). Das von einem öffentlich-rechtlichen Verwaltungsträger ausgesprochene Hausverbot hat dann öffentlich-rechtlichen Charakter, wenn es dazu dient, (allgemein) die Erfüllung der staatlichen Aufgaben im Verwaltungsgebäude zu sichern bzw. (konkret) die unbeeinträchtigte Wahrnehmung einer bestimmten staatlichen Sachkompetenz zu gewährleisten (BSG SozR 4–1500 § 51 Nr. 6; OVG NRW NVwZ-RR 1989, 316: städtisches Bibliotheksgebäude; BayVGH NJW 1980, 2722 und SchlHOVG NJW 1994, 340: Anordnung durch einen Gerichtspräsidenten). **Abzulehnen** ist das von der Rspr. früher vertretene Abstellen auf den **Aufenthaltszweck** des Besuchers oder Benutzers.

Der **Präsident** eines Gerichts ist aufgrund seines gewohnheitsrechtlich **148a** anerkannten Hausrechts befugt, zur Gewährleistung eines ordnungsgemäßen Dienstbetriebs verhältnismäßige (Ordnungs)Maßnahmen zur Aufrechterhaltung der Sicherheit und Ordnung im Gerichtsgebäude zu ergreifen. Für die Überprüfung damit verbundener Eingriffe in die Rechte Betroffener und ihrer Grenzen (§ 169 und § 176 GVG) ist der Verwaltungsrechtsweg nach I 1 gegeben (BVerwG NJW 2011, 2530 und BVerfG NJW-RR 2007, 1053).

Zur Entscheidung eines Rechtsstreits um die Ausübung des „virtuellen **148b** Hausrechts" **(Sperre eines Accounts)** auf einer kirchlich verantworteten Facebook-Seite sind die Zivilgerichte berufen (BVerwG CR 2019, 529).

b) Herausgabeansprüche. Öffentliche Sachen bleiben Gegenstand der Pri- **149** vatrechtsordnung, ihre Nutzung wird aber durch eine öffentlich-rechtliche Sachherrschaft überlagert, die in der Regel durch einen ausdrücklichen oder konkludenten Widmungsakt begründet wird (Konstruktion des sog. **modifizierten Privateigentums**). Die Herausgabe einer öffentlichen Sache ist daher nach § 40 I 1 vor den VG geltend zu machen, wenn die öffentliche Zweckbindung in Rede steht. Der Anspruch findet seine Stütze im öffentlichen Widmungsakt (vgl. nur § 8 X FStrG; BVerwGE 29, 248). IÜ sind die Vorschriften des BGB über Eigentum und Besitz anzuwenden, also der Zivilrechtsweg gegeben. Entspr. liegen die Dinge bei sonstigen öffentlichen Sachen (BVerwGE 87, 115; weitere Bsp. bei Eyermann Rn. 78).

150 **c) Zulassung zu öffentlichen Einrichtungen.** Bei der Zulassung zu öffentlichen Veranstaltungen (Volksfesten, Jahrmärkten) und Einrichtungen (Sport- und Spielplätzen, Festplätzen, Mehrzweckhallen) ist oft – aber nicht zwangsläufig – zu trennen zwischen der Zulassung zur Nutzung und der Abwicklung des Nutzungsverhältnisses (Kopp/Schenke Rn. 16). Die erste Stufe ist durchweg öffentlich-rechtlich, wenn eine Auswahlentscheidung bei begrenztem Kontingent zu treffen ist. Teilweise ist der Zugang ausdrücklich oder gewohnheitsrechtlich durch Rechtssätze geregelt ist, die als öffentlich-rechtlich zu qualifizieren sind (wie bei kommunalen Einrichtungen → Rn. 151). IdR liegt ein Widmungsakt vor, der die Sache einer definierten (allgemeinen oder begrenzten) Zugänglichkeit unterstellt. Die Widmung kann durch Rechtssatz oder durch VA und auch konkludent erfolgen. Soweit keine gesetzliche Grundlage besteht, kommt eine (konkludente) Widmung durch eine von einem Widmungswillen getragene faktische Indienststellung in Betracht (VGH BW NVwZ-RR 1996, 681).

151 Über die Zulassung zu **Eigenbetrieben** der kommunalen Gebietskörperschaften (gemeindlichen Kindergärten, Veranstaltungsräumen, Plätzen) ist öffentlich-rechtlich zu entscheiden (BVerwGE 31, 368; NVwZ 1982, 194). Die kommunalrechtlichen Vorschriften räumen Einwohnern meist einen Zulassungsanspruch ein, andere einen Anspruch auf ermessensfehlerfreie Entscheidung (Eyermann Rn. 51). Entspr. gilt für Zulassungsstreitigkeiten mit den Trägern anderer öffentlicher Einrichtungen (wie kirchliche Friedhöfe, staatliche Kunsthallen, Universitäten). Bei **Einrichtungen der Daseinsvorsorge** ist die öffentlich-rechtliche Zulassung zu vermuten (Kopp/Schenke Rn. 16). Der Zulassungsanspruch einer **Partei** aus § 5 I PartG ist öffentlich-rechtlich (BVerwGE 32, 333 f.; NJW 1990, 134).

152 Das **Benutzungsverhältnis** kann sodann öffentlich- oder privatrechtlich ausgestaltet sein. Die Zuordnung ist anhand von **Indizien** vorzunehmen (→ Rn. 124); im Zweifel liegt eine öffentlich-rechtliche Ausgestaltung vor (→ Rn. 128; Kopp/Schenke Rn. 13; gemeindliche Kindertagesstätte: OVG RhPf NVwZ-RR 2008, 129; OVG NRW NJW 1976, 820).

153 Wird die Einrichtung von einer kommunal beherrschten juristischen **Person des Privatrechts** betrieben (Bsp. Krankenhäuser), gehört der Streit mit dieser auch über die Zulassung vor die Zivilgerichte, sofern es sich nicht ausnahmsweise um Beliehene handelt (→ Rn. 109). Daneben kann der öffentlich-rechtliche **Träger der Einrichtung** darauf in Anspruch nehmen, von seinen Einwirkungsmöglichkeiten Gebrauch zu machen (sog. **Verschaffungsanspruch;** vgl. BVerwG NJW 1990, 134; Eyermann Rn. 57).

6. Realakte

154 **a) Allgemeines.** Die Realakte sind ihrer Natur nach weder öffentlich- noch privatrechtlich. Nicht sie müssen zugeordnet werden, sondern die Ansprüche, die sie auslösen können. Es handelt sich um Abwehr- bzw. Unterlassungsansprüche (→ Rn. 132), soweit – einwirkende oder drohende – Immissionen (→ Rn. 156) oder nachteilige Verlautbarungen (→ Rn. 162) in Rede stehen, hingegen um Folgenbeseitigungsansprüche, wenn es um die Rückgängigmachung von Eigentumseingriffen in Vollzug staatlicher Entscheidungen geht (zB durch Überbau oder Abgrabung eines Grundstücks beim Bau einer Straße, Überschwemmung durch eine Kläranlage, Abbuchung von einem Konto). Über Ansprüche auf Auskunft oder Einsichtnahme in Unterlagen (→ Rn. 158) ist oft durch VA zu entscheiden, womit die öffentlich-rechtliche Natur des Anspruchs feststeht (→ Rn. 116). IÜ sind die speziellen Rechtsgrundlagen der Ansprüche zu qualifizieren, die auf andere Rechtswege verweisen können.

Soweit „parallele" Anspruchsgrundlagen im bürgerlichen und im öffent- **155** lichen Recht bestehen (Erstattungs-, Ersatzansprüche, GoA), nimmt die hM die Zuordnung nach dem **Sachzusammenhang** vor (NK–VwGO Rn. 322 ff.). Abwehransprüche sind öffentlich-rechtlich, wenn die sie auslösenden Realakte mit der öffentlichen Aufgabenerfüllung in einem unmittelbaren funktionellen oder organisatorischen Zusammenhang stehen (Eyermann Rn. 80 ff., Kopp/Schenke Rn. 29). Im Zweifel greift die Vermutung zugunsten öffentlich-rechtlichen Handelns ein (BVerwGE 71, 183 (186), → Rn. 128).

b) Immissionen. Die Einwirkungen öffentlicher Anlagen iSd § 3 II **156** BImSchG (Lärm, Licht, Staub usw.) außerhalb fachplanungs- oder immissionsschutzrechtlicher Zulassung können öffentlich-rechtliche Abwehransprüche begründen (→ Rn. 136). Soweit Immissionen indes hinreichend gewichtig (unzumutbar) sind, lösen sie Entschädigungsansprüche aus, die den Zivilgerichten zugewiesen sind (→ Rn. 29, 32; zum Lärm von Militärflugplätzen vgl. BGHZ 129, 124; NVwZ-RR 2006, 669; NVwZ 1992, 404).

c) Verlautbarungen von Behörden und Amtswaltern. aa) Amtliche **157** **Erklärungen.** Bei amtlichen Verlautbarungen entscheidet der **Sachzusammenhang** über die Rechtsnatur. Sie unterfallen dem öffentlichen Recht, wenn sie in Erfüllung öffentlicher Aufgaben erfolgen oder beansprucht werden. Bei Erklärungen mit **nachteiligem Inhalt** ist die Funktion entscheidend, in der eine Erklärung abgegeben wurde (BVerwGE 131, 171: Unterlassen von nachteiligen Aussagen in einem Verfassungsschutzbericht; BGHZ 34, 99; BVerwG NJW 1970, 1990, BVerwGE 44, 351; NJW 1988, 2399; VGH BW DÖV 2002, 348). Öffentlich-rechtlich sind **Warnungen** einer Behörde vor Religionsgemeinschaften oder Sekten (BVerwGE 82, 76; NJW 1994, 162) sowie etwa vor Produkten (BVerwG 87, 39).

bb) Informationen (Auskunft, Akteneinsicht). Der Rechtsweg für An- **158** sprüche auf Auskunft, Einsichtnahme oder Information ist heterogen geregelt. Zu unterscheiden sind **verfahrensakzessorische** Ansprüche und **verfahrensunabhängige** Auskunftsansprüche. Letztere sind häufig sondergesetzlich zugewiesen. Die verfahrensakzessorischen Ansprüche sind demgegenüber idR unter dem Aspekt des Sachzusammenhangs in demselben Rechtsweg zu verfolgen wie die Ansprüche, denen die Information dienen sollen.

159   **Sondergesetzlich** vorgeschrieben ist der **Verwaltungsrechtsweg** für den verfahrensunabhängigen Anspruch auf Zugang zu Umweltinformationen nach dem **UIG** (vgl. § 6 I UIG; HessVGH NVwZ 2007, 348) und über Auskünfte nach dem **IFG** (§ 9 IV IFG; vgl. zu Ansprüchen gegen die **BaFin** nach § 1 I IFG: BVerwG NVwZ 2012, 1563). Das gilt auch für Ansprüche **gegen die DB Netz AG** aus § 3 I 1 UIG auf Auskunft über Planung und Bau von Schienenwegen (BVerwG NVwZ 2017, 1775).

159a   Hingegen entscheidet der **Sachzusammenhang** über den Rechtsweg bei **verfahrensakzessorischen Akteneinsichtsansprüchen:** Wurzelt das Begehren auf Gewährung von Einsicht im **Steuerrechtsverhältnis,** ist auch für bereichsübergreifend ausgestaltete außersteuerrechtliche Einsichtsansprüche der Rechtsweg zu den Finanzgerichten nach § 33 I Nr. 1 FGO eröffnet (zu § 4 I IFG NRW: BVerwG NWVBl 2019, 26 mwN). Betrifft die begehrte Auskunft die in § 51 SGG erwähnten **Sozialleistungsbereiche,** ist für eine auf Auskunft auf der Grundlage von § 15 SGB I der Rechtsweg zu den Sozialgerichten eröffnet (VGH BW ESVGH 65, 191). Entspr. gehören Auskunftsverlangen bei **Amtshaftungsansprüchen** als Nebenansprüche in den ordentlichen Rechtsweg (→ Rn. 22).

160   Mangels sondergesetzlicher Zuweisung im **Verwaltungsrechtsweg** zu verfolgen sind nach § 40 I 1 Informationsansprüche des Bürgers und der Presse gegen die Verwaltung sind. Die **Öffentlichkeitsarbeit der Verwaltung** erfolgt in Erfüllung öffentlich-rechtlicher Informationspflichten (BVerwGE 47, 247; NJW 1989, 412). Das gilt für **presserechtliche Auskunftsansprüche** aus den **Landespressegesetzen,** und zwar auch dann, wenn er ein von der öffentlichen Hand beherrschtes Unternehmen betrifft (BGH NJW 2005, 1720). Dasselbe gilt für den verfassungsunmittelbaren presserechtlichen Informationsanspruch **aus Art. 5 I GG** gegen Bundesbehörden (BVerwGE 146, 56; K&R 2015, 529). Entsprechendes gilt für die Pressearbeit der **Gerichte** und für die Verbreitung ihrer Entscheidungen (BVerwGE 104, 105; BGH NJW 1978, 1860). Der presserechtliche Informationsanspruch wird nicht durch **strafprozessuale Auskunftsansprüche** aus §§ 475 I, 478 I, III StPO, für den der ordentliche Rechtsweg gegeben ist, verdrängt (VG Gelsenkirchen AfP 2019, 366).

160a   Der **Verwaltungsrechtsweg** ist ferner gegeben für öffentlich-rechtliche (Unterlassungs)Ansprüche auf **Nichtveröffentlichung** der sog. Arzneimittel-Transparenzlisten (BVerwGE 71, 183), gegen amtliche Verlautbarungen des Bundesgesundheitsamtes im Bundesanzeiger (BVerwG DVBl 1982, 636), gegen die Kassenärztliche Bundesvereinigung wegen Verbreitung einer Stellungnahme zur therapeutischen Wirksamkeit eines Arzneimittels (BVerwGE 58, 167 (168)) sowie gegen Arzneimittelempfehlungen der Allgemeinen Ortskrankenkasse (BGH NJW 1964, 2208), gegen öffentliche **Warnungen** eines Gesundheitsministeriums vor dem Handel und Verkauf von E-Zigaretten (BVerwG NVwZ-RR 2015, 425).

161   Für das Begehren des **Soldaten** auf Einsichtnahme in seine Sicherheitsakte ist der Rechtsweg zu den allgemeinen VG gegeben (BVerwGE 113, 116). Für Streitigkeiten um **Personalakten** der Beamten, Richter und Soldaten gelten die aufdrängenden Sonderzuweisungen des öffentlichen Dienstrechts (→ Rn. 60).

cc) Ehrverletzende Äußerungen. Die vorstehenden Grundsätze gelten 162
auch bei ehrverletzenden Äußerungen von Bediensteten anlässlich der Amtsausübung. Stehen Behauptungen im Raum, geht der Anspruch auf Richtig-
stellung oder **Widerruf;** handelt es sich um (ab)wertende Äußerungen,
kommt nur ein Anspruch auf **Entschuldigung** in Betracht.

Die Klage ist gegen die Behörde bzw. deren Rechtsträger und nicht gegen 163
den Bediensteten persönlich zu richten; gegen diesen könnten nur privatrechtliche Ansprüche geltend gemacht werden (Eyermann Rn. 83). Indes
kann es im Einzelfall schwierig sein zu entscheiden, ob eine Äußerung dem
Organträger oder dem Organwalter persönlich **zuzurechnen** ist. Diese Bewertung hängt von vielerlei Umständen des Einzelfalles ab, insbes. von Inhalt
und Form der Äußerung, von ihrer Veranlassung und damit von dem Zusammenhang, in dem sie abgegeben worden ist (BVerwG Buchh 11 Art. 2
GG Nr. 58; Buchh 232 § 2 BBG Nr. 1; OVG RhPf NJW 1987, 1660). Nicht
jede Überschreitung der dienstlichen Befugnisse gibt einer Erklärung ein privatrechtliches Gepräge; ein **Exzess** ist erst dann anzunehmen, wenn ein Vorwurf so sehr Ausdruck der persönlichen Meinung oder Einstellung ist, dass
die Ehrkränkung eine unvertretbare persönliche Leistung des Bediensteten
darstellt (Eyermann Rn. 83; str.).

dd) Sendungen öffentlich-rechtlicher Rundfunkanstalten. Für Unter- 164
lassungsansprüche von Bürgern, die sich durch die Sendung einer öffentlich-
rechtlichen Rundfunkanstalt in ihren Persönlichkeitsrechten betroffen sehen,
ist grds. der **Zivilrechtsweg** gegeben (BVerwG NJW 1994, 2500 im Anschluss an BGHZ 66, 182). Die früher verbreitete Unterscheidung von redak-
tionellen Äußerungen (für die der Verwaltungsrechtsweg gegeben sei) und
Werbesendungen ist heute hinfällig geworden (Eyermann Rn. 85). Zur Klage
gegen eine medienrechtliche Verfügung einer Landesmedienanstalt gegen
einen Rundfunkveranstalter auf **Änderung des Programms** BVerwGE 152,
122.

7. Subventionsvergabe

Die Entscheidung über Vergabe von Subventionen in jeder Form (Zuschüsse, 165
Darlehen uä, näher Eyermann Rn. 50) gehört dem öffentlichen Recht an
und hat im Regelfall durch VA zu erfolgen; das gilt auch für die Festlegung
der Subventionsbedingungen, soweit der öffentliche Subventionszweck abgesichert werden soll. Ist keine weitere Abwicklung erforderlich, handelt es sich
um eine **einstufige Vergabe,** die nach der Generalklausel in I 1 vor die VG
gehört. Besonders bei sog. verlorenen Zuschüssen ist die Auszahlung Erfüllung der Bewilligung, eine etwa eingeschaltete private Bank bloße Verwal
tungshelferin (BVerwG NJW 1977, 1838; DGH NJW 2000, 1042; NVwZ
1985, 517). Entspr. gilt bei der Vergabe einer Subvention aufgrund öffentlich-
rechtlichen Vertrages, soweit er zugleich Bewilligung und Abwicklungsmoda-
litäten regelt.

Ist eine gesonderte **Abwicklung** der Subventionsvergabe erforderlich (etwa 166
in Form der [un]verzinslichen Rückzahlung), kann sich die Verwaltung für

die Stufe der Abwicklung für eine öffentlich- oder privatrechtliche Ausgestaltung entscheiden. Wählt sie letztere Gestaltung, erfolgt eine zweistufige Subventionsvergabe durch einen Bewilligungsbescheid auf der ersten und einen privatrechtlichen Akt (Darlehensvertrag, staatliche Garantie oder Bürgschaft) auf der zweiten Stufe (BVerwG NVwZ-RR 2012, 628). Dies macht prozessual die Anwendung der Zweistufentheorie (→ Rn. 108) erforderlich. Danach unterliegt die Rückabwicklung der Subvention bei Störungen des Subventionsverhältnisses (rechtswidrige Bewilligung, Zweckverfehlung uä) vollständig dem öffentlichen Recht (Eyermann Rn. 50); denn Rücknahme oder Widerruf (§§ 48 ff. VwVfG) unterliegen demselben Regime wie die Bewilligung. Dasselbe gilt für die Änderung von Subventionsbedingungen (BVerwGE 13, 47). Die Beziehungen zwischen Subventionsempfänger und (rück)abwickelnder Bank bei ungestörten Subventionsbeziehungen sind regelmäßig zivilrechtlich (BVerwG MDR 1968, 1035). Auch auf Rückzahlung eines Darlehens muss die Bank vor den Zivilgerichten klagen (BVerwG DVBl 2006, 118). Die Verletzung einer begleitenden **Betreuungspflicht** ist öffentlich-rechtlich (BVerwGE 30, 46; 32, 283), für **Geldschadensersatzansprüche** des Bürgers gegen den Staat greift jedoch die abdrängende Zuweisung des § 40 II 1 Fall 3 ein (→ Rn. 38).

8. Verträge

167   **a) Vertragsbeziehungen.** Der Vertrag ist zwar das typische Gestaltungsmittel des Privatrechtsverkehrs, bestimmt jedoch seit langem auch das Staatsrecht, Völkerrecht und allgemein das öffentliche Recht (vgl. §§ 54 ff. VwVfG. Über die Zuordnung eines Vertrages zum öffentlichen oder privaten Recht entscheidet sein **Gegenstand,** nicht aber die Rechtsnatur der Vertragsschließenden (GmS-OGB BVerwGE 74, 368; 42, 331; Eyermann Rn. 67 ff.; Kopp/Schenke Rn. 23). Die Zuordnung unterliegt nicht der Disposition der Parteien; es kommt auf die objektive Qualifikation des Vertragsgegenstandes an.

168   Unter dem Gegenstand sind die durch ihn begründeten oder mit ihm verknüpften Rechtsfolgen zu verstehen (vgl. auch § 54 S. 1 VwVfG). Sie sind öffentlich-rechtlich, wenn sie in Vollzug einer öffentlich-rechtlichen Regelung erfolgen, wie dies im BauGB (für Erschließungs[kosten]verträge nach § 124, § 133 BauGB), im PBefG (§ 28 III, V, VI) und FStrG (§ 13 VI) vorgesehen ist. Wo eine ausdrückliche Ordnung des Vertragsgegenstandes fehlt, müssen der Zweck und das weitere Bezugsfeld des Vertrages einbezogen werden (Eyermann Rn. 69). Sind auf beiden Seiten Verwaltungsträger beteiligt, ist dies lediglich ein Indiz für den öffentlich-rechtlichen Charakter koordinationsrechtlicher Verträge. Zur wirtschaftlichen Betätigung der öffentlichen Hand iÜ → Rn. 172 ff.

169   Bei mehreren Vertragselementen mit sowohl öffentlich- wie privatrechtlichen Verpflichtungen (sog. **Mischverträge**) ist die Zuordnung streitig. Das BVerwG stellt auf die Rechtsnatur des jeweils streitigen Vertragsteils ab (DÖV 1981, 878), der BGH hingegen auf den Schwerpunkt des gesamten Vertrages (NJW 2004, 253; NJW-RR 2000, 845).

b) Vertragsverletzungen. Bei öffentlich-rechtlichen Verträgen gehören 170
nicht nur Erfüllungsansprüche vor die VG, sondern **alle Ansprüche** aus
Anbahnung, Abschluss und Abwicklung einschließlich Schadensersatzansprüche
che aus Nicht- oder Schlechterfüllung sowie aus positiver Vertragsverletzung
(BVerwG NVwZ 2003, 1383; NJW 2002, 2894 und NK-VwGO
Rn. 566 f.). Die abdrängende Sonderzuweisung aus II 1 Fall 3 (nichtvertragliche
liche Pflichtverletzung) greift insoweit nicht (→ Rn. 38). Zum Anspruch aus
Verschulden bei Vertragsschluss (culpa in contrahendo) und zur Behandlung
gesetzlicher Schuldverhältnisse → Rn. 39.

9. Verwaltungsvollstreckung

Maßnahmen der Verwaltungsvollstreckung (zB Pfändungen) richten sich nach 171
dem Fachrecht, bei Steuern idR nach dem AO, iÜ nach dem VwVG des
Bundes, auf das Landesrecht oft verweist. Soweit Maßnahmen der Form des
VA ergehen, gehören sie vor die VG, soweit für den zugrunde liegenden Titel
der Verwaltungsrechtsweg gegeben ist; auf die Rechtsnatur der beizutreiben-
den Forderung kommt es nicht an (BVerwGE 77, 139; Eyermann Rn. 62, 37,
142). Daher ist in Angelegenheiten der Sozialversicherung nach § 66 III SGB
X der Rechtsweg zu den SG gegeben (OVG Hmb DÖV 1982, 601, str.). Für
andere Maßnahmen der Verwaltungsvollstreckung wie die Ersatzvornahme
(§ 10 VwVG) gilt Entsprechendes.

10. Wirtschaftliche Betätigung der öffentlichen Hand

a) Fiskalische Tätigkeit der Verwaltung und Daseinsvorsorge. Fis- 172
kalisch abgewickelt werden Bedarfsdeckungsgeschäfte und die erwerbswirtschaftliche Tätigkeit der öffentlichen Hand. Hier nimmt ein Hoheitsträger
wie jede Privatperson am allgemeinen Rechtsverkehr teil und bedient sich
dessen Rechtsformen (Eyermann Rn. 48).

Dem – in seinem Umfang unklaren – Bereich der **Daseinsvorsorge** 173
werden alle staatlichen Handlungen zugeordnet, die nach dem Stand der
gesellschaftlichen Entwicklung der Befriedigung lebenswichtiger Bedürfnisse
des Einzelnen in der Gemeinschaft dienen, ohne dass der Einzelne zumut-
barerweise in der Lage wäre, sich die nötigen Leistungen selbst zu beschaffen.
Das trifft etwa auf die Versorgung mit Wasser, Gas und Strom zu, auf den
öffentlichen Personennahverkehr, die Unterhaltung der Kanalisation, die Ab-
fallentsorgung und die Bereitstellung eines Schulsystems.

Wählt die Verwaltung in diesen Bereichen privatrechtliche Handlungsfor- 174
men, kann sog. **Verwaltungsprivatrecht** zur Anwendung kommen: Das
Handeln der Verwaltung bleibt privatrechtlich, unterliegt aber Bindungen aus
dem Bereich des öffentlichen Rechts (BGHZ 155, 166; Eyermann Rn. 47).
So gilt die Pflicht zur Beachtung der bundesstaatlichen Kompetenzverteilung,
die unmittelbare Verpflichtung auf die Grundrechte sowie das Verbot sach-
widriger Koppelung von Verwaltungsleistungen und Gegenleistung des Bürgers. Auf den Rechtsweg wirkt sich die Auferlegung solcher öffentlich-rechtlicher Bindungen nicht aus. Anderes gilt, wenn öffentliche Aufgaben auf

selbstständig agieren und lediglich beaufsichtigte private Rechtssubjekte ausgelagert werden. Öffentlich-rechtlich sind dann nur Ansprüche auf Ausübung des Aufsichtsrechts.

175 **b) Vergabe öffentlicher Aufträge.** Mit der Vergabe öffentlicher Aufträge an private Unternehmer kann die Verwaltung zwei Ziele verfolgen: Zum einen handelt es sich um **Beschaffungsvorgänge** für Waren, Sach- oder Dienstleistungen, die der Erfüllung der eigenen Aufgaben dienen. Zum anderen sind sie ein Instrument der **Wirtschaftslenkung** und -förderung.

176   Die Vergabe öffentlicher Aufträge erfolgt durch privatrechtliche Verträge. Nach der stRspr bewegt sich die öffentliche Hand bei der Vergabe öffentlicher Aufträge in aller Regel auf dem Boden des Privatrechts, sodass für Streitigkeiten über die hierbei vorzunehmende **Auswahl des Vertragspartners** der Rechtsweg zu den ordentlichen Gerichten gegeben ist (GmS-OGB BGHZ 97, 312 (316 f.); BVerwGE 35, 103 (104 f.); 14, 65 (71 f.); 7, 89 (90 f.); 5, 325 (326 f.); Buchh 310 § 40 VwGO Nr. 122 S. 54 f.; BGH NJW 1967, 1911).

177   Geht der Auftragserteilung eine **öffentlich-rechtliche Vergabeentscheidung** voran, muss hiergegen Primärrechtsschutz möglich sein (BVerfG-Kammer NJW 2004, 2725; Eyermann Rn. 49; André DVBl 2011, 1207). Die §§ 97 ff. GWB gestalten die Vergabeentscheidung **oberhalb** der in § 2 Vergabeverordnung genannten Schwellenwerte (Auftragssummen) nach Vorgaben des Unionsrechts als VA aus, sehen für die Anfechtung durch Mitbieter freilich den ordentlichen Rechtsweg zu den Kartellsenaten der OLG (§ 62 GWB) vor (BGHZ 162, 116). Nach der neueren Rspr. des BVerwG ist (auch) für Streitigkeiten in Vergabeverfahren, die nicht in den Anwendungsbereich der §§ 97 ff. GWB fallen, weil sie Aufträge **unterhalb der Schwellenwerte** betreffen, der Rechtsweg zu den ordentlichen Gerichten eröffnet (BVerwGE 129, 9).

178 **c) Wettbewerbshandeln der öffentlichen Verwaltung.** Auf die Teilnahme des Staates in Konkurrenz zu privaten Anbietern (Bsp.: kommunale Wohnungsvermittlung) finden die Bestimmungen des UWG und des GWB Anwendung. Daraus resultierende Streitigkeiten sind privatrechtlicher Natur. Soll einem öffentlich-rechtlichen Aufgabenträger die **Wettbewerbsteilnahme an sich** (das „Ob" der Betätigung) untersagt werden, wurzeln Untersagungs- oder Unterlassungsansprüche in denjenigen Vorschriften, die dem Verwaltungsträger Grenzen für eine erwerbswirtschaftliche Betätigung setzen; sie sind nach der Sonderrechtstheorie also öffentlich-rechtlicher Natur (BVerwGE 39, 329; HessVGH NVwZ 2003, 238; BGHZ 150, 343). Ist hingegen die **Art der Betätigung** betroffen, hängt der Rechtsweg davon ab, ob der geltend gemachte Anspruch aus öffentlich-rechtlichen oder privatrechtlichen (insbes. wettbewerbsrechtlichen) Vorschriften herzuleiten ist (Eyermann Rn. 86 mwN).

§ 41 *(weggefallen)*/**§§ 17–17b GVG**

Übersicht

Der aufgehobene § 41 enthielt Regelungen über die Entscheidung bei Un- **1** zulässigkeit des Verwaltungsrechtsweges und über die Rechtswegverweisung. Diese und entspr. Regelungen in anderen Prozessordnungen sind durch das 4. VwGOÄndG v. 17.12.1990 (BGBl. I 2809) gestrichen bzw. angepasst und in den neu gefassten **§§ 17, 17a und 17b GVG** zentral verankert worden. Seither verweisen die Prozessordnungen auf diese Vorschriften.

Für die **Verwaltungsgerichtsbarkeit** gelten die §§ 17 ff. GVG kraft der **2** **Generalverweisung in § 173 S. 1** (hM, NK-VwGO § 41 Rn. 2; aA Eyermann § 173 Rn. 6: unmittelbare Geltung). Sie ist erforderlich, weil das GVG aus sich heraus nur auf die ordentliche Gerichtsbarkeit Anwendung findet (§ 2 EGGVG). Nachfolgend werden lediglich verwaltungsprozessuale **Besonderheiten der Rechtswegverweisung** dargestellt. IÜ wird auf die Kommentierung zu → § 83 und auf einschlägiges Schrifttum verwiesen (zB Eyermann § 41; Kopp/Schenke Anh § 41; Kissel GVG).

I. Anwendungsbereich der Rechtswegverweisung

1. Zweck der Verweisungsvorschriften

Durch § 17a II 1 GVG ist es einem Gericht seit 1991 **untersagt,** eine Klage **3** als unzulässig **abzuweisen,** weil der vom Kläger beschrittene Rechtsweg nicht eröffnet oder das angerufene Gericht nicht zuständig ist. Zwar handelt es sich um Sachurteilsvoraussetzungen; deren Fehlen besagt aber nur, dass das *angegangene* Gericht nicht in der Sache entscheiden darf. Die weiteren Konsequenzen ergeben sich nicht aus dem Begriff der Unzulässigkeit, sondern aus dem Verfahrensrecht, hier aus § 17a GVG (→ vor § 40 Rn. 6, 12).

4   Die Frage der Rechtswegzuständigkeit soll zu einem **möglichst frühen Zeitpunkt** abschließend geklärt und das weitere Verfahren nicht mehr mit dem **Risiko** eines später erkannten Mangels des gewählten Rechtsweges belastet werden (BT-Drs. 11/7030 S. 36 f.). Das Verbot der Abweisung eines Rechtsschutzantrags wegen Unzuständigkeit und weitere Mechanismen schützen Verfahrensbeteiligte davor, Opfer von Zuständigkeitsstreitigkeiten zu werden. Dazu enthält § 17a GVG Maßgaben für die Rechtswegprüfung, die verbindliche (bestätigende) Vorabklärung oder eine Verweisung an das zuständige Gericht des gegebenen Rechtswegs.

2. Rechtsweg und Zuständigkeiten

5   **Unmittelbar anwendbar** sind die §§ 17 ff. GVG nur für den **Rechtsweg** (§ 17 I GVG), also im Verhältnis der fünf Rechtswege (Gerichtsbarkeiten) des Art. 95 GG untereinander und zu **Sondergerichtsbarkeiten** (→ Rn. 10 ff.). Sie gelten auch im Verhältnis zu **an**gegliederten Sondergerichten. Im Verhältnis zu **ein**gegliederten Spruchkörpern (zB Disziplinargerichten) ist nach § 83 zu verfahren. Zu den Wehrdienstgerichten vgl. §§ 21 II 1 iVm 18 III WBO.

6   **Nicht** anwendbar sind die Vorschriften im Verhältnis der Fachgerichtsbarkeiten zu einem **Verfassungsgericht** (Eyermann § 41 Rn. 7) und zu **kirchlichen** Gerichten (BVerfGE 109, 1 (8); BVerwGE 95, 379 (382)). Für Fälle **sachlicher und örtlicher Unzuständigkeit** innerhalb der Gerichtsbarkeit werden sie in § 83 in Bezug genommen. Zu Fällen sonstiger Unzuständigkeit → Rn. 9.

3. Vorläufiger Rechtsschutz und PKH

7   Im Verwaltungsprozess gelten die §§ 17 ff. GVG im Grundsatz für alle Klage-, Antrags- und Beschlussverfahren. Für **Anträge im vorläufigen Rechtsschutz** nach §§ 80, 80a, 123 gelten sie entspr. (BVerwG Buchh 310 § 40 VwGO Nr. 286; str. NK-VwGO § 41 Rn. 6). Beim unzuständigen Gericht angebrachte Anträge im vorläufigen Rechtsschutz sind daher grds. zu verweisen, soweit die Eilbedürftigkeit der Verfahren nicht entgegensteht. Ein Zuständigkeitszwischenstreit findet nicht statt (Eyermann § 41 Rn. 3). Str. ist die Behandlung von Eilanträgen, die bei einem für die Hauptsache unzuständigen Gericht angebracht sind (→ § 80 Rn. 40a).

8   Die Verweisung von **PKH-Anträgen,** die nicht beim zuständigen Prozessgericht angebracht werden (→ § 166 Rn. 46), entspr. § 17a II GVG ist **umstritten.** Das Meinungsspektrum ist vielfältig, sodass keine hM auszumachen ist. Es reicht von der Notwendigkeit zur Verwerfung des Antrags (Kopp/Schenke Anh § 41 Rn. 2b), über die Möglichkeit der sachlichen Beschei-

dung, bis hin zur Notwendigkeit der Verweisung (SächsOVG SächsVBl. 2010, 99 unter Aufgabe der Rspr. in NJW 1994, 1020; VGH BW NJW 1992, 707). Es ist zu unterscheiden: Bei **gemeinsamer** Anbringung des Hauptsacherechtsbehelfs und des PKH-Antrags beim unzuständigen Gericht sind beide zu verweisen (Eyermann § 41 Rn. 4 mwN; NK-VwGO § 17 GVG Rn. 10 ff., § 166 Rn. 212). Hingegen kommt im **isolierten** PKH-Verfahren (für ein erst beabsichtigtes Hauptsacheverfahren) eine Verweisung nicht in Betracht (→ § 83 Rn. 3; VGH BW NJW 1995, 1915, 1916; OVG NRW NJW 1993, 2766; **aA** NK-VwGO § 17 GVG Rn. 12). Nimmt der Antragsteller den PKH-Antrag nach Hinweis auf das zuständige Gericht nicht zurück, ist der Antrag abzulehnen (NK-VwGO § 166 Rn. 211 ff.).

4. Funktionelle und andere Unzuständigkeiten

Bei **geschäftsplanwidriger** Verteilung innerhalb eines Gerichts ist die Sache 9 zwischen den Spruchkörpern formlos abzugeben (→ § 83 Rn. 4). Ausnahmen davon bestehen bei **instanzieller** bzw. sonstiger **funktioneller** Unzuständigkeit (→ § 45 Rn. 2): Bejaht das VG seine Zuständigkeit im Widerspruch zu §§ 47 f., kann der angerufene Berufungs- oder Beschwerdesenat des OVG das Verfahren nicht an den für Normenkontroll- oder erstinstanzliche Verfahren nach § 48 zuständigen Senat abgeben, sondern muss die Sache in entspr. Anwendung des § 17a II GVG förmlich verweisen (BVerwG Buchh 238.31 § 56 PersVG Nr. 1; → § 83 Rn. 1). Dasselbe gilt, wenn der angegangene und der zuständige Spruchkörper unterschiedlich besetzt sind (wie im Personalvertretungs- und Flurbereinigungsrecht).

5. Haupt- und Hilfsanträge

Die §§ 17 ff. GVG gelten gleichermaßen für Haupt- und für Hilfsanträge 10 (→ § 44 Rn. 2). Allerdings wirkt sich aus, dass die Anträge streitgegenstandsverschieden sind: Ist für den Hauptantrag der Verwaltungsrechtsweg nicht gegeben, ist das Verfahren ohne Rücksicht auf den Hilfsantrag (und dessen etwaige öffentlich-rechtliche Natur) zu verweisen. Ist der Rechtsweg für den Hilfsantrag nicht gegeben, ist über den Hauptantrag zu entscheiden; bleibt dieser erfolglos, ist der Rechtsstreit wegen des Hilfsantrags zu verweisen (Eyermann § 41 Rn. 19 mwN).

6. Vorfragen und Aufrechnung

Vorfragen werden nicht rechtshängig. Schon deshalb kann ein Rechtsstreit 11 wegen rechtswegfremder Vorfragen nicht verwiesen werden; soweit entscheidungserheblich, hat jedes Gericht über sie inzident mitzuentscheiden (→ § 40 Rn. 102 ff.). Soweit mehrere Anspruchsgrundlagen in Betracht kommen (sog. Anspruchsnormenkonkurrenz), entscheidet das Gericht des zulässigen Rechtsweges gem. § 17 II GVG den Rechtsstreit unter allen – auch rechtswegfremden – rechtlichen Gesichtspunkten (→ Rn. 13a). Bei der **Aufrechnung** mit einer rechtswegfremden Forderung (→ § 40 Rn. 106) wird die Gegenforderung ebenfalls nicht rechtshängig (Eyermann § 41 Rn. 15, 19).

Den Rechtsstreit deshalb zu verweisen, macht zudem keinen Sinn, weil die Aufrechnung als *Gegenrecht* in den Prozess eingeführt wird.

II. Verfahren der Verweisung und Rechtswegbestätigung

1. Gerichtliche Prüfungskompetenz

12 Das vom Kläger zuerst angegangene Gericht prüft seine Rechtswegzuständigkeit – wie alle Sachentscheidungsvoraussetzungen (→ vor § 40 Rn. 8) – bei Eingang der Sache **vAw**. Erst in einem höheren Rechtszug scheidet eine Nachprüfung des Rechtsweges regelmäßig aus (§ 17a V GVG → Rn. 30). Die Eröffnung des Rechtswegs hat das Gericht – auf der Grundlage des Klageantrags und des zu dessen Begründung vorgetragenen Sachverhalts – unter allen in Betracht kommenden rechtlichen Gesichtspunkten zu prüfen (§ 17 II 1 GVG; BVerwG NVwZ 2018, 590 Rn. 14 mwN). Den beschrittenen Rechtsweg hat es zu bejahen, wenn für den Streitgegenstand eine Anspruchsgrundlage in Betracht kommt, die in dem beschrittenen Rechtsweg verfolgt werden kann. Gemeint sind aber nur Fälle von **Anspruchsnormenkonkurrenz:** Ein und derselbe Streitgegenstand (gebildet durch den Klageantrag und den zur Begründung vorgetragenen Lebenssachverhalt) ist nach mehreren materiellrechtlichen Anspruchsgrundlagen zu beurteilen, soweit gesetzlich nicht ausdrücklich etwas anderes bestimmt ist (Eyermann Rn. 18). Etwas anderes bestimmt ist nach § 17 II 2 GVG für Ansprüche nach Art. 14 III 4 (Summenstreit → § 40 Rn. 30) und Art. 34 S. 3 GG (Amtshaftung). Eine Verweisung ist nach Wortlaut und Sinn des § 17a II 1 GVG jedoch nur dann geboten und zulässig, wenn der beschrittene Rechtsweg **schlechthin unzulässig** ist, dh für den Klageanspruch mit allen in Betracht kommenden Klagegründen (BVerwG NVwZ 1993, 358; VGH BW ESVGH 65, 191).

12a Liegt eine **Mehrheit prozessualer Ansprüche** vor, ist jeder Anspruch in dem dafür vorgesehenen Rechtsweg zu prüfen (allgM, BVerwG NVwZ-RR 2014, 856 mwN). Eine Mehrheit von Streitgegenständen kann auch bei gleichem Antrag vorliegen, wenn zusammentreffende Ansprüche materiell-rechtlich unterschiedlich ausgestaltet sind (BGH MDR 2014, 294 mwN). So bildet etwa der verfahrensunabhängige Jedermann-Anspruch auf freien Zugang zu Umweltinformationen nach **§ 3 I 1 UIG** einen selbstständigen Streitgegenstand iVz allen anderen Informationsansprüchen (BVerwG NVwZ 2007, 1095). Sind nicht im beschrittenen Rechtsweg verfolgbare prozessuale Ansprüche erhoben, sind diese **abzutrennen** (§ 93 S. 2) und in den zulässigen Rechtsweg **zu verweisen.**

13 Bestehen **keine Zweifel** am Rechtsweg und werden solche von den Beteiligten auch nicht geweckt, kann das Gericht den Rechtsweg (wie andere Zulässigkeitsvoraussetzungen auch) mit der Feststellung, der Rechtsbehelf sei zulässig, stillschweigend mitbejahen. Sind **Zweifel aufgetaucht,** hängt das weitere Verfahren wesentlich davon ab, wer sich die Zweifel und mit welchem Nachdruck zu eigen macht: Hält das VG eigene oder von Dritten aufgebrachte Zweifel für durchgreifend, wird es den Rechtsstreit verweisen (§ 17a II GVG → Rn. 3). Rügt ein Beteiligter die Zulässigkeit des Rechtswegs, ist das

Gericht zu einem Vorabentscheidungsverfahren verpflichtet, das es nach Zweckmäßigkeitserwägungen auch sonst für die verbindliche Klärung der Rechtswegfrage nutzen kann (§ 17a III 1 und 2 GVG → Rn. 14). Nach der Gesetzessystematik soll die Frage der Rechtswegzuständigkeit abschließend geklärt sein, bevor eine Entscheidung in der Hauptsache ergeht.

2. Verfahren bei Vorabentscheidung

Das vom Verwaltungsrechtsweg überzeugte VG ist **verpflichtet,** den Rechts- **14** weg durch überprüfbare Vorabentscheidung zu bejahen, wenn ein Beteiligter iSd § 63 (auch ein Beigeladener) den Rechtsweg rügt (§ 17a III 2 GVG). **Rüge** ist die ausdrückliche Verneinung des Rechtswegs, nicht das Anmelden bloßer Zweifel. Die Rüge kann nur bis zum Verhandeln in der Hauptsache erhoben werden (§ 173 S. 1 iVm § 282 III ZPO); eine verspätete Rüge hindert das VG aber nicht daran, **vAw** eine für zweckmäßig erachtete Vorabentscheidung zu treffen.

Die Vorabentscheidung ist durch **Beschluss** aufgrund freigestellter mündli- **15** cher Verhandlung zu treffen, § 17a IV 1 GVG. Dadurch ist das für Zulässigkeitsfragen sonst zur Verfügung stehende Zwischenurteil (§ 109) aus Gründen der Verfahrensbeschleunigung ausgeschlossen. Inhalt des Vorabbeschlusses ist der Ausspruch, dass der (beschrittene) Verwaltungsrechtsweg zulässig ist. Eine Kostenentscheidung enthält der Beschluss nicht (→ Rn. 37), er ist aber zu **begründen** (§ 17a IV 2 GVG). Da er mit der Beschwerde angefochten werden kann (**Zulässigkeitszwischenstreit** → Rn. 33), ist er mit einer Rechtsmittelbelehrung zu versehen und zuzustellen (§ 56 I).

Wird der Vorabbeschluss angefochten, kann das VG das Hauptsacheverfah- **16** ren entspr. § 94 **aussetzen.** Ein rechtskräftiger Vorabbeschluss entfaltet im weiteren Verfahren (für OVG und BVerwG) **Bindungswirkung** (§ 17a V GVG). Diese entfällt auf Rüge, wenn das VG eine Pflicht zur Vorabentscheidung missachtet hat (→ Rn. 31).

3. Verfahren bei Verweisung

a) Prüfungsumfang. Hält das VG den beschrittenen Rechtsweg für un- **17** zulässig, spricht es dies nach Anhörung der Parteien vAw aus – also auch ohne Antrag und ggf. gegen den Willen der Beteiligten – und verweist den Rechtsstreit zugleich an das zuständige Gericht des zulässigen Rechtsweges (§ 17a II GVG).

Die Verpflichtung **verwehrt** dem VG die **Abweisung** einer im falschen **18** Rechtsweg erhobenen Klage. Die Prüfung, ob der Rechtsbehelf aus jenseits der Zuständigkeit liegenden Gründen zulässig und begründet ist, steht nur dem gesetzlichen Richter zu (BVerwG NJW 2001, 1513). Deshalb darf das (unzuständige) VG auch nicht die Frage beantworten, ob eine justiziable Rechtsstreitigkeit vorliegt, also überhaupt ein Rechtsweg eröffnet ist (Eyermann § 40 Rn. 9 mwN). Es muss dies unterstellen und an das dann zuständige Gericht verweisen.

19   Es bestehen jedoch **Ausnahmen,** weil die Prüfungsbefugnis des Gerichts durchaus über die Zuständigkeitsfrage hinausreicht. So hat das VG nachzuprüfen, ob (1) ein Prozessrechtsverhältnis (→ vor § 40 Rn. 3 f.) (fort)besteht, ob (2) die deutsche Gerichtsbarkeit gegeben ist (→ vor § 40 Rn. 20) und (3) ob sonst Prozesshindernisse vorliegen (→ vor § 40 Rn. 31; BVerwG NVwZ 2002, 992). Daher hat es das Verfahren nach Klagerücknahme und Hauptsachenerledigung einzustellen (§ 92 III), bei exterritorialer Gerichtsbarkeit und Prozesshindernissen (als unzulässig) abweisen.

20   Ist eine **Teil- oder Zwischenentscheidung** getroffen worden, hindert dies fortan eine Verweisung (Eyermann § 41 Rn. 21 mwN); das Gericht hat – trotz durchgreifender Rechtswegzweifel – weiter in der Sache zu entscheiden. Dasselbe gilt nach positivem Vorabbeschluss (§ 17a III GVG) und für das OVG/BVerwG nach bindender Bejahung des Rechtswegs durch die Vorinstanz (§ 17a V GVG).

21 **b) Anhörung.** Die Verweisung beschließt das VG nach Anhörung der Beteiligten (§ 17a II 1 GVG). Ihnen ist binnen angemessener Frist **Gelegenheit** zu geben, sich zu den für die Verweisung maßgeblichen Umständen und Rechtsfragen **zu äußern.** Diese Umstände erstrecken sich auf die Unzuständigkeit des angerufenen Gerichts und auf das vAw zu bestimmende zuständige Gericht. Eine Information über die Absichten des VG ist stets geboten (Nobile officium), auch wenn die Beteiligten sich zu allen entscheidungserheblichen Umständen bereits geäußert haben (str.).

22 **c) Entscheidungsinhalte.** Das VG hat ein **Doppeltes auszusprechen:** Es erklärt den Verwaltungsrechtsweg für nicht gegeben und verweist den Rechtsstreit zugleich an das „zuständige Gericht des zulässigen Rechtsweges" (§ 17a II 1 GVG; BVerwG NVwZ 1995, 372). **Tenor:** Der Verwaltungsrechtsweg ist nicht gegeben. Der Rechtsstreit wird an das <Gericht> verwiesen. Das im gegebenen Rechtsweg zuständige Eingangsgericht ist vAw zu bestimmen. Die Prüfung bezieht sich daher nicht nur auf die örtliche Zuständigkeit (innerhalb oder außerhalb der Verwaltungsgerichtsbarkeit), sondern auch auf die Instanz (BVerwG NVwZ 2002, 992; BVerwGE 18, 53 (58)). Ist gegen die Entscheidung des VG die Berufung ausgeschlossen, hat das VG außerdem über die **Zulassung der Beschwerde** an das BVerwG (entspr. § 17a IV 3–6 GVG) zu entscheiden (BVerwGE 108, 153 (154) → Rn. 36).

23 **d) Beschlussfassung.** Die Verweisung erfolgt zwingend durch **Beschluss,** der zu **begründen** ist (§ 17a IV 1, 2 GVG), ggf. in Auseinandersetzung mit den Einwänden der Beteiligten. Der Beschluss ist mit einer **Rechtsmittelbelehrung** zu versehen (§ 58) und zuzustellen (§ 56 I), wenn er anfechtbar ist (dazu iE → Rn. 15 und → Rn. 33). Der Verweisung (in einem höheren Rechtszug) steht nicht entgegen, dass der Kläger (noch) nicht gem. § 67 IV **ordnungsgemäß vertreten** ist (BVerwG DVBl 2002, 1050).

24   Der Verweisungsbeschluss enthält **keine Kostenentscheidung,** daher auch keine Streitwertfestsetzung; denn die Kosten im Verfahren vor dem fälschlich angegangenen Gericht werden als Teil der Kosten behandelt, die bei dem

Gericht erwachsen, an das der Rechtsstreit verwiesen wurde (zur Schlussentscheidung → Rn. 37).

Das VG entscheidet in der für die Sachentscheidung maßgeblichen **Beset-** 25 **zung** (§ 5), ggf. durch den Einzelrichter (→ § 6 Rn. 24). Die Kammer entscheidet ohne ehrenamtliche Richter, sofern (wie regelmäßig, § 17a IV 1 GVG) von einer mündlichen Verhandlung abgesehen wird (§ 5 III). Entsprechendes gilt für die Senate der OVG (§ 9 III). Das BVerwG entscheidet nach § 10 III (insbes. als erstinstanzliches Gericht iSd § 50). Auch die Wehrdienstsenate des BVerwG entscheiden in der Besetzung ohne ehrenamtliche Richter bei Verweisung an ein allgemeines VG (→ Rn. 13 f.; BVerwG NVwZ-RR 2009, 541) und an ein Truppendienstgericht (BVerwG Beschl. v. 17.1.2006 – 1 WB 3.05, Rn. 32 ff.).

4. Wirkungen einer Verweisung

a) Fortbestehende Rechtshängigkeit. Die **Wirkungen** der Verweisung 26, 27 sind in **§ 17b GVG** geregelt. Sie bestehen nach I 1 im Wechsel der Anhängigkeit (mit abdrängender wie aufdrängender Qualität, SSB § 41 [§ 17a GVG] Rn. 14) und nach I 2 im Fortbestehen der Rechtshängigkeit nach Eintritt der Rechtskraft des Verweisungsbeschlusses (iE Eyermann § 41 Rn. 39 ff.). Der **Grundsatz der Einheit des Verfahrens** bewirkt, dass Prozesshandlungen (auch eine PKH-Bewilligung) grds. ihre Wirksamkeit behalten, auch wenn sie iR einer anderen Prozessordnung zu bewerten sind. Daher bleiben Klagefristen gewahrt, selbst wenn die Verweisung erst nach Fristablauf erfolgt (BVerwG Buchh 310 § 153 Nr. 35). Zu weiteren Fallgruppen → § 81 Rn. 10-13.

b) Bindung für das Gericht, an das verwiesen wird. Nach § 17a II 3 28 GVG ist der Beschluss für das Gericht, an das der Rechtsstreit verwiesen worden ist, hins. des **Rechtsweges** bindend. Diese Bindungswirkung entfaltet der **zuerst ergangene Verweisungsbeschluss** (vgl. BVerwG Beschl. v. 26.2.2009 – 2 AV 1.09; NVwZ 2008, 917; Kopp/Schenke § 41 Rn. 21; SSB § 53 Rn. 11). Das Gericht darf (grds.) weder zurückverweisen noch an eine dritte Gerichtsbarkeit weiterverweisen. Möglich bleibt eine Weiterverweisung *innerhalb* des neuen Rechtswegs, also an ein anderes sachlich, örtlich oder instanziell zuständiges Gericht. Während eine Rechtswegverweisung bindet, ist eine Weiterverweisung in einen anderen Rechtsweg nach Verweisung innerhalb des Rechtswegs gem. § 83 zulässig. Die Bindungswirkung betrifft nicht das Verfahrens- und das materielle Recht: Das entscheidende Gericht muss die aus seiner Sicht richtige Prozessordnung anwenden (also nicht unbesehen seine eigene, Eyermann § 41 Rn. 28 mwN, **str.**) und den Rechtsstreit gem. § 17 II GVG unter allen zutreffenden rechtlichen Gesichtspunkten prüfen.

Die Bindungswirkung entsteht auch bei **fehlerhafter Rechtswegverwei-** 29 **sung,** weil die Verfahrensbeteiligten die Möglichkeit nutzen können, eine Korrektur durch Rechtsmittel herbeizuführen (BVerwGE 79, 110; Eyermann § 41 Rn. 27 mwN). Die Bindung tritt auch ein, wenn ein Gericht nach Vorabentscheidung gem. § 17a III GVG (→ Rn. 14) fehlerhaft an ein Gericht eines anderen Gerichtszweigs verweist (BGH NJW 2001, 3631). **Ausnahmsweise entfällt** die Bindungswirkung, wenn der Verweisungsbeschluss an einem schweren („extremen") Rechtsverstoß leidet, völlig unhaltbar, abwegig, rechtsmissbräuchlich oder sonst willkürlich ist (vgl. BVerwG NVwZ 1995, 372; BGH NJW 2003, 2990; NJW-RR 2002, 713, jeweils mwN).

30   **c) Bindung des Rechtsmittelgerichts durch Rechtswegbejahung.** Das Rechtsmittelgericht **prüft gem.** § 17a V GVG iR der Anfechtung einer Sachentscheidung (nicht also im Zwischenverfahren nach § 17a IV GVG) **grds. nicht** (→ Rn. 31), ob der beschrittene Rechtsweg zulässig ist. Diese Bindungswirkung setzt aber voraus, dass das zuerst angegangene Gericht „eine Entscheidung in der Hauptsache" getroffen hat, bei der es den Rechtsweg – ausdrücklich oder stillschweigend – bejaht hat. Das gilt auch dann, wenn der Rechtsweg nicht gegeben oder zweifelhaft ist. Die Beteiligten haben es in der Hand, ihre Zweifel durch Rüge anzubringen und das Gericht dadurch zu einer Vorabentscheidung zu zwingen (→ Rn. 14). Das Rüge- und Beschwerderecht der Beteiligten (→ Rn. 33) garantiert ausreichenden Rechtsschutz auch hinsichtlich der Frage, ob die gesetzliche Rechtswegordnung beachtet wird (vgl. BT-Drs 11/7030, 38; BGHZ 114, 1 (3); BGHZ 119, 246 (249 f.); BVerwGE 161, 164 zu § 83 II BPersVG iVm §§ 65, 88,93 II ArbGG).

31   Bei Rechtswegverweisung **entfällt die Bindungswirkung,** wenn das VG die Verfahrensgrundsätze des § 17a II, III GVG nicht einhält, insbes. unter Verstoß gegen § 17a III 2 GVG – also trotz ausdrücklicher Rüge des Rechtswegs – eine Vorabentscheidung unterlässt und zur Sache entscheidet. Der Grund für diese Reduktion des § 17a V GVG liegt darin, dass dem Kläger durch das verfahrensfehlerhafte Unterlassen die Möglichkeit einer Überprüfung im Wege der Beschwerde nach § 17a IV 3 GVG genommen wird (BVerwG BayVBl 1998, 603; NJW 1994, 956; Buchh 310 § 40 Nr. 268; BGHZ 121, 367 (370); 119, 246 (250)). Auch dann prüft das Berufungsgericht den Rechtsweg nur bei ausdrücklicher Erhebung der Rüge bei ihm (BVerwG NJW 1994, 956). In dem Fall hat es grds. selbst in ein Vorabverfahren einzutreten, was sich nur erübrigt, wenn es die Zulässigkeit des Rechtswegs bejaht und im Falle der Vorabentscheidung keinen Anlass sähe, die Beschwerde zum BVerwG zuzulassen (Eyermann Rn. 38); dann darf das OVG unmittelbar zu einer Sachentscheidung kommen (BGHZ 132, 245).

32   Anders liegen die Dinge bei **Verweisung nach § 83 S. 1.** Deren Bindungswirkung bleibt **auch dann bestehen,** wenn das verweisende Gericht die Verfahrensgrundsätze des § 17a II, III GVG missachtet. Da die Beschwerde ausgeschlossen ist (§ 83 S. 2), ist den Beteiligten nicht die Möglichkeit genommen, die Zuständigkeit entspr. § 17a IV 3 GVG im höheren Rechtszug prüfen zu lassen (OVG Bln-Bbg BeckRS 2018, 1549 Rn. 9). Allerdings entfällt bei **willkürlicher Verweisung** (→ Rn. 29) auch hier die Bindungswirkung (→ § 83 Rn. 10 ff.; vgl. BVerwGE 79, 110; NVwZ 1993, 770).

III. Rechtsmittel

1. Statthaftigkeit der Beschwerde

Der Beschluss bei **Zuständigkeits**verweisung ist unanfechtbar (§ 83 S. 2). **33**
Bei **Rechtsweg**verweisung ist gegen den Verweisungsbeschluss – ebenso
gegen eine Vorabentscheidung – „die sofortige Beschwerde nach den Vorschriften der jeweils anzuwendenden Verfahrensordnung" statthaft (§ 17a IV
2 GVG), im Verwaltungsprozess mithin die **Beschwerde nach §§ 146 ff.**
Die Beschwerde ist „sofortig", also fristgebunden und bedarf keiner Abhilfeentscheidung nach § 148 I (Eyermann § 41 Rn. 31; **str.,** aA OVG NRW
NVwZ-RR 1998, 595). Die Beschwerdebefugnis ist bei **formeller Beschwer** gegeben, die dem Kläger bei einer Vorabentscheidung, den übrigen
Beteiligten bei rügegemäßer Verweisung fehlt. Die Beschwerde – auch schon
ihre Einlegung beim VG – unterliegt dem **Vertretungszwang** nach § 67 IV.

Zuständig für die Beschwerdeentscheidung ist das OVG, in Verfahren mit **34**
ausgeschlossener Berufung unmittelbar das BVerwG (BVerwGE 108, 153).
Dieses ist auch Beschwerdegericht, wenn das OVG als Eingangsgericht entscheidet. Das Beschwerdegericht entscheidet aufgrund freigestellter mündlicher Verhandlung durch **Beschluss** (vgl. § 17a IV 2 GVG iVm § 150). Zur
Besetzung des Gerichts → Rn. 25.

Die Beschwerde **gegen eine Vorabentscheidung** wird zurückgewiesen, **35**
wenn der beschrittene Rechtsweg zulässig ist. Ist der Rechtsweg nicht gegeben, hebt das Beschwerdegericht die Entscheidung auf und verfährt sogleich
nach § 17a II GVG (Verweisung in den richtigen Rechtsweg → Rn. 22). Ist
ein **Verweisungsbeschluss sachlich falsch,** hebt das Beschwerdegericht den
Beschluss auf und erklärt den Rechtsweg (iS einer Vorabentscheidung entspr.
§ 17a III 2 GVG) für gegeben (Eyermann § 41 Rn. 33). Der Rechtsstreit
wird in der Vorinstanz, wo es bis zur Rechtskraft des Verweisungsbeschlusses
anhängig bleibt, unmittelbar fortgesetzt (aA BGHZ 119, 246 (251): Zurückverweisung).

Wird die Beschwerdeentscheidung vom OVG gefällt, lässt § 17a IV 4 bis 6 **36**
GVG ausnahmsweise (vgl. den Vorbehalt in § 152 I) die **weitere Beschwerde** zum BVerwG zu (nicht in Eilsachen, Eyermann § 41 Rn. 35, str., offengelassen BVerwG NVwZ-RR 1999, 485). Dem BVerwG eröffnet dies die
Möglichkeit, den GmS-OGB anzurufen (→ § 11 Rn. 2). Die weitere Beschwerde (ebenso die erste zum BVerwG) ist aber **zulassungsbedürftig,**
worüber das OVG in jeder Beschwerdeentscheidung ebenfalls zu befinden
hat. Zulassungsgründe sind die grundsätzliche Bedeutung der Rechtswegfrage
und die Abweichung von der Entscheidung eines obersten Gerichtshofes des
Bundes oder des GmS-OGB (§ 17a IV 5 GVG). An eine Zulassung ist das
BVerwG **gebunden** (§ 17a IV 6 GVG, BVerwGE 108, 153). Lässt das OVG
(bzw. VG → Rn. 22) die Beschwerde nicht zu, ist dies abschließend; eine
Beschwerde gegen die Nichtzulassung gibt es nicht (BVerwG NVwZ 1994,
782). Ist die weitere Beschwerde zugelassen, ist sie innerhalb von **zwei
Wochen** einzulegen (§ 17a IV 3 GVG iVm § 147); eine Abhilfeentscheidung
ist nicht zu treffen (→ Rn. 33).

2. Kostenentscheidungen

37 Nach **§ 17b II 2 GVG** sind dem Kläger in der Schlussentscheidung die entstandenen **Mehrkosten** der Verweisung im ersten Rechtszug auch dann aufzuerlegen, wenn er in der Hauptsache obsiegt (iE SSB § 41 [§ 17b GVG] Rn. 7 ff.). Dieses Gebot der Kostentrennung (→ vor § 154 Rn. 7) verfolgt das Gesetz zur Durchsetzung des Verursacherprinzips: Der Kläger hat die Kosten durch Anrufung des falschen Gerichts verursacht. Deshalb ist von § 17b II 2 GVG eine Ausnahme zu machen, wenn der Kläger durch eine **unrichtige Rechtsbehelfsbelehrung** auf den falschen Rechtsweg gelenkt worden ist: Die Mehrkosten sind nach § 155 IV dem Beklagten als Verfasser der falschen Belehrung aufzuerlegen (→ § 155 Rn. 23). Bei bindender Vorabentscheidung ist wegen des Grundsatzes der Kosteneinheit (→ vor § 154 Rn. 12) über die Kosten des Zwischenstreits mit der Schlussentscheidung zu befinden.

38   In welchem Verfahren und nach welchen Grundsätzen die **Kosten eines** (ggf. weiteren) **Beschwerdeverfahrens** zu verteilen sind, ist **umstritten.** Nach **hM** hat das Beschwerdegericht selbst über die Kosten eines Beschwerdeverfahrens zu befinden. Kosten „im Verfahren vor dem angegangenen Gericht" iSd § 17b II 1 GVG sind nur die Kosten des erstinstanzlichen Gerichts (§ 17a IV 3 und 4 GVG; BVerwGE 137, 52 Rn. 13; 103, 26 (32); NVwZ-RR 2015, 69). Nach **aA** (Eyermann § 41 Rn. 45) ist zu differenzieren: Das das Verfahren gehört zum Zwischenstreit, über dessen Kosten in der Schlussentscheidung (→ Rn. 37) zu befinden ist, wenn die Beschwerde zur Verweisung führt. Führt sie zur Bejahung des Rechtswegs, ist es nach dem Unterliegens- und Veranlasserprinzip des Kostenrechts (→ vor § 154 Rn. 6) allein angängig, den Beklagten – unabhängig vom Ausgang des Rechtsstreits – mit den Kosten zu belasten, weil er zu Unrecht Verweisung verlangt hat (ebenso OVG NRW Beschl. v. 27.4.2010 – 1 E 405/10; VGH BW VBlBW 2002, 345; InfAuslR 2001, 382).

§ 42 [Anfechtungs- und Verpflichtungsklage]

(1) Durch Klage kann die Aufhebung eines Verwaltungsakts (Anfechtungsklage) sowie die Verurteilung zum Erlaß eines abgelehnten oder unterlassenen Verwaltungsakts (Verpflichtungsklage) begehrt werden.

(2) Soweit gesetzlich nichts anderes bestimmt ist, ist die Klage nur zulässig, wenn der Kläger geltend macht, durch den Verwaltungsakt oder seine Ablehnung oder Unterlassung in seinen Rechten verletzt zu sein.

Übersicht

A. Vorbemerkungen

Die **prozessuale Behandlung von VA** gehört zu den Besonderheiten der 1
Verfahren aller öffentlich-rechtlichen Gerichtsbarkeiten (VG, SG, FG → § 40
Rn. 7). Sie erfordert die Ausformung eigenständiger Verfahrensarten und
ihrer Zulässigkeitsvoraussetzungen; denn die Verweisung auf die Klagearten
der ZPO gem. § 173 S. 1 (zum „System" der Klagearten → vor § 40
Rn. 49 ff.) führt hier naturgemäß ins Leere. Daher regelt § 42 I die beiden
typischen VA-Klagearten. Ergänzend sind § 43 I und § 113 I 4 zu beachten,
in denen die statthaften Begehren in den Sonderfällen **nichtiger** und **erledig-**
ter VA formuliert sind (→ Rn. 20 f.). Soweit dadurch nicht verdrängt, können die **Klagearten der ZPO** über § 173 S. 1 herangezogen werden. Das
gilt insbes. für die allgemeine Leistungsklage (→ Rn. 60 ff.).

Mit der Definition der Klagearten ist verbindlich festgelegt, welche **Form** 2
ein Begehren in Bezug auf VA besitzen muss. Diese Begehren müssen
„durch Klage" geltend gemacht werden; die durch Anträge zu verfolgenden
vorläufigen Rechtsschutzbegehren (§§ 80, 123) können demgemäß zwar
durch VA (ihre Vollziehbarkeit oder Wirkungen) motiviert sein, aber keinen
Inhalt iSd § 42 I haben. Den Begehren korrespondieren **Entscheidungs-**
befugnisse der VG (→ vor § 40 Rn. 46), die im Zusammenhang mit der
Begründetheit der VA-Klagen in § 113 niedergelegt sind. „Besondere Vorschriften" für die VA-Klagen (SUV → Rn. 100 und → vor § 40 Rn. 16 ff.)
sind in § 42 II mit der sog. Klagebefugnis und iÜ in 8. Abschnitt (§§ 68 ff.)
enthalten.

B. Klagearten (I)

I. Anfechtungsklage (I Fall 1)

1. Rechtsschutzformvoraussetzungen

Die Legal-(Klammer)Definitionen in § 42 I legen die Rechtsschutzform- 3
voraussetzungen der beiden Verwaltungsakts-Klagearten fest. Mit der **An-**
fechtungsklage (I Fall 1) muss der Kläger (a) die Aufhebung (b) eines VA
(c) durch das VG begehren, solange der VA (d) nicht erledigt ist (→ Rn. 22).
Die Klage ist nur statthaft (→ vor § 40 Rn. 47), wenn sich das Begehren
diesen Voraussetzungen objektiv zuordnen lässt. Die Zuordnung ist Sache des
Gerichts, das im Wege der Auslegung und grds. ohne Bindung an die
Bezeichnung durch den Kläger (§ 86 I 2) eine verständige Würdigung des
Begehrens vorzunehmen (§ 88) und ggf. den richtigen Klageantrag zu emp-
fehlen hat (§ 86 III).

Die Anfechtungsklage ist eine auf Kassation gerichtete **besondere Gestal-** 4
tungsklage: Das Urteil gestaltet die Rechtslage unmittelbar um, einer weiteren Vollstreckung bedarf es nicht (BVerwG DÖV 1963, 384). Dass eine
Kassation durch das Gericht (und nicht durch die Behörde in einem nachfolgenden Verwaltungsverfahren) erstrebt sein muss, wird im Vergleich mit

der Formulierung der Verpflichtungsklage (I Fall 2) deutlich, bei der zusätzlich „die Verurteilung [der Verwaltungsbehörde] zum Erlass" eines VA begehrt werden muss. Mit der Notwendigkeit einer zwischengeschalteten gerichtlichen Verpflichtung respektiert der Gesetzgeber die Verwaltungsaktsbefugnis als gerichtsfreien Kernbereich der Exekutive. Der Behörde bleibt daneben die Aufhebung ihres angefochtenen VA möglich; dies kann in besonderen Fällen mit der Verpflichtungsklage erstritten werden (→ Rn. 96). Ist in einem solchen Fall die Anfechtungsklage zulässig, verdrängt sie als rechtsschutzintensivere Klageart die Verpflichtungsklage. Nur bei Geldleistungs-VA sieht § 113 II eine alternative Möglichkeit vor.

5   Die ausdrückliche Aufhebung eines VA ist wegen dessen **besonderer Bestandsfähigkeit** erforderlich. Ein VA verliert (anders als grds. eine Norm) bei Fehlerhaftigkeit nicht automatisch seine Wirksamkeit (vgl. § 43 II, III VwVfG). Auch rechtswidrige rechtsverletzende VA sind – abgesehen von Fehlern, die zur Nichtigkeit (§ 44 VwVfG) führen – zu befolgen und können ab ihrer Unanfechtbarkeit mit den Mitteln der Verwaltungsvollstreckung durchgesetzt werden. Das gilt allerdings nur vor einer gerichtlichen Entscheidung: Der VA stellt eine autoritative Entscheidung über die Anwendung des objektiven Rechts auf einen Sachverhalt dar. Auf die Geltung dieser Entscheidung soll aus Gründen der Rechtssicherheit solange vertraut werden können, wie der VA lediglich potenziell rechtswidrig ist und sich nicht aufgrund einer Prüfung durch ein Gericht als rechtswidrig erwiesen hat. Die Wirksamkeit eines rechtswidrigen VA ist deshalb von vornherein nur eine vorläufige. Steht aufgrund einer rechtskräftigen gerichtlichen Entscheidung fest, dass der VA rechtswidrig ist, ist für die Annahme, er sei dennoch wirksam und zeitige folglich Regelungswirkungen, kein Raum mehr (BVerwGE 116, 1 in Fortentwicklung von BVerwGE 105, 370).

6   Die Regelung über die Klageart **korrespondiert mit § 113 I 1,** der den Tenor des Urteils bei Begründetheit der Anfechtungsklage festlegt (→ Rn. 40). Der damit zum Ausdruck gebrachten Entscheidungsmacht des Gerichts bei Anfechtungsklagen entspricht ein **prozessualer Aufhebungsanspruch** des Klägers. Er ermöglicht es im Streitfall, den aus den Grundrechten folgenden materiell-rechtlichen Anspruch auf Beseitigung staatlichen Unrechts gerichtlich durchzusetzen. Voraussetzungen dieses Unrechtsbeseitigungsanspruchs sind, dass der VA rechtswidrig und der Kläger dadurch in seinen Rechten verletzt ist.

7   Der für die Bindungswirkung eines Urteils (§ 121) maßgebliche **Streitgegenstand** der Anfechtungsklage ist, wie aus § 113 I 1 ersichtlich, die Rechtsbehauptung des Klägers, ein VA mit dem Inhalt der streitigen Art nach sei rechtswidrig und verletze ihn in seinen Rechten (BVerwGE 91, 256 (257); Eyermann § 121 Rn. 25). Der Streitgegenstand der Fortsetzungsfeststellungsklage ist darin mit der Rechtsbehauptung, der angefochtene VA sei rechtswidrig gewesen, „subsidiär" enthalten (BVerwGE 89, 354 (355)).

2. Der Anfechtungsgegenstand: VA

a) Begriff des VA. Gegenstand der Anfechtungsklage ist zwingend ein **VA.** **8**
Er hat heute keine rechtsschutzeröffnende Funktion mehr (→ Rn. 75), steuert
aber die Klageart und damit die zu wahrenden besonderen SUV. Obwohl
fraglos ein Schlüsselbegriff des materiellen Verwaltungsrechts und des Verwaltungsprozessrechts, enthält die VwGO (die ihn 59 Mal verwendet) keine
Definition. Es besteht jedoch Einigkeit, dass der Begriff sachlich mit der
Legaldefinition in § 35 VwVfG deckungsgleich ist, die VwGO also keinen
eigenständigen prozessrechtlichen Begriff verwendet. Von selbst versteht sich
das nicht, weil eine (unausgesprochene) Bezugnahme auf die – rund 16 Jahre
später als die VwGO (§ 195 I) erlassene – Regelung im VwVfG des Bundes
vom 25.5.1976 (BGBl. I 1253) weder § 42 I noch einer anderen Bestimmung
der VwGO entnommen werden kann.

Gleichwohl ist der **unbesehene** und **dynamische Rückgriff** auf den **9**
verwaltungsverfahrensrechtlichen Begriff des VA gerechtfertigt. Dafür spricht
nicht nur die enge Verzahnung des Prozessrechts mit dem Verwaltungsverfahrensrecht, sondern auch, dass die VwVfG positivieren, was sich an Dogmatik zu dieser Rechtsfigur übergreifend durchgesetzt hat. Es ist daher konsequent, wenn die hM den Leitbegriff des VA ausschließlich im **Bundesrecht**
verankert sieht (BVerwGE 41, 305 (306)). Maßgeblich sind danach spezielle
Definitionen in einschlägigen Bundesgesetzen (§ 31 SGB X; § 118 AO), wo
diese fehlen § 35 VwVfG des Bundes (ausführlich zu Einzelfällen des VA:
NK-VwGO § 42 Rn. 97 ff.; Kopp/Schenke Anh § 42 Rn. 2).

VA ist nach § 35 S. 1 VwVfG jede Verfügung, Entscheidung oder andere **10**
hoheitliche Maßnahme, die eine Behörde zur Regelung eines Einzelfalls auf
dem Gebiet des öffentlichen Rechts trifft und die auf unmittelbare Rechts-
wirkung nach außen gerichtet ist. Dem Regelungscharakter nach sind insbes.
befehlende (Ge- und Verbote), rechtsgestaltende (gestattende, umgestaltende),
feststellende und dingliche VA zu unterscheiden, in S. 2 ist ferner die Allgemeinverfügung anerkannt. Zur Dogmatik des VA iE ist auf die einschlägigen Kommentare zu verweisen (etwa Ziekow VwVfG § 35; SBS VwVfG;
Kopp/Ramsauer VwVfG; Kopp/Schenke Anh § 42).

b) VA als Zugangsvoraussetzung. Für Anfechtungsklagen ist das Vorliegen **11**
eines VA sog. **Klagevoraussetzung,** die bereits bei Klageerhebung erfüllt
sein muss und nicht nachholbar ist (→ vor § 40 Rn. 9). Der VA muss **objektiv** vorliegen, dh bekannt gegeben sein (§ 43 I VwVfG → Rn. 15) und den
inhaltlichen Anforderungen des § 35 VwVfG genügen (→ Rn. 18). **Ob** dies
der Fall ist, hat das Gericht durch **Auslegung** entspr. §§ 157, 133 BGB zu
bestimmen. Entscheidend ist allein, wie der Adressat eine Erklärung der
Behörde unter Berücksichtigung der äußeren Form, Abfassung, Begründung,
Beifügung einer Rechtsbehelfsbelehrung und aller sonstigen ihm bekannten
oder erkennbaren Umstände bei objektiver Auslegung verstehen musste
(stRspr, BVerwGE 107, 264 (267); BVerwGE 84, 220 (229); Kopp/Ramsauer
VwVfG § 35 Rn. 18 mwN).

12   Die Qualifizierung ist **vom Gericht** iR der Zulässigkeit vollständig –
soweit nach der Sachlage erforderlich – zu prüfen (BVerwGE 140, 245; 30,
287; NVwZ 1982, 103; SSB Rn. 19). Behauptungen des Klägers, aus denen
sich – ihre Richtigkeit unterstellt – ein VA ergibt, genügen nicht. Wohl
genügt es, dass die Behörde eine Befugnis zum Erlass eines VA in Anspruch
nimmt und eine verbindliche Regelung formal durch VA treffen will
(BVerwGE 122, 58 (59)). Hingegen ist es als bloßes Indiz zu werten, dass der
VA als Handlungsform vorgeschrieben ist. IÜ sind **Handlungsform** (angreif-
barer VA) und formelle und materielle **Rechtmäßigkeit** zu unterscheiden.
Daher ändern Verstöße gegen Vorschriften des Verfahrens- und des sachlichen
Rechts und selbst besonders schwere Fehler, die zur Nichtigkeit und Unwirk-
samkeit führen (vgl. §§ 44, 43 III VwVfG), nichts daran, dass begrifflich ein
VA vorliegt (BVerwGE 140, 245 Rn. 11). Die Befugnis zum Erlass eines VA
und seine Rechtmäßigkeit sind erst in der Begründetheit (§ 113) zu prüfen.

13   VA ist auch der **Abhilfe-** und der **Widerspruchsbescheid** (§§ 72 f.).
Letzterer wird mit dem Ausgangsbescheid aufgehoben (§ 113 I 1), kann unter
den Voraussetzungen des § 79 I Nr. 2, II aber auch Gegenstand isolierter
Anfechtung sein (→ § 79 Rn. 5 und 7). Die Rechtsmacht der Widerspruchs-
behörde schließt es nach zutr. Auffassung ein, der schlicht-hoheitlichen Maß-
nahme der Ausgangsbehörde dadurch VA-Charakter zu verleihen, dass ihr im
Widerspruchsbescheid Regelungscharakter zuerkannt wird (BVerwGE 78, 3;
NVwZ-RR 1997, 178; aA Eyermann § 42 Rn. 4; BeckOK VwGO § 42
Rn. 12). Der Erlass eines Widerspruchsbescheides ist allerdings insofern ohne
Aussagekraft, wenn (auch) innerbehördlichen Maßnahmen ein Widerspruchsverfahren vorgeschaltet ist (wie nach § 54 II BeamtStG, § 126 III BRRG;
vgl. BVerwGE 125, 85).

14   Liegt objektiv ein **Rechtssatz** (Gesetz, Rechtsverordnung, Satzung) vor, ist
die Anfechtungsklage auch dann unstatthaft, wenn Regelungen enthalten
sind, die materiell-rechtlich als VA einzuordnen wären. Allerdings genügt es
nach der Rspr., dass ein Rechtsakt zumindest dem Kläger gegenüber VA-
Charakter hat. Dies ist bei Maßnahmen mit Doppelcharakter vom Bedeutung
wie dem in der Rspr. anerkannten „relativen" VA (BVerwGE 82, 17; 74, 124;
krit. Eyermann § 42 Rn. 9 mwN). Eine allgemeine Gestaltungsklage auf
Aufhebung von Nicht-VA ist nicht anzuerkennen (→ vor § 40 Rn. 51 und
→ Rn. 60: kassatorische Leistungsklage).

15   **c) Beginn der Anfechtbarkeit.** Ein VA ist erlassen – und damit für jedermann anfechtbar –, sobald er (äußere) **Wirksamkeit** erlangt hat. Diese tritt
mit seiner Bekanntgabe ein (§ 43 I VwVfG). Die **Bekanntgabe** ist die mit
Wissen und Wollen der Erlassbehörde herbeigeführte zumutbare Möglichkeit
der Kenntnisnahme durch den Adressaten (BVerwG Buchh 316 § 43 VwVfG
Nr. 2; ebd. § 41 VwVfG Nr. 2; auch bei Bestellung eines Vertreters:
BVerwGE 105, 288; ferner BVerwGE 22, 14; BeckOK VwVfG § 41 Rn. 3
mwN). Sie erfolgt in den **Formen** des § 41 VwVfG, kann also auch mittels
Zustellung (§ 41 V VwVfG iVm den VwZG) bewirkt werden oder, wo dies
gesetzlich zugelassen ist, durch öffentliche Bekanntmachung (vgl. § 74 V
VwVfG). Ist der VA dem Adressaten mit Wissen und Wollen der Behörde

tatsächlich zugegangen, ist unerheblich, dass die (zusätzlichen) Voraussetzungen ordnungsgemäßer **Zustellung** nicht gewahrt worden sind (BVerwG NVwZ 1992, 565); Zustellungsmängel verhindern nur den Lauf von Anfechtungsfristen, sofern eine Bekanntgabe erfolgt ist (§ 8 VwZG). Entsprechendes gilt für andere Bekanntgabeformen. Zufällige Kenntniserlangung genügt indes nicht. Äußere Wirksamkeit besteht unabhängig davon, dass die Regelung infolge Beifügung einer aufschiebenden Bedingung noch nicht vollzogen werden kann (Eyermann Rn. 11; SSB Rn. 20).

Die Anfechtbarkeit setzt für jedermann ein, wenn der VA dem ersten **16** Adressaten gegenüber bekannt gegeben und damit objektiv in der Welt ist. Eine Bekanntgabe auch oder gerade **dem Kläger gegenüber** ist **nicht** erforderlich (Kopp/Ramsauer VwVfG § 43 Rn. 4); sie löst lediglich eine individuelle Anfechtungsfrist aus. Daher ist die Anfechtung einer dem Bauherrn bekannt gegebenen Baugenehmigung durch einen Nachbarn bereits vor Bekanntgabe an ihn zulässig (BVerwGE 44, 294; NVwZ 1991, 1182).

Bei **„steckengebliebener" Bekanntgabe,** die von der Behörde gewollt **17** und eingeleitet, aber gescheitert ist, besteht keine Anfechtungsmöglichkeit, auch dann nicht, wenn dadurch der Rechtsschein eines wirksamen VA gesetzt worden ist (aA SSB Rn. 20). Es handelt sich bis zur Bekanntgabe um einen Nicht-VA (Kopp/Schenke § 42 Rn. 4). Sollte (daraus) auf einen konkret bevorstehenden VA geschlossen werden können, kommt nur die vorbeugende Unterlassungsklage in Betracht (→ Rn. 70), unter zeitlichen Gesichtspunkten realistischerweise lediglich einstweiliger Rechtsschutz nach § 123.

d) Inhaltliche Anforderungen an VA. Die **belastende** Qualität eines VA **18** ist keine Rechtsschutzformvoraussetzungen der Anfechtungsklage. Zwar ist es faktisch und systematisch zutreffend, dass sich der Kläger mit ihr gegen einen VA wendet, durch den er sich beschwert fühlt, in der Terminologie der §§ 48 I, 49 I VwVfG also um einen belastenden VA; dies ist jedoch allein im Zusammenhang mit der Klagebefugnis (§ 42 II) bedeutsam. Anfechtbar ist daher auch der drittadressierte (begünstigende) VA mit belastender Doppelwirkung.

Die aufgrund der Handlungsform gegebene Statthaftigkeit der Klage wird **19** weder durch die Rechtswidrigkeit (→ Rn. 12) noch durch einen bestimmten Regelungsgehalt oder die Wirkungen infrage gestellt. VA iSd VwGO ist daher auch der **privatrechtsgestaltende** VA, dessen Folgen für privatrechtliche Beziehungen dem öffentlichen Recht zu entnehmen sind (BVerwG MMR 2010, 130 zum Streitbeilegungsbeschluss nach § 47 III iVm § 133 I TKG; BRS 74 (2009) Nr. 130 zur Ausübung des Vorkaufsrechts; BVerwGE 120, 54 (58); SBS VwVfG § 35 Rn. 217 mwN), ebenso **vorläufige VA** (BVerwG GewArch 2010, 113), **fingierte** (vgl. die Aufzählung bei SBS VwVfG § 35 Rn. 52), **relative** und VA mit **Doppelnatur** (Kopp/Schenke § 42 Rn. 8 ff.) sowie **Justizverwaltungsakte,** für die aber die abdrängende Sonderzuweisung nach § 23 EGGVG gilt (→ Rn. 47). VA sind ferner der Ablehnungsbescheid (→ Rn. 50), die **wiederholende Verfügung,** mit der ein Wiederaufgreifen des Verfahrens abgelehnt wird (BVerwG NVwZ 2002, 482; Buchh 114 § 2 VZOG Nr. 3; überholt ist insofern BVerwGE 13, 99 (103)) sowie der sog. **Zweitbescheid,** der eine positive Entscheidung über das Wiederaufgreifen und zugleich eine erneute Sachentscheidung enthält (BVerwG Buchh 316 § 51 VwVfG Nr. 51). Die Anfechtungsklage gegen einen **bestandskräftigen** VA ist zwar statthaft, wegen des Fehlens von besonderen SUV aber unzulässig (→ Rn. 96).

20 **e) Anfechtbarkeit nichtiger VA.** Nichtige VA (§ 44 VwVfG) sind gem. § 43 III VwVfG unwirksam. Die hA im Schrifttum lässt ihre gerichtliche „Aufhebung" nach § 113 I 1 gleichwohl zu (Kopp/Schenke § 42 Rn. 3; SSB § 43 Rn. 48; Eyermann § 42 Rn. 15 mwN), die Rspr. ebenso (bejahend BVerwGE 18, 154 (155); Nachw. aus der obergerichtlichen Rspr. bei NK-VwGO § 42 Rn. 23). Die Aufhebbarkeit ist keine Frage juristischer Logik, die dafür sprechen würde, dass nicht existente Rechtsakte nicht aufgehoben werden können. Entscheidend ist, dass den Interessen des Betroffenen Rechnung getragen werden muss, ähnlich wie es materiell-rechtlich bei der anerkannten Anfechtbarkeit nichtiger Rechtsgeschäfte geschieht. Die Aufhebung nichtiger VA ist damit ein prozessualer Unterfall der der sog. Doppelwirkungen im Recht (BGH NJW 2010, 610 Rn. 18 mwN; Schenke VerwProzR Rn. 183). Für einen Kläger ist kaum zu entscheiden, ob ein VA „nur" schlicht rechtswidrig (und damit aufhebbar) oder nichtig ist. Der Gesetzgeber wollte ihn daher nicht auf Haupt- und Hilfsantrag verweisen, sondern hat in § 43 II 2 nach richtiger Ansicht die Statthaftigkeit der Anfechtungsklage gegen nichtige VA vorausgesetzt. Der Kläger ist dabei aber zur Einhaltung der Klagefrist des § 74 I gezwungen.

21 Allerdings geht der Kläger auch dann ein größeres **Risiko** ein, wenn man mit der **Gegenmeinung** (SSB § 42 Rn. 18) nur die Nichtigkeitsfeststellung zulässt: Die Nichtigkeitsfeststellungsklage (§ 43 I) ist jedenfalls als „Minus" im Aufhebungsantrag enthalten. Kommt das VG bei seiner Rechtsprüfung zur Überzeugung der Nichtigkeit, ist es nach § 86 III zum Hinweis verpflichtet, hilfsweise müsste es umdeuten. Der Kläger kann zur Nichtigkeitsfeststellung übergehen. Da der Klagegrund identisch ist, liegt nach § 264 ZPO keine (zustimmungspflichtige) Klageänderung vor. Begehrt der Kläger Aufhebung und Nichtigkeitsfeststellung mit Haupt- und Hilfsanträgen, wirkt sich dies nicht streitwerterhöhend aus, sodass keine zusätzlichen Kosten bei Entscheidung über den Hilfsantrag entstehen (vgl. § 45 I GKG).

22 **f) Keine Anfechtbarkeit erledigter VA.** Hat sich ein VA erledigt, kommt seine Aufhebung zwar theoretisch noch in Betracht; nach der Wertung der VwGO steht mit der Fortsetzungsfeststellungsklage nach § 113 I 4 jedoch eine **speziellere** Klagart zur Verfügung (→ § 113 Rn. 56; hM, NK-VwGO § 42 Rn. 24 mwN). Für die Anfechtungsklage fehlt wegen des Wegfalls der Beschwer die Klagebefugnis (BVerwG NVwZ 1991, 570); sie ist aber auch nicht mehr statthaft, sodass die Nicht-Erledigung des VA zugleich **besondere SUV** der Anfechtungsklage ist. Wann Erledigung eintritt, ist den beispielhaften Aufzählungen in § 43 II VwVfG und § 113 I 4 zu entnehmen (nicht rückgängig zu machender Wegfall des vollziehungsfähigen Regelungsgehalts; Einzelheiten → § 113 Rn. 63 ff.; zur Erledigung eines vorläufigen VA durch endgültige Entscheidung vgl. BVerwG GewArch 2010, 113).

Fehlt ein **Feststellungsinteresse** iSd § 113 I 4, muss der Kläger die Klage **23** zurücknehmen (§ 92, allerdings mit der Folge der Kostentragung gem. § 155 II) oder das Verfahren für in der Hauptsache erledigt erklären (§ 161 II), um die kostenpflichtige Klageabweisung (§ 154 I) abzuwenden (zur Strategie auch → § 161 Rn. 9).

3. Die Gegenstände der Anfechtungsklage (§ 79)

Der Gegenstand einer Anfechtungsklage (der von ihrem Streitgegenstand zu **24** unterscheiden ist → Rn. 7) legt fest, mit welchem Inhalt ein VA der gerichtlichen Prüfung zugrunde zu legen ist. Ist ein VA in einem Vorverfahren (§§ 68 ff.) nachzuprüfen (zu Ausnahmen → § 68 Rn. 9), sind die prozessualen Konsequenzen daraus in § 79 geregelt. Diese Norm berücksichtigt, dass der ursprüngliche VA im Widerspruchsverfahren Veränderungen erfahren und sogar eine neue Gestalt finden kann: (1) Die Widerspruchsbehörde kann den VA bestätigen und den Wider- **25** spruch zurückweisen, wodurch Ausgangs- und Widerspruchsbescheid zu einer neuen Einheit verschmelzen, in der die Begründung überlagert und Fehler geheilt werden. Den Gegenstand der Anfechtungsklage in diesem Fall bestimmt § 79 I Nr. 1. (2) Hilft die Widerspruchsbehörde dem Widerspruch ab und erlässt einen Abhilfebescheid, entfällt zwar die Beschwer des Widerspruchsführers; der Abhilfebescheid kann aber einen Dritten belasten, der nunmehr gegen den Widerspruchsbescheid selbstständig klagen kann (§ 79 I Nr. 2; Schenke VerwProzR Rn. 239). (3) Enthält der Widerspruchsbescheid eine selbstständige Beschwer für den Widerspruchsführer (Verböserung), liegt der Fall des § 79 II vor, der zur isolierten Anfechtung des Widerspruchsbescheides führt (→ § 79 Rn. 7).

4. Teilanfechtung

a) Überblick. Möglichkeit und Grenzen, VA **teilweise** anzufechten und **26** aufzuheben, gehören zu den umstrittensten Themenbereichen des Verwaltungsprozessrechts. Die Ausgangspunkte sind freilich klar: § 113 I 1 **ermächtigt die VG** nur dazu, VA in dem Umfang („Soweit") aufzuheben, in dem sich die Anfechtungsklage als begründet erweist, dh der VA rechtswidrig ist und den Kläger in seinen Rechten verletzt. Daraus erschließt sich unmittelbar eine entsprechende – in § 42 I nicht zum Ausdruck gebrachte – Berechtigung des Klägers zur Antragsbeschränkung (BeckOK VwGO § 42 Rn. 24). Eine weitergehende Klage wäre kostenpflichtig abzuweisen (§ 155 I).

Andererseits liegt es in seiner Verfügungsbefugnis, vermeintlich **rechtswid- 27 rige Teile unangefochten** zu lassen. Will er verhindern, dass das VG bei der Auslegung des Klagebegehrens (§ 88) zur Annahme uneingeschränkter Anfechtung kommt, muss er den Umfang der Anfechtung klarstellen, etwa der angegriffenen Teil hinreichend **genau bezeichnen.** Eine dadurch bewirkte Beschränkung des Streitgegenstands auf einen Teil kann nach Ablauf der Klagefrist nicht mehr zulässigerweise erweitert werden (§ 91).

28 **b) Grundsatz der Statthaftigkeit der Anfechtungsklage.** Die im Schrifttum stark kritisierte, aber insgesamt doch gefestigte **Rspr.** des **BVerwG** muss als wertender Schnitt in einem nicht zu befriedenden Meinungsstreit um die Behandlung der Teilanfechtung von VA betrachtet werden. Sie ist indes klarer und konsistenter als ihr idR bescheinigt wird (krit. etwa Eyermann § 42 Rn. 40 ff.; Labrenz NVwZ 2007, 161; Schmidt VBlBW 2004, 81). Die Rspr. ist von **zwei Motiven** getragen: (1) Klägern soll so weit wie möglich die rechtsschutzintensivere Anfechtungsklage eröffnet werden; denn mit dem Aufhebungsurteil haben sie unmittelbar – ohne den bei Verpflichtungsklagen notwendigen Zwischenschritt behördlicher Entscheidung – einen vom angegriffenen Bestandteil unbelasteten VA. (2) Die Zulässigkeitsprüfung soll nicht mit der uU aufwendigen Prüfung der Teilbarkeit überfrachtet werden.

29 In der Konsequenz betrachtet das BVerwG – in Anlehnung an das Verhältnis von § 113 I 1 zu § 42 II (→ Rn. 123) – die Frage der Teilbarkeit insgesamt als Frage der **Begründetheit** der Klage. Die Prüfung der Statthaftigkeit der Anfechtungsklage beschränkt es – nach dem Maßstab des § 42 II – darauf, ob eine isolierte Aufhebbarkeit „offenkundig von vornherein ausscheidet" (näher → Rn. 32).

30 Unter dem **Teil eines VA** ist ein Regelungselement zu verstehen, nicht der Entstehungsvorgang (zB bei Planungsakten oder Ermessensausübung). Es kann sich um ein Element des Entscheidungssatzes selbst handeln, ein Begründungselement, oft aber um eine Nebenbestimmung iSd § 36 VwVfG. Diese gelten grds. als abtrennbar (mit Ausnahmen im Einzelfall). Hingegen sind Inhaltsbestimmungen meist, die ihnen nahestehenden sog. modifizierende Auflagen grds. nicht teilbar – mit der Folge einer Statthaftigkeit nur der Verpflichtungsklage auf Erteilung eines unbeschränkten oder weiterreichenden VA. Ebenfalls von vornherein nicht abtrennbar sind unselbstständige Begründungselemente. Schlägt deren Fehlerhaftigkeit auf die Rechtmäßigkeit der Regelung durch, muss dies zur Aufhebung der Gesamtregelung führen (BVerwG NVwZ-RR 1994, 582 zur Bewertung einzelner Bestandteile einer Prüfung).

31 **c) Einzelfälle. aa) Isolierte Anfechtung von Nebenbestimmungen.** Nach gefestigter Rspr. des BVerwG ist gegen **belastende Nebenbestimmungen** jeder Art iSd § 36 II VwVfG die Anfechtungsklage gegeben (BVerwGE 112, 221 (224); Buchh 451.20 § 33i GewO Nr. 19; BVerwG 81, 185 (186)). Das gilt von jeher praktisch unbestritten für **Auflagen** (BVerwGE 85, 24 (26); 65, 139; 55, 135 (137); 36, 145 (154); Buchh 407.4 § 9 FStrG Nr. 13 S. 11, 13), die als selbstständige VA mit einem begünstigenden VA lediglich „verbunden" sind (§ 36 II Nr. 4 VwVfG).

32 Ob die Anfechtungsklage zur **isolierten Aufhebung** der Nebenbestimmung führen kann, hängt davon ab, ob der begünstigende VA ohne die Nebenbestimmung „sinnvoller- und rechtmäßigerweise bestehen bleiben kann". Das ist eine Frage der **Begründetheit** und nicht der Zulässigkeit des Anfechtungsbegehrens, sofern nicht eine isolierte Aufhebbarkeit „**offenkundig** von vornherein ausscheidet" (BVerwG NVwZ-RR 2007, 776; Buchh 418.32 AMG Nr. 48 zu Auflagen nach § 28 II AMG sowie BVerwGE 81,

185 (186); Buchh 310 § 113 VwGO Nr. 137 S. 29 f.; BVerwGE 100, 335 (337 f.); NVwZ 1984, 366; NVwZ-RR 1996, 20). Der Kläger darf aber auch dann eine Verpflichtungsklage erheben, wenn ihm dies eine Erweiterung seines Rechtskreises bringt (BVerwGE 112, 263 (265)).

bb) Ermessensverwaltungsakte. Eine Auflage iSd § 36 II Nr. 4 VwVfG **33** bleibt gesondert anfechtbar, wenn sie mit einer Gewährung aufgrund einer umfassenden einheitlichen Ermessensentscheidung ergangen ist (BVerwGE 65, 139 (141) unter Aufgabe der in BVerwGE 55, 135 (137 f.) vertretenen gegenteiligen Ansicht). Entsprechendes gilt für die übrigen Nebenbestimmungen. Das auf Rechtsfolgenseite auszuübende Ermessen stellt die Teilbarkeit der Regelungen nicht infrage. Dem Umstand, dass die Behörde den VA ohne die Nebenbestimmung nicht gewollt hätte, kann dadurch Rechnung getragen werden, dass sie nach § 49 II Nr. 2 VwVfG zum Widerruf der gewährten Begünstigung berechtigt ist.

d) Ausnahmen. aa) (Genehmigungs)Inhaltsbestimmungen. Selbst In- **34** haltsbestimmungen eines VA sind **nicht generell unteilbar,** die Anfechtungsklage ist mithin nicht stets unstatthaft. Teilbar sind abtrennbare Teile einer (Gesamt)Regelung oder Teile eines einheitlichen Lebenssachverhalts, die rechtlich unterschiedlicher Beurteilung zugänglich sind (was zu einem „gespaltenen" Anfechtungsausspruch nach § 113 I 1 führen kann, vgl. BVerwG NVwZ-RR 2002, 233).

Anfechtbar sind entspr. **selbstständige Regelungen** (BVerwGE 100, 335 **35** (337) zur räumlichen Beschränkung einer Aufenthaltsbefugnis nach § 12 I 2 AuslG) und **teilbare Inhaltsbestimmungen** (BVerwG NVwZ-RR 2010, 562 für eine in ein Vereinsverbot als Teilorganisation einbezogene Vereinigung; BVerwGE 120, 344 zur Teilanfechtung eines Leistungsbescheids). Auch **Planungsentscheidungen** können teilbar sein. Es ist zu fragen, ob sie auch ohne die streitigen Regelungsteile eine eigenständige Teilregelung bleiben, die nach den Regeln über die Teilbarkeit planerischer Entscheidungen für sich Bestand hat (vgl. BVerwGE 90, 42 (50) mwN; Buchh 442.40 § 8 LuftVG Nr. 14; NVwZ 1993, 889).

Ist die Klage indes auf einen **anderen oder weitergehenden Inhalt** des **36** VA gerichtet, kann dies nicht dadurch erreicht werden, dass nur ein Teil isoliert aufgehoben wird. Das gilt etwa dort, wo eine Inhaltsbestimmung einschränkende Wirkung entfaltet. Der Kläger muss die **Verpflichtung** zur Erteilung eines VA beantragen, dessen Gestattungswirkung über den bisherigen Erlaubnisinhalt hinausgeht (vgl. BVerwG NVwZ 2008, 906; GewArch 2000, 62 (63) zur Erteilung einer inhaltlich unbeschränkten Waffenbesitzkarte). Das gilt für Teilregelungen, die zu einer Erweiterung des Rechtskreises führen würden und für zusätzliche oder weiterreichende Inhalte einer Genehmigung (BVerwGE 69, 37 (39)) oder inhaltliche Änderungen einer einheitlichen Gesamtregelung, sofern deren Aufhebung nicht zu einem Wiedererstarken einer Vorgängerregelung führt (BVerwGE 90, 42 (45, 48)).

Die Verpflichtungsklage ist die statthafte Klageart, wenn der Adressat eines **37** VA, der ihn verpflichtet, Zugang zu seiner Infrastruktur zu gewähren, und gleichzeitig die Bedingungen der Zugangsgewährung festlegt, andere **Bedin-**

gungen der Zugangsgewährung begehrt als diejenigen, die von der Behörde festgelegt worden sind (BVerwGE 120, 263). Die Verpflichtungsklage ist ferner einschlägig, wenn die Rechtswidrigkeit eines VA im Wege seiner **Ergänzung** um weitere Regelungen behoben werden soll (zu Schutzauflagen Kopp/Schenke Rn. 32 mwN). Zur Unteilbarkeit einer telekommunikationsrechtlichen Entgeltgenehmigung der Bundesnetzagentur BVerwG Urt. v. 1.4.2015 – 6 C 38.13 – Rn. 12).

38 bb) Anfechtung sog. modifizierender Auflagen. Prinzipiell **nicht** selbstständig anfechtbar sind sog. modifizierende Auflagen. Bei dieser auf Weyreuther (DVBl 1969, 232 und 295; DVBl 1984, 365) zurückgehenden, in die Rspr. des BVerwG übernommenen Rechtsfigur, die besser als modifizierende Gewährung beschrieben ist, handelt es sich nicht um eine Auflage iSd § 36 II Nr. 4 VwVfG. Modifizierende Gewährungen sind durch die Besonderheit gekennzeichnet, dass einem begünstigenden VA ein **vom Antrag abweichender Inhalt** gegeben und dadurch der Antragsgegenstand verändert wird. Dagegen muss sich der Antragsteller, wenn er sich mit der Modifizierung nicht abfinden will, Verpflichtungsklage auf Gewährung einer uneingeschränkten Begünstigung erheben (BVerwG Buchh 310 § 113 VwGO Nr. 72 S. 43). Denn bei gerichtlicher Aufhebung nur der Modifizierung entstünde ein Begünstigungsinhalt, den die Behörde nicht nur – wie bei einer einheitlichen Ermessensentscheidung (→ Rn. 33) – so uneingeschränkt nicht gewollt hat, sondern dem es an jeder auch nur bedingten oder abteilbaren Deckung durch den behördlichen Bescheid fehlte. Durch gerichtliches Urteil eine modifizierende Auflage (und nur sie) aufzuheben, führte folglich zu einer reformatorischen Entscheidung, die von der Behörde gewährte Begünstigung würde durch eine Begünstigung von ganz anderem Inhalt ersetzt. Die offensichtliche Unteilbarkeit der Regelungen ist schon bei der Statthaftigkeit der Anfechtungsklage zu berücksichtigen (vgl. BVerwGE 65, 139 (141); NVwZ-RR 2000, 213 zur Regelung der Betriebszeit durch „Auflage" → Rn. 32).

5. Besondere Sachurteilsvoraussetzungen

39 Die besonderen SUV der Anfechtungsklage sind die Klagebefugnis (§ 42 II → Rn. 100 ff.), die erfolglose Durchführung eines Vorverfahrens (§§ 68 ff.), soweit dieses nicht im Einzelfall bundes- oder landesrechtlich ausgeschlossen ist (→ § 68 Rn. 9), die Wahrung der Klagefrist (§ 74 I). Zum Zeitpunkt des erforderlichen Vorliegens dieser Voraussetzungen → vor § 40 Rn. 8 f.

6. Klageantrag und Begründetheit

40 § 42 I befasst sich nur mit der Form des Begehrens. Die Antragstellung entspricht dem, was das Gericht konkret aussprechen soll (und darf). Das ergibt sich für die Anfechtungsklage aus § 113 I 1, für Sonderfälle aus § 113 II bis IV. Dementsprechend lautet der **Sachantrag** der Anfechtungsklage, den VA und den Widerspruchsbescheid (sofern ergangen) aufzuheben. Die häufig anzutreffende Formulierung, den VA „in der Gestalt des Widerspruchsbescheides" aufzuheben, bezieht sich nicht auf den Ausspruch, sondern auf den der Prüfung zugrunde zu legenden Anfechtungsgegenstand nach § 79 (→ Rn. 24 f.) und ist daher verfehlt, selbst dann, wenn der Ausgangsbescheid im Vorverfahren geändert wurde (Eyermann § 42 Rn. 22).

Der aufzuhebende VA ist hinreichend zu **individualisieren,** wozu idR die **41** Angabe der Erlassbehörde und des Datums genügt, nur bei Verwechslungsgefahr auch das Geschäftszeichen der Verwaltung erforderlich ist. Wird der VA nur **teilweise** angefochten, ist dieser Teil genau zu bezeichnen (Beispiel: „… den Bescheid vom … aufzuheben, soweit darin mehr als 900 EUR festgesetzt sind").

Die **Aufhebung des Widerspruchsbescheides** ist regelmäßig deklarato- **42** risch, weil er mit dem Anfechtungsurteil gegenstandslos wird. Unter den Voraussetzungen des § 79 II ist der Widerspruchsbescheid alleiniger Anfechtungsgegenstand (→ Rn. 25). Ist dem Widerspruch teilweise abgeholfen worden, müssen sich Aufhebung und Antrag auf den belastenden Rest beschränken.

II. Verpflichtungsklage (1 Fall 2)

1. Rechtsschutzformvoraussetzungen

Mit der Verpflichtungsklage kann die Verurteilung [der Verwaltung] zum **43** Erlass eines abgelehnten oder unterlassenen VA begehrt werden (§ 42 I Fall 2). Anders als bei der (gestaltenden) Anfechtungsklage bewirkt also nicht das Gericht die Änderung der Rechtslage, sondern erst die beklagte Behörde in Befolgung des gerichtlichen Ausspruchs. Das entspricht dem Umstand, dass der Erlass von VA zum Kernbereich der Exekutive gehört, in den die Gerichte nicht eindringen dürfen. Damit ist die Verpflichtungsklage eine besondere Leistungsklage, zwingend gerichtet auf den Erlass eines VA. Mit dem Verpflichtungsurteil hat der Kläger mithin nur ein Zwischenziel erreicht, sein eigentliches Ziel erst mit der Erfüllung des Urteilsausspruchs durch die Behörde (wovon wegen ihrer Bindung an Gesetz und Recht nach Art. 20 III GG regelmäßig ausgegangen werden darf, BVerwG JurPC 1996, 79). Sollte sie sich verweigern, kann und muss das Urteil – anders als das gestaltende Anfechtungsurteil – vollstreckt werden (→ § 172). Erneut auf Verpflichtung zu klagen ist unstatthaft (zur Behandlung einer fehlerhaften Neubescheidung → Rn. 87).

Bei der Verpflichtungsklage muss der **Erlass eines VA** durch die Behörde **44** Inhalt der begehrten Leistung sein. Die korrespondierende Vorschrift des § 113 V 1 spricht von der „beantragten Amtshandlung" und meint damit ebenfalls einen VA (hM, BVerwGE 31, 301). Der Begriff des VA ist identisch mit dem bei der Anfechtungsklage, bezieht sich also auf die Ausgestaltung im speziellen oder allgemeinen Bundes-Verwaltungsverfahrensrecht (→ Rn. 8). Die vom Kläger angestrebte Rechtskreiserweiterung beschränkt sich nicht auf den Bereich der Leistungsverwaltung (Gewährung von Sozialleistungen, Subventionen, Erlaubnissen usw.), sondern auf alle durch VA zu regelnden Aufgabenfelder der öffentlichen Verwaltung.

45   Das Wort „soweit" in § 113 V 1 deutet darauf hin, dass auch der teilweise
Neuerlass eines VA oder eine notwendige Ergänzung (zB um Nebenbestimmungen oder Schutzauflagen) begehrt werden kann. Die Statthaftigkeit ist
mithin – wie bei der Anfechtungsklage (→ Rn. 18) – ohne Rücksicht auf den
begünstigenden oder belastenden Charakter des VA zu prüfen. Dies ist wiederum eine Frage der Klagebefugnis.

2. Arten

46   **a) Versagungsgegenklage und Untätigkeitsklage.** § 42 I unterscheidet
ausdrücklich danach, ob sich die Klage auf Erlass eines abgelehnten oder eines
unterlassenen VA richtet. Im regulären Fall kommt die Behörde ihrer Pflicht
zur Bescheidung eines Antrags auf Vornahme eines VA nach. Lehnt sie den
Antrag ab, muss dieser Ablehnungsbescheid, der selbst VA ist, in den Rechtsstreit um die Verpflichtung zum Erlass des VA einbezogen werden
(→ Rn. 50). Man spricht von einer **Versagungsgegenklage.**

47   Unterlässt die Behörde die Bescheidung eines Vornahmeantrags, fehlt dem
Kläger der versagende Bescheid als Anknüpfungspunkt für Rechtsschutz.
Gegen die Untätigkeit lässt die VwGO unmittelbar die sog. **Untätigkeitsklage** (§ 75) zu: Der sonst vorgeschriebenen Nachprüfung in einem Vorverfahren bedarf es nicht; an dessen Stelle tritt das Abwarten einer angemessenen
Entscheidungsfrist. Dem Nichtbescheiden eines Antrags gleichgestellt ist die
Nichtbescheidung eines Widerspruchs. Der eingebürgerte Begriff „Untätigkeitsklage" bezeichnet mithin keine Klageart, sondern die Entbehrlichkeit
einer SUV der Verpflichtungsklage: Fehlt es an einer Bescheidung des Antrags, bedarf es (schon) nicht der Erhebung eines Widerspruchs (§ 68 II, § 75
S. 1 Fall 2); unterbleibt die Entscheidung über einen Widerspruch, muss der
Widerspruchsbescheid nicht bei Klageerhebung vorliegen (§ 75 S. 1 Fall 1;
zum weiteren Verfahren → § 75 Rn. 7).

48   **b) Vornahmeklage, Bescheidungsklage und Fortsetzungsfeststellung.**
Die Klage kann auf Erlass eines inhaltlich bestimmten VA gerichtet sein (teil-
weise als **Vornahmeklage** bezeichnet) oder nur auf die „ergebnisoffene"
Bescheidung eines bestimmten Vornahmeantrags (sog. **Bescheidungsklage**).
Diese Möglichkeit – ja Notwendigkeit – zur Beschränkung des Klageantrags
ist § 113 V 2 zu entnehmen, der das Gericht als Reaktion auf die nicht
herzustellende **Spruchreife** nur zu einem Bescheidungsausspruch ermächtigt.
An der Spruchreife kann es infolge eines Beurteilungsspielraums auf der
Voraussetzungsseite der Norm, wegen unaufgeklärter Tatsachen oder wegen
offener Ermessensausübung fehlen (→ § 113 Rn. 100).

49   Fehlt es an der Spruchreife, ist eine auf Verpflichtung gerichtete Klage
teilweise abzuweisen (zur Kostenpflicht → § 155 Rn. 5). Das Gesetz unterscheidet mithilfe des Merkmals der „Spruchreife" zwischen gerichtlichen
Entscheidungen über rechtlich voll determinierte Ansprüche (§ 113 V 1) und
solchen über den Anspruch auf fehlerfreie Abwägung bei administrativer
Letztentscheidungsbefugnis (§ 113 V 2). Damit wird die im materiellen
Recht angelegte Kompetenzverteilung zwischen Gerichten und Verwaltung

prozessrechtlich nachvollzogen und abgesichert. **Erledigt** sich das Begehren auf Erlass eines VA, ist in Analogie zu § 113 I 4 eine Verpflichtungs-Fortsetzungsfeststellungsklage statthaft (→ § 113 Rn. 68).

3. Bedeutung des Versagungsbescheides

Bei Ablehnung des Antrags erlässt die Behörde einen Ablehnungs- oder Versagungsbescheid. Für den Antragsteller und das Gericht erhält er seine **Bedeutung** zunächst daraus, dass er die Gründe erkennen lässt, welche die Behörde zu ihrer Entscheidung bewogen haben. Der Betroffene kann daraus die zu erwartenden Widerstände eines Verpflichtungsbegehrens erkennen. Bei Ermessens-VA ist er der gerichtlichen Prüfung nach §§ 114 zugrunde zu legen.   **50**

Prozessual hat er dadurch gewichtige Bedeutung, dass er **belastender VA** ist und das Schicksal des geltend gemachten materiellen Anspruchs regelt. Wird er nicht fristgerecht angefochten, erwächst er in **Bestandskraft.** Einem Vornahmebegehren steht er damit unabhängig vom Bestehen des materiellen Vornahmeanspruchs entgegen und schränkt die gerichtliche Überprüfbarkeit ein (→ Rn. 96). Allerdings verhindert die Erhebung von (Verpflichtungs) Widerspruch und Verpflichtungsklage den Eintritt der Bestandskraft des Versagungsbescheides (vgl. § 80 I). Mit dem Verpflichtungsurteil **erledigt** sich die Antragsablehnung unabhängig von der Aufhebung „auf sonstige Weise" iSd § 43 II VwVfG. Daher bedarf es bezogen auf den Versagungsbescheid weder eines Anfechtungsantrags noch einer gerichtlichen Aufhebung. Der Praxis gelten dennoch die Einbeziehung des Versagungsbescheides in den Widerspruch, den Verpflichtungsantrag und eine stattgebende Urteilsformel aus Gründen der Rechtsklarheit als wünschenswert; sie werden regelmäßig empfohlen (§ 86 III) und tenoriert. Die Aufhebung ist allerdings deklaratorisch; es handelt sich um einen **Anfechtungsannex** ohne eigenständige prozessuale Bedeutung (BVerwGE 51, 15 (23); DVBl 1997, 609 (611)).   **51**

Ist die Verpflichtungsklage unbegründet, kann der Kläger ein berechtigtes Interesse daran haben, dass **nur die Ablehnung** (weil rechtsfehlerhaft) ausdrücklich und rückwirkend (ex tunc) aufgehoben wird und einem neuen Vornahmeantrag bei veränderter tatsächlicher oder rechtlicher Grundlage nicht entgegensteht. Der **Übergang** von einem ursprünglichen Verpflichtungsantrag zu einem sog. isolierten Anfechtungsantrag (→ Rn. 82) stellt sich nicht als eine (nach § 142 I 1 im Revision unzulässige) Klageänderung dar, sondern als oW zulässige Beschränkung des Klagebegehrens iSd § 173 S. 1 iVm **§ 264 Nr. 2 ZPO.**   **52**

Ergeht während des Klage- oder Berufungsverfahrens ein **neuer Ablehnungsbescheid,** der den ursprünglichen Ablehnungsbescheid ersetzt, kann der Kläger diesen in seinen – neben dem Bescheidungsantrag gestellten – unselbstständigen Aufhebungsantrag einbeziehen (BVerwG Buchh 406.12 § 1 BauNVO Nr. 5).   **53**

4. Besondere Sachurteilsvoraussetzungen

54 **a) Versagungsgegenklage und Untätigkeitsklage.** Die besonderen SUV stimmen weitgehend mit denjenigen der Anfechtungsklage überein (zu Klagebefugnis, Vorverfahren durch einleitenden Verpflichtungswiderspruch, § 68 II, und Klagefrist nach § 74 II → Rn. 39). Bei der Untätigkeitsklage, die lediglich eine Modifizierung der besonderen SUV bezeichnet (→ Rn. 47), ist grds. das Abwarten einer angemessenen Entscheidungsfrist nach § 75 erforderlich (→ § 75 Rn. 4; Eyermann § 75 Rn. 7 ff.).

55 **b) Gleichsinniger Antrag im Verwaltungsverfahren.** In allen Fällen muss das Begehren Gegenstand eines an die Verwaltung gerichteten Antrags gewesen sein. Ein solcher **vorgängiger Antrag** gehört nach stRspr zu den besonderen SUV der Verpflichtungsklage (BVerwGE 130, 39 (46) m.w.N.; anders bei der Leistungsklage →). Das Erfordernis steht allerdings unter dem Vorbehalt, dass das einschlägige bundesrechtlich geordnete Verwaltungsverfahrensrecht keine abweichende Regelung trifft (BVerwGE 69, 198 (200)). Eine solche **Ausnahme gilt für Beamte,** weil sie unabhängig von Begehren und Klageart ein Vorverfahren durchführen müssen (§ 126 III BRRG, § 54 II BeamtStG). Das stellt sie aus Gründen der Verfahrensökonomie von von einem zusätzlichen Antrag frei. Im Vorverfahren hat der Dienstherr Gelegenheit zur verwaltungsinternen Prüfung und zur Vermeidung eines Rechtsstreits durch Abhilfe oder nähere Begründung seines Standpunktes (BVerwGE 114, 350 (354); DVBl 1998, 191; Beschl. v. 3.6.2004 – 2 B 62.03).

55a Nach wie vor ist **str.,** ob der Antrag **zwingend schon bei Klageerhebung** vorliegen muss (sog. Klagevoraussetzung) oder eine (nachholbare) SUV ist (→ vor § 40 Rn. 9 f.). Die Notwendigkeit eines vorgängigen Antrags findet ihre **Rechtfertigung** in prozessökonomischen Erwägungen, aber auch im Grundsatz der Gewaltenteilung. Danach ist es jedenfalls dann Sache der Verwaltung, sich vor einer gerichtlichen Entscheidung mit Ansprüchen zu befassen, wenn diese nur von ihr und (anders als bei Leistungsklagen) nicht durch ein Gericht erfüllt werden können.

5. Klageanträge und Begründetheit

56 Der Klageantrag erschließt sich (wie bei der Anfechtungsklage → Rn. 40) nicht aus § 42 I, sondern aus der Entscheidungsmacht des Gerichts: Der Kläger beantragt, was das Gericht – wäre die Klage begründet – konkret auszusprechen hätte. Der Klageantrag entspricht daher den in § 113 V umschriebenen Voraussetzungen für die Begründetheit (→ § 113 Rn. 99). Nach § 113 V hat das Gericht die Verwaltungsbehörde stets zu **verpflichten,** wenn der Inhalt einer begehrten Leistung einen VA betrifft – nicht also zu „verurteilen", wie der noch aus der MRVO Nr. 165 stammende Wortlaut des § 42 I suggeriert. Der Begriff der „Verurteilung" in einem Tenor ist strikt der allgemeinen Leistungsklage vorbehalten (zum Antrag dort → Rn. 81).

57 Nach V 1 richtet sich die Verpflichtung darauf, die „Amtshandlung vorzunehmen", dh den **VA zu erlassen.** Bei diesem Vornahmeantrag ist der Inhalt des VA genau zu bezeichnen, regelmäßig auch unter Angabe der

Rechtsgrundlage (dh eine Erlaubnis/Genehmigung nach § … zu erteilen/ eine Leistung zu bewilligen/zu gewähren usw.). Bei Ungenauigkeiten kann es an der Vollstreckbarkeit des antragsgemäß ergangenen Urteils fehlen. Das Gericht hat nach § 86 III auf die Beseitigung von Unklarheiten zu dringen. Erfolgt dies nicht und ist das genaue Rechtsschutzziel auch durch Auslegung (§ 88) nicht zu ermitteln, kann ein Antrag entscheidungserheblich unbestimmt und damit unzulässig sein. Die Praxis regt zur Klarstellung – in Anlehnung an § 113 I 1 – regelmäßig an, den **ablehnenden Bescheid** und einen etwaigen Widerspruchsbescheid **aufzuheben.** Beispiel: „Der Kläger beantragt, den Bescheid des Beklagten und den Widerspruchsbescheid des … aufzuheben und den Beklagten zu verpflichten, die Genehmigung zur Errichtung des … nach § … zu erteilen.“

Bei der – uU hilfsweise zu stellenden – **Bescheidungsklage** soll nach **58** § 113 V 2 die Behörde verpflichtet werden, einen bestimmten Antrag unter Beachtung der Rechtsauffassung des Gerichts erneut zu bescheiden. Entgegenstehende Bescheide sind ebenfalls (deklaratorisch, → Rn. 50 f.) aufzuheben.

III. Allgemeine Leistungsklage

1. Anwendbarkeit

Die Leistungsklage hat in der VwGO mit der Verpflichtungsklage nur eine **59** spezielle, auf den VA ausgerichtete Ausprägung erfahren und ist iÜ nicht geregelt. Dazu bestand wegen der ergänzenden Anwendbarkeit der ZPO (§ 173 S. 1) auch kein Anlass. Dort ist sie zwar ebenfalls nicht ausdrücklich geregelt, aber als überkommene und regelmäßig angewendete Klageart eine Selbstverständlichkeit, die der ZPO-Gesetzgeber oW voraussetzen durfte (BLAHG ZPO Grundz § 253 Rn. 8). In der VwGO wird sie in Einzelvorschriften (vgl. §§ 43 II 1, 111, 113 IV) und im besonderen Verwaltungsprozessrecht erwähnt (zB in § 54 BeamtStG). Verfassungsrechtlich ist sie zur Durchsetzung der öffentlich-rechtlichen Ansprüche des Bürgers geboten (Art. 19 IV GG).

2. Rechtsschutzformvoraussetzungen

Die allgemeine Leistungsklage steht im Verwaltungsprozess zur Durchsetzung **60** eines jeden **Anspruchs** auf eine Leistung zur Verfügung, soweit nicht die Rechtsschutzformvoraussetzungen der Anfechtungs- oder Verpflichtungsklage einschlägig sind. Der Inhalt des Begehrens kann mithin jedes **Tun, Dulden oder Unterlassen** sein, das keine VA-Qualität besitzt. Zu Ansprüchen auf Unterlassen eines VA → Rn. 70. Das Gericht darf den Klagegegner verurteilen, die Leistung zu erbringen. Es ist daher iSe „verdeckten Gestaltungsklage" atypisch und abzulehnen, wenn Gerichte im Wege des Leistungsurteils Rechtsakte der Verwaltung aufheben, die keine VA sind (sog. **Leistungsklage mit kassatorischer Wirkung**). IdR handelt es sich um innerorganisatorische Beschlüsse, die Gegenstand von Kommunalverfassungs- oder sonstigen Organstreitverfahren sind (so BayVGH BayVBl 1976, 753 (754); 1980, 656

(657); 1985, 339; VG Regensburg Urt. v. 14.1.2015 – RN 3 K 14.1045). Damit gesteht sich das VG Entscheidungsbefugnisse zu, die ihm nicht eingeräumt sind (→ vor § 40 Rn. 51). Der Hinweis auf das Gebot effektiven Rechtsschutzes (Art. 19 IV GG) führt nicht weiter, weil Feststellungsklage und allgemeine Leistungsklage ebenso effektiven Schutz bieten (ebenso Hufen § 21 Rn. 13).

3. Streitbeteiligte

61   Für die Statthaftigkeit ist es ohne Bedeutung, wer auf Kläger- und Beklagtenseite steht. Die Klageart steht für **Ansprüche des Bürgers** wie für solche von **Hoheitsträgern** (juristischen Personen des öffentlichen Rechts) zur Verfügung. Hoheitsträger können sich gegenseitig in Anspruch nehmen oder einen Privaten, wenn dieser zu einer Leistung, die er nach Maßgabe öffentlichen Rechts schuldet, nicht mithilfe eines VA verpflichtet werden kann oder soll. Zur Problematik des **Rechtsschutzbedürfnisses** in diesen Fällen → Rn. 75 ff.

4. Inhalte der Leistung

62   Wegen der Negativabgrenzung zum VA bleiben für die allgemeine Leistungsklage vor allem **Realakte.** Das versteht sich für die Klage gegen Private von selbst (deren Begehren regelmäßig auf Zahlung gerichtet sind), gilt aber genauso für Klagen gegen Hoheitsträger. Von ihnen kann mit der allgemeinen Leistungsklage nur schlicht-hoheitliches Verwaltungshandeln ohne Regelungsqualität verlangt werden.

63   An erster Stelle stehen auch bei **Bürgerklagen** Geldzahlungen, sofern sie keiner Bewilligung bedürfen (→ Rn. 66). Die weiteren Beispiele sind zahlreich. Zu ihnen gehören die Herausgabe von Gegenständen, die Gewährung von Akteneinsicht, die Vornahme einer Begutachtung sowie der große Bereich verwaltungsrechtlicher **Wissens- und Willenserklärungen** (allgemeine Informationen oder Auskünfte, Stellungnahme, Entscheidung über den Abschluss eines Vertrages). Geht es um die **Korrektur vorausgegangenen rechtswidrigen Tathandelns** iS einer Folgenbeseitigung, kann etwa verlangt werden: der Widerruf einer Behördenerklärung ohne VA-Charakter (vgl. BVerwGE 80, 83 (85): Beseitigung der Kraftloserklärung einer Abgeschlossenheitsbescheinigung; ferner: BVerwGE 59, 319 (325); Buchh 11 Art. 87 GG Nr. 3 S. 1, 2; Buchh 310 § 88 VwGO Nr. 22 S. 7, 8; Buchh 11 Art. 4 GG Nr. 45 S. 4, 9), die Vernichtung erkennungsdienstlicher Unterlagen oder die Löschung rechtswidrig gespeicherter Daten. An erster Stelle sind aber ehr- oder grundrechtsverletzende Verlautbarungen zu nennen. Sie ziehen einen Widerruf nach sich, wenn es sich um Tatsachenbehauptungen handelt, ansonsten eine Entschuldigung.

64   Erfasst werden ferner Ansprüche auf Vornahme behördlicher **Organisationsakte,** die mangels Außenwirkung keine VA sind. Prominentes Beispiel ist die beamtenrechtliche Umsetzung und deren Rückgängigmachung sowie nach umstrittener Ansicht auch fachaufsichtliche Weisungen ohne Auswir-

kungen auf den Rechtsbereich des Adressaten. Hingegen ist eine auf Vornahme eines verwaltungsinternen Akts gerichtete allgemeine Leistungsklage unzulässig, wenn der Akt gegenüber dem Kläger keine (Außen)Wirkung entfaltet (BVerwG NVwZ 2008, 1011).

Im Zusammenhang mit der Anfechtungsklage sieht § 113 I 2 für die Rück- **65** gängigmachung der Folgen des Vollzugs eines VA einen speziellen prozessualen **Vollzugsfolgenbeseitigungsanspruch** vor. Die durch Leistungsklage zu verfolgende Erstattung zu Unrecht erhobener Geldleistungen setzt voraus, dass zunächst der VA, der ihr Rechtsgrund ist, aufgehoben wird. Dies kann mit einer kombinierten Anfechtungs- und Leistungsklage (§ 113 IV) erreicht werden (→ § 113 Rn. 50).

5. Abgrenzung zur Verpflichtungsklage

Beansprucht der Kläger von der Verwaltung nicht unmittelbar einen VA (eine **66** Erlaubnis, Genehmigung, Verkehrsregelung usw.), sondern ausdrücklich einen Realakt (→ Rn. 63), stellt sich in allen Fällen die Frage der **Abgrenzung** zwischen Leistungs- und Verpflichtungsklage. Statthafte Klageart ist die **Verpflichtungsklage** immer dann, wenn dem Verwaltungshandeln eine Entscheidung durch **VA vorausgehen** muss. Das ist vor allem in zwei Konstellationen zu bejahen: Wenn sich der Rechtsgrundlage für das Verwaltungshandeln entnehmen lässt, dass eine außenwirksame Willensbildung als Grundlage des Handelns gefordert ist, oder wenn Ermessen ausgeübt bzw. eine Auswahlentscheidung getroffen werden muss.

Die allgemeine Leistungsklage dient demgegenüber der Durchsetzung von **67** Ansprüchen **ohne Rücksicht** auf das vorgängige **Entscheidungsverhalten** der Behörde (Lorenz S. 395). In diesem Sinne ergibt sich der Anspruch auf Beamtenbesoldung errechenbar unmittelbar aus dem Gesetz (§ 2 BBesG iVm den Anlagen), bedarf also keiner Festsetzung. Umgekehrt erfordert ein Verwaltungshandeln in Konkurrenz- und Nachbarschaftsverhältnissen sowie allgemein bei Beteiligung mehrerer einen konkretisierenden Akt, auch als Grundlage objektivierbarer Nachprüfung. Auch die Bedeutung für die Grundrechte des Betroffenen kann auf die Notwendigkeit eines VA führen (NK-VwGO § 42 Rn. 45, 176 zum Datenschutzrecht; Rn. 186 zur Ermessensausübung bei Auskünften unter Hinweis auf BVerwGE 31, 301 (306)).

6. Unterlassungsklagen

a) Arten. Wird ein Unterlassen gefordert, hat sich dafür der Terminus der **68** Unterlassungsklage eingebürgert. Sie als Unterfall der allgemeinen Leistungsklage hervorzuheben bietet Anlass indes nur im Hinblick auf die Besonderheiten des damit möglichen vorbeugenden Rechtsschutzes (Eyermann vor § 40 Rn. 25; NK-VwGO Rn. 53 ff.). Die Unterlassungsklage kann sich gegen eine aktuell andauernde oder sich absehbar wiederholende Rechtsverletzung richten (**Abwehrklage** → Rn. 132) oder aber gegen eine bevorstehende erstmalige Rechtsverletzung; denn ein Abwehranspruch besteht nicht nur gegenüber eingetretenen Beeinträchtigungen von Rechtsgütern, sondern auch gegenüber verletzungsgleichen Gefährdungslagen (**vorbeugende Unterlassungsklage**).

69   Die Unterscheidung ist für die Anspruchsvoraussetzungen und die besonderen SUV der Klage bedeutsam. In jedem Fall ist die Verletzung eines geschützten Rechtsstatus eine materiell-rechtliche **Anspruchsvoraussetzung**. Steht keine andauernde, sondern eine drohende − weitere oder erstmalige − Verletzung in Rede, muss für ihren Eintritt eine hinreichende Wahrscheinlichkeit sprechen. Frühere Beeinträchtigungen sind taugliche Prognosegrundlage und besitzen insofern Indizcharakter, als sie Art und Umstände zukünftig möglicher Beeinträchtigungen umreißen. Bei erstmaligem Drohen einer Verletzung muss die Eintrittswahrscheinlichkeit anders hergeleitet werden. In jedem Fall bedarf es zusätzlich eines **qualifizierten Rechtsschutzbedürfnisses** (→ Rn. 77).

70   **b) Abwehr künftiger VA.** Eine allgemeine Leistungsklage ist meist auch statthaft, wenn das Unterlassen eines künftigen VA begehrt wird. Der Nichterlass eines VA ist selbst kein VA. Anders liegen die Dinge, wenn das Unterlassen eines VA (idR einer Erlaubnis iwS) mit der negativen Bescheidung eines von einem Dritten beantragten VA verbunden ist − also im Fall des Erlasses eines Versagungsbescheides. Zum Rechtsschutzbedürfnis in diesen Fällen → Rn. 78.

71   **c) Abwehr von Normen.** Beim bevorstehenden Erlass einer Norm ist nach dem **Erlassgeber** zu differenzieren: Mit Bezug auf Parlamentsgesetze liegt eine verfassungsrechtliche Streitigkeit vor (→ Rn. 88). Bei untergesetzlichen Normen (Rechtsverordnungen, Satzungen uä), deren Urheber die Verwaltung ist, kommt die Leistungsklage zwar ihrem Inhalt nach in Betracht (so Eyermann § 42 Rn. 63), wird aus Respekt vor dem Normgeber nach hA aber durch die allgemeine Feststellungsklage verdrängt (→ § 43 Rn. 73).

7. Besondere Sachurteilsvoraussetzungen

72   **a) Allgemeines.** Besondere SUV sieht die VwGO für die allgemeine Leistungsklage nicht vor. Der **8. Abschnitt** (§§ 68 ff.) ist nicht anwendbar. Er enthält „besondere Voraussetzungen der Anfechtungs- und Verpflichtungsklagen". Ist die entsprechende Anwendung nicht ausdrücklich vorgesehen (wie für beamtenrechtliche Klagen in § 54 II BeamtStG und § 126 III BRRG), ist ein Vorverfahren nicht durchzuführen und eine Klagefrist nicht einzuhalten.

73   **b) Kein Antrag im Verwaltungsverfahren.** Bei der allgemeinen Leistungsklage (anders als bei der Verpflichtungsklage (→ Rn. 55 und → vor § 40 Rn. 9) ist ein erfolgloser vorgängiger Antrag im Verwaltungsverfahren nach hM **keine Sachurteilsvoraussetzung** ((BVerwGE 114, 350 (355 f.); NVwZ 2017, 1775; Eyermann Rn. 69; Kopp/Schenke Vorb § 40 Rn. 8a).

74   **c) Klagebefugnis.** Nach stRspr setzt die Zulässigkeit (auch) der allgemeinen Leistungsklage **eines Bürgers** gegen die Verwaltung zur Ausschaltung von Popularklagen (→ vor § 40 Rn. 35) eine Klagebefugnis entspr. § 42 II voraus

(BVerwGE 147, 312 Rn. 18; 101, 157 (159); 100, 262 (271); 36, 192 (199); 59, 319 (326); Buchh 111 Art. 13 EV Nr. 2; NVwZ-RR 1992, 371; NVwZ 1994, 999; NJW 1996, 2521; 1977, 118). Ein Privater muss also geltend machen können, durch die Verweigerung einer staatlichen Leistung in seinen Rechten verletzt zu sein (→ Rn. 100 ff.). Für **Klagen von Hoheitsträgern** (auch im Verhältnis untereinander) gilt dergleichen nicht: Mit Popularklagen ist insoweit nicht zu rechnen, und unbegründete Klagen auszuschalten ist nicht Zweck der Klagebefugnis.

d) Rechtsschutzbedürfnis. Besonderheiten weisen allgemeine Leistungs- **75** klagen beim Rechtsschutzbedürfnis auf.

aa) Bei Befugnis zum Erlass eines Leistungsbescheides. Könnte sich der **76** Hoheitsträger durch Erlass eines VA oder Vollstreckung aus einem Vertrag selbst einen vollstreckbaren Titel schaffen (vgl. § 1 VwVG), sind Zweifel am Rechtsschutzbedürfnis angebracht. Die Rspr. bejaht es, wenn in jedem Fall mit einer gerichtlichen Auseinandersetzung zu rechnen ist; die Klage ist dann der direktere Weg zu einem Bestand behaltenden Titel (BVerwGE 29, 310 (312); NK-VwGO § 42 Rn. 52 mwN).

bb) Bei vorbeugenden Unterlassungsklagen. Die Inanspruchnahme vor- **77** beugenden Rechtsschutzes erfordert wegen seines Ausnahmecharakters ein **qualifiziertes Rechtsschutzbedürfnis** (SSB § 42 Rn. 165 ff.). Die Regel-erwartung der VwGO geht dahin, dass der zur Verfügung gestellte „nach-gängige" (repressive) Rechtsschutz (unter Einschluss des vorläufigen Rechts-schutzes) ausreicht. Dies kann sich jedoch im Einzelfall als unzutreffend erweisen. Dann verbietet es die Wahrung der Integrität des bedrohten sub-jektiven Rechts (Art. 19 IV GG), den Betroffenen auf Ausgleichs- und Er-satzansprüche (Sekundärrechtsschutz) zu verweisen. Als **Nachteile** kommen in Betracht: der Eintritt vollendeter, schwer rückgängig zu machender Tatsa-chen (Rodung von Wald, Abbruch eines Hauses) oder nicht wiedergutzuma-chender Schäden (Ansehensschädigung, Existenzgefährdung bei Gewerbetrei-benden; BVerwGE 81, 329; 54, 211) sowie sonst unzumutbare Nachteile (BVerwGE 40, 323 (326) [Bebauungsplan]; 81, 329; 77, 207; 71, 183 (188); 54, 69; 26, 23). Der Nachteil muss in jedem Fall von einigem Gewicht sein. Gewichtige Nachteile sind regelmäßig anzuerkennen bei nicht erkennbarem Verwaltungshandeln (wie der Beobachtung durch den Verfassungsschutz). Zu vorbeugenden **Feststellungsklagen** → § 43 Rn. 16.

cc) Bei drohenden VA. Einen bevorstehenden VA abzuwarten ist iaR zu- **78** mutbar. Selbst bei sehr kurzfristigen Maßnahmen wie Versammlungsverboten ist nachträglicher Rechtsschutz wegen der ausgefeilten Mechanismen des vor-läufigen Rechtsschutzes (§§ 80, 80a) und der Möglichkeiten rückwirkender Aufhebung von VA ausreichend. Die strenge Haltung der Rspr. soll eine Umgehung des Vorverfahrens verhindern.

Ausnahmen sind aber auch hier bei Gefährdungen des effektiven Rechts- **79** schutzes (→ Rn. 77) geboten. Diese drohen konkret, wenn ein VA ausnahms-weise nicht aufhebbar ist (wie regelmäßig beamtenrechtliche Ernennungen wegen des Grundsatzes der Stabilität der Ämterordnung, BVerwGE 80, 127

(129); zu Ausnahmen BVerwGE 138, 102) oder wenn der Betroffene bei Nichtbefolgung ordnungswidrig handelt oder sich strafbar macht. Anerkannt ist das besondere Rechtsschutzinteresse auch, wenn eine Vielzahl von VA angefochten werden müsste, die sich stets wiederholen und sich wegen ihrer Befristungen regelmäßig noch vor Durchführung eines Widerspruchsverfahrens erledigen (BVerwGE 101, 157: Sperrzeitverkürzungen für eine Diskothek; Flugverkehrsfreigaben der Flugsicherung nach LuftVO).

8. Klageantrag und Begründetheit

80   Über **Begründetheit** und **Tenor** der allgemeinen Leistungsklage trifft die VwGO – anders als in § 113 für VA-Klagen – keine Aussage. Die Klage ist nach allgemeinen (zivilprozessualen) Grundsätzen begründet, wenn der Kläger einen materiell-rechtlichen Anspruch auf die streitige Leistung hat. Das stattgebende Urteil enthält den rechtsbezeugenden Leistungsbefehl an den Beklagten und ist Grundlage für die ggf. erforderliche Vollstreckung, die sowohl zugunsten der öffentlichen Hand wie gegen sie möglich ist (§§ 169 ff.).

81   Die **Klageanträge** ergeben sich auch bei einer allgemeinen Leistungsklage aus dem, was das VG zusprechen dürfte, und lauten durchweg auf „Verurteilung" zu einem inhaltlich bestimmten – also genau anzugebenden – Tun, Dulden oder Unterlassen des Klagegegners (des Bürgers oder eines Hoheitsträgers, → Rn. 61). Der Begriff der Verpflichtung ist in Antrag und Tenor strikt für die Verpflichtungsklage reserviert, also für den Fall, dass Inhalt der Leistung ein VA ist (→ Rn. 56).

IV. Sonderfragen und Abgrenzungen

1. Die isolierte Anfechtungsklage

82   **a) Bedeutung und Interessenlagen.** Als „isolierte" Anfechtungsklage wird das Begehren umschrieben, das Gericht möge einen Bescheid aufheben, der den Antrag auf Erlass eines begünstigenden VA ablehnt. Da der ablehnende Bescheid einen VA darstellt, handelt es sich nicht um ein Problem der Statthaftigkeit der Anfechtungsklage, sondern des Rechtsschutzbedürfnisses für sie (→ vor § 40 Rn. 41 ff.). Denn der Kläger nimmt mit seinem Anfechtungsantrag von seinem im Verwaltungsverfahren konkretisierten Begehren auf Erlass eines VA Abstand. Das wirft die Frage des anzuerkennenden Interesses und Nutzens für die Inanspruchnahme des Gerichts auf.

83   **b) Rechtsschutzbedürfnis für die isolierte Anfechtung.** Ein berechtigtes **Interesse,** sich auf die Aufhebung eines Ablehnungsbescheides zu beschränken, kann in folgenden **Konstellationen** gegeben sein:

84   – Die Behörde hat einen Antrag aus verfahrensrechtlichen Gründen abgelehnt, der Kläger hat aber ein berechtigtes Interesse an einer behördlichen Sachprüfung, ohne dass Spruchreife (→ § 113 Rn. 100) herstellbar wäre, sei es, dass Ermessen auszuüben ist, sei es dass eine Wertung mit höchstpersönlichen Elementen zu treffen ist (Eyermann vor § 40 Rn. 15; aA

BVerwGE 78, 93). Entsprechendes gilt, wenn ein Antrag ohne die erforderliche Beteiligung eines Organs oder Dritten abgelehnt worden ist.

– Die Behörde hat aus materiell-rechtlichen Gründen eine Erlaubnis abgelehnt, die für die begehrte Tätigkeit nicht erforderlich ist (zur Feststellungsklage → § 43 Rn. 21). **85**

– Der Kläger will seinen Antrag nach rechtswidriger Ablehnung zunächst nicht weiterverfolgen, weil er das Interesse an der Tätigkeit verloren hat, aber eine negative Präjudizierung für ein später beabsichtigtes Verfahren vermeiden möchte. **86**

– Gegen einen – gemessen an den Urteilserwägungen – fehlerhaften Ablehnungsbescheid nach Bescheidungsurteil ist die isolierte Anfechtungsklage denkbar (OVG NRW Urt. v. 26.3.2007 – 1 A 2821/05). **87**

– Nach Bestehen der Wiederholungsprüfung ist die Fortführung des Rechtsstreits in der Form einer isolierten Anfechtungsklage gegen den Prüfungsbescheid zulässig (BVerwG NJW 1998, 323). Die Beschwer und das dadurch induzierte Rechtsschutzinteresse an einer Aufhebung der Entscheidung über das Nichtbestehen der Erstprüfung entfallen nicht, wenn sich die negative Entscheidung über diese berufseröffnende Prüfung auf das weitere berufliche Fortkommen des Klägers ungünstig auswirken kann (BVerwG Buchh 421.0 Prüfungswesen Nr. 320; BVerwGE 88, 111). Hingegen fehlt das Rechtsschutzinteresse idR für die Aufhebung eines die Vornahme einer Amtshandlung ablehnenden Widerspruchsbescheides ohne gleichzeitiges Verpflichtungsverlangen (BVerwG Urt. v. 21.11.1986 – 8 C 126.84; BVerwGE 47, 7 (12)). **88**

2. Dreipolige Prozessrechtsverhältnisse

a) Statthaftigkeit, Interessenlagen und Konstellationen. Die Statthaftigkeit der Anfechtungsklage hängt zwar von der Wirksamkeit des VA, nicht aber davon ab, dass der VA gerade dem Kläger bekannt gegeben worden ist (→ Rn. 15 f.). Deshalb kann der Adressat des VA seine Aufhebung ebenso verlangen wie ein Nicht-Adressat („Dritter"). Die Interessen der Anfechtung sind freilich diametral entgegengesetzt: Der Adressat bekämpft einen belastenden VA, der Dritte einen begünstigenden VA mit ihn belastenden (Doppel)Wirkungen. Ob der Dritte durch einen solchen VA sachlich betroffen und rechtlich beschwert ist, stellt sich als Problem der Klagebefugnis dar. **89**

Dreipolige Prozessrechtsverhältnisse finden sich in den Konstellationen einer sog. Nachbarklage und der Konkurrentenklage. Bei der **Nachbarklage** geht es dem Kläger um die bloße Abwehr einer dem Dritten erteilten Begünstigung. IdR liegt er als „Nachbar" (zum Begriff → Rn. 139 und Kopp/Schenke § 42 Rn. 97, 104) im Einwirkungsbereich einer störenden Anlage oder eines Gebäudes. Die gerichtliche Aufhebung der dem Betreiber erteilten öffentlich-rechtlichen Zulassungsentscheidung für Errichtung und/oder Betrieb der Anlage stellt ein gesetzliches Verbot (mit Erlaubnisvorbehalt) wieder her und damit die Integrität der innegehabten Rechtsposition des Nachbarn. Bei **Konkurrentenklagen** kämpfen Bewerber um dieselbe Rechtsposition; es sind offensive und defensive (rechtserhaltende) Formen zu unterscheiden: **90**

Der Kläger kann die einem oder mehreren Konkurrenten erteilte(n) Rechts-
position(en) bestreiten und sie für sich erstreben oder sich darauf beschränken,
die Rechtmäßigkeit der Erteilung bestreiten, um die Auswahl offen zu halten
(Einzelheiten bei Rennert DVBl 2009, 1333).

91 **b) Konkurrentenklagen.** Beansprucht jemand im Kreis von Mitbewerbern
eine eigene Begünstigung, ist die Verpflichtungsklage einschlägig, wenn die
Leistung durch (rechtskreiserweiternden) VA zugesprochen werden muss
(→ Rn. 44), anderenfalls die allgemeine Leistungsklage. Besteht ein Rechts-
anspruch auf die Leistung, entscheidet die gesetzliche Regelung über die
Notwendigkeit eines VA. Eine Erschöpfung von Haushaltsmitteln kann dem
Rechtsanspruch grds. nicht entgegengehalten werden.

92   Anders verhält es sich, wenn eine Leistung **kontingentiert** ist, also von
vornherein nur begrenzt zur Verfügung gestellt wird (Subventionen, Studien-
plätze, Amtsstellen und generell bei Anlagen mit begrenzter Kapazität). Auch
dann besteht ein Anspruch auf Leistung nach Maßgabe der aufgestellten Ver-
teilungsregeln, der im Streitfall mit der Verpflichtungs- oder allgemeinen
Leistungsklage geltend zu machen ist.

93   Bei dem regelmäßig bestehenden **Überhang von Bewerbern** (Kontingen-
terschöpfung) besteht nur ein Anspruch auf fehlerfreie Auswahl, „relativ"
bezogen auf das Bewerberfeld. Die Auswahl erzwingt, auch ohne gesetzliche
Anordnung, eine außenwirksame Entscheidung durch (zuteilenden) VA, den
jeder nicht zum Zuge gekommene Bewerber mit der Verpflichtungsklage
erstreiten muss. Der abgelehnte Bewerber *darf* zwar eine Kombination mit der
Anfechtungsklage („Verdrängungsklage") gegen die Zulassung von Konkurrenten wählen, um einen Platz im Kontingent frei zu machen (vgl. BVerwG
NVwZ 1984, 507); eine Notwendigkeit dazu besteht aber nicht. In jedem
größeren Bewerberfeld würde ihn die Notwendigkeit zur Anfechtung einer
Vielzahl unbekannter Zulassungen oder auch nur die Identifizierung der
erfolgversprechenden Anfechtung überfordern und den Rechtsschutz unzumutbar erschweren (vgl. auch Lorenz § 16 Rn. 26).

94   Deshalb hält die Rspr. bei unstreitig erschöpftem Kontingent zu Recht die
Bescheidungsklage (§ 113 V 2 → Rn. 48) für statthaft, mit der die behördliche Versagung daraufhin überprüft werden kann, ob eine gesetzliche Ver-
teilungsregelung oder der Gleichheitssatz verletzt worden ist und der Kläger
bei rechtmäßiger Verteilung hätte zum Zuge kommen müssen (BVerwGE 80,
270 (272)). Die Behörde kann überblicken und nach pflichtgemäßem Ermessen entscheiden, ob und ggf. welchen Mitbewerbern gegenüber die rechtswidrig erteilte Genehmigung zurückzunehmen ist.

95   **Weitergehend** will es das BVerfG (Kammer NJW 2002, 3691) in solchen
Fällen zulassen, eine (im einstweiligen Rechtsschutzverfahren auszusprechen-
de) **Verpflichtung des Marktanbieters** oder eines anderen Anbieters einer
kontingentierten Leistung auszusprechen. Diese gerichtliche Verpflichtung iE
umzusetzen muss das Gericht nicht selbst regeln. Es ist Sache des Marktanbieters usw., die im öffentlichen und bürgerlichen Recht bestehenden Möglichkeiten zu Widerruf und Rücknahme oder zur (außerordentlichen) Kündigung, ggf. gegen Schadensersatz, zu nutzen. Die Marktanbieter haben es in

der Hand, durch die Regelung entsprechender Widerrufsvorbehalte oder die Vereinbarung entsprechender Kündigungsklauseln für die Fälle einer gerichtlichen Nachzulassung vorzusorgen.

3. Beseitigung bestandskräftiger VA

Die Anfechtung **bestandskräftiger VA** ist unzulässig. Der Begriff der Be- **96** standskraft, den das VwVfG als Überschrift von Teil III Abschn 2 verwendet, ist iZm der VwGO der dogmatische Oberbegriff für das Fehlen von besonderen SUV, die vom Willen des Betroffenen abhängig sind – sei es, dass er die Anfechtungsfristen hat verstreichen lassen, sei es, dass er auf einen Rechtsbehelf verzichtet oder Rechtsschutz verwirkt hat (→ vor § 40 Rn. 46). Der VA ist gerichtlich nicht (mehr) anfechtbar, weil es an einem ordnungsgemäßen Vorverfahren fehlt oder an der Wahrung der Klagefrist oder weil das Klagerecht nicht ausgeübt werden kann.

In Fällen der Bestandskraft kann der Betroffene aber den Erlass eines VA **97** begehren, mit dem die Behörde den bestandskräftigen VA aufhebt (zB VG Würzburg Urt. v. 9.12.2009 – W 2 K 09.913). Hierzu ist die Behörde unter den Voraussetzungen des **§ 51 I bis III VwVfG** verpflichtet (Wiederaufgreifen ieS). Liegen dessen Voraussetzungen nicht vor, hat die Behörde nach pflichtgemäßem Ermessen zu entscheiden, ob sie das Verwaltungsverfahren wiederaufgreift, die frühere Entscheidung zurücknimmt oder widerruft und eine neue – der gerichtlichen Überprüfung zugängliche – Sachentscheidung trifft (sog. Wiederaufgreifen iwS). Zum Wiederaufgreifen ist die Behörde aus § 51 V VwVfG iVm §§ 48, 49 VwVfG befugt (BVerwG Buchh 402.240 § 53 AuslG Nr. 20 S. 16; BVerwGE 111, 77 (82); NVwZ 1983, 285; zum Vermögenszuordnungsrecht BVerwGE 126, 7; zur Bestandskraftdurchbrechung bei Unionsrecht BVerwG Beschl. v. 21.6.2013 – 3 B 89.12 – juris).

Der Kläger kann das Wiederaufgreifen mit der **Verpflichtungsklage** be- **98** anspruchen, iÜ – wenn keine Ermessensreduzierung anzunehmen ist – mit der Bescheidungsklage (→ Rn. 48) eine fehlerfreie Ermessensentscheidung einfordern. Das gilt auch, wenn ein VA **gerichtlich bestätigt** worden ist und es zur Überwindung der Rechtskraft einer gesetzlichen Grundlage bedarf (vgl. BVerfG NVwZ 1989, 141). Diese findet sich ebenfalls in § 51 V VwVfG und ermöglicht die nachträgliche Korrektur inhaltlich unrichtiger Entscheidungen bei rechtskräftig bestätigten VA (vgl. BVerfG InfAuslR 2008, 94; BVerwG NVwZ 2010, 656).

4. Verwaltungsrechtliche Organklagen

Für Streitigkeiten um kompetenzielle Berechtigungen zwischen Organen und **99** Organteilen einer juristischen Person des öffentlichen Rechts (→ § 40 Rn. 82) sind die früher erwogene Klageart sui generis oder eine Gestaltungsklage extra legem auch unter dem Gebot des Art. 19 IV GG nicht erforderlich. Je nach Konstellation kommt die allgemeine Leistungsklage oder die Feststellungsklage zur effektiven Durchsetzung aller denkbaren Begehren in Betracht (grundlegend BVerwG Buchh 310 § 40 VwGO Nr. 179). Mit die-

sen Klagearten ist die Zulässigkeit insbes. von sog. kommunalen Verfassungs-
streitigkeiten (→ § 40 Rn. 84) grds. anerkannt (vgl. BVerfGE 8, 122 (130);
BVerwGE 3, 30 (35); DÖV 1972, 350).

C. Klagebefugnis (II)

100 § 42 II bestimmt – unmittelbar nur mit Blick auf I – die sog. Klagebefugnis
als **besondere SUV** der VA-Klagen: Diese sind „nur zulässig, wenn der
Kläger *geltend macht,* durch den VA oder seine Ablehnung oder Unterlassung
in seinen Rechten verletzt zu sein" (→ Rn. 110 ff.). Dieses Erfordernis der
sog. Verletztenklage (im Gegensatz zur Popular- oder Interessentenklage
(→ vor § 40 Rn. 35) entspringt zwar dem Prozessrecht, stellt über den Begriff
des **subjektiven Rechts** jedoch schon in der Zulässigkeit eine mehr oder
weniger enge Verknüpfung zu materiellrechtlichen Vorfragen her. Diese Verknüpfung ist in der Begründetheit wieder aufzugreifen und meist weitergehend zu prüfen (§ 113 I 1 und V 1). § 42 II setzt damit die in Art. 19 IV 1
GG enthaltene **Systementscheidung für den Individualrechtsschutz** gegen Rechtsverletzungen durch die öffentliche Hand (BVerfG NVwZ 2009,
1426; Maunz/Dürig Art. 19 IV Rn. 8) einfachgesetzlich um. Bei ihr handelt
es um ein allgemeines Strukturprinzip des nationalen deutschen Verwaltungs-
rechtsschutzes (BVerwGE 147, 312 Rn. 18; 92, 263 (264)), das allerdings mit
EU-Recht in Einklag steht (EuGH NVwZ 2015, 1665 Rn. 28 ff.). Eine
allgemeine Gesetzmäßigkeitskontrolle im Wege der Interessentenklage steht
außerhalb des Regelungsbereichs des Art. 19 IV GG und setzt daher eine
besondere gesetzliche Zulassung voraus (BVerwGE 101, 73 (82)). In diese
Richtung hat sich die **Verbandsklage** gegen UVP-pflichtige Vorhaben nach
dem UmwRG entwickelt (näher Kopp/Ramsauer VwVfG § 75 Rn. 90 ff.).

I. Vorbehalt abweichender Regelung
1. Gesetzliche Ermächtigung

101 Das Erfordernis einer Verletzung in eigenen Rechten wird in § 42 II Hs. 1
unter den **Vorbehalt** gestellt, dass „gesetzlich nichts anderes bestimmt ist".
Damit geht die VwGO über die Vorgabe des Art. 19 IV GG (vgl. BVerfGE
92, 263 f.) hinaus und öffnet sich für Regelungen, die Rechtsschutz mit
verminderten Anforderungen an die Rechtsbetroffenheit oder gar ohne
Rücksicht auf sie vorsehen. Man spricht daher zu Recht von einer **Öffnungsklausel.** Sie auszufüllen ist den zuständigen Normgebern vorbehalten,
Gerichten grds. verwehrt.

102 Die Ermächtigung, solche Rechtsschutzmöglichkeiten durch formelles Gesetz vorzusehen, hat Bedeutung vor allem für die **Landesgesetzgeber**
(stRspr, BVerfGE 20, 238 (255); BVerwGE 92, 263; 37, 47 (51); 35, 173
(174); DVBl 1987, 1278), da sich der Bund nicht selbst ermächtigen muss.
Allerdings sind die Länder **nicht** ermächtigt worden, Klagemöglichkeiten
gegen Akte der Bundesbehörden einzuführen. Solche Klagen sind zwar als
gerichtliche Rechtsbehelfe dem Gebiet des Verwaltungsprozessrechts und

nicht dem des Verwaltungsverfahrensrechts zuzuordnen (vgl. BVerwGE 78, 347 (349)). Sie dienen jedoch nicht der Durchsetzung individueller Rechte des Bürgers, sondern ausschließlich einer objektiv-rechtlichen Kontrolle über Bundesbehörden. Eine solche Kontrolle ist ihrer Art nach allein bundesgesetzlicher Regelung vorbehalten. Sie kann nicht Gegenstand der konkurrierenden Gesetzgebung gem. Art. 74 I Nr. 1 GG sein (BVerwGE 92, 263 (264)).

Es genügt, wenn einer Norm im Wege der **Auslegung** entnommen wer- **103** den kann, dass ein Verstoß gegen sie ohne eigene Rechtsverletzung gerichtlich geltend gemacht werden kann, also ohne dass der Kläger aus der Norm eine eigene Rechtsposition herleiten kann (Kopp/Schenke § 42 Rn. 180). Das Klagerecht kann auf **einzelne Klagegründe** (wie die Missachtung eines Beteiligungsrechts) beschränkt werden (BVerwG NVwZ 2007, 576; DÖV 1999, 349).

2. Die Verbandsklage im Umweltrecht

Von der Ermächtigung in I Hs. 1 ist Gebrauch gemacht worden, um gesetzli **104** che Prozessstandschaften (→ vor § 40 Rn. 37) zu ermöglichen, vor allem aber zur Einführung von Formen der **Verbandsklage,** die es anerkannten Vereinigungen erlaubt, Rechtsbehelfe der VwGO einzulegen, ohne in eigenen Rechten verletzt zu sein (vgl. § 64 I BNatSchG: naturschutzrechtliche Verbandsklage). In Umweltweltangelegenheiten wird die VwGO durch das 2006 erlassene **Umwelt-Rechtsbehelfsgesetz** (UmwRG) ergänzt. Es dient der Umsetzung von Art. 9 II der Aarhus-Konvention und verschiedener EU-Richtlinien. Nach verschiedentlichen (vom EuGH und vom Aarhus Compliance Committee geforderten) Nachbesserungen eröffnet es nunmehr (Bekm. v. 23.8.2017, BGBl. I 3290) den nach § 3 UmwRG anerkannten Vereinigungen eine umfassende Nachprüfung der objektiven Rechtmäßigkeit der Zulassung von UVP-pflichtigen Vorhaben (§ 2 I 1 Nr. 1 UmwRG: **umweltschutzrechtliche Verbandklage**). Private können weiterhin nur eine Nachprüfung ihrer eigenen Rechte (§ 42 II) und der UVP-Verfahrensvorschriften nach Maßgabe von § 4 UmwRG verlangen (→ Rn. 107). Zum **Rechtsschutz im Planfeststellungsrecht** iE Kopp/Ramsauer VwVfG § 75 Rn. 65 ff., zur Verbandsklage aaO Rn. 90 ff). Zu weiteren Ausnahmen von der Verletztenklage kraft bundes- und landesrechtlicher Bestimmung vgl. NK-VwGO § 42 Rn. 402, Kopp/Schenke § 42 Rn. 181.

3. Subjektivierung von Normen kraft EU–Rechts

Die Einpassung des sekundären Unionsrechts in das deutsche Rechtsschutz- **105** system gehört zu den immer noch nicht vollständig geklärten Fragen des Verwaltungsprozessrechts (vgl. nur Schlacke DVBl 2015, 929 und NVwZ 2014, 11; H.–J. Koch NVwZ 2015, 633; Greim BayVBl 2014, 517; Franzius DVBl 2014, 543 und EurUP 2014, 283; Gassner DVBl 2014, 551; Gärditz EurUP 2014, 39; Röckinghausen I+E 2014, 230; Balbach NVwZ 2014, 1499; Lau NVwZ 2014, 637; Bunge ZUR 2014, 3). Neben die Verpflichtungen zur Einrichtung von objektiven Kontrollmöglichkeiten im Wege der

Verbandsklage (→ Rn. 104) ist verstärkt mit der Subjektivierung unionsrechtlicher Vorschriften und mit der Aufladung nationaler Vorschriften des objektiven Rechts kraft vorrangigen Unionsrechts zu rechnen. Die Anforderungen des Unionsrechts an den nationalen Rechtsschutz hat der **EuGH** immer wieder präzisiert.

106   Das Unionsrecht bestimmt selbst, welche Vorschriften seines objektiv–rechtlichen Normbestandes als gerichtlich durchsetzbare materiell– oder verfahrensrechtliche Positionen von Unionsbürgern zu verstehen sind. Der EuGH geht im Bestreben um größtmögliche Effektuierung von einer **weitreichenden Individualisierung** des objektiven Unionsrechts aus. Wo das Unionsrecht zwingende Positionen zugunsten Einzelner einräumt, muss die innerstaatliche Umsetzung die Begünstigten in die Lage versetzen, von allen ihren Rechten Kenntnis zu erlangen und diese im Streitfall vor den nationalen Gerichten geltend zu machen (EuGH Slg. 1991, I–2567 Tz. 16). Außerhalb des Umweltrechts (zu diesem → Rn. 107) ist im Einzelfall zu entscheiden, inwieweit Bürger und Verbände der Mitgliedstaaten für die Durchsetzung des objektiven Unionsrechts instrumentalisiert werden sollen. Diese Instrumentalisierung bzw. Mobilisierung greift besonders dort, wo Vollzugsdefizite im Zusammenhang mit der Umsetzung von Richtlinien in das nationale Recht gesehen werden.

107   Die **Leitlinien** des EuGH zum Rechtsschutz lauten: **Einzelne** können sich auf unbedingte und hinreichend bestimmte Verpflichtungen der Mitgliedstaaten im Unionsrecht berufen, insbes., wenn eine Bestimmung – im weitesten Sinne – dem Schutz der **menschlichen Gesundheit** dient (vgl. Kokott/Sobotta, Rechtsschutz im Umweltrecht – Weichenstellungen in der Rechtsprechung des Europäischen Gerichtshofs, abrufbar unter www.julianekokott.de). Im **europäischen Umweltschutz** verfolgt das Unionsrecht (etwa Art. 11 der UVP-Richtlinie 2011/92/EU) im Anschluss an die Aarhus-Konvention weitergehende Ziele: (A) Rechtssuchenden Bürgern soll im nationalen Recht ein möglichst weitreichender Zugang zu gerichtlicher Überprüfung verschafft werden. (b) Den nationalen Gerichten gibt der EuGH auf, nach Maßgabe interpretationsfähiger Vorschriften des nationalen Rechts **zumindest Umweltverbänden** einen möglichst weiten Zugang zu den Gerichten zu eröffnen, damit umweltrelevante Entscheidungen umfassend auf ihre objektive Übereinstimmung mit den unionsrechtlichen Anforderungen gerichtlich überprüft werden können. Dieses Ziel ist heute im UmwRG verwirklicht (→ Rn. 104). Hingegen steht es dem nationalen Gesetzgeber frei, die **Klagebefugnis Einzelner** – und entspr. die gerichtliche Prüfungstiefe in der Begründetheit (§ 113 I 1 VwGO) – auf ihnen zustehende subjektiv-öffentliche Rechte zu beschränken (EuGH NVwZ 2015, 1665; Slg. 2011, I–3673). Wo der Staat für die Zulässigkeit von Rechtsbehelfen an das Erfordernis einer Klagebefugnis iSe potenzieller Verletzung eigener Rechte knüpfen kann, darf er auch die gerichtliche Aufhebung der angefochtenen Verwaltungsentscheidung von der tatsächlichen Verletzung dieses Rechts abhängig machen.

108   Dem deutschen Prozessrecht ist damit die Aufgabe gestellt, **Unionsrecht** mithilfe nationaler Rechtsbehelfe **durchsetzbar** zu machen. Wie dies iE zu geschehen hat, ist weiterhin Gegenstand der Diskussion (Rennert DVBl 2015, 793). Soweit das Unionsrecht durchsetzbare individuelle Rechte einräumt, können diese von den Berechtigten geltend gemacht werden. Zu den subjektiven Rechten gehören die unmittelbar anwendbaren Vorschriften des Umweltrechts der EU, zwingend aber auch die nationalen Rechtsvorschriften, die diese Rechtsvorschriften umsetzen (EuGH Slg 2011, I-3673 zu Art. 10a III 2, 3 RL 85/337 idF der RL 2003/35). § 42 II Hs. 1 lässt die Auslegung zu, dass (neben Bestimmungen des Bundes- und des Landesrechts) Vorschriften des Unionsrechts als „andere gesetzliche Regelungen" eigenständige, von materiellen Berechtigungen losgelöste Klagerechte vermitteln können.

Das BVerwG hat weitergehend einer anerkannten Umweltvereinigung zugestanden, durch die Ablehnung der **Aufstellung eines Luftreinhalteplans** (§ 47 BImSchG iVm der 39. BImSchV) in eigenen Rechten iSd des § 42 II Hs. 2 VwGO verletzt sein zu können. § 47 I BImSchG räume in Umsetzung von EU–Recht nicht nur unmittelbar betroffenen natürlichen Personen, sondern auch nach § 3 UmwRG anerkannten Umweltverbänden (immer ohne Einschränkung durch Präklusionsvorschriften → Rn. 133 f.) ein Recht ein, dessen Aufstellung zu verlangen (BVerwGE 147, 312 Rn. 38 ff.). Diesen Weg ist das BVerwG bei Klagen eines Umweltverbandes auf Ergänzung eines Luftreinhalteplanes um **Dieselfahrverbote** weitergegangen (BVerwGE 161, 201; NJW 2018, 890). **109**

Hingegen müssen die Mitgliedstaaten der EU **bei anderen umweltrelevanten Vorhaben** (iSv Art. 9 III Aarhus-Konvention) in ihrem Prozessrecht vorsehen, dass die Möglichkeit zur Prüfung nicht vollständig verschlossen ist. Ob außer Umweltverbänden weiteren Personengruppen dieses Recht zuerkannt wird, steht im Ermessen des nationalen Gesetzgebers. Für **Lärmaktionspläne ist** im deutschen Recht insofern nichts vorgesehen. EU-Recht hilft nicht weiter: Ein Einzelner kann die Einhaltung einer durch eine Richtlinie auferlegten Verpflichtung nach der Rspr. des EuGH nur einfordern, wenn er unmittelbar betroffen ist. Dazu muss die verletzte Verpflichtung klar und präzise sein und darf nicht an Bedingungen geknüpft sein. Da die Umgebungslärmrichtlinie dies nicht erfüllt, hat das BVerwG die Klage eines Privaten auf Verschärfung eines Lärmaktionsplans als unzulässig abgewiesen (Urt. v. 28.11.2019 – 7 C 2.18). **109a**

II. Das subjektiv-öffentliche Recht

1. Regelfall: Verletztenklage

Der von § 42 II vorausgesetzte Regelfall ist die sog. Verletztenklage: Der Kläger muss die Verletzung eines eigenen **subjektiven** Rechts geltend machen. Subjektive Rechte räumen dem Begünstigten die Rechtsmacht ein, vom Verpflichteten das in einem Rechtssatz, einem Vertrag oder einem VA bezeichnete Tun, Dulden oder Unterlassen zu verlangen. § 42 II erfasst nur **subjektiv-öffentliche Rechte,** die sich aus einem Rechtssatz des öffentlichen Rechts ergeben (→ Rn. 94) und einem Träger öffentlicher Gewalt Verhaltenspflichten auferlegen (Kopp/Schenke § 42 Rn. 81; zu Unrecht zweifelnd Eyermann § 42 Rn. 83b). Beim Streit um oder bei einer Verlet- **110** zung subjektiver privater Rechte wäre schon der Verwaltungsrechtsweg nicht eröffnet (§ 40 I 1). Allerdings können private Rechte Gegenstand einer öffentlich-rechtlichen Handlungspflicht sein, die ihrerseits als subjektiv-öffentliches Recht in Betracht kommt. Das gilt zB für das privatrechtliche Eigentum, das durch Art. 14 GG vor staatlichen Eingriffe geschützt ist. Für die nicht grundrechtlich geschützten Eigentumsrechte einer Gemeinde nach § 903 BGB gilt: Soweit diese und andere rein private Rechte und Belange iR einer Abwägung zu berücksichtigen sind, entfaltet das öffentlich-rechtliche Abwägungsgebot Drittschutz zugunsten des Berechtigten (BVerwGE 101, 47 (49); 97, 143 (151) → Rn. 152; → § 47 Rn. 45).

2. Entstehensvoraussetzungen

111 Das subjektiv-öffentliche Recht hat vier Entstehensvoraussetzungen (allgemein Scherzberg in Ehlers/Pünder AllgVerwR § 12): (1) Es muss ein Rechtssatz des öffentlichen Rechts bestehen, (2) der dem Staat oder einer seiner Untergliederungen das begehrte Verhalten auferlegt oder ermöglicht; (3) der Rechtssatz muss – auch – der Verwirklichung der Individualinteressen desjenigen zu dienen bestimmt sein, der sich auf die Vorschrift beruft, und (4) schließlich muss dem Begünstigten die Rechtsmacht zustehen, das Verhalten verlangen zu können.

112 Ein subjektiv-öffentliches Recht kann sich somit aus jedem Rechtssatz ergeben, der in seiner **Rechtsfolge** das verlangte Verhalten enthält, der der Verwaltung die notwendige Befugnis gibt, oder ihr entsprechende Pflichten (etwa zur Anhörung, Ermittlung usw.) auferlegt. Das können Zuständigkeits-, Aufgabenzuweisungs- wie Kompetenznormen sein. Ob die Norm **öffentlich-rechtlich** ist, bestimmt sich nach allgemeinen Kriterien (→ Rn. 94 ff.). Die **Rechtsmacht,** ein von der Rechtsordnung gewährtes subjektiv öffentliches Recht durchsetzen zu können, ist in Art. 19 IV GG zuerkannt. Für sie ist ohne Bedeutung, ob es sich um eine Ermessensnorm oder um eine zwingende, rechtsgebundene Entscheidung handelt. Dies betrifft lediglich den möglichen Inhalt des Rechts. Bei Ermessensnormen kann grds. nur eine ermessensfehlerfreie Entscheidung verlangt werden, das Verhalten selbst nur bei einer Ermessensreduzierung auf Null.

3. Schutznormtheorie

113 Erhebliche Probleme kann die Feststellung des drittschützenden Charakters der als verletzt geltend gemacht Rechtsnorm iSd dritten Voraussetzung (→ Rn. 111) bereiten. Die ganz hA identifiziert die Rechtsnormen, die ein subjektiv-öffentliches Recht einräumen, anhand der **Schutznormtheorie** (BVerwGE 92, 313 (317); SSB § 42 Abs. 2 Rn. 45 ff.), die allerdings gelegentlich in bedenklicher Weise an den Rand des Handhabbaren führt – mit kaum vorhersehbaren Ergebnissen im Prozess (vgl. Kloepfer JZ 1984, 685 (692)). Praktikabel erscheint allein die umfangreiche Kasuistik (dazu → Rn. 138 ff.).

Das **Prüfprogramm** der Schutznormtheorie ist mehrschrittig: Die An- **114** wendung des Rechtssatzes muss dem Schutz der konkret in Rede stehenden Einzelinteressen des Klägers **faktisch** zugutekommen können. Ist dies zu bejahen, ist weiter zu fragen, ob die Schutzwirkung **bezweckt** ist. Das ist durch Auslegung zu ermitteln. Drittschutz vermitteln nur solche Vorschriften, die nach dem in ihnen enthaltenen Entscheidungsprogramm für die Behörde auch der Rücksichtnahme auf Interessen eines individualisierbaren, dh sich von der Allgemeinheit unterscheidenden Personenkreises dienen (vgl. BVerwG Buchh 406.19 Nachbarschutz Nr. 44; DVBl 1987, 476 zum Baurecht; BVerwGE 78, 40 zum Wasserrecht; BVerwGE 68, 58 (60) zum Immissionsschutzrecht).

Der stärkste Hinweis auf den drittschützenden Charakter einer Norm ist **115** eine hinreichend deutliche **Bezugnahme auf zu schützende Privatinteressen im Normtext.** Solche Hinweise enthalten die polizeilichen Generalklauseln durch die Erwähnung der Rechte des Einzelnen (zB § 1 II PolG NRW; ASOG Bln; Art. 2 II BayPAG), das Immissionsschutz- und Baurecht durch die Nennung der Nachbarschaft (§ 3, § 5 BImSchG) oder die Rücksichtnahme auf nachbarliche Interessen (§ 31 II, § 34 IIIa BauGB), das Wasserrecht durch den Schutz vor Nachteilen für „andere" (§ 13 I WHG → Rn. 144).

Auch dann ergibt sich die Möglichkeit einer Rechtsverletzung erst auf- **116** grund der Feststellung individueller Betroffenheit auf der Ebene konkreter behördlicher Rechtsanwendung. Es ist mithin erforderlich, dass die Interessen des Klägers in einer qualifizierten und individualisierten Weise betroffen sind. Das führt zur Ausscheidung **unspezifischer negativer Effekte** wie Unannehmlichkeiten oder nicht relevanter Belästigungen, die den Grad einer rechtlichen Beeinträchtigung noch nicht erreichen.

Dass eine drittschützende Norm der Behörde hins. des Ob des Tätigwer- **117** dens oder hins. der Maßnahmen ein **Ermessen** einräumt, betrifft nur den Inhalt des Anspruchs. Dieser ist bei offenem Ermessen auf Bescheidung eines Antrags auf Einschreiten, bei auf Null reduziertem Ermessen auf das Einschreiten selbst gerichtet.

4. Bedeutung der Grundrechte

Der drittschützende Charakter wird Normen – hins. des Ob und des Kreises **118** der Begünstigten – in erster Linie **durch den Gesetzgeber selbst eingestiftet.** Auf Grundrechte darf, obwohl zweifellos subjektiv-öffentliche Rechte par excellence, nur ausnahmsweise zurückgegriffen werden. Der Rückgriff versteht sich, soweit ein Recht unmittelbar verfassungsrechtlich gewährt und ausgestaltet ist, wie dies bei der kommunalen Selbstverwaltungsgarantie der Fall ist (Art. 28 II GG). Im Regelfall aber ist es Sache des Gesetzgebers, die Grundrechte im einfachen Gesetzesrecht zu entfalten und dort mit konkurrierenden Positionen zu einem sachgerechten Ausgleich zu bringen. Soweit der Gesetzgeber gesellschaftliche Lebensbereiche regelnd gestaltet, hat primär er grundrechtskonform über die Verteilung von realen Freiheitschancen zu entscheiden. Das differenzierte Beziehungsgefüge solcher Zuteilungen darf durch vorschnelle Aktivierung von Grundrechten **nicht prozessual nivelliert** werden. Nicht jede Interessenbeeinträchtigung ist damit auch eine für § 42 II genügende potenzielle Grundrechtsverletzung (näher NK-VwGO § 42 Rn. 392 ff.).

119   Lässt sich dem einfachen Recht indes trotz eindeutiger und spezifischer Berührung eines Grundrechts kein klarer Befund über die drittschützende Wirkung entnehmen, können die Grundrechte bei der Auslegung ergänzend und verdeutlichend herangezogen werden. Die Grundrechte entfalten hier **norminterne** Wirkung bei der Auslegung einfachen Rechts, das sie um Schutzwirkungen erweitern können (Kopp/Schenke § 42 Rn. 117 ff.). Diese Entwicklung war etwa im Bergrecht (→ Rn. 146) zu beobachten.

120   Ein unmittelbarer Rückgriff auf die Grundrechte kommt schließlich dann in Betracht, wenn der Gesetzgeber die nicht nur unerheblich beeinträchtigten **Interessen** eines Betroffenen **nicht** in einer Weise **berücksichtigt** hat, die den grundrechtlichen Vorgaben angemessen ist. Das ist der Fall, wenn das einfache Gesetzesrecht in verfassungswidriger Weise subjektive Rechte vorenthält, es also an einer einfachgesetzlichen Regelung fehlt oder diese lückenhaft ist (BVerwGE 81, 329 (339) für das Oberflächeneigentum gegenüber schädigenden Einwirkungen durch bergbauliche Tätigkeiten).

121   Ein einschlägiges Grundrecht kann ausnahmsweise aber dann unmittelbar herangezogen werden, wenn im einfachen Recht eine Schutznorm zugunsten des Klägers zur Schaffung eines verfassungsrechtlichen Mindestschutzes von Grundrechten fehlt und eine verfassungskonforme Auslegung der anzuwenden Normen ausscheidet. Die Einzelheiten sind sehr umstritten (BeckOK VwGO § 42 Rn. 192; Kopp/Schenke § 42 Rn. 121; Maunz/Dürig Art. 19 IV Rn. 122, 125). Diese **normexterne Wirkung** der Grundrechte kommt vor allem zur Abwehr **mittelbarer Beeinträchtigungen** in Betracht, etwa dann, wenn ein bestimmtes Verhalten öffentlicher Gewalt eine von mehreren Ursachen setzt, die im Zusammenwirken den nachteiligen Effekt auslösen. Es kann sich um Folgeerscheinungen einer rechtlich bindenden Anordnung oder eines nicht regelnden Verhaltens handeln. Häufig wird die Finalität des Handelns in Bezug auf die Folgewirkungen fehlen. So ist Art. 12 I GG einschlägig bei ungezielten Veränderungen der wirtschaftlichen Rahmenbedingungen, die sich zulasten bestimmter Unternehmen auswirken (vgl. BVerwGE 132, 64).

122   Im Hinblick auf die Bestandsgarantie der Grundrechte ist bei rechtswidrigen Beeinträchtigungen der grundrechtlich geschützten Sphäre ein **Anspruch auf Beseitigung** dieser Beeinträchtigung unmittelbar aus den Grundrechten denkbar. Anspruchsgrundlage ist das jeweils einschlägige Grundrecht. Der Beseitigungsanspruch ist unabhängig davon, auf welche Art und Weise ein Verwaltungshandeln zu einer rechtswidrigen Beeinträchtigung geführt hat. Er umfasst Fälle, in denen rechtswidrig durch hoheitlichen Realakt beeinträchtigt wurde und auch solche Fälle, in denen die Folgen eines rechtswidrigen VA beseitigt werden sollen. Bei VA ist allerdings die besondere Möglichkeit der Bestandskrafterlangung zu beachten (→ Rn. 96), die rechtswidrige Folgen unbeachtlich macht.

III. Geltendmachung

1. Möglichkeitstheorie

Der Kläger muss unter Zulässigkeitsgesichtspunkten „geltend machen", in **123** einem subjektiv-öffentlichen Recht verletzt zu sein. Ob er verletzt „ist", ist eine Frage der Begründetheit (so formuliert es § 113 I 1, V 1). An der Normachse „§ 42 II – § 113" werden die Anforderungen an die Klagebefugnis und der Filter- oder **„Vorprüfungscharakter"** dieser besonderen SUV ablesbar: Die Klagebefugnis dient dazu, frühzeitig Klagen auszuscheiden, die – weil von einem erkennbar nicht in Rechten Verletzten erhoben – offenkundig unbegründet sind. Fehlt es eindeutig an einer auch nur potenziellen Rechtsverletzung, sollen Gericht und Beklagter davon entlastet werden, etwaige objektive Rechtsfehler des Verwaltungshandelns prüfen zu müssen. Anderseits hat die Prüfung der Klagebefugnis – anders als im Vollstreckungsrecht – **nicht** zum Ziel, **einzelne Klagegründe** iS unterschiedlicher materiellrechtlicher Anspruchsgrundlagen sozusagen im Wege einer Art Vorprüfung endgültig aus zusondern und die sachliche Nachprüfung des klägerseitigen Vorbringens nach dem Maßstab des § 113 auf die nicht ausgeschiedenen Klagegründe zu beschränken (BVerwGE 60, 123 (125)).

Diese Zielrichtung des § 42 II erklärt die eingerastete **Formel der Rspr.,** **124** die als **Möglichkeitstheorie** bezeichnet wird: Die Klagebefugnis ist gegeben, wenn eine Verletzung eigener subjektiv-öffentlicher Rechte des Klägers unter Zugrundelegung seines Vorbringens möglich erscheint. Diese Möglichkeit ist nur dann auszuschließen, wenn die geltend gemachten Rechte offensichtlich und eindeutig nach jeder Betrachtungsweise nicht bestehen oder nicht dem Kläger zustehen können (BVerfGE 83, 182 (196) mwN; BVerwGE 104, 115 (118); 100, 287 (299); 96, 302 (305); 99, 64 (66); 68, 241 (242)). Daraus folgt ein unterschiedlich intensives, nach Klagearten abgestuftes Prüfprogramm.

2. Darlegungslast und gerichtliche Prüfung

Den Kläger trifft eine (den Untersuchungsgrundsatz des § 86 I einschränken- **125** de) Darlegungslast (nur) in tatsächlicher Hinsicht. Nach der Rspr. des BVerwG ist insofern erforderlich, aber auch ausreichend, dass er dem Gericht einen **Sachverhalt** unterbreitet, der es möglich erscheinen lässt, dass er in einer eigenen rechtlich geschützten Position beeinträchtigt ist (BVerwGE 107, 215 (217); NVwZ 1997, 994, 995). Die **Möglichkeit ist bereits dann zu bejahen,** wenn die behaupteten Tatsachen in sich plausibel und nicht durch ohne Weiteres berücksichtigungsfähige Umstände erkennbar widerlegt sind. Der Akteninhalt kann freilich herangezogen werden. Die Prüfung des klägerseitigen Vortrags darf aber keinesfalls überspannt werden (vgl. BVerwG NVwZ 1993, 884; Buchh 11 Art. 28 GG Nr. 120 S. 56). Deshalb ist es dem Gericht (auch bei Zweifeln) grds. nicht erlaubt, die Wahrheit des behaupteten Sachverhalts in der Zulässigkeitsstation, etwa iR eines Zwischenverfahrens nach § 109, durch **Beweisaufnahme** zu klären; dies ist der Begründetheitsprüfung vorzubehalten (BVerwG NVwZ 2014, 1675).

126   Dem Kläger ist nicht abverlangt, eine **Norm anzugeben,** aus der sich bei Subsumtion seines Tatsachenvortrags die vermeintliche Rechtsverletzung herleiten lässt. Wohl ist es ihm unbenommen, insofern eigene Rechtsausführungen zu machen und die aus seiner Sicht verletzten Vorschriften zu bezeichnen. Die maßgebliche **Rechtsprüfung** bleibt aber in jedem Fall Sache des Gerichts. Es hat die in Betracht kommenden Rechtssätze vAw zu ermitteln und darauf zu prüfen, ob sie dem Schutz der Interessen solcher Personen zu dienen bestimmt sind, die sich in der Lage des Klägers befinden. Diese **abstrakte Eignung eines Rechtssatzes** zur Begründung subjektiv-öffentlicher Rechte muss das Gericht schon in der Zulässigkeitsstation abschließend bejahen (vgl. BVerfG NVwZ 2009, 1426; BVerwGE 95, 133; 75, 147; 72, 226; 61, 261; Kopp/Schenke § 42 Rn. 66). Ob hingegen der jeweilige Kläger **zum Kreis der Begünstigten** dieses Rechtssatzes gehört, ist erst in der Begründetheit festzustellen (vgl. § 113 I 1; V). In der Zulässigkeit ist die Prüfung darauf zu beschränken, ob der Kläger als Begünstigter offensichtlich ausscheidet. Zu den Folgen, wenn das Gericht eine Klage wegen fehlender Klagebefugnis **unzutreffend abweist** → vor § 40 Rn. 14a f.

3. Konstellationen bei Selbst- und Drittbetroffenheit

127   In Adressatenfällen bereitet die Prüfung der Klagebefugnis keine Probleme. In allen anderen Konstellationen bedarf das subjektiv-öffentliche Recht einer genaueren Begründung. Das gilt für (1) Verpflichtungsklagen auf Erlass eines bestimmten VA, (2) bei Drittklagen (a) gegen begünstigende VA mit belastender Doppelwirkung und (b) auf behördliches Tätigwerden gegen Dritte.

128   **a) Anfechtungsklagen des Adressaten.** Bei dem Adressaten eines belastenden VA darf grds. ohne weitere Erörterung davon ausgegangen werden, dass die Widerspruchs- bzw. Klagebefugnis gegeben ist (vgl. BVerwGE 79, 110 (114); NJW 2004, 698; Kopp/Schenke § 42 Rn. 69). **Adressat** ist diejenige Person, an die sich die Regelungen des VA richten. Dieser sog. Inhalts-Adressat ist nicht gleichzusetzen (bei richtiger Adressierung aber idR faktisch identisch) mit dem Bekanntgabe-Adressaten, an den der Bescheid gerichtet ist. Von ihnen zu unterscheiden sind die bloß regelungsbetroffenen Dritten, die Nachteile aus einem VA erleiden. (Inhalts)Adressaten können nach dem Maßstab der Möglichkeitstheorie zumindest in der allgemeinen Freiheitsgewährleistung nach Art. 2 I GG verletzt sein. Ggf. muss aber auf ein spezielleres, potenziell verletztes Grundrecht (zB aus Art. 5, 8 oder 13 GG) abgestellt werden. Entsprechend ist in der Begründetheit das Erfordernis der kausalen Verletzung in einem eigenen Recht (§ 113 I 1: „dadurch") neben der Rechtswidrigkeit des VA nicht gesondert zu erörtern.

129   **b) Anfechtungsklagen von Dritten.** Bei Anfechtungsklagen eines **Nicht-Adressaten** gegen einen den Adressaten begünstigenden VA muss besonders geprüft werden, ob subjektive eigene Rechte oder zumindest anderweitig rechtlich geschützte Interessen des Dritten verletzt sein können. Die bloße Behauptung einer Rechtsverletzung durch ihn genügt nicht. Ein Drittbetroffener muss einen Sachverhalt vortragen, der die Verletzung in einem eigenen

Recht möglich erscheinen lässt. Dazu muss das Gericht eine Norm identifizieren, die auf den geregelten Sachverhalt anwendbar ist und nach dem in ihr enthaltenen Entscheidungsprogramm zumindest auch dem Schutz des klagenden Dritten zu dienen bestimmt ist (BVerwGE 132, 64 Rn. 14; 111, 354 mwN). Es darf weiter nicht ausgeschlossen werden können, dass die Behörde diese Norm entweder nicht oder aber unter Vernachlässigung der Rechte des Dritten angewandt hat. Regelmäßig vermitteln nur Vorschriften des materiellen Rechts Drittschutz (zu Verfahrensrechten → Rn. 181). Das Klagerecht bei Verstößen gegen UVP-Vorschriften ist im UmwRG geregelt (→ Rn. 104).

c) Verpflichtungs- und allgemeine Leistungsklagen. Bei Verpflichtungs- **130** klagen muss der Kläger Tatsachen vorbringen, aus denen sich ein **Anspruch auf Erlass des VA** ergeben kann. Seine Ausführungen müssen das Gericht in den Stand versetzen, eine öffentlich-rechtliche Norm aufzufinden, die zum Erlass eines VA mit dem erstrebten Inhalt berechtigt und auch der Berücksichtigung der Rechte oder Interessen des jeweiligen Klägers dient (stRspr, zB BVerwGE 130, 138; Buchh 310 § 42 Abs. 2 VwGO Nr. 7 S. 12, Buchh 451.74 § 7 KHG Nr. 1 S. 3 Buchh 451.74 § 18 KHG Nr. 6 S. 9; BVerwGE 104, 115 (118) zu verlangten Planänderungen).

Diese Voraussetzungen gelten auch für Klagen auf behördliches **Einschrei-** **131** **ten gegen** Gefahren oder Störungen durch Dritte, die regelmäßig ebenfalls den Erlass eines VA voraussetzen. Das Begehren des Klägers muss zu einer öffentlich-rechtlichen Norm passen, welche die verlangte Leistung (das Einschreiten in der konkreten Form) in ihrer Rechtsfolge ausweist und nach dem in ihr enthaltenen Entscheidungsprogramm auch dem Schutz gerade des klagenden Dritten zu dienen bestimmt ist (stRspr, BVerwG NJW 1988, 1228 zur wasserrechtlichen Planfeststellung; BVerwGE 82, 246 (248 f.) zur luftverkehrsrechtlichen Genehmigung; ferner: BVerwGE 81, 329 (330); 75, 147 (154); 68, 241 (242); 54, 99 (100); 44, 1 (3); 36, 192 (199); 18, 154 (157)).

Allgemeine Leistungsklagen, die ebenso wie Verpflichtungsklagen an **132** das Erfordernis einer Klagebefugnis gebunden sind (→ Rn. 74), unterscheiden sich nicht prinzipiell von der Situation der Verpflichtungsklage. Der Kläger muss Tatsachen vortragen, aus denen sich ein eigener Anspruch auf das Tun, Dulden oder Unterlassen ergeben kann. Dazu bedarf es als Anspruchsgrundlage einer Norm mit der entsprechenden Rechtsfolge und einem den Kläger schützenden Entscheidungsprogramm.

4. Ausschluss von Rechten

a) Präklusion. Eine Verletzung von Rechten ist nicht beachtlich, wenn die **133** seinem Bestehen zugrunde liegenden Tatsachen nicht geltend gemacht werden können. Bei der sog. **innerprozessualen Präklusion** kann das Gericht nicht Erklärungen und Beweismittel, die erst nach Ablauf einer richterlich gesetzten Frist vorgebracht werden, zurückweisen und ohne weitere Ermittlungen entscheiden (§ 87b III). Daneben stehen **Verfahrensbestimmungen,** nach denen Tatsachen (Einwendungen), die in Verwaltungs- oder Planungsverfahren nicht fristgemäß vorgebracht worden sind, weder bei der behördlichen Entscheidung noch im Verwaltungsprozess zum Gegenstand der Entscheidungsfindung gemacht werden dürfen (vgl. § 73 IV 3 VwVfG; § 10 III 3 BImSchG; § 17 IV FStrG; § 17 Nr. 5 S. 1 WaStrG; § 20 II 1 AEG; § 10 IV 1 LuftVG; § 64 I Nr. 3 BNatSchG 2009, § 2 III UmwRG). Sie bewirken einen Rechtsverlust (sog. materielle Präklusion). Die Folge ist, dass die präkludierten Tatsachen bei der Begründetheitsprüfung nicht berücksichtigt werden dürfen. Ist ein Kläger mit seinem gesamten Vortrag präkludiert, wird es schon an der Klagebefugnis fehlen. Zur Präklusion in Normenkontrollverfahren vgl. § 47 IIa a.F. (→ § 47 Rn. 50).

133a   Die **Unionsrechtskonformität** dieser bis in das gerichtliche Verfahren hineinwirkenden Präklusionsregelungen in UVP-pflichtigen Verfahren hat der **EuGH verneint** (Urt. v. 15.10.2015 – C–137/14, NVwZ 2015, 1665). Sie – und vergleichbare Regelungen des Bundes- und Landesrechts – sind seither in Verfahren iSd § 1 UmwRG unanwendbar (vgl. dazu ie Kopp/ Ramsauer VwVfG § 73 Rn. 62 ff.; § 75 Rn. 115).

134   **b) Verwirkung.** Die Klagebefugnis ist zu verneinen, wenn das geltend gemachte materielle Recht verwirkt ist oder sonst rechtsmissbräuchlich ausgeübt wird (→ vor § 40 Rn. 41 ff.). Wird Eigentum rechtsmissbräuchlich eingesetzt, etwa nur in seiner Funktion als Sperrgrundstück, darf eine hierauf gegründete Klagebefugnis abgesprochen werden (BVerwG NVwZ 2012, 567; Kopp/Ramsauer VwVfG § 75 Rn. 81). Dient das Grundeigentum allein als Mittel, um eine Interessentenklage im Gewand der Verletztenklage zu erheben, rechtfertigt dies den Vorwurf der unzulässigen Rechtsausübung auch dann, wenn Volleigentum und nicht nur eine „formale Hülle" erworben worden ist (BVerwG NVwZ 2012, 567).

135   **c) Tatbestandswirkung von VA.** Schließlich kann die Geltendmachung von Rechten offensichtlich ausgeschlossen sein, weil sie bereits in einem früheren Verwaltungsverfahren bestandskräftig verneint oder Ansprüche abschließend beschieden worden sind. Hauptanwendungsfall sind **gestufte Verwaltungsverfahren,** in denen ein Projekt aufgrund von „konsekutiven" VA (Kopp/Schenke § 42 Rn. 53) zugelassen wird. Dazu rechnen Teilgenehmigungen (BVerwGE 104, 36 (40); 80, 207 (215); 61, 256 (274)), Vorbescheide (zB §§ 8, 11 BImSchG, § 7b AtG, § 52 IIb BBergG) sowie abschließende Entscheidungen in vorausgegangenen Verfahrensabschnitten (Raumordnungsverfahren, Linienbestimmungen) und auch vorangegangene Anlagen(voll)genehmigungen, in denen die Rechte behandelt worden sind oder hätten geltend gemacht werden können (Eyermann § 42 Rn. 109 ff.; Kopp/Schenke § 42 Rn. 53). Bei **qualitativen** Änderungen der Altanlage kann die Betroffenheit von Rechten insgesamt neu zu prüfen sein.

IV. Entsprechende Anwendungen

136   Nach stRspr des BVerwG und der Instanzgerichte enthält § 42 II einen allgemeingültigen Rechtsgedanken, der auf **alle Klage- und Antragsarten** der VwGO zu übertragen ist. Das betrifft die allgemeine Leistungsklage (→ Rn. 74) sowie die Feststellungsklage (→ § 43 Rn. 62) und die Fortsetzungsfeststellungsklage, bei der die Klagebefugnis bis zur Erledigung bestanden haben muss (→ § 113 Rn. 76). Im Normenkontrollverfahren sieht § 47 II 1 das Erfordernis einer nach § 42 II abgelehnten **Antragsbefugnis** vor (→ § 47 Rn. 33), und auch in den Verfahren auf Gewährung vorläufigen Rechtsschutzes wird § 42 II zur Konkretisierung der Antragsbefugnis als einer besonderen Sachentscheidungsvoraussetzung herangezogen (→ § 80 Rn. 43, → § 123 Rn. 10).

Im Vorverfahren nach §§ 68 ff. ist eine **Widerspruchsbefugnis** des „Beschwerten" (§ 70 I) erforderlich, die dem Maßstab des § 42 II entspricht (NdsOVG DVBl 2008, 1391). Zwar erfolgt im Vorverfahren eine Überprüfung auch der Zweckmäßigkeit, sodass der Widerspruch begründet ist, wenn der VA zweckwidrig ist. Dem Vorschaltcharakter des Vorverfahrens als SUV trägt es aber nur Rechnung, wenn der Kläger auch in seinen Rechten verletzt sein kann (vgl. BayVGH NVwZ 1994, 716 (717); 2001, 339 (340); NK-VwGO § 42 Rn. 377). Für **Verwaltungsverfahren** genügt hingegen eine verringerte Verfahrensbefugnis iS einer bloßen rechtlichen Betroffenheit (Kopp/Ramsauer VwVfG § 22 Rn. 44 f; SBS VwVfG § 22 Rn. 63). **137**

V. Beispiele für Drittschutz (alphabetisch)

1. Baurecht

Das Baurecht fungiert von jeher, wie mit Recht betont wird, als **Referenzgebiet** der Drittschutzdogmatik (SSB § 42 Abs. 2 Rn. 110 mwN). Ausgangspunkt ist der Horizontalkonflikt zwischen räumlich unmittelbar benachbarten Privatpersonen, also der sog. Nachbarstreit. Die unüberschaubare Kasuistik kreist um zwei Fragenbereiche: zum einen, wer als „Nachbar" in Betracht kommt, zum anderen, welche Normen Drittschutz vermitteln. **138**

a) Nachbarbegriff und Schutznormen. Als **Nachbarn** iSd baurechtlichen Schutznormen wird der Personenkreis bezeichnet, der durch eine Baugenehmigung in Rechten verletzt sein kann. Das waren nach früher hM ausschließlich **dinglich Berechtigte,** wobei dem Grundstückseigentümer ua Wohnungseigentümer, Erbbauberechtigte Nießbraucher, durch Vormerkung gesicherte Grundstückskäufer und Miteigentümer gleichgestellt wurden (SSB § 42 Abs. 2 Rn. 143 mwN). Durch die Rspr. ist heute geklärt, dass das Besitzrecht des **Mieters** an der gemieteten Wohnung und des **Pächters** Eigentum im Sinne des Art. 14 I 1 GG ist (BVerfGE 89, 1 [Mieter]; BVerwGE 133, 118; 105, 178 (180) [Pächter]). **139**

Wer im Einzelfall Nachbar ist und welche Reichweite die Schutzwirkung der in Rede stehenden Norm entfaltet, ist durch Auslegung zu ermitteln. Die Rspr. hat im Baurecht ein hochdifferenziertes **System nachbarschützender Normen** entfaltet (SSB § 42 Abs. 2 Rn. 114 ff.). Drittschutz kann sich danach aus Normen des Bauplanungs- oder Bauordnungsrechts und aus dem Gebot der Rücksichtnahme ergeben; inwieweit daneben heute die zunächst bejahten Ansprüche unmittelbar aus Art. 14 I GG möglich sind, ist ungeklärt. **140**

Eine anzuerkennende Klagebefugnis des Nachbarn kann **entfallen,** wenn der Bauherr eine verbindliche Erklärung abgibt, von der ihm erteilten Bau- **141** genehmigung nur in einer Weise Gebrauch zu machen, die eine Verletzung der Rechte des Nachbarn ausschließt (etwa die Baugenehmigung nicht auszunutzen, vgl. BVerwG Buchh 310 § 42 VwGO Nr. 213; Beschl. v. 11.1.2006 – 4 B 80.05).

142 **b) Bauplanungs- und Bauordnungsrecht.** Im **Bauplanungsrecht** geben Drittschutz die Festsetzungen über die **Art** der baulichen Nutzung (§§ 2 ff. BauNVO) sowie Festsetzungen zum Schutz vor schädlichen Umwelteinwirkungen (§ 9 I Nr. 23 BauGB; BVerwG NJW 1989, 467) sowie Regelungen über die offene Bauweise (Kopp/Schenke § 42 Rn. 99 mwN). Festsetzungen über **Maß und Bauweise** (§§ 16–23 BauNVO) sind nach der Rspr. dagegen grds. nicht nachbarschützend, können im Einzelfall einen drittschützenden Gehalt insoweit aufweisen, wie sie private Belange schützen sollen. **§ 31 II BauGB** kommt nur insoweit nachbarschützende Wirkung zu, als von einer nachbarschützenden Norm Befreiung erteilt wird. Im **unbeplanten Innenbereich** vermittelt § 34 I BauGB über das Gebot der Rücksichtnahme hinaus (→ Rn. 144) keine nachbarschützende Wirkung, weil es an der Abgrenzbarkeit des geschützten Personenkreises fehlt. Im **Außenbereich** kann sich der nach § 35 I BauGB privilegierte Nachbar dann gegen ein Bauvorhaben zur Wehr setzen, wenn dieses die weitere Nutzung seiner Privilegierung infrage stellen oder erheblich beeinträchtigen würde. Diese Rspr. ist durch die Anerkennung des Gebots der Rücksichtnahme teilweise obsolet geworden (SSB § 42 Abs. 2 Rn. 120).

143   Welchen Nachbarschutz **bauordnungsrechtliche Vorschriften** gewähren, bestimmt das jeweilige Landesrecht, zu dem sich eine vielfältige Kasuistik dazu herausgebildet hat, was im konkreten Horizontalverhältnis subjektiviert werden soll. Als drittschützend in Betracht kommen die Vorschriften über Bauwich bzw. Abstandsflächen, feuer- und gesundheitspolizeiliche Normen und Regelungen über die Anordnung von Garagen und Stellplätzen. Keine solche Wirkung wird Regelungen der Baugestaltung (Verunstaltungsverbot) zugestanden.

144 **c) Gebot der Rücksichtnahme.** Im Einzelfall kann aus dem objektiv-rechtlichen **Gebot der Rücksichtnahme** ein Nachbarschutz abzuleiten sein (grundlegend BVerwGE 52, 122; NVwZ 1987, 409; SSB § 42 Abs. 2 Rn. 117). Eine positivrechtliche Ausprägung des Rücksichtnahmegebots ist § 15 BauNVO. Das Rücksichtnahmegebot erfordert eine einzelfallbezogene Abwägung zwischen den schutzwürdigen Interessen des Bauherrn und denen seiner Umgebung unter Zumutbarkeitsgesichtspunkten. Es stellt damit ein Korrektiv dar für solche Fälle, in denen ein iÜ baurechtlich zulässiges Vorhaben die Umgebung schwer beeinträchtigen würde. Geschützt ist mithin ein erkennbar abgegrenzter Kreis Dritter, deren schutzwürdige Interessen in einer qualifizierten und individualisierten Weise betroffen sind (BVerwGE 82, 343; 67, 334; 52, 122). Um das Gebot nicht zu einer allgemeinen Billigkeitsklausel auszuweiten, verlangt die Rspr., dass das Betroffensein wegen der gegebenen Umstände handgreiflich ist (Einzelheiten SSB § 42 Abs. 2 Rn. 125 ff.). Auch die **wasserrechtlichen** Gestattungstatbestände vermitteln Drittschutz nur

nach Maßgabe des Rücksichtnahmegebots (BVerwGE 133, 239 Rn. 34 mwN).

d) Nachbarschutz aus Art. 14 GG. Für Nachbarschutz **unmittelbar aus** 145
Art. 14 I GG ist heute grds. kein Raum mehr (BVerwGE 89, 69). Soweit ein Bauvorhaben nicht unmittelbar auf Grundeigentum zugreift, verbleibt es bei den drittschützenden Normen des Baurechts: Diese bestimmen Inhalt und Schranken des Eigentums grds. abschließend dergestalt, dass weitergehende Ansprüche aus Art. 14 GG ausgeschlossen sind. Offen ist, inwieweit daneben der in Extremsituationen früher zugelassene Rückgriff auf Art. 14 GG in Betracht kommt (vgl. BVerwGE 32, 173; 36, 248; 44, 244; 50, 282: bei nachhaltiger Veränderung der Grundstückssituation und schwerer und unerträglicher Betroffenheit des Nachbarn).

2. Bergrecht

Im Bergrecht ist eine Entwicklung hin zu einem sich verstärkenden Schutz 146
des Oberflächeneigentümers erfolgt, die durch eine norminterne Wirkung (→ Rn. 119) des Art. 14 I GG ausgelöst worden ist (BVerwGE 81, 329; 74, 315 (327)). Heute ist eine **bergrechtliche Betriebsplanzulassung** verwaltungsgerichtlicher Drittanfechtung zugänglich, soweit die zuständige Behörde ihrer Entscheidung auch Normen mit nachbarschützender Wirkung zugrunde zu legen hat, gleichgültig aus welcher Regelungsmaterie diese stammen. § 48 II 1 BBergG entfaltet schon bei der **Zulassung eines Rahmenbetriebsplans** für einen Tagebau drittschützende Wirkung zugunsten der Eigentümer, deren Grundstücke für den Tagebau unmittelbar in Anspruch genommen werden sollen. Die Zulassung des Rahmenbetriebsplans enthält die Feststellung, dass die beabsichtigte Gewinnung von Kohle nicht aus überwiegenden öffentlichen Interessen, also auch nicht unter Berücksichtigung des Eigentumsschutzes, zu beschränken oder zu untersagen ist. Diese Feststellung belastet den Kläger und stellt auch eine ihm gegenüber wirksame rechtliche Regelung dar. Daraus resultiert zwangsläufig die Möglichkeit einer Rechtsverletzung (BVerwGE 126, 205; Aufgabe von BVerwG Buchh 406.27 § 55 BBergG Nr. 3).

Durch die Unanfechtbarkeit eines später ergangenen **Sonderbetriebspla-** 147
nes iSv § 52 II Nr. 2 BBergG entfällt weder das Rechtsschutzbedürfnis noch die Klagebefugnis für die Anfechtung des vorausgegangenen Planfeststellungsbeschlusses (BVerwG ZfB 2006, 156). § 55 Abs. 1 Satz 1 Nr. 3 BBergG erfasst Gefahren für Leben und Gesundheit Dritter außerhalb des Betriebs, ohne danach zu differenzieren, ob die Gefahr unmittelbar oder mittelbar durch den Betrieb herbeigeführt wird (BVerwG Urt. v. 29.4.2010 – 7 C 18.09).

3. Einschreiten gegen, Anspruch auf

Jeder Anspruch auf Einschreiten gegen eine Gefahrenlage setzt eine Norm 148
voraus, deren Rechtsfolge die angegangene Stelle zu der verlangten Maßnahme ermächtigt. Hat diese Norm nicht aus sich heraus drittschützenden

Charakter zugunsten des Klägers, was durch Auslegung zu bestimmen ist, kommt es – wie beim Abwägungsgebot – darauf an, ob bei der Anwendung der Norm zumindest auch auf Rechte, schutzwürdiger Rechtsgüter oder geschützte Belange des Klägers Bedacht zu nehmen ist (vgl. grundlegend für eine Bauordnungsbehörde: BVerwGE 11, 95 (96 f.); NVwZ 1992, 878; ferner NJW 2003, 601).

149 Auch die **polizeirechtliche Generalklausel** entfaltet Drittschutz, sofern Gefahren für die privaten Rechte eines Betroffenen bestehen (→ Rn. 115). Ob der polizeiliche Schutz subsidiär oder das Entschließungsermessen auf Null reduziert ist, sind davon zu unterscheidende weitere Fragen.

150 Ob dem Nachbarn bei der Verletzung einer nachbarschützenden Vorschrift durch einen **Schwarzbau** ein im Wege einer Ermessensreduzierung auf Null gebundener Anspruch auf behördliches Einschreiten zusteht, entscheidet sich grds. nach Landesbaurecht (BVerwG NVwZ 1988, 824). Jeder Nachbaranspruch auf Einschreiten gegen **bestandsgeschützte bauliche Anlagen** durch die Bauaufsichtsbehörde setzt das Vorliegen der qualifizierten tatbestandlichen Voraussetzungen der Ermächtigungsgrundlage voraus, also eine Erforderlichkeit zur Abwehr von Gefahren für Leben und Gesundheit oder von unzumutbaren Belästigungen, und zudem eine Reduzierung des der Behörde zusätzlich eingeräumten Entschließungsermessens auf Null zugunsten des betroffenen Nachbarn.

151 Im **Immissionsschutzrecht** ist die Rechtsgrundlage für ein aufsichtliches Einschreiten umstritten. Es kommen § 52 I BImSchG (Landmann/Rohmer UmweltR BImSchG § 52 Rn. 20), § 17 I BImSchG oder die polizeirechtliche Generalklausel in Betracht (Jarass BImSchG § 52 Rn. 6).

4. Fachplanung

152 **a) Drittschutz des Abwägungsgebotes.** Das fachplanerische Abwägungsgebot (vgl. zB § 18 S. 2 AEG; § 8 I LuftVG; § 17 FStrG) hat drittschützenden Charakter hinsichtlich solcher privaten Belange, die für die Abwägung erheblich sind (BVerwGE 107, 215). Für die Klagebefugnis reicht es aus, dass der Kläger Tatsachen vorträgt, die eine fehlerhafte Behandlung *seiner* Belange in der Abwägung als möglich erscheinen lassen (zum Planfeststellungsrecht: BVerwGE 48, 56 (66); Buchh 442.40 § 8 LuftVG Nr. 22; zu § 1 VI BauGB und § 47 II 1 VwGO: BVerwGE 107, 215).

153 Es genügt, dass die Belange des Klägers abwägungserheblich sind, dass sie zugleich subjektive Rechte darstellen, ist nicht erforderlich (BVerwG UPR 2010, 147). Die **Abwägungsbeachtlichkeit** beschränkt sich auf solche Betroffenheiten, die erstens mehr als geringfügig, zweitens in ihrem Eintritt zumindest wahrscheinlich und drittens – dies vor allem – für die planende Stelle bei der Entscheidung über den Plan als abwägungsbeachtlich erkennbar sind (BVerwG Beschl. v. 23.11.2009 – 4 BN 49.09, Rn. 3). Sind Belange kraft zwingenden Rechts zu beachten, kommt es hierauf nicht an.

154 **b) Mittelbar betroffene und eigentumsbetroffene Nachbarn.** In stRspr vertritt das BVerwG die Auffassung, dass der nur **mittelbar von einem**

Planvorhaben Betroffene lediglich eine eingeschränkte gerichtliche Überprüfung der planerischen Abwägung verlangen kann (grundlegend BVerwGE
48, 56 (65 ff.); ferner NVwZ 2007, 462). Das aus dem planungsrechtlichen
Abwägungsgebot folgende Recht auf gerechte Abwägung bezieht sich auf die
eigenen Belange des Betroffenen. Dieser hat einen Anspruch auf ordnungsgemäße Abwägung seiner Belange mit entgegenstehenden anderen Belangen;
er hat indes keinen Anspruch darauf, dass die Planung insgesamt und in jeder
Hinsicht auf einer fehlerfreien Abwägung beruht. Dementsprechend kann er
eine gerichtliche Abwägungskontrolle lediglich hinsichtlich seiner eigenen
Belange und – wegen der insoweit bestehenden Wechselbeziehung
(BVerwGE 125, 116 (205)) – der ihnen gegenübergestellten, für das Vorhaben
streitenden Belange verlangen.

Ob **andere** gegen das Vorhaben sprechende **Belange** ordnungsgemäß **155**
berücksichtigt worden sind, ist demgegenüber angesichts der grds. Ausrichtung des verwaltungsgerichtlichen Rechtsschutzes auf den Schutz subjektiv-
rechtlicher Rechtspositionen nicht Gegenstand der gerichtlichen Abwägungskontrolle. Eine gewisse Ausdehnung mag die Kontrolle lediglich in der Weise
erfahren, dass gleichgerichtete Interessen wie zB die Lärmschutzbelange be-
nachbarter Anlieger, die sinnvollerweise nur einheitlich mit den entsprechenden Belangen eines Klägers gewichtet werden können, in die Prüfung einzubeziehen sind.

Eine Ausnahme vom Grundsatz dergestalt eingeschränkter gerichtlicher **156**
Abwägungskontrolle gilt allein für den durch die Planung **unmittelbar in
seinem Eigentumsrecht Betroffenen.** Auf das Eigentum darf durch einen
Planfeststellungsbeschluss nur dann mit enteignender Vorwirkung zugegriffen
werden, wenn dies zum Wohl der Allgemeinheit erforderlich ist (Art. 14 III
GG). Da rechtswidriges Handeln dem Gemeinwohl nicht zu dienen vermag,
braucht der unmittelbar betroffene Eigentümer nur eine in jeder Hinsicht
rechtmäßige Enteignung hinzunehmen und kann dementsprechend eine gerichtliche Vollprüfung des mit enteignender Vorwirkung ausgestatteten Planfeststellungsbeschlusses verlangen (BVerwGE 67, 74 (76 f.); NVwZ 2005, 810
zur Klagebefugnis von Miterben bei Betroffenheit durch enteignungsrechtliche Vorwirkung). Zur rechtsmissbräuchlichen Berufung auf ein **Sperrgrundstück** → Rn. 134.

c) Kassation und Schutzauflagen. Eine behauptete Beeinträchtigung, die **157**
Gegenstand einer Schutzauflage sein kann, führt nur dann zu einer Aufhebung
eines Planfeststellungsbeschlusses, wenn sich die als notwendig erweisende
Schutzmaßnahme auf der Grundlage der planerischen Gesamtkonzeption als
abwägungserheblich ansehen lässt (BVerwGE 84, 31 (44); 56, 110 (132 f.)).
Erst wenn ein derartiger Zusammenhang immerhin als möglich erscheint, ist
eine Beeinträchtigung, die Gegenstand einer Schutzauflage sein kann, geeignet, zu einer Aufhebung des gesamten Planfeststellungsbeschlusses zu führen,
und begründet deswegen eine auf Kassation gerichtete Klagebefugnis.

d) Klagen von Gemeinden. In der Rspr. des BVerwG ist geklärt, dass zur **158**
Planungshoheit der Gemeinde (Art. 28 II GG) nicht nur das Recht gehört,
Bauleitpläne aufzustellen, zu ändern oder aufzuheben, sondern auch ein

Abwehranspruch gegen Baumaßnahmen, die ihren planerischen Festsetzungen widersprechen (BVerwG BRS 38 Nr. 155).

159   Eine Klagebefugnis aus der kommunalen **Finanzhoheit** kann sich auch in solchen Fällen ergeben, in denen die Gemeinde zwar nicht selbst Adressat des VA ist, wenn von diesem ihr gegenüber jedoch unmittelbare Rechtswirkungen ausgehen können (BVerwG Beschl. v. 30.7.2004 – 5 B 68.04; Buchh 310 § 42 Abs. 2 VwGO Nr. 11; BVerwGE 74, 84 (86)). Eine Klagebefugnis unter diesem Gesichtspunkt der Finanzhoheit kommt ferner in Betracht, wenn eine anderweitige hoheitliche Maßnahme notwendig dazu führt, dass dem kommunalen Selbstverwaltungsträger finanzielle Folgelasten entstehen, und diese finanziellen Belastungen einen erheblichen Umfang erreichen können (BVerwGE 74, 84 (90, 93); s.a. Buchh 406.11 § 2 BBauG Nr. 25).

160   Für das **Fachplanungsrecht** hat das BVerwG die rechtliche Bedeutung der verfassungsrechtlich geschützten kommunalen Finanzhoheit dahin konkretisiert, dass in den Fällen, in denen eine Gemeinde dem von ihr beanstandeten Fachplanungsvorhaben eine Beeinträchtigung ihrer Finanzhoheit entgegensetzt, die Berücksichtigung eines solchen Vortrags als abwägungserheblich jedenfalls die Darlegung und den Nachweis voraussetzt, dass der finanzielle Spielraum der Gemeinde nachhaltig in nicht mehr zu bewältigender und hinzunehmender Weise eingeengt wird (BVerwG Buchh 442.09 § 18 AEG Nr. 27). Als Mindestvoraussetzung für die Möglichkeit einer die Klagebefugnis vermittelnden Beeinträchtigung der kommunalen Finanzhoheit ist damit geklärt, dass ein qualifizierter Ursachenzusammenhang im Sinne einer notwendigen Folge zwischen der anzugreifenden, Dritte betreffenden Maßnahme und den finanziellen Interessen des Selbstverwaltungsträgers bestehen muss und die möglichen finanziellen Auswirkungen ein nicht mehr zu bewältigendes Maß erreichen müssen (Kopp/Ramsauer VwVfG § 75 Rn. 82 mwN).

161   **e) Ausländische Grenznachbarn.** Ausländische Grenznachbarn einschließlich der Grenzgemeinden eines Nachbarstaates, die sich vor deutschen VG gegen die Genehmigung der Öffnung eines auf Bundesgebiet gelegenen, grenznahen ehemaligen Militärflugplatzes für die zivile Nutzung (Konversion) zur Wehr setzen und die durch den Flugbetrieb ausgelösten grenzüberschreitenden Lärmimmissionen abwehren wollen, sind grds. klagebefugt (BVerwGE 132, 152). Die Klagebefugnis folgt aus der drittschützenden Wirkung des fachplanerischen Abwägungsgebots, das bei Erteilung der luftverkehrsrechtlichen Konversionsgenehmigung zu beachten ist und vor der deutschen Staatsgrenze nicht Halt macht. Dasselbe gilt für potenziell grenzüberschreitende Wirkungen einer atomrechtlichen Genehmigung (BVerwGE 75, 285).

5. Immissionsschutzrecht/Atomrecht

162   Die immissionsschutzrechtliche Vorsorgepflicht (§ 5 I 1 Nr. 2 BImSchG) entfaltet grds. keine Schutzwirkung zugunsten Drittbetroffener, weil sie nicht der Begünstigung eines individualisierbaren Personenkreises, sondern dem Interesse der Allgemeinheit daran dient, potenziell schädlichen Umwelteinwirkungen generell und auch dort vorzubeugen, wo sie keinem bestimmten

Emittenten zuzuordnen sind (BVerwGE 119, 329 (332) mwN). An der in die nationalstaatliche Verfahrensautonomie fallenden Regelung des Drittschutzes ändert die Richtlinie 1999/30/EG des Rates vom 22. April 1999 grds. nichts (BVerwG NVwZ 2008, 789).

Bei der Prüfung, ob eine **Windenergieanlage** im Außenbereich zu geneh- **163** migen ist, hat die nach dem Immissionsschutzrecht zuständige Behörde nach § 6 I Nr. 2 BImSchG auch der Frage nachzugehen, ob andere öffentlich-rechtliche Vorschriften der Anlage nicht entgegenstehen. Dies schließt eine umfassende bauplanungsrechtliche Prüfung ein (BVerwG BauR 2009, 223). Zum Drittschutz durch Bauplanungsrecht → Rn. 142 ff., zu Anspruchs-grundlagen für ein Einschreiten → Rn. 151.

Im **Atomrecht** vermittelt Drittschutz nach stRspr § 7 II Nr. 3 AtG mit **163a** dem Gebot der erforderlichen Vorsorge gegen Schäden durch die Errichtung und den Betrieb kerntechnischer Anlagen (BVerwGE 75, 285 (289)). Dritt-schutz vermitteln auch die Regelung über die Gewährleistung der erforderli-chen Vorsorge gegen Schäden durch die Beförderung von Kernbrennstoffen (§ 4 II Nr. 3 AtG) und über die Gewährleistung des erforderlichen Schutzes gegen Störmaßnahmen oder sonstige Einwirkungen Dritter in § 4 II Nr. 5 AtG (BVerwG NVwZ 2013, 1407 Rn. 32, 44 mwN).

6. Krankenhausfinanzierung

Soweit § 8 II 2 KHG Maßstäbe für die behördliche Auswahlentscheidung **164** über die Krankenhausplanaufnahme von Krankenhäusern aufstellt, handelt es sich um eine drittschützende Norm (hM; BVerwGE 132, 64). Voraussetzung ist allerdings, dass der Kläger für sich selbst eine Planaufnahme erstreiten und nicht (etwa) lediglich eine Planherausnahme abwehren will (vgl. auch OVG NRW DVBl 2010, 267).

7. Organklagen, verwaltungsrechtliche

Stehen sich ein Funktionsträger und ein Organ derselben juristischen Person **165** des öffentlichen Rechts in einem Rechtsstreit gegenüber, handelt es sich um ein Organstreitverfahren, das die Rechtsbeziehungen innerhalb der juristi-schen Person zum Gegenstand hat. Die Rspr. räumt bei derartigen internen Kompetenzkonflikten rechtlich unselbstständigen Organen oder Funktions-trägern unter bestimmten Voraussetzungen die Befugnis ein, sich gegen die Verletzung ihnen organisationsrechtlich zugewiesener Zuständigkeiten zu wehren (grundlegend BVerwG NJW 1992, 927; 1974, 1836; VGH BW VBlBW 1990, 192 f.).

Mit der Zuordnung einer **Kompetenz** an ein Organ bzw. an einen Funk- **166** tionsträger ist idR nicht zugleich auch eine Rechtsposition verbunden, die wie ein subjektives Recht verteidigt werden könnte. Kompetenzen sind grds. nicht zum Schutz „eigennützig" wahrzunehmender Interessen der kom-petenzbelehnten Stelle zugewiesen, sondern dienen zunächst allein dem ein-wandfreien und reibungslosen Funktionsablauf innerhalb der Gesamtorganisa-tion und damit der Wahrung öffentlicher Interessen (vgl. Wißmann ZBR

2003, 303; Schoch JuS 1987, 786; Papier DÖV 1980, 294; s.a. SächsOVG NJW 1999, 2832 f.; LKV 1997, 229 f.; OVG Bln LKV 2000, 453 ff.).

167 Ausnahmsweise ist jedoch dann von der Übertragung einklagbarer Wahrnehmungsbefugnisse auszugehen, wenn dies entweder vom Gesetzgeber ausdrücklich normiert worden ist oder wenn im Wege der Auslegung der jeweils einschlägigen Bestimmungen ermittelt werden kann, dass einem **Funktionsträger als „Kontrastorgan"** zum Zwecke einer sachgerechten Ausbalancierung innerkörperschaftlicher Interessengegensätze die eigenständige Bewältigung bestimmter Aufgabenbereiche zugewiesen wird und er insofern mit einer wehrfähigen Rechtsposition von der Rechtsordnung ausgestattet worden ist (VGH BW NVwZ-RR 2005, 266; VGH BW DÖV 1997, 693 f.; DVBl 1978, 274 f.; OVG RhPf NVwZ-RR 2000, 375 f.; NVwZ-RR 1995, 411 ff.; OVG Bln LKV 2000, 453 ff.; SSB § 42 Rn. 95; Eyermann Rn. 15).

168 Die Klagebefugnis ist **entspr. § 42 II** zu beurteilen (BVerwG NVwZ 1985, 112 f.; Buchh 415.1 Nr. 80). Sie liegt bei Bejahung der Beteiligungsfähigkeit regelmäßig vor.

169 In diesem Sinne können sich **Ratsmitglieder** einzeln oder als Fraktionsgemeinschaft im Wege der Klage nur dagegen wehren, dass sie an Ratsentscheidungen nicht nach Maßgabe der einschlägigen landesrechtlichen Regelungen beteiligt worden sind. Sie können sich grds. (sofern das Landesrecht nichts anderes vorsieht) nicht unter Berufung auf das Demokratieprinzip gegen die Verletzung von Kompetenzen wenden, die allein dem Rat als Gemeindeorgan zustehen (BVerwG NVwZ-RR 1994, 352; vgl. auch BVerfGE 88, 63 (68 f.)).

8. Straßen- und Straßenverkehrsrecht

170 Das Ermessen der Straßenverkehrsbehörde, nach § 45 I 2 Nr. 3, Ib Nr. 5 iVm IX StVO zum Schutz der Wohnbevölkerung gegen **Lärm und Abgase** einzuschreiten, kann sich zu einer entsprechenden Pflicht verdichten, wenn eine Verletzung der geschützten Rechte des Einzelnen in Betracht kommt und von verkehrsbeschränkenden Maßnahmen nicht wegen der damit verbundenen Nachteile abgesehen werden muss (BVerwGE 74, 234 (236, 239 f.)). Der Anwohner kann verlangen, dass die Behörde Maßnahmen ergreift, die eine Verletzung seiner Gesundheit durch straßenverkehrsbedingte Überschreitungen des Immissionsgrenzwerts nach Maßgabe des Verursacheranteils und des Grundsatzes der Verhältnismäßigkeit ausschließen (BVerwGE 128, 278 zum Schutz vor einer Überschreitung des Immissionsgrenzwerts für Feinstaubpartikel).

171 Ein Klagerecht bei (Teil)**Einziehung einer öffentlichen Straße** besteht nicht. Die Straßengesetze gewähren keinen Rechtsanspruch auf die Aufrechterhaltung des Gemeingebrauchs an öffentlichen Straßen. Das gilt auch für Busunternehmen, denen weder aus dem PBefG noch aus Grundrechten ein solches Recht zusteht. Die Benutzungsmöglichkeit gehört zu den tatsächlich günstigen (äußeren) Gegebenheiten, die (wie bloße Umsatz- und Gewinnchancen) ungeachtet ihrer erheblichen Bedeutung für den Unternehmenserfolg nicht dem geschützten Bestand des einzelnen Unternehmens zugeordnet sind (BVerfG BayVBl 2009, 690; BVerfGE 68, 193 (223); VGH BW Beschl. v. 19.12.2007 – 5 S 1612/07).

9. Telekommunikationsrecht

a) Frequenzzuteilung. § 55 V 1 TKG hat drittschützende Wirkung zu- **172** gunsten eines **Zuteilungspetenten.** Diese Vorschrift folgt der unionsrechtlichen Vorgabe in Art. 5 II Richtlinie 2002/20/EG v. 7.3.2002. Danach besteht auf eine Frequenzzuteilung ein subjektives öffentliches Recht, sofern die Voraussetzungen erfüllt sind und keine Hinderungsgründe entgegenstehen. Mit dem Erlass einer Vergabeanordnung nach § 55 IX 1 TKG wandelt sich der Anspruch auf Einzelzuteilung in einen Anspruch auf chancengleiche Teilnahme am Vergabeverfahren um. Ein Unternehmen, das einen noch nicht bestandskräftig abgelehnten Antrag auf Einzelzuteilung bzw. Verlängerung von Funkfrequenzen gestellt hat, ist im Hinblick auf die in den geltend gemachten Zuteilungsanspruch eingreifende Vergabeanordnung klagebefugt. Das gilt jedenfalls dann, wenn deren Rechtswidrigkeit nach dem Klagevorbringen zumindest möglich erscheint und auch der behauptete Anspruch auf eine Einzelzuteilung der Frequenzen ohne die umstrittene Vergabeanordnung nicht nach jeder Betrachtungsweise ausgeschlossen ist. Klagebefugt ist das Unternehmen auch in Bezug auf die Auswahl des Versteigerungsverfahrens und die Festlegung von Vergabebedingungen (BVerwG NVwZ 2009, 1558).

b) Privatrechtsgestaltende VA. Die (vorläufige) **Entgeltgenehmigung** **173** der Bundesnetzagentur hat wegen ihrer privatrechtsgestaltenden Wirkung grundrechtsverkürzenden Charakter und unterliegt dem Vorbehalt des Gesetzes. Die Klagebefugnis des Betreibers eines Telekommunikationsnetzes ergibt sich daraus, dass der Bescheid das privatrechtliche Rechtsverhältnis zwischen ihm und dem Entgeltberechtigten unmittelbar gestaltet. Die privatrechtsgestaltende Wirkung und das Verbot, andere als die genehmigten Entgelte zu verlangen (§ 29 TKG), beeinträchtigen den Entgeltschuldner in eigenen Rechten; sie verwehren es dem aus einer Entgeltgenehmigung Begünstigten auch, auf Entgeltteile nachträglich zu verzichten (BVerwGE 117, 93 (95); MMR 2009, 531 und 785; Buchh 442.066 § 24 TKG Nr. 2).

Die **Anordnung der Zusammenschaltung** von Telekommunikations- **174** netzen iSv § 37 I 1 TKG hat eine doppelte Wirkung: Sie begründet gegenüber den Netzbetreibern ein öffentlich-rechtliches Rechtsverhältnis, das die Verpflichtung zur Zusammenschaltung zu den festgelegten Bedingungen zum Gegenstand hat. Für die Adressaten handelt es sich um einen belastenden VA, der mit der Anfechtungsklage angegriffen werden kann. Die Anordnung begründet aber ferner zwischen den beteiligten Netzbetreibern ein privatrechtliches Schuldverhältnis (BVerwGE 120, 263 (267)). Die damit verbundene Gestaltung der privatrechtlichen **Zusammenschaltungsverhältnisse,** die etwa dazu verpflichtet, den genehmigten Beitrag zu leisten, kann das vom GG gewährleistete Recht verletzen, den Inhalt von vertraglichen Vereinbarungen mit der Gegenseite frei von staatlicher Bindung auszuhandeln (BVerwG Buchh 442.066 § 24 TKG Nr. 2; BVerwGE 117, 9 (95 f.); 100, 230 (233 f.)).

175   Dem Beteiligten eines bestehenden Zusammenschaltungsverhältnisses fehlt jedoch die Klagebefugnis für die Anfechtungsklage gegen die **Erklärung zum Grundangebot** iSv § 6 V Netzzugangsverordnung. Die Erklärung zum Grundangebot bezieht sich auf künftige, nicht auf bestehende Zusammenschaltungsverhältnisse (BVerwG Buchh 442.066 § 24 TKG Nr. 3).

176   Zudem verneint das BVerwG eine Klagebefugnis gegen VA, die **nicht unmittelbar regelnd** in die bestehende Privatrechtslage eingreifen, sondern noch der privatrechtlichen Umsetzung durch den Adressaten bedürfen, und zwar ungeachtet der absehbaren Auswirkungen des VA auf die Vertragspartner des Adressaten (BVerwGE 95, 133 (134); 75, 147 (149); 72, 226 (230); 30, 135 (136 f.)).

177   **c) Regulierungsverpflichtungen.** Erlegt die Bundesnetzagentur einem Unternehmen, das auf einem nach §§ 10, 11 TKG regulierungsbedürftigen Markt über beträchtliche Marktmacht verfügt, Regulierungsverpflichtungen nach § 9 II, § 13 I, III TKG auf, kann ein Wettbewerbsunternehmen klagebefugt sein mit dem Ziel, die Auferlegung weitergehender Regulierungsverpflichtungen zu erstreiten. Verpflichtungen zur Zugangsgewährung (§ 21 TKG), zur Herstellung von Transparenz (§ 20 TKG) und zur getrennten Rechnungsführung (§ 24 TKG) sind auch dem Schutz von Wettbewerbern zu dienen bestimmt (BVerwGE 130, 39).

10. Vereinsverbote

178   Nach stRspr des BVerwG ist zur Anfechtung des Verbots einer Vereinigung **nur die verbotene Vereinigung** befugt iSv § 42 II, nicht hingegen ein Mitglied (vgl. BVerwG Buchh 402.45 VereinsG Nr. 45; Buchh 402.45 VereinsG Nr. 34 und 39). Diese Rspr. bezieht sich auch auf nicht rechtsfähige Vereinigungen. **Einzelne Personen** können ein individuelles und damit nach § 42 II zulässiges Rechtsschutzbegehren jedenfalls dann verfolgen, wenn ihnen die Verbotsverfügung zugestellt wurde, soweit sie geltend machen, die Voraussetzungen einer Vereinigung lägen nicht vor (BVerwG Buchh 402.45 VereinsG Nr. 39).

11. Verkehrszeichen

179   Verkehrszeichen sind nach gesicherter Auffassung VA in der Form der **Allgemeinverfügung** iSd § 35 S. 2 VwVfG (BVerwG NJW 2004, 698; BVerwGE 97, 323 (326, 328)). Richtet sich die Klage gegen eine Allgemeinverfügung, gelten die allgemeinen Anforderungen der Möglichkeitstheorie (→ Rn. 123) für die Prüfung der Klagebefugnis (BVerwG NJW 2004, 698; NVwZ 2001, 322). Weitergehende Anforderungen – wie eine Nachhaltigkeit oder Regelmäßigkeit der Rechtsverletzung – hat das BVerwG im Zusammenhang mit einer gegen ein Verkehrszeichen gerichteten Klage ausdrücklich als mit Art. 19 IV GG nicht vereinbar abgelehnt (BVerwG NJW 2004, 698).

180   Unter welchen Umständen eine (fristauslösende) **Betroffenheit** durch ein Verkehrszeichen zu bejahen ist, hat das BVerwG nunmehr geklärt (zum früheren Streitstand vgl. BVerfG NJW 2009, 3642; BVerwGE 102, 316

(318 f.)): Die Bekanntgabe von Verkehrszeichen nach den bundesrechtlichen (Spezial)Vorschriften der StVO führt nur zur Wirksamkeit gegenüber jedermann, löst aber nicht zugleich die – gem. § 58 II VwGO einjährige – Anfechtungsfrist aus. Diese beginnt mit der subjektiven Möglichkeit der Kenntnisnahme (vgl. dazu BVerwGE 59, 221 (226)), die darin liegt, dass sich ein Verkehrsteilnehmer erstmals einem (ordnungsgemäß aufgestellten oder angebrachten) Verkehrszeichens gegenübersieht. Die Frist wird für ihn nicht erneut ausgelöst, wenn er sich dem Verkehrszeichen später ein weiteres Mal gegenübersieht. (BVerwG ZfSch 2011, 52).

12. Verwaltungsverfahrensrecht

a) Relative Verfahrensrechte. Vorschriften des Verwaltungsverfahrens vermitteln die Klagebefugnis im Allgemeinen nur, wenn der Kläger geltend machen kann, dass sich der von ihm gerügte Verfahrensfehler auf seine **materiellrechtliche Position** konkret ausgewirkt haben kann (BVerwGE 75, 285 (291); 61, 256 (275)). Derartige relative Verfahrensrechte, die nicht um ihrer selbst willen einzuhalten sind, kommt eine dienende Funktion für die Gewährleistung eines materiell richtigen Ergebnisses zu (BVerwGE 105, 348 (354); 92, 258 (261)). Damit muss jedenfalls auch die Verletzung materieller drittschützender Vorschriften geltend gemacht werden. Allerdings sind die Anforderungen an die substanziierte Darlegung materieller drittschützender Rechte geringer. Direkter Rechtsschutz gegen fehlerhafte Verfahrenshandlungen selbst ist idR nach § 44a S. 1 ausgeschlossen. **181**

Auch das **Planfeststellungsrecht** wird von relativen Verfahrensanforderungen geprägt. Dort können formelle Mängel eines Planfeststellungsbeschlusses oder einer Plangenehmigung nur dann zu seiner Aufhebung führen, wenn die konkrete Möglichkeit besteht, dass ohne den Verfahrensfehler anders entschieden worden wäre (BVerwGE 100, 238 (252); NVwZ 2002, 1103 (1105)). Im Planungsrecht sind die Vorschriften über die **Wahl der richtigen Verfahrensart** (Genehmigungsverfahren – Planfeststellungsverfahren uä) nicht drittschützend (BVerwG NJW 1983, 92; NVwZ 1991, 369). **182**

Ähnliches gilt bislang bei Fehlern im Bereich der **Umweltverträglichkeitsprüfung,** denen in der Rspr. des BVerwG die Qualität absolut zu beachtender und von jedem Betroffenen zu rügender Anforderungen – soweit es auf diese Frage ankam – abgesprochen worden ist (BVerwGE 122, 207; 100, 238 (252); aA OVG RhPf NVwZ 2005, 1205). Hier dürfte das europäische Recht jedoch auf Dauer für einen gewissen Wandel sorgen (vgl. Spieth/Appel NuR 2009, 312; Ziekow NVwZ 2005, 263 (266); Scheidler NVwZ 2005, 863 (866)). In diesem Sinne wird die Wahl einer die gebotene UVP ermöglichenden Verfahrensart als drittschützend angesehen (NdsOVG NVwZ-RR 2009, 412). **183**

Aus der **Hinzuziehung** zu einem Verwaltungsverfahren und der hierdurch erlangten Beteiligtenstellung vermag eine Verletzung in eigenen Rechten ebenso wenig zu folgen wie durch die Beiladung in einem späteren Ver- **184** waltungsprozess (BVerwG Beschl. v. 30.7.2004 – 5 B 68.04; Kopp/Ramsauer VwVfG § 13 Rn. 31).

185 **b) Absolute Verfahrensrechte.** Demgegenüber gewähren sog. **absolute Verfahrensrechte** selbst subjektiv-öffentliche Rechte und vermitteln eine Klagebefugnis unabhängig von einer Verletzung des materiellen Rechts (SSB § 42 Abs. 2 Rn. 73; Dolde NVwZ 2006, 857 (858)). Hierzu zählen bestimmte Verfahrensrechte im Enteignungsverfahren, die Beteiligung der Gemeinden im luftverkehrsrechtlichen Genehmigungsverfahren (BVerwGE 81, 95 (106); Buchh 442.40 § 6 LuftVG Nr. 11, 21, 27) und die Beteiligungsrechte anerkannter Naturschutzverbände (BVerwGE 87, 62). Nach Einführung der Verbandsklage durch das Umwelt-Rechtsbehelfsgesetz ist dies zu verneinen (vgl. BVerwG DVBl 2002, 990; Kopp/Ramsauer VwVfG § 75 Rn. 91).

186 Ein Bescheid kann einen **Dritten** allein wegen der **Begründung** in seinen Rechten verletzen, sofern der Dritte die Begründung als diskriminierend ansehen oder infolge der Begründung mit mittelbaren beruflichen Nachteilen rechnen muss (OVG RhPf NVwZ 1987, 425).

187 **c) Atom- und Immissionsschutzrecht.** Auch die Verfahrensvorschriften des Atomrechts und des förmlichen immissionsschutzrechtlichen Genehmigungsverfahrens sind relativ einzuordnen (BVerwGE 85, 368 (374); 61, 256 (275); 60, 297 (307); 53, 30 (59 f.); HessVGH NVwZ-RR 1997, 406; Jarass BImSchG § 10 Rn. 130 ff.). Ein potenziell vom Betrieb einer kerntechnischen Anlage Betroffener kann sich ebenfalls auf Verfahrensfehler berufen, wenn dieser sich auf seine materiellrechtliche Position ausgewirkt haben kann (BVerwGE 88, 286 (288); vgl. ferner BVerfGE 77, 381 (406); 53, 30 (71 ff.)). Zu materiellrechtlichen Positionen im Atomrecht → Rn. 163a.

188 Drittschützend sind Verfahrensvorschriften des Atomrechts allerdings insofern, als sie im Interesse eines **effektiven Grundrechtsschutzes** den potenziell von dem Vorhaben betroffenen Dritten die Möglichkeit eröffnen, ihre Belange schon im Genehmigungsverfahren vorzubringen und sich damit – wenn nötig – schon frühzeitig gegen die Anlage zur Wehr zu setzen (BVerwG Buchh 451.171 AtG Nr. 14).

189 **Unterbleibt ein Genehmigungsverfahren,** steht Betroffenen die Möglichkeit offen, aufsichtliches Einschreiten gegen die ungenehmigten Errichtungsarbeiten oder den ungenehmigten Betrieb zu verlangen. Der Anspruch auf ermessensfehlerfreie Entscheidung über ein aufsichtliches Einschreiten ist – gleichsam spiegelbildlich zum Recht auf Verfahrensbeteiligung – Ausfluss der materiellrechtlichen Rechtsposition (§ 7 II Nr. 3 AtG), um derentwillen das Gesetz dem Dritten die Möglichkeit gibt, sich am Genehmigungsverfahren zu beteiligen. Der Schutz, den § 19 III 2 Nr. 3 AtG beim Fehlen einer Genehmigung vermittelt, reicht ebenso weit wie der Schutz, den § 7 II Nr. 3 AtG selbst durch das Erfordernis eines Genehmigungsverfahrens vermittelt.

13. Wohnungsrecht

190 **a) Wohnungsbindungsrecht.** Die **Genehmigungs- und Zustimmungsvorbehalte** des öffentlichen Wohnungsbindungsrechts zwischen der Behörde und dem Verfügungsberechtigten der Wohnung dienen überwiegend nicht den Interessen der Mieter einer öffentlich geförderten Wohnung. So kann der Mieter mangels Rechtsverletzung nicht anfechten:

– die nach § 8a IV 1 WoBindG erteilte Genehmigung der Erhöhung der **191** **Durchschnittsmiete** (BVerwGE 72, 226 (229)). Die Vorschrift dient nur dem öffentlichen Interesse an der Einhaltung der Mietpreisvorschriften und nicht dem Ausgleich mit den Verschonungsinteressen des Mieters am Maßstab der Kostenmiete (§ 8a I bis III WoBindG; str.)

– die einem Verfügungsberechtigten unter der Auflage von Ausgleichszahlun- **192** gen erteilte **Freistellung** von den gesetzlichen Verwendungsbeschränkungen der Wohnung (BVerwG NJW 1987, 2829)

– die dem Vermieter nach § 9 VII 3 WoBindG erteilte behördliche Geneh- **193** migung einer Vereinbarung über die **Mitvermietung** von Einrichtungsund Ausstattungsgegenständen (BVerwG NJW 1985, 1913).

Hingegen hat das Zustimmungserfordernis bei **Modernisierung** im öffent- **194** lich geförderten sozialen Wohnungsbau nach § 11 VII 1 der II. BV nicht nur objektive Kontrollfunktion, sondern dient auch dem Schutz der Mieter und der Erhaltung eines angemessenen Preisniveaus (BVerwG NJW-RR 1990, 849 (850); Buchh 454.42 II. BV Nr. 7).

b) Wohnungseigentumsrecht. Innerhalb der Gemeinschaft der Miteigen- **195** tümer ein und desselben Grundstücks schließt das Sondereigentum nach dem WEG öffentlich-rechtliche Nachbarschutzansprüche untereinander aus (BVerwG NVwZ 1998, 954; 1989, 250). Dies gilt auch gegenüber Störungen, die bei der baulichen Nutzung des gemeinschaftlichen Grundstücks nicht von einem Mitglied der Eigentümergemeinschaft, sondern von einem außenstehenden Dritten verursacht werden. Zwar können ergänzend die Normen des öffentlichen Baurechts gelten, und zwar unabhängig davon, ob sie ihrerseits unmittelbar nachbarschützend sind oder nicht (BVerwG NVwZ 1989, 250). Aber auch dann besteht kein selbstständiger öffentlich-rechtlicher Abwehranspruch; die Anwendbarkeit des öffentlichen Rechts beruht auch in diesem Fall auf der privatrechtlichen Vorschrift des § 15 III WEG. Ein Wohnungseigentümer kann daher bei der Anfechtung der einem Miteigentümer erteilten Baugenehmigung für im Teileigentum desselben Hauses stehende Räume keine Verletzung in einem subjektiv-öffentlichen Recht geltend machen.

Hingegen bleibt die Befugnis des einzelnen Wohnungseigentümers unbe- **196** rührt, **baurechtliche Nachbaransprüche** (etwa gegen planfestgestellte Vorhaben) gerichtlich geltend zu machen (BVerwG Buchh 406.19 Nachbarschutz Nr. 110 S. 87). Sie können nicht allein durch die Wohnungseigentümergemeinschaft geltend gemacht werden. Diese ist daher nur dann prozessführungsbefugt, wenn ihr die Ausübung dieser Rechte von den Wohnungseigentümern durch einen Beschluss übertragen worden ist („gekorene" Ausübungsbefugnis nach § 10 Abs. 6 S. 3 Hs. 2 WEG; BVerwG UPR 2019, 381).

§ 43 [Feststellungsklage]

(1) Durch Klage kann die Feststellung des Bestehens oder Nichtbestehens eines Rechtsverhältnisses oder der Nichtigkeit eines Verwaltungsakts begehrt werden, wenn der Kläger ein berechtigtes Interesse an der baldigen Feststellung hat (Feststellungsklage).

(2) [1] Die Feststellung kann nicht begehrt werden, soweit der Kläger seine Rechte durch Gestaltungs- oder Leistungsklage verfolgen kann oder hätte verfolgen können. [2] Dies gilt nicht, wenn die Feststellung der Nichtigkeit eines Verwaltungsakts begehrt wird.

Übersicht

I. Vorbemerkungen

1. Funktion und Arten der allgemeinen Feststellungsklage

Für die Feststellungsklage trifft die VwGO eine **eigenständige Vollrege-** **1**
lung. Damit ist jeder Rückgriff auf die Feststellungsklage nach § 256 I ZPO
ausgeschlossen. Dies erklärt sich wiederum aus dem Erfordernis einer pro
zessualen Behandlung von VA: Es musste klargestellt werden, inwieweit VA
Gegenstand einer Feststellungsklage sein können (I) und wie das Verhältnis
dieser Klageart zu den VA-Klagen des § 42 ist (II; → vor § 40 Rn. 50). § 43
regelt zu diesem Zweck die Rechtsschutzformen und einige Zulässigkeitsvoraussetzungen der sog. „allgemeinen" Feststellungsklage.

§ 43 I stellt **drei Arten** der gerichtlichen Feststellung zur Verfügung: die **2**
Feststellung des Bestehens eines Rechtsverhältnisses (positive Feststellungsklage) oder seines Nichtbestehens (negative Feststellungsklage) oder der Nichtigkeit eines VA (Nichtigkeitsfeststellungsklage). Damit beschränkt der Gesetzgeber die – iR dieser Vorschrift statthaften – gerichtlichen Feststellungen
gezielt und in einer durch Analogie uä grds. nicht erweiterbaren Weise.
Andere Feststellungen darf ein VG nicht tenorieren (→ Rn. 26 ff.) bzw. nur
dann, wenn es hierzu besonders ermächtigt ist (wie bei der Rechtswidrigkeit
von Verwaltungsakten → Rn. 4). Die Beschränkung bezieht ausschließlich auf
Feststellungen im Tenor. Anders behandelt der Gesetzgeber Feststellungen
von Tatsachen im Tatbestand und in den Gründen gerichtlicher Entscheidungen, die im nötigen Umfang zulässig sind.

Die Feststellungsklage hat in der Praxis einen **bedeutenden Platz** errun- **3**
gen. Das ist zum Teil gerade ihrer Konturenarmut zuzuschreiben, die sich oft
in der kleinen Münze der Anpassungsfähigkeit auszahlt. Vor allem beim
ergänzenden Schutz gegen Rechtsverletzungen durch die öffentliche
Hand (Vollstreckungsabwehr und normatives Unrecht) hat sie ihre Bedeutung
gefunden. Denn sie lässt gerichtliche Wertungen ohne direkten Eingriff in die
Kernbereiche von Verwaltung und Normgeber zu (→ Rn. 67 ff.). Die Be-
fürchtung, eine beklagte Körperschaft könne sich einem nicht vollstreckungsfähigen Feststellungsurteil (→ § 168 Rn. 4) entziehen, ist nicht berechtigt
(näher → Rn. 71).

2. Besondere Feststellungsklagen und -aussprüche

4 Neben § 43 sind besondere Feststellungsklagen gesetzlich vorgesehen. Dazu gehört der Antrag auf Feststellung der Nichtigkeit bestimmter untergesetzlicher **Rechtsnormen** nach § 47. Im vorläufigen Rechtsschutz kann die Feststellung des Bestehens der aufschiebenden Wirkung von Widerspruch und Anfechtungsklage analog § 80 V I begehrt werden (→ § 80 Rn. 63). Sonstige vorläufige Feststellungen sind nach § 123 I statthaft. Bei Erledigung von Anfechtungs- und Verpflichtungsklagen ist die **Fortsetzungsfeststellungsklage** nach § 113 I 4 statthaft (nach aA handelt es sich um eine „kupierte" Anfechtungsklage → § 113 Rn. 56 ff.).

5 Anwendbar ist über § 173 S. 1 auch die **Zwischenfeststellungsklage** gem. § 256 II ZPO. Sie ist auf die Klärung eines für die Entscheidung vorgreiflichen Rechtsverhältnisses gerichtet, das im Laufe des Prozesses streitig geworden ist (BVerwG Buchh 310 § 173 VwGO Nr. 1) und damit ein prozessuales Mittel, um in bestimmten Fällen (etwa ergänzend zu einer Leistungsklage) zu einer umfassenden Klärung und Bereinigung der hinter dem ursprünglichen Klaganspruch stehenden Rechtsbeziehungen zu kommen (SSB § 173 Rn. 190; ThP ZPO § 256 Rn. 26 ff.; BLAHG ZPO § 256 Rn. 108 ff.). Sie ist mithin zulässig, wenn ein Rechtsverhältnis zwischen den Beteiligten streitig ist und von der Feststellung dieses Rechtsverhältnisses die Entscheidung in der Hauptsache abhängt. Ein Feststellungsinteresse iSd § 43 I VwGO ist insoweit nicht erforderlich (stRspr, BVerwGE 141, 311 mwN; BGH NJW-RR 1990, 318 (320)). Str. ist die Frage, ob eine Zwischenfeststellungsklage von einem Beigeladenen erhoben werden kann (abl. Kopp/Schenke § 43 Rn. 33; Redeker/v. Oertzen § 43 Rn. 30).

6 Bei rechtsfehlerhaften **Planungsentscheidungen** (Planfeststellungsbeschlüssen, Plangenehmigungen) ist in der Rspr. des BVerwG die Feststellung ihrer Rechtswidrigkeit und Nichtvollziehbarkeit entwickelt worden, wenn der Mangel durch ein (ergebnisoffenes) ergänzendes Verfahren zu beheben ist (BVerwGE 100, 370; DVBl 1997, 717; Kopp/Schenke § 113 Rn. 108). Bei der **Verwaltungsvollstreckung** hat die Klage auf Feststellung, dass die Vollstreckung aus einem (Zahlungs)Bescheid unzulässig ist, die Vollstreckungsabwehrklage gem. § 767 ZPO abgelöst (OVG Bln-Bbg ZInsO 2014, 1162; → § 167 Rn. 1).

II. Feststellung von Rechtsverhältnissen

1. Begriff des Rechtsverhältnisses

7 Gemäß § 43 I kann durch Klage die Feststellung des Bestehens oder Nichtbestehens eines Rechtsverhältnisses begehrt werden. Damit beschreibt I die **Rechtsschutzformvoraussetzungen** (→ vor § 40 Rn. 47) der positiven und negativen Typen der Feststellungsklage. Ihr Kern ist das „Rechtsverhältnis", wobei in § 43 mitgedacht ist, dass es sich um ein solches des öffentlichen Rechts iSd § 40 I 1 handelt. Nach der stRspr des BVerwG sind unter einem feststellungsfähigen **Rechtsverhältnis** die rechtlichen Beziehungen zu verstehen, die sich aus einem konkreten Sachverhalt aufgrund einer öffentlich-rechtlichen Norm für das Verhältnis von (natürlichen oder juristischen) Personen untereinander oder einer Person zu einer Sache ergeben, kraft deren eine der beteiligten Personen etwas Bestimmtes tun muss, kann oder darf oder nicht zu tun braucht (BVerwGE 141, 223 Rn. 12; 100, 262 (264); 89, 327 (329 f.); NVwZ 2007, 1311; NVwZ-RR 2004, 253).

Eine **rechtliche Beziehung** besteht in Rechten oder Pflichten. Diese **8** haben ihre Grundlage in Rechtsnormen (dh nicht etwa bloß sozialen Beziehungen), auf deren Rechtsfolgenseite vorgesehen ist, dass eine Person etwas Bestimmtes tun muss, kann oder darf oder nicht zu tun braucht (BVerwG Buchh 418.32 AMG Nr. 37; Buchh 310 § 42 VwGO Nr. 123 S. 28, 33). Im Grunde geht es stets um **subjektive Rechte,** sodass die Begriffe der Berechtigung und der Verpflichtung lediglich die aufeinander bezogenen, kehrseitigen Perspektiven des Berechtigten oder Verpflichteten kennzeichnen (vgl. NK-VwGO § 43 Rn. 9 ff.). Freilich wird bei Handlungsermächtigungen der Verwaltung nicht von subjektiven Rechten gesprochen (Kopp/Schenke § 43 Rn. 11 mwN).

Auch **einzelne (Nicht)Berechtigungen** oder Verpflichtungen können **9** Gegenstand einer Feststellungsklage sein, wenn sie hinreichend konkretisiert sind (BVerwG Beschl. v. 20.5.2009 – 7 B 56.08, Rn. 4; Buchh 310 § 43 VwGO Nr. 97). Für die Statthaftigkeit der Feststellungsklage ist es dann ohne Bedeutung, ob das Recht oder die Pflicht eingebettet ist in ein übergeordnetes Rechtsband mit einer Vielzahl von Berechtigungen und Verpflichtungen. Feststellungsfähig sind zwar auch diese **umfassenden Rechtsverhältnisse** selbst, gleichgültig, ob sie auf punktuelle oder kurzfristige Abwicklung (wie meist bei Bewilligungsbescheiden oder Verträgen) oder auf Dauer angelegt sind (wie Dienstverhältnisse oder Sonderstatusverhältnisse). Im Streit stehen aber regelmäßig nur einzelne Rechte und Pflichten, auch wenn sie umfassenderen Rechtsbeziehungen entspringen. Nicht um Rechtsverhältnisse handelt es sich bei jenen Rechtsakten, die zur Begründung eines Rechtsverhältnisses führen (→ Rn. 27).

Die Formulierung des § 43 I darf nicht zu dem Missverständnis verleiten, **10** das Rechtsverhältnis selbst sei Rechtsschutzformvoraussetzung der Feststellungsklage. Diese ist vielmehr dann statthaft, wenn ein aktueller **Meinungsstreit** über die Anwendbarkeit einer Norm auf einen Sachverhalt – und mithin daraus erwachsende Rechte oder Pflichten – besteht (BVerwG NVwZ 2009, 1170; 2005, 465). Die Streitigkeit ist kein begründendes Merkmal des Rechtsverhältnisses (vgl. Kopp/Schenke § 43 Rn. 11 aE), sondern Voraussetzung für die **Statthaftigkeit** der Klageart. Feststellungen zu Bestehen oder Nichtbestehen des Rechtsverhältnisses dürfen getroffen werden, sobald es behauptet und bestritten wird, sei es, dass die Verwaltung Rechtsfolgen gegenüber einer Person geltend macht, sei es, dass ihr gegenüber Rechte in Anspruch genommen werden (stRspr, BVerwGE 12, 261 (262); NJW 1967, 797). Das Rechtsverhältnis selbst ist der Gegenstand der gerichtlichen Klärung – also der Begründetheitsprüfung – und nicht deren Voraussetzung. Insoweit besteht eine Parallele zu den VA-Klagen, bei denen es nach § 42 II genügt, ein Recht geltend zu machen (→ § 42 Rn. 123).

2. Begründung und Bestehen von Rechtsverhältnissen

11 **a) Voraussetzungen des Entstehens.** Nach verbreiteter Formulierung kann ein Rechtsverhältnis durch Norm, VA und Vertrag begründet werden, teilweise wird ein Entstehen auch durch Realakte angenommen (Nachw. bei NK-VwGO § 43 Rn. 14). Das ist missverständlich. Ein Rechtsverhältnis entsteht ausschließlich durch die spezifische **Zuordnung eines Sachverhalts zu einer Norm,** genauer: aus einem Sachverhalt, der die Voraussetzungsseite einer rechte- oder pflichtenbegründenden Norm des öffentlichen Rechts ausfüllt. Ohne einen Sachverhalt können nur abstrakte Rechtsfragen behandelt werden; ohne eine Norm lassen sich nur Tatsachenfeststellungen treffen.

12   Daher formuliert die Rspr. mit Recht, dass sich ein allgemeiner Rechtszustand zu einem **Rechtsverhältnis verdichtet,** wenn die Anwendung einer bestimmten Norm des öffentlichen Rechts auf einen bereits übersehbaren Sachverhalt streitig ist (BVerwGE 141, 223 Rn. 12; 100, 262 (264); 71, 318; 38, 346 mwN). Die Rechtsbeziehungen müssen entweder durch die Norm selbst oder vermittels eines dem öffentlichen Recht zuzuordnenden Rechtsgeschäfts (VA, Vertrag) konkretisiert sein (BVerwG Buchh 310 § 42 VwGO Nr. 123 S. 28, 33). In diesem Sinne ist der VA eine autoritative Entscheidung über die Zuordnung eines Sachverhalts zu einer Norm des objektiven Rechts im Einzelfall (→ § 42 Rn. 5). Wenn bestritten wird, dass der VA ein Rechtsverhältnis darstellt, beruht dies auf einer unzulässigen Gleichsetzung seines Inhalts mit dem Vorgang seines Erlasses als Entstehungsbedingung. Dasselbe gilt für den Vertrag und seinen Abschluss und sonstige Begründungsakte (wie Wahlen), die zu einem Rechtsverhältnis führen.

13 **b) Konkretheit des Sachverhalts.** Die viel kritisierte Forderung, es müsse sich um einen **konkreten** – mindestens bereits überschaubaren – **Sachverhalt** handeln, ist der schlichte Hinweis auf die Notwendigkeit eines realen, nicht bloß erdachten Sachverhalts (Kopp/Schenke § 43 Rn. 17 mwN). Fiktive Sachverhalte werden beim Streit um künftige Rechtsverhältnisse akzeptiert, sofern ihr Eintreten hinreichend wahrscheinlich ist (→ Rn. 17). Orientiert man sich an der Realität des Sachverhalts, kann Gegenstand der Feststellungsklage auch ein **bedingtes** Rechtsverhältnis sein, wenn die begründenden Tatsachen vorliegen und lediglich der Eintritt der Bedingung aussteht (BVerwGE 38, 346 mwN).

14 **c) Aktualität des Sachverhalts.** Nach der Aktualität der aus einem realen Sachverhalt abgeleiteten Rechte lassen sich vergangene, gegenwärtige und zukünftige Rechtsverhältnisse unterscheiden. Die Differenzierung zwischen gegenwärtigen und vergangenen Rechtsverhältnissen ist nicht daran auszurichten, ob der zugrunde liegende Sachverhalt in der Vergangenheit abgeschlossen bzw. erledigt ist. Entscheidend ist, ob aus ihm noch aktuell Rechte oder Pflichten in Anspruch genommen werden – ob also das Rechtsverhältnis erledigt ist. Ist der Streit über Rechte oder Pflichten beendet, handelt es sich um ein **vergangenes** Rechtsverhältnis, werden sie weiterhin behauptet oder bestritten, um ein **gegenwärtiges,** gleichgültig, ob der Sachverhalt ganz oder

teilweise in der Vergangenheit liegt. So ist der Streit um eine Rückzahlungs-
verpflichtung aus abgewickeltem Vertrag gegenwärtig.

Auch **vergangene Rechtsverhältnisse** in diesem Sinne können nach ganz **15**
hM statthafter Gegenstand der Feststellungsklage sein (BVerwGE 80, 355
(365); 80, 373 (376); DÖV 1985, 207; VGH BW NVwZ-RR 1991, 518;
HessVGH NVwZ-RR 1997, 53; 1993, 483). Ihre Zulässigkeit stellt aber
besondere Anforderungen an die SUV (→ Rn. 54).

Schwieriger liegen die Dinge bei **zukünftigen Rechtsverhältnissen,** die **16**
aufgrund eines in der Zukunft möglicherweise eintretenden Sachverhalts entstehen können. Im Zeitpunkt des Meinungsstreits fehlt damit ein aktueller
Sachverhalt als Tatsachenbasis für Rechte und Pflichten. Hierauf bezogene –
positive wie negative – Feststellungsklagen sind Formen vorbeugenden
Rechtsschutzes. Sie unterliegen nicht nur qualifizierten SUV (→ Rn. 58 und
→ § 42 Rn. 77); schon ihre Statthaftigkeit bedarf genauer Prüfung, um Feststellungsbegehren von einem Streit über abstrakte Rechtsfragen abzugrenzen.

Zum einen muss eine hinreichende **Wahrscheinlichkeit** bestehen, dass der **17**
behauptete normausfüllende Sachverhalt Realität gewinnen wird, dh bereits
„überschaubar" ist (BVerwGE 77, 207). Das ist etwa dann der Fall, wenn der
Kläger eine Handlung vorgenommen oder konkret vorbereitet hat und sich
an der weiteren Realisierung durch eine von der Behörde behauptete Erlaubnispflicht gehindert sieht (BVerwG NVwZ 2008, 697), ebenso, wenn eine
Behörde ein Einschreiten oder sonstige Maßnahmen bei Fortführung von
Handlungen angekündigt hat. Das (künftige) Rechtsverhältnis ist aber zu verneinen, wenn die **Rechtslage** nicht absehbar ist, die im Zeitpunkt des Eintritts des behaupteten Sachverhalts voraussichtlich Geltung haben wird.

3. Die Beteiligten an Rechtsverhältnissen

Eine Rechtsbeziehung kann ausschließlich **zwischen Rechtssubjekten** (na- **18**
türlichen und juristischen Personen des öffentlichen und des privaten Rechts)
bestehen. Rechtsverhältnisse zwischen einer Person und einer **Sache,** deren
Möglichkeit von der gängigen Definition suggeriert wird (→ Rn. 7), kann es
nicht geben. Die rechtliche Zuordnung einer Sache an eine Person erfolgt
stets mit Blick auf eine Dritten gegenüber eingeräumte Rechtsmacht, wenngleich die Dritten in den für die Zuordnung geltenden Vorschriften noch
unbestimmt bleiben (wie bei Abwehrrechten, vgl. § 903 BGB).

Als **Bezugspersonen** eines Rechtsverhältnisses kommen der Normgeber, **19**
der Normadressat und der Normanwender (als Vollzugsbehörde) in Betracht.
Im Regelfall eröffnet sich ein Rechtsverhältnis zwischen Normadressaten und
Normanwender. Dagegen besteht im Regelfall kein Rechtsverhältnis zwischen Normadressat und Normgeber, da letzterer an der Umsetzung der
Norm gegenüber dem Adressaten nicht beteiligt ist. Dies gilt auch für selbst-
vollziehende („self-executing") Normen, soweit Verwaltungsvollzug möglich
ist. Auch dort stehen sich im Regelfall als alleinige Zuordnungssubjekte der
Normadressat und der Normanwender gegenüber (BVerwG NVwZ 2007,
1311).

20   Zu unterscheiden sind die an dem streitigen Rechtsverhältnis – würde es
bestehen – materiellrechtlich Beteiligten von den Prozessbeteiligten. Auch
wenn es nach der Interessenlage oft der Fall sein wird, gehört es **nicht** zu den
Rechtsschutzformvoraussetzungen, dass das zur Feststellung gestellte Rechtsverhältnis **unmittelbar zwischen den Hauptbeteiligten** des Feststellungs-
rechtsstreits besteht. Nach der Rspr. des BVerwG kann auch die Feststellung
eines Rechtsverhältnisses verlangt werden, das im Verhältnis zwischen einem
Dritten und dem Kläger oder dem Beklagten bestehen soll (BVerwG
NVwZ-RR 2005, 711; DVBl 1998, 49). Nur an die Qualität des Feststellungsinteresses sind dann zusätzliche Anforderungen gestellt (→ Rn. 60).

4. Beispiele für Rechtsverhältnisse

21   a) **Streit um Erlaubnispflichten.** Ein **Erlaubnisvorbehalt** begründet ein
Rechtsverhältnis, sobald eine tatbestandsgemäße Tätigkeit ausgeübt wird. Im
Streit um die Pflicht, hierfür eine Erlaubnis (Genehmigung, Planfeststellung
uä) einzuholen, ist es dem Verpflichteten idR nicht möglich, seinen Standpunkt im direkten Streit um eine Genehmigung zu verteidigen. Er kann aber
das Nichtbestehen der Genehmigungsbedürftigkeit mithilfe der negativen
Feststellungsklage gerichtlich klären lassen. In seltenen Fällen sieht das Gesetz
die Feststellung der Erlaubnispflicht durch Bescheid vor (zB § 10 PBefG);
dann ist die Anfechtungsklage gegen diesen vorrangig (§ 43 II 1). Entspr. gilt
bei Feststellungsbescheiden ohne besondere gesetzliche Grundlage.

21a   Die Klage auf Feststellung, dass ein bestimmtes Verhalten keiner Genehmigung bedarf, ist **gegen den Rechtsträger** zu richten, der für die Anwendung
der Genehmigungsnorm zuständig ist (BVerwG 160, 127 Rn. 11). Gegenstand des Klagebegehrens ist die Feststellung, dass eine bestimmte Betätigung
ohne Erfüllung der Voraussetzungen der streitigen Erlaubnisnorm erlaubt ist.
Beteiligte eines solchen Rechtsverhältnisses sind die Privaten, deren Betäti-
gungsfreiheit beschränkt wird, und der Rechtsträger, dessen Behörden den
Privaten gegenüber die Beachtung des Verbots oder des Genehmigungsvor-
behalts zu überwachen und durchzusetzen haben (Vollzugszuständigkeit). Die
Verantwortung dieses Rechtsträgers für die Rechtsanwendung gegenüber Privaten besteht auch, wenn ein anderer öffentlich-rechtlicher Träger die streitige
Rechtsnorm erlassen hat. Zwar hängt der Erfolg der Feststellungsklage von
der Rechtswirksamkeit der inzident zu prüfenden Norm ab; die Beantwor-
tung dieser Vorfrage nimmt aber nicht an der Rechtskraft der gerichtlichen
Entscheidung teil. Ein **Rechtsverhältnis zwischen Normadressaten und
Normgeber** kann nur bestehen, wenn die Rechtsnorm unmittelbar Rechte
und Pflichten begründet, ohne dass es einer fallbezogenen Anwendung bedarf
(BVerwGE 129, 199 Rn. 21 ff.; 136, 54 Rn. 28 ff.).

22   Hingegen bilden **Ge- und Verbotsnormen** des objektiven Rechts aus sich
heraus, dh ohne behördliche Konkretisierung durch einen Umsetzungsakt,
kein Rechtsverhältnis. Ob die Vorschriften beachtet werden, ist reine Rechtsfrage oder, wenn die Beantwortung von den Umständen abhängt, eine Tatfrage (BVerwGE 89, 327 zu den Pflichten von Lebensmittelherstellern).

b) Die „Damokles"-Rechtsprechung. Ein feststellungsfähiges Rechtsver- 23
hältnis wird indiziert, wenn die Verwaltung mit der Ankündigung einer
Straf- oder OWi-Anzeige Druck ausübt, um einen Bürger zu einem ver-
waltungsrechtlich relevanten Verhalten zu bewegen (BVerwGE 89, 327; 31,
177). Dadurch wird die rechtliche Einstellung der Beteiligten zu einem bestimmten tatsächlich bestehenden Sachverhalt eindeutig klargestellt und kund-
getan. Ein **schutzwürdiges Interesse** an der Klärung in einem „fachspezifischen" verwaltungsgerichtlichen Streitverfahren besteht, weil der Betroffene
die Klärung nicht auf der Anklagebank erleben muss (BVerfG NVwZ 2003,
856 f.). Schon der Einfluss, den eine günstige Entscheidung auf die Beurteilung der strafrechtlichen Schuldfrage ausüben kann, rechtfertigt das Feststellungsbegehren (BVerwGE 31, 177).

Dasselbe gilt, wenn sich die Behörde verwaltungsrechtlicher Eingriffsbefug- 24
nisse gegenüber dem Bürger berühmt. Die Verhängung von **berufsrecht-
lichen Sanktionen** auf der Grundlage von Berufsgesetzen oder Berufsord-
nungen wegen eines Verstoßes gegen Berufspflichten begründet ein
Rechtsverhältnis. Rechtsschutz kann unmittelbar gegen die Maßnahme selbst
erlangt werden. Sind die Verstöße behauptet oder abgemahnt und Maßnahmen für den Fall der Zuwiderhandlung angedroht, ist ein feststellungsfähiges
künftiges Rechtsverhältnis auf der Grundlage der jeweiligen Berufsbestim-
mungen zu bejahen (BVerwG NVwZ 2009, 1170; Buchh 310 § 43 VwGO
Nr. 31; BVerwGE 77, 207).

c) Organklagen. Für verwaltungsrechtliche Organklagen steht grds., abhän- 25
gig von Begehren, die Feststellungsklage zur Verfügung. Die Beziehungen
zwischen Organen und Organteilen von juristischen Personen des öffentlichen Rechts sind rechtlich geordnet; das organschaftliche Dürfen oder
Müssen begründet nach heute unangefochtener Ansicht feststellungsfähige
(Innen)Rechtsverhältnisse (Kopp/Schenke § 43 Rn. 10 mwN). Soweit **Leistung** verlangt werden kann (Zuleitung von Unterlagen, Redezeit usw.), führt
der Grundsatz der Subsidiarität idR zur allgemeinen Leistungsklage, sofern
kein umfassenderer Streit dahinter geklärt werden soll (→ Rn. 42 ff.).

5. Abgrenzungen

Die Begrenzung der Feststellungsbefugnis auf die drei Fälle des § 43 I ist nicht 26
logisch bedingt, sondern **prozessrechtlich gewollt.** Die Feststellung von
Tatsachen und Eigenschaften, der Ungültigkeit von Normen oder der Rechtswidrigkeit von VA gehört zum Alltagsgeschäft der VG in den Gründen ihrer
Entscheidungen (vgl. nur § 137 II zu den im „Urteil getroffenen tatsächlichen
Feststellungen"). In einen Entscheidungssatz darf eine Feststellung aber nur
aufgenommen werden, wenn das VG dazu ausdrücklich ermächtigt ist
(→ Rn. 4 ff.). Dies ist bei jeder Entwicklung von sog. „atypischen" Fest-
stellungsklagen (dazu Kopp/Schenke § 43 Rn. 8g) zu bedenken.

a) Begründungsakte. Selbst keine Rechtsverhältnisse sind Rechtshandlun- 27
gen, die zur ihrer Herbeiführung erforderlich sind wie Wahlen und Ernen-

nungen (zur Berufung von ehrenamtlichen Richtern → § 20 Rn. 1). Dasselbe gilt für Erlass- und Bekanntgabevorgänge von VA oder Normen.

28 **b) Eigenschaften.** Generell nicht feststellungsfähig sind **Tatsachen.** Zu ihnen gehören die Eigenschaften einer Sache (Handwerkseigenschaft eines Gewerbes) und die Merkmale einer Person (physischer oder psychischer Natur), und zwar auch dann, wenn sie mit einer rechtlichen Bewertung verknüpft sind (BVerwGE 24, 355 (358)), sei es, dass sie sich daraus ergeben (wie die gewerbe- oder waffenrechtliche Zuverlässigkeit), sei es, dass das Recht aus ihnen Folgerungen zieht (wie an Eignung, Befähigung und Leistung bei Art. 33 II GG). So lässt sich die Frage, ob eine Stoffzubereitung als Arzneimittel anzusehen ist, durch Subsumtion unter die tatbestandlichen Voraussetzungen der gesetzlichen Definition (§ 2 AMG) beantworten. Konkrete Rechte oder Pflichten sind damit aber erst verknüpft, wenn es um die weitere Frage geht, ob der Stoff unmittelbar an Verbraucher abgegeben werden darf (BVerwG NVwZ-RR 2004, 253). Anders als Merkmals ist der **Status** einer Person (etwa als Beamter) idR als Rechtsverhältnis aufzufassen, oft als Bündel von Rechten und Pflichten. Auch die Feststellung von **Rechtsnormen,** Verträgen und ihres Inhalts ist eine Tatsachenfrage (→ § 137 Rn. 21 ff.).

29 Eine **Gebietsmeldung** nach der FFH-Richtlinie ist (ebenso wie ihre Rücknahme) ein vorbereitender verwaltungsinterner Akt, der keine über mögliche Wirkungen der Veröffentlichung der Kommissionsliste hinausreichenden Rechtswirkungen herbeiführt (BVerwG Buchh 406.400 § 33 BNatSchG 2002 Nr. 1). Eine derartige Meldung begründet kein feststellungsfähiges Rechtsverhältnis zwischen dem meldenden Land und einem betroffenen Grundstückseigentümer (BVerwG NVwZ 2008, 1011).

30 **c) Hinweise und Auskünfte.** Kein Rechtsverhältnis bilden Hinweise und Auskünfte zur Rechtslage, soweit kein Anspruch darauf besteht, sowie die Auslegung von Rechtsnormen (BVerwG NVwZ 2009, 787; NVwZ-RR 2001, 483). Ihnen fehlt schon der konkrete Bezug zu einem aktuellen Sachverhalt. In Hinweisen, Warnungen oder Androhungen kann sich aber bereits der Streit um künftige Rechte oder Pflichten ankündigen.

31 **d) Ungültigkeit von Normen.** Die Gültigkeit einer Rechtsnorm begründet keine Rechte und Pflichten. Eine Klage mit dem alleinigen Ziel, ihre Nichtigkeit (Ungültigkeit, Unwirksamkeit) festzustellen, kann auch deshalb nicht auf § 43 gestützt werden, weil sie die Umgehung des § 47 ermöglichen würde. Statthaft kann die Feststellungsklage sein, wenn mit ihr einzelne Rechte oder Pflichten unter Berufung auf die Nichtigkeit der zugrunde liegenden Norm eingefordert oder bestritten werden; idS ist ein Begehren auf Ungültigkeitsfeststellung ggf. zu verstehen (§ 88). Eine Umgehung des § 47 ist aber anzunehmen, wenn die Klärung der Gültigkeit einer Rechtsnorm oder einer abstrakten Rechtsfrage aufgrund eines nur erdachten oder ungewissen künftigen Sachverhalts erreicht werden soll. Dieser Rechtsstreit würde nicht der Durchsetzung von Rechten der Beteiligten, sondern dazu dienen, Rechtsfragen gleichsam um ihrer selbst willen theoretisch zu lösen (BVerwG

NJW 1983, 2208). Entspr. gilt für die Feststellung der Unanwendbarkeit einer Rechtsnorm wegen eines Verstoßes gegen Unionsrecht. IR einer Klage nach § 43 kann allenfalls die Feststellung begehrt werden, dass wegen Ungültigkeit oder Unanwendbarkeit einer Rechtsnorm kein Rechtsverhältnis zu dem anderen Beteiligten begründet ist (BVerwG NVwZ 2007, 1311). Ebenso sind Klagen auf Feststellung der Unwirksamkeit eines Vertrages oder einer Wahl zu behandeln, sofern keine spezielle Klageart zur Verfügung steht.

e) Vorfragen und Begründungselemente. Die Formulierung, die Klage **32** dürfe sich nicht auf Vorfragen oder Elemente eines Rechtsverhältnisses beschränken, ist in dieser Allgemeinheit zirkulär. Gegenstand der Feststellungsklage können das Rechtsverhältnis als Ganzes wie auch selbstständige Teile des Rechtsverhältnisses sein (→ Rn. 9), die sich im übergeordneten Zusammenhang als Vorfragen darstellen. Davon abzugrenzen sind bloße **Tatbestandsmerkmale**, von denen einzelne Rechte oder Pflichten abhängen (BVerwG NVwZ 2008, 1011; NVwZ-RR 2004, 253; BVerwGE 90, 220 (228) mwN; Kopp/Schenke § 43 Rn. 13).

So ist das (Nicht)Bestehen einer ausländischen **Staatsangehörigkeit** als **33** **Vorfrage** in asyl- und ausländerrechtlichen Verwaltungsstreitverfahren vor deutschen Gerichten bloße **Tatfrage.** Das gilt auch dann, wenn das VG keine Auskunft über den Status des Beteiligten von den ausländischen Behörden einholt, sondern sich seine Überzeugung unter Zugrundelegung des maßgebenden ausländischen Rechts sowie der ausländischen Rechtspraxis (§ 173 S. 1 VwGO iVm § 293 ZPO) selbst bildet, denn die Feststellung von Inhalt und Anwendung ausländischen Rechts sind dem Bereich der Tatsachenfeststellung zuzuordnen (→ § 137 Rn. 5).

Schwierig kann die Abgrenzung zwischen Begründungselementen eines **34** Bescheides und einem **feststellenden VA** sein (vgl. BVerwG NVwZ 2010, 133). Durch feststellenden VA wird die materielle Rechtslage in Bezug auf einen Einzelfall verbindlich festgestellt, ohne dass ihre Änderung beabsichtigt ist. Ob es sich um eine Feststellung im Entscheidungssatz oder zur Begründung einer anderweitigen Regelung handelt, ist im Wege der Auslegung zu ermitteln.

f) Auslegung von Feststellungsbegehren. Auf Feststellung gerichtete Be- **35** gehren sind auslegungsfähig (§ 88), besonders häufig auch auslegungsbedürftig. Dabei kann sich ergeben, dass ein an sich unstatthafte Klageziel nur ungenau formuliert ist (Eyermann § 43 Rn. 15 f.). So kann der Antrag, die Unwirksamkeit einer Wahl festzustellen, als Vorfrage für das (Nicht)Bestehen eines durch die Wahl zustande gekommenen Rechtsverhältnisses gemeint sein. Vor allem in Drittrechtsverhältnissen (zB bei Subventionsbewilligungen und Konkurrentenklagen) ist die Bestimmung des streitigen Rechtsverhältnisses, um das es eigentlich geht, bedeutsam (BVerwGE 90, 112 (114); Eyermann Rn. 23; SSB § 43 Rn. 23).

6. Negative Feststellungsklage

36 Die sog. negative Feststellungsklage auf Nichtbestehen eines Rechtsverhältnisses hat kaum eigenständige Bedeutung. Bestehen und Nichtbestehen entsprechen dem Behaupten und Bestreiten von Rechten und Pflichten und sind
damit prozessual Kehrseiten der „Rollen", die die Beteiligten im Feststel-
lungsverfahren konkret einnehmen. § 43 I ist dabei aus der Sicht des Klägers
formuliert und meint *sein* Behaupten oder Bestreiten, je nach dem, wie sich
der Gegner positioniert. Der Vorschrift kann die Ermächtigung der VG
entnommen werden, das Nichtbestehen eines Rechtsverhältnisses zu tenorieren. Ein Rechtsverhältnis besteht nicht, wenn keine Rechtsgrundlage für das
behauptete (bestrittene) Recht besteht bzw. nicht wirksam ist oder kein ein-
schlägiger, tatbestandsgemäßer Sachverhalt vorliegt.

III. Nichtigkeitsfeststellung

1. Bedeutung

37 Als dritte Form stellt I die Nichtigkeitsfeststellungsklage zur Verfügung. Der
Streit, ob diese Möglichkeit als deklaratorisch oder konstitutiv zu deuten ist,
bleibt müßig. Da nicht die Rechtswidrigkeit des VA festgestellt werden soll,
sondern seine Nichtigkeit, dh Wirkungslosigkeit von Anfang an, lässt sich die
Nichtigkeitsfeststellung als Feststellung des Nichtbestehens einer durch den
VA geschaffenen Rechte- und Pflichtenbeziehung deuten. Darin liegt eine
Vereinfachung, weil das Abstellen auf das übergeordnete Rechtsband eine
Beseitigung der einzelnen Berechtigungen entbehrlich macht.

38   Die ausdrückliche Einräumung der Nichtigkeitsfeststellung trägt den Besonderheiten der **Fehlerfolgen bei VA** Rechnung. Anders als Normen sind
VA bei Fehlerhaftigkeit regelmäßig nur rechtswidrig und − auf Anfechtungsklage hin − aufhebbar (§ 113 I). Bis zur Aufhebung sind sie wirksam, rechtlich
beachtlich, können vollzogen werden, in Bestandskraft erwachsen und dann
vollstreckt werden. Demgegenüber meint die **Nichtigkeit** eines VA den Ausnahmefall, dass ein VA von einem besonders schweren und offensichtlichen
Fehler betroffen und daher von Anfang an unwirksam ist (§ 44 iVm § 43 III
VwVfG). In diesem Fall scheidet sowohl eine Heilung nach § 45 VwVfG als
auch die Unbeachtlichkeit des Fehlers iSd § 46 VwVfG und eine Umdeutung
gem. § 47 VwVfG aus.

2. Zulässigkeit und Begründetheit

39 Die **Rechtsschutzformvoraussetzungen** der Nichtigkeitsfeststellungsklage
sind das Begehren auf Feststellung der Nichtigkeit eines VA durch das Gericht. Der Kläger muss einen VA behaupten, der die äußere Wirksamkeit iSv
§ 43 I VwVfG erlangt hat, also seinem Adressaten gegenüber bekannt gegeben worden ist (→ § 42 Rn. 15). Fehlt es schon hieran, ist also ein Nicht-VA
im Streit, kann nur auf Feststellung des Nichtbestehens eines Rechtsverhältnisses geklagt werden (BVerwG NVwZ 1987, 330). Die Nichtigkeitsfeststellungsklage ist **begründet,** wenn der VA materiellrechtlich nichtig ist; Maß-

stab sind die Nichtigkeitsgründe des § 44 VwVfG (dazu Ziekow VwVfG § 44
Rn. 4 ff.).

3. Weitere Rechtsschutzmöglichkeiten

Der Adressat eines nichtigen VA steht regelmäßig vor der schwierigen, auf- **40**
grund von Wertungsspielräumen oft kaum sicher zu entscheidenden Frage, ob
der VA nur „schlicht" rechtswidrig oder bereits nichtig ist. Die hM lässt daher
gegen nichtige VA zu Recht auch die **Anfechtungsklage** nach § 42 I zu
(→ § 42 Rn. 20). Die weitere Möglichkeit, gem. **§ 44 V VwVfG** eine Feststellung der Nichtigkeit des VA durch die Behörde zu beanspruchen, ist
keinesfalls vorrangig, zumal sie prozessual mit der Verpflichtungsklage weiterzuverfolgen wäre, die gegenüber der Nichtigkeitsfeststellung durch das Gericht einen Umweg darstellt, für den iaR kein Rechtsschutzbedürfnis besteht.

Feststellungs- und Anfechtungsklage können als **Haupt- und Hilfsantrag** **41**
kombiniert werden. Erweist sich der VA „nur" als schlicht rechtswidrig, darf
das Gericht den Klageantrag in eine Anfechtungsklage umdeuten, sofern der
Kläger ihn nicht auf eine Nichtigkeitsfeststellung beschränkt hat und die
besondere SUV der Anfechtungsklage (Vorverfahren, Fristen) gewahrt sind.
Lässt der Kläger die fristgerecht erhobene Anfechtungsklage später zugunsten
der Feststellungsklage fallen, kann er nach Fristablauf nicht wieder zu ihr
zurückkehren, falls das Gericht die Nichtigkeit des VA verneint (BVerwGE
84, 306 (313 f.)).

IV. Besondere Sachurteilsvoraussetzungen

1. Subsidiarität (II)

Die Feststellung kann nach II 1 nicht begehrt werden, „soweit der Kläger **42**
seine Rechte durch Gestaltungs- oder Leistungsklage verfolgen kann oder
hätte verfolgen können". Diese sog. Subsidiarität betrifft naturgemäß nur die
auf **Rechtsverhältnisse** abzielenden Klagetypen, nicht die Nichtigkeitsfeststellung, wie II 2 hervorhebt. Die Subsidiarität nötigt den Kläger grds. dazu,
seine Rechte je nach Begehren vorrangig mit der Anfechtungsklage oder mit
allgemeinen oder besonderen Leistungsklagen (→ vor § 40 Rn. 49 ff.) zu verfolgen (stRspr, BVerwG Buchh 449.7 § 52 SBG Nr. 5; zu Verfahren nach
§ 16 SBG Buchh 449.7 § 52 SBG Nr. 5).

a) Zwecke der Subsidiaritätsklausel. Die Subsidiaritätsklausel dient zwei **43**
Zielen: Zum einen soll der **Rechtsschutz** aus Gründen der Prozessökonomie
auf ein einziges Verfahren **konzentriert** werden, nämlich auf dasjenige, das
dem eigentliche Anliegen am wirkungsvollsten gerecht wird. Der Rückgriff
auf die Feststellungsklage ist daher gesperrt, wenn das Anliegen mit einer
anderen Klageart unmittelbarer, sachnäher oder wirksamer verfolgt werden
kann (BVerwG Buchh 415.1 Kommunalrecht Nr. 93 S. 55 f.; 418.61 Tier-
körperbeseitigungsgesetz Nr. 12 S. 18 f. mwN). Wegen der prinzipiellen
Gleichwertigkeit der Rechtswege gilt diese Zielsetzung **rechtswegübergrei-
fend,** dh auch etwa dann, wenn die mit der Feststellungsklage konkurrierende

Klage vor einem Zivilgericht zu erheben oder bereits erhoben ist (BVerwG BVerwGE 111, 306 Rn. 12; Buchh 406.11 § 1 BBauG Nr. 28 S. 27). Zum anderen soll eine **Umgehung** der für die VA-Klagen (bei Beamten auch für sonstige Leistungsklagen) geltenden besonderen SUV verhindert werden.

44 **b) Einschränkende Auslegung.** Ihren Zwecken entspr. wird die Subsidiaritätsklausel einschränkend ausgelegt. Sie erfasst nur Fälle, in denen sich das Anliegen mit einer Gestaltungs- oder Leistungsklage besser erreichen lässt. Davon kann keine Rede sein, wenn die Feststellungsklage einen weiterreichenden Rechtsschutz als eine Gestaltungsklage gewährleistet oder ihr gegenüber ein Aliud ist (stRspr; BVerwGE 121, 152 (156); Buchh 442.151 § 41 StVO Nr. 9; 407.2 § 13 EkrG Nr. 2; 310 § 43 VwGO Nr. 127 mwN; zur Feststellung eines Mitbestimmungsrechts nach § 24 VI Nr. 3 SBG: BVerwG DokBer B 2010, 91). Daher ist im Streit um den Inhalt und die **Auslegung eines VA** die Feststellungsklage statthaft (BVerwG NJW 2004, 1815; NVwZ 1998, 614; DVBl 1987, 239 (241); BVerwGE 115, 103).

45 Die Subsidiarität ist an dem **eigentlichen Klageziel** zu messen. Ein Kläger darf daher nicht auf eine Gestaltungs- oder Leistungsklage verwiesen werden, wenn er damit nur eine **Vorfrage** seines Anliegens klären lassen könnte oder dieses dort als bloße Vorfrage mitbescheiden lassen müsste und die weiteren Elemente des geltend zu machenden Anspruchs nur untergeordnete Bedeutung haben (BVerwGE 37, 243 (247); 36, 179 (182)). Einen solchen „Feststellungsmehrwert" hat etwa die Klage auf Feststellung der Unzulässigkeit des Einsatzes verdeckter Ermittler iVz Leistungsklage auf auf Datenauskunft und -löschung (BVerwG NJW 1997, 2534). Dasselbe gilt für Effekte, die nur mit einer Feststellung erreicht werden können wie die Genugtuung für Persönlichkeitsverletzungen (vgl. auch → Rn. 55 ff.).

46 Ebenso wenig steht II 1 der Feststellungsklage entgegen, wenn **keine Umgehung** der für Anfechtungs- und Verpflichtungsklagen geltenden Bestimmungen über Fristen und Vorverfahren (§§ 68 ff.) **droht** (BVerwG Buchh 310 § 43 VwGO Nr. 127 mwN; NVwZ 1990, 162; 1987, 216; NJW 1986, 1826). Die Gefahr einer Umgehung besteht nur, wenn die Rechtsschutzziele der Feststellungsklage und einer möglichen Verpflichtungsklage übereinstimmen, maW der Sache nach der Leistungsanspruch zum Gegenstand der Feststellung gemacht wird (BVerwGE 36, 179 (182); SSB § 43 Rn. 51). Da die allgemeine Leistungsklage – und damit auch die Unterlassungsklage – den Sonderregeln für die Anfechtungs- und Verpflichtungsklage nicht unterliegt, kann von einer Umgehung der für diese Klagearten geltenden besonderen Zulässigkeitsvoraussetzungen idR (außer bei Klagen aus Dienstverhältnissen) nicht die Rede sein (BVerwGE 77, 207 (211); Buchh 451.29 Schornsteinfeger Nr. 31).

47 **c) Feststellungsklagen gegen die öffentliche Hand.** Regelmäßig ungeachtet des Subsidiaritätsgebotes zulässig sind nach gefestigter zivil- und verwaltungsgerichtlicher Rspr. Feststellungsklagen, die von Privatpersonen anstelle einer an sich möglichen Leistungsklage gegen den Bund, ein Land oder eine andere juristische Körperschaft des öffentlichen Rechts erhoben werden (BVerwGE 111, 306; 36, 179 (182)). Denn bei diesen Beklagten darf angesichts ihrer verfassungsrechtlich verankerten Bindung an Gesetz und Recht (Art. 20 III GG) vermutet werden, dass sie ein Feststellungsurteil unabhängig von dessen mangelnder Vollstreckbarkeit respektieren werden (→ Rn. 71). Der Subsidiaritätsvorbehalt greift nur dort ein, wo die für Anfechtungs- und Verpflichtungsklagen geltenden Sonderregeln unterlaufen würden (BVerwG NVwZ-RR 1998, 302).

Diese **Rspr. ist kritisiert** worden. Da die meisten verwaltungsgericht- **48** lichen Klagen gegen öffentliche Rechtsträger erhoben werden, führe sie zu einer praktischen Beseitigung des Subsidiaritätsvorbehalts (vgl. SSB § 43 Rn. 43). Die Gefahr der Relativierung besteht allerdings nicht, weil keine Wahlfreiheit eingeräumt wird, sondern die Feststellungsklage im konkreten Fall zugleich die rechtsschutzintensivere Klageart sein muss. Das ist etwa der Fall, wenn die erstrebte Feststellung typischerweise geeignet ist, den zwischen den Beteiligten bestehenden Streit endgültig auszuräumen.

d) Verhältnis zur Fortsetzungsfeststellungsklage. Die Feststellungsklage **49** ist iVz einem statthaften Fortsetzungsfeststellungsantrag (→ § 113 Rn. 56 ff.) aus Spezialitätsgründen nachrangig (BVerwGE 100, 83 (90 f.); Buchh 451.81 § 6a AWG Nr. 3 S. 10, 23). Abweichend von der Nichtigkeitsfeststellungsklage nach § 43 I lässt § 113 I 4 nach Erledigung eines angefochtenen VA noch im fortzusetzenden Rechtsstreit die Feststellung zu, dass der VA rechtswidrig gewesen ist. In Fällen der Sacherledigung eines Rechtsstreits (→ § 161 Rn. 10) kommt die allgemeine Feststellungsklage daher nur dann in Betracht, wenn der erledigte Rechtsakt kein VA ist (BVerwG NJW 1997, 2534 zu einer innerdienstlichen Einsatzanordnung) oder § 113 I 4 auch nicht analog zur Anwendung kommen könnte wie bei der Sacherledigung eines belastenden VA *vor* Klageerhebung (dazu BVerwGE 111, 306 Rn. 14; 100, 83 (89); 92, 172 (174); DVBl 1999, 1666).

Die Feststellung eines Rechtsverhältnisses kann nicht begehrt werden, wenn **50** der Kläger einen **früheren Anfechtungsstreit,** der denselben Sachverhalt betraf, für in der Hauptsache erledigt erklärt hat (BVerwG Buchh 310 § 113 VwGO Nr. 38). Die Feststellungsklage ist nach Erledigung einer allgemeinen Leistungsklage nicht mehr wegen ihrer Subsidiarität gegenüber einer Gestaltungs- oder Leistungsklage nach II 1 ausgeschlossen, wenn ein Fortsetzungsfeststellungsantrag unstatthaft ist (BVerwGE 100, 83 (90)).

2. Feststellungsinteresse (I)

a) Ausprägung als Rechtsschutzbedürfnis. Alle Formen der Feststell- **51** lungsklage sind nur zulässig, wenn der Kläger ein qualifiziertes Rechtsschutzbedürfnis hat, das in I als „berechtigtes Interesse an der baldigen Feststellung" umschrieben ist. Es muss sich nicht um ein rechtliches Interesse handeln (anders als bei § 256 I ZPO); vielmehr genügt auch jedes als schutzwürdig anzuerkennende hinreichend gewichtige Interesse wirtschaftlicher oder ideeller Art (BVerwGE 99, 64; stRspr). Entscheidend ist, dass die begehrte Feststellung geeignet ist, eine rechtlich relevante Position des Klägers zu verbessern (BVerwGE 74, 1; Kopp/Schenke § 43 Rn. 23 mwN). Die Anforderungen an das Feststellungsinteresse dürfen nicht überspannt werden (BVerwGE 112, 69 (71)). Die Konkretisierung ist je nach der Aktualität des Rechtsverhältnisses (→ Rn. 14) unterschiedlich.

52 b) Verhältnis zu den Fallgruppen nach § 113 I 4. Nach stRspr des BVerwG stimmen die Anforderungen an das Feststellungsinteresse bei der allgemeinen Feststellungsklage und der Fortsetzungsfeststellungsklage nicht überein. Allerdings erschöpft sich die Funktion des § 113 I 4 darin, für begrenzte Fallgruppen die Anforderungen an das Feststellungsinteresse zu vermindern; für alle übrigen Fallgruppen bleibt es, ohne dass § 113 I 4 darauf Einfluss nähme, bei dem, was § 43 I verlangt (BVerwG Buchh 310 § 113 VwGO Nr. 74 S. 46 f. und § 73 VwGO Nr. 30 S. 1, 3; BVerwGE 80, 355 (365 f.); 61, 128 (134 f.)). Diese Minderung rechtfertigt sich aus dem „Fortsetzungsbonus": Der Ertrag eines bereits gediehenen, anhängigen Rechtsstreits soll nicht wegen Erledigung der Hauptsache nutzlos werden (→ § 113 Rn. 60).

53 c) bei gegenwärtigen Rechtsverhältnissen. In gegenwärtigen Rechtsverhältnissen wird die Art des möglichen Feststellungsinteresses iW durch die Subsidiarität geprägt. Es muss um etwas anderes gestritten werden als um einzelne, unmittelbar einklagbare Rechte oder Pflichten und dafür ein spezifisches Interesse bestehen. Eine Feststellungsklage ist daher zulässig, wenn mit ihr nach Art eines Grundurteils eine Verpflichtung dem Grunde nach geklärt werden kann (BVerwGE 112, 253). Dies ist gegenüber Gestaltungs- und Leistungsklagen vorrangig, wenn die Klärung für eine Vielzahl von Streitigkeiten bedeutsam ist oder eine Leistungsklage noch nicht möglich ist, weil die Verpflichtungen in ihren Einzelheiten nicht feststehen. So besteht nach stRspr wegen der Vielzahl der vom Besitz der Staatsangehörigkeit abhängigen Wirkungen ein berechtigtes Interesse an der baldigen Feststellung des aktuellen Status gegenüber der Staatsangehörigkeitsbehörde, wenn diese die deutsche Staatsangehörigkeit bzw. die Statusdeutscheneigenschaft bestreitet (BVerwG NVwZ-RR 2004, 793; Buchh 130 § 25 RuStAG Nr. 5 S. 11).

54 d) bei vergangenen Rechtsverhältnissen. Nicht mehr bestehende Rechtsverhältnisse können zum Gegenstand einer Feststellung gemacht werden, wenn sie über ihre Beendigung hinaus noch anhaltende Wirkungen entfalten (BVerwGE 100, 83 (90); Buchh 310 § 42 VwGO Nr. 123 S. 28, 33) oder an sie anknüpfend eine Verbesserung der Position des Klägers eintreten kann. Für das erforderliche gegenwärtige Interesse (im Zeitpunkt der gerichtlichen Entscheidung, Rn. 63) genügt es aber nicht, dass die Meinungsverschiedenheiten über Rechte oder Pflichten aus dem ehemaligen Rechtsverhältnis fortbestehen (BVerwG NVwZ 2005, 465 zum behördlichen Bestreiten der Statusdeutscheneigenschaft). Die Präzisierung der anzuerkennenden Feststellungsinteressen nimmt die Rspr. in loser Anlehnung an die zu § 113 I 4 entwickelten Interessenlagen vor (SSB § 43 Rn. 35), stellt tendenziell aber höhere Anforderungen (→ Rn. 52).

55 So ist ein schutzwürdiges ideelles Interesse an der Feststellung anerkannt, wenn eine **Wiederholungsgefahr** besteht oder abträgliche Nachwirkungen

einer erledigten (diskriminierenden und ehrverletzenden) Verwaltungsmaßnahme fortbestehen. Der nachwirkenden Diskriminierung muss durch eine
gerichtliche Feststellung wirksam begegnet werden können (Rehabilitierungsinteresse). Nicht oW besteht ein solches Interesse wegen fortwirkender Beeinträchtigung des Ansehens aufgrund eines durchgeführten Strafverfahrens (BVerwG NVwZ-RR 2000, 324). Mit der Einstellung des Verfahrens
ist kein sozialethisches Unwerturteil verbunden, das noch auszuräumen wäre
(OLG Frankfurt aM NJW 1996, 3353 (3354)). Ebenso wenig wird bei einer
Einstellung nach § 153a StPO die Unschuldsvermutung widerlegt; aus der
Zustimmungserklärung des Beschuldigten darf nicht geschlossen werden, die
ihm zur Last gelegte Tat sei in tatbestandlicher Hinsicht nachgewiesen
(BVerfG MDR 1991, 891). Die Einstellung geht erst recht nicht mit dem
Makel einer schuldhaften Gesetzesverletzung einher. Anders kann es bei einer
dem Ansehen des Klägers abträglichen Begründung für eine Personalmaßnahme sein, wenn beides auf ein Bekanntwerden im Kollegenkreis hin angelegt ist (BVerwG DokBer 2011, 333)

Ferner kann die **Art des Eingriffs** erfordern, das Feststellungsinteresse **56**
anzuerkennen, und zwar unabhängig von einer fortwirkenden diskrimirenden Wirkung der behördlichen Maßnahme. Zu erwägen ist dies besonders
im grundrechtlich geschützten Bereich zur Durchsetzung des verfassungsrechtlichen Anspruchs auf effektiven Rechtsschutz (BVerwGE 61, 164 (166);
BVerfGE 51, 268 (279); NVwZ-RR 1990, 18). Ob bereits ein Eingriff in die
Privatsphäre als solcher ein Feststellungsinteresse zu begründen vermag, kann
fraglich sein. Jedenfalls zählen hierher Feststellungsbegehren gegen polizeiliche Maßnahmen, die sich typischerweise kurzfristig erledigen, sofern sie eine
gewisse Eingriffsschwere aufweisen. Dies gilt für den Einsatz verdeckter
Ermittler, der durch den Verdacht motiviert war, der Kläger gehöre einer
terroristischen Gruppierung an (BVerwG NJW 1997, 2534), und für Eingriffe
in das Post- und Fernmeldegeheimnis (BVerwGE 87, 23 (25); weitere Beispiele: BVerwGE 26, 161 (168); 28, 285; 45, 51 (54) unter Bezugnahme auf
BVerfGE 10, 302 (308); 47, 31; 87, 23 (25); DVBl 1981, 1108). Die gerichtliche Feststellung verschafft dem Kläger eine Genugtuung (Rehabilitierung)
und damit wenigstens einen – wenn auch unvollkommenen – Ausgleich für
eine rechtswidrige Persönlichkeitsverletzung (vgl. BVerwGE 61, 164 (166)).

Die Absicht, **Ersatzansprüche gegen den Staat** geltend zu machen, **57**
genügt regelmäßig nicht für ein Feststellungsinteresse, weil die Feststellung,
wegen der Gleichwertigkeit der Rechtswege, ebenso gut inzident vom Zivilgericht getroffen werden kann. Insofern hilft § 43 I auch in den Fällen – und
aus entsprechenden Erwägungen – nicht weiter, in denen eine Fortsetzungsfeststellungsklage wegen Erledigung **vor** Klageerhebung unzulässig wäre
(→ § 113 Rn. 88). Das berechtigte Interesse iSd § 43 I kann aber ausnahmsweise dann begründet werden, wenn ein Kläger mit einer Feststellungs- oder
allgemeinen Leistungsklage zunächst primären Rechtsschutz begehrt hat, sich
dieses Begehren aber nach Klageerhebung erledigt und der Kläger sich nunmehr nur noch auf die Geltendmachung von Ausgleichs- und Ersatzansprüchen verwiesen sieht (BVerwG Buchh 418.20 Allg. Apothekenrecht Nr. 27
S. 15, 18 f.). Die Schutzwürdigkeit eines (Fortsetzungs)Feststellungsinteresses

wegen offensichtlicher Aussichtslosigkeit eines beabsichtigten Zivilprozesses darf nur dann verneint werden, wenn sich das Nichtbestehen des behaupteten zivilrechtlichen Anspruchs ohne eine ins Einzelne gehende Würdigung aufdrängt; die bloße Wahrscheinlichkeit des Misserfolgs genügt nicht (BVerwGE 100, 83 (92); 92, 172 (175); Buchh 310 § 113 VwGO Nr. 95 S. 23, 27; Buchh 424.2 TierZG Nr. 6 S. 2).

58   **e) bei zukünftigen Rechtsverhältnissen.** Die Feststellung eines zukünftigen Rechtsverhältnisses (→ Rn. 16) ist eine Form **vorbeugenden Rechtsschutzes.** Sie erfordert ein qualifiziertes Rechtsschutzbedürfnis, wie es bei einer begründeten Besorgnis für die Rechtsstellung des Klägers gegeben ist. Daran fehlt es, wenn es dem Betroffenen zuzumuten ist, die befürchteten Maßnahmen des Beklagten **abzuwarten** und er unter dem Gebot des effektiven Rechtsschutzes (Art. 19 IV GG) auf einen als ausreichend anzusehenden nachträglichen Rechtsschutz verwiesen werden kann (BVerwG NVwZ 1988, 430; BVerwGE 77, 207; 89, 327; Buchh 270 § 18 BhV Nr. 1). Nachträglicher Rechtsschutz ist dann nicht ausreichend, wenn der Kläger sein Verhalten auf die Feststellung einrichten will und ein Fehlverhalten mit der Verfolgung als Ordnungswidrigkeit oder gar Straftat einhergeht (BVerwG Beschl. v. 20.5.2009 – 7 B 56.08, juris Rn. 4).

59   Grds. unzulässig ist die vorbeugende Feststellungsklage gegen **drohende VA.** Der (mögliche) Betroffene hat den Erlass des VA abzuwarten und sich gegen diesen mit den üblichen prozessualen Mitteln zur Wehr zu setzen (stRspr, BVerwG NVwZ 2008, 1011; BVerwGE 77, 207). Ausnahmsweise gilt etwas anderes, wenn nach den Verhältnissen im Einzelfall selbst vorläufiger Rechtsschutz voraussichtlich nicht genügen würde.

60   **f) in Drittrechtsverhältnissen.** Die Zulässigkeit einer Feststellungsklage in Drittrechtsverhältnissen setzt ganz herkömmlich voraus, dass das Feststellungsinteresse **gerade der beklagten Partei gegenüber** besteht (BVerwG NJW 1997, 3257; NJW 1970, 2260 und schon BGH MDR 1971, 1000 sowie RGZ 142, 219 (226)). Dafür kann es genügen, dass die Anerkennung einer anderweitig erworbenen Ausbildung für eine Maßnahme von Bedeutung ist (BVerwG GewArch 1991, 114). Kein Feststellungsinteresse hat der Fremdanlieger, der gegenüber der beklagten Gemeinde die Nichtigkeit eines zwischen ihr und dem beigeladenen Unternehmer abgeschlossenen Erschließungsvertrags festgestellt wissen will (NJW 1997, 3257).

61   **g) bei der Nichtigkeitsfeststellungsklage.** Bei der Nichtigkeitsfeststellungsklage ist das Feststellungsinteresse durch den Streit um den VA indiziert (BVerwG NVwZ 1987, 330). Es kann aber das Rechtsschutzbedürfnis entfallen, wenn der als nichtig behauptete VA für sich keine Geltungsdauer mehr in Anspruch nimmt (BVerwG NVwZ-RR 2000, 324).

3. Klagebefugnis (§ 42 II analog)

62   Von den besonderen SUV der Verwaltungsaktsklagen (→ § 42 Rn. 39) ist auf die allgemeine Feststellungsklage nach stRspr (nur) § 42 II entspr. anwendbar

(BVerwGE 111, 276; 74, 1 (4); Buchh 310 § 43 Nr. 109 mwN). Die Feststellungsklage ist entspr. § 42 II nur dann zulässig, wenn es dem Kläger um die **Verwirklichung seiner eigenen Rechte** geht, sei es dass er an dem festzustellenden Rechtsverhältnis selbst beteiligt ist, sei es dass von dem Rechtsverhältnis immerhin eigene Rechte des Klägers abhängen (BVerwGE 99, 64 (66) mwN auch zum Verhältnis von Feststellungsinteresse und Klagebefugnis). Das ist nicht der Fall, wenn offensichtlich und eindeutig nach keiner Betrachtungsweise subjektive Rechte des Klägers verletzt sein können (BVerwGE 104, 115 (118) mwN, → § 42 Rn. 124). Im **Schrifttum** wird die Analogie insgesamt oder für einzelne Feststellungstypen abgelehnt, meist wegen des zusätzlichen Erfordernisses eines Feststellungsinteresses oder der Prozessführungsbefugnis (SSB § 43 Rn. 131 mwN; vgl. NK-VwGO § 43 Rn. 73).

4. Beurteilungszeitpunkte

Die besonderen SUV einer Feststellungsklage müssen wie allgemein (spätestens) im Zeitpunkt der **Entscheidung** des Gerichts gegeben sein (BVerwG NVwZ 2007, 1311; Kopp/Schenke § 43 Rn. 23; → vor § 40 Rn. 8 f.). Besonderheiten gelten nur für die **Subsidiarität** (II 1 → Rn. 42) als „negative" SUV. Sie hindert die Zulässigkeit einer Feststellungsklage nur dann, wenn die Möglichkeit einer Gestaltungs- oder Leistungsklage im Zeitpunkt der Klageerhebung besteht. Entsteht diese Möglichkeit erst danach, bleibt die ursprüngliche Zulässigkeit der Feststellungsklage im Interesse effektiven Rechtsschutzes unberührt (BVerwGE 54, 177 (179)). Wird die Feststellungsklage durch eine Rechtsänderung nachträglich zulässig, bleibt es bei dem Grundsatz, dass es auf die Lage im Zeitpunkt der Entscheidung ankommt; das Hindernis der Subsidiarität kann sich nicht mehr stellen (BVerwGE 129, 199 Rn. 19). **63**

V. Feststellungsklagen bei normativem Unrecht

1. Abwehr von Verhaltenspflichten und -hindernissen

Sieht sich ein Kläger durch eine untergesetzliche Norm an einem bestimmten **Verhalten gehindert,** die er für nichtig oder – entgegen der Ansicht einer Behörde – für sachlich nicht anwendbar hält, kann er unmittelbar Klage auf Feststellung erheben, dass er zu dem beabsichtigten Verhalten berechtigt ist (BVerfG NVwZ 2004, 977; BVerwG DVBl 2000, 636; OVG NRW NuR 2001, 527). Entsprechendes gilt, wenn er nach Auffassung der Behörde durch eine Norm zu einem Verhalten verpflichtet ist (zB eine Genehmigung einzuholen → Rn. 21) oder durch sie eine Zwangsmitgliedschaft begründet wird (BVerwG NJW 1984, 677; 1983, 2208). Für vorbeugenden Rechtsschutz schon vor Erlass der Norm besteht, ohne dass dies aus Rechtsgründen prinzipiell ausgeschlossen wäre, in der Regel kein Bedürfnis (offen gelassen in BVerwGE 54, 211 (216)). **64**

   Die Klage ist **begründet,** wenn eine innerstaatliche Norm sachlich nicht einschlägig, wegen eines Rechtsfehlers nichtig oder wegen Unvereinbarkeit mit Unionsrecht unanwendbar ist. Die Nichtigkeit oder Unanwendbarkeit ist **65** eine streitentscheidende und inzident zu prüfende Vorfrage (BVerfGE 115, 81 (95 f.)). Handelt es sich um eine untergesetzliche Norm, darf jedes Fachgericht sie bei Nichtigkeit in den Entscheidungsgründen inzident verwerfen. Ein prinzipieller Unterschied für die Statthaftigkeit der Feststellungsklage ergibt sich nicht, wenn ein Verwerfungsmonopol des BVerfG oder des EuGH besteht. Die Feststellungsklage hat auch dann Erfolg, wenn die Norm in einem **Zwischenverfahren** nach Art. 100 I GG oder Art. 267 AEUV (ex-Art. 234 EG) für nichtig erklärt wird.

66   **Klagegegner** der Feststellungsklage ist iaR nicht der Normgeber, sondern der Hoheitsträger, der die Norm **anzuwenden** hat oder sich gegenüber dem Kläger berühmt, aus ihr rechtliche Konsequenzen ziehen zu dürfen (BVerwG NVwZ 2007, 1313; aA Kopp/Schenke § 43 Rn. 8 f). Etwas anderes gilt nur bei der sog. atypischen Feststellungsklage (→ Rn. 68 ff.).

2. Auffangfunktion bei Rechtsverletzungen

67   Die Feststellungsklage gestattet die tenorierte Feststellung einer **Rechtsverletzung** durch fehlerhafte untergesetzliche Normen gegen den Normgeber. Feststellungsfähig ist nicht die Rechtswidrigkeit der Norm als solche, dh ihr objektiver Widerspruch zu einer Maßstabsnorm, und ebenso wenig ihre Ungültigkeit, sondern die durch die Norm angeordnete (rechtswidrige) Schmälerung einer Rechtsposition des Klägers, die vom Normgeber zu beachten war. In der fachgerichtlichen Rspr. waren für derartige Konstellationen bereits in den 1980er Jahren die **Grundlagen für eine Überprüfungsmöglichkeit** durch die allgemeine Feststellungsklage geschaffen worden (BVerwGE 80, 355 (357 ff.); NJW 1983, 2208). Sie wurden auf nachdrückliche Forderung des **BVerfG** hin (zunächst in NVwZ 1998, 169, sodann etwa BVerfGE 115, 81) deutlich ausgebaut. Die Notwendigkeit der Anerkennung einer fachgerichtlichen Rechtsschutzmöglichkeit gegen untergesetzliche Rechtssätze leitet das BVerfG aus Art. 19 IV GG her, wobei es nicht zuletzt die Subsidiarität des verfassungsgerichtlichen Rechtsschutzes im Auge hat. Dadurch wird der Feststellungsklage von der gefestigten verwaltungsgerichtlichen Rspr. eine Auffangfunktion zugestanden.

68   In Fällen, in denen es an einem Normanwendungsakt fehlt, dessen gerichtliche Prüfung eine inzidente Kontrolle der untergesetzlichen Rechtssätze eröffnet, wird dem betroffenen Normadressaten eine sog. **atypische Feststellungsklage** ermöglicht (aA Kopp/Schenke § 43 Rn. 8g). Sie ist statthaft, wenn (1) eine Norm unmittelbar Rechte und Pflichten begründen soll, ohne dass (2) ein Verwaltungsvollzug erforderlich ist oder eine anderweitige Konkretisierung oder Individualisierung der rechtlichen Beziehungen zwischen einer normanwendenden Instanz und dem Normadressaten erfolgt. (3) Ferner darf die Gültigkeit der Norm (wie etwa bei Bundesrechtsverordnungen → § 47 Rn. 7) keiner unmittelbaren (prinzipalen) verwaltungsgerichtlichen Kontrolle nach § 47 zugänglich sein. Das konkrete Rechtsverhältnis wird in solchen Fällen ohne administrativen Vollzug begründet, die Rechtsbeeinträchtigung unmittelbar durch die Norm bewirkt.

In einem solchen Fall kann (ausnahmsweise → Rn. 66) effektiver Rechts-   **69**
schutz nur im Rechtsverhältnis **zwischen** Normgeber und Normadressaten
gewährt werden. In anderen Fällen muss die Feststellung eines konkreten
streitigen Rechtsverhältnisses zwischen Normadressat und Normanwender
geklärt werden und nicht eine Rechtsbeziehung zum Normgeber (BVerwGE
136, 54 Rn. 28; 121, 152 (155 f.); 119, 245 (249); 111, 276 (279); 26, 251
(253); NWVBl 2003, 139). Der normunterworfene Kläger kann nach § 43
die Feststellung verlangen, durch die jeweilige Norm **in seinen Rechten
verletzt** zu werden. Eine Feststellung der Ungültigkeit, Unwirksamkeit oder
Rechtswidrigkeit der Norm im Tenor scheidet aus; sie ist Teil der inzidenten
Prüfung in den Urteilsgründen.

Die Anerkennung einer Feststellungsklage mit einem derartigen Klageziel   **70**
stellt **keinen Bruch** mit dem System des Rechtsschutzes in der VwGO dar.
Ihr Streitgegenstand ist die Anwendung der Rechtsnorm auf einen bestimmten Sachverhalt, sodass die Frage nach der Rechtmäßigkeit der Norm lediglich
als − wenn auch streitentscheidende − Vorfrage aufgeworfen wird. Die Klage
dient, selbst wenn sie die Frage nach dem Bestehen eines Rechtsverhältnisses
aufgrund einer Rechtsverordnung zum Gegenstand hat, allein dem Individualrechtsschutz und kann deshalb nur Erfolg haben, wenn Rechte des
Klägers verletzt worden sind (BVerwG Beschl. v. 5.10.2009 − 4 B 8.09,
Rn. 6).

Ob § 47 gegenüber der Überprüfung der Rechtmäßigkeit einer Rechtsver-   **71**
ordnung im Wege der Feststellungsklage **Sperrwirkung** entfaltet, ist nach
wie vor umstritten. Die Gerichtsbarkeitsklausel nach § 47 I findet keine
Anwendung auf Klagen zur Feststellung der Verletzung subjektiv-öffentlicher
Rechte durch Normen (BVerwG NVwZ-RR 2015, 69). Somit hängt die
Sperrwirkung mit der juristischen Glaubensfrage zusammen, ob § 47 eine
partielle Erweiterung der Rechtsschutzmöglichkeiten bezweckt oder umgekehrt eine Beschränkung auf die speziell zugelassenen Prüfungsfälle. Die hM
entnimmt dem System des verwaltungsgerichtlichen Rechtsschutzes zu Recht
nicht, dass außerhalb des § 47 die Überprüfung von Rechtsetzungsakten ausgeschlossen sein soll (BVerwGE 111, 276 (278); Buchh 310 § 43 VwGO
Nr. 78). Eine **Umgehung** der für Anfechtungs- und Verpflichtungsklagen
geltenden Bestimmungen über Fristen und Vorverfahren droht nicht
(BVerwG Buchh 310 § 43 VwGO Nr. 127 mwN). Auch dem Umstand der
fehlenden Vollstreckbarkeit eines Feststellungsurteils kommt kein entscheiden-
des Gewicht zu. Wegen der spezifischen Bindungen des Art. 20 III GG darf
davon ausgegangen werden, dass die verurteilte Behörde für sie verbindliche
feststellende Aussprüche auch ohne Vollstreckungsdruck (§ 170) respektieren
und die gebotenen Konsequenzen aus ihnen ziehen wird (BVerwGE 111,
306; 36, 179 (182); BVerwG JurPC 1996, 79 Rn. 19).

Beispiele sind die höchstrichterliche Überprüfung der durch Bundes-   **72**
rechtsverordnung erlassenen sog. Flugrouten (BVerwGE 111, 276 (278 f.)),
die Feststellung der Unwirksamkeit im Kassenzahnarztrecht vereinbarter
Rechtsnormen (BSGE 72, 15 (17 ff.)) und der Geltungserstreckung der
Rechtsnormen eines Tarifvertrages über Mindestarbeitsbedingungen durch
Rechtsverordnung (BVerwGE 136, 54), die Feststellung einer verfassungswid-

rigen Unteralimentierung der Beamten (BVerwGE 131, 20; 123, 308) und die Verletzung subjektiv-öffentlicher Rechte durch eine Allgemeinverbindlicherklärung (BVerwGE 136, 75 Rn. 30).

3. Ansprüche auf Normerlass

73 Der Kläger ist ferner auf die Feststellungsklage angewiesen, wenn er eine **Rechtskreiserweiterung** erstrebt, die ihm durch das Fehlen (Unterlassen, Unvollständigkeit) einer begünstigenden Norm verwehrt wird. Ein Antrag auf Normerlass ist im **Normenkontrollverfahren** gem. § 47 nicht statthaft. Der Anspruch auf Erlass einer bestimmten untergesetzlichen Norm kann nach hM stattdessen aber mit der **Feststellungsklage** gegen den Normgeber verfolgt werden (BVerwGE 80, 355 (358 f.), 363; Buchh 240 § 49 BBesG Nr. 2 S. 2; Buchh 415.1 AllgKommR Nr. 93 S. 55). Nicht statthaft ist die – theoretisch in Betracht kommende – allgemeine Leistungsklage wegen der gebotenen Rücksichtnahme auf die Entscheidungsfreiheit des rechtsetzenden Organs (BVerwGE 111, 276; Buchh 415.1 Allgemeines Kommunalrecht Nr. 93).

74 Normerlassklagen sind Art. 19 IV GG geschuldet, aber praktisch auf den Ausnahmefall beschränkt, dass das Recht des Betroffenen auf **Gleichbehandlung** den Erlass oder die Änderung einer Rechtsnorm gebietet (vgl. hierzu BVerfGE 115, 81 (95 f.); BVerwGE 80, 355; Buchh 240 § 49 BBesG Nr. 2; Buchh 415.1 AllgKommR Nr. 93). Bei offensichtlichem Fehlen eines auf Normerlass gerichteten materiellen Anspruchs ist die Feststellungsklage entspr. § 42 II unzulässig.

4. Rechtsschutz durch richterliche Lückenschließung

75 Fehlt dem Klageanspruch die nötige rechtliche Grundlage, bleibt die Beseitigung des rechtswidrigen Zustands dem **Gesetzgeber vorbehalten.** Auch hier schränkt die Achtung seines Gestaltungsspielraums die Entscheidungsbefugnis der Gerichte prozessual auf eine Feststellung ein, mit der lediglich die Rechtsverletzung des Klägers durch die bestehenden Rechtslage geprüft und ggf. ausgesprochen werden kann (stRspr, BVerwGE 131, 20; 129, 199; 129, 116; 123, 308; NVwZ 2007, 1311; BVerfG Beschl. v. 14.10.2009 – 2 BvL 13/08).

76 Das gilt im Grundsatz auch dann, wenn eine **gesetzliche** Regelung eine Personengruppe unter **Verstoß gegen Art. 3 I GG** benachteiligt. Das Gericht darf die Gleichheit grds. nicht dadurch herstellen, dass es selbst diese Gruppe in die begünstigende Regelung einbezieht. Darin läge ein Übergriff in die dem Gesetzgeber vorbehaltene Gestaltungsfreiheit (BVerfGE 28, 325 (361 f.)). Etwas anderes gilt ausnahmsweise dann, wenn mit Sicherheit angenommen werden kann, der Gesetzgeber würde – hätte er den Verfassungsverstoß erkannt – die Regelung auf alle zu berücksichtigenden Gruppen erstreckt haben, oder wenn es verfassungsrechtlich geboten ist, den Verstoß gerade auf diese Weise zu beseitigen (stRspr, BVerfGE 115, 81 (93 f.); 88, 87 (101); 87, 153 (177 ff.); 37, 217 (260); BVerwGE 102, 113 (117 f.)).

Vergleichbares gilt für **Rechtsverordnungen,** die allerdings nicht Akte des 77 Gesetzgebers – auch nicht delegierte Gesetzgebung –, sondern Akte der Verwaltung sind. Die Prärogative des Normgebers ist daher nicht Ausfluss der Gestaltungsfreiheit des Gesetzgebers, sondern Ausfluss des Ermessens des Verordnungsgebers und von den Gerichten nicht in gleichem Maße unangetastet zu lassen (BVerwGE 80, 355 (370)). Bei einer gleichheitswidrigen Rechtsverordnung kommt daher eine gerichtliche Korrektur in Betracht, wenn das normative Ermessen des Verordnungsgebers rechtmäßig nur in diesem Sinne ausgeübt werden könnte oder wenn sich mit Sicherheit annehmen lässt, dass der Verordnungsgeber, wäre ihm das Problem bewusst, den Anforderungen des Gleichbehandlungsgebots gerade in diesem Sinne Rechnung tragen würde (BVerwG NVwZ 2007, 1311).

VI. Begründetheit und Tenorierung

Feststellungsklagen sind je nach dem Begehren **begründet,** wenn (1) das 78 streitige Rechtsverhältnis besteht oder nicht besteht oder (2) der bezeichnet VA nichtig ist. Bei normativem Unrecht ist die Klage begründet, wenn eine (unter)gesetzliche Regelung Rechte des Klägers verletzt. Das Gericht wird entspr. beispielhaft **tenorieren:** *Es wird festgestellt, dass die Anlage … keiner Genehmigung nach … bedarf* [oder] *dass der Bescheid des … vom … nichtig ist.* (Anderenfalls ist die Klagen abzuweisen). Bei normativem Unrecht: *Es wird festgestellt, dass die Aufrechterhaltung der Verschreibungspflicht für … in Anlage 1 der Arzneimittelverschreibungsverordnung [oder: dass § …] die Klägerin in ihren Rechten verletzt* (so in BVerwG 3 C 3.18).

§ 44 [Objektive Klagenhäufung]

Mehrere Klagebegehren können vom Kläger in einer Klage zusammen verfolgt werden, wenn sie sich gegen denselben Beklagten richten, im Zusammenhang stehen und dasselbe Gericht zuständig ist.

§ 44 erlaubt, mehrere sachlich zusammenhängende Begehren in einem Klage- 1 verfahren (praktisch bedeutet das: in einer Klageschrift, die unter einem Aktenzeichen geführt wird) anhängig zu machen und zu betreiben (sog. **objektive Klagenhäufung**). Es handelt sich nicht um eine Sachentscheidungsvoraussetzung der Klage, sondern um eine rein prozessuale Regelung, die der Prozessökonomie dient und sich widersprechende Entscheidungen in unterschiedlichen Klageverfahren verhindern soll. Sie gilt in Klage-(Urteils)verfahren ebenso wie in Antragsverfahren. Nicht geregelt ist in § 44 die **subjektive** Klagenhäufung, bei der mehrere Personen auf Kläger- und/oder Beklagtenseite auftreten. Die Zulässigkeit von Personenmehrheiten auf einer der Beteiligtenseiten bestimmt sich nach § 64 iVm §§ 59 ff. ZPO.

I. Arten der objektiven Klagenhäufung

2 Als **Arten** der objektiven Klagenhäufung sind nach Maßgabe des Verhältnisses der Begehren zueinander kumulative, eventuale und alternative Klagenhäufungen zu unterscheiden. Bei der **kumulativen** Klagenhäufung macht der Kläger mehrere Begehren selbstständig nebeneinander geltend, also unabhängig vom Erfolg der anderen Begehren. Bei der **eventualen** Klagenhäufung (mit Haupt- und einem oder mehreren Hilfsanträgen) besteht zwischen Haupt- und Hilfsbegehren ein Abhängigkeitsverhältnis: Über die im hilfsweise gestellten Klageantrag enthaltenen Begehren soll nur bei Erfolglosigkeit (Unzulässigkeit, Unbegründetheit) des Hauptantrags entschieden werden (auch „eigentlicher" Hilfsantrag genannt). Ist das Abhängigkeitsverhältnis umgekehrt, spricht man von **Stufenklage:** Der Hilfsantrag wird für den Fall des Erfolgs des Hauptantrags gestellt, meist, weil dieser eine Voraussetzung für das weitere Begehren schafft („uneigentlicher" Hilfsantrag). Eine zahlenmäßige Begrenzung der Hilfsanträge besteht nicht. Der Kläger muss das Rangverhältnis der Begehren verbal (hilfsweise, weiter hilfsweise, letztlich hilfsweise usw.) oder durch Nummerierung auslegungsfähig angeben; das Gericht ist hieran gebunden. Die Bindung entfällt, wenn das Hilfsbegehren weiter reicht als das Hauptbegehren, wenn diese also im Verhältnis von Mehr zu Weniger stehen (BVerwGE 74, 1 (3)).

3 Die **Bedingtheit** der Klageanträge wird bei eventual angebrachten Begehren (ausnahmsweise) hingenommen, weil die Rechtshängigkeit nicht in der Schwebe bleibt. Nach hM wird der Hilfsantrag sofort und unbedingt rechtshängig; die Rechtshängigkeit entfällt aber mit dem Erfolg bzw. Misserfolg (Stufenklage) des Hauptantrags. Demgegenüber ist eine **alternative** Klagehäufung, bei welcher der Kläger offen lässt, welchen von mehreren prozessualen Ansprüchen er geltend macht bzw. rechtshängig gemacht hat, aus Bestimmtheitsgründen unzulässig. Die Verbindung von kumulativen oder eventualen Anträgen kann **nachträglich** erfolgen, allerdings nur unter den Voraussetzungen des § 91 (Klageänderung).

4 Der Begriff „Klagebegehren" meint nach allgemeiner Ansicht einen **selbstständigen prozessualen Anspruch,** der nach dem herrschenden zweigliedrigen Streitgegenstandsbegriff (→ § 121 Rn. 6) durch Klageanspruch und Klagegrund bestimmt wird. Mehrere Klagebegehren liegen daher **nicht** vor, wenn ein Begehren auf mehrere rechtliche Gesichtspunkte oder Anspruchsgrundlagen gestützt wird (Kopp/Schenke § 44 Rn. 2).

II. Voraussetzung der objektiven Klagenhäufung

5 Die objektive Klagenhäufung ist unter **drei Voraussetzungen** zulässig („können … zusammen verfolgt werden"): Die Begehren müssen sich gegen denselben Beklagten richten, im Zusammenhang stehen, und es muss dasselbe Gericht zuständig sein.

6 Das Erfordernis einer **Identität der Beteiligten** auf Kläger- und Beklagtenseite ist iSd § 63 formell zu verstehen. Es kommt nicht darauf an, dass der geltend gemachte Anspruch materiellrechtlich zwischen den Beteiligten besteht; dies ist eine Frage der Begründetheit. Daher kann ein Anspruch, der in Prozessstandschaft geltend gemacht wird (→ vor § 40 Rn. 37), mit einem eigenen Anspruch des Klägers verbunden werden (SSB § 44 Rn. 6). Die Praxis betrachtet oW auch Klagenhäufungen für zulässig, bei denen ein Anspruch gegen die Körperschaft zu richten ist, ein weiterer gegen eine Behörde desselben Rechtsträgers, gegen die gem. § 78 I Nr. 2 ivm dem Landesrecht eine Klage zu richten ist. Das versteht sich schon deshalb von selbst, weil in § 78 I Nr. 2 ein Fall der Prozessstandschaft für den Rechtsträger vorgesehen ist. Anders verhält es sich bei gesetzlicher Vertretung und bei Parteien kraft Amtes.

Der weiter geforderte **Zusammenhang** liegt bereits dann vor, wenn allen **7** Klagebegehren ein einheitlicher Lebenssachverhalt zugrunde liegt, der weitgehend die gleichen Sachverhalts- oder Rechtsfragen aufwirft. Die Großzügigkeit im Verständnis rechtfertigt sich aus dem Normzweck der Prozessökonomie. Stellen sich anfängliche Überlegungen hierzu später als verfehlt heraus, bleibt dem Gericht die Möglichkeit der Trennung nach § 93 S. 2.

Die umgreifende **Zuständigkeit des Gerichts** betrifft die sachliche wie **8** die örtliche Zuständigkeit für alle Klagebegehren. Vorausgesetzt ist dabei, dass alle Ansprüche wirksam angebracht worden sind, also ein Prozessrechtsverhältnis begründet (→ vor § 40 Rn. 4) und der Rechtsweg zu den VG eröffnet ist. Nicht erforderlich ist, dass alle Begehren in derselben Klageart verfolgt werden; lediglich die für sie jeweils geforderten besonderen Sachentscheidungsvoraussetzungen müssen gegeben sein (BVerwG DÖV 1965, 350). Unzulässig ist aber die Verbindung von Klagen und vorläufigen Rechtsschutzanträgen und diejenige einer Klage mit einem Antrag auf Normenkontrolle nach § 47 (hM, Kopp/Schenke Rn. 7), für den ohnehin das OVG zuständig ist.

III. Wirkungen der Klagenhäufung

§ 44 begründet eine **Rechtsmacht** des Klägers bzw. Antragstellers: Es liegt **9** zunächst in seiner Disposition, mehrere prozessuale Ansprüche in einer Klage (schrift) anzubringen oder in ein anhängiges Verfahren einzuführen. Ist die Klagenhäufung nach dem Maßstab des § 44 **unzulässig,** kommt eine Abweisung nicht in Frage. Vielmehr muss das Gericht die Begehren trennen und, soweit das Gericht für ein Begehren unzuständig ist, nach den einschlägigen Regeln verweisen (§ 173 S. 1 bzw. § 83 S. 1 iVm §§ 17 ff. GVG → § 41 Rn. 3 ff.). Kompliziert sind die Folgen, wenn bei **eventualer Klagenhäufung** die Zuständigkeit des Gerichts für einen Antrag nicht gegeben ist: Fehlt sie hinsichtlich des Hilfsantrags, ist zunächst über den Hauptantrag zu entscheiden und bei Erfolglosigkeit der Hilfsantrag zu verweisen. Fehlt die Zuständigkeit hinsichtlich des Hauptantrags ist der gesamte Rechtsstreit zu verweisen; ist das neue Gericht für den Hilfsantrag nicht zuständig, wird es bei Abweisung des Hauptantrags den Hilfsantrag wiederum (zurück)verweisen müssen (BVerwG NVwZ 1987, 216; Eyermann § 44 Rn. 11).

Ist die Klagenhäufig **zulässig,** bleibt es dem Gericht unbenommen, die **10** Ansprüche gem. § 93 S. 2 nach seinem sachgerechten Ermessen zu **trennen**

(→ § 93 Rn. 10 ff.). Das gilt nicht bei Eventualbegehren, weil diese durch eine prozessuale Bedingung miteinander verknüpft sind (Eyermann § 44 Rn. 11). Belässt es das Gericht bei der klägerseitigen Verbindung, hat es über alle angebrachten Klagebegehren **gemeinsam zu entscheiden,** bei Durchführung einer mündlichen Verhandlung auch gemeinsam zu verhandeln. Unbenommen bleibt die Befugnis des Gerichts – wie immer bei teilbaren Streitgegenständen – ein Teilurteil nach § 110 zu erlassen (ggf. zum Hauptantrag bei eventualer Klagenhäufung).

§ 44a [Rechtsbehelfe gegen behördliche Verfahrenshandlungen]

[1] **Rechtsbehelfe gegen behördliche Verfahrenshandlungen können nur gleichzeitig mit den gegen die Sachentscheidung zulässigen Rechtsbehelfen geltend gemacht werden.** [2] **Dies gilt nicht, wenn behördliche Verfahrenshandlungen vollstreckt werden können oder gegen einen Nichtbeteiligten ergehen.**

1   Der **Normzweck** des § 44a geht dahin, die behördliche Sachentscheidung nicht durch Rechtsstreitigkeiten um ihr vorausgehende Verfahrenshandlungen zu verzögern oder zu erschweren. Prozessual soll die **Konzentration** des Rechtsschutzes auf die behördliche Sachentscheidung eine unnötige oder eventuell mehrfache Inanspruchnahme der Gerichte in derselben Sache vermeiden, ebenso der missbräuchlichen Geltendmachung von Verfahrensfehlern zur Verzögerung der Sachentscheidung entgegenwirken, um eine effektive und zügige Erreichung des Prozessziels zu gewährleisten (BT-Drs. 7/910 S. 97 f.; BVerwG NJW 1982, 120).

2   Zum anderen wird der **Relativität von Verfahrensfehlern** Rechnung getragen. Erst aus der Sachentscheidung ergibt sich, ob der Betroffene beschwert ist. Nach §§ 45, 46, § 75 Ia VwVfG und anderen Vorschriften sind Verfahrensfehler aber unbeachtlich oder können bis ins gerichtliche Verfahren hinein geheilt werden. Ziel des Verwaltungsverfahrens (und eines sich anschließenden Prozesses) ist eine materiell rechtmäßige, jedenfalls den Betroffenen nicht in Rechten verletzende Sachentscheidung. Dieses Bestreben wird im Verwaltungsprozess durch die Betrachtung fortgesetzt, ob sich ein Verfahrensfehler auf die Rechtsposition des Klägers konkret ausgewirkt haben kann (→ § 42 Rn. 181). Das rechtfertigt – auch verfassungsrechtlich – eine rein verfahrensnachfolgende gerichtliche Kontrolle. Die unzweifelhaft gegebene, teilweise grundrechtlich abgesicherte „dienende Funktion" eines ordnungsgemäßen Verfahrens für das Verfahrensergebnis (abgestuft allerdings nach dem Grad der rechtlichen Determinierung des jeweiligen Verfahrens, vgl. Kopp/Ramsauer VwVfG § 74 Rn. 98a) wird dadurch insgesamt zwar relativiert; die Vorschrift ist gleichwohl **verfassungsgemäß** und wirksam (dazu BVerwG Buchh 310 § 44a VwGO Nr. 8). Einem etwaigen Missbrauch durch bewusste – mit der Unanfechtbarkeit spekulierende – Missachtung von Verfahrensvorschriften durch eine Behörde in der Hoffnung, „es werde schon

gutgehen", kann das Gericht durch anderweitige Handlungsspielräume effektiv begegnen.

I. Ausschluss isolierter Anfechtbarkeit (S. 1)

1. Verwaltungsverfahren

§ 44a gilt iR **aller behördlichen Verfahren,** für die der Verwaltungsrechts- **3** weg (§ 40) eröffnet ist. Es ist ohne Bedeutung, von wem das Verfahren geführt wird und ob es sich nach Bundes- oder Landesrecht, nach einem VwVfG, dem SGB X, der AO oder einem Spezialgesetz richtet. Dort vorhandene spezielle Regelungen können die Vorschrift aber verdrängen (für das Asylverfahren vgl. § 36 AsylG, dazu BVerwG NVwZ 1989, 473 (476)).

2. Verfahrenshandlung

Es muss eine **behördliche Verfahrenshandlung** in Rede stehen. Darunter **4** fallen nach ganz hM behördliche Handlungen, die im Zusammenhang mit einem schon begonnenen und noch nicht abgeschlossenen Verwaltungsverfahren stehen und der Vorbereitung einer regelnden Sachentscheidung dienen (BVerwGE 134, 368 Rn. 21; SSB Rn. 8; NK-VwGO Rn. 40; Eyermann Rn. 4; Kopp/Schenke Rn. 3, 5 f.). Aus dem Gegensatz der Begriffe „Verfahrenshandlung" und „Sachentscheidung", der sich auch in § 44a S. 1 findet, folgt, dass sich der Ausschluss selbstständiger Rechtsbehelfe grds. auf solche (unselbstständigen) behördlichen Handlungen beschränkt, die im Zusammenhang mit einem schon begonnenen und noch nicht abgeschlossenen Verwaltungsverfahren stehen und der Vorbereitung einer regelnden Sachentscheidung dienen (BVerwGE 156, 193 Rn. 14 mwN). Sie sind Teil eines konkreten Verwaltungsverfahrens, ohne selbst Sachentscheidung zu sein.

Dazu ist nach ganz hM erforderlich, dass die Maßnahmen **nicht in mate- 4a rielle Rechtspositionen eingreifen** (hM, BVerwGE 134, 368 Rn. 21; NVwZ 2017, 489 Rn. 19; SächsOVG NVwZ-RR 1999, 209; SSB Rn. 32; Kopp/Schenke Rn. 10; BeckOK-VwGO Rn. 32). Deshalb ist etwa die **Beschlagnahme** keine Verfahrenshandlung (Eyermann Rn. 6), ebenso wenig Anordnungen, die in das Recht auf informationelle Selbstbestimmung eingreifen (OVG Greifswald Urt. v. 2.3.1995 – 2 L 133/94 – Rn. 18). Hiervon abweichend hat das BVerwG (ZBR 2019, 384; offen noch NVwZ 2014, 892) gegen die bis dahin allg. Ansicht angenommen, eine **Untersuchungsanordnung zur Feststellung der Dienstfähigkeit** eines Beamten (eine gemischt dienstlich-persönliche Weisung) sei nicht isoliert angreifbar, sondern nur iR des Verfahrens gegen eine nachfolgende Zurruhesetzungsverfügung (inzident) überprüfbar (zu Recht abl. Roetteken, ZBR 2019, 361 und jurisPR-ArbR 21/2019 Anm. 5 mN).

Auf die Form der behördlichen Handlung kommt es nicht an. Daher **5** hindert der Umstand, dass sie **VA iSd § 35 S. 1 VwVfG** ist, für sich genommen nicht, die Maßnahme als Verfahrenshandlung einzuordnen (BVerwG Buchh 310 § 44a VwGO Nr. 4: Anforderung der polizeilichen Anmeldung in Vorbereitung der Entscheidung der Ausländerbehörde). Die notwendige Gleichzeitigkeit des Rechtsschutzes gegen Verfahrenshandlungen und Sachentscheidung im Anwendungsbereich des § 44a S. 1 hat zur Konsequenz, dass **Verfahrens-VA** wie sonstige Verfahrenshandlungen nur einer Inzidentprüfung iR des Rechtsbehelfs gegen die abschließende Sachentscheidung unterliegen und mithin nicht selbstständig in Bestandskraft erwachsen (BVerwG NVwZ 2009, 1558). Anfechtbar bleiben aber **selbstständige Sachentscheidungen** in einem mehrstufigen Verwaltungsverfahren (BVerwG NVwZ 2009, 1558 zur Anordnung der Beschlusskammer der Bundesnetzagentur nach § 55 IX TKG, dass der Zuteilung von Frequenzen ein Vergabeverfahren voranzugehen hat).

6   **Beispiele** für Verfahrenshandlungen sind: die Versagung oder die Art einer unselbstständigen Akteneinsicht (BVerwG NVwZ 2017, 489; anders bei selbstständigen Akteneinsichtsansprüchen zB nach § 3 UIG (BVerwGE 50, 255), die Gewährung von Gehör, die Beteiligung von Stellen oder die Hinzuziehung von Dritten, der Ausschluss von Erörterungen (SSB Rn. 17).

3. Sachentscheidung

7   Ziel des Verwaltungsverfahrens muss eine „Sachentscheidung" sein. Die wohl überwiegende Ansicht will diesen Begriff idR auf **VA** beschränken (BVerwG NJW 1982, 120; SSB § 44a Rn. 13; Kopp/Schenke § 44a Rn. 3; Redeker/v. Oertzen § 44a Rn. 2; SBS VwVfG § 97 Rn. 11). Demgem. unterliegt die Anfechtung von Verfahrenshandlungen in einem Verfahren auf Abschluss eines öffentlich-rechtlichen Vertrages, im Zusammenhang mit Realhandlungen oder mit dem Erlass eines Rechtssatzes (Rechtsverordnung, Satzung) keinen Einschränkungen aus S. 1.

4. Rechtsbehelf

8   Rechtsbehelf ist jedes gesetzlich vorgesehene Verfahrensmittel zur Überprüfung der Rechtmäßigkeit des Verhaltens. Der Begriff „Rechtsbehelf" iSd § 44a S. 1 ist wegen des Zwecks der Vorschrift (→ Rn. 1) weit zu verstehen. Er umfasst gerichtliche wie außergerichtliche Rechtsbehelfe, also den Widerspruch (§§ 68 ff.) wie die Klage. Auf die Klageart (die kein Rechtsbehelf ist) kommt es nicht an (stRspr, BVerwGE 115, 373 mwN). Die Regelung gilt auch für Anträge auf **vorläufigen Rechtsschutz** nach §§ 80, 80a und nach § 123 VwGO, weil im Eilverfahren kein weitergehender Rechtsschutz erlangt werden kann als im Hauptsacheverfahren (hM, BVerwG ZBR 2019, 384 Rn. 19; NVwZ-RR 1997, 663).

5. Bedeutung für das gerichtliche Verfahren

9   Das Vorliegen einer Sachentscheidung ist – bezogen auf die Rüge von Verfahrensfehlern – **Sachurteilsvoraussetzung** des Rechtsbehelfs. Die genaue Einordnung als Element des Rechtsschutzbedürfnisses, der Klagebefugnis oder als selbstständige negative Sachbescheidungsvoraussetzung ist streitig (SSB Rn. 20). Jedenfalls ist in gleicher Weise wie beim Rechtsweg, der Zuständigkeit des Gerichts oder der Klagebefugnis (→ vor § 40 Rn. 8 ff.) maßgeblich,

dass ihre tatbestandlichen Voraussetzungen im Zeitpunkt der gerichtlichen Entscheidung gegeben sind (BVerwGE 115, 373 (377 ff.); SSB § 44a Rn. 24 mwN).

Der geltend gemachte Verfahrensfehler wird iR der Überprüfung der Sach- **10** entscheidung **inzident** auf sein Vorliegen und auf seine Relevanz für die materiellen Rechte des Klägers (→ Rn. 2) mit überprüft. Das gilt auch dann, wenn es sich nicht um eine unselbstständige Vorbereitungshandlung, sondern um einen VA (→ Rn. 5) handelt. Sind solche VA nach § 44a S. 1 nicht für sich anfechtbar, beginnt die Rechtsbehelfsfrist für sie gemeinsam mit derjenigen der Sachentscheidung zu laufen (str., SSB § 44a Rn. 22 mwN auch zur Gegenansicht).

II. Ausnahmen isolierter Anfechtbarkeit (S. 2)

Nach S. 2 sind Verfahrenshandlungen – als Ausnahme zu den Fällen nach S. 1 **11** – dann gesondert mit Rechtsbehelfen angreifbar, wenn sie vollstreckt werden können oder gegen einen Nichtbeteiligten ergehen.

1. Vollstreckbare Verfahrenshandlungen

Nicht von S. 2 erfasst werden selbstständige **Vollstreckungsakte nach dem** **12** **VwVG,** die unabhängig von der Grundverfügung anfechtbar sind. Es muss sich vielmehr um selbstständige Verfahrenshandlungen handeln, mit denen vom Betroffenen ein **Tun, Dulden oder Unterlassen** begehrt wird und die mit Zwangsmitteln **durchsetzbar** sind. Beispiele sind die Anordnung, das Betreten des Grundstücks zu ermöglichen und zu dulden, Unterlagen vorzulegen, persönlich zu erscheinen oder sich ärztlich untersuchen zu lassen.

Bei vollstreckbaren Verfahrenshandlungen dient die Regelung dem **13** **Zweck,** dem Grundrechtsschutz durch Verfahren und der Effektivität des Rechtsschutzes Vorrang einzuräumen. Der Gesetzgeber hat den Ausschluss der selbstständigen Anfechtbarkeit solcher Verfahrenshandlungen zu Recht als verfassungsrechtlich bedenklich angesehen. Mit der Ausnahme in S. 2 soll der Gefahr begegnet werden, dass bei einer vollstreckbaren Verfahrenshandlung bis zur Sachentscheidung ein **irreparabler Zustand** geschaffen wird (BT-Drs. 7/910, S. 97).

Aus dieser Erwägung heraus ist es gerechtfertigt, ein **weites Verständnis** **13a** **des Begriffs der Vollstreckung** iSd S. 2 zugrunde zu legen (Redeker/v. Oertzen Rn. 5). Erfasst wird danach jede zwangsweise Durchsetzung, im Beamtenrecht also auch eine Sanktionierung mit disziplinarischen Mitteln (SSB Rn. 27), ferner Handlungen, Anordnungen usw., die unmittelbare Rechtswirkungen erzeugen, ohne dass es dazu einer zwangsweisen Durchsetzung nach dem VwVG bedarf (Kopp/Schenke Rn. 8; NK-VwGO Rn. 61).

Hat sich eine Verfahrenshandlung, der zunächst die Qualität einer voll- **14** streckbaren Verfahrenshandlung zukam, bei Klageerhebung **erledigt,** greift S. 2 nicht ein (BVerwGE 115, 373 (377) zum Ausschluss von einem Erörterungstermin). Ob in solchen Fällen wegen Wiederholungsgefahr, Rehabilitierung und eines schwerwiegenden Grundrechtseingriffs eine **Fortsetzungsfeststellung** entspr. § 113 I 4 zugelassen werden muss, ist fraglich. Aus verfassungsrechtlichen Gründen wäre dies jedenfalls nur bei einer erheblichen Eingriffstiefe geboten.

2. Verfassungskonforme Auslegung

15 Art. 19 IV GG gebietet es, in verfassungskonformer Auslegung des § 44a S. 2 einen Rechtsbehelf (etwa nach § 123) als statthaft anzusehen, wenn der **Rechtsschutz gegen die Sachentscheidung,** auf den der Betroffene sonst verwiesen wäre, **nicht ausreichend** wäre, um die geltend gemachte Verletzung effektiv abzuwehren (BVerwG NVwZ-RR 2000, 760: Gefährdung des Rechts auf informationelle Selbstbestimmung bei sofortiger Weitergabe von Einwendung an einen Vorhabenträger; ferner NVwZ-RR 1997, 663).

3. Nichtbeteiligte

16 Die prozessuale Begünstigung von **Nichtbeteiligten** trägt dem Umstand Rechnung, dass ihnen ein Anfechtungsrecht gegen die Sachentscheidung nicht zusteht. Wer Beteiligter an einem Verwaltungsverfahren ist, ist nach den für das Verfahren geltenden Regeln zu beantworten. Es muss sich daher nicht um Beteiligte iSd § 13 I VwVfG handeln. Für **Planfeststellungsverfahren** (vgl. §§ 72 ff. VwVfG) gelten spezielle Beteiligungsregelungen, die **Einwendungsberechtigte** im Planfeststellungsverfahren einschließen. Der Gesichtspunkt prinzipiell fehlender Anfechtungsberechtigung trifft bei ihnen nicht zu (BVerwG NVwZ-RR 1997, 663). Entsprechendes gilt für anerkannte Naturschutzverbände oder Umweltschutzvereinigungen. Näher Kopp/Ramsauer VwVfG § 73 Rn. 61 ff.

§ 45 [Sachliche Zuständigkeit]

Das Verwaltungsgericht entscheidet im ersten Rechtszug über alle Streitigkeiten, für die der Verwaltungsrechtsweg offensteht.

I. Zuständigkeitsordnung innerhalb der Verwaltungsgerichtsbarkeit

1 Ist der Verwaltungsrechtsweg eröffnet, ist das im einzelnen Streitfall zur Sachentscheidung konkret berufene VG innerhalb der horizontal und vertikal gegliederten Verwaltungsgerichtsbarkeit (§ 2) zu bestimmen (→ vor § 40 Rn. 27, 34). Die gerichtsbarkeitsinterne Zuweisung der Entscheidungskompetenz ist nach differenzierten Kriterien abstrakt festgelegt; für deren Entfaltung benötigt die VwGO immerhin acht, teilweise umfängliche Paragrafen (§§ 45 bis 50, 52, 53). Regelmäßig sind die VG (§ 2) Eingangsinstanz. Sie kann durch die Aufstellung sachlicher Kriterien (daher **sachliche** Zuständigkeit) angehoben sein: Für besondere Sachgebiete sind die OVG (§§ 47 f.) oder sogar das BVerwG (§ 50) sachlich (erstinstanzlich) zuständig.

Wird ein Gericht mit spezieller Aufgabenstellung (etwa iR der Vollstre- **2** ckung § 169) tätig, ist ihm eine **funktionelle** Zuständigkeit übertragen. Deren Unterfall ist die **instanzielle** Zuständigkeit als Rechtsmittelgericht (§ 46 für das OVG, § 49 für das BVerwG). Daneben bedarf es im konkreten Fall der Bestimmung des **örtlich** zuständigen Gerichts in der Horizontalen – bezogen also auf die erstinstanzlichen VG eines Bundeslandes, jedoch nur in jenen Ländern, die von der Befugnis Gebrauch gemacht haben, mehrere von ihnen zu errichten (→ § 2 Rn. 4). Die Zuständigkeiten sind **ausschließlich,** dh weder einer Parteivereinbarung zugänglich noch können sie durch rügeloses Einlassen begründet oder verändert werden. Zuständigkeitsregelungen können aufgrund von Öffnungsklauseln jedoch teilweise durch Staatsvertrag getroffen werden (→ § 3 Rn. 10).

II. Eingangszuständigkeit der Verwaltungsgerichte

Grds. fallen nach § 45 alle Sachen bei den VG I. Instanz an. Nur scheinbar **3** formuliert § 45 die Eingangszuständigkeit der VG als einschränkungsloses Prinzip. Der Charakter als **Regelfall** ergibt sich aus nachfolgenden speziellen Vorschriften über die sachliche Zuständigkeit der OVG und des BVerwG (§§ 47, 48; § 50). Die Regelung über die sachliche (ebenso die örtliche) Zuständigkeit bezieht sich stets auf das Gericht im organisatorischen Sinne, nicht auf den Spruchkörper (→ § 1 Rn. 4), was etwa eine unterschiedliche Kammerzuteilung von zeitlich versetzt eingehenden Eil- und Hauptsacheverfahren zulässt. Das „Herunterbrechen" der Zuständigkeit auf die zuständige Kammer innerhalb eines VG ist Sache der Geschäftsverteilung (§ 4), in die das Gesetz mit abstrakten Zuständigkeitskriterien nicht eingreifen will (Kopp/ Schenke § 45 Rn. 2). Zur Prüfung der Zuständigkeit durch das Gericht → vor § 40 Rn. 8.

III. Zuständigkeitsbestimmung

Die Zuständigkeit des VG in sachlicher und örtlicher Hinsicht ist **Sachent-** **4** **scheidungsvoraussetzung** (→ vor § 40 Rn. 17 ff.). Sie muss bei Eingang eines Rechtsschutzantrags bei Gericht gegeben sein. Ist das der Fall, führen nachträgliche Veränderungen nicht mehr zum Wegfall der Zuständigkeit (§ 83 S. 1 iVm § 17 I 1 GVG). Die **verbindliche Bestimmung** der Zuständigkeit ist Sache der Gerichte des eröffneten Rechtswegs. Der Kläger hat zwar – ggf. mit anwaltlicher Beratung – die Entscheidung zu treffen, bei welchem Gericht er eine Sache anbringt. Ein eventueller Rechtsirrtum führt jedoch zwingend zur Verweisung durch das Gericht (§ 41; § 83) und hat zur Folge, dass der Kläger grds. (außer bei falscher Rechtsmittelbelehrung) mit deren Kosten belastet wird (§ 17b II 2 GVG, vgl. aber § 155 IV). Bei **Rechtswegverweisung** (§ 173 S. 1 iVm § 17a II GVG) entscheidet über den Rechtsweg und die sachliche und örtliche Zuständigkeit (im ersten Aufschlag) ein Gericht außerhalb der Verwaltungsgerichtsbarkeit (→ § 41 Rn. 28).

§ 46 [Instanzielle Zuständigkeit des Oberverwaltungsgerichts]

Das Oberverwaltungsgericht entscheidet über das Rechtsmittel
1. der Berufung gegen Urteile des Verwaltungsgerichts und
2. der Beschwerde gegen andere Entscheidungen des Verwaltungsgerichts.
3. *(aufgehoben)*

1   Die §§ 46 bis 48 legen die Zuständigkeiten (→ § 45 Rn. 1) des OVG als **Mittelinstanz** der dreistufigen Verwaltungsgerichtsbarkeit (§ 2; § 9) und als oberstes VG in den Ländern fest. § 46 beschreibt (wie § 49 für das BVerwG) seine **funktionelle Zuständigkeit** als **Rechtsmittelgericht**, nämlich als Berufungs- und Beschwerdegericht. Das OVG entscheidet im zweiten Rechtszug über Berufungen gegen „Urteile" (Nr. 1 s. §§ 124 ff.) und über Beschwerden (Nr. 2 s. §§ 146 ff.) gegen „andere Entscheidungen" der VG. Die funktionelle Zuständigkeit wird mithin nicht durch sachbezogene Merkmale der Streitsachen begründet (so aber bei der Eingangszuständigkeit nach §§ 47 und 48), sondern allein durch den Umstand, dass das VG eine rechtsmittelfähige Entscheidung getroffen und ein Beteiligter das gegebene Rechtsmittel ergriffen hat.

1a   Redaktionsversehen der Fassung von Nr. 1 und 2 (s. die Vorauflage) sind durch Art. 7 Nr. 1 lit. a G v. 11.10.2016 (BGBl. I 2222) mWv 15.10.2016 bereinigt worden.

2   Der Wortlaut ist nicht abschließend, sondern typisierend gemeint, denn über den **Rechtsmittelzug** sagt § 46 nichts. Die nach anderen Vorschriften statthaften Rechtsmittel zum OVG sollen durch § 46 daher nicht beschnitten werden (→ § 49 Rn. 2 für das BVerwG). Insofern lässt sich sagen, dass Gerichtsbescheide (§ 84 II Nr. 1 und 2) den Urteilen gleichstehen und die Befugnis des OVG unberührt bleibt, über die Zulassung der Berufung zu entscheiden (§§ 124, 124a). Der Umkehrschluss aus § 46 Nr. 1 ist ebenso wenig zulässig: Gegen Urteile der VG ist nicht ausschließlich die Berufung statthaft, sondern nach Maßgabe des § 134 auch die Sprungrevision.

3   Die **Prüfungskompetenz** des OVG als Rechtsmittelgericht ergibt sich allein aus dem jeweiligen Rechtsmittelrecht. Danach ist das OVG – nicht anders als das VG, aber im Unterschied zum BVerwG – **Tatsacheninstanz**, in der eine Nachprüfung der angefochtenen Entscheidungen unter rechtlichen und tatsächlichen Gesichtspunkten erfolgt. Das ergibt sich für Berufungen aus der Bezugnahme in § 125 I auf die erstinstanzlichen Verfahrensvorschriften, für Beschwerden aus § 173 S. 1 iVm § 571 II 1 ZPO, wonach die Beschwerde auf neue Angriffs- und Verteidigungsmittel gestützt werden kann.

§ 47 [Normenkontrollverfahren]

(1) Das Oberverwaltungsgericht entscheidet iR seiner Gerichtsbarkeit auf Antrag über die Gültigkeit

1. von Satzungen, die nach den Vorschriften des Baugesetzbuchs erlassen worden sind, sowie von Rechtsverordnungen auf Grund des § 246 Abs. 2 des Baugesetzbuchs,

2. von anderen im Rang unter dem Landesgesetz stehenden Rechtsvorschriften, sofern das Landesrecht dies bestimmt.

(2) [1] Den Antrag kann jede natürliche oder juristische Person, die geltend macht, durch die Rechtsvorschrift oder deren Anwendung in ihren Rechten verletzt zu sein oder in absehbarer Zeit verletzt zu werden, sowie jede Behörde innerhalb eines Jahres nach Bekanntmachung der Rechtsvorschrift stellen. [2] Er ist gegen die Körperschaft, Anstalt oder Stiftung zu richten, welche die Rechtsvorschrift erlassen hat. [3] Das Oberverwaltungsgericht kann dem Land und anderen juristischen Personen des öffentlichen Rechts, deren Zuständigkeit durch die Rechtsvorschrift berührt wird, Gelegenheit zur Äußerung binnen einer zu bestimmenden Frist geben. [4] § 65 Abs. 1 und 4 und § 66 sind entsprechend anzuwenden.

(2a) *(weggefallen)*

(3) Das Oberverwaltungsgericht prüft die Vereinbarkeit der Rechtsvorschrift mit Landesrecht nicht, soweit gesetzlich vorgesehen ist, daß die Rechtsvorschrift ausschließlich durch das Verfassungsgericht eines Landes nachprüfbar ist.

(4) Ist ein Verfahren zur Überprüfung der Gültigkeit der Rechtsvorschrift bei einem Verfassungsgericht anhängig, so kann das Oberverwaltungsgericht anordnen, daß die Verhandlung bis zur Erledigung des Verfahrens vor dem Verfassungsgericht auszusetzen sei.

(5) [1] Das Oberverwaltungsgericht entscheidet durch Urteil oder, wenn es eine mündliche Verhandlung nicht für erforderlich hält, durch Beschluß. [2] Kommt das Oberverwaltungsgericht zu der Überzeugung, daß die Rechtsvorschrift ungültig ist, so erklärt es sie für unwirksam; in diesem Fall ist die Entscheidung allgemein verbindlich und die Entscheidungsformel vom Antragsgegner ebenso zu veröffentlichen wie die Rechtsvorschrift bekanntzumachen wäre. [3] Für die Wirkung der Entscheidung gilt § 183 entsprechend.

(6) Das Gericht kann auf Antrag eine einstweilige Anordnung erlassen, wenn dies zur Abwehr schwerer Nachteile oder aus anderen wichtigen Gründen dringend geboten ist.

Übersicht

A. Rechtsschutz in Bezug auf Normen (Überblick)

Es gehört von jeher zur **richterlichen Prüfungskompetenz,** vAw jene **1** Normen zu identifizieren, die sich für den zu entscheidenden Fall Geltung beimessen, und sie auf ihre Gültigkeit, also ihre Übereinstimmung mit höher rangigem Recht zu überprüfen, sofern es für den Ausgang des Rechtsstreits hierauf ankommt (BVerwGE 80, 355 (363)). Stellt das Gericht dabei einen beachtlichen Rechtsfehler fest, führt dies bei Normen grds. (außer bei nicht offensichtlichen Verfahrensfehlern) zur Nichtigkeit, dh zur Unwirksamkeit von Anfang an. Daraus Konsequenzen für die Entscheidung zu ziehen oder gar eine verbindliche Feststellung der Nichtigkeit zu treffen **(Verwerfungskompetenz),** ist den Fachgerichten aber grds. nur bei untergesetzlichen Normen gestattet. Bei formellen nachkonstitutionellen Gesetzen besteht ein Verwerfungsmonopol des BVerfG, dem ein Fachgericht die Norm zur Prüfung vorlegen muss (Art. 100 I GG, sog. abstrakte Normenkontrolle). Für Völkerrecht sieht Art. 100 II GG ein entsprechendes sog. Normqualifizierungsverfahren vor. Für die Verwerfung von Unionsrecht liegt das Verwerfungsmonopol beim EuGH (→ vor § 40 Rn. 23).

Bei untergesetzlichen Normen erfolgt die fachgerichtliche Prüfung und **2** ggf. Verwerfung idR **inzident,** also iR der Überprüfung eines Vollzugsaktes. Eine Verwerfung wird nicht tenoriert, sondern lediglich in den Entscheidungsgründen ausgesprochen und erwächst nur zwischen den Prozessbeteiligten **(inter partes)** in Rechtskraft (SSB § 47 Rn. 52), was anderen Gerichten die Möglichkeit lässt, abweichend zu entscheiden. Hingegen wird bei der **prinzipalen Normenkontrolle** die Gültigkeit einer Norm selbst zum Gegenstand der gerichtlichen Kontrolle und eines allgemein verbindlichen, also **inter omnes** wirkenden Ausspruchs gemacht (Direktprüfung). Die prinzipale Normenkontrolle nach § 47 ist für bestimmte untergesetzliche Regelungen als vornehmlich objektives Rechtsbeanstandungsverfahren ausgestaltet (BVerwGE 82, 225 (230); → Rn. 19) und bei dem OVG als Eingangsgericht konzentriert. Sie ist zeitlich begrenzt zulässig (→ Rn. 22); nach Ablauf der Antragsfrist ist nur noch eine inzidente Überprüfung möglich. Ist das europäische Recht Prüfungsmaßstab für eine nationale Norm, gelten Besonderheiten. Ist die Norm mit Unionsrecht unvereinbar, sind alle Gerichte unabhängig von den sonst geltenden Maßgaben der Normprüfung gehalten, die nationale Norm **unangewendet** zu lassen.

3   Neben § 47 hat sich für Fälle normativen Unrechts eine inzidente Normenkontrolle durch eine „atypische" **Feststellungsklage** nach § 43 etabliert, die auf Feststellung einer Rechtsverletzung gerichtet ist (→ § 43 Rn. 67). Über deren Verhältnis zu § 47 besteht keine vollständige Einigkeit. Ein echtes (ausschließendes) Konkurrenzverhältnis zur Feststellungsklage nach § 43 besteht allerdings – trotz des feststellenden Charakters stattgebender Normenkontrollentscheidungen – offensichtlich nicht: Die Gültigkeit oder Nichtigkeit einer Norm ist kein konkretes streitiges Rechtsverhältnis gegenüber einem Kläger (→ § 43 Rn. 7) und kann daher mithilfe von § 43 I nicht zum direkten Prüfungsgegenstand gemacht werden. Auch wirkt die inzidente Feststellung der Ungültigkeit als tragender Urteilsgrund nur zwischen den Beteiligten und lässt Raum für eine abweichende Bewertung in anderen Klageverfahren.

4   § 47 regelt entgegen seiner systematischen Stellung im 6. Abschnitt weit mehr als nur die sachliche (Eingangs)Zuständigkeit der OVG. Die Norm enthält vielmehr eine **Vollregelung der Normenkontrolle:** Sie beschreibt ihren Anwendungsbereich, die Verfahrenseinleitung und Frage der Verfahrensdurchführung, die Zulässigkeitsvoraussetzungen, die gerichtlichen Aussprüche und Wirkungen und die Möglichkeit einstweiligen Rechtsschutzes.

B. Statthafte Verfahrensgegenstände

5   Die möglichen Gegenstände der Normenkontrolle sind in I umschrieben und stark eingeschränkt. Die Regelung ist **abschließend,** in Bezug auf andere Rechtssätze ist die Normenkontrolle also nicht – auch nicht im Wege der Analogie – statthaft (BVerwG NVwZ 1990, 162: keine analoge Anwendung auf Klagen gegen normgeberisches Unterlassen; → § 43 Rn. 73). Die beiden Nummern des I enthalten zwei Normkreise: unmittelbar kraft Bundesrechts überprüfbare Rechtssätze (Nr. 1) und solche nach Landesrecht kraft bundesrechtlicher Ermächtigung (Nr. 2).

I. Landesrecht aufgrund Bau- und Städtebaurechts (I Nr. 1)

6   Mit der Normenkontrolle stets überprüfbar sind die in I Nr. 1 umschriebenen Vorschriften aufgrund des Baurechts, die regelmäßig als Satzungen erlassen werden, in den Stadtstaaten hingegen gem. § 246 II BauGB als Rechtsverordnungen. Zu ihnen zählen vornehmlich **Bebauungspläne** (§§ 8, 10 BauGB), die den praktischen Hauptanwendungsfall ausmachen, aber auch Veränderungssperren (§§ 14, 16 BauGB), Satzungen zur Festlegung des Innenbereichs (§ 34 IV BauGB), gem. § 35 VI BauGB, zur Regelung der Erschließung (§ 132 BauGB), zur Festlegung oder Aufhebung eines Sanierungsgebiets (§ 142 III und § 162 BauGB), zur Festlegung von städtebaulichen Entwicklungsbereichen (§ 165 VI BauGB) und nach § 205 BauGB.

Möglicher Gegenstand einer statthaften Normenkontrolle analog I Nr. 1 **6a** analog ist allein die in den **Darstellungen des Flächennutzungsplans** zum Ausdruck kommende planerische Entscheidung der Gemeinde, mit der Ausweisung von Flächen für privilegierte Nutzungen nach § 35 I Nr. 2-6 BauGB die Ausschlusswirkung des § 35 III 3 BauGB an Standorten außerhalb der ausgewiesenen Flächen eintreten zu lassen (BVerwGE 146, 40). Über diesen Gegenstand darf der Tenor einer stattgebenden Normenkontrollentscheidung nicht hinausgehen (BVerwG NVwZ 2019, 491 Rn. 29). Denn die sonstige (Positiv)Ausweisungen eines FNP entfaltet nicht einer Rechtsvorschrift vergleichbare (Außen)Wirkungen (BVerwGE 68, 324; NVwZ 1991, 262); sie können aber inzident als Prüfungsmaßstab herangezogen sein.

II. Sonstiges Landesrecht (I Nr. 2)

1. Untergesetzliches Landesrecht

Was andere als die in I Nr. 1 genannten Rechtsvorschriften anlangt, werden **7** die Landesgesetzgeber ermächtigt, sie der Normenkontrolle zu unterstellen. Der Wendung „im Rang unter dem Landesgesetz" ist zu entnehmen, dass es sich nur um Rechtsvorschriften des **Landesrechts** handeln kann. Untergesetzliches **Bundesrecht** (etwa Bundes-Rechtsverordnungen) ist im Verfahren der Normenkontrolle mithin nie überprüfbar, was die Notwendigkeit erklärt, bei Rechtsverletzungen durch solches Bundesrecht in die Feststellungsklage „auszuweichen" (→ Rn. 3).

Für die **Einordnung** als Bundes- oder Landesrecht kommt es grds. auf die **8** rechtsetzende Stelle an, nicht auf die rechtliche Grundlage oder das Erlassverfahren (→ § 137 Rn. 2; SSB § 47 Rn. 19 mwN). Von Landesorganen erlassene Rechtssätze bleiben auch dann Landesrecht, wenn sie auf bundesgesetzlicher Ermächtigung oder einem Regelungsauftrag beruhen oder bundesrechtliche Vorgaben umsetzen (BVerwGE 54, 56; Eyermann § 137 Rn. 20; Wysk DVBl 2015, 661). Wird eine überprüfbare Rechtsverordnung durch ein Landesgesetz geändert und die Vorschrift sogleich wieder der Änderungsbefugnis des Verordnungsgebers unterstellt (unter der Bezeichnung „Rückkehr zum einheitlichen Verordnungsrang"), wirkt eine solche „Entsteinerungsklausel" unmittelbar und nicht erst bei erneuter Änderung durch den Verordnungsgeber. Bereits mit der gesetzlichen Änderung handelt es sich materiell wiederum um Verordnungsrecht, das der Normenkontrolle unterliegt (BVerwGE 117, 313).

Im Rang unter dem Landesrecht stehen landesrechtliche **Rechtsverord-** **9** **nungen** und **Satzungen,** die von Gemeinden und sonstigen juristischen Personen des öffentlichen Rechts unter staatlicher Aufsicht in Wahrnehmung einer ihnen gesetzlich verliehenen Autonomie erlassen werden. Ihnen stehen Vorschriften gleich, die durch Rechtsverordnung oder Satzung für verbindlich erklärt worden sind. Maßgeblich ist grds. die benutzte **äußere Form** (BVerwGE 74, 55). Es steht dem Normgeber frei, den Rechtscharakter von Regelungen ohne Bindung an begriffliche Notwendigkeiten verbindlich auszugestalten und dadurch die Normqualität außer Streit zu stellen (BVerwGE

70, 77 (82); 11, 14 (16). Ist die äußere Form eindeutig, kommt es nicht darauf an, ob die Vorschrift nach ihrem Inhalt als Norm einzuordnen ist (BVerwGE 119, 217 (220); str., Kopp/Schenke § 47 Rn. 27). Allerdings ist der Begriff der Rechtsvorschrift **in einem weiten Sinn** zu verstehen (BVerwGE 119, 217 (220 f.); 94, 335 (337); BVerwG NVwZ 1988, 1119 (1120)). Daher darf eine Regelung nach hM (nur) dann anhand ihrer **materiellen** Eigenschaften als Rechtsvorschrift qualifiziert werden, wenn die Prüfung mithilfe formeller Kriterien kein eindeutiges Ergebnis liefert (vgl. BVerwG NJW 1996, 2046 (2047)).

2. Binnenrecht der Verwaltung

10 Zu der Frage, welche Rechtsvorschriften nach welchen Kriterien anzuerkennen sind, bietet die Rspr. indes kein eindeutiges Bild. Sicher genügt es, wenn eine **abstrakt-generelle Regelung mit Verbindlichkeit nach außen** vorliegt. Diese traditionellen Merkmale von Normen helfen jedoch nicht weiter, wenn es um **Binnenrecht** der Verwaltung geht, das in der Rspr. teilweise aber der Normenkontrolle unterstellt wird (Nachw. bei SSB § 47 Rn. 25). Die Rspr. lässt überwiegend eine Kontrolle rein innerorganisatorischen Rechts nicht zu, wenn es sich darauf beschränkt, verwaltungsintern das Handeln nachgeordneter Stellen zu steuern. Kontrollfähig ist aber eine Binnenregelung, wenn sie mit dem **Anspruch auf Verbindlichkeit** gegenüber Dritten auftritt oder zumindest gegenüber kontrastierenden Organteilen, denen Kompetenzen zur eigenen Wahrnehmung zugewiesen sind.

11 **Kontrollfähig** sind daher die Geschäftsordnungen eines kommunalen Vertretungsorgans (BVerwG NVwZ 1988, 1119) sowie Sozialhilferegelsätze (BVerwGE 94, 335 (337)) und ebenso Beihilfevorschriften, sofern sie sich unmittelbare Außenwirkung auch gegenüber dem Bürger beilegen. Das dürfte allgemein für solche abstrakt-generellen Binnenregelungen der Exekutive gelten, die rechtliche Außenwirkung gegenüber dem Bürger beanspruchen und auf diese Weise dessen subjektiv-öffentlichen Rechte unmittelbar berühren (BVerwG NVwZ 2005, 602 zum Münchner Modellprojekt der Pauschalierung einmaliger Sozialhilfeleistungen).

12 Auch **gerichtliche Geschäftsverteilungspläne** sind grds. kontrollfähig, weil sie anerkanntermaßen das Dienstverhältnis zum einzelnen Richter betreffen (BVerwGE 50, 11; NJW 1982, 900; offen aber NVwZ 1988, 1119 (1120)). Es muss sich jedoch um den GVP eines Landesgerichts der Verwaltungsgerichtsbarkeit (VG oder OVG) handeln (BVerwGE 50, 1 (15)); die GVP anderer Gerichtsbarkeiten unterfallen nicht − wie I verlangt − der Gerichtsbarkeit des OVG (→ Rn. 15).

13 Nach dem Maßstab der Außenwirksamkeit scheidet eine Prüfung von **Verwaltungsvorschriften** regelmäßig aus (BVerwGE 94, 335 (337); 75, 109 (117); NVwZ 2005, 602). Dasselbe gilt für sonstige behördliche Äußerungen ohne externe Bindungswirkung, also namentlich Gutachten, antizipierte Gutachten oder schlichte Auskünfte. Ebenso wenig können formalisierte norminterpretierende Richtlinien oder Runderlasse sowie Subventionsrichtlinien oder sonstige ermessensleitende Richtlinien Gegenstand der Normenkontrolle sein, wenn sie erst über den „Hebel" ihrer gleichmäßigen Anwendung gem. Art. 3 I GG Außenwirkung entfalten (BVerwGE 100, 335; 58, 45).

Ungeklärt ist die Lage aber bei den **normkonkretisierenden Verwal-** 14 **tungsvorschriften** im Umweltrecht. Sie sind zwar ebenfalls keine Rechtsvorschriften mit unmittelbarer Auswirkung, anders als norminterpretierende oder ermessenslenkende Verwaltungsvorschriften schreibt ihnen die Rspr. aber eine auch für Gerichte bindende (Außen)Wirkung zu (BVerwGE 110, 216; 107, 338). Das spricht klar dafür, sie zum statthaften Gegenstand einer Normenkontrolle zu machen. Wenn sie es trotzdem nicht sind, dann wohl deshalb, weil die prominenten Fälle der TA Luft und TA Lärm als Bundesrecht zu qualifizieren sind, das der Normenkontrolle generell nicht unterliegt (→ Rn. 7).

3. Zuständigkeitsgrenze „Gerichtsbarkeit"

Die Kontrollbefugnis der OVG ist nach I ausdrücklich auf den „Rahmen ihrer 15 Gerichtsbarkeit" beschränkt. Nach der gefestigten Rspr. ist damit zu prüfen, ob sich aus der Anwendung der angegriffenen Rechtsvorschrift Rechtsstreitigkeiten ergeben können, für die der Verwaltungsrechtsweg (§ 40) gegeben ist (BVerwG NVwZ 1996, 63). Mit dieser Beschränkung soll verhindert werden, dass Gerichte anderer Gerichtszweige für Streitigkeiten präjudiziert werden, zu deren Entscheidung sie sonst ausschließlich zuständig sind (BVerwG NVwZ-RR 2015, 69). Praktisch wird dies nur für Landesrecht iSd I Nr. 2; für Rechtsmaterien iSd I Nr. 1 ist die Entscheidungsbefugnis immer gegeben.

Bei Normkomplexen mit **gemischtem Inhalt** (wie zB Verordnungen mit 16 Bußgeldvorschriften) können nur jene Einzelbestimmungen überprüft werden, die zu Verfahren vor den VG führen könnten (BVerwG NVwZ 1996, 63). Das ist bei ordnungswidrigkeitsrechtlichen Normen nicht der Fall, weil gegen darauf gestützte Bußgeldbescheide der Verwaltungsbehörden allein die ordentlichen Gerichte angerufen werden können (§ 68 OWiG).

4. Zur Lage in den Bundesländern

Von der Ermächtigung muss durch förmliches **Landesgesetz** Gebrauch ge- 17 macht werden, auch wenn Nr. 2 von Landes‚recht' spricht, was indes rein redaktionelle Gründe hat (SSB § 47 Rn. 20). Die Landesgesetzgeber sind nicht verpflichtet, von der Ermächtigung Gebrauch zu machen. Tatsächlich ist die Normenkontrolle heute aber in 13 der 16 Bundesländer eingeführt (nicht in Berlin, Hamburg und NRW), allerdings in unterschiedlichem Umfang. Das hängt mit der Streitfrage zusammen, ob die Ermächtigung nur ein „Ganz-oder-gar-nicht" der Einführung zulässt, ob also das „sofern" des Halbsatzes in Nr. 2 als „soweit" (so die ganz hM) oder als „wenn" zu lesen ist. Es gibt jedoch keinen Grund für die Annahme, dass der Bundesgesetzgeber die Gestaltungsbefugnis der Länder einschränken wollte (ebenso SSB § 47 Rn. 20); daher ist eine auf bestimmte Normgruppen eingeschränkte Unterstellung zulässig.

III. Keine vorbeugende Normenkontrolle

18 Mit der Normenkontrolle können nur **bereits erlassene** Normen angegriffen werden, also solche, die sich nach Abschluss eines Normgebungsverfahrens und Bekanntmachung (bzw. Verkündung) selbst Geltung gegenüber ihren Adressaten beimessen (BVerwG NVwZ 1992, 1088). Eine **vorbeugende Normenkontrolle** gegen noch nicht in Kraft gesetzte Regelungen kennt die VwGO nicht (BVerwG Buchh 310 § 47 VwGO Nr. 66).

19 Ob die **Bekanntmachung wirksam** erfolgt ist, ist für die Statthaftigkeit ohne Bedeutung (zur Frist Rn. 22). Stellt sich die Bekanntmachung einer Satzung als ein Akt dar, welcher der angegriffenen Vorschrift Geltung verschafft hat, dann ist ihre Wirksamkeit ein Frage der Begründetheit des Normenkontrollantrages. Ein Normenkontrollantrag ist auch dann statthaft, wenn gerade strittig ist, ob eine Norm formell rechtsgültig erlassen worden ist. Denn das Verfahren wird im Interesse der Rechtssicherheit, der Einheitlichkeit der Rechtsanwendung und auch der Verfahrensökonomie zur Verfügung gestellt, damit über aufgetretene Zweifel an der Gültigkeit einer Rechtsvorschrift im Rang unter dem förmlichen Gesetz allgemein verbindlich entschieden werden kann (BVerwGE 120, 82 (84 f.); DÖV 1996, 701).

C. Zulässigkeit des Normenkontrollantrags

I. Verfahrenseinleitung (I)

1. Antragserfordernis (I)

20 Obwohl wesentlich objektive Rechtskontrolle, ist das Normenkontrollverfahrens an die Einleitung durch einen potenziell durch die Rechtsvorschrift Verletzten gebunden. Das Normenkontrollverfahren wird nur „auf [seinen] Antrag" eingeleitet (I). Der Antrag bestimmt den Gegenstand der gerichtlichen Überprüfung und kann ihn beschränken, das gerichtliche Prüfprogramm des OVG aber nicht auf bestimmte Aspekte festlegen (BVerwGE 88, 268 (271); 82, 225 (232 f.)).

2. Form und Inhalt des Antrags

21 Für die Form der Antragstellung gelten §§ 81 f. entsprechend. Der Antrag ist also **schriftlich** zu stellen (§ 81 I 1), und zwar beim **OVG,** das ausschließlich sachlich zuständig ist (zur Verweisung → § 41 Rn. 9). Daher besteht keine Möglichkeit der Antragstellung zur Niederschrift des Urkundsbeamten (→ § 81 Rn. 14). Inhaltlich muss der **Antrag** die **Mindestangaben nach § 82 I 1** enthalten, also den Antragsteller, den Antragsgegner (→ Rn. 24 ff.) und die angegriffene Rechtsvorschrift bezeichnen, wobei keine zu hohen Anforderungen zu stellen sind. Ein bestimmter Antrag ist nicht erforderlich, auch eine Auslegung muss das Gericht nicht betreiben, da § 88 nicht gilt (→ Rn. 52); vielmehr hat das Gericht den **Verfahrensgegenstand vAw zu ermitteln.** Wie üblich hat der Vorsitzende dem Antragsteller Gelegenheit zu

Ergänzungen zu geben (→ § 82 Rn. 9). Sachlich muss der Antrag auf **Feststellung der Unwirksamkeit** der zur Prüfung gestellten Norm gerichtet sein. Darüber darf das Gericht grds. nicht hinausgehen (→ Rn. 70). In der **Erweiterung** eines angekündigten Antrags (zB von Teilnichtigkeit auf gesamte Unwirksamkeit) liegt iHa auf die Besonderheiten bei der Normenkontrolle als objektives Prüfungsverfahren keine Antragsänderung (BVerwG BauR 2011, 238 Rn. 10).

3. Antragsfrist (II 1)

Nach II 1 kann der Normenkontrollantrag nur „innerhalb **eines Jahres** nach **22** **Bekanntmachung** der Rechtsvorschrift" gestellt werden. Damit soll die Normenkontrolle generell zeitlich beschränkt werden (BVerwG, NVwZ 2013, 1547), was eine teleologische Reduktion (dazu Schenke NVwZ 2014, 341 f.) für bestimmte Fälle ausschließt. Die ursprünglich zwei Jahre betragende Antragsfrist ist mWv 1.1.2007 verkürzt worden (Gesetz v. 21.12.2006, BGBl. I 3316). Das machte eine in § 195 VII enthaltene Übergangsregelung erforderlich, die mittlerweile jedoch obsolet ist (→ § 195 Rn. 2).

Die Frist wird unabhängig von der Wirksamkeit bzw. **Fehlerhaftigkeit** **23** **der Bekanntmachung** ausgelöst (BVerwGE 120, 82; NVwZ 2004, 1122). Die Frist wird durch eine Änderung der Rechtsvorschrift nur dann neu in Gang gesetzt, wenn die geänderte Satzung neue Rechtsvorschriften enthält, die nunmehr angegriffen werden. Die Frist wird auch unabhängig davon ausgelöst, ob die Norm mit einer Rechtsbehelfsbelehrung bekannt gemacht worden ist; denn **§ 58 II** gilt nicht (OVG NRW NVwZ-RR 2001, 484; Kopp/Schenke § 47 Rn. 83).

Die Jahresfrist gilt bei Normenkontrollanträgen nach I Nr. 2 (→ Rn. 6) **23a** auch dann, wenn die Rechtsvorschrift erst nach ihrer Bekanntmachung infolge einer Änderung der tatsächlichen oder rechtlichen Verhältnisse **rechtswidrig geworden** ist (BVerwG NVwZ 2013, 1547), bei Anträgen nach I Nr. 2 (→ Rn. 7) auch dann, wenn sie nachträglich wegen **Funktionslosigkeit** unwirksam geworden ist (BVerwG Beschl. v. 29.6.2015 – 4 BN 31.14: Baumschutzverordnung). Dass dadurch die prinzipale Feststellung der Unwirksamkeit iaR nicht möglich sein wird (BVerwGE 108, 71 (75 f.)), ist verfassungsrechtlich unbedenklich.

II. Verfahrensbeteiligte (II)

1. Antragsteller

Nicht zuletzt mit Blick auf eine differenzierte Regelung der Antragsbefugnis **24** werden in II 1 die beteiligungsfähigen Antragsteller festgelegt: Den Antrag kann jede (normbetroffene) natürliche oder juristische Person sowie jede Behörde stellen. Die **juristischen Personen** sind nicht auf solche des Privatrechts eingeschränkt; auch juristische Personen des öffentlichen Rechts (wie zB Gemeinden) können Antragsteller sein, über den Wortlaut hinaus gehören auch Personenmehrheiten iSd § 61 Nr. 2 hierzu, die eine hinreichende rechtliche Verfestigung aufweisen (Handelsgesellschaften, BGB-Ge-

sellschaften, Erbengemeinschaften). Nach allgemeinen Regeln beteiligungsfähig ist eine aufgelöste Rechtsgemeinschaft im Streit um die Gültigkeit der
sie auflösenden Norm (Kopp/Schenke § 47 Rn. 24).

25   Nach hM ist zur Begriffsbestimmung der **Behörde** iSd II 1 die Definition
in § 1 IV VwVfG heranzuziehen (BVerwGE 81, 307 (309)). Das ist nach dem
erkennbaren gesetzlichen Willen zu einer weiten Fassung („jede" Behörde)
konsequent. Unter einer Behörde ist mithin jede Stelle zu verstehen, die
Aufgaben der öffentlichen Verwaltung wahrnimmt. Bei Gemeinden ist im
Einzelfall zu entscheiden, ob sie als Rechtsträger auftreten (der von einer
Gemeindebehörde vertreten wird) oder als Behörde. Die Beteiligungsfähigkeit
von Gerichten ist umstritten; die überwiegende Ansicht verneint ihre Behör-
deneigenschaft (NK-VwGO § 47 Rn. 267 mwN; Eyermann § 47 Rn. 58).

2. Antragsgegner

26   Gemäß II 2 ist der Normenkontrollantrag gegen den Normgeber zu richten,
dh die Körperschaft, Anstalt oder Stiftung, welche die Rechtsvorschrift erlassen hat. Bei Normerlass im Wege aufsichtlicher Ersatzvornahme ist der Antrag
nicht gegen die Aufsichtsbehörde, sondern die beaufsichtigte Körperschaft zu
richten, weil mit Abschluss des aufsichtlichen Normsetzungsaktes die Norm-
gebungskompetenz wieder bei der Körperschaft liegt (BVerwG NVwZ-RR
1993, 513, aA NK-VwGO § 47 Rn. 272).

3. Beiladung

27   Die früher als mit dem Wesen der Normenkontrolle unvereinbar und daher
unzulässig angesehene Beiladung Drittbetroffener (BVerwG Buchh 406.11
§ 5 BauGB Nr. 11; NVwZ-RR 1994, 235) wurde durch Gesetz v.
20.12.2001 (BGBl. I 3987) in II 4 durch eine entsprechende Anwendung der
einfachen Beiladung nach § 65 I, IV und § 66 zugelassen. Diese Möglichkeit
wurde geschaffen, um dem grundrechtlichen Anspruch der Eigentümer planunterworfener Grundstücke, denen die Unwirksamkeitserklärung des Plans
zum Nachteil gereichen würde, auf effektiven Rechtsschutz Rechnung zu
tragen (vgl. BT-Drs. 14/6393 S. 9 im Anschluss an BVerfG NVwZ 2000,
1283).

28   Beigeladen werden kann, wer durch die anstehenden Normenkontrollentscheidungen iSd § 65 I in **rechtlichen Interessen berührt** wird. Eine solche
Betroffenheit muss sich unmittelbar aus dem − der Rechtskraft fähigen −
Entscheidungssatz und nicht lediglich aus etwaigen rechtlichen oder tatsächlichen Feststellungen in den Entscheidungsgründen ergeben können. Die
Beiladung steht im **Ermessen** des Normenkontrollsenats. Kriterien für sie
können sein: die Anzahl der Betroffenen, die Unmittelbarkeit und die Schwere ihrer Beeinträchtigung, ggf. auch die Erfolgsaussichten des Normenkontrollantrages.

29   Die Beiladung ist nach ihrem Sinn und Zweck ein verfahrensrechtliches
Instrument zum Schutze dieser Grundeigentümer und nicht etwa des Plangebers selbst. In aller Regel wird die **plangebende Gemeinde** durch das

Unterlassen der Beiladung der Eigentümer planunterworfener Grundstücke nicht in ihren Rechten berührt. Eine unter Rechtsschutzgesichtspunkten etwaige wechselseitige Stärkung der Verfahrenspositionen des Plangebers und beizuladender Dritter, die gemeinsam die Nichtigerklärung des Plans abzuwehren suchen, ist mit dem Rechtsinstitut der Beiladung nicht bezweckt (BVerwGE 116, 296 (306); NVwZ 2006, 329; VIZ 2000, 661 (662)).

4. Äußerungsberechtigte (II 3); VBI/VöI

VBI und VöI können sich nach allgemeinen Regeln bei entsprechender **30** Erklärung an Normenkontrollverfahren beteiligen (→ §§ 35 f.).

Als Besonderheit sieht II 3 darüber hinaus vor, dass das OVG dem Land **31** und anderen juristischen Personen des öffentlichen Rechts, deren Zuständigkeit durch die Rechtsvorschrift berührt wird, **Gelegenheit zur Äußerung** binnen einer zu bestimmenden Frist geben kann. Die Anhörung soll dem Gericht die Klärung der Verhältnisse erleichtern; sie vermittelt den Äußerungsberechtigten – anders als die Beiladung – keine Beteiligtenstellung iSd § 63 (BVerwG NVwZ 1991, 871 (872); BeckOK VwGO § 47 Rn. 59).

Die Anhörung steht im **Ermessen** des Gerichts, das es nach Zweckmäßig- **32** keitsgesichtspunkten ausüben kann. Es genügt, dass weiterführende Hinweise zum Verfahren zu erwarten sind. Das ist regelmäßig der Fall, wenn die zu prüfende Norm in den Aufgabenbereich der Körperschaft fällt. Schon immer hat das BVerwG darüber hinaus in entsprechender Anwendung des II 3 solche Personen angehört, damit sie ihre Auffassung zu den für die Entscheidung erheblichen Punkten dem Gericht zur Kenntnis bringen, insbes. zu einer gebotenen Sachverhaltsermittlung beitragen können (BVerwGE 65, 131). Aus der Anhörung oder ihrem Unterlassen können die Verfahrensbeteiligten keine Rechte oder Rechtsverletzungen herleiten (BVerwG NJW 1983, 1012 (1014)).

III. Antragsbefugnis (II 1)

1. Grundsatz: § 42 II entsprechend

Gemäß II 1 müssen natürliche oder juristische Personen als Antragsteller (zu **33** Behörden → Rn. 46) geltend machen, durch die Rechtsvorschrift oder deren Anwendung in ihren Rechten verletzt zu sein oder in absehbarer Zeit verletzt zu werden. An die Geltendmachung einer Rechtsverletzung sind grds. dieselben Anforderungen zu stellen, wie sie für die **Klagebefugnis** nach § 42 II zu beachten sind (→ § 42 Rn. 100 ff.). Die Antragsbefugnis muss, wie auch sonst (→ vor § 40 Rn. 8), im Zeitpunkt der gerichtlichen Entscheidung vorliegen (Ausnahme → Rn. 42). Sie fehlt nur dann, wenn unter Zugrundelegung des Antragsvorbringens Rechte des Antragstellers offensichtlich und eindeutig nach keiner Betrachtungsweise verletzt sein können (stRspr, BVerwG Beschl. v. 9.1.2018 – 4 BN 33.17, Rn. 4; BVerwGE 140, 41 Rn. 12; 108, 182 (184); 107, 215 (217)). Das verbietet eine prozessuale Handhabung des II 1, die im Ergebnis dazu führt, die an sich gebotene Sachprüfung als Frage der Zulässigkeit des Antrags zu behandeln (BVerwGE 117, 209 mwN). Daraus ergeben sich für Normen iSd I Nr. 2 keine anderen Probleme als nach § 42 II, wohl aber bei Rechtsvorschriften des Bau- und Städtebaurechts nach I Nr. 1. **Beispiele:** Raumordnungsplan: BVerwG Beschl. v. 21.3.2019 – 4 BN 11.19; Bebauungsplan: BVerwGE 107, 215 (219); Rechtsverletzung durch eine ordnungsbehördliche VO über die Ladenöffnung an einem Sonntag: BVerwGE 159, 27 Rn. 10; kommunale Kindertagesstättengebührensatzung BVerwG NVwZ 2019, 1685; OVG Münster NWVBl 2019, 417; Außenbereichssatzung OVG Münster BauR 2019, 1147; Wasserschutzgebietsverordnung BayVGH W+B 2019, 244.

34   Die Rechtsverletzung „durch" die angegriffene Norm muss nicht aktuell bestehen; es genügt, dass sie **„in absehbarer Zeit"** zu erwarten ist. Das ist auch dann zu bejahen, wenn die Betroffenheit in einem abwägungsbeachtlichen Belang nicht durch die Festsetzung des Bebauungsplans selbst, sondern erst durch einen nachfolgenden, rechtlich und tatsächlich eigenständigen Rechtsakt eintritt. Dies gilt dann, wenn die weitere Maßnahme der Lösung von Konflikten dient, welche der Bebauungsplan aufgeworfen, aber nicht ausreichend gelöst hat (BVerwG NVwZ 1997, 682). Dazu muss jedoch hinreichend absehbar sein, dass die weitere Maßnahme im Zusammenhang mit dem Bebauungsplan ergriffen werden wird (BVerwG NVwZ 1991, 980). Ausreichend sind vom Normgeber eingeplante Folgemaßnahmen (BVerwG NVwZ 1993, 470). Ein Beispiel sind Verkehrsbeschränkungen zulasten eines Gewerbebetriebs, die die Erschließung eines Baugebiets sichern sollen.

35   Die prozessuale Antragsbefugnis kann im Einzelfall **verwirkt** sein, etwa wenn sich der Antragsteller mit seinem eigenen früheren Verhalten (oder dem seines Rechtsvorgängers) in einen mit Treu und Glauben unvereinbaren Widerspruch setzen würde (vgl. BVerwG NVwZ 1990, 554). Die Verwirkung hat zur Folge, dass das Gericht nicht mehr in eine Prüfung der Gültigkeit der Rechtsvorschrift eintreten darf.

36   Trotz aller inhaltlichen Ähnlichkeiten zwischen Antragsbefugnis nach II 1 und der Klagebefugnis bestehen gewichtige **Unterschiede in der Funktion:** Weitergehend als es bei sonstigen Klagen der Fall ist, eröffnet die Möglichkeit einer Rechtsverletzung eine Vollprüfung der angegriffenen Norm und nicht nur eine Begründetheitsprüfung hinsichtlich der eigenen Rechte des Antragstellers. Die Feststellung einer Rechtsverletzung ist überdies keine Voraussetzung für die Begründetheit des Normenkontrollantrags, da § 113 I 1 für ihn nicht gilt (→ Rn. 56).

2. Festsetzungen eines Bebauungsplans

37   **a) Eigentümer im Plangebiet (unmittelbar Betroffene).** Den praktischen Hauptanwendungsfall der Normenkontrolle bilden Bebauungspläne. Sie enthalten Festsetzungen, mit denen die Nutzung der erfassten Grundstücke iS einer Inhaltsbestimmung nach Art. 14 I 2 GG geregelt wird (BVerfG 79, 174 (188)). Die Festsetzungen eines Bebauungsplans sind stets **ambivalent,** nämlich nie objektiv eindeutig begünstigend oder belastend (Eyermann § 47 Rn. 44). Belastend kann nicht nur die Einschränkung bislang möglicher Nutzungen sein, sondern auch die Festschreibung der bestehenden und die Ausweisung einer weitergehenden oder andersartigen, dem Berechtigten aber nicht weit genug gehenden Nutzung. Maßgeblich dafür, was als mögliche Rechtsverletzung anzuerkennen ist, muss daher die subjektive und schutzwürdige Interessenlage des Eigentümers sein. Deshalb kann sich der Eigentümer eines im Plangebiet gelegenen Grundstücks **regelmäßig** gegen eine bauplanerische Festsetzung wenden, die unmittelbar sein Grundstück betrifft (BVerwG NVwZ-RR 1998, 416; BauR 1997, 972). Außer der Belegenheit im Plangebiet ist erforderlich, aber auch ausreichend, dass der Antragsteller hinreichend substanziiert Tatsachen vorträgt, die es zumindest als möglich erscheinen lassen, dass er durch Festsetzungen in seinem Grundeigentum verletzt wird (BVerwG NVwZ 1998, 732).

Den planunterworfenen Grundstückseigentümern gleichgestellt sind ding- **38** liche Nutzungsberechtigte, ferner Käufer nach Erwerb des Anwartschaftsrechts (BVerwG NVwZ-RR 1996, 8; NVwZ 1996, 887). Auch Mieter, Pächter, Bauantragsteller und ggf. auch eine GbR können als Folge nachteiliger bauplanerischer Festsetzungen Beeinträchtigungen ihrer Nutzungsrechte erleiden und selbstsständig und unabhängig vom Eigentümer überprüfen lassen, ob die Festsetzung unter einem beachtlichen Rechtsfehler leidet (BVerwG NVwZ 2015, 1457 mwN).

b) Eigentümer außerhalb eines Plangebiets (mittelbar Betroffene). **39** Eigentümer (und die ihnen gleichstehenden Berechtigten, Rn. 38) außerhalb eines Plangebiets können sich nur auf eine Verletzung des **Abwägungsgebotes** (§ 1 VII BauGB) berufen. Dieses hat wie auch sonst drittschützenden Charakter hinsichtlich solcher planexterner privater Belange, die für die Abwägung erheblich sind (BVerwGE 107, 215; 140, 41 Rn. 15). Auch insoweit reicht für die Antragsbefugnis aus, dass der Antragsteller Tatsachen vorträgt, die eine fehlerhafte Behandlung seiner Belange in der Abwägung als möglich erscheinen lassen. Macht der Antragsteller eine Verletzung des Abwägungsgebots geltend, muss er allerdings einen eigenen Belang als verletzt benennen, der für die Abwägung überhaupt zu beachten war.

Nicht jeder private Belang ist in der Abwägung zu berücksichtigen, son- **40** dern nur solche Belange, die in der konkreten Planungssituation einen städtebaulich relevanten Bezug haben. **Nicht abwägungserheblich** sind rechtlich nicht geschützte Interessen (BVerwG NVwZ 2000, 197), also solche, auf deren Fortbestand kein schutzwürdiges Vertrauen besteht, ferner Interessen, die im konkreten Planungsfall geringwertig oder mit einem „Makel" behaftet sind, Interessen, die für die Gemeinde bei der Entscheidung über den Plan nicht erkennbar waren (BVerwG NVwZ 1999, 987; BVerwGE 59, 87 (102 f.); BayVGH BayVBl 2006, 407) und Interessen, die nicht in dem angefochtenen, sondern einem anderen Bebauungsplan oder nicht auf der Ebene der Bebauungsplanung berücksichtigt werden mussten.

Zu den **schutzwürdigen individualisierbaren Belangen** gehört der **41** grundstücksbezogene Schutz vor einer planbedingten, mehr als geringfügigen Zunahme von Verkehrslärm (BVerwG ZfBR 2007, 580; NVwZ 2000, 807 (808)) und Luftschadstoffen sowie das Interesse von Anliegern, von der Überlastung einer auch der Erschließung ihrer Grundstücke dienenden Straße verschont zu bleiben (BVerwG BauR 2004, 829; NVwZ 2001, 431 (432)). Hingegen ist das Interesse, mit einem – bisher nicht bebaubaren – Grundstück in den Geltungsbereich eines Bebauungsplans **einbezogen** zu werden, für sich genommen kein abwägungserheblicher Belang (BVerwG ZfBR 2007, 685; NVwZ 2004, 1120). Abwägungserhebliche negative Wirkungen können sich im Einzelfall allerdings gerade auch aus einer das betreffende Grundstück aussparenden Abgrenzung des Plangebiets ergeben (zB Erschwerung der Erschließung, Einschnürung, Schaffung einer „Insel-Lage"). Fraglich ist, ob eine Antragsbefugnis in Betracht kommt, wenn ein Grundstück „willkürlich" nicht in einen Bebauungsplan einbezogen wird (offen BVerwG NordÖR 2004, 284). Antragsbefugt kann auch der Eigentümer eines außerhalb des Plangebiets gelegenen Grundstücks sein, wenn die Gemeinde beabsichtigt, sein Grundstück zur Erschließung des Plangebiets in einem weiteren Bebauungsplan teilweise als Verkehrsfläche festzusetzen (aA BayVGH Urt. v. 14.8.2008 – 1 N 07.2753).

42   **Berührt** die Planung abwägungserhebliche Belange des Antragstellers, dann besteht abstrakt die Möglichkeit, dass die Gemeinde diese Belange bei ihrer Abwägung nicht korrekt behandelt hat (BVerwG NVwZ 2004, 1120). Dabei kommt es nicht auf die Frage an, ob die geltend gemachte Verletzung des Abwägungsgebots, wenn sie vorläge, nach den Planerhaltungsvorschriften beachtlich wäre (BVerwG ZNER 2010, 188). Maßgeblicher **Zeitpunkt** für die Beurteilung eines Abwägungsmangels ist abweichend vom Regelfall (→ Rn. 33) die Sach- und Rechtslage bei der Beschlussfassung über den Bauleitplan (vgl. § 214 III 1 BauGB, SSB § 47 Rn. 66).

3. Öffentlich-rechtliche Körperschaften

43   Körperschaften des öffentlichen Rechts sind antragsbefugt, wenn sie durch den Bebauungsplan in der Wahrnehmung ihnen zur eigenständigen Erfüllung übertragener Aufgaben (Beispiel: Straßenbaulast) negativ berührt werden. Die Aufgabe muss sich von der Wahrnehmung von allgemeinen Belangen des Gemeinwohls unterscheiden.

44   Besonderheiten geltend für **Gemeinden,** die als juristische Person oder als Behörde (→ Rn. 46) auftreten können. Als Körperschaft muss eine Gemeinde geltend machen, durch eine untergesetzliche Rechtsvorschrift in ihren Rechten verletzt zu sein oder in absehbarer Zeit verletzt zu werden. Eine Rechtsverletzung im Sinne dieser Bestimmung scheidet von vornherein aus, wenn die Regelung, die den Angriffsgegenstand bildet, nicht die Qualität einer **Rechtsnorm** hat (vgl. BVerwG ZfBR 2005, 807; NVwZ 2002, 869). Wendet sich die Gemeinde gegen eine in der Form einer Rechtsverordnung getroffene Planaussage, genügt es nicht, dass ein Plan in der Form einer Rechtsvorschrift erlassen wurde; vielmehr muss die angegriffene Planaussage auch materiell die Qualität einer Rechtsnorm haben (BVerwG ZfBR 2005, 807) und geeignet sein, normative Bindungen für die Gemeinde zu erzeugen.

45   Als potenziell **verletzte Rechte** der Gemeinde kommen das Selbstverwaltungsrecht aus Art. 28 II GG, das interkommunale Abstimmungsgebot (§ 2 II BauGB) oder der beschränkte Schutz in Betracht, den gemeindliches Eigen-

tum verschafft. Die Geltendmachung einer Einschränkung des Selbstverwaltungsrechts setzt den substanziierten Vortrag voraus, die angegriffene Planung beeinträchtige bereits hinreichend konkretisierte Planungsabsichten, wirke sich schädlich auf gemeindliche Einrichtungen aus oder vernachlässige sonstige Belange der Antragstellerin in unzulässiger Weise (SSB § 47 Rn. 67 mwN). Als Eigentümerin von Grundstücken kann sich eine Gemeinde nicht auf den Schutz des Art. 14 GG berufen; jedoch verschafft ihr die einfachrechtlich (aus § 903 BGB) vermittelte Eigentumsposition einen abwägungserheblichen Belang, der eine sektorale Abwägungskontrolle eröffnet. Geprüft wird, ob das Eigentum sachlich zutreffend in die Abwägung eingestellt und absolut wie auch im Verhältnis zur Bedeutung des Vorhabens richtig gewichtet wurde (SSB § 113 Rn. 17 mwN).

4. Behörden

46 Behörden (zum Begriff → Rn. 25) sind im Außenrechtsverhältnis keine Zuordnungssubjekte von Rechten. Daher ist in § 1 mit Blick auf sie nicht die Geltendmachung einer Rechtsverletzung gefordert, Behörden sind unter erleichterten Voraussetzungen antragsbefugt. Sie können die Prüfung der Gültigkeit einer Rechtsvorschrift stets beantragen, wenn sie diese **beachten** müssen. Für ein Beachten-Müssen genügt jede Art der Befassung, auch etwa bei Begutachtungen durch Fachbehörden (BVerwGE 81, 307 (310)). Rechtliche Bindungen dieser Art können auch aufgrund überörtlicher Vorschriften bestehen, welche eine Gemeinde bei ihren Planungen berücksichtigen muss, nicht aber bei den Festsetzungen des Bebauungsplans einer Nachbargemeinde, die nicht auf ihrem Gebiet gelten und ihr gegenüber auch nicht mit dem Anspruch auf Verbindlichkeit für die Aufgabenerfüllung auftreten.

IV. Rechtsschutzbedürfnis

47 Jedes Gesuch um Rechtsschutz – auch das objektive Kontrollverfahren nach § 47 – muss sich auf ein Rechtsschutzbedürfnis stützen können (→ vor § 40 Rn. 41 ff.). Ob ein durch eine planerische Festsetzung betroffener Grundeigentümer für einen Normenkontrollantrag das Rechtsschutzinteresse besitzt, ist von der Antragsbefugnis getrennt zu beantworten (vgl. BVerwG NVwZ 1994, 268). Das BVerwG hat sich vielfach damit befasst. **Gemeinsamer Nenner** aller Entscheidungen ist, dass das Rechtsschutzbedürfnis nur in engen Grenzen verneint werden darf. Dem Zulässigkeitserfordernis ist genügt, wenn sich nicht ausschließen lässt, dass die gerichtliche Entscheidung für den Rechtsschutzsuchenden ggf. von Nutzen sein kann.

48 **Unnütz** wird das Normenkontrollgericht nur dann in Anspruch genommen, wenn der Antragsteller unabhängig vom Ausgang des Normenkontrollverfahrens keine reale Chance hat, den von ihm geltend gemachten Nachteil abzuwenden oder seine Rechtsstellung mit der begehrten Normenkontrollentscheidung zu verbessern (BVerwG NVwZ 2004, 614; 2002, 869; 1994, 268; UPR 1993, 307; BVerwGE 82, 225). Ein Normenkontrollantrag gegen eine untergesetzliche Rechtsvorschrift, die eine gesetzliche Norm inhaltlich wiederholt, ist mangels Rechtsschutzbedürfnisses unzulässig, wenn es auch im Falle der Nichtigerklärung dabei bliebe, dass der Antragsteller die inhaltsgleiche gesetzliche Regelung zu beachten hätte (BVerwG NVwZ 2002, 869). Richtet sich ein Normenkontrollantrag gegen Festsetzungen eines Bebauungsplans, zu deren Verwirklichung schon eine unanfechtbare Genehmigung erteilt worden ist, fehlt dem Antrag das Rechtsschutzbedürfnis, wenn der Antragsteller dadurch, dass der Bebauungsplan für nichtig erklärt wird, seine Rechtsstellung derzeit nicht verbessern kann (BVerwGE 78, 85).

49   Einer **Behörde** steht ein Rechtsschutzinteresse bereits dann zur Seite, wenn sie mit der Ausführung der von ihr beanstandeten Norm befasst ist, ohne selbst über die Norm verfügen – insbes. sie aufheben oder ändern – zu können (BVerwGE 81, 307).

V. „Schlüsselloch"-Präklusion (IIa aF)

50-51   Die Präklusionsvorschrift in IIa ist durch Art. 5 G v. 29.5.2017 (BGBl. I 1298) mWv 2.6.2017 **aufgehoben** worden. Der EuGH hatte im Urt. v. 15.10.2015 (C-137/14 – NVwZ 2015, 1665) die Präklusion in UVP-pflichtigen Vorhaben für unionsrechtswidrig erklärt (näher Kopp/Ramsauer VwVfG § 73 Rn. 62 ff.). Dem hat der Gesetzgeber durch Neufassung des UmwRG Rechnung getragen. Ein Fortgelten der IIa-Präklusion außerhalb des Anwendungsbereichs des UmwRG erschien nicht praxisgerecht, weshalb IIa insgesamt aufgehoben wurde (BT-Drucks. 18/9526 S. 51).

D. Verfahren bis zur Entscheidung

I. Rechtsgrundlagen

52   Das Verfahren ist in § 47 nur rudimentär und also **ergänzungsbedürftig** geregelt. Es ist ein streitiges Antragsverfahren eigener Art (also keine Klage), für das weder die Urteils- noch die Beschlussvorschriften der VwGO unmittelbar gelten. Der kontradiktorische Charakter und die Anknüpfung an eine individuelle Beschwer erlauben aber grds. den Rückgriff auf die Regelungen über das Klageverfahren im 9. Abschnitt (§§ 81 ff.; zur Verfahrenseinleitung → Rn. 20 ff.). Grenzen werden der entsprechenden Anwendung durch den Charakter als objektives Rechtsbeanstandungsverfahren (→ Rn. 57) gesetzt. Daher können solche Verfahrensvorschriften, die allein dem Individualrechtsschutz dienen, nicht ergänzend herangezogen werden.

53   **Anwendbar** sind für das Verfahren die §§ 81 bis 83 (mit Ausnahme des § 82 II), §§ 85 und 86, §§ 90, 91 I und II, 92 bis 94 (BVerwG NVwZ-RR 1991, 52), §§ 95 bis 99 (BVerwG NVwZ 1983, 407) und §§ 100, 102 bis 105, §§ 108 ff. Zu § 101 findet sich eine Sonderregelung in V (→ Rn. 60 f.). **Nicht** anwendbar ist § 6 (→ § 6 Rn. 2), wohl aber § 87a, der eine Tätigkeit des Einzelrichters im vorbereitenden Verfahren und als konsentierter Einzelrichter erlaubt. Nicht anwendbar ist ferner die Sanktionsregelung in § 87b. Für die unstreitige Erledigung stehen die Antragsrücknahme (analog § 92 III), die übereinstimmenden Erledigungserklärungen (§ 161 II) und der Vergleich (§ 106) zur Verfügung.

II. Verfahrensgang

Für den Verfahrensgang gelten die Grundsätze über das **Urteilsverfahren** 54 entspr. (arg. V 1), soweit die Eigenart der Normenkontrolle dem nicht entgegensteht (BVerwGE 66, 233 (235)). Für die gerichtliche Sachaufklärung gilt § 86; sie hat sich wie stets an den Erfordernissen des konkreten Verfahrensgegenstandes auszurichten.

III. Aussetzung des Verfahrens (IV)

Für die Aussetzung des Verfahrens stehen iW zwei Möglichkeiten zur Verfügung: 55 die Aussetzung nach IV, wenn die Gültigkeit derselben Rechtsvorschrift Gegenstand eines anhängigen verfassungsgerichtlichen Verfahrens ist, und die Aussetzung wegen Vorgreiflichkeit. Eine Pflicht zur Aussetzung besteht wegen der unterschiedlichen Prüfungsmaßstäbe nicht (aA Eyermann § 47 Rn. 85). Theoretisch kann das OVG das Verfahren auch nach § 94 aussetzen, wenn eine entscheidungserhebliche Vorfrage anderweitig rechtshängig ist.

E. Gerichtliches Prüfprogramm

I. Umfang der gerichtlichen Prüfung

Kann ein Antragsteller iSd § 42 II geltend machen, durch Festsetzungen des 56 Bebauungsplans in eigenen Rechten verletzt zu sein (→ Rn. 33), muss das Normenkontrollgericht die Wirksamkeit des Bebauungsplans grds. **umfassend prüfen** (stRspr, BVerwGE 131, 100; 88, 268 (271); 82, 225 (230); NVwZ 2005, 695). Der Antrag ist zwar Ausgangspunkt der Prüfung, zieht dieser aber keine Grenze; § 88 gilt nicht. Anders als die Anfechtungsklage nach § 113 I 1 setzt die Erklärung einer Rechtsvorschrift für unwirksam nicht voraus, dass eine Verletzung eigener Rechte des Antragstellers festgestellt wird.

Das Verfahren der Normenkontrolle dient nicht nur dem subjektiven 57 Rechtsschutz; es stellt zugleich ein Verfahren der **objektiven Rechtskontrolle** dar (BVerwGE 78, 85 (91); 68, 12 (14); ZNER 2010, 188; BRS 63 Nr. 47). Zulässiger Gegenstand des Normenkontrollverfahrens ist daher die gesamte Norm mit Ausnahme der Bestimmungen, die unter Heranziehung des Rechtsgedankens aus § 139 BGB wegen ihres eigenständigen Regelungsgehalts vom Normgefüge abtrennbar sind (BVerwG NVwZ 2005, 695). Die Feststellung der Teilunwirksamkeit eines Bebauungsplans ist nicht grds. davon abhängig, dass der Antragsteller gerade durch den unwirksamen Teil in eigenen Rechten verletzt oder nachteilig betroffen wird (BVerwGE 131, 100).

Bei Normen, die iSd § 139 BGB **teilbar** sind, ist die verwaltungsgericht- 58 liche Kontrolle allerdings auf den Teil des Normgefüges beschränkt, auf den sich die geltend gemachte Rechtsverletzung bezieht. Das hat zur Folge, dass ein dennoch auf den gesamten Normenbestand zielender Normenkontrollantrag jedenfalls insoweit unzulässig ist, als er den Antragsteller nicht berührende Normteile erfasst, die schon aufgrund vorläufiger Prüfung offensichtlich und damit auch für den Antragsteller erkennbar unter Berücksichtigung der Ziele des Normgebers eigenständig lebensfähig und damit abtrennbar sind (BVerwGE 88, 268 (273 f.); NVwZ 2005, 695). Andererseits darf das Gericht bei einem auf Teile einer Norm beschränkten Antrag andere damit in untrennbarem Zusammenhang stehende Teile in seine Prüfung einbeziehen.

II. Prüfungsmaßstäbe (III)

59 Eine Rechtsvorschrift ist auf ihre Vereinbarkeit mit dem gesamten formellen und materiellen höherrangigen Recht zu überprüfen. Dazu gehört das **Bundesrecht** ohne Einschränkungen, also auch das Bundesverfassungsrecht, ferner das europäische Recht, das gegenüber allem innerstaatlichen Recht Anwendungsvorrang (→ vor § 40 Rn. 24) genießt (SSB § 47 Rn. 89; aA Eyermann § 47 Rn. 38). Schließlich gehört, wie sich III entnehmen lässt, das höherrangige **Landesrecht** zum Prüfungsmaßstab. Danach wird die Vereinbarkeit mit Landesrecht lediglich dann nicht geprüft, wenn gesetzlich vorgesehen ist, dass die Rechtsvorschrift ausschließlich durch das Verfassungsgericht eines Landes nachprüfbar ist. Gemeint ist ein Verwerfungsmonopol des Landesverfassungsgerichts (SSB § 47 Rn. 90; NK-VwGO § 47 Rn. 313 ff.). Auch dann bleibt der Normenkontrollantrag neben den landesverfassungsrechtlichen Möglichkeiten zulässig; die Verwerfung und Bindungswirkung einer Entscheidung des OVG ist aber auf Nicht-Landesrecht beschränkt. Die **inzidente Bejahung** der Gültigkeit der Rechtsvorschrift in einem früheren Klageverfahren wirkt zwischen den Verfahrensbeteiligten, beschränkt aber weder die Prüfungs- noch die Entscheidungsbefugnis des Normenkontrollsenats (BVerwG NVwZ 1991, 662).

F. Entscheidung des Gerichts (V)

I. Entscheidungsform; mündliche Verhandlung (V 1)

60 Nach V 1 entscheidet das OVG (regelmäßig) durch **Urteil,** sonst durch **Beschluss.** Keinen Raum lässt die Vorschrift für eine Entscheidung durch Gerichtsbescheid (§ 84). Die Wahl der Entscheidungsform hängt unmittelbar mit der Durchführung einer **mündlichen Verhandlung** zusammen: Dem Zusammenhang ist zu entnehmen, dass eine mündliche Verhandlung nur stattfindet, wenn das Gericht durch Urteil entscheiden will; durch Beschluss entscheidet es (abweichend von § 101 III) zwingend ohne sie. Urteile werden nach § 116 **wirksam,** auf Beschlüsse findet § 122 Anwendung.

61 Das Normenkontrollgericht hat ein (nicht an normierte Voraussetzungen geknüpftes) **Ermessen,** ob eine mündliche Verhandlung erforderlich ist (BVerwGE 81, 139 (143); 72, 122 (125 f.); s. aber → Rn. 62). Es darf nicht nur bei offensichtlicher Unzulässigkeit durch Beschluss entscheiden (BVerwG

Beschl. v. 25.3.2019 – 4 BN 14.19) und sich über die Wünsche der Verfahrensbeteiligten hinwegsetzen (BVerwG NVwZ 1993, 561). Die Entscheidungsform des Beschlusses soll es dem Gericht in geeigneten Fällen ermöglichen, in vereinfachter und beschleunigter Weise zu entscheiden (BVerwGE 81, 139 (142) mwN). Ein Absehen von mündlicher Verhandlung wird sich daher vor allem bei einer (offensichtlichen) Unzulässigkeit des Normenkontrollantrags anbieten (BVerwG DokBer 2015, 15). Hat das OVG eine mündliche Verhandlung durchgeführt, kann es (außer nach Zurückverweisung durch das BVerwG) nicht mehr zum Beschlussverfahren übergehen (BVerwGE 81, 139 (142)).

Das Verfahrensermessen wird jedoch **durch Art. 6 I 1 EMRK einge-** 62 **schränkt.** Nach der Entscheidungspraxis des EGMR dazu muss eine öffentliche mündliche Verhandlung stattfinden – um eine Anhörung zu ermöglichen –, wenn sich der Eigentümer eines im Plangebiet gelegenen Grundstücks gegen eine Festsetzung in einem Bebauungsplan wendet, die unmittelbar sein Grundstück betrifft. Der Verstoß gegen diese Verpflichtung ist ein absoluter Revisionsgrund nach § 138 Nr. 3 (BVerwGE 110, 203).

Das Gericht verletzt zwar nicht das rechtliche Gehör, wenn es die Betei- 63 ligten **nicht** über seine Absicht **informiert**, ohne mündliche Verhandlung zu entscheiden (BVerwG NVwZ 1989, 245). Zum Anspruch auf rechtliches Gehör gehört (nur), dass den Beteiligten die Möglichkeit zur Äußerung gegeben worden ist. Allerdings gehört es – unabhängig von sanktionierten Verfahrenspflichten – zu den Selbstverständlichkeiten fairer Verfahrensgestaltung, die Beteiligten über die beabsichtigte Vorgehensweise des Gerichts in Kenntnis zu setzen. In keinem Fall dürfen sie durch eine Entscheidung ohne mündliche Verhandlung überrascht werden.

II. Entscheidungsbesetzung (§ 9 III)

Die Besetzung des OVG bei der Entscheidung über einen Normenkontroll- 64 antrag ergibt sich aus § 9 III iVm dem Landesrecht. Dieses nutzt alle zugelassenen Besetzungsvarianten: So ist der Normenkontrollsenat in einem Teil der Länder mit fünf Berufsrichtern besetzt, in anderen mit drei Berufsrichtern und zwei ehrenamtlichen Richtern, die teilweise bei Beschlüssen außerhalb der mündlichen Verhandlung nicht mitwirken (vgl. BVerwGE 72, 122), in den übrigen Ländern mit drei Berufsrichtern.

III. Entscheidungsformeln (V 2 Hs. 1)

Die Entscheidungsformel und ihre Wirkungen hängen davon ab, ob der 65 Antrag zulässig ist und bejahendenfalls die überprüfte Rechtsvorschrift – im Zeitpunkt der gerichtlichen Entscheidung – ganz oder teilweise für unvereinbar mit Maßstabsnormen oder aber für fehlerfrei befunden wird. Auf eine dadurch verursachte Verletzung des Antragstellers in seinen Rechten kommt es nicht an, weil § 113 I 1 in Normenkontrollverfahren nicht anwendbar ist (BVerwGE 88, 268). Vgl. die Beispiele im **Anhang**.

1. Verwerfung und Ablehnung des Antrags

66 Die Tenorierungspraxis in Normenkontrollverfahren orientiert sich an der Sprachtätigkeit der OVG/VGH in Rechtsmittelverfahren. Unzulässige Normenkontrollanträge werden **verworfen;** eine inhaltliche Überprüfung der angegriffenen Norm findet nicht statt. Kommt das OVG zu der Überzeugung, dass die Rechtsvorschrift gültig – der Normenkontrollantrag also unbegründet – ist, wird er **abgelehnt** (in der Praxis gelegentlich wie bei Klagen „abgewiesen" oder gar „zurückgewiesen"). Eine positive Feststellung der Gültigkeit der Norm ist dem Gericht verwehrt; diese muss bei Antragsablehnung aus den Entscheidungsgründen erschlossen werden (BVerwGE 68, 306 (307); 68, 12 (15); 65, 131 (137); SSB § 47 Rn. 115).

67　Wird eine Rechtsvorschrift im Laufe des Normenkontrollverfahrens **geheilt,** ist der Antrag fortan unbegründet. Nach einer verbreiteten Praxis der OVG kann der Antragsteller zu einem **Fortsetzungsfeststellungsantrag** entspr. § 113 I 4 übergehen (SSB § 47 Rn. 116 mwN). Mit Recht wird dagegen eingewandt, dass diese Möglichkeit allein dem Individualrechtsschutz dient und im Normenkontrollverfahren nicht herangezogen werden kann. Die Beteiligten müssen das Verfahren übereinstimmend für **erledigt** erklären. Gibt der Antragsgegner keine Erledigungserklärung ab, muss der Antragsteller, um die Antragsverwerfung zu vermeiden, auf den Erledigungsfeststellungsantrag übergehen (→ § 161 Rn. 40).

2. Unwirksamkeitserklärung und Ungültigkeit

68　Kommt das OVG zu der Überzeugung, dass die Rechtsvorschrift (insgesamt) ungültig ist, **erklärt es sie für unwirksam** (V 2). Der Begriff der (Un-) Gültigkeit (I, IV, V 2) bezieht sich auf die materiellen Folgen für die Norm bei Unvereinbarkeit mit höherrangigem Recht. Da die Ungültigkeit nach überkommenem Verständnis eo ipso eintritt, hat das Gericht nur die sich daraus ergebenden **prozessualen Konsequenzen** auszusprechen. Dieser Ausspruch hat eine wechselvolle Geschichte hinter sich (dazu SSB § 47 Rn. 109a ff.; Eyermann § 47 Rn. 90). Dabei ist die ursprüngliche Nichtigerklärung wegen der später eingeführten Möglichkeiten der Fehlerheilung (§ 215a BauGB idF des BauROG 1998) zu einer Nichtwirksamkeitserklärung abgemildert worden. Seit der Änderung durch das EAG Bau 2004 werden ungültige Normen generell für „unwirksam" erklärt. Damit soll ausgedrückt sein, dass die Möglichkeit der **Fehlerheilung** auch nach einem gerichtlichen Ausspruch in allen Fällen erhalten bleibt, in denen das materielle Recht dies vorsieht. Bis zur Heilung ist die **Norm schwebend unwirksam.** In der heutigen Terminologie ist „Unwirksamkeit" daher ein Oberbegriff für die schwebende (vorläufige) Unwirksamkeit wie für die endgültige Unwirksamkeit (Nichtigkeit). Wiegt ein inhaltlicher Mangel so schwer, dass er die Plankonzeption insgesamt erschüttert, scheidet eine Heilung aus (BVerwGE 119, 54); dies ergibt sich jedoch nicht aus dem Tenor, sondern aus den Gründen der Entscheidung.

Eine Beseitigung festgestellter Abwägungsmängel kommt nur **für die Zu-** 69
kunft in Betracht. Die Möglichkeit der rückwirkenden „Heilung" ist in
Fällen des § 215a I 1 BauGB ausgeschlossen (BVerwGE 101, 58 (61); NVwZ
2000, 808; 1998, 956). Der Antragsgegner ist mithin daran gehindert, einen
für unwirksam erklärten Bebauungsplan durch einen erneuten Satzungs-
beschluss rückwirkend in Kraft setzen.

Zu **anderen Entscheidungsinhalten** als Unwirksamkeitserklärungen sind 70
die OVG/VGH nicht ermächtigt (str., SSB Rn. 113). V 2 lässt aber Raum,
im Wege europarechtskonformer Auslegung bei Widerspruch einer nationalen Norm zu Unionsrecht deren **Nichtanwendbarkeit** zu tenorieren (→ vor
§ 40 Rn. 24). **Nicht statthaft** sind gerichtliche Feststellungen, die über den
Ausspruch der Unwirksamkeit hinausgehen, indem sie eine bestimmte Art
der Fehlerbehebung (etwa durch Ergänzung der Norm) vorgeben (BVerwGE
152, 55). Diese bleibt aus Gründen der Gewaltenteilung Sache des Normgebers. **Abzulehnen** ist die Praxis der Gerichte, ungeachtet eines auf einzelne
Teile der Regelung beschränkten Antrags Regelungen in den Unwirksam-
keitsausspruch einzubeziehen, die in einem **untrennbaren Zusammenhang**
mit der antragsgegenständlichen Norm stehen (offen gelassen in BVerwGE
82, 225 (232); diese sind in den Gründen als ungültig zu kennzeichnen).

3. Teilstattgabe

Nach unbestrittener Auffassung können Normkomplexe auch nur teilweise 71
(also hins. einzelner Bestimmungen) von einem Fehler betroffen sein. Die
rechtlichen Konsequenzen für die Gültigkeit der übrigen Normen bestimmen
sich nach den Regeln der Teilbarkeit, die zu **§ 139 BGB** entwickelt worden
sind. Danach ist ein Normengefüge bei Ungültigkeit eines Teils nur dann
nicht insgesamt nichtig, wenn die Restbestimmung auch ohne den nichtigen
Teil sinnvoll bleibt (Grundsatz der Teilbarkeit) und mit Sicherheit anzunehmen ist, dass sie auch ohne diesen erlassen worden wäre (Grundsatz des
mutmaßlichen Willens des Normgebers; BVerwGE 131, 86; 82, 225 (228);
NVwZ 1992, 567).

Ist ein abtrennbarer **Teil der Norm ungültig,** spricht das OVG die Un- 72
wirksamkeit dieses – genau zu bezeichnenden – Teils aus. Ein weitergehender
Normenkontrollantrag darf deshalb aber nicht als teilweise unzulässig ver-
worfen werden, sondern ist „im Übrigen" abzulehnen (BVerwGE 131, 100).
Besonderheiten gelten für die **Kosten** (→ Rn. 74) und bei Bebauungsplänen
(→ Rn. 75 f.).

4. Sonstige Entscheidungskonstellationen

a) Unstreitige Verfahrensbeendigungen. Die Tenorierung in den Fällen 73
der Antragsrücknahme (§ 92 III) und der übereinstimmenden Hauptsachenerledigung (§ 161 II → § 161 Rn. 25) unterscheidet sich nicht von den
üblichen Aussprüchen (SSB § 47 Rn. 85, 116 und s. Anhang).

b) Fortsetzungsfeststellung bei Erledigung. Der Antrag **erledigt** sich mit 73a
dem **Außerkrafttreten** der Norm (durch Aufhebung oder infolge Ablaufs

ihrer Geltungsdauer), sofern sie keinerlei Rechtswirkungen mehr entfaltet. Eine Entscheidung über die Gültigkeit kommt nicht mehr in Betracht. Der Antragsteller kann seinen Antrag aber umstellen und die Feststellung begehren, dass die streitige Norm unwirksam gewesen ist, sofern er ein berechtigtes Interesse an der Feststellung entspr. § 113 I 4 hat (BVerwG Beschl. v. 14.6.2018 – 3 BN 1.17, Rn. 19 mwN).

IV. Nebenentscheidungen

74 Für die Entscheidung über die Kosten gelten die §§ 154 ff. Danach trägt grds. der Unterliegende die Kosten des Verfahrens; für Beigeladene gelten § 154 III (→ § 154 Rn. 12) und § 162 III (→ § 162 Rn. 63 ff.). Zur Kostenverteilung bei **Teilobsiegen** → § 155 Rn. 6.

75 Besonderheiten sind zu beachten, wenn ein **Bebauungsplan** nur **teilweise** für unwirksam erklärt wird. Ein unbeschränkter Antrag darf in solchen Fällen dann **nicht teilweise abgelehnt** werden (mit einer Kostenbelastung auch des Antragstellers), wenn sein **Grundstück in dem abtrennbaren Teilbereich** des Bebauungsplans liegt, der unwirksam ist (BVerwGE 131, 86). Die Kosten sind vielmehr nach § 154 I insgesamt dem Antragsgegner aufzuerlegen (BVerwGE 88, 268 (270)), es sei denn, die Teilnichtigerklärung ist für den Antragsteller nutzlos (dann gilt § 155 I).

76 Der Antragsteller wird **privilegiert,** weil von ihm nicht erwartet werden kann, dass er bei Stellung des Normenkontrollantrags tragfähige Überlegungen zur möglichen Teilnichtigkeit des anzugreifenden Bebauungsplans anstellt (Gatz jurisPR-BVerwG 16/2008 Anm. 2). Eines Schutzes bedarf jedoch nicht, wer bei erkennbarer Teilbarkeit des Bebauungsplans mit der Anfechtung des **ihn beschwerenden Teils** des Plans **erfolglos** bleibt: Der Antragsteller hat dann nach § 155 I einen Teil der Kosten zu tragen (BVerwGE 131, 86; 131, 100; OVG Bln-Bbg NVwZ-RR 2012, 152).

77 Das Urteil oder der Beschluss (auch abweisende) eines **OVG** in Normenkontrollverfahren sind feststellender Natur, aber doch hins. der Kosten nach Maßgabe von § 167 I iVm § 708 Nr. 11, § 711 ZPO **für vorläufig vollstreckbar** zu erklären. Entscheidungen des **BVerwG** sind unanfechtbar und also ohne Ausspruch sofort vollstreckbar (§ 167 I iVm § 704 ZPO).

V. Wirkungen der Entscheidung

1. Veröffentlichung

78 Wird die Rechtsvorschrift für unwirksam erklärt, ist die Entscheidungsformel vom Antragsgegner ebenso zu veröffentlichen wie die Rechtsvorschrift bekannt zu machen wäre (V 2 Hs. 2). Die Veröffentlichung dient allein der Unterrichtung der Allgemeinheit; deshalb ist sie auch nur für normverwerfende Entscheidungen vorgesehen. Der Antragsgegner macht die Entscheidungsformel des OVG bzw. des BVerwG in den Fällen des § 144 III 1 Nr. 1 ohne Nebenentscheidungen in der Weise bekannt, die zu diesem Zeitpunkt für die Publikation der Rechtsvorschrift vorgeschrieben ist; unmaßgeblich ist, ob oder wie die Norm ursprünglich bekannt gemacht worden ist.

2. Rechtskraft und Allgemeinverbindlichkeit

Normenkontrollentscheidungen sind nach § 121 der materiellen **Rechts-** 79
kraft fähig, die allerdings nur zwischen den Verfahrensbeteiligten wirkt
(BVerwG NVwZ 2002, 83; BauR 2000, 690). Die Rechtskraft wird daher
in V 2 ergänzt durch die Anordnung der **Allgemeinverbindlichkeit** einer
Normverwerfung, die mit der formellen Rechtskraft der Entscheidung einsetzt (BVerwG NVwZ-RR 2001, 483; NK-VwGO § 47 Rn. 364; SSB § 47
Rn. 119). Aufgrund der Allgemeinverbindlichkeit steht mit Wirkung gegenüber jedermann fest, dass die angegriffene Rechtsvorschrift zu keinem Zeitpunkt Bestandteil der Rechtsordnung war (BVerwG NVwZ 2002, 83).

Der Antragsgegner ist zudem gehindert, seine als fehlerhaft festgestellte 80
Rechtsvorschrift bei unverändster Sach- und Rechtslage erneut zu erlassen
(BVerwGE 108, 71 (72 f.); NVwZ 2000, 813; iE NK-VwGO § 47 Rn. 365).
Die Ablehnung eines Normenkontrollantrages wirkt hingegen nur mit der
Rechtskraft zwischen den Beteiligten des jeweiligen Verfahrens (BVerwG
NVwZ 2002, 83).

3. Wirkung der Normverwerfung auf Titel

Wie bei allen Normen ist die Wirkung einer verwerfenden Entscheidung auf 81
Rechtsakte zu klären, welche die ungültige Norm zur Rechtsgrundlage
haben. Dazu erklärt V 3 die Regelung in **§ 183** für entspr. anwendbar. Auf
die dortige Kommentierung kann verwiesen werden. § 183 iVm V 3 gilt
nicht nur für vollstreckbare **gerichtliche Entscheidungen,** die auf der
Anwendung der ungültigen Norm beruhen. Die Anwendungserstreckung
aus V 3 ergreift auch bestandskräftige **VA,** die infolge einer Unwirksamkeitserklärung nicht automatisch ihre Wirkung verlieren und insbes. als Rechtsgrund für Leistungen in der Vergangenheit erhalten bleiben; lediglich eine –
eventuell noch offene – Vollstreckung aus solchen Bescheiden wird unzulässig
(OVG MV Urt. v. 9.7.2008 – 4 K 27/06; NK-VwGO § 47 Rn. 380 f.).

G. Rechtsmittel

Gegen die Entscheidung des OVG **in Normenkontrollverfahren** (zur einst- 82
weiligen Anordnung → Rn. 107) ist die Revision zum BVerwG nach Maßgabe der §§ 132 ff. statthaft. Voraussetzung ist also, dass sie vom OVG oder
auf Nichtzulassungsbeschwerde hin vom BVerwG zugelassen worden ist. Die
Normenkontrollentscheidung ist ohne Rücksicht auf die Form der gerichtlichen Entscheidung (Urteil oder Beschluss) angreifbar; das ergibt sich unmittelbar aus § 132 I, der Beschlüsse nach § 47 V 1 ausdrücklich erwähnt
und damit die grds. Unanfechtbarkeit von Beschlüssen des OVG nach § 152 I
klarstellend beseitigt. Für das Beschwerde- und das Revisionsverfahren gelten
nach allgemeiner Auffassung die allgemeinen Bestimmungen (§§ 132 ff.). Das
BVerwG kann bei Unvereinbarkeit der Norm mit revisiblem Recht die Feststellung der Unwirksamkeit selbst treffen (§ 144 III 1 Nr. 1); ihm steht aber
auch die Möglichkeit der Zurückverweisung offen (§ 144 III 1 Nr. 2). Erklärt

es die Norm für unwirksam, hat es seine Entscheidung gem. V 2 selbst bekannt zu machen.

H. Einstweilige Anordnung (VI)

I. Rechtsgrundlagen und Zweck des Verfahrens

83 Nach VI kann das Gericht auf Antrag eine einstweilige Anordnung erlassen, wenn dies zur Abwehr schwerer Nachteile oder aus anderen wichtigen Gründen dringend geboten ist. Die Eigenständigkeit der Regelung gegenüber § 123 erklärt sich daraus, dass der Erlass einer Norm Anlass für das Rechtsschutzverfahren ist, für deren Überprüfung die verwaltungsgerichtliche Normenkontrolle eröffnet ist. In diesem Zusammenhang dient die einstweilige Anordnung dem **subjektiven Rechtsschutz.** Die Möglichkeit des Erlasses einer einstweiligen Anordnung soll den Rechtsschutz im Normenkontrollverfahren offen halten und verhindern, dass die nachfolgende Entscheidung des Normenkontrollgerichts durch Zeitablauf entwertet wird (vgl. FDK VorlRS Rn. 551 mwN). Demgem. tritt das im Normenkontrollverfahren dominierende Element der objektiven Rechtskontrolle (→ Rn. 2) in den Hintergrund, und zwar schon deshalb, weil die Gültigkeit der Norm nicht unmittelbarer Gegenstand der Prüfung ist. Sinn der einstweiligen Anordnung ist es nicht zu verhindern, dass eine Norm vollzogen wird, die sich später als nichtig erweist; denn diese Problematik wird bereits über V 3 iVm § 183 gelöst (→ Rn. 81).

84 Probleme bereitet zunächst, dass VI nur eine rudimentäre Regelung trifft. Die erforderliche **normative Ergänzung** erfolgt hins. des Verfahrens durch entsprechende Anwendung des § 123, teilweise auch der §§ 80 V, 80a (Kopp/Schenke § 47 Rn. 148; BeckOK VwGO § 47 Rn. 87), hins. der Begründetheitsprüfung durch Anwendung der in der Rspr. des BVerfG zu § 32 I BVerfGG entwickelten Maßstäbe (SSB § 47 Rn. 136 f. → Rn. 94). Die Rspr. ist entspr. uneinheitlich. Eilverfahren in Normenkontrollsachen haben keine nur theoretische, sondern durchaus auch praktische Bedeutung; vornehmlich, aber nicht nur geht es auch hier wieder um Bebauungspläne (weitere Beispiele bei SSB § 47 Rn. 133).

II. Zulässigkeitsvoraussetzungen

85 Der Eilantrag in Normenkontrollsachen ist als gerichtlicher Rechtsschutz ausgestaltet. Der Antrag hat daher – wie alle Rechtsbehelfe – Erfolg, wenn er zulässig und begründet ist, was in dieser Reihenfolge zu prüfen ist (→ vor § 40 Rn. 5 f.; Nachw. bei SSB § 47 Rn. 142).

1. Einleitung des Verfahrens

86 Wie VI ausdrücklich sagt, wird das Eilverfahren ausschließlich durch einen **Antrag** eingeleitet. Für ihn gelten grds. dieselben Anforderungen wie im Normenkontrollverfahren (→ Rn. 20). Was seinen Inhalt angeht, ist der Antragsteller jedoch freier, weil das Gericht letztlich nach Ermessen und vAw über die sachgerechte Anordnung im Einzelfall zu befinden hat (dazu → Rn. 101). Dieses Anordnungsermessen schließt eine strikte Bindung an das Antragsbegehren aus; § 88 gilt hier ebenso wenig wie im Normenkontrollverfahren.

2. Zuständigkeit des Gerichts

Die **Zuständigkeit** ist in VI unmittelbar geregelt: Der Antrag ist bei dem **87** „Gericht" zu stellen. Gemeint ist das Gericht der Hauptsache iSd § 123 II 1, also das OVG oder das BVerwG, bei dem das Normenkontrollverfahren bei Antragstellung jeweils anhängig ist (BVerwG NVwZ 1998, 1065; aA NK-VwGO § 47 Rn. 389: stets beim OVG). Der Antrag kann nach überwiegender Auffassung bereits **vor Anhängigkeit** des Normenkontrollverfahrens gestellt werden (NK-VwGO § 47 Rn. 386; SSB § 47 Rn. 146 mwN). Allerdings ist eine antragsgemäß ergehende einstweilige Anordnung vom Normenkontrollverfahren akzessorisch (→ Rn. 102).

3. Weitere Sachentscheidungsvoraussetzungen

Die weiteren Zulässigkeitsvoraussetzungen entsprechen iW denjenigen des **88** Normenkontrollverfahrens. Die **Statthaftigkeit** des Antrags erfordert, dass ein zulässiger Gegenstand der Normenkontrolle iSv I angegriffen wird, also eine bereits erlassene, nicht notwendig auch schon in Kraft getretene Norm vorliegt (→ Rn. 18), und dass das OVG „iR seiner Gerichtsbarkeit" entscheidet (dazu → Rn. 15). **Ersetzt** eine Gemeinde einen angefochtenen früheren Bebauungsplan rechtswirksam durch einen neuen, verliert der alte Bebauungsplan, auch wenn er nicht rechtsförmlich aufgehoben wurde, seine frühere rechtliche Wirkung. Ein gegen den alten Bebauungsplan gerichteter Antrag auf Erlass einer einstweiligen Anordnung nach VI ist nicht (mehr) statthaft. Das gilt auch dann, wenn sich der formell neue Bebauungsplan inhaltlich nicht oder nur unwesentlich von dem früheren Bebauungsplan unterscheidet (BVerwG Beschl. v. 19.4.2010 – 4 VR 2.09).

Für die **Verfahrensbeteiligten** und die **Antragsberechtigung** gelten die **89** Bestimmungen für das Normenkontrollverfahren in II entspr. (→ Rn. 24 und 33). Aus der „dienenden" Funktion des Eilverfahrens (→ Rn. 83) folgt, dass nur derjenige antragsbefugt sein kann, dem im Normenkontrollverfahren eine Antragsbefugnis zusteht (NdsOVG NuR 2010, 353). Der Antrag ist **gegen den Erlassgeber** der streitigen Rechtsvorschrift, nicht gegen Normanwender zu richten. Denn eine einstweilige Anordnung zielt auf die zeitweise Beseitigung der von ihm initiierten Geltung der Norm.

4. Insbes. Rechtsschutzbedürfnis

Eine größere Bedeutung als sonst hat das Rechtsschutzbedürfnis. Es dient **90** auch hier dem Schutz des Gerichts und des Normgebers vor überflüssiger Inanspruchnahme und deckt iW Fälle **unnützer Rechtsverfolgung** ab (→ vor § 40 Rn. 41 ff.). Unnütz ist die Rechtsverfolgung dann, wenn der

Erlass einer einstweiligen Anordnung dem Antragsteller keinen Vorteil verschafft, oder auch dann, wenn der Antrag gegenüber anderen Formen der Rechtsverfolgung subsidiär ist.

91   Die einstweilige Anordnung nach VI ist **subsidiär** gegenüber dem vorläufigen Rechtsschutz nach §§ 80 ff., § 123 gegen **ergangene Vollzugsakte.** Ein Normenkontrollantrag entfaltet mit Blick auf den Vollzug der angegriffenen Norm keinen Suspensiveffekt. Ziel der einstweiligen Anordnung ist es daher, mithilfe einer befristeten Außervollzugsetzung der im Normenkontrollverfahren anzugreifenden Rechtsvorschrift deren Anwendung bis zur Entscheidung im Normenkontrollverfahren zu verhindern. Sind Vollzugsakte (Entscheidungen, Realakte) ergangen, müssen diese wegen ihrer eigenständigen belastenden Wirkungen Gegenstand eigenständiger Rechtsschutzverfahren bilden. Eine einstweilige Anordnung nach VI könnte dasselbe Ziel rückwirkend nicht erreichen: Der Vollzugsakt ist – bei objektiver Ungültigkeit der Norm – zwar rechtswidrig, insbes. bei Entscheidungen von Gerichten oder bei VA aber nicht automatisch ein Nullum (vgl. V 3 iVm § 183; dazu OVG RhPf DVBl 2010, 664; NVwZ-RR 1995, 159). In offener Anfechtungsfrist ist der Betroffene daher gehalten, die Rechtswidrigkeit des Vollzugsakts unmittelbar gegenüber der vollziehenden Stelle geltend zu machen; iR dieses gerichtlichen Verfahrens kann die behauptete Ungültigkeit der Rechtsgrundlage geprüft oder als Entscheidungselement (etwa einer Folgenabwägung → § 80 Rn. 51 ff.) berücksichtigt werden.

92   Hingegen ist **bis zum Ergehen** eines Vollzugsaktes die einstweilige Anordnung nach VI effektiver: Mit ihr steht allgemeinverbindlich fest, dass ein Vollzugsakt nicht ergehen darf; unter Verstoß gegen die Anordnung ergehende Rechtsakte sind offenkundig mangels Rechtsgrundlage rechtswidrig. Der drohende Vollzugsakt muss den Antragsteller (iSd § 42 II) in eigenen Rechten verletzen können. UU besteht daher ein Rechtsschutzbedürfnis nur für die Außervollzugsetzung jenes Teils der Norm, der zu belastenden Anwendungen führen kann.

93   Das Rechtsschutzbedürfnis fehlt weiter, wenn dem Antragsteller die Außervollzugsetzung der Norm aus anderen Gründen **nichts nützen** würde. Das kann der Fall sein, weil die angegriffene Norm denselben Inhalt hat wie eine unmittelbar geltend gesetzliche Regelung oder wenn der abzuwendende Vollzugsakt auf anderer Rechtsgrundlage in ähnlicher Weise ergehen dürfte (Beispiel: Die Baugenehmigung könnte nach § 34 BauGB ebenso erteilt werden wie nach dem angegriffenen Bebauungsplan).

III. Materielle Erlassvoraussetzungen

94 In VI sind die Voraussetzungen formuliert, unter denen die einstweilige Anordnung ergehen darf: wenn dies zur Abwehr schwerer Nachteile oder aus anderen wichtigen Gründen dringend geboten ist. Nach überkommenem Begriffsverständnis handelt es sich um die möglichen, iR der Begründetheit zu prüfenden **Anordnungsgründe.** Über deren Ausfüllung besteht in der Rspr. der Obergerichte keine Einigkeit. Gesichert ist lediglich, dass an die Aussetzung des Vollzugs einer (angreifbaren) Norm erheblich **strengere An-**

forderungen gestellt sind, als § 123 sie sonst an den Erlass einer einstweiligen Anordnung stellt (BVerwG NVwZ 1998, 1065). Welcher Maßstab bei der Prüfung der Begründetheit eines Normenkontroll-Eilantrags aber genau zur Anwendung gelangt, wird uneinheitlich beantwortet (vgl. Jäde UPR 2009, 41 (44 ff.); SSB § 47 Rn. 152 ff.).

Da die einstweilige Anordnung nach VI dem **§ 32 BVerfGG nachgebil-** **95** **det** ist, werden ganz überwiegend die vom BVerfG zu dieser Vorschrift entwickelten Grundsätze herangezogen, ohne dass aber eine Übertragung eins zu eins möglich wäre. Nach diesen **Grundsätzen** hat das Gericht lediglich die Nachteile abzuwägen, die einträten, wenn eine einstweilige Anordnung nicht erginge, der Normenkontrollantrag aber in der Hauptsache Erfolg hätte, gegenüber den Nachteilen, die entstünden, wenn die begehrte einstweilige Anordnung erlassen würde, in der Hauptsache aber der Erfolg zu versagen wäre (vgl. BVerfGE 108, 238 (246); 126, 158; stRspr).

Die **Erfolgsaussichten** des Normenkontrollverfahrens müssen bei dieser **96** vergleichenden Folgenabwägung außer Betracht bleiben, es sei denn, der Normenkontrollantrag erwiese sich als von vornherein unzulässig oder offensichtlich unbegründet (BVerfGE 118, 111 (122); 89, 38 (44); aus der verwaltungsgerichtlichen Rspr. vgl. OVG LSA Beschl. v. 26.3.2010 – 4 R 316/ 09; NdsOVG DVBl 2010, 733; OVG RhPf DVBl 2010, 664; OVG NRW NVwZ-RR 2009, 799; ZfBR 2007, 574; OVG Saarl NVwZ-RR 1992, 626; Kopp/Schenke § 47 Rn. 148 mwN).

IV. Entscheidung

1. Form; Entscheidungsbesetzung

Die Entscheidung des OVG ergeht als **Beschluss,** also regelmäßig ohne **97** mündliche Verhandlung. Da aber VI insofern keine Einschränkungen enthält, wird man die Durchführung einer mündlichen Verhandlung entspr. § 101 III für zulässig halten müssen; möglich ist in jedem Fall eine Erörterung mit den Beteiligten (→ § 87 Rn. 4).

Die **Besetzung** des Senats des OVG folgt aus § 9 III 1. Von der bundes- **98** rechtlichen Regelbesetzung (drei Berufsrichter) weicht das **Landesrecht** iaR ab und differenziert dabei zwischen Entscheidungen mit und ohne mündliche Verhandlung (Eyermann § 47 Rn. 111). Die Lage ist dementspr. unübersichtlich (Nachw. bei SSB § 9 Rn. 13). Verlangt das Landesrecht die Mitwirkung von **Ehrenamtlichen** an Urteilsverfahren, ist ihre Mitwirkung auch an Beschlüssen außerhalb der mündlichen Verhandlung nach V 1 und VI geboten (BVerwGE 72, 122, 124).

2. Entscheidungsinhalt

a) Negative Entscheidung. Kommt der Normenkontrollsenat zu einer **99** negativen Entscheidung, ergeben sich keine Besonderheiten: Ist der Eilantrag unzulässig, wird er verworfen, ist er unbegründet, wird er abgelehnt.

100 **b) Inhalt einer einstweiligen Anordnung.** Liegen die materiellen Voraussetzungen vor (→ Rn. 94 ff.), **muss** eine einstweilige Anordnung ergehen (Rechtsentscheidung). Wie bei § 80 V meint das Wort „kann" hins. des „Ob" der Entscheidung kein gerichtliches Ermessen, sondern die Befugnis zum Erlass der Anordnung (SSB § 47 Rn. 180; → § 80 Rn. 45).

101 Der Normenkontrollsenat hat über den **Inhalt des Ausspruchs** einer stattgebenden einstweiligen Anordnung entspr. § 938 I ZPO nach Ermessen zu befinden. Das in der Literatur oft beschworene Verbot der **Vorwegnahme** der Hauptsache (BeckOK VwGO § 47 Rn. 91) gilt in strenger Form ebenso wenig wie bei § 123 (dazu SSB § 123 Rn. 141). Das Gericht darf alles anordnen, was in Abwägung der im Einzelfall betroffenen öffentlichen und privaten Interessen geeignet und erforderlich ist, um unzumutbare Folgen durch den drohenden Vollzug der Norm zu verhindern und die Entscheidung in der Hauptsache offen zu halten. Das ist im Regelfall allerdings die **vorläufige Aussetzung des Vollzugs** der im Normenkontrollverfahren zur Prüfung gestellten Rechtsvorschrift, regelmäßig bis zur Entscheidung im Normenkontrollverfahren. Die Rechtsvorschrift ist so zu behandeln, als gäbe es sie nicht (OVG NRW NVwZ 1997, 1006; NVwZ-RR 1994, 640; 1993, 126 (127)). Hingegen kann die normerlassende Behörde zu einer **Tätigkeit** (Beispiel: Stilllegung von bereits begonnenen Bauvorhaben) auch dann nicht verpflichtet werden, wenn sie mit der normanwendenden Behörde identisch ist (OVG NRW NVwZ 2001, 1060).

102 **c) Dauer der einstweiligen Anordnung.** Die einstweilige Anordnung ist vom Normenkontrollverfahren als Hauptsacheverfahren abhängig, auch wenn der Antrag vor dessen Anhängigmachung gestellt werden kann (→ Rn. 87). Die Anordnung wirkt daher aus sich heraus nur bis zur rechtskräftigen Entscheidung im Hauptsacheverfahren (OVG NRW NVwZ 2001, 1060). Dies sollte klarstellend im Beschlussausspruch festgehalten werden.

103 Ist im Zeitpunkt der gerichtlichen Entscheidung noch kein Normenkontrollantrag (der nicht fristgebunden ist) anhängig, wird das Gericht die Dauer seiner einstweiligen Anordnung befristen oder analog § 926 ZPO anordnen, dass der Normenkontrollantrag binnen einer bestimmten Frist anzubringen ist, nach deren Verstreichen die einstweilige Anordnung aufzuheben ist. Mit der Rücknahme des Normenkontrollantrags tritt die einstweilige Anordnung außer Kraft, ohne dass dazu ein gerichtlicher Beschluss erforderlich ist.

104 **d) Nebenentscheidungen.** Für die Kostenentscheidung gelten die §§ 154 ff. Die einstweilige Anordnung hat als Gestaltungsausspruch keinen vollstreckungsfähigen Inhalt, bedarf aber auch keiner Vollstreckung. Da der Beschluss in keinem Fall anfechtbar ist, entfällt eine Rechtsmittelbelehrung; die Praxis weist klarstellend auf die Unanfechtbarkeit hin.

3. Veröffentlichung

105 Eine Bekanntmachung der einstweiligen Anordnung, durch die eine Rechtsvorschrift vorläufig außer Vollzug gesetzt wird, ist nicht vorgesehen. Aus Gründen der Effektivität des Rechtsschutzes (weniger solchen der Rechtssicherheit) ist das OVG aber befugt und regelmäßig sogar verpflichtet, für eine Bekanntmachung seiner Entscheidung zu sorgen, also den Antragsgegner entspr. V 2 zur Veröffentlichung zu verpflichten. Anderenfalls wäre die Durchsetzung der vorläufigen Außervollzugsetzung der Norm, die ebenso allgemein verbindlich ist wie die Ungültigerklärung (V 2 Hs. 2), gefährdet (SSB § 47 Rn. 185).

4. Zwischenentscheidung

Die Befugnis zu einer Zwischenentscheidung (einem „Hängebeschluss" **106** → § 123 Rn. 28; → § 146 Rn. 14) steht dem Normenkontrollgericht im Bedarfsfall ebenso zu wie in allen anderen Rechtsschutzverfahren. Die Zwischenentscheidung dient der Offenhaltung der Entscheidung im Anordnungsverfahren und ist von der Befugnis zur abschließenden Sachentscheidung umfasst.

V. Anfechtbarkeit und Abänderung

Beschlüsse des OVG nach VI sind **nicht anfechtbar**. Das ergibt sich aus **107** § 152 I, dessen Grundregel (anders als für urteilsersetzende Beschlüsse nach V 1, → Rn. 82) nicht durchbrochen ist.

Sofern die einstweilige Anordnung nicht automatisch endet (→ Rn. 102), **108** ist das OVG oder das BVerwG (als Erlassgericht, → Rn. 87) nach heute einhelliger Ansicht berechtigt, seine Anordnung **jederzeit zu ändern.** Die Abänderungsbefugnis soll sich aus § 80 VII ergeben, der über die Grundsätze des § 123 für entspr. anwendbar gehalten wird. Nach § 80 VII 2 setzt die Abänderung veränderte Umstände voraus. (SSB § 47 Rn. 186; Kopp/Schenke § 47 Rn. 159).

§ 48 [Weitere sachliche Zuständigkeiten des OVG]

(1) [1]Das Oberverwaltungsgericht entscheidet im ersten Rechtszug über sämtliche Streitigkeiten, die betreffen
1. die Errichtung, den Betrieb, die sonstige Innehabung, die Veränderung, die Stillegung, den sicheren Einschluß und den Abbau von Anlagen im Sinne der §§ 7 und 9a Abs. 3 des Atomgesetzes,
1a. das Bestehen und die Höhe von Ausgleichsansprüchen auf Grund der §§ 7e und 7f des Atomgesetzes,
2. die Bearbeitung, Verarbeitung und sonstige Verwendung von Kernbrennstoffen außerhalb von Anlagen der in § 7 des Atomgesetzes bezeichneten Art (§ 9 des Atomgesetzes) und die wesentliche Abweichung oder die wesentliche Veränderung im Sinne des § 9 Abs. 1 Satz 2 des Atomgesetzes sowie die Aufbewahrung von Kernbrennstoffen außerhalb der staatlichen Verwahrung (§ 6 des Atomgesetzes),
3. die Errichtung, den Betrieb und die Änderung von Kraftwerken mit Feuerungsanlagen für feste, flüssige und gasförmige Brennstoffe mit einer Feuerungswärmeleistung von mehr als dreihundert Megawatt,

4. Planfeststellungsverfahren für die Errichtung und den Betrieb oder die Änderung von Hochspannungsfreileitungen mit einer Nennspannung von 110 Kilovolt oder mehr, Erd- und Seekabeln jeweils mit einer Nennspannung von 110 Kilovolt oder Gasversorgungsleitungen mit einem Durchmesser von mehr als 300 Millimeter sowie jeweils die Änderung ihrer Linienführung,

5. Verfahren für die Errichtung, den Betrieb und die wesentliche Änderung von ortsfesten Anlagen zur Verbrennung oder thermischen Zersetzung von Abfällen mit einer jährlichen Durchsatzleistung (effektive Leistung, in) von mehr als einhunderttausend Tonnen und von ortsfesten Anlagen, in denen ganz oder teilweise Abfälle im Sinne des § 48 des Kreislaufwirtschaftsgesetzes gelagert oder abgelagert werden,

6. das Anlegen, die Erweiterung oder Änderung und den Betrieb von Verkehrsflughäfen und von Verkehrslandeplätzen mit beschränktem Bauschutzbereich,

7. Planfeststellungsverfahren für den Bau oder die Änderung der Strecken von Straßenbahnen, Magnetschwebebahnen und von öffentlichen Eisenbahnen sowie für den Bau oder die Änderung von Rangier- und Containerbahnhöfen,

8. Planfeststellungsverfahren für den Bau oder die Änderung von Bundesfernstraßen,

9. Planfeststellungsverfahren für den Neubau oder den Ausbau von Bundeswasserstraßen.

[2] Satz 1 gilt auch für Streitigkeiten über Genehmigungen, die anstelle einer Planfeststellung erteilt werden, sowie für Streitigkeiten über sämtliche für das Vorhaben erforderlichen Genehmigungen und Erlaubnisse, auch soweit sie Nebeneinrichtungen betreffen, die mit ihm in einem räumlichen und betrieblichen Zusammenhang stehen. [3] Die Länder können durch Gesetz vorschreiben, daß über Streitigkeiten, die Besitzeinweisungen in den Fällen des Satzes 1 betreffen, das Oberverwaltungsgericht im ersten Rechtszug entscheidet.

(2) Das Oberverwaltungsgericht entscheidet im ersten Rechtszug ferner über Klagen gegen die von einer obersten Landesbehörde nach § 3 Abs. 2 Nr. 1 des Vereinsgesetzes ausgesprochenen Vereinsverbote und nach § 8 Abs. 2 Satz 1 des Vereinsgesetzes erlassenen Verfügungen.

Übersicht

I. Sondereingangszuständigkeiten

§ 48 bestimmt – wie schon § 47 für die Normenkontrolle – für enumerativ **1** aufgeführte Bereiche die sachliche (Eingangs)Zuständigkeit des OVG. Es handelt sich um sog. **technische Großvorhaben** mit erheblicher und idR landesweiter Bedeutung. Diese, nicht die Schwierigkeiten der Sache, rechtfertigen die Anhebung der Zuständigkeit. In den genannten Verfahren ist das OVG einzige Tatsacheninstanz. Damit enthält § 48 eine doppelte Ausnahme: vom Grundsatz der Eingangszuständigkeit der VG (§ 45) einerseits, von der Funktion des OVG als Rechtsmittelgericht (§ 46) andererseits. Vorausgesetzt ist – hier wie in allen Zuständigkeitsvorschriften –, dass der Verwaltungsrechtsweg (§ 40) eröffnet ist. Die Zuständigkeitsnorm ist nachrangig gegenüber Eingangszuständigkeiten des BVerwG, die sich teilweise mit § 48 decken (vgl. § 50 I Nr. 6; VerkPBG).

Die **Struktur** der Vorschrift ist vierteilig: Im Zuständigkeitskatalog des I 1 **2** werden 9 Vorhabensbereiche umschrieben. Soweit nicht ausdrücklich anders erkennbar, schließt der Zuständigkeitskatalog in I 1 mit der Bezeichnung der Vorhaben sachlich eng an das einschlägige **Fachrecht** an. In S. 2 ist eine Zusammenhangsklausel vorgesehen, welche die Zuständigkeit auf alle behördlichen Gestattungsakte und auf Nebeneinrichtungen dieser Vorhaben erstreckt. S. 3 enthält eine Öffnungsklausel für die Landesgesetzgeber, und II begründet die Eingangszuständigkeit des OVG in Vereinssachen.

Bezweckt ist eine Verfahrensbeschleunigung: Die Dauer des Verwaltungs- **3** gerichtsverfahrens soll durch Verkürzung des möglichen dreistufigen Rechtsmittelzuges um die reguläre Eingangsinstanz, also auf eine Tatsacheninstanz, abgekürzt werden (BT-Drs. 10/171 S. 7 ff.). Beabsichtigt ist diese Beschleunigung für die im Katalog aufgeführten bedeutenden Anlagen und Großprojekte sowie eng mit ihnen zusammenhängende Verfahren. Die Verkürzung des Rechtsmittelzuges rechtfertigt sich daraus, dass in den Katalogfällen die Rechtmäßigkeit eines beantragten Vorhabens bereits in einem aufwändigen und formalisierten Verwaltungsverfahren unter erheblichem Einsatz von Sachverstand geprüft worden ist. Die Zuständigkeit des OVG passt gut zur regelmäßig überregionalen Bedeutung und Auswirkung der Vorhaben.

II. Die Katalogvorhaben im Einzelnen

1. Nr. 1: Atomanlagen iSd §§ 7 und 9a III AtG

Nr. 1 („Atomanlagen") beschreibt den Sachbereich **anlagenbezogen** durch **4** die Bezeichnung von anderweitig gesetzlich definierten Vorhaben. Durch diese Regelungstypik werden Streitigkeiten unabhängig von der Art der behördlichen Entscheidung erfasst, ohne dass es eines Rückgriffs auf I 2 bedarf. Ähnlich verfährt das Gesetz in Nr. 2 für den Umgang mit Kernbrennstoffen, in Nr. 3 für Kraftwerke und in Nr. 6 für Flughäfen.

5   Die in Nr. 1 angesprochenen **Anlagen nach § 7 I und V AtG** sind ortsfeste und ortsveränderliche Anlagen zur Be- oder Verarbeitung oder zur Spaltung von Kernbrennstoffen oder zur Aufarbeitung bestrahlter Kernbrennstoffe. Die Praxis bezeichnet sie als Kernkraftwerke, Versuchs- und Forschungsreaktoren, Brennelemente-Fabriken, Wiederaufarbeitungsanlagen oder Reaktorschiffe. Durch die genaue Angabe der Tätigkeiten im Zusammenhang mit solchen Anlagen (zwischen Errichtung und Abbau) wird jede Art des Umgangs erfasst.

6   Anlagen nach **§ 9a III AtG** sind Sammelstellen der Länder für die Zwischenlagerung der in ihrem Gebiet anfallenden radioaktiven Abfälle sowie Sammelstellen zur Sicherstellung und zur Endlagerung radioaktiver Abfälle, die der Bund einzurichten hat.

1a. Nr. 1a: Ausgleichsansprüche nach §§ 7e und 7f AtG

6a   Nr. 1a wurde durch Art. 2 des 16. AtGÄndG v. 10.7.2018 (BGBl. I 1122) iVm Bek. v. 11.7.2018 (BGBl. I 1124) iZm dem Atomausstieg eingefügt. Gesetzesbegründung in BT-Drucks. 19/2508. Nr. 1a ist mit dem Gesetz iÜ **am 4.7.2018 in Kraft getreten.** Das ist der in Art. 3 des Gesetzes vorgesehene Tag, an dem die EU-Kommission verbindlich mitgeteilt hat, dass eine beihilferechtliche Genehmigung der Ausgleichsansprüche nicht erforderlich ist (zum Rechtsweg → § 40 Rn. 43, 45). **Zweck** der Verkürzung des Instanzenzuges ist die beschleunigte Klärung von nach Bestehen oder Höhe streitigen Ausgleichsansprüchen nach § 7e und § 7f AtG nF. Ein Bedürfnis dafür sieht der Gesetzgeber in Auswirkungen von Gerichtsverfahren auf den Bundeshaushalt und auf die wirtschaftliche Situation Betroffener.

2. Nr. 2: Umgang mit Kernbrennstoffen

7   Nicht anlagen-, sondern handlungsbezogen erstreckt Nr. 2 die Zuständigkeit des OVG auf Streitigkeiten über den Umgang mit Kernbrennstoffen **außerhalb** von Anlagen iSd § 7 AtG. Eine Beschränkung ist der Norm weder auf bestimmte Formen des Umgangs noch auf Mindestmengen zu entnehmen. Erfasst werden vor allem Unternehmen der kerntechnischen Industrie, die sich mit dem Kernbrennstoffkreislauf zwischen der Uranbeschaffung, Herstellung von Brennelementen und der Entsorgung und Rückführung wiedergewonnenen Kernbrennstoffs beschäftigen.

3. Nr. 3. Konventionelle Kraftwerke

8   Die wiederum anlagenbezogene (→ Rn. 4) Beschreibung betrifft **herkömmliche Kraftwerke** mit Feuerungsanlagen. Diese Anlagen müssen für feste, flüssige und gasförmige Brennstoffe mit einer Feuerungswärmeleistung von mehr als 300 Megawatt ausgelegt sein. Dieses Abgrenzungsmerkmal lehnt sich an die 13. BImSchV (Verordnung über Großfeuerungsanlagen) an, wo an derartige Großanlagen besondere Anforderungen gestellt werden. Damit sollte

ein Gleichklang zwischen dem Genehmigungs- und dem Prozessrecht hergestellt werden. Die Verordnungsregelung ist bei der Beantwortung von Zweifelsfragen im Zusammenhang mit der Grenzwertbestimmung heranzuziehen, etwa der, ob mehrere Einzelfeuerungen eine gemeinsame Anlage bilden (SSB § 48 Rn. 23).

Die Zuweisung erfasst Errichtung, Betrieb und Änderung der Kraftwerke. **9** Da die Anlagenzulassung nach dem BImSchG iVm der 4. BImSchV erfolgt, gilt sie für jede Kraftwerksgenehmigung über Anlagenteile und Verfahrensschritte, die mit dem Kraftwerk in Zusammenhang stehen einschließlich der Zulassung des vorzeitigen Beginns (§ 8a BImSchG), der Beifügung von Nebenbestimmungen (§ 12 BImSchG), Änderungsgenehmigungen (§ 16 BImSchG), nachträglicher Anordnungen (§ 17 BImSchG), der Betriebsuntersagung, Stilllegung und Beseitigung der Anlage (§ 20 BImSchG) sowie des Widerrufs der Genehmigung (§ 21 BImSchG).

4. Nr. 4: Leitungsbauten

Nr. 4 begründet die Zuständigkeit des OVG für Streitigkeiten um Leitungs- **10** bauten. Die Vorschrift wurde durch Art. 3 G zur Änderung von Bestimmungen des Rechts des Energieleitungsbaus v. 21.12.2015 (BGBl. I 2490) mWv 31.12.2015 vollständig neu gefasst (Gesetzentwurf BT-Drs. 18/4655 v. 20.4.2015). Während die bisherige Fassung die Zuständigkeit des OVG von Merkmalen der Freileitungen, Erd- oder Seekabel abhängig machte (wie Nennspannung oder Durchmesser), knüpft die Neufassung sie an den Inhalt gesetzlicher **Planfeststellungsvorbehalte** (§ 43 EnWG; § 2 Abs 1 See-AnlV). Diese Verweisungstechnik macht Anpassungen der Nr. 4 im Falle künftiger Änderungen in Bezug genommener Vorschriften entbehrlich. Mit dem undifferenzierten Verweis auf § 43 EnWG sind zudem Zweifelsfragen geklärt worden. § 43 EnWG nF macht den Begriff **„Hochspannungsleitungen"** zum Oberbegriff für Freileitungen, Erd- und Seekabel. Damit trägt der Gesetzgeber der technischen Entwicklung Rechnung, die inzwischen eine Erdverlegung von Kabeln mit höheren Nennspannungen als 110 Kilovolt zulässt. Die OVG werden dadurch unabhängig von der Art der Leitung zuständig für alle Streitigkeiten um Planfeststellungsverfahren für deren Errichtung, Betrieb und Änderung (§ 43 S. 1 EnWG). Mit Errichtung ist nach allg Sprachgebrauch nur der Bau einer neuen Leitung gemeint, mit Betrieb die Leitungsnutzung und mit Änderung (im Unterschied zur Instandhaltung) Umgestaltungen der Anlagen und die Linienführung. Zur Errichtung einer Leitung gehören duldungspflichtige Vorarbeiten (§ 44 EnWG). Kabel müssen durchweg eine **Nennspannung** von mindestens ($\geq$) 110 Kilovolt haben. Die frühere Fassung der Nr. 4 legte hier eine Differenzierung zwischen Freileitungen und Kabeln nahe (vgl Spieler NVwZ 2012, 1139, 1143), die der Gesetzgeber durch Anpassung des Wortlauts in § 43 EnWG beseitigt hat. Wie bisher bleibt die Zuständigkeit erhalten für **Gasversorgungsleitungen** mit einem Durchmesser von mehr als 300 mm (Nr. 4 iVm § 43 S. 1 Nr. 2 EnWG).

11   Wegen der Bezugnahme auf § 2 SeeAnlV ist die Zuständigkeit des OVG ferner begründet für **Seekabelsysteme** in der ausschließlichen Wirtschaftszone (AWZ). Diese ist für die Bundesrepublik identisch mit dem Festlandsockel, dh dem seewärts des Küstenmeeres gelegenen Meeresboden und -untergrund der Unterwassergebiete bis zu einer Ausdehnung von maximal 200 sm. Die Planfeststellung für Seekabel – mithin auch die OVG-Zuständigkeit – erstreckt sich regelmäßig auf **Konverterplattformen** auf See, die zur Minderung von Verlusten bei der Drehstromübertragung Dreiphasenwechselstrom in Gleichstrom umwandeln. Unmittelbar über Nr. 4 (bisher I 2) einbezogen sind die für den **Netzbetrieb** notwendigen Anlagen (Schalt- und Umspannanlagen, Netzverknüpfungspunkte), sofern sie in das Planfeststellungsverfahren für die Leitungen integriert worden sind, was § 43 S. 3 EnWG nF (= § 43 S. 2 aF) zulässt. IÜ sind sachlich zusammenhängende Nebeneinrichtungen über I 2 erfasst. Ein **Enteignungs- und Besitzeinweisungsbeschluss,** der die dingliche Sicherung eines Leitungsrechts bzgl einer zu errichtenden Leitung anordnet, steht mit ihr in einem hinreichenden Zusammenhang (vgl. aber I 3 → Rn. 33). Das ergibt sich aus dem Normzweck, gespaltene Gerichtszuständigkeiten für Teilbereiche eines räumlich und betrieblich zusammenhängenden Vorhabens möglichst zu vermeiden. Betrifft ein solcher Beschluss aber eine Freileitung, die das betreffende Grundstück bereits seit Jahrzehnten unverändert überspannt, ist die Reichweite der Zuständigkeitsnorm verlassen (VGH BW DÖV 2000, 384). Gemäß I 2 greift die Vorschrift überdies ein, wenn anstelle der Planfeststellung eine **Plangenehmigung** erteilt worden ist. Der 2. Hs. der Nr. 4 stellt klar, dass die **Zuständigkeit des BVerwG** unberührt bleibt. Im Bereich des Energieleitungsausbaus ist das BVerwG gem § 50 Abs 1 Nr. 6 erst- und letztinstanzlich zuständig für Planfeststellung und Plangenehmigung von Vorhaben nach dem EnLAG und dem BBPlG.

5. Nr. 5: Abfallbeseitigungsanlagen

12   Nr. 5 ist durch Art. 5 II G v. 24.2.2012 (BGBl. I 212) mWv 1.6.2012 an die Neufassung des KrWG (früher: KrW-/AbfG) angepasst worden. Die Vorschrift betrifft Verfahren für die Zulassung ortsfester Abfallverbrennungsanlagen sowie Lagerstätten und Deponien zur Beseitigung gefährlicher (Sonder)Abfälle. Der offene Begriff des „**Verfahrens"** stellt den Bezug zum konkreten Genehmigungsrecht für die jeweiligen Anlagen her:

13   Die in Nr. 5 zuerst angesprochenen **Abfallverbrennungsanlagen** sind ortsfeste Abfallbeseitigungsanlagen zur thermischen Behandlung von Abfällen zur Beseitigung. Sie bedürfen nach § 35 I KrWG einer immissionsschutzrechtlichen **Genehmigung nach § 10 BImSchG** und keiner abfallrechtlichen Zulassung. Die Genehmigung ist als „Verfahren" iSv Nr. 5 anzusehen. Mit dem Merkmal einer beantragten jährlichen Durchsatzleistung von mehr als 100 000 Tonnen einer Verbrennungsanlage bleibt die Zuständigkeit für kleinere Anlagen bei den VG (§ 45).

14   Hingegen bedürfen **Deponien** bzw. Lagerstätten für gefährliche (Sonder)Abfälle iSd § 3 Nr. 27 KrWG (Errichtung, Betrieb und wesentliche Änderung) nach § 35 II KrWG der **Planfeststellung** bzw. einer Plangenehmigung (§ 35 III KrWG). „**Lagern**" ist jede vorübergehende Lagerung oder Zwischenlagerung von Sonderabfällen mit dem Ziel späterer Verwertung oder endgültiger Ablagerung. Wegen der Konzentrationswirkung der Planfeststellung nach § 75 I VwVfG ist ein Rückgriff auf die Ergänzungsklausel in I 2 wegen Nebeneinrichtungen überflüssig. Die Zulassung des vorzeitigen Beginns bedarf ebenfalls eines Planfeststellungsverfahrens (§ 37 KrWG) und fällt unmittelbar unter die Zuständigkeitsnorm. Die Zuständigkeit ist nicht begründet, wenn gefährliche Abfälle in einer **Menge** gelagert werden, die für sich genommen keine immissionsschutzrechtliche Genehmigungspflicht auslöst (BayVGH Beschl. v. 29.7.2008 – 22 A 08.40012). **Nicht** erfasst sind Entscheidungen über das Absehen von Planfeststellung und Plangenehmigung (§ 74 VII VwVfG), über die Aufhebung einer solchen Planungsentscheidung oder über isolierte behördliche Anordnungen ohne Planfeststellungsverfahren.

6. Nr. 6: Verkehrsflugplätze

In die erstinstanzliche Zuständigkeit des OVG fallen alle Streitigkeiten um die **15** Anlage und den Betrieb allgemein zugänglicher, größerer Flugplätze (Verkehrsflughäfen und von Verkehrslandeplätzen mit beschränktem Bauschutzbereich). Der Oberbegriff „Flugplatz" umfasst Flughäfen, Landeplätze und Segelfluggeländе (§ 6 I 1 LuftVG). Im Anschluss an das Fachrecht meint Nr. 6 mit **Verkehrs-Flughäfen** gem. § 38 I, II Nr. 1 LuftVZO Flugplätze des allgemeinen Verkehrs, die einer Sicherung durch einen Bauschutzbereich nach § 12 LuftVG bedürfen. **Landeplätzen** (§ 49 LuftVZO) fehlt zwar die generelle Notwendigkeit eines Bauschutzbereichs, ihnen kann jedoch im Einzelfall durch Bestimmung der Luftfahrtbehörde ein beschränkter Bauschutzbereich nach § 17 LuftVG zugewiesen werden.

In der Konsequenz ist für das Anlegen, Erweitern oder Ändern der Anlage **16** neben einer Genehmigung nach § 6 LuftVG eine Planfeststellung, Plangenehmigung oder Unterbleibensentscheidung (dazu Ziekow FachplanungsR-HdB § 15 Rn. 4) erforderlich (§ 8 I bis III LuftVG). Umfasst sind Entscheidungen über den Rückbau oder die Stilllegung, auch soweit ein in § 1 I VerkPBG genannter Flugplatz in den neuen Bundesländern betroffen ist (OVG Bln-Bbg DVBl 2005, 1392). Nicht erfasst sind Streitigkeiten über die zivile fliegerische Mitbenutzung eines **Militärflugplatzes,** weil es sich nicht um einen allgemein zugänglichen Flugplatz handelt (BayVGH NVwZ-RR 2003, 74; aA OVG RhPf NVwZ-RR 1998, 225), wohl aber wenn die Konversionsgenehmigung für eine zivile Anschlussnutzung als Verkehrsflughafen im Streit ist (OVG NRW NVwZ-RR 2007, 89).

Nach I 2 **einbezogen** sind Streitigkeiten in einem engen Zusammenhang **17** mit den unmittelbaren Zulassungsentscheidungen. Flugplatz-**Anlagen** müssen einen hinreichenden funktionalen Zusammenhang haben. Er besteht grds. bei Gebäuden auf dem Flugplatzgelände (Hangars, Abfertigungsgebäude, Werkstattgebäude, Zollabfertigung), nicht hingegen bei externen Parkplätzen und Flughafenhotels.

18   Ein hinreichender (räumlicher und betrieblicher) **Zusammenhang** mit dem Flugplatz-Flugbetrieb ist zu **bejahen** bei Maßnahmen der Flugsicherung (§ 27a LuftVG) und der Luftaufsicht (§ 29 LuftVG), mit der Festlegung von An- und Abflugverfahren nach Instrumentenflugregeln gem. § 27a LuftVO (sog. **Flugrouten;** BVerwG NJW 2000, 3584), ferner bei Eigensicherungsmaßnahmen des Flugplatzbetreibers nach § 8 LuftSiG (VGH BW NVwZ-RR 2006, 840) und bei der Auswahlentscheidung eines Dienstleisters um die Erbringung von Bodenabfertigungsdiensten nach der BADV (BVerwG NVwZ 2013, 507) und bei der Feststellung der Rechtswidrigkeit einer Verordnung über die Festsetzung des Lärmschutzbereichs nach dem FluglSchG (BVerwG ZLW 2014, 653). **Verneint** wird der Zusammenhang hingegen für die Versagung einer Zugangsberechtigung nach § 10 LuftSiG (OVG Bln-Bbg Beschl. v. 12.8.2005 – 12 A 54.05; VGH BW ZLW 2003, 473 (474); ThürOVG Beschl. v. 28.1.2005 – 2 O 5/05) und beim Streit um die Genehmigung der Entgeltordnung nach § 19b I LuftVG (BayVGH NVwZ-RR 2014, 623; zweifelh.).

7. Nr. 7: Schienen- und Magnetschwebebahnen

19   Bisher nicht praktisch geworden ist die Zuständigkeit für **Magnetschwebebahnen** nach dem MBPlG vom 23.11.1994 (BGBl. I 3486). **Straßenbahnen** werden nach § 28 PBefG planfestgestellt. Als Straßenbahnen gelten auch die in § 4 II PBefG gleichgestellten Hochbahnen, U-Bahnen und Schwebebahnen (BayVGH Beschl. v. 25.8.2004 – 22 AS 04.40031). Öffentliche **Eisenbahnen** werden nach § 18 AEG planfestgestellt, Rangier- und Containerbahnhöfe sind Serviceeinrichtungen nach § 2 III lit. c AEG und gehören damit zu den planfeststellungspflichtigen Betriebsanlagen der Eisenbahninfrastruktur.

20   Der **Eisenbahnbegriff** der Nr. 7 deckt sich mit dem Begriff der planfeststellungsbedürftigen Bahnanlagen nach dem AEG. Der VwGO-Gesetzgeber wollte keine Regelung treffen, mit der bestimmte Bau- oder Änderungsmaßnahmen an den Betriebsanlagen der Bahn von der Zuständigkeit des OVG ausgenommen wären (BVerwG NVwZ 2009, 189 zur Aufhebung [Schließung] eines höhengleichen Bahnübergangs; VGH BW NVwZ-RR 2014, 623 zum Ausbau von Bahnknoten, an denen Schienenwege mit dem bestehenden Netz verbunden werden).

21   **Nebenanlagen** – wie der 26. BImSchV unterfallende Hochfrequenzanlagen (zB Funksystem-Basisstation) – sind grds. Teil der **Strecke.** Dem Umstand, dass Nr. 7 den Begriff der „Strecke" und nicht den – scheinbar weitergehenden – Begriff der „Betriebsanlagen" einer Eisenbahn einschließlich der Bahnstromleitungen iSv § 18 S. 1 AEG verwendet, ist keine einengende Bedeutung beizumessen (BVerwG NVwZ 2009, 189; zweifelnd noch BayVGH Urt. v. 30.4.2004 – 22 A 03.40056).

22   Die Zuständigkeit nach Nr. 7 umfasst nicht nur Planfeststellungsverfahren für den Bau **neuer,** sondern auch für die Änderung **bestehender Strecken** von öffentlichen **Eisenbahnen** (BVerwG NVwZ 2009, 189; VGH BW NVwZ-RR 1997, 76). Dies hat der Gesetzgeber durch Bereinigung des

Wortlauts um ein Redaktionsversehen klargestellt (Eyermann § 48 Rn. 11). Nur **Planfeststellungsverfahren** und die weiteren in I 2 genannten Zulassungsformen werden erfasst, **nicht** aber der Vollzug eines planfeststellungsersetzenden Bebauungsplans für den Bau einer Stadtbahn (VGH BW NVwZ-RR 2001, 411). Streitigkeiten nach § 23 AEG (Freistellung von Bahnbetriebszwecken) fallen nicht unter Nr. 7 (OVG Saarl LKRZ 2013, 247).

8. Nr. 8: Bundesfernstraßen

Bundesfernstraßen sind Bundesautobahnen und Bundesstraßen mit den Orts- **23** durchfahrten (§ 1 II, IV FStrG). Ihr Bau und ihre Änderung sind gem. **§ 17 FStrG** planfestzustellen. Die Vorschrift ist weit auszulegen, sie umfasst daher auch Streitigkeiten bei Kreuzung von Fernstraßen und anderen öffentlichen Straßen oder mit Gewässern (§ 12 IV, § 12a IV FStrG). Der Anwendungsbereich ist ferner eröffnet für die Sicherung eines Anspruchs auf Aufhebung eines Planfeststellungsbeschlusses gem. § 77 VwVfG (VGH BW DÖV 1997, 558, Ls.) und für die (mit der Verpflichtungsklage zu erstreitende) Aufnahme zusätzlicher (Schutz)**Auflagen** in einen noch nicht bestandskräftigen Planfeststellungsbeschluss (VGH BW NVwZ-RR 1996, 69). Zu nachträglichen Schutzauflagen → Rn. 32.

Str. ist die Zuständigkeit für Klagen auf Feststellung des Außerkrafttretens **24** oder auf Verpflichtung der Planfeststellungsbehörde zur **Aufhebung** oder zum Widerruf bestandskräftiger fernstraßenrechtlicher Planfeststellungsbeschlüsse (verneinend: OVG RhPf NVwZ-RR 2004, 697 zum Widerruf von Planfeststellungsbeschlüssen, die vor dem 7.7.1974 bestandskräftig geworden sind; allgemein BayVGH NVwZ-RR 2003, 156; bejahend demgegenüber VGH BW NVwZ-RR 1997, 682; HessVGH NVwZ-RR 1993, 588).

9. Nr. 9: Bundeswasserstraßen

Bundeswasserstraßen sind nach **§ 1 I WaStrG** Binnenwasserstraßen des Bun- **25** des, die dem allgemeinen Verkehr dienen, und die Seewasserstraßen. Ein Verzeichnis über die dem allgemeinen Verkehr dienenden Binnenwasserstraßen des Bundes enthält die Anlage zum WaStrG. Erfasst werden unmittelbar nach Nr. 9 die in § 1 IV WaStrG aufgeführten **Nebenanlagen** wie bundeseigene Schifffahrtsanlagen, Schleusen, Schiffshebewerke, Wehre, Speicherbecken, die ihrer Unterhaltung dienenden bundeseigenen Ufergrundstücke, Bauhöfe und Werkstätten.

Für **Neubau** und **Ausbau** von Bundeswasserstraßen ist nach § 14 I 1 **26** WaStrG eine vorherige Planfeststellung erforderlich. Wird anstelle der Planfeststellung eine Plangenehmigung erteilt (§ 14 Ia WaStrG), ist die Zuständigkeit des OVG über I 2 miteröffnet. Zu Verpflichtungsklagen auf zusätzliche Schutzauflagen → Rn. 23.

III. Ergänzende Bestimmungen
1. Zusammenhangsklausel (I 2)

27   § 48 I zielt insgesamt darauf ab, für die in den Katalogtatbeständen bezeichneten Vorhaben eine möglichst umfassende Zuständigkeit des OVG zu begründen. Die Verwirklichung investitionsintensiver Großvorhaben soll nicht dadurch verzögert werden, dass für Nebeneinrichtungen oder untergeordnete
Teile des Vorhabens ein Verfahren in drei Rechtszügen abgewartet werden
muss.

28   Schon nach I 1 entscheidet das OVG über „sämtliche" der im nachfolgenden Katalog aufgeführten **Streitigkeiten.** Darin ist ausgedrückt, dass
die Zuständigkeit ohne Rücksicht auf prozessuale Besonderheiten besteht. Sie
ist unabhängig von der Klageart, also von der prozessualen Form des Begehrens, und sie gilt für Hauptsacheverfahren wie für Eilverfahren nach §§ 80,
80a und 123, ferner für Anträge auf Prozesskostenhilfe (§ 166 iVm §§ 114 ff.
ZPO), Streitigkeiten über Verfahrensfragen, über Verwaltungskosten (Gebühren und Auslagen), Benutzungsgebühren (zB nach § 21a AtG) oder Beiträge
(zB nach § 21b AtG), sofern diese das Rechtsverhältnis zu Dritten betreffen.
Ferner fallen hierunter alle Streitigkeiten über den **(Fort)Bestand** einer
Anlage (Rückbau, Stilllegung, Beseitigung → Rn. 9, 16, 28).

29   Daher ist es konsequent, wenn in I 2 eine **mehrfache Erstreckung** angeordnet wird. Zum einen gilt die Zuständigkeit unabhängig von der Art der
Zulassungsentscheidung. Insbes. dort, wo ein Vorhaben in Anknüpfung an das
Erfordernis der Planfeststellung zugewiesen wird (S. 1 Nr. 4, 7 bis 9) soll
keine Beschränkung auf dieses Verwaltungsverfahren (vgl. §§ 72 ff. VwVfG)
zum Ausdruck gebracht sein. Das stimmt mit dem einschlägigen Fachrecht
überein, das (für kleinere Vorhaben) oftmals vorsieht, dass anstelle einer Planfeststellung eine Genehmigung (§ 31 KrW-/AbfG → Rn. 13) oder eine Plangenehmigung erteilt werden oder beides sogar entfallen kann (Freistellungs-/
Unterbleibensentscheidung, Negativattest; vgl. § 18 II, III AEG; § 8 II, III
LuftVG; § 74 VI, VII VwVfG; OVG Bln-Bbg Beschl. v. 30.10.2013 – 11 S
3.13).

30   Eine weitere Erstreckung bezieht sich auf **sämtliche** für das Vorhaben
erforderlichen **Neben-Zulassungsakte.** Es handelt sich um wasser-, immissionsschutz- oder baurechtliche Genehmigungen und Erlaubnisse, die von der
Konzentrationswirkung der einschlägigen Planfeststellung oder Plangenehmigung für das Katalogvorhaben nicht umfasst sind (vgl. § 14 WHG, § 9 I 3
LuftVG).

31   Schließlich erstreckt I 2 die Zuständigkeit auf Streitigkeiten über die Zulassung von **Nebeneinrichtungen,** die mit einem Katalogvorhaben in einem
räumlichen und betrieblichen Zusammenhang stehen. Die Ergänzungsklausel
begründet die Zuständigkeit für Nebeneinrichtungen auch dann, wenn ausschließlich um sie gestritten wird (BVerwG NVwZ 2009, 189 Rn. 10). Ein
unmittelbarer Bezug zu einem konkreten Planungsverfahren besteht zB bei
Maßnahmen, die der späteren Planfeststellung oder Plangenehmigung zeitlich
und sachlich vorausgehen und seiner Vorbereitung dienen oder einen Aus

schnitt der in einem laufenden Planfeststellungsverfahren zu lösenden Probleme darstellen, ferner beim Streit darüber, ob Baumaßnahmen ein Planfeststellungs- oder Plangenehmigungsverfahren hätte vorausgehen müssen (BVerwG NVwZ 2013, 1219; NVwZ 2000, 1168 zu § 5 Abs. 1 VerkBPG; Eyermann § 48 Rn. 1 f.; Kopp/Schenke § 48 Rn. 2).

Anders als bei der Anfechtung von Planfeststellungsbeschlüssen (→ Rn. 23) **32** besteht nach hA **kein hinreichender Zusammenhang** des Vorhabens mit Ansprüchen auf Ergänzung bestandskräftiger Planfeststellungsbeschlüsse um **nachträgliche Schutzauflagen** (§ 75 II 2-4 VwVfG). Der Beschleunigungszweck des I 2 wird nur berührt, wenn Ansprüche die genehmigungsrechtliche Bewältigung des Vorhabens betreffen, nicht aber, wenn weitergehende Schutzauflagen für realisierte Vorhaben verlangt werden (BVerwG NVwZ 2013, 1219 zu § 50 I Nr. 6; NVwZ 2000, 1168 mwN; NVwZ 2001, 206).

2. Landesgesetzliche Öffnungsklausel (I 3)

Nach I 3 können die Länder durch Gesetz die erstinstanzliche Zuständigkeit **33** des OVG für Streitigkeiten begründen, die **Besitzeinweisungen** in den Fällen des Katalogs in I 1 Nr. 1 bis 9 betreffen. Von dieser Ermächtigung haben die Länder Baden-Württemberg, Bayern, Brandenburg, Sachsen-Anhalt und Thüringen Gebrauch gemacht. Von einer bundesrechtlich einheitlichen Regelung wurde abgesehen, weil einige Länder für Streitigkeiten über Besitzeinweisungen den ordentlichen Rechtsweg vorgesehen haben.

IV. Vereinsverbote und Verfügungen (II)

Das OVG entscheidet im ersten Rechtszug ferner über Anfechtungsklagen **34** gegen die Verbote eines Vereins (§ 3 I VereinsG) oder einer Ersatzorganisation (§ 8 II 1 VereinsG), sofern das Verbot von einer obersten **Landesbehörde** als Verbotsbehörde (§ 3 II Nr. 1 VereinsG) erlassen worden ist. Die Zuständigkeit besteht für das gerichtliche **Bestätigungsverfahren** bei Vereinigungen iSd § 16 VereinsG. Ist der **Bundesinnenminister** Verbotsbehörde, ist das BVerwG erstinstanzlich zuständig (→ § 50 Rn. 10).

§ 49 [Instanzielle Zuständigkeit des Bundesverwaltungsgerichts]

Das Bundesverwaltungsgericht entscheidet über das Rechtsmittel
1. der Revision gegen Urteile des Oberverwaltungsgerichts nach § 132,
2. der Revision gegen Urteile des Verwaltungsgerichts nach §§ 134 und 135,
3. der Beschwerde nach § 99 Abs. 2 und § 133 Abs. 1 dieses Gesetzes sowie nach § 17a Abs. 4 Satz 4 des Gerichtsverfassungsgesetzes.

Die mit § 46 strukturgleiche Vorschrift regelt die sachliche bzw. funktionelle **1** Zuständigkeit des BVerwG als oberstes Rechtsmittelgericht iSd Art. 95 I GG (Revisions- und Beschwerdegericht, → § 10 Rn. 2). Das BVerwG ist in dieser

Funktion auf die Nachprüfung instanzgerichtlicher Entscheidungen in rechtlicher Hinsicht beschränkt (arg. ex § 137 II). Dagegen werden dem BVerwG durch § 50 erstinstanzliche Zuständigkeiten übertragen.

2   **Nr. 1** betrifft die **Revision gegen Urteile des OVG** nach § 132. Den Urteilen stehen Beschlüsse nach §§ 47 V 1, 125 II 2, 130a S. 1 und Gerichtsbescheide nach § 84 I gleich.

3   **Nr. 2** betrifft die **Revision gegen Urteile des VG** nach § 134 (Sprungrevision) und § 135 (Revision bei bundesgesetzlichem Ausschluss der Berufung).

4   **Nr. 3** betrifft die **Beschwerde nach** § 99 II (In-Camera-Verfahren; ausgenommen § 31 II 2 StUG) und § 133 I **(Nichtzulassungsbeschwerde)** sowie nach § 173 S. 1 iVm § 17a IV 4 GVG **(Rechtswegverweisung)**.

5   **Weitere Funktionen** als Rechtsmittelgericht sind dem BVerwG über § 190 I Nr. 5 iVm § 83 I BPersVG zugewiesen. In der Funktion einem Rechtsmittelgericht ähnlich entscheidet das BVerwG bei der Bestimmung des zuständigen Gerichts (§ 53 II, III 1) und über Ablehnungsgesuche bei beschlussunfähigem OVG (§ 54 I iVm § 45 III ZPO).

§ 50 [Sachliche Zuständigkeit des BVerwG]

(1) Das Bundesverwaltungsgericht entscheidet im ersten und letzten Rechtszug

1. über öffentlich-rechtliche Streitigkeiten nichtverfassungsrechtlicher Art zwischen dem Bund und den Ländern und zwischen verschiedenen Ländern,

2. über Klagen gegen die vom Bundesminister des Innern nach § 3 Abs. 2 Nr. 2 des Vereinsgesetzes ausgesprochenen Vereinsverbote und nach § 8 Abs. 2 Satz 1 des Vereinsgesetzes erlassenen Verfügungen,

3. über Streitigkeiten gegen Abschiebungsanordnungen nach § 58a des Aufenthaltsgesetzes und ihre Vollziehung sowie den Erlass eines Einreise- und Aufenthaltsverbots auf dieser Grundlage,

4. über Klagen, denen Vorgänge im Geschäftsbereich des Bundesnachrichtendienstes zugrunde liegen,

5. über Klagen gegen Maßnahmen und Entscheidungen nach § 44a des Abgeordnetengesetzes, nach den Verhaltensregeln für Mitglieder des Deutschen Bundestages, nach § 6b des Bundesministergesetzes und nach § 7 des Gesetzes über die Rechtsverhältnisse der Parlamentarischen Staatssekretäre in Verbindung mit § 6b des Bundesministergesetzes,

6. über sämtliche Streitigkeiten, die Planfeststellungsverfahren und Plangenehmigungsverfahren für Vorhaben betreffen, die in dem Allgemeinen Eisenbahngesetz, dem Bundesfernstraßengesetz, dem Bundeswasserstraßengesetz, dem Energieleitungsausbaugesetz, dem Bundesbedarfsplangesetz oder dem Magnetschwebebahnplanungsgesetz bezeichnet sind.

(2) (weggefallen)

(3) Hält das Bundesverwaltungsgericht nach Absatz 1 Nr. 1 eine Streitigkeit für verfassungsrechtlich, so legt es die Sache dem Bundesverfassungsgericht zur Entscheidung vor.

Das BVerwG ist oberster Gerichtshof der Verwaltungsgerichtsbarkeit **1** (Art. 95 I GG). Diese Funktion – grds. als höchstes Rechtsmittelgericht – wird in § 49 konkretisiert. Dem BVerwG werden mit § 50 allerdings auch erst- und damit zugleich letztinstanzliche Zuständigkeiten übertragen. Weitere solcher Zuständigkeiten ergeben sich aus dem Fachrecht (zB § 13 II PatG, § 5 I VerkPBG, § 173 S. 2 iVm § 201 GVG). **Verfassungsrechtlich** ist dies unbedenklich; Art. 19 IV GG sichert keinen Instanzenzug (BVerfGE 107, 395; BVerwGE 161, 356; 131, 274).

Das BVerwG entscheidet als erstinstanzliches Gericht in dem nach §§ 81 ff. **2** vorgesehenen Verfahren. § 137 I Nr. 1 findet keine Anwendung (BVerwGE 70, 310). Als Gericht der Hauptsache ist es auch in den zugehörigen **Verfahren des einstweiligen Rechtsschutzes** zuständig (§§ 80 V, 80a III, 123; BVerwG NVwZ 2018, 1485; ZNER 2012, 417). Ist die sachliche Zuständigkeit des BVerwG nicht gegeben, ist der Rechtsstreit nach Anhörung der Beteiligten gem. § 83 S. 1 iVm § 17a GVG vAw an das zuständige VG/OVG zu **verweisen** (BVerwG Beschl. v. 5.6.2019 – 7 VR 2.19; NVwZ-RR 2016, 579; auch noch nach Wegfall des RSB). Verweisungen der VG/OVG an das BVerwG sind ebenfalls möglich und bindend (BVerwG NVwZ-RR 2012, 787).

I. Die Einzelzuständigkeiten (I)

Zuständigkeitsbestimmend ist das mit den Hauptanträgen verfolgte Begehren; **2a** die Hilfsanträge bleiben außer Betracht (BVerwG NVwZ 2013, 1219).

1. Zuständigkeit nach Nr. 1

Nach **Nr. 1** entscheidet das BVerwG in öffentlich-rechtlichen Streitigkeiten **3** nichtverfassungsrechtlicher Art (→ § 40 Rn. 75 ff.) zwischen dem Bund und den Ländern und zwischen verschiedenen Ländern (**verwaltungsrechtlicher Bund-Länder-Streit**). Hält das angerufene BVerwG die Streitigkeit für verfassungsrechtlich, so hat es **nach III** die Sache dem BVerfG zur Entscheidung **vorzulegen** (→ Rn. 18).

4 **a) Abgrenzung zum verfassungsgerichtlichen Bund-Länder-Streit.**
Die Abgrenzung setzt bei der Zuständigkeit des BVerfG nach Art. 93 I Nr. 3
GG iVm §§ 69, 64 I BVerfGG an (BVerfGE 109, 1). Ob eine Streitigkeit
verfassungsrechtlicher Art ist, richtet sich danach, ob der geltend gemachte
Anspruch in einem Rechtsverhältnis wurzelt, das maßgeblich durch Verfas-
sungsrecht geprägt ist. Dies ist regelmäßig anzunehmen, wenn um föderale
Ansprüche, Verbindlichkeiten oder Zuständigkeiten gestritten wird, die auf
Normen des GG gestützt werden, die gerade das verfassungsrechtlich geord-
nete Verhältnis zwischen Bund und Ländern betreffen. Da Bund und Länder
im Bundesstaat stets in einem verfassungsrechtlichen Verhältnis zueinander
stehen, ist für den Rechtsweg maßgeblich, ob der Klageanspruch seine
Grundlage im verfassungsrechtlichen Grundverhältnis oder in einem engeren
Rechtsverhältnis hat, das durch Normen des einfachen Rechts geprägt wird
(BVerwG NVwZ 2017, 56). Es genügt nicht, dass Bund und Land über die
Auslegung und Tragweite einer Vorschrift des GG unterschiedlicher Auffassung sind (vgl. BVerfGE 81, 310) oder dass der Ausgang des Rechtsstreits
zugleich von der Klärung verfassungsrechtlicher Fragen abhängt
(BVerwGE 116, 92). Ebenso wenig reicht aus, dass die Beteiligten Subjekte
des Verfassungsrechts sind. Nicht alle Ansprüche zwischen Bund und Ländern
gründen sich auf ein verfassungsrechtliches Verhältnis; sie können auch in
einem engeren einfachrechtlichen Verhältnis wurzeln, dessen Rechtsnatur sie
maßgeblich prägt (vgl. BVerfGE 42, 103; BVerwGE 96, 45).

5 **Verfassungsrechtliche Streitigkeiten** liegen zB vor bei einer ausdrücklich auf Art. 85 III GG gestützten **Weisung des Bundes** (BVerwG
NVwZ 1998, 500; BVerfGE 81, 310; Kopp/Schenke Rn. 3).

6 Streitigkeiten sind zB **nichtverfassungsrechtlicher** Art, wenn sie das Auf-
tragsverhältnis einschließlich des Anspruchs des Landes gegenüber dem Bund
nach Art. 104a II GG, die sich aus der Auftragsverwaltung ergebenden Ausgaben zu tragen, betreffen (BVerwG NVwZ 2017, 56). Dasselbe gilt für einen
auf Art. 120 I GG gestützten Anspruch im Rahmen der Staatspraxis im
Bereich der Kampfmittelräumung (BVerwG NVwZ-RR 2012, 787).

7 Die instanzielle Zuständigkeit des BVerwG ist zugunsten des Klägers zu
unterstellen, wenn die Frage der nichtverfassungsrechtlichen Streitigkeit sowohl die Eröffnung des Rechtsweges (§ 40 I) als auch die Zuständigkeit des
angerufenen BVerwG betrifft (BVerwG NVwZ 2002, 1127; 1998, 500).

8 **b) Einschränkende Auslegung.** Nr. 1 ist **einschränkend auszulegen** und
ungeachtet des Wortlautes nur auf Streitigkeiten anzuwenden, die sich in
ihrem Gegenstand einem Vergleich mit den landläufigen Verwaltungsstreitig-
keiten entziehen (st. Rspr., vgl. BVerwG LKV 2012, 24). Kläger und Beklagter dürfen nicht nur Teilnehmer am allgemeinen Rechtsverkehr sein (vgl.
Kopp/Schenke Rn. 4). Nur bestimmte, in ihrer Eigenart gerade durch die
Beziehung zwischen dem Bund und einem Land geprägte Streitigkeiten
werden erfasst und hierdurch von den ansonsten geltenden Zuständigkeitsregelungen ausgenommen. Entspricht die Stellung eines Beteiligten in allen
wesentlichen Punkten derjenigen eines Staatsbürgers im Allgemeinen, fehlt es

an der Rechtfertigung, ihn einem Sonderrecht zu unterwerfen (BVerwG NVwZ 2004, 484).

Nr. 1 erfasst hiernach zB die Erteilung von **Aussagegenehmigungen** für 9 Bundesminister (BVerwG NJW 2000, 160), den Streit um **Schadensersatz** wegen schuldhaft fehlerhafter Verwaltungsführung (BVerwG NVwZ 2007, 1315), Klagen aus verwaltungsrechtlichen **Staatsverträgen** (BVerwGE 80, 373; 54, 29), Streitigkeiten, die das Verhältnis zwischen der **Ordnungshoheit** des Landes und der Verteidigungshoheit des Bundes (BVerwG NJW 1977, 163) oder die Frage betreffen, ob ein Planfeststellungsbeschluss der Bundes-wasserstraßenverwaltung des **Einvernehmens** der zuständigen Landesbehör-de bedarf (BVerwG NVwZ 2002, 1239), denkmalrechtliche Streitigkeiten um die **Abgrenzung** der Hoheitsbefugnisse der Wasserstraßenverwaltung des Bundes zu den Hoheitsbefugnissen des Landes (BVerwG NVwZ 2008, 696).

2. Zuständigkeit nach Nr. 2

Nach Nr. 2 entscheidet das BVerwG über Klagen gegen die vom **Bundes-** 10 **minister des Innern** nach § 3 II Nr. 2 VereinsG ausgesprochenen **Vereins-verbote** und nach § 8 II 1 VereinsG erlassenen Verfügungen (vgl. BVerwG NVwZ 2010, 455; NVwZ-RR 2009, 803; BVerwGE 61, 218), nicht aber über auf die Wirkungen des § 9 Abs. 3 VereinsG gerichtete Begehren (BVerwG NVwZ 2018, 1485). Die Norm entspricht strukturell § 48 II (→ § 48 Rn. 34). Nach § 51 III sind die OVG über Klagen nach Nr. 2 zu unterrichten. Sachlich zuständig für Verfahren gegen Verfügungen zum Voll-zug des Verbots (§§ 5 I, 10 ff. VereinsG) ist das VG (§ 45), wie sich iÜ aus § 6 I VereinsG ergibt (vgl. BVerwG Buchh 402.45 VereinsG Nr. 20; NVwZ-RR 2016, 579). Das BVerwG ist ferner gem. **§ 16 II VereinsG** zuständig für das sog. gerichtliche **Bestätigungsverfahren** bei den in § 16 I VereinsG genannten Arbeitnehmer- und Arbeitgebervereinigungen, sofern der Bundes-innenminister Verbotsbehörde ist.

3. Zuständigkeit nach Nr. 3

Nach Nr. 3 entscheidet das BVerwG über Streitigkeiten um **Abschiebungs-** 11 **anordnungen nach § 58a AufenthG** und ihre Vollziehung (Abwehr einer besonderen bzw. terroristischen Gefahr) sowie nach neuer Rechtslage über den Erlass eines **Einreise- und Aufenthaltsverbots** auf dieser Grundlage (zum alten Recht vgl. BVerwG Beschl. v. 6.2.2019 – 1 A 1.19).

4. Zuständigkeit nach Nr. 4

Nach Nr. 4 entscheidet das BVerwG über Klagen, denen **Vorgänge im** 12 **Geschäftsbereich des BND** zugrunde liegen (vgl. §§ 1 II, 2 BNDG). Hierbei kommt es nicht darauf an, ob der Streitgegenstand eine Verwaltungs-entscheidung betrifft, die in der alleinigen Zuständigkeit des BND selbst oder einer anderen Behörde liegt (BVerwG DVBl 2019, 632). Erfasst wird nur der Geschäftsbereich des BND als Bundesoberbehörde im organisatorischen Sinne des § 1 I 1 BNDG (BVerwG DVBl 1984, 1015; SSB Rn. 12; aA Redeker/v.

Oertzen Rn. 4), nicht aber des Bundeskanzleramts (BVerwG Beschl. v. 5.6.2019 – 7 VR 2.19).

13   Unter die weit auszulegende Zuständigkeitsregelung (BVerwGE 162, 179) fallen zB die **Umsetzung eines BND-Mitarbeiters vom Ausland in das Inland** (BVerwG NVwZ-RR 2008, 547), die Gewährung von Trennungsgeld für einen BND–Beamten (BVerwG Buchholz 261 § 12 BUKG Nr. 6), die **Abberufung eines Residenturleiters** (BVerwG DokBer 2011, 333), der **Schadensersatzstreit** eines Ruhestandsbeamten des BND wegen Verletzung der Fürsorgepflicht während der Dienstzeit (BVerwG Buchh 310 § 50 VwGO Nr. 14), der **Auskunftsanspruch aus § 7 BNDG** iVm § 15 BVerfSchG (BVerwG NVwZ 2018, 590), die Anfechtung der **Wahl der Gleichstellungsbeauftragten** beim BND (BVerwG PersR 2007, 443), die Rücknahme eines begünstigenden Dienstunfallbescheids des BND durch die Generalzolldirektion (BVerwG DVBl 2019, 632) und disziplinarrechtliche Maßnahmen gegenüber BND-Beamten (§ 45 S. 5 BDG).

14   Nr. 4 erfasst **nicht** Verfahren von Angehörigen des BND, deren Beschäftigungsverhältnis sich nach bürgerlichem Recht richtet bzw. richten soll (BVerwG Buchh 310 § 50 VwGO Nr. 19 und 36: Arbeitsgerichte).

5. Zuständigkeit nach Nr. 5

15   Nach Nr. 5 entscheidet das BVerwG über Klagen gegen Maßnahmen und Entscheidungen nach § 44a AbgG **(Ausübung des Mandats),** nach den Verhaltensregeln für Mitglieder des Deutschen Bundestages (Anl. 1 GO-BT, BGBl I 1980, 1237, zuletzt geändert durch BT-Beschl. v. 14.3.2013), nach § 6b BMinG und nach § 7 ParlStG iVm § 6b BMinG.

6. Zuständigkeit nach Nr. 6

16   Nach Nr. 6 entscheidet des BVerwG über sämtliche Streitigkeiten, die **Planfeststellungs-** und **Plangenehmigungsverfahren** für Vorhaben betreffen, die im **AEG** (BVerwGE 161, 356), **FStrG, WaStrG, EnLAG** (BVerwGE 147, 184; BVerwG NVwZ 2018, 336), **BBPlG** (BVerwG UPR 2017, 512) oder **MBPlG** (BVerwG NVwZ 2007, 1095) bezeichnet sind. Die hiermit begründeten Zuständigkeiten gehen den in § 48 I 1 Nrn. 7–9 geregelten Zuständigkeiten des OVG vor.

17   Der Begriff **„betreffen"** ist weit auszulegen. Es reicht jeder unmittelbare Bezug zu konkreten Planfeststellungs- oder Plangenehmigungsverfahren (BVerwG NVwZ 2013, 1219; Kopp/Schenke Rn. 8b), so zB wenn sie Teil der genehmigungsrechtlichen Bewältigung des Vorhabens sind (BVerwGE 159, 121; UPR 2019, 154). Nr. 6 erfasst aber **nicht** Streitigkeiten um Informationszugangsansprüche auf Auskunft über planfeststellungspflichtige Vorhaben (BVerwG Buchh 407.3 § 5 VerkPBG Nr. 19), oder um die Frage, ob umstrittene Baumaßnahmen von einem vollziehbaren Planfeststellungsbeschluss gedeckt sind oder nicht (BVerwG NVwZ 2013, 1219).

II. Vorlage

Hält das BVerwG nach I Nr. 1 eine Streitigkeit für verfassungsrechtlich **18**
(→ Rn. 3), legt es die Sache dem BVerfG zur Entscheidung vor (III). Die
Vorlage betrifft nicht die Sachentscheidung, sondern allein die Klärung, ob
die Streitigkeit verfassungsrechtlicher Art ist. Für eine **Verweisung** an das
BVerfG fehlt es an einer Rechtsgrundlage; § 83 S. 1 iVm § 17a GVG erfasst
diesen Fall nicht, da es einen „Rechtsweg" zum BVerfG nicht gibt. Verweisungen sind überdies mit der Verfassungsorganstellung des BVerfG unvereinbar (BVerfGE 109, 1).

III findet nur im Rahmen des I Nr. 1 Anwendung; angesichts des allein **19**
hierauf bezogenen Wortlauts ist eine **analoge Anwendung** auf andere Verfahren, bei denen das BVerwG von der Verfassungsrechtlichkeit überzeugt ist,
ausgeschlossen (Kopp/Schenke Rn. 9, 10; Redeker/v. Oertzen Rn. 8; SSB
Rn. 15).

Für die Vorlage ist – mit Art. 100 I 1 GG vergleichbar – die **Überzeugung** **20**
des BVerwG von der Verfassungsrechtlichkeit der Streitigkeit erforderlich;
bloße Zweifel genügen nicht (Kopp/Schenke Rn. 9, 10).

Die Entscheidung des BVerfG **bindet** aus Gründen des Rechtsstaatsprinzips **21**
das BVerwG, auch wenn sich III hierzu nicht ausdrücklich verhält. Hält das
BVerfG die Streitigkeit für **nichtverfassungsrechtlich,** hat das BVerwG in
der Sache zu entscheiden. Eine Abweisung der Klage aus diesem Grund durch
das BVerwG scheidet aus. Hält das BVerfG die Streitigkeit für **verfassungsrechtlich,** entscheidet dieses aus prozessökonomischen Gründen in der statthaften Antragsart in der Sache abschließend (BVerfGE 109, 1; SSB Rn. 14).

§ 51 [Aussetzung bei Verfahren über Vereinsverbote]

**(1) Ist gemäß § 5 Abs. 2 des Vereinsgesetzes das Verbot des Gesamtvereins
anstelle des Verbots eines Teilvereins zu vollziehen, so ist ein Verfahren über eine
Klage dieses Teilvereins gegen das ihm gegenüber erlassene Verbot bis zum Erlaß
der Entscheidung über eine Klage gegen das Verbot des Gesamtvereins auszusetzen.**

**(2) Eine Entscheidung des Bundesverwaltungsgerichts bindet im Falle des Ab-
satzes 1 die Oberverwaltungsgerichte.**

**(3) Das Bundesverwaltungsgericht unterrichtet die Oberverwaltungsgerichte
über die Klage eines Vereins nach § 50 Abs. 1 Nr. 2.**

I ist Spezialvorschrift zu § 94. Durch die **Pflicht zur Aussetzung** sollen **1**
widersprechende Entscheidungen unterschiedlicher OVG (§ 48 II) möglichst
ausgeschlossen werden. Ist dasselbe Gericht für sämtliche Klagen zuständig, ist
nicht auszusetzen. Die Verfahren müssen für diesen Fall auch nicht nach § 93
verbunden werden (SSB Rn. 4; aA Kopp/Schenke Rn. 1). II ordnet die
Bindung der OVG an, sofern das BVerwG nach I verfahren ist. Ein Verstoß
gegen I, II stellt einen Verfahrensmangel dar (§ 132 II Nr. 3). III begründet
eine **Unterrichtungspflicht** über Klagen nach § 50 I Nr. 2.

§ 52 [Örtliche Zuständigkeit]

Für die örtliche Zuständigkeit gilt folgendes:

1. In Streitigkeiten, die sich auf unbewegliches Vermögen oder ein ortsgebundenes Recht oder Rechtsverhältnis beziehen, ist nur das Verwaltungsgericht örtlich zuständig, in dessen Bezirk das Vermögen oder der Ort liegt.

2. [1] Bei Anfechtungsklagen gegen den Verwaltungsakt einer Bundesbehörde oder
   einer bundesunmittelbaren Körperschaft, Anstalt oder Stiftung des öffentlichen
   Rechts ist das Verwaltungsgericht örtlich zuständig, in dessen Bezirk die Bundesbehörde, die Körperschaft, Anstalt oder Stiftung ihren Sitz hat, vorbehaltlich
   der Nummern 1 und 4. [2] Dies gilt auch bei Verpflichtungsklagen in den Fällen
   des Satzes 1. [3] In Streitigkeiten nach dem Asylgesetz ist jedoch das Verwaltungsgericht örtlich zuständig, in dessen Bezirk der Ausländer nach dem Asylgesetz seinen Aufenthalt zu nehmen hat; ist eine örtliche Zuständigkeit danach
   nicht gegeben, bestimmt sie sich nach Nummer 3. [4] Soweit ein Land, in dem
   der Ausländer seinen Aufenthalt zu nehmen hat, von der Möglichkeit nach § 83
   Absatz 3 des Asylgesetzes Gebrauch gemacht hat, ist das Verwaltungsgericht
   örtlich zuständig, das nach dem Landesrecht für Streitigkeiten nach dem Asylgesetz betreffend den Herkunftsstaat des Ausländers zuständig ist. [5] Für Klagen
   gegen den Bund auf Gebieten, die in die Zuständigkeit der diplomatischen und
   konsularischen Auslandsvertretungen der Bundesrepublik Deutschland fallen,
   ist das Verwaltungsgericht örtlich zuständig, in dessen Bezirk die Bundesregierung ihren Sitz hat.

3. [1] Bei allen anderen Anfechtungsklagen vorbehaltlich der Nummern 1 und 4 ist
   das Verwaltungsgericht örtlich zuständig, in dessen Bezirk der Verwaltungsakt
   erlassen wurde. [2] Ist er von einer Behörde, deren Zuständigkeit sich auf mehrere
   Verwaltungsgerichtsbezirke erstreckt, oder von einer gemeinsamen Behörde
   mehrerer oder aller Länder erlassen, so ist das Verwaltungsgericht zuständig, in
   dessen Bezirk der Beschwerte seinen Sitz oder Wohnsitz hat. [3] Fehlt ein solcher
   innerhalb des Zuständigkeitsbereichs der Behörde, so bestimmt sich die Zuständigkeit nach Nummer 5. [4] Bei Anfechtungsklagen gegen Verwaltungsakte
   einer von den Ländern mit der Vergabe von Studienplätzen beauftragten Behörde ist jedoch das Verwaltungsgericht örtlich zuständig, in dessen Bezirk die
   Behörde ihren Sitz hat. [5] Dies gilt auch bei Verpflichtungsklagen in den Fällen
   der Sätze 1, 2 und 4.

4. [1] Für alle Klagen aus einem gegenwärtigen oder früheren Beamten-, Richter-,
   Wehrpflicht-, Wehrdienst- oder Zivildienstverhältnis und für Streitigkeiten, die
   sich auf die Entstehung eines solchen Verhältnisses beziehen, ist das Verwaltungsgericht örtlich zuständig, in dessen Bezirk der Kläger oder Beklagte seinen
   dienstlichen Wohnsitz oder in Ermangelung dessen seinen Wohnsitz hat. [2] Hat
   der Kläger oder Beklagte keinen dienstlichen Wohnsitz oder keinen Wohnsitz
   innerhalb des Zuständigkeitsbereichs der Behörde, die den ursprünglichen Verwaltungsakt erlassen hat, so ist das Gericht örtlich zuständig, in dessen Bezirk
   diese Behörde ihren Sitz hat. [3] Die Sätze 1 und 2 gelten für Klagen nach § 79
   des Gesetzes zur Regelung der Rechtsverhältnisse der unter Artikel 131 des
   Grundgesetzes fallenden Personen entsprechend.

5. In allen anderen Fällen ist das Verwaltungsgericht örtlich zuständig, in dessen Bezirk der Beklagte seinen Sitz, Wohnsitz oder in Ermangelung dessen seinen Aufenthalt hat oder seinen letzten Wohnsitz oder Aufenthalt hatte.

§ 52 (beachte § 6 S. 3 GVO als lex specialis) regelt die örtliche Zuständigkeit **1** der VG (sog. **Gerichtsstand**). Er ist – mit Ausnahme des Rechtsmittelverfahrens (§ 83 S. 1 iVm § 17a V GVG) – in allen Verfahren vAw zu beachtende **Sachurteilsvoraussetzung** (→ vor § 40 Rn. 34). Der Gerichtsstand ist ausschließlich, also weder für das Gericht noch für die Beteiligten (durch Vereinbarung oder rügeloses Einlassen) disponibel (Eyermann Rn. 3; Kopp/Schenke Rn. 2). Bei der **Widerklage** ist § 89 I 2 zu beachten. **Zuständigkeitszweifel** sind im Verfahren nach § 53 I Nr. 3 auszuräumen (→ § 53 Rn. 5). Ist die Zuständigkeit im Zeitpunkt der Klageerhebung nicht gegeben, ist gem. § 83 S. 1 iVm § 17a II 1 GVG an das örtlich zuständige Gericht zu verweisen. Die einmal gegebene Zuständigkeit des angerufenen Gerichts wird durch eine nach Rechtshängigkeit eintretende Veränderung der sie begründenden Umstände nicht berührt (sog. **perpetuatio fori** → § 83 Rn. 5).

Die Gerichtsstandsregelungen des § 53 sind ihrer Systematik nach zwin- **2** gend in der **Reihenfolge** Nr. 1, 4, 2, 3, 5 zu prüfen.

I. Belegenheit der Sache (Nr. 1)

Nach **Nr. 1** ist in Streitigkeiten aller Verfahrensarten, die sich auf unbeweg- **3** liches Vermögen oder ein ortsgebundenes Recht oder Rechtsverhältnis beziehen, nur das VG örtlich zuständig, in dessen Bezirk das Vermögen oder der Ort liegt. **Ortsgebunden** sind Rechte oder Rechtsverhältnisse (→ § 94 Rn. 3), die zu einem bestimmten Territorium in besonderer Beziehung stehen (BVerwG NVwZ-RR 2017, 713), bzw. eine weitgehende Verbindung zwischen dem strittigen Recht und dem Territorium aufweisen, auf dem es ausgeübt wird (BVerwG Buchh 310 § 52 VwGO Nr. 2). **Unbewegliches Vermögen** sind neben Grundstücken und ihren Bestandteilen auch grundstücksgebundene Rechte. Die Norm ist mit § 24 ZPO inhaltsgleich (SSB Rn. 4; aA Kopp/Schenke Rn. 6: § 864 ZPO analog).

Ein solcher Bezug liegt zB vor bei **Baugenehmigungen, Gaststätten- 4 erlaubnissen, Enteignungen** oder Belastungen von Grundeigentum, bei nach den Regeln des VermG erfolgender **Rückgabe von Grundstücken** (BVerwG Beschl. v. 9.9.2003 – 3 AV 1.03), bei **Wasser-, Wege-, Jagd- und Forstrechten**, bei **Wasserentnahmeentgelten**, beim **Anspruch auf nachträgliche Auflagen** bei planfestgestellten Abschnitten eines Verkehrsweges (BVerwG NVwZ-RR 2004, 551), bei der Festsetzung der **Fehlbelegungsabgabe** (BVerwG NJW-RR 1990, 122), bei der **militärischen Nutzung einer bestimmten Liegenschaft** (OVG NRW NVwZ 1993, 588), beim Widerruf der Erlaubnis zum Befahren eines Sees (BVerwG Buchh 310 § 52 VwGO Nr. 2), bei der Festlegung von **An- und Abflugrouten** im Luftraum (BVerwG NJW 2000, 3584; VGH BW NVwZ-RR 2003, 737).

5 **Keine Ortsgebundenheit** besteht zB bei dem **Anspruch auf Rückgabe von Rechten an einem Unternehmen** (BVerwG ZOV 2009, 208), auf **Erteilung einer Linienverkehrsgenehmigung** oder Genehmigung zur Fahrplanänderung (BVerwG NVwZ-RR 2017, 713, NVwZ 2017, 726) oder einer **Freisetzungsgenehmigung** isd § 14 I GenTG (BVerwG NJW 1997, 1022).

II. Anfechtungs- und Verpflichtungsklagen im Bereich der Bundesverwaltung (Nr. 2)

1. Grundsatz

6 Nach **Nr. 2 S. 1, 2** ist bei Anfechtungs- und Verpflichtungsklagen (§ 42 I) gegen den VA einer Bundesbehörde oder einer bundesunmittelbaren Körperschaft, Anstalt oder Stiftung des öffentlichen Rechts **vorbehaltlich der Nrn. 1 und 4 sowie S. 3** das VG örtlich zuständig, in dessen Bezirk die Bundesbehörde, die Körperschaft, Anstalt oder Stiftung ihren Sitz hat. Die Norm findet **entsprechende Anwendung** auf Fortsetzungsfeststellungs- und Nichtigkeitsfeststellungsklagen (BVerwGE 84, 306) und auf VA von Landesbehörden, denen in Ausführung von Bundesrecht eine das ganze Bundesgebiet umfassende Verwaltungskompetenz übertragen ist (str., Kopp/Schenke Rn. 8). **Behörde** isd Nr. 2 ist jede Stelle, die Aufgaben der öffentlichen Verwaltung wahrnimmt (vgl. § 1 IV VwVfG); hierunter fällt auch der Beliehene (aA Kopp/Schenke Rn. 9). **Bundesbehörden** sind solche nach Art. 87 I, III GG. **Sitz der Behörde** ist – auch bei mehreren Dienstsitzen – der durch Rechtsnorm bestimmte Amtssitz des Behördenleiters (BVerwG Buchh 310 § 52 VwGO Nr. 40).

2. Streitigkeiten nach dem AsylG

7 Nach **Nr. 2 S. 3** ist in Streitigkeiten nach dem AsylG **abweichend von S. 1, 2** das VG für alle Klagearten örtlich zuständig, in dessen Bezirk der Ausländer nach dem AsylG seinen Aufenthalt zu nehmen hat (vgl. §§ 56, 71 VII AsylG). Die Bestimmung ist weit auszulegen; maßgeblich ist, ob das Asylanerkennungsverfahren im weiteren Sinne betroffen ist, so zB auch bei Streitigkeiten über die Mitwirkung des Bundesamtes im sog. Dublin-Verfahren (BVerwG Beschl. v. 2.7.2019 – 1 AV 2.19). Auf den tatsächlichen Aufenthaltsort des Ausländers kommt es nicht an. Wird zB ein Anspruch auf **länderübergreifende Umverteilung** nach § 51 AsylG geltend gemacht, ist das VG örtlich zuständig, in dessen Bezirk der Ausländer seinen Aufenthalt zu nehmen hat, und nicht das VG, in dessen Bezirk der Ausländer umverteilt werden möchte (VGH BW InfAuslR 2006, 293).

7a **Nr. 2 S. 4** sichert die Wirksamkeit einer etwaigen gerichtsorganisatorischen Verfahrenskonzentration durch eine Zuständigkeitskonzentration ab: Örtlich zuständig ist das VG, bei dem das Landesrecht Streitigkeiten nach dem AsylG betr. den Herkunftsstaat des Ausländers konzentriert hat (§ 83 III AsylG). Abweichend von S. 3, der anderenfalls eingreifen würde, kommt es nicht darauf an, in welchem Gerichtsbezirk der Ausländer seinen Aufenthalt zu nehmen hat.

Ist eine örtliche Zuständigkeit danach nicht gegeben, weil ein Zuweisungs- **8** bescheid nicht vorliegt, Streit um seine Wirksamkeit besteht bzw. der Ausländer keinen bestimmten Aufenthalt zu nehmen hat oder inhaftiert ist, bestimmt sie sich nach Nr. 3.

3. Diplomatische und konsularische Auslandsvertretungen

Nach **Nr. 2 S. 5** ist für Klagen gegen den Bund auf Gebieten, die in die **9** Zuständigkeit der diplomatischen und konsularischen Auslandsvertretungen der BRD fallen, das VG örtlich zuständig, in dessen Bezirk die Bundesregierung ihren Sitz hat (Berlin). Die bloße Mithilfe einer Auslandsvertretung zB im Asylverfahren ist unbeachtlich (BVerwG DVBl 1984, 1015). Auf eine Tätigkeit des Auswärtigen Amtes selbst kommt es nicht an (BVerwG Buchh 310 § 50 VwGO Nr. 3).

III. Sonstige Anfechtungs- und Verpflichtungsklagen (Nr. 3)

Nach **Nr. 3 S. 1** ist bei allen anderen Anfechtungs- und Verpflichtungsklagen **10** **vorbehaltlich der Nrn. 1 und 4** das VG örtlich zuständig, in dessen Bezirk der VA erlassen wurde bzw. als erlassen gilt (BVerwG DVBl 2002, 1557). Ist er von einer Behörde, deren Zuständigkeit sich auf mehrere Verwaltungsgerichtsbezirke erstreckt, oder von einer gemeinsamen Behörde mehrerer oder aller Länder erlassen bzw. zu erlassen, so ist das VG zuständig, in dessen Bezirk der Beschwerte seinen Sitz oder Wohnsitz hat **(Nr. 3 S. 2, 5)**. Fehlt ein solcher innerhalb des Zuständigkeitsbereichs der Behörde, bestimmt sich die Zuständigkeit nach Nr. 5 **(Nr. 3 S. 3)**. Der „Zuständigkeitsbereich einer Behörde" bezieht sich nicht lediglich auf ihre allgemeine territoriale Zuständigkeit, sondern ist – insbesondere in personalrechtlichen Angelegenheiten – „universell" zu verstehen (VG München Beschl. v. 17.12.2018 – M 5 K 17.2384). Bei Anfechtungs- oder Verpflichtungsklagen gegen eine von den Ländern mit der Vergabe von Studienplätzen beauftragte Behörde ist jedoch das VG örtlich zuständig, in dessen Bezirk die Behörde ihren Sitz hat **(Nr. 3 S. 4, 5)**. S.a. VG Würzburg Urt. v. 18.3.2010 – W 1 K 09.1244; Stuttmann DVBl 2011, 1202.

Die Norm findet **entsprechende Anwendung** auf Fortsetzungsfeststel- **11** lungs- und Nichtigkeitsfeststellungsklagen (vgl. BVerwGE 84, 306). Zum **Sitz der Behörde** → Rn. 6. Der Begriff des (privaten) Wohnsitzes bestimmt sich nach §§ 7 bis 11 BGB. Wohnsitz im Sinn des § 7 BGB ist der räumliche Schwerpunkt der gesamten Lebensverhältnisse einer Person. Er wird durch die ständige Niederlassung an einem Ort begründet und erfordert eine eigene Unterkunft (BVerwG Beschl. v. 18.4.2019 – 2 AV 1.19). Bei **doppeltem Wohnsitz** nach § 7 II BGB ist nach § 53 I Nr. 3 zu verfahren; ein solcher verlangt dauernde Unterkünfte an zwei Orten und eine wechselnde Belegung in der Weise, dass der jeweilige Ort zum Mittelpunkt der Lebensverhältnisse wird (BVerwG Beschl. v. 18.4.2019 – 2 AV 1.19). Dem **fehlenden Wohnsitz** ist der unbekannte Aufenthaltsort gleichzusetzen (BGH NJW 1983, 285).

IV. Klagen aus besonderen Pflichtverhältnissen (Nr. 4)

12 Nach **Nr. 4 S.** 1 ist für alle Klagen aus einem gegenwärtigen oder früheren Beamten-, Richter-, Wehrpflicht-, Wehrdienst- oder Zivildienstverhältnis und für Streitigkeiten, die sich auf die Entstehung eines solchen Verhältnisses beziehen, das VG örtlich zuständig, in dessen Bezirk der Kläger oder Beklagte seinen dienstlichen Wohnsitz oder in Ermangelung dessen seinen Wohnsitz (→ Rn. 11) hat. Erfasst werden **zB** Klagen aktiver Beamter auf Beförderung oder Klagen ehemaliger Beamter, Richter und Hinterbliebener aus dem Beamtenverhältnis und Disziplinarklagen.

13 Der **dienstliche Wohnsitz** eines Beamten beurteilt sich unter Heranziehung der in § 15 I 1 BBesG enthaltenen Legaldefinition nach dem Sitz der Behörde oder nach dem Sitz der ständigen Dienststelle. Maßgeblich ist die den Dienstposten des Beamten einschließende, regelmäßig eingerichtete, kleinste organisatorisch abgrenzbare Verwaltungseinheit (BVerwG Beschl. v. 18.4.2019 – 2 AV 1.19). Dabei genügt eine, wenn auch nur geringfügige, organisatorische Abgrenzbarkeit; auf die Zahl der dort Beschäftigten oder eine rechtliche Verselbstständigung kommt es nicht an (VGH BW Urteil v. 23.7.2013 – 4 S 671/12). „**Angehören**" bedeutet, dass der Beamte auf Dauer der Behörde bzw. Dienststelle zugewiesen ist; eine solche Dauerhaftigkeit kann auch durch eine nicht nur kurzfristige **Abordnung** begründet sein. Denn so wird der Beamte in Übereinstimmung mit dem Zweck der gesetzlichen Regelung (BVerwGE 58, 225) in die Lage versetzt, bei dem VG Klage zu erheben, in dessen Bezirk er tatsächlich fortlaufend seinen Dienst verrichtet (VG Düsseldorf Beschl. v. 17.6.2009 – 13 K 2159/09). **Beamtenbewerber,** aber auch aktive Beamte, die die Ernennung bei einem anderen Dienstherrn begehren, **Ruhestandsbeamte** (BayVGH Beschl. v. 24.6.2015 – 3 S 15.1102) oder unter Wegfall der Besoldung nach § 4 II 1 PostPersRG oder § 13 I SUrlV **beurlaubte Beamte** haben keinen dienstlichen Wohnsitz (BVerwG Beschl. v. 18.4.2019 – 2 AV 1.19; VG Berlin Beschl. v. 18.4.2019 – 5 L 80.19).

14 Im **Streit um die Rechtmäßigkeit einer Versetzung oder Abordnung** bleibt es fiktiv bei der Maßgeblichkeit des dienstlichen Wohnsitzes, der im Zeitpunkt des Zugangs der Verfügung bestand (VG Lüneburg Beschl. v. 13.1.2011 – 1 B 41/10; VG Meiningen Urt. v. 12.9.2014 – 1 K 82/14 Me; VG Darmstadt NVwZ-RR 1996, 162; aA SchlHOVG Beschl. v. 28.1.2011 – 12 B 4/11; VG Greifswald Beschl. v. 19.2.2015 – 6 A 17/15).

15 Hat der Kläger oder Beklagte **keinen dienstlichen Wohnsitz** oder **keinen Wohnsitz** innerhalb des Zuständigkeitsbereichs der Behörde (→ Rn. 10), die den ursprünglichen VA erlassen hat, so ist das Gericht örtlich zuständig, in dessen Bezirk diese Behörde ihren Sitz hat **(Nr. 4 S. 2). Untätigkeitsklagen** nach § 75 begründen nach dem Wortlaut der Norm („die den ursprünglichen VA erlassen hat") keine Zuständigkeit nach Nr. 4 S. 2 (str., vgl. VG Bayreuth Beschl. v. 12.2.2018 – B 5 K 17.1058); eine analoge Anwendung scheidet auch im Übrigen aus. Nr. 4 S. 1 und 2 gilt für Klagen nach § 79 Gesetz zu Art. 131 GG entsprechend (**Nr. 4 S. 3**).

V. Wohnsitz (Nr. 5)

Ist **kein Fall der Nrn.** 1 **bis** 4 gegeben, ist das VG örtlich zuständig, in dessen **16** Bezirk der (tatsächlich) Beklagte seinen Sitz (→ Rn. 6), Wohnsitz (→ Rn. 11) oder in Ermangelung dessen seinen Aufenthalt hat oder seinen letzten Wohnsitz oder Aufenthalt hatte (Nr. 5). Bei **Freiberuflern** ist dies nicht der Sitz der Kanzlei/Praxis. Bei **Klagen gegen den Staat** ist grds. auf die Behörde abzustellen, die für den Staat gehandelt hat oder handeln soll, unabhängig davon, ob dieser Behörde die Vertretung im Verwaltungsrechtsstreit obliegt (BVerwGE 71, 183). Betrifft der Rechtsstreit zB Handlungen eines **selbstständig wirkenden weisungsfreien Ausschusses,** so ist auf dessen Sitz abzustellen (BVerwGE 71, 183).

Aufenthalt ist das tatsächliche (gewollte oder ungewollte, dauernde oder **17** vorübergehende) körperliche Sein an einem Ort (Redeker/v. Oertzen Rn. 20; Kopp/Schenke Rn. 20) von einer gewissen Dauer.

§ 53 [Bestimmung des zuständigen Gerichts]

(1) Das zuständige Gericht innerhalb der Verwaltungsgerichtsbarkeit wird durch das nächsthöhere Gericht bestimmt,

1. wenn das an sich zuständige Gericht in einem einzelnen Fall an der Ausübung der Gerichtsbarkeit rechtlich oder tatsächlich verhindert ist,
2. wenn es wegen der Grenzen verschiedener Gerichtsbezirke ungewiß ist, welches Gericht für den Rechtsstreit zuständig ist,
3. wenn der Gerichtsstand sich nach § 52 richtet und verschiedene Gerichte in Betracht kommen,
4. wenn verschiedene Gerichte sich rechtskräftig für zuständig erklärt haben,
5. wenn verschiedene Gerichte, von denen eines für den Rechtsstreit zuständig ist, sich rechtskräftig für unzuständig erklärt haben.

(2) Wenn eine örtliche Zuständigkeit nach § 52 nicht gegeben ist, bestimmt das Bundesverwaltungsgericht das zuständige Gericht.

(3) [1]Jeder am Rechtsstreit Beteiligte und jedes mit dem Rechtsstreit befaßte Gericht kann das im Rechtszug höhere Gericht oder das Bundesverwaltungsgericht anrufen. [2]Das angerufene Gericht kann ohne mündliche Verhandlung entscheiden.

In den in I aufgeführten fünf Fällen kann eine Zuständigkeitsbestimmung für **1** den konkreten Rechtsstreit durch das nächsthöhere Gericht herbeigeführt werden. Die Möglichkeit dazu besteht in allen Klageverfahren sowie allen selbstständigen Beschlussverfahren, insbes. auch in Eilverfahren (vgl. BVerwG Buchh 310 § 53 VwGO Nr. 19). Liegen die in I Nrn. 1 bis 5, II bezeichneten Anlässe vor, ist eine Zweckmäßigkeitsentscheidung über die Zuständigkeit zu treffen (→ Rn. 19).

I. Die einzelnen Anlässe nach I

1. Rechtliche oder tatsächliche Verhinderung (Nr. 1)

2 Rechtliche oder tatsächliche **Verhinderung** iSv Nr. 1 ist anzunehmen, wenn das Gericht durch Ausschluss oder erfolgreiche Ablehnung, Erkrankung, Tod usw. von Richtern nicht (mehr) in absehbarer Zeit in der gesetzlich vorgeschriebenen Besetzung zusammentreten kann oder wenn es infolge von Aufruhr, Naturkatastrophen, Stillstand der Rechtspflege usw. für längere Zeit nicht tätig sein kann (BVerwG Beschl. v. 15.2.2018 – 5 AV 1.18). In **Fällen von Befangenheit** (§ 54) liegt eine Verhinderung erst dann vor, wenn so viele Richter des zuständigen Gerichts aus dem Verfahren ausgeschieden sind, dass über die Sache nicht mehr entschieden werden kann (BVerwG Beschl. v. 2.9.2013 – 5 AV 1.13).

3 Der rechtlichen oder tatsächlichen Verhinderung des zuständigen Gerichts **steht es gleich,** wenn das zuständige Gericht gegenwärtig nicht zu ermitteln ist. Das zuständige Gericht ist faktisch verhindert, wenn es vor der Entscheidung des übergeordneten Gerichts nicht wissen kann, ob es zuständig ist (BVerwG Buchh 310 § 53 VwGO Nr. 19).

2. Ungewisse Grenzen der Gerichtsbezirke (Nr. 2)

4 Nr. 2 erfasst die Fälle, in denen sich Gerichtsbezirke aus tatsächlichen Gründen nicht eindeutig voneinander abgrenzen lassen; rechtliche Ungewissheit genügt nicht (SSB Rn. 6; aA Eyermann Rn. 5).

3. Verschiedene in Betracht kommende Gerichte (Nr. 3)

5 Nr. 3 sieht eine Zuständigkeitsbestimmung für den Fall vor, dass nach § 52 mehrere Gerichte in Betracht kommen. Dies ist nicht der Fall, wenn bloß rechtliche Zweifel über die Zuständigkeit vorliegen, die durch Auslegung der Zuständigkeitsregelungen beseitigt werden können. § 53 ergänzt die Regelung über den gesetzlichen Richter lediglich für den Fall, dass das Prozessrecht selbst keine oder keine widerspruchsfreie Zuweisung enthält (BVerwG Beschl. v. 15.2.2018 – 5 AV 1.18).

6 Es kommen iSv Nr. 3 nach § 52 verschiedene Gerichte in Betracht, wenn sich zB das ortsgebundene Recht über mehrere Bezirke erstreckt (§ 52 Nr. 1) oder wenn der Kläger bzw. Beklagte mehrere Wohnsitze hat (§ 52 Nr. 4 S. 1, S. 5). Sind für die **Klage von Streitgenossen** verschiedene Gerichte zuständig, wird ein gemeinsames zuständiges Gericht bestimmt, wenn es zumindest nicht fernliegt, dass eine **notwendige** Streitgenossenschaft iSv § 64 iVm § 62 I ZPO besteht (BVerwG NVwZ-RR 2017, 676; für die Anwendung auch bei einfacher Streitgenossenschaft OVG NRW NVwZ-RR 1995, 478; zum Streitstand SSB Rn. 8). Ob sie letztlich vorliegt, kann offenbleiben (BVerwG Buchh 310 § 53 VwGO Nr. 18). Bei einer Mehrzahl von Ansprüchen oder Beklagten ist die Zuständigkeit für jeden einzelnen Streitgegenstand gesondert zu prüfen; § 36 I Nr. 3 ZPO findet keine Anwendung (BVerwG NVwZ-RR 2018, 558).

Eine Entscheidung nach § 53 ist ausgeschlossen, wenn das zuständige Ge- **7** richt feststeht oder sich ermitteln lässt (BVerwG HFR 2007, 910). Sie steht ua fest, wenn über die örtliche Zuständigkeit bereits **unanfechtbar entschieden** worden ist (§ 83 S. 1, 2 iVm § 17a II GVG). Sie ist auch ausgeschlossen nach Ergehen einer nicht mehr anfechtbaren instanzabschließenden Entscheidung oder wenn die Zuständigkeitsfrage gemäß § 83 S. 1 iVm § 17a V GVG im Rechtsmittelverfahren nicht mehr zu prüfen ist (BVerwG NVwZ-RR 2017 676; zur Ausnahme bei offensichtlicher Unhaltbarkeit BVerwG Beschl. v. 1.10.2019 – 6 AV 14.19; Buchh 300 § 17a GVG Nr. 36). Eine Vorlage dieses Gerichts nach § 53 kommt ebenfalls nicht in Betracht (BVerwG NVwZ 1995, 372; → § 83 Rn. 10). **Prozessökonomische Gründe,** die zB für die Zusammenfassung paralleler Streitigkeiten vor einem Gericht sprechen, können für sich allein eine Abweichung von den gesetzlichen Zuständigkeitsregelungen ebenfalls **nicht** rechtfertigen (BVerwG Beschl. v. 1.6.2011 – 2 AV 1.11). Es reicht auch nicht, dass die Frage der Zuständigkeit zwischen dem VG und dem Beklagten streitig ist (BVerwG Beschl. v. 15.2.2018 – 5 AV 1.18; für diesen Fall s. § 83 iVm § 17a III 2 GVG).

Nr. 3 enthält keine Regelung, nach welchen materiellen Kriterien das **8** zuständige Gericht zu bestimmen ist. Es ist eine Zweckmäßigkeitsentscheidung zu treffen (→ Rn. 19).

Einem **Berufungsgericht** ist bei der Überprüfung eines erstinstanzlichen **9** Urteils eine Anrufung des BVerwG zur Bestimmung des örtlich zuständigen Gerichts verwehrt, da es selbst zur Prüfung der örtlichen Zuständigkeit nicht befugt ist (§ 83 S. 1 iVm § 17a V GVG, BVerwG NVwZ-RR 1995, 300).

Die Norm ist **entsprechend** anzuwenden, wenn **in zwei Verfahren 10** **derselbe VA** von beiden jeweils teils begünstigten und beschwerten Beteiligten mit entgegengesetzten Zielen angegriffen wird und unterschiedliche Zuständigkeiten nach § 52 begründet sind (BVerwG Beschl. v. 7.8.2019 – 10 AV 3.19; Buchh 310 § 53 VwGO Nr. 26). Nr. 3 ist zudem **entsprechend** auf die sachliche Zuständigkeit anzuwenden (vgl. SSB Rn. 9).

4. Positiver Kompetenzkonflikt (Nr. 4)

Nr. 4 ist einschlägig, wenn sich verschiedene Gerichte in Fällen des Rechts- **11** irrtums oder der Unkenntnis von bestehenden Verweisungsbeschlüssen rechtskräftig für zuständig erklärt haben (§ 83 S. 1 iVm § 17a III GVG). Es dürfte dem Gericht der Vorzug zu geben sein, das sich zuerst für zuständig erklärt hat.

5. Negativer Kompetenzkonflikt (Nr. 5)

Nr. 5 erfasst die sachliche, örtliche und instanzielle Zuständigkeit gleicherma- **12** ßen. Der Fall der Zuständigkeitsbestimmung nach Nr. 5 tritt zB ein, wenn mehrere Gerichte ihre örtliche Zuständigkeit durch unanfechtbare wechselseitige Verweisungsbeschlüsse verneint haben (BVerwG Buchh 310 § 53a VwGO Nr. 1).

13   Die Norm ist **entsprechend** bei einem negativen **Kompetenzkonflikt zwischen Gerichten unterschiedlicher Rechtswege** anwendbar. Es entscheidet das oberste Bundesgericht den Konflikt zwischen Gerichten verschiedener Gerichtszweige, das einem der beteiligten Gerichte übergeordnet ist und zuerst angegangen wird (BVerwG Buchh 300 § 17a GVG Nr. 36; BGH ZInsO 2019, 1260; BAG NZA 2015, 448; BSG Beschl. vom 1.11.2016 – B 4 SF 3/16 R; BFH NJW 2019, 2112).

6. Fehlende örtliche Zuständigkeit

14   Ist eine örtliche Zuständigkeit nach § 52 nicht gegeben, bestimmt nach II das BVerwG das zuständige Gericht. So verhält es sich zB für den Gerichtsstand einer Verpflichtungsklage hinsichtlich einer umstrittenen Abiturprüfung an einer ausländischen Schule (BVerwG NJW 2006, 3512).

II. Verfahren und Entscheidung

1. Anrufung durch Beteiligte oder das Gericht

15   Jeder Beteiligte (§ 63) und jedes mit dem Rechtsstreit befasste Gericht kann das im Rechtszug höhere Gericht oder das BVerwG anrufen (III 1). Der Antrag kann von den Beteiligten schon **vor Rechtshängigkeit einer Klage** gestellt werden (BVerwG Beschl. v. 2.9.2013 – 5 AV 1.13). Notwendig ist lediglich der Bezug zu einem konkreten bevorstehenden Rechtsstreit, für den die Bestimmung des zuständigen Gerichts erfolgen soll. Die bloße Möglichkeit oder Erwartung, es könnten Klagen gegen einen Bescheid erhoben werden, reicht dazu nicht aus (BVerwG NVwZ 1993, 359; OVG NRW NVwZ-RR 1997, 143).

16   Das anrufende Gericht hat die Beteiligten zuvor in geeigneter Weise anzuhören (BVerwG Buchh 310 § 53 VwGO Nr. 19; OVG Brem NordÖR 2009, 117).

2. Entscheidung des angerufenen Gerichts

17   **Nächsthöheres Gericht** ist grds. das den Gerichten, deren Zuständigkeit in Betracht kommt, gemeinsam übergeordnete Gericht, für VG eines Landes das gemeinsame OVG, für die VG verschiedener Länder und für die OVG das BVerwG (BVerwG Beschl. v. 7.8.2019 – 10 AV 3.19). Ist die Berufung gegen ein Urteil des VG ausgeschlossen (vgl. § 37 II 1 VermG, § 10 II 1 KDVG), scheidet das OVG aus und ist das BVerwG das im Rechtszug nächsthöhere gemeinschaftlich übergeordnete Gericht (BVerwG DÖV 1993, 665).

18   Das angerufene Gericht kann **ohne mündliche Verhandlung** durch Beschluss entscheiden (III 2).

19   Das höhere Gericht kann über den Antrag eines Beteiligten nach III das zuständige Gericht nur unter den in I Nrn. 1 bis 5 genannten Voraussetzungen bestimmen. Die Entscheidung ist nach Gesichtspunkten der **Zweck-**

mäßigkeit zu treffen und hat sich an den Wertungen der gesetzlichen Zuständigkeitsordnung sowie dem Gebot einer effektiven und sachgerechten Verfahrensdurchführung zu orientieren (BVerwG Beschl. v. 2.7.2019 – 1 AV 2.19). Wertungsgesichtspunkte sind für den Gerichtsstand der Belegenheit der Sache etwa die räumliche Entfernung der in Betracht kommenden Gerichte zu dem betreffenden Ort oder die örtliche Nähe eines Gerichts für Kläger und/oder Beklagten oder auch der Schwerpunkt der Planung (BVerwG Buchh 310 § 53 VwGO Nr. 33), in anderen Fällen etwa der Umstand, dass eines der in Betracht kommenden Gerichte mit den einschlägigen und nicht häufig vorkommenden Rechtsfragen bereits befasst war (BVerwG Beschl. v. 7.8.2019 – 10 AV 3.19; Buchh 310 § 53 VwGO Nr. 29) oder mit dem umfassenderen Verfahren schon befasst ist (BVerwG Buchh 310 § 53 VwGO Nr. 26).

3. Bindung

Das VG/OVG ist (nur) an die Bestimmung seiner Zuständigkeit nach § 53 **20** gebunden (BVerwG NVwZ 1996, 998).

Teil II. Verfahren

7. Abschnitt. Allgemeine Verfahrensvorschriften

§ 54 [Ausschließung und Ablehnung von Gerichtspersonen]

(1) Für die Ausschließung und Ablehnung der Gerichtspersonen gelten §§ 41 bis 49 der Zivilprozeßordnung entsprechend.

(2) Von der Ausübung des Amtes als Richter oder ehrenamtlicher Richter ist auch ausgeschlossen, wer bei dem vorausgegangenen Verwaltungsverfahren mitgewirkt hat.

(3) Besorgnis der Befangenheit nach § 42 der Zivilprozeßordnung ist stets dann begründet, wenn der Richter oder ehrenamtliche Richter der Vertretung einer Körperschaft angehört, deren Interessen durch das Verfahren berührt werden.

Übersicht

Vorbemerkungen

§ 54 regelt die Ausschließung und die Ablehnung von Gerichtspersonen, also **1** Themen, die im Alltag von Verwaltungsgerichten – ganz anders als im Strafprozess – früher eher selten vorkamen, aber an Bedeutung gewonnen haben. Die Regelungen sind Ausfluss des Rechts auf den **gesetzlichen Richter:** Art. 101 I 2 GG enthält auch die Garantie, nicht vor einem Richter stehen zu müssen, dem es an der gebotenen Neutralität mangelt (BVerfGE 89, 28 (36); NJW 2011, 2191). Für den Verwaltungsprozess wird diese Gewährleistung durch **I** umgesetzt, der die §§ 41–49 ZPO für entspr. anwendbar erklärt; es handelt sich dabei um eine dynamische Verweisung (NK-VwGO § 54 Rn. 3). Besondere Vorschriften für den Verwaltungsprozess enthalten **II** und **III**; sie sind Ausdruck des Gewaltenteilungsprinzips und sichern die in § 1 gewährleistete Unabhängigkeit der VG (NK-VwGO § 54 Rn. 3). **Praktische Handreichungen** zur Behandlung (aus der Sicht des Zivilprozesses) finden sich etwa bei Meinert, Befangenheit im Rechtsstreit (2015).

2   **Gerichtspersonen** iSv § 54 I sind, wie aus II zu erschließen ist, die „Richter", dh Berufsrichter (→ § 5 Rn. 11) und die ehrenamtlichen Richter, aber auch – was sich aus § 49 ZPO ergibt – die Urkundsbeamten der Geschäftsstelle. Bei **Richtern auf Zeit** (§ 17 Nr. 3) müssen die Regelungen streng gehandhabt werden (BVerfGE 148, 69 Rn. 109). Die Vorschrift gilt für die Tätigkeit dieser Personen; soweit es um die Wählbarkeit von ehrenamtlichen Richtern geht, enthält § 21 spezielle Ausschließungsgründe. **Keine** Gerichtspersonen sind Sachverständige, deren Ablehnung in dem gem. § 98 anwendbaren § 406 ZPO geregelt ist, Dolmetscher, deren Ablehnung sich gem. § 55 nach § 191 GVG richtet, sowie der VBl (§ 35) und die VÖl (§ 36), die Verfahrensbeteiligte sind, sofern sie ihr Beteiligungsrecht ausüben (vgl. § 63 Nr. 4).

3   **Ausschließung** bedeutet, dass die betroffene Gerichtsperson kraft Gesetzes und ohne besondere Anordnung oder Entscheidung des Gerichts von jeder Mitwirkung an einer gerichtlichen Entscheidung ausgeschlossen ist. Bei der **Ablehnung** ist die Gerichtsperson hingegen erst ab dem **Zeitpunkt** eines dem Ablehnungsgesuch stattgebenden Beschlusses von der Mitwirkung ausgeschlossen; bis dahin ist sie gesetzlicher Richter, darf aber ab dem Befangenheitsantrag grds. – mit Ausnahme unaufschiebbarer Handlungen, vgl. § 47 I und II ZPO – keine richterlichen Handlungen mehr vornehmen (§ 47 I ZPO → Rn. 20).

I. Ausschließung

1. Ausschließungsgründe

4   Die Ausschließungsgründe sind in § 41 ZPO und in § 54 II VwGO **abschließend** genannt; sie sind weder einer erweiternden Auslegung noch einer analogen Anwendung zugänglich, also eng auszulegen (vgl. BVerwG NJW 1980, 2722; BeckOK VwGO § 54 Rn. 5). Die Ausschließungsgründe beruhen entweder auf einer besonderen Beziehung der Gerichtspersonen zu einem Verfahrensbeteiligten (§ 41 Nr. 1–3 ZPO) oder zum Gegenstand des Verfahrens (§ 54 II VwGO, § 41 Nr. 4–6 ZPO). Der in § 41 Nr. 1–6 jeweils verwendete Begriff **„Sache"** bezieht sich nur auf den konkret anhängigen Rechtsstreit, allerdings im gesamten Instanzenzug (BeckOK VwGO, § 54 Rn. 5; NK-VwGO § 54 Rn. 23; diff. Kopp/Schenke § 54 Rn. 6).

5   Nach **§ 41 Nr. 1 ZPO** ist eine Gerichtsperson in Sachen ausgeschlossen, in denen sie selbst Partei ist oder bei denen sie zu einer Partei im Verhältnis eines Mitberechtigten, Mitverpflichteten oder Regresspflichtigen steht. Der Parteistellung entspricht im Verwaltungsprozess die Beteiligtenstellung nach

§ 63. Mitberechtigung und Mitverpflichtung bestehen etwa bei Gesamthandsgemeinschaften, Gesamtschuldner– und Gesamtgläubigerschaft oder im Falle einer Bürgschaft (BeckOK VwGO § 54 Rn. 8). Eine Mitberechtigung oder -verpflichtung ist hingegen zu verneinen bei der bloßen Mitgliedschaft in einem rechtsfähigen Verein, einer eingetragenen Genossenschaft, einer öffentlich–rechtlichen Körperschaft oder als Aktionär einer Aktiengesellschaft bzw. als Inhaber von Geschäftsanteilen einer GmbH (NK–VwGO § 54 Rn. 19). Gleiches soll auch für die Mitgliedschaft in einem nichtrechtsfähigen Verein gelten, wenn diese Rechtsform – wie bei politischen Parteien und Gewerkschaften – allein historisch bedingt ist und keine die Mitglieder wirtschaftlich belastende Haftung nach sich zieht (BeckOK VwGO § 54 Rn. 8; NK–VwGO § 54 Rn. 19).

Nach **§ 41 Nr. 2 ZPO** ist eine Gerichtsperson in Sachen ihres Ehegatten 6 ausgeschlossen, nach **Nr. 2a** ebenso in Sachen ihres Lebenspartners, jeweils unabhängig davon, ob Ehe oder Partnerschaft noch besteht. Nach **§ 41 Nr. 3 ZPO** sind schließlich Gerichtspersonen in Sachen einer Person ausgeschlossen, mit der sie in gerader Linie verwandt oder verschwägert, in der Seitenlinie bis zum 3. Grad verwandt oder bis zum 2. Grad verschwägert sind oder waren.

Nach **§ 41 Nr. 4 ZPO** sind Gerichtspersonen in denjenigen Sachen ausgeschlossen, in denen sie als Prozessbevollmächtigte oder Beistände einer Partei bestellt oder als gesetzliche Vertreter einer Partei aufzutreten berechtigt sind oder gewesen sind. Die Bestellung zum bloßen Zustellungsbevollmächtigten iSv § 184 ZPO unterfällt dieser Vorschrift ebenso wenig wie die lediglich vorprozessuale Befassung mit dem späteren Rechtsstreit etwa als Rechtsanwalt (BeckOK VwGO § 54 Rn. 13). Unterschiedlich wird beurteilt, ob eine Gerichtsperson, die früher zur Vertretung einer im Rechtsstreit beteiligten Körperschaft oder Behörde berechtigt gewesen ist, in allen Sachen ausgeschlossen ist, die während der früheren Tätigkeit schon bei der Behörde oder Körperschaft anhängig waren (Redeker/v. Oertzen § 54 Rn. 5) oder ob sich der Ausschluss auf diejenigen Sachen beschränkt, in denen die Gerichtsperson tatsächlich die Vertretung wahrgenommen hat (NK–VwGO § 54 Rn. 26). Der Grundsatz, dass die Ausschließungsgründe nach § 41 ZPO eng auszulegen sind (→ Rn. 4), spricht für letztere Ansicht.

Gemäß **§ 41 Nr. 5 ZPO** sind Gerichtspersonen in solchen Sachen ausgeschlossen, in denen sie als Zeugen oder Sachverständige vernommen worden sind. Die bloße Benennung als Zeuge oder Sachverständiger reicht insoweit nicht.

§ 41 Nr. 6–8 ZPO enthalten Ausschließungsnormen für Fälle sog. **Vorbefassung**, in denen sowohl die Gerichtsperson als auch die Partei schon an einem früheren Verfahren mit demselben Streitgegenstand beteiligt waren. In diesen Vorschriften hat der Gesetzgeber **abschließend** geregelt, in welchen Fällen ein Richter aufgrund vorheriger richterlicher Tätigkeit ausgeschlossen ist. In den nicht erwähnten Fällen setzt er voraus, dass der Prozessbeteiligte grds. annehmen wird und muss, dass der Richter seiner Pflicht zur unbefangenen Entscheidung genügt (BVerwG NVwZ-RR 2013, 341).

9a   **Nr. 6** – die ursprünglich einzige derartige Norm – gilt für die Mitwirkung
der Gerichtsperson in einem **früheren Rechtszug** oder im schiedsrichterli-
chen Verfahren bei dem Erlass der angefochtenen Entscheidung, sofern es sich
nicht um die Tätigkeit eines beauftragten oder ersuchten Richters handelte.
Gefordert wird eine Mitwirkung an der Sachentscheidung. Demgem. liegen
die Voraussetzungen dieser Vorschrift in folgenden Fällen **nicht vor:** (1) Der
Richter hat zwar in der mündlichen Verhandlung mitgewirkt, diese Verhandlung endete aber nicht mit einer prozessbeendenden Entscheidung, sondern
mit einer Vertagung oder einem Beweisbeschluss. (2) Der Richter war lediglich an der Verkündung der prozessbeendenden Entscheidung beteiligt (NK-
VwGO § 54 Rn. 30; ThP ZPO § 41 Rn. 7). Keine Fälle des § 41 Nr. 6
ZPO sind ferner gegeben bei der Beteiligung an einem Wiederaufnahmeverfahren, wenn der Richter an der betroffenen rechtskräftigen Entscheidung
beteiligt war (BGH NJW 1981, 1273), sowie dann, wenn der Richter in der
Vorinstanz an einem Beschluss im PKH–Verfahren oder im einstweiligen
Rechtsschutzverfahren beteiligt war und nunmehr im höheren Rechtszug mit
der Hauptsache befasst ist (BVerwG NVwZ 1998, 268).

9b   Den Ausschluss in Klageverfahren wegen überlanger Gerichtsverfahren
(→ § 173 Rn. 27 ff.), wenn einer der Richter in dem beanstandeten (Primär)
Verfahren mitgewirkt hat, sieht **Nr. 7** vor. Die Mitwirkung muss in einem
Rechtszug erfolgt sein, auf dessen Dauer der Entschädigungsanspruch gestützt
wird. Das potenzielle Eigeninteresse der Gerichtsperson, die Unangemessenheit der Verfahrensdauer, die die Kompensation auslöst, zu verneinen, rechtfertigt die generelle Besorgnis des Beteiligten des Entschädigungsverfahrens,
der Richter werde nicht unvoreingenommen entscheiden (BT-Drs. 17/3802
S. 37).

9c   Von anderer Zielrichtung getragen ist **Nr. 8,** der den Ausschluss in Sachen
vorsieht, in denen ein Richter an einem Mediationsverfahren oder einem
anderen Verfahren der außergerichtlichen Konfliktbeilegung (→ § 173
Rn. 9a ff.) mitgewirkt hat. Die Regelung stellt klar, dass die Mitwirkung an
solchen Verfahren mit der Ausübung des Richteramts in Verfahren, die den
gleichen Streitgegenstand betreffen, unvereinbar ist. Das ist Konsequenz der
Trennung von gerichtsinterner Mediation und Streitentscheidung (BT-
Drs. 17/5335 S. 17). Damit will das Gesetz die Funktionsfähigkeit dieser
Verfahren, vor allem die Vertraulichkeit des Wortes, bewahren: Die teilneh-
menden Parteien sollen sicher sein können, dass der Inhalt (gescheiterter)
Konfliktbeilegung durch den verfahrensleitenden Richter nicht in das streitige
gerichtliche Verfahren gelangen können.

10   Nach **§ 54 II** sind Richter auch dann ausgeschlossen, wenn sie bei dem
vorausgegangenen Verwaltungsverfahren mitgewirkt haben. Zu diesem
gehört das gesamte behördliche Verfahren einschließlich des Vorverfahrens,
das den angefochtenen Verwaltungsakt zum Gegenstand hatte (BVerwGE 52,
47). Für die Frage, ob eine Mitwirkung iSv § 54 II vorliegt, kommt es maßgeblich darauf an, ob der durch Tatsachen untermauerte äußere Eindruck
entstanden ist, der Richter habe sich durch eine frühere Mitwirkung an der
Streitsache in seiner Eigenschaft als Verwaltungsangehöriger bereits in der
Sache festgelegt; eine Mitwirkung im hier maßgeblichen Sinne setzt deshalb

nicht voraus, dass der Richter innerhalb des Verwaltungsverfahrens selbst eine rechtsverbindliche Entscheidung getroffen hat (BVerwGE 52, 47 (50)). Vielmehr liegt eine Mitwirkung bei jedem vor, der im Laufe des Verwaltungsverfahrens mit diesem in amtlicher Funktion befasst war und entweder die Entscheidung selbst mitzuverantworten oder diese im Auftrage der Behörde gegenüber Dritten oder der Öffentlichkeit zu vertreten hatte (NK-VwGO § 54 Rn. 39). Allein die frühere Zugehörigkeit des Richters zu einer prozessbeteiligten Behörde erfüllt den Ausschlusstatbestand des § 54 II dagegen nicht (BayVGH BayVBl 1981, 723).

2. Ausschließungsverfahren; Beschlusstenor

Ausschließungsgründe können durch den von ihm betroffenen Richter offenbart (Selbstanzeige) oder von Verfahrensbeteiligten im Wege eines Ablehnungsgesuchs geltend gemacht werden (§ 42 I ZPO), sind aber – anders als Ablehnungsgründe – auch vAw zu prüfen (§ 48 ZPO). Gesuch, Anzeige und Amtsprüfung setzen nicht die subjektive Überzeugung voraus, dass ein Ausschließungsgrund vorliegt; es genügen „Zweifel", die gegeben sind, wenn ernsthaft in Betracht kommt, dass ein Richter kraft Gesetzes ausgeschlossen ist (arg. § 48 ZPO). Im Regelfall werden Ausschließungsgründe dem betroffenen Richter als erstem bekannt (wenn auch nicht notwendig bewusst) sein, sodass die Selbstanzeige der Normalfall ist. Ausschließungsgründe sind aber vom Gericht vAw zu prüfen (§ 48 ZPO) und können jederzeit von jedem Beteiligten geltend gemacht werden. Liegt der Grund vor, ist der Richter zwar kraft Gesetzes von der Ausübung des Richteramtes ausgeschlossen (§ 41 I ZPO); die **Prüfung** erfolgt aber im förmlichen Verfahren der Ablehnung wegen Befangenheit (→ Rn. 16 ff.). **10a**

Der **Beschlusstenor** lautet: **a)** bei Selbstanzeige: „Die Umstände, die Richter … am … angezeigt hat, rechtfertigen (nicht) die Annahme, dass er im Verfahren … nach § 54 I VwGO iVm § 48 und § 41 … ZPO von der Ausübung des Richteramtes im Verfahren … ausgeschlossen ist." **b)** bei erfolgloser Ablehnung durch Beteiligte: „Der Ablehnungsantrag des (Klägers) gegen Richter … vom … wird verworfen/abgelehnt." **c)** bei erfolgreichem Ablehnungsgesuch: „Das Ablehnungsgesuch (des Klägers) vom … ist begründet. Richter … ist nach § 54 I VwGO iVm § 48 und § 41… ZPO von der Ausübung des Richteramtes im Verfahren … ausgeschlossen." **10b**

II. Ablehnung von Gerichtspersonen

Nach § 54 I, § 42 I ZPO können Gerichtspersonen (→ Rn. 2) sowohl in den Fällen, in denen sie kraft Gesetzes ausgeschlossen sind, als auch wegen **Besorgnis der Befangenheit** abgelehnt werden. Damit erlaubt das Gesetz auch die Geltendmachung eines Grundes, den das Gericht vAw zu berücksichtigen hat; die Ablehnung wegen einer durch Antrag geltend zu machenden Besorgnis der Befangenheit hat aber mit Abstand die größte praktische Relevanz. Sie ist nach § 42 II ZPO berechtigt, wenn ein Grund vorliegt, der geeignet ist, Misstrauen gegen die Unparteilichkeit eines Richters zu rechtfertigen. **Maß-** **11**

gebend für die Besorgnis der Befangenheit ist nicht, ob der Richter tatsächlich in seiner Neutralität beeinträchtigt ist oder ob er sich selbst für befangen hält; entscheidend ist vielmehr, ob ein Beteiligter die auf objektiven Tatsachen beruhende, subjektiv vernünftigerweise mögliche Besorgnis hat, der Richter werde die Sache nicht unparteiisch, unvoreingenommen oder unbefangen entscheiden (BVerfGE 32, 288 (290); BVerwGE 50, 36 (38)).

1. Befangenheitsgründe

12 Befangenheitsgründe können sich zunächst aus der besonderen Beziehung des Richters zu Verfahrensbeteiligten oder zum Prozessgegenstand ergeben. Hinsichtlich der **Verfahrensbeteiligten** kommen insbes. solche **Beziehungen** persönlicher oder rechtlicher Art in Betracht, die nicht von den gesetzlichen Ausschließungsgründen gem. § 41 Nr. 1 bis 3 ZPO erfasst werden, gleichwohl aber die Besorgnis der Befangenheit begründen können. Dies kann etwa im Fall des Verlöbnisses, der nichtehelichen Lebensgemeinschaft sowie bei engen freundschaftlichen oder erkennbar feindseligen Beziehungen nicht nur zu Verfahrensbeteiligten im Sinne von § 63, sondern auch zu Zeugen, Sachverständigen, Prozess– oder Terminsvertretern zutreffen (BeckOK VwGO § 54 Rn. 26). Bloße geschäftliche, gesellschaftliche oder berufliche Kontakte begründen im Regelfall dagegen keinen Befangenheitsgrund (NK-VwGO § 54 Rn. 54). Nicht ausreichend, um die Besorgnis der Befangenheit zu begründen, ist die Verfahrensbeteiligung der Anstellungskörperschaft oder des Dienstherrn des Richters (BVerwG Beschl. v. 14.8.2003 – 2 AV 4.03), ebenso die Zugehörigkeit eines Verfahrensbeteiligten zum gleichen Gericht (Kopp/Schenke § 54 Rn. 11 a), es sei denn, er ist Mitglied desselben Spruchkörpers (BeckOK VwGO § 54 Rn. 27.1).

13 Hinsichtlich der **Beziehung zum Verfahrensgegenstand** ist zu unterscheiden: Bei einer Vorbefassung in richterlicher Funktion außerhalb des Anwendungsbereichs von § 41 Nr. 6 ZPO ist eine Besorgnis der Befangenheit regelmäßig zu verneinen, weil von einem Richter grds. erwartet werden kann, dass er der Sache erneut offen und unvoreingenommen entgegentritt und seine frühere Auffassung kritisch hinterfragt, wenn neue Argumente und Gesichtspunkte vorgetragen werden (BVerfGE 78, 331 (337)). Anders verhält es sich bei einer Vorbefassung mit dem Verfahrensgegenstand als Interessenvertreter eines Beteiligten außerhalb des Anwendungsbereichs von § 41 Nr. 4 ZPO; hier ist im Regelfall vom Vorliegen eines Ablehnungsgrundes auszugehen (BeckOK VwGO § 54 Rn. 28).

14 Häufiger Grund für eine Ablehnung wegen Besorgnis der Befangenheit ist das **Verhalten des Richters innerhalb des Rechtsstreits.** Prozessrechtlich erlaubtes oder vorgeschriebenes Handeln ist prinzipiell nicht geeignet, einen Befangenheitsvorwurf zu begründen. Hat sich ein Richter im Einzelfall verfahrensfehlerhaft verhalten, führt auch das nicht oW zur Besorgnis der Befangenheit. Es kommt vielmehr entscheidend darauf an, dass das Verhalten des Richters auf eine unsachliche Einstellung gegenüber einem Verfahrensbeteiligten oder auf eine vorzeitige abschließende Festlegung in der Sache schließen lässt (BeckOK VwGO § 54 Rn. 29; Kopp/Schenke § 54 Rn. 11). Zum

Verstoß gegen die Wartepflicht nach Ablehnung → Rn. 20. **Richterliche Hinweise und Anregungen** an die Beteiligten rechtfertigen für sich genommen grds. keine Ablehnung (BVerwG NVwZ 2013, 225: Hinweis auf prozessuale oder geschäftsplanmäßige Umstände). Sie gehören zu den Pflichten des Richters zur Verfahrensförderung (§ 86). Das gilt selbst dann, wenn die Prozesschancen des Gegners dadurch verringert werden, wie durch Hinweise auf gesetzliche Möglichkeiten der Fehlerbehebung (§§ 45 II, 75 Ia VwVfG, § 114 S. 2 VwGO, § 4 Ib S. 3 UmwRG). Die Offenlegung einer vorläufigen Rechtsauffassung des Spruchkörpers entspricht der den Verwaltungsprozess prägenden Offenheit des Rechtsgesprächs. Einer begründeten Besorgnis setzt sich ein Richter aber aus, wenn er, ohne Stütze im Verfahrensrecht, die Äquidistanz zu den Parteien aufgibt und sich durch Empfehlungen zum **Berater einer Seite** macht (BVerwG NVwZ 2018, 181; BGHZ 156, 269 (270)).

Das Ablehnungsverfahren schützt die Prozessbeteiligten hingegen **nicht** **14a** **gegen unrichtige Rechtsauffassungen** des Richters (NK-VwGO § 54 Rn. 69), die im Laufe des Rechtsstreits in verfahrensrechtlicher oder materiellrechtlicher Hinsicht zutage treten. Mit solchen Ablehnungen ist insbes. in folgenden vier Fällen zu rechnen: (1) im Hauptsacheverfahren wegen negativer PKH-Bescheidung, (2) wegen Verweigerung von vorläufigem Rechtsschutz oder (3) nach negativer Sachentscheidung (→ Rn. 19) und (4) wegen des Inhalts einer dienstlichen Äußerung iR einer Richterablehnung.

Auch **außerhalb des Rechtsstreits liegende Sachverhalt**e können einen **15** Befangenheitsvorwurf rechtfertigen. Die bloße Mitgliedschaft oder aktive Tätigkeit eines Richters etwa in einer politischen Partei, einer Gewerkschaft oder in einer Kirche reicht dafür im Regelfall nicht (BVerfG NJW 1993, 2231). Auch Äußerungen des Richters zu Rechtsfragen in der Fachöffentlichkeit begründen ein Ablehnungsgesuch gem. § 42 II ZPO regelmäßig nicht (BVerfG NJW 1993, 2231; NJW 1990, 2457).

2. Ablehnungsverfahren

a) Verfahrenseinleitung. Das **Ablehnungsverfahren** beginnt entweder **16** mit einem **Ablehnungsgesuch** nach § 44 ZPO oder einer **Anzeige** des Richters nach § 48 ZPO (Selbstablehnung). Ein Ablehnungsgesuch ist bei dem **Gericht** anzubringen, dem der Richter angehört. Es kann bei den VG und OVG (auch) durch eine Naturalpartei selbst vor der Geschäftsstelle **zu Protokoll erklärt** werden. Diese in § 44 I Hs. 1 ZPO enthaltene Erleichterung ist seit der Neufassung des § 67 (→ dort Rn. 1) **nicht** mehr für das **BVerwG** anzuwenden und wird durch § 67 IV verdrängt: Will ein Kläger dort einen Richter ablehnen, muss er sich durch einen Bevollmächtigten vertreten lassen (BVerwG NVwZ-RR 2013, 341).

Das Gesuch muss sich gegen die Mitwirkung eines oder mehrerer Richter **17** in dem konkreten Verfahren wenden. Ein **ganzer Spruchkörper** kann iaR (ohne fundierte Anhaltspunkte für Voreingenommenheit) nicht zulässigerweise abgelehnt werden, erst recht nicht ein Gericht als Ganzes (im organisatorischen Sinne → § 1 Rn. 4). Allerdings kann davon auszugehen sein, dass das Gesuch als – zulässige – Ablehnung jedes einzelnen Richters des Spruchkörpers gemeint ist (BVerwG NJW 1977, 312; BeckOK VwGO Rn. 34). Diese Auslegung ist insbes. geboten, wenn die Befangenheit aus konkreten in einer Kollegialentscheidung des Spruchkörpers enthaltenen Anhaltspunkten hergeleitet wird (BVerwG Beschl. v. 8.3.2006 – 3 B 182.05). Denn der Prozessbeteiligte kann wegen des Beratungsgeheimnisses nicht wissen, welche der Richter des Spruchkörpers den fraglichen Beschluss oder das Urteil mitgetragen haben (BVerwGE 50, 36; NK–VwGO Rn. 85).

17a   Der **Ablehnungsgrund** ist nach § 44 II 1 ZPO **glaubhaft zu machen.** Das Ablehnungsrecht steht gem. § 42 III ZPO „in jedem Fall beiden Parteien" zu, dh im Verwaltungsprozess den Beteiligten iSv § 63 (BeckOK VwGO § 54 Rn. 31; diff.: NK–VwGO § 54 Rn. 86 ff.). In Verfahren vor dem BVerwG ist es als Umgehung des Vertretungszwangs (→ Rn. 16) zu werten, wenn der Bevollmächtigte sein Ablehnungsgesuch durch pauschale Bezugnahme auf beigefügte Schreiben des Antragstellers begründet, ohne erkennen zu lassen, dass er selbst eine eigene Prüfung, Sichtung und rechtliche Durchdringung des Vorgebrachten vorgenommen und sich diese zu eigen gemacht hat (BVerwG NVwZ-RR 2013, 341).

18   Nach § 43 ZPO kann ein Beteiligter einen Richter wegen Besorgnis der Befangenheit **nicht mehr ablehnen,** wenn er sich, ohne den ihm bekannten Ablehnungsgrund geltend zu machen, in eine Verhandlung eingelassen oder Anträge gestellt hat. Die Kenntnis seines Prozessbevollmächtigten muss sich der Beteiligte entspr. § 85 II ZPO, § 166 BGB zurechnen lassen (BayVGH BayVBl 1981, 368). Der Ablehnungsgrund muss dem Antragsteller positiv bekannt sein; fahrlässige Unkenntnis reicht nicht aus (NK–VwGO § 54 Rn. 92). In die mündliche Verhandlung lässt sich der Beteiligte ein mit dem Beginn der Erörterung der Sach– und Rechtslage, also nach Beendigung des Sachberichts gem. § 103 II (NK–VwGO § 54 Rn. 93). Bei Entscheidungen ohne mündliche Verhandlung nach § 101 II verliert der Beteiligte das Ablehnungsrecht mit der Zustimmung zu der Entscheidung ohne mündliche Verhandlung; bei Entscheidungen durch Gerichtsbescheid tritt der Verlust ein, wenn die Partei iR des Anhörungsverfahrens nach § 84 I 2 den ihr bekannten Ablehnungsgrund nicht geltend macht (BeckOK VwGO § 54 Rn. 32). Ein in Kenntnis des behaupteten Ablehnungsgrundes gestellter Abänderungsantrag gem. § 80 II 2 VwGO ist ein Antrag iSv § 43, der zum Ausschluss des Ablehnungsrechts nicht nur für das Eilverfahren, sondern auch mit Wirkung für das Hauptsacheverfahren führt, wenn der Ablehnungsgrund gerade aus der bisherigen Sachbehandlung und der Entscheidung in dem Eilverfahren hergeleitet wird und die beiden Verfahren im rechtlichen und tatsächlichen Zusammenhang miteinander stehen (BVerwG NVwZ-RR 2008, 140).

19   Die Beteiligten verlieren ihr Ablehnungsrecht ferner mit der **Beendigung der jeweiligen Instanz** (BVerfG NJW 2011, 2191 (2192); BVerwG NVwZ 1990, 460; MDR 1970, 442). Ob ein nach Abschluss der Instanz bekannt gewordener Ablehnungsgrund im Rechtsmittelverfahren noch geltend gemacht werden kann, wird unterschiedlich beurteilt (verneinend BVerwG BayVBl 1971, 75; offen gelassen in BVerwG NJW 1998, 323; bejahend etwa BeckOK VwGO Rn. 32). **Umstr.** ist auch, ob eine Richterablehnung unzulässig ist, wenn sie **erst iR einer Anhörungsrüge** erfolgt (BVerwG

NVwZ-RR 2009, 662; BFSA § 152a Rn. 11; SSB § 154a Rn. 28; Eyermann § 152a Rn. 22). Richtiger Ansicht nach ist die Ablehnung zulässig, weil die Anhörungsrüge gerade der Selbstkorrektur des Gerichts dienen soll. Zu der ungeklärten Frage der Mitwirkung des erfolglos als befangen abgelehnten Richters in einem hierauf bezogenen Anhörungsrügeverfahren vgl. BVerfG NJW 2012, 372.

b) Folgen für das Gericht. aa) Vorprüfung: Missbräuchlichkeit des **20** **Gesuchs.** Das Gericht hat zunächst zu prüfen, ob das Gesuch zulässig (beachtlich) ist. Über ein Ablehnungsgesuch kann unter Mitwirkung abgelehnter Richter entschieden werden, wenn es **gänzlich untauglich** oder **offensichtlich rechtsmissbräuchlich** ist (stRspr, BVerfGE 142, 1; 11, 1 (3); 11, 343 (348); BVerfGK 13, 72 (78); BVerwG NVwZ-RR 2013, 341 Rn. 23 mwN). Untauglich sind Gesuche, die nur mit Umständen begründet werden, die eine Besorgnis der Befangenheit unter keinem denkbaren Gesichtspunkt rechtfertigen können bzw. hierzu gänzlich ungeeignet sind (BVerfG DVBl 2018, 885). Rechtsmissbräuchlich ist es, wenn die Ablehnung als taktisches Mittel für verfahrensfremde Zwecke (wie die Verfahrensverschleppung) eingesetzt wird (BVerwG Buchh 310 § 54 VwGO Nr. 10). Dafür kann die Wiederholung eines schon zurückgewiesenen Ablehnungsgesuchs ohne neue Gründe sprechen. Ist diese Bewertung gerechtfertigt, muss ein Gesuch **nicht einmal formell** (vorab) **beschieden** werden; das Gericht entscheidet unter Mitwirkung der abgelehnten Richter unmittelbar in der Sache und bescheidet das Gesuch inzident als unbeachtlich (BVerfGE 74, 96 (100); BVerfGK 13, 72 (78) mwN; BVerwG Buchh 310 § 54 VwGO Nr. 10, 13). Allerdings ist eine **zurückhaltende Handhabung** geboten: Die Bewertung als untauglich oder missbräuchlich soll nur echte Formalentscheidungen ermöglichen, bei denen jedes Eingehen auf den Gegenstand des Verfahrens selbst und jede weitere Aktenkenntnis entbehrlich ist (BVerfGK 5, 269 (282); 11, 434 (442); 13, 72 (79)). Ist hingegen ein – wenn auch nur geringfügiges – Eingehen auf den Verfahrensgegenstand erforderlich, scheidet die Ablehnung als unzulässig aus (BVerfG–Kammer NVwZ-RR 2008, 289 (291) und Beschl. v. 11.3.2013 – 1 BvR 2853/11, Rn. 30).

Beispiele: Untauglich ist die Beanstandung von Handlungen des Richters, **20a** die nach der Prozessordnung vorgeschrieben sind oder sich nach seiner Stellung von selbst verstehen (etwa die bloße Tatsache, dass ein Richter an einer Vor- oder Zwischenentscheidung mitgewirkt oder sich trotz eines Änderungswunsches an den von der Prozessordnung vorgeschriebenen Verfahrensgang gehalten hat, BVerfG, KB v. 11.3.2013 – 1 BvR 2853/11, Rn. 30). Ungeeignet sind ferner: die pauschale Ablehnung aller Richter eines Gerichts ohne konkrete Anhaltspunkte (→ Rn. 17), bei „kleinen" Gerichten etwa wegen der kollegialen Nähe (BVerwG NVwZ-RR 2013, 343); das Fehlen eines nachvollziehbaren Bezugs zum konkreten Rechtsstreit (OVG NRW NWVBl. 1999, 222).

bb) Amtsenthaltung (Wartepflicht). Zulässig abgelehnte Richter haben **21** sich ab der Anbringung des Ablehnungsgesuchs bis zu dessen Erledigung (BGH NJW-RR 2011, 427: einschl. einer zulässigen Anhörungsrüge) grds.

jeder weiteren Amtsausübung in dem konkreten Verfahren zu enthalten (**Amtsenthaltungs- oder Wartepflicht**, § 47 I ZPO). Gestattet sind ihnen nur noch unaufschiebbare Handlungen (§ 47 I ZPO), also solche, aus deren Unterbleiben einem Verfahrensbeteiligten erhebliche Nachteile erwachsen würden (SSB § 54 Rn. 52). Diese Befugnisse erlangen Bedeutung vor allem und in Sitzungen von Einzelrichtern. Schwere oder wiederholte Verstöße gegen die Wartepflicht können einen selbstständigen Ablehnungsgrund ergeben oder ihn bekräftigen (BGH NJW-RR 2016, 1406).

21a **cc) Äußerungspflicht (dienstliche Stellungnahme).** Der abgelehnte Richter „hat" sich gem. § 44 III ZPO zu dem Ablehnungsgrund dienstlich zu äußern. Diese **dienstliche Stellungnahme** soll sich zu den für das Ablehnungsgesuch entscheidungserheblichen **Tatsachen** verhalten, soweit das für die Entscheidung notwendig und zweckmäßig ist (BVerwG NVwZ-RR 2008, 140; NK-VwGO § 54 Rn. 104). Formelhafte Wendungen wie „Ich fühle mich nicht befangen" sind zu vermeiden. Eine dienstliche Äußerung ist daher **verzichtbar**, wenn sie zur weiteren Aufklärung des für die Entscheidung über das Ablehnungsgesuch erheblichen Sachverhalts nichts beitragen würde (stRspr, vgl. BVerwG NVwZ-RR 2009, 662; NVwZ-RR 2008, 140 und Beschl. v. 8.3.2006 – 3 B 182.05, juris Rn. 5). Ist ein Ablehnungsgesuch ausschließlich auf behauptete **Verstöße gegen materielles Recht** und Fehlverhalten bei der Sachverhaltsbeurteilung in der richterlichen Entscheidungsfindung gestützt, muss die dienstliche Äußerung nicht zu einzelnen Beanstandungen Stellung beziehen, wenn dies auf eine nachträgliche Rechtfertigung seiner Entscheidung hinauslaufen würde (BVerwG NVwZ-RR 2008, 140). Bei **unbeachtlichen Ablehnungsgesuchen** (→ Rn. 24a) besteht ebenfalls keine Äußerungspflicht (BVerfGE 11, 1 (3); BVerfGK 8, 59 (60)).

21b **dd) Gehörsgewährung.** Dienstliche Äußerungen der abgelehnten Richter sind den Beteiligten zur Gewährung rechtlichen Gehörs mit der Gelegenheit zur Stellungnahme **bekannt zu geben.** Bei der Entscheidung über das Ablehnungsgesuch dürfen Tatsachen und Beweisergebnisse, die das Gericht der dienstlichen Äußerung entnommen hat, nur dann verwertet werden, wenn die ablehnende Partei zu der dienstlichen Äußerung Stellung nehmen konnte (BVerfGE 24, 56 (62); Kopp/Schenke § 54 Rn. 15).

22 **c) Ablehnung während der Verhandlung (§ 47 II ZPO).** Erweiterte Handlungsmöglichkeiten hat das Gericht, bei Ablehnung **während einer** „**Verhandlung**" (einem „Termin" [II 1], etwa der mündlichen Verhandlung). In der Praxis wird sich der Spruchkörper idR zu einer **Vertagung** gezwungen sehen, weil über die Ablehnung nicht am selben Tage entschieden werden kann (wie bei umfangreichen Vorwürfen) oder die Weiterverhandlung durch das Ablehnungsverfahren zu stark verzögert wird. Für diese Fälle erlaubt **§ 47 II 1 ZPO** dem Gericht, den Termin unter Mitwirkung des abgelehnten Richters **fortzusetzen.** Wird die Ablehnung später für begründet erklärt, ist der nach Anbringung des Ablehnungsgesuchs liegende Teil der Verhandlung zu wiederholen (§ 47 II 2 ZPO). Das Gericht verstößt gegen die Wartepflicht, wenn es vor Erledigung des Ablehnungsgesuchs eine Endentscheidung trifft (BGH NJW–RR 2008, 216 (217) mwN; str.). Dieser Fehler ist unabhängig von § 173 iVm § 512 bzw. § 557 II ZPO rügefähig, weil er keine dem Endurteil vorausgegangene unanfechtbare Entscheidung betrifft (BVerwGE 50, 36; Buchh § 54 VwGO Nr. 8). Die Fortsetzung steht im Ermessen des Gerichts, das nur bei willkürlicher Ausübung einen selbstständigen Ablehnungsgrund ergeben kann. Der Beteiligte verliert nicht nach § 43 ZPO sein Ablehnungsrecht, wenn er sich auf die weitere Verhandlung einlässt (BGH NJW–RR 2016, 887).

In jedem Fall darf ein Vorsitzender oder Einzelrichter (→ § 6 Rn. 25) nach **22a** der Ablehnung noch **unaufschiebbare Handlungen** vornehmen (§ 47 I ZPO). Er darf insbes. den Ablehnungsantrag (einen Prozessantrag iSd § 160 II ZPO) und dessen Begründung selbst protokollieren und den Termin zu deren Ausarbeitung unterbrechen, aber auch unumgängliche Maßnahmen der Sitzungspolizei oder Terminsaufhebungen verfügen und einen Verkündungstermin ansetzen (OLG Hmb MDR 2017, 1263). Auch in **Sitzungen von Kollegialspruchkörpern** können unaufschiebbare Maßnahmen notwendig werden, weil die Amtsenthaltungspflicht des Abgelehnten den Spruchkörper entscheidungsunfähig macht. Auch ein nicht abgelehnter Vorsitzender kann daher nur das Notwendige veranlassen, hat die Sitzung für eine Beratung über das weitere Vorgehen zu unterbrechen und deren Ergebnis den Beteiligten mitzuteilen.

d) Abschluss des Ablehnungsverfahrens. aa) Entscheidung und Be- **23** **schlusstenor.** Die Entscheidung über das Ablehnungsgesuch ergeht entspr. § 46 I ZPO durch **Beschluss,** der nach hM gem. § 122 II **keiner Begründung** bedarf, weil er unanfechtbar ist (→ Rn. 25; s.a BVerfGE 50, 287 (289)). Die Gerichtspraxis verfährt freilich anders und begründet sowohl zurückweisende wie die (äußerst seltenen) stattgebenden Beschlüsse eingehend. Dahinter steht das zutreffende Bewusstsein, dass nicht mit Gründen versehene Bescheidungen schon wegen ihrer Bedeutung für die Bestimmung des gesetzlichen Richters mit rechtsstaatlichen Grundsätzen kaum zu vereinbaren sind (ebenso SSB Rn. 56, NK-VwGO Rn. 114) und eine geringe Überzeugungskraft haben.

Der **Beschlusstenor** lautet: a) bei Erfolglosigkeit des Gesuchs: „Das Ab- **23a** lehnungsgesuch des (Klägers) vom … gegen Richter … wegen Besorgnis der Befangenheit wird verworfen/abgelehnt." b) bei Erfolg des Gesuchs: „Das Ablehnungsgesuch des (Klägers) vom … ist begründet. Richter … ist von der weiteren Mitwirkung am Verfahren … ausgeschlossen." c) bei Selbstablehnung: „Die Umstände, die Richter … am … angezeigt hat, rechtfertigen (nicht) seine Ablehnung gem. § 54 I VwGO iVm § 48 und §§ 41 ff. ZPO. [Er ist von der weiteren Mitwirkung am Verfahren … ausgeschlossen.]" (BVerwG Beschl. v. 3.3.2012 – 3 B 89.11 – [nv] und Buchh 310 § 54 VwGO Nr. 72). Eine (gesonderte) **Kostenentscheidung** ist nicht zu treffen, da der Verfahrensabschnitt zum Hauptsacheverfahren gehört (→ vor § 154 Rn. 12).

Für die **Bekanntgabe** des Beschlusses gelten die allgemeinen Regeln **23b** (→ § 122 Rn. 3). Da (Anfechtungs)Fristen nicht in Lauf gesetzt werden, ist der Beschluss **formlos mitzuteilen** (§ 56 I VwGO, § 329 II ZPO). Von einer unnötigen und kostenauslösenden Zustellung ist abzusehen (vgl. § 21 I 1 GKG). Da eine mündliche Verhandlung auch dann, wenn das Ablehnungsgesuch in einer mündlichen Verhandlung angebracht wurde, nicht stattfinden muss, ist eine **Verkündung** entspr. § 329 I 1 ZPO nur dann geboten, wenn das Gericht ausnahmsweise aufgrund freigestellter Verhandlung entscheidet. In solchen Fällen ist § 116 II entspr. anzuwenden (str., SSB Rn. 56a).

24 **bb) Zuständiges Gericht; Verbot der Selbstentscheidung.** Über das Ablehnungsgesuch **entscheidet das Gericht,** dh der Spruchkörper, dem der Abgelehnte angehört, ohne dessen Mitwirkung (§ 45 I ZPO). Der GVP kann anderes vorsehen. Die Entscheidung ist in der **Besetzung** zu fällen, die für **Beschlüsse** in der zu entscheidenden Sache vorgeschrieben ist (BVerwG NJW 2014, 953; → § 5 III, § 9 III, § 10 III). Die Praxis wählt teilweise standardmäßig die Urteilsbesetzung, wenn ein Richter in mündlicher Verhandlung abgelehnt wird. Das ist unrichtig: Hauptsacheverfahren und Beschlussverfahren sind unabhängig voneinander zu sehen (SSB Rn. 56). Die Urteilsbesetzung ist nur dann anzuwenden, wenn über das Gesuch mündlich verhandelt wird. An die Stelle des abgelehnten Richters, der an der Entscheidung nicht mitwirkt (Verbot der Selbstentscheidung), tritt grds. (Ausnahmen → Rn. 20) der **Vertreter.** Dazu ist zunächst die Sitzgruppe nach Maßgabe der kammer/senatsinternen Regelung (§ 4 iVm § 21g GVG) durch andere Mitglieder des Spruchkörpers zu ergänzen, erforderlichenfalls durch die übrigen nach der Geschäftsverteilung des Gerichts zur Vertretung heranzuziehenden Richter dieses Gerichts. Wird das Gericht durch Ausscheiden abgelehnter Mitglieder beschlussunfähig, entscheidet „das im Rechtszug zunächst höhere Gericht" (§ 45 III ZPO). Im Fall eines **Einzelrichters** entscheidet die Kammer oder der Senat in Beschlussbesetzung (→ § 6 Rn. 25). Zur Ablehnung des ganzen BVerwG vgl. BVerwG NJW 2014, 953.

3. Unanfechtbarkeit; Verfahrensmangel

25 Ein **Rechtsmittel** gegen die Entscheidung eines VG über das Ablehnungsgesuch ist nicht gegeben. Beschlüsse über die Ablehnung von Gerichtspersonen sind (unabhängig von ihrem Inhalt) gem. **§ 146 II** nicht mit der Beschwerde anfechtbar. Diese spezielle Vorschrift verdrängt § 567 I Nr. 2 ZPO (sofortige Beschwerde gegen Beschlüsse, die das Verfahren betr. Gesuche zurückweisen; vgl. BVerwG Beschl. v. 15.4.2010 − 8 B 3.10; ZOV 2010, 151). Entscheidungen eines OVG sind gem. § 152 I generell unanfechtbar.

26 Auch mit dem **Rechtsmittel gegen die Sachentscheidung** kann nur sehr begrenzt geltend gemacht werden, ein Ablehnungsgesuch sei zu Unrecht abgelehnt oder ihm sei zu Unrecht stattgegeben worden. Ein auf die Verfahrensfehlerhaftigkeit gestützter Antrag auf Zulassung der Berufung wegen § 173 S. 1 iVm § 512 ZPO bzw. eine Beschwerde gegen die Nichtzulassung der Revision wegen § 557 II ZPO scheidet grds. aus, weil Beschlüsse über die Ablehnung von Gerichtspersonen als unanfechtbare Vorentscheidungen nicht der Beurteilung des Rechtsmittelgerichts unterliegen (BVerwG Buchh 310 § 54 VwGO Nr. 65; NdsOVG NVwZ–RR 2002, 471; Kopp/

Schenke § 54 Rn. 22; NK–VwGO § 124 Rn. 206, str.). IR eines (Zulassungs)**Rechtsmittels** (Antrag auf Zulassung der Berufung; Beschwerde gegen die Nichtzulassung der Revision) ist die unrichtige Entscheidung über ein Ablehnungsgesuch nur in dem Maße beachtlich, als damit die vorschriftswidrige Besetzung des Gerichts geltend gemacht wird (§ 124 II Nr. 5; § 138 Nr. 1 VwGO). Das ist nur dann der Fall, wenn eine gegen Art. 101 I 2 GG verstoßende, auf Willkür, Manipulation oder einem vergleichbar schweren Mangel des Verfahrens beruhende Zurückweisung des Ablehnungsgesuchs geltend gemacht wird (BVerfG–Kammer NVwZ–RR 2008, 289; BVerwG Beschl. v. 21.3.2000 – 7 B 36.00; Buchh 310 § 54 VwGO Nr. 65; NJW 1998, 323 (324 f.)). Jedoch ist im **Falle einer unzulässigen Selbstentscheidung** immer davon auszugehen, dass auch die dem Ablehnungsgesuch folgende Sachentscheidung mit dem Makel eines Verstoßes gegen Art. 101 I 2 GG behaftet ist (BVerfG, KB v. 11.3.2013 – 1 BvR 2853/11, juris Rn. 37). Zur Geltendmachung erst **nach Abschluss der Instanz** bekannt gewordener Ablehnungsgründe → Rn. 19.

§ 55 [Ordnungsvorschriften des GVG]

§§ 169, 171a bis 198 des Gerichtsverfassungsgesetzes über die Öffentlichkeit, Sitzungspolizei, Gerichtssprache, Beratung und Abstimmung finden entsprechende Anwendung.

Mangels eigener Regelungen in der VwGO erklärt § 55 die Vorschriften des **1** GVG über die Öffentlichkeit, Sitzungspolizei, Gerichtssprache, Beratung und Abstimmung für entsprechend anwendbar.

Nach § 169 S. 1 GVG ist die Verhandlung einschließlich der Verkündung **2** der Urteile und Beschlüsse öffentlich. **Öffentlichkeit** bedeutet, dass jedermann im Rahmen der Raumkapazität Zugang zu der Räumlichkeit haben muss, in der die mündliche Verhandlung vor dem erkennenden Gericht stattfindet (BVerwG DVBl 1999, 95; Eyermann Rn. 5). Daneben normiert Art. 6 I EMRK einen Anspruch der Verfahrensbeteiligten auf öffentliche Verhandlung (vgl. zur Anwendung im Verwaltungsprozess NK–VwGO Rn. 4), ebenso auf Unionsebene Art. 47 II GRCh. Tatsächliche Zugangshindernisse, die dem Gericht nicht bekannt waren und die es auch nicht erkennen konnte, sind ohne Bedeutung (BVerwG NVwZ 1982, 43; NJW 1985, 448). In den in §§ 171a, 171b und 172 GVG bestimmten Fällen kann die Öffentlichkeit ausgeschlossen werden. Ein Verstoß gegen den Öffentlichkeitsgrundsatz ist ein wesentlicher Verfahrensfehler und absoluter Revisionsgrund (§ 138 Nr. 5). Das strikte **Verbot von Ton- und Filmaufnahmen** ist durch das EMöGG (BGBl. I 2017 S. 3546) teilweise gelockert worden (vgl. § 169 I 3 ff. und II ff. GVG). Vgl. dazu die Übergangsvorschrift in § 175 nF.

Der Zugang zu Gerichtsverhandlungen gilt gleichermaßen für die **Presse. 2a** Die Entscheidung über die Reservierung einer bestimmten Anzahl von Plätzen für Medienberichterstatter und die Verteilung liegt im nur eingeschränkt überprüfbaren Ermessen des Vorsitzenden des jeweiligen Gerichtsverfahrens iR seiner Prozessleitungsbefugnis (BVerfG NJW 2013, 1293).

3   Gemäß § 176 GVG obliegt dem Vorsitzenden die Aufgabe der **Sitzungs-polizei**. Im Gegensatz zur Prozessleitung betrifft sie die äußere Ordnung, ist räumlich auf den Sitzungssaal beschränkt und erfasst alle dort anwesenden Personen (BeckOK VwGO Rn. 18). Rechtsbehelfe gegen sitzungspolizei-liche Anordnungen nach § 176 GVG (etwa Entziehung des Wortes, Anord-nung der Durchsuchung einer Person uä) sind wegen § 146 II (prozessleitende Verfügung) nicht gegeben (Eyermann Rn. 13; aA etwa SSB Rn. 48). Zur Durchsetzung der sitzungspolizeilichen Anordnungen stehen dem Gericht die in §§ 177, 178 GVG benannten Ordnungsmittel zur Verfügung. Gegen diese Maßnahmen ist nach hA die Beschwerde gem. § 146 gegeben (Kopp/Schen-ke Rn. 8; SSB Rn. 48; NK-VwGO Rn. 48 f.), wobei die Beschränkung des § 152 I gilt.

4   Die **Gerichtssprache** ist nach § 184 S. 1 GVG deutsch. Schriftsätze in fremder Sprache sind grds. unbeachtlich und wahren keine Fristen (BGH NJW 1987, 2184; BeckOK VwGO § 55 Rn. 26). Allerdings kommt Wieder-einsetzung in Betracht. Wird unter Beteiligung von Personen verhandelt, die der deutschen Sprache nicht mächtig sind, so ist nach § 185 I 1 GVG ein Dolmetscher hinzuzuziehen. Dolmetscher sind nach § 189 I GVG zu ver-eidigen. Ist der Dolmetscher nach landesrechtlichen Vorschriften allgemein beeidigt, so genügt die Berufung auf diesen Eid (§ 189 II GVG). Für die Verständigung mit hör- oder sprachbehinderten Personen enthalten §§ 186, 191a GVG besondere Bestimmungen.

5   **Beratung und Abstimmung** regeln §§ 192 ff. GVG. Die dort für Schöf-fen getroffenen Regelungen gelten für die ehrenamtlichen Richter der VG entsprechend. Die Richter des zur Entscheidung berufenen Spruchkörpers müssen sämtlich an der Beratung und Abstimmung teilnehmen. Daneben dürfen nach § 193 I GVG nur die zugewiesenen Rechtsreferendare (nicht aber Praktikanten) und wissenschaftlichen Hilfskräfte zugegen sein, soweit der Vorsitzende deren Anwesenheit gestattet. Nach § 194 I GVG leitet der Vor-sitzende die Beratung. Das Gericht entscheidet mit der absoluten Mehrheit der Stimmen (§ 196 I GVG). Die Reihenfolge der Abstimmung regelt § 197 GVG. Zunächst stimmt – soweit ernannt – der Berichterstatter; zuletzt stimmt der Vorsitzende. Im Übrigen stimmen die Richter nach dem Dienstalter, bei gleichem Dienstalter nach dem Lebensalter, ehrenamtliche Richter nach dem Lebensalter, wobei der jüngere jeweils vor dem älteren stimmt. Die ehren-amtlichen Richter stimmen vor den Berufsrichtern. Die Richter sind zur Stimmabgabe verpflichtet. Hergang der Beratung und Abstimmung unterlie-gen dem Beratungsgeheimnis, §§ 43, 45 I DRiG. Die Kundgabe einer abwei-chenden Meinung **(dissenting opinion)** ist für die Verwaltungsgerichtsbar-keit nicht vorgesehen.

§ 55a [Elektronische Dokumentenübermittlung]

(1) Vorbereitende Schriftsätze und deren Anlagen, schriftlich einzureichende Anträge und Erklärungen der Beteiligten sowie schriftlich einzureichende Auskünfte, Aussagen, Gutachten, Übersetzungen und Erklärungen Dritter können nach Maßgabe der Absätze 2 bis 6 als elektronische Dokumente bei Gericht eingereicht werden.

(2) Das elektronische Dokument muss für die Bearbeitung durch das Gericht geeignet sein. Die Bundesregierung bestimmt durch Rechtsverordnung mit Zustimmung des Bundesrates die für die Übermittlung und Bearbeitung geeigneten technischen Rahmenbedingungen.

(3) Das elektronische Dokument muss mit einer qualifizierten elektronischen Signatur der verantwortenden Person versehen sein oder von der verantwortenden Person signiert und auf einem sicheren Übermittlungsweg eingereicht werden. Satz 1 gilt nicht für Anlagen, die vorbereitenden Schriftsätzen beigefügt sind.

(4) Sichere Übermittlungswege sind

1. der Postfach- und Versanddienst eines De-Mail-Kontos, wenn der Absender bei Versand der Nachricht sicher im Sinne des § 4 Absatz 1 Satz 2 des De-Mail-Gesetzes angemeldet ist und er sich die sichere Anmeldung gemäß § 5 Absatz 5 des De-Mail-Gesetzes bestätigen lässt,

2. der Übermittlungsweg zwischen dem besonderen elektronischen Anwaltspostfach nach § 31a der Bundesrechtsanwaltsordnung oder einem entsprechenden, auf gesetzlicher Grundlage errichteten elektronischen Postfach und der elektronischen Poststelle des Gerichts,

3. der Übermittlungsweg zwischen einem nach Durchführung eines Identifizierungsverfahrens eingerichteten Postfach einer Behörde oder einer juristischen Person des öffentlichen Rechts und der elektronischen Poststelle des Gerichts; das Nähere regelt die Verordnung nach Absatz 2 Satz 2,

4. sonstige bundeseinheitliche Übermittlungswege, die durch Rechtsverordnung der Bundesregierung mit Zustimmung des Bundesrates festgelegt werden, bei denen die Authentizität und Integrität der Daten sowie die Barrierefreiheit gewährleistet sind.

(5) Ein elektronisches Dokument ist eingegangen, sobald es auf der für den Empfang bestimmten Einrichtung des Gerichts gespeichert ist. Dem Absender ist eine automatisierte Bestätigung über den Zeitpunkt des Eingangs zu erteilen. Die Vorschriften dieses Gesetzes über die Beifügung von Abschriften für die übrigen Beteiligten finden keine Anwendung.

(6) Ist ein elektronisches Dokument für das Gericht zur Bearbeitung nicht geeignet, ist dies dem Absender unter Hinweis auf die Unwirksamkeit des Eingangs und die geltenden technischen Rahmenbedingungen unverzüglich mitzuteilen. Das Dokument gilt als zum Zeitpunkt der früheren Einreichung eingegangen, sofern der Absender es unverzüglich in einer für das Gericht zur Bearbeitung geeigneten Form nachreicht und glaubhaft macht, dass es mit dem zuerst eingereichten Dokument inhaltlich übereinstimmt.

(7) Soweit eine handschriftliche Unterzeichnung durch den Richter oder den Urkundsbeamten der Geschäftsstelle vorgeschrieben ist, genügt dieser Form die Aufzeichnung als elektronisches Dokument, wenn die verantwortenden Personen

am Ende des Dokuments ihren Namen hinzufügen und das Dokument mit einer qualifizierten elektronischen Signatur versehen. Der in Satz 1 genannten Form genügt auch ein elektronisches Dokument, in welches das handschriftlich unterzeichnete Schriftstück gemäß § 55b Absatz 6 Satz 4 übertragen worden ist.

Übersicht

I. Vorbemerkungen

1 Die Vorschrift wurde im Jahre 2005 durch das JKomG (BGBl. I S. 837, ber. S. 2022) eingeführt und beruht in der jetzigen, im Wesentlichen seit dem 1.1.2018 geltenden Fassung auf dem E-Justiz-Gesetz (BGBl. I 2013 S. 3786) sowie dem Gesetz zur Einführung der elektronischen Akte und der weiteren Förderung des elektronischen Rechtsverkehrs (BGBl. I 2017 S. 2208). Durch Gesetz vom 12.12.2019 (BGBl. I S. 2633) wurden § 55a I und III mW zum 1.1.2020 geändert bzw. ergänzt (→ Rn. 7).

2 Regelungsschwerpunkt ist in § 55a I bis VI die Übermittlung elektronischer Dokumente an das VG und in § 55a VII die Erstellung gerichtlicher elektronischer Dokumente. Praktisch inhaltsgleiche Vorschriften finden sich in den anderen Prozessordnungen (zB § 130a ZPO). Die elektronische Form ist nach verbreiteter Ansicht eine eigenständige Form und kein Unterfall der Schriftform (BeckOK VwGO Rn. 1; zum Meinungsstand SSB Rn. 19). Elektronische Dokumente sind mit den Mitteln der Datenverarbeitung erstellte und auf Datenträgern speicherbare Dateien. Abgestellt werden kann auf die Definition in der **eIDAS-VO** (Abl. EU Nr. L 257/73 v. 28.8.2014), wonach jeder in elektronischer Form gespeicherte Inhalt erfasst wird (Eyermann Rn. 5). Ein Computerfax ist, auch wenn es elektronisch übertragen wird, kein elektronisches Dokument (SächsOVG SächsVBl 2019, 359). Die Übertragung der elektronischen Dokumente erfolgt durch eine spezielle Zugangs- und Übertragungssoftware auf OSCI-Protokollstandard, dem **elektronischen Gerichts- und Verwaltungspostfach** (**EGVP**, s. unter www.egvp.de). Wenn der elektronische Zugang eröffnet ist, muss die Rechtsbehelfsbelehrung, soweit sie auch über die Form belehrt, richtigerweise einen entsprechenden Hinweis enthalten (→ § 58 Rn. 9a).

3 Die Neuregelung des § 55a ist eingebettet in die Bestrebungen des Bundesgesetzgebers, den elektronischen Rechtsverkehr und die elektronische Gerichtsaktenführung beschleunigt einzuführen. Die Regelung konnte mit der sog. Opt-out-Klausel durch Landesverordnung spätestens auf den 21.12.2019 hinausgeschoben werden (Art. 24 I E-Justiz-Gesetz). Ab dem 1.1.2020 müssen alle Verwaltungsgerichte elektronische Dokumente empfangen können. Die Öffnung der Zugänge für die Einreichung elektronischer Dokumente erfolgt einheitlich nach Maßgabe der Rechtsverordnung nach § 55a II (→ Rn. 4). § 55a III und IV normieren die Übertragungswege und sind geprägt von dem Bemühen, die qualifizierte elektronische Signatur, die die Akzeptanz und Nutzung des EGVP bislang erschwert hat, weitgehend entbehrlich zu machen. Dazu werden sichere Übermittlungswege eingeführt, bei deren Nutzung eine einfache Signatur ausreicht (→ Rn. 12). Die Neuregelung begründet noch keine Einreichungspflicht für elektronische Dokumente. § 55a wird aber flankiert von § 55d, der am 1.1.2022 in Kraft tritt und die sog. Professionellen Einreicher spätestens zu diesem Zeitpunkt zur aktiven Nutzung der elektronischer Übermittlungswege verpflichtet. Ab dem 1.1.2026 müssen dann die Prozessakten elektronisch geführt werden (§ 55b Ia).

II. Technische Rahmenbedingungen (II)

Gem. § 55 II 1 muss das elektronische Dokument für die Bearbeitung durch **4** das Gericht geeignet sein. Die Eignung wird durch die Verordnung über die technischen Rahmenbedingungen des elektronischen Rechtsverkehrs und über das besondere elektronische Behördenpostfach (ERVV) vom 24.11.2017 (BGBl I S. 3803) festgelegt. Das elektronische Dokument ist in druckbarer, kopierbarer und, soweit technisch möglich, durchsuchbarer Form im Dateiformat PDF zu übermitteln, Bilder hilfsweise zusätzlich im Format TIFF, und zwar jeweils in den bekanntgemachten aktuellen Format-Versionen unter Beachtung der bekannt gegebenen Höchstgrenzen hinsichtlich Anzahl und Volumen der Dateien. Wird eine qualifizierte elektronische Signatur eingesetzt, muss gem. § 4 II ERVV jedes Dokument signiert werden; Containersignaturen sind unzulässig (BSG NZS 2019, 440; BVerwGE 163, 89). Anlagen sind allerdings seit dem 1.1.2020 von der Signaturpflicht freigestellt (→ Rn. 7). Das vorgegebene Dateiformat schließt es aus, die prozessrelevante Erklärung lediglich in das Nachrichtenfeld des EGVP-Containers einzufügen, anstatt sie als angehängte PDF-Datei zu übermitteln (vgl. auch SSB Rn. 81 und §55b Rn. 39). Die insoweit missverständliche Gesetzesbegründung aus dem Jahr 2012, wonach als elektronisches Dokument sowohl die elektronische Mail als auch eine angehängte Datei in Betracht kommt (BR-Drs. 818/12 S. 53), ist jedenfalls seit dem Inkrafttreten des ERVV klargestellt (aA offenbar Bader Rn. 6). Bei Nichteinhaltung der zwingenden Vorgaben ist das Dokument nach § 55a VI 1 zurückzuweisen.

Neben zwingenden Vorgaben enthält die ERVV in § 2 II und III Ord- **5** nungsvorschriften, die die Eignung für die Bearbeitung nicht berühren und eine Zurückweisung nicht rechtfertigen. So soll der Dateiname den Inhalt des elektronischen Dokuments schlagwortartig umschreiben und bei der Übermittlung mehrerer elektronischer Dokumente eine logische Nummerierung enthalten. Dem elektronischen Dokument soll ein strukturierter maschinenlesbarer Datensatz im Dateiformat XML beigefügt werden, der die wesentlichen Meta-Daten enthält.

III. Signaturen und Übermittlungswege (III und IV)

1. Qualifizierte elektronische Signatur

6   § 55a III 1 eröffnet zwei alternative Übertragungswege mit unterschiedlichen Signaturanforderungen. Bei Verwendung eines sicheren Übertragungsweges im Sinne des § 55a IV genügt eine (einfache) Signatur der verantwortenden Person, (→ Rn. 10), ansonsten muss das Dokument mit einer qualifizierten elektronischen Signatur (qeS) versehen sein (§ 55a III 1 1. Alt.). Der Begriff der qeS im Sinne vom Art. 3 Nr. 12 eIDAS-VO meint eine fortgeschrittene elektronische Signatur, die von einer qualifizierten elektronischen Signaturerstellungseinheit erstellt wurde und auf einem qualifizierten Zertifikat für elektronische Signaturen beruht, ferner eindeutig dem Unterzeichner zugeordnet ist, dessen Identifizierung ermöglicht, unter Verwendung elektronischer Signaturerstellungsdaten erstellt wird, die der Unterzeichner mit einem hohen Maß an Vertrauen unter seiner alleinigen Kontrolle verwenden kann und zudem so mit den auf diese Weise unterzeichneten Daten verbunden ist, dass eine nachträgliche Veränderung erkannt werden kann (SSB Rn. 55 ff.). Die qeS tritt an die Stelle der Unterschrift (vgl. BGHZ 184, 75 Rn. 12).

7   Der durch das Gesetz vom 12.12.2019 (→ Rn. 1) mit Wirkung zum 1.1.2020 angefügte § 55a III 2 befreit Anlagen, die vorbereitenden Schriftsätzen beigefügt sind, von den Signaturerfordernissen nach § 55a III 1. Da Containersignaturen unzulässig sind (→ Rn. 4), mussten zuvor auch beigefügte Anlagen einzeln signiert werden. Um das zu vermeiden, haben Rechtsanwälte oftmals den Schriftsatz gemeinsam mit den Anlagen in einem elektronischen Textdokument übersandt, das bei Gericht dann wieder aufwändig aufgetrennt werden musste, um die Anlagen einzeln erfassen zu können (vgl. BT-Drs. 19/15167 S. 30 zu der Parallelnorm § 130a ZPO). Die Freistellung betrifft nicht die vorgegebenen Übermittlungswege, da sie nur „beigefügte" Anlagen erfasst, die gemeinsam mit dem jeweiligen Hauptdokument auf dem für dieses zugelassenen Übermittlungsweg eingereicht werden.

8   Erforderlich ist die qeS der verantwortenden Person. Damit wird die Personengebundenheit der Signatur zum Ausdruck gebracht. Den Inhalt des Dokuments verantwortet nicht eine Institution oder Einrichtung, sondern eine konkrete Person, der die Signatur zugeordnet ist und die die zugeteilte Signaturkarte ausschließlich verwenden darf. Die von einem Dritten unter Verwendung einer fremden Signaturkarte an einem Dokument angebrachte qeS erfüllt die gesetzlichen Voraussetzungen nicht (SSB Rn. 67).

9   Die praktische Handhabung der qeS erfolgt durch Auswahl des zu signierenden Dokuments und der Erzeugung einer Signaturdatei über ein Kartenlesegerät und die Eingabe einer persönlichen Identifikationsnummer (zur Funktionsweise SBS VwVfG § 3a Rn. 31 f.) Die so erzeugte Signaturdatei passt ausschließlich zu dem signierten Dokument. Bei nachträglichen Veränderungen des Dokuments wird die Signaturdatei ungültig; die Integritätsprüfung in der Eingangsregistratur des Gerichts liefert dann ein negatives Ergebnis.

2. Einfache elektronische Signatur

Die einfache elektronische Signatur iSv § 55a III 1 2. Alt. meint jedes ver- **10**
knüpfte elektronische Datum, das der Authentifizierung dient (vgl. § 2 Nr. 1
SigG aF, jetzt Art. 3 Nr. 10 eIDAS-VO). Das kann die Wiedergabe des
Namens sein, die bildliche Wiedergabe der Unterschrift oder etwa die E-
Mail-Absenderkennung (BeckOK VwGO Rn. 6, SSB Rn. 56). Die einfache
elektronische Signatur hat keinen Sicherheitswert und gewährleistet nicht die
Integrität der signierten elektronischen Dokumente. Deshalb bedarf es zur
Sicherstellung von Authentizität und Integrität des elektronischen Dokuments
der Einreichung auf einem sicheren Übermittlungsweg. Nur dann hat die
einfache elektronische Signatur des Ausstellers dieselben Rechtswirkungen
wie die Einreichung mit qeS oder die Übermittlung in Papierform mit hand-
schriftlicher Unterschrift.

3. Übermittlungswege

Der Übermittlungsweg für Dokumente mit qeS ist § 4 Abs. 1 ERVV geregelt; **11**
danach sind entweder die sicheren Übermittlungswege (iSv § 55a IV) oder
das EGVP des Gerichts zu nutzen. Bei Nutzung eines sicheren Übermittlungsweges entfällt die Notwendigkeit einer (zusätzlichen) einfachen Signatur
des elektronischen Dokuments (SSB Rn. 70). Eine Einreichung per E-Mail
oder auf einem Datenträger ist nicht zulässig.

Die Einreichung elektronischer Dokumente mit nur einfacher elektro- **12**
nischer Signatur ist nur bei Nutzung sicherer Übermittlungswege iSv § 55a
IV zulässig. Dabei werden Authentizität und Integrität der elektronischen
Dokumente nicht durch besondere Anforderungen an die Signatur, sondern
durch gesicherte Zugänge und technische Vorkehrungen bei der Übermittlung gewährleistet. Sicher sind die Nutzung einer absenderbestätigten De-
Mail (Nr. 1) sowie die Kommunikation mit der elektronischen Poststelle des
Gerichts über das besondere elektronische Anwaltspostfach (Nr. 2 1. Alt.), das
besondere elektronische Notarpostfach (Nr. 2 2. Alt.) und das besondere
elektronische Behördenpostfach (Nr. 3). Von der Ermächtigung, bundeseinheitlich weitere sichere Übermittlungswege einzuführen (Nr. 4), wurde noch
kein Gebrauch gemacht.

Die Übermittlung eines elektronischen Dokuments über den Postfach- und **13**
Versanddienst eines De-Mail-Kontos (§ 55a IV Nr. 1) ist sicher, wenn der
Absender der Nachricht sicher angemeldet ist iSd § 4 I 2 De-Mail-Gesetz
(BGBl. I 2011, S. 666) und er sich dies nach § 5 V De-Mail-Gesetz bestätigen
lässt **(absenderbestätigte De-Mail)**. Die sichere Anmeldung erfordert, dass
der Nutzer zwei geeignete und voneinander unabhängige Sicherungsmittel
einsetzt, Benutzername und Passwort reichen nicht aus. Bestätigt der akkredi-
tierte Diensteanbieter die sichere Anmeldung, muss er die gesamte Nachricht
einschließlich eventueller Dateianhänge im Auftrag des Senders mit einer qeS
versehen (§ 5 V 3 De-Mail-Gesetz). Diese ist nicht zu verwechseln mit der
qeS der verantworteten Person iSd § 55a III 1 1. Alt und entbindet diese
nicht von der einfachen elektronischen Signatur des Dokuments. Mittels einer

nicht absenderbestätigten De-Mail kann ein elektronisches Dokument nicht wirksam übermittelt werden. § 55a VI greift in diesem Fall nicht, weil nur die Übermittlung von für die Bearbeitung ungeeigneten Dokumenten erfasst wird, nicht aber die Wahl eines unzulässigen Übermittlungsweges. Der Mangel wird nicht dadurch behoben, dass der Absender das Dokument mit seiner eigenen qeS versieht, weil die Verwendung einer nicht absenderbestätigten De-Mail weder § 55a IV Nr. 1 entspricht noch eine Übermittlung an das EGVP des Gerichts über eine OSCI-Anwendung (vgl. § 4 I Nr. 2 ERVV) iSv § 55a IV Nr. 2 oder Nr. 3 darstellt, selbst wenn die De-Mail in das EPVP des Gerichts weitergeleitet wird (SSB Rn. 82).

14   Die Kommunikation zwischen dem **besonderen elektronischen Anwaltspostfach (beA)** und dem EGVP des Gerichts ist ebenfalls sicher (§ 55a IV Nr. 2 1. Alt). Rechtsgrundlage für das mit einigen technischen Schwierigkeiten eingeführte beA ist § 31a BRAO (vgl. hierzu BVerfG BayVBl. 2018, 378) und die Rechtsanwaltsverzeichnis- und -postfachverordnung (RAVPV) vom 23.9.2016 (BGBl. I S. 2167). Seit dem 1.1.2018 sind die Anwälte zur passiven Nutzung verpflichtet (§ 31a VI BRAO). Die Privilegierung des § 55a IV Nr. 2 kommt nur dem nutzungsberechtigten Anwalt persönlich zu Gute; das Postfach wird personengebunden eingerichtet und das Recht zum Versand von Dokumenten ohne qeS kann nicht auf andere Personen übertragen werden (§ 23 III 5 RAVPV). Der Versand durch Dritte aus dem beA ohne qeS ist unwirksam (VGH BW NJW 2019, 1543). Neben dem beA sind weitere auf gesetzlicher Grundlage errichtete elektronische Postfächer privilegiert (§ 55a IV Nr. 2 2. Alt); dies betrifft gegenwärtig das besondere elektronische Notarpostfach (beN) nach § 78n BNotO.

15   Ferner ist die Kommunikation zwischen dem **besonderen elektronischen Behördenpostfach (beBPo)** und dem EGVP ein sicherer Übermittlungsweg (§ 55a IV Nr. 3). Postfachinhaber können inländische Bundes- oder Landesbehörden und juristische Personen des öffentlichen Rechts sein. Die Anforderungen an das beBPo sind in § 6 ERVV normiert; danach muss ua OSCI-Protokollstandard verwendet werden, ein Identifizierungsverfahren durchgeführt werden und feststellbar sein, dass das elektronische Dokument vom Postfachinhaber versandt wurde. Das Postfach ist nicht personengebunden; die Behörde kann mehreren Personen Zertifikate und Passwörter zur Verfügung stellen (§ 8 I ERVV), die zur Wirksamkeit nur eine einfache elektronische Signatur beifügen. Behörden sind nach § 2 EGovG vom 25.7.2013 (BGBl I S. 2749) ohnehin verpflichtet zur Eröffnung eines Zugangs für die Übermittlung elektronischer Dokumente, auch soweit sie mit einer qeS versehen sind, Bundesbehörden zudem zur Zugangseröffnung durch eine De-Mail-Adresse.

16   Von der Möglichkeit, sonstige bundeseinheitliche Übermittlungswege durch Rechtsverordnung zu eröffnen (§ 55a IV Nr. 4), ist bislang nicht Gebrauch gemacht worden.

IV. Eingang und Zurückweisung elektronischer Dokumente (V und VI)

Ein elektronisches Dokument ist gem. § 55a V 1 bei Gericht eingegangen, **17** sobald es auf der für den Empfang bestimmten Einrichtung gespeichert ist. Diese Einrichtung muss sich nicht in den Räumen des Gerichts befinden; es kann auch ein zentraler Eingangsserver sein, von dem die Nachricht an den EGVP-Client des Gerichts weitergeleitet bzw. abgeholt wird (SSB Rn. 94; NK–VwGO Rn. 93). Letzteres sind justizinterne Vorgänge, die den Empfang nicht hinausschieben und die Sphäre des Absenders nicht betreffen. Unerheblich für den Empfang ist der Zeitpunkt eines eventuellen Ausdrucks des Dokuments. Dem Einsender ist gem. § 55a V 2 eine automatisierte Bestätigung zu erteilen, die dieser zur Wahrung seiner Sorgfaltspflichten zu überprüfen hat und im Falle ihres Ausbleibens zum Anlass für eine Nachfrage nehmen sollte. Abschriften für die übrigen Beteiligten sind weder elektronisch noch in Papierform einzureichen. Nötige Papiermehrfertigungen hat das Gericht auf eigene Kosten zu fertigen (BT-Drs 15/4067 S. 31).

Bei Einreichung von elektronischen Dokumenten, die den Anforderungen **18** nicht entsprechen und deshalb iSv § 55a VI 1 zur Bearbeitung nicht geeignet sind, muss das Gericht diesen Umstand dem Einsender unter Hinweis auf die geltenden technischen Rahmenbedingungen unverzüglich mitteilen. Zur Form der Mitteilung enthält das Gesetz keine Vorgaben. Sie sollte aber möglichst auf demselben Übermittlungsweg erfolgen. Die Beurteilung, ob die elektronische Form gewahrt ist, obliegt wie bei allen Formvorgaben letztlich der richterlichen Entscheidung. Das schließt eine Vorprüfung anhand des Protokolls der Signaturprüfung durch die Posteingangsstelle oder die Geschäftsstelle nicht aus.

§ 55a VI enthält keine ausdrückliche Bestimmung darüber, ob elektro- **19** nische Dokumente, die den Anforderungen nicht genügen, dennoch zur elektronischen Akte oder als Ausdruck zur Papierakte zu nehmen sind, sofern dies technisch möglich ist (zB bei fehlender oder fehlerhafter Signatur oder Einreichung in einem nicht aktuellen Dateiformat). Um die Formungültigkeit aktenkundig zu machen, genügt es, das entsprechende Prüfprotokoll zur Akte zu nehmen. Auf den Inhalt des formungültigen Dokuments oder der elektronischen Nachricht kommt es grundsätzlich nicht an, selbst wenn der Text für das Gericht auslesbar sein sollte. Soweit § 55b II für den Fall der Papieraktenführung den Ausdruck der elektronischen Dokumente anordnet, dürfte sich dies in der Zusammenschau nur auf formwirksame Dokumente beziehen (→ §55b Rn. 10).

Für ein elektronisches Dokument, das nicht den technischen Rahmenbe- **20** dingungen entspricht, eröffnet § 55a VI 2 die Möglichkeit einer Zugangsfiktion. Es gilt als zum Zeitpunkt der früheren Einreichung eingegangen, wenn der Absender nach Erhalt der Fehlermeldung unverzüglich ein technisch lesbares Dokument einreicht und glaubhaft macht, dass das bearbeitungsfähige Dokument und das zuerst eingereichte Dokument inhaltlich übereinstimmen. Die inhaltliche Übereinstimmung kann durch Vorlage eines

Papierausdrucks des nicht bearbeitungsfähigen Dokuments glaubhaft gemacht werden (amtl. Begr., BT-Drs. 17/12634, 26) oder etwa durch anwaltliche Versicherung. Fragen der Wiedereinsetzung stellen sich in diesen Fällen nicht.

21 Die Privilegierung des § 55a VI 2 erfasst nur Mängel hinsichtlich der Erfüllung der technischen Rahmenbedingungen (Dateiformat, Dateigröße, Anbringung der Signatur etc.), nicht aber andere Formmängel oder einen falschen Übermittlungsweg (SSB Rn. 103). Das Gericht wird in diesen Fällen wie bei anderen Formmängeln den Einsender auf das Defizit hinweisen, damit der Mangel behoben werden kann. Eine Zugangsfiktion bezogen auf den Zeitpunkt der früheren Einreichung wird durch eine mangelfreie Einreichung in diesen Fällen aber nicht ausgelöst. Kann eine Frist deshalb nicht mehr gewahrt werden, kommt Wiedereinsetzung in Betracht (→ § 60 Rn. 12a).

V. Gerichtliche elektronische Dokumente (VII)

22 Die Regelung betrifft anders als § 55a I bis VI nicht den Zugang der Verfahrensbeteiligten zum Gericht, sondern die Ersetzung der Unterschrift des Richters und des UdG bei gerichtlichen elektronischen Dokumenten, die originär erzeugt werden (Satz 1) oder in die handschriftlich unterzeichnete Papiere übertragen werden (Satz 2). Sie setzt denknotwendig voraus, dass auch das Gericht mit den Verfahrensbeteiligten elektronisch kommunizieren darf.

23 Soweit in der Papierform eine volle Unterschrift erforderlich ist, wird diese bei gerichtlichen elektronischen Dokumenten durch eine qeS ersetzt. Dies gilt bei gesetzlich vorgeschriebener Schriftform (insbes. Urteile, Beschlüsse, Niederschrift der mündlichen Verhandlung, Zustellungs- und Verkündungsvermerk) und solchen Dokumenten, die wegen ihrer Prozessrelevanz vom Richter in der Papierform mit voller Unterschrift versehen werden (etwa die Setzung einer Ausschlussfrist). In allen anderen Fällen genügt eine einfache elektronische Signatur (Beispiele bei BeckOK VwGO Rn. 26). Kollegialentscheidungen müssen die qeS aller beteiligten Richter aufweisen. Da ein elektronisches Dokument nach der Beifügung der ersten qeS nicht mehr geändert werden kann, ohne die Signatur zu brechen, können nur endabgestimmte Dokumente signiert werden. Vermerke und Beschlüsse, die in der Papierform auf die Entscheidung gesetzt werden (§§ 117 VI, 118 II, 119 II), müssen in der elektronischen Form in einem separaten elektronischen Dokument erstellt werden, das dann (untrennbar) durch eine Containersignatur mit dem Bezugsdokument verbunden wird (Kopp/Schenke Rn. 26). Formmängel führen wie eine fehlende Unterschrift in der Papierform zunächst zur Unwirksamkeit einer gerichtlichen Entscheidung, können aber geheilt werden (SSB Rn. 112).

24 Die Übertragung eines durch den Richter handschriftlich unterzeichneten Schriftstückes in die elektronische Form (Satz 2) erfordert den Übertragungsnachweis mit einer qeS des UdG nach § 55b VI 4. Ein solches Dokument steht dem originär elektronisch erzeugten und vom Richter signierten Dokument iSv Satz 1 gleich. Das Ursprungsdokument in Papierform kann nach 6 Monaten vernichtet werden (§ 55b VI 5).

Die Zustellung gerichtlicher elektronischer Dokumente richtet sich nach **25** § 56 II iVm §§ 166 ff. ZPO. Nach § 174 III 1 ZPO kann insbes. an Anwälte und Behörden elektronisch zugestellt werden, wobei die Übermittlung gem. § 174 III 3 ZPO auf einem sicheren Übermittlungsweg (iSv § 55a IV) erfolgen muss und gegen unbefugte Kenntnisnahme Dritter zu schützen ist. Anwälte und Behörden sind verpflichtet, einen solchen Übermittlungsweg zu eröffnen (§ 174 III 4). Die Zustellung wird durch ein elektronisches Empfangsbekenntnis nachgewiesen (→ § 56 Rn. 9).

§ 55b [Elektronische Aktenführung]

(1) [1] Die Prozessakten können elektronisch geführt werden. [2] Die Bundesregierung und die Landesregierungen bestimmen jeweils für ihren Bereich durch Rechtsverordnung den Zeitpunkt, von dem an die Prozessakten elektronisch geführt werden. [3] In der Rechtsverordnung sind die organisatorisch-technischen Rahmenbedingungen für die Bildung, Führung und Verwahrung der elektronischen Akten festzulegen. [4] Die Landesregierungen können die Ermächtigung auf die für die Verwaltungsgerichtsbarkeit zuständigen obersten Landesbehörden übertragen. [5] Die Zulassung der elektronischen Akte kann auf einzelne Gerichte oder Verfahren beschränkt werden; wird von dieser Möglichkeit Gebrauch gemacht, kann in der Rechtsverordnung bestimmt werden, dass durch Verwaltungsvorschrift, die öffentlich bekanntzumachen ist, geregelt wird, in welchen Verfahren die Prozessakten elektronisch zu führen sind. [6] Die Rechtsverordnung der Bundesregierung bedarf nicht der Zustimmung des Bundesrates.

(1a) [1] Die Prozessakten werden ab dem 1. Januar 2026 elektronisch geführt. [2] Die Bundesregierung und die Landesregierungen bestimmen jeweils für ihren Bereich durch Rechtsverordnung die organisatorischen und dem Stand der Technik entsprechenden technischen Rahmenbedingungen für die Bildung, Führung und Verwahrung der elektronischen Akten einschließlich der einzuhaltenden Anforderungen der Barrierefreiheit. [3] Die Bundesregierung und die Landesregierungen können jeweils für ihren Bereich durch Rechtsverordnung bestimmen, dass Akten, die in Papierform angelegt wurden, in Papierform weitergeführt werden. [4] Die Landesregierungen können die Ermächtigungen nach den Sätzen 2 und 3 auf die für die Verwaltungsgerichtsbarkeit zuständigen obersten Landesbehörden übertragen. [5] Die Rechtsverordnungen der Bundesregierung bedürfen nicht der Zustimmung des Bundesrates.

(2) [1] Werden die Akten in Papierform geführt, ist von einem elektronischen Dokument ein Ausdruck für die Akten zu fertigen. [2] Kann dies bei Anlagen zu vorbereitenden Schriftsätzen nicht oder nur mit unverhältnismäßigem Aufwand erfolgen, so kann ein Ausdruck unterbleiben. [3] Die Daten sind in diesem Fall dauerhaft zu speichern; der Speicherort ist aktenkundig zu machen.

(3) Wird das elektronische Dokument auf einem sicheren Übermittlungsweg eingereicht, so ist dies aktenkundig zu machen.

(4) Ist das elektronische Dokument mit einer qualifizierten elektronischen Signatur versehen und nicht auf einem sicheren Übermittlungsweg eingereicht, muss der Ausdruck einen Vermerk darüber enthalten,

1. welches Ergebnis die Integritätsprüfung des Dokumentes ausweist,
2. wen die Signaturprüfung als Inhaber der Signatur ausweist,
3. welchen Zeitpunkt die Signaturprüfung für die Anbringung der Signatur ausweist.

(5) Ein eingereichtes elektronisches Dokument kann im Falle von Absatz 2 nach Ablauf von sechs Monaten gelöscht werden.

(6) [1] Werden die Prozessakten elektronisch geführt, sind in Papierform vorliegende Schriftstücke und sonstige Unterlagen nach dem Stand der Technik zur Ersetzung der Urschrift in ein elektronisches Dokument zu übertragen. [2] Es ist sicherzustellen, dass das elektronische Dokument mit den vorliegenden Schriftstücken und sonstigen Unterlagen bildlich und inhaltlich übereinstimmt. [3] Das elektronische Dokument ist mit einem Übertragungsnachweis zu versehen, der das bei der Übertragung angewandte Verfahren und die bildliche und inhaltliche Übereinstimmung dokumentiert. [4] Wird ein von den verantworteten Personen handschriftlich unterzeichnetes gerichtliches Schriftstück übertragen, ist der Übertragungsnachweis mit einer qualifizierten elektronischen Signatur des Urkundsbeamten der Geschäftsstelle zu versehen. [5] Die in Papierform vorliegenden Schriftstücke und sonstige Unterlagen können sechs Monate nach der Übertragung vernichtet werden, sofern sie nicht rückgabepflichtig sind.

I. Vorbemerkungen

1   § 55b ist ebenso wie § 55a im Jahr 2005 durch das JKomG (→ § 55a Rn. 1) erstmals eingefügt worden und hat seine jetzige, im Wesentlichen ab dem 1.1.2018 geltende Fassung durch das E-Justiz-Gesetz vom 10.10.2013 (BGBl. I S. 3786) und das Gesetz zur Einführung der elektronischen Akte und zur weiteren Förderung des elektronischen Rechtsverkehrs vom 5.7.2017 (BGBl I S. 2208) erhalten. Damit hat die **ERV-Gesamtstrategie** von Bund und Ländern eine entsprechende rechtliche Grundlage erhalten. Gemäß Art. 21 in Verbindung mit Art. 33 VI des zuletzt genannten Gesetzes wird mit Wirkung zum 1.1.2026 der jetzige Absatz 1a zu Absatz 1, dort werden in Satz 1 die Wörter „ab dem 1. Januar 2026" gestrichen; der heutige Absatz 1 entfällt. Eine inhaltliche Änderung ist damit nicht verbunden, weil schon nach jetziger Gesetzeslage ab dem 1.1.2016 die elektronische Prozessaktenführung für alle Gerichte der Verwaltungsgerichtsbarkeit zur Pflicht wird (zu den Parallelvorschriften in den anderen Prozessordnungen SSB Rn. 14).

2   Die Vorschrift ist wesentliches Element des Konzeptes des Bundesgesetzgebers zur **gestuften Einführung** des elektronischen Rechtsverkehrs und der elektronischen Akte. Die Eröffnung elektronischer Zugänge bei den Gerichten, deren Nutzung für professioneller Einreicher verpflichtend wird und die ihrerseits zum Empfang elektronischer Dokumente bereit sein müssen, bedingt konsequenterweise eine elektronische Führung der Gerichtsakten, in die die eingereichten Dokumente ohne Medienbruch aufgenommen und aus der heraus gerichtliche Dokumente ohne Medienbruch an die Verfahrensbeteiligten versandt werden können. Der Gesetzgeber hat als Umsetzungsphase einen Zeitraum bis Ende 2025 vorgesehen, in dem Bund und Länder jeweils für ihren Bereich selbst den Einführungszeitpunkt für bestimmte Ver-

fahren, Gerichte oder Gerichtsbarkeiten festlegen (I); ab dem 1.1.2026 müssen die Gerichtsakten flächendeckend elektronisch geführt werden (II).

Bislang wird in den Gerichtsbarkeiten der Länder und bei den Bundes- **3** gerichten eine Mehrzahl von unterschiedlichen Fachverfahren eingesetzt, deren Entwicklungsverbünde jeweils Anstrengungen zur Fortentwicklung zur eAkte unternehmen. Selbst innerhalb der Verwaltungsgerichtsbarkeit werden verschiedene Fachverfahren und eAkten-Systeme genutzt. Um insgesamt zu einer größeren Konvergenz zu gelangen, hat der E–Justice-Rat im März 2017 die Entscheidung für die Entwicklung eines einheitlichen bundesweiten gemeinsamen Fachverfahrens **(gefa)** getroffen, das beginnend mit dem Zivilbereich sukzessiv alle Fachbereiche der ordentlichen Gerichtsbarkeit, der Staatsanwaltschaften und schließlich der Fachgerichte abdecken soll. Die Einführung in der Verwaltungsgerichtsbarkeit bis zum 1.1.2026 ist angesichts des bisherigen Entwicklungsfortschritts und der Konzentration auf die Zivilgerichtsbarkeit nicht gesichert.

II. Einführung der elektronischen Akte (I und Ia)

1. Übergangsphase bis Ende 2025

Bis zu der verpflichtenden elektronischen Aktenführung ab dem 1.1.2026 **4** können Bund und Länder jeweils für bestimmte Verfahren, Gerichte oder Gerichtsbarkeiten die Umstellung auf eine elektronische Aktenführung bestimmen (I). Diese Übergangsphase ist dem Umstand geschuldet, dass ein flächendeckend einsetzbares eAkten-System noch nicht zur Verfügung steht und die Entwicklungsfortschritte in den Ländern und Gerichtsbarkeiten unterschiedlich sind. Dem kann durch Pilotierungen in ausgewählten Bereichen Rechnung getragen werden. Demgemäß kann in der jeweiligen Rechtsverordnung gem. I 5 vorgesehen werden, dass durch öffentlich bekanntzumachende Verwaltungsvorschrift geregelt wird, in welchen Verfahren die Prozessakten elektronisch zu führen sind. In den bereits erlassenen Pilotierungsverordnungen der Länder (Zusammenstellung bei BeckOK VwGO Rn. 3.1 ff.) sind die Verwaltungsgerichte bislang nur teilweise und dann nur mit ausgewählten Pilotgerichten oder -spruchkörpern erfasst (zB VO zur elektronischen Aktenführung bei den Gerichten der Verwaltungsgerichtsbarkeit im Land Nordrhein-Westfalen – eAktVO VG – v. 9.3.2017, GV NRW 329, zuletzt geändert durch VO v. 6.8.2019, GV. NRW. S. 535). Für die obersten Bundesgerichte in der Zivilgerichtsbarkeit und den Fachgerichtsbarkeiten ist eine VO in Vorbereitung (Bundesgerichte-Aktenführungsverordnung – BGAktFV), die die konkrete Bestimmung der Verfahren durch Verwaltungsvorschrift iSd I 5 den Präsidenten überlässt.

Durch den in den VO jeweils zu bestimmenden Zeitpunkt wird verbindlich **5** festgelegt, bis wann die Papierakte und ab wann die elektronische Akte die maßgebliche führende Gerichtsakte ist. Dass die Gerichtsakten bis Ende 2025 elektronisch geführt werden „können" (I 1), eröffnet keinen Spielraum, in dieser Phase nach dem in der jeweiligen VO bestimmten Zeitpunkt in den Verfahren oder jedenfalls in den ggf. in ergänzenden Verwaltungsvorschriften bestimmten Verfahren (I 5) davon abzusehen (SSB Rn. 26, offen NK-VGO Rn. 28). Das erschließt sich hinreichend aus den Formulierungen in § 55b I 2 und 5. Vorher dürfen die Gerichtsakten testweise oder im Probeechtbetrieb zusätzlich elektronisch geführt werden; führend ist dann aber noch die Papierakte.

2. Elektronische Aktenführung ab 1.1.2026

6 Ab dem 1.1.2026 sind die Prozessakten in der gesamten Verwaltungsgerichtsbarkeit elektronisch zu führen (Ia). Die Ermächtigungsgrundlage für den Erlass von Pilotierungsverordnungen in der Übergangsphase entfällt (→ Rn. 1). Nach Ia 3 besteht dann nur noch die Möglichkeit, durch Rechtsverordnung zu bestimmen, dass bislang in Papier geführte Akten, die vor dem 1.1.2026 angelegt wurden, in Papierform weitergeführt werden, um deren Nachdigitalisierung zu vermeiden. Auch nach dem 1.1.2026 kann es also noch zu einer längeren Phase kommen, in der manche Prozessakten elektronisch und andere noch in Papierform geführt werden.

7 Die Verordnungsgeber in Bund und Ländern bestimmen nach Ia 2 die organisatorischen und dem Stand der Technik entsprechenden technischen Rahmenbedingungen für die Bildung, Führung und Verwahrung der elektronischen Akten einschließlich der einzuhaltenden Anforderungen der Barrierefreiheit. Das betrifft insbesondere die Aspekte Verfügbarkeit, Identifikation und Authentisierung, Berechtigungsverwaltung und -prüfung, Beweissicherung, Wiederaufbereitung, Unverfälschtheit, Verlässlichkeit und Übertragungssicherheit. Der Hinweis auf die Anforderungen der Barrierefreiheit soll den barrierefreien Zugang der Betroffenen zu den Gerichtsakten zusätzlich stärken (vgl. BT-Drs. 18/12203 S. 80). Barrierefrei muss die elektronische Akte für die Verfahrensbeteiligten und insbes. für die Justizbediensteten sein, die mit dem System arbeiten. Für blinde und sehbehinderte Nutzer muss der Akteninhalt soweit möglich über sog. Screenreader und Screenmagnifier zugänglich sein.

III. Medientransfer in die Papierakte (II bis V)

8 Der Gesetzgeber hat in II bis V Regelungen für den Transfer elektronischer Dokumente in die in Papierform geführte Gerichtsakte getroffen. Zur Notwendigkeit eines solchen Medientransfers kann es in der Übergangsphase bis Ende 2025 kommen, wenn die Aktenführung bei einem Gericht noch nicht auf die elektronische Akte umgestellt worden ist und über das Gerichtspostfach elektronische Dokumente eingereicht werden oder wenn eine bereits elektronisch geführte Akte nach Verweisung oder im Instanzenzug an ein Gericht gelangt, das noch nicht auf elektronische Aktenführung umgestellt hat, außerdem auch noch nach dem 1.1.2026 in den Fällen, in denen vorhandene Papierakten auf verordnungsrechtlicher Grundlage in Papierform weitergeführt werden (Ia 3). Das Gericht muss die eingereichten Dokumente, die nicht der Form entsprechen, in der die Akten bei ihm geführt werden, umwandeln. Dadurch soll sichergestellt werden, dass möglichst keine Hybridakten entstehen, sondern die einzelne Akte entweder vollständig in Papierform oder vollständig in elektronischer Form geführt wird.

Elektronische Dokumente sind als Papierausdruck zur Gerichtsakte zu **9** nehmen (II 1). Bei Anlagen kann dies ausnahmsweise unterbleiben, sie müssen dann aktenkundig dauerhaft gespeichert werden (II 2 und 3), wobei technisch keine Speicherung ad ultimo, sondern in den Grenzen der Aufbewahrungsfristen erforderlich ist.

In der Zusammenschau mit § 55a VI erfasst die Pflicht zum Ausdruck nur **10** solche Dokumente, die formwirksam eingereicht worden sind. Andernfalls ist ihre Einreichung gem. § 55a VI 1 unwirksam und setzt das dort geregelte Procedere in Gang (→ § 55a Rn. 18 f.). Um die Formunwirksamkeit zu dokumentieren, reicht es in der Regel aus, das entsprechende Prüfprotokoll zur Akte zu nehmen, da es auf den Inhalt des formunwirksam eingereichten Dokuments nicht ankommt. Das Gericht muss nicht versuchen, Dateien oder Nachrichten auszulesen, die nicht den technischen Vorgaben entsprechen oder nicht auf den vorgegebenen Übermittlungswegen eingereicht werden. Das widerspräche dem Konzept der Standardisierung des ERV und der IT-Sicherheit (str., vgl. SSB Rn. 39 f.).

Die Dokumentation des Übermittlungsweges richtet sich danach, ob das **11** elektronische Dokument über einen sicheren Übermittlungsweg (III) oder mit qeS und nicht auf einem sicheren Übermittlungsweg eingereicht wird (IV). Wird das elektronische Dokument iSv § 55a III 1 2. Alt. auf einem sicheren Übermittlungsweg eingereicht, so ist (lediglich) dies aktenkundig zu machen. Im Falle der Einreichung über das besondere Anwaltspostfach (§ 55a IV Nr. 2) genügt also in der Praxis zB der Aufdruck „per beA". Bei der Einreichung per De-Mail muss zusätzlich vermerkt werden, dass es sich um eine absenderbestätigte De-Mail handelt, weil nur dann ein sicherer Übermittlungsweg nach § 55a IV Nr. 1 gegeben ist (→ § 55a Rn. 13). Bei Einreichung mit qeS ohne Nutzung eines sicheren Übermittlungsweges (§ 55a III 1 1. Alt.) muss der Vermerk die Angaben nach IV enthalten.

Ein eingereichtes elektronisches Dokument kann im Falle der Führung von **12** Papierakten nach Ablauf von sechs Monaten gelöscht werden (V), gerechnet ab dem Zeitpunkt der Erstellung des Ausdrucks für die Papierakte.

IV. Medientransfer in die elektronische Akte (VI)

VI regelt als Gegenstück zu II bis V den Transfer von Papierdokumenten in **13** die elektronische Form. Anders als der Ausdruck elektronischer Dokumente für die Papierakte wird das Einscannen von Papierdokumenten für die elektronische Akte eine Daueraufgabe der VG bleiben, weil künftig nur Behörden und Rechtsanwälte den ERV nutzen müssen, andere Beteiligte aber weiterhin in Papierform oder über die Rechtsantragstelle einreichen dürfen.

Gemäß VI sind bei elektronischer Prozessaktenführung Schriftsätze und **14** sonstige Unterlagen in Papierform (ohne Ausnahme) nach dem Stand der Technik zur Ersetzung der Urschrift in ein elektronisches Dokument zu übertragen. Das betrifft Eingänge von Verfahrensbeteiligten und Dritten als auch gerichtliche Schriftstücke. Zu übertragen sind nach dem Grundsatz der Vollständigkeit der Akte auch solche Originalurkunden, die gem. VI 5 nicht vernichtet werden dürfen, sondern zurückzugeben sind. Diese Urkunden sind bis zum Abschluss des Verfahrens gesondert aufzubewahren; in der Akte verbleibt die elektronische Kopie. Nicht erfasst werden beigezogene Verwaltungsvorgänge der beteiligten Behörden, weil sie kein Bestandteil der Gerichtsakte sind.

15 Für den bei der Übertragung einzuhaltenden Stand der Technik verweist die Gesetzesbegründung (BT-Drs. 17/12634 S. 34) auf die Technische Richtlinie des Bundesamtes für Sicherheit in der Informationstechnik (BSI) zum rechtssicheren ersetzenden Scannen (TR-03138 RESISCAN), die technische Anforderungen und organisatorische Vorgaben formuliert, denen ein Scanprozesses in den Phasen Dokumentenvorbereitung, Scannen, Nachverarbeitung und Integritätssicherung mindestens genügen muss. TR-konforme Scandienstleistungen können vom BSI zertifiziert werden.

16 Nach VI 2 muss bei der Übertragung sichergestellt sein, dass das elektronische Dokument mit der Vorlage bildlich und inhaltlich übereinstimmt. Die Übereinstimmung muss sich auf alle Informationen erstrecken, die auf dem Schriftstück transportiert werden, insbesondere auch auf hinzugesetzte handschriftliche, ggf. unterschiedlich farbige Vermerke oder Anmerkungen oder Zusätze auf der Rückseite. Geringfügige technisch bedingte Abweichungen in Größe und Farbe sind allerdings hinzunehmen, soweit sie den Inhalt des Papierdokuments nicht beeinträchtigen (vgl. BT-Drs. 17/12634 S. 30).

17 Das elektronische Dokument ist gem. VI 3 mit einem (einfachen) Übertragungsnachweis zu versehen, der das bei der Übertragung angewandte Verfahren und die bildliche und inhaltliche Übereinstimmung dokumentiert. Der Nachweis ist zu der elektronischen Akte zu nehmen. Ob die Dokumentation der Übereinstimmung durch einen automatisierten Prüfmechanismus erfolgen kann oder (jedenfalls stichprobenartig) durch eine Person erfolgen muss, gibt das Gesetz nicht vor. Richtigerweise ist eine Automatisierung zulässig (vgl. NK-VwGO Rn. 49).

18 Eine Besonderheit gilt gem. VI 4 für die Übertragung eines gerichtlichen Schriftstücks, das von den verantworteten Personen handschriftlich unterzeichnet wurde (Urteile, Beschlüsse etc. → § 55a Rn. 23). In diesem Fall ist der Übertragungsvermerk mit einer qeS des UdG zu versehen (qualifizierter Übertragungsnachweis). Ein solches elektronisches Dokument steht gem. § 55a VII 2 den originär elektronisch erstellten gerichtlichen Dokumenten iSd § 55a VII 1 gleich.

19 Die in die elektronische Form überführten Schriftstücke und sonstigen Unterlagen können gem. V 5 nach sechs Monaten vernichtet werden (Mindestaufbewahrungsfrist). Bis zur Vernichtung unterliegen sie dem Akteneinsichtsrecht nach § 100 (SSB Rn. 77). Das folgt aus dem Zweck der Aufbewahrung, die Übereinstimmung überprüfen zu können.

§ 55c [Formulare; Verordnungsermächtigung]

[1]Das Bundesministerium der Justiz und für Verbraucherschutz kann durch Rechtsverordnung mit Zustimmung des Bundesrates elektronische Formulare einführen. [2]Die Rechtsverordnung kann bestimmen, dass die in den Formularen enthaltenen Angaben ganz oder teilweise in strukturierter maschinenlesbarer Form zu übermitteln sind. [3]Die Formulare sind auf einer in der Rechtsverordnung zu bestimmenden Kommunikationsplattform im Internet zur Nutzung bereitzustellen. [4]Die Rechtsverordnung kann bestimmen, dass eine Identifikation des Formularverwenders abweichend von § 55a Absatz 3 auch durch Nutzung des elektronischen Identitätsnachweises nach § 18 des Personalausweisgesetzes, § 12 des eID-Karte-Gesetzes oder § 78 Absatz 5 des Aufenthaltsgesetzes erfolgen kann.

Die Vorschrift ist mit Wirkung vom 1.7.2014 durch das E-Justiz-Gesetz vom **1** 10.10.2013 (BGBl. I S. 3786) eingefügt worden und zuletzt durch Gesetz v. 21.6.2019 (BGBl I S. 846) mW vom 1.11.2019 geändert worden.

§ 55c ergänzt die Regelung über die Einreichung elektronischer Doku- **2** mente nach § 55a Abs. 1 bis 6. Insbesondere eröffnet Satz 4 die Möglichkeit einer Authentifizierung des Einreichers abweichend von § 55a III in der am 1.1.2018 in Kraft getretenen Fassung (NK-VwGO § 55c Rn. 7). Die Verordnungsermächtigung zur Einführung elektronischer Formulare soll der Vereinfachung und Standardisierung der gerichtlichen Verfahrensabläufe dienen. Durch die Übermittlung von strukturierten Daten wird eine elektronische Vorgangsbearbeitung ohne Medienbruch bei den Gerichten erleichtert. Die Gesetzesbegründung führt als Beispiele den Kostenfestsetzungsantrag nach § 164 VwGO sowie die Anzeige von Veränderungen der persönlichen und wirtschaftlichen Verhältnisse im PKH-Verfahren gemäß § 166 I 1 iVm § 117 II 1 ZPO an (vgl. BT-Drs. 17/12634 S. 27 zu § 130c ZPO). Nach dem Willen des Gesetzgebers sollen die Formulare kostenlos zur Verfügung gestellt werden.

Eine **Rechtsverordnung** des BMJV ist noch nicht erlassen worden. Die **3** Einreichung elektronischer Formulare setzt eine elektronische Aktenführung bei den Gerichten voraus. Die Rechtsverordnung nach § 55c kann deshalb nur der zweite Schritt nach der zunächst umzusetzenden elektronischen Aktenführung sein (dazu § 55b).

§ 55 d [Nutzungspflicht für Rechtsanwälte, Behörden und vertretungsberechtigte Personen]

[1]Vorbereitende Schriftsätze und deren Anlagen sowie schriftlich einzureichende Anträge und Erklärungen, die durch einen Rechtsanwalt, durch eine Behörde oder durch eine juristische Person des öffentlichen Rechts einschließlich der von ihr zur Erfüllung ihrer öffentlichen Aufgaben gebildeten Zusammenschlüsse eingereicht werden, sind als elektronisches Dokument zu übermitteln. [2]Gleiches gilt für die nach diesem Gesetz vertretungsberechtigten

Personen, für die ein sicherer Übermittlungsweg nach § 55 a Absatz 4 Nummer 2 zur Verfügung steht. [3] *Ist eine Übermittlung aus technischen Gründen vorübergehend nicht möglich, bleibt die Übermittlung nach den allgemeinen Vorschriften zulässig.* [4] *Die vorübergehende Unmöglichkeit ist bei der Ersatzeinreichung oder unverzüglich danach glaubhaft zu machen; auf Anforderung ist ein elektronisches Dokument nachzureichen.*

1   § 55 d wurde durch das E-Justiz-Gesetz vom 10.10.2013 (BGBl I 3786) eingefügt und tritt am 1.1.2022 in Kraft. Während § 55a die VG und § 31a VI BRAO die Rechtsanwälte zum Empfang elektronischer Dokumente verpflichtet, ohne ihnen die aktive Nutzung des ERV vorzuschreiben, verpflichtet § 55d die sog. professionellen Anbieter ab dem 1.1.2022 zur elektronischen Kommunikation mit den VG. Die anderen Prozessordnungen enthalten Parallelvorschriften, zB § 130d ZPO.

2   Die Vorschrift gilt für alle an das VG gerichteten Schriftsätze (NK-VwGO Rn. 5). Das **Einreichungsverbot für Schriftsätze in Papierform** führt zur Unwirksamkeit der Einreichung bei Nichtbeachtung der elektronischen Form (BeckOK VwGO Rn. 2; Kopp/Schenke Rn. 6). Nicht erfasst wird die Vorlage von Urkunden im Original zu informatorischen oder Beweiszwecken, etwa auf Anforderung des VG nach § 87 I Nr. 4.

3   Der **verpflichtete Teilnehmerkreis** umfasst Rechtsanwälte sowie Behörden und juristische Personen des öffentlichen Rechts einschließlich der von ihnen zur Erfüllung ihrer öffentlichen Aufgaben gebildeten Zusammenschlüsse. Einbezogen sind nach Satz 2 auch vertretungsberechtigte Personen, für die ein spezieller Übermittlungsweg nach § 55 a IV Nr. 2 zur Verfügung steht. Der Kreis der vertretungsberechtigten Personen ergibt sich aus § 67 II. Ihnen steht – abgesehen von den bereits durch Satz 1 erfassten Rechtsanwälten – ein sicherer Übermittlungsweg nach § 55a IV Nr. 2 2. Alt. derzeit nicht zur Verfügung, weil bis auf das besondere Notarpostfach bislang keine entsprechenden elektronischen Postfächer auf gesetzlicher Grundlage errichtet worden sind.

4   Bei **vorübergehenden technischen Störungen** entfällt die Verpflichtung zur elektronischen Kommunikation mit dem Gericht (Satz 3). In diesem Fall ist ausnahmsweise eine Ersatzeinreichung auf herkömmlichem Weg, also in Papierform, per Fax oder zur Niederschrift des UdG möglich. Unerheblich ist, in wessen Sphäre die Ursache für die technische Störung liegt (NK-VwGO Rn. 10; Kopp/Schenke Rn. 8). Auch ein Ausfall der technischen Einrichtungen des professionellen Einreichers berechtigt zur Ersatzeinreichung. Der Wortlaut („aus technischen Gründen" und „vorübergehend") stellt allerdings klar, dass professionelle Einreicher nicht von der Notwendigkeit entbunden sind, die technische Infrastruktur für die Einreichung elektronischer Dokumente vorzuhalten und bei technischen Problemen unverzüglich für Abhilfe zu sorgen (BT-Drs. 17/12634, 28). Es muss sich zudem tatsächlich um eine technische Störung handeln und nicht um ein Unvermögen bei der Bedienung der Einrichtung.

5   Mit der Ersatzeinreichung oder unverzüglich danach ist die vorübergehende technische Unmöglichkeit **glaubhaft** zu machen. Dies kann etwa durch Vor-

lage des Protokolls des gescheiterten Übertragungsversuchs oder eine eidesstattliche Versicherung erfolgen, dass das elektronische Dokument ordnungsgemäß versandt wurde. Im letztgenannten Fall ist bei Ausbleiben der elektronischen Eingangsbestätigung (§ 55a V 2) eine unverzügliche Nachfrage bei Gericht erforderlich.

§ 56 [Zustellungen]

(1) Anordnungen und Entscheidungen, durch die eine Frist in Lauf gesetzt wird, sowie Terminbestimmungen und Ladungen sind zuzustellen, bei Verkündung jedoch nur, wenn es ausdrücklich vorgeschrieben ist.
(2) Zugestellt wird von Amts wegen nach den Vorschriften der Zivilprozessordnung.
(3) Wer nicht im Inland wohnt, hat auf Verlangen einen Zustellungsbevollmächtigten zu bestellen.

I. Anwendungsbereich (I)

§ 56 regelt Zustellungen im Anwendungsbereich der VwGO. Die Norm **1** wurde mWv 1.7.2002 grundlegend umgestaltet. Seitdem nimmt § 56 II nicht mehr auf die Vorschriften des VwZG Bezug, sondern bestimmt, dass die Zustellung nach den **Vorschriften der ZPO** zu erfolgen hat. Der Widerspruchsbescheid wird hingegen gem. § 73 III 2 nach den Bestimmungen des VwZG zugestellt. Für behördliche und gerichtliche Zustellungen im **Asylverfahren** sieht § 10 AsylG Vereinfachungen vor (dazu näher BeckOK VwGO Rn. 77).

Nach der in § 166 I ZPO enthaltenen **Legaldefinition** ist Zustellung die **2** Bekanntgabe eines Dokuments an eine Person in der in den §§ 166 ff. ZPO bestimmten Form. Konstitutive Voraussetzung einer jeden Zustellung ist der Wille, eine Zustellung vorzunehmen (BVerwGE 16, 165; Kopp/Schenke § 56 Rn. 4; s.a. → Rn. 13).

§ 56 I bestimmt, was zuzustellen ist. **Zustellungsbedürftig** sind danach **3** Anordnungen und Entscheidungen, durch die eine Frist in Lauf gesetzt wird, sowie Terminbestimmungen und Ladungen, bei Verkündung jedoch nur, wenn es ausdrücklich vorgeschrieben ist. Die Vorschrift verdeutlicht, dass die Verkündung die Zustellung ersetzt, es sei denn, die Zustellung verkündeter Entscheidungen ist ausdrücklich angeordnet. Dies ist in § 116 I 2 für Urteile (→ § 116 Rn. 14 ff., dort auch zur entsprechenden Anwendung der Norm), in § 65 IV 1 für Beiladungsbeschlüsse und in § 56a I 3 für Beschlüsse über die öffentliche Bekanntmachung geschehen. Beschlüsse, gegen die ein Rechtsmittel nicht gegeben ist und deshalb keine Frist in Gang setzen, müssen nicht zugestellt werden. Die innerhalb von 2 Wochen nach Bekanntgabe zu erhebende Anhörungsrüge (§ 152a) ist kein Rechtsmittel in diesem Sinne (BVerwG NVwZ-RR 2013, 340). Anordnungen sind etwa die Anordnungen gem. § 82 II 1, § 86 IV 2, § 87 I und III sowie §§ 87b bzw. allgemein prozessleitende Verfügungen und Aufklärungsanordnungen iSv

§ 146 II 2. Bei **Mehrfachzustellungen** ist für den Fristlauf die erste wirksame Zustellung maßgeblich (OVG Bln-Bbg NVwZ-RR 2017, 350).

II. Zustellung nach den Vorschriften der ZPO (II)

1. Allgemeine Regelungen über die Zustellung

4   § 56 II regelt die **Art und Weise der Zustellung.** Zugestellt wird vAw nach den Vorschriften der ZPO (§§ 166 ff. ZPO). Zuständig für die Zustellung ist grds. die Geschäftsstelle (§ 168 I ZPO). Der Vorsitzende des Prozessgerichts oder ein von ihm bestimmtes Mitglied können einen Gerichtsvollzieher oder eine andere Behörde mit der Ausführung der Zustellung beauftragen, wenn eine Zustellung nach § 168 I ZPO keinen Erfolg verspricht (§ 168 II ZPO).

5   Was **Gegenstand der Zustellung** ist, ist in den §§ 166 ff. ZPO nicht geregelt. § 166 I ZPO spricht lediglich von einem Dokument, an anderer Stelle ist von dem zuzustellenden „Schriftstück" die Rede (vgl. etwa § 169 II ZPO). Bei Urteilen, Beschlüssen und Gerichtsbescheiden wird seit der Neufassung des § 317 ZPO normalerweise nur noch eine beglaubigte Abschrift zugestellt, hingegen eine Ausfertigung, dh eine mit einem unterschriebenen Ausfertigungsvermerk versehene Abschrift, Durchschrift oder Ablichtung des Originals, nur auf besonderen Antrag und nur in Papierform. Gegenstand der Zustellung können grds. aber auch einfache Abschriften und Kopien sein (Kopp/Schenke § 56 Rn. 6). Unter den Voraussetzungen des § 56 II iVm 174 II ZPO kann auch eine Telekopie sowie nach § 174 III ZPO ein elektronisches Dokument zugestellt werden.

6   **Zustellungsadressat** ist die Person, der zugestellt werden soll. Bei nicht prozessfähigen Personen ist an ihren gesetzlichen Vertreter zuzustellen (§ 170 I 1 ZPO). Ist der Zustellungsadressat keine natürliche Person, genügt die Zustellung an den Leiter (§ 170 II ZPO). Bei mehreren gesetzlichen Vertretern oder Leitern (Eltern, Vorstandsmitglieder, Geschäftsführer uä, vgl. ThP ZPO § 170 Rn. 5) genügt gem. § 170 III ZPO die Zustellung an einen von ihnen. § 171 1 ZPO stellt klar, dass auch einem rechtsgeschäftlichen Vertreter mit gleicher Wirkung wie an den Vertretenen zugestellt werden kann; der Vertreter hat allerdings eine schriftliche Vollmacht vorzulegen (§ 171 S. 2 ZPO). Die wirksame Vollmacht muss zu dem Zeitpunkt vorliegen, zu dem die Zustellung ausgeführt wird (ThP ZPO § 171 Rn. 6).

7   § 172 ZPO regelt die **Zustellung an Prozessbevollmächtigte.** Grds. hat die Zustellung an den für den Rechtszug bestellten Prozessbevollmächtigten zu erfolgen (§ 172 I 1 ZPO). Ein Schriftsatz, mit dem ein Rechtsmittel eingelegt wird, ist dem Prozessbevollmächtigten des Rechtszuges zuzustellen, dessen Entscheidung angefochten wird (§ 172 II 1 ZPO), es sei denn, es ist bereits ein Prozessbevollmächtigter für den höheren Rechtszug bestellt worden (§ 172 II 2 ZPO). An die Partei selbst ist zuzustellen, wenn sie einen Prozessbevollmächtigten nicht bestellt hat (§ 172 II 3).

2. Arten der Zustellung

Als Arten der Zustellung sehen die Vorschriften der ZPO vor: Zustellung **8** durch Aushändigung des Schriftstücks an der Amtsstelle (§ 173 ZPO), Zustellung an einen Anwalt, einen Notar, einen Gerichtsvollzieher, einen Steuerberater oder eine sonstige Person, bei der aufgrund ihres Berufes von einer erhöhten Zuverlässigkeit ausgegangen werden kann, an eine Behörde, eine Körperschaft oder eine Anstalt des öffentlichen Rechts gegen Empfangsbekenntnis oder automatisierte Eingangsbestätigung (§ 174 ZPO), Zustellung durch Einschreiben mit Rückschein (§ 175 ZPO) sowie Zustellung durch die Post, einen Justizbediensteten, einen Gerichtsvollzieher oder durch eine andere ersuchte Behörde mit Zustellungsurkunde (§§ 176 ff. ZPO) . Weitere Vorschriften regeln die Zustellung im Ausland (§ 183 ZPO) sowie die Zustellung durch öffentliche Bekanntmachung (§ 185 ZPO).

Bei der **Zustellung gegen Empfangsbekenntnis oder automatisierte** **9** **Eingangsbestätigung** nach § 174 ZPO gilt die Zustellung als zu dem Zeitpunkt bewirkt, für den der Adressat bestätigt, das übermittelte Schriftstück als zugestellt entgegengenommen zu haben. Das Schriftstück kann auch per Telekopie (§ 174 II ZPO) oder als elektronisches Dokument (§ 174 III ZPO) zugestellt werden. Letzteres erfordert einen sicheren Übermittlungsweg iSd § 130a IV ZPO (entspr. § 55a IV) und den Schutz gegen unbefugte Kenntnisnahme. Der Personenkreis, an den per Empfangsbekenntnis zugestellt werden darf, ist zur Eröffnung eines sicheren Übermittlungsweges für elektronische Dokumente verpflichtet (§ 174 III 4 ZPO). Das **Empfangsbekenntnis** kann bei der Zustellung eines Schriftstücks oder einer Telekopie schriftlich, durch Telekopie oder als elektronisches Dokument zurückgesandt werden (§ 174 IV 2 ZPO). Bei Zustellung eines elektronischen Dokuments erfolgt der Zustellnachweis immer durch ein elektronisches Empfangsbekenntnis (§ 174 IV 3 ZPO), das grds. in strukturierter maschinenlesbarer Form zu übermitteln ist. Wird vom Gericht hierfür mit der Zustellung ein strukturierter Datensatz zur Verfügung gestellt, ist dieser zu nutzen. Andernfalls ist das elektronische Empfangsbekenntnis als bloßes elektronisches Dokument zu übermitteln (§ 174 IV 5 und 6 ZPO). Die Sätze 5 und 6 sind in ihrer jetzigen Form auf Grund des Gesetzes vom 12.12.2019 (BGBl I S. 2633) seit dem 1.1.2020 in Kraft und wollen der Situation Rechnung tragen, dass ein Gericht bei elektronischer Zustellung ausnahmsweise einen strukturierten Datensatz nicht zur Verfügung stellen kann (BR-Drs. 366/19 S. 15). Die **Beweiswirkung** des Empfangsbekenntnisses erstreckt sich auf den Umstand des Empfangs des darin bezeichneten Schriftstücks und auf den Zeitpunkt. Der Gegenbeweis der Unrichtigkeit ist – auch bei einem elektronischen Empfangsbekenntnis – unter engen Voraussetzungen möglich (OVG Saarl NJW 2019, 3664).

Gemäß § 175 ZPO darf durch **Einschreiben mit Rückschein** zugestellt **9a** werden. Anders als bei einem bloßen Einwurfeinschreiben wird die Zustellung hier durch die Übergabe an den Adressaten oder, falls dieser nicht angetroffen wird, an einen Ersatzempfänger bewirkt, sofern die Ersatzzustellung nicht durch den Vermerk „eigenhändig" vom Absender ausgeschlossen worden ist. Zugestellt werden kann auch über ein Postfach des Empfängers, wobei die Sendung auch in dem Fall erst zugegangen ist, wenn sie dem Empfangsberechtigten ausgehändigt wurde. Gleiches gilt, wenn der Empfänger nicht angetroffen und er mit einem Benachrichtigungsschein aufgefordert wird, die Sendung beim Postamt abzuholen (SSB Rn. 39). Dieser Art der Zustellung ist also insgesamt nur durchführbar, wenn der Empfänger kooperiert und die Annahme nicht verweigert. Die erfolgreiche Zustellung wird durch den **Rückschein** nachgewiesen (§ 175 S. 2 ZPO). Dabei handelt es sich nach zutreffender Ansicht anders als bei der Zustellungsurkunde nicht um eine öffentliche Urkunde (NK-VwGO Rn. 36).

10   Bei der **Zustellung mit Zustellungsurkunde** durch die Post oder einen anderen Beauftragten übergibt die Geschäftsstelle das zuzustellende Schriftstück in einem verschlossenen Umschlag sowie ein vorbereitetes Formular einer Zustellungsurkunde (§ 176 I ZPO). Das Schriftstück kann der Person, der zugestellt werden soll, an jedem Ort übergeben werden, an dem sie angetroffen wird (§ 177 ZPO). Wird der Zustellungsadressat nicht angetroffen, kann gem. § 178 ZPO eine **Ersatzzustellung** vorgenommen werden, indem das zuzustellende Schriftstück in der Wohnung des Zustellungsadressaten einem erwachsenen Familienangehörigen, einer in der Familie beschäftigten Person oder einem erwachsenen ständigen Mitbewohner (§ 178 I Nr. 1 ZPO), in den Geschäftsräumen des Zustellungsadressaten einer dort beschäftigten Person (§ 178 I Nr. 2 ZPO) oder in einer Gemeinschaftseinrichtung dem Leiter der Einrichtung oder einem dazu ermächtigten Vertreter (§ 178 I Nr. 3 ZPO) zugestellt wird. Unter **Wohnung** iSv § 178 I Nr. 1 ZPO sind dabei die Räumlichkeiten zu verstehen, in denen der Zustellungsempfänger hauptsächlich lebt (BVerwG NJW 1991, 1904), nicht aber zB im Regelfall ein Wochenendhaus (Kopp/Schenke § 56 Rn. 26). Entscheidend sind die tatsächlichen Umstände, nicht die melderechtliche Situation. Vorübergehende Abwesenheit (Urlaub, Krankenhausaufenthalt etc.) lässt die Wohnungseigenschaft unberührt (BVerwG NJW 1991, 1904). Jede Ersatzzustellung setzt stets einen vorherigen erfolglosen Zustellversuch bei dem Adressaten voraus, solange der Zusteller daran nicht aus Rechtsgründen gehindert ist (NdsOVG NJW 2019, 3171).

11   Ist weder eine unmittelbare Zustellung noch eine Ersatzzustellung nach § 178 I Nr. 1 oder 2 ZPO ausführbar, kann das Schriftstück gem. § 180 ZPO durch **Einlegen in den Briefkasten** oder eine ähnliche Vorrichtung zugestellt werden. Ob und wann der Adressat das Schriftstück seinem Briefkasten entnommen hat, ist für die Wirksamkeit der Zustellung ohne Belang (OVG LSA LKV 2018, 189). Ist auch eine solche Ersatzzustellung nicht ausführbar oder scheitert ein Zustellungsversuch nach § 178 I Nr. 3 ZPO an den Leiter einer Gemeinschaftseinrichtung bzw. seinen ermächtigten Vertreter, kann die Ersatzzustellung ferner durch **Niederlegung auf der Geschäftsstelle des Amtsgerichts**, in dessen Bezirk der Ort der Zustellung liegt, bewirkt werden (§ 181 I 1 ZPO). Ist die Post mit der Zustellung beauftragt, ist das Schriftstück entweder am Ort der Zustellung oder am Ort des Amtsgerichts bei einer von der Post dafür bestimmten Stelle niederzulegen (§ 181 I 2 ZPO). Der Adressat erhält nach Maßgabe des § 181 I 3 ZPO eine

schriftliche Mitteilung über die Niederlegung. Als Zeitpunkt der Zustellung gilt der Zeitpunkt der Abgabe der schriftlichen Mitteilung (§ 181 I 4 ZPO).

Als Nachweis der Zustellung nach den §§ 171, 177 bis 181 ZPO wird eine **12** **Zustellungsurkunde** angefertigt (§ 182 I 1 ZPO), der die Wirkung einer öffentlichen Urkunde auch dann zukommt, wenn die Zustellung durch ein privates Unternehmen durchgeführt worden ist. Das ergibt sich aus § 182 I 2 ZPO. § 182 II ZPO schreibt im Einzelnen vor, was die Zustellungsurkunde enthalten muss. Da die Urkunde nicht Teil der Zustellung und auch nicht deren Wirksamkeitserfordernis ist, sondern lediglich dem Nachweis dient, dass die Förmlichkeiten gewahrt sind, beeinträchtigen Mängel der Urkunde grds. nicht die Wirksamkeit der Zustellung (ThP ZPO § 182 Rn. 2 und 7). Mängel der Urkunde können nachträglich mittels eines vom Zusteller unterschriebenen Vermerks berichtigt werden (ThP ZPO § 182 Rn. 6).

3. Mängel der Zustellung und Heilung

Bei **wesentlichen Zustellungsmängeln** (zB Zustellung an Prozessunfähige, **13** Zustellung einer Ausfertigung an mehrere Adressaten) ist die Entscheidung rechtlich nicht existent. Bei sonstigen Zustellungsmängeln ist die Entscheidung rechtlich existent, aber eine Rechtsmittelfrist wird nicht in Gang gesetzt. Nach § 189 ZPO können bestimmte Zustellungsmängel allerdings **geheilt** werden. Dies gilt sowohl für den Fall, dass die formgerechte Zustellung nicht nachgewiesen werden kann, wie auch für Sachverhalte, bei denen feststeht, dass das Dokument unter Verletzung zwingender Zustellungsvorschriften zugegangen ist. In diesen Fällen gilt das Schriftstück in dem Zeitpunkt als zugestellt, in dem es der Person, an die die Zustellung dem Gesetz gemäß gerichtet war oder gerichtet werden konnte, tatsächlich zugegangen ist. Der **tatsächliche Zugang** steht jedenfalls dann fest, wenn der Adressat unter Bezugnahme auf das Schriftstück Rechtsmittel einlegt (NdsOVG DÖV 2019, 712). Eine Heilung kommt nur in Betracht, wenn **Zustellungswillen** bestand; die bloße Absicht, das Schriftstück zu Kenntnis zu bringen, reicht nicht.

III. Zustellungsbevollmächtigter (III)

Nach § 56 III hat derjenige, der nicht im Inland wohnt, auf Verlangen einen **14** (im Inland residierenden) **Zustellungsbevollmächtigten** zu bestellen. Die Aufforderung erfolgt durch das Gericht, außerhalb der mündlichen Verhandlung durch den Vorsitzenden allein (BVerwG DÖV 1964, 567), im vorbereitenden Verfahren auch durch den Berichterstatter, §§ 87 I, 87a III. Ein Beschluss ist nicht erforderlich (BFH/NV 2019, 404 Rn. 20). Da der Zustellungsbevollmächtigte Vertreter des Zustellungsadressaten ist, muss er von diesem bevollmächtigt werden. Die Grundsätze über eine Duldungs- und Anscheinsvollmacht sind anwendbar (BayVGH NJW 1991, 1249). Erfolgt keine Bestellung nach § 56 III, muss eine Auslandszustellung nach §§ 183, 184 ZPO erfolgen (vgl. näher NK-VwGO Rn. 96). Als letzte Möglichkeit bleibt die Zustellung durch öffentliche Bekanntmachung nach § 185 ZPO (dazu BeckOK VwGO Rn. 60 ff.).

§ 56a [Öffentliche Bekanntmachung im Massenverfahren]

(1) [1] Sind gleiche Bekanntgaben an mehr als fünfzig Personen erforderlich, kann das Gericht für das weitere Verfahren die Bekanntgabe durch öffentliche Bekanntmachung anordnen. [2] In dem Beschluß muß bestimmt werden, in welchen Tageszeitungen die Bekanntmachungen veröffentlicht werden; dabei sind Tageszeitungen vorzusehen, die in dem Bereich verbreitet sind, in dem sich die Entscheidung voraussichtlich auswirken wird. [3] Der Beschluß ist den Beteiligten zuzustellen. [4] Die Beteiligten sind darauf hinzuweisen, auf welche Weise die weiteren Bekanntgaben bewirkt werden und wann das Dokument als zugestellt gilt. [5] Der Beschluß ist unanfechtbar. [6] Das Gericht kann den Beschluß jederzeit aufheben; es muß ihn aufheben, wenn die Voraussetzungen des Satzes 1 nicht vorlagen oder nicht mehr vorliegen.

(2) [1] Die öffentliche Bekanntmachung erfolgt durch Aushang an der Gerichtstafel oder durch Einstellung in ein elektronisches Informationssystem, das im Gericht öffentlich zugänglich ist und durch Veröffentlichung im Bundesanzeiger sowie in den im Beschluss nach Absatz 1 Satz 2 bestimmten Tageszeitungen. [2] Sie kann zusätzlich in einem von dem Gericht für Bekanntmachungen bestimmten Informations- und Kommunikationssystem erfolgen. [3] Bei einer Entscheidung genügt die öffentliche Bekanntmachung der Entscheidungsformel und der Rechtsbehelfsbelehrung. [4] Statt des bekannt zu machenden Dokuments kann eine Benachrichtigung öffentlich bekannt gemacht werden, in der angegeben ist, wo das Dokument eingesehen werden kann. [5] Eine Terminbestimmung oder Ladung muss im vollständigen Wortlaut öffentlich bekannt gemacht werden.

(3) [1] Das Dokument gilt als an dem Tage zugestellt, an dem seit dem Tage der Veröffentlichung im Bundesanzeiger zwei Wochen verstrichen sind; darauf ist in jeder Veröffentlichung hinzuweisen. [2] Nach der öffentlichen Bekanntmachung einer Entscheidung können die Beteiligten eine Ausfertigung schriftlich anfordern; darauf ist in der Veröffentlichung gleichfalls hinzuweisen.

1   § 56a soll der Verfahrenserleichterung bei sog. Massenverfahren dienen. Die Ersetzung individueller Bekanntgaben durch öffentliche Bekanntmachung allein aus Gründen der Praktikabilität begegnet verfassungsrechtlichen Bedenken (NK-VwGO Rn. 5); der Nutzen der Vorschrift hat sich zudem bislang als eher gering erwiesen. Die Anwendung der Vorschrift setzt voraus, dass **gleiche Bekanntgaben an mehr als fünfzig Personen** erforderlich sind (§ 56a I 1). Nicht ausreichend ist, dass mehr als fünfzig Personen am Verfahren beteiligt sind, erforderlich sind vielmehr fünfzig Bekanntgaben. Haben mehrere Personen einen Prozessbevollmächtigten bestellt, liegt nur eine Bekanntgabe vor (Kopp/Schenke § 56a Rn. 3). Eine Bekanntgabe liegt auch vor, wenn an mehrere Prozessbevollmächtigte einer Person zugestellt wird (Kopp/Schenke § 56a Rn. 3). Ob die Personen, an die bekannt gegeben werden soll, im gleichen Interesse beteiligt sind, ist – anders als im Fall des

§ 67a – unerheblich (Kopp/Schenke § 56 Rn. 3). Es muss sich ferner um gleiche Bekanntgaben handeln, dh die Bekanntgaben müssen inhaltlich übereinstimmen.

Die **Anordnung der öffentlichen Bekanntmachung** erfolgt durch Beschluss, der den Beteiligten individuell zuzustellen ist (§ 56a I 3). In dem Beschluss muss bestimmt werden, in welchen Tageszeitungen die Bekanntmachungen veröffentlicht werden, wobei Tageszeitungen vorzusehen sind, die in dem Bereich verbreitet sind, in dem sich die Entscheidung voraussichtlich auswirken wird (§ 56a I 2). Er muss ferner den Hinweis enthalten, auf welche Weise die weiteren Bekanntgaben bewirkt werden und wann das Dokument als zugestellt gilt (§ 56a I 4). Gemäß § 56a I 5 ist der Beschluss unanfechtbar. Im Rechtsmittelverfahren ist die Überprüfung des Beschlusses durch §§ 512, 557 II ZPO iVm § 173 VwGO ausgeschlossen, es sei denn, es liegt eine Verletzung rechtlichen Gehörs vor. Das Gericht muss den Beschluss über die öffentliche Bekanntmachung aufheben, wenn die Voraussetzungen des § 56a I 1 nicht vorlagen oder nicht mehr vorliegen. Bis dahin bewirkte Bekanntgaben bleiben wirksam (str. für den Fall, dass die Voraussetzungen der öffentlichen Bekanntmachung von Anfang an nicht vorlagen, vgl. Kopp/Schenke § 56a Rn. 7). **2**

Die **Art und Weise der öffentlichen Bekanntmachung** ist in § 56a II geregelt. Soll eine gerichtliche Entscheidung öffentlich bekannt gemacht werden, genügt die öffentliche Bekanntmachung der Entscheidungsformel und der Rechtsbehelfsbelehrung (§ 56a II 3). Bei Dokumenten, die keine Terminbestimmung oder Ladung enthalten, kann eine öffentliche Benachrichtigung bekannt gemacht werden, in der angegeben wird, wo das Dokument eingesehen werden kann (§ 56a II 4 und 5). **3**

§ 56a III 1 regelt den **Zustellungszeitpunkt** (2 Wochen nach Veröffentlichung im Bundesanzeiger). § 56a III 1 und 2 normieren ferner **Hinweispflichten,** die den Zustellungszeitpunkt sowie die Möglichkeit betreffen, nach öffentlicher Bekanntmachung einer Entscheidung eine Ausfertigung dieser Entscheidung schriftlich anzufordern. **4**

§ 57 [Fristen]

(1) Der Lauf einer Frist beginnt, soweit nichts anderes bestimmt ist, mit der Zustellung oder, wenn diese nicht vorgeschrieben ist, mit der Eröffnung oder Verkündung.

(2) Für die Fristen gelten die Vorschriften der §§ 222, 224 Abs. 2 und 3, §§ 225 und 226 der Zivilprozeßordnung.

§ 57 bestimmt **Beginn und Ende prozessualer Fristen.** Ob er auch für die Widerspruchsfrist des § 70 VwGO gilt oder für diese Frist § 31 I VwVfG Anwendung findet, ist streitig, aber im Ergebnis ohne praktische Relevanz (vgl. BeckOK VwGO Rn. 1; → § 70 Rn. 6). § 57 erfasst sowohl gesetzliche Fristen, deren Abkürzung oder Verlängerung nur aufgrund besonderer gesetzlicher Vorschriften möglich ist, als auch richterliche Fristen, die durch richter- **1** lichen Beschluss bzw. richterliche Verfügung abgekürzt oder verlängert werden können. Der Anwendungsbereich des § 57 I beschränkt sich dabei auf die sog. eigentlichen Fristen, also Fristen, die sich an die Verfahrensbeteiligten richten. Auf uneigentliche Fristen ieS, innerhalb derer das Gericht bestimmte Handlungen vornehmen muss (zB § 116 I und II, § 117 IV), findet § 57 keine Anwendung (NK-VwGO § 57 Rn. 7 und 14, dort auch zur nicht einheitlichen Verwendung der Begriffe eigentliche/uneigentliche Frist). Die Vorschriften über Fristen und ihre Berechnung gelten nicht für die Drei-Tages-Fiktion der Bekanntgabe nach § 41 II VwVfG.

2   Der Lauf der Frist **beginnt** gem. § 57 I − soweit nichts anderes bestimmt ist − mit der Zustellung oder, wenn dies nicht vorgeschrieben ist, mit der Eröffnung oder Verkündung. Wann eine Zustellung erforderlich ist, ergibt sich aus § 56 I (→ § 56 Rn. 3). Der Zeitpunkt, zu dem eine Zustellung bewirkt ist oder als bewirkt gilt, ergibt sich aus den nach § 56 II anzuwendenden Vorschriften der ZPO (§§ 166 ff. ZPO, → § 56 Rn. 4 ff.; beim Widerspruchsbescheid gilt nach § 73 III 2 das VwZG). Bei **Mehrfachzustellungen** ist für den Fristbeginn die erste wirksame Zustellung maßgeblich (OVG Bln-Bbg NVwZ-RR 2017, 350). Spätere erneute Zustellungen setzen die Frist nicht erneut in Lauf. Ist die gerichtliche Entscheidung verkündet worden und eine Zustellung nicht erforderlich, ist der Zeitpunkt der vollständigen Verkündung maßgeblich, so wie er sich aus dem gem. § 105 iVm § 159 ZPO anzufertigenden Protokoll ergibt. Bei der in § 57 I ferner angeführten Eröffnung einer gerichtlichen Entscheidung handelt es sich um deren gewollte Bekanntgabe, die nicht in der Form einer Verkündung erfolgt. Ihr kommt bei der Fristenberechnung kaum praktische Bedeutung zu, weil fristauslösende Anordnungen und Entscheidungen, die nicht verkündet werden, gem. § 56 I stets zuzustellen sind.

3   Für die **Fristberechnung** verweist § 57 II auf die Vorschriften der §§ 222, 224 II und III, 225 und 226 ZPO. Gemäß § 222 I ZPO gelten für die Berechnung der Fristen die Vorschriften des Bürgerlichen Gesetzbuches (§§ 186 ff. BGB), wobei § 222 II ZPO eine § 193 BGB verdrängende Sondervorschrift enthält (BeckOK VwGO Rn. 13). Der Fristbeginn ist in § 187 BGB geregelt. Ist für den Anfang einer Frist ein Ereignis oder ein in den Lauf eines Tages fallender Zeitpunkt maßgebend (so etwa die Zustellung oder Verkündung einer Entscheidung), wird bei der Berechnung der Frist der Tag nicht mitgerechnet, in welchen das Ereignis oder der Zeitpunkt fällt (§ 187 I BGB). Ob es sich bei jenem oder dem nachfolgenden Tag um einen Samstag, Sonntag oder allgemeinen Feiertag handelt, ist für die Bestimmung des Fristbeginns unerheblich.

4   Das **Fristende** ergibt sich aus § 188 BGB. Eine nach Tagen bestimmte Frist endet mit dem Ablauf des letzten Tages der Frist (§ 188 I 1 BGB). Eine Frist, die nach Wochen, nach Monaten oder nach einem mehrere Monate umfassenden Zeitraum − Jahr, halbes Jahr, Vierteljahr − bestimmt ist, endet im Falle des § 187 I mit dem Ablauf desjenigen Tages, der letzten Woche oder des letzten Monats, welcher durch seine Benennung oder seine Zahl dem Tage entspricht, in den das Ereignis (etwa Zustellung oder Verkündung) oder der Zeitpunkt fällt (§ 188 II Hs. 1). Fehlt bei einer nach Monaten bestimmten

Frist in dem letzten Monat der für ihren Ablauf maßgebende Tag, so endet die Frist mit dem Ablauf des letzten Tages dieses Monats (§ 188 III BGB). Hat der folgende Monat hingegen mehr Tage als derjenige, in den die Zustellung fällt (Zustellung etwa am 30.4.), so kommt § 188 Abs. 2 BGB zur Anwendung und die Frist endet mit Ablauf des 30.5.

Beispiel: Erfolgt die Zustellung eines Beschlusses im Verfahren des vor- **5** läufigen Rechtsschutzes am Montag, dem 2.3.2020, so endet die zweiwöchige Beschwerdefrist nach § 147 I 1 am Montag, den 16.3.2020; die Monatsfrist nach § 146 IV 1 für die Beschwerdebegründung endet hingegen mit Ablauf des 2.4.2020 (Donnerstag). Fällt das Fristende auf einen Sonntag, einen allgemeinen Feiertag oder einen Sonnabend, so endet die Frist mit dem Ablauf des nächsten Werktages (§ 222 II ZPO).

Gewahrt ist eine Frist, wenn die erforderliche Handlung bis 24 Uhr des **6** letzten Tages der Frist vorgenommen wurde; die Beweislast trägt derjenige, der die Frist einhalten musste (BeckOK VwGO Rn. 17). Im Fall der unverschuldeten Fristversäumnis kommt Wiedereinsetzung in den vorigen Stand gem. § 60 in Betracht.

Die **Abänderung von Fristen** durch das Gericht bestimmt sich nach **7** § 224 II und III ZPO. Die Verlängerung gesetzlicher Fristen ist nur möglich, wenn dies ausdrücklich im Gesetz vorgesehen ist wie bei der Frist zur Begründung der Berufung (§ 124a III 3) und der Revision (§ 139 III 3), nicht aber bei der Frist zur Begründung eines Antrags auf Zulassung der Berufung (§ 124 IV 4) und einer Nichtzulassungsbeschwerde (§ 133 III). Diese Unterschiede sind, wie die Praxis zeigt, durchaus nicht allen Prozessbevollmächtigten geläufig. Durch die gerichtliche Verlängerung einer gesetzlichen Frist wird diese nicht zur richterlichen Frist (SSB Rn. 35). Richterliche Fristen können jederzeit verlängert werden. Der **Antrag auf Fristverlängerung** muss vor Fristablauf bei dem Gericht angebracht werden; die Entscheidung über den Antrag kann dann auch noch nach Fristablauf ergehen. Erst kurz vor Fristablauf gestellte Verlängerungsanträge bergen für die Prozesspartei deshalb ein gewisses Risiko. Die Entscheidung über den Verlängerungsantrag steht im pflichtgemäßen Ermessen des Gerichts.

Erhebliche Gründe für eine Fristverlängerung iSd § 224 II ZPO, die **8** glaubhaft zu machen sind, können sich insbesondere aus einer Erkrankung oder der momentanen Überlast des Prozessbevollmächtigten ergeben. In diesen Fällen darf regelmäßig auf eine Verlängerung der Frist durch das Gericht vertraut werden. Die Fristverlängerung nach § 224 II ZPO kann großzügiger gehandhabt werden als die – ebenfalls nur aus erheblichen Gründen mögliche – Terminsänderung nach § 227 ZPO (BVerfG, B. v. 2.10.2017 – 1 BvR 1574/17 – juris).

Die **wiederholte Verlängerung** ist erst nach Anhörung des Prozessgegners **9** zulässig (§ 225 II ZPO). Eine nachträgliche Fristverkürzung erfordert immer die Anhörung des Betroffenen. Die Entscheidung über die Fristverlängerung ist als prozessleitende Verfügung nach § 146 II nicht isoliert angreifbar (SSB Rn. 37; NK-VwGO Rn. 40), kann aber bei Verletzung des Rechts auf rechtliches Gehör die Endentscheidung infizieren.

§ 58 [Rechtsbehelfsbelehrung]

(1) Die Frist für ein Rechtsmittel oder einen anderen Rechtsbehelf beginnt nur zu laufen, wenn der Beteiligte über den Rechtsbehelf, die Verwaltungsbehörde oder das Gericht, bei denen der Rechtsbehelf anzubringen ist, den Sitz und die einzuhaltende Frist schriftlich oder elektronisch belehrt worden ist.

(2) ¹Ist die Belehrung unterblieben oder unrichtig erteilt, so ist die Einlegung des Rechtsbehelfs nur innerhalb eines Jahres seit Zustellung, Eröffnung oder Verkündung zulässig, außer wenn die Einlegung vor Ablauf der Jahresfrist infolge höherer Gewalt unmöglich war oder eine schriftliche oder elektronische Belehrung dahin erfolgt ist, daß ein Rechtsbehelf nicht gegeben sei. ²§ 60 Abs. 2 gilt für den Fall höherer Gewalt entsprechend.

1   § 58 begründet keine Verpflichtung zur Erteilung einer Rechtsbehelfsbelehrung, sondern regelt die **Folgen einer unterbliebenen oder unrichtigen Belehrung.** Eine Verpflichtung zur Erteilung von Rechtsbehelfsbelehrungen sieht die VwGO jedoch an anderer Stelle vor, nämlich für Urteile in § 117 II Nr. 6 (gilt entspr. für Beschlüsse, → § 117 Rn. 15, → § 122 Rn. 3), für Gerichtsbescheide in § 84 I 3 iVm § 117 II Nr. 6 und für Widerspruchsbescheide in § 73 III 1. **Bundesbehörden** haben bei schriftlichen oder elektronischen VA über den Rechtsbehelf zu belehren; die früher in § 59 enthaltene Pflicht wurde durch § 37 VI VwVfG ersetzt. Die Rechtsfolgen unterbliebener Belehrungen sind in § 58 abschließend geregelt (BVerwGE 95, 321). Wegen des abschließenden Charakters des § 58 unanwendbar ist **§ 232 ZPO,** der eine teilweise weitergehende Belehrungspflicht enthält (BVerwG NVwZ 2015, 1699; → Rn. 8).

2   Der **Anwendungsbereich** des § 58 ist auf Rechtsmittel und die ordentlichen Rechtsbehelfe der VwGO beschränkt. Die VwGO verwendet (anders als das frühere Recht, vgl. etwa § 6 I VwVG) diese Begriffe konsequent, was insbes. § 58, aber auch § 155 II („Antrag, eine Klage, ein Rechtsmittel oder einen anderen Rechtsbehelf") belegt. Der Begriff **„Rechtsbehelf"** als Oberbegriff meint jedes gerichtliche und außergerichtliche Mittel zur Durchsetzung eines Rechts; der Begriff **„Rechtsmittel"** ist hingegen konsequent solchen Rechtsbehelfen vorbehalten, die auf die Überprüfung nicht rechtskräftiger gerichtlicher Entscheidungen gerichtet sind (vgl. § 154 II), den Eintritt der formellen Rechtskraft hindern (Suspensiveffekt) und die Entscheidungszuständigkeit einer höheren Instanz begründen (Devolutiveffekt). Unter einem „ordentlichen" Rechtsbehelf sind solche zu verstehen, die im Gesetz ihrer Art nach gegen die jeweils angegriffene Entscheidung vorgesehen sind (s.a. Kopp/Ramsauer VwVfG § 79 Rn. 13 ff.).

3   Nach diesem Sprachgebrauch zählt die hM den Antrag auf mündliche Verhandlung gem. § 84 II Nr. 2 zutreffend als Rechtsbehelf zum Anwendungsbereich des § 58 (BeckOK VwGO Rn. 2; Kopp/Schenke § 58 Rn. 4). Nicht anwendbar ist § 58 auf sog. außerordentliche Rechtsbehelfe, namentlich den Antrag auf Wiedereinsetzung in den vorigen Stand nach § 60, den Antrag auf Urteilsberichtigung oder Ergänzung gem. §§ 119, 120, die Anhö-

rungsrüge nach § 152a, die Nichtigkeits- und Restitutionsklage nach § 153 sowie auf die Ausschlussfristen etwa nach § 58 II sowie § 60 III. Der Antrag nach § 80 V wird mangels Fristbindung von § 58 nicht erfasst. Soweit allerdings ein Antrag nach § 80 V durch besondere gesetzliche Vorschrift befristet ist, ist eine Anwendung des § 58 geboten (Kopp/Schenke § 58 Rn. 5). Für die Widerspruchsfrist gilt § 58 (nur) über § 70 II.

I. Inhalt und Form der Rechtsbehelfsbelehrung (I)

Die Rechtsbehelfsbelehrung muss nach § 58 I über den Rechtsbehelf, die **4** Verwaltungsbehörde oder das Gericht, bei dem der Rechtsbehelf anzubringen ist, den Sitz und die einzuhaltende Frist belehren. Der **Rechtsbehelf** muss der Art nach bezeichnet sein (zB Widerspruch, Klage, Beschwerde). Bei mehreren Rechtsbehelfen, zB nach Zulassung der Berufung und der Sprungrevision durch das VG, ist über jedes statthafte Rechtsmittel zu belehren (BVerwGE 81, 81; 91, 140, 142). Bei der Rechtsbehelfsbelehrung zu einem Widerspruchsbescheid reicht es jedenfalls bei Identität von Ausgangs- und Widerspruchsbehörde nach der Rechtsprechung des BVerwG, wenn die Rechtsbehelfsbelehrung darauf hinweist, dass Klage gegen den Widerspruchsbescheid erhoben werden kann (BVerwG Buchh 310 § 58 VwGO Nr. 54). Einer Differenzierung der möglichen Klagegegenstände nach § 79 bedarf es richtigerweise nicht (str., vgl. etwa NK-VwGO Rn. 51). Für die Rechtsbehelfsbelehrung kommt es nicht darauf an, ob der statthafte Rechtsbehelf auch im Übrigen zulässig ist (BVerwG VerwRspr 28, 222). Ist der Rechtsbehelf an eine Beschwerdesumme gebunden, so wird zum Teil vertreten, auch darüber sei zu belehren (BeckOK VwGO Rn. 13; zweifelh.). Wird bei einem VA mit (belastender) Drittwirkung in einer ihm beigefügten Rechtsbehelfsbelehrung abstrakt darüber belehrt, dass gegen den Bescheid Widerspruch eingelegt werden kann, bezieht sich die Rechtsbehelfsbelehrung ohne Weiteres auch auf einen potenziell Drittbetroffenen und setzt – wenn ihm der VA bekannt gegeben wird – ihm gegenüber die Widerspruchsfrist in Lauf (BVerwG NJW 2010, 1686).

Die **Verwaltungsbehörde oder das Gericht,** bei denen der Rechtsbehelf **5** einzulegen ist, sind eindeutig mit Namen und Sitz zu bezeichnen (BVerwG NVwZ 1991, 261). Die Angabe von Postleitzahl, Straße und Hausnummer ist grds. nicht erforderlich (BVerwGE 25, 261). Ist der Ortsname Teil des Namens der Verwaltungsbehörde oder des Gerichts (zB Verwaltungsgericht Leipzig), bedarf es einer besonderen Angabe des Sitzes der Behörde oder des Gerichts nicht, wenn sich der Sitz zweifelsfrei aus der Ortsbezeichnung ergibt (BVerwG NJW 2009, 2322). Kommen nach § 52 mehrere Verwaltungsgerichte für eine Klage in Betracht, ist es erforderlich, dass alle zuständigen Gerichte genannt werden (BVerwG NVwZ 1993, 359).

Die Belehrung über die einzuhaltende **Frist** erfolgt durch ihre abstrakte **6** Angabe (zB „ein Monat"). Nicht, auch nicht abstrakt oder allgemein bezeichnet werden muss ihr **Beginn** (etwa „ab Bekanntgabe" oder „ab Zustellung", BVerwG NVwZ-RR 2019, 885; aA SSB Rn. 39). Enthält die Rechtsbehelfsbelehrung zu einem Widerspruchsbescheid den (überobligatorischen) Hinweis, dass innerhalb eines Monats „ab Bekanntgabe" Klage erhoben werden kann, führt dies jedenfalls dann nicht zur Unrichtigkeit der Rechtsbehelfsbelehrung, wenn der Widerspruchsbescheid durch die Post mittels Zustellungsurkunde zugestellt wurde, weil bei dieser Art der Zustellung Bekanntgabe und Zustellung stets zusammenfallen (BVerwG NJW 1991, 508). Für unrichtig wurde dagegen eine Belehrung erachtet, die im Fall einer Zustellung durch Einschreiben auf den Zugang des Widerspruchsbescheides abstellte (OVG NW NVwZ 2001, 212) oder auf seine Bekanntgabe (OVG NW NJW 2009, 1832).

7   **Keines Hinweises** bedarf es auf Besonderheiten des Fristlaufs etwa im Fall des Monats Februar (BVerwG NJW 1976, 865) oder im Hinblick auf § 222 II ZPO (Fristende am Sonntag, allgemeinen Feiertagen oder am Samstag) (BVerfGE 31, 388, 390). Es braucht auch nicht auf die Selbstverständlichkeit hingewiesen zu werden, dass der Rechtsbehelf innerhalb der Frist bei der genannten Behörde oder dem Gericht eingegangen sein muss (BVerwG NJW 1972, 1435). Es ist nicht die Aufgabe der Rechtmittelbelehrung, dem Beteiligten jede eigene Überlegung zu ersparen. Wird in der Rechtsbehelfsbelehrung eine zu lange Frist angegeben, so soll diese gelten (BeckOK VwGO Rn. 18; Kopp/Schenke Rn. 14; offen gelassen in BVerwG NVwZ 1999, 653). Etwas anderes gilt aber jedenfalls dann, wenn die Frist über die Jahresfrist des § 58 II hinausreicht (BVerwG NJW 1967, 591, 592; BeckOK VwGO Rn. 18; Kopp/Schenke Rn. 14).

8   Weitere Angaben, insbes. Hinweise zu für den Rechtsbehelf geltenden zwingenden Formvorschriften (zB „schriftlich oder zur Niederschrift"), sind grds. nicht erforderlich (BVerwGE 163, 26 Rn. 13; zur Belehrung über die elektronische Form → Rn. 9a). Das gilt auch für das Vertretungserfordernis nach § 67 IV (BVerwG NVwZ 2015, 1699 Rn. 8; NVwZ-RR 2010, 36; Eyermann Rn. 12 mwN; aA etwa NK-VwGO Rn. 62), weil im Interesse der Rechtssicherheit eine strikte Orientierung am Wortlaut des § 58 I richtig erscheint. Nichts anderes gilt wegen der Belehrungspflicht nach § 232 ZPO, die im Verwaltungsprozess nicht anwendbar ist. In der Praxis der VG wird auf einen Anwaltszwang gleichwohl oft hingewiesen, wogegen nichts zu sagen ist, wenn der Hinweis zutrifft.

8a   Wohl aber ist bei der Belehrung nicht nur auf die Rechtsmittelfrist hinzuweisen, sondern auch auf ggf. bestehende Begründungsfristen, die zusammen mit der Rechtsmittelfrist in Gang gesetzt werden (für die Revision nach § 139 III 1: BVerwG NVwZ-RR 1994, 361; für die Berufung nach § 124a III 1: BVerwG BayVBl 2015, 423; BVerwGE 107, 117). Entsprechendes gilt für Verfahren des vorläufigen Rechtsschutzes nach § 146 IV 1 (SächsOVG NVwZ-RR 2003, 693). Unterscheidet das Gesetz zwischen der Einlegung und der Begründung eines Rechtsmittels, betrifft die Belehrungspflicht somit beide Stufen (BVerwGE 134, 41 Rn. 12); denn Berufungs- und Revisionsbegründungsfristen sind als Sachurteilsvoraussetzung ausgestaltet (s. § 124a III 5, § 143 S. 2).

8b   Nicht zu belehren ist in der Rechtsbehelfsbelehrung über die Klagebegründungsfrist des § 6 Satz 1 UmwRG. Sie wird nicht mit der Zustellung der angefochtenen Entscheidung in Gang gesetzt, sondern mit Klageerhebung und ist als prozessuale Präklusionsvorschrift für Tatsachen und Beweisantritte ausgestaltet. Nicht zu belehren ist in Verfahren nach dem UmwRG (mangels Inbezugnahme in § 6 S. 2 UmwRG) auch über die Möglichkeit nach § 87b III 1 Nr. 3, verspäteten Vortrag zurückzuweisen (BVerwGE 163, 380 Rn. 15).

Fehler der Rechtsmittelbelehrung bei den zwingend notwendigen Anga- **9** ben führen stets zur Unrichtigkeit. Fehler im Bereich gesetzlich nicht vorgeschriebener **Zusätze** machen die Belehrung unrichtig, wenn sie geeignet sind, die Einlegung eines Rechtsbehelfs zu erschweren (BVerwG DVBl 2002, 1553). Dabei kommt es nicht darauf an, ob die unrichtige oder irreführende Angabe in der Belehrung im Einzelfall tatsächlich für die verspätete Rechtsbehelfsbelehrung kausal geworden ist, sondern es reicht aus, dass sie objektiv geeignet ist, die Rechtsmitteleinlegung zu erschweren. Dies ist der Fall, wenn sie den Adressaten davon abhalten kann, das Rechtsmittel überhaupt, rechtzeitig oder formgerecht einzulegen (BVerwG NVwZ 1998, 170; NJW 2009, 2322). Der Hinweis auf die Einreichung „in deutscher Sprache" ist weder fehlerhaft noch irreführend (BVerwGE 163, 26 Rn. 16).

Wird in der Rechtsmittelbelehrung überobligatorisch über die Form be- **9a** lehrt, muss die Belehrung vollständig sein und auch die Möglichkeit der **Einreichung in elektronischer Form** nach § 3a VwVfG oder § 55a nennen (NK-VwGO Rn. 66; SSB § 55a Rn. 20; zur Gegenansicht NdsOVG Urt. v. 30.9.2019 – 9 LB 59/17 – juris Rn. 49 ff.; vgl. zum Streitstand auch OVG RhPf DRiZ 2019, 352). Zwar hat der Gesetzgeber nur für den Widerspruch in § 70 I die Einreichung in elektronischer Form ausdrücklich erwähnt, nicht aber in § 81 I für die Klageerhebung. Daraus lässt sich aber nicht folgern, dass es sich nur bei der elektronischen Erhebung des Widerspruchs um eine eigenständige Form und ansonsten lediglich um eine Unterform der Schriftlichkeit handelt, die nicht besonders erwähnt werden müsse (so aber Eyermann Rn. 22). Für eine solche Differenzierung gibt die Ausgestaltung des § 55a nichts her. Der Gesetzgeber sieht vielmehr die elektronische Form allgemein als eigenständige Form an (vgl. § 126a BGB).

Die Rechtsbehelfsbelehrung kann nach § 58 I **schriftlich oder in elek- 10 tronischer Form** erteilt werden. Für Urteile (§ 117 II Nr. 6), Gerichtsbescheide (§ 84 I 3 iVm § 117 II Nr. 6) und den Widerspruchsbescheid (§ 73 III 1) ist vorgeschrieben, dass Entscheidung und Rechtsbehelfsbelehrung miteinander zu verbinden sind. Entsprechendes gilt für Beschlüsse, auf die § 117 II Nr. 6 entsprechende Anwendung findet (NK-VwGO Rn. 47). Im Übrigen ist eine Verbindung der Belehrung mit der Entscheidung nicht zwingend; die Belehrung kann auch einem Begleitschreiben beigefügt sein (BVerwG Buchh 310 § 58 VwGO Nr. 69; NK-VwGO § 58 Rn. 57). Auch Ausländer werden grds. **in deutscher Sprache** belehrt, da Deutsch Amtssprache im Verwaltungsverfahren (§ 23 I VwVfG) bzw. Gerichtssprache im verwaltungsgerichtlichen Verfahren (§ 55 iVm § 184 GVG) ist. Im Asylverfahren ist dem Bescheid allerdings eine Übersetzung beizufügen, wenn kein Bevollmächtigter bestellt ist (§ 31 I 4 AsylG). Ansonsten sind Sprachschwierigkeiten ggf. im Rahmen einer Wiedereinsetzung in den vorigen Stand nach § 60 zu berücksichtigen (BVerwG NJW 1978, 1988; ausführlich NK-VwGO

Rn. 43 ff.; → § 60 Rn. 11). Eine fehlerhafte Rechtsbehelfsbelehrung kann nachträglich **berichtigt** werden. Die Rechtsbehelfsfrist beginnt dann mit Zustellung der berichtigten bzw. nachgeholten Belehrung. Ist die Entscheidung mit der Rechtsbehelfsbelehrung zu verbinden, so ist die Zustellung insgesamt zu wiederholen (nach Bader Rn. 16 soll dies nur im Fall der unterbliebenen Rechtsbehelfsbelehrung erforderlich sein).

II. Rechtsfolgen fehlender oder unrichtiger Rechtsbehelfsbelehrungen (II)

11   Eine nicht den Anforderungen des § 58 I entsprechende Rechtsbehelfsbelehrung macht den davon betroffenen Verwaltungsakt nicht rechtswidrig (BVerwG NVwZ 2019, 1597 Rn. 18), sondern führt dazu, dass die Frist für das Rechtsmittel oder einen anderen Rechtsbehelf nicht zu laufen beginnt. Die Einlegung des Rechtsbehelfs ist allerdings nur **innerhalb eines Jahres** seit Zustellung, Eröffnung oder Verkündung zulässig (§ 58 II). Bei Verkehrszeichen beginnt die mangels Rechtsbehelfsbelehrung geltende Jahresfrist des § 58 II, wenn sich der Verkehrsteilnehmer der Regelung des Verkehrszeichens erstmals gegenübersieht (BVerwGE 154, 365 Rn. 16). Fehlt es an der wirksamen Zustellung, Eröffnung oder Verkündung der Entscheidung, läuft die Jahresfrist nicht; die äußere Grenze für die Einlegung eines Rechtsbehelfs bildet dann die **Verwirkung** (BVerwG NJW 1988, 1806; BVerwGE 44, 294, 300; → § 70 Rn. 4 f.; zur Verwirkung des Anfechtungsrechts im beamtenrechtlichen Konkurrentenstreit vgl. BVerwGE 163, 36). Im Baunachbarrecht gilt die Besonderheit, dass dem Nachbarn, der sichere Kenntnis von der Baugenehmigung erlangt hat oder hätte erlangen müssen, nach Treu und Glauben die Berufung auf eine unterbliebene amtliche Mitteilung versagt ist und für ihn trotz fehlender Bekanntgabe die Frist nach § 70 iVm § 58 II läuft (vgl. BVerwG NVwZ 2019, 245 Rn. 9). Die Rechtsfolgen einer unterbliebenen Belehrung sind in § 58 abschließend geregelt (BVerwGE 95, 321); weitergehende Schlüsse (wie die Entbehrlichkeit eines Vorverfahrens bei Nichtbelehrung über den Widerspruch) dürfen aus dem Unterbleiben nicht gezogen werden.

12   Im Fall der unrichtigen **Belehrung, dass kein Rechtsbehelf gegeben ist,** wird die Frist nach § 58 II nicht in Gang gesetzt, wie in § 58 II 1 aE ausdrücklich bestimmt ist. Entsprechendes gilt, wenn über den falschen Rechtsbehelf belehrt wird (BVerwGE 71, 359; 77, 181).

13   Wenn die Einhaltung der Jahresfrist wegen **höherer Gewalt** unmöglich war, kann gem. §§ 58 II, 60 II Wiedereinsetzung in den vorigen Stand gewährt werden. Höhere Gewalt ist ein Ereignis, das unter den gegebenen Umständen auch durch die größte, nach den Umständen des gegebenen Falles vernünftigerweise von dem Betroffenen unter Anlegung subjektiver Maßstäbe hinsichtlich seiner Lage, Erfahrung und Bildung zu erwartende und zumutbare Sorgfalt nicht abgewendet werden konnte (BVerwG ZNER 2014, 211; NJW 1986, 207). Höhere Gewalt in diesem Sinne kommt auch bei Unkenntnis des VA in Betracht (NK-VwGO Rn. 81).

§ 59 (aufgehoben)

§ 59 wurde mWv 7.6.2013 aufgehoben (BGBl. I 1388). Die Vorschrift normierte eine Pflicht zur **Rechtsbehelfsbelehrung** (→ § 58 Rn. 1) bei VA von Bundesbehörden. Eine entsprechende Regelung findet sich nunmehr in § 37 VI VwVfG.

§ 60 [Wiedereinsetzung]

(1) Wenn jemand ohne Verschulden verhindert war, eine gesetzliche Frist einzuhalten, so ist ihm auf Antrag Wiedereinsetzung in den vorigen Stand zu gewähren.

(2) [1] Der Antrag ist binnen zwei Wochen nach Wegfall des Hindernisses zu stellen; bei Versäumung der Frist zur Begründung der Berufung, des Antrags auf Zulassung der Berufung, der Revision, der Nichtzulassungsbeschwerde oder der Beschwerde beträgt die Frist einen Monat. [2] Die Tatsachen zur Begründung des Antrags sind bei der Antragstellung oder im Verfahren über den Antrag glaubhaft zu machen. [3] Innerhalb der Antragsfrist ist die versäumte Rechtshandlung nachzuholen. [4] Ist dies geschehen, so kann die Wiedereinsetzung auch ohne Antrag gewährt werden.

(3) Nach einem Jahr seit dem Ende der versäumten Frist ist der Antrag unzulässig, außer wenn der Antrag vor Ablauf der Jahresfrist infolge höherer Gewalt unmöglich war.

(4) Über den Wiedereinsetzungsantrag entscheidet das Gericht, das über die versäumte Rechtshandlung zu befinden hat.

(5) Die Wiedereinsetzung ist unanfechtbar.

Übersicht

§ 60 regelt für den Anwendungsbereich der VwGO die Wiedereinsetzung in 1 den vorigen Stand. Die Vorschrift bezweckt einen Ausgleich zwischen den Prinzipien der **Rechtssicherheit** und des Rechtsfriedens einerseits und den Grundsätzen der **materiellen Gerechtigkeit,** der Gewährung rechtlichen

Gehörs sowie effektiven Rechtsschutzes andererseits (vgl. etwa Kopp/Schenke Rn. 1; SSB Rn. 3).

I. Anwendungsbereich

2 § 60 findet Anwendung auf **gesetzliche Fristen,** vor allem auf die in der VwGO oder in Spezialgesetzen geregelten Fristen für die Einlegung und Begründung von Rechtsbehelfen. Keine Anwendung findet § 60 auf sog. Ausschlussfristen, so insbes. die Fristen nach §§ 58 II und 60 III, 47 II 1, aber auch nach §§ 92 II 1, 126 II 1, 152a II 1 (Kopp/Schenke Rn. 4) sowie nach § 81 AsylG (BVerwG NVwZ 1987, 605 zur inhaltsgleichen Vorgängervorschrift). Bei Ausschlussfristen kommt Wiedereinsetzung nur in Fällen höherer Gewalt in Betracht (§§ 58 II, 60 III unmittelbar oder analog; vgl. etwa NK-VwGO Rn. 23; BeckOK VwGO Rn. 2). Die Vorschrift – und nicht § 32 VwVfG – gilt auch bei Versäumung der Widerspruchsfrist (vgl. § 70 II). wobei zu beachten ist, dass § 60 V keine Anwendung findet.

3 § 60 gilt nicht für **materiell-rechtliche Ausschlussfristen** (vgl. BVerwG NVwZ 1994, 575). Eine Wiedereinsetzung in solche Fristen ist nur dann möglich, wenn das einschlägige materielle Recht eine solche Möglichkeit ausdrücklich vorsieht (BVerwG NVwZ 1988, 1128; 1994, 575; krit. etwa NK-VwGO Rn. 24).

4 Auch **richterliche Fristen** unterfallen nicht § 60 (Kopp/Schenke Rn. 5; BeckOK VwGO Rn. 4). Eine Ausnahme hiervon enthält § 82 II 3. Dem Gehörsgrundsatz ist bei richterlichen Fristen und Terminen in anderer Weise Rechnung zu tragen, etwa durch die Verlängerung einer Frist oder die Wiedereröffnung einer mündlichen Verhandlung.

5 Für **zwischen den Beteiligten vereinbarte Fristen,** etwa für den Widerruf eines Prozessvergleichs, gilt § 60 VwGO nicht (BVerwG NJW 1980, 1752, 1753).

II. Wiedereinsetzungsvoraussetzungen (I)

1. Fristversäumung

6 Grundsätzlich ist zunächst zu prüfen, ob eine Fristversäumung tatsächlich vorliegt. Ausnahmsweise kann eine Wiedereinsetzung auch dann gewährt werden, wenn die Feststellung der Fristwahrung mit erheblichen Schwierigkeiten verbunden wäre (BVerwG BayVBl 1970, 223).

2. Verhinderung

7 Eine Verhinderung liegt vor, wenn die Fristwahrung für den Betroffenen entweder unmöglich oder unzumutbar erschwert war (Kopp/Schenke Rn. 8). Dies können sowohl Umstände der Außenwelt als auch subjektive Gründe sein, wie zB Krankheit, Unkenntnis vom Fristbeginn oä (NK-VwGO Rn. 37). Als Hinderungsgrund kommt auch die Mittellosigkeit des Säumigen in Betracht (→ Rn. 13).

3. Ohne Verschulden

Eine Wiedereinsetzung ist ausgeschlossen, wenn der Betroffene die Frist **vor-** 8
sätzlich oder fahrlässig versäumt hat. Fahrlässigkeit liegt vor, wenn der
Beteiligte diejenige Sorgfalt außer Acht lässt, die für einen gewissenhaften und
seine Rechte und Pflichten sachgemäß wahrnehmenden Prozessführenden
geboten ist und ihm nach den gesamten Umständen des konkreten Falles
zuzumuten war (BVerwGE 50, 248, 254). Dieser Verschuldensmaßstab enthält
sowohl objektive wie subjektive Elemente (Bader Rn. 2; vgl. NK-VwGO
Rn. 42: „gemäßigt subjektiver Fahrlässigkeitsmaßstab"). Danach sind an einen
Fachmann grds. höhere Anforderungen zu stellen als an einen juristischen
Laien (BVerwGE 49, 252, 255). Wird eine rechtzeitige Anfechtung wegen
fehlender Begründung des VA oder unterlassener Anhörung versäumt, gilt die
Versäumung der Rechtsbehelfsfrist gem. § 45 III 1 VwVfG als nicht ver-
schuldet (dazu SBS VwVfG § 45 Rn. 153).

Das Verschulden eines **gesetzlichen Vertreters** ist dem Beteiligten nach 9
§ 173 iVm § 51 II ZPO zuzurechnen (BVerwG Buchh 310 § 60 VwGO
Nr. 171). Die Zurechnung des Verschuldens eines **Bevollmächtigten** erfolgt
gem. § 173 iVm § 85 II ZPO. Diese Zurechnung ist auch im Bereich des
Asylverfahrensrechts nicht zu beanstanden (BVerfG NVwZ 2000, 907). Bevollmächtigter iSv § 85 II ZPO ist jeder rechtsgeschäftlich bestellte Vertreter,
der in eigenverantwortlicher Weise für den Beteiligten in einem Rechtsstreit
tätig wird (BGH VersR 1984, 239; NK-VwGO Rn. 46). Beim angestellten
Anwalt oder sonstigen juristischen Mitarbeitern eines Anwalts handelt es sich
um Bevollmächtigte, wenn der Mitarbeiter die Sache selbstständig zu bearbeiten hat, nicht aber, wenn ihm lediglich reine Hilfstätigkeiten übertragen sind
oder wenn er in der Sachbearbeitung nur vorbereitende Funktionen hat, die
Entscheidung aber dem bevollmächtigten Anwalt vorbehalten bleiben (vgl.
etwa BVerwG Buchh 310 § 60 VwGO Nr. 144). Eine Zurechnung des Verschuldens von Hilfspersonen, wie sie etwa in § 278 BGB vorgesehen ist,
findet im Prozessrecht nicht statt (vgl. für Hilfspersonen eines Anwalts
BVerwG NJW 1992, 63).

4. Kausalität

Die Fristversäumung muss auf dem unverschuldeten Hindernis beruhen 10
(BeckOK VwGO Rn. 24). Diese Voraussetzung ist regelmäßig erfüllt, wenn
der Beteiligte bei gewöhnlichem Verlauf die Frist gewahrt hätte, wenn das
unverschuldete Hindernis hinweggedacht wird.

5. Einzelfälle

Wiedereinsetzung kommt bei **unverschuldeter Unkenntnis vom Frist-** 11
beginn in Betracht, etwa dann, wenn eine dritte Person, die nicht Bevollmächtigter des Betroffenen ist, eine Briefsendung in Empfang genommen
und nicht weitergegeben hat (BVerwGE 44, 108; Kopp/Schenke Rn. 10).
Kein Verschulden liegt regelmäßig bei Abwesenheit wegen **Urlaubs** oder
einer Geschäftsreise vor; anderes gilt bei längerer Abwesenheit (mehr als sechs

Wochen) oder dem Vorliegen besonderer Umstände, etwa dann, wenn mit der Zustellung einer Entscheidung im vorläufigen Rechtsschutzverfahren gerechnet werden musste (NK-VwGO Rn. 51). Läuft nach Urlaubsrückkehr noch ein Rest der Frist, ist eine Versäumung nicht unverschuldet; es besteht kein Anspruch darauf, die Frist stets vollständig zur Verfügung zu haben. Eine unverschuldete Unkenntnis liegt nicht vor, wenn der Beteiligte seinem Prozessbevollmächtigten eine **Anschriftenänderung** nicht mitteilt und infolge dessen eine Frist versäumt wird (Kopp/Schenke Rn. 10). Verschulden kann auch bei einem der deutschen Sprache nicht mächtigen **Ausländer** vorliegen, der sich nicht auseichend um eine Übersetzung des ihm zugestellten Schriftstücks bemüht. Allerdings dürfen die Anforderungen insoweit nicht überspannt werden (BVerfGE 42, 120, 125 f.; 86, 280, 284 f.). **Rechtsunkenntnis** kann die Fristversäumnis grds. nicht entschuldigen; der Betroffene hat sich in geeigneter, zuverlässiger Weise zu informieren. Das gilt auch in Bezug auf die Fristberechnung (BVerwG FA 2017, 341).

12   Eine **Erkrankung** kann einen Wiedereinsetzungsgrund ergeben, wenn sie so schwer war, dass der Beteiligte gehindert war, die gebotene Handlung selbst oder durch einen Bevollmächtigten vornehmen zu lassen (BVerwG Buchh 310 § 60 VwGO Nr. 185). Die Einreichung eines Rechtsmittels bei einem **unzuständigen Gericht** wahrt nicht die Fristen im Rechtsmittelverfahren. Jedoch hat das Gericht jedenfalls dann, wenn es bereits mit der Sache befasst war, den Schriftsatz im ordentlichen Geschäftsgang an das zuständige Gericht weiterzuleiten. Bei hinreichendem zeitlichen Abstand zum Fristende darf die Partei darauf und auf den fristgerechten Eingang beim zuständigen Gericht vertrauen (BVerwG NJW 2018, 1273 Rn. 6). Auf die von der Post erteilten Auskünfte über **Postlaufzeiten** darf der Verfahrensbeteiligte grds. vertrauen (BVerwG Buchh 310 § 60 Nr. 166) und davon ausgehen, dass im Bundesgebiet werktags aufgegebene, korrekt adressierte und frankierte Postsendungen am folgenden Werktag im Bundesgebiet ausgeliefert werden (BVerwGE 147, 37). Beim **Telefax** muss die ordnungsgemäße Absendung anhand des Sendeberichts kontrolliert und darauf überprüft werden, ob die richtige Empfängernummer eingegeben wurde (BVerwG NJW 2008, 932) und ob die Zahl der übermittelten Seiten zutrifft (BayVGH NJW 2006, 169). Die Übersendung muss so rechtzeitig beginnen, dass noch Zeit für eventuelle weitere Übermittlungsversuche bei Verbindungsproblemen bleibt (BVerwG AnwBl 2014, 1058).

12a   Bei der Übermittlung im Wege des **elektronischen Rechtsverkehrs** muss sich der Einreicher anhand der Eingangsbestätigung (§ 55a V 2) über den erfolgreichen Abschluss des Schriftverkehrs vergewissern und ggf. nachfragen. Erfüllt das elektronische Dokument nicht die technischen Rahmenbedingungen nach § 55a II (s. dort → Rn. 4), hat das Gericht den Einreicher unverzüglich darauf hinzuweisen (§ 55a VI 1); dieser darf das Dokument dann formwirksam mit der Zugangsfiktion des § 55a VI 2 nachreichen; einer Wiedereinsetzung bedarf es nicht. Ist die Einreichung des elektronischen Dokuments aus anderen Gründen unwirksam (etwa weil kein sicherer Übermittlungsweg genutzt wurde), greift die Privilegierung des § 55a VI 2 nicht (→ § 55a Rn. 21). Dem Einreicher bleibt in diesem Fall nur die Möglichkeit der Wiedereinsetzung, wobei er nicht darauf vertrauen darf, auf jeden Formmangel zeitnah hingewiesen zu werden (anders noch zu § 55a aF: BVerwGE 143, 50 Rn. 18). Bleiben sowohl eine Eingangsbestätigung nach § 55a V 2 als auch ein Hinweis nach § 55a VI 1 aus, entspricht es vielmehr der Sorgfalt, sich bei Gericht nach dem Eingang zu erkundigen (OVG LSA NJW 2019, 3663).

Wiedereinsetzung ist zu gewähren, wenn der Beteiligte die gerichtliche **13** Entscheidung über einen vor Ablauf der Frist ordnungsgemäß gestellten **PKH-Antrag** abwartet. Das der Fristwahrung entgegenstehende Hindernis entfällt mit der Zustellung der Prozesskostenhilfe bewilligenden Entscheidung. Im Falle der Ablehnung des Antrages ist die Fristversäumnis entschuldigt, wenn die Ablehnung auf fehlender Erfolgsaussicht beruht (BGH NJW 1993, 733) oder der Betroffene vernünftigerweise mit einer Ablehnung wegen fehlender Bedürftigkeit nicht rechnen musste (BVerwG Buchh 310 § 60 VwGO Nr. 147; BGH NJW 1993, 733). In gerichtskostenfreien Verfahren nach § 188 S. 2 ist es den Beteiligten dagegen grds. zumutbar, den Rechtsbehelf sogleich einzulegen, falls keine Vertretungszwang besteht (OVG Nds DÖV 2019, 844 Ls). Bei Vertretungszwang kann auch ein zunächst nur gestellter **Antrag auf Bestellung eines Notanwalts** im Erfolgsfall eine Wiedereinsetzung begründen (BVerwG NVwZ 2017, 1550 Rn. 20).

Zu beachten ist, dass bei **zweistufigen Rechtsmitteln** der Lauf der Be- **13a** gründungsfrist grds. auch dann mit der Zustellung der angegriffenen Entscheidung beginnt, wenn die Frist zur Einlegung des Rechtsmittels versäumt und nur deshalb Wiedereinsetzung in den vorigen Stand beantragt wurde (BVerwG Buchh 310 § 133 nF VwGO Nr. 14).

Das **Verschulden eines Rechtsanwalts** ist gegeben, wenn dieser die **14** übliche Sorgfalt eines ordentlichen Anwalts nicht angewandt hat. Die Bearbeitung einfacher, regelmäßig vorkommender prozessualer Fristen kann dem Büropersonal überlassen werden (BVerwG NJW 1982, 2458). Für Rechtsmittelbegründungsfristen gilt dies nicht (BVerwG NVwZ 2012, 580). Der Anwalt muss die ordnungsgemäße Führung eines Fristenbuchs oder eines Fristenkalenders sicherstellen, wobei bei aufwendigeren Schriftsätzen eine Vorfrist zu vermerken ist. Die zulässige Übertragung von Aufgaben an Hilfspersonen entlastet den Rechtsanwalt nur dann, wenn er die Mitarbeiter sorgfältig ausgesucht, angeleitet und überwacht hat (Kopp/Schenke Rn. 21). Der Anwalt muss auch gewährleisten, dass Mitteilungen den Mandanten rechtzeitig erreichen; hierzu hat er ggf. auch mehrere Benachrichtigungsversuche zu unternehmen (BVerwGE 66, 240). Arbeitsüberlastung eines Rechtsanwalts ist nur dann Grund für eine Wiedereinsetzung, wenn sie unvorhersehbar war und nach den Umständen des Falles Abhilfe nicht möglich war (Kopp/Schenke Rn. 20). Bei **Fristversäumnis einer Behörde** gelten sinngemäß die für Rechtsanwälte entwickelten Grundsätze (BeckOK VwGO Rn. 23).

III. Verfahren (II bis VI)

1. Antrag

15 § 60 I setzt grds. einen **Antrag** voraus. Eine Ausnahme sieht § 60 II 4 für den Fall vor, dass der Beteiligte die versäumte Rechtshandlung innerhalb der Antragsfrist nachgeholt hat. Die Wiedereinsetzungsgründe müssen dem Gericht jedoch innerhalb der Wiedereinsetzungsfrist mitgeteilt oder oW erkennbar geworden sein (etwa am Poststempel erkennbare Laufzeit eines Schriftsatzes, BVerwG BayVBl 1989, 122). Ermessen räumt § 60 IV 2 nicht ein (Kopp/Schenke Rn. 17; BeckOK VwGO Rn. 28). Der Antrag ist auch nach Entscheidung über den Rechtsbehelf noch statthaft; mit der Gewährung der Wiedereinsetzung wird die den Rechtsbehelf als unzulässig verwerfende Entscheidung gegenstandslos, sofern sie sich ausschließlich auf die Verspätung stützt (BVerwG NJW 1990, 1806). Die **Form des Antrage**s richtet sich nach den Vorschriften, die für die versäumte Prozesshandlung gelten (§ 173 iVm § 236 I ZPO).

16 Der Antrag ist nach § 60 II 1 **binnen zwei Wochen nach Wegfall des Hindernisses** zu stellen; bei Versäumung der Frist zur Begründung der Berufung, des Antrags auf Zulassung der Berufung, der Revision, der Nichtzulassungsbeschwerde oder der Beschwerde beträgt die Frist **einen Monat.** Nach einem Jahr seit dem Ende der versäumten Frist ist der Antrag unzulässig, außer wenn der Antrag vor Ablauf der Jahresfrist infolge höherer Gewalt (→ § 58 Rn. 13) unmöglich war (§ 60 III). Die Ausschlussfrist des § 60 III findet keine Anwendung, wenn die Ursache der Fristversäumnis in der Sphäre des Gerichts liegt, etwa weil über einen PKH-Antrag nicht innerhalb der Jahresfrist entschieden worden ist (BVerwG Buchh 310 § 60 VwGO Nr. 177).

17 Innerhalb der Antragsfrist sind zugleich die den Wiedereinsetzungsantrag begründenden Tatsachen darzulegen, es sei denn, sie sind offenkundig (BVerwG 49, 252 (254)). Eine nachträgliche Ergänzung oder Erläuterung fristgerecht vorgetragener Tatsachen ist zulässig, nicht jedoch das Nachschieben neuer Gründe (BVerwGE 142, 219). Die von § 60 II 2 erforderte Glaubhaftmachung der für die Wiedereinsetzung erheblichen Tatsachen kann allerdings nach Ablauf der Antragsfrist geschehen, selbst noch in der Rechtsmittelinstanz (BVerwG DÖV 1981, 636).

2. Nachholen der versäumten Prozesshandlung

18 Gemäß II 3 ist innerhalb der Antragsfrist auch die versäumte Rechtshandlung nachzuholen. Gegebenenfalls ist der Wiedereinsetzungsantrag so auszulegen, dass darin zugleich die nachzuholende Prozesshandlung liegt (Kopp/Schenke Rn. 33). Einer Nachholung bedarf es nicht, wenn die Prozesshandlung bereits vor Stellung des Antrages auf Wiedereinsetzung vorgenommen wurde (BGH NJW 2000, 3286).

3. Entscheidung des Gerichts

Da § 60 II 2 lediglich die Glaubhaftmachung der für die Wiedereinsetzung 19 erheblichen Tatsachen verlangt, erfordert die stattgebende Entscheidung lediglich den Nachweis einer **überwiegenden Wahrscheinlichkeit** der maßgeblichen Umstände. Bleibt offen, ob die Fristversäumnis verschuldet war, ist eine Wiedereinsetzung nicht möglich (BGH NJW 1996, 319). Die übrigen Beteiligten sind zu Fragen der Wiedereinsetzung zu hören (Kopp/Schenke Rn. 36). Über die Wiedereinsetzung muss – jedenfalls im gerichtlichen Verfahren – ausdrücklich, wenn auch nicht notwendig im Tenor, entschieden werden (BVerwGE 59, 302 (308); NVwZ-RR 1995, 232). Gem. § 173 VwGO iVm § 238 I 1 ZPO ist das Verfahren über den Wiedereinsetzungsantrag mit dem Verfahren über die nachgeholte Prozesshandlung zu verbinden. Die Entscheidung muss gem. § 238 II ZPO in der gleichen **Form** erfolgen wie die Entscheidung über die versäumte Rechtshandlung (Eyermann Rn. 43). Kosten, die durch einen Antrag auf Wiedereinsetzung in den vorigen Stand entstehen, trägt gem. § 155 III der Antragsteller (→ § 155 Rn. 16).

Wird Wiedereinsetzung gewährt, ist die Entscheidung gem. § 60 V unanfechtbar und für die nachfolgenden Instanzen **bindend** (BVerwGE 57, 354 (356)). Dies gilt nicht beim Widerspruchsbescheid wegen § 70 II. Eine Wiedereinsetzung versagende Entscheidung kann mit dem für die Entscheidung über die nachgeholte Prozesshandlung vorgesehenen Rechtsmittel angefochten werden (§ 173 VwGO iVm § 238 II 1 ZPO). 20

§ 61 [Beteiligungsfähigkeit]

Fähig, am Verfahren beteiligt zu sein, sind
1. natürliche und juristische Personen,
2. Vereinigungen, soweit ihnen ein Recht zustehen kann,
3. Behörden, sofern das Landesrecht dies bestimmt.

§ 61 regelt die Beteiligungsfähigkeit im verwaltungsgerichtlichen Verfahren. 1 Dabei entspricht Nr. 1 der **Prozessfähigkeit** nach § 50 I ZPO. Nrn. 2 und 3 enthalten hingegen besondere Regelungen.

Die Beteiligungsfähigkeit ist **Sachentscheidungsvoraussetzung.** Sie ist in 2 jedem Stadium des Verfahrens zu überprüfen (NK-VwGO Rn. 7). Ist im Zeitpunkt der mündlichen Verhandlung der Kläger oder Beklagte nicht beteiligtenfähig, ist die Klage als unzulässig abzuweisen (Eyermann Rn. 3). Entfällt die Beteiligtenfähigkeit im Laufe des Verfahrens (Tod einer natürlichen Person, Auflösung einer juristischen Person), gelten § 173, §§ 239 ff. ZPO. Im Streit um die Beteiligungsfähigkeit ist der betroffene Beteiligte beteiligungsfähig (BVerwGE 100, 266; 13, 174).

I. Beteiligungsfähigkeit nach § 61 Nr. 1

3 Nach § 61 Nr. 1 sind **natürliche und juristische Personen** beteiligtenfähig. Das bereits gezeugte, aber nicht geborene Kind ist nach Ansicht des BVerwG keine natürliche Person und deshalb nicht beteiligtenfähig (BVerwG NJW 1992, 1542; differenzierend SSB Rn. 3). Die Rechtsfähigkeit endet mit dem Tod; deshalb kann ein Verstorbener nicht Beteiligter eines verwaltungsgerichtlichen Verfahrens sein. Als juristische Person des öffentlichen Rechts kommen neben dem Bund, den Ländern und den Gemeinden alle sonstigen rechtsfähigen Körperschaften des öffentlichen Rechts sowie rechtsfähige Anstalten und Stiftungen in Betracht. Bei **ausländischen juristischen Personen** beurteilt sich ihre Beteiligtenrolle grds. nach dem Recht des Staates, in dem sich der tatsächliche Sitz der Verwaltung befindet („Sitztheorie", vgl. etwa OLG München NJW 1986, 2197). Innerhalb der EU soll es dagegen darauf ankommen, wo die juristische Person gegründet worden ist (EuGH NJW 2002, 3614; BeckOK VwGO Rn. 6; Kopp/Schenke Rn. 6).

4 Nach zutreffender Ansicht findet § 61 Nr. 1 auch auf solche Personenmehrheiten Anwendung, die durch Gesetz oder Gewohnheitsrecht **den juristischen Personen gleichgestellt** sind (vgl. NK-VwGO Rn. 24). Dazu zählen wegen §§ 124, 161 II HGB OHG und KG, wegen § 493 HGB die Reederei, gem. § 3 PartG politische Parteien sowie ihre Gebietsverbände auf der jeweils höchsten Stufe, Gewerkschaften und die sonstigen Tarifvertragsparteien (vgl. BGHZ 50, 325; 109, 17) sowie die BGB-Gesellschaft (vgl. BGHZ 146, 341) und gem. § 10 VI 5 WEG die WEG (BVerwG NVwZ 2019, 1597). Anderenfalls ergibt sich die Beteiligtenfähigkeit dieser Personenmehrheiten aus § 61 Nr. 2. Nach § 61 Nr. 1 können auch Organe oder Amtswalter beteiligungsfähig sein, denen personale, wenn auch über das Amtswalterverhältnis oder die Organstellung vermittelte Rechtspositionen zustehen, zB Frauenvertreterin nach den Gleichstellungsgesetzen (BVerwG Buch 310 § 40 VwGO Nr. 179; Buchh 300 § 21a GVG Nr. 2; aA wohl NK-VwGO Rn. 19).

II. Beteiligungsfähigkeit nach § 61 Nr. 2

5 Nach § 61 Nr. 2 sind **Vereinigungen** beteiligtenfähig, soweit ihnen ein Recht zustehen kann. Gemeint sind nur nicht rechtsfähige Personenvereinigungen. Die Vereinigung muss sich durch ein Mindestmaß an Organisation auszeichnen (BVerwG NVwZ 2004, 887). Als **Recht iSv § 61 Nr. 2** kommt nur ein subjektiv-öffentliches Recht in Betracht. Unterschiedlich wird beurteilt, ob es darauf ankommt, dass der Vereinigung überhaupt ein derartiges Recht zustehen kann oder ob es ihr im Hinblick auf den konkreten Rechtsstreit zukommt (in diesem Sinne die wohl überwiegende Meinung, vgl. etwa BayVGH BayVBl 1980, 245; Bader Rn. 9). Legt man eine abstrakte Betrachtung zugrunde, ist die Frage, ob der Vereinigung ein Recht gerade mit Blick auf den Streitgegenstand des jeweiligen Rechtsstreits zustehen kann, im Rahmen der Klagebefugnis zu prüfen (vgl. NK-VwGO Rn. 29 unter Berufung auf BVerwGE 90, 304 (305)).

Als beteiligungsfähig nach Nr. 2 sind etwa angesehen worden: Der **nicht** 6 **rechtsfähige Verein** (BVerwG DÖV 1984, 940), **die Fakultät** einer Universität (BVerwG NVwZ 1985, 654), **das Präsidium** eines Gerichts bei Anfechtung der Präsidiumswahl (BVerwGE 44, 172) und der Geschäftsverteilung (VG Chemnitz DVBl 2019, 1492), ein **Personalrat** (BVerwGE 5, 293, 302) sowie eine als **nicht rechtsfähige Genossenschaft** organisierte Wassergemeinschaft (BVerwG NVwZ-RR 1998, 90), ferner die von § 3 PartG nicht erfassten **Gebietsverbände politischer Parteien** (BVerwG Beschl. v. 10.8.2010 – 6 B 16.10, juris Rn. 6), hingegen nicht eine Ratsfraktion für einen Normenkontrollantrag gegen eine gemeindliche Satzung (NdsOVG NdsVBl 2019, 325 f.).

Die Beteiligtenfähigkeit im **Organstreitverfahren** ergibt sich in unmittel- 7 barer oder entsprechender Anwendung des § 61 Nr. 2. Rechte iSv § 61 Nr. 2 sind dabei die dem Organ oder dem Organteil eingeräumten Rechte und Befugnisse (vgl. etwa OVG NRW NVwZ 1983, 485). Organ ist auch die **Fraktion** eines kommunalen Rates; sie verliert aber mit dem Ablauf der Wahlperiode ihre Existenz und Beteiligungsfähigkeit. § 61 Nr. 2 soll unmittelbar oder entsprechend auch anwendbar auf ein „Ein-Mann-Organ" oder ein einzelnes Organmitglied (vgl. OVG NRW NVwZ 1983, 485; NK-VwGO Rn. 38 ff.); richtiger erscheint es, insoweit § 61 Nr. 1 anzuwenden (→ Rn. 3).

III. Beteiligungsfähigkeit nach § 61 Nr. 3

Nach § 61 Nr. 3 sind **Behörden** beteiligungsfähig, soweit das Landesrecht 8 dies bestimmt. Von der Möglichkeit der Durchbrechung des Rechtsträgerprinzips haben wenige Länder für alle Landesbehörden Gebrauch gemacht (Bbg, MV, Saarl.), andere nur für landesunmittelbare Behörden (vgl. NK-VwGO Rn. 35). In den betreffenden Ländern ist sinnvollerweise zugleich von der Möglichkeit des § 78 I 2 Gebrauch gemacht worden, die Klage gegen die Behörde zu richten. Die Behörden handeln dann kraft Gesetzes in **Prozessstandschaft** für ihre Körperschaft (BVerwGE 45, 207; Kopp/Schenke Rn. 13). Behörden sind – nach dem eigenständigen Begriff der VwGO – solche Stellen, die durch organisationsrechtliche Rechtssätze gebildet, vom Wechsel des Amtsinhabers unabhängig und nach einer Zuständigkeitsregelung berufen sind, Aufgaben unter eigenem Namen für den Staat oder einen anderen Träger öffentlicher Verwaltung wahrzunehmen (SSB Rn. 8).

§ 62 [Prozessfähigkeit]

(1) Fähig zur Vornahme von Verfahrenshandlungen sind
1. die nach bürgerlichem Recht Geschäftsfähigen,
2. die nach bürgerlichem Recht in der Geschäftsfähigkeit Beschränkten, soweit sie durch Vorschriften des bürgerlichen oder öffentlichen Rechts für den Gegenstand des Verfahrens als geschäftsfähig anerkannt sind.

(2) Betrifft ein Einwilligungsvorbehalt nach § 1903 des Bürgerlichen Gesetz-
buchs den Gegenstand des Verfahrens, so ist ein geschäftsfähiger Betreuter nur
insoweit zur Vornahme von Verfahrenshandlungen fähig, als er nach den Vorschriften des bürgerlichen Rechts ohne Einwilligung des Betreuers handeln kann
oder durch Vorschriften des öffentlichen Rechts als handlungsfähig anerkannt ist.
(3) Für Vereinigungen sowie für Behörden handeln ihre gesetzlichen Vertreter
und Vorstände.
(4) §§ 53 bis 58 der Zivilprozeßordnung gelten entsprechend.

1   § 62 regelt die Fähigkeit zur Vornahme von Verfahrenshandlungen **(Prozessfähigkeit).** Die Prozessfähigkeit ist in jeder Lage des Verfahrens vAw zu
prüfen (BVerwG Buchh 310 § 62 Nr. 16).

2   Prozesshandlungen von Prozessunfähigen sind unwirksam, können aber als
nachholbare Sachentscheidungsvoraussetzungen (→ vor § 40 Rn. 8) durch
Genehmigung des gesetzlichen Vertreters bis zur Entscheidung des Gerichts
geheilt werden. Als Genehmigung ist auch die rügelose Fortsetzung des Verfahrens durch den gesetzlichen Vertreter anzusehen (BeckOK VwGO Rn. 4;
Kopp/Schenke § 62 Rn. 17).

3   Ist zum maßgeblichen Zeitpunkt der gerichtlichen Entscheidung der Kläger
oder der Beklagte prozessunfähig, ohne dass ein gesetzlicher Vertreter vorhanden oder ein Prozesspfleger (§ 62 IV iVm § 57 ZPO) bestellt ist, so ist die
Klage unzulässig (BVerwG Buchh 310 § 62 VwGO Nr. 27; Kopp/Schenke
Rn. 16). Entfällt die Prozessfähigkeit im Laufe des Verfahrens, tritt Unterbrechung gem. § 173 iVm § 241 ZPO ein. Im Streit um seine Prozessfähigkeit ist der Beteiligte als prozessfähig zu behandeln (BGH NJW 1990, 1734).

4   § 62 I regelt die Prozessfähigkeit im Anschluss an die Vorschriften des BGB
für die **Geschäftsfähigkeit** (§§ 104 ff. BGB). Ohne Einholung eines Sachverständigengutachtens kann das Gericht über die Frage der Prozessunfähigkeit natürlicher Personen gem. § 61 I Nr. 1, § 104 Nr. 2 BGB nur entscheiden,   wenn   die   maßgeblichen   Umstände   auch   einem   medizinisch
vorgebildeten Laien den eindeutigen Schluss gestatten, dass ein Beteiligter
prozessunfähig ist, weil der Sachvortrag auf krankhaften Wahnvorstellungen
beruht (BVerwG Buchh 310 § 62 VwGO Nr. 11). Zumeist wird die Einholung eines Sachverständigengutachtens erforderlich sein. Anlass dazu besteht bei begründeten Zweifeln an der Prozessfähigkeit.

5   § 61 I Nr. 2 regelt die **partielle Prozessfähigkeit** insbes. in den Fällen der
§§ 112 und 113 BGB sowie aufgrund öffentlich-rechtlicher Vorschriften. So
besteht eine gegenständlich beschränkte Prozessfähigkeit für Minderjährige
mit Vollendung des 14. Lebensjahres für die Entscheidung über das Religions-
bekenntnis (BVerwG NVwZ 2012, 358) sowie für Minderjährige in Wehr-
dienstangelegenheiten (BVerwGE 7, 66).

6   Wird für eine Person nach den §§ 1896 ff. BGB ein **Betreuer** bestellt,
berührt dies grds. nicht ihre Geschäfts- und Prozessfähigkeit. Etwas anderes
gilt erst bei Anordnung eines Einwilligungsvorbehalts nach § 1903 BGB,
soweit der Prozessgegenstand dem Einwilligungsvorbehalt unterfällt. Die Prozesshandlung des Betreuten ist in diesen Fällen grds. von der Einwilligung des
Betreuers abhängig. § 62 II bestimmt insoweit eine Ausnahme, als der Be-

treute nach den Vorschriften des Bürgerlichen Rechts ohne Einwilligung des Betreuers handeln kann oder durch Vorschriften des öffentlichen Rechts als handlungsfähig anerkannt ist. Als Vorschriften des Bürgerlichen Rechts kommen insoweit insbes. § 1903 I 2 BGB iVm § 112, 113 BGB, § 1903 III 1 BGB (lediglich rechtlich vorteilhafte Handlungen) sowie § 1903 III 2 BGB (geringfügige Angelegenheiten des täglichen Lebens) in Betracht. Soweit Prozesshandlungen mit Kostenrisiken verbunden sind, scheidet die Anwendung von § 1903 III 1 BGB aus (BVerwG Buchh 310 § 62 VwGO Nr. 24). Als öffentlich-rechtliche Vorschriften iSv § 62 II kommen im Hinblick auf § 1903 I 2 BGB auch solche Normen in Betracht, die beschränkt geschäftsfähige Minderjährige als partiell geschäftsfähig anerkennen (Kopp/Schenke Rn. 13).

Da **Vereinigungen sowie Behörden** selbst nicht prozessfähig sind, han- **7** deln gem. § 62 III ihre gesetzlichen Vertreter, Vorstände oder besonders Beauftragten. Bei juristischen Personen des öffentlichen Rechts ergeben sich die Vertretungsbefugnisse aus Gesetz, Satzung oder Verwaltungsvorschriften. Behörden − soweit nach § 61 Nr. 3 beteiligungsfähig − werden durch den Behördenvorstand oder durch einen besonders Beauftragten vertreten.

§ 62 IV ordnet die **entsprechende Anwendung der §§ 53 bis 58 ZPO** **8** an. § 53 ZPO bestimmt, dass eine an sich prozessfähige Person, die durch einen Betreuer oder Pfleger in einem Rechtsstreit vertreten wird, für diesen Rechtsstreit einer nicht prozessfähigen Person gleichsteht. Damit soll ein mögliches Neben- und Gegeneinander von Prozesshandlungen vermieden werden. § 57 ZPO regelt die Bestellung eines **Prozesspflegers.** Nach der Rspr. des BVerwG ist über den Wortlaut dieser Vorschrift (Gefahr in Verzug) hinaus die Bestellung eines Vertreters auch für den prozessunfähigen Kläger im Bereich der Eingriffsverwaltung erforderlich, wenn die sonstigen Voraussetzungen der Vorschrift erfüllt sind (BVerwG Buchh 310 § 62 VwGO Nr. 14; Buchh 303 § 57 ZPO Nr. 2). Sieht das Gericht von der Bestellung eines Prozesspflegers ab, so hat es einen Hinweis nach § 86 III zu geben, um dem Kläger selbst Gelegenheit zu geben, eine gesetzliche Vertretung im Prozess herbeizuführen (BVerwG Beschl. v. 10.6.1994 − 5 B 111.93). Ein **Ausländer** ist für den Inlandsprozess prozessfähig, wenn ihm nach dem Heimatrecht diese Eigenschaft zukäme (SSB Rn. 15). § 55 ZPO ergänzt, dass Prozessfähigkeit auch gegeben ist, wenn das deutsche Recht den Ausländer als prozessfähig ansieht.

§ 63 [Beteiligte]

Beteiligte am Verfahren sind
1. **der Kläger,**
2. **der Beklagte,**
3. **der Beigeladene (§ 65),**
4. **der Vertreter des Bundesinteresses beim Bundesverwaltungsgericht oder der Vertreter des öffentlichen Interesses, falls er von seiner Beteiligungsbefugnis Gebrauch macht.**

1   § 63 regelt, wer **Beteiligter** im verwaltungsgerichtlichen Verfahren ist. Die VwGO spricht durchgängig von „Beteiligten" und nicht – wie die ZPO – von Parteien. Damit übernimmt sie den Sprachgebrauch der Verwaltungsverfahrensgesetze. Die Beteiligten (und ihre Rechtsnachfolger) sind der Personenkreis, auf den sich die Rechtskraft des Urteils erstreckt (§ 121).

2   § 63 Nr. 1 und 2 sind ergänzend dahin zu verstehen, dass neben Kläger und Beklagtem auch Antragsteller und Antragsgegner etwa im Normenkontrollverfahren nach § 47 oder in einstweiligen Rechtsschutzverfahren nach § 80 V, § 123 Beteiligte sind (NK-VwGO Rn. 2). IÜ ist die Regelung abschließend, es sei denn, ein Bundesgesetz sieht die Beteiligung weiterer Personen am Prozess vor, wie etwa § 74 WDO hinsichtlich des Wehrdisziplinaranwalts oder vormals § 6 II AsylG für den Bundesbeauftragten für Asylangelegenheiten.

3   Die Beteiligteneigenschaft nach § 63 ist **keine Sachentscheidungsvoraussetzung.** Das Prozessrechtsverhältnis des Rechtsstreits ist vielmehr unabhängig von der Zulässigkeit der Klage und wird durch Verfahrenshandlungen, wie etwa die Klageeinreichung, Klagezustellung oder den Beiladungsbeschluss begründet (NK-VwGO Rn. 7; → vor § 40 Rn. 4). Der Beteiligtenbegriff in § 63 ist wie im Zivilprozess **formeller Natur.** Beteiligte iSv § 63 Nr. 1 und 2 sind diejenigen Personen, von oder gegen welche im eigenen Namen verwaltungsgerichtlicher Rechtsschutz begehrt wird. Die Beteiligtenstellung wird also insoweit durch den Kläger bestimmt, wobei der Beklagte seine Beteiligtenstellung erst durch die vom Gericht entsprechend der vom Kläger getroffenen Bestimmung bewirkten Klagezustellung erhält (NK-VwGO Rn. 8). Ob er der „richtige" Beklagte iSd § 78 ist, betrifft nicht seine Beteiligteneigenschaft.

4   Kläger und Beklagte sind die **Hauptbeteiligten** des Verwaltungsprozesses. Der Beigeladene nach § 63 Nr. 3 ist als **Dritter** an dem Prozessrechtsverhältnis beteiligt. Seine Beteiligung erfolgt durch die Zustellung des gerichtlichen Beiladungsbeschlusses. Ist eine Beiladung unterblieben, ist der Betreffende nicht Beteiligter (BVerwG NVwZ 1991, 871), mit der Folge, dass ihm kein Rechtsmittel zur Verfügung steht (VGH BW NVwZ 1986, 141). Zur Beiladung näher → § 65. Der Rechtsnachfolger des Beigeladenen ist nach § 121 Nr. 1 auch ohne eigene Beiladung an ein rechtskräftiges Urteil gebunden (SächsOVG NVwZ-RR 2019, 584 f.).

5   Als weitere Beteiligte kommen nach § 63 Nr. 4 der **Vertreter des Bundesinteresses beim Bundesverwaltungsgericht** (→ § 35 Rn. 4) und der **Vertreter des öffentlichen Interesses** (→ § 36 Rn. 3) in Betracht. Sie werden erst mit der Erklärung, sich am jeweiligen Rechtsstreit zu beteiligen, Verfahrensbeteiligte.

6   **Kein** Beteiligter ist der **vollmachtlose Vertreter,** auch wenn er die Kosten der Prozessführung zu tragen hat (→ vor § 154 Rn. 8). Er hat nicht für sich gehandelt, sondern in fremdem Namen und wird nicht dadurch Partei, dass ihm die Vertretungsmacht fehlt. Der angeblich Vertretene ist in der Konsequenz im Rubrum der Entscheidung als Beteiligter aufzuführen (stRspr, BVerwG Buchh 310 § 67 VwGO Nr. 39; → § 67 Rn. 22).

§ 64 [Streitgenossenschaft]

Die Vorschriften der §§ 59 bis 63 der Zivilprozeßordnung über die Streitgenossenschaft sind entsprechend anzuwenden.

Nach § 64 sind die §§ 59 bis 63 ZPO in Fällen der **subjektiven Klagehäu-** 1 **fung** entsprechend anwendbar (zur objektiven Klagehäufung → § 44 Rn. 1 ff.). Die Streitgenossenschaft kann sowohl auf Kläger- als auch auf Beklagtenseite stehen. Streitgenossen sind – anders als der Beigeladene – stets Hauptbeteiligte nach § 63 Nr. 1 und 2.

I. Einfache Streitgenossenschaft

Eine einfache Streitgenossenschaft ist nach §§ 59 und 60 ZPO zulässig, wenn 2 mehrere Personen hinsichtlich des Streitgegenstandes in Rechtsgemeinschaft stehen (§ 59 Alt. 1 ZPO), wenn sie aus demselben tatsächlichen und rechtlichen Grund berechtigt oder verpflichtet sind (§ 59 Alt. 2 ZPO) oder wenn gleichartige und auf einem im Wesentlichen gleichartigen tatsächlichen und rechtlichen Grund beruhende Ansprüche oder Verpflichtungen den Gegenstand des Rechtsstreits bilden (§ 60 ZPO). Als **Rechtsgemeinschaft** iSv **§ 59 Alt. 1 ZPO** kommen etwa in Betracht: Gemeinschaft (§ 741 BGB), insbes. Miteigentümer, Gesamthandverhältnisse (Erbengemeinschaft, Gesellschaft, Gütergemeinschaft), Gesamtschuldner oder Gesamtgläubiger (ThP ZPO § 60 Rn. 2).

Identität des tatsächlichen und rechtlichen Grundes iSv **§ 59 Alt. 2** 3 **ZPO** liegt etwa vor, wenn mehrere Personen ihre Ansprüche aus demselben Vertrag herleiten, den sie mit dem Prozessgegner geschlossen haben (zB Ansprüche aus Erschließungsvertrag oder anderen öffentlichen Verträgen).

Gleichartigkeit der Ansprüche iSv **§ 60 ZPO** wird etwa angenommen 4 bei Personen, die gemeinsam gegen eine Allgemeinverfügung oder einen Planfeststellungsbeschluss klagen, bei der Asylklage mehrerer Familienmitglieder (BeckOK VwGO Rn. 5) oder beim Grundstückseigentümer und Nießbraucher im Prozess gegen eine straßenrechtliche Planfeststellung (BVerwG NVwZ 1993, 477). Die Voraussetzungen der einfachen Streitgenossenschaft sind unter Zweckmäßigkeitsgesichtspunkten weit auszulegen (Kopp/Schenke Rn. 4).

Die Zulässigkeit der einfachen Streitgenossenschaft ist **keine Sachent-** 5 **scheidungsvoraussetzung.** Sind auf Kläger- oder Beklagtenseite mehrere Personen beteiligt und liegen die Voraussetzungen der §§ 59, 60 ZPO nicht vor, ist das Verfahren nach § 93 zu **trennen.**

§ 61 ZPO verdeutlicht, dass die einzelnen Prozessrechtsverhältnisse zwi- 6 schen dem jeweiligen Streitgenossen und seinem Gegner **voneinander un-abhängig** sind (ThP ZPO § 61 Rn. 1). Es handelt sich bei einer Mehrzahl von Betroffenen der Sache nach um ein Bündel von Einzelverwaltungsakten oder behördlichen Entscheidungen, die auch einzeln angefochten werden können. Insoweit bestimmt § 61 ZPO, dass das, was der eine Streitgenosse tut oder unterlässt, die anderen nicht berührt. Dieser Grundsatz steht allerdings unter dem ausdrücklichen Vorbehalt gesetzlicher Ausnahmen, die insbes. bei der notwendigen Streitgenossenschaft bestehen (→ Rn. 10). Aufgrund der rechtlichen Selbstständigkeit der Prozesse kann jeder Streitgenosse Zeuge im Verfahren des anderen sein (Kopp/Schenke Rn. 10; BeckOK VwGO Rn. 6; einschränkend SSB Rn. 11). Zur Kostentragung im Fall der einfachen Streitgenossenschaft → § 159 Rn. 1 ff.

II. Notwendige Streitgenossenschaft

7   § 62 I regelt **zwei verschiedene Fälle** der notwendigen Streitgenossenschaft, nämlich einmal die prozessual notwendige oder auch unechte Streitgenossenschaft (§ 62 I Alt. 1 ZPO) sowie die materiell-rechtlich notwendige oder auch echte Streitgenossenschaft (§ 62 I Alt. 2 ZPO).

8   Eine **prozessual notwendige Streitgenossenschaft** iSv § 62 I Alt. 1 ZPO liegt vor, wenn die Entscheidung des Gerichts aus prozessualen Gründen allen Streitgenossen gegenüber nur einheitlich erfolgen kann (BeckOK VwGO Rn. 9). In diesen Fällen ist zwar eine gesonderte Klage einzelner bzw. gegen einzelne Streitgenossen zulässig. Wenn sie indes zusammen klagen oder verklagt werden, muss die Entscheidung entweder wegen der Identität des Streitgegenstandes oder, weil die Rechtskraft des Urteils allen Streitgenossen gegenüber wirken muss, einheitlich ausfallen (Kopp/Schenke Rn. 6). **Beispiele:** Mehrere Grundstückseigentümer klagen auf die Erteilung einer Baugenehmigung (BVerwG DVBl 1980, 230). Klagen von Vor- und Nacherben nach § 173 iVm § 326 ZPO (BeckOK VwGO Rn. 10; ThP ZPO § 62 Rn. 8), Klage gegen einen von Behörden mehrerer Rechtsträger gemeinsam erlassenen VA (BVerwG Buchh 310 § 53 VwGO Nr. 11).

9   Bei der materiell-rechtlich notwendigen Streitgenossenschaft (§ 62 I Alt. 2 ZPO) ist die Klage des einzelnen dagegen nicht möglich, weil den Streitgenossen die Klagebefugnis nach materiellem Recht nur gemeinsam zusteht (Kopp/Schenke Rn. 7; ThP ZPO § 62 Rn. 11) Streitgenossen in diesem Sinne sind vor allem Mitglieder von Gesamthandsgemeinschaften, sofern die Prozessführungsbefugnis nicht einem der Gesamthänder allein zusteht, wie es etwa § 2039 BGB für die Erbengemeinschaft vorsieht (BVerwG Beschl. v. 14.10.2002 – 8 B 104.02; ThP ZPO § 62 Rn. 13). Eine materiell-rechtlich notwendige Streitgenossenschaft liegt auch vor, wenn Eheleute die Änderung des gemeinsamen Familiennamens erstreben (BVerwG NJW 1983, 1133) oder in Angelegenheiten geklagt wird, die in das gemeinsame Sorgerecht von Eltern fallen (vgl. NdsOVG NVwZ 1982, 321).

10 Auch bei der notwendigen Streitgenossenschaft gilt § 61 ZPO (ThP ZPO § 61 Rn. 3) mit der Folge, dass **auch hier prinzipiell getrennte Prozessrechtsverhältnisse** bestehen. Durch § 62 I ZPO wird dieser Grundsatz allerdings eingeschränkt. Denn nach dieser Vorschrift werden, wenn ein Termin oder eine Frist nur von einzelnen Streitgenossen versäumt wird, die säumigen Streitgenossen als durch die nicht säumigen vertreten angesehen. Streitig ist, ob als Frist in diesem Sinne auch die Klagefrist (§ 74) anzusehen ist (verneinend BVerwG Buchh VwGO 310 § 74 VwGO Nr. 3; aA Kopp/Schenke

Rn. 11; NK-VwGO Rn. 88). Für die Auffassung des BVerwG spricht, dass die notwendige Streitgenossenschaft erst durch die gemeinsame Klageerhebung entsteht und erst nach Klageerhebung die Vertretungswirkung nach § 62 I ZPO eintreten kann. Für die Rechtsmittelfristen gilt hingegen die Vertretungsregelung des § 62 I ZPO (BeckOK VwGO Rn. 14).

Bei der **aus materiellen Gründen notwendigen Streitgenossenschaft** 11 ist zu beachten, dass den Streitgenossen die Klagebefugnis nur gemeinsam zusteht, die **Klage einzelner Streitgenossen** deswegen als **unzulässig** abzuweisen ist. Der Zulässigkeitsmangel kann nicht durch eine Beiladung geheilt werden, weil dem fehlenden Streitgenossen dadurch nicht die erforderliche Parteistellung verschafft würde (BVerwG NJW 1983, 1133). Auch Prozesshandlungen, mit denen über den Streitgegenstand verfügt wird (etwa Anerkenntnis, Verzicht, Klageänderung, Klagerücknahme, Erledigungserklärung oder Vergleich), können im Fall des § 62 I Alt. 2 ZPO nur gemeinsam von allen Streitgenossen vorgenommen werden; andernfalls sind sie unwirksam (Kopp/Schenke Rn. 11).

Sind für die Klage von Streitgenossen **verschiedene Gerichte zuständig**, 12 wird gem. § 53 I Nr. 3 ein gemeinsames zuständiges Gericht bestimmt, wenn es zumindest nicht fernliegt, dass eine notwendige Streitgenossenschaft iSv § 62 I ZPO besteht (BVerwG NVwZ-RR 2000, 261).

§ 65 [Beiladung Dritter]

(1) Das Gericht kann, solange das Verfahren noch nicht rechtskräftig abgeschlossen oder in höherer Instanz anhängig ist, von Amts wegen oder auf Antrag andere, deren rechtliche Interessen durch die Entscheidung berührt werden, beiladen.

(2) Sind an dem streitigen Rechtsverhältnis Dritte derart beteiligt, daß die Entscheidung auch ihnen gegenüber nur einheitlich ergehen kann, so sind sie beizuladen (notwendige Beiladung).

(3) [1]Kommt nach Absatz 2 die Beiladung von mehr als fünfzig Personen in Betracht, kann das Gericht durch Beschluß anordnen, daß nur solche Personen beigeladen werden, die dies innerhalb einer bestimmten Frist beantragen. [2]Der Beschluß ist unanfechtbar. [3]Er ist im Bundesanzeiger bekanntzumachen. [4]Er muß außerdem in Tageszeitungen veröffentlicht werden, die in dem Bereich verbreitet sind, in dem sich die Entscheidung voraussichtlich auswirken wird. [5]Die Bekanntmachung kann zusätzlich in einem von dem Gericht für Bekanntmachungen bestimmten Informations- und Kommunikationssystem erfolgen. [6]Die Frist muß mindestens drei Monate seit Veröffentlichung im Bundesanzeiger betragen. [7]In der Veröffentlichung in Tageszeitungen ist mitzuteilen, an welchem Tage die Frist abläuft. [8]Für die Wiedereinsetzung in den vorigen Stand bei Versäumung der Frist gilt § 60 entsprechend. [9]Das Gericht soll Personen, die von der Entscheidung erkennbar in besonderem Maße betroffen werden, auch ohne Antrag beiladen.

(4) ¹Der Beiladungsbeschluß ist allen Beteiligten zuzustellen. ²Dabei sollen der Stand der Sache und der Grund der Beiladung angegeben werden. ³Die Beiladung ist unanfechtbar.

1 § 65 regelt die **Beteiligung Dritter am Verwaltungsprozess.** Die Beiladung dient zunächst den Interessen des Beigeladenen, dem die Möglichkeit gegeben wird, seine rechtlichen Interessen zu wahren. Sie ist darüber hinaus auf eine Erstreckung der Rechtskraft (§ 121) auf den Beigeladenen gerichtet und ist in bestimmen Fällen Wirksamkeitsvoraussetzung der gerichtlichen Entscheidung (→ Rn. 17). Daneben kann die Beiladung dem Gericht die umfassende Aufklärung des Streitstoffs erleichtern (NK-VwGO Rn. 21). Eine Anwendung der Vorschriften der ZPO über die Haupt- und Nebenintervention (§§ 64, 66 ZPO) oder die Streitverkündung (§ 72 ZPO) neben § 65 scheidet nach hA aus (BVerwG Buchh 310 § 63 VwGO Nr. 8 zur Nebenintervention; Kopp/Schenke Rn. 2; NK-VwGO Rn. 35 ff.). Die Vorschriften über die Streitgenossenschaft (§§ 59 ff. ZPO) sind dagegen gem. § 64 VwGO entsprechend anwendbar (→ § 64 Rn. 1 ff.). Anders als der Streitgenosse ist der Beigeladene nicht Hauptbeteiligter nach § 61 Nrn. 1 und 2, sondern Drittbeteiligter in einem fremden Prozess (NK-VwGO Rn. 38).

2 § 65 gilt **grds. in allen Verfahrensarten,** also auch in Verfahren des vorläufigen Rechtsschutzes nach § 80 V und § 123 sowie gem. § 47 II 4 – allerdings beschränkt auf die einfache Beiladung nach § 65 I – im Normenkontrollverfahren (vgl. zu Letzterem ausführlich NK-VwGO Rn. 45 ff.; ferner → § 47 Rn. 27). Die Beiladung ist auch in der höheren Instanz zulässig, im Revisionsverfahren allerdings nur noch die notwendige Beiladung (§ 142 I). Unstatthaft ist die Beiladung dagegen im Berufungszulassungsverfahren (VGH BW NVwZ-RR 2000, 814; NK-VwGO § 124 Rn. 67; aA NK-VwGO § 65 Rn. 57) sowie im Revisionszulassungsverfahren gem. § 132 (BVerwG DVBl 2001, 914; Kopp/Schenke Rn. 4).

3 Beigeladen werden können nur „andere" (§ 65 I) bzw. **Dritte** (§ 65 II). Diese Voraussetzung erfüllt zB nicht eine Behörde des bereits klagenden oder verklagten Rechtsträgers (BVerwG NVwZ 2003, 216 f.). Beigeladen werden kann nur, wer nach § 61 beteiligungsfähig ist (→ § 61 Rn. 1 ff.).

I. Einfache Beiladung (I)

4 Die einfache Beiladung nach § 65 I setzt voraus, dass die **rechtlichen Interessen des Dritten** durch die verwaltungsgerichtliche Entscheidung **berührt** werden. „Berühren" ist weniger als „verletzen" (§ 113 I 1). Ausreichend ist deshalb, dass sich die rechtliche Position des Beigeladenen durch die gerichtliche Entscheidung je nach Ausgang verbessern oder verschlechtern könnte (BVerwG NVwZ-RR 1999, 276; vgl. auch BVerwG Buchh 310 § 65 VwGO Nr. 151, wonach die Möglichkeit einer Einwirkung auf das rechtliche Interesse des Dritten ausreicht). Dabei ist unerheblich, ob die möglicherweise betroffene Rechtsposition auf öffentlichem oder privatem Recht beruht (BVerwGE 64, 67 (69 f.)).

Die Voraussetzungen des § 65 I werden etwa **bejaht** hinsichtlich der Gemeinde bei der Klage eines Bauherrn auf Erteilung einer Baugenehmigung, wenn in dem Verfahren unter anderem die Gültigkeit des Bebauungsplans zweifelhaft ist (BVerwG NVwZ 1994, 265), hinsichtlich des Bauherrn bei einer Klage der Gemeinde gegen die Ersetzung ihres Einvernehmens für die Erteilung einer Baugenehmigung durch die Bauaufsichtsbehörde (BayVGH BRS 42 Nr. 175), hinsichtlich des Verkäufers eines Grundstücks, der zugesichert hat, dass der Erschließungsbeitrag bezahlt sei, bei Anfechtung eines Erschließungsbeitragsbescheides (BVerwGE 64, 67) oder bei gewillkürter Rechtskrafterstreckung durch einen sog. Anschlussvergleich (OVGE 28, 200, 201 f.) sowie bei presserechtlichen Auskunftsansprüchen hinsichtlich desjenigen, dessen persönliche Daten preisgegeben werden sollen (OVG Berlin-Brandenburg, B. v. 19.6.2019 – OVG 6 S 19.19). **5**

Nicht ausreichend ist dagegen die bloße zu erwartende präjudizielle Wirkung der gerichtlichen Entscheidung auf gleichgelagerte Fälle (Kopp/Schenke Rn. 12). Eine einfache Beiladung von Verbänden scheidet im Regelfall aus, wenn nur die Interessen der Mitglieder berührt werden (NK-VwGO Rn. 86, Kopp/Schenke Rn. 12a). Natur- und Umweltschutzverbände, denen ein Verbandsklagerecht zusteht (§ 61 BNatSchG, §§ 1 ff. UmwRG), können gem. § 65 I beigeladen werden, soweit Interessen betroffen sind, die nach den genannten Vorschriften rechtlichen Schutz genießen (HmbOVG DVBl 2009, 603; Kopp/Schenke Rn. 12a). Eine Beiladung kommt hingegen nicht in Betracht, soweit der Betreffende in Bezug auf den Streitgegenstand selbst klagebefugt ist, aber davon keinen Gebrauch macht. **6**

Liegen die Voraussetzungen des § 65 I vor, steht es im **Ermessen des Gerichts,** ob es die Beiladung ausspricht (BVerwG NJW 1971, 1419). Kriterium dafür kann sein, ob ein entsprechender Antrag gestellt und damit ein Beteiligungsinteresse artikuliert wird. Ein Anspruch auf einfache Beiladung besteht nicht. **7**

II. Notwendige Beiladung (II)

Ein Fall der notwendigen Beiladung nach § 65 II liegt vor, wenn der Dritte an dem streitigen Verhältnis derart beteiligt ist, dass die Entscheidung auch ihm gegenüber nur einheitlich ergehen kann. Diese Voraussetzung liegt vor, wenn **die Sachentscheidung gleichzeitig unmittelbar und zwangsläufig die Rechte des Dritten gestaltet, bestätigt oder feststellt, verändert oder aufhebt** (BVerwG NJW 1978, 1278). Die Notwendigkeit einer einheitlichen Entscheidung muss sich dabei aus Rechtsgründen ergeben (BVerwGE 51, 275; 55, 11). Es genügt nicht, dass eine einheitliche Entscheidung logisch notwendig erscheint (BVerwGE 55, 11; Kopp/Schenke Rn. 15). **8**

Bei der Anfechtungsklage liegt ein Fall der notwendigen Beiladung insbes. bei Klagen gegen **VA mit Doppelwirkung** vor, also zB bei der Anfechtungsklage des Nachbarn gegen die Baugenehmigung hinsichtlich des Bauherrn. **9**

Kein Fall der notwendigen Beiladung liegt jedoch bezüglich der übrigen von der Baugenehmigung betroffenen Nachbarn vor (BVerwG NJW 1975, 70). Keine notwendige Beiladung ist ferner gegeben hinsichtlich der weiteren Adressaten einer **Allgemeinverfügung** iSv § 35 S. 2 VwVfG, etwa bei Klagen gegen Verkehrszeichen (Kopp/Schenke Rn. 17c). Bei der Verpflichtungsklage sind die Bedingungen des § 65 II etwa erfüllt bei der Klage auf ordnungsbehördliches **Einschreiten gegen einen Dritten**, also etwa bei der Klage eines Nachbarn auf Erlass einer bauordnungsrechtlichen Verfügung hinsichtlich des Bauherrn (BVerwG NJW 1993, 79) oder bei einer Verpflichtungsklage, die sich auf die Ungültigkeitserklärung einer Wahl richtet, hinsichtlich des Gewählten (BVerwG NVwZ-RR 1989, 109).

10   Fälle für eine notwendige Beiladung können auch dann vorliegen, wenn sich die Verpflichtungsklage auf den Erlass sog. **„mehrstufiger" VA** richtet, wenn also der begehrte VA nur mit Zustimmung der Behörde eines anderen Rechtsträgers erlassen werden darf, so zB bei der Klage auf Einbürgerung gegen das Land, soweit die Zustimmung des Bundes erforderlich ist (Beiladung der Bundesrepublik, BVerwG NJW 1984, 72) oder bei Klage auf Erteilung einer Baugenehmigung hinsichtlich der Gemeinde, deren verweigertes Einvernehmen durch das Urteil ersetzt wird (BVerwG Beschl. v. 29.7.2013 – 4 C 1.13). Bei einer Leistungsklage in Form einer vorbeugenden Unterlassungsklage liegt ein Fall der notwendigen Beiladung zB vor bei der Klage eines Bewerbers um einen Beamtenposten auf Unterlassung der Ernennung hinsichtlich des **Konkurrenten** (Kopp/Schenke Rn. 19). Keine notwendige Beiladung soll hingegen vorliegen in Fällen der Rechtskrafterstreckung nach §§ 325 bis 327 ZPO (BVerwG NJW 1985, 281; Kopp/Schenke Rn. 20; str.).

11   Liegen die Voraussetzungen der notwendigen Beiladung nach § 65 II vor, **muss das Gericht beiladen,** Ermessen besteht hier nicht. Ob die Beiladung auch dann erfolgen muss, wenn die Klage offensichtlich unzulässig ist, erscheint zweifelhaft (bejahend etwa Kopp/Schenke Rn. 21, anders wohl BVerwG NVwZ-RR 1989, 109 „kaum sinnvolle Förmelei").

III. Beiladungsverfahren

12   Die Beiladung erfolgt **vAw oder auf Antrag** der Hauptbeteiligten oder des Beizuladenden durch Beiladungsbeschluss, der nach § 65 IV 1 allen Beteiligten zuzustellen ist. Verkündung des Beiladungsbeschlusses in der mündlichen Verhandlung ist jedenfalls dann ausreichend, wenn der Beizuladende und alle Beteiligten anwesend oder ordnungsgemäß vertreten sind (BFH NVwZ 1988, 767; weitergehend Kopp/Schenke Rn. 25). Mit der Zustellung des Beiladungsbeschlusses sollen dem Beigeladenen der Stand der Sache und der Grund der Beiladung angegeben werden. Letzteres erfolgt üblicherweise in der Begründung des Beiladungsbeschlusses; der Stand der Sache wird dem Beigeladenen im Regelfall dadurch zur Kenntnis gebracht, dass ihm die Klageschrift sowie weitere bereits ausgetauschte Schriftsätze der Hauptbeteiligten in Abschrift übersandt werden.

13   § 65 III enthält besondere Bestimmungen für die **Beiladung in Massenverfahren.** Voraussetzung ist, dass die Beiladung von mehr als fünfzig Personen in Betracht kommt (§ 65 III 1). Die praktische Bedeutung der Vorschrift ist gering (vgl. etwa Kopp/Schenke Rn. 26).

Der **die Beiladung aussprechende Beschluss** ist nach § 65 IV 3 **un-** **14** **anfechtbar.** Eine Ausnahme davon wird für den Fall diskutiert, dass dem Beigeladenen durch die Beiladung ein eigenes Klagerecht abgeschnitten wird (NK-VwGO Rn. 166). Wird die Beiladung **abgelehnt**, ist gem. § 146 die **Beschwerde** gegeben, falls das Verwaltungsgericht entschieden hat. Ist die Beiladung erst im Berufungsverfahren abgelehnt worden, ist der Beschluss nach § 152 hingegen unanfechtbar. Im Falle der einfachen Beiladung ist das Beschwerdegericht nicht auf eine Nachprüfung der Ermessensausübung durch das VG beschränkt, sondern übt Ermessen in vollem Umfang selbst aus (Kopp/Schenke Rn. 38). Ist ein zwischenzeitlich in der Hauptsache ergangenes Urteil des Verwaltungsgerichts durch Rechtsmittel angefochten worden, erledigt sich die Beschwerde, da das Beschwerde- und Rechtsmittelgericht die Beiladung selbst anordnen kann (NK-VwGO Rn. 167). Beim Berufungszulassungsantrag gilt dies allerdings erst dann, wenn die Berufung zugelassen worden ist, weil eine Beiladung während des Zulassungsverfahrens nicht in Betracht kommt (→ Rn. 2).

Wenn die rechtlichen Voraussetzungen einer ausgesprochenen Beiladung **15** nicht oder nicht mehr vorliegen, kann und muss im Regelfall das Gericht den Beiladungsbeschluss vAw wieder **aufheben.** Über die außergerichtlichen **Kosten des Beigeladenen** entscheidet das Gericht nach § 162 III (→ § 162 Rn. 63 ff.).

IV. Folgen einer unterbliebenen Beiladung

Unterbleibt die **einfache Beiladung** nach § 65 I, wirkt sich dies auf den **16** Bestand des Urteils oder Beschlusses nicht aus (BVerwG NJW 1971, 1419). Eine Rechtskrafterstreckung auf den Dritten nach § 121 tritt nicht ein.

Wird eine **notwendige Beiladung** nach § 65 II unterlassen, liegt ein Ver- **17** fahrensfehler vor (NK-VwGO Rn. 184). Zur Einlegung von Rechtsmitteln gegen die Sachentscheidung ist der übergangene notwendig Beizuladende nicht berechtigt. Eine Verfahrensrüge des Klägers oder des Beklagten ist regelmäßig deshalb ausgeschlossen, weil das Unterbleiben der notwendigen Beiladung keine materielle Beschwer des Hauptbeteiligten begründet. Der Hauptbeteiligte hat nämlich regelmäßig kein subjektives Recht auf die fehlerfreie Anwendung des § 65 II (BVerwG NVwZ-RR 2010, 37).

Im **Anfechtungsprozess** gegen einen **VA mit Doppelwirkung** führt die **18** unterbliebene notwendige Beiladung allerdings zur Unwirksamkeit des Urteils, wenn dem Urteil Gestaltungswirkung zukommt (Kopp/Schenke Rn. 43). Wurde die Anfechtungsklage abgewiesen, so fehlt diese Gestaltungswirkung (BVerwGE 18, 124). Bei der **Verpflichtungsklage** berührt die unterlassene notwendige Beiladung die Wirksamkeit des Urteils nicht. Der notwendig Beizuladende ist dadurch hinreichend geschützt, dass ihm gegenüber das Urteil nicht rechtskräftig wird mit der Folge, dass er gegen eine aufgrund des Verpflichtungsurteils ergangene Behördenentscheidung Anfechtungsklage erheben kann. In der Revisionsinstanz kann die notwendige Beiladung nachgeholt werden (§ 142 I 2). Geschieht dies, ist eine Zurückverweisung nur dann geboten, wenn der übergangene Dritte hieran ein berechtigtes Interesse hat (BVerwG Buchh 310 § 144 VwGO Nr. 64).

§ 66 [Prozessuale Rechte des Beigeladenen]

[1] Der Beigeladene kann innerhalb der Anträge eines Beteiligten selbständig **Angriffs- und Verteidigungsmittel** geltend machen und alle **Verfahrenshandlungen** wirksam vornehmen. [2] Abweichende Sachanträge kann er nur stellen, wenn eine notwendige Beiladung vorliegt.

1 § 66 enthält Regelungen über die prozessuale Rechtsstellung des Beigeladenen. Nach § 66 1 kann der Beigeladene innerhalb der Anträge eines Beteiligten selbstständig Angriffs- und Verteidigungsmittel geltend machen und alle **Verfahrenshandlungen** wirksam vornehmen. **Abweichende Sachanträge** darf nach § 66 S. 2 nur der notwendig Beigeladene stellen. Die infolge endgültiger Prozesshandlungen des Gerichts oder der Hauptbeteiligten entstandene Prozesslage, die er bei seiner Beiladung vorfindet, muss der Beigeladene grundsätzlich hinnehmen.

2 Der Beigeladene kann eine **Verfahrensbeendigung** in der Hauptsache durch Klagerücknahme oder überstimmende Erledigungserklärungen der Hauptbeteiligten nicht verhindern; seiner Zustimmung bedarf es nicht (BVerwG ZLW 2014, 159). Dies gilt auch für den notwendig Beigeladenen (BVerwG NVwZ-RR 1992, 276) und selbst dann, wenn er in der Rechtsmittelinstanz Rechtsmittelführer ist (NK-VwGO Rn. 18). Beim **Prozessvergleich** kommt es darauf an, ob der Vergleich in materielle Rechte des Beigeladenen eingreift. Ist dies der Fall, ist seine Zustimmung erforderlich; sonst ist der Vergleich auch als Prozesshandlung unwirksam und entfaltet keine prozessbeendende Wirkung. Das **Ruhen des Verfahrens** kann ohne Zustimmung des einfach Beigeladenen, im Unterschied zum notwendig Beigeladenen, angeordnet werden. **Rechtsmittel** kann der Beigeladene wie ein Hauptbeteiligter einlegen (BVerwG NVwZ 1984, 718).

§ 67 [Prozessbevollmächtigte und Beistände]

(1) Die Beteiligten können vor dem Verwaltungsgericht den Rechtsstreit selbst führen.

(2) [1] Die Beteiligten können sich durch einen Rechtsanwalt oder einen Rechtslehrer an einer staatlichen oder staatlich anerkannten Hochschule eines Mitgliedstaates der Europäischen Union, eines anderen Vertragsstaates des Abkommens über den Europäischen Wirtschaftsraum oder der Schweiz, der die Befähigung zum Richteramt besitzt, als Bevollmächtigten vertreten lassen. [2] Darüber hinaus sind als Bevollmächtigte vor dem Verwaltungsgericht vertretungsbefugt nur
1. Beschäftigte des Beteiligten oder eines mit ihm verbundenen Unternehmens (§ 15 des Aktiengesetzes); Behörden und juristische Personen des öffentlichen

Rechts einschließlich der von ihnen zur Erfüllung ihrer öffentlichen Aufgaben gebildeten Zusammenschlüsse können sich auch durch Beschäftigte anderer Behörden oder juristischer Personen des öffentlichen Rechts einschließlich der von ihnen zur Erfüllung ihrer öffentlichen Aufgaben gebildeten Zusammenschlüsse vertreten lassen,

2. volljährige Familienangehörige (§ 15 der Abgabenordnung, § 11 des Lebenspartnerschaftsgesetzes), Personen mit Befähigung zum Richteramt und Streitgenossen, wenn die Vertretung nicht im Zusammenhang mit einer entgeltlichen Tätigkeit steht,

3. Steuerberater, Steuerbevollmächtigte, Wirtschaftsprüfer und vereidigte Buchprüfer, Personen und Vereinigungen im Sinn des § 3a des Steuerberatungsgesetzes sowie Gesellschaften im Sinn des § 3 Nr. 2 und 3 des Steuerberatungsgesetzes, die durch Personen im Sinn des § 3 Nr. 1 des Steuerberatungsgesetzes handeln, in Abgabenangelegenheiten,

4. berufsständische Vereinigungen der Landwirtschaft für ihre Mitglieder,

5. Gewerkschaften und Vereinigungen von Arbeitgebern sowie Zusammenschlüsse solcher Verbände für ihre Mitglieder oder für andere Verbände oder Zusammenschlüsse mit vergleichbarer Ausrichtung und deren Mitglieder,

6. Vereinigungen, deren satzungsgemäße Aufgaben die gemeinschaftliche Interessenvertretung, die Beratung und Vertretung [der Leistungsempfänger nach dem sozialen Entschädigungsrecht oder der behinderten Menschen][1] wesentlich umfassen und die unter Berücksichtigung von Art und Umfang ihrer Tätigkeit sowie ihres Mitgliederkreises die Gewähr für eine sachkundige Prozessvertretung bieten, für ihre Mitglieder in Angelegenheiten [der Kriegsopferfürsorge und][2] des Schwerbehindertenrechts sowie der damit im Zusammenhang stehenden Angelegenheiten,

7. juristische Personen, deren Anteile sämtlich im wirtschaftlichen Eigentum einer der in den Nummern 5 und 6 bezeichneten Organisationen stehen, wenn die juristische Person ausschließlich die Rechtsberatung und Prozessvertretung dieser Organisation und ihrer Mitglieder oder anderer Verbände oder Zusammenschlüsse mit vergleichbarer Ausrichtung und deren Mitglieder entsprechend deren Satzung durchführt, und wenn die Organisation für die Tätigkeit der Bevollmächtigten haftet.

[3]Bevollmächtigte, die keine natürlichen Personen sind, handeln durch ihre Organe und mit der Prozessvertretung beauftragten Vertreter.

(3) [1]Das Gericht weist Bevollmächtigte, die nicht nach Maßgabe des Absatzes 2 vertretungsbefugt sind, durch unanfechtbaren Beschluss zurück. [2]Prozesshandlungen eines nicht vertretungsbefugten Bevollmächtigten und Zustellungen oder Mitteilungen an diesen Bevollmächtigten sind bis zu seiner Zurückweisung wirksam. [3]Das Gericht kann den in Absatz 2 Satz 2 Nr. 1 und 2 bezeichneten Bevollmächtigten durch unanfechtbaren Beschluss die weitere Vertretung untersagen, wenn sie nicht in der Lage sind, das Sach- und Streitverhältnis sachgerecht darzustellen.

(4) [1]Vor dem Bundesverwaltungsgericht und dem Oberverwaltungsgericht müssen sich die Beteiligten, außer im Prozesskostenhilfeverfahren, durch Prozess-

---

[1] Text ab 1.1.2024: „von Menschen mit Behinderungen".
[2] Gestrichen ab 1.1.2024 (→ Rn. 1).

bevollmächtigte vertreten lassen. ²Dies gilt auch für Prozesshandlungen, durch die ein Verfahren vor dem Bundesverwaltungsgericht oder einem Oberverwaltungsgericht eingeleitet wird. ³Als Bevollmächtigte sind nur die in Absatz 2 Satz 1 bezeichneten Personen zugelassen. ⁴Behörden und juristische Personen des öffentlichen Rechts einschließlich der von ihnen zur Erfüllung ihrer öffentlichen Aufgaben gebildeten Zusammenschlüsse können sich durch eigene Beschäftigte mit Befähigung zum Richteramt oder durch Beschäftigte mit Befähigung zum Richteramt anderer Behörden oder juristischer Personen des öffentlichen Rechts einschließlich der von ihnen zur Erfüllung ihrer öffentlichen Aufgaben gebildeten Zusammenschlüsse vertreten lassen. ⁵Vor dem Bundesverwaltungsgericht sind auch die in Absatz 2 Satz 2 Nr. 5 bezeichneten Organisationen einschließlich der von ihnen gebildeten juristischen Personen gemäß Absatz 2 Satz 2 Nr. 7 als Bevollmächtigte zugelassen, jedoch nur in Angelegenheiten, die Rechtsverhältnisse im Sinne des § 52 Nr. 4 betreffen, in Personalvertretungsangelegenheiten und in Angelegenheiten, die in einem Zusammenhang mit einem gegenwärtigen oder früheren Arbeitsverhältnis von Arbeitnehmern im Sinne des § 5 des Arbeitsgerichtsgesetzes stehen, einschließlich Prüfungsangelegenheiten. ⁶Die in Satz 5 genannten Bevollmächtigten müssen durch Personen mit der Befähigung zum Richteramt handeln. ⁷Vor dem Oberverwaltungsgericht sind auch die in Absatz 2 Satz 2 Nr. 3 bis 7 bezeichneten Personen und Organisationen als Bevollmächtigte zugelassen. ⁸Ein Beteiligter, der nach Maßgabe der Sätze 3, 5 und 7 zur Vertretung berechtigt ist, kann sich selbst vertreten.

(5) ¹Richter dürfen nicht als Bevollmächtigte vor dem Gericht auftreten, dem sie angehören. ²Ehrenamtliche Richter dürfen, außer in den Fällen des Absatzes 2 Satz 2 Nr. 1, nicht vor einem Spruchkörper auftreten, dem sie angehören. ³Absatz 3 Satz 1 und 2 gilt entsprechend.

(6) ¹Die Vollmacht ist schriftlich zu den Gerichtsakten einzureichen. ²Sie kann nachgereicht werden; hierfür kann das Gericht eine Frist bestimmen. ³Der Mangel der Vollmacht kann in jeder Lage des Verfahrens geltend gemacht werden. ⁴Das Gericht hat den Mangel der Vollmacht von Amts wegen zu berücksichtigen, wenn nicht als Bevollmächtigter ein Rechtsanwalt auftritt. ⁵Ist ein Bevollmächtigter bestellt, sind die Zustellungen oder Mitteilungen des Gerichts an ihn zu richten.

(7) ¹In der Verhandlung können die Beteiligten mit Beiständen erscheinen. ²Beistand kann sein, wer in Verfahren, in denen die Beteiligten den Rechtsstreit selbst führen können, als Bevollmächtigter zur Vertretung in der Verhandlung befugt ist. ³Das Gericht kann andere Personen als Beistand zulassen, wenn dies sachdienlich ist und hierfür nach den Umständen des Einzelfalls ein Bedürfnis besteht. ⁴Absatz 3 Satz 1 und 3 und Absatz 5 gelten entsprechend. ⁵Das von dem Beistand Vorgetragene gilt als von dem Beteiligten vorgebracht, soweit es nicht von diesem sofort widerrufen oder berichtigt wird.

Übersicht

Der mWv **1.7.2008** (G v. 12.12.2007, BGBl. I 2840) grundlegend umge- **1** staltete § 67 regelt die Vertretung der Beteiligten vor den VG aller Instanzen. Mit dem Gesetz zur Regelung des Sozialen Entschädigungsrechts vom 12.12.2019 (BGBl. I S. 2652) wird § 67 II Nr. 6 mWv 1.1.2024 geändert (Wegfall der Vertretung der Leistungsempfänger nach dem sozialen Entschädigungsrecht).

Die Befugnis zur Vertretung vor den VG ist nunmehr **abschließend in der 2 VwGO** geregelt. Das an die Stelle des Rechtsberatungsgesetzes getretene Rechtsdienstleistungsgesetz (RDLG) betrifft nur außergerichtliche Dienstleistungen und enthält keinerlei Einschränkung für das gerichtliche Verfahren.

I. Vertretung vor dem Verwaltungsgericht

1. Selbstvertretung und Vertretung durch Rechtsanwälte

Nach § 67 I können die Beteiligten vor dem Verwaltungsgericht (§§ 2, 5) **3** den Rechtsstreit selbst führen (Selbstvertretungsrecht). Sie können sich aber auch vertreten lassen. Hierzu bestimmt § 67 II abschließend, durch wen sich die Beteiligten vor dem Verwaltungsgericht vertreten lassen können. Nach § 67 II 1 ist ein Rechtsanwalt oder ein Rechtslehrer an einer staatlichen oder staatlich anerkannten Hochschule eines EU- oder EWR-Mitgliedstaates oder der Schweiz mit Befähigung zum Richteramt als Bevollmächtigter zugelassen. **Rechtsanwalt** idS ist der bei einem deutschen Gericht nach den Vorschriften der BRAO zugelassene Anwalt (BVerwG NJW 1998, 2991).

Durch § 3 I Nr. 5 des Einleitungsgesetzes zum RDLG sind **Kammer- 4 rechtsbeistände** Rechtsanwälten **gleichgestellt.** Dies soll auch für die Vertretung vor den VG, einschließlich dem OVG und dem BVerwG, gelten (BeckOK VwGO Rn. 19; Kopp/Schenke Rn. 7; aA für die Vertretung vor dem OVG: OVG NRW NJW 2009, 386).

Die Tätigkeit von Anwälten, die in EU-Mitgliedstaaten, EWR-Vertrags- **5** staaten oder der Schweiz zugelassen sind, ist im Gesetz über die Europäischen Rechtsanwälte in Deutschland (EURAG) geregelt. Sofern der **ausländische Rechtsanwalt** grenzüberschreitend tätig ist, darf er im Einvernehmen mit einem bei dem jeweiligen Gericht zugelassenen Anwalt vor dem deutschen

Gericht auftreten (vgl. §§ 25 und 28 EURAG; vgl. näher etwa Kopp/
Schenke Rn. 8 sowie OVG NRW Beschl. v. 20.1.2020 – 4 B 1263/19 –
juris).).

2. Vertretung durch Rechtslehrer

6   Zu den **Rechtslehrern** an einer deutschen Hochschule iSv § 67 II 1 zählen
auch der emeritierte oder pensionierte Professor, der Honorarprofessor sowie
der Privatdozent, nicht jedoch auch ein Lehrbeauftragter oder Wissenschaftli-
cher Oberrat (Kopp/Schenke Rn. 9). Die Befähigung zum Richteramt steht
gem. § 5 DRiG nicht nur demjenigen zu, der zwei juristische Staatsprüfungen
abgelegt hat, sondern nach § 7 DRiG auch dem ordentlichen Professor der
Rechte. Insofern ist der Begriff weiter gefasst als in der Regelung über die
Richter im Nebenamt nach § 16 (dort → Rn. 3).

6a   Die Ausweitung auf Hochschullehrer an Hochschulen aus dem EU- und
EWR-Raum sowie der Schweiz durch G v. 22.12.2010 (BGBl. I 2248) dient
der Umsetzung der DienstleistungsRL im Bereich der Justiz. Voraussetzung
bleibt stets die Befähigung zum Richteramt nach dem DRiG.

3. Weitere Vertretungsberechtigte

7   § 67 II 2 begrenzt gegenüber der früheren Rechtslage den Kreis der Vertretungsbefugten und zählt abschließend die weiteren zur Vertretung vor dem
Verwaltungsgericht befugten Bevollmächtigten auf (dazu eingehend etwa
Kopp/Schenke Rn. 10 ff.). Von Bedeutung ist insb. die **Vertretungsbefugnis der Mitarbeiter** eines öffentlich-rechtlichen oder privatrechtlichen Ar-
beitgebers nach § 67 II 2 Nr. 1, die für Behörden und juristische Personen
des öffentlichen Rechts erweitert ist auf Beschäftigte anderer Behörden,
juristischer Personen des öffentlichen Rechts und ihrer Zusammenschlüsse.
Die **unentgeltliche Prozessvertretung** iSv § 67 II 2 Nr. 2 erfasst nur streng
uneigennützige Dienstleistungen, wobei ein Auslagenersatz allerdings unschädlich ist. Die **Befähigung zum Richteramt** erfasst auch die Gleichstellung für Diplomjuristen aus dem Beitrittsgebiet. Unter **Abgabenangelegenheiten** iSv § 67 II 2 Nr. 3 sind in erster Linie Steuerstreitigkeiten zu
verstehen. Inwieweit Beiträge, Gebühren und sonstige Abgaben mit Finanzierungsfunktion ebenfalls darunter fallen, ist umstritten (vgl. etwa BeckOK
VwGO Rn. 34; NK-VwGO Rn. 29; OVG NRW NVwZ-RR 2006, 151).
Keine Abgabenangelegenheiten sind jedenfalls Streitigkeiten über Kosten der
Verwaltungsvollstreckung (insb. Kosten der Ersatzvornahme). Ebenfalls keine
Abgabenangelegenheit ist die Rückforderung von Lastenausgleichsentschädi-
gung. Ein Steuerberater, der in einem solchen Verfahren vor dem Verwal-
tungsgericht als Prozessbevollmächtigter aufgetreten ist, kann daher nicht
Kostenerstattung nach § 162 Abs. 2 Satz 1 VwGO verlangen (OVG Bln-Bbg
Beschl v. 21.1.2020 – OVG 6 K 99.18).

8   Anders als § 67 aF ist nunmehr auch die **Vertretung durch Vereinigungen und juristische Personen** zulässig. Für diese Fälle bestimmt § 67 II 3,

dass Bevollmächtigte, die keine natürlichen Personen sind, durch ihre Organe und mit der Prozessvertretung beauftragte Vertreter handeln.

4. Befugnisse des Vertretenen

Durch die Bestellung eines Bevollmächtigten für das Verfahren vor dem Verwaltungsgericht ist die Befugnis des Beteiligten zu **eigenem Vortrag** und zur Vornahme **eigener Prozesshandlungen** nicht beschränkt. Bei sich widersprechenden Erklärungen von Bevollmächtigten und Beteiligten ist im Zweifel die spätere maßgeblich (Kopp/Schenke Rn. 21). Zustellungen und Mitteilungen sind gem. § 67 VI 4 an den Bevollmächtigten zu richten. **9**

5. Zurückweisung

Bevollmächtigte, die nicht nach § 67 II vertretungsbefugt sind, **weist das Gericht** durch Beschluss, der unanfechtbar ist, **zurück** (§ 67 III 1). Prozesshandlungen eines nicht vertretungsbefugten Bevollmächtigten und Zustellung oder Mitteilung an diesen Bevollmächtigten bleiben allerdings bis zu seiner Zurückweisung wirksam (§ 67 III 3). Bevollmächtigten nach § 67 II 2 Nr. 1 und 2 kann das Gericht durch unanfechtbaren Beschluss die **weitere Vertretung untersagen,** wenn sie nicht in der Lage sind, das Sach- und Streitverhältnis sachgerecht darzustellen. Da erst der unanfechtbare Untersagungsbeschluss zum Wegfall der Vertretungsbefugnis führt, bedarf es anders als für die Fälle des § 67 III 1 keiner besonderen gesetzlichen Regelung über die Wirksamkeit der bis zur Untersagung vorgenommenen Prozesshandlungen des Bevollmächtigten (BeckOK VwGO Rn. 17). **10**

II. Vertretung vor dem OVG und dem BVerwG

1. Grundsatz

Vor dem **OVG** und dem **BVerwG** besteht gem. § 67 IV regelmäßig Vertretungszwang (vgl. zur verfassungsrechtlichen Zulässigkeit des Vertretungszwangs BVerfGE 74, 78 (93)). Der Vertretungszwang gilt grds. für sämtliche Verfahren vor dem OVG und dem BVerwG sowie für alle Prozesshandlungen, die ein Verfahren vor den genannten Gerichten einleiten (§ 67 IV 2), und zwar ungeachtet der Frage, vor welchem Gericht diese Handlungen vorgenommen worden sind (Kopp/Schenke Rn. 29). Das gilt auch für den Antrag nach § 99 II auf Einleitung eines in-camera-Verfahrens (OVG Saarl Beschl. v. 14.1.2020 – 8 F 346/19). **11**

2. Ausnahmen vom Vertretungszwang

Der Vertretungszwang **gilt nicht** für das Verfahren auf Bewilligung von **Prozesskostenhilfe,** und zwar weder für Beschwerden gegen Prozesskostenhilfe für das erstinstanzliche Verfahren versagende Beschlüsse noch für Anträge auf Bewilligung von Prozesskostenhilfe für Verfahren vor dem OVG oder dem BVerwG. Kein Vertretungszwang besteht auch bei **Streitwert- und Kostenbeschwerden,** wie der Gesetzgeber durch Gesetz vom 30.7.2009 (BGBl. I **12**

2449) inzwischen klargestellt hat. In § 66 V 1 GKG ist auch für den Bereich der VwGO bestimmt, dass Anträge und Erklärungen – und damit auch der Rechtsbehelf betreffend die Wertfestsetzung oder den Kostenansatz selbst – auch ohne Mitwirkung eines Bevollmächtigten abgegeben werden können. Kein Vertretungszwang besteht ferner bei **Streitigkeiten über die Vergütung oder Entschädigung** von Sachverständigen, Zeugen, ehrenamtlichen Richtern oder Dolmetschern nach dem JVEG. Ferner besteht kein Vertretungszwang, wenn das OVG als **Flurbereinigungsgericht** tätig ist (§ 140 3 FlurbG, gilt nicht für Verfahren vor dem BVerwG, vgl. NVwZ-RR 2009, 621).

13   Die von der Rechtsprechung entwickelten **ungeschriebenen Ausnahmen** vom Vertretungszwang gelten im Grundsatz auch weiterhin (Kopp/ Schenke Rn. 31; vgl. auch BVerwG NVwZ 2009, 192). Hat der Kläger ohne einen Bevollmächtigten eine dem Vertretungszwang unterliegende Klage erhoben oder Rechtsmittel eingelegt, kann er diese selbst zurücknehmen (BVerwG NJW 1978, 1205; BVerwGE 14, 19; NVwZ 2009, 192). Entspr. gilt für die Zustimmung des Beklagten zu einer Klage- oder Rechtsmittelrücknahme (Kopp/Schenke Rn. 31). Keine Ausnahme vom Vertretungszwang dürfte allerdings – jedenfalls unter Zugrundelegung der aktuellen Rechtslage – für Erledigungserklärungen anzunehmen sein (Kopp/Schenke Rn. 31; s.a. § 161 Rn. 21, aA OVG NRW Beschl. v. 25.11.2019 – 4 A 2626/16). IÜ gilt der Vertretungszwang für alle Prozesshandlungen und erfasst auch das tatsächliche und rechtliche Vorbringen eines Beteiligten. Die Unbeachtlichkeit von Sachvortrag hat Relevanz, soweit es für das Gericht auf das Dargelegte ankommt, namentlich im Zulassungsverfahren, ansonsten hat sie wegen des Untersuchungsgrundsatzes nur begrenzte faktische Relevanz (Kopp/Schenke Rn. 32).

3. Persönlicher Geltungsbereich

14   In persönlicher Hinsicht gilt der Vertretungszwang nach § 67 IV 1 **für alle Beteiligten** iSv § 63. Ist der Beklagte, der Rechtsmittelgegner oder Beigeladene nicht entsprechend § 64 IV 1 vertreten, hindert dies die Durchführung des Verfahrens indes nicht. Die vorgenannten Beteiligten sind dann lediglich gehindert, Prozesshandlungen vorzunehmen und zur Sach- und Rechtslage in beachtlicher Weise vorzutragen. Umstritten ist, ob der Vertretungszwang auch für Zeugen gilt, die gegen ein Ordnungsgeld Beschwerde einlegen (vgl. BeckOK VwGO Rn. 52; Kopp/Schenke Rn. 33).

4. Qualitative Anforderungen

15   Aus dem Vertretungszwang ergeben sich darüber hinaus qualitative Anforderungen **an die Erklärungen des Prozessvertreters.** Er darf nicht lediglich Bote des Beteiligten sein, sondern muss eigenverantwortliche Erklärungen abgeben (vgl. BeckOK VwGO Rn. 53). Daher genügt eine pauschale Bezugnahme auf etwa von den Beteiligten selbst erstellte rechtliche Überlegungen ohne erkennbare eigenständige Würdigung durch den Prozessvertreter nicht den Anforderungen des Vertretungszwangs und ist prozessual unbeachtlich (BVerwGE 22, 38; NdsOVG NJW 2003, 3503; VGH BW NVwZ 1999, 429).

5. Vertretung vor dem OVG

Wer vor dem Oberverwaltungsgericht vertretungsbefugt ist, ergibt sich aus **16** §67 IV 3 ff. Soweit **Behörden oder juristische Personen** sich durch Beschäftigte mit Befähigung zum Richteramt vertreten lassen, ist es erforderlich, dass der vertretungsgebundene Schriftsatz von einem solchen Beschäftigten unterzeichnet worden ist. Die Existenz einer behördeninternen Weisung oder Billigung durch einen vertretungsberechtigten Bediensteten reicht nicht (BVerwG NVwZ 2005, 827). Die Existenz und das Fehlen von Zusätzen wie „in Vertretung" oder „im Auftrag" ist grds. irrelevant (Kopp/Schenke Rn. 36). Nach §67 IV 6 besteht ausnahmsweise eine **Selbstvertretungsbefugnis** für den Beteiligten, der nach Maßgabe von §67 Sätze 3 und 5 zur Vertretung berechtigt ist.

6. Vertretung vor dem BVerwG

Die Vertretung vor dem **Bundesverwaltungsgericht** unterliegt im Grund- **17** satz den gleichen Regelungen wie die Vertretung vor dem OVG (→ Rn. 16); ausgeschlossen ist allerdings eine Vertretung durch die in §67 IV 2 Nr. 3 bis 6 bezeichneten Personen und Organisationen.

7. Fehlende Postulationsfähigkeit

Einem Nichtvertretungsberechtigten fehlt die Postulationsfähigkeit. Sie ist **18** keine Sachentscheidungsvoraussetzung im engeren Sinne. **Folge fehlender Postulationsfähigkeit** ist grds. die Unwirksamkeit der Prozesshandlung. Klage, Berufung, Berufungszulassungsantrag, Revision, Zulassungsbeschwerde, Anträge auf Gewährung vorläufigen Rechtsschutzes etc. sind bei fehlender Postulationsfähigkeit als unzulässig zu verwerfen. Eine Heilung durch Genehmigung eines vertretungsbefugten Bevollmächtigten ist nicht möglich (BVerwG NVwZ 2002, 82).

III. Prozessvertretung durch Richter

Gemäß §67 V 1 dürfen **Berufsrichter** (→ §15 Rn. 1) nicht als Bevoll- **19** mächtigte vor dem Gericht auftreten, dem sie angehören. Die Regelung will Interessenkonflikte und den Anschein der Voreingenommenheit vermeiden. Sie soll auch das Auftreten von Präsidialrichtern erfassen (OVG NRW NVwZ-RR 2015, 358), obwohl diese nicht „als Bevollmächtigte" des Gerichtspräsidenten auftreten. Das Auftreten eines beauftragten nichtrichterlichen Bediensteten des Gerichts mit der Befähigung zum Richteramt hindert die Norm hingegen nicht (BVerwG ZD 2016, 34). Inwieweit aus der Norm nach ihrem Sinn und Zweck auch ein Auftrittsverbot für den Präsidenten ergibt, soweit er in einem Prozess als zuständige Behörde das verfahrensbeteiligte Land vertritt, erscheint offen. Nicht erfasst sind jedenfalls die Fälle, in denen der Präsident selbst Beteiligter des Rechtsstreits ist, etwa als Vorsitzender des Präsidiums oder des Präsidialrats. Die **ehrenamtlichen Richter** (§§ 19 ff.) sind insoweit gleichgestellt, als sie nach § 67 V 2 nicht vor einem Spruchkörper auftreten dürfen, dem sie angehören, dh durch Geschäftsverteilungsplan zugewiesen sind (→ § 4 Rn. 2). Eine Ausnahme hiervon besteht in den Fällen des § 67 II 2 Nr. 1 für Beschäftigte bei beteiligten Unternehmen und juristischen Personen des öffentlichen Rechts. Für ehrenamtliche Richter auf einer Hilfsliste (§ 30 II), soweit sie daneben keinem Spruchkörper zugewiesen sind, besteht keine Einschränkung. Entspr. gelten nach § 67 V 2 die Bestimmungen in § 67 III 1 und 2 über die Zurückweisung und die Wirksamkeit von Prozesshandlungen bis zur Zurückweisung.

IV. Prozessvollmacht

20 Die Vertretungsbefugnis wird im Außenverhältnis durch Erteilung einer Prozessvollmacht begründet; im Innenverhältnis kann ein Auftrags- oder (etwa bei Anwälten) ein Geschäftsbesorgungsverhältnis bestehen. Gemäß § 67 VI 1 ist die Prozessvollmacht **schriftlich** zu den Gerichtsakten einzureichen, mithin im handschriftlich unterzeichneten Original; die Vorlage einer (nicht beglaubigten) Fotokopie genügt nicht, wohl aber eine Übermittlung per Telefax (Kopp/Schenke Rn. 47; vgl. auch BVerwGE 81, 34). Das Gericht hat den Mangel der Vollmacht vAw zu berücksichtigen, wenn nicht als Bevollmächtigter ein Rechtsanwalt auftritt (VI 4); im letzteren Fall ist eine Prüfung nur auf Rüge eines Beteiligten veranlasst (BVerwG Beschl. v. 24.1.2019 – 4 B 21.18, juris Rn. 7). Die Vollmacht kann nachgereicht werden, wofür das Gericht eine Frist bestimmen kann (§ 67 VI 2).

21 Für **Inhalt und Umfang der Vollmacht** gelten die §§ 81 ff. ZPO. Die Wirksamkeit der Vollmacht ist von dem Innenverhältnis zwischen dem Beteiligten und dem Bevollmächtigten unabhängig. Gemäß §§ 85 II ZPO, 166 I BGB findet grds. eine Verschuldens- und Wissenszurechnung zu Lasten des Vertretenen statt. Die Bevollmächtigung endet – anders als beim Tod des Bevollmächtigten (BVerwG Buchh 310 § 67 VwGO Nr. 42) – nicht durch den Tod des Vollmachtgebers und auch nicht durch den Verlust der Prozessfähigkeit (§ 86 ZPO). Ist dem Gericht eine Vollmacht vorgelegt worden, so ist diese für das Gericht bis zu ihrem Widerruf beachtlich (BVerwG NJW 1983, 2155). Dies gilt auch bei der Bestellung eines weiteren Bevollmächtigten.

22 Besteht Vertretungszwang, wird der **Widerruf** einer Vollmacht nach § 173 VwGO iVm § 87 I ZPO erst mit der Anzeige der Bestellung eines anderen Vertreters wirksam. Zum Entzug der Zulassung eines Rechtsanwalts während des Verfahrens vgl. VGH BW NVwZ-RR 2002, 469. Der **vollmachtlose Vertreter** ist zurückzuweisen (Kopp/Schenke Rn. 51). Die von einem vollmachtlosen Vertreter erhobene Klage oder das von ihm eingelegte Rechtsmittel ist als unzulässig abzuweisen bzw. zu verwerfen. Die Entscheidung ergeht auch bei Fehlen der Vollmacht für und gegen den vollmachtlos vertretenen Beteiligten (ThP ZPO § 89 Rn. 10). Die **Rechtskraft** der Entscheidung beschränkt sich auf die Unzulässigkeit der Klage oder des Rechtsmittels in Folge der fehlenden Bevollmächtigung. Zur Frage der **Kostentragung** → vor § 154 Rn. 8.

V. Beistände

§ 67 VII regelt die Möglichkeit, sich in der Verhandlung eines Beistands zu **23**
bedienen; es kann sich um einen Sach- oder um einen Rechtsbeistand
handeln. Sachbeistände besitzen regelmäßig besondere Sachkenntnisse über
den Verfahrensgegenstand. Sie unterstützen den anwesenden Beteiligten. Bedient sich der Beteiligte im Anwendungsbereich des § 67 IV eines Beistandes,
so ist dieser auf die Rechte beschränkt, die auch dem erschienenen Beteiligten
zustehen (BeckOK VwGO Rn. 76).

Nach § 67 VII 2 kann Beistand nicht (mehr) jedermann, sondern grds. nur **24**
sein, wer nach § 67 II auch als Bevollmächtigter auftreten kann. Das Gericht
kann aber **andere Personen** als Beistand zulassen, wenn dies sachdienlich ist
und hierfür nach den Umständen des Einzelfalles ein Bedürfnis besteht
(§ 67 VII 3). Die Regelungen des § 67 III 1 und 3 und V (Unvereinbarkeitsregelung für Richter) gelten entsprechend (§ 67 VII 4). Das von dem Beistand Vorgetragene gilt als von dem Beteiligten vorgebracht, soweit es nicht
von diesem widerrufen oder berichtigt wird (§ 67 VII 5).

§ 67a [Gemeinsamer Bevollmächtigter]

(1) ¹Sind an einem Rechtsstreit mehr als zwanzig Personen im gleichen Interesse beteiligt, ohne durch einen Prozeßbevollmächtigten vertreten zu sein, kann das
Gericht ihnen durch Beschluß aufgeben, innerhalb einer angemessenen Frist einen
gemeinsamen Bevollmächtigten zu bestellen, wenn sonst die ordnungsgemäße
Durchführung des Rechtsstreits beeinträchtigt wäre. ²Bestellen die Beteiligten
einen gemeinsamen Bevollmächtigten nicht innerhalb der ihnen gesetzten Frist,
kann das Gericht einen Rechtsanwalt als gemeinsamen Vertreter durch Beschluß
bestellen. ³Die Beteiligten können Verfahrenshandlungen nur durch den gemeinsamen Bevollmächtigten oder Vertreter vornehmen. ⁴Beschlüsse nach den Sätzen 1 und 2 sind unanfechtbar.

(2) ¹Die Vertretungsmacht erlischt, sobald der Vertreter oder der Vertretene
dies dem Gericht schriftlich oder zu Protokoll des Urkundsbeamten der Geschäftsstelle erklärt; der Vertreter kann die Erklärung nur hinsichtlich aller Vertretenen
abgeben. ²Gibt der Vertretene eine solche Erklärung ab, so erlischt die Vertretungsmacht nur, wenn zugleich die Bestellung eines anderen Bevollmächtigten
angezeigt wird.

§ 67a soll die Durchführbarkeit von Großverfahren erleichtern, bei denen **1**
mehr als zwanzig Personen im gleichen Interesse beteiligt sind (§ 67a I 1). Da
bei Großverfahren im vorgenannten Sinne vielfach eine erstinstanzliche Zuständigkeit des OVG (§ 48 VwGO) oder des Bundesverwaltungsgerichts

gegeben ist und dort Anwaltszwang besteht (§ 67 IV), ist die praktische
Bedeutung gering (BeckOK VwGO Rn. 1).

8. Abschnitt. Besondere Vorschriften für Anfechtungs- und Verpflichtungsklagen

§ 68 [Vorverfahren]

(1) [1]Vor Erhebung der Anfechtungsklage sind Rechtmäßigkeit und Zweckmäßigkeit des Verwaltungsakts in einem Vorverfahren nachzuprüfen. [2]Einer solchen Nachprüfung bedarf es nicht, wenn ein Gesetz dies bestimmt oder wenn

1. der Verwaltungsakt von einer obersten Bundesbehörde oder von einer obersten
   Landesbehörde erlassen worden ist, außer wenn ein Gesetz die Nachprüfung
   vorschreibt, oder
2. der Abhilfebescheid oder der Widerspruchsbescheid erstmalig eine Beschwer
   enthält.

(2) Für die Verpflichtungsklage gilt Absatz 1 entsprechend, wenn der Antrag
auf Vornahme des Verwaltungsakts abgelehnt worden ist.

Übersicht

1   Die (erfolglose) Durchführung eines Vorverfahrens ist **Zulässigkeitsvoraussetzung** für die Anfechtungsklage (§ 68 I 1) und für die Verpflichtungsklage
(§ 68 II), es sei denn, einer solchen Nachprüfung bedarf es gem. § 68 I 2
VwGO nicht oder die Klage ist als sog. Untätigkeitsklage nach § 75 zulässig
(→ vor § 40 Rn. 39). Entgegen dem Wortlaut des § 68 I 1, nach dem die
Nachprüfung im Vorverfahren vor Erhebung der Anfechtungsklage stattzufinden hat, reicht es aus, dass die Überprüfung bis zum Zeitpunkt der gerichtlichen Entscheidung erfolgt ist (BVerwGE 4, 203; BVerwG NVwZ 1984,
507). Es handelt sich um eine sog. nachholbare Sachentscheidungsvoraussetzung (→ vor § 40 Rn. 8, 39). Als solche kommt es nicht darauf an, dass das
Widerspruchsverfahren von der Behörde in jeder Hinsicht richtig durchgeführt worden ist. Entscheidend ist nur, dass der Kläger das ihm Gebotene
unternommen hat, also ordnungsgemäß Widerspruch eingelegt und dessen
Durchführung durch die Behörde (in den Grenzen des § 75) abgewartet hat.

2   Das Vorverfahren dient dem Rechtsschutz des Bürgers, der Selbstkontrolle
der Verwaltung sowie der Entlastung der Gerichte („Filterwirkung", vgl.
BVerwG NVwZ-RR 2014, 869). Art. 19 IV GG gebietet das Vorverfahren
nicht. Im Hinblick auf Grundrechte kann ausnahmsweise etwas anderes gelten, wenn die Kontrolldichte vor Gericht beschränkt ist, insbes. durch nur
eingeschränkt überprüfbare Beurteilungsspielräume (vgl. zum Prüfungsrecht

BVerfG NVwZ 1993, 681). Die insoweit gebotene Selbstkontrolle erfolgt sinnvollerweise – wenn auch nicht zwingend – im Rahmen eines Vorverfahrens nach den §§ 68 ff.

I. Statthaftigkeit des Vorverfahrens

Voraussetzung ist das objektive **Vorliegen eines VA** iSv § 35 VwVfG. Dies **3** ist entsprechend § 133 BGB danach zu beurteilen, ob sich die Maßnahme aus der Sicht des verständigen Adressaten als VA darstellt (BVerwGE 41, 305 (306); 78, 3, 5). Auch ein nichtiger VA kann – muss aber nicht – Gegenstand eines Vorverfahrens sein (Bader Rn. 1; Kopp/Schenke Rn. 2). Kein Widerspruch ist hingegen zulässig beim noch nicht erlassenen VA; der VA wird erst existent, wenn er den internen Bereich der Behörde verlassen hat und mindestens einem Adressaten gem. § 41 VwVfG bekannt gegeben worden ist (→ § 42 Rn. 15 ff.; BVerwGE 25, 20 (21); NK-VwGO Rn. 84 und 87, Kopp/Schenke Rn. 2).

Der Widerspruch kann sich auf einen **Teil des VA** beschränken, wenn **4** dieser inhaltlich teilbar ist (BVerwGE 9, 110, 111; NK-VwGO Rn. 89). Das Gericht muss den Widerspruch nach seinem objektiven Erklärungswert auslegen. Wegen der isolierten Anfechtbarkeit von Nebenbestimmungen gilt das Gleiche wie im gerichtlichen Verfahren (→ § 42 Rn. 26 ff.).

Hat sich der VA vor Einlegung des Widerspruchs **erledigt,** so ist der **5** Widerspruch unstatthaft (BeckOK VwGO Rn. 18); der Widerspruch ist als unzulässig zurückzuweisen. Erledigt sich der durch Widerspruch angefochtene VA nach Einlegung des Widerspruchs, aber vor Erlass des Widerspruchsbescheides, wird das Verfahren eingestellt (BVerwGE 81, 226). Ein **Fortsetzungsfeststellungswiderspruch** analog § 113 I 2 ist unstatthaft (vgl. etwa BeckOK VwGO Rn. 19; aA Kopp/Schenke vor § 68 Rn. 2).

II. Prüfungsumfang und maßgeblicher Zeitpunkt

Der angegriffene VA wird im Vorverfahren regelmäßig einer **uneinge-** **6** **schränkten Prüfung** unterzogen (BVerwG BRS 77 Nr. 68), wobei die Widerspruchsbehörde vorbehaltlich besonderer gesetzlicher Regelung grds. keine weitergehende Prüfungs- und Entscheidungskompetenz als die Ausgangsbehörde besitzt (BVerwG NVwZ-RR 1989, 6). Die Prüfung der **Zweckmäßigkeit** eines VA ist auf Ermessensentscheidungen beschränkt. Ist der Widerspruch bei Teilbarkeit des VA beschränkt worden, so ist dies für die Prüfung im Vorverfahren bindend (BVerwG Buchh 427.3 § 337 Nr. 18). Ist der Widerspruch durch einen Dritten eingelegt worden, ist die Widerspruchsbehörde auf die Prüfung drittschützender Vorschriften beschränkt (Kopp/Schenke Rn. 9).

Ist im Ausgangsverwaltungsverfahren ein förmliches Einvernehmen einer **7** weiteren Behörde gesetzlich vorgeschrieben (zB § 36 BauGB), darf sich die Widerspruchsbehörde ebenso wie die Ausgangsbehörde nicht über das fehlende Einvernehmen hinwegsetzen (BVerwG NVwZ-RR 1989, 6; BeckOK VwGO § 68 Rn. 6). Nach hA ist die Widerspruchsbehörde grds. befugt, den

Ausgangsbescheid zu Lasten des Widerspruchsführers zu ändern, sog. reformatio in peius (BVerwG, NVwZ 1987, 215; BeckOK VwGO Rn. 11; Kopp/Schenke Rn. 10 ff.). Ihre Zulässigkeit folgt allerdings nicht aus den §§ 68 ff., sondern richtet sich nach dem jeweils anzuwendenden materiellen Bundes- oder Landesrecht einschließlich seiner Zuständigkeitsvorschriften (BVerwG NVwZ-RR 1989; BVerwGE 51, 310). Die „Verböserung" im Widerspruchsverfahren unterliegt nicht den Vorschriften über den Widerruf und der Rücknahme begünstigender VA. Rechtsgrundlage für die Entscheidung der Widerspruchsbehörde sind vielmehr allein die für den Erlass des Ausgangsbescheides einschlägigen Rechtsvorschriften.

8   Maßgeblicher Zeitpunkt für die Beurteilung der Sach- und Rechtslage durch die Widerspruchsbehörde ist grds. der **Zeitpunkt der Widerspruchsentscheidung** (BVerwGE 2, 55; BVerwG NVwZ-RR 1997, 132; DÖV 2007, 302; Kopp/Schenke Rn. 15). Beim Drittwiderspruch gegen eine Baugenehmigung ist nach der Rechtsprechung des BVerwG (NJW 1970, 263; NVwZ 1998, 1179; DÖV 2007, 382) hingegen auf den Zeitpunkt des Ausgangsbescheides abzustellen. Für den Bereich des Immissionsschutzrechtes wurde eine solche Verschiebung des Prüfungszeitpunktes hingegen nicht befürwortet (BVerwGE 65, 313, 315).

III. Ausnahmen vom Erfordernis des Vorverfahrens

9   Einer Nachprüfung des VA im Vorverfahren bedarf es gem. § 68 I 2 1. Hs. zunächst dann nicht, wenn ein Gesetz dies bestimmt. Gesetz im Sinne der Vorschrift ist jedes formelle **Bundes- oder Landesgesetz,** das zeitlich nach der VwGO am 1.4.1960 in Kraft getreten ist, nicht dagegen eine Verordnung oder Satzung (NK-VwGO Rn. 122; aA zu Rechtsverordnungen wohl BVerfG NJW 1991, 2005 f.). Die gesetzlichen Ausnahmen sind nahezu unübersehbar (vgl. näher etwa NK-VwGO Rn. 127 ff.). Insbes. haben die Länder im Zuge der Verwaltungsmodernisierung weitreichende Ausnahmen normiert. In NRW etwa ist das Vorverfahren bereits 2007 weitgehend abgeschafft worden; mit Wirkung vom 1.1.2015 (GV NRW S. 874) ist ein überkomplexer Gegenausnahmekatalog in Kraft getreten (vgl. § 110 JustG NRW).

10   Wegen besonderer Fachkompetenz findet gem. § 68 I 2 Nr. 1 kein Vorverfahren bei **VA oberster Bundes- oder Landesbehörden** statt, außer wenn ein Gesetz die Nachprüfung vorschreibt. Das gilt für alle Klagen aus dem Beamten- und Richterdienstverhältnis (vgl. § 126 III Nr. 1 BRRG, § 126 II BBG für Bundesbeamte und § 54 II 2 BeamtStG für Landes- und Kommunalbeamte; zum Zweck BVerwG NVwZ 2014, 676).

11   Nach § 68 I 2 Nr. 2 findet ein Vorverfahren ferner dann nicht statt, wenn der Abhilfebescheid oder der Widerspruchsbescheid **erstmals eine Beschwer** enthält. Ein Widerspruch gegen einen Widerspruchsbescheid ist nicht statthaft (BVerwG NVwZ-RR 2014, 869). Erfasst werden nicht nur Fälle der Betroffenheit des Widerspruchsführers, etwa im Falle einer reformatio in peius, sondern auch Abhilfe- und Widerspruchsbescheide mit Drittwirkung (zB Erlass einer Baugenehmigung mit erstmals belastender Wirkung für den Nachbarn). Dabei ist auch eine zusätzliche Beschwer (zB die Kostenentschei-

dung) als erstmalige Beschwer aufzufassen. § 68 I 2 Nr. 2 findet auch Anwendung, wenn ein stattgebender Widerspruchsbescheid durch einen ablehnenden Widerspruchsbescheid ersetzt wird (BVerwG NVwZ 2009, 924).

Eine **analoge Anwendung von § 68 I 2 Nr. 2** wird befürwortet, wenn **12** sich der Widerspruchsbescheid für den Adressaten als **erster wirksamer Bescheid** darstellt (Kopp/Schenke Rn. 20). Dies ist ua dann der Fall, wenn die Ausgangsbehörde irrtümlich der Meinung ist, sie habe bereits einen VA erlassen, und einen entsprechenden Antrag als Widerspruch interpretiert (NK-VwGO Rn. 150).

Kraft ausdrücklicher Regelung in der VwGO ist ein Vorverfahren ferner **13** entbehrlich, wenn die Voraussetzungen einer **Untätigkeitsklage nach § 75** vorliegen, wenn nämlich über einen Widerspruch oder über einen Antrag auf Vornahme eines VA ohne zureichenden Grund in angemessener Frist sachlich nicht entschieden worden ist (→ § 75 Rn. 1 ff.).

Die **Rechtsprechung** hat darüber hinaus **weitere Ausnahmen** vom Er- **14** fordernis des Vorverfahrens entwickelt:

Ein Vorverfahren ist etwa entbehrlich, wenn der angefochtene VA einen **14a** anderen VA ganz oder zum Teil **abändert, ersetzt oder wiederholt**, gegen den bereits das Vorverfahren durchgeführt worden war oder der die Klage gem. § 75 zulässig geworden ist, vorausgesetzt, der neue VA hat im wesentlichen dieselben Sach- und Rechtsfragen zum Gegenstand (BVerwG NJW 1970, 1564; 1971, 1147; Kopp/Schenke Rn. 23). Wenn gegen den ursprünglichen Bescheid bereits Klage erhoben wurde, kann der ersetzende Bescheid ohne erneutes Vorverfahren zum Prozessgegenstand gemacht werden.

Bei Verpflichtungssachen wird entsprechend verfahren, wenn ein **weiterer** **14b** **VA erlassen oder verweigert** wird, der mit dem bereits in einem Vorverfahren überprüften VA im engen sachlichen Zusammenhang steht und auf den gleichen Gründen beruht wie zB bei zeitabschnittsweise gewährten Leistungen (BVerwGE 38, 299 (302); BVerwG NVwZ; 1995, 76).

Das Vorverfahren ist auch entbehrlich bei den **privilegierten Formen der** **15** **Klageänderung** gem. § 173 iVm § 264 ZPO (Kopp/Schenke Rn. 23a), zB beim Übergang von einer Verpflichtungsklage auf Erteilung einer Baugenehmigung zu einer solchen auf Erteilung eines Bauvorbescheides (Fall des § 264 Nr. 2 ZPO), wenn bezogen auf die Erteilung einer Baugenehmigung ein Vorverfahren bereits durchgeführt worden ist.

In der Rspr. des BVerwG nicht abschließend geklärt ist die Entbehrlichkeit **16** des Vorverfahrens, wenn sich die Behörde im Prozess **hilfsweise zur Sache** einlässt (dazu BVerwGE 148, 217 mwN; im Schrifttum wird die Entbehrlichkeit zu Recht einhellig abgelehnt (Eyermann Rn. 29 mwN).

Nach der Rechtsprechung des BVerwG ist es in weitem Umfang zulässig, **17** dass die beklagte Behörde im Prozess auf die Durchführung eines Vorverfahrens **verzichtet** und einen entsprechenden Mangel nicht rügt, was bereits darin gesehen wird, dass die Klageabweisung als unbegründet beantragt wird (BVerwG NVwZ 2014, 676). Zum Teil wird ein Verzicht allerdings nur dann für möglich gehalten, wenn ein gebundener VA bzw. eine Ermessensreduzierung vorliegt (BVerwG NVwZ 1984, 507; BVerwGE 85, 163, 167), oder es wird sogar gefordert, dass die beklagte Behörde zugleich die Widerspruchsbehörde sein müsse (BVerwGE 79, 226). Die Rechtsprechung des BVerwG zum Verzicht auf das Vorverfahren ist in der Literatur auf vielfachen Widerspruch gestoßen (vgl. etwa NK-VwGO Rn. 126).

18   Nach der Rspr. des BVerwG soll ein Vorverfahren ferner entbehrlich sein, wenn die Widerspruchsbehörde schon **auf andere Weise zum Ausdruck gebracht** hat, dass ein Widerspruch **k**einen Erfolg haben wird (BVerwG NVwZ 2014, 676; NVwZ 2011, 501), etwa wenn die Widerspruchsbehörde in Kenntnis des Rechtsstreits das Verhalten der Ausgangsbehörde gebilligt hatte (BVerwGE 27, 181) oder die Ausgangsbehörde zum Erlass des VA angewiesen hatte (BVerwG NJW 1989, 1438).

19   Das BVerwG hält ein Vorverfahren darüber hinaus für entbehrlich, wenn es bereits **von einer dritten Person durchgeführt** worden ist (BVerwGE 40, 430; BVerwG DÖV 1976, 353) oder wenn die Behörde irrtümlich zu erkennen gibt, ihrer Auffassung nach sei eine Widerspruchsmöglichkeit nicht gegeben (BVerwGE 37, 87).

20   Schließlich hat das BVerwG eine Ausnahme für den Fall anerkannt, dass nach Erhebung einer allgemeinen Leistungs- oder Feststellungsklage die Behörde bezüglich des Rechtsverhältnisses einen **VA erlassen** hat (BVerwGE 30, 46).

21   Soweit eine gesetzliche Ausnahme vom Erfordernis des Vorverfahrens nach § 68 II 2 vorliegt, ist der Widerspruch unstatthaft, der Betroffene muss zur Vermeidung der Bestandskraft binnen Monatsfrist Klage erheben (§ 74 I 2). Soweit eine richterrechtliche Ausnahme vom Erfordernis des Vorverfahrens vorliegt (→ Rn. 14 ff.), kann er zulässigerweise sofort klagen, kann aber auch erst ein gleichwohl noch statthaftes Vorverfahren durchführen.

§ 69 [Widerspruch

Das Vorverfahren beginnt mit der Erhebung des Widerspruchs.

1   Die Erhebung des Widerspruchs (§ 70 I 2 spricht abweichend von „Einlegung") leitet das Vorverfahren ein. Der Widerspruch ist als vorgerichtlicher Rechtsbehelf keine Prozesshandlung, ist aber ebenso **bedingungsfeindlich. Rücknahme und Verzicht** sind grds. unwiderruflich und unanfechtbar (BVerwGE 57, 342 (346)). Nach Rücknahme eines Widerspruchs kann allerdings innerhalb der Widerspruchsfrist erneut Widerspruch eingelegt werden (Kopp/Schenke § 69 Rn. 8). Nach Ergehen des Widerspruchsbescheids ist für eine Rücknahme kein Raum mehr (BVerwGE 44, 64; MDR 1975, 251; NVwZ 1999, 1218; aA SSB Rn. 13: Rücknehmbarkeit bis zur Bestandskraft des VA).

2   **Inhaltliche Anforderungen** an den Widerspruch bestimmt die VwGO nicht (NK-VwGO Rn. 3). Insbesondere sind die in § 82 normierten Anforderungen an die Klageschrift nicht entsprechend anwendbar (BVerwGE 30, 274). Der Widerspruch muss nicht als solcher bezeichnet werden. Er gehört zu den Verwaltungsverfahrenshandlungen und ist wie eine Willenserklärung nach dem Empfängerhorizont auszulegen (VGH BW NVwZ-RR

2013, 398). Als Widerspruch ist grds. jede Äußerung zu verstehen, durch die der Betroffene zu erkennen gibt, dass er mit einer bestimmten oder bestimmbaren Behördenentscheidung nicht einverstanden ist (BVerwG NVwZ 2009, 2968; VGH BW VBlBW 2014, 230).

Abzugrenzen ist die Widerspruchseinlegung von der Einlegung **formloser Rechtsbehelfe** wie der Gegenvorstellung oder der Dienstaufsichtsbeschwerde. Richtet sich das Begehren gegen einen VA und hält der Betroffene die Form sowie die Frist des Widerspruchs nach § 70 ein, ist im Zweifel anzunehmen, dass er Widerspruch einlegen möchte (NK-VwGO Rn. 8). Eine Widerspruchseinlegung kann sich auch im Wege der Umdeutung entsprechend § 140 BGB, zB nach Stellung eines Antrages auf Rücknahme oder Widerruf eines VA (§§ 48 f. VwVfG) oder eines Antrages nach § 51 VwVfG, ergeben. Auch ein Zweitantrag kann in einen Widerspruch umgedeutet werden. **3**

Gegenstand des Widerspruchs muss eine Maßnahme sein, die objektiv ein VA ist (→ § 68 Rn. 3), wobei auch eine Teilanfechtung in Betracht kommt (→ § 68 Rn. 4). Ein vor Ergehen eines VA eingelegter Widerspruch wirkt nicht weiter, wenn der VA später erlassen wird (SächsOVG Beschl. v. 25.7.2016 – 1 A 660/15 –, juris Rn. 6; Eyermann Rn. 2). **4**

Erhoben ist der Widerspruch, wenn er einer der in § 70 I genannten Behörden (Ausgangs- oder Widerspruchsbehörde) zugegangen ist, wobei für den Zugang die Regelungen des BGB entsprechend gelten (NK-VwGO Rn. 2; → § 70 Rn. 7). Erforderlich ist der tatsächliche Zugang. Der Widerspruchsführer ist insoweit beweisbelastet (OVG NRW Beschl. v. 3.9.2018– 12 A 1614/17 –, juris). Die Erhebung des Widerspruchs hat Devolutiveffekt, dh die Entscheidungskompetenz geht auf die nächsthöhere Behörde über. Er tritt allerdings erst ein, wenn die Ausgangsbehörde dem Widerspruch nicht abgeholfen hat (NK-VwGO Rn. 14). Die Erhebung des Widerspruchs hat ferner gem. § 80 I 1 grds. Suspensiveffekt (→ § 80 Rn. 2 ff.). **5**

Einen zulässigen Widerspruch kann nur einlegen, wer – entspr. § 42 II – möglicherweise in eigenen Rechten betroffen ist, sog. **Widerspruchsbefugnis** (→ § 42 Rn. 137). Eine solche Rechtsbetroffenheit kann auch unter dem Gesichtspunkt einer Unzweckmäßigkeit des angegriffenen VA zu bejahen sein, sofern ein subjektives Recht auf ermessensfehlerfreie Entscheidung in Betracht kommt (BVerwG DÖV 1969, 142; vgl. auch Kopp/Schenke Rn. 6). **6**

§ 70 [Form und Frist des Widerspruchs]

(1) [1] Der Widerspruch ist innerhalb eines Monats, nachdem der Verwaltungsakt dem Beschwerten bekanntgegeben worden ist, schriftlich, in elektronischer Form nach § 3a Absatz 2 des Verwaltungsverfahrensgesetzes oder zur Niederschrift bei der Behörde zu erheben, die den Verwaltungsakt erlassen hat. [2] Die Frist wird auch durch Einlegung bei der Behörde, die den Widerspruchsbescheid zu erlassen hat, gewahrt.
(2) §§ 58 und 60 Abs. 1 bis 4 gelten entsprechend.

1   § 70 regelt **Frist und Form** des Widerspruchs. Die Einlegung eines frist-
und formgerechten Widerspruchs ist **Sachurteilsvoraussetzung** für den
nachfolgenden Verwaltungsprozess (NK-VwGO Rn. 1). In der Rechtsprechung ist allerdings anerkannt, dass die Widerspruchsbehörde auch einen
verspätet eingelegten Widerspruch sachlich bescheiden kann mit der
Folge, dass der Klageweg wieder eröffnet ist (BVerwGE 28, 305). Ein darauf
gerichteter Anspruch auf fehlerfreie Ermessensausübung besteht nach richtiger Ansicht allerdings nicht. Der Grundsatz, dass auch der verspätete Widerspruch Devolutiveffekt besitzt und eine umfassende Sachprüfungskompetenz
der Widerspruchsbehörde begründet, gilt nicht bei VA mit **Drittwirkung;**
die Widerspruchsbehörde ist nicht befugt, im Widerspruchsverfahren durch
eine Entscheidung in der Sache in eine bereits bestandskräftige Rechtsposition
des Dritten einzugreifen (BVerwG DÖV 1969, 142; NVwZ 1983, 285).
Etwas anderes gilt unter dem Aspekt einer zulässigen reformatio in peius nur
in den Fällen, in denen der Dritte auch selbst Widerspruch eingelegt hat
(BVerwG DÖV 1972, 789).

2   Aus dem in I 1 verwendeten Begriff des „Beschwerten" wird ferner das
Erfordernis einer **Widerspruchsbefugnis** gefolgert, die eine Rechtsbetroffenheit nach dem Maßstab des § 42 II erfordert (→ § 42 Rn. 110 ff.).

I. Frist

3 Der **Fristbeginn** knüpft an die wirksame **Bekanntgabe** des VA an. § 56 I ist
dabei nicht anzuwenden, sondern § 41 VwVfG. Im Normalfall der Übermittlung des VA durch die Post gilt der VA am dritten Tag nach der Aufgabe zur
Post als bekannt gegeben (§ 41 II 1 VwVfG). Die Fiktion gilt auch dann,
wenn der Adressat den VA nachweislich früher erhalten hat. Sie gilt nicht,
wenn er den VA nicht oder später erhalten hat. Die Vorschriften über die
Fristberechnung, insb. § 31 III VwVfG, finden auf die 3-Tages-Fiktion keine
Anwendung. Gemäß § 41 V VwVfG bleiben die Vorschriften über die Bekanntgabe eines VA mittels **Zustellung** unberührt. Ist die förmliche Zustellung vorgeschrieben, setzt eine andere Art der Bekanntmachung die Frist
nicht in Gang (BVerwG NJW 1993, 2884; NK-VwGO Rn. 29). Nach § 8
VwZG können Zustellungsfehler allerdings geheilt werden. Lässt sich die
formgerechte Zustellung des Dokuments nicht nachweisen oder ist es unter
Verletzung zwingender Zustellungsvorschriften zugegangen, gilt es als in dem
Zeitpunkt zugestellt, in dem es dem Empfangsberechtigten tatsächlich zugegangen ist (→ § 56 Rn. 13). Ist ein VA an mehrere Adressaten gerichtet,
findet der Grundsatz der individuellen Bekanntgabe Anwendung, es sei denn,
die Adressaten haben sich gegenseitig zur Entgegennahme des VA bevollmächtigt (NK-VwGO Rn. 30). Dies gilt – anders als nach § 155 V 1 AO –
im Anwendungsbereich des VwVfG auch bei der Bekanntgabe gegenüber
Ehegatten (BVerwG NJW 1993, 2884). Anders als bei der formlosen Bekanntgabe (§ 41 I 2 VwVfG) ist die Zustellung, wenn ein Bevollmächtigter
eine schriftliche Vollmacht vorgelegt hat, gem. § 41 V VwVfG iVm § 7 I 2
VwZG gegenüber diesem vorzunehmen.

Eine Besonderheit besteht bei **Verkehrszeichen** (→ § 42 Rn. 179). Die **3a** Frist für die Anfechtung der in dem Verkehrszeichen verkörperten Allgemeinverfügung beginnt für einen Verkehrsteilnehmer zu laufen, wenn er zum ersten Mal auf das Verkehrszeichen trifft. Die Frist wird für ihn nicht erneut ausgelöst, wenn er sich dem Verkehrszeichen später ein weiteres Mal gegenübersieht (BVerwG NJW 2011, 246).

Erfolgt **keine Bekanntgabe,** beginnt die Widerspruchsfrist nach § 70 I 1 **4** ebenso wenig zu laufen wie die Ausschlussfrist nach § 58 II. Das Widerspruchsrecht (zu unterscheiden von dem materiellen Anspruch) unterliegt allerdings der **Verwirkung.** Voraussetzung hierfür ist, dass ein längerer Zeitraum verstrichen ist und über den bloßen Zeitablauf hinaus Umstände hinzugetreten sind, welche die Erhebung des Widerspruchs zu dem jeweiligen Zeitpunkt als treuwidrig erscheinen lassen (BVerwGE 44, 339 (343)). Hinsichtlich des erforderlichen Zeitraums geben die Jahresfristen des § 58 II und § 60 III einen groben Anhalt.

Besonderheiten gelten für das **Baunachbarrecht.** Ist dem Nachbarn die **5** Baugenehmigung nicht bekannt gegeben worden, wird unter Berücksichtigung von Treu und Glauben aus dem nachbarschaftlichen Gemeinschaftsverhältnis hergeleitet, dass sich der Nachbar von dem Zeitpunkt an, von dem er von der erteilten Baugenehmigung zuverlässig Kenntnis erlangt hat oder sich hätte verschaffen können, so behandeln lassen muss, als sei ihm die Genehmigung bekannt gegeben worden mit der Folge, dass ab diesem Zeitpunkt die Jahresfrist nach § 58 II entsprechend zu laufen beginnt (BVerwGE 44, 294 (299); 78, 85 (88 f.); NK-VwGO Rn. 31).

Ob die **Fristdauer** nach § 57 iVm § 222 ZPO, § 187 ff. BGB (so wohl **6** BVerwGE 44, 294 (296); Kopp/Schenke Rn. 8) oder nach §§ 79, 31 VwVfG iVm §§ 187 f. BGB berechnet wird (so etwa NK-VwGO § 68 Rn. 59), ist praktisch irrelevant.

Fristwahrung erfolgt durch Zugang des Widerspruchs bei der Ausgangs- **7** behörde (§ 70 I 1) oder bei der Widerspruchsbehörde (§ 70 I 2). Voraussetzung ist, dass das Widerspruchsschreiben in den Verfügungsbereich der Behörde gelangt, wobei es ausreicht, wenn der Widerspruch vor Mitternacht des letzten Fristtages zugeht (NK-VwGO Rn. 34). Der Zugang der Widerspruchs bei einer anderen Behörde wahrt die Frist nicht; diese hat allerdings das Schreiben im normalen Geschäftsgang ohne schuldhaftes Zögern (§ 121 I 1 BGB) an die zuständige Behörde weiterzuleiten (Eyermann Rn. 16). Maßgeblich ist, dass das weitergeleitete Schreiben innerhalb der Frist bei der zuständigen Behörde eingeht. Die Erhebung der Klage wahrt die Widerspruchsfrist nicht; sie kann regelmäßig auch weder als Widerspruch ausgelegt noch in einen solchen umgedeutet werden. Gleiches gilt für einen Antrag nach § 80 V. Ein zunächst unwirksamer Widerspruch, der vom vollmachtlosen Vertreter eingelegt wurde, kann durch Genehmigung auch nach Ablauf der Widerspruchsfrist geheilt werden.

II. Form

8 § 70 I 1 bestimmt aus Gründen der Rechtssicherheit, dass der Widerspruch **schriftlich** fixiert sein muss (vgl. BVerwG NVwZ-RR 1989, 85, 86). Er ist deshalb schriftlich oder zur **Niederschrift** bei der Behörde zu erheben. Es gelten die gleichen Anforderungen wie für die Klageerhebung nach § 81 (→ § 81 Rn. 3 ff.). Die Schriftform kann seit der Ergänzung der Norm durch Gesetz vom 5.7.2017 (BGBl. I S. 2208, in Kraft getreten zum 1.1.2018) durch die eigenständige (→ § 55a Rn. 2 und → § 58 Rn. 9a) **elektronische Form** ersetzt werden; Voraussetzung ist die Eröffnung des Zugangs seitens der Behörde und Verwendung einer qualifizierten elektronischen Signatur oder die Einhaltung eines anderen sicheren Verfahrens iSv § 3a VwVfG.

III. Entsprechende Anwendung der §§ 58 und 60 I bis IV

9 Die Monatsfrist nach § 70 I 1 beginnt nach §§ 70 II, 58 I nur zu laufen, wenn dem Ausgangsbescheid eine **ordnungsgemäße Rechtsmittelbelehrung** beigefügt war. Ist die Rechtsmittelbelehrung unterblieben oder unrichtig, so gilt gem. §§ 70 II, 58 II die Jahresfrist.

10 § 70 II bestimmt weiterhin die entsprechende Anwendung des § 60 I bis IV. Der fehlende Verweis auf § 60 V bedeutet, dass die Entscheidung über die Versagung oder Gewährung einer **Wiedereinsetzung** durch die Behörde im gerichtlichen Verfahren überprüfbar ist. Nach richtiger Auffassung kann das VG Wiedereinsetzung in die Widerspruchsfrist gewähren, wenn die Widerspruchsbehörde dies rechtswidrig verweigert hat (BVerwGE 44, 104, 108; NVwZ 1989, 648, 649; NK-VwGO Rn. 56; Kopp/Schenke Rn. 13). Das VG ist auch nicht an eine durch die Behörde gewährte Wiedereinsetzung gebunden, da es alle Zuverlässigkeitsvoraussetzungen der Klage vAw, so auch die Rechtzeitigkeit der Widerspruchserhebung, zu prüfen hat (NK-VwGO Rn. 55; Kopp/Schenke § 60 Rn. 13; str.). Zu den weiteren Voraussetzungen → § 60 Rn. 6 ff.

§ 71 Anhörung

Ist die Aufhebung oder Änderung eines Verwaltungsakts im Widerspruchsverfahren erstmalig mit einer Beschwer verbunden, soll der Betroffene vor Erlaß des Abhilfebescheids oder des Widerspruchsbescheids gehört werden.

1 § 71 ist im Verhältnis zu § 28 VwVfG Spezialvorschrift (NK-VwGO Rn. 1; Eyermann Rn. 3 mit Hinweisen auf teilw aA). Die Bestimmung normiert keine Sachurteilsvoraussetzung, sondern enthält nur eine **Verfahrensregelung**. Angehört werden soll der Betroffene vor Erlass eines Abhilfe- oder Widerspruchsbescheides, falls die Aufhebung oder Änderung des VA erstmalig mit einer Beschwer verbunden ist. **Beschwer** bedeutet jede nachteilige Änderung der Rechtsstellung gegenüber dem Ausgangsbescheid (Bader Rn. 3) oder die Aufrechterhaltung einer Belastung, gestützt auf neue Tatsachen oder eine neue rechtliche Bewertung (Eyermann Rn. 3). Betroffener kann sowohl der Adressat des VA als auch ein Dritter sein.

Die durch § 71 angeordnete Verpflichtung zur Anhörung besteht im Regelfall. **Ausnahmen** ergeben sich vor allem in entsprechender Anwendung von § 28 II und III VwVfG (NK-VwGO Rn. 6). Die Ausgestaltung der Anhörung steht im pflichtgemäßen Ermessen der Behörde und hat sich am Zweck der Anhörung zu orientieren, dem Betroffenen von der beabsichtigten Entscheidung Kenntnis zu verschaffen und ihm Gelegenheit zu geben, sich zu den wesentlichen Entscheidungsgrundlagen zu äußern (vgl. VGH BW NVwZ 1987, 1087). Von ihr gesetzte Fristen muss die Behörde abwarten. Ob der Betroffene sich äußert oder einen Termin wahrnimmt, ist seine Sache; erforderlich ist behördlicherseits nur die Gelegenheit zur Stellungnahme. Steht der angefochtene Bescheid unter dem Vorbehalt einer späteren Nachprüfung, kann ohne Verstoß gegen § 71 von einer vorherigen Anhörung absehen werden (VGH BW NVwZ-RR 2002, 3). **2**

Die Verletzung der Anhörungspflicht macht den Abhilfe-/Widerspruchsbescheid fehlerhaft, es sei denn, die unterlassene Anhörung hat die Sachentscheidung offensichtlich nicht beeinflusst, § 46 VwVfG (NK-VwGO Rn. 13). Nach Maßgabe von § 79 I Nr. 2 und II kann der Widerspruchsbescheid selbstständig angefochten werden. Die unterlassene Anhörung berührt hingegen nicht Bestand, Wirksamkeit und Rechtmäßigkeit des Ausgangsverwaltungsaktes (Kopp/Schenke Rn. 6). Ein Anhörungsfehler im Vorverfahren ist nach § 45 I Nr. 3 und II VwVfG heilbar (NK-VwGO Rn. 14). **3**

§ 72 [Abhilfe]

Hält die Behörde den Widerspruch für begründet, so hilft sie ihm ab und entscheidet über die Kosten.

Wie § 71 enthält auch § 72 lediglich eine **verfahrensrechtliche Vorschrift** und keine Sachurteilsvoraussetzung. Der Zweck der Bestimmung besteht darin, der Ausgangsbehörde eine nochmalige Selbstkontrolle zu ermöglichen. Bei Ermessensentscheidungen überprüft die Ausgangsbehörde neben der Rechtmäßigkeit auch nochmals die Zweckmäßigkeit der getroffenen Maßnahme (NK-VwGO Rn. 2). Unterbleibt das Abhilfeverfahren vor der Ausgangsbehörde, leidet der gleichwohl ergehende Widerspruchsbescheid an einem wesentlichen Verfahrensmangel iSv § 79 Abs. 2 (Eyermann Rn. 2). **1**

§ 72 setzt voraus, dass der Widerspruchsbescheid nicht von der Ausgangsbehörde, sondern von der nächsthöheren Behörde erlassen wird; bei **Identität von Ausgangs- und Widerspruchsbehörde** findet ein Abhilfeverfahren nicht statt; es ergeht dann sogleich ein Widerspruchsbescheid (BVerwGE 70, 4, 12; SSB Rn. 6). **2**

I. Abhilfeentscheidung

3 Im Fall der (Teil-) **Nichtabhilfe** leitet die Ausgangsbehörde den Widerspruch der Widerspruchsbehörde zu. Sie kann ihn hingegen nicht als unzulässig oder unbegründet zurückweisen. Die Nichtabhilfe wird dem Widerspruchsführer nicht bekannt gegeben (Kopp/Schenke § 72 Rn. 3); sie ist eine nicht anfechtbare Verfahrensentscheidung, die im Einzelfall auch konkludent durch die schlichte Weiterleitung des Widerspruchs erfolgen kann (BeckOK VwGO Rn. 15).

4 Soweit die Behörde den Widerspruch für zulässig (BVerwG NJW 2009, 2968; Kopp/Schenke Rn. 3; SSB Rn. 8) und für begründet hält, hilft sie ihm ab. Ermessen besteht in diesem Fall nicht (SSB Rn. 11). Der **Abhilfebescheid** ist ein VA iSv § 35 1 VwVfG (BVerwGE 140, 245, 250; SSB Rn. 15) und von dem erstmals oder zusätzlich Belasteten ohne Vorverfahren (vgl. § 68 I 2 Nr. 2) **anfechtbar** (Eyermann Rn. 7; SSB Rn. 21). Die Behörde ist auch zum Erlass eines sog. Teilabhilfebescheides berechtigt, aber nicht verpflichtet. Eine Verschlechterung des Ausgangsbescheides zum Nachteil des Widerspruchsführers **(reformatio in peius)** im Abhilfeverfahren ist unzulässig (Kopp/Schenke § 72 Rn. 3).

5 § 72 bestimmt ferner, dass die Ausgangsbehörde mit dem Abhilfebescheid eine **Kostenentscheidung** treffen muss. Der Inhalt der Kostenentscheidung ist nicht in der VwGO geregelt, sondern richtet sich nach § 80 VwVfG. Beim Teilabhilfebescheid ergeht keine Kostenentscheidung; wegen des Grundsatzes der Einheitlichkeit der Kostenentscheidung trifft in diesem Fall vielmehr die Widerspruchsbehörde die Kostenentscheidung (BVerwGE 88, 41, 46; NK-VwGO Rn. 26). Die Kostenentscheidung ist wie diejenige nach § 73 III 3 ein selbstständiger VA, der isoliert angefochten werden kann.

6 Die Abhilfebefugnis der Ausgangsbehörde bleibt auch nach Weiterleitung des Widerspruchs an die Widerspruchsbehörde bestehen (BVerwGE 82, 336, 338); die **Abhilfebefugnis erlischt** erst mit dem Erlass des Widerspruchsbescheides (NK-VwGO § 72 Rn. 9) oder mit der Erledigung der Sache. Eine erfolgte Abhilfe kann nicht nachträglich wieder aufgehoben werden (Eyermann Rn. 10; aA SSB Rn. 15), wohl aber der Ausgangsbescheid nach Abhilfe erneut erlassen werden.

II. Verhältnis zu Rücknahme und Widerruf des VA

7 Rücknahme und Widerruf eines VA nach §§ 48 ff. VwVfG stellen keine Abhilfe nach § 72 dar. Wie sich aus § 50 VwVfG ergibt, sind die Rücknahme und der Widerruf von VA auch während eines Rechtsbehelfsverfahrens möglich. Der Behörde steht prinzipiell ein **Wahlrecht** zwischen Abhilfe und Rücknahme/Widerruf zu, das sie nach pflichtgemäßem Ermessen auszuüben hat (BVerwG NJW 2009, 2968; NK-VwGO § 72 Rn. 42; aA SSB Rn. 16a). Hierbei darf sie etwa berücksichtigen, ob sie den Widerspruch von Anfang an für begründet hält oder ob sie ihm aus anderen, etwa nachträglichen Gründen entsprechen will. Bei einer Rücknahme ist die Behörde nicht an die Zulässigkeit und Begründetheit eines Widerspruchs gebunden; sie kann diesen Weg insbes. bei Unanfechtbarkeit des VA wählen (BVerwG NJW 2009, 2968). Fiskalische Gesichtspunkte, nämlich eine für die Behörde negative Kostenentscheidung nach § 72 zu vermeiden, sind kein hinreichender Grund, einen VA zurückzunehmen (BVerwG NJW 2009, 2968). Ob Abhilfe oder Rücknahme vorliegt, ist nach den üblichen Auslegungsgrundsätzen für behördliche Willenserklärungen zu beurteilen. Grundsätzlich hat die Behörde deutlich zu machen, was sie gewollt hat (SächsOVG Beschl. v. 20.9.2017 – 4 A 24/17 – juris)

Hat die Behörde ermessensfehlerhaft eine Rücknahme ausgesprochen, ist **8** streitig, ob eine **Umdeutung** in einen Abhilfebescheid zulässig ist (bejahend BayVGH BayVBl. 1983, 212; NK-VwGO Rn. 42; aA Eyermann Rn. 11). Sieht die Behörde von einer Abhilfeentscheidung nur deshalb ab, um eine Kostenentscheidung zu vermeiden, soll die behördliche Formenwahl unter dem Gesichtspunkt von Treu und Glauben (Formenmissbrauch) unbeachtlich und von einer Abhilfeentscheidung auszugehen sein (BVerwG NJW 2009, 2968; s.a. VGH BW NVwZ-RR 2019, 669 Rn. 35).

§ 73 [Widerspruchsbescheid]

(1) ¹Hilft die Behörde dem Widerspruch nicht ab, so ergeht ein Widerspruchsbescheid. ²Diesen erläßt
1. die nächsthöhere Behörde, soweit nicht durch Gesetz eine andere höhere Behörde bestimmt wird,
2. wenn die nächsthöhere Behörde eine oberste Bundes- oder oberste Landesbehörde ist, die Behörde, die den Verwaltungsakt erlassen hat,
3. in Selbstverwaltungsangelegenheiten die Selbstverwaltungsbehörde, soweit nicht durch Gesetz anderes bestimmt wird.
³Abweichend von Satz 2 Nr. 1 kann durch Gesetz bestimmt werden, dass die Behörde, die den Verwaltungsakt erlassen hat, auch für die Entscheidung über den Widerspruch zuständig ist.

(2) ¹Vorschriften, nach denen im Vorverfahren des Absatzes 1 Ausschüsse oder Beiräte an die Stelle einer Behörde treten, bleiben unberührt. ²Die Ausschüsse oder Beiräte können abweichend von Absatz 1 Nr. 1 auch bei der Behörde gebildet werden, die den Verwaltungsakt erlassen hat.

(3) ¹Der Widerspruchsbescheid ist zu begründen, mit einer Rechtsmittelbelehrung zu versehen und zuzustellen. ²Zugestellt wird von Amts wegen nach den Vorschriften des Verwaltungszustellungsgesetzes. ³Der Widerspruchsbescheid bestimmt auch, wer die Kosten trägt.

Der Widerspruchsbescheid ist VA iSv § 35 VwVfG. Ein **subjektives Recht** **1** **auf Erlass eines Widerspruchsbescheides** besteht im Regelfall nicht (BVerwGE 49, 307 (308); 61, 45 (46); aA NK-VwGO Rn. 2). Eine Ausnahme dürfte zu bejahen sein, wenn der Widerspruchsbehörde ein nur beschränkt überprüfbares Ermessen oder ein Beurteilungsspielraum zusteht, weil ihm sonst diese Ausübungsebene verloren geht (vgl. BVerwGE 49, 307; 61,

45 (47); offen gelassen in BVerwG Beschl. v. 15.7.2019 – 6 B 12.19, juris
Rn. 14). Ein Asylantragsteller, über dessen Asylantrag ohne zureichenden
Grund nicht in angemessener Frist entschieden worden ist, soll jedenfalls dann
ein Rechtsschutzbedürfnis für eine Untätigkeitsklage auf Bescheidung seines
Antrages haben, wenn dort noch keine Anhörung stattgefunden hat
(BVerwGE 162, 331). Ein Anspruch wird auch dann bejaht, falls die Widerspruchsbehörde über den Widerspruch eines beschwerten Dritten nicht in
angemessener Frist entscheidet und der Begünstigte wegen der aufschiebenden Wirkung des Widerspruchs von dem VA vorerst keinen Gebrauch
machen kann (VGH BW NVwZ 1995, 280).

I. Zuständige Behörde

2   § 73 I bestimmt die zuständige Behörde für die Entscheidung über den
Widerspruch. Wer **nächsthöhere Behörde,** oberste Bundes- oder Landesbehörde oder Selbstverwaltungsbehörde ist, bestimmt sich nach den einschlägigen organisationsrechtlichen Vorschriften des Bundes- oder Landesrechts.
Über den Widerspruch gegen VA von Beliehenen entscheidet nach herrschender Meinung die Aufsichtsbehörde, auch wenn eine ausdrückliche gesetzliche Regelung fehlt (Kopp/Schenke Rn. 3; NK-VwGO Rn. 6). Selbstverwaltungsangelegenheiten iSv § 73 I 2 Nr. 3 gibt es ua im Kommunalrecht,
im Hochschulrecht und im Recht der berufsständischen Kammern. Was iE zu
den Selbstverwaltungsangelegenheiten zählt, ergibt sich aus dem jeweiligen
Fach- und Organisationsrecht. Nach § 73 I 3 kann durch Gesetz der Devolutiveffekt abweichend von § 73 I 2 Nr. 1 ausgeschlossen werden. Ausnahmen
von § 73 I 2 sind nach § 185 II in den Ländern Berlin, Brandenburg, Bremen,
Hamburg, Mecklenburg-Vorpommern, Saarland und Schleswig-Holstein
möglich. Damit kann die Zuständigkeit der Widerspruchsbehörde der Ver-
waltungsstruktur gerade in den Ländern ohne dreistufige Landesverwaltung
angepasst werden (vgl. NK-VwGO § 185 Rn. 4 ff.). Entscheidet die unzuständige Behörde über den Widerspruch, ist der Widerspruchsbescheid
formell rechtswidrig und kann nach § 79 II 2 isoliert angefochten werden.

3   Nach § 73 II bleiben Vorschriften, nach denen im Vorverfahren **Ausschüsse oder Beiräte** an die Stelle einer Behörde treten, unberührt. Widerspruchs-
ausschüsse sind bundesrechtlich etwa im Schwerbehindertenrecht nach
§§ 202 und 203 SGB IX vorgesehen (zum Landesrecht SSB Rn. 21 ff.).
§ 73 II betrifft nicht nur bestehende Delegationsregelungen, sondern auch
die Übertragung von Widerspruchsentscheidungen an Beiräte und Ausschüsse
durch neues Recht (BVerfGE 20, 238 (239); NK-VwGO Rn. 16). Trotz
teilweise gerichtsähnlicher Ausgestaltung sind diese Ausschüsse nicht der
Judikative zuzuordnen, sondern bleiben Teil der Verwaltung; ihre Entscheidungen sind Verwaltungsakte.

II. Form und Inhalt des Widerspruchsbescheides

4   Der Widerspruchsbescheid muss **schriftlich** ergehen, wie sich mittelbar
jedenfalls aus dem Zustellungserfordernis nach § 73 III ergibt (Eyermann

Rn. 19). Die Schriftform kann durch die elektronische Form ersetzt werden (§ 79 VwVfG iVm § 3 a Abs. 2 VwVfG). Die Nichtbeachtung der Schriftform soll zur Nichtigkeit des Widerspruchsbescheides führen (NK-VwGO Rn. 25; Kopp/Schenke Rn. 6).

Nach § 73 III 1 ist der Widerspruchsbescheid zu begründen. Dies gilt auch **5** im Fall der Stattgabe. Fehlt eine **Begründung,** so ist der Widerspruchsbescheid formell rechtswidrig und kann isoliert angefochten werden (NK-VwGO Rn. 30). Verstöße gegen die Begründungspflicht sind nach § 45 I Nr. 2 VwVfG bis zum Abschluss des verwaltungsgerichtlichen Verfahrens heilbar. Ob auch § 46 VwVfG Anwendung findet oder § 79 II 2 insoweit abschließende Sonderregelung ist, wird verschieden beurteilt (vgl. NK-VwGO Rn. 31). Eine inhaltlich unrichtige Begründung stellt keinen Verstoß gegen § 73 III 1 dar.

Dem Widerspruchsbescheid muss eine **Rechtsmittelbelehrung** beigefügt **6** werden (§ 73 III 1). Dies soll auch dann gelten, wenn dem Widerspruch in vollem Umfang stattgegeben wird und auch ein Dritter nicht beschwert wird (so etwa Bader Rn. 29; Kopp/Schenke Rn. 29; zweifelh.).

Der **Inhalt** der Entscheidung der Widerspruchsbehörde richtet sich danach, **7** ob der Widerspruch zulässig und/oder begründet ist. Im Falle eines erfolgreichen Anfechtungswiderspruchs hebt die Widerspruchsbehörde den belastenden VA selbst auf. Im Falle eines erfolgreichen Verpflichtungswiderspruchs erlässt sie selbst den begehrten VA; eine bloße Verpflichtung der Ausgangsbehörde zur Neubescheidung kommt grds. nicht in Betracht (SSB Rn. 41; Eyermann Rn. 15), auch nicht zur Heilung von Verfahrensfehlern. Die Widerspruchsbehörde kann zugleich über einen Folgenbeseitigungsantrag entscheiden. Die Gewährung oder Ablehnung einer Folgenbeseitigung wird aber als eigenständiger VA aufzufassen sein (NK-VwGO Rn. 37). Wird der Widerspruch während des Widerspruchsverfahrens zurückgenommen oder tritt sonst **Erledigung** ein, ist das Widerspruchsverfahren einzustellen, was ggf. auch formlos geschehen kann. Einen „Fortsetzungsfeststellungswiderspruch" und einen diesen bescheidenden Widerspruchsbescheid gibt es nicht (BVerwGE 81, 226). Besteht der Widerspruchsführer im Falle der Erledigung auf einer Widerspruchsentscheidung, so ergeht ein förmlicher Einstellungsbescheid, gegen den Klage möglich ist (NK-VwGO Rn. 39; Eyermann Rn. 11).

III. Kosten

§ 73 III 3 bestimmt, dass die Widerspruchsbehörde zugleich über die Kosten **8** zu entscheiden hat. Inhaltlich richtet sich die Kostenentscheidung – vorbehaltlich der Anwendung anderer Vorschriften – nach § 80 VwVfG und betrifft die wechselseitige Erstattungspflicht dem Grunde nach. Umfasst sind die Verwaltungskosten der Widerspruchsbehörde und die zur zweckentsprechenden Rechtsverfolgung notwendigen Aufwendungen der Beteiligten einschließlich der Ausgangsbehörde im Widerspruchsverfahren. Von dieser **Kostengrundentscheidung** zu trennen ist die spätere Kostenfestsetzung (OVG Nds DVBl 2019, 1073). Im Widerspruchsbescheid ist auch über die Erstattungsfähigkeit der Kosten eines hinzugezogenen Rechtsanwalts zu befinden (§ 80 III 2 VwVfG). Die Kostenentscheidung ist isoliert anfechtbar, eines erneuten Widerspruchs bedarf es – anders als hinsichtlich der späteren Kostenfestsetzung – nicht (BVerwG NVwZ-RR 2014, 869). Fehlt die Kostenentscheidung, ist zunächst die Ergänzung des Widerspruchs entspr. § 120 I zu beantragen. Eine Frist (§ 74 oder entspr. § 120 II) soll dafür nicht bestehen (Kopp/Schenke Rn. 19; NK-VwGO Rn. 49; str.); das Antragsrecht kann aber jedenfalls verwirkt werden (Kopp/Schenke Rn. 19). Endet das Widerspruchsverfahren ohne Widerspruchsbescheid, etwa wegen Rücknahme oder **Erledigung**, ist es ohne Kostenentscheidung einzustellen, falls nicht Landesrecht für diese Konstellationen eine Regelung zu den Kosten enthält (wie etwa § 80 I 5 VwVfG BW für den Fall der Erledigung).

IV. Zustellung

9 Gemäß § 73 III 1 und 2 ist der Widerspruchsbescheid nach den Vorschriften des VwZG zuzustellen. Danach ist auch eine elektronische Zustellung möglich (§ 5 IV und V VwZG). Anwendbar ist stets das VwZG des Bundes, auch wenn eine Landesbehörde über den Widerspruch entscheidet. Für die Heilung von Mängeln der Zustellung gilt § 8 VwZG. Mit der Heilung durch tatsächlichen Zugang wird die ordnungsgemäße Zustellung fingiert und die Klagefrist in Gang gesetzt (BayVGH NVwZ-RR 2013, 789). Ist der Widerspruchsbescheid nicht oder unheilbar mangelhaft zugestellt worden, etwa bei fehlendem Zustellwillen der Behörde, ist er gleichwohl wirksam und angreifbar; die ordnungsgemäße Zustellung ist allerdings konstitutiv für den Beginn der Klagefrist (BVerwG IR 2015, 188).

V. Bindungswirkung des Widerspruchsbescheides

10 Der Widerspruchsbescheid gibt dem Ausgangsverwaltungsakt seinen endgültigen Inhalt nach § 79 I Nr. 1. Er schließt zugleich das Widerspruchsverfahren ab. Bei fehlender Identität von Ausgangs- und Widerspruchsbehörde endet mit der Zustellung des Widerspruchsbescheides die Sachherrschaft der Widerspruchsbehörde mit der Folge, dass sie den Bescheid sachlich nicht mehr ändern kann; zuständig ist nunmehr allein die Ausgangsbehörde (BVerwGE 27, 78, 79). Das soll nicht gelten, soweit der Widerspruchsbescheid alleiniger Angriffsgegenstand ist (SSB Rn. 48). Nach Eintritt der Bestandskraft kommt eine isolierte Aufhebung (Rücknahme oder Widerruf) des Widerspruchsbescheides, was zu einer Wiedereröffnung des Vorverfahrens führen würde, nicht in Betracht (BVerwG NVwZ 2002, 1252).

§ 74 [Klagefrist]

(1) [1]Die Anfechtungsklage muß innerhalb eines Monats nach Zustellung des Widerspruchsbescheids erhoben werden. [2]Ist nach § 68 ein Widerspruchsbescheid nicht erforderlich, so muß die Klage innerhalb eines Monats nach Bekanntgabe des Verwaltungsakts erhoben werden.

(2) Für die Verpflichtungsklage gilt Absatz 1 entsprechend, wenn der Antrag auf Vornahme des Verwaltungsakts abgelehnt worden ist.

§ 74 dient vor allem der Rechtssicherheit und dem Rechtsfrieden. Die Ein- **1** haltung der Klagefrist ist **Sachurteilsvoraussetzung** (→ vor § 40 Rn. 4 ff., 34).

I. Anwendungsbereich

Die einmonatige (nicht: vierwöchige) Klagefrist gem. § 74 I gilt für die **2** **Anfechtungsklage** und – nach § 74 II – für die **Verpflichtungsklage** in Form der Versagungsgegenklage.

Bei der **Fortsetzungsfeststellungsklage** ist zu differenzieren: Erledigt sich **3** der VA nach Klageerhebung, so ist auch die Fortsetzungsfeststellungsklage nach § 113 I 4 unzulässig, wenn nicht innerhalb der Frist des § 74 I Anfechtungsklage erhoben worden war (NK-VwGO Rn. 10; Kopp/Schenke Rn. 2; BeckOK VwGO Rn. 3). Erledigt sich der VA vor Klageerhebung, ist § 74 auf die Fortsetzungsfeststellungsklage entsprechend § 113 I 4 nicht anwendbar (BVerwGE 109, 203; str.). Ein Widerspruchsverfahren ist in diesem Fall nicht statthaft (→ § 68 Rn. 5).

Die Klagefrist nach § 74 I soll auch bei Anfechtungsklagen gegen **nichtige** **4** **VA** Anwendung finden (Kopp/Schenke Rn. 2; NK-VwGO Rn. 13), sie gilt aber nicht für die Nichtigkeitsfeststellungsklage nach § 43 I. Die Klagefrist nach § 74 I gilt im Regelfall auch bei Verstößen gegen **Unionsrecht** und insbes. auch bei der Verletzung von Rechten aus einer noch nicht ordnungsgemäß in nationales Recht umgesetzten EU-Richtlinie (vgl. näher NK-VwGO Rn. 14).

Von § 74 **abweichende Regelungen** können nur durch Bundesrecht (vgl. **5** zB § 74 AsylG), nicht aber landesrechtlich begründet werden (BVerfGE 21, 106, 114). Neben der Frist zur Klageerhebung bestehen insb. im Umwelt- und im Fachplanungsrecht gesetzliche Fristen zur Begründung der Klage (zB § 6 UmwRG; § 10 V LuftVG; § 17e V FStrG).

II. Beginn der Frist

Nach § 74 I 1 beginnt die Klagefrist mit der **Zustellung des Wider-** **6** **spruchsbescheides.** Durch eine fehlerhafte Zustellung wird die Klagefrist nicht in Lauf gesetzt (BVerwGE 39, 257, 259). Dies gilt auch bei fehlendem Zustellwillen (BVerwG IR 2015, 188). Ist ein Widerspruchsverfahren entbehrlich, beginnt die Klagefrist nach § 74 I 2 mit der **Bekanntgabe des VA** (§ 41 VwVfG). Bei mehrfacher Bekanntgabe ist auf die erste wirksame Bekanntgabe abzustellen (BVerwGE 58, 100, 105 f.). Weitere Bekanntmachungen bzw. erneute Zustellungen setzen die wirksam ausgelöste Klagefrist nicht erneut in Gang.

Der Beginn der Klagefrist setzt ferner voraus, dass eine **ordnungsgemäße** **7** **Rechtsbehelfsbelehrung** gem. § 58 I erteilt worden ist. Ist eine Rechtsbehelfsbelehrung nicht oder fehlerhaft erteilt worden, so gilt die Jahresfrist des § 58 II (→ § 58 Rn. 11). Wird eine ordnungsgemäße Rechtsbehelfsbelehrung innerhalb der Jahresfrist nachgeholt, wird die Klagefrist des § 74 VwGO nachträglich in Lauf gesetzt (OVG LSA NVwZ-RR 2015, 278).

8   **Stirbt der Widerspruchsführer,** gelten § 173 iVm §§ 239 I, 249 I ZPO. Danach wird das Verfahren, wenn kein Prozessbevollmächtigter bestellt ist, unterbrochen mit der Folge, dass der Lauf einer jeden Frist aufhört bzw. nicht beginnt (BVerwG NVwZ 2001, 319; NK-VwGO Rn. 20).

9   Richtet sich der VA oder der Widerspruchsbescheid **an mehrere Adressaten,** gilt der Grundsatz der individuellen Bekanntgabe bzw. Zustellung (→ § 70 Rn. 3); die Klagefrist beginnt also für jeden Kläger gesondert zu laufen. Der Rechtsnachfolger muss sich das Verstreichen der Klagefrist zurechnen lassen.

10   Bei der **notwendigen Streitgenossenschaft** gilt gem. § 64 die Vertretungsregelung des § 62 I ZPO. Ob derjenige Streitgenosse, der die Klagefrist versäumt hat, als durch den nicht säumigen Streitgenossen vertreten anzusehen ist, ist allerdings str. (→ § 64 Rn. 10). Ist die Klagefrist für den Säumigen bereits abgelaufen, so kann die Klageerhebung durch einen Streitgenossen die Versäumung der Frist jedenfalls nicht hindern (BVerwG Buchh 310 § 173 Anh. § 62 Nr. 1; BeckOK VwGO Rn. 15; aA Kopp/Schenke Rn. 6).

III. Fristende

11   Die Klagefrist berechnet sich nach § 57 II iVm § 222 I ZPO, §§ 187 I, 188 II BGB (→ § 57 Rn. 3 ff.). Sie endet um 24.00 Uhr des letzten Tages der Monatsfrist.

IV. Fristwahrung

12   Die Klagefrist wird gewahrt durch **Eingang der Klage** innerhalb der Klagefrist bei Gericht. Maßgeblich ist insoweit, dass die Klageschrift in die Verfügungsgewalt des Gerichts gelangt ist (BVerfGE 52, 203, 209; 69, 381, 385), etwa durch den Einwurf in den Briefkasten des Gerichts, durch Einlegen in das Postfach, auch wenn diese erst am nächsten Tag geleert werden (vgl. BVerwG NJW 1964, 788), oder bei Aushändigung an das Gericht durch den Postboten. Ein Benachrichtigungszettel der Post, dass eine Einschreibesendung zur Abholung bereitliegt, wahrt die Frist hingegen nicht (BAG NJW 1986, 1373). Es obliegt grds. dem Gericht, den Zeitpunkt des Eingangs zu dokumentieren. Auftretende Fehler, etwa ein Defekt des Nachtbriefkastens, des Fax-Geräts oder bei elektronischer Übermittlung des EPVG-Servers, dürfen dem Prozessbeteiligten nicht zum Nachteil gereichen. Es reicht aus, dass der Kläger den rechtzeitigen Eingang der Klage glaubhaft macht und damit eine Fristversäumnis mit überwiegender Wahrscheinlichkeit ausgeschlossen werden kann (BVerwG NJW 1969, 1730).

13   Die Klagefrist wird auch durch Klageerhebung beim Gericht des falschen Rechtsweges oder beim sachlich oder örtlich **unzuständigen Gericht** gewahrt (Kopp/Schenke Rn. 8), und zwar ungeachtet der Frage, ob die nachfolgende Verweisung innerhalb der Klagefrist erfolgt (BVerwG DVBl 1993, 562). Hinsichtlich des sachlich oder örtlich unzuständigen Gerichts folgt dies aus § 83 S. 1, der die entsprechende Geltung der §§ 17–17b GVG anordnet (NK-VwGO Rn. 13). Anderes gilt dann, wenn eine an das zuständige Gericht adressierte Klage bei einem unzuständigen Gericht eingeht (BVerfGE 60, 243, 246 f.). In diesem Fall kommt es für die Fristwahrung auf den Eingang beim zuständigen Gericht nach (formlos möglicher) Weiterleitung der Klage an. Gleiches gilt bei Klageeingang bei der Widerspruchsbehörde.

V. Verwirkung

Das Klagerecht kann unter zeitlichen Gesichtspunkten nicht nur wegen Ver- **14** säumung der Klagefrist, sondern als Unterfall der unzulässigen Rechtsausübung auch durch Verwirkung verloren gehen (näher → § 70 Rn. 4 f. und → vor § 40 Rn. 45).

§ 75 [Klage bei Untätigkeit der Behörde]

[1] Ist über einen Widerspruch oder über einen Antrag auf Vornahme eines Verwaltungsakts ohne zureichenden Grund in angemessener Frist sachlich nicht entschieden worden, so ist die Klage abweichend von § 68 zulässig. [2] Die Klage kann nicht vor Ablauf von drei Monaten seit der Einlegung des Widerspruchs oder seit dem Antrag auf Vornahme des Verwaltungsakts erhoben werden, außer wenn wegen besonderer Umstände des Falles eine kürzere Frist geboten ist. [3] Liegt ein zureichender Grund dafür vor, daß über den Widerspruch noch nicht entschieden oder der beantragte Verwaltungsakt noch nicht erlassen ist, so setzt das Gericht das Verfahren bis zum Ablauf einer von ihm bestimmten Frist, die verlängert werden kann, aus. [4] Wird dem Widerspruch innerhalb der vom Gericht gesetzten Frist stattgegeben oder der Verwaltungsakt innerhalb dieser Frist erlassen, so ist die Hauptsache für erledigt zu erklären.

§ 75 VwGO gewährleistet **zeitnahen** gerichtlichen Rechtsschutz (Art. 19 IV **1** GG), falls die Behörde über einen Widerspruch oder einen Antrag auf Erlass eines VA ohne zureichenden Grund in angemessener Frist nicht entschieden hat (NK-VwGO Rn. 2; BeckOK VwGO Rn. 1). Die „Untätigkeitsklage" richtet sich, anders als die Bezeichnung vermuten lässt, nicht nur darauf, dass die Behörde überhaupt tätig wird, sondern auf den materiellen Anspruch. Begehrt der Kläger also einen gebundenen VA, richtet sich die Untätigkeitsklage als Verpflichtungsklage auf den beantragten VA, nicht etwa nur auf die Bescheidung des Widerspruchs (BVerwG Buchh 421.0 Prüfungswesen NR. 380; BeckOK VwGO Rn. 2). Darin unterscheidet sich § 75 von der weitgehend wortgleichen Regelung in **§ 88 SGG,** die nach dem Verständnis des BSG nur eine Verpflichtung der Behörde zur Bescheidung ermöglicht (BSGE 75, 56). Ist nach allgemeinen Regeln eine Bescheidungsklage zulässig (→ § 42 Rn. 48), weil der beantragte VA im Ermessen der Behörde steht, kann auch die Untätigkeitsklage als Bescheidungsklage – gerichtet auf die Bescheidung des Antrages auf Erlass des begehrten VA – erhoben werden (NK-VwGO Rn. 20). Hat ein Dritter Widerspruch eingelegt, kann der Adressat des begünstigenden VA (zB der Bauherr bei der Baugenehmigung) unter den Voraussetzungen des § 75 Untätigkeitsklage gegen die Widerspruchsbehörde erheben, die sich auf die Verpflichtung zur Zurückweisung des Widerspruchs richtet (VGH BW NVwZ 1995, 280).

I. Tatbestandsvoraussetzungen

2 Der Kläger muss einen **Antrag auf Erlass eines VA** gestellt oder einen **Widerspruch** eingelegt haben. Ersteres gilt auch dann, wenn der VA auch vAw erlassen werden kann oder muss (BVerwGE 99, 158), wobei der Antrag nicht nachholbare Sachurteilsvoraussetzung ist (VGH BW VBlBW 2000, 106; Kopp/Schenke Rn. 7; NK-VwGO Rn. 25). Der Antrag, zB der Bauantrag, muss vollständig sein (OVG NRW BauR 2014, 1284).

3 Erforderlich ist ferner, dass die Behörde über den Widerspruch oder den Antrag sachlich **nicht entschieden** hat. Eine Entscheidung in der Sache liegt auch dann vor, wenn der Widerspruch oder der Antrag als unzulässig zurückgewiesen wurde (NK-VwGO Rn. 32).

4 Das Gesetz verlangt darüber hinaus, dass die Behörde innerhalb angemessener Frist nicht entschieden hat. Dabei ergibt sich aus § 75 S. 2, dass ein Entscheidungszeitraum von drei Monaten im Regelfall noch nicht unangemessen ist; die Vorschrift sieht deswegen eine entsprechende **Wartefrist** vor, es sei denn, wegen besonderer Umstände des Falles ist eine kürzere Frist geboten. Die Einhaltung der Wartefrist ist **Sachurteilsvoraussetzung,** die im Zeitpunkt der letzten mündlichen Verhandlung erfüllt sein muss (BVerwGE 23, 135, 137; 42, 108, 110; NVwZ 1995, 80; krit. NK-VwGO Rn. 41).

5 Ist die erforderliche Wartefrist noch nicht verstrichen, ist das Verfahren entsprechend § 75 S. 3 **auszusetzen** (BVerwGE 23, 135, 139; BeckOK VwGO Rn. 9; NK-VwGO Rn. 42). Besondere Umstände, die eine frühzeitigere Entscheidung der Behörde notwendig machen, sind dann zu bejahen, wenn dem Kläger ein längeres Zuwarten unzumutbar ist (Kopp/Schenke Rn. 12), etwa bei termingebundenen Veranstaltungen. Die Regelwartefrist ist auch dann nicht abzuwarten, wenn die Behörde von vornherein zu erkennen gibt, dass sie den Antrag oder den Widerspruch nicht bescheiden werde, etwa weil sie die Annahme eines Antrages verweigert.

6 Die Nichtentscheidung innerhalb angemessener Frist darf nach § 75 S. 1 ferner nicht auf einem **zureichenden Grund** beruhen. Auch insoweit ist der Zeitpunkt der letzten mündlichen Verhandlung maßgeblich (BVerwG NVwZ 1995, 80). Als zureichende Gründe kommen zB in Betracht: ein besonderer Umfang der Sachverhaltsaufklärung (Kopp/Schenke Rn. 13) oder besondere rechtliche Schwierigkeiten (BeckOK VwGO Rn. 16); auch die punktuelle Überlastung einer Behörde kann ein zureichender Grund sein (BVerwGE 42, 108 (111 f.)), nicht aber strukturelle Kapazitätsmängel; laufende Vergleichsverhandlungen zwischen Behörde und Kläger rechtfertigen ebenfalls das Zu-

rückstellen der Bescheidung (BeckOK VwGO Rn. 13). Keinen zureichenden Grund stellen dagegen Urlaub, Krankheit oder Arbeitsüberlastung einzelner Sachbearbeiter dar, da die Verwaltung in derartigen Fällen für ausreichende Vertretung sorgen muss (Kopp/Schenke Rn. 13). Auch die Unzuständigkeit der Behörde stellt keinen zureichenden Grund für Untätigkeit dar (Kopp/ Schenke Rn. 15). Entsprechendes soll auch für die Anhängigkeit eines Musterprozesses oder einer Parallelsache gelten (NK-VwGO Rn. 56; aA Kopp/ Schenke Rn. 13 für den Fall, dass eine baldige Entscheidung zu erwarten ist).

II. Gerichtliche Entscheidung

Ist im Zeitpunkt der mündlichen Verhandlung eine angemessene Frist ver- **7** strichen und liegt kein zureichender Grund für die Untätigkeit der Behörde vor, ist die Klage zulässig und das Gericht entscheidet in der Sache. Besteht ein zureichender Grund, **setzt** das Gericht das Verfahren nach § 75 S. 3 **aus** und setzt der Behörde eine (verlängerbare) Frist, bis zu deren Ablauf die Entscheidung nachgeholt werden soll. Die Dauer der Frist bemisst das Gericht unter Berücksichtigung derjenigen Umstände, aus denen sich der zureichende Grund für die Untätigkeit der Behörde ergibt (BeckOK VwGO Rn. 14).

Der Aussetzungsbeschluss ist mit der Beschwerde nach § 146 I **anfechtbar;** **8** dies gilt auch hinsichtlich der Fristsetzung, die Bestandteil der Aussetzungsentscheidung ist; sie ist nicht etwa als (isolierte) Fristsetzung iSv § 146 II aufzufassen (NK-VwGO Rn. 62).

Wird dem **Widerspruch** innerhalb der vom Gericht gesetzten Frist **statt-** **9** **gegeben** oder der **VA** innerhalb der Frist **erlassen** (§ 75 S. 4), so erklärt nicht etwa das Gericht die Hauptsache für erledigt (so aber etwa BeckOK VwGO Rn. 13), sondern der Kläger hat die Hauptsache für erledigt zu erklären; andernfalls ist die Klage mangels Rechtsschutzinteresses als unzulässig abzuweisen (so zutr. etwa Bader Rn. 20.1; Kopp/Schenke Rn. 19). Die Kostenentscheidung erfolgt, wenn sich der Beklagte der Erledigungserklärung anschließt, nach § 161 III (→ § 161 Rn. 29 ff.). Der Kläger kann die Klage auch zurücknehmen (§ 92), § 161 III verdrängt dabei § 155 II (Eyermann Rn. 16).

Entscheidet die Behörde negativ, lehnt sie also den Erlass des beantrag- **10** ten VA ab oder weist sie den Widerspruch zurück, ist zu unterscheiden: Ist die Untätigkeitsklage zulässig, weil der Kläger die Wartefrist nach § 75 S. 1 und 2 eingehalten hat, und hat das Gericht keine Fristsetzung nach § 75 S. 3 vorgenommen, kann der Kläger die Untätigkeitsklage als Anfechtungs- bzw. Verpflichtungsklage unter Einbeziehung des ergangenen VA bzw. Widerspruchsbescheides fortführen (VGH BW NJW 1986, 149). Die Einbeziehung ist nicht an § 74 gebunden (SchlHOVG Beschl. v. 4.9.2014 – 4 LB 2/14). Die Durchführung eines Vorverfahrens nach § 68 ist in dem Fall, in dem die Ausgangsbehörde den Erlass des begehrten VA abgelehnt hat und keine Verfahrensaussetzung nach § 75 S. 3 erfolgt ist, nicht erforderlich (BVerwGE 66, 342, 344; 88, 254, 255 f.).

Das gleiche gilt, wenn das Gericht eine Frist nach S. 3 gesetzt hat und die **11** Behörde erst nach Ablauf der gerichtlich gesetzten Frist die begehrte Ent-

scheidung versagt hat (BVerwGE 42, 108). Hat die Behörde dagegen eine
nach § 75 S. 3 gesetzte Frist eingehalten, so ist ein Vorverfahren gem. § 68
notwendig (BVerwGE 42, 108; NVwZ 1987, 969; str.). Das Gericht setzt den
Rechtsstreit zwecks Durchführung des Widerspruchverfahrens aus (BVerwGE
42, 108 (114)); einer ausdrücklichen Einlegung des Widerspruchs soll es nicht
bedürfen (BVerwGE 42, 108 (114); aA etwa Kopp/Schenke Rn. 23). Entsprechendes gilt, wenn die Klage verfrüht erhoben wurde und die Behörde
die begehrte Entscheidung innerhalb der Wartefrist nach § 75 S. 1 und 2
abgelehnt hat (BVerwGE 42, 108 (111 f.); BeckOK VwGO Rn. 20).

§ 76 *(weggefallen)*

§ 77 [Ausschließlichkeit des Widerspruchsverfahrens]

**(1) Alle bundesrechtlichen Vorschriften in anderen Gesetzen über Einspruchs-
oder Beschwerdeverfahren sind durch die Vorschriften dieses Abschnitts ersetzt.**

**(2) Das gleiche gilt für landesrechtliche Vorschriften über Einspruchs- oder
Beschwerdeverfahren als Voraussetzung der verwaltungsgerichtlichen Klage.**

1   Die Vorschrift enthält Überleitungsregelungen. Sie betreffen Einspruch- und
Beschwerdeverfahren, soweit sie Voraussetzung der Anfechtungs- und Verpflichtungsklage nach der VwGO sind.

2   § 77 I ersetzt alle bundesrechtlichen Vorschriften, sofern sich aus den Über-
gangsbestimmungen der §§ 190 ff. nichts anderes ergibt. Durch spätere bundesrechtliche Regelungen können jederzeit wieder andere Regelungen für
das Vorverfahren getroffen werden.

3   § 77 II besitzt im Hinblick auf Art. 31 GG lediglich deklaratorische Bedeutung. Die Wirkung der Norm beschränkt sich aus kompetenzrechtlichen
Gründen auf solche landesrechtlichen Vorschriften, die Einspruchs- oder Beschwerdeverfahren als Voraussetzung der verwaltungsgerichtlichen Klage vorsehen. IÜ kann das Landesrecht weiter Beschwerde- und Einspruchsverfahren
regeln. Im Zweifelfall ist ein landesrechtlicher Rechtsbehelf in einen Widerspruch umzudeuten.

§ 78 [Beklagter]

(1) Die Klage ist zu richten

**1. gegen den Bund, das Land oder die Körperschaft, deren Behörde den angefoch-
tenen Verwaltungsakt erlassen oder den beantragten Verwaltungsakt unterlassen hat; zur Bezeichnung des Beklagten genügt die Angabe der Behörde,**

**2. sofern das Landesrecht dies bestimmt, gegen die Behörde selbst, die den
angefochtenen Verwaltungsakt erlassen oder den beantragten Verwaltungsakt
unterlassen hat.**

(2) Wenn ein Widerspruchsbescheid erlassen ist, der erstmalig eine Beschwer enthält (§ 68 Abs. 1 Satz 2 Nr. 2), ist Behörde im Sinne des Absatzes 1 die Widerspruchsbehörde.

Die Vorschrift regelt, wer richtiger Beklagter ist. § 78 I Nr. 1 enthält nach **1** allerdings bestrittener Ansicht (BVerwG NVwZ 2000, 329; OVG NRW NWVBl. 2011, 270; Eyermann Rn. 1; NK-VwGO Rn. 3; BeckOK VwGO Rn. 2; nunmehr wohl auch SSB Rn. 15 ff.; aA etwa Kopp/Schenke Rn. 1) eine Bestimmung über die **Passivlegitimation** (→ vor § 40 Rn. 36) und betrifft damit die Begründetheit der Klage. Richtiger Beklagter ist derjenige Rechtsträger, gegen den das Sachbegehren wirksam durchgesetzt werden kann. § 78 I Nr. 2 normiert hingegen einen Fall der gesetzlichen **Prozessstandschaft** und damit eine Sachurteilsvoraussetzung (→ vor § 40 Rn. 37).

§ 78 findet – wie schon seine Stellung im 8. Abschnitt verdeutlicht – **2** Anwendung grds. nur bei **Anfechtungs- und Verpflichtungsklagen.** Er findet ebenfalls Anwendung bei der **Fortsetzungsfeststellungsklage** nach oder entspr. § 113 I 4 sowie in **Verfahren des vorläufigen Rechtsschutzes,** bei denen in der Hauptsache die Anfechtungs- oder Verpflichtungsklage gegeben ist. Die Vorschrift gilt ferner (entsprechend) im Fall der **Nichtigkeitsfeststellungsklage,** § 43 I Alt. 2 sowie kraft **besonderer gesetzlicher Anordnung** (§ 126 III BRRG, § 126 II BBG für Bundesbeamte, § 54 II 1 BeamtStG für Landes- und Gemeindebeamte). Bei der allgemeinen Leistungsklage und der Feststellungsklage gelten hingen die allgemeinen Grundsätze, dh im Regelfall das Rechtsträgerprinzip. Für das Normenkontrollverfahren enthält § 47 II 2 eine Spezialregelung (→ § 47 Rn. 24). Im Organstreitverfahren ist die Klage oder der Antrag gegen das Organ zu richten, dem die interne Kompetenz zuzurechnen oder die behauptete Kompetenzverletzung anzulasten ist (SSB Rn. 54).

I. Klage gegen die Körperschaft gem. § 78 I Nr. 1

Nach § 78 I Nr. 1 ist die Klage gegen diejenige Körperschaft zu richten, **3** deren Behörde den angefochtenen VA erlassen oder den beantragten VA unterlassen hat. Die Vorschrift ist Ausdruck **des Rechtsträgerprinzips.** Neben dem Bund und dem Land sind alle Körperschaften des öffentlichen Rechts erfasst. Auf **rechtsfähige Anstalten und Stiftungen** des öffentlichen Rechts ist die Vorschrift entsprechend anzuwenden (NK-VwGO Rn. 23). Gleiches gilt für **Vereinigungen,** denen nach § 61 Nr. 2 ein Recht zustehen kann (HmbOVG DÖV 2014, 399). Schließlich findet § 78 I Nr. 1 auch auf den **beliehenen Unternehmer** Anwendung mit der Folge, dass richtiger Beklagter nach dieser Vorschrift auch eine natürliche Person sein kann.

Der Begriff der **Behörde** in § 78 1 Nr. 1 deckt sich mit dem in § 61 Nr. 3. **4** Erfasst wird damit jede Stelle, die durch organisationsrechtliche Rechtssätze gebildet, vom Wechsel ihrer Amtsinhaber unabhängig und nach der einschlägigen Zuständigkeitsregelung dazu berufen ist, unter eigenem Namen für den Staat oder einen anderen Träger öffentlicher Verwaltung Aufgaben der öffentlichen Verwaltung eigenständig wahrzunehmen (OVG NRW NVwZ-RR 1989, 576). Der sog. Verwaltungshelfer, der einer Behörde Hilfsdienste leistet, ohne selbst eine hoheitliche Tätigkeit zu entfalten (zB der mit dem Abschleppen eines verkehrswidrig abgestellten Fahrzeugs beauftragte Privatunternehmer oder der mit dem Aufstellen von Verkehrszeichen beauftragte Bauunternehmer) ist nicht selbst Behörde (BVerwGE 35, 335; NK-VwGO Rn. 17; s.a. → § 40 Rn. 113 ff.).

5   Hinsichtlich der **Zurechnung** des Handelns einer Behörde ist Folgendes zu beachten: Ist eine Behörde gleichzeitig für mehrere Rechtsträger tätig (zB das gemeinsame Prüfungsamt verschiedener Bundesländer), so ist die Klage gegen sämtliche Rechtsträger zu richten (BeckOK VwGO Rn. 19). Eine Behörde, die Organ mehrerer Rechtsträger ist, kann aber auch lediglich für einen dieser Rechtsträger handeln. Wichtiger Fall ist etwa das Landratsamt, das entweder als untere staatliche Verwaltungsbehörde oder aber als Behörde des Landkreises tätig wird. Im ersteren Fall ist das Land der richtige Klagegegner, im letzteren der Landkreis. Werden Selbstverwaltungskörperschaften im übertragenen Wirkungskreis (nach Weisung) tätig, ist die Selbstverwaltungskörperschaft richtiger Klagegegner. Erlässt die Aufsichtsbehörde im Wege der Selbstvornahme einen VA, weil die Gemeinde ihren rechtlichen Verpflichtungen nicht nachgekommen ist, oder hebt die Aufsichtsbehörde einen von der Gemeinde erlassenen VA auf, so richtet sich die Klage auch des betroffenen Bürgers gegen den Träger der Aufsichtsbehörde, also gegen das Land (SSB Rn. 35; BeckOK VwGO Rn. 25; str.). Im Fall der Bundesauftragsverwaltung ist die Klage nicht gegen den Bund, sondern gegen den beauftragten Rechtsträger (Land oder Selbstverwaltungskörperschaft) zu richten. Im Fall der Amtshilfe ist die Klage gegen den Rechtsträger der ersuchten Behörde zu richten (NK-VwGO Rn. 20).

6   Nach § 78 I Nr. 1 Hs. 2 genügt zur Bezeichnung des Beklagten die **Angabe der Behörde**. Die Vorschrift soll dem Kläger die Entscheidung abnehmen, wer der hinter der Behörde stehende Rechtsträger ist (NK-VwGO Rn. 24). Die Vorschrift ist in allen anderen Verfahrensarten entsprechend anzuwenden.

II. Klage gegen die Behörde nach § 78 I Nr. 2

7   Nach § 78 I Nr. 2 kann das Landesrecht bestimmen, dass sich die Klage abweichend vom Rechtsträgerprinzip gegen die Behörde zu richten hat, die den angefochtenen VA erlassen oder den beantragten VA unterlassen hat. Von dieser Ermächtigung ist in einigen Ländern Gebrauch gemacht worden (vgl. etwa § 8 II NdsAGVwGO, § 8 II BbgVwGG). Der Bundesgesetzgeber kann kraft seiner allgemeinen Kompetenz aus Art. 74 I Nr. 1 GG in Sonderregelungen ebenfalls vorsehen, dass eine Bundesbehörde als solche zu verklagen ist (BeckOK VwGO Rn. 38). So ist die Klage in Streitigkeiten nach § 20 I BDSG stets gegen die Aufsichtsbehörde des Bundes oder eines Landes zu richten (§ 20 V BDSG). Die Länder sind hingegen aus § 78 I Nr. 2 VwGO –

unbeschadet des weitergehenden Wortlauts – nicht befugt, Vorschriften über die Vertretung des Bundes im Rechtsstreit zu treffen (stRspr, BVerwGE 92, 263, 264); 14, 330, 332). In entsprechender Anwendung von § 78 I Nr. 1 Hs. 2 genügt zur Bezeichnung des richtigen Beklagten die Angabe des Rechtsträgers.

III. Klage gegen den Widerspruchsbescheid nach § 78 II VwGO

Die Vorschrift betrifft den Fall, dass sich die Klage allein gegen den Wider- **8** spruchsbescheid richtet. Dies ist der Fall, wenn der Widerspruchsbescheid erstmalig (§ 79 I Nr. 2) oder gegenüber dem ursprünglichen VA eine zusätzliche selbstständige Beschwer enthält (§ 79 II 1). In diesen Fällen gilt § 78 II entspr., wie sich aus § 79 II 3 ergibt. Die Klage ist nach § 78 II iVm § 78 I Nr. 1 gegen den Rechtsträger der Widerspruchsbehörde oder, sofern das Landesrecht eine Regelung iSv § 78 I 1 Nr. 2 enthält, gegen die Widerspruchsbehörde selbst zu richten. Kein Fall des § 78 II § 79 II 3 liegt vor, wenn der Kläger den VA in der Gestalt eines verbösernden Widerspruchsbescheids im vollen Umfang angefochten hat. Dies gilt auch dann, wenn er die Klage nachträglich in der Weise beschränkt, dass sie sich nur noch gegen die durch den Widerspruchsbescheid auferlegte zusätzliche Beschwer wendet; richtiger Beklagter bleibt der Rechtsträger der Ausgangsbehörde bzw. die Ausgangsbehörde selbst (BVerwG NVwZ 1987, 215; BeckOK VwGO Rn. 42).

IV. Klage gegen den falschen Beklagten

Ist die Klage gegen den falschen Beklagten gerichtet, ist sie im Fall des § 78 I **9** Nr. 1 als **unbegründet** abzuweisen, im Fall des § 78 I Nr. 2 hingegen als **unzulässig** (→ Rn. 1). Zunächst ist im Fall einer falschen Bezeichnung aber immer zu fragen, ob der richtige Beklagte nicht im Wege der **Auslegung** zu ermitteln ist, was immer dann der Fall ist, wenn erkennbar ist, gegen wen sich die Klage in Wahrheit richten soll (BVerwGE 20, 21; s.a. → § 82 Rn. 3a). Das Rubrum ist dann entsprechend – auch nach Ablauf der Klagefrist (BayVGH BayVBl 1984, 407) – zu berichtigen. IÜ ist dem Kläger ggf. durch einen Hinweis nach § 86 III die Gelegenheit zu geben, die Klage im Wege einer Klageänderung gegen den richtigen Beklagten zu richten.

Die Rechtsfolgen eines Zuständigkeitswechsels während des gericht- **10** lichen Verfahrens ergeben sich aus § 173 iVm §§ 239 ff. ZPO; es handelt sich dabei um einen Fall des gesetzlichen Parteiwechsels (BVerwGE 44, 148, 150). Ändert sich im Fall einer Verpflichtungsklage die Zuständigkeit durch einen Wohnsitzwechsel des Klägers, liegt kein gesetzlicher Parteiwechsel auf Beklagtenseite vor; die Umstellung der Klage gegen den neuen Rechtsträger bzw. die neu zuständige Behörde ist vielmehr nur nach Maßgabe des § 91 VwGO möglich.

§ 79 [Gegenstand der Anfechtungsklage]

(1) Gegenstand der Anfechtungsklage ist

1. der ursprüngliche Verwaltungsakt in der Gestalt, die er durch den Widerspruchsbescheid gefunden hat,

2. der Abhilfebescheid oder Widerspruchsbescheid, wenn dieser erstmalig eine Beschwer enthält.

(2) [1]Der Widerspruchsbescheid kann auch dann alleiniger Gegenstand der Anfechtungsklage sein, wenn und soweit er gegenüber dem ursprünglichen Verwaltungsakt eine zusätzliche selbständige Beschwer enthält. [2]Als eine zusätzliche Beschwer gilt auch die Verletzung einer wesentlichen Verfahrensvorschrift, sofern der Widerspruchsbescheid auf dieser Verletzung beruht. [3]§ 78 Abs. 2 gilt entsprechend.

1   § 79 bestimmt den Gegenstand der Anfechtungsklage. Die Vorschrift normiert eine **Sachurteilsvoraussetzung,** indem sie festlegt, was statthafter Gegenstand einer Anfechtungsklage ist (BeckOK VwGO Rn. 5; Kopp/Schenke Rn. 1a). Der Begriff des Gegenstands iSv § 79 ist nicht mit dem des Streitgegenstandes zu verwechseln, der etwa hinsichtlich der Rechtskraft, der Rechtshängigkeit oder der Klageänderung maßgeblich ist.

2   Unmittelbar anwendbar ist § 79 nur auf die **Anfechtungsklage.** Entsprechend anwendbar ist § 79 I Nr. 1 auf die **Verpflichtungsklage** jedenfalls dann, wenn hinsichtlich der begehrten Verwaltungsentscheidung ein Ermessens- oder Beurteilungsspielraum besteht und die Widerspruchsbehörde nicht auf eine Rechtmäßigkeitskontrolle beschränkt war (NK-VwGO Rn. 13). Die Vorschrift dürfte darüber hinaus aber auch im Falle gebundener Entscheidungen insofern entsprechende Anwendung finden, als statthafter Klagegegenstand nur das sein kann, worüber der Widerspruchsbescheid versagt hat (so Kopp/Schenke Rn. 3). Inwieweit § 79 II auf die Verpflichtungsklage entsprechende Anwendung findet, ist streitig (diff. NK-VwGO Rn. 14; bejahend ua Kopp/Schenke Rn. 3, s.a. HessVGH NVwZ-RR 2014, 159). Entspr. anwendbar ist § 79 ferner bei der **Fortsetzungsfeststellungsklage,** § 113 I 4 (BVerwG NVwZ 1988, 1120).

I. Anfechtung des Ausgangsbescheides in der Gestalt des Widerspruchsbescheides nach § 79 I Nr. 1

3   Nach § 79 I Nr. 1 ist Gegenstand der Klage der ursprüngliche VA in der **Gestalt,** die er durch den Widerspruchsbescheid gefunden hat. Zur Gestalt gehören der Tenor und die Begründung des VA (BVerwGE 62, 80, 81). Nach der Rechtsprechung des Bundesverwaltungsgerichts liegt eine Gestaltänderung auch dann vor, wenn schlichtes Verwaltungshandeln der Behörde nachträglich durch den Widerspruchsbescheid den Charakter eines VA bekommt (BVerwGE, 78, 3 (4 f.); BVerwG Buchh 232.01 § 15 BeamtStG Nr. 2; aA NK-VwGO Rn. 24).

Fraglich erscheint, wie weit die durch § 79 I Nr. 1 angeordnete Einheit **4**
von Ausgangs- und Widerspruchsbescheid reicht. Problematisch ist insbes., ob
im Falle einer Anfechtung nach § 79 I Nr. 1 **allein der Widerspruchsbescheid aufgehoben** werden kann (zB bei Ermessensnichtgebrauch durch
die Widerspruchsbehörde). Dies wird überwiegend für möglich gehalten (vgl.
NK-VwGO Rn. 19 f.), wobei das auf die isolierte Aufhebung des Widerspruchsbescheides gerichtete Begehren als Minus in dem entsprechend § 79 I
Nr. 1 formulierten Klageantrag enthalten sein soll. Der Widerspruchsbescheid
ist dann durch Teilurteil aufzuheben und das Verfahren unter Fristsetzung bis
zu einer erneuten Entscheidung über den Widerspruch entweder zum Ruhen
zu bringen oder auszusetzen (BVerwGE 70, 196, 197). Für eine solche gerichtliche Entscheidung besteht allerdings regelmäßig nur dann ein Rechtsschutzinteresse, wenn der Widerspruchsbehörde ein Beurteilungs- oder Ermessensspielraum zukommt (vgl. BVerwG NVwZ 1999, 641; NK-VwGO
Rn. 19; aA Kopp/Schenke Rn. 5).

II. Anfechtung von Abhilfe- oder Widerspruchsbescheid bei erstmaliger Beschwer nach § 79 I Nr. 2

§ 79 I Nr. 2 betrifft den **Verwaltungsakt mit Drittwirkung.** Er ermöglicht **5**
die isolierte Anfechtung des Widerspruchsbescheides in Fällen, in denen ein
ursprünglich den Adressaten oder einen Dritten begünstigender VA durch die
Widerspruchsbehörde zum Nachteil des ursprünglich Begünstigten abge-
ändert wurde, so zB, wenn eine Baugenehmigung auf den Widerspruch des
Nachbarn hin aufgehoben und der Bauantrag abgelehnt wird (BayVGH
NVwZ-RR 1990, 594). Enthielt der ursprüngliche VA für den Kläger bereits
eine Beschwer (Beispiel: Die Baugenehmigung enthielt Auflagen, die auf den
Widerspruch des Nachbarn hin verschärft wurden), liegt keine erstmalige
Beschwer iSv § 79 I Nr. 2 vor (NK-VwGO Rn. 28). In diesem Fall kommt
ein Vorgehen sowohl nach § 79 I Nr. 1 als auch nach § 79 II in Betracht.
Eine erstmalige Beschwer iSv § 79 I Nr. 2 kann auch durch die Verletzung
einer Verfahrensvorschrift iSv § 79 II 2 gegeben sein, etwa bei einer unterbliebenen Anhörung nach § 71 (BeckOK VwGO Rn. 19).

Selbstverwaltungskörperschaften können einen Widerspruchsbescheid **6**
gem. § 79 I Nr. 2 isoliert anfechten, sofern dieser ihren Ausgangsbescheid
ändert, der in einer Selbstverwaltungsangelegenheit erlassen wurde (BVerwG
DÖV 1982, 283; NVwZ 1988, 1120 (1121); SSB Rn. 10). Dies gilt nicht bei
Aufgaben, die im übertragenen Wirkungskreis wahrgenommen werden
(BVerwG NVwZ 1995, 165 (166)). Ob § 79 I Nr. 2 auf die **Kostenlastentscheidung im Widerspruchsbescheid** Anwendung findet, wird unterschiedlich beurteilt, dürfte aber zu bejahen sein (vgl. NK-VwGO Rn. 32).
Enthielt schon der Ausgangsbescheid eine Beschwer, stellt sich die Kostenlastentscheidung im Widerspruchsbescheid als zusätzliche selbstständige Beschwer iSd § 79 II 1 dar (Eyermann Rn. 20).

III. Isolierte Anfechtung des Widerspruchsbescheides bei zusätzlicher selbstständiger Beschwer

7 Die **zusätzliche selbstständige Beschwer iSv § 79 II 1** meint eine weitere Belastung durch materielle Regelungen im Tenor einschließlich der Kostenentscheidung (NK-VwGO Rn. 38; Eyermann Rn. 20). Dem Wort „selbstständig" kommt im Verhältnis zu dem Wort „zusätzlich" nach richtiger Auffassung keine eigenständige Bedeutung zu. Infolgedessen ist im Fall der Verböserung (reformatio in peius) eine isolierte Anfechtung nach § 79 II 1 stets zulässig. Nach der Rechtsprechung des Bundesverwaltungsgerichts soll auch eine gegenüber dem Ausgangsbescheid geänderte Begründung eine Beschwer begründen können, wenn dadurch der VA in seinem Wesen geändert wird (BVerwGE 84, 220 (231); zweifelh.). Die isolierte Anfechtung des Widerspruchsbescheids hindert ebenso wie die Anfechtung nach § 79 I Nr. 1 den Eintritt der Bestandskraft des Ausgangsbescheids. Anders als im Falle des § 79 I Nr. 2 ist das isolierte Vorgehen gegen den Widerspruchsbescheid nach § 79 II fakultativ; der Betroffene kann alternativ auch nach § 79 I Nr. 1 vorgehen.

8 Nach **§ 79 II 2** gilt als zusätzlich Beschwer auch die **Verletzung einer wesentlichen Verfahrensvorschrift**, sofern der Widerspruchsbescheid auf dieser Verletzung beruht. Wesentliche Verfahrensvorschriften sind Rechtsnormen (und nicht lediglich Verwaltungsvorschriften, BVerwGE 71, 251), die zumindest auch dem Schutz des Betroffenen dienen und nicht bloße Ordnungsvorschriften darstellen. Verfahrensfehler können danach etwa sein: eine unterlassene Anhörung nach § 71 (BVerwG NVwZ 1999, 1218), die Zurückweisung eines zulässigen Widerspruchs als unzulässig, die unterlassene Beteiligung einer anderen Behörde, deren Mitwirkung jedenfalls auch im Interesse des Klägers vorgesehen ist (Kopp/Schenke Rn. 13), die Bescheidung durch eine unzuständige Behörde oder ein Verstoß gegen die Begründungspflicht.

8a § 79 II 2 setzt ferner voraus, dass der Widerspruchsbescheid auf dieser Verletzung **beruht.** Dies ist dann der Fall, wenn nicht ausgeschlossen werden kann, dass die Widerspruchsbehörde bei Beachtung der wesentlichen Verfahrensvorschrift zu einem anderen Ergebnis gelangt wäre. Daran fehlt es regelmäßig bei gebundenen Entscheidungen (BVerwG NVwZ 1999, 641). Eine isolierte Anfechtung von Widerspruchsbescheiden nach § 79 II 2 kommt daher grds. nur in Betracht, wenn die Widerspruchsbehörde über einen Ermessens- oder Beurteilungsspielraum verfügt. Nach zutreffender Ansicht sind §§ 45, 46 VwVfG iRd § 79 II 2 zu berücksichtigen (SSB Rn. 15a; NK-VwGO Rn. 52 ff.). Hebt das Gericht den Widerspruchsbescheid auf, muss die Widerspruchsbehörde erneut über den noch nicht beschiedenen Widerspruch entscheiden. Danach steht dem Betroffenen wiederum die Klage offen.

9 Nach § 79 II 3 ist **§ 78 II entspr.** anzuwenden, dh die Klage gem. § 79 II 1 und 2 ist nach § 78 II iVm I Nr. 1 gegen den Rechtsträger der Widerspruchsbehörde und im Fall des § 78 I Nr. 2 gegen die Widerspruchsbehörde selbst zu richten.

§ 80 [Aufschiebende Wirkung]

(1) ¹Widerspruch und Anfechtungsklage haben aufschiebende Wirkung. ²Das gilt auch bei rechtsgestaltenden und feststellenden Verwaltungsakten sowie bei Verwaltungsakten mit Doppelwirkung (§ 80a).

(2) ¹Die aufschiebende Wirkung entfällt nur
1. bei der Anforderung von öffentlichen Abgaben und Kosten,
2. bei unaufschiebbaren Anordnungen und Maßnahmen von Polizeivollzugsbeamten,
3. in anderen durch Bundesgesetz oder für Landesrecht durch Landesgesetz vorgeschriebenen Fällen, insbesondere für Widersprüche und Klagen Dritter gegen Verwaltungsakte, die Investitionen oder die Schaffung von Arbeitsplätzen betreffen,
4. in den Fällen, in denen die sofortige Vollziehung im öffentlichen Interesse oder im überwiegenden Interesse eines Beteiligten von der Behörde, die den Verwaltungsakt erlassen oder über den Widerspruch zu entscheiden hat, besonders angeordnet wird.

²Die Länder können auch bestimmen, dass Rechtsbehelfe keine aufschiebende Wirkung haben, soweit sie sich gegen Maßnahmen richten, die in der Verwaltungsvollstreckung durch die Länder nach Bundesrecht getroffen werden.

(3) ¹In den Fällen des Absatzes 2 Nr. 4 ist das besondere Interesse an der sofortigen Vollziehung des Verwaltungsakts schriftlich zu begründen. ²Einer besonderen Begründung bedarf es nicht, wenn die Behörde bei Gefahr im Verzug, insbesondere bei drohenden Nachteilen für Leben, Gesundheit oder Eigentum vorsorglich eine als solche bezeichnete Notstandsmaßnahme im öffentlichen Interesse trifft.

(4) ¹Die Behörde, die den Verwaltungsakt erlassen oder über den Widerspruch zu entscheiden hat, kann in den Fällen des Absatzes 2 die Vollziehung aussetzen, soweit nicht bundesgesetzlich etwas anderes bestimmt ist. ²Bei der Anforderung von öffentlichen Abgaben und Kosten kann sie die Vollziehung auch gegen Sicherheit aussetzen. ³Die Aussetzung soll bei öffentlichen Abgaben und Kosten erfolgen, wenn ernstliche Zweifel an der Rechtmäßigkeit des angegriffenen Verwaltungsakts bestehen oder wenn die Vollziehung für den Abgaben- oder Kostenpflichtigen eine unbillige, nicht durch überwiegende öffentliche Interessen gebotene Härte zur Folge hätte.

(5) ¹Auf Antrag kann das Gericht der Hauptsache die aufschiebende Wirkung in den Fällen des Absatzes 2 Nr. 1 bis 3 ganz oder teilweise anordnen, im Falle des Absatzes 2 Nr. 4 ganz oder teilweise wiederherstellen. ²Der Antrag ist schon vor Erhebung der Anfechtungsklage zulässig. ³Ist der Verwaltungsakt im Zeitpunkt der Entscheidung schon vollzogen, so kann das Gericht die Aufhebung der Vollziehung anordnen. ⁴Die Wiederherstellung der aufschiebenden Wirkung kann von der Leistung einer Sicherheit oder von anderen Auflagen abhängig gemacht werden. ⁵Sie kann auch befristet werden.

(6) ¹In den Fällen des Absatzes 2 Nr. 1 ist der Antrag nach Absatz 5 nur zulässig, wenn die Behörde einen Antrag auf Aussetzung der Vollziehung ganz oder zum Teil abgelehnt hat. ²Das gilt nicht, wenn

1. die Behörde über den Antrag ohne Mitteilung eines zureichenden Grundes in angemessener Frist sachlich nicht entschieden hat oder
2. eine Vollstreckung droht.

(7) ¹Das Gericht der Hauptsache kann Beschlüsse über Anträge nach Absatz 5 jederzeit ändern oder aufheben. ²Jeder Beteiligte kann die Änderung oder Aufhebung wegen veränderter oder im ursprünglichen Verfahren ohne Verschulden nicht geltend gemachter Umstände beantragen.

(8) In dringenden Fällen kann der Vorsitzende entscheiden.

Übersicht

1 § 80 regelt neben § 47 VI und § 123 den **vorläufigen Rechtsschutz** im Verwaltungsprozess. Dem vorläufigen Rechtsschutz gem. § 80 kommt dabei die größte praktische Bedeutung zu. Ergänzt wird § 80 durch § 80a, der den Sonderfall des VA mit Doppelwirkung betrifft, also Sachverhalte, in denen ein VA einen Beteiligten begünstigt und einen anderen belastet. § 80b bestimmt, wie lange die aufschiebende Wirkung von Widerspruch oder Anfechtungsklage fortdauert. Der Gewährung vorläufigen Rechtsschutzes nach § 123 geht § 80 vor. Aus § 123 V ergibt sich, dass die Vorschriften des § 123 I bis III nicht für Fälle der §§ 80 und 80a gelten.

I. Aufschiebende Wirkung von Widerspruch und Anfechtungsklage

1. Anwendungsbereich

2 Die aufschiebende Wirkung von Widerspruch und Anfechtungsklage nach § 80 I 1 setzt voraus, dass sich der Rechtsbehelf gegen einen **belastenden**

VA richtet, die Behörde also mittels eines VA in die Rechte des Bürgers eingreift. Ob dieser Eingriff in die Rechte des Adressaten oder in die Rechte eines Dritten erfolgt, ist für die Anwendung von § 80 I unbeachtlich (Beck-OK VwGO Rn. 9).

Da der Tatbestand des § 80 I einen VA verlangt, haben Rechtsbehelfe **3** gegen **Realakte** keine aufschiebende Wirkung; § 80 I ist auch nicht entsprechend anwendbar (vgl. Kopp/Schenke Rn. 5 und 16). Auch Rechtsbehelfe gegen **nichtige Verwaltungsakte** entfalten keine aufschiebende Wirkung (NK-VwGO Rn. 20; aA Kopp/Schenke Rn. 5, wohl auch VGH BW NVwZ 1991, 1195).

§ 80 I erfasst Rechtsbehelfe gegen **alle Formen von belastenden Ver- 4 waltungsakten.** Er betrifft nicht nur Gebote und Verbote, sondern auch rechtsgestaltende und feststellende VA, wie § 80 I 2 in der seit 1.1.1991 geltenden Fassung ausdrücklich klarstellt. Aus derselben Vorschrift ergibt sich, dass Rechtsbehelfe gegen VA mit Doppelwirkung iSv § 80a aufschiebende Wirkung besitzen.

Auch Widerspruch und Anfechtungsklage gegen **Allgemeinverfügungen 5** iSv § 35 S. 2 VwVfG haben grds. aufschiebende Wirkung. Bei der Teilanfechtung belastender **Nebenbestimmungen** eines VA kommt es darauf an, ob in der Hauptsache Verpflichtungsklage oder Anfechtungsklage zu erheben ist (→ § 42 Rn. 26 ff.). Rechtsbehelfe gegen einen VA, der eine sog. **angemaßte Rechtsposition** beseitigt (beispielsweise Baueinstellung bei ungenehmigtem Bauvorhaben oder Untersagung eines ohne Erlaubnis ausgeübten Gewerbes), besitzen aufschiebende Wirkung. Wird durch die Behörde die **Zahlung von Leistungen eingestellt,** ist entscheidend, ob damit in eine bestehende Rechtsposition des Leistungsempfängers eingegriffen wird (NK-VwGO Rn. 22). Dies ist regelmäßig dann der Fall, wenn die Leistung für den fraglichen Zeitraum bereits bewilligt war und die Zahlungseinstellung deshalb als Aufhebung (Rücknahme oder Widerruf) des Bewilligungsbescheides aufzufassen ist.

Rechtsbehelfe gegen **Versagungsbescheide,** dh gegen VA, mit denen **6** lediglich ein gestellter Antrag abgelehnt wird, haben regelmäßig keine aufschiebende Wirkung, wenn der ablehnende VA die Rechtsposition des Adressaten nicht schmälert, sondern ihm nur eine Erweiterung seiner Rechte vorenthält. Anderes gilt dann, wenn mit der Ablehnung des Antrages ein Eingriff in eine bestehende Rechtsstellung verbunden ist. Das ist etwa im Ausländerrecht der Fall, wenn die Erteilung oder Verlängerung eines Aufenthaltstitels versagt wird und damit der Betroffene ein fiktives Verweilrecht verliert, das seine Antragstellung begründet hatte, § 81 III und IV AufenthG (NK-VwGO Rn. 21).

2. Eintritt der aufschiebenden Wirkung

Die aufschiebende Wirkung gem. § 80 I tritt mit der **Erhebung von Wider- 7 spruch oder Anfechtungsklage** ein. Auf die Begründetheit des Rechtsbehelfs kommt es nicht an (BVerwGE 13, 1). Str. ist hingegen, inwieweit die aufschiebende Wirkung bei **unzulässigen** Rechtsbehelfen eintritt. Vielfach

wird die Auffassung vertreten, nur bei offensichtlich unzulässigen Rechtsbehelfen entfalle die aufschiebende Wirkung (BVerwG NVwZ 2018, 1485,
1488). Nach anderer Ansicht soll – daneben oder ausschließlich – nach
einzelnen Zulässigkeitsvoraussetzungen zu differenzieren sein (NK-VwGO
Rn. 32; BeckOK VwGO Rn. 21; Kopp/Schenke Rn. 50; SSB Rn. 80).
Danach soll die aufschiebende Wirkung entfallen, sofern keine deutsche
Gerichtsbarkeit besteht, der Verwaltungsrechtsweg nicht eröffnet ist, kein VA
oder keine Klagebefugnis vorliegt oder sich der Rechtsbehelf gegen einen
bereits bestandskräftigen VA richtet. Richtigerweise wird man darauf abstellen
müssen, ob ohne eine ins Detail gehende Prüfung feststellbar ist, dass der
Rechtsbehelf zweifelsfrei unzulässig ist. Nur dann entfaltet er keine aufschiebende Wirkung (vgl. Eyermann Rn. 20).

3. Rechtsfolge der aufschiebenden Wirkung

8   Nach herrschender, insbes. in der Rechtsprechung vertretener Auffassung
ist die aufschiebende Wirkung das Korrelat zur Vollziehung eines VA
(BVerwGE 13, 1, 6). Die aufschiebende Wirkung hat danach keinen Einfluss auf die Wirksamkeit des VA, sondern **hemmt** nur dessen **Vollziehbarkeit** (BVerwGE 66, 218; 13, 1; OVG NRW NVwZ-RR 1988, 126).
In der Literatur wird demgegenüber überwiegend – in Einzelheiten abweichend – die Auffassung vertreten, die aufschiebende Wirkung bedeute die
Hemmung der Wirksamkeit des VA (vgl. etwa NK-VwGO Rn. 35; SSB
Rn. 92).

9   Der **Begriff der Vollziehung** ist in einem weiten Sinne zu verstehen. Er
umfasst nicht etwa nur vollstreckungsrechtliche Maßnahmen, wie sich schon
aus § 80 I 2 ergibt. Nach dieser Vorschrift haben Widerspruch und Anfechtungsklage auch im Falle rechtsgestaltender oder feststellender VA, die keiner
Vollstreckung zugänglich sind, aufschiebende Wirkung. Unter den Begriff der
Vollziehung fällt daher auch jede sonstige rechtliche oder tatsächliche Folge-
rung unmittelbarer oder mittelbarer Art, die durch behördliches oder privates
Handeln aus dem VA gezogen wird und auf dessen Verwirklichung gerichtet
ist (NK-VwGO Rn. 39; BeckOK VwGO Rn. 32; Kopp/Schenke Rn. 23).
Infolgedessen wird etwa durch die aufschiebende Wirkung auch die **Auf-
rechnung** mit einer in dem angefochtenen Leistungsbescheid festgestellten
Forderung ausgeschlossen (BayVGH NVwZ-RR 1994, 398; NK-VwGO
Rn. 39) oder das Gebrauchmachen von einer Begünstigung durch den begünstigten Dritten. Während der Dauer der aufschiebenden Wirkung treten
auch keine Säumnisfolgen im Abgabenrecht ein (BVerwGE 154, 68 Rn. 15;
NK-VwGO Rn. 51). Die aufschiebende Wirkung schließt auch eine straf-
rechtliche Ahndung von Zuwiderhandlungen gegen den VA aus (BeckOK
VwGO Rn. 32) und ist ebenso bei den verwaltungsakzessorischen Straftaten,
insbes. den Umweltstraftaten, zu beachten. Bei diesem weiten Verständnis der
Vollziehbarkeit sind die praktischen Unterschiede zur Annahme einer Wirk-
samkeitshemmung marginal.

10   Die „Vollziehbarkeitshemmung", die mit der Rechtsbehelfseinlegung eintritt, **wirkt** auf den Zeitpunkt des Erlasses des belastenden VA **zurück** (NK-

VwGO Rn. 47; SSB Rn. 118; zur Rückwirkung bei Anordnung der aufschiebenden Wirkung BVerwGE 154, 73 Rn. 14). Es entsteht also keine „Rechtsschutzlücke" in der Zeit zwischen Erlass des VA und fristgemäßer Einlegung des Widerspruchs oder der Klage. Hat die Verwaltung zwischen Erlass des VA und der Rechtsbehelfseinlegung bereits Vollziehungsmaßnahmen eingeleitet, folgt aus § 80 I, dass alle Handlungen rückgängig zu machen sind, die in Vollziehung des angefochtenen VA vorgenommen worden sind (BVerwG DÖV 1973, 785). Bei VA mit Doppelwirkung darf der Begünstigte nach Einlegung des Rechtsbehelfs gem. § 80 I 2, § 80a vorläufig keinen Gebrauch vom VA mehr machen. Die aufschiebende Wirkung **entfällt** – in den Modifikationen des § 80b – rückwirkend mit der Endentscheidung in der Sache: Wird der VA aufgehoben, fehlt mit Wirkung ex tunc das Regelungssubstrat der aufschiebenden Wirkung. Wird der VA bestandskräftig, entfällt die Hemmung der Vollziehung ebenfalls zurückwirkend ab dem Zeitpunkt des Erlasses des VA. Die aufschiebende Wirkung entfällt im Übrigen, wenn der Rechtsbehelf zurückgenommen wird oder sich die Hauptsache erledigt oder die Behörde die sofortige Vollziehung anordnet (§ 80 II 1 Nr. 4).

II. Ausschluss der aufschiebenden Wirkung

§ 80 II bestimmt, in welchen Fällen die aufschiebende Wirkung von Widerspruch und Anfechtungsklage – abweichend von § 80 I – „entfällt", dh von vornherein nicht eintritt. Im Gegensatz zur Anordnung der sofortigen Vollziehung durch die Behörde im Einzelfall (§ 80 II Nr. 4) misst das Gesetz in den Fällen des § 80 II 1 Nr. 1 bis 3 und II 2 dem öffentlichen Interesse an der sofortigen Vollziehung generell mehr Gewicht bei als dem privaten Suspensivinteresse; das Regel-Ausnahme-Verhältnis zwischen aufschiebender Wirkung und sofortiger Vollziehbarkeit wird hier also umgekehrt (BeckOK VwGO Rn. 42). **11**

1. Anforderung von öffentlichen Abgaben und Kosten

Zweck der Regelung in § 80 II 1 Nr. 1 ist es, eine geordnete **Haushaltsplanung** zu ermöglichen, die auf einen stetigen, in zeitlicher Hinsicht kalkulierbaren Mittelzufluss angewiesen ist (vgl. etwa NK-VwGO Rn. 55). Sie begründet eine Vorleistungspflicht des Bürgers. **12**

Öffentliche Abgaben sind alle hoheitlich geltend gemachten öffentlich-rechtlichen Geldforderungen, die den Zweck haben, den Finanzbedarf eines Hoheitsträgers für die Erfüllung seiner öffentlichen Aufgaben zu decken (BVerwG DVBl 1993, 441). Dabei ist nicht nur der allgemeine Finanzbedarf des Hoheitsträgers gemeint, wie die Einbeziehung von Beiträgen und Gebühren in die Regelung belegt; maßgeblich ist vielmehr die vorrangige Finanzierungsfunktion der Abgabe (NK VwGO Rn. 58). Als **Steuern,** um die vor den Verwaltungsgerichten gestritten wird, kommen insb. Gemeindesteuern in Betracht, also ua Gewerbesteuer, Getränkesteuer, Vergnügungssteuer, Grundsteuer, Zweitwohnungssteuer, Hundesteuer oder Übernachtungssteuer. **Ge- 13** **13**

bühren sind einseitig auferlegte Gegenleistungen für die besondere Inanspruchnahme der öffentlichen Verwaltung; sie untergliedern sich in Ver-
waltungs- und Benutzungsgebühren und umfassen ua Anschluss- und Benutzungsgebühren im Bereich der Ver- und Entsorgung, Gebühren für die
Nutzung kommunaler oder staatlicher Einrichtungen, Gebühren für behördliche Dienstleistungen oder etwa die LKW-Maut als Benutzungsgebühr. **Beiträge** sind öffentlich-rechtliche Geldleistungen, die die Kosten für das Zur-
verfügungstellen einer öffentlichen Einrichtung unabhängig von der
tatsächlichen Nutzung ganz oder teilweise decken sollen. Sie dienen dem
Vorteilsausgleich. Darunter fallen Beiträge zu Versorgungswerken, Erschlie-
ßungsbeiträge, Fremdenverkehrsbeiträge, Elternbeiträge für die Kita-Betreu-
ung oder etwa der Rundfunkbeitrag.

14   Zu den öffentlichen Abgaben zählen neben Steuern, Gebühren und Beiträgen auch **sonstige Abgaben** mit Finanzierungsfunktion (NK-VwGO
Rn. 58; FDK VorlRS Rn. 684). Dabei muss der Zweck der Einnahmeerzie-
lung neben anderen Funktionen der Abgabe – etwa Lenkungs-, Antriebs-,
Zwangs- oder Straffunktion – jedenfalls eine „gewichtige Rolle" spielen
(BVerwG DVBl 1993, 441; Eyermann Rn. 26). Nicht ausreichend ist hingegen, dass es sich überhaupt um eine öffentlich-rechtliche Geldleistungs-
pflicht handelt. Eine mehr oder weniger bedeutsame Finanzierungsfunktion
kommt im Grunde jeder öffentlich-rechtlichen Geldleistung zu. Alle in
öffentliche Kassen fließenden Einnahmen dienen letztlich als Finanzierungs-
mittel für öffentliche Aufgaben. Bei dem deshalb gebotenen engen Verständnis der öffentlichen Abgaben iSv § 80 II 1 Nr. 1 kommen neben Steuern,
Gebühren und Beiträgen nur solche Zahlungen in Betracht, auf deren unverzüglichen Eingang die Abgabengläubiger in gesteigertem Maße angewiesen
sind, weil sie nach materiellem Recht fest mit ihrem Eingang rechnen und
daher für die Aufgabenerfüllung einplanen. Hiervon ausgehend sind als öffentliche Abgaben iSv § 80 II 1 Nr. 1 etwa eingestuft worden: die Kreis-
umlage (SächsOVG LKV 2005, 278); die Zweckverbandsumlage (ThürOVG
LKV 2003, 290); Stundungs- und Aussetzungszinsen (HessVGH NVwZ-RR
1995, 235; BayVGH NVwZ 1987, 63) sowie Säumniszuschläge (OVG NRW
NVwZ 1984, 395; aA FDK VorlRS Rn. 685; BayVGH NVwZ 1987, 63).
Der Ausgleichsbetrag nach § 154 I 1 BauGB wird verbreitet ebenfalls als
öffentliche Abgabe angesehen (BVerwG DVBl 1993, 441; OVG Bln-Bbg
Grundeigentum 2020, 68; aA ua SSB Rn. 137). Bei dieser Sichtweise hat der
Ausschluss der aufschiebenden Wirkung nach § 212a II BauGB nur klar-
stellende Bedeutung.

15   **Keine** öffentlichen Abgaben iSv § 80 II 1 Nr. 1 VwGO sind dagegen: die
Ablösung der Stellplatzpflicht (OVG NRW NVwZ 1987, 62), die Schwerbe-
hindertenabgabe (NK-VwGO Rn. 60; FDK VorlRS Rn. 685), die Fehlbelegungsabgabe angesichts ihrer vorrangigen Steuerungsfunktion (Eyermann
Rn. 30; BeckOK VwGO Rn. 52; SSB Rn. 137; aA NK-VwGO Rn. 59;
FDK VorlRS Rn. 684), Kosten der Verwahrung und Sicherstellung, Aufwendungsersatz für ör Geschäftsführung ohne Auftrag sowie Zwangsgelder nach
vollstreckungsrechtlichen Vorschriften (NK-VwGO Rn. 60), die aber als

Maßnahme in der Verwaltungsvollstreckung unter § 80 II 1 Nr. 3 bzw. § 80 II 2 fallen.

Kosten iSv § 80 II 1 Nr. 1 sind die öffentlich-rechtlichen Gebühren und **16** Auslagen, die in einem rechtlich geordneten Verwaltungsverfahren (einschließlich des Widerspruchsverfahrens) nach den Vorschriften der Verwaltungskostengesetze auferlegt werden (FDK VorlRS Rn. 688 f.; NK-VwGO Rn. 61; Kopp/Schenke Rn. 62). **Str.** ist, ob die Norm Anwendung findet, wenn eine Kostenentscheidung nicht isoliert, sondern als Nebenentscheidung zu einer Sachentscheidung ergeht (bejahend: NK-VwGO Rn. 61; Eyermann Rn. 31; FDK VorlRS Rn. 693; verneinend: BeckOK VwGO Rn. 54; SSB Rn. 140). Richtig erscheint es, § 80 II 1 Nr. 1 auch in diesen Fällen anzuwenden. Weder der Wortlaut lässt eine Beschränkung auf isolierte Kostenentscheidungen erkennen noch rechtfertigt es der Zweck der Vorschrift, der Verwaltung den stetigen Zufluss der zur Deckung ihres Finanzbedarfs vorgesehenen Mittel zu sichern, den Anwendungsbereich der Norm auf selbstständige Kostenentscheidung zu beschränken, zumal die unselbstständige Kostenentscheidung der gesetzlich vorgesehene Regelfall ist. Wird zugleich die Sachentscheidung angegriffen, erfasst die aufschiebende Wirkung nur diese, soweit hinsichtlich der Sachentscheidung kein Fall des § 80 II 1 vorliegt (FDK VorlRS Rn. 693). Keine Kosten iSv § 80 II 1 Nr. 1 sind Kosten, die als Folge einer Verwaltungsvollstreckung angefordert werden, also etwa die Kosten einer Ersatzvornahme oder der Abschiebung (NK-VwGO Rn. 62; BeckOK VwGO Rn. 54).

2. Unaufschiebbare Anordnung und Maßnahmen von Polizeibeamten

Die Formulierung „Anordnung und Maßnahmen" in § 80 II 1 Nr. 2 VwGO **17** erfasst lediglich **Verwaltungsakte,** da nur sie von der Regelung des § 80 VwGO überhaupt erfasst sind (BeckOK VwGO Rn. 56). Polizeivollzugsbeamte sind Beamte der **Vollzugspolizei** im institutionellen Sinne (BayVGH TranspR 2020, 41 Rn. 47; NK-VwGO Rn. 64). Nicht erfasst sind die allgemeinen Ordnungsbehörden oder Maßnahmen der Sitzungspolizei (BeckOK VwGO Rn. 56; NK-VwGO Rn. 64).

Unaufschiebbare Anordnungen und Maßnahmen ergehen in der Regel **18** durch **tatsächliches Handeln oder Vollzugsmaßnahmen** (vgl. BVerwG NJW 1979, 1054). Bei schriftlichen Polizeiverfügungen soll dagegen eine widerlegbare Vermutung dafür sprechen, dass sie nicht unaufschiebbar iSv § 80 II 1 Nr. 2 sind, sondern ausreichend Gelegenheit bestand, um eine Anordnung nach § 80 II 1 Nr. 4 zu treffen (NK-VwGO Rn. 64). Fahrtenbuchauflagen unterfallen deshalb nicht § 80 II 1 Nr. 2 (BVerwG NJW 1979, 1054). **Verkehrszeichen** und Verkehrseinrichtungen sind als verkehrspolizeiliche Allgemeinverfügungen hingegen nach § 80 II 1 Nr. 2 sofort vollziehbar (BVerwG DÖV 1988, 694; vgl. zum Zeitpunkt der individuellen Bekanntgabe BVerwG NJW 2011, 246).

3. Sofortvollzug in anderen bundesgesetzlich oder landesgesetzlich geregelten Fällen

19 Der Ausschluss der aufschiebenden Wirkung in anderen durch Bundesgesetz vorgeschriebenen Fällen (§ 80 II 1 Nr. 3 1. Alt.) hat, soweit er sich auf spätere Bundesgesetze bezieht, nur deklaratorische Bedeutung. Die Vorschrift bezieht darüber hinaus aber auch solche **Bundesgesetze** in den Anwendungsbereich des § 80 II 1 VwGO ein, die vor dem Inkrafttreten der VwGO erlassen worden sind, sowie frühere Reichsgesetze, die nach Art. 124, 125 GG als Bundesrecht fortgelten (BayVGH BayVBl 1988, 372; NK-VwGO Rn. 66). Die landesrechtliche Öffnungsklausel (§ 80 II 1 Nr. 3 2. Alt.) hat der Gesetzgeber mit Wirkung zum 1.1.1997 eingefügt. § 80 II 1 Nr. 3 bestimmt für beide Alternativen, dass die aufschiebende Wirkung nur durch ein **formelles Gesetz** ausgeschlossen werden kann, eine Rechtsverordnung reicht dazu nicht (NK-VwGO Rn. 69). Der Zusatz „insbesondere für Widersprüche und Klagen Dritter gegen VA, die Investitionen oder die Schaffung von Arbeitsplätzen betreffen" hat lediglich beispielhaften Charakter und schränkt den Gestaltungsspielraum des Gesetzgebers bei anderen Regelungssachverhalten nicht ein (BeckOK VwGO Rn. 60).

20 § 80 II 2 erweitert die Befugnis der Länder, den Eintritt der aufschiebenden Wirkung auszuschließen, auf Fälle, in denen die Länder Maßnahmen in der **Verwaltungsvollstreckung nach Bundesrecht** treffen (Beispiel: ausländerbehördliche Abschiebung nach §§ 58 ff. AufenthG als bundesrechtlich geregelter Fall des unmittelbaren Zwangs). Die Vorschrift erfasst alle VA, die der zwangsweisen Durchsetzung einer durch VA oder unmittelbar durch Gesetz begründeten Pflicht dienen (NK-VwGO Rn. 67 f.). Soweit sich die Rechtsbehelfe gegen Maßnahmen richten, die in der **Verwaltungsvollstreckung nach Landesrecht** getroffen werden, können die Länder den Wegfall der aufschiebenden Wirkung auf § 80 Abs. 2 S. 1 Nr. 3 stützen und haben hiervon in den jeweiligen Ausführungsgesetzen zur VwGO oder im Landesvollstreckungsgesetz Gebrauch gemacht (Zusammenstellung bei NK-VwGO Rn. 68 Fn. 189). „Maßnahmen in der Verwaltungsvollstreckung" sind grds. der Sofortvollzug und im gestreckten Verfahren die Androhung, Festsetzung und Anwendung des Zwangsmittels. Nicht zu den Vollstreckungsmaßnahmen zählt die der Vollstreckung nachfolgende Anforderung von Kosten einer durchgeführten Vollstreckungsmaßnahme (etwa für die Kosten der Ersatzvornahme). Sie ist vielmehr Grund-VA und ggf. Titel für ein erneutes Vollstreckungsverfahren (NK-VwGO Rn. 67; aA OVG Bln NVwZ-RR 1999, 156).

4. Anordnung der sofortigen Vollziehung durch die Behörde

21 § 80 II 1 Nr. 4 eröffnet der Behörde, die den VA erlassen oder über den Widerspruch zu entscheiden hat, die Möglichkeit, die aufschiebende Wirkung eines Rechtsbehelfs im Einzelfall auszuschließen. Der Begriff „sofortige Vollziehung" meint dabei nicht nur Sofortvollzug im vollstreckungsrechtlichen Sinne, sondern Vollziehung im oben erläuterten weiteren Sinne (→ Rn. 9). Die Anordnung der sofortigen Vollziehung stellt keinen selbstständigen VA dar; es handelt sich lediglich um eine **verfahrensrechtliche Nebenentscheidung** zum VA (NK-VwGO Rn. 80).

Zuständig für die Anordnung der sofortigen Vollziehung sind sowohl die 22
Behörde, die den VA erlassen hat, als auch die Widerspruchsbehörde. Streitig ist, in welchem Zeitraum die Widerspruchsbehörde die Anordnung der sofortigen Vollziehung erlassen kann. Richtig erscheint es, die Widerspruchsbehörde erst ab Erhebung des Widerspruchs und nur bis zur Zustellung des Widerspruchsbescheides als zuständig anzusehen (BayVGH NVwZ 1988, 746; Kopp/Schenke VwGO Rn. 81; aA etwa NK-VwGO Rn. 75, der eine Zuständigkeitskonkurrenz annimmt, ähnl. SSB Rn. 237 ff.; Eyermann Rn. 49). Die Sachherrschaft der Widerspruchsbehörde beschränkt sich nämlich auf diesen Zeitraum. Die Ausgangsbehörde bleibt hingegen auch während eines Widerspruchsverfahrens für die Anordnung der sofortigen Vollziehung zuständig (NK-VwGO Rn. 75; BeckOK VwGO Rn. 76).

§ 28 I VwVfG ist nicht anwendbar, eine **Anhörung** hat also **nicht** zu 23
erfolgen, weil die Anordnung der sofortigen Vollziehung kein VA ist (→ Rn. 21). Auch eine analoge Anwendung dieser Vorschrift scheidet aus (VGH BW NVwZ-RR 1995, 174; Kopp/Schenke Rn. 82; NK-VwGO Rn. 81; aA NdsOVG NVwZ-RR 1993, 586, und Eyermann Rn. 53 für den Fall, dass die Anordnung der sofortigen Vollziehung erst nachträglich erfolgt). Hinsichtlich der Anordnung der sofortigen Vollziehung, die anders als der VA nicht in Bestandskraft erwachsen kann, ist der Betroffene hinreichend durch die Verfahren nach § 80 IV und V geschützt.

An die **Form** der Anordnung der sofortigen Vollziehung stellt § 80 II 1 24
Nr. 4 keine besonderen Anforderungen; sie kann mündlich oder schriftlich erfolgen. Sie wird allerdings in aller Regel schriftlich erfolgen, da die Anordnung – außer bei Gefahr in Vollzug – schriftlich zu begründen ist (§ 80 III).

Das **Begründungserfordernis nach § 80 III 1** dient dem Zweck, der 25
Behörde den Ausnahmecharakter der Vollziehungsanordnung vor Augen zu führen, den Betroffenen über die Gründe, die für die Anordnung der sofortigen Vollziehung maßgebend gewesen sind, in Kenntnis zu setzen und schließlich auch das Gericht im Falle eines Verfahrens nach § 80 V über die Erwägungen der Behörde zu unterrichten (BeckOK VwGO Rn. 86). Der Inhalt der Begründung muss erkennen lassen, welche Überlegungen die Behörde zur Anordnung der sofortigen Vollziehung veranlasst haben und sich auf den konkreten Einzelfall beziehen. Formelhafte Ausführungen oder die bloße Wiederholung des Gesetzestextes reichen nicht aus (OVG NRW NJW 2001, 3427), ebenso nicht der Verweis auf eine offensichtliche Rechtmäßigkeit des Bescheids oder die Gründe für dessen Erlass (BVerwG DVBl 2019, 495 Rn. 24). Im Einzelfall, insbes. im Bereich er Gefahrenabwehr, kann sich allerdings das besondere öffentliche Interesse am Sofortvollzug mit den Erlassgründen decken (NK-VwGO Rn. 87; SSB Rn. 248). Ist diesen (formellen) Anforderungen genügt, erweisen sich die von der Behörde angeführten Gründe aber in der Sache als nicht tragfähig, liegt kein Verstoß gegen § 80 III vor (OVG Saarl Beschl. v. 13.11.2019 – 2 B 278/19, juris Rn. 12; BeckOK VwGO Rn. 95). Im späteren Verfahren nach § 80 V ist das VG an die

Erwägungen der Behörde in der schriftlichen Begründung der Anordnung der sofortigen Vollziehung nach § 80 III nicht gebunden, sondern nimmt unabhängig davon eine eigene Interessenabwägung vor.

26 Nach zutreffender Auffassung ist die **Begründung** der Vollziehungsanordnung bis zum Abschluss eines Verfahrens nach § 80 V nicht nur **ergänzbar,** sondern auch **nachholbar** (vgl. NdsOVG Beschl. v. 15.4.2014 – 7 ME 121/13; HessVGH Beschl. v. 21.10.2014 – 9 B 1523/14; OVG MV NVwZ-RR 1999, 409; OVG NRW NJW 1986, 1894; aA etwa ThürOVG ThürVBl 2012, 101 Rn. 28; SSB Rn. 249; Eyermann Rn. 44). Es ist zwar richtig, dass die Warnfunktion der Begründungspflicht die Behörde veranlassen soll, sich im Moment der Vollziehungsanordnung deren Ausnahmecharakter bewusst zu machen. Es erscheint allerdings als Formalismus, im Verfahren nach § 80 V die nicht entsprechend § 80 III begründete Vollziehungsanordnung zunächst aufzuheben, nur damit die Behörde danach die Anordnung erneut und diesmal mit hinreichender Begründung erlassen kann. Auch nach der Gegenauffassung (vgl. etwa NK-VwGO Rn. 99) ist in dem Fall, in dem die Behörde die Begründung nach § 80 III nachholt, stets zu prüfen, ob darin nicht eine erneute Vollzugsanordnung – ggf. unter konkludenter Aufhebung einer vorangegangenen rechtswidrigen Anordnung – gesehen werden kann. Zur gerichtlichen Entscheidung nach § 80 V bei Verstoß gegen die Begründungspflicht → Rn. 62.

27 Die **Begründungspflicht entfällt,** wenn die Behörde bei Gefahr in Verzug, insbes. bei drohenden Nachteilen für Leben, Gesundheit oder Eigentum, vorsorglich eine als solche bezeichnete Notstandsmaßnahme im öffentlichen Interesse trifft (§ 80 III 2). Ein lediglich überwiegendes Interesse eines Beteiligten reicht hier also nicht aus. Das Erfordernis, den VA ausdrücklich als Notstandsmaßnahme zu bezeichnen, hat Warnfunktion für die Behörde (NK-VwGO Rn. 100). Die Bezeichnung des VA als Notstandsmaßnahme kann auch mündlich erfolgen, da das Schriftformerfordernis nur für den Fall des § 80 III 1 besteht.

28 In **materieller Hinsicht** setzt die Anordnung der sofortigen Vollziehung entweder ein überwiegendes öffentliches Interesse oder das überwiegende Interesse eines Beteiligten an der sofortigen Vollziehung des VA voraus. In beiden Fällen ist durch die Behörde eine auf den Einzelfall bezogene Abwägung vorzunehmen. Im Rahmen der **ersten Alternative** – sofortige Vollziehung im öffentlichen Interesse – darf die Behörde die Anordnung der sofortigen Vollziehung allerdings nicht auf die ihrer Meinung nach geringen oder fehlenden Erfolgsaussichten eines Rechtsbehelfs in der Sache stützen. Denn die Annahme der Rechtmäßigkeit der getroffenen Sachentscheidung ist notwendige und selbstverständliche Voraussetzung für die Behörde schon für den Erlass des VA (NK-VwGO Rn. 86; Eyermann Rn. 38; aA SSB Rn. 208 bei offensichtlicher Unbegründetheit des Rechtsbehelfs).

29 Anders verhält es sich im Fall der **zweiten Alternative** des § 80 II 1 Nr. 4: Zur Klärung der Frage, ob ein überwiegendes Beteiligteninteresse an der sofortigen Vollziehung des VA besteht, sind von der Verwaltung auch die Erfolgsaussichten eines Rechtsbehelfs des anderen Beteiligten zu berücksichtigen (NK-VwGO Rn. 92). In beiden Fällen des § 80 II 1 Nr. 4 kann sich das

Entschließungsermessen der Behörde zu einer rechtlichen Verpflichtung verdichten, die sofortige Vollziehung anzuordnen. Im Fall des § 80 II 1 Nr. 4 1. Alt. ist eine solche Ermessensreduzierung regelmäßig etwa anzunehmen, wenn strafbares Verhalten durch VA unterbunden werden soll (vgl. NK-VwGO Rn. 88). Bei der Anordnung der sofortigen Vollziehung im Interesse eines Beteiligten (§ 80 II 1 Nr. 4 2. Alt) wird eine Ermessensreduzierung bejaht, wenn ein überwiegendes Interesse des Begünstigten an der Anordnung der sofortigen Vollziehung vorliegt und keine sonstigen Umstände ersichtlich sind, die ein Absehen vom Sofortvollzug begründen können (NK-VwGO Rn. 93).

Dem Anliegen, gemeinschaftsrechtliche Regelungen durchzusetzen, **30** kommt prinzipiell Vorrang zum möglicherweise entgegenstehenden nationalen Verfahrensrecht zu (EuGH, C-217/88, Slg. 1990, I-2879 − Tafelwein-Fall). Dem Gesichtspunkt der **Unionsrechtskonformität** kommt also im Rahmen der Abwägung nach § 80 III 1 eigenständiges Gewicht zu, ohne dass daraus allerdings der Schluss zu ziehen ist, dass die Durchsetzung von Unionsrecht stets die Anordnung der sofortigen Vollziehung gebieten würde; auch hier werde es vielmehr einer Abwägung im Einzelfall (vgl. SSB Rn. 218 ff.; NK-VwGO Rn. 15 und Rn. 88).

Eine besondere **Rechtsbehelfsbelehrung** ist der Anordnung der soforti- **31** gen Vollziehung nach § 80 II 1 Nr. 4 von Rechts wegen nicht beizufügen, aber natürlich möglich und insbes. bei einer nachträglichen Anordnung des Sofortvollzugs nobile officium.

III. Aussetzung der sofortigen Vollziehung durch die Behörde

§ 80 IV 1 regelt den vorläufigen Rechtsschutz gegen sofort vollziehbare VA **32** durch die Behörde. Die Norm räumt der **Behörde** die Möglichkeit ein, in den Fällen des § 80 II die Vollziehung auszusetzen, soweit nicht bundesgesetzlich etwas anderes vorgeschrieben ist. **Zuständig** sind Ausgangs- und Widerspruchsbehörde. Zum Umfang dieser Zuständigkeiten gilt das gleiche wie im Falle von § 80 II 1 Nr. 4 (→ Rn. 22).

Einen ausdrücklichen **Prüfungsmaßstab** für die Entscheidung über die **33** Aussetzung sieht § 80 IV 3 nur für VA vor, die öffentliche Abgaben oder Kosten anfordern und nach § 80 II 1 Nr. 1 sofort vollziehbar sind. In diesen Fällen soll die Behörde die sofortige Vollziehung aussetzen, wenn **ernstliche Zweifel an der Rechtmäßigkeit** des angegriffenen VA bestehen oder wenn die Vollziehung für die Pflichtigen eine unbillige, nicht durch überwiegende öffentliche Interessen gebotene Härte zu Folge hätte. Ernstliche Zweifel bestehen, wenn die Rechtswidrigkeit des Bescheids überwiegend wahrscheinlich ist (OVG Bln-Bbg Beschl. v. 14.7.2015 − 9 S 44.14; VGH BW KStZ 2015 151; NWOVG Beschl. v. 27.2.2015 − 15 B 1092/14; krit. dazu SSB Rn. 284 ff.). § 80 IV 3 ist als Sollvorschrift ausgestaltet, dh die Aussetzung hat bei Vorliegen der dort genannten Bedingungen im Regelfall zu erfolgen, es sei denn, besondere Umstände rechtfertigen eine Ausnahme (OVG NRW OVGE 16, 44).

34   In den Fällen des § 80 II 1 Nr. 2 und 3 ist **§ 80 IV 3** – ebenso wie bei der gerichtlichen Entscheidung (→ Rn. 48) – **entsprechend** anzuwenden (NK-VwGO Rn. 107; BeckOK VwGO Rn. 126). In den Fällen des § 80 II 1 Nr. 4 – Anordnung der sofortigen Vollziehung durch die Behörde – hat die Behörde das Vorliegen der Tatbestandsvoraussetzungen des § 80 II 1 Nr. 4, insbes. das Bestehen eines überwiegenden Vollzugsinteresses, (erneut) zu überprüfen (NK-VwGO Rn. 109). Hier steht der Behörde im gleichen Umfang Ermessen zu wie bei Erlass der Anordnung der sofortigen Vollziehung (→ Rn. 29).

35   **Rechtsfolge der Aussetzung** der Vollziehung nach § 80 IV 1 ist die erstmalige bzw. die Wiederherstellung der aufschiebenden Wirkung (so etwa NK-VwGO Rn. 104) oder ein rechtsdogmatisch davon zu unterscheidendes Vollziehungsverbot (so SSB Rn. 316). Praktische Auswirkungen ergeben sich aus dieser Unterscheidung aber wohl nicht (BeckOK VwGO Rn. 130; SSB Rn. 317). Ist der zugrunde liegende VA bereits vollzogen, kann die Behörde die Vollziehung entsprechend § 80 V 3 aufheben. Bei faktischer Vollziehung, also wenn trotz aufschiebender Wirkung des Rechtsbehelfs der VA von der Behörde vollzogen wurde, sollen die Vollziehung in entsprechender Anwendung des § 80 IV einzustellen und bereits durchgeführte Vollziehungsmaßnahmen wiederum entsprechend § 80 V 3 aufzuheben sein (NK-VwGO Rn. 104).

36   Die Aussetzung der Vollziehung nach § 80 IV ist grds. auch dann möglich, wenn bereits eine **ablehnende gerichtliche Entscheidung nach § 80 V** ergangen ist (NK-VwGO Rn. 105; aA Kopp/Schenke Rn. 173). Denn die Behörde besitzt einen weiteren Entscheidungsspielraum, da sie anders als das Gericht die Aussetzung der Vollziehung aus bloßen Zweckmäßigkeitsgründen aussprechen kann. Etwas anderes gilt, wenn das Gericht einen Antrag nach § 80 V wegen des überwiegenden Interesses eines anderen Beteiligten abgelehnt hat. Hier ist die Behörde an die Gerichtsentscheidung gebunden (Kopp/Schenke Rn. 73; NK-VwGO Rn. 105). Gegen Entscheidungen nach § 80 IV besteht **kein Klagerecht,** der Betroffene kann lediglich einen Antrag nach § 80 V bzw. – bei VA mit Doppelwirkung – nach § 80a III 2 iVm § 80 V stellen. Dies gilt auch, wenn die Behörde den Antrag auf Aussetzung der Vollziehung nicht bescheidet (NK-VwGO Rn. 110).

IV. Gerichtliches Aussetzungsverfahren

37 Auf Antrag kann das Verwaltungsgericht die aufschiebende Wirkung in den Fällen des § 80 II 1 Nr. 1 bis 3 ganz oder teilweise anordnen, im Falle des § 80 II 1 Nr. 4 ganz oder teilweise wiederherstellen (§ 80 V 1). Ist der VA im Zeitpunkt der Entscheidung schon vollzogen, so kann das Gericht die Aufhebung der Vollziehung anordnen (§ 80 V 3). § 80 V setzt das Gebot der Gewährung effektiven Rechtsschutzes aus Art. 19 IV GG für den Bereich belastender VA einfachgesetzlich um.

1. Zulässigkeit des Antrages

Für das Verfahren nach § 80 V gelten die **allgemeinen Zulässigkeits-** **38**
voraussetzungen (→ vor § 40 Rn. 16). Die meisten Zulässigkeitsvoraussetzungen decken sich mit denen der in der Hauptsache zu erhebenden Anfechtungsklage. Die Differenzierung zwischen Zulässigkeit und Begründetheit des
Antrages nach § 80 V kann praktisch relevant sein, weil auch Beschlüsse nach
§ 80 V in materielle Rechtskraft erwachsen (NK-VwGO § 121 Rn. 141).
Unter dem Gesichtspunkt der Eilbedürftigkeit des Rechtsschutzes ist es dem
Gericht allerdings nicht verwehrt, schwierige Zulässigkeitsfragen offen zu
lassen, falls sich der Antrag ohne weiteres als unbegründet erweist (→ § 123
Rn. 2).

In der Hauptsache muss der **Verwaltungsrechtsweg** eröffnet sein. Ist der **39**
beschrittene Rechtsweg unzulässig, spricht dies das Verwaltungsgericht nach
Anhörung der Parteien entspr. § 173 iVm § 17a II 1 GVG vAw aus und
verweist den Rechtsstreit zugleich an das zuständige Gericht des zulässigen
Rechtsweges (OVG NRW NVwZ 1994, 178; NK-VwGO Rn. 113, § 123
Rn. 54). Auch § 17a III GVG (**Zwischenentscheidung** über den Rechtsweg) findet Anwendung. Etwas anderes gilt allerdings dann, wenn das Gebot
effektiver Rechtsschutzgewährung gem. Art. 19 IV GG entgegensteht. Das
Verwaltungsgericht kann daher ungeachtet einer Rechtswegrüge in der Sache
entscheiden, wenn die Eilbedürftigkeit des Begehrens das Abwarten einer
Beschwerdeentscheidung über den Zwischenstreit ausnahmsweise nicht erlaubt (BeckOK VwGO § 123 Rn. 3). § 17a IV S 4 bis 6 GVG gelten hingegen im vorläufigen Rechtsschutzverfahren nicht (OVG NRW NVwZ 1994,
178).

Zuständig ist das **Gericht der Hauptsache, § 80 V 1 VwGO**. Dies ist vor **40**
Klageerhebung das nach den Vorschriften über die sachliche und örtliche
Zuständigkeit anzurufende Gericht, ansonsten das tatsächlich mit der Klage
oder einem Rechtsmittel befasste Gericht jeweils ab Eingang der Klage oder
des Rechtsmittels. Die OVG/VGH und das BVerwG können Gericht der
Hauptsache sowohl als erstinstanzliche Gerichte (zB nach §§ 48, 50) sein als
auch infolge ihrer Befassung mit einem Rechtsmittel. Insoweit unterscheidet
sich die Regelung von § 123 Abs. 2, wonach das BVerwG als Revisionsgericht nicht Gericht der Hauptsache ist.

Str. ist, ob ein Gericht entscheiden darf, wenn es für die bei ihm anhängig **40a**
gemachte Hauptsache unzuständig ist. Die überwiegende Ansicht misst der
Unzuständigkeit grds. keine Bedeutung bei (NK-VwGO Rn. 114; Eyermann
Rn. 77). Eine Ausnahme soll gelten, wenn die Unzuständigkeit offensichtlich
ist (SSB Rn. 479; Kopp/Schenke Rn. 142; BeckOK VwGO Rn. 140; aA
Bader Rn. 79). Richterweise hat das unzuständige Gericht zur effektiven
Rechtswahrung eine Eilkompetenz (etwa für Hängebeschlüsse) und muss iÜ
die Hauptsache mit der Eilsache zügig verweisen.

Das Gericht wird gem. § 80 V 1 VwGO nur auf **Antrag** tätig; zum **41**
Schriftsatzerfordernis → § 123 Rn. 25. Die **Statthaftigkeit** von Anträgen
nach § 80 V 1 und 3 setzt − erstens − einen belastenden VA (→ Rn. 2 ff.) und
− zweitens − dessen sofortige Vollziehbarkeit nach § 80 II voraus. Der Antrag

ist nicht (mehr) statthaft, wenn der angegriffene VA unanfechtbar geworden ist. Der Antrag ist ebenfalls unstatthaft, wenn § 44a entgegensteht (etwa bei einer MPU-Anforderung nach FeV). Bei fehlender oder unzureichender Begründung nach § 80 III kann der Antrag auf die Aufhebung der behördlichen Vollziehungsanordnung beschränkt sein (→ Rn. 62); besteht Streit über den Eintritt der aufschiebenden Wirkung, kann sich der Antrag auf deren Feststellung beziehen (→ Rn. 63).

42   Grundsätzlich sind Anträge nach § 80 V an **keine Frist** gebunden, es sei denn, spezialgesetzlich ist etwas anderes bestimmt (vgl. etwa § 18a IV 1 AsylG, § 36 III 1 AsylG).

43   Der Antragsteller muss **entsprechend § 42 II antragsbefugt** sein (etwa NK-VwGO Rn. 132; → § 42 Rn. 100 ff.).

44   Das **Rechtsschutzinteresse** für einen Antrag nach § 80 V fehlt, wenn die Vollziehung nach § 80 IV ausgesetzt wurde oder die Behörde auf sonstige Weise zu erkennen gegeben hat, dass sie bis zur Hauptsacheentscheidung nicht vollziehen wird (NK-VwGO Rn. 132). Es setzt ferner voraus, das der Rechtsbehelf in der Hauptsache nicht offensichtlich unzulässig, insbes. nicht verfristet ist, weil solche Rechtsbehelfe nach § 80 I keine ausschiebende Wirkung entfalten (→ Rn. 7) und sie deshalb vom Verwaltungsgericht nicht angeordnet oder wiederhergestellt werden könnte. Der Antrag nach § 80 V setzt hingegen nicht voraus, dass vorher ein Antrag nach § 80 IV bei der Behörde gestellt worden ist. Die Rechtsschutzmöglichkeiten nach § 80 IV und V bestehen vielmehr grds. nebeneinander. Anderes gilt gem. § 80 VI nur bei der Anforderung von öffentlichen Abgaben und Kosten iSv § 80 II 1 Nr. 1. Eine analoge Anwendung dieser Vorschrift scheidet mangels planwidriger Regelungslücke aus (BeckOK VwGO Rn. 163). Umstritten ist, ob der Antrag nach § 80 V voraussetzt, dass Widerspruch oder Anfechtungsklage bereits eingelegt bzw. erhoben sind (so SSB Rn. 460; Eyermann Rn. 65; aA NK-VwGO Rn. 129). Dafür spricht rechtssystematisch, dass andernfalls deren aufschiebende Wirkung vom Gericht nicht angeordnet oder wiederhergestellt werden kann. Dagegen scheint vorderhand § 80 V 2 zu sprechen, der allerdings bei richtiger Betrachtungsweise nur die Zeitspanne zwischen Widerspruchsbescheid und Klageerhebung betrifft (SSB Rn. 461).

2. Begründetheit des Antrages

45   § 80 V gibt keinen ausdrücklichen **Beurteilungsmaßstab** für die sachliche Entscheidung vor. Das Wort „kann" in § 80 V 1 VwGO gewährt nur für das „Wie" der Aussetzungsentscheidung ein gewisses Gestaltungsermessen, nicht aber hins. der Frage, ob vorläufiger Rechtsschutz zu gewähren ist (so zutreffend etwa NK-VwGO Rn. 138). Entscheidend ist, dass das Gericht in allen Fällen eine **eigene Interessenabwägung** zwischen dem Vollzugsinteresse und dem Suspensivinteresse vornimmt, die sich in erster Linie an den summarisch zu prüfenden Erfolgsaussichten in der Hauptsache orientiert, wobei hinsichtlich der Anforderungen an die Wahrscheinlichkeit des Obsiegens in der Hauptsache zwischen Anträgen auf Anordnung der aufschiebenden Wirkung und solchen auf Wiederherstellung der aufschiebenden Wirkung zu unterscheiden ist. Im Einzelnen:

Bei der Anforderung öffentlicher Abgaben und Kosten iSv § 80 II 1 **46** Nr. 1 besteht weitgehend Einigkeit darüber, dass der Prüfungsmaßstab des § 80 IV 3 im gerichtlichen Verfahren entsprechende Anwendung findet. Dabei entspricht es mittlerweile hM, dass ernstliche Zweifel an der Rechtmäßigkeit eines Abgaben- oder Kostenbescheides erst dann vorliegen, wenn ein Erfolg des Rechtsbehelfs im Hauptsacheverfahren wahrscheinlicher erscheint als ein Misserfolg (→ Rn. 33; NK-VwGO Rn. 141 f.; s.a. die Nachweise bei SSB Rn. 283). Dem ist zuzustimmen. Schon bei offenem Ausgang der Hauptsache die aufschiebende Wirkung des Rechtsbehelfs anzuordnen, wird dem diesen Konstellationen innewohnenden gesetzlich intendierten überwiegenden Vollzugsinteresse nicht gerecht.

In **Ausnahmefällen** kann das öffentliche Interesse an der sofortigen Voll- **47** ziehung allerdings so schwer wiegen, dass trotz ernstlicher Zweifel an der Rechtmäßigkeit kein vorläufiger Rechtsschutz zu gewähren ist ("Soll"). Nach der Rechtsprechung des BFH zu § 69 II 2 FGO kann dies – wegen des Geltungsanspruchs eines formell verfassungsgemäß zustande gekommenen Gesetzes – bei ernstlichen Zweifeln an der materiellen Verfassungsmäßigkeit der Ermächtigungsgrundlage der Fall sein mit der Folge, dass eine Aussetzung der Vollziehung in solchen Fällen nur bei einem "berechtigten Interesse" des Betroffenen in Betracht kommen soll (BFH BStBl. II 2003, 516 sowie 523) § 80 IV 3 Alt. 2 ist Ausdruck des Verhältnismäßigkeitsgrundsatzes (NK-VwGO Rn. 145). Eine **unbillige Härte** ist in Betracht zu ziehen, wenn die sofortige Zahlung der angeforderten Abgaben oder Kosten irreparable Folgen hat, etwa weil sie zum Konkurs oder auf sonstige Weise zur wirtschaftlichen Existenzvernichtung führt.

In den übrigen Fällen, in denen das **Gesetz die sofortige Vollziehung** **48** **anordnet** (§ 80 II 1 Nr. 2 und 3, II S. 2), ist der Maßstab des § 80 IV 3 entsprechend anzuwenden (BayVGH BayVBl 1984, 182; NK-VwGO Rn. 186; aA Kopp/Schenke Rn. 116). Denn der Vorschrift ist ein allgemeiner Rechtsgedanke für die Fälle zu entnehmen, in denen nach der gesetzlichen Regelung das Vollzugsinteresse grds. Vorrang vor dem Suspensivinteresse des betroffenen Bürgers haben soll (vgl. NK-VwGO Rn. 146). Der gesetzliche Ausschluss der aufschiebenden Wirkung von Widerspruch und Anfechtungklage führt bei offenen Erfolgsaussichten in der Interessenabwägung allerdings nicht regelhaft zum Überwiegen des Interesses der Öffentlichkeit. Vielmehr ist in der Abwägung der öffentliche Belang mit dem ihm vom Gesetzgeber verliehenen besonderen Gewicht mit den gegenläufigen Interessen abzuwägen (vgl. OVG RhPf Beschl. v. 15.1.2010 – 10 B 11634/19, juris Rn. 9).

In den Fällen der behördlichen **Anordnung der sofortigen Vollziehung** **49** **nach § 80 II 1 Nr. 4** hat das Gericht vor der Interessenabwägung zunächst zu prüfen, ob die Anordnung den formalen Kriterien des § 80 genügt, insb. gemäß § 80 III hinreichend begründet worden ist (zu den Begründungsanforderungen → Rn. 25; zum Inhalt der Entscheidung bei Vorliegen eines Begründungsmangels → Rn. 62). Nach Prüfung dieser formellen Voraussetzun-

gen hat das Gericht in eine Interessenabwägung einzutreten, bei der im zweipoligen Rechtsverhältnis (§ 80 II 1 Nr. 4 1. Alt.) das private Aussetzungs-
interesse dem öffentlichen Interesse an der sofortigen Vollziehung des VA
gegenübersteht (zur Interessenabwägung beim VA mit Doppelwirkung näher
→ § 80a Rn. 8).

50   Ausgangspunkt der Interessenabwägung ist eine **Prüfung der Erfolgsaussichten** des Rechtsbehelfs in der Hauptsache. Steht aufgrund dieser Prüfung
fest, dass der **VA rechtswidrig** ist (vielfach ist in diesem Zusammenhang –
wenn auch missverständlich – von „offensichtlicher" Rechtswidrigkeit die
Rede; der Begriff ist iSv „eindeutig" zu verstehen), ist dem Aussetzungsantrag
grds. immer stattzugeben, weil an dem Vollzug eindeutig rechtswidriger VA
schon aus Gründen der Rechtsstaatlichkeit kein öffentliches Interesse bestehen
kann. Nur ausnahmsweise kann bei einem als rechtswidrig erkannten VA ein
öffentliches Interesse am Sofortvollzug bestehen, etwa dann, wenn der VA nur
aus formellen Gründen rechtswidrig ist und davon auszugehen ist, dass ein
formell ordnungsgemäßer VA mit identischem, rechtmäßigem Inhalt in angemessener Zeit erlassen wird (NK-VwGO Rn. 158; BayVGH NVwZ 1988,
749).

50a   Steht andererseits fest, dass der **VA rechtmäßig** ist, ist umstritten, ob daraus
bereits die Unbegründetheit des Antrags folgt oder zusätzlich ein besonderes
Vollziehungsinteresse vorliegen muss. Letzteres wird teilweise verneint, weil
der Betroffene kein Interesse daran haben könne, vom Vollzug rechtmäßiger
VA auch nur vorläufig verschont zu bleiben (vgl. BVerwG NJW 1974, 1294;
VGH Mannheim ESVGH 24, 147; OVG Münster NWVBl 1997, 106, 107;
Kopp/Schenke Rn. 100). Nach überwiegender Ansicht muss das Gericht
auch im Fall der offensichtlichen Rechtmäßigkeit des angefochtenen VA ein
besonderes Vollziehungsinteresse feststellen (BVerfG NJW 2010, 2268;
BVerwG DVBl 2019, 495 Rn. 24; BayVGH BayVBl 2019, 391 Rn. 23; NK-
VwGO Rn. 157; SSB Rn. 387; FDK VorlRS Rn. 975). Für diese Ansicht
spricht die gesetzliche Wertung, wonach die behördliche Vollzugsanordnung
eine Ausnahme vom Regelfall der aufschiebenden Wirkung nach § 80 I darstellt und deswegen einer besonderen Rechtfertigung bedarf. Jedenfalls bei
grundrechtsrelevanten Eingriffen ist der Sofortvollzug nicht bereits dann
gerechtfertigt, wenn das Hauptsacheverfahren mit hoher Wahrscheinlichkeit
zum Nachteil des Betroffenen ausgehen wird; vielmehr müssen überwiegende
öffentliche Belange unaufschiebbare Maßnahmen im Interesse des allgemeinen Wohls rechtzeitig rechtfertigen können (BVerfG NVwZ 2012, 104).

51   In allen anderen Fällen – wenn also die **Rechtmäßigkeit des VA nicht
eindeutig feststellbar** ist – bestimmt sich das Ergebnis des Verfahrens nach
dem Resultat einer **Folgenabwägung.** Dabei sind an das öffentliche Vollzugsinteresse umso höhere Anforderungen zu stellen, je größer die Erfolgsaussichten des Rechtsbehelfs in der Hauptsache sind, und – umgekehrt – muss
das private Suspensivinteresse umso gewichtiger sein, je geringer die Erfolgsaussichten im Hauptsacheverfahren erscheinen (Eyermann Rn. 75; SSB
Rn. 386 ff.). Sind die Erfolgsaussichten gänzlich offen, findet eine reine
Fehlerfolgenabwägung nach Maßgabe einer **Doppelhypothese** statt, bei der
die Folgen einer Aussetzung der Vollziehung des VA trotz späterer Erfolglosig-

keit der Anfechtungsklage den Folgen einer sofortigen Vollziehung trotz späterem Obsiegen in der Hauptsache gegenübergestellt werden (BVerwG NVwZ 1997, 497; vgl. auch SSB Rn. 373 aE).

Die Bewertung des öffentlichen Vollziehungsinteresses und des privaten **52** Aussetzungsinteresses hat stets bezogen auf die **Umstände des Einzelfalles** zu erfolgen. Bei der Bewertung des Aufschubinteresses ist zu beachten, dass der Rechtsschutzanspruch des Bürgers umso stärker ist, je schwerwiegender die ihm auferlegte Belastung ist und je mehr die Maßnahmen der Verwaltung Unabänderliches bewirken (BVerfGE 35, 382). Bei der Gewichtung des öffentlichen Vollzugsinteresses ist maßgeblich auch der Zweck der gesetzlichen Regelung, auf der der streitige Eingriff beruht, in Rechnung zu stellen (OVG NRW NVwZ-RR 1994, 223).

Maßgeblicher Zeitpunkt für die Beurteilung der Erfolgsaussichten in der **53** Hauptsache ist jener Zeitpunkt, der auch im Hauptsacheverfahren maßgeblich ist. In den Fällen des § 80 V, in denen in der Hauptsache stets die Anfechtungsklage gegeben ist, ist dies regelmäßig der Zeitpunkt der letzten Behördenentscheidung (näher → § 113 Rn. 14 ff.). Bei der Bewertung des Vollziehungs- und des Suspensivinteresses legt das Gericht demgegenüber diejenige Sachlage zugrunde, die zum Zeitpunkt der gerichtlichen Entscheidung besteht (NK-VwGO Rn. 162; Eyermann Rn. 84).

Hinsichtlich der **Prüfungsdichte** bestehen trotz Geltung des Amtsermitt- **54** lungsgrundsatzes nach § 86 I wegen der Eilbedürftigkeit Einschränkungen. Die im Vergleich zum Hauptsacheverfahren herabgesetzten **Anforderungen an die richterliche Überzeugungsbildung** („summarische Prüfung") beziehen sich im Regelfall aber nur auf die Tatsachenermittlung, nicht auch auf die rechtliche Bewertung. Auch im gerichtlichen Eilverfahren besteht im Grundsatz die Verpflichtung des Gerichts, Rechtsfragen vollständig und abschließend zu prüfen. Das Verwaltungsgericht muss deshalb versuchen, auch komplexe Rechtsfragen soweit wie möglich zu klären; es darf nicht vorschnell auf die Ebene der Folgenabwägung wechseln (BVerfG NVwZ 2017, 149). Die nötige Zeit zur Prüfung muss sich das Gericht soweit möglich durch eine Zwischenverfügung („Hängebeschluss" → Rn. 64) verschaffen. Kann im Eilverfahren aus Zeitmangel nicht festgestellt werden, ob der zu vollziehende VA rechtmäßig ist, darf das Verwaltungsgericht auf Grundlage einer Folgenabwägung entscheiden (→ Rn. 51, → § 123 Rn. 18). Unsicherheiten in rechtlicher oder tatsächlicher Hinsicht sind entsprechend der Schwere der für den Antragsteller drohenden Nachteile zu seinen Gunsten zu berücksichtigen (NK-VwGO Rn. 136).

3. Verfahren

Zur **Vorlage an das Bundesverfassungsgericht** nach Art. 100 I GG ist das **55** Verwaltungsgericht im vorläufigen Rechtsschutzverfahren grds. nicht verpflichtet. Hält das Verwaltungsgericht eine entscheidungsrelevante Norm für mit dem Grundgesetz nicht vereinbar, ist es dem Gericht trotz des Verwerfungsmonopols des BVerfG nicht verboten, auf der Grundlage seiner eigenen Rechtseinschätzung vorläufigen Rechtsschutz zu gewähren, wenn dies unter dem Blickwinkel des Art. 19 IV GG nach den Umständen des Einzelfalls geboten erscheint und die Hauptsache dadurch nicht vorweggenommen wird (BVerfGE 86, 382; FDK VorlRS Rn. 922). Dies gilt namentlich, wenn dem Bürger ansonsten schwere und unzumutbare, anders nicht abwendbare Nachteile entstünden, insbes. eine erhebliche Verletzung von Grundrechten droht, die durch die Entscheidung in der Hauptsache nicht mehr beseitigt werden könnte (BVerfGE 79, 69; 46, 166).

56　Hinsichtlich der unionsrechtlichen Pflicht zur **Vorlage an den EuGH** nach Art. 267 AEUV (→ vor § 40 Rn. 23 ff.) gilt Folgendes: Eine Vorlagepflicht besteht auch für das letztinstanzliche Gericht im Verfahren des vorläufigen Rechtsschutzes grds. nicht, soweit die Auslegung von Unionsrecht infrage steht (NK-VwGO Europäischer Verwaltungsrechtsschutz Rn. 122). Selbst wenn in einem solchen Verfahren ein Rechtsmittel nicht mehr zur Verfügung steht, bleibt es den Parteien unbenommen, anschließend das Verfahren zur Hauptsache einzuleiten, in dessen Rahmen dann ein Vorabentscheidungsersuchen erfolgen kann bzw. muss (EuGH Slg. 1977, I-957 Rn. 5). Allerdings kann eine (nicht auf letztinstanzliche Gerichte beschränkte) Vorlagepflicht im vorläufigen Rechtsschutzverfahren dann bestehen, wenn das Verwaltungsgericht eine Vorschrift des sekundären Unionsrechts einstweilen unangewendet lassen will (EuGH Slg. 1991, I-415, I-542 ff.; NK-VwGO Europäischer Verwaltungsrechtsschutz Rn. 124; FDK VorlRS Rn. 926). Ohne Vorlage an den EuGH darf das Verwaltungsgericht in solchen Fällen nur entscheiden, wenn es erhebliche Zweifel an der Gültigkeit der entscheidungserheblichen Unionsnorm hat, dem Antragsteller ein schwerer und nicht mehr wieder gut zu machender Schaden droht, bevor der EuGH über die Gültigkeit der Unionsnorm entscheiden kann, und bei der Aussetzungsentscheidung das Interesse der Gemeinschaft an einer möglichst vollen Wirksamkeit des Gemeinschaftsrechts angemessen berücksichtigt wird (vgl. näher NK-VwGO Rn. 17 f.).

57　Auch im Verfahren des vorläufigen Rechtsschutzes ist der **Gehörsgrundsatz,** Art. 103 I GG, zu beachten (s.a. → § 123 Rn. 27). Dabei muss das Gericht im Hinblick auf die Eilbedürftigkeit des Verfahrens alle denkbaren Möglichkeiten der Gehörsgewährung ausschöpfen; bei entsprechender Dringlichkeit müssen Anhörungen ggf. auch am Wochenende stattfinden (BVerfGE 65, 227). Nur in Ausnahmefällen, wenn der Schutz gewichtiger Interessen eine sofortige gerichtliche Entscheidung unabweisbar macht und anders effektiver Rechtsschutz nicht gewährt werden kann, ist eine Anhörung entbehrlich. Eine **mündliche Verhandlung** ist nicht erforderlich, § 101 III.

4. Form und Inhalt der Entscheidung

58　Das Gericht entscheidet im Regelfall ohne mündliche Verhandlung und stets durch **Beschluss,** der nach § 122 II 2 zu begründen ist. Der Beschluss ergeht durch den Spruchkörper ohne ehrenamtliche Richter, bei einer Entscheidung aufgrund mündlicher Verhandlung mit ehrenamtlichen Richtern (vgl. § 5 III), und in dringenden Fällen durch den Vorsitzenden allein (§ 80 VIII → Rn. 76). Soweit nötig, kann vorab eine sog. „Tenorentscheidung" getrof-

fen werden und der schriftlich festgehaltene Tenor auf telefonischem Weg den
Beteiligten bekannt gegeben werden.

Der **Inhalt** der Entscheidung richtet sich nach der Antragsart. In den Fällen **59**
des § 80 II 1 Nr. 1 bis 3 ordnet das Gericht bei Stattgabe die aufschiebende
Wirkung des Rechtsbehelfs ganz oder teilweise an, in den Fällen des § 80 II 1
Nr. 4 stellt es die aufschiebende Wirkung ganz oder teilweise wieder her. Die
Rechtsgestaltung wirkt auf den Zeitpunkt des Erlasses des VA zurück, wenn
das Gericht die Rückwirkung nicht zeitlich einschränkt; bei einem Abgaben-
bescheid lässt die uneingeschränkte Anordnung der aufschiebenden Wirkung
des Rechtsbehelfs deshalb die vorher verwirkten Säumniszuschläge entfallen
(BVerwGE 154, 68 Rn. 14 f.). Das Gericht hat beim „Wie" der Aussetzungsentscheidung ein gewisses Entscheidungsermessen (→ Rn. 45). Insbes. kann
es die Wiederherstellung der aufschiebenden Wirkung von der Leistung einer
Sicherheit oder von anderen **Auflagen** abhängig machen, § 80 V 4. Nach
§ 80 V 5 kann das Gericht auch eine **Befristung** aussprechen.

Hat die Behörde bereits Vollziehungshandlungen durchgeführt, kann das **60**
Gericht die **Aufhebung der Vollziehung** anordnen (§ 80 V 3); dies gilt
auch dann, wenn der VA nicht zwangsweise, sondern freiwillig vollzogen
wurde. Die Bestimmung ist entsprechend anzuwenden auf Fälle der sog.
faktischen Vollziehung, in denen die Behörde trotz eingetretener aufschiebender Wirkung eines Rechtsbehelfs den VA vollzogen hat (näher → Rn. 63).

Die Aufhebung der Vollziehung nach § 80 V 3 setzt einen **Antrag** voraus, **61**
der nicht in dem Antrag nach S. 1 enthalten ist (NK-VwGO Rn. 164).
§ 80 V 3 enthält wie § 113 I 2 nur eine verfahrensrechtliche Regelung und
keine materielle Grundlage eines eigenständigen Vollzugsfolgenbeseitigungsanspruchs, sondern setzt das Bestehen eines solchen Anspruchs voraus (Kopp/
Schenke Rn. 176). Die Aufhebung der Vollziehung zielt auf die Rückabwicklung der Vollziehungsakte bzw. deren unmittelbaren Folgen, etwa
Rückgabe eines beschlagnahmten Gegenstandes, Auszahlung einer Geldleistung, Entsiegelung eines Ladenlokals uä. Nicht erfasst werden hingegen mittelbare Folgen der Vollziehung wie etwa Mietwagen- oder Taxikosten nach
Abschleppen eines Kraftfahrzeugs.

Ergibt die gerichtliche Prüfung bei Anträgen auf Wiederherstellung der **62**
aufschiebenden Wirkung, dass die **Anordnung der sofortigen Vollziehung
formell fehlerhaft** ist, insbes. unzureichend begründet wurde, ist die
Rechtsfolge strittig. In der Praxis wird in diesen Fällen überwiegend nur die
Vollziehungsanordnung aufgehoben (vgl. die Nachweise bei Eyermann
Rn. 98). Nach anderer Ansicht ist auch in diesen Fällen die aufschiebende
Wirkung wiederherzustellen (NK-VwGO Rn. 153; SSB Rn. 298; Kopp/
Schenke Rn. 148). Richtig dürfte sein, bei festgestellten formellen Mängeln
der Vollziehungsanordnung gleichwohl noch in der Sache eine Interessenabwägung vorzunehmen. Geht diese zugunsten des Antragstellers aus, ist die
aufschiebende Wirkung wiederherstellen, ohne das der formelle Mangel der
Vollziehungsanordnung ergebnisrelevant wird. Er geht gleichsam unter in
dem wesentlichen Mangel eines überwiegenden Suspensivinteresses. Andernfalls ist lediglich die Vollziehungsanordnung aufzuheben und der Antrag konsequenterweise iÜ abzulehnen. Im letztgenannten Fall hat die Behörde die

Möglichkeit, eine neue fehlerfreie Anordnung zu erlassen, um den Suspensiveffekt zu beseitigen. Nicht überzeugend ist hingegen, ihr diese Möglichkeit auch dann einzuräumen, wenn man mit der Gegenmeinung annimmt, das Gericht habe auch bei formellen Mängeln der Anordnung die aufschiebende Wirkung wiederherzustellen (so aber ua NK-VwGO Rn. 154). Gegen eine solche Entscheidung bliebe der Behörde vielmehr nur der Weg über § 80 VII (→ Rn. 71) oder die Beschwerde nach § 146.

63   Vollzieht die Behörde oder der Begünstigte einen VA, obwohl die aufschiebende Wirkung eines Rechtsbehelfs eingetreten ist, liegt ein Fall der sog. **faktischen Vollziehung** vor. Der Begriff beschreibt das Gemeinte nicht präzise, hat sich aber eingebürgert als Bezeichnung derjenigen Fälle, in denen die Behörde oder der Drittbegünstigte die aufschiebende Wirkung eines Rechtsbehelfs missachten. Dabei ist allein von Bedeutung, dass es im Zeitpunkt der Vollziehung an der Vollziehbarkeit des VA wegen § 80 I fehlt. Nach richtiger Auffassung richtet sich der Rechtsschutz in diesen Fällen nach § 80 V (und nicht nach § 123 I), weil nach der Gesetzessystematik allein nach dieser Vorschrift vorläufiger Rechtsschutz für den Bereich der Anfechtungssituation gewährt wird (NK-VwGO Rn. 164). Der Antrag ist darauf gerichtet, in entspr. Anwendung des § 80 V 1 die aufschiebende Wirkung des Rechtsbehelfs **festzustellen** und – gegebenenfalls – nach § 80 V 3 VwGO die Aufhebung der Vollziehung anzuordnen. Ein Antrag auf Feststellung der aufschiebenden Wirkung des eingelegten Rechtsbehelfs kommt nicht erst in Betracht, wenn die Behörde bereits vollzogen hat, sondern auch dann, wenn zwischen den Beteiligten streitig ist, ob der Rechtsbehelf aufschiebende Wirkung hat und die Behörde sich anschickt, den VA zu vollziehen.

64   Auch im Verfahren nach § 80 V ist das Gericht befugt und unter dem Gesichtspunkt des Art. 19 IV GG ggfs.a. verpflichtet, eine Zwischenentscheidung (**„Hängebeschluss"**) zu treffen, wenn der Rechtsschutzantrag nicht offensichtlich aussichtslos ist und wegen unmittelbar drohender Nachteile dem Antragsteller auf andere Weise effektiver Rechtsschutz nicht gewährt werden kann (→ § 123 Rn. 28).

5. Rechtsbehelfe

65   Gegen den Beschluss des VG ist die **Beschwerde** nach § 146 I 1 gegeben. Dabei sind die in § 146 IV normierten Besonderheiten zu berücksichtigen. Nach § 146 IV 1 ist die Beschwerde innerhalb eines Monats nach Bekanntgabe der Entscheidung zu begründen. Nach § 146 IV 3 muss sie einen bestimmten Antrag enthalten, die Gründe darlegen, aus denen die Entscheidung abzuändern oder aufzuheben ist, und sich mit der angefochtenen Entscheidung auseinandersetzen. § 146 IV 6 bestimmt schließlich, dass das OVG nur die dargelegten Gründe prüft (zum Vorstehenden insgesamt näher → § 146 Rn. 30). Die Entscheidung des OVG ist gem. § 152 I unanfechtbar. Hier kommt allenfalls noch ein Abänderungsantrag nach § 80 VII 2 oder – in dem Fall, in dem das Beschwerdegericht entscheidungserhebliches Vorbringen übergangen hat – eine Anhörungsrüge nach § 152a in Betracht. Zur Beschwerde gegen „Hängebeschlüsse" → § 123 Rn. 3.

Bei einer **Verfassungsbeschwerde** nach Art. 93 I 4a GG iVm § 13 **66**
Nr. 8a, §§ 90 f. BVerfGG ist deren **Subsidiarität** zu beachten (BVerfGE 70,
180). Daraus folgt, dass der Beschwerdeführer nicht nur den Rechtsweg im
engen Sinne nach § 90 II 1 BVerfGG zu erschöpfen hat, sondern auch alle
sonstigen prozessualen Möglichkeiten ergreifen muss, um eine Beseitigung
der Verfassungsverletzung zu erreichen (NK-VwGO Rn. 176). Der Grundsatz der Subsidiarität der Verfassungsbeschwerde greift also auch dann ein,
wenn die geltend gemachte Grundrechtsverletzung etwa in einem Verfahren
nach § 80 VII, durch eine Anhörungsrüge nach § 152a oder im Hauptsacheverfahren in einer dem Beschwerdeführer zumutbaren Weise beseitigt werden
kann.

Eine **Wiederaufnahme** des Verfahrens gem. § 153 I iVm §§ 578 f. ZPO **67**
kommt nicht in Betracht. Im Hinblick auf § 80 VII ist hierfür kein Raum
(NK-VwGO Rn. 177; Kopp/Schenke Rn. 117).

V. Behördliches Vorverfahren bei Abgabensachen

Nach § 80 VI muss im Fall der Anforderung von öffentlichen Abgaben oder **68**
Kosten (§ 80 II 1 Nr. 1) vor dem gerichtlichen Verfahren ein behördliches
Aussetzungsverfahren durchgeführt werden. Nach ganz überwiegender Auffassung handelt es sich dabei um eine echte **Zugangsvoraussetzung** (→ vor
§ 40 Rn. 9), und nicht um eine Sachentscheidungsvoraussetzung (NK-
VwGO Rn. 179; Kopp/Schenke Rn. 184). Während des gerichtlichen Verfahrens kann das Aussetzungsverfahren deshalb nicht mehr nachgeholt werden. Erst recht erfolgt eine Heilung nicht dadurch, dass sich die Behörde in
einem gerichtlichen Verfahren sachlich auf den Antrag einlässt. Ebenso erfolgt
keine Heilung durch das nachträgliche Eintreten einer Ausnahme nach S. 2
(OVG NRW NVwZ-RR 2012, 748: nachträgliche Vollstreckungsankündi-
gung).

Der **Aussetzungsantrag** kann bei der Ausgangsbehörde oder bei der **69**
Widerspruchsbehörde gestellt werden (NK-VwGO Rn. 179). § 80 VI 1
ordnet weder für den Antrag noch für die Ablehnung die Schriftform an; der
Antragsteller trägt jedoch die Beweislast für die erfolglose Anrufung der
Behörde.

Vor einem **Abänderungsverfahren** nach § 80 VII 2 ist **kein erneuter** **70**
Antrag nach § 80 VI zu stellen, weil § 80 VI nur Anträge nach § 80 V nennt
(NK-VwGO Rn. 179). Eines erfolglosen Aussetzungsantrages bedarf es nach
§ 80 VI 2 nicht, wenn die Behörde über den Antrag ohne Mitteilung eines
zureichenden Grundes in angemessener Frist sachlich nicht entschieden hat
oder eine Vollstreckung droht. Welche Frist noch angemessen ist iSv § 80 VI
2 Nr. 1, ist aufgrund der Umstände des Einzelfalles zu entscheiden. Die Drei-
Monats-Frist des § 75 eignet sich insoweit nicht als generelle Leitlinie (NK-
VwGO 181). Eine Frist von nur 2,5 Werktagen ist jedenfalls unangemessen
(NdsOVG DÖV 2013, 444 Ls.). Die Vollstreckung (§ 80 VI 2 Nr. 2) droht
erst dann, wenn die Behörde konkrete Schritte zur zwangsweisen Beitreibung
der Schuld angekündigt oder bereits eingeleitet hat.

VI. Änderung oder Aufhebung des Beschlusses

71 Nach § 80 VII können Beschlüsse gem. § 80 V geändert oder aufgehoben werden. Dazu ist das Gericht gem. S. 1 der Vorschrift zunächst **von Amts wegen,** und zwar „jederzeit", befugt. Für eine solche Entscheidung, die auch auf einer Anregung der Beteiligten beruhen kann, brauchen sich die entscheidungserheblichen Umstände nicht geändert zu haben. Ausreichend ist, dass das Gericht zu einer anderen Beurteilung der Sach- und Rechtslage gekommen ist (BVerwG Beschl. v. 10.3.2011 – 8 VR 2.11; VGH BW NVwZ-RR 2015, 637; OVG Bln-Bbg Beschl. v. 17.12.2013 – 9 S 53.13; NK-VwGO Rn. 184).

72 Die Aufhebung oder Änderung **auf Antrag eines Beteiligten** nach § 80 VII 2 setzt demgegenüber veränderte oder im ursprünglichen Verfahren ohne Verschulden nicht geltend gemachte Umstände voraus. Diese Umstände können sowohl in entscheidungsrelevanten tatsächlichen Verhältnissen als auch in einer Änderung der Rechtslage bestehen, der eine Änderung der höchstrichterlichen Rechtsprechung gleichsteht (BVerfG NVwZ 2005, 438; NdsOVG NVwZ 2005, 236). Hinsichtlich des Verschuldensmaßstabs ist auf die Rechtsprechung zu § 60 I zurückzugreifen (OVG LSA Beschl. v. 9.12.2019 – 2 M 126/19, juris Rn. 6).

73 Anträge nach § 80 VII 2 unterliegen **keiner Frist.** Anderes gilt allerdings dann, wenn für Anträge nach § 80 V spezialgesetzlich eine Frist bestimmt ist. In diesen Fällen gilt die Frist auch für Anträge nach § 80 VII 2. Die Frist beginnt mit der Kenntnisnahme der veränderten oder ohne Verschulden nicht geltend gemachten Umstände zu laufen (BVerwG NVwZ 1999, 650; HessVGH NVwZ-RR 2003, 462).

74 Umstritten ist das Verhältnis zwischen einem Antrag nach § 80 VII 2 und der **Beschwerde nach § 146 I.** Die gesetzliche Regelung ist insoweit offen und formuliert keinen Vorrang des einen oder anderen Rechtsschutzweges. Solange ein Beschluss nach § 80 V mit der Beschwerde noch anfechtbar ist, soll nach verbreitet vertretener Ansicht ein Abänderungsantrag nach § 80 VII 2 unzulässig sein, da veränderte oder ohne Verschulden nicht geltend gemachte Umstände auch in einem Beschwerdeverfahren berücksichtigungsfähig sind und das Beschwerdeverfahren denselben Streitgegenstand wie das Abänderungsverfahren betrifft (SächsOVG DVBl 1996, 118, 119; ThürOVG NVwZ-RR 1995, 179). Das trifft zwar zu, begründet aber noch keinen Vorrang des Beschwerdeverfahrens. Richtigerweise besteht deshalb in der beschriebenen prozessualen Lage ein **Wahlrecht** des im Verfahren nach § 80 V Unterlegenen (vgl. OVG RhPf NVwZ-RR 2005, 748; SSB Rn. 552, aA NK-VwGO Rn. 185 aE). Zweifelhaft ist allerdings, ob das Gleiche auch dann noch gilt, wenn ein Beschwerdeverfahren bereits eingeleitet und der Streitgegenstand somit schon anderweitig (beim Beschwerdegericht) anhängig ist. Wegen der Beschränkung der Prüfung des Beschwerdegerichts auf dargelegte Gründe (§ 146 IV 4) wird insoweit vertreten, dass ein Beschwerdeverfahren der Zulässigkeit eines Antrags nach § 80 VII 2 nicht entgegensteht, wenn die veränderten oder ohne Verschulden nicht geltend gemachten Umstände nicht innerhalb der Begründungsfrist nach § 146 IV 1 vorgetragen werden konnten. In diesem Fall erscheint es unter dem Gesichtspunkt des Art. 19 IV GG problematisch, den Antragsteller darauf zu verweisen, zunächst die Beendigung des Beschwerdeverfahrens abzuwarten. Andererseits provoziert ein paralleles Vorgehen divergierende Entscheidungen und begegnet dem Einwand der doppelten Rechtshängigkeit. Gleichwohl spricht angesichts des offenen Wortlauts Überwiegendes dafür, dass ein Antrag nach § 80 VII auch dann zulässig ist, wenn und solange ein Beschwerdeverfahren in der Rechtsmittelinstanz anhängig ist (vgl. BayVGH DVBl 2019, 932 Rn.8; SSB Rn. 553).

IÜ gelten für die Entscheidung über die Aufhebung oder Abänderung nach **75** § 80 VII die gleichen Grundsätze wie für die Entscheidung nach § 80 V. Das gilt auch für die Rechtsmittel (Eyermann Rn. 137).

VII. Vorsitzendenentscheidung

Nach § 80 VIII kann in dringenden Fällen der Vorsitzende entscheiden, wenn **76** dieser nicht sofort erreichbar ist, sein jeweiliger Vertreter. Sie gilt für alle Gerichte im Instanzenzug und auch im Beschwerdeverfahren (SSB Rn. 490). Der Anspruch auf den gesetzlichen Richter (Art. 101 I 2 GG) wird allerdings verletzt, wenn die Dringlichkeit einer Entscheidung allein durch den Vorsitzenden weder offenkundig ist noch in dem angefochtenen Beschluss dargelegt wird (NdsOVG DVBl 2018, 1642). Ist die Sache bereits gem. § 6 dem Einzelrichter übertragen, findet die Vorschrift keine Anwendung (Kopp/ Schenke Rn. 145).

§ 80a [Verwaltungsakte mit Doppelwirkung]

(1) Legt ein Dritter einen Rechtsbehelf gegen den an einen anderen gerichteten, diesen begünstigenden Verwaltungsakt ein, kann die Behörde
1. auf Antrag des Begünstigten nach § 80 Abs. 2 Nr. 4 die sofortige Vollziehung anordnen,
2. auf Antrag des Dritten nach § 80 Abs. 4 die Vollziehung aussetzen und einstweilige Maßnahmen zur Sicherung der Rechte des Dritten treffen.
(2) Legt ein Betroffener gegen einen an ihn gerichteten belastenden Verwaltungsakt, der einen Dritten begünstigt, einen Rechtsbehelf ein, kann die Behörde auf Antrag des Dritten nach § 80 Abs. 2 Nr. 4 die sofortige Vollziehung anordnen.
(3) ¹Das Gericht kann auf Antrag Maßnahmen nach den Absätzen 1 und 2 ändern oder aufheben oder solche Maßnahmen treffen. ² § 80 Abs. 5 bis 8 gilt entsprechend.

Der 1991 eingeführte § 80a regelt den vorläufigen Rechtsschutz gegen VA **1** mit Doppelwirkung. Durch § 80 I 2, § 80a iVm § 123 V ist geklärt, dass sich der vorläufige Rechtsschutz gegen **Verwaltungsakte mit Doppelwirkung** nach den §§ 80, 80a richtet und nicht – wie es zuvor teilweise vertreten wurde – nach § 123 VwGO (→ § 80 Rn. 4). Der vom Gesetzgeber benutzte Begriff „Verwaltungsakt mit Doppelwirkung" (krit. dazu etwa BeckOK VwGO Rn. 7) ist gleichbedeutend mit der Bezeichnung „Verwaltungsakt mit Drittwirkung". Ein VA mit Doppel- bzw. Drittwirkung liegt vor, wenn derselbe VA einen Beteiligten belastet und zugleich einen anderen begünstigt (NK-VwGO Rn. 2; BeckOK VwGO Rn. 8). Dabei reicht es nicht aus, dass der VA irgendwelche Interessen der Beteiligten berührt. Es müssen vielmehr Rechtspositionen betroffen sein, die Gegenstand einer verwaltungsgerichtlichen Klage sein können (BVerfGE 69, 315, 370); BeckOK VwGO Rn. 8; NK-VwGO Rn. 2).

2   § 80a unterscheidet dabei **zwei Arten** von VA mit Doppelwirkung. Gegenstand der Regelung in § 80a I sind diejenigen VA, die den Adressaten begünstigen und einen Dritten belasten (beispielsweise eine Baugenehmigung, die in nachbarschützende Normen eingreift). § 80a II behandelt dagegen den Fall, dass der Adressat belastet und der Dritte begünstigt wird (beispielsweise ordnungsbehördliches Einschreiten zugunsten eines Dritten).

3   § 80a unterfallen grds. auch **Konkurrentenklagen,** etwa wenn sich mehrere Personen um eine öffentlich-rechtliche Zulassung oder Konzession bemüht haben (→ § 42 Rn. 91). Bei der Konkurrentenklage im Beamtenrecht entfaltet sich der vorläufige Rechtsschutz über § 123, weil das Hauptsachebegehren in der mit der Verpflichtungsklage zu verfolgenden eigenen Ernennung zu sehen ist und eine nachträgliche Anfechtung der Ernennung des Konkurrenten nach dem Grundsatz der Ämterstabilität grds. ausscheidet (vgl. von der Weiden ThürVBl 2017 mwN zur Rspr.).

I. Vorläufiger Rechtsschutz durch die Verwaltungsbehörde

4   Die Verwaltungsbehörde gewährt vorläufigen Rechtsschutz nach § 80a I und II. Wenn auch in beiden Absätzen bestimmt ist, dass die Behörde auf Antrag tätig wird, schließt dies nicht aus, dass sie **auch von Amts wegen** tätig werden kann. Es besteht kein Anhalt dafür, dass diese Befugnis insoweit anders als im Fall eines zweiseitigen Rechtsverhältnisses eingeschränkt sein soll (NK-VwGO Rn. 9; Kopp/Schenke Rn. 7 und 13; str.).

5   **§ 80a I Nr. 1** betrifft den Fall, dass dem vom belasteten Dritten eingelegten Rechtsbehelf aufschiebende Wirkung zukommt. Hier hat der begünstigte Adressat die Möglichkeit, einen Antrag auf Anordnung der sofortigen Vollziehung zu stellen.

6   **§ 80a I Nr. 2** regelt dagegen jene Sachverhalte, in denen dem Rechtsbehelf des belasteten Dritten aufgrund gesetzlicher oder behördlicher Anordnung keine aufschiebende Wirkung zukommt. Hier hat der belastete Dritte die Möglichkeit, bei der Behörde einen Antrag nach § 80 IV auf Aussetzung der Vollziehung zu stellen. Der Behörde ist in diesem Fall zugleich die Möglichkeit eröffnet, Maßnahmen zur Sicherung der Rechte des Dritten zu treffen (Beispiel: Anordnung eines Baustopps). § 80a I Nr. 2 ist entsprechend anzuwenden, wenn der begünstigte Adressat unter Missachtung der aufschiebenden Wirkung des vom belasteten Dritten eingelegten Rechtsbehelfs von

dem VA Gebrauch macht oder ein solches Gebrauchmachen unmittelbar droht (BeckOK VwGO Rn. 25); die Behörde kann eine Anordnung erlassen, dass von dem VA vorläufig kein Gebrauch gemacht werden darf sowie weitere Sicherungsmaßnahmen treffen (OVG RhPf DÖV 1994, 1012; NK-VwGO Rn. 13).

§ 80a II betrifft Konstellationen, in denen der vom belasteten Adressaten **7** eingelegte Rechtsbehelf gem. § 80 I 2 aufschiebende Wirkung besitzt. In diesen Fällen kann die Behörde auf Antrag des Dritten nach § 80 II 1 Nr. 4 die sofortige Vollziehung anordnen.

Einen **Prüfungsmaßstab** für die von der Behörde nach § 80a I und II zu **8** treffenden Entscheidungen gibt die Norm nicht vor. Grundlage der Behördenentscheidung ist auch hier eine Interessenabwägung. Dabei ist zu berücksichtigen, dass die zumeist betroffenen verfassungsrechtlichen Positionen der Beteiligten grds. gleichwertig sind (BVerfG GewArch 1985, 16; NK-VwGO Rn. 10). Maßgeblich ist auf die Erfolgsaussicht des Rechtsbehelfs abzustellen (BeckOK VwGO Rn. 37). Hat der Dritte den Rechtsbehelf eingelegt, ist die Rechtmäßigkeit des VA deshalb nur in den Grenzen der Widerspruchs- und Klagebefugnis bzw. der Rechtsverletzung des Dritten zu prüfen. Die Behörde trifft ihre Entscheidung nach pflichtgemäßem Ermessen und hat dabei den Verhältnismäßigkeitsgrundsatz zu beachten (NK-VwGO Rn. 10). Das Ermessen wird in der Regel auf Null reduziert sein, wenn die Interessenabwägung ergibt, dass den Interessen eines Beteiligten Vorrang zukommt (NK-VwGO Rn. 10; BeckOK VwGO Rn. 38).

II. Gewährung vorläufigen Rechtsschutzes durch das Gericht

Das Verwaltungsgericht ist nach § 80a III 1 nicht darauf beschränkt, verwal- **9** tungsbehördliche Maßnahmen nach § 80 I oder II zu ändern oder aufzuheben, sondern kann solche Maßnahmen auch selbst treffen. Es kann also im Unterschied zum zweipoligen Verhältnis des § 80 V die Vollziehung nicht nur durch Anordnung oder Wiederherstellung der aufschiebenden Wirkung stoppen, sondern auf Antrag des Drittbegünstigten auch (selbst) anordnen. § 80 V bis VIII gelten gem. § 80a III 2 zudem entsprechend. Daraus ergibt sich eine gewisse „Doppelung" der Antragsmöglichkeiten; das Verwaltungsgericht kann in Drittbeteiligungsfällen auf Antrag des belasteten Dritten die Vollziehung aussetzen (§ 80a III 1 iVm § 80a I Nr. 2) oder die aufschiebende Wirkung seines Rechtsbehelfs anordnen oder wiederherstellen (§ 80a III 2 iVm § 80 V 1). Die begrifflichen Unterschiede ändern aber nicht das Prüfprogramm. In beiden Fällen geht es um die im Rahmen der Interessenabwägung zu klärende Frage, ob Rechte des Dritte verletzt sind (SSB Rn. 49 f.).

1. Zulässigkeit des Antrages

Wegen der Zulässigkeitsvoraussetzungen kann zunächst auf die Kommentie- **10** rung zu § 80 verwiesen werden (→ § 80 Rn. 38 ff.). Folgende **Besonderheiten** sind zu beachten:

11   § 80a I und II legt es nahe, dass bereits vor **Antragstellung** der Rechtsbehelf eingelegt worden sein muss. Insofern gilt nichts anderes als für den
Antrag nach § 80 V (NK-VwGO § 80 Rn. 44).

12   Der Antrag nach § 80a III ist nicht nur statthaft, wenn die Anordnung oder
die Aussetzung der sofortigen Vollziehung begehrt wird, sondern auch, wenn
Streit über die aufschiebende Wirkung eines eingelegten Rechtsbehelfs besteht **(faktische Vollziehung)** und der Antragsteller vor diesem Hintergrund
begehrt festzustellen, dass der Rechtsbehelf aufschiebende Wirkung besitzt
(OVG NRW Beschl. v. 24.9.2009 – 8 B 1343/09.AK).

13   Eines behördlichen **Vorverfahrens** bedarf es nur bei (zwar denkbaren,
allerdings in der Praxis nicht vorkommenden) VA mit Doppelwirkung in
Abgabe- und Kostensachen; die Verweisung in § 80a III 2 auch auf § 80 VI
ist als Rechtsgrundverweisung aufzufassen (VGH BW NVwZ 1995, 292;
NK-VwGO Rn. 16 ff.; str.). Sieht man in § 80a III 2 hingegen eine Rechts-
folgenverweisung auf § 80 VI, wäre jedenfalls zu prüfen, ob das Erfordernis
eines vorherigen Antrags an die Behörde in entsprechender Anwendung des
§ 80 VI 2 Nr. 2 (drohende Vollstreckung) entfällt, weil und wenn der begünstigte Dritte sich anschickt, von dem VA Gebrauch zu machen.

14   Die **Antragsbefugnis** entsprechend § 42 II ist unproblematisch, wenn der
Antragsteller Adressat des VA ist; iÜ bedarf es einer besonderen Prüfung der
Antragsbefugnis nach Maßgabe der Schutznormtheorie (→ § 42 Rn. 100 ff.).

15   Das **Rechtsschutzinteresse** setzt – mit Ausnahme von Abgabe- und
Kostensachen (→ Rn. 13) – nicht voraus, dass zuvor ein entsprechender
Rechtsschutzantrag bei der Behörde gestellt worden ist. Das behördliche und
das gerichtliche Rechtsschutzverfahren stehen vielmehr selbstständig nebeneinander (NK-VwGO Rn. 21).

2. Begründetheit

16   Ebenso wie bei VA im zweipoligen Rechtsverhältnis ist in der Regel eine nur
summarische Prüfung der Sach- und Rechtslage erforderlich und ausreichend (NK-VwGO Rn. 24; näher → § 80 Rn. 54). Für den **Prüfungsmaßstab** gilt das oben zur Entscheidung der Verwaltungsbehörde nach § 80a I
und II Gesagte entsprechend (→ Rn. 8). Dem Gericht steht bei der Entscheidung, ob es vorläufigen Rechtsschutz gewährt, allerdings grds. kein Ermessen
zu (→ § 80 Rn. 45).

3. Verfahren

17   Hier ist zunächst auf das zu § 80 V Gesagte zu verweisen (→ § 80 Rn. 55 ff.).
Zu beachten ist, dass der gegnerische Beteiligte stets beizuladen ist. Es handelt
sich um einen Fall der notwendigen **Beiladung** nach § 65 II, da der Beschluss des Gerichts in die rechtlich geschützten Interessen des anderen Beteiligten eingreift und damit eine Entscheidung gegenüber dem Begünstigten
und dem Belasteten nur einheitlich ergehen kann (NK-VwGO Rn. 22;
→ § 65 Rn. 8 f.).

4. Entscheidung des Gerichts

Das Gericht kann nach § 80a III 1 VwGO die sofortige Vollziehung anord- **18** nen oder aussetzen und nach § 80a III 2 iVm § 80 V die aufschiebende Wirkung eines Rechtsbefehls anordnen oder wiederherstellen. Es kann ferner in entsprechender Anwendung von § 80 V 1 die aufschiebende Wirkung eines Rechtsbehelfs feststellen (→ Rn. 12). Im Fall des § 80a I Nr. 2 (Aussetzung der Vollziehung auf Antrag des Dritten) können auch einstweilige **Sicherungsmaßnahmen** erlassen werden. Erforderlich ist ein besonderes Sicherungsinteresse, das nur vorliegt, wenn konkrete Anhaltspunkte dafür bestehen, dass die angeordnete bzw. wiederhergestellte aufschiebende Wirkung eines Rechtsbehelfs missachtet werden wird (NdsOVG BauR 2015, 1153). Beantragt der Dritte nach Aussetzung der Vollziehung solche Sicherungsmaßnahmen, handelt es sich um ein neues selbstständiges Verfahren (BayVGH BayVBl 1993, 533). Im Rahmen von § 80a I Nr. 2 Alt. 2 kann auch die Aufhebung der bereits erfolgten Vollziehung ausgesprochen werden (NK-VwGO Rn. 36).

5. Schadensersatz

Für den vorläufigen Rechtsschutz nach §§ 80, 80a gelten gem. § 123 V die **19** Vorschriften des § 123 III, § 945 ZPO nicht; gegenüber der Behörde kommen Folgenbeseitigungsansprüche oder Amtshaftungsansprüche in Betracht (NK-VwGO Rn. 37). Die fehlende Schadensersatzregelung im Verhältnis zwischen den Beteiligten darf nicht durch entsprechende Bedingungen oder Auflagen umgangen werden, etwa durch eine Risiko- und Verpflichtungserklärung des Bauherrn für den Fall der späteren Aufhebung der Baugenehmigung (NK-VwGO Rn. 38).

§ 80b [Ende der aufschiebenden Wirkung]

(1) ¹Die aufschiebende Wirkung des Widerspruchs und der Anfechtungsklage endet mit der Unanfechtbarkeit oder, wenn die Anfechtungsklage im ersten Rechtszug abgewiesen worden ist, drei Monate nach Ablauf der gesetzlichen Begründungsfrist des gegen die abweisende Entscheidung gegebenen Rechtsmittels. ²Dies gilt auch, wenn die Vollziehung durch die Behörde ausgesetzt oder die aufschiebende Wirkung durch das Gericht wiederhergestellt oder angeordnet worden ist, es sei denn, die Behörde hat die Vollziehung bis zur Unanfechtbarkeit ausgesetzt.

(2) Das Oberverwaltungsgericht kann auf Antrag anordnen, daß die aufschiebende Wirkung fortdauert.

(3) § 80 Abs. 5 bis 8 und § 80a gelten entsprechend

Soweit die zum 1.1.1997 in Kraft getretene Vorschrift in I 1 1. Hs. bestimmt, **1** dass die aufschiebende Wirkung des Widerspruchs und der Anfechtungsklage mit der Unanfechtbarkeit des VA endet, hat sie lediglich deklaratorische

Bedeutung. Kernstück der Regelung ist die Bestimmung des 2. Halbsatzes, nach der bei Abweisung der Anfechtungsklage in der ersten Instanz die aufschiebende Wirkung vorzeitig endet. Diese Vorschrift soll verhindern, dass Rechtsmittel nur deshalb eingelegt werden, um den Eintritt der Rechtskraft des Urteils und damit das Ende der aufschiebenden Wirkung hinauszuzögern. Sie ist gerechtfertigt durch die Erwägung, dass nach Abweisung der Klage im ersten Rechtszug wegen der dort erfolgten eingehenden Prüfung eine Fortdauer der aufschiebenden Wirkung während des Rechtsmittelverfahrens nicht erforderlich erscheint (BT-Drs. 13/3993, S. 11; vgl. auch BVerwG NVwZ 2007, 1097).

I. Ende der aufschiebenden Wirkung bei Klageabweisung

2   Die in § 80b I 1 2. Hs. normierte Verkürzung der Dauer der aufschiebenden Wirkung setzt – neben dem Bestehen der aufschiebenden Wirkung eines Rechtsbehelfs – die **Abweisung einer Anfechtungsklage durch eine erstinstanzliche Entscheidung** voraus. Ist in der Hauptsache die Verpflichtungsklage die statthafte Klageart, soll die Vorschrift analog anwendbar sein, wenn sich der vorläufige Rechtsschutz ausnahmsweise gleichwohl nach § 80 V richtet (SächsOVG AuAS 2014, 54; BeckOK VwGO Rn. 11; vgl. zu solchen Fällen → § 80 Rn. 6). Soweit § 80b I 1 2. Hs. eine Klageabweisung im ersten Rechtszug voraussetzt, trifft dies nicht nur bei einer Klageabweisung durch das VG zu, sondern auch bei klageabweisenden Urteilen des OVG/VGH, wenn das Gericht gem. § 48 erstinstanzlich zuständig ist. Nicht ausreichend ist hingegen, wenn die Anfechtungsklage erst aufgrund einer vom Beklagten oder Beigeladenen eingelegten Berufung abgewiesen wird.

3   Die **Drei-Monats-Frist** nach § 80b I 1 2. Hs. kann nur zu laufen beginnen, wenn die Entscheidung des Gerichts mit einem zulässigen Rechtsmittel angegriffen wird. Anderenfalls tritt mit Ablauf der Rechtsmittelfrist die Rechtskraft und damit der auf den Erlass der VA zurückwirkende Wegfall der aufschiebenden Wirkung ein (NK-VwGO Rn. 10). Die Drei-Monats-Frist beginnt mit dem Ablauf der gesetzlichen Begründungsfrist des gegen die abweisende Entscheidung gegebenen Rechtsmittels zu laufen.

4   Lässt das VG die Berufung nicht zu, ist das „gegebene Rechtsmittel" in diesem Sinne der **Antrag auf Zulassung der Berufung** (so etwa OVG NRW NWVBl. 2002, 69; Kopp/Schenke Rn. 7). Dafür spricht der Normzweck, der Einlegung von Rechtsmitteln allein zur Aufrechterhaltung der aufschiebenden Wirkung entgegenzuwirken.

5   Entscheidet das Verwaltungsgericht durch **Gerichtsbescheid** (§ 84 VwGO), ist der Antrag auf Durchführung einer mündlichen Verhandlung nach Erlass eines Gerichtsbescheids (§ 84 II Nr. 5) kein Rechtsmittel iSv § 80b I 1 2. Hs. Im Falle der erstinstanzlichen **Abweisung** einer Anfechtungsklage **durch das OVG/den VGH** ist die gesetzliche Begründungsfrist iSv § 80b I 1 2. Hs. entweder die Revisionsbegründungsfrist gem. § 139 III 1 oder – falls die Revision nicht zugelassen wurde – die Frist für die Begründung der Nichtzulassungsbeschwerde gem. § 133 III 3 (BVerwG NVwZ 2007, 1097).

Nach § 80b I 2 gelten die Bestimmungen des Satzes 1 auch dann, wenn die **6** Vollziehung durch die Behörde ausgesetzt oder die aufschiebende Wirkung durch das Gericht wiederhergestellt oder angeordnet worden ist. Eine **Ausnahme** ist bestimmt für den Fall, dass die Behörde die Vollziehung bis zur Unanfechtbarkeit ausgesetzt hat. Dies setzt eine ausdrückliche Entscheidung der Behörde voraus. Sie kann also das Ende der aufschiebenden Wirkung trotz gegenläufiger Entscheidungen bis zur Unanfechtbarkeit verlängern (NK-VwGO Rn. 6). Dem Gericht räumt die Vorschrift weder eine solche Möglichkeit ein noch die Möglichkeit, eine dahingehende behördliche Entscheidung zu korrigieren.

II. Fortdauer der aufschiebenden Wirkung aufgrund gerichtlicher Entscheidung

In den Fällen des § 80b I 1 2. Hs. kann das OVG nach **§ 80b II** auf Antrag **7** das Fortdauern der aufschiebenden Wirkung anordnen. Der erforderliche Antrag ist nicht fristgebunden; er kann auch noch nach Ablauf der Drei-Monats-Frist des § 80b I 1 2. Hs. gestellt werden (BVerwG DVBl 2019, 279; NVwZ 2007, 1097; OVG NRW NVwZ-RR 2002, 76; BeckOK VwGO Rn. 23). Für einen solchen Antrag gilt der Vertretungszwang gem. § 67 IV.

Die Formulierung des § 80b II, nach der allein das OVG die Fortdauer der **8** aufschiebenden Wirkung anordnen kann, ist missglückt. Sie passt nicht für Fälle der erstinstanzlichen Zuständigkeit des OVG/VGH (§ 48), der Sprungrevision (§ 134) und des Berufungsausschlusses (§ 135). Zuständiges Gericht iSv § 80 II ist daher – entgegen dem Wortlaut der Vorschrift – **das jeweilige Rechtsmittelgericht** (BVerwG DVBl 2019, 495; NVwZ 2011, 1342; NVwZ 2007, 1097; BeckOK VwGO Rn. 24; Kopp/Schenke Rn. 14; NK-VwGO Rn. 27).

Nach **§ 80b III** finden § 80 V bis VIII und § 80a entsprechende Anwen- **9** dung. Infolgedessen kann das Gericht nicht nur die Fortdauer der aufschiebenden Wirkung anordnen oder einen entsprechenden Antrag ablehnen, sondern auch eine feststellende Entscheidung – entsprechend § 80 V – treffen, wenn die Beteiligten darüber streiten, ob und zu welchem Zeitpunkt die aufschiebende Wirkung im Falle des § 80 I 1 2. Hs. beendet worden ist (BayVGH DVBl 1997, 663; BeckOK VwGO Rn. 25). Die Verweisung in § 80b III verdeutlicht ferner, dass für die Entscheidung über die Fortdauer der aufschiebenden Wirkung die gleichen Maßstäbe gelten, die im Fall von § 80 V bzw. § 80a III Anwendung finden (BVerwG Buchh 310 § 80b VwGO Nr. 3 Rn. 9; s. dazu → § 80 Rn. 45 ff., → § 80a Rn. 8 und 16). Ein überwiegendes Interesse an der Fortdauer der aufschiebenden Wirkung kann sich aus dem Umstand ergeben, dass das Rechtsmittelgericht in der Hauptsache einem Antrag auf Zulassung der Berufung oder einer Beschwerde gegen die Nichtzulassung der Revision stattgegeben hat, wenn damit eine Aussage über die Erfolgsaussichten der Klage verbunden ist (SSB Rn. 44a). Das ist bei einer Zulassung wegen grundsätzlicher Bedeutung indes nicht der Fall (BVerwG Beschl. v. 22.2.2018 – 3 VR 1.17, juris Rn. 19).

9. Abschnitt. Verfahren im ersten Rechtszug

Vorbemerkung zu §§ 81 ff. (erstinstanzliche Verfahren)

1 Das verwaltungsgerichtliche Klageverfahren beginnt mit dem **Eingang einer Klageschrift** zB per Post oder Fax (§ 81 I 1) oder elektronisch (§ 55a) je nach Zuständigkeit bei einem VG (§ 13), OVG oder dem BVerwG (§§ 45 ff.). Sie wird von der (Eingangs)Geschäftsstelle des Gerichts weiterbearbeitet. Das Datum des Eingangs wird auf der Klageschrift vermerkt. Erscheint der Kläger persönlich bei der Rechtsantragsstelle des VG (§ 81 I 2), wird die Klage vom dortigen Urkundsbeamten aufgenommen. Die Verfahrensdaten werden elektronisch erfasst. Auf der Grundlage des vom Präsidium des Gerichts erlassenen, regelmäßig auf der Homepage des Gerichts veröffentlichten Geschäftsverteilungsplans – GVP – (§ 4 S. 1 iVm § 21e GVG) wird ein **Aktenzeichen** vergeben und auf dem Aktenvorblatt notiert. Das Aktenzeichen setzt sich zusammen aus einem Hinweis auf den zuständigen Spruchkörper, einem Registerzeichen für Sachgebiet bzw. Verfahrensart, der laufenden Nummer des Eingangs sowie der Eingangsjahreszahl (Bsp.: 5 K 2345/20 für eine bei der 5. Kammer anhängige Klage aus dem Jahr 2020). Ist das Sachgebiet der erhobenen Klage unklar, greift eine ebenfalls im GVP geregelte Auffangzuständigkeit für „unverteilte Sachen" (sog. Varia).

2 Die Klageschrift nebst Aktenvorblatt wird dem Vorsitzenden (§ 5 I) des zuständigen **Spruchkörpers** (Kammer/Senat) – ggf. elektronisch – **zugeleitet.** Dieser prüft, ob die von der Eingangsgeschäftsstelle angenommene Kammerzuständigkeit tatsächlich gegeben ist. Falls nicht, wird die Sache im Einverständnisfall formlos von der anderen Kammer übernommen, im Streitfall das Präsidium angerufen. Erweist sich das Gericht im administrativen Sinne (→ § 1 Rn. 4) als unzuständig, wird hierüber von der nach dem Sachgebiet zuständigen Kammer im späteren Verfahrensgang (durch Verweisungsbeschluss nach § 173 S. 1 bzw. § 83 S. 1 iVm § 17a II GVG) entschieden. Die Klageschrift wird den der Kammer zugewiesenen Mitarbeitern der Geschäftsstelle zur Anlegung der Gerichtsakte und anschließend wieder unter Beifügung einer vorbereiteten Eingangsverfügung dem Vorsitzenden zugeleitet. Je nach Stand der elektronischen Aktenführung bei dem Gericht finden diese Verfahrensschritte rein elektronisch statt.

3 Der Vorsitzende verfügt die **Zustellung der Klage** (§ 85 S. 1) durch den nach dem GVP der Kammer (§ 4 iVm § 21g I) zuständigen Berichterstatter (BE) und leitet ihm die Akte zu, sofern er nicht selbst BE ist.

4 Der BE teilt dem Kläger das Eingangsdatum der Klage (§ 90) mit, stellt dem Beklagten die Klage zu (§ 85 S. 1) und fordert diesen zur **Klageerwiderung** (§ 86 IV 1) und Vorlage der Verwaltungsvorgänge (§ 87 I 2 Nr. 2) auf. Der BE bestimmt – auch gegenüber dem Vorsitzenden – in voller richterlicher Unabhängigkeit (Art. 97 I GG) den Ablauf des vorbereitenden

Verfahrens (§ 87). In der Regel soll ihm die Kammer den Rechtsstreit als Einzelrichter (ER) zur Entscheidung übertragen (§ 6 I). Nach § 76 IV 1 AsylG ist er originärer ER. Er kann auch im Einverständnis der Beteiligten anstelle der Kammer entscheiden (§ 87a II, III, konsentierter ER). **Prozessleitende Verfügungen** (§ 87 I 2 Nr. 1 und 2) gegenüber dem Kläger können ebenfalls bereits mit der Eingangsverfügung getroffen werden. Zuweilen erfolgt bereits hier eine Anhörung zur möglichen Übertragung auf den ER (§ 6). Abschließend wird eine Wiedervorlagefrist verfügt und die Eingangsverfügung paraphiert. Zudem setzt der BE vorläufig den **Streitwert** fest (§ 63 I GKG, § 87a I Nr. 4, III). Gegebenenfalls erfolgt bereits zu diesem Zeitpunkt eine **Beiladung** (§§ 65, 87a I Nr. 6, III). Der Beigeladene wird über den Stand der Sache in Kenntnis gesetzt (§ 65 IV 2).

Die Verfügung wird durch die (Kammer)Geschäftsstelle ausgeführt. Zustellungen und Übersendungen per Fax oder EGVP werden durch diese direkt vorgenommen; Postsendungen erfolgen über die Postausgangsstelle des Gerichts. Der Kostenbeamte veranlasst die Gerichtskostenrechnung. Mit Eingang von Schriftsätzen in der Sache, spätestens aber zur Wiedervorlagefrist wird die Akte erneut dem BE vorgelegt.   **5**

Der BE verfügt, dass eingehende Schriftsätze aller Art an die anderen Beteiligten bzw. vorrangig deren Prozessbevollmächtigte übermittelt werden (§ 86 IV 3). Der jeweilige Zusatz gibt Aufschluss über die seitens des Gerichts gewünschte Sachbehandlung durch den Empfänger: „zK" – zur Kenntnisnahme (Reaktion nicht erwartet), „mdGzSt" – mit der Gelegenheit zur Stellungnahme (Reaktion nicht zwingend, ggf. nur zur Gewährung rechtlichen Gehörs), „zSt" – zur Stellungnahme (Reaktion erwartet). Ggf. ist Akteneinsicht zu gewähren (§ 100).   **6**

Es obliegt der Entscheidung des BE, wann und welches Verfahren er in welcher Weise fördert; er unterliegt dabei einer Beschleunigungs- und Verfahrensförderungspflicht (→ § 173 Rn. 28). Möglich sind ua die Durchführung von **Erörterungsterminen** (§ 87 I 2 Nr. 1) auch außerhalb des Gerichtssitzes (vgl. § 102 III) oder im Wege der Bild- und Tonübertragung (§ 102a I, IV), gerichtliche **Aufklärungsverfügungen** (§ 87 I 2 Nr. 2) – ggf. unter Aufforderung zur Abgabe prozessbeendender Erklärungen wie Hauptsacheerledigungs- (§ 161 II) oder Rücknahmeerklärungen (§ 92) –, die Einholung von **Auskünften** (§ 87 I 2 Nr. 3), die Anforderung von **Unterlagen** (§ 87 I 2 Nr. 4), die **Erhebung einzelner Beweise** (§ 87 III) oder der Erlass eines **Vergleichsvorschlagsbeschlusses** (§ 106 S. 2). Die Sache kann an den **Güterichter** verwiesen werden (§ 173 S. 1 iVm § 278 V ZPO), oder es kann eine **Mediation** vorgeschlagen werden (§ 173 S. 1 iVm § 278a ZPO → § 173 Rn. 9a ff.). Nicht zu fördernde Verfahren können ausgesetzt (§ 94) oder auf Antrag der Beteiligten ruhend gestellt werden (§ 173 S. 1 iVm § 251 ZPO). Mehrere Verfahren können verbunden, Verfahrensteile getrennt werden (§ 93).   **7**

Sofern die Beteiligten auf entsprechende Anfrage des BE nicht auf mündliche Verhandlung verzichten (§ 101 II) und auch ein Gerichtsbescheid (§ 84) nicht in Betracht kommt, bestimmt der Vorsitzende bzw. der ER grds. unter Einhaltung einer zweiwöchigen Ladungsfrist **Termin zur mündlichen Ver-**   **8**

handlung am Gerichtssitz oder vor Ort (§ 102 I). Bei der Ladung ist darauf hinzuweisen, dass beim Ausbleiben eines Beteiligten auch ohne ihn verhandelt und entschieden werden kann (§ 102 II). Das persönliche Erscheinen der Beteiligten kann angeordnet werden (§ 95). Auch noch mit der Ladung können unter Fristsetzung Mitwirkungshandlungen mit der Möglichkeit späterer Zurückweisung verspäteten Vorbringens aufgegeben werden (§ 87b). Die Ladungsverfügung wird den Beteiligten zugestellt (§ 56 I, II). Ggf. erforderliche ehrenamtliche Richter (§ 5 III 1) werden nach Maßgabe des Präsidiumsbeschlusses bestimmt (§ 30) und ebenfalls geladen. Die zurücklaufenden Zustellungsnachweise (EB/PZU) werden zur Akte genommen.

9   Soweit nicht der ER entscheidet, entspricht es – ohne dass damit eine Verpflichtung korrespondierte – der Üblichkeit, dass der BE einen schriftlichen **Entscheidungsvorschlag** (Votum oder Gutachten) vorbereitet und ihn den übrigen Kammermitgliedern rechtzeitig vor dem Termin nebst Akten vorlegt. In einer Vorberatung diskutieren die Berufsrichter auf der Grundlage des Akteninhalts – soweit nötig – das Votum. In einfach gelagerten Kammersachen ohne mündliche Verhandlung und in Beschlusssachen kann auch ein Urteils- oder Beschlussentwurf Gegenstand der Vorberatung oder eines Umlaufverfahrens sein. Bei den OVG und dem BVerwG ist zum Teil ein System der **Mitberichterstattung** installiert, bei dem nach der Senatsgeschäftsverteilung dem BE ein Mitberichterstatter zur Seite gestellt ist. Er fördert zwar die Sache nicht bzw. nur als Vertreter in Abwesenheitsfällen, fertigt zu dem Gutachten des BE aber ein Mitgutachten an.

10   Vor der mündlichen Verhandlung treffen die ehrenamtlichen Richter im Gerichtsgebäude ein und werden, soweit möglich, bereits vor der mündlichen Verhandlung durch die Berufsrichter empfangen und kurz in den Sach- und Streitstand eingeführt. Den rechtlichen Anforderungen genügt aber die Information durch den Sachbericht und die Erörterung in der mündlichen Verhandlung selbst (→ § 19 Rn. 9).

11   Die **mündliche Verhandlung** (Protokoll → § 103 Rn. 16) wird durch den Vorsitzenden durch den Aufruf der Sache eröffnet (§ 103 I). Dieser leitet die Verhandlung und erhält die Ordnung aufrecht (§ 55 iVm § 176 GVG). Entweder führt dieser oder eine Protokollkraft das Protokoll (§ 105 iVm §§ 159 bis 165 ZPO). Die ehrenamtlichen Richter werden, soweit nicht schon in einer früheren Sitzung geschehen, in öffentlicher Sitzung vereidigt (§ 45 II DRiG). Der Vorsitzende oder der BE trägt den wesentlichen Inhalt der Akten, den sog. **Sachbericht,** vor (§ 103 II), soweit die Beteiligten hierauf nicht verzichten. Es empfiehlt sich, den ehrenamtlichen Richtern jedenfalls in umfangreichen Sachen einen schriftlichen Sachbericht zum Mitlesen zur Verfügung zu stellen (→ § 19 Rn. 9). Nach **Antragstellung** (§ 103 III), auf deren richtige Fassung hinzuwirken ist (§ 86 III), wird die **Sach- und Rechtslage** mit den Beteiligten **erörtert** (§ 104 I), ggf. in komplexen Sachen unter Aushändigung einer Gliederungsübersicht an die Beteiligten; Fragen können gestellt werden (§ 104 II). Sofern nicht Beweis erhoben wird (§ 96 I), wird nach der Gelegenheit zur abschließenden **Antragsbegründung** (§ 103 III) die mündliche Verhandlung – je nach Zweckmäßigkeit – mit dem Beschluss geschlossen (§ 104 III 1): „Die Sache wird vertagt. Neuer

Termin wird von Amts wegen bestimmt", „Eine schriftliche Entscheidung wird den Beteiligten zugestellt" (§ 116 II), „Verkündungstermin wird bestimmt auf den (Termin)" (§ 116 I 1) oder „Eine Entscheidung wird im Anschluss an die Beratung/am Ende des Sitzungstags verkündet" (§ 116 I 1). Den Beteiligten kann anheimgestellt werden, die Verkündung abzuwarten oder (zumeist am Folgetag) das Ergebnis telefonisch auf der Geschäftsstelle der Kammer zu erfragen. Die Kammer zieht sich zur geheimen Beratung zurück (§ 173 S. 1 iVm § 193 I GVG).

Der Vorsitzende leitet die **Beratung,** stellt die Fragen und sammelt die **12** Stimmen (§ 194 I GVG). Die Kammerberatung beginnt regelmäßig mit einem Entscheidungsvorschlag durch den BE, der hierfür die in der mündlichen Verhandlung gewonnenen Ergebnisse zusammenfasst. Nach Beratung der Sache wird abgestimmt; dabei ist eine gesetzliche Reihenfolge einzuhalten (§§ 196 f. GVG). Nach erneutem Aufruf der Sache **verkündet** der Vorsitzende eine Entscheidung; dies kann im Namen des Volkes (§ 117 I 1) ein Urteil (§ 116 I 1) mit kurzer Begründung, aber auch eine Wiedereröffnung der mündlichen Verhandlung (§ 104 III 2) zB iVm einem Beweisbeschluss (§ 96 I) sein. Die öffentliche Sitzung wird geschlossen. Die ehrenamtlichen Richter werden entlassen; ihnen werden Entschädigungsvordrucke überlassen (vgl. § 32). Ist ein Verkündungstermin anberaumt worden, kann der Spruchkörper in beliebiger Besetzung die Urteilsformel verlesen und, sofern Zuhörer (Beteiligte, Öffentlichkeit) anwesend sind, die Entscheidung begründen (→ § 5 Rn. 18, → § 116 Rn. 7).

Der BE fertigt, sobald er die Akten mit dem Protokoll zurückerhält, regel- **13** mäßig einen **Entscheidungsentwurf** und legt diesen den mitwirkenden Berufsrichtern vor. Nach etwaigen Korrekturen wird der Entwurf (nur) von den Berufsrichtern unterzeichnet (§ 117 I 2 und 4). Grds. binnen zwei Wochen ist das Urteil der Geschäftsstelle zu übergeben (§ 116 II), die es den Beteiligten zustellt (§ 56), das Verfahren statistisch als erledigt erfasst und dem Kostenbeamten die Akten zur weiteren Veranlassung überlässt. Nach Eingang der Zustellnachweise verfügt die Geschäftsstelle eine Wiedervorlage zum Ablauf der Rechtsmittelfrist und sendet im Fall des Eintritts der Rechtskraft beigezogene Akten an die jeweiligen Einsender zurück. Geht ein Rechtsmittel ein, wird die Akte über den Vorsitzenden/ER dem Rechtsmittelgericht übersandt (soweit nicht zuvor über eine Abhilfe zu entscheiden ist s. § 133 V 1). Wird die Entscheidung rechtskräftig, vermerkt die Geschäftsstelle die Aufbewahrungsdauer der Akte.

Andere Wege zur Beendigung eines anhängigen Verfahrens als durch End- **14** urteil oder Gerichtsbescheid sind die Klagerücknahme (§ 92), die übereinstimmende Hauptsacheerledigung (§ 161 II) oder der Vergleich (§ 106); in diesen Fällen wird das Verfahren im Beschlusswege eingestellt und (ggf.) nur noch über die Kosten entschieden.

§ 81 [Klageerhebung]

(1) ¹Die Klage ist bei dem Gericht schriftlich zu erheben. ²Bei dem Verwaltungsgericht kann sie auch zu Protokoll des Urkundsbeamten der Geschäftsstelle erhoben werden.

(2) Der Klage und allen Schriftsätzen sollen vorbehaltlich des § 55a Abs. 5 Satz 3 Abschriften für die übrigen Beteiligten beigefügt werden.

Übersicht

1   Die Vorschrift regelt beispielhaft für die Klage (aber verallgemeinerungsfähig) die Voraussetzungen für das Zustandekommen eines Prozessrechtsverhältnisses. Unter einer **Klage** versteht man einen Rechtsschutzantrag, über den das Gericht aufgrund mündlicher Verhandlung durch Urteil entscheiden muss, soweit die VwGO keine Ausnahmen zulässt (→ § 122 Rn. 1). Wesentlich hierfür ist die Schriftlichkeit der Klageerhebung bei einem Gericht im administrativen Sinne (→ § 1 Rn. 4). Sie ist nach § 81 I 1 vAw zu prüfende **Prozessvoraussetzung ieS** (→ vor §§ 40 Rn. 4 ff.). **Analog anwendbar** ist die Norm in den selbstständigen Antragsverfahren (§§ 47, 80 V, VII, 80a III, 123). Im Rechtsmittelrecht wird sie teilweise in Bezug genommen (§§ 125 I 1, 141 S. 1); § 81 I 2 gilt dort allerdings nicht. § 81 **gilt entspr.** für Schriftsätze, durch die eine für das Verfahren wesentliche Prozesshandlung vollzogen wird (sog. **bestimmende Schriftsätze**), zB den Antrag auf Wiedereinsetzung in den vorigen Stand, die Hauptsacheerledigungserklärung, die Klageänderung oder -rücknahme oder die Einwilligung in die Sprungrevision (BVerwG HFR 2008, 876; 2004, 1145; BGHZ 101, 134). Die schriftliche Erhebung der Klage führt zur **Rechtshängigkeit** (→ § 90). Zur **bedingten** Klageerhebung → Rn. 15; zur Klageerhebung im Zusammenhang mit **PKH** → Rn. 17.

2   Auch die in **unsachlicher, beleidigender** Form abgefasste Klage ist wirksam erhoben; enthält der Schriftsatz jedoch überhaupt kein erkennbares sachliches Begehren mehr, liegt weder Klage noch Rechtsmittel vor. Wird ein sachlicher Anspruch nur formal zur Entscheidung gestellt, geht es dem Kläger aber ausschließlich darum, die Beteiligten oder Dritte unter dem Deckmantel eines gerichtlichen Verfahrens zu beleidigen, so kann der Klage in Ausnahmefällen aber das RSB fehlen (BVerwG VR 1996, 287; BFHE 169, 100).

I. Schriftlichkeit der Klageerhebung

1. Grundsatz: handschriftliche Unterzeichnung

Die Klage ist bei dem **Gericht (jeder Stufe)** schriftlich zu erheben (I 1) und **3** durch die Gerichtsverwaltung an den zuständigen Spruchkörper weiterzuleiten. I 1 soll die Identifizierung des Urhebers einer Prozesshandlung ermöglichen und ausschließen, dass es sich bei einem dem Gericht zugeleiteten Schriftstück um einen nicht autorisierten Entwurf handelt. Die Unterschrift unter dem Schriftsatz belegt insofern den unbedingten Willen, die volle Verantwortung für den Inhalt des Schriftsatzes und seine Einreichung bei Gericht zu übernehmen (BVerfG NJW 2007, 3117; BGHZ 144, 160). **§ 126 I BGB** ist zwar **nicht** anwendbar (BVerwGE 81, 32; GmS-OGB BVerwGE 58, 359 (364)). Die Schriftform ist aber jedenfalls gewahrt, wenn der dieser Form bedürftige Schriftsatz mit der handschriftlichen Unterschrift einer natürlichen Person (nicht: mit dem Namenszug der Behörde oder der Firma) versehen ist. Erforderlich, aber auch genügend ist das Vorliegen eines die Identität des Unterschreibenden ausreichend kennzeichnenden Schriftzuges, der individuelle und entsprechend charakteristische Merkmale aufweist, die die Nachahmung erschweren, selbst wenn er nur flüchtig niedergelegt und von einem starken Abschleifungsprozess gekennzeichnet ist (BGH NJW-RR 2007, 351; BSG Beschl. v. 6.10.2016 – B 5 R 45/16 B). Wird eine Klageschrift von einer anderen Person als dem Kläger handschriftlich unterschrieben, genügt sie nur dann I 1, wenn diese Person wirksam zur Prozessführung bevollmächtigt ist (BVerwG Buchh 310 § 67 VwGO Nr. 117).

2. Ausnahmen von der Handschriftlichkeit

Das **Fehlen einer Unterschrift** ist ausnahmsweise **unschädlich,** wenn sich **4** aus anderen, eine Beweisaufnahme nicht erfordernden Umständen eine der Unterschrift vergleichbare Gewähr dafür ergibt, dass der Absender die Verantwortung für den Inhalt der Klageschrift übernommen und diese willentlich in den Rechtsverkehr gebracht hat (vgl. BGH NJW 2005, 2086; BVerwG NJW 2003, 1544), wobei die Anforderungen bei einem nicht anwaltlich vertretenen Kläger geringer sind.

Durch die Zulassung **moderner Telekommunikationsmittel** hat sich **5** eine umfangreiche Kasuistik herausgebildet. Allerdings ist der Umstand, dass sich die Gestaltungs- und Manipulationsmöglichkeiten für die Beteiligten und ihre Vertreter vergrößert haben, kein Grund, auf das Unterschriftserfordernis auch dann zu verzichten, wenn die Technik der Übermittlung den Verzicht nicht erfordert, und auf diese Weise zusätzlich zu den bestehenden noch weitere Manipulationsmöglichkeiten zu eröffnen (BAG NJW 2009, 3596). Das unter → Rn. 4 dargelegte Differenzierungskriterium begrenzt die Ausnahmen von der Regel der handschriftlichen Unterzeichnung auf diejenigen Fälle, in denen dem Unterschriftserfordernis tatsächlich nicht genügt werden kann (vgl. BVerfG NJW 2007, 3117).

6 **a) Beispiele.** So **genügen** dem Erfordernis der Schriftlichkeit der Klageerhebung: handschriftlich vollzogener **Beglaubigungsvermerk** (BVerwGE 91, 334); handschriftlich unterzeichnetes **Anschreiben** oder Begleitschreiben zur Klage; handschriftlich unterzeichnete **Vollmacht** (OVG NRW NVwZ 2008, 344), **Abschrift** der Klage oder des **Briefumschlags;** Ausfertigung mit Namen in Maschinenschrift, die mit einem handschriftlich unterzeichneten **Beglaubigungsvermerk** der Behörde versehen ist, auch wenn kein Dienstsiegel beigefügt ist (GmS-OGB BVerwGE 58, 359); Unterschrift durch ein Mitglied der bevollmächtigten Anwaltskanzlei für den **„nach Diktat abwesenden"** Sachbearbeiter (BVerwGE 68, 241); **Blankounterschrift** unter ein nachträglich gefertigtes Schreiben (BGH NJW 2005, 2709); handschriftlich unterzeichnetes **Protokoll** nach § 105 iVm §§ 159 ff. ZPO (BVerwG NVwZ-RR 1992, 276; BFH ZfZ 2012, 324); **Btx-Mitteilung** (BVerwG NJW 1995, 2121); **Telegramm** (BVerwGE 3, 56); **Fernschreiben** (BVerfGE 74, 228; BGHZ 97, 283); **Computerfax** mit eingescannter Unterschrift oder dem Zusatz, dass eine Unterzeichnung wegen der Übertragungsform nicht erfolgen könne (GmS-OGB NJW 2000, 2340; zweifelnd BGH NJW 2005, 2086); Telefax, soweit die Kopiervorlage unterschrieben und die Unterschrift auf dem Fax wiedergegeben wird (BGH NJW 1994, 2097); maschinenschriftliche Unterschrift des **Telefax'** mit dem Hinweis „dieses Schreiben wurde maschinell unterschrieben" oder mit Faxnummer versehen, die eine eindeutige Identifizierung des Schreibers ermöglicht (BVerwG NJW 2006, 1989). Bei **Mängeln des Empfangsgeräts** des Gerichts ist zwar kein Zugang und mithin keine Klageerhebung erfolgt; unter den Voraussetzungen des § 60 ist aber Wiedereinsetzung in den vorigen Stand zu gewähren. Zur Übermittlung eines **elektronischen Dokuments** im Übrigen → § 55a.

7 **b) Gegenbeispiele. Nicht ausreichend** sind: bloßer **Aktenvermerk** über ein telefonisch zugesprochenes Telegramm; **fernmündliche Klageerhebung** (anders ggf. mit Blick auf Art. 19 IV GG bei Eilantrag); Unterzeichnung mit **Handzeichen, Anfangsbuchstaben** oder **Paraphe** (BGH NJW 1987, 957). Ebenfalls nicht ausreichend sind – vorbehaltlich weiterer Merkmale im Einzelfall, die eine Ausnahme vom Handschriftlichkeitserfordernis rechtfertigen – das **persönliche Einbringen** einer nicht unterzeichneten Klageschrift in den Gerichtseinlauf, das Einschreiben bei nicht unterzeichneter Klageschrift (BVerwG NJW 1991, 120), der **Faksimile-Stempel** (BAG NJW 2009, 3596), die **Fotokopie der Unterschrift** auf der Urschrift (BGHZ 92, 76), die maschinenschriftliche Angabe des Vor- und Zunamens (BGHZ 101, 134; BVerwG HFR 1984, 537), der **Telebrief** (BVerwGE 77, 38), das inhaltlich **unvollständige Telefax** mit bloßem Namensstempel (BVerwG NJW 1991, 1193), die **eingescannte Unterschrift,** wenn der Schriftsatz nicht unmittelbar aus dem Computer, sondern mit Hilfe eines normalen Faxgeräts versandt wird (BGH NJW 2008, 2649; BFHE 230, 115: sogar unter Einschaltung Dritter), eine **E-Mail** ohne qualifizierte elektronische Signatur (BFHE 234,

118; mit Signatur s. § 55a) oder ein in die Akten aufgenommener Ausdruck einer per Mail übermittelten PDF-Datei, auch wenn der eingescannte Schriftsatz handschriftlich unterzeichnet ist und wenn per EGVP übermittelt wurde (BSG NJW 2017, 1197; aA BGH NJW 2015, 1527).

3. Nachholung

Die **Nachholung** der Unterzeichnung ist nach Ablauf einer Klage-/Rechts- **8** mittelfrist weder über § 82 II 1 noch über rügeloses Einlassen gem. § 173 S. 1 iVm § 295 ZPO möglich (BVerwG NJW 2003, 1544; NVwZ 1985, 34). Ggf. ist gemäß § 60 Wiedereinsetzung in den vorigen Stand zu gewähren (BGH NJW 1987, 957; BVerwG NVwZ 1985, 34).

II. Erhebung beim zuständigen Gericht

Die Klage ist beim gem. §§ 45 ff. zuständigen Gericht zu erheben. Eine **9** wirksame Klageerhebung setzt **Zugang** voraus: Die Klageschrift muss die Empfangsvorkehrungen des Gerichts (Briefkasten, Telefaxgerät, EGVP-Postfach, elektronische Aufzeichnungsgeräte iSd § 55a) erreichen; nicht erforderlich ist die Kenntnisnahme eines Bediensteten. **Fehler bei der Adressierung** und Zuleitung der Klageschrift sind differenziert zu behandeln:

1. Erhebung bei unerkannt unzuständigem Gericht

Die Klageerhebung zum unzuständigen Gericht führt dann zur Rechtshän- **10** gigkeit (§ 90), wenn die Klageschrift **bewusst** bei diesem – etwa rechtsirrig für zuständig erachteten – Gericht (gleich welchen Rechtswegs) eingereicht wird. Das Gericht ist verpflichtet, die Sache an das zuständige Gericht zu verweisen; dadurch bleiben etwaige Klagefristen gewahrt, die bei Erhebung eingehalten waren (§ 83 S. 1 bzw. § 173 S. 1 iVm § 17a II GVG; BVerwG NJW 2001, 1513).

2. Erhebung bei erkannt unzuständigem Gericht

Bei wissentlicher Erhebung bei einem unzuständigen Gericht, die sich un- **11** missverständlich aus der Klageschrift selbst ergibt, greift § 173 S. 1 iVm § 129a II 2 ZPO: Die Wirkung der Prozesshandlung tritt erst dann ein, wenn die Klage bei dem zuständigen Gericht eingeht.

Will der Absender das angerufene **Gericht** von vornherein lediglich **als** **12** **Boten** nutzen und bittet um Weiterleitung an das zuständige Gericht, fehlt es bereits an einer wirksamen Klageerhebung beim angerufenen Gericht. Die Klage wird (hier) nicht anhängig (OVG NRW NJW 2009, 2615; SSB Rn. 21).

3. Zugang bei vom Adressierungswillen abweichenden Gericht

Geht die Klage trotz Adressierung an das zuständige Gericht versehentlich bei **13** einem unzuständigen ein (sog. Fehlläufer) oder wird sie trotz Adressierung an ein unzuständiges Gericht ohne Nachfrage beim Adressaten dem zuständigen zugeleitet, ist die Klage nicht wirksam erhoben (OVG NRW NJW 1996, 334).

III. Erhebung zu Protokoll des Urkundsbeamten

14 Die Klage kann beim VG – aber auch nur dort (OVG MV NVwZ-RR 2019, 791) – zu Protokoll des Urkundsbeamten oder des hierzu bereiten Richters erhoben werden (I 2). Die Klage ist wörtlich niederzuschreiben. Ein Aktenvermerk genügt nicht. Die Niederschrift ist vorzulesen und vom Kläger zu genehmigen (vgl. § 162 I 1 ZPO). Die Klage ist aber auch dann wirksam erhoben, wenn es hieran – mit Ausnahme der Unterschrift des Urkundsbeamten – fehlt (str., vgl. SSB Rn. 10).

IV. Bedingte Klageerhebung

15 Wegen der prozessrechtlich gebotenen Klarheit über das Bestehen der Rechtshängigkeit (vgl. §§ 81 I 1, 90) ist die Klageerhebung als die das gerichtliche Verfahren einleitende Prozesshandlung **bedingungs- und vorbehaltlos** zu erklären (BVerwG NJW 1991, 508; BVerwGE 59, 302; BVerfGE 68, 132; BGHZ 99, 274; BFHE 128, 135).

16 Ob überhaupt ein Rechtsbehelf und ob er ggf. vorbehaltlos oder bedingt eingelegt worden ist, hängt von der Auslegung der Prozesshandlung ab (BVerwG NJW 1991, 508 mwN). Kann die Rechtsbehelfsschrift eines Nichtjuristen zumindest auch in der Weise ausgelegt werden, dass der vorbehalt- und bedingungslose Wille des Verfassers zur Einlegung des Rechtsbehelfs anzunehmen ist, gebietet Art. 19 IV GG (→ vor § 40 Rn. 2) diese dem Rechtsbehelfsführer günstigere Auslegung (vgl. BVerfGE 40, 272).

V. Klageerhebung und PKH

17 Wird bei Gericht gleichzeitig mit einem PKH-Gesuch ein Schriftsatz eingereicht, der allen an eine Klageschrift zu stellenden Anforderungen entspricht, wird neben dem PKH-Verfahren auch der Rechtsstreit als solcher anhängig, es sei denn, der Antragsteller stellt eindeutig klar, dass der Schriftsatz lediglich einen der Begründung des PKH-Antrags dienenden Entwurf einer erst zukünftig zu erhebenden Klage darstellt. Welche dieser Konstellationen vorliegt, ist eine Frage der Auslegung im Einzelfall. Dabei kommt es nicht auf den inneren Willen, sondern auf den in der Erklärung verkörperten Willen unter Berücksichtigung der erkennbaren Umstände des Falles an (BVerwG Buchh 310 § 166 VwGO Nr. 22).

18 Eine erforderliche Klarstellung geschieht zB dadurch, dass die Klageschrift als Entwurf oder als **„beabsichtigte Klage"** bezeichnet oder dass sie **nicht unterschrieben** wird (BVerwG HFR 2010, 188). Die Klarstellung kann auch durch die Erklärung erreicht werden, die Klage solle erst nach Bewilligung der PKH erhoben werden (ThürOVG LKV 2018, 333). Wenn der Antragsteller zusammen mit dem PKH-Gesuch Klage unter der **Bedingung** erhebt, dass PKH bewilligt wird, ist die Klageerhebung unwirksam (BVerwGE 59, 302).

Die Formulierung, es werde um Vorabentscheidung über PKH gebeten, **19** stellt einen Aspekt der jeweils notwendigen Einzelfallabwägung dar (BVerwG HFR 2010, 188; aA VGH BW DÖV 2009, 176 Ls.).

Im **Falle der PKH-Bewilligung** ist der Kläger ggf. darauf verwiesen, gem. **20** § 60 **Wiedereinsetzung** in die versäumte Klagefrist zu erlangen, was vAw erfolgen sollte (zur PKH-Beantragung in Rechtsmittelverfahren → § 133 Rn. 12). Entsprechendes gilt bei Versagung von PKH mangels Erfolgsaussicht, wenn der Kläger Wiedereinsetzung beantragt (→ § 166 Rn. 8 ff.).

VI. Beifügung von Abschriften

Der Klage und allen Schriftsätzen sollen gem. II vorbehaltlich des § 55a V 3 **21** Abschriften für die übrigen Beteiligten (§ 63) beigefügt werden. Dies gilt auch für beiliegende Schriftstücke, auf deren Inhalt zur Begründung Bezug genommen wird. Schriftsätze und Anlagen können den Beteiligten von der Gegenseite auch direkt übermittelt werden. Wird den Anforderungen des II nicht entsprochen, bleibt die Klage oder die Erklärung im bestimmenden Schriftsatz gleichwohl wirksam. Ggf. tritt die Kostenfolge des § 155 IV (vgl. auch § 28 I 2 GKG) ein.

§ 82 [Inhalt der Klageschrift]

(1) ¹Die Klage muß den Kläger, den Beklagten und den Gegenstand des Klagebegehrens bezeichnen. ²Sie soll einen bestimmten Antrag enthalten. ³Die zur Begründung dienenden Tatsachen und Beweismittel sollen angegeben, die angefochtene Verfügung und der Widerspruchsbescheid sollen in Abschrift beigefügt werden.

(2) ¹Entspricht die Klage diesen Anforderungen nicht, hat der Vorsitzende oder der nach § 21g des Gerichtsverfassungsgesetzes zuständige Berufsrichter (Berichterstatter) den Kläger zu der erforderlichen Ergänzung innerhalb einer bestimmten Frist aufzufordern. ²Er kann dem Kläger für die Ergänzung eine Frist mit ausschließender Wirkung setzen, wenn es an einem der in Absatz 1 Satz 1 genannten Erfordernisse fehlt. ³Für die Wiedereinsetzung in den vorigen Stand gilt § 60 entsprechend.

Die zwingenden Erfordernisse an den Inhalt der Klageschrift sind vAw zu **1** prüfende **Zulässigkeitsvoraussetzungen.** § 82 ist analog auf Klageänderungen, die selbstständigen Beschlussverfahren (§§ 47, 80 V, VII, 80a III, 123) sowie grds. in Rechtsmittelverfahren anwendbar. Zur **bedingten** Klageerhebung → § 81 Rn. 15.

I. Grundsätze der Auslegung

Als **Willenserklärung** ist der Inhalt der Klageschrift der Auslegung nach den **2** Grundsätzen der §§ 133, 157 BGB zugänglich (BVerwG ZOV 2018, 109). Es kommt nicht auf den inneren Willen des erklärenden Beteiligten, sondern darauf an, wie ihre prozessuale Erklärung aus objektiver Sicht nach der gegebenen Sachlage zu verstehen ist. Hierbei tritt der Wortlaut hinter Sinn und Zweck der Prozesserklärung zurück. Maßgebend ist der geäußerte Parteiwille, wie er aus der Erklärung und sonstigen Umständen erkennbar wird. Zugunsten eines anwaltlich nicht vertretenen Klägers ist ein großzügiger Maßstab anzulegen. Von ihm kann namentlich nicht erwartet werden, dass er juristische Fachbegriffe beherrscht, insbes. zwischen Widerspruch und Klage zu unterscheiden vermag, und die prozessuale Bedeutung und Tragweite von Willensbekundungen erkennt (BVerwG NJW 1991, 508). Neben dem Klageantrag und der Klagebegründung sind auch die mit der Klage vorgelegten Bescheide für die Ermittlung des Rechtsschutzziels von Bedeutung. Ergänzend ist die Interessenlage des Klägers zu berücksichtigen, soweit sie sich aus dem Beteiligtenvortrag und sonstigen für das Gericht und den Beklagten als Empfänger der Prozesserklärung erkennbaren Umständen ergibt (BVerwG Beschl. v. 17.5.2004 – 9 B 29.04). Zur Auslegung des Klagebegehrens beachte auch § 88.

II. Bezeichnung des Klägers und des Beklagten

3 Die Klage muss den Kläger und den Beklagten bezeichnen (I 1); diese Handlung kann in den Grenzen des II auch nach Ablauf der Klagefrist noch nachgeholt bzw. präzisiert werden (BVerwG HFR 1986, 150). Der Kläger ist so eindeutig zu bezeichnen, dass Verwechslungen und Unklarheiten aller Voraussicht nach nicht auftreten können und das Gericht sowie die Beteiligten aus den entsprechenden Angaben unschwer die Identität der (anderen) Beteiligten feststellen können. Zur Angabe des Beklagten reicht nach dem allgemeinen Rechtsgedanken des § 78 I Nr. 1 Hs. 2 in allen Klage- oder Antragsarten die Bezeichnung der Behörde; ist die Behörde Beklagte, reicht auch die Bezeichnung des Rechtsträgers.

3a **Falschbezeichnungen** der Beteiligten sind unschädlich, wenn im Wege – gebotener wohlwollender – Auslegung nach dem objektiven Empfängerhorizont(§§ 133, 157 BGB; vgl. OVG NRW ZNER 2016, 413) erkennbar ist, wer nach dem objektiven Sinn in welcher Rolle Beteiligter sein soll. Als Auslegungshilfe kann der Gesichtspunkt dienen, dass die Klage im Zweifel nicht gegen den falschen, sondern gegen den nach dem Inhalt der Klage objektiv zu identifizierenden richtigen Beklagten gerichtet sein soll (BVerwG Beschl. v. 8.8.2019 – 3 B 41.18; Buchh 310 § 82 VwGO Nr. 11). Dann ist lediglich das Rubrum zu berichtigen. Ist die Klage objektiv gegen einen falschen Beklagten gerichtet, ist die Klage mangels Anspruchs gegen ihn unbegründet. Zum Auswechseln des Beklagten und zur Frage, ob ein gewillkürter Beklagtenwechsel nach Ablauf der Klagefrist zur Unzulässigkeit führt → § 91 Rn. 10 f. Zur fälschlichen Abweisung als unzulässig → Vorb. §§ 40 Rn. 14a.

4 Grds. ist auch bei anwaltlicher Vertretung die **ladungsfähige Anschrift** des Klägers anzugeben (§ 173 S. 1 iVm §§ 253 IV, 130 Nr. 1 ZPO). Sie dient der hinreichenden Identifizierbarkeit des Klägers, um ihm gerichtliche Entscheidungen, Verfügungen und Schreiben zustellen und etwaige gegen ihn gerichtete Kostenforderungen durchsetzen zu können. Die Postfachangabe reicht nicht (BVerwG NJW 1999, 2608; BGH NJW 2013, 1681), auch nicht die Angabe „postlagernd" (OVG NRW Beschl. vom 19.4.2012 – 12 E 363/ 12) oder einer E-Mail-Adresse bzw. Telefonnummer (LSG BW FEVS 68, 275). Die Nichtangabe der Anschrift ist dann unschädlich, wenn sie sich aus den Verwaltungsvorgängen ergibt, bekannt ist oder sich auf andere Weise ohne Schwierigkeiten ermitteln lässt. Mit Blick auf Art. 19 IV GG entfällt die Pflicht zur Angabe der Anschrift etwa bei fehlendem Wohnsitz wegen Obdachlosigkeit oder wegen eines schutzwürdigen Geheimhaltungsinteresses, wenn dem Gericht die Gründe hierfür mitgeteilt werden (BVerwG NJW 2012, 1527), so zB wenn der um einstweiligen Rechtsschutz Nachsuchende mit Haftbefehl gesucht wird (OVG NRW Beschl. v. 13.7.2007 – 16 B 224/ 07).

III. Gegenstand des Klagebegehrens

Die Klage muss den Gegenstand des Klagebegehrens bezeichnen (I 1). Der **5** Gegenstand des Klagebegehrens ist schon dann hinreichend bezeichnet, wenn der Sachverhalt, über den das Gericht entscheiden soll, angegeben wird (BVerwG NVwZ 2017, 489). Es muss dem Gericht möglich sein, jedenfalls im Wege der Auslegung zu erkennen, in Bezug auf welchen konkreten Fall die Klage rechtshängig geworden ist bzw. um was es dem Kläger geht. Den **Streitgegenstand** im juristischen Sinn (→ § 121 Rn. 5) muss der Kläger nicht bezeichnen, da gem. II die zur Begründung dienenden Tatsachen nicht angegeben werden müssen.

IV. Antrag

Das Erfordernis eines bestimmten Klageantrags ist als bloße Sollvorschrift **6** ausgestaltet. Ihm muss aber mit der Antragstellung in der mündlichen Verhandlung genügt werden (§ 103 III). In einem bestimmten Antrag, der aus sich selbst heraus – ggf. im Wege der Auslegung (§ 88) – verständlich sein muss, sind Art und Umfang des begehrten Rechtsschutzes zu benennen. Damit wird der Streitgegenstand festgelegt (BVerwG NVwZ 2017, 489), der Rahmen der gerichtlichen Entscheidungsbefugnis abgesteckt, dem Beklagten eine präzise Verteidigung erlaubt und die Vollstreckung ermöglicht (BVerwGE 147, 312). Ein in der Klageschrift bereits enthaltener Antrag dient zunächst nur der Präzisierung des Klagebegehrens und enthält die Ankündigung eines beabsichtigten Antrags (BVerwG Beschl. v. 23.5.2013 – 9 B 46.12). Die Klage ist ggf. erst dann unzulässig, wenn ein Antrag (trotz Aufforderung des Gerichts nach § 86 III) bis zum Schluss der mündlichen Verhandlung nicht als gestellt anzusehen ist (BVerwG Buchh 406.25 § 41 BImSchG Nr. 24). Wird ohne mündliche Verhandlung entschieden (§§ 101 II, 84 I), ist das zuletzt formulierte Begehren maßgebend (vgl. OVG NRW Beschl. v. 10.8.2010 – 18 A 2928/09).

Der Antrag ist **bestimmt,** wenn das Ziel der Klage aus der Tatsache der **7** Klageerhebung allein, aus der Klagebegründung oder in Verbindung mit den während des Verfahrens abgegebenen Erklärungen hinreichend erkennbar ist (BVerwGE 23, 4; 12, 189). So muss sich der Leistungsantrag zB grds. auf einen vollstreckungsfähigen Urteilsspruch beziehen (BGH NJW 1986, 3142). Bescheidungsbegehren nach § 113 V 2 ist eine gewisse Unbestimmtheit immanent.

7a   Der auf Gewährung einer „angemessenen **Entschädigung**" lautende Klageantrag ist hinreichend bestimmt (BVerwGE 147, 312). Wird im Verwaltungsprozess unmittelbar auf Leistung eines Geldbetrages geklagt, ist die Forderung zwar grds. der Höhe nach im Klageantrag zu beziffern. Ein unbezifferter Klageantrag ist aber ausnahmsweise zulässig, wenn die Schwierigkeit, den Klageantrag hinreichend genau zu bestimmen, durch außerhalb der Klägersphäre liegende Umstände verursacht wird (vgl. BVerwG Buchh 415.1 AllgKommR Nr. 93). Das gilt zB für die Klage auf Zahlung einer Entschädigung für immaterielle Nachteile nach § 173 S. 2 iVm § 198 I, II GVG. Um das Erfordernis eines bestimmten Klageantrags in diesem Fall zu erfüllen, muss der Kläger die für die Bemessung der Höhe des Anspruchs erforderlichen Tatsachen benennen und die Größenordnung der geltend gemachten Entschädigung (etwa einen Mindestbetrag) angeben (BVerwG NVwZ-RR 2015, 641 mwN).

V. Begründung und Beifügung von VA und Widerspruchsbescheid

8   Die zur Begründung dienenden Tatsachen und Beweismittel sollen angegeben, die angefochtene Verfügung und der Widerspruchsbescheid in Abschrift beigefügt werden (I 3). Abweichend von einigen spezialgesetzlichen Regelungen muss eine Begründung nicht erfolgen (§ 18e V 1 AEG, § 74 II 1 AsylG, § 17e V 1 FStrG, § 10 V 1 LuftVG, § 29 VII 1 PBefG, § 6 S. 1 UmwRG, § 5 III 1 VerkPBG, § 14e V 1 WaStrG), ohne dass unmittelbar prozessuale Konsequenzen drohen (s. aber § 87b III). Der seine prozessuale Mitwirkungspflicht verletzende Kläger muss ggf. jedoch die Folgen tragen, wenn das Gericht bis zum Zeitpunkt der Entscheidung zB nicht erkennen kann, welcher Bescheid angefochten ist, oder wenn sich ihm mangels Spezifizierung des Vortrags eine weitere Sachverhaltsaufklärung nicht aufdrängt (→ § 86 Rn. 23).

8a   Teile der Klagebegründung können dadurch erfolgen, dass der Kläger auf andere Dokumente (Verwaltungsvorgänge) oder eigene oder fremde Ausführungen (Text, Bilder, Zeichnungen, Pläne usw.) in einem anderen Verfahren Bezug nimmt (vgl. auch NK-VwGO § 124a Rn. 115 ff.). Die Bezugnahme hat abkürzende Bedeutung, sie ersetzt ausgeschriebenen Text durch den Hinweis auf eine Fundstelle und inkorporiert deren Inhalt in den eigenen Text. Sofern es um Tatsachen und Beweismittel geht, sind Bezugnahmen nur unter strengen Voraussetzungen beachtlich: Das in Bezug genommene Dokument muss für das Gericht und die Verfahrensbeteiligten unmittelbar verfügbar sein, sich also bei den Akten befinden oder mit eingereicht werden. Die Bezugnahme muss so genau sein, dass das Gericht die inkorporierten Passagen sofort auffinden kann; pauschale Bezugnahmen, über deren Inhalt das Gericht spekulieren muss, gelten nicht als Vortrag. Schließlich muss die Klagebegründung in sich verständlich bleiben und unter Einschluss der Bezugnahmen den Anforderungen des I genügen. Zu den Anforderungen an den Vortrag von Prozessbevollmächtigten → § 67 Rn. 15. Allerdings kann eine Klage, die den Anforderungen des I 1 nur unvollständig entspricht, auch nach Ablauf der Klagefrist noch vervollständigt werden (BVerwG NJW 1993, 2824). Sind hingegen auch Klagebegründungsfristen (zB nach § 6 UmwRG) zu wahren, sind außerhalb der Frist vorgebrachte Tatsachen und Beweismittel in der Begründetheitsprüfung außer Acht zu lassen. Zulässig ist nur die Vertiefung von Vortrag, der in einem rechtzeitig eingereichten Schriftsatz bereits „hinreichend angelegt" war (BVerwG NVwZ 2019, 1202).

VI. Aufforderung zur Klageergänzung

Entspricht die Klage den Anforderungen des I nicht, ist sie zwar gleichwohl **9** wirksam iSd § 81 I erhoben; der Vorsitzende oder der BE, der zugleich der Vorsitzende sein kann, **hat** den Kläger aber gem. II zu der erforderlichen Ergänzung innerhalb einer bestimmten Frist aufzufordern (BVerwG Beschl. vom 23.5.2013 – 9 B 46.12). Fehlt es an allen Erfordernissen des I, scheidet eine Ergänzung aus (SSB Rn. 16); es handelt sich hierbei mangels erkennbaren Rechtsschutzbegehrens regelmäßig bereits um keine „Klage". Nachträglich, dh auch nach Ablauf der Klagefrist, **ergänzt** werden können der Klageantrag, die nähere Bezeichnung des Klägers und des Beklagten sowie der Gegenstand des Klagebegehrens (BVerwG NJW 1993, 2824). Einer Ergänzung bedarf es nicht, wenn schon die Auslegung zum Ziel führt. Ggf. ist das Rubrum – allerdings nicht gegen den erklärten Willen des Klägers – vAw zu berichtigen (BVerwG Buchh 310 § 82 VwGO Nr. 20).

Der Vorsitzende bzw. BE hat mittels gem. § 146 II unanfechtbarer **pro-** **10** **zessleitender Verfügung** zur (konkreten) Ergänzung aufzufordern. Ein Unterlassen ist idR folgenlos, mag aber im Fall einer Überraschungsentscheidung einen Verfahrensmangel begründen (str., vgl. SSB Rn. 18). Eine weitergehende Verpflichtung des Gerichts, zB auf rechtliche Bedenken hinzuweisen, besteht nicht (BVerwG VR 1996, 287). Die Aufforderung kann bezogen auf die Erfordernisse des I 1 mit einer konkreten, angemessenen **Fristsetzung** mit (ausdrücklich zu erklärender) ausschließender Wirkung verbunden werden (II 2). Die diesbezügliche gerichtliche Verfügung ist handschriftlich zu unterzeichnen (keine Paraphe), bedarf einer Belehrung über die Rechtsfolgen und ist zuzustellen (§ 56 I). Verstreicht diese Frist ungenutzt, ist die Klage – unheilbar – unzulässig (OVG NRW Beschl. v. 21.2.2013 – 18 B 962/12). Setzt das Gericht keine Ausschlussfrist, kann die Ergänzung auch noch nach Ablauf der Klagefrist (BVerwG NVwZ 1983, 29; SSB Rn. 11) bis zum Zeitpunkt der gerichtlichen Entscheidung erfolgen.

§ 60 **(Wiedereinsetzung in den vorigen Stand)** findet auf die richterli- **11** che Frist entsprechende Anwendung (II 3). Die Frist kann auf Antrag oder vAw vor ihrem Ablauf gem. § 57 II iVm § 224 II ZPO **verlängert** werden (SSB Rn. 19).

§ 83 [Sachliche und örtliche Zuständigkeit]

¹Für die sachliche und örtliche Zuständigkeit gelten die §§ 17 bis 17b des Gerichtsverfassungsgesetzes entsprechend. ²Beschlüsse entsprechend § 17a Abs. 2 und 3 des Gerichtsverfassungsgesetzes sind unanfechtbar.

1 § 83 will verhindern, dass der Rechtsuchende durch die Anrufung eines nach §§ 45 ff. unzuständigen Gerichts (→ § 81 Rn. 9 ff.) Nachteile erleidet, so zB Fristen (vgl. § 74) versäumt.

I. Anwendbarkeit

2 **§ 83 ist entsprechend anwendbar** in **Normenkontrollverfahren** (§ 47), in Verfahren des **vorläufigen Rechtsschutzes** nach §§ 80 V, VII, 80a III, 123 (str., wie hier BVerwG Beschl. v. 5.6.2019 – 7 VR 2.19; SSB § 80 Rn. 307, § 123 Rn. 100) und im **Vollstreckungsverfahren** (OVG NRW NVwZ-RR 2008, 70; SSB Rn. 29).

3 Im Rahmen eines **isolierten PKH-Verfahrens** ist eine Verweisung nicht möglich; §§ 17 ff. GVG sollen dazu dienen, über die Zulässigkeit des Rechtsweges bindend zu entscheiden, was im Rahmen eines PKH-Verfahrens nicht erreicht werden kann (§ 166 I 1 iVm § 114 I 1 ZPO; str., wie hier NdsOVG Beschl. v. 27.1.2015 – 4 PA 21/15; Kopp/Schenke Rn. 4; aA SSB Rn. 27).

4 Der nach dem **Geschäftsverteilungsplan** (§ 21e GVG) des angerufenen Gerichts unzuständige, aber gleichwohl versehentlich bzw. infolge Rechtsirrtums der Eingangsgeschäftsstelle zunächst mit der Sache befasste Spruchkörper verweist nicht auf der Grundlage des S. 1, sondern gibt die Sache im Einvernehmen formlos und ohne Bindungswirkung mittels Vorsitzendenverfügung oder Beschlusses an den zuständigen Spruchkörper ab; im Streitfall entscheidet das Präsidium.

II. Perpetuatio fori (S. 1 iVm § 17 I 1 GVG)

5 Die einmal gegebene Zuständigkeit des angerufenen Gerichts wird durch eine nach Rechtshängigkeit eintretende Veränderung der sie begründenden Umstände nicht berührt (sog. **perpetuatio fori**), sofern der Streitgegenstand identisch bleibt. § 17 I 1 GVG ist, wenn durch Gesetz nichts anderes bestimmt ist, auch anwendbar auf Rechtsprechungs- (BGHZ 70, 295) und Rechtsänderungen (BVerwGE 84, 3). Die Wirkungen erfassen allerdings nicht weitere Sachurteilsvoraussetzungen, nicht die materiell-rechtlichen Voraussetzungen und auch nicht den sich ggf. später anschließenden Instanzenzug (BGH NJW 1978, 889, 1260). Eine vom Vorderrichter (inzident) bejahte Zuständigkeit kann vom Rechtsmittelgericht grds. jedoch nicht mehr infrage gestellt werden (→ Rn. 15).

III. Zuständigkeitsfremde Klagegründe (S. 1 iVm § 17 II 1 GVG)

Das unter einem den Streitgegenstand bildenden Gesichtspunkt zuständige **6** Gericht ist vorbehaltlich § 17 II 2 GVG (Art. 14 III 4, 34 S. 3 GG) auch für die Entscheidung über zuständigkeitsfremde Klagegründe zuständig. Die Mitprüfung ist nur zulässig, wenn der geltend gemachte Klageanspruch gleichzeitig unter beiden rechtlichen Gesichtspunkten begründet sein könnte (Anspruchsnormenkonkurrenz), nicht aber, wenn nur entweder der eine oder der andere gegeben sein kann (alternative Klagebegründung, BVerwGE 161, 255). Die Mitprüfung schließt auch rechtswegfremde Vorfragen ein, soweit gesetzlich nicht ausdrücklich etwas anderes bestimmt ist und die an sich zuständigen Gerichte über die streitige Vorfrage nicht mit materieller Rechtskraftbindung entschieden haben (BVerwGE 151, 102). Ist für einen von mehreren in einer Klage verfolgten Streitgegenstand das Gericht nicht zuständig, ist abzutrennen (§ 93 S. 2) und das abgetrennte Verfahren zu verweisen (BVerwG NVwZ-RR 2004, 551; vgl. auch BVerwG Buchh 310 § 153 VwGO Nr. 35). Hat der Kläger einen zulässigen Rechtsweg beschritten, kann er das Klagebegehren während der Rechtshängigkeit in diesem Rechtsweg nicht anderweitig gerichtlich verfolgen (§ 17 I 2 GVG). Ruft er ein anderes Gericht an, für das ebenfalls eine Rechtswegzuständigkeit besteht, muss dieses Gericht die Klage als unzulässig abweisen. Eine Rechtswegverweisung nach § 17a II 1 GVG ist ausgeschlossen (BVerwG NVwZ 2015, 991).

IV. Bindung an die positive Feststellung der Zuständigkeit (S. 1 iVm § 17a III GVG)

Ist das Gericht zuständig, kann es dies nach § 17a III GVG vorab aussprechen; **7** es hat vorab zu entscheiden, wenn ein Beteiligter die Zuständigkeit rügt, nicht aber lediglich Zweifel vorbringt (BVerwGE 161, 164). Andere Gerichte sind an die Erklärung des Gerichts gebunden (§ 17a I GVG). Der Beschluss ist unanfechtbar (S. 2) und steht auch inhaltlich im späteren Verfahren nicht zur Überprüfung durch das Rechtsmittelgericht (→ Rn. 15).

V. Verweisung bei Unzuständigkeit

1. Verweisung an das zuständige Gericht (S. 1 iVm § 17a II 1 GVG)

Ist das Gericht unzuständig, spricht es dies für das konkrete Verfahren nach **8** **Anhörung** der Beteiligten vAw aus und verweist den Rechtsstreit zugleich an das zuständige Gericht des zulässigen Rechtsweges. Dies gilt auch noch nach Wegfall des RSB (BVerwG NVwZ RR 2016, 579). Dem Rechtsmittelgericht steht diese Kompetenz nicht zu (S. 1 iVm § 17a V GVG, BVerwG NJW 2006, 1225). Die bloße Feststellung der eigenen Unzuständigkeit ist unzulässig (BVerwG NVwZ 1995, 372).

2. Zuständigkeitsmehrheit (S. 1 iVm § 17a II 2 GVG)

9 Sind mehrere Gerichte zuständig, wird an das vom Kläger auszuwählende Gericht verwiesen oder, wenn die Wahl unterbleibt, an das vom Gericht bestimmte.

3. Bindungswirkung (S. 1 iVm § 17a II 3 GVG)

10 Der Beschluss ist für das Gericht, an das der Rechtsstreit verwiesen worden ist, hinsichtlich der in diesem Beschluss angenommenen Zuständigkeit **unabhängig davon bindend,** ob ein Beteiligter die Zuständigkeit zuvor gerügt hatte und ob die Verweisung sachlich richtig ist. Eine Vorlage dieses Gerichts nach § 53 kommt nicht mehr in Betracht (BVerwG NVwZ 1995, 372). Die Bindungswirkung bezieht sich auf das konkrete, durch den jeweiligen Streitgegenstand bestimmte Verfahren (BVerwGE 143, 335) und reicht nur so weit, wie über den Verweisungsgrund entschieden wurde. Wurde zB allein wegen örtlicher Unzuständigkeit verwiesen, kann wegen fehlender sachlicher Zuständigkeit (§§ 45 ff.) oder Nichteröffnung des Verwaltungsrechtswegs (§ 40) weiterverwiesen werden.

11 **Keine Bindungswirkung** besteht trotz S. 2, wenn der Verweisungsbeschluss offensichtlich unhaltbar ist (BVerwG Beschl. v. 14.9.2016 – 1 AV 5.16; Buchh 300 § 17a GVG Nr. 36), zB extrem gelagerte Rechtsverstöße aufweist (BVerwGE 64, 354), willkürlich (BVerwGE 79, 110), abwegig oder missbräuchlich (BVerwG NJW 1993, 3087) oder wenn die Bahnen ordnungsgemäßer Rechtsfindung – zudem unter Verkürzung des Instanzenzugs – verlassen worden sind (BVerwG NVwZ 2004, 1124; Buchh 300 § 17a GVG Nr. 16).

12 Das an eine Verweisung gebundene, aber in Wahrheit unzuständige Gericht muss auf der Grundlage seines **Verfahrensrechts** in der Sache so entscheiden, wie das an sich zuständige Gericht materiell-rechtlich hätte entscheiden müssen (BVerwG NJW 2006, 1225).

4. Verfahrensfragen, Kosten und Rechtsmittel (S. 1 iVm § 17a IV 1 und 2, § 17b I, II GVG, S. 2)

13 Der zu begründende **Beschluss** kann **ohne mündliche Verhandlung** ergehen (S. 1 iVm § 17a IV 1 und 2 GVG). Er ist im Interesse der Verfahrensbeschleunigung **unanfechtbar** (S. 2); anders verhält es sich bei der Rechtswegverweisung (§ 173 S. 1 iVm § 17a IV 3 GVG, § 146). Nach Eintritt der Rechtskraft des Verweisungsbeschlusses – mit seiner Verkündung bzw. Zustellung – wird der Rechtsstreit mit Eingang der Akten bei dem im Beschluss bezeichnten Gericht anhängig (S. 1 iVm § 17b I 1 GVG).

14 Wird der Rechtsstreit an ein anderes Gericht verwiesen, so werden die **Kosten** im Verfahren vor dem angegangenen Gericht in der dortigen abschließenden Entscheidung als Teil der Kosten behandelt, die bei dem Gericht erwachsen, an das der Rechtsstreit verwiesen wurde. Dem Kläger sind die entstandenen Mehrkosten auch dann aufzuerlegen, wenn er in der Hauptsache obsiegt (S. 1 iVm § 17b II GVG); ggf. kann aber bei Verschulden des

Beklagten zB bei falscher Rechtsbehelfsbelehrung § 155 IV Anwendung finden. Vgl. iÜ → § 41 Rn. 37.

5. Prüfungsmaßstab im Rechtsmittelverfahren (S. 1 iVm § 17a V GVG)

Das **Rechtsmittelgericht** darf die Zuständigkeit des Ausgangsgerichts, auch **15** wenn dessen Entscheidung insgesamt noch mit Rechtsmitteln anfechtbar ist, nicht mehr prüfen (vgl. BVerwG Buchh 300 § 17a GVG Nr. 21; NJW 2006, 1225), es sei denn, dass trotz Rüge nach § 17 II 3 GVG nicht vorab über die Zuständigkeit entschieden worden ist (BGHZ 119, 246; BVerwG NJW 1994, 956 und → § 41 Rn. 31).

6. Wirkungen (S. 1 iVm § 17b I 2 GVG)

Die Wirkungen der Rechtshängigkeit, insbes. gewahrte Klagefristen und **16** wirksame Prozesserklärungen, **bleiben** nach der Verweisung **bestehen** (vgl. BVerwG Buchh 310 § 153 VwGO Nr. 35). Auch gerichtliche Zwischenentscheidungen wie zB Einzelrichterübertragungsbeschlüsse behalten ihre Wirksamkeit. Die bei einem unzuständigen Gericht eingelegte Berufung ist aber wegen der zwingenden Normen des Rechtsmittelrechts nicht aufgrund einer entsprechenden Anwendung des § 17b I 2 GVG als fristwahrend eingelegt anzusehen (OVG NRW NVwZ 1997, 1235).

§ 84 [Gerichtsbescheid]

(1) ¹Das Gericht kann ohne mündliche Verhandlung durch Gerichtsbescheid entscheiden, wenn die Sache keine besonderen Schwierigkeiten tatsächlicher oder rechtlicher Art aufweist und der Sachverhalt geklärt ist. ²Die Beteiligten sind vorher zu hören. ³Die Vorschriften über Urteile gelten entsprechend.

(2) Die Beteiligten können innerhalb eines Monats nach Zustellung des Gerichtsbescheids

1. Berufung einlegen, wenn sie zugelassen worden ist (§ 124a),
2. Zulassung der Berufung oder mündliche Verhandlung beantragen; wird von beiden Rechtsbehelfen Gebrauch gemacht, findet mündliche Verhandlung statt,
3. Revision einlegen, wenn sie zugelassen worden ist,
4. Nichtzulassungsbeschwerde einlegen oder mündliche Verhandlung beantragen, wenn die Revision nicht zugelassen worden ist; wird von beiden Rechtsbehelfen Gebrauch gemacht, findet mündliche Verhandlung statt,
5. mündliche Verhandlung beantragen, wenn ein Rechtsmittel nicht gegeben ist.

(3) Der Gerichtsbescheid wirkt als Urteil; wird rechtzeitig mündliche Verhandlung beantragt, gilt er als nicht ergangen.

(4) Wird mündliche Verhandlung beantragt, kann das Gericht in dem Urteil von einer weiteren Darstellung des Tatbestandes und der Entscheidungsgründe absehen, soweit es der Begründung des Gerichtsbescheides folgt und dies in seiner Entscheidung feststellt.

Übersicht

1 Der Gerichtsbescheid (GB) dient als eigenständige Entscheidungsform neben Urteil und Beschluss der Entlastung der Gerichte bei tatsächlich und rechtlich nicht besonders schwierigen Streitigkeiten und damit der Verfahrensbeschleunigung. Entschieden wird **ohne mündliche Verhandlung** und grds. **ohne Mitwirkung der ehrenamtlichen Richter** (§§ 5 III 2, 9 III 1, 10 III). Verfassungsrechtliche Bedenken bestehen hiergegen nicht (vgl. BVerwGE 72, 59).

2 Mit Blick auf Art. 6 I 1 EMRK bedarf es ggf. einer konventionskonformen Handhabung (vgl. Roth NVwZ 1997, 657; SSB Rn. 6).

3 Der Erlass eines GB kommt in allen erstinstanzlichen Klageverfahren – auch vor dem OVG und dem BVerwG (BVerwGE 104, 27) – und über § 173 S. 2 im Rechtsschutzverfahren bei überlanger Verfahrensdauer (OVG NRW NVwZ 2013, 952) in Betracht. Er ist **ausgeschlossen** in den im Beschlusswege zu entscheidenden selbstständigen Antragsverfahren des einstweiligen Rechtsschutzes, wegen § 47 V 1 in Normenkontrollverfahren sowie gem. §§ 125 I 2, 141 S. 1 in Rechtsmittelverfahren.

I. Keine besonderen Schwierigkeiten

4 Die Sache darf – nach der Mehrheitsauffassung des zur Entscheidung berufenen Spruchkörpers bzw. des Einzelrichters – keine besonderen Schwierigkeiten tatsächlicher oder rechtlicher Art aufweisen. **Besondere Schwierigkeiten** in diesem Sinne liegen nur vor, wenn durch die Sache – gemessen am Spruchkörperdurchschnitt – überdurchschnittliche, das normale Maß erheblich übersteigende Schwierigkeiten aufgeworfen sind, die in mündlicher Verhandlung besprochen werden müssen. Der Begriff ist insofern mit demjenigen in § 6 I 1 Nr. 1 nicht völlig identisch (→ § 6 Rn. 6; aA SSB Rn. 14). Sachen mit **grundsätzlicher Bedeutung** oder die zur **Divergenz** Anlass geben, werden regelmäßig auch besondere Schwierigkeiten aufwerfen; selbst wenn dies nicht der Fall sein sollte, sollte dies bei der Ermessensentscheidung, einen GB zu erlassen, berücksichtigt werden (→ Rn. 13; SSB Rn. 17).

II. Geklärter Sachverhalt

Der Sachverhalt muss **geklärt** sein, was der Fall ist, wenn nach dem Vortrag **5** der Beteiligten und ggf. unter Auswertung der Verwaltungsvorgänge oder nach Durchführung einer Beweisaufnahme keine vernünftigen Zweifel an dem der Entscheidung zugrunde zu legenden Sachverhalt bestehen. Es dürfen keine Anhaltspunkte dafür bestehen, dass sich nach der Durchführung einer (ggf. weiteren) mündlichen Verhandlung der Sachverhalt anders darstellen könnte (Kopp/Schenke Rn. 9; SSB Rn. 18).

III. Anhörung

Alle Beteiligten (§ 63) sind vor Erlass des GB durch den Vorsitzenden oder **6** den BE (§ 87 I) zu hören (I 2). Ihrer Zustimmung bedarf es nicht (BVerwG Beschl. v. 11.7.2019 – 3 B 50.18).

1. Inhalt

Hierzu ist erforderlich, dass ihnen mitgeteilt wird, dass das Gericht in dem **7** konkreten Fall eine Entscheidung durch GB beabsichtigt (**Anhörungsmitteilung**). Eine formularmäßige Mitteilung ohne Fallbezug reicht nicht (stRspr, vgl. BVerwG NJW 1988, 1280; DVBl 1991, 156). Die Rechtsauffassung des Gerichts muss nicht mitgeteilt werden (BVerfGE 74, 1); es mag im Einzelfall aber empfehlenswert sein, so zu verfahren, um das entfallende Rechtsgespräch der mündlichen Verhandlung zu ersetzen.

2. Fristsetzung

Den Beteiligten ist unter Setzung einer **angemessenen** Frist (BVerwG **8** NVwZ-RR 1994, 362) Gelegenheit zur Stellungnahme zur beabsichtigten Verfahrensweise zu geben. Die Frist kann verlängert werden (§ 57 II iVm § 224 II ZPO); kann anders rechtliches Gehör nicht gewährt werden, ist sie zu verlängern. Vor Ablauf der Frist oder vor der Entscheidung über einen Verlängerungsantrag darf der GB nicht ergehen (BVerwGE 88, 9; BVerwG NVwZ-RR 1998, 783). Eine Ausnahme gilt, wenn vor Fristablauf offensichtlich abschließende Stellungnahmen aller Beteiligten eingegangen sind oder sie von einer Stellungnahme ausdrücklich Abstand genommen haben. Stellungnahmen, die nach Ablauf der Frist, aber vor Hinausgabe der ersten GB-Ausfertigung in den Postgang zum Zweck der Zustellung eingehen, sind mangels Präklusionswirkung des I 2 zu berücksichtigen (VGH BW NVwZ-RR 1992, 152).

3. Verfahren

9 Die Anhörung kann **mündlich** in einem Erörterungstermin (§ 87 I 2 Nr. 1) erfolgen; dies ist im Protokoll (§ 105) festzuhalten. Ergeht die Anhörungsmitteilung **schriftlich,** ist sie handschriftlich zu **unterzeichnen** (OVG NRW NVwZ-RR 1997, 760; keine Paraphe), gem. § 56 **zuzustellen** und jedenfalls bei einem nicht anwaltlich Vertretenen mit dem **Hinweis** zu verbinden, dass bei Entscheidung durch GB eine mündliche Verhandlung nicht stattfinden (BVerwG NJW 1980, 1810) und ggf. einem gestellten **Beweisantrag** nicht durch Beweisbeschluss nachgegangen werden wird (BVerwG NVwZ 1992, 890). Auf die Rechtsmittel gegen den später ergehenden GB muss bei der Anhörung nicht hingewiesen werden.

10 Das Anhörungserfordernis ist mit der **formgerechten Übersendung** der Anhörungsmitteilung erfüllt. Der Stellungnahme der Beteiligten oder gar ihrer Zustimmung bedarf es nicht.

4. Wiederholung

11 Die Anhörung ist zu **wiederholen,** wenn sich die Prozesssituation seit dem Ergehen der ersten Anhörungsmitteilung zB durch Ergänzung des Sachvortrags oder Stellung von substanziierten Beweisanträgen (nicht: vorsorgliche Beweisanträge oder Beweisermittlungsanträge) wesentlich geändert hat (BVerwG NVwZ-RR 1993, 165). Bloßer Zeitablauf nötigt nicht zur erneuten Anhörung.

IV. Entscheidungsermessen

12 Liegen die Voraussetzungen für den Erlass eines GB vor, **kann** das Gericht auf diese Weise über die Klage entscheiden, muss es aber nicht. Der mit einfacher Mehrheit zu fassende, jederzeit formlos revidierbare **Entschluss des Gerichts** zur Entscheidung durch GB bedarf nicht der Beschlussform und ist nicht anfechtbar (§ 146 II). Die Gründe, die das Gericht hierzu veranlasst haben, sind im GB knapp darzulegen; die Ausführungen beschränken sich regelmäßig zulässiger Weise auf die Formel, es lägen die Voraussetzungen des § 84 I 1 vor (str., wie hier SSB Rn. 30 mwN).

13 Im Rahmen des dem Gericht zustehenden Ermessens sollte bei Sachen mit grundsätzlicher Bedeutung oder bei solchen, die zur Divergenz Anlass geben, vom Erlass eines GB abgesehen werden, auch wenn sie nach Auffassung des Gerichts keine besonderen Schwierigkeiten aufwerfen. Ist absehbar oder bereits angekündigt, dass der Unterliegende ohnehin mündliche Verhandlung beantragen wird (§ 124 II Nr. 2), macht der Erlass eines GB lediglich insoweit Sinn, dass den Beteiligten die Rechtsauffassung des Gerichts vor einer mündlichen Verhandlung bereits bekannt ist.

V. Besetzung des Gerichts

14 Die **Richterbank** ist wegen der entsprechenden Anwendung der Urteilsvorschriften (I 3) wie in der mündlichen Verhandlung besetzt: Die Kammern entscheiden – sofern nicht der Einzelrichter nach § 6 I bzw. der konsentierte Einzelrichter nach § 87a II, III zuständig ist (vgl. BVerwGE 111, 69) – mit drei Berufsrichtern, allerdings ohne ehrenamtliche Richter (§ 5 III 2), die OVG in erstinstanzlichen Verfahren (§ 48) nach Maßgabe des Landesrechts mit drei oder fünf Richtern sowie mit oder ohne ehrenamtliche Richter (→ § 9 Rn. 4, vgl. OVG NRW NVwZ 2013, 952) und das BVerwG mit fünf Berufsrichtern (→ § 10 Rn. 3).

VI. Absetzung, Wirkungen

Die Vorschriften über Urteile (§§ 116 ff.) gelten gem. I 3 entsprechend, **15** soweit § 84 keine Abweichungen vorsieht.

1. Absetzung des Gerichtsbescheids

Der GB wird formal wie ein Urteil aufgebaut (§ 117), ergeht also insbes. „Im **16** Namen des Volkes", wird regelmäßig im Umlaufverfahren von den beteiligten Richtern unterzeichnet und entsprechend § 116 III bzw. gem. § 56 I zugestellt.

2. Wirkungen des Gerichtsbescheids

Der GB **wirkt als Urteil** (III, 1. Hs.). Er kann auch in der Form des Teil-, **17** Grund- oder Zwischen-GB ergehen. Er ist gem. § 121 der materiellen Rechtskraft fähig und Vollstreckungstitel iSd § 168 I Nr. 1.

Wird rechtzeitig **mündliche Verhandlung beantragt** (II Nr. 2, 4, 5), gilt **18** er gem. III, 2. Hs. als **nicht ergangen.** Die zuvor eingetretene Bindungswirkung (§ 173 S. 1 iVm § 318 ZPO) ist wieder beseitigt. In diesem Fall ist nach Durchführung der mündlichen Verhandlung bzw. auf der Grundlage des § 101 II ohne eine solche durch Urteil (zur etwaigen Beschlussform vgl. BVerwG ZOV 2017, 155) zu entscheiden, auch wenn der (nicht mehr existente) GB in der Sache bestätigt werden sollte. Der Entscheidungsausspruch wird in diesem Falle wiederholt (SSB Rn. 38). Der nochmalige Erlass eines GB ist regelmäßig ausgeschlossen (str., vgl. SSB Rn. 39).

Wird der **Antrag auf mündliche Verhandlung zurückgenommen,** was zulässigerweise auch noch in der mündlichen Verhandlung erfolgen kann (SSB Rn. 42; Kopp/Schenke Rn. 38), lebt der GB wieder auf und wird unmittelbar rechtskräftig; der Erlass eines deklaratorischen Beschlusses (ohne Kostenentscheidung) dürfte der Rechtsklarheit dienen: „Das Verfahren ist durch die Rücknahme des Antrags auf mündliche Verhandlung beendet. Der Gerichtsbescheid vom 10.10.2020 ist hiermit rechtskräftig". Nimmt der Kläger dagegen die Klage zurück oder wird der Rechtsstreit in der Hauptsache für erledigt erklärt, beendet dies das gesamte Verfahren. Das Verfahren wird (deklaratorisch) durch Beschluss eingestellt, über die Kostenverteilung entschieden und die Wirkungslosigkeit des GB gemäß § 173 S. 1 iVm § 269 III 1 ZPO erklärt (→ § 92 Rn. 31 ff., § 161 Rn. 27).

3. Erleichterte Absetzung eines nachfolgenden Urteils

19 Wird mündliche Verhandlung beantragt, kann das Gericht in dem Urteil von einer **weiteren Darstellung** des Tatbestandes und der Entscheidungsgründe **absehen,** soweit es der Begründung des GB folgt und dies in seiner Entscheidung feststellt (IV). Die Norm ist an §§ 117 V, 130b angelehnt und erleichtert die Abfassung des Urteils (vgl. § 117 II, III). Auf diese Weise kann es zulässiger Weise zu Kettenbezugnahmen kommen (OVG NRW Beschl. v. 3.12.2018 – 4 A 4445/18.A). IV entbindet das Gericht jedoch nicht davon, die gegen die Begründung des GB vorgetragenen Argumente in Erwägung zu ziehen und ggf. in den Entscheidungsgründen zu verarbeiten (BVerwG Beschl. v. 23.7.2002 – 7 B 53.02).

VII. Rechtsbehelfe

20 Binnen eines Monats nach Zustellung des GB stehen den Beteiligten die in II bezeichneten Rechtsbehelfe zu. § 78 VII AsylG verkürzt für den Asylprozess die Einlegungsfrist auf zwei Wochen. Wird ein Rechtsmittel **verspätet** eingelegt, ist nach den für dieses Rechtsmittel maßgeblichen Vorschriften zu entscheiden. Wird allerdings verspätet mündliche Verhandlung beantragt, ist diese durchzuführen und durch Urteil festzustellen, dass das Verfahren durch den GB beendet worden ist (str., wie hier SSB Rn. 43; Kopp/Schenke Rn. 39).

1. Zugelassene Berufung (II Nr. 1)

21 Lässt das VG im GB die Berufung zu (§ 124a I 1), kann Berufung eingelegt werden. Analog II Nr. 2 kann aber auch für diesen Fall mündliche Verhandlung beantragt werden (vgl. Kopp/Schenke Rn. 33a).

2. Zulassung der Berufung oder mündliche Verhandlung (II Nr. 2)

22 Lässt das VG im GB die Berufung nicht zu, kann wahlweise die Zulassung der Berufung (§ 124a IV 1) oder mündliche Verhandlung beantragt werden. Der Antrag auf mündliche Verhandlung bedarf keiner Begründung. Wird von einem oder mehreren Beteiligten von einem oder beiden Rechtsbehelfen Gebrauch gemacht, findet mündliche Verhandlung statt, sofern in der Folge nicht einverständlich hierauf verzichtet wird (§ 101 II). Die Erklärung über den Rechtsbehelf ist nach den allgemeinen Grundsätzen **auszulegen; im Zweifel** ist der weitergehende Rechtsbehelf der mündlichen Verhandlung anzunehmen. Ein zugleich oder von einem anderen Beteiligten gestellter Zulassungsantrag wird gegenstandslos (SSB Rn. 34).

23 Das mit II Nr. 2 eingeräumte Wahlrecht reduziert sich bei der Rüge, das VG habe den Anspruch auf rechtliches Gehör versagt, auf den Antrag auf mündliche Verhandlung. Verzichtet der Kläger auf Rechtsbehelf, ist er im Rechtsmittelverfahren mit seiner Rüge der Verletzung rechtlichen Gehörs ausgeschlossen (vgl. BVerwG NVwZ-RR 2003, 902; OVG NRW Beschl. v. 28.1.2019 – 10 A 4776/18).

3. Zugelassene Revision (II Nr. 3)

Lässt das VG im GB die Revision zu (§§ 134, 135), kann Revision eingelegt **24** werden. Analog II Nrn. 2 und 4 kann auch für diesen Fall mündliche Verhandlung beantragt werden (→ Rn. 22, 25).

4. Nichtzulassungsbeschwerde oder mündliche Verhandlung (II Nr. 4)

Wird die Revision im GB nicht zugelassen, kann Nichtzulassungsbeschwerde **25** (§ 133) eingelegt oder mündliche Verhandlung beantragt werden. Wird **von beiden Rechtsbehelfen** Gebrauch gemacht, findet mündliche Verhandlung statt. Entscheiden sich die Beteiligten für eine **Nichtzulassungsbeschwerde,** müssen sie sich auf die vom VG festgestellte Tatsachengrundlage einlassen (§ 137 II; BVerwG Beschl. v. 11.1.2006 – 7 B 70.05). Das zu II Nr. 2 Ausgeführte (→ Rn. 22 f.) gilt iÜ entsprechend. Auch hier ist zu beachten: Kann mündliche Verhandlung beantragt werden, kann ein Verfahrensfehler nach § 132 II Nr. 3 nicht mit Erfolg geltend gemacht werden (BVerwG Beschl. v. 11.7.2019 – 3 B 50.18; ZOV 2016, 74).

5. Mündliche Verhandlung (II Nr. 5)

Ist **kein Rechtsmittel** gegen den GB gegeben (zB erstinstanzliche Zuständig- **26** keit des BVerwG oder Fall des § 78 I AsylG), kann mündliche Verhandlung beantragt werden.

§ 85 [Zustellung der Klage]

¹ **Der Vorsitzende verfügt die Zustellung der Klage an den Beklagten.** ² **Zugleich mit der Zustellung ist der Beklagte aufzufordern, sich schriftlich zu äußern; § 81 Abs. 1 Satz 2 gilt entsprechend.** ³ **Hierfür kann eine Frist gesetzt werden.**

Der Vorsitzende verfügt die **Zustellung** (§ 56) der Klage(schrift) an den **1** Beklagten (S. 1). In der Praxis überträgt er dies regelmäßig dem zuständigen (→ § 4 Rn. 4) Berichterstatter. Zugleich mit der Zustellung ist der Beklagte aufzufordern, sich schriftlich zu äußern (S. 2) und seine Verwaltungsvorgänge (§ 99 I 1) vorzulegen. Die weitere Pflicht, die Erwiderung mit einer ausreichenden Zahl von **Abschriften** für die übrigen Beteiligten vorzulegen, ergibt sich aus § 173 S. 1 iVm § 133 I ZPO bzw. analog § 81 II.

Die Klageerwiderung kann auch **zu Protokoll** des Urkundsbeamten der **2, 3** Geschäftsstelle abgegeben werden (S. 2 iVm § 81 I 2). Für die Abgabe der Klageerwiderung kann eine **Frist** gesetzt werden (S. 3), die jederzeit verlängert werden kann und deren Verstreichenlassen keine Konsequenzen hat (s. aber § 87b II, III).

§ 86 [Untersuchungsgrundsatz, Aufklärungspflicht, vorbereitende Schriftsätze]

(1) [1]Das Gericht erforscht den Sachverhalt von Amts wegen; die Beteiligten sind dabei heranzuziehen. [2]Es ist an das Vorbringen und an die Beweisanträge der Beteiligten nicht gebunden.

(2) Ein in der mündlichen Verhandlung gestellter Beweisantrag kann nur durch einen Gerichtsbeschluß, der zu begründen ist, abgelehnt werden.

(3) Der Vorsitzende hat darauf hinzuwirken, daß Formfehler beseitigt, unklare Anträge erläutert, sachdienliche Anträge gestellt, ungenügende tatsächliche Angaben ergänzt, ferner alle für die Feststellung und Beurteilung des Sachverhalts wesentlichen Erklärungen abgegeben werden.

(4) [1]Die Beteiligten sollen zur Vorbereitung der mündlichen Verhandlung Schriftsätze einreichen. [2]Hierzu kann sie der Vorsitzende unter Fristsetzung auffordern. [3]Die Schriftsätze sind den Beteiligten von Amts wegen zu übermitteln.

(5) [1]Den Schriftsätzen sind die Urkunden oder elektronischen Dokumente, auf die Bezug genommen wird, in Abschrift ganz oder im Auszug beizufügen. [2]Sind die Urkunden oder elektronischen Dokumente dem Gegner bereits bekannt oder sehr umfangreich, so genügt die genaue Bezeichnung mit dem Anerbieten, Einsicht bei Gericht zu gewähren.

Übersicht

I. Amtsermittlungspflicht

1. Grundsätze

Nach I 1 erforscht das Tatsachengericht den Sachverhalt vAw, um die Grund- **1**
lage für die richterliche Überzeugungsbildung zu erhalten (§ 108 I 1). Der
verfahrensrechtlichen Sachaufklärungspflicht kommt zT verfassungsrechtliches
Gewicht zu (BVerfG NVwZ-RR 2019, 209; NVwZ 2018, 318, 1390; 2013,
500). Die Grundsätze der Tatsachenermittlung gelten gem. § 137 II in unionsrechtlich nicht zu beanstandender Weise nicht für das Revisionsgericht
(BVerwG NVwZ 2013, 733). Von der Amtsermittlungspflicht unberührt
bleibt die Kompetenz des Gerichts, die Sache (zunächst) an den Güterichter
zu verweisen (§ 173 S. 1 iVm § 278 V ZPO → § 173 Rn. 9a f.) oder eine
Mediation vorzuschlagen (§ 173 S. 1 iVm 278a ZPO → § 173 Rn. 9c f.).

I ist keine Ermächtigungsgrundlage für Eingriffe (BVerwGE 142, 234), **1a**
weist dem Tatsachengericht aber folgende Aufgabe zu: Der Sachverhalt ist
erschöpfend so weit aufzuklären, wie sich dem Gericht auf der Grundlage
seiner Rechtsauffassung eine Sachverhaltsaufklärung von Amts wegen aufdrängt. Eine sachgerechte Handhabung dieses Grundsatzes hat zwar unter
dem Gesichtspunkt der Gewaltenteilung und der Prozessökonomie zu erfolgen. Dies enthebt das Tatsachengericht aber nicht von der Verpflichtung,
hinreichend konkret dargelegten Einwänden eines Beteiligten nachzugehen
und den Sachverhalt – gegebenenfalls auch unter Mitwirkung der Beteiligten
– weiter aufzuklären, sofern dies für die Entscheidung des Rechtsstreits
erforderlich ist (BVerwGE 161, 1; Buchh 239.1 § 36 BeamtVG Nr. 3;
NVwZ-RR 2015, 416). Stößt die gerichtliche Kontrolle allerdings nach
weitestmöglicher Aufklärung an die Grenze des Erkenntnisstandes zB naturschutzfachlicher Wissenschaft und Praxis, zwingt Art. 19 IV GG das Gericht
nicht zu weiteren Ermittlungen, sondern erlaubt ihm, seiner Entscheidung
insoweit die plausible Einschätzung der Behörde zu der fachlichen Frage
zugrunde zu legen (BVerfGE 149, 407).

Das Tatsachengericht bestimmt hierbei den **Umfang der Beweisaufnah- 2**
me und die **Art der Beweismittel** nach seinem **Ermessen.** Es hat die freie
Wahl, welcher (förmlichen oder nichtförmlichen) Beweismittel es sich zur
Aufklärung des entscheidungserheblichen Sachverhalts bedienen will
(BVerwG Beschl. v. 18.8.2009 – 8 B 60.09), um die Sache **spruchreif** zu
machen (BVerwG NVwZ 2009, 253, 1369; → § 113 Rn. 6). Beweisanträge
der Beteiligten bedarf es hierfür nicht (I 2). An das Unterlassen von Beweisanträgen sind allerdings ggf. Konsequenzen für den Erfolg eines Rechtsmittels
geknüpft (→ Rn. 22).

Das Tatsachengericht hat ebenso grds. nach **pflichtgemäßem Ermessen 3**
zu entscheiden, ob es **sich selbst** die für die **Aufklärung und Würdigung**

des Sachverhalts erforderliche **Sachkunde** zutraut (BVerwG NVwZ 2009, 329). Die Beurteilung der **Glaubwürdigkeit vernommener Zeugen** sowie der **Glaubhaftigkeit** ihrer Aussagen ist ureigene tatrichterliche Aufgabe. Ausnahmen kommen bei Anhaltspunkten zB für das Vorliegen einer die Wahrnehmungsfähigkeit beeinträchtigenden Erkrankung in Betracht, deren mögliche Auswirkungen auf die Aussagetüchtigkeit eines Zeugen spezifisches Fachwissen erfordert, das nicht Allgemeingut von Richtern ist (BVerwG Beschl. v. 17.7.2019 – 2 B 13.19).

4 Das Ermessen **überschreitet** das Gericht erst dann, wenn es eine ihm unmöglich zur Verfügung stehende Sachkunde in Anspruch nimmt oder sich in einer Frage für sachkundig hält, in der seine Sachkunde ernstlich zweifelhaft ist, ohne darzulegen, dass ihm das erforderliche Wissen in genügendem Maße zur Verfügung steht, oder wenn die Entscheidungsgründe sonst auf eine mangelnde Sachkunde schließen lassen (BVerwG REE 2018, 172; BFH NV 2019, 39). Für **medizinische Fachfragen** gibt es keine eigene, nicht durch entsprechende medizinische Auskünfte und Sachverständigengutachten vermittelte Sachkunde des Richters (BVerwG IÖD 2014, 100). Es kann sie aber ggf. haben, wenn jedenfalls eines seiner – auch ehrenamtlichen – Mitglieder über die nötige Sachkenntnis verfügt (BVerwG NVwZ 2006, 458).

5 Einen **Akt rechtlicher Bewertung** kann das Gericht nicht delegieren (BVerwG Grundeigentum 2009, 663). Die rechtliche Sachkunde – auch in Bezug auf EU-Recht – muss das Gericht selbst haben, bzw. sich durch Eigenstudium verschaffen.

6 Zur Verfahrensweise bei der **Anwendung ausländischen Rechts** vgl. BVerwG Beschl. v. 5.3.2018 – 1 B 155.17; SSB Rn. 32.

2. Grenze der Amtsermittlungspflicht

7 Während eine ggf. unzureichende Ausstattung des Gerichts der Amtsermittlungspflicht keine zulässige Grenze zieht (BVerwGE 162, 331), gibt es anzuerkennende Grenzen:

8 **a) Kein Anlass zur Sachaufklärung.** Die Pflicht der Tatsachengerichte zur Aufklärung des Sachverhalts findet ihre **Grenze** dort, wo das Klagevorbringen keinen tatsächlichen Anlass zu weiterer Sachverhaltsaufklärung bietet (BVerwGE 145, 354). Wirkt der Beteiligte nicht in der ihm obliegenden Weise mit, endet auch die Amtsaufklärungspflicht des Gerichts (vgl. BVerwG Buchh 448.0 § 12 WPflG Nr. 207; BVerwGE 66, 237; → Rn. 23). Die Aufklärungspflicht verlangt überdies nicht, dass ein Gericht Ermittlungen zu Tatsachen anstellt, die nach seinem materiell-rechtlichen Rechtsstandpunkt für den Ausgang des Rechtsstreits unerheblich ist (BVerwG NVwZ 2015, 439).

9 Ein solcher tatsächlicher Anlass besteht zB im Prozess um die Zurückstellung vom Wehrdienst dann nicht, wenn der Kläger seine Gründe für die Zurückstellung nicht unter Angabe genauer Einzelheiten in schlüssiger Form vorträgt (BVerwG Buchh 448.0 § 12 WPflG Nr. 207). Dasselbe gilt für das individuelle Verfolgungsschicksal des um Asyl Nachsuchenden (vgl. § 74 II 1 AsylG).

b) Offenkundige Tatsachen ua. Keiner weitergehenden Aufklärung bedürfen **offenkundige** oder **allgemeinkundige Tatsachen** (§ 173 S. 1 iVm § 291 ZPO; BVerwGE 31, 212). **10**

Der **Topos der allgemeinen Lebenserfahrung** beschreibt die Wahrscheinlichkeit bestimmter Tatsachen einschließlich ihrer Ursachen- und Wirkungszusammenhänge. Diese Wahrscheinlichkeit kann sich so stark verdichten, dass Erfahrungssätze nicht nur auf eine bestimmte Tatsachenfeststellung hinführen, sondern – wenngleich sie weder zu einer Umkehr der Beweislast führen noch das Gericht von der Pflicht zur Amtsermittlung entbinden – selbst zum Maßstab richterlicher Überzeugung werden (BVerwG Beschl. v. 31.1.2018 – 9 B 11.17). Dies führt auf den **Anscheinsbeweis:** Hierfür muss die nachzuweisende Tatsache auf einen typischen Sachverhalt gestützt werden können, der aufgrund allgemeinen Erfahrungswissens zu dem Schluss berechtigt, dass die Tatsache vorliegt. Zudem dürfen keine tatsächlichen Umstände gegeben sein, die ein atypisches Geschehen im Einzelfall ernsthaft möglich erscheinen lassen (BVerwG NJW 2018, 1896). **11**

Tatsächliche Vermutungen greifen dort, wo sich Geschehensabläufe nicht aufklären lassen. Voraussetzung für eine solche Annahme ist ein Sachverhalt, der nach dem Lebenserfahrung regelmäßig auf einen bestimmten Verlauf hinweist und es rechtfertigt, die besonderen Umstände des einzelnen Falles in ihrer Bedeutung zurücktreten zu lassen. Der tatsächlichen Vermutung liegen Ereignisse zugrunde, die serienmäßig typisch gleich laufen. Der typische Charakter des Geschehensablaufs kann sich aus der allgemeinen Lebenserfahrung, aus sonst offenkundigen Tatsachen einschließlich der historischen Tatsachen oder aus speziellem Erfahrungswissen ergeben (BVerwG ZOV 2008, 216). **12**

c) Bindungswirkungen. Bindungswirkungen schließen eine Verpflichtung zur (erneuten) Aufklärung des Sachverhalts aus. So ist das Gericht an rechtskräftige Entscheidungen (§ 121) und eigene End- und Zwischenurteile gebunden (§ 173 S. 1 iVm § 318 ZPO). Eine **förmliche Bindung** des Gerichts an Tatsachenfeststellungen in straf- oder zivilgerichtlichen Urteilen besteht nicht, solange und soweit der Gesetzgeber dies nicht wie ZB in § 190 S. 2 StGB oder § 14 II BDG ausdrücklich anordnet (BVerwG NJW 2017, 2295). Das Gericht kann die tatsächlichen Feststellungen in den ebenfalls vom Amtsermittlungsgrundsatz geprägten strafrechtlichen Urteilen seiner Entscheidung jedoch ohne weitere Nachprüfung zugrunde legen, soweit sich nicht (insbes. aus dem Beteiligtenvortrag) gewichtige Anhaltspunkte für die Unrichtigkeit solcher Feststellungen ergeben (BVerwG NJW 2003, 913). **13**

Bindungen an im Verwaltungsverfahren getroffene Feststellungen und Wertungen bestehen grds. nicht (BVerfGE 84, 34; zur tatbestandlichen Bindungswirkung von VA vgl. Schroeder DÖV 2009, 217). **14**

d) Keine ungefragte Fehlersuche. Eine sachgerechte Handhabung des Amtsermittlungsgrundsatzes verlangt dem Gericht auch **keine „ungefragte" Fehlersuche** ab (BVerwGE 116, 188; vgl. hierzu auch Arntz DVBl 2008, 78 und → § 40 Rn. 105). Das Gericht ist nicht verpflichtet, in nicht durch entsprechendes Vorbringen oder andere konkrete Anhaltspunkte veranlasste **15**

Nachforschungen darüber einzutreten, ob vielleicht irgendein bisher nicht entdeckter Umstand auf die Rechtmäßigkeit des zu beurteilenden Verwaltungshandelns von Einfluss sein könnte (BVerwG Beschl. v. 28.6.2018 – 2 B 57.17). Das gilt insbes. im Fall einer **inzidenten Satzungskontrolle,** wenn der Kläger Bedenken gegen die Wirksamkeit der Satzung nicht erhoben hat (BVerwG Buchh 310 § 128a VwGO Nr. 2; NVwZ 2007, 223). Im Vordergrund der Überlegungen des Gerichts sollte daher stets der Rechtsschutzgedanke stehen: Eine „ungefragte" Fehlersuche, die das eigentliche Rechtsschutzbegehren des Klägers aus dem Auge verliert, ist im Zweifel auch nicht sachgerecht (BVerwGE 116, 188; vgl. auch Ossenbühl, FS Redeker, S. 55 ff.).

16 **e) Folgen der Nichtaufklärbarkeit.** Wenn alle in Betracht kommenden Aufklärungsmöglichkeiten ausgeschöpft sind, ohne dass bestimmte entscheidungserhebliche Tatsachen zur Überzeugung des Gerichts feststehen, der Sachverhalt also nicht ausreichend erforscht ist, aber auch nicht weiter erforscht werden kann, hat das Gericht eine **Nachweislastentscheidung** zu treffen. Diese Problematik ist keine solche des § 86 I, sondern des § 108 (vgl. BVerwG HFR 2008, 286; → § 108 Rn. 14). Dasselbe gilt, wenn in einem **Zwischenverfahren nach § 99 II** festgestellt wird, dass die Verweigerung einer Aktenvorlage rechtmäßig ist. Der durch die Sperrerklärung verursachte Beweisnotstand ist unter Berücksichtigung der gesetzlichen Verteilung der materiellen Beweislast angemessen zu würdigen (BVerwGE 131, 171).

3. Aufklärungsmittel

17 Das klassische Instrument der Sachverhaltsaufklärung ist die **Beweisaufnahme** (§ 98). §§ 358 bis 444 und 450 bis 494 ZPO finden grds. entsprechende Anwendung. Die Amtsermittlungspflicht hat zur Folge, dass das Tatsachengericht – auch ohne dass ein Beweisantrag gestellt worden ist – Beweis zu erheben hat, wenn sich ihm eine weitere Sachverhaltsermittlung vAw aufdrängt (BVerwGE 131, 186; zur Ablehnung von Beweisanträgen der Beteiligten → Rn. 27). Neben der Erhebung klassischer Beweise kommt **jede weitere mögliche Erkenntnismethode,** wie zB die Einsichtnahme in Verwaltungsvorgänge oder die Einholung amtlicher Auskünfte (**auch von ausländischen Behörden,** BVerwGE 161 , 1), in Betracht.

18 Erstes Erkenntnismittel der gerichtlichen Praxis sind die **Verwaltungsvorgänge** der Behörde. Das Gericht kann grds. Akten aller Art beiziehen (§ 99 I) und zur Grundlage seiner Entscheidung machen. Zu diesem Zweck sind die Beteiligten von den Aktenanforderungen zu unterrichten und die Akten zum Gegenstand der mündlichen Verhandlung zu machen (§ 103 II). Die mündliche Verhandlung erstreckt sich sodann im Zweifel auf den Inhalt der gesamten bis zum Termin angefallenen Akten, unabhängig davon, ob und inwieweit einzelne Unterlagen in der mündlichen Verhandlung tatsächlich erörtert worden sind (BVerwG Beschl. v. 18.8.2009 – 8 B 60.09). Wurde in einem **Zwischenverfahren nach § 99 II** endgültig festgestellt, dass die Verweigerung einer Aktenvorlage rechtmäßig ist, hat das Gericht der Hauptsache die ihm verbleibenden Möglichkeiten der Sachaufklärung auf andere Weise vollständig auszuschöpfen (BVerwGE 131, 171) und sodann eine Beweislastentscheidung zu treffen (BVerwG NVwZ 2017, 232).

Auskünfte von ausländischen Behörden (BVerwGE 161, 1), **amtliche** 19 **Auskünfte** und **Lageberichte** haben vornehmlich in Asylverfahren für die Aufklärung des Sachverhalts eine besondere Bedeutung. Bei den regelmäßig erstellten Lageberichten des Auswärtigen Amtes, die für die richterliche Aufklärung der maßgeblichen politischen Verhältnisse in den Herkunftsstaaten von zentraler Bedeutung sind, sind die VG grds. gehalten, sich vAw zu vergewissern, ob ein (neuer) Lagebericht zur Verfügung steht und asylrechtlich erhebliche Änderungen der politischen Verhältnisse in dem betreffenden Land beschreibt (BVerwG Beschl. v. 17.12.2007 – 10 B 92.07).

Der Sachaufklärungspflicht kann auch dadurch Genüge getan werden, dass 20 ein von den Beteiligten vorgelegtes oder im Verwaltungsverfahren eingeholtes Gutachten (sog. **Parteigutachten**) zur Grundlage der Entscheidungsfindung gemacht wird (BVerwG Beschl. v. 4.9.2018 – 9 B 24.17; Buchh 442.09 § 18 AEG Nr. 65).

4. Rechtsmittelverfahren: Verletzung der Aufklärungspflicht

Im **Rechtsmittelverfahren** muss der Rechtsmittelführer zur Verletzung des I 21 substanziiert darlegen, welche Tatsachen auf der Grundlage der materiellrechtlichen Auffassung des Tatsachengerichts ermittlungsbedürftig gewesen wären, welche Beweismittel zu welchen Beweisthemen zur Verfügung gestanden hätten, welches Ergebnis diese Beweisaufnahme voraussichtlich gehabt hätte, inwiefern das vordergerichtliche Urteil unter Zugrundelegung der materiell-rechtlichen Auffassung des Gerichts auf der unterbliebenen Sachaufklärung beruhen kann und dass auf die Erhebung der Beweise vor dem Tatsachengericht hingewirkt worden ist oder aufgrund welcher Anhaltspunkte sich die unterbliebene Beweisaufnahme dem Gericht hätte aufdrängen müssen (BVerwG NVwZ 2019, 61). Die Verfahrensrüge dient nicht dazu, Versäumnisse in der Tatsacheninstanz wettzumachen oder nachzuholen (BVerwG NVwZ-RR 2016, 831).

Das Unterlassen von Beweisanträgen durch die Beteiligten erlangt in diesem 22 Zusammenhang besondere Bedeutung. Der **Beweisantrag** ist **förmlich** spätestens **in der mündlichen Verhandlung** zu stellen (BVerwG Buchh 310 § 132 Abs. 2 Ziff. 1 VwGO Nr. 19). Lediglich schriftsätzlich angekündigte Beweisanträge genügen den Anforderungen nicht (BVerwG Buchh 310 § 132 Abs. 2 Ziff. 3 VwGO Nr. 67). Eine Beweisanregung in Gestalt eines Hilfsbeweisantrags mag im Einzelfall als Hinwirkung allerdings ausreichen (BVerwG NVwZ 2018, 1401). Im Fall einer **Entscheidung nach § 130a** muss der anwaltlich vertretene Beteiligte auf das gerichtliche Anhörungsschreiben hin einer Entscheidung ohne mündliche Verhandlung mit dem Hinweis widersprechen, in der mündlichen Verhandlung solle ein Beweisantrag zu der für erforderlich gehaltenen Sachverhaltsermittlung gestellt werden (BVerwG Beschl. v. 30.10.2007 – 5 B 157.07).

II. Prozessuale Mitwirkungspflicht

23 Bei der Erforschung des Sachverhalts sind die Beteiligten (§ 63) heranzuziehen (I 1, 2. Hs.; vgl. auch §§ 82 I 3, 85 S. 2, 86 IV, V, 87 I 2 Nr. 2, 5, 87b II). Der Beteiligte hat **substanziiert vorzutragen,** was vor allem bezogen auf Umstände gilt, die in seine eigene Sphäre fallen (BVerwGE 129, 251). Eine Verletzung der Mitwirkungspflicht kann die Anforderungen an die Ermittlungspflicht des Gerichts herabsetzen (BVerwGE 145, 354) oder unter weiteren Voraussetzungen Anlass für eine Betreibensaufforderung nach § 92 II geben (BVerfG NVwZ 2013, 136).

24 Wegen § 86 I besteht für die Beteiligten **keine Pflicht zur Glaubhaftmachung** iSd § 294 ZPO und auch **keine Beweisführungspflicht** (BVerwGE 129, 251). § 138 IV ZPO (Bestreiten mit Nichtwissen) ist im Verwaltungsprozess nicht anwendbar (BVerwGE 155, 241). Das Bestreiten einer gegnerischen Behauptung **„mit Nichtwissen"** ist gleichwohl im Verwaltungsprozess nicht unbeachtlich oder nur dann beachtlich, wenn es mit einem Beweisantrag für das Gegenteil verbunden wird. Gerade wenn tatsächliche Umstände aus dem Bereich des Gegners in Rede stehen, kann ein Beteiligter bei substanziierten Zweifeln auch im Verwaltungsprozess verlangen, dass das Gericht seine Entscheidung nicht ohne eigene Überprüfung auf die gegnerische Darstellung stützt (BVerwG NVwZ 2008, 230).

25 Das Gericht kann aus dem Verhalten eines Beteiligten, der es unterlässt, an der Sachaufklärung mitzuwirken, obwohl ihm das oW möglich und zumutbar wäre, **negative Schlüsse** für ihn ziehen (→ § 108 Rn. 12).

III. Keine Bindung an das Vorbringen der Beteiligten

26 Das Gericht ist an das Vorbringen und die Beweisanträge der Beteiligten (§ 63) nicht gebunden (I 2), auch nicht an unbestrittenen Beteiligtenvortrag (BVerwG Beschl. v. 5.6.2007 – 5 B 109.05). § 138 IV (Bestreiten mit Nichtwissen) und 288 I ZPO (Geständnis) sind wegen der grds. Unterschiede der Verfahrensarten (vgl. → 173 S. 1) nicht anwendbar. Dahingegen kommen Anerkennung und Verzicht grds. in Betracht, da die Beteiligten insoweit über den Streitgegenstand verfügen können (zum Anerkenntnis- und Verzichtsurteil → § 107 Rn. 7).

IV. Ablehnung eines Beweisantrags

27 II verpflichtet das Gericht, einen in der mündlichen Verhandlung gestellten unbedingten Beweisantrag – soweit ihm nicht stattgegeben wird – durch Beschluss **begründet** abzulehnen (BVerwG Buchh 310 § 132 Abs. 2 Ziff. 3 VwGO Nr. 50). Das Gericht soll veranlasst werden, sich vor Erlass der Sachentscheidung über die Entscheidungserheblichkeit des Beweisantrags schlüssig zu werden, und andererseits die Beteiligten auf die durch die Ablehnung des Beweisantrags entstandene prozessuale Lage hinzuweisen (BVerwG Beschl. v. 22.6.2007 – 10 B 56.07). Zum Beweisantragsrecht im Verwaltungsprozess aus **anwaltlicher Sicht** vgl. umfassend Vierhaus DVBl 2009, 629.

1. Unbedingter Beweisantrag

Unter II fällt nur der **unbedingte Beweisantrag**, wenn er im Termin der **28**
mündlichen Verhandlung ausdrücklich ausgesprochen und als wesentlicher
Vorgang der Verhandlung in das Protokoll aufgenommen worden ist; die
fehlende Protokollierung begründet den vollen Beweis dafür, dass er nicht
gestellt worden ist (BVerfG NVwZ-RR 2018, 329; BVerwG NVwZ 2012,
512). Ein nur **vorsorglich gestellter Beweisantrag** (Hilfsbeweisantrag) löst
die Bescheidungspflicht nach II ebenso wenig aus (BVerwG Beschl. v.
30.10.2009 – 9 A 24.09) wie schriftsätzlich angekündigte Beweisanträge oder
-anregungen an das Gericht (BVerwG Buchh 310 § 86 Abs. 2 VwGO
Nr. 72). Gleichwohl enthebt die hilfsweise Stellung eines Beweisantrags das
Gericht nicht von der Verpflichtung, die Erheblichkeit des Beweisangebots zu
beurteilen (BVerfG NVwZ 2013, 500). Der Vorsitzende hat in einem solchen
Fall ggf. – spätestens in der mündlichen Verhandlung – auf die Stellung eines
förmlichen Antrags hinzuwirken (III). Über Beweisanträge in **nachgelassenen Schriftsätzen** muss ebenfalls nicht vorab entschieden werden. Solche
mögen aber Anlass geben, die mündliche Verhandlung wieder zu eröffnen
(§ 104 III 2), wenn sich aus ihnen die Notwendigkeit weiterer Aufklärung
des Sachverhalts ergibt (BVerwG Buchh 310 § 86 Abs. 2 VwGO Nr. 72).

2. Beweisanträge in Verfahren ohne mündliche Verhandlung

a) Verfahren nach § 101 II. Will das Gericht mit Einverständnis der Betei-   **29**
ligten ohne mündliche Verhandlung (§ 101 II) entscheiden, gilt Folgendes:
Über einen **nach Verzicht** auf mündliche Verhandlung schriftsätzlich gestellten neuen Beweisantrag ist durch einen gesonderten Beschluss vor der Sachentscheidung zu befinden (BVerwG Buchh 310 § 86 Abs. 2 VwGO Nr. 72;
NVwZ 2012, 376). Eines derartigen Beschlusses bedarf es nicht, wenn der
Beteiligte **zeitgleich mit oder nach der Antragstellung** auf mündliche
Verhandlung verzichtet, weil er hierdurch auch auf sein Vorabentscheidungs-
recht verzichtet (BVerwG Buchh 310 § 86 Abs. 2 VwGO Nr. 72).

b) Verfahren nach §§ 84, 93a. Vor Erlass eines **Gerichtsbescheids nach**   **30**
§ 84 oder eines **Beschlusses nach § 93a II 1** bedarf es grds. keiner Vorabentscheidung über einen Beweisantrag. Das Gericht muss allerdings die Erheblichkeit einer Beweiserhebung vor der Entscheidung prüfen und in seiner
Sachentscheidung die Gründe darlegen, die es zum Verzicht auf die Erhebung
des beantragten Beweises veranlasst haben (vgl. zu § 93a II BVerwG Beschl. v.
19.8.2008 – 4 A 1001.08).

c) Verfahren nach § 130a. Will das Berufungsgericht nach § 130a verfah-   **31**
ren, hat aber ein Beteiligter einen Beweisantrag gestellt, der in der mündlichen Verhandlung gem. II beschieden werden müsste, so wird das Gericht
seiner Pflicht der Gewährung rechtlichen Gehörs idR dadurch gerecht, dass
es den Beteiligten durch eine erneute Anhörungsmitteilung auf die unverändert beabsichtigte Entscheidung durch Beschluss und damit darauf hinweist,
dass es dem Beweisantrag nicht nachgehen wird. Aus den Entscheidungs-

gründen des Beschlusses muss zudem ersichtlich sein, dass das Gericht die
Ausführungen des Beteiligten zur Kenntnis genommen und seine Beweisanträge vorher auf ihre Rechtserheblichkeit geprüft hat (BVerwG Buchh
402.5 WaffG Nr. 112).

3. Ablehnungsgründe

32 Grundlage für die Prüfung der Frage, ob die verlangte Beweiserhebung abgelehnt werden darf, ist die materiell-rechtliche Rechtsauffassung des Tatsachengerichts (BVerwG ZOV 2009, 263). Auf dieser Grundlage darf ein Beweisantrag nur dann abgelehnt werden, wenn dies **im Prozessrecht eine Stütze**
findet (stRspr, vgl. BVerfGE 69, 145).

33 Solche Stützen stellen zB § 93a II 3 (Beweise nach Musterverfahren) oder
§ 87b II, III (Zurückweisung verspäteten Vorbringens) dar. IÜ findet der
Rechtsgedanke des § 244 III StPO Anwendung. Beweisanträge dürfen
grds. nur abgelehnt werden, wenn das angebotene Beweismittel schlechter-
dings untauglich ist, wenn es auf die Beweistatsache nicht ankommt oder
wenn die Beweistatsache als wahr unterstellt wird; liegen diese Voraussetzungen nicht vor, muss der Beweis antragsgemäß erhoben werden (BVerwG
Beschl. v. 22.10.2009 – 10 B 20.09; MDR 1983, 869). Dass die Beweiserhebung unökonomisch wäre (BVerfGE 50, 32) oder nur im Wege der
Rechtshilfe durch ein ausländisches Gericht durchgeführt werden könnte
(BVerwG Buchh 310 § 86 Abs. 1 VwGO Nr. 111), sind keine tragfähigen
Ablehnungsgründe.

34 **a) unsubstanziierte Beweisanträge.** Unsubstanziierte Beweisanträge sind
im Grunde keine Beweisanträge im Sinne des II; über ihre Ablehnung ist
gleichwohl nach Maßgabe des II vorab zu befinden.

35 Die **Substanziierung eines Beweisantrags** verlangt die Nennung eines
bestimmten Beweismittels und die Behauptung einer bestimmten Tatsache.
Die Pflicht zur Substanziierung eines **Zeugenbeweisantrags** bezieht sich
zum einen auf das Beweisthema, also auf die Bestimmtheit der Beweistatsachen und deren Wahrheit, und zum anderen darauf, welche einzelnen Wahrnehmungen der angebotene Zeuge in Bezug auf die Beweistatsachen (oder
auf die zu deren Ermittlung dienenden Hilfstatsachen oder Indiztatsachen)
selbst gemacht haben soll (BVerwG NVwZ-RR 2002, 311). Das Substanzie-
rungsgebot verlangt weiter, dass die Tatsache mit einem gewissen Maß an
Bestimmtheit als wahr und mit dem angegebenen Beweismittel beweisbar
behauptet wird. Der den Beweis Beantragende darf sich insoweit mit einer
Vermutung begnügen, insbes. soweit es um Tatsachen geht, die nicht in seinen
eigenen Erkenntnisbereich fallen (BVerwG W+B 2014, 34). Eine Behauptung
eines Beteiligten darf auch nicht schon deshalb als unerheblich behandelt
werden, weil sie nicht auf dem Wissen des Behauptenden, sondern auf einer
Vermutung beruht. Wenn der gegnerische Prozessbeteiligte dieser Vermutung
aber mit einer plausiblen Darstellung entgegentritt, ist es für eine substantiier-
te Tatsachenbehauptung erforderlich, sich hiermit auseinanderzusetzen und

greifbare Anhaltspunkte zu benennen, die gegen die Sachdarstellung der Gegenseite sprechen (BFH NV 2016, 1282).

Er darf aber nicht aufs Geratewohl Behauptungen aufstellen; ein solcher **36** **Ausforschungsbeweis** liegt vor, wenn er lediglich zum Ziel hat, Zugang zu einer bestimmten Informationsquelle zu erlangen, um auf diesem Wege Anhaltspunkte für neuen Sachvortrag zu gewinnen, wenn die Tatsachenbehauptungen ohne greifbare Anhaltspunkte willkürlich „aus der Luft gegriffen", „ins Blaue hinein", also „erkennbar ohne jede tatsächliche Grundlage" aufgestellt worden sind (BVerwG NVwZ-RR 2019, 610; NVwZ 2017, 1388). Auch Beweisanträge, die so unbestimmt sind, dass im Grunde erst die Beweiserhebung selbst die entscheidungserheblichen Tatsachen und Behauptungen aufdecken kann, müssen regelmäßig dem Gericht eine weitere Sachaufklärung nicht nahelegen und können als unsubstantiiert abgelehnt werden. Welche Anforderungen vom Tatsachengericht an die Substantiierung gestellt werden dürfen, bestimmt sich zum einen danach, ob die zu beweisende Tatsache in den eigenen Erkenntnisbereich des Beteiligten fällt, und zum anderen nach der konkreten prozessualen Situation (BVerwG DVBl 2018, 1179). Bei der Qualifizierung eines Beweisantrages als Ausforschungsbeweis ist von **Verfassungs wegen Zurückhaltung** geboten (BVerfG NJW 2003, 2976; NVwZ 1994, 60).

Das Gericht darf einen auf die Einholung eines **Sachverständigengut-** **37** **achtens** oder einer **amtlichen Auskunft** gerichteten Beweisantrag insbesondere in asylgerichtlichen Verfahren, in denen regelmäßig eine Vielzahl amtlicher Auskünfte und sachverständiger Stellungnahmen über die politischen Verhältnisse im Heimatstaat zum Gegenstand des Verfahrens gemacht werden, im Allgemeinen nach tatrichterlichem Ermessen mit dem Hinweis auf **eigene Sachkunde** verfahrensfehlerfrei ablehnen und die Gefährdungsprognose im Einzelfall auf der Grundlage einer tatrichterlichen Beweiswürdigung eigenständig vornehmen. Es hängt von den Umständen des Einzelfalls ab, wie konkret das Gericht seine eigene Sachkunde nachweisen muss und inwieweit sich diese aus dem Gesamtinhalt der Entscheidungsgründe und der verarbeiteten Erkenntnisquellen ableiten lässt. Der Nachweis muss jedenfalls plausibel und nachvollziehbar sein. Schöpft das Gericht seine besondere Sachkunde aus vorhandenen Gutachten und amtlichen Auskünften, so muss der Verweis hierauf dem Einwand der Beteiligten standhalten, dass in diesen Erkenntnisquellen keine, ungenügende oder widersprüchliche Aussagen zur Bewertung der aufgeworfenen Tatsachenfragen enthalten sind (BVerwG Beschl. v. 17.9.2019 – 1 B 43.19). Zur **Substanziierung eines Sachverständigenbeweisantrags,** der das Vorliegen einer behandlungsbedürftigen posttraumatischen Belastungsstörung (sog. **PTBS**) zum Gegenstand hat, gehört regelmäßig die Vorlage eines gewissen Mindestanforderungen genügenden fachärztlichen Attests. Aus diesem muss sich nachvollziehbar ergeben, auf welcher Grundlage der Facharzt seine Diagnose gestellt hat und wie sich die Krankheit im konkreten Fall darstellt. Dazu gehören etwa Angaben darüber, seit wann und wie häufig sich der Patient in ärztlicher Behandlung befunden hat und ob die von ihm geschilderten Beschwerden durch die erhobenen Befunde bestätigt werden. Des Weiteren sollte das Attest Aufschluss über die

Schwere der Krankheit, deren Behandlungsbedürftigkeit sowie den bisherigen Behandlungsverlauf geben (BVerwGE 129, 251).

38   Selbst **substanziierten Beweisanträgen** muss dann nicht nachgegangen werden, wenn der Tatsachenvortrag in wesentlichen Punkten unplausibel oder in nicht auflösbarer Weise widersprüchlich ist (BVerwG Beschl. v. 26.11.2007 – 5 B 172.07).

39 **b) keine Vorwegnahme der Beweiswürdigung.** Ein Gericht darf grds. von einer Beweisaufnahme nicht deshalb absehen, weil es vom Gegenteil der unter Beweis gestellten Tatsache überzeugt ist oder den Sachverhalt bereits für geklärt hält. Die prognostizierte Wahrscheinlichkeit eines Beweisergebnisses rechtfertigt nicht die Unterlassung der Beweisaufnahme (BVerwG NVwZ-RR 2013, 557).

40   Ein Beweisantrag kann jedoch **ausnahmsweise** dann abgelehnt werden, wenn das Beweismittel nach Ansicht des Tatsachengerichts **schlechthin untauglich** ist (BVerwG BauR 2008, 1289). Das kann insbes. dann der Fall sein, wenn aufgrund eines bereits erhobenen Beweises die entscheidungserheblichen Tatsachen mit an Sicherheit grenzender Wahrscheinlichkeit mit einer solchen Gewissheit feststehen, dass die Überzeugung des Gerichts durch die beantragte weitere Beweiserhebung – ihr Erfolg unterstellt – nicht mehr erschüttert werden kann (BVerwG ZOV 2014, 109).

41 **c) Wahrunterstellung.** Die Wahrunterstellung im Verwaltungsprozess ist ein **Verzicht auf eine Beweiserhebung wegen Unerheblichkeit.** Das Gericht darf sich im weiteren Verlauf nicht in Widerspruch zu den als wahr unterstellten Annahmen setzen und muss sie ohne jede inhaltliche Einschränkung in ihrem mit dem Parteivorbringen gemeinten Sinn behandeln, als wären sie nachgewiesen (BVerwG DÖV 2019, 39; ZOV 2014, 268).

4. Verfahren

42 Die Ablehnung kann durch **schriftlichen, zuzustellenden Beschluss** erfolgen oder in der mündlichen Verhandlung mit einer Begründung zu Protokoll (§ 105) verkündet werden: „Der Beweisantrag wird abgelehnt. Der Beschluss wird kurz begründet". Die Gründe selbst müssen nicht protokolliert werden.

43   Den Beteiligten ist **nach Ablehnung** ausreichend – in der mündlichen Verhandlung genügen regelmäßig einige Minuten – Zeit zu geben, ggf. neue Anträge zu stellen. Dasselbe gilt, wenn das Gericht den Beschluss, einem beantragten Beweis nachgehen zu wollen, wieder aufhebt.

V. Hinweispflicht

44 Der Vorsitzende hat darauf hinzuwirken, dass Formfehler beseitigt, unklare Anträge erläutert, sachdienliche Anträge gestellt, ungenügende tatsächliche Angaben ergänzt, ferner alle für die Feststellung und Beurteilung des Sachverhalts wesentlichen Erklärungen abgegeben werden (III). Die Durchsetzung von Rechten soll nicht an der Unerfahrenheit, Unbeholfenheit oder mangelnden Rechtskenntnis eines Beteiligten (§ 63) scheitern. Dies gilt insbes., wenn dieser nicht anwaltlich vertreten ist. Ist der Beteiligte **anwaltlich vertreten,** so ist die Belehrungspflicht ihrem Umfang nach geringer (BVerwG Beschl. v. 12.12.2017 – 8 B 16.17).

1. Grundlagen

Die richterlichen Hinweise sind spätestens im Rahmen der Erörterung in der **45** mündlichen Verhandlung (§ 104 I) zu geben. Kann sich ein Beteiligter auf die Hinweise nicht mehr in zumutbarer Weise erklären, ist die Verhandlung zu vertagen (→ § 102 Rn. 16). Daher empfiehlt es sich, komplexe Hinweise, die ggf. weiterer Vorbereitungen bzw. Recherchen bedürfen, bereits im Vorfeld der mündlichen Verhandlung zu geben und die Beteiligten unter Fristsetzung zur Erklärung hierüber aufzufordern (§§ 87 I 2 Nr. 2, 87b II, III).

Hinweise sind vor allem dann **geboten,** wenn ein Beteiligter erkennbar **46** von falschen Tatsachen ausgeht und es deshalb unterlässt, das vorzutragen, was für seine Rechtsverfolgung notwendig wäre. Daher hat der Vorsitzende darauf hinzuweisen, wie der Beteiligte im Rahmen der gebotenen Möglichkeiten das erstrebte Ziel am besten und zweckmäßigsten erreichen kann (BVerwG BRS 81 Nr. 154 (2013); BVerfG NVwZ 1992, 259). So ist zB die Änderung eines Klageantrages dann anzuregen, wenn sich nach der eindeutigen Sach- und Rechtslage aufdrängt (BVerfG NVwZ 1992, 259; BVerwG Beschl. v. 12.12.2017 – 8 B 16.17). Auf **offenkundige Versehen** ist immer hinzuweisen (BVerwGE 131, 171; 82, 76).

Bei **unklarer Rechtslage** – zB auch mit Blick auf die Frage, welcher **47** Antrag richtigerweise zu stellen ist – genügt ein Hinweis auf diese Ungewissheit; III begründet keine Pflicht des Gerichts, einem Beteiligten Beurteilungsrisiken abzunehmen, die sich aus einer nicht oW klaren Rechtslage ergeben (BVerwG Buchh 310 § 88 VwGO Nr. 17).

Die Hinweispflicht **entfällt** – zumindest idR – gegenüber Beteiligten, die **48** trotz ordnungsgemäßer Ladung (§ 102 II) nicht in der mündlichen Verhandlung erscheinen (BVerfG NVwZ 1992, 259). Zur Wahrung des rechtlichen Gehörs kann gleichwohl die Vertagung geboten sein, um ihnen Gelegenheit zu geben, zu bislang noch nicht erörterten Punkten Stellung zu nehmen.

Die pflichtgemäße Wahrnehmung der Hinweispflicht ist auch dann, wenn **49** hierdurch die Prozesschancen eines Beteiligten verringert werden, nicht geeignet, die Besorgnis der **Befangenheit** (§ 54) zu begründen. Jedoch darf sich das Gericht nicht durch Empfehlungen zur Fehlerbehebung zum Berater der Behörde machen (vgl. BVerwG NVwZ 2018, 181; BVerfG NVwZ 2009, 581; auch → § 173 Rn. 16).

Bei rechtzeitiger Rüge kann die Verletzung der Hinweispflicht einen **Ver- 50 fahrensmangel** (§§ 132 II Nr. 3, 138 Nr. 3) begründen.

2. Insbesondere: sachdienliche Antragstellung

Dem Vorsitzenden obliegt es darauf hinzuwirken, dass ein sachdienlicher – und **51** nicht seiner Ansicht nach offensichtlich unbegründeter oder aussichtsloser – Antrag oder Hilfsantrag gestellt wird (BVerwGE 156, 94; NVwZ-RR 2015,

220) oder solche als sachdienlich angesehenen Anträge gestellt werden, die nur im Rahmen der Klageänderung (§ 91) in den anhängigen Rechtsstreit eingeführt werden können (BVerfG NVwZ 1992, 259). Der Vorsitzende darf jedoch nicht die Stellung eines Sachantrags, der über das angestrebte Rechtsschutzziel hinausgeht, oder einen zusätzlichen, auf ein weiteres Ziel gerichteten Sachantrag anregen (BVerwG BRS 81 Nr. 154 (2013)).

52   Dies bedeutet zB im **Asylprozess,** dass die Gerichte verpflichtet sind, auf eine entsprechend sachdienliche Antragstellung hinzuwirken und den Klageantrag regelmäßig so auszulegen (§ 88), dass ein isolierter Anfechtungsantrag nur zusammen mit den Hilfsanträgen nach Art. 16a GG und/oder nach § 60 I AufenthG (nunmehr § 3 AsylG) sowie nach § 60 II, III, V und VII AufenthG (bzw. § 4 AsylG) als gestellt anzusehen ist. Eine andere Auslegung ist nur möglich, wenn der Wille zu einer Beschränkung des Klagebegehrens auf eine isolierte Anfechtung – unter bewusstem Verzicht auf eine weitergehende gerichtliche Sachprüfung und der damit verbundenen nachteiligen Folgen – feststeht (BVerwGE 127, 161).

53   Auch bei unzutreffender Rechtsauffassung des Beteiligten bei der Abfassung des Klageantrages darf das Gericht **nicht über das ausdrücklich Gewollte hinausgehen** (BVerwG LKV 2009, 132; → § 88 Rn. 8).

3. Keine allgemeine Erörterungspflicht oder Rechtsberatung

54   Nach ständiger Rspr. des BVerwG folgt aus dem Anspruch auf rechtliches Gehör auch in der Ausprägung, den er in III und § 104 I gefunden hat, keine Pflicht des Gerichts zur umfassenden Erörterung aller entscheidungserheblichen Gesichtspunkte.

55   **a) Grundsätze.** Insbes. muss das Gericht die Beteiligten **nicht vorab auf seine Rechtsauffassung** oder die beabsichtigte **Würdigung des Prozessstoffs hinweisen,** weil sich die tatsächliche und rechtliche Würdigung regelmäßig erst aufgrund der abschließenden Beratung ergibt (BVerwG ZOV 2018, 225; NVwZ-RR 2015, 416). Dies gilt auch für die Verhandlung vor dem Einzelrichter. Dem Gericht steht es gleichwohl frei, dies – ggf. unter Offenlegung der Vorberatung durch die Berufsrichter oder nach einer Zwischenberatung des gesamten Spruchkörpers – zu tun.

56   Inhalt der Hinweispflicht des III ist es **nicht,** einen anwaltlich vertretenen Kläger – auch bei Verzicht auf eine mündliche Verhandlung – in alle möglichen oder denkbaren Richtungen **rechtlich zu beraten** (BVerwGE 131, 171; BRS 81 Nr. 154 (2013)). Das Gericht darf grds. davon ausgehen, dass ein Rechtsanwalt mit der Sach- und Rechtslage hinreichend vertraut ist (BVerwG Beschl. v. 12.12.2017 – 8 B 16.17). Die in III normierte Pflicht beinhaltet weniger Beratungs-, denn **Formulierungshilfe** (BVerwG Beschl. v. 27.6.2007 – 4 B 25.07). Es mag hierbei gleichwohl berücksichtigt werden, dass dem zum Teil hochspezialisierten Spruchkörper, dessen Mitglieder sich zudem – zum Teil mit erheblichem Zeit- und Arbeitsaufwand – in den Prozessstoff eingearbeitet haben, regelmäßig ein nicht unerheblicher Wissensvorsprung zukommen wird.

Das Gericht hat auch nicht die Pflicht, den Kläger während des Verfahrens **57** auf die Möglichkeit hinzuweisen, sich durch einen Rechtsanwalt vertreten zu lassen und einen Antrag auf PKH zu stellen (BVerwG Beschl. v. 27.6.2007 – 3 B 130.06). Dies anzuregen mag sich im Einzelfall jedoch aufdrängen, wenn sich bei prozessunerfahrenen Personen anderenfalls bereits der Sachverhalt nicht hinreichend aufklären ließe (I 1).

b) Ausnahmen. Eine Ausnahme hiervon gilt unter dem Gesichtspunkt der **58** unzulässigen **Überraschungsentscheidung** dann, wenn das Gericht seine Entscheidung auf Anforderungen an den Sachvortrag oder auf sonstige rechtliche Gesichtspunkte stützen will, mit denen auch ein gewissenhafter und kundiger Beteiligter nach dem bisherigen Prozessverlauf – selbst unter Berücksichtigung der Vielfalt vertretbarer Rechtsauffassungen – nicht zu rechnen brauchte (BVerwG ZBR 2018, 340; NVwZ 2014, 888).

Überraschend ist die Entscheidung auch dann, wenn das Gericht im Laufe **59** des Verfahrens seine Rechtsauffassung oder die beabsichtigte Würdigung des Prozessstoffs in hinreichend eindeutiger Weise zu erkennen gegeben hat und dann – ohne vorherigen Hinweis – von dieser wieder abrückt, so dass den Prozessbeteiligten ein Vortrag zur geänderten Auffassung nicht mehr möglich ist (BVerwG Beschl. v. 16.1.2018 – 7 B 3.17), so zB, wenn ein Gericht in einem Vergleichsvorschlag (vgl. § 106 S. 2) auf seine (vorläufige) Rechtsauffassung hinweist, aber nach Nichtannahme des Vergleichsvorschlags einen gegenteiligen Rechtsstandpunkt einnehmen will (BVerwG Beschl. v. 29.1.2010 – 5 B 37.09). Dagegen ergeht **keine Überraschungsentscheidung,** wenn das Gericht Tatsachen, zu denen sich die Beteiligten äußern konnten, in einer Weise würdigt oder aus ihnen Schlussfolgerungen zieht, die nicht den subjektiven Erwartungen eines Prozessbeteiligten entsprechen oder von ihm für unrichtig gehalten werden (BVerwG ZBR 2018, 340).

VI. Vorbereitende Schriftsätze, Beifügung von Urkunden ua

Die Beteiligten (§ 63) sollen zur Vorbereitung der mündlichen Verhandlung **60** Schriftsätze einreichen (IV 1). Hierzu kann sie der Vorsitzende im Interesse der Verfahrensbeschleunigung unter Fristsetzung auffordern (IV 2); eine Pflicht hierzu besteht nicht (BVerwG Schütz BeamtR ES/F III 1 Nr. 86). Eingereichte Schriftsätze sind den Beteiligten vAw – formlos – zu übermitteln (IV 3). Es ist nicht zu beanstanden, wenn Schriftsätze und Anlagen den Beteiligten von der Gegenseite direkt übermittelt werden. Den Schriftsätzen sind die Urkunden oder elektronischen Dokumente, auf die Bezug genommen wird, in Abschrift ganz oder im Auszug beizufügen (V 1). Sind die Urkunden oder elektronischen Dokumente dem Gegner bereits bekannt oder sehr umfangreich, so genügt die genaue Bezeichnung mit dem Anerbieten, Einsicht bei Gericht zu gewähren (V 2). IV, V ergänzen hiermit die Regelungen der §§ 81 II, 82 I, II, 85 S. 2, 87 I 1, 2 Nr. 2, 87b. Für elektronische Dokumente gilt § 55a.

Kommt ein Beteiligter seiner in IV, V niedergelegten Mitwirkungspflicht **61** nicht nach, hat dies ggf. (nur) **kostenrechtliche Konsequenzen** (§ 155 IV);

insbes. stellt IV 2 **keine Ausschlussfrist** dar (BVerwG Schütz BeamtR ES/F III 1 Nr. 86).

§ 86a *(aufgehoben)*

§ 87 [Maßnahmen im vorbereitenden Verfahren]

(1) [1] Der Vorsitzende oder der Berichterstatter hat schon vor der mündlichen Verhandlung alle Anordnungen zu treffen, die notwendig sind, um den Rechtsstreit möglichst in einer mündlichen Verhandlung zu erledigen. [2] Er kann insbesondere

1. die Beteiligten zur Erörterung des Sach- und Streitstandes und zur gütlichen Beilegung des Rechtsstreits laden und einen Vergleich entgegennehmen;
2. den Beteiligten die Ergänzung oder Erläuterung ihrer vorbereitenden Schriftsätze, die Vorlegung von Urkunden, die Übermittlung von elektronischen Dokumenten und die Vorlegung von anderen zur Niederlegung bei Gericht geeigneten Gegenständen aufgeben, insbesondere eine Frist zur Erklärung über bestimmte klärungsbedürftige Punkte setzen;
3. Auskünfte einholen;
4. die Vorlage von Urkunden oder die Übermittlung von elektronischen Dokumenten anordnen;
5. das persönliche Erscheinen der Beteiligten anordnen; § 95 gilt entsprechend;
6. Zeugen und Sachverständige zur mündlichen Verhandlung laden.

(2) Die Beteiligten sind von jeder Anordnung zu benachrichtigen.

(3) [1] Der Vorsitzende oder der Berichterstatter kann einzelne Beweise erheben. [2] Dies darf nur insoweit geschehen, als es zur Vereinfachung der Verhandlung vor dem Gericht sachdienlich und von vornherein anzunehmen ist, daß das Gericht das Beweisergebnis auch ohne unmittelbaren Eindruck von dem Verlauf der Beweisaufnahme sachgemäß zu würdigen vermag.

I. Maßnahmekompetenzen

1   I 1 ermächtigt zu Maßnahmen des Vorsitzenden oder BE, § 87a zu Entscheidungen im sog. **vorbereitenden Verfahren** (zum Begriff (→ § 87a Rn. 2 ff.). Das Gericht ist zum Ergreifen verfahrensfördernder Maßnahmen schon vor der mündlichen Verhandlung in angemessener Zeit verpflichtet ("hat"), um den Rechtsstreit möglichst in einer mündlichen Verhandlung zu erledigen (BVerwG NVwZ 2018, 181). Die Anordnungen können schriftlich – Abzeichnung per Paraphe genügt – im Wege der Verfügung ergehen, in geeigneten Fällen aber auch mündlich, insbes. telefonisch. Sie sind als prozessleitende Verfügungen mit Ausnahme der Ordnungsgeldfestsetzung gem. I 2 Nr. 5 nicht anfechtbar (§ 146 II).

2   Die eine **Konzentration des Prozesses** bezweckende Norm (BVerwGE 162, 331) gilt für **alle Verfahrensarten,** auch wenn es letztlich im Einzelfall zu einer mündlichen Verhandlung nicht kommen mag (§§ 84 I, 101 II). Sie

ergänzt den Kanon vergleichbarer Regelungen in §§ 82 II 1, 85 S. 2, 86 III, IV 2, 95 I 1, III. Befolgen Beteiligte oder Dritte die Anordnungen nicht, hat dies zunächst – abgesehen vom Ordnungsgeld nach §§ 87 I 2 Nr. 5, 95 – keine Konsequenzen. Die Beteiligten müssen jedoch die an eine Missachtung von Anordnungen oder Hinweisen ggf. geknüpften Nachteile tragen, etwa wenn das Gericht weitere Aufklärungsmöglichkeiten nicht erkennen kann (→ § 86 Rn. 23) oder an ein Unterlassen prozessuale Fiktionen geknüpft sind (zB §§ 92 I 3, II, 161 II 2). Auch können Kosten, die durch Verschulden eines Beteiligten entstanden sind, diesem auferlegt werden (§ 155 IV).

Beispielhaft werden in **I 2** einzelne Maßnahmen für zulässig erklärt und in **3** ihren Voraussetzungen präzisiert:

1. Erörterung (I 2 Nr. 1)

Die Beteiligten können ohne Einhaltung einer Ladungsfrist (§ 102 I gilt nur **4** für die mündliche Verhandlung) zur Erörterung des Sach- und Streitstandes und zur gütlichen Beilegung des Rechtsstreits **geladen** werden. Der vom Vorsitzenden oder BE durchzuführende **Erörterungstermin**, an dem die anderen Mitglieder des Spruchkörpers teilnehmen können (aA SSB Rn. 10), kann auch als Ortstermin bestimmt werden. Er ist lediglich **beteiligtenöffentlich** (Schluss aus § 55 iVm § 169 GVG; vgl. BVerwG NJW 2001, 1878).

Ziel des Termins ist regelmäßig die Verfahrensbeendigung durch die Ent- **5** gegennahme eines ggf. vom Gericht vorgeschlagenen Vergleichs(beschlusses) (§ 106 S. 2), einer Rücknahmeerklärung (§ 92 I), einer beiderseitigen Hauptsachenerledigungserklärung (vgl. § 161 II) oder eines Anerkenntnisses (vgl. § 156). Die entsprechenden Erklärungen sind in das Protokoll aufzunehmen (entsprechend §§ 159, 160 III ZPO). Ist das Verfahren beendet, kann im Erörterungstermin (deklaratorisch) über die Einstellung und (konstitutiv) über die Kosten entschieden werden (§ 87a I Nrn. 2, 3, 5).

Geht der Erörterungstermin **ohne verfahrensbeendende Erklärung** aus, **6** sind die hierin gewonnenen Erkenntnisse in einer ggf. nachfolgenden mündlichen Verhandlung zu verwerten. Am Ende eines Erörterungstermins bietet es sich ggf. an, zum Erlass eines Gerichtsbescheids anzuhören (§ 84 I 2), Fristen nach § 87b I, II zu setzen oder Einverständniserklärungen nach § 87a II, III oder § 101 II einzuholen. Verzichten die Beteiligten auf Ladung (§ 173 S. 1 iVm 295 ZPO) kann unter Herstellung der Öffentlichkeit unmittelbar vom Erörterungstermin zur mündlichen Verhandlung übergegangen werden.

2. Aufforderung zur Ergänzung und Vorlegung von Urkunden (I 2 Nr. 2)

Das Gericht kann den **Beteiligten** mittels schriftlicher Verfügung – aber auch **7** telefonisch – die Ergänzung oder Erläuterung ihrer vorbereitenden Schriftsätze, die Vorlegung von Urkunden, die Übermittlung von elektronischen Dokumenten und die Vorlegung von anderen zur Niederlegung bei Gericht geeigneten Gegenständen **aufgeben,** insbesondere eine Frist zur Erklärung über bestimmte klärungsbedürftige Punkte setzen. Die Norm entspricht § 273 II Nr. 1, Nr. 5 iVm §§ 142, 144 ZPO.

3. Auskunftseinholung (I 2 Nr. 3)

8 Das Gericht kann Auskünfte einholen und ist hierbei nicht auf amtliche Auskünfte (§ 14) beschränkt. Solche sind zulässige und selbstständige Beweismittel, die ohne förmliches Beweisverfahren im Wege des Freibeweises verwertet werden können (BVerwG NVwZ 2010, 1162).

4. Vorlage von Urkunden/Übermittlung elektronischer Dokumente (I 2 Nr. 4)

9 Das Gericht kann – gegenüber den Beteiligten, aber auch jedem Dritten – die Vorlage von Urkunden oder die Übermittlung von elektronischen Dokumenten anordnen. Die hierbei gewonnenen Erkenntnisse sind nach allgemeinen Beweisgrundsätzen in das Verfahren einzuführen.

5. Persönliches Erscheinen (I 2 Nr. 5)

10 Das persönliche Erscheinen (eines) der Beteiligten zu einem Termin kann mittels gerichtlicher Verfügung angeordnet werden (vgl. § 273 II Nr. 3 ZPO). Handelt es sich um die mündliche Verhandlung, so ist der Vorsitzende (§ 102; entspr. §§ 216 II, 227 IV ZPO), ggf. der Einzelrichter (→ § 6 Rn. 3) zuständig. § 95 gilt entsprechend, sodass insbes. auch ein **Ordnungsgeld** angedroht und festgesetzt werden kann. Der in der mündlichen Verhandlung anwesende Beteiligte kann aber auch dann vernommen werden, wenn eine derartige Anordnung nicht getroffen wurde (BVerwG Beschl. v. 23.11.1999 – 6 B 81.99). Gegen die Festsetzung des Ordnungsgeldes kann entsprechend § 151 die Entscheidung des Gerichts beantragt werden.

6. Ladung von Zeugen und Sachverständigen (I 2 Nr. 6)

11 Zeugen und Sachverständige können zur mündlichen Verhandlung geladen werden (vgl. § 273 II Nr. 4 ZPO). Zuständig ist wiederum der Vorsitzende oder BE.

7. Sonstige Maßnahmen (I 2)

12 Der in I 2 aufgeführte Katalog ist **nicht abschließend** („insbesondere"). Vorsitzender oder BE können nach **Ermessen** weitere, der Konzentration des Prozesses auf eine einzige mündliche Verhandlung dienende Anordnungen treffen oder sonstige verfahrensfördernde Maßnahmen ergreifen. Sie können zB Verwaltungsvorgänge anfordern, schriftliche Zeugenerklärungen einholen oder den Kläger auffordern, das Verfahren zu betreiben (vgl. § 92 II 1), indem er sich in Bezug auf einzelne, konkret benannte Punkte äußert, oder sich ggf. zur (Nicht-) Fortführung des Verfahrens zu erklären.

II. Benachrichtigung der Beteiligten

Die Beteiligten (§ 63) sind von jeder Anordnung zu benachrichtigen (II). Dies **13** geschieht in der Praxis in einer gemeinsamen Verfügung („Nr. 1: Dem Kl. wird aufgegeben,… Nr. 2: Abschrift von Nr. 1 an Bekl. z. K.“). Das Unterlassen der Benachrichtigung begründet einen **Gehörsverstoß** (§ 138 Nr. 3). Er ist jedoch **folgenlos,** wenn die Beteiligten auf Benachrichtigung verzichten (§ 173 S. 1 iVm § 295 ZPO) oder den erkannten Verstoß nicht rechtzeitig rügen (BVerwG NJW 1980, 900). Das Ergebnis der Anordnung ist den Beteiligten nach allgemeinen Grundsätzen ebenfalls bekannt zu geben.

III. Beweiserhebungsrecht

Der Vorsitzende oder der BE kann vorab **einzelne** (nicht alle) **Beweise 14** erheben (III 1), soweit es zur Vereinfachung der Verhandlung vor dem Gericht sachdienlich und von vornherein anzunehmen ist, dass das Gericht das Beweisergebnis auch ohne unmittelbaren Eindruck vom Verlauf der Beweisaufnahme sachgemäß zu würdigen vermag (III 2). So kommt es zB bei einer **Ortsbesichtigung** – anders als ggf. bei einer Zeugenvernehmung – nicht entscheidend auf die persönliche Würdigung durch den vollständig besetzten Spruchkörper an (BVerwG NVwZ-RR 1998, 524). Eines **Beweisbeschlusses** durch die Kammer bedarf es – im Gegensatz zu einer Beweisaufnahme in der mündlichen Verhandlung (§ 96 I) und durch den beauftragten oder ersuchten Richter (§ 96 II) – nicht (SSB Rn. 31; Kopp/Schenke Rn. 5a). Es genügt eine richterliche – gem. § 146 II unanfechtbare – Verfügung.

§ 87a [Entscheidung im vorbereitenden Verfahren]

(1) Der Vorsitzende entscheidet, wenn die Entscheidung im vorbereitenden Verfahren ergeht,
1. über die Aussetzung und das Ruhen des Verfahrens;
2. bei Zurücknahme der Klage, Verzicht auf den geltend gemachten Anspruch oder Anerkenntnis des Anspruchs, auch über einen Antrag auf Prozesskostenhilfe;
3. bei Erledigung des Rechtsstreits in der Hauptsache, auch über einen Antrag auf Prozesskostenhilfe;
4. über den Streitwert;
5. über Kosten;
6. über die Beiladung.
(2) Im Einverständnis der Beteiligten kann der Vorsitzende auch sonst anstelle der Kammer oder des Senats entscheiden.
(3) Ist ein Berichterstatter bestellt, so entscheidet dieser anstelle des Vorsitzenden.

1 § 87a findet Anwendung in allen erstinstanzlichen Verfahren –auch vor dem BVerwG (vgl. BVerwG NVwZ 2006, 479) –, gem. § 125 I 1 grds. im Berufungsverfahren (BVerwGE 111, 69) einschließlich des Zulassungsverfahrens nach § 124a IV 1 (OVG Bln-Bbg NVwZ-RR 2006, 360) sowie entsprechend in den selbstständigen **Antragsverfahren** nach §§ 47, 80 V, 80a III, 123 (str., wie hier BayVGH NVwZ 1991, 896; VGH BW NVwZ 1991, 593) und Beschwerdeverfahren (Hamb OVG AuAS 2019, 29). Für das Revisionsverfahren ist dessen Anwendung ausgeschlossen (§ 141 S. 2).

I. Vorbereitendes Verfahren (I)

2 I bezweckt, den Spruchkörper von Nebenentscheidungen zu entlasten und damit zu einer Straffung des Prozesses beizutragen. Dementsprechend ist der Begriff des **„vorbereitenden Verfahrens"** weit zu verstehen (BVerwG NVwZ 2019, 1364). Es fallen alle Verfahrenshandlungen, die nach der Erhebung der Klage und vor der Eröffnung der mündlichen Verhandlung – so auch noch die Ladung zu dieser – liegen, in das vorbereitende Stadium (SSB Rn. 9). Lediglich das verfahrensabschließende Urteil und die mündliche Verhandlung, die Grundlage des Urteils ist (§§ 101 I, 112), bzw. der Gerichtsbescheid (§ 84 I) gehören nicht hierzu. Wird die Verhandlung vertagt (nicht aber bei Fortsetzung), etwa weil weitere Ermittlungen zur Sachverhaltsaufklärung oder sonstige vorbereitende Maßnahmen zu treffen sind, fällt der Prozess in das Stadium des vorbereitenden Verfahrens zurück (BVerwG NVwZ 2019, 1364). Prozessual vergleichbar ist die Situation, wenn die Beteiligten nach Durchführung einer mündlichen Verhandlung ihr Einverständnis mit einer Entscheidung ohne mündliche Verhandlung (§ 101 II) erklären (BayVGH Beschl. v. 28.3.2001 – 2 B 98.2104; nicht aber, wenn nach der mV zunächst das Ruhen des Verfahrens angeordnet wird, vgl. BayVGH NVwZ-RR 2018, 416) oder wenn die Sache vom BVerwG an das OVG zurückverwiesen wird (VGH BW DÖV 2019, 331).

3 Dasselbe gilt, wenn – auch nach einer mündlichen Verhandlung – ein **Beweisbeschluss** ergangen ist (BVerwG NVwZ 2019, 1364).

Das Vorbereitungsstadium ist **beendet,** wenn eine mündliche Verhandlung **4** vor dem Spruchkörper stattgefunden hat und das Verfahren darin beendet worden ist (BVerwG NVwZ-RR 2014, 982). Das gilt auch dann, wenn die Verfahrensbeendigung nicht auf einer Sachentscheidung beruht, sondern durch Abschluss eines Vergleichs (§ 106) erfolgt (BVerwG NVwZ 2005, 466).

In **Verfahren ohne mündliche Verhandlung** (§§ 101 II, 84 I) ist das **5** vorbereitende Verfahren ua beendet, wenn die Beteiligten einen Vergleichs-vorschlag des Gerichts (§ 106 S. 2) als Kollegialorgan angenommen haben. Anders ist es bei vom Vorsitzenden oder BE unterbreiteten Vergleichsvor-schlägen. Diese sind im vorbereitenden Verfahren ergangen, sodass Vorsitzen-der und BE auch für Nebenentscheidungen zuständig bleiben (SächsOVG Beschl. v. 20.5.2009 – 2 B 364/08).

II. Entscheidungskompetenzen (I Nrn. 1 bis 6)

Die in I benannten Kompetenzen im vorbereitenden Stadium sind abschlie- **6** ßend. Es entscheidet der **Vorsitzende;** ist ein **BE** bestellt, so entscheidet dieser an seiner Stelle (III). Ist das Verfahren auf den Einzelrichter (§ 6 I) übertragen worden, ist allein er zuständig. Entscheidet im vorbereitenden Verfahren in einem der in I bezeichneten Fällen anstelle des Vorsitzenden bzw. des BE der gesamte Spruchkörper, so liegt hierin ein **Verstoß gegen den gesetzlichen Richter** nach Art. 101 I 2 GG (OVG NRW NVwZ-RR 2014, 823).

1. Aussetzung und Ruhen

Die Entscheidung über die Anordnung der Aussetzung (§ 94; nicht aber bei **7** § 93a II 1 → § 93a Rn. 5) und des Ruhens des Verfahrens (§ 173 S. 1 iVm § 251 ZPO) fällt nach I Nr. 1 in die Kompetenz des Vorsitzenden/BE.

2. Zurücknahme, Verzicht, Anerkenntnis

Die Entscheidung nach Zurücknahme der Klage (§ 92) – bzw. der Berufung **8** nach § 126 II 1 (str., wie hier Kopp/Schenke Rn. 6) –, Verzicht auf den geltend gemachten Anspruch oder Anerkenntnis des Anspruchs (§ 173 S. 1 iVm §§ 306 f. ZPO; vgl. SächsOVG LKV 2010, 381) fallen nach I Nr. 2 in die Kompetenz des Vorsitzenden/BE. Dies gilt in diesem Zusammenhang auch für die Entscheidung über einen (aufrechterhaltenen) Antrag auf PKH.

Auch bei der – ebenso – deklaratorischen Feststellung, dass die Klage bzw. **9** Berufung als zurückgenommen gilt (§§ 92 II 1, 126 II 1), handelt es sich um eine solche Entscheidung nach Zurücknahme (SächsOVG SächsVBl. 2007, 189; Kopp/Schenke Rn. 6; aA BayVGH BayVBl 2001, 21).

Als Annex zur Kostenentscheidung nach Zurücknahme des Rechtsschutz- **10** antrages handelt es sich auch bei einer **Erinnerung** um eine im vorbereiten-den Verfahren zu treffende Entscheidung über Kosten (BVerwG NVwZ 1996, 786).

Für den Einstellungsbeschluss bei **Rücknahme einer Beschwerde gegen 11 die Nichtzulassung der Revision** vor der Entscheidung über eine Abhilfe ist in analoger Anwendung des § 141 S. 2 der Spruchkörper zuständig (BayVGH BayVBl 2013, 59; SächsOVG SächsVBl. 2011, 140; SSB Rn. 30).

3. Hauptsachenerledigung

12 Die Entscheidung nach vollständiger beiderseitiger Erledigung des Rechtsstreits in der Hauptsache (§ 92 III analog, § 161 II) fällt nach I Nr. 3 in die Kompetenz des Vorsitzenden/BE. Dies gilt in diesem Zusammenhang auch für die Entscheidung über einen (aufrechterhaltenen) Antrag auf PKH. Eine (Hauptsache)Entscheidung im Wege einer Feststellung über die Hauptsachenerledigung fällt nicht unter I Nr. 3 (BVerwG NVwZ-RR 1994, 362; OVG BlnBbg Beschl. v. 18.1.2018 – OVG 10 S 7.17; Kopp/Schenke Rn. 7; SSB Rn. 32).

13 Betrifft die beiderseitige Erledigungserklärung nur einen **Teil des Streitgegenstandes,** entfällt die Entscheidungskompetenz des BE (VGH BW NVwZ-RR 1992, 442). Es steht im Ermessen des Gerichts, den erledigten Teil – soweit teilbar – gem. § 93 S. 2 abzutrennen und sodann gem. I Nr. 3 zu verfahren (→ § 93 Rn. 5).

14 Die Zuständigkeit für eine **Beschwerdeentscheidung gegen die Versagung von PKH für das erstinstanzliche Verfahren** ist im Fall der Hauptsachenerledigung umstritten: Nach vorzugswürdiger Ansicht hat der (Senats)Vorsitzende in entsprechender Anwendung der §§ 125 I, 87a I Nr. 3, III zu entscheiden, wenn sich das Verfahren in der Hauptsache erledigt. Denn nach I Nr. 3, III soll der Vorsitzende nach Erledigung der Hauptsache nicht nur über die Kosten des Hauptsacheverfahrens entscheiden, sondern auch über einen als Annex zur Hauptsache gestellten PKH-Antrag. Dies gilt für die zweite Instanz in Berufungsverfahren nach § 125 I unmittelbar und für Beschwerdeverfahren entsprechend (OVG NRW Beschl. v. 13.9.2006 – 18 E 895/06, vom 4.3.2005 – 22 E 958/04; HmbOVG NVwZ-RR 2007, 211). Nach aA bleibt für die Beschwerde gegen die erstinstanzliche Ablehnung von PKH der Senat zuständig (HmbOVG AuAS 2019 29; NdsOVG InfAuslR 2018, 232; SächsOVG DÖV 2007, 933; VGH BW NVwZ-RR 2007, 210). Eine **weitere Ansicht** differenziert danach, ob eine solche Verfahrensbeendigung bereits in erster Instanz eingetreten ist und daher der erstinstanzliche Berichterstatter nach Maßgabe des I Nr. 2 und 3, III entschieden hat; dann soll der Senat in der Besetzung mit drei Richtern zuständig sein (ThürOVG NVwZ-RR 2008, 286).

4. Streitwert

15 Die Entscheidung über den Streitwert (§ 63 GKG) trifft nach I Nr. 4 der Vorsitzende/BE. Das **Beschwerdegericht** entscheidet im Verfahren nach §§ 68 II 6, 66 VI 1 GKG, wenn im erstinstanzlichen Verfahren „ein einzelner Richter", unabhängig davon, ob BE nach I Nr. 4 oder Einzelrichter, entschieden hat, ebenfalls durch den BE des Senats (VGH BW Beschl. v. 26.7.2019 – 11 S 1773/19; OVG NRW Beschl. v. 23.10.2018 – 13 E 737/18;

NdsOVG Beschl. v. 14.10.2011 – 13 OA 196/11; HmbOVG NVwZ-RR 2011, 303).

5. Kosten

Die Entscheidung über die Kosten trifft nach I Nr. 5 (zumeist iVm Nrn. 2 **16** und 3) der Vorsitzende/BE. Die Vorschrift ist weit auszulegen. Auch bei der **Erinnerung** gegen einen Kostenfestsetzungsbeschluss des Urkundsbeamten der Geschäftsstelle handelt es sich um eine Entscheidung über „Kosten" iSv I Nr. 5 (BVerwG AnwBl 2019, 107). Bei der Entscheidung nach § 162 II 2 handelt es sich hingegen um keine Entscheidung über Kosten in diesem Sinne (SächsOVG NVwZ-RR 2009, 542), ebenso wenig bei einer Entscheidung über die Gewährung von PKH (Kopp/Schenke Rn. 7 mwN).

6. Beiladung

Die Entscheidung über die Beiladung (§ 65) trifft nach I Nr. 6 der Vor- **17** sitzende/BE.

III. Entscheidung durch konsentierten Einzelrichter (II, III)

Im Einverständnis der Beteiligten kann der **Vorsitzende** auch sonst anstelle **18** der Kammer oder des Senats entscheiden (II). Ist ein **BE** bestellt, so entscheidet dieser anstelle des Vorsitzenden (III). § 6 I ist dann nicht anzuwenden (BVerwG Buchh 406.11 § 244 BauGB Nr. 5; NVwZ-RR 2015, 641). Dementsprechend unterliegt auch der **Richter auf Probe** nicht den zeitlichen Einschränkungen des § 6 I 2 (→ § 6 Rn. 15) bzw. § 76 V AsylG. In § 100 II 6, III 4 und § 166 V ist die **entspr. Anwendung** von § 87a III angeordnet.

Mit dem Einverständnis nach II, III wird nicht automatisch zugleich der **19** Verzicht auf **mündliche Verhandlung** erklärt; ein derartiges zweifaches Einverständnis muss ausdrücklich, klar, eindeutig und vorbehaltlos gegeben werden (BVerwG NVwZ-RR 1998, 525; zB „Mit der Entscheidung durch den Berichterstatter anstelle einer mündlichen Verhandlung besteht Einverständnis"). Im **Verfahren nach § 130a S. 1** sind II, III nicht anwendbar. Aus dem Erfordernis der Einstimmigkeit ergibt sich, dass diese Entscheidungsart dem Senat als Spruchkörper in Beschlussbesetzung vorbehalten ist (BVerwG Beschl. v. 20.7.2000 – 1 B 30.00; BVerwGE 111, 69). Das Einverständnis nach II, III erfasst auch ein sich anschließendes **Anhörungsrüge-verfahren** nach § 152a.

1. Einverständniserklärung

a) Form. Das Einverständnis ist gem. § 55a Abs. 1 auf elektronischem Weg, **20** **schriftlich oder** – soweit gem. § 81 I zulässig – **zu Protokoll der Geschäftsstelle** oder in einer mündlichen Verhandlung oder Erörterungstermin **zu Protokoll** zu erklären. Es ist zulässig und weitgehend üblich, dass die Anregung hierzu vom Gericht ausgeht. Ein gegenüber dem Gericht **telefonisch** erklärtes Einverständnis, das durch einen schriftlichen Aktenvermerk festgehalten wird, ist ebenfalls zulässig, solange über den Inhalt der Erklärung kein Streit besteht (BVerwG NVwZ 1984, 645 zu § 101 II).

21 **b) Inhalt.** Als prozessgestaltende Erklärung muss das Einverständnis **ausdrücklich, klar, eindeutig und vorbehaltlos** abgegeben werden (BVerwG NJW 1983, 183 zu § 101 II; zB „Mit der Entscheidung durch den Berichterstatter anstelle der Kammer besteht Einverständnis"). In Zweifelsfällen hat das Gericht auf eine Klarstellung hinzuwirken (§ 86 III). Die Erklärung muss sich auf dasselbe Verfahren beziehen. Ein im Eilverfahren erklärtes Einverständnis begründet keine Zuständigkeit des konsentierten Einzelrichters für das Hauptsache- oder Vollstreckungsverfahren (OVG NRW NVwZ-RR 1994, 619).

22 Das Einverständnis kann in der Form einer **„generellen Prozesserklärung"**, die bei Gericht hinterlegt wird, erteilt werden. Einer erneuten Einverständniserklärung wegen des infolge einer allgemeinen Geschäftsverteilungsänderung bewirkten Wechsels der Spruchkörperzuständigkeit oder des BE bedarf es nicht (BVerwG NVwZ 1996, Beilage 5, 33).

23 **c) Unwiderruflichkeit, Unanfechtbarkeit.** Die Erklärung des Einverständnisses gem. II, III ist eine Prozesshandlung, die in ihrer prozessualen Bedeutung der Erklärung nach § 101 II ähnlich ist. Der Verzicht auf mündliche Verhandlung ist als Prozesshandlung grds. **unwiderruflich** und **unanfechtbar** (BVerwG NVwZ 1996, Beilage 4, 26; BVerwG Buchh 310 § 101 VwGO Nr. 21); für die Einverständniserklärung nach II gilt nichts anderes (BVerwG Buchh 310 § 87a VwGO Nr. 5; NVwZ-RR 1997, 259).

24 Zu den Folgen einer **Änderung der Prozesslage** nach Erklärung des Einverständnisses → § 101 Rn. 10 f.

2. Entscheidungskompetenz

25 **„Auch sonst"** bedeutet, dass außerhalb des vorzubereitenden Verfahrens nach I und damit abschließend in der Sache anstelle der Kammer oder des Senats entschieden werden kann (BVerwG Beschl. v. 20.7.2000 – 1 B 30.00). Eine Verpflichtung des konsentierten Einzelrichters, bei Einverständnis der Beteiligten allein zu entscheiden, besteht nicht. Letztlich sollte der gesamte Spruchkörper (intern) darüber entscheiden, ob ein Verfahren für eine Entscheidung nach II, III geeignet ist.

26 Entscheidet der konsentierte Einzelrichter, ist er **„Gericht"** iSd VwGO und prozessrechtlich unbegrenzt entscheidungsbefugt. So kann er zB auch Berufung (§ 124a I 1) oder Sprungrevision (§ 134 I 1) wirksam zulassen (BVerwGE 132, 10; 121, 292; Seibert NVwZ 2004, 821).

§ 87b [Fristsetzung, Fristversäumnis]

(1) [1] **Der Vorsitzende oder der Berichterstatter kann dem Kläger eine Frist setzen zur Angabe der Tatsachen, durch deren Berücksichtigung oder Nichtberücksichti-**

gung im Verwaltungsverfahren er sich beschwert fühlt. [2]Die Fristsetzung nach Satz 1 kann mit der Fristsetzung nach § 82 Abs. 2 Satz 2 verbunden werden.

(2) Der Vorsitzende oder der Berichterstatter kann einem Beteiligten unter Fristsetzung aufgeben, zu bestimmten Vorgängen

1. Tatsachen anzugeben oder Beweismittel zu bezeichnen,
2. Urkunden oder andere bewegliche Sachen vorzulegen sowie elektronische Dokumente zu übermitteln, soweit der Beteiligte dazu verpflichtet ist.

(3) [1]Das Gericht kann Erklärungen und Beweismittel, die erst nach Ablauf einer nach den Absätzen 1 und 2 gesetzten Frist vorgebracht werden, zurückweisen und ohne weitere Ermittlungen entscheiden, wenn

1. ihre Zulassung nach der freien Überzeugung des Gerichts die Erledigung des Rechtsstreits verzögern würde und
2. der Beteiligte die Verspätung nicht genügend entschuldigt und
3. der Beteiligte über die Folgen einer Fristversäumung belehrt worden ist.

[2]Der Entschuldigungsgrund ist auf Verlangen des Gerichts glaubhaft zu machen. Satz 1 gilt nicht, wenn es mit geringem Aufwand möglich ist, den Sachverhalt auch ohne Mitwirkung des Beteiligten zu ermitteln.

§ 87b dient der Verfahrensbeschleunigung (BVerwG NJW 2006, 2648). Er **1** flankiert in verfassungsrechtlich nicht zu beanstandender Weise die Amtsermittlungspflicht des § 86 I und schränkt diese in Teilen im Interesse der Prozeßökonomie ein. § 87b findet Anwendung im **erstinstanzlichen Verfahren,** im **Berufungsverfahren** (§ 125 I 1) – hier auch im Verfahren nach § 130a (BVerwG NVwZ 2000, 1042) – sowie entsprechend in den **selbstständigen Antragsverfahren** nach §§ 47, 80 V, 80a III, 123 (str., wie hier BayVGH NVwZ 1991, 896; VGH BW NVwZ 1991, 593; aA SSB Rn. 18) und **Beschwerdeverfahren.** § 128a trifft für das Berufungsverfahren ergänzende Regelungen.

I. Angabe von beschwerenden Tatsachen

Der Vorsitzende bzw. BE kann dem Kläger eine **konkrete, angemessene 2 Frist** zur Angabe der Tatsachen setzen, durch deren Berücksichtigung oder Nichtberücksichtigung im Verwaltungsverfahren dieser sich beschwert fühlt (I 1). Die Fristsetzung kann mit derjenigen nach § 82 II 2 verbunden werden (I 2). **Spezialregelungen** zu I 1 sind §§ 18e V 1 AEG, 74 II 1 AsylG, 17e V 1 FStrG, 10 V 1 LuftVG, 6 S. 1 UmwRG, 5 III 1 VerkPBG, 14e V 1 WaStrG.

Die gerichtliche Aufforderung muss **konkret** sein, um ggf. Grundlage einer **3** nachfolgenden Zurückweisung nach III zu sein. Es reicht zB nicht, den Kläger aufzufordern, die Klage zu begründen oder „zu seinen Asylgründen" – über neuen Sachvortrag hinaus – erneut Stellung zu nehmen und Beweismittel anzugeben; insoweit bedarf es näherer Angaben zu bestimmten Tatsachen oder Tatsachenkomplexen (vgl. BVerwG NVwZ 2000, Beilage Nr. 9, 99).

Die gem. § 56 I **zuzustellende** Verfügung nach I, II muss wegen ihrer **4** erheblichen rechtlichen Tragweite vom Vorsitzenden/BE **handschriftlich unterzeichnet** sein. Die Beifügung eines den Namen abkürzenden Handzeichens (sog. Paraphe) genügt dem Unterschriftserfordernis nicht (BVerwG NJW 1994, 746). Der zuständige Richter muss auch für die Beteiligten als ihr Urheber hinreichend sicher erkennbar sein (OVG NRW Beschl. v. 13.2.2019 – 13 A 2769/18.A: Zustellung einer beglaubigten Abschrift mit Hinweis auf die richterliche Unterschrift). Zulässig ist auch die Form eines Aufklärungsbeschlusses.

II. Bezeichnung bestimmter Vorgänge ua

5, 6 Der Vorsitzende/BE kann jedem der Beteiligten (§ 63) unter Fristsetzung aufgeben, zu bestimmten Vorgängen Tatsachen anzugeben oder Beweismittel zu bezeichnen oder Urkunden oder andere bewegliche Sachen vorzulegen sowie elektronische Dokumente zu übermitteln, soweit der Beteiligte dazu verpflichtet ist (II). Eine solche Verpflichtung ergibt sich zB aus § 99 I oder § 98 iVm § 421 ZPO, ggf. aber auch aus Vertrag.

III. Zurückweisung

7 Das Gericht kann gem. III 1 Erklärungen und Beweismittel, die erst nach Ablauf einer nach I, II gesetzten Frist vorgebracht werden, unter bestimmten Voraussetzungen zurückweisen und ohne weitere Ermittlungen entscheiden (instruktiv auch für die anwaltliche Sicht Baudewin/Großkurth NVwZ 2018, 1674).

1. Materielle Präklusion

8 III ist **materielle Präklusionsregel** und prozessrechtliche Grundlage zur Ablehnung von Beweisanträgen (§ 86 II). Eine solche Präklusion ist grds. verfassungsrechtlich unbedenklich (BVerwG NVwZ 1997, 489). Allerdings müssen solche Vorschriften wegen der einschneidenden Folgen, die sie für den säumigen Beteiligten nach sich ziehen, **strengen Ausnahmecharakter** haben. Dieser ist jedenfalls dann gewahrt, wenn der betroffene Beteiligte ausreichend Gelegenheit hatte, sich in den ihm wichtigen Punkten zur Sache zu äußern, dies aber aus von ihm zu vertretenden Gründen versäumt hat (BVerfGE 69, 145). Zivilprozessuale Präklusionsregeln finden daneben keine Anwendung (BVerwG Beschl. v. 7.5.2013 – 2 B 147.11).

9 Im Hinblick auf die **weitreichenden Folgen** einer solchen Präklusion bedarf es in jedem Einzelfall einer sorgfältigen Prüfung, ob die gesetzlichen Vorgaben in verfassungskonformer Handhabung, dh bei strikter Wahrung der Verfahrenszwecke und der Verhältnismäßigkeit erfüllt sind (BVerwG NVwZ 2000, Beilage Nr. 9, 99). Einen absoluten Vorrang einzelner Rechtsgebiete, wie zB des Asylrechts, vor den mit den Präklusionsregelungen verfolgten Zielen der Konzentration und Beschleunigung des Verwaltungsprozesses gibt es aber nicht (BVerwG NVwZ 2000, Beilage Nr. 9, 99).

10 Liegen die tatbestandlichen Voraussetzungen des § 87b nicht vor, greift auch die Präklusionswirkung nicht. Wenn unter diesen Umständen ein Gericht das Vorbringen eines Beteiligten gleichwohl nicht zulässt oder einen erheblichen Beweisantrag zurückweist, obwohl die Voraussetzungen der Präklusionsvorschrift nicht gegeben sind, wird das **rechtliche Gehör** (Art. 103 I GG) verletzt (OVG Saarl Beschl. v. 7.7.2006 – 3 Q 8/06).

2. Fristablauf

Die gem. I, II gesetzte **Frist** (→ Rn. 2 ff.) muss **abgelaufen** sein (III 1). **11** Art. 103 I GG verpflichtet das Gericht, selbstgesetzte Äußerungsfristen abzuwarten (BVerfGE 64, 224). Unmittelbar nach Ablauf der Äußerungsfrist darf das Gericht in der Sache entscheiden. Es muss nicht darüber hinaus noch eine angemessene Zeit abwarten, um eventuelles verspätetes Vorbringen eines Beteiligten noch berücksichtigen zu können (BVerwG Beschl. v. 20.2.1998 – 9 B 101.98).

3. Verzögerung

Die Zulassung muss nach der freien Überzeugung des Gerichts die Erledigung **12** des Rechtsstreits verzögern (III 1 Nr. 1). Hierfür genügt das Herbeiführen einer nicht unerheblichen **absoluten Verfahrensverzögerung.** Ob der Rechtsstreit bei rechtzeitigem Vorbringen ebenso lange gedauert hätte, ist unerheblich, es sei denn, dies wäre offenkundig (BVerwG UPR 2019, 106). Erforderlich ist eine plausible Prognose (OVG Saarl Beschl. v. 7.7.2006 – 3 Q 8/06).

Wird ein Beweisantrag vor Anberaumung der mündlichen Verhandlung **13** angebracht, liegt eine Verzögerung ebenso wenig vor (BVerwG NVwZ 2000, Beilage Nr. 9, 99) wie bei der bloßen rechtlichen Bewältigung des Rechtsstoffes, die allein in die Verantwortung des Gerichts fällt (BVerwG LKV 2000, 211; NdsOVG NuR 2018, 871).

4. keine Entschuldigung

Der Beteiligte muss die Verspätung nicht genügend entschuldigt haben (III 1 **14** Nr. 2). Der Entschuldigungsgrund ist auf Verlangen des Gerichts glaubhaft zu machen (III 2, § 294 ZPO). Für die Frage, ob die Verspätung des Vorbringens **„genügend entschuldigt"** ist, sind die für die Wiedereinsetzung gem. § 60 I entwickelten Grundsätze entsprechend heranzuziehen (→ § 60 Rn. 8). Den Rechtsanwalt treffen grds. dieselben strengen Organisationsanforderungen wie bei der Einhaltung von Rechtsmittelfristen (BVerwG NVwZ 2000, 1042).

Hat das Gericht entscheidungserhebliches Vorbringen eines Beteiligten **15** nach III in der abschließenden Sachentscheidung als verspätet zurückgewiesen, ohne dass der Betroffene zuvor die Möglichkeit hatte, seine Schuldlosigkeit an der Fristversäumung geltend zu machen, kann er dies (allein) mit dem gegen die Sachentscheidung gegebenen Rechtsbehelf tun (BVerwG NVwZ 2000, 1042).

5. Belehrung

16 Der Beteiligte muss über die Folgen einer Fristversäumung belehrt worden sein (III 1 Nr. 3). Ihm muss durch die Belehrung klar gemacht werden, welcher Nachteil ihm bei Nichteinhaltung der gesetzten Frist bevorsteht. Davon hängt die Wirksamkeit der Fristsetzung ab (vgl. BVerfGE 60, 1). III 1 Nr. 3 gilt allerdings nur für richterlich gesetzte Fristen und nicht für gesetzliche Begründungsfristen, wie zB §§ 5 III VerkPBG, 18e V AEG (BVerwG NVwZ-RR 1998, 592), § 17e V 2 FStrG (OVG NRW Urteil v. 11.2.2009 – 11 D 45/06.AK) oder § 6 S. 1 UmwRG (BVerwG UPR 2019, 340).

17 Es reicht grds. nicht aus, formularmäßig lediglich den Wortlaut des III 1 Nrn. 1 und 2, S. 2 mitzuteilen. Sinn der Belehrung ist es, dem Beteiligten klar zu machen, dass ihm bei Versäumung der Frist nicht vorgebrachte Erklärungen und Beweismittel abgeschnitten werden und er den Prozess aus diesen Gründen uU verlieren wird (BGHZ 86, 218 zu § 277 II ZPO).

18 Die Belehrung darf sich hingegen auf eine Wiederholung des Wortlauts des III 1 Nrn. 1 und 2, S. 2 beschränken (nicht ausreichend: Hinweis nur auf die Norm), wenn der Beteiligte anwaltlich vertreten oder selbst ein zugelassener Rechtsanwalt ist (BGHZ NJW 1991, 493 zu § 277 II ZPO; Kopp/Schenke Rn. 8; SSB Rn. 42).

6. Ermessen des Gerichts

19 Liegen die Voraussetzungen des III 1 vor, steht es im freien **Ermessen** des Gerichts, ob es von der Präklusionsmöglichkeit Gebrauch macht, es sei denn, es ist mit geringem Aufwand möglich, den Sachverhalt auch ohne Mitwirkung des Beteiligten zu ermitteln (III 3). Das Ermessen ist nicht in Richtung einer Präklusion intendiert, auch wenn die Gegenseite hierdurch ggf. Nachteile erleidet (str., Kopp/Schenke Rn. 9; aA SSB Rn. 44). Die Präklusion dient objektiv dem Beschleunigungszweck und räumt der Gegenseite keine wehrfähigen Rechtspositionen ein (SSB Rn. 48 Fn. 93).

20 Die in III eröffnete richterliche Ermessensentscheidung ist im Zusammenhang mit der Sachentscheidung zu **begründen** (BVerwGE 122, 271). Sämtliche gesetzlichen Voraussetzungen für eine Präklusion müssen oW erkennbar oder nachvollziehbar dargelegt sein. Dazu gehören regelmäßig die Angabe, auf welchen Tatbestand die Präklusion gestützt wird (I 1 oder II), sowie Ausführungen zur Verspätung (III 1 Hs. 1 und Nr. 3: Fristversäumung nach ordnungsgemäßer Fristsetzung mit Belehrung), zur Verzögerung (III 1 Nr. 1), zum Fehlen von Entschuldigungsgründen (III 1 Nr. 2) und zur Ausübung des Präklusionsermessens nach III 1 und 3 (BVerwG NVwZ 2000, Beilage Nr. 9, 99). Im Einzelfall kann sich dies aber schon aus der Darlegung ergeben, dass die tatbestandlichen Voraussetzungen für eine Zurückweisung nach § 87b vorliegen (BVerwG Beschl. v. 27.5.2010 – 8 B 112.09; BayVGH Beschl. v. 13.6.2019 – 13a ZB 18.30460). Die hierfür maßgeblichen Anforderungen hängen von den Umständen des jeweiligen Einzelfalls ab, wobei der Begründungsbedarf regelmäßig mit dem Gewicht der Präklusionsfolgen für den

Betroffenen steigen wird (BVerwG NVwZ 2000, 1042; VGH BW ZAR 2017, 337: zB mit Blick auf Art. 2 II GG).

§ 88 [Bindung an das Klagebegehren]

Das Gericht darf über das Klagebegehren nicht hinausgehen, ist aber an die Fassung der Anträge nicht gebunden.

Hs. 1 ist Ausdruck der im Verwaltungsprozess geltenden Dispositionsmaxime **1** (BVerwGE 162, 331). Hs. 2 trägt dem Umstand Rechnung, dass im Wege der Auslegung (→ § 82 Rn. 2) das erkennbare Begehren des Klägers ermittelt werden muss (BVerwG NJW 2010, 188), sofern gerichtliche Hinweise zu keiner Präzisierung führen (§ 86 III). § 88 findet gem. §§ 122 I, 125 I 1, 141 S. 1 auch im **Beschluss-, Berufungs-** und **Revisionsverfahren** sowie entsprechend im **Beschwerdeverfahren** und auf die **Anträge der anderen Beteiligten** (§ 63 Nrn. 2 – 4) Anwendung. Eine Verletzung des § 88 ist ein im Rechtsmittelverfahren vAw zu prüfender Verfahrensmangel (BVerwGE 156, 94; 149, 343; BVerwG ZOV 2018, 109).

Unter Ausnahme zu § 88 und daher ohne, dass es eines Antrags bedürfte, **2** ergehen **vAw** die Entscheidungen über die Kosten (§§ 154 ff.), die vorläufige Vollstreckbarkeit (§ 167), die Streitwertfestsetzung (§ 63 GKG) und ggf. die Zulassung von Rechtsmitteln (§§ 124 I, 132 I, 134).

I. Bindung an das Klagebegehren

Das Gericht darf über das Klagebegehren (→ § 82 Rn. 5) nicht hinausgehen. **3** Dem Kläger darf daher weder **qualitativ** noch **quantitativ** mehr gegeben werden, als er begehrt (**ne ultra petita**). So scheidet aus: die Verpflichtung der Behörde zum Erlass eines VA, wenn der Kläger nur die Aufhebung der Ablehnung oder die Neubescheidung begehrt (BVerwGE 69, 198); die Verpflichtung zur Erteilung einer unbeschränkten Genehmigung statt zur Erteilung einer beantragten Genehmigung unter Auflagen (BVerwG DÖV 1970, 498); die Feststellung einer verfassungswidrigen Unteralimentation eines Beamten statt einer Verpflichtung zur Bewilligung von Beihilfe (BVerwG ZBR 2011, 379). Die Feststellung einer Unteralimentation soll auch nicht in dem Begehren einer (Feststellung der Verpflichtung zur) Zahlung einer höheren als der gesetzlich vorgesehenen Besoldung zu sehen sein (BVerwG NVwZ 2019, 698 Ls.); dies überzeugt nicht, da die Feststellung als minus im Ausgangsbegehren enthalten ist, zumindest aber mit dem Begehren in Einklang gebracht werden kann. Auch bei der einstweiligen Anordnung (§ 123) darf das Gericht – trotz § 123 III iVm § 938 I ZPO – nicht über das Rechtsschutzziel hinausgehen (BVerfG Beschl. v. 29.9.2008 – 1 BvR 1464/07). Die Bindung an das Klagebegehren schließt die Zuerkennung eines im Begehren enthaltenen minus (in Abgrenzung zu einem aliud) selbstverständlich nicht aus; die Klage ist dann iÜ abzuweisen.

4 Keine Bindung besteht an die vom Kläger geltend gemachten **Klagegründe** rechtlicher oder tatsächlicher Art. Das Gericht ist bei seiner Entscheidungsfindung (nur) an das im Streitgegenstand zum Ausdruck kommende Klagebegehren gebunden, nicht jedoch an die Klagegründe. Es kann der Klage im Rahmen des Streitgegenstandes auch aus anderen Gründen stattgeben, als sie vom Kläger geltend gemacht werden (BVerwG NVwZ 2007, 104).

5 § 88 regelt nach Ansicht des BVerwG die Zulässigkeit einer **reformatio in peius** (BVerwGE 149, 343; Kopp/Schenke Rn. 6 f.), was nicht überzeugt. Höbe das Gericht unter Verstoß gegen § 88 über den Antrag des Klägers hinaus einen belastenden VA auf, läge bereits keine Verböserung vor. Verführe es in dieser Weise mit dem begünstigenden Teil eines iÜ belastenden VA, entschiede es unzulässigerweise über einen nicht anhängigen Streitgegenstand; unabhängig hiervon würde eine Aufhebung mangels Beschwer des Klägers (§ 42 II) ohnehin ausscheiden.

II. Keine Bindung an die Fassung der Anträge

6 Das Gericht ist an die Fassung der – in der Klageschrift angekündigten und in der mündlichen Verhandlung gestellten (§§ 103 III, 105 iVm § 160 III Nr. 2 ZPO) – Anträge nicht gebunden.

1. Ermittlung des Rechtsschutzziels

7 Bei der Bestimmung des Rechtsschutzziels sind sämtliche Umstände, insbesondere die Gesamtheit des Vorbringens des Beteiligten, zu berücksichtigen. Insoweit sind die für die Auslegung von Willenserklärungen geltenden Grundsätze (§§ 133, 157 BGB) anzuwenden. Wesentlich ist der geäußerte Wille des Beteiligten, wie er sich aus der prozessualen Erklärung und sonstigen Umständen ergibt; der Wortlaut der Erklärung tritt hinter deren Sinn und Zweck zurück. Neben dem Klageantrag und der Klagebegründung ist auch die Interessenlage des Klägers zu berücksichtigen, soweit sie sich aus dem Vortrag und sonstigen für das Gericht und den Beklagten als Empfänger der Prozesserklärung erkennbaren Umständen ergibt (BVerwG NVwZ-RR 2019, 698 Ls.; ZOV 2018, 109). Es ist hierbei in aller Regel davon auszugehen, dass der Kläger das für ihn typischerweise weitestgehende Rechtsschutzziel mit den für ihn jeweils günstigsten Rechtsschutzformen anstrebt (BVerwGE 127, 161). So ist bei dem Streit um ein Genehmigungserfordernis die Stellung eines Feststellungsantrags und lediglich hilfsweise eines Verpflichtungsantrags anzunehmen (BVerwGE 156, 94). Ist der Kläger **anwaltlich** vertreten, kommt der Antragsformulierung eine gesteigerte Bedeutung für die Ermittlung des tatsächlich Gewollten zu (BVerwGE 149, 265).

8 § 88 legitimiert den Richter nicht, die **Wesensgrenzen der Auslegung** zu überschreiten und (ohne Notwendigkeit einer Erörterung) an die Stelle dessen, was ein Beteiligter erklärtermaßen will, das zu setzen, was er – nach Meinung des Richters – zur Verwirklichung seines Bestrebens wollen sollte (BVerwGE 129, 199; NVwZ-RR 2019, 698 Ls.). Bestätigt der Kläger in der mündlichen Verhandlung „klarstellend" ein bestimmtes Verständnis seines Rechtsschutzziels, muss er sich hieran festhalten lassen (vgl. BVerwG NVwZ 2010, 1438).

Vor einer Auslegung hat die **gerichtliche Anregung** zur Erläuterung der 9 gestellten Anträge zu geschehen (§ 86 III). Dies kann in der mündlichen Verhandlung erfolgen (§ 104 I) oder schon im vorbereitenden Verfahren (§ 87 I 2 Nr. 2).

2. Umdeutung

Führt der og Weg nicht weiter, sind – sofern der Beteiligte die vom Gericht 10 favorisierte Auslegung nicht ausdrücklich und bewusst ausgeschlossen hat (BVerwG LKV 2009, 132) – ggf. geboten die **Umdeutung** eines Widerspruchs in eine Klage (BVerwG NJW 1991, 508), einer Anfechtungs- in eine Verpflichtungs- (BVerwGE 52, 167) bzw. eine Leistungsklage (BVerwGE 60, 144), einer Verpflichtungs- in eine Feststellungsklage (BVerwG NJW 1978, 64), einer Fortsetzungsfeststellungs- in eine allgemeine Feststellungsklage (BVerwG NJW 1984, 2541), eines Antrags nach § 80 V in einen solchen nach § 123 und umgekehrt (→ § 123 Rn. 4 ff.) oder die Erstreckung einer Anfechtungsklage gegen eine Baugenehmigung auf den noch anfechtbaren Bauvorbescheid (BVerwGE 68, 241).

Prozesshandlungen auch **anwaltlich vertretener Beteiligter** unterliegen 11 der Auslegung, zu der auch das Revisionsgericht ohne Einschränkung befugt ist (BVerwG NWVBl 2018, 282 mwN). Eine **Umdeutung** nicht auslegungsfähiger, eindeutiger Erklärungen ist dem Gericht aber nur in engen Grenzen erlaubt (BVerwGE 136, 75). Insbes. muss das Rechtsschutzziel identisch bleiben. Deshalb scheidet die Umdeutung einer unstatthaften Berufung in einen Antrag auf Zulassung der Berufung aus, auch einer Revision in eine Nichtzulassungsbeschwerde oder umgekehrt (BayVGH BayVBl. 2013, 379); möglich ist aber die Umdeutung einer Klage in einen Normenkontrollantrag (BVerwG ZfBR 2015, 379) und einer Berufung in eine Anschlussberufung (BGH NJW 2009, 442). Allerdings müssen die an den statthaften Rechtsbehelf geknüpften Zulässigkeitsvoraussetzungen (insbes. Fristen) gewahrt sein. Zur Behandlung von Erklärungen des Anwalts im Außenverhältnis vgl. BVerwGE 115, 302.

III. Unterschreiten des Begehrens

Bleibt ein Teil des Begehrens unbeschieden, weil das Klagebegehren nur 12 unvollständig geprüft wird, ist § 88 verletzt. Dies gilt zB bei der bewussten Nichtentscheidung über einen Hilfsantrag (BVerwG 129, 367) oder der Entscheidung nur über den Hilfsantrag unter Übergehung des Hauptantrags (BVerwG NZWehr 2018, 170). Der darin liegende Verfahrensmangel führt nicht lediglich dazu, dass nur ein Teilurteil im Sinne des § 110 erlassen oder ein Antrag im Sinne des § 120 übergangen worden wäre. Vielmehr liegt ein Vollendurteil vor (→ § 110 Rn. 8). Mit der Rechtskraft des Urteils, das nur über einen Teil des Streitgegenstandes entschieden hat, entfällt die Rechtshängigkeit des unbeschieden gebliebenen Teiles des Streitgegenstandes (OVG NRW AuAS 2008, 46).

§ 89 [Widerklage]

(1) [1]Bei dem Gericht der Klage kann eine Widerklage erhoben werden, wenn der Gegenanspruch mit dem in der Klage geltend gemachten Anspruch oder mit den gegen ihn vorgebrachten Verteidigungsmitteln zusammenhängt. [2]Dies gilt nicht, wenn in den Fällen des § 52 Nr. 1 für die Klage wegen des Gegenanspruchs ein anderes Gericht zuständig ist.

(2) Bei Anfechtungs- und Verpflichtungsklagen ist die Widerklage ausgeschlossen.

1   § 89 ermöglicht es dem Beklagten, unter Durchbrechung der Vorschriften über die örtliche Zuständigkeit (§ 52) einen **selbstständigen Gegenanspruch** gegen den Kläger der Hauptklage zu erheben. Ob es sich hierbei um eine besondere Sachentscheidungsvoraussetzung (Kopp/Schenke Rn. 1; SSB Rn. 2) oder um eine besondere Gerichtsstandsregelung handelt (ThP ZPO § 33 Rn. 1; BLAHG ZPO § 33 Rn. 1), ist von keiner praktischen Bedeutung. § 89 findet **entsprechende Anwendung** in den **selbstständigen Antragsverfahren** nach §§ 80 V, 80a, 123 (aA HessVGH DVBl 1992, 780), mangels vergleichbarer Interessenlagen jedoch **nicht** im **Normenkontrollverfahren** nach § 47 (Eyermann Rn. 3).

I. Voraussetzungen der Widerklage

2   Bei dem Gericht der Klage kann nach I eine Widerklage erhoben werden, wenn der Gegenanspruch mit dem in der Klage geltend gemachten Anspruch oder mit den gegen ihn vorgebrachten Verteidigungsmitteln zusammenhängt.

1. Anhängigkeit der Hauptklage

3   Die Widerklage setzt die **Anhängigkeit der Hauptklage** voraus (VGH BW VBlBW 2019, 67). Hieran fehlt es zB, wenn der Rechtsstreit bereits in der Hauptsache für erledigt erklärt worden ist (NdsOVG NVwZ-RR 2009, 788; → § 90 Rn. 2). Wird die Widerklage nach dem Schluss der mündlichen Verhandlung erhoben, ist ihre Zulässigkeit (in dieser Instanz) von der Wiedereröffnung der mündlichen Verhandlung abhängig (BGH NJW-RR 1992, 1085; SSB Rn. 8).

2. Widerklageberechtigung

4   Zur Widerklage ist **nur der Beklagte** berechtigt. Der Beigeladene (§ 65) kann nicht − auch nicht analog § 89 − Widerklage erheben (HessVGH DVBl 1992, 780; Posser/Wolff, BeckOK VwGO, § 89 Rn. 9; aA jedenfalls für den notwendig Beigeladenen VGH BW VBlBW 2019, 67, Eyermann Rn. 4; SSB Rn. 9).

3. Widerklagegegner

Die Widerklage muss gegen den Kläger der Hauptklage erhoben worden sein **5** oder gleichzeitig gegen diesen erhoben werden. Umstritten ist, ob die Widerklage **auch gegen einen bisher nicht am Prozess Beteiligten** erhoben werden darf (offen BGHZ 40, 185; NJW 1993, 2120; ablehnend SSB Rn. 9, da es an der Konnexität der Ansprüche fehle). Jedenfalls begründet I keinen Gerichtsstand für den Widerbeklagten, der nicht zugleich als Kläger an dem Verfahren beteiligt ist. Das Gericht der Klage ist für eine Widerklage, die gegen den Drittwiderbeklagten erhoben wird, örtlich nur zuständig, wenn ein Gerichtsstand nach § 52 bei dem Gericht der Drittwiderklage besteht.

4. Zusammenhang von Klage- und Gegenanspruch

Der Gegenanspruch iSd I 1 muss einen **selbstständigen Streitgegenstand** **6** darstellen. Die schlichte Leugnung des klägerischen Anspruchs erfüllt diese Voraussetzung nicht (Kopp/Schenke Rn. 1a; VGH BW VBlBW 2019, 67). Für eine Widerklage mit dem Ziel festzustellen, dass der mit der Hauptklage geltend gemachte Anspruch nicht besteht, fehlt es regelmäßig jedenfalls am Rechtsschutzbedürfnis.

Der Zusammenhang kann **rechtlicher oder tatsächlicher** Art sein. Ein **7** unmittelbarer wirtschaftlicher Zusammenhang oder ein sonstiger innerer natürlicher Zusammenhang aufgrund eines einheitlichen Lebensverhältnisses ist ausreichend (vgl. Kopp/Schenke Rn. 5; SSB Rn. 5).

Klage- und Gegenanspruch müssen innerhalb **derselben Prozessart** **8** (nicht: Klageart) verfolgt werden (Redeker/v. Oertzen Rn. 12; NK-VwGO Rn. 2).

5. Widerklageerhebung

Die Widerklage ist – wie die Klage – entsprechend § 81, gem. § 55a oder in **9** der mündlichen Verhandlung oder einem Erörterungstermin zu Protokoll des Gerichts (§ 173 S. 1 iVm § 261 II ZPO) zu erheben. Ihre Erhebung unter der – innerprozessualen – **Bedingung,** dass der Klage stattgegeben wird, ist zulässig (Redeker/v. Oertzen Rn. 10; BVerwGE 44, 351).

Die Erhebung der Widerklage ist kraft ausdrücklicher Anordnung in **10** § 125 I 1, welche eine über § 173 S. 1 entsprechende Anwendung des § 533 ZPO ausschließt, **auch noch im Berufungsverfahren** zulässig (BVerwGE 44, 351). In der Revisionsinstanz ist sie grds. unzulässig. Wenn die Erhebung der Widerklage aber keinen neuen Streitstoff in den Prozess einführt, sondern nur in prozessual richtiger Form einen von Anbeginn des Rechtsstreits unter den Beteiligten erörterten Anspruch aufgreift, über den sie schon in den Vorinstanzen gestritten haben und der deshalb keiner nachzuholenden tatsächlichen Begründung bedarf, ist sie ausnahmsweise zulässig (BVerwGE 44, 351). So darf die Widerklage selbst in der Revisionsinstanz noch erhoben werden, wenn der Kläger zustimmt, keine weiteren Beteiligten hinzutreten müssen und der Streitstoff nicht erweitert wird (BVerwG NVwZ 2006, 703).

6. Zustimmung

11 Die Zulässigkeit der Widerklage ist weder von der Zustimmung des Klägers noch der Sachdienlichkeitserklärung durch das Gericht abhängig. Weder § 91 noch § 173 S. 1 iVm § 533 Nr. 1 ZPO finden entsprechende Anwendung (BVerwGE 44, 351; NK-VwGO Rn. 1; SSB Rn. 15; aA Kopp/Schenke Rn. 1a). Dies gilt auch für die Widerklageerhebung in der Rechtsmittelinstanz (aA SächsOVG Urt. v. 2.3.2016 – 5 A 10/14; Kopp/Schenke Rn. 7).

7. Sonstige Sachentscheidungsvoraussetzungen

12 Die Widerklage ist iÜ zulässig, wenn – wie bei einer Klage – die Sachentscheidungsvoraussetzungen, wie zB die sachliche Zuständigkeit vorliegt und keine Rechtskraft entgegensteht (BVerwG NVwZ 2006, 703). Lediglich die örtliche Zuständigkeit nach § 52 muss – vorbehaltlich I 2 iVm § 52 Nr. 1 **(Gerichtsstand der Belegenheit der Sache)** – nicht gegeben sein. Liegen diese Voraussetzungen nicht vor, ist die erhobene Widerklage unzulässig, das Verfahren abzutrennen und die Widerklage als (eigenständige) Hauptklage zu behandeln; wurde sie in einer mündlichen Verhandlung gem. § 173 S. 1 iVm § 261 II ZPO zu Protokoll erhoben, muss sie nicht nochmals schriftlich iSd § 81 I erhoben werden.

II. Ausschluss der Widerklage

13 Die Widerklage kann nicht erhoben werden, wenn in den Fällen des § 52 Nr. 1 **(Gerichtsstand der Belegenheit der Sache)** für die Klage wegen des Gegenanspruchs ein anderes Gericht zuständig ist (I 2).

14 Bei **Anfechtungs- und Verpflichtungsklagen** iSd § 42 I ist die Widerklage ebenfalls ausgeschlossen (II). In einem solchen Fall besteht ein Über-/Unterordnungsverhältnis zwischen den Beteiligten (BT-Drs. III/55, S. 41), sodass der Beklagte das Ziel der Widerklage durch den Erlass eines VA erreichen kann. Hieran anknüpfend hält die Rspr. die Widerklage bei Anfechtungs- und Verpflichtungsklagen **ausnahmsweise** für zulässig, wenn zwischen dem Kläger und dem Widerkläger hinsichtlich des Gegenstands der Widerklage **kein Subordinationsverhältnis** besteht (BVerwGE 116, 175; 50, 137; ausführlich Kopp/Schenke Rn. 2). II soll den Prozess um einen VA von allem anderen freihalten und mit dieser Konzentration auf die Frage der Rechtmäßigkeit des hoheitlichen Handelns dem Rechtsschutz des Bürgers dienen. Dieser Zweck wird durch Zulassung einer Widerklage der Behörde dann nicht verfehlt, wenn ein Subordinationsverhältnis, aus dem heraus die Behörde den umstrittenen VA erlassen hat, in Wirklichkeit nicht besteht und die Widerklage denselben Streitstoff betrifft wie die Klage (BVerwG NVwZ 2006, 703). Dementsprechend ist insbes. im **Bund-Länder-Streit** nach § 50 I Nr. 1 eine Widerklage nicht ausgeschlossen (BVerwGE 116, 175). Ein weiterer Ausnahmefall, der die Widerklage zulässt, ist die Anfechtungsklage, mit der gerade die Unzulässigkeit des Handelns durch Bescheid geltend gemacht wird (Eyermann § 89 Rn. 15; BayVGH Beschl. v. 5.5.1998 – 3 B 95.3756).

III. Entscheidung des Gerichts

Der Funktion der Widerklage entsprechend sollte über Haupt- und Wider- **15** klage möglichst zeitgleich entschieden werden (SSB Rn. 15). Ist nur eine der beiden Klagen entscheidungsreif, kann ein Teilurteil ergehen (→ § 110 Rn. 4) oder getrennt werden (→ § 93 Rn. 11).

§ 90 [Rechtshängigkeit]

¹Durch Erhebung der Klage wird die Streitsache rechtshängig. ²In Verfahren nach dem Siebzehnten Titel des Gerichtsverfassungsgesetzes wegen eines über-langen Gerichtsverfahrens wird die Streitsache erst mit Zustellung der Klage rechtshängig.

§ 90 regelt die Rechtshängigkeit von Klageverfahren. Rechtshängigkeit tritt **1** entsprechend bei den **selbstständigen Antragsverfahren** nach §§ 47, 80 V, 80a III, 123 ein (vgl. NdsOVG NVwZ-RR 2006, 295; SSB Rn. 23 f.).

I. Eintritt der Rechtshängigkeit

Mit der Einreichung einer den Anforderungen der §§ 81 f. entsprechenden **2** Klageschrift ist mit Ausnahme der Verfahren nach dem Siebzehnten Titel des GVG wegen eines überlangen Gerichtsverfahrens (§ 90 S. 2) Klage erhoben; die Streitsache ist rechtshängig (S. 1). Anders als im Zivilprozess (§ 253 I ZPO) bedarf es für den Eintritt der Rechtshängigkeit der Zustellung der Klageschrift (§ 85 S. 1) nicht (s. aber § 90 S. 2). Rechtshängigkeit tritt auch dann ein, wenn der Verwaltungsrechtsweg (§ 40 I) nicht eröffnet oder das angerufene Gericht nicht zuständig sein sollte. Der Rechtsstreit ist in diesem Fall gem. § 173 S. 1 bzw. § 83 S. 1 iVm § 17a II GVG zu verweisen; die Wirkungen der Rechtshängigkeit bleiben bestehen (§ 17b I 2 GVG; → § 83 Rn. 6).

Rechtshängigkeit tritt allerdings dann **nicht** ein, wenn sich dem einge- **3** henden Schriftsatz offensichtlich **kein ernsthaft gemeintes Rechtsschutz-begehren** entnehmen lässt oder die Klageschrift bei dem erkannt unzuständi-gen Gericht eingereicht wird (→ § 81 Rn. 2, 11 f.).

Hilfsanträge werden mit ihrer Stellung sofort rechtshängig; hat der Haupt- **4** antrag Erfolg, entfällt deren Rechtshängigkeit rückwirkend (Eyermann § 44 Rn. 5). **Widerklagen** (§ 89) und **Klageänderungen** (§ 91) werden mit ihrer wirksamen Erklärung rechtshängig (§ 173 S. 1 iVm § 261 II ZPO); die Rechtshängigkeit wirkt darüber hinaus nicht auf den Zeitpunkt der ursprüng-lichen Klageerhebung zurück (VGH BW NVwZ-RR 2015, 118).

5   **Ruhen** (§ 173 S. 1 iVm § 251 ZPO) und **Aussetzung des Verfahrens** (§ 94) haben keinen Einfluss auf die (fortbestehende) Rechtshängigkeit (VGH BW Urt. v. 3.9.1991 – 9 S 15/91).

II. Folgen der Rechtshängigkeit

6   Als Folgen der Rechtshängigkeit von besonderer Bedeutung sind die sog. **perpetuatio fori** (1.), das Prozesshindernis **anderweitiger Rechtshängigkeit** (2.) und der Anspruch auf **Prozesszinsen** (3.). Relevant sind auch § 204 I Nr. 1 BGB (Hemmung der Verjährung durch Rechtsverfolgung), § 171 IIIa AO (Ablaufhemmung) und § 173 S. 1 iVm §§ 265 f. ZPO (Veräußerung streitbefangener Sachen bzw. Grundstücke).

1. perpetuatio fori

7   Die einmal gegebene Zuständigkeit des angerufenen Gerichts wird durch eine nach Rechtshängigkeit eintretende Veränderung der sie begründenden Umstände nicht berührt (sog. **perpetuatio fori**), sofern der Streitgegenstand (→ § 121 Rn. 5) identisch bleibt (→ § 83 Rn. 5).

2. Prozesshindernis

8   Während der Rechtshängigkeit kann die Sache von keinem Beteiligten anderweitig anhängig gemacht werden (§ 173 S. 1 iVm § 17 I 2 GVG). Es besteht ein vAw zu beachtendes **Prozesshindernis.** Dies gilt auch für den Beigeladenen (str., vgl. Kopp/Schenke Rn. 15). Ein Verfahren vor dem BVerfG steht neuen Anträgen vor dem VG jedoch nicht entgegen (BVerwGE 50, 124).

9   Die „Sache" iSd § 17 I 2 GVG setzt die **Identität der Streitgegenstände** (→ § 121 Rn. 5) voraus. Diese liegt zB vor bei der selbstständig Klage auf Feststellung der Nichtigkeit des Widerspruchsbescheides bei gleichzeitiger Anfechtungsklage gegen den Ausgangsbescheid in der Gestalt dieses Widerspruchsbescheides (BayVGH BayVBl 1990, 370), bei einer Nichtigkeitsfeststellungsklage (§ 43 I), wenn bereits eine Anfechtungsklage erhoben bzw. rechtskräftig zum Abschluss gebracht worden ist (BVerwG Beschl. v. 7.1.2013 – 8 B 57.12), bei einer Feststellungsklage und einer solchen gegenteiligen Inhalts (vgl. BVerwG NVwZ 1993, 781). **Hauptsache- und Eilverfahren** betreffen nicht denselben Streitgegenstand (BVerwG HFR 2006, 1276); auch dann nicht, wenn im Eilverfahren aus Gründen des materiellen Rechts keine summarische, sondern eine Hauptsacheprüfung vorzunehmen ist (zB bei beamtenrechtlichen Konkurrentenstreitigkeiten).

10   Identität besteht auch für den Fall, dass das zuletzt angerufene Gericht für den Antrag zuständig, das zuerst angerufene Gericht aber unzuständig ist. Nach dem Grundsatz der **zeitlichen Priorität** muss das zeitlich früher angegangene unzuständige Gericht die bei ihm anhängige Rechtssache an das zuständige Gericht verweisen (BVerwG NZWehr 1994, 118).

3. Prozesszinsen

Rechtsfolge der Rechtshängigkeit ist, dass der Schuldner eine Geldschuld von **11** dem Eintritt der Rechtshängigkeit an mit fünf Prozentpunkten über dem Basiszinssatz für das Jahr (§§ 291, 288 I 2 BGB) zu verzinsen hat, auch wenn er nicht im Verzug ist. Diese Regelung gilt vorbehaltlich spezieller Regelungen in den Fachgesetzen entsprechend für den Verwaltungsprozess (stRspr, vgl. BVerwGE 158, 296). Prozesszinsen können auch verlangt werden, wenn die Verwaltung zum Erlass eines die Zahlung unmittelbar auslösenden VA verpflichtet worden ist. Diese Verpflichtung muss allerdings in der Weise konkretisiert sein, dass der Umfang der zugesprochenen Geldforderung feststeht. Allerdings braucht die Geldforderung nach Klageantrag und Urteilsausspruch nicht in jedem Falle der Höhe nach beziffert zu sein. Ausreichend ist, dass die Geldschuld rein rechnerisch unzweifelhaft ermittelt werden kann (stRspr, vgl. BVerwG NVwZ 2006, 67). Greift der Kläger eine mittels VA festgesetzte Zahlungsverpflichtung an, kann er wegen § 113 IV zugleich die Leistungsklage mit der Folge eines Anspruchs auf Prozesszinsen rechtshängig machen.

III. Ende der Rechtshängigkeit

§ 90 trifft keine Regelung zum Ende der Rechtshängigkeit. Nach allgemei- **12** nen Regeln endet die Rechtshängigkeit zB, wenn die gerichtliche Entscheidung mit ordentlichen Rechtsbehelfen nicht mehr angefochten werden kann, sog. **formelle Rechtskraft** (vgl. HessVGH NVwZ-RR 2006, 740; → § 121 Rn. 2).

1. ex-tunc-Wirkungen

Im Falle einer (auch fiktiven) **Klagerücknahme** ist das Verfahren unmittelbar **13** mit Rückwirkung auf den Zeitpunkt der Klageerhebung beendet (→ § 92 Rn. 31). Der Rechtsstreit ist als nicht anhängig geworden anzusehen (§ 173 S. 1 iVm § 269 III 1 Hs. 1 ZPO). Bereits ergangene nicht rechtskräftige Urteile sind wirkungslos (§ 269 III 1 2. Hs. ZPO). Ist die Einwilligung nach § 92 I 2, II 2 erforderlich, wirkt sie erst − aber entsprechend § 184 I BGB mit Rückwirkung − mit deren Eingang bei Gericht (BVerwG NVwZ 1991, 60).

2. ex-nunc-Wirkungen

Die Rechtshängigkeit wird durch den Abschluss eines gerichtlichen **Ver-** **14** **gleichs** (§ 106) oder durch übereinstimmende **Hauptsachenerledigungserklärung** (§ 161 II) **ex nunc** beendet; § 269 III 1 Hs. 1 ZPO findet keine entsprechende Anwendung, da die Interessenlage mit der Klagerücknahme, bei welcher der Kläger dem Gericht den Rechtsstoff regelmäßig wegen erkannter Erfolglosigkeit zum Zwecke der Gerichtsgebührenreduktion entzieht, nicht vergleichbar ist. Wird aber der Kläger klaglos gestellt und der Rechtsstreit in der Hauptsache übereinstimmend für erledigt erklärt, ent-

spricht nur die ex nunc-Wirkung der Interessenlage (Fortbestand bereits entstandener Rechtshängigkeitszinsen, der Verjährungsunterbrechung oder der
aufschiebenden Wirkung einer Anfechtungsklage, Möglichkeit rückwirkender
Bewilligung von PKH; vgl. Ratschow in Gräber FGO § 138 Rn. 25; SSB
Rn. 6, dort auch (Fn. 22) zu der Frage, ob hiernach noch eine Rücknahme
zum Erreichen der ex-tunc-Wirkung in Betracht kommt; grds. aA BayVGH
NVwZ-RR 2017, 310; Kopp/Schenke § 161 Rn. 15). Auf den Zeitpunkt
der nachfolgenden gerichtlichen Kostenentscheidung kommt es nicht an, da
diese die Hauptsache nicht mehr betrifft (Kopp/Schenke Rn. 4 mwN; SSB
Rn. 6). Im Wege der **Klageänderung** (§ 91) fallengelassene Klagegegenstände sind mit dem Zugang der Änderungserklärung des Klägers nicht mehr
rechtshängig (str., wie hier SSB § 91 Rn. 86 ff. mwN), es sei denn, sie
werden hilfsweise aufrecht erhalten (→ § 91 Rn. 6).

15   Nach **einseitig gebliebener Erledigungserklärung** und – vorinstanzlich
– erfolglosem Erledigungsfeststellungsantrag ist die Rechtshängigkeit des ursprünglichen Sachbegehrens nicht entfallen, sodass wiederum zum Sachantrag
zurückgekehrt werden kann (stRspr, BVerwG NVwZ 1999, 404; aA Kopp/
Schenke Rn. 4).

3. Folgen einer Anhörungsrüge

16   Eine **Anhörungsrüge** (§ 152a) nach dem Ergehen einer Entscheidung führt
nicht zum Wiederaufleben der Rechtshängigkeit. Der Eintritt der Rechtskraft
wird nur durch rechtzeitige Einlegung des Rechtsmittels gehemmt (§ 173
S. 1 iVm § 705 S. 2 ZPO; HessVGH NVwZ-RR 2006, 740; Kopp/Schenke
Rn. 4, § 152a Rn. 4, aA NdsOVG NVwZ-RR 2006, 295).

§ 91 [Klageänderung]

(1) Eine Änderung der Klage ist zulässig, wenn die übrigen Beteiligten einwilligen oder das Gericht die Änderung für sachdienlich hält.

(2) Die Einwilligung des Beklagten in die Änderung der Klage ist anzunehmen,
wenn er sich, ohne ihr zu widersprechen, in einem Schriftsatz oder in einer
mündlichen Verhandlung auf die geänderte Klage eingelassen hat.

(3) Die Entscheidung, daß eine Änderung der Klage nicht vorliegt oder zuzulassen sei, ist nicht selbständig anfechtbar.

Übersicht

§ 91 ermöglicht, dass der Kläger auf sich im Laufe eines anhängigen Prozesses **1** verändernde Umstände reagiert und seine Klage unter erleichterten Bedingungen umstellt. Auf einen nach der Klageänderung nicht weitergeführten Anspruch finden weder die Regeln der Klagerücknahme (§ 92) noch der Hauptsacheerledigung (§ 161 II) Anwendung (Kopp/Schenke Rn. 30; SSB Rn. 11).

Die übrigen Beteiligten (§ 63 Nrn. 2–4) werden durch das Erfordernis **2** ihrer Einwilligung oder der Sachdienlichkeitserklärung durch das Gericht hinreichend vor sachwidrigen Veränderungen des Streitgegenstands geschützt. Zudem muss selbst ein Beteiligter, der trotz ordnungsgemäßer Ladung (§ 102 I, II) nicht zu einer mündlichen Verhandlung (§ 101 I) erscheint, nicht damit rechnen, dass im Wege der Klageänderung ein neuer Streitgegenstand in das Verfahren eingeführt und aufgrund der mündlichen Verhandlung sofort über diesen entschieden wird (BVerwG NJW 2001, 1151).

§ 91 gilt auch in den **selbstständigen Beschlussverfahren** (§§ 47 **3** (BVerwG BauR 2017, 830), 80 V, VII, 80a III, 123) sowie in **Beschwerde-** und **Berufungsverfahren** (§ 125 I 1, vgl. aber einschränkend OVG NRW Beschl. v. 1.6.2017 – 6 B 455/17). Im **Revisionsverfahren** ist eine Klageänderung unzulässig (§ 142 I 1).

I. Änderung der Klage

Die Anwendung des § 91 setzt eine **Änderung** der Klage voraus. Eine solche **4** liegt vor, wenn nach Rechtshängigkeit der Klage (§ 90) durch **Erklärung des Klägers** (1.) der **Streitgegenstand geändert** (2.) wird (BVerwG NVwZ 2007, 104; BVerwGE 124, 132).

1. Erklärung des Klägers

Die Erklärung muss gegenüber dem Gericht schriftlich – vor dem VG auch **5** zu Protokoll (§ 81 I) –, elektronisch (§ 55a) oder zu Protokoll in der mündlichen Verhandlung oder dem Erörterungstermin (§ 105) abgegeben werden. Sie kann auch **stillschweigend** durch eine schriftsätzlich oder zu Protokoll erklärte Änderung des Sachvortrags oder der Anträge erfolgen (BVerwGE 44, 148). Das Gericht hat auf eine Klarstellung nicht eindeutiger Erklärungen hinzuwirken (§ 86 III). Eine **bedingte** Klageänderung ist unzulässig (BVerwG NJW 1980, 1911).

Mit der Erklärung wird das bisherige Klagebegehren durch das neue Be- **6** gehren – unabhängig von der Zulässigkeit der Klageänderung (str., wie hier Kopp/Schenke Rn. 29; SSB Rn. 86 ff.) – **ersetzt.** Das bisherige Begehren bleibt regelmäßig hilfsweise aufrecht erhalten. Die Annahme, mit der Änderung des Klageantrages sei eine auch für den Fall der Unzulässigkeit der Klageänderung wirksame Rücknahme des ursprünglichen Klageantrages verbunden, ist nur gerechtfertigt, wenn dies aufgrund besonderer Anhaltspunkte zweifelsfrei erkennbar ist (OVG NRW NVwZ-RR 1994, 423 mwN).

2. Änderung des Streitgegenstands

7 Der Streitgegenstand wird durch den prozessualen Anspruch **(Klagebegehren)** sowie den ihm zugrunde gelegten Lebenssachverhalt **(Klagegrund)** bestimmt (→ § 121 Rn. 5). Sowohl Anspruch als auch Lebenssachverhalt können Änderungen erfahren.

8 **a) Einführung eines weiteren Begehrens.** Eine Streitgegenstandsänderung ist zB dann anzunehmen, wenn statt des bisher dem Klagebegehren zugrunde liegenden **Lebenssachverhalts** oder neben diesem ein anderer zur tatsächlichen Grundlage des zur Entscheidung gestellten Anspruchs gemacht wird (BVerwG NVwZ-RR 2000, 172; DVBl 2018, 1621) oder wenn dem bisherigen **Klageantrag** ein weiterer hinzugefügt wird, wobei es sich auch um einen Hilfsantrag handeln kann (BVerwG NVwZ 2004, 623), es sei denn, das mit dem Hilfsantrag verfolgte Begehren ist bereits in dem Hauptantrag als „rechtliches Minus" enthalten (BVerwG NJW 1996, 2945). Klassischer Fall einer Änderung ist die Einbeziehung eines weiteren VA in die Klage.

9 Die Klageänderung für ein neu eingeführtes Begehren steht rechtlich einer **Klageerhebung** gleich. Sie führt die Rechtshängigkeit des Begehrens herbei (§ 173 S. 1 iVm § 261 II ZPO). Daher müssen für diese Form der Klageerhebung die Prozessvoraussetzungen wie zB die Einhaltung der Klagefrist erfüllt sein (BVerwGE 105, 288; s. aber BVerwG Beschl. v. 22.10.2019 – 8 B 40.18 – zur Frage, ob bei der Einbeziehung eines den streitgegenständlichen Bescheid abändernden Bescheids die Klagefrist gewahrt werden muss).

10 **b) Auswechseln von Beteiligten.** Beim **Auswechseln des Beklagten,** das nach überwiegender Auffassung ebenfalls wie eine Klageänderung zu behandeln ist (vgl. SSB Rn. 41), kommt es für die Rechtzeitigkeit der Klageerhebung allein darauf an, ob die ursprünglich erhobene Klage innerhalb der Klagefrist beim Gericht eingegangen ist (BVerwG DVBl 1993, 562).

11 Auch der **gewillkürte Klägerwechsel** oder das Hinzutreten eines weiteren Klägers ist ein Unterfall der (subjektiven) Klageänderung, nicht aber im Sonderfall des § 173 S. 1 iVm § 265 II ZPO bei Veräußerung der streitbefangenen Sache (BVerwG NVwZ-RR 2001, 406; SSB Rn. 45). Der Beteiligtenwechsel ist auch noch im Berufungsverfahren zulässig (str., vgl. Kopp/ Schenke Rn. 20).

12 Eine **gesetzlich angeordnete Gesamtrechtsnachfolge** bewirkt einen gesetzlichen Beteiligtenwechsel (§ 173 iVm §§ 239 ff. ZPO), der auch noch im Rechtsmittelverfahren vAw zu berücksichtigen ist (BVerwGE 114, 326).

13 **c) Keine Streitgegenstandsänderungen. Keine Änderung des Streitgegenstands** und daher nicht den Einschränkungen der §§ 91, 142 I 1 unterworfen ist die Änderung oder Ergänzung der rechtlichen Begründung des Klageantrags oder das Nachschieben von Tatsachen wie zB einzelne Einwendungen gegen die Bewertung der Prüfungsleistung (OVG NRW

Beschl. v. 22.6.2016 – 14 E 444/16); des Rückgriffs auf § 173 S. 1 iVm § 264 Nr. 1 ZPO bedarf es hier bereits nicht.

Der Streitgegenstand wird auch nicht geändert durch den innerprozessualen **14** **Übergang vom erledigten Anfechtungs- oder Verpflichtungsbegehren** zur Fortsetzungsfeststellungsklage. Dieser ist wegen der Erleichterung des § 113 I 4 oW zulässig (BVerwGE 129, 27: jedenfalls solange der Streitgegenstand nicht ausgewechselt oder erweitert wird); dasselbe ergibt sich unter Rückgriff auf § 173 S. 1 iVm § 264 Nr. 2 ZPO (BVerwG NVwZ 2015, 986).

Der **Übergang vom ursprünglichen Klageantrag zum Erledigungs- 15 feststellungsantrag** ist von den Anforderungen des § 91 ebenfalls freigestellt (BVerwG NVwZ-RR 2018, 659) und kann selbst noch im Revisionsverfahren erklärt werden, auch wenn die Erledigung bereits während des erstinstanzlichen Verfahrens eingetreten ist (BVerwGE 114, 149). Ebenso ist die – ggf. hilfsweise – **Rückkehr vom Erledigungsfeststellungsantrag** zum Sachantrag nicht an die Voraussetzungen des § 91 gebunden (str., BVerwG NVwZ 1999, 404; SSB Rn. 35; aA Kopp/Schenke Rn. 13a). Weil der Streitgegenstand einer Verpflichtungs- (§ 113 V 1) und derjenige einer Bescheidungsklage (§ 113 V 2) im Wesentlichen identisch sind, stellt der **Übergang von einem Verpflichtungs- zu einem Bescheidungsantrag** auch keine Klageänderung dar (BVerwG NVwZ 2007, 104).

Eine **Berichtigung der Beteiligtenbezeichnung,** welche die Identität **16** des klagenden Beteiligten nicht berührt, ist ebenfalls keine Klageänderung (BVerwG Buchh 428 § 6 VermG Nr. 53).

d) Keine Klageänderung trotz Streitgegenstandsänderung. Als **keine 17 Klageänderung trotz Änderung des Streitgegenstandes** ist es anzusehen, wenn ohne Änderung des Klagegrundes der Klageantrag in der Hauptsache oder in Bezug auf Nebenforderungen erweitert oder beschränkt wird (§ 173 S. 1 iVm § 264 Nr. 2 ZPO; zur Abgrenzung BVerwG DVBl 2018, 1621). Dogmatisch ist in diesem Zusammenhang einiges umstritten, ohne dass es auf die Praxis beachtliche Auswirkungen hätte (vgl. SSB Rn. 24 ff.). So gilt es nicht als Klageänderung, wenn der nach Klageerhebung erlassene Widerspruchsbescheid in die Klage einbezogen wird oder wenn die Anfechtungsklage um den Antrag nach § 113 I 2 erweitert wird (BVerwGE 22, 314 → § 113 Rn. 25). Selbst bei einer Beschränkung finden die Regeln der (teilweisen) Klagerücknahme nach § 92 keine Anwendung (vgl. Kopp/Schenke Rn. 26 mwN).

Keine Klageänderung stellt es dar, wenn statt des ursprünglich geforderten **18** Gegenstandes wegen einer später eingetretenen Veränderung ein anderer Gegenstand oder das Interesse gefordert wird (§ 173 S. 1 iVm § 264 Nr. 3 ZPO) oder wenn von der Feststellungs- zur Leistungsklage oder von der negativen Feststellungs- zur Anfechtungsklage übergegangen wird (BVerwG NVwZ-RR 1988, 56).

II. Einwilligung der Beteiligten

19 Die Änderung ist ua zulässig, wenn die übrigen Beteiligten (§ 63) einwilligen (§ 91 I). Die **Einwilligung** muss im Zeitpunkt der letzten mündlichen Verhandlung bzw. im Zeitpunkt der Entscheidungsfindung im schriftlichen Verfahren (§§ 84, 101 II) vorliegen. Sie ist **bedingungsfeindliche, unwiderrufliche** und **unanfechtbare** Prozesshandlung. In der Stellung des Klageabweisungsantrags liegt keine schlüssige Einwilligung (BVerwG Buchh 310 § 88 VwGO Nr. 37). Der Einwilligung eines erst durch die Änderung in die Klage einzubeziehenden weiteren Beklagten bedarf es nicht; das bisherige Ergebnis des Prozesses muss er jedoch nicht ohne Einwilligung gegen sich gelten lassen (Kopp/Schenke Rn. 16).

III. Einlassen des Beklagten

20 Die Einwilligung des **Beklagten** in die Änderung der Klage ist anzunehmen, wenn er sich, ohne ihr zu widersprechen, in einem Schriftsatz oder in einer mündlichen Verhandlung auf die geänderte Klage eingelassen hat (§ 91 II). Diese Fiktion findet nach dem Wortlaut der Norm auf die anderen Beteiligten (§ 63 Nrn. 3 und 4) keine Anwendung (str., wie hier SSB Rn. 61, 70; aA Kopp/Schenke Rn. 17). Der mündlichen Verhandlung (§ 101 I) stehen in diesem Zusammenhang der Erörterungstermin (§ 87 I 2 Nr. 1) und der Beweistermin (§§ 87 III, 96 II) gleich, sofern in diesen auch zur Sache verhandelt wird (SSB Rn. 72).

21 **Einlassung** setzt voraus, dass sich der Beklagte mit Sachvortrag inhaltlich zur geänderten Klage äußert. Hierbei reicht es jedenfalls aus, wenn sich der Beklagte zur Zulässigkeit der geänderten Klage äußert, wenn diese einen Schwerpunkt des nach der Klageänderung zu führenden Verfahrens darstellt und zudem nicht unabhängig von materiell-rechtlichen Erwägungen beantwortet werden kann (BVerwG Buchh 310 § 91 VwGO Nr. 34 mwN zum Streitstand). Die Stellung eines **Klageabweisungsantrags** allein ist **kein Einlassen** (BVerwG HFR 2010, 666).

IV. Sachdienlichkeit

22 Die Änderung ist, sofern die Beteiligten nicht bereits einwilligen, auch dann zulässig, wenn das Gericht nach seinem Ermessen im Zeitpunkt der letzten mündlichen Verhandlung bzw. im Zeitpunkt der Entscheidungsfindung im schriftlichen Verfahren (§§ 84, 101 II) die Änderung für sachdienlich hält. Der **revisionsgerichtlichen Nachprüfung** unterliegt (nur), ob das Tatsachengericht den weitgehend von Erwägungen der Prozessökonomie beherrschten Rechtsbegriff der Sachdienlichkeit verkannt und damit die Grenze seines Ermessens überschritten hat (BVerwG BauR 2017, 830).

23 Eine Klageänderung ist in der Regel als sachdienlich anzusehen, wenn sie der **endgültigen Beilegung des sachlichen Streits** zwischen den Beteiligten im laufenden Verfahren dient und der Streitstoff im Wesentlichen derselbe bleibt (BVerwGE 124, 132; Buchh 310 § 88 VwGO Nr. 37;

NVwZ-RR 2018, 193), so vor allem bei der Änderung oder Auswechslung des angefochtenen VA bei im Wesentlichen gleicher Sachlage. Dies gilt auch dann, wenn dem Beklagten durch die Klageänderung eine Instanz verloren geht (VGH BW NVwZ 1993, 72) oder wenn die geänderte Klage als unbegründet abgewiesen werden müsste, denn auch durch eine solche Entscheidung wird der materielle Streitstoff endgültig ausgeräumt (BVerwGE 57, 31). Dass das Verfahren infolge der Klageänderung ggf. länger dauert, ändert an der Sachdienlichkeit nichts; es sei denn, der Rechtsstreit ist ohne Berücksichtigung der Klageänderung bereits **entscheidungsreif** (VGH BW VBlBW 1994, 147). Ist der Streitstoff trotz der Änderung im Wesentlichen derselbe geblieben und bejaht das Gericht die Sachdienlichkeit der Klageänderung, ist ein erneutes **Vorverfahren** nicht erforderlich (BVerwGE 124, 132; NVwZ-RR 2000, 172, → § 68 Rn. 9 ff.).

Sachdienlichkeit ist unter Beachtung der Interessen der am Prozess Beteiligten zu **verneinen,** wenn die Änderung zu einem unzulässigen Antrag führt, weil sie den sachlichen Streit zwischen den Beteiligten nicht endgültig beilegen kann (BVerwG BauR 2017, 830; MedR 2017, 644). Fehlt es für den geänderten Klageantrag an der örtlichen Zuständigkeit des befassten Gerichts (§ 52), so ist die Klageänderung ebenfalls nicht sachdienlich, weil mit ihr nicht im laufenden Verfahren der Streit beigelegt werden kann (OVG NRW NVwZ 1993, 588; aA Kopp/Schenke Rn. 19). **24**

V. Entscheidung über die Klageänderung

Das Gericht muss über die Zulässigkeit der Klageänderung, die Prozessvoraussetzung der (neuen) Klage ist, nicht gesondert entscheiden, kann dies jedoch im Wege eines unselbstständigen **Zwischenurteils** tun (§ 173 S. 1 iVm § 303 ZPO; → § 109 Rn. 4). Eine solche Entscheidung, dass eine Änderung der Klage nicht vorliegt oder zuzulassen sei, ist in jedem Fall **nicht selbstständig anfechtbar** (III), da über die Frage, ob eine Klageänderung zulässig ist, kein gesonderter Rechtsstreit geführt werden soll (BVerwG ZfBR 2016, 156: daher auch kein selbstständiger Beschwerdegrund iSd § 132 II Nr. 3). **25**

Entscheidet das Gericht nicht vorab über die Zulässigkeit der Klageänderung, muss es in den Entscheidungsgründen des Endurteils hierzu Stellung nehmen. Ist die **Klageänderung unzulässig,** ist die Klage schon deswegen abzuweisen (vgl. Kopp/Schenke Rn. 29), es sei denn, der Kläger hat seinen ursprünglichen Antrag hilfsweise aufrechterhalten (→ Rn. 6). Ist die **Klageänderung zulässig,** müssen für die Zulässigkeit der geänderten Klage die allgemeinen sonstigen Sachurteilsvoraussetzungen gegeben sein (BVerwG ZOV 2010, 231). Zu den Ausnahmen beim Vorverfahren → Rn. 23 und bei der Wahrung der Klagefrist beim Auswechseln des Beklagten → Rn. 10. Über die **ursprüngliche Klage** ist nicht mehr zu befinden. Fehlt die Entscheidung zur Sachdienlichkeit, kann sie sogar durch das Revisionsgericht nachgeholt werden (BVerwGE 154, 328). Wegen der **Kostenproblematik** mit Blick auf einen aus dem Prozess ausgeschiedenen Beklagten s. SSB Rn. 92 Fn. 140. **26**

§ 92 [Klagerücknahme]

(1) [1] Der Kläger kann bis zur Rechtskraft des Urteils seine Klage zurücknehmen. [2] Die Zurücknahme nach Stellung der Anträge in der mündlichen Verhandlung setzt die Einwilligung des Beklagten und, wenn ein Vertreter des öffentlichen Interesses an der mündlichen Verhandlung teilgenommen hat, auch seine Einwilligung voraus. [3] Die Einwilligung gilt als erteilt, wenn der Klagerücknahme nicht innerhalb von zwei Wochen seit Zustellung des die Rücknahme enthaltenden Schriftsatzes widersprochen wird; das Gericht hat auf diese Folge hinzuweisen.

(2) [1] Die Klage gilt als zurückgenommen, wenn der Kläger das Verfahren trotz Aufforderung des Gerichts länger als zwei Monate nicht betreibt. [2] Absatz 1 Satz 2 und 3 gilt entsprechend. [3] Der Kläger ist in der Aufforderung auf die sich aus Satz 1 und § 155 Abs. 2 ergebenden Rechtsfolgen hinzuweisen. [4] Das Gericht stellt durch Beschluß fest, daß die Klage als zurückgenommen gilt.

(3) [1] Ist die Klage zurückgenommen oder gilt sie als zurückgenommen, so stellt das Gericht das Verfahren durch Beschluß ein und spricht die sich nach diesem Gesetz ergebenden Rechtsfolgen der Zurücknahme aus. [2] Der Beschluß ist unanfechtbar.

Übersicht

§ 92 ist Ausdruck der klägerischen Dispositionsbefugnis über den Streitgegen- **1** stand. Entsprechend I können Beigeladener (§ 65) oder VöI (§ 36) ihre Anträge zurücknehmen. § 92 findet – auch mit der Fiktionsregelung des II – in den **selbstständigen Antragsverfahren** nach §§ 47, 80 V, VII, 80a III, 123 entsprechende Anwendung. Mangels Stellung vergleichbarer Anträge bedarf es in den Eilverfahren jedoch nicht der Einwilligung des Antragsgegners (Kopp/Schenke Rn. 2; SSB Rn. 83). Für die **Rücknahme von Rechtsmitteln** gilt § 126 für das **Berufungs-,** § 140 für das **Revisionsverfahren.**

I. Rücknahme der Klage

Der Kläger kann bis zur Rechtskraft des Urteils – also auch noch in der **2** Revisionsinstanz – seine Klage oder teilbare Streitgegenstände hiervon, ggf. nur gegenüber einzelnen Beklagten, zurücknehmen. Voraussetzung ist lediglich bestehende Rechtshängigkeit (→ § 90 Rn. 2). Die Gründe für eine Rücknahme können vielfältig sein (so zB der kostenrechtliche Vorteil nach Nr. 5111 Anl. 1 zu § 3 II GKG, vgl. hierzu OVG LSA LKV 2018, 431); eine Begründung muss der Kläger nicht geben.

1. Rücknahmeerklärung

a) Form. Die Rücknahme erfolgt durch schriftsätzliche, bei dem VG auch **3** zu Protokoll des Urkundsbeamten (§ 81 I 2), in der mündlichen Verhandlung oder einem Erörterungstermin zu Protokoll (§ 105 iVm § 160 III Nr. 8 ZPO) oder elektronisch (§ 55a) gegebene Erklärung gegenüber dem Gericht (BVerwG NVwZ 1991, 60). Die Einhaltung der Protokollierungsvorschriften ist keine Wirksamkeitsvoraussetzung (SSB Rn. 20 mwN). Vor dem OVG/ BVerwG besteht für die Abgabe der Erklärung **Vertretungszwang** (§ 67 IV 1), es sei denn, bereits die Klageerhebung oder Rechtsmitteleinlegung selbst sind ohne die erforderliche Vertretung erfolgt (BVerwG NVwZ 2009, 192).

Die Erklärung wird mit Eingang bei Gericht, nicht erst mit ihrer Weiterlei- **4** tung an den Spruchkörper, wirksam. Erklärungen gegenüber dem Beklagten werden erst wirksam, wenn sie mit Wissen und Wollen des Klägers an das Gericht weitergeleitet werden und dort eingehen (SSB Rn. 19).

b) Inhalt. Sofern die Rücknahme nicht ausdrücklich erklärt wird, muss der **5** Erklärung im Wege der Auslegung entnommen werden können, dass der Kläger den mit seiner Klage geltend gemachten Anspruch nicht mehr weiterverfolgt. Schweigen auf eine gerichtliche Anfrage, ob die Klage zurückgenommen wird, das Unterlassen einer Antragstellung oder nicht eindeutiges Verhalten reichen nicht (BVerwG NVwZ-RR 1994, 423). Das Gericht hat vielmehr darauf hinzuwirken, dass eine eindeutige Erklärung abgegeben wird (§ 86 III).

c) Bedingungsfeindlichkeit, Unwiderruflichkeit und Unanfechtbar- 6 keit. Die Rücknahmeerklärung ist Prozesshandlung und ab Eingang bei Gericht grds. **bedingungsfeindlich, unwiderruflich** und **unanfechtbar**

(BVerwG NJW 1997, 2898; BayVGH NVwZ-RR 2018, 374; Kopp/Schenke Rn. 11; SSB Rn. 22). Wird die Rücknahme unter einer **Bedingung** erklärt, ist sie grds. unwirksam. Die Rücknahmeerklärung darf aber, wenn sie mit Vorgängen verknüpft wird, die das Gericht in Ausübung seiner prozessualen Befugnisse selbst herbeigeführt hat oder herbeizuführen in der Lage ist, von **innerprozessualen Bedingungen** abhängig gemacht werden (BVerwG NVwZ 2002, 990).

7   Der Kläger ist an seine Erklärung **gebunden,** selbst wenn es noch an der erforderlichen Einwilligung (I) bzw. der Einwilligungsfiktion (I 3) fehlen sollte. Die Rücknahmemöglichkeit ist gesetzlich eingeschränkt; der Kläger soll sich dem abweisenden Urteil nur mit Einwilligung des Beklagten entziehen können. Die Vorschriften dienen mithin dem Schutz des Beklagten und nicht dem des Klägers (OVG NRW NWVBl. 2008, 75).

8   Die **Grundsätze des materiellen Rechts** über die Anfechtung wegen Irrtums und anderer Willensmängel (§§ 119 ff. BGB) sind wegen der prozessualen Gestaltungswirkung der Rücknahmeerklärung und zum Schutz der Verfahrenslage vor Unsicherheit **nicht** anwendbar. **Ausnahmsweise** kommt ein Widerruf in Betracht, wenn ein Wiederaufnahmetatbestand der ZPO vorliegt oder wenn es mit dem Grundsatz von Treu und Glauben unvereinbar wäre, einen Beteiligten an einer Prozesshandlung festzuhalten. Dabei kann eine Rolle spielen, ob der Beteiligte durch eine unrichtige richterliche Belehrung oder Empfehlung zu einer bestimmten prozessualen Erklärung bewogen worden ist (BVerwG NVwZ 2006, 834; BayVGH NVwZ-RR 2018, 374; OVG NRW NWVBl. 2008, 75).

9   **d) Abgrenzungen. Keine Klagerücknahme** ist die **Hauptsachenerledigungserklärung** (vgl. § 161 II). Ihr Sinn ist es, auf ein außerprozessuales Ereignis zu reagieren, dessen Eintritt (jedenfalls) das Rechtsschutzinteresse entfallen lässt. Haben die Beteiligten übereinstimmend den Rechtsstreit in der Hauptsache für erledigt erklärt, ist das Verfahren entsprechend II einzustellen und allein noch über die Kosten zu entscheiden (§ 161 II); dies gilt auch dann, wenn die Erklärungen der Beteiligten der Sach- und Rechtslage offensichtlich nicht entsprechen. Bedeutet die Erledigungserklärung des Klägers in Wirklichkeit eine Klagerücknahme (sog. **verschleierte Klagerücknahme**), so hat er die Kosten zu tragen (BVerwG Buchh 310 § 161 Abs. 2 VwGO Nr. 41). Sie darf allerdings, wenn sie eindeutig erklärt ist und auch eine Nachfrage nichts anderes ergibt (§ 86 III), nicht in eine Rücknahmeerklärung umgedeutet werden. Nur in konkreten Einzelfällen, in denen der die Erledigung erklärende Kläger erkennen lässt, dass er ohne Rücksicht darauf, ob sich der Beklagte seiner Erledigungserklärung anschließt, seinen Anspruch in keinem Falle weiterverfolgen will, ist es möglich, seine Erklärung nach ihrem Sinngehalt als Klagerücknahme zu verstehen (BVerwG Buchh 451.54 MStG Nr. 11; SSB Rn. 7 mwN zum Streitstand).

10   Die **außergerichtlich begründete Verpflichtung,** die Klage zurückzunehmen, ist keine Rücknahme im prozessualen Sinn; auf Einrede des Beklagten ist die Klage vielmehr unzulässig (BGH NJW 1984, 805; vgl. SSB Rn. 9). Die Klagerücknahme ist zudem abzugrenzen von dem einseitigen

Erledigungsfeststellungsantrag (→ § 161 Rn. 40), dem **Klageverzicht** (§ 173 S. 1 iVm §§ 306 f. ZPO), der auch für die Zukunft eine erneute Klage in der Sache unzulässig macht, dem sich nach dem zugrunde liegenden materiellen Recht bestimmenden **Verzicht auf den materiellen Anspruch,** der **Klageänderung** (§ 91), dem **Prozessvergleich** (§ 106), der verwaltungsverfahrensrechtlich zu beurteilenden **Rücknahme eines anspruchsbegründenden Antrags** oder der **Rechtsmittelrücknahme** (§§ 126, 140). Keine (teilweise) Rücknahme ist auch die **Beschränkung der Klage** gemäß § 173 iVm § 264 Nr. 2 ZPO, sofern die Beschränkung mit keiner Verschiebung der materiell-rechtlichen Anspruchsbegründung einhergeht (BVerwGE 159, 337).

Werden Klage- und Rechtsmittelrücknahme gleichzeitig erklärt, geht die **11** Klagerücknahme als weiterreichende Erklärung vor (HessVGH NVwZ-RR 2000, 334). Wird zuerst wirksam die Klagerücknahme erklärt, geht die Rechtsmittelrücknahme ins Leere. Wird zuerst das Rechtsmittel zurückgenommen, greift die nachfolgende Klagerücknahme nur dann, wenn nicht zwischenzeitlich Rechtskraft eingetreten ist.

2. Einwilligungserfordernis nach Stellung der Anträge

I 2 und 3 schränkt die Dispositionsbefugnis des Klägers über den Streitgegen- **12** stand ein. Sie schützt die anderen Beteiligten und begründet einen Anspruch auf eine Entscheidung des Gerichts.

a) Einwilligung. Die Rücknahme **nach Stellung der Anträge** in der **13** mündlichen Verhandlung (§ 103 III) setzt die **Einwilligung** des Beklagten und, wenn ein Vertreter des öffentlichen Interesses an der mündlichen Verhandlung teilgenommen hat, auch seine Einwilligung voraus. Schriftsätzlich angekündigte Anträge haben diese Wirkung nicht (→ § 103 Rn. 14).

Die Einwilligung muss nicht unmittelbar in derselben mündlichen Ver- **14** handlung erfolgen, sondern kann schriftsätzlich gegenüber dem Gericht erklärt oder nach I 3 fingiert werden. §§ 136 IV, 296a S. 1 ZPO oder § 147 I 1 BGB stehen dem nicht entgegen (OVG NRW NWVBl. 2008, 75). Als Prozesshandlung ist die Einwilligung ausdrücklich oder konkludent (zB durch Stellung des „Kostenantrags" oder durch Zustimmung zu einer etwaigen Erledigungserklärung (BayVGH Beschl. v. 16.1.2018 – 11 ZB 17.2504)) zu erklären und wie die Rücknahmeerklärung **bedingungsfeindlich, unwiderruflich** und **unanfechtbar.** Für die Verweigerung bedarf es keines Grundes; bei Rechtsmissbrauch mag sie ggf. unwirksam sein (SSB Rn. 32 mwN).

Haben sich die Beteiligten gem. § 101 II mit der **Entscheidung ohne** **15** **mündliche Verhandlung** einverstanden erklärt, so ist I 2 entsprechend anzuwenden, wenn die Rücknahme nach dem Eingang der letzten Einverständniserklärung erfolgt ist; dies gilt zumindest dann, wenn der Beklagte auch schon seinen Antrag gestellt hatte (BVerwGE 26, 143; nach aA Rücknahme ohne Einwilligung bis zum Urteilserlass möglich, vgl. Kopp/Schenke Rn. 14; SSB Rn. 27 mwN). Nach Erlass eines **Gerichtsbescheids** (§ 84) und bei

Klagerücknahme in der Rechtsmittelinstanz bedarf es immer der Einwilligung (vgl. BVerwG NVwZ 1989, 860; Kopp/Schenke Rn. 15; SSB Rn. 28 f.); dies gilt auch nach Zurückverweisung durch das BVerwG an das OVG (OVG NRW BauR 2014, 1424).

16 **b) Einwilligungsfiktion.** Die Einwilligung gilt im Wege einer **Fiktion** gem. I 3 als erteilt, wenn der Klagerücknahme nicht innerhalb von zwei Wochen seit Zustellung des die Rücknahme enthaltenden Schriftsatzes widersprochen wird; das Gericht hat auf diese Folge hinzuweisen. Einem Schriftsatz steht das **Protokoll über die mündliche Verhandlung** gleich, in welcher die Klagerücknahme erklärt worden ist, sofern mit dem Protokoll gem. I 3 verfahren wird (OVG NRW NWVBl. 2008, 75).

II. Fiktive Rücknahme der Klage

17 Die Klage gilt als zurückgenommen, wenn der Kläger das Verfahren trotz Aufforderung des Gerichts länger als zwei Monate nicht betreibt (II 1). Der Kläger ist in der Aufforderung auf die sich aus II 1 und § 155 II ergebenden Rechtsfolgen hinzuweisen (II 3). § 81 AsylG ist **lex specialis** (Thür OVG AuAS 2017, 269). Auf andere Beteiligte ist II nicht anzuwenden. Auch in Eilverfahren findet II Anwendung (zweifelnd OVG NRW NWVBl 2019, 122 mwN). Für die fiktive Rücknahme der Berufung gilt § 126 II.

18 II ist im Hinblick auf Art. 19 IV, 103 I GG **verfassungsrechtlich grds. unproblematisch.** Da die Vorschrift aber noch erheblich weitergehende Konsequenzen hat als bloße Präklusionsvorschriften, sind ihrer Auslegung und Anwendung verfassungsrechtliche Grenzen gesetzt; insbesondere ist ihr **strenger Ausnahmecharakter** zu beachten (vgl. BVerfG NVwZ 2013, 136; BVerwG DokBer 2016, 333). Die Betreibensaufforderung darf nicht als Sanktion für einen Verstoß gegen prozessuale Mitwirkungspflichten oder für unkooperatives Verhalten eines Verfahrensbeteiligten eingesetzt werden, sondern soll lediglich berechtigte Zweifel am Fortbestand des Rechtsschutzinteresses klären (BVerfG Beschl. v. 18.3.2019 – 2 BvR 367/19). Lässt sich aus dem Verhalten des Klägers schließen, dass er kein Interesse mehr an einer Sachentscheidung des Gerichts hat, liegen aber die Voraussetzungen des II nicht vor, kann die Klage nicht mangels Rechtsschutzbedürfnisses als unzulässig abgewiesen werden (offen BVerwG Beschl. v. 14.4.2016 – 1 B 2.16; aA OVG NRW NWVBl 2019, 122).

1. Anlass zur Aufforderung: Wegfall des Rechtsschutzinteresses

19 Im Zeitpunkt des Erlasses der sog. **Betreibensaufforderung** müssen sachlich begründete Anhaltspunkte für einen **Wegfall des Rechtsschutzinteresses** des Klägers bestehen, die den späteren Eintritt der Rücknahmefiktion als gerechtfertigt erscheinen lassen (BVerfG NVwZ 2013, 136). Begründete Zweifel am Fortbestand des Rechtsschutzinteresses reichen (BVerwG Beschl. v. 7.7.2005 – 10 BN 1.05). Hat der Kläger bislang das ihm Obliegende getan, darf eine Betreibensaufforderung nicht ergehen.

Sachlich begründete Anhaltspunkte sind dann gegeben, wenn der Klä- 20
ger seine allgemeinen prozessualen **Mitwirkungspflichten** nach § 86 I 1,
1. Hs. verletzt (BVerwGE 71, 213; BVerfG NVwZ 2013, 136) oder konkreten, durch das Gericht aufgegebenen Mitwirkungshandlungen (§§ 82 II 1,
86 III, IV, 87 I 2 Nr. 2, 87b I, II) trotz Fristsetzung nicht nachkommt
(BVerwG NVwZ 2001, 918). Bei **spezialgesetzlichen Mitwirkungspflichten** (§§ 15, 25 I, II, 74 II AsylG) bedarf es keiner vorherigen gerichtlichen
Konkretisierung. Kündigt der Kläger eine Klagebegründung an, legt sie über
viele Monate oder sogar Jahre hinweg trotz gerichtlicher Erinnerung nicht
vor, kann auf ein nicht mehr bestehendes Rechtsschutzinteresse geschlossen
werden (BVerwG NVwZ 1987, 605; VGH BW DÖV 2000, 210). Dasselbe
gilt, wenn der Kläger, nachdem er im Eilverfahren, in dem eine vollständige
materielle Prüfung des Antragsbegehrens unter Berücksichtigung seines Vorbringens durchgeführt worden ist, unterliegt, auf mehrfache, auf die Frage des
fortbestehenden Interesses an der Rechtsverfolgung gerichtete gerichtliche
Verfügungen nicht reagiert (OVG NRW Beschl. v. 27.3.2019 – 6 A 155/18).

Eine solche Verletzung liegt aber **nicht** schon dann vor, wenn der Kläger 21
seine Klage nicht begründet, da eine solche Verpflichtung gem. § 82 I nicht
besteht (BVerwG NVwZ 2000, 1297; s. aber § 18e V 1 AEG, § 74 II 1
AsylG, § 17e V 1 FStrG, § 10 V 1 LuftVG, § 29 VII 1 PBefG, § 6 S. 1
UmwRG, § 5 III 1 VerkPBG, § 14e V 1 WaStrG), oder zu Rechtsfragen
trotz gerichtlicher Aufforderung nicht Stellung nimmt (BVerwG NVwZ
2001, 918). Auch aus dem Umstand, dass der Kläger eine langjährige Untätigkeit des Gerichts nicht rügt, kann nicht auf den Fortfall seines Rechtsschutzinteresses geschlossen werden.

2. Inhalt der Betreibensaufforderung

a) Bestimmtheit. Die Betreibensaufforderung muss **bestimmt** sein und sich 22
auf konkrete verfahrensfördernde Handlungen beziehen, so zB: „Sie werden
aufgefordert, dem Gericht mitzuteilen, zu welchem Zeitpunkt der Kläger
vom Beginn der Bauarbeiten Kenntnis erlangt hat." Das bloße Verlangen, das
Verfahren zu betreiben oder die Klage unter Auseinandersetzung mit einer
ablehnenden Entscheidung des Gerichts im Eilverfahren ergänzend zu begründen, reicht nicht (BVerwG NVwZ 2003, Beilage Nr. I 3, 17).

b) Belehrung. Über die Fiktionswirkung und die Kostentragungspflicht 23
(§ 155 II) ist zu **belehren** (II 3). Dem Kläger muss durch die Belehrung klar
gemacht werden, welcher Nachteil ihm bei Nichteinhaltung der gesetzten
Frist bevorsteht. Davon hängt die Wirksamkeit der Fristsetzung ab (vgl.
BVerfGE 60, 1).

Für die Belehrung reicht es grds. nicht aus, formularmäßig lediglich den 24
Wortlaut der §§ 92 II 1, 155 II mitzuteilen (BGHZ 86, 218 zu § 277 II
ZPO). Es empfiehlt sich, neben der Wiedergabe des Wortlauts darauf hinzuweisen, dass bei Versäumung der Frist das Verfahren ohne eine Sachentscheidung unmittelbar beendet ist. Bei anwaltlicher Vertretung oder Selbst-
vertretung darf sich die Belehrung auf eine Wiederholung des Wortlauts der

§§ 92 II 1, 155 II beschränken (BGHZ NJW 1991, 493 zu § 277 II ZPO; Kopp/Schenke § 87b Rn. 8; SSB § 87b Rn. 42).

25   Es empfiehlt sich, den gerichtlichen Hinweis so zu formulieren, dass hinsichtlich des **Beginns der Zweimonatsfrist** an den Tag der Zustellung der Aufforderung angeknüpft wird. Wird ein konkreter Tag benannt, birgt dies die Gefahr in sich, dass die Frist unzulässigerweise verkürzt würde, da das fristauslösende Ereignis – die Zustellung der Betreibensaufforderung – zu diesem Zeitpunkt noch nicht bekannt ist (BVerwGE 71, 213).

26   **c) Form.** Die Aufforderung braucht nicht in der Form eines gerichtlichen Beschlusses zu ergehen; es reicht der Erlass einer **gerichtlichen Verfügung.** Sie ist durch den Richter **handschriftlich zu unterzeichnen** (Paraphe genügt nicht) und gem. § 56 I **zuzustellen** (BVerwGE 71, 213). Beschluss bzw. Verfügung sind gem. § 146 II **unanfechtbar.**

3. Zweimonatige Untätigkeit des Klägers

27   Die Fiktion tritt ein, wenn die nach § 57 II iVm § 222 I ZPO, §§ 187 I, 188 II Var. 1 BGB zu bestimmende zweimonatige Frist abgelaufen ist, sämtliche Voraussetzungen für eine Betreibensaufforderung vorlagen (→ Rn. 19 ff.) und der Kläger untätig geblieben ist (→ Rn. 28). Die unzulässige Betreibensaufforderung löst die Fiktion auch bei weiterer Untätigkeit des Klägers nicht aus (BVerwGE 71, 213).

28   **a) Nichtbetreiben.** Nichtbetreiben liegt vor, wenn der Kläger auf die gerichtliche Aufforderung überhaupt nicht reagiert oder sich nur so unzureichend äußert, dass nicht substanziiert dargetan ist, dass und warum das Rechtsschutzinteresse trotz des Zweifels an seinem Fortbestehen, aus dem sich die Betreibensaufforderung ergeben hat, nicht entfallen ist (BVerwG NVwZ 1994, 62). So reicht die Erklärung nicht aus, das Verfahren weiter betreiben zu wollen (BVerwG NVwZ 1987, 605). Kann der Kläger die geforderte Handlung nicht vornehmen, genügt die substanziierte und glaubhafte Darlegung der Hinderungsgründe (BVerfG NVwZ 1994, 62). Nimmt der Kläger Teile der geforderten Handlung(en) vor, liegt ein Nichtbetreiben nicht vor (str., vgl. Kopp/Schenke Rn. 22).

29   **b) Ausschlussfrist.** Bei der Frist des II 1 handelt es sich um eine nicht verlängerbare gesetzliche **Ausschlussfrist.** Ein entsprechender Verlängerungsantrag des Klägers geht daher ins Leere. Auch eine Wiedereinsetzung in den vorigen Stand (§ 60) kommt grds. nicht in Betracht, es sei denn, es liegt ein **Fall von höherer Gewalt** ; dies sind „Naturereignisse und andere unabwendbare Zufälle" (BVerwG Buchh 310 § 92 VwGO Nr. 17, 19; SSB Rn. 57). Ein Wiedereinsetzungsbegehren ist als **Antrag auf Fortsetzung des Verfahrens** auszulegen (vgl. OVG NRW Beschl. v. 19.5.2008 – 12 A 2915/06), in dessen Rahmen über die Zulässigkeit der Wiedereinsetzung entschieden werden kann (→ Rn. 37).

4. Einwilligung und Einwilligungsfiktion (II 2)

I 2 und 3 (Einwilligung bzw. Einwilligungsfiktion) gelten gem. II 2 ent- **30**
sprechend. Der Eintritt der Rücknahmefiktion nach Stellung der Anträge in
der mündlichen Verhandlung setzt die Einwilligung des Beklagten und, wenn
ein VöI an der mündlichen Verhandlung teilgenommen hat, auch dessen
Einwilligung voraus. Wird diese Einwilligung nicht ausdrücklich erteilt,
kommt die Einwilligungsfiktion des I 3 in Betracht. Hiernach gilt die Einwilligung als erteilt, wenn der Rücknahme nicht innerhalb von zwei Wochen seit
Zustellung des die Rücknahme enthaltenden Schriftsatzes widersprochen
wird; das Gericht hat auf diese Folge hinzuweisen. Da es bei der Rücknahmefiktion naturgemäß keinen solchen Schriftsatz gibt, ist die Anordnung der
entsprechenden Anwendung dahingehend zu verstehen, dass das Gericht dem
Beklagten/VöI den Eintritt der Rücknahmefiktion mittels Zustellung (§ 56 I)
förmlich mitteilt und darauf hinweist, dass die Einwilligung zum Eintritt der
Rücknahmefiktion als erteilt gilt, wenn dem Inhalt der Mitteilung nicht
binnen zwei Wochen widersprochen wird (Kopp/Schenke Rn. 24).

III. Rechtsfolgen der Rücknahme

1. Ex-tunc-Wirkung

Die Rücknahmeerklärung beendet das Verfahren unmittelbar mit **Rückwir-** **31**
kung auf den Zeitpunkt der Klageerhebung (ex tunc → § 90 Rn. 13). Ein
angefochtener VA wird, sofern die Klagefrist abgelaufen ist, unmittelbar
bestandskräftig.

Wird die Rücknahme seitens des Gerichts übersehen, ist eine in der Sache **32**
ergehende Entscheidung nichtig, aber zur Beseitigung ihres Rechtsscheins
nach allgemeinen Regeln anfechtbar (BVerwG NVwZ-RR 1991, 443; OVG
NRW NVwZ-RR 1994, 702).

2. Wirkungslosigkeit von Entscheidungen

Im Prozess bereits ergangene Entscheidungen sind mit Ausnahme der Streit- **33**
wertfestsetzung **gegenstandslos.** Bereits erlassene, noch nicht rechtskräftige
Urteile oder Gerichtsbescheide (→ § 84 Rn. 19) werden **wirkungslos,** ohne
dass es ihrer ausdrücklichen Aufhebung bedarf (§ 173 S. 1 iVm § 269 III 1,
2. Hs. ZPO). Zur Klarstellung empfiehlt sich, im Einstellungsbeschluss deklaratorisch festzustellen: „Das Urteil vom (Datum) ist wirkungslos." Ein evtl.
bestehender Termin zur mündlichen Verhandlung ist ebenfalls gegenstandslos,
sollte der Klarheit halber jedoch (mit)aufgehoben werden.

IV. Feststellung durch Beschluss

Ist die Klage zurückgenommen oder gilt sie als zurückgenommen, so stellt das **34**
Gericht gem. III 1 das Verfahren durch Beschluss ein und spricht die sich nach
der VwGO ergebenden Rechtsfolgen der Rücknahme aus (grds. § 155 II).
Im vorbereitenden Verfahren entscheidet der Vorsitzende bzw. BE (§ 87a I
Nr. 2, III).

35   Da die Rücknahmeerklärung bzw. der Fiktionseintritt die Rechtshängigkeit der Sache automatisch beendet, ist der Einstellungsbeschluss lediglich **deklaratorisch** (BVerwG NVwZ-RR 1999, 407; SSB Rn. 69, 74) und gem. III 2 **unanfechtbar.**

36   III 1 findet entsprechende Anwendung, wenn die Beteiligten den Rechtsstreit **in der Hauptsache übereinstimmend für erledigt** erklärt haben (BVerwG NVwZ 2011, 1390).

V. Fortsetzung des Verfahrens

37   Das Gericht hat auf nicht fristgebundenen, aber nach allgemeinen Grundsätzen der Verwirkung unterliegendem **Antrag** eines der Beteiligten das **Verfahren fortzusetzen,** wenn die Wirksamkeit der Klagerücknahme oder des Fiktionseintritts bestritten wird (vgl. BVerfG NVwZ 1998, 1173; mit Blick auf die Folgen für die Zulässigkeit einer nachfolgenden Verfassungsbeschwerde Niesler NVwZ 2019, 511). Der Beklagte kann das Fehlen seiner Einwilligung rügen. Ein in Anwendung des III ergangener Einstellungsbeschluss steht einem solchen Vorgehen nicht im Wege, da er nur deklaratorisch ist.

38   Kommt es zu einer Fortsetzung, so hat das Gericht das Verfahren mit einem Urteil abzuschließen, in dem es entweder eine Sachentscheidung trifft oder, falls sich die Rücknahmeerklärung als wirksam bzw. der Fiktionseintritt als gegeben erweist, feststellt: „Die Klage ist zurückgenommen" (vgl. BVerfG Beschl. v. 17.9.2016 – 1 BvR 661/13; BVerwG NVwZ-RR 1999, 407). Ergeht eine Sachentscheidung, kann über die Unwirksamkeit der Rücknahme zuvor durch Zwischenurteil (→ § 109 Rn. 2) entschieden werden.

39   Zur Klarstellung empfiehlt sich die deklaratorische Feststellung: „Der Einstellungsbeschluss vom (Datum) wird mit Ausnahme der Streitwertfestsetzung aufgehoben." Die Kostenentscheidung muss aufgehoben werden, wenn sie von der endgültigen Kostenentscheidung nach der Fortsetzung des Verfahrens abweicht.

§ 93 [Verbindung und Trennung]

[1] **Das Gericht kann durch Beschluß mehrere bei ihm anhängige Verfahren über den gleichen Gegenstand zu gemeinsamer Verhandlung und Entscheidung verbinden und wieder trennen. [2] Es kann anordnen, daß mehrere in einem Verfahren erhobene Ansprüche in getrennten Verfahren verhandelt und entschieden werden.**

1   § 93 dient der Prozessökonomie und schränkt in diesem Rahmen die Dispositionsbefugnis der Beteiligten ein. § 93 gilt auch im **Rechtsmittelverfahren** (§§ 125 I, 141 S. 1) und findet in den **selbstständigen Antragsverfahren** (§§ 47, 80 V, VII, 80a III, 123) entsprechende Anwendung.

I. Verbindung und Trennung mehrerer anhängiger Verfahren über den gleichen Gegenstand (S. 1)

Das Gericht kann **mehrere** bei ihm anhängige Verfahren über den gleichen **2** Gegenstand zu gemeinsamer Verhandlung und Entscheidung **verbinden.** Wurde verbunden, kann später (nach S. 1) wieder getrennt werden (zur Tenorierung → Rn. 10).

1. „Gericht"

Unter „**Gericht**" ist der nach dem Geschäftsverteilungsplan zuständige **3** Spruchkörper zu verstehen. Eine Verbindung von Verfahren, die bei unterschiedlichen Spruchkörpern eines Gerichts anhängig sind, scheidet wegen Art. 101 I 2 GG (gesetzlicher Richter) ebenso aus wie die Verbindung von in unterschiedlichen Instanzen anhängigen Verfahren (jeweils str., SSB Rn. 6 ff., 10) oder von Verfahren, bei denen nur eins bereits auf den Einzelrichter (§ 6) übertragen worden ist.

2. Gleicher Gegenstand

Die Verfahren müssen den **gleichen Gegenstand** haben. Der Streitgegen- **4** standsbegriff (→ § 121 Rn. 5) gilt nicht, da dies doppelte Rechtshängigkeit iSd § 17 I 2 GVG bedeuten würde. Es genügt, dass die Verfahren im Wesentlichen auf denselben oder gleichartigen tatsächlichen oder rechtlichen Gründen beruhen (BVerwGE 48, 1; SSB Rn. 9). Klageart und Beteiligte müssen nicht identisch sein. Bei unterschiedlichen Prozessarten (zB Eil- und Klageverfahren) ist eine Verbindung wegen der unterschiedlichen Verfahrenszwecke ausgeschlossen (str., wie hier SSB Rn. 10).

3. Entscheidung des Gerichts

Das Gericht kann in jedem Stadium des Verfahrens ohne vorherige mündliche **5** Verhandlung (vgl. § 101 III) nach seinem **Ermessen** (zweckmäßigste Verfahrensgestaltung) entscheiden. Es kann in seine Überlegung einstellen, dass die gemeinsame Entscheidung zu einer nicht unerheblichen Arbeitserleichterung, Einsparung und Beschleunigung bei der Urteilsanfertigung führt (BVerwGE 48, 1). Bei notwendiger Verweisung einzelner Streitgegenstände (§ 83 S. 1 bzw. § 173 S. 1 iVm §§ 17 ff. GVG) muss allerdings zuvor getrennt werden (BVerwG Buchh 310 § 153 VwGO Nr. 35).

Eine vorherige **Anhörung** der Beteiligten ist im Interesse des fairen Um- **6** gangs mit den Beteiligten empfehlenswert, aber nicht zwingend (BVerwG Buchh 451.55 Subventionsrecht Nr. 100).

Es ist zulässig, **nur zur gemeinsamen (mündlichen) Verhandlung** (aA **7** Kopp/Schenke Rn. 5; SSB Rn. 19 mwN) oder **nur zur Entscheidung** (BVerwG NJW 1975, 1853; SSB Rn. 17) zu verbinden; Urteile bzw. Beschlüsse sind dann aber getrennt (unter ihrem jeweiligen Aktenzeichen) zu verkünden und abzusetzen (§§ 116, 122).

8   Das Gericht entscheidet durch **Beschluss,** wobei ein stillschweigender
Beschluss zulässig (vgl. BVerwG Beschl. v. 12.12.2001 – 9 B 72.01, aA OVG
NRW Beschl. v. 17.7.2014 – 1 E 708/14), aber aus Gründen der Verfahren-
stransparenz nicht empfehlenswert ist. Der Beschluss enthält keine Nebenentscheidungen (→ vor § 154 Rn. 9 f.). Er ist gem. § 146 II **unanfechtbar**
und bindet die Rechtsmittelinstanz (§ 173 S. 1 iVm §§ 512, 557 II ZPO;
BVerwGE 150, 200). Gleichwohl kann diese ihn ebenso wie das beschließen-
de Gericht selbst jederzeit vAw ändern (S. 1, § 173 S. 1 iVm § 150 ZPO).
Unbeschadet der Unanfechtbarkeit des Beschlusses können im Rechtsmittelverfahren Mängel gerügt werden, die als Folge der beanstandeten Trennung
der angefochtenen Entscheidung selbst anhaften (BVerwGE 150, 200).

9   Vor der Verbindung durchgeführte Prozesshandlungen, insbes. Beweisaufnahmen, bleiben wirksam, müssen gem. §§ 96 f. gegenüber neu eingetretenen Beteiligten jedoch wiederholt werden (SSB Rn. 15 mwN).

II. Trennung mehrerer in einem Verfahren erhobener Ansprüche (S. 2)

10   Das Gericht kann durch Beschluss „anordnen", dass mehrere **in einem Verfahren** erhobene Ansprüche in getrennten Verfahren verhandelt und entschieden werden. Der Begriff des Anspruchs deckt sich mit demjenigen des
Streitgegenstands (BVerwG Beschl. v. 10.2.2015 – 6 B 3.15; AfP 2016, 564
→ § 121 Rn. 5). Tenoriert wird die Trennungsentscheidung etwa: „Die im
vorliegenden Verfahren erhobenen Ansprüche werden getrennt. Soweit Ansprüche auf … geltend gemacht werden, wird das Verfahren unter dem
Aktenzeichen … fortgeführt; iÜ bleibt es bei dem bisherigen Aktenzeichen".

11   Die Trennung steht wie bei S. 1 im **Ermessen** des Spruchkörpers; auch das
übrige Verfahren gestaltet sich vergleichbar (→ Rn. 5 ff.). Es muss getrennt
werden, wenn ein anderer Spruchkörper für einen der Ansprüche zuständig
ist. In seinem Ermessen ist das Gericht im Übrigen aber nicht dadurch eingeschränkt, dass durch die Trennung wegen des Wegfalls der Gebührendegressi-
on ein höheres Kostenrisiko entsteht (BVerwG ZOV 2016, 74; NVwZ-RR
1998, 685); dies sollte aber im Interesse der Beteiligten zumindest bedacht
werden. An die von den Beteiligten nach § 44 (Klagehäufung), § 64 (Streitgenossenschaft) und § 89 (Widerklage) gewählten prozessualen Entscheidungen ist das Gericht jedenfalls nicht gebunden. So bietet es sich zB an,
diejenigen Beteiligten, deren Verfahren bereits in der Sache beendet sind,
durch eine Verfahrenstrennung endgültig aus dem Prozessrechtsverhältnis zu
entlassen (BVerwG Beschl. v. 17.9.2012 – 7 A 22.11).

12   **Nicht getrennt** werden können jedoch aus der Natur der Sache heraus
Haupt- und Hilfsanträge, in notwendiger Streitgenossenschaft (§ 64 iVm
§§ 59, 62 ZPO; vgl. BVerwGE 143, 335: dort mit der Konsequenz einer
Verbindung) verfolgte Anträge und unselbstständige Teile des Prozessstoffes
(BVerwG Beschl. v. 10.2.2015 – 6 B 3.15: Verfahrensmangel iSd § 132 II
Nr. 3).

§ 93a [Musterverfahren]

(1) ¹Ist die Rechtmäßigkeit einer behördlichen Maßnahme Gegenstand von mehr als zwanzig Verfahren, kann das Gericht eines oder mehrere geeignete Verfahren vorab durchführen (Musterverfahren) und die übrigen Verfahren aussetzen. ²Die Beteiligten sind vorher zu hören. ³Der Beschluß ist unanfechtbar.

(2) ¹Ist über die durchgeführten Verfahren rechtskräftig entschieden worden, kann das Gericht nach Anhörung der Beteiligten über die ausgesetzten Verfahren durch Beschluß entscheiden, wenn es einstimmig der Auffassung ist, daß die Sachen gegenüber rechtskräftig entschiedenen Musterverfahren keine wesentlichen Besonderheiten tatsächlicher oder rechtlicher Art aufweisen und der Sachverhalt geklärt ist. ²Das Gericht kann in einem Musterverfahren erhobene Beweise einführen; es kann nach seinem Ermessen die wiederholte Vernehmung eines Zeugen oder eine neue Begutachtung durch denselben oder andere Sachverständige anordnen. ³Beweisanträge zu Tatsachen, über die bereits im Musterverfahren Beweis erhoben wurde, kann das Gericht ablehnen, wenn ihre Zulassung nach seiner freien Überzeugung nicht zum Nachweis neuer entscheidungserheblicher Tatsachen beitragen und die Erledigung des Rechtsstreits verzögern würde. ⁴Die Ablehnung kann in der Entscheidung nach Satz 1 erfolgen. ⁵Den Beteiligten steht gegen den Beschluß nach Satz 1 das Rechtsmittel zu, das zulässig wäre, wenn das Gericht durch Urteil entschieden hätte. ⁶Die Beteiligten sind über dieses Rechtsmittel zu belehren.

§ 93a dient – im Hinblick auf Art. 19 IV GG verfassungsrechtlich grds. **1** zulässig – der beschleunigten und konzentrierten Durchführung von Massenverfahren (BVerfGE 54, 39; NVwZ 2009, 581). Die Norm findet in allen **Klageverfahren** sowie **Berufungs- und Revisionsverfahren** (§§ 125 I, 141 S. 1) und grds. entsprechend in den **selbstständigen Antragsverfahren** (§§ 47, 80 V, VII, 80a III, 123) Anwendung, wobei in den Eilverfahren einer Aussetzung die besondere Dringlichkeit regelmäßig entgegenstehen dürfte.

I. Musterverfahren

Ist die Rechtmäßigkeit einer behördlichen Maßnahme Gegenstand von mehr **2** als zwanzig Verfahren, kann das Gericht eines oder mehrere geeignete Verfahren vorab durchführen (**Musterverfahren**) und die übrigen Verfahren – in Sonderregelung zu § 94 – aussetzen (I 1).

1. Ein und dieselbe Maßnahme

Es muss sich zunächst um Streitigkeiten um **ein und dieselbe Maßnahme** **3** einer Behörde handeln (zB Allgemeinverfügung, § 35 S. 2 VwVfG, oder Planfeststellungsbeschluss, § 75 VwVfG), die in **derselben Verfahrensart** angegriffen wird. Nur solche dürfen zusammengerechnet werden, um auf die maßgebliche Zahl von zwanzig Verfahren zu gelangen. Es reicht nicht, dass es sich um wesentlich gleiche Sachen oder um dieselbe Maßnahme handelt, die

Gegenstand in verschiedenen Verfahrensarten (zB Klage-/Eilverfahren) ist (Kopp/Schenke Rn. 3 f.; SSB Rn. 9).

2. Entscheidung

4 Das Gericht entscheidet nach pflichtgemäßem **Ermessen** darüber, welches Verfahren es als Musterverfahren für geeignet hält, wobei die Beteiligten aller Verfahren zuvor **zu hören** sind (I 2). Die Auswahl muss nach sachlichen Kriterien erfolgen und hat sich daran zu orientieren, ob in den ausgewählten Verfahren voraussichtlich alle Rechtsfragen, die mit der behördlichen Maßnahme verbunden sind, geklärt werden können (BVerwG Beschl. v. 19.8.2008 – 4 A 1001.08; SSB Rn. 11). Übereinstimmenden Anregungen der Beteiligten sollte bei Eignung des Vorschlags Rechnung getragen werden.

5 Das VG entscheidet in der nach § 5 III maßgeblichen **Besetzung** (nicht durch den Vorsitzenden oder BE), ggf. auch durch den Einzelrichter nach §§ 6 oder 87a II, III (bezogen auf § 6 str., vgl. SSB Rn. 12 mwN). Der nach § 122 II nicht begründungsbedürftige Beschluss ist **unanfechtbar** (I 3) und unterliegt gem. § 173 S. 1 iVm § 512 ZPO auch nicht der Nachprüfung durch das Rechtsmittelgericht.

II. Nachverfahren

6 Ist über die durchgeführten Verfahren, dh über alle (SSB Rn. 18; aA Kopp/Schenke Rn. 9: jedenfalls eines), rechtskräftig entschieden worden, kann das Gericht im sog. **Nachverfahren** über die ausgesetzten Verfahren durch Beschluss entscheiden, wenn es einstimmig der Auffassung ist, dass die Sachen gegenüber den Musterverfahren keine wesentlichen Besonderheiten tatsächlicher oder rechtlicher Art aufweisen und der Sachverhalt geklärt ist (II 1). II 1 dient nicht dazu, die in einem Musterverfahren getroffene Entscheidung erneut und umfassend auf den richterlichen Prüfstand zu stellen und einer nachträglichen richterlichen Selbstkontrolle zu unterziehen (BVerwG ZLW 2017, 548).

1. Anhörung

7 Die Beteiligten sind vorher **zu hören.** Hierzu ist erforderlich, dass ihnen mitgeteilt wird, dass das Gericht in dem konkreten Fall eine Entscheidung nach II beabsichtigt; zu den übrigen Anforderungen an die sog. **Anhörungsmitteilung** gilt das zu § 84 I 2 Ausgeführte entsprechend → § 84 Rn. 6 ff. Nach der Anhörung müssen die Beteiligten jederzeit damit rechnen, dass das Gericht auch ohne eine Beweiserhebung durch Beschluss zur Sache entscheidet. Ihnen muss allerdings ausreichend Zeit bleiben, sich in jeder Hinsicht auf diese Verfahrenssituation einzustellen, abschließend vorzutragen und ggf. neue Beweisanträge zu stellen (BVerwG Beschl. v. 19.8.2008 – 4 A 1001.08).

2. Besonderheiten tatsächlicher oder rechtlicher Art

Die nach § 93a II zu entscheidende Sache weist gegenüber den Musterver- **8**
fahren **wesentliche Besonderheiten tatsächlicher oder rechtlicher Art**
auf, wenn neue, in den Musterverfahren noch nicht angesprochene Rechts-
oder Tatsachenfragen aufgeworfen werden, deren Beantwortung das in dem
entschiedenen Verfahren gefundene Ergebnis in Zweifel ziehen oder jedenfalls
seine Übertragbarkeit als problematisch erscheinen lassen können (BVerwG
Beschl. v. 22.1.2009 – 4 A 1013.07; NVwZ 2008, 1007; HessVGH Beschl. v.
19.5.2017 – 9 C 1572/12.T). **Vergleichsgegenstand** der ausgesetzten Verfahren sind die rechtskräftig entschiedenen Musterverfahren; sind verschiedene Musterverfahren in den Instanzen unterschiedlich beurteilt worden, ist die
Entscheidung über die ausgesetzten Verfahren nach Abschluss aller Musterverfahren nur anhand der höchstrichterlich rechtskräftigen Entscheidung zu
treffen (SSB Rn. 19 mwN).

3. Geklärter Sachverhalt

Der **Sachverhalt** ist **geklärt,** wenn nach dem Vortrag der Beteiligten und **9**
unter Auswertung der Verwaltungsvorgänge keine vernünftigen Zweifel an
dem der Entscheidung zugrunde zu legenden Sachverhalt bestehen. Es dürfen
keine Anhaltspunkte dafür bestehen, dass sich nach der Durchführung einer
mündlichen Verhandlung oder ggf. einer Beweisaufnahme der Sachverhalt
anders darstellen könnte.

Das Gericht kann die im Musterverfahren erhobenen **Beweise** einführen; **10**
es kann nach seinem Ermessen die wiederholte Vernehmung eines Zeugen
oder eine neue Begutachtung durch denselben oder andere Sachverständige
anordnen (II 2). **„Einführen"** bedeutet, dass die Ergebnisse der Beweiserhebung aus dem Musterverfahren bekannt gegeben werden und den Beteiligten
hierzu rechtliches Gehör gewährt wird. Die im Musterverfahren gewählte
Beweisqualität bleibt erhalten (str., wie hier SSB Rn. 26 ff.). Die Wiederholung der Beweiserhebung ist angezeigt, wenn einem entsprechenden Beweisantrag nachgegangen werden müsste (→ Rn. 11).

4. Ablehnung von Beweisanträgen

Beweisanträge zu Tatsachen, über die bereits im Musterverfahren Beweis **11**
erhoben wurde, kann das Gericht **ablehnen,** wenn ihre Zulassung nach seiner
freien Überzeugung nicht zum Nachweis neuer entscheidungserheblicher
Tatsachen beitragen und die Erledigung des Rechtsstreits verzögern würde (II
3; zur Verzögerung → § 87b Rn. 12 f.).

Vor einem Beschluss nach § 93a II 1 bedarf es in Ausnahme zu § 86 II **12**
(→ § 86 Rn. 27 ff.) grds. **keiner Vorabentscheidung** über einen Beweisantrag. Die Ablehnung kann in der Entscheidung nach S. 1 erfolgen (II 4).
Das Gericht muss allerdings die Erheblichkeit einer Beweiserhebung vor der
Entscheidung prüfen und in seiner Sachentscheidung die Gründe darlegen,
die es zum Verzicht auf die Erhebung des beantragten Beweises veranlasst
haben (BVerwG Beschl. v. 19.8.2008 – 4 A 1001.08). Verhandelt das Gericht

allerdings mündlich (vgl. § 101 III), ist § 86 II wiederum zu beachten (str., SSB Rn. 31).

5. Entscheidung des Gerichts

13 Die Entscheidung, gem. II zu verfahren, steht im **Ermessen** des Gerichts. Auch wenn bereits eine Entscheidung nach I getroffen worden ist, kann das Gericht ebenso durch Urteil oder Gerichtsbescheid (§ 84) entscheiden. Die Einstimmigkeit bedarf nicht der nach außen tretenden Verlautbarung, sondern bleibt Internum der gerichtlichen Beratung (SSB Rn. 21: Mitteilung an Beteiligte empfehlenswert). Das VG entscheidet in der nach § 5 III 2 maßgeblichen **Besetzung.** Eine mündliche Verhandlung kann durchgeführt werden (§ 101 III), muss aber auch mit Blick auf Art. 6 EMRK nicht (HessVGH Beschl. v. 19.5.2017 – 9 C 1572/12.T).

14 Das Gericht ist im **Nachverfahren** nicht an die Ergebnisse des Musterverfahrens gebunden (vgl. BT-Drs. 11/7030, S. 28 f.; BVerwG Beschl. v. 7.5.2008 – 4 A 1009.97; HessVGH Beschl. v. 19.5.2017 – 9 C 1572/12.T; SSB Rn. 23). Es kann daher auch dann, wenn die Voraussetzungen der I, II vorliegen, sachlich anders entscheiden. Unter dieser Prämisse verstoßen die Bestimmungen über die Durchführung des Nachverfahrens nicht gegen Art. 19 IV, 103 I GG (BVerfG NVwZ 2009, 908).

6. Rechtsmittel

15 Den Beteiligten steht gegen den Beschluss nach II 1 das Rechtsmittel zu, das zulässig wäre, wenn das Gericht durch Urteil entschieden hätte (II 5). Die Beteiligten sind über dieses Rechtsmittel zu **belehren** (II 6).

16 Ein Antrag auf mündliche Verhandlung in analoger Anwendung des § 84 II Nr. 2 kann nicht gestellt werden (SSB Rn. 32: ggf. bejahend mit Blick auf Art. 6 I EMRK).

§ 94 [Aussetzung des Verfahrens]

Das Gericht kann, wenn die Entscheidung des Rechtsstreits ganz oder zum Teil von dem Bestehen oder Nichtbestehen eines Rechtsverhältnisses abhängt, das den Gegenstand eines anderen anhängigen Rechtsstreits bildet oder von einer Verwaltungsbehörde festzustellen ist, anordnen, daß die Verhandlung bis zur Erledigung des anderen Rechtsstreits oder bis zur Entscheidung der Verwaltungsbehörde auszusetzen sei.

Übersicht

§ 94 regelt die Aussetzung wegen sog. **Vorgreiflichkeit.** Die Vorschrift findet **1** grds. in **allen Verfahrensarten** einschließlich der Rechtsmittelverfahren (§§ 125 I, 141 S. 1) Anwendung **mit Ausnahme** der **Eilverfahren;** dort liefe eine Aussetzung dem Schutzzweck des besonderen Eilbedürfnisses zuwider (SSB Rn. 12). §§ 80a I, 32a AsylG treffen **Sonderregelungen für den Asylprozess.** IÜ finden im Verwaltungsprozess gem. § 173 S. 1 die Vorschriften über Aussetzung, Unterbrechung und Ruhen des Verfahrens nach §§ 239 bis 251 (zum Ruhen → Rn. 24) sowie § 278a II ZPO (Ruhen wegen Mediation → § 173 Rn. 9c f.) entsprechende Anwendung. Schließlich ist nach **Art. 100 I GG** auszusetzen, wenn ein Gericht ein Gesetz, auf dessen Gültigkeit es bei der Entscheidung ankommt, für verfassungswidrig hält. Von „faktischer" Aussetzung ist die Rede, wenn das Gericht im Rahmen seiner Gestaltungsfreiheit mit Blick auf einen parallel anhängigen Rechtsstreit, der für die Entscheidung des Ausgangsverfahrens von rechtlicher Relevanz ist, das (konkrete) Verfahren nicht fördert, ohne dies förmlich auszusetzen (BVerwG Beschl. v. 12.3.2018 – 5 B 26.17 D).

I. Vorgreifliches Rechtsverhältnis

Die Entscheidung des Rechtsstreits muss ganz oder zum Teil von dem Bestehen oder Nichtbestehen eines Rechtsverhältnisses abhängen, das den Gegenstand eines anderen anhängigen Rechtsstreits bildet oder von einer Verwaltungsbehörde festzustellen ist **(vorgreifliches Rechtsverhältnis).** **2**

1. Rechtsverhältnis

Unter einem **Rechtsverhältnis** sind die rechtlichen Beziehungen zu verstehen, die sich aus einem konkreten Sachverhalt auf Grund einer öffentlich-rechtlichen Norm für das Verhältnis von (natürlichen oder juristischen) Personen untereinander oder einer Person zu einer Sache ergeben (BVerwGE 149, 359). **Nicht ausreichend** ist, dass sich in einem anderen Verfahren die gleiche Rechtsfrage stellt, da die **Auslegung von Rechtsfragen** kein Rechtsverhältnis betrifft (BVerwG NVwZ 2009, 787; NVwZ-RR 2001, 483; → Rn. 13: auch nicht in analoger Anwendung). Auch die Frage der **Gültigkeit einer Rechtsnorm** ist kein Rechtsverhältnis iSv § 94 (→ Rn. 9 ff.: aber analoge Anwendung, vgl. zum Bebauungsplan BVerwG Beschl. v. 16.8.2017 – 9 C 18.16). **3**

2. Vorgreiflichkeit

4 **Vorgreiflichkeit** zielt nicht auf eine evtl. entstehende Bindungswirkung. Es muss lediglich auf die Beurteilung einer Vorfrage ankommen, die Gegenstand des anderen Rechtsstreits/Verfahrens ist. Es genügt jeder rechtslogische tatsächliche Einfluss, zB auch im Hinblick auf die Beweiswürdigung (str., wie hier Kopp/Schenke Rn. 4; enger SSB Rn. 18 mwN).

5 So ist zB ein **verwaltungsinternes Kontrollverfahren** vorgreiflich, das zwecks Überdenkens der Bewertung einer in einer berufsbezogenen Prüfung erbrachten Leistung außerhalb des Gerichtsverfahrens durchgeführt wird (vgl. BVerwG Beschl. v. 18.12.2008 – 6 B 70.08). Auch kann ggf. eine **strafgerichtliche Entscheidung,** auch wenn sie für das VG keine unmittelbare Bindungswirkung entfaltet, mit ihrem dort festgestellten Sachverhalt Einfluss auf die Beweiswürdigung hinsichtlich des dem Verwaltungsrechtsstreit zugrunde liegenden tatsächlichen Geschehens haben (SächsOVG Beschl. v. 10.7.2007 – 1 O 46/07, mwN). Nicht vorgreiflich ist ein zu erwartendes Verfahren nach § 214 IV BauGB (BVerwG BauR 2019, 1432).

3. Anhängigkeit des Rechtsstreits/bevorstehendes Verwaltungsverfahren

6 Das vorgreifliche Rechtsverhältnis muss den Gegenstand eines anderen anhängigen Rechtsstreits bilden oder von einer Verwaltungsbehörde festzustellen sein.

7 Die Anhängigkeit muss nicht vor einem VG bestehen. Hängt die Entscheidung des Verwaltungsrechtsstreits von dem Bestehen oder Nichtbestehen eines Rechtsverhältnisses ab, das **nur** von dem **Gericht eines anderen Rechtswegs** festgestellt werden kann, so ist in entsprechender Anwendung des § 94 das Gericht auch dann, wenn darüber noch kein Rechtsstreit anhängig ist, gehalten, das Verfahren unter Fristsetzung auszusetzen (BVerwGE 77, 19; → Rn. 17).

8 Das **verwaltungsbehördliche Verfahren** muss noch nicht „anhängig" sein; seine Einleitung muss allerdings unmittelbar bevorstehen (SSB Rn. 27). Entsprechend findet § 94 Anwendung, wenn **Entscheidungen der Europäischen Kommission** vorgreiflich sind (SSB Rn. 66).

II. Entsprechende Anwendung

9 In der gerichtlichen Praxis wird § 94 entsprechend angewandt, wenn das Ergebnis des Klageverfahrens von der Gültigkeit einer Rechtsvorschrift abhängt, die Gegenstand eines **Normenkontrollverfahrens** ist (BVerwG Beschl. v. 31.1.2019 – 2 C 30.17; Buchh 448.0 § 12 WPflG Nr. 208; NVwZ-RR 2001, 483; SSB Rn. 44 ff.). Dies gilt auch dann, wenn das entscheidende Gericht selbst keine Zweifel an deren Verfassungsmäßigkeit hat (BVerwG NVwZ-RR 2015, 619).

10 Dasselbe gilt bei einer anhängigen **Verfassungsbeschwerde** (Art. 93 I Nr. 4a GG) gegen die entscheidungserhebliche Norm (BVerwG NJW 1998,

2301) jedenfalls dann, wenn diese zur Entscheidung angenommen worden ist (OVG Brem NVwZ-RR 2009, 273; SSB Rn. 51).

Ebenso ist entsprechend § 94 auszusetzen, um gem. Art. 267 AEUV eine **11** **Vorabentscheidung des EuGH** einzuholen, wenn die Entscheidung des Rechtsstreits von der Beantwortung der dem EuGH gestellten Fragen zur Auslegung des Gemeinschaftsrechts abhängt (BVerwG Buchh 402.45 VereinsG Nr. 53). Eine Aussetzung darf auch angeordnet werden, ohne zugleich eine Vorabentscheidung des EuGH einzuholen, sofern die entscheidungserheblichen gemeinschaftsrechtlichen Fragen bereits Gegenstand eines beim EuGH anhängigen Verfahrens sind (BVerwG AfP 2016, 564; DVBl 2015, 434).

Im Hinblick auf anhängige **Verfahren vor dem EGMR** kommt eine **12** Aussetzung in Betracht, wenn in dem Individualbeschwerdeverfahren mit hinreichender Sicherheit eine Entscheidung über die Vereinbarkeit einer in dem auszusetzenden Verfahren streitentscheidenden innerstaatlichen Rechtsnorm mit der EMRK zu erwarten ist und deren Menschenrechtskonformität mit beachtlichen Gründen angezweifelt wird (Brem OVG NVwZ-RR 2019, 349; Schenk NVwZ 2019, 1085 (1089 f.)).

Eine Verfahrensaussetzung analog § 94 findet jedoch nicht statt, wenn in **13** einem anderen gerichtlichen Verfahren lediglich über die **gleiche Rechtsfrage** zu entscheiden ist. Es fehlt – anders als etwa beim verfassungsgerichtlichen Normenkontrollverfahren – an einer entsprechenden Bindungswirkung. Anderenfalls würde auch die in § 93a (Massenverfahren) zum Ausdruck kommende gesetzliche Wertung unterlaufen (OVG NRW ZfWG 2009, 75; SächsOVG DÖV 2009, 299 mwN zur aA). Eine förmliche Unterbrechung kann in einem solchen Fall nur durch übereinstimmenden Ruhensantrag (§ 173 S. 1 iVm § 251 ZPO) erreicht werden.

III. Ermessen

Liegt Vorgreiflichkeit im dargelegten Sinne vor, kann das Gericht anordnen, **14** dass die Verhandlung bis zur Erledigung des anderen Rechtsstreits oder bis zur Entscheidung der Verwaltungsbehörde auszusetzen ist.

1. Grundsatz

Die Entscheidung, die Verhandlung auszusetzen, liegt im **richterlichen Er- 15 messen.** Die bloße Vorgreiflichkeit ist nur Voraussetzung dafür, dass § 94 überhaupt anwendbar ist, ohne etwas darüber auszusagen, in welcher Richtung das Gericht das ihm eingeräumte Ermessen auszuüben hat (BVerwG NVwZ-RR 2018, 961). Das Gericht hat grds. die Wahl, anstelle einer Aussetzung über die vorgreifliche Frage inzident selbst zu entscheiden. Auch die eintretende Verfahrensverzögerung kann in die Entscheidung eingestellt werden (BVerwG NVwZ 2019, 1202).

2. Ausnahme

16 Das Ermessen, den Rechtsstreit auszusetzen, reduziert sich in Ausnahmefällen zu einer Vorprägung in Richtung auf eine Aussetzung (BVerwG Buchh 442.066 § 55 TKG Nr. 2) bzw. eine **Verpflichtung zur Aussetzung,** wenn anders eine Sachentscheidung nicht möglich ist (BVerwG NVwZ-RR 2018, 961).

17 So ist das Ermessen zB in den Fällen vorgeprägt, in denen ein **asylrechtliches Widerrufsverfahren** hinsichtlich des Stammberechtigten bereits eingeleitet worden ist (Aussetzung des Familienasylverfahrens (§ 26 II AsylG) bis zur rechtskräftigen Entscheidung über den Widerruf, vgl. BVerwGE 126, 27, in denen bei einer **Aufrechnung über eine bestrittene rechtswegfremde Gegenforderung** bereits ein Rechtsstreit vor dem dafür zuständigen Zivilgericht anhängig (Art. 34 S. 3 GG, § 17 II 2 GVG) ist (BVerwG NJW 1999, 160; SSB Rn. 32) oder in denen bei **verwaltungsinternen Kontrollverfahren** die Bewertung einer in einer berufsbezogenen Prüfung erbrachten Leistung überdacht wird (vgl. BVerwG Beschl. v. 18.12.2008 – 6 B 70.08; SSB Rn. 33).

18 Bei einer beim BVerfG **anhängigen Normenkontrolle** nach Art. 100 I GG besteht **keine Pflicht zur Aussetzung,** wenn das Gericht die Gültigkeit der vom BVerfG zu prüfenden Normen in Übereinstimmung mit der Rspr. des BVerwG bejaht (BVerwG Buchh 448.0 § 12 WPflG Nr. 208; Buchh 310 § 94 VwGO Nr. 13).

IV. Verfahren

19 Die Aussetzung kann von den Beteiligten nicht förmlich beantragt, jedoch angeregt werden (BVerwG NZWehr 2016, 249). Der nach **Anhörung** der Beteiligten ergehende förmliche **Beschluss** über die Aussetzung ist, soweit er anfechtbar ist (→ Rn. 21), zu **begründen** (§ 122 II 1). Im vorbereitenden Verfahren entscheidet der Vorsitzende bzw. BE (§ 87a I Nr. 1, III). Wird nicht ausgesetzt, ist es ausreichend, zu einer von den Beteiligten angeregten Aussetzung in den Entscheidungsgründen Stellung zu nehmen (BVerwG Buchh 310 § 94 VwGO Nr. 4; BauR 2019, 1432).

20 Die Entscheidung kann durch das Gericht jederzeit vAw oder auf Antrag eines Beteiligten **aufgehoben** werden (§ 173 S. 1 iVm § 150 S. 1 ZPO). Wegen Art. 19 IV GG ist das Gericht verpflichtet, das Verfahren zumindest dann fortzusetzen, wenn ein Stillstand für einen der Beteiligten mit der Gefahr der Rechtsvereitelung verbunden wäre (OVG NRW DÖV 1988, 797).

V. Rechtsmittel

21 Der Aussetzungsbeschluss des VG ist – vorbehaltlich spezialgesetzlicher Normen (vgl. § 37 II 1 VermG) – mit der Beschwerde **anfechtbar** (§ 146 I), da es sich nicht um eine bloße prozessleitende Verfügung handelt. Die Aussetzung durch das OVG ist gem. § 152 I unanfechtbar (BVerwG NJW 1998, 2301). Eine unterbliebene Aussetzung ist im Revisionsverfahren wegen § 173 S. 1 iVm § 557 ZPO nicht als Verfahrensmangel rügefähig (BVerwG HFR

2014, 1022; BVerwGE 139, 272). Ergeht kein Beschluss, entscheidet das Gericht jedoch gleichwohl nicht in der Sache und terminiert auch nicht, ist diese **Untätigkeit als solche** nicht mit der Beschwerde angreifbar. Ggf. kann die Verzögerungsrüge erhoben werden (§ 173 S. 2 iVm § 198 GVG; Kopp/Schenke Rn. 7).

Der **Überprüfung im Beschwerdeverfahren** ist grds. von der materiell- **22** rechtlichen Rechtsauffassung der Vorinstanz auszugehen, selbst wenn diese verfehlt sein sollte (BVerwG Beschl. v. 5.3.2019 – 7 B 3.18).

Eine **Verfahrensrüge,** die im Zusammenhang mit einer unanfechtbaren **23** Aussetzungsentscheidung erhoben wird, ist nur dann zulässig, wenn sie sich nicht unmittelbar gegen die – revisionsgerichtlich nicht nachprüfbare – Vorentscheidung als solche wendet, sondern einen Mangel betrifft, der als Folge der beanstandeten Vorentscheidung der angefochtenen Sachentscheidung anhaftet (BVerwG NJW 1998, 2301).

VI. Ruhen des Verfahrens

Über § 173 S. 1 ist § 251 S. 1 ZPO anwendbar (BVerwG NVwZ-RR 1997, **24** 621; Bamberger NVwZ 2015, 942). Erforderlich sind übereinstimmende Ruhensanträge – nicht Aussetzungsanträge – der Hauptbeteiligten (§ 63 Nr. 1 und 2), nicht aber des Beigeladenen, da dieser nicht über den Streitgegenstand verfügen kann (Nds OVG NVwZ-RR 2012, 496; BlnBbg OVG Beschl. v. 28.1.2016 – OVG 10 A 21.15; aA SSB Rn. 124; Kopp/Schenke Rn. 1; OVG NRW NVwZ-RR 2010, 166). Die Entscheidung steht trotz der gesetzlichen Formulierung im **Ermessen** des Gerichts („zweckmäßig", vgl. BFH/NV 2011, 1898), das nach Maßgabe des § 87a I Nr. 1 entscheidet. Gegen den Beschluss „Auf den Antrag der Beteiligten wird das Ruhen des Verfahrens angeordnet" ist – auch für den Beigeladenen – die Beschwerde nach § 146 I statthaft; das Gericht kann abhelfen (§ 148 I). Der Antrag auf Wiederaufnahme ist kein einfacherer, sondern ein anderer Weg (aA BayLSG Beschl. v. 18.2.2010 – L 13 R 998/09 B).

Der Rechtsstreit bleibt **rechtshängig** (§ 90 S. 1), die **aufschiebende** **25** **Wirkung** der Klage nach § 80 I 1 bleibt bestehen (BverwG NVwZ-RR 1997, 621), das Verfahren wird aber entgegen §§ 86 I 1, III, 87 I, III durch das Gericht nicht gefördert.

Das Ruhen endet, wenn das Gericht die Ruhensanordnung mit einer **26** Befristung oder einer auflösenden Bedingung versehen hat (zB: „... bis zum rechtskräftigen Abschluss des Verfahrens XY..."), mit Fristablauf oder Eintritt der Bedingung. Sonst endet das Ruhen, wenn das Gericht dies möglichst förmlich („Das Verfahren wird aufgenommen"), aber zumindest konkludent (zB durch Terminsbestimmung, § 102 I) anordnet. Ein gegebenenfalls auf der Grundlage eines vor der Ruhensanordnung erteilten Einverständnisses nach § 101 II ergehendes Urteil beendet die Verfahrensruhe ebenfalls, ist aber ggf. eine Überraschungsentscheidung.

Die Aufnahme kann **von Amts wegen** erfolgen (BVerwG NVwZ-RR **27** 1997, 621; Nds OVG NVwZ-RR 2012, 496; Saarl OVG BauR 2012, 543) oder wenn ein Hauptbeteiligter – auch ohne Nennung von Gründen, zeitlich grundsätzlich nicht beschränkt (BVerwG NVwZ-RR 1997, 621), ggf. aber ausgeschlossen bei rechtmissbräuchlichem Vorgehen oder bei ausdrücklich angeordneter Befristung (offengelassen bei Saarl OVG BauR 2012, 543) – die Wiederaufnahme beantragt. § 250 ZPO steht der Anordnung von Amts wegen nicht entgegen, was sich aus einem Umkehrschluss zur Befugnis zum Erlass der Ruhensanordnung (§ 173 S. 1, § 251 I ZPO) iVm § 86 I 1 ergibt. Ist die Ruhensanordnung nicht mehr zweckmäßig, ist sie zur Verfahrensförderung aufzuheben (vgl. BFH/NV 2013, 1790).

§ 95 [Anordnung des persönlichen Erscheinens]

(1) [1]Das Gericht kann das persönliche Erscheinen eines Beteiligten anordnen. [2]Für den Fall des Ausbleibens kann es Ordnungsgeld wie gegen einen im Vernehmungstermin nicht erschienenen Zeugen androhen. [3]Bei schuldhaftem Ausbleiben setzt das Gericht durch Beschluß das angedrohte Ordnungsgeld fest. [4]Androhung und Festsetzung des Ordnungsgelds können wiederholt werden.

(2) Ist Beteiligter eine juristische Person oder eine Vereinigung, so ist das Ordnungsgeld dem nach Gesetz oder Satzung Vertretungsberechtigten anzudrohen und gegen ihn festzusetzen.

(3) Das Gericht kann einer beteiligten öffentlich-rechtlichen Körperschaft oder Behörde aufgeben, zur mündlichen Verhandlung einen Beamten oder Angestellten zu entsenden, der mit einem schriftlichen Nachweis über die Vertretungsbefugnis versehen und über die Sach- und Rechtslage ausreichend unterrichtet ist.

1 § 95 zielt auf die bestmögliche Erforschung des Sachverhalts (§ 86 I) und dient im Wesentlichen der Klarstellung des Beteiligtenbegehrens (§ 86 III). Die Norm ist keine Grundlage für eine Beweisaufnahme in Form der Beteiligtenvernehmung (allg. Meinung, vgl. SSB Rn. 8 mwN); diese bestimmt sich allein nach § 98 iVm §§ 450 ff. ZPO. § 95 ist in **allen Verfahrensarten** und **Rechtsmittelverfahren** (§§ 125 I, 141 S. 1) anwendbar.

I. Anordnung des persönlichen Erscheinens

2 Das Gericht kann das persönliche Erscheinen der Beteiligten (§ 63), nicht aber ihrer Prozessbevollmächtigten, anordnen (I 1). Die Aussage oder Mitwirkung eines Beteiligten kann mittels I nicht erzwungen werden.

1. Adressaten der Anordnung

3 Adressaten können die beteiligten **natürlichen Personen** sein. Prozessunfähige können geladen werden, zudem ihre gesetzlichen Vertreter (SSB Rn. 11). Die Anordnung nach I 1 kann im Sinne einer bestmöglichen Sachverhaltsaufklärung auch gegenüber den **Vertretungsberechtigten einer juristischen Person** (auch des öffentlichen Rechts) oder Vereinigung ergehen (Kopp/Schenke Rn. 2; SSB Rn. 12 f.). Unter mehreren Vertretern kann das Gericht auswählen.

2. Ermessen

Die ausdrücklich zu treffende Anordnung steht auch mit Blick auf den An- 4
spruch auf rechtliches Gehör im **Ermessen** des Gerichts (BVerwG
Buchh 310 § 95 VwGO Nr. 6; VGH BW AuAS 2019, 16), im vorbereitenden Verfahren auch in der Kompetenz des Vorsitzenden oder BE (§ 87 I 2
Nr. 5). Will das Gericht die Anordnung nicht treffen, kann es das Erscheinen
eines Beteiligten bei der Ladung gleichwohl für „ratsam" erklären.

Die Anordnung bietet sich an, um sicherzustellen, dass das vom Gericht für 5
erforderlich gehaltene Beweismittel auch tatsächlich zum Termin erscheint
(BVerwG Buchh 310 § 95 VwGO Nr. 8), oder wenn das **persönliche
Erscheinen** eines Beteiligten in der mündlichen Verhandlung die weitere
Aufklärung des Sachverhalts erwarten lässt oder die Grundlage bieten soll, den
Rechtsstreit ggf. gütlich beizulegen. Die Anordnung ist angezeigt, um ggf. die
Prozessfähigkeit eines Beteiligten beurteilen zu können (BVerwG Buchh 310
§ 86 Abs. 1 VwGO Nr. 15). Sie liegt (eher) fern, wenn sich ein Beteiligter
im Ausland befindet (SSB Rn. 15). Ihrem Erlass steht nicht der Umstand
entgegen, dass der Beteiligte angekündigt hat, ohnehin keine Angaben machen zu wollen (SSB Rn. 15).

Ein anwaltlich vertretener Kläger hat keinen Anspruch darauf, dass ihm 6
durch die Anordnung des persönlichen Erscheinens ermöglicht wird, in der
mündlichen Verhandlung neben seinem Prozessbevollmächtigten anwesend
zu sein (BlnBbg OVG Beschl. 18.9.2017 – OVG 11 N 149.16). Ein **Anspruch auf Anordnung** besteht nicht (BayVGH Beschl. v. 26.7.2019 – 10
ZB 19.1207). Die Anordnung bleibt auch dann eine Ermessensentscheidung,
wenn der Beteiligte inhaftiert ist (BVerwG Buchh 310 § 95 VwGO Nr. 6,
vgl. § 36 I StVollzG).

3. Verfahren

Die Anordnung ergeht mittels **nicht anfechtbarer prozessleitender Ver-** 7
fügung (§ 146 II) und ist dem betroffenen Beteiligten persönlich mitzuteilen
(§ 173 S. 1 iVm § 141 II 2 ZPO); die nachrichtliche Mitteilung an den
Prozessbevollmächtigten reicht nicht (BVerwG Buchh 310 § 102 VwGO
Nr. 11). Etwaige **Ladungsfehler** hinsichtlich der Anordnung des persönlichen Erscheinens haben auf die Wirksamkeit einer Ladung zur mündlichen
Verhandlung (§ 102 I) keine Auswirkungen. Die Anordnung kann jederzeit
vAw wieder aufgehoben werden. Zur **Sachentscheidung trotz Nicht-**
erscheinens → Rn 15.

Die in § 95 normierte Möglichkeit, das persönliche Erscheinen eines Betei- 8
ligten anzuordnen, besagt nichts darüber, dass die Vernehmung eines in der
mündlichen Verhandlung anwesenden Beteiligten unterbleiben muss, wenn
eine derartige Anordnung nicht getroffen wurde (BVerwG Beschl. v.
23.11.1999 – 6 B 81.99).

II. Ordnungsgeld

1. Androhung

9 Mit der Anordnung des persönlichen Erscheinens kann für den Fall des Ausbleibens ein **Ordnungsgeld angedroht** werden, wie es gegen einen im Vernehmungstermin nicht erschienenen Zeugen angedroht werden könnte (I 2, 98 ivm § 380 I 2 Hs. 1 ZPO). Die im **Ermessen des Gerichts** stehende, gem. § 146 II unanfechtbare Androhung wird üblicherweise mit der Anordnung des persönlichen Erscheinens verbunden und ist zuzustellen. Das Ordnungsgeld beträgt mindestens fünf, höchstens tausend Euro (Art. 6 I EGStGB) und ist in einer bestimmten Höhe anzudrohen (LSA OVG NVwZ-RR 2016, 984; NdsOVG Beschl. v. 9.11.2000 – 4 O 3740/00; SSB Rn. 29).

2. Festsetzung

10 Bei **schuldhaftem Ausbleiben** setzt das Gericht durch zu begründenden, zuzustellenden und gem. § 146 I anfechtbaren **Beschluss** (LSA OVG NVwZ-RR 2016, 984) das angedrohte Ordnungsgeld fest (I 3). Diese Entscheidung liegt – in Konsequenz zur Androhung des Ordnungsgeldes – trotz des missverständlichen Wortlauts der Norm **im Ermessen** des Gerichts (NK-VwGO § 95 Rn. 31; SSB Rn. 31).

11 Für die **genügende Entschuldigung** müssen Umstände vorliegen, die das Ausbleiben nicht als pflichtwidrig erscheinen lassen. Das Ausbleiben ist entschuldigt, wenn der Beteiligte glaubhaft macht, dass er trotz ausreichender Sorgfalt verhindert war, am Termin teilzunehmen (SSB Rn. 23). Ist die Verhinderung zuvor absehbar, muss der Beteiligte die Verlegung des Termins beantragen. Macht der Beteiligte **nachträglich glaubhaft,** dass er unverschuldet am Erscheinen verhindert war, ist die Festsetzung vAw aufzuheben.

12 Bei der **Zumessung** hat das Gericht die Umstände, die für oder gegen den Beteiligten sprechen, gegeneinander abzuwägen. Dabei ist auf das Maß der Pflichtwidrigkeit, die Art des Verstoßes und dessen schuldhafte Auswirkungen, auf die persönlichen und wirtschaftlichen Verhältnisse des Beteiligten sowie auf sein Verhalten nach dem Ordnungsverstoß abzustellen. In der Regel bedarf es keiner eingehenden Begründung dieser Ermessensentscheidung, wenn sich das Ordnungsgeld im unteren Mittel bzw. unteren Viertel des vorgegebenen Rahmens bewegt (BayLSG Beschl. v. 1.9.2009 – L 2 B 940/08 AL; BFH NV 2008, 1870).

3. Wiederholte Festsetzung, weitere Maßnahmen

13 Androhung und Festsetzung des Ordnungsgelds können nach erneuter Ladung und Androhung **wiederholt** werden (I 4). Überdies können dem Beteiligten die durch das Ausbleiben verursachten Kosten auferlegt werden (§ 38 GKG, § 155 IV).

14 **Ordnungshaft** oder **zwangsweise Vorführung** sind mangels entsprechender Anordnung in § 95 unzulässig (LSA OVG NVwZ-RR 2016, 984); § 380 I 2 Hs. 2 ZPO ist nicht anwendbar.

III. Nichterscheinen und Entscheidung in der Sache

Es steht dem Gericht im Falle des Nichterscheinens des Beteiligten – un- **15** abhängig davon, ob es schuldhaft erfolgt oder nicht – im Prinzip frei, gleichwohl in der Sache zu entscheiden, da die Anordnung des persönlichen Erscheinens nur der Sachaufklärung und nicht der Wahrung des rechtlichen Gehörs des Beteiligten dient (vgl. BVerwG Buchh 310 § 95 VwGO Nr. 8). Es kann bei ihm daher auch nicht die Erwartung rechtfertigen, dass unter keinen Umständen ohne seine persönliche Anhörung entschieden werden wird (str., vgl. BVerwG Buchh 310 § 102 VwGO Nr. 11; BayVGH Beschl. v. 5.10.1998 – 24 C 98.2213; Kopp/Schenke Rn. 4). Ein Gericht darf sich über die von ihm zunächst mit Anordnung des persönlichen Erscheinens angenommene Notwendigkeit, sich einen persönlichen Eindruck von dem Beteiligten zu verschaffen, bei dessen Nichterscheinen aber nur dann hinwegsetzen, wenn es die Überzeugung der entscheidungserheblichen Tatsachen auf andere Weise gewinnen kann (BVerwG NVwZ-RR 2001, 167; bei unverschuldetem Ausbleiben strenger SSB Rn. 22). Auch das schuldhafte Nichterscheinen eines Beteiligten entbindet das Gericht nicht von seiner Pflicht zur weiteren Sachverhaltsaufklärung (§ 86 I).

Wenn das Gericht bei der Ladung zum Termin das persönliche Erscheinen **16** eines Beteiligten **nicht anordnet,** muss dieser nicht damit rechnen, dass das Gericht an die Tatsache seines Nichterscheinens für ihn nachteilige Folgen knüpfen wird. Ist daher entweder das Gericht bei der Ladung selbst nicht von der Notwendigkeit des persönlichen Erscheinens ausgegangen oder hat es eine anderslautende Einschätzung nicht in genügender Weise zum Ausdruck gebracht, so ist beim Erkennen weiteren Aufklärungsbedarfs der Termin zu vertagen und zugleich das persönliche Erscheinen des Beteiligten zum neuen Termin anzuordnen (BVerfG NVwZ 1994, Beilage 7, 50).

IV. Ladung eines Behördenvertreters

Das Gericht kann mittels gem. § 146 II unanfechtbarer Verfügung einer **17** beteiligten öffentlich-rechtlichen Körperschaft oder Behörde aufgeben, zur mündlichen Verhandlung einen Beamten oder Angestellten (sog. **Behördenvertreter**) zu entsenden, der mit einem schriftlichen Nachweis über die Vertretungsbefugnis versehen und über die Sach- und Rechtslage ausreichend unterrichtet ist (III). Juristische Personen des öffentlichen Rechts fallen entsprechend unter die Regelung des III (hM, vgl. Kopp/Schenke Rn. 5 mwN).

Eine bestimmte Person kann nicht Adressat der Anforderung nach III **18** sein; ist sie vertretungsberechtigt, ist gem. II zu verfahren. Kommt es auf einen bestimmten Behördenvertreter an, ist er gem. § 98 iVm §§ 373 ff., 402 ff. ZPO als **Zeuge** oder **Sachverständiger** zu laden (Kopp/Schenke Rn. 5; SSB Rn. 36).

Eine dem II vergleichbare **Sanktion** gibt es im Fall des III nicht (Kopp/ **19** Schenke Rn. 5; SSB Rn. 39). Veranlasst das Nichterscheinen des geladenen Behördenvertreters **Kosten,** können diese der Körperschaft bzw. Behörde auferlegt werden (§ 38 GKG, § 155 IV).

§ 96 [Unmittelbarkeit der Beweisaufnahme]

(1) [1]Das Gericht erhebt Beweis in der mündlichen Verhandlung. [2]Es kann insbesondere Augenschein einnehmen, Zeugen, Sachverständige und Beteiligte vernehmen und Urkunden heranziehen.

(2) Das Gericht kann in geeigneten Fällen schon vor der mündlichen Verhandlung durch eines seiner Mitglieder als beauftragten Richter Beweis erheben lassen oder durch Bezeichnung der einzelnen Beweisfragen ein anderes Gericht um die Beweisaufnahme ersuchen.

Übersicht

I. Beweiserhebung in der mündlichen Verhandlung

1 Das Gericht erhebt gem. I 1 Beweis in der mündlichen Verhandlung (§ 101 I). Das Gericht soll seiner Entscheidung das in der jeweiligen prozessualen Situation geeignete und erforderliche Beweismittel zugrunde legen, um dem Grundsatz des rechtlichen Gehörs, dem Gebot des fairen Verfahrens und insbes. dem Recht der Beteiligten (§ 63) auf Beweisteilhabe gerecht zu werden (BVerwGE 140, 199). Zugleich ist garantiert, dass grds. der gesamte Spruchkörper in der zur Endentscheidung berufenen Besetzung an der Beweisaufnahme teilnimmt. Aus diesem normativen Kontext wird der **Grundsatz der Unmittelbarkeit der Beweisaufnahme** abgeleitet. Die dogmatischen Einzelheiten hierzu sind umstritten (vgl. SSB Rn. 16 ff.).

1. Erkenntnismittel

2 Das Gericht darf sich zur Erforschung des Sachverhalts aller Erkenntnismittel bedienen, die es für zielführend hält. Große praktische Bedeutung haben im Verwaltungs-, vor allem aber im Asylprozess **amtliche Auskünfte** (selbstständiges Beweismittel ohne förmliches Beweisverfahren, vgl. BVerwG Beschl. v. 14.10.2013 – 10 B 20.13). Nach I 2 kann das Gericht insbes. Augenschein einnehmen, Zeugen, Sachverständige und Beteiligte vernehmen und Urkunden – so vor allem aus beigezogenen **Verwaltungsvorgängen**

(BVerwG Beschl. v. 10.5.2011 – 8 B 76.10) – heranziehen. Auf die Beweisaufnahme sind §§ 358 bis 444 und 450 bis 494 ZPO entsprechend anzuwenden (§ 98).

Die Beteiligtenvernehmung (**Parteivernehmung**) ist auf der Grundlage 3 eines Beweisbeschlusses gem. §§ 96 I 2, 98 iVm §§ 450 ff. ZPO subsidiär zulässig (BVerwG NVwZ-RR 2014, 660). Abzugrenzen ist sie von der nach §§ 103 III, 104 I zulässigen informatorischen Befragung (BVerwG Buchh 310 § 98 VwGO Nr. 105).

2. Formelle Unmittelbarkeit

Im **Prinzip** ist im Verwaltungsprozess die Identität von beweiserhebenden 4 und fallentscheidenden Richtern zu wahren, sog. **formelle Unmittelbarkeit** (OVG NRW DÖV 2009, 964). Ein prozessrechtlicher Grundsatz des Inhalts, dass die einmal in der mündlichen Verhandlung mit einer Sache befassten Richter immer bis zur Entscheidung mit dieser Sache befasst bleiben müssen, besteht allerdings nicht (BVerwG Beschl. v. 26.8.2013 – 9 B 13.13).

Bei einem **Richterwechsel** ist es im Allgemeinen ausreichend, wenn nach 5 § 103 II der Vorsitzende oder BE den Sachverhalt einschließlich des bisherigen Prozessverlaufs in der neuen mündlichen Verhandlung vorträgt (BVerwG NVwZ 1999, 654; NJW 1994, 1975). Auch § 112 steht dem nicht entgegen; dieser schreibt zwar vor, dass das Urteil nur von den Richtern und ehrenamtlichen Richtern gefällt werden darf, die an der dem Urteil zugrundeliegenden Verhandlung teilgenommen haben. Damit ist jedoch die **letzte** mündliche Verhandlung gemeint (BVerwG Beschl. v. 26.8.2013 – 9 B 13.13).

Weitere **Ausnahmen** vom Erfordernis formeller Unmittelbarkeit begründen § 87 III (**Erhebung einzelner Beweise im vorbereitenden Verfahren**) 93a II 2 (Einführung von Beweisen aus Musterverfahren) und § 96 II, wonach die Beweisaufnahme durch den **beauftragten** oder **ersuchten Richter** erfolgen kann.

3. Materielle Unmittelbarkeit

Aus den Prinzipien der **Mündlichkeit** und der **Kontinuität** der Spruchkörperbesetzung sowie dem Grundsatz der **freien Beweiswürdigung** (§ 108 I 1) ergibt sich, dass das Gericht bei seiner Entscheidung grds. nur das berücksichtigen darf, was auf der persönlichen Wahrnehmung aller an der Entscheidung beteiligten Richter beruht oder aktenkundig ist (BGH NVwZ 1992, 915).

a) **Grundsatz: primäre Beweismittel.** Hieraus leitet sich der – in seinen 8 einzelnen Ausprägungen und Folgerungen äußerst umstrittene – **Grundsatz der materiellen Unmittelbarkeit der Beweiserhebung** ab (BVerwGE 140, 199). Dieser hindert Gerichte, wesentliche entscheidungserhebliche Tatsachen aus mittelbaren Erkenntnisquellen zu gewinnen, wenn unmittelbare Erkenntnismöglichkeiten zur Verfügung stehen (BVerwG Beschl. v. 13.10.1994 – 8 B 162.94; BFH BFH/NV 2017, 307). So hat das Gericht benannte und mit zumutbarem Aufwand erreichbare Zeugen selbst zu vernehmen und nicht deren in einem anderen Verfahren gemachten Aussagen im Wege des Urkundenbeweises heranzuziehen, sofern nicht allseitiges Einverständnis mit dieser Vorgehensweise besteht (BVerwGE 140, 199; aA SSB Rn. 20 mwN). Dasselbe gilt für eine Beteiligtenvernehmung (BVerwGE 138, 289).

9   Das unmittelbare Beweismittel der persönlichen Vernehmung verdrängt das nur mittelbare Beweismittel der Urkunde über Zeugenwahrnehmungen (BVerwG Buchh 310 § 132 VwGO Nr. 182). So kommt die **Verwertung eines Briefes** im Wege des Urkundenbeweises wegen der damit verbundenen Umgehung der Unmittelbarkeit der Beweisaufnahme grds. (zur Ausnahme Rn. 14) dann nicht in Betracht, wenn sich der Brief seinem Inhalt nach als eine schriftliche Zeugenaussage darstellt, also Wissenserklärungen des Verfassers über bestimmte Tatsachen enthält (BVerwG NVwZ 1984, 791). Für andere primäre Beweismittel gilt Entsprechendes.

10   Dies bedeutet im Ergebnis nicht, dass sich das primäre Beweismittel in seinem Aussagegehalt stets gegenüber dem sekundären durchsetzt. Welchem Beweis die stärkere Überzeugungskraft zukommt, obliegt gem. § 108 I 1 der Freiheit richterlicher Überzeugungsbildung (vgl. BVerwG Beschl. v. 25.8.2008 – 2 B 18.08). Es gibt **keinen abstrakten Vorrang** unmittelbarer oder „sachnäherer" Beweismittel (BVerwGE 140, 199).

11   **b) Ausnahmen.** Das mittelbare Beweismittel kann verwendet werden, wenn die Erhebung des unmittelbaren Beweises unmöglich, unzulässig oder unzumutbar erscheint oder wenn die Beteiligten der Berücksichtigung des mittelbaren Beweismittels nicht widersprechen. Im Urteil muss dann zum Ausdruck kommen, dass zB der unterschiedliche Beweiswert von Urkunden- und Zeugenbeweis gesehen und berücksichtigt wurde (BFH DStR 2019, 79). Das Gebot, den primären Beweis zu erheben, ist zB dann nicht verletzt, wenn von der **Augenscheinseinnahme** abgesehen wird und dafür **Lichtbilder** und **Lagepläne** verwertet werden, wenn sie die Örtlichkeiten in ihren für die gerichtliche Beurteilung maßgeblichen Merkmalen auch in Anbetracht des Beteiligtenvorbringens so eindeutig ausweisen, dass sich der mit einer Ortsbesichtigung erreichbare Zweck mit ihrer Hilfe ebenso zuverlässig erfüllen lässt (BVerwG BauR 2009, 617; 2007, 2039; Beschl. v. 13.10.1994 – 8 B 162.94; BGH NJW-RR 1987, 1237).

12   Ebenso darf die Ablichtung einer **Urkunde** zum Gegenstand der Beweisaufnahme in der mündlichen Verhandlung gemacht werden, wenn Zweifel an der Originaltreue nicht geltend gemacht werden und auch sonst nicht bestehen (BGH NStZ 1986, 519).

13   Auch in der **Nichtvernehmung eines Gutachters** liegt grds. kein Verstoß gegen den Unmittelbarkeitsgrundsatz; denn bei Beweismitteln, bei denen – wie bei Sachverständigengutachten – dem persönlichen Eindruck regelmäßig keine wesentliche Bedeutung zukommt, kann sich die Notwendigkeit einer persönlichen Anhörung allenfalls dann ergeben, wenn dies zum Verständnis des Gutachtens erforderlich ist (BVerwG Beschl. v. 12.10.2009 – 3 B 55.09). Das Erscheinen eines gerichtlich bestellten Sachverständigen zur Erläuterung seines Gutachtens ist aber dann anzuordnen, wenn ein Beteiligter dies hinrei-

chend substantiiert beantragt (BVerwG Beschl. v. 17.9.2019 – 1 B 43.19, dort auch zu den Besonderheiten im Asylprozess).

Die **Verwertung eines Briefes** im Wege des Urkundenbeweises kommt **14** dann in Betracht, wenn sich der Brief seinem Inhalt nach zwar als eine schriftliche Zeugenaussage darstellt, der Zeuge, um dessen Aussage es geht, aber nicht oder nicht mehr zur Verfügung steht (BVerwG NVwZ 1984, 791).

c) Sonderfall: Wiederholung von Beweisaufnahmen. Der Grundsatz der **15** Unmittelbarkeit verlangt nicht die **Wiederholung einer Beweisaufnahme,** wenn sich die Sache aufgrund eines Rechtsmittels in der höheren Instanz befindet. Eine Wiederholung der Beweisaufnahme steht vielmehr im Ermessen des Gerichts (BVerwG HFR 2014, 1022). Wenn das Berufungsgericht nach § 128 S. 2 auch neu vorgebrachte Tatsachen und Beweismittel berücksichtigen darf, heißt dies im Umkehrschluss, dass es grds. die bereits vorliegenden Tatsachen und Beweismittel einbinden darf und nicht stets neu Beweis erheben muss (SSB Rn. 40; BVerwG Buchh 310 § 132 VwGO Nr. 182).

Sind über die Beweiserhebung Niederschriften vorhanden und kommt es **16** auf den unmittelbaren Eindruck eines Zeugen nicht an, so genügt idR die **Verlesung** und **Verwertung des Protokolls** über die Beweisaufnahme in der früheren Verhandlung oder der Sachbericht eines Mitglieds des Gerichts, das bei der Beweisaufnahme mitgewirkt hat (BVerwG NJW 1986, 3154). Dem Berufungsgericht ist es grds. gestattet, die im Protokoll des erstinstanzlichen Gerichts festgehaltenen Bekundungen eines Zeugen zu einem unverändert gebliebenen Beweisthema zu würdigen. Nur in **Ausnahmefällen** ist es zur nochmaligen Vernehmung eines Zeugen verpflichtet, etwa weil widersprüchliche Aussagen vorliegen, wenn Darlegungen über die Glaubwürdigkeit fehlen oder nicht nachvollziehbar sind oder das Rechtsmittelgericht die Glaubwürdigkeit anders beurteilen möchte als die Vorinstanz (BVerwG Beschl. v. 19.4.2018 – 1 B 8.18; HFR 2014, 1022).

So drängt sich eine **wiederholte Beweisaufnahme** auch dann nicht auf, **17** wenn sich bereits dem Vorbringen des beweisbelasteten Beteiligten wie auch den sonstigen Umständen des Falles nichts von Substanz entnehmen lässt, was auch nur geringste Zweifel an der Glaubhaftigkeit der erstinstanzlich protokollierten Aussagen oder an der Glaubwürdigkeit der Zeugen wecken könnte (OVG NRW DÖV 2009, 964). Zeigt sich aber im weiteren Verlauf des Verfahrens die Notwendigkeit einer erneuten oder ergänzenden Vernehmung eines Zeugen, ist sie durchzuführen. Vergleichbar ist zu verfahren, wenn es um die nochmalige Anhörung eines Gutachters geht (BVerwG DÖV 1993, 536; BGH NJW 1986, 2886).

Die **Einholung eines (ggf. weiteren) gerichtlichen Sachverständi-** **18** **gengutachtens** liegt im **Ermessen** des Gerichts Sie muss erfolgen, wenn sich eine solche Beweisaufnahme aufdrängt. Dies ist ua dann der Fall, wenn zwar Gutachten vorliegen, diese aber nicht geeignet sind, dem Gericht die für die richterliche Überzeugungsbildung notwendigen sachlichen Grundlagen zu vermitteln. Das kann der Fall sein, wenn Gutachten und fachtechnische Stellungnahmen grobe, offen erkennbare Mängel oder unlösbare Widersprüche aufweisen, wenn sie von unzutreffenden sachlichen Voraussetzungen ausgehen oder Anlass zu Zweifeln an der Sachkunde oder der Unparteilichkeit des Gutachters besteht. Die Verpflichtung zur Einholung eines weiteren Gutachtens folgt nicht schon daraus, dass ein Beteiligter das vorliegende Gutachten als Erkenntnisquelle für unzureichend hält (BVerwG NVwZ 2015, 439; Beschl. v. 15.7.2019 – 2 B 8.19).

4. Folge von Verstößen

19 Wird gegen I **verstoßen,** muss die **Beweisaufnahme** ggf. unter Wiedereröffnung der mündlichen Verhandlung (§ 104 III 2) **wiederholt** werden. Die unter Verstoß gegen den Unmittelbarkeitsgrundsatz gewonnenen Ergebnisse dürfen nicht verwertet werden. Die Beteiligten können allerdings auf die Wiederholung ausdrücklich oder konkludent durch rügelose Einlassung verzichten (§ 173 S. 1 iVm § 295 ZPO; vgl. BVerwG NVwZ-RR 2014, 660).

II. Beweiserhebung vor der mündlichen Verhandlung

20 Das Gericht kann in geeigneten Fällen „schon vor", dh aber ggf. auch noch nach der mündlichen Verhandlung durch eines seiner Mitglieder als beauftragten Richter Beweis erheben lassen oder durch Bezeichnung der einzelnen Beweisfragen ein anderes Gericht um die Beweisaufnahme ersuchen (II). Die Norm **ergänzt die Befugnis aus § 87 III,** nach welcher im Vorfeld der mündlichen Verhandlung die Erhebung einzelner Beweise durch den Vorsitzenden oder den Berichterstatter zulässig ist, und schließt eine über § 173 S. 1 entsprechende Anwendung des § 375 I, Ia ZPO aus. II findet auf den Fall entsprechende Anwendung, dass nur ein Mitglied des Spruchkörpers an der Beweisaufnahme teilgenommen hat, während zwischenzeitlich alle anderen ausgeschieden sind (Kopp/Schenke Rn. 8).

1. Geeigneter Fall

21 Für die Frage, ob ein zur Beweisaufnahme durch einen beauftragten Richter **geeigneter Fall** vorliegt, ist wegen der gleichen Ausgangslage auf die Kriterien zurückzugreifen, die für die Beweisaufnahme im vorbereitenden Verfahren nach § 87 III gelten (BVerwG Buchh 310 § 96 VwGO Nr. 66). Hiernach kommt eine Beweiserhebung ua dann in Betracht, wenn von vornherein anzunehmen ist, dass das Gericht das Beweisergebnis auch ohne unmittelbaren Eindruck von dem Verlauf der Beweisaufnahme sachgemäß zu würdigen vermag (BVerwG Buchh 310 § 96 VwGO Nr. 66; BauR 2015, 1309).

2. Adressat des Ersuchens

22 Gemäß II ist nur die **Beauftragung eines bestimmten (Berufs)Richters,** nicht mehrerer zulässig (BVerwGE 41, 174; SSB Rn. 28). Dem **ersuchten Gericht** (→ § 14 Rn. 3), dem die Beweiserhebung übertragen worden ist, nicht aber dem ersuchenden Gericht, steht es frei, entsprechend II 1 eines

seiner Mitglieder mit der Beweiserhebung zu beauftragen (Kopp/Schenke Rn. 11; SSB Rn. 30).

3. Entscheidung

Die Entscheidung, die Beweise schon vor der mündlichen Verhandlung zu **23** erheben, steht im **Ermessen** des Gerichts (BVerwG Buchh 310 § 96 VwGO Nr. 66). Dieses entscheidet durch gem. § 146 II **unanfechtbaren Beschluss** (§ 98 iVm § 358 ZPO) und im Gegensatz zu § 87 III durch den Spruchkörper bzw. Einzelrichter, nicht aber allein durch den Vorsitzenden oder BE (vgl. zur Abgrenzung BayVGH Beschl. v. 2.10.2018 – 2 ZB 16.2168).

Die in § 98 in Bezug genommene Vorschrift des § 359 Nr. 1 ZPO **(Be- 24 weisthema)** ist im Hinblick auf den Untersuchungsgrundsatz (§ 86 I) grds. nicht anzuwenden. Es bedarf der Bezeichnung konkreter Tatsachen in einem vom Spruchkörper selbst oder **beauftragten Richter** auszuführenden verwaltungsgerichtlichen Beweisbeschluss nicht, sondern es ist ausreichend, wenn der Beweisbeschluss die Richtung erkennen lässt, in der das Gericht eine weitere Beweisaufnahme für nötig erachtet (BVerwG Buchh 310 § 96 VwGO Nr. 66: anders aber bei Ausführung in Rechtshilfe durch ein anderes Gericht). Für eine evtl. **Beeidigung** bedarf es in jedem Fall der Ermächtigung (str., SSB Rn. 29 mwN).

4. Verwertung der Beweisaufnahme

Für die **Verwertung der Beweisaufnahme** durch den **beauftragten** Rich- **25** ter ist dessen Mitwirkung an der späteren Entscheidung nicht zwingend erforderlich (BVerwG Buchh 451.41 § 5 GastG Nr. 6). Sowohl in diesem Fall als auch bei der Beweiserhebung durch den **ersuchten** Richter ist im Wege des **Urkundsbeweises** die Niederschrift über die erfolgte Beweisaufnahme zu verlesen (BGH NJW 1991, 1302).

§ 97 [Parteiöffentlichkeit der Beweiserhebung]

[1] Die Beteiligten werden von allen Beweisterminen benachrichtigt und können der Beweisaufnahme beiwohnen. [2] Sie können an Zeugen und Sachverständige sachdienliche Fragen richten. [3] Wird eine Frage beanstandet, so entscheidet das Gericht.

Das Anwesenheitsrecht der Beteiligten bei allen Beweisterminen dient der **1** **Sachaufklärung** (§ 86 I) und ist Ausfluss der Grundsätze des rechtlichen Gehörs (Art. 103 I GG) und des fairen Verfahrens. Wird gegen § 97 verstoßen, darf das Urteil nicht auf das Ergebnis der Beweisaufnahme gestützt werden (BVerwG Buchh 310 § 97 VwGO Nr. 4). Diese ist zu wiederholen, sofern die Beteiligten nicht hierauf verzichten oder sich rügelos darauf einlassen (§ 173 S. 1 iVm § 295 ZPO).

I. Benachrichtigungs- und Beiwohnungsrecht

2 Die Beteiligten (§ 63) werden von allen Beweisterminen benachrichtigt und können der Beweisaufnahme beiwohnen (S. 1).

1. Anwendungsbereich

3 Die Norm erfasst alle Beweisaufnahmen vor dem VG, auch solche im **Ausland** (BVerwGE 25, 88), vor dem **beauftragten oder ersuchten Richter** (§ 96 II) oder **im vorbereitenden Verfahren** (§ 87 III), regelt aber zB nicht die Verwertung von vorangegangenen Zeugenvernehmungen in einem Strafverfahren (BVerwG W+ B 2016, 95).

4 S. 1 ist entsprechend auf **Sachverhaltsermittlungen durch den Sachverständigen,** insbes. bei Ortsbesichtigungen, anwendbar (BVerwG Beschl. v. 20.7.2016 – 9 B 64.15: Recht zur Teilnahme bei der Entnahme von Bodenproben). Die Möglichkeit, der Ermittlung der tatsächlichen Grundlagen beizuwohnen und Stellungnahmen abzugeben, soweit nicht zwingende rechtliche oder tatsächliche Hindernisse entgegenstehen, ist zu gewähren (BVerwG NVwZ 2014, 744).

5 Auf Benachrichtigung kann verzichtet werden. Der **Verzicht auf mündliche Verhandlung** (§ 101 II) beinhaltet jedoch keinen Verzicht auf Benachrichtigung nach S. 1 (BVerwG Buchh 310 § 97 VwGO Nr. 4).

2. Verfahren der Benachrichtigung

6 Benachrichtigt wird gegenüber anwesenden Beteiligten durch **Verkündung** in der mündlichen Verhandlung oder im Erörterungstermin; anderenfalls durch **schriftliche, zuzustellende** (§ 56 I) **Verfügung** des Gerichts. Soll in der mündlichen Verhandlung Beweis durch Zeugen oder Sachverständige erhoben werden, kann die Benachrichtigung hierüber mit der Ladungsverfügung (§ 102 I) verbunden werden; das Beweisthema ist grob zu umreißen. Bei Urkundsbeweisen bedarf es keiner Benachrichtigung; die Mitteilung im Lauf des Verfahrens, dass die Urkunden zur Akte genommen worden sind, reicht aus (SSB Rn. 7).

7 Die Benachrichtigung muss so **rechtzeitig** erfolgen, dass die Beteiligten ihre Teilnahme am Termin einrichten können.

3. Anwesenheitsrecht

8 S. 1 regelt die **Beteiligtenöffentlichkeit** der Beweisaufnahme. Mit der Benachrichtigung über den Termin hat das Gericht das Erforderliche getan (BVerwG Beschl. v. 20.7.2016 – 9 B 64.15); der tatsächlichen Teilnahme der Beteiligten bedarf es nicht.

9 Das Anwesenheitsrecht wird eingeschränkt durch § 173 S. 1 iVm §§ 177 ff. GVG (**sitzungspolizeiliche Maßnahmen**) und entsprechend § 247 StPO (**Entfernung des Beteiligten zur wahrheitsgemäßen Aussage eines Zeugen**), ggf. auch bei rechtlicher und tatsächlicher **Unmöglichkeit** oder **Unzumutbarkeit** (vgl. SSB Rn. 13).

II. Fragerecht

Alle Beteiligten (§ 63) können an Zeugen und Sachverständige **sachdienli-** 10
che Fragen richten (S. 2). Das Fragerecht besteht auch gegenüber dem
förmlich als Beteiligten zu Vernehmenden (§ 98 iVm § 450 ff. ZPO). Auch
der anwaltlich Vertretene hat dieses persönliche Recht.

Die Beteiligten dürfen ihre Fragen **direkt** stellen. Einer Gestattung der 11
Frage bedarf es nicht (keine Vorzensur). Über Zeitpunkt und Reihenfolge
entscheidet der Vorsitzende im Rahmen seiner Verhandlungsleitung durch das
Erteilen des Wortes (§§ 103 f). (Längere) Ausführungen der Beteiligten sind
nicht zulässig, es sei denn, sie dienen der notwendigen Erläuterung des Frage-
inhalts.

Sachdienlichkeit ist gegeben, wenn die Fragen der Sachaufklärung dienen 12
und sich im Rahmen des Beweisthemas halten (BVerwG Buchh 310 § 132
VwGO Nr. 182). Bei der Beurteilung ist Großzügigkeit geboten, da sich
insbesondere bei prozessual unerfahrenen Beteiligten die Zielrichtung der
Fragestellung ggf. nicht unmittelbar erschließen lässt

Die Frage ist jedenfalls nicht sachdienlich, wenn sie gesetzlich verboten ist 13
(§ 98 iVm §§ 376, 383 III ZPO).

III. Beanstandung einer Frage

Das **Beanstandungsrecht** nach S. 3 haben – wie bei § 104 II 2 – alle 14
Beteiligten und jedes Mitglied des Spruchkörpers. Wird eine Frage beanstandet, **entscheidet** nach dem Wortlaut der Norm das Gericht als **Spruchkör-**
per, nicht der Vorsitzende allein (str., wie hier Kopp/Schenke Rn. 3; SSB
Rn. 19). Die Entscheidung ist gem. § 146 II **unanfechtbar** (SSB Rn. 20; str.
für den Fall einer Beweisaufnahme nach § 87 III). Die fehlerhafte Entscheidung kann einen Verfahrensmangel begründen (§§ 124 II Nr. 5, 132 II
Nr. 3).

Erhebt der nach § 96 II **beauftragte** oder **ersuchte Richter** Beweis, ent- 15
scheidet dieser vorläufig (§ 98 iVm § 400 ZPO); hiergegen findet die Entscheidung des Gerichts statt (§ 151).

§ 98 [Beweisaufnahme]

Soweit dieses Gesetz nicht abweichende Vorschriften enthält, sind auf die
Beweisaufnahme §§ 358 bis 444 und 450 bis 494 der Zivilprozeßordnung entsprechend anzuwenden.

Übersicht

1 Da auf die Beweisaufnahme im Verwaltungsprozess grds. die im Wege einer dynamischen Verweisung in Bezug genommenen §§ 358–444 und 450–494 ZPO entsprechende Anwendung finden, beschränkt sich die nachfolgende Kommentierung auf die nach der VwGO zu beachtenden Besonderheiten.

I. Abweichende Regelungen im Verwaltungsprozess

2 Die VwGO kennt nur wenige Vorschriften über die Beweisaufnahme. Es handelt sich im Einzelnen um §§ 86 I 1 (**Amtsermittlungspflicht**), 86 I 2 (**keine Bindung an Beweisanträge**), 86 II (**Ablehnung eines Beweisantrags**), 87 III (**Beweiserhebung im vorbereitenden Verfahren**), 96 (**Unmittelbarkeit der Beweisaufnahme, beauftragter und ersuchter Richter**), 97 (**Beweistermine**). Die Anwendung der in § 98 in Bezug genommenen Vorschriften der ZPO setzt voraus, dass ihre entsprechende Anwendung unter Berücksichtigung der Besonderheiten des Verwaltungsprozesses möglich ist. **Ausgeschlossen** bzw. **eingeschränkt** ist daher die Anwendbarkeit folgender Normen:

1. Allgemeine Vorschriften über die Beweisaufnahme

3 § 358a ZPO (**Beweisbeschluss und Beweisaufnahme vor mündlicher Verhandlung**): Die Norm ist nicht anwendbar, weil §§ 96 II, 87 III weiterreichende Sonderregelungen treffen (str., wie hier Redeker/v. Oertzen Rn. 2; aA Kopp/Schenke Rn. 6; SSB Rn. 12 ff.).

4 § 359 ZPO (**Inhalt des Beweisbeschlusses**): Nr. 1 (Bezeichnung der streitigen Tatsachen) ist grds. nicht anwendbar. Es ist vielmehr ausreichend, wenn der Beweisbeschluss die Richtung erkennen lässt, in der das Gericht eine weitere Beweisaufnahme für nötig erachtet (BVerwG Buchh 310 § 96 VwGO Nr. 66). Für den **ersuchten Richter** hingegen ist die Konkretisierung der Beweisfragen erforderlich (→ § 96 Rn. 24). Nr. 3 (**Bezeichnung des Beweisführers**) ist nicht anwendbar, da der Verwaltungsprozess wegen § 86 I keine Beweisführungslast kennt (hM, SSB Rn. 15 mwN).

5 § 360 ZPO (**Änderung des Beweisbeschlusses**): Die Norm ist nicht anwendbar. Die Beweiserhebung, also auch die Änderung beabsichtigter Beweiserhebungen, erfolgt nach Ermessen des Gerichts (NK-VwGO Rn. 15; Kopp/Schenke Rn. 1; für modifizierte Anwendung SSB Rn. 16 f.).

6 § 364 ZPO (**Parteimitwirkung im Ausland**): Die Norm ist unanwendbar, da der Verwaltungsprozess wegen § 86 I keine Beweisführungslast kennt (hM, Kopp/Schenke Rn. 1; SSB Rn. 21).

§ 367 II ZPO (**nachträgliche Beweisaufnahme**): Die Norm schränkt **7** die nachträgliche Beweisaufnahme ein, was mit § 86 I nicht zu vereinbaren ist (Redeker/v. Oertzen Rn. 2; SSB Rn. 24).

2. Beweis durch Augenschein

§ 371 ZPO (**Beweis durch Augenschein**): Die Norm ist nur eingeschränkt **8** anwendbar, da es einen förmlichen Beweistritt wegen § 86 I nicht gibt (BVerwG Beschl. v. 24.8.2018 – 4 B 33.18; SSB Rn. 32; für uneingeschränkte Anwendung Redeker/v. Oertzen Rn. 3; BVerwG Buchh 451.41 § 5 GastG Nr. 6).

3. Zeugenbeweis

§ 373 ZPO (**Beweisantritt**): Die Norm ist bei einem Zeugenbeweisantrag **9** mit der Maßgabe anwendbar, dass sich die Substanziierungspflicht zum einen auf das Beweisthema bezieht, also die Bestimmtheit der Beweistatsachen und deren Wahrheit, und zum anderen darauf, welche einzelnen Wahrnehmungen der angebotene Zeuge in Bezug auf das Beweisthema (also in Bezug auf die Beweistatsachen oder auf die zu deren Ermittlung dienenden Hilfstatsachen oder Indiztatsachen) selbst gemacht haben soll (BVerwG Beschl. v. 24.9.2012 – 5 B 30.12; SSB Rn. 52; für uneingeschränkte Anwendbarkeit Redeker/v. Oertzen Rn. 4).

§ 375 ZPO (**Beweisaufnahme durch beauftragten oder ersuchten** **10** **Richter**): I und Ia sind unanwendbar, weil § 96 II eine abschließende Regelung trifft (Kopp/Schenke Rn. 1; SSB Rn. 53).

§ 379 ZPO (**Auslagenvorschuss**): Der Auslagenvorschuss ist dem Ver- **11** waltungsprozess fremd; Beweise werden gem. §§ 86 I 2, 96 I vAw erhoben (Kopp/Schenke Rn. 1; SSB Rn. 65; VGH BW NVwZ-RR 1990, 592).

§ 380 III ZPO (**sofortige Beschwerde**): § 146 geht vor (Redeker/v. **12** Oertzen Rn. 6; SSB Rn. 67).

§ 387 III ZPO (**sofortige Beschwerde**): § 146 geht vor (SSB Rn. 76). **13**

§ 390 II ZPO (**Erzwingung des Zeugnisses**): Eines Antrags bedarf es im **14** Verwaltungsprozess wegen § 86 I nicht (SSB Rn. 79).

§ 391 ZPO (**Beeidigung**): Im Verwaltungsprozess steht mit Rücksicht auf **15** § 86 I die Beeidigung eines Zeugen – vorbehaltlich der sich aus § 393 ZPO ergebenden Ausnahmen – stets im Ermessen des Tatsachengerichts, selbst wenn die Beteiligten ausdrücklich auf eine Beeidigung verzichten oder entsprechende Anträge nicht stellen (BVerwG NJW 1998, 3369 mwN; SSB Rn, 80).

§ 397 ZPO (**Fragerecht der Parteien**): Die Norm ist nach stRspr jeden- **16** falls bei der Sachverständigenanhörung anwendbar. So ist das Tatsachengericht gem. § 98 iVm §§ 402, 397 ZPO idR verpflichtet, das Erscheinen des gerichtlich bestellten Sachverständigen in der mündlichen Verhandlung zur Erläuterung seines schriftlichen Gutachtens anzuordnen, wenn ein Beteiligter dies beantragt (BVerwG Beschl. v. 25.9.2018 – 4 B 8.18; NJW 2009, 2614; nicht aber bei Parteigutachten, vgl. BVerwG Beschl. v. 31.1.2012 – 9 B

58.11). Dogmatisch vorzugswürdig ist hingegen die Anwendung des § 97 S. 2 und 3 (SSB Rn. 95; nach Kopp/Schenke Rn. 1 nur bezogen auf § 397 I ZPO).

17   § 399 ZPO **(Verzicht auf Zeugen):** Ein das Gericht bindendes Recht, auf einen Zeugen zu verzichten, ist mit § 86 I nicht vereinbar (Kopp/Schenke Rn. 1; SSB Rn. 98).

4. Beweis durch Sachverständige

18   § 403 ZPO **(Beweisantritt):** Die Norm ist anwendbar; Modifikationen im Vergleich zu § 373 ZPO ergeben sich aus der Natur des Sachverständigenbeweises (BVerwG Buchh 310 § 86 Abs. 1 VwGO Nr. 164; für eine lediglich modifizierte Anwendbarkeit SSB Rn. 117).

19   § 404 IV **(Einigung über Sachverständigen):** Eine Bindung des Gerichts an eine Einigung der Beteiligten über die Sachverständigenauswahl ist wegen § 86 I ausgeschlossen (Kopp/Schenke Rn. 1; SSB Rn. 118).

20   § 406 ZPO **(Ablehnung eines Sachverständigen):** Die Norm ist grds. anwendbar (vgl. BVerwG Beschl. v. 3.2.2010 – 2 B 73.09). Str. ist allerdings, ob neben den in der ZPO genannten Ablehnungsgründen § 54 mit gilt (zur Problematik BVerwG NVwZ 1999, 184; SSB Rn. 133 ff. mwN; davon ausgehend OVG NRW IBR 2005, 434).

21   § 411 IV ZPO **(Einwendungen gegen Gutachten):** Die Norm ist anwendbar (BVerwG Beschl. v. 1.4.2011 – 2 B 84.10); präkludiert werden kann aber nur nach Maßgabe des § 87b III (SSB Rn. 171).

5. Beweis durch Urkunden

22   § 418 I ZPO **(Beweiskraft öffentlicher Urkunden):** Die Norm ist grds. anwendbar (BVerwG Buchh 316 § 73 VwVfG Nr. 46; Kopp/Schenke Rn. 1; SSB Rn. 208). § 418 I ZPO gilt auch für Auskünfte von Behörden des (behaupteten) Verfolgungsstaates zur Echtheit einer Urkunde in asylrechtlichen Streitverfahren (BVerwG Buchh 310 § 98 VwGO Nr. 74). Wahrnehmender und beurkundender Amtsträger müssen nicht identisch sein, vgl. § 418 III ZPO (BVerwG Buchh 316 § 73 VwVfG Nr. 46)

23   §§ 420–425, 428, 436 ZPO **(Vorlegung von Beweismitteln):** Die Normen sind nicht anwendbar. Eine Beweisführungspflicht kennt der Verwaltungsprozess wegen § 86 I nicht (Kopp/Schenke Rn. 1; SSB Rn. 214 ff.; aA ohne Begründung für § 421 ZPO OVG NRW BauR 2009, 220).

24   § 426 ZPO **(Vernehmung des Gegners über den Verbleib):** Die Norm ist mit der Maßgabe anwendbar, dass der von der Verweisung in § 98 nicht erfasste § 449 ZPO keine Anwendung findet (str., wie hier SSB Rn. 220).

25   § 427 ZPO **(Folgen der Nichtvorlegung durch Gegner):** Die Norm ist mit der Maßgabe anwendbar, dass „Beweisführer" derjenige ist, der sich auf die Urkunde beruft (SSB Rn. 221). § 427 ZPO stellt sich insoweit als besondere Ausprägung der prozessualen Mitwirkungspflicht des § 86 I, 2. Hs. dar (str.).

§ 429 ZPO **(Vorlegungspflicht Dritter):** Die Norm ist wegen § 99 mit **26** der Maßgabe anwendbar, dass der Dritte keine Behörde ist (Redeker/v. Oertzen Rn. 14; SSB Rn. 223).

§§ 430, 431 ZPO **(Vorlegung durch Dritte):** Die Normen sind nicht **27** anwendbar, da auch die in Bezug genommenen §§ 424, 428 ZPO nicht anwendbar sind (→ Rn. 23; SSB Rn. 224 f.).

§ 432 ZPO **(Vorlegung durch Behörden):** Die Norm ist wegen § 99 **28** nicht anwendbar (SSB Rn. 226).

§ 435 ZPO **(Vorlegung öffentlicher Urkunden):** Die Norm ist mit der **29** Maßgabe anwendbar, dass „Beweisführer" derjenige ist, der sich auf die Urkunde beruft (SSB Rn. 228).

§ 439 ZPO **(Erklärung über Echtheit von Privaturkunden):** Die **30** Norm ist wegen § 86 I nicht anwendbar (SSB Rn. 232; aA Redeker/v. Oertzen Rn. 15: nicht zwingend).

§ 440 I **(Beweis der Echtheit von Privaturkunden):** Die Norm ist **31** wegen § 86 I nicht anwendbar (SSB Rn. 233; aA Redeker/v. Oertzen Rn. 15: nicht zwingend).

§ 441 II – IV **(Schriftvergleichung):** Die Regelungen der II – IV sind **32** nicht anwendbar, weil auf die im Verwaltungsprozess nicht anwendbaren Normen (§§ 421–426, 431, 432 ZPO) Bezug genommen wird (→ Rn. 23 f., 27 f.; SSB Rn. 234; aA Eyermann Rn. 29; Redeker/v. Oertzen Rn. 15).

§ 444 ZPO **(Folgen der Beseitigung einer Urkunde):** Grds. kann das **33** Gericht im Rahmen der freien Beweiswürdigung (§ 108 I) den Umstand berücksichtigen, dass ein Beteiligter schuldhaft die Aufklärung des Sachverhalts erschwert, zB wenn er eine ärztliche Untersuchung rechtsgrundlos verweigert (BVerwG NJW 2014, 2971). Dem Rechtsgedanken nach findet die Norm im Rahmen der freien Beweiswürdigung nach § 108 I 1 Anwendung (BVerwGE 78, 367; SSB Rn. 238). Eine Umkehrung der materiellen Beweislast liegt hierin nicht (BVerwG Buchh 310 § 108 Abs. 1 VwGO Nr. 1; BVerwGE 10, 270).

6. Beweis durch Parteivernehmung

§ 451 ZPO **(Ausführung der Vernehmung):** Die Norm ist mit der Maß- **34** gabe anwendbar, dass nur die über § 98 in Bezug genommenen Vorschriften im Rahmen des Zeugenbeweises entsprechend anwendbar sind (BVerwGE 87, 263; SSB Rn. 250).

§ 452 III ZPO **(Verzicht auf Beeidigung der Partei):** Im Verwaltungs- **35** prozess steht mit Rücksicht auf § 86 I die Beeidigung stets im Ermessen des Tatsachengerichts, selbst wenn die Beteiligten ausdrücklich auf eine Vereidigung verzichten oder entsprechende Anträge nicht stellen (BVerwG NJW 1998, 3369 zur Zeugenbeeidigung; SSB Rn. 252).

§ 453 ZPO **(Freie Beweiswürdigung):** Die Norm ist mit Blick auf **36** § 108 I 1 nicht anwendbar (aA SSB Rn. 253).

§ 455 I 2 ZPO **(Prozessunfähige):** Die Regelung ist nicht anwendbar, **37** weil sie auf eine über § 98 nicht in Bezug genommene Norm verweist (SSB Rn. 255; aA Redeker/v. Oertzen Rn. 16).

7. Selbstständiges Beweisverfahren

38 § 485 I, II ZPO **(Zulässigkeit des selbstständigen Beweisverfahrens):** § 485 I ZPO ist wegen § 86 I mit der Maßgabe anwendbar, dass es auf die Zustimmung des Gegners nicht ankommen kann (SSB Rn. 266; aA Kopp/Schenke Rn. 26). § 485 II ZPO ist anwendbar (str., wie hier OVG NRW Beschl. v. 19.4.2002 – 6 E 322/02; Troidl NVwZ 2011, 780; SSB Rn. 267 f. mwN).

39 § 486 III ZPO **(Zuständiges Gericht)** ist mit der Maßgabe anwendbar, dass der Antrag bei dem VG zu stellen ist (BVerwGE 12, 363).

40 § 491 ZPO **(Ladung des Gegners):** Die Norm ist wegen § 97 nicht anwendbar (Eyermann Rn. 39; SSB Rn. 281; aA Kopp/Schenke Rn. 26).

41 § 493 II ZPO **(Benutzung im Prozess):** Die Regelung läuft wegen § 97 leer, wonach die Beteiligten vom Beweistermin zu benachrichtigen sind (SSB Rn. 284).

42 § 494 ZPO **(Unbekannter Gegner):** Die Norm ist unanwendbar; der Beklagte lässt sich im Verwaltungsprozess in zumutbarer Weise feststellen (SSB Rn. 285).

43 § 494a ZPO **(Frist zur Klageerhebung):** Als in Bezug genommen anzusehen ist auch der nachträglich eingefügte § 494a ZPO (SSB Rn. 286 mwN). Dessen I ist mit der Maßgabe anwendbar, dass der Fristbestimmung Klagefristen der VwGO nicht entgegenstehen (Redeker/v. Oertzen Rn. 17; SSB Rn. 287).

II. Ergänzend Anwendung findende Vorschriften

44 § 98 ist lex specialis, soweit die Anwendung der §§ 358–444 und 450–494 ZPO in Rede steht. § 98 schließt damit grds. aus, die „Intervallnormen" der §§ 445–449 heranzuziehen; der nachträglich eingefügte **§ 494a ZPO** ist allerdings als in Bezug genommen anzusehen (SSB Rn. 7, 286 mwN; → Rn. 43). IÜ finden über **§ 173 S. 1** beweisrechtliche Normen der ZPO entsprechende Anwendung:

45 §§ 286 ff. ZPO **(freie Beweiswürdigung** etc.): BVerwG NVwZ 1999, 77; MDR 1983, 869.

46 §§ 445 II, 448 ZPO **(Vernehmung des Gegners):** § 448 ZPO gilt auch im Verwaltungsprozess. Diese Vorschrift wird allgemein so verstanden, dass eine Beteiligtenvernehmung vAw nur dann in Betracht kommt, wenn das Ergebnis der Verhandlung und die Ausschöpfung der Beweismittel für die Überzeugungsbildung noch nicht ganz ausreichen (BVerwG Buchh 310 § 96 VwGO Nr. 17). Einem Antrag auf förmliche Vernehmung eines Beteiligten ist gem. § 445 II ZPO dann nicht nachzugehen, wenn er Tatsachen betrifft, deren Gegenteil das Gericht für erwiesen erachtet (VGH BW NVwZ 1993, 72; BVerwG Buchh 310 § 98 VwGO Nr. 12; Kopp/Schenke Rn. 1).

47 Bei der **Ablehnung von Beweisanträgen** ist zudem der Rechtsgedanke des **§ 244 StPO** ergänzend heranzuziehen (zu § 244 III – V StPO BVerwG NVwZ-RR 2013, 620; 2002, 311; OVG NRW NVwZ-RR 2008, 214; → § 86 Rn. 33).

III. Verfahren

Über die Beweiserhebung entscheidet der Spruchkörper des Gerichts nach **48** pflichtgemäßem **Ermessen** (→ § 86 Rn. 1), in den Fällen des § 87 I 2 Nr. 2, 3 und 4, III der Vorsitzende oder BE. Auf Beweisanträge der Beteiligten kommt es nicht an (→ § 86 Rn. 17).

Eines **förmlichen Beweisbeschlusses** bedarf es grds. nicht, es sei denn, **49** die Beweisaufnahme erfordert ein besonderes Verfahren (§ 98 iVm §§ 358, 358a ZPO, vgl. BVerwG NVwZ 2010, 194; 1984, 791). Ob seitens des Gerichts eine Beweisaufnahme gewollt ist oder nicht, ist nach den gesamten Umständen, insbes. nach dem erkennbaren Willen des Gerichts, zu beurteilen (vgl. Kopp/Schenke Rn. 6). Beweisbeschlüsse sind gem. § 146 II **unanfechtbar.**

IV. Anhang: Praktische Hinweise zur Zeugenvernehmung

1. Aufruf des/der Zeugen **50**
  – Feststellung des Erscheinens, ggf. der ordnungsgemäßen Ladung
  – Folgen des Nichterscheinens: §§ 380 f. ZPO
  – Einzelvernehmung: jeder Zeuge einzeln und in Abwesenheit der später anzuhörenden Zeugen (§ 394 ZPO)
  – Bei mehreren Zeugen: Bestimmung des ersten Zeugen, Bitte an andere, den Raum zu verlassen
  – Protokoll: „Der/Die Zeuge/n … wird/werden hereingerufen. Die Zeugen … verlassen den Raum."
2. Evtl. Dolmetscherhinzuziehung (insbes. im Ausländer- und Asylrecht):
  – Protokoll muss Grund der Zuziehung angeben.
  – Protokoll muss angeben, was übertragen worden ist.
  – Eidesleistung (Voreid): Belehrung über die Bedeutung des Eides (§§ 154, 161 StGB) und dass eine Bekräftigung dem Eid gleichsteht (§ 189 I 3 GVG). Berufung auf einen allgemeinen Eid (§ 189 II GVG) oder Vereidigung im Einzelfall: „Schwören Sie, dass Sie treu und gewissenhaft übertragen werden?" „Ich schwöre es." (§ 189 I 1 GVG) oder Bekräftigung: „Ich bekräftige es." (§ 189 I 2 GVG).
3. Ermahnung des Zeugen zur Wahrheit:
  – „Ich weise Sie darauf hin, dass Sie die Wahrheit sagen müssen und in den vom Gesetz vorgesehenen Fällen Ihre Aussage uU beeidigen müssen (§ 395 ZPO). Sie dürfen nichts verschweigen, aber auch nichts hinzufügen. Sie machen sich strafbar, wenn Sie vorsätzlich uneidlich falsch aussagen (§ 153 StGB) oder vorsätzlich oder auch nur fahrlässig falsch schwören (§§ 154, 161 StGB).
  – Protokoll: „Der Zeuge wurde zur Wahrheit ermahnt".
4. Belehrung über Zeugnisverweigerungsrecht:
  – Belehrung (gesetzliche Pflicht, § 383 II), dass der Zeuge als Verlobter, Ehegatte, Lebenspartner usw. das Recht hat, das Zeugnis (§ 383 ZPO) und evtl. den Eid (§ 391 ZPO) zu verweigern.

- Frage nach dem persönlichen Verhältnis zu den Beteiligten
- Protokoll: „Der Zeuge wurde über sein Zeugnisverweigerungsrecht belehrt. Er erklärte, mit (den anderen Beteiligten) nicht verwandt, verschwägert, verlobt, verheiratet oder verpartnert zu sein."

5. **Ggf. Belehrung über Aussageverweigerungsrecht (keine gesetzliche Pflicht):**
   - „Sie dürfen das Zeugnis über Fragen verweigern, deren Beantwortung Ihnen oder einer Person (iSd § 383 Nr. 1–3 ZPO) einen unmittelbaren vermögensrechtlichen Schaden verursachen würde oder der Gefahr einer strafrechtlichen oder ordnungsrechtlichen Verfolgung aussetzen würde oder wenn Sie ein Kunst- oder Gewerbegeheimnis offenbaren müssten" (§ 384 ZPO).

6. **Vernehmung zur Person:**
   - Belehrung, dass der Zeuge die Angaben zur Person nicht verweigern darf.
   - Der Zeuge wird über Vornamen und Zunamen, Alter (in Jahren), Stand oder Gewerbe und Wohnort befragt.
   - Erforderlichenfalls sind ihm Fragen über solche Umstände, die seine Glaubwürdigkeit in der vorliegenden Sache betreffen, insbes. über seine Beziehungen zu den Beteiligten zu stellen (§ 395 II ZPO).

7. **Vernehmung zur Sache:**
   a) Bei **Zeugnisverweigerung:** Erklärung der Zeugnisverweigerung (§ 386 ZPO). Zwischenstreit über Zeugnisverweigerung (§ 387 ZPO)
   b) Bei **Aussagebereitschaft:** („Sind Sie bereit, zur Sache auszusagen?" „Ja".)
      - Erläuterung des Beweisthemas.
      - Der Zeuge ist zu veranlassen, dasjenige, was ihm von dem Gegenstand seiner Vernehmung bekannt ist, im Zusammenhang anzugeben (§ 396 I ZPO).
      - Ggf. Befragung durch Vorsitzenden (§ 396 II ZPO) und Beisitzer (§ 396 III) und die Beteiligten (§ 397 ZPO).
      - Protokollierung: Zusammenfassende Darstellung der Zeugenaussage durch Vorsitzenden, soweit erforderlich der weiteren Fragen und Antworten.
      - Alternative: Vorläufige Aufzeichnung der Aussage auf Tonträger, abspielen und genehmigen lassen oder Verzicht auf Abspielen.
      - Bei Diktat auf Tonträger: Hinweis, dass Aussage laut auf ein Diktiergerät gesprochen wird und ein Vorlesen unterbleiben kann, wenn nach der Aufzeichnung darauf verzichtet wird.

8. **Zeugenbeeidigung**
   - Ein Zeuge ist, vorbehaltlich der sich aus § 393 ergebenden Ausnahmen (Eidesverweigerungsrecht), zu beeidigen, wenn das Gericht dies mit Rücksicht auf die Bedeutung der Aussage oder zur Herbeiführung einer wahrheitsgemäßen Aussage für geboten erachtet (vgl. § 391).
   - Die Beeidigung erfolgt nach der Vernehmung (§ 392 S. 1 ZPO).
   - Mehrere Zeugen können gleichzeitig beeidigt werden (§ 392 S. 2 ZPO).

- Belehrung über evtl. Eidesverweigerungsrecht.
- Beschluss: „Der Zeuge bleibt unbeeidigt." oder „Der Zeuge soll beeidigt werden."
- Eidesnorm: „Schwören Sie, nach bestem Wissen die reine Wahrheit gesagt und nichts verschwiegen zu haben?" (§ 392 S. 3 ZPO).
- Zeuge: „Ich schwöre es."
- Protokoll: „Der Zeuge wurde beeidigt."

§ 99 [Aktenvorlage und Auskünfte durch Behörden]

(1) [1]Behörden sind zur Vorlage von Urkunden oder Akten, zur Übermittlung elektronischer Dokumente und zu Auskünften verpflichtet. [2]Wenn das Bekanntwerden des Inhalts dieser Urkunden, Akten, elektronischen Dokumente oder dieser Auskünfte dem Wohl des Bundes oder eines Landes Nachteile bereiten würde oder wenn die Vorgänge nach einem Gesetz oder ihrem Wesen nach geheim gehalten werden müssen, kann die zuständige oberste Aufsichtsbehörde die Vorlage von Urkunden oder Akten, die Übermittlung der elektronischen Dokumente und die Erteilung der Auskünfte verweigern.

(2) [1]Auf Antrag eines Beteiligten stellt das Oberverwaltungsgericht ohne mündliche Verhandlung durch Beschluss fest, ob die Verweigerung der Vorlage der Urkunden oder Akten, der Übermittlung der elektronischen Dokumente oder der Erteilung von Auskünften rechtmäßig ist. [2]Verweigert eine oberste Bundesbehörde die Vorlage, Übermittlung oder Auskunft mit der Begründung, das Bekanntwerden des Inhalts der Urkunden, der Akten, der elektronischen Dokumente oder der Auskünfte würde dem Wohl des Bundes Nachteile bereiten, entscheidet das Bundesverwaltungsgericht; Gleiches gilt, wenn das Bundesverwaltungsgericht nach § 50 für die Hauptsache zuständig ist. [3]Der Antrag ist bei dem für die Hauptsache zuständigen Gericht zu stellen. [4]Dieses gibt den Antrag und die Hauptsacheakten an den nach § 189 zuständigen Spruchkörper ab. [5]Die oberste Aufsichtsbehörde hat die nach Absatz 1 Satz 2 verweigerten Urkunden oder Akten auf Aufforderung dieses Spruchkörpers vorzulegen, die elektronischen Dokumente zu übermitteln oder die verweigerten Auskünfte zu erteilen. [6]Sie ist zu diesem Verfahren beizuladen. [7]Das Verfahren unterliegt den Vorschriften des materiellen Geheimschutzes. [8]Können diese nicht eingehalten werden oder macht die zuständige Aufsichtsbehörde geltend, dass besondere Gründe der Geheimhaltung oder des Geheimschutzes der Übergabe der Urkunden oder Akten oder der Übermittlung der elektronischen Dokumente an das Gericht entgegenstehen, wird die Vorlage oder Übermittlung nach Satz 5 dadurch bewirkt, dass die Urkunden, Akten oder elektronischen Dokumente dem Gericht in von der obersten Aufsichtsbehörde bestimmten Räumlichkeiten zur Verfügung gestellt werden. [9]Für die nach Satz 5 vorgelegten Akten, elektronischen Dokumente und für die gemäß Satz 8 geltend gemachten besonderen Gründe gilt § 100 nicht. [10]Die Mitglieder des Gerichts sind zur Geheimhaltung verpflichtet; die Entscheidungsgründe dürfen Art und Inhalt der geheim gehaltenen Urkunden, Akten, elektronischen Dokumente und Auskünfte nicht erkennen lassen. [11]Für das nichtrichterliche Personal gelten die Regelungen des personellen Geheimschutzes. [12]Soweit nicht das Bundesver-

waltungsgericht entschieden hat, kann der Beschluss selbständig mit der Beschwerde angefochten werden. [13] Über die Beschwerde gegen den Beschluss eines Oberverwaltungsgerichts entscheidet das Bundesverwaltungsgericht. [14] Für das Beschwerdeverfahren gelten die Sätze 4 bis 11 sinngemäß.

Übersicht

1 Die unübersichtlich geratene, in ihrer aktuellen Fassung die Entscheidung BVerfGE 101, 106 umsetzende Vorschrift versucht, dem Spannungsverhältnis zwischen der Gewährung effektiven Rechtsschutzes (Art. 19 IV GG), dem Amtsermittlungsgrundsatz (§ 86) und berechtigten Geheimhaltungsinteressen Dritter gerecht zu werden (BVerwGE 125, 40). § 99 konkretisiert die Amtshilfeverpflichtung der Behörden (§ 14), gilt in **allen Verfahrensarten,** geht als prozessrechtliche Spezialnorm allgemeinen Geheimhaltungsvorschriften einschließlich ihrer Ausnahmeregelungen vor (BVerwG DVBl 2006, 1052; NVwZ 2005, 334) und tritt hinter speziellere Normen wie § 138 TKG (vgl. hierzu Ohlenburg NVwZ 2005, 15) und § 31 StUG zurück.

I. Vorlage- und Auskunftsverpflichtung der Behörden

1. Grundsätzliche Vorlagepflicht

2 Behörden sind zur Vorlage von Urkunden oder Akten, zur Übermittlung elektronischer Dokumente und zu Auskünften verpflichtet. Erzwungen werden kann die Vorlage nicht; eine **unberechtigte Weigerung** der Behörde ist jedoch bei der Beweiswürdigung zu berücksichtigen → § 108 Rn. 12.

3 **a) Verpflichtete. Verpflichtet** sind unabhängig von ihrem Verhältnis zu den Beteiligten alle Behörden des Bundes, der Länder, der Gemeinden oder sonstige Rechtsträger des öffentlichen Rechts sowie Beliehene (SSB Rn. 8 mwN), nicht aber nach dem eindeutigen Wortlaut der Norm andere Gerichte

(s. aber Art. 35 I GG, § 14, § 474 I StPO) und die Organe privatrechtlich organisierter Rechtsträger, auch wenn sie von der öffentlichen Hand kontrolliert werden oder sich deren Anteile überwiegend in öffentlicher Hand befinden (wie hier SSB Rn. 8; aA Kopp/Schenke Rn. 4).

b) Vorlagegegenstand. Gegenstand des Verlangens können alle Urkunden **4** und Akten sein, deren Inhalt einen konkreten Bezug zur anhängigen Sache hat. Während der Urkundenbegriff dem zivilrechtlichen Verständnis folgt, ist unter einer Akte – unabhängig von der äußeren Gestalt – der Gesamtbestand der auf ein konkretes Verfahren bezogenen Unterlagen zu verstehen. Auch der Ausdruck einer elektronisch geführten Akte kann vorgelegt werden (zur Problematik Berlit NVwZ 2015, 197). **Nicht verlangt werden** kann dagegen die Vorlage von Unterlagen bzw. die Auskunft über Vorgänge, die keinen auch noch so entfernten konkreten Bezug zur anhängigen Streitsache haben (BVerwGE 119, 229; Buchh 310 § 99 VwGO Nr. 18).

c) Entstehung der Verpflichtung. Die **Verpflichtung entsteht,** wenn das **5** Gericht die Vorlage bzw. Auskunft verlangt, wobei das Verlangen nicht auf einzelne Vorlagegegenstände spezifiziert werden muss. Das Verlangen hat das Gericht grds. **förmlich** zu äußern; in aller Regel hat es einen Beweisbeschluss zu fassen (BVerwGE 149, 359). Ein Vorlagebeschluss reicht aber aus (BVerwGE 130, 236), die bloße Aktenbeiziehung mittels richterlicher Verfügung hingegen grds. nicht (BVerwGE 125, 40). Eine Anforderung durch den Kammervorsitzenden oder den BE reicht ausnahmsweise aber dann, wenn die zurückgehaltenen oder geschwärzten Unterlagen zweifelsfrei rechtserheblich sind. Das ist immer dann der Fall, wenn die Pflicht, die Verwaltungsvorgänge vorzulegen, Streitgegenstand des Verfahrens in der Hauptsache ist und die in diesem Verfahren zu treffende Entscheidung von der – allein anhand des Inhalts der betreffenden Akten zu beantwortenden – Frage abhängt, ob die Vorgänge, wie von der Behörde geltend gemacht, geheimhaltungsbedürftig sind (BVerwG ZD 2015, 602).

d) Ermessen des Gerichts. Welche Vorlage bzw. Auskunft verlangt wird, **6** steht als Ausfluss der richterlichen Unabhängigkeit und des Amtsermittlungsgrundsatzes (§ 86 I) nach der Aufgabenverteilung zwischen dem Fachsenat und dem Gericht der Hauptsache im **Ermessen des letzteren** (BVerwG NVwZ 2019, 406). Dass nach Überzeugung der Behörde die verlangten Gegenstände nicht für die Endentscheidung des Gerichts erheblich sein können, ist wegen der Eigenverantwortlichkeit richterlicher Überzeugungsbildung unbeachtlich und berechtigt nicht zur Vorlageverweigerung.

2. Vorlage- und Auskunftsverweigerungsrecht

Wenn das Bekanntwerden des Inhalts der vom Gericht zur Vorlegung verlangten Urkunden, Akten, elektronischen Dokumente oder der Auskünfte **7** dem Wohl des Bundes oder eines Landes Nachteile bereiten würde oder wenn die Vorgänge nach einem Gesetz oder ihrem Wesen nach geheim gehalten werden müssen, kann die zuständige oberste Aufsichtsbehörde die Vorlage von Urkunden oder Akten, die Übermittlung der elektronischen Dokumente und die Erteilung der Auskünfte verweigern (I 2). Gegenstand der Verweigerung kann aber nicht ein im gerichtlichen Verfahren von einem Beteiligten vorgelegter Schriftsatz sein (BVerwG Buchh 310 § 99 VwGO Nr. 67). Wird die Vorlage verweigert, schränkt dies die richterliche Überzeugungsbildung (§ 108) gesetzlich ein; dies stellt weder eine Beweisvereitelung noch eine der Behörde günstige Beweisregel dar (BVerwG NVwZ 2013, 1285).

8   **a) Nachteile für das Wohl des Bundes oder eines Landes.** Nachteile liegen vor, wenn wesentliche Interessen der betroffenen Körperschaft negativ berührt werden (SSB Rn. 16). Der Eintritt solcher Nachteile muss aktuell im Bereich **hinreichender Wahrscheinlichkeit** liegen (Kopp/Schenke Rn. 10). Einer hohen Wahrscheinlichkeit (so aber SSB Rn. 16; Eyermann Rn. 8) bedarf es nicht; einer geringeren Wahrscheinlichkeit des Nachteilseintritts kann bei der Abwägungsentscheidung Rechnung getragen werden (→ Rn. 14).

9   Ein Nachteil für das Wohl des Bundes ist ua dann gegeben, wenn und soweit die Bekanntgabe des Akteninhalts die künftige Erfüllung der **Aufgaben der Sicherheitsbehörden** einschließlich deren Zusammenarbeit mit anderen Behörden erschweren würde. Dies kann der Fall sein, wenn sich aus einer vollständigen Offenlegung von Unterlagen vor allem im Rahmen einer umfangreichen Zusammenschau Rückschlüsse auf die gegenwärtige Organisation der Sicherheitsbehörden, die Art und Weise ihrer Informationsbeschaffung, aktuelle Ermittlungsmethoden oder die praktizierten Methoden ihrer Zusammenarbeit mit anderen Stellen ableiten lassen (BVerwG Beschl. v. 28.7.2015 – 20 F 2/14; vgl. zur Vorlage von Verfassungsschutzakten BVerwG Beschl. v. 21.8.2012 – 20 F 5.12; AfP 2012, 298). So sind die persönlichen Daten von lebenden Informanten geheim zu halten; das Wohl des Bundes kann aber auch nach dem mutmaßlichen Tod die Geheimhaltung noch erforderlich machen (BVerwG NVwZ 2019, 406). Ein Nachteil kann sich des Weiteren bei **Gefährdungen von Leben, Gesundheit oder Freiheit** von Personen (BVerwG Beschl. v. 24.8.2009 – 20 F 2.09; NVwZ 1995, 1134) oder bei einer erheblichen Störung der öffentlichen Ordnung oder des freundschaftlichen Verhältnisses zu anderen Staaten oder internationalen Organisationen ergeben (Kopp/Schenke Rn. 10). Ob durch eine Bekanntgabe Nachteile für das Wohl des Bundes drohen, unterliegt gerade im Hinblick auf mögliche außenpolitische Folgen einer verwaltungsgerichtlich nur eingeschränkt überprüfbaren Beurteilungs- und Einschätzungsprärogative der Bundesregierung (BVerwGE 136, 345; AfP 2012, 298). Ein Nachteil liegt aber zB nicht pauschal hinsichtlich von Dokumenten der Informationsstelle für Jugendsekten und Psychogruppen vor (BVerwG NVwZ 2011, 880).

10   **b) Geheimhaltung. Gesetzliche Vorschriften,** die eine Geheimhaltungspflicht begründen, sind zB Art. 10 I GG (Post- und Fernmeldegeheimnis), § 30 AO (Steuergeheimnis), § 35 SGB I iVm §§ 67 ff. SGB X (Sozialgeheimnis), § 43 DRiG (Beratungsgeheimnis, BVerwGE 128, 135). **Nicht** hierunter fallen § 9 I KWG, § 21 I WpHG, § 8 KAGB (BVerwG ZIP 2014, 442 zu Vorgängervorschriften) und die Regelungen über die Amtsverschwiegenheit, auch wenn die Voraussetzungen für eine Verweigerung der Aussagegenehmigung gegeben sind, und über den Datenschutz (SSB Rn. 17). Auch eine Einstufung als Verschlusssache nach § 4 SÜG führt nicht dazu, ihre Vorlage im gerichtlichen Verfahren verweigern zu dürfen (BVerwGE 136, 345).

Ihrem Wesen nach geheimhaltungsbedürftig sind Vorgänge, die unter 11 den Schutz der **Persönlichkeits-** und **Intimsphäre** fallen (BVerwGE 50, 255), **personenbezogene Daten Dritter** (BVerwG NVwZ 2019, 406; ZD 2015, 602; ZIP 2014, 442, BVerwGE 157, 181; 136, 345) auch Verstorbener (BVerwG Beschl. v. 18.9.2019 – 20 F 4.18: mit Einschränkungen bei Personen der Zeitgeschichte) wie zB diejenigen von Informanten des sozialpsychiatrischen Dienstes (BVerwG Beschl. v. 15.3.2019 – 20 F 7.17), nicht aber die Namen der Mitglieder einer Evaluierungskommission (BVerwGE 157, 181), beamtenrechtliche **Personalakten** (BVerwGE 35, 225), **Betriebs-** und **Geschäftsgeheimnisse** (BVerfGE 115, 205; BVerwG ZIP 2014, 442), wobei es nicht geboten ist, in der Akte enthaltene allgemein bekannte oder zugängliche Bestandteile für die Zwecke der Aktenvorlage aus ihrem Anwendungszusammenhang in den Unterlagen – etwa durch Schwärzungen des umliegenden Textes – „herauszupräparieren" (BVerwG Beschl. v. 11.10.2019 – 20 F 11.17), von Dritten erworbenes **technisches Wissen** (BVerwGE 130, 236), Beratungen der **Reaktorsicherheitskommission** (BVerwGE 130, 236); **Erkenntnisse der Ämter für Verfassungsschutz** oder Polizeibehörden und **Vertraulichkeitszusagen** an deren Informanten (BVerfGE 101, 106; BVerwG Beschl. v. 28.7.2015 – 20 F 2.14; BVerwGE 136, 345; 119, 11; 118, 10), einschließlich der persönlichen Daten von lebenden Informanten; ist nicht bekannt, ob dieser am Leben ist, ist er nicht mehr schutzwürdig, wenn seit seiner Geburt mehr als 90 Jahre vergangen sind (BVerwG Buchh 310 § 99 VwGO Nr. 70).

Akten und Unterlagen der Sicherheitsbehörden sind **nicht** schon 12 wegen ihres Wesens geheimhaltungsbedürftig; vielmehr richtet sich die Geheimhaltungsbedürftigkeit nach den materiellen Maßstäben des I 2, im Falle der Geltendmachung von Amtsgeheimnissen also danach, ob dem Wohl des Bundes ein Nachteil bereitet würde (BVerwGE 136, 345). **Prüfungsakten** sind **nicht** geheim (BVerwGE 91, 262). Ein Geheimhaltungsbedürfnis besteht auch nicht, wenn das in den Akten Festgehaltene aktuell unter keinem sicherheitsrelevanten Aspekt mehr Bedeutung hat (BVerwG NVwZ 2005, 334). Auch Informationen, die die Trägerschaft und Handlungsfähigkeit einer öffentlich-rechtlichen Sparkasse betreffen, sind **nicht** besonders schutzwürdig (BVerwG NVwZ 2012, 112).

c) Entscheidung der obersten Aufsichtsbehörde. Die oberste Aufsichts- 13 behörde hat eine Entscheidung über die Verweigerung der Vorlage geheimhaltungsbedürftiger Vorgänge zu treffen (sog. **Sperrerklärung;** vgl. BVerwGE 149, 359). Der formellen Entscheidung über die Verweigerung steht deren **faktische Verweigerung** gleich, da in ihr eine inzidente Entscheidung der Aufsichtsbehörde gesehen werden kann (OVG NRW NVwZ-RR 2005, 749). Die Entscheidung ist auch dann zu treffen, wenn die oberste

Aufsichtsbehörde zugleich Ausgangsbehörde ist (BVerwGE 130, 236). Die oberste Aufsichtsbehörde handelt durch ihre allgemeinen Vertreter bzw. Bediensteten (SSB Rn. 29).

14   Die Entscheidung über die Verweigerung der Vorlage bedarf unter Berücksichtigung rechtsstaatlicher Belange einer nachvollziehbaren und verständlichen **Darlegung**. Die Sperrerklärung muss hinreichend deutlich erkennen lassen, dass die in Anspruch genommenen Weigerungsgründe vorliegen. Die oberste Aufsichtsbehörde muss die Akten und Unterlagen aufbereiten und je nach Inhalt der Schriftstücke den behaupteten Weigerungsgrund nachvollziehbar darlegen (BVerwG NVwZ 2012, 1488). Dies gilt auch dann, wenn das Fachrecht zur strikten Geheimhaltung verpflichtet (BVerwGE 130, 236; Beschl. v. 24.8.2009 – 20 F 2.09; OVG NRW NVwZ 2009, 1510). Fehlt die Ermessensausübung, ist die Verweigerung rechtswidrig (BVerwG ZIP 2014, 442). Maßstab ist dabei neben dem privaten Interesse an effektivem Rechtsschutz und dem öffentlichen oder privaten Interesse an Geheimnisschutz auch das öffentliche Interesse an der Wahrheitsfindung (BVerfGE 115, 205; BVerwGE 136, 345). Die Ermessensentscheidung bezieht sich allein auf die Geheimhaltungsbedürftigkeit, nicht auf die Bedeutung der Vorlagegegenstände für das Verfahren; diese Beurteilung obliegt allein dem Gericht. Die Interessen der Wahrheitsfindung und das Interesse des Rechtsuchenden an der Vorlage, Übermittlung bzw. Auskunft, insbes. auch die Schwere der in Frage stehenden Rechtsgutsverletzung, sind gegen das Interesse an der Geheimhaltung abzuwägen (BVerfGE 115, 205; BVerwGE 130, 236; Oster DÖV 2004, 916). Auf der Grundlage der §§ 99 II, 100 I, 108 II ist unter Anlegung eines strengen Maßstabs **praktische Konkordanz** zwischen den kollidierenden Rechtsgütern durch Abwägung herzustellen. Ist beispielsweise das Geheimhaltungsinteresse ohne erhebliches Gewicht, wird es gerechtfertigt sein, es hinter das Interesse an effektivem Rechtsschutz, insbes. an rechtlichem Gehör, zurücktreten zu lassen (BVerfGE 115, 205). Dasselbe gilt, wenn sich die Akten gerade auf die Interessen des Beteiligten beziehen, um das im gerichtlichen Verfahren gestritten wird; Gegenteiliges gilt, wenn voraussetzungslose Informationszugangsansprüche geltend gemacht werden (BVerwG ZIP 2014, 442; vgl. auch NVwZ 2019, 1050).

15   Der schlichte Hinweis der Behörde auf die Möglichkeit des In-Camera-Verfahrens genügt den Anforderungen an eine ordnungsgemäße Ermessensentscheidung nicht (BVerwGE 130, 236). Ggf. ist auch eine **Teilvorlage** zu erwägen und in den Ermessenserwägungen abzuhandeln (BVerwG NVwZ 2005, 334); eine solche scheidet allerdings dann aus, wenn schon sie Rückschlüsse auf dem Geheimnisschutz unterliegende Vorgänge zuließe (BVerwG NVwZ 2003, 348).

16   Das **Ermessen ist auf Null reduziert,** wenn das Interesse an der Geheimhaltung wegen eines grundrechtlichen Bezugs oder aus anderen Gründen ein solches Gewicht hat, dass die Vorlage unterbleiben muss. Bei geringem Gewicht des Geheimhaltungsinteresses darf die Vorlage im Hinblick auf den Grundsatz der Verhältnismäßigkeit hingegen nicht verweigert werden (BVerwGE 130, 236).

d) Rückforderung vorgelegter Unterlagen. Unter Verstoß gegen I 2 vor- **17** gelegte Unterlagen sind von der Behörde zurückzufordern, wenn sie den Beteiligten noch nicht zugänglich gemacht worden sind und damit der Geheimnisschutz noch nicht aufgegeben worden ist (str., vgl. Kopp/Schenke Rn. 15). Hiermit korrespondiert ein Verwertungsverbot (SSB § 98 Rn. 62 mwN). Der betroffene Beteiligte kann entsprechend I 2 hierüber die Entscheidung der obersten Aufsichtsbehörde verlangen und gegen deren Weigerung den Fachsenat (§ 189) anrufen (II).

3. Antrag auf Vorlageverbot

Entsprechend I 2 kann der Beteiligte, der möglicherweise Geheimnisschutz **18** genießt, bei der obersten Aufsichtsbehörde den Antrag stellen, der vorlagebereiten Behörde die Vorlage zu verbieten. In diesem Fall ist die in I 2 vorgesehene Beteiligung der obersten Aufsichtsbehörde nicht (mehr) nur objektives Verfahrensrecht, sondern ein auf Art. 12 I, 14 I GG gründendes subjektives Recht des Betroffenen auf Durchführung dieses Verfahrens (OVG NRW NVwZ 2000, 449). Gegen die Zulassung der Vorlage kann analog II der Fachsenat (§ 189) angerufen werden → Rn. 19.

II. Antrag auf gerichtliche Entscheidung

1. Grundlagen

Auf Antrag eines Beteiligten (§ 63) stellt das OVG ohne mündliche Verhand- **19** lung durch Beschluss fest, ob die Verweigerung der Vorlage der Urkunden oder Akten, der Übermittlung der elektronischen Dokumente oder der Erteilung von Auskünften nach I 2 rechtmäßig ist (II 1). Für die Entscheidung im Zwischenverfahren ist nicht das Gericht der Hauptsache, sondern ein besonderer Spruchkörper, nämlich der nach § 189 eingerichtete Fachsenat, zuständig. II sieht das sog. **In-Camera-Verfahren** vor, wonach die Rechtmäßigkeit der Weigerung überprüft werden kann, ohne dass die Beteiligten Kenntnis vom Inhalt der Akten erhalten. Dies ist mit Art. 19 IV, 103 GG und Art. 6 EMRK vereinbar (BVerwG ZIP 2014, 442).

Der Fachsenat **entscheidet** im Zwischenverfahren gem. II 1 nur darüber, **20** **ob die Verweigerung** der Aktenvorlage, die das Gericht der Hauptsache als entscheidungserheblich beiziehen will, rechtmäßig ist oder nicht. Das Verfahren hat nicht die Funktion, die Vorlage von Akten zu erzwingen, die das Gericht nicht von der Behörde angefordert hat (BVerwGE 149, 359). Prüfungsgegenstand des Zwischenverfahrens ist auch **nicht** die Frage, ob die angeforderten Unterlagen für das anhängige Hauptverfahren **erheblich** sind. Hat das Gericht der Hauptsache die Entscheidungserheblichkeit bejaht, ist der Fachsenat grds. an dessen Rechtsauffassung gebunden, es sei denn, die Rechtsauffassung des Gerichts der Hauptsache ist offensichtlich fehlerhaft (BVerwGE 130, 236) oder das Gericht der Hauptsache genügt seiner Verpflichtung nicht, die ihm nach dem Amtsermittlungsgrundsatz zur Verfügung stehenden Mittel zur Aufklärung des Sachverhalts zu erschöpfen, um auf dieser Grundlage über die Erforderlichkeit der ungeschwärzten Aktenvorlage zu entscheiden (BVerwG NVwZ 2016, 467). Auch wenn das Gericht der Hauptsache zunächst in ausreichender Weise die Entscheidungserheblichkeit der angeforderten Akten verlautbart, kann es verpflichtet sein, alle oder einzelne Unterlagen nach Abgabe der Sperrerklärung nochmals auf ihre Entscheidungserheblichkeit zu untersuchen. Gegebenenfalls ist auch zu prüfen, ob und in welchem Umfang es der genauen Kenntnis des Inhalts der geschwärzten Teile der Dokumente bedarf (BVerwG NVwZ 2019, 406; 2016, 467). Im Zwischenverfahren gem. II geht es mithin allein um die Frage der Vorlage der Akten im Prozess. Dagegen verbleibt die **Entscheidung über den Klageanspruch** bei dem Gericht der Hauptsache; dieses ist gesetzlicher Richter iSv Art. 101 I 2 GG (BVerwGE 130, 236).

21   Weist die Sperrerklärung der obersten Aufsichtsbehörde **Mängel** auf, ist sie grds. **gesamtrechtswidrig.** Die ggf. gebotene, von der Behörde aber unterlassene Sichtung und Ordnung des Aktenmaterials nach verschiedenen Geheimhaltungsinteressen sowie die differenzierende (Ermessens-)Entscheidung darüber, ob und inwieweit ggf. Schwärzungen ausreichen, um einem gebotenen Geheimnisschutz hinreichend Rechnung zu tragen, kann der Fachsenat nicht anstelle der dazu berufenen obersten Aufsichtsbehörde selbst vornehmen (BVerwGE 136, 345).

22   Unter erweiternder Auslegung des II ist nicht nur über die Rechtmäßigkeit einer Verweigerung, sondern auch über die **Anordnung der Offenlegung** durch die oberste Aufsichtsbehörde zu entscheiden (BVerwG NVwZ 2004, 105; OVG NRW NVwZ 2009, 1510). Ebenso kann ein Beteiligter, der die Offenbarung ihn betreffender Geheimnisse befürchtet, Rechtsschutz gegen eine die Vorlage befürwortende Entscheidung der Aufsichtsbehörde verlangen (BVerwGE 118, 350; Schenke NVwZ 2008, 938).

2. Antrag eines Beteiligten und Zuständigkeit

23   Das Verfahren wird (nur) auf – nicht fristgebundenen (BVerwG DVBl 2011, 501) – **Antrag** eines der Beteiligten bei dem Hauptsachegericht eingeleitet (II 1). Für den Antrag besteht gem. § 67 IV 2 **Vertretungszwang.** Eine Einleitung vAw ist nicht zulässig.

24   **Zuständig** für die Entscheidung über den Antrag ist das OVG. Soweit die Hauptsache vor einem VG anhängig ist, ist damit stets das im Instanzenzug übergeordnete OVG gemeint, und zwar unabhängig davon, welche Behörde vom Hauptsachegericht zu einer Aktenvorlage verpflichtet wird und welche oberste Aufsichtsbehörde die Aktenvorlage verweigert, sofern es sich nicht um einen Fall des II 2 handelt (BVerwG NJW 2010, 2295).

25   Verweigert eine oberste Bundesbehörde die Vorlage, Übermittlung oder Auskunft mit der Begründung, das Bekanntwerden des Inhalts würde dem Wohl des Bundes Nachteile bereiten, entscheidet das BVerwG; Gleiches gilt, wenn das BVerwG nach § 50 für die Hauptsache zuständig ist (II 2).

26   Für den Antrag muss ein **Rechtsschutzbedürfnis** bestehen (BVerwG DVBl 2011, 501). Dies fehlt ua, wenn die verlangte Vorlage oä noch nicht nach I 2 verweigert worden ist. Der Verweigerung steht allerdings gleich, wenn die Aufsichtsbehörde nicht in angemessener Frist über das Vorlage- bzw. Auskunftsverlangen entschieden hat (OVG NRW NVwZ-RR 2005, 750).

Der Antragstellung kommt eine Art **„aufschiebende Wirkung"** zu. So- **27** lange über den Antrag nicht entschieden ist, ist eine Vorlage von Akten an das Hauptsachegericht unzulässig (Kopp/Schenke Rn. 18). Überdies hat die aktenführende Behörde einem beigeladenen Geheimnisträger eine angemessene Frist zur Stellung eines Antrags analog II unter Hinweis darauf zu setzen, dass sie nach Fristablauf die Akten dem Hauptsachegericht vorlegen wird (OVG NRW NVwZ 2000, 450).

3. Verfahren

Der Fachsenat (§ 189) entscheidet nach der Abgabe des Antrags und der **28** Hauptsacheakten durch das Hauptsachegericht **ohne mündliche Verhandlung** (II 1, 4) durch begründungsbedürftigen Beschluss. § 101 III mit der Möglichkeit der ins gerichtliche Ermessen gestellten mündlichen Verhandlung wird durch II 1 verdrängt; dies gilt auch, wenn das BVerwG im Beschwerdeverfahren zuständig ist (BVerwGE 130, 236). Eine **Beweisaufnahme** nach § 98 ist im Zwischenverfahren unzulässig (BVerwGE 130, 236). Die oberste Aufsichtsbehörde hat die nach I 2 verweigerten Urkunden oder Akten auf Aufforderung dieses Spruchkörpers vorzulegen, die elektronischen Dokumente zu übermitteln oder die verweigerten Auskünfte zu erteilen (II 5).

Das gerichtliche Verfahren unterliegt den Vorschriften des **materiellen** **29** **Geheimschutzes** (II 7). Der normativ nicht definierte Begriff zielt auf den Schutz geheimhaltungsbedürftigen Materials vor Entwendung oder Kenntnisnahme durch Unbefugte (vgl. umfassend SSB Rn. 39). Können diese Vorschriften auf dem genannten Wege nicht eingehalten werden oder macht die zuständige Aufsichtsbehörde geltend, dass besondere Gründe der Geheimhaltung oder des Geheimschutzes der Übergabe der Urkunden oder Akten oder der Übermittlung der elektronischen Dokumente an das Gericht entgegenstehen, wird die Vorlage oder Übermittlung nach II 5 dadurch bewirkt, dass die Urkunden, Akten oder elektronischen Dokumente dem Gericht in von der obersten Aufsichtsbehörde bestimmten Räumlichkeiten zur Verfügung gestellt werden (II 8).

Die oberste Aufsichtsbehörde ist zu diesem Zwischenverfahren **beizuladen** **30** (II 6). Hiermit ist nicht die Beiladung im technischen Sinne des § 65 gemeint; vielmehr ist die oberste Aufsichtsbehörde – ähnlich wie ein Zeuge im Zwischenstreit über das Zeugnisverweigerungsrecht (vgl. § 387 ZPO) – zu beteiligen (BVerfGE 115, 205; BVerwGE 117, 42). Die Aufsichtsbehörde ist auch dann beizuladen, wenn sie Behörde der beklagten Körperschaft ist (BVerwGE 117, 42). Die Beiladung ist nicht erforderlich, wenn die oberste Aufsichtsbehörde bereits als Vertreter des Beklagten sowohl im Haupt- als auch im Zwischenverfahren beteiligt ist (OVG NRW NVwZ 2009, 794).

Für die nach II 5 vorgelegten Akten, elektronischen Dokumente und für **31** die gem. II 8 geltend gemachten besonderen Gründe wird **Akteneinsicht** nicht gewährt; § 100 gilt nicht (II 9; vgl. BVerwG Beschl. v. 19.12.2013 – 20

F 15/12), sehr wohl aber mit Blick auf die Sperrerklärung selbst oder ihre Ergänzungen (BVerwG NVwZ 2012, 1488).

32 Die Mitglieder des Gerichts sind über § 43 DRiG **(Beratungsgeheimnis)** hinaus zur **Geheimhaltung** verpflichtet (II 10). Für das nichtrichterliche Personal gelten die Regelungen des **personellen Geheimschutzes** (II 11, vgl. § 4 SÜG). Die **Entscheidungsgründe** dürfen zudem – unabhängig von der weiterhin bestehenden Begründungspflicht (§ 122 II) – Art und Inhalt der geheim gehaltenen Urkunden, Akten, elektronischen Dokumente und Auskünfte nicht erkennen lassen.

32a Die Zwischenentscheidung, die **ohne Kostenentscheidung** und mangels Gebührentatbestandes **ohne Streitwertfestsetzung** ergeht (BVerwG NVwZ-RR 2011, 261 → vor § 154 Rn. 9; anders in Beschwerdeentscheidungen → Rn. 33), ist im Verfahren der Hauptsache wie ein rechtskräftiges Zwischenurteil zugrunde zu legen. Dem Hauptsachegericht ist eine eigenständige Bewertung der Geheimschutzbelange und deren Abwägung verwehrt (BVerwG NVwZ 2013, 1285).

4. Rechtsmittel

33 Soweit nicht das BVerwG entschieden hat, kann der Beschluss gem. II 12 selbstständig mit der **Beschwerde** angefochten werden. Über die Beschwerde gegen den Beschluss eines OVG entscheidet das **BVerwG** (II 13, § 152 I). Für das Beschwerdeverfahren gelten II 4 bis 11 sinngemäß (II 14), II 1 insoweit, als auch vor dem BVerwG nicht mündlich verhandelt wird (BVerwGE 130, 236). Die Beschwerde ist ein selbstständiges Verfahren, das Kosten auslöst (Festgebühr nach § 1 II Nr. 1 iVm § 3 II GKG, Nr. 5502 KV), sodass die Entscheidung mit Kostenregelung, aber ohne Streitwertfestsetzung zu treffen ist. Zur **Senatsbesetzung** s. § 10 III. Zur PKH-Gewährung → § 166 Rn. 18.

§ 100 [Akteneinsicht]

(1) [1] Die Beteiligten können die Gerichtsakten und die dem Gericht vorgelegten Akten einsehen. [2] Beteiligte können sich auf ihre Kosten durch die Geschäftsstelle Ausfertigungen, Auszüge, Ausdrucke und Abschriften erteilen lassen.

(2) [1] Werden die Prozessakten elektronisch geführt, wird Akteneinsicht durch Bereitstellung des Inhalts der Akten zum Abruf gewährt. [2] Auf besonderen Antrag wird Akteneinsicht durch Einsichtnahme in die Akten in Diensträumen gewährt. [3] Ein Aktenausdruck oder ein Datenträger mit dem Inhalt der Akten wird auf besonders zu begründenden Antrag nur übermittelt, wenn der Antragsteller hieran ein berechtigtes Interesse darlegt. [4] Stehen der Akteneinsicht in der nach Satz 1 vorgesehenen Form wichtige Gründe entgegen, kann die Akteneinsicht in der nach den Sätzen 2 und 3 vorgesehenen Form auch ohne Antrag gewährt werden. [5] Über einen Antrag nach Satz 3 entscheidet der Vorsitzende; die Entscheidung ist unanfechtbar. [6] § 87a Absatz 3 gilt entsprechend.

(3) [1]Werden die Prozessakten in Papierform geführt, wird Akteneinsicht durch Einsichtnahme in die Akten in Diensträumen gewährt. [2]Die Akteneinsicht kann, soweit nicht wichtige Gründe entgegenstehen, auch durch Bereitstellung des Inhalts der Akten zum Abruf gewährt werden. [3]Nach dem Ermessen des Vorsitzenden kann der nach § 67 Absatz 2 Satz 1 und 2 Nummer 3 bis 6 bevollmächtigten Person die Mitnahme der Akten in die Wohnung oder Geschäftsräume gestattet werden. [4]§ 87a Absatz 3 gilt entsprechend.

(4) In die Entwürfe zu Urteilen, Beschlüssen und Verfügungen, die Arbeiten zu ihrer Vorbereitung und die Dokumente, die Abstimmungen betreffen, wird Akteneinsicht nach den Absätzen 1 bis 3 nicht gewährt.

Das Akteneinsichtsrecht ist ein wesentlicher Teil der **Beteiligtenöffentlichkeit** des Verfahrens und dient insbes. der Gewährung **rechtlichen Gehörs** (Art. 103 I GG; Kopp/Schenke Rn. 1). Es gewährleistet die Waffengleichheit der Beteiligten und soll ihnen zugleich die effektive Mitwirkung bei der Wahrheitsfindung des Gerichts ermöglichen (BVerwG NJW 1988, 1280); es wird durch § 138 II TKG modifiziert (BVerwG NVwZ 2014, 790). Einen **Anspruch auf Aktenbeiziehung** gewährt § 100 I nicht (BVerwG Beschl. v. 11.3.2004 – 6 B 71.03); hierfür steht den Beteiligten das Beweisantragsrecht zur Verfügung. Die Norm findet in allen Instanzen und Verfahrensarten Anwendung. Bei dem BVerwG kann Akteneinsicht nach II 6 aber nicht durch den BE gewährt werden (§ 141 S. 2). **1**

I. Akteneinsicht

Die Beteiligten (§ 63) können vorbehaltlich IV (→ Rn. 14) die Gerichtsakten **2** und die dem Gericht vorgelegten Akten einsehen, solange das Verfahren anhängig ist (Sächs OVG Beschl. v. 3.11.2017 – 4 B 302/17; OVG Brem NVwZ 1984, 527). Es besteht **keine Belehrungspflicht** seitens des Gerichts über die Möglichkeit der Akteneinsicht (allg. Meinung, vgl. SSB Rn. 9). Dass Akten beigezogen worden sind, ist den Beteiligten zur Wahrung der rechtlichen Gehörs **mitzuteilen.**

1. Berechtigte

Das Akteneinsichtsrecht steht den **Beteiligten persönlich** sowie ihren Pro- **3** zessbevollmächtigten zu; auch im Falle notwendiger anwaltlicher Vertretung verlieren es die Beteiligten nicht. Nicht am Verfahren Beteiligte haben kein Akteneinsichtsrecht; I schließt die Anwendung des § 173 S. 1 iVm § 299 II ZPO aus (str., Redeker/v. Oertzen Rn. 2; aA SSB Rn. 11 f.).

2. Gegenstand der Einsicht

Das Akteneinsichtsrecht erstreckt sich ungeachtet ihrer Entscheidungserheb- **4** lichkeit auf alle vom Gericht elektronisch oder in Papierform geführten Akten und beigezogenen und vorgelegten Akten (Beiakten, Urkunden, Augenscheinsobjekte, Filme uä). Auf Akten in verkleinerter Form ist § 299a ZPO entsprechend anzuwenden (SSB § 173 Rn. 39).

5 Die vom Gericht im Asylprozess in einer sog. **Erkenntnisliste** geführten Unterlagen zählen nicht hierzu. Diese sind keine Akten, sondern Bestandteil einer Sammlung von Erkenntnisquellen verschiedenster Herkunft, die als Informationsmaterial regelmäßig bei den mit der Bearbeitung von Asylverfahren befassten Gerichten angelegt sind (OVG NRW NVwZ 1997, Beilage Nr. 11, 81). Anders verhält es sich, wenn sich die Erkenntnis auf das konkrete Verfahren bezieht (ebenso SSB Rn. 7).

6 Das Einsichtsrecht bezieht sich dagegen auch auf Unterlagen, die möglicherweise oder sogar höchstwahrscheinlich der **Geheimhaltung** unterliegen und deren Vorlage gem. § 99 I 2 hätte verweigert werden dürfen (BayVGH NVwZ-RR 2001, 544; für den Fall der Offensichtlichkeit aA Kopp/Schenke Rn. 3a). Akteneinsicht ist allerdings so lange **nicht** zu gewähren, wie ein Verfahren nach § 99 II andauert (→ § 99 Rn. 27). Vom Recht der Akteneinsicht sind solche Schreiben nicht umfasst, die in einem Verfahren nach § 99 II vom Fachsenat (§ 189) mit Eingang an den Beklagten hätten zurückgegeben werden müssen (BVerwG Beschl. v. 24.8.2009 – 20 F 2.09; Beschl. v. 5.2.2009 – 20 F 24.08).

7 Bei einer **Klage auf Akteneinsicht** erstreckt sich das Akteneinsichtsrecht nur auf die Akten, die das Verfahren auf Akteneinsicht betreffen, und nicht auf die Akten, um deren Kenntnisgabe gestritten wird (vgl. BVerwG NJW 1983, 2954).

3. Verweigerung der Einsicht

8 Die **Verweigerung der Akteneinsicht** kann zum Schutze des die Einsicht Begehrenden in existentiellen Ausnahmefällen geboten sein (BVerwGE 82, 45: drohende Selbstgefährdung). IÜ schränkt I das Recht auf Akteneinsicht nicht dahingehend ein, dass nur einmal oder nur in bestimmten zeitlichen Intervallen Einsicht genommen werden darf. Im Falle eines **Anwaltswechsels** kann ein Antrag auf Akteneinsicht nicht mit der Begründung abgelehnt werden, bereits der vorherige Prozessbevollmächtigte habe Einsicht in die Akten nehmen können (BVerwG Beschl. v. 14.10.1997 – 9 B 799.97).

4. Einsicht in elektronisch geführte Akten

9 Werden die Prozessakten **elektronisch** geführt, wird Akteneinsicht durch Bereitstellung des Inhalts der Akten zum Abruf gewährt (II 1). Auf besonderen Antrag wird Akteneinsicht durch Einsichtnahme in die Akten in Diensträumen gewährt (II 2). Ein Aktenausdruck oder ein Datenträger mit dem Inhalt der Akten wird auf besonders zu begründenden Antrag nur übermittelt, wenn der Antragsteller hieran ein berechtigtes Interesse darlegt (II 3). Stehen der Akteneinsicht in der nach Satz 1 vorgesehenen Form wichtige Gründe entgegen, kann die Akteneinsicht in der nach den Sätzen 2 und 3 vorgesehenen Form auch ohne Antrag gewährt werden (II 4).

Über einen Antrag nach Satz 3 entscheidet der Vorsitzende bzw. BE (II 6: **10** nicht aber im Fall des § 141 S. 2); die Entscheidung ist unanfechtbar (II 5).

5. Einsicht in Papierakten

Werden die Prozessakten **in Papierform** geführt, wird Akteneinsicht durch **11** Einsichtnahme in die Akten in den Diensträumen gewährt (III 1). Die Akteneinsicht kann, soweit nicht wichtige Gründe entgegenstehen, auch durch Bereitstellung des Inhalts der Akten zum Abruf gewährt werden (III 2). Nach dem Ermessen des Vorsitzenden oder des BE (III 4: nicht aber im Fall des § 141 S. 2) kann der nach § 67 II 1 und 2 Nr. 3 bis 6 bevollmächtigten Person (**nicht** diejenigen nach § 67 II 2 Nr. 1, 2 und 7) die Mitnahme der Akten in die Wohnung oder Geschäftsräume gestattet werden (III 3). Die Entscheidung des Gerichts ist als **prozessleitende Verfügung** gem. § 146 II unanfechtbar (vgl. OVG NRW NJW 1988, 221). **§ 82 AsylG** ist lex specialis für den Asylprozess.

Ein Rechtsanspruch auf Mitnahme der Akten in die Wohnung oder die **12** Geschäftsräume besteht nicht, auch nicht unter dem Gesichtspunkt der Gewährung rechtlichen Gehörs. Die Ausübung des Ermessens muss aber anhand sachlicher Kriterien erfolgen. Bei zuverlässigen Bevollmächtigten, umfangreichen Akten und ihrer aktuellen Entbehrlichkeit bei Gericht ist eine Verweigerung ermessensfehlerhaft. Führt die Herausgabe der Akten zu einer relevanten Verzögerung in der Bearbeitung durch das Gericht, kann jedenfalls in Eilverfahren eine Herausgabe der Akten verweigert werden (BayVGH Beschl. v. 11.2.2016 – 7 CE 16.10077).

II. Erteilung von Ausfertigungen ua

Beteiligte können sich vorbehaltlich IV (→ Rn. 14) auf ihre Kosten durch die **13** Geschäftsstelle Ausfertigungen, Auszüge, Ausdrucke und Abschriften erteilen lassen (I 2). Der Darlegung eines besonderen rechtlichen Interesses bedarf es hierfür nicht, sofern das Recht nicht erkennbar missbräuchlich ausgeübt wird. Entscheidend ist allein, ob einer der Beteiligten die erbetenen Ablichtungen als für die Führung des Rechtsstreits erforderlich ansehen kann (BVerwG NJW 1988, 1280). Eine Vervielfältigung von Personalvorgängen durch Privatpersonen, die etwa in Konkurrentenstreitigkeiten am Verfahren beteiligt sind, ist – anders als etwa bei Rechtsanwälten als Organen der Rechtspflege – wegen des Persönlichkeitsschutzes nicht angebracht. Es ist zumutbar und ausreichend, wenn die Privatperson die Vorgänge in Augenschein nimmt und sich ggf. Notizen macht (VGH Hessen NVwZ 1994, 398). Ein Rechtsanwalt hat dem Recht auf informationelle Selbstbestimmung dadurch Rechnung zu tragen, dass er die vertrauliche Behandlung der gefertigten Ablichtungen gewährleistet und sie nach Abschluss des Verfahrens vernichtet (Rh.-Pf. OVG NVwZ 2016, 1342).

III. Ausschluss der Akteneinsicht

14 In die **Entwürfe** zu Urteilen Beschlüssen und Verfügungen, die Arbeiten zu ihrer Vorbereitung und die Dokumente, die Abstimmungen betreffen, wird keine Akteneinsicht gewährt (IV). Die Norm schützt das **Beratungsgeheimnis** und die freie ergebnisoffene Kommunikation der Richter (BVerwG Beschl. v. 26.4.2011 – 2 C 51.08). IV verbietet nicht, dass der dienstlich mit der Sache befasste Urkundsbeamte des Gerichts durch Aushändigung eines Exemplars des Sachberichts und des Votums von deren Inhalt Kenntnis erlangt. Diese Mitteilung im dienstlichen Verkehr verstößt nicht gegen die Pflicht zur Verschwiegenheit (BVerwG NVwZ 1987, 127).

15 Weitere **Ausnahmen zum Recht auf Akteneinsicht** sieht die VwGO nicht vor (zur Problematik SSB Rn. 28 ff.), wohl aber § 31 II StUG, § 138 II TKG.

§ 101 [Grundsatz der mündlichen Verhandlung]

(1) Das Gericht entscheidet, soweit nichts anderes bestimmt ist, auf Grund mündlicher Verhandlung.

(2) Mit Einverständnis der Beteiligten kann das Gericht ohne mündliche Verhandlung entscheiden.

(3) Entscheidungen des Gerichts, die nicht Urteile sind, können ohne mündliche Verhandlung ergehen, soweit nichts anderes bestimmt ist.

1 I konstituiert den Grundsatz der mündlichen Verhandlung. Die mündliche Verhandlung hat ihren Rechtswert in sich. Sie soll nicht nur dem Gericht die Wahrheitsfindung erleichtern, sondern darüber hinaus dadurch zur Befriedung beitragen, dass zwischen den Beteiligten und dem Gericht in persönlichem Kontakt der Streitstoff in unmittelbarer Rede und Gegenrede erörtert werden kann (BVerwG NJW 1992, 2042). Die mündliche Verhandlung ist Kernstück des Prozesses (BVerwG Beschl. v. 30.7.2019 – 1 B 58.19).

I. Entscheidung aufgrund mündlicher Verhandlung

2 Das Gericht entscheidet, soweit nichts anderes bestimmt ist, auf Grund mündlicher Verhandlung. **Ausnahmebestimmungen** enthalten neben II (**Verzicht** der Beteiligten) und III (**Beschlüsse**) und 120 III 2 (**Urteilsergänzung hinsichtlich Kosten und Nebenansprüche**) §§ 11 VII 2, 12 I 1 (**Entscheidungen des Großen Senats** beim BVerwG oder OVG), § 47 V 1 (**Normenkontrollverfahren**), § 53 III 2 (**Zuständigkeitsstreit**), § 84 I 1 (**Gerichtsbescheid**), § 99 II 1 (**In-Camera-Verfahren;** vgl. BVerwGE 130, 236), § 118 II 1 (**Urteilsberichtigung**), § 130a S. 1 (**Entscheidung über die Berufung** bei Einstimmigkeit), § 173 S. 1 iVm § 307 S. 2 ZPO (Anerkenntnisurteil). § 128 III ZPO, wonach ohne mündliche Verhandlung entschieden werden kann, wenn nur noch über die Kosten oder – seit dem 1.1.2020 – über Nebenforderungen zu entscheiden ist, ist über § 173 S. 1 nicht anwendbar.

Diese Ausnahmen sind **verfassungsrechtlich** nicht zu beanstanden. **3** Art. 103 I GG (Anspruch auf rechtliches Gehör) begründet kein Recht auf mündliche Verhandlung (BVerwG Beschl. v. 30.7.2019 – 1 B 58.19). Vielmehr ist es Sache des einfachen Gesetzgebers, wieweit er in einem bestimmten Verfahren einen Anspruch auf mündliche Verhandlung einräumen will. Auch aus Art. 19 IV GG ergibt sich nicht die Notwendigkeit einer mündlichen Verhandlung, sondern (nur) ein Anspruch auf eine tatsächlich wirksame gerichtliche Kontrolle (BVerwG Beschl. v. 30.7.2009 – 5 B 107.08; BVerwGE 57, 272). Nichts anderes ergibt sich aus Unionsrecht (BVerwG Beschl. v. 30.7.2019 – 1 B 58.19).

Eine unter Verstoß gegen I ergangene Entscheidung verletzt den Anspruch **4** auf **rechtliches Gehör** und begründet einen Verfahrensmangel iSd §§ 124 II Nr. 5, 132 II Nr. 3 (BVerwG NVwZ 2009, 59; 2003, 1129), allerdings nur bezogen auf den jeweils betroffenen Beteiligten (BVerwG Buchh 310 § 101 VwGO Nr. 29). Gegen I wird auch dann verstoßen, wenn die mündliche Verhandlung zu Unrecht nicht gem. § 104 III 2 wiedereröffnet wird (→ § 104 Rn. 8 ff.).

II. Entscheidungen ohne mündliche Verhandlung

1. Einverständnis der Beteiligten

Mit **Einverständnis** aller Beteiligter (§ 63) kann das Gericht ohne mündliche **5** Verhandlung entscheiden. Eines gesonderten Beschlusses hierfür bedarf es nicht (BVerwG NVwZ-RR 2014, 657).

a) Form. Das Einverständnis ist **schriftlich oder zu Protokoll** (§ 81 I), **6** elektronisch (§ 55a) oder in einer mündlichen Verhandlung **zu Protokoll** (§ 173 S. 1 iVm § 261 II ZPO) zu erklären. Ein gegenüber dem Gericht **telefonisch** erklärter Verzicht, der durch einen schriftlichen Aktenvermerk festgehalten wird, ist ebenfalls zulässig, solange über den Inhalt der Erklärung kein Streit besteht (BVerwGE 62, 6; NVwZ 1984, 645; aA SächsOVG SächsVBl. 2008, 122).

Als prozessgestaltende Erklärung muss das Einverständnis **ausdrücklich,** **7** **klar, eindeutig und vorbehaltlos** abgegeben werden (BVerwG NVwZ-RR 2014, 740): „Auf mündliche Verhandlung wird verzichtet". Mit einer Entscheidung „im schriftlichen Verfahren" einverstanden zu sein, ist hinreichend eindeutig (BVerwG Buchh 310 § 101 VwGO Nr. 38). In Zweifelsfällen hat das Gericht auf eine Klarstellung hinzuwirken (§ 86 III). Bestehen nicht ausräumbare Zweifel an Inhalt und Vorbehaltlosigkeit einer Verzichtserklärung, darf der Beteiligte aus Gründen der Rechtssicherheit hieran nicht festgehalten werden (BVerwG NVwZ 1984, 645). So bedeutet das **Einverständnis mit einer Entscheidung nach § 87a II, III** durch den Vorsitzenden/BE anstelle der Kammer (BVerwG NVwZ-RR 1998, 525) oder die Erklärung, mit der Entscheidung ohne mündliche Verhandlung im Rahmen eines **Ge-**

richtsbescheides (§ 84) einverstanden zu sein (BVerwG Beschl. v. 8.1.2005 – 10 B 45.05), nicht zugleich den Verzicht auf mündliche Verhandlung.

8 **b) Unwiderruflichkeit, Unanfechtbarkeit, Zeitablauf.** Die Erklärung ist als Prozesshandlung mit Eingang bei Gericht grds. **unwiderruflich** und **unanfechtbar** (BVerwG NVwZ-RR 2014, 740).

9 Das Einverständnis wird nicht allein durch den Ablauf eines erheblichen Zeitraums verbraucht oder unwirksam. § 128 II 3 ZPO ist über § 173 S. 1 nicht anwendbar. Das Verstreichen des Zeitraums begründet für sich auch nicht die Verpflichtung des Gerichts, den Beteiligten mitzuteilen, ob von der Möglichkeit, ohne mündliche Verhandlung zu entscheiden, Gebrauch gemacht werde und wann eine Entscheidung ergehen solle (BVerwG NVwZ-RR 2014, 740).

10 Eine **Änderung der Prozesslage** führt weder von selbst zur Unwirksamkeit eines einmal erklärten Verzichts auf mündliche Verhandlung noch zu dessen Widerrufbarkeit (BVerwG NVwZ-RR 2014, 740; BRS 85 Nr. 201 (2017)).

11 Allerdings kann die **Anberaumung einer mündlichen Verhandlung** zur Wahrung des rechtlichen Gehörs notwendig sein, wenn ein Beteiligter geltend macht, eine wesentliche Änderung der Prozesslage erfordere eine mündliche Verhandlung (BVerwG NVwZ-RR 2014, 740).

12 **c) Verbrauch des Einverständnisses.** Das Einverständnis bezieht sich nur auf die (jeweils) **nächste anstehende Entscheidung** des Gerichts (BVerwG BRS 85 Nr. 201 (2017)). Das Einverständnis ist durch eine nachfolgende gerichtliche Entscheidung, die die Endentscheidung wesentlich sachlich vorbereiten soll, **verbraucht;** es ist deshalb zB dann nicht mehr wirksam, wenn nach dem Verzicht ein **Beweisbeschluss** ergeht, den Beteiligten durch einen **Auflagenbeschluss** eine Stellungnahme abgefordert wird, **Akten zu Beweiszwecken beigezogen** oder sonst neue **Erkenntnismittel** in den Prozess eingeführt werden (BVerwG NVwZ-RR 2014, 740; BRS 84 Nr. 207 (2016)), wenn beschlossen wird, eine **Klageerweiterung** als sachdienlich zuzulassen (BayVGH NVwZ-RR 2007, 718), ggf. auch dann, wenn in Unkenntnis der abgegebenen Verzichtserklärungen zunächst **terminiert** wird (vgl. BVerwG Beschl. v. 26.6.2009 – 8 B 56.09).

13 Die vor der **Übertragung auf den Einzelrichter** abgegebene Einverständniserklärung erfasst nur die nächste Sachentscheidung durch den Spruchkörper (Übertragung auf den Einzelrichter), also nicht zugleich die (End) Entscheidung nach der Übertragung. Etwas anderes gilt dann, wenn sich die Einverständniserklärung ausdrücklich auch auf eine Entscheidung durch den Einzelrichter erstreckt (BFH NVwZ-RR 1997, 260).

14 **d) Ermessen des Gerichts.** Liegt das Einverständnis der Beteiligten vor, entscheidet das Gericht nach seinem **Ermessen,** ob es von der Durchführung der mündlichen Verhandlung absieht. Eine Verpflichtung zur Entscheidung ohne mündliche Verhandlung besteht nicht; insbes. können verfahrensökonomische Erwägungen oder Aspekte des rechtlichen Gehörs dem Gericht

Anlass geben, trotz Verzichts eine mündliche Verhandlung durchzuführen (BVerwGE 132, 254; NVwZ-RR 2014, 740; BRS 85 Nr. 201 (2017)).

So ist zB Termin zur mündlichen Verhandlung anzuberaumen, wenn dem **15** Antrag des Klägers auf Ladung eines Sachverständigen zur Erläuterung seines Gutachtens in der mündlichen Verhandlung sowie auf Vernehmung eines Zeugen stattgegeben werden muss (BVerwG Beschl. v. 26.6.2009 – 8 B 56.09), sich die Prozesslage wesentlich geändert hat (BVerwG NVwZ-RR 2014, 740) oder die Vorgaben des Art. 6 I EMRK hierzu zwingen (vgl. BVerwG DÖV 2019, 927).

Bei Übergang in das schriftliche Verfahren muss – ggf. nach Ablauf einer **16** Schriftsatzfrist – grds. jederzeit mit einer (End-)Entscheidung des Gerichts gerechnet werden (BVerwG NVwZ-RR 2014, 740). Ist allerdings nach dem Verzicht noch ein Beweisantrag gestellt worden, ist über diesen entsprechend § 86 II zuvor zu entscheiden (→ § 86 Rn. 29).

2. Andere Entscheidungen als Urteile

Entscheidungen des Gerichts, die nicht Urteile sind, können ohne mündliche **17** Verhandlung ergehen, soweit nichts anderes bestimmt ist (III). Solche Entscheidungen sind **im Wesentlichen Beschlüsse.** Nach Ermessen des Gerichts kann aber auch in Beschlussverfahren unter Mitwirkung der ehrenamtlichen Richter (§ 5 III 1) mündlich verhandelt und – weiterhin im Beschlussweg – entschieden werden; ausgenommen sind Entscheidungen nach § 99 II 1 (BVerwGE 130, 236; → § 99 Rn. 28).

§ 102 [Ladungen, Sitzungen außerhalb des Gerichtssitzes]

(1) [1]**Sobald der Termin zur mündlichen Verhandlung bestimmt ist, sind die Beteiligten mit einer Ladungsfrist von mindestens zwei Wochen, bei dem Bundesverwaltungsgericht von mindestens vier Wochen, zu laden.** [2]**In dringenden Fällen kann der Vorsitzende die Frist abkürzen.**

(2) Bei der Ladung ist darauf hinzuweisen, daß beim Ausbleiben eines Beteiligten auch ohne ihn verhandelt und entschieden werden kann.

(3) Die Gerichte der Verwaltungsgerichtsbarkeit können Sitzungen auch außerhalb des Gerichtssitzes abhalten, wenn dies zur sachdienlichen Erledigung notwendig ist.

(4) § 227 Abs. 3 Satz 1 der Zivilprozeßordnung ist nicht anzuwenden.

Übersicht

I. Termin zur mündlichen Verhandlung

1 Sobald der Termin zur mündlichen Verhandlung (§ 101 I) bestimmt ist, sind die Beteiligten (§ 63) mit einer Ladungsfrist von mindestens zwei Wochen, bei dem BVerwG von mindestens vier Wochen, zu laden (I 1).

1. Bestimmung des Termins

2 Der Termin zur mündlichen Verhandlung wird durch den Vorsitzenden bzw. den Einzelrichter (§§ 6, 87a II, III) mittels **unanfechtbarer Verfügung** (§ 146 II) vAw bestimmt. Die Terminsbestimmung muss mindestens Auskunft über Zeit und Ort der Verhandlung enthalten. Sie ist zu unterzeichnen, wobei eine Paraphe genügt, und – zweckmäßigerweise zusammen mit der Ladung – **zuzustellen** (§ 56). Eine telefonische Mitteilung des BE an einen Beteiligten über den Termin der mündlichen Verhandlung stellt keine Verkündung dar (OVG NRW NWVBl. 1996, 114).

3 Wann eine Sache bearbeitet und terminiert wird, steht im **Ermessen** des mit der Sache befassten Spruchkörpers (BGH NJW 1987, 1197). Dies ist Ausdruck richterlicher Unabhängigkeit (Art. 97 I GG) und dient der bestmöglichen Beschleunigung des Verfahrens und der Konzentration auf möglichst nur eine mündliche Verhandlung (§ 87 I 1). Ggf. sollte der Termin insbesondere bei komplexen Verfahren mit den Beteiligten im Vorfeld der Ladung formlos abgestimmt werden.

2. Fristgerechte Ladung

4 Die Ladungsfrist beträgt grds. mindestens zwei, bei dem BVerwG vier Wochen (I 1). **Ladungsfrist** ist die Zeitspanne zwischen Zustellung der Ladung (§ 56 I) bzw. ihrer Bekanntgabe im Termin (§ 173 S. 1 iVm § 218 ZPO) und dem Tag des Verhandlungstermins (§ 173 S. 1 iVm § 217 ZPO; vgl. BVerwGE 44, 307). Die Frist berechnet sich gem. § 57 iVm § 222 I ZPO, §§ 187 I, 188 II Var. 1 BGB. Der Tag des Zugangs der Ladung sowie der Tag der mündlichen Verhandlung werden nicht mitgerechnet (BGH NJW 2013, 2199). Eine Ladung zur mündlichen Verhandlung, die dem Prozessbevollmächtigten eines Beteiligten ordnungsgemäß zugestellt worden ist, verliert ihre Wirkung für und gegen den Beteiligten nicht dadurch, dass dem Gericht nach Ladungszustellung das Erlöschen der Prozessvollmacht angezeigt wird (BVerwG NJW 1983, 2155).

5 In dringenden Fällen kann der Vorsitzende im Rahmen seiner Ladungsverfügung die Frist abkürzen (I 2), ohne dass es hierfür eines gesonderten Beschlusses bedarf. Die **Abkürzung der Ladungsfrist** muss eine genaue

Bestimmung des Zeitraums enthalten, der statt der in I 1 vorgesehenen Frist ausnahmsweise gelten soll. Eine richterliche Verfügung, die keine zeitliche Festlegung enthält, kürzt nicht ab, sondern hebt die gesetzlich vorgesehene Ladungsfrist der Sache nach unzulässiger Weise auf. In solchen Fällen verbleibt es bei der gesetzlichen Ladungsfrist (BVerwG NJW 1998, 2377).

Je mehr der Zeitraum zwischen Zugang der Ladung und mündlicher Ver- **6** handlung die gesetzliche Ladungsfrist unterschreitet, desto dringender müssen die Gründe für die Verkürzung der Frist sein (BVerwG BauR 2010, 593). **Keine Dringlichkeit** begründen Ladungsschwierigkeiten oder eine beabsichtigte bloße Auffüllung bzw. Beibehaltung der Terminsliste des Gerichts (BFHE 195, 530; Kopp/Schenke Rn. 11 mwN). Liegt ein dringender Fall für die Fristabkürzung nicht vor, wird ggf. das rechtliche Gehör verletzt (BVerwG BauR 2010, 593; NJW 1998, 2377; BFHE 195, 530).

Wird ein Beteiligter oder im Falle der Bevollmächtigung der Bevollmäch- **7** tigte nicht oder nicht fristgerecht geladen und erscheint er auch nicht zum Termin, liegt, wenn gleichwohl verhandelt wird, ein Verfahrensfehler wegen **Verletzung rechtlichen Gehörs** vor (§§ 132 II Nr. 3, 138 Nr. 4; BVerwG NJW 1998, 2377), es sei denn, dem Beteiligten ist der Ladungsverstoß vor dem Termin bekannt geworden und er hat gleichwohl keinen Verlegungs- oder Vertagungsantrag gestellt und ist dem Termin in der Erwartung ferngeblieben, das Gericht werde die verspätete Ladung bemerken und nicht ohne ihn verhandeln (BVerwG NJW 1987, 2694; BayVGH NJW 2016, 1899).

3. Terminsaufhebung, -verlegung und Vertagung

a) Grundlagen. Im Umkehrschluss zur Terminierungskompetenz nach I **8** kann das Gericht **Termine vAw** jederzeit wieder **aufheben.** Die **von einem Beteiligten begehrte** Terminsaufhebung und -verlegung sowie die Vertagung bestimmt sich nach § 173 S. 1 iVm § 227 I ZPO (Buchh 235.1 § 52 BDG Nr. 8).

Hiernach **kann** ein Termin aufgehoben oder verlegt sowie eine (bereits **9** begonnene) Verhandlung **aus erheblichen Gründen** vertagt werden. Bei der Entscheidung verbleibt dem Gericht kein Ermessensspielraum, wenn die Vertagung zur Gewährung rechtlichen Gehörs notwendig ist. Das ist der Fall, wenn ein Beteiligter alles in seinen Kräften Stehende und nach Lage der Dinge Erforderliche getan hat, um sich durch Wahrnehmung des Verhandlungstermins rechtliches Gehör zu verschaffen, hieran jedoch ohne Verschulden gehindert worden ist. Dies gilt entsprechend, wenn der Beteiligte sich anwaltlich vertreten lassen will und sein Anwalt unverschuldet an der Terminswahrnehmung gehindert ist (BVerwGE 96, 368; Beschl. v. 21.12.2009 – 6 B 32.09). Liegen erhebliche Gründe iSv § 227 ZPO vor, muss der Termin verlegt bzw. vertagt werden, selbst wenn das Gericht die Sache für entscheidungsreif hält und die Erledigung des Rechtsstreits verzögert wird (BVerwG Buchh 303 § 227 ZPO Nr. 28; BFHE 163, 115). Das Gericht hat bis zum Beginn der mündlichen Verhandlung zu entscheiden, wenn eine förmliche, kurze Verbescheidung bis dahin noch technisch durchführbar und zeitlich zumutbar ist (BayVGH Beschl. v. 22.7.2019 – 14 ZB 18.33117).

10   Die gerichtliche Entscheidung, einem Aufhebungs-, Verlegungs- oder Vertagungsantrag eines Beteiligten nicht zu entsprechen, ist gem. § 146 II auch
dann **unanfechtbar,** wenn sie greifbar gesetzwidrig sein sollte. Verletzt sie das
rechtliche Gehör des Beteiligten, ist der Verstoß im Rahmen der Anfechtung
der Endentscheidung geltend zu machen.

11   b) Erhebliche Gründe. Erhebliche Gründe sind solche Umstände, die zur
Gewährung des rechtlichen Gehörs eine Zurückstellung des Beschleuni-
gungs- und Konzentrationsgebotes erfordern, weil der Beteiligte sich trotz
aller zumutbaren eigenen Bemühungen nicht in hinreichender Weise rechtliches Gehör verschaffen konnte (BVerwGE 96, 368).

12   Erhebliche Gründe liegen zB vor, wenn die Terminierung mit einem
bereits zuvor anberaumten, anderweitigen gerichtlichen **Termin kollidiert,**
ohne dass für eine Vertretung gesorgt werden könnte (BVerwGE 43, 288),
wenn der **Ausgang eines PKH-Verfahrens** oder eines Beschwerdeverfahrens gegen die Versagung von PKH abgewartet werden soll (OLG SH NJW
1988, 67), wenn der (alleinige) Prozessbevollmächtigte im Zeitpunkt der
mündlichen Verhandlung an einer **Gemeinderatssitzung** teilnehmen (VGH
BW NVwZ 2000, 213) oder Unterricht für Rechtsreferendare halten muss
(BGH NJW 2008, 1448). Bei **Erkrankung** eines anwaltlich nicht vertretenen
Beteiligten gilt: Diese muss so schwer sein, dass die Wahrnehmung des
Termins nicht erwartet werden kann. Wird die Verlegung in einem solchen
Fall erst unmittelbar vor der anberaumten mündlichen Verhandlung beantragt,
muss der Verhinderungsgrund mit Blick auf Art, Schwere und voraussichtliche
Dauer der Erkrankung so dargelegt und untermauert sein, dass das Gericht
ohne weitere Nachforschungen selbst beurteilen kann, ob Verhandlungs- bzw.
Reiseunfähigkeit besteht. Gerade bei kurzfristig gestellten Anträgen auf Ter-
minverlegung bestehen hohe Anforderungen an die Glaubhaftmachung der
Verhandlungsunfähigkeit. Fehlt es an einer ärztlichen Bescheinigung, die Aufschluss über Art, Schwere und voraussichtliche Dauer der Erkrankung bietet
und so dem Gericht die Beurteilung der Verhandlungsunfähigkeit selbst ermöglicht, ist die Reise- bzw. Verhandlungsunfähigkeit schon nicht dargetan.
Im Falle eines kurz vor dem Termin gestellten Verlegungsantrages ist das
Gericht dabei weder verpflichtet, dem Betroffenen einen Hinweis zu geben,
noch ihn zur Ergänzung seines Vortrags aufzufordern, noch, selbst Nachforschungen anzustellen, zB durch Nachfrage bei dem Betroffenen und/oder
bei dem Arzt, der die Bescheinigung ausgestellt hat (OVG NRW Beschl. v.
29.1.2016 – 12 A 3077/15; BVerwG Buchh 235.1 § 52 BDG Nr. 8). Eine
Arbeitsunfähigkeitsbescheinigung ohne Angabe einer Diagnose reicht nicht.
Bei **Erkrankung eines Bevollmächtigten** gilt Vergleichbares; der Rechtsanwalt hat gem. § 53 I Nr. 1 BRAO (länger als einwöchige Abwesenheit)
aber ggf. für Vertretung zu sorgen (HmbOVG NVwZ-RR 2001, 408). Wird
ein Beteiligter durch einen Rechtsanwalt vertreten, ist seine Anwesenheit im
Termin zur mündlichen Verhandlung grds. nicht erforderlich, weil seine
Rechte in dem erforderlichen Umfang durch den Prozessbevollmächtigten
wahrgenommen werden können (BVerwG Beschl. v. 4.8.1998 – 7 B 127.98).

Einen **Urlaub** muss ein Beteiligter nicht unter dem Vorbehalt etwaiger **13** Terminsbestimmung in seiner Sache planen; anderes gilt, wenn der Beteiligte den Prozess verschleppen will. Entsprechendes gilt, wenn eine Urlaubsreise im Zeitpunkt der Ladung bereits fest gebucht ist und die Buchung nur unter Schwierigkeiten und mit der Folge erheblicher Kosten rückgängig gemacht werden kann, es sei denn, dass der Beteiligte aufgrund konkreter Umstände im Zeitpunkt der Buchung der Reise mit der Anberaumung einer mündlichen Verhandlung gerade während der geplanten Urlaubszeit rechnen musste (BVerwGE 81, 229), so zB durch einen formlosen Terminhinweis des Gerichts.

Der **Wechsel des Prozessbevollmächtigten** ist dann ein wichtiger **14** Grund, wenn er aus schutzwürdigen Gründen und nicht zur Prozessverschleppung erfolgt, insbes. auch, wenn er vom Beteiligten nicht zu vertreten ist, so zB bei Mandatsentziehung wegen erschütterten Vertrauensverhältnisses, und für den neuen Prozessbevollmächtigten die Einarbeitungszeit zu kurz ist (BVerwG NJW 1986, 339).

Keine erheblichen Gründe sind kraft Gesetzes das Ausbleiben eines Be- **15** teiligten, die mangelnde Vorbereitung oder das Einvernehmen der Beteiligten (§ 173 S. 1 iVm § 227 I 2 ZPO), oder wenn bei mehreren mandatierten Rechtsanwälten lediglich der **sachbearbeitende Prozessbevollmächtigte an der Terminswahrnehmung verhindert** ist. Der Beteiligte ist dann ggf. darauf zu verweisen, sich im Termin durch einen anderen der Sozietät oder Bürogemeinschaft angehörenden Rechtsanwalt vertreten zu lassen (BVerwG NJW 1995, 1231). Im Einzelfall kann diese Verweisung ausgeschlossen sein, wenn die Einarbeitung des Vertreters unzumutbar ist. Dies ist bei einer zu kurzen Einarbeitungszeit, bei nicht vorhandenen Spezialkenntnissen des Vertreters (OVG LSA NVwZ 2009, 192) oder bei einer zu komplizierten Fallgestaltung anzunehmen. Übernimmt ein Rechtsanwalt eine **bereits terminierte Sache,** obwohl er an diesem Termin verhindert ist, fehlt es an einem erheblichen Grund; ggf. ist dies anders zu beurteilen, wenn bislang keine anwaltliche Vertretung bestanden hat (VGH BW NVwZ 2002, 233). In all diesen Fällen ist jedoch in die Entscheidung des Gerichts einzustellen, ob eine Verlegung des Termins – ggf. sogar auf einen von den Beteiligten konkret bezeichneten Termin – nach der Geschäftslage des Spruchkörpers unschwer möglich ist und ob die Nachteile einer geringfügig später ergehenden Entscheidung so schwer wiegen, dass die beantragte Verlegung zu versagen ist. Das Gericht sollte hier insgesamt Großzügigkeit walten lassen.

Die Sache ist zu vertagen, wenn ein Beteiligter nach dem bisherigen **16** Verlauf der Verhandlung nicht mit neuen, aus der Sicht des Gerichts entscheidungserheblichen Gesichtspunkten rechtlicher oder tatsächlicher Natur rechnen brauchte und von ihm daher keine sofortige und umfassende Stellungnahme verlangt werden kann (BVerwG Buchh 303 § 227 ZPO Nr. 29; Buchh 310 § 104 VwGO Nr. 29). Dasselbe gilt, wenn die mündliche Verhandlung mehrere Stunden nach dem vorgesehenen Zeitpunkt beginnen soll, der pünktlich erschienene Bevollmächtigte einen Verlegungsantrag stellt und ihn auf andere Terminsverpflichtungen stützt (BVerwG NJW 1999, 2131).

17 **c) Substanziierung bzw. Glaubhaftmachung.** Der Beteiligte muss die Aufhebung, Verlegung oder Vertagung unverzüglich, nachdem die Verhinderung bekannt wird, und substanziiert unter Darlegung gewichtiger und schutzwürdiger Gründe beantragen (BVerwG Buchh 235.1 § 52 BDG Nr. 8, NJW 1995, 799), wobei ein formloser, auch telefonischer Antrag genügt (BVerwG NJW 1986, 1057). Hierbei muss er den Grund seiner Verhinderung darlegen, nicht aber, dass und inwiefern seine Anwesenheit in der mündlichen Verhandlung notwendig erscheint (BVerwG NJW 1986, 1057), es sei denn, der durch einen Prozessbevollmächtigten Vertretene ist persönlich verhindert; dann sind die Gründe darzulegen, die die persönliche Anwesenheit erforderlich erscheinen lassen (HmbOVG NVwZ-RR 2001, 408; BFHE 163, 115). Nicht offensichtliche Gründe sind auf Verlangen (§ 227 II ZPO) **glaubhaft** zu machen.

4. Kein Anspruch auf zügige Terminierung

18 I gewährt keinen Anspruch auf zügige Terminierung. Der Norm ist nichts dafür zu entnehmen, welche Folgen eintreten, wenn das Verfahren überlange dauert. Sedes materiae sind hierfür vielmehr im Wesentlichen Art. 19 IV, 103 I GG iVm den in der Sache betroffenen Grundrechten (vgl. BVerfG NJW 1992, 1497) und Art. 6 I EMRK (EGMR NJW 1989, 650). Zum Rechtsschutz gegen die Verweigerung einer Terminierung überhaupt bzw. überlange Verfahrensdauer → § 146 Rn. 10 und → vor § 40 Rn. 2. Ggf. kann die Verzögerungsrüge erhoben werden (§ 173 S. 2 VwGO, § 198 GVG; Kopp/Schenke § 94 Rn. 7).

5. Kein Verbot zu zügiger Terminierung

19 Eine zu kurzfristige Terminsanberaumung kann zu einer Verletzung des Anspruchs auf Gewährung rechtlichen Gehörs führen; der Ladungsmangel muss aber dazu geführt haben, dass der Beteiligte den Termin nicht wahrnehmen konnte, weil er entweder von der Anberaumung des Termins keine Kenntnis erlangte oder ihm die Wahrnehmung des Termins nicht mehr zumutbar war (BVerwG Buchh 310 § 102 VwGO Nr. 24). I enthält aber kein grds. Verbot (zu) zügiger Terminierung. Es ist – auch wenn eine Klage noch nicht begründet worden ist – nicht zu beanstanden, Termin zur mündlichen Verhandlung so bald als möglich anzuberaumen und dies – insbes. bei einfach gelagerten Sachverhalten – noch vor Eingang einer schriftlichen Begründung zu tun, um denkbare Verfahrensverzögerungen nach Möglichkeit auszuschließen (BVerwG NJW 1990, 1616).

20 Bei der Terminsbestimmung ist (lediglich) darauf zu achten, dass ausreichend Zeit für die Vorbereitung der Sache bleibt, die möglichst in einer mündlichen Verhandlung erledigt werden soll (§ 87 I 1), und dass durch die konkrete Terminierung das rechtliche Gehör der Beteiligten nicht verletzt wird (BVerwGE 44, 307). Welche „Fristen" einzuhalten sind, hängt vom Einzelfall, insbes. der Schwierigkeit des Sachverhalts und den hiermit verbundenen Rechtsfragen ab. So ist eine Terminierung vor Eingang der Klagebegründung dann nicht ratsam, wenn eine Vertagung des Termins deswegen droht, weil ein Beteiligter voraussichtlich zu schriftsätzlich Vorgebrachten nicht sofort in der mündlichen Verhandlung wird Stellung nehmen können (vgl. BVerwG Buchh 310 § 104 VwGO Nr. 29).

II. Ladungshinweise

Bei der Ladung ist darauf hinzuweisen, dass beim Ausbleiben eines Beteiligten **21** (§ 63) auch ohne ihn verhandelt und entschieden werden kann (II). Der Hinweis auf die Norm reicht nicht; ihr Inhalt muss wiedergegeben werden. Ein Hinweis gegenüber dem Prozessbevollmächtigten schließt den Beteiligten mit ein (BVerwG Buchh 310 § 102 VwGO Nr. 18).

Das Fehlen des Hinweises stellt eine **Verletzung des rechtlichen Gehörs 22** dar, sofern der Beteiligte oder sein Bevollmächtigter an dem Termin nicht teilnehmen (BVerwG Buchh 310 § 102 VwGO Nr. 19). II wird nicht verletzt, wenn der Beteiligte in der mündlichen Verhandlung einen Ablehnungsantrag (§ 54) stellt und das Gericht noch am selben Tage entscheidet sowie die Verhandlung in der Hauptsache – je nach Ausgang des Ablehnungsverfahrens – in derselben oder anderer Besetzung noch am selben Tag fortsetzt (BVerwG NJW 1990, 1616). Die Wirkungen des II bleiben gemäß § 173 S. 1 iVm § 218 ZPO erhalten, wenn am Ende des Termins ein neuer Termin bestimmt wird (HessVGH DÖV 2016, 487).

III. Sitzungen außerhalb des Gerichtssitzes

Alle Verwaltungsgerichte (§ 2) können Sitzungen auch außerhalb des Ge- **23** richtssitzes (§ 3 I Nr. 1 und 2) abhalten, wenn dies zur sachdienlichen Erledigung des Rechtsstreits notwendig ist (III). Die Entscheidung über die Notwendigkeit liegt im nicht anfechtbaren Ermessen des Gerichts. Sie ist **notwendig,** wenn das Gericht davon ausgeht, dass die auswärtige Sitzung der Erledigung des Rechtsstreits dienlich ist. Sie empfiehlt sich regelmäßig, wenn im Anschluss an eine Augenscheinseinnahme vor Ort (weiter)verhandelt werden soll.

Eine ermessenswidrige Terminierung außerhalb des Gerichtssitzes kann **24** dann zu einer **Verletzung des rechtlichen Gehörs** führen, wenn Nachteile für die Wahrung der Rechte eines Beteiligten entstehen und er den Verstoß rechtzeitig rügt (§ 173 S. 1 iVm § 295 ZPO; BSG NJW 1996, 2181).

IV. Termine zwischen dem 1. Juli und 31. August

§ 227 III 1 ZPO, wonach ein Termin schon deswegen auf fristgerechten **25** Antrag zu verlegen ist, weil er in die Zeit zwischen dem 1. Juli und 31. August fällt, ist im Verwaltungsprozess nicht anzuwenden (IV). Dies hat den Hintergrund, dass § 227 III 1 ZPO der Abschaffung der Gerichtsferien in zivilgerichtlichen Verfahren Rechnung trägt, die Verwaltungsgerichtsbarkeit Gerichtsferien jedoch ohnehin nicht kannte. Verwaltungsgerichtliche Termine in den o.g. Zeiten sind daher nach den allgemeinen Regeln (§ 173 S. 1 iVm § 227 I, II ZPO) zu verlegen.

§ 102a [Verhandlung im Wege der Bild- und Tonübertragung]

(1) ¹ Das Gericht kann den Beteiligten, ihren Bevollmächtigten und Beiständen auf Antrag oder von Amts wegen gestatten, sich während einer mündlichen Verhandlung an einem anderen Ort aufzuhalten und dort Verfahrenshandlungen vorzunehmen. ² Die Verhandlung wird zeitgleich in Bild und Ton an diesen Ort und in das Sitzungszimmer übertragen.

(2) ¹ Das Gericht kann auf Antrag gestatten, dass sich ein Zeuge, ein Sachverständiger oder ein Beteiligter während einer Vernehmung an einem anderen Ort aufhält. ² Die Vernehmung wird zeitgleich in Bild und Ton an diesen Ort und in das Sitzungszimmer übertragen. ³ Ist Beteiligten, Bevollmächtigten und Beiständen nach Absatz 1 Satz 1 gestattet worden, sich an einem anderen Ort aufzuhalten, so wird die Vernehmung auch an diesen Ort übertragen.

(3) ¹ Die Übertragung wird nicht aufgezeichnet. ² Entscheidungen nach Absatz 1 Satz 1 und Absatz 2 Satz 1 sind unanfechtbar.

(4) Die Absätze 1 und 3 gelten entsprechend für Erörterungstermine (§ 87 Absatz 1 Satz 2 Nummer 1).

1 Die durch Art. 4 des Gesetzes zur Intensivierung des Einsatzes von Videokonferenztechnik in gerichtlichen und staatsanwaltschaftlichen Verfahren vom 25.4.2013 (BGBl. I 935) eingefügte Vorschrift will den Verwaltungsprozess auf die qualitativ hochwertigen technischen Möglichkeiten der Gegenwart ausrichten. Da der Technikeinsatz nicht unerhebliche finanzielle Vorleistungen der Justizverwaltungen voraussetzt, knüpft Art. 9 des Gesetzes die Erweiterung des Einsatzes von Bild- und Tonübertragungen an eine Verordnungsermächtigung und eine Zulassung durch Bund und Länder für die jeweiligen Zuständigkeitsbereiche. Ein Anspruch des Gerichts oder Beteiligter auf technische Ausstattung der Gerichte und Justizbehörden ist damit ausgeschlossen (Gesetzentwurf des Bundesrats vom 24.3.2010, BT-Drs. 17/1224 S. 12). Die bundesweite Ausstattung ist nach der Länderliste der Standorte der Videokonferenzanlagen bei den Gerichten lückenhaft; eine Übersicht findet sich auf http://www.justiz.de/verzeichnis/zwi_videokonferenz/videokonferenzanlagen.pdf (Stand 5.2.2020).

2 Die Verstärkung des Einsatzes von Videokonferenztechnik stellt ein Serviceangebot im Sinne einer kundenorientierten Justiz dar. Mit der Bereitstellung dieser Technik durch die Justizverwaltung wird vor allem der Anwaltschaft in geeigneten Fällen die Gelegenheit geboten, an gerichtlichen Verfahren ohne Reisetätigkeit aus der eigenen Kanzlei heraus oder von durch die Justizverwaltungen bereitgestellten Videokonferenzanlagen aus teilzunehmen. Der geringere zeitliche Aufwand für alle Beteiligten und das Gericht erleichtert die Terminierung von mündlichen Verhandlungen und Erörterungsterminen und trägt damit zu einer Verfahrensbeschleunigung und einer Erhöhung der Wirtschaftlichkeit nicht zuletzt bei den professionellen Rechtsvertretern der Anwaltschaft, aber auch bei Sachverständigen oder Vertretern öffentlich-rechtlicher Körperschaften und Behörden bei (BT-Drs. 17/1224 S. 12). Es obliegt vornehmlich den Richtern und den Beteiligten, die gesetzlich vorgesehenen Möglichkeiten einzufordern (informativ Prütting, AnwBl. 2013, 330), deren Umsetzung weiterhin defizitär ist (Bamberger NWVBl. 2018, 7).

I. Gestattung des Aufenthalts der Beteiligten an einem anderen Ort

Das Gericht kann nach I 1 den Beteiligten (§ 63), ihren Bevollmächtigten **3** (§ 67) und Beiständen (§ 67 VII) auf Antrag oder vAw gestatten, sich während einer mündlichen Verhandlung (§ 101 I) oder einem Erörterungstermin gem. § 87 I 2 Nr. 1 (IV) an einem anderen Ort – als denjenigen, an dem die mündliche Verhandlung stattfindet – aufzuhalten und dort Verfahrenshandlungen vorzunehmen. Die Gestattung erfolgt im vorbereitenden Verfahren mittels einfacher gerichtlicher Verfügung oder mittels Beschlusses, die nicht anfechtbar sind (III 2). Zuständig ist der Vorsitzende, Einzelrichter bzw. BE (§ 87 I 1).

II. Zeitgleiche Übertragung der Verhandlung

Nach I 2 wird die Verhandlung zeitgleich in Bild und Ton an diesen Ort und **4** in das Sitzungszimmer übertragen, aber nicht aufgezeichnet (III 1). Eine Vernehmung von Beweissubjekten nach II 1 wird auch an diesen Ort übertragen (Übertragung im Dreieck; II 3).

III. Gestattung des Aufenthalts von Beweissubjekten an einem anderen Ort

Nach II 1 kann das Gericht auf Antrag – mittels nicht anfechtbarer Verfügung **5** oder nicht anfechtbaren Beschlusses (III 2) – gestatten, dass sich ein Zeuge, ein Sachverständiger oder ein Beteiligter während einer Vernehmung an einem anderen Ort aufhält. Die Vernehmung wird zeitgleich in Bild und Ton an diesen Ort und in das Sitzungszimmer übertragen (II 2), aber nicht aufgezeichnet (III 1). Halten sich Beteiligte, Bevollmächtigte oder Beiständen an einem anderen Ort auf (I 1), so wird die Vernehmung auch an diesen Ort übertragen (Dreiecksübertragung; II 3).

§ 103 [Durchführung der mündlichen Verhandlung]

(1) Der Vorsitzende eröffnet und leitet die mündliche Verhandlung.

(2) Nach Aufruf der Sache trägt der Vorsitzende oder der Berichterstatter den wesentlichen Inhalt der Akten vor.

(3) Hierauf erhalten die Beteiligten das Wort, um ihre Anträge zu stellen und zu begründen.

Der Vorsitzende bzw. Einzelrichter (§ 6, § 87a II, III; → § 5 Rn. 4, 15) **1** eröffnet die mündliche Verhandlung (I) durch entsprechende Erklärung. Sie beginnt nach dem Aufruf der Sache mit der Feststellung der Anwesenheit und dem Aktenvortrag (II), an welchen sich die Antragstellung anschließt (III).

I. Aufruf der Sache und Verhandlungsleitung

2 Mit dem deutlich wahrnehmbaren **Aufruf der Sache** (§ 173 S. 1 iVm § 220 I ZPO) wird der Anspruch der Beteiligten über die Information über den konkreten Beginn der Verhandlung erfüllt (BVerwGE 72, 28; BVerfGE 42, 364; SH OVG Beschl. v. 20.5.2019 – 4 LA 171/19). Einen weitergehenden Inhalt hat die Vorschrift nicht; insbes. sagt sie nicht aus, dass nur verhandelt werden könnte, wenn alle oder mindestens ein Beteiligter erschienen sind (vgl. § 102 II). Der Aufruf der Sache ist auch keine Bedingung für die Öffentlichkeit der Verhandlung (§ 55 iVm § 169 GVG). Der Grundsatz der Öffentlichkeit verlangt lediglich, dass die Verhandlung in einem Raum stattfindet, welcher der Öffentlichkeit zugänglich ist (BVerwG Beschl. v. 14.6.2016 – 4 B 45.15).

3 Die Anforderungen an die Art und Weise des Aufrufens hängen von den Umständen des Einzelfalls ab (BVerfGE 42, 364; BVerwGE 72, 28). Grds. dürfen sich rechtzeitig zum anberaumten Zeitpunkt ihrer Sache erschienene Beteiligte zB darauf verlassen, dass das Gericht den Aufruf ihrer Sache in einen Warteraum übermittelt (BVerwGE 72, 28). Beteiligte haben aber auch die Pflicht, sich in geeigneter Weise darum zu kümmern, dass sie von dem Aufruf ihrer Sache erfahren (BVerfGE 42, 364; BVerwGE 72, 28), so zB müssen sie sich im Sitzungssaal nach dem Stand ihrer Sache erkundigen, wenn seit dem anberaumten Terminsbeginn ein längerer Zeitraum verstrichen ist, ohne dass überhaupt ein Aufruf einer Sache erfolgt ist, oder wenn bereits die nach dem ausgehängten Terminplan nächstfolgende Sache aufgerufen wird (BVerwGE 72, 28).

4 Erscheinen Beteiligte nach dem ersten Aufruf nicht, ist nach angemessener **Wartezeit** erneut aufzurufen; jedenfalls nochmals vor einer Urteilsverkündung (BVerwGE 72, 28; NJW 1995, 3402). Die Dauer der Wartezeit bemisst sich nach dem Einzelfall, insbes. danach, ob Anhaltspunkte dafür sprechen, dass ein Beteiligter noch erscheinen wird, zB weil dieser bereits zur angesetzten Terminsstunde vor Ort gewesen ist oder seine Verspätung dem Gericht mitgeteilt hat (BVerwG NJW 1985, 340; NVwZ 1989, 857: jedenfalls 10 Minuten; OVG NRW NVwZ-RR 2002, 785: etwa 15 Minuten).

5 Die **Leitung der Verhandlung** liegt in der Kompetenz des Vorsitzenden (→ § 5 Rn. 15). Er ist für die zweckmäßige und zügige Durchführung der Verhandlung verantwortlich (OVG NRW NJW 1990, 1749). Der weitere Ablauf ist ergänzend in §§ 103–105, 108 II, § 173 S. 1 iVm § 136 II–IV ZPO geregelt.

II. Aktenvortrag

6 Nach Aufruf der Sache trägt der Vorsitzende oder BE in freier Rede oder durch Vorlesen den wesentlichen Inhalt der Akten vor, der auf diese Weise zum Gegenstand der mündlichen Verhandlung gemacht wird (II). Mit diesem sog. **Sachbericht** werden zum einen die Beteiligten über den Gegenstand des Rechtsstreits und den Sachverhalt, von welchem das Gericht ausgeht, informiert. Zum anderen richtet sich der Sachbericht an die nicht über den Streitstoff informierten Mitglieder des Gerichts, wobei es sich in der Praxis regelmäßig nur um die ehrenamtlichen Richter handelt. Für die Berufsrichter ist das eigenständige Aktenstudium vor der mündlichen Verhandlung zwar nicht gesetzlich vorgeschrieben, aber Ausdruck richterlichen Selbstverständnisses (zum Streitstand Kopp/Schenke Rn. 6; SSB Rn. 8). Schließlich wird auch die Öffentlichkeit, ggf. die Presse, über den Gegenstand des Verfahrens informiert. Bei einem **Richterwechsel** ist es ebenfalls im Allgemeinen ausreichend, dass der Vorsitzende oder der BE den Sachverhalt einschließlich des bisherigen Prozessverlaufs in der neuen mündlichen Verhandlung vorträgt (BVerwG NVwZ 1999, 654).

Die **Übersendung des Sachberichts an die ehrenamtlichen Richter** **7** im Vorfeld der mündlichen Verhandlung ist zulässig und ermöglicht diesen insbes. in Fällen, die in tatsächlicher Hinsicht umfangreich sind, deren aktive Teilnahme an der mündlichen Verhandlung und der anschließenden Beratung.

Die Beteiligten können auf den Sachvortrag **verzichten** (arg. e minore **8** § 101 II). Er ist unverzichtbar, wenn die (ehrenamtlichen) Richter über den Sachverhalt nicht bereits anderweitig ausreichend unterrichtet sind. Die Verzichtserklärung ist ebenso wie der Hinweis des Gerichts, dass der Inhalt der Akten Gegenstand der mündlichen Verhandlung gewesen ist, in das Protokoll über die mündliche Verhandlung aufzunehmen (§ 105 iVm § 160 II ZPO).

Fehlt es an einem inhaltlich vollständigen Sachvortrag, obwohl ein Verzicht **9** nicht erklärt wurde, liegt ein **Verfahrensmangel** vor, der aber gem. § 173 S. 1 iVm § 295 I ZPO rechtzeitig gerügt werden muss (BVerwG Buchh 310 § 103 VwGO Nr. 9). Hierauf beruht das auf die mündliche Verhandlung ergangene Urteil jedoch nur dann, wenn dadurch entweder den Beteiligten das rechtliche Gehör versagt oder den mitwirkenden Richtern eine ausreichende Unterrichtung über den Sach- und Streitstoff vorenthalten worden ist (BVerwG NJW 1984, 251).

III. Antragstellung und -begründung

1. Erteilung des Wortes

Nach dem Aktenvortrag erhalten die Beteiligten das Wort, um ihre Anträge **10** zu stellen und zu begründen (III). Es ist dem Vorsitzenden nicht verwehrt, in Wahrnehmung seiner prozessleitenden Kompetenz die Worterteilung und Antragstellung auf einen späteren Zeitpunkt der mündlichen Verhandlung, zB nach Hinweisen zur Rechtslage oder Durchführung einer Beweisaufnahme, zu verschieben (vgl. OVG NRW NJW 1990, 1749; SSB Rn. 43), was auch mit Blick auf § 92 I 2 zulässig ist. Insgesamt darf der Vorsitzende auf einen konzentrierten, gestrafften Verhandlungsablauf bedacht sein (BVerwG Buchh 310 § 108 Abs. 2 VwGO Nr. 86).

11   Die **Erteilung des Wortes** dient der Durchsetzung rechtlichen Gehörs
(§ 108 II, Art. 103 I GG). So darf bisher schriftsätzlich Vorgebrachtes vertieft
oder zu neu in der mündlichen Verhandlung Aufgeworfenem ergänzend
ausgeführt werden. Beteiligte können durch das Gericht informatorisch befragt werden (§ 104 I). Das in der mündlichen Verhandlung stattfindende
Rechtsgespräch soll als ein diskursiver Prozess zwischen dem Gericht und den
Beteiligten die Ergebnisrichtigkeit des Urteils gerade in tatsächlich und rechtlich schwierigen Fällen fördern (BVerwG DÖV 2019, 927, zur Anwendung
des § 130a S. 1). Auch der **anwaltlich vertretene Beteiligte** hat – selbst in
Verfahren mit Vertretungszwang (§ 67 IV) – das Recht zur persönlichen
Äußerung (§ 173 S. 1 iVm § 137 IV ZPO).

12   Bei **veränderter Prozesslage** ist für die Stellungnahme ggf. eine nach den
Umständen des Einzelfalls angemessene Frist zu gewähren, um den Beteiligten eine überlegte Reaktion zB auf in der mündlichen Verhandlung über-
reichte Schriftsätze der Gegenseite oder Zeugenaussagen zu ermöglichen. Zu
diesem Zweck ist die mündliche Verhandlung ggf. zu unterbrechen oder zu
vertagen; in Betracht kommt auch die Einräumung einer angemessenen
Schriftsatzfrist gem. § 173 S. 1 iVm § 283 S. 1 ZPO (BVerwG Buchh 310
§ 104 VwGO Nr. 29). Der Inhalt des rechtzeitig nachgereichten Schriftsatzes
ist bei der Entscheidung zu berücksichtigen (BVerfGE 61, 37); vor Ablauf der
Schriftsatzfrist darf nicht entschieden werden (BVerfGE 61, 119). Auch der
vorbehaltene verspätet nachgereichte Schriftsatz ist zu berücksichtigen; § 283
S. 2 ZPO findet wegen des Amtsermittlungsgrundsatzes keine Anwendung
(str., vgl. Kopp/Schenke Rn. 11). IÜ kann nicht vorbehaltenes nachträgliches
Vorbringen der Beteiligten nur über die Wiedereröffnung der mündlichen
Verhandlung berücksichtigt werden (§ 104 III 2).

2. Antragstellung

13 Die Haupt- und Nebenbeteiligten können in der mündlichen Verhandlung
ihre Anträge stellen. Ein mit der Klageschrift gestellter Antrag ist lediglich ein
angekündigter. Dem Kläger ist es grds. unbenommen, im Rahmen einer
mündlichen Verhandlung einen anderen, auch inhaltlich abweichenden Antrag zu stellen. Gleichwohl bestimmt der angekündigte Antrag den Streitgegenstand entscheidend mit und ist für das weitere Verfahren von maßgeblicher Bedeutung (zB für den Eintritt der (Teil-)Bestandskraft). Kommt es
etwa zu einer Entscheidung ohne mündliche Verhandlung, so ist der (angekündigte) Antrag der gerichtlichen Entscheidung zu Grunde zu legen, falls er
nicht vorher vom Kläger geändert wird. Im Falle einer Änderung des (angekündigten) Klageantrags ist der geänderte Antrag zudem an den Voraussetzungen des § 91 für eine Klageänderung zu messen (BW VGH VBlBW 2017,
373). Für die **Art und Weise** der Antragstellung in der mündlichen Verhandlung gilt § 173 S. 1 iVm § 297 ZPO: Anträge können aus einem vorbereitend
zu den Akten gerichteten Schriftsatz **verlesen** werden (§ 297 I 1 ZPO) oder
aus einer mitgebrachten Schrift, die dem Protokoll als Anlage beizufügen ist
(§ 297 I 2 ZPO). Die Verlesung kann durch **Bezugnahme** auf eingereichte
Schriftsätze ersetzt werden (§ 297 II ZPO). Der Vorsitzende kann die **Erklä-**

rung der Anträge unmittelbar **zu Protokoll** gestatten (§ 297 I 3 ZPO). Diese Anträge sind vorzulesen oder zur Durchsicht vorzulegen. Von der Möglichkeit der Protokollerklärung macht das Gericht häufig Gebrauch, wenn es einen sachdienlichen Antrag empfehlen will (§ 86 III), der in keinem Schriftsatz enthalten ist. Das Gericht kann den Vorschlag unmittelbar zu Protokoll diktieren und ihn sodann dem Beteiligten vorlesen und von ihm genehmigen lassen. Dass dies geschehen ist, ist ebenso wie die Genehmigung der Beteiligten bzw. ihre Einwände im Protokoll zu vermerken (§ 105 iVm §§ 160 III Nr. 2, 162 I 1, 3 ZPO). Bei **nicht erschienenen Beteiligten** (insbes. auch des Beigeladenen mit der Folge des § 154 III) gelten die schriftsätzlich angekündigten Anträge als gestellt.

Zur Antragstellung besteht **keine Verpflichtung** (BVerwGE 45, 260); **14** nach § 103 III ist hierzu lediglich die Gelegenheit zu gewähren. Die Klageschrift „soll" lediglich einen bestimmten (angekündigten) Antrag enthalten (§ 82 I 2); unabdingbare Voraussetzung ist dies jedoch nicht (OVG NRW NVwZ-RR 2006, 592).

Stellt der anwesende Beteiligte **keinen** ausdrücklichen **Antrag**, hat das **15** Gericht dem Klagebegehren einen solchen sinngemäß zu entnehmen, soweit dies möglich ist (vgl. § 88). Lässt sich dem Begehren auch durch Auslegung ein Antrag nicht entnehmen, ist die Klage unzulässig (→ § 82 Rn. 6). **Weigert** sich der anwesende Beteiligte, der einen **Sachantrag** zu stellen hätte, ohne ersichtlichen Grund, diesen zu stellen, ist die Klage nach vorzugswürdiger Ansicht mangels Rechtsschutzbedürfnisses unzulässig (str., vgl. Sächs OVG Beschl. v. 4.2.2016 – 2 A 385/14.NC; BW VGH RdL 2019, 142; SSB Rn. 48). Anträge, die keine Sachanträge darstellen (zB auf Klageabweisung, Zurückweisung eines Rechtsmittels) sind stets verzichtbar, werden mit Ausnahme von Kostenanträgen in der Praxis gleichwohl angeregt.

IV. Anhang: Protokoll einer mündlichen Verhandlung

Az. ... **16**

Öffentliche Sitzung der (5.) Kammer des VG (Münster) am (Datum)
Anwesend:
VRVG ..., RVG ..., R ..., ... und ... als ehrenamtliche Richter (bzw. Einzelrichter)
VG-Beschäftigte(r) ... als Protokollführer(in) (bzw. Vorsitzender/Einzelrichter zugleich als Protokollführer)
Nach Aufruf der Sache und Eröffnung der mündlichen Verhandlung um ... Uhr erscheinen:
– der Kläger persönlich sowie RA ... (Vollmacht Bl. ... der Gerichtsakte)
für den Beklagten ... (unter Vorlage einer Terminsvollmacht/unter Bezugnahme auf die bei Gericht hinterlegte Generalterminsvollmacht)
– der Beigeladene ...
– der vorsorglich geladene Zeuge, der im Anschluss den Sitzungssaal wieder verlässt.
Alt.: „niemand; ordnungsgemäße Ladung wird festgestellt (Bl. ... der Gerichtsakte)."

Die beigezogenen Akten (Hefte …) werden zum Gegenstand der mündlichen Verhandlung gemacht.

Der Berichterstatter/Einzelrichter trägt den Sachbericht vor.

Der Kläger/der Prozessbevollmächtigte des Klägers beantragt,
– Antrag einfügen/Bezugnahme auf Bl. … der Gerichtsakte
Vorgelesen und genehmigt.

Der Vertreter des Beklagten beantragt,
– Antrag einfügen/Bezugnahme auf Bl. … der Gerichtsakte
Vorgelesen und genehmigt.

Alt. bei Nichterscheinen: Es wird festgestellt, dass der Kläger/Beklagte beantragt hat, – einfügen wie Bl. … der Gerichtsakte –

Die Sach- und Rechtslage wird mit den Beteiligten erörtert.

Ggf. Aufnahme richterlicher Hinweise, Beweisanträge (wörtlich protokollieren, vorlesen und genehmigen lassen), Beweisbeschlüsse nebst Begründung, Beweiserhebung (→ § 98 Rn. 50), Erörterung zum Ergebnis der Beweisaufnahme.

Die Beteiligten erhalten Gelegenheit zur abschließenden Antragsbegründung.

Beschluss:

Eine Entscheidung wird im Anschluss an die Beratung/am Ende des Sitzungstags verkündet./Eine Entscheidung wird den Beteiligten zugestellt.

Die mündliche Verhandlung wird geschlossen.

Bei Zustellung: Die mündliche Verhandlung und die öffentliche Sitzung werden um … Uhr geschlossen.

Die Kammer zieht sich zur Beratung zurück.

Nach erneutem Aufruf der Sache verkündet der Vorsitzende um … Uhr im Namen des Volkes folgendes

Urteil:

– einfügen Tenor –

Ferner ergeht der Beschluss: Der Streitwert wird auf … € festgesetzt.

Das Urteil wird kurz begründet./Von einer Begründung wird abgesehen, weil kein Beteiligter mehr im Sitzungssaal anwesend ist.

Ggf.: Die Beteiligten verzichten nach Belehrung auf die Einlegung von Rechtsmitteln.

Vorgelesen und genehmigt.

Die öffentliche Sitzung der Kammer wird um … Uhr geschlossen.

Unterschriften Vorsitzender/Protokollführer"

§ 104 [Richterliche Frage- und Erörterungspflicht]

(1) Der Vorsitzende hat die Streitsache mit den Beteiligten tatsächlich und rechtlich zu erörtern.

(2) [1] **Der Vorsitzende hat jedem Mitglied des Gerichts auf Verlangen zu gestatten, Fragen zu stellen.** [2] **Wird eine Frage beanstandet, so entscheidet das Gericht.**

(3) [1] **Nach Erörterung der Streitsache erklärt der Vorsitzende die mündliche Verhandlung für geschlossen.** [2] **Das Gericht kann die Wiedereröffnung beschließen.**

I. Erörterungspflicht

Der Vorsitzende bzw. Einzelrichter (§ 6, § 87a II, III) hat gem. I die Streitsa- 1
che in der mündlichen Verhandlung in tatsächlicher und rechtlicher Hinsicht
mit den (erschienenen) Beteiligten (§ 63) sowie ihren Prozessbevollmächtigten zu erörtern (BVerwG Buchh 310 § 104 VwGO Nr. 29).

1. Grundlagen

Der Anspruch auf **rechtliches Gehör** (Art. 103 I GG) hat seine Konkretisie- 2
rung in dem Recht erfahren, sich zu dem einer gerichtlichen Entscheidung
zugrunde liegenden Sachverhalt vor Erlass der Entscheidung zu äußern
(BVerwGE 24, 264). Beigezogene Akten oder tatsächliche Feststellungen, die
in anderen Verfahren durch den Spruchkörper getroffen worden sind, sind
zum Gegenstand der Erörterung zu machen. Durch die **Erörterung** soll ua
verhindert werden, dass die Beteiligten durch eine Entscheidung **überrascht**
werden, die auf solchen tatsächlichen oder rechtlichen Gesichtspunkten beruht, die ihnen nicht (oder nicht in dieser Bedeutung) bekannt waren
(BVerwGE 51, 111; 36, 264; BVerfG NJW 1996, 43). Sie müssen Gelegenheit
erhalten, Tatsachen vorzutragen, die unter einem bisher nicht erörterten,
vielleicht nicht oW erkennbaren rechtlichen Aspekt, den das Gericht jedoch
für erheblich hält, Bedeutung haben können (BVerwGE 51, 111). Der **Umfang** der tatsächlichen und rechtlichen Erörterungen ist nicht formell festgelegt, sondern an der jeweiligen konkreten Sachlage auszurichten, und
schließt ein, dass der Vorsitzende im Interesse der Übersichtlichkeit der Verhandlung die Erörterung auf Schwerpunkte beschränken darf (BVerwG
NVwZ 2013, 1549). Beteiligte können im Rahmen der Erörterung informatorisch befragt werden. Eine Erörterung hat auch im Anschluss an eine
Beweisaufnahme vor der abschließenden Entscheidung stattzufinden und
sich auf das Ergebnis der Beweisaufnahme zu erstrecken (vgl. § 108 II;
BVerwG NVwZ 2003, 1132). Die Erörterungspflicht hat jedoch nicht zur
Folge, dass das Gericht im Falle des **Nichterscheinens eines oder mehrerer
Beteiligten** nicht entscheiden könnte (→ § 102 Rn. 21).

2. Grenzen

Die Erörterungspflicht hat **Grenzen.** Zu einem umfassenden Rechtsgespräch 3
ist das Gericht nicht verpflichtet, insbes. nicht dazu, in der mündlichen Verhandlung einen anwaltlich vertretenen Beteiligten auf jeden rechtlichen Gesichtspunkt besonders hinzuweisen, auf den es für die Entscheidung ankommen kann, wenn dieser Gesichtspunkt bereits früher im Verwaltungs- oder im
Gerichtsverfahren erörtert wurde oder sonst auf der Hand liegt (BVerwG
NVwZ 2013, 1549). Es besteht auch keine Pflicht des Gerichts, auf eine neue
Entscheidung, die veröffentlicht vorliegt und in juristischen Fachkreisen allgemein bekannt ist, ausdrücklich aufmerksam zu machen (BVerwG Beschl. v.
9.4.2002 – 9 B 24.02).

3. Würdigung des Prozessstoffes

4 Das Gericht darf zwar, muss aber die Beteiligten nicht vorab auf seine **Rechtsauffassung** oder die beabsichtigte **Würdigung des Prozessstoffes** hinweisen, weil sich die tatsächliche und rechtliche Würdigung regelmäßig erst aufgrund der abschließenden Beratung ergibt (BVerwG ZOV 2010, 142; NVwZ 2009, 329). Es muss auch nicht mitteilen, wie es entscheiden will (BVerwG Buchh 310 § 104 VwGO Nr. 12); auch § 86 III verpflichtet hierzu regelmäßig nicht (→ § 86 Rn. 54 ff., dort auch zu **Ausnahmen**). Dies gilt auch bei einer Entscheidung durch den Einzelrichter (§ 6 I, § 87a II, III).

II. Fragerecht

5 Der Vorsitzende hat jedem Mitglied des Gerichts – auch den ehrenamtlichen Richtern – auf Verlangen zu gestatten, Fragen zu stellen (II 1). Das Fragerecht dient der Sachaufklärung (§ 86 I). Wird eine Frage beanstandet, so entscheidet das Gericht (II 2) mittels **unanfechtbaren Beschlusses** (§ 146 II). Das Beanstandungsrecht kommt den Beteiligten und den anderen Mitgliedern des Spruchkörpers zu (aA Kopp/Schenke Rn. 7 mwN). Die Entscheidung des Gerichts bemisst sich danach, ob die beanstandete Frage der Sachaufklärung dienlich ist (→ § 97 Rn. 12).

III. Schließen der mündlichen Verhandlung

6 Nach hinreichender Erörterung der Streitsache, wenn keine Fragen des Gerichts mehr bestehen und die Beteiligten ausreichend gehört worden sind, erklärt der Vorsitzende: „Die mündliche Verhandlung wird **geschlossen**" (III 1). Dem wird üblicherweise eine Erklärung zu Art und Zeitpunkt der Entscheidung vorangestellt (§ 116): „Eine Entscheidung wird zugestellt/im Anschluss an die Beratung/am Ende des Sitzungstages verkündet". Die Schließung kann ausdrücklich oder konkludent, zB durch Zurückziehen zur Beratung oder durch Bestimmung des Verkündungstermins (vgl. BVerfG NJW 1992, 2217) erfolgen; üblich ist die ausdrückliche Aufnahme in das Protokoll (§ 105).

7 Das Schließen der mündlichen Verhandlung hat zur Folge, dass weitere Ermittlungen des Gerichts und die Berücksichtigung weiteren Vorbringens der Beteiligten durch das Gericht unzulässig sind (BayVGH NVwZ-RR 2018, 374), es sei denn, es wurde eine Schriftsatz(nach)frist eingeräumt (**Schriftsatznachlass,** § 173 S. 1 iVm § 283 ZPO), weil sich ein Beteiligter auf Vorbringen eines anderen Beteiligten oder zu Hinweisen des Gerichts nicht ausreichend erklären konnte (BVerwG NJW 1995, 2303). Das VG hat nach dem fristgerechten Eingang nachgelassener Schriftsätze eine Beratung und Abstimmung nach § 55 iVm §§ 193 I, 194, 197 GVG, also mit den ehrenamtlichen Richtern, durchzuführen. Dem wird nicht genügt, wenn der Vorsitzende Richter in einzeln geführten Telefonaten mit den weiteren Richtern Einigkeit darüber erzielt, dass es bei dem Ergebnis einer Zwischenberatung verbleiben soll, die im Anschluss an die mündliche Verhandlung im Beisein aller Richter stattgefunden hat (BVerwG NVwZ 2018, 176;

Buchh 427.6 § 15 BFG Nr. 31). Nachgelassene oder nachgereichte Schriftsätze erzwingen ggf. eine Wiedereröffnung nach III 2 (→ Rn. 10). Zum Verfahren bei Antrag auf Schriftsatznachlass s. **Handreichung** → Rn. 14.

IV. Wiedereröffnung der mündlichen Verhandlung

Das Gericht kann die Wiedereröffnung der mündlichen Verhandlung beschließen (III 2), solange das Urteil noch nicht vollständig verkündet ist (vgl. § 173 S. 1 iVm § 318 ZPO, BayVGH NVwZ-RR 2018, 374). **8**

1. Grundsatz: Ermessen

Die auf Antrag oder vAw ergehende Entscheidung steht im **Ermessen** des Spruchkörpers (BVerwG NVwZ-RR 2002, 217). Dieses Ermessen ist nach der Rspr. sämtlicher oberster Bundesgerichte (zu § 156 ZPO, § 121 SGG, § 64 VI ArbGG, § 93 III 2 FGO) auf Null reduziert, wenn nur auf diese Weise das Recht auf rechtliches Gehör gewahrt oder nur so die Pflicht nach § 86 I erfüllt werden kann, den Sachverhalt umfassend aufzuklären (BVerwG NVwZ-RR 2016, 428; BFHE 195, 9, jeweils mwN). **9**

So verdichtet sich das Ermessen zur Pflicht, wenn ein **Beteiligter unverschuldet zu spät,** aber noch vor Ergehen des Urteils zum Termin erscheint (BVerwG NJW 1992, 3185), wenn das **persönliche Erscheinen angeordnet** und der Beteiligte ohne Verschulden an der Terminwahrnehmung gehindert war (HessVGH NVwZ-RR 1999, 540), wenn sich bei der Urteilsberatung ergibt, dass **entscheidungserhebliche Fragen weiterer Klärung bedürfen,** erst recht, wenn nach Schluss der mündlichen Verhandlung, aber vor Beschlussfassung über das Urteil ein **Richterwechsel** erfolgt (BVerwGE 81, 139), wenn das Gericht **nachgelassenen oder nachgereichten Schriftsätzen** wesentlich neues Vorbringen entnimmt, auf das es seine Entscheidung stützen will (BVerwG Buchh 415.1 AllgKommR Nr. 191), wenn ein **vor über eineinhalb Jahren beschlossenes Urteil noch nicht schriftlich niedergelegt** ist (BVerwG NJW 1984, 192) oder wenn das Gericht bei der Beratung bemerkt, dass es während der mündlichen Verhandlung Verfahrensfehler begangen hat. **10**

Die Wiederaufnahme ist **nicht** schon deswegen zu beschließen, um die **Nachholung eines versäumten Klageantrags** zu ermöglichen (BVerwG NVwZ-RR 2002, 217) oder um einen vorher unter **Verletzung der prozessualen Mitwirkungspflicht** eines Beteiligten unterbliebenen Vortrag nachholen zu können (BVerwG NVwZ-RR 1991, 587). **11**

Bei **nachträglichem Vorbringen** muss das Gericht die Tatsache, dass noch etwas vorgetragen wurde, jedenfalls zur Kenntnis nehmen, eine Wiedereröffnung erwägen und darüber ermessensfehlerfrei entscheiden (BVerwG NVwZ 1989, 858; OVG NRW NWVBl. 2008, 75). **12**

2. Verfahren und Wirkungen

Über die Wiedereröffnung ist durch ausdrücklichen, gem. § 146 II **unanfechtbaren Beschluss** zu entscheiden (BVerwG NVwZ-RR 2016, 428; **13**

NJW 1984, 192). Dies darf **ohne Mitwirkung der ehrenamtlichen Richter** geschehen, da es sich um einen Beschluss außerhalb der mündlichen Verhandlung handelt (BVerwG NJW 1983, 1867; VGH BW NVwZ-RR 2008, 429). Die Ablehnung kann allerdings auch allein in den Entscheidungsgründen des Urteils begründet werden (str., wie hier BVerwG NVwZ-RR 2016, 428; Kopp/Schenke Rn. 13 mwN). Wird die Wiedereröffnung abgelehnt, ist auch für einen Vertagungsantrag kein Raum mehr. Die wiedereröffnete mündliche Verhandlung steht der ursprünglichen Verhandlung gleich; die Beteiligten sind auch mit neuem Vortrag, der mit der Wiedereröffnung in keinem Zusammenhang steht, zu hören.

V. Handreichung zum Schriftsatznachlass in der mündlichen Verhandlung

14 1. **Antrag** und Protokollierung: „Der (Klägervertreter) beantragt, ihm für (die Stellungnahme zu dem Vorbringen) eine Schriftsatzfrist bis zum … einzuräumen."
2. Entscheidung durch **Beschluss** des Spruchkörpers im Termin, ggf. nach Unterbrechung der Verhandlung: „Der Antrag auf Gewährung einer Schriftsatzfrist wird abgelehnt." Begründung: (mangelnde Entscheidungserheblichkeit des Vorbringens)." Protokollierung.
3. Verfahren **bei Gewährung** einer Nachfrist:
   – „Dem (Kläger) wird zur (Stellungnahme zu …) eine Nachfrist bis einschließlich (Datum, Eingang bei Gericht) gewährt."
   – Erfragen, ob für weiteres Verfahren auf mündliche Verhandlung verzichtet wird
   – Falls nein: „Termin zur Verkündung einer Entscheidung wird auf den (Datum) festgesetzt."
   – Vorläufige Urteilsberatung und Entscheidung
   – Bei Ausbleiben eines (fristgerechten) Schriftsatzes wird das vorläufig gefasste Urteil verkündet.
Bei Eingang eines Schriftsatzes: Ggf. Anhörung des Gegners, endgültige Urteilsberatung (→ Rn. 7), Entscheidung (Wiedereröffnung der mV, Verkündung oder Zustellung)

§ 105 [Niederschrift über die mündliche Verhandlung]

Für das Protokoll gelten die §§ 159 bis 165 der Zivilprozeßordnung entsprechend.

1 Die Norm verweist dynamisch auf Protokollierungsvorschriften der ZPO (vgl. zB BVerwG DVBl. 2018, 1367). Besonderheiten des Verwaltungsprozesses bestehen nicht, sodass auf die einschlägigen zivilprozessualen Kommentierungen (zB ThP zu §§ 159 bis 165) verwiesen werden kann.

§ 106 [Gerichtlicher Vergleich]

¹ Um den Rechtsstreit vollständig oder zum Teil zu erledigen, können die Beteiligten zu Protokoll des Gerichts oder des beauftragten oder ersuchten Richters einen Vergleich schließen, soweit sie über den Gegenstand des Vergleichs verfügen können. ² Ein gerichtlicher Vergleich kann auch dadurch geschlossen werden, daß die Beteiligten einen in der Form eines Beschlusses ergangenen Vorschlag des Gerichts, des Vorsitzenden oder des Berichterstatters schriftlich oder durch Erklärung zu Protokoll in der mündlichen Verhandlung gegenüber dem Gericht annehmen.

Übersicht

Der gerichtliche Vergleich ist Ausdruck der Dispositionsbefugnis der Beteiligten (§ 63). § 106 findet in den **selbstständigen Beschlussverfahren** der §§ 80 V, VII, 80a III, 123 **entsprechende Anwendung** (vgl. OVG NRW Beschl. v. 20.8.2008 – 12 B 1170/08). **1**

I. Gerichtlicher Vergleich

Ein Prozessvergleich kann geschlossen werden, sobald ein Verfahren **anhängig** ist (§ 90). Auf die Eröffnung des Verwaltungsrechtswegs (§ 40) oder die Zulässigkeit der Klage – so auch die örtliche oder sachliche Zuständigkeit des Gerichts – kommt es nicht an (→ vor § 40 Rn. 11). Nach Rechtskraft (§ 121), nach Klagerücknahme (§ 92 I) oder beiderseitiger Hauptsacherledigung (§ 161 II) scheidet ein Vergleichsschluss nach § 106 aus. **2**

Der gerichtliche Vergleich ist vom sog. **unechten Vergleich** abzugrenzen, der in der Praxis besondere Bedeutung hat. Dieser umfasst die unterschiedlichsten Wege der Prozessbeendigung (Überblick bei SSB Rn. 86 ff.), denen meist vergleichsähnliche Erklärungen der Beteiligten – regelmäßig zu Protokoll in einer mündlichen Verhandlung oder einem Erörterungstermin – **3** vorausgehen; hiernach folgen idR Klagerücknahme oder beiderseitige Haupt-sachenerledigungserklärungen mit zuvor abgesprochener Kostentragungslast (kostenrechtlicher Vorteil nach Nr. 5111 Anl. 1 zu § 3 II GKG).

1. Doppelnatur des gerichtlichen Vergleichs

4 Das BVerwG geht in stRspr von der **Doppelnatur des gerichtlichen Vergleichs** aus. Danach ist der Prozessvergleich sowohl eine Prozesshandlung, deren Wirksamkeit sich nach den Grundsätzen des Prozessrechts richtet, als auch ein öffentlich-rechtlicher Vertrag, für den die Rechtsregeln des materiellen Rechts gelten. Als Prozesshandlung beendet er den Prozess unabhängig von dem sachlich-rechtlichen Inhalt des Vergleichs allein aufgrund seines Abschlusses vor Gericht. Als Rechtsgeschäft unterliegt er auch nach Abschluss des Prozesses den allgemeinen Regeln des materiellen Rechts (BVerwGE 143, 335).

5 **a) Prozessuales Zustandekommen.** Der Prozessvergleich nach S. 1 ist vor dem mit der Sache befassten Gericht, ggf. vor dem beauftragten oder ersuchten Richter (§ 96 II) oder vor dem Vorsitzenden bzw. BE im Erörterungstermin (§ 87 I 2 Nr. 1) oder in der mündlichen Verhandlung abzugeben. Sein Abschluss ist in das vorzulesende und zu genehmigende Protokoll aufzunehmen (§ 105 iVm §§ 160 III Nr. 1, 162 I 1 ZPO); anderenfalls ist ein Prozessvergleich nicht zustande gekommen (BayVGH NJW 2014, 955), ggf. aber ein außergerichtlicher Vergleich (→ Rn. 17).

6 Auf die **Zustimmung der zum Verfahren Beigeladenen** (§ 65), die gleichwohl materiell-rechtlich an den Vergleich gebunden sein können, kommt es nicht an (BVerwG Buchh 310 § 106 VwGO Nr. 14, Kopp/Schenke Rn. 10; SSB Rn. 39, mwN auch zur aA). Dasselbe gilt für Personen, die hätten beigeladen werden können oder müssen. Greift der Vergleich in ihre Rechte ein, bedarf es jedoch materiell-rechtlich ihrer Zustimmung (§ 58 I VwVfG; vgl. BVerwGE 143, 335).

7 Ein **Besetzungsmangel des Gerichts** führt nicht zwingend zur Unwirksamkeit des Prozessvergleichs. Vielmehr ist bei jeder einzelnen Gesetzesvorschrift zu prüfen, ob sie auch bei der bloßen Beurkundungstätigkeit, die das Gericht bei Abschluss eines Prozessvergleichs ausübt, so wesentlich ist, dass ihre Verletzung nach dem Zweck der Vorschrift zur Nichtigkeit des Vergleichs führen muss (BVerwG Buchh 424.01 § 137 FlurbG Nr. 1).

8 **b) materielle Wirksamkeit der Vereinbarungen.** Die Frage, ob die in dem Prozessvergleich getroffenen Vereinbarungen **wirksam** sind, ist nach §§ 54 ff. VwVfG zu beurteilen. Darüber hinaus kommt es auf die Einhaltung der prozessualen Formvorschriften nicht an (BVerwG Buchh 310 § 106 VwGO Nr. 6). Ein öffentlich-rechtlicher Vertrag iSd § 54 S. 2 VwVfG, durch den eine bei verständiger Würdigung des Sachverhalts oder der Rechtslage bestehende Ungewissheit durch gegenseitiges Nachgeben beseitigt wird **(Vergleichsvertrag),** kann nach § 55 VwVfG geschlossen werden, wenn die Behörde den Abschluss des Vergleichs zur Beseitigung der Ungewissheit nach pflichtgemäßem Ermessen für zweckmäßig hält. Unter diesen Voraussetzungen vermögen Vergleichsverträge Leistungspflichten auch dann zu begründen, wenn der Vergleichsinhalt der Gesetzeslage (teilweise) widerspricht (BVerwGE 84, 157).

Gegenseitiges Nachgeben bedeutet, dass **beide** Beteiligte nachgeben **9** müssen. Gibt nur einer nach, ist kein Vergleich geschlossen, es kommt immerhin aber noch ein (materiell-rechtlicher) Verzichts- oder Anerkenntnisvertrag in Betracht. Der Gegenstand des Nachgebens kann aber in rechtlich zulässigen Leistungen jeglicher Art bestehen, wobei aus der engen Verknüpfung von Prozesshandlung und materiell-rechtlicher Einigung folgt, dass das gegenseitige Nachgeben sich auf beide rechtlichen Seiten des Prozessvergleichs beziehen, dass also prozessuales mit materiellem Entgegenkommen und umgekehrt beantwortet werden kann (OVG NRW Beschl. v. 20.8.2008 – 12 B 1170/08).

c) Verfügungsbefugnis über den Vergleichsgegenstand. Die Beteiligten **10** müssen über den **Gegenstand des Vergleichs** verfügen können. Dieser Begriff geht über den Streitgegenstandsbegriff hinaus (→ § 121 Rn. 5) und erfasst alle Tatsachen und Rechtsverhältnisse, über die sich die Beteiligten einigen (SSB Rn. 41). Hierdurch können umfassende, uber den konkreten Rechtsstreit hinausgreifende Regelungen zur umfassenden und endgültigen Streitbeilegung zwischen den Beteiligten getroffen werden (mit einer entsprechend höheren Festsetzung des Streitwerts für den Vergleich, vgl. Nr. 5600 Anl. 1 zu § 3 II GKG). In Bezug auf einzelne Rechtsfragen kann hingegen kein Vergleich geschlossen werden.

Verfügungsbefugnis besteht insoweit, wie die Beteiligten hierüber gem. **11** §§ 54 ff. VwVfG wirksam einen **öffentlich-rechtlichen Vertrag** schließen könnten. Vergleiche sind hiernach auch im Bereich zwingender Vorschriften zulässig (BVerwGE 17, 87). Es fehlt jedoch insbes. an der Verfügungsbefugnis, wenn auch ein VA mit entsprechendem Inhalt nichtig wäre (§§ 59 II Nr. 1, 44 VwVfG) oder die Voraussetzungen zum Abschluss eines Vergleichsvertrags nicht vorlagen und ein VA mit entsprechendem Inhalt nicht nur wegen eines Verfahrens- oder Formfehlers iSd § 46 VwVfG rechtswidrig wäre (§ 59 II Nr. 3 VwVfG).

2. Gestaltungsmöglichkeiten

Den Beteiligten eines Prozessvergleichs stehen, wenn sie die Wirkungen des **12** Vergleichs nicht sofort und unauflöslich eintreten lassen wollen, je nach Interessenlage mehrere Gestaltungsmöglichkeiten zur Verfügung. Sie können im Rahmen ihrer Verfügungsbefugnis eine **auflösende** oder **aufschiebende Bedingung** oder auch einen **Rücktrittsvorbehalt** vereinbaren. Die auflösende Bedingung und der Rücktrittsvorbehalt berühren nicht das sofortige Wirksamwerden des Vergleichs, sondern betreffen dessen Wirksambleiben. Sie erfordern uU eine Rückabwicklung. Deshalb entspricht es im Allgemeinen der Interessenlage der Vertragspartner, in dem Vorbehalt des Widerrufs eine aufschiebende Bedingung zu sehen (BVerwGE 92, 29; NJW 1984, 312).

13   Im Falle eines Widerrufsvorbehalts ist es zweckmäßig vorzusehen, dass der **Widerruf** schriftlich **gegenüber dem Gericht** zu erfolgen hat; zwingend vorgegeben ist dies allerdings nicht (vgl. BVerwGE 109, 268). Das Recht, die Widerrufsmöglichkeit zu vereinbaren, umfasst auch die Befugnis, die Modalitäten für die Ausübung des Widerrufs festzulegen. Die Beteiligten können sich – was im Wege der Vertragsauslegung zu ermitteln ist – auch stillschweigend über den Adressaten der Widerrufserklärung einigen (BVerwGE 92, 29). Fehlt allerdings eine Vereinbarung der Beteiligten, muss die auf Weiterführung des Rechtsstreits zielende Widerrufserklärung gegenüber dem Gericht erklärt werden, da mit Abschluss eines Vergleichs unter dem Vorbehalt des Widerrufs in der Form einer aufschiebenden Bedingung das Prozessrechtsverhältnis nicht beendet wird und die Rechtshängigkeit bestehen bleibt (BVerwGE 92, 29; SSB Rn. 46 mwN zur aA). Die Widerrufserklärung ihrerseits ist nicht widerruflich oder zurücknehmbar. Gegen die Versäumung der Vergleichswiderrufsfrist ist eine **Wiedereinsetzung** in den vorigen Stand nicht gegeben (BVerwGE 109, 268).

3. Folgen eines wirksamen Prozessvergleichs

14   Wird der Prozessvergleich (unbedingt) abgeschlossen, beendet er – auch noch in der Rechtsmittelinstanz – das Verfahren mit **ex-nunc-Wirkung** unmittelbar (BVerwG Beschl. v. 19.11.2018 – 4 AV 1.18). Auch wenn über Inhalt und Tragweite eines Prozessvergleichs Meinungsverschiedenheiten entstehen, die nicht im Wege der Auslegung beseitigt werden können, bleibt das Verfahren, das der Vergleich abgeschlossen hat, beendet (BVerwG Buchh 310 § 106 VwGO Nr. 7). **Vorangegangene Entscheidungen** sind wirkungslos (§ 173 S. 1 iVm § 269 III 1 Hs. 2 ZPO). Die **Kostentragungspflicht** ergibt sich vorrangig aus dem Vergleich selbst; hilfsweise greift § 160. Neben diesen prozessualen Folgen entfaltet der Vergleich materiell-rechtliche Wirkungen nur als Vertrag zwischen den an ihm Beteiligten; materielle Rechtskraft (§ 121) kommt ihm nicht zu.

15   Der Prozessvergleich nach S. 1 und S. 2 ist **gerichtlicher Vollstreckungstitel** (§ 168 I Nr. 3). Dies gilt auch für den Fall, dass sich an einem gerichtlichen Vergleich Dritte beteiligen, ohne dass es vorher einer Beiladung dieser Dritten zum Verfahren bedarf (OVG NRW NJW 1985, 2491). Es ist auch nicht erforderlich, dass sie gem. § 65 hätten beigeladen werden können.

4. Folgen bei Vergleichsmängeln

16   Zwangsläufige **Folge der rechtlichen Doppelnatur** des gerichtlichen Vergleichs ist, dass sich der prozessuale und materiell-rechtliche Vertrag in ihrer Wirksamkeit wechselseitig, wenn auch unterschiedlich, beeinflussen. Ist die **Vergleichsvereinbarung materiell unwirksam**, so verliert auch die Prozesshandlung ihre Wirksamkeit, da sie nur die Begleitform für den materiellrechtlichen Vergleich ist. Im umgekehrten Fall gilt dies nicht in gleicher Weise. **Kommt ein wirksamer Prozessvergleich wegen eines Verfahrensmangels nicht zustande,** so zieht das nicht oW die Ungültigkeit des materiell-

rechtlichen Vertrages nach sich. Denn auch ein prozessual unwirksamer Vergleich kann als materiell-rechtliche Vereinbarung eine von der Rechtsordnung anerkannte Funktion erfüllen. Ob er bei Ausfall der prozessualen Wirkung als außergerichtliches Rechtsgeschäft Bestand haben kann, richtet sich unter Auslegung des Vergleichs nach dem hypothetischen Willen der Beteiligten, insbes. danach, ob ihnen an den prozessualen Folgen – Prozessbeendigung, Schaffung eines Titels – oder entscheidend an der materiell-rechtlichen Regelung ihrer Rechtsbeziehung gelegen war (BVerwG NJW 2010, 3048).

a) Prozessual unwirksame, materiell-rechtlich wirksame Vereinbarung. Es ist eine Frage der Auslegung, in welcher Weise ein als materiellrechtlicher Vergleich aufrechterhaltener unwirksamer Prozessvergleich, dem keine unmittelbare prozessbeendigende Wirkung zukommt, den **Fortgang des Rechtsstreits** beeinflusst. Ist im Vergleich ein Versprechen des Klägers enthalten, den Prozess zu beenden, so verschafft dies dem Beklagten die Möglichkeit, mittelbar auf das Gerichtsverfahren einzuwirken. Betreibt der Kläger der Abrede zuwider den Rechtsstreit weiter, so kann der Beklagte dem die Einrede unzulässiger Rechtsausübung entgegensetzen, die zur Folge hat, dass die Klage unzulässig wird. Enthält der außergerichtliche Vergleich keine Verpflichtung zur Prozessbeendigung, so hat das Gericht in Fortsetzung des Verfahrens, das den geregelten Streitgegenstand betrifft, zu prüfen, welchen Einfluss die von den Beteiligten getroffene materiell-rechtliche Regelung auf die Begründetheit der Klage hat (BVerwG NJW 1994, 2306; Buchh 310 § 92 VwGO Nr. 6). **17**

b) Prozessual wirksame, materiell-rechtlich unwirksame Vereinbarung. aa) Nichtigkeit/Widerruf. Die Rechtshängigkeit besteht trotz Vergleichsschlusses fort, wenn die Vereinbarung wegen eines materiell-rechtlichen Mangels von **Anfang an nichtig** ist oder im Wege der **Anfechtung** rückwirkend vernichtet wird. Dasselbe gilt, wenn ein Beteiligter von dem ihm eingeräumten Recht Gebrauch macht, den Vergleich zu **widerrufen**. Entfaltet die Vereinbarung keine materiell-rechtlichen Wirkungen, so fehlt ihr auch die Eignung, den Prozess zu beenden. Damit verliert auch die Prozesshandlung ihre Wirksamkeit, da sie nur die Begleitform für den materiell-rechtlichen Vergleich ist. Dieses Abhängigkeitsverhältnis zwischen dem prozessualen und dem materiell-rechtlichen Teil zeichnet die Doppelnatur des Prozessvergleichs aus (vgl. BVerwG NJW 1994, 2306). **18**

Der Prozess ist **fortzuführen** und ggf. nach erneuter mündlicher Verhandlung **in der Sache zu entscheiden**. Es ist nicht zulässig, das Urteil für den Fall eines Widerrufs vorsorglich zu beraten und zu beschließen (OVG NRW NVwZ 1982, 378; aA Kopp/Schenke Rn. 17; OVG Brem InfAuslR 2011, 346: jedenfalls keine Gehörsverletzung, wenn nicht zugleich Wiedereröffnung der mündlichen Verhandlung beantragt wird). **19**

Es ist auch durch Urteil zu entscheiden, wenn streitig ist, ob ein Prozessvergleich rechtswirksam geschlossen worden ist. Dies gilt auch dann, wenn der Vergleich als wirksam geschlossen anzusehen ist; mit dem Antrag auf Wiedereröffnung des Verfahrens wird nämlich zugleich der Sachantrag zur Entscheidung gestellt, der in dem durch Vergleich abgeschlossenen Verfahren **20** zur Entscheidung gestellt war (BVerwGE 28, 332; OVG NRW NVwZ-RR 1992, 277).

21   Das Gericht stellt fest, dass das Verfahren durch den gerichtlichen Vergleich beendet ist (BVerwG NJW 2010, 3048).

22   **bb) Rücktritt/Wegfall der Geschäftsgrundlage.** Erklärt eine der Vergleichsparteien den **Rücktritt vom Vergleich,** hat die Ausübung dieses Gestaltungsrechts nicht die rückwirkende Vernichtung des Vergleichs zur Folge. Dasselbe gilt für den Fall, dass der **Wegfall der Geschäftsgrundlage** geltend gemacht wird. Auch dieser Einwand bewirkt nicht, dass die wirksam zustande gekommene Vereinbarung mit rückwirkender Kraft beseitigt wird. Vielmehr eröffnet er lediglich die Möglichkeit, die materiell-rechtliche Regelung an die veränderten Verhältnisse anzupassen (OVG NRW Urt. v. 5.9.2002 – 20 D 53/99.AK; dazu BVerwG DVBl 2003, 751). Wird der Vergleich nicht in seinem rechtlichen Bestand in Frage gestellt, sondern unter Hinweis auf nachträglich eingetretene Ereignisse in seinem Fortbestand in Zweifel gezogen, so ist ein etwaiger Streit, der sich an dieser Frage entzündet, in einem **neuen Verfahren** auszutragen (BVerwG NJW 1994, 2306). Das alte Verfahren bleibt beendet.

5. Einwendungen gegen die Erfüllung des Vergleichs

23   Einwendungen gegen die Anwendung und Erfüllung des Vergleichs können entsprechend § 167 I iVm § 767 ZPO mit der **Vollstreckungsabwehrklage** geltend gemacht werden. Statthaft ist ebenfalls die **Abänderungsklage** (§ 173 S. 1 iVm § 323 ZPO).

II. Vergleichsbeschluss

24   Ein gerichtlicher Vergleich kann auch dadurch geschlossen werden, dass die Beteiligten einen in Form eines Beschlusses – auch in der mündlichen Verhandlung oder in einem Erörterungstermin – ergangenen Vorschlag des Gerichts, des Vorsitzenden oder des BE schriftlich oder durch Erklärung zu Protokoll in der mündlichen Verhandlung gegenüber dem Gericht annehmen (S. 2).

25   Der Beschluss muss den **materiell-rechtlichen Vergleichsinhalt** enthalten. Einer **Annahmefrist** bedarf es nicht zwingend; zweckmäßig ist sie allemal. Ist sie nicht als Ausschlussfrist formuliert, kann sie vom Gericht auf Antrag oder vAw verlängert werden. Der schriftliche, mit einer Annahmefrist versehene Beschluss ist, wenn er nicht in einem Termin verkündet wird, zuzustellen (§ 56).

26   Nimmt ein Beteiligter den gerichtlichen Vergleichsvorschlag unter **Modifikationen** an, ist dies im Grunde eine Anregung an das Gericht, den Vergleichsbeschluss zu ändern, bzw. ein (neuer) Antrag auf Abschluss eines Vergleichs (vgl. Kopp/Schenke Rn. 11). Stimmt die Gegenseite der Modifikation jedoch unmittelbar zu, bedarf es nicht der förmlichen Abfassung eines erneuten Vergleichsbeschlusses; es empfiehlt sich aber aus Klarstellungsgründen zum Zwecke der Vollstreckbarkeit.

Ein nach S. 2 geschlossener Vergleich genügt wegen § 127a BGB, § 160 III **27** Nr. 1 ZPO nur dann den Anforderungen an eine ggf. erforderliche **notarielle Beurkundung,** wenn der Beschluss zu Protokoll ergangen und die Annahme darin protokolliert worden ist (zur Problematik Kopp/Schenke Rn. 24; SSB Rn. 51, jeweils mwN).

10. Abschnitt. Urteile und andere Entscheidungen

§ 107 [Urteile]

Über die Klage wird, soweit nichts anderes bestimmt ist, durch Urteil entschieden.

Das VG entscheidet über die Klage gem. § 107 grds. durch Urteil und zwar **1** auch dann, wenn die Zulässigkeit einer Klage verneint wird. Dies gilt auch für OVG und BVerwG, wenn sie als erstinstanzliches Gericht entscheiden. §§ 125 II, 144 I gelten nur für das Rechtsmittelverfahren.

I. Andere Bestimmungen

Ausnahmen enthalten § 84 I 1 **(Gerichtsbescheid)** sowie § 47 V 1 (Ent- **2** scheidung über **Normenkontrollantrag**), § 92 II 4, III (Entscheidung nach **Rücknahme der Klage** mit Ausnahme des Streits über die Wirksamkeit der Rücknahme → § 92 Rn. 37), § 93a II (Entscheidung über ausgesetzte Verfahren nach Abschluss des **Musterverfahrens**) und § 161 II 1 (Entscheidung nach **Hauptsacheerledigung**); in diesen Fällen wird durch **Beschluss** entschieden.

Ebenfalls durch Beschluss wird in folgenden Fällen über das gegen eine **3** Entscheidung über die Klage eingelegte **Rechtsmittel** entschieden: § 124a V **(Zulassung der Berufung),** § 125 II 2 (Verwerfung einer **unzulässigen Berufung**), § 130a S. 1 **(einstimmige Entscheidung über begründete oder unbegründete Berufung),** § 133 V (Entscheidung über die Beschwerde gegen die **Nichtzulassung der Revision**), § 144 I (Verwerfung einer **unzulässigen Revision**).

In den **selbstständigen Antragsverfahren** nach §§ 47 VI, 80 V, VII, 123 **4** wird ebenso durch Beschluss entschieden wie im **Anhörungsrügeverfahren** gem. § 152a IV (Verwerfung oder Zurückweisung).

II. Arten von Urteilen

Die VwGO differenziert nach **Zwischenurteilen,** in welchen über die Zu- **5** lässigkeit der Klage vorab (§ 109), **Teilurteilen,** in welchen nur über einen entscheidungsreifen Teil des Streitgegenstands (§ 110), und **Grundurteilen,** in welchen bei Leistungsklagen vorab über den Grund eines Anspruchs entschieden wird (§ 111; informativ zu den Urteilsarten im Verwaltungsprozess Koehl NJ 2019, 197).

6   Nach ihrer Wirkung wird zwischen **Leistungs-, Gestaltungs-** und **Feststellungsurteilen** unterschieden. Leistungsurteile ergehen auf allgemeine Leistungsklagen, deren Statthaftigkeit die VwGO zwar nicht ausdrücklich normiert, jedoch zugrunde legt (§§ 43 II 1, 111 S. 1); auch die Verpflichtungsklage zählt mit ihrem verpflichtenden Ausspruch (§ 113 V) zu den Leistungsklagen (→ vor § 40 Rn. 50). Gestaltungsurteile ergehen auf Anfechtungs- und Verpflichtungsklagen (§ 42 I), soweit die zugrunde liegenden VA durch das Gericht aufgehoben werden (§ 113 I 1). Feststellungsurteile folgen auf die Feststellungsklagen nach §§ 43 I, II 2, 113 I 4.

7   IÜ gilt die im Zivilprozess geläufige Unterscheidung von Urteilsarten (→ vor § 40 Rn. 47): das **Prozessurteil,** das Rechtskraft (§ 121) nur bezüglich der Zulässigkeit der Klage schafft, sodass daneben eine Abweisung als unbegründet verfahrensfehlerhaft ist (BVerwG NVwZ 2019, 649); im Gegensatz hierzu steht das **Sachurteil.** Das **Endurteil** schließt einen in der Instanz anhängigen Rechtsstreit ab (vgl. § 300 I ZPO). Das **Vorbehaltsurteil** ergeht unter dem Vorbehalt der Entscheidung über die Aufrechnung (§ 173 S. 1 iVm § 302 I ZPO; vgl. BVerwG NJW 1999, 160). Ebenso gilt § 173 S. 1 iVm § 306 ZPO – **Verzichtsurteil** – und § 307 ZPO – **Anerkenntnisurteil** – (→ § 156 Rn. 7; BVerwGE 104, 27; 62, 18 (19); SächsOVG LKV 2010, 381) ausgenommen in Anfechtungssituationen (BVerwGE 62, 18; 4, 312) und im Normenkontrollverfahren (OVG MV NordÖR 2005, 270).

8   §§ 330 f. ZPO **(Versäumnisurteil)** oder 331a ZPO **(Entscheidung nach Aktenlage)** sind wegen der grds. Unterschiede zum Verwaltungsprozess (vgl. § 173 S. 1) nicht anwendbar (vgl. Pfab Jura 2010, 10).

§ 108 [Urteilsgrundlagen, freie Beweiswürdigung, rechtliches Gehör]

(1) [1] Das Gericht entscheidet nach seiner freien, aus dem Gesamtergebnis des Verfahrens gewonnenen Überzeugung. [2] In dem Urteil sind die Gründe anzugeben, die für die richterliche Überzeugung leitend gewesen sind.

(2) Das Urteil darf nur auf Tatsachen und Beweisergebnisse gestützt werden, zu denen die Beteiligten sich äußern konnten.

Übersicht

I. Richterliche Überzeugungsbildung

Das Gericht entscheidet nach seiner freien, aus dem Gesamtergebnis des Ver- 1
fahrens gewonnenen Überzeugung (I 1). Hierzu hat es den ihm unterbreiteten
und von ihm ermittelten Sachverhalt (§ 86 I) nach seiner freien – dh von
äußeren Zwängen ungebundenen –, aus dem Gesamtergebnis des Verfahrens
folgenden Überzeugung im Sinne der Rechtsanwendung daraufhin zu würdigen, ob er den Tatbestand einer Rechtsnorm erfüllt und deshalb die dort
vorgesehene Rechtsfolge trägt. Das Gericht muss seine Überzeugungsbildung
von einer bestimmten Rechtsnorm leiten lassen und diese Rechtsnorm in den
Gründen seines Urteils angeben (BVerwG Beschl. v. 12.3.2009 – 3 B 2.09).

1. Gesamtergebnis des Verfahrens

Das **Gesamtergebnis des Verfahrens** ist die Grundlage der richterlichen 2
Überzeugungsbildung. Zu diesem Gesamtergebnis gehören insbes. die **Erklärungen der Beteiligten,** der Inhalt der vom Gericht beigezogenen und zum
Gegenstand des Verfahrens gemachten **Akten** sowie die im Rahmen einer
Beweiserhebung getroffenen tatsächlichen Feststellungen, unbeschadet der
Befugnis des Gerichts, die Erklärungen der Beteiligten, den Inhalt beigezoge-
ner Akten sowie das Ergebnis einer Beweisaufnahme frei zu würdigen. Gesamtergebnis ist hiernach alles, was zum **Gegenstand der mündlichen Verhandlung** (§ 101 I) bzw. des schriftlichen Verfahrens (§§ 101 II, 84 I)
gemacht worden ist. Die Beteiligten sind konkret hierauf – zB beigezogene
Verwaltungsvorgänge – hinzuweisen; bei der Abfassung des Tatbestands
(§ 117 II Nr. 4) ist hierauf Bezug zu nehmen.

Inhaltlich bedeutet dies: Das Gericht muss von einem **richtigen und voll-** 3
ständigen Sachverhalt ausgehen (sog. Selektionsverbot, BVerwG NVwZ
2015, 656) und darf sein Urteil nicht auf sich widersprechende Tatsachenfeststellungen stützen (BVerwG NVwZ-RR 2019, 1018). Es darf keine Umstände übergehen, deren Entscheidungserheblichkeit sich ihm hätte aufdrängen
müssen (BVerwG NJW 2015, 2358). Dies gilt auch dann, wenn die Sachverhalts**würdigung** als solche nicht zu beanstanden ist. Bei unvollständiger
Sachverhaltsermittlung wird § 86 I verletzt.

2. Vorgang der Überzeugungsbildung

Das Gesamtergebnis des Verfahrens muss tragfähige Grundlage für die Über- 4
zeugungsbildung und zugleich für die Überprüfung der angefochtenen Entscheidung darauf sein, ob die **Grenze einer objektiv willkürfreien, die
Natur- und Denkgesetze sowie die allgemeinen Erfahrungssätze beachtenden Würdigung** eingehalten ist (BVerwG NVwZ-RR 2019, 1018;

NVwZ 2009, 399), sog. **Grundsatz der freien Beweiswürdigung.** Der Richter bringt in diesen Prozess sein gesamtes Wissen ein. Hierbei kann es sich um allgemein bekanntes Wissen, aber auch um Spezialwissen handeln. Auf dieser Grundlage muss er sich seine Überzeugung verschaffen, ohne hierbei grds. an feste Regeln gebunden zu sein. **Feste Beweisregeln** gelten nur hinsichtlich des Beweiswerts von Urkunden (§ 98 iVm §§ 415 ff. ZPO; vgl. BVerwG ZOV 2013, 131), des Protokolls (§ 105) und des Urteilstatbestands (§§ 164, 314 ZPO).

5 **a) Überzeugungsgewissheit.** Das Gericht muss sich die für seine Entscheidung gebotene **Überzeugungsgewissheit** verschaffen, die in dem Sinne bestehen muss, dass das Gericht die **volle Überzeugung von der Wahrheit** – und nicht etwa nur von der Wahrscheinlichkeit – der anspruchsbegründenden Tatsachen erlangt hat, sofern nicht ein (gesetzliches) abgesenktes Beweismaß Anwendung findet (vgl. BVerwGE 143, 138; 142, 159). Eine **Glaubhaftmachung** im engeren Sinne gem. § 173 S. 1 iVm § 294 ZPO reicht nicht aus. So darf sich zB in Asylsachen das VG bei der Prüfung der inneren Tatsache, ob der Kläger eine unterdrückte religiöse Betätigung seines Glaubens für sich selbst als verpflichtend zur Wahrung seiner religiösen Identität empfindet, nicht auf eine Plausibilitätsprüfung hinreichend substantiierter Darlegung beschränken, sondern muss das Regelbeweismaß der vollen Überzeugung des Gerichts zugrunde legen (BVerwG NVwZ 2015, 1678). Dasselbe gilt für das behauptete individuelle Verfolgungsschicksal und die Verfolgungsprognose (BVerwG Urt. v. 4.7.2019 – 1 C 33.18; BVerwGE 71, 180; 55, 82) oder das Herkunftsland (BVerwG NVwZ-RR 2014, 487). Das Regelbeweismaß der vollen richterlichen Überzeugung gilt auch bei unsicherer Tatsachengrundlage (BVerwG Urt. v. 4.7.2019 – 1 C 33.18).

6 Das Gericht darf allerdings **keine unerfüllbaren Beweisanforderungen** stellen und keine unumstößliche Gewissheit verlangen, sondern muss sich in tatsächlich zweifelhaften Fällen mit einem für das praktische Leben brauchbaren Grad von Gewissheit begnügen, der den Zweifeln Schweigen gebietet, auch wenn sie nicht völlig auszuschließen sind (BVerwG Urt. v. 4.7.2019 – 1 C 33.18; ZOV 2013, 131). Richterliche Überzeugung bedeutet einen so hohen Grad an Wahrscheinlichkeit, dass kein vernünftiger, die Lebensverhältnisse klar überschauender Mensch noch zweifelt (Kopp/Schenke Rn. 5 mwN). Ggf. kann schon der schlüssige und glaubhafte Vortrag eines Beteiligten allein für die Überzeugungsbildung genügen (vgl. BVerwGE 71, 180). Im Einzelnen ist hier dogmatisch Vieles umstritten (vgl. SSB Rn. 39 ff.).

7 So unterliegt insbes. die Beurteilung des **Erinnerungsvermögens von Zeugen** und folglich der Glaubhaftigkeit ihrer Angaben der freien Beweiswürdigung. Das Gericht muss sich die Überzeugung vom Wahrheitsgehalt ihrer Aussagen verschaffen (BVerwG ZBR 2011, 34; Buchh 310 § 108 Abs. 1 VwGO Nr. 50 Rn. 16). Feststellungen und Schlussfolgerungen **sachverständiger Stellen** sind auf ihre Aussage- und Überzeugungskraft zu überprüfen (BVerwG BauR 2012, 1788).

8 **Bindungswirkungen** schließen eine erneute Verpflichtung zur Würdigung des Sachverhalts aus. So ist das Gericht an rechtskräftige Entscheidungen

(§ 121) ebenso wie an eigene End- und Zwischenurteile gebunden (§ 173 S. 1 iVm § 318 ZPO). Bindungen an im Verwaltungsverfahren getroffene Wertungen bestehen grds. nicht (BVerfGE 84, 34; zur Bindungswirkung von VA vgl. Schroeder DÖV 2009, 217).

b) Gleichrangigkeit der Beweismittel. Die dem Richter unterbreiteten **9** Beweismittel sind grds. gleichrangig. Einen denkgesetzlich begründeten **Vorrang von Beweismitteln** gibt es nicht. Ein unbedingter Vorrang wäre mit dem Grundsatz der freien Beweiswürdigung nicht zu vereinbaren (st. Rspr., vgl. BVerwG Beschl. v. 20.2.2012 – 2 B 136.11, mwN).

So gibt es keinen Schluss des Inhalts, dass **beeidete Zeugenaussagen 10** stärker zu gewichten wären als unbeeidete. Grds. Gleichwertigkeit besteht auch im **Verhältnis von förmlichen zu nicht-förmlichen Beweismitteln,** so zB hinsichtlich Akteninhalt oder gerichtskundiger Tatsachen. So darf das Gericht auch dem **Vortrag eines Beteiligten** folgen, unabhängig davon, ob dieser schriftlich oder (erst) in der mündlichen Verhandlung erfolgt. Entscheidend ist, ob der Vortrag durch anderweitiges Vorbringen oder auf sonstige Weise schlüssig infrage gestellt worden ist (BVerwG Buchh 310 § 86 Abs. 1 VwGO Nr. 281). Dazu genügt nicht schon, dass ein Widerspruch zu früherem Vortrag oder zu sonstigem Akteninhalt besteht, zumal wenn die widersprechenden Umstände ihrerseits erkennbar irrtümlich abgegeben wurden, unzutreffend oder auslegungsbedürftig sind. Widersprüche lösen allerdings einen Würdigungsbedarf aus (BVerwG ZOV 2010, 91).

Auch der medizinischen Beurteilung des **Amtsarztes** kommt kein unbe- **11** dingter, sondern nur ein **eingeschränkter Vorrang vor** der Beurteilung des behandelnden Privatarztes zu. Die Tatsachengerichte können sich im Konfliktfall nur dann auf die Beurteilung des Amtsarztes stützen, wenn keine Zweifel an der Sachkunde des Amtsarztes bzw. eines von ihm hinzugezogenen Facharztes bestehen, seine Beurteilung auf zutreffenden Tatsachengrundlagen beruht und in sich stimmig und nachvollziehbar ist. Hat der Privatarzt seinen medizinischen Befund näher erläutert, so muss der Amtsarzt auf diese Erwägungen eingehen und nachvollziehbar darlegen, warum er ihnen nicht folgt. Dieser eingeschränkte Vorrang im Konfliktfall findet seine Rechtfertigung in der Neutralität und Unabhängigkeit des Amtsarztes. Im Gegensatz zu einem Privatarzt, der womöglich bestrebt ist, das Vertrauen des Patienten zu ihm zu erhalten, nimmt der Amtsarzt seine Beurteilung von seiner Aufgabenstellung her unbefangen und unabhängig vor (BVerwG USK 2010, 84, mwN).

c) Beweisschwierigkeiten. Beweisschwierigkeiten muss das Gericht im **12** Rahmen der **Beweiswürdigung** Rechnung tragen (BVerfGE 83, 162). Dasselbe gilt, wenn Beteiligte unter **Verletzung ihrer Mitwirkungspflicht** (zB § 86 I, 2. Hs.) die Sachaufklärung vereiteln oder erschweren, obwohl ihnen die Mitwirkung möglich und zumutbar gewesen wäre (BVerwGE 74, 222). Eine Umkehr der Beweislast hat dieses Verhalten jedoch nicht zur Folge (BVerwGE 10, 270). Umgekehrt darf das Gericht die Beweiswürdigung **nicht unzulässig vorwegnehmen.** Dieser Fall tritt ein, wenn ein Tatsachengericht von einer Beweisaufnahme absieht, weil es vom Gegenteil der unter Beweis gestellten Tatsache überzeugt ist oder den Sachverhalt bereits für geklärt hält

(BVerwG Beschl. v. 30.4.2008 – 4 B 27.08; Buchh 310 § 86 Abs. 1 VwGO Nr. 229 mwN).

13 Dasselbe gilt, wenn in einem **Zwischenverfahren nach § 99 II** festgestellt wird, dass die Verweigerung einer Aktenvorlage rechtmäßig ist. Das Gericht hat einen durch die Sperrerklärung verursachten Beweisnotstand unter Berücksichtigung der gesetzlichen Verteilung der materiellen Beweislast (→ Rn. 14) angemessen zu würdigen (BVerwGE 131, 171; NVwZ 2017, 232).

14 d) Beweislastentscheidungen. Lässt sich der Sachverhalt nicht mehr aufklären, kann eine Überzeugungsbildung nicht gelingen. Es ist eine Beweislastentscheidung zu treffen (BVerwG Urt. v. 4.7.2019 – 1 C 33.18). Der Verwaltungsprozess kennt wegen des Amtsermittlungsgrundsatzes (§ 86 I) keine formelle, sondern nur die **materielle Beweislast** bzw. Feststellungslast (vgl. BVerwGE 68, 177). Sinngemäße Anwendung finden die **Beweislastregeln** der §§ 280 I 2, 311a II 2, 286 IV BGB (vgl. BVerwGE 52, 255; Kopp/Schenke Rn. 16 mwN).

15 aa) Grundlagen. Die Frage der materiellen Beweislast stellt sich dann, wenn die für die Entscheidung erforderlichen Feststellungen nicht getroffen werden können, weil alle Möglichkeiten der Sachaufklärung erschöpft sind (**„non liquet"**; vgl. NK-VwGO § 108 Rn. 106 ff.; BVerwGE 74, 222; OVG NRW BauR 2007, 2012). Wer in einem solchen Fall die Beweislast trägt, ist unabhängig von der Kläger- oder Beklagtenposition als materiell-rechtliche Frage in Auslegung der maßgeblichen Vorschrift zu ermitteln (BVerwGE 55, 288; OVG NRW BauR 2007, 2012; vgl. zB zu § 4 Ia 2 UmwRG BVerwGE 154, 73). Die Unerweislichkeit einer Tatsache geht grds. zu Lasten des Beteiligten, der aus ihm günstige Rechtsfolgen herleitet, es sei denn, dass der Rechtssatz selbst eine besondere Regelung trifft (BVerwGE 61, 176; 20, 211; 18, 168). Die Auslegung ist zunächst eine Frage der materiell-rechtlichen Vorschriften, dem Zweck ihrer Regelung und grundlegenden Rechtsgedanken, wie dem Rechtsstaatsprinzip (Art. 20 III GG) und dem Gebot, lückenlosen und wirksamen Rechtsschutz zu gewährleisten (Art. 19 IV GG). Das BVerfG hat wiederholt entschieden, dass der Zugang zu einem Gericht nicht in unzumutbarer, aus Sachgründen nicht mehr zu rechtfertigender Weise erschwert werden darf. Darüber hinaus muss dem Bürger ein substanzieller Anspruch auf eine tatsächlich wirksame gerichtliche Kontrolle zustehen (BVerfGE 53, 115; zur Bedeutung des Rechtsstaatsprinzips für die Beweislastverteilung vgl. ferner BVerfGE 52, 131; BVerwGE 70, 143 mwN, → vor § 40 Rn. 1 ff.).

16 Enthält der ausgelegte Rechtssatz keine besonderen Regelungen, so greift der **allgemeine Rechtsgrundsatz** ein, dass die Nichterweislichkeit von Tatsachen, aus denen ein Beteiligter ihm günstige Rechtsfolgen herleitet, zu seinen Lasten geht (BVerwG ZOV 2013, 177).

17 bb) Beispiele. So trägt der **Asylbewerber,** wenn der Einreiseweg unaufklärbar bleibt, die materielle Beweislast für seine Behauptung, ohne Berührung eines sicheren Drittstaats nach Art. 16a II GG, § 26a AsylG auf dem Luft-

oder Seeweg nach Deutschland eingereist zu sein (BVerwGE 109, 174 mwN).

Im Fall einer baurechtlichen **Entscheidung zu § 34 I, III BauGB** ergibt **18** eine Auslegung der gesetzlichen Regelung nach Wortlaut und Systematik, dass die Genehmigungsbehörde ggf. die Beweislast dafür trägt, dass schädliche Auswirkungen zu erwarten sind (OVG NRW BauR 2007, 2012).

Die **Gewerbe- oder Gaststättenerlaubnis** ist zu erteilen, wenn die man- **19** gelnde Zuverlässigkeit nicht erwiesen ist (zB § 34a I 1, 3 Nr. 1 GewO, §§ 2 I 1, 4 I Nr. 1 GastG).

Der **Beamte** ist zu ernennen, wenn Zweifel hinsichtlich der Verfassungs- **20** treue nicht bewiesen sind (BVerwGE 61, 176).

Bei **behördlichen Eingriffsakten** geht die Nichterweislichkeit einer Tat- **21** sache idR zu Lasten der Behörde, so zB bei der **Einziehung eines Ver-triebenenausweises** (BVerwGE 66, 168) oder beim Vorliegen eines **gast-stättenrechtlichen Widerrufsgrundes** (BVerwGE 49, 160). Im Verhältnis zwischen einer baurechtlichen **Beseitigungsverfügung** und einem ihr ggf. entgegenstehenden Bestandsschutz hat, was die Beweislast anbetrifft, ein et-waiger Bestandsschutz rechtlich die Stellung eines „Gegenrechtes": Mit dem Gesichtspunkt des Bestandsschutzes verteidigt der Betroffene eine (mittlerwei-le) materiell rechtswidrige Nutzung. Erweist sich im Einzelfall als unaufklär-bar, ob ein solches „Gegenrecht" besteht, so geht das zu Lasten dessen, der dieses Recht für sich in Anspruch nimmt (BVerwG NJW 1980, 252).

Im Falle der **Rücknahme eines rechtswidrigen begünstigenden VA** **22** (§ 48 I 2 VwVfG) trägt im Grundsatz die zurücknehmende Behörde die Feststellungslast dafür, dass der VA rechtswidrig ergangen ist. Eine Ausnahme von diesem Grundsatz hat nach der Rspr. des BVerwG dann zu gelten, wenn die Unerweislichkeit auf einem gegen die Grundsätze von Treu und Glauben verstoßenden unlauteren Verhalten des Begünstigten beruht. Dies setzt grds. ein schuldhaftes, also mindestens ein fahrlässiges Verhalten voraus. So kann eine Ausnahme dann zu machen sein, wenn der Begünstigte die Aufklärung des Sachverhalts verhindert oder wenn er es unterlässt, bei der Aufklärung eines in seinen Verantwortungsbereich fallenden tatsächlichen Umstands mit-zuwirken, obgleich dies für ihn möglich und zumutbar ist (BVerwG NVwZ 1985, 488; BVerwGE 57, 13).

e) Rüge fehlerhafter Überzeugungsbildung. Die Einhaltung der nach I 1 **23** entstehenden verfahrensmäßigen Verpflichtungen ist nicht schon dann in Frage gestellt, wenn ein Beteiligter eine aus seiner Sicht **fehlerhafte Ver-wertung des vorliegenden Tatsachenmaterials** rügt, aus dem er andere Schlüsse ziehen will als das angefochtene Urteil. Denn damit wird ein (ver-meintlicher) Fehler in der Sachverhalts- und Beweiswürdigung angesprochen. Solche Fehler sind regelmäßig nicht dem Verfahrensrecht, sondern dem sach-lichen (materiellen) Recht zuzuordnen. Eine Ausnahme hiervon kommt al-lerdings in Betracht, wenn das Gericht Umstände übergeht, deren Entschei-dungserheblichkeit sich ihm hätte aufdrängen müssen und deshalb seine Überzeugungsbildung nicht auf das Gesamtergebnis des Verfahrens stützt (BVerwG NVwZ 2015, 669) oder bei einer aktenwidrigen oder sonst von objektiver Willkür geprägten Sachverhaltswürdigung (BVerwG Beschl. v. 29.10.2009 – 9 B 41.09); eine „aktenwidrige Entscheidung" liegt vor, wenn der Streitstoff, den das Gericht seiner Entscheidung zu Grunde legt, von dem tatsächlichen Streitstoff, wie er sich aus den Akten ergibt, zu entscheidungserheblichen Fragen abweicht, sei es dass er darüber hinausgeht, indem aktenwidrig – „ins Blaue hinein" – Tatsachen angenommen werden, sei es dass er dahinter zurückbleibt, indem Akteninhalt übergangen wird (BVerwG Beschl. v. 30.8.2018 – 7 B 5.18).

24   Die Beweiswürdigung des Tatsachengerichts verstößt gegen den Überzeugungsgrundsatz, wenn das Gericht einen allgemeinen Erfahrungssatz, ein Gebot der Logik (Denkgesetz) oder der rationalen Beurteilung nicht beachtet. Die Beweiswürdigung darf sich nicht so weit von der festgestellten Tatsachengrundlage entfernen, dass sich die gezogenen Schlussfolgerungen als reine Vermutung erweisen (BVerwG NVwZ-RR 2015, 34).

II. Angabe der Gründe im Urteil

25   In dem Urteil sind vorbehaltlich § 138 II TKG die Gründe anzugeben, die für die richterliche Überzeugung leitend gewesen sind (I 2). Neben der **Selbstvergewisserung** des Tatsachengerichts dient die Begründungspflicht der **Überprüfbarkeit** der tatrichterlichen Würdigung durch das Rechtsmittelgericht und durch die Beteiligten und steht im Zusammenhang mit deren Anspruch auf Gewährung rechtlichen Gehörs (Art. 103 I GG, § 108 II).

1. Grundlagen

26   In den Urteilsgründen müssen die tatsächlichen Umstände und rechtlichen Erwägungen wiedergegeben werden, die das Gericht bestimmt haben, die Voraussetzungen für seine Entscheidung als erfüllt anzusehen. Das Urteil muss erkennen lassen, dass das Gericht den ermittelten Tatsachenstoff wertend gesichtet und in welchen konkreten Bezug es ihn zu den angewandten Rechtsnormen gesetzt hat. Dies setzt voraus, dass das Gericht zum einen seinen rechtlichen Prüfungsmaßstab offen legt und zum anderen in tatsächlicher Hinsicht angibt, von welchem Sachverhalt es ausgeht und – sofern es den Tatsachenbehauptungen eines Beteiligten widerspricht – warum es dessen Vortrag nicht folgt und aufgrund welcher Erkenntnisse es eine ihm ungünstige Tatsachenlage als erwiesen ansieht. Aus den Entscheidungsgründen muss sowohl für die Beteiligten als auch für das Rechtsmittelgericht nachvollziehbar sein, aus welchen Gründen des materiellen Rechts oder des Prozessrechts nach Meinung des Gerichts dem Vortrag eines Beteiligten, jedenfalls soweit es sich um einen zentralen Punkt seiner Rechtsverfolgung handelt, nicht zu folgen ist (BVerwG ZOV 2018, 223; NVwZ 2014, 1325). Werden zB die **Gründe für die Ablehnung eines Beweisantrags** nicht im Protokoll festgehalten, müssen sie im Urteil dargestellt werden (BVerwG Beschl. v. 29.7.2019 – 2 B 19.18).

27   Das Gericht ist verpflichtet, das Vorbringen der Beteiligten zur Kenntnis zu nehmen und bei der Entscheidung in Erwägung zu ziehen. Wie umfangreich

und detailliert dies zu geschehen hat, lässt sich nicht abstrakt umschreiben. Im Allgemeinen genügt es, wenn der Begründung entnommen werden kann, dass das Gericht eine vernünftige und der jeweiligen Sache angemessene Gesamtwürdigung vorgenommen hat. Die Gründe müssen aber die für die Entscheidung wesentlichen Fragen behandeln oder jedenfalls in angemessener Weise zum Ausdruck bringen, weshalb von einer Auseinandersetzung abgesehen wurde (BVerwG Buchh 442.066 § 135 TKG Nr. 1; Buchh 310 § 130a VwGO Nr. 43).

Das Tatsachengericht muss das **Ergebnis seiner Abwägung** in den Ent- **28** scheidungsgründen in einer nachvollziehbaren Weise darlegen. Gewichtige Tatsachen oder Tatsachenkomplexe dürfen in den Entscheidungsgründen nicht übergangen werden. Auch die gebotene Beschränkung auf das Wesentliche kann insoweit keinen ausreichenden Grund für fehlende Erörterungen abgeben. Das Gericht kann zur Begründung auf andere, insbes. eigene Entscheidungen Bezug nehmen und durch diese Bezugnahme sonst erforderliche eigene Darlegungen im Urteil ersetzen. Eine solche Bezugnahme ist zulässig, wenn sich für die Beteiligten und für das Rechtsmittelgericht aus einer Zusammenschau der Ausführungen in dem angefochtenen Urteil einerseits, den dort in Bezug genommenen Ausführungen in anderen Entscheidungen andererseits mit hinreichender Klarheit die Gründe ergeben, die für die richterliche Überzeugung leitend gewesen sind (BVerwG Beschl. v. 23.6.2009 – 7 B 49.08). Nicht zulässig ist dagegen die Bezugnahme auf andere Entscheidungen mit umfangreichen tatsächlichen Feststellungen, ohne dass sich die Beteiligten dazu äußern konnten (BVerwG NVwZ 2014, 1039).

2. Begründungsmängel

Nicht mit Gründen versehen im Sinne I 2 ist eine Entscheidung (nur) dann, **29** wenn die Entscheidungsgründe ihre Funktion, die Beteiligten über die dem Urteil zugrundeliegenden tatsächlichen und rechtlichen Erwägungen zu unterrichten und dem Rechtsmittelgericht die Nachprüfung der Entscheidung auf ihre inhaltliche Richtigkeit in prozessrechtlicher und materiell-rechtlicher Hinsicht zu ermöglichen, nicht mehr erfüllen. Auch eine Bezugnahme kann diesem Zweck genügen (s. § 117 Rn. 14). Ein **Begründungsmangel** (vgl. auch § 138 Nr. 6) liegt dann vor, wenn die Entscheidungsgründe völlig fehlen, rational nicht nachvollziehbar, sachlich inhaltslos oder sonstwie unbrauchbar sind (BVerwG Beschl. v. 24.8.2018 – 4 B 33.18).

Dies aber nicht schon dann der Fall, wenn die Begründung in sachlicher **30** Hinsicht falsch, unzulänglich oder oberflächlich ist (BVerwG NVwZ-RR 1989, 334). Das Gericht braucht sich in den Entscheidungsgründen nicht mit jedem vorgetragenen Gesichtspunkt ausdrücklich zu befassen, denn grds. ist davon auszugehen, dass es das von ihm entgegengenommene Vorbringen auch in seine Erwägungen einbezogen hat. Geht das Gericht aber auf den wesentlichen Kern des Vorbringens eines Beteiligten zu einer Frage, die für das Verfahren von zentraler Bedeutung ist, in den Entscheidungsgründen nicht ein, so verletzt dies regelmäßig die Begründungspflicht (BVerwG NVwZ-RR 2015, 416; Buchh 442.066 § 135 TKG Nr. 1).

III. Rechtliches Gehör

31 Das Urteil darf gem. II nur auf Tatsachen und Beweisergebnisse gestützt werden, zu denen die Beteiligten sich äußern konnten. Die Norm konkretisiert Art. 103 I GG, begründet aber keinen Anspruch darauf, dass das rechtliche Gehör gerade in der mündlichen Verhandlung gewährt werden muss (BVerwG Beschl. v. 28.3.2019 – 1 B 7.19). Die Beteiligten haben den Anspruch, nicht durch Unkenntnis über die nach Auffassung des Gerichts für die Entscheidung erheblichen rechtlichen und tatsächlichen Gesichtspunkte an einer sachdienlichen Äußerung gehindert zu sein. Ihnen wird die Gelegenheit, sich zu dem entscheidungserheblichen Sachverhalt zu äußern, prozessordnungswidrig vorenthalten, wenn das Gericht einen bis dahin nicht erörterten rechtlichen oder tatsächlichen Gesichtspunkt zur Grundlage seiner Entscheidung macht und so dem Rechtsstreit eine Wendung gibt, mit der ein Beteiligter nach dem bisherigen Verlauf des Verfahrens nicht zu rechnen brauchte (st. Rspr., vgl. BVerfG Beschl. v. 14.10.2010 – 2 BvR 409/09; BVerwG Beschl. v. 29.10.2018 – 1 B 35.18; NVwZ-RR 2015, 416). Dieser Anspruch verpflichtet das Gericht zugleich, die Ausführungen der Beteiligten zur Kenntnis zu nehmen und bei der Entscheidungsfindung in Erwägung zu ziehen (BVerfGE 96, 205; 72, 119; BVerwG Buchh 310 § 86 Abs. 3 VwGO Nr. 61, mwN) und keine überzogenen Anforderungen an die Substantiierung des Beteiligtenvorbringens zu stellen (BVerwG LKV 2015, 30). Zentrale Bedeutung erlangt II im Rahmen des Revisionsrecht (→ § 138 Rn. 22 ff.).

§ 109 [Zwischenurteil]

Über die Zulässigkeit der Klage kann durch Zwischenurteil vorab entschieden werden.

1 Hält das Gericht die Klage für zulässig, wird dies aber vom Beklagten oder Beigeladenen bestritten oder ist dies aus anderen Gründen zweifelhaft, bietet es sich aus prozessökonomischen Gründen im Einzelfall an, im Wege des selbstständig mit Rechtsmitteln anfechtbaren Zwischenurteils allein über die Zulässigkeit der Klage zu entscheiden. Der **Zweck** des Zwischenurteils besteht darin, den Prozessstoff dadurch zu straffen, dass die entscheidungsreife Zulässigkeitsfrage geklärt wird, bevor sich das Gericht und die Beteiligten mit dem – möglicherweise schwierigen und umfangreichen – Prozessstoff abschließend in der Sache selbst befassen (BVerwG SächsVBl. 2015, 164; NVwZ 2014, 1675; OVG NRW DVBl. 2017, 520). Hält das Gericht die Klage **für unzulässig,** scheidet der Erlass eines Zwischenurteils aus; die Klage ist abzuweisen (RhPf OVG NVwZ-RR 2016, 798). § 109 ist **entsprechend** auf die **selbstständigen Beschlussverfahren** (§§ 47 VII, 80 V, VII, 80a III, 123) und im **Normenkontrollverfahren** (§ 47) anwendbar (LSA OVG NuR 2017, 480).

I. Entscheidung über die Zulässigkeit der Klage

Ein Zwischenurteil ist bezogen auf **einzelne** oder **sämtliche Sachurteils-** **2** **voraussetzungen** zulässig, wie der Wahrung der **Klage-** oder **Rechtsmittelfrist** (BFHE 120, 7), der **Beteiligungsfähigkeit** (BVerwGE 14, 273) oder der Zulässigkeit einer **Wiederaufnahme** (BGHZ 84, 24). Im Wege des Zwischenurteils kann auch über die **Unwirksamkeit einer Klagerücknahme** (nach Kopp/Schenke Rn. 2 in analoger Anwendung) oder über die **Zulässigkeit von Berufung und Revision** entschieden werden (BVerwGE 65, 27; SSB Rn. 5a); für den Fall der Unzulässigkeit gelten §§ 125 II, 144 I. Auch bezogen auf die **Klagebefugnis** (BVerwG NVwZ 2014, 1675; Nds OVG KStZ 2018, 157) ist ein Zwischenurteil zulässig. **Nicht von § 109 gedeckt** ist es aber, im Hinblick auf § 42 II **einzelne Klagegründe** im Sinne materiell-rechtlicher Anspruchsgrundlagen für das Klagebegehren auszuscheiden und damit Fragen der Begründetheit der Klage bindend vorzuentscheiden (BVerwG NVwZ 1988, 913) oder hier gar Beweis zu erheben (BVerwG NVwZ 2014, 1675).

§ 109 ist grds. **nicht anwendbar, wenn die Eröffnung des Verwaltungs-** **3** **rechtswegs** oder die **sachliche, örtliche und instanzielle Zuständigkeit** des angerufenen Gerichts geklärt werden sollen; § 17a GVG bzw. § 83 (bezogen auf die instanzielle Zuständigkeit in entsprechender Anwendung) schließen die Anwendung des § 109 aus. Ausgenommen ist der Fall einer von den Beteiligten problematisierten verfassungsrechtlichen Streitigkeit, die den Verwaltungsrechtsweg iSd § 40 I 1 ausschlösse. Da eine Verweisung an das BVerfG über § 17a GVG nicht in Betracht kommt, steht eine echte Zulässigkeitsfrage in Rede, über die ein Zwischenurteil ergehen kann.

Keinem Zwischenurteil zugänglich sind die Entscheidungen über das **zu-** **4** **ständige Gericht** (isd § 53), ein **Ablehnungsgesuch** (§ 54) oder eine **Beiladung** (§ 65). Für die Zulässigkeit einer **Wiedereinsetzung** (§ 60) oder einer **Klageänderung** (§ 91) steht das Verfahren nach § 173 S. 1 iVm § 303 ZPO zur Verfügung. Wird über eine **Zeugnis- oder Gutachtenverweigerung** gestritten, findet § 173 S. 1 iVm § 387 I ZPO Anwendung. Über die Zulässigkeit der **Verweigerung der Urkunden- oder Aktenvorlage** wird im Verfahren nach § 99 II entschieden (→ § 99 Rn. 19 ff.).

II. Entscheidung des Gerichts

Liegen die o. g. Voraussetzungen vor, steht die Entscheidung über den Erlass **5** eines Zwischenurteils im **Ermessen des Gerichts** (BVerwGE 65, 27). Eines Antrags der Beteiligten bedarf es nicht; § 17a III 2 GVG ist nicht entsprechend anwendbar (SSB Rn. 6). Eine gesonderte **mündliche Verhandlung** über die Zulässigkeit der Klage ist zulässig (vgl. § 280 I ZPO), aber nicht notwendig. Findet eine solche statt, muss schon wegen § 116 I, II durch Zwischenurteil entschieden werden, wenn das Gericht die Zulässigkeit bejaht. Eine Entscheidung durch **Gerichtsbescheid** (§ 84) als „Zwischengerichtsbescheid" ist zulässig (BFHE 104, 493). Die Zwischenentscheidung enthält **keine Kostenentscheidung;** diese ist der Endentscheidung vorbehalten.

III. Verhandlung zur Begründetheit

6 Vor dem Eintritt der Rechtskraft des Zwischenurteils zur Begründetheit weiterzuverhandeln, widerspricht dem Zweck des § 109, macht eine gleichwohl ergangene instanzabschließende Endentscheidung aber nicht verfahrensfehlerhaft. Wird im Rechtsmittelverfahren das die Zulässigkeit bejahende Zwischenurteil aufgehoben, wird auch das Urteil in der Hauptsache wirkungslos, da es insoweit konkludent auflösend bedingt ist (vgl. Kopp/Schenke Rn. 8 mwN).

7 Wird das die Zulässigkeit bejahende Zwischenurteil vom Rechtsmittelgericht aufgehoben, ist auch die Klage abzuweisen (§ 130 I, vgl. HH OVG NordÖR 2017, 260). Wird ein die Zulässigkeit verneinendes Zwischenurteil aufgehoben, ist die Sache wieder beim VG anhängig (RhPf OVG NVwZ-RR 2016, 798). Wird das **Zwischenurteil** nicht angefochten oder ein Rechtsmittel hiergegen zurückgewiesen, entfaltet es **formelle Rechtskraft** und **bindet** die Beteiligten und das erkennende Gericht einschließlich des Rechtsmittelgerichts (§ 173 S. 1 iVm §§ 318, 512, 548 ZPO; vgl. BayVGH AfP 2018, 156), soweit sich die Sach- und Rechtslage in Bezug auf die bejahte Sachurteilsvoraussetzung nicht nachträglich ändert. Am **unzulässigen Inhalt eines Zwischenurteils** besteht keine Bindungswirkung (BVerwGE 60, 123).

§ 110 [Teilurteil]

Ist nur ein Teil des Streitgegenstands zur Entscheidung reif, so kann das Gericht ein Teilurteil erlassen.

1 Ist ein Teil eines teilbaren Streitgegenstands entscheidungsreif (BVerwG Urt. v. 30.10.2018 – 2 C 28.18), kann das Gericht – **vAw** – vorweg nur über diesen entscheiden. § 110 dient der **Prozessökonomie,** wird in der Praxis aber nicht oft angewandt. Ist die rechtliche Beurteilung eines Teils des Klagebegehrens in dem Sinne vorgreiflich, dass der verbleibende Prozessstoff dadurch nach Inhalt und Ergebnis maßgeblich bestimmt wird, so drängt sich eine Entscheidung nach § 110 auf. Das Teilurteil führt in den für die verbleibenden Prozessstoff vorgreiflichen Fragen zu einer rechtskräftigen Klärung (§ 121) und vermeidet dadurch eine uU aufwändige und überflüssige Auseinandersetzung mit weiteren Fragen, die sich bei einer abweichenden Beurteilung des Ausgangspunktes gar nicht oder jedenfalls anders stellen würden. Darüber hinaus kann es den Beteiligten Veranlassung geben, den verbleibenden Teil des Streits einer anderweitigen Erledigung zuzuführen (OVG NRW IÖD 2000, 50).

Die Norm ist in allen Verfahrensarten anwendbar, namentlich im **Ge-** 2
richtsbescheidsverfahren nach § 84 (HessVGH ESVGH 48, 237) und den
Verfahren nach §§ 93a II 1 und **130a** (BVerwG Teilbeschl. v. 1.11.2007 – 4
A 1009.07; BayVGH Beschl. v. 27.9.2005 – 11 B 01.918), sowie entsprechend
in den **selbstständigen Beschlussverfahren** (§§ 47 VI, 80 V, VII, 80a III,
123).

I. Teilbarkeit des Streitgegenstands

Ein Teilurteil kann nach § 110 nur ergehen, wenn der vorab zu entscheidende 3
und der verbleibende Teil des **Streitgegenstandes** (→ § 121 Rn. 5) voneinander wechselseitig **rechtlich und tatsächlich unabhängig** sind. Das ist
der Fall, wenn der Teil, über den vorab durch Teilurteil entschieden worden
ist, hätte abgetrennt werden und der übrige Teil Gegenstand eines selbstständigen Verfahrens hätte sein können (BVerwGE 161, 153; 145, 122). Dazu
darf die Entscheidung über den verbleibenden Teil keine Fragen aufwerfen,
über die schon durch das Teilurteil entschieden worden ist (BVerwGE 161,
153).

Der Streitgegenstand ist zB **teilbar,** wenn mit einer Klage mehrere tatsäch- 4
lich und rechtlich voneinander unabhängige Ansprüche geltend gemacht
werden oder, sofern ein einziger Anspruch im Streit ist, dieser Anspruch sich
aus mehreren Positionen zusammensetzt, die voneinander unabhängig sind
(BVerwG Buchh 436.7 § 27a BVG Nr. 12). So ist eine Teilbarkeit bei **echter
Eventualklagenhäufung** (BayVGH Beschl. v. 26.10.2009 – 8 ZB 09.161),
Haupt- und unechtem Hilfsantrag (BVerwG NVwZ 1988, 532), **einfacher Streitgenossenschaft** (§ 64), **Klage und Widerklage** (SSB Rn. 5;
Kopp/Schenke Rn. 2; aA SSB § 89 Rn. 15) sowie **Anfechtungs-** und **Leistungsklage auf Folgenbeseitigung** (SSB Rn. 5; aA Kopp/Schenke Rn. 4)
gegeben. Im **Planfeststellungsrecht** setzt eine Teilung des Streitgegenstandes
voraus, dass die Planung insoweit teilbar ist, dass über die Teilplanung entschieden werden kann, ohne dass dabei die Rechtmäßigkeit der übrigen
Planung, über die durch Teilurteil vorwegentschieden wird, erneut aufgerufen
werden müsste (BVerwGE 98, 339).

Ein Teilurteil ist **unzulässig,** wenn beide Teile derart miteinander ver- 5
knüpft sind, dass bei getrennter Beurteilung zu derselben Rechtsfrage der
Rechtskraft fähige divergierende Entscheidungen nicht ausgeschlossen werden
können (vgl. OVG Brem Urt. v. 2.12.2008 – 1 A 234/03). Ein Teilurteil kann
auch nicht ergehen, wenn die Klageanträge der Sache nach auf dasselbe Ziel
gerichtet sind und sich deshalb nicht selbstständig aufteilen lassen (BVerwG
Buchh 310 § 110 VwGO Nr. 4).

II. Entscheidung des Gerichts

Weitergehend als § 301 ZPO stellt § 110 den Erlass eines Teilurteils bei 6
teilbarem entscheidungsreifem Streitgegenstand ganz in das **Ermessen** des
Gerichts (BVerwG Buchh 310 § 110 VwGO Nr. 4). Für ein Teilurteil ist

grds. kein Raum, wenn der Rechtsstreit insgesamt entscheidungsreif ist (OVG NRW IÖD 2000, 50).

7 Die **Kostenentscheidung** bleibt – ausgenommen bei subjektiver Klagehäufung – dem Schlussurteil vorbehalten. Wird das gegen ein Teilurteil gerichtete Rechtsmittel zurückgewiesen, so sind die Kosten des Rechtsmittelverfahrens nicht dem Endurteil vorzubehalten, sondern nach § 154 II dem Rechtsmittelführer aufzuerlegen (BVerwGE 36, 16).

8 Da der Erlass eines Teilurteils eine dahin gehende Ermessensentscheidung des Gerichts voraussetzt, ist vom **Vorliegen eines Teilurteils** iSd § 110 nur dann auszugehen, wenn in dem Urteil selbst oder zumindest in den insoweit eindeutigen Begleitumständen zum Ausdruck kommt, dass das Gericht nur über einen Teil des Streitgegenstandes entscheiden und den Rest einer späteren Entscheidung vorbehalten will. Eine vom Gericht als Vollendurteil gewollte Entscheidung ist auch dann eine solche, wenn sie den Streitgegenstand nicht voll erschöpft. Das Urteil ist dann allerdings unvollständig und verstößt gegen § 88 (BVerwG Beschl. v. 22.3.2018 – 7 C 1.17; BVerwGE 95, 269).

9 Das **rechtskräftige Teilurteil** beendet den Rechtsstreit hinsichtlich des entschiedenen Teils (§ 121). Es **bindet** die Beteiligten und alle Gerichte, einschließlich der Rechtsmittelgerichte (§ 173 S. 1 iVm §§ 318, 512, 548 ZPO).

10 Ergeben sich während des **Berufungsverfahrens** über das Schlussurteil Umstände, die eine Abänderung des rechtskräftigen Teilurteils rechtfertigen würden, ist dies im Rahmen des Berufungsverfahrens mit der **Abänderungswiderklage** (§ 323 ZPO, § 89) oder in einem neuen Verfahren als **selbstständige Abänderungsklage** zu verfolgen (BGH NJW 1993, 1795).

III. Heraufholung im Rechtsmittelverfahren

11 Hat ein VG zu Unrecht über einen einheitlichen Streitgegenstand nur zum Teil entschieden, kann eine einheitliche Entscheidung nicht nur dadurch veranlasst werden, dass das im Berufungsverfahren hiermit befasste OVG das ergangene Teilurteil aufhebt und das Verfahren entsprechend § 130 II an das VG zurückverweist. Sie kann auch dadurch herbeigeführt werden, dass das OVG den vom VG noch nicht entschiedenen Teil an sich zieht (sog. **Heraufholung von Prozessresten**). Grds. ist eine solche Vorgehensweise zwar weder auf Antrag noch vAw zulässig, weil die Grenzen der Entscheidungsbefugnis des Berufungsgerichts gem. § 128 durch das Urteil des erstinstanzlichen Gerichts festgelegt sind (vgl. SSB Rn. 12; BVerwGE 71, 73). Gründe der Prozessökonomie sprechen jedoch dafür, bei einem zu Unrecht ergangenen Teilurteil dem OVG ausnahmsweise die Möglichkeit einzuräumen, den noch beim VG anhängigen Streitrest an sich zu ziehen (VGH BW NVwZ 1989, 882; OVG Brem Urt. v. 2.12.2008 – 1 A 234/03; SSB Rn. 12; aA Kopp/Schenke Rn. 7). Eine Heraufholung des restlichen Prozessstoffes ist hingegen nicht zulässig, wenn das Teilurteil ausdrücklich und zu Recht als ein solches ergangen ist. Um eine Heraufholung handelt es sich nicht, wenn das VG bei einem Vollendurteil den Streitgegenstand nicht vollständig erschöpft hat; hier wird das wirkliche Klagebegehren insgesamt Gegenstand des Rechtsmittelverfahrens (BVerwG Beschl. v. 22.3.2018 – 7 C 1.17).

§ 111 [Grundurteil]

¹Ist bei einer Leistungsklage ein Anspruch nach Grund und Betrag streitig, so kann das Gericht durch Zwischenurteil über den Grund vorab entscheiden. ²Das Gericht kann, wenn der Anspruch für begründet erklärt ist, anordnen, daß über den Betrag zu verhandeln ist.

Ist bei einer Leistungsklage ein Anspruch nach Grund und Betrag streitig, **1** kann aus prozessökonomischen Gründen im Wege des selbstständig mit Rechtsmitteln anfechtbaren Grundurteils (BVerwG NVwZ 1996, 175) zunächst allein über den Grund entschieden werden, sofern die Ermittlung des (ebenfalls streitigen) Betrags Schwierigkeiten aufwirft. Der **Zweck des Grundurteils** besteht darin, die entscheidungsreife Frage zu klären, ob dem Grunde nach überhaupt ein Anspruch besteht, bevor sich das Gericht und die Beteiligten mit dem – möglicherweise schwierigen und umfangreichen – Prozessstoff betreffend die Betragshöhe befassen.

I. Anwendbarkeit

§ 111 findet nur auf Leistungsklagen im engeren Sinn Anwendung. Bei der **2** Verpflichtungsklage ist ein Grundurteil nicht statthaft, weil diese auf die Verpflichtung zum Erlass eines abgelehnten oder unterlassenen VA (§ 42 I, 2. Var.) gerichtet ist; dies gilt auch dann, wenn der begehrte VA eine Geldleistung zum Gegenstand hat (BVerwG NVwZ 1996, 175; SächsOVG Beschl. v. 27.3.2009 – 3 B 625/07; aA SSB Rn. 3 mwN) Dementsprechend ist ein Teilurteil nach § 110 über eine Zwischenfeststellungsklage (§ 173 S. 1 iVm § 256 II ZPO; str., wie hier Kopp/Schenke Rn. 3) und der Rückgriff über § 173 S. 1 auf § 304 ZPO ausgeschlossen (BVerwG NVwZ 1996, 175).

§ 111 findet unter den genannten Voraussetzungen auch im **Gerichts- 3 bescheidsverfahren** (§ 84) Anwendung. Soweit ein Leistungsbegehren, das nicht auf den Erlass eines VA gerichtet ist, im Wege der **einstweiligen Anordnung** (§ 123) verfolgt wird, ist die Anwendung des § 111 zulässig; sie dürfte angesichts der Eilbedürftigkeit jedoch regelmäßig nicht zweckmäßig sein.

II. Streitigkeit um Grund und Höhe

Grund **und** Höhe müssen streitig sein; nur eines von beiden reicht nach dem **4** Wortlaut des § 111 nicht aus. Zum **Grund** gehört das **Vorliegen aller anspruchsbegründenden Tatsachen.** Über einzelne Elemente des Grundes darf kein Grundurteil ergehen (SSB Rn. 6). Zur **Höhe** gehören alle für deren Bestimmung erforderlichen Tatsachen. Führen Einwendungen gegen die Höhe, wie eine Aufrechnung, zum vollständigen Verlust des Anspruchs, ist wiederum der Grund betroffen.

III. Entscheidung des Gerichts

5 Besteht Entscheidungsreife über den Grund, steht der Erlass eines Grundurteils im **Ermessen des Gerichts**. Eines Antrags der Beteiligten bedarf es nicht. Ein Zwischenurteil über den Grund muss lauten, der mit der Klage geltend gemachte Anspruch sei (ggf. ganz oder teilweise) dem Grunde nach gerechtfertigt (BVerwG NVwZ 1996, 175); ist der Grund nicht gegeben, ist die Klage (insgesamt) abzuweisen.

6   Die **Kostenentscheidung** bleibt der Schlussentscheidung vorbehalten. Wird das gegen ein Grundurteil gerichtete Rechtsmittel zurückgewiesen, sind die Kosten des Rechtsmittelverfahrens nach § 154 II dem Rechtsmittelführer aufzuerlegen (vgl. BVerwGE 36, 16 zum Teilurteil).

IV. Bindungswirkung des Grundurteils

7 Wird das **Grundurteil** nicht angefochten oder ein Rechtsmittel hiergegen zurückgewiesen, entfaltet es **formelle Rechtskraft** und **bindet** mit Blick auf die getroffenen Aussagen zum Grund die Beteiligten, das erkennende Gericht und das Rechtsmittelgericht (§ 173 S. 1 iVm §§ 318, 512, 548 ZPO). Wurden im Grundurteil weitere Klagegründe im Sinne materiell-rechtlicher Anspruchsgrundlagen endgültig ausgeschieden, unterliegt dies der Bindungswirkung (BVerwGE 60, 123). Die Bindungswirkung eines Grundurteils erfährt in entsprechender Anwendung des § 767 II ZPO insoweit eine Einschränkung, als die den Grund des Anspruchs betreffenden Einwendungen auf Umständen beruhen, die erst nach dem Schluss der mündlichen Verhandlung entstanden sind, aufgrund derer das Grundurteil erging (OVG Saarl Urt. v. 12.12.1994 – 1 R 20/92).

V. Verhandlung über den Betrag

8 Das Gericht kann, wenn der Anspruch für begründet erklärt ist, anordnen, dass über den Betrag zu verhandeln ist (S. 2), ohne dass es eines Antrags der Beteiligten bedürfte. Den Eintritt der Rechtskraft des Grundurteils muss das Gericht nicht abwarten; es empfiehlt sich jedoch aus den unter Rn. 1 dargelegten Gründen. Das Urteil über die Höhe des Anspruchs steht unter der auflösenden Bedingung einer etwaigen Aufhebung des Grundurteils (SSB Rn. 11).

§ 112 [Besetzung des Gerichts]

Das Urteil kann nur von den Richtern und ehrenamtlichen Richtern gefällt werden, die an der dem Urteil zugrunde liegenden Verhandlung teilgenommen haben.

§ 112 flankiert die Grundsätze der **Mündlichkeit** des Verfahrens (§ 101 I) **1** und der **Unmittelbarkeit der Beweisaufnahme** (§ 96 I). Die Norm garantiert die **Gewährung rechtlichen Gehörs** und ergänzt § 108, indem sie in ihrem Anwendungsbereich die Identität der (zuletzt) verhandelnden und entscheidenden Richter fordert (VGH BW NVwZ-RR 2008, 429 mwN). Wird sie verletzt, liegt ein **Verfahrensmangel** vor (§§ 124 II Nr. 5, 132 II Nr. 3, 138 Nr. 1).

§ 112 gilt für die Entscheidung durch den Spruchkörper ebenso wie durch **2** den Einzelrichter. „**Fällung des Urteils**" bedeutet die Beschlussfassung über die Urteilsformel (BVerwGE 91, 242).

I. Zugrunde liegende mündliche Verhandlung

Die Anwendung des § 112 setzt voraus, dass dem Urteil eine **mündliche 3 Verhandlung** (§ 101 I) zugrunde liegt. Aufgrund einer mündlichen Verhandlung ergehende Beschlüsse (vgl. § 101 III) stehen dem gleich (Kopp/ Schenke Rn. 1; SSB Rn. 7). Ergeht das Urteil nicht durch Verkündung, sondern durch **Zustellung** (§ 116 II), steht dem Schluss der mündlichen Verhandlung im Hinblick auf einem Beteiligten durch Einräumung einer Äußerungsfrist vorbehaltenes Vorbringen (§ 173 S. 1 iVm § 283 ZPO) der Ablauf der Äußerungsfrist gleich (BVerwG Buchh 427.6 § 15 BFG Nr. 31).

Haben **mehrere Termine** stattgefunden, so muss das Urteil von den **4** Richtern gefällt werden, die an der **letzten mündlichen Verhandlung** teilgenommen haben (BVerwG Beschl. v. 26.8.2013 – 9 B 13.13; ZOV 2011, 123). Die einmal in mündlicher Verhandlung und Beweisaufnahme mit einer Sache befasst gewesenen Richter müssen nicht bis zur Entscheidung mit dieser Sache befasst bleiben (BVerwG BRS 81 Nr. 128; SSB Rn. 4). § 112 betrifft nicht den Schutzbereich des Art. 101 I 2 GG, weil nicht die zukünftige Besetzung des Gerichts geregelt wird, sondern für den Fall eines Richterwechsels die nunmehr zur Entscheidung berufenen Richter zu einem weiteren Verfahrensschritt verpflichtet werden, um den Beteiligten vor Erlass des Urteils eine Äußerungsmöglichkeit gegenüber dem Gericht in seiner nunmehr zur Entscheidung berufenen Zusammensetzung zu geben (BVerfG Beschl. v. 27.7.1989 – 1 BvR 830/89; BVerwG ZOV 2011, 123). Die neu hinzutretenden Richter müssen sich nach allgemeinen prozessualen Regeln Kenntnis von der Urteilsgrundlage verschaffen, so zB durch Kenntnisnahme des Sachberichts oder Information während der Beratung (BVerwG BRS 81 Nr. 128 → § 96 Rn. 5, → § 103 Rn. 6).

An der **Urteilsverkündung** müssen nicht dieselben Richter teilnehmen, **5** die das Urteil gefällt haben (BVerwGE 91, 242; 50, 79; → § 116 Rn. 7).

II. Keine Geltung im schriftlichen Verfahren

Ergeht das Urteil **ohne mündliche Verhandlung,** weil die Beteiligten **6** hierauf verzichtet haben (§ 101 II), oder wird durch Gerichtsbescheid (§ 84) oder Beschluss (§ 130a) entschieden, ist § 112 jedenfalls im Grundsatz nicht anwendbar (st. Rspr., vgl. BVerwG Buchh 310 § 112 VwGO Nr. 11). Die Entscheidung hat vielmehr in der für den Zeitpunkt der Beschlussfassung vorgesehenen geschäftsplanmäßigen Besetzung zu ergehen (SSB Rn. 9 mwN).

7   Dies gilt auch, wenn erst nach mündlicher Verhandlung aufgrund übereinstimmender Einverständniserklärungen (§ 101 II) im schriftlichen Verfahren entschieden wird (BVerwG Buchh 310 § 112 VwGO Nr. 14). In einem solchen Fall liegt dem Urteil die zuvor durchgeführte mündliche Verhandlung nicht zugrunde. Diese Grundsätze gelten nicht nur für die in voller Besetzung tagende Kammer des VG, sondern auch für den Einzelrichter (BVerwG Buchh 402.25 § 31 AsylG Nr. 1).

8   Ein **Richterwechsel** zwischen der mündlichen Verhandlung und der nachfolgenden Beratung des Urteils im schriftlichen Verfahren ist allerdings dann nicht frei von Bedenken, wenn im Urteil nicht lediglich der Inhalt der Akten verwertet, sondern auch ein aus den Akten nicht ersichtlicher Umstand berücksichtigt wird, der in der mündlichen Verhandlung vorgebracht wurde. In einem solchen Falle liegt insoweit dem ergangenen Urteil die mündliche Verhandlung zugrunde (BVerwG NVwZ 1985, 562). Zur Wahrung des § 112 reicht es dann aber grds. aus, wenn der BE den Sachverhalt einschließlich des Prozessverlaufs der mündlichen Verhandlung vorträgt. Dann können auch bei einem Richterwechsel nach mündlicher Verhandlung im nachfolgenden schriftlichen Verfahren Umstände verwertet werden, die sich nicht aus dem Inhalt der Akten, sondern nur aus der Erinnerung einzelner Richter an die mündliche Verhandlung oder eine Beweisaufnahme ergeben (BVerwG Beschl. v. 15.11.1996 – 7 B 273.96; NVwZ-RR 1990, 166). In einer solchen Lage kann es allerdings im Einzelfall gem. §§ 108 I, 86 I nach pflichtgemäßem Ermessen geboten sein, erneut mündlich zu verhandeln oder eine Beweisaufnahme zu wiederholen (BVerwG NVwZ 1990, 58).

§ 113 [Urteilstenor]

(1) [1]Soweit der Verwaltungsakt rechtswidrig und der Kläger dadurch in seinen Rechten verletzt ist, hebt das Gericht den Verwaltungsakt und den etwaigen Widerspruchsbescheid auf. [2]Ist der Verwaltungsakt schon vollzogen, so kann das Gericht auf Antrag auch aussprechen, daß und wie die Verwaltungsbehörde die Vollziehung rückgängig zu machen hat. [3]Dieser Ausspruch ist nur zulässig, wenn die Behörde dazu in der Lage und diese Frage spruchreif ist. [4]Hat sich der Verwaltungsakt vorher durch Zurücknahme oder anders erledigt, so spricht das Gericht auf Antrag durch Urteil aus, daß der Verwaltungsakt rechtswidrig gewesen ist, wenn der Kläger ein berechtigtes Interesse an dieser Feststellung hat.

(2) [1]Begehrt der Kläger die Änderung eines Verwaltungsakts, der einen Geldbetrag festsetzt oder eine darauf bezogene Feststellung trifft, kann das Gericht den Betrag in anderer Höhe festsetzen oder die Feststellung durch eine andere ersetzen. [2]Erfordert die Ermittlung des festzusetzenden oder festzustellenden Betrags einen nicht unerheblichen Aufwand, kann das Gericht die Änderung des

Verwaltungsakts durch Angabe der zu Unrecht berücksichtigten oder nicht berücksichtigten tatsächlichen oder rechtlichen Verhältnisse so bestimmen, daß die Behörde den Betrag auf Grund der Entscheidung errechnen kann. [3] Die Behörde teilt den Beteiligten das Ergebnis der Neuberechnung unverzüglich formlos mit; nach Rechtskraft der Entscheidung ist der Verwaltungsakt mit dem geänderten Inhalt neu bekanntzugeben.

(3) [1] Hält das Gericht eine weitere Sachaufklärung für erforderlich, kann es, ohne in der Sache selbst zu entscheiden, den Verwaltungsakt und den Widerspruchsbescheid aufheben, soweit nach Art oder Umfang die noch erforderlichen Ermittlungen erheblich sind und die Aufhebung auch unter Berücksichtigung der Belange der Beteiligten sachdienlich ist. [2] Auf Antrag kann das Gericht bis zum Erlaß des neuen Verwaltungsakts eine einstweilige Regelung treffen, insbesondere bestimmen, dass Sicherheiten geleistet werden oder ganz oder zum Teil bestehen bleiben und Leistungen zunächst nicht zurückgewährt werden müssen. [3] Der Beschluß kann jederzeit geändert oder aufgehoben werden. [4] Eine Entscheidung nach Satz 1 kann nur binnen sechs Monaten seit Eingang der Akten der Behörde bei Gericht ergehen.

(4) Kann neben der Aufhebung eines Verwaltungsakts eine Leistung verlangt werden, so ist im gleichen Verfahren auch die Verurteilung zur Leistung zulässig.

(5) [1] Soweit die Ablehnung oder Unterlassung des Verwaltungsakts rechtswidrig und der Kläger dadurch in seinen Rechten verletzt ist, spricht das Gericht die Verpflichtung der Verwaltungsbehörde aus, die beantragte Amtshandlung vorzunehmen, wenn die Sache spruchreif ist. [2] Andernfalls spricht es die Verpflichtung aus, den Kläger unter Beachtung der Rechtsauffassung des Gerichts zu bescheiden.

Übersicht

§ 113 regelt iW den Urteilsinhalt für Anfechtungs-, Verpflichtungs- und **1**
Fortsetzungsfeststellungsklagen (§§ 42 I, 113 I 4). Die Norm findet gem.
§ 115 entsprechende Anwendung, wenn nach § 79 I Nr. 2, II der Widerspruchsbescheid Gegenstand der Anfechtungsklage ist.

A. Anfechtungsklage (I 1)

Soweit der VA rechtswidrig und der Kläger dadurch in seinen Rechten ver- **2**
letzt ist, hebt das Gericht gem. I 1 den VA und ggf. den Widerspruchsbescheid
auf, im Falle des § 115, der isolierten Anfechtung des Widerspruchsbescheids,
nur diesen.

I. Voraussetzungen der Begründetheit

1. (Teil)Rechtswidrigkeit des VA

Die Aufhebung eines VA setzt voraus, dass dieser wegen der Verletzung **3**
formellen und/oder materiellen Rechts rechtswidrig ist. Beruht die Rechtswidrigkeit auf **Ermessensfehlern,** ist § 114 zu beachten. Auf eine entsprechende Rüge des Klägers kommt es wegen des Amtsermittlungsgrundsatzes
(§ 86 I) nicht an. Auch der **nichtige** VA ist – in gesteigertem Maße – rechtswidrig und (sein Rechtsschein) kann aufgehoben werden (BVerwG Beschl. v.
25.8.2016 – 1 WB 9.16) → § 42 Rn. 20.

a) formelle oder materielle Fehlerhaftigkeit. Materielle Fehler schlagen **4**
sich regelmäßig – sofern das materielle Recht selbst nicht etwas anderes
vorsieht – in einer Rechtswidrigkeit des mit ihnen behafteten VA nieder.
Dagegen ist die Rechtswidrigkeit bei **formellen Fehlern** eine mögliche, aber
nicht notwendige Konsequenz. Ein solcher VA kann gleichwohl rechtmäßig
und damit einer Aufhebung entzogen sein (BVerwG Buchh 11 Art. 14 GG
Nr. 106). So liegt Rechtswidrigkeit iSd I 1 zB dann nicht vor, wenn die
Verletzung von Verfahrens- oder Formvorschriften beim Erlass eines VA
unbeachtlich ist (§ 45 VwVfG) oder dessen Aufhebung trotz Verfahrens- oder
Formfehlern nicht beansprucht werden kann (§ 46 VwVfG). Nach aA ist in
einer solchen Konstellation lediglich der Aufhebungsanspruch des Klägers
ausgeschlossen (vgl. Kopp/Schenke Rn. 55 mit umfassender Darstellung des
Streitstands).

Auch in der Rspr. des BVerwG wird das Verhältnis von Aufhebungs- **5**
anspruch zum Prozessrecht diskutiert. Es ist geklärt, dass es für den Fall, dass
die objektive Rechtswidrigkeit eines belasteten VA den Kläger „in seinen
Rechten verletzt" hat und der Kläger deshalb die Aufhebung dieses VA verlangen kann, denkbar ist, dass eine **nachfolgende Rechtsänderung,** die
einen solchen VA nunmehr zulässt, nicht nur dem objektiven Recht („für die
Zukunft") einen anderen Inhalt gibt, sondern darüber hinaus auch die mit der
vorangegangenen Rechtslage zusammenhängenden Aufhebungsansprüche beseitigt. Hat eine Rechtsänderung diesen Willen und begegnet das unter den
gegebenen Umständen keinen aus übergeordnetem Recht, vor allem aus Ver-

fassungsrecht, herleitbaren Bedenken, reagiert darauf das Prozessrecht mit dem – an das Fehlen eines Aufhebungsanspruchs anknüpfenden – Befehl der Klageabweisung (BVerwG Beschl. v. 2.5.2005 – 6 B 6.05). Festzuhalten ist jedenfalls, dass sich das Verwaltungsprozessrecht dem etwaigen nachträglichen Fortfall des Aufhebungsanspruchs gewissermaßen anschließt, wenn das maßgebende materielle Recht eine solche Regelung trifft und nach Lage der Dinge treffen darf. In diesem Sinne richtet sich die Frage, auf welche Sach- und Rechtslage bei der Beurteilung einer Anfechtungsklage abzustellen ist, auch nicht nach Verwaltungsprozessrecht, sondern nach dem jeweils einschlägigen materiellen Recht (BVerwG NVwZ 1991, 360; BVerwGE 156, 1; → Rn. 14 ff.).

6 **b) Spruchreife.** Das Gericht ist, um die Rechtswidrigkeit zu beurteilen, verpflichtet, die Sache spruchreif zu machen (I 1 iVm § 86 I 1; vgl. BVerwG NVwZ 2017, 1207; 2009, 1369). „**Spruchreife**" ist ein prozessualer Begriff, der an die materiell-rechtlichen Gegebenheiten anknüpft, diese aber nicht ändert. Das Gericht hat das aufzuklären, was an tatsächlichen Feststellungen notwendig ist, um die Frage einer Verletzung materieller Rechte beurteilen zu können (BVerwGE 85, 368; 78, 177).

7 **c) Teilrechtswidrigkeit.** Nach I 1 unterliegt ein VA der Aufhebung, **soweit** er rechtswidrig und der Kläger dadurch in seinen Rechten verletzt ist. Voraussetzung für eine Teilaufhebung ist, dass der angefochtene VA **teilbar** ist. Das ist der Fall, wenn die rechtlich unbedenklichen Teile nicht in einem untrennbaren inneren Zusammenhang mit dem rechtswidrigen Teil stehen, sondern als selbstständige Regelung weiter existieren können, ohne ihren ursprünglichen Bedeutungsgehalt zu verändern (BVerwG NVwZ-RR 1993, 225). I 1 lässt die Aufhebung sowohl ex tunc als auch ex nunc zu (BVerwGE 144, 230).

8 So sind die Gerichte gem. §§ 86 I 1, 113 I 1 zB grds. verpflichtet, die Höhe, in der ein rechtswidriger (Abgaben)Bescheid aufrechterhalten bleiben kann, selbst festzustellen. Sie dürfen ihn nur aufheben, soweit er rechtswidrig und der Kläger dadurch in seinen Rechten verletzt ist. Die Verpflichtung zur Spruchreifmachung bezieht sich, wie aus der „soweit"-Einschränkung folgt, auch darauf, den auf eine Geldleistung gerichteten Bescheid – ggf. mit Hilfestellung der beklagten Behörde – nur hinsichtlich eines Teilbetrags in bestimmter Höhe zu bestätigen und die Klage hinsichtlich des überschießenden Betrages abzuweisen (BVerwG NVwZ 2009, 1369). Etwas anderes gilt, wenn nach der Auslegung des jeweiligen Landesrechts die fehlerhafte Satzungsregelung dem Bescheid insgesamt die Rechtsgrundlage entzieht (BVerwG NVwZ 2009, 253).

9 Eine **Teilaufhebung** erst **ab einem bestimmten zukünftigen Zeitpunkt** ist unzulässig, da es im Zeitpunkt der gerichtlichen Entscheidung nicht abzusehen ist, ob die Verwaltung an ihrem Bescheid festhalten wird. Eine dem vorgreifende Entscheidung des Gerichts würde unzulässigerweise in die originäre Kompetenz der Exekutive eingreifen (zum Streitstand vgl. Kopp/Schenke Rn. 19).

10 Zur Problematik um die **isolierte Anfechtung von Nebenbestimmungen** → § 42 Rn. 26 ff.

2. Rechtsverletzung des Klägers

Der Kläger muss durch den rechtswidrigen VA in seinen (subjektiven) Rech- **11**
ten verletzt sein. Den gerichtlichen Prüfungsmaßstab bilden allein diejenigen
Normen, welche **subjektive Rechte** gerade des Klägers begründen, unabhängig davon, ob sie vom Kläger als verletzt gerügt werden (§§ 86 I 2,
108 I 1). Eine tatsächliche spürbare Beeinträchtigung muss durch die Rechtsverletzung nicht eintreten (BVerwG NVwZ 1985, 39).

Dies hat vor allem in Drittanfechtungssituationen Bedeutung; so kann zB **12**
der Nachbar die Rechtswidrigkeit einer Baugenehmigung nur mit Blick auf
die Verletzung drittschützender Normen geltend machen. Drittschützend sind
solche Normen, die zumindest auch den Schutz der Interessen des Klägers
zum Ziel haben (zur **Schutznormtheorie** → § 42 Rn. 113 ff.). Auf die
Verletzung anderer Normen kommt es im Rechtsstreit nicht an.

Ausnahmen vom Erfordernis subjektiver Rechtsverletzung bilden **objek- 13
tivrechtliche Beanstandungsverfahren** iSd § 42 II, Var. 1 (vgl. BVerwGE
151, 138 → § 42 Rn. 101).

3. Maßgeblicher Zeitpunkt für die Verletzung eigener Rechte

Die für die Rechtswidrigkeit und die subjektive Rechtsverletzung einheitlich **14**
zu entscheidende Frage nach dem maßgeblichen **Zeitpunkt** der gerichtlichen
Beurteilung ist in der Lit. zwar äußerst umstritten (mit umfassender Streitdar-
stellung Kopp/Schenke Rn. 29 ff.), für die Praxis allerdings sowohl im
Grundsatz als auch für zahlreiche Einzelfälle höchstrichterlich geklärt.

a) Grundsatz: Maßgeblichkeit des materiellen Rechts. Das BVerwG **15**
geht in stRspr davon aus, dass das Prozessrecht einen Grundsatz, wonach im
Rahmen einer Anfechtungsklage die Rechtmäßigkeit des VA stets nach der
Sach- und Rechtslage im Zeitpunkt der letzten Verwaltungsentscheidung zu
beurteilen ist, nicht kennt, sondern letztlich dem materiellen Recht nicht nur
die tatbestandlichen Voraussetzungen für die Rechtmäßigkeit eines VA, sondern auch die Antwort auf die Frage zu entnehmen ist, zu welchem Zeitpunkt
diese Voraussetzungen erfüllt sein müssen (BVerwGE 162, 275; 156, 1; 130,
20; NVwZ-RR 2018, 961; instruktiv Schenke JuS 2019, 833).

b) Zeitpunkt der ersten oder letzten Behördenentscheidung. Danach **16**
ergibt sich für die **Anfechtungsklage** lediglich **im Allgemeinen,** dass die
**Sach- und Rechtslage im Zeitpunkt der letzten Behördenentschei-
dung** maßgeblich ist (BVerwGE 126, 149). Auf diesen Zeitpunkt ist namentlich dann grds. abzustellen, wenn **rechtsgestaltende VA** angefochten werden
(BVerwGE 124, 110).

Der Zeitpunkt der letzten Behördenentscheidung ist beispielsweise als maß- **17**
geblich angesehen worden bei **Entscheidungen nach Art. 7 II BayLStVG**
(BVerwGE 126, 149), dem **Widerruf einer Berufs- oder Betriebserlaub-
nis** (BVerwGE 124, 110), einem nach § 33 II 1 TKG ausgesprochenen
Handlungsgebot an den marktbeherrschenden Anbieter (BVerwGE
114, 160), **Versetzungen** von Beamten (BVerwG Buchh 232 § 26 BBG

Nr. 40), **personenbeförderungsrechtlichen** Konkurrentenklagen (BVerwGE 148, 321), **Billigkeitsentscheidungen** im Rahmen der Rückforderung von Versorgungsbezügen (BVerwG NVwZ-RR 1999, 387), **Gewerbeuntersagungsverfügungen** (BVerwGE 152, 39), **Fahrerlaubnisentziehungen** (BVerwG Beschl. v. 22.1.2001 – 3 B 144.00) oder der Ersetzung des gemeindlichen Einvernehmens (BVerwGE 156, 1). Demgegenüber ist bei einer auf § 81b 2. Var. StPO gestützten Anordnung erkennungsdienstlicher Maßnahme sogar der Zeitpunkt der **ersten Behördenentscheidung** maßgeblich (BVerwGE 162, 275).

18 Auch wenn es nach dem materiellen Recht auf die Sach- und Rechtslage im Zeitpunkt der letzten Behördenentscheidung ankommt, dürfen etwaige sich nach dem Abschluss des Verwaltungsverfahrens ergebende **tatsächliche neue Erkenntnisse** für die Frage des Vorliegens eines den Erlass des VA rechtfertigenden Sachverhalts – selbstverständlich – herangezogen werden (Schenke NVwZ 1986, 522). Die Tatsachengerichte haben neue Erkenntnisse auszuwerten, wenn ihnen Anhaltspunkte für die Richtigkeit der im Zeitpunkt der letzten Behördenentscheidung getroffenen Einschätzung zu entnehmen sind (BVerwG Beschl. v. 27.6.1997 – 1 B 132.97).

19 **c) Zeitpunkt der letzten mündlichen Verhandlung.** Dagegen ist die Sach- und Rechtslage im **Zeitpunkt der letzten mündlichen Verhandlung** bzw. Entscheidung des Tatsachengerichts maßgeblich zB bei der **Ausweisung sonstiger Drittstaatsangehöriger** (BVerwGE 157, 356; 130, 20), der **Zwangsmittelandrohung** (BVerwG InfAuslR 2006, 382) und im **Vermögensrecht** (BVerwGE 120, 246). Für die gerichtliche Beurteilung der Frage, ob ein **DauerVA** aufzuheben ist, sind nicht nur die Sach- und Rechtslage im Zeitpunkt seines Erlasses, sondern auch Veränderungen der Sachlage bis zum Schluss der mündlichen Verhandlung in der Tatsacheninstanz und Veränderungen der Rechtslage bis zum Ergehen der Entscheidung in der Revisionsinstanz zu berücksichtigen. Der Anfechtungskläger hat es allerdings bei einem DauerVA in der Hand, durch einen entsprechenden Antrag die gerichtliche Beurteilung auf bestimmte Aufhebungszeitpunkte bzw. Zeitabschnitte festzulegen. Ein DauerVA kann – bei fortbestehender Beschwer – für die gesamte Dauer seiner Wirksamkeit und damit auch in Ansehung vergangener Zeiträume angefochten werden. Entfällt die Beschwer, so kann der Kläger in Ansehung der vergangenen Zeiträume zur Fortsetzungsfeststellungsklage übergehen, wenn hierfür ein Feststellungsinteresse besteht, und zugleich die Aufhebung des VA „ex nunc" begehren. (vgl. BVerwG DVBl 2019, 1208; NVwZ 2012, 510; BVerwGE 129, 251).

20 **d) Nachschieben von Gründen/Austausch der Ermächtigungsgrundlage.** Kommt ein VG zu der Erkenntnis, dass ein Verwaltungshandeln zu Unrecht auf die von der Behörde herangezogene Rechtsnorm gestützt ist, ist es befugt und verpflichtet zu prüfen, ob und ggf. in welchem Umfang das Verwaltungshandeln mit Blick auf eine andere Rechtsgrundlage aufrechterhalten werden kann; einer (richterlichen) Umdeutung bedarf es hierfür nicht (BVerwG Beschl. v. 29.7.2019 – 2 B 19.18). Ungeachtet dessen ist nach hM (auch) das **Nachschieben von Gründen** grds. zulässig, sofern der VA hierdurch nicht in seinem Wesen verändert oder die Rechtsverteidigung des Klägers beeinträchtigt wird (BVerwG Buchh 236.1 § 3 SG Nr. 32; BVerwGE 38, 191; OVG NRW NWVBl. 2009, 438). Die VG haben hiernach einen fehlerhaften Bescheid – ganz oder teilweise – aufrechtzuerhalten, wenn sich ergibt, dass dies mit einer fehlerfreien Begründung (BVerwG NVwZ 2014, 530) oder unter Heranziehung der zutreffenden, von der Behörde zunächst nicht erwähnten bzw. erkannten Ermächtigungsgrundlage möglich ist (BVerwG NVwZ 1994, 297). Ggf. hat die Behörde dann aber trotz Obsiegens gem. § 155 IV die Kosten des Verfahrens zu tragen.

Eine **Wesensänderung** hat das BVerwG zB bei Heranziehungsbescheiden **21** im **Straßenbaubeitragsrecht** bejaht, wenn der Bezugsgegenstand ausgetauscht wird, indem der Bescheid auf ein anderes Grundstück oder eine andere Erschließungsanlage bezogen wird. Zu einer das Wesen nicht verändernden bloßen Umrechnung zählen etwa Begründungsänderungen bei Faktoren, die die Verteilung des Erschließungsaufwandes betreffen. Nicht als Wesensänderung anzusehen ist ferner grds., wenn eine Beitragsforderung, die auf der Grundlage einer gesetzeswidrig gebildeten Erschließungseinheit ermittelt worden ist, auf die Beitragshöhe umgerechnet wird, die sich für die das Grundstück des Klägers erschließende einzelne Straße ergibt (BVerwG NVwZ 1994, 297).

4. Folgen der gerichtlichen Aufhebung

Die (Teil)Aufhebung des VA ist **kassatorisch.** Sie darf nicht unter Vorbehalt **22** erfolgen (BVerwGE 70, 365). Die Aufhebung wirkt auf den Zeitpunkt des Erlasses des VA zurück (BVerwG NVwZ 1983, 608). Durch die Aufhebung entsteht (automatisch) der Rechtszustand, wie er vor Erlass des VA bestanden hat. Ein ggf. durch den nunmehr gerichtlich aufgehobenen Bescheid zuvor aufgehobener Bescheid lebt dementsprechend grds. wieder auf, es sei denn, das Gericht nimmt die gewollte Aufhebung des Ursprungsbescheids ausdrücklich aus (BVerwGE 90, 42).

Die gem. § 121 **rechtskräftige** Aufhebung hindert die Behörde am Erlass **23** eines VA gleichen Inhalts (BVerwGE 14, 359); erlässt sie ihn trotzdem, ist dieser zwar nicht nichtig, aber rechtswidrig (→ § 121 Rn. 4).

II. Vollzugsfolgenbeseitigung (I 2, 3)

Ist der VA schon vollzogen, so kann das Gericht auf Antrag auch aussprechen, **24** dass und wie die Verwaltungsbehörde die Vollziehung rückgängig zu machen hat (I 2).

1. Voraussetzungen

Die Norm lässt im Wege einer gesetzlichen **Stufenklage** zu, schon im **25** Anfechtungsprozess und damit vor der Rechtskraft (§ 121) des Ausspruchs nach I 1 die durch die Vollziehung des VA entstandenen Vollzugsfolgen (mit) zu beseitigen. Eines **Vorverfahrens** (§§ 68 ff.) bedarf es nicht; auch dann nicht, wenn der VollzugsFBA auf den Erlass eines VA gerichtet ist (HessVGH

NVwZ 1995, 300). Ein erst **im laufenden Prozess** gestellter **Antrag** nach I 2 ist zulässige **Klageergänzung,** die nicht den Regeln des § 91 (Klageänderung) unterliegt (BVerwGE 22, 314). Der Anspruch kann auch noch im Revisionsverfahren geltend gemacht werden; § 142 steht dem nicht entgegen (BVerwG Beschl. v. 2.10.2008 – 2 B 12.08; BVerwGE 108, 364).

26   Ein **weiterer Beklagter** tritt nicht hinzu, auch wenn die Bestimmung des richtigen Beklagten bei Anfechtungs- und Leistungsklagen im Einzelfall auseinanderfallen sollten (Behörden- vs. Rechtsträgerprinzip). Das Begehren einer neben der Anfechtung verlangten Rückgängigmachung der Vollziehung gem. I 2 kann gegenüber dem Anfechtungsbeklagten mitverfolgt werden (vgl. OVG NRW Urt. v. 18.8.2009 – 9 A 1497/08; NdsOVG Beschl. v. 24.1.2008 – 5 LA 406/03).

2. Entsprechende Anwendung

27   I 2 findet **entsprechende Anwendung** auf die **Verpflichtungsklage** (str., wie hier OVG LSA Urt. v. 29.7.2009 – 4 L 172/06; nach Kopp/Schenke Rn. 86 jedenfalls, soweit mit ihr Rücknahme bzw. Widerruf eines belastenden VA nach §§ 48, 49 VwVfG begehrt werden). Der Ausspruch nach I 2 ist allerdings nur dann zulässig, wenn er spruchreif ist (I 3); dies setzt voraus, dass ein der Behörde ggf. zustehendes Ermessen auf Null reduziert ist.

28   Eine **entsprechende Anwendung** des I 2 auf die **Fortsetzungsfeststellungsklage** (I 4) wird zwar zum Teil erwogen (BVerwGE 54, 314; OVG NRW NWVBl. 1989, 143), liegt aber eher fern (vgl. Kopp/Schenke Rn. 85). Bedarf der VA der vorherigen gerichtlichen Aufhebung, um hieran den VollzugsFBA zu knüpfen, ist der VA noch nicht erledigt, weil von ihm noch belastende Rechtsfolgen ausgehen. Ist er aber erledigt, ist die Geltendmachung des FBA nicht von der vorherigen Feststellung seiner Rechtswidrigkeit abhängig, sodass es der Stufenklage nach I 2 nicht bedarf. Der Kläger kann unmittelbar (ggf. im Wege der Klagehäufung, § 44) auf Leistung klagen.

3. Vollzugsfolgenbeseitigungsanspruch

29   Materiell-rechtlich liegen dem prozessualen Institut des I 2 zum Teil ausdrücklich normierte Erstattungs- bzw. FBA wie zB § 21 I GebG NRW zugrunde (BVerwGE 108, 364). IÜ ergibt sich der Vollzugsfolgenbeseitigungsanspruch aus dem gewohnheitsrechtlich anerkannten Rechtsinstitut des **allgemeinen FBA.** Die Voraussetzungen eines FBA sind durch die Rspr. des BVerwG geklärt, der die weit überwiegende Auffassung in der Lit. folgt. Der FBA richtet sich auf die Wiederherstellung jenes rechtmäßigen Zustandes, der unverändert bestünde, wenn es zu dem rechtswidrigen Eingriff nicht gekommen wäre. Die Behörde ist demzufolge verpflichtet, ihr bzw. das von ihr angeordnete Handeln rückgängig zu machen (BVerwG Buchh 310 § 113 Abs. 1 VwGO Nr. 27).

30   Der FBA setzt ua voraus, dass die Wiederherstellung des früheren Zustands **tatsächlich möglich und rechtlich zulässig** ist (BVerwG Buchh 428 § 9 VermG Nr. 7). Er erfasst aber nicht alle rechtswidrigen Folgen, die durch ein

Tun oder ein Unterlassen der vollziehenden Gewalt eingetreten sind, insbes. nicht diejenigen rechtswidrigen Folgen einer Amtshandlung, die erst dadurch eintreten, dass sich der Betroffene zu einer bestimmten Maßnahme entschließt (BVerwG Buchh 310 § 113 Abs. 1 VwGO Nr. 27). Der FBA entfällt nach allgemeiner Meinung, wenn sich seine Verwirklichung als eine **unzulässige Rechtsausübung** darstellt (BVerwGE 80, 178). Auch im Falle seiner **Nichterfüllbarkeit** wandelt er sich nicht in einen allgemeinen auf Geldleistung gerichteten Folgenersatzanspruch um (OVG NRW NVwZ 1994, 795), der sodann über I 2 geltend gemacht werden könnte (vgl. zum Meinungsstand und zu den Voraussetzungen des Anspruchs im Einzelnen Kopp/Schenke Rn. 81; Faber NVwZ 2003, 159).

4. Gerichtlicher Ausspruch und Durchsetzung

Ist der Antrag nach I 2 gestellt, **hat** das Gericht hierüber im Sinne einer **31** Stattgabe oder Abweisung zu befinden. „Kann" iSd I 2 bezeichnet nur die Kompetenz des Gerichts, stellt die Entscheidung aber nicht in sein Ermessen (SSB Rn. 60, NK VwGO § 113 Rn. 189). Eine **Trennung des Verfahrens** hinsichtlich des Vollzugsfolgenbeseitigungsanspruchs gem. § 93 S. 2 oder der **Erlass eines Teilurteils** gem. § 110 sind zwar zulässig, aber im Regelfall nicht zweckmäßig.

Der Ausspruch nach I 2 ist nur zulässig, wenn die Behörde dazu in der Lage **32** und diese Frage **spruchreif** (→ Rn. 6) ist (I 3). Ist die Sache nicht spruchreif, darf die Entscheidung über die Aufhebung nicht verzögert werden (SSB Rn. 60 mwN). Über den FBA ist sodann in einer neuen Klage zu befinden.

Kommt die Behörde der ihr im Urteil auferlegten Verpflichtung nicht nach, **33** kann das Gericht des ersten Rechtszugs auf Antrag unter Fristsetzung gegen sie ein **Zwangsgeld** bis 10 000 EUR durch Beschluss androhen, nach fruchtlosem Fristablauf festsetzen und vAw vollstrecken (§ 172 S. 1).

III. Gerichtliche Festsetzung eines Geldbetrags (II)

1. Festsetzung eines Betrags in anderer Höhe

Begehrt der Kläger die Änderung eines VA, der einen Geldbetrag festsetzt **34** oder eine darauf bezogene Feststellung trifft, kann das Gericht den Betrag in anderer Höhe festsetzen oder die Feststellung durch eine andere ersetzen (II 1), sofern der Behörde hinsichtlich der zu treffenden Festsetzung der Leistung bzw. Feststellung kein Ermessensspielraum eingeräumt ist. Die Zuweisung dieser Kompetenz an das Gericht ist im Grunde überflüssig, weil bereits mit der Anfechtung eines VA eine Aufhebung nur insoweit in Betracht kommt, als dieser rechtswidrig ist (I 1). Macht das Gericht jedoch von der Kompetenz des II 1 Gebrauch, bedarf es daneben nicht der Teilaufhebung des VA. Eine **Kompetenz zur Verböserung** bietet II 1 nicht, da das Gericht über das Klagebegehren nicht hinausgehen darf (§ 88).

Eine **entsprechende Anwendung auf Verpflichtungsklagen** scheidet **35** angesichts der systematischen Stellung des II im Vergleich zu I aus (Kopp/Schenke Rn. 150; SSB Rn. 44). Auch auf VA, die auf die Leistung anderer vertretbarer Sachen als Geld gerichtet sind, findet die Norm nach dem Willen des Gesetzgebers (vgl. BT-Drs. 11/7030, S. 29) keine entsprechende Anwendung.

36   Eines gesonderten **Antrags** bedarf es für den gerichtlichen Ausspruch nach II 1 nicht. Der Klageantrag, den angefochtenen VA in vollem Umfang aufzuheben, umfasst bei verständiger Würdigung des Rechtsschutzziels das Begehren einer entsprechenden Änderung (OVG NRW NVwZ-RR 1998, 584).

2. Aufwand der Ermittlung des Betrags

37   Erfordert die Ermittlung des festzusetzenden oder festzustellenden Betrags einen nicht unerheblichen Aufwand, kann das Gericht die Änderung des VA durch Angabe der zu Unrecht berücksichtigten oder nicht berücksichtigten tatsächlichen oder rechtlichen Verhältnisse so bestimmen, dass die Behörde den Betrag auf Grund der Entscheidung errechnen kann (sog. **Bestimmungsurteil**, II 2). Das Gericht wird hierdurch von umfangreichen Berechnungen freigestellt, welche die Behörden mit den ihnen zur Verfügung stehenden Möglichkeiten schneller und einfacher bewerkstelligen können (BT-Drs. 11/7030, S. 29; BVerwGE 87, 288).

38   Das gilt jedoch ausschließlich dann, wenn die Ermittlung des festzusetzenden (richtigen) Betrags „**einen nicht unerheblichen Aufwand**" erfordert. Das Gericht muss daher zunächst versuchen, den richtigen Betrag selbst zu errechnen. Es darf die Errechnung des Betrags erst dann der Behörde überlassen, wenn die eigene Ermittlung auf ernsthafte Schwierigkeiten stößt und – wie der angesichts der Nähe von Betragsermittlung (II) und Sachaufklärung (III) gebotene Blick ergibt – eine entsprechende Entscheidung unter Berücksichtigung der Belange der Beteiligten diesen zumutbar ist (vgl. – verneinend – zu Erschließungsbeiträgen BVerwGE 137, 105).

39   Die **Einflussgrößen für die Berechnung** muss das Gericht der Behörde in rechtlicher und tatsächlicher Hinsicht klar vorgeben und die dafür notwendigen tatsächlichen Ermittlungen selbst durchführen; insoweit unterliegt die grundsätzliche gerichtliche Verpflichtung, die Sache spruchreif zu machen, keinen Einschränkungen (BVerwG NVwZ 2005, 826).

3. Mitteilung der Neuberechnung und Neubekanntgabe

40   Die Behörde teilt den Beteiligten das Ergebnis der Neuberechnung unverzüglich formlos mit; nach Rechtskraft der Entscheidung ist der VA mit dem geänderten Inhalt neu bekanntzugeben (II 3). Gegen den neu bekanntgegebenen VA stehen die üblichen Rechtsmittel (Widerspruch, Anfechtungsklage) offen. Die Feststellungen in der rechtskräftigen Entscheidung entfalten gem. § 121 Bindungswirkung.

IV. Isolierte Aufhebung bei weiterer Sachaufklärung (III)

1. Erfordernis weiterer Sachaufklärung

Hält das Gericht eine weitere Sachaufklärung für erforderlich, kann es, ohne **41** in der Sache selbst zu entscheiden, den VA und den Widerspruchsbescheid aufheben, soweit nach Art oder Umfang die noch erforderlichen Ermittlungen erheblich sind und die Aufhebung auch unter Berücksichtigung der Belange der Beteiligten sachdienlich ist (III 1). Im Gegensatz zu II 1 gilt diese Kompetenz des Gerichts für alle VA, unabhängig davon, ob sie auf einen Geldbetrag bezogen sind.

III ist weder unmittelbar noch entsprechend auf **Verpflichtungsbegehren** **42** anwendbar. Diese Bestimmung, die eine Ausnahme vom Grundsatz der abschließenden Streitentscheidung durch die Gerichte vorsieht, betrifft, wie sich der Systematik des § 113, Sinn und Zweck sowie ihrer Entstehungsgeschichte entnehmen lässt, allein die in I bis IV erfassten Anfechtungsklagen (BVerwGE 162, 331; 107, 128).

a) Grundlagen. III 1 berechtigt das Gericht über I 1 hinaus und entgegen **43** seiner sonstigen Verpflichtung, die Sache spruchreif zu machen (§ 86 I), zu einer Aufhebung der Verwaltungsentscheidung, ohne in der Sache selbst zu entscheiden. Die Aufhebung kann ausgesprochen werden, obwohl das Gericht wegen der Notwendigkeit weiterer Ermittlungen noch nicht abschließend beurteilen kann, ob und in welchem Umfang der VA rechtswidrig ist (BT-Drs. 11/7030, S. 30). Das BVerwG schränkt dies insofern ein, als es festhält, dass dem Begehren des Klägers mit der Aufhebung eines ihn belastenden, **seine Rechte verletzenden** VA auf der Grundlage **des nur teilweise aufgeklärten** Sachverhalts in vollem Umfang stattgegeben wird (BVerwGE 107, 128). Auch die Lit. verlangt, dass notwendiger Weise ein rechtswidriger VA vorliegen müsse (vgl. Kopp/Schenke Rn. 164 mwN).

b) Tatbestandsvoraussetzungen. Die Tatbestandsvoraussetzungen des III 1 **44** sind eng auszulegen: Nur dann, wenn die Behörde nach ihrer personellen und sachlichen Ausstattung eine Sachverhaltsermittlung besser durchführen kann als das Gericht und es auch unter übergeordneten Gesichtspunkten vernünftiger und sachgerechter ist, die Behörde tätig werden zu lassen, ist die Vorschrift heranzuziehen (vgl. BT-Drs. 11/7030, S. 29 f.). Bei der erforderlichen **Abwägung** sind die voraussichtliche Dauer der gerichtlichen und einer behördlichen Sachverhaltsermittlung sowie die wirtschaftlichen Interessen der Beteiligten zu berücksichtigen (BVerwGE 117, 200).

c) Entscheidungsfrist. Die Entscheidung nach III 1 kann nur **binnen sechs** **45** **Monaten** seit Eingang der Akten der Behörde bei Gericht ergehen (III 4). Die Frist beginnt aus Gründen der im Verfahrensrecht unabdingbaren Rechtsklarheit mit dem Eingang der Behördenakten, die auf die erstmalige Verfügung des VG gem. § 99 vorgelegt werden (BVerwGE 117, 200). Fristbeginn setzt den Eingang aller angeforderter Behördenakten voraus; hierunter können auch die (angeforderten) Akten der Widerspruchsbehörde fallen

(Kopp/Schenke Rn. 168; aA SSB Rn. 50), da erst der Widerspruchsbescheid dem VA seine maßgebliche Gestalt gibt. Der Fristbeginn ist hingegen nicht von der materiell-rechtlichen Beurteilung des Falles durch das jeweilige Instanzgericht abhängig. Die zeitliche Begrenzung soll im Interesse der Beteiligten die unbefriedigende Situation verhindern, dass das Gericht trotz längerer Prozessdauer von einer abschließenden Sachentscheidung absieht. Diesem Zweck würde es widersprechen, den Lauf der Frist in jeder Instanz neu beginnen zu lassen (BVerwGE 117, 200).

46   Die sich nach § 57 II ivm § 222 I ZPO, §§ 187 I, 188 II Var. 1 BGB berechnende Frist ist gewahrt, wenn binnen sechs Monaten nach Akteneingang die Entscheidung nach III 1 gem. § 116 verkündet bzw. zugestellt geworden ist.

47   **d) Folgen.** Es steht der Behörde frei, den VA in der Folge der gerichtlichen Entscheidung nach III 1 erneut zu erlassen. Erlässt sie ihn, stehen hiergegen die üblichen Rechtsmittel (Widerspruch, Anfechtungsklage) offen. Etwaige Feststellungen in der rechtskräftigen Entscheidung entfalten gem. § 121 Bindungswirkung.

2. Einstweilige Regelung

48   Auf Antrag kann das Gericht durch jederzeit (vAw) änderbaren oder aufhebbaren Beschluss bis zum Erlass des neuen VA eine einstweilige Regelung treffen, insbes. bestimmen, dass Sicherheiten geleistet werden oder ganz oder zum Teil bestehen bleiben und Leistungen zunächst nicht zurückgewährt werden müssen (III 2, 3). Die Entscheidung liegt im Ermessen des Gerichts; über die ausdrücklich aufgeführten Regelungen hinaus kommen – § 123 I vergleichbar – weitere zweckdienliche Anordnungen in Betracht, die jedoch grds. die Hauptsache nicht vorwegnehmen dürfen.

49   Gegen den Beschluss ist die **Beschwerde** statthaft (§ 146 I), auch wenn das Gericht die einstweilige Regelung im Urteil nach § 113 III 1 angeordnet hat.

V. Aufhebung eines VA und Verurteilung zur Leistung (IV)

50   Kann neben der Aufhebung eines VA eine Leistung verlangt werden, so ist (auf Antrag des Klägers) im gleichen Verfahren im Sinne einer gesetzlichen Stufenklage auch die Verurteilung zur Leistung zulässig (IV). Ein erst **im laufenden Prozess** gestellter **Antrag** nach IV ist zulässige Klageergänzung, die nicht den Regeln der §§ 91, 142 I (Klageänderung) unterliegt. **I 2** ist **lex specialis,** soweit die Anfechtungsklage mit dem Folgenbeseitigungsantrag verbunden wird (ebenso Kopp/Schenke Rn. 172 mwN).

1. Leistungsbegehren

51   **Leistungsbegehren** nach IV sind zunächst solche, die im Wege der **allgemeinen Leistungsklage** verfolgt werden. Mittels IV kann, anders als § 167 II vorsieht, die Leistung schon vor Rechtskraft des Aufhebungsurteils verlangt werden. IV will den Anfechtungsrechtsstreit und den davon abhängigen Streit über den Leistungsanspruch in einem Verfahren zusammenfassen und dadurch die Gerichte und die Beteiligten entlasten. Dieses Ziel ist nur zu erreichen, wenn die Leistungsklage – auch soweit sie auf eine Verpflichtung zum Erlass eines VA geht – vor Rechtskraft der Entscheidung über das Grundverhältnis und ohne Durchführung eines eigenen Vorverfahrens zugelassen wird (BVerwG NVwZ 2000, 818).

2. Verpflichtungsbegehren

IV ist auf die **Verpflichtungsklage entsprechend** anzuwenden (BVerwG 52 NVwZ 2000, 818; OVG LSA Urt. v. 29.7.2009 – 4 L 172/06; aA NK-VwGO § 113 Rn. 392). Seine entsprechende Anwendung auf den mit der Anfechtungsklage verfolgten, von der vorherigen Aufhebung eines VA abhängigen Anspruch auf Beseitigung eines nicht schon von I 2 erfassten FolgeVA wird in der Lit. diskutiert (vgl. Kopp/Schenke Rn. 176).

3. Rechtsschutzinteresse

Für die Geltendmachung des Leistungsbegehrens bedarf es keines über den 53 Aufhebungsantrag hinausgehenden gesonderten **Rechtsschutzinteresses.** Der Streit über den Leistungsanspruch hängt vom Anfechtungsstreit ab und bezieht hieraus sein in IV anerkanntes Rechtsschutzinteresse. Nach aA dürften die Anforderungen an das Vorliegen eines Rechtsschutzbedürfnisses jedenfalls nicht zu hoch geschraubt werden (Kopp/Schenke Rn. 175).

4. Beklagter

Ein **weiterer Beklagter** tritt nicht hinzu, auch wenn die Bestimmung des 54 richtigen Beklagten bei Anfechtungs- und Leistungsklagen im Einzelfall auseinanderfallen sollten (Behörden- vs. Rechtsträgerprinzip). Das Begehren einer neben der Anfechtung verlangten Leistung gem. IV kann gegenüber dem Anfechtungsbeklagten mitverfolgt werden (vgl. OVG NRW Urt. v. 18.8.2009 – 9 A 1497/08; NdsOVG Beschl. v. 24.1.2008 – 5 LA 406/03).

5. Entscheidung

Auch wenn es im Grunde der Intention des IV widerspricht, kann das Gericht 55 nach allgemeinen Regeln über die Anfechtungsklage vorab durch **Teilurteil** (§ 110) entscheiden (NK-VwGO § 113 Rn. 397) oder das **Verfahren abtrennen** (§ 93 S. 2). Das Gericht verurteilt zur Leistung und verpflichtet nicht nur zu ihrer Bewilligung (BVerwGE 146, 117).

B. Fortsetzungsfeststellungsklage (I 4)

Hat sich der VA „vorher", dh vor der in I 1 genannten gerichtlichen Auf- 56 hebung, durch Zurücknahme oder anders erledigt, so spricht das Gericht auf Antrag durch Urteil aus, dass der VA (ggf. teilweise) rechtswidrig gewesen ist, wenn der Kläger ein berechtigtes Interesse an dieser Feststellung hat. I 4 normiert hiermit für den Fall der Erledigung des VA nach Klageerhebung die sog. **Fortsetzungsfeststellungsklage.** Dies trägt dem Umstand Rechnung, dass mit der Erledigung des VA die Anfechtungsklage (§ 42 I, 1. Var.) nicht mehr statthaft wäre bzw. nach aA (Kopp/Schenke Rn. 95) für ihre Fortführung kein Rechtsschutzbedürfnis mehr bestünde (→ § 42 Rn. 22).

57 I 4 findet – unter bestimmten Voraussetzungen – **entsprechende Anwendung** auf die Feststellung der Rechtswidrigkeit vorprozessual erledigter VA oder vor- oder nachprozessual erledigter Verpflichtungsbegehren (→ Rn. 68). I 4 (ggf. in analoger Anwendung) gewährleistet daher den von Art. 19 IV GG geforderten effektiven Rechtsschutz für in der Vergangenheit abgeschlossene Rechtsverletzungen (BVerfGE 96, 27). Systematisch zählt die FFK mangels kassatorischer Rechtsfolgen zu den **Feststellungsklagen.**

I. Zulässigkeit der Fortsetzungsfeststellungsklage

1. Antrag

58 Die Feststellung nach I 4 bedarf grds. eines **ausdrücklichen Antrags** des Klägers. Im Einzelfall mag auch in der Tatsache allein, dass der Kläger trotz Erledigung der Hauptsache die Klage nicht zurücknimmt (§ 92 I) oder für erledigt erklärt (§ 161 II 1) auf eine **konkludente** Antragstellung geschlossen werden (vgl. Kopp/Schenke Rn. 122). Angesichts der richterlichen Hinweispflicht (§ 86 III) dürfte es einer solchen Auslegungsleistung in der Praxis jedoch nicht bedürfen. Regt das Gericht die Umstellung an und folgt der Kläger dem nicht, ist für die Annahme einer konkludenten Antragsänderung kein Raum.

59 Der Antrag kann **hilfsweise** neben dem Anfechtungs- oder Verpflichtungsantrag gestellt werden (BVerwGE 66, 367; NVwZ 1991, 570). Er kann auch hilfsweise neben einer Hauptsachenerledigungserklärung (§ 161 II) aufrecht erhalten werden (BVerwG NVwZ-RR 1988, 56).

2. Innerprozessualer Übergang auf die Fortsetzungsfeststellungsklage

60 Der unbeschadet des § 142 I auch noch im Revisionsverfahren zulässige Übergang von einem Anfechtungs- bzw. Verpflichtungs- zu einem Fortsetzungsfeststellungsbegehren ist gem. I 4 **zulässig,** sofern der Streitgegenstand nicht ausgewechselt oder erweitert wird. Er ist keine Klageänderung nach § 91, sondern Einschränkung des Klageantrags gem. § 173 S. 1 iVm § 264 Nr. 2 ZPO (BVerwGE 151, 36; NVwZ-RR 2018, 304). Diese kraft Gesetzes erleichterte Möglichkeit einer Klageänderung soll verhindern, dass ein Kläger, der infolge eines erledigenden Ereignisses seinen ursprünglichen, den Streitgegenstand kennzeichnenden Antrag nicht weiterverfolgen kann, um die „Früchte" der bisherigen Prozessführung gebracht wird.

61 Weicht ein Feststellungsantrag vom Streitgegenstand ab, liegt eine Klageänderung vor, die ggf. unter den Voraussetzungen des § 91 zulässig ist (BVerwGE 129, 27; 89, 354).

62 Tritt die **Erledigung im Rechtsmittelverfahren** ein und stellt der Kläger sein Begehren danach auf einen Fortsetzungsfeststellungsantrag um, ist das

erst- oder zweitinstanzliche Urteil nicht entsprechend § 173 S. 1 iVm § 269 III 1, Hs. 2 ZPO wirkungslos geworden. Der Kläger erstrebt weiterhin eine Überprüfung des die Klage abweisenden erstinstanzlichen Urteils und damit eine Entscheidung in der Hauptsache (BVerwG NVwZ 1986, 468).

3. Statthaftigkeit

a) Erledigter VA. Der VA muss sich durch Zurücknahme oder anders **63** erledigt haben. Auch der vom Kläger als **nichtig** behauptete VA kann sich „erledigen", etwa dann, wenn er für sich keine Geltungsdauer mehr in Anspruch nimmt (BVerwG NVwZ-RR 2000, 324). Geht es um keinen VA, sondern um eine sonstige erledigte behördliche Maßnahme oder einen sonstigen Realakt, scheidet eine Anwendung des I 4 aus. Rechtsschutz ist bei „erledigten" Verordnungen oder Satzungen über § 47, ansonsten über § 43 I zu gewähren (→ § 43 Rn. 67). Gegen **erledigte gerichtliche Entscheidungen** kommt eine entsprechende Anwendung des I 4 aus verfassungsrechtlichen Erwägungen in Betracht (BVerfGE 96, 27; aA Kopp/Schenke Rn. 117 mwN).

Die **Erledigung** eines VA iSd I 4 bedeutet den Wegfall der mit der **64** Anfechtungsklage bekämpften beschwerenden Regelung. Ob dieser Wegfall der Beschwer eingetreten ist, ist vom Regelungsgehalt des VA bzw. seiner Unterlassung und nicht vom Klägerinteresse her zu beurteilen (BVerwG NVwZ 1991, 570). Hierin zeigt sich der **Unterschied zur übereinstimmenden beiderseitigen Erledigungserklärung,** wie sie § 161 II 1 zugrundeliegt. Zu deren Wirksamkeit kommt es auf den Eintritt eines tatsächlich erledigenden Ereignisses nicht an; die Erklärung der Beteiligten ist konstitutiv.

Ein VA ist neben den in I 4 ausdrücklich angesprochenen Fällen **erledigt,** **65** wenn er widerrufen, anderweitig aufgehoben oder durch Zeitablauf oder andere Weise erledigt ist (§ 43 II VwVfG; umfassend BVerwG NVwZ-RR 2015, 254). Allein der Vollzug eines Handlungspflichten auferlegenden VA muss nicht bereits zu dessen Erledigung führen und zwar auch dann nicht, wenn hiermit irreversible Tatsachen geschaffen werden. Die Erledigung eines VA tritt vielmehr erst ein, wenn dieser nicht mehr geeignet ist, rechtliche Wirkungen zu erzeugen, oder wenn die Steuerungsfunktion, die ihm ursprünglich innewohnte, nachträglich entfallen ist (BVerwG NVwZ 2009, 122; vgl. Labrenz NVwZ 2010, 22). Von der Lit. wird dies teilweise auf die Formel gebracht, Erledigung sei eingetreten, wenn die Aufhebung des VA sinnlos sei (Kopp/Schenke Rn. 102 mwN).

Als **Fallgruppen** kommen etwa der Wegfall des Regelungsobjekts, die **66** inhaltliche Überholung, der einseitige Verzicht bzw. die Antragsrücknahme oder der Umstand in Betracht, dass der VA aufgrund geänderter Sach- und Rechtslage gegenstandslos geworden ist (BVerwG NVwZ-RR 2015, 254). Erledigung liegt zB **in folgenden Fällen** vor: Passentziehung nach Ablauf der Gültigkeitsdauer des Passes (OVG NRW NVwZ 1986, 937); Verwendung eines Schullesebuchs nach Versetzung in die nächsthöhere Klassenstufe (BVerwGE 61, 164); glücksspielrechtliche Untersagungen erledigen sich von

Tag zu Tag für die jeweils verstrichene Zeit und damit grds. fortlaufend (BVerwGE 147, 47).

67   **Keine Erledigung** liegt zB in folgenden Fällen vor: Fortwirken des VA als Rechtsgrundlage für das Behaltendürfen eines beschlagnahmten Gegenstands oder einer vollstreckten Geldforderung (BVerwGE 109, 203), als Vollstreckungstitel (OVG NRW NWVBl. 1997, 218) oder als Grundlage für einen Kostenbescheid nach Vollstreckung im Wege der Ersatzvornahme, da die Titelfunktion des GrundVA damit andauert (BVerwG NVwZ 2009, 122).

68   **b) Erledigtes Begehren auf Erlass eines VA.** Nach allgemeiner Auffassung ist I 4 bei Vorliegen der sonstigen Voraussetzungen auf erledigte **Verpflichtungsbegehren** – auch in Gestalt einer Bescheidungsklage – entsprechend anzuwenden (BVerwG NVwZ 2019, 568; 2018, 1476; 2017, 1466). Er ist statthaft, wenn sich ein Verpflichtungsantrag vor der gerichtlichen Entscheidung erledigt hat und sich der Feststellungsantrag auf die Rechtslage im Zeitpunkt unmittelbar vor Eintritt des erledigenden Ereignisses bezieht (BVerwGE 151, 36).

69   Mit der beantragten Feststellung darf der **Streitgegenstand nicht ausgewechselt oder erweitert** werden (BVerwGE 151, 36).

70   Die Klage richtet sich darauf festzustellen, dass die Ablehnung oder Unterlassung des VA rechtswidrig gewesen ist. Ist dem Beklagten eine **Ermessensoder Beurteilungsermächtigung** eingeräumt, kann im Rahmen einer FFK nicht gleichzeitig die gerichtliche Entscheidung herbeigeführt werden, dass der Beklagte zu der begehrten Amtshandlung verpflichtet gewesen wäre (BVerwG NVwZ 1987, 229). Die Feststellung kann auch nicht darauf gerichtet werden, **aus welchem Grund** die Ablehnung des beantragten VA rechtswidrig gewesen ist (BVerwGE 77, 164).

71   Zur vornehmlich in der Literatur diskutierten Problematik um die entsprechende Anwendung des I 4 auf **nicht erledigte,** mangels einer subjektiven Rechtsverletzung **ausnahmsweise aber nicht aufhebbare** rechtswidrige VA vgl. Kopp/Schenke Rn. 107 f. mwN.

72   **c) Erledigungszeitpunkt.** Die direkte Anwendung des I 4 setzt voraus, dass sich der VA **nach Klageerhebung** erledigt hat. „Vorher" iSd I 4 meint „vor Erlass des Urteils", wie sich der systematischen Stellung der Norm im 10. Abschnitt der VwGO entnehmen lässt, setzt mithin die Rechtshängigkeit der Klage (§ 90) voraus.

73   Hat sich der VA **vor Klageerhebung** erledigt, ist I 4 entsprechend anwendbar. Bezogen auf das erledigte Begehren auf Erlass eines VA (→ Rn. 68) reicht die einfach analoge Anwendung der Norm nicht. **I 4** ist auf solche Fälle **(doppelt) analog** anwendbar (BVerwG NVwZ 2008, 571; Beschl. v. 23.1.2007 – 1 C 1.06; BVerwGE 81, 226).

74   Diese Rspr. ist wiederholt auf Kritik gestoßen, soweit sie die Klagen zur Feststellung der Rechtswidrigkeit vorprozessual erledigter VA nicht als allgemeine Feststellungsklagen (§ 43 I) behandelt hat. Insbes. wurde geltend gemacht, dass es für die analoge Heranziehung des I 4 für den Fall vorprozessualer Erledigung eines VA an einer Regelungslücke und/oder einer Rechtsähnlichkeit dieses Falles mit dem ursprünglich in § 113 I 4 geregelten

Fall fehle (vgl. SSB Rn. 98 f. mwN). Das BVerwG hat dies andiskutiert (BVerwGE 109, 203), ist in der Folgezeit aber durchweg von der Einschlägigkeit der Fortsetzungsfeststellungsklage ausgegangen (BVerwG NVwZ 2008, 571).

d) Keine entsprechende Anwendung auf erledigte Eilverfahren. In Eil- **75** verfahren kommt eine entsprechende Anwendung des I 4 nicht in Betracht, weil das Feststellungsinteresse, das einen solchen Antrag allein rechtfertigt, in einem Eilverfahren nicht befriedigt werden kann (BVerwG NVwZ 1995, 586; Beschl. v. 25.8.2015 – 1 WDS-VR 4.15; OVG NRW Beschl. v. 11.11.2019 – 6 B 1349/19).

4. Klagebefugnis

Da die Umstellung der Anfechtungs- oder Verpflichtungsklage auf die Fort- **76** setzungsfeststellungsklage einen bereits vorhandenen Zulässigkeitsmangel nicht zu heilen vermag, bedarf es entsprechend § 42 II einer Klagebefugnis des Klägers (BVerwGE 65, 167). Dasselbe gilt bei vorprozessualer Erledigung.

5. Fortsetzungsfeststellungsinteresse (I 4)

Der Kläger muss ein schutzwürdiges Interesse an der Feststellung der Rechts- **77** widrigkeit des Bescheides haben. Hierbei ist nicht auf den **Zeitpunkt** des Eintritts der Erledigung abzustellen, sondern auf den Schluss der letzten mündlichen Verhandlung, ggf. auf den Abschluss des Revisionsverfahrens (BVerwGE 159, 113; 106, 295). Das gilt auch in den Fällen, in denen die Feststellung der Rechtswidrigkeit eines vor Klageerhebung erledigten VA begehrt wird (BVerwG Buchh 310 § 113 Abs. 1 VwGO Nr. 6).

Nach st. Rspr. des BVerwG kann das Fortsetzungsfeststellungsinteresse (FFI) **78** rechtlicher, wirtschaftlicher oder ideeller Natur sein. Es ist typischerweise in den anerkannten Fallgruppen der **Wiederholungsgefahr,** des **Rehabilitationsinteresses** sowie der Absicht zum Führen eines **Schadensersatzprozesses** gegeben, kann aber auch aus **anderen besonderen Umständen des Einzelfalls** hergeleitet werden, sofern die gerichtliche Entscheidung geeignet ist, die klägerische Position in rechtlicher, wirtschaftlicher oder ideeller Hinsicht zu verbessern (BVerwG NVwZ 2019, 649).

a) Wiederholungsgefahr. Ein FFI ist wegen Wiederholungsgefahr gegeben, **79** wenn der Kläger künftig mit dem Erlass eines gleichartigen VA rechnen müsste und die maßgebliche Rechtslage im Wesentlichen unverändert geblieben wäre (BVerwG NVwZ-RR 2014, 465; NVwZ 2019, 649). Hierbei ist nicht die Prognose erforderlich, dass einem zukünftigen behördlichen Vorgehen in allen Einzelheiten die gleichen Umstände zugrunde liegen werden, wie dies vor Erledigung des VA der Fall war. Für das Feststellungsinteresse ist vielmehr entscheidend, ob die rechtlichen und tatsächlichen Voraussetzungen künftigen Verwaltungshandelns unter Anwendung der dafür maßgeblichen Rechtsvorschriften geklärt werden können (BVerwG NVwZ 2008, 571).

80 Ist dagegen ungewiss, ob in Zukunft noch einmal die gleichen tatsächlichen Verhältnisse eintreten wie im Zeitpunkt des Erlasses des erledigten VA, kann das Fortsetzungsfeststellungsinteresse nicht aus einer Wiederholungsgefahr hergeleitet werden (BVerwG ZLW 2007, 303). Wiederholungsgefahr scheidet auch aus, wenn zu erwarten ist, dass eine bestimmte Verwaltungsmaßnahme verlässlich nicht mehr erfolgen wird (BVerwG NVwZ-RR 2002, 323).

81 b) Rehabilitierungsinteresse. Ein berechtigtes Interesse an der Feststellung der Rechtswidrigkeit eines erledigten VA iSv I 4 besteht auch im Falle eines anzuerkennenden Rehabilitierungsinteresses. Ein derartiges Interesse besteht, wenn sich aus der angegriffenen Maßnahme eine Stigmatisierung des Betroffenen ergibt, die geeignet ist, sein Ansehen in der Öffentlichkeit oder im sozialen Umfeld herabzusetzen. Diese Stigmatisierung muss Außenwirkung erlangt haben und noch in der Gegenwart andauern (BVerwGE 156, 272; NVwZ 2019, 649). Vorausgesetzt ist stets, dass im Einzelfall ein berechtigtes Schutzbedürfnis gegenüber rufbeeinträchtigenden Nachwirkungen vorhanden ist (BVerwGE 151, 373).

82 Eine solche Beeinträchtigung kann sich auch aus der **Begründung** der streitigen Verwaltungsentscheidung ergeben (BVerwG RdL 2007, 34). So können Begründungen für das **Versammlungsrecht** beschränkende Maßnahmen diskriminierend wirken, insbes. wenn sie Ausführungen über die Persönlichkeit des Veranstalters oder zu seinem zu erwartenden kriminellen Verhalten auf Versammlungen enthalten (BVerfGE 110, 77). An das Vorliegen eines FFI in versammlungsrechtlichen Streitigkeiten sind aber insgesamt keine überhöhten Anforderungen zu stellen (BVerfGE 110, 77; BVerwG RdL 2007, 34).

83 Ein Rehabilitierungsinteresse wurde auch bejaht im Bereich der **Abschiebungshaft** (BVerfGE 104, 220), bei einer im Kollegenkreis bekannt gewordenen Anordnung der **psychiatrischen Untersuchung** eines Beamten (BVerwG Buchh 232 § 42 BBG Nr. 14), beim **zwangsweisen Öffnen einer Wohnung** in einem Mehrfamilienhaus durch uniformierte Polizeibeamte in Gegenwart eines anderes Hausbewohners (BayVGH BayVBl 1997, 634), bei der **Überwachung des Post- und Fernmeldeverkehrs** wegen tatsächlicher Anhaltspunkte für den Verdacht einer Straftat iSd § 2 I G 10 (BVerwGE 87, 23), bei der **Nichtversetzung eines Schülers,** wenn im Einzelfall nachteilige Auswirkungen auf die weitere schulische oder berufliche Laufbahn nicht ausgeschlossen werden können (BVerwG NVwZ 2007, 227), nicht aber bei einer bekanntgewordenen **Schulordnungsmaßnahme** nach Verlassen der Schule (OVG NRW NVwZ-RR 2019, 469). Bei der Erteilung eines behördenintern ausgesprochenen **Alkoholverbots,** der **Anordnung, sich ärztlich untersuchen zu lassen,** oder bei **Fahreignungszweifeln wegen Alkoholmissbrauchs** reicht es zB nicht aus, dass der Kläger diese als diskriminierend empfunden hat. Maßgebend ist vielmehr, ob abträgliche Nachwirkungen dieser Maßnahme fortbestehen, denen durch eine gerichtliche Feststellung der Rechtswidrigkeit des Verwaltungshandelns wirksam begegnet werden kann (BVerwG NVwZ 2013, 1550). Eine negative Presseberichterstattung an sich reicht auch nicht aus (BVerwGE 156, 272).

c) Präjudizialität im Hinblick auf einen Schadensersatzprozess. Ein 84
schutzwürdiges Feststellungsinteresse kann – jedenfalls bei innerprozessualer
Erledigung (→ Rn. 88) – gegeben sein, wenn die Weiterführung des verwaltungsgerichtlichen Verfahrens dazu dienen soll, einen Staatshaftungsprozess
vor den Zivilgerichten vorzubereiten (BVerwGE 146, 303; 121, 169) und sich
auf diese Weise die bisherigen Ergebnisse des verwaltungsgerichtlichen Verfahrens über § 121 für den nachfolgenden Schadensersatzprozess vor dem
Zivilgericht nutzbar zu machen (BVerwGE 111, 306; NVwZ 2015, 600). Der
Kläger ist deshalb schutzwürdig, weil er „nicht ohne Not um die Früchte des
bisherigen Prozesses gebracht werden darf" (BVerwG NVwZ 2015, 600),
unabhängig davon, ob sich das Gericht mit der erhobenen Klage schon befasst
hat oder nicht (BVerwGE 106, 295). So kann die Vorgreiflichkeit einer
gerichtlichen Feststellung, dass die Behörde einen bestimmten VA zu einem
bestimmten Zeitpunkt hätte erlassen müssen, im Hinblick auf einen Schadensersatzprozess ein FFI begründen.

Voraussetzung ist zum einen, dass eine Klage auf Schadensersatz oder Ent- 85
schädigung **anhängig** ist oder ihre **alsbaldige Erhebung** mit hinreichender
Sicherheit zu erwarten ist (BVerwG Buchh 310 § 113 Abs. 1 VwGO Nr. 21),
und zum anderen, dass der beabsichtigte Schadensersatzprozess **nicht offensichtlich aussichtslos** ist (BVerwGE 146, 303; 121, 169; NVwZ 2019, 568).
An die Qualifizierung der Aussichtslosigkeit sind hohe Anforderungen zu
stellen (BVerwG NVwZ-RR 2014, 465).

Von **Aussichtslosigkeit** ist auszugehen, wenn ohne eine ins Einzelne 86
gehende Prüfung erkennbar ist, dass der behauptete Anspruch unter keinem
rechtlichen Gesichtspunkt besteht (BVerwG NVwZ-RR 2014, 465). Bezogen auf Amtshaftungsklagen ist das etwa dann der Fall, wenn ein **Kollegialgericht** das Verhalten eines Beamten als rechtmäßig gewertet hat und diesem
gegenüber deshalb nicht der Vorwurf erhoben werden kann, er habe offensichtlich fehlsam gehandelt und damit schuldhaft eine ihm obliegende Amtspflicht verletzt (stRspr, vgl. BVerwG NVwZ-RR 2014, 465). Dieser Grundsatz gilt ausnahmsweise dann nicht, wenn es sich bei dem beanstandeten
Verhalten um eine grundsätzliche Maßnahme zentraler Dienststellen bei Anwendung eines ihnen besonders anvertrauten Spezialgesetzes handelt oder
wenn das Gericht die Rechtslage trotz eindeutiger und klarer Vorschriften
verkannt oder eine eindeutige Bestimmung handgreiflich falsch ausgelegt hat.
Die Regel ist ferner unanwendbar, wenn besondere Umstände dafür sprechen, dass der verantwortliche Beamte kraft seiner Stellung oder seiner besonderen Einsichten es „besser" als das Kollegialgericht hätte wissen müssen
(BVerwGE 121, 169; Buchh 310 § 132 Abs. 2 Ziff. 2 VwGO Nr. 25).

Hat ein Beamter oder Richter jedoch den Anspruch auf Ersatz eines ihm 87
durch rechtswidriges (und schuldhaftes) Verhalten des Dienstherrn entstandenen Schadens bereits zum Gegenstand eines besonderen Verwaltungsstreitver-
fahres gemacht, besteht anders als bei einer vor einem Zivilgericht erhobenen
auf Amtspflichtverletzung gestützten Schadensersatzklage kein Bedürfnis dafür, ihm daneben noch Rechtsschutz für eine gesonderte Klage auf Feststellung zu gewähren, dass das Verhalten des Dienstherrn rechtswidrig gewesen ist (BVerwGE 156, 272; ZBR 1982, 350).

88   Kein FFI besteht, wenn sich der **VA schon vor Klageerhebung erledigt**
hat. Denn die Zuständigkeit der Zivilgerichte bezieht sich auch auf öffentlich-rechtliche Vorfragen (§ 17 II 1 GVG); diejenige des eines mit dem
Sekundäranspruch befassten VG ohnehin. Dem vorzugreifen steht den VG
nicht zu (hM, BVerwG LKV 2005, 171; BRS 67 Nr. 124 (2004)).

89   Ein Feststellungsinteresse besteht auch dann **nicht,** wenn der Kläger die
Klage auf Schadensersatz nicht erst im Zusammenhang mit der Erledigung
seines Begehrens nach primärem Rechtsschutz erhebt, sondern **beide Klagen
von vornherein miteinander verbindet.** Der Rspr. des BVerwG zur Präjudizialität liegt die Vorstellung zugrunde, dass der Schadensersatzprozess vor
dem Zivilgericht dem auf primären Rechtsschutz zielenden verwaltungsgerichtlichen Verfahren zeitlich (zumindest im Wesentlichen) nachfolgt; dies
ist allerdings anders, wenn der Kläger bereits gleichzeitig mit der gegen das
Verwaltungshandeln gerichteten Unterlassungsklage und damit unabhängig
von einem erledigenden Ereignis auch eine Klage auf Schadensersatz erhoben
hat (BVerwGE 111, 306).

89a   Das Präjudizinteresse entfällt, wenn der Beklagte das Anerkenntnis der
Rechtswidrigkeit unmissverständlich und vorbehaltlos auch bezüglich eines
Staatshaftungsprozesses erklärt (BVerwG NVwZ 2015, 600).

90   **d) tiefgreifende Grundrechtseingriffe bei typischerweise kurzfristiger
Erledigung.** Die Garantie effektiven Rechtsschutzes nach Art. 19 IV GG
verlangt, dass der Betroffene ihn belastende Eingriffe in einem gerichtlichen
Hauptsacheverfahren überprüfen lassen kann. Solange er durch den VA be-
schwert ist, stehen ihm die Anfechtungs- und die Verpflichtungsklage zur
Verfügung. Erledigt sich der VA durch Wegfall der Beschwer, wird nach I 4
Rechtsschutz gewährt, wenn der Betroffene daran ein berechtigtes rechtliches,
ideelles oder wirtschaftliches Interesse hat. In den übrigen Fällen, in denen
sich sein Anliegen in der bloßen Klärung der Rechtmäßigkeit des erledigten
VA erschöpft, ist ein FFI zu bejahen, wenn andernfalls kein wirksamer
Rechtsschutz gegen solche Eingriffe zu erlangen wäre. Davon ist nur bei
Maßnahmen auszugehen, die sich typischerweise so kurzfristig erledigen, dass
sie ohne die Annahme eines FFI regelmäßig keiner Überprüfung im gerichtlichen Hauptsacheverfahren zugeführt werden könnten. Maßgebend ist dabei,
ob sich die kurzfristige Erledigung aus der Eigenart des VA selbst ergibt
(BVerwGE 146, 303; NVwZ 2019, 649). Dies betrifft insbes. die Fälle der
nachträglichen Überprüfung erledigter polizeilicher Maßnahmen (BVerfGE
96, 27; BVerfG NVwZ 1999, 290) oder den Bereich der Abschiebungshaft
(BVerfGE 104, 220). **Wertungsmäßig vergleichbar** und damit ein FFI
begründend ist aber zB auch die Speicherung personenbezogener Daten in
einem vergangenen Zeitraum, die einen tiefgreifenden Eingriff in Art. 2 I, 1 I
GG auslöst (BVerwG NVwZ 2018, 739).

91   Ein FFI ist aber nicht allein aus dem Umstand eines Grundrechtseingriffs
und auch nicht bei jeder sich typischerweise kurzfristig erledigenden Maßnahme anzuerkennen (vgl. BVerwGE 146, 303; NVwZ 2019, 649; aA Kopp/
Schenke Rn. 145 f. mwN). So liegt ein tiefgreifender spezifischer Grund-
rechtseingriff, wie er etwa bei einer Freiheitsbeschränkung, polizeilichen

Identitätsfeststellung (OVG NRW NVwZ 2018, 1497), Telefonüberwachung oder Hausdurchsuchung gegeben ist, bei der **Sicherstellung einer Video-kassette** als einer vergleichsweise geringfügigen Beschränkung des Grund-rechts auf Eigentum und der allgemeinen Handlungsfreiheit (OVG NRW NJW 1999, 2202) oder bei der Änderungsgenehmigung nach § 16 I BImSchG nicht vor (BVerwG Buchh 406.25 § 16 BImSchG Nr. 3). **Glücks-spielrechtliche Untersagungsverfügungen** wiederum erledigen sich nicht typischerweise kurzfristig (BVerwGE 146, 303).

6. Vorverfahren (§§ 68 ff.)

Die Klage auf Feststellung der Rechtswidrigkeit eines VA, der sich erledigt **92** hat, **nachdem die Widerspruchsfrist** (§ 70) **versäumt worden ist,** ist unzulässig. Die Erledigung des bereits bestandskräftigen VA macht nicht gewissermaßen rückwirkend die Einhaltung der §§ 68 ff. entbehrlich (BVerwGE 26, 161).

Hat sich der VA bereits **vor Ablauf der Widerspruchsfrist erledigt,** **93** bedarf es nicht der erfolglosen Durchführung eines Vorverfahrens, bevor – vorbehaltlich § 75 – zulässiger Weise Klage erhoben werden darf (BVerwGE 56, 24; 26, 161). Die hiergegen in der Lit. vorgebrachten Ein-wände (vgl. Kopp/Schenke Rn. 127), wonach insbes. auch bei erledigten VA die Durchführung eines Vorverfahrens sinnvoll sei, haben sich in der Praxis zu Recht nicht durchgesetzt.

7. Klagefrist (§§ 74, 58 II)

Die Klage auf Feststellung der Rechtswidrigkeit eines **vor Eintritt der** **94** **Bestandskraft erledigten VA** ist nicht an die für eine Anfechtungsklage vorgesehene Frist des § 74 I bzw. § 58 II gebunden. Verliert ein VA wegen Erledigung seine Regelungsfunktion, so ist es nicht gerechtfertigt, ungeachtet der hierdurch beendeten Verbindlichkeit der Regelung, ihm eine im Hinblick auf den Lauf von Klagefristen fortdauernde Wirkung beizumessen (BVerwGE 109, 203 unter Hinweis auf die Grenze der Verwirkung).

Eine Klage, mit der die Feststellung der Rechtswidrigkeit eines VA begehrt **95** wird, ist hingegen grds. dann nicht zulässig, wenn dieser **VA vor Erledigung formell bestandskräftig** geworden ist (vgl. BVerwG NVwZ 2018, 1476). Dieser Rechtsgedanke hat in § 43 II 1 seinen Ausdruck gefunden, der eine – unbefristete – Feststellungsklage untersagt, wenn gegen einen VA Gestaltungs-klage hätte erhoben werden können (BVerwGE 109, 203; 26, 161).

II. Begründetheit des Antrags

Entgegen dem insoweit missverständlichen Wortlaut des I 4 reicht die objek- **96** tive Rechtswidrigkeit des VA nicht aus, dem Feststellungsantrag zum Erfolg zu verhelfen. Wie der enge Zusammenhang zwischen I 1 und 4 deutlich macht, darf dem Feststellungsbegehren nur entsprochen werden, soweit der Kläger durch den rechtswidrigen VA in seinen Rechten verletzt worden ist und der betreffende VA deshalb hätte aufgehoben werden müssen, wenn er sich nicht erledigt hätte (BVerwGE 65, 167). Auch die Entscheidung über die subjektive Rechtsverletzung ist der Rechtskraft fähig (vgl. BVerwGE 116, 1 zu § 121). Gegenüber der üblichen Tenorierung „Der Bescheid des Beklagten vom … war rechtswidrig" ist vorzuziehen „Es wird festgestellt, dass der VA … rechtswidrig gewesen ist und den Kläger in seinen Rechten verletzt hat".

97   **Maßgebender Zeitpunkt** für die Beurteilung der Sach- und Rechtslage ist der Zeitpunkt der Erledigung der Hauptsache (BVerwGE 72, 38); zum maßgeblichen Zeitpunkt zur Beurteilung des FFI (→ Rn. 77).

C. Verpflichtungsklage (V)

I. Rechtswidrigkeit der Ablehnung oder Unterlassung

1. Maßstab

98   Die **Verpflichtungsklage** iSd § 42 I, 2. Var. ist begründet, soweit die Ablehnung oder Unterlassung des VA rechtswidrig und der Kläger dadurch in seinen Rechten verletzt ist. Das Gericht spricht dann die Verpflichtung der Verwaltungsbehörde aus, die beantragte Amtshandlung vorzunehmen, wenn die Sache spruchreif ist (V 1). Entscheidend ist hiernach, ob dem jeweiligen Kläger ein seinen Klageantrag deckender **Anspruch** zusteht, nicht aber, ob der Beklagte die Ablehnung des Antrages „richtig" begründet hat. Die ablehnende Entscheidung des Beklagten ist im engeren Sinne überhaupt nicht Gegenstand des Verfahrens; ihre Aufhebung braucht weder beantragt noch vom Gericht ausgesprochen zu werden (BVerwG KStZ 1982, 108). Die ausdrückliche Tenorierung („Der Beklagte wird unter Aufhebung seines Bescheids vom … verpflichtet, …") ist aber gleichwohl üblich.

2. Spruchreife

99   Im Rahmen des V 1 haben die Gerichte durch umfassende Sachverhaltsaufklärung die **Spruchreife** (→ Rn. 6) herbeizuführen. Das Gericht ist bei gebundenen Entscheidungen grds. verpflichtet, alle für die Entscheidung maßgeblichen tatsächlichen Voraussetzungen des geltend gemachten Anspruchs in eigener Verantwortung festzustellen (BVerwGE 150, 383). III ist im Falle fehlender Spruchreife nicht entsprechend anwendbar (→ Rn. 43). Zu Modifikationen trotz bestehender Spruchreife im Rahmen des § 35 Abs. 5 TKG vgl. BVerwG CR 2015, 374.

100   Nur bei eng umrissenen **Ausnahmen,** etwa bei Ermessens- oder Beurteilungsspielräumen der Verwaltung, ferner, wenn eine bestimmte sachliche Prüfung besonderen Behörden übertragen ist, wenn es zur abschließenden Aufklärung einer mit den erforderlichen Mitteln ausgerüsteten Behörde bedarf oder wenn komplexe technische Sachverhalte vorliegen, ist bei weitergehendem Verpflichtungsantrag eine bloße Bescheidungsverpflichtung gem. V 2 im Urteilsausspruch zulässig (BVerwG DVBl. 2018, 1621; NVwZ-RR 2003, 719; BVerwGE 90, 18 mwN; OVG NRW PharmR 2009, 288; sog. steckengebliebenes Genehmigungsverfahren).

So kann ein Tatsachengericht beispielsweise mit Hilfe kundiger Sachver- **101**
ständiger durchaus ein Auflagenprogramm entwickeln und ihm mit dem
Tenor des Verpflichtungsurteils hinsichtlich der Erteilung einer **Baugenehmigung** Verbindlichkeit verschaffen. Im Allgemeinen sind jedoch **individuelle Einschätzungen** und **Zweckmäßigkeitserwägungen** dafür erheblich,
ob diese oder jene häufig gleichermaßen geeignete Auflage oder sonstige
Nebenbestimmung hinzuzufügen ist. Aus diesen besonderen Gründen kann
es gerechtfertigt sein, dass das Tatsachengericht davon absieht, die Sache selbst
spruchreif zu machen (BVerwG BauR 2014, 1129).

Eine abschließende gerichtliche Entscheidung kommt aber in Betracht, **102**
wenn der Behörde im Einzelfall – wegen einer **Ermessensreduktion auf
Null** – kein Ermessensspielraum eröffnet ist (BVerwGE 122, 103).

3. Maßgeblicher Zeitpunkt

Nicht aus dem Prozessrecht, sondern ausschließlich aus dem materiellen **103**
Recht ergibt sich, ob der vom Kläger mit der Verpflichtungsklage geltend
gemachte Anspruch besteht und welcher Beurteilungszeitpunkt maßgebend
ist (BVerwG NVwZ 2019, 568). Ändert sich während des gerichtlichen Verfahrens das materielle Recht, so ist auf der Grundlage dieser Änderung zu
entscheiden, ob das neue Recht einen durch das alte Recht begründeten
Anspruch beseitigt, verändert oder unberührt lässt. Entscheidend ist, ob sich
das geänderte Recht nach seinem zeitlichen und inhaltlichen Geltungsanspruch auf den festgestellten Sachverhalt erstreckt (BVerwG Buchh 239.2
§ 28 SVG Nr. 2). Bei der Entscheidung über Verpflichtungs- und Beschei-
dungsklagen dürfte damit regelmäßig die **Sach- und Rechtslage zum Zeitpunkt der letzten mündlichen Verhandlung in der Tatsacheninstanz**
maßgeblich sein (BVerwG NVwZ-RR 2003, 719). Dieser Grundsatz gilt
auch für das Revisionsverfahren (BVerwGE 1, 291).

II. Verpflichtung zur erneuten Bescheidung (V 2)

Kann die Sache nicht spruchreif im Sinne des V 1 gemacht werden, spricht **104**
das Gericht die Verpflichtung aus, den Kläger unter Beachtung der Rechtsauffassung des Gerichts zu bescheiden (V 2, Bescheidungsklage → § 42
Rn. 48 f.).

1. Antrag

Dieser Ausspruch setzt keinen eigenständigen Antrag des Klägers voraus; er ist **105**
als minus im Verpflichtungsbegehren nach V 1 enthalten (BayVGH Beschl. v.
16.7.2019 – 15 ZB 17.2529) und zwingt zur Klageabweisung iÜ, wenn
das Verpflichtungsbegehren keinen Erfolg hat. Weil der Streitgegenstand einer
Verpflichtungs- und derjenige einer Bescheidungsklage i.W. identisch sind,
stellt der ausdrücklich erklärte Übergang von einem Verpflichtungs- zu einem
Bescheidungsantrag – und umgekehrt – **keine Klageänderung** (§ 91) dar
(BVerwG NVwZ 2018, 88).

106   Umgekehrt enthält das klägerische Begehren nicht auch den Verpflichtungsantrag, wenn **nur Bescheidung begehrt** wird. Es ist dem Kläger aufgrund seiner Dispositionsbefugnis unbenommen, auch bei rechtlich gebundenen Anspruchsgrundlagen lediglich die Bescheidung zu beantragen
(BVerwGE 162, 331; 120, 263; OVG NRW ZUR 2007, 548: jedenfalls im
Falle eines „steckengebliebenen" Genehmigungsverfahrens). Ebenso ist er
berechtigt, mit Bindungswirkung für das Gericht seinen Antrag auf einen
Verpflichtungsausspruch zu beschränken und im Fall des Bestehens eines
Ermessens- oder Beurteilungsspielraums einen Bescheidungsausspruch auszuschließen. Entsprechendes gilt für den Fall der Verpflichtungsfortsetzungs-
feststellungsklage (BVerwGE 120, 263).

2. Prüfungsumfang

107   Der die Bescheidung begehrende Kläger kann die **gerichtliche Prüfung**
nicht bestimmen. Das Gericht ist bei seiner Entscheidungsfindung an das im
Streitgegenstand zum Ausdruck kommende Klagebegehren gebunden, nicht
jedoch an die Klagegründe. Es kann der Klage im Rahmen des Streitgegenstandes auch aus anderen Gründen stattgeben, als sie vom Kläger geltend
gemacht werden (BVerwGE 111, 318; NVwZ 2007, 104).

3. Rechtskraftwirkung

108   Die in einem rechtskräftigen Bescheidungsurteil iSd V 2 verbindlich zum
Ausdruck gebrachte Rechtsauffassung bestimmt dessen **Rechtskraftwirkung**
(§ 121). Da sich die Rechtsauffassung, die ein gerichtliches Bescheidungsurteil der Behörde zur Beachtung bei Erlass der neuen Verwaltungsentscheidung vorschreibt, nicht aus der gerichtlichen Entscheidungsformel entnehmen lässt, ergibt sich der Umfang der materiellen Rechtskraft aus den
tragenden Entscheidungsgründen, die die nach dem Entscheidungstenor zu
beachtende Rechtsauffassung des Gerichts im Einzelnen darlegen. An der
materiellen Rechtskraft nimmt danach die Rechtsauffassung des Gerichts aufgrund eines bestimmten festgestellten Sachverhalts und der zur Zeit der Entscheidung bestehenden Rechtslage teil (BVerwG NZWehr 2004, 126;
BVerfG Beschl. v. 7.2.2001 – 2 BvR 1794/99).

109   Die Behörde kann einem auf Vollziehung dieser rechtskräftigen Verpflichtung gerichteten Antrag entgegenhalten, dass sich nach Eintritt der Rechtskraft des Bescheidungsurteils die **Rechtslage** zum Nachteil des Klägers **geändert** habe. Der Anspruch auf erneute Entscheidung über den Antrag unter
Beachtung der Rechtsauffassung des Gerichts steht, auch wenn er tituliert ist,
unter dem Vorbehalt, dass sich die Sach- und Rechtslage nicht in rechtlich
relevanter Weise ändert; insoweit reicht die Rechtskraft eines Bescheidungsurteils nicht weiter als die eines Urteils, das die Behörde verpflichtet, die
beantragte Genehmigung zu erteilen (BVerwG BauR 2007, 1709).

III. Vollstreckung und Erfüllung

Kommt die Behörde der ihr im Urteil auferlegten Verpflichtung nicht nach, **110** kann das Gericht des ersten Rechtszugs gem. § 172 S. 1 auf Antrag unter Fristsetzung gegen sie ein **Zwangsgeld** bis 10 000 EUR durch Beschluss androhen, nach fruchtlosem Fristablauf festsetzen und vAw vollstrecken.

Hat die Behörde auf die rechtskräftige Verpflichtung zur Neubescheidung **111** hin den Antrag des Klägers allerdings **tatsächlich** (wenn auch möglicherweise in der Sache unzureichend oder nicht fehlerfrei) **neu beschieden,** können diese– ggf. ergänzend – **isoliert angefochten werden** (OVG NRW Urt. v. 26.3.2007 – 1 A 2821/05; → § 42 Rn. 82, → § 172 Rn. 6); in Betracht kommt auch die Erhebung einer erneuten Verpflichtungsklage.

§ 114 [Nachprüfung von Ermessensentscheidungen]

[1] **Soweit die Verwaltungsbehörde ermächtigt ist, nach ihrem Ermessen zu handeln, prüft das Gericht auch, ob der Verwaltungsakt oder die Ablehnung oder Unterlassung des Verwaltungsakts rechtswidrig ist, weil die gesetzlichen Grenzen des Ermessens überschritten sind oder von dem Ermessen in einer dem Zweck der Ermächtigung nicht entsprechenden Weise Gebrauch gemacht ist.** [2] **Die Verwaltungsbehörde kann ihre Ermessenserwägungen hinsichtlich des Verwaltungsaktes auch noch im verwaltungsgerichtlichen Verfahren ergänzen.**

Übersicht

1 S. 1 erstreckt die gerichtliche Rechtmäßigkeitskontrolle von VA über § 113 I, V hinaus auf die Überprüfung von Ermessensfehlern (vgl. BVerwG Beschl. v. 19.8.2013 – 5 B 47.13). S. 2 ermöglicht der Behörde, während des Verwaltungsprozesses Ermessensfehler auszuräumen.

I. Gerichtliche Ermessenskontrolle

2 S. 1 findet unmittelbare Anwendung auf Anfechtungs-, Verpflichtungs- und Fortsetzungsfeststellungsklagen (§§ 42 I, 113 I 4) und entsprechend auf Leistungsklagen (BVerwG Buchh 316 § 35 VwVfG Nr. 40) sowie im vorläufigen Rechtsschutz (aA HessVGH DÖV 2004, 625).

1. Ermessen

3 S. 1 setzt voraus, dass der Behörde für ihre Entscheidung materiell-rechtlich Ermessen eröffnet ist (vgl. § 40 VwVfG).

4 **a) Grundsätze.** Im Unterschied zur gebundenen Entscheidung, bei der die jeweilige Rechtsnorm nur eine Rechtsfolge vorsieht, ist Ermessen gegeben, wenn die Behörde, sofern die Tatbestandsvoraussetzungen der Ermächtigungsgrundlage vorliegen, auf der Rechtsfolgenseite zwischen mehreren Verhaltensweisen wählen kann. Dieses Ermessen kann sich darauf beziehen, ob und wann die Behörde überhaupt handelt (**Entschließungsermessen;** vgl. BVerwGE 130, 39), und darauf, welche von mehreren möglichen Handlungsformen sie ergreift (**Auswahlermessen;** vgl. BVerwG NVwZ 2009, 653). Ob eine Norm Ermessen einräumt, ist, sofern sich dies dem Gesetzeswortlaut nicht ausdrücklich entnehmen lässt, im Wege der Auslegung zu ermitteln („kann").

5 Stützt eine Behörde ihre Entscheidung auf mehrere (selbstständig tragenden) Gründe, ist sie grds. schon dann rechtmäßig, wenn nur einer der angeführten Gründe sie trägt, es sei denn, dass nach dem Ermessen der Behörde nur alle Gründe zusammen die Entscheidung rechtfertigen sollen (BVerwGE 62, 215; NDV-RD 2018, 83).

6 **b) Intendiertes Ermessen.** Besonderheiten gelten im Fall des gelenkten bzw. intendierten Ermessens. Ist eine ermessenseinräumende Vorschrift dahin auszulegen, dass sie für den Regelfall von einer **Ermessensausübung in einem bestimmten Sinne** ausgeht, so müssen besondere Gründe vorliegen, um eine gegenteilige Entscheidung zu rechtfertigen (sog. atypischer Fall). Liegt ein vom Regelfall abweichender Sachverhalt nicht vor, versteht sich das Ergebnis der Abwägung von selbst (BVerwGE 105, 55; 91, 82).

7 Ermessenslenkende Norm in diesem Sinne ist zB **§ 48 II 1 VwVfG.** Nur dann, wenn der Behörde außergewöhnliche Umstände des Falles bekannt geworden oder erkennbar sind, die eine andere Entscheidung möglich erscheinen lassen, liegt ein rechtsfehlerhafter Gebrauch des Ermessens vor, wenn diese Umstände von der Behörde nicht erwogen worden sind (BVerwGE 105, 55). Auch bei § 81b StPO ist bei Bejahung des Merkmals der Notwendigkeit das Entschließungsermessen weitgehend determiniert (BVerwGE 162, 275).

c) Ermessensreduktion auf Null. Eine Ermessensentscheidung scheidet **8** aus, wenn das Ermessen auf Null reduziert ist, dh, wenn keine andere Entscheidung ermessensfehlerfrei wäre (BVerwG NDV-RD 2018, 83). So kann zB bei Verletzung nachbarschützender Bestimmungen des öffentlichen Baurechts die rechtlich gegebene Ermessensfreiheit derart zusammenschrumpfen, dass nur eine einzige ermessensfehlerfreie Entschließung, nämlich die zum Einschreiten denkbar ist, und höchstens für das Wie des Einschreitens noch ein ausnutzbarer Ermessensspielraum der Behörde offenbleibt (BVerwGE 11, 95).

d) Abgrenzungen zu anderen Rechtsfiguren. aa) Unbestimmte **9** **Rechtsbegriffe.** Unbestimmte Rechtsbegriffe, die sowohl auf der Tatbestands- als auch auf der Rechtsfolgenseite einer Norm stehen können, eröffnen kein Ermessen. Art. 19 IV 1 GG gebietet, dass die Gerichte die Verwaltungstätigkeit in tatsächlicher und rechtlicher Hinsicht **grds. vollständig nachprüfen** (BVerfGE 84, 34; 79, 339; 15, 275). Dies bedeutet, dass nicht nur die Bestimmung seines Sinngehalts, sondern auch die Feststellung der Tatsachengrundlage und die Anwendung des unbestimmten Rechtsbegriffs auf die im Einzelfall festgestellten Tatsachen uneingeschränkter gerichtlicher Nachprüfung unterliegen (BVerfGE 64, 261; BVerwGE 129, 27).

bb) Beurteilungsermächtigungen. Beurteilungsermächtigungen haben im **10** Grunde mit Ermessensentscheidungen nichts zu tun. Sie folgen allerdings in ihrer praktischen Handhabung **ähnlichen Regeln** (vgl. BVerwG NVwZ-RR 2014, 657). Trotz der Verpflichtung, dass die Gerichte die Verwaltungstätigkeit in tatsächlicher und rechtlicher Hinsicht grds. vollständig nachprüfen (BVerfGE 84, 34; 79, 339; 15, 275), kann der Gesetzgeber der Verwaltung für bestimmte Fälle einen Beurteilungsspielraum einräumen und damit anordnen, dass sich die gerichtliche Nachprüfung auf die Einhaltung der rechtlichen Grenzen dieses Spielraums zu beschränken habe. Ob das Gesetz eine solche Beurteilungsermächtigung enthält, ist durch **Auslegung** des jeweiligen Gesetzes zu ermitteln (BVerwGE 129, 27; 100, 221). Dabei ist zu beachten, dass der Gesetzgeber eine Beurteilungsermächtigung nur in engen Grenzen und nur aus guten Gründen vorsehen darf (BVerfGE 84, 34; 64, 261; umfassend Jacob/Lau NVwZ 2015, 241).

Das BVerwG hat Gesetzen ua dann eine Beurteilungsermächtigung ent- **11** nommen, wenn der zu treffenden Entscheidung in hohem Maße **wertende Elemente** anhaften und das Gesetz für sie deshalb ein besonderes Verwaltungsorgan für zuständig erklärt, das weisungsfrei, mit besonderer fachlicher Legitimation und in einem besonderen Verfahren entscheidet; dies zumal dann, wenn es sich um ein Kollegialorgan handelt, das mögliche Auffassungsunterschiede bereits in sich zum Ausgleich bringt und so die treffende Entscheidung damit zugleich versachlicht (BVerwGE 91, 211; 72, 195; 59, 213).

Einschätzungen, bei denen ein Beurteilungsspielraum besteht, können in **12** **entsprechender Anwendung des S. 2** im gerichtlichen Verfahren ergänzt werden (BVerwGE 133, 13; NVwZ-RR 2014, 657, str.).

Beispiele für Beurteilungsermächtigungen finden sich in folgenden Berei- **13** chen: beamtenrechtliche Entlassungs- (BVerwGE 85, 177 mwN) und Auswahlentscheidungen (BVerwGE 115, 58), dienstliche Beurteilungen (BVerwGE 60, 245; Buchh 232.1 § 40 BLV Nr. 19), prüfungsspezifische Wertungen (BVerfGE 84, 34; BVerwGE 91, 262), Entscheidungen weisungsunabhängiger Gremien (BVerwGE 129, 27 mwN), Regulierungsentscheidungen der Bundesnetzagentur (BVerwGE 163, 181).

14 cc) Prognoseentscheidungen. Behördliche Prognoseentscheidungen unterliegen ebenfalls nur eingeschränkter verwaltungsgerichtlicher Kontrolle. Soweit eine hoheitliche Entscheidung Prognosen erfordert, kommt dem Entscheidungsträger ein **Prognosespielraum** zu, der vom Gericht nur auf Prognosefehler hin überprüft werden kann. Überprüfbar ist zB, ob die Prognose auf der Grundlage fachwissenschaftlicher Maßstäbe methodisch fachgerecht erstellt wurde (BVerwGE 87, 332 mwN). Das findet seinen Grund in den Sachgegebenheiten einer Prognose. Prognoseentscheidungen, die sich nicht lediglich auf die allgemeine Lebenserfahrung stützen, beruhen auf der Anwendung statistischer Methoden, die Aussagen über die Wahrscheinlichkeit zukünftiger Entwicklungen ermöglichen. Ausgehend von gegenwärtigen Gegebenheiten, der sog. Prognosebasis, wird das Ergebnis der Prognose dabei mit Hilfe mathematischer Verfahren gewonnen und in einem Zahlenwert ausgedrückt. Daher ist die **Überprüfung durch das Gericht** darauf begrenzt, ob zutreffende Ausgangswerte zugrunde gelegt wurden, ob sich die Prognose methodisch auf ein angemessenes Prognoseverfahren stützen lässt und ob dieses Verfahren konsequent verfolgt wurde (BVerwG Urt. v. 29.10.2009 – 3 C 26.08, mwN; BVerfGE 106, 62 (152 f.)). Weil es sich insofern um Konsequenzen aus den Sachgegebenheiten einer jeden Prognoseentscheidung handelt, gilt dies unabhängig davon, ob die Prognose im Rahmen der Normsetzung oder der Normanwendung und ob sie vom Gesetzgeber oder von der Verwaltung getroffen wurde.

14a dd) Einschätzungsplausibilität bei Erkenntnisgrenzen. Stößt die gerichtliche Kontrolle nach weitestmöglicher Aufklärung an die Grenze des Erkenntnisstandes naturschutzfachlicher Wissenschaft und Praxis, zwingt Art. 19 IV 1 GG das Gericht nicht zu weiteren Ermittlungen, sondern erlaubt ihm, seiner Entscheidung insoweit die plausible Einschätzung der Behörde zu der fachlichen Frage zugrunde zu legen. Die Einschränkung der Kontrolle folgt hier nicht aus einer der Verwaltung eingeräumten Einschätzungsprärogative und bedarf nicht eigens gesetzlicher Ermächtigung. In grundrechtsrelevanten Bereichen darf der Gesetzgeber Verwaltung und Gerichten aber nicht ohne weitere Maßgaben auf Dauer Entscheidungen in einem fachwissenschaftlichen „Erkenntnisvakuum" übertragen, sondern muss jedenfalls auf längere Sicht für eine zumindest untergesetzliche Maßstabsbildung sorgen (BVerfGE 149, 407). Anders als beim Beurteilungsspielraum hat das VG zu prüfen und gegebenenfalls Beweis durch Sachverständige darüber zu erheben, ob zum maßgeblichen Entscheidungszeitpunkt es in den einschlägigen Fachkreisen und der einschlägigen Wissenschaft tatsächlich an allgemein anerkannten Maßstäben und Methoden für die fachliche Beurteilung der entscheidungserheblichen Frage fehlt, ob die auf dieser Grundlage gewonnenen Erkenntnisse der Behörde plausibel sind und ob die Behörde auch im Übrigen den allgemeinen Vorgaben für eine ordnungsgemäße Entscheidungsfindung nachgekommen ist (vgl. Eichberger NVwZ 2019, 1560).

2. Ermessensfehler

Die gerichtliche Prüfung auf Ermessensfehler nach S. 1 bezieht sich auf den **15** Ausgangsbescheid in der Gestalt des Widerspruchsbescheids (§ 79 I Nr. 1); trifft die Widerspruchsbehörde eine eigene Ermessensentscheidung, so tritt diese an die Stelle derjenigen der Ausgangsbehörde und führt bei – auch erstmaligen – Fehlern zugleich zur Aufhebung des ErmessensVA (BVerwGE 155, 261). S. 1 nennt zwei Arten von rechtlich erheblichen Ermessensfehlern: die **Ermessensüberschreitung**, wenn die Behörde die gesetzlichen Grenzen des Ermessens überschreitet, und die **Ermessensfehleinschätzung**, wenn sie von dem Ermessen in einer dem Zweck der Ermächtigung nicht entsprechenden Weise Gebrauch gemacht hat. Hinsichtlich der Ermessensfehleinschätzung kann zwischen dem **Ermessensdefizit** – der Frage, ob die Behörde ihre Entscheidung auf einer unzureichenden Tatsachengrundlage getroffen hat, – und dem **Ermessensfehlgebrauch** – der Frage, ob sie sich von sachfremden Erwägungen hat leiten lassen, – unterschieden werden (vgl. Eyermann § 114 Rn. 16 ff.; BayVGH NuR 2010, 63). Hinzu kommt der grundlegende, in S. 1 nicht gesondert angesprochene, aber immanente Fall des **Ermessensnichtgebrauchs,** in welchem die Behörde überhaupt nicht erkennt, dass ihr Ermessen zusteht.

Eine **Überprüfung der Zweckmäßigkeit** des Verwaltungshandelns ist **16** den Gerichten nicht möglich (BVerwGE 124, 217). Es ist wegen des Gewaltenteilungsgrundsatzes (Art. 20 II 2 GG) nicht Aufgabe des Gerichts, der Behörde Ermessensgesichtspunkte vorzugeben oder ihre Auswahl im Einzelnen, sei es erweiternd oder einschränkend, zu bestimmen (BVerwG Beschl. v. 11.5.1993 – 5 CB 1.90).

a) Ermessensnichtgebrauch bzw. -ausfall. Der in S. 1 nicht ausdrücklich **17** benannte, aber allgemein anerkannte und grundlegendste Ermessensfehler des **Ermessensnichtgebrauchs** liegt vor, wenn die Behörde von dem ihr zustehenden Ermessen überhaupt keinen Gebrauch macht (stRspr, vgl. BVerwGE 111, 54). Dies ist zB dann der Fall, wenn die Behörde nicht erkennt, dass ihre Entscheidung im Ermessen steht, oder wenn sie zu Unrecht von einer Ermessensreduzierung auf Null ausgeht und deswegen kein Ermessen ausübt (BVerwG NJW 1999, 2912; OVG NRW NWVBl. 2004, 107). Auf einen Ermessensnichtgebrauch deuten Wendungen wie „musste folgende Entscheidung getroffen werden" hin.

Ein Ermessensnichtgebrauch liegt allerdings nicht schon dann vor, wenn **18** die behördliche Entscheidung ausdrücklich keine Ausführungen hierzu enthält. Selbst wenn diese sich hierzu nicht äußert, schließt dies nicht aus, dass sich die Behörde zur Frage der Ermessensausübung gleichwohl Gedanken gemacht hat oder die zu einer Beanstandung führende Ausübung des Ermessens für so selbstverständlich gehalten haben mag, dass sie einen besonderen Hinweis darauf für überflüssig hielt (BVerwG NVwZ 1988, 525). Anhaltspunkte hierfür können sich auch aus den im Verwaltungsvorgang dokumentierten Begleitumständen ergeben, die zum Erlass des VA geführt haben.

19 **b) Ermessensüberschreitung.** Das Gericht darf überprüfen, ob die gesetzlichen Grenzen des Ermessens überschritten sind **(äußere Ermessensgrenze).** Diese Grenzen geben an, welche Handlungsmöglichkeiten innerhalb des Ermessensbereichs liegen. Wählt die Behörde eine Rechtsfolge, die sie im konkreten Fall nicht hätte wählen dürfen, überschreitet sie die gesetzlichen Grenzen. Dasselbe gilt, wenn sich die Behörde nicht im Rahmen der ihr vom Gesetz eingeräumten Ermächtigung hält, zB wenn sie eine Rechtsfolge setzt, die im Gesetz nicht vorgesehen ist, oder wenn sie eine Rechtsfolge wählt, die zwar grds. möglich, im konkreten Fall zB wegen eines Grundrechtsverstoßes aber unzulässig ist.

20 **c) Ermessensfehleinschätzung im Sinne eines Ermessensdefizits.** Ein **Ermessensdefizit** besteht, wenn die Behörde ihre Entscheidung auf einer unzureichenden Tatsachengrundlage getroffen hat. Es macht keinen Unterschied, ob ein Irrtum der Behörde sich auf die tatsächlichen Grundlagen oder den rechtlichen Rahmen der von ihr zu treffenden Entscheidung bezieht (BVerwGE 156, 59). Das Gericht darf die getroffene Entscheidung nur anhand derjenigen Erwägungen überprüfen, die die Behörde tatsächlich angestellt hat, wozu auch in Einklang mit S. 2 nachgeschobene Erwägungen zählen. Tragen diese Erwägungen nicht, so ist die Entscheidung rechtswidrig und muss aufgehoben werden. Das Gericht ist nicht befugt, die behördliche Entscheidung aus Gründen, die für die Verwaltung nicht oder nicht allein ausschlaggebend waren, im Ergebnis aufrecht zu erhalten (BVerwGE 147, 81; NVwZ 2016, 1577). Bei DauerVA können allerdings zukunftsbezogene Veränderungen nach Maßgabe des S. 2 nachgeholt werden (BVerwGE 147, 81; OVG NRW NWVBl 2019, 302).

21 **d) Ermessensfehleinschätzung im Sinne eines Ermessensfehlgebrauchs bzw. -missbrauchs.** Ein **Ermessensfehlgebrauch** ist gegeben, wenn die Verwaltung sich nicht von sachlichen und zweckgerechten Erwägungen leiten lässt **(innere Ermessensgrenze),** sie willkürlich handelt (BVerwGE 162, 153), die betroffenen öffentlichen und privaten Belange fehlgewichtet (Verstoß gegen den Verhältnismäßigkeitsgrundsatz; BVerwGE 162, 275; 157, 356) oder Grundrechte oder Unionsrecht nicht hinreichend beachtet (BVerwGE 157, 356). So ist zB bei einer Ermessensentscheidung über die Rücknahme einer rechtswidrigen Einbürgerung ein bestehender Einbürgerungsanspruch zu berücksichtigen (BVerwG 152, 153). Ein solcher Fehlgebrauch liegt aber nicht bereits dann vor, wenn die Verwaltung nicht sämtliche Erwägungen in ihre Ermessensentscheidung einstellt, die aus der Sicht eines von ihr Betroffenen hätten Berücksichtigung finden müssen. Auch ist unter dem Zweck einer Ermächtigung nach S. 1 nicht nur deren isoliert betrachtete Zielsetzung im engeren Sinn zu verstehen. Berücksichtigt werden können auch andere in der Rechtsordnung zum Ausdruck kommende Zwecke (BVerwG NDV-RD 2018, 83).

So werden zB Ermessenserwägungen des Dienstherrn bei einer Umsetzung **22** eines Beamten im Allgemeinen nur daraufhin überprüft, ob sie durch Ermessensmissbrauch maßgebend geprägt sind, sodass die gerichtliche Prüfung grds. darauf beschränkt bleibt, ob die Gründe des Dienstherrn seiner tatsächlichen Einschätzung entsprachen und nicht nur vorgeschoben sind, um eine in Wahrheit allein oder maßgebend mit auf anderen Beweggründen beruhende Entscheidung zu rechtfertigen, oder ob sie aus anderen Gründen willkürlich sind (BVerwGE 89, 199 mwN).

II. Ermessensergänzung

S. 2 regelt die prozessrechtliche Seite des Nachschiebens von Gründen bei **23** Ermessensentscheidungen (BVerwGE 147, 81). Die Behörde kann ihre Ermessenserwägungen hinsichtlich des VA im verwaltungsgerichtlichen Verfahren – sogar noch nach einer Zurückverweisung durch das Revisionsgericht – ergänzen (BVerwG NVwZ 2011, 760). Diese Regelung ist verfassungsrechtlich nicht zu beanstanden (BVerwGE 106, 351; NVwZ-RR 2010, 550; krit. Pöcker/Barthelmann DVBl 2002, 668; Schenke NJW 1997, 81). S. 2 verstößt insbes. nicht gegen das Gebot eines fairen Verfahrens, lässt die verfassungsrechtlich gebotene Neutralität des Richters unberührt und greift nicht in eine bestehende Rechtsposition ein (BVerwGE 106, 351).

1. Grundlagen

Die unmittelbare Bedeutung dieser Vorschrift beschränkt sich darauf, dass **24** einem Nachholen von Ermessenserwägungen prozessrechtliche Hindernisse nicht entgegenstehen; iÜ beurteilt sich die Zulässigkeit einer Ergänzung von Ermessenserwägungen nach dem einschlägigen materiellen Recht und dem Verwaltungsverfahrensrecht (BVerwGE 147, 81; 106, 351; NVwZ-RR 2014, 657; SSB Rn. 12c). Nach diesem dürfen neue Gründe für einen VA nachgeschoben werden, wenn sie schon bei Erlass des VA vorlagen, dieser nicht in seinem Wesen verändert und der Betroffene nicht in seiner Rechtsverteidigung beeinträchtigt wird (BVerwGE 147, 81). Die entsprechende Ergänzung der Ermessenserwägungen führt nicht zu einer Änderung des Streitgegenstandes, sodass sie weder eine Klageänderung noch die Durchführung eines erneuten Widerspruchsverfahrens erforderlich macht (BVerwGE 106, 351; offen zur Problematik der Nachholung von Ermessenserwägungen in einem nach Klageerhebung ergangenen Widerspruchsbescheid BVerwGE 155, 261).

S. 2 schließt es im Rechtsstreit um die **Ausweisung eines Ausländers 25** aber nicht aus, eine behördliche Ermessensentscheidung erstmals im gerichtlichen Verfahren zu treffen und zur Prüfung zu stellen, wenn sich aufgrund neuer Umstände die Notwendigkeit einer Ermessensausübung erst nach Klageerhebung ergibt (BVerwGE 141, 253; vgl. auch BVerwGE 157, 356; 130, 20; 124, 217; 121, 297).

2. Form der Nachholung

26 In welcher Form die Behörde ihre ergänzenden Ermessenserwägungen einbringt, ist nicht bestimmt (vgl. SSB Rn. 12e). Sie muss dies allerdings unmissverständlich deutlich erklären (BVerwGE 147, 81; 141, 253). Es darf nicht nur Verteidigungsvorbringen sein, sondern muss den VA selbst ändern (OVG NRW NWVBl 2019, 302). Die Beachtung der für den VA vorgeschriebenen Formen ist nur erforderlich, wenn die Behörde die ergänzenden Erwägungen außerhalb des Prozesses dem Adressaten des VA gegenüber erklärt. Hierauf ist sie jedoch nicht beschränkt. Vielmehr kann sie die Erwägungen auch unmittelbar schriftsätzlich oder sogar in der mündlichen Verhandlung zu Protokoll erklären (OVG Bln-Bbg LKV 2009, 321).

3. Keine Nachholung bei Ermessensnichtgebrauch

27 Ein wegen **Ermessensnichtgebrauchs** rechtswidriger VA kann nicht geheilt werden. S. 2 schafft die prozessualen Voraussetzungen lediglich dafür, dass defizitäre Ermessenserwägungen ergänzt werden, nicht hingegen, dass das Ermessen erstmals ausgeübt oder die Gründe einer Ermessensausübung (komplett oder doch in ihrem Wesensgehalt) ausgewechselt werden (BVerwGE 129, 367; 106, 351; NJW 1999, 2912; aber → Rn. 25). Liegt eine **intendierte Ermessensentscheidung** vor, handelt es sich, wenn die Behörde nachträglich zu individuellen oder sonstigen Besonderheiten abwägend Stellung nimmt, allerdings um eine Ergänzung – nicht um eine Nachholung – der Ermessensbegründung (BVerwGE 105, 55).

28 Die Nachholung von Ermessenserwägungen bei **beamtenrechtlichen Billigkeitsentscheidungen** (§ 12 II 3 BBesG, § 52 II 3 BeamtVG) ist regelmäßig unzulässig, da es sich um eine von S. 2 nicht gedeckte Auswechslung der die Billigkeitsentscheidung tragenden Gründe handelt (BVerwG NVwZ-RR 2012, 930).

4. Keine Nachholung nach Erledigung

29 Nach dem Zeitpunkt des eingetretenen erledigenden Ereignisses, sprich: im Anwendungsbereich des § 113 I 4 in direkter oder analoger Anwendung, scheidet eine Ergänzung von Ermessenserwägungen gem. S. 2 aus, weil die Ermessensergänzung begrifflich notwendigerweise einen noch wirksamen VA voraussetzt, auf den sie sich beziehen kann (OVG NRW NVwZ 2001, 1424; SächsOVG Urt. v. 1.9.2008 – 2 B 461/07).

§ 115 [Klagen gegen Widerspruchsbescheid]

§§ 113 und 114 gelten entsprechend, wenn nach § 79 Abs. 1 Nr. 2 und Abs. 2 der Widerspruchsbescheid Gegenstand der Anfechtungsklage ist.

1 Die Norm hat keine praktische Bedeutung. Sie ordnet an, dass die §§ 113 und 114 entsprechend gelten, wenn **allein der Widerspruchsbescheid**

Gegenstand der Anfechtungsklage ist (§ 79 I Nr. 2, II). Damit ist sie dogmatisch im Grunde überflüssig, weil auch der Widerspruchsbescheid ein VA (§ 35 VwVfG) ist. Sofern eine **Verpflichtungsklage** auf Erlass eines Widerspruchsbescheids für zulässig erachtet wird (zum Streitstand Eyermann § 115 Rn. 2), findet § 115 konsequenterweise entsprechende Anwendung.

§ 116 [Verkündung und Zustellung des Urteils]

(1) [1]Das Urteil wird, wenn eine mündliche Verhandlung stattgefunden hat, in der Regel in dem Termin, in dem die mündliche Verhandlung geschlossen wird, verkündet, in besonderen Fällen in einem sofort anzuberaumenden Termin, der nicht über zwei Wochen hinaus angesetzt werden soll. [2]Das Urteil ist den Beteiligten zuzustellen.

(2) Statt der Verkündung ist die Zustellung des Urteils zulässig; dann ist das Urteil binnen zwei Wochen nach der mündlichen Verhandlung der Geschäftsstelle zu übermitteln.

(3) Entscheidet das Gericht ohne mündliche Verhandlung, so wird die Verkündung durch Zustellung an die Beteiligten ersetzt.

Übersicht

Die Vorschrift regelt die Möglichkeiten, einem Urteil äußere Existenz zu **1** verleihen. Vorgesehen sind dafür die **Verkündung** der Urteilsformel, die sofort oder in einem besonderen Termin erfolgen kann (I), und die **Zustellung** des vollständig abgesetzten Urteils (II, III).

I. Sofortige Verkündung des Urteils

Hat eine mündliche Verhandlung stattgefunden, wird das Urteil (die Ent- **2** scheidungsformel → Anhang) idR in dem Termin verkündet, in dem die mündliche Verhandlung geschlossen worden ist (sog. Stuhlurteil; I 1, 1. Hs.). Das Urteil ist später vollständig abzufassen (§ 117) und zuzustellen (I 2).

1. Termin

3   **Termin** in diesem Sinne ist der **Sitzungstag** (BVerwGE 20, 141). Es muss daher nicht unmittelbar im Anschluss an die konkrete mündliche Verhandlung verkündet werden. Es reicht eine (Sammel)Verkündung am Ende des Sitzungstags, nachdem alle am Sitzungstag verhandelten Sachen (gem. § 55 iVm §§ 192 ff. GVG) durchberaten worden sind.

2. Verkündung

4   Das Urteil ergeht „im Namen des Volkes" (§ 173 S. 1 iVm § 311 I ZPO) und wird durch **Vorlesung der Urteilsformel** verkündet (§ 311 II 1 ZPO): „Im Verfahren [Aktenzeichen], [Beteiligte] ergeht im Namen des Volkes folgendes Urteil:…"), womit eine vorher schriftlich niedergelegte Urteilsformel vorausgesetzt ist. Die Vorlesung erfolgt nach dem Schließen der mündlichen Verhandlung in öffentlicher Sitzung (§ 55 iVm §§ 169, 173 I GVG) und (anders als die Verkündung von Beschlüssen) im Stehen. Ein Verstoß gegen das Öffentlichkeitsprinzip führt aber zu keinem beachtlichen Verfahrensfehler (BVerwG Beschl. v. 14.6.2016 – 4 B 45.15). Keiner schriftlichen Abfassung bedarf es bei Anerkenntnis- und Verzichtsurteilen (§ 311 II 3 ZPO; → § 107 Rn. 7). Da die Urteilsformel zu Protokoll zu nehmen ist (→ Rn. 6), muss sie von den mitwirkenden Richtern nicht unterschrieben sein. In der Praxis ist die sofortige Unterschriftsleistung die Regel, wenn das vollständige Urteil nicht binnen zwei Wochen zur Geschäftsstelle gegeben werden kann (vgl. § 117 IV 2).

4a   Die Verkündung obliegt in einem Kollegialspruchkörper dem Vorsitzenden (§ 136 IV ZPO). Die Wirksamkeit der Verkündung ist von der Anwesenheit der Beteiligten nicht abhängig (§ 312 I 1 ZPO); im Umkehrschluss ergibt sich, dass auch bei Ausbleiben aller Beteiligten zwingend verkündet werden muss, anderenfalls wird das Urteil nicht existent. In solchen Fällen erlaubt § 311 II 2 ZPO jedoch, die Vorlesung der Urteilsformel, die „gegen die Wand gesprochen" wäre, durch eine Bezugnahme auf die in das Protokoll aufzunehmende Urteilsformel zu ersetzen.

5   Die Entscheidungsgründe werden (üblicherweise im Sitzen) mit verkündet, wenn das Gericht es für angemessen erachtet (§ 311 III ZPO). Da sie in aller Regel noch nicht vollständig abgefasst vorliegen, ist es üblich, anwesende Beteiligte, Pressevertreter oder die Öffentlichkeit „durch mündliche Mitteilung über den wesentlichen Inhalt" des Beratungsergebnisses zu informieren. Weichen diese Gründe von den später schriftlich niederzulegenden (§ 117 IV 1) ab, sind die schriftlichen Gründe maßgeblich. Bei Abwesenheit von Beteiligten und der Presse wird das Gericht von Ausführungen absehen.

6   Die Tatsache der Verkündung und die Urteilsformel sind in das Protokoll über die Verhandlung aufzunehmen (§ 105 iVm § 160 III Nr. 7 ZPO → § 103 Rn. 16).

3. Besetzung des Gerichts

Während der Verkündung muss das Gericht **ordnungsgemäß besetzt** sein, **7** aber nicht notwendig mit den Richtern, die das Urteil gefällt haben (→ § 5 Rn. 18, → § 112 Rn. 5). I 1 regelt lediglich den Zeitpunkt der Verkündung. Eine in der mündlichen Verhandlung und bei der Verkündung gleichbesetzte Richterbank schreibt die Norm nicht vor (BVerwGE 91, 242; 50, 79). Eine fehlerhafte Besetzung macht das Urteil überdies nicht unwirksam (vgl. SSB Rn. 8).

4. Bindung des Gerichts

Mit dem vollständigen Abschluss der Verkündung aller Elemente der Ent- **8** scheidungsformel (§ 117 II Nr. 3) und nicht erst mit der evtl. Mitteilung der Entscheidungsgründe ist das Gericht an die von ihm getroffene Entscheidung gebunden (§ 173 S. 1 iVm § 318 ZPO). Die Zustellung des später abgefassten Urteils ist lediglich für den Lauf der Rechtsmittelfrist von Bedeutung (§§ 56 I, 57 I). Die **Bindung** führt dazu, dass auch im Falle irrtümlicher Verkündung des Tenors das abgefasste Urteil den falschen Tenor wiedergeben muss; eine **Berichtigung** ist nur nach §§ 118 ff. zulässig.

II. Verkündungstermin

In besonderen Fällen wird das Urteil in einem sofort anzuberaumenden **9** (weiteren) Termin verkündet, der nicht über zwei Wochen hinaus angesetzt werden soll (I 1, 2. Hs.). Das Urteil selbst ist zuzustellen (I 2). Ob ein **besonderer Fall** vorliegt, obliegt allein der Beurteilung des Gerichts (nicht des Vorsitzenden allein) und seiner Beschlussfassung (vgl. SSB Rn. 4).

Die **Anberaumung** des Verkündungstermins ist zweckmäßigerweise in der **10** mündlichen Verhandlung durch Beschluss zu verkünden: „Termin zur Verkündung einer Entscheidung wird festgesetzt auf…"; dieser muss nicht zugestellt werden (BVerwG Buchh 310 § 56 VwGO Nr. 7). Der später erlassene Beschluss ist gem. § 56 I zuzustellen; einer **Ladung** zum Verkündungstermin bedarf es in beiden Fällen nicht.

Zweckmäßig ist es zu beschließen, dass „eine Entscheidung" verkündet **11** werden wird. Hierbei kann es sich um die Endentscheidung, im Falle weiteren Aufklärungsbedarfs aber auch um einen (weiteren) Beweisbeschluss handeln. Unterbleibt die Verkündung oder Zustellung dieses Beschlusses, ist das gleichwohl verkündete Urteil nicht bereits deswegen unwirksam (str., SSB Rn. 8; aA Kopp/Schenke Rn. 7). Der Beschluss kann vAw jederzeit geändert werden (SSB Rn. 4).

Für die Verkündung gilt das unter Rn. 2 ff. Ausgeführte mit der Besonder- **12** heit, dass der **Vorsitzende** das Urteil in Abwesenheit der anderen Mitglieder des Spruchkörpers allein verkünden kann (§ 173 S. 1 iVm § 311 IV ZPO).

Wird die **Zwei-Wochen-Frist** zur Verkündung nicht eingehalten, hat dies **13** keine unmittelbaren prozessualen Konsequenzen („soll"). Bei einer mehrmonatigen Zeitspanne zwischen mündlicher Verhandlung und Verkündungstermin ist jedoch davon auszugehen, dass den Richtern der unmittelbare

Eindruck von der mündlichen Verhandlung nicht mehr hinreichend gegenwärtig ist (→ Rn. 17).

III. Zustellung statt Verkündung nach mündlicher Verhandlung

14 Statt der Verkündung ist – nach freiem Ermessen des Gerichts (BVerwGE 75, 338) – die **Zustellung** des Urteils zulässig; dann ist das Urteil binnen zwei Wochen nach der mündlichen Verhandlung der Geschäftsstelle zu übermitteln (II).

15 Zur Problematik im Hinblick auf einen Anspruch der Beteiligten auf öffentliche Verkündung gem. Art. 6 I 2 EMRK → Kopp/Schenke Rn. 9; SSB Rn. 9.

16 In der mündlichen Verhandlung ist der Beschluss zu verkünden: „Eine Entscheidung/das Urteil wird zugestellt." Dies kann ergänzt werden um „…, jedoch nicht vor dem…", um dem Kläger ggf. die Klagerücknahme zu ermöglichen; hierin liegt keine Einräumung einer Schriftsatzfrist (BayVGH Beschl. v. 5.12.2018 – 2 LA 220/18). Unterbleibt der Beschluss, kann er schriftlich nachgeholt werden. Unterbleibt auch dies, wirkt sich der Verstoß nicht aus, da das Urteil hierauf nicht beruhen kann (BVerwG NJW 1976, 124).

1. Absetzungsfrist

17 Für die **Absetzung** des Urteils gilt eine für die Beteiligten und das Gericht nicht disponible **Zwei-Wochen-Frist** (BayVGH Beschl. v. 23.4.2019 – 13a ZB 18.32206). Nach Ablauf von zwei Wochen bestehen aus der maßgeblichen Sicht des Gesetzgebers grds. Zweifel daran, dass den Richtern der unmittelbare Eindruck von der mündlichen Verhandlung noch hinreichend gegenwärtig ist. Die Übergabe des unterschriebenen Urteilstenors an die Geschäftsstelle genügt, wenn entsprechend § 117 IV 3 Tatbestand, Entscheidungsgründe und Rechtsmittelbelehrung alsbald nachträglich niedergelegt werden (BVerwG Beschl. v. 18.6.2010 – 8 B 116.09; BVerwGE 38, 220).

18 Wird die Frist nicht gewahrt, leidet das Urteil an einem **Verfahrensmangel** (BVerwGE 39, 52; BVerfG NVwZ 1990, 651), dessen erfolgreiche Geltendmachung die Darlegung voraussetzt, dass das Urteil auf dem Mangel beruhen kann (BVerwGE 110, 40). Entsprechend §§ 517, 548 ZPO liegt die äußerste Grenze bei fünf Monaten nach Durchführung der mündlichen Verhandlung (BVerwG Beschl. v. 30.6.2015 – 3 B 47.14; GmS-OGB BVerwGE 92, 367; BayVGH Beschl. v. 23.4.2019 – 13a ZB 18.32206). Der Fristbeginn ist umstritten (ausführlich zum Streitstand BayVGH Beschl. v. 23.4.2019 – 13a ZB 18.32206); nach vorzugswürdiger Ansicht ist auf das Ende der mündlichen Verhandlung und nicht auf den Zeitpunkt der Übergabe der Urteilsformel an die Geschäftsstelle abzustellen. Wenn die mit dem Zeitablauf begründeten Zweifel sich durch besondere Umstände zu der Annahme verdichten, dass die gebotene Übereinstimmung zwischen den für die Urteilsfindung tatsächlich leitenden und den schriftlich niedergelegten Urteilsgründen nicht mehr gewährleistet ist, reicht auch ein kürzerer Ablauf als fünf

Monate (BVerwG Beschl. v. 30.6.2015 – 3 B 47.14; etwa dreieinhalb Monate: NVwZ 1998, 1176). Die mündliche Verhandlung muss in einem solchen Fall wiederholt werden. Diese Regeln gelten für die Annahme eines Verfahrensmangels; in der gerichtsinternen Geschäftsprüfung (→ § 38 Rn. 5) können andere (kürzere) Fristen vorgegeben werden.

2. Anspruch auf Mitteilung

Sobald das Urteil der Geschäftsstelle zur Ausfertigung übermittelt ist, haben **19** die Beteiligten **Anspruch auf Mitteilung vom Inhalt der ihr übergebenen Entscheidungsformel** (BVerwG Beschl. v. 18.6.2010 – 8 B 116.09; NVwZ-RR 1994, 297). Dieser Anspruch kann erfüllt werden, indem die Geschäftsstelle einen Beteiligten auf telefonische Nachfrage über die Urteilsformel informiert.

3. Bindung des Gerichts

Bereits mit der „**Entäußerung**" der Entscheidung, zB durch Aufgabe der **20** Ausfertigung zur Post oder der Zustellung des noch nicht mit Gründen versehenen Urteils (BVerwG Buchh 310 § 133 VwGO Nr. 50) oder bei der telefonischen Mitteilung der Urteilsformel an einen Beteiligten (BVerwG NVwZ-RR 1994, 297) ist das Gericht an die von ihm getroffene Entscheidung **gebunden** (§ 173 S. 1 iVm § 318 ZPO). Die Übergabe des – auch schon unterschriebenen – Urteils an die Geschäftsstelle des Spruchkörpers führt noch nicht zur Bindung, solange eine Zurückholung in den Spruchkörper noch möglich ist, so zB wenn die zur Absendung bestimmte Postsendung das Gerichtsgebäude noch nicht verlassen hat (BVerwGE 95, 64), nicht aber, wenn die Urteilsformel bereits an die Geschäftsstelle mit der Anweisung übergeben worden ist, diese auf telefonische Anfrage an die Beteiligten bekannt zu geben (BW VGH KStZ 2017, 190). Zur Sonderregelung bei Beschlüssen im Asylrecht vgl. § 36 III 9 AsylG.

IV. Zustellung bei Entscheidung ohne mündliche Verhandlung

Entscheidet das Gericht **ohne mündliche Verhandlung,** so wird die Ver- **21** kündung durch Zustellung an die Beteiligten ersetzt (III). Hiervon werden Urteile erfasst, die im Einverständnis der Beteiligten – ggf. auch nach einer bereits durchgeführten mündlichen Verhandlung – ohne mündliche Verhandlung ergehen (§ 101 II), aber auch Gerichtsbescheide (§ 84 I 1).

Verzichten die Beteiligten nach mündlicher Verhandlung auf eine weitere **22** mündliche Verhandlung, so ist im weiteren Verfahrensgang weder die 5-Monats-Frist zu beachten, die im Rahmen der §§ 116 II, 117 IV eine Rolle spielt, noch die 3-Monats-Frist, innerhalb derer nach § 128 II 3 ZPO im Zivilprozess eine Entscheidung getroffen werden muss (BVerwG NVwZ-RR 2003, 460; OVG NRW NVwZ-RR 2018, 789). Zur Bindungswirkung → Rn. 8, 20.

§ 117 [Form und Inhalt des Urteils]

(1) [1] Das Urteil ergeht „Im Namen des Volkes". [2] Es ist schriftlich abzufassen und von den Richtern, die bei der Entscheidung mitgewirkt haben, zu unterzeichnen. [3] Ist ein Richter verhindert, seine Unterschrift beizufügen, so wird dies mit dem Hinderungsgrund vom Vorsitzenden oder, wenn er verhindert ist, vom dienstältesten beisitzenden Richter unter dem Urteil vermerkt. [4] Der Unterschrift der ehrenamtlichen Richter bedarf es nicht.

(2) Das Urteil enthält

1. die Bezeichnung der Beteiligten, ihrer gesetzlichen Vertreter und der Bevollmächtigten nach Namen, Beruf, Wohnort und ihrer Stellung im Verfahren,
2. die Bezeichnung des Gerichts und die Namen der Mitglieder, die bei der Entscheidung mitgewirkt haben,
3. die Urteilsformel,
4. den Tatbestand,
5. die Entscheidungsgründe,
6. die Rechtsmittelbelehrung.

(3) [1] Im Tatbestand ist der Sach- und Streitstand unter Hervorhebung der gestellten Anträge seinem wesentlichen Inhalt nach gedrängt darzustellen. [2] Wegen der Einzelheiten soll auf Schriftsätze, Protokolle und andere Unterlagen verwiesen werden, soweit sich aus ihnen der Sach- und Streitstand ausreichend ergibt.

(4) [1] Ein Urteil, das bei der Verkündung noch nicht vollständig abgefaßt war, ist vor Ablauf von zwei Wochen, vom Tag der Verkündung an gerechnet, vollständig abgefaßt der Geschäftsstelle zu übermitteln. [2] Kann dies ausnahmsweise nicht geschehen, so ist innerhalb dieser zwei Wochen das von den Richtern unterschriebene Urteil ohne Tatbestand, Entscheidungsgründe und Rechtsmittelbelehrung der Geschäftsstelle zu übermitteln; Tatbestand, Entscheidungsgründe und Rechtsmittelbelehrung sind alsbald nachträglich niederzulegen, von den Richtern besonders zu unterschreiben und der Geschäftsstelle zu übermitteln.

(5) Das Gericht kann von einer weiteren Darstellung der Entscheidungsgründe absehen, soweit es der Begründung des Verwaltungsakts oder des Widerspruchsbescheids folgt und dies in seiner Entscheidung feststellt.

(6) [1] Der Urkundsbeamte der Geschäftsstelle hat auf dem Urteil den Tag der Zustellung und im Falle des § 116 Abs. 1 Satz 1 den Tag der Verkündung zu vermerken und diesen Vermerk zu unterschreiben. [2] Werden die Akten elektronisch geführt, hat der Urkundsbeamte der Geschäftsstelle den Vermerk in einem gesonderten Dokument festzuhalten. [3] Das Dokument ist mit dem Urteil untrennbar zu verbinden.

Übersicht

§ 117 regelt zusammen mit § 108 I 2 Form und Inhalt von Urteilen im **1** erstinstanzlichen und im Rechtsmittelverfahren (§§ 125 I 1, 141 S. 1) sowie von Gerichtsbescheiden (§ 84 I 3). Bei **urteilsersetzenden Beschlüssen** (insbes. §§ 125 II 2, 130a, 47 I, VI, 80 V, VII, 80a III, 123) findet wegen ihrer Tragweite und ihres kontradiktorischen Charakters § 117 weitgehend entsprechende Anwendung (BVerwGE 109, 336; NVwZ-RR 2013, 128).

I. Inhalte des Urteils

Das **schriftlich** in deutscher Sprache (§ 55 iVm 184 S. 1 GVG) abzufassende **2** und als solches zu bezeichnende **Urteil** ergeht „**Im Namen des Volkes**" (§ 117 I 1, 2). Eine elektronische Abfassung sieht die Norm nicht vor; §§ 118 II 3, 119 II 6 legen dies aber zugrunde (vgl. Kopp/Schenke Rn. 1; vgl. auch § 55a III). Ist die schriftliche Fassung des Urteils Gegenstand von **Meinungsverschiedenheiten** zwischen den Richtern, müssen die auftauchenden Fragen von den zur Unterschrift berufenen Mitgliedern des Gerichts in einer Beratung geklärt und durch Abstimmung mehrheitlich entschieden werden (BVerwGE 93, 90). Das Urteil hat zu enthalten:

1. Bezeichnung der Beteiligten ua (II Nr. 1)

Die Beteiligten, ihre gesetzlichen Vertreter und Bevollmächtigten sind nach **3** Namen, Wohnort und ihrer Stellung im Verfahren zu bezeichnen. Auf die Angabe des Berufs wird in der Praxis regelmäßig verzichtet. Zweifel an der Identität der Beteiligten müssen jedenfalls ausgeschlossen sein. Die präzise Bezeichnung ist Voraussetzung für die Beurteilung der Rechtskraftwirkungen (§ 121) und die Vollstreckung (§ 168 I Nr. 1). Stirbt ein Beteiligter, ist der Erbe – möglichst mit den weiteren Angaben – in das Rubrum aufzunehmen. Termins- und Behördenvertreter sind nicht zu erwähnen. Fehlende Angaben können nach §§ 118 f. berichtigt werden.

2. Bezeichnung des Gerichts (II Nr. 2)

4 Das Gericht und die Namen der Mitglieder, die bei der Entscheidung (nicht ihrer Verkündung) mitgewirkt haben (§ 112), sind zu bezeichnen. Dienst- und ggf. Funktionsbezeichnung („als Vorsitzender") sind ebenfalls anzugeben.

3. Urteilsformel (II Nr. 3)

5 Das Urteil hat – üblicherweise unmittelbar an die Mitteilung des Datums der letzten (BVerwG Beschl. v. 3.2.2017 – 9 B 15.16) mündlichen Verhandlung anschließend – eine Urteilsformel (**„Tenor"**) zu enthalten. Fehlt die Formel, liegt kein Urteil vor. Dies kann auch nicht über § 119 nachgeholt werden (→ § 119 Rn. 2). Zur Urteilsformel zählt zunächst die Entscheidung über die Hauptsache. Bei Klageabweisung bedarf es nicht des Zusatzes „als unzulässig" bzw. „als unbegründet". Sodann ist über die Kosten (§§ 154 ff.), die vor- läufige Vollstreckbarkeit (§ 167) und die Zulassung eines Rechtsmittels (§§ 124a I 1, 132 I, 134 I 1) – vor den VG aber nicht über die Nichtzulassung (ausgenommen § 10 II KDVG, § 37 II 1 VermG) – zu entscheiden. Letztere kann allerdings auch in den Entscheidungsgründen wirksam ausgesprochen sein, wenn dies in eindeutiger und unmissverständlicher Weise geschieht (BayVGH Beschl. v. 23.10.2009 – 10 ZB 09.2312, mwN).

6 Die Urteilsformel ist nach Möglichkeit so zu fassen, dass ihr unmittelbar Inhalt und Tragweite der Entscheidung entnommen werden können. Ist dieses Ziel nicht erreichbar, wie insbes. im Fall des Bescheidungsurteils (§ 113 V 2), sind zum Verständnis einer nicht eindeutigen Urteilsformel die Entscheidungsgründe heranzuziehen. Um einen solchen Fall handelt es sich nicht nur, wenn der Wortlaut der Urteilsformel aus sich heraus auslegungs- bedürftig ist, sondern auch, wenn für die Bedeutung eines in der Urteils- formel benutzten Begriffs ausdrücklich auf die (ihrerseits insoweit klaren) Entscheidungsgründe Bezug genommen wird (BVerwGE 64, 186).

4. Tatbestand (II Nr. 4, III)

7 Das Urteil hat einen Tatbestand zu enthalten. Beschlüssen kann ein Teil I der Gründe vorangestellt werden; notwendig ist dies dort nicht. Es ist zweck- mäßig und üblich, den Tatbestand von den Entscheidungsgründen abzusetzen; eine solche Zweiteilung ist aber nicht zwingend (vgl. BVerwG NVwZ-RR 2019, 166; NVwZ 2010, 1438).

8 Der Tatbestand erfüllt **Beurkundungs- und Beweisfunktion** (§ 173 S. 1 iVm § 314 ZPO; § 98 iVm § 418 ZPO); dies gilt auch, wenn Elemente des Tatbestands – wie zB förmliche Beweisanträge – nur in den Entscheidungs- gründen wiedergegeben sind (vgl. BVerwG Beschl. v. 19.8.2008 – 4 A 1025.06).

9 Im Tatbestand ist der **Sach- und Streitstand** unter Hervorhebung der gestellten Anträge seinem wesentlichen Inhalt nach **gedrängt** darzustellen (III 1). Der Tatbestand muss für die Beteiligten und ggf. das Rechtsmittelgericht sichere Grundlage für die Nachprüfung der Entscheidung sein (str., vgl. Kopp/Schenke Rn. 13). Eine erschöpfende Darstellung aller Tatsachen und vorgebrachten Rechtsausführungen ist nicht erforderlich. Mindestbestandteile sind die Grundzüge der Verfahrensgeschichte sowie die Prozessgeschichte nebst Anträgen, Beteiligtenvorbringen und Beweisergebnissen. Wegen der Einzelheiten soll auf Schriftsätze, Protokolle und andere Unterlagen verwiesen werden, soweit (vgl. OVG NRW Beschl. v. 8.5.2019 – 9 A 1619/19.A) sich aus ihnen der Sach- und Streitstand ausreichend ergibt (III 2, vgl. auch § 77 II AsylG). Eine pauschale Bezugnahme auf den gesamten Inhalt der Gerichtsakten und Verwaltungsvorgänge ist nicht ausreichend, wenngleich auch unschädlich, sofern der Tatbestand iÜ den Voraussetzungen genügt. § 130b S. 1 enthält für das Berufungsverfahren eine Sondervorschrift, nach der auch auf den Tatbestand der angefochtenen Entscheidung Bezug genommen werden darf.

5. Entscheidungsgründe (II Nr. 5, V)

a) Grundsätze. Die Urschrift des Urteils (vgl. zu den Folgen bei fehlerhaften **10** Urteilsabschriften BVerwG Beschl. v. 20.5.2011 – 8 B 64.10) hat Entscheidungsgründe – im Beschluss üblicherweise Teil II der Gründe – zu enthalten. Neben der Selbstvergewisserung des Gerichts dient die Begründungspflicht der Überprüfbarkeit der richterlichen Würdigung durch das Rechtsmittelgericht und die Beteiligten (BVerwG Beschl. v. 24.8.2018 – 4 B 33.18; Buchh 442.066 § 135 TKG Nr. 1). Es ist zweckmäßig und üblich, die Entscheidungsgründe vom Tatbestand abzusetzen; zwingend ist dies aber nicht (BVerwG NVwZ-RR 2019, 166; NVwZ 2010, 1438).

Den Entscheidungsgründen muss entnommen werden können, welche **11** Erwägungen für die richterliche Überzeugungsbildung leitend gewesen sind (§ 108 I 2; → § 108 Rn. 25 ff.). Idealiter handeln die Entscheidungsgründe in **gestraffter** und **konzentrierter Form** folgerichtig und nachvollziehbar alle Gesichtspunkte ab, die für den Tenor des Urteils tragend sind. Der Sachverhalt ist unter Auseinandersetzung mit dem insoweit maßgeblichen Beteiligtenvorbringen rechtlich zu würdigen. Beweisergebnisse sind zu begründen. Dies gilt umso mehr, wenn es auf den persönlichen Eindruck der Richter zB von einem Zeugen ankommt. **Nicht mit Gründen versehen** ist ein Urteil aber erst dann, wenn diese vollständig fehlen, rational nicht nachvollziehbar, sachlich inhaltslos oder sonstwie unbrauchbar sind (BVerwG UPR 2018, 266; BVerwGE 140, 276).

Ein **Sondervotum** eines in der Begründung oder im Ergebnis abweichenden Richters im Stile des § 30 II 1 BVerfGG sieht die VwGO nicht vor. Dessen Abgabe ist daher unzulässig.

b) Absehen von weiterer Darstellung und Bezugnahmen. Das Gericht **12** kann von einer **weiteren Darstellung** der Entscheidungsgründe **absehen,** soweit es der Begründung des VA oder des Widerspruchsbescheids folgt und dies in seiner Entscheidung feststellt (V). Die in Bezug genommenen Begründungsbestandteile ("soweit") sind konkret zu benennen. Wird hiervon mit Augenmaß Gebrauch gemacht, ist dies verfassungsrechtlich unbedenklich und dient der Entlastung der Gerichte, ohne Nachteile hinsichtlich der Rechtsschutzgewährung befürchten zu lassen (BVerwG Beschl. v. 13.10.2011 – 3 B 38.11).

13 Hierbei darf auf Entscheidungsgründe **nicht vollständig verzichtet** werden (vgl. § 138 Nr. 6). Es müssen sich für die Beteiligten und das Rechtsmittelgericht aus einer Zusammenschau der Ausführungen in der Bezug nehmenden und der in Bezug genommenen Entscheidung die für die richterliche Überzeugung maßgeblichen Gründe weiterhin mit hinreichender Klarheit ergeben (OVG NRW Beschl. v. 31.10.2019 – 8 A 3309/17).

14 V regelt die **Zulässigkeit von Bezugnahmen** nicht abschließend (vgl. auch §§ 130b S. 2, 122 II 3). So darf auf schriftliche Dokumente, die den Beteiligten des Verfahrens bereits bekannt sind, Bezug genommen werden (BVerwGE 109, 272), so auch auf einen anwaltlichen Schriftsatz. Im Normenkontrollverfahren (§ 47) darf auf die Gründe verwiesen werden, die zur Begründung des Erlasses eines Bebauungsplans formuliert worden oder in einem Beteiligtenschriftsatz in konzentrierter Form wiedergegeben sind (BVerwG BauR 2009, 609). Das Gericht darf wesentliche Teile seiner Urteilsbegründung auch durch Bezugnahme auf eine gegenüber Dritten ergangene Entscheidung ersetzen, wenn die Entscheidung den Beteiligten spätestens bei Zustellung des angefochtenen Urteils bekannt ist (BVerwG BayVBl 2016, 826).

6. Rechtsmittelbelehrung (II Nr. 6)

15 Das Urteil hat eine Rechtsmittelbelehrung zu enthalten. Inhaltliche Anforderungen hieran stellt § 58 I, die Folgen einer fehlenden oder unrichtigen Belehrung regelt § 58 II. Formal ist nicht zwingend erforderlich, dass die Belehrung von den Entscheidungsgründen abgesetzt und mit einer gesonderten Überschrift versehen wird. Sie muss zwar ihre Hinweis- und Belehrungsfunktion erfüllen und darf deshalb nicht in einer vielseitigen Begründung versteckt werden, sondern sollte nach den Entscheidungsgründen an dessen Ende gerückt werden, kann sich aber durchaus vor einer Begründung der Kostenentscheidung und der Streitwertfestsetzung finden (BVerwG NVwZ-RR 2013, 128). Fehlt die Rechtsmittelbelehrung, kann sie über § 118 nachgeholt werden (→ § 118 Rn. 5).

16 Als Urteilsbestandteil muss die Rechtsmittelbelehrung von der **Unterschrift** der Richter gedeckt sein (→ Rn. 17 ff.). Dies ist nur der Fall, wenn die Rechtsmittelbelehrung den Unterschriften vorangeht. Werden diese Voraussetzungen nicht erfüllt, so setzt die Zustellung des Urteils Rechtsmittelfristen nicht in Lauf (BVerwGE 109, 336).

7. Unterzeichnung (I 2, 3)

17 **a) Grundsatz.** Die Urschrift des Urteils ist gem. I 2 von den Richtern, die bei der Entscheidung mitgewirkt haben, handschriftlich zu **unterzeichnen** oder elektronisch zu signieren (§ 55a III). Der Begriff „Richter" meint hier – wie stets in der VwGO – nur die **Berufsrichter** (→ § 5 Rn. 11). Etwa mitwirkende **ehrenamtliche** Richter dürfen entgegen der insoweit missverständlichen Formulierung in I 4 die Urteilsbegründung **nicht** unterschreiben, was sich auch daraus ergibt, dass ihre Mitwirkung mit der internen Beschlussfassung des Spruchkörpers endet (→ § 19 Rn. 8). Der mit einem **Befangenheitsantrag** für den betroffenen Richter eintretende Stillstand des Verfahrens gem. § 54 I iVm § 47 I ZPO erfasst nicht die Abfassung eines bereits gefällten Urteils (BVerwG NVwZ-RR 2017, 468).

Zur **Handschriftlichkeit** im Einzelnen → § 81 Rn. 3, bei **elektronischer** **18** **Abfassung** vgl. § 55a III (qualifizierte elektronische Signatur). Eine Paraphe der Berufsrichter genügt zur Unterzeichnung nicht. Die **beglaubigte Abschrift** beweist mit der Wiedergabe der Unterschriften der Richter (in Maschinenschrift), dass die Urschrift in der wiedergegebenen Weise handschriftlich unterzeichnet ist (BVerwGE 142, 159). Die Unterschriften unter einem Urteil müssen einen Text **räumlich decken,** der dem Beratungsergebnis entsprechend verfasst und dem Unterschreibenden zur Gänze bekannt ist. Aus diesem Grunde ist es nicht zulässig, dass ein Richter einem ihm noch nicht bekannten Text – unter Verzicht auf eine möglicherweise notwendig werdende Beratung der Fassung der schriftlichen Urteilsgründe – seine Unterschrift zur Verfügung stellt (BGH NStZ 1984, 378).

Die Unterschrift hat **nach der Rechtsmittelbelehrung** zu erfolgen, weil **19** diese den gesamten Urteilstext in räumlicher und zeitlicher Hinsicht abschließt (vgl. BVerwGE 109, 336; → Rn. 16). Das nicht unterzeichnete Urteil ist unwirksam (Hmb OVG NVwZ-RR 2019, 704). Fehlt die Unterschrift auch nur eines der mitwirkenden Richter, liegt grds. nur ein **Urteilsentwurf** vor (BVerfG NJW 1985, 788). Ist aber der den Entscheidungsverbund abschließende Streitwertbeschluss eine Seite später von allen Richtern unterschrieben worden, so ist davon auszugehen, dass auch der dritte Richter mit seiner einmaligen Unterzeichnung des gesamten Schriftstücks dessen Inhalt vollständig billigen wollte (BVerwG ZOV 1998, 284).

Entsprechend § 118 können Unterschrift bzw. Verhinderungsvermerk nach **20** I 3 nachgeholt werden (Kopp/Schenke Rn. 3 mwN; → § 118 Rn. 5).

Das Erfordernis persönlicher Unterzeichnung gilt für die den Beteiligten **21** zuzustellenden **Urteilsausfertigungen** nicht (BVerwG Beschl. v. 7.8.1998 – 6 B 69.98; OVG NRW Beschl. v. 31.7.2017 – 12 A 2487/16). Die Ausfertigung muss allerdings erkennen lassen, wer die Originalschrift unterzeichnet hat.

Ein **Urteil ohne mündliche Verhandlung** erlangt (erst) mit den nach **22** Unterschriften der mitwirkenden Richter unter das vollständig abgefasste Urteil die Endgültigkeit. Mit seiner Unterschrift bekundet der Richter nicht nur, dass die schriftliche Urteilsfassung in allen ihren Bestandteilen mit der beschlossenen Urteilsformel und den für die richterliche Überzeugung tatsächlich leitend gewesenen Gründen übereinstimmt. Mit ihr gibt er auch zu erkennen, dass er seine Mitwirkung an der Entscheidung zum Abschluss bringt und diese zur ordnungsgemäßen Bekanntgabe durch Zustellung an die Beteiligten freigibt (BVerwGE 91, 242).

b) Verhinderungsfall. Ist ein Richter verhindert, seine Unterschrift bei- **23** zufügen, so wird dies mit dem Hinderungsgrund vom Vorsitzenden oder, wenn er verhindert ist, vom dienstältesten beisitzenden Richter unter dem Urteil vermerkt (I 3). Der (doppelten) Unterschrift des Vorsitzenden bedarf es nicht.

24   **Verhinderung** (→ § 30 Rn. 6) liegt ua vor, wenn ein Richter zur Zeit der Unterschriftsreife des Urteils **Urlaub** hat (BVerwGE 75, 338), aus seinem **Richteramt** bei diesem Gericht oder aus dem Richterdienst durch Eintritt in den **Ruhestand ausgeschieden** (vgl. BVerwG NJW 1991, 1192 mwN) oder wenn er **versetzt** worden ist (BGH VersR 1981, 552). Tatsächlich unzutreffende Angaben über die Verhinderung begründen keinen Verfahrensmangel (str., wie hier Kopp/Schenke Rn. 2a mwN). Die **Weigerung eines Richters** zu unterschreiben, ist keine Verhinderung im dargelegten Sinn; die mündliche Verhandlung ist ggf. zu wiederholen. Wird die Unterschrift in einem solchen Fall gleichwohl durch einen unzulässigen Vermerk ersetzt, liegt nur ein Urteilsentwurf vor (BGH NJW 1977, 765).

25   I 3 ist zugleich zu entnehmen, dass kein Anspruch darauf besteht, dass diejenigen Richter, die an den der Fällung des Urteils vorausgegangenen Verfahrensabschnitten (Beweisaufnahme/mündliche Verhandlung) teilgenommen haben, auch an der Abfassung der schriftlichen Urteilsgründe mitwirken (BVerwG Buchh 310 § 133 VwGO Nr. 93). Die Verhinderung darf allerdings nur bezogen auf die Unterschriftsleistung bestehen; die vorausgehende eigentliche Entscheidung – die (nach Beratung erfolgte) Beschlussfassung über die Urteilsformel (Urteilstenor) – ist von allen Richtern zu treffen. Tritt vor der Fällung des Urteils (→ § 112 Rn. 2) die Verhinderung eines Richters ein, ist sein nach dem Geschäftsverteilungsplan bestimmter Vertreter zur Mitwirkung berufen, wobei zB eine mündliche Verhandlung möglicherweise wieder aufzunehmen ist (BVerwGE 75, 338).

II. Abfassung und Übermittlung des Urteils (IV)

26   Ein Urteil, das bei der Verkündung (§ 116 I 1) noch nicht vollständig abgefasst war, ist vor Ablauf von zwei Wochen, vom Tag der Verkündung an gerechnet (§ 57 II iVm § 222 I ZPO, §§ 187 II 1, 188 II 2. Var. BGB), vollständig abgefasst der Geschäftsstelle zu übermitteln (IV 1). Die Regelung dient der Verfahrensbeschleunigung. Mit ihr soll sichergestellt werden, dass die schriftlichen Entscheidungsgründe mit denjenigen Gründen übereinstimmen, die nach dem Ergebnis der auf die mündliche Verhandlung folgenden Urteilsberatung für die richterliche Überzeugung und für die von dieser getragenen Entscheidung (§ 108 I 1) maßgeblich waren.

1. Vollständige Abfassung

27   „**Vollständig abgefasst**" ist ein Urteil grds. erst dann, wenn es von allen Richtern, die bei der Entscheidung mitgewirkt haben, unterschrieben ist (I 2) und damit die vom Berichterstatter oder vom Vorsitzenden formulierten schriftlichen Gründe auch von den anderen Richtern geprüft und – möglicherweise mit (im Spruchkörper abgestimmten) Änderungen – gebilligt worden sind. Dem steht nicht entgegen, dass die Unterschrift eines verhinderten

Richters ersetzt werden kann (I 3). Diese Regelung führt zwar im Verhinderungsfall zu einer Beschränkung der Prüfpflicht auf die nicht verhinderten Richter. Vollständig abgefasst ist aber (auch) in diesem Fall das Urteil erst dann, wenn es anstelle der Unterschrift des verhinderten Richters den Verhinderungsvermerk erhalten hat; solange der Vermerk fehlt, können die Gründe – in Abstimmung mit den anderen beteiligten Richtern – noch geändert werden (BVerwG NVwZ-RR 1996, 299).

2. Übermittlung an die Geschäftsstelle

Die „Übermittlung an die Geschäftsstelle" ist kein förmliches Verfahren. **28** Gleichwohl empfiehlt es sich, dieses Datum festzuhalten. Lässt sich mangels gesonderten Vermerks der genaue Tag der Übergabe an die Geschäftsstelle nicht mehr feststellen, so mag das Bedeutung haben für die Frage, wann das Urteil in dem Sinne wirksam geworden ist, dass bereits (frühestens) ein Rechtsmittel eingelegt werden kann. Steht aber andererseits fest, dass zu einem bestimmten Zeitpunkt die Übergabe spätestens erfolgt ist, so ist jedenfalls zu diesem späteren Zeitpunkt ein unter diesem Gesichtspunkt wirksames Urteil vorhanden (BVerwGE 75, 338).

3. Ausnahme bei Nichtwahrung der Frist

Kann die Frist nach IV 1 ausnahmsweise nicht gewahrt werden, so ist inner- **29** halb der dort vorgesehenen zwei Wochen das von den Richtern unterschriebene Urteil ohne Tatbestand, Entscheidungsgründe und Rechtsmittelbelehrung (sprich: lediglich Rubrum und Urteilsformel) der Geschäftsstelle zu übermitteln (IV 2, 1. Hs.). Die Beteiligten haben ab diesem Zeitpunkt Anspruch auf (ggf. telefonische) Mitteilung der Entscheidungsformel (→ § 116 Rn. 19). Tatbestand, Entscheidungsgründe und Rechtsmittelbelehrung sind alsbald nachträglich niederzulegen, von den Richtern besonders zu unterschreiben und der Geschäftsstelle zu übermitteln (IV 2, 2. Hs.).

a) Ausnahmefall. Ein Ausnahmefall, der zur Überschreitung der Zwei- **30** Wochen-Frist zur vollständigen Absetzung des Urteils berechtigt, kann bei Verfahren vorliegen, die zu einer erheblich überdurchschnittlich aufwendigen Urteilsabfassung nötigen. Längerfristiger Urlaub, Krankheit oder auch erhebliche Arbeitsüberlastung der an der Abfassung beteiligten Richter sind ebenfalls anzuerkennende Ausnahmegründe.

b) Alsbaldige Übergabe. Das vollständige Urteil ist **alsbald** nachträglich **31** niederzulegen. IV ist nicht lediglich eine Ordnungsvorschrift, sondern zwingendes prozessuales Verfahrensrecht (GmS-OGB BVerwGE 92, 367). Das Gericht hat zwar einen (eng begrenzten) Spielraum; entscheidend kommt es jedoch auf den jeweiligen Einzelfall an.

Die **äußerste zeitliche Grenze** für die „**alsbaldige**" Übergabe der Ent- **32, 3** scheidungsgründe an die Geschäftsstelle ist jedenfalls dann überschritten, wenn zwischen der Verkündung des Urteils und der Übergabe ein Zeitraum von mehr als fünf Monaten liegt (→ § 116 Rn. 18).

34   Diese Regeln gelten für die Annahme eines Verfahrensmangels; in der gerichtsinternen Geschäftsprüfung (→ § 38 Rn. 5) können andere (kürzere) Fristen vorgegeben werden.

III. Zustellungs- bzw. Verkündungsvermerk (VI)

35   Der Urkundsbeamte der Geschäftsstelle hat auf dem Urteil den Tag der Zustellung und im Falle des § 116 I 1 den Tag der Verkündung zu vermerken und diesen Vermerk zu unterschreiben (VI 1). Im Falle unterschiedlicher Zustellungsdaten empfiehlt es sich, alle Zustellungsdaten auf dem Urteil zu vermerken. Werden die Akten elektronisch geführt, hat der Urkundsbeamte der Geschäftsstelle den Vermerk in einem gesonderten Dokument festzuhalten (VI 2). Das Dokument ist mit dem Urteil untrennbar zu verbinden (VI 3). VI dient Beweiszwecken, ohne dass das Fehlen des Vermerks Auswirkungen auf die Wirksamkeit des Urteils hätte.

§ 118 [Berichtigung des Urteils]

(1) Schreibfehler, Rechenfehler und ähnliche offenbare Unrichtigkeiten im Urteil sind jederzeit vom Gericht zu berichtigen.

(2) [1] Über die Berichtigung kann ohne vorgängige mündliche Verhandlung entschieden werden. [2] Der Berichtigungsbeschluß wird auf dem Urteil und den Ausfertigungen vermerkt. [3] Ist das Urteil elektronisch abgefasst, ist auch der Beschluss elektronisch abzufassen und mit dem Urteil untrennbar zu verbinden.

1   § 118 durchbricht den Grundsatz, dass Urteile nach Verkündung bzw. Zustellung nur noch im Rechtsmittelverfahren abänderbar sind (§ 173 S. 1 iVm § 318 ZPO). Ein Versehen ohne Auswirkung auf die Willensbildung des Gerichts kann jedoch mittels Urteilsberichtigung ohne Durchführung eines Rechtsmittelverfahrens korrigiert werden (BVerwG NVwZ 2010, 186; BGHZ 127, 74). § 118 gilt in **Beschlussverfahren** entsprechend (§ 122 I). Auch Berichtigungsbeschlüsse (s.a. § 119) selbst können wiederum berichtigt werden.

I. Berichtigung offenbarer Unrichtigkeiten

2   **Schreibfehler, Rechenfehler** und **ähnliche offenbare Unrichtigkeiten** im Urteil sind jederzeit vom Gericht zu berichtigen (I).

1. Urteil

3   Mit „**Urteil**" ist die in der Regel instanzerledigende gerichtliche Entscheidung gemeint. Unrichtigkeiten in den **Ausfertigungen des Urteils** werden gem. § 173 S. 1 iVm § 317 IV ZPO formlos von der Geschäftsstelle des Gerichts berichtigt (BVerwG Beschl. v. 20.5.2011 – 8 B 64.10). „**Im Urteil**" bedeutet, dass Unrichtigkeiten in allen Urteilsbestandteilen iSd § 117 II berichtigt werden können, so auch im Tenor (BVerwGE 30, 146; OVG NRW NWVBl 2017, 265).

2. Unrichtigkeiten

Der Begriff des **Schreib- und Rechenfehlers** steht für sich selbst. **Ähnliche** 4 **offenbare Unrichtigkeiten** liegen vor, wenn dem Gericht bei der Formulierung ein Erklärungsirrtum unterlaufen ist (vgl. OVG NRW NWVBl 2017, 265); dieser ist offenbar, wenn sich das Auseinanderfallen von Gewolltem und Erklärtem aus der Entscheidung selbst oder aus den Vorgängen bei ihrem Erlass für die Beteiligten oW feststellen lässt (BVerwG Beschl. v. 26.2.2013 – 5 B 100.12; BGHZ 127, 74; OVG NRW NWVBl 2017, 265). Eine ursprünglich nicht gewollte Entscheidung kann hingegen nicht im Wege der Fehlerberichtigung durch die an sich gebotene Entscheidung ersetzt werden (BFHE 120, 145). Bedarf es einer Beweiserhebung zur Feststellung der Unrichtigkeit, ist sie nicht offensichtlich (BGH NJW 1985, 742).

Offensichtliche Unrichtigkeit in diesem Sinne liegt zB vor, wenn die 5 **Bezeichnung** eines tatsächlich Beteiligten fehlerhaft erfolgt ist (BayVGH Beschl. v. 27.3.2002 – 12 ZE 02.543; BGH MDR 1978, 307), die **Entscheidung über die Kosten** fehlt (OVG NRW NVwZ-RR 2007, 212), sich den Entscheidungsgründen aber entnehmen lässt, dass das Gericht hierüber befinden wollte, oder die **Unterschrift** eines der beteiligten Richter oder der Verhinderungsvermerk nach § 117 I 3 fehlen (Kopp/Schenke § 117 Rn. 3 mwN: § 118 analog). Eine fehlende oder unrichtige **Rechtsbehelfsbelehrung** ist grds. offensichtlich unrichtig (BVerwGE 109, 336; OVG NRW Beschl. v. 20.12.2018 – 4 A 3763/18.A). Ist eine **Entscheidung nicht mit Gründen versehen,** handelt es sich um einen mit einer Berichtigung nicht behebbaren Verfahrensfehler (§ 138 Nr. 6), da zwar das Fehlen von Entscheidungsgründen offenbar, nicht aber offenkundig ist, wie diese Lücke zu schließen ist (BVerwG NVwZ 2010, 186).

Bei einem **Widerspruch zwischen Urteilstatbestand und Protokoll** 6 geht letzteres gem. § 173 S. 1 iVm § 314 S. 2 ZPO vor und nimmt dem Tatbestand insoweit die Beweiskraft. Der Tatbestand kann nach §§ 118 f. berichtigt werden (BVerwG ZfBR 2001, 419).

Keine Unrichtigkeit liegt vor, wenn dem Gericht – abgesehen von 7 Rechenfehlern – bei seiner Willensbildung ein Fehler unterlaufen ist (BGHZ 127, 74), der Sachantrag eines Beigeladenen mit der Folge einer fehlerhaften Kostenentscheidung übersehen worden ist (BVerwG ZOV 2018, 181) oder irrtümlich ein vom Beratungsergebnis abweichender Tenor verkündet worden ist (LAG Düss NZA 1992, 427).

II. Verfahren

Die Berichtigung kann **jederzeit,** dh auf Antrag oder vAw auch noch nach 8 Einlegung eines Rechtsmittels oder nach Rechtskraft erfolgen (BVerwG NVwZ 2010, 186; OLG Hamm NJW-RR 1987, 187).

9   **Zuständig** ist – abweichend von § 119 II 3 – das Gericht, das die zu
berichtigende Entscheidung erlassen hat, in der im Zeitpunkt der Urteilsergänzung für den jeweiligen Rechtszug für Beschlüsse maßgeblichen Besetzung (§ 5 III, § 9 III, § 10 III). Das ist aber in den Fällen inkorrekt, in denen
die korrigierte Entscheidung in anderer Besetzung zu fällen ist (str.; → § 5
Rn. 17; § 10 Rn. 3a). Berichtigungen nach § 118 sind auch durch das
Rechtsmittelgericht zulässig (BVerwGE 30, 146; OVG NRW NVwZ-RR
2007, 212; BGH NJW-RR 2006, 1628).

10   Über die Berichtigung kann auch mit Blick auf Art. 6 I EMRK **ohne
vorhergehende mündliche Verhandlung** entschieden werden (II 1, vgl.
auch § 101 III; BVerwG Beschl. v. 12.3.2014 – 8 C 16.12). Die grds.
erforderliche **Anhörung** kann unterbleiben, wenn sie bloße Formalien betrifft und nicht in Rechte der Beteiligten eingreift (BVerfGE 34, 1). Entschieden wird im Wege des **Beschlusses,** der gem. § 122 II 1 grds. zu
begründen ist: „Das Urteil vom... wird wegen offenbarer Unrichtigkeit
gemäß § 118 Abs. 1 VwGO berichtigt: Auf Seite... wird das Wort „...“
gegen „...“ ausgetauscht“. Eine **Kostenentscheidung** ergeht nicht.

11   Der Berichtigungsbeschluss wird (zur Klarstellung) auf dem Urteil und den
Ausfertigungen **vermerkt,** wobei ein auf den Beschluss hinweisender Vermerk genügt (II 2). Ist das Urteil elektronisch abgefasst (§ 55a), ist auch der
Beschluss elektronisch abzufassen und mit dem Urteil untrennbar zu verbinden (II 3).

12   Wird die **Rechtsbehelfsbelehrung** berichtigt, ist das Urteil in der berichtigten Form erneut zuzustellen (BVerwGE 109, 336); die Rechtsbehelfsfrist
beginnt gem. §§ 56 I, 58 I mit der Zustellung des berichtigten Urteils zu
laufen (BayVGH NVwZ-RR 2006, 582).

III. Auswirkung der Berichtigung auf Rechtsmittel

13   Ein Berichtigungsverfahren hat auf den **Ablauf einer Rechtsmittelfrist**
grds. keinen Einfluss. Diese beginnt mit der Zustellung des vollständigen
Urteils. Vollständig ist ein Urteil auch dann, wenn die zugestellte Urteilsausfertigung geringfügige Unrichtigkeiten aufweist. Die Berichtigung eröffnet
eine neue Rechtsmittelfrist nur dann, wenn erst die berichtigte Fassung des
Urteils den Beteiligten in die Lage versetzt, sachgerecht über die Frage der
Einlegung des Rechtsmittels und dessen Begründung zu entscheiden. Dies ist
der Fall, wenn erst aus der Berichtigung hervorgeht, dass ein Beteiligter durch
das Urteil beschwert ist oder wenn er bei Rückforderung der Urteilsausfertigung zwecks Berichtigung nicht erkennen konnte, in welchem Umfang eine
Berichtigung vorgenommen werden würde (BVerwG NVwZ 2010, 962).
Dann beginnt die Rechtsmittelfrist erst mit der erneuten Zustellung der
berichtigten Ausfertigung zu laufen (BVerwG Buchh 310 § 133 VwGO
Nr. 5). Ist bereits ein Rechtsmittel eingelegt, kann die – wirksame – Berichtigung zum Wegfall der Beschwer und damit zur (nachträglichen) Unzulässigkeit des Rechtsmittels führen (BVerwG NVwZ 2010, 186; BGHZ 127, 74).

IV. Rechtsmittel

Gegen den Berichtigungsbeschluss des VG ist die **Beschwerde** gem. § 146 I **14** statthaft (VGH BW NVwZ-RR 2003, 693). Es handelt sich um keine prozessleitende Verfügung iSd § 146 II (SSB Rn. 8; aA BayVGH NVwZ-RR 2006, 582).

§ 119 [Berichtigung des Tatbestands eines Urteils]

(1) Enthält der Tatbestand des Urteils andere Unrichtigkeiten oder Unklarheiten, so kann die Berichtigung binnen zwei Wochen nach Zustellung des Urteils beantragt werden.

(2) [1] Das Gericht entscheidet ohne Beweisaufnahme durch Beschluß. [2] Der Beschluß ist unanfechtbar. [3] Bei der Entscheidung wirken nur die Richter mit, die beim Urteil mitgewirkt haben. [4] Ist ein Richter verhindert, so entscheidet bei Stimmengleichheit die Stimme des Vorsitzenden. [5] Der Berichtigungsbeschluß wird auf dem Urteil und den Ausfertigungen vermerkt. [6] Ist das Urteil elektronisch abgefasst, ist auch der Beschluss elektronisch abzufassen und mit dem Urteil untrennbar zu verbinden.

§ 119 durchbricht den Grundsatz, dass Urteile nach Verkündung bzw. Zu- **1** stellung nur noch im Rechtsmittelverfahren abänderbar sind (§ 173 S. 1 iVm § 318 ZPO). Mit Erlass eines Berichtigungsbeschlusses tritt an die Stelle der bisherigen Urteilsfassung die berichtigte Fassung. Sie ist so zu behandeln, als hätte sie von Anfang an bestanden (BVerwG NVwZ 2010, 186; BGHZ 127, 74). Unrichtigkeiten des Tatbestandes können dementsprechend nicht statt durch den dafür vorgesehenen Berichtigungsantrag mit der Revision als Verfahrensmangel geltend gemacht werden (BVerwG BauR 2010, 205). § 119 gilt in **Beschlussverfahren** entsprechend (§ 122 I) und auch in den selbstständigen Antragsverfahren (§§ 47, 80 V, 80a III, 123). Auch Berichtigungsbeschlüsse (s.a. § 118) selbst können wiederum berichtigt werden.

I. Berichtigung von Unrichtigkeiten

Enthält der Tatbestand des Urteils andere Unrichtigkeiten oder Unklarheiten, **2** so kann die Berichtigung binnen zwei Wochen nach Zustellung des Urteils beantragt werden (I). **„Andere"** Unrichtigkeiten oder Unklarheiten in diesem Sinne sind solche, die nicht bereits über den einfacheren Weg des § 118 (offenbare Unrichtigkeiten) zu berichtigen sind. Erfasst werden die **tatsächlichen Feststellungen** im Urteil unerheblich davon, ob sie formal im Tatbestand (§ 117 II Nr. 4) oder in den Entscheidungsgründen (§ 117 II Nr. 5) festgehalten sind (BVerwG NVwZ 2010, 1438), auf die sich die gesetzlich angeordnete Beweiskraft (§ 173 S. 1 iVm § 314 ZPO) erstreckt (BVerwG NVwZ 2013, 1237). Die Tatbestandsberichtigung erfasst nicht die für die Entscheidung maßgeblichen Tatsachenwertungen, die Beweiswürdigung und die Willensbildung des Gerichts (BVerwG NVwZ-RR 2019, 166; 2018, 592. Auch **Änderungen im Tenor** dürfen nicht vorgenommen werden (BVerwG NJW 2013, 1672; NVwZ 2007, 1442). Für den Tatbestand eines **Revisionsurteils** kommt § 119 nur zur Anwendung, wenn das Revisionsurteil selbst urkundliche Beweiskraft, zB mit Blick auf die Revisionsanträge oder sonstige Prozesserklärungen, entfaltet, nicht aber bei der revisionsgerichtlichen Wiedergabe von Tatsachenfeststellungen der Vorinstanz, (BVerwG NVwZ-RR 2018, 592; NVwZ 2013, 1237).

3   Die Anwendung des § 119 setzt berichtigungsfähige tatsächliche Feststellungen voraus und vermittelt keinen Anspruch darauf, dass solche tatsächlichen Feststellungen erstmals aufgenommen werden (BVerwG Beschl. v. 19.9.2012 – 5 AV 2.12; Buchh 310 § 152a VwGO Nr. 3).

4   Bei einem **Widerspruch zwischen Urteilstatbestand und Protokoll** geht letzteres gem. § 173 S. 1 iVm § 314 S. 2 ZPO vor und nimmt dem Tatbestand insoweit die Beweiskraft. Der Tatbestand ist in einem solchen Fall fehlerhaft und kann nach §§ 118 f. berichtigt werden (BVerwG ZfBR 2001, 419).

5   Einem Antrag auf Tatbestandsberichtigung fehlt das **Rechtsschutzbedürfnis,** wenn die zu berichtigenden Tatsachen nicht der gesetzlichen Beweiskraft oder gesetzlichen Bindungsregelungen unterliegen oder nicht entscheidungserheblich sind (BVerwG NVwZ-RR 2019, 166; SSB Rn. 4).

II. Verfahren

6   Die Berichtigung kann binnen **zwei Wochen** nach Zustellung des Urteils beantragt werden. Der Beschluss darf **nicht vAw** ergehen (vgl. BVerwG NVwZ-RR 1999, 694, → § 120 Rn. 5). Bei Versäumung der Frist ist unter den Voraussetzungen des § 60 Wiedereinsetzung in den vorigen Stand zu gewähren.

7   Das Gericht entscheidet – **nach Anhörung** der Beteiligten – durch **Beschluss** (II 1, 2). Bei der Entscheidung wirken alle damals sachbefassten Richter mit (II 3), die dem Gericht noch angehören, also auch Richter, die zwischenzeitlich den Spruchkörper gewechselt haben (BVerwG NVwZ-RR 2018, 592). Wird ohne mündliche Verhandlung entschieden, wirken die ehrenamtlichen Richter nicht mit (§ 5 III 2). Eine Vertretung (dauerhaft, also nicht nur wegen Urlaubs) nicht mehr zur Verfügung stehender Richter findet nicht statt (BFH NVwZ 1990, 504). Ist ein Richter verhindert, so entscheidet bei Stimmengleichheit die Stimme des Vorsitzenden.

8   Die Durchführung einer **mündlichen Verhandlung** ist auch mit Blick auf Art. 6 I EMRK nicht erforderlich (BVerwG Beschl. v. 12.3.2014 – 8 C 16.12), aber zulässig (§ 101 III), wobei eine **Beweisaufnahme** nicht stattfindet (II 1). Die Berichtigung erfolgt allein aufgrund der Erinnerung der mitwirkenden Richter, ggf. aufgrund ihrer Aufzeichnungen. Fehlt die Erinnerung, ist der Antrag abzulehnen. Eine **Kostenentscheidung** ergeht nicht.

9   Der Berichtigungsbeschluss wird (zur Klarstellung) auf dem Urteil und den Ausfertigungen **vermerkt,** wobei ein auf den Beschluss hinweisender Ver-

merk genügt (II 5). Ist das Urteil elektronisch abgefasst, ist auch der Beschluss elektronisch abzufassen und mit dem Urteil untrennbar zu verbinden (II 6).

Zu den **Auswirkungen einer Berichtigung auf Rechtsmittel** → § 118 **10** Rn. 13.

III. Rechtsmittel

Der Beschluss ist grds. **unanfechtbar** (II 1). Die **Beschwerde** nach § 146 ist **11** gleichwohl statthaft, wenn geltend gemacht wird, der Berichtigungsantrag sei zu Unrecht als unzulässig abgelehnt worden, die Entscheidung leide an einem schweren Verfahrensmangel (BFHE 125, 490) oder die Richterbank sei beim Erlass des Berichtigungsbeschlusses unrichtig besetzt (BVerwG NVwZ 2007, 1442; SSB Rn. 9). Die Beschwerdeentscheidung muss, wenn nicht auszuschließen ist, dass die beabsichtigte Fassung des Tatbestandes für die richterliche Überzeugung hätte maßgebend sein können, auf Zurückweisung an die mitwirkenden Richter lauten (BVerwG NJW 1965, 2316), da es auf deren Erinnerung ankommt.

§ 120 [Urteilsergänzung]

(1) Wenn ein nach dem Tatbestand von einem Beteiligten gestellter Antrag oder die Kostenfolge bei der Entscheidung ganz oder zum Teil übergangen ist, so ist auf Antrag das Urteil durch nachträgliche Entscheidung zu ergänzen.

(2) Die Entscheidung muß binnen zwei Wochen nach Zustellung des Urteils beantragt werden.

(3) Die mündliche Verhandlung hat nur den nicht erledigten Teil des Rechtsstreits zum Gegenstand. Von der Durchführung einer mündlichen Verhandlung kann abgesehen werden, wenn mit der Ergänzung des Urteils nur über einen Nebenanspruch oder über die Kosten entschieden werden soll und wenn die Bedeutung der Sache keine mündliche Verhandlung erfordert.

§ 120 durchbricht den Grundsatz, dass Urteile nach Verkündung bzw. Zu- **1** stellung nur noch im Rechtsmittelverfahren abänderbar sind (§ 173 S. 1 iVm § 318 ZPO). Offensichtliche Unrichtigkeiten sind nach § 118, Tatbestandsunrichtigkeiten nach § 119 zu berichtigen. § 120 gilt in **Beschlussverfahren** entsprechend (§ 122 I).

I. Übergehen von Antrag oder Kostenfolge

Wenn ein nach dem Tatbestand von einem Beteiligten gestellter **Antrag,** **2** wozu auch ein Hilfsantrag zählt, bei der Entscheidung ganz oder zum Teil übergangen ist, so ist auf Antrag das Urteil durch nachträgliche Entscheidung zu ergänzen (§ 120 I). Wurde ein Anspruch rechtsirrtümlich (aber bewusst) nicht beschieden, etwa weil er nach der Rechtsauffassung des Gerichts nicht rechtshängig war oder nicht beschieden werden musste, liegt **kein Übergehen** im Sinne des § 120 vor (BVerwG Beschl. v. 22.3.2018 – 7 C 1.17;

NVwZ 2011, 1196; ZOV 2011, 136). Ergibt sich die Antragstellung nicht aus dem Tatbestand, muss zunächst dieser nach § 119 unter Wahrung der dortigen Frist berichtigt werden (BVerwG DVBl. 2018, 601).

3   § 120 gilt auch für eine unterlassene **Entscheidung über die Kostenfolge** einschließlich der Entscheidung über die vorläufige Vollstreckbarkeit (§ 167). Unterbleibt die Entscheidung über die **Zuziehung eines Bevollmächtigten** im Vorverfahren (§ 162 II 2), kann sie ohne Fristbindung in einem gesonderten Beschluss nachgeholt werden. Diese Entscheidung gehört nicht zur Kostenfolge im Sinne des I, über die nach § 161 I (nur) im Urteil zu entscheiden ist, sondern ist Bestandteil des Kostenfestsetzungsverfahrens über den Umfang der Kostenerstattung (BVerwG NVwZ-RR 2003, 246; str.).

4   Die Entscheidung über die **Zulassung eines Rechtsmittels** fällt nicht unter § 120; sie ist nicht nachholbar (BGHZ 44, 395, str., vgl. Kopp/Schenke Rn. 3; SSB Rn. 4). Hierfür besteht überdies kein Bedürfnis, weil die Zulassung vom Rechtsmittelgericht ausgesprochen werden kann (§§ 124 I, 132 I).

II. Verfahren

5   Die Entscheidung muss binnen **zwei Wochen nach Zustellung** des Urteils beantragt werden (II). Bei Beschlüssen (§ 122 I) beginnt diese (Ergänzungs) Frist – sofern sie zugestellt werden müssen oder zugestellt worden sind – mit ihrer Zustellung oder – und sofern sie nicht zugestellt werden müssen – mit ihrem Zugang (OVG NRW NWVBl 2018, 301; BayVGH Beschl. v. 16.10.2019 – 15 C 19.1719 – jeweils mwN zum Streitstand). Ein **Antrag** ist stets erforderlich und nicht nicht vAw zulässig (BVerwG NVwZ-RR 1994, 236; SSB Rn. 6). **Antragsberechtigt** sind die Beteiligten aus Gründen der Rechtssicherheit unabhängig davon, ob sie durch die fehlende Entscheidung beschwert sind (SSB Rn. 6; aA Kopp/Schenke Rn. 7). Der Antrag ist nur zulässig, wenn ein nicht erledigter Teil des Verfahrens so konkret aufgezeigt wird, dass die **Möglichkeit der verlangten Ergänzung** in Betracht gezogen werden kann (BVerwG NVwZ-RR 2018, 592; NVwZ 2011, 1196).

6   Einer **Belehrung** über die **Antragsfrist** bedarf es nicht (BayVGH Beschl. v. 16.10.2019 – 15 C 19.1719), da es sich um einen außerordentlichen Rechtsbehelf handelt. Wird zuvor nach §§ 118 f. berichtigt, läuft die **Frist** ab Zustellung dieser Entscheidungen (BGH NJW 1982, 1821). Mit Ablauf der Zwei-Wochen-Frist entfällt die Rechtshängigkeit des übergangenen Antrags (BVerwGE 95, 269; Buchh 310 § 153 VwGO Nr. 35). Er kann im anhängigen Verfahren nach Maßgabe des § 91 (Klageänderung) weiterverfolgt oder in einem neuen Prozess geltend gemacht werden. Dem Kläger steht dort wegen der verfahrensfehlerhaften Behandlung seines fristwahrend gestellten Antrags unter den Voraussetzungen des § 60 ein Wiedereinsetzungsgrund zur Seite (BVerwG Buchh 310 § 153 VwGO Nr. 35).

7   **Zuständig** ist das Gericht, das das Urteil erlassen hat. Es entscheidet in der im Zeitpunkt der Urteilsergänzung maßgeblichen (nicht wie bei § 119 in der ursprünglichen) Besetzung.

Das Gericht entscheidet grds. aufgrund **mündlicher Verhandlung,** die **8** nur den nicht erledigten Teil des Rechtsstreits zum Gegenstand hat (III 1). Auf mündliche Verhandlung kann verzichtet werden (§ 101 II). Ein bereits erklärter Verzicht ist mit Urteilserlass verbraucht (aA SSB Rn. 8). Es sind Entscheidungen über die Kosten (nach allg. Regeln für Urteile) und – soweit in Betracht kommend – die vorläufige Vollstreckbarkeit zu treffen. Die Kostenverteilung richtet sich nach allgemeinen Grundsätzen; bei Ablehnung oder Zurücknahme des Antrags trägt derjenige die Kosten, der die Ergänzung beantragt hat (hM, SSB Rn. 8; NK-VwGO Rn. 24; MüKoZPO ZPO § 321 Rn. 15).

Nach dem mit Wirkung vom 1.1.2020 eingefügten **III 2** (Gesetz v. **8a** 12.12.2019, BGBl I S. 2633) kann von der Durchführung einer mündlichen Verhandlung **abgesehen** werden, wenn mit der Ergänzung des Urteils nur über einen Nebenanspruch, wie zB Zinsen, oder über die Kosten entschieden werden soll und wenn die Bedeutung der Sache keine mündliche Verhandlung erfordert. Mündliche Verhandlung ist aber in den in → § 101 Rn. 14 f. niedergelegten Fällen **zwingend** durchzuführen.

III. Rechtsmittel

Urteilsergänzungsurteile sind nach den allgemeinen Regeln **anfechtbar** **9** (BVerwG NVwZ-RR 1999, 694). Gegen einen Beschlussergänzungsbeschluss (§ 122 I) des VG ist grds. die Beschwerde gegeben (§ 146, beachte für Beschlüsse des OVG: § 152 I). Ist **nur** die **Kostenentscheidung** von der Ergänzung betroffen, ist die Anfechtung jedoch grds. unstatthaft (§ 158 I). Sie ist entgegen § 158 I zulässig, wenn die Fehlerhaftigkeit des angefochtenen Ergänzungsurteils unabhängig vom Inhalt der getroffenen Entscheidung daraus abgeleitet wird, dass der Rückgriff auf § 120 unzulässig gewesen sei (BVerwG NVwZ 2007, 1442).

§ 121 [Rechtskraft]

Rechtskräftige Urteile binden, soweit über den Streitgegenstand entschieden worden ist,
1. die Beteiligten und ihre Rechtsnachfolger und
2. im Fall des § 65 Abs. 3 die Personen, die einen Antrag auf Beiladung nicht oder nicht fristgemäß gestellt haben.

Übersicht

1 § 121 regelt die Folgen der **materiellen Rechtskraft** des Urteils. Dies bedeutet, dass die in § 121 bezeichneten Beteiligten oder nach § 65 III Beiladungsberechtigten an die formell rechtskräftigen Entscheidungen gebunden sind, soweit über den Streitgegenstand entschieden worden ist, unabhängig davon, ob die rechtskräftige Entscheidung die Sach- und Rechtslage zutreffend gewürdigt hat oder nicht. § 121 dient dem Rechtsfrieden und dem Schutz des Vertrauens in die Beständigkeit des Rechts und will eine wiederholte Inanspruchnahme der Justiz in derselben Sache sowie widersprechende gerichtliche Entscheidungen verhindern. Was durch eine gerichtliche Entscheidung klargestellt worden ist, soll nicht erneut zum Gegenstand eines Streits unter den Beteiligten gemacht werden (BVerwGE 162, 127; 156, 159). Über die **Rechtssicherheit** hinaus dient die Rechtskraft tendenziell der Gewährleistung eines **wirkungsvollen behördlichen und gerichtlichen Verfahrens,** indem sie die verschiedenen Entscheidungsinstanzen entlastet (BVerfGE 60, 253; BVerwG ZOV 2008, 53).

I. Rechtskräftiges Urteil

2 § 121 setzt ein **formell rechtskräftiges** Urteil voraus (zur Anwendung auf Beschlüsse → Rn. 31). Dies bedeutet, dass die Entscheidung mit ordentlichen Rechtsmitteln (Berufung, Revision, bei Beschlüssen: Beschwerde) überhaupt nicht oder nicht mehr angegriffen werden kann (§ 173 S. 1 iVm § 705 ZPO). Gegenvorstellung, Anhörungsrüge, Wiederaufnahmeverfahren oder Verfassungsbeschwerde zählen nicht hierzu (BVerwG AGS 2010, 304 zu § 152a). Wird ein statthaftes und rechtzeitiges Rechtsmittel nach Ablauf der Rechtsmittelfrist verworfen, tritt die Rechtskraft mit der Rechtskraft der Verwerfungsentscheidung ein (GmS-OGB BVerwGE 68, 379). Zur **entsprechenden Anwendung** auf andere gerichtliche Entscheidungen → Rn. 31 ff.

2a   Bei Teilstattgabe hemmt die Einlegung der Revision für andere Beteiligte **den Eintritt der Rechtskraft** für solche Teile des Berufungsurteils, die der Revisionskläger nicht angefochten hat und mangels Beschwer nicht anfechten kann. Insoweit tritt Teilrechtskraft erst ein, sobald der Revisionsbeklagte die

Möglichkeit verloren hat, sich der Revision anzuschließen (BGH NJW 1994, 657). Entspr. gilt für die Berufung.

Urteile, mit denen ein Gericht feststellt, dass ein **Planfeststellungs- 2b beschluss rechtswidrig und nicht vollziehbar** ist, erwachsen in zwei gegensätzlichen Richtungen in Rechtskraft: Zugunsten des Klägers werden (bei Eintritt der Voraussetzungen) die in den Entscheidungsgründen festgestellten Fehler rechtskräftig, zu seinen Lasten die Feststellung, dass der Beschluss über die Beanstandungen des Gerichts hinaus nicht an weiteren Fehlern leidet (BVerwGE 162, 114 Rn. 45 mwN; Kopp/Ramsauer VwVfG § 75 Rn. 88 f.).

II. Bindung

Kennzeichen der materiellen Rechtskraft ist die bindende Wirkung, die das **3** Urteil (bzw. der Beschluss) im Rahmen seiner objektiven und subjektiven Reichweite in einem weiteren Verfahren entfaltet (sog. **prozessuale Rechtskrafttheorie**). Die materielle Rechtslage bleibt hiervon unberührt. Im Einzelnen ist hierzu in der Literatur Vieles streitig (vgl. Kopp/Schenke Rn. 2; SSB Rn. 19 f.), ohne dass sich dies entscheidend auf die Bewältigung derjenigen Fragen auswirkte, die sich in der Praxis im Zusammenhang mit der Rechtskraft stellen.

Die materielle Rechtskraft schafft ein unabdingbares, in jeder Verfahrens- **4** lage vAw zu beachtendes **Prozesshindernis** für eine erneute gerichtliche Nachprüfung des Anspruchs, über den bereits entschieden worden ist. Sie schließt eine neue Verhandlung und Entscheidung über die rechtskräftig festgestellten Rechtsfolgen aus (BVerwG NVwZ 2017, 625). Auch die Beteiligten können hierauf innerprozessual nicht verzichten (BVerwGE 35, 234); was sie außerprozessual vereinbaren, obliegt ihrer Autonomie. Eine gleichwohl erhobene Klage ist unzulässig (BVerwGE 79, 33), ein gleichwohl ergehender VA rechtswidrig.

1. Entscheidung über den Streitgegenstand

§ 121 ordnet eine Bindung an, soweit über „den Streitgegenstand" entschie- **5** den worden ist. Der **Streitgegenstand** ist identisch mit dem **prozessualen Anspruch,** der seinerseits durch die erstrebte, im Klageantrag zum Ausdruck zu bringende Rechtsfolge sowie den Klagegrund, nämlich den Sachverhalt, aus dem sich die Rechtsfolge ergeben soll, gekennzeichnet ist (stRspr, vgl. BVerwG NVwZ-RR 2013, 489). Die Rechtskraft erstreckt sich danach nicht auf die einzelnen Urteilselemente, also nicht auf die tatsächlichen Feststellungen, die Feststellungen einzelner Tatbestandsmerkmale und sonstige Vorfragen oder Schlussfolgerungen, auch wenn diese für die Entscheidung tragend gewesen sind (BVerwG NVwZ-RR 2013, 489).

a) Zweigliedriger Streitgegenstandsbegriff. Nach dem sog. **zweiglied- 6 rigen Streitgegenstandsbegriff** wird der Streitgegenstand durch das im Klageantrag zum Ausdruck kommende Klagebegehren und den ihm zugrunde gelegten Sachverhalt (Klagegrund) bestimmt (stRspr BVerwG DVBl 2018,

1621). Die Rechtskraft bindet deshalb auch, wenn und soweit sich die entschiedene Frage in einem späteren Verfahren mit einem anderen Streitgegenstand als (präjudizielle) Vorfrage stellt. Allerdings erfasst die inhaltliche Bindungswirkung aus § 121 nur die Entscheidung über den Streitgegenstand selbst, nicht aber die hierzu vorgreiflichen Rechtsverhältnisse oder Vorfragen. Diese können nur durch ein Zwischenfeststellungsurteil materielle Bindungswirkung erlangen (BVerwGE 156, 159). Dem Vorbringen des Klägers kommt bei der Bestimmung des Streitgegenstands nur Anstoßfunktion zu. Maßgebend ist weder die vom Kläger gewählte Fassung seines Klageantrags (§ 88) noch wird der Streitgegenstand durch den ausdrücklich vom Kläger vorgetragenen Sachverhalt beschränkt. Der Kläger hat es nicht in der Hand, den vorgegebenen Streitgegenstand in tatsächlicher oder rechtlicher Hinsicht zu verengen (BVerwG Buchh 424.01 § 44 FlurbG Nr. 83). Die gerichtliche Entscheidung ist demgemäß die sich im Entscheidungssatz des Urteils verkörpernde Rechtsfolge als Ergebnis der Subsumtion des Sachverhalts unter das Gesetz (BVerwGE 140, 290).

7 **b) Streitgegenstand der einzelnen Verfahrensarten.** Um die korrekte Eingrenzung des Streitgegenstands der verschiedenen Verfahrensarten besteht lebhafter Streit (vgl. Kopp/Schenke § 90 Rn. 8 ff.; SSB Rn. 58 ff., jeweils mwN). **Streitgegenstand der Anfechtungsklage** (§ 42 I, 1. Var.) ist die Rechtsbehauptung des Klägers, ein bestimmter, von ihm angefochtener VA sei rechtswidrig und greife in seine Rechtssphäre ein (BVerwGE 91, 256); der **Verpflichtungsklage** (§§ 42 I, 2. Var., 113 V 1) die Verpflichtung der Behörde und die Feststellung, dass die Unterlassung der begehrten Handlung rechtswidrig ist und den Kläger in seinen Rechten verletzt (BVerwGE 156, 159; 151, 36; 142, 234); **der Bescheidungsklage** (§§ 42 I, 2. Var., 113 V 2) der mit der Klage geltend gemachte und vom Gericht nach Maßgabe der bestehenden Rechtslage zu überprüfende Anspruch auf Neubescheidung (BVerwG NVwZ 2007, 104); der **Leistungsklage** der auf einen bestimmten Sachverhalt gestützte prozessuale Anspruch des Klägers auf Verurteilung des Beklagten zur im Antrag bezeichneten Leistung (BGHZ 117, 1); der **Feststellungsklage** (§ 43 I) der prozessuale Anspruch auf Feststellung des Bestehens oder Nichtbestehens des im Antrag bezeichneten Rechtsverhältnisses bzw. der Nichtigkeit des VA und der **Fortsetzungsfeststellungsklage** (§ 113 I 4) die Rechtsbehauptung des Klägers, dass der erledigte VA rechtswidrig gewesen ist und ihn in seinen Rechten verletzt hat.

2. Entscheidung über vorgreiflichen Streitgegenstand

8 Auch bei **unterschiedlichen Streitgegenständen** tritt eine Bindung in den Fällen ein, in denen die rechtskräftige Zuerkennung oder Aberkennung eines prozessualen Anspruchs für einen anderen prozessualen Anspruch, der zwischen denselben Beteiligten streitig ist, **vorgreiflich** ist. Denn mit der Regelung des § 121 soll auch verhindert werden, dass die aus einem festgestellten Tatbestand hergeleitete Rechtsfolge, über die durch Sachurteil entschieden worden ist, bei unveränderter Sach- und Rechtslage erneut – mit der Gefahr unterschiedlicher Ergebnisse – zum Gegenstand eines Verfahrens zwischen denselben Beteiligten gemacht wird (stRspr, vgl. BVerwGE 162, 127; 115, 111; 108, 30; 96, 24). Danach würde der Sinn der Rechtskraft als Ausfluss des verfassungsrechtlich geschützten Prinzips der Rechtssicherheit, wenn man die Exekutive allein aus allgemeinen verwaltungsrechtlichen Erwägungen heraus und damit ohne gesetzliche Grundlage zu einer uneingeschränkten erneuten Entscheidung für befugt erachtete (vgl. BVerfG NVwZ 1989, 141).

Ob **Vorgreiflichkeit** besteht, richtet sich zum einen nach dem Umfang **9** der Rechtskraft der Entscheidung im Vorprozess, was sich wiederum nach dem Streitgegenstand dieses damaligen Prozesses bestimmt. Zum anderen hängt dies davon ab, ob die rechtskräftige Vorentscheidung ein Element liefert, das nach der einschlägigen materiell-rechtlichen Norm notwendig ist für den Subsumtionsschluss, der zu der im zweiten Prozess beanspruchten Rechtsfolge führt (BVerwGE 116, 1).

So ist **beispielsweise** die rechtskräftige Abweisung einer Verpflichtungs- **10** klage auf Rückübertragung bindend für die später betriebene Feststellung der Nichtigkeit einer Enteignung (BVerwG ZOV 2008, 53). Vorgreiflichkeit besteht auch bei der Entscheidung über die Erteilung eines Staatsangehörigkeits-ausweises hinsichtlich des Besitzes der deutschen Staatsangehörigkeit (BVerwG NVwZ 1993, 781). Nach Sinn und Zweck der Rechtskraft ist von Bindungswirkung auszugehen, wenn der Sachverhalt, der im Vorprozess an einem gesetzlichen Tatbestandsmerkmal gemessen worden ist, im Folgeprozess erneut an diesem Tatbestandsmerkmal zu messen ist. Darauf, ob für den Vor- und den Folgeprozess dieselbe Norm entscheidungserheblich ist, kommt es nicht an. Auch unterschiedliche Normen können identische Tatbestands-merkmale enthalten. Maßgebend ist insoweit das materielle Recht. Decken sich die Tatbestandsmerkmale und beanspruchen sie für denselben Sachverhalt Geltung, entfaltet ihre Bejahung oder Verneinung im Vorprozess für den Folgeprozess Bindungswirkung (BVerwGE 162, 127).

3. Umfang

Rechtskräftig wird in sachlicher Hinsicht die **Feststellung der Rechtsfolge** **11** **als Ergebnis der Subsumtion des Sachverhalts** unter das Gesetz. Die Rechtskraft ist damit auf den unmittelbaren Gegenstand des Urteils be-schränkt, nämlich die im Entscheidungssatz des Urteils verkörperte Schluss-folgerung aus Rechtsnorm und Lebenssachverhalt. Hingegen erstreckt sich die Rechtskraft nicht auf die einzelnen Urteilselemente, also nicht auf die tatsächlichen Feststellungen, die Feststellung einzelner Tatbestandsmerkmale, die der Entscheidung zugrunde liegenden vorgreiflichen Rechtsverhältnisse, sonstige Vorfragen sowie die Schlussfolgerungen, auch wenn diese für die Entscheidung tragend gewesen sind (BVerwG NVwZ 2019, 649). Über den Streitgegenstand hinausgreifende, nicht entscheidungstragende Ausführungen des Gerichts (sog. **obiter dicta**) nehmen ebenfalls nicht an der Rechtskraft teil (BVerwG Buchh 402.240 § 53 AuslG Nr. 43; BVerwG NVwZ 2019, 649: zB Sachbeurteilung bei Abweisung als unzulässig), ebenso nicht die

Entscheidung einer Vorfrage, sofern sie nicht Gegenstand einer besonderen Zwischenfeststellung ist (BVerwGE 140, 290).

12 Im Falle der **stattgebenden Anfechtungsklage** wird nicht nur der angefochtene VA aufgehoben; festgestellt ist mit dem Urteil vielmehr zugleich, dass der VA rechtswidrig war und den Kläger in seinen Rechten verletzt hat. Das Urteil erschöpft sich nicht in der bloßen Kassation, sondern verbietet der Behörde zugleich, in derselben Sache gegenüber demselben Beteiligten erneut eine entsprechende Verfügung zu erlassen. Das Gestaltungsurteil der Anfechtungsklage beinhaltet damit stets auch einen feststellenden Teil. Einer Zwischenfeststellung bedarf es dafür nicht. Die in dem Anfechtungsurteil enthaltene Feststellung der Rechtswidrigkeit des VA nimmt an der präjudiziellen Wirkung des Urteils teil (BVerwG PharmR 2019, 64; BVerwGE 140, 22; zur Baunachbarklage vgl. BVerwG BauR 2010, 1563).

13 Bei einem **Bescheidungsurteil** iSv § 113 V 2 bestimmt die verbindlich zum Ausdruck gebrachte Rechtsauffassung dessen Rechtskraftwirkung. Der Umfang der materiellen Rechtskraft und damit der Bindungswirkung ergibt sich aus den Entscheidungsgründen, die die nach dem Urteilstenor zu beachtende Rechtsauffassung des Gerichts im Einzelnen darlegen (BVerwG NVwZ 2017, 625). Dasselbe gilt für ein **Bestimmungsurteil** iSv § 113 II 2 (BVerwGE 137, 105; zur Rechtskraftwirkung bei der **Feststellung** der Rechtswidrigkeit eines Planfeststellungsbeschlusse vgl. BVerwG NuR 2019, 116).

14 Bei einem **klageabweisenden Urteil** nehmen die tragenden Gründe an dessen Rechtskraft teil. Erforderlichenfalls ist zur Auslegung auch das **Beteiligtenvorbringen** heranzuziehen (BVerwG Buchh 424.01 § 44 FlurbG Nr. 83 mwN). Wird eine **Anfechtungsklage** abgewiesen, erfasst die Rechtskraft des Urteils auch die dort vorgenommene Auslegung des Bescheids; denn das Gericht prüft in den Gründen seines Urteils die Voraussetzungen der Ermächtigungsgrundlage für den Bescheid mit dem Inhalt, den es ihm – durch Auslegung – beigemessen hat. Seine Aussage, der Bescheid sei rechtmäßig, bezieht sich allein auf den Bescheid mit dem Inhalt, dem es ihm beigemessen hat (BVerwGE 131, 346; für das Normenkontrollverfahren: BVerwGE 92, 266). Nach rechtskräftiger Abweisung einer **Verpflichtungsklage** steht einem erneuten Antrag bei gleichbleibender Sach- und Rechtslage die materielle Rechtskraft des bindenden Feststellungsteils des Urteils entgegen (BVerwGE 156, 159); das eine **Feststellungsklage** abweisende Sachurteil, das eine Amtshandlung als rechtmäßig bewertet, schließt eine gegenteilige Bewertung in einem Staatshaftungsprozess aus (BVerwG Beschl. v. 22.12.2011 – 2 B 71.10).

15 **Prozessurteilen** kommt Bindungswirkung hinsichtlich der zur Klageabweisung führenden fehlenden Sachurteilsvoraussetzung zu (BVerwG ZOV 1999, 154 mwN; SSB Rn. 52). Wegen der Verschiedenheit der Rechtskraftwirkung einer Prozess- und einer Sachabweisung darf nicht zugleich aus prozessrechtlichen und aus sachlich-rechtlichen Gründen abgewiesen werden; geschieht dies dennoch, gilt die der Prozessabweisung verfahrensfehlerhaft beigegebene Sachbeurteilung als „nicht geschrieben" (BVerwG NVwZ 2019, 649).

4. Adressaten der Bindung

Rechtskräftige Urteile binden die Beteiligten und ihre Rechtsnachfolger und **16** im Fall des § 65 III die Personen, die einen Antrag auf Beiladung nicht oder nicht fristgemäß gestellt haben.

a) Beteiligte. Gebunden sind die **Hauptbeteiligten** iSd § 63 Nr. 1 und 2. **17** Ist eine Behörde beteiligt (§ 61 Nr. 3), wird nach den Grundsätzen der Prozessstandschaft auch der dahinterstehende Rechtsträger erfasst (SSB Rn. 96). Die von der Ausgangsbehörde abweichende Widerspruchsbehörde wird ebenfalls gebunden (Redeker/v. Oertzen Rn. 6a).

Nur der **tatsächlich Beigeladene** (nicht der Beizuladende) ist als Betei- **18** ligter gebunden; erst die Beiladung erweitert die Bindungswirkung in persönlicher Hinsicht (BVerwG NVwZ 2019, 649). Ob er notwendig beizuladen war oder einfach beigeladen wurde, ist insoweit unerheblich (vgl. SSB Rn. 97). Von der Bindungswirkung eines ohne (notwendige oder einfache) Beiladung ergangenen Urteils ist der übergangene Dritte freigestellt. Die Bindungswirkung nach Maßgabe des § 121 ist hiernach insofern eine relative, als sie subjektiv auf die Beteiligten sowie ihre Rechtsnachfolger begrenzt ist und daher das materielle Recht eines Dritten, auf den sich die Rechtskraft nicht erstreckt, unberührt lässt (BVerwGE 104, 182; zum Streitstand SSB Rn. 98).

b) Beiladungsberechtigte nach § 65 III. Im Fall des **§ 65 III** (Beiladung **19** in Massenverfahren) sind auch die Personen gebunden, die einen Antrag auf Beiladung nicht oder nicht fristgemäß gestellt haben.

c) Rechtsnachfolger. Rechtsnachfolger ist, wer kraft Rechtsgeschäfts, staat- **20** lichen Hoheitsakts oder Gesetzes als **Gesamt-** oder **Einzelrechtsnachfolger** in das Recht des Vorgängers eintritt (BVerwG NVwZ 2010, 779; zweifelnd zu § 90 I ZVG BVerwG Beschl. v. 5.6.2018 – 4 BN 43.17; Eyermann Rn. 43; NK-VwGO Rn. 108). In zeitlicher Hinsicht wird auch gebunden, wer schon vor Eintritt der Rechtskraft, aber nach Rechtshängigkeit in das streitbefangene Recht nachfolgt (BVerwG NJW 2015, 2358).

Die **Erwerber als Rechtsnachfolger** brauchen nicht gem. § 65 II not- **21** wendig beigeladen zu werden, um die Rechtskrafterstreckung auszulösen, da § 121 die Rechtsnachfolger der Beteiligten ausdrücklich neben ihnen nennt (BVerwG NJW 1985, 281). Die Rspr. hat zudem verdeutlicht, dass es einer Beiladung nicht allein deswegen bedarf, um überhaupt die Rechtskrafterstreckung auf den Rechtsnachfolger zu bewirken (BVerwG Buchh 310 § 65 VwGO Nr. 104).

d) Sonstige Bindungsadressaten. Über den Wortlaut des § 121 hinaus **22** bestehen weitere Bindungswirkungen aus anderen Rechtsgründen. Die Rechtskraft eines den Gesetzesvollzug eines Landes betreffenden verwaltungsgerichtlichen Urteils erstreckt sich auch auf die BRD, wenn das Land hierbei zugleich eine Angelegenheit des Bundes wahrnimmt (BVerwG Buchh 310 § 121 VwGO Nr. 64), was insbes. der Fall ist, wenn ein Gesetz im Auftrage des Bundes und damit „in einer Art Prozessstandschaft" für die BRD ausgeführt wird (BVerwG NVwZ 1999, 296). So bindet ein gegenüber einer Staatsangehörigkeitsbehörde eines Bundeslandes ergangenes rechtskräftiges Feststellungsurteil über das Bestehen oder Nichtbestehen der deutschen Staatsangehörigkeit des Klägers auch in einem Rechtsstreit zwischen dem Kläger und der BRD (BVerwG NVwZ 1993, 781).

23   Aus dem Rechtsstaatsprinzip folgt, dass über den Wortlaut des § 121 hinaus überdies auch die **Gerichte** in einem späteren Prozess an rechtskräftige Urteile zwischen den Beteiligten gebunden sind (stRspr, BVerwGE 156, 159). Soweit die Beteiligten eines Zivilprozesses durch die Rechtskraft eines zwischen ihnen ergangenen Urteils gebunden sind (§ 322 I ZPO), sind auch die Gerichte aller Gerichtszweige gebunden, wenn für sie der Gegenstand des Zivilprozesses eine Vorfrage bildet, von der ihre Entscheidung in einem Verfahren abhängt, dessen Beteiligte die Parteien des Zivilprozesses sind (BVerwG Buchh 310 § 108 Abs. 1 VwGO Nr. 29). Diese Bindung ergibt sich aus der Gleichordnung aller Gerichtszweige. Die Entscheidung, die das Gericht eines Zweiges der Gerichtsbarkeit innerhalb seiner Zuständigkeit erlässt, ist für die Gerichte anderer Zweige jedenfalls insoweit bindend, als die Rechtskraft dieser Entscheidung unter den Beteiligten wirkt (BGH DÖV 1962, 791; BVerwG ZOV 2004, 148).

5. Zeitliche Grenze der Rechtskraft

24   Die Rechtskraftwirkung eines Urteils nach § 121 endet, wenn nach dem für das rechtskräftige Urteil maßgeblichen Zeitpunkt neue für die Streitentscheidung erhebliche Tatsachen eingetreten sind, die sich so wesentlich von den damals gegebenen Umständen unterscheiden, dass auch unter Berücksichtigung des Zwecks der Rechtskraft eine erneute Sachentscheidung gerechtfertigt ist – sog. zeitliche Grenze der Rechtskraft – (stRspr, vgl. BVerwGE 115, 118; USK 2011, 76 mwN). Offen ist, ob die Rechtskraftwirkung bei unrichtigen Urteilen (auch) dann entfällt, wenn die Aufrechterhaltung des durch die Vorentscheidung geschaffenen Zustands **„schlechthin unerträglich"** wäre (vgl. BVerwGE 115, 118; 91, 256).

25   **a) Erheblichkeit der Sachlagenänderung.** Die **Erheblichkeit der Sachlagenänderung** hängt nicht notwendig davon ab, ob die Behörde oder das Gericht, welche die mögliche Rechtskraftbindung zu prüfen haben, auf der Grundlage des neuen Sachverhalts zu einem anderen Ergebnis kommen als das rechtskräftige Urteil (vgl. BVerwGE 110, 111). Ergibt sich allerdings eine solche Ergebnisabweichung wegen der geänderten Sachlage, kann regelmäßig davon ausgegangen werden, dass die Rechtskraft des alten Urteils nicht mehr bindet. Andererseits kann die Rechtskraft des früheren Urteils auch enden, wenn eine nachträgliche wesentliche Änderung der Sachlage die im rechtskräftigen Urteil getroffene Entscheidung im Ergebnis bestätigt. Hätte bereits das rechtskräftige Urteil nach der damaligen Sachlage zu dem anderen, auf Grundlage der jetzigen Verhältnisse gewonnenen Ergebnis kommen müssen, indiziert diese Ergebnisabweichung für sich genommen keine wesentliche Sachverhaltsänderung, schließt sie allerdings auch nicht aus, sondern zeigt

lediglich, dass das rechtskräftige Urteil aus der Sicht des nunmehr entscheidenden Gerichts falsch ist (BVerwGE 115, 118).

Allerdings lässt nicht jegliche nachträgliche Änderung der Verhältnisse die **26** Rechtskraftwirkung eines Urteils entfallen (BVerwG NVwZ-RR 1994, 236). Gerade im Asylrecht liefe ansonsten die Rechtskraftwirkung nach § 121 weitgehend leer. Eine Lösung der Bindung an ein rechtskräftiges Urteil kann daher nur eintreten, wenn die nachträgliche Änderung der Sach- und/oder Rechtslage **wesentlich** ist. Dies ist jedenfalls im Asylrecht nur dann der Fall, wenn nach dem für das rechtskräftige Urteil maßgeblichen Zeitpunkt neue für die Streitentscheidung erhebliche Tatsachen eingetreten sind, die sich so wesentlich von den früher maßgeblichen Umständen unterscheiden, dass auch unter Berücksichtigung des Zwecks der Rechtskraft eines Urteils eine erneute Sachentscheidung durch die Verwaltung oder ein Gericht gerechtfertigt ist (BVerwGE 141, 161; 115, 118).

Die **spätere** gerichtliche – auch höchstrichterliche – **Klärung einer Sach-** **27** **oder Rechtsfrage** abweichend von dem früheren rechtskräftigen Urteil begründet **keine Änderung** der Sach- oder Rechtslage, die eine Lösung von der Rechtskraftbindung rechtfertigen könnte. Die Rechtskraftwirkung der § 121 tritt nämlich unabhängig davon ein, ob das rechtskräftige Urteil die Sach- und Rechtslage zutreffend gewürdigt hat oder nicht (BVerwG NVwZ 2003, Beilage Nr. I 1, 1; SSB Rn. 74). Auch neue Beweismittel lassen die Sachlage unberührt.

Der **Zeitablauf allein** stellt grds. keine erhebliche Änderung der Sachlage **28** dar. Die Rechtskraftwirkung ist zeitlich nicht begrenzt. So kann aber zB im Asylprozess, je länger der Zeitraum ist, der seit dem rechtskräftigen Urteil verstrichen ist, desto eher – je nach Art der dem Urteil zugrunde liegenden Gefahrenprognose – die Annahme gerechtfertigt sein, dass die Entwicklung im Heimatland zu einer Änderung der tatsächlichen Grundlagen der Gefahrenprognose geführt hat, die vom Geltungsanspruch des rechtskräftigen Urteils nicht mehr erfasst wird (BVerwGE 115, 118).

b) Verfahren. Die VwGO hält kein besonderes **Verfahren** dafür bereit, wie **29** die neue Sachentscheidung zu ergehen hat; insbes. sind die zur Durchbrechung der Rechtskraft vorgesehenen Klagemöglichkeiten – einschließlich der Abänderungsklage bei zukünftig wiederkehrenden Leistungen im Sinne des insofern auch im Verwaltungsprozess nach § 173 S. 1 entsprechend anwendbaren § 323 ZPO – dafür nicht geschaffen und wegen ihrer Besonderheiten unanwendbar (BVerwGE 110, 111; vgl. SSB Rn. 110 mwN). Es liegt daher nahe, dass in diesen Fällen über die nach Änderung der Sachlage erforderliche Maßnahme zunächst (wieder) im Verwaltungswege durch VA entschieden wird. Dagegen bestehen auch mit Rücksicht auf den Rechtsschutz keine Bedenken. Der Betroffene kann mit den üblichen Mitteln des Hauptsache- und Eilrechtsschutzes gegen den neuen VA vorgehen. Effektiver Rechtsschutz ist auch dann umfassend gewährleistet, wenn die Verwaltung zu Unrecht eine Änderung der Sachlage unterstellen oder sonst die Rechtskraft der früheren verwaltungsgerichtlichen Entscheidung missachten sollte (BVerwGE 110, 111).

6. Durchbrechung der Rechtskraft

30 Die Rechtskraftbindung kann, sofern ihre zeitlichen Grenzen nicht überschritten sind, nur auf **gesetzlicher Grundlage** überwunden werden. Dies ist der Fall, wenn der Betroffene nach **§ 51 I VwVfG** einen Anspruch auf ein Wiederaufgreifen des Verfahrens hat oder die Behörde das Verfahren im Ermessenswege wieder aufgreift oder aufgreifen muss (§ 51 V iVm §§ 48 f. VwVfG; BVerwG BayVBl 2012, 478). Die Rechtskraft wird auch durchbrochen durch die **Wiedereinsetzung** in den vorigen Stand (§ 60), die **Wiederaufnahme** des Verfahrens (§ 153 I) oder in entsprechender Anwendung des **§ 826 BGB;** diese Norm ist positivrechtliche Grundlage für den Einwand des sittenwidrigen Urteilsmissbrauchs (BVerwGE 148, 254).

III. Entsprechende Anwendung

31 § 121 ist nach § 84 I 3 auf den **Gerichtsbescheid,** entsprechend auf **Beschlüsse** nach §§ 80 V, VII, 80a III, 123, da diese dazu bestimmt sind, eine rechtliche Auseinandersetzung einer abschließenden, verbindlichen Regelung zuzuführen (BVerwG CR 2010, 30; HFR 2006, 1276; BayVGH ZUR 2018, 691) und im **Wehrbeschwerdeverfahren** anwendbar (BVerwG NZWehr 2004, 126). Beschlüsse im **PKH-Verfahren** werden von § 121 **nicht** erfasst; es kann jederzeit ein neuer Antrag auf PKH-Bewilligung gestellt werden. Gerichtliche **Vergleiche** (§ 106) entfalten keine materielle Rechtskraft, sondern wegen ihrer Doppelnatur lediglich vertragliche Bindungen zwischen den an ihnen Beteiligten (→ § 106 Rn. 4, 8).

1. Durchbrechung der Rechtskraft im Verfahren nach § 123

32 Wie bzw. aufgrund welcher Vorschriften die analog § 121 eingetretene Rechtskraftwirkung eines den Antrag auf **Erlass einer einstweiligen Anordnung** ablehnenden Beschlusses **durchbrochen** werden kann, ist strittig. Dem BVerfG (BVerfGE 92, 245), das in solchen Fällen von der Möglichkeit eines Abänderungsverfahrens entsprechend § 123 iVm § 80 VII ausgeht, wird teilweise gefolgt (VGH BW NVwZ-RR 2002, 908 (911); Kopp/Schenke § 123 Rn. 35; Redeker/v. Oertzen § 123 Rn. 26). Teilweise wird ein Änderungsverfahren in Analogie zu § 80 VII zwar verneint, aber in dieser Vorschrift ein im Verfahren nach § 123 anzuwendender Maßstab für die Reichweite der − neuerlichen Anträgen gleichen Inhalts auf vorläufigen Rechtsschutz entgegenstehenden − Rechtskraft gesehen (Eyermann § 123 Rn. 75, 81). Teilweise wird in Anwendung des in § 80 VII 2 und § 927 I ZPO zum Ausdruck kommenden Rechtsgedankens die Möglichkeit für eröffnet angesehen, veränderten Umständen in einem neuen Eilverfahren Rechnung zu tragen (HessVGH NVwZ-RR 1996, 713). Einigkeit besteht bei allen zitierten Ansichten jedoch insoweit, als nur bei veränderten Umständen ein erneuter Antrag gleichen Inhalts auf Erlass einer einstweiligen Anordnung zulässig sein soll (BVerwGE 76, 127; OVG NRW Beschl. v. 9.1.2003 − 18 B 2414/02).

2. Anwendung im Normenkontrollverfahren

§ 121 gilt auch unter den Beteiligten eines **Normenkontrollverfahrens** 33 (§ 47). Die Bindungswirkung der einen Normenkontrollantrag eines Beteiligten **ablehnenden,** eine Satzung betreffenden Entscheidung gilt nicht nur für ein erneutes Normenkontrollverfahren, sondern für alle Verfahren zwischen den Beteiligten, bei denen es auf die Gültigkeit dieser Satzung ankommt; sie erstreckt sich nicht nur auf Nichtigkeitsgründe, die bereits in dem ersten Normenkontrollverfahren geltend gemacht worden sind, sondern auch auf Einwände, die in den späteren Verfahren erstmalig vorgetragen werden. Die Bindungswirkung entfällt nur dann, wenn nach Erlass der rechtskräftigen Normenkontrollentscheidung eine entscheidungserhebliche Änderung der Sach- oder Rechtslage eintritt (BVerwGE 68, 306; Buchh 310 § 121 VwGO Nr. 71).

Die Bindungswirkung gilt auch in den Fällen, in denen dem **Antrag statt-** 34 **gegeben** wurde. Für die festgestellte Nichtigkeit einer Norm bestehen – unabhängig von der gleichzeitigen Allgemeinverbindlichkeit – insoweit keine Besonderheiten (BVerwG NVwZ 2000, 813).

IV. Abgrenzungen

Von der Bindung wegen Rechtskraft abzugrenzen sind die Bindung des 35 erkennenden Gerichts an seine eigene Entscheidung (§ 173 S. 1 iVm § 318 ZPO), die Bindungswirkung von zurückverweisenden (§ 130 VI) und von Bescheidungsurteilen (§ 113 V 2).

Tatbestands- und Feststellungswirkungen von VA sind von der Rechtskraft 36 einer gerichtlichen Entscheidung ebenfalls zu unterscheiden. VA entfalten gem. Art. 20 III GG und § 43 VwVfG eine **Tatbestandswirkung** des Inhalts, dass die durch den VA getroffene Regelung als gegeben hingenommen werden muss, mithin dass der Bescheid mit dem von ihm in Anspruch genommenen Inhalt von allen rechtsanwendenden Stellen zu beachten und eigenen Entscheidungen zugrunde zu legen ist. Eine darüber hinaus gehende **Feststellungswirkung** kommt VA dagegen nur zu, wenn sie ausdrücklich gesetzlich angeordnet ist (BVerwG BauR 2007, 1712; OVG NRW InfAuslR 2008, 10).

§ 122 [Beschlüsse]

(1) §§ 88, 108 Abs. 1 Satz 1, §§ 118, 119 und 120 gelten entsprechend für Beschlüsse.

(2) [1] Beschlüsse sind zu begründen, wenn sie durch Rechtsmittel angefochten werden können oder über einen Rechtsbehelf entschieden. [2] Beschlüsse über die Aussetzung der Vollziehung (§§ 80, 80a) und über einstweilige Anordnungen (§ 123) sowie Beschlüsse nach Erledigung des Rechtsstreits in der Hauptsache (§ 161 Abs. 2) sind stets zu begründen. [3] Beschlüsse, die über ein Rechtsmittel entscheiden, bedürfen keiner weiteren Begründung, soweit das Gericht das

Rechtsmittel aus den Gründen der angefochtenen Entscheidung als unbegründet zurückweist.

I. Anwendung der Urteilsvorschriften

1   Nur über die Klage wird durch Urteil (§ 107) und damit regelmäßig aufgrund mündlicher Verhandlung entschieden (§ 101). Für das verwaltungsgerichtliche Klage- bzw. Urteilsverfahren gelten die Sonderregeln des 10. Abschnitts (§§ 107 bis 121). Für andere Verfahren, die durch Beschluss abgeschlossen werden, sieht I die entsprechende Anwendung einiger Urteilsbestimmungen vor. Die Vorschrift ist allerdings in hohem Maße unvollständig (BVerwG NVwZ 2000, 190; SSB Rn. 2). Sofern nicht Besonderheiten des Beschlussverfahrens entgegenstehen, finden alle weiteren Vorschriften der VwGO und die über § 173 S. 1 in Bezug genommenen Normen des GVG und der ZPO Anwendung.

1a   Der **Begriff** des Beschlusses ist mehrdeutig. Im Kern meint er eine Willensbildung des Spruchkörpers zu einer Sachfrage innerhalb eines gerichtlichen Verfahrens, für die keine obligatorische mV vorgeschrieben ist. Die VwGO sieht die Entscheidungsform des Beschlusses in einer Vielzahl von Bestimmungen vor. Sie lassen sich in streitentscheidende und prozessleitende einteilen (NK-VwGO Rn. 5 ff.; Eyermann Rn. 1). Dementspr. vielfältig im Detail sind die Regelungen über Form, Inhalt und Erlass.

2   **Ausdrücklich** für anwendbar erklärt sind fünf Vorschriften des 9. und 10. Abschnitts: Das Gericht darf auch in Beschlussverfahren über das Klagebegehren nicht hinausgehen, ist an die **Fassung der Anträge** aber nicht gebunden (§ 88; entsprechend §§ 129, 141 für das Berufungs- und Revisionsverfahren). Es entscheidet nach seiner freien, aus dem Gesamtergebnis des Verfahrens gewonnenen **Überzeugung** (108 I 1). **Offenbare Unrichtigkeiten** bzw. andere Unrichtigkeiten im Tatbestand (bzw. Teil I der Gründe) sind der Berichtigung zugänglich (§§ 118, 119). Der Beschluss kann gem. § 120 **ergänzt** werden.

3   Anwendung finden darüber hinaus § 56 **(Zustellung)**, § 81 **(Erhebungsgrundsätze)**, § 86 **(Untersuchungsgrundsatz**, Aufklärungspflicht, vorbereitende Schriftsätze), §§ 87, 87a (vorbereitendes Verfahren, vgl. BVerwG NVwZ 2000, 190), § 87b (str., wie hier Kopp/Schenke § 87b Rn. 2; aA SSB § 87b Rn. 18), § 92 I **(Rücknahme)**, § 93 **(Verbindung und Trennung)**, § 99 **(Aktenvorlage** und Auskünfte durch Behörden), § 100 **(Akteneinsicht)**, § 108 II **(rechtliches Gehör)**, § 110 **(Teilurteil)**, § 112 **(Besetzung des Gerichts;** jedenfalls bei Beschlüssen aufgrund mündlicher Verhandlung), § 116 III **(Zustellung)**, § 173 S. 1 iVm § 329 I ZPO **(Verkündung)** bzw. § 329 II 1 ZPO **(formlose Mitteilung)**. Bei **urteilsersetzenden Beschlüssen**, insbes. nach §§ 125 II 2, 130a, 80 V, 123 gelten wegen ihrer Tragweite und ihres kontradiktorischen Charakters die für Urteile geltenden **Bestimmungen in § 117 zu Form und Inhalt** weitgehend entsprechend (BVerwGE 109, 336). Allerdings besteht keine strikte Bindung (BVerwG Beschl. v. 19.8.2008 – 4 A 1025.06), weshalb die Praxis gelegentlich in sog. **Tenorbeschlüssen** die Entscheidungsformel ohne gesonderte Überschrift mit den Gründen und weiteren Beschlussbestandteilen verbindet. Eine **mündliche Verhandlung** muss nicht, kann aber durchgeführt werden (§ 101 III).

Beschlüsse dürfen (anders als Urteile → § 117 Rn. 26 ff.) im sog. **Umlauf- 3a verfahren** gefasst werden; dies ist die sukzessive Unterschriftsleistung durch die mitwirkenden Richter ohne gleichzeitige Anwesenheit. Solche Beschlüsse kommen im Zeitpunkt der letzten Unterschrift zustande. Das Verfahren setzt das Einverständnis der Richter mit der Verfahrensweise voraus, das durch Unterschriftsleistung konkludent miterklärt wird (BVerwGE 88, 159; NJW 1992, 257).

II. Begründungspflicht

1. Anfechtbare Beschlüsse und Beschlüsse über Rechtsbehelfe

Beschlüsse **sind zu begründen,** wenn sie durch Rechtsmittel angefochten 4 werden können oder über einen Rechtsbehelf entscheiden (II 1). Die Begründung muss eine Überprüfung durch die Beteiligten oder das Rechtsmittelgericht ermöglichen und deshalb die Überlegungen erkennen lassen, welche in rechtlicher und tatsächlicher Hinsicht für die richterliche Überzeugungsbildung maßgeblich gewesen sind (BVerwG Beschl. v. 9.6.2008 – 10 B 149.07). Der Anspruch auf rechtliches Gehör (Art. 103 I GG) wird hierdurch konkretisiert und garantiert.

Unanfechtbare Beschlüsse, die nicht über einen Rechtsbehelf entschei- 5 den, müssen grds. nicht begründet werden (zB § 6 IV 1). Eine Ausnahme enthält zB § 86 II, wonach ein in der mündlichen Verhandlung gestellter Beweisantrag durch einen – wenngleich gem. § 146 II unanfechtbaren, so aber doch – zu begründenden Beschluss abzulehnen ist. Die Rechtsprechung des BVerfG zum Begründungszwang bei behördlichen Eingriffsakten beruht auf der Erwägung, dass dem Betroffenen aus rechtsstaatlichen Gründen eine sachgemäße Verteidigung seiner Rechte ermöglicht werden muss. Dieser Gesichtspunkt lässt sich nicht auf eine den Rechtsweg abschließende Gerichtsentscheidung übertragen (BVerfGE 81, 97). Anders verhält es sich mit Blick auf Art. 3 I, 20 III GG, wenn das Gericht vom eindeutigen Wortlaut einer Rechtsnorm und ihrer Auslegung in der Rechtsprechung abweicht und dies für die Beteiligten nicht oW erkennbar ist (BVerfG NVwZ 1993, 975). Eine Begründung empfiehlt sich aber unabhängig davon immer, weil eine Verfassungsbeschwerde mit Erfolg darauf gestützt werden kann, dass sich wegen des Fehlens der Begründung nicht ausschließen lässt, dass ein Grundrechtsverstoß vorliegt (BVerfG DVBl 1993, 1001).

Die Begründung muss, auch wenn der Beschluss mündlich verkündet wird, 6 **schriftlich** erfolgen – ggf. auch in der nachfolgenden Endentscheidung – oder zu Protokoll diktiert werden. Eine ausschließlich mündliche Begründung sieht das Gesetz nicht vor (OVG NRW NVwZ 1988, 370).

2. Beschlüsse nach §§ 80, 80a, 123, 161 II

7 Beschlüsse über die Regelung der Vollziehung (§§ 80, 80a) und über einstweilige Anordnungen (§ 123) sowie Beschlüsse nach Erledigung des Rechtsstreits in der Hauptsache (§ 161 II) sind wegen ihrer typischerweise erheblichen Bedeutung für die Beteiligten ohne Rücksicht darauf stets zu
begründen (II 2), ob ihre Anfechtbarkeit im Einzelfall ausgeschlossen ist (vgl.
§§ 152, 158). Die Bezugnahme im Tenor eines im Verfahren des vorläufigen
Rechtsschutzes ergangenen Beschlusses auf die Begründung des gleichzeitig
zugestellten Urteils in der zugehörigen Hauptsache (Klageverfahren) genügt
dem Begründungserfordernis (OVG NRW Beschl. v. 30.8.1998 – 3 B 1415/
99).

3. Absetzungserleichterung für Beschlüsse über Rechtsmittel

8 Beschlüsse, die über ein Rechtsmittel entscheiden, bedürfen keiner weiteren
Begründung, soweit das Gericht das Rechtsmittel aus den Gründen der
angefochtenen Entscheidung (oder der Begründung des VA oder des Widerspruchsbescheids, vgl. § 117 V) als unbegründet zurückweist (II 3). Erforderlich ist, dass das Gericht die Bezugnahme im Beschluss ausdrücklich festhält.

11. Abschnitt. Einstweilige Anordnung

§ 123 [Erlass einstweiliger Anordnungen]

(1) [1] Auf Antrag kann das Gericht, auch schon vor Klageerhebung, eine einstweilige Anordnung in bezug auf den Streitgegenstand treffen, wenn die Gefahr
besteht, daß durch eine Veränderung des bestehenden Zustands die Verwirklichung eines Rechts des Antragstellers vereitelt oder wesentlich erschwert werden könnte. [2] Einstweilige Anordnungen sind auch zur Regelung eines vorläufigen
Zustands in bezug auf ein streitiges Rechtsverhältnis zulässig, wenn diese Regelung, vor allem bei dauernden Rechtsverhältnissen, um wesentliche Nachteile
abzuwenden oder drohende Gewalt zu verhindern oder aus anderen Gründen
nötig erscheint.

(2) [1] Für den Erlaß einstweiliger Anordnungen ist das Gericht der Hauptsache
zuständig. [2] Dies ist das Gericht des ersten Rechtszugs und, wenn die Hauptsache
im Berufungsverfahren anhängig ist, das Berufungsgericht. [3] § 80 Abs. 8 ist entsprechend anzuwenden.

(3) Für den Erlaß einstweiliger Anordnungen gelten §§ 920, 921, 923, 926, 928
bis 932, 938, 939, 941 und 945 der Zivilprozeßordnung entsprechend.

(4) Das Gericht entscheidet durch Beschluß.

(5) Die Vorschriften der Absätze 1 bis 3 gelten nicht für die Fälle der §§ 80 und
80a.

I. Bedeutung der Vorschrift

§ 123 vervollständigt das verwaltungsprozessuale System des vorläufigen **1** Rechtsschutzes. Er lehnt sich, wie III zeigt, an die Institute Arrest und einstweilige Verfügung der ZPO an, betont aber iÜ die Eigenständigkeit (vgl. schon die Überschrift: Anordnung statt Verfügung). Von seiner praktischen Bedeutung her fungiert er neben §§ 80, 80a, 80b als Auffangtatbestand. Auch hinter § 47 VI als Spezialvorschrift für Normenkontrollsachen tritt er zurück (→ § 47 Rn. 83 ff.). Mit den Regelungen in §§ 80 ff. und § 47 VI erfüllt § 123 die staatliche Pflicht zur Gewährung effektiven Rechtsschutzes aus Art. 19 IV GG für Fälle, in denen Hauptsacherechtsschutz nicht zeitgerecht zu erreichen ist (Kopp/Schenke Rn. 3).

II. Zulässigkeit des Antrages

Für das Verfahren nach § 123 gelten die **allgemeinen Zulässigkeitsvoraus-** **2** **setzungen** (→ vor § 40 Rn. 16). Die Differenzierung zwischen Zulässigkeit und Begründetheit des Antrages nach § 123 kann praktisch relevant sein, weil auch Beschlüsse nach § 123 in materielle Rechtskraft erwachsen (→ Rn. 29). Unter dem Gesichtspunkt der Eilbedürftigkeit des Rechtsschutzes ist es dem Gericht allerdings nicht verwehrt, schwierige Zulässigkeitsfragen offen zu lassen, falls sich der Antrag oW als unbegründet erweist (BeckOK VwGO Rn. 1; → § 80 Rn. 3).

1. Rechtsweg

In der Hauptsache muss der **Verwaltungsrechtsweg** eröffnet sein (§ 40). Ist **3** der beschrittene Rechtsweg unzulässig, spricht das VG dies nach Anhörung der Parteien entspr. § 173 iVm § 17a II 1 GVG von Amts wegen aus und verweist den Rechtsstreit zugleich an das zuständige Gericht des zulässigen

Rechtsweges (OVG NRW NVwZ 1994, 178; NK-VwGO Rn. 54; aA Kopp/Schenke Rn. 17). Auch § 17a III GVG (Zwischenentscheidung über den Rechtsweg) findet Anwendung. Etwas anderes gilt allerdings dann, wenn das Gebot effektiver Rechtsschutzgewährung gem. Art. 19 IV GG entgegensteht. Das VG kann daher ungeachtet einer Rechtswegrüge in der Sache entscheiden, wenn die Eilbedürftigkeit des Begehrens ein Abwarten der Beschwerdeentscheidung über den Zwischenstreit nicht erlaubt (BeckOK VwGO Rn. 3). § 17a IV S 4 bis 6 GVG gelten hingegen im vorläufigen Rechtsschutzverfahren nicht (OVG NRW NVwZ 1994, 178, 179).

2. Statthaftigkeit des Antrages

4   Die Statthaftigkeit des Antrages beurteilt sich in **Abgrenzung zu den anderen Verfahren des vorläufigen Rechtsschutzes** nach § 47 VI und §§ 80, 80a. Ein Antrag nach § 123 ist statthaft, soweit nicht eine der genannten Vorschriften Anwendung findet:

5   Soweit vorläufiger Rechtsschutz gegen den Vollzug von Rechtsnormen begehrt wird, ist **§ 47 VI** gegenüber § 123 die speziellere Vorschrift. Bei unterschiedlichen Streitgegenständen ist allerdings grds. ein Nebeneinander der beiden Verfahren nicht ausgeschlossen, zB ein Antrag gem. § 47 VI hinsichtlich eines Bebauungsplans und ein Antrag nach § 123 hinsichtlich eines baugenehmigungsfreien Vorhabens im Geltungsbereich dieses Bebauungsplans (BeckOK VwGO Rn. 17). Richtet sich das Rechtsschutzbegehren hingegen auf den Erlass einer Rechtsnorm, ist ausschließlich der Antrag nach § 123 statthaft (vgl. HessVGH NVwZ-RR 1993, 186).

6   Ein Antrag nach § 123 ist ferner dann **nicht statthaft,** wenn der Anwendungsbereich der **§§ 80, 80a** eröffnet ist. Dies ist in **§ 123 V** ausdrücklich bestimmt. Für die Statthaftigkeit eines Antrages auf Erlass einer einstweiligen Anordnung nach § 123 kommt es deshalb regelmäßig darauf an, ob im Hauptsacheverfahren die richtige Klageart eine andere als die Anfechtungsklage ist. Auch bei sog. **faktischer Vollziehung** (→ § 80 Rn. 63) kommt vorläufiger Rechtsschutz ausschließlich nach § 80 V, nicht aber nach § 123 in Betracht (NK-VwGO Rn. 139). Vorläufiger **vorbeugender Rechtsschutz** wird dagegen nach § 123 gewährt. Dies gilt auch, soweit das erwartete Verwaltungshandeln ein VA ist. Denn ist der VA noch nicht erlassen, ist richtige Klageart eine vorbeugende Unterlassungsklage oder eine vorbeugende Feststellungsklage (vgl. etwa OVG NRW NVwZ 2001, 1315).

7   Beim **Nachbarschutz im Baurecht** ist zu differenzieren: Bei genehmigungsfreien Bauvorhaben kommt vorläufiger Rechtsschutz des Nachbarn nur im Wege des § 123 in Betracht. Gleiches gilt, wenn die Baubehörde ein Bauvorhaben zu Unrecht als genehmigungsfrei behandelt (OVG NRW BauR 1999, 628) oder der Bauherr „schwarz" baut, was auch dann der Fall ist, wenn er sich nicht an die Vorgaben einer erteilten Baugenehmigung hält. Bei genehmigungsbedürftigen Bauvorhaben steht dem Nachbarn vorläufiger Rechtsschutz grds. nur gem. §§ 80, 80a zu. Beim vereinfachten Genehmigungsverfahren ist der Antrag nach § 80 statthaft, soweit der Nachbar die Verletzung von Rechtsvorschriften rügt, die bei Erlass der vereinfachten

Genehmigung zu überprüfen sind. IÜ kommt nur ein Antrag nach § 123 in Betracht. Eine fiktive Baugenehmigung ist im vorliegenden Zusammenhang wie eine „echte" Genehmigung zu behandeln (NK-VwGO Rn. 37).

Im **beamtenrechtlichen Konkurrentenstreit** ist vorläufiger Rechts- **8** schutz regelmäßig (und praktisch allein) nach § 123 zu gewähren: Gegen die Ablehnung einer Bewerbung um eine (Beförderungs-)Stelle muss der unterlegene Bewerber in der Hauptsache mit einer auf Neubescheidung gerichteten Verpflichtungsklage vorgehen mit der Folge, dass sich der vorläufige Rechtsschutz nach § 123 richtet (BVerwGE 118, 370). Da sich die Klage auf Neubescheidung im Falle der statusändernden Ernennung des Mitbewerbers nach dem Grundsatz der Ämterstabilität erledigt, muss der unterlegene Bewerber vor der Urkundenaushändigung eine einstweilige Anordnung nach § 123 erwirken, die der Behörde untersagt, den Konkurrenten bis zu einer Neubescheidung seiner Bewerbung, der Mitteilung hiervon und einer 14-tägigen Wartefrist zu ernennen (BVerfG NVwZ 2008, 70; BVerwGE 138, 102 Rn. 26 ff.). Die Mitteilung der Auswahlentscheidung an die Bewerber ist hingegen kein VA, Rechtsbehelfe entfalten keine aufschiebende Wirkung (vgl. von der Weiden, ThürVBl 2017, 181; aA Kenntner NVwZ 2017, 417; SSB Rn. 42f.).

Der Antrag nach § 123 VwGO ist unstatthaft, wenn er sich gegen behörd- **9** liche **Verfahrenshandlungen** richtet, gegen die Rechtsbehelfe durch § 44a ausgeschlossen sind (BVerwG NVwZ-RR 1997, 663). Im Hinblick auf Art. 19 IV GG kann für das Verfahren nach § 123 ausnahmsweise etwas anderes gelten, wenn von einer Verfahrenshandlung eine Beeinträchtigung ausgeht, die im Hauptsacheverfahren nicht oder nur schwer beseitigt werden könnte (Eyermann Rn. 49 f.). Die Anordnung einer amtsärztlichen Untersuchung eines Beamten zählt nicht dazu; sie ist nicht isoliert angreifbar (BVerwG ZBR 2019, 384 Rn. 18). Dasselbe gilt für die Anordnung, ein Gutachten zur Fahreignung beizubringen (BVerwG DAR 1994, 372).

3. Antragsbefugnis

Wegen der Abhängigkeit des vorläufigen Rechtsschutzes vom Hauptsache- **10** verfahren setzt auch der Antrag nach § 123 eine Antragsbefugnis **entspr.** § 42 II voraus. Es muss nach dem Vortrag des Antragstellers zumindest möglich erscheinen, dass dieser in eigenen Rechten verletzt ist oder ihm eine solche Verletzung droht (NK-VwGO Rn. 69; Kopp/Schenke Rn. 30; → § 42 Rn. 100 ff.).

4. Zuständiges Gericht

Für den Erlass einstweiliger Anordnungen ist das **Gericht der Hauptsache 11** zuständig (§ 123 II 1). Dies ist das Gericht des ersten Rechtszuges (ggf. auch OVG oder BVerwG nach §§ 48 ff.) und, wenn die Hauptsache im Berufungsverfahren anhängig ist, das Berufungsgericht (§ 123 II 2). Sowohl die Berufung selbst als auch der Antrag auf Zulassung der Berufung machen die Hauptsache beim Berufungsgericht anhängig (BayVGH NVwZ 2000, 210; NK-VwGO Rn. 61; Kopp/Schenke Rn. 19). Da § 123 II 2 Fall 2 nur das

Berufungsverfahren, nicht aber das Revisionsverfahren nennt, ist das BVerwG – anders als bei Anträgen nach §§ 80 V, 80a – nicht für den Erlass einer einstweiligen Anordnung zuständig, wenn es als Revisionsgericht tätig wird (BVerwGE 58, 179, 181). Schwebt das Hauptsacheverfahren in der Revisionsinstanz, ist bis zur Rechtskraft der Hauptsache wieder das VG für die Gewährung vorläufigen Rechtsschutzes nach § 123 VwGO zuständig (BVerwG VBlBW 1981, 114; BeckOK VwGO Rn. 24).

12   In dringenden Fällen kann gem. § 123 II 3 iVm § 80 VIII anstelle der Kammer oder des Senats der **Vorsitzende allein** entscheiden (→ § 80 Rn. 76).

5. Rechtsschutzinteresse

13   Der Antrag ist unzulässig, wenn dem Antragsteller das Rechtsschutzbedürfnis fehlt. Dies ist regelmäßig dann der Fall, wenn der Antragsteller sich mit seinem Begehren nicht zuvor an die **zuständige Verwaltungsbehörde gewandt** hat und diese sich im Prozess nicht in der Sache einlässt (BVerwG NVwZ 2016, 1023 Rn. 21). Dabei soll für die Bejahung des Rechtsschutzinteresses ausreichen, dass überhaupt ein Antrag an die Behörde gestellt wird, und sei es gleichzeitig mit dem Antrag bei Gericht; bei Antragstellung an die Behörde führt eine vorschnelle Anrufung des Gerichts nicht zur Unzulässigkeit, sondern nur zur Kostentragungspflicht des Antragstellers, falls die Behörde dem Antrag rechtzeitig nachkommt (BVerwG NVwZ 2018, 902 Rn. 14 zum presserechtlichen Auskunftsanspruch). Ein Antrag an die Behörde ist entbehrlich, wenn er, etwa angesichts einer bereits anderweitig dokumentierten ablehnenden Haltung der Behörde, offensichtlich aussichtslos ist und eine bloße Förmlichkeit darstellt. Ausnahmen können sich weiterhin unter dem Gesichtspunkt der Eilbedürftigkeit einer vorläufigen Regelung ergeben, insbes. dann, wenn dem Antragsteller durch Zeitablauf schwere nicht mehr oder nur schwer rückgängig zu machende Nachteile entstehen (NK-VwGO Rn. 70). Ist der Antragsteller eine juristische Person des öffentlichen Rechts, fehlt es am Rechtsschutzinteresse, falls er den erstrebten Erfolg durch den Erlass eines VA oder auf andere Weise durch eigenes Tun herbeiführen kann (SSB Rn. 121a). Tritt während des Verfahrens nach § 123 eine **Erledigung der Hauptsache** ein, entfällt auch das Rechtsschutzinteresse für den vorläufigen Rechtsschutzantrag. Für einen Fortsetzungsfeststellungsantrag entsprechend § 113 I 4 bietet das vorläufige Rechtsschutzverfahren keinen Raum (BVerwG DÖV 1995, 515).

14   Für einen Antrag gem. § 123, der sich auf die Gewährung **vorbeugenden Rechtsschutzes** richtet, besteht kein Rechtsschutzinteresse, wenn es dem Antragsteller zugemutet werden kann, die drohende Rechtsverletzung abzuwarten, um dann – vorläufigen oder endgültigen – nachträglichen Rechtsschutz in Anspruch zu nehmen (BayVGH, Beschl. v.28.11.2019 – 10 CE 19.2234 –, juris Rn. 5; OVG Bln NVwZ-RR 2002, 720). Dies gilt erst Recht bei vorbeugendem Rechtsschutz gegen den Erlass von Normen (NdsOVG Beschl. v. 30.6.2015 – 7 ME 29/15). Dabei soll auf den Vortrag des Antragstellers abzustellen sein; ob die Angelegenheit tatsächlich so eilig ist, dass der Antragsteller vorbeugenden Rechtsschutz verlangen kann, soll in der Begründetheit im Rahmen des Anordnungsgrundes zu prüfen sein (BeckOK VwGO Rn. 44 und 47; NK-VwGO Rn. 71). In der verwaltungsgerichtlichen Praxis wird auf diese Differenzierung mitunter verzichtet und – anders als die Zivilgerichte, die die Glaubhaftmachung eines Arrest- oder Verfügungsgrundes als Zulässigkeitsaspekt behandeln – die Frage der Geltendmachung, der Glaubhaftmachung und des Vorliegens eines Anordnungsgrundes zusammenfassend in der Begründetheit geprüft (s. auch FDK Rn. 108).

III. Begründetheit des Antrages

Ein Antrag nach § 123 ist begründet, wenn der Antragsteller einen **Anord-** **15** **nungsanspruch** und einen **Anordnungsgrund** glaubhaft gemacht hat. Dies ergibt sich aus § 123 III iVm § 920 II ZPO. Die Unterscheidung zwischen Sicherungsanordnungen (§ 123 I 1), die auf die Erhaltung eines bestehenden Zustandes zielen, und Regelungsanordnungen (§ 123 I 2), mit denen der Antragsteller eine bisher nicht innegehabte Rechtsposition erstrebt, hat (auch) für die Begründetheitsprüfung keine praktische Relevanz (NK-VwGO Rn. 45 ff., Eyermann Rn. 20; aA SSB Rn. 50). Dementsprechend wird auch in der Rechtsprechung zumeist nicht zwischen § 123 I 1 und 2 unterschieden. Die Betrachtung des § 123 I als einheitlicher Tatbestand rechtfertigt sich vor dem Hintergrund, dass die Anforderungen an die Glaubhaftmachung eines Anordnungsanspruchs bei der Regelungsanordnung bei richtigem Verständnis nicht geringer sind als bei der Sicherungsanordnung. In beiden Konstellationen geht es um eine Vorausbeurteilung der Erfolgsaussichten der Hauptsache (so auch SSB Rn. 73).

1. Anordnungsanspruch

Der Anordnungsanspruch ist der **materielle Anspruch,** den der Antragsteller **16** als Kläger im Hauptsacheverfahren geltend macht; es handelt sich hingegen nicht um den Anspruch auf Erlass der einstweiligen Anordnung selbst (NK-VwGO Rn. 77). Gegenstand der Prüfung des Anordnungsanspruchs ist damit die Frage, ob der Antragsteller im Klageverfahren voraussichtlich obsiegen wird.

Der **maßgebliche Zeitpunkt** für das Bestehen des Anordnungsanspruchs **17** bestimmt sich nach denselben Grundsätzen wie für das Hauptsacheverfahren (Eyermann Rn. 46; → § 113 Rn. 104). Da es sich im Hauptsacheverfahren nicht um eine Anfechtungsklage handeln kann (→ Rn. 6), ist nach Maßgabe des materiellen Rechts regelmäßig der Zeitpunkt der gerichtlichen Entscheidung (im Beschwerdeverfahren der Zeitpunkt der Beschwerdeentscheidung) maßgeblich.

Die Prüfung des Anordnungsanspruchs erfolgt auf Grundlage des glaubhaft **18** gemachten bzw. ermittelten Sachverhalts (→ Rn. 23). Die im Vergleich zum Hauptsacheverfahren herabgesetzten **Anforderungen an die richterliche Überzeugungsbildung** beziehen sich im Regelfall nur auf die Tatsachenermittlung, nicht aber auf die rechtliche Bewertung (BeckOK VwGO

Rn. 78). Die danach im Grundsatz bestehende Verpflichtung des Gerichts, Rechtsfragen vollständig und abschließend zu prüfen, kann allerdings im Hinblick auf komplexe Rechtsfragen, die zur Verfügung stehende Zeit und die Schwere der dem Antragsteller durch den Zeitablauf drohenden Nachteile beschränkt sein (NK-VwGO Rn. 89). Kann im Eilverfahren aus Zeitmangel nicht festgestellt werden, ob ein Anordnungsanspruch besteht, hat das VG unter Offenlassung der Erfolgsaussichten im Hauptsacheverfahren lediglich auf Grundlage einer Folgenabwägung zu entscheiden, die im Rahmen der Prüfung des Anordnungsgrundes vorzunehmen ist (NK-VwGO Rn. 79; BeckOK VwGO Rn. 84). Umgekehrt darf das Gericht bei der Prüfung des Anordnungsanspruchs nicht mehr fordern, als für ein Obsiegen des Antragstellers in der Hauptsache gefordert werden könnte. Es verstieße gegen Art. 19 IV GG, wenn das Gericht für die Bejahung des Anordnungsanspruchs zusätzliche Anforderungen aufstellte (BVerfG NVwZ 2003, 200, 201).

19   Wird der materielle Anspruch aus einer **Ermessensvorschrift** abgeleitet, ist ein auf Vornahme gerichteter Anordnungsanspruch grds. nur gegeben, wenn eine Ermessensreduzierung auf Null vorliegt (BVerwGE 63, 110, 112) oder jedenfalls mit hoher Wahrscheinlichkeit angenommen werden kann, dass eine fehlerfreie Ermessensbetätigung im Ergebnis zugunsten des Antragstellers ausginge (NdsOVG NVwZ-RR 2008, 792 f.). Ob darüber hinaus bloße Ansprüche auf ermessensfehlerfreie (Neu-)Bescheidung nach § 123 I vorläufig regelbar sind, wird in der Literatur verbreitet bejaht (s. etwa NK-VwGO Rn. 107; SSB Rn. 158 ff.; BeckOK VwGO Rn. 80a) und in der Rechtsprechung uneinheitlich beantwortet (verneinend etwa VGH BW NVwZ-RR 2019, 774 Rn. 7; OVG NW Beschl. v. 3.3.2015 – 6 B 1125/14 – juris Rn. 5; bejahend OVG NW Beschl. v. 26.7.2018 – 4 B 1069/18 –, juris Rn. 7; OVG MV NVwZ-RR 2017, 318 Rn. 31). Richtigerweise kann das Gebot effektiven Rechtsschutzes nur dann ausnahmsweise eine Verpflichtung zur Vornahme rechtfertigen, wenn sich der auf eine Ermessensnorm gestützte Anspruch auf Neubescheidung im Einzelfall zu einem gebundenen Anspruch verdichtet. Verbleibt hingegen ein Ermessensspielraum der Behörde, den Antrag fehlerfrei abzulehnen, scheidet eine Verpflichtung zur Vornahme im Hauptsacheverfahren und erst Recht im Eilverfahren aus. Davon etwa bei termingebundenen Ereignissen abzuweichen und „überschießenden" Eilrechtsschutz zu gewähren, gebietet Art. 19 IV GG grds. nicht. Ausnahmen sind lediglich unter besonderen Voraussetzungen im Einzelfall denkbar (→ Rn. 35). Davon zu trennen ist die Frage, ob Ansprüche auf ermessensfehlerfreie (Neu-)Bescheidung durch eine vorläufige Verpflichtung der Behörde auf Erst- bzw. Neubescheidung des Antrags binnen einer bestimmten Frist geregelt werden können. Soweit die Zeitabläufe dafür Raum geben, spricht das Verbot der Vorwegnahme der Hauptsache nicht generell dagegen, zur Wahrung effektiven Rechtsschutzes einen Anspruch auf rechtsfehlerfreie Erst- oder Neubescheidung dadurch gerichtlich zu regeln, dass die Behörde unter Fristsetzung verpflichtet wird, unter Beachtung der Rechtsauffassung des Gerichts vorläufig bis zu einer Entscheidung in der Hauptsache erneut über den Antrag zu entscheiden (FDK Rn. 214 m.w.Nachw.).

2. Anordnungsgrund

Die Prüfung des Anordnungsgrundes betrifft die **Notwendigkeit einer vor-** 20
läufigen gerichtlichen Entscheidung. Sie tritt bei einer stattgebenden
Entscheidung in jedem Fall neben die Prüfung des Anordnungsanspruchs;
auch wenn der Anordnungsanspruch offensichtlich gegeben ist, muss festgestellt werden, dass eine vorläufige gerichtliche Regelung erforderlich ist.
Das Gesetz benennt als Gründe für den Erlass einer vorläufigen Entscheidung
die Gefahr, dass durch eine Veränderung des bestehenden Zustands die Verwirklichung eines Rechts des Antragstellers vereitelt oder wesentlich erschwert werden könnte (§ 123 I 1) sowie die Abwendung wesentlicher Nachteile, die Verhinderung drohender Gewalt sowie „andere Gründe" (§ 123 I
2). Maßgeblich ist, ob dem Antragsteller im Einzelfall unter Berücksichtigung
seines Anspruchs auf Gewährung effektiven Rechtsschutzes aus Art. 19 IV
GG das Abwarten der Hauptsachenentscheidung zumutbar ist. Dabei sind die
betroffenen Interessen des Antragstellers sowie entgegenstehende öffentliche
Interessen und Interessen Dritter zu ermitteln und zu bewerten. Es ist auch zu
berücksichtigen, ob der Antragsteller die Dringlichkeit der Sache und die zu
befürchtenden Nachteile ggfs. durch eigenes vorwerfbares Verhalten herbeigeführt hat.

Maßgeblicher Zeitpunkt für die Prüfung, ob ein Anordnungsgrund vor- 21
liegt, ist die Sach- und Rechtslage zum Zeitpunkt der gerichtlichen Entscheidung, im Beschwerdeverfahren also der Zeitpunkt der Beschwerdeentscheidung (NK-VwGO Rn. 86). Ist die Sache zu diesem Zeitpunkt nicht
mehr dringlich, so kann die einstweilige Anordnung nicht ergehen (Eyermann Rn. 54)

3. Glaubhaftmachung

Anordnungsanspruch und Anordnungsgrund sind gem. § 123 III iVm 22
§ 920 II ZPO glaubhaft zu machen. Die Glaubhaftmachung erfasst die tatsächlichen Voraussetzungen des Anordnungsanspruchs und des Anordnungsgrundes (SSB Rn. 93). Das Institut der Glaubhaftmachung gibt das **Maß für**
die richterliche Überzeugungsbildung vor. Anders als im Hauptsacheverfahren ist keine vernünftige Zweifel ausschließende Gewissheit erforderlich,
sondern es reicht ein Wahrscheinlichkeitsurteil. Das Maß der erforderlichen
Wahrscheinlichkeit wird dabei sowohl durch die Folgen der zu treffenden
Entscheidung als auch durch die Dringlichkeit der Angelegenheit bestimmt.
Maßgebliches Kriterium ist auch hier das Gebot, effektiven Rechtsschutz zu
gewähren (Art. 19 IV GG).

Welche **Mittel der Glaubhaftmachung** herangezogen werden, entschei- 23
det das Gericht unter Berücksichtigung von Erkenntniswert und Erreichbarkeit der Mittel sowie der Eilbedürftigkeit der Entscheidung (NK-VwGO
Rn. 93). Dabei ist das Gericht nicht auf die Beweismittel beschränkt, die ihm
gem. § 96 I im Hauptsacheverfahren zur Verfügung stehen. Es kann den
Sachverhalt auch auf andere Weise aufklären, wie etwa durch telefonisch
eingeholte Auskünfte. Das Gericht kann sich das erforderliche Wahrschein-

lichkeitsurteil auch auf der Grundlage **eidesstattlicher Versicherungen** (§ 123 II ivm §§ 920 II, 294 I ZPO) bilden, wobei es im Rahmen der Beweiswürdigung zu entscheiden hat, ob es einer solchen Versicherung folgt oder nicht. Zeitaufwendige Beweisaufnahmen, wie etwa die Einholung von Sachverständigengutachten, scheiden wegen der Eilbedürftigkeit des Verfahrens regelmäßig aus.

24   Aus dem Erfordernis der Glaubhaftmachung folgt **nicht,** dass im Verfahren nach § 123 der **Untersuchungsgrundsatz suspendiert ist** und stattdessen der zivilprozessuale Beibringungsgrundsatz gilt (SSB Rn. 95). Lediglich die Intensität der gerichtlichen Untersuchung ist wegen der Eigenart des Verfahrens beschränkt, umfasst aber im Regelfall etwa die Beiziehung und Auswertung der Verwaltungsvorgänge (BeckOK VwGO; NK-VwGO Rn. 90). Auch im Verfahren nach § 123 gilt dabei, dass die Aufklärungspflicht des Gerichts regelmäßig dort endet, wo die Mitwirkungslast der Beteiligten einsetzt (abl. SSB Rn. 96c). Das Begehren des Antragstellers, beschleunigten Rechtsschutz zu erhalten, verstärkt dabei seine Informations- und Mitteilungsobliegenheiten gegenüber dem Gericht. Ob eine anwaltliche Vertretung des Antragstellers zu einer weiteren Intensivierung seiner Mitwirkungsobliegenheiten führt, wird unterschiedlich beurteilt (vgl. einerseits OVG NRW NVwZ-RR 2002, 583, 584; andererseits BeckOK VwGO Rn. 71, NK-VwGO Rn. 92); richtigerweise wird dies zu bejahen sein, wenn es um Tatsachen aus der Sphäre des Antragstellers geht, dessen Entscheidungserheblichkeit ihm selbst nicht bewusst sein muss, wohl aber seinem anwaltlichen Vertreter.

IV. Verfahren

25   Grundsätzlich gelten die **allgemeinen Verfahrensvorschriften,** wobei allerdings dem Eilcharakter des Verfahrens jeweils Rechnung zu tragen ist. Das kann aber nicht so weit gehen, entgegen § 81 I 1 in außergewöhnlich eilbedürftigen Fällen eine telefonische Antragstellung zuzulassen (so aber Bader Rn. 48; dagegen zu Recht Eyermann Rn. 32). Zu **Vorlagepflichten** (Normenkontrolle nach Art. 100 I GG und Vorabentscheidung nach Art. 267 AEUV) → § 80 Rn. 55 ff.

26   Ob aufgrund **mündlicher Verhandlung** oder im schriftlichen Verfahren entschieden wird, steht im Ermessen des Gerichts (§ 101 III; Kopp/Schenke Rn. 31). In der Praxis entscheiden die VG im Hinblick auf die Eilbedürftigkeit zumeist ohne mündliche Verhandlung, unter Umständen aber nach Durchführung eines Erörterungstermins gem. § 87 I Nr. 1, an dem die anderen Mitglieder des Spruchkörpers teilnehmen können (→ § 87 Rn. 4).

27   Auch im Verfahren nach § 123 ist den Beteiligten **rechtliches Gehör** zu gewähren (Art. 103 I GG). Dabei muss das Gericht im Hinblick auf die Eilbedürftigkeit des Verfahrens alle denkbaren Möglichkeiten der Gehörsgewährung ausschöpfen; bei entsprechender Dringlichkeit müssen Anhörungen ggf. auch am Wochenende stattfinden (BVerfGE 65, 227, 236). Nur in Ausnahmefällen, wenn der Schutz gewichtiger Interessen eine sofortige gerichtliche Entscheidung unabweisbar macht und anders effektiver Rechts-

schutz nicht gewährt werden kann, ist eine Anhörung entbehrlich. Das Gericht wird aber den Erlass einer Zwischenentscheidung zu erwägen haben (Eyermann Rn. 55a).

Eine **Zwischenentscheidung** („Hängebeschluss") kann das Gericht im **28** Verfahren nach § 123 ebenso wie im Verfahren nach § 80 V treffen (→ § 80 Rn. 64). Mit ihr können Sicherungsmaßnahmen bis zur instanzbeendenden Entscheidung getroffen werden (verfahrensrechtliche Interimsregelung). Rechtsgrundlage ist die Entscheidungsbefugnis aus § 123 iVm Art. 19 IV GG, für das Beschwerdegericht § 173 iVm § 570 III ZPO. Vorausetzung ist, dass der Rechtsschutzantrag nicht offensichtlich aussichtslos ist und effektiver Rechtsschutz hinsichtlich des Anordnungsbegehrens ohne sie gefährdet wäre, weil dem Antragsteller unmittelbar erhebliche Nachteile drohen (NK-VwGO Rn. 120). Das ist etwa in beamtenrechtlichen **Konkurrentenstreitverfahren** der Fall (→ Rn. 8). Die Antragsgegner kommen Zwischenentscheidungen des Gerichts in der Praxis meist durch die Abgabe von Stillhaltezusagen zuvor.

V. Entscheidung

Das VG entscheidet gem. § 123 IV durch **Beschluss,** der gem. § 122 II 2 **29** stets zu begründen ist. Zuständig ist die Kammer ohne ehrenamtliche Richter, es sei denn, der Beschluss ergeht ausnahmsweise aufgrund mündlicher Verhandlung (vgl. § 5 III). In dringenden Fällen kann der Vorsitzende allein entscheiden (§ 123 II 2 iVm § 80 VIII). Bei entsprechender Eilbedürftigkeit der Sache kann es im Einzelfall gerechtfertigt sein, zunächst nur den Beschlusstenor per Telefax bekannt zu gegeben und den vollständigen Beschluss so bald wie möglich „nachzuliefern". Auch eine telefonische Vorabinformation über den Entscheidungstenor kann in besonders dringenden Fällen, etwa bei einer bereits eingeleiteten Abschiebung, in Betracht kommen (Kopp/Schenke Rn. 31). Der ordnungsgemäß bekannt gegebene Beschluss erwächst in formelle und – eingeschränkt durch die Möglichkeit der Abänderung (→ Rn. 36) – auch in materielle Rechtskraft.

Anders als das „Ob" steht das „Wie", also der Inhalt der einstweiligen **30** Anordnung, im **Ermessen des Gerichts** (BeckOK VwGO Rn. 139 ff.; NK-VwGO Rn. 9; Kopp/Schenke Rn. 28). Gemäß § 123 III iVm **§ 938 I ZPO** bestimmt das Gericht nach freiem Ermessen, welche Anordnungen zur Erreichung des Sicherungszweckes erforderlich sind. Diese können, müssen aber nicht mit dem Hauptsachebegehren zusammenfallen. Das Hauptsachebegehren und das dafür maßgebliche materielle Recht bestimmen lediglich die Grenzen des Ermessensspielraums, in dem sich das Gericht bei der vorläufigen Regelung oder Sicherung des Anspruchs bewegen darf. Ermessensleitend für das Gericht ist stets der Zweck des vorläufigen Rechtsschutzes, die Entscheidung in der Hauptsache offen zu halten.

Das Gericht kann eine **vorläufige Feststellung** ebenso treffen (BeckOK **31** VwGO Rn. 145) wie eine **Verpflichtung** des Antragsgegners aussprechen, einen Antrag des Antragstellers vorläufig bis zur Hauptsacheentscheidung **neu zu bescheiden** oder eine **Untersagung,** bis zur Neubescheidung von Maßnahmen abzusehen. Dabei wird eine auf Neubescheidung gerichtete einstweilige Anordnung mit Blick auf das Erfordernis effektiven Rechtsschutzes (Art. 19 IV GG) allerdings nur dann in Betracht kommen, wenn für eine erneute Verwaltungsentscheidung einerseits überhaupt noch ein – wenn auch knapper – Zeitraum zur Verfügung steht und andererseits eine Hauptsacheentscheidung nicht abgewartet werden kann (→ Rn. 19; vgl. auch Kopp/Schenke Rn. 28).

32   Die Anordnung kann **Nebenbestimmungen** enthalten wie Auflagen, eine Befristung, eine auflösende Bedingung oder auch die Anordnung einer Sicherheitsleistung (BeckOK VwGO Rn. 114).

33   Im Wege der einstweiligen Anordnung darf das Gericht im Regelfall nur eine **vorläufige Regelung** treffen. Ein generelles Verbot, mit der Entscheidung im Verfahren nach § 123 die **Hauptsache vorwegzunehmen,** leitet sich daraus nach richtiger Ansicht allerdings nicht ab (BeckOK VwGO Rn. 154). Das Merkmal „vorläufig" bedeutet lediglich, dass das VG nicht endgültig über das vom Antragsteller geltend gemachte Recht entscheidet, sondern nur für den Zeitraum bis zur Hauptsacheentscheidung. Für diesen Zeitraum trifft die einstweilige Anordnung – vorbehaltlich ihrer Änderung oder Aufhebung – allerdings regelmäßig eine endgültige Entscheidung.

34   Von einer Vorwegnahme der Hauptsache kann deshalb richtigerweise nur dann gesprochen werden, wenn die einstweilige Anordnung über den Zeitraum bis zur Hauptsacheentscheidung hinaus Zustände schafft, die aus rechtlichen oder tatsächlichen Gründen nicht mehr rückgängig gemacht werden können (Kopp/Schenke Rn. 14). Eine in diesem Sinne irreversible Vorwegnahme der Hauptsacheentscheidung ist in Verfahren nach § 123 regelmäßig nicht zulässig. **Art. 19 IV GG** gebietet jedoch auch insoweit **Ausnahmen.** Diese Ausnahmen betreffen insbes. solche Sachverhalte, in denen die Gewährung einer Rechtsposition in der Weise zeitlich gebunden ist, dass ihr späterer Zuspruch in einem Hauptsacheverfahren sinnlos wäre (zB Zuweisung eines Standplatzes auf einer unmittelbar bevorstehenden Kirmes, Überlassung einer Gemeindehalle für eine Wahlkampfveranstaltung). Dem Ausnahmecharakter einer die Hauptsache vorwegnehmenden einstweiligen Anordnung ist dadurch Rechnung zu tragen, dass ein Anordnungsanspruch mit ganz überwiegender Wahrscheinlichkeit vorliegen muss, also die Voraussetzungen eines gebundenen Anspruchs zu bejahen sind oder ein Ermessen der Behörde sich zu einer Verpflichtung zur Vornahme verdichtet (→ Rn. 19), und im Rahmen des Anordnungsgrundes besonders schwerwiegende Nachteile für den Antragsteller, etwa eine drohende Grundrechtsverletzung, festgestellt werden müssen (vgl. BVerwGE 109, 258, 262; OVG NRW NVwZ 1997, 302; Kopp/Schenke Rn. 26).

35   Auch der Grundsatz, dass im Verfahren nach § 123 **nicht mehr** gewährt werden darf **als im Hauptsacheverfahren,** soll nach teilweise vertretener Ansicht nicht uneingeschränkt gelten. **Ausnahmen** sollen sich namentlich dann ergeben, wenn der Behörde ein Beurteilungs- oder Ermessensspielraum zusteht, der nicht zugunsten des Antragstellers auf Null reduziert ist, und eine auf Neubescheidung gerichtete einstweilige Anordnung aus zeitlichen Gründen ausscheidet (NK-VwGO Rn. 106 ff.; Eyermann Rn. 66). Richtigerweise ist eine Verpflichtung zur Vornahme im Rahmen des § 123 I **abzulehnen,**

wenn der Behörde ein Ermessensspielraum verbleibt. Das Gericht kann auch im Verfahren des vorläufigen Rechtsschutzes einen verbleibenden Ermessensspielraum der Behörde nicht durch eine eigene Ermessensentscheidung ausfüllen (→ Rn. 19). Eine Ausnahme kommt unter dem Gesichtspunkt der Gewährung effektiven Rechtsschutzes allenfalls in besonders gelagerten Einzelfällen in Betracht, in denen zum einen erhebliche und irreversible Grundrechtsbeeinträchtigungen drohen und zum anderen ein bestehendes Ermessen der Behörde vernünftigerweise zu Gunsten des Antragstellers auszuüben ist.

VI. Abänderung und Aufhebung

§ 123 sieht eine **Möglichkeit zur Abänderung** oder **Aufhebung** einer **36** einstweiligen Anordnung nicht ausdrücklich vor. Sie wird aber weitgehend einhellig befürwortet, und zwar entweder in Analogie zu § 927 ZPO (OVG NRW OVGE 29, 316) oder zu § 80 VII (VGH BW NVwZ-RR 2002, 908) oder unter Rückgriff auf den Rechtsgedanken beider Vorschriften (HessVGH NVwZ-RR 1996, 713). Näherliegend und sachgerechter erscheint die Analogie zu § 80 VII, da nach dieser Vorschrift ein Abänderungsverfahren auch vAw und dann auch ohne Vorliegen veränderter Umstände eingeleitet werden kann (NK-VwGO Rn. 128; zu § 80 VII → § 80 Rn. 71 ff.).

VII. Vollstreckung

Die einstweilige Anordnung ist **Vollstreckungstitel** iSd § 168 I Nr. 2 und **37** grds. sofort vollstreckbar, § 149 I 1. Es bedarf deshalb keiner Entscheidung über eine vorläufige Vollstreckbarkeit. Die Vollstreckung richtet sich nach den §§ 169 bis 172. Gemäß § 123 III gilt für die Vollstreckung die **Monatsfrist** nach § 929 II ZPO. Sie beginnt entweder mit der Verkündung oder mit der Zustellung der einstweiligen Anordnung zu laufen. Wird die einstweilige Anordnung im Beschwerdeverfahren bestätigt, so läuft die Frist nicht neu. Setzt die einstweilige Anordnung dem Antragsgegner eine Erfüllungsfrist, so beginnt die Monatsfrist des § 929 II ZPO erst mit deren Ende zu laufen (SSB § 172 Rn. 33, 36; aA NK-VwGO Rn. 135). Die Vollstreckung muss lediglich innerhalb der Monatsfrist begonnen werden. Dazu reicht die Amtszustellung der einstweiligen Anordnung an den Vollstreckungsschuldner allerdings nicht aus; erforderlich ist vielmehr, dass der Vollstreckungsgläubiger konkrete Vollstreckungsmaßnahmen beantragt. Ist die Frist des § 929 II ZPO versäumt worden, wird eine erwirkte einstweilige Anordnung gegenstandslos und kann in einem Abänderungsverfahren oder einem Beschwerdeverfahren aufgehoben werden (NK-VwGO Rn. 135 aE; FDK Rn. 524). Bei **beamtenrechtlichen Konkurrentenanträgen** findet der Verweis des § 123 III auf die Vollziehungsfrist des § 929 II ZPO nach verbreiteter Ansicht in der Rechtsprechung aus verfassungsrechtlichen Gründen keine Anwendung (OVG SH NordÖR 2019, 556 Rn. 8; NdsOVG DRiZ 2019, 434 Rn. 8).

VIII. Rechtsbehelfe

38 Gegen Entscheidungen des VG im Verfahren nach § 123 ist gem. § 146 I die **Beschwerde** gegeben. Sie ist gem. § 147 I 1 innerhalb von zwei Wochen nach Bekanntgabe der Entscheidung einzulegen. Für die Verfahren des vorläufigen Rechtsschutzes enthält § 146 IV wichtige Sonderregelungen (→ § 146 Rn. 18). Die Beschwerde ist innerhalb eines Monats nach Bekanntgabe der Entscheidung zu begründen (§ 146 IV 1), wobei die Begründung, sofern sie nicht bereits mit der Beschwerde vorgelegt worden ist, bei dem Rechtsmittelgericht einzureichen ist (§ 146 IV 2). Die Begründung muss einen bestimmten Antrag enthalten, die Gründe darlegen, aus denen die Entscheidung abzuändern oder aufzuheben ist, und sich mit der angefochtenen Entscheidung auseinandersetzen (§ 146 IV 3). Das Rechtsmittelgericht prüft nur die dargelegten Gründe (§ 146 IV 6). Eine Zurückverweisung in entsprechender Anwendung des § 130 II kann allenfalls unter dem Gesichtspunkt von § 130 II Nr. 2 in Betracht kommen, wobei die Eilbedürftigkeit des Verfahrens einer Zurückverweisung jedoch von vornherein entgegenstehen dürfte (vgl. NK-VwGO Rn. 137).

39 Auch gegen eine **Zwischenentscheidung** des VG (→ Rn. 28) ist richtigerweise die Beschwerde nach § 146 I gegeben (Eyermann Rn. 60). Dazu wird teilweise die Auffassung vertreten, das Beschwerdegericht sei in einem solchen Rechtsmittelverfahren sogar befugt und verpflichtet, bereits selbst den endgültigen Beschluss nach § 123 zu treffen, wenn dies zur Gewährung effektiven Rechtsschutzes geboten ist (BayVGH DVBl 2000, 925, 926; NK-VwGO Rn. 138). Eine solche Befugnis des Beschwerdegerichts besteht richtigerweise nicht. Es ist auf den Gegenstand des Beschwerdeverfahrens, also die Rechtmäßigkeit und Zweckmäßigkeit der Zwischenentscheidung, beschränkt. Andernfalls bestünde hinsichtlich der einstweiligen Anordnung eine doppelte Rechtshängigkeit und die Gefahr divergierender Endentscheidungen über den Antrag nach § 123 I. Zur **Verfassungsbeschwerde** → § 80 Rn. 66.

40 Das Gericht kann gem. § 123 III, § 926 I ZPO auf Antrag die **Klageerhebung anordnen.** Der Antrag kann auch vom notwendig Beigeladenen gestellt werden (HessVGH NJW 1980, 1180). Ist die Hauptsacheklage mangels Einleitung eines Verwaltungsverfahrens oder eines Widerspruchsverfahrens noch nicht zulässig, so richtet sich die Anordnung auf die Stellung eines Antrages bei der Verwaltungsbehörde bzw. die Einlegung des Widerspruchs (NK-VwGO Rn. 140; SSB Rn. 187). Gegen die Anordnung der Klageerhebung ist die Beschwerde gem. § 146 I gegeben. Wird das Verwaltungs-, Widerspruchs- oder Klageverfahren binnen der festgesetzten Frist nicht eingeleitet, kann der Beteiligte, der den Antrag nach § 926 I ZPO gestellt hat, gem. § 123 III iVm § 926 II ZPO die **Aufhebung** der einstweiligen Anordnung beantragen (SSB Rn. 191). Das Gericht entscheidet über den Antrag entsprechend § 123 IV durch Beschluss (NK-VwGO Rn. 141).

IX. Schadensersatzansprüche

Nach § 123 III iVm § 945 ZPO besitzt der Antragsteller gegen den Antrags- **41**
gegner einen verschuldensunabhängigen Anspruch auf Ersatz des Schadens,
der durch Vollziehung der einstweiligen Anordnung entstanden ist, wenn sich
nachträglich herausstellt, dass die einstweilige Anordnung von Anfang an
ungerechtfertigt war. Das gleiche gilt, wenn sie wegen des Verstoßes gegen
eine Anordnung der Klageerhebung aufgehoben wurde (§ 926 II ZPO).
Erfasst werden lediglich Vollziehungsschäden bzw. Vollziehungsabwendungs-
schäden (BGHZ 122, 172, 176). Nicht erstattungsfähig sind etwa die Kosten
des Verfahrens nach § 123 III (Bader Rn. 80). Die Ermittlung des ersatz-
fähigen Schadens erfolgt in entsprechender Anwendung der §§ 249 ff. BGB
(NK-VwGO Rn. 145). Anspruchsberechtigt ist lediglich der **Antragsgegner,** nicht jedoch ein sonstiger Beteiligter des Verfahrens, insbesondere **nicht
der notwendig Beigeladene.** Denn nach § 945 ZPO besteht die Schadens-
ersatzpflicht nur gegenüber dem „Gegner" (BGH NJW 1981, 349, 350; SSB
Rn. 200 ff.). Deshalb steht dem von einer einstweiligen Anordnung betroffenen Bauherrn oder dem ausgewählten Beamtenbewerber in Folge einer einstweiligen Anordnung, die sich nachträglich als unberechtigt erweist, kein
Schadensersatz gegen den Antragsteller zu. Der Schadensersatzanspruch, dessen praktische Bedeutung deshalb gering ist, ist im **Zivilrechtsweg** geltend
zu machen (BGH NJW 1981, 349; Eyermann Rn. 85; aA SSB § 40
Rn. 552). Für einen evtl. öffentlich-rechtlichen Erstattungsanspruch, der in
Anspruchskonkurrenz zu dem Schadensersatzanspruch aus § 123 III iVm
§ 945 ZPO steht, ist demgegenüber der Verwaltungsrechtsweg gegeben
(BVerwG NVwZ 1985, 905).

Teil III. Rechtsmittel und Wiederaufnahme des Verfahrens

12. Abschnitt. Berufung

§ 124 [Zulässigkeit der Berufung]

(1) Gegen Endurteile einschließlich der Teilurteile nach § 110 und gegen Zwischenurteile nach den §§ 109 und 111 steht den Beteiligten die Berufung zu, wenn sie von dem Verwaltungsgericht oder dem Oberverwaltungsgericht zugelassen wird.

(2) Die Berufung ist nur zuzulassen,

1. wenn ernstliche Zweifel an der Richtigkeit des Urteils bestehen,
2. wenn die Rechtssache besondere tatsächliche oder rechtliche Schwierigkeiten aufweist,
3. wenn die Rechtssache grundsätzliche Bedeutung hat,
4. wenn das Urteil von einer Entscheidung des Oberverwaltungsgerichts, des Bundesverwaltungsgerichts, des Gemeinsamen Senats der obersten Gerichtshöfe des Bundes oder des Bundesverfassungsgerichts abweicht und auf dieser Abweichung beruht oder
5. wenn ein der Beurteilung des Berufungsgerichts unterliegender Verfahrensmangel geltend gemacht wird und vorliegt, auf dem die Entscheidung beruhen kann.

Übersicht

I. Zulassungserfordernis (I)

1 Durch das 6. VwGOÄndG ist mit Wirkung vom 1.1.1997 an die Stelle der
bis dahin nur in besonderen Fällen zulassungsbedürftigen Berufung die **allgemeine Zulassungsberufung** getreten. Gem. § 124 I ist das Rechtsmittel
der Berufung gegen berufungsfähige Entscheidungen des VG nur eröffnet,
wenn sie von dem VG (vgl. § 124a I) oder auf Antrag durch das Berufungsgericht (vgl. § 124a IV) zugelassen wird. Berufungsgericht ist das OVG (§ 46
Nr. 1). Fehlt es an der erforderlichen rechtswirksamen Zulassung der Berufung, ist die Berufung unstatthaft und als unzulässig durch Beschluss zu verwerfen (§ 125 II). Keiner Zulassung unterliegt die Anschlussberufung
(§ 127 IV).

2   In **Streitigkeiten nach dem AsylG** findet § 124 keine Anwendung.
§ 78 II, III AsylG sieht insoweit eine spezielle Regelung vor (zur Abgrenzung
von § 124 unterliegenden aufenthaltsrechtlichen Streitigkeiten vgl. zB
BVerwG NVwZ 1998, 299; VGH BW NVwZ 1999, 792). Gem. § 83c
AsylG gelten § 78 II, III AsylG auch für Streitigkeiten nach § 75 Nr. 12
AufenthG.

1. Berufungsfähige Entscheidungen

3 Die Berufung ist eröffnet gegen **Urteile eines VG.** Erfasst werden alle Endurteile einschließlich Teilurteile (§§ 107, 110), Zwischenurteile (§§ 109, 111)
sowie Ergänzungsurteile (§ 120; NK-VwGO Rn. 59; zur Entscheidung über
einen unstatthaften Ergänzungsantrag durch Beschluss und der Heranziehung
des Rechtsgedankens des § 125 I 4: VGH BW Beschl. v. 29.11.2019 – 2 S
1592/19, Rn. 2). § 124 I erstreckt sich des Weiteren auf Entscheidungen des
VG, die Urteilen gleichstehen. Dies sind **Gerichtsbescheide** nach § 84 I
(vgl. § 84 II Nr. 1 und 2, III Hs. 1) sowie **Beschlüsse nach § 93a II 1** (vgl.
§ 93a II 5). Im Falle einer Zurückverweisung durch das OVG (§ 130 II) gilt
das Zulassungserfordernis auch für eine erneute Entscheidung des VG (BFSA
Rn. 7).

4   Nicht berufungsfähig sind Urteile und urteilsersetzende Entscheidungen
des VG, wenn die **Berufung gesetzlich ausgeschlossen** ist. Dies betrifft
zum einen Verfahren, in denen ein Rechtsmittel generell nicht statthaft ist
(vgl. § 78 I AsylG), zum anderen Streitigkeiten, in denen gegen die erstinstanzliche Entscheidung des VG das Rechtsmittel der Revision eröffnet ist
(→ § 135 Rn. 2).

5   Bei Zulassung der **Sprungrevision** durch das VG haben die Beteiligten die
Wahl zwischen den Rechtsmitteln der Berufung und der Revision. Die
Einlegung der Revision und die nach § 134 I erforderliche Zustimmung der
Hauptbeteiligten gelten als Verzicht auf das Rechtsmittel der Berufung
(§ 134 V; → § 134 Rn. 16, 18).

6   Hat das VG über das prozessuale Begehren eines Verfahrensbeteiligten
**fehlerhaft in Gestalt einer nicht berufungsfähigen Entscheidung er-
kannt,** steht dies der Statthaftigkeit der Zulassungsberufung nicht entgegen.
Dem Beteiligten steht das Rechtsmittel zu, das bei einer in verfahrensrechtlich

zutreffender Form ergangenen Entscheidung gegeben wäre (BVerwGE 71, 213; 22, 86; SSB Vorb. § 124 Rn. 51; auch → § 135 Rn. 3; zum Grundsatz der Meistbegünstigung in Fällen „inkorrekter" Entscheidungen: BVerwGE 139, 296 Rn. 11). Eine fehlerhafte, auf die Einlegung der Berufung abstellende Rechtsmittelbelehrung begründet keinen Zugang zur Berufungsinstanz (BVerwG NVwZ 1988, 351; VGH BW NVwZ 1997, 693).

2. Berufungsbefugnis

Berufungsbefugt sind nach § 124 I die „Beteiligten". Damit sind die **in der** **7** **Vorinstanz Beteiligten iSv § 63** gemeint (vgl. BVerwG Buchh 310 § 133 nF Nr. 39 zu der entsprechenden Regelung in § 132 I), also der Kläger, der Beklagte, der zum Verfahren Beigeladene sowie der von seiner Beteiligungsbefugnis Gebrauch machende VöI. Der zu Unrecht nicht Beigeladene ist nicht Beteiligter iSv § 63 und damit auch nicht zur Einlegung von Rechtsbehelfen und Rechtsmitteln nach §§ 124 f. befugt (BVerwG Buchh 310 § 133 nF Nr. 39). Der VöI kann seine Beteiligung noch bis zum Ablauf der für die Verfahrensbeteiligten laufenden Frist zur Einlegung der Berufung bzw. zur Stellung des Zulassungsantrags erklären (BVerwG NVwZ-RR 1997, 519; NJW 1994, 3024; BVerwGE 90, 337).

Die Berechtigung zur Einlegung der Berufung setzt grds. eine **Beschwer** **8** des Rechtsmittelführers voraus (Kopp/Schenke Vorb. § 124 Rn. 39 ff.; BFSA Rn. 9). Diese muss sich nicht gerade in Ansehung des der Zulassung zugrunde liegenden Zulassungsgrundes ergeben (BVerwG Buchh 421.2 Hochschulrecht Nr. 43). Es genügt, dass der Rechtsmittelführer durch die angefochtene Entscheidung beschwert ist. Der **Kläger** ist beschwert, wenn der Entscheidungsausspruch hinter seinem Antragsbegehren zurückbleibt. **Beklagter und Beigeladener** sind beschwert, wenn die Entscheidung für sie nachteilig ist. Der Nachteil muss sich aus dem Entscheidungsausspruch ergeben. Als nachteilig empfundene Entscheidungsgründe genügen nicht, um die erforderliche Beschwer zu begründen (→ § 132 Rn. 6). Der Beklagte ist durch ein klageabweisendes Prozessurteil beschwert, wenn das Prozessurteil nicht in demselben Umfang in Rechtskraft erwächst wie ein Sachurteil und deshalb die streitige Frage in einem Folgeprozess erneut aufgeworfen werden könnte (BVerwGE 141, 311 Rn. 34; OVG LSA Urt. v. 12.10.2017 – 2 L 166/15, Rn. 29). Eine Beschwer des Beigeladenen ist jedenfalls zu bejahen, wenn er durch die Entscheidung in seinen rechtlich geschützten Interessen nachteilig berührt ist (HessVGH Beschl. v. 20.1.2016 – 5 A 1471/15.Z, Rn. 6). Dem **zu Unrecht Beigeladenen** kommt eine Berufungsbefugnis nicht zu, weil er durch die angegriffene Entscheidung nicht in eigenen rechtlichen Interessen berührt wird und damit nicht beschwert sein kann (→ § 132 Rn. 6). Der **VöI** ist, sofern er rechtzeitig seine Beteiligung am Verfahren erklärt hat, bereits kraft seiner Beteiligtenstellung zur Einlegung der Berufung befugt; einer Beschwer bedarf es nicht.

3. Entscheidung über die Berufungszulassung

9 Die Zulassung der Berufung ist vom VG zwingend auszusprechen, wenn die Zulassungsgründe des § 124 II Nr. 3 oder Nr. 4 vorliegen (§ 124a I 1). Dasselbe gilt für die Zulassung durch das OVG, wenn einer der in § 124 II genannten Zulassungsgründe dargelegt ist und vorliegt (§ 124a V 2). Es besteht insoweit **kein Ermessen.** Umgekehrt kommt die Zulassung der Berufung aus anderen als den in § 124 **abschließend bezeichneten Zulassungsgründen** nicht in Betracht (BeckOK VwGO Rn. 5; Kopp/Schenke Rn. 5; NK-VwGO Rn. 70 f.).

10 Ist die angefochtene Entscheidung auf **mehrere selbstständig tragende Begründungen** gestützt, kommt eine Zulassung der Berufung nur in Betracht, wenn in Bezug auf alle Begründungen ein Zulassungsgrund dargelegt ist und dessen Voraussetzungen vorliegen. Handelt es sich hingegen um eine alternative Begründung oder tragen mehrere Begründungselemente die Entscheidung nur gemeinsam, genügt es, wenn hinsichtlich eines Begründungsteils ein Zulassungsgrund gegeben ist (vgl. zB OVG NRW Beschl. v. 15.4.2008 – 6 A 185/06 mwN; NdsOVG NVwZ-RR 2004, 702; BayVGH NVwZ-RR 2004, 391 mwN). Dies gilt ausnahmsweise auch im Falle einer auf mehrere selbstständig tragende Begründungen gestützten Entscheidung, wenn den Begründungen eine unterschiedliche Rechtskraftwirkung zukommt (NdsOVG Beschl. v. 17.2.2010 – 5 LA 342/08 mwN).

11 Zulässig ist auch eine nur **teilweise Zulassung** der Berufung. Voraussetzung ist, dass sich die Teilzulassung auf einen **tatsächlich oder rechtlich abtrennbaren Teil der angefochtenen Entscheidung** bezieht. Eine beschränkte Zulassung ist etwa denkbar im Falle einer objektiven Klagehäufung (§ 44), wenn über mehrere prozessuale Ansprüche entschieden wird und die Zulassungsvoraussetzungen nicht in Bezug auf alle Streitgegenstände erfüllt sind. Ebenso kommt in Betracht, die Zulassung in subjektiver Hinsicht auf bestimmte Verfahrensbeteiligte zu beschränken (BeckOK VwGO Rn. 13 ff.; siehe auch entsprechend zur Revision → § 132 Rn. 10).

12 Mit der Zulassungsentscheidung ist der **Zugang zur Berufungsinstanz** eröffnet. Das weitere Verfahren ist in § 124a II, III (nach Zulassung von Amts wegen durch das VG) bzw. in § 124a V 5, VI (nach Zulassung auf Antrag durch das OVG) geregelt. Die Zulassung der Berufung durch das VG wirkt – vorbehaltlich einer ausdrücklichen Beschränkung – zugunsten aller Verfahrensbeteiligten. Demgegenüber wirkt die im Zulassungsverfahren erreichte Berufungszulassung nur zugunsten des Rechtsmittelführers (BFSA Rn. 3; str. → § 124a Rn. 65). Im Berufungsverfahren unterliegt die angegriffene erstinstanzliche Entscheidung im Umfang der Berufungszulassung grds einer **vollumfänglichen Überprüfung in tatsächlicher und rechtlicher Hinsicht** (§ 128; vgl. BVerwG NVwZ 2004, 744; NVwZ-RR 2002, 894). Die Prüfungsbefugnis des OVG ist nicht beschränkt auf die Gründe, die zur Berufungszulassung geführt haben; die Zulassungsgründe entfalten keine Bindungswirkung (BVerwG DVBl 1997, 907). Einschränkungen der Prüfungsbefugnis können sich ergeben, soweit das OVG infolge einer Zurückverweisung einer Selbstbindung unterliegt (→ § 130 Rn. 15).

II. Zulassungsgründe (II)

Von den in § 124 II **enumerativ** benannten Zulassungsgründen entsprechen **13**
die Gründe des § 124 II Nr. 3 bis Nr. 5 den Zulassungsgründen für die
Revision in § 132 II. Demgegenüber sind der Zulassungsgrund der ernst-
lichen Zweifel an der Richtigkeit der angegriffenen Entscheidung (§ 124 II
Nr. 1) und der Zulassungsgrund der besonderen tatsächlichen oder rechtlichen Schwierigkeiten (§ 124 II Nr. 2) speziell auf das Berufungsverfahren
als zweite Tatsacheninstanz zugeschnitten und haben keine Entsprechung im
Revisionszulassungsrecht. Die Zulassungsgründe des § 124 II Nr. 1 und
Nr. 2 zielen wie auch § 124 II Nr. 5 (Verfahrensmängel) darauf ab, die
Richtigkeit im Einzelfall zu gewährleisten (BVerwG NVwZ-RR 2004,
542; NVwZ 2003, 490; OVG NRW NVwZ 1999, 202). Die Zulassungsgründe des § 124 II Nr. 3 (grundsätzliche Bedeutung) und Nr. 4 (Divergenz)
sind vorrangig auf die **Fortentwicklung des Rechts und die Rechtsver-
einheitlichung** gerichtet.

Für die Auslegung des § 124 II ist die **Rspr. des BVerfG** zu beachten, **14**
wonach an die Zulassung der Berufung keine unzumutbaren Anforderungen
gestellt werden dürfen. Sieht das Prozessrecht wie in §§ 124, 124a die Möglichkeit vor, die Zulassung eines Rechtsmittels zu erreichen, verbietet die
Gewährleistung eines effektiven Rechtsschutzes durch **Art. 19 IV 1 GG** den
Gerichten eine Auslegung und Anwendung dieser Vorschriften, die die Be-
schreitung des Rechtswegs in einer aus Sachgründen nicht mehr zu rechtfertigenden Weise erschweren. Die Voraussetzungen, unter denen die Berufung zuzulassen ist, dürfen nicht überspannt werden, sodass die
Zulassungsberufung für den Rechtsmittelführer leer läuft. Das gilt nicht nur
für die Anforderungen an die Darlegung der Zulassungsgründe, sondern
ebenso für die Auslegung und Anwendung der Zulassungsgründe des § 124 II
selbst (vgl. BVerfG NVwZ 2017, 231; NVwZ 2016, 1243; InfAuslR 2014,
40; NJW 2009, 3642; NVwZ 2009, 515, jeweils mwN). Im Zweifel sollte die
Berufung zugelassen werden.

1. Ernstliche Zweifel an der Richtigkeit des Urteils (II Nr. 1)

a) Ernstliche Zweifel. Ernstliche Zweifel an der Richtigkeit des angegriffe- **15**
nen Urteils (oder einer gleichstehenden Entscheidung) iSv § 124 II Nr. 1
liegen vor, wenn ein **einzelner tragender Rechtssatz oder eine einzelne
erhebliche Tatsachenfeststellung mit schlüssigen Gegenargumenten in
Frage gestellt** worden sind (BVerfG NJW 2009, 3642; NVwZ 2009, 515;
BayVGH Beschl. v. 6.5.2009 – 6 ZB 08.221) und dadurch Anlass besteht, an
der (Ergebnis-) Richtigkeit der angefochtenen Entscheidung des VG zu
zweifeln (BVerwG NVwZ-RR 2004, 542; Kopp/Schenke Rn. 7 mwN zum
Meinungsstand). Schlüssige Gegenargumente liegen vor, wenn der Rechtsmittelführer substanziiert rechtliche oder tatsächliche Umstände aufzeigt, aus
denen sich die gesicherte Möglichkeit ergibt, dass die erstinstanzliche Entscheidung unrichtig ist (BVerfG NVwZ 2011, 546).

16   In Abgrenzung zu § 124 II Nr. 5 erstreckt sich § 124 II Nr. 1 auf **Fehler bei der materiellen Rechtsanwendung,** dh Fehler bei der Feststellung und Würdigung des entscheidungserheblichen Sachverhalts sowie bei der Normauslegung und Subsumtion (BeckOK VwGO Rn. 24 mwN; NK-VwGO Rn. 80, 82). Ernstliche Zweifel iSv § 124 II Nr. 1 können sich auch aus einer unzureichenden Sachverhalts- und Beweiswürdigung ergeben (SächsOVG Beschl. v. 20.10.2016 – 3 A 521/16; OVG LSA Beschl. v. 28.2.2012 – 1 L 159/11). Grds. nicht erfasst sind hingegen Mängel im gerichtlichen Verfahren (vgl. zur Abgrenzung → Rn. 45). Wirken sich Verfahrensmängel allerdings – wie zB ein Verstoß gegen den Amtsermittlungsgrundsatz (§ 86 I) – auf die Sachverhaltsermittlung aus, kann dies auf eine fehlerhafte Sachverhaltsfeststellung führen. Insoweit kann die Zweifelsrüge auch auf Verfahrensfehler gestützt werden (vgl. SächsOVG Beschl. v. 20.10.2016 – 3 A 521/16 mwN; Kopp/Schenke Rn. 7b; NK-VwGO Rn. 80; SSB Rn. 26f f., jeweils mwN, auch zur Gegenauffassung).

17   Ein **Erfolg der angestrebten Berufung** muss nach den Erkenntnismöglichkeiten des Zulassungsverfahrens **möglich sein** (BVerwG NVwZ-RR 2004, 542; Beschl. v. 12.11.2002 – 7 AV 4.02). Mit Rücksicht auf das Merkmal der „Ernstlichkeit" ist mehr als eine lediglich nicht offensichtlich aussichtslose Berufung zu verlangen (vgl. Kopp/Schenke Rn. 7; aA BeckOK VwGO Rn. 40). Andererseits sind ernstliche Zweifel nicht erst zu bejahen, wenn bei der im Zulassungsverfahren gebotenen vorläufigen (summarischen) Prüfung – die die dem Berufungsverfahren vorbehaltene umfassende und abschließende Überprüfung nicht vorwegnehmen darf (BVerwG NVwZ-RR 2004, 542) – der Erfolg des Rechtsmittels wahrscheinlicher ist als der Misserfolg (BVerfG KBeschl. v. 6.6.2018 – 2 BvR 350/18; NVwZ 2009, 515; BVerfGE 110, 77; BVerwG Beschl. v. 30.10.2014 – 2 B 109.13, Rn. 13; SSB Rn. 26e, mwN zum Meinungsstand in Rn. 26a ff.; aA zB BayVGH Beschl. v. 18.1.2010 – 14 ZB 09.1566; OVG NRW NVwZ 1999, 202; NK-VwGO Rn. 75 ff. mwN zum Streitstand). Eine Versagung der Berufungszulassung ist nur gerechtfertigt, wenn sich bereits im Zulassungsverfahren hinreichend sicher beurteilen lässt, dass die angegriffene Entscheidung richtig ist (vgl. OVG NRW NVwZ 1999, 202; BeckOK VwGO Rn. 40). Ernstliche Zweifel liegen danach vor, wenn gewichtige Gründe gegen die Richtigkeit der angegriffenen Entscheidung sprechen, sodass ein **Erfolg der erstrebten Berufung** (mindestens) **gleichermaßen wahrscheinlich ist wie** ein **Misserfolg** (BayVGH Beschl. v. 19.4.2010 – 21 ZB 09.1930; NdsOVG Beschl. v. 4.2.2010 – 5 LA 37/08; s. auch OVG LSA Beschl. v. 28.2.2012 – 1 L 159/11: hinreichend wahrscheinlich; Kopp/Schenke Rn. 7: zumindest ähnlich wahrscheinlich).

18   Davon ist beispielsweise auszugehen, wenn die mit der Zweifelsrüge angegriffene Rechtsauffassung des VG **in der obergerichtlichen Rspr.** sowie im Schrifttum **umstritten** ist und die in Rede stehende Rechtsfrage noch keine höchstrichterliche Klärung gefunden hat (BVerfG NJW 2009, 3642). Einen Verstoß gegen Art. 19 IV 1 GG stellt es dar, wenn ernstliche Zweifel mit Erwägungen verneint werden, die ihrerseits grundsätzliche Bedeutung iSv § 124 II Nr. 3 haben (BVerfG NVwZ 2016, 1243; NVwZ 2009, 515). Unter solchen Voraussetzungen ist der Zulassungsgrund des § 124 II Nr. 1 vielmehr zu bejahen.

b) Anderweitige Ergebnisrichtigkeit. Ernstliche Zweifel an der Richtig- **19** keit der angegriffenen Entscheidung bestehen trotz Bedenken an der erstinstanzlichen Argumentation nicht, wenn sich die Entscheidung **im Ergebnis aus anderen Gründen offensichtlich** als **zutreffend** erweist. Zwar werden ernstliche Zweifel an einem tragenden Begründungselement der Entscheidung des VG regelmäßig auch ernstliche Zweifel an der Richtigkeit des Ergebnisses, dh des Entscheidungsausspruchs wecken (Kopp/Schenke Rn. 7a; BeckOK VwGO Rn. 26). Indes kommt in Betracht, dass das VG tatsächliche oder rechtliche Gesichtspunkte nicht in den Blick genommen hat, aus denen sich die angefochtene Entscheidung gleichwohl als richtig darstellt. Ebenso kann eine nach Erlass der angefochtenen Entscheidung eingetretene Änderung der Sach- oder Rechtslage ernstliche Zweifel an der Richtigkeit der Entscheidung ausräumen (BeckOK VwGO Rn. 31; → Rn. 22 ff.). Unter diesen Umständen ist eine Berufungszulassung nicht geboten, wenn sich bereits mit den Erkenntnismöglichkeiten des Zulassungsverfahrens zuverlässig sagen lässt, dass die angestrebte Berufung erfolglos bleiben wird. Aus Gründen der Prozessökonomie und mit Blick auf die Entlastungsfunktion der Zulassungsberufung verlangt § 124 II Nr. 1 unter **Heranziehung des Rechtsgedankens aus § 144 IV** nicht, die Berufung wegen eines Mangels zuzulassen, der ersichtlich nicht zu einem anderen Entscheidungsergebnis führen wird. Bedarf es allerdings einer vertieften Prüfung, ob sich die Entscheidung aus anderen Gründen als richtig erweist, ist die Berufung zuzulassen (vgl. BVerwG NVwZ-RR 2004, 542; NVwZ 2003, 490; BVerfG NVwZ 2016, 1243; NJW 2013, 3506; Kopp/Schenke Rn. 7a mwN; NK-VwGO Rn. 102). Danach liegen die Voraussetzungen für eine Berufungszulassung nach § 124 II Nr. 1 zB nicht vor, wenn das VG die Klage mit zweifelhaften Erwägungen als unbegründet abgewiesen hat, das OVG die Klage jedoch bereits für (offenkundig) unzulässig hält (vgl. BayVGH NVwZ 2004, 629; Kopp/Schenke Rn. 7a; BeckOK VwGO Rn. 25; zum umgekehrten Fall s. BayVGH NVwZ-RR 2004, 223; HessVGH NJW 2001, 3722).

Der Rechtsmittelführer ist nicht gehalten, von sich aus darzulegen, dass **20** kein Fall einer anderweitigen Ergebnisrichtigkeit vorliegt. Das **Darlegungserfordernis** (vgl. § 124a IV 4) bei der Zweifelsrüge erstreckt sich allein auf die in der angegriffenen Entscheidung angesprochenen Begründungserwägungen (BVerwG NVwZ-RR 2004, 542; OVG NRW NVwZ 1999, 202). Eine darüber hinausgehende Darlegungslast ist mit der in Art. 19 IV 1 GG verankerten Gewährleistung effektiven Rechtsschutzes nicht vereinbar (BVerfG NVwZ 2006, 683).

Zur **Wahrung des Gebots rechtlichen Gehörs** hat das OVG den Ver- **21** fahrensbeteiligten Gelegenheit zur Stellungnahme zu geben, wenn es den Zulassungsantrag mit der Begründung anderweitiger Ergebnisrichtigkeit ablehnen will (BVerfG NVwZ 2016, 1243; NVwZ 2006, 683; BVerwG NVwZ-RR 2004, 542; Kopp/Schenke Rn. 7a mwN). Der Rechtsmittelführer muss nicht damit rechnen, dass das Berufungsgericht auf einen rechtlichen Gesichtspunkt abstellt, der nicht dem Darlegungserfordernis unterliegt.

22 **c) Maßgebliche Sach- und Rechtslage.** Grds. gilt, dass das Berufungsgericht bei seiner Entscheidung über den Zulassungsantrag dieselbe **Sach- und Rechtslage** in den Blick zu nehmen hat, die **im Zeitpunkt der erstinstanzlichen Entscheidung** bestanden hat (BFSA Rn. 25). Unter bestimmten Voraussetzungen sind aber auch tatsächliche und rechtliche Gesichtspunkte zu berücksichtigen, die sich erst nach Erlass der angegriffenen verwaltungsgerichtlichen Entscheidung ergeben haben.

23 Nachträglich entstandene, dh **neue Tatsachen** (und Beweismittel) sind im Zulassungsverfahren berücksichtigungsfähig, sofern die neue Sachlage nach materiellem Recht im Berufungsverfahren maßgeblich ist und der Rechtsmittelführer die Tatsachen **innerhalb der Begründungsfrist** des § 124a IV 4 **dargelegt** hat. Dies findet seine Rechtfertigung im Zweck des § 124 II Nr. 1, im Rahmen einer zweiten Tatsacheninstanz eine im Ergebnis richtige Entscheidung zu gewährleisten (BVerwG NVwZ 2003, 490; NVwZ-RR 2002, 894; OVG Brem Beschl. v. 7.6.2019 – 1 LA 246/18, Rn. 15; OVG RhPf NVwZ 1998, 1094; Kopp/Schenke Rn. 7c mwN). Die Zulassung neuen Sachverhalts entspricht zudem dem Ziel der Zulassungsberufung, die Berufungsgerichte zu entlasten und die Gerichtsverfahren zu beschleunigen (BVerwG Beschl. v. 12.11.2002 – 7 AV 4.02; Kopp/Schenke Rn. 7c). Unerheblich ist, ob der Rechtsmittelführer die neue Tatsache selbst geschaffen hat, um der verwaltungsgerichtlichen Entscheidung die Grundlage zu entziehen (BVerwG NVwZ 2003, 490). Ist ein sich abzeichnender Sachverhalt innerhalb der Begründungsfrist dargetan, ist er auch dann zu berücksichtigen, wenn die **Tatsachen erst nach Fristablauf,** aber vor der Entscheidung über die Zulassung **eintreten** (BayVGH DÖV 2008, 425; zum Fall der nachträglichen Rechtsänderung: BVerwG NVwZ 2004, 744). Neue Tatsachen und Beweisangebote sind derart zu substantiieren und glaubhaft zu machen, dass dem Berufungsgericht die summarische Prüfung ermöglicht wird, ob die Erfolgsaussichten im Fall der Zulassung offen sind (SächsOVG Beschl. v. 20.10.2016 – 3 A 521/16).

24 Ebenso zu behandeln sind **Tatsachen** (und Beweismittel), **die** zwar im Zeitpunkt der verwaltungsgerichtlichen Entscheidung **bereits vorlagen,** aber nicht geltend gemacht oder vom VG nicht in die Entscheidung miteinbezogen wurden (zB BVerwG NVwZ-RR 2002, 894; Beschl. v. 14.4.2000 – 7 B 459.00; OVG NRW DVBl 2000, 1468; BayVGH BayVBl. 1998, 154; Kopp/Schenke Rn. 7b mwN; NK-VwGO Rn. 86). Das gilt unabhängig davon, ob die im Zulassungsverfahren neu vorgetragenen Tatsachen und Beweismittel dem Rechtsmittelführer schon im erstinstanzlichen Verfahren bekannt waren, er sie dem VG jedoch gleichwohl nicht zur Kenntnis gebracht hat (vgl. zB BVerwG NVwZ-RR 2002, 894; HmbOVG NVwZ 1998, 863; Kopp/Schenke Rn. 7b; aA zB OVG RhPf NVwZ 1998, 1094). Unberücksichtigt bleiben lediglich Tatsachen und Beweismittel, die nach Maßgabe von § 87b I, II, § 128a analog **präkludiert** sind.

Aus denselben Erwägungen sind **nachträgliche Rechtsänderungen** be- 25
rücksichtigungsfähig, sofern die neue Rechtslage nach materiellem Recht im
Zeitpunkt der berufungsgerichtlichen Entscheidung maßgeblich ist. Auch
insoweit gilt grds., dass der Rechtsmittelführer die Rechtsänderung fristgerecht dargelegt haben muss. Ist diese Voraussetzung erfüllt, ist unerheblich,
dass die Rechtsänderung erst nach Ablauf der Zulassungsbegründungsfrist
(aber vor der Entscheidung über den Zulassungsantrag) eingetreten ist
(BVerwG NVwZ 2004, 744).

Mit Rücksicht auf den Zweck des § 124 II Nr. 1, eine im Ergebnis richtige 26
gerichtliche Entscheidung zu gewährleisten, erscheint es darüber hinaus sachgerecht, eine **nach Ablauf der Begründungsfrist** vorgetragene Sachverhaltsänderung zu berücksichtigen, sofern sie sich erst nach Fristablauf ergeben
hat und es sich um **offensichtliche oder sonst unstreitige Tatsachen**
handelt. Ein dem Rechtsmittelführer zurechenbarer Verstoß gegen das Darlegungsgebot liegt nicht vor, da ihm eine fristgerechte Darlegung nicht möglich
gewesen ist. Die Gesichtspunkte der Prozessökonomie und der Rechtsschutzeffektivität rechtfertigen daher die Zulassung der neuen Tatsachen, wenn
anderenfalls gleichsam sehenden Auges eine unrichtige Entscheidung in
Rechtskraft erwüchse (vgl. Kopp/Schenke Rn. 7c, § 124a Rn. 50; NK-
VwGO Rn. 97; hingegen auf fristgerecht vorgetragene Tatsachen abstellend:
NdsOVG AuAS 2010, 69; BeckOK VwGO Rn. 29.2; SSB Rn. 26k).

Dasselbe gilt in Bezug auf eine nachträgliche Rechtsänderung. Ist die 27
geänderte Rechtslage nach materiellem Recht im Berufungsverfahren
maßgeblich und erweist sich in deren Lichte die angegriffene Entscheidung
offensichtlich als **unrichtig**, ist bei der Entscheidung über den Zulassungsgrund des § 124 II Nr. 1 zugunsten des Rechtsmittelführers auf die geänderte
Rechtslage abzustellen (SächsOVG Beschl. v. 31.3.2008 – 5 B 377/06; Kopp/
Schenke Rn. 7c; NK-VwGO Rn. 97; aA BVerwG NVwZ 2004, 744;
BayVGH Beschl. v. 18.12.2009 – 11 ZB 08.586; VGH BW ESVGH 55, 186).
Dafür spricht auch, dass das OVG umgekehrt zu Lasten des Rechtsmittelführers zu berücksichtigen hat, ob sich die angefochtene Entscheidung infolge
einer inzwischen eingetretenen Rechtsänderung aus anderen Gründen als
richtig darstellt (s. dazu BVerwG NVwZ 2004, 744; → Rn. 19).

Grenzen sind der Berücksichtigungsfähigkeit einer geänderten Sach- oder 28
Rechtslage insoweit gesetzt, als diese nicht im Wege der **Klageänderung** in
das Verfahren eingeführt werden können (NdsOVG AuAS 2010, 69; BFSA
Rn. 12; Kopp/Schenke Rn. 7c, jeweils mwN).

2. Besondere Schwierigkeiten (II Nr. 2)

Besondere tatsächliche oder rechtliche Schwierigkeiten iSv § 124 II Nr. 2 29
weist eine Rechtssache auf, wenn sie voraussichtlich in tatsächlicher oder
rechtlicher Hinsicht einen größeren, die überdurchschnittlichen, **das normale Maß nicht unerheblich überschreitenden Schwierigkeitsgrad** hat.
Maßstab für die Beurteilung sind dabei in erster Linie die verwaltungsgerichtlichen Verfahren im Allgemeinen und nicht die jeweils fachspezifischen
Schwierigkeiten der konkreten Rechtsmaterie (vgl. zB SächsOVG Beschl. v.

4.5.2010 – 1 A 98/09; BayVGH Beschl. v. 19.4.2010 – 21 ZB 09.1930; Kopp/Schenke Rn. 9; ähnlich HessVGH Beschl. v. 20.1.2016 – 5 A 1471/ 15.Z, Rn. 13: eine sich deutlich vom Durchschnitt abhebende Schwierigkeit; in der Formulierung weiter SSB Rn. 28: eine das normale Maß übersteigende Schwierigkeit). Die Schwierigkeiten der Rechtssache müssen sich qualitativ von denjenigen eines Verwaltungsrechtsstreits „durchschnittlicher" Schwierigkeit abheben (NdsOVG Beschl. v. 17.2.2010 – 5 LA 342/08). Diese Voraussetzungen sind nicht erfüllt, wenn sich die durch den Streitfall aufgeworfenen Fragestellungen entweder unmittelbar aus dem Gesetz oder ohne weiteres mit den Erkenntnismöglichkeiten des Zulassungsverfahrens beantworten lassen (BayVGH Beschl. v. 19.4.2010 – 21 ZB 09.1930).

30   Besondere tatsächliche oder rechtliche Schwierigkeiten können auch vorliegen, wenn angesichts im Zulassungsverfahren nicht zu klärender Fragen tatsächlicher oder rechtlicher Art die **Erfolgsaussichten der angestrebten Berufung offen** sind (generell hierauf abstellend: OVG NRW NVwZ 1999, 202; OVG RhPf NVwZ 1998, 1094; NK-VwGO Rn. 106 mwN; BFSA Rn. 34; vgl. auch BayVGH Beschl. v. 4.9.2008 – 11 ZB 07.655). Regelmäßig werden die auf den Schwierigkeitsgrad abstellende Betrachtungsweise und die an den Erfolgsaussichten orientierte Beurteilung zum selben Ergebnis führen. Denn von offenen Erfolgsaussichten ist namentlich auszugehen, wenn der Sachverhalt komplex ist und/oder Rechtsfragen aufgeworfen werden, die einer vertieften, dem Berufungsverfahren obliegenden Prüfung bedürfen. Unter solchen Umständen weist der Rechtsstreit zugleich überdurchschnittliche Schwierigkeiten auf.

31   Hiernach sind besondere rechtliche Schwierigkeiten idR zu bejahen, wenn die der Rechtssache zugrunde liegende rechtliche Problematik in der obergerichtlichen **Rspr.** und im Schrifttum **uneinheitlich** behandelt wird und eine höchstrichterliche Klärung aussteht (vgl. BVerfG NJW 2009, 3642; SSB Rn. 28e, 38). Besondere tatsächliche Schwierigkeiten können sich zB wegen einer unzureichenden oder fehlerhaften Sachverhaltsermittlung, einer schwierigen Beweiswürdigung oder einem besonders komplexen Sachverhalt ergeben (NK-VwGO Rn. 119). Auch ein **erheblicher Begründungsaufwand** kann besondere Schwierigkeiten indizieren (BVerfG NJW 2009, 3642; BeckOK VwGO Rn. 45).

32   Ob einer Rechtssache Schwierigkeiten iSv § 124 II Nr. 2 zukommen, beurteilt sich aus der **Sicht des Berufungsgerichts** im Zeitpunkt seiner Zulassungsentscheidung. Dementsprechend steht einer Zulassung nicht entgegen, dass das VG den Rechtsstreit gem. § 6 dem Einzelrichter übertragen hat oder nach § 84 I durch Gerichtsbescheid entschieden hat. Umgekehrt indiziert das erstinstanzliche Absehen von einer Einzelrichterübertragung nicht, dass der Rechtssache besondere Schwierigkeiten beizumessen sind (BayVGH Beschl. v. 14.8.2019 – 10 ZB 19.1334, Rn. 12; OVG NRW NVwZ 1999, 202; BFSA Rn. 35; Kopp/Schenke Rn. 8).

33   Die Voraussetzungen für die Berufungszulassung müssen noch im Zeitpunkt der Entscheidung des OVG über den Zulassungsantrag gegeben sein. Deshalb kommt eine Zulassung der Berufung nach § 124 II Nr. 2 nicht mehr in Betracht, wenn während des Zulassungsverfahrens eine **anderweitige Klä-**

rung der aufgeworfenen Fragen erfolgt ist (NdsOVG Beschl. v. 17.2.2010 –
5 LA 342/08). Zu berücksichtigen ist auch eine nachträgliche Änderung der
Sach- oder Rechtslage, sofern nach materiellem Recht auf den Zeitpunkt der
Berufungsentscheidung abzustellen ist (NK-VwGO Rn. 121; → Rn. 22 ff.).
Ist die besondere Schwierigkeit nachträglich ausgeräumt worden, kommt ggf.
im Wege der Umdeutung eine Zulassung wegen ernstlicher Zweifel in Betracht (BFSA Rn. 40).

3. Grundsätzliche Bedeutung der Rechtssache (II Nr. 3)

Der Berufungszulassungsgrund der grundsätzlichen Bedeutung entspricht im **34**
Wesentlichen § 132 II Nr. 1. Einer Rechtssache kommt grundsätzliche Bedeutung isv § 124 II Nr. 3 zu, wenn für die Entscheidung des VG eine
konkrete fallübergreifende, bislang weder höchstrichterlich noch obergericht-
lich geklärte Rechts- oder Tatsachenfrage von Bedeutung war, die auch für
die Entscheidung im Berufungsverfahren erheblich wäre und deren obergerichtliche Klärung **im Interesse der Einheitlichkeit der Rspr. oder einer
bedeutsamen Fortentwicklung des Rechts** geboten erscheint (vgl.
NdsOVG Beschl. v. 17.2.2010 – 5 LA 342/08; BayVGH Beschl. v.
30.12.2009 – 15 ZB 09.1236; OVG NRW Beschl. v. 28.11.2008 – 6 A 3615/
05; BVerfG InfAuslR 2014, 40; NVwZ 2009, 515). Im Unterschied zu
§ 132 II Nr. 1 kann im Rahmen von § 124 II Nr. 3 grundsätzliche Bedeutung auch in Bezug auf eine **Tatsachenfrage** geltend gemacht werden. Der
Zulassungsgrund erfasst Fälle, in denen sich die grundsätzliche Bedeutung der
Rechtssache aus dem tatsächlichen Gewicht bzw. aus dem verallgemeine-
rungsfähigen Auswirkungen ergibt, die die im Berufungsverfahren erstrebte
Klärung von Tatsachenfragen haben wird (vgl. BVerwGE 70, 24 zu der entsprechenden Regelung in § 78 III Nr. 1 Asyl(Vf)G; Kopp/Schenke Rn. 10
mwN; SSB Rn. 31).

Handelt es sich bei der aufgeworfenen Frage um eine **Rechtsfrage,** muss **35**
sie die Voraussetzungen und Rechtsfolgen einer bestimmten Norm (oder
eines allgemeinen Rechtsgrundsatzes) des formellen oder materiellen Bundes-
oder Landesrechts, des Verfassungs- oder des europäischen Rechts betreffen
und in dem angestrebten Berufungsverfahren **klärungsfähig** sein. Letzteres
ist nur dann der Fall, wenn die angestrebte Klärung für den Streitfall entscheidungserheblich ist. Daran fehlt es, wenn sich die aufgeworfene Frage in
dem angestrebten Berufungsverfahren – zB wegen einer zu berücksichtigenden geänderten Sach- oder Rechtslage – nicht stellen würde oder wenn sich
die angefochtene Entscheidung aus anderen Gründen (offensichtlich) als richtig erweist (NK-VwGO Rn. 149, 154). Es muss sich darüber hinaus um eine
fallübergreifende Rechtsfrage handeln, der **Bedeutung für eine Vielzahl
von Fällen** zukommt. Das scheidet aus, wenn die Beantwortung der Frage
von den tatsächlichen Umständen des konkreten Einzelfalls abhängt.

Eine aufgeworfene Rechtsfrage hat nicht schon deshalb grundsätzliche **36**
Bedeutung isv § 124 II Nr. 3, weil zu ihr noch keine ausdrückliche obergerichtliche oder höchstrichterliche Rspr. vorliegt. An der erforderlichen **Klärungsbedürftigkeit** fehlt es gleichwohl, wenn sich die Fragestellung ohne

weiteres aus dem Gesetz (vgl. BayVGH Beschl. v. 25.3.2010 – 21 ZB 08.2782) oder anhand des bislang erreichten Klärungsstands in der Rspr. und des allgemein anerkannten Meinungsstands im Schrifttum beantworten lässt (NdsOVG Beschl. v. 17.2.2010 – 5 LA 342/08; HessVGH NVwZ 2003, 1525). Als ohne weiteres aus dem Gesetz zu beantworten gilt eine Rechtsfrage auch dann, wenn sich die Antwort durch Auslegung der maßgeblichen Rechtsvorschriften anhand der anerkannten Auslegungskriterien ergibt (→ § 132 Rn. 21). Klärungsbedarf ist idR zu bejahen, wenn zu der aufgeworfenen **Frage revisiblen Rechts** divergierende Rspr. verschiedener Obergerichte vorliegt und eine Klärung durch das BVerwG oder – im Fall von **Unionsrecht** – durch den EuGH aussteht (vgl. BVerfG NJW 2009, 3642) bzw. – im Fall einer **Tatsachenfrage** oder einer **nicht revisibles Landesrecht** betreffenden Frage – eine eigene Klärung durch das angerufene OVG noch nicht vorliegt (BVerfG NVwZ 2017, 231 (zu § 78 III Nr. 1 AsylG); NK-VwGO Rn. 140; BeckOK VwGO Rn. 56). Ist eine Frage bereits geklärt worden, kann sich weiterer Klärungsbedarf ergeben, wenn neue Argumente ins Feld geführt werden, die zu einer Überprüfung dieser Auffassung veranlassen könnten (BVerfG KBeschl. v. 6.6.2018 – 2 BvR 350/18).

37   Rechtsfragen, die **ausgelaufenes oder auslaufendes Recht** betreffen, begründen regelmäßig keinen rechtsgrundsätzlichen Klärungsbedarf. Eine Ausnahme gilt, wenn die Klärung noch für einen nicht überschaubaren Personenkreis in nicht absehbarer Zukunft von Bedeutung ist. Es müssen Anhaltspunkte für eine erhebliche Zahl von Altfällen ersichtlich sein. Darüber hinaus bleibt eine Rechtsfrage trotz auslaufenden Rechts klärungsbedürftig, wenn sich bei der gesetzlichen Bestimmung, die der außer Kraft getretenen Vorschrift nachfolgt, die streitige Frage in gleicher Weise stellt (vgl. NdsOVG Beschl. v. 17.2.2010 – 5 LA 342/08 mwN; → § 132 Rn. 24). Entsprechend können Tatsachen, die sich nach Erlass der angegriffenen Entscheidung verändert haben, idR nicht auf einen grundsätzlichen Klärungsbedarf führen. Anders liegt es, wenn die **überholten Tatsachen** für eine nennenswerte Zahl von Altfällen noch von Bedeutung sind (NK-VwGO Rn. 148).

38   Die Zulassung wegen grundsätzlicher Bedeutung ist nur dann gerechtfertigt, wenn es zur Klärung der aufgeworfenen Rechts- oder Tatsachenfrage der Durchführung eines Berufungsverfahrens bedarf. Eine Zulassung der Berufung scheidet daher aus, wenn die Frage in der Rspr. bereits hinreichend geklärt ist. **Maßgeblich** für die Beurteilung ist der **Zeitpunkt der Zulassungsentscheidung.** Dementsprechend führt eine anderweitige Klärung während des Zulassungsverfahrens dazu, dass ein grundsätzlicher Klärungsbedarf nachträglich entfällt und der Zulassungsgrund des § 124 II Nr. 3 nicht (mehr) vorliegt (vgl. NdsOVG Beschl. v. 17.2.2010 – 5 LA 342/08; Kopp/ Schenke Rn. 10). Ggf. kommt aber die Umstellung auf eine Divergenzrüge bzw. die Umdeutung in eine solche in Betracht (SächsOVG Beschl. v. 11.11.2009 – 2 A 397/08; s. auch → § 132 Rn. 20).

39   Das OVG darf die Entscheidungserheblichkeit der aufgeworfenen Rechts- oder Tatsachenfrage unter Verweis auf eine **anderweitige Ergebnisrichtigkeit** nur verneinen, wenn diese Begründung offensichtlich ist (→ Rn. 19) und ihrerseits keinen grundsätzlichen Klärungsbedarf weckt (BVerfG NVwZ

2006, 683 mwN). Dem Rechtsmittelführer ist vorher Gelegenheit zur Stellungnahme zu geben (→ Rn. 21).

4. Divergenz (II Nr. 4)

Gem. § 124 II Nr. 4, der im Wesentlichen § 132 II Nr. 2 entspricht, ist die **40** Berufung zuzulassen, wenn das angefochtene Urteil von einer Entscheidung der in der Vorschrift genannten Gerichte abweicht und auf dieser Abweichung beruht. Bei der Divergenzzulassung steht der Gesichtspunkt der **Wahrung der Rechtseinheit und Rechtsanwendungsgleichheit** im Vordergrund (vgl. BVerwG Beschl. v. 27.2.1997 – 5 B 145.96). Eine Divergenz iSv § 124 II Nr. 4 liegt vor, wenn sich das VG in Anwendung derselben Rechtsvorschrift mit einem seine Entscheidung tragenden abstrakten Rechtssatz zu einem in einer Entscheidung des OVG, des BVerwG, des GmS-OGB oder des BVerfG aufgestellten ebensolchen Rechtssatz in Widerspruch gesetzt hat (vgl. zB OVG NRW Beschl. v. 28.11.2008 – 6 A 3615/05). Eine Divergenz kann ferner dadurch begründet werden, dass Tatsachenfeststellungen in der angefochtenen Entscheidung von der Feststellung verallgemeinerungsfähiger Tatsachen in der Rspr. des OVG abweichen (NK-VwGO Rn. 158 mwN).

Die einander widersprechenden Rechtssätze (→ § 132 Rn. 26) müssen sich **41** auf **dieselbe Rechtsvorschrift** beziehen, die dem formellen oder materiellen Bundes- oder Landesrecht angehören kann. Des Weiteren muss der angefochtenen Entscheidung ein abweichender Rechtssatz zugrunde liegen. Dazu genügt es nicht schon, dass das VG das maßgebliche **Recht nicht oder unrichtig angewandt** hat. Denn aus der fehlerhaften oder unterbliebenen Rechtsanwendung im Einzelfall lässt sich nicht ableiten, dass das VG einen divergierenden abstrakten Rechtssatz aufgestellt hat (zB OVG NRW NVwZ 1998, 306; VGH BW DVBl 1997, 1326; vgl. → § 132 Rn. 26, 28). Davon zu unterscheiden ist eine sog. **verdeckte Divergenz,** von der ausnahmsweise auszugehen ist, wenn das VG konkludent einen abweichenden, allgemeinen Rechts- oder Tatsachensatz aufgestellt hat (NK-VwGO Rn. 159a).

Die **Aufzählung** der in § 124 II Nr. 4 angeführten divergenzfähigen Ent- **42** scheidungen ist **abschließend.** OVG iS der Norm ist allein das dem VG im Instanzenzug übergeordnete OVG (OVG NRW Beschl. v. 28.11.2008 – 6 A 3615/05; NVwZ-RR 2007, 413). Im Falle divergierender Entscheidungen anderer OVG wird aber idR der Zulassungsgrund des § 124 II Nr. 3 erfüllt sein (vgl. BVerfG NJW 2009, 3642; BeckOK VwGO Rn. 66; SSB Rn. 38; Kopp/Schenke Rn. 12). Für eine analoge Anwendung auf Entscheidungen des EuGH ist kein Raum. Dasselbe gilt in Bezug auf Entscheidungen sonstiger als der bezeichneten obersten Bundesgerichte. In diesen Fällen kommt aber eine Zulassung nach § 124 II Nr. 3 in Betracht. Ein die Revision oder die Berufung zulassender Beschluss ist keine Entscheidung iSd § 124 II Nr. 4. Da es sich um einen tragenden Rechtssatz handeln muss, rechtfertigt schließlich auch die Abweichung gegenüber einem **„obiter dictum"** die Zulassung der Berufung nicht (vgl. zum Ganzen → § 132 Rn. 29).

43   Die Divergenz muss für die angefochtene Entscheidung erheblich sein, dh ohne die Abweichung muss **ein anderes Entscheidungsergebnis möglich sein.** Die angefochtene Entscheidung beruht mithin nicht auf der Divergenz, wenn sie sich aufgrund einer nach ihrem Erlass erfolgten Gesetzesänderung oder sonst aus Sicht des OVG im Ergebnis als richtig erweist (**§ 144 IV analog**) und es in dem angestrebten Berufungsverfahren auf die (mittlerweile geklärte) Rechtsfrage nicht (mehr) ankäme. Fragen zur **Auslegung und Anwendung auslaufenden oder ausgelaufenen Rechts,** die sich künftig nicht mehr stellen (→ Rn. 37), können die Berufungszulassung nach § 124 II Nr. 4 nicht rechtfertigen (→ § 132 Rn. 32).

44   Die Frage der Berufungszulassung wegen **nachträglicher Divergenz** stellt sich für den Fall, dass eine ordnungsgemäße Grundsatzrüge erhoben worden ist und die aufgeworfene Tatsachen- oder Rechtsfrage nach Ablauf der Zulassungsbegründungsfrist anderweitig geklärt worden ist. Führt die Klärung zu einer nachträglichen Divergenz, kann die **Grundsatzrüge in eine Divergenzrüge** nach § 124 II Nr. 4 **umgedeutet** werden (→ Rn. 38).

5. Verfahrensmangel (II Nr. 5)

45   a) **Formaler Mangel des gerichtlichen Verfahrens.** Entsprechend § 132 II Nr. 3 liegt ein Verfahrensmangel isv § 124 II Nr. 5 vor, wenn die Vorinstanz gegen eine Vorschrift verstoßen hat, die den **äußeren Verfahrensablauf** regelt. Davon abzugrenzen ist ein Verstoß gegen eine Vorschrift, die den **inneren Vorgang der richterlichen Rechtsfindung** bestimmt. Solche materiell rechtlichen Fehler begründen keinen Verfahrensmangel (zB BVerwG Beschl. v. 11.3.2009 – 4 BN 7.09; NVwZ 2008, 1025; NVwZ-RR 1996, 359).

46   Ausgehend davon kann ein Verfahrensmangel **nicht** unter Verweis auf **Fehler in der Sachverhalts- und Beweiswürdigung** geltend gemacht werden. Die richterliche Würdigung ist dem Bereich des materiellen Rechts zuzuordnen (BVerwG NVwZ-RR 2002, 140; NJW 1997, 3328; NVwZ-RR 1996, 359).

47   Der Verfahrensrüge entzogen sind ferner solche **prozessualen Vorentscheidungen,** die unanfechtbar sind (vgl. → § 146 Rn. 7, 12 f.), sowie zwar anfechtbare, aber nicht angefochtene Entscheidungen (§ 173 S. 1 iVm § 512 ZPO). Unberührt bleibt jedoch die Möglichkeit, die Verfahrensrüge auf Verfahrensmängel zu stützen, die iS einer Folgewirkung der (fehlerhaften) prozessualen Vorentscheidung anhaften (→ § 146 Rn. 15). So kann zB die unrichtige Entscheidung über ein Befangenheitsgesuch ggf. einen Verfahrensmangel iS § 138 Nr. 1 begründen (auch → § 132 Rn. 36; vgl. zB BayVGH Beschl. v. 14.8.2019 – 10 ZB 19.1334, Rn. 9).

48   Ob ein Verfahrensmangel vorliegt, bemisst sich nach der materiellen Rechtsauffassung der Vorinstanz, unabhängig davon, ob diese rechtsfehlerhaft ist (vgl. BVerwG WissR 2001, 377; BVerwGE 106, 115). Eine Aufklärungsrüge kann daher nicht erfolgreich auf das Fehlen einer (weiteren) Sachverhaltsermittlung gestützt werden, wenn es nach der **maßgeblichen materiell rechtlichen Sicht des VG** auf die vom Rügeführer vermissten tatsächlichen

Feststellungen nicht ankam. Entsprechendes gilt zB für eine Gehörsrüge, mit der die Ablehnung eines Beweisantrags beanstandet wird.

b) Beispiele. Beachtliche, die Zulassung der Berufung rechtfertigende Ver-49 fahrensmängel sind insbes. alle **absoluten Revisionsgründe** nach § 138, der im Berufungszulassungsverfahren entsprechend anwendbar ist (NK-VwGO Rn. 221 f.; BFSA Rn. 63; → § 138 Rn. 2). In Betracht kommen des Weiteren Verstöße gegen den Amtsermittlungsgrundsatz (§ 86 I), die Unmittelbarkeit der Beweisaufnahme (§ 96 I), den Grundsatz der Überzeugungsbildung anhand des Gesamtergebnisses des Verfahrens (§ 108 I 1), die Bindung an das Klagebegehren nach § 88 (zu weiteren Beispielen vgl. Kopp/Schenke Rn. 13; BeckOK VwGO Rn. 90 ff.; NK-VwGO Rn. 189 ff.). Hat das Gericht eine Klage zu Unrecht als unzulässig abgewiesen und nicht zur Sache entschieden, liegt darin ebenfalls ein Verstoß gegen Vorschriften über das gerichtliche Verfahren, wenn die Abweisung auf einem fehlerhaften Verständnis der prozessualen Vorschriften beruht (→ § 132 Rn. 38; → vor § 40 Rn. 14a).

c) Beruhenserfordernis. Ein Verfahrensmangel rechtfertigt die Zulassung 50 der Berufung gem. § 124 II Nr. 5 nur unter der Voraussetzung, dass die angefochtene Entscheidung auf dem Fehler beruhen kann. Im Falle von Verfahrensfehlern iSv § 138 wird dies kraft Gesetzes unwiderleglich vermutet (zu Ausnahmen bei der Gehörsrüge → § 138 Rn. 6; zB NdsOVG Beschl. v. 18.2.2019 – 9 LA 164/19, Rn. 15 ff.). Bei sonstigen Verfahrensmängeln ist das **Kausalitätserfordernis** erfüllt, wenn nicht auszuschließen ist, dass die Vorinstanz ohne den Verfahrensfehler zu einem für den Betroffenen günstigeren Ergebnis in der Hauptsacheentscheidung gekommen wäre (SSB Rn. 62). Ist die angefochtene Entscheidung auf mehrere selbstständig tragende Gründe gestützt, ist die Zulassung wegen eines Verfahrensfehlers nur gerechtfertigt, wenn dieser auf alle tragenden Erwägungen auswirkt bzw. hinsichtlich jeder Begründung ein Zulassungsgrund geltend gemacht wird und vorliegt (→ Rn. 10; auch → § 132 Rn. 39).

Die angefochtene Entscheidung ist nicht als auf dem Verfahrensmangel 51 beruhend anzusehen, wenn der betroffene Verfahrensbeteiligte sein **Rügerecht** infolge Heilung des Verfahrensfehlers **verloren** hat (§ 173 S. 1 iVm §§ 295 I, 534 ZPO). Das ist der Fall, wenn der Beteiligte auf die Einhaltung der Verfahrensbestimmung verzichtet hat oder er den Verfahrensverstoß nicht rechtzeitig gerügt hat. Der Rügeverlust infolge fehlender rechtzeitiger Geltendmachung des Verfahrensverstoßes spielt insbes. bei Gehörs- und Aufklärungsrügen eine Rolle. Der Rechtsmittelführer muss darlegen, dass er die ihm eröffneten und nach Lage der Dinge tauglichen prozessualen Möglichkeiten ausgeschöpft hat, sich Gehör zu verschaffen bzw. auf eine weitere Sachverhaltsermittlung hinzuwirken. Bei Verfahrensvorschriften, auf deren Befolgung die Beteiligten nicht wirksam verzichten können, kann ein Rügeverlust nicht eintreten (§ 173 S. 1 iVm § 295 II, 534 ZPO). Das betrifft Vorschriften, die (auch) dem öffentlichen Interesse zu dienen bestimmt sind, wie zB Regelungen zur vorschriftsmäßigen Besetzung des Gerichts und zu den Prozessvoraussetzungen (auch → § 132 Rn. 40).

52   Einem Verfahrensfehler kommt die erforderliche Entscheidungserheblichkeit ferner dann nicht zu, wenn sich die angefochtene Entscheidung unter entsprechender Heranziehung des **§ 144 IV** gleichwohl als ersichtlich richtig darstellt (→ § 132 Rn. 41; → § 138 Rn. 5 f.; OVG NRW NVwZ-RR 2004, 701; s. auch BayVGH Beschl. v. 2.6.2016 – 3 ZB 15.798, Rn. 8: keine Anwendung von § 144 IV im Fall des absoluten Revisionsgrundes des § 138 Nr. 6).

§ 124a [Zulassung und Begründung der Berufung]

(1) [1]Das Verwaltungsgericht lässt die Berufung in dem Urteil zu, wenn die Gründe des § 124 Abs. 2 Nr. 3 oder Nr. 4 vorliegen. [2]Das Oberverwaltungsgericht ist an die Zulassung gebunden. [3]Zu einer Nichtzulassung der Berufung ist das Verwaltungsgericht nicht befugt.

(2) [1]Die Berufung ist, wenn sie von dem Verwaltungsgericht zugelassen worden ist, innerhalb eines Monats nach Zustellung des vollständigen Urteils bei dem Verwaltungsgericht einzulegen. [2]Die Berufung muss das angefochtene Urteil bezeichnen.

(3) [1]Die Berufung ist in den Fällen des Absatzes 2 innerhalb von zwei Monaten nach Zustellung des vollständigen Urteils zu begründen. [2]Die Begründung ist, sofern sie nicht zugleich mit der Einlegung der Berufung erfolgt, bei dem Oberverwaltungsgericht einzureichen. [3]Die Begründungsfrist kann auf einen vor ihrem Ablauf gestellten Antrag von dem Vorsitzenden des Senats verlängert werden. [4]Die Begründung muss einen bestimmten Antrag enthalten sowie die im Einzelnen anzuführenden Gründe der Anfechtung (Berufungsgründe). [5]Mangelt es an einem dieser Erfordernisse, so ist die Berufung unzulässig.

(4) [1]Wird die Berufung nicht in dem Urteil des Verwaltungsgerichts zugelassen, so ist die Zulassung innerhalb eines Monats nach Zustellung des vollständigen Urteils zu beantragen. [2]Der Antrag ist bei dem Verwaltungsgericht zu stellen. [3]Er muss das angefochtene Urteil bezeichnen. [4]Innerhalb von zwei Monaten nach Zustellung des vollständigen Urteils sind die Gründe darzulegen, aus denen die Berufung zuzulassen ist. [5]Die Begründung ist, soweit sie nicht bereits mit dem Antrag vorgelegt worden ist, bei dem Oberverwaltungsgericht einzureichen. [6]Die Stellung des Antrags hemmt die Rechtskraft des Urteils.

(5) [1]Über den Antrag entscheidet das Oberverwaltungsgericht durch Beschluss. [2]Die Berufung ist zuzulassen, wenn einer der Gründe des § 124 Abs. 2 dargelegt ist und vorliegt. [3]Der Beschluss soll kurz begründet werden. [4]Mit der Ablehnung des Antrags wird das Urteil rechtskräftig. [5]Lässt das Oberverwaltungsgericht die Berufung zu, wird das Antragsverfahren als Berufungsverfahren fortgesetzt; der Einlegung einer Berufung bedarf es nicht.

(6) [1]Die Berufung ist in den Fällen des Absatzes 5 innerhalb eines Monats nach Zustellung des Beschlusses über die Zulassung der Berufung zu begründen. [2]Die Begründung ist bei dem Oberverwaltungsgericht einzureichen. [3]Absatz 3 Satz 3 bis 5 gilt entsprechend.

Übersicht

I. Zulassung der Berufung durch das VG (I)

Gem. § 124a lässt das VG **von Amts wegen** in dem Urteil die Berufung zu, **1** wenn die Zulassungsgründe des § 124 II Nr. 3 oder Nr. 4 vorliegen. Dasselbe gilt für Entscheidungen, die einem Urteil gleichstehen (§ 84 II Nr. 1, III Hs. 1, § 93a II 5). Danach hat das VG bei jeder berufungsfähigen Entscheidung zu prüfen, ob die Voraussetzungen des § 124 II Nr. 3 oder Nr. 4 gegeben sind. Bejahendenfalls ist die Berufung zwingend zuzulassen; es besteht **kein Ermessen** (→ § 124 Rn. 9). Zu einer Nichtzulassung der Berufung ist das VG hingegen nicht befugt (§ 124a I 3); ein entsprechender Entscheidungsausspruch ist unbeachtlich (SSB Rn. 12; BeckOK VwGO Rn. 15). Möglich ist also nur eine positive, jedoch keine negative Zulassungsentscheidung.

Unerheblich ist, ob das VG als Kammer, durch den **Einzelrichter** (vgl. **2** BVerwG NVwZ 2005, 821; BVerwGE 121, 292) oder den Berichterstatter entscheidet und ob das Urteil mit oder ohne mündliche Verhandlung ergeht (BeckOK VwGO Rn. 6 ff.; kritisch BFSA Rn. 6 ff.: Eine Berufungszulassung nach §§ 6 I, 87a II, III, 84 sei verfehlt). Auf **asylrechtliche Streitigkeiten** findet § 124a I keine Anwendung (§ 78 II 1 AsylG); eine gleichwohl ausgesprochene Berufungszulassung ist unwirksam, eine Berufung als unzulässig zu verwerfen (BeckOK VwGO Rn. 4; vgl. auch OVG Saarl NVwZ-RR 2004, 701 zu einer nach § 64 II BDG aF unzulässigen Berufungszulassung durch das VG).

3   Von einer Zulassung der Berufung ist (nur) auszugehen, wenn eine ausdrückliche positive Zulassungsentscheidung vorliegt. Die Entscheidung über die Zulassung soll **grds. im Urteilstenor** ausgesprochen werden. Es genügt aber auch, wenn sich die Entscheidung eindeutig aus dem sonstigen Inhalt des Urteils entnehmen lässt (BVerwGE 71, 73; BayVGH NVwZ-RR 2006, 582). Allein aus einer entsprechenden **Rechtsmittelbelehrung** lässt sich eine Zulassung nicht ableiten, weil es sich bei der Belehrung auch um einen Fehler handeln könnte (vgl. BVerwGE 71, 73; BayVGH NVwZ-RR 2006, 582; VGH BW NVwZ-RR 1996, 618; abw. OVG Bln-Bbg Beschl. v. 21.11.2018 – 4 B 10.18: bei Vorliegen entsprechender Anhaltspunkte kann sich die Zulassung ausnahmsweise auch allein aus der Rechtsmittelbelehrung ergeben). Eine rechtswirksame Zulassung der Berufung ist auch nicht erfolgt, wenn der (ursprüngliche) Ausspruch im Urteilstenor angesichts der gegenteiligen Ausführungen in der Urteilsbegründung sowie in der Rechtsmittelbelehrung ein offensichtliches Versehen darstellte, das im Wege der **Urteilsberichtigung** alsbald korrigiert worden ist (→ § 132 Rn. 8). Über einen Antrag auf Ergänzung des Urteils kann die Zulassung der Berufung nicht erreicht werden (VGH BW NVwZ-RR 1996, 618 mwN; BeckOK VwGO § 120 Rn. 9; BFSA Rn. 4). Aus Gründen der Klarheit sollte die Entscheidung über die Zulassung der Berufung in dem Urteil des VG entsprechend § 124a V 3 kurz **begründet werden,** indem der konkrete Zulassungsgrund benannt wird (BFSA Rn. 5; BeckOK VwGO Rn. 11; NK-VwGO Rn. 18).

4   Zulässig ist auch eine nur **teilweise Zulassung** der Berufung. Voraussetzung ist, dass sich die Teilzulassung auf einen **tatsächlich oder rechtlich abtrennbaren Teil der angefochtenen Entscheidung** bezieht (→ § 124 Rn. 11). Auf bestimmte Rechtsfragen oder Anspruchsgrundlagen kann die Zulassung nicht beschränkt werden (BVerwG DVBl 1997, 907; für die Revisionszulassung: BVerwG Buchh 421.2 Hochschulrecht Nr. 43; BGH NJW 2003, 2529). Wirksam beschränkt ist die Zulassung nur dann, wenn eine solche Beschränkung zulässig ist und sie aus der Zulassungsentscheidung **eindeutig** hervorgeht (vgl. BVerwGE 41, 52 zur Revisionszulassung). Ergibt sich eine Beschränkung der Berufungszulassung nicht schon **aus der Entscheidungsformel** des angefochtenen Urteils, steht dies der Annahme einer Teilzulassung nicht entgegen, sofern sich die Beschränkung klar **aus der Zulassungsbegründung** entnehmen lässt (vgl. BVerwG Beschl. v. 23.5.1997 – 1 C 4.96 mwN). So liegt der Fall, wenn die Zulassung der Berufung auf einen Zulassungsgrund gestützt ist, der sich erkennbar (nur) auf einen (abtrennbaren) Teil des Streitstoffs bezieht (BGH NJW 2004, 3264 zur Revisionszulassung). Im Zweifel ist von einer unbeschränkten Zulassung auszugehen; ebenso im Fall einer unzulässigen Beschränkung (vgl. zur Revisionszulassung BGH NJW 2003, 2529; 1984, 615). Bei einer wirksamen Beschränkung der Berufungszulassung steht den Beteiligten hinsichtlich des (Teils eines) Streitgegenstands, auf den sich die positive Zulassungsentscheidung nicht erstreckt, der Antrag auf Zulassung der Berufung nach

§ 124a IV 1 offen. Ggf. kann der Rechtsstreit insoweit auch über die Anschließung (§ 127) in die Berufungsinstanz gelangen (vgl. BeckOK VwGO § 124 Rn. 20).

Mit der **unanfechtbaren Zulassungsentscheidung,** die vorbehaltlich **5** einer ausdrücklichen Beschränkung für alle Verfahrensbeteiligten wirkt, ist der Zugang zur Berufungsinstanz eröffnet. Die Zulassung erstreckt sich auch auf Hilfsanträge und Klagegründe, über die die Vorinstanz nicht zu entscheiden brauchte, weil sie dem Hauptantrag entsprochen hat bzw. der Klage aufgrund eines anderen Klagegrunds stattgegeben hat (vgl. BVerwG Beschl. v. 24.6.2009 – 5 B 69.08; NVwZ 1999, 642; BVerwGE 104, 260). Hat das Urteil des VG den Streitgegenstand wegen eines Verstoßes gegen § 88 nicht zutreffend erfasst, wird grds. das wirkliche Klagebegehren insgesamt Gegenstand des Rechtsmittelverfahrens (vgl. BVerwG Beschl. v. 22.3.2018 – 7 C 1.17, Rn. 18).

Die Zulassungsentscheidung hat **Bindungswirkung** für das OVG **6** (§ 124a I 2). Unerheblich ist, ob tatsächlich Zulassungsgründe iSv § 124 II Nr. 3 oder Nr. 4 vorliegen (vgl. BVerwGE 121, 292; abweichend für den Fall einer willkürlichen Zulassung: BeckOK VwGO Rn. 13; BFSA Rn. 11). Die Bindungswirkung beschränkt sich auf den Zulassungsausspruch. Die **übrigen Zulässigkeitsvoraussetzungen** für die Berufung hat das OVG eigenständig zu prüfen (vgl. BVerwG Beschl. v. 12.1.2009 – 5 B 48.08; Buchh 310 § 124a Nr. 9). Demgemäß bindet die Zulassung das OVG nicht, wenn die Berufung generell unstatthaft ist, weil es sich bei der angefochtenen Entscheidung nicht um ein berufungsfähiges Urteil iSv § 124 I handelt. Dasselbe gilt für den Fall, dass das VG die Berufung entgegen § 124a I aus einem anderen Zulassungsgrund als § 124 II Nr. 3 oder Nr. 4 zulässt (BeckOK VwGO Rn. 12; aA Eyermann Rn. 5; NK-VwGO Rn. 19).

Keine Bindungswirkung kommt auch den **Zulassungsgründen** zu. **7** Weder ist das Berufungsvorbringen auf die Gründe beschränkt, die zur Zulassung der Berufung geführt haben (vgl. zur Revisionszulassung BVerwG Buchh 421.2 Hochschulrecht Nr. 43), noch begrenzt die Zulassungsentscheidung die Prüfungsbefugnis des Berufungsgerichts (→ § 124 Rn. 12). Die Reichweite der berufungsgerichtlichen Überprüfung bestimmt sich vielmehr nach § 128, wonach das OVG in eine Vollprüfung eintritt.

II. Einlegung der Berufung (II)

Wird die Berufung vom VG zugelassen, setzt die Zulässigkeit der Berufung **8** voraus, dass sie in der gesetzlichen Form und Frist eingelegt wird. Fehlt es daran, ist die Berufung gem. § 125 II zu verwerfen. Einlegungsbefugt sind vorbehaltlich einer etwaigen Beschränkung in der Zulassungsentscheidung die **Beteiligten des Ausgangsverfahrens,** sofern sie (ausgenommen der VöI) durch die angefochtene Entscheidung beschwert sind (→ § 124 Rn. 7 f.). Der statthafte Umfang der Berufungseinlegung wird begrenzt durch den Umfang der Berufungszulassung.

1. Einlegungsfrist

9 Gem. § 124a II 1 ist die Berufung **innerhalb eines Monats** nach (ordnungs-gemäßer) Zustellung (§ 56) des vollständigen Urteils (bzw. der urteilsersetzen-den Entscheidung) einzulegen. Die Frist läuft für jeden Verfahrensbeteiligten gesondert. Geringfügige Fehler in der Urteilsausfertigung hindern den Frist-lauf nicht (BVerwG Beschl. v. 10.7.2008 – 2 B 41.08; zum Revisionsverfahren BVerwG Buchh 310 § 133 nF Nr. 23). Im Falle einer fehlenden oder fehler-haften Rechtsmittelbelehrung über die Einlegungsfrist gilt für die Einlegung und Begründung der Berufung die Jahresfrist nach § 58 II 1 (vgl. entspre-chend → § 133 Rn. 10). Unerheblich für den Lauf der Frist nach § 124a II 1 ist ein Fehler in der Rechtsmittelbelehrung über die Begründungsfrist nach § 124a III 1 (VGH BW NJW 2007, 2347; BeckOK VwGO Rn. 25; BFSA Rn. 56; aA NK-VwGO Rn. 30). Umstritten ist, ob die Rechtsmittelbeleh-rung eines Hinweises auf den Vertretungszwang bedarf. Um den Zugang zur Rechtsmittelinstanz nicht unnötig zu erschweren, sollte eine diesbezügliche Belehrung erfolgen (vgl. NK-VwGO Rn. 30, 141 mwN zum Streitstand; auch → § 133 Rn. 10).

10 Beantragt ein Beteiligter die Zulassung der **Sprungrevision** und lässt das VG sie nicht zu, beginnt der Lauf der Monatsfrist mit der Zustellung des ablehnenden Beschlusses von neuem, sofern der Antrag unter Beifügung der erforderlichen Zustimmungserklärung(en) ordnungsgemäß gestellt war. Erfüllt der Antrag auf Zulassung der Sprungrevision diese Voraussetzungen nicht, ist für den Fristbeginn die Zustellung des Urteils maßgeblich (§ 134 III 1 analog, → § 134 Rn. 15).

11 Die Frist zur Einlegung der Berufung ist **nicht verlängerbar,** weil eine Verlängerungsmöglichkeit – anders als für die Begründungsfrist nach § 124a III 3 – nicht besonders bestimmt ist, § 57 II iVm § 224 II ZPO. Eine gleichwohl gewährte Fristverlängerung ist unwirksam; ggf. kommt aber Wie-dereinsetzung nach § 60 in Betracht (BeckOK VwGO Rn. 24; BFSA Rn. 19). Nach Rücknahme der Berufung kann innerhalb der Einlegungsfrist erneut Berufung eingelegt werden. Bei einer **Urteilsergänzung** nach § 120 beginnt der Fristlauf gem. § 173 S. 1 iVm § 518 S. 1 ZPO von neuem, wenn die Ergänzungsentscheidung innerhalb der Berufungsfrist ergeht (vgl. BVerwG NVwZ-RR 1989, 519). Im Fall der **Urteilsberichtigung** nach §§ 118, 119 bleibt der Fristlauf grds. unberührt. Ausnahmsweise beginnt die Rechtsmittelfrist neu, wenn sich aus dem berichtigten Urteil eine zuvor nicht ersichtliche Beschwer ergibt (vgl. BVerwG Beschl. v. 22.9.2010 – 8 B 34.10, Rn. 3; Beschl. v. 10.7.2008 – 2 B 41.08; BVerwG Buchh 310 § 133 n.F. Nr. 23; s. auch → § 139 Rn. 3); iÜ verbleibt es nach den allgemeinen Grundsätzen bei einer Wiedereinsetzung (vgl. BFSA Rn. 23). Auch bei einer Versäumung der Berufungseinlegungsfrist aus sonstigen Gründen ist nach Maßgabe von § 60 Wiedereinsetzung zu gewähren. Gem. § 60 II 1 Hs. 1 ist der Wiedereinsetzungsantrag innerhalb von zwei Wochen nach Wegfall des Hindernisses (beim OVG) zu stellen. Zugleich ist innerhalb der Antragsfrist die Berufungseinlegung (beim VG) nachzuholen, § 60 II 3.

Ein **Prozesskostenhilfeantrag** muss formgerecht innerhalb der Ein- **12** legungsfrist für die Berufung gestellt werden, um die Chance hinreichender Erfolgsaussicht mit der Möglichkeit einer Wiedereinsetzung zu wahren. Gem. § 166 I 1 iVm § 117 I 1 ZPO ist der Antrag – für den kein Vertretungszwang besteht (§ 67 IV 1) – beim OVG als dem Prozessgericht zu stellen. Mit Rücksicht darauf, dass die Berufung nach § 124a II 1 zwingend beim iudex a quo einzulegen ist, erscheint es aber sachgerecht, von einem ordnungsgemäßen Prozesskostenhilfeantrag auch dann auszugehen, wenn dieser innerhalb der Monatsfrist des § 124a II 1 beim VG gestellt wird (vgl. HessVGH NVwZ-RR 2003, 390; NK-VwGO Rn. 36, 231; aA BFSA Rn. 64; Beck-OK VwGO Rn. 53). Von dort ist der Antrag allerdings unverzüglich an das OVG weiterzuleiten; das VG ist zu einer Entscheidung über das Prozesskostenhilfegesuch nicht befugt. Wird der Antrag von einem anwaltlich nicht vertretenen Beteiligten eingereicht, muss der innerhalb der Frist des § 124a III 1 einzureichenden (vgl. NK-VwGO Rn. 232) Antragsbegründung in lediglich laienhafter Art zu entnehmen sein, inwiefern die angegriffene Entscheidung für unzutreffend erachtet wird. Mit Rücksicht auf die Berufungszulassung durch das VG werden hinreichende Erfolgsaussichten idR zu bejahen sein (BFSA Rn. 26).

Nach der Bescheidung des Antrags kann der Antragsteller **Wiedereinset-** **13** **zung in die versäumten Fristen** beantragen, die ggf. auch zu gewähren ist, wenn das Prozesskostenhilfegesuch abgelehnt wurde (vgl. BVerwG NVwZ 2004, 111). Die Frist zur Einlegung der Berufung beträgt zwei Wochen, diejenige zur Berufungsbegründung einen Monat nach Bekanntgabe der Entscheidung über den Prozesskostenhilfeantrag, § 60 II 1, 3 (s. auch → § 133 Rn. 12; nach BeckOK VwGO Rn. 24.1, 33 soll die Frist für den Wiedereinsetzungsantrag betreffend die Begründungsfrist erst mit der Mitteilung über die Wiedereinsetzung in die Berufungsfrist beginnen).

Findet ein Beteiligter keinen zu seiner Vertretung bereiten Rechtsanwalt, **14** kann er gem. § 173 S. 1 iVm § 78b ZPO beim OVG die **Beiordnung eines Rechtsanwalts beantragen.** Der Antrag ist innerhalb der Frist des § 124a II 1 zu stellen, um die Möglichkeit der Wiedereinsetzung zu wahren. Der Antragsteller muss darlegen, welche Bemühungen er unternommen hat, einen Rechtsanwalt zu finden (BVerwG Buchh 303 § 78b ZPO Nr. 2, Nr. 3).

2. Adressat und Form

Die Berufung ist gem. § 124a II 1 **zwingend beim VG einzulegen.** Die **15** Einlegung beim OVG wahrt die Einlegungsfrist nicht (BVerwG NJW 2018, 1272). Das OVG ist aber gehalten, die Berufungsschrift im normalen Geschäftsgang – soweit möglich noch am selben Tag (vgl. BVerwG NVwZ-RR 2003, 901; BayVGH NVwZ-RR 2006, 851) – an das VG weiterzuleiten (BVerwG NJW 2008, 932; enger BVerwG NJW 2018, 1272 Rn. 6: Das OVG muss die Rechtsmittelschrift jedenfalls dann, wenn es bereits mit der Sache befasst war, im ordentlichen Geschäftsgang an das zuständige Gericht weiterleiten). Die Einlegungsfrist ist (nur) eingehalten, wenn sie dort fristgerecht eingeht. Ist die Eilbedürftigkeit offenkundig, kann auch eine Weiterleitung im Faxwege geboten sein (BeckOK VwGO Rn. 22a; aA BVerwG NVwZ-RR 2003, 901). Geht der Schriftsatz nicht mehr rechtzeitig beim VG ein, ist Wiedereinsetzung zu gewähren, wenn das OVG seiner Weiterleitungspflicht nicht hinreichend nachgekommen ist und die Frist anderenfalls gewahrt worden wäre (BVerwG NVwZ-RR 2003, 901; OVG NRW NVwZ 1997, 1235).

16   Die Einlegung der Berufung unterliegt dem **Vertretungszwang** (§ 67 IV 1, 2) sowie dem **Schriftformerfordernis** (NK-VwGO Rn. 27; SSB Rn. 14 ff.). Gem. § 55a kann die Berufung auch elektronisch (mittels qualifizierter elektronischer Signatur) übermittelt werden. Die Rechtsmittelschrift muss von einem Prozessbevollmächtigten erarbeitet und unterzeichnet sein (vgl. BVerwG NJW 1997, 1865 zu § 133; BFSA Rn. 15; s. auch → § 133 Rn. 5; → § 139 Rn. 10).

17   Aus der Berufungsschrift muss sich – ggf. im Wege der Auslegung – eindeutig entnehmen lassen, dass und von wem Berufung eingelegt wird. Ist diese Voraussetzung erfüllt, ist eine **fehlende oder fehlerhafte Bezeichnung des Rechtsmittels** unschädlich (vgl. BVerwG NVwZ 1999, 405 zur Auslegung einer „Berufung" als Antrag auf Zulassung der Berufung). Legt ein anwaltlich vertretener Beteiligter anstelle der Berufung ausdrücklich ein unstatthaftes Rechtsmittel oder einen unzulässigen Rechtsbehelf ein, kommt die Umdeutung in eine Berufung nur in Betracht, wenn der Beteiligte eine entsprechende Klarstellung noch innerhalb der Berufungsfrist vornimmt (vgl. BVerwG NJW 2009, 162 für das Verhältnis von unstatthafter Berufung und statthaftem Zulassungsantrag). Nach Fristablauf ist eine Umdeutung hingegen ausgeschlossen (vgl. BVerwG NJW 2009, 162 mwN; NVwZ 1999, 641).

18   Nach § 124a II 2 ist die **angefochtene Entscheidung zu bezeichnen.** Anzugeben sind grds. Gericht, Aktenzeichen und Entscheidungsdatum. Unvollständige Angaben sind (nur) unschädlich, wenn sich aus den sonstigen Umständen klar ergibt, welche Entscheidung angegriffen wird. Aus der Berufungsschrift muss für das OVG und die übrigen Beteiligten zudem klar erkennbar sein, wer Rechtsmittelführer und wer Rechtsmittelgegner ist (NK-VwGO Rn. 172).

19   Es ist dem Berufungsführer freigestellt, den **Umfang der Berufung** bereits in der Berufungsschrift festzulegen. Ein Erfordernis besteht insoweit aber nicht, denn ein bestimmter Antrag wird erst mit der Berufungsbegründung verlangt (§ 124a III 4). Es stellt daher keine teilweise Berufungsrücknahme dar, wenn in der Berufungsbegründungsschrift ein eingeschränkter Antrag gestellt wird, nachdem in der Berufungsschrift die Berufungseinlegung ohne Einschränkung erklärt wurde (vgl. zur Revision BVerwG NJW 1992, 703). Da erst die sachliche Auseinandersetzung mit den Gründen der angefochtenen Entscheidung eine abschließende Prüfung ermöglicht, in welchem Umfang der Berufung Erfolgsaussicht zukommt, sollte die Berufung zweckmäßigerweise zunächst einschränkungslos eingelegt werden. Legt der Berufungsführer bereits mit der Berufungsschrift eindeutig fest, dass die Berufung sich auf einen abtrennbaren Teil des Streitgegenstands beschränkt, wird die Ausgangsentscheidung im Übrigen mit Ablauf der Berufungsfrist rechtskräftig (vgl.

entsprechend → § 139 Rn. 5). Unzulässig ist eine **bedingte Berufungseinlegung** (vgl. BVerwG Buchh 310 § 133 Nr. 83; OVG RhPf NVwZ-RR
2012, 703).

III. Berufungsbegründung (III)

Die vom VG zugelassene Berufung ist gem. § 124a III form- und fristgerecht **20**
zu begründen und muss darüber hinaus bestimmten inhaltlichen Mindestanforderungen genügen. Die Begründungspflicht dient in erster Linie der
Verfahrensverkürzung und -beschleunigung sowie der **Arbeitsentlastung** des
OVG (BVerwG DÖV 2000, 603). Ferner trägt das Begründungserfordernis
zur **Richtigkeitsgewähr** der erstrebten Berufungsentscheidung bei (vgl. zur
Revision BVerwG NJW 1980, 2268). Mangelt es an den in § 124a III
genannten Erfordernissen, ist die Berufung unzulässig (§ 124a III 5) und gem.
§ 125 II zu verwerfen. Erfasst der Mangel lediglich einen abtrennbaren Teil
des Berufungsstreitgegenstands, ist die Berufung teilweise unzulässig.

1. Form und Frist

a) Adressat; Schriftform. Erfolgt die Berufungsbegründung zugleich mit **21**
der Einlegung der Berufung, ist sie **beim VG** einzureichen. Wird die Berufung hingegen nachfolgend mit einem gesonderten Schriftsatz begründet, ist
dieser zwingend **beim OVG** anzubringen, § 124a III 2. Wird die Begründung beim falschen Gericht eingereicht, wahrt dies die Begründungsfrist
nicht. Das VG bzw. das OVG sind aber gehalten, den Schriftsatz im normalen
Geschäftsgang an das jeweils zuständige Gericht weiterzuleiten. Die Begründungsfrist ist eingehalten, wenn sie dort fristgerecht eingeht (→ Rn. 15).

Die Berufung ist **schriftlich** (oder elektronisch, → Rn. 16) zu begründen **22**
(BeckOK VwGO Rn. 29). Der Einreichung eines Begründungsschriftsatzes
gleichzusetzen ist eine Erklärung zu richterlichem Protokoll (BVerwG NVwZ
2000, 912). Neben dem Schriftformerfordernis unterliegt die Begründung
gem. § 67 IV 1 dem **Vertretungszwang.** Nach st. Rspr. müssen Rechtsmittelbegründungsschriften als bestimmende Schriftsätze im Anwaltsprozess
grds. von einem Rechtsanwalt **unterzeichnet** sein. Im Interesse der Rechtssicherheit muss die Unterzeichnung dabei den Inhalt der Erklärung **räumlich
decken,** dh hinter oder unter dem Text stehen (vgl. näher → § 139 Rn. 10).
Die Vorlage eines von einem Rechtsanwalt unterzeichneten, iÜ aber unveränderten Schreibens seiner Partei genügt nicht, wenn der Rechtsanwalt keine
Prüfung, Sichtung und rechtliche Durchdringung des Streitstoffs vorgenommen hat (→ § 139 Rn. 11; NdsOVG NVwZ-RR 2002, 468; VGH BW
NVwZ 1999, 429, jeweils zum Berufungszulassungsverfahren).

b) Begründungsfrist. Die Berufung ist gem. § 124a III 1 innerhalb von **23**
zwei Monaten nach Zustellung des vollständigen (→ Rn. 9, 11) Urteils zu
begründen. Prozessbevollmächtigte und Behördenvertreter unterliegen in Bezug auf Prüfung und Kontrolle der Berufungsbegründungsfrist besonderen
Sorgfaltspflichten (BVerwG Buchh 310 § 124a Nr. 44 Rn. 6 f.; vgl. entsprechend zur Revisionsbegründung BVerwG NVwZ 2001, 430; NJW 1992,

852; NJW 1991, 2096). Die Begründungsfrist ist unabhängig von der Einlegungsfrist und läuft auch dann, wenn die Einlegungsfrist versäumt und
insoweit Wiedereinsetzung beantragt worden ist (vgl. BVerwG NJW 1992,
2780 zu § 133 III 1). Gem. § 58 I ist über die Begründungsfrist zu belehren
(BVerwG NVwZ-RR 2013, 128). Fehlt es daran oder ist die Belehrung
fehlerhaft, gilt die Jahresfrist nach § 58 II (BVerwG Beschl. v. 16.5.2013 –
3 B 82.12; BVerwGE 107, 117). Die Rechtsmittelbelehrung ist nicht deshalb
unrichtig, weil sie keinen Hinweis auf das Vertretungserfordernis nach
§ 67 IV enthält (BVerwG NVwZ-RR 2013, 128 mwN).

24   **Wiedereinsetzung** in die versäumte Frist ist innerhalb der Monatsfrist des
§ 60 II 1 Hs. 2 zu beantragen. Die Begründung ist ebenfalls innerhalb der
Monatsfrist nachzuholen (§ 60 II 3). Dies gilt auch für eine Wiedereinsetzung
nach Bescheidung eines Prozesskostenhilfeantrags (vgl. → Rn. 13; kritisch zur
Monatsfrist BeckOK VwGO Rn. 34.1: Um eine Benachteiligung zu vermeiden, sei § 60 II 3 verfassungskonform dahin auszulegen, dass die Begründung innerhalb der Frist des § 124a III 1 nachzuholen sei). Ein Antrag auf
Verlängerung der Berufungsbegründungsfrist genügt nicht (BVerwG Buchh
310 § 166 Nr. 221).

25   **c) Fristverlängerung.** Gem. § 124a III 3 kann die Begründungsfrist auf
Antrag verlängert werden. Die Fristverlängerung ist **vor Ablauf der Frist
schriftlich** (bzw. nach § 55a elektronisch) **beim OVG zu beantragen** (zum
Schriftformerfordernis vgl. BVerwGE 115, 302). Für den Antrag besteht Ver-
tretungszwang (BVerwG NVwZ-RR 2002, 894; zu § 139 III 3: BVerwG
Buchh 310 § 139 Nr. 9). Wird ein formwidriger Antrag verlängert, ist die
Entscheidung gleichwohl wirksam (BVerwG NVwZ-RR 2002, 894;
BVerwGE 115, 302; BGH NJW 1985, 1558). Wird hingegen der Verlänge-
rungsantrag nicht rechtzeitig gestellt, ist eine gewährte Fristverlängerung unwirksam und die Berufung – vorbehaltlich einer etwaigen Wiedereinsetzung
– unzulässig (BGHZ 116, 377; Kopp/Schenke Rn. 24; NK-VwGO Rn. 47;
BFSA Rn. 33).

26   Für die Entscheidung, die auch noch nach Ablauf der Begründungsfrist
ergehen kann, ist der Senatsvorsitzende zuständig. Die Verlängerung steht in
seinem pflichtgemäßen **Ermessen.** Sind erhebliche Gründe glaubhaft gemacht (§ 57 II iVm § 224 II ZPO; BVerwG NJW 2008, 3303), ist einem
erstmaligen Antrag regelmäßig zu entsprechen (BVerfG NJW 2001, 812).
Erhebliche Gründe sind zB Erkrankung oder Arbeitsüberlastung des Prozessbevollmächtigten, verspätete Akteneinsicht oder der besondere Umfang und
Schwierigkeitsgrad der Sache (SSB Rn. 40; NK-VwGO Rn. 50). Die Entscheidung kann durch Beschluss oder Verfügung ergehen und ist den Beteiligten mitzuteilen. Wird ein fristgerechter Antrag nach Fristablauf abgelehnt,
ist nach Maßgabe von § 60 **Wiedereinsetzung** in die versäumte Begründungsfrist zu gewähren. Innerhalb der Frist des § 60 II 1 Hs. 2, 3 ist die
Begründung einzureichen; ein Verlängerungsantrag genügt nicht (vgl.
BVerwG BayVBl. 1994, 188 zu der Parallelvorschrift des § 139 III 3). Wird
die rechtzeitige Stellung eines Verlängerungsantrags versäumt, kommt eine
Wiedereinsetzung allein in Bezug auf die Begründungsfrist, nicht aber in

Bezug auf den Verlängerungsantrag in Betracht (BVerwG NJW 1996, 2808; Buchh 310 § 139 Nr. 26). Eine **wiederholte Fristverlängerung** darf nur nach Anhörung des Rechtsmittelgegners gewährt werden, § 57 II iVm § 225 II ZPO. Wird vor Bescheidung eines Verlängerungsantrags in der Sache entschieden, begründet dies einen Gehörsverstoß (BVerwG NVwZ 2000, 73; DVBl 1999, 97).

2. Inhalt der Berufungsbegründung

Gem. § 124a III 4 muss die Berufungsbegründung einen **bestimmten An-** **27** **trag** enthalten sowie die Gründe der Anfechtung **(Berufungsgründe)** im Einzelnen anführen. Welche Mindestanforderungen an die Berufungsbegründung zu stellen sind, hängt von den Umständen des Einzelfalls ab (BVerwG NVwZ 2012, 1490; Beschl. v. 21.9.2011 – 3 B 56.11, Rn. 6; Buchh 310 § 124a Nr. 13). Das Begründungserfordernis bezweckt die Klarstellung durch den Berufungsführer, dass, in welchem Umfang und weshalb er an der Durchführung des Berufungsverfahrens festhalten will (BVerwG NVwZ-RR 2019, 924 Rn. 3; BVerwGE 107, 117). An diesem Zweck hat sich der Inhalt der jeweiligen Berufungsbegründung zu orientieren (vgl. BVerwG Beschl. v. 2.6.2005 – 10 B 4.05). Die Berufungsgründe müssen substanziiert und konkret auf den zu entscheidenden Fall bezogen sein. Sie haben in tatsächlicher und rechtlicher Hinsicht im Einzelnen auszuführen, weshalb die angegriffene Entscheidung nach der Auffassung des Berufungsführers unrichtig ist und geändert werden muss (BVerwG NVwZ-RR 2019, 924 Rn. 3; NVwZ 2012, 1490; Beschl. v. 2.7.2008 – 10 B 3.08; BVerwGE 114, 155). Hierfür muss der Berufungsführer zumindest eine bestimmte tatsächliche Feststellung, eine rechtliche Sachverhaltswürdigung oder eine allgemeine Rechtsauffassung des VG, die dessen Urteil tragen, angreifen. Seine Darlegungen müssen aus sich heraus verständlich sein (BVerwG Buchh 310 § 124a Nr. 48 Rn. 7).

Erfüllt die Berufungsbegründungsschrift diese Voraussetzungen nicht, kann **28** der Mangel durch **nachträgliches Vorbringen** nach Ablauf der Begründungsfrist nicht mehr „geheilt" werden. Begründungsausführungen in nach Fristablauf eingehenden Schriftsätzen können lediglich insoweit berücksichtigt werden, als sie den bisherigen Vortrag ergänzend erläutern (vgl. für das Revisionsverfahren BVerwGE 106, 202; ferner BeckOK VwGO Rn. 38; Kopp/Schenke Rn. 31; NK-VwGO Rn. 127). Erfüllt die Berufung die Begründungsanforderungen des § 124a III 4, kann dies durch eine spätere Veränderung der tatsächlichen oder rechtlichen Verhältnisse nicht nachträglich in Frage gestellt werden. Aus § 124a III ergibt sich keine Pflicht zur Fortschreibung und Aktualisierung der Berufungsgründe (BVerwG NVwZ-RR 2019, 924 Rn. 5).

a) Antragserfordernis. Mit seinem Berufungsantrag legt der Berufungsfüh- **29** rer Ziel und Umfang seines Rechtsmittels fest und bestimmt den für die Berufungsinstanz maßgeblichen Streitgegenstand. Der Berufungsantrag muss neben einem Rechtsmittelantrag auch einen **Sachantrag** enthalten; die Beschränkung auf eine bloße Aufhebung der angefochtenen Entscheidung genügt idR nicht (Kopp/Schenke Rn. 32; BeckOK VwGO Rn. 36 ff.; NK-VwGO Rn. 87 ff.). Im Einzelfall kann auch ein auf Urteilsaufhebung und Zurückverweisung gerichteter Antrag ausreichen, wenn aus dem Gesamtzusammenhang deutlich wird, dass Ziel des Rechtsmittels die unbeschränkte Weiterverfolgung des bisherigen Sachbegehrens ist (BVerwG Buchh 310 § 124a Nr. 53 Rn. 10). Grds. ist der Antrag **ausdrücklich zu formulieren.** Das Fehlen eines formulierten Antrags ist aber unschädlich, wenn sich Ziel und Umfang des Berufungsbegehrens gleichwohl aus dem fristgemäßen Berufungsvorbringen eindeutig entnehmen lassen (BVerwG Beschl. v. 10.3.2011 – 2 B 37.10, Rn. 11; Beschl. v. 17.5.2006 – 1 B 13.06; Buchh 310 § 124a Nr. 28; VGH BW VBlBW 2002, 126). Im Zweifel soll das erstinstanzliche Urteil in vollem Umfang angefochten und sollen die in erster Instanz gestellten Anträge weiterverfolgt werden (BVerwG Buchh 310 § 124a Nr. 53 Rn. 10). Der statthafte Umfang des Berufungsantrags wird begrenzt durch den Umfang der Berufungszulassung, kann jedoch bei Teilbarkeit des Streitgegenstands auch dahinter zurückbleiben. Die Zulässigkeit einer Klageänderung beurteilt sich nach Maßgabe von § 125 I 1 iVm § 91.

30   Bleibt der Berufungsantrag hinter dem erstinstanzlichen Begehren zurück, wird die angegriffene Entscheidung insoweit rechtskräftig (vgl. zum Revisionsantrag BVerwGE 91, 24). Um eine **teilweise Berufungsrücknahme** handelt es sich (nur) dann, wenn mit der Berufungsbegründung zunächst ein weitergehender Berufungsantrag (ausdrücklich oder konkludent) formuliert worden ist (BFSA Rn. 37; SSB Rn. 52). Hingegen stellt es keine Teilrücknahme dar, wenn mit der Berufungsbegründung ein eingeschränkter Antrag gestellt wird, nachdem in der Berufungsschrift die Berufungseinlegung ohne Einschränkung erklärt wurde (entsprechend zur Revision → § 139 Rn. 5; ferner BeckOK VwGO Rn. 40 f.; NK-VwGO Rn. 97). Hat der Berufungsführer bereits mit der Berufungsschrift das Berufungsbegehren eindeutig beschränkt, ist nach Ablauf der Berufungsfrist eine erweiterte Antragstellung nicht mehr möglich, weil insoweit Rechtskraft eingetreten ist (NK-VwGO Rn. 97, 102 ff.; SSB Rn. 51).

31 b) Darlegung der Berufungsgründe. Der Berufungsführer genügt dem Begründungserfordernis des § 124a III 4, wenn er deutlich macht, aus welchen Gründen er die erstinstanzliche Entscheidung für unrichtig hält. § 124a III 4 verlangt zwar nicht, dass der Berufungsführer auf die Begründungserwägungen des VG im Einzelnen eingeht (BVerwG Beschl. v. 2.6.2005 – 10 B 4.05). Die Anforderungen an die Berufungsbegründung bleiben aber nicht wesentlich hinter dem zurück, was für eine ordnungsgemäße Revisionsbegründung zu verlangen ist. Dementsprechend muss auch die Berufungsbegründung eine **Auseinandersetzung mit den maßgeblichen Gründen der angefochtenen Entscheidung** leisten, die eine Durchdringung des Prozessstoffs durch den Prozessbevollmächtigten des Rechtsmittelführers erkennen lässt (vgl. VGH BW Beschl. v. 17.2.2010 – A 11 S 895/08; NK-VwGO Rn. 107). Der Berufungsführer muss konkret erläutern, weshalb er der Argumentation des VG nicht folgt bzw. klarstellen, dass er eine bereits zuvor konkret erläuterte abweichende Auffassung weiterhin als tragfähig erachtet

(BVerwG NVwZ 2012, 1490). Nicht ausreichend ist daher eine pauschale Bezugnahme auf das erstinstanzliche Vorbringen oder dessen Wiederholung (BayVGH Beschl. v. 2.11.2017 – 10 B 17.997, Rn. 16; NK-VwGO Rn. 116). Bezugnahmen auf schriftliche Stellungnahmen und andere Unterlagen sind zulässig, wenn sich diese in den Gerichtsakten befinden oder der Begründungsschrift beigefügt sind (BVerwG Buchh 310 § 124a Nr. 48 Rn. 7 f.).

In **asylrechtlichen Streitigkeiten** genügt eine Berufungsbegründung den **32** Anforderungen des (§ 124a VI 3 iVm) § 124a III 4 beispielsweise, wenn sie eine entscheidungserhebliche Frage zu den tatsächlichen Verhältnissen im Heimatland des Asylklägers konkret bezeichnet und ihre hierzu von der Vorinstanz abweichende Beurteilung deutlich macht (BVerwG InfAuslR 2016, 449; Buchh 310 § 124a Nr. 13). Hingegen muss der Berufungsführer nicht auf alle Einzelheiten eingehen, die sich aus **Tatsachenänderungen** seit Erlass der angegriffenen Entscheidung für das Ergebnis des Berufungsverfahrens ergeben könnten (BVerwG Buchh 310 § 124a Nr. 13). Sachverhaltsfragen, die bislang weder vom Bundesamt für Migration und Flüchtlinge noch vom VG aufbereitet worden sind, braucht der Berufungsführer nicht in der Berufungsbegründung aufzuarbeiten (BVerwGE 114, 155).

Ist die angegriffene Entscheidung des VG auf **mehrere selbstständig tra-** **33** **gende Gründe** gestützt, muss der Berufungsführer gegenüber jeder dieser Erwägungen einen Berufungsgrund geltend machen. Anderenfalls ist die Berufung unzulässig (BVerwG NJW 1980, 2268 zur Revisionsbegründung; NK-VwGO Rn. 111). Im Falle mehrerer Streitgegenstände oder eines teilbaren Streitgegenstands muss das Begründungserfordernis hinsichtlich jedes Entscheidungsteils erfüllt sein, das mit der Berufung angegriffen wird (NK-VwGO Rn. 113 f.).

IV. Antrag auf Zulassung der Berufung durch das OVG (IV)

Soweit die Berufung nicht vom VG zugelassen wird, kann die Zulassung der **34** Berufung durch das OVG beantragt werden. Das betrifft sowohl den Fall, dass das VG gänzlich von einer Berufungszulassung abgesehen hat, als auch den Fall der teilweisen Berufungszulassung durch das VG. Für asylrechtliche Streitigkeiten gilt § 124a IV nicht; insoweit geht die besondere Regelung in § 78 II-IV AsylG vor.

Für die **Antragsbefugnis** gelten die Maßgaben zur Berufungsbefugnis ent- **35** sprechend (→ § 124 Rn. 7 f.). Der Zulassungsantrag kann auf einen tatsächlich oder rechtlich abtrennbaren Teil der angefochtenen Entscheidung beschränkt werden (entsprechend → § 124 Rn. 11, → § 124a Rn. 4). Eine Klageänderung im Zulassungsverfahren scheidet grds. aus (VGH BW NVwZ 2005, 104; s. aber → Rn. 68).

Gem. § 124a IV 6 hemmt die Stellung des Zulassungsantrags die Rechts- **36** kraft der erstinstanzlichen Entscheidung. Wird lediglich eine Teilzulassung beantragt, beschränkt sich der **Suspensiveffekt** auf den davon erfassten Teil des Streitgegenstands; iÜ wird die angegriffene Entscheidung rechtskräftig (BFSA Rn. 42, 44). Abweichend erstreckt sich der Suspensiveffekt auf die gesamte Entscheidung, sofern hinsichtlich des übrigen Streitgegenstands in dem angestrebten Berufungsverfahren eine Anschließung möglich ist (vgl. BeckOK VwGO Rn. 49 mwN). Soweit der Anwendungsbereich der Urteilsergänzung (§ 120) reicht, tritt keine Suspensivwirkung ein (vgl. BVerwG Buchh 310 § 120 Nr. 9 mwN; NVwZ-RR 1990, 134).

37   Dem Zulassungsantrag kommt zudem von Beginn an **Devolutivwirkung** zu. Anders als bei der Nichtzulassungsbeschwerde nach § 133 ist ein Abhilfeverfahren nicht vorgesehen. Das OVG wird zum Gericht der Hauptsache iSv §§ 80 V, 123 (BFSA Rn. 46).

38   Ebenso wie im Verfahren der Nichtzulassungsbeschwerde (→ § 133 Rn. 3) kommt im Berufungszulassungsverfahren eine **Beiladung** nicht in Betracht (VGH BW VBlBW 2000, 148). Ausgeschlossen ist auch eine **Anschließung** (→ § 127 Rn. 4).

1. Adressat, Form und Frist

39   Der Zulassungsantrag ist gem. § 124a IV 2 **zwingend beim VG zu stellen.** Wird der Antrag beim OVG eingereicht, wird die Antragsfrist des § 124a IV 1 dadurch nicht gewahrt (zB NdsOVG NJW 2007, 454). Das OVG ist aber gehalten, die Antragsschrift im normalen Geschäftsgang – soweit möglich noch am selben Tag – an das VG weiterzuleiten (→ Rn. 15). Entsprechendes gilt, wenn der Zulassungsantrag bei einem unzuständigen VG gestellt wird (zB NdsOVG Beschl. v. 13.8.2019 – 2 LA 1532/17, dort auch zu den Voraussetzungen für eine Wiedereinsetzung in den vorigen Stand gem. § 60 im Fall irrtümlicher Verwendung einer falschen Telefaxnummer bei Übersendung der Antragsschrift; zur **Weiterleitungspflicht** eines unzuständigen, vorher mit der Sache nicht befassten Gerichts: BVerwG NJW 2018, 1272 Rn. 6 f. mwN zum Meinungsstand). Der Zulassungsantrag unterliegt wie die Einlegung und Begründung der Berufung nach § 124a II 1, III dem **Schriftformerfordernis** sowie dem **Vertretungszwang** (→ Rn. 16 und → Rn. 22; OVG NRW NWVBl. 2019, 791: keine entsprechende Anwendung des § 81 I 2 über § 125 I 1, da vorrangige Sonderregelung des § 124a IV iVm § 67 IV 1, 2). Unzulässig ist eine bedingte Antragstellung (vgl. BVerwG Buchh 310 § 133 Nr. 83; BFSA Rn. 43; SSB Rn. 70).

40   Aus der Antragsschrift muss sich – ggf. im Wege der Auslegung (BVerwG NVwZ 2016, 1187) – eindeutig entnehmen lassen, dass und von wem die Zulassung der Berufung beantragt wird. Ist diese Voraussetzung erfüllt, ist eine **fehlende oder fehlerhafte Bezeichnung des Rechtsbehelfs** unschädlich (BVerwG NVwZ 1999, 405). Legt ein anwaltlich vertretener Beteiligter Berufung ein, anstatt die Zulassung der Berufung zu beantragen, kommt die Umdeutung der unzulässigen Berufung in einen Zulassungsantrag nur in Betracht, wenn der Beteiligte eine entsprechende Klarstellung noch innerhalb der Antragsfrist vornimmt (BVerwG Beschl. v. 19.4.2010 – 9 B 4.10; NJW 2009, 162). Nach Fristablauf ist eine Umdeutung hingegen ausgeschlossen (vgl. BVerwG NVwZ 2016, 1187; Beschl. v. 10.1.2013 – 4 B 30.12, Rn. 4; Beschl. v. 22.9.2010 – 8 B 34.10; NJW 2009, 162 mwN; NVwZ 1999, 641; BayVGH Beschl. v. 4.7.2019 – 10 B 19.1067).

Nach § 124a IV 3 ist die **angefochtene Entscheidung zu bezeichnen.** 41
Die Regelung entspricht § 124a II 2 (→ Rn. 18).

Der Antrag auf Zulassung der Berufung ist **innerhalb eines Monats** nach 42
Zustellung der vollständigen Entscheidung des VG zu stellen (§ 124a IV 1).
Die Ausführungen zur Berufungseinlegungsfrist (§ 124a II 1) gelten entsprechend (→ Rn. 9–14). Namentlich ist eine Verlängerung der Antragsfrist auch
hier nicht möglich, weil dies gesetzlich nicht besonders bestimmt ist (§ 57 II
iVm § 224 II ZPO). Wird **PKH** beantragt, muss der Begründung des Pro-
zesskostenhilfegesuchs lediglich zu entnehmen sein, weshalb die angegriffene
Entscheidung für unzutreffend erachtet wird und eine Überprüfung durch das
OVG geboten ist (aA BVerwG NJW 1965, 1293: Prüfung von Amts wegen;
strenger zB VGH BW Beschl. v. 29.11.2019 – 2 S 1592/19, Rn. 12;
NdsOVG NVwZ-RR 2003, 906: (laienhafte) Darlegung von Zulassungsgründen). Ausführungen zum Zulassungsgrund sind nur zu verlangen, wenn
der Antrag von einem anwaltlich vertretenen Beteiligten eingereicht wird.
Dabei darf sich der Rechtsanwalt darauf beschränken, die Zulassungsgründe
grob zu skizzieren (Kopp/Schenke Rn. 42; BFSA Rn. 65 f.; BeckOK
VwGO Rn. 54 ff. mwN zum Streitstand). Die Fristen des § 124a IV 1, 4
gelten für einen isolierten Antrag auf Gewährung von PKH entsprechend (zB
VGH BW Beschl. v. 29.11.2019 – 2 S 1592/19, Rn. 12; zur Wiedereinsetzung vgl. entspr. → Rn. 13; BFSA Rn. 67 f.).

2. Zulassungsbegründung

Der Antrag auf Zulassung der Berufung ist **innerhalb von zwei Monaten** 43
nach Zustellung des vollständigen Urteils (bzw. der urteilsersetzenden Entscheidung) zu begründen (§ 124a IV 4). Eine Fristverlängerung ist nicht
möglich, § 57 II iVm § 224 II ZPO. Die Ausführungen zur Berufungsbegründungsfrist (§ 124a III 1) gelten entsprechend (→ Rn. 23, 24). Die Zulassungsbegründung ist, soweit sie nicht bereits im Rahmen des Zulassungsantrag
beim VG vorgelegt worden ist, **beim OVG** einzureichen (§ 124a IV 5). Sie
unterliegt wie die Berufungsbegründung dem **Schriftformerfordernis** sowie dem **Vertretungszwang** (→ Rn. 22). Fehlt eine Begründung oder genügt sie dem Darlegungserfordernis nicht (dazu im Folgenden) oder wird sie
verspätet oder nicht formgerecht vorgelegt, ist der Zulassungsantrag unzulässig
und entsprechend § 125 II zu verwerfen.

3. Darlegung der Zulassungsgründe

§ 124a IV 4 lässt sich des Weiteren entnehmen, dass die Zulassungsgründe 44
darzulegen sind. Der Begründungszwang soll den Antragsteller anhalten, sorgfältig zu prüfen, ob er das Rechtsmittel der Berufung verfolgen will und ob
die Sache berufungswürdig ist (BayVGH Beschl. v. 25.3.2010 – 21 ZB
08.2782). Das **Darlegungserfordernis** beim Antrag auf Zulassung der Berufung ist hinsichtlich seiner Anforderungen vergleichbar der Regelung in
§ 133 III 3 zur Nichtzulassungsbeschwerde (BFSA Rn. 78; NK-VwGO
Rn. 185; zu den verfassungsrechtlichen Grenzen der Darlegungsanforderun-

gen vgl. BVerfG NVwZ 2005, 1176; NVwZ 2000, 1163; → § 124 Rn. 14). Das OVG prüft nur die fristgerecht dargelegten Zulassungsgründe (vgl. VGH BW ESVGH 55, 186; BeckOK VwGO Rn. 63). Begründungsausführungen in nach Fristablauf eingehenden Schriftsätzen können lediglich insoweit berücksichtigt werden, als sie den bisherigen Vortrag ergänzend erläutern (HessVGH Beschl. v. 20.1.2016 – 5 A 1471/15.Z, Rn. 3; s auch → Rn. 28). Der Antragsteller hat anzugeben, auf welchen der in § 124 II bezeichneten **Zulassungsgründe** er seinen Zulassungsantrag stützt, und zu **erläutern,** weshalb dessen Voraussetzungen im Streitfall vorliegen. Eine fehlende oder fehlerhafte Bezeichnung des Zulassungsgrundes ist unschädlich, wenn sich aus den Ausführungen gleichwohl klar ergibt, welcher Zulassungsgrund geltend gemacht wird (OVG NRW NVwZ 1999, 202; → § 133 Rn. 17). Es obliegt aber dem Antragsteller, bei mehreren ausdrücklich oder konkludent geltend gemachten Zulassungsgründen ihnen die Erwägungen klar zuzuordnen, mit denen er das Vorliegen des jeweiligen Zulassungsgrundes darlegen möchte (NdsOVG Beschl. v. 4.2.2010 – 5 LA 37/08; NVwZ-RR 2009, 360; HessVGH NVwZ 2001, 1178). Das OVG ist allerdings gehalten, den Vortrag des Antragstellers angemessen zu würdigen und durch sachgerechte Auslegung selbstständig zu ermitteln, welche Zulassungsgründe der Sache nach geltend gemacht werden und welche Einwände welchen Zulassungsgründen zuzuordnen sind (BVerfG BayVBl. 2011, 338). Erweist sich die angegriffene Entscheidung als offensichtlich unrichtig, soll die Zulassung nach § 124 II Nr. 1 auch dann gerechtfertigt sein, wenn der Antragsteller sich nicht auf diesen Zulassungsgrund gestützt hat (vgl. BeckOK VwGO Rn. 80.8 mwN). Dem ist mit der Maßgabe zu folgen, dass sich der Zulassungsbegründung die Zweifelsrüge idR sinngemäß entnehmen lassen wird, sodass dem Darlegungsgebot in § 124a IV 4 Genüge getan ist.

45 **a) Allgemeine Anforderungen.** Unabhängig von dem konkret geltend gemachten Zulassungsgrund muss die Antragsbegründung gewisse Mindestanforderungen hinsichtlich ihrer **Klarheit, Verständlichkeit und Überschaubarkeit** erfüllen. Daran fehlt es, wenn die Begründung nicht erkennen lässt, dass der sie unterzeichnende Prozessbevollmächtigte den Streitstoff eigenständig gesichtet und durchdrungen hat. Eine pauschale Bezugnahme auf früheres Vorbringen reicht nicht aus. Im Falle einer mehrfachen, die angefochtene Entscheidung jeweils selbstständig tragenden Begründung bedarf es in Bezug auf jede der Begründungen der Darlegung eines Zulassungsgrundes, es sei denn, die Begründungen sind von unterschiedlicher Rechtskraftwirkung (→ § 124 Rn. 10; → § 133 Rn. 18; BFSA Rn. 80, 82).

46 **b) Darlegung ernstlicher Zweifel.** Um ernstliche Zweifel an der Richtigkeit der erstinstanzlichen Entscheidung (§ 124 II Nr. 1) darzulegen, muss sich der Antragsteller **substanziell mit der angegriffenen Entscheidung auseinandersetzen.** Er muss erläutern, aus welchen Gründen er sie für unrichtig hält (NdsOVG Beschl. v. 17.2.2010 – 5 LA 342/08). Die Darlegungsanforderungen werden mithin auch bestimmt von Art und Umfang der Begründung der verwaltungsgerichtlichen Entscheidung. Der Antragsteller muss die tatsächlichen oder rechtlichen Feststellungen benennen, gegen die er sich wendet, sowie die Gründe aufzeigen, aus denen sie aus seiner Sicht ernstlichen Zweifeln unterliegen (BVerfG BayVBl. 2011, 338; zB BayVGH Beschl. v. 14.8.2019 – 10 ZB 19.1334, Rn. 6). Nicht ausreichend ist die pauschale Behauptung, die angegriffene Entscheidung sei unrichtig, oder die bloße Wiederholung des erstinstanzlichen Vorbringens (BayVGH Beschl. v. 25.3.2010 – 21 ZB 08.2782; OVG NRW NVwZ 1999, 202).

Der Antragsteller ist allerdings nicht gehalten, von sich aus darzulegen, dass **47** kein Fall einer anderweitigen Ergebnisrichtigkeit vorliegt. Das **Darlegungserfordernis** bei der Zweifelsrüge erstreckt sich allein auf die in der angegriffenen Entscheidung angesprochenen Begründungserwägungen (→ § 124 Rn. 20).

Stützt sich der Antragsteller auf neuen Tatsachenvortrag oder eine geänderte **48** Rechtslage (zu deren Berücksichtigungsfähigkeit → § 124 Rn. 23 ff.), sind die **veränderte Sach- bzw. Rechtslage** in substanziierter Weise darzulegen. Darüber hinaus hat er schlüssig zu erläutern, ob und inwiefern die Veränderung geeignet ist, ernstliche Zweifel am Ergebnis der verwaltungsgerichtlichen Entscheidung hervorzurufen (OVG RhPf NVwZ 1998, 1094).

c) Darlegung besonderer Schwierigkeiten. Die Darlegung besonderer **49** tatsächlicher oder rechtlicher Schwierigkeiten (§ 124 II Nr. 2) erfordert grds., dass in fallbezogener Auseinandersetzung mit der Entscheidung des VG die geltend gemachten **Schwierigkeiten benannt werden.** Zudem ist zu erläutern, dass und aus welchen Gründen sie sich qualitativ von einem Rechtsstreit durchschnittlicher Schwierigkeit abheben (BayVGH Beschl. v. 14.8.2019 – 10 ZB 19.1334, Rn. 13; NdsOVG Beschluss v. 17.2.2010 – 5 LA 342/08) bzw. dass die durch die Rechtssache aufgeworfenen klärungsbedürftigen Rechts- oder Tatsachenfragen sich nicht ohne Weiteres beantworten lassen und deshalb das Ergebnis des angestrebten Berufungsverfahrens offen ist (BayVGH Beschl. v. 4.9.2008 – 11 ZB 07.655).

Macht der Antragsteller ernstliche Zweifel nach § 124 II Nr. 1 geltend, **50** kann auch **ohne ausdrückliche Bezeichnung des Zulassungsgrundes** nach § 124 II Nr. 2 dessen Darlegung angenommen werden, wenn die Antragsausführungen sinngemäß besondere tatsächliche oder rechtliche Schwierigkeiten erkennen lassen (OVG NRW NVwZ 1999, 202). Zu weitgehend ist es aber, den Zulassungsgrund grds. als von der Zweifelsrüge mit umfasst anzusehen mit der Folge, dass das OVG im Fall der Verneinung ernstlicher Zweifel regelmäßig gehalten sein soll, sich mit dem Zulassungsgrund des § 124 II Nr. 2 zu befassen (so etwa OVG RhPf NVwZ 1998, 1094).

d) Darlegung grundsätzlicher Bedeutung. In Bezug auf den Zulassungs- **51** grund der rechtsgrundsätzlichen Bedeutung (§ 124 II Nr. 3) setzt das Darlegungserfordernis voraus, dass der Antragsteller die für fallübergreifend gehaltene Frage formuliert (BayVGH Beschl. v. 18.12.2009 – 11 ZB 08.586). Des Weiteren ist näher zu begründen, weshalb sie eine über den Einzelfall hinausgehende Bedeutung hat und ein allgemeines Interesse an ihrer Klärung besteht. Schließlich ist darzustellen, dass sie entscheidungserheblich ist und ihre Klärung in dem angestrebten Berufungsverfahren zu erwarten ist (SächsOVG SächsVBl. 2019, 66 Rn. 5 (zu § 78 III Nr. 3, IV 4 AsylG); NdsOVG Beschl.

v. 17.2.2010 – 5 LA 342/08; NJW 2007, 3657; OVG NRW Beschl. v. 28.11.2008 – 6 A 3615/05; BayVGH Beschl. v. 25.3.2010 – 21 ZB 08.2782 und v. 4.9.2008 – 11 ZB 07.655).

52   Die bloße kritische Auseinandersetzung mit der angegriffenen Entscheidung ohne **Herausarbeitung einer konkreten Rechts- oder Tatsachenfrage** genügt nicht. Wird eine Rechtsfrage aufgeworfen, muss sie sich grds. auf eine bestimmte Norm beziehen; deren Voraussetzungen und Rechtsfolgen sind zu erläutern. Die pauschale Behauptung, aus verschiedenen Regelungen ergebe sich ein Anspruch und dieser sei bislang höchstrichterlich nicht geklärt, genügt dem Darlegungsgebot nicht (→ § 133 Rn. 19).

53   Liegt zu der formulierten Rechts- oder Tatsachenfrage bereits höchstrichterliche oder obergerichtliche **Rspr.** vor, muss sich die Antragsbegründung damit auseinandersetzen und aufzeigen, inwiefern im Lichte dieser Rspr. (weiterer) Klärungsbedarf besteht. Ggf. ist auch auf den Meinungsstand im **Schrifttum** einzugehen (→ § 124 Rn. 36; → § 133 Rn. 20).

54   Betrifft die aufgeworfene Rechtsfrage **ausgelaufenes oder auslaufendes Recht,** muss der Antragsteller entweder darlegen, dass die Klärung der Rechtsfrage für eine erhebliche Zahl von Altfällen von Bedeutung ist oder dartun, dass sich die streitige Frage in gleicher Weise für eine nachfolgende gesetzliche Bestimmung stellt (→ § 133 Rn. 21).

55   **e) Darlegung der Divergenz.** Die Divergenzrüge (§ 124 II Nr. 4) ist nur dann hinreichend dargelegt, wenn der Antragsteller einen inhaltlich bestimmten, die angefochtene Entscheidung tragenden abstrakten **Rechtssatz benennt,** mit dem die Vorinstanz einem in der Rspr. des BVerwG aufgestellten ebensolchen die Entscheidung des BVerwG tragenden Rechtssatz in Anwendung derselben Rechtsvorschrift widersprochen hat. Dasselbe gilt für die behauptete Abweichung von einer Entscheidung des im Instanzenzug übergeordneten OVG, des BVerfG oder des GmS-OGB (OVG NRW Beschl. v. 28.11.2008 – 6 A 3615/05). Wird die Divergenz in Bezug auf eine tatsächliche Frage geltend gemacht, muss der Antragsteller die tatsächliche Feststellung benennen, mit der die Vorinstanz von einer – ebenfalls anzuführenden – Tatsachenfeststellung des übergeordneten OVG abgewichen sein soll (BFSA Rn. 86). Die in Bezug genommene **Entscheidung** ist **genau** – idR mit Aktenzeichen und Datum – **zu bezeichnen.** Die Bezeichnung muss so individualisierbar sein, dass die Identität der Entscheidung nicht zweifelhaft ist und sie vom OVG unschwer herangezogen werden kann. Es ist auch nicht Aufgabe des OVG, aus mehreren zitierten Urteilen das passende herauszufinden und darin dann – in der Zulassungsbegründung nicht weiter bezeichnete – vermeintlich divergierende Rechtssätze zu suchen (→ § 133 Rn. 22).

56   Die (angeblich) **divergierenden Rechtssätze** sind **einander gegenüberzustellen.** Das Aufzeigen einer fehlerhaften oder unterbliebenen Anwendung von Rechtssätzen, die das BVerwG (BVerfG, GmS-OGB, OVG) in seiner Rspr. aufgestellt hat, genügt weder den Zulässigkeitsanforderungen einer Divergenz- noch denen einer Grundsatzrüge (→ § 133 Rn. 23).

57   Allerdings lassen sich einander widerstreitende Rechtssätze nicht in der gebotenen Weise darlegen, wenn die Abweichung in Bezug auf eine Ent-

scheidung in Rede steht, die erst nach Erlass des angefochtenen Urteils veröffentlicht worden oder ergangen ist. In solchen Fällen ist es ausreichend, wenn der Antragsteller zumindest die grundsätzliche Frage bezeichnet hat, welche dem später aufgestellten abstrakten Rechtssatz entspricht und vor der höchstrichterlichen bzw. obergerichtlichen Klärung in der nachfolgenden Entscheidung zur Zulassung der Grundsatzberufung hätte führen können. Die Grundsatzrüge kann dann in eine Divergenzrüge umgedeutet werden (**nachträgliche Divergenz**, → § 124 Rn. 38, 44; → § 133 Rn. 24).

f) Darlegung von Verfahrensmängeln. Die Darlegung eines Verfahrens- **58** mangels (§ 124 II Nr. 5) setzt voraus, dass der Verfahrensmangel sowohl in den ihn (vermeintlich) **begründenden Tatsachen** als auch in seiner **rechtlichen Würdigung** substanziiert dargetan wird. Die Verfahrensvorschrift, die verletzt sein soll, ist zu benennen. Fehlt es daran, ist dies nur dann unschädlich, wenn auch so hinreichend erkennbar ist, welche Verfahrensrüge konkret erhoben wird. Des Weiteren ist idR darzulegen, dass kein Rügeverlust eingetreten ist und die angegriffene Entscheidung auf dem Verfahrensfehler beruht. Letzteres ist entbehrlich bei den absoluten Revisionsgründen iSv § 138, bei denen die Kausalität kraft Gesetzes unwiderleglich vermutet wird (→ § 133 Rn. 25). Betrifft eine **Divergenzrüge** ausschließlich Prozessrecht, ist idR sinngemäß auch eine Verfahrensrüge erhoben (→ § 133 Rn. 26).

Die Rüge, das **rechtliche Gehör** sei verletzt, erfordert regelmäßig – neben **59** der Darlegung der den Gehörsverstoß begründenden Tatsachen – auch die substanziierte Darlegung dessen, was der Beteiligte bei ausreichender Gehörsgewährung noch vorgetragen hätte und inwiefern dem weiteren Vortrag Entscheidungsrelevanz zukommt. Des Weiteren ist aufzuzeigen, dass der Antragsteller alle verfahrensrechtlich eröffneten und im konkreten Fall zumutbaren Möglichkeiten ausgeschöpft hat, um sich rechtliches Gehör zu verschaffen. Wendet sich die Zulassungsrüge gegen die Ablehnung eines Beweisantrags, ist der **Beweisantrag** mitzuteilen und darzulegen, weshalb dessen Ablehnung im Prozessrecht keine Stütze findet. Darüber hinaus ist zu erläutern, dass die unter Beweis gestellten Tatsachen eine für den Rügeführer günstigere Entscheidung hätten herbeiführen können. Macht der Antragsteller geltend, die Vorinstanz habe **Vorbringen übergangen,** hat er das (vermeintlich) übergangene Vorbringen unter Angabe der Unterlage, die es enthält, genau zu bezeichnen, sowie die Umstände zu erläutern, die auf ein Übergehen schließen lassen (→ § 133 Rn. 27).

Generell gilt, dass der Umfang dessen, was der Antragsteller darzulegen hat, **60** sich nach den Voraussetzungen bestimmt, die den jeweiligen Verfahrensfehler begründen. Vgl. daher zu den Verfahrensfehlern iSv § 138 → § 138 Rn. 7 ff.; zu den Darlegungsanforderungen bei einer **Aufklärungsrüge** → § 139 Rn. 22 (zB NdsOVG Beschl. v. 4.2.2010 · 5 LA 37/08), bei einer **Besetzungsrüge** → § 138 Rn. 8, → § 139 Rn. 21.

V. Entscheidung des OVG

1. Entscheidung über den Zulassungsantrag (V)

61 Gem. § 124a V 1 entscheidet das OVG über den Zulassungsantrag **durch Beschluss.** Zuständig ist vorbehaltlich der Möglichkeit nach § 87a II, III (vgl. OVG Bln-Bbg NVwZ-RR 2006, 360; NK-VwGO Rn. 258; BFSA Rn. 96) der Senat. Kommt eine Zulassung in Betracht, ist den übrigen Beteiligten zunächst rechtliches Gehör zu gewähren. Die Berufung ist zwingend zuzulassen, wenn (mindestens) einer der Gründe des § 124 II dargelegt ist und vorliegt; dem OVG kommt **kein Ermessen** zu (§ 124a V 2). Anderenfalls ist der Zulassungsantrag mit der Kostenfolge des § 154 II negativ zu bescheiden. § 124a V 4 verweist insoweit als Tenorierung auf die Antragsablehnung; gebräuchlich sind in der gerichtlichen Praxis aber auch die Antragsverwerfung (bei Unzulässigkeit) und Antragszurückweisung (bei Unbegründetheit). Liegen die Zulassungsvoraussetzungen lediglich in Bezug auf einen (rechtlich abtrennbaren) Teil des Zulassungsbegehrens vor, ist die Berufung nur teilweise zuzulassen (→ Rn. 4). Wird die Berufung ganz oder teilweise zugelassen, bleibt die Kostenentscheidung dem Hauptsacheverfahren vorbehalten (BeckOK VwGO Rn. 83); bei teilweiser Berufungszulassung ist auch eine teilweise abschließende Kostenentscheidung möglich (NK-VwGO Rn. 294). Haben mehrere Beteiligte einen Zulassungsantrag gestellt, ist jeder Antrag zu bescheiden (BFSA Rn. 97).

62 Der **Umfang der Berufungszulassung** wird des Weiteren durch das Antragsbegehren begrenzt, über das das OVG nicht hinausgehen darf (§ 125 I 1 iVm § 88). Hat der Antragsteller den Zulassungsantrag wirksam beschränkt, steht einer erweiterten Zulassung zudem die Rechtskraft des von der Beschränkung betroffenen Entscheidungsteils entgegen (vgl. BVerwG Beschl. v. 24.6.2009 – 5 B 69.08; NVwZ 1999, 642). Demgegenüber fällt ein **Hilfsantrag,** über den das VG nicht zu entscheiden brauchte, weil es dem Hauptantrag entsprochen hat, in der Berufungsinstanz an, wenn auf den Antrag des Beklagten gegen seine Verurteilung nach dem Hauptantrag die Berufung zugelassen wird (BVerwG NVwZ 1999, 642; → Rn. 5). Hat die angefochtene Entscheidung den Streitgegenstand wegen eines Verstoßes gegen § 88 nicht zutreffend erfasst, wird grds. das wirkliche Klagebegehren insgesamt Gegenstand des Rechtsmittelverfahrens (vgl. BVerwG Beschl. v. 22.3.2018 – 7 C 1.17, Rn. 18).

63 Der die Berufung zulassende Beschluss soll **kurz begründet** werden (§ 124a V 3; zum Absehen von einer Begründung: BFSA Rn. 104; SSB Rn. 138). Es genügt die Bezeichnung des Zulassungsgrundes. Der Beschluss bedarf einer Rechtsmittelbelehrung, in der auf die befristete Berufungsbegründungspflicht hinzuweisen ist (vgl. BVerwG NVwZ-RR 2013, 128 mwN; BVerwGE 107, 117). Die Belehrung braucht nicht von den Gründen des Zulassungsbeschlusses abgesetzt oder mit einer gesonderten Überschrift versehen zu werden (BVerwG NVwZ-RR 2013, 128). Es bedarf keiner Belehrung über den Vertretungszwang nach § 67 IV, um die Rechtsmittelfrist in Lauf zu setzen. Im Fall der **Antragsablehnung** ist der Beschluss stets zu begründen (SSB Rn. 142; Eyermann Rn. 92; BFSA Rn. 104; für eine grds. Begründungspflicht: Kopp/Schenke Rn. 59). Dabei sollte sich der Begründungsaufwand an Art und Umfang der Zulassungsbegründung orientieren.

2. Wirkungen der Entscheidung über den Zulassungsantrag

Mit der **Antragsablehnung** wird die angegriffene Entscheidung des VG **64** rechtskräftig (§ 124a V 4). Wird der Zulassungsantrag teilweise abgelehnt, erwächst die erstinstanzliche Entscheidung in diesem Umfang in Rechtskraft (zu den Voraussetzungen einer Anschlussberufung → § 127 Rn. 5 ff.). Die Rechtskraft tritt mit Wirksamwerden des Beschlusses ein. Wirksam wird der Beschluss mit seiner Herausgabe aus dem Gerichtsgebäude zur Beförderung mit der Post (vgl. BVerwGE 95, 64). Der ablehnende Beschluss ist **unanfechtbar** (§ 152 I) und unterliegt nicht der Überprüfung durch das BVerwG (vgl. BVerwG NVwZ-RR 1999, 539). Eine Anhörungsrüge ist nach Maßgabe von § 152a statthaft. Eine Gegenvorstellung ist unstatthaft (BayVGH Beschl. v. 22.8.2018 - 13a ZB 17.2530).

Im Fall der **Zulassung** wird das Antragsverfahren **als Berufungsverfahren 65 fortgesetzt;** der Einlegung einer Berufung bedarf es nicht (§ 124a V 5). Die Rechtskraft der angegriffenen Entscheidung ist weiterhin (im Umfang der Zulassung) gehemmt. Die Berufung wirkt nur zugunsten des jeweiligen Antragstellers (SSB Rn. 137; BeckOK VwGO Rn. 90 ff. mwN; aA NK-VwGO Rn. 308; Kopp/Schenke Rn. 61; s. auch → § 139 Rn. 7). Der Zulassungsbeschluss ist **unanfechtbar** und unterliegt ebenfalls nicht der revisionsgerichtlichen Kontrolle (BVerwG Beschl. v. 16.2.2016 – 3 B 68.14, Rn. 23 mwN). Die Zulassung bindet das OVG (BVerwG Beschl. v. 16.2.2016 – 3 B 68.14, Rn. 23 mwN). Die **Bindungswirkung** erstreckt sich nicht auf die übrigen Zulässigkeitsvoraussetzungen für die Berufung. Keine Bindungswirkung kommt auch den Zulassungsgründen zu (→ Rn. 6 f.). Der Zulassungsbeschluss ist darauf gerichtet, die Sachprüfung in einem Berufungsverfahren zu ermöglichen; er nimmt diese aber nicht vorweg (BVerwG Buchh 310 § 124 Nr. 35 Rn. 5 f.). Das OVG prüft den Rechtsstreit innerhalb des gestellten Antrags ohne Bindung an den Zulassungsgrund (§ 128; BVerwG Beschl. v. 16.2.2016 – 3 B 68.14, Rn. 24 mwN; → § 124 Rn. 12).

3. Rücknahme; Erledigung der Hauptsache

Der Zulassungsantrag kann bis zu seiner Bescheidung ohne Zustimmung **66** anderer Beteiligter **zurückgenommen** werden. Das Zulassungsverfahren ist in diesem Fall analog §§ 126 III 2, 92 III 1 durch das OVG mit der Kostenfolge des § 155 II einzustellen (zur Kostenentscheidung im Fall eines außergerichtlichen Vergleichs. BayVGH Beschl. v. 15.3.2018 – 8 ZB 15.916, mwN). Mit der Rücknahme des Zulassungsantrags und nach Ablauf der Antragsfrist wird das angegriffene Urteil rechtskräftig, es sei denn, innerhalb der noch laufenden Monatsfrist des § 124a IV 1 wird erneut die Zulassung der Berufung beantragt (vgl. BVerwG NVwZ 1998, 170). Wird während des Zulassungsverfahrens die **Klage zurückgenommen** (§ 92 I), hat das OVG neben der Verfahrenseinstellung nach § 92 III 1 und der auf § 155 II beruhenden Entscheidung über die Kosten des gesamten Verfahrens des Weiteren die erstinstanzliche Entscheidung gem. § 173 S. 1 iVm § 269 III 1 ZPO für unwirksam zu erklären (vgl. zB SächsOVG Beschl. v. 11.2.2016 – 5 A 608/15, dort auch zum Vertretungserfordernis).

67   Wird das Zulassungsverfahren übereinstimmend **für erledigt erklärt**, ist es entsprechend § 92 III 1 einzustellen; nach § 161 II 1 ist über die zweitinstanzlichen Kosten zu entscheiden. Die angegriffene erstinstanzliche Entscheidung wird rechtskräftig. Wird der Rechtsstreit insgesamt übereinstimmend für erledigt erklärt, ist das Verfahren einzustellen, über die Kosten des gesamten Verfahrens zu entscheiden und zusätzlich die vorinstanzliche Entscheidung für unwirksam zu erklären (§ 173 S. 1 iVm § 269 III 1 ZPO analog; NdsOVG NVwZ-RR 2007, 826; → § 161 Rn. 25 ff.; zum Erledigungsrechtsstreit vgl. zB VGH BW NVwZ-RR 2007, 823).

68   Will der Antragsteller das Verfahren fortführen, obwohl sich der geltend gemachte Anspruch nach Ergehen des angefochtenen Urteils erledigt hat, muss er im Zulassungsverfahren ein **Fortsetzungsfeststellungsinteresse** darlegen (BVerwG NVwZ-RR 1996, 122 für das Nichtzulassungsbeschwerdeverfahren; NdsOVG NVwZ-RR 2004, 912; BFSA Rn. 89, 95; Kopp/Schenke Rn. 51).

69   Erledigt sich die Hauptsache nach Ergehen der angegriffenen Entscheidung und vor Ablauf der Antragsfrist (**„Erledigung zwischen den Instanzen"**), fehlt es regelmäßig am Rechtsschutzbedürfnis für die Beantragung der Berufungszulassung. Nicht ausreichend ist ein bloßes Kosteninteresse (vgl. § 158 I). Auch der Gesichtspunkt, die erstinstanzliche Entscheidung für wirkungslos erklären zu lassen, rechtfertigt für sich genommen nicht die Anrufung der Rechtsmittelinstanz (vgl. OVG NRW NVwZ-RR 2002, 796; BFSA § 161 Rn. 8; aA zB VGH BW NVwZ-RR 2002, 75; NK–VwGO Rn. 337 f. mwN; Kopp/Schenke Vorb. § 124 Rn. 43, § 161 Rn. 12). Denn dieses Ziel ist gleichermaßen erreichbar, indem die Beteiligten gegenüber dem VG übereinstimmende Erledigungserklärungen abgeben. Vor diesem Hintergrund ist ein Rechtsschutzinteresse für die Anrufung des OVG mittels Zulassungsantrags nur ausnahmsweise anzuerkennen, wenn dem Antragsteller die Abgabe der Erledigungserklärung vor dem VG nicht zumutbar ist. Dies ist der Fall, wenn infolge drohenden Ablaufs der Antragsfrist (§ 124a IV 1) unsicher ist, ob die Anschlusserklärung des Beklagten noch rechtzeitig vor Rechtskrafteintritt erfolgt (SSB Rn. 119). Unbeschadet dessen führt die Abgabe übereinstimmender Erledigungserklärungen im Rahmen des Zulassungsverfahrens zu den genannten Rechtsfolgen (→ Rn. 67). Ist der Zulassungsantrag mangels Rechtsschutzbedürfnisses als unzulässig zu qualifizieren, wirkt sich dies allerdings bei der nach § 161 II 1 zu treffenden Entscheidung über die (zweitinstanzlichen) Kosten aus.

VI. Weiteres Verfahren nach Zulassung durch OVG (VI)

70   Hat das OVG die Berufung zugelassen, ist sie **innerhalb eines Monats** nach Zustellung des Zulassungsbeschlusses **zu begründen** (§ 124a VI 1).

§ 124a VI gilt auch für asylrechtliche Streitigkeiten, weil § 78 AsylG keine Regelung über das weitere Berufungsverfahren und auch nicht über die Berufungsbegründung enthält (BVerwGE 107, 117). Die Berufungsbegründung ist zwingend **beim OVG einzureichen** (§ 124a VI 2). Sie unterliegt dem Schriftformerfordernis und dem Vertretungszwang (→ Rn. 22). IÜ findet § 124a III 3 bis 5 entsprechende Anwendung (§ 124a VI 3; → Rn. 20 ff.).

Der Berufungsführer muss einen **gesonderten Begründungsschriftsatz** 71 vorlegen. Das Formerfordernis dient der Klarstellung, ob, in welchem Umfang und weshalb er an der Durchführung des Berufungsverfahrens festhält (BVerwG Buchh 310 § 124a Nr. 53 Rn. 7; NJW 2008, 1014; BVerwGE 107, 117). Dabei kann der Berufungsführer **auf** die **Ausführungen im Zulassungsantrag und im Zulassungsbeschluss Bezug nehmen,** wenn diese ihrerseits den Anforderungen des § 124a III 4 genügen (BVerwG Beschl. v. 18.9.2013 – 4 B 41.13, Rn. 6 mwN; Buchh 310 § 124a Nr. 39; BVerwGE 107, 117). Eine ausdrückliche Bezugnahme auf das bereits im Zulassungsantrag enthaltene Begehren und die dort genannten Gründe kann entbehrlich sein, wenn sich beides aus dem Gesamtzusammenhang hinreichend deutlich ergibt (BVerwG Buchh 310 § 124a Nr. 53 Rn. 7). Lässt das OVG die Berufung wegen Divergenz zu, ist der Berufungsführer idR davon entbunden, über eine Bezugnahme auf den Zulassungsbeschluss hinaus weitere Darlegungen zur Begründung der Berufung zu machen (BVerwG Buchh 310 § 124a Nr. 37; BVerwGE 114, 155). Entsprechendes kann sich in Bezug auf eine Zulassung wegen ernstlicher Zweifel ergeben (BVerwG Buchh 310 § 124a Nr. 39). Hingegen wird eine Bezugnahme auf Darlegungen zu den Zulassungsgründen des § 124 II Nr. 2 und Nr. 3 häufig nicht genügen, weil diese für die Begründung der Berufung als solche nicht erheblich sind (vgl. BVerwG NJW 2006, 3081 zur Revisionsbegründung; BeckOK VwGO Rn. 96.1; siehe auch → § 139 Rn. 26). Ausnahmsweise kann eine weitere Darlegung der Berufungsgründe entbehrlich sein, wenn das OVG bereits im Zulassungsbeschluss das VG-Urteil, das eine Sachprüfung nicht vorgenommen hatte, aufgrund eines Verfahrensfehlers für insgesamt unrichtig befunden hat und deshalb eine nochmalige Begründung der Unrichtigkeit durch den Berufungsführer als reine Förmelei erschiene (vgl. BVerwG Buchh 310 § 124a Nr. 53 Rn. 12).

Eine Bezugnahme auf Ausführungen in anderen Verfahren ist zulässig, 72 sofern sie eine vergleichbare Fallgestaltung betreffen und der maßgebliche Schriftsatz in Kopie der Berufungsbegründung beigefügt wird (VGH BW Beschl. v. 17.2.2010 – A 11 S 895/08; NK-VwGO Rn. 118). Dem **Antragserfordernis** nach § 124a VI 3 iVm III 4 ist Genüge getan, wenn sich der Antrag im Wege der Auslegung, entweder aus dem gesonderten Schriftsatz zur Berufungsbegründung oder aus dem dort in Bezug genommenen Zulassungsantrag, mit der gebotenen Bestimmtheit entnehmen lässt (BVerwG Beschl. v. 21.9.2011 – 3 B 56.11, Rn. 11). Ggf. kann auch ein auf Urteilsaufhebung und Zurückverweisung gerichteter Antrag genügen, wenn aus dem Gesamtzusammenhang deutlich wird, dass Ziel des Rechtsmittels die unbeschränkte Weiterverfolgung des bisherigen Sachbegehrens ist (BVerwG Buchh 310 § 124a Nr. 53 Rn. 10).

§ 124b *(aufgehoben)*

§ 125 [Berufungsverfahren; Entscheidung bei Unzulässigkeit]

(1) [1] Für das Berufungsverfahren gelten die Vorschriften des Teils II entsprechend, soweit sich aus diesem Abschnitt nichts anderes ergibt. [2] § 84 findet keine Anwendung.

(2) [1] Ist die Berufung unzulässig, so ist sie zu verwerfen. [2] Die Entscheidung kann durch Beschluß ergehen. [3] Die Beteiligten sind vorher zu hören. [4] Gegen den Beschluß steht den Beteiligten das Rechtsmittel zu, das zulässig wäre, wenn das Gericht durch Urteil entschieden hätte. [5] Die Beteiligten sind über dieses Rechtsmittel zu belehren.

I. Geltung der §§ 54 ff. im Berufungsverfahren (I)

1   Die §§ 124 ff. regeln das Verfahren der Berufung nicht abschließend, sondern beschränken sich auf die Ausgestaltung des besonderen, auf die Berufung zugeschnittenen Verfahrensrechts. IÜ verweist § 125 I 1 auf die Vorschriften des Teils II. Die §§ 54 ff. finden auf das Berufungsverfahren (unmittelbare bzw.) entsprechende Anwendung, soweit sich aus dem 12. Abschnitt nichts anderes ergibt. **Unmittelbar anwendbar** sind die allgemein im Verwaltungsprozess geltenden Verfahrensvorschriften der **§§ 54 bis 67a**. Nicht anwendbar sind dagegen die Bestimmungen über das Vorverfahren (§ 68 bis § 79) und über die Gewährung vorläufigen Rechtsschutzes (§§ 80 ff., 123), die auf das Berufungsverfahren ihrem Wesen nach nicht passen. Davon unberührt bleibt die Befugnis des Berufungsgerichts, eine erstinstanzliche Entscheidung ggf. daraufhin zu überprüfen, ob das VG sich inhaltlich zutreffend mit den §§ 68 ff. auseinandergesetzt hat. **Entsprechend anwendbar** sind beispielsweise die Vorschriften über die Beweisaufnahme (§ 98 iVm §§ 358 ff., 450 ff. ZPO), die Durchführung der mündlichen Verhandlung (§ 103 ff.) und das erstinstanzliche Urteil (§§ 107 ff.). **Ausdrücklich ausgeschlossen** ist nach § 125 I 2 eine Berufungsentscheidung durch Gerichtsbescheid (§ 84).

2   § 125 I 1 gilt entsprechend für das **Berufungszulassungsverfahren** (vgl. zB BeckOK VwGO Rn. 2 mwN). Anwendbar sind insoweit insbes. die §§ 54, 60, 67, 87a I und III, 122.

II. Unzulässige Berufung (II)

3   Gem. § 125 II 1 ist die Berufung im Falle ihrer Unzulässigkeit **zu verwerfen.** Das Berufungsgericht prüft das Vorliegen der Zulässigkeitsvoraussetzungen von Amts wegen. Ein **Offenlassen der Zulässigkeitsfrage** sollte das Gericht allenfalls in Betracht ziehen, wenn die Überprüfung nicht ohne aufwändige Tatsachenermittlungen möglich ist und die Berufung aus den

Gründen der angefochtenen Entscheidung (auch) unbegründet ist (vgl. BFSA Rn. 5; NK-VwGO Rn. 39; Eyermann Rn. 3: Offenlassen nur, wenn sich daraus keine Auswirkungen für die materielle Rechtskraft ergeben; s. auch § 127 V).

Die Zulässigkeitsprüfung erstreckt sich auf alle Zulässigkeitsvoraussetzungen **4** einschließlich des Erfordernisses der **Berufungszulassung.** Die Zulassungsentscheidung bindet das Berufungsgericht (lediglich) insoweit, als im Rahmen des Berufungsverfahrens nicht zu überprüfen ist, ob die Zulassung zu Recht erfolgt ist (Kopp/Schenke Rn. 4 mwN; SSB Rn. 6). Das gilt nicht nur für den Fall, dass das VG die Berufung zugelassen hat (vgl. § 124a I 2), sondern gleichermaßen, wenn das Berufungsgericht über die Zulassung entschieden hat. Das OVG kann daher die Berufung auch wegen eines Zulässigkeitsmangels als unzulässig verwerfen, der im Zulassungsverfahren übersehen worden ist.

Zwecks Vereinfachung und Beschleunigung des Verfahrens erlaubt **5** § 125 II 2 eine **Entscheidung durch Beschluss.** Es steht im **Ermessen** des Berufungsgerichts, ob es davon Gebrauch macht oder gem. § 125 I 1 iVm § 107 durch Urteil entscheidet (vgl. BVerwGE 72, 59). Eine **mündliche Verhandlung** ist entbehrlich (BVerwG Beschl. v. 10.1.2013 = 4 B 30.12, Rn. 6), hindert aber andererseits nicht, die Berufung im Beschlusswege zu verwerfen (vgl. § 125 I 1 iVm § 101 III; Kopp/Schenke Rn. 4; NK-VwGO Rn. 43).

Will das OVG nach § 125 II 2 verfahren, muss es zuvor die Beteiligten **6** dazu anhören, § 125 II 3. Für die **Anhörung,** namentlich die Anhörungsmitteilung, gelten die Maßgaben für die Anhörung nach § 130a iVm § 125 II 3 entsprechend (vgl. im Einzelnen → § 130a Rn. 9 ff.). Kommt eine Heilung des Zulässigkeitsmangels in Betracht, ist der Berufungskläger darauf hinzuweisen (vgl. BGH NJW 1991, 2081; BFSA Rn. 12). Ist die Anhörung unterblieben oder fehlerhaft, verletzt ein gleichwohl ergangener Beschluss den Anspruch der Beteiligten auf Gewährung rechtlichen Gehörs. Dies stellt regelmäßig einen **absoluten Revisionsgrund** iSv § 138 Nr. 3 dar. Der Berufungskläger kann eine mangelhafte Anhörung nicht mehr erfolgreich als Verfahrensfehler rügen, wenn infolge rügelosen Einlassens ein Rügeverlust eingetreten ist (BVerwG Buchh 310 § 125 Nr. 14).

Der Beschluss ist gem. § 125 I 1 iVm § 122 II 1 **zu begründen.** Eines **7** Tatbestandes iSv § 117 II Nr. 4 bedarf es nach § 122 I nicht. Der Beschluss muss erkennen lassen, welche Überlegungen für die richterliche Überzeugungsbildung in tatsächlicher und rechtlicher Hinsicht maßgeblich gewesen sind. Bezugnahmen sind nach den allgemeinen Grundsätzen möglich (vgl. BVerwGE 109, 272).

Gem. § 125 II 4 steht den Beteiligten gegen den Beschluss das **Rechts- 8 mittel** zu, das zulässig wäre, wenn das Berufungsgericht durch Urteil entschieden hätte (Revision oder Nichtzulassungsbeschwerde, §§ 132 ff.). Die Beteiligten sind über dieses Rechtsmittel zu belehren, § 125 II 5.

Sofern die Rechtsmittelfrist noch nicht abgelaufen ist, kann der Berufungs- **9** kläger **erneut Berufung einlegen.** Wird der vorherige Zulässigkeitsmangel behoben, hat das Berufungsgericht nunmehr in der Sache zu entscheiden (vgl. BVerwG NVwZ 1998, 170).

10   Entscheidet das OVG trotz unzulässiger Berufung in der Sache, kann die Berufung auch noch im Rahmen des **Revisionsverfahren**s durch das BVerwG verworfen werden. Das Fehlen einer Voraussetzung für die Zulässigkeit der Berufung ist vom Revisionsgericht von Amts wegen zu beachten (BVerwGE 71, 73).

§ 126 [Zurücknahme der Berufung]

(1) ¹Die Berufung kann bis zur Rechtskraft des Urteils zurückgenommen werden. ²Die Zurücknahme nach Stellung der Anträge in der mündlichen Verhandlung setzt die Einwilligung des Beklagten und, wenn ein Vertreter des öffentlichen Interesses an der mündlichen Verhandlung teilgenommen hat, auch seine Einwilligung voraus.

(2) ¹Die Berufung gilt als zurückgenommen, wenn der Berufungskläger das Verfahren trotz Aufforderung des Gerichts länger als drei Monate nicht betreibt. ²Absatz 1 Satz 2 gilt entsprechend. ³Der Berufungskläger ist in der Aufforderung auf die sich aus Satz 1 und § 155 Abs. 2 ergebenden Rechtsfolgen hinzuweisen. ⁴Das Gericht stellt durch Beschluß fest, daß die Berufung als zurückgenommen gilt.

(3) ¹Die Zurücknahme bewirkt den Verlust des eingelegten Rechtsmittels. ²Das Gericht entscheidet durch Beschluß über die Kostenfolge.

I. Rücknahme der Berufung

1. Rücknahmeerklärung (I)

1   Der Berufungskläger kann seine Berufung **bis zur Rechtskraft** der Berufungsentscheidung zurücknehmen, § 126 I 1. Eine Berufungsrücknahme kann somit auch noch im Verfahren über die Beschwerde gegen die Nichtzulassung der Revision erfolgen, weil die Einlegung der Beschwerde die Rechtskraft des Urteils bis zur Ablehnung der Beschwerde hemmt (§ 133 IV, V 3). Entsprechendes gilt für das Revisionsverfahren. Mit der Rücknahme der Berufung in der Revisionsinstanz erledigt sich das Revisionsverfahren (vgl. BVerwG NVwZ 1995, 372). Bei Teilbarkeit des Streitgegenstandes ist eine **Teilrücknahme** möglich. Im Falle der mehrfachen Einlegung der Berufung namens desselben Beteiligten durch verschiedene Prozessbevollmächtigte bewirkt die (vorbehaltlose) Rücknahme durch einen von ihnen, dass die Berufung insgesamt zurückgenommen ist (vgl. BGH NJW 2007, 3640). Trifft die Berufungsrücknahme mit der Rücknahme der Klage oder Revision zusammen, kommt der Prozesshandlung mit der weitergehenden Wirkung Vorrang zu. Dementsprechend geht die Klage- der Berufungsrücknahme vor, während letztere der Revisionsrücknahme vorgeht.

2   Bezüglich der **Wirksamkeit** der Rücknahmeerklärung gelten dieselben Grundsätze wie für die Klagerücknahme (→ § 92 Rn. 3 ff.). Insbes. ist die Berufungsrücknahme **unanfechtbar** und **grds. auch unwiderruflich.** Eine

Ausnahme kommt nur in Betracht, wenn ein Wiederaufnahmegrund nach § 153 iVm §§ 578 ff. ZPO gegeben ist oder wenn die Zurücknahme der Berufung für das OVG und für den Rechtsmittelgegner sogleich als Versehen offenbar gewesen und deshalb nach Treu und Glauben als unwirksam zu behandeln ist (BVerwG NVwZ 2006, 834; NVwZ 1997, 1210 mwN).

Die Rücknahme der Berufung ist **gegenüber dem OVG** – in der Revisi- **3** onsinstanz gegenüber dem BVerwG – **schriftlich oder zu richterlichem Protokoll** zu erklären. Sie unterliegt grds. dem Vertretungserfordernis nach § 67 IV. Eine Ausnahme gilt für die von einem nicht postulationsfähigen Berufungskläger eingelegte Berufung, die dieser auch eigenhändig wieder zurücknehmen kann (vgl. entsprechend für die Zurücknahme der Revision → § 140 Rn. 2). In diesem Fall kann die Rücknahme auch zu Protokoll des Urkundsbeamten der Geschäftsstelle erklärt werden (BFSA Rn. 4).

Wird die Berufung erst nach Stellung der Berufungsanträge in der mündli- **4** chen Verhandlung zurückgenommen, bedarf es der **Einwilligung** des Berufungsbeklagten und – sofern er an der Verhandlung teilgenommen hat – des VöI, § 126 I 2. Bei einer Entscheidung ohne mündliche Verhandlung ist anstelle der Antragstellung auf den Eingang der letzten Einverständniserklärung nach § 101 II bzw. auf den Ablauf der Außerungsfrist nach §§ 125 II 3, 130a S. 2 abzustellen (SSB Rn. 9 mwN; aA zB BeckOK VwGO Rn. 9 mwN: ohne Einwilligung zulässig; vgl. auch → § 140 Rn. 4). Kommt es im Anschluss gleichwohl noch zu einer mündlichen Verhandlung, ist für das Einwilligungserfordernis die Antragstellung maßgeblich (BayVGH NVwZ-RR 2007, 720).

Für die Einwilligungserklärung besteht **kein Vertretungszwang** (aA **5** BeckOK VwGO Rn. 10; BFSA Rn. 7). Sie kann daher nicht nur schriftlich oder zu richterlichem Protokoll, sondern auch zu Protokoll des Urkundsbeamten der Geschäftsstelle abgegeben werden. Wie die Rücknahme ist die Einwilligung unanfechtbar und grds. unwiderruflich (NK-VwGO Rn. 6; Kopp/Schenke § 92 Rn. 16). Fehlt eine erforderliche Einwilligung, ist die Rücknahme unwirksam und das Berufungsverfahren fortzusetzen. Die **Einwilligungsfiktion** bei der Klagerücknahme nach § 92 I 3 findet im Berufungsverfahren keine entsprechende Anwendung.

2. Rücknahmefiktion (II)

Wie § 92 II für die Klagerücknahme sieht auch § 126 II eine Rücknahme- **6** fiktion vor. Die Regelung ist **eng auszulegen** und wegen ihres Ausnahmecharakters weder im Berufungszulassungs- noch im Revisionsverfahren entsprechend anwendbar (BFSA Rn. 8). § 126 II gilt auch für das **Berufungsverfahren in Asylsachen.** § 81 AsylG bezieht sich allein auf das Klageverfahren und lässt für eine analoge Anwendung keinen Raum (BFSA Rn. 8, zum Verhältnis von allgemeinem Prozessrecht und speziellem Asylverfahrensrecht vgl. BVerwG NVwZ 1998, 1311; aA ThürOVG NVwZ 2000, 1434; Kopp/Schenke Rn. 8; SSB Rn. 2).

Die Berufung gilt als zurückgenommen, wenn der Berufungskläger das **7** Verfahren trotz Aufforderung des Gerichts länger als **drei Monate** nicht betreibt, § 126 II 1. In der Aufforderung ist auf diese Rechtsfolge sowie die Kostenfolge nach § 155 II hinzuweisen, § 126 II 3. Für die Voraussetzungen, Inhalt und Form der Betreibensaufforderung sowie für die Anforderungen an das Vorliegen des Nichtbetreibens gelten die Maßgaben zu § 92 II entsprechend (→ § 92 Rn. 28). Insbes. bedarf es eines konkreten Anlasses für die Betreibensaufforderung, aus dem sich der Schluss auf den Wegfall des Rechtsschutzbedürfnisses ableiten lässt (BVerwG BayVBl. 2003, 310; NVwZ 2001, 918). Die Aufforderung erfolgt durch eine nicht selbstständig anfechtbare (§ 146 II) **prozessleitende Verfügung** des Vorsitzenden oder Berichterstatters, die **vollständig zu unterzeichnen** sowie **zuzustellen** ist (§ 56 I; BVerwGE 71, 213; BayVGH NVwZ 1998, 528).

8   Ein den Eintritt der Rücknahmefiktion verhinderndes **Betreiben** des Verfahrens liegt auch dann vor, wenn der Berufungskläger innerhalb der Frist substanziiert darlegt, weshalb er die erbetene Verfahrenshandlung nicht oder nicht fristgerecht vornehmen kann (BVerfG NVwZ 1994, 62). Bei Fristversäumung kann nach § 60 **Wiedereinsetzung** gewährt werden (SSB Rn. 22; BeckOK VwGO Rn. 18; BFSA Rn. 11; aA BVerwG NVwZ-RR 1991, 443; NJW 1986, 207; Kopp/Schenke Rn. 8: nur bei höherer Gewalt). In Bezug auf das Einwilligungserfordernis gilt § 126 I 2 entsprechend. Eine Einwilligungsfiktion wie in § 92 II 2 iVm I 3 ist nicht vorgesehen.

9   Gem. § 126 II 4 stellt das OVG durch **Beschluss** fest, dass die Berufung als zurückgenommen gilt. Der Beschluss ist unanfechtbar (§ 152 I). Im vorbereitenden Verfahren sind nach § 125 I 1 iVm § 87a I Nr. 2, III der **Vorsitzende oder der Berichterstatter** zuständig (SSB Rn. 30; Kopp/Schenke Rn. 9, § 92 Rn. 6 mwN; aA BayVGH Beschl. v. 24.4.2014 – 10 B 12.2400; BayVBl. 2001, 21; BFSA Rn. 14). Tritt die gesetzliche Rücknahmefiktion wegen fristgerechten Betreibens des Verfahrens nicht ein, wird das Berufungsverfahren fortgeführt. Eines gesonderten Beschlusses darüber bedarf es nicht. Besteht Streit über den Eintritt der Fiktionswirkung, kann durch einen Verfahrensbeteiligten die **Fortsetzung des Verfahrens** beantragt werden. Das OVG entscheidet über die Wirksamkeit der Verfahrensbeendigung durch Urteil oder nach § 130a durch Beschluss (BVerwG NVwZ 1997, 1210; Kopp/Schenke Rn. 9).

II. Rechtsfolgen der Rücknahme (III)

10   Die Zurücknahme nach § 126 I, II bewirkt den **Verlust des eingelegten Rechtsmittels,** § 126 III 1. Gemeint ist lediglich das konkret in Rede stehende Rechtsmittel, nicht die Berufung generell. Sind die Fristen nach § 124a II 1 für die Berufungseinlegung bzw. nach § 124a VI 1 für die Berufungsbegründung noch nicht verstrichen, kann daher erneut Berufung eingelegt werden (Kopp/Schenke Rn. 2; NK-VwGO Rn. 19). Etwas anderes gilt, wenn in der Rücknahmeerklärung zugleich ein Berufungsverzicht liegt. In diesem Fall ist eine **erneute Berufung** auch dann ausgeschlossen, wenn die Fristen noch nicht abgelaufen sind (vgl. Kopp/Schenke Rn. 6; BeckOK VwGO Rn. 20). Bei Fristablauf kommt eine Wiedereinsetzung nach § 60 nicht in Betracht. Denn der Berufungskläger war an der Einhaltung der Berufungsfrist nicht gehindert (BVerwG NVwZ 1997, 1210).

Mit der Zurücknahme der Berufung wird die **angefochtene Entschei- 11 dung rechtskräftig,** es sei denn, es ist noch die Berufung eines anderen Beteiligten anhängig. In diesem Fall besteht für den Berufungskläger ungeachtet seiner Berufungsrücknahme die Möglichkeit der Anschließung (§ 127). Demgegenüber verliert ein **Anschlussrechtsmittel,** das an die zurückgenommene Berufung anknüpft, gem. § 127 V seine Wirkung.

Nach § 126 III 2 hat das Berufungsgericht lediglich noch durch Beschluss **12** über die **Kostenfolge** (idR § 155 II) zu entscheiden. Eine gleichwohl ergehende Sachentscheidung ist unwirksam und ein Verfahrensmangel, den das Revisionsgericht von Amts wegen zu beachten hat (BVerwG NVwZ 1997, 1210). Ein klarstellender Einstellungsausspruch entsprechend § 92 III 1 ist zweckmäßig. Ist die Berufungsentscheidung bereits ergangen, ist diese für unwirksam zu erklären (§ 173 S. 1 iVm § 269 III 1 ZPO analog). Über § 125 I 1 findet § 87a I Nr. 2, III Anwendung. Der Beschluss nach § 126 III 2 ist unanfechtbar (§ 152 I).

Ist die Wirksamkeit der **Berufungsrücknahme streitig,** hat das OVG **13** darüber durch Urteil oder nach § 130a durch Beschluss zu entscheiden (→ Rn. 9; BVerwG Beschl. v. 24.1.1989 – 8 B 123/88; SSB Rn. 31; NK-VwGO Rn. 18). Wird die Wirksamkeit bejaht, ist festzustellen, dass die Berufung zurückgenommen ist. Wird die Wirksamkeit verneint, geschieht dies in den Gründen des nunmehr erforderlichen Endurteils oder durch Erlass eines Zwischenurteils (BVerwG NVwZ 1997, 1210).

§ 127 [Anschlussberufung]

(1) [1]Der Berufungsbeklagte und die anderen Beteiligten können sich der Berufung anschließen. [2]Die Anschlussberufung ist bei dem Oberverwaltungsgericht einzulegen.

(2) [1]Die Anschließung ist auch statthaft, wenn der Beteiligte auf die Berufung verzichtet hat oder die Frist für die Berufung oder den Antrag auf Zulassung der Berufung verstrichen ist. [2]Sie ist zulässig bis zum Ablauf eines Monats nach der Zustellung der Berufungsbegründungsschrift.

(3) [1]Die Anschlussberufung muss in der Anschlussschrift begründet werden. [2]§ 124a Abs. 3 Satz 2, 4 und 5 gilt entsprechend.

(4) Die Anschlussberufung bedarf keiner Zulassung.

(5) Die Anschließung verliert ihre Wirkung, wenn die Berufung zurückgenommen oder als unzulässig verworfen wird.

I. Funktion der Anschlussberufung

Die Anschlussberufung eröffnet demjenigen, der eine Berufung selbst nicht **1** einlegen will oder kann, die Möglichkeit, der Berufung eines anderen Verfahrensbeteiligten mit einem Antrag entgegenzutreten, der über eine bloße Berufungszurückweisung hinausgeht. Die Anschlussberufung ist der von einem Beteiligten gestellte Antrag, das bereits von einem anderen Beteiligten angefochtene Urteil zu eigenen Gunsten abzuändern (BVerwG NVwZ-RR 1990, 379). Die Anschließung erlaubt dem Berufungsbeklagten auch dann noch aktiv in den Prozess einzugreifen, wenn die Berufung so kurz vor Ablauf der Rechtsmittelfrist eingelegt wird bzw. der Antrag auf Zulassung der Berufung so kurzfristig gestellt wird, dass der Berufungsbeklagte darauf nicht mehr rechtzeitig mit einem eigenen Rechtsmittel reagieren kann (Gesichtspunkt der **Waffengleichheit und Billigkeit**). Der Anschließung kommt zudem die Funktion zu, überflüssige Rechtsmittel zu verhindern (Gesichtspunkt der **Prozesswirtschaftlichkeit**). Sie soll zum einen vermeiden, dass ein Beteiligter nur wegen eines vermuteten Rechtsmittelangriffs des Prozessgegners vorsorglich selbst Rechtsmittel einlegt. Zum anderen soll die Anschließung einen Beteiligten vor der leichtfertigen Einlegung von Rechtsmitteln warnen, weil er im Falle der Anschlussberufung damit rechnen muss, dass das erstinstanzliche Urteil durch die Berufungsentscheidung zu seinen Ungunsten abgeändert wird (BVerwG Beschl. v. 3.9.2010 – 6 B 30.10, Rn. 8 mwN). Denn die Anschließung lässt die Beschränkung des Berufungsgerichts nach § 128 sowie die Bindung an den Antrag des Berufungsklägers (§§ 125 I 1, 88, § 129) entfallen und gestattet eine Abänderung des angegriffenen Urteils zum Nachteil des Rechtsmittelführers. Das Verbot der **reformatio in peius** (→ § 129 Rn. 5 ff.) gilt insoweit nicht (BVerwG DVBl 2010, 1508; BVerwGE 125, 44; BVerwGE 116, 169; HessVGH Urt. v. 4.12.2018 – 10 A 2922/16, Rn. 65).

2   Die Anschließung ist **kein Rechtsmittel;** sie entfaltet weder Devolutiv- noch Suspensiveffekt. Es handelt sich lediglich um einen gegenläufigen Sachantrag im Rahmen des vom Berufungskläger eingelegten Rechtsmittels, mit dem der Berufungsbeklagte den Rechtsmittelanträgen des Berufungsklägers entgegentritt und die Beschränkungen des Berufungsgerichts aus §§ 128, 129 beseitigt (BVerwGE 125, 44 mwN).

3   Anders als die bis zum 31.12.2001 geltende Fassung des § 127 sieht die Neufassung die Anschließung nur noch in Form einer **unselbstständigen Anschlussberufung** vor. Ihre Zulässigkeit ist abhängig davon, dass eine Berufung anhängig ist. Die Anschließung verliert ihre Wirkung, wenn die Berufung zurückgenommen oder als unzulässig verworfen wird (§ 127 V). Dasselbe gilt, wenn das Berufungsverfahren infolge eines Vergleichs oder übereinstimmender Hauptsacheerledigungserklärungen eingestellt wird (OVG Bln-Bbg Beschl. v. 29.10.2019 – 4 B 6.18, Rn. 2 mwN; HessVGH NJW 2012, 2458; Kopp/Schenke Rn. 20, jeweils mwN). Dabei ist unerheblich, ob alle sonstigen Zulässigkeitsvoraussetzungen für eine selbstständige Berufung gegeben sind; die Umdeutung der Anschlussberufung in eine Berufung scheidet aus (Kopp/Schenke Rn. 4, 21; SSB Rn. 10; s. aber → Rn. 6 aE).

4   § 127 findet **entsprechende Anwendung** im Revisionsverfahren (→ § 141 Rn. 4 ff.) sowie im Beschwerdeverfahren (→ § 146 Rn. 9). Im Verfahren über die Nichtzulassungsbeschwerde ist eine Anschließung demgegenüber unzulässig. Aufgrund der abweichenden Rechtsmittelstruktur der Nichtzulassungsbeschwerde kommt eine analoge Anwendung des § 127 nicht in Betracht (BVerwGE 34, 351). Dasselbe gilt für das Verfahren auf Zulassung

der Berufung (BVerwGE 125, 44; BVerwGE 116, 169; OVG RhPf NVwZ-RR 2003, 317). Die Möglichkeit einer Anschließung an die Anschlussberufung besteht nicht (vgl. zB BGHZ 88, 360; SSB Rn. 5; aA BeckOK VwGO Rn. 21 ff.).

II. Formale Voraussetzungen

1. Anschließungsberechtigte

Der Berufung können sich der Berufungsbeklagte und die anderen Beteiligten **5** des Berufungsverfahrens anschließen, § 127 I 1. Aus Sinn und Zweck der Anschließung ergibt sich das **Erfordernis der Gegenläufigkeit.** Die Anschlussberechtigung setzt voraus, dass sich die Berufung (auch) gegen den Anschlussberufungsführer richtet (BVerwG NVwZ-RR 1998, 457). Dementsprechend kann in der Stellung eines Antrags auf Abänderung des erstinstanzlichen Urteils, den ein anderer Beteiligter als der Berufungskläger stellt, nur dann die Einlegung einer Anschlussberufung gesehen werden, wenn die begehrte Abänderung eine solche zu Lasten des Berufungsklägers ist. Strebt der Beteiligte mit seinem Antrag denselben Prozesserfolg an wie der Berufungskläger, handelt es sich nicht um eine Anschließung (BVerwG NVwZ-RR 1990, 379). Abweichend kann sich der **VöI** auch allein zur Unterstützung des Berufungsklägers der Berufung anschließen (BVerwGE 9, 143; Kopp/Schenke Rn. 11; BFSA Rn. 12).

2. Statthaftigkeit

Eine wirksame Anschließung kann erst erfolgen, wenn eine **Berufung an- 6 hängig** ist (OVG RhPf NVwZ-RR 2003, 317; Kopp/Schenke Rn. 10 mwN). Gem. § 127 IV ist die Anschlussberufung anders als die Berufung **zulassungsfrei.** Des Weiteren bestimmt § 127 II 1, dass die Anschließung unabhängig davon möglich ist, ob der Berufungsbeklagte oder andere Beteiligte die Frist für die Berufung oder den Antrag auf Zulassung der Berufung versäumt hat oder auf die Berufung verzichtet hat. Ist eine Berufung anhängig, hat der Beteiligte unter Wahrung der dafür vorgeschriebenen Formen und Fristen die **freie Wahl,** ob er Rechtsschutz im Wege der selbstständigen Berufung oder im Wege der Anschlussberufung anstrebt. Solange die Frist zur Einlegung der Anschlussberufung nicht verstrichen ist, besteht das Wahlrecht auch fort, wenn der Beteiligte bereits eine eigene Berufung eingelegt hat. Dieses Wahlrecht kann er durch die prozessuale Erklärung ausüben, seine Berufung als Anschlussberufung aufrechtzuerhalten. Die Berufung des Beteiligten ist dann in eine Anschlussberufung umzudeuten (BVerwG NVwZ 2008, 314).

Aus dem Sinn und Zweck der Anschließung (→ Rn. 1 f.) leitet sich außer- **7** dem ab, dass die Anschlussberufung nicht denselben **Streitgegenstand** betreffen muss wie die Berufung. Ziel der Anschlussberufung ist es, über den Gegenstand des Berufungsantrags hinauszugehen. Dieses Ziel würde verfehlt, wenn der Beteiligte mit der Anschließung nur Sachanträge im Rahmen seines erstinstanzlichen Obsiegens stellen könnte und er sich nicht auch gegen diejenigen Urteilsteile wenden könnte, mit denen er unterlegen ist (BVerwGE 125, 44). Voraussetzung für eine statthafte Anschließung ist daher lediglich, dass zwischen dem Berufungsbegehren und dem mit der Anschließung verfolgten Sachantrag entsprechend §§ 44, 89 I 1 ein **sachlicher Zusammenhang** bestehen muss (BVerwG Beschl. v. 3.9.2010 – 6 B 30.10, Rn. 8; BVerwGE 125, 44; 116, 169). Die Anschlussberufung setzt **keine Beschwer** voraus (vgl. BVerwG NVwZ 1996, 803; BVerwGE 29, 261; NK-VwGO Rn. 4; zweifelnd SSB Rn. 6). Der Anschlussberufungsführer kann beispielsweise im Wege der Klageerweiterung (BVerwG DVBl 2010, 1508; NVwZ 1999, 1000; HessVGH Urt. v. 4.12.2018 – 10 A 2922/16, Rn. 66 ff.; OVG NRW NWVBl. 1998, 110) oder der Widerklage über den erstinstanzlichen Streitgegenstand hinausgehen (vgl. Kopp/Schenke Rn. 11, 13; BFSA Rn. 20).

8   Dementsprechend ist auch nicht zu verlangen, dass die Anschlussberufung auf den **Gegenstand der Berufungszulassung** beschränkt ist (BVerwGE 125, 44; anders zu § 127 aF: BVerwG NVwZ-RR 1997, 253). Die Anschließung ist aber unstatthaft, soweit das Berufungsgericht zuvor den Antrag des Anschlussberufungsführers auf Zulassung der Berufung wegen desselben Teils des Streitgegenstandes abgelehnt hat; insoweit ist der Rechtsstreit rechtskräftig abgeschlossen (BVerwG Beschl. v. 3.9.2010 – 6 B 30.10, Rn. 7; NVwZ-RR 2008, 214; aA BeckOK VwGO Rn. 7a; BFSA Rn. 17; einschränkend OVG LSA Urt. v. 12.10.2017 – 2 L 166/15, Rn. 67: statthaft, wenn die Hauptberufung unbeschränkt zugelassen wurde). Demnach dürfte eine Anschließung auch ausscheiden, wenn der Beteiligte zunächst Berufung eingelegt und diese zurückgenommen hat oder sie vom OVG verworfen wurde (aA BFSA Rn. 16; BeckOK VwGO Rn. 4a). Der Beteiligte kann dem dadurch begegnen, dass er rechtzeitig erklärt, seine Berufung als Anschlussberufung weiterführen zu wollen (→ Rn. 6).

3. Form und Frist

9   Die Anschließung erfolgt durch Einreichung eines Schriftsatzes (**Anschlussschrift**, vgl. § 127 III 1), der dem **Vertretungszwang** (§ 67 IV) unterliegt. Die Anschlussschrift ist beim OVG einzulegen, § 127 I 2. Die Anschlussberufung muss nicht ausdrücklich als solche bezeichnet sein. Es genügt, wenn in dem betreffenden Schriftsatz klar und eindeutig der Wille zum Ausdruck kommt, über die bloße Zurückweisung der Berufung hinaus die Änderung des erstinstanzlichen Urteils zugunsten des Anschlussberufungsführers und zu Lasten des Berufungsklägers zu erreichen (BVerwG DVBl 2010, 1508; NVwZ-RR 1995, 58). Die Anschließung als solche kann zwar nicht in der mündlichen Verhandlung zu Protokoll erklärt werden (BGH NJW-RR 1989, 441; Kopp/Schenke Rn. 15; SSB Rn. 9; aA BeckOK VwGO Rn. 14 mwN); jedoch kann die Anschlussberufung ggf. durch Protokollerklärung erweitert werden (BGH NJW 1993, 269). Die Anschließung kann anders als die Berufung **auch bedingt** eingelegt werden, zB für den Fall, dass die Berufung Erfolg hat oder das Gericht eine bestimmte entscheidungserhebliche Rechtsfrage verneint (OVG LSA Urt. v. 12.10.2017 – 2 L 166/15, Rn. 65; VGH

BW VBlBW 2017, 284 mwN; OVG RhPf NVwZ-RR 2003, 317; BayVGH
NVwZ-RR 1998, 9; VGH BW VBlBW 1994, 449; aA für eine Anschlussberufung, die bedingt für den Fall der Berufungszulassung oder für den Fall
der späteren Einlegung der Berufung eingelegt wird: SSB Rn. 11; Eyermann
Rn. 10).

Die Anschlussberufung ist gem. § 127 II 2 **innerhalb eines Monats nach**   **10**
Zustellung der Berufungsbegründungsschrift einzulegen. Bei einer ge-
staffelten Berufungsbegründung wird die Frist durch die Zustellung des
Schriftsatzes in Gang gesetzt, durch den – ggf. in Verbindung mit vorangehenden Schriftsätzen – erstmals den Anforderungen des § 124a III 4 entsprochen wird. Einer Zustellung auch der vorangehenden Schriftsätze bedarf
es nicht (BVerwGE 142, 99 Rn. 12 ff.; VGH BW Beschl. v. 9.11.2010 –
A 4 S 703/10, Rn. 77). Die Frist beginnt jedoch ausnahmsweise von neuem,
wenn der Berufungskläger innerhalb der – ggf. nach § 124a III 3, VI 3 ver-
längerten – Berufungsbegründungsfrist mit einem weiteren Schriftsatz sein
Vorbringen ergänzt und es sich dabei um neuen erheblichen Vortrag handelt
(Kopp/Schenke Rn. 14; enger BeckOK VwGO Rn. 15 f.: nur im Falle eines
erweiterten Berufungsantrags). Ohne Zustellung der Berufungsbegründung
wird die Frist des § 127 II 2 nicht in Gang gesetzt (BVerwG DVBl 2010,
1508; OVG LSA Urt. v. 12.10.2017 – 2 L 166/15, Rn. 68). Über die An-
schließungsfrist muss nicht belehrt werden. § 58 findet keine Anwendung,
weil es sich bei der Anschließung nicht um einen Rechtsbehelf handelt
(BVerwGE 142, 99 Rn. 20).

4. Begründung

Die Anschlussberufung ist zu begründen. Aus § 127 III 1 ergibt sich, dass dies   **11**
regelmäßig **mit der Anschlussschrift** erfolgen soll. Gem. § 127 III 2 iVm
§ 124a III 2 darf die Begründung aber innerhalb der Frist des § 127 III 2 noch
nachgereicht werden. Die separate Begründung ist wie die Anschlussschrift
beim OVG einzureichen. Eine Fristverlängerung ist nicht möglich;
§ 124a III 3 wird in § 127 III 2 nicht in Bezug genommen. Die Begründung
muss einen **bestimmten Antrag** enthalten sowie die Gründe für die Anschlussberufung darlegen, § 127 III 2 iVm § 124a III 4. Der Antrag muss
über eine Zurückweisung der Berufung hinausgehen; anderenfalls handelt es
sich nicht um eine Anschließung (→ Rn. 1). Eine bloße Abänderung der
Entscheidungsgründe kann mit der Anschließung ebenfalls nicht verfolgt
werden (Kopp/Schenke Rn. 7; BGHZ 95, 313). Ausreichend soll indes sein,
dass mit der Anschlussberufung die Änderung einer belastenden Kostenentscheidung angestrebt wird (vgl. VGH BW VBlBW 1983, 242; NK-VwGO
Rn. 5). Mangelt es an einem der Begründungserfordernisse, ist die Anschlussberufung unzulässig und zu verwerfen, § 127 III 2 iVm § 124a III 5.

III. Entscheidung über die Anschlussberufung

Über die Anschlussberufung ist grds. **gemeinsam mit der Berufung** zu   **12**
verhandeln und zu entscheiden. Wegen der Akzessorietät (§ 127 V) kann die

Anschlussberufung nicht vorab beschieden werden (Kopp/Schenke Rn. 23; SSB Rn. 13; NK-VwGO Rn. 12; aA BFSA Rn. 13 für den Fall einer unzulässigen oder unbegründeten Anschließung). Eine Entscheidung im vereinfachten Verfahren nach § 130a kommt nicht in Betracht, soweit die Einlegung der Anschlussberufung eine wesentliche Änderung der Prozesssituation darstellt (vgl. BVerwG NVwZ 1999, 1000). Hat sich die Berufung infolge Rücknahme, Vergleich etc. erledigt, ist es zweckmäßig, in der abschließenden Beschlussentscheidung auch die Unwirksamkeit der Anschlussberufung (§ 127 V) entsprechend zu tenorieren (vgl. zB OVG Bln-Bbg Beschl. v. 29.10.2019 – 4 B 6.18; OVG NRW Beschl. v. 24.10.2019 – 4 A 2565/19; Kopp/Schenke Rn. 22 mwN). Hält der Anschlussberufungsführer die Anschließung aufrecht, obwohl die Berufung nicht mehr anhängig ist, ist sie als unzulässig zu verwerfen (vgl. HessVGH NJW 2012, 2458).

13 Kostenmäßig ist die Anschlussberufung als selbstständiges Rechtsmittel zu behandeln. Die **Kosten** einer begründeten Anschlussberufung trägt der Berufungskläger. Dasselbe gilt im Falle des § 127 V (vgl. zB OVG Bln-Bbg Beschl. v. 29.10.2019 – 4 B 6.18, Rn. 4; OVG NRW Beschl. v. 24.10.2019 – 4 A 2565/19, Rn. 3 ff.), es sei denn, die Anschlussberufung ist unzulässig (BVerwGE 72, 165). IÜ trägt der Anschlussberufungsführer die Kosten der Anschließung.

§ 128 [Umfang der Nachprüfung]

[1] Das Oberverwaltungsgericht prüft den Streitfall innerhalb des Berufungsantrags im gleichen Umfang wie das Verwaltungsgericht. [2] Es berücksichtigt auch neu vorgebrachte Tatsachen und Beweismittel.

I. Prüfungsumfang im Berufungsverfahren

1 Aus § 128 ergibt sich, dass die Berufungsinstanz eine **zweite Tatsacheninstanz** ist. Nach S. 1 prüft das Berufungsgericht den Streitfall grds. in tatsächlicher und rechtlicher Hinsicht in gleichem Umfang wie das VG. Das OVG ermittelt wie das VG den Sachverhalt von Amts wegen (s. auch § 130 I) und ist zu einer **umfassenden Prüfung des Klagebegehrens** berufen. An den Vortrag der Beteiligten ist es dabei nicht gebunden (Kopp/Schenke Rn. 1; BeckOK VwGO Rn. 1.1). Hält das Berufungsgericht das angefochtene Urteil für fehlerhaft, hat es idR weiter zu prüfen, ob das Urteil sich aus anderen Gründen im Ergebnis als richtig erweist. Nur unter engen Voraussetzungen kommt eine Zurückverweisung an das VG in Betracht (§ 130 II).

2 Der Prüfungsumfang wird allerdings bestimmt und **begrenzt durch die Berufungsanträge** (§ 129). Bezieht sich das Rechtsschutzbegehren in der Berufungsinstanz lediglich auf einen abtrennbaren Teil des erstinstanzlichen Streitgegenstands, ist auch der Umfang der Nachprüfung entsprechend beschränkt (BVerwG Beschl. v. 22.3.2018 – 7 C 1.17, Rn. 19). Umgekehrt fällt ein **einheitlicher Streitgegenstand,** über den das VG fehlerhaft nur zum Teil entschieden hat, insgesamt in der Rechtsmittelinstanz an (BVerwG

Beschl. v. 22.3.2018 – 7 C 1.17, Rn. 18; BVerwGE 71, 73). Entsprechendes gilt in Bezug auf nicht **beschiedene Hilfsanträge** (BVerwG NVwZ 1999, 642; → § 129 Rn. 2).

Das OVG kann nicht über den Streitgegenstand des erstinstanzlichen Urteils **3** hinausgehen (BVerwGE 71, 73; BayVBl. 1986, 535), es sei denn, es handelt sich um eine zulässige **Klageänderung** (§ 125 I 1 iVm § 91, § 173 S. 1 iVm § 264 ZPO) oder **Widerklage** (§ 125 I 1 iVm § 89; vgl. BVerwG 44, 351). Hat das VG einen Klageantrag übersehen, dh versehentlich nicht beschieden, muss der Kläger dagegen im Wege der Urteilsergänzung (§ 120) vorgehen; die Berufung kommt insoweit nicht in Betracht (BVerwG NVwZ 1994, 1116; NVwZ 1993, 62; vgl. zur Abgrenzung der rechtsirrtümlichen von der versehentlichen Nichtbescheidung: BVerwG Beschl. v. 22.3.2018 – 7 C 1.17, Rn. 18).

Eine **weitere Grenze** setzt das Zulassungserfordernis. Der Streitfall fällt nur **4** insoweit in der Berufungsinstanz an, als die **Zulassung** reicht. IÜ wird das erstinstanzliche Urteil – vorbehaltlich einer etwaigen Anschlussberufung (§ 127) – rechtskräftig (vgl. zB BVerwG NVwZ 2010, 188; Beschl. v. 24.6.2009 – 5 B 69.08). Die Bindungswirkung der Zulassung erstreckt sich indes nicht auf die Zulassungsgründe. Das Berufungsgericht ist in seiner rechtlichen Prüfung unabhängig von den Erwägungen, die zur Zulassung der Berufung geführt haben (vgl. BVerwG Beschl. v. 16.2.2016 – 3 B 68.14, Rn. 24 mwN; Beschl. v. 28.1.2013 – 2 B 62.12, Rn. 12; DVBl 1997, 907). Der Nachprüfung durch das Berufungsgericht entzogen sind Entscheidungen des VG, die dem Endurteil vorausgegangen sind, sofern diese **Vorentscheidungen** unanfechtbar oder selbstständig anfechtbar sind (vgl. § 173 S. 1 iVm § 512 ZPO; OVG NRW NVwZ-RR 1990, 163). Bindungswirkung entfalten des Weiteren die nicht widerruflichen Prozesshandlungen (BeckOK VwGO Rn. 4).

Es steht im Ermessen des OVG, ob es die Ergebnisse einer erstinstanzlichen **5** **Beweisaufnahme** übernimmt oder die Beweiserhebung neu vornimmt. Will das OVG von der Beweiswürdigung des VG abweichen, wird regelmäßig eine eigene Beweisaufnahme erforderlich sein. Das ist namentlich der Fall, wenn das OVG die **Glaubwürdigkeit von Zeugen** anders als das VG beurteilen will (BVerwGE 138, 289 Rn. 18 mwN). Dasselbe gilt, wenn das OVG Zweifel an der Zuverlässigkeit der Zeugen- oder Sachverständigenaussagen hat oder wenn die Beteiligten die Beweiswürdigung des VG substanziiert in Frage stellen (BVerwG Buchh 310 § 96 Nr. 58; Beschl. v. 17.10.2002 – 1 B 281.02 mwN; NK-VwGO Rn. 9; SSB Rn. 4 f.; s. auch BVerfG NJW 2005, 1487; NJW 2003, 2524). Förmlichen Beweisanträgen, die für die erstinstanzliche Entscheidung unerheblich waren und denen das VG daher nicht entsprochen hat, ist in der Berufungsinstanz auch ohne erneute Antragstellung nachzugehen, sofern ihnen ausgehend vom materiell rechtlichen Standpunkt des OVG nunmehr Bedeutung zukommt (BVerwG NJW 1994, 2243). Eine Wiederholung der erstinstanzlichen Beweiserhebung ist außerdem geboten, soweit diese an Verfahrensfehlern leidet und die unter Beweis gestellten Tatsachen auch nach der Rechtsauffassung des OVG entscheidungserheblich sind (vgl. Kopp/Schenke Rn. 2; BeckOK VwGO Rn. 10 ff.; NK-VwGO Rn. 9).

6 Andere **Verfahrensfehler** im ersten Rechtszug können durch das nachfolgende Berufungsverfahren ebenfalls **geheilt** werden. Wegen der nach § 128 gebotenen umfassenden Prüfung durch das OVG wirkt ein Verfahrensverstoß des VG in der Berufungsinstanz grds. nicht fort (BVerwG Beschl. v. 17.3.2014 – 2 B 45.13, Rn. 12; Kopp/Schenke Rn. 5).

II. Berücksichtigung neuer Tatsachen und Beweismittel

7 Gem. § 128 S. 2 sind die Beteiligten im Berufungsverfahren grds. nicht gehindert, neue Tatsachen und Beweismittel vorzubringen. Auch erst spät im Verfahren vorgetragene Tatsachen und Beweismittel sind zu berücksichtigen, es sei denn, es handelt sich um **verspätetes Vorbringen** iSv § 125 I 1, § 87b. Eine weitere Ausnahme gilt für Erklärungen und Beweismittel, die das VG zu Recht zurückgewiesen hat (§ 128a II), sowie nach Maßgabe von § 128a I für neue Erklärungen und Beweismittel, die im ersten Rechtszug entgegen einer vom VG hierfür gesetzten Frist nicht vorgebracht worden sind.

§ 128a [Neue Erklärungen und Beweismittel; Verspätung; Ausschluss]

(1) ¹Neue Erklärungen und Beweismittel, die im ersten Rechtszug entgegen einer hierfür gesetzten Frist (§ 87b Abs. 1 und 2) nicht vorgebracht worden sind, sind nur zuzulassen, wenn nach der freien Überzeugung des Gerichts ihre Zulassung die Erledigung des Rechtsstreits nicht verzögern würde oder wenn der Beteiligte die Verspätung genügend entschuldigt. ²Der Entschuldigungsgrund ist auf Verlangen des Gerichts glaubhaft zu machen. ³Satz 1 gilt nicht, wenn der Beteiligte im ersten Rechtszug über die Folgen einer Fristversäumung nicht nach § 87b Abs. 3 Nr. 3 belehrt worden ist oder wenn es mit geringem Aufwand möglich ist, den Sachverhalt auch ohne Mitwirkung des Beteiligten zu ermitteln.

(2) Erklärungen und Beweismittel, die das Verwaltungsgericht zu Recht zurückgewiesen hat, bleiben auch im Berufungsverfahren ausgeschlossen.

I. Nichtzulassung verspäteten Vorbringens (I)

1 Abweichend von § 128 S. 2 bestimmt § 128a I, dass neue Tatsachen und Beweismittel grds. nicht zu berücksichtigen sind, wenn sie verspätet vorgetragen worden sind und wenn sie die Erledigung des Rechtsstreits verzögern würden oder die Verspätung nicht genügend entschuldigt worden ist. Die **Präklusionsvorschrift** knüpft an § 87b über die Zurückweisung verspäteten Vorbringens im ersten Rechtszug an. Sie bezweckt, das verwaltungsgerichtliche **Verfahren zu straffen und zu beschleunigen** (BVerwG Buchh 310 § 128a Nr. 2). Mit Rücksicht auf Art. 103 I GG ist § 128a **eng auszulegen** (BFSA Rn. 2; BeckOK VwGO Rn. 3).

2 Unberührt bleibt die Möglichkeit des OVG, selbst gem. § 125 I 1 iVm § 87b I, II eine Ausschlussfrist zu setzen und ggf. nach § 125 I 1 iVm

§ 87b III zu verfahren. Im **Berufungszulassungsverfahren** findet § 128a I entsprechende Anwendung. Der Zulassungsantrag kann nicht auf neue Tatsachen oder Beweismittel gestützt werden, die im Berufungsverfahren nach § 128a I zurückzuweisen wären. In der **Revisionsinstanz** kommt § 128a I insoweit Wirkung zu, als vom OVG zu Recht nicht zugelassenes Vorbringen auch im Revisionsverfahren keine Berücksichtigung findet (SSB Rn. 12.

Nach § 79 I AsylG gilt § 128a entsprechend für **asylrechtliche Streitig-** **3** **keiten.** Neue Erklärungen und Beweismittel, die der Kläger im erstinstanzlichen Verfahren entgegen § 74 II 1 AsylG nicht innerhalb eines Monats nach Zustellung des ablehnenden Bescheids vorgebracht hat, sind im Berufungsverfahren nur nach Maßgabe von § 128a I zuzulassen. Davon unberührt bleibt die unmittelbare Anwendung der Vorschrift, wenn das VG zusätzlich eine Frist nach § 87b I, II gesetzt hat.

Eine Präklusion nach § 128a I 1 setzt zunächst voraus, dass es sich um neue **4** Tatsachen oder neue Beweismittel handelt, die der Kläger **entgegen einer** **Frist nach § 87b I oder** ein Beteiligter entgegen einer Frist nach **§ 87b II** im erstinstanzlichen Verfahren nicht vorgetragen hat. Die Aufforderung und Fristsetzung nach § 87b I, II muss ordnungsgemäß erfolgt sein. Nicht „neu" iSv § 128a I ist Vorbringen, mit dem in erster Instanz Vorgetragenes lediglich ergänzt, erläutert oder konkretisiert wird (Kopp/Schenke Rn. 2). Dasselbe gilt für verspätet vor dem VG vorgebrachte Erklärungen (BeckOK VwGO Rn. 6). § 128a I ist nicht anwendbar auf neue, aber zwischen den Beteiligten **unstreitige Tatsachen** (BeckOK VwGO Rn. 7 f.; s. auch SSB Rn. 14; NK-VwGO Rn. 8, jeweils zu § 128a II; BGH NJW 2005, 291 zu § 531 II ZPO).

Eine **Verzögerung** iSv § 128a I 1 ist zu bejahen, wenn die Zulassung des **5** verspäteten Vorbringens eine (weitere) Tatsachenaufklärung erforderlich macht, die die Dauer des sonst entscheidungsreifen Rechtsstreits verlängern würde (BVerwG Beschl. v. 15.4.1998 – 2 B 26.98; NVwZ 1994, 371; BVerfG NJW 1989, 705). Grds. unerheblich ist, ob der Rechtsstreit bei rechtzeitigem Vorbringen ebenso lange dauern würde. Etwas anderes gilt jedoch, wenn ohne jeden Aufwand erkennbar ist, dass sich das zweitinstanzliche Verfahren auch bei fristgerechtem Vortrag vergleichbar verzögert hätte. In diesem Fall darf verspätetes Vorbringen nicht zurückgewiesen werden (BVerwG NVwZ-RR 1998, 592; NdsOVG NVwZ 2001, 1062; BVerfGE 75, 302). Zu einer Verzögerung iSv § 128a I führt eine Zulassung verspäteten Vorbringens dann nicht, wenn hierfür eine **unzulängliche Verfahrensleitung** oder eine **Verletzung der gerichtlichen Sachaufklärungspflicht** mitursächlich ist (BVerwG Buchh 402.25 § 1 AsylVfG Nr. 307; BVerfGE 75, 183).

Ob sich die Erledigung des Rechtsstreits verzögert, beurteilt das Berufungs- **6** gericht nach seiner **freien Überzeugung,** dh es ist nicht an feste Beweisregeln und Beweisvermutungen gebunden. Die dem Gericht zukommende Einschätzungsprärogative hat sich daran zu orientieren, dass § 128a I eng auszulegen ist und bei der Handhabung der Präklusionsvorschrift der Verhältnismäßigkeitsgrundsatz zu wahren ist (BeckOK VwGO Rn. 9.1; BVerwG NVwZ-RR 1998, 592; BVerfGE 75, 302).

7   Voraussetzung für eine Nichtzulassung des Vorbringens ist des Weiteren, dass der Beteiligte die Verspätung **nicht genügend entschuldigt** hat, § 128a I 1. Der Entschuldigungsgrund ist gem. § 128a I 2 auf Verlangen des Gerichts glaubhaft zu machen (§ 173 S. 1 iVm § 294 ZPO). Für die Frage, ob den Beteiligten ein Verschulden trifft, gelten die zu § 60 I entwickelten Grundsätze entsprechend (BVerwG NVwZ 2000, 1042). Hierbei entscheidet das OVG ebenfalls nach seiner freien Überzeugung. Die Verspätung ist zB entschuldigt, wenn die nach § 87b I, II gesetzte Frist unangemessen kurz bemessen war. Zu berücksichtigen ist dabei auch, ob der Beteiligte beim VG um eine Fristverlängerung nachgesucht oder geltend gemacht hat, wegen der Kürze der Frist nicht ausreichend vortragen zu können (BVerwG Beschl. v. 15.4.1998 – 2 B 26.98).

8   Unter den in § 128a I 3 genannten Voraussetzungen scheidet eine Zurückweisung des verspäteten Vorbringens zwingend aus. Dies betrifft zum einen den Fall einer **fehlenden oder nicht ordnungsgemäßen Belehrung** nach § 87b III 1 Nr. 3 über die Folgen der Fristversäumung. Zum anderen ist die Präklusion anknüpfend an § 87b III 3 ausgeschlossen, wenn es mit geringem Aufwand möglich ist, den Sachverhalt auch ohne Mitwirkung des Beteiligten zu ermitteln. Beide Ausschlussgründe sind Ausdruck des Verhältnismäßigkeitsprinzips.

9   Die **Entscheidung über die Zulassung bzw. Nichtzulassung** des neuen Vorbringens bedarf keines gesonderten Beschlusses (Kopp/Schenke Rn. 4 mwN). Liegen die Voraussetzungen für eine Präklusion nicht vor, berücksichtigt das OVG das Vorbringen nach den allgemeinen Grundsätzen im Rahmen der Berufungsentscheidung und erhebt erforderlichenfalls Beweis. Die **Nichtzulassung** einer neuen Erklärung oder eines Beweismittels ist in der Berufungsentscheidung **zu begründen** (vgl. BVerwG NVwZ 2000, 1042). Darüber hinaus ist vorab ein entsprechender Hinweis zu geben, wenn dies zwecks Gewährung rechtlichen Gehörs geboten erscheint, namentlich wenn sich die Nichtzulassung des Vorbringens ansonsten als Überraschungsentscheidung darstellt (NK-VwGO Rn. 5; SSB Rn. 11).

10   Weist das Berufungsgericht neue Erklärungen oder Beweismittel fehlerhaft zurück, kann der Betroffene dagegen im Rahmen des in der Hauptsache eingelegten Rechtsmittels eine Verfahrensrüge erheben (BVerwG NVwZ 2000, 1042). § 128a I ist aber **nicht drittschützend.** Hat das Berufungsgericht verspätetes Vorbringen eines Beteiligten entgegen § 128a I zugelassen, liegt darin keine Beschwer eines anderen Beteiligten. Eine Verfahrensrüge lässt sich auf einen solchen Verstoß nicht stützen (BVerwG Buchh 310 § 128a Nr. 2). Das Revisionsgericht ist an die Zulassung des verspäteten Vorbringens gebunden.

II. Vom VG zurückgewiesenes Vorbringen (II)

11   § 128a II gewährleistet, dass die Wirkungen des § 87b III auch in zweiter Instanz erhalten bleiben. Hat das VG Erklärungen und Beweismittel zu Recht zurückgewiesen, bleiben diese auch im Berufungsverfahren ausgeschlossen. Voraussetzung ist allerdings, dass das VG von der Präklusionsregelung des

§ 87b **fehlerfrei** Gebrauch gemacht hat. Dies ist vom OVG zu überprüfen. Hat das VG Erklärungen oder Beweismittel zu Unrecht nach § 87b III zurückgewiesen, sind diese im Berufungsverfahren zuzulassen; ein Rückgriff auf § 128a I kommt nicht in Betracht (SSB Rn. 15; NK-VwGO Rn. 9). § 128a II findet keine Anwendung auf Vorbringen, das in der Berufungsinstanz unstreitig wird (vgl. → Rn. 4). Die Anmerkungen in → Rn. 9 f. gelten entsprechend. Vom OVG zu Recht nach § 128a II nicht zugelassenes Vorbringen bleibt auch in der Revisionsinstanz außer Betracht. Hat das OVG das Vorbringen berücksichtigt, prüft das BVerwG nicht, ob dies zu Unrecht erfolgt ist (SSB Rn. 15; NK-VwGO Rn. 9; BFSA Rn. 14).

§ 129 [Bindung an die Anträge]

Das Urteil des Verwaltungsgerichts darf nur soweit geändert werden, als eine Änderung beantragt ist.

I. Bindungswirkung des Berufungsantrags

Gem. § 129 gilt die **Dispositionsmaxime** auch im Berufungsverfahren. Das **1** Berufungsgericht darf das Urteil des VG nur insoweit abändern, als eine Änderung beantragt ist. Wie im erstinstanzlichen Verfahren (vgl. § 88) ist das Rechtsschutzbegehren maßgeblich und nicht der Wortlaut der Anträge; letztere sind anhand des erkennbaren Begehrens auszulegen (BVerwG NVwZ 2010, 188; NJW 1997, 1250). Das Rechtsschutzziel ist aus dem **formulierten Antrag** und der **Berufungsbegründung** (vgl. § 124a III 4, VI 3) sowie ggf. ergänzend aus dem weiteren Berufungsvorbringen der Beteiligten zu ermitteln (BVerwG Beschl. v. 22.3.2018 – 7 C 1.17, Rn. 19; BVerwGE 116, 326). Bei der Auslegung berücksichtigungsfähig ist ferner der Vortrag im Zulassungsverfahren (vgl. BVerwG DVBl 1997, 907; NJW 1997, 1250; Kopp/ Schenke Rn. 1). Aus § 129 folgt, dass dem Berufungskläger nicht mehr zugesprochen werden darf, als er im Berufungsverfahren bzw. mit der Klage beantragt hat.

Wendet sich der Berufungskläger gegen die erstinstanzliche Stattgabe des **2** Hauptantrags, fällt auch der unbeschieden gebliebene **Hilfsantrag** in der Rechtsmittelinstanz an. Weist das Berufungsgericht den Hauptantrag ab, hat es nunmehr auch über den Hilfsantrag zu entscheiden (BVerwGE 104, 260). Entsprechendes gilt, wenn das VG seine Entscheidung trotz eines **einheitlichen Streitgegenstand**s fehlerhaft auf einen Teil beschränkt hat. Das Berufungsgericht hat über den gesamten Streitgegenstand zu entscheiden (BVerwG Beschl. v. 22.3.2018 – 7 C 1.17, Rn. 18; Buchh 402.240 § 53 AuslG Nr. 36; Buchh 106.19 Nachbarschutz Nr. 110; SächsOVG SächsVBl. 2000, 138; VGH BW NVwZ 1989, 882).

§ 129 entfaltet grds. allein im Hinblick auf den **Entscheidungstenor 3** Bindungswirkung. Das Berufungsgericht ist daher nicht gehindert, das angefochtene Urteil mit anderen Entscheidungsgründen zu bestätigen oder aus anderen Erwägungen als vom Berufungskläger vorgetragen zu ändern (vgl. zB

BVerwG NVwZ-RR 1991, 443: Ersetzung eines abweisenden Sachurteils durch ein abweisendes Prozessurteil; BVerwG NVwZ 1982, 115 und BVerwGE 22, 45: Ersetzung eines abweisenden Prozessurteils durch ein abweisendes Sachurteil; einschränkend BeckOK VwGO Rn. 6: nur, wenn die zur Unzulässigkeit führenden Gründe nicht behebbar sind). Grenzen ergeben sich, soweit die Gründe wie zB beim Bescheidungsurteil (§ 113 V 2) den tenorierten Sachausspruch mitbestimmen (Kopp/Schenke Rn. 2; SSB Rn. 6; BeckOK VwGO Rn. 4). Des Weiteren gilt § 129 nicht für die **Kostenentscheidung** (vgl. § 161 I, § 173 S. 1 iVm § 308 II ZPO) und die **Streitwertfestsetzung** (Kopp/Schenke Rn. 5).

4   Beruht das Berufungsurteil auf einem Verstoß gegen § 129, weil es das erstinstanzliche Urteil über § 129 hinaus geändert hat, kommt als abschließende Entscheidung im **Revisionsverfahren** nur eine entsprechende (Teil-) Aufhebung der Berufungsentscheidung in Betracht. Aus Gründen der Prozessökonomie darf das BVerwG daher über den Wortlaut des **§ 133 VI** hinaus ausnahmsweise „durchentscheiden" (→ § 133 Rn. 39) und ohne Zurückverweisung das Berufungsurteil auf eine Beschwerde gegen die Nichtzulassung der Revision durch Beschluss (teilweise) aufheben (BVerwG NVwZ 2010, 188).

II. Verbot der reformatio in peius

5   Aus der Bindungswirkung des Berufungsbegehrens nach § 129, § 125 I 1 iVm § 88 ergibt sich, dass das OVG die angefochtene Entscheidung auf die Berufung des Berufungsklägers nicht zu dessen Lasten ändern darf (Verbot der reformatio in peius). Davon unberührt bleibt aber die Befugnis des Berufungsgerichts, die erstinstanzliche Entscheidung auf die Berufung oder Anschlussberufung (§ 127) eines anderen Beteiligten abzuändern. In diesem Rahmen kann es auch zu einer **Abänderung zu Lasten des Berufungsklägers** kommen.

6   **Kein Verstoß** gegen das Verbot der reformatio in peius liegt vor, wenn das OVG über einen erstinstanzlich nicht beschiedenen Hilfsantrag oder einen einheitlichen Streitgegenstand (→ Rn. 2) entscheidet und der Berufungskläger durch die Entscheidung beschwert wird (vgl. BVerwGE 111, 318; SSB Rn. 7; BFSA Rn. 8; aA BeckOK VwGO Rn. 7a). Kein Fall der reformatio in peius ist die lediglich klarstellende Aufhebung eines VA (BVerwG Buchh 402.240 § 51 AuslG Nr. 22) oder eines wirkungslosen Urteils (BeckOK VwGO Rn. 4).

7   Das OVG ist auch nicht gehindert, auf die Berufung eines nur teilweise obsiegenden Klägers die Klage insgesamt abzuweisen, wenn zwingende **Sachurteilsvoraussetzungen fehlen** (vgl. BVerwG NVwZ-RR 1991, 443; Kopp/Schenke Rn. 3; aA Eyermann Rn. 4; enger BeckOK VwGO Rn. 7, 10; SSB Rn. 6; NK-VwGO Rn. 6: nur bei bestimmten/unbehebbaren Mängeln, iÜ Zurückverweisung entspr. § 130 II). Der Berufungskläger hat die Möglichkeit, im Wege der Berufungsrücknahme eine reformatio in peius zu vermeiden (BFSA Rn. 9).

§130 [Zurückverweisung]

(1) Das Oberverwaltungsgericht hat die notwendigen Beweise zu erheben und in der Sache selbst zu entscheiden.

(2) Das Oberverwaltungsgericht darf die Sache, soweit ihre weitere Verhandlung erforderlich ist, unter Aufhebung des Urteils und des Verfahrens an das Verwaltungsgericht nur zurückverweisen,

1. soweit das Verfahren vor dem Verwaltungsgericht an einem wesentlichen Mangel leidet und aufgrund dieses Mangels eine umfangreiche oder aufwändige Beweisaufnahme notwendig ist oder

2. wenn das Verwaltungsgericht noch nicht in der Sache selbst entschieden hat und ein Beteiligter die Zurückverweisung beantragt.

(3) Das Verwaltungsgericht ist an die rechtliche Beurteilung der Berufungsentscheidung gebunden.

I. Abschließende Entscheidung durch das OVG (I)

Gem. § 130 I ist es im Interesse einer Verfahrensbeschleunigung grds. Aufgabe des Berufungsgerichts, die **Spruchreife herzustellen** und in der Sache abschließend zu entscheiden. Soweit hierfür eine Beweiserhebung erforderlich ist, hat das OVG diese selbst durchzuführen. Nur in engen Grenzen lässt § 130 II im Interesse einer Entlastung des OVG eine Zurückverweisung an das VG zu. Aufgrund des Ausnahmecharakters der Vorschrift sind die darin genannten Voraussetzungen für eine Zurückverweisung eng auszulegen. **1**

In **Asylstreitverfahren** hat das OVG stets abschließend über die Berufung zu entscheiden. Nach § 79 II AsylG findet § 130 II, III keine Anwendung. Im Beschwerdeverfahren (§§ 146 ff.) gilt § 130 II entsprechend (→ § 146 Rn. 29; → § 150 Rn. 4). Auf die Beschwerde gegen einen Beschluss über die Ablehnung von PKH wegen fehlender Erfolgsaussicht ist § 130 II Nr. 2 entsprechend anwendbar (HessVGH Beschl. v. 3.4.2017 – 7 D 696/17, Rn. 33). Für das Revisionsverfahren besteht mit § 144 III, V eine spezielle Regelung, neben der § 130 II nicht anwendbar ist. **2**

II. Zurückverweisung an das VG (II)

1. wegen eines wesentlichen Verfahrensmangels (II Nr. 1)

Gem. § 130 II Nr. 1 darf das OVG die Sache an das VG zurückverweisen, soweit das erstinstanzliche Verfahren an einem wesentlichen Mangel leidet und aufgrund dessen eine umfangreiche oder aufwändige Beweisaufnahme notwendig ist. Wesentliche Verfahrensmängel iS dieser Vorschrift sind zunächst alle **Verfahrensverstöße nach § 138.** Darüber hinaus erstreckt sich § 130 II Nr. 1 auf **vergleichbar schwerwiegende Mängel,** die dem Verfahren vor dem VG anhaften und dazu führen, dass dem angegriffenen Urteil eine ordnungsgemäße verfahrensrechtliche Grundlage fehlt (BeckOK VwGO Rn. 4). Das kann etwa der Fall sein, wenn das VG verfahrensfehlerhaft durch Gerichtsbescheid (§ 84; NdsOVG NVwZ-RR 1996, 719) oder unter Ver- **3** letzung des Amtsermittlungsgrundsatzes (§ 86 I; OVG NRW NVwZ-RR 1997, 759) entschieden hat.

4   § 130 II Nr. 1 bezieht sich nur auf Verfahrensfehler, die der **Beurteilung des OVG unterliegen.** Daran fehlt es hinsichtlich aller Entscheidungen, die dem angegriffenen erstinstanzlichen Urteil vorausgingen und entweder unanfechtbar sind oder selbstständig anfechtbar sind, aber nicht angefochten wurden (§ 173 S. 1 iVm § 512 ZPO). Dasselbe gilt für Verfahrensfehler, hinsichtlich derer ein Rügeverlust eingetreten ist (§ 173 S. 1 iVm §§ 295, 534 ZPO; BFSA Rn. 5).

5   Zudem muss der Verfahrensfehler **entscheidungserheblich** sein und eine (erstmalige oder weitere) **Beweiserhebung erforderlich** machen. Ob diese Voraussetzungen vorliegen, beurteilt sich grds. anhand der materiell rechtlichen Sicht des VG. Ggf. ist aber der **Rechtsgedanke des § 144 IV** heranzuziehen (vgl. HmbOVG NVwZ-RR 2004, 620; Kopp/Schenke Rn. 9; SSB Rn. 7). Erachtet das OVG den Verfahrensmangel ausgehend von seiner Würdigung der Sach- und Rechtslage als offenkundig nicht kausal für das Entscheidungsergebnis, dürfte es sich im Rahmen der von ihm zu treffenden Ermessensentscheidung regelmäßig als sachgerecht erweisen, von der Möglichkeit der Zurückverweisung keinen Gebrauch zu machen.

6   Die Zurückverweisung ist nach § 130 II Nr. 1 nur gerechtfertigt, wenn es sich bei der notwendigen Beweisaufnahme um eine **umfangreiche oder aufwändige Beweiserhebung** handelt. Gemeint ist nicht eine Beweisaufnahme durchschnittlichen Zuschnitts, sondern ein Beweisverfahren, in dem zB außergewöhnlich viele Zeugen und/oder Sachverständige anzuhören sind, zwecks Augenschein ein aufwändiger Ortstermin durchzuführen ist oder eine Beweisaufnahme an einem weit entfernten Ort vorzunehmen ist (vgl. BT-Drs. 14/6393, 14).

2. wegen fehlender Sachentscheidung (II Nr. 2)

7   Nach § 130 II Nr. 2 kommt eine Zurückverweisung des Weiteren für den Fall in Betracht, dass das VG noch nicht in der Sache selbst entschieden hat. Diese Voraussetzung liegt beispielsweise vor, wenn das VG – nach der materiell rechtlichen Beurteilung des OVG – zu Unrecht ein **Prozessurteil** erlassen hat, einen **wesentlichen Klageantrag übergangen** hat oder sonst fehlerhaft erheblichen Streitstoff in der Sache nicht beschieden hat (BVerwG NVwZ-RR 2012, 431; BVerwGE 38, 139; SächsOVG Beschl. v. 20.4.2017 – 3 A 809/16, Rn. 21; VGH BW NVwZ-RR 2003, 532; OVG NRW NVwZ-RR 1999, 540; SSB Rn. 8; NK-VwGO Rn. 11 f.). Eine Zurückverweisung nach § 130 II Nr. 2 ist auch möglich, wenn das VG das Klagebegehren in der Sache beschieden hat, aber aus Gründen, die das OVG für unzutreffend hält, zur eigentlichen Rechtsfrage keine Stellung genommen hat (BayVGH Beschl. v. 15.2.2011 – 14 B 10.806). Das OVG überschreitet in einem solchen Fall die Grenzen des in § 130 II eingeräumten Ermessens jedenfalls dann nicht, wenn die Beteiligten die Zurückverweisung übereinstimmend beantragen (BVerwG NVwZ-RR 2012, 431). Weitere Anwendungsfälle des § 130 II Nr. 2 können auch das Übergehen oder die unberechtigte Ablehnung eines Wiedereinsetzungsantrags sein (BVerwG NVwZ 1985, 484; BFSA Rn. 9).

3. Sonstige Voraussetzungen der Zurückverweisung

Neben einem der in § 130 II genannten Zurückverweisungsgründe bedarf es **8** ferner der **Beantragung der Zurückverweisung** durch einen der Verfahrensbeteiligten. Ohne ausdrücklichen Antrag darf das OVG die Sache auch im Falle eines besonders schweren Verfahrensmangels nicht an das VG zurückverweisen (BVerwG Buchh 310 § 130 Nr. 16). Antragsbefugt sind neben dem Kläger und dem Beklagten auch der Beigeladene und der VöI. Der Antrag unterliegt dem Vertretungserfordernis nach § 67 IV (BeckOK VwGO Rn. 8; SSB Rn. 5).

Schließlich darf das OVG die Sache nur zurückverweisen, soweit ihre **9** weitere Verhandlung erforderlich ist. Die Zurückverweisung setzt also eine **fehlende Entscheidungsreife** der Streitsache voraus (BVerwG Buchh 310 § 138 Ziff. 6 Nr. 42). Für die Frage der Entscheidungsreife ist die rechtliche Beurteilung des OVG maßgeblich (BVerwG Buchh 310 § 130 Nr. 10).

4. Zurückverweisungsentscheidung

Die Entscheidung des OVG über die Zurückverweisung ist eine **Ermessens-** **10** **entscheidung** (BVerwG Buchh 310 § 138 Ziff. 6 Nr. 42; Buchh 310 § 130 Nr. 10; BayVGH BayVBl. 2017, 173), die vom Revisionsgericht nur daraufhin überprüft werden kann, ob die Grenzen des Auswahlermessens verkannt worden sind (BVerwG DVBl 1994, 210). Das OVG entscheidet durch Urteil (ggf. durch Beschluss nach § 130a), das gem. §§ 132 ff. mit der Revision bzw. der Nichtzulassungsbeschwerde anfechtbar ist. Die Kostenentscheidung bleibt der Endentscheidung des VG vorbehalten (vgl. zB SächsOVG Beschl. v. 20.4.2017 – 3 A 809/16, Rn. 22 mwN; HessVGH NVwZ-RR 2003, 756). Mit der Zurückverweisung ist die angegriffene **Entscheidung des VG aufzuheben.** Die Sache wird an das Ausgangsgericht zurückverwiesen und bei dem Spruchkörper anhängig, der nach der Geschäftsverteilung des VG zuständig ist. Sprechen aus Sicht des OVG besondere Gründe dafür, dass nicht dieselbe Kammer erneut über die Sache entscheidet, kann es den Rechtsstreit ausnahmsweise nach § 173 S. 1 iVm § 563 I 2 ZPO analog an eine **andere Kammer des VG** zurückverweisen. Die konkrete Zuständigkeit bestimmt sich auch hier nach Maßgabe der Geschäftsverteilung des VG (BeckOK VwGO Rn. 12 mwN; Kopp/Schenke Rn. 7). Die Zurückverweisung an ein anderes VG ist nur im Falle einer zwischenzeitlichen Änderung der gesetzlichen Zuständigkeitsregelungen zulässig (BFSA Rn. 13; SSB Rn. 12).

Die **Zurückverweisung** ist in den Entscheidungsgründen zumindest kurz **11** **zu begründen,** um ggf. dem Revisionsgericht eine Überprüfung der Ermessenserwägungen zu ermöglichen. Sieht das OVG von einer Zurückverweisung ab, muss es darauf in seiner Entscheidung nicht gesondert eingehen, weil es sich dabei nach der gesetzlichen Konzeption des § 130 um den Regelfall handelt (BeckOK VwGO Rn. 10). Gem. § 130 II führt die Zurückverweisung nicht nur zur Aufhebung der Entscheidung des VG, sondern auch des erstinstanzlichen Verfahrens (SSB Rn. 13; NK-VwGO Rn. 7). Etwaige unanfechtbare **Vorentscheidungen** – wie zB eine Einzelrichterübertragung – werden daher **gegenstandslos,** das Verfahren beginnt – vorbehaltlich der von der Berufungsentscheidung ausgehenden Bindungswirkungen – von neuem (BeckOK VwGO Rn. 13, 16).

III. Bindungswirkung bei Zurückverweisung (III)

12 Das VG ist zunächst daran gebunden, dass das OVG die Sache zurückverwiesen hat. Das gilt unabhängig davon, ob das Berufungsgericht die Zurückverweisung zu Recht ausgesprochen hat oder nicht (BVerwG NVwZ-RR 1989, 506). **Bindungswirkung** kommt des Weiteren **der Ausgangsentscheidung** zu, soweit sie von der Aufhebung und Zurückverweisung nicht berührt wird (vgl. Kopp/Schenke Rn. 12 unter Hinweis auf § 173 S. 1 iVm § 318 ZPO analog). Entsprechend § 129 darf das VG bei seiner erneuten Befassung mit der Sache keine für den Rechtsmittelführer ungünstigere Entscheidung treffen, es sei denn, es ergibt sich eine veränderte prozessuale Situation (Kopp/Schenke Rn. 13; SSB Rn. 14).

13 Zusätzlich bestimmt § 130 III, dass das VG an die rechtliche Beurteilung der zurückverweisenden Berufungsentscheidung gebunden ist. Die Bindungswirkung bezieht sich auf die **materiell rechtlichen Erwägungen des OVG,** die für die Aufhebung und Zurückverweisung tragend sind (BVerwGE 54, 116) einschließlich tatsächlicher Feststellungen oder prozessualer Voraussetzungen, die Grundlage der rechtlichen Bewertung des OVG sind (s. BVerwG NVwZ 2007, 594 zu der vergleichbaren Regelung des § 144 VI; BeckOK VwGO Rn. 19; Kopp/Schenke Rn. 12).

14 Die **Bindungswirkung** nach § 130 III **entfällt** allerdings, wenn sich die maßgebliche Sach- oder Rechtslage geändert hat (BVerwG NVwZ 1984, 432; BVerwGE 54, 116) oder wenn sich in Bezug auf eine entscheidungserhebliche Rechtsfrage zwischenzeitlich eine Änderung der Rechtsprechung des OVG ergeben hat (vgl. BVerwG NVwZ 2007, 594 zu § 144 VI) oder sich eine abweichende höchstrichterliche Rechtsprechung (BVerwG, GmS-OGB, BVerfG, EuGH) entwickelt hat (BVerwGE 54, 116; BFSA Rn. 18; SSB Rn. 16).

15 Als Folge der Bindungswirkung nach § 130 III ist in einem nachfolgenden erneuten Berufungsverfahren auch das OVG an seine eigene rechtliche Beurteilung in der vorangegangenen Zurückverweisungsentscheidung gebunden. Die **Rückbindung des OVG** ist einerseits Ausfluss der Prozessökonomie und schützt zum anderen das Vertrauen der Beteiligten in den Bestand des zurückverweisenden Urteils, das sie zur Grundlage ihres weiteren Prozessierens gemacht haben. Die Rückbindung des OVG erstreckt sich in einem anschließenden Revisionsverfahren (einschließlich der Sprungrevision) auch auf das BVerwG (BVerwGE 54, 116; NK-VwGO Rn. 17; SSB Rn. 17). Die Bindungswirkung entfällt unter den vorgenannten Voraussetzungen. Umstritten ist, ob dem die Möglichkeit gleichsteht, in derselben Rechtssache veränderte oder neue Rechtsgrundsätze aufzustellen (bejahend zB Kopp/Schenke

Rn. 17; BeckOK VwGO Rn. 22; aA zB BVerwGE 54, 116; BFSA Rn. 19 f.; SSB Rn. 18; s. auch → § 144 Rn. 23).

§130a [Entscheidung durch Beschluss]

[1] Das Oberverwaltungsgericht kann über die Berufung durch Beschluß entscheiden, wenn es sie einstimmig für begründet oder einstimmig für unbegründet hält und eine mündliche Verhandlung nicht für erforderlich hält. [2] §125 Abs. 2 Satz 3 bis 5 gilt entsprechend.

Die Regelung bezweckt aus Gründen der **Verfahrenserleichterung und** 1 **-beschleunigung,** abweichend vom gesetzlichen Regelfall (§ 125 I 1 iVm § 101 I) insbes. bei einfacher gelagerten Berufungsverfahren eine Entscheidung ohne mündliche Verhandlung zu ermöglichen. Ob unter den in § 130a S. 1 genannten Maßgaben von dem vereinfachten Berufungsverfahren Gebrauch gemacht wird, steht im **Ermessen** des Berufungsgerichts (→ Rn. 4 ff). Als Ausgleich sind an das Anhörungserfordernis des S. 2 iVm § 125 II 3 strenge Anforderungen zu stellen.

Sind die Voraussetzungen für das Absehen von mündlicher Verhandlung 2 nach § 130a nicht erfüllt, verstößt ein gleichwohl ergangener Beschluss gegen § 101 I iVm § 125 I 1 und verletzt den Anspruch der Beteiligten auf Gewährung rechtlichen Gehörs nach § 108 II, Art. 103 I GG (BVerwG NVwZ 2015, 1299 Rn. 4 mwN). Dies stellt regelmäßig einen **absoluten Revisionsgrund** iSv § 138 Nr. 3 dar und erfüllt die Voraussetzungen des § 132 II Nr. 3 (vgl. zB BVerwG Beschl. v. 24.4.2017 – 6 B 17.17; Beschl. v. 8.3.2017 – 9 B 22.16).

I. Einstimmigkeitserfordernis

Das Einstimmigkeitserfordernis bezieht sich nur auf die Entscheidung, dass die 3 Berufung **im Ergebnis begründet bzw. unbegründet** ist; iÜ genügt eine Mehrheitsentscheidung (BVerwGE 138, 289 Rn. 22; Buchh 310 § 130a Nr. 19; NVwZ 1984, 792). Zulässig ist das Verfahren nach § 130a auch für den Fall, dass das OVG die Berufung einstimmig für teils begründet, teils unbegründet hält (BVerwGE 111, 69; VGH BW NVwZ 1997, 691). Bei vollumfänglicher Unzulässigkeit der Berufung gilt § 125 II; hält das OVG die Berufung einstimmig für teils unzulässig und iÜ für teils begründet oder unbegründet, ist § 130a anwendbar (BFSA Rn. 5). Maßgeblicher Zeitpunkt für das Einstimmigkeitserfordernis ist derjenige der abschließenden Beschlussfassung (BVerwGE 111, 69).

II. Ermessen

1. Grundsatz

4 Die Entscheidung darüber, ob gem. § 130a ohne mündliche Verhandlung durch Beschluss entschieden wird, steht im Ermessen des Berufungsgerichts. Das Absehen von einer mündlichen Verhandlung ist vom Revisionsgericht nur zu beanstanden, wenn es auf sachfremden Erwägungen oder grober Fehleinschätzung beruht oder wenn Art. 6 EMRK bzw. Art. 47 der Charta der Grundrechte der EU im konkreten Fall die Durchführung einer mündlichen Verhandlung gebieten (BVerwG Beschl. v. 10.7.2019 – 1 B 57.19, Rn. 6). In die Ermessenserwägung einzustellen sind die Gesichtspunkte der Komplexität und des Schwierigkeitsgrads des Streitfalls (BVerwG 138, 289 Rn. 22 mwN; 121, 211) sowie der Bedeutung der Rechtssache für die Beteiligten (BVerwG NJW 2011, 1830). Mit dem Grad der Schwierigkeit der Streitsache wächst das Gewicht der Gründe, die gegen eine Anwendung des § 130a sprechen (BVerwG Beschl. v. 10.7.2019 – 1 B 57.19, Rn. 7; NVwZ 2015, 1299 Rn. 5, jeweils mwN). Eine Berufungszulassung nach § 124 II Nr. 2 wegen besonderer tatsächlicher oder rechtlicher Schwierigkeiten steht der Anwendung von § 130a nicht zwingend entgegen (BVerwG Beschl. v. 26.9.2007 – 3 B 39.07).

2. Grenzen

5 Eine Entscheidung im vereinfachten Berufungsverfahren ist ermessensfehlerhaft, wenn die Rechtssache nach den Gesamtumständen **außergewöhnlich große Schwierigkeiten** in tatsächlicher oder rechtlicher Hinsicht aufweist (BVerwGE 121, 211). Hierfür kommt es darauf an, ob sich eine Vielzahl von ungewöhnlich schwierigen, ungeklärten oder neue Rechtsmaterien betreffende Rechtsfragen stellt oder ein besonders umfangreicher Streitstoff zu bewältigen ist (BVerwG Beschl. v. 3.9.2015 – 2 B 29.14, Rn. 21 f.; BVerwGE 138, 289 Rn. 24; Beschl. v. 10.6.2008 – 3 B 107.07). Im Zweifel sollte vom Beschlussverfahren abgesehen werden.

6 Das Verfahren nach § 130a kommt nur in Betracht, wenn dem Rechtsmittelführer **erstinstanzlich** eine **mündliche Verhandlung** zumindest **eröffnet** war. Eine Entscheidung im Beschlusswege zu Lasten des Klägers ist danach im Fall von § 84 II Nr. 2 unzulässig, wenn der Klage in erster Instanz durch Gerichtsbescheid stattgegeben wurde (BVerwG Beschl. v. 7.2.2007 – 1 B 286.06; BVerwGE 116, 123). Entsprechendes gilt für § 84 II Nr. 1 und § 93a II 1. Aus vergleichbaren Erwägungen kann ggf. im Fall der Anschlussberufung (§ 127) § 130a unanwendbar sein (dazu NK-VwGO Rn. 40). Hat das VG verfahrensfehlerhaft ohne mündliche Verhandlung oder ohne Beteiligung eines nicht ordnungsgemäß zur mündlichen Verhandlung geladenen Verfahrensbeteiligten entschieden, scheidet das vereinfachte Berufungsverfahren ebenfalls aus (BVerwG Beschl. v. 14.6.2019 – 7 B 25.18, Rn. 11; Beschl. v. 8.8.2007 – 10 B 74.07). Entsprechendes gilt, wenn zwar eine mündliche Verhandlung stattgefunden hat, diese aber nicht geeignet war, dem Anspruch auf Gewährung rechtlichen Gehörs Genüge zu tun (BVerwG NVwZ 2015,

1299: nachträglich erfolgreich wegen Besorgnis der Befangenheit abgelehnter Richter). Im Fall des Verzichts auf mündliche Verhandlung in erster Instanz (§ 101 II) bleibt dagegen Raum für das vereinfachte Berufungsverfahren, jedoch ist dieser Umstand bei der nach § 130a zu treffenden Ermessensentscheidung zu berücksichtigen (BVerwG Beschl. v. 10.7.2019 – 1 B 57.19, Rn. 4, 13 mwN). Dass dem VG nach ordnungsgemäßer Durchführung der mündlichen Verhandlung bei der Beratung ein Verfahrensfehler unterläuft, steht einer Entscheidung nach § 130a nicht entgegen (BVerwG Beschl. v. 14.6.2019 – 7 B 25.18, Rn. 13).

Das Berufungsgericht ist bei Ausübung seines Ermessens verpflichtet, die in   **7** der Rspr. des EGMR zu **Art. 6 I EMRK** entwickelten Anforderungen zu beachten (BVerwG NVwZ 2015, 600; Beschl. v. 25.9.2007 – 5 B 53.07; BVerwGE 110, 203; Kopp/Schenke Rn. 2; NK-VwGO Rn. 8 ff.). Der EGMR leitet aus dieser Vorschrift im Einzelfall ab, dass auch in der zweiten Instanz mündlich zu verhandeln ist (vgl. dazu näher BVerwGE 138, 289 Rn. 23). Aus Art. 6 I EMRK ergibt sich allerdings kein von der Art der zu entscheidenden Fragen unabhängiges Recht auf mündliche Verhandlung im Berufungsverfahren (BVerwG Beschl. v. 8.8.2007 – 10 B 74.07). Eine erneute mündliche Verhandlung ist entbehrlich, wenn die Tatsachen- und die Rechtsfragen anhand der Aktenlage sachgerecht entschieden werden können (BVerwG Beschl. v. 8.3.2017 – 9 B 22.16, Rn. 14 mwN; Beschl. v. 25.9.2007 – 5 B 53.07). Das ist idR nicht der Fall, wenn im Berufungsverfahren neue Rechtsfragen und Tatsachen entscheidungserheblich werden (BVerwG NVwZ 2015, 600).

Ggf. kann sich auch aus dem **Erfordernis einer persönlichen Anhörung**   **8** eines Beteiligten ergeben, dass das Gericht an einer Entscheidung nach § 130a gehindert ist (BVerwG NJW 2011, 1830; Beschl. v. 8.8.2007 – 10 B 74.07). Dasselbe gilt bei einer **sonstigen wesentlichen Änderung der Prozesslage** (BFSA Rn. 15). Eine in einem früheren Verfahrensstadium durchgeführte mündliche Verhandlung steht der Anwendung des § 130a nicht entgegen (BVerwG NVwZ-RR 2012, 295).

III. Anhörungsmitteilung

Eine Entscheidung im Verfahren nach § 130a setzt gem. S. 2 iVm § 125 II 3   **9** eine vorherige Anhörung aller Beteiligten voraus. Die Anhörungsmitteilung muss **unmissverständlich** erkennen lassen, wie das Berufungsgericht zu entscheiden beabsichtigt, und zwar sowohl hinsichtlich der Verfahrensweise als auch in Bezug auf die Sachentscheidung (BVerwG DÖV 2008, 79; BVerwGE 111, 69). Das Gericht muss allerdings nicht darlegen, warum es die Voraussetzungen für eine Entscheidung nach § 130a als gegeben erachtet; ebenso wenig ist erforderlich, eine Kurzfassung der Gründe der beabsichtigten Entscheidung zu leisten (BVerwG NVwZ-RR 2018, 787 Rn. 17; Beschl. v 4.10.2010 – 9 B 17.10, Rn. 6; Beschl. v. 25.9.2007 – 5 B 53.07), es sei denn, dies ist zur Vermeidung einer Überraschungsentscheidung geboten. Die Anhörungsmitteilung muss auch den Hinweis enthalten, dass sich die Beteiligten zu dem beabsichtigten Verfahren äußern können (BVerwG Beschl. v. 24.4.2017 – 6 B 17.17, Rn. 11).

10   Den Beteiligten ist eine angemessene Zeit zur Stellungnahme einzuräumen. Zweckmäßigerweise geschieht dies, indem ihnen eine **Äußerungsfrist** gesetzt wird. Setzt die Anhörungsmitteilung eine Äußerungsfrist in Lauf, ist das Anhörungsschreiben im Original vom Vorsitzenden oder vom Berichterstatter **vollständig zu unterzeichnen** (nicht nur zu paraphieren, vgl. BVerwG NJW 1994, 746; OVG NRW NVwZ-RR 1997, 760) sowie zuzustellen (BVerwG Beschl. v. 26.7.2007 – 9 B 11.07). Eine ausdrückliche Benennung aller mitwirkenden Richter ist nicht erforderlich (BVerwG Beschl. v. 3.9.2015 – 2 B 29.14, Rn. 27). Der Ablauf der gesetzten Stellungnahmefrist ist abzuwarten (BVerwG Beschl. v. 19.12.2008 – 9 C 16.07; BVerfG NJW 2009, 3779); ein Antrag auf Fristverlängerung ist zu bescheiden, bevor das Berufungsgericht nach § 130a beschließt (BVerwG NVwZ-RR 2018, 787 Rn. 9; Beschl. v. 22.3.2017 – 9 B 50.16; Beschl. v. 15.12.2004 – 1 B 150.04; NVwZ-RR 1998, 783). Widerspricht ein Beteiligter im Rahmen der Anhörung einer Entscheidung ohne mündliche Verhandlung, muss das Gericht dieses Vorbringen bei seiner Entscheidung, nach § 130a S. 1 zu verfahren, in Erwägung ziehen (BVerwG Beschl. v. 24.4.2017 – 6 B 17.17, Rn. 11 ff.).

11   Stellt ein Beteiligter im Zuge der (ersten) Anhörung einen **Beweisantrag,** der in der mündlichen Verhandlung gem. § 86 II beschieden werden müsste, erfordert die Gewährung rechtlichen Gehörs regelmäßig eine **erneute Anhörungsmitteilung,** wenn das Berufungsgericht weiterhin im Beschlusswege nach § 130a entscheiden will; Entsprechendes gilt im Fall von neuem erheblichen Sachvortrag (BVerwG Beschl. v. 3.9.2015 – 2 B 29.14, Rn. 7, 17; Beschl. v. 1.2.2010 – 10 B 21.09, Rn. 5; Beschl. v. 22.6.2007 – 10 B 56.07; NVwZ 2000, 73).

12   Eine erneute Anhörung ist jedoch **entbehrlich,** wenn sich der Beweisantrag nicht auf (neues) entscheidungserhebliches Vorbringen bezieht. Danach kann das Gericht von einer weiteren Anhörungsmitteilung absehen, wenn es die Beweistatsache als wahr unterstellt (BVerwG Buchh 310 § 130a Nr. 45), wenn der Beweisantrag unsubstanziiert ist, neben der Sache liegt, lediglich einen früheren Antrag wiederholt oder es sich um einen bloßen Beweisermittlungsantrag handelt. Aus den Beschlussgründen muss jedoch hervorgehen, dass das Gericht die Ausführungen des Beteiligten zur Kenntnis genommen und dessen Beweisanträge auf ihre Erheblichkeit überprüft hat (BVerwG Beschl. v. 2.5.2018 – 6 B 69.17, Rn. 6; Buchh 310 § 130a Nr. 80; Beschl. v. 30.7.2009 – 5 B 107.08; Beschl. v. 22.6.2007 – 10 B 56.07). Entsprechendes gilt bei der Geltendmachung sonstigen neuen Vorbringens.

IV. Beschlussform

13   Das Verfahren nach § 130a steht allein dem Berufungssenat als **Kollegialorgan** offen und nicht dem konsentierten Berichterstatter nach § 125 I 1 iVm § 87a III, II (BVerwG Beschl. v. 20.7.2000 – 1 B 30.00; BVerwGE 111, 69). Der Beschluss muss erkennen lassen, welche Überlegungen für die richterliche Überzeugungsbildung in tatsächlicher und rechtlicher Hinsicht maßgeblich gewesen sind (BVerwG Beschl. v. 9.6.2008 – 10 B 149.07). Er muss auch erkennen lassen, dass das Gericht die gegen das Verfahren einer Entscheidung ohne mündliche Verhandlung gem. § 130a erhobenen Einwände eines Beteiligten zur Kenntnis genommen und erwogen hat (BVerwG Beschl. v. 2.5.2018 – 6 B 69.17, Rn. 8; s. auch → Rn. 10). Entsprechendes gilt für die Auseinandersetzung mit schriftsätzlich gestellten Beweisanträgen (→ Rn. 12). Eines Tatbestandes iSv § 117 II Nr. 4 bedarf es nach § 122 I nicht.

Gem. § 130a S. 2 iVm § 125 II 4 steht den Beteiligten gegen den Beschluss **14** das **Rechtsmittel** zu, das zulässig wäre, wenn das Berufungsgericht durch Urteil entschieden hätte (Revision oder Nichtzulassungsbeschwerde, §§ 132 f., § 139). Die Beteiligten sind über dieses Rechtsmittel zu belehren, § 125 II 5.

§ 130b [Vereinfachte Abfassung des Berufungsurteils]

[1] Das Oberverwaltungsgericht kann in dem Urteil über die Berufung auf den Tatbestand der angefochtenen Entscheidung Bezug nehmen, wenn es sich die Feststellungen des Verwaltungsgerichts in vollem Umfange zu eigen macht. [2] Von einer weiteren Darstellung der Entscheidungsgründe kann es absehen, soweit es die Berufung aus den Gründen der angefochtenen Entscheidung als unbegründet zurückweist.

Zwecks **Entlastung des Berufungsgerichts** von unnötiger Formulierungs- **1** und Schreibarbeit ermöglicht § 130b eine vereinfachte Abfassung des Berufungsurteils, indem das Gericht auf den Tatbestand und die Entscheidungsgründe der erstinstanzlichen Entscheidung Bezug nehmen kann. Die Regelung ist **nicht abschließend.** Über § 125 I 1 sind auch Bezugnahmen nach § 117 III 2, V zulässig. Ferner sind Verweisungen auf sonstige Schriftstücke einschließlich frühere Entscheidungen möglich, sofern die Beteiligten das in Bezug genommene Schriftstück kennen oder davon leicht Kenntnis nehmen können und sofern sich die für die richterliche Überzeugung maßgeblichen Gründe mit hinreichender Klarheit aus einer Zusammenschau des Bezug nehmenden Urteils und der in Bezug genommenen Ausführungen ermitteln lassen (BVerwG BauR 2009, 609; Beschl. v. 2.10.1998 – 5 B 94.98).

Entscheidet das OVG über die Berufung durch **Beschluss,** findet § 130b **2** keine Anwendung. Ein Tatbestand iSv § 130b S. 1 (§ 125 I 1 iVm § 117 II Nr. 4) ist dann nicht erforderlich (§ 125 I 1, § 122 I), und iÜ gilt § 122 II 3, der eine entsprechende Heranziehung von § 130b S. 2 entbehrlich macht. Aus denselben Gründen ist § 130b auch auf sonstige Beschlussentscheidungen des OVG nicht anwendbar. Für das Revisionsverfahren schließt § 141 S. 2 eine Anwendung ausdrücklich aus.

Die vereinfachte Abfassung des Berufungsurteils nach § 130b findet ihre **3** **Grenzen** in den Begründungsanforderungen nach § 125 I 1 iVm § 108 I 2. Das OVG muss unter Berücksichtigung des Berufungsvorbringens der Beteiligten nachvollziehbar darlegen, auf welche tatsächlichen und rechtlichen

Gesichtspunkte es seine Entscheidung stützt. Stellt ein Beteiligter durch **neuen Vortrag** die entscheidungserheblichen tatsächlichen Feststellungen oder die rechtliche Würdigung des VG substanziiert in Frage, muss sich das Berufungsgericht damit inhaltlich auseinandersetzen. Eine Bezugnahme nach § 130b S. 1 oder S. 2 genügt insoweit nicht und kann einen Verfahrensfehler iSv § 138 Nr. 3, Nr. 6 begründen (BVerwG Beschl. v. 20.10.2011 – 2 B 86.11, Rn. 5 mwN; DÖV 2005, 1046).

4   § 130b S. 1 sieht eine **Bezugnahme auf den Tatbestand** der erstinstanzlichen Entscheidung nur für den Fall vor, dass sich das OVG die tatsächlichen Feststellungen des VG in vollem Umfang zu Eigen macht. Weicht es auch nur in einem Punkt ab, muss das OVG den Tatbestand eigenständig formulieren. Unberührt bleiben aber die sonstigen Verweisungsmöglichkeiten nach § 125 I 1 iVm § 117 III 2. Dies schließt ein, wegen bestimmter, genau zu bezeichnender Feststellungen auf den Tatbestand des erstinstanzlichen Urteils Bezug zu nehmen (Kopp/Schenke Rn. 1; BeckOK VwGO Rn. 5). § 130b S. 1 kann sich naturgemäß nur auf den Sach- und Streitstand im Zeitpunkt des Erlasses der angefochtenen Entscheidung beziehen. Hinsichtlich der Fortentwicklung des Rechtsstreits in der Berufungsinstanz muss das OVG den Tatbestand nach Maßgabe von § 125 I 1 iVm § 117 III selbstständig darstellen (BeckOK VwGO Rn. 4; NK-VwGO Rn. 8).

5   Die durch § 130b S. 2 gewährte Erleichterung bei der **Abfassung der Entscheidungsgründe** gilt nicht nur für den Fall, dass sich das Berufungsgericht den Erwägungen des VG vollumfänglich anschließt, sondern auch dann, wenn es der Begründung der angefochtenen Entscheidung lediglich teilweise oder nur in bestimmten Punkten folgen will. Dabei braucht es sich nicht um tragende Ausführungen des VG zu handeln. § 130b S. 2 erlaubt auch die Verweisung auf **Hilfserwägungen** (BVerwG NVwZ-RR 1993, 53). Stets ist der Umfang der Bezugnahme auf die erstinstanzlichen Gründe genau zu bezeichnen, weil sie nur unter dieser Voraussetzung Teil der Begründung des Berufungsurteils werden (BVerwG DÖV 2005, 1046). § 130b S. 2 findet unabhängig davon Anwendung, dass das VG von der Möglichkeit des § 117 V Gebrauch gemacht hat (BVerwG NVwZ 2002, 730). Nach den allgemeinen Grundsätzen kann das OVG auch im Fall einer **unzulässigen oder begründeten Berufung** auf Ausführungen in der angefochtenen Entscheidung verweisen; eines Rückgriffs auf § 130b S. 2 bedarf es hierzu nicht (Kopp/Schenke Rn. 2; BeckOK VwGO Rn. 10).

§ 131 *(aufgehoben)*

13. Abschnitt. Revision

§ 132 [Zulassung der Revision]

(1) Gegen das Urteil des Oberverwaltungsgerichts (§ 49 Nr. 1) und gegen Beschlüsse nach § 47 Abs. 5 Satz 1 steht den Beteiligten die Revision an das Bundesverwaltungsgericht zu, wenn das Oberverwaltungsgericht oder auf Beschwerde gegen die Nichtzulassung das Bundesverwaltungsgericht sie zugelassen hat.

(2) Die Revision ist nur zuzulassen, wenn

1. die Rechtssache grundsätzliche Bedeutung hat,
2. das Urteil von einer Entscheidung des Bundesverwaltungsgerichts, des Gemeinsamen Senats der obersten Gerichtshöfe des Bundes oder des Bundesverfassungsgerichts abweicht und auf dieser Abweichung beruht oder
3. ein Verfahrensmangel geltend gemacht wird und vorliegt, auf dem die Entscheidung beruhen kann.

(3) Das Bundesverwaltungsgericht ist an die Zulassung gebunden.

Übersicht

I. Zulassungserfordernis (I)

§ 132 betrifft die Revision gegen Urteile und diesen gleichgestellte **Entscheidungen des OVG** (§ 49 Nr. 1), unabhängig davon, ob das OVG erstinstanzlich (§§ 47, 48) oder als Berufungsgericht entschieden hat (§ 46 Nr. 1). **1**

Die Revision gegen Urteile des Verwaltungsgerichts (§ 49 Nr. 2) wird in §§ 134, 135 geregelt. Revisionsgericht ist stets das BVerwG. Die Revision bedarf in jedem Fall der Zulassung (§ 132 I, § 134 I 1, § 135 S. 2). Fehlt es an einer **rechtswirksamen Zulassung** der Revision, ist die Revision unstatthaft und als unzulässig (§ 143 S. 2) durch Beschluss zu verwerfen (§ 144 I; zur Heilung bei nachträglicher Zulassung → § 139 Rn. 2; → § 143 Rn. 4). Ausnahmsweise kann die Revision nach dem **Grundsatz der Meistbegünstigung** auch ohne Zulassung eingelegt werden, wenn das Ausgangsgericht eine „inkorrekte" Rechtsmittelentscheidung getroffen hat (vgl. BVerwGE 139, 296 Rn. 10 f.).

1. Revisionsfähige Entscheidungen

2   Gem. § 132 I steht den Beteiligten gegen das **Urteil eines OVG** die Revision an das BVerwG (nur) zu, wenn das OVG oder auf Beschwerde gegen die Nichtzulassung (vgl. § 133) das BVerwG sie zugelassen hat. Erfasst werden alle Endurteile einschließlich Teilurteilen (§§ 107, 110), des Weiteren Zwischenurteile (§§ 109, 111) sowie Ergänzungsurteile (§ 120).

3   § 132 I erstreckt sich auch auf Entscheidungen des OVG, die Urteilen gleichstehen. Dies sind zum einen die in § 132 I ausdrücklich benannten erstinstanzlichen **Beschlüsse** im Normenkontrollverfahren nach § 47 V 1. Zum anderen handelt es sich um zweitinstanzliche Beschlussentscheidungen nach § 125 II 2 (vgl. § 125 II 4) und § 130a (§ 130a S. 2 iVm § 125 II 4) sowie um erstinstanzliche Entscheidungen des OVG nach § 84 II Nr. 3, 4 (§ 84 III Hs. 1) und § 93a II 1 (§ 93a II 5).

4   Hat das OVG über das prozessuale Begehren eines Verfahrensbeteiligten **fehlerhaft in Gestalt einer nicht revisionsfähigen Entscheidung erkannt,** steht dies der Statthaftigkeit der Revision bzw. der Nichtzulassungsbeschwerde nicht entgegen. Dem Beteiligten steht das Rechtsmittel zu, das bei einer in verfahrensrechtlich zutreffender Form ergangenen Entscheidung gegeben wäre (BVerwGE 71, 213).

2. Revisionsbefugnis

5   Revisionsbefugt sind nach § 132 I die „Beteiligten". Damit sind die **in der Vorinstanz Beteiligten iSv § 63** gemeint (BVerwG Buchh 310 § 133 nF Nr. 39; BVerwG Beschl. v. 15.6.1993 – 3 NB 2.93), also der Kläger, der Beklagte, der zum Verfahren Beigeladene sowie der von seiner Beteiligungsbefugnis Gebrauch machende Vertreter des öffentlichen Interesses (§ 36). Ausgenommen ist der **Vertreter des Bundesinteresses** (§ 35), der weder zur Revision noch zur Anschlussrevision befugt ist (BVerwGE 96, 258). Der zu Unrecht nicht Beigeladene ist nicht Beteiligter iSv § 63 und damit auch nicht zur Einlegung von Rechtsbehelfen und Rechtsmitteln nach §§ 132 I, 133 befugt (BVerwG Buchh 310 § 133 nF Nr. 39). Der VöI kann seine Beteiligung noch bis zum Ablauf der für die Verfahrensbeteiligten laufenden Frist zur Einlegung der Revision bzw. der Nichtzulassungsbeschwerde erklären (BVerwGE 16, 265).

Die Berechtigung zur Einlegung der Revision setzt grds. eine **Beschwer** 6
des Rechtsmittelführers voraus (Kopp/Schenke Rn. 5; Eyermann Rn. 8).
Diese muss sich nicht gerade in Ansehung des der Zulassung zugrunde
liegenden Zulassungsgrundes ergeben (BVerwG Buchh 421.2 Hochschulrecht
Nr. 43). Es genügt, dass der Rechtsmittelführer durch die angefochtene Entscheidung beschwert ist (BFSA Rn. 6, 8). Der Kläger ist beschwert, wenn der
Entscheidungsausspruch hinter seinem Antragsbegehren zurückbleibt. Beklagter und Beigeladener sind beschwert, wenn die Entscheidung für sie nachteilig
ist. Der Nachteil muss sich aus dem Entscheidungsausspruch ergeben. Als
nachteilig empfundene Entscheidungsgründe genügen nicht, um die erforderliche Beschwer zu begründen (BVerwG NJW 2002, 2122; BVerwGE 17,
352). Dem zu Unrecht Beigeladenen kommt eine Revisionsbefugnis nicht zu,
weil er durch die angegriffene Entscheidung nicht in eigenen rechtlichen
Interessen berührt wird und damit nicht beschwert sein kann (BVerwGE 112,
335; BVerwG BayVBl. 2000, 473). Der VöI ist, sofern er rechtzeitig seine
Beteiligung am Verfahren erklärt hat, bereits kraft seiner Beteiligtenstellung
zur Revisionseinlegung befugt; einer Beschwer bedarf es nicht (BeckOK
VwGO Rn. 8).

3. Entscheidung über die Revisionszulassung

Die Zulassung der Revision ist zwingend auszusprechen, wenn einer der in 7
§ 132 II genannten Zulassungsgründe vorliegt. Es besteht insoweit **kein Ermessen.** Das gilt sowohl für die von Amts wegen zu treffende Entscheidung
des OVG als auch für das Beschwerdeverfahren gegen die Nichtzulassung der
Revision (insoweit aber mit der Einschränkung, dass nur die fristgerecht
dargelegten Zulassungsgründe zu prüfen sind, § 133 III). Umgekehrt kommt
die Zulassung der Revision aus anderen als den in § 132 **abschließend
bezeichneten Zulassungsgründen** nicht in Betracht (BFSA Rn. 3; Beck-
OK VwGO Rn. 16 f.; SSB Rn. 8, 21; zum ausnahmsweise bestehenden
Zulassungsermessen des OVG im Fall eines nachträglich bemerkten, nicht
mehr heilbaren Verfahrensmangels vgl. NK-VwGO Rn. 74).

Von einer Zulassung der Revision ist (nur) auszugehen, wenn eine aus- 8
drückliche positive Zulassungsentscheidung vorliegt (BeckOK VwGO
Rn. 14 ff.; SSB Rn. 111). Die Entscheidung über die Zulassung oder Nichtzulassung der Revision durch das Vordergericht soll **grds. im Urteilstenor**
ausgesprochen werden. Es genügt aber auch, wenn sich die Entscheidung
eindeutig aus dem sonstigen Inhalt des Urteils entnehmen lässt (BVerwGE 71,
73; BVerwG Beschl. v. 8.12.1981 – 2 CB 29.79). Allein aus einer entsprechenden **Rechtsmittelbelehrung** lässt sich eine positive Zulassungsentscheidung nicht ableiten, weil es sich bei der Belehrung auch um einen Fehler
handeln könnte. Eine fehlerhafte, auf die Einlegung der Revision abstellende
Rechtsmittelbelehrung kann den Zugang zum Revisionsverfahren indes nicht
eröffnen (vgl. BVerwGE 71, 73). Eine rechtswirksame Zulassung der Revision
liegt auch nicht vor, wenn der (ursprüngliche) Ausspruch im Urteilstenor
angesichts der gegenteiligen Ausführungen in der Urteilsbegründung sowie in
der Rechtsmittelbelehrung ein offensichtliches Versehen darstellte, das im

Wege der **Urteilsberichtigung** alsbald korrigiert worden ist (BVerwG Buchh 310 § 132 Abs. 1 Nr. 2).

9   Aus Gründen der Klarheit sollte die Entscheidung über die Zulassung bzw. Nichtzulassung der Revision in dem Urteil des OVG zumindest kurz **begründet werden** (Kopp/Schenke Rn. 32, 33; BFSA Rn. 4; NK-VwGO Rn. 81; aA Eyermann Rn. 59: kein Begründungserfordernis). Wird die Revision nicht zugelassen, genügt der Hinweis, dass die Voraussetzungen des § 132 II nicht vorliegen (vgl. BVerwG NJW 1991, 190; Beschl. v. 8.12.1981 – 2 CB 29.79). Wird die Revision zugelassen, ist der Zulassungsgrund zu benennen.

10   Zulässig ist auch eine nur **teilweise Zulassung** der Revision. Voraussetzung ist, dass sich die Teilzulassung auf einen **tatsächlich und rechtlich abtrennbaren Teil der angefochtenen Entscheidung** bezieht (stRspr, BVerwG Beschl. v. 5.7.2011 – 5 B 35.11). Eine beschränkte Zulassung ist etwa denkbar im Fall einer objektiven Klagehäufung (§ 44), wenn über mehrere prozessuale Ansprüche entschieden wird und die Zulassungsvoraussetzungen nicht in Bezug auf alle Streitgegenstände erfüllt sind (BVerwGE 157, 356 Rn. 15). Ebenso kommt in Betracht, die Zulassung in subjektiver Hinsicht auf bestimmte Verfahrensbeteiligte zu beschränken. Unzulässig ist demgegenüber die Beschränkung auf bestimmte Rechtsfragen (BVerwG NVwZ 2017, 568 Rn. 4; Beschl. v. 5.7.2011 – 5 B 35.11, mwN; Buchh 421.2 Hochschulrecht Nr. 43; BVerwGE 41, 52). Hat die angefochtene Entscheidung den Streitgegenstand wegen eines Verstoßes gegen § 88 (iVm § 125 I 1) nicht zutreffend erfasst, wird grds. das wirkliche Klagebegehren insgesamt Gegenstand des Rechtsmittelverfahrens (vgl. BVerwG Beschl. v. 22.3.2018 – 7 C 1.17, Rn. 18).

11   Wirksam beschränkt ist die Zulassung nur dann, wenn eine solche Beschränkung zulässig ist und sie aus der Zulassungsentscheidung **eindeutig** hervorgeht (BVerwGE 41, 52). Ergibt sich eine Beschränkung der Revisionszulassung nicht schon **aus der Entscheidungsformel** des angefochtenen Urteils, steht dies der Annahme einer Teilzulassung nicht entgegen, sofern sich die Beschränkung klar **aus der Zulassungsbegründung** ergibt (BVerwG Buchh 402.242 § 25 AufenthG Nr. 16; Beschl. v. 23.5.1997 – 1 C 4.96 mwN). Das ist auch dann der Fall, wenn die Zulassung der Revision auf einen Zulassungsgrund gestützt ist, der sich erkennbar (nur) auf einen (abtrennbaren) Teil des Streitstoffs bezieht (BGH NJW 2004, 3264). Im Zweifel ist von einer unbeschränkten Zulassung auszugehen (BeckOK VwGO Rn. 12.1), des Gleichen bei einer unzulässigen Beschränkung (BGH NJW 2003, 2529; 1984, 615).

12   Mit der Zulassungsentscheidung ist der **Zugang zur Revisionsinstanz** eröffnet. Das weitere Verfahren ist in § 139 geregelt. Die Zulassung der Revision von Amts wegen durch das OVG wirkt – vorbehaltlich einer ausdrücklichen Beschränkung – zugunsten aller Verfahrensbeteiligten. Demgegenüber wirkt die im Nichtzulassungsbeschwerdeverfahren erreichte Revisionszulassung nur zugunsten des Beschwerdeführers (str.; → § 139 Rn. 7).

II. Zulassungsgründe (II)

1. Grundsätzliche Bedeutung der Rechtssache (II Nr. 1)

Der Zulassungsgrund des § 132 II Nr. 1 dient der **Sicherung der Rechts-** **13** **einheit** und der **Rechtsfortbildung** durch Klärung offener Rechtsfragen (BVerwG NVwZ 2005, 709). Ausgehend davon hat eine Rechtssache grundsätzliche Bedeutung iSv § 132 II Nr. 1, wenn für die Entscheidung des vorinstanzlichen Gerichts eine konkrete fallübergreifende Rechtsfrage des revisiblen Rechts von Bedeutung war, die auch für die Entscheidung im Revisionsverfahren erheblich wäre und deren höchstrichterliche Klärung **im Interesse der Einheitlichkeit der Rspr. oder einer bedeutsamen Fortentwicklung des Rechts** geboten erscheint (stRspr, vgl. zB BVerwG Beschl. v. 3.6.2008 – 9 BN 3.08; NVwZ 2005, 709; Beschl. v. 9.11.2000 – 10 B 2.00, jeweils mwN). Ob einer Rechtssache iSv § 132 II Nr. 1 grundsätzliche Bedeutung zukommt, beurteilt sich anhand der benannten objektiven Maßstäbe und richtet sich nicht danach, ob die Beteiligten den Rechtsstreit subjektiv für grundsätzlich bedeutsam halten (BVerwG Buchh 310 § 132 Abs. 2 Ziff. 1 Nr. 69).

Für die Zulassung der Revision reicht – anders als für die Zulassung der **13a** Berufung (vgl. § 124 II Nr. 3, § 78 III Nr. 1 AsylG) – eine **Tatsachenfrage** **grundsätzlicher Bedeutung** nicht aus. Die Klärungsbedürftigkeit muss in Bezug auf den anzuwendenden rechtlichen Maßstab, nicht die richterliche Tatsachenwürdigung bestehen (BVerwG NVwZ 2017, 1204 Rn. 4). Dementsprechend kommt auch in Fällen, in denen die Tatsachengerichte auf der Grundlage (weitgehend) identischer Tatsachenfeststellungen zu einer im Ergebnis abweichenden rechtlichen Beurteilung gelangen, die Zulassung der Revision wegen grundsätzlicher Bedeutung nur in Betracht, wenn die abweichende Bewertung der Tatsachengrundlage eine klärungsbedürftige Rechtsfrage des revisiblen Rechts aufwirft (BVerwG NVwZ 2017, 1204 Rn. 5).

a) Fallübergreifende Rechtsfrage des revisiblen Rechts. Die aufgewor- **14** fene Rechtsfrage muss die Voraussetzungen und Rechtsfolgen einer bestimmten Norm (oder eines allgemeinen Rechtsgrundsatzes) des formellen oder materiellen Rechts betreffen (BVerwG WissR 2001, 377) und in dem angestrebten Revisionsverfahren klärungsfähig sein. Letzteres ist nur dann der Fall, wenn es um die Klärung einer **Frage des revisiblen Rechts** iSv § 137 I geht. Die klärungsbedürftige Rechtsfrage muss einen Rechtssatz des Bundesrechts (§ 137 I Nr. 1; → § 137 Rn. 2 ff.) oder des revisiblen Landesrechts (§ 137 I Nr. 2; → § 137 Rn. 7 ff., 14 f.) betreffen. Die Voraussetzung kann auch erfüllt sein, wenn es um die **Anwendung irrevisiblen Landesrechts** geht. Allerdings genügt es in dem Fall nicht, wenn fraglich ist, ob Landesrecht unter Verstoß gegen Bundesrecht angewandt worden ist. Es muss vielmehr hinzukommen, dass die Auslegung der einschlägigen Grundsätze des Bundes(verfassungs-)rechts durch die höchstrichterliche Rspr. nicht oder nicht hinreichend ausdifferenziert und entwickelt ist, um einen Maßstab für das irrevisible Landesrecht darzustellen (vgl. BVerwG NVwZ 2016, 618 Rn. 6; Buchh 310 § 132 Abs. 2 Ziff. 1 Nr. 55; Beschl. v. 3.6.2008 – 9 BN 3.08).

15   Es muss sich darüber hinaus um eine fallübergreifende Rechtsfrage handeln, der **Bedeutung für eine Vielzahl von Fällen** zukommt. Das scheidet aus, wenn die Beantwortung der Frage von den tatsächlichen Umständen des konkreten Einzelfalls abhängt (BVerwG NVwZ 2005, 709; NVwZ-RR 1991, 488). Dies gilt beispielsweise für die idR einzelfallbezogene Frage der Verhältnismäßigkeit von Eingriffen (BVerwG InfAuslR 1994, 100).

16   An der Klärungsfähigkeit der Rechtsfrage kann es ggf. auch deshalb fehlen, weil das BVerwG aufgrund von § 144 III 1 Nr. 2, VI an seine rechtliche Beurteilung in einem vorangehenden Revisionsverfahren gebunden ist (zur **Rückbindung** → § 144 Rn. 22).

17   **b) Entscheidungserheblichkeit.** Die aufgeworfene Rechtsfrage muss zudem für die revisionsgerichtliche Entscheidung erheblich sein. Das **beurteilt sich anhand der angefochtenen Entscheidung** auf der Grundlage des dort festgestellten, nach § 137 II bindenden Sachverhalts. Zur Zulassung der Revision können nur solche Rechtsfragen führen, die für das angegriffene Urteil entscheidungserheblich waren (BVerwG NJW 2018, 1272 Rn. 9; Buchh 421.2 Hochschulrecht Nr. 181; NVwZ 2005, 709) und sich voraussichtlich auch im Revisionsverfahren stellen würden (BVerwG Beschl. v. 19.10.2006 – 9 B 11.06). Daran fehlt es, wenn die Vorinstanz Tatsachen nicht festgestellt hat, die vorliegen müssten, damit sich die aufgeworfene Rechtsfrage stellt (BVerwG NVwZ 1999, 1335 mwN). Eine Ausnahme gilt für den Fall, dass die Vorinstanz für die aufgeworfene Rechtsfrage bedeutsame Tatsachen nicht festgestellt hat, weil es darauf ausgehend von der Rechtsauffassung des Tatsachengerichts nicht ankam (BVerwGE 111, 61; s. auch BVerwG DVBl 2003, 868; NVwZ 1999, 1335 zur Berücksichtigung nicht festgestellter Tatsachen, wenn ein Wiederaufnahmegrund vorliegt). Der erforderliche Klärungsbedarf setzt zudem voraus, dass die Rechtsfrage selbst – so wie sie durch die Vorinstanz entschieden worden ist – von grundsätzlicher Bedeutung ist und nicht erst die Rechtsfrage, die sich stellen würde, wenn die Rechtssache anders entschieden worden wäre (BVerwG Beschl. v. 16.3.2017 – 2 B 4.16, Rn. 12; Buchh 401.9 Beiträge Nr. 57).

18   Eine Zulassung wegen grundsätzlicher Bedeutung kommt nicht in Betracht, wenn die angefochtene Entscheidung auf **mehrere selbstständig tragende Begründungen** gestützt ist, die aufgeworfene Rechtsfrage jedoch nicht für alle Begründungen erheblich ist und insoweit auch kein anderer Zulassungsgrund eingreift (BVerwG Buchh 310 § 132 Abs. 2 Ziff. 1 Nr. 62 Rn. 6; NJW 1997, 3328). Handelt es sich hingegen um eine alternative Begründung oder tragen mehrere Begründungselemente die Entscheidung nur gemeinsam, genügt es, wenn die aufgeworfene Rechtsfrage für einen Begründungsteil erheblich ist (BeckOK VwGO Rn. 20).

19   Mangels Entscheidungserheblichkeit verleiht auch eine Rechtsfrage, die sich auf eine **nachträglich,** also nach Ergehen der angefochtenen Entscheidung, **in Kraft getretene Rechtsgrundlage** bezieht, der Rechtssache keine grundsätzliche Bedeutung. Der Zulassungsgrund des § 132 II Nr. 1 hat nicht die Aufgabe, die auf der Grundlage des neuen Rechts nunmehr zu treffende Entscheidung zu gewährleisten und so der Einzelfallgerechtigkeit zu dienen (BVerwG NVwZ 2005, 709).

c) Klärungsbedürftigkeit. Die Zulassung wegen grundsätzlicher Bedeutung **20** ist nur dann gerechtfertigt, wenn es zur Klärung der aufgeworfenen Rechtsfrage der Durchführung eines Revisionsverfahrens bedarf. Eine Zulassung der Revision kommt daher nicht in Betracht, wenn die Frage höchstrichterlich bereits hinreichend geklärt ist. Maßgeblich für die Beurteilung ist der **Zeitpunkt der Zulassungsentscheidung.** Dementsprechend führt eine anderweitige Klärung während des Verfahrens der Nichtzulassungsbeschwerde dazu, dass ein rechtsgrundsätzlicher Klärungsbedarf nachträglich entfällt und der Zulassungsgrund des § 132 II Nr. 1 nicht (mehr) vorliegt (BVerwG NVwZ 2005, 709; BFSA Rn. 17; zur Umstellung auf bzw. Umdeutung in eine Divergenzrüge → Rn. 33).

Eine Rechtsfrage hat nicht schon deshalb grundsätzliche Bedeutung, weil **21** zu ihr noch keine ausdrückliche Entscheidung des BVerwG vorliegt. An der erforderlichen Klärungsbedürftigkeit fehlt es, wenn sich die Rechtsfrage ohne weiteres **aus dem Gesetz oder aufgrund** in der höchstrichterlichen Rspr. **anerkannter Rechtsgrundsätze beantworten lässt** (BVerwG Beschl. v. 3.6.2008 – 9 BN 3.08). Dasselbe gilt, wenn sich die Antwort auf die Rechtsfrage anhand des bislang erreichten Klärungsstands in der höchstrichterlichen Rspr. und des allgemein anerkannten Meinungsstands im Schrifttum ergibt (BVerwG NVwZ 2008, 212). Gibt die vorhandene Rspr. ausreichende Anhaltspunkte zur Beurteilung der Rechtsfrage, ist sie als geklärt anzusehen (BVerwG Beschl. v. 14.4.2003 – 3 B 167.02). Danach kann der Klärungsbedarf auch zu verneinen sein, wenn die Rechtsfrage durch die Rspr. eines anderen obersten Bundesgerichts geklärt ist und das BVerwG dieser Rspr. folgt (BVerwG NVwZ 2008, 212). Als ohne weiteres aus dem Gesetz beantwortbar gilt eine Rechtsfrage auch dann, wenn sich die Antwort **durch Auslegung der maßgeblichen Rechtsvorschriften anhand der anerkannten Auslegungskriterien** ergibt (vgl. BVerwG Buchh 310 § 132 Abs. 2 Ziff. 1 Nr. 62 Rn. 5; NVwZ 2005, 464; Beschl. v. 14.4.2003 – 3 B 167.02). Die Klärungsbedürftigkeit ist nicht allein deshalb zu bejahen, weil ein Tatsachengericht wegen der aufgeworfenen Rechtsfrage in einem parallel gelagerten Verfahren die **Berufung** oder Revision **zugelassen** hat (BVerwG NVwZ-RR 2011, 329). Dasselbe gilt, wenn das Gericht, dessen Entscheidung mit der Nichtzulassungsbeschwerde angegriffen wird, die Berufung wegen grundsätzlicher Bedeutung nach § 124 II Nr. 3 zugelassen hat (BVerwG Beschl. v. 30.1.2014 – 5 B 44.13, Rn. 6).

Eine höchstrichterlich geklärte Rechtsfrage kann **erneuten Klärungs- 22 bedarf** aufwerfen, wenn sich gewichtige neue, bislang nicht berücksichtigte rechtliche Gesichtspunkte ergeben haben, die eine erneute revisionsgerichtliche Befassung geboten erscheinen lassen (BVerwG Buchh 310 § 133 (nF) Nr. 109 Rn. 18 mwN; NVwZ 1987, 55; NK-VwGO Rn. 21; BFSA Rn. 15). Dies kommt namentlich in Betracht, wenn die Rechtsfrage in der Rspr. und im Schrifttum weiterhin umstritten ist und die rechtliche Argumentation weiter entwickelt worden ist (BeckOK VwGO Rn. 27). Ebenso kann erneuter Klärungsbedarf durch zwischenzeitlich ergangene Rspr. des EuGH oder des EGMR entstehen.

23   Grundsätzliche Bedeutung kann einer Rechtssache ferner dadurch zukommen, dass das angefochtene Urteil von einer **Entscheidung eines in § 132 II Nr. 2 nicht aufgeführten obersten Bundesgerichts** abweicht. Die unterschiedliche Rechtsauslegung kann den Schluss nahe legen, dass es sich um eine Frage handelt, die auch der Klärung durch das BVerwG bedarf. Voraussetzung ist aber, dass eine abweichende Beurteilung derselben Rechtsfrage im Raum steht. Daran fehlt es, wenn die den beiden Entscheidungen zugrunde liegenden Sachverhalte nicht miteinander vergleichbar sind (BVerwG Beschl. v. 4.12.2006 – 2 B 57.06). Ein die Zulassung rechtfertigender Klärungsbedarf besteht außerdem, wenn die Rechtsfrage nicht abschließend durch das BVerwG beantwortet werden kann, sondern die Voraussetzungen für eine Vorlage an das BVerfG (Art. 100 GG) oder den EuGH (Art. 267 AEUV = ex-Art. 234 EGV) gegeben sind (BVerwG NVwZ 1997, 178; BeckOK VwGO Rn. 29 f.; BFSA Rn. 10; SSB Rn. 49 f.).

24   Rechtsfragen, die **ausgelaufenes oder auslaufendes Recht** betreffen, begründen regelmäßig keinen rechtsgrundsätzlichen Klärungsbedarf. Denn § 132 II Nr. 1 zielt auf eine für die Zukunft geltende Klärung, die bei bereits ausgelaufenem oder auslaufendem Recht nicht erreicht werden kann. Eine abweichende Beurteilung ist nur dann gerechtfertigt, wenn die Klärung noch für einen nicht überschaubaren Personenkreis in nicht absehbarer Zukunft von Bedeutung ist. Es müssen Anhaltspunkte für eine erhebliche Zahl von Altfällen bestehen. Darüber hinaus bleibt eine Rechtsfrage trotz auslaufenden Rechts grds. klärungsbedürftig, wenn sich bei der gesetzlichen Bestimmung, die der außer Kraft getretenen Vorschrift nachfolgt, die streitige Frage in gleicher Weise stellt (BVerwG ZBR 2016, 43; NVwZ-RR 1996, 712, jeweils mwN). Danach werfen Rechtsfragen, die sich auf **Übergangsregelungen** beziehen, regelmäßig keinen Klärungsbedarf iSd § 132 II Nr. 1 auf (BVerwG Buchh 310 § 132 Abs. 2 Ziff. 1 Nr. 21; DVBl 1995, 568). Diese Maßgaben gelten auch, wenn die Zulassung der Revision zur Klärung auslaufenden oder ausgelaufenen **Unionsrechts** begehrt wird (BVerwG Beschl. v. 5.5.2009 – 3 B 14.09, mwN; Beschl. v. 8.10.2007 – 3 B 16.07), und zwar unabhängig davon, ob in einem etwaigen Revisionsverfahren eine Vorabentscheidung des EuGH einzuholen sein könnte (BVerwG Buchh 442.066 § 24 TKG Nr. 4).

2. Divergenz (II Nr. 2)

25   Gem. § 132 II Nr. 2 ist die Revision zuzulassen, wenn das angefochtene Urteil von einer Entscheidung der in der Vorschrift genannten Gerichte abweicht und auf dieser Abweichung beruht. Bei der Divergenzzulassung steht der Gesichtspunkt der **Wahrung der Rechtseinheit und Rechtsanwendungsgleichheit** im Vordergrund (BVerwG Beschl. v. 27.2.1997 – 5 B 145.96). Eine Abweichung iS der Vorschrift liegt (nur) vor, wenn sich das OVG in Anwendung derselben Rechtsvorschrift mit einem seine Entscheidung tragenden abstrakten Rechtssatz zu einem in einer Entscheidung des

BVerwG, des GmS-OGB oder des BVerfG aufgestellten ebensolchen Rechtssatz in Widerspruch gesetzt hat (st. Rspr., vgl. zB BVerwG Beschl. v. 3.6.2008 – 9 BN 3.08; NVwZ-RR 2004, 114). Zwischen den Gerichten muss ein prinzipieller Auffassungsunterschied über den Bedeutungsgehalt einer bestimmten Rechtsvorschrift oder eines Rechtsgrundsatzes bestehen (BVerwG NVwZ 2016, 394 Rn. 11; NVwZ 2014, 1174).

a) Abweichende Rechtssätze zur selben revisiblen Rechtsvorschrift. Unter Rechtssätzen sind Äußerungen zu verstehen, die über die bloße Wiedergabe des Gesetzeswortlauts hinausgehen und den Inhalt der Norm oder des Rechtsgrundsatzes – Voraussetzungen und Rechtsfolgen – näher umschreiben (BVerwG NVwZ-RR 2013, 774; Beschl. v. 7.3.2001 – 8 B 36.01). Die einander widersprechenden Rechtssätze müssen sich auf **dieselbe Rechtsvorschrift** beziehen (BVerwG Beschl. v. 11.3.2009 – 4 BN 7.09; Buchh 310 § 132 Nr. 302). An dieser Voraussetzung kann es auch dann fehlen, wenn es sich im Wesentlichen um inhaltsgleiche Vorschriften handelt. Denn selbst gleichlautende Vorschriften und die darin verwendeten gleichlautenden Begriffe können in dem Rahmen und System der Gesetze, in die sie eingebunden sind, verschiedene Bedeutung haben (BVerwG Beschl. v. 11.12.2008 – 2 B 70.08; NVwZ 2004, 889). Eine Divergenz iSv § 132 II Nr. 2 verlangt daher, dass die einander gegenübergestellten Rechtssätze dasselbe Gesetz betreffen und dass es um dieselbe Fassung der Norm geht (BVerwG NVwZ 2014, 1174 Rn. 4 f.). 26

Die Zulassung wegen Divergenz setzt des Weiteren voraus, dass sich die Abweichung im angestrebten revisionsgerichtlichen Verfahren beseitigen lässt. Es muss daher um die **Anwendung revisiblen Rechts** iSv § 137 I gehen (→ § 137 Rn. 1 ff.). Demgemäß kommt eine Zulassung nicht in Betracht, wenn die (angeblich) abweichende Entscheidung eine Vorschrift des irrevisiblen Rechts betrifft. Das gilt auch für den Fall, dass das nicht revisible Recht mit revisiblem Recht inhaltsgleich ist (BVerwG Beschl. v. 11.3.2009 – 4 BN 7.09; Beschl. v. 19.10.2006 – 9 B 11.06). 27

Schließlich muss der angefochtenen Entscheidung ein **abweichender Rechtssatz** zugrunde liegen. Dazu genügt es nicht schon, dass das OVG das maßgebliche revisible Recht nicht oder unrichtig angewandt hat. Denn aus der fehlerhaften oder unterbliebenen Rechtsanwendung im Einzelfall lässt sich idR nicht ableiten, dass das OVG einen divergierenden abstrakten Rechtssatz aufgestellt hat (vgl. BVerwG Buchh 310 § 132 Abs. 2 Ziff. 2 Nr. 25 Rn. 13; Beschl. v. 3.6.2008 – 9 BN 3.08; NVwZ 2002, 1235; Buchh 310 § 132 Abs. 2 Ziff. 2 Nr. 9). Hingegen entfällt eine Divergenz nicht deshalb, weil dem OVG im Zeitpunkt seiner Entscheidung die abweichende Entscheidung des BVerwG (BVerfG, GmS-OGB) noch nicht bekannt sein konnte (BVerwG Beschl. v. 26.1.1999 – 9 B 155.98; Buchh 310 § 132 Nr. 299). 28

b) Divergenzfähige Entscheidungen. Die **Aufzählung** der in § 132 II Nr. 2 angeführten divergenzfähigen Entscheidungen ist **abschließend.** Für eine analoge Anwendung auf Entscheidungen des EuGH ist kein Raum (BVerwG Buchh 401.68 Vergnügungssteuer Nr. 48; WissR 2001, 377). Dasselbe gilt in Bezug auf Entscheidungen sonstiger als der bezeichneten obersten 29

Bundesgerichte (BVerwG Beschl. v. 5.1.2006 – 10 B 26.05). In diesen Fällen kommt aber eine Zulassung nach § 132 II Nr. 1 in Betracht (→ Rn. 23). Ein die Revision zulassender Beschluss ist keine Entscheidung isd § 132 II Nr. 2. Mit dem Zulassungsbeschluss wird die darin angesprochene Rechtsfrage nicht entschieden, so dass sich insoweit keine Abweichung ergeben kann (BVerwG NVwZ 1999, 406). Da es sich um einen tragenden Rechtssatz handeln muss, rechtfertigt auch die Abweichung gegenüber einem „**obiter dictum**" die Zulassung der Revision nach § 132 II Nr. 2 nicht (BVerwG Beschl. v. 10.4.1997 – 9 B 84.97; BVerwGE 99, 351; vgl. zu PKH-Beschlüssen, Entscheidungen im vorläufigen Rechtsschutz und Vorlagen: Eyermann Rn. 36; SSB Rn. 63 f.).

30   **§ 127 Nr. 1 BRRG** (iVm § 191 II) erweitert für **beamtenrechtliche Streitigkeiten** den Zulassungsgrund der Divergenz über die in § 132 II Nr. 2 genannten Entscheidungen hinaus auf die Entscheidung eines anderen OVG. Der Begriff der Abweichung ist mit § 132 II Nr. 2 inhaltlich identisch (BVerwG NVwZ 1999, 406). Eine Abweichung nach § 127 Nr. 1 BRRG liegt deshalb nicht vor, wenn die angeblich voneinander abweichenden Entscheidungen verschiedener OVGs auf der Anwendung von Vorschriften beruhen, die Beamtengesetzen verschiedener Bundesländer oder eines Landes und des Bundes angehören (BVerwG Beschl. v. 11.12.2008 – 2 B 70.08; Buchh 230 § 127 BRRG Nr. 57). Es handelt sich dann nicht, wie erforderlich, um dieselbe Rechtsvorschrift. Ferner gilt auch im Anwendungsbereich des § 127 Nr. 1 BRRG, dass sich die zueinander in Bezug gesetzten Entscheidungen auf revisibles Recht beziehen müssen. Betreffen die Entscheidungen nicht revisibles Recht, kommt eine Zulassung selbst dann nicht in Betracht, wenn eine Divergenz tatsächlich vorliegt (BVerwG Beschl. v. 4.5.2007 – 2 B 24.07). Schließlich scheidet die Zulassung auch aus, wenn das BVerwG die streitige Rechtsfrage isd angefochtenen Entscheidung geklärt hat.

31   **c) Beruhenserfordernis.** Die Divergenz muss für die angefochtene Entscheidung erheblich sein, dh ohne die Abweichung muss **ein anderes Entscheidungsergebnis möglich sein.** Die angefochtene Entscheidung beruht daher nicht auf der gerügten Divergenz, wenn sie sich aufgrund einer nach ihrem Erlass erfolgten Gesetzesänderung im Ergebnis als richtig erweist (**§ 144 IV analog**) und es in dem angestrebten Revisionsverfahren auf die von der höchstrichterlichen Rspr. entschiedene Rechtsfrage nicht mehr ankäme (BVerwG Beschl. v. 7.3.2002 – 5 B 60.01; zum Fehlen der Entscheidungserheblichkeit s. ferner → Rn. 18).

32   Nach der Rspr. des BVerwG stellt die Revisionszulassung wegen Divergenz einen Unterfall der Revisionszulassung wegen grundsätzlicher Bedeutung dar. Entsprechend sind Fragen zur **Auslegung und Anwendung auslaufenden oder ausgelaufenen Rechts,** die sich künftig nicht mehr stellen (→ Rn. 24), auch nicht unter dem Blickwinkel einer Divergenzrüge klärungsbedürftig (BVerwG Buchh 310 § 132 Abs. 2 Ziff. 2 Nr. 18; Buchh 310 § 132 Abs. 2 Ziff. 2 Nr. 8; SSB Rn. 58; BFSA Rn. 18; offen gelassen von BVerwG Beschl. v. 10.4.1997 – 9 B 84.97; aA BVerwG Beschl. v. 27.2.1997 – 5 B 145.96; BeckOK VwGO Rn. 33; Eyermann Rn. 34 für den Fall, dass die alte

Rechtslage noch für den Entscheidungsfall gilt). Vergleichbar kann die Abweichung von einer Entscheidung des BVerwG die Divergenzzulassung nicht rechtfertigen, wenn diese Entscheidung aufgrund späterer Rspr. des BVerwG überholt ist (BVerwG Beschl. v. 29.6.2017 – 2 B 77.16, Rn. 13; NVwZ 2014, 1168 Rn. 15).

d) Zulassung wegen nachträglicher Divergenz. Die Frage der Zulassung **33** der Revision wegen nachträglicher Divergenz stellt sich für den Fall, dass im Verfahren der Nichtzulassungsbeschwerde (§ 133) eine ordnungsgemäße Grundsatzrüge erhoben worden ist und die aufgeworfene Rechtsfrage nach Ablauf der Beschwerdebegründungsfrist (§ 133 III 1) höchstrichterlich geklärt worden ist (BVerwG Beschl. v. 29.6.2015 – 3 B 46.14, Rn. 20 mwN). Führt die Klärung zu einer nachträglichen Divergenz, kann die **Grundsatzrüge in eine Divergenzrüge** nach § 132 II Nr. 2 **umgedeutet** werden (BVerwGE 153, 169 Rn. 9; Beschl. v. 8.6.2007 – 8 B 101.06 mwN; Beschl. v. 21.2.2000 – 9 B 57.00).

3. Verfahrensmangel (II Nr. 3)

a) Formaler Mangel des gerichtlichen Verfahrens. Ein Verfahrensmangel **34** iSv § 132 II Nr. 3 liegt vor, wenn die Vorinstanz gegen eine Vorschrift verstoßen hat, die den **äußeren Verfahrensablauf** regelt. Davon abzugrenzen ist ein Verstoß gegen eine Vorschrift, die den **inneren Vorgang der richterlichen Rechtsfindung** bestimmt. Solche materiell rechtlichen Fehler begründen keinen Verfahrensmangel (stRspr., zB BVerwG Buchh 310 § 166 Nr. 48 Rn. 4; Beschl. v. 11.3.2009 – 4 BN 7.09; NVwZ 2008, 1025; NVwZ-RR 1996, 359). § 132 II Nr. 3 erfasst auch Verstöße gegen prozessrechtliche Vorschriften, die im Fachrecht normiert sind (BVerwG Beschl. v. 30.6.2016 – 2 B 40.15, Rn. 10).

Danach kann ein Verfahrensmangel **nicht** unter Verweis auf **Fehler in der** **35** **Sachverhalts- und Beweiswürdigung** geltend gemacht werden. Die richterliche Würdigung ist dem Bereich des materiellen Rechts zuzuordnen (BVerwG NVwZ-RR 2002, 140; NJW 1997, 3328; NVwZ-RR 1996, 359). Demgemäß sind auch Wertungswidersprüche, die dem Tatsachengericht bei der Anwendung des sachlichen Rechts unterlaufen sein sollen, grds. nicht mit der Verfahrensrüge angreifbar (BVerwG Beschl. v. 7.3.2001 – 8 B 36.01). Die Rüge der Verletzung des Überzeugungsgrundsatzes (§ 108 I 1) kommt aber ausnahmsweise als Verfahrensmangel iSv § 132 II Nr. 3 in Betracht, wenn das angegriffene Urteil auf einer aktenwidrigen oder gegen die Denkgesetze verstoßenden oder sonst von objektiver Willkür geprägten Sachverhaltswürdigung beruht (stRspr., zB BVerwG Beschl. v. 10.9.2018 – 6 B 134.18, Rn. 7; Beschl. v. 29.6.2015 – 3 B 46.14, Rn. 25; Buchh 428 § 6 VermG Nr. 76 Rn. 8; Beschl. v. 11.4.2006 – 4 B 16.06, Rn. 5; NVwZ 1997, 389; BVerwGE 84, 271; (nur) iErg ebenso Eyermann Rn. 49 mwN: § 108 I 1 gehört vollumfänglich zum Verfahrensrecht, das BVerwG ist aber lediglich zu einer rudimentären Ergebniskontrolle befugt). Entsprechendes gilt in Bezug auf die Beweiswürdigung (BVerwG Buchh 310 § 132 Abs. 2 Ziff. 3 Nr. 67 mwN;

zur fehlenden Auseinandersetzung mit abweichender obergerichtlicher Rspr. als rügefähiger Verfahrensmangel: BVerwG InfAuslR 2017, 404).

36   Der Verfahrensrüge entzogen sind grds. solche **prozessualen Vorentscheidungen,** die unanfechtbar sind (§ 173 S. 1 iVm § 557 II ZPO), wie zB die (angeblich) zu Unrecht erfolgte Beiladung (§ 65 IV 3), die Wiedereinsetzung (§ 60 V), die Zulassung der Berufung (§ 124 I 2, V), die Nichtzulassung der Klageänderung (§ 91 III) oder Beschlüsse über die Ablehnung von Gerichtspersonen (§§ 146 II, 152, § 173 S. 1 iVm § 46 II Hs. 1 ZPO; zu weiteren Beispielen s. etwa BeckOK VwGO Rn. 52). Dasselbe gilt für zwar anfechtbare, aber nicht angefochtene Vorentscheidungen. Unberührt bleibt jedoch die Möglichkeit, die Verfahrensrüge auf Verfahrensmängel zu stützen, die als Folge der beanstandeten Vorentscheidung **der angefochtenen Sachentscheidung anhaften** (BVerwG NVwZ 2017, 1775 Rn. 76 f.; Buchh § 132 Abs. 2 Ziff. 1 Nr. 55 mwN; → § 146 Rn. 15). So kann zB die unrichtige Entscheidung über ein Befangenheitsgesuch ggf. einen Verfahrensmangel nach § 138 Nr. 1 begründen (→ § 138 Rn. 19). Eine unangemessen lange Dauer des vorinstanzlichen Verfahrens ist grds. kein Verfahrensmangel iSd § 132 II Nr. 3 (BVerwG NVwZ 2015, 755).

37   Ob ein Verfahrensmangel vorliegt, bemisst sich nach der materiellen Rechtsauffassung der Vorinstanz, unabhängig davon, ob diese rechtsfehlerhaft ist (BVerwG Buchh 310 § 166 Nr. 48 Rn. 4 mwN; WissR 2001, 377; BVerwGE 106, 115). Eine Aufklärungsrüge kann daher nicht erfolgreich auf das Fehlen einer (weiteren) Sachverhaltsermittlung gestützt werden, wenn es nach der **maßgeblichen materiell rechtlichen Sicht des Tatsachengerichts** auf die vom Rügeführer vermissten tatsächlichen Feststellungen nicht ankam. Entsprechendes gilt für eine Gehörsrüge, mit der die Ablehnung eines Beweisantrags beanstandet wird.

38   **b) Beispiele.** Beachtliche, die Zulassung der Revision rechtfertigende Verfahrensmängel sind insbes. alle **absoluten Revisionsgründe** nach § 138 (vgl. BVerwG NVwZ-RR 1996, 299). In Betracht kommen des Weiteren Verstöße gegen den Amtsermittlungsgrundsatz (§ 86 I), die Unmittelbarkeit der Beweisaufnahme (§ 96 I), den Grundsatz der Überzeugungsbildung anhand des Gesamtergebnisses des Verfahrens (§ 108 I 1; → Rn. 35), die Bindung an das Klagebegehren nach § 88, die Bindungswirkung nach § 144 VI (zu weiteren Beispielen vgl. Kopp/Schenke Rn. 21; SSB Rn. 90 f.; NK-VwGO Rn. 56; Eyermann Rn. 55). Hat das Gericht eine Klage zu Unrecht als unzulässig abgewiesen, liegt darin ebenfalls ein Verstoß gegen Vorschriften über das gerichtliche Verfahren, wenn die Abweisung auf einem **unzutreffenden Verständnis einer prozessualen Vorschrift** (zB § 42 II, § 43 I, § 113 I 4) beruht, insbes. einer Verkennung ihrer Begriffsinhalte oder der zugrunde zu legenden Maßstäbe (BVerwG NVwZ-RR 2017, 468 Rn. 14; NVwZ 2014, 1675; Beschl. v. 28.1.2003 – 7 B 73.02; NJW 1995, 2121; → vor § 40 Rn. 14; zum „Durchentscheiden" im Beschwerdeverfahren: → § 133 Rn. 39). Dasselbe gilt im umgekehrten Fall, wenn eine unzulässige Klage als unbegründet abgewiesen wird (BVerwG NVwZ-RR 2012, 86). Kein Verfahrensmangel liegt jedoch vor, wenn bei der Anwendung des Prozessrechts

Vorfragen zur materiellen Rechtslage fehlerhaft bestimmt werden (BVerwG NVwZ 2018, 739 Rn. 11; Beschl. v. 14.4.2016 – 1 B 2.16, Rn. 3). Es ist auch verfahrensfehlerhaft, wenn die Klage als unzulässig und zugleich – selbstständig tragend – als unbegründet abgewiesen wird (BVerwG NVwZ 2019, 649 Rn. 21 mwN; s. aber zum Beruhenserfordernis: → Rn. 39). **Verfahrensfehler des VG** sind im Verfahren der Nichtzulassungsbeschwerde gegen ein Berufungsurteil nur von Bedeutung, wenn sie sich im berufungsgerichtlichen Verfahren fortgesetzt haben oder wenn sie dort fortwirken (BVerwGE 137, 105 Rn. 15 mwN).

c) Beruhenserfordernis. Ein Verfahrensmangel rechtfertigt die Zulassung **39** der Revision nur unter der Voraussetzung, dass die angefochtene Entscheidung auf dem Fehler beruhen kann. Bei Verfahrensfehlern iSv § 138 wird das kraft Gesetzes unwiderleglich vermutet (→ § 138 Rn. 4). Bei sonstigen Verfahrensmängeln ist das **Kausalitätserfordernis** erfüllt, wenn nicht auszuschließen ist, dass die Vorinstanz ohne den Verfahrensfehler zu einem für den Betroffenen günstigeren Ergebnis in der Hauptsacheentscheidung gekommen wäre (BVerwGE 106, 366; 14, 342; Kopp/Schenke Rn. 23; BeckOK VwGO Rn. 56). Ist die angefochtene Entscheidung auf mehrere selbständig tragende Gründe gestützt, ist die Zulassung wegen eines Verfahrensfehlers nur gerechtfertigt, wenn sich dieser auf alle tragenden Erwägungen auswirkt oder wenn hinsichtlich jeder Begründung ein Zulassungsgrund geltend gemacht wird und vorliegt (BVerwG DVBl 1994, 210; → Rn. 18). Etwas anderes gilt ausnahmsweise, wenn die Begründungen wegen unterschiedlicher Rechtskraftwirkung nicht gleichwertig sind (BVerwG NJW 2003, 2255). Im Fall einer als unzulässig und zugleich als unbegründet abgewiesenen Klage (→ Rn. 38) hat das BVerwG angenommen, dass die angefochtene Entscheidung nicht iSd § 132 II Nr. 3 auf dem Verfahrensfehler beruht, weil die überschießenden Ausführungen zur Unbegründetheit nicht in Rechtskraft erwachsen (BVerwG NVwZ 2019, 649 Rn. 22).

Die angefochtene Entscheidung ist nicht als auf dem Verfahrensmangel **40** beruhend anzusehen, wenn der betroffene Verfahrensbeteiligte sein **Rügerecht** infolge Heilung des Verfahrensfehlers **verloren** hat (§ 173 S. 1 iVm §§ 295 I, 556 ZPO). Das ist der Fall, wenn der Beteiligte auf die Einhaltung der Verfahrensbestimmung verzichtet hat oder er den Verfahrensverstoß nicht rechtzeitig gerügt hat (BVerwG NJW 1998, 3369 mwN). Der Rügeverlust wegen fehlender rechtzeitiger Geltendmachung des Verfahrensverstoßes spielt insbes. bei Gehörs- und Aufklärungsrügen eine Rolle. Der Rechtsmittelführer muss darlegen, dass er die ihm eröffneten und nach Lage der Dinge tauglichen prozessualen Möglichkeiten ausgeschöpft hat, sich Gehör zu verschaffen (BVerwG Buchh 11 Art. 103 Abs. 1 GG Nr. 55; BVerfGE 74, 220) bzw. auf eine weitere Sachverhaltsermittlung hinzuwirken (BVerwG Buchh 310 § 86 Abs. 1 Nr. 390 Rn. 18; NJW 1997, 3328). Die Verfahrensrüge nach § 132 II Nr. 3 dient nicht dazu, Versäumnisse in der Tatsacheninstanz wettzumachen oder nachzuholen (BVerwG Buchh 310 § 86 Abs. 1 Nr. 390 Rn. 18 mwN). Bei Verfahrensvorschriften, auf deren Befolgung die Beteiligten nicht wirksam verzichten können, kann ein Rügeverlust nicht eintreten (§ 173 S. 1 iVm

§ 295 II, 556 ZPO). Dies betrifft Vorschriften, die (auch) dem öffentlichen Interesse zu dienen bestimmt sind, wie zB Regelungen zur vorschriftsmäßigen Besetzung des Gerichts (BVerwGE 102, 7) und zu den Prozessvoraussetzungen (vgl. ThP ZPO § 295 Rn. 3 mit weiteren Beispielen).

41   Einem Verfahrensfehler kommt die erforderliche Entscheidungserheblichkeit ferner dann nicht zu, wenn sich die angefochtene Entscheidung unter entsprechender Heranziehung des **§ 144 IV** gleichwohl als richtig darstellt (BVerwG Beschl. v. 7.3.2002 – 5 B 60.01; → § 138 Rn. 5 f., → § 144 Rn. 7 f.).

III. Bindung an die Zulassung (III)

42   Das BVerwG ist gem. § 132 III **an die Zulassungsentscheidung gebunden.** Dies gilt auch für die Zulassung durch das BVerwG selbst (BVerwG NVwZ 1995, 698). Unerheblich ist mithin, ob tatsächlich Zulassungsgründe iSv § 132 II vorliegen. Beispielsweise lässt eine fehlende Revisibilität einer Rechtsfrage die Bindungswirkung nicht entfallen (BVerwG NJW 1998, 1578). Die Bindungswirkung erstreckt sich allein auf das Zulassungserfordernis. Die **übrigen Zulässigkeitsvoraussetzungen** für die Revision prüft das BVerwG eigenständig (BVerwG NVwZ-RR 2006, 580). Demgemäß geht von der Zulassungsentscheidung keine Bindungswirkung aus, wenn die Revision generell unstatthaft ist, weil es sich bei der angefochtenen Entscheidung nicht um ein Urteil iSv § 132 I handelt.

43   Keine Bindungswirkung entfalten auch die **Zulassungsgründe.** Weder ist das Revisionsvorbringen auf die Gründe beschränkt, die zur Zulassung der Revision geführt haben (BVerwG Buchh 421.2 Hochschulrecht Nr. 43), noch begrenzt die Zulassungsentscheidung die Prüfungsbefugnis des Revisionsgerichts. Die Reichweite der revisionsgerichtlichen Überprüfung bestimmt sich vielmehr nach § 137 III, wonach das BVerwG vorbehaltlich des Rügevorbehalts für Verfahrensmängel in eine Vollprüfung eintritt (§ 137 III 2).

§ 133 [Beschwerde gegen die Nichtzulassung der Revision]

(1) Die Nichtzulassung der Revision kann durch Beschwerde angefochten werden.

(2) [1] Die Beschwerde ist bei dem Gericht, gegen dessen Urteil Revision eingelegt werden soll, innerhalb eines Monats nach Zustellung des vollständigen Urteils einzulegen. [2] Die Beschwerde muß das angefochtene Urteil bezeichnen.

(3) [1] Die Beschwerde ist innerhalb von zwei Monaten nach der Zustellung des vollständigen Urteils zu begründen. [2] Die Begründung ist bei dem Gericht, gegen dessen Urteil Revision eingelegt werden soll, einzureichen. [3] In der Begründung muß die grundsätzliche Bedeutung der Rechtssache dargelegt oder die Entscheidung, von der das Urteil abweicht, oder der Verfahrensmangel bezeichnet werden.

(4) Die Einlegung der Beschwerde hemmt die Rechtskraft des Urteils.

(5) [1]Wird der Beschwerde nicht abgeholfen, entscheidet das Bundesverwaltungsgericht durch Beschluß. [2]Der Beschluß soll kurz begründet werden; von einer Begründung kann abgesehen werden, wenn sie nicht geeignet ist, zur Klärung der Voraussetzungen beizutragen, unter denen eine Revision zuzulassen ist. [3]Mit der Ablehnung der Beschwerde durch das Bundesverwaltungsgericht wird das Urteil rechtskräftig.

(6) Liegen die Voraussetzungen des § 132 Abs. 2 Nr. 3 vor, kann das Bundesverwaltungsgericht in dem Beschluß das angefochtene Urteil aufheben und den Rechtsstreit zur anderweitigen Verhandlung und Entscheidung zurückverweisen.

Übersicht

I. Statthaftigkeit der Nichtzulassungsbeschwerde (I)

Die Tatsachengerichte haben in den ihrer Art nach revisionsfähigen Entscheidungen nach § 132 I Hs. 1 und § 135 S. 1 auch darüber zu entscheiden, ob sie die Revision zulassen (§§ 132 I Hs. 2, 135 S. 2). Lassen sie die Revision nicht zu, kann dies gem. § 133 I durch Beschwerde angefochten werden. Das gilt gleichermaßen für die ausdrückliche **Nichtzulassung der Revision** wie für eine **fehlende Entscheidung über die Revisionszulassung** (Kopp/Schenke Rn. 2). Nur wenn das Tatsachengericht eine positive Zulassungsentscheidung trifft, ist den Beteiligten unmittelbar das Rechtsmittel der Revision eröffnet. Auf die Sprungrevision (§ 134) findet § 133 keine Anwendung (vgl. § 134 II S. 3). **1**

Die Nichtzulassungsbeschwerde ist kein Rechtsmittel gegen die Hauptsacheentscheidung, sondern ein **Rechtsbehelf** gegen eine Zugangsschranke zur Revisionsinstanz. Ihr kommt Suspensiveffekt zu (§ 133 IV). Devolutivwirkung hat sie indes erst nach der Nichtabhilfeentscheidung (§ 133 V 1; BeckOK VwGO Rn. 93; abw. NK–VwGO Rn. 1 ff.: Devolutiveffekt ist gehemmt; s. näher zur dogmatischen Einordnung Eyermann Rn. 2). Nicht **2** statthaft ist die Nichtzulassungsbeschwerde gegen die Nichtzulassung der Beschwerde nach § 17a IV 4 GVG (BVerwG NVwZ-RR 2004, 542; → § 152 Rn. 2).

3   **Beschwerdebefugt** sind die durch die angegriffene Entscheidung beschwerten Beteiligten des Ausgangsverfahrens (zur Beschwer des Beigeladenen wegen Präjudizialität: BVerwG NVwZ-RR 2017, 568 Rn. 6 f. mwN; Buchh 310 § 133 (nF) Nr. 98). Es gelten dieselben Maßgaben wie für die Revisionsbefugnis (→ § 132 Rn. 5 f.; → § 139 Rn. 1). Die erforderliche Beschwer kann grds. nicht schon in den Gründen der angegriffenen Entscheidung liegen, sondern sie muss sich daraus ergeben, dass die Entscheidung im Ergebnis von dem Antrag des Verfahrensbeteiligten abweicht (BVerwG Beschl. v. 7.5.2013 – 3 B 61.12, mwN). Anders als im Revisionsverfahren kommt eine **Beiladung** des im Ausgangsverfahren zu Unrecht nicht Beigeladenen nicht in Betracht (→ § 142 Rn. 7). Sind durch die angefochtene Entscheidung mehrere Beteiligte beschwert, kann jeder selbstständig Nichtzulassungsbeschwerde einlegen (BFSA Rn. 3). Eine (unselbstständige) Anschlussbeschwerde iSv §§ 127, 141 analog ist nicht statthaft (→ § 141 Rn. 4). Nicht beschwerdefähig ist eine isolierte **Anfechtung der Kostenentscheidung** des angegriffenen Urteils (§ 158 I; vgl. BVerwG NVwZ 2002, 1385).

II. Beschwerdeeinlegung (II)

1. Adressat und Form

4   Die Nichtzulassungsbeschwerde ist bei dem Gericht einzulegen, gegen dessen Urteil Revision eingelegt werden soll (§ 133 II 1). Als **Einlegungsort** ist ausschließlich der iudex a quo vorgesehen. Beim BVerwG kann die Nichtzulassungsbeschwerde – anders als die Revision (§ 139 I 2) – nicht fristwahrend eingelegt werden.

5   Die Beschwerdeeinlegung unterliegt dem **Vertretungszwang** (§ 67 IV 1, 2) sowie dem **Schriftformerfordernis**. Die Beschwerdeschrift muss (sofern sie nicht gem. § 55a elektronisch übermittelt wird → § 139 Rn. 4) vom Prozessbevollmächtigten unterzeichnet sein und erkennen lassen, dass der Schriftsatz von ihm erarbeitet worden ist (BVerwG NJW 1997, 1865; zur Schriftform vgl. auch → § 139 Rn. 10). Eine Bezugnahme auf Ausführungen Dritter genügt nur dann, wenn gleichwohl ersichtlich ist, dass die Beschwerdeschrift auf einer anwaltlichen Prüfung des Rechtsstreits beruht (BFSA Rn. 9).

6   Aus der Beschwerdeschrift muss sich – ggf. im Wege der Auslegung – **klar entnehmen** lassen, dass Beschwerde gegen die Nichtzulassung der Revision eingelegt wird. Wird eindeutig ein unstatthaftes Rechtsmittel eingelegt, scheidet eine Umdeutung in eine Nichtzulassungsbeschwerde – jedenfalls nach Ablauf der Beschwerdefrist – aus (vgl. BVerwG NVwZ 1998, 1297; DVBl 1996, 105; NVwZ-RR 1996, 60). Bei Erklärungen eines nicht postulationsfähigen Beteiligten ist ggf. zu prüfen, ob darin ein Antrag auf Bewilligung von

PKH und Beiordnung eines Rechtsanwalts für eine noch einzulegende Beschwerde zu sehen ist.

Nach § 133 II 2 ist die **angefochtene Entscheidung zu bezeichnen.** 7 Anzugeben sind Gericht, Aktenzeichen und Entscheidungsdatum. Unvollständige Angaben sind (nur) unschädlich, wenn sich aus den sonstigen Umständen eindeutig ergibt, welche Entscheidung angegriffen wird. Der Beschwerdeführer kann die Nichtzulassungsbeschwerde auf einen von mehreren Streitgegenständen oder auf einen sonst tatsächlich oder rechtlich **abtrennbaren Teil** der angegriffenen Entscheidung **beschränken** (BVerwG Buchh 310 § 132 Nr. 252). Wird die Beschwerde nur hinsichtlich eines Teils des Streitgegenstands eingelegt, erwächst das Urteil im Übrigen (nach Ablauf der Beschwerdefrist) in Rechtskraft (vorbehaltlich einer etwaigen Beschwerde eines anderen Beteiligten oder einer Anschließung im Revisionsverfahren). Eine **bedingte Beschwerdeeinlegung** ist unzulässig (BVerwG Buchh 310 § 133 Nr. 83). Das gilt auch in Verbindung mit einem Prozesskostenhilfeantrag (BVerwGE 59, 302). Kommt eine beschränkte Zulassung mangels teilbaren Streitgegenstands nicht in Betracht, bleibt eine entsprechende Beschränkung der Beschwerde grds. wirkungslos (BVerwG NVwZ 2017, 568 Rn. 4).

2. Frist

Gem. § 133 II 1 ist die Beschwerde **innerhalb eines Monats** nach Zustel- 8 lung des vollständigen Urteils (oder Beschlusses → § 132 Rn. 3; → § 135 Rn. 1) einzulegen. Die Einlegungsfrist ist **nicht verlängerbar,** da eine Verlängerungsmöglichkeit nicht besonders bestimmt ist, § 57 II iVm § 224 II ZPO (BVerwG Beschl. v. 30.4.2010 – 8 PKH 5.09, Rn. 7 mwN). Die Frist für die Beschwerdeeinlegung gehört – anders als die Beschwerdebegründungsfrist nach § 133 III 1 – zu den Fristen, deren Überwachung der Rechtsanwalt einer zuverlässigen Büroangestellten übertragen darf, sofern er durch organisatorische Maßnahmen sichergestellt hat, dass die Frist in geeigneter Form zuverlässig notiert wird (BVerwG NVwZ 2012, 580 mwN).

Nach **Rücknahme der Beschwerde** kann innerhalb der Beschwerdefrist 9 erneut Beschwerde eingelegt werden. Ist die Beschwerdefrist abgelaufen, scheidet nach Rücknahme einer rechtzeitig eingelegten Beschwerde Wiedereinsetzung grds. aus (BVerwG NVwZ 1997, 1210). Bei einer **Urteilsergänzung** nach § 120 beginnt der Fristlauf gem. § 173 S. 1 iVm § 518 S. 1 ZPO analog von neuem, wenn die Ergänzungsentscheidung innerhalb der Beschwerdefrist ergeht; im Fall der **Urteilsberichtigung** nach §§ 118, 119 bleibt der Fristlauf grds. unberührt (BVerwG Buchh 310 § 118 Nr. 6 mwN; s. auch → § 139 Rn. 3).

Im Falle einer fehlenden oder unrichtigen **Rechtsmittelbelehrung** gilt 10 die Jahresfrist nach § 58 II 1, innerhalb derer die Beschwerde einzulegen und zu begründen ist (BVerwG NVwZ-RR 2000, 325). Die Rechtsmittelbelehrung sollte auch auf die Begründungspflicht, die Zulassungsgründe und den Vertretungszwang hinweisen (vgl. aber BVerwG Buchh 310 § 118 Nr. 6 mwN: Belehrung über Vertretungszwang entbehrlich; Buchh 310 § 58 Nr. 91 Rn. 10: Belehrungspflicht erstreckt sich nicht auf die Zulassungsgründe des § 132 II und die Anforderungen an deren Darlegung). Einer Belehrung darüber, dass die Frist zur Einlegung der Beschwerde nicht verlängerbar ist, bedarf es nicht (entsprechend für die Beschwerdebegründungsfrist des § 133 III 1: BVerwG Beschl. v. 4.5.2016 – 9 B 11.16, Rn. 5 f.).

11   Wird die **Beschwerde beim BVerwG eingelegt,** ist dieses gehalten, die Beschwerdeschrift im normalen Geschäftsgang an das Ausgangsgericht weiterzuleiten. Die Beschwerdefrist ist eingehalten, wenn sie dort innerhalb der Frist eingeht. Wiedereinsetzung ist zu gewähren, wenn die Frist bei ordnungsgemäßer Weiterleitung gewahrt worden wäre (vgl. BGH NJW 1998, 908).

12   Ein (isolierter) **Prozesskostenhilfeantrag** muss formgerecht innerhalb der Beschwerdefrist gestellt werden, um die Chance hinreichender Erfolgsaussicht mit der Möglichkeit einer Wiedereinsetzung zu wahren (BVerwG Beschl. v. 30.4.2010 – 8 PKH 5.09, Rn. 5 mwN; Buchh 310 § 60 Nr. 182; BVerwGE 15, 306; vgl. auch → § 81 Rn. 17 ff.). Nach der Rspr. des BVerwG muss der Antrag – für den kein Vertretungszwang besteht (§ 67 IV 1) – fristgerecht beim BVerwG als dem Prozessgericht (vgl. § 166 I 1 iVm § 117 I 1 ZPO) gestellt werden (BVerwG Buchh 310 § 60 Nr. 133). Mit Rücksicht darauf, dass die Beschwerde zwingend beim iudex a quo einzulegen ist, erscheint es aber sachgerecht, die Frist auch dann als gewahrt anzusehen, wenn das Prozesskostenhilfegesuch innerhalb der Frist beim Ausgangsgericht eingeht (vgl. SSB Rn. 49 ff.; Eyermann Rn. 10; aA BFSA Rn. 18; BeckOK VwGO Rn. 20). Von dort ist es allerdings unverzüglich an das BVerwG weiterzuleiten; das Ausgangsgericht ist zu einer Entscheidung über den Antrag nicht befugt (BeckOK VwGO Rn. 20; SSB Rn. 50). Der innerhalb der Frist des § 133 III 1 einzureichenden **Begründung** des Prozesskostenhilfeantrags (BVerwG Buchh 310 § 166 Nr. 48 Rn. 2) muss zu entnehmen sein, weshalb die angegriffene Entscheidung für unzutreffend erachtet wird und eine Überprüfung durch das BVerwG geboten ist (BeckOK VwGO Rn. 23 mwN). Ausführungen zum Zulassungsgrund sind nur zu verlangen, wenn der Antrag von einem anwaltlich vertretenen Beteiligten eingereicht wird (BVerwG NVwZ-RR 2011, 621; Buchh 310 § 60 Nr. 133; Kopp/Schenke Rn. 7). Nach der Bescheidung des Antrags kann der Antragsteller **Wiedereinsetzung in die versäumten Fristen** beantragen, die ggf. auch zu gewähren ist, wenn das Prozesskostenhilfegesuch abgelehnt wurde (BVerwG Buchh 310 § 60 Nr. 147). Die Frist zur Einlegung der Beschwerde beträgt nach § 60 II 1, 3 zwei Wochen, diejenige zur Beschwerdebegründung einen Monat (vgl. Kopp/Schenke Rn. 7; abweichend BVerwG Beschl. v. 4.6.2010 – 3 B 42.10, wo nicht zwischen den beiden Fristen differenziert wird). Ein Antrag auf Wiedereinsetzung in die Frist zur Einlegung der Beschwerde hemmt nicht die Frist für einen Antrag auf Wiedereinsetzung in die Begründungsfrist (BVerwG Buchh 310 § 133 (nF) Nr. 110 Rn. 7 mwN).

3. Hemmung der Rechtskraft (IV)

13   Gem. § 133 IV hemmt die Einlegung der Beschwerde die Rechtskraft des Urteils (oder Beschlusses). Die Rechtskrafthemmung erstreckt sich – vorbehaltlich einer Beschränkung der Beschwerde (→ Rn. 7) – auf das **gesamte**

Urteil, nicht lediglich auf die Nichtzulassungsentscheidung. Sie tritt grds. auch im Falle einer unzulässigen Beschwerde ein (BeckOK VwGO Rn. 80).

III. Beschwerdebegründung (III)

1. Form und Frist

Anders als die Revisionsbegründung (vgl. § 139 III 2) ist die Beschwerde- **14** begründung wie die Beschwerdeschrift zwingend **beim iudex a quo** einzureichen (§ 133 III 2; BVerwGE 124, 201). Das Ausgangsgericht bleibt auch dann zwingender Einlegungsort, wenn der Beschwerdeführer innerhalb der Begründungsfrist weitere Zulassungsgründe geltend macht und das Ausgangsgericht die Akten bereits an das BVerwG weitergeleitet hat (BVerwG Beschl. v. 30.12.2016 – 10 B 4.16, Rn. 7; NVwZ 1997, 1209).

Wie die Beschwerdeeinlegung hat auch die Begründung **schriftlich** (oder **15** ggf. elektronisch, → Rn. 5) zu erfolgen und unterliegt dem **Vertretungserfordernis.** Die Vorlage eines von einem Rechtsanwalt unterzeichneten, iÜ aber unveränderten Schreibens seiner Partei genügt nicht, wenn der Rechtsanwalt keine Prüfung, Sichtung und rechtliche Durchdringung des Streitstoffs in Bezug auf das Vorliegen von Nichtzulassungsgründen vorgenommen hat (→ § 139 Rn. 10 f.; BVerwG NVwZ 1999, 643; NJW 1997, 1865). Dasselbe gilt bei einer von dem Prozessbevollmächtigten unterschriebenen Beschwerdebegründung, die sich in einer wörtlichen Wiedergabe der persönlichen Rechtsauffassung des Beschwerdeführers erschöpft (BVerwG Beschl. v. 22.3.2012 – 5 B 11.12).

Die Beschwerde ist **binnen zwei Monaten** nach Zustellung der angefoch- **16** tenen Entscheidung zu begründen, § 133 III 1. Die Begründungsfrist ist wie die Beschwerdefrist nicht verlängerbar (BVerwG NVwZ 2001, 799). Während bloße Erläuterungen zu fristgerecht dargelegten Zulassungsgründen auch noch nach Fristablauf angebracht werden können, sind nach Fristablauf erstmals geltend gemachte Zulassungsrügen nicht berücksichtigungsfähig (BVerwG NVwZ-RR 2018, 787 Rn. 7; Beschl. v. 16.8.2017 – 3 B 53.16, Rn. 3 mwN). **Wiedereinsetzung** ist nach Maßgabe von § 60 zu gewähren. Die Begründung muss binnen eines Monats nachgeholt werden (§ 60 II 1 Hs. 2 iVm S. 3).

2. Inhalt der Beschwerdebegründung

§ 133 III 3 stellt bestimmte **Darlegungsanforderungen** an die Beschwerde- **17** begründung. In der Begründung muss die grundsätzliche Bedeutung der Rechtssache dargelegt oder die Entscheidung, von der das angefochtene Urteil abweicht, oder der Verfahrensmangel bezeichnet werden. Der Beschwerdeführer hat danach anzugeben, auf welchen **Zulassungsgrund** er seine Beschwerde stützt und zu **erläutern,** weshalb dessen Voraussetzungen im Streitfall vorliegen. Eine fehlende oder fehlerhafte Bezeichnung des Zulassungsgrundes ist unschädlich, wenn sich aus den Ausführungen gleichwohl klar ergibt, welcher der in § 132 II genannten Zulassungsgründe geltend gemacht wird (BeckOK VwGO Rn. 34 f.; BFSA Rn. 29 f.). Rügt die Beschwerde lediglich pauschal die Verletzung von Verfahrensrecht und/oder materiellen Rechts und greift die angefochtene Entscheidung als rechtsfehlerhaft an, wird dies den Darlegungsanforderungen nicht gerecht. Denn es besteht ein grundlegender Unterschied zwischen der Begründung einer Nichtzulassungsbeschwerde und der Begründung einer Revision (vgl. BVerwG NJW 1997, 3328). Genügt die Beschwerde den Anforderungen des § 133 III 3 nicht, ist sie als unzulässig zu verwerfen (BVerwG WissR 2001, 377).

18   **a) Allgemeine Anforderungen.** Unabhängig von dem konkret geltend gemachten Zulassungsgrund muss die Beschwerdebegründung gewissen Mindestanforderungen hinsichtlich ihrer **Klarheit, Verständlichkeit und Überschaubarkeit** genügen (BVerwG Buchh 310 § 133 nF Nr. 82; NJW 1996, 1554; Buchh 310 § 132 Nr. 99). Daran fehlt es, wenn die Begründung nicht erkennen lässt, dass der sie unterzeichnende Prozessbevollmächtigte den Streitstoff eigenständig gesichtet und durchdrungen hat (BVerwG Beschl. v. 4.1.2010 – 2 B 99.09; NJW 1997, 3328 mwN; vgl. → Rn. 5). Eine pauschale Bezugnahme auf früheres Vorbringen reicht nicht aus (BVerwG BRS 85 Nr. 202; InfAuslR 1995, 239; Buchh 310 § 133 nF Nr. 13). Im Falle einer **mehrfachen,** die angefochtene Entscheidung jeweils **selbstständig tragenden Begründung** bedarf es in Bezug auf jede der Begründungen der Darlegung eines Zulassungsgrundes (BVerwG NVwZ-RR 2017, 266 Rn. 3; BayVBl. 2011, 352; NJW 1997, 3328; DVBl 1994, 210). Mangelt es an einem dieser Erfordernisse, ist die Beschwerde unzulässig. Ist ein Urteil mehrfach begründet, kann die Revision allerdings auch dann zuzulassen sein, wenn ein Zulassungsgrund nur hinsichtlich einer Begründung vorliegt, diese jedoch eine Rechtskraftwirkung entfaltet, die über jene der anderen Begründungen hinausgeht und damit den Beschwerdeführer beschwert (BVerwG NVwZ-RR 2017, 266 Rn. 4).

19   **b) Darlegungsanforderungen bei der Grundsatzrüge.** In Bezug auf den Zulassungsgrund der rechtsgrundsätzlichen Bedeutung (§ 132 II Nr. 1) setzt das Darlegungserfordernis die **Formulierung einer bestimmten,** höchstrichterlich noch ungeklärten und für die Revisionsentscheidung erheblichen **Rechtsfrage des revisiblen Rechts** voraus. Des Weiteren ist anzugeben, worin die allgemeine, über den Einzelfall hinausgehende Bedeutung bestehen soll (BVerwG NVwZ-RR 2013, 774; NJW 1997, 3328). Die Beschwerdebegründung muss erläutern, dass und inwiefern die Revisionsentscheidung zur Klärung einer in verallgemeinerungsfähiger Weise zu beantwortenden, bisher revisionsgerichtlich nicht entschiedenen Rechtsfrage führen kann (BVerwG NVwZ 2016, 618 Rn. 2; WissR 2001, 377; Beschl. v. 16.11.1989 – 8 CB 73.89). Die bloße kritische Auseinandersetzung mit der angegriffenen Entscheidung ohne Herausarbeitung einer konkreten Rechtsfrage genügt nicht (BVerwG Beschl. v. 2.9.1997 – 3 C 32.97). Zur erforderlichen Darlegung eines über den Einzelfall hinausweisenden Klärungsbedarfs reicht es nicht aus, die Kritik an der von der Vorinstanz vorgenommenen Würdigung des Einzelfalls in allgemeine Frageform zu kleiden (BVerwG Buchh 316 § 60

Nr. 11 Rn. 9). Dem Darlegungserfordernis des § 133 III 3 ist auch nicht Genüge getan, wenn die Beschwerde lediglich die dem angefochtenen Urteil zugrunde liegenden Rechtsausführungen in Frageform kleidet (BVerwG Buchh 310 § 133 (nF) Nr. 103).

Die formulierte Rechtsfrage muss sich grds. auf eine **bestimmte Norm** 19a beziehen; deren Voraussetzungen und Rechtsfolgen sind zu erläutern. Die pauschale Behauptung, aus verschiedenen Regelungen ergebe sich ein Anspruch und dieser sei bislang höchstrichterlich nicht geklärt, genügt dem Darlegungsgebot nicht (BVerwG WissR 2001, 377). Gleiches gilt für den Hinweis, das BVerwG habe sich zu der formulierten Rechtsfrage noch nicht geäußert. Vielmehr ist darzulegen, dass die Antwort, die die Vorinstanz gegeben hat, mindestens zu Bedenken Anlass gibt und es daher einer rechtsgrundsätzlichen Klärung der Frage bedarf (BVerwG Beschl. v. 9.3.2017 – 4 B 8.17, Rn. 2). Zielt die Grundsatzrüge auf die Nichtbeachtung von Bundesrecht bei der Auslegung und Anwendung **irrevisiblen Landesrechts,** ist darzulegen, dass und inwiefern die angeführten bundesrechtlichen Maßgaben ihrerseits ungeklärte Rechtsfragen aufwerfen (BVerwG NVwZ 2016, 618 Rn. 6; Buchh 310 § 132 Abs. 2 Ziff. 1 Nr. 55). Wird eine Vorschrift des irrevisiblen Landesrechts als bundesverfassungsrechtlich bedenklich angesehen, ist im Einzelnen darzulegen, gegen welche verfassungsrechtliche Norm verstoßen wird und dass sich bei der Auslegung dieser Bestimmung eine Frage von grundsätzlicher Bedeutung stellt, die sich nicht aufgrund bisheriger höchstrichterlicher Rspr. beantworten lässt (BVerwG NVwZ 2016, 618 Rn. 6 mwN). Zielt die Grundsatzrüge auf die **Auslegung von Unionsrecht** und die Notwendigkeit einer Vorlage an den EuGH, ist darzulegen, dass in dem erstrebten Revisionsverfahren zur Auslegung einer entscheidungserheblichen unionsrechtlichen Regelung voraussichtlich eine Vorabentscheidung des EuGH einzuholen sein wird. Die bloße Behauptung unionsrechtlicher Zweifelsfragen ohne Auseinandersetzung mit der themenrelevanten Rspr. reicht hierfür nicht (BVerwG Beschl. v. 17.9.2019 – 1 B 43.19, Rn. 4).

Liegt zu dem mit der formulierten Rechtsfrage angesprochenen Rechts- 20 bereich bereits höchstrichterliche **Rspr.** (auch anderer oberster Bundesgerichte oder des BVerfG) vor, muss sich die Beschwerdebegründung damit auseinandersetzen und aufzeigen, inwiefern im Lichte dieser Rspr. (weiterer) Klärungsbedarf besteht (BVerwG Buchh 401.9 Beiträge Nr. 57 mwN). Ggf. ist auch auf den Meinungsstand im **Schrifttum** einzugehen (BeckOK VwGO Rn. 45 f.).

Betrifft die aufgeworfene Rechtsfrage **ausgelaufenes oder auslaufendes** 21 **Recht,** muss der Beschwerdeführer entweder darlegen, dass die Klärung der Rechtsfrage für eine erhebliche Zahl von Altfällen von Bedeutung ist oder dartun, dass sich die streitige Frage in gleicher Weise für eine nachfolgende gesetzliche Bestimmung stellt (BVerwG NVwZ-RR 1996, 712; → § 132 Rn. 24).

c) Darlegungsanforderungen bei der Divergenzrüge. Die Divergenzrü- 22 ge (§ 132 II Nr. 2) ist nur dann hinreichend bezeichnet, wenn die Beschwerde einen inhaltlich bestimmten, die angefochtene Entscheidung tragenden abstrakten Rechtssatz benennt, mit dem die Vorinstanz einem in der Rspr. des **BVerwG** aufgestellten ebensolchen die Entscheidung des BVerwG tragenden Rechtssatz in Anwendung derselben Rechtsvorschrift widersprochen hat (BVerwG NVwZ-RR 2013, 774 mwN). Dasselbe gilt für die behauptete Abweichung von einer Entscheidung des **BVerfG** oder des **GmS-OGB**. Die höchstrichterliche Entscheidung ist genau – idR mit Aktenzeichen und Datum – zu bezeichnen; die Angabe allein des Entscheidungsdatums genügt in Bezug auf eine Entscheidung des BVerwG nicht. Dem BVerwG ist nicht zumutbar, die an einem bestimmten Tag ergangenen Entscheidungen daraufhin zu überprüfen, ob sie gemeint sein könnte (BVerwG Buchh 310 § 132 Abs. 2 Ziff. 2 Nr. 9). Die **Bezeichnung** muss so individualisierbar sein, dass die Identität der Entscheidung nicht zweifelhaft ist und sie vom BVerwG unschwer herangezogen werden kann (BVerwG Beschl. v. 6.1.2010 – 1 WNB 7.09). Ebenso wenig ist es Aufgabe des BVerwG, aus mehreren zitierten Urteilen das passende herauszufinden und darin dann – in der Beschwerdebegründung nicht weiter bezeichnete – vermeintlich divergierende Rechtssätze zu suchen (BVerwG Beschl. v. 6.4.2000 – 8 PKH 3.00, 8 B 84.00).

23   Die (angeblich) **divergierenden Rechtssätze** sind **einander gegenüberzustellen.** Das Aufzeigen einer fehlerhaften oder unterbliebenen Anwendung von Rechtssätzen, die das BVerwG (BVerfG, GmS-OGB) in seiner Rspr. aufgestellt hat, genügt weder den Zulässigkeitsanforderungen einer Divergenz- noch denen einer Grundsatzrüge (BVerwG NJW 1997, 3328; NVwZ-RR 1996, 712, jeweils mwN).

24   Allerdings lassen sich einander widersprechende Rechtssätze nicht in der gebotenen Weise darlegen, wenn die Abweichung in Bezug auf eine höchstrichterliche Entscheidung in Rede steht, die erst nach Erlass des angefochtenen Urteils veröffentlicht worden oder ergangen ist. In solchen Fällen ist es ausreichend, wenn der Beschwerdeführer zumindest die grundsätzliche Frage bezeichnet hat, welche dem später aufgestellten abstrakten Rechtssatz entspricht und zur Zulassung der Grundsatzrevision hätte führen können (BVerwG Beschl. v. 14.2.1997 – 1 B 3.97). Die Grundsatzrüge kann dann in eine Divergenzrüge umgedeutet werden **(nachträgliche Divergenz,** → § 132 Rn. 33).

25   **d) Darlegungsanforderungen bei der Verfahrensrüge.** Die Bezeichnung eines Verfahrensmangels (§ 132 II Nr. 3) iSv § 133 III 3 setzt voraus, dass der Verfahrensmangel sowohl in den ihn (vermeintlich) **begründenden Tatsachen** als auch in seiner **rechtlichen Würdigung** substanziiert dargetan wird (BVerwG BayVBl. 2011, 352; NJW 1997, 3328; s. auch → § 139 Rn. 19). Das BVerwG ist nicht gehalten, unzureichende Ausführungen der Beschwerde zum Anlass zu nehmen, das Prozessgeschehen aus der Vorinstanz zu ermitteln und auf etwaige Verfahrensfehler hin zu prüfen (BVerwG Beschl. v. 20.10.2016 – 4 B 45.16, Rn. 2). Die Verfahrensvorschrift, die verletzt sein soll, ist zu benennen. Fehlt es daran, ist dies nur dann unschädlich, wenn auch so hinreichend erkennbar ist, welche Verfahrensrüge konkret erhoben wird (BVerwG Urt. v. 21.9.2000 – 2 C 5.99). Des Weiteren ist regelmäßig dar-

zulegen, dass kein Rügeverlust eingetreten ist (→ § 132 Rn. 40) und die
angegriffene Entscheidung auf dem Verfahrensfehler beruht (→ § 132
Rn. 39). Letzteres ist entbehrlich bei den absoluten Revisionsgründen iSv
§ 138, bei denen die Kausalität kraft Gesetzes unwiderleglich vermutet wird.

Betrifft eine **Divergenzrüge** ausschließlich Prozessrecht, ist darin idR　**26**
zugleich die sinngemäße Erhebung einer Verfahrensrüge zu sehen (vgl.
BVerwG DVBl 2003, 868; NVwZ 2001, 918; NVwZ 1998, 631).

Die Rüge, das **rechtliche Gehör** sei verletzt, erfordert neben der Darle-　**27**
gung der den Gehörsverstoß begründenden Tatsachen auch die substanziierte
Darlegung dessen, was der Beteiligte bei ausreichender Gehörsgewährung
noch vorgetragen hätte und inwiefern dem weiteren Vortrag Entscheidungsrelevanz zukommt (vgl. BVerwG NJW 1997, 3328; NVwZ-RR 1991, 587
mwN). Dies ist (nur) entbehrlich, wenn der Gehörsverstoß den gesamten
Prozessstoff erfasst (BVerwG Buchh 303 § 227 ZPO Nr. 35 mwN; Beschl. v.
24.3.2006 – 10 B 55.05). Des Weiteren ist aufzuzeigen, dass der Beschwerdeführer alle verfahrensrechtlich eröffneten und im konkreten Fall zumutbaren
Möglichkeiten ausgeschöpft hat, um sich rechtliches Gehör zu verschaffen
(BVerwG Beschl. v. 3.3.2016 – 3 PKH 3.15, Rn. 7; → § 138 Rn. 26). Wendet sich die Zulassungsrüge gegen die Ablehnung eines Beweisantrags, ist der
Beweisantrag mitzuteilen (BVerwG Buchh 310 § 86 Abs. 1 Nr. 308) und
darzulegen, weshalb dessen Ablehnung im Prozessrecht keine Stütze findet.
Darüber hinaus ist zu erläutern, dass die unter Beweis gestellten Tatsachen
eine für den Rügeführer günstigere Entscheidung hätten herbeiführen können. Macht der Beschwerdeführer geltend, die Vorinstanz habe **Vorbringen
übergangen**, hat er das (vermeintlich) übergangene Vorbringen unter Angabe der Unterlage, die es enthält, genau zu bezeichnen sowie die Umstände zu
erläutern, die auf ein Übergehen schließen lassen (BeckOK VwGO
Rn. 65 f.).

Generell gilt, dass der Umfang dessen, was der Beschwerdeführer darzule-　**28**
gen hat, sich nach den Voraussetzungen bestimmt, die den jeweiligen Verfahrensfehler begründen (NK-VwGO Rn. 54); vgl. daher zu den Verfahrensfehlern iSv § 138 → § 138 Rn. 7 ff.; zu den Darlegungsanforderungen bei
einer **Aufklärungsrüge** → § 139 Rn. 22, bei einer **Besetzungsrüge**
→ § 138 Rn. 8, → § 139 Rn. 21 (zu weiteren Einzelheiten vgl. BeckOK
VwGO Rn. 60 ff.; NK-VwGO Rn. 58 ff.; SSB Rn. 41 ff.).

IV. Entscheidung über die Nichtzulassungsbeschwerde (V)

1. Entscheidung des iudex a quo

Gem. § 133 V 1 hat zunächst das Ausgangsgericht darüber zu entscheiden, ob　**29**
es der Nichtzulassungsbeschwerde abhilft. Liegen ausgehend vom Zulassungsvorbringen die Voraussetzungen des § 132 II vor, ist der Beschwerde stattzugeben und die Revision zuzulassen; ein Ermessen besteht nicht (→ § 132
Rn. 7). Berücksichtigungsfähig sind nur die **fristgerecht vorgebrachten
und dargelegten Zulassungsgründe** (BVerwG NVwZ 1995, 1134). Begründungsausführungen in nach Fristablauf eingehenden Schriftsätzen kön-

nen lediglich insoweit berücksichtigt werden, als sie den bisherigen Vortrag ergänzend erläutern (→ Rn. 16). Die Bindung an die dargelegten Zulassungsgründe erfährt allerdings insoweit eine Ausnahme, als eine Divergenzrüge ggf. als sinngemäß erhobene Verfahrensrüge (→ Rn. 26) oder Grundsatzrüge (→ § 132 Rn. 23, 29) verstanden werden und eine Grundsatzrüge nachträglich als Divergenzrüge (→ Rn. 24) bewertet werden kann. Maßgeblicher **Beurteilungszeitpunkt** für die Entscheidung über die Nichtzulassungsbeschwerde ist der Zeitpunkt der gerichtlichen Entscheidung, nicht der Einlegung oder des Ablaufs der Begründungsfrist (BVerwG BayVBl. 1997, 573). **§ 144 IV** ist – vorbehaltlich der sich in Bezug auf § 138 ergebenden Einschränkungen (→ § 138 Rn. 5 f.) – im Nichtzulassungsverfahren entsprechend anwendbar (BVerwG NVwZ-RR 2016, 831 Rn. 14; Buchh 406.11 § 133 BauGB Nr. 138 Rn. 3; → § 144 Rn. 6); es besteht aber keine Verpflichtung, in eine umfassende Vollprüfung einzutreten (BeckOK VwGO Rn. 87).

30   Das Ausgangsgericht entscheidet über die Abhilfe bzw. Nichtabhilfe regelmäßig durch (unanfechtbaren) Beschluss. Im Fall einer **Abhilfeentscheidung,** dh über die Zulassung der Revision, wird das Beschwerdeverfahren als Revisionsverfahren fortgesetzt; der Einlegung einer Revision durch den Beschwerdeführer bedarf es nicht (§ 139 II 1). Möglich ist auch eine Teilabhilfe (zur Teilzulassung s. auch → § 132 Rn. 10). Vor einer Abhilfeentscheidung ist den anderen Beteiligten rechtliches Gehör zu gewähren, weil ihre Rechtsposition durch die Fortsetzung des Verfahrens berührt wird (BFSA Rn. 38). Die Revisionszulassung ist allerdings auch dann wirksam, wenn die gebotene Anhörung unterbleibt (zur Bindungswirkung s. auch § 132 III). Der Abhilfebeschluss sollte den Zulassungsgrund bezeichnen. Die Zulassung der Revision wirkt nur zugunsten des Beschwerdeführers (→ § 139 Rn. 7).

31   Soweit das Ausgangsgericht der Nichtzulassungsbeschwerde nicht oder nicht vollumfänglich abhilft, ist sie unverzüglich dem BVerwG vorzulegen (§ 148 I analog). Ein förmlicher Nichtabhilfebeschluss ist nicht erforderlich (BVerwG NVwZ-RR 2017, 468 Rn. 8; NJW 1963, 554); es genügt, dass sich die **Nichtabhilfeentscheidung** sonst aus den Gerichtsakten ergibt. Mit der Vorlage tritt der **Devolutiveffekt** ein, und das BVerwG wird das Gericht der Hauptsache iSv §§ 80, 80a, 123 (vgl. BVerwGE 124, 201). Dies gilt auch in Bezug auf anhängige, noch nicht beschiedene Eilanträge (BVerwG Buchh 310 § 80 Nr. 29; BVerwGE 39, 229). Abweichend sieht sich das BVerwG bereits ab Einlegung der Beschwerde für zuständig an, über einen Antrag auf einstweilige Einstellung der Zwangsvollstreckung (§ 173 S. 1 iVm § 719 II ZPO) zu entscheiden (BVerwG NVwZ 1998, 1177). Legt das Ausgangsgericht die Beschwerde vor, ohne über die Abhilfe bzw. Nichtabhilfe entschieden zu haben, ist dies im Fall einer offensichtlich unzulässigen Beschwerde unschädlich (BVerwG Buchh 310 § 133 nF Nr. 9; NK-VwGO Rn. 83). IÜ steht es im Ermessen des BVerwG, die Sache an das Ausgangsgericht zurückzuleiten, damit es die Entscheidung über die Nichtzulassungsbeschwerde nachholt, oder über die Beschwerde unmittelbar selbst zu befinden (vgl. auch → § 148 Rn. 5). Eine **Aufhebung der Nichtabhilfeentscheidung** durch das BVerwG kommt nur ganz ausnahmsweise in Betracht; ein Ausnahmefall wird

nicht bereits dadurch begründet, dass nach Ergehen der Nichtabhilfeentscheidung noch eine weitere fristgerechte Beschwerdebegründung beim Ausgangsgericht eingereicht wird (BVerwG Beschl. v. 30.12.2016 – 10 B 4.16, Rn. 7; s. auch → Rn. 32).

2. Entscheidung des BVerwG

Das BVerwG entscheidet über die Nichtzulassungsbeschwerde **durch** (unanfechtbaren) **Beschluss** (§ 133 V 1). Hinsichtlich des Prüfungsumfangs gelten die Ausführungen in → Rn. 29 entsprechend. Gegenstand der Entscheidung des BVerwG ist im Beschwerdeverfahren der Ausspruch der Vorinstanz über die Nichtzulassung der Revision in der angefochtenen Entscheidung, nicht die Nichtabhilfeentscheidung; etwaige Verfahrensmängel vor oder bei Erlass der Nichtabhilfeentscheidung hindern das BVerwG nicht, über die Nichtzulassungsbeschwerde zu befinden (BVerwG Beschl. v. 15.8.2017 – 4 BN 22.17, Rn. 13; NVwZ-RR 2017, 468 Rn. 11). Die unzulässige Beschwerde wird verworfen, die unbegründete Beschwerde zurückgewiesen; zugleich ist eine Kostenentscheidung (vgl. § 154 II) zu treffen. Ist die Beschwerde zulässig und begründet, ist auszusprechen, dass die Revision zugelassen wird. Die Kostenentscheidung bleibt der abschließenden Entscheidung im Revisionsverfahren (Schlussentscheidung) vorbehalten. Bei einer Teilzulassung ist eine Kostenentscheidung zu treffen, soweit die Beschwerde ohne Erfolg geblieben ist, iÜ bleibt sie der Schlussentscheidung in der Hauptsache vorbehalten (BVerwG Buchh 310 § 133 (nF) Nr. 109 Rn. 24 ff.). **32**

Vor der Entscheidung ist den Verfahrensbeteiligten Gelegenheit zur Stellungnahme zu geben, soweit dies zwecks Gewährung rechtlichen Gehörs geboten ist. Der Beschluss soll zumindest **kurz begründet** werden (§ 133 V 2 Hs. 1). Nach Ermessen kann das BVerwG von einer Begründung absehen, wenn sie nicht geeignet ist, zur Klärung der Voraussetzungen beizutragen, unter denen eine Revision zuzulassen ist (§ 133 V 2 Hs. 2). Die Verzichtsmöglichkeit gilt auch für Beschlüsse, mit denen die Nichtzulassungsbeschwerde zurückgewiesen wird. **33**

Mit der Ablehnung der Beschwerde durch das BVerwG wird die angefochtene Entscheidung **rechtskräftig** (§ 133 V 3). Abzustellen ist auf den Zeitpunkt, in dem die Beschwerdeentscheidung des BVerwG wirksam wird. Wirksam wird der Beschluss mit der Herausgabe aus dem Gerichtsgebäude zur Beförderung mit der Post (vgl. BVerwGE 95, 64). Wird die Beschwerde teilweise verworfen oder zurückgewiesen, tritt in diesem Umfang Rechtskraft ein, sofern nicht eine wirksame Anschließung erfolgt (BFSA Rn. 47). **34**

Die **Revisionszulassung** durch das BVerwG hat dieselben Wirkungen wie die Zulassung durch das Ausgangsgericht im Abhilfeverfahren (→ Rn. 30; vgl. § 139 II 1). Ist für das Nichtzulassungsverfahren PKH bewilligt worden, erstreckt sich die Bewilligung auch auf das nachfolgende Revisionsverfahren. **35**

3. Rücknahme; Erledigung

36 Die Nichtzulassungsbeschwerde kann bis zur ihrer Bescheidung ohne Zustimmung anderer Beteiligter **zurückgenommen** werden. Das Beschwerdeverfahren ist in diesem Fall analog §§ 140, 141, §§ 125 I 1, 92 III 1 mit der Kostenfolge des § 155 II einzustellen. Bis zur Entscheidung über die Abhilfe ist das Ausgangsgericht zuständig (BayVGH Beschl. v. 5.6.2018 – 9 N 14.2265; NdsOVG Beschl. v. 19.8.2014 – 7 LC 16.13; OVG MV Beschl. v. 8.1.2013 – 1 L 27.09; SächsOVG SächsVBl. 2011, 140). § 87a findet keine Anwendung (OVG Bln-Bbg Beschl. v. 7.3.2017 – 5 B 4.16; BayVGH Beschl. v. 24.11.2016 – 8 B 15.2552, Rn. 4 mwN). Ist die Beschwerde beim BVerwG anhängig, obliegt diesem die Entscheidung über die Rücknahmefolgen. Mit der Rücknahme der Beschwerde wird das angegriffene Urteil rechtskräftig. Wird das Beschwerdeverfahren übereinstimmend **für erledigt erklärt,** ist es entsprechend §§ 140, 141, §§ 125 I 1, 92 III 1 einzustellen; nach § 161 II 1 ist über die Kosten des Beschwerdeverfahrens zu entscheiden. Wird der Rechtsstreit insgesamt übereinstimmend für erledigt erklärt, sind neben der Verfahrenseinstellung und der Entscheidung über die Kosten des gesamten Verfahrens zusätzlich die vorinstanzlichen Entscheidungen für unwirksam zu erklären (§ 173 S. 1 iVm § 269 III 1 ZPO analog → § 161 Rn. 25 ff.). Erklären die Beteiligten das Verfahren nur hinsichtlich des bisher allein beschiedenen **Hauptantrags** für erledigt, ist das Beschwerdeverfahren einzustellen und der Rechtsstreit wegen des bislang nicht beschiedenen **Hilfsantrags** bei dem Ausgangsgericht fortzusetzen (BVerwG Buchh 310 § 161 Nr. 131).

37 Will der Beschwerdeführer das Verfahren fortführen, obwohl sich der geltend gemachte Anspruch nach Ergehen der angegriffenen Entscheidung erledigt hat, muss er im Beschwerdeverfahren ein **Fortsetzungsfeststellungsinteresse** darlegen (BVerwG NVwZ-RR 1996, 122; BFSA Rn. 33, 44; Kopp/Schenke Rn. 14).

V. Zurückverweisung des Rechtsstreits (VI)

38 Liegt eine begründete Verfahrensrüge vor, kann das BVerwG gem. § 133 VI anstelle der Revisionszulassung auch die angefochtene Entscheidung aufheben und den Rechtsstreit zur anderweitigen Verhandlung und Entscheidung an das Ausgangsgericht zurückverweisen. § 133 VI bezweckt eine **Verfahrensvereinfachung und -beschleunigung** und kommt daher in Betracht, wenn abzusehen ist, dass im Revisionsverfahren eine abschließende Sachentscheidung nicht möglich wäre (BVerwG NWVBl. 1996, 125) – wie im Falle eines absoluten Revisionsgrundes (BVerwG NJW 1994, 273) oder weiteren Aufklärungsbedarfs – oder nicht tunlich wäre – wie im Fall der Auslegung nichtrevisiblen Rechts (vgl. BVerwG Beschl. v. 3.9.2010 – 6 B 30.10, Rn. 11; Buchh 310 § 144 Nr. 69). Das BVerwG entscheidet nach pflichtgemäßem **Ermessen,** ob es von der Zurückverweisungsmöglichkeit des § 133 VI Gebrauch macht (vgl. BVerwG NJW 1994, 673; NVwZ-RR 1994, 120). Die neben einer Verfahrensrüge erhobene Divergenzrüge steht einer Zurückverweisung nicht entgegen, wenn sie sich ausschließlich auf Verfahrensrecht bezieht (BVerwG Beschl. v. 3.9.2010 – 6 B 30.10, Rn. 13 mwN).

Dem zurückverweisenden Beschluss kommt hinsichtlich seiner entscheidungstragenden Begründungselemente **Bindungswirkung entsprechend § 144 VI** zu (BVerwG NJW 1997, 3456). Bei der Bestimmung der Reichweite der Bindungswirkung ist der beschränkte Gegenstand des Beschlusses nach § 133 VI zu berücksichtigen (BVerwG Beschl. v. 29.4.2019 – 2 B 25.18, Rn. 14; Buchh 310 § 144 Nr. 80 Rn. 10 ff.). Die Entscheidung des BVerwG kann sich ausnahmsweise auf eine Aufhebung der angegriffenen Entscheidung beschränken, wenn das Ausgangsgericht bei einer Zurückverweisung keine Sachentscheidung mehr treffen könnte (zB weil der Verfahrensfehler darin besteht, dass es trotz wirksamer Klage- oder Berufungsrücknahme noch zur Sache entschieden hatte, vgl. BVerwG NVwZ 2002, 990; zur **isolierten Aufhebung einer unstatthaften** Nichtzulassungsentscheidung: BVerwG Beschl. v. 28.11.2012 – 2 B 72.12; NJW 2002, 2262). Aus vergleichbaren Erwägungen darf das BVerwG im Rahmen des § 133 VI ausnahmsweise von einer Zurückverweisung absehen und die angegriffene Entscheidung ändern („**Durchentscheiden**" im Nichtzulassungsbeschwerdeverfahren, vgl. Beck-OK VwGO Rn. 109; Kopp/Schenke Rn. 22; SSB Rn. 87; aA Eyermann Rn. 60). Dies kommt in Betracht, wenn der Vorinstanz für den Fall der Zurückverweisung kein Entscheidungsspielraum verbliebe, etwa weil die Klage als unzulässig abzuweisen ist (BVerwG NVwZ-RR 2012, 86; Buchh 310 § 133 nF Nr. 28) oder eine Berufung zurückzuweisen ist (BVerwG NVwZ 2014, 1675).

§ 134 [Sprungrevision]

(1) [1]Gegen das Urteil eines Verwaltungsgerichts (§ 49 Nr. 2) steht den Beteiligten die Revision unter Übergehung der Berufungsinstanz zu, wenn der Kläger und der Beklagte der Einlegung der Sprungrevision schriftlich zustimmen und wenn sie von dem Verwaltungsgericht im Urteil oder auf Antrag durch Beschluß zugelassen wird. [2]Der Antrag ist innerhalb eines Monats nach Zustellung des vollständigen Urteils schriftlich zu stellen. [3]Die Zustimmung zu der Einlegung der Sprungrevision ist dem Antrag oder, wenn die Revision im Urteil zugelassen ist, der Revisionsschrift beizufügen.

(2) [1]Die Revision ist nur zuzulassen, wenn die Voraussetzungen des § 132 Abs. 2 Nr. 1 oder 2 vorliegen. [2]Das Bundesverwaltungsgericht ist an die Zulassung gebunden. [3]Die Ablehnung der Zulassung ist unanfechtbar.

(3) [1]Lehnt das Verwaltungsgericht den Antrag auf Zulassung der Revision durch Beschluß ab, beginnt mit der Zustellung dieser Entscheidung der Lauf der Frist für den Antrag auf Zulassung der Berufung von neuem, sofern der Antrag in der gesetzlichen Frist und Form gestellt und die Zustimmungserklärung beigefügt war. [2]Läßt das Verwaltungsgericht die Revision durch Beschluß zu, beginnt der Lauf der Revisionsfrist mit der Zustellung dieser Entscheidung.

(4) Die Revision kann nicht auf Mängel des Verfahrens gestützt werden.

(5) Die Einlegung der Revision und die Zustimmung gelten als Verzicht auf die Berufung, wenn das Verwaltungsgericht die Revision zugelassen hat.

Übersicht

1 Geht es den Beteiligten um die Klärung einer grundsätzlichen Rechtsfrage iSv § 132 II Nr. 1 oder um die Ausräumung einer Divergenz iSv § 132 II Nr. 2, besteht unter den Voraussetzungen des § 134 die Möglichkeit, das angefochtene Urteil des VG unter Übergehung der Berufungsinstanz unmittelbar durch das BVerwG überprüfen zu lassen. Mittels der Sprungrevision können die Beteiligten den Rechtsstreit also **schnell** und **Kosten sparend** in die Revisionsinstanz bringen. Das Zustimmungserfordernis stellt sicher, dass der mit der Sprungrevision verbundene Verzicht auf eine zweite Tatsacheninstanz nur möglich ist, wenn beide Hauptbeteiligte damit einverstanden sind.

I. Statthaftigkeit der Sprungrevision (I 1)

1. Berufungsfähige Entscheidung des VG

2 Die Sprungrevision ist gegen alle **Urteile** des VG eröffnet, gegen die auch ein Antrag auf Zulassung der Berufung bzw. eine Berufung statthaft wäre. Dasselbe gilt für Entscheidungen des VG, die Urteilen gleichstehen, dh **Gerichtsbescheide** (vgl. § 84 II Nr. 3) sowie **Beschlüsse nach § 93a II 1, 5** (Kopp/Schenke Rn. 14; NK-VwGO Rn. 11 mwN; Eyermann Rn. 3; aA BFSA Rn. 5). Die Sprungrevision ist unabhängig davon statthaft, ob das VG die Berufung zugelassen hat (vgl. § 134 III 1; BVerwGE 160, 104 Rn. 7). VG iSv § 134 I 1 ist auch der **konsentierte Berichterstatter** nach § 87a II, III (BVerwGE 132, 10 Rn. 10). Gegen das vom **Einzelrichter** erlassene Urteil ist die Sprungrevision ebenfalls möglich. Zwar dürften die in § 6 I benannten Voraussetzungen für eine Einzelrichterübertragung es (bei unveränderter Prozesslage) regelmäßig ausschließen, die Voraussetzungen für die Zulassung der Sprungrevision nach § 134 II 1 zu bejahen. Jedoch ist das BVerwG wegen § 134 II 2 auch in diesem Fall an die durch das VG ausgesprochene Zulassung gebunden (BVerwG Urt. v. 22.5.2019 – 1 C 10.18, Rn. 10; BVerwGE 122, 94, allerdings jeweils offen gelassen für den Fall eines Verstoßes gegen

Art. 101 I 2 GG; zu § 124a I 2: BVerwGE 121, 292; BeckOK VwGO Rn. 2, 26).

Ist die Berufung durch Bundesgesetz ausgeschlossen, richtet sich die Statt- **3** haftigkeit der Revision nach § 135. Gem. § 78 II 2 AsylG aF fand § 134 keine Anwendung auf Entscheidungen des VG nach dem AsylG. Durch Gesetz vom 20.7.2017 (BGBl. I 2780) ist die Sprungrevision mit Wirkung vom 29.7.2017 auch in Asylstreitverfahren eröffnet worden; ausgenommen sind Urteile des VG, die nach § 78 I AsylG unanfechtbar sind (vgl. **§ 78 VI AsylG**). Ziel der Gesetzesänderung ist es, das Fallmaterial beim BVerwG zu vermehren und praxisrelevante Rechtsfragen von grundsätzlicher Bedeutung oder divergierende Rechtsauffassungen einer zügigen höchstrichterlichen Klärung zuzuführen. Das BVerwG soll seiner Funktion besser als bislang nachkommen können, die Rechtsanwendung im Bereich des Asyl- und Asylverfahrensrechts durch die Herbeiführung von Leitentscheidungen zu vereinheitlichen (BT-Drs. 18/12415, 19).

2. Zustimmungserfordernis

Der **Kläger** und der **Beklagte** des erstinstanzlichen Verfahrens müssen der **4** Einlegung der Sprungrevision zustimmen. Das Zustimmungserfordernis hat die Aufgabe, die Hauptbeteiligten davor zu schützen, ohne ihr ausdrückliches Einverständnis die vorgesehene zweite Tatsacheninstanz zu verlieren (vgl. BVerwGE 65, 27; Beschl. v. 11.2.1997 – 8 C 4.97). Der Zustimmung sonstiger Verfahrensbeteiligter einschließlich des notwendig Beigeladenen bedarf es nicht (GmS-OGB BVerwGE 50, 369). Bei dem Rechtsmittel eines der Hauptbeteiligten ist die Zustimmung des anderen Hauptbeteiligten erforderlich, bei dem Rechtsmittel eines sonstigen Beteiligten die Zustimmung beider Hauptbeteiligter.

§ 134 I 1 verlangt eine **schriftlich** erteilte Zustimmung. Das Schriftform- **5** erfordernis ist auch gewahrt, wenn die Zustimmung zur Einlegung der Revision zu Protokoll des VG erklärt wird (zB BVerwG Beschl. v. 11.2.1997 – 8 C 4.97; BVerwGE 39, 314). Für die Zustimmungserklärung besteht **kein Vertretungszwang** (BVerwG NVwZ 2006, 599; DVBl 1990, 873). Sie kann auch schon vor Erlass des anzugreifenden Urteils, beispielsweise als Protokollerklärung in der mündlichen Verhandlung, erteilt werden (BVerwGE 132, 10; 81, 81).

Die Zustimmung muss sich auf die **Einlegung der Sprungrevision** bezie- **6** hen. Wegen des mit der Sprungrevision verbundenen Verlusts einer Tatsacheninstanz und der Bindung des BVerwG an die Tatsachenfeststellungen des VG ohne die Möglichkeit einer Verfahrensrüge (§ 134 IV) bedarf es einer **eindeutigen** prozessualen **Erklärung** (BVerwG Urt. v. 15.4.2019 – 1 C 46.18, Rn. 14). Ist der Wortlaut der Erklärung unklar oder missverständlich, kann gleichwohl vom Vorliegen der Zustimmung ausgegangen werden, wenn die sonstigen Umständen klar darauf schließen lassen, dass der Beteiligte mit der Erklärung der Einlegung der Revision zustimmen wollte (BVerwGE 146, 1 Rn. 9; Beschl. v. 8.3.2002 – 5 C 54.01, Rn. 3). Die Erklärung, für den Fall einer durch den Rechtsmittelgegner beabsichtigten Revision auf die Einlegung eines Rechtsmittels zu verzichten, lässt sich is einer Zustimmung zur Einlegung der Sprungrevision auslegen (BVerwG NVwZ 2015, 1620 Rn. 16). Nicht ausreichend ist grds. ein **Antrag auf Zulassung der Sprungrevision** oder eine darauf gerichtete Zustimmung (BVerwG Beschl. v. 8.3.2002 – 5 C 54.01, Rn. 5 mwN; BVerwGE 81, 81). Ausnahmsweise kann eine solche Erklärung zugleich als Zustimmung zur Einlegung der Revision verstanden werden, wenn sich im Wege der Auslegung zweifelsfrei ergibt, dass der Kläger bzw. der Beklagte mit ihrer Erklärung auch die Zustimmung zur Einlegung der Sprungrevision haben erteilen wollen (BVerwG Beschl. v. 8.3.2002 – 5 C 54.01, Rn. 6 mwN; NVwZ 1986, 643).

7   Sie ist bis zur Einlegung der Sprungrevision **widerruflich** (BVerwG NVwZ 2006, 834 mwN). Legen der Kläger bzw. der Beklagte Berufung ein oder beantragen die Zulassung der Berufung, bevor ein Beteiligter die Sprungrevision eingelegt hat, liegt darin ein rechtzeitiger konkludenter Widerruf der Zustimmung zur Sprungrevision (BVerwG NVwZ 2006, 834).

3. Zulassungserfordernis

8   Gem. § 134 I 1 setzt die Sprungrevision weiter voraus, dass sie durch das VG zugelassen worden ist. Die Zulassung erfolgt im Urteil des VG oder auf nachträglichen Antrag durch Beschluss.

II. Zulassung der Sprungrevision

1. Im Urteil des VG

9   Das VG kann die Revision **von Amts wegen** oder auf Anregung eines Beteiligten bereits im Urteil zulassen. Dazu bedarf es eines **ausdrücklichen Ausspruch**s, der den Umfang der Zulassung erkennen lässt. Eine auf die Zulassung der Revision bezogene Rechtsmittelbelehrung genügt (nur) dann, wenn sich daraus zweifelsfrei ergibt, dass das VG die Revision zulassen wollte (BVerwG Buchh 310 § 134 Nr. 15; s. auch → § 132 Rn. 8). Nach den allgemeinen Grundsätzen (→ § 132 Rn. 10 f.) kann die Zulassung auf einen abtrennbaren selbstständigen Teil des Streitgegenstands beschränkt werden (BVerwG Beschl. v. 5.7.2011 – 5 B 35.11; SSB Rn. 43; BeckOK Rn. 11; enger NK-VwGO Rn. 51; Eyermann Rn. 21: nur bei objektiver Klagehäufung).

10   Gem. § 134 II 1 ist die Revision nur zuzulassen, wenn der **Zulassungsgrund** der **grundsätzlichen Bedeutung** (§ 132 II Nr. 1) oder der **Divergenz** (§ 132 II Nr. 2) gegeben ist. Liegt ein Zulassungsgrund vor, besteht keine Zulassungspflicht für das VG. Es kann sein **Ermessen** auch dahin betätigen, gleichwohl von einer Zulassung abzusehen (BeckOK VwGO Rn. 13; NK-VwGO Rn. 54; SSB Rn. 43; aA zB Kopp/Schenke Rn. 4). Dementsprechend muss das VG die Revision auch dann nicht zulassen, wenn es die Berufung aus einem Zulassungsgrund zulässt, der § 132 II Nr. 1 oder 2 entspricht. Andererseits ist das VG nicht gehindert, beide Rechtsmittel zuzulassen, wenn die jeweiligen Voraussetzungen erfüllt sind. Das VG kann auch

bereits im Urteil die Nichtzulassung der Revision aussprechen. Wegen § 134 II 3 entfällt dann das nachträgliche Antragsverfahren.

Lässt das VG die Revision im Urteil zu, muss sich die **Rechtsmittel-** **11** **belehrung** sowohl auf dieses Rechtsmittel erstrecken als auch auf den Antrag auf Zulassung der Berufung oder – bei gleichzeitiger Berufungszulassung – auf das Rechtsmittel der Berufung (vgl. BVerwGE 81, 81). Mangelt es daran, läuft für beide Rechtsmittel die Jahresfrist nach § 58 II (BVerwGE 91, 140). Sieht das VG von einer Revisionszulassung ab, muss über die Möglichkeit der Antragstellung nach § 134 I 2 nicht belehrt werden (BVerwG ZBR 1979, 146; BVerwGE 18, 53).

2. Auf Antrag durch Beschluss des VG

Gem. § 134 I 2 ist der Antrag auf Zulassung der Revision **innerhalb eines** **12** **Monats** nach Zustellung des vollständigen Urteils schriftlich zu stellen. Antragsbefugt sind die Beteiligten des Ausgangsverfahrens. Die Antragstellung unterliegt keinem Vertretungszwang (NK-VwGO Rn. 65; BFSA Rn. 16; aA BeckOK VwGO Rn. 20). Ein Darlegungserfordernis wie in § 133 III 3 sieht § 134 nicht vor. Für eine entsprechende Anwendung dieser Regelung ist kein Raum (NK-VwGO Rn. 69; BeckOK VwGO Rn. 20). Die **Zustimmung** des Rechtsmittelgegners zur Einlegung der Sprungrevision ist dem Antrag **beizufügen** (§ 134 I 3). Innerhalb der Monatsfrist kann sie auch noch nachgereicht werden (BVerwGE 65, 27). Erfolgt die Antragstellung durch einen anderen Beteiligten als den Kläger oder den Beklagten, sind die Zustimmungserklärungen beider Hauptbeteiligten einzureichen. Bei Fristversäumnis ist Wiedereinsetzung nach Maßgabe von § 60 möglich.

Die Beifügung der schriftlichen Zustimmungserklärung dient dem Nach- **13** weis, dass die Zustimmung ordnungsgemäß erteilt worden ist. Die Erklärung ist daher **grds. im Original vorzulegen**. Die Vorlage einer Abschrift oder einer Ablichtung genügt nur dann, wenn eine dazu ermächtigte Stelle die Übereinstimmung mit dem Originaldokument beglaubigt hat (BVerwG NJW 2005, 3367 mwN). Ein anwaltlicher **Beglaubigungsvermerk** reicht nicht aus (BVerwG NVwZ 2006, 599; kritisch zu dieser Formstrenge: SSB Rn. 28b). Hat der Antragsteller die Zustimmungserklärung vom Rechtsmittelgegner **mittels Telefax** oder Computerfax erhalten, kann er sie auf demselben Weg dem VG übermitteln, wenn der Antrag auf Zulassung der Sprungrevision ebenfalls per Telefax bzw. Computerfax eingereicht wird (BVerwG NJW 2005, 3367; abweichend Beschl. v. 18.9.2008 – 2 C 125.07, wo im Zusammenhang mit der Fristwahrung auf den Eingang des Originals abgestellt wird). Demgegenüber hält der 9. Senat des BVerwG die Übermittlung der Zustimmungserklärung an das Gericht per Telefax unabhängig davon für ausreichend, ob der Revisionskläger die Erklärung seinerseits per Telefax oder auf andere Weise empfangen hat (BVerwGE 151, 255 Rn. 11 mit dem Hinweis, dass der 2. und der 6. Senat an ihrer gegenteiligen Rechtsauffassung nicht festhalten). Ist die Zustimmung in der mündlichen Verhandlung vor dem VG zu Protokoll erklärt worden, ist die Beifügung einer Protokollabschrift entbehrlich, weil dem VG mit den Akten das Original des Protokolls bereits vorliegt (BVerwGE 148, 297 Rn. 8; Buchh 452.00 § 124 VAG Nr. 1; Buchh 240 § 13 BBesG Nr. 5; NVwZ 2002, 90).

14   Für die **Prüfung des Zulassungsantrags** durch das VG gelten die Ausführungen zur Zulassung im Urteil entsprechend (→ Rn. 10). Bei der Ausübung des Zulassungsermessens kommt besonderes Gewicht dem Umstand zu, dass die Hauptbeteiligten in Kenntnis der erstinstanzlichen Entscheidung einvernehmlich zum Ausdruck gebracht haben, eine weitere Tatsacheninstanz sei entbehrlich. Der Beschluss ist den Beteiligten zuzustellen (vgl. § 134 III) und mit einer Rechtsmittelbelehrung zu versehen, die (auch) über die Frist nach § 134 III 1 bzw. III 2 belehrt.

III. Wirkung der Entscheidung des VG

1. Ablehnung der Revisionszulassung

15   Die Ablehnung der Revisionszulassung im Urteil des VG oder auf nachträglichen Antrag durch Beschluss des VG ist unanfechtbar, § 134 II 3. Den Beteiligten verbleibt nach Maßgabe von §§ 124, 124a die **Möglichkeit der Berufung**. Es gelten die allgemeinen Fristen für den Antrag auf Zulassung der Berufung bzw. – bei Berufungszulassung durch das VG – für die Einlegung der Berufung. § 134 III 1 regelt jedoch den **Fristbeginn** gesondert. Ist der Antrag auf Zulassung der Sprungrevision ordnungsgemäß gestellt und die erforderliche Zustimmungserklärung fristgerecht vorgelegt worden, beginnt mit der Zustellung des ablehnenden Beschlusses die Frist für den Antrag auf Zulassung der Berufung von neuem. Erfüllt der Zulassungsantrag diese Voraussetzungen nicht, ist für den Fristbeginn die Zustellung des Urteils maßgeblich. Im Falle der Berufungszulassung durch das VG findet § 134 III 1 entsprechende Anwendung (zB Kopp/Schenke Rn. 13; NK-VwGO Rn. 104).

2. Zulassung der Revision

16   Die Zulassung der Sprungrevision durch das VG ist ebenfalls unanfechtbar. Vorbehaltlich etwaiger ausdrücklicher Beschränkungen gilt sie für das gesamte Urteil und für alle Beteiligten (Kopp/Schenke Rn. 3, 8; NK-VwGO Rn. 56). Die Beteiligten haben nunmehr die **Wahl zwischen den Rechtsmitteln** der Berufung und der Revision (BVerwGE 91, 140). Die Frist nach § 124a IV 1 oder II 1 beginnt mit der Zustellung des vollständigen Urteils des VG. Das Gleiche gilt in Bezug auf die Revisionsfrist, sofern die Zulassung der Sprungrevision bereits im Urteil des VG erfolgt. Lässt das VG die Revision durch Beschluss zu, beginnt der Lauf der **Revisionsfrist** gem. § 134 III 2 mit der Zustellung dieser Entscheidung. Das gilt sowohl für die Einlegungsfrist nach § 139 I 1 als auch für die Begründungsfrist nach § 139 III 1.

17   Das BVerwG ist gem. § 134 II 2 an die Zulassung gebunden. Die **Bindungswirkung** erstreckt sich allein auf die Zulassungsentscheidung. Die übrigen Zulässigkeitsvoraussetzungen für die Sprungrevision einschließlich des Vorliegens wirksamer Zustimmungserklärungen prüft das BVerwG eigenständig (BeckOK VwGO Rn. 27; NK-VwGO Rn. 74). Eine **Ausnahme**

von der Bindungswirkung besteht, wenn die Revision generell unstatthaft ist, weil es sich bei der angefochtenen Entscheidung nicht um ein Urteil im Sinne von § 134 I 1 handelt.

IV. Weiteres Verfahren bei Revisionseinlegung

Für die **Einlegung der Revision** nach wirksam zugelassener Revision gelten **18** vorbehaltlich des in § 134 III 2 gesondert bestimmten Fristlaufs die allgemeinen Vorschriften. Ist die Zulassung der Revision bereits im Urteil des VG erfolgt, ist der Revisionsschrift die **Zustimmungserklärung** des Rechtsmittelgegners beizufügen, § 134 I 3. Es reicht aus, wenn die Erklärung innerhalb der Einlegungsfrist (§ 139 I 1) nachgereicht wird (BVerwG 132, 10; 81, 81). IÜ müssen dieselben Voraussetzungen erfüllt sein wie bei der Vorlage der Zustimmung im Antragsverfahren (→ Rn. 12 f.). Dem Zustimmungserfordernis ist auch genügt, wenn der Revisionsbeklagte die Erklärung nicht ggü. dem Revisionskläger abgibt, sondern innerhalb der Revisionsfrist unmittelbar beim BVerwG einreicht (vgl. BVerwG Urt. v. 15.4.2019 – 1 C 46.18, Rn. 15). Das Gleiche gilt für eine beim VG eingereichte und von dort innerhalb der Revisionsfrist dem BVerwG vorgelegte Zustimmungserklärung (BVerwG Urt. v. 4.4.2019 – 1 C 44.18, Rn. 10).

Gem. § 134 V gelten die (wirksame) Einlegung der Revision und die **18a** (ordnungsgemäße) Zustimmung als **Verzicht auf das Rechtsmittel der Berufung.** Für alle Verfahrensbeteiligten wird das weitere Verfahren nunmehr allein von der Revision bestimmt (BVerwGE 81, 81; 65, 27). Etwaige beim OVG anhängige Berufungszulassungs- oder Berufungsverfahren werden gegenstandslos (BVerwG Urt. v. 15.4.2019 – 1 C 46.18, Rn. 16) und sind nach entsprechenden verfahrensbeendenden Erklärungen einzustellen (BeckOK VwGO Rn. 46; BFSA Rn. 34).

Die **Begründung der Revision** richtet sich ebenfalls nach den allgemei- **19** nen Vorschriften mit Ausnahme der abweichenden Regelung in § 134 IV. Danach kann die Sprungrevision nicht auf Mängel des Verfahrens gestützt werden. Maßgeblich ist der vom VG festgestellte Sachverhalt. Ein sonstiger Beteiligter, dessen Zustimmung zur Einlegung der Sprungrevision nicht erforderlich ist, kann aber eine Gegenrüge erheben (GmS-OGB BVerwGE 50, 369; BVerwG Buchh 310 § 134 Nr. 39). Der **Ausschluss der Verfahrensrüge** nach § 134 IV erstreckt sich nicht auf prozessuale Rügen, die Vorliegen der Sachentscheidungsvoraussetzungen betreffen (BVerwGE 117, 93). § 134 IV gilt auch nicht für Fehler in der Sachverhalts- und Beweiswürdigung, die – wie idR – dem materiellen Recht zuzuordnen sind (BVerwG Urt. v. 22.5.2019 – 1 C 10.18, Rn. 32 für den Fall widerstreitender Tatsachenfeststellungen).

Für die **Entscheidung über eine Sprungrevision** ergeben sich keine **20** Besonderheiten im Vergleich zu sonstigen Revisionsverfahren. Lediglich für den Fall der Zurückverweisung nach § 144 III 1 Nr. 2 ist eine Anpassung erfolgt. Gem. § 144 V kann das BVerwG nach Ermessen die Sache auch an das OVG zurückverweisen, das für die Berufung zuständig gewesen wäre.

§ 135 [Revision bei Ausschluss der Berufung]

[1] Gegen das Urteil eines Verwaltungsgerichts (§ 49 Nr. 2) steht den Beteiligten die Revision an das Bundesverwaltungsgericht zu, wenn durch Bundesgesetz die Berufung ausgeschlossen ist. [2] Die Revision kann nur eingelegt werden, wenn das Verwaltungsgericht oder auf Beschwerde gegen die Nichtzulassung das Bundesverwaltungsgericht sie zugelassen hat. [3] Für die Zulassung gelten die §§ 132 und 133 entsprechend.

1   Ebenso wie die Sprungrevision nach § 134 eröffnet auch § 135 den Beteiligten die Möglichkeit, sich gegen das **Urteil eines VG** unmittelbar mit der Revision zu wenden. Während aber die Sprungrevision an Entscheidungen des VG anknüpft, gegen die auch eine Berufung statthaft wäre, unterfallen § 135 verwaltungsgerichtliche Entscheidungen, bei denen die **Berufung** durch Bundesgesetz **ausgeschlossen** ist. Ein Berufungsausschluss iSd § 135 S. 1 liegt nur dann vor, wenn der Zugang zur Berufungsinstanz kraft bundesgesetzlicher Regelung generell verwehrt ist. Bloße Zugangsbeschränkungen, wie zB nach § 124, werden von § 135 nicht erfasst (Kopp/Schenke Rn. 2; BeckOK VwGO Rn. 1). Ein Berufungsausschluss durch Landesgesetz fällt ebenfalls nicht in den Anwendungsbereich der Vorschrift (vgl. NK-VwGO Rn. 2). Revisionsfähig iSd § 135 sind neben Urteilen auch Gerichtsbescheide (vgl. § 84 II Nr. 3, 4) sowie Beschlüsse nach § 93a II 1, 5.

2   **Anwendungsfälle** des § 135 sind zB § 34 S. 1 Wehrpflichtgesetz, § 10 II 1 Kriegsdienstverweigerungsgesetz, § 75 S. 1 Zivildienstgesetz, § 339 I 1 Lastenausgleichsgesetz, § 37 II 1 Vermögensgesetz und § 137 III 1 Telekommunikationsgesetz (zu weiteren Beispielen siehe NK-VwGO Rn. 10; BeckOK VwGO Rn. 5). Nicht hierher gehört § 78 I AsylG, der ein Rechtsmittel generell ausschließt, wenn das VG die Klage als offensichtlich unzulässig oder offensichtlich unbegründet abgewiesen hat.

3   Entsprechend den allgemeinen Grundsätzen für den Zugang zur Revisionsinstanz bestimmt § 135 S. 2, dass die Einlegung der Revision nur statthaft ist, wenn sie zuvor nach Maßgabe von § 135 S. 3 iVm §§ 132, 133 zugelassen worden ist. Die **Zulassung der Revision** erfolgt durch das VG oder auf Beschwerde gegen die Nichtzulassung durch das BVerwG. Ist das VG zu Unrecht von einem Berufungsausschluss ausgegangen und hat die Revision zugelassen, kann nicht aus der Bindungswirkung der Revisionszulassung (§ 132 III) auf eine Zulässigkeit der Revision geschlossen werden. Die Bindungswirkung nach § 132 III beschränkt sich auf die Zulassungsentscheidung und erstreckt sich nicht auf die übrigen Zulässigkeitsvoraussetzungen der Revision (BVerwG NVwZ-RR 2006, 580). Hat das VG zu Unrecht einen Berufungsausschluss angenommen und die Revision nicht zugelassen, kann entsprechend § 133 VI die Nichtzulassungsentscheidung aufgehoben und die Sache an das VG zurückverwiesen werden (BVerwG Beschl. v. 28.11.2012 – 2 B 72.12, mwN; NJW 2002, 2262). Im Verfahren der **Nichtzulassungsbeschwerde gegen einen Gerichtsbescheid** können die Beteiligten keine Verfahrensrügen erheben, die sich gegen die Richtigkeit der vom VG festgestellten Tatsachen richten. Ebenso wenig kann erfolgreich eine Gehörsverletzung gerügt werden (BVerwG Beschl. v. 3.3.2016 – 3 PKH 3.15, Rn. 7, 10; NVwZ-RR 2003, 902).

Auf das **Revisionsverfahren** finden die §§ 137 ff. Anwendung. Trotz des **4** Wortlauts in § 135 S. 2 bedarf es unter den in § 139 II 1 genannten Voraussetzungen nicht der Einlegung der Revision (§ 139 II 1 Hs. 2; BeckOK VwGO Rn. 6; NK-VwGO Rn. 7).

§ 136 *(aufgehoben)*

§ 137 [Zulässige Revisionsgründe]

(1) Die Revision kann nur darauf gestützt werden, daß das angefochtene Urteil auf der Verletzung
1. von Bundesrecht oder
2. einer Vorschrift des Verwaltungsverfahrensgesetzes eines Landes, die ihrem Wortlaut nach mit dem Verwaltungsverfahrensgesetz des Bundes überein stimmt,
beruht.

(2) Das Bundesverwaltungsgericht ist an die in dem angefochtenen Urteil getroffenen tatsächlichen Feststellungen gebunden, außer wenn in bezug auf diese Feststellungen zulässige und begründete Revisionsgründe vorgebracht sind.

(3) [1] Wird die Revision auf Verfahrensmängel gestützt und liegt nicht zugleich eine der Voraussetzungen des § 132 Abs. 2 Nr. 1 und 2 vor, so ist nur über die geltend gemachten Verfahrensmängel zu entscheiden. [2] Im übrigen ist das Bundesverwaltungsgericht an die geltend gemachten Revisionsgründe nicht gebunden.

Übersicht

I. Prüfungsmaßstab der Revision (I)

1   § 137 I bestimmt den Prüfungsmaßstab für die revisionsgerichtliche Überprüfung der angefochtenen Entscheidung. Die Revision kann nur auf die **Verletzung revisiblen Rechts** gestützt werden. Revisibel ist neben dem in § 137 I angeführten Bundesrecht (Nr. 1) und Verwaltungsverfahrensrecht eines Landes (Nr. 2) ausnahmsweise auch sonstiges Landesrecht, wenn dies bundes- oder landesgesetzlich besonders bestimmt ist.

1. Bundesrecht (I Nr. 1)

2   Bundesrecht isv § 137 I Nr. 1 ist Recht, das **kraft** eines **Gesetzesbefehls des Bundesgesetzgebers** gilt (st. Rspr., vgl. zB BVerwGE 123, 303 mwN), einschließlich partiellen Bundesrechts (vgl. BVerwGE 81, 1; BeckOK VwGO Rn. 4 mwN). Es muss sich um Rechtsnormen handeln, also Vorschriften mit **Rechtssatzqualität.** Ausgehend davon sind namentlich als revisibles Bundesrecht zu qualifizieren (vgl. zu weiteren Einzelheiten Kopp/Schenke Rn. 5 ff.; NK-VwGO Rn. 42 ff.; Bertrams DÖV 1992, 97): Rechtssätze des Grundgesetzes einschließlich allgemeiner verfassungsrechtlicher Grundsätze wie zB das Verhältnismäßigkeitsprinzip (BVerwGE 45, 51), das Willkürverbot (BVerwGE 57, 112) und das Bestimmtheitsgebot (BVerwG NJW 1992, 2243); Parlamentsgesetze, Rechtsverordnungen und Satzungen des Bundes; vorkonstitutionelles Recht, soweit es als Bundesrecht fort gilt (Art. 123 ff. GG; vgl. BVerwG NVwZ-RR 2013, 426); allgemeine Regeln des Völkerrechts (Art. 25 GG) und Gesetze des Bundes zur **Transformation völkerrechtlicher Verträge** (BVerwGE 92, 116; 44, 156). Die Übernahme eines völkerrechtlichen Vertrages auf dem Gebiet des Bundesrechts durch ein Zustimmungsgesetz gem. Art. 59 II GG führt zur unmittelbaren Anwendbarkeit einer Vertragsnorm, wenn die betreffende Norm nach Wortlaut, Zweck und Inhalt geeignet und hinreichend bestimmt ist, wie eine innerstaatliche Vorschrift rechtliche Wirkung zu entfalten (BVerwG Beschl. v. 18.1.2010 – 6 B 52.09, Rn. 4 mwN).

3   **Rechtsvorschriften der DDR** sind vorkonstitutionelles Recht. Sie sind revisibles Bundesrecht isv § 137 I Nr. 1, wenn und soweit dies Art. 9 des Einigungsvertrages bestimmt (BVerwG Buchh 310 § 137 Abs. 1 Nr. 26). IÜ ist das Recht der DDR nicht revisibel (BVerwG ZOV 2015, 61; Beschl. v. 9.2.2010 – 7 B 41.09). Die Auslegung der Bestimmungen ausgelaufenen DDR-Rechts ist grds. den Tatsachengerichten vorbehalten (BVerwG ZOV 2012, 213; Beschl. v. 28.8.2007 – 8 B 31.07; BVerwGE 117, 233) und nach § 137 II, § 173 S. 1 iVm §§ 293, 560 ZPO für das Revisionsgericht bindend (BVerwG Urt. v. 28.5.2015 – 3 C 12.14, Rn. 11 mwN).

4   Nicht revisibel **mangels Rechtssatzqualität** sind beispielsweise die Verdingungsordnung für Bauleistungen (BVerwG NZBau 2000, 529) und DIN-Normen (BVerwG NVwZ-RR 1997, 214). Dasselbe gilt für Verwaltungsrichtlinien (vgl. BVerwG Beschl. v. 4.8.2006 – 2 B 12.06) sowie **Verwaltungsvorschriften** (zB BVerwG Beschl. v. 1.4.2009 – 2 B 90.08; Beschl. v. 18.8.2005 – 5 B 68.05 mwN; Buchh 310 § 137 Nr. 181), und zwar auch

dann, wenn sie als technische Regelwerke die Anwendung von Rechtsvorschriften beeinflussen mögen (BVerwG DVBl 2007, 639). Abweichend werden Verwaltungsvorschriften, denen ausnahmsweise quasi-normativer Charakter beigemessen wird, wie revisible Rechtsnormen behandelt (für
Beihilfevorschriften vgl. BVerwGE 121, 103; 79, 249; für normkonkretisie-
rende Verwaltungsvorschriften im Umweltrecht vgl. BVerwG NVwZ 2000,
440; BVerwGE 107, 338). IÜ ist das Revisionsgericht auf die Prüfung beschränkt, ob ihre Auslegung durch das Tatsachengericht mit Bundesrecht
vereinbar ist und mit den allgemeinen für Verwaltungsvorschriften geltenden
Auslegungsgrundsätzen im Einklang steht (BVerwG Buchh 310 § 137
Nr. 181).

Da § 137 I Nr. 1 auf den Bundesgesetzgeber als Normgeber abstellt, ist **5**
ausländisches Recht nicht revisibel mit der Folge, dass die Entscheidung der
Tatsacheninstanz über das Bestehen und den Inhalt ausländischen Rechts gem.
§ 137 II, § 173 S. 1 iVm §§ 293, 560 ZPO für das Revisionsgericht bindend
ist (BVerwG Buchh 130 § 3 RuStAG Nr. 2). Demgegenüber gehört das
primäre und sekundäre **Recht der Europäischen Union** zum revisiblen
Recht (BVerwG NZBau 2000, 529; NVwZ 1997, 178; BVerwGE 35, 277).
Das Revisionsgericht prüft auch, ob die Vorinstanz das Gebot richtlinienkon-
former Auslegung beachtet hat (BVerwGE 110, 302). Mangels bundesgesetzlichen Normgebers unterliegt **kirchliches Recht** nicht der Revision durch
das BVerwG. Etwas anderes gilt, wenn der kirchliche Gesetzgeber von der
Ermächtigung des § 135 S. 2 BRRG Gebrauch macht, mit dem der die
Revisibilität eröffnende § 127 BRRG für anwendbar erklärt wird (BVerwG
Beschl. v. 4.6.2009 – 2 B 28.09). Stützt sich die Revision auf eine bundesrechtliche Norm, handelt es sich gleichwohl nicht um revisibles Bundesrecht,
wenn die Norm nicht **kraft** eines **Gesetzesbefehls** des Bundesgesetzgebers,
sondern **des Landesgesetzgebers** heranzuziehen ist (BVerwG NVwZ-RR
2013, 462; NVwZ 2009, 1037; 1984, 101; → Rn. 11).

Auslegungsregeln und allgemeine Rechtsgrundsätze über die Auslegung **6**
von Rechtsvorschriften sind nur revisibel, wenn es um ihre Anwendung im
Rahmen revisiblen Rechts geht (BVerwG Buchh 310 § 137 Abs. 1 Nr. 40;
NVwZ 2008, 337; Buchh 237.4 § 35 HmbBG Nr. 1). Auch der Umstand,
dass die Vorinstanz zur Auslegung den dem Bundesrecht entnommenen
Gleichbehandlungsgrundsatz herangezogen hat, führt lediglich dann auf revisibles Recht, wenn das auszulegende Recht revisibel ist (BVerwG Beschl. v.
4.6.2009 – 2 B 28.09). Entsprechendes gilt für aus dem **Bürgerlichen Recht**
übernommene Rechtsgrundsätze wie zB die Rechtsinstitute des öffentlich-
rechtlichen Erstattungsanspruchs und der culpa in contrahendo (BVerwG
Buchh 310 § 137 Abs. 1 Nr. 39; Beschl. v. 25.8.1997 – 8 B 145.97 mwN)
sowie für den in der gesamten Rechtsordnung geltenden Grundsatz von Treu
und Glauben (BVerwG Buchh 310 § 137 Abs. 1 Nr. 15).

2. Verwaltungsverfahrensrecht eines Landes (I Nr. 2)

Gem. § 137 I Nr. 2 ist mit Bundesrecht gleichlautendes Verwaltungsverfah- **7**
rensrecht eines Landes revisibel. Die Vorschrift soll die Einheitlichkeit der

Anwendung des Verwaltungsverfahrensrechts in Bund und Ländern sichern (BVerwG NVwZ 2016, 1577 Rn. 12). Als Verwaltungsverfahrensgesetz eines Landes iSd § 137 I Nr. 2 kommt nur ein allgemeines, allein das Verwaltungsverfahren regelndes Gesetz **im Typus des VwVfG des Bundes** in Betracht. Landesgesetze, die lediglich einzelne oder mehrere verwaltungsverfahrensrechtliche Vorschriften aufweisen, werden nicht erfasst (BVerwG Buchh 310 § 137 Abs. 1 Nr. 5; NVwZ 1984, 101). Voraussetzung ist des Weiteren, dass die landesrechtliche Vorschrift im Wortlaut mit dem VwVfG des Bundes übereinstimmt. Entgegen dem Wortlaut des § 137 I Nr. 2 bedarf es nicht einer Übereinstimmung des gesamten Verwaltungsverfahrensgesetzes. Es genügt, wenn die miteinander zu vergleichenden Bestimmungen den **gleichen Wortlaut** haben (BVerwGE 123, 303; Buchh 310 § 137 Abs. 1 Nr. 5 mwN). Nicht ausreichend ist es, wenn die beiden Vorschriften lediglich einen ähnlichen Regelungsgehalt besitzen, jedoch im Wortlaut voneinander abweichen (BVerwG Beschl. v. 30.8.2006 – 10 B 38.06). § 137 I Nr. 2 ist auch anzuwenden, wenn es um die rechtlich zutreffende Schließung einer im Bundes- wie im Landesverwaltungsverfahrensgesetz gleichermaßen bestehenden Regelungslücke geht (BVerwG NVwZ 2016, 1577 Rn. 12).

8   Zum revisiblen Recht gehört danach auch der **Begriff des Verwaltungsakts** (§ 137 I Nr. 2 iVm § 35 VwVfG). Davon zu trennen ist aber die Frage, ob ein Verwaltungshandeln die Voraussetzungen des Begriffs erfüllt. Dies beurteilt sich maßgeblich nach dem zugrunde liegenden materiellen Recht. Handelt es sich um nicht revisibles Landesrecht, ist dessen Auslegung der revisionsgerichtlichen Kontrolle grds. entzogen (BVerwG Buchh 402.43 § 9 MRRG Nr. 1; zur Auslegung des Erklärungsinhalts eines Verwaltungsakts → Rn. 23). Eine vergleichbare Einschränkung ergibt sich auch für § 40 VwVfG. Die nach § 137 I Nr. 2 gegebene Revisibilität kann nicht dazu führen, dass die Anwendung einer dem nichtrevisiblen Landesrecht entstammenden Ermessensregelung als Verletzung revisiblen Rechts gerügt werden kann (BVerwG Buchh 310 § 137 Nr. 161).

9   Ist eine landesrechtliche Norm in Anwendung von § 137 I Nr. 2 revisibel, kann sie ggf. auch zu einer **Erweiterung der Prüfungsbefugnis** auf solche Vorschriften führen, auf die sie ausstrahlt (vgl. BVerwGE 111, 162 zum Verhältnis von §§ 54 ff. LVwVfG zu Vorschriften des BGB; BVerwGE 84, 257). Entsprechendes gilt für den umgekehrten Fall, dass andere Rechtsnormen sich unmittelbar auf Umfang und Reichweite der landesrechtlichen Verwaltungsverfahrensvorschrift auswirken (BVerwG NVwZ 2003, 993).

3. Sonstiges Landesrecht

10   **a) Grundsatz der Irrevisibilität.** Aus § 137 I ergibt sich im Umkehrschluss, dass **Landesrecht** – vorbehaltlich des Anwendungsbereichs des § 137 I Nr. 2 – nicht revisibel ist. Das Revisionsgericht überprüft also grds. nicht, ob die angefochtene Entscheidung auf einer Verletzung von Landesrecht beruht. Zum Landesrecht gehören insbes. das Landesverfassungsrecht, förmliche Landesgesetze sowie von Landes- oder Kommunalorganen erlassene Rechtsverordnungen und Satzungen.

Irrevisibles Landesrecht liegt auch vor, wenn Landesrecht auf eine oder 11
mehrere bundesrechtliche Vorschriften verweist und die Normen des Bundesrechts nicht kraft Gesetzesbefehls des Bundesgesetzgebers Geltung beanspruchen, sondern kraft **Anwendungsbefehls des Landesgesetzgebers**
(BVerwG NVwZ-RR 2013, 462; NVwZ 2009, 1037; Beschl. v. 25.2.2009 –
8 B 1.09; BVerwGE 91, 77). Entsprechendes gilt für den Fall, dass ein kommunaler Satzungsgeber in seinem Satzungsrecht bundesrechtlich geprägte
Begriffe verwendet (BVerwG Buchh 401.9 Beiträge Nr. 50; Buchh 310 § 137
Abs. 1 Nr. 25). Landesrecht wird auch nicht deshalb revisibel, weil es mit
einer bundesrechtlichen Vorschrift wörtlich übereinstimmt oder zur Ausfüllung eines Rahmengesetzes des Bundes ergangen ist (BVerwG NVwZ-RR
1999, 239; Buchh 310 § 137 Abs. 1 Nr. 5). Handelt es sich hingegen um eine
landesrechtliche Verweisung, die dem Bundesrecht im Landesbereich Geltung
in seiner Eigenschaft als Bundesrecht zuerkennen soll, führt das zur Revisibilität der in Bezug genommenen Normen (BVerwG NVwZ-RR 2013, 462;
Beschl. v. 28.11.1994 – 8 B 189.94; BVerwG NVwZ 1986, 739; BVerwGE
51, 268).

Auch Bundesrecht, das lediglich in **Ausfüllung und Ergänzung einer** 12
Lücke des geschriebenen Landesrechts Anwendung findet, teilt dessen
Rechtscharakter als irrevisibles Recht (BVerwG Buchh 310 § 132 Abs. 2
Ziff. 2 Nr. 22 Rn. 11; Buchh 310 § 137 Abs. 1 Nr. 39; Buchh 310 § 137
Abs. 1 Nr. 29; BVerwGE 123, 303). Dasselbe gilt für **allgemeine Rechts-**
grundsätze, die zur Ergänzung von Landesrecht herangezogen werden
(BVerwG Beschl. v. 10.9.2009 – 3 B 16.09 zu Grundsätzen der Rechtsschein-
haftung; Buchh 310 § 137 Abs. 1 Nr. 15 zum Grundsatz von Treu und
Glauben). Ebenso rechnen **Auslegungsregeln** zum nichtrevisiblen Landesrecht, wenn und soweit es um ihre Anwendung im Rahmen von Landesrecht
geht (→ Rn. 6; BVerwG Beschl. v. 3.6.2008 – 9 BN 3.08; BVerwGE 115,
189 (197)). Etwas anderes ergibt sich allerdings, wenn die Auslegung offensichtlich willkürlich ist. Unter dieser Voraussetzung berühren die vom Tatsachengericht herangezogenen Auslegungsgrundsätze revisibles Recht (BVerwG
Beschl. v. 6.9.1999 – 11 B 40.99; NVwZ 1989, 246).

Auch bei dem Rundfunkstaatsvertrag und dem Rundfunkbeitragsstaatsver- 13
trag handelt es sich um an sich irrevisibles Landesrecht (s. aber → Rn. 15).
Den Bestimmungen kommt nicht deshalb Revisibilität zu, weil ihnen aufgrund entsprechender Landeszustimmungsgesetze **Geltung in allen Bundes-**
ländern zukommt (BVerwG NJW 2006, 632; NJW 1998, 1578). Ebenso
wenig werden die polizeiliche Generalklausel oder bauordnungsrechtliche
Brandschutzbestimmungen eines Landes dadurch revisibel, dass in allen Bundesländern ähnliche Regelungen bestehen und von einem vergleichbaren
Gefahrenbegriff ausgegangen wird (BVerwG Buchh 310 § 137 Abs. 1 Nr. 1).
Auch der Gesichtspunkt, dass Landesrecht auf einen gemeinsamen Musterentwurf der Bundesländer zurückgeht und mehrere Länder wortlautgleiche
Rechtsnormen verabschiedet haben, begründet keine Revisibilität (BVerwGE
99, 351).

14 **b) Kraft Gesetzes angeordnete Revisibilität.** Gem. § 191 II, § 127 Nr. 2 **BRRG** gilt für die Revision gegen das Urteil eines OVG über eine Klage aus dem Beamtenverhältnis, dass die Revision auch auf die Verletzung von Landesrecht gestützt werden kann. Damit ist das **Landesbeamtenrecht** kraft ausdrücklicher bundesrechtlicher Bestimmung revisibel (BVerwG NVwZ-RR 2016, 907 Rn. 23 ff.; zur Fortgeltung des § 127 Nr. 2 BRRG: BVerwGE 137, 30 Rn. 6). Die Landesnorm iSd § 127 Nr. 2 BRRG muss materiell dem Beamtenrecht zuzuordnen sein. Das ist der Fall, wenn ihr Regelungsgehalt in einem sachlichen Zusammenhang mit den Besonderheiten des Beamtenverhältnisses steht und sich auf einen beamtenrechtlichen Kontext bezieht. Vorschriften, die organisatorischen Charakter haben und den spezifischen Erfordernissen eines anderen Rechtsgebietes geschuldet sind, gehören nicht zum revisiblen Beamtenrecht (BVerwG NVwZ-RR 2016, 907 Rn. 27 f. mwN). Auf öffentlich rechtliche Dienstverhältnisse, die keine Beamtenverhältnisse sind, ist § 127 Nr. 2 BRRG nicht anwendbar (BFSA Rn. 11 mit Beispielen). Auch gehören etwa Bestimmungen des Landeskommunalverfassungsrechts selbst dann nicht dem gem. § 127 Nr. 2 BRRG revisiblen Recht an, wenn sich aus ihrer Auslegung und Anwendung Auswirkungen auf beamtenrechtliche Rechtsverhältnisse ergeben (BVerwG Beschl. v. 4.5.2007 – 2 B 24.07).

15 Die Revisibilität von Landesrecht kann des Weiteren begründet werden, indem dem Revisionsgericht **durch Landesgesetz** die Entscheidung in solchen Sachen **zugewiesen** wird, bei denen es sich um die Anwendung von Landesrecht handelt **(Art. 99 Alt. 2 GG).** Die Landesgesetzgeber haben von dieser Ermächtigung lediglich vereinzelt Gebrauch gemacht. Ein Anwendungsfall ist der 1996 ratifizierte Dritte Rundfunkänderungsstaatsvertrag, der in Bezug auf den Rundfunkstaatsvertrag die Revision zum BVerwG ermöglicht (vgl. § 48 RStV). Eine entsprechende Regelung trifft § 13 RBStV hinsichtlich des Rundfunkbeitragsstaatsvertrages. Ein anderes Beispiel ist Art. 97 BayVwVfG, der hinsichtlich des Landesverwaltungsverfahrensgesetzes umfassend die Revision zum BVerwG eröffnet.

16 **c) Bindungswirkung nichtrevisiblen Landesrechts.** Das Revisionsgericht ist grds. an die **Auslegung und Anwendung nichtrevisiblen Landesrechts** durch das Tatsachengericht gebunden (§ 173 S. 1 iVm § 560 ZPO). Eine Rechtmäßigkeitskontrolle hinsichtlich Bestehen und Inhalt landesrechtlicher Rechtsnormen und -grundsätze findet nicht statt. Dies enthebt das BVerwG jedoch nicht der Prüfung, ob das Landesrecht mit dem Inhalt, den ihm das Tatsachengericht beigemessen hat, mit Bundesrecht (§ 137 I), insbes. Bundesverfassungsrecht, vereinbar ist. Denn Prüfungsmaßstab ist insoweit nicht irrevisibles Landesrecht, sondern allein Bundesrecht (vgl. zB BVerwG NVwZ-RR 2013, 462; NJW 1998, 1578; Kopp/Schenke Rn. 12). Auf ein landesrechtliches Gesetzgebungsverfahren finden Vorschriften des GG insoweit Anwendung, als sie aufgrund des **Homogenitätsprinzips des Art. 28 I 1 GG** auch für die Landesgesetzgebung verbindlich sind; das unterliegt revisionsgerichtlicher Überprüfung (BVerwGE 157, 54 Rn. 8). Verbindlich sind danach ua das Rechtsstaatsgebot, der Grundsatz der Gewaltenteilung und die

Grundsätze des Art. 80 I 2 GG (BVerwGE 157, 54 Rn. 10, 21). Die revisionsgerichtliche Überprüfung erstreckt sich außerdem darauf, ob die vorinstanzliche Auslegung und Anwendung des Landesrechts gegen das in Art. 3 I GG verankerte Willkürverbot verstoßen (BVerwG Beschl. v. 23.1.2017 – 6 B 43.16, Rn. 22; BVerwGE 157, 54 Rn. 31 mwN).

Nur **ausnahmsweise** ist dem Revisionsgericht abweichend von § 173 S. 1 **17** iVm § 560 ZPO eine **revisionsgerichtliche Überprüfung** des Landesrechts eröffnet. Dies gilt zunächst für den Fall, dass Prüfungsmaßstab eine Vorschrift des (fortgeltenden) **Bundesrahmenrecht**s (Art. 125b GG) ist. Das Revisionsgericht hat dann auch zu prüfen, ob sich die Vorinstanz bei der Auslegung und Anwendung irrevisiblen Landesrechts innerhalb der vom Rahmenrecht gezogenen, für den Landesgesetzgeber verbindlichen Grenzen gehalten hat. Insoweit ist das BVerwG befugt, die Interpretation nichtrevisiblen Landesrechts zu kontrollieren (BVerwGE 118, 10). Eine weitere Ausnahme besteht für den Fall, dass das Tatsachengericht zur Auslegung eines in einer landesrechtlichen Norm verwandten Begriffs in der Annahme der Identität beider Begriffsinhalte das Verständnis eines **gleich lautenden bundesrechtlichen Begriffs** herangezogen hat und eine solche Identität durch Gesetzesbefehl des Bundes vorgegeben ist (BVerwG NJW 2006, 632; BVerwGE 110, 326). Dem Revisionsgericht ist eine Überprüfung der Auslegung irrevisiblen Landesrechts des Weiteren gestattet, wenn sich das Tatsachengericht durch Bundesrecht zu einer **bestimmten Auslegung verpflichtet** gefühlt hat (BVerwG NJW 2006, 632; Beschl. v. 11.7.2005 – 4 B 34.05; BVerwGE 89, 69); die Heranziehung des Bundesrechts als bloße Interpretationshilfe genügt indes nicht (BVerwG NJW 2006, 632). Darüber hinaus kann Landesrecht ausnahmsweise revisibel sein, wenn es in enger Verknüpfung mit bundesrechtlich gestalteten Rechtsbegriffen steht (vgl. BVerwGE 118, 345 zu im Bundesrecht wurzelnden Wahlgrundsätzen).

Hat das Tatsachengericht einschlägige landesrechtliche Vorschriften nicht **18** herangezogen oder steht die Auslegung irrevisiblen Landesrechts mit Bundesrecht nicht im Einklang, ist das **Revisionsgericht befugt,** an sich nicht revisibles **Landesrecht auszulegen und anzuwenden.** Dasselbe gilt, wenn einschlägiges Landesrecht erst nach Ergehen der angefochtenen Entscheidung in Kraft getreten ist oder sich geändert hat (BVerwG NVwZ 2016, 1814 Rn. 16; Kopp/Schenke Rn. 31 f. mwN; NK–VwGO Rn. 115 ff.). Verbleibt jedoch ein landesrechtlicher Spielraum bei der Auslegung und Anwendung des in Rede stehenden Landesrechts, sollte die Sache zur anderweitigen Verhandlung und Entscheidung zurückverwiesen werden (§ 144 III Nr. 2; vgl. BVerwGE 118, 345; 97, 79; → § 144 Rn. 13, 15; Kopp/Schenke Rn. 32; SSB Rn. 89). Eine Verpflichtung zur Auslegung und Anwendung irrevisiblen Landesrechts besteht auch dann nicht, wenn ohne dies nicht über das Vorliegen eines Bundesrechtsverstoßes entschieden werden kann (BVerwG NVwZ 2016, 1814 Rn. 16; aA SSB Rn. 87).

4. Kausalität der Rechtsverletzung

19 Eine Rechtsverletzung isv § 137 I, auf die die Revision gestützt werden kann, liegt vor, wenn eine Norm des revisiblen Rechts nicht oder nicht richtig angewendet worden ist (§ 173 S. 1 iVm § 546 ZPO) und der Revisionskläger dadurch beschwert ist (sofern eine Beschwer nicht, wie zB bei der Revision des VöI, entbehrlich ist; vgl. Kopp/Schenke Rn. 19; allein auf den Rechtsverstoß abstellend: Eyermann Rn. 35; NK-VwGO Rn. 14; SSB Rn. 90). **Rechtsänderungen** hat das BVerwG bei seiner Rechtmäßigkeitsüberprüfung zu berücksichtigen, soweit das Tatsachengericht auf die geänderte Rechtslage abzustellen hätte, wenn es zum selben Zeitpunkt entscheiden würde (stRspr, BVerwG NVwZ 2016, 1814 Rn. 14; NVwZ-RR 2002, 93; BVerwGE 100, 346; zur Berücksichtigung einer Änderung irrevisibler landesrechtlicher Vorschriften: BVerwG NVwZ 2016, 1814 Rn. 15 mwN).

20 Die Rechtsverletzung ist für die angefochtene Entscheidung **ursächlich,** wenn davon ausgegangen werden kann, dass ohne sie eine andere Entscheidung ergangen wäre. Bei Verfahrensfehlern ist die Kausalität bereits zu bejahen, wenn eine andere Entscheidung möglich erscheint (→ § 132 Rn. 39; BVerwGE 14, 342; NK-VwGO Rn. 17; SSB Rn. 107 f.; weitergehend zB Kopp/Schenke Rn. 23, der generell die Möglichkeit einer anderen Entscheidung ausreichen lässt). Bei den absoluten Revisionsgründen des § 138 wird die Ursächlichkeit kraft Gesetzes unwiderleglich vermutet (→ § 138 Rn. 4). Ist die angefochtene Entscheidung auf **mehrere selbstständig tragende Begründungen** gestützt, beruht die Entscheidung nur dann auf der Rechtsverletzung, wenn der Rechtsverstoß für jeden der Gründe kausal wird. Stützt sich die angegriffene Entscheidung hingegen auf mehrere nicht selbstständig tragende Begründungselemente, liegt Kausalität schon dann vor, wenn die Rechtsverletzung einem Begründungsteil anhaftet (vgl. BeckOK VwGO Rn. 37).

II. Bindung an Tatsachenfeststellungen (II)

1. Grundsatz der Bindungswirkung

21 Gem. § 137 II ist das Revisionsgericht grds. an die in der angefochtenen Entscheidung getroffenen tatsächlichen Feststellungen – einschließlich der tatrichterlichen Sachverhalts- und Beweiswürdigung (BVerwGE 126, 233) – gebunden. Danach überprüft das BVerwG den Streitfall nicht im gleichen Umfang wie das Tatsachengericht und **berücksichtigt neu vorgebrachte Tatsachen und Beweismittel nicht.** Das Revisionsgericht ist auf eine rechtliche Überprüfung beschränkt (BVerwGE 114, 16). Dadurch werden die Entscheidungen der Vorinstanz dem Einwand entzogen, sie träfen infolge einer inzwischen eingetretenen Änderung der Tatsachengrundlage nicht mehr zu (BVerwG NJW 1977, 1978).

22 § 137 II bestimmt die Bindung an die Tatsachenfeststellungen ohne Rücksicht darauf, in welchem Abschnitt der angefochtenen Entscheidung die Feststellungen getroffen worden sind. Es ist unerheblich, ob sie **im Tatbestand oder in den Entscheidungsgründen** enthalten sind (BVerwG Beschl. v.

6.2.2001 – 6 BN 6.00; NVwZ 1985, 337). Die Bindungswirkung erstreckt sich auch auf Tatsachenfeststellungen, die für die angegriffene Entscheidung nicht erheblich waren (SSB § 137 Rn. 134). Will das BVerwG bislang **nicht entscheidungserhebliche Umstände** verwerten, ist den Beteiligten zwecks Vermeidung einer Überraschungsentscheidung rechtliches Gehör zu gewähren (BVerwG NVwZ 1999, 991; BVerwGE 68, 290: Gelegenheit zu Gegenrügen). Ist mit den von der Vorinstanz getroffenen tatsächlichen Feststellungen zugleich eine rechtliche Würdigung oder Schlussfolgerung verknüpft, tritt in Bezug auf die rechtliche Bewertung keine Bindungswirkung ein (BVerwG NVwZ 2019, 1685 Rn. 15; BVerwGE 153, 63 Rn. 35; BFSA Rn. 12; vgl. zu den Abgrenzungsproblemen: SSB Rn. 116 ff.).

Tatsachenfeststellung iSv § 137 II ist auch die Feststellung des Inhalts einer 23 Willenserklärung oder eines Vertrages. Mit Blick auf die Bindungswirkung ist die **Auslegung von Willenserklärungen** durch das Tatsachengericht im Revisionsverfahren nur daraufhin überprüfbar, ob allgemeine Erfahrungssätze, Denkgesetze oder Auslegungsregeln verletzt sind (BVerwG Beschl. v. 16.11.1989 – 8 CB 73.89). Inwieweit **Verwaltungsakte** der selbstständigen Auslegung durch das Revisionsgericht unterliegen, wird in der Rspr. des BVerwG nicht einheitlich beantwortet (BVerwG Buchh 442.066 § 24 TKG Nr. 2 mwN; s. auch → Rn. 8). Der tatrichterlich ermittelte **Erklärungsinhalt** eines Verwaltungsakts ist nur eingeschränkt überprüfbar. Dem Revisionsgericht ist eine eigene Auslegung des Inhalts nur eröffnet, wenn das Tatsachengericht dazu nichts Näheres ausgeführt hat, insbes. sein Auslegungsergebnis nicht weiter begründet hat (BVerwG Buchh 310 § 137 Abs. 2 Nr. 12 mwN). IÜ gilt auch hier, dass durch das Revisionsgericht nur zu prüfen ist, ob die Auslegung der Erklärung die rechtlich vorgegebenen Auslegungsregeln beachtet und im Einklang mit allgemeinen Erfahrungssätzen und Denkgesetzen steht. Der vollen revisionsgerichtlichen Prüfung unterliegt demgegenüber die Rechtsfrage, ob der festgestellte Erklärungsinhalt die Tatbestandsmerkmale eines Verwaltungsakts erfüllt (BVerwGE 145, 145 Rn. 13; NVwZ-RR 2012, 628). Die **Auslegung von Nebenbestimmungen** durch das Tatsachengericht gehört ebenfalls zum Bereich der Tatsachenfeststellung, an die das Revisionsgericht gem. § 137 II gebunden ist (BVerwG Beschl. v. 31.3.2005 – 3 B 92.04).

2. Wegfall der Bindungswirkung

Die **Bindung** an die tatsächlichen Feststellungen der Vorinstanz **gilt nicht** 24 **ausnahmslos.** § 137 II selbst schränkt sie für den Fall einer begründeten Verfahrensrüge ein. Darüber hinaus hat die Rspr. eng umgrenzte Ausnahmen entwickelt.

a) Zulässige und begründete Revisionsgründe. Das Revisionsgericht ist 25 an die in der angefochtenen Entscheidung getroffenen tatsächlichen Feststellungen nicht gebunden, wenn der Revisionskläger in Bezug auf diese Feststellungen im Revisionsverfahren zulässige und begründete **Verfahrensrügen**

erhoben hat. In Betracht kommen insbes. Gehörs- und Aufklärungsrügen (→ § 138 Rn. 22 ff.; → § 139 Rn. 22).

26   Des Weiteren entfällt die Bindungswirkung, wenn ein in der Vorinstanz erfolgreicher Verfahrensbeteiligter eine zulässige und begründete Verfahrensrüge als **Gegenrüge** geltend macht. Die nicht frist- und formgebundene Gegenrüge bezieht sich auf tatsächliche Feststellungen der Vorinstanz, die bislang nicht entscheidungserheblich waren oder den Revisionsbeklagten nicht beschwert haben (vgl. BVerwGE 126, 378 Rn. 18; 68, 290; 32, 228; s. auch → § 134 Rn. 19; → § 142 Rn. 9).

27   **b) Verstoß gegen Denkgesetze, Auslegungsregeln oder Beweiswürdigungsgrundsätze; Aktenwidrigkeit.** Keine Bindungswirkung besteht, soweit dem Tatsachengericht bei der Sachverhaltsfeststellung ein Verstoß gegen allgemeine Erfahrungssätze, Denkgesetze oder Auslegungsregeln unterlaufen ist (BVerwG NVwZ-RR 2003, 874; BVerwGE 84, 157) oder wenn der Beweiswürdigung eine Verletzung der Beweiswürdigungsgrundsätze anhaftet (BVerwG NVwZ 2006, 1288; NVwZ-RR 1996, 359). Ein **Verstoß gegen Denkgesetze** liegt (erst) vor, wenn die tatsächliche Schlussfolgerung schlechthin unmöglich ist (BVerwG Buchh 310 § 137 Abs. 1 Nr. 26; NVwZ-RR 1995, 310; zur Überprüfung allgemeiner Erfahrungssätze vgl. BVerwGE 88, 312). Eine **Verletzung von Beweiswürdigungsgrundsätzen** liegt zB vor, wenn die Beweisergebnisse unvollständig gewürdigt werden oder die Würdigung widersprüchlich oder sonst willkürlich erscheint (Kopp/Schenke Rn. 25a; BFSA Rn. 17; BeckOK VwGO Rn. 56). Ebenso wenig ist das Revisionsgericht an **aktenwidrige Tatsachenfeststellungen** gebunden (BVerwG NVwZ 2009, 595; BVerwGE 79, 291). Voraussetzung ist dabei, dass der Widerspruch zwischen den in der angefochtenen Entscheidung getroffenen Feststellungen und dem (unstreitigen) Akteninhalt offensichtlich ist (BVerwG Beschl. v. 30.6.2016 – 2 B 40.15, Rn. 15; Buchh 270 § 6 BhV Nr. 23; NVwZ 2002, 87).

28   **c) Tatsachenfeststellung durch das Revisionsgericht.** Soweit die Bindungswirkung entfällt, kann das BVerwG den **Sachverhalt selbst auslegen und würdigen.** Die Befugnis reicht allerdings nur soweit, wie der von der Vorinstanz ermittelte und in den Gerichtsakten dokumentierte Sachverhalt eine eigene Tatsachenfeststellung ermöglicht. Fehlt es an ausreichenden tatsächlichen Feststellungen für eine abschließende Würdigung, ist die Sache gem. § 144 III 1 Nr. 2 an die Tatsacheninstanz zurückzuverweisen (BeckOK VwGO Rn. 49 mwN). Dies gilt auch, wenn der revisionsgerichtlichen Bewertung Rechtsvorschriften zugrunde zu legen sind, die erst nach der letzten tatrichterlichen Entscheidung erlassen worden sind (BVerwGE 157, 126 Rn. 89).

29   **d) Berücksichtigungsfähigkeit neuer Tatsachen.** Tatsachen, die sich weder aus der angefochtenen Entscheidung oder dem Sitzungsprotokoll (§ 173 S. 1 iVm § 559 I 1 ZPO) noch aus den Gerichtsakten iÜ (BVerwG NVwZ 1993, 275; DVBl 1989, 874) ergeben, sind grds. nicht berücksichtigungsfähig. Abweichend von § 137 II ist neues Vorbringen jedoch beachtlich, wenn sich seit dem Erlass der angefochtenen Entscheidung die Rechtslage geändert hat, die **Rechtsänderung** vom Revisionsgericht zu berücksichtigen ist (vgl. → Rn. 19) und dies zur Berücksichtigung auch der damit korrespondierenden (unstreitigen) Tatsachenänderungen zwingt (BVerwGE 91, 104; BVerwG NJW 1977, 1978 mwN). Darüber hinaus kommt die Berücksichtigung neu vorgebrachter (unstreitiger) Tatsachen im Revisionsverfahren ausnahmsweise in Betracht, wenn eine Nichtberücksichtigung mit der Prozessökonomie in so hohem Maße unvereinbar wäre, dass ihr der Vorrang vor dem Grundsatz der Unbeachtlichkeit neuen Vorbringens im Revisionsverfahren eingeräumt werden muss (BVerwGE 141, 151 Rn. 19; InfAuslR 1993, 235). Dies ist etwa der Fall, wenn die neuen Tatsachen die **Restitutionsklage** (§ 153 ivm § 580 ZPO) rechtfertigen würden. Vergleichbar kann neues Vorbringen verwertet werden, wenn der Sachverhalt zwischen den Verfahrensbeteiligten unstreitig ist und die revisionsgerichtliche Berücksichtigung der geänderten Tatsachengrundlage eine sonst notwendige **Zurückverweisung entbehrlich macht** (BVerwG InfAuslR 1993, 235; BVerwGE 91, 104; ablehnend Kopp/Schenke Rn. 28). Nach diesen Maßgaben sind auch neue Tatsachen, die iSv § 291 ZPO offenkundig sind, verwertbar (vgl. BVerwGE 91, 104; 87, 52; BeckOK VwGO Rn. 61 f. mwN). **Ergänzungen von Ermessenserwägungen** (§ 114 S. 2) sind allenfalls dann beachtlich, wenn sie auf der Grundlage bereits festgestellter Tatsachen erfolgen und schützenswerte Interessen der Beteiligten nicht entgegenstehen (str., vgl. zB BVerwG Buchh 239.2 § 28 SVG Nr. 3; abw. SSB Rn. 210: aufgrund festgestellter Tatsachen, wenn sie abschließende Sachentscheidung des BVerwG nicht hindern; Eyermann Rn. 58: aufgrund festgestellter Tatsachen; für einen generellen Ausschluss: Kopp/Schenke Rn. 27; NK-VwGO Rn. 156).

Sachurteilsvoraussetzungen sind in jedem Stadium des Verfahrens und **30** damit auch in der Revisionsinstanz von Amts wegen zu prüfen (BVerwGE 71, 73). Die für die Beurteilung der Sachurteilsvoraussetzungen maßgebenden Tatsachen unterliegen nicht der Bindungswirkung des § 137 II (BVerwG NJW 2019, 1317, Rn. 12). Dementsprechend sind tatsächliche Umstände, die seit Erlass der angefochtenen Entscheidung eingetreten sind und sich auf das Vorliegen oder Nichtvorliegen der Sachurteilsvoraussetzungen auswirken, vom BVerwG zu berücksichtigen (BVerwGE 84, 53). Ggf. hat das Revisionsgericht auch von Amts wegen Tatsachen festzustellen (BVerwG NJW 2019, 1317 Rn. 12; BVerwGE 115, 302; 78, 347). Ebenso kann das BVerwG den Inhalt und die rechtliche Bedeutung von **Prozesshandlungen** selbst feststellen und ggf. auslegen (zB BVerwGE 116, 5; 84, 157).

III. Umfang der revisionsgerichtlichen Überprüfung (III)

§ 137 III erweitert im Interesse der Rechtseinheit und der Rechtsfortbildung **31** den Prüfungsumfang des Revisionsgerichts auf dem Gebiet des **materiellen Rechts** und lässt eine Überprüfung der angefochtenen Entscheidung ohne Bindung an die geltend gemachten Revisionsgründe zu. Hingegen ist die Prüfung von **Verfahrensmängeln** nur aufgrund frist- und formgerecht erhobener Verfahrensrügen eröffnet (BVerwGE 106, 115). Verfahrensmängel isv § 137 III 1 meint Mängel des gerichtlichen Verfahrens; Mängel des Verwaltungsverfahrens gehören demgegenüber zum Bereich des materiellen Rechts (SSB Rn. 227 f.; BFSA Rn. 24).

32   Vorbehaltlich der Einschränkung in Bezug auf Verfahrensmängel nach § 137 III 1 hat das Revisionsgericht die angefochtene Entscheidung im Rahmen der Anträge (§ 141 S. 1 iVm § 129) materiell rechtlich am Maßstab des revisiblen Rechts in vollem Umfang nachzuprüfen. An die geltend gemachten Revisionsgründe ist es gem. § 137 III 2 nicht gebunden **(Grundsatz der Vollrevision)**. Ebenso wenig ist der Prüfungsumfang auf die Gründe beschränkt, derentwegen die Revision zugelassen worden ist (BVerwGE 84, 53; Buchh 310 § 144 Nr. 25).

33   Der Grundsatz, dass die revisionsgerichtliche Überprüfung ohne Bindung an die Revisionsrügen erfolgt, gilt nicht für Verfahrensmängel. Insoweit bestimmt § 137 III 1 einen **Rügevorbehalt**. Die Kontrolle der angefochtenen Entscheidung ist auf geltend gemachte Verfahrensfehler beschränkt (BeckOK VwGO Rn. 67, 69 mwN). Aus §§ 139 III 4, 143 ergibt sich zusätzlich, dass lediglich die form- und fristgerecht erhobenen Verfahrensrügen zu berücksichtigen sind. Nur **ausnahmsweise** können Verfahrensmängel **von Amts wegen** geprüft werden. Dies betrifft neben Sachurteilsvoraussetzungen (→ Rn. 30) zB die unterlassene notwendige Beiladung (vgl. § 142) oder (nicht gerügte) Verfahrensmängel, die mit gerügten Mängeln in untrennbarem Zusammenhang stehen und sich aus den vorgetragenen Tatsachen ohne weiteres ergeben. Außerdem sind solche Verfahrensmängel von Amts wegen zu beachten, die auf das Verfahren in der Revisionsinstanz derart fortwirken, dass ein auf die Sache eingehendes Revisionsurteil nicht möglich ist, wie zB die Sachentscheidung über eine wirksam zurückgenommene Berufung (BVerwG NVwZ 1997, 1210; vgl. Kopp/Schenke Rn. 39 f. mit weiteren Beispielen).

34   Ist die Revision allein auf Verfahrensrügen gestützt, ist das BVerwG unter den in § 137 III 1 genannten Voraussetzungen gleichwohl zu einer Prüfung in materiell rechtlicher Hinsicht befugt. Dafür ist erforderlich, dass die Verfahrensrevision zulässig ist (BVerwGE 25, 44). In diesem Fall ist die Anwendung materiellen Rechts auch ohne entsprechende Sachrüge nachzuprüfen, wenn der Rechtssache **grundsätzliche Bedeutung** isv § 132 II Nr. 1 zukommt oder die angefochtene Entscheidung auf einer **Divergenz** isv § 132 II Nr. 2 beruht. § 137 III 1 gilt auch für die Revision in Beamtenrechtsstreitigkeiten. Die in § 127 Nr. 1 BRRG vorgesehene Erweiterung ist beschränkt auf das Nichtzulassungsverfahren; iÜ gelten die das Revisionsverfahren betreffenden Vorschriften der VwGO (BVerwGE 18, 64). Ob die Voraussetzungen des § 132 II Nr. 1 oder Nr. 2 vorliegen, prüft das BVerwG von Amts wegen. Unerheblich ist, ob die Revisionszulassung auf einem dieser Gründe beruht (SSB Rn. 263 f.). Die grundsätzliche Bedeutung oder die Divergenz müssen in Bezug auf revisibles materielles Recht gegeben sein; Verfahrensfragen kommen nicht in Betracht (BeckOK VwGO Rn. 71 mwN). Unabhängig von § 137 III 1 ist das BVerwG nach § 144 IV zur Berücksichtigung materiellen Rechts befugt (→ § 144 Rn. 7).

35   Ist die Revision **sowohl** auf **Verfahrensrügen als auch** auf **Sachrügen** gestützt, gilt § 137 III 2. Das BVerwG ist dann ungeachtet § 137 III 1 in

materiell rechtlicher Hinsicht zu einer voll umfänglichen Rechtmäßigkeitskontrolle berufen.

§ 138 [Absolute Revisionsgründe]

**Ein Urteil ist stets als auf der Verletzung von Bundesrecht beruhend anzusehen,
wenn**
1. **das erkennende Gericht nicht vorschriftsmäßig besetzt war,**
2. **bei der Entscheidung ein Richter mitgewirkt hat, der von der Ausübung des
   Richteramts kraft Gesetzes ausgeschlossen oder wegen Besorgnis der Befangenheit mit Erfolg abgelehnt war,**
3. **einem Beteiligten das rechtliche Gehör versagt war,**
4. **ein Beteiligter im Verfahren nicht nach Vorschrift des Gesetzes vertreten war,
   außer wenn er der Prozeßführung ausdrücklich oder stillschweigend zugestimmt hat,**
5. **das Urteil auf eine mündliche Verhandlung ergangen ist, bei der die Vorschriften über die Öffentlichkeit des Verfahrens verletzt worden sind, oder**
6. **die Entscheidung nicht mit Gründen versehen ist.**

Übersicht

I. Bedeutung der Norm

1 § 138 betrifft **besonders schwerwiegende Verfahrensmängel,** bei deren
Vorliegen die angefochtene Entscheidung stets als auf der Verletzung von
Bundesrecht beruhend anzusehen ist. Die Aufzählung dieser sog absoluten
Revisionsgründe ist **abschließend** (NK-VwGO Rn. 3; Kopp/Schenke
Rn. 3).

2 § 138 trifft eine Regelung über die Begründetheit der Revision, setzt also
eine zugelassene Revision voraus. Die Vorschrift hat aber auch Auswirkungen
für die Zulassung der Revision. Wird ein absoluter Revisionsgrund geltend
gemacht und liegt er vor, ist grds. der Zulassungsgrund des § 132 II Nr. 3
gegeben (vgl. BVerwG NVwZ 2006, 1404 mwN). § 138 findet zudem entsprechende Anwendung im **Berufungszulassungsverfahren.** Ein Verfahrensfehler iS dieser Norm erfüllt die Voraussetzungen des Verfahrensmangels
nach § 124 II Nr. 5. In Streitigkeiten nach dem AsylG kann die Verfahrensrüge – anders als bei § 124 II Nr. 5 – allein auf Verfahrensmängel nach § 138
gestützt werden (§ 78 III Nr. 3 AsylG). Im Fall der **Sprungrevision** ist § 138
nicht anwendbar; die Zulassung der Rechtsmittels und die Revision können
nicht auf Mängel des Verfahrens gestützt werden (§ 134 II 1, IV).

3 Gem. § 137 III überprüft das Revisionsgericht die angefochtene Entscheidung nur auf geltend gemachte Verfahrensmängel (→ § 137 Rn. 31, 33). Der
Rügevorbehalt gilt auch für die absoluten Revisionsgründe nach § 138.

1. Fiktionswirkung

4 Liegt ein absoluter Revisionsgrund iSv § 138 vor, wird kraft Gesetzes **unwiderleglich vermutet,** dass der Verfahrensfehler für die angefochtene Entscheidung kausal ist. Es bedarf abweichend von § 137 I keiner Prüfung des
Ursachenzusammenhangs zwischen dem Verfahrensmangel und den rechtlichen Erwägungen, die zur Entscheidung geführt haben (BVerwG NVwZ
1994, 1095; BVerwGE 15, 24). Die Fiktionswirkung erfasst allein Verfahrensmängel, die der angegriffenen Entscheidung anhaften. Verfahrensfehler der
Vorinstanz kommen deshalb nur in Betracht, wenn sie in der Berufungsinstanz
fortwirken (Kopp/Schenke Rn. 3, § 132 Rn. 21a). In § 138 wird des Weiteren unwiderleglich vermutet, dass die dort benannten Verfahrensfehler eine
Verletzung von Bundesrecht darstellen. Dies wird relevant, sofern sich ein
Verfahrensmangel iSv § 138 aus einem Verstoß gegen Landesrecht, zB gegen
eine Bestimmung eines Ausführungsgesetzes zur VwGO, ergibt. Soweit die
Fiktionswirkung reicht, entfällt für den Rechtsmittelführer das Begründungserfordernis nach §§ 133 III 3, 139 III 4 (Kopp/Schenke Rn. 1).

2. Anwendbarkeit des § 144 IV

5 Nach Sinn und Zweck des § 138 ist § 144 IV im Fall eines absoluten Revisionsgrundes **grds. nicht anwendbar** (BVerwGE 106, 345; NVwZ 1994,
1095; BVerwGE 62, 6; → § 144 Rn. 7). Mit dem Wegfall der Kausalitätsprüfung bringt die Vorschrift zum Ausdruck, dass die Aufrechterhaltung einer

Entscheidung, die an einem schwerwiegenden Verfahrensfehler iSd § 138 leidet, aus rechtsstaatlichen Erwägungen nicht hinnehmbar ist. Die Gewährleistung eines im Kern ordnungsgemäßen Verfahrens hat Vorrang vor dem prozessökonomischen Gesichtspunkt, nicht ein Verfahren fortzuführen, das im Ergebnis auf eine Bestätigung der angefochtenen Entscheidung hinausläuft. Dementsprechend ist auch eine Aufrechterhaltung der Entscheidung nach § 144 IV wegen anderweitiger Ergebnisrichtigkeit ausgeschlossen (BeckOK VwGO Rn. 9 ff.).

Eine **Ausnahme** gilt allerdings im Falle von § 138 Nr. 3. Hier ist zu **6** differenzieren. Konnte sich ein Beteiligter zu entscheidungserheblichem Sachverhalt nicht äußern, so dass der **Gehörsverstoß** die angegriffene Entscheidung in ihrer Gesamtheit erfasst, findet § 144 IV keine Anwendung. Betrifft der Gehörsverstoß hingegen eine einzelne tatsächliche Feststellung, die hinweggedacht werden kann, ohne dass die Richtigkeit der angefochtenen Entscheidung nach der Rechtsauffassung des Revisionsgerichts in Frage gestellt ist, ist die Revision gem. § 144 IV zurückzuweisen (BVerwGE 121, 211; BVerwG NVwZ 1994, 1095). Anwendbar ist § 144 IV außerdem, wenn lediglich nicht hinreichend Gelegenheit bestand, zu Rechtsfragen Stellung zu nehmen, oder wenn der Vortrag eines Beteiligten zu Rechtsfragen vom Tatsachengericht nicht in Erwägungen gezogen wurde. Denn ein solcher Mangel ist im Revisionsverfahren heilbar (BVerwG NVwZ 2011, 696; 2003, 224).

II. Absolute Revisionsgründe

1. Vorschriftswidrige Besetzung des Gerichts

a) Garantie des gesetzlichen Richters. Ein Verstoß iSv § 138 Nr. 1 liegt **7** (nur) vor, wenn die vorschriftswidrige Besetzung des Gerichts zugleich eine Verletzung des in **Art. 101 I 2 GG** gewährleisteten Anspruchs auf den gesetzlichen Richter darstellt (BVerwGE 110, 40; NVwZ 1988, 724). Nach Art. 101 I 2 GG haben die Beteiligten eines gerichtlichen Verfahrens Anspruch auf den gesetzlichen Richter, der sich aus dem GVG, den Prozessordnungen sowie den Geschäftsverteilungs- und Besetzungsregelungen des Gerichts ergibt. Damit soll die Unabhängigkeit der Rspr. gewahrt und das Vertrauen der Rechtsuchenden und der Öffentlichkeit in die **Unparteilichkeit und Sachlichkeit der Gerichte** gesichert werden (vgl. BVerfG NJW 2005, 2689; BVerfGE 95, 322; 89, 28).

Um den Darlegungsanforderungen an eine **Besetzungsrüge** zu genügen, **8** müssen die Tatsachen, aus denen der Mangel abgeleitet wird, in einer substanziierten Weise vorgetragen werden, die dem Revisionsgericht ohne Weiteres die Beurteilung ermöglicht (BVerwG NVwZ-RR 2016, 428 Rn. 12; Urt. v. 21.9.2000 – 2 C 5.99 mwN; s. auch → § 139 Rn. 21). Ein **Rügeverlust** (§ 173 S. 1 iVm §§ 295 I, 556 ZPO) kann nicht eintreten, weil auf die Einhaltung der Vorschriften über die ordnungsgemäße Besetzung des Gerichts nicht verzichtet werden kann (BVerwGE 102, 7).

9 **b) Erkennendes Gericht.** Maßgeblich für die vorschriftsmäßige Besetzung des Gerichts ist allein die **Richterbank bei Erlass der angefochtenen Entscheidung.** Eine fehlerhafte Besetzung in einem vorausgegangenen Erörterungstermin oder bei früheren Verhandlungen stellt einen – von § 138 Nr. 1 nicht erfassten – Verstoß gegen prozessrechtliche Vorschriften dar, auf deren Einhaltung die Beteiligten verzichten können (BVerwG Urt. v. 21.9.2000 – 2 C 5.99; NVwZ 1998, 1066; BVerwGE 41, 174). Der Verstoß gegen die sich aus § 112 ergebende Pflicht, nach einem Richterwechsel den zur Entscheidung berufenen Richter umfassend in den Sach- und Streitstand einzuführen, begründet keinen absoluten Revisionsgrund (BVerwG Buchh 310 § 112 Nr. 13).

10 **c) Mängel in der Person des Richters.** Die vorschriftsmäßige Besetzung des Gerichts verlangt, dass jeder an der Verhandlung und Entscheidung beteiligte Richter die zur Ausübung des Richteramts **erforderliche Verhandlungsfähigkeit** besitzt, dh die wesentlichen Vorgänge der Verhandlung wahrnehmen und in sich aufnehmen kann. Die beteiligten Richter müssen körperlich und geistig in der Lage sein, der Verhandlung in allen ihren wesentlichen Abschnitten zu folgen (BVerwG DÖV 1986, 437; BVerwGE 65, 240).

11 Zeichen einer großen Ermüdung, die Neigung zum Schlaf oder das Kämpfen mit dem Schlaf sind noch kein hinreichendes Anzeichen für eine Verhandlungsunfähigkeit. Hinzukommen müssen weitere, sichere Anzeichen wie zB tiefes, hörbares und gleichmäßiges Atmen, Schnarchen oder ruckartiges Aufrichten mit Anzeichen fehlender Orientierung (BVerwG Buchh 310 § 133 nF Nr. 88; BVerwG DÖV 1986, 437). Beruft sich ein Beteiligter darauf, das Gericht sei wegen eines in der mündlichen Verhandlung **eingeschlafenen Richters** nicht ordnungsgemäß besetzt gewesen, muss er konkrete Tatsachen vortragen, die eine Konzentration des Richters auf wesentliche Vorgänge in der mündlichen Verhandlung ausschließen (BVerwG Beschl. v. 21.12.2017 – 6 B 31.17, Rn. 12). Der Zeitpunkt, die Dauer und die Einzelheiten des gerügten Verhaltens des Richters sind genau anzugeben. Zudem ist darzulegen, was während dieser Zeit in der mündlichen Verhandlung geschehen ist (BVerwG NJW 2006, 2648; NJW 2001, 2898 mwN).

12 Ein **blinder Richter** ist nicht daran gehindert, in einem als Tatsachengericht erkennenden Kollegialgericht mitzuwirken. Dies gilt auch hinsichtlich der Teilnahme an einer Beweisaufnahme (vgl. BVerwGE 65, 240).

13 **d) Verstoß gegen gesetzliche Besetzungsvorschriften.** Art. 101 I 2 GG verpflichtet dazu, Regelungen zu treffen, aus denen sich der gesetzliche Richter ergibt. Ist nicht gesetzlich bestimmt, welche Gerichte mit welchen Spruchkörpern für welche Verfahren sachlich, örtlich und instanziell zuständig sind, liegt eine Verletzung von Art. 101 I 2 GG vor (vgl. BVerfGE 95, 322) und damit zugleich ein Verstoß iSv § 138 Nr. 1 vor.

14 Zu einer nicht vorschriftsmäßigen Besetzung iSv § 138 Nr. 1 kann auch der **objektive Verstoß gegen** eine klare gesetzliche **Besetzungsregelung** führen (BVerwGE 106, 345; DÖV 1981, 969). Dies ist zB der Fall, wenn bei einer gerichtlichen Entscheidung zwei Richter auf Probe oder Richter kraft

Auftrags oder abgeordnete Richter mitwirken, ohne dass hierfür eine sachliche Notwendigkeit besteht (vgl. BVerwGE 102, 7 zu § 29 S. 1 DRiG). Indes verstößt nicht jede fehlerhafte Anwendung des Prozessrechts zugleich gegen Art. 101 I 2 GG. Davon ist grds. erst auszugehen, wenn die fehlerhafte Auslegung oder Anwendung des einfachen Rechts objektiv willkürlich oder manipulativ ist (BVerwG NVwZ-RR 2002, 150; NVwZ-RR 2000, 257). Das ist etwa zu bejahen, wenn ein Richter ohne Übertragungsbeschluss nach § 6 I als Einzelrichter über eine Sache urteilt (BVerwG NVwZ-RR 2002, 150) oder die Übertragungsentscheidung in keiner Weise nachvollziehbar ist (BVerwGE 110, 40).

Fehler bei der Wahl der **ehrenamtlichen Verwaltungsrichter** begründen 15 nicht schon für sich allein einen Verstoß gegen das Gebot des gesetzlichen Richters. Hinzutreten muss, dass durch den Fehler im Wahlverfahren der Schutzzweck des Art. 101 I 2 GG beeinträchtigt wird. Davon ist nur auszugehen bei Fehlern, die so schwerwiegend sind, dass von einer Wahl im Rechtssinne nicht mehr gesprochen werden kann (BVerwG NVwZ 1988, 724). Hingegen liegt stets ein Besetzungsmangel vor, wenn ein ehrenamtlicher Richter ohne die zu Beginn der Amtszeit gebotene Vereidigung (vgl. § 45 II DRiG) an einer mündlichen Verhandlung oder einer Beratung des Gerichts mitwirkt (BVerwG NVwZ 2005, 231). Der Mangel kann (nur) geheilt werden, indem die Vereidigung nachgeholt und die mündliche Verhandlung in ihren wesentlichen Teilen wiederholt wird. Ein Fehler bei der Reihenfolge der Heranziehung führt nur dann zur vorschriftswidrigen Besetzung, wenn er auf manipulativen oder willkürlichen Erwägungen beruht (vgl. BVerwG NVwZ-RR 2000, 474; Buchh 310 § 133 Nr. 62). Es verstößt nicht gegen § 138 Nr. 1 iVm § 22 Nr. 3, wenn ein kommunaler Ruhestandsbeamter als ehrenamtlicher Richter an de Entscheidung mitgewirkt hat (BVerwG NVwZ 2010, 256). Eine vorschriftswidrige Besetzung ergibt sich auch nicht daraus, dass die ehrenamtlichen Richter nicht bereits vor der mündlichen Verhandlung in die Sache eingeführt worden sind (BVerwG Beschl. v. 14.4.2011 – 3 B 4.11).

e) Verstoß gegen Geschäftsverteilungsplan. Im Geschäftsverteilungsplan 16 des Gerichts sind die Zuständigkeiten der jeweiligen Spruchkörper festzulegen und diesen die erforderlichen Richter zuzuweisen (vgl. § 21e GVG). Daneben bedarf es eines Mitwirkungsplans für den einzelnen Spruchkörper, um zu bestimmen, welcher Richter des Spruchkörpers an welcher Entscheidung mitwirkt (vgl. § 21g GVG). Geschäftsverteilungspläne eines Gerichts bedürfen der **notwendigen Bestimmtheit,** um einen Verstoß gegen die Garantie des gesetzlichen Richters nach Art. 101 I 2 GG auszuschließen. Fehlt es an einer abstrakt-generellen und hinreichend klaren Regelung, aus der sich der im Einzelfall zur Entscheidung berufene Richter möglichst eindeutig ablesen lässt, ist das Gebot des gesetzlichen Richters verletzt (BVerfGE 95, 322; BVerwG NVwZ 2019, 82 Rn. 15 f.). Dem Bestimmtheitserfordernis steht die Verwendung unbestimmter Rechtsbegriffe im Geschäftsverteilungsplan nicht entgegen, sofern sachfremden Einflüssen generell vorgebeugt und vermieden wird, dass im Einzelfall durch gezielte Auswahl von Richtern das

Ergebnis der gerichtlichen Entscheidung beeinflusst werden kann. Diesen Anforderungen genügt eine Regelung, die den gesetzlichen Richter anhand objektiver Kriterien in einer Weise bestimmt, die Auslegungs- und Anwendungsprobleme weitgehend vermeidet (BVerwG Urt. v. 25.7.2001 – 6 C 8.00).

17   **Mängel bei der Auslegung und Anwendung** eines Geschäftsverteilungsplans im Einzelfall begründen einen Verstoß isv § 138 Nr. 1 nur dann, wenn sie auf unvertretbaren, dh sachfremden und damit willkürlichen Erwägungen beruhen (BVerwG Beschl. v. 15.7.2015 – 9 BN 1.15, Rn. 14 mwN; Urt. v. 25.7.2001 – 6 C 8.00; BVerfGE 95, 322). So liegt der Fall bei einer ungeschriebenen Gerichtspraxis, die in Widerspruch zu einer eindeutigen Regelung des Geschäftsverteilungsplans steht (BVerwG Beschl. v. 15.7.2015 – 9 BN 1.15, Rn. 15).

18   **f) Verstoß gegen Vorlagepflicht.** Die pflichtwidrige Nichtvorlage einer Sache an ein anderes Gericht führt ebenfalls zu einem Verstoß isv § 138 Nr. 1 (BVerwG NVwZ 2013, 218 mwN). Dies betrifft zB die Nichtvorlage an den Großen Senat des OVG wegen Abweichung von einer Entscheidung eines anderen Senats (§ 12 I iVm § 11 II, III; BVerwG NVwZ 2006, 1404) oder die zu Unrecht unterbliebene **Vorlage an den EuGH** (Art. 267 AEUV). Das OVG ist im Falle der Ablehnung der Zulassungsberufung letztinstanzliches Gericht (BFSA Rn. 23) und damit ggf. vorlagepflichtig (vgl. BVerwG Beschl. v. 5.5.2009 – 3 B 14.09, Rn. 8 f.).

19   **g) Unrichtige Entscheidung über ein Ablehnungsgesuch.** Die Garantie des gesetzlichen Richters kann sowohl berührt sein, wenn ein Befangenheitsgesuch zu Unrecht abgelehnt wird, als auch im Falle der Ersetzung eines tatsächlich nicht befangenen Richters (vgl. BVerfGE 89, 28). Überdies kann die Nichtbescheidung eines Befangenheitsantrags mit der Verfahrensrüge angegriffen werden (BVerwG NVwZ-RR 2011, 621). Eine fehlende oder fehlerhafte Entscheidung über ein Ablehnungsgesuch begründet jedoch allein noch nicht eine vorschriftswidrige Besetzung des Gerichts isv § 138 Nr. 1. Hinzukommen muss, dass **willkürliche oder manipulative Erwägungen** für die Fehlerhaftigkeit bestimmend gewesen sind (BVerwG Beschl. v. 14.6.2016 – 4 B 45.15, Rn. 5; Beschl. v. 10.5.2006 – 10 B 56.05; Urt. v. 21.9.2000 – 2 C 5.99 mwN). Dies gilt auch, wenn ein Befangenheitsgesuch als offensichtlich rechtsmissbräuchlich zurückgewiesen wird und der abgelehnte Richter an der Entscheidung über den Ablehnungsantrag mitwirkt (BVerwG Buchh 310 § 54 Nr. 51). Willkürlich ist die Entscheidung über ein Ablehnungsgesuch, wenn sie unter keinem denkbaren Gesichtspunkt rechtlich vertretbar ist. Im Fall der fehlerhaften Normauslegung liegt Willkür erst vor, wenn eine offensichtlich einschlägige Bestimmung in krasser Weise missdeutet wird (BVerwG NVwZ 2008, 1025). Rügeverlust tritt ein, wenn sich der Beteiligte in Kenntnis des Ablehnungsgrunds in der mündlichen Verhandlung einlässt oder Anträge stellt (§ 54 I iVm § 43 ZPO). Bei einem erst nachträglich bekannt gewordenen Befangenheitsgrund kann eine vorschriftswidrige Besetzung isd § 138 Nr. 1 nur angenommen werden, wenn ein Richter der Vorinstanz tatsächlich und so eindeutig die gebotene Distanz und Neu-

tralität hat vermissen lassen, dass jede andere Würdigung als die einer Besorgnis der Befangenheit willkürlich erschiene (BVerwG Beschl. v. 15.8.2017 – 4 BN 22.17, Rn. 8; NVwZ-RR 2017, 468 Rn. 20).

2. Mitwirkung eines ausgeschlossenen oder abgelehnten Richters

Nach § 138 Nr. 2 begründet es einen absoluten Revisionsgrund, wenn an der **20** Entscheidung ein Richter mitgewirkt hat, der von der Ausübung des Richteramts nach § 54 I iVm § 41 ZPO oder gem. § 54 II ausgeschlossen ist. Dasselbe gilt für einen Richter, der nach § 54 I, III iVm §§ 42 ff. ZPO wegen Besorgnis der Befangenheit mit Erfolg abgelehnt war. § 138 Nr. 2 betrifft (nur) die **Mitwirkung** des Richters **an der Beratung des Gerichts,** auf die die angefochtene Entscheidung erlassen wird, nicht hingegen die Teilnahme an der Beweisaufnahme oder der Urteilsverkündung (SSB Rn. 62; Kopp/Schenke Rn. 7; BeckOK VwGO Rn. 31).

Während im Falle eines Ausschlusses kraft Gesetzes schon das Vorliegen des **21** Ausschließungstatbestandes genügt, setzt ein Verstoß nach § 138 Nr. 2 unter dem Gesichtspunkt der Besorgnis der Befangenheit ein **erfolgreiches Ablehnungsgesuch** voraus. Nicht erfasst ist daher ein zu Unrecht abgelehntes Befangenheitsgesuch (BVerwG NVwZ-RR 2017, 468 Rn. 18 f.; BFSA Rn. 25; NK-VwGO Rn. 101), das aber ggf. auf einen absoluten Revisionsgrund nach § 138 Nr. 1 führt (→ Rn. 19). Bis zur Entscheidung über den Ablehnungsantrag begründet eine weitere Mitwirkung des Richters nach Maßgabe von § 54 I iVm § 47 ZPO keinen Verstoß nach § 138 Nr. 2 (BeckOK VwGO Rn. 32; Kopp/Schenke Rn. 8; eine Heilung durch Abweisung des Ablehnungsgesuchs bejahend: BVerwG Beschl. v. 14.6.2016 – 4 B 45.15, Rn. 18 mwN). Wirkt der Richter aber jenseits der durch § 47 ZPO gezogenen Grenzen mit oder wird die Entscheidung über den Ablehnungsantrag ohne Grund verzögert, kann dies die Voraussetzungen des § 138 Nr. 1 erfüllen (Kopp/Schenke Rn. 9; aA NK-VwGO Rn. 99; SSB Rn. 65: nur einfacher Verfahrensfehler) und ist iÜ nach § 137 I zu berücksichtigen (NK-VwGO Rn. 99; BeckOK VwGO Rn. 32). § 138 Nr. 2 erstreckt sich nur auf Ausschließungs- und Ablehnungsgründe, die vor der Urteilsberatung entstanden sind und – im Falle der Ablehnung – vor Ergehen der angefochtenen Entscheidung positiv beschieden worden sind. Dies gilt auch, wenn sich die Gründe für die Besorgnis der Befangenheit erst aus den Entscheidungsgründen des angefochtenen Urteils ergeben sollten (BVerwG Beschl. v. 15.8.2017 – 4 BN 22.17, Rn. 7; NVwZ-RR 2017, 468 Rn. 19, jeweils mwN; zu einem etwaigen Verfahrensfehler iSd § 138 Nr. 1: BVerwG Buchh 310 § 132 Abs. 2 Ziff. 3 Nr. 77 Rn. 38; → Rn. 19). Ein **nach Urteilserlass gestellter Befangenheitsantrag** ist unbeachtlich (BVerwG NVwZ-RR 2017, 468 Rn. 19, NK-VwGO Rn. 100; BeckOK VwGO Rn. 33 mwN; s. aber → Rn. 19 aE; zum Vorliegen eines Gehörsverstoßes bei Verletzung der Pflicht zur Selbstanzeige gem. § 54 I, III iVm § 48 ZPO: BVerwG NVwZ-RR 2017, 468 Rn. 26).

3. Versagung rechtlichen Gehörs

22 **a) Anspruch auf rechtliches Gehör.** Gem. **§ 108 II** darf ein Urteil nur auf Tatsachen und Beweisergebnisse gestützt werden, zu denen die Beteiligten sich äußern konnten. Die Vorschrift konkretisiert die Gewährleistung des rechtlichen Gehörs in **Art. 103 I GG.** Der Anspruch auf rechtliches Gehör steht dem einzelnen Verfahrensbeteiligten zu; die Verletzung des Anspruchs trifft nur ihn selbst, ohne die Rechtsposition eines Dritten zu schmälern (BVerwG Beschl. v. 26.6.2009 – 8 B 56.09).

23 Das Gebot zur Gewährung rechtlichen Gehörs verpflichtet das Gericht, die Ausführungen der Prozessbeteiligten zur **Kenntnis zu nehmen** und **in Erwägung zu ziehen.** Die Beteiligten müssen demgemäß auch Gelegenheit erhalten, sich zu allen entscheidungserheblichen Tatsachen und Rechtsfragen sachgemäß, zweckentsprechend und erschöpfend äußern zu können (BVerwG Buchh 310 § 108 Abs. 2 Nr. 77; Buchh 11 Art. 103 Abs. 1 GG Nr. 54).

24 Grds. ist davon auszugehen, dass ein Gericht seiner Pflicht, das Beteiligtenvorbringen zur Kenntnis zu nehmen und zu erwägen, nachgekommen ist. Die Gerichte sind nicht verpflichtet, jedes Vorbringen der Beteiligten in den Gründen der Entscheidung ausdrücklich zu bescheiden. Die **fehlende Bescheidung des Vorbringens** in den Entscheidungsgründen lässt nur dann auf dessen Nichtberücksichtigung schließen, wenn dieses Vorbringen den wesentlichen Kern des Tatsachenvortrags zu einer Frage von zentraler Bedeutung für das Verfahren betrifft und nicht nach dem Rechtsstandpunkt des Gerichts unerheblich oder aber offensichtlich unsubstanziiert ist (st. Rspr., zB BVerwG Beschl. v. 29.10.2009 – 9 B 41.09; NVwZ 2003, 224; NVwZ-RR 2002, 150; BVerfGE 96, 205). Kenntnisnahme und Berücksichtigung entscheidungserheblichen Vorbringens wird von allen Richtern (Berufsrichtern und ehrenamtlichen Richtern) gefordert, die an der Entscheidung mitwirken (BVerwG Buchh 310 § 108 Abs. 2 Nr. 77).

25 Einwände gegen die **gerichtliche Sachverhalts- und Beweiswürdigung** begründen idR keinen Gehörsverstoß. Der Anspruch auf rechtliches Gehör verpflichtet das Gericht nicht, den tatsächlichen oder rechtlichen Wertungen eines Beteiligten zu folgen (st. Rspr., zB BVerwG NVwZ 2012, 376). Art. 103 I GG, § 108 II gewähren auch keinen Schutz gegen Entscheidungen, die den Sachvortrag eines Beteiligten aus Gründen des formellen oder materiellen Rechts teilweise oder ganz unberücksichtigt lassen (BVerwG Beschl. v. 29.4.2003 – 9 B 65.02; BVerfGE 21, 191). Ein Gehörsverstoß liegt aber vor, wenn das Gericht überzogene Anforderungen an die Substanz des Vorbringens stellt und sich dadurch einer inhaltlichen Auseinandersetzung mit den vorgetragenen Argumenten entzieht (BVerwG ZOV 2015, 57) oder wenn es von einem falschen Sachverhalt ausgeht.

26 Voraussetzung einer begründeten Gehörsrüge ist die (erfolglose) vorherige **Ausschöpfung sämtlicher** verfahrensrechtlich eröffneten und nach Lage der Dinge tauglichen **Möglichkeiten, sich rechtliches Gehör zu verschaffen** (st. Rspr., zB BVerwG Buchh 310 § 138 Ziff. 3 Nr. 70; Buchh 11 Art. 103 Abs. 1 GG Nr. 55; BVerfGE 74, 220). Dazu gehört beispielsweise im Fall einer krankheitsbedingten Verhandlungsunfähigkeit ein Antrag auf Terminsverlegung oder Vertagung (BVerwG Buchh 310 § 138 Ziff. 3 Nr. 70). Bei einer Entscheidung durch Gerichtsbescheid können sich die Beteiligten durch Beantragung der mündlichen Verhandlung rechtliches Gehör verschaffen (BVerwG Beschl. v. 3.3.2016 – 3 PKH 3.15, Rn. 7; zu weiteren Beispielen vgl. BFSA Rn. 48).

Nach § 138 Nr. 3 gilt der Gehörsverstoß stets als **ursächlich** für die 27 angefochtene Entscheidung. Davon ist eine Ausnahme zu machen, wenn der Verfahrensverstoß unter keinem denkbaren Gesichtspunkt für die Entscheidung erheblich sein konnte (BVerwG Buchh 310 § 138 Ziff. 3 Nr. 73; Buchh 310 § 108 Abs. 2 Nr. 77; → Rn. 6).

Die **Gehörsrüge** muss **schlüssig** erhoben werden. Das erfordert einen 28 substanziierten Vortrag dazu, welche entscheidungserheblichen Ausführungen bei ausreichender Gewährung des rechtlichen Gehörs noch gemacht worden wären (BVerwG Beschl. v. 25.4.1990 – 2 B 37.90, mwN; NK-VwGO Rn. 117, 127; SSB Rn. 76). Erfasst der Gehörsverstoß allerdings den gesamten Prozessstoff, muss der Beteiligte nicht näher dartun, was er vorgetragen hätte und inwiefern dies zu für ihn günstigeren Ergebnissen geführt hätte (BVerwG Buchh 303 § 227 ZPO Nr 35).

b) Beispiele. Ergeht ein Urteil unter Verstoß gegen § 101 I, II **ohne münd-** 29 **liche Verhandlung,** stellt dies einen Verfahrensfehler iSv § 138 Nr. 3 dar. Den Beteiligten ist die Möglichkeit weiteren Vorbringens abgeschnitten (BVerwG Beschl. v. 26.6.2009 – 8 B 56.09; NVwZ 2009, 59; NVwZ-RR 1998, 525; s. auch BVerfG KBeschl. v. 3.7.2019 – 1 BvR 2811/18, Rn. 9, 12). Dasselbe gilt, wenn der Kläger zur mündlichen Verhandlung nicht ordnungsgemäß geladen worden ist, das Gericht aber gleichwohl in seiner Abwesenheit verhandelt (BVerwG Beschl. v. 25.1.2005 – 7 B 93.04). Verspätet sich ein Beteiligter (oder Prozessbevollmächtigter) aus von ihm nicht zu vertretenden Gründen und teilt dies dem Gericht vor Beginn der mündlichen Verhandlung mit, hat das Gericht im Rahmen des Möglichen und Zumutbaren mit der Eröffnung der Verhandlung zu warten und ggf. den Termin aufzuheben oder zu verlegen (BVerwG NVwZ 1989, 857; BGH NJW 1999, 724; BeckOK VwGO Rn. 45). Der Anspruch auf Gewährung rechtlichen Gehörs kann des Weiteren verletzt sein, wenn einem Antrag auf Wiedereröffnung der mündlichen Verhandlung (vgl. § 104 III 2) nicht entsprochen wird (BVerwG NVwZ-RR 2002, 217; NJW 1995, 2303). Von einem Gehörsverstoß ist auch auszugehen, wenn nach §§ 125 II, 130a ohne mündliche Verhandlung entschieden wird, ohne dass die Voraussetzungen dafür vorliegen, zB weil das Anhörungsverfahren nicht ordnungsgemäß durchgeführt worden ist (vgl. zB BVerwGE 121, 211; 116, 123; 111, 69; s. auch → Rn. 34).

Ein Gehörsverstoß wird des Weiteren dadurch begründet, dass ein **Antrag** 30 **auf Terminsverlegung** zu Unrecht abgelehnt wird (vgl § 173 S. 1 iVm § 227 I, II ZPO). So ist etwa die Vorlage eines ärztlichen Attests, welches dem Beteiligten eine krankheitsbedingte Verhinderung bescheinigt, grds. als ausreichende Entschuldigung anzusehen (BVerwG Buchh 303 § 227 ZPO Nr. 35). Ein erheblicher Grund iSv § 227 I ZPO ist nicht schon anzunehmen, wenn ein anwaltlich nicht vertretener Kläger unverschuldet an dem Termin nicht teilnehmen kann. Er hat vielmehr zusätzlich glaubhaft zu machen, dass er gehindert ist, sich im Termin durch einen Prozessbevollmächtigten vertreten zu lassen. Dies kann der Fall sein, wenn Eigentümlichkeiten der Streitsache eine persönliche Anhörung des Klägers angezeigt erscheinen lassen (vgl. BVerwG NJW 2006, 2648; BVerwGE 44, 307). Ist der Prozessbevollmächtigte eines Beteiligten entschuldigt an der Terminswahrnehmung gehindert, liegt darin regelmäßig ein erheblicher Grund iSv § 227 I ZPO (vgl. BVerwG NJW 2001, 2735; BVerwGE 96, 368). Vergleichbar verlangt der Anspruch auf Gewährung rechtlichen Gehörs, einem aus erheblichen Gründen gestellten **Vertagungsantrag** zu entsprechen (BVerwG Beschl. v. 25.9.2013 – 1 B 8.13, Rn. 13 mwN).

31   Eine **Abkürzung der Ladungsfrist** ist als Verletzung des Anspruchs auf rechtliches Gehör beachtlich, wenn sich der Beteiligte bzw. sein Prozessbevollmächtigter in der verbleibenden Zeit nicht ausreichend auf den Termin vorbereiten konnte. Dasselbe gilt, wenn ihm die Teilnahme wegen der verkürzten Frist unmöglich war und er den Rechtsverlust auch nicht anderweitig verhindern konnte. Einem Antrag auf Terminsverlegung ist unter solchen Voraussetzungen gem. § 173 S. 1 iVm § 227 I ZPO stattzugeben (BVerwG BauR 2010, 593).

32   Die **Ablehnung eines Beweisantrags** begründet einen Gehörsverstoß, wenn die Ablehnung keine Stütze im Prozessrecht findet (BVerfG NJW-RR 2001, 1006). Zulässige Ablehnungsgründe ergeben sich insbes. aus einer entsprechenden Anwendung von § 244 III StPO (→ § 86 Rn. 33). Einen Verfahrensfehler iSv § 138 Nr. 3 stellt es auch dar, wenn entgegen → § 86 II nicht vorab über einen in der mündlichen Verhandlung gestellten Beweisantrag entschieden wird (BFSA Rn. 32; BeckOK VwGO Rn. 49; zur Pflicht zur Vorabentscheidung bei Verzicht auf mündliche Verhandlung: BVerwG Buchh 310 § 86 Abs. 2 Nr. 69).

33   Eine unzulässe **Überraschungsentscheidung** liegt vor, wenn das Gericht einen bis dahin nicht erörterten tatsächlichen oder rechtlichen Gesichtspunkt zur Grundlage seiner Entscheidung macht und damit – unter Verletzung seiner ihm nach §§ 86 III, 104 I obliegenden Hinweis- und Erörterungspflicht – dem Rechtsstreit eine Wendung gibt, mit der die Beteiligten nach dem bisherigen Verlauf des Verfahrens nicht zu rechnen brauchten (stRspr, zB BVerwG Beschl. v. 15.8.2017 – 4 BN 22.17, Rn. 20; Buchh 310 § 138 Ziff. 3 Nr. 70; Beschl. v. 1.2.1999 – 10 B 4.98 mwN). Es besteht aber grds. keine Pflicht des Gerichts, den Beteiligten seine Rechtsauffassung oder die beabsichtigte Würdigung des Prozessstoffes vor dem Ergehen einer Entscheidung zu offenbaren (BVerfGE 74, 1), zumal die endgültige rechtliche und tatsächliche Beurteilung ohnehin der Schlussberatung vorbehalten ist (BVerwG Beschl. v. 1.2.1994 – 1 B 211.93). Jedoch kann zwecks Ermöglichung eines sachlich fundierten Vortrags ein **gerichtlicher Hinweis** geboten sein, wenn ansonsten der Anspruch auf rechtliches Gehör leer liefe (BVerwG Beschl. v. 4.8.2008 – 1 B 3.08). Dasselbe gilt, wenn das Gericht eine vorläufige Einschätzung der Rechtslage geäußert hat und davon abweichen will (BVerwG NVwZ 2011, 696 zu rechtlichen Hinweisen im Beschluss über die

Berufungszulassung). Mit der Möglichkeit einer Würdigung, die vom Ergebnis einer vorangehenden Entscheidung im vorläufigen Rechtsschutzverfahren abweicht, muss ein gewissenhafter Prozessbeteiligter indes immer rechnen (BVerwG Beschl. v. 1.9.1993 – 4 B 93.93). Eine dem verfassungsrechtlichen Anspruch genügende Gewährung rechtlichen Gehörs setzt voraus, dass die Beteiligten bei Anwendung der von ihnen zu verlangenden Sorgfalt zu erkennen vermögen, auf welchen Tatsachenvortrag es für die Entscheidung ankommen kann. Das Gericht darf nicht im Ergebnis einen Sachvortrag verhindern, indem es seine Entscheidung auf Gesichtspunkte stützt, deren Verwertung die Beteiligten nicht erwarten konnten (BVerwG Beschl. v. 1.2.1994 – 1 B 211.93). Bei einem anwaltlich vertretenen Beteiligten darf das Gericht davon ausgehen, dass sich der Prozessbevollmächtigte mit der Sach-und Rechtslage hinreichend vertraut gemacht hat (BVerwG NVwZ-RR 2001, 798).

Der Anspruch auf rechtliches Gehör ist grds. verletzt, wenn den Beteiligten **34** in der mündlichen Verhandlung oder im schriftlichen Verfahren eine **Äußerungs- oder Schriftsatzfrist** eingeräumt wird, gleichwohl aber vor deren Ablauf eine Entscheidung ergeht (BVerwG Buchh 310 § 108 Abs. 2 Nr. 77 mwN; BVerfGE 64, 224; vgl. auch → § 130a Rn. 10). Ein Gehörsverstoß liegt des Weiteren vor, wenn eine erforderliche Anhörung – wie zB nach § 130a S. 2 iVm § 125 II 3 – unterbleibt (BVerwG BayVBl. 1997, 253). Ein Verstoß iSv § 138 Nr. 3 kann ferner darin liegen, dass PKH (zB BVerwG NVwZ-RR 1999, 587) oder Wiedereinsetzung (zB BVerwG NJW 1994, 673) zu Unrecht nicht gewährt werden (vgl. BeckOK VwGO Rn. 57, 61; SSB Rn. 106; NK-VwGO Rn. 172, 180).

Nicht auf einen Gehörsverstoß führen **Unrichtigkeiten oder Lücken bei** **35** **der Wiedergabe des Tatsachenvortrags** der Beteiligten im Urteil. Sie sind vielmehr durch einen (fristgebundenen) Antrag auf Berichtigung oder Ergänzung des Urteils nach §§ 119, 120 geltend zu machen (BVerwG Beschl. v. 29.10.2009 – 9 B 41.09).

4. Fehlen einer ordnungsgemäßen Vertretung

Beteiligte iSv § 138 Nr. 4 sind alle Verfahrensbeteiligten nach § 63 (BFSA **36** Rn. 51). Die Vorschrift bezweckt namentlich den **Schutz vertretungsbedürftiger Personen,** die ihre Angelegenheiten nur mit Hilfe eines Dritten regeln können. Es soll sichergestellt sein, dass die Partei, um deren Rechte es im Verfahren geht, jedenfalls durch einen dazu berufenen Vertreter Gelegenheit hat, ihren Standpunkt darzulegen (BVerwG Buchh 310 § 133 Nr. 79). Da es sich um eine Schutzvorschrift für den nicht ordnungsgemäß vertretenen Beteiligten handelt, kann die Rüge gesetzwidriger Vertretung nur von ihm, nicht aber von sonstigen Beteiligten erhoben werden (BVerwG Buchh 310 § 138 Ziff. 4 Nr. 7; NVwZ-RR 1997, 319)

Hat ein Beteiligter einen **nicht postulationsfähigen Prozessbevoll-** **37** **mächtigten** bestellt, bewirkt dies nicht, dass der Beteiligte vorschriftswidrig iSv § 138 Nr. 4 vertreten war. Er hat lediglich die für die betroffenen Prozesshandlungen vorgeschriebene Form verfehlt (BVerwG NJW 2005, 3018).

38   Wird eine zulässig auf die Vertretung im Termin **beschränkte Vollmacht** vom Gericht versehentlich als allgemeine Prozessvollmacht behandelt, so liegt hierin idR ein Vertretungsmangel iSv § 138 Nr. 4 (BVerwG Buchh 310 § 138 Ziff. 4 Nr. 6). Eine nicht ordnungsgemäße Vertretung kommt des Weiteren in Betracht, wenn eine in Wahrheit prozessunfähige Partei vom Gericht für prozessfähig gehalten wird (BVerwG Buchh 310 § 133 Nr. 29). Der Tatbestand des § 138 Nr. 4 setzt die positive Feststellung der Prozessunfähigkeit voraus; Zweifel genügen nicht (BVerwG Beschl. v. 2.6.1997 – 2 B 65.97). Eine nicht ordnungsgemäße Vertretung liegt auch vor, wenn ein Gericht mündlich verhandelt, obwohl der Rechtsstreit infolge Insolvenzeröffnung unterbrochen ist (§ 173 S. 1 iVm § 240 S. 1 ZPO; BVerwG NVwZ 2018, 1483).

39   Ein Verstoß iSv § 138 Nr. 4 liegt nicht vor, wenn derjenige, der im Verfahren nicht ordnungsgemäß vertreten war, der Prozessführung ausdrücklich oder konkludent zugestimmt hat. Hierfür genügt es, wenn die **Zustimmung** nach Einlegung der Revision erfolgt (BVerwG Buchh 310 § 138 Ziff. 4 Nr. 1). Von einer stillschweigenden Zustimmung ist beispielsweise auszugehen, wenn der Kläger nach Eintritt der Volljährigkeit an die weitere Prozessführung des gesetzlichen Vertreters angeknüpft hat, indem er den geltend gemachten Klageanspruch selbst weiterverfolgt hat (BVerwG Buchh 310 § 133 Nr. 34).

40   Die Rüge einer **mangelnden Vertretung im Termin** begründet einen Verstoß iSv § 138 Nr. 4, wenn der Beteiligte in gesetzwidriger Weise im Verfahren nicht vertreten war, weil das Gericht bei der Vorbereitung und Durchführung der mündlichen Verhandlung gegen prozessuale Pflichten verstoßen und dadurch dem Beteiligten die Teilnahme unmöglich gemacht hat (BVerwG Buchh 310 § 138 Ziff. 3 Nr. 70; NJW 2006, 2648; BVerwGE 66, 311).

5. Fehlende Öffentlichkeit

41   Gem. § 55 iVm § 169 I 1 GVG sind vorbehaltlich der in §§ 171a ff. GVG geregelten Einschränkungsmöglichkeiten mündliche Verhandlungen vor dem erkennenden Gericht öffentlich. Nach § 138 Nr. 5 liegt ein absoluter Revisionsgrund vor, wenn das angefochtene Urteil auf eine mündliche Verhandlung ergangen ist, bei der diese **Vorschriften über die Öffentlichkeit des Verfahrens** verletzt worden sind. Öffentlichkeit iSv § 138 Nr. 5 sind nicht die Verfahrensbeteiligten nach § 63 (BFSA Rn. 55; SSB Rn. 121). Werden diese unter Verstoß gegen eine Verfahrensvorschrift an der Teilnahme an der mündlichen Verhandlung gehindert, ist daher der Anwendungsbereich des § 138 Nr. 5 nicht eröffnet. In Betracht kommt aber ein Gehörsverstoß nach § 138 Nr. 3 (→ Rn. 30 f.) und ggf. ein Verstoß nach § 138 Nr. 4 (→ Rn. 40).

42   **a) Mündliche Verhandlung.** § 138 Nr. 5 knüpft an die dem angefochtenen Urteil zugrunde liegende letzte mündliche Verhandlung an. Die Vorschrift betrifft daher weder Verstöße gegen die Öffentlichkeit der **Urteilsverkündung** (vgl. § 55 iVm §§ 169 I 1, II 1, III 1, 173 I GVG; BVerwG Beschl. v.

14.6.2016 – 4 B 45.15, Rn. 21 f.; Buchh 310 § 138 Ziff. 5 Nr. 4; NJW 1990, 1249; DÖV 1981, 969; OVG NRW Beschl. v. 15.3.2018 – 13 A 171/18.A), noch erstreckt sie sich auf Entscheidungen, die ohne mündliche Verhandlung ergehen (BVerwG Buchh 310 § 133 Nr. 46; BeckOK VwGO Rn. 73 mwN; aA Kopp/Schenke Rn. 24). Nicht erfasst werden auch **Erörterungstermine** (§ 87 I 2 Nr. 1) und Beweisaufnahmen durch den beauftragten Richter (§ 96 II), die lediglich für die Beteiligten öffentlich sind (§ 97 S. 1; vgl. zB BVerwG Urt. v. 21.9.2000 – 2 C 5.99; NVwZ-RR 1989, 167; NK-VwGO Rn. 200; SSB Rn. 122).

b) Wahrung der Öffentlichkeit. Eine mündliche Verhandlung ist iSv § 55 **43** iVm § 169 I 1 GVG öffentlich, wenn sie in Räumen stattfindet, die während der Dauer der **Verhandlung grds. jedermann zugänglich** sind. Die Öffentlichkeit ist gewahrt, wenn niemand, der an der Verhandlung teilnehmen möchte, hieran gehindert wird (BVerwG NVwZ 2000, 1298; Beschl. v. 17.11.1989 – 4 C 39.89; Buchh 310 § 138 Ziff. 5 Nr. 1). Erforderlich, aber auch ausreichend ist, dass jedermann die Möglichkeit hat, sich ohne besondere Schwierigkeiten von der Verhandlung Kenntnis zu verschaffen, und dass der Zutritt im Rahmen der tatsächlichen Gegebenheiten eröffnet ist (VGH BW Beschl. v. 10.3.2017 – A 12 S 338/17, Rn. 7). Einer an jedermann gerichteten Bekanntgabe bedarf es nicht (BVerwG Beschl. v. 14.6.2016 – 4 B 45.15, Rn. 12). Auch die kurzfristig beschlossene Verlegung eines Terminortes erfordert keine öffentliche Bekanntgabe (BVerwG Beschl. v. 14.6.2016 – 4 B 45.15, Rn. 16). Die Vorschriften über die Öffentlichkeit der Verhandlung gebieten auch nicht, dass die Verhandlung in jedem Fall durch Aushang bekannt gegeben werden muss (BVerwG Beschl. v. 17.11.1989 – 4 C 39.89; NVwZ 1985, 566). Findet die mündliche Verhandlung in einer vom üblichen Sitzungssaal abweichenden Örtlichkeit statt, ist die Öffentlichkeit gewahrt, wenn sich jedermann über den Sitzungsort ohne weiteres informieren kann (BVerwG DVBl 1999, 95; Buchh 310 § 133 Nr. 74).

Dass die Eingangstür zum Gerichtsgebäude verschlossen ist, ist unschädlich, **44** sofern sich jedermann durch Klingeln Zugang verschaffen kann (BVerwG NVwZ 2000, 1298; DVBl 1999, 95; NJW 1990, 1249). Damit ggf. verbundene kurze Wartezeiten sind ebenso zumutbar wie **Zugangskontrollen,** sofern diese aus Sicherheitsgründen angezeigt sind, allgemein gelten und verhältnismäßig sind (BVerwG NVwZ 2000, 1298; Buchh 303 § 295 ZPO Nr. 1; OVG Bln-Bbg NJW 2010, 1620; BFSA Rn. 56; BeckOK VwGO Rn. 74 f.). Unzulässig sind allerdings Nachfragen nach dem Grund der Sitzungsteilnahme (BVerwG NVwZ 2000, 1298). Bedenken unterliegt auch die in einem Gerichtsgebäude dauerhaft und nicht anlassbezogen praktizierte Videoüberwachung (VG Wiesbaden NJW 2010, 1220).

§ 138 Nr. 5 setzt voraus, dass das erkennende Gericht die Umstände, die **45** den Verstoß gegen die Vorschriften über die Öffentlichkeit der Verhandlung begründen, bemerkt hat oder bei **Anwendung der gebotenen Sorgfalt** hätte bemerken können (BVerwG NVwZ 2000, 1298; DÖV 1984, 889; Buchh 310 § 133 Nr. 31). War eine Beschränkung der Öffentlichkeit für das Gericht nicht erkennbar und ihm damit nicht zurechenbar, greift § 138 Nr. 5

nicht ein (NK-VwGO Rn. 207; SSB Rn. 120). Dauert eine Verhandlung über den normalen Dienstschluss hinaus an, verlangt das Sorgfaltsgebot, dass sich das Gericht über das Fortbestehen eines ungehinderten Zugangs vergewissert (BVerwGE 104, 170).

46   Wird die **Öffentlichkeit ausgeschlossen,** obwohl die Voraussetzungen (vgl. § 55 iVm §§ 171b, 172 GVG) nicht vorliegen, ist ein Verstoß nach § 138 Nr. 5 zu bejahen. Dasselbe soll für den umgekehrten Fall gelten, dass ein Ausschluss entgegen den gesetzlichen Maßgaben unterblieben ist (SSB Rn. 132; NK-VwGO Rn. 210; BeckOK VwGO Rn. 78; aA Kopp/Schenke Rn. 24). Dies erscheint mit Rücksicht auf den Zweck des Öffentlichkeitsgrundsatzes, für Transparenz zu sorgen und eine Kontrolle des gerichtlichen Verfahrens durch die Öffentlichkeit zu ermöglichen, zweifelhaft. Der Wortlaut des § 138 Nr. 5 steht einer in dieser Hinsicht einschränkenden Normauslegung nicht entgegen (aA BeckOK VwGO Rn. 78). Wird die Öffentlichkeit gem. §§ 171b, 172 GVG ausgeschlossen, so ist bei der Verkündung des Ausschlusses der Grund hierfür anzugeben (§ 173 S. 1 iVm § 174 I 3 GVG). Fehlt es daran, liegt ein Verstoß iSv § 138 Nr. 5 vor (BVerwG NJW 1983, 2155).

47   Der **Verstoß** gegen die Öffentlichkeit der Verhandlung wird **geheilt,** wenn die Beteiligten gem. § 101 II ihr Einverständnis erteilen, ohne mündliche Verhandlung zu entscheiden (BVerwG Buchh 303 § 295 ZPO Nr. 1). Dasselbe gilt, wenn nach Wiederherstellung der Öffentlichkeit der verfahrensfehlerhafte Abschnitt der mündlichen Verhandlung in seinen wesentlichen Teilen wiederholt wird (BVerwGE 104, 170). **§ 295 I ZPO** (iVm § 173 S. 1) findet Anwendung (BVerwG Beschl. v. 30.11.2004 – 10 B 64.04; VGH BW Beschl. v. 10.3.2017 – A 12 S 338/17, Rn. 6 mwN; offen gelassen von BVerwG Beschl. v. 14.6.2016 – 4 B 45.15, Rn. 11).

6. Fehlen von Entscheidungsgründen

48   § 138 Nr. 6 knüpft an §§ 117 II Nr. 4 und 5, 108 I 2 an, wonach das Urteil mit einem Tatbestand und Entscheidungsgründen zu versehen ist, in denen die für die richterliche Überzeugung leitenden Erwägungen anzugeben sind (BVerwG NJW 1998, 3290). Ein Urteil (oder ein ihm gleichgestellter Beschluss) ist nicht mit Gründen versehen iSv § 138 Nr. 6, wenn ein **grober Formfehler** vorliegt (BVerwG Beschl. v. 9.6.2008 – 10 B 149.07; NVwZ-RR 1989, 334). Davon ist auszugehen, wenn die Entscheidungsgründe ihre Funktion nicht mehr erfüllen können, die Beteiligten über die dem Urteil zugrunde liegenden tatsächlichen und rechtlichen Erwägungen zu unterrichten und dem Rechtsmittelgericht die Nachprüfung der Entscheidung auf ihre inhaltliche Richtigkeit in prozess- und materiellrechtlicher Hinsicht zu ermöglichen (BVerwG Beschl. v. 3.3.2016 – 3 PKH 3.15, Rn. 12; BRS 73 Nr. 41; BVerwGE 117, 228). Dies ist der Fall, wenn Entscheidungsgründe **ganz fehlen,** wenn sie **mangels inhaltlicher Substanz** ihrer Funktion nicht im Ansatz gerecht werden oder wenn sie **verspätet abgesetzt** werden.

a) Unzureichende Gründe. Die Gründe einer Entscheidung sind unzurei- 49
chend iSv § 138 Nr. 6, wenn sie derart **unbrauchbar** sind, dass sie den Tenor
unter keinem denkbaren Umstand zu tragen vermögen. Davon ist nicht schon
auszugehen, wenn die Gründe unklar, unvollständig, oberflächlich oder rechtlich unzutreffend sind (BVerwG NVwZ-RR 1989, 334). Die Voraussetzungen des § 138 Nr. 6 liegen erst dann vor, wenn die Gründe so **unverständ-
lich,** bruchstückhaft, widersprüchlich oder **inhaltslos** sind, dass nicht mehr
erkennbar ist, welche Gesichtspunkte für die richterliche Entscheidung maßgeblich gewesen sind (BVerwG Urt. v. 5.4.2017 – 8 C 16.16, Rn. 15 f.
mwN; Beschl. v. 9.6.2008 – 10 B 149.07; NVwZ-RR 2000, 257; NVwZ-
RR 1989, 334).

Die **Lückenhaftigkeit** der Entscheidungsgründe kann allerdings dann die 50
Voraussetzungen des § 138 Nr. 6 begründen, wenn die Entscheidung auf
einzelne Ansprüche oder selbstständige Angriffs- und Verteidigungsmittel
nicht eingeht (BVerwG Buchh 310 § 118 Nr. 5 Rn. 20). Dazu müssen die
Gründe aber in sich gänzlich lückenhaft sein. Es genügt nicht, wenn nur
einzelne Tatumstände oder Anspruchselemente unerwähnt geblieben sind
(BVerwG Beschl. v. 15.7.2010 – 8 B 94.09, Rn. 13 mwN; Beschl. v. 9.6.2008
– 10 B 149.07; NJW 1998, 3290). Ist eine Entscheidung danach nicht mit
Gründen versehen, kann dieser Fehler nicht durch eine Berichtigung nach
§ 118 I behoben werden (BVerwG Buchh 310 § 118 Nr. 5 Rn. 21 f.).

Ihrer Unterrichtungs- und Nachprüfungsfunktion können Entscheidungs- 51
gründe auch durch **Bezugnahmen** auf andere Entscheidungen und sonstige
Schriftstücke genügen, sofern die Beteiligten das in Bezug genommene
Schriftstück kennen oder von ihm ohne Schwierigkeiten Kenntnis nehmen
können und sofern sich aus einer **Zusammenschau der Entscheidungsgründe und der in Bezug genommenen Ausführungen** die für die
richterliche Überzeugung maßgeblichen Erwägungen hinreichend klar entnehmen lassen (BVerwG BayVBl. 2016, 826 mwN; BRS 73 Nr. 41, 609;
Beschl. v. 3.1.2006 – 10 B 17.05). §§ 117 V, 130b regeln die möglichen
Bezugnahmen nicht abschließend. Es handelt sich vielmehr nur um spezielle
Ausprägungen bereits früher anerkannter Grundsätze, sodass auch Bezugnahmen auf sonstige Schriftstücke in Betracht kommen (vgl. BVerwG Beschl. v.
3.1.2006 – 10 B 17.05; NVwZ 1989, 249). Dies können in geeigneten Fällen
auch Schriftsätze der Beteiligten sein (BVerwG BauR 2009, 609). Um hinreichend deutlich zu machen, auf welche Ausführungen eines Schriftstücks sich
die Verweisung erstreckt, ist der **Umfang der Bezugnahme** in den Entscheidungsgründen **genau zu bezeichnen.** Werden Ausführungen eines
Schriftstücks lediglich in Teilen in Bezug genommen, ist es zweckmäßig, diese
unter Hinweis auf Seitenzahl und ggf. Absatz zu benennen. Wird das in Bezug
genommene Schriftstück einem Beteiligten erst nach Zustellung der Entscheidung bekannt, kann der darin liegende Begründungsmangel durch eine
erneute Zustellung der Entscheidung behoben werden (BVerwG Buchh 310
§ 138 Ziff. 6 Nr. 30).

b) Verspätete Absetzung der Entscheidung. Ein bei seiner Verkündung 52
noch nicht vollständig abgefasstes Urteil (vgl. § 117 IV) gilt als nicht mit

Gründen versehen, wenn Tatbestand und Entscheidungsgründe nicht **binnen fünf Monaten nach Verkündung** (vgl. §§ 517, 548 ZPO) schriftlich niedergelegt, von den Richtern unterschrieben und der Geschäftsstelle übergeben worden sind (BVerwGE 110, 40; GmS-OGB BVerwGE 92, 367). Dasselbe ist für den Fall anzunehmen, dass das Urteil anstelle der Verkündung zugestellt wird (§ 116 II; BVerwG Beschl. v. 3.5.2004 – 7 B 60.04; NVwZ-RR 2003, 460). Im Fall des **§ 116 II** beginnt die Fünfmonatsfrist mit dem Schluss der mündlichen Verhandlung (str., vgl. BayVGH Beschl. v. 23.4.2019 – 13a ZB 18.32206, Rn. 6 mwN zum Streitstand). Vollständig abgefasst ist ein Urteil erst dann, wenn es von allen (Berufs-)Richtern unterschrieben ist, die an der Entscheidung mitgewirkt haben, oder – im Verhinderungsfall nach § 117 I 3 – wenn der Verhinderungsvermerk angebracht ist (BVerwG NVwZ-RR 1996, 299). Ergeht das Urteil nicht aufgrund mündlicher Verhandlung, kommt es auf den für §§ 116 II, 117 IV maßgeblichen Zeitfaktor nicht an (BVerwG NVwZ-RR 2003, 460). Auch bei Einhaltung der Fünf-Monats-Frist kann ein kausaler Verfahrensmangel vorliegen, wenn sich aus den Fallumständen ergibt, dass die zuverlässige Wiedergabe des Beratungsergebnisses und der für die Entscheidungsfindung leitenden Erwägungen nicht mehr gewährleistet ist (BVerwG NVwZ 2013, 218; NVwZ-RR 2001, 798).

§ 139 [Frist; Revisionseinlegung; Revisionsbegründung]

(1) [1]Die Revision ist bei dem Gericht, dessen Urteil angefochten wird, innerhalb eines Monats nach Zustellung des vollständigen Urteils oder des Beschlusses über die Zulassung der Revision nach § 134 Abs. 3 Satz 2 schriftlich einzulegen. [2]Die Revisionsfrist ist auch gewahrt, wenn die Revision innerhalb der Frist bei dem Bundesverwaltungsgericht eingelegt wird. [3]Die Revision muß das angefochtene Urteil bezeichnen.

(2) [1]Wird der Beschwerde gegen die Nichtzulassung der Revision abgeholfen oder läßt das Bundesverwaltungsgericht die Revision zu, so wird das Beschwerdeverfahren als Revisionsverfahren fortgesetzt, wenn nicht das Bundesverwaltungsgericht das angefochtene Urteil nach § 133 Abs. 6 aufhebt; der Einlegung einer Revision durch den Beschwerdeführer bedarf es nicht. [2]Darauf ist in dem Beschluß hinzuweisen.

(3) [1]Die Revision ist innerhalb von zwei Monaten nach Zustellung des vollständigen Urteils oder des Beschlusses über die Zulassung der Revision nach § 134 Abs. 3 Satz 2 zu begründen; im Falle des Absatzes 2 beträgt die Begründungsfrist einen Monat nach Zustellung des Beschlusses über die Zulassung der Revision. [2]Die Begründung ist bei dem Bundesverwaltungsgericht einzureichen. [3]Die Begründungsfrist kann auf einen vor ihrem Ablauf gestellten Antrag von dem Vorsitzenden verlängert werden. [4]Die Begründung muß einen bestimmten Antrag enthalten, die verletzte Rechtsnorm und, soweit Verfahrensmängel gerügt werden, die Tatsachen angeben, die den Mangel ergeben.

I. Revisionseinlegung (I)

1. Frist und Form

Wird die Revision vom Ausgangsgericht zugelassen, setzt die Zulässigkeit der **1** Revision voraus, dass sie in der gesetzlichen Form und Frist eingelegt wird (vgl. § 143). Fehlt es daran, ist die Revision gem. § 144 I zu verwerfen. Einlegungsbefugt sind die **Beteiligten des Ausgangsverfahrens,** sofern sie (ausgenommen der VöI) durch die angefochtene Entscheidung beschwert sind (→ § 132 Rn. 5 f.). Der statthafte Umfang der Revisionseinlegung wird begrenzt durch den Umfang der Revisionszulassung (BeckOK VwGO Rn. 3). Ausnahmsweise kann die Revision nach dem **Grundsatz der Meistbegünstigung** auch ohne Zulassung eingelegt werden, wenn das Ausgangsgericht eine „inkorrekte" Rechtsmittelentscheidung getroffen hat (vgl. BVerwGE 139, 296 Rn. 10 f.).

Gem. § 139 I 1 ist die Revision **innerhalb eines Monats** nach Zustellung **2** des vollständigen Urteils (oder der urteilsersetzenden Entscheidung → § 132 Rn. 3; → § 134 Rn. 2; → § 135 Rn. 1) einzulegen. Lässt das VG die Sprungrevision auf Antrag durch Beschluss zu (§ 134 I 1), beginnt der Lauf der Monatsfrist mit der Zustellung des Zulassungsbeschlusses (§ 134 III 2, § 139 I 1). Eine vor der Zulassung eingelegte Revision ist unzulässig; der Mangel wird aber durch die nachträgliche Zulassungsentscheidung geheilt (vgl. BVerwG NVwZ 1996, 174; NVwZ 1985, 428).

Die Einlegungsfrist ist **nicht verlängerbar,** weil eine Verlängerungsmög- **3** lichkeit – anders als für die Begründungsfrist nach § 139 III 3 – nicht besonders bestimmt ist, § 57 II iVm § 224 II ZPO. Nach Rücknahme der Revision kann innerhalb der Revisionsfrist erneut Revision eingelegt werden (→ § 140 Rn. 5). Bei einer **Urteilsergänzung** nach § 120 beginnt der Fristlauf gem. § 173 S. 1 iVm § 518 S. 1 ZPO analog von neuem, wenn die Ergänzungsentscheidung innerhalb der Revisionsfrist ergeht (BVerwG NVwZ-RR 1989, 519). Im Fall der **Urteilsberichtigung** nach §§ 118, 119 bleibt der Fristlauf grds. unberührt. Ausnahmsweise beginnt die Rechtsmittelfrist neu, wenn sich aus dem berichtigten Urteil eine zuvor nicht ersichtliche

Beschwer ergibt (vgl. BVerwG NVwZ 1991, 681 zur Berichtigung der Urteilsausfertigung; OVG LSA NVwZ 2008, 584; Kopp/Schenke § 118 Rn. 11, § 119 Rn. 7). IÜ wird die Rechtsmittelfrist gegen die berichtigte Entscheidung nur dann neu eröffnet, wenn erst die berichtigte Fassung des Urteils die Partei in die Lage versetzt, sachgerecht über die Frage der Einlegung des Rechtsmittels und dessen Begründung zu entscheiden (BVerwG NVwZ 2010, 962). Bei Fristversäumung ist unter den Voraussetzungen des § 60 Wiedereinsetzung zu gewähren. Der Antrag auf Wiedereinsetzung ist innerhalb von zwei Wochen nach Wegfall des Hindernisses zu stellen (§ 60 II 1 Hs. 1). Innerhalb der Antragsfrist ist die Einlegung der Revision nachzuholen (§ 60 II 3; zur Wiedereinsetzung iVm PKH vgl. → § 133 Rn. 12).

4   § 139 I 1 sieht als **Einlegungsort** das Gericht vor, dessen Entscheidung angefochten wird (iudex a quo). Die Revisionsfrist wird gem. § 139 I 2 aber auch gewahrt, wenn die Revision beim BVerwG eingelegt wird. Die Revisionseinlegung unterliegt dem **Vertretungszwang** (§ 67 IV 1, 2) sowie dem **Schriftformerfordernis** (§ 139 I 1). Gem. § 55a iVm der VO über die technischen Rahmenbedingungen des elektronischen Rechtsverkehrs und über das besondere elektronische Behördenpostfach (Elektronischer-Rechtsverkehr-Verordnung – ERRV) vom 24.11.2017 (BGBl. I 3803) idF der VO vom 9.2.2018 (BGBl. I 200) kann die Revision dem BVerwG auch elektronisch (mittels qualifizierter elektronischer Signatur) übermittelt werden. Die ERRV hat die VO über den elektronischen Rechtsverkehr beim BVerwG vom 26.11.2004 (BGBl. I 3091) abgelöst (zu den Möglichkeiten auf VG- bzw. OVG-Ebene vgl. zB Kopp/Schenke § 55a Rn. 7; BeckOK VwGO § 55a Rn. 3 ff.).

5   Aus der Revisionsschrift muss sich – ggf. im Wege der Auslegung – eindeutig entnehmen lassen, dass Revision eingelegt wird. Nach § 139 I 3 ist die **angefochtene Entscheidung zu bezeichnen.** Anzugeben sind Gericht, Aktenzeichen und Entscheidungsdatum. Unvollständige Angaben sind (nur) unschädlich, wenn sich aus den sonstigen Umständen klar ergibt, welche Entscheidung angegriffen wird. Es ist dem Revisionsführer freigestellt, den **Umfang der Revision** bereits in der Revisionsschrift festzulegen. Ein Erfordernis besteht insoweit aber nicht, denn ein bestimmter Antrag wird erst mit der Revisionsbegründung vorausgesetzt (§ 139 III 4). Es stellt daher keine teilweise Rücknahme dar, wenn mit der Revisionsbegründung ein eingeschränkter Antrag gestellt wird, nachdem in der Revisionsschrift die Revisionseinlegung ohne Einschränkung erklärt wurde (BVerwG Beschl. v. 29.11.2018 – 7 KSt 2.18, Rn. 5; NJW 1992, 703). Da erst die sachliche Auseinandersetzung mit den Gründen der angefochtenen Entscheidung eine abschließende Prüfung ermöglicht, in welchem Umfang der Revision Erfolgsaussicht zukommt, sollte die Revision zweckmäßiger Weise zunächst einschränkungslos eingelegt werden. Legt der Revisionsführer bereits mit der Revisionsschrift eindeutig fest, dass die Revision sich auf einen abtrennbaren Teil des Streitgegenstands beschränkt, wird das angefochtene Urteil im Übrigen – vorbehaltlich einer etwaigen Anschlussrevision, § 141 I iVm § 127 – mit Ablauf der Revisionsfrist rechtskräftig (BeckOK VwGO § 139 Rn. 3).

Unzulässig ist eine **bedingte Revisionseinlegung** (BVerwG Buchh 310 § 133 Nr. 83; Buchh 310 § 139 Nr. 52).

2. Entbehrlichkeit der Revisionseinlegung (II)

Erreicht der Rechtsmittelführer die **Revisionszulassung im Wege des** 6 **Nichtzulassungsbeschwerdeverfahrens,** wird das Beschwerdeverfahren im Umfang der Zulassung (BeckOK VwGO Rn. 17) automatisch als Revisionsverfahren fortgesetzt. Der Revisionseinlegung bedarf es nicht, § 139 II 1. Darauf ist im Zulassungsbeschluss hinzuweisen, § 139 II 2. Des Weiteren ist über das Begründungserfordernis, die Begründungsfrist sowie den Ort zu belehren, bei dem die Revisionsbegründung einzureichen ist (§ 58 I).

Die auf Grund der Beschwerde erfolgte Zulassung der Revision wirkt **nur** 7 **zugunsten des Beschwerdeführers.** Das Gebot der Rechtsmittelklarheit schließt es aus, auf die übrigen Verfahrensbeteiligten § 139 II 1 entsprechend anzuwenden (BVerwG NVwZ 2001, 201; NK–VwGO Rn. 32; BFSA Rn. 18; BeckOK VwGO Rn. 16; SSB Rn. 32 f.; Eyermann Rn. 13; aA Kopp/Schenke Rn. 1, 6). Ihnen bleibt, sofern sie nicht selbst eine Revisionszulassung erwirkt haben, allein die Möglichkeit der Anschlussrevision (s. aber→ § 141 Rn. 7 aE).

II. Revisionsbegründung (III)

Die Revision ist gem. § 139 III form- und fristgerecht zu begründen und 8 muss darüber hinaus bestimmten inhaltlichen Mindestanforderungen genügen. Mangelt es an diesen Erfordernissen, ist die Revision unzulässig (§ 143) und gem. § 144 I zu verwerfen. Die **Begründungspflicht** dient nicht nur der Arbeitsentlastung des BVerwG, sondern auch der Richtigkeitsgewähr der erstrebten Revisionsentscheidung (BVerwG NJW 1980, 2268). Zudem dient sie dem Interesse des Revisionsgegners an einer am Revisionsvorbringen ausgerichteten Verteidigung (BVerwG Beschl. v. 4.4.2019 – 1 C 44.18, Rn. 16).

1. Form und Frist

a) Einreichungsort; Schriftform. Die Revisionsbegründung ist zwingend 9 **beim BVerwG** einzureichen, § 139 III 2. Die Einreichung beim iudex a quo wahrt die Revisionsbegründungsfrist nicht. Das Ausgangsgericht ist aber gehalten, die Revisionsbegründung im normalen Geschäftsgang an das BVerwG weiterzuleiten. Die Begründungsfrist ist eingehalten, wenn sie dort innerhalb der Frist eingeht.

Wie die Revisionseinlegung hat auch die Revisionsbegründung **schriftlich** 10 (oder elektronisch, → Rn. 4) zu erfolgen (s. auch § 173 S. 1 iVm § 551 II 1 ZPO) und unterliegt dem **Vertretungserfordernis** (§ 67 IV). Nach gefestigter Rspr. müssen Rechtsmittelbegründungsschriften als bestimmende Schriftsätze im Anwaltsprozess grds. von einem Rechtsanwalt (oder einem sonstigen Vertretungsberechtigten) unterzeichnet sein, da mit der eigenhändigen **Unterschrift** der Nachweis geführt wird, dass der Anwalt die Verantwortung für den Inhalt der Schrift übernimmt (BGH NJW 2003, 2028). Anerkannt ist aber, dass eine gleichzeitig eingereichte, vom Anwalt unterzeichnete beglaubigte Abschrift die fehlende Unterschrift auf der Urschrift ersetzen kann (BGH NJW 1980, 291 mwN). Auch in diesem Fall darf jedoch zum Zeitpunkt des Fristablaufs kein Zweifel mehr möglich sein, dass der bestimmende Schriftsatz von dem Unterschriftsleistenden herrührt. Eine Unterschrift auf der ersten Seite eines mehrseitigen Schriftsatzes („Oberschrift") genügt nicht; sie lässt die Möglichkeit offen, dass die Unterschrift bereits vor der Endkorrektur geleistet worden war (Blankounterschrift) und deshalb die Kontrolle durch den Rechtsanwalt nicht gewährleistet gewesen ist. Im Interesse der Rechtssicherheit wird deshalb verlangt, dass eine Unterzeichnung den Inhalt der Erklärung **räumlich deckt,** dh hinter oder unter dem Text stehen muss (BVerwGE 137, 58 Rn. 14; BGH MDR 2004, 1252; BGHZ 113, 48). Ausnahmen hiervon sind nur insoweit zuzulassen, als sich aus dem bestimmenden Schriftsatz allein oder in Verbindung mit beigefügten Unterlagen die Urheberschaft und der Wille, das Schreiben in den Rechtsverkehr zu bringen, hinreichend sicher ergeben. Dabei kann nur auf die bei Eingang des Schriftsatzes erkennbaren oder bis zum Ablauf der Frist bekannt gewordenen Umstände abgestellt werden (BVerwGE 137, 58 Rn. 15 mwN).

11   Wird die Revision in der angefochtenen Entscheidung oder auf Antrag nach § 134 I 1 zugelassen, ist der Revisionsführer nicht gehindert, die Revision bereits mit der Revisionsschrift zu begründen. Wird die Revision im Beschwerdeverfahren zugelassen, bedarf es einer **gesonderten,** der Zulassung nachfolgenden **Begründungsschrift** (BeckOK VwGO Rn. 27 mwN). Die Vorlage eines von einem Rechtsanwalt unterzeichneten, iÜ aber unveränderten Schreibens seiner Partei oder eines Dritten genügt nicht, wenn das Schreiben erkennen lässt, dass der Rechtsanwalt keine Prüfung, Sichtung und rechtliche Durchdringung des Streitstoffs vorgenommen hat (BVerwG Buchh 310 § 139 Nr. 37; BVerwGE 68, 241).

12   **b) Begründungsfrist.** Im Fall des § 139 I ist die Revision innerhalb von **zwei Monaten** nach Zustellung der angefochtenen Entscheidung oder nach Zustellung des Beschlusses nach § 134 III 2 zu begründen, § 139 III 1 Hs. 1. Im Fall des § 139 II beträgt die Begründungsfrist **einen Monat** nach Zustellung des Beschlusses über die Revisionszulassung, § 139 III 1 Hs. 2. Prozessbevollmächtigte und Behördenvertreter unterliegen in Bezug auf Prüfung und Kontrolle der Revisionsbegründungsfrist besonderen Sorgfaltspflichten (BVerwG NVwZ 2001, 430; NJW 1992, 852; NJW 1991, 2096).

13   **c) Fristverlängerung.** Gem. § 139 III 3 kann die Begründungsfrist auf Antrag verlängert werden. Die Fristverlängerung ist **vor Ablauf der Frist** schriftlich (nach § 55a elektronisch) beim BVerwG zu beantragen. Für den Antrag besteht ebenfalls Vertretungszwang (BVerwG Buchh 310 § 139 Nr. 9). Wird ein formwidriger Antrag gleichwohl verlängert, ist die Entscheidung wirksam (vgl. BGH NJW 1985, 1558). Wird der Verlängerungsantrag nicht rechtzeitig gestellt, ist eine gleichwohl gewährte Fristverlängerung unwirksam und die Revision – vorbehaltlich einer etwaigen Wiedereinsetzung – unzuläs-

sig (BFSA Rn. 26; SSB Rn. 60; zur Anwendbarkeit der Wiedereinsetzungs-vorschriften: BVerwG Buchh 270.1 § 22 BBhV Nr. 1).

Für die Entscheidung, die auch noch nach Ablauf der Begründungsfrist **14** ergehen kann, ist der Senatsvorsitzende zuständig. Die Verlängerung steht in seinem pflichtgemäßen **Ermessen.** Sind erhebliche Gründe glaubhaft gemacht (§ 57 II iVm § 224 II ZPO), ist einem erstmaligen Antrag regelmäßig zu entsprechen (vgl. BVerfG NJW 2001, 812). Die Entscheidung kann durch Beschluss oder Verfügung ergehen und ist den Beteiligten mitzuteilen. Wird ein fristgerechter Antrag nach Fristablauf abgelehnt, ist nach Maßgabe von § 60 **Wiedereinsetzung** in die versäumte Begründungsfrist zu gewähren. Innerhalb der Frist des § 60 II 1, 3 ist die Begründung einzureichen; ein Verlängerungsantrag genügt nicht (BVerwG BayVBl. 1994, 188). Wird die rechtzeitige Stellung eines Verlängerungsantrags versäumt, kommt eine Wiedereinsetzung allein in Bezug auf die Begründungsfrist, nicht aber in Bezug auf den Verlängerungsantrag in Betracht (BVerwG NJW 1996, 2808; Buchh 310 § 139 Nr. 26). Eine **wiederholte Fristverlängerung** darf nur nach Anhörung des Rechtsmittelgegners gewährt werden, § 57 II iVm § 225 II ZPO.

2. Inhalt der Revisionsbegründung

Gem. § 139 III 4 muss die Begründung einen bestimmten Antrag enthalten **15** und die verletzte Rechtsnorm bezeichnen. Wird ein Verfahrensmangel gerügt, sind zusätzlich die Tatsachen anzugeben, die den Mangel ergeben. Diese inhaltlichen Anforderungen an die Revisionsbegründung bezwecken, den Revisionskläger zu einer Prüfung seiner Revision anzuhalten und tragen damit zur Entlastung des Revisionsgerichts bei (BVerwG Beschl. v. 8.6.1988 – 8 C 32.88). Es bedarf einer **Sichtung und Durchdringung des Streitstoffs** und einer damit verbundenen sachlichen **Auseinandersetzung mit den die Entscheidung tragenden Gründen.** Der Revisionskläger muss konkret aufzeigen, warum er die Begründung der angegriffenen Entscheidung als nicht zutreffend erachtet (BVerwG BauR 2019, 1283; NJW 2006, 3081; BVerwGE 106, 202 mwN). Dabei ist er nicht auf die Geltendmachung von Revisionsgründen beschränkt, die sich aus der Zulassungsentscheidung ergeben (→ § 132 Rn. 43). Ist die Revision wegen grundsätzlicher Bedeutung der Rechtssache (§ 132 II Nr. 1) oder Divergenz (§ 132 II Nr. 2) zugelassen worden, können mit der Revisionsbegründung also auch Verfahrensmängel gerügt werden. Ist die angefochtene Entscheidung auf **mehrere selbststän-dig tragende Erwägungen** gestützt, muss die Revisionsbegründung für jede dieser Erwägungen darlegen, weshalb sie das Ergebnis nicht trägt (BVerwG NJW 1980, 2268).

Genügt die Revisionsbegründungsschrift diesen Anforderungen nicht, kann **16** der Mangel durch **nachträgliches Vorbringen** nach Ablauf der Revisions-begründungsfrist nicht mehr „geheilt" werden. Begründungsausführungen in nach Fristablauf eingehenden Schriftsätzen können lediglich insoweit berück-sichtigt werden, als sie den bisherigen Vortrag vertiefen oder ergänzend erläutern (vgl. BVerwGE 106, 202; davon zu unterscheiden ist die Frage nach dem revisionsgerichtlichen Prüfungsumfang, → § 137 Rn. 31 ff.).

17   **a) Antragserfordernis.** Mit seinem Revisionsantrag legt der Revisionskläger Ziel und Umfang seines Rechtsmittels fest und bestimmt den für die Revisionsinstanz maßgeblichen Streitgegenstand. Es muss sich um einen **Sachantrag** handeln; die Beschränkung auf eine bloße Aufhebung der angefochtenen Entscheidung genügt nicht. Grds. ist der Antrag **ausdrücklich zu formulieren.** Das Fehlen eines formulierten Antrags ist aber unschädlich, wenn sich Ziel und Umfang des Revisionsbegehrens gleichwohl aus dem Revisionsvorbringen eindeutig entnehmen lassen (BVerwGE 154, 328 Rn. 15; NJW 2009, 162; NJW 1992, 703; BeckOK VwGO Rn. 50 f.; SSB Rn. 40; Kopp/Schenke Rn. 4). Unschädlich ist, wenn der Revisionskläger offenlässt, ob er eine Entscheidung nach § 144 III 1 Nr. 1 oder Nr. 2 anstrebt (BVerwG BauR 2019, 1283).

18   **b) Bezeichnung der verletzten Rechtsnorm.** Der Revisionskläger muss den Streitstoff in tatsächlicher und rechtlicher Hinsicht durcharbeiten, sichten und gliedern. Er hat **konkret darzulegen,** worin er die geltend gemachte Verletzung materiellen Rechts bzw. von Verfahrensrecht sieht. Eine formelhafte Rüge, formelles oder materielles Recht oder eine einzelne Norm sei verletzt, wird dem nicht gerecht (BVerwG Buchh 310 § 139 Nr. 61). Es ist nicht erforderlich, dass die als verletzt gerügte Rechtsnorm mit der Paragraphennummer angegeben wird. Jedoch muss sich aus dem Revisionsvorbringen ohne Weiteres und eindeutig entnehmen lassen, welche Rechtsnorm oder welcher Rechtsgrundsatz vom Revisionskläger als verletzt angesehen wird (BVerwG Beschl. v. 4.4.2019 – 1 C 44.18, Rn. 11 mwN; NJW 1984, 140). Die allgemeine Angabe, die angefochtene Entscheidung verstoße gegen ein bestimmtes Gesetz, reicht nicht aus (BVerwG Buchh 310 § 139 Nr. 28). Die Bezeichnung von Tatsachen ist (nur) erforderlich, soweit dies zum Verständnis der gerügten Rechtsverletzung unerlässlich ist (vgl. BSG GrS NZS 2019, 264 Rn. 33 zu der nahezu wortgleichen Vorschrift in § 164 II 3 SGG).

19   **c) Begründungsanforderungen bei Verfahrensmängeln.** Ein Verfahrensmangel ist nur dann hinreichend bezeichnet, wenn er sowohl in den ihn (vermeintlich) begründenden Tatsachen als auch in seiner rechtlichen Würdigung substanziiert dargetan wird (BVerwG NVwZ 2004, 1369; Urt. v. 21.9.2000 – 2 C 5.99 mwN). Die zur Begründung der Verfahrensrüge vorgetragenen Tatsachen müssen unabhängig von ihrer Beweisbarkeit den behaupteten Mangel ergeben (BVerwG Buchh 310 § 133 Nr. 36). Nach Ablauf der Revisionsbegründungsfrist können Verfahrensrügen durch ergänzendes Vorbringen nicht nachträglich schlüssig gemacht werden (vgl. BVerwGE 31, 212 mwN).

20   Danach muss sich zB die schlüssige Darlegung einer auf einen (vermeintlich) **unrichtigen oder unvollständigen Sachverhalt** gestützten Verfahrensrüge darauf erstrecken, dass und inwiefern die Vorinstanz bei ihrer materiell rechtlichen Beurteilung zu einem anderen Ergebnis hätte gelangen müssen, wenn es die Tatsachen in der von der Revision vermissten Weise erwähnt und gewürdigt hätte (BVerwG Urt. v. 21.9.2000 – 2 C 5.99).

Bei einer **Besetzungsrüge** muss der Revisionskläger darlegen, dass er über 21 ihm nicht bekannte gerichtsinterne Vorgänge, die für die Besetzungsfrage maßgeblich sein können, eine zweckentsprechende Aufklärung gesucht hat. Eine auf einen bloßen Verdacht gestützte Rüge ist nicht ordnungsgemäß erhoben (BVerwG NVwZ-RR 2016, 428 Rn. 12 mwN; NVwZ 2000, 915; Buchh 310 § 133 Nr. 36). Die Rüge einer vorschriftswidrigen Besetzung eines Spruchkörpers ist hiernach nur dann in der erforderlichen Weise bezeichnet, wenn unter Wiedergabe der maßgeblichen, in den Geschäftsverteilungsplänen des Gerichts und des Spruchkörpers bestimmten Heranziehungs- und Vertretungsregeln konkret dargelegt wird, dass und warum ein bestimmter Richter nicht zur Mitwirkung an der Entscheidung berufen war (BVerwG NVwZ-RR 2016, 428 Rn. 12).

Hinsichtlich der **Aufklärungsrüge** (§ 86 I) verlangt das Darlegungserfor- 22 dernis, dass der Revisionskläger aufzeigt, inwieweit weiterer Aufklärungsbedarf bestanden hat, welche Aufklärungsmaßnahmen hierfür in Betracht gekommen wären, welche tatsächlichen Feststellungen dabei voraussichtlich getroffen worden wären und inwiefern diese ausgehend von der Rechtsauffassung der Vorinstanz zu einem anderen Entscheidungsergebnis hätten führen können. Des Weiteren muss der Revisionskläger darlegen, dass er im Verfahren vor dem Tatsachengericht auf die von ihm vermisste Sachverhaltsaufklärung hingewirkt hat oder dass sich dem Tatsachengericht ungeachtet dessen die geltend gemachten weiteren Ermittlungen von selbst hätten aufdrängen müssen (vgl. zB BVerwGE 145, 145 Rn. 11; NVwZ 2004, 1369; NVwZ 1998, 628).

d) Zulässigkeit von Bezugnahmen. Die Begründung der Revision muss 23 eine selbstständige Auseinandersetzung mit der angegriffenen Entscheidung sein. Sie muss aus sich selbst heraus und ohne Verweisung auf andere Schriftsätze verständlich sein (BVerwG NVwZ 1989, 557; BayVBl. 1990, 124). Eine Bezugnahme auf schriftsätzlichen **Vortrag in der Vorinstanz** reicht daher zur ordnungsgemäßen Revisionsbegründung nicht aus (BVerwG Urt. v. 21.9.2000 – 2 C 5.99; Buchh 310 § 139 Nr. 56).

Auch eine Bezugnahme auf Schriftsätze, die im Verfahren über die **Nicht-** 24 **zulassungsbeschwerde** vorgelegt worden sind, genügt grds. ebenso wenig wie eine bloße Wiederholung dieses Vorbringens (BVerwG BayVBl. 1988, 379). Denn der Streitstoff im Revisionsverfahren ist mangels Identität von Revisionszulassungs- und Revisionsgründen ein anderer als im Verfahren über die Nichtzulassungsbeschwerde (BVerwG NJW 1985, 1235). Eine Verweisung auf Schriftsätze, die im Nichtzulassungsbeschwerdeverfahren eingereicht worden sind, ist aber unschädlich, wenn dies lediglich **zur Konkretisierung** bestimmter Einzelheiten erfolgt (BVerwG NJW 1985, 1235).

Darüber hinaus reicht die Bezugnahme auf eine Nichtzulassungsbeschwerde 25 ausnahmsweise aus, wenn die Beschwerdeschrift den Anforderungen (auch) an eine Revisionsbegründung gerecht wird (BVerwG BauR 2019, 1283; BVerwGE 131, 11) und wenn deutlich zum Ausdruck kommt, auf welche(n) der in der Beschwerdeschrift dargelegten Zulassungsgründe sich die Bezugnahme erstreckt (BVerwG BayVBl. 1990, 124; BVerwGE 80, 321). Danach kann der Revisionskläger auf sein Vorbringen im Beschwerdeverfahren verweisen, wenn im Zulassungsverfahren ein **Verfahrensmangel** geltend gemacht worden ist, dessen Vorliegen das Revisionsgericht bejaht hat. Es wäre prozessökonomisch nicht sinnvoll, vom Revisionskläger zu verlangen, dass er Vorbringen, das sich bereits als erfolgreich erwiesen hat, erneut vorträgt (BVerwG NVwZ 1989, 557 mwN; NJW 1985, 1235). Für die Zulassungsgründe der **grundsätzlichen Bedeutung** und der **Divergenz** wird sich regelmäßig anderes ergeben, weil die im Zulassungsverfahren entscheidungserhebliche Fragestellung eine andere ist als die des Revisionsverfahrens. Eine Bezugnahme kommt hier nur unter der Voraussetzung in Betracht, dass sich das Zulassungsvorbringen (auch) als umfassende kritische Würdigung der verfahrens- und/oder materiell rechtlichen Richtigkeit der angefochtenen Entscheidung erweist (vgl. BVerwGE 131, 11; 80, 321).

26   Eine differenzierte Betrachtung ergibt sich auch für die Bezugnahme auf **Revisionszulassungsbeschlüsse.** Die Bezugnahme auf eine Zulassung wegen eines Verfahrensfehlers reicht aus, weil sich die Revisionsbegründung damit auf einen im Zulassungsbeschluss festgestellten Verfahrensfehler stützt (BVerwG Urt. v. 22.2.2001 – 7 C 14.00). Der Verweis auf einen auf Divergenz gestützten Zulassungsbeschluss genügt dem Darlegungserfordernis, wenn sich der Revisionskläger die Erwägungen des Revisionsgerichts zur Abweichung zu Eigen macht (vgl. BVerwGE 114, 155 zu § 124a III 4). Demgegenüber ist in dem Beschluss, mit dem die Revision wegen grundsätzlicher Bedeutung zugelassen worden ist, die aufgeworfene Rechtsfrage noch nicht abschließend geprüft und entschieden. Mit einer Bezugnahme ist mithin nicht iSv § 139 III 4 dargelegt, dass die angegriffene Entscheidung auf einer Rechtsverletzung beruht (BVerwG NJW 2006, 3081).

§ 140 [Zurücknahme der Revision]

(1) [1]Die Revision kann bis zur Rechtskraft des Urteils zurückgenommen werden. [2]Die Zurücknahme nach Stellung der Anträge in der mündlichen Verhandlung setzt die Einwilligung des Revisionsbeklagten und, wenn der Vertreter des Bundesinteresses beim Bundesverwaltungsgericht an der mündlichen Verhandlung teilgenommen hat, auch seine Einwilligung voraus.

(2) [1]Die Zurücknahme bewirkt den Verlust des eingelegten Rechtsmittels. [2]Das Gericht entscheidet durch Beschluß über die Kostenfolge.

1   Die Regelung über die Zurücknahme der Revision **entspricht** der Regelung über die Zurücknahme der Berufung in **§ 126** mit Ausnahme der in § 126 II vorgesehenen Rücknahmefiktion. § 126 II ist im Revisionsverfahren nicht entsprechend anwendbar; § 140 regelt die Rücknahme der Revision abschließend (BFSA § 126 Rn. 8; NK–VwGO Rn. 2; → § 126 Rn. 6; → § 141 Rn. 2). § 140 gilt auch für die Anschlussrevision (zB BVerwG NVwZ 2019, 1601 Rn. 15). Für die Nichtzulassungsbeschwerde gilt § 140 analog (Kopp/

Schenke Rn. 3; zB OVG NRW Beschl. v. 7.3.2017 – 5 B 4.16; NdsOVG
Beschl. v. 31.8.2007 – 5 LC 44/06; BayVGH Beschl. v. 30.10.2002 – 8 B
97.31734; → § 133 Rn. 36).

Die Revision kann **bis zur Rechtskraft** des Revisionsurteils zurück- **2**
genommen werden (§ 140 I 1), dh bis zu dessen Verkündung (§ 116 I) bzw.
bei Zustellung (§ 116 II, III) bis zu dem Zeitpunkt, in dem das Urteil wirksam erlassen ist. Dem Urteil gleich steht der urteilsersetzende Beschluss nach
§ 144 I. Die Rücknahmeerklärung ist **schriftlich** oder zu Protokoll in der
mündlichen Verhandlung gegenüber dem Revisionsgericht abzugeben. Sie
unterliegt grds. dem **Vertretungserfordernis** nach § 67 IV. Eine Ausnahme
gilt für die von einem nicht postulationsfähigen Revisionskläger eingelegte
Revision, die dieser auch selbst wieder zurücknehmen kann (BVerwG NVwZ
2009, 192; BVerwGE 14, 19; NK-VwGO Rn. 10). Die Rücknahme ist eine
unanfechtbare und **grds. auch unwiderrufliche Prozesshandlung**
(► § 126 Rn. 2).

Im Falle eines teilbaren Streitgegenstands ist eine **Teilrücknahme** zulässig. **3**
Nicht als Teilrücknahme anzusehen ist es, wenn der Revisionskläger mit der
Revisionsschrift zunächst ohne Einschränkung Revision eingelegt hat und
sodann im Rahmen der Revisionsbegründung einen beschränkten Antrag
stellt (BVerwG NJW 1992, 703). Der Streitgegenstand wird erst durch den
nach § 139 III 4 erforderlichen bestimmten Antrag festgelegt (→ § 139
Rn. 5). Wird **gleichzeitig** mit der Rücknahme der Revision die **Rücknahme der Berufung und/oder der Klage** erklärt, geht die Prozesshandlung mit der weitergehenden Wirkung vor. Danach kommen der Klagerücknahme und der Berufungsrücknahme Vorrang gegenüber der Rücknahme der
Revision zu (BVerwGE 26, 297).

Nach Stellung der Anträge in der mündlichen Verhandlung bedarf die **4**
Rücknahme der **Einwilligung** des Revisionsbeklagten. Hat der VBI an der
mündlichen Verhandlung teilgenommen, ist auch dessen Einwilligung erforderlich, § 140 I 2. Andere Verfahrensbeteiligte müssen nicht zustimmen. Dies
gilt auch für den Anschlussrevisionsführer, es sei denn, er ist zugleich Revisionsbeklagter. Bei einer Entscheidung ohne mündliche Verhandlung ist auf
den Eingang der letzten Einverständniserklärung nach § 101 II abzustellen
(BVerwGE 26, 143; NK-VwGO Rn. 23; BeckOK VwGO Rn. 10; aA zB
Kopp/Schenke § 92 Rn. 14 mwN: Rücknahme bis zum Urteilserlass möglich). Für die Einwilligungserklärung besteht **kein Vertretungszwang**
(BeckOK VwGO Rn. 9; NK-VwGO Rn. 27; enger SSB Rn. 25: nur, wenn
kein Vertreter bestellt ist). Wie die Rücknahme ist sie unanfechtbar und grds.
unwiderruflich (BFSA Rn. 6; Kopp/Schenke § 92 Rn. 16). Fehlt es an einer
erforderlichen Einwilligung, ist die Rücknahme unwirksam und das Revisionsverfahren fortzusetzen.

Die wirksame Rücknahme bewirkt gem. § 140 II 1 den Verlust des einge- **5**
legten Rechtsmittels. Die **Anhängigkeit** des Revisionsverfahrens **entfällt,**
und die angefochtene Entscheidung der Vorinstanz wird rechtskräftig. Das
Gericht entscheidet durch **Beschluss über die Kosten,** § 140 II 2, § 155 II.
Zuständig ist grds. das BVerwG. Der Beschluss erfolgt durch den Senat; § 87a
findet gem. § 141 S. 2 keine Anwendung. Bei Beschlüssen außerhalb der

mündlichen Verhandlung entscheidet der Senat in der Besetzung von drei Richtern, iÜ in der Fünfer-Besetzung (§ 10 III). Wurde die Revision bei der Vorinstanz eingelegt (§ 139 I 1) und ist sie dort vor Weiterleitung der Akten an das BVerwG zurückgenommen worden, trifft ausnahmsweise die Vorinstanz die Kostenentscheidung (BeckOK VwGO Rn. 14; aA NK-VwGO Rn. 36; SSB Rn. 33; Eyermann Rn. 2). Zur Klarstellung ist es zweckmäßig, das Revisionsverfahren entsprechend § 92 III 1 einzustellen. Dem Revisionskläger ist nicht verwehrt, erneut Revision einzulegen, wenn die Einlegungsfrist noch nicht verstrichen ist. Unberührt bleibt auch die Möglichkeit, sich nunmehr gem. § 141 S. 1 iVm § 127 der Revision eines anderen Beteiligten anzuschließen. Eine im Zeitpunkt der Rücknahme bereits durch einen anderen Beteiligten eingelegte **Anschlussrevision** verliert ihre Wirkung, § 141 S. 1 iVm § 127 V. Besteht Streit über die Wirksamkeit der Rücknahme, entscheidet das BVerwG darüber durch Urteil (entsprechend → § 126 Rn. 13).

§ 141 [Revisionsverfahren]

[1] Für die Revision gelten die Vorschriften über die Berufung entsprechend, soweit sich aus diesem Abschnitt nichts anderes ergibt. [2] Die §§ 87a, 130a und 130b finden keine Anwendung.

I. Entsprechende Anwendung sonstigen Verfahrensrechts

1   Die Vorschriften über das **Berufungsverfahren** finden auf das in den §§ 134 ff. nicht abschließend geregelte Revisionsverfahren entsprechende Anwendung, soweit die speziellen Bestimmungen des 13. Abschnitts dies nicht ausschließen. Über die Weiterverweisung in § 125 I 1 gelten darüber hinaus die allgemeinen Verfahrensvorschriften (§§ 54 ff.), die Vorschriften über das **erstinstanzliche Verfahren** (§§ 81 ff.) sowie die Vorschriften über Urteile und andere Entscheidungen (§§ 107 ff.) entsprechend, sofern sich aus §§ 134 ff. und der Struktur des Revisionsverfahrens nichts anderes ergibt. Nach Maßgabe von § 173 S. 1 ist das Verfahrensrecht der **ZPO** und des GVG ergänzend heranzuziehen.

2   Weil das Revisionsgericht anders als das Berufungsgericht keine Tatsacheninstanz ist (vgl. § 137 II), sind die §§ 128, 128a I **nicht anwendbar.** Entsprechendes gilt für diejenigen erstinstanzlichen Verfahrensvorschriften, die sich auf die Ermittlung von Tatsachen und die Aufklärung des Sachverhalts beziehen, wie zB § 86 I und §§ 96 bis 99. Soweit allerdings im Revisionsverfahren ausnahmsweise eine Sachverhaltsermittlung in Bezug auf Sachentscheidungsvoraussetzungen oder zur Überprüfung eines gerügten Verfahrensfehlers erfolgt, spricht nichts dagegen, etwa § 86 I und § 108 I 1 entsprechend heranzuziehen (SSB Rn. 14). Keine Anwendung finden § 125 II und § 126, denen § 144 I und § 140 vorgehen. Nach der ausdrücklichen Regelung in § 141 S. 2 sind des Weiteren die §§ 87a, 130a und 130b

im Revisionsverfahren nicht anwendbar. Dasselbe gilt über § 125 I 2 für § 84 und auf Grund von § 142 I 1 für § 65 I und § 91.

Anwendbar sind aus dem Bereich der allgemeinen Verfahrensbestimmun- 3 gen zB § 54, § 57 und § 60. Von den Vorschriften über das Verfahren im ersten Rechtszug gelten ua §§ 93, 94, § 100, §§ 101 ff. und §§ 107 ff. entsprechend. Aus dem Abschnitt über die Berufung finden § 127 (dazu nachfolgend), § 128a II (Kopp/Schenke § 128a Rn. 6; NK-VwGO Rn. 9) und § 129 entsprechende Anwendung (BVerwGE 147, 229 Rn. 33; vgl. BeckOK VwGO Rn. 6 ff.; SSB Rn. 8 ff.).

II. Insbesondere: Anschlussrevision

Ebenso wie bei der Berufung besteht auch im Rahmen des Revisionsver- 4 fahrens (einschließlich der Sprungrevision) die Möglichkeit eines Anschlussrechtsmittels. Den **rechtlichen Rahmen** liefern die Bestimmungen über die Anschlussberufung in § 127, die über § 141 S. 1 entsprechend gelten. Infolge der Änderung des § 127 zum 1.1.2002 durch das RmBereinVpG regelt die Vorschrift lediglich noch die sog **unselbstständige Anschlussrevision** (vgl. BVerwGE 117, 332). Denn gem. § 141 S. 1 iVm § 127 V verliert die Anschließung ihre Wirkung, wenn die Revision zurückgenommen oder als unzulässig verworfen wird. § 141 S. 1 iVm § 127 findet daher keine Anwendung auf eine Revision, die ein Beteiligter zwar zeitlich nach der Revision eines anderen Beteiligten einlegt, die jedoch in der Wirkung von dem anderen Rechtsmittel unabhängig sein soll (vormals sog selbstständige Anschlussrevision). Sie unterliegt vielmehr den allgemeinen Voraussetzungen für die Zulässigkeit der Revision. Dies schließt indes nicht aus, eine unstatthafte Revision ggf. in eine statthafte Anschlussrevision umzudeuten (vgl. für den Fall der Anschlussberufung: BGH NJW 1987, 3263). Im Verfahren der Nichtzulassungsbeschwerde ist eine Anschließung nicht möglich (BVerwG Beschl. v. 8.6.2006 – 3 B 185.05; BVerwGE 34, 351).

Anschlussrevision können gem. § 141 S. 1 iVm § 127 I der Revisions- 5 beklagte und die anderen in der Vorinstanz am Verfahren Beteiligten einlegen. Nicht **anschlussberechtigt** sind der (auch nicht revisionsberechtigte) VBl (BVerwGE 96, 258) sowie der erst im Revisionsverfahren notwendig Beigeladene (NK-VwGO Rn. 24; BeckOK VwGO Rn. 12; Eyermann Rn. 8; aA SSB Rn. 21; Redeker/v. Oertzen Rn. 2). Der VÖl ist zur Anschließung befugt, wenn er sich am vorinstanzlichen Verfahren beteiligt hat. Eine Beteiligung ist auch noch nach Ergehen des angefochtenen Urteils möglich, solange die Rechtsmittelfrist für die übrigen Beteiligten nicht abgelaufen ist (BVerwGE 90, 337; ebenso NVwZ-RR 1997, 519 für die Nichtzulassungsbeschwerde).

Die Anschlussrevision ist innerhalb eines Monats nach Zustellung (§ 56) 6 der letzten noch ausstehenden Revisionsbegründungsschrift schriftlich beim BVerwG einzulegen (§ 141 S. 1 iVm § 127 I 2, II 2). Die Anschlussschrift muss das angefochtene Urteil bezeichnen und klar zum Ausdruck bringen, dass eine Anschlussrevision eingelegt werden soll (§ 173 S. 1 iVm § 554 III 2, § 549 I 2 ZPO analog). Über die **Anschlussfrist** muss nicht nach § 58 I belehrt werden (BVerwGE 142, 99 Rn. 20; BeckOK VwGO Rn. 17; NK-VwGO Rn. 33a). Die Anschließung ist auch dann statthaft, wenn der Beteiligte auf die Revision verzichtet hat oder die Rechtsmittelfristen verstrichen sind (§ 141 S. 1 iVm § 127 II 1). Sie unterliegt dem Vertretungszwang (§ 67 IV 1) und ist innerhalb der Anschlussfrist **zu begründen** (§ 141 S. 1 iVm § 127 III). § 141 S. 1 iVm § 127 I, III geht davon aus, dass die Anschlussrevision regelmäßig mit der Anschlussschrift begründet wird; ausreichend ist aber auch eine gesonderte Begründungsschrift, sofern sie fristgerecht eingeht (BeckOK VwGO Rn. 19). Die Anschluss- und Begründungsfrist ist nicht verlängerbar, wie sich daraus ableiten lässt, dass § 127 III 2 zwar auf § 124a III 2, 4 und 5 verweist, nicht aber auf § 124a III 3. Dementsprechend findet auch § 139 III 3 keine Anwendung.

7   Die Begründung muss einen **bestimmten Antrag** enthalten und die Gründe der Anfechtung (Revisionsgründe) im Einzelnen anführen, § 141 S. 1 iVm § 127 III 2, § 124a III 4. Dies bedeutet entsprechend § 139 III 4, dass die Anschlussschrift die verletzte Rechtsnorm bezeichnen und im Falle einer Verfahrensrüge die Tatsachen angeben muss, die den Verfahrensmangel ergeben. Fehlt es an einem dieser Erfordernisse, ist der Anschlussrevision unzulässig (§ 141 S. 1 iVm § 127 III 2, § 124a III 5). Der Antrag muss über einen bloßen Revisionsabweisungsantrag hinausgehen und darauf abzielen, zu Lasten des Revisionsklägers eine Änderung der angegriffenen Entscheidung zu erwirken (BVerwGE 156, 136 Rn. 36; 100, 104; NJW 1985, 393; BeckOK VwGO Rn. 13, 15). Die Anschlussrevision ist nach ihrem Sinn und Zweck darauf gerichtet, ein mit der angefochtenen Entscheidung verbundenes Teilunterliegen des Anschlussrevisionsführers zu beseitigen. Dem entspricht es, für die Zulässigkeit der Anschlussrevision grds. eine **Beschwer** vorauszusetzen (BVerwG Urt. V. 23.9.2010 – 2 C 28.09, Rn. 36 f.; Kopp/Schenke Rn. 6; BFSA § 127 Rn. 37; SSB Rn. 24 f. mwN auch zur Gegenansicht; offen gelassen von BVerwGE 156, 136 Rn. 38; 72, 165). Die Anschlussrevision ist nicht an den Streitgegenstand des zugelassenen Rechtsmittels gebunden; erforderlich ist aber ein sachlicher Zusammenhang zwischen den gegenläufigen prozessualen Ansprüchen (BVerwGE 161, 180 Rn. 10). Bei einem Bescheidungsurteil ist es statthaft, gegen die nach der Rechtsauffassung der Vorinstanz für die Neubescheidung maßgeblichen Gründe Anschlussrevision einzulegen, sofern diese den Anschlussrevisionsführer belasten (BVerwGE 156, 136 Rn. 36). Nach § 141 S. 1 iVm § 127 IV ist die Anschlussrevision **zulassungsfrei.** Das schließt aus, die Anschlussrevision nur in dem Umfang als statthaft anzusehen, in dem die Revision zugelassen ist (BVerwG NVwZ 2015, 301 Rn. 23 f.; BVerwGE 125, 44; 117, 332 (344); NK-VwGO Rn. 39 ff.; SSB Rn. 20). Die Anschlussrevision ist allerdings unstatthaft, wenn und soweit zuvor die Beschwerde des Anschlussrevisionsführers gegen die Nichtzulassung der Revision wegen desselben Teils des Streitgegenstands zurückgewiesen wurde (BVerwG Urt. v. 23.9.2010 – 2 C 28.09, Rn. 37; NVwZ-RR 2008, 214; Eyermann Rn. 11; NK-VwGO Rn. 40).

8   Wird die **Revision zurückgenommen oder als unzulässig verworfen,** erledigt sich die Anschlussrevision kraft Gesetzes (§ 141 S. 1 iVm § 127 V).

Gleichwohl empfiehlt sich zur Klarstellung eine (deklaratorische) Verfahrenseinstellung. Die **Kosten der Anschlussrevision** trägt in diesen Fällen grds. der Revisionskläger (BVerwGE 72, 165; BGH NJW-RR 2005, 727), es sei denn, der Anschlussrevisionsführer hat nach § 140 I 2 (als Revisionsbeklagter) der Rücknahme zugestimmt oder die Unzulässigkeit der Revision stand bereits im Zeitpunkt der Anschließung fest (BGHZ 80, 146; SSB Rn. 38 f.; BeckOK VwGO Rn. 24). Bei Rücknahme der Anschlussrevision trägt der Anschlussrevisionsführer die Kosten der Anschlussrevision (§ 155 II). Entsprechend § 141 S. 1 iVm § 127 V verliert die Anschließung ihre Wirkung auch, wenn sich die Revision aus anderen Gründen als durch Rücknahme erledigt (NK-VwGO Rn. 50; Eyermann Rn. 15; enger BGH NJW 1986, 852: nicht bei Erledigung des Hauptrechtsmittels).

IÜ erfolgt die **Entscheidung über die Anschlussrevision** gemeinsam 9 mit der Sachentscheidung über die Revision. Dies gilt auch im Falle einer unzulässigen Anschlussrevision (BVerwGE 90, 337). Die Kostenentscheidung bestimmt sich nach den allgemeinen Grundsätzen.

§ 142 [Unzulässigkeit von Klageänderungen und Beiladungen]

(1) [1] Klageänderungen und Beiladungen sind im Revisionsverfahren unzulässig. [2] Das gilt nicht für Beiladungen nach § 65 Abs. 2.

(2) [1] Ein im Revisionsverfahren nach § 65 Abs. 2 Beigeladener kann Verfahrensmängel nur innerhalb von zwei Monaten nach Zustellung des Beiladungsbeschlusses rügen. [2] Die Frist kann auf einen vor ihrem Ablauf gestellten Antrag von dem Vorsitzenden verlängert werden.

I. Klageänderungen im Revisionsverfahren

§ 142 I 1 erklärt eine **Klageänderung** im Revisionsverfahren ausnahmslos 1 für **unzulässig.** Die Regelung knüpft daran an, dass die Revisionsentscheidung auf eine Rechtskontrolle beschränkt ist und Grundlage dieser Kontrolle die von der Vorinstanz festgestellten Tatsachen sind. Neuer Sachverhalt ist im Revisionsverfahren grds. nicht berücksichtigungsfähig (vgl. § 137 II). Eine Klageänderung iSv § 91 bewirkt indes, dass ein neuer tatsächlicher Lebenssachverhalt (Klagegrund) in den Rechtsstreit eingeführt wird. Der **Funktion des Revisionsverfahrens** entspricht es daher, die Möglichkeit einer Klageänderung auszuschließen (vgl. BVerwG Buchh 310 § 113 Nr. 216; Buchh 237.4 § 35 HmbBG Nr. 1; NK-VwGO Rn. 3). Im Umfang der unzulässigen Klageänderung ist die Revision unzulässig. Beschränkt sich der Gegenstand des Revisionsverfahrens auf den nach § 142 I unzulässig in das Verfahren eingeführten prozessualen Anspruch, ist die Revision daher gem. § 144 I durch Beschluss zu verwerfen (vgl. BVerwG Beschl. v. 22.3.2018 – 7 C 1.17, Rn. 13); iÜ richtet sich die Revisionsentscheidung nach § 144 (s. insbes. → § 144 Rn. 2).

Davon unberührt bleibt die Befugnis des Revisionsgerichts, die Sachdien- 2 lichkeit einer **Klageänderung in der Vorinstanz** selbst abschließend zu beurteilen. Denn das Verbot in § 142 I 1 ist nicht betroffen, wenn das Revisionsgericht auf der Grundlage der vom Vordergericht getroffenen tatsächlichen Feststellungen über die bereits in der Vorinstanz geänderte Klage sachlich entscheidet (vgl. BVerwGE 154, 328 Rn. 14; NVwZ-RR 2000, 172).

3   Der Begriff der Klageänderung knüpft an § 91 an. Das Verbot des § 142 I 1 umfasst sowohl Änderungen des Klagebegehrens und des Klagegrundes (**objektive Klageänderung**) als auch den gewillkürten Beteiligtenwechsel (**subjektive Klageänderungen**). Hingegen erstreckt sich das Verbot nicht auf Veränderungen des Streitgegenstands, die keine Klageänderung iSd § 91 sind, wie zB im Fall von § 173 S. 1 iVm § 264 ZPO (BVerwGE 162, 349 Rn. 33; BeckOK VwGO Rn. 4).

4   **Unzulässig** sind danach Erweiterungen oder Beschränkungen des Klageantrags, die mit einer Änderung des Klagegrundes einhergehen, wie beispielsweise die Einführung eines weiteren prozessualen Anspruchs (BVerwG Beschl. v. 22.3.2018 – 7 C 1.17: presserechtlicher Anspruch neben einem informationsfreiheitsrechtlichen Anspruch), der Übergang von einer Anfechtungsklage zur vorbeugenden Unterlassungsklage (BVerwGE 26, 251) oder zu einer auf Verpflichtung gerichteten Untätigkeitsklage (BVerwGE 69, 227), ein im Normenkontrollverfahren ergänzend gestellter Antrag auf Normerlass (BVerwGE 120, 82) oder ein erstmals gestellter **Hilfsantrag** (BVerwG NVwZ 1990, 260; s. aber BVerwGE 162, 349 Rn. 33 und BVerwG NVwZ 1985, 194 zu einem nach § 173 S. 1 iVm § 264 Nr. 2 bzw. Nr. 3 ZPO zulässigen Hilfsantrag). Um eine unzulässige Klageänderung handelt es sich auch bei der Einbeziehung eines weiteren Klägers in das Revisionsverfahren (BVerwGE 66, 266 mwN). Eine **Widerklage** ist in entsprechender Anwendung des § 142 I 1 ebenfalls unzulässig (NK-VwGO Rn. 11; BeckOK VwGO Rn. 7). Eine Ausnahme hat das BVerwG für den Fall gemacht, dass die Widerklage keinen neuen Streitstoff in das Revisionsverfahren einführt (BVerwGE 44, 351).

5   **Zulässig** ist zB die Erweiterung des Klageantrags um Prozesszinsen als Nebenforderung (§ 173 S. 1 iVm § 264 Nr. 2 ZPO) oder um einen Antrag auf Folgenbeseitigung nach § 113 I 2 (BVerwGE 108, 364). Möglich ist des Weiteren der **Übergang zu einer anderen Klageart,** wenn das Klagebegehren sachlich unverändert bleibt. In Betracht kommt etwa die Umstellung von einer Bescheidungs- auf eine Verpflichtungsklage und umgekehrt (BVerwGE 157, 356 Rn. 17; 122, 193; NVwZ 2002, 341) sowie der Übergang von einem Verpflichtungsantrag zu einem kassatorischen Gestaltungsantrag (BVerwGE 106, 64). Ebenfalls zulässig sind der Übergang zu einem Erledigungsfeststellungsantrag (BVerwG NVwZ-RR 2018, 659 Rn. 9; BVerwGE 114, 149; NVwZ 1999, 404) sowie die Umstellung auf einen **Fortsetzungsfeststellungsantrag** nach § 113 I 4 (BVerwG Urt. v. 23.1.2007 – 1 C 1.06; BVerwGE 110, 17), ferner der Übergang von einer Fortsetzungsfeststellungs- zu einer allgemeinen Feststellungsklage (BVerwGE 59, 148). § 142 I 1 hindert auch nicht eine Umformulierung des Klageantrags, mit der Neuregelungen einer Rechtsverordnung in das Klagebegehren einbezogen werden (BVerwGE 119, 245). Voraussetzung ist aber jeweils, dass in Bezug auf den entscheidungserheblichen Sachverhalt keine Veränderung eintritt (vgl. mit weiteren Beispielen BeckOK VwGO Rn. 8 ff.; NK-VwGO Rn. 6 ff.; Kopp/Schenke Rn. 2 f.).

Ein **Beteiligtenwechsel** ist zulässig, soweit er auf einer gesetzlichen **6** Rechtsnachfolge isv § 173 S. 1 iVm §§ 239 ff. ZPO beruht (BVerwG NVwZ 2002, 483; für den Erben vgl. BVerwGE 50, 292), auf eine gesetzliche Zuständigkeitsänderung zurückgeht (BVerwGE 59, 221; 44, 148 mwN) oder einer Funktionsnachfolge Rechnung trägt (BVerwG NVwZ-RR 2016, 907 Rn. 16). Keine Klageänderung stellt es dar, wenn der volljährig gewordene Kläger anstelle des gesetzlichen Vertreters in das Revisionsverfahren eintritt (BVerwGE 36, 130; 19, 128).

II. Beiladungen im Revisionsverfahren

Gem. § 142 I 1 iVm S. 2 sind **einfache Beiladungen** (§ 65 I) im Revisions- **7** verfahren ausnahmslos **unzulässig,** notwendige Beiladungen (§ 65 II) hingegen zulässig. § 142 I 2 ermöglicht im Interesse der Verfahrensökonomie die Nachholung einer in der Tatsacheninstanz verfahrensfehlerhaft unterbliebenen notwendigen Beiladung. Könnte die Beiladung nicht noch in der Revisionsinstanz vorgenommen werden, müsste die Sache regelmäßig an die Vorinstanz zurückverwiesen werden (vgl. zur früheren Rechtslage BVerwG NVwZ 1984, 507 mwN; NJW 1984, 70). § 142 I 2 schafft die Voraussetzung, dass das Revisionsgericht – vorbehaltlich § 144 III 2 – in der Sache selbst entscheiden kann. Im **Revisionszulassungsverfahren** gilt das Verbot der Beiladung nach § 142 I 1 entsprechend (BVerwG BauR 2002, 1830); § 142 I 2 findet dagegen keine Anwendung (BVerwG NVwZ 2001, 202; BeckOK VwGO Rn. 9; NK-VwGO Rn. 29 mwN). Einfache und notwendige Beiladungen, die in der Tatsacheninstanz erfolgt sind, wirken im Revisions(zulassungs)verfahren fort. Ggf. kann das BVerwG eine Beiladung auch aufheben (BVerwG Beschl. v. 27.4.2016 – 2 B 104.15, Rn. 1).

Das BVerwG ist grds. verpflichtet, im Revisionsverfahren die notwendige **8** Beiladung nachzuholen (NK-VwGO Rn. 25 ff.; SSB Rn. 9; aA BeckOK VwGO Rn. 11; s. auch BVerwG Buchh 310 § 144 Nr. 64). Eine Ausnahme von der **Beiladungspflicht** ist für den Fall einer unzulässigen Revision zu machen. Die rechtlichen Interessen des zu Unrecht nicht Beigeladenen können allein dadurch gewahrt werden, dass die angefochtene Entscheidung ihm gegenüber keine Rechtskraft entfaltet (vgl. BVerwG Buchh 310 § 65 Nr. 138; NK-VwGO Rn. 28; für den Fall einer offensichtlichen Aufhebung des angefochtenen Urteils: Eyermann Rn. 13).

Der im Revisionsverfahren Beigeladene kann gem. § 142 II 1 innerhalb **9** einer Frist von zwei Monaten nach Zustellung des Beiladungsbeschlusses **Verfahrensmängel rügen.** Nach Maßgabe von § 142 II 2, der § 139 III 3 nachgebildet ist, kann die Frist verlängert werden. Bei Fristversäumnis ist unter den Voraussetzungen des § 60 Wiedereinsetzung zu gewähren. § 142 II 1 erfasst nur Verfahrensrügen, die sich auf die tragenden Feststellungen des angefochtenen Urteils beziehen. Andere von der Vorinstanz getroffene Sachverhaltsfeststellungen kann der Beigeladene **unbefristet** mit der

Gegenrüge angreifen (SSB Rn. 13; NK-VwGO Rn. 33; s. auch → § 137 Rn. 26).

10   Gem. → § 144 III 2 hat das BVerwG den **Rechtsstreit zurückzuverwei-sen,** wenn der im Revisionsverfahren Beigeladene ein berechtigtes Interesse daran hat. Die Regelung trägt dem Umstand Rechnung, dass die Möglichkeit der Verfahrensrüge nach § 142 II 1 nicht in jedem Fall ausreicht, um eine adäquate Rechtsverfolgung bzw. -verteidigung zu gewährleisten (BFSA Rn. 7; NK-VwGO Rn. 36). Ein Interesse an der Zurückverweisung ist also nicht schon deshalb zu bejahen, weil die Vorinstanz die notwendige Beiladung unterlassen hat (NK-VwGO Rn. 34; BeckOK VwGO Rn. 13). Entscheidet das BVerwG rechtskräftig in der Sache, ist der Beigeladene daran gebunden (§ 121 Nr. 1 iVm § 63 Nr. 1).

§ 143 [Prüfung der Zulässigkeitsvoraussetzungen]

[1] **Das Bundesverwaltungsgericht prüft, ob die Revision statthaft und ob sie in der gesetzlichen Form und Frist eingelegt und begründet worden ist.** [2] **Mangelt es an einem dieser Erfordernisse, so ist die Revision unzulässig.**

1   Gem. § 143 hat das BVerwG **von Amts wegen** (BVerwGE 25, 1) zu prüfen, ob die Revision zulässig ist. Dies gilt nicht nur in Bezug auf die in § 143 S. 1 ausdrücklich benannten, speziellen Voraussetzungen (Statthaftigkeit, form- und fristgerechte Einlegung und Begründung der Revision), sondern glei-chermaßen für die sonstigen, allgemeinen Zulässigkeitsvoraussetzungen (zB Beteiligten-, Prozess- und Postulationsfähigkeit, Rechtsschutzbedürfnis, vgl. Kopp/Schenke Rn. 1, Vorb. § 124 Rn. 28; BeckOK VwGO Rn. 3 ff.).

2   Die Revision ist **statthaft,** wenn die angefochtene Entscheidung revisions-fähig ist und die Revision zugelassen wurde (→ §§ 132 I, 134 I 1, 135 S. 1 u. 2), der Revisionskläger zur Einlegung der Revision befugt ist und er durch die angefochtene Entscheidung beschwert wird (→ § 132 Rn. 5 f.). Im Fall der Sprungrevision bedarf es zudem der Zustimmung von Kläger und Beklag-tem (§ 134 I 1). Die Statthaftigkeit ist für jeden Rechtsmittelführer und jeden Klageanspruch gesondert zu überprüfen (vgl. BVerwGE 65, 27; DÖV 1960, 192). Wegen der Bindungswirkung der Revisionszulassung (§ 132 III, § 134 II 2, § 135 S. 3 iVm § 132 III) ist vom BVerwG nicht zu prüfen, ob das OVG bzw. das VG die Revision zu Recht zugelassen haben. Die An-forderungen an eine **form- und fristgerechte Revisionseinlegung und -begründung** ergeben sich aus § 139 I, II 1 Hs. 2, III, § 67 IV.

3   § 143 S. 2 stellt klar, dass die Revision unzulässig ist, wenn es an einem der in § 143 S. 1 bezeichneten Erfordernisse fehlt. Das Gleiche gilt, wenn eine sonstige Zulässigkeitsvoraussetzung nicht erfüllt ist (BVerwG Beschl. v. 22.3.2018 – 7 C 1.17, Rn. 13). **Sachurteilsvoraussetzungen der Vor-instanz,** die nicht zugleich für die Zulässigkeit der Revision erheblich sind (zB fristgerechte Klageerhebung oder Berufungseinlegung), unterfallen § 143 S. 2 nicht. Sie berühren vielmehr die Begründetheit der Revision (Kopp/Schenke Rn. 2; NK-VwGO Rn. 10).

Maßgeblicher Zeitpunkt für die Prüfung der Zulässigkeitsvoraussetzun- 4
gen ist der Entscheidungszeitpunkt des BVerwG (SSB Rn. 7; NK-VwGO
Rn. 11). Eine mangels Zulassung oder fehlender Zustimmung zunächst unstatthafte (Sprung-) Revision wird daher zulässig, wenn noch vor einer Entscheidung des BVerwG die Revisionszulassung erfolgt bzw. die Zustimmung
(fristgerecht, → § 134 Rn. 12, 18) eingereicht wird (BVerwG NVwZ 1996,
174; BVerwGE 65, 27). Legt ein Revisionskläger mehrfach Revision ein,
handelt es sich rechtlich um eine Revision, über die einmal zu entscheiden ist.
Ausreichend ist, dass mit einer der Revisionseinlegungen die Zulässigkeitsvoraussetzungen erfüllt werden (SSB Rn. 6; BeckOK VwGO Rn. 8 mwN).

Ist die Revision unzulässig, hat das BVerwG sie gem. § 144 I **durch Be-** 5
schluss zu verwerfen (zB BVerwG Beschl. v. 4.4.2019 – 1 C 44.18, Rn. 8).
Ist die Revision zulässig, steht es im Ermessen des BVerwG, nach §§ 141 S. 1,
125 I 1 iVm § 109 vorab durch **Zwischenurteil** über die Zulässigkeit zu
entscheiden (BVerwGE 65, 27; NK-VwGO Rn. 13). IÜ ist auf die Zulässigkeit der Revision, soweit angezeigt, im Rahmen des Revisionsurteils einzugehen.

§ 144 [Revisionsentscheidung]

(1) Ist die Revision unzulässig, so verwirft sie das Bundesverwaltungsgericht
durch Beschluß.

(2) Ist die Revision unbegründet, so weist das Bundesverwaltungsgericht die
Revision zurück.

(3) [1]Ist die Revision begründet, so kann das Bundesverwaltungsgericht
1. in der Sache selbst entscheiden,
2. das angefochtene Urteil aufheben und die Sache zur anderweitigen Verhandlung und Entscheidung zurückverweisen.
[2]Das Bundesverwaltungsgericht verweist den Rechtsstreit zurück, wenn der im
Revisionsverfahren nach § 142 Abs. 1 Satz 2 Beigeladene ein berechtigtes Interesse daran hat.

(4) Ergeben die Entscheidungsgründe zwar eine Verletzung des bestehenden
Rechts, stellt sich die Entscheidung selbst aber aus anderen Gründen als richtig
dar, so ist die Revision zurückzuweisen.

(5) [1]Verweist das Bundesverwaltungsgericht die Sache bei der Sprungrevision
nach § 49 Nr. 2 und nach § 134 zur anderweitigen Verhandlung und Entscheidung zurück, so kann es nach seinem Ermessen auch an das Oberverwaltungsgericht zurückverweisen, das für die Berufung zuständig gewesen wäre. [2]Für das
Verfahren vor dem Oberverwaltungsgericht gelten dann die gleichen Grundsätze,
wie wenn der Rechtsstreit auf eine ordnungsgemäß eingelegte Berufung bei dem
Oberverwaltungsgericht anhängig geworden wäre.

(6) Das Gericht, an das die Sache zur anderweitigen Verhandlung und Entscheidung zurückverwiesen ist, hat seiner Entscheidung die rechtliche Beurteilung
des Revisionsgerichts zugrunde zu legen.

(7) [1]Die Entscheidung über die Revision bedarf keiner Begründung, soweit das
Bundesverwaltungsgericht Rügen von Verfahrensmängeln nicht für durchgreifend

hält. [2] Das gilt nicht für Rügen nach § 138 und, wenn mit der Revision ausschließlich Verfahrensmängel geltend gemacht werden, für Rügen, auf denen die Zulassung der Revision beruht.

Übersicht

I. Verwerfung der Revision (I)

1 Ist die Revision unzulässig (§ 143), ist sie gem. § 144 I **durch Beschluss zu verwerfen.** Dies gilt auch dann, wenn das BVerwG aufgrund (freigestellter) mündlicher Verhandlung (vgl. § 141 S. 1 iVm §§ 125 I 1, 101 III) entscheidet (BVerwGE 74, 289). Ein **Offenlassen der Zulässigkeitsfrage** kommt allenfalls in Betracht, wenn deren Beantwortung nicht ohne aufwändige Tatsachenermittlungen möglich ist und die Revision offensichtlich unbegründet ist (BeckOK VwGO Rn. 5; enger SSB Rn. 8: nur wenn dem Revisionskläger nicht die Möglichkeit einer erneuten und nunmehr zulässigen Revisionseinlegung genommen wird und sich die unterschiedliche Rechtskraftweite nicht zu Lasten eines Beteiligten auswirkt). § 125 II 3 findet keine entsprechende Anwendung. Den Beteiligten ist aber vor der Beschlussfassung nach den allgemeinen Grundsätzen rechtliches Gehör zu gewähren. Eine vorherige **Anhörung** ist namentlich geboten, wenn sich der Verwerfungsbeschluss ansonsten als Überraschungsentscheidung darstellt. Der gem. § 141 S. 1 iVm §§ 125 I 1, 122 II 1 zu begründende Beschluss ist unanfechtbar. Unter den Voraussetzungen des § 152a besteht die Möglichkeit der Anhörungsrüge.

2 **Ausnahmsweise** kann das BVerwG eine unzulässige Revision auch im Rahmen eines **Urteils** verwerfen, wenn die Revision teils unzulässig, teils unbegründet oder begründet ist. Dasselbe gilt für den Fall, dass die (Anschluss-)Revision eines Beteiligten unzulässig und die eines anderen Beteiligten begründet oder unbegründet ist (vgl. BVerwGE 90, 337; 15, 239).

3 Jedenfalls mit **Rechtskraft** der Verwerfungsentscheidung wird die mit der Revision angegriffene Entscheidung rechtskräftig (vgl. GmS-OGB NJW 1984, 1027). Teilweise wird angenommen, dass bei einer von vornherein unstatthaften Revision sowie bei Versäumung der Revisionsfristen das angefochtene Urteil bereits im Zeitpunkt der Unzulässigkeit rechtskräftig wird (vgl. SSB § 143 Rn. 25). Der Revisionsführer ist nicht gehindert, erneut Revision einzulegen, wenn die Revisionsfrist noch läuft und der vorherige Zulässigkeitsmangel ausgeräumt ist (BeckOK VwGO Rn. 8). Nicht ausgeschlossen ist auch eine nachträgliche Wiedereinsetzung in den vorigen Stand, wenn sich eine Fristversäumung im Nachhinein als unverschuldet herausstellt (vgl. BVerwG NJW 1994, 674; BVerwGE 11, 322).

II. Zurückweisung der Revision (II, IV)

1. Unbegründete Revision (II)

Ist die Revision unbegründet, ist sie **durch Urteil zurückzuweisen,** **4** § 144 II. Eine Entscheidung im Beschlusswege oder durch Gerichtsbescheid ist nicht möglich; §§ 84, 130a finden keine Anwendung (§ 141 S. 1 iVm § 125 I 2, § 141 S. 2). Erweist sich die Revision als **teilweise unbegründet** und iÜ als begründet, ist die Revision teils zurückzuweisen und iÜ nach § 144 III zu verfahren.

Der **Prüfungsmaßstab,** anhand dessen sich die Unbegründetheit der Re- **5** vision bestimmt, ergibt sich aus § 137 I. Danach ist eine Revision unbegründet, wenn die angefochtene Entscheidung kein revisibles Recht (→ § 137 Rn. 2 ff.) verletzt oder wenn zwar eine solche Rechtsverletzung gegeben ist, die Entscheidung aber nicht darauf beruht. Das BVerwG überprüft bei einer zulässigen Revision das angefochtene Urteil – vorbehaltlich des § 137 III 1 – vollumfänglich auf die Verletzung revisiblen Rechts; an die geltend gemachten Revisionsgründe ist es gem. § 137 III 2 nicht gebunden. Die angefochtene Entscheidung beruht auf der Verletzung revisiblen Rechts, wenn die Rechtsverletzung ausgehend von der Rechtsauffassung der Vorinstanz für das Entscheidungsergebnis ursächlich geworden ist (→ § 137 Rn. 20). Von der **Kausalitätsprüfung** ist das BVerwG nur in Bezug auf die in § 138 bezeichneten absoluten Revisionsgründe grds. enthoben (→ § 138 Rn. 4).

2. Anderweitige Richtigkeit (IV)

Die Revision ist auch dann nach § 144 II als unbegründet zurückzuweisen, **6** wenn die angefochtene Entscheidung zwar gegen revisibles Recht verstößt, sich jedoch im Ergebnis aus anderen Gründen als richtig erweist, § 144 IV. Die Regelung ist eine **normative Folge des** in **§ 137 I** enthaltenen Grundsatzes, dass die Revision nur dann Erfolg haben soll, wenn das angegriffene Urteil nicht nur eine Gesetzesverletzung aufweist, sondern auch darauf beruht. Während im Rahmen von § 137 I die Kausalitätsprüfung anhand der Rechtsauffassung der Vorinstanz erfolgt, erweitert § 144 IV die Prüfung auf eine Richtigkeitskontrolle aus der Perspektive des Revisionsgerichts (vgl. BeckOK VwGO § 138 Rn. 7). Aus Gründen der **Prozessökonomie** und der – auch im Interesse des Revisionsklägers liegenden – Kostenersparnis verbietet sich eine Entscheidung, mit der der Revision durch Aufhebung des angefochtenen Urteils und Zurückverweisung der Sache an die Vorinstanz stattgegeben wird, obwohl die frühere Entscheidung bei zutreffender Rechtsanwendung im Ergebnis wiederholt und im Falle eines weiteren Revisionsverfahrens auch vom BVerwG bestätigt werden müsste (vgl. BVerwGE 17, 16). § 144 IV findet entsprechende Anwendung im Verfahren der **Nicht-**

zulassungsbeschwerde (BVerwG NVwZ-RR 2016, 831 Rn. 14; NVwZ 1998, 737; Buchh 310 § 144 Nr. 46 mwN).

7 Die Überprüfung einer anderweitigen Ergebnisrichtigkeit obliegt dem BVerwG auch im Rahmen einer **Verfahrensrevision** isd § 137 III 1. Trotz der Beschränkung der Revision auf Verfahrensrügen ist das BVerwG nicht daran gehindert, die Anwendung sachlichen Rechts zu überprüfen (BVerwGE 58, 146; Buchh 448.0 § 8a WPflG Nr. 12; BVerwGE 17, 16). Eine Einschränkung ist allerdings in Bezug auf **absolute Verfahrensmängel** iSd § 138 zu machen. Leidet die angefochtene Entscheidung an einem Verfahrensfehler, der einen absoluten Revisionsgrund darstellt, ist § 144 IV grds. nicht anwendbar (BVerwGE 102, 7; 62, 6; BFSA Rn. 21; BeckOK VwGO § 138 Rn. 7 ff., § 144 Rn. 26; Kopp/Schenke Rn. 6 mwN; NK-VwGO Rn. 31; aA SSB § 138 Rn. 13 ff., § 144 Rn. 54 ff.).

8 Etwas anderes kann sich aber im Anwendungsbereich des § 138 Nr. 3 ergeben. Zu unterscheiden sind die Versagung rechtlichen Gehörs mit der Folge, dass sich ein Beteiligter zum Gesamtergebnis des Verfahrens nicht äußern konnte, und die Versagung rechtlichen Gehörs in Bezug auf eine einzelne Tatsachenfeststellung. Im ersteren Fall kommt eine Anwendung von § 144 IV nicht in Betracht, weil dem Revisionsgericht jede Grundlage für eine materiell rechtliche Entscheidung fehlt (BVerwGE 121, 211; BVerwG NVwZ 2003, 1129). Kann hingegen im zweitgenannten Fall die **Gehörsverletzung** hinweggedacht werden, ohne dass die Richtigkeit der Entscheidung in Frage gestellt wäre, ist die Revision trotz des Verfahrensfehlers auf der Grundlage des § 144 IV zurückzuweisen (BVerwGE 110, 40; BVerwG NVwZ 1994, 1095). Ob sich die Gehörsverletzung unter keinen Umständen für die Entscheidung als erheblich erweist, beurteilt sich nach der Rechtsauffassung des Revisionsgerichts (BVerwG NVwZ 1994, 1095; BVerwGE 15, 24). § 144 IV ist auch anwendbar, wenn die Vorinstanz Vorbringen eines Beteiligten zu Rechtsfragen nicht erwogen hat oder sich ein Beteiligter zu Rechtsfragen nicht ausreichend äußern konnte (BVerwG NVwZ 2003, 1129; NVwZ 2003, 224).

9 Ob sich die Entscheidung aus anderen Gründen als richtig darstellt, hat das Revisionsgericht – vorbehaltlich begründeter Verfahrensrügen – auf der Grundlage der **von der Vorinstanz festgestellten Tatsachen** zu überprüfen (§ 137 II). Dabei unterliegen der Beurteilung des Revisionsgerichts alle unmittelbar oder mittelbar aus der Entscheidung der Tatsacheninstanz ersichtliche Tatsachen, ohne Rücksicht darauf, ob sie von der Vorinstanz für die Entscheidung verwertet worden sind (BVerwG Urt. v. 8.3.1984 – 6 C 6.83; DVBl 1963, 521). Ausnahmsweise kann auch neues Vorbringen im Revisionsverfahren berücksichtigt werden, zB wenn die neuen Tatsachen zwischen den Beteiligten unstreitig sind (vgl. BVerwGE 58, 146; BVerwG NJW 1977, 1978; BVerwGE 42, 346; → § 137 Rn. 29). Lässt sich die anderweitige Ergebnisrichtigkeit nicht ohne weitere tatsächliche Feststellungen beurteilen, kommt eine Entscheidung nach § 144 IV nicht in Betracht. Vielmehr ist nach § 144 III 1 Nr. 2 zu verfahren (Kopp/Schenke Rn. 5; BeckOK VwGO Rn. 22).

In Bezug auf **revisibles Recht** hat das BVerwG eine **Vollprüfung** vor- **10** zunehmen (BeckOK VwGO Rn. 23). Es ist auch nicht gehindert, ein fehlerhaftes Prozessurteil durch ein Sachurteil zu ersetzen und umgekehrt (BVerwGE 116, 169; SSB Rn. 49; BFSA Rn. 20). Hinsichtlich der Anwendung und Auslegung **irrevisiblen Rechts** ist das BVerwG an die Feststellungen der Vorinstanz gebunden (§ 173 S. 1 iVm § 560 ZPO). Jenseits der Bindungswirkung ist nicht ausgeschlossen, dass das BVerwG irrevisibles Recht selbstständig anwendet und auslegt (BVerwGE 61, 15; 57, 130; SSB Rn. 41). Häufig wird sich indes eine Zurückverweisung als sachgerecht darstellen (→ Rn. 13, 15).

III. Begründete Revision (III)

Verletzt die angefochtene Entscheidung revisibles Recht und beruht sie auch **11** in Ansehung des § 144 IV auf dieser Rechtsverletzung, ist die Revision begründet. Nach § 144 III 1 kommt entweder eine abschließende Sachentscheidung in Betracht (Nr. 1) oder das Revisionsgericht hebt das angefochtene Urteil auf und verweist die Sache zur anderweitigen Verhandlung und Entscheidung zurück (Nr. 2). Die Entscheidungsalternativen des § 144 III 1 sind prozessual gleichwertig (BVerwG NWVBl. 2019, 1283 Rn. 12).

1. Abschließende Sachentscheidung (III 1 Nr. 1)

Das BVerwG hat im Falle einer begründeten Revision in der Sache selbst zu **12** entscheiden, wenn und soweit es keiner weiteren Sachverhaltsaufklärung bedarf, die Sache also zur Endentscheidung reif ist (**Spruchreife;** vgl. zB BVerwG Urt. v. 8.3.1984 – 6 C 6.83; BVerwGE 50, 369; s. auch § 563 III ZPO). Ein Ermessen ist dem Revisionsgericht insoweit nicht eingeräumt (BeckOK VwGO Rn. 29; BFSA Rn. 10; aA Kopp/Schenke Rn. 7). Die Ausführungen zur Tatsachengrundlage in → Rn. 9 gelten entsprechend.

Abweichendes ergibt sich, wenn für die in der Sache zu erlassende Ent- **13** scheidung die **Anwendung und Auslegung irrevisiblen Landesrechts** (→ § 137 Rn. 18) in Frage steht. Hier hat das Revisionsgericht nach pflichtgemäßem Ermessen zu entscheiden, ob von der Möglichkeit der Zurückverweisung Gebrauch zu machen ist (vgl. auch § 563 IV ZPO). Dies wird mit Rücksicht darauf, dass zur Auslegung von Landesrecht in erster Linie die Tatsachengerichte berufen sind, häufig indiziert sein (vgl. BVerwG NJW 2003, 1063; BFSA Rn. 10, 12, 18; SSB Rn. 41; für ein weites Ermessen: BVerwG NVwZ 1991, 570; BeckOK VwGO Rn. 24, 33, 39).

Eine abschließende Sachentscheidung durch das BVerwG scheidet aus, **14** wenn ein **im Revisionsverfahren Beigeladene** (§ 142 I 2) ein berechtigtes Interesse an der Zurückverweisung hat (→ § 142 Rn. 10). Das ist der Fall, wenn der Beigeladene durchgreifende Verfahrensrügen erhebt oder sonst davon auszugehen ist, dass die ihm im Revisionsverfahren eingeräumten prozessualen Befugnisse nicht genügen, um ihm eine sachgerechte Wahrnehmung seiner rechtlichen Interessen zu ermöglichen (BeckOK VwGO Rn. 44; BFSA § 142 Rn. 7, § 144 Rn. 15). Ein berechtigtes Interesse iSv § 144 III 2 ist auch zu berücksichtigen, falls die Alternative zur Zurückverweisung nicht eine Entscheidung nach § 144 III 1, sondern nach § 144 II ist (BeckOK VwGO Rn. 46 mwN).

2. Zurückverweisung (III 1 Nr. 2, V)

15 Die Zurückverweisung ist geboten, wenn der Sachverhalt noch **weiterer Aufklärung** bedarf (vgl. zB BVerwGE 28, 317; NK-VwGO Rn. 46; zum Vorgehen bei teilweiser Spruchreife: BVerwG Urt. v. 30.10.2018 – 2 C 28.18). Darüber hinaus ist die Zurückverweisung regelmäßig sachgerecht, wenn die Rechtsverletzung auf einen **absoluten Revisionsgrund** zurückgeht (zB BVerwGE 102, 7; BeckOK VwGO Rn. 38.1). Ein Vorgehen nach § 144 III 1 Nr. 2 erscheint ferner sinnvoll, wenn die **Anwendung und Auslegung nichtrevisiblen Landesrechts** erforderlich ist (→ Rn. 13). Besteht die Möglichkeit zum Durchentscheiden nur, wenn zuvor der EuGH eine unionsrechtliche Zweifelsfrage in einem bestimmten Sinne klärt, steht es im – nach prozessökonomischen Erwägungen auszuübenden – Ermessen des Revisionsgerichts, ob es die Sache dem EuGH vorlegt oder den Rechtsstreit zunächst zur weiteren Tatsachenfeststellung, die ggf. ein Vorabentscheidungsersuchen entbehrlich machen kann, zurückverweist (BVerwG DVBl 2019, 1208 Rn. 18).

16 § 144 III 1 Nr. 2 bestimmt nicht ausdrücklich, an welches Gericht die Sache zurückzuverweisen ist. Aus § 144 V lässt sich indes ableiten, dass die **Zurückverweisung idR an das Ausgangsgericht** erfolgt, also an das OVG oder im Fall des § 135 an das VG. Welcher Spruchkörper zuständig ist, bestimmt sich nach Maßgabe des Geschäftsverteilungsplans des Tatsachengerichts. Die an der angefochtenen Entscheidung beteiligten Richter sind von einer erneuten Mitwirkung nicht ausgeschlossen (BVerwG NJW 1975, 1241). Ausnahmsweise kann das BVerwG die Sache auch an einen anderen Senat oder eine andere Kammer der Vorinstanz zurückverweisen, wenn dies aus besonderen Gründen geboten ist (BVerwG NJW 1964, 1736; vgl. § 563 I 2 ZPO). Auch dann erfolgt die konkrete Zuständigkeitszuordnung durch den Geschäftsverteilungsplan des Ausgangsgerichts (NK-VwGO Rn. 56; SSB Rn. 104 f.; aA Kopp/Schenke Rn. 9). Für die **Sprungrevision** bestimmt § 144 V 1, dass das BVerwG die Sache nach seinem Ermessen auch an das OVG zurückverweisen kann, das für die Berufung zuständig gewesen wäre (vgl. zB BVerwG DVBl 2019, 1208 Rn. 22: Absehen von der Zurückverweisungsmöglichkeit an das OVG aus prozessökonomischen Erwägungen). Für das Verfahren vor dem OVG gelten die gleichen Grundsätze, als wenn der Rechtsstreit im normalen Verfahrensgang beim OVG anhängig geworden wäre, § 144 V 2.

17 Durch die Zurückverweisung wird das **Verfahren** in die Lage **wieder eröffnet,** in der es sich zu der Zeit befand, als die Verhandlung vor dem Ergehen des angefochtenen Urteils geschlossen wurde (BVerwG NVwZ 2005, 336) oder – im Falle der Entscheidung ohne mündliche Verhandlung – als die angefochtene Entscheidung getroffen worden ist. Für das weitere Verfahren gelten die allgemeinen Grundsätze, die für die Tatsacheninstanz maßgeblich sind. Anders als die Regelung in § 130 II sieht § 144 III 1 Nr. 2 nicht vor, dass auch das vorinstanzliche Verfahren aufgehoben wird. Dementsprechend bleiben die in der Vorinstanz getroffenen **Vorentscheidungen** – vorbehaltlich des § 144 VI – wirksam (NK-VwGO Rn. 59 f.). Dies gilt beispielsweise für die Einzelrichterübertragung (NK-VwGO Rn. 51). Davon unberührt ist die Prüfung nach § 6 III, ob infolge der Zurückverweisung eine wesentliche Änderung der Prozesslage eingetreten ist, die eine Rückübertragung des Rechtsstreits auf die Kammer angezeigt erscheinen lässt. Ebenfalls wirksam bleiben **prozessuale Erklärungen,** es sei denn, ihnen kann kein über den Abschluss der Vorinstanz hinausreichender Erklärungsgehalt beigemessen werden. Letzteres betrifft zB die Zustimmungen nach § 87a II, III, § 101 II (BeckOK VwGO Rn. 47).

IV. Bindungswirkung bei Zurückverweisung (VI)

Das Gericht, an das die Sache zurückverwiesen wird, hat seiner Entscheidung **18** die rechtliche Beurteilung des BVerwG zugrunde zu legen, § 144 VI. Das Ziel der Vorschrift besteht darin, durch die **Bindung der Vorinstanz** die Wiederholung des im Zurückverweisungsurteil missbilligten Fehlers zu verhindern. Ein Hin- und Herschieben der Entscheidung zwischen Vorinstanz und Revisionsgericht soll vermieden werden (BVerwG Buchh 428 § 1 Abs. 8 VermG Nr. 40; Buchh 310 § 144 Nr. 71). § 144 VI gilt nur für das Verfahren, in dem die Zurückverweisung vorgenommen worden ist. Auf ein **Parallelverfahren** ist die Regelung auch dann nicht anwendbar, wenn der Rechtsstreit dieselben Fragen betrifft und von denselben Beteiligten geführt wird (BVerwG Buchh 428 § 1 Abs. 8 VermG Nr. 40). Der Verstoß gegen § 144 VI begründet einen Verfahrensmangel (BVerwG NVwZ 2019, 236 Rn. 12; BVerwGE 145, 122 Rn. 20). Er führt nur dann zum Erfolg der Revision, wenn er entscheidungserheblich ist (BVerwGE 155, 58 Rn. 46).

Die Bindungswirkung erstreckt sich auf all diejenigen Gesichtspunkte des **19** zurückverweisenden Revisionsurteils, die für die Aufhebung der angefochtenen Entscheidung tragend sind. Hierzu zählen neben den Ausführungen im Revisionsurteil, aus denen sich die Verletzung revisiblen Rechts ergibt, auch diejenigen Entscheidungsgründe, die die Voraussetzungen des § 144 IV verneinen (BVerwG Beschl. v. 29.4.2019 – 2 B 25.18, Rn. 13; Buchh 310 § 144 Nr. 46). Die Bindungswirkung erfasst nicht nur die dem Zurückverweisungsurteil **unmittelbar zugrunde liegende rechtliche Würdigung.** Bindungswirkung entfalten auch die den unmittelbaren Zurückverweisungsgründen **vorausliegenden Erwägungen,** soweit diese notwendige Voraussetzung für die unmittelbaren Aufhebungsgründe waren (BVerwG Beschl. v. 29.4.2019 – 2 B 25.18, Rn. 9; BVerwGE 145, 122 Rn. 22, jeweils mwN; Buchh 310 § 144 Nr. 71; BVerwGE 42, 243). Hingegen erstreckt sich die Bindungswirkung nicht auf die Beweiswürdigung; insbes. kann das Revisionsgericht den Tatsachengerichten nicht den Beweiswert bestimmter Beweismittel bindend vorgeben (BVerwG Buchh 11 Art. 140 Nr. 93 Rn. 26).

Das Tatsachengericht verstößt nicht schon deshalb gegen seine Bindung an **20** die rechtliche Beurteilung des Revisionsgerichts, weil es sein zweites Urteil mit einer **gänzlich anderen Begründung** versieht als die aufgehobene Entscheidung (BVerwG Buchh 310 § 144 Nr. 13). Dasselbe gilt, wenn das Tatsachengericht eine in der aufgehobenen Entscheidung als maßgeblich erachtete Norm des irrevisiblen Landesrechts nicht mehr als entscheidungserheblich erachtet und nunmehr für die Entscheidung auf eine **andere landesrechtliche Vorschrift** abstellt (BVerwG Buchh 310 § 144 Nr. 42). Die Bindungswirkung knüpft an die eigene rechtliche Würdigung des Revisionsgerichts an. Dementsprechend unterliegt die Auslegung irrevisiblen Landesrechts nicht der Bindungswirkung zurückverweisender Entscheidungen, soweit sie das Revisionsgericht nach § 173 S. 1 iVm § 560 ZPO zugrunde zu legen hat (BVerwG Buchh 310 § 144 Nr. 71).

21   Die **Bindungswirkung entfällt** ausnahmsweise, wenn sich die maßgebliche Sach- oder Rechtslage verändert hat (BVerwG NVwZ 2019, 236 Rn. 13 mwN). Dasselbe gilt, wenn in entscheidungserheblichen Rechtsfragen zwischenzeitlich anders lautende Rechtsprechung übergeordneter Gerichte (BVerwG, BVerfG, EuGH) vorliegt (BVerwG Buchh 310 § 144 Nr. 79; BFSA Rn. 29; BeckOK VwGO Rn. 59 ff.). Die Bindungswirkung entfällt auch bei einer wesentlichen Änderung der Tatsachengrundlage infolge neuen Sachvortrags der Beteiligten oder neuer Sachverhaltsermittlungen durch das Tatsachengericht (BVerwG Beschl. v. 29.4.2019 – 2 B 25.18, Rn. 10 f.; BVerwGE 145, 122 Rn. 23 ff.).

22   Die Bindungswirkung erstreckt sich auf das Revisionsgericht, wenn dieselbe Streitsache in einem zweiten Rechtsgang zum BVerwG kommt (**Selbstbindung** oder **Rückbindung**). Dem liegt die Erwägung zugrunde, dass das im Anschluss an die Zurückverweisung ergehende Urteil in einem erneuten Revisionsverfahren grds. (bei unveränderten tatsächlichen und rechtlichen Verhältnissen) Bestand haben soll, soweit es auf die rechtliche Beurteilung des Revisionsgerichts in dem zurückverweisenden Urteil ankommt (BVerwG NVwZ 2019, 236 Rn. 11; Buchh 310 § 144 Nr. 79; ZMR 2008, 581; BVerwGE 39, 212 mwN). Der Übergang der Entscheidungszuständigkeit auf einen anderen Revisionssenat lässt die Selbstbindung nicht entfallen (BVerwG Beschl. v. 11.7.2016 – 8 B 5.16, Rn. 10).

23   Soweit unter bestimmten Voraussetzungen **Ausnahmen vom Grundsatz der Selbstbindung** anzuerkennen sind, gehört dazu stets, dass nicht erneut eine Zurückverweisung erforderlich wird. Es müssen die Voraussetzungen für eine Entscheidung nach § 144 III 1 Nr. 1 gegeben sein (BVerwGE 39, 212). Das Revisionsgericht ist beispielsweise an seine in derselben Rechtssache in einem früheren Revisionsverfahren vertretene Rechtsauffassung zur Auslegung von europäischem Unionsrecht nicht gebunden, wenn zu der Rechtsfrage mittlerweile eine **abweichende Rechtsprechung des EuGH** vorliegt (BVerwGE 87, 154). Die Bindungswirkung entfällt des Weiteren, wenn das BVerwG seine der **Zurückverweisung** zugrunde liegende Rechtsauffassung inzwischen im Rahmen eines anderen Rechtsstreits geändert hat (BVerwG NVwZ 2019, 236 Rn. 11; GmS-OGB BVerwGE 41, 363). § 144 VI schließt es aber aus, eine Rechtsprechungsänderung bereits in demselben Rechtsstreit herbeizuführen, in dem zurückverwiesen worden ist (BVerwG NVwZ 2019,

236 Rn. 11; Buchh 310 § 144 Nr. 79 mwN; BVerwGE 54, 116; BeckOK VwGO Rn. 61 mwN zum Streitstand; aA zB NK-VwGO Rn. 81).

Rügt ein Beteiligter im Rahmen der **Nichtzulassungsbeschwerde,** das **24** angefochtene Urteil habe die Bindungswirkung nach § 144 VI nicht beachtet, ist das Vorbringen ungeachtet der Bezeichnung als Grundsatz- oder Divergenzrüge als Verfahrensrüge iSv § 132 II Nr. 3 auszulegen (BVerwG NVwZ 2019, 236 Rn. 12 mwN; NVwZ 1998, 631).

V. Begründung der Revisionsentscheidung (VII)

Die Revisionsentscheidung ist nach Maßgabe der allgemeinen Grundsätze zu **25** begründen (vgl. § 141 S. 1 iVm § 125 I 1, § 122 II, § 117 II Nr. 5). Abweichend sieht § 144 VII 1 im Fall einer (auch) auf Verfahrensmängel gestützten Revision eine **Ausnahme von der Begründungspflicht** vor. Hält das BVerwG die Rügen nicht für durchgreifend, bedarf die Entscheidung über die Revision insoweit keiner Begründung. Dies gilt nach § 144 VII 2 nicht, wenn absolute Revisionsgründe iSv § 138 geltend gemacht werden. Daneben findet § 144 VII 1, sofern mit der Revision ausschließlich Verfahrensmängel gerügt werden, keine Anwendung auf Rügen, auf denen die Revisionszulassung beruht. Ob das BVerwG von der Möglichkeit des § 144 VII 1 Gebrauch macht, liegt in seinem **Ermessen** (vgl. BVerwG NVwZ-RR 1989, 109 zu § 173 iVm § 565a ZPO aF).

VI. Beendigung des Revisionsverfahrens auf sonstige Weise

Neben einer Rücknahme der Revision (§ 140) entzieht auch eine **Klage-** **26** **oder Berufungsrücknahme** dem Revisionsverfahren seine Grundlage. Im Falle der wirksamen Klagerücknahme ist das Verfahren insgesamt nach §§ 92 III, 155 II einzustellen und sind die Vorentscheidungen für unwirksam zu erklären (§ 173 S. 1 iVm § 269 III 1 ZPO). Wird die Berufung in der Revisionsinstanz wirksam zurückgenommen (§ 126 I), führt dies nicht zur Beendigung des Revisionsverfahrens, sondern macht die Revision unstatthaft (vgl. BVerwG NVwZ 1995, 372). In der abschließenden Entscheidung ist das Berufungsurteil für unwirksam zu erklären (§ 173 S. 1 iVm § 269 III 1 ZPO analog) und iÜ die Revision zu verwerfen (§ 144 I) oder – im Falle einer verfahrensbeendenden Erklärung – das Revisionsverfahren einzustellen.

Erklären die Hauptbeteiligten den Rechtsstreit insgesamt übereinstimmend **27** für **erledigt,** ist das Verfahren analog § 92 III 1 einzustellen und nach § 161 II 1 über die gesamten Verfahrenskosten zu entscheiden; die Vorentscheidungen sind für unwirksam zu erklären (§ 173 S. 1 iVm § 269 III 1 ZPO analog). Erklären Revisionskläger und -beklagter allein das Revisionsverfahren für erledigt (vgl. BVerwG NVwZ 1995, 372), ist dieses einzustellen und über die Kosten des Revisionsverfahrens zu befinden; die angegriffene Entscheidung wird rechtskräftig. Ein **Anerkenntnisurteil** ergeht im Revisionsverfahren nur auf gesonderten Antrag des Klägers (§ 173 S. 1 iVm § 555 III ZPO; BVerwGE 152, 346 Rn. 15). Das **Antragserfordernis** schützt vergleichbar dem Einwilligungsvorbehalt nach § 140 VwGO das Interesse an einer begründeten Sachentscheidung des Revisionsgerichts.

§ 145 *(aufgehoben)*

14. Abschnitt. Beschwerde, Erinnerung, Anhörungsrüge

§ 146 [Statthaftigkeit der Beschwerde]

(1) Gegen die Entscheidungen des Verwaltungsgerichts, des Vorsitzenden oder des Berichterstatters, die nicht Urteile oder Gerichtsbescheide sind, steht den Beteiligten und den sonst von der Entscheidung Betroffenen die Beschwerde an das Oberverwaltungsgericht zu, soweit nicht in diesem Gesetz etwas anderes bestimmt ist.

(2) Prozeßleitende Verfügungen, Aufklärungsanordnungen, Beschlüsse über eine Vertagung oder die Bestimmung einer Frist, Beweisbeschlüsse, Beschlüsse über Ablehnung von Beweisanträgen, über Verbindung und Trennung von Verfahren und Ansprüchen und über die Ablehnung von Gerichtspersonen sowie Beschlüsse über die Ablehnung der Prozeßkostenhilfe, wenn das Gericht ausschließlich die persönlichen oder wirtschaftlichen Voraussetzungen der Prozesskostenhilfe verneint, können nicht mit der Beschwerde angefochten werden.

(3) Außerdem ist vorbehaltlich einer gesetzlich vorgesehenen Beschwerde gegen die Nichtzulassung der Revision die Beschwerde nicht gegeben in Streitigkeiten über Kosten, Gebühren und Auslagen, wenn der Wert des Beschwerdegegenstands zweihundert Euro nicht übersteigt.

(4) [1] Die Beschwerde gegen Beschlüsse des Verwaltungsgerichts in Verfahren des vorläufigen Rechtsschutzes (§§ 80, 80a und 123) ist innerhalb eines Monats nach Bekanntgabe der Entscheidung zu begründen. [2] Die Begründung ist, sofern sie nicht bereits mit der Beschwerde vorgelegt worden ist, bei dem Oberverwaltungsgericht einzureichen. [3] Sie muss einen bestimmten Antrag enthalten, die Gründe darlegen, aus denen die Entscheidung abzuändern oder aufzuheben ist, und sich mit der angefochtenen Entscheidung auseinander setzen. [4] Mangelt es an einem dieser Erfordernisse, ist die Beschwerde als unzulässig zu verwerfen. [5] Das Verwaltungsgericht legt die Beschwerde unverzüglich vor; § 148 Abs. 1 findet keine Anwendung. [6] Das Oberverwaltungsgericht prüft nur die dargelegten Gründe.

Übersicht

§ 146 regelt in den Absätzen 1 bis 3 die Statthaftigkeit des Rechtsmittels der **1**
Beschwerde und enthält in Absatz 4 besondere Bestimmungen für die Beschwerde gegen Beschlüsse in Verfahren des vorläufigen Rechtsschutzes. Der Beschwerde kommt ein nur **eingeschränkter Suspensiveffekt** zu. Nach § 149 hat sie nur ausnahmsweise aufschiebende Wirkung. Vorbehaltlich des Abhilfeverfahrens nach § 148 I kommt ihr auch **Devolutivwirkung** zu. Auf das Beschwerdeverfahren finden zahlreiche allgemeine Verfahrens- sowie Rechtsmittelvorschriften entsprechende Anwendung (zB die Regelungen über die Beiladung, Rücknahme, Erledigung, Anschließung; vgl. Kopp/Schenke Rn. 1 f. mit weiteren Beispielen). Für eine **außerordentliche Beschwerde** ist nach Einführung der Anhörungsrüge kein Raum mehr (→ § 152a Rn. 2).

I. Statthaftigkeit (I)

1. Grundsatz: Beschwerdefähigkeit

Gem. § 146 I ist gegen alle **Entscheidungen des VG** (Spruchkörper wie **2**
Einzelrichter), des Vorsitzenden und des Berichterstatters, die nicht Urteile oder Gerichtsbescheide sind, die Beschwerde statthaftes Rechtsmittel, es sei denn, sie ist gesetzlich ausgeschlossen. § 152 erstreckt die Beschwerdemöglichkeit auch auf **bestimmte Entscheidungen des OVG**. Entscheidungen sind nur solche Handlungen des Gerichts, denen Regelungswirkung zukommt. Von vornherein nicht anfechtbar sind damit bloße **Auskunfts- oder Hinweisschreiben** (OVG Brem Beschl. v. 13.5.2019 – 2 S 119/19; BayVGH Beschl. v. 3.3.2016 – 4 C 16.307, Rn. 10 f.; SSB Rn. 6), ebenso nicht die formlose Mitteilung, die beantragte Zwischenverfügung (sog Hängebeschluss) nicht zu erlassen (BayVGH Beschl. v. 9.7.2019 – 3 C 19.1218, Rn. 7). Auch die Zurückweisung einer Gegenvorstellung ist keine Entscheidung iSd § 146 I (NdsOVG NVwZ-RR 2010, 375).

Hat das Gericht fehlerhaft durch Urteil anstelle durch Beschluss entschie- **3**
den, kann der Beteiligte wahlweise das in der Rechtsmittelbelehrung angegebene oder das **sachlich zutreffende Rechtsmittel** einlegen; dasselbe gilt im umgekehrten Fall (SSB Rn. 4). Macht das Gericht von der Möglichkeit Gebrauch, statt durch Urteil in Beschlussform zu entscheiden, steht den Beteiligten das Rechtsmittel zu, das zulässig wäre, wenn das Gericht durch Urteil entschieden hätte (vgl. § 93a II 5; §§ 125 II 4, 130a S. 2).

4   **Beschwerdefähig** sind **zB** (zu weiteren Beispielen vgl. SSB Rn. 7): die **Ablehnung der Beiladung** (HessVGH NVwZ-RR 2004, 704); die Berichtigung eines Urteils (§ 118) und deren Ablehnung; die Bestellung eines Prozesspflegers nach § 62 IV iVm § 57 ZPO (OVG RhPf NVwZ-RR 1998, 693); die Zurückweisung eines Bevollmächtigten (OVG RhPf NVwZ-RR 2004, 703); der Beschluss über die Zulässigkeit oder Unzulässigkeit des Rechtswegs (§ 17a IV 3 GVG); die Verweisung an den Güterichter (NdsOVG NVwZ-RR 2015, 517); die **Ablehnung von PKH** wegen fehlender Erfolgsaussichten (vgl. § 146 II); die Ablehnung der **Aussetzung des Verfahrens** nach § 94 (SächsOVG Beschl. v. 17.12.2010 – 2 E 137/10; VGH BW Beschl. v. 12.2.2004 – 11 S 46/04; BayVGH NVwZ-RR 2002, 156) sowie deren Anordnung (OVG LSA DÖV 2009, 299; HessVGH NVwZ-RR 2004, 390), sofern die Aussetzung nicht iVm einer Vorlage an das BVerfG bzw. LVerfG gem. Art. 100 GG oder an den EuGH gem. Art. 267 AEUV erfolgt (VGH BW NVwZ-RR 2002, 236; Kopp/Schenke § 94 Rn. 9b, § 146 Rn. 7; BeckOK VwGO Rn. 1); die Aussetzung des Verfahrens nach § 75 S. 3 (BVerwGE 42, 108); Entscheidungen bei der **Vollstreckung** (BayVGH Beschl. v. 12.6.2014 – 10 C 14.372; HessVGH NVwZ-RR 2009, 989; zur Abgrenzung von der Vollstreckungserinnerung s. ThürOVG DÖV 2007, 305 mwN); Entscheidungen über die Notwendigkeit der Hinzuziehung eines Bevollmächtigten im Vorverfahren (SchlHOVG Beschl. v. 21.11.2017 – 4 O 32/17; OVG MV Beschl. v. 30.9.2009 – 2 O 84/09; OVG NRW NVwZ-RR 2006, 838 mwN; aA Kopp/Schenke § 158 Rn. 2 mwN; → § 162 Rn. 77).

5   **Beschwerdebefugt** sind die Beteiligten des Verfahrens (§ 63) sowie sonst von der Entscheidung betroffene Dritte, wie Sachverständige, Zeugen oder Bevollmächtigte. Die Beschwerde des Beigeladenen wird unzulässig, wenn sich der Rechtsstreit durch Erklärungen der Hauptbeteiligten erledigt (VGH BW VBlBW 1991, 17). Der zu Unrecht nicht Beigeladene hat keine Beschwerdebefugnis in Bezug auf die Sachentscheidung (VGH BW NVwZ 1986, 141; vgl. auch OVG MV NVwZ-RR 2006, 850); er ist aber beschwerdebefugt hinsichtlich des Beschlusses, mit dem sein Antrag auf Beiladung abgelehnt wurde (HessVGH NVwZ-RR 2004, 704; VGH BW NVwZ 1986, 141).

6   Nach den allgemeinen Grundsätzen für die Zulässigkeit eines Rechtsmittelverfahrens setzt die Beschwerde des Weiteren voraus, dass der Beschwerdeführer durch die angefochtene Entscheidung beschwert ist und ein **Rechtsschutzbedürfnis** besteht. Abweichend kann der VÖI Beschwerde einlegen, ohne beschwert zu sein (vgl. auch → § 133 Rn. 3, → § 132 Rn. 6). Im Fall der richterlichen Durchsuchungsanordnung nach § 4 VereinsG besteht für den Betroffenen ein Rechtsschutzinteresse auch nach Erledigung der Maßnahme (OVG Brem NVwZ-RR 2006, 692; OVG NRW NVwZ 2003, 113 mwN; → Rn. 23). Eine Beschwerde, die allein mit dem Ziel eingelegt wird, den Rechtsstreit für erledigt zu erklären, ist dagegen grds. unzulässig (OVG Saarl NVwZ-RR 2016, 528 Rn. 4; VGH BW Beschl. v. 7.12.2009 – 1 S 1342/09, mwN zum Streitstand; zur Erledigung „zwischen den Instanzen" → § 124a Rn. 69; aA zB VGH BW NVwZ-RR 2003, 392; OVG NRW NVwZ-RR 2003, 701).

2. Ausnahmen

Neben § 146 II und III benennt die VwGO zahlreiche weitere Fälle, in **7** denen die Beschwerde ausgeschlossen ist. Dazu gehören beispielsweise die **Einzelrichterübertragung** sowie die Rückübertragung auf die Kammer (§ 6 IV 1), die Anordnung der öffentlichen Bekanntmachung in Massenverfahren (§ 56a I 5), die Wiedereinsetzung (§ 60 V), die **Beiladung** (§ 65 IV 3), Entscheidungen über die sachliche oder örtliche Zuständigkeit (§ 83 S. 2), die Verfahrenseinstellung bei Klagerücknahme (§ 92 III 2), die Anordnung der Durchführung eines Musterverfahrens und die zugehörige Aussetzungsentscheidung (§ 93a I 3), die Entscheidung über eine Berichtigung des Urteilstatbestands (§ 119 II 2), die **Nichtzulassung der Sprungrevision** (§ 134 II 3) und die Entscheidung über die erfolglose Anhörungsrüge (§ 152a IV 3).

Weitere Ausnahmen vom Grundsatz der Beschwerdefähigkeit ergeben sich **8** durch entsprechend anwendbare Vorschriften aus der ZPO, zB für die Bewilligung von PKH (§ 166 I 1 iVm § 127 II, III ZPO), für die Ablehnung, bestimmte Vorgänge in das Protokoll über die mündliche Verhandlung aufzunehmen (§ 105 iVm § 160 IV 3 ZPO), oder für einstweilige Anordnungen betreffend die Vollstreckung (§ 167 I 1 iVm §§ 769 I, 707 II 2 ZPO; vgl. dazu ThP ZPO § 769 Rn. 18). Daneben gibt es verschiedene **spezialgesetzliche Regelungen,** die einen Ausschluss der Beschwerde vorsehen, ua § 34 S. 1 WPflG, § 10 II 1 KDVG, § 75 S. 1 ZDG, § 37 II 1 VermG und § 339 I 1 LAG. Dazu gehört auch **§ 80 AsylG,** wonach Entscheidungen in Rechtsstreitigkeiten nach dem AsylG vorbehaltlich des § 133 I nicht mit der Beschwerde angefochten werden können. § 80 AsylG gilt für alle Rechtsstreitigkeiten asylrechtlicher Natur, einschließlich aller Nebenverfahren, zB vorläufigen Rechtsschutz, PKH oder Kosten betreffend (ThürOVG Beschl. v. 24.1.2019 – 3 VO 783/18, Rn. 4; SächsOVG Beschl. v. 9.7.2009 – A 1 D 92/09; OVG RhPf AuAS 2009, 261; zur Abgrenzung des Anwendungsbereichs der Norm s. SSB Rn. 16a; Kopp/Schenke Rn. 24).

3. Anschlussbeschwerde

Statthaft ist auch eine Anschlussbeschwerde (NdsOVG Beschl. v. 11.7.2014 – **9** 1 ME 71/14; BayVGH Beschl. v. 7.7.2014 – 20 CS 14.1179; HmbOVG NVwZ 2007, 604; zweifelnd und iErg offen lassend: SächsOVG Beschl. v. 5.3.2019 – 3 B 367/18). Auf sie finden § 173 S. 1 iVm § 567 III ZPO sowie (mit Einschränkungen) § 127 entsprechende Anwendung. Die Anschlussbeschwerde ist **unselbstständig:** Sie setzt die vorherige Einlegung einer Beschwerde voraus und verliert ihre Wirkung, wenn die Beschwerde zurückgenommen oder verworfen wird (§ 567 III 2 ZPO). Bis zur Vorlage der Beschwerde beim Beschwerdegericht kann die Anschlussbeschwerde entsprechend § 147 I 1, II beim Ausgangsgericht oder beim Beschwerdegericht eingelegt werden, nach der Vorlage ist sie entsprechend § 127 I 2 zwingend beim Beschwerdegericht einzureichen (SSB Rn. 18c; NK-VwGO Rn. 47; abweichend BFSA § 127 Rn. 47: stets beim Beschwerdegericht; Kopp/Schenke

Rn. 46: beim Beschwerdegericht erst nach Nichtabhilfe). Ist ein Abhilfeverfahren ausgeschlossen, ist die Anschlussbeschwerde stets beim Beschwerdegericht einzulegen. Die Anschließung ist **nicht fristgebunden;** § 127 II 2 ist nicht entsprechend anwendbar (→ § 147 Rn. 9; aA für die Beschwerde nach § 146 IV: SächsOVG Beschl. v. 5.3.2019 – 3 B 367/18; BFSA § 127 Rn. 49). Das mit der Anschlussbeschwerde verfolgte Begehren muss über eine Abweisung der Beschwerde hinausreichen. IÜ gelten die für die Beschwerde maßgeblichen Grundsätze entsprechend; im Fall der Beschwerde nach § 146 IV sind auf die unselbstständige Anschlussbeschwerde § 146 IV 3, 6 entsprechend anwendbar (OVG Bln-Bbg Beschl. v. 10.6.2015 – 4 S 6/15; OVG MV Beschl. v. 7.9.2010 – 1 M 210/09; SSB Rn. 18a).

4. Untätigkeitsbeschwerde

10   Nach dem Wortlaut des § 146 I setzt die Statthaftigkeit einer Beschwerde das Vorliegen einer förmlichen Entscheidung voraus. Danach ist gegen eine Nichtentscheidung eine Beschwerdemöglichkeit **nicht vorgesehen.** Die Zulässigkeit einer Untätigkeitsbeschwerde analog § 146 I war daher bis zum Inkrafttreten des Gesetzes über den Rechtsschutz bei überlangen Gerichtsverfahren und strafrechtlichen Ermittlungsverfahren v. 24.11.2011 (BGBl. I 2302) allenfalls in Betracht zu ziehen, wenn die Untätigkeit des Gerichts einer Rechtsschutzverweigerung gleichkommt, die einen Verstoß gegen die Rechtsweggarantie des Art. 19 IV GG, Art. 6 I EMRK begründet (BayVGH Beschl. v. 1.2.2010 – 3 C 09.3147; OVG NRW NJW 2009, 2615, jeweils mwN; für den Fall einer unzumutbaren Verzögerung einer Entscheidung über ein PKH-Gesuch: BayVGH Beschl. v. 11.12.2007 – 14 C 07.2924; bei einer unzumutbaren Verzögerung in vorläufigen Rechtsschutzverfahren: Kopp/Schenke Rn. 32). Nachdem nunmehr nach **§ 173 S. 2 iVm §§ 198 ff. GVG** ein eigenständiger Rechtsbehelf zum Schutz gegen eine unangemessene Dauer des gerichtlichen Verfahrens vorgesehen ist, bleibt für eine Untätigkeitsbeschwerde kein Raum mehr (BayVGH Beschl. v. 9.7.2019 – 3 C 19.1218, Rn. 8; Beschl. v. 5.8.2015 – 5 C 15.1429; OVG NRW Beschl. v. 27.10.2014 – 12 E 1134/14; Kopp/Schenke § 173 Rn. 10; SSB Rn. 18e; NK-VwGO Rn. 11b; BeckOK VwGO Rn. 4; aA BFSA Rn. 9).

11   Für eine Beschwerde gegen eine **Untätigkeit des OVG** oder des BVerwG gilt nichts anderes. IÜ scheidet eine Analogie zu § 146 bereits deshalb aus, weil auch gegen Entscheidungen des OVG (vorbehaltlich des § 152) und des BVerwG keine Beschwerde möglich ist. Eine **Untätigkeitsrüge** analog § 152a ist im Hinblick darauf, dass die Regelung ausdrücklich auf die Rüge einer Gehörsverletzung beschränkt ist, gleichfalls ausgeschlossen (SSB § 152a Rn. 40; aA – bis zum Inkrafttreten des Gesetzes über den Rechtsschutz bei überlangen Gerichtsverfahren – Kopp/Schenke Rn. 22, 32, § 152a Rn. 26). Abgesehen davon fehlt es an einer (planwidrigen) Regelungslücke, nachdem jetzt § 173 S. 2 iVm § 198 III GVG ausdrücklich die Möglichkeit zur Erhebung einer Verzögerungsrüge vorsieht.

II. Beschwerdeausschluss (II)

Der in § 146 II geregelte Beschwerdeausschluss betrifft Maßnahmen, die auf **12** eine Verfahrensförderung und -gestaltung gerichtet sind. **Prozessleitende Verfügungen** sind richterliche Entscheidungen, die sich allein auf den äußeren, förmlichen Fortgang des Verfahrens beziehen (VGH BW VBlBW 2019, 325; OVG NRW NWVBl. 2009, 224). Sie haben einen gesetzmäßigen und zweckfördernden Verlauf des Verfahrens, namentlich eine erschöpfende und zügige Verhandlung zum Ziel (OVG RhPf NVwZ-RR 1998, 693). Zu den prozessleitenden Maßnahmen gehören neben den in § 146 II ausdrücklich benannten Entscheidungen (ua) die Aufforderung zur Ergänzung der Klage (§ 82 II 1, 2), zur Klageerwiderung (§ 85 S. 2) und zur Einreichung vorbereitender Schriftsätze (§ 86 IV 2); Hinweise des Vorsitzenden nach § 86 III; Anordnungen zur Sachverhaltsklärung und Entscheidungsvorbereitung nach §§ 87 I, 87b I, II; die Aufforderung, das Verfahren zu betreiben (§ 92 II); die Anordnung des Erscheinens (§ 95 I 1, III); die Aufforderung, einen inländischen Zustellungsbevollmächtigten zu benennen (BayVGH Beschl. v. 7.11.2013 – 7 C 13.1766), die Anordnung der öffentlichen Zustellung (§ 56 II iVm § 186 I ZPO; VGH BW Beschl. v. 27.3.2015 – 1 S 481/15, s. auch § 567 I Nr. 2 ZPO); richterliche Verfügungen zur Akteneinsicht und -übersendung nach § 100 I, II (VGH BW VBlBW 2010, 485; OVG RhPf NVwZ-RR 2002, 612, jeweils mwN; vgl. aber für Entscheidungen durch den Urkundsbeamten BayVGH NVwZ-RR 1998, 686); die Ablehnung des Antrags, bestimmte Verwaltungsvorgänge oder sonstige Akten beizuziehen (OVG LSA Beschl. v. 10.1.2012 – 1 O 2/12; BFSA Rn. 10); Anhörungsmitteilungen (zB §§ 84 I 2, 93a I 2). Die Protokollberichtigung (§ 105 iVm § 164 ZPO) und deren Ablehnung sind nach überwiegender Auffassung nicht anfechtbar (vgl. zum Streitstand SächsOVG Beschl. v. 28.11.2018 – 6 E 449/18.D).

Neben der **Vertagung** und deren Ablehnung sind auch die **Termins- 13 bestimmung** und deren Aufhebung sowie die Terminsverlegung nicht selbstständig anfechtbar (vgl. § 173 S. 1 iVm § 227 IV 3; SächsOVG Beschl. v. 28.1.2010 – 5 E 5/10, mwN). Ebenso wenig beschwerdefähig sind **Fristbestimmungen** und Entscheidungen über Fristverlängerungsanträge (vgl. § 225 III ZPO; SSB Rn. 10). Der mit dem 6. VwGOÄndG eingeführte generelle Beschwerdeausschluss für Entscheidungen über die **Ablehnung von Gerichtspersonen** gilt nicht für den Beschluss, mit dem der Antrag auf Ablehnung eines Sachverständigen abgelehnt wird (§ 98 iVm § 406 V ZPO; HmbOVG Beschl. v. 27.4.2011 – 1 So 15/11; BayVGH NJW 2004, 90; VGH BW NVwZ-RR 1998, 689). Der Beschwerdeausschluss bei Entscheidungen über die Ablehnung von Gerichtspersonen erfasst auch nicht die auf fehlende Erfolgsaussichten gestützte Ablehnung eines diesbezüglichen Prozesskostenhilfeantrags (BayVGH BayVBl. 2017, 249). Nicht anfechtbar sind des Weiteren **Beweisbeschlüsse** und deren Aufhebung sowie die Ablehnung von Beweisanträgen (s. aber § 98 iVm § 490 II 2 ZPO, wonach im Rahmen des selbstständigen Beweissicherungsverfahrens nur der stattgebende Beschluss nicht beschwerdefähig ist). Schließlich sind nach § 146 II auch Entscheidungen über die **Verbindung und Trennung** von Verfahren und Ansprüchen nach § 93 nicht beschwerdefähig. Seit dem 1.1.2014 erstreckt sich der Beschwerdeausschluss nach § 146 II außerdem auf die **Ablehnung von PKH wegen fehlender persönlicher oder wirtschaftlicher Voraussetzungen** (Art. 12 Nr. 1 des Gesetz zur Änderung des Prozesskostenhilfe- und Beratungshilferechts v. 31.8.2013, BGBl. I 3533 (3538); BT-Drs. 17/11472, 48). Das betrifft allerdings nur Entscheidungen, die ausschließlich auf diese Begründung gestützt sind. Versagt das Gericht PKH zudem wegen mangelnder Erfolgsaussichten oder wegen Mutwilligkeit der beabsichtigten Rechtsverfolgung oder -verteidigung, ist die Beschwerde eröffnet (OVG Bln-Bbg NVwZ-RR 2015, 599). Nicht beschwerdefähig sind auch die Ablehnung von PKH wegen fehlender oder unzureichender Nachweise zu den persönlichen und wirtschaftlichen Verhältnissen (BayVGH Beschl. v. 6.6.2019 – 10 C 19.701, Rn. 8 mwN; OVG Bln-Bbg NVwZ-RR 2015, 320) sowie die Bewilligung von PKH unter Anordnung von Ratenzahlungen (OVG RhPf DÖV 2018, 676; NK-VwGO § 166 Rn. 226; vgl. dazu OVG Bln-Bbg Beschl. v. 1.7.2014 – 10 M 65.13, mN zur Rspr. zu der Parallelregelung des § 172 III 2 SGG). Dagegen dürfte der Beschwerdeausschluss nicht für die nachträgliche Anordnung von Ratenzahlungen nach § 166 III iVm § 120a ZPO und die nachträgliche Aufhebung der Bewilligung nach § 166 III iVm § 124 I ZPO gelten (vgl. NdsOVG Beschl. v. 28.1.2019 – 8 PA 90/18; NK-VwGO § 166 Rn. 226).

14   Keine prozessleitenden Verfügungen iSv § 146 II sind Zwischenentscheidungen im Verfahren des vorläufigen Rechtsschutzes (sog **Hängebeschlüsse**). Bei der Zwischenentscheidung handelt es sich nicht lediglich um eine Anordnung zum förmlichen Fortgang des Verfahrens. Ihr kommt vielmehr auch eine materiell rechtliche Wirkung zu, weil das Gericht für einen befristeten Zeitraum eine Entscheidung über das Rechtsschutzbegehren trifft (BayVGH Beschl. v. 31.5.2019 – 8 CS 19.1073, Rn. 4; VGH BW VBlBW 2019, 325; OVG NRW NWVBl. 2009, 224; OVG Bln-Bbg NVwZ-RR 2007, 719, jeweils mwN zum Streitstand; aA zB VGH BW VBlBW 2018, 404; SSB Rn. 11a).

15   Vom Beschwerdeausschluss unberührt bleibt die Befugnis der Beteiligten, prozessleitende Verfügungen im Rahmen des Rechtsmittels gegen die gerichtliche Entscheidung in der Sache zum **Gegenstand einer Verfahrensrüge** (§ 124 II Nr. 5, § 124a III 4, VI, § 132 II Nr. 3, § 139 III 4) zu machen. Beispielsweise können zu kurz bemessene Äußerungsfristen, die zu Unrecht abgelehnte Vertagung oder eine Verkürzung des Akteneinsichtsrechts eine Gehörsverletzung begründen.

III. Beschwerde in Streitigkeiten über Kosten (III)

16   Streitigkeiten über Kosten, Gebühren und Auslagen iSv § 146 III sind solche, die im Zusammenhang mit dem gerichtlichen Verfahren entstanden sind. Beschwerdefähig sind danach **zB** die **Festsetzung der Gerichtskosten,** der Gebühren und Auslagen des Prozessbevollmächtigten, der außergerichtlichen

Kosten der Beteiligten sowie die Festsetzung der Entschädigung von Zeugen und Sachverständigen (SSB Rn. 12). § 146 III ist auch auf Entscheidungen nach § 162 II 2 anwendbar (SchlHOVG Beschl. v. 21.11.2017 – 4 O 32/17, mwN). Zum Teil bestehen Sonderregeln in den kostenrechtlichen Gesetzen, vgl. ua §§ 66, 68 GKG, §§ 33, 56 RVG. § 146 III bezieht sich hingegen nicht auf die Kostenentscheidung nach § 161 I. Deren Anfechtbarkeit ist in § 158 geregelt. Auf Beschwerden gegen die Verhängung eines Ordnungsgeldes findet § 146 III ebenfalls keine Anwendung (BayVGH BayVBl. 2019, 60; OVG Bln-Bbg NJW 2016, 3259). Der Vorbehalt für die Nichtzulassungsbeschwerde meint Hauptsacheverfahren, in denen über Kosten, Gebühren oder Auslagen gestritten wird.

Die Beschwerde ist nur statthaft, wenn sich der Wert des Beschwerdegegen- **17** stands auf mehr als 200 € beläuft. Der **Beschwerdewert** ist die Differenz zwischen dem Betrag, der dem Beschwerdeführer in der Vorinstanz zugesprochen oder auferlegt worden ist, und dem Betrag, den er mit der Beschwerde erstrebt (Kopp/Schenke Rn. 18). Für die Wertberechnung gelten § 173 S. 1 iVm §§ 3 ff. ZPO. Hilft das VG der Beschwerde teilweise ab, richtet sich der Beschwerdewert nach dem streitigen Restbetrag (SSB Rn. 12; BFSA Rn. 16, jeweils mwN).

IV. Vorläufiger Rechtsschutz (IV)

Die auf das RmBereinVpG (BGBl. 2001 I 3987) zurückgehende Bestimmung **18** hat das durch das 6. VwGOÄndG eingeführte Zulassungsverfahren ersetzt. § 146 IV stellt für die Beschwerde gegen Beschlüsse in Verfahren des vorläufigen Rechtsschutzes **besondere Begründungsanforderungen** auf. Soweit § 146 IV keine gesonderte Regelung trifft, gelten die allgemeinen Vorschriften über die Beschwerde. § 146 IV findet auf alle **Beschlüsse des VG nach §§ 80, 80a sowie § 123** Anwendung. Erfasst werden sowohl stattgebende als auch ablehnende Entscheidungen, die Vorsitzendenentscheidung gem. § 80 VIII ebenso wie Zwischenentscheidungen (→ Rn. 14; VGH BW VBlBW 2019, 325). Nicht beschwerdefähig ist aber ein Beschluss nach § 80 VII 1, mit dem das VG eine Abänderung oder Aufhebung von Amts wegen abgelehnt hat (VGH BW NVwZ-RR 2002, 908; BeckOK VwGO Rn. 9; aA SSB Rn. 13; zum Verhältnis von § 80 VII 2 und § 146 IV: → § 80 Rn. 74; HmbOVG AuAS 2018, 165).

1. Fristen (IV 1)

Für die **Einlegungsfrist** enthält § 146 IV keine gesonderte Bestimmung, **19** sodass die Beschwerde gem. § 147 I 1 innerhalb von **zwei Wochen** nach Bekanntgabe der (vollständigen) Entscheidung schriftlich einzulegen ist (→ § 147 Rn. 9). Eine Einlegung zu Protokoll des Urkundsbeamten scheidet wegen des **Vertretungszwang**s aus (§§ 67 IV 1, 2, 147 I 2). Wird der Beschluss des VG innerhalb der Beschwerdefrist ergänzt, so beginnt der Fristlauf von neuem, vgl. § 173 S. 1 iVm § 518 S. 1 ZPO analog (BFSA Rn. 20). Wird der Beschluss nachträglich geändert, läuft die Beschwerdefrist nur in

Bezug auf die Änderungsentscheidung neu (OVG LSA NVwZ-RR 2008, 737).

20   Die **Begründungsfrist** beträgt nach § 146 IV 1 **einen Monat** nach Bekanntgabe der – vollständigen (BeckOK VwGO Rn. 11; SSB Rn. 13a) – Entscheidung. Sie ist von der Einlegungsfrist unabhängig und beginnt grds. auch dann mit der Bekanntgabe der angegriffenen Entscheidung, wenn die Frist zur Einlegung der Beschwerde versäumt und deshalb Wiedereinsetzung beantragt worden ist (NdsOVG Beschl. v. 29.4.2019 – 12 ME 65/19, Rn. 3; OVG Bln-Bbg Beschl. v. 15.12.2017 – 5 S 7.17, Rn. 4). Sie ist wie die Einlegungsfrist nicht verlängerbar, § 57 II iVm § 224 II ZPO. Der Lauf der Monatsfrist setzt voraus, dass über sie in der Rechtsmittelbelehrung gesondert belehrt worden ist (OVG NRW NVwZ-RR 2012, 397; SächsOVG NVwZ-RR 2003, 693; Kopp/Schenke Rn. 38; BFSA Rn. 20; aA SSB Rn. 13a); anderenfalls gilt die Jahresfrist nach § 58 II. Auch für die Einreichung der Begründung besteht gem. § 67 IV 1 **Vertretungszwang.** Beschwerdegründe, die erst nach Fristablauf vorgetragen werden, sind grds. nicht berücksichtigungsfähig, es sei denn, es handelt sich um eine bloße Vertiefung und/ oder Ergänzung des bisherigen, fristgemäßen Vorbringens (VGH BW NVwZ-RR 2006, 849).

21   Ein isolierter **PKH-Antrag** muss ordnungsgemäß innerhalb der Einlegungsfrist gestellt sein. Nach der Bewilligung von PKH stehen dem Bevollmächtigten eine Frist von zwei Wochen zur Einlegung der Beschwerde (§ 60 II 1 Hs. 1 iVm S. 3) und eine Frist von einem Monat zur Beschwerdebegründung zur Verfügung (§ 60 II 1 Hs. 2 iVm S. 3).

2. Einlegungsort (IV 2)

22   Während die Beschwerde beim VG (§ 147 I 1) oder beim OVG (§ 147 II) eingelegt werden kann, ist die **Begründung,** sofern sie nicht bereits mit der Beschwerde vorgelegt worden ist, zwingend **beim OVG** einzureichen, § 146 IV 2. Der Eingang der separaten Beschwerdebegründung beim VG wahrt die Begründungsfrist nicht (HmbOVG Beschl. v. 22.8.2018 – 4 Bs 93/ 18, Rn. 3; SächsOVG SächsVBl. 2018, 88 Rn. 5; OVG NRW NVwZ-RR 2003, 688). Das VG ist allerdings gehalten, die Begründung im regulären Geschäftsgang an das OVG weiterzuleiten (SächsOVG SächsVBl. 2018, 88 Rn. 6 ff.). Geht sie dort innerhalb der Monatsfrist ein, ist die Frist eingehalten. Ein **isolierter PKH-Antrag** kann entsprechend § 147 I 1, II beim VG oder beim OVG eingereicht werden (aA VGH BW VBlBW 2002, 444; BFSA Rn. 27: beim OVG; HessVGH NVwZ-RR 2003, 390: beim VG). Ist PKH bewilligt worden, bestimmt sich der Einlegungsort von Beschwerde und Beschwerdebegründung nach Maßgabe von § 147 I 1, II und § 146 IV 2.

3. Anforderungen an die Beschwerdebegründung (IV 3)

23   Für die Beschwerde nach § 146 IV gelten zunächst die allgemeinen Formererfordernisse (→ § 147 Rn. 5 ff.). Darüber hinaus muss die Beschwerdebegründung nach § 146 IV 3 einen bestimmten Antrag enthalten, die Gründe darle-

gen, aus denen die angefochtene Entscheidung abzuändern oder aufzuheben ist, und sich mit der Entscheidung auseinander setzen. Das **Antragserfordernis** bezweckt, dass der Beschwerdeführer gegenüber dem OVG eindeutig bestimmt, inwieweit er die Aufhebung oder Änderung des erstinstanzlichen Beschlusses begehrt. Dementsprechend ist das Fehlen eines ausdrücklich formulierten Antrags ausnahmsweise unschädlich, wenn sich das Rechtsschutzziel aus der Beschwerdebegründung gleichwohl klar ergibt (VGH BW VBlBW 2019, 475; NVwZ-RR 2008, 841; BFSA Rn. 30, jeweils mwN). Eine Antragsänderung dürfte regelmäßig wegen der Eilbedürftigkeit des Verfahrens und dem Ziel der Verfahrensbeschleunigung nicht in Betracht kommen (vgl. OVG Saarl Beschl. v. 31.8.2018 – 1 B 212/18, Rn. 6; OVG Bln-Bbg Beschl. v. 14.9.2017 – 4 S 22.17, Rn. 6 ff.; BayVGH Beschl. v. 30.6.2017 – 3 CE 17.897, Rn. 6; BeckOK VwGO Rn. 8 mwN; aA HmbOVG AuAS 2019, 209; OVG RhPf BauR 2017, 1981: Beurteilung der Zulässigkeit einer Antragsänderung entsprechend § 91 I). Eine Ausnahme gilt zB für den Übergang zu einem Feststellungsantrag nach Erledigung einer Durchsuchungsmaßnahme iSv § 4 VereinsG (→ Rn. 6).

Das **Darlegungserfordernis** verlangt von dem Beschwerdeführer, konkret **24** zu erläutern, aus welchen Gründen der angegriffene Beschluss fehlerhaft und daher abzuändern oder aufzuheben ist (OVG Bln-Bbg Beschl. v. 6.2.2019 – 3 S 3.19; BayVGH Beschl. v. 9.7.2018 – 9 CE 18.1033, Rn. 13; OVG Saarl NVwZ-RR 2016, 528 Rn. 2; BayVGH NVwZ 2003, 632; VGH BW NVwZ 2002, 883). Die Beschwerdebegründung hat sich mit der Argumentation des VG auseinander zu setzen. Es genügt daher nicht, auf das erstinstanzliche Vorbringen pauschal Bezug zu nehmen oder dieses lediglich zu wiederholen, ohne auf die (tragenden) Erwägungen des VG einzugehen (NdsOVG Beschl. v. 29.4.2019 – 12 ME 65/19, Rn. 7; VGH BW NVwZ-RR 2006, 74; SächsOVG NVwZ-RR 2003, 693). Zulässig ist aber eine **Bezugnahme** auf Schriftsätze, die ihrerseits dem Darlegungserfordernis gerecht werden und sich bei den Gerichtsakten befinden (BayVGH BayVBl. 2007, 241).

Bei der Bestimmung der inhaltlichen Voraussetzungen, die die Beschwerde- **25** begründung erfüllen muss, ist das in **Art. 19 IV 1 GG** garantierte Recht auf effektiven Rechtsschutz zu wahren. Das OVG darf das Rechtsmittel der Beschwerde nicht durch überspannte Anforderungen für den Beschwerdeführer leer laufen lassen. Für die Frage, was an Darlegungsanforderungen innerhalb der Monatsfrist des § 146 IV 1 zumutbar ist, kommt es auf die Umstände des jeweiligen Verfahrens an. Beispielsweise kann die Substanziierungspflicht nicht weiter gehen, als sie von dem Beschwerdeführer nach dem jeweiligen Kenntnisstand erfüllt werden kann (BVerfG NVwZ 2004, 1112; DVBl 1995, 35). Ferner gilt, dass das Darlegungserfordernis umso geringer ist, je eilbedürftiger das Verfahren ist und je knapper die Begründung des VG ausgefallen ist (vgl. BayVGH NVwZ 2003, 118).

Ist die Entscheidung des VG auf mehrere, jeweils **selbstständig tragende 26** **Begründungen** gestützt, muss der Beschwerdeführer alle Begründungselemente angreifen (OVG NRW Beschl. v. 3.2.2017 – 1 B 1371/16, Rn. 4 f. mwN; NVwZ-RR 2004, 706). Auf Erwägungen, die den Beschluss nicht tragen, braucht er hingegen im Regelfall nicht weiter einzugehen. Abweichendes gilt, wenn sich dem Beschwerdeführer aufdrängen muss, dass vom VG nicht angesprochene oder offen gelassene Gesichtspunkte für den Erfolg seines Beschwerdebegehrens erheblich sind (BFSA Rn. 32). Hat das VG einen Antrag als unzulässig abgelehnt, muss die Beschwerdebegründung neben der Zulässigkeit auch die Begründetheit des Antrags darlegen (SächsOVG Beschl. v. 19.9.2017 – 5 B 224/17, Rn. 4 mwN; OVG Saarl NVwZ-RR 2016, 528 Rn. 3; OVG LSA NVwZ-RR 2008, 748; BayVGH Beschl. v. 8.8.2006 – 11 CE 05.2152).

27 Die Beschwerde kann auch auf eine Veränderung der Sach- oder Rechtslage gestützt werden, die nach Ergehen des angefochtenen Beschlusses eingetreten ist (OVG Bln-Bbg Beschl. v. 30.5.2016 – 2 S 8.16, Rn. 14; OVG NRW BauR 2007, 861; Kopp/Schenke Rn. 42; SSB Rn. 13c). Berücksichtigungsfähig sind aber grds. nur **neue Umstände,** die innerhalb der Begründungsfrist vorgetragen worden sind (OVG NRW Beschl. v. 26.3.2004 – 21 B 2399/03; OVG Bbg NVwZ-RR 2003, 694). Umstritten ist, ob dies auch für sog aufgespartes Vorbringen gilt (vgl. BayVGH Beschl. v. 30.1.2017 – 4 CE 16.2575, Rn. 6 mwN). Unberührt bleibt die Möglichkeit, ein Abänderungsverfahren nach § 80 VII durchzuführen (Kopp/Schenke Rn. 42; BFSA Rn. 36).

4. Entscheidung (IV 4 bis 6)

28 Wird die Beschwerde beim VG eingelegt (§ 147 I 1), hat das VG sie unverzüglich dem OVG vorzulegen, § 146 IV 5 Hs. 1. Ein **Abhilfeverfahren** ist gem. § 146 IV 5 Hs. 2, der § 148 I ausdrücklich für nicht anwendbar erklärt, ausgeschlossen. Das VG hat aber die Möglichkeit, den angefochtenen Beschluss nach § 80 VII 1 von Amts wegen zu ändern oder aufzuheben. Die Beschwerde gegen einen Beschluss, mit dem die Bewilligung von PKH für ein Verfahren des vorläufigen Rechtsschutzes abgelehnt worden ist, unterfällt § 146 IV nicht. Insoweit ist daher ein Abhilfeverfahren durchzuführen (BeckOK VwGO Rn. 16; SSB Rn. 13e). Wird die PKH-Beschwerde gemeinsam mit der Beschwerde gegen die zugehörige Entscheidung im vorläufigen Rechtsschutzverfahren beim OVG eingelegt, ist die PKH-Beschwerde zunächst dem VG zwecks Entscheidung über eine Abhilfe zuzuleiten.

29 Das OVG entscheidet über die Beschwerde durch begründeten Beschluss (→ § 150 Rn. 4). Ggf. kann analog § 130 II eine Zurückverweisung an das VG in Betracht kommen (HessVGH NVwZ-RR 2007, 824; VGH BW NVwZ-RR 2003, 532; Kopp/Schenke § 130 Rn. 3 mwN; s. auch BVerwG NVwZ-RR 1989, 506). Genügt die Beschwerde den in § 146 IV 1 bis 3 genannten Abforderungen nicht, hat das OVG sie **als unzulässig zu verwerfen** (§ 146 IV 4). Das Gleiche gilt für den Fall, dass die Beschwerde an sonstigen Zulässigkeitsmängeln leidet (§ 173 S. 1 iVm § 572 II 2 ZPO; vgl. zB OVG NRW NWVBl. 2019, 122: fehlendes Rechtsschutzbedürfnis). Dem Beschwerdeführer ist nach den allgemeinen Grundsätzen rechtliches Gehör zu gewähren. Ungeachtet einer rechtlichen Pflicht ist eine Gelegenheit zur Stellungnahme in jedem Fall zweckmäßig. § 146 IV 4 gilt auch im Fall einer einseitigen Erledigungserklärung durch den Beschwerdeführer, die erst nach

Ablauf der Frist des § 146 IV 1 abgegeben wird (NdsOVG NVwZ-RR 2018, 127 Rn. 15 f.).

Gem. § 146 IV 6 ist der **Prüfungsumfang** hinsichtlich der Begründetheit **30** **beschränkt.** Das OVG prüft allein die innerhalb der Monatsfrist dargelegten Gründe. Führen diese nicht zur Begründetheit der Beschwerde, ist sie zurückzuweisen. Im Interesse der Gewährung effektiven Rechtsschutzes und im Interesse einer materiell richtigen Entscheidung sind allerdings eng umgrenzte **Ausnahmen** anzuerkennen (im Einzelnen str.). So darf das OVG nach Fristablauf vorgebrachte Gründe gleichwohl berücksichtigen, wenn sie auf einer erst nachträglich eingetretenen Veränderung der Sach- oder Rechtslage beruhen und die neuen Umstände offensichtlich sind (SächsOVG SächsVBl. 2007, 167; VGH BW NVwZ-RR 2006, 395; BayVGH NVwZ-RR 2003, 154). Des Weiteren ist das OVG in dem Fall, dass die angefochtene Entscheidung aus anderen als den dargelegten Gründen **offensichtlich rechtswidrig** ist, nicht gehindert, der Beschwerde stattzugeben (VGH BW VBlBW 2019, 24 mwN; HessVGH NVwZ-RR 2006, 846; s. auch BayVGH NVwZ 2003, 118). Umgekehrt dürfte eine Aufhebung oder Änderung des angegriffenen Beschlusses nicht in Betracht kommen, wenn das OVG die Argumentation des VG aus den vom Beschwerdeführer dargelegten Gründen zwar für fehlerhaft erachtet, die Entscheidung jedoch aus anderen Gründen **im Ergebnis ersichtlich richtig** ist (vgl. VGH BW NVwZ-RR 2006, 75 mwN; HessVGH NVwZ-RR 2006, 832; BayVGH NVwZ 2004, 251; ThürOVG NVwZ-RR 2004, 624; OVG NRW BauR 2007, 861; NWVBl. 2004, 60; s. zum Ganzen Kopp/Schenke Rn. 43; SSB Rn. 13f ff., jeweils mwN zum Streitstand). Beabsichtigt das OVG, seine Entscheidung auf andere als die dargelegten oder sonst im Beschwerdeverfahren angesprochenen Gründe zu stützen, ist den Beteiligten zuvor rechtliches Gehör zu gewähren.

V. Rücknahme und Erledigung der Beschwerde

Die Beschwerde kann bis zur Entscheidung des OVG entsprechend § 126 I 1 **31** zurückgenommen werden, ohne dass es der Zustimmung anderer Beteiligter bedarf (zum Fall einer „zu späten" Rücknahme: SächsOVG Beschl. v. 17.12.2010 – 2 E 137/10). Das OVG entscheidet durch Beschluss über die Kosten (§ 126 III 2 analog, § 155 II). Eine klarstellende Einstellung des Beschwerdeverfahrens (§ 92 III 1 analog) ist zweckmäßig. Bei **Rücknahme des Eilantrags** ist das Verfahren analog § 92 III 1 einzustellen, der erstinstanzliche Beschluss aufgrund § 173 S. 1 iVm § 269 III 1 ZPO für wirkungslos zu erklären und über die Kosten des gesamten Verfahrens zu entscheiden. Erklären die Hauptbeteiligten das Beschwerdeverfahren für erledigt, entscheidet das OVG entsprechend § 161 II 1 über die Kosten des zweitinstanzlichen Verfahrens. Auch hier ist ein klarstellender Ausspruch über die Verfahrenseinstellung sinnvoll. Wird der Rechtsstreit insgesamt für erledigt erklärt, ist das Verfahren einzustellen und nach § 161 II 1 über die Kosten zu befinden sowie die Entscheidung des VG für unwirksam zu erklären (zur Erledigung „zwischen den Instanzen" → Rn. 6). § 87a I Nr. 2, 3, 5, III gelten entsprechend.

§ 147 [Form; Frist]

(1) [1]Die Beschwerde ist bei dem Gericht, dessen Entscheidung angefochten wird, schriftlich oder zu Protokoll des Urkundsbeamten der Geschäftsstelle innerhalb von zwei Wochen nach Bekanntgabe der Entscheidung einzulegen. [2]§ 67 Abs. 4 bleibt unberührt.

(2) Die Beschwerdefrist ist auch gewahrt, wenn die Beschwerde innerhalb der Frist bei dem Beschwerdegericht eingeht.

I. Anwendungsbereich

1 § 147 findet auf **alle Beschwerden** iSv § 146 sowie auf die Beschwerde nach § 17a IV 3 GVG Anwendung; ferner auf Beschwerden gegen Entscheidungen des OVG nach § 152. **Spezielle Vorschriften** gelten allerdings für die Beschwerde gegen Entscheidungen des VG im Verfahren des vorläufigen Rechtsschutzes (§ 146 IV) sowie für die Nichtzulassungsbeschwerde nach § 133.

2 Vorrangige **Sonderregeln** bestehen auch für die Beschwerden im Bereich des Kostenrechts (vgl. zB §§ 66, 68 GKG; §§ 33, 56 RVG; § 4 JVEG). Umstritten ist, ob für die Beschwerde gegen ein Ordnungsmittel (§ 55 iVm §§ 169 ff. GVG) die Fristbestimmung in § 181 GVG (eine Woche) vorgeht (vgl. NK-VwGO Rn. 16 mwN). Die Fristregelung für die PKH-Beschwerde nach § 127 II ZPO findet keine Anwendung (NdsOVG Beschl. v. 30.4.2019 – 4 E 275/19; OVG Brem JurBüro 2012, 205; OVG NRW NVwZ-RR 2004, 544; NK-VwGO Rn. 15 mwN). Dies gilt auch im Zusammenhang mit einem Verfahren auf Gewährung vorläufigen Rechtsschutzes (OVG NRW Beschl. v. 17.8.2016 – 5 E 562/16).

II. Einlegung der Beschwerde

3 Nach § 147 I 1 ist die Beschwerde **grds.** bei dem Gericht einzulegen, dessen Entscheidung angefochten wird **(iudex a quo).** § 147 II erlaubt eine fristwahrende Beschwerdeeinlegung auch beim Beschwerdegericht. Davon ausgenommen ist die Nichtzulassungsbeschwerde, die zwingend beim Ausgangsgericht einzureichen ist (§ 133 II 1). Beschwerdegericht ist regelmäßig das OVG (§ 46 Nr. 2), ausnahmsweise auch das BVerwG (§§ 49 Nr. 3, 152).

4 Soweit § 148 I Anwendung findet, ist im Fall des § 147 II die Beschwerde zunächst an das VG zu übermitteln, um das Abhilfeverfahren durchzuführen (→ § 148 Rn. 1). Dies gilt auch bei unzulässigen Beschwerden, weil eine Abhilfe gleichwohl in Betracht kommen kann (vgl. → § 148 Rn. 3).

III. Form

5 Gem. § 147 I 1 ist die Beschwerde schriftlich oder zu Protokoll des Urkundsbeamten der Geschäftsstelle einzulegen. Durch Gesetz vom 5.7.2017 (BGBl. I 2208 (2224)) ist mWv 1.1.2018 der Begriff „Niederschrift" durch „Protokoll" ersetzt worden. Die Änderung dient der sprachlichen Anpassung an die elektronische Aktenführung (§ 55b). Ein inhaltlicher Unterschied ergibt sich daraus nicht (BT-Drs. 18/12203, 87 und 88, 18/9416, 59). Bei schriftlicher Einlegung ist die Beschwerdeschrift nach den allgemeinen Grundsätzen für bestimmende Schriftsätze grds. **eigenhändig zu unterschreiben** (vgl. → § 81 Rn. 3). Eine fehlende Unterschrift ist ausnahmsweise unschädlich, wenn sich die Identität des Beschwerdeführers und dessen Wille zur Beschwerdeeinlegung ohne weitere Ermittlungen aus den sonstigen Umständen eindeutig ergeben (vgl. NK-VwGO Rn. 4 mwN). Hinsichtlich des Schriftformerfordernisses gelten die für die Klageerhebung entwickelten Maßgaben zur Verwendung moderner Kommunikationsmittel (→ § 81 Rn. 6) entsprechend (zur Übermittlung eines elektronischen Dokuments → § 55a).

Inhaltliche Vorgaben für die Beschwerdeschrift macht § 147 nicht. Die **6** Beschwerde muss aber erkennen lassen, welche Entscheidung angefochten wird und in welchem Umfang (VGH BW NVwZ-RR 1995, 126); eines ausdrücklichen Antrags bedarf es unter diesen Voraussetzungen nicht (SSB Rn. 5; NK-VwGO Rn. 12). Bei Unklarheiten hat das Gericht auf eine Präzisierung hinzuwirken. Eine Begründung ist nicht zwingend, jedoch zweckmäßig (Kopp/Schenke Rn. 2; BeckOK VwGO Rn. 3).

Die Einlegung der Beschwerde unterliegt wie das Beschwerdeverfahren im **7** Übrigen gem. §§ 147 I 2, 67 IV 1 **grds.** dem **Vertretungszwang.** Dies gilt auch für die Beschwerdeeinlegung beim VG. Beschwerden von Zeugen, Sachverständigen oder ehrenamtlichen Richtern gegen Ordnungsmittel unterliegen ebenfalls dem Vertretungserfordernis, weil sie Beteiligte iSv § 67 IV sind (str., vgl. Kopp/Schenke § 67 Rn. 33; NK-VwGO Rn. 8; SSB Rn. 4 mwN; aA BayVGH BayVBl. 2019, 60; OVG Bln-Bbg Beschl. v. 18.7.2016 – 12 L 11.16, Rn. 6 f.).

Zu **Protokoll** des Urkundsbeamten der Geschäftsstelle kann die Beschwer- **8** de wegen § 147 I 2 nur eingelegt werden, soweit kein Vertretungszwang besteht. Dies betrifft insbesondere die PKH-Beschwerde (vgl. § 67 IV 1). Die Beschwerde kann auch zu Protokoll in der mündlichen Verhandlung eingelegt werden (SSB Rn. 4; Kopp/Schenke Rn. 2).

IV. Frist

Die Beschwerdefrist beträgt nach § 147 I 1 zwei Wochen und wird gem. **9** § 147 II auch gewahrt, wenn die Beschwerde innerhalb dieser Frist beim Beschwerdegericht eingeht. Für die Fristberechnung gilt § 57 II iVm § 222 ZPO. Die Beschwerdefrist ist **nicht verlängerbar,** § 57 II iVm § 224 II ZPO; unter den Voraussetzungen des § 60 VwGO ist aber Wiedereinsetzung in die versäumte Frist zu gewähren. Die Zwei-Wochen-Frist beginnt mit der Bekanntgabe – Zustellung bzw. Verkündung, §§ 56 I, 57 I – der angefochtenen Entscheidung, sofern eine **ordnungsgemäße Rechtsmittelbelehrung** erfolgt ist, § 58 I. Anderenfalls gilt nach Maßgabe von § 58 II die Jahresfrist. Die Frist wird erst durch Bekanntgabe der vollständigen Entscheidung in Lauf gesetzt (SSB Rn. 8; NK-VwGO Rn. 14 mwN). Davon unberührt bleibt die Möglichkeit des Beschwerdeführers, Beschwerde einzulegen, sobald der Tenor der angefochtenen Entscheidung existent geworden ist (vgl. Kopp/Schenke Rn. 3; NK-VwGO Rn. 13). Formale Mängel der Beschwerde können geheilt werden, indem der Fehler vor Fristablauf behoben wird (OVG NRW NWVBl. 1998, 350). Eine **Anschlussbeschwerde** kann gem. § 173 S. 1 iVm § 567 III 1 ZPO auch nach Ablauf der Frist eingelegt werden, wenn die (Haupt-) Beschwerde fristgerecht erfolgt ist (SSB Rn. 7; NK-VwGO Rn. 18).

§ 148 [Abhilfe; Vorlage an das Oberverwaltungsgericht]

(1) Hält das Verwaltungsgericht, der Vorsitzende oder der Berichterstatter, dessen Entscheidung angefochten wird, die Beschwerde für begründet, so ist ihr abzuhelfen; sonst ist sie unverzüglich dem Oberverwaltungsgericht vorzulegen.

(2) Das Verwaltungsgericht soll die Beteiligten von der Vorlage der Beschwerde an das Oberverwaltungsgericht in Kenntnis setzen.

1 **Grds.** ist gem. § 148 I im Fall der Beschwerde zunächst ein **Abhilfeverfahren** durchzuführen. Dementsprechend ist die Beschwerde, wenn sie beim OVG eingelegt wird (§ 147 II), zwecks Durchführung des Abhilfeverfahrens dem VG zu übermitteln (Kopp/Schenke Rn. 2). Davon kann ausnahmsweise bei besonderer Eilbedürftigkeit abgesehen werden (SSB Rn. 3). Eine weitere **Ausnahme** gilt kraft Gesetzes für Beschwerden gegen Beschlüsse des VG im Verfahren des vorläufigen Rechtsschutzes (**§ 146 IV 5**).

2 Das Abhilfeverfahren soll eine Selbstkorrektur des VG ermöglichen und das OVG entlasten (BayVGH Beschl. v. 21.11.2019 – 11 C 19.1971, Rn. 11). **Zuständig** ist das Gericht, das die angefochtene Entscheidung erlassen hat, also die Kammer, der Einzelrichter, der Vorsitzende oder der Berichterstatter. Im Abhilfeverfahren ist nach den allgemeinen Grundsätzen **rechtliches Gehör** zu gewähren (zur Wartepflicht des VG bei angekündigter Beschwerdebegründung: BayVGH Beschl. v. 21.11.2019 – 11 C 19.1971, Rn. 11 f. mwN; OVG NRW NVwZ-RR 2016, 930 Rn. 29). Nach § 173 S. 1 iVm § 571 II 1 ZPO sind neue Tatsachen und Beweismittel zu berücksichtigen (BayVGH NVwZ-RR 2015, 518; OVG Bln-Bbg Beschl. v. 4.12.2014 – 9 M 21.14, mwN).

3 Hält das VG eine unzulässige Beschwerde für begründet, steht eine Abhilfe in seinem **Ermessen** (SSB Rn. 3). Voraussetzung ist allerdings, dass die angegriffene Entscheidung keine Bindungswirkung entfaltet (BFSA Rn. 5). Hingegen ist das VG **zur Abhilfe verpflichtet,** wenn es eine zulässige Beschwerde für begründet erachtet. Ausnahmsweise entscheidet das VG auch insoweit im Ermessenswege, wenn die angefochtene Entscheidung in seinem Ermessen steht (BFSA Rn. 6).

4 Die **Abhilfeentscheidung** ergeht durch **begründeten Beschluss** (§ 122 II 1) mit Kostenentscheidung. Teilabhilfe ist möglich; in diesem Fall bleibt die Kostenentscheidung der Beschwerdeentscheidung des OVG vorbehalten. Im Umfang der Abhilfe ist das Beschwerdeverfahren beendet. Die Abhilfeentscheidung ist nach den allgemeinen Grundsätzen **mit der Beschwerde anfechtbar.** Der Durchführung eines erneuten Abhilfeverfahrens bedarf es dann nicht (NK-VwGO Rn. 11).

Hält das VG die Beschwerde für unbegründet, hat es sie unverzüglich, dh **5** ohne schuldhaftes Zögern, mit den Akten dem OVG vorzulegen. Auch offensichtlich unstatthafte Beschwerden sind vorzulegen. Die **Nichtabhilfeentscheidung,** die ihrerseits nicht beschwerdefähig ist, kann **formlos** und ohne Begründung ergehen (SächsOVG NVwZ 2019, 823 Rn. 7). Es genügt, wenn sich aus den Akten konkludent ergibt, dass das VG nicht abhelfen wollte (Kopp/Schenke Rn. 4 mwN). Ausreichend ist auch ein entsprechender Hinweis im Übersendungsschreiben an das OVG. Fehlt eine Nichtabhilfeentscheidung, steht es im Ermessen des Beschwerdegerichts, die Sache an das VG zurückzugeben oder über die Beschwerde zu entscheiden (vgl. SächsOVG NVwZ 2019, 823 Rn. 7; VGH BW DVBl 1990, 1358; NK–VwGO Rn. 14; aA SSB Rn. 8, 10 (fehlende Unterschrift): Rückgabe an VG).

Ausnahmsweise besteht für die Nichtabhilfeentscheidung eine **Begrün-** **6** **dungspflicht,** wenn die angegriffene Entscheidung gemessen an der verfassungsrechtlichen Garantie des rechtlichen Gehörs unzureichend begründet ist (HessVGH DVBl 2010, 267; NK–VwGO Rn. 13 mwN). IÜ ist es dem VG unbenommen, im Rahmen der Nichtabhilfeentscheidung eine ergänzende oder neue Begründung anzuführen. Auch in diesem Fall ist die Beschwerde dem OVG vorzulegen (SSB Rn. 4 mwN zum Streitstand; aA Kopp/ Schenke Rn. 3: kein Nachschieben der Begründung möglich). Wird die Nichtabhilfeentscheidung begründet, ist sie den Beteiligten bekannt zu geben (SSB Rn. 8). Ist die Ausgangsentscheidung vom unzuständigen Organ des Spruchkörpers erlassen worden, kann dieser Fehler durch die Nichtabhilfeentscheidung geheilt werden (BayVGH NVwZ 1991, 1198; NK–VwGO Rn. 6 mwN). Hierzu bedarf es ausnahmsweise einer Entscheidung durch Beschluss. Wird die Beschwerde vor der Entscheidung über die Abhilfe zurückgenommen oder das Verfahren sonst erledigt, ist das VG für die **Verfahrenseinstellung** (→ § 146 Rn. 31) zuständig. Legt das VG gleichwohl vor, kann vor dem OVG die Sache zurückverweisen (OVG NRW NVwZ-RR 1995, 479).

Mit der Nichtabhilfeentscheidung wird die **Zuständigkeit des OVG** be- **7** gründet, das ab diesem Zeitpunkt auch im Falle von Rücknahme oder Hauptsacheerledigung der Beschwerde allein zur Entscheidung berufen ist. Mit Eingang der Beschwerde beim OVG wird die Sache dort anhängig. Leidet der Nichtabhilfebeschluss an Verfahrensmängeln, ist eine Rückgabe der Akten an das VG zwecks Heilung möglich, aber nicht zwingend (BayVGH Beschl. v. 3.5.2019 – 11 C 19.632, Rn. 6; NVwZ-RR 2015, 518: Nichtabwarten der Beschwerdebegründung; NdsOVG JurBüro 2014, 428; SSB Rn. 10; NK–VwGO Rn. 14). Für die Entscheidung des Beschwerdegerichts gilt → § 150.

Von der Vorlage sind die Beteiligten nach **§ 148 II** zu benachrichtigen. Ein **8** Verstoß gegen die Sollvorschrift bleibt ohne Rechtsfolgen (Kopp/Schenke Rn. 6; NK–VwGO Rn. 16).

§ 149 [Aufschiebende Wirkung]

(1) [1]Die Beschwerde hat nur dann aufschiebende Wirkung, wenn sie die Festsetzung eines Ordnungs- oder Zwangsmittels zum Gegenstand hat. [2]Das Gericht, der Vorsitzende oder der Berichterstatter, dessen Entscheidung angefochten wird, kann auch sonst bestimmen, daß die Vollziehung der angefochtenen Entscheidung einstweilen auszusetzen ist.

(2) §§ 178 und 181 Abs. 2 des Gerichtsverfassungsgesetzes bleiben unberührt.

1   Nach der Regelung in § 149 I 1 kommt der Beschwerde grds. **keine aufschiebende Wirkung** zu. Das bedeutet nicht nur, dass die angegriffene Entscheidung (weiterhin) vollzogen werden kann. Das VG ist zB auch trotz Einlegung der Beschwerde gegen einen Beschluss im Verfahren des vorläufigen Rechtsschutzes nicht gehindert, das Hauptsacheverfahren fortzusetzen und zu entscheiden.

2   Als **erste Ausnahme** von diesem Grundsatz bestimmt § 149 I 1, dass Beschwerden gegen **Ordnungs- oder Zwangsmittelfestsetzungen** aufschiebende Wirkung haben. Dies betrifft Ordnungsmittel gegen Zeugen (§ 98 iVm §§ 380 I, II, 381, 390 I, II ZPO: unentschuldigtes Ausbleiben, Zeugnisverweigerung), Sachverständige (§§ 409 I, 411 II ZPO: unentschuldigtes Ausbleiben, Gutachtenverweigerung und Fristversäumnis), Beteiligte (§ 95 I, II: schuldhaftes Ausbleiben) und ehrenamtliche Richter (§ 33: schuldhafter Pflichtenverstoß). Dazu gehört ferner die Zwangsgeldfestsetzung gegen Behörden nach § 172. § 149 II stellt klar, dass § 149 I 1 nicht für Beschwerden gegen die Festsetzung von Ordnungsmitteln wegen ungebührlichem Verhalten in der Sitzung nach § 178 GVG gilt. Insoweit regelt § 181 II GVG abweichend, dass die Beschwerde keine aufschiebende Wirkung hat.

3   Als **zweite Ausnahme** sieht § 149 I 2 vor, dass das VG die **Vollziehung einstweilen aussetzen** kann. Zuständig ist der Spruchkörper, Einzelrichter, Vorsitzende oder Berichterstatter, der die angefochtene Entscheidung erlassen hat. Das VG ist allerdings nur solange zur Entscheidung über eine Aussetzung berufen, wie über eine Abhilfe noch nicht entschieden ist. Nach Vorlage an das Beschwerdegericht ist dieses gem. § 173 S. 1 iVm § 570 III ZPO zuständig (vgl. OVG NRW Beschl. v. 25.1.2008 – 6 B 55/08; HessVGH NVwZ-RR 2004, 388, jeweils mwN). Im Fall der Beschwerde gegen einen Beschluss im Verfahren des vorläufigen Rechtsschutzes steht die Aussetzungsbefugnis allein dem Beschwerdegericht zu; denn das VG ist nach § 146 IV 5 nicht zu einer Abhilfeentscheidung berufen (OVG MV NVwZ-RR 2003, 534; VG Köln Beschl. v. 11.2.2019 – 5 L 93/19, Rn. 15 ff.).

4   Die **Aussetzung, die** ggf. auch von Amts wegen ergehen kann, ist **zulässig,** wenn die angefochtene Entscheidung einer Vollziehung fähig ist. Vollziehbar ist auch ein Beschluss, der einem Antrag nach § 80 V stattgibt (HessVGH NVwZ-RR 2004, 388 mwN). Das erforderliche Rechtsschutzbedürfnis liegt (nur) vor, wenn eine Vollziehung droht.

5   Sowohl die Entscheidung des VG nach § 149 I 2 als auch diejenige des Beschwerdegerichts nach § 173 S. 1 iVm § 570 III ZPO sind in das **Ermessen** des Gerichts gestellt. Bei der Ermessensausübung ist zu berücksichtigen, dass der Beschwerde nach der gesetzlichen Konzeption in § 149 I 1 nur ausnahmsweise aufschiebende Wirkung zukommt. Daher kommt eine Aussetzung der Vollziehung der angegriffenen Entscheidung nur in Betracht, wenn die Beschwerde mit überwiegender Wahrscheinlichkeit erfolgreich sein wird oder wenn unter Berücksichtigung aller Umstände des Einzelfalls zu erkennen ist, dass die Vollziehung den unterlegenen Beteiligten unzumutbar belastet (OVG Bln-Bbg Beschl. v. 26.4.2019 – 6 S 23.19, mwN; BayVGH BayVBl. 2018, 320; VGH BW NVwZ-RR 2014, 292; HessVGH NVwZ-RR 2008, 61; strenger HessVGH NVwZ-RR 2006, 740; OVG MV NVwZ-RR 2003, 534: beide Anforderungen kumulativ).

Entsprechend § 80 V 4, 5 kann die Aussetzung von **Auflagen** oder einer **6** **Sicherheitsleistung** abhängig gemacht oder befristet werden (SSB Rn. 5). Für das Beschwerdegericht besteht nicht nur die Möglichkeit, die Vollziehung der angefochtenen Entscheidung auszusetzen; es kann entsprechend § 570 III ZPO auch eine sonstige **einstweilige Anordnung** erlassen.

Die **Kostenentscheidung** bleibt der Entscheidung über die Beschwerde **7** vorbehalten. Das Beschwerdegericht kann seinen Beschluss über die Aussetzung jederzeit ändern, das VG nur bis zur Abhilfeentscheidung und Vorlage der Sache (SSB Rn. 6, 8; NK-VwGO Rn. 9). Ein **Aussetzungsantrag** wird **gegenstandslos,** wenn die Beschwerde zurückgenommen oder beschieden wird oder sich sonst erledigt (BFSA Rn. 7). Die Aussetzungsentscheidung des VG ist beschwerdefähig (SSB Rn. 6; NK-VwGO Rn. 10; BFSA Rn. 5).

§ 150 [Entscheidung durch Beschluss]

Über die Beschwerde entscheidet das Oberverwaltungsgericht durch Beschluß.

Wenn und soweit das VG nicht nach § 148 I abgeholfen hat, entscheidet über **1** die Beschwerde das OVG (zur ausnahmsweisen Zuständigkeit des BVerwG → § 152 Rn. 3) durch Beschluss. **Zuständig** ist – vorbehaltlich des § 87a – grds. der **Spruchkörper.** Abweichende Regelungen treffen die kostenrechtlichen Gesetze. So ist zur Entscheidung über Kosten- und Streitwertbeschwerden gem. §§ 66 VI 1, 68 I 5 GKG der Einzelrichter berufen, wenn in erster Instanz der Einzelrichter entschieden hat. Dies gilt entsprechend für den Fall der erstinstanzlichen Zuständigkeit des Berichterstatters nach § 87a I Nr. 4, III (str., OVG NRW Beschl. v. 6.5.2009 – 18 E 480/09, mwN; aA NdsOVG Beschl. v. 3.6.2009 – 2 OA 124/09, mwN).

Auf das **Verfahren** finden die Vorschriften über das Beschlussverfahren **2** Anwendung. Eine mündliche Verhandlung ist nach § 101 III freigestellt. Den Beteiligten ist nach den allgemeinen Grundsätzen rechtliches Gehör zu gewähren. Neu vorgetragene Tatsachen und Beweismittel sind vom Beschwerdegericht zu berücksichtigen (§ 173 S. 1 iVm § 571 II 1 ZPO); § 128a findet entsprechende Anwendung (Kopp/Schenke Rn. 4; BFSA Rn. 2).

Die Überprüfung durch das Beschwerdegericht beschränkt sich auch dann **3** auf eine **Rechtmäßigkeitskontrolle,** wenn es sich bei der angefochtenen Entscheidung um eine Ermessensentscheidung handelt (BFSA Rn. 4; aA

BeckOK VwGO Rn. 1; SSB Rn. 4 mwN). Soweit im Hinblick auf die einfache Beiladung nach § 65 I das Bedürfnis gesehen wird, dass das Beschwerdegericht eine eigene Ermessensentscheidung treffen kann (vgl. zB BayVGH Beschl. v. 21.7.2009 – 11 C 09.712; HessVGH NVwZ-RR 2004, 704 mwN), dürfte eine Rechtmäßigkeitskontrolle zu gleichermaßen sachgerechten Lösungen führen. Denn drängt sich aus Sicht des Beschwerdegerichts eine Beiladung auf, wird die erstinstanzliche Ablehnung der Beiladung regelmäßig ermessens- und damit rechtsfehlerhaft sein. Einschränkungen des Prüfungsumfangs ergeben sich ferner nach § 146 IV 6 im Verfahren des vorläufigen Rechtsschutzes (→ § 146 Rn. 30).

4 Der Beschluss ist zu begründen (§ 122 II 1), wobei gem. § 122 II 3 eine Bezugnahme auf die Gründe der angefochtenen Entscheidung möglich ist. Unzulässige Beschwerden sind zu verwerfen, unbegründete Beschwerden werden zurückgewiesen. Ist die Beschwerde zulässig und begründet, kann das Beschwerdegericht die **angegriffene Entscheidung aufheben** oder **ändern**. Ggf. kommt nach Maßgabe von § 173 S. 1 iVm § 572 III ZPO oder nach § 130 II analog eine **Zurückverweisung** in Betracht (SächsOVG Beschl. v. 28.2.2017 – 5 E 91/16, Rn. 6; BayVGH NVwZ-RR 2015, 518; Kopp/Schenke Rn. 2; NK-VwGO Rn. 7). Das **Verbot der reformatio in peius** ist zu beachten (SSB Rn. 5). Eine Kostenentscheidung ergeht nach § 161 I von Amts wegen. Im Fall der Erledigung gilt § 161 II, bei Rücknahme der Beschwerde § 126 I 1, III 2 entsprechend (→ § 146 Rn. 31). Die Beschwerdeentscheidung ist vorbehaltlich des § 17a IV 4 GVG **unanfechtbar** (§ 152).

§ 151 [Beauftragter oder ersuchter Richter; Urkundsbeamter]

[1] Gegen die Entscheidungen des beauftragten oder ersuchten Richters oder des Urkundsbeamten kann innerhalb von zwei Wochen nach Bekanntgabe die Entscheidung des Gerichts beantragt werden. [2] Der Antrag ist schriftlich oder zu Protokoll des Urkundsbeamten der Geschäftsstelle des Gerichts zu stellen. [3] §§ 147 bis 149 gelten entsprechend.

I. Zulässigkeit der Erinnerung

1. Statthaftigkeit

1 Gegen die in § 151 S. 1 abschließend benannten Entscheidungen des beauftragten oder ersuchten Richters (→ § 96 II) und des Urkundsbeamten der Geschäftsstelle (→ § 13) – im Antrag auf Entscheidung desselben Gerichts **(kein Devolutiveffekt)** – die sog Erinnerung – statthaft. Dies gilt auch, soweit eine Beschwerde (zB nach § 80 AsylG) ausgeschlossen ist. Abweichend ist in ausdrücklich bestimmten Fällen die Beschwerde statthaft, zB nach § 4 III JVEG oder → § 55 iVm §§ 180, 181 GVG.

2 Hauptanwendungsfall der Erinnerung ist die Anfechtung der Kostenfestsetzung (→ § 165). Spezielle Regelungen finden sich ua im sonstigen **Kosten-**

recht (zB GKG, RVG) und im Vollstreckungsrecht (§ 167 I iVm § 766 ZPO; dazu ThürOVG DÖV 2007, 305).

Strittig ist, ob eine **Anschlusserinnerung** statthaft ist (bejahend: VG Stutt- 3 gart NVwZ-RR 2007, 216; BeckOK VwGO Rn. 1; NK-VwGO Rn. 6; aA VG Neustadt NVwZ-RR 2004, 160; BFSA Rn. 1; SSB Rn. 6). Weil die VwGO die Zulässigkeit von Anschlussrechtsmitteln ausdrücklich vorsieht (§ 127; § 141 S. 1 iVm § 127), spricht das Fehlen einer entsprechenden Regelung für den Rechtsbehelf der Erinnerung gegen die Zulässigkeit einer Anschlusserinnerung.

2. Frist und Form

Nach § 151 S. 1 ist die Entscheidung des Gerichts binnen **zwei Wochen** 4 nach Bekanntgabe der angefochtenen Entscheidung zu beantragen. Für die Fristberechnung gelten die allgemeinen Regeln (§§ 57, 58). Wiedereinsetzung ist nach Maßgabe von § 60 möglich.

Gem. § 151 S. 2 ist der Antrag **schriftlich oder zu Protokoll** (→ § 147 5 Rn. 5) des Urkundsbeamten der Geschäftsstelle des Gerichts zu stellen. Die Erinnerung gegen eine Entscheidung des ersuchten Richters kann fristwahrend sowohl bei dem ersuchten Gericht als auch bei dem ersuchenden Gericht eingelegt werden (§ 151 S. 3 iVm § 147 II).

Für die Erinnerung beim OVG und beim BVerwG besteht gem. § 151 S. 3 6 iVm § 147 I 2, § 67 IV grds. **Vertretungszwang** (vgl. auch Kopp/Schenke § 67 Rn. 29 f.; Redeker/v. Oertzen Rn. 3; SSB Rn. 6; aA NK-VwGO Rn. 5; BFSA Rn. 3), es sei denn, es handelt sich um eine Kostenerinnerung, für die nach den speziellen Vorschriften in den kostenrechtlichen Gesetzen (ua § 66 V 1 GKG, (§ 56 II iVm) § 33 VII 1 RVG) kein Vertretungserfordernis besteht (vgl. SächsOVG NVwZ 2009, 1573; BT-Drs. 16/11385, 56).

II. Entscheidung

1. Zuständigkeit

Über die Erinnerung entscheidet das Gericht, das den Richter ersucht hat 7 oder dem der beauftragte Richter oder der Urkundsbeamte angehören. Das kann der **Spruchkörper,** der **Einzelrichter** (zB § 66 VI GKG) oder der **Vorsitzende/Berichterstatter** (§ 87a I, III) sein. Auch beim BVerwG entscheidet im Fall einer Kostenerinnerung gem. § 66 VI 1 GKG, §§ 56 II, 33 VIII 1 RVG der Einzelrichter (BVerwG NVwZ 2006, 479; NVwZ-RR 2006, 359). Die Zuständigkeit des Vorsitzenden/Berichterstatters nach § 87a I Nr. 5, III ist nicht mehr gegeben, wenn eine mündliche Verhandlung vor dem Spruchkörper stattgefunden hat und das Verfahren darin streitig oder unstreitig beendet worden ist (BVerwG NVwZ 2005, 466), IÜ gilt für Erinnerungen gegen Kostenfestsetzungsbeschlüsse, dass das Gericht in der Besetzung entscheidet, in der die zugrunde liegende Kostenlastentscheidung getroffen worden ist (SächsOVG Beschl. v. 28.2.2017 – 5 E 91/16, Rn. 5 mwN; BayVGH NVwZ-RR 2004, 309). Im Fall der Erinnerung gegen eine Entscheidung des beauftragten Richters ergeht die Entscheidung des Gerichts ohne dessen Mitwirkung (Kopp/Schenke Rn. 2).

2. Verfahren

8 Für das Erinnerungsverfahren gelten gem. § 151 S. 3 die §§ 147 bis 149 entsprechend. Danach ist ein **Abhilfeverfahren** durchzuführen (§ 148 I Hs. 1). Im Fall der Abhilfe kann der nunmehr Beschwerte erneut Erinnerung einlegen. Bei Nichtabhilfe ist die Erinnerung unter entsprechender Benachrichtigung der Beteiligten unverzüglich dem Gericht vorzulegen (§ 148 I Hs. 2, II).

9 Das Gericht entscheidet über die Erinnerung durch begründeten Beschluss (§ 122 II 1). Ist die Erinnerung unzulässig oder unbegründet, wird sie verworfen bzw. zurückgewiesen. Es gilt das **Verbot der reformatio in peius** (BVerwG NVwZ 2005, 466; VG Wiesbaden AuAS 2009, 105 mwN).

10 Ist die Erinnerung begründet, wird die angefochtene Entscheidung aufgehoben. Ist eine Neufassung der Ausgangsentscheidung erforderlich, kann das Gericht die Sache gem. § 173 iVm §§ 573 I 3, 572 III ZPO analog **zurückverweisen** (BVerwG Beschl. v. 8.10.2008 – 4 KSt 2000.08; BayVGH NVwZ-RR 2004, 309). Die aufschiebende Wirkung bestimmt sich nach § 149.

III. Rechtsmittel

11 Gegen die Entscheidung des Gerichts ist nach den allgemeinen Regelungen die **Beschwerde** eröffnet. Die Beschwerde gegen den Beschluss des VG über die Erinnerung nach § 165 I iVm § 151 ist keine Kostenentscheidung iSv § 87a I Nr. 5 (BayVGH Beschl. v. 22.2.2018 – 15 C 17.2522, Rn. 15; SächsOVG Beschl. v. 28.2.2017 – 5 E 91/16, Rn. 2; HessVGH Beschl. v. 11.11.2009 – 1 E 2412/09 mwN). Für das Beschwerdeverfahren besteht grds. **Vertretungszwang** (§ 147 I 2; VGH BW NVwZ-RR 2020, 86 Rn. 1; BayVGH Beschl. v. 1.3.2018 – 8 C 18.23, mwN; OVG LSA Beschl. v. 29.6.2007 – 4 O 135/07), mit Ausnahme der Kostenbeschwerden nach den speziellen kostenrechtlichen Verfahren (entsprechend → Rn. 6).

§ 152 [Beschwerde zum Bundesverwaltungsgericht]

(1) Entscheidungen des Oberverwaltungsgerichts können vorbehaltlich des § 99 Abs. 2 und des § 133 Abs. 1 dieses Gesetzes sowie des § 17a Abs. 4 Satz 4 des Gerichtsverfassungsgesetzes nicht mit der Beschwerde an das Bundesverwaltungsgericht angefochten werden.

(2) Im Verfahren vor dem Bundesverwaltungsgericht gilt für Entscheidungen des beauftragten oder ersuchten Richters oder des Urkundsbeamten der Geschäftsstelle § 151 entsprechend.

I. BVerwG als Beschwerdegericht

1. Beschränkung der zulässigen Beschwerden

§ 152 I beschränkt die zulässigen Beschwerden gegen Entscheidungen des **1** OVG auf die in der Regelung ausdrücklich benannten Fälle (s. a. § 49 Nr. 3). Zu den danach mit der Beschwerde an das BVerwG anfechtbaren Entscheidungen gehören der Beschluss über die Rechtmäßigkeit der Verweigerung der Vorlage von Urkunden oder Akten, der Übermittlung von elektronischen Dokumenten und der Erteilung von Auskünften (§ 99 II 1, 13 – **Beschwerde im in-camera-Verfahren**), der Beschluss über den zulässigen Rechtsweg nach § 17a II und III GVG, sofern die Beschwerde in dem Beschluss zugelassen worden ist (§ 17a IV 4 GVG – **Rechtswegbeschwerde**), sowie die Entscheidung über die Nichtzulassung der Revision (§ 133 I – **Nichtzulassungsbeschwerde**).

Da **§ 133 I** an § 132 I anknüpft, ist die Nichtzulassungsbeschwerde sowohl **2** eröffnet, wenn das OVG als Berufungsgericht im Urteil oder in einem diesem gleichgestellten Beschluss (§§ 93a II 5, 125 II 4, 130a S. 2) die Revision nicht zugelassen hat, als auch, wenn es diese Entscheidung als im ersten Rechtszug zuständiges Gericht getroffen hat. Im Rahmen der Rechtswegbeschwerde zum BVerwG ist demgegenüber ein Rechtsmittel gegen die Nichtzulassung der Beschwerde durch das OVG nicht gegeben, weil **§ 17a IV 4 GVG** für die Statthaftigkeit der Beschwerde ausdrücklich deren Zulassung voraussetzt (BVerwG Beschl. v. 3.3.2016 – 1 B 16.16, Rn. 4; NVwZ 2005, 1201; NVwZ 1994, 782; → § 133 Rn. 2).

Über die in § 152 I genannten Fallgruppen hinaus ist das BVerwG zustän- **3** diges Beschwerdegericht, wenn im Zusammenhang mit einer Sprungrevision gegen eine Entscheidung des VG im Verfahren des **vorläufigen Rechtsschutzes** Beschwerde eingelegt wird (BVerwG Buchh 310 § 80 Nr. 35). Hingegen ist im Verfahren nach § 80 V eine weitere Beschwerde an das BVerwG nach § 17a IV 4 GVG ausgeschlossen (BVerwG NVwZ 2006, 1291; aA BayVGH NVwZ 1999, 1015 mwN zum Streitstand). Die Beschwerde zum BVerwG ist außerdem eröffnet gegen eine Entscheidung des VG über die Nichtzulassung der Revision nach § 135 (§ 135 S. 2, 3 iVm § 133 I).

Es bleibt weder Raum für eine **außerordentliche Beschwerde** (→ § 152a **4** Rn. 2; offen gelassen von BVerwG Beschl. v. 3.3.2016 – 1 B 16.16, Rn. 4) noch für eine **Untätigkeitsbeschwerde** zum BVerwG (BVerwG NVwZ 2003, 869). Letzteres gilt jedenfalls seit dem Inkrafttreten des Gesetzes über den Rechtsschutz bei überlangen Gerichtsverfahren und strafrechtlichen Ermittlungsverfahren v. 24.11.2011 (BGBl. I 2011 (2302), mit dem ein eigenständiges Rechtsschutzverfahren für die Geltendmachung einer unangemessenen Dauer des gerichtlichen Verfahrens geschaffen worden ist (BayVGH Beschl. v. 8.1.2013 – 3 C 11.1707, Rn. 3 mwN auch zum Meinungsstand vor Inkrafttreten des Gesetzes; → § 146 Rn. 11).

2. Verfahrensvorschriften bei zulässiger Beschwerde

5 Soweit in §§ 99 II, 133 sowie § 17a IV 4 GVG keine abweichenden Bestimmungen getroffen sind, finden auf die Beschwerde zum BVerwG die Vorschriften der §§ 147 ff. entsprechende Anwendung (SSB Rn. 6). Gem. § 67 IV 1, 2 besteht Vertretungszwang.

3. Folgen des Beschwerdeausschlusses

6 Ist eine Entscheidung des OVG gem. § 152 I unanfechtbar und kommt ihr Rechtskraftwirkung zu, kann das OVG sie vorbehaltlich einer abweichenden gesetzlichen Regelung weder von Amts wegen noch auf Antrag abändern (BeckOK VwGO Rn. 3). Der gesetzlich angeordnete Beschwerdeausschluss nach § 152 I hat ferner zur Folge, dass eine Nichtzulassungsrüge, die im Zusammenhang mit einer der Endentscheidung des OVG (bzw. des VG im Fall des § 135) vorausgehenden **unanfechtbaren Vorentscheidung** erhoben wird, sich grds. als unzulässig erweist. Anderenfalls würde die Regelung in § 152 I umgangen. Eine Ausnahme gilt nur für den Fall, dass die Rüge einen Mangel betrifft, der infolge der beanstandeten Vorentscheidung weiterwirkend der angefochtenen Endentscheidung anhaftet (BVerwG NJW 1998, 2301; SSB Rn. 7; → § 132 Rn. 36).

7 Eine nach § 152 I unzulässige Beschwerde wird auch nicht dadurch statthaft, dass der Rechtsmittelführer die **Verletzung verfassungsrechtlicher Verfahrensgrundsätze** geltend machen könnte (BVerwG NVwZ 1994, 782; Buchh 310 § 152 Nr. 9). Jedoch kommt ggf. die Auslegung als Anhörungsrüge (→ § 152a) in Betracht.

8 Hat das OVG **fehlerhaft** in Gestalt einer **beschwerdefähigen Entscheidungsform** entschieden, ist eine Beschwerde zum BVerwG gleichwohl nicht statthaft (vgl. BVerwG NJW 1986, 1125). Im umgekehrten Fall ist die Beschwerde trotz nicht beschwerdefähiger Entscheidungsform statthaft (BVerwG NVwZ 1985, 280).

II. Erinnerungsverfahren vor dem BVerwG

9 Gegen Entscheidungen des beauftragten oder ersuchten Richters oder des Urkundsbeamten der Geschäftsstelle des BVerwG kann nach § 152 II iVm § 151 die Entscheidung des Gerichts (Erinnerung) beantragt werden. Die Erinnerung ist auch statthaft gegen die Entscheidung des Urkundsbeamten, die Erteilung einer Vollstreckungsklausel abzulehnen (vgl. BVerwG Beschl. v. 19.11.2018 – 4 AV 1.18 mwN). Für das Erinnerungsverfahren gelten die §§ 147 bis 149 entsprechend (§ 152 II iVm § 151 S. 3). Gem. § 67 IV 1, 2 besteht grds. **Vertretungszwang.** Aus § 151 S. 2 lässt sich wegen § 151 S. 3 iVm § 147 I 2 nichts Gegenteiliges ableiten. Davon **ausgenommen** sind allerdings **Kostenerinnerungen** (→ § 151 Rn. 6).

§ 152a [Anhörungsrüge]

(1) [1] Auf die Rüge eines durch eine gerichtliche Entscheidung beschwerten Beteiligten ist das Verfahren fortzuführen, wenn

1. ein Rechtsmittel oder ein anderer Rechtsbehelf gegen die Entscheidung nicht gegeben ist und
2. das Gericht den Anspruch dieses Beteiligten auf rechtliches Gehör in entscheidungserheblicher Weise verletzt hat.

[2] Gegen eine der Endentscheidung vorausgehende Entscheidung findet die Rüge nicht statt.

(2) [1] Die Rüge ist innerhalb von zwei Wochen nach Kenntnis von der Verletzung des rechtlichen Gehörs zu erheben; der Zeitpunkt der Kenntniserlangung ist glaubhaft zu machen. [2] Nach Ablauf eines Jahres seit Bekanntgabe der angegriffenen Entscheidung kann die Rüge nicht mehr erhoben werden. [3] Formlos mitgeteilte Entscheidungen gelten mit dem dritten Tage nach Aufgabe zur Post als bekannt gegeben. [4] Die Rüge ist schriftlich oder zu Protokoll des Urkundsbeamten der Geschäftsstelle bei dem Gericht zu erheben, dessen Entscheidung angegriffen wird. [5] § 67 Abs. 4 bleibt unberührt. [6] Die Rüge muss die angegriffene Entscheidung bezeichnen und das Vorliegen der in Absatz 1 Satz 1 Nr. 2 genannten Voraussetzungen darlegen.

(3) Den übrigen Beteiligten ist, soweit erforderlich, Gelegenheit zur Stellungnahme zu geben.

(4) [1] Ist die Rüge nicht statthaft oder nicht in der gesetzlichen Form oder Frist erhoben, so ist sie als unzulässig zu verwerfen. [2] Ist die Rüge unbegründet, weist das Gericht sie zurück. [3] Die Entscheidung ergeht durch unanfechtbaren Beschluss. [4] Der Beschluss soll kurz begründet werden.

(5) [1] Ist die Rüge begründet, so hilft ihr das Gericht ab, indem es das Verfahren fortführt, soweit dies aufgrund der Rüge geboten ist. [2] Das Verfahren wird in die Lage zurückversetzt, in der es sich vor dem Schluss der mündlichen Verhandlung befand. [3] In schriftlichen Verfahren tritt an die Stelle des Schlusses der mündlichen Verhandlung der Zeitpunkt, bis zu dem Schriftsätze eingereicht werden können. [4] Für den Ausspruch des Gerichts ist § 343 der Zivilprozessordnung entsprechend anzuwenden.

(6) § 149 Abs. 1 Satz 2 ist entsprechend anzuwenden.

I. Außerordentlicher Rechtsbehelf

Die durch Gesetz vom 9.12.2004 (BGBl. I 3220 (3223)) auch zur Entlastung **1** des BVerfG geschaffene Anhörungsrüge nach § 152a gewährt den Verfahrensbeteiligten in der Form eines **außerordentlichen Rechtsbehelfs** die Möglichkeit fachgerichtlicher Abhilfe für den Fall, dass ein Gericht in entscheidungserheblicher Weise den Anspruch auf rechtliches Gehör verletzt. Die Regelung trägt den Vorgaben des Plenarbeschlusses des BVerfG vom 30.4.2003 (BVerfGE 107, 395) Rechnung und ist in Anlehnung an den (erweiterten) § 321a ZPO formuliert. Entsprechend ihrer Zwecksetzung, eine **gerichtliche Selbstkorrektur** zu ermöglichen, ist die Anhörungsrüge an das Gericht zu richten und von diesem Gericht zu bescheiden, dem ein Gehörs-

verstoß vorgehalten wird. Die Rüge führt weder zum Eintritt des Devolutiv-
noch des Suspensiveffekts und verhindert nicht, dass die angegriffene Entscheidung in Rechtskraft erwächst. Sie ist vielmehr als rechtskraftdurchbre-
chender Rechtsbehelf ausgestaltet (Kopp/Schenke Rn. 4; BFSA Rn. 4).

2   Für eine Befassung der nächst höheren Instanz im Wege einer „**außerordentlichen Beschwerde**" ist danach kein Raum (BVerwG Beschl. v.
8.12.2005 – 5 B 93.05; Beschl. v. 21.7.2005 – 9 B 9.05; BFHE 216, 511;
BVerfG NJW 2007, 2538). Dies gilt auch für den Fall, dass von einem
Gehörsverstoß unabhängige Rechtsverletzungen (zB „greifbare Gesetzeswid-
rigkeit") geltend gemacht werden (BVerwG Beschl. v. 3.5.2007 – 5 B 192.06;
ebenso für den Bereich des Asylrechts: SächsOVG NVwZ-RR 2010, 125).
Ebenfalls unzulässig neben der Anhörungsrüge nach § 152a ist der außerordentliche Rechtsbehelf der **Gegenvorstellung** (BVerwG NVwZ-RR
2016, 723; Beschl. v. 26.3.2009 – 2 PKH 2.09; Beschl. v. 16.10.2007 – 2 B
101.07 ua; str., zum Meinungsstand vgl. BVerfG NJW 2009, 829; HessVGH
NJW 2009, 2761; offenlassend BVerwG Buchh 310 § 152a Nr. 16 Rn. 11).
Dies betrifft jedenfalls gerichtliche Entscheidungen, die in Rechtskraft erwachsen und daher weder mit ordentlichen Rechtsbehelfen angegriffen noch
vom erkennenden Gericht selbst abgeändert werden können (BVerfG NJW
2009, 829 Rn. 39; OVG NRW NVwZ-RR 2016, 930 Rn. 1 ff.; NdsOVG
DVBl 2009, 1400; zur Gegenvorstellung bei versagter PKH: NdsOVG Beschl.
v. 9.7.2019 – 4 PA 84/19, Rn. 3 mwN).

3   Die Anhörungsrüge ist kein Rechtsbehelf gegen jedes (vermeintliche) prozessuale Unrecht, sondern schützt nur das durch Art. 103 I GG gewährte und
einfachgesetzlich in der Prozessordnung ausgestaltete Recht auf rechtliches
Gehör (BVerwG Beschl. v. 29.10.2008 – 4 A 3001.08; BayVGH NVwZ-RR
2006, 739). Sie kann auch **nicht** auf die Verletzung **anderer Verfassungs-
garantien** gestützt werden (BVerwG Beschl. v. 20.3.2013 – 7 C 3.13, Rn. 4
mwN; NJW 2009, 457; BFH Beschl. v. 12.11.2008 – V S 11/08; NK-
VwGO Rn. 22; SSB Rn. 36, 39; str., vgl. zur analogen Anwendung bei
Art. 101 I 2 GG: VGH BW NJW 2005, 920; bei Verfahrensverstößen iSv
§ 138: BFSA Rn. 3; bei anderen verfassungsrechtlich gewährleisteten Ver-
fassungsprinzipen sowie offenkundig unrichtigen Entscheidungen: Kopp/
Schenke Rn. 20 ff.).

II. Zulässigkeitsvoraussetzungen

1. Gegenstand der Rüge

4   Gegenstand der Anhörungsrüge können alle Urteile und Beschlüsse des VG,
OVG und BVerwG sein, die den Beteiligten (Rügeführer) beschweren und
einem Rechtsbehelf (→ § 58 Rn. 2) nicht zugänglich sind. Erfasst werden
auch Entscheidungen im Verfahren des vorläufigen Rechtsschutzes. Zwischenentscheidungen (sog Hängebeschlüsse) sind beschwerdefähig (→ § 146
Rn. 14, str.), die Anhörungsrüge ist daher nach § 152a I 1 Nr. 1 ausgeschlossen (abweichend NdsOVG Beschl. v. 9.11.2017 – 13 ME 362/17: nach
§ 152a I 2 ausgeschlossen). Der Abänderungsantrag nach § 80 VII 2 ist ein

Rechtsbehelf iSv § 152a I 1 Nr. 1, es sei denn, es geht um die Geltendmachung eines Gehörsverstoßes, der einen Umstand iSv § 80 VII 2 nicht zu begründen vermag (für einen generellen Vorrang: NK-VwGO Rn. 15; aA zB VGH BW NVwZ 2006, 219; SSB Rn. 16; BeckOK VwGO Rn. 8: Vorrang der Anhörungsrüge). Anderweitige Rechtsbehelfe sind auch der Antrag auf Wiedereinsetzung nach § 60 und der Antrag auf mündliche Verhandlung nach einem Gerichtsbescheid (§ 84). Ausgeschlossen ist die Anhörungsrüge, wenn ein Rechtsbehelf wegen Fristversäumnis nicht mehr statthaft ist (Kopp/ Schenke Rn. 5; SSB Rn. 15). Die Anhörungsrüge ist auch gegen eine PKH versagende Entscheidung zulässig (NdsOVG DVBl 2019, 651 Rn. 1; VGH BW Beschl. v. 8.1.2019 – 2 S 2804/18 Rn. 4 f.).

Gegen **Zwischenentscheidungen** findet die Anhörungsrüge grds. nicht **5** statt, § 152a I 2. Etwas anderes gilt ausnahmsweise, wenn in dem Zwischenverfahren abschließend sowie mit Bindungswirkung für das weitere Verfahren befunden wird und die Entscheidung später nicht mehr im Rahmen einer Inzidentprüfung korrigiert werden kann (BVerfG NAB v. 8.12.2009 – 1 BvR 2774/09; Beschl. v. 23.10.2007 – 1 BvR 782/07: Richterablehnung; BayVGH BayVBl. 2017, 249).

2. Subsidiarität

Die Anhörungsrüge ist als **subsidiärer Rechtsbehelf** angelegt und nur dann **6** statthaft, wenn der geltend gemachte Gehörsverstoß nicht im Rahmen anderer gegen die angegriffene Entscheidung gegebener Rechtsmittel oder Rechtsbehelfe überprüft werden kann (§ 152a I 1 Nr. 1).

3. Form und Frist

Gem. § 152a II 1, 4 ist die Anhörungsrüge innerhalb von zwei Wochen nach **7** Kenntnis von der Verletzung des rechtlichen Gehörs schriftlich oder zu Protokoll (→ § 147 Rn. 5) des Urkundsbeamten der Geschäftsstelle bei dem Gericht zu erheben, dessen Entscheidung angegriffen wird. Liegt die Bekanntgabe der beanstandeten Entscheidung länger als zwei Wochen zurück, muss der Rügeführer glaubhaft machen (§ 173 iVm § 294 ZPO), wann er von der (vermeintlichen) Verletzung des rechtlichen Gehörs Kenntnis erlangt hat (§ 152a II 1 Hs. 2; BVerwG NVwZ-RR 2013, 340; NdsOVG DVBl 2019, 651 Rn. 4). Abzustellen ist auf die Kenntnis aller Umstände, aus denen sich die Berechtigung zur Erhebung der Anhörungsrüge ergibt (SSB Rn. 22). Es kommt auf die Kenntnis der maßgeblichen Fakten an, nicht auf deren rechtliche Bewertung als Gehörsverstoß (NdsOVG DVBl 2019, 651 Rn. 3). Der positiven Kenntnis steht gleich, wenn der Betroffene sich dieser bewusst verschließt und eine Kenntnisnahmemöglichkeit vorsätzlich übergeht (BVerwG BayVBl. 2014, 221 mwN). Nach dem Wortlaut der Norm bestimmt sich der Zeitpunkt des Beginns der **Zwei-Wochen-Frist** allein nach § 152a II 1 und nicht nach § 152a II 3 (NdsOVG DVBl 2019, 651 mwN; offen gelassen von BVerwG Beschl. v. 18.1.2007 – 2 B 56.06; aA BVerwG NVwZ-RR 2013, 340 Rn. 6). Der fingierte Bekanntgabetermin „mit dem dritten Tage nach Aufgabe zur Post" gilt ausschließlich für die Berechnung der materiellen Ausschlussfrist in § 152a II 2 (ein Jahr). Damit bislang nicht zuzustellende Entscheidungen nicht im Hinblick auf eine mögliche Gehörsrüge zustellungspflichtig werden, sieht § 152a II 3 für den Fall der formlosen Mitteilung eine Fiktion der Bekanntgabe vor (BT-Drs. 15/3706, 16). Weil es sich bei der Anhörungsrüge um einen außerordentlichen Rechtsbehelf handelt, hängt der Fristlauf nicht davon ab, dass eine Rechtsbehelfsbelehrung nach § 58 I erteilt wird (BVerwG Buchh 310 § 152a Nr. 15 Rn. 3 mwN; Beschl. v. 29.7.2009 – 5 B 46.09). Unter den Voraussetzungen des § 60 kann Wiedereinsetzung in die versäumte Rügefrist gewährt werden.

8   Die Rügeschrift muss nach § 152a II 6 erkennen lassen, welche Entscheidung angegriffen wird. Das **Darlegungserfordernis** in § 152a II 6 verlangt, mit der Rüge aufzuzeigen, dass das Gericht entscheidungserheblichen Vortrag nicht zur Kenntnis genommen oder nicht in Erwägung gezogen hat. Daran fehlt es, wenn sich aus der Rüge nur ergibt, dass sie die angegriffene Entscheidung in der Sache für unrichtig hält (BVerwG Buchh 310 § 152a Nr. 15 Rn. 4; Buchh 310 § 152a Nr. 11). Ebenfalls nicht ausreichend ist der Vortrag, das Gericht habe über einen geltend gemachten Gehörsverstoß der Vorinstanz unzutreffend entschieden. Denn rügefähig nach § 152a ist nur eine Verletzung rechtlichen Gehörs, die in dem Verfahren eingetreten ist, das durch eine Entscheidung iSv § 152a I 1 Nr. 1 abgeschlossen worden ist (BVerwG Beschl. v. 5.4.2017 – 8 B 6.17, Rn. 3; NJW 2009, 457; Beschl. v. 21.12.2006 – 2 B 74.06). In Bezug auf die Entscheidungserheblichkeit ist darzutun, dass das Gericht ohne die geltend gemachte Verletzung des Anspruchs auf rechtliches Gehör zu einer für den Rügeführer günstigeren Entscheidung hätte gelangen können (Kausalitätserfordernis). Des Weiteren sind die Bemühungen darzulegen, die der Rügeführer unternommen hat, um sich im Ausgangsverfahren Gehör zu verschaffen (SSB Rn. 26).

9   Wendet sich die Rüge gegen eine Entscheidung, für die nach § 67 Vertretungszwang besteht, unterliegt nach § 152a II 5 auch die Anhörungsrüge dem **Vertretungserfordernis** (BVerwG Beschl. v. 10.2.2006 – 5 B 7.06). In diesem Fall kann sie nicht zu Protokoll des Urkundsbeamten der Geschäftsstelle (§ 152a II 4) erhoben werden. Für das Anhörungsrügeverfahren gegen eine PKH versagende Entscheidung besteht kein Vertretungszwang (VGH BW Beschl. v. 8.1.2019 – 2 S 2804/18, Rn. 3).

III. Entscheidung

1. Zuständigkeit

10   Über die Anhörungsrüge befindet der Spruchkörper, dessen Entscheidung angegriffen wird. Bei einem zwischenzeitlichen **Wechsel der Zuständigkeit** infolge einer Änderung der Geschäftsverteilung für das Gericht entscheidet allerdings der nunmehr zuständige Spruchkörper (BVerwG Beschl. v. 6.11.2007 – 8 C 17.07). Eine Regelung wie in § 119 II 3 sieht § 152a nicht vor; demgemäß kann auch entsprechend der internen Geschäftsverteilung des Spruchkörpers ein Richter mitwirken, der an der angegriffenen Entscheidung nicht beteiligt war (zum Richterwechsel vgl. auch BVerfG NVwZ 2009, 580). Der Spruchkörper entscheidet nach Maßgabe der **allgemeinen Besetzungsregeln.** Richtet sich die Anhörungsrüge gegen ein Urteil des BVerwG, genügt daher nach § 10 III Hs. 2 die Dreier-Besetzung (BVerwG Buchh 310 § 152a Nr. 4).

2. Verfahren

§ 152a III verpflichtet das Gericht zwecks Wahrung des rechtlichen Gehörs, **11** den übrigen Beteiligten Gelegenheit zur Stellungnahme zu geben. Das ist geboten, weil ihre bereits erlangte Rechtsposition im Falle des Erfolgs der Anhörungsrüge bei Fortsetzung des Verfahrens (§ 152a V) berührt werden könnte. Die **Anhörung** ist jedoch dann nicht erforderlich, wenn die Anhörungsrüge erfolglos ist (Kopp/Schenke Rn. 11; BFSA Rn. 10).

3. Erfolglose Anhörungsrüge

Ist die Anhörungsrüge nicht statthaft oder nicht ordnungsgemäß erhoben, ist **12** sie **als unzulässig zu verwerfen,** § 152a IV 1. Liegen die Voraussetzungen des § 152a I 1 Nr. 2 nicht vor, ist die Rüge unbegründet und **zurückzuweisen** (§ 152a IV 2). In beiden Fällen ergeht die Entscheidung durch **unanfechtbaren Beschluss,** der kurz begründet werden soll (§ 152a IV 3, 4). Die Unanfechtbarkeit schließt eine erneute Anhörungsrüge aus (BVerwG Buchh 310 § 152a Nr. 11 mwN). Das gilt unabhängig davon, ob die Anhörungsrüge als unzulässig verworfen wird (HessVGH Beschl. v. 11.4.2016 – 8 A 2798/15.Z.R, Rn. 7), oder ob sie als unbegründet zurückgewiesen wird (BVerfG, NAB v. 26.4.2011 – 2 BvR 597/11, Rn. 5). Die **Kostenentscheidung** ergeht, da es sich bei der Anhörungsrüge nicht um ein Rechtsmittel iSv § 154 II handelt, nach § 154 I (vgl. zB BayVGH Beschl. v. 25.3.2010 – 11 ZB 09.863; SächsOVG Beschl. v. 26.11.2009 – 1 D 129/09; aA zB BayVGH Beschl. v. 17.5.2010 – 19 ZB 10.573; OVG NRW Beschl. v. 14.1.2010 – 13 B 1666/09). Die Praxis des BVerwG ist insofern uneinheitlich.

Unter engen Voraussetzungen ist **ausnahmsweise** eine **Heilung** der Ge- **13** hörsverletzung durch ergänzende Erwägungen in der die Anhörungsrüge als unbegründet zurückweisenden Entscheidung möglich. Voraussetzung ist, dass das Gericht in der Lage ist, das Vorbringen durch bloße Ausführungen im Anhörungsrügebeschluss zu berücksichtigen, und dadurch dem Gehörsverstoß abhelfen kann (BVerfG NVwZ 2009, 580).

4. Erfolgreiche Anhörungsrüge

Liegen die in § 152a I 1 Nr. 2 bezeichneten Voraussetzungen vor (vgl. dazu **14** BVerwG Buchh 310 § 152a Nr. 15 Rn. 4 mwN), ist die Gehörsrüge begründet mit der Folge, dass das **Verfahren fortzuführen** ist (§ 152a V 1). Einer förmlichen Abhilfeentscheidung bedarf es nicht. Die Fortführung des Verfahrens erfasst lediglich diejenigen Teile des Streitgegenstandes, die von der Gehörsverletzung betroffen sind (BT-Drs. 15/3706, 16). Das Verfahren wird in die Lage zurückversetzt, in der es sich vor dem Schluss der mündlichen Verhandlung befand, bzw. im schriftlichen Verfahren in den Zeitpunkt, bis zu dem Schriftsätze eingereicht werden können (§ 152a V 2, 3). Stimmt die Entscheidung, die aufgrund der Fortführung des Verfahrens zu erlassen ist, mit der früheren Entscheidung überein, ist auszusprechen, dass diese **aufrechtzuerhalten** ist (§ 152a V 4 iVm § 343 S. 1 ZPO). Liegt keine Übereinstimmung vor, ist die frühere Entscheidung durch die neue Entscheidung **aufzuheben** und durch den neuen Entscheidungsausspruch zu ersetzen (§ 152a V 4 iVm § 343 S. 2 ZPO).

5. Vollstreckungsschutz

15   Als Ausgleich dafür, dass die Anhörungsrüge die Rechtskraft unberührt lässt und mithin die Vollstreckung nicht hindert, sieht § 152a VI die Möglichkeit vor, die **Vollziehung** der angegriffenen Entscheidung entsprechend § 149 I 2 **einstweilen auszusetzen**. Dies dürfte allerdings regelmäßig nur unter der Voraussetzung in Betracht kommen, dass die Anhörungsrüge mit ganz überwiegender Wahrscheinlichkeit erfolgreich sein wird und der Rügeführer ohne eine vorläufige Regelung unzumutbar belastet würde (HessVGH NVwZ-RR 2006, 740).

15. Abschnitt. Wiederaufnahme des Verfahrens

§ 153 [Wiederaufnahme des Verfahrens]

(1) Ein rechtskräftig beendetes Verfahren kann nach den Vorschriften des Vierten Buchs der Zivilprozeßordnung wiederaufgenommen werden.

(2) Die Befugnis zur Erhebung der Nichtigkeitsklage und der Restitutionsklage steht auch dem Vertreter des öffentlichen Interesses, im Verfahren vor dem Bundesverwaltungsgericht im ersten und letzten Rechtszug auch dem Vertreter des Bundesinteresses beim Bundesverwaltungsgericht zu.

Übersicht

I. Zulässigkeit der Wiederaufnahme

Die Wiederaufnahme eines gerichtlichen Verfahrens zielt darauf ab, eine **1**
rechtskräftige (vgl. § 121) verfahrensbeendende Entscheidung zu beseitigen
und den Rechtsstreit einer erneuten Entscheidung, ggf. nach einer (weiteren)
mündlichen Verhandlung, zuzuführen (ThP ZPO Vorb. § 578 ff. Rn. 1;
Kopp/Schenke Rn. 1). In den Vorschriften über die Wiederaufnahme eines
verwaltungsgerichtlichen Verfahrens nach § 153 ivm §§ 578 ff. ZPO kommt
zum Ausdruck, dass es aus **Gründen der Rechtssicherheit** und des Rechtsfriedens grds. nicht möglich sein soll, eine rechtskräftig gewordene gerichtliche Entscheidung in Frage zu stellen. Eine Durchbrechung der Rechtskraft
ist daher auf die wenigen, eng umgrenzten Ausnahmen nach § 579 und § 580
ZPO beschränkt. Dabei handelt es sich um besonders schwerwiegende
Rechtsfehler, die es ausnahmsweise rechtfertigen, im Widerstreit zwischen
dem Prinzip der Rechtssicherheit und der **Forderung nach materieller
Gerechtigkeit** Letzterer den Vorrang einzuräumen (vgl. BVerfG NVwZ
2018, 582 Rn. 28; BVerwGE 95, 64; Buchh 303 § 580 ZPO Nr. 4). Über
§ 153 hinaus ist die Durchbrechung der Rechtskraft ausnahmsweise gerechtfertigt, wenn das zugrunde liegende Urteil sachlich unrichtig ist, die Unrichtigkeit dem von den Urteil Begünstigten bekannt ist und besondere Umstände hinzutreten, die die Ausnutzung des Urteils als sittenwidrig erscheinen
lassen (**Rechtsgedanke des § 826 BGB;** BVerwGE 148, 254 Rn. 19 ff.).

Die Wiederaufnahme des Verfahrens ist ein **außerordentlicher Rechts- 2
behelf,** der weder Devolutiv- noch Suspensiveffekt entfaltet (BeckOK
VwGO vor Rn. 1; Kopp/Schenke Rn. 2 f.). Das für das Wiederaufnahmeverfahren zuständige Gericht kann allerdings auf Antrag gem. § 167 I ivm
§ 707 ZPO anordnen, dass die Vollstreckung aus der angegriffenen Entscheidung einstweilen eingestellt wird oder nur gegen Sicherheitsleistung stattfindet.

1. Rechtskräftig beendetes Verfahren

Ein Wiederaufnahmebegehren ist gem. § 153 I nur gegen rechtskräftige ver- **3**
fahrensbeendende Entscheidungen statthaft. Dazu gehören rechtskräftige **Urteile,** Gerichtsbescheide sowie dem Urteil gleichstehende Beschlüsse nach
§§ 93a II 1, 125 II, 130a, 144 I. Darüber hinaus findet § 153 Anwendung auf
sonstige **verfahrensbeendende Beschlüsse** wie die Ablehnung der Berufungszulassung oder die ablehnende Entscheidung im Verfahren der Beschwerde gegen die Nichtzulassung der Revision (BVerwG Beschl. v.
8.4.2015 – 1 A 7.15; Buchh 310 § 153 Nr. 31; BayVGH Urt. v. 6.12.2018 –
13 A 18.2319 ua, Rn. 21; OVG NRW NVwZ-RR 2003, 535 mwN). Nicht
zu verfahrensbeendenden Beschlüssen in diesem Sinn gehören Verfahrensein-
stellungen infolge Klagerücknahme, übereinstimmender Erledigungserklärung
(BayVGH Beschl. v. 27.11.2017 – 4 S 17.2328) oder Vergleich. Insoweit
findet keine Wiederaufnahme statt, sondern es ist ggf. ein Antrag auf Fortsetzung des Verfahrens zu stellen (vgl. BVerwG Buchh 310 § 153 Nr. 36; Beschl.
v. 23.10.1998 – 7 B 234.98; BVerwGE 28, 332; BeckOK VwGO Rn. 5). Auf

gerichtliche Zwischenentscheidungen, die das Verfahren nicht beenden (zB Ablehnung eines Befangenheitsgesuchs), findet § 153 keine Anwendung (BVerwG Buchh 310 § 153 Nr. 37 Rn. 6). Handelt es sich bei der angegriffenen Entscheidung um ein Urteil, ist das Wiederaufnahmebegehren in Form einer **Wiederaufnahmeklage** anzubringen; im Falle verfahrensbeendender Beschlüsse ist ein **Wiederaufnahmeantrag** zu stellen (vgl. BVerwG Buchh 310 § 153 Nr. 33; Kopp/Schenke Rn. 5; BeckOK VwGO Rn. 4). Wird der Rechtsbehelf unzutreffend als Klage bezeichnet, kann ihn das Gericht als Antrag auslegen (BVerwG Beschl. v. 8.4.2015 – 1 A 7.15; BayVGH Beschl. v. 23.10.2017 – 9 S 17.1153, Rn. 5).

4   Entscheidungen über einen Antrag auf **einstweilige Anordnung** stellen keine rechtskräftige Beendigung des Verfahrens iSv § 153 I dar und sind daher nicht wiederaufnahmefähig (BVerwGE 76, 127). Es fehlt jedenfalls am Rechtsschutzbedürfnis, weil gem. § 80 VII analog jederzeit die Möglichkeit eines Abänderungsantrags besteht (vgl. zB NdsOVG DÖV 2018, 124; OVG NRW Beschl. v. 22.3.2007 – 18 B 311/07; BayVGH NJW 1985, 879; BeckOK VwGO Rn. 6; NK-VwGO Rn. 13 f.; aA HessVGH NJW 1984, 378). Dementsprechend scheidet ein Wiederaufnahmeverfahren auch in sonstigen Entscheidungen im vorläufigen Rechtsschutzverfahren aus (Kopp/Schenke Rn. 5; SSB Rn. 6). Aus vergleichbaren Erwägungen kommt eine Wiederaufnahme auch bei ablehnenden Beschlüssen im **Prozesskostenhilfeverfahren** einschließlich des Beschwerdeverfahrens nicht in Betracht (NdsOVG DVBl 2018, 603 Rn. 15 mwN; NK-VwGO Rn. 16; BeckOK VwGO Rn. 7). Ablehnende Entscheidungen über eine Anhörungsrüge unterliegen ebenfalls nicht der Wiederaufnahme (BayVGH Beschl. v. 8.3.2018 – 10 ZB 18.530; NdsOVG Beschl. v. 14.11.2017 – 13 ME 367/17, Rn. 8). Ausgeschlossen ist eine Wiederaufnahme ferner wegen § 47 V 2 (Allgemeinverbindlichkeit) bei einer **stattgebenden Normenkontrollentscheidung** (VGH BW ESVGH 13, 79; SSB Rn. 5).

2. Zuständiges Gericht

5   Zuständig für die Entscheidung über das Wiederaufnahmebegehren ist gem. § 153 I iVm § 584 I ZPO im Grundsatz dasjenige Gericht, dessen Entscheidung mit einem Wiederaufnahmegrund angefochten wird. § 584 I Hs. 1 ZPO erklärt grds. das **erstinstanzliche Gericht** für zuständig. Das **OVG** ist zur Entscheidung berufen, wenn sich die Wiederaufnahme gegen eine von ihm erlassene Berufungsentscheidung oder erstinstanzliche Entscheidung richtet, § 584 I Hs. 2 ZPO. Ferner erklärt § 584 I Hs. 2 ZPO das OVG für zuständig, wenn ein in der Revisionsinstanz erlassenes Urteil aufgrund des § 580 Nr. 1 bis 3, 6 und 7 ZPO angefochten wird (vgl. BVerwG Beschl. v. 15.8.1996 – 11 C 17.95). Aus der Zusammenschau von § 584 I Hs. 2 und 3 ZPO folgt, dass das OVG auch zuständig ist, wenn die Revision verworfen oder die Beschwerde gegen die Nichtzulassung der Revision zurückgewiesen wurde und der Wiederaufnahmegrund allein das Verfahren vor dem OVG betrifft (vgl. BVerwG Buchh 310 § 153 Nr. 27; Buchh 310 § 153 Nr. 20). Die Zuständigkeit des **BVerwG** ist eröffnet, wenn Gegenstand des Wieder-

aufnahmebegehrens eine erstinstanzliche Entscheidung des BVerwG ist, wenn ein revisionsgerichtliches Urteil oder eine sonstige Sachentscheidung aufgrund von §§ 579, 580 Nr. 4, 5 ZPO angefochten wird (§ 584 I Hs. 3 ZPO) oder wenn ein Wiederaufnahmegrund gegen das revisionsgerichtliche Verfahren geltend gemacht wird (BVerwG NVwZ 2018, 81 Rn. 7; Buchh 310 § 153 Nr. 37 Rn. 12). Str. ist, welches Gericht sachlich zuständig ist, wenn mehrere Wiederaufnahmegründe geltend gemacht werden, für deren Prüfung zT das OVG, zT das BVerwG zuständig wäre (vgl. BVerwG Buchh 310 § 153 Nr. 37 Rn. 13 mwN; für eine Zuständigkeitsteilung: BVerwG NVwZ 2018, 81 Rn. 8). Ist das angerufene Gericht unzuständig, hat es den Wiederaufnahmerechtsstreit **entsprechend § 83** an das instanziell zuständige Gericht zu **verweisen** (BVerwG Buchh 310 § 153 Nr. 35; Buchh 310 § 153 Nr. 20; zur Frage der Verweisung bei Zuständigkeitsteilung: BVerwG NVwZ 2018, 81 Rn. 14).

3. Wiederaufnahmebefugnis

Zur Verfahrenswiederaufnahme befugt ist, wer durch die angegriffene Entscheidung beschwert ist. In Betracht kommen die **Verfahrensbeteiligten sowie ihre Rechtsnachfolger** (vgl. § 121 Nr. 1), nicht hingegen der zu Unrecht nicht Beigeladene, weil sich die Rechtskraft der Entscheidung nicht auf ihn erstreckt (vgl. BVerwGE 104, 182). Der **VöI** und der **VBI** sind nach Maßgabe von § 153 II stets berechtigt, das Verfahren wiederaufzunehmen. Eine Einschränkung gilt für den VöI lediglich insoweit, als er gegen eine revisionsgerichtliche Entscheidung ein Wiederaufnahmeverfahren nur anstrengen kann, wenn er im Vorprozess beteiligt war (vgl. Redeker/v. Oertzen Rn. 4; BFSA Rn. 20; aA Kopp/Schenke Rn. 7). Hat ein Beteiligter die Wiederaufnahmeklage oder den Wiederaufnahmeantrag zurückgenommen, ist ein erneutes Wiederaufnahmebegehren nicht statthaft (BVerwGE 95, 64; aA BeckOK VwGO Rn. 14). **6**

4. Form und Frist

Für die Erhebung der Wiederaufnahmeklage bzw. für die Wiederaufnahmeantragstellung gelten gem. § 153 I iVm § 585 ZPO die allgemeinen Verfahrensvorschriften (der VwGO), soweit sich nicht aus **§§ 587, 588 ZPO** besondere Anforderungen ergeben. Insbesondere ist nach § 587 ZPO die Entscheidung zu bezeichnen, gegen die sich das Wiederaufnahmebegehren richtet, und gem. § 588 I Nr. 1 ZPO soll angegeben werden, auf welchen Anfechtungsgrund sich das Begehren stützt. Bestand im Vorprozess **Vertretungszwang**, gilt dies auch für das Wiederaufnahmeverfahren (BeckOK VwGO Rn. 16). **7**

Die Wiederaufnahmeklage (der Wiederaufnahmeantrag) ist **innerhalb eines Monats nach Kenntnis von dem Anfechtungsgrund** zu erheben (zu stellen), jedoch nicht vor Eintritt der Rechtskraft der angegriffenen Entscheidung (§ 153 I iVm § 586 I, II 1 ZPO). Ein bei einem unzuständigen Gericht eingegangenes Wiederaufnahmebegehren wirkt fristwahrend, sofern eine Ver- **8** weisung an das zuständige Gericht erfolgt (BVerwG Buchh 310 § 153 Nr. 35 Rn. 3). Eine Fristverlängerung kommt nicht in Betracht (§ 57 II iVm § 224 II ZPO). Wiedereinsetzung in die versäumte Frist ist nach Maßgabe von § 60 möglich. Da auf die Kenntnis des konkreten Anfechtungsgrundes abzustellen ist, läuft **für jeden Wiederaufnahmegrund** eine **eigene Frist.** Im Falle der Nichtigkeitsklage wegen mangelnder Vertretung (§ 579 Nr. 4 ZPO) beginnt die Frist an dem Tag, an dem der Partei bzw. ihrem gesetzlichen Vertreter die angegriffene Entscheidung zugestellt wurde (§ 153 iVm § 586 III Hs. 2 ZPO). Der positiven Kenntniserlangung nach § 153 iVm § 586 II 1 ZPO steht es gleich, wenn sich der Wiederaufnahmekläger der Kenntnis relevanter Tatsachen bewusst verschließt (BVerwG Beschl. v. 21.11.2013 – 9 B 60.13).

9   Nach Ablauf von **fünf Jahren** ab dem Zeitpunkt der Rechtskraft der angefochtenen Entscheidung ist ein Wiederaufnahmebegehren unstatthaft (§ 153 I iVm § 586 II 2 ZPO). Insoweit scheidet eine Wiedereinsetzung in den vorigen Stand nach § 60 aus (BayVGH BayVBl. 1992, 405). Die **Ausschlussfrist** gilt nach § 153 I iVm § 586 III Hs. 1 ZPO nicht für die auf § 579 Nr. 4 ZPO gestützte Nichtigkeitsklage. Eine weitere Ausnahme sieht § 586 IV ZPO (eingefügt durch ÄndG v. 21.10.2011, BGBl. I 2082) für die Restitutionsklage nach einem EGMR-Urteil (§ 580 Nr. 8 ZPO) vor. Danach ist die Wiederaufnahmeklage binnen eines Monats nach der Bekanntmachung der Entscheidung des EGMR zu erheben (BT-Drs. 17/6406, 9).

II. Wiederaufnahmegründe

10   § 153 I iVm § 578 I ZPO sieht die Nichtigkeitsklage (§ 579 ZPO) sowie die Restitutionsklage (§ 580 bis § 582 ZPO) vor. Werden in Bezug auf dieselbe Rechtssache beide Klagen erhoben, ist gem. § 153 I iVm § 578 II ZPO zunächst über die Nichtigkeitsklage zu entscheiden. Die in § 579, § 580 ZPO genannten Wiederaufnahmegründe sind **abschließend** (vgl. BVerwGE 104, 182; Buchh 303 § 580 ZPO Nr. 4; BeckOK VwGO Rn. 26; Kopp/Schenke Rn. 8 f.).

11   Mit dem Nichtigkeits- bzw. Restitutionsbegehren können auch Wiederaufnahmegründe gegen eine **Vorentscheidung** geltend gemacht werden, sofern die angegriffene verfahrensbeendende Entscheidung auf der Vorentscheidung beruht (§ 153 I iVm § 583 ZPO).

1. Nichtigkeitsklage

12   Die Nichtigkeitsklage ist bei **besonders schweren Verfahrensmängeln** eröffnet. Bei den Nichtigkeitsgründen nach § 579 I ZPO bedarf es **keiner** gesonderten **Kausalitätsprüfung.** Im Falle von § 579 I Nr. 1 und 3 ZPO ist die Nichtigkeitsklage aber unzulässig, wenn die Nichtigkeit mittels eines Rechtsmittels hätte geltend gemacht werden können (579 II ZPO). IÜ hat der Beteiligte die Wahl, ob er den Anfechtungsgrund im Rahmen eines Rechtsmittelverfahrens oder nach Eintritt der Rechtskraft im Rahmen eines Wiederaufnahmeverfahrens anbringt. Ausgeschlossen ist die Nichtigkeitsklage allerdings (über § 579 I Nr. 2 ZPO hinaus) generell, wenn der Nichtigkeits-grund bereits im Vorprozess geprüft und verneint wurde (vgl. BayVGH Beschl. v. 29.5.2001 – 15 B 96.3149).

Die **Versagung rechtlichen Gehörs** gehört nicht zu den Nichtigkeits- **13** gründen nach § 579 I ZPO. Die Vorschrift ist darauf auch nicht entsprechend anwendbar. Der Einlegung eines Rechtsmittels sowie § 152a kommt insoweit eine vorrangige und abschließende Bedeutung zu (vgl. BayVGH Beschl. v. 28.3.2019 – 20 S 19.384, Rn. 3; Kopp/Schenke Rn. 8a; Eyermann Rn. 8).

Die **Nichtigkeitsgründe** in § 579 I ZPO **entsprechen § 138 Nr. 1, 2** **14** **und Nr. 4,** nämlich § 579 I Nr. 1 ZPO § 138 Nr. 1, § 579 I Nr. 2 und 3 ZPO § 138 Nr. 2 und § 579 I Nr. 4 § 138 Nr. 4. Gem. § 579 I Nr. 2 ZPO findet die Nichtigkeitsklage nicht statt, wenn dieser Verfahrensmangel im Vorprozess erfolglos gerügt worden ist. § 153 I iVm § 579 I Nr. 4 ZPO findet namentlich Anwendung in den Fällen eines Sachurteils trotz fehlender Prozessfähigkeit (vgl. BVerwG Urt. v. 17.12.2009 – 2 A 2.08; Buchh 310 § 62 Nr. 14), nicht hingegen bei mangelnder Postulationsfähigkeit (BVerwG Beschl. v. 21.6.2006 – 5 B 54.06) oder einer zu Unrecht unterbliebenen Beiladung (BVerwGE 104, 182).

2. Restitutionsklage

Die Restitutionsklage findet statt, wenn das angefochtene Urteil auf einer **15** **unrichtigen Entscheidungsgrundlage** beruht. Die in § 580 Nr. 1 bis 5 ZPO genannten Wiederaufnahmegründe beziehen sich auf strafbare Hand-lungen, die übrigen Anfechtungsgründe betreffen neues Vorbringen. Anders als bei § 579 ZPO ist zu prüfen, ob der jeweilige Restitutionsgrund für die angefochtene Entscheidung kausal geworden ist (BGHZ 103, 121; BeckOK VwGO Rn. 32). Gem. § 153 I iVm § 582 ZPO ist die **Restitutionsklage** **subsidiär** gegenüber der Geltendmachung im Vorprozess. Sie ist unzulässig, wenn der Beteiligte schuldhaft versäumt hat, den Restitutionsgrund im voran-gehenden Verfahren anzubringen (vgl. zB BVerwG DVBl 2003, 868 zu den Sorgfaltsanforderungen in Bezug auf die Ermittlung einer entscheidungs-erheblichen Urkunde).

In den Fällen des auf **strafbare Handlungen** Bezug nehmenden § 580 **16** Nr. 1 bis 5 ZPO ist die Restitutionsklage grds. nur zulässig, wenn wegen der Straftaten (§ 580 Nr. 1 und 3: Aussagedelikte; § 580 Nr. 2: Urkundsdelikte; § 580 Nr. 4: zB Prozessbetrug; § 580 Nr. 5: Bestechung, Rechtsbeugung) eine **rechtskräftige Verurteilung** ergangen ist (§ 581 I 1. Alt. ZPO). Ab-weichend findet gem. § 581 I 2. Alt. ZPO die Wiederaufnahmeklage statt, wenn die Strafverfolgung aus anderen Gründen als wegen Mangels an Beweis nicht erfolgen kann (zB wegen Verjährung oder Geringfügigkeit der Tat).

§ 580 Nr. 6 ZPO betrifft die nachträgliche **Aufhebung eines präjudi-** **17** **ziellen Urteils,** wodurch die Richtigkeit der angefochtenen Entscheidung in Frage gestellt ist. Die Regelung ist entsprechend anwendbar, wenn ein VA aufgehoben und dem Vorprozess dadurch seine Entscheidungsgrundlage ent-zogen wird (vgl. BVerwG Buchh 310 § 94 Nr. 7; NK-VwGO Rn. 68; SSB Rn. 22). Der durch das 2. Justizmodernisierungsgesetz (BGBl. I 3416) mit

Wirkung zum 1.1.2007 neu geschaffene **§ 580 Nr. 8 ZPO** eröffnet eine Restitutionsklage, wenn der **EGMR** eine Verletzung der EMRK oder ihrer Protokolle festgestellt hat und die angefochtene Entscheidung darauf beruht.

18   Bedeutsam ist der in **§ 580 Nr. 7 ZPO** geregelte Wiederaufnahmegrund der **nachträglich aufgefundenen** oder benutzbar gewordenen **Urkunde.** Urkunde iSd § 580 Nr. 7 lit. b ZPO ist eine schriftlich verkörperte Gedankenerklärung, die zur Beweiserbringung geeignet ist. Eine hinreichende schriftliche Verkörperung fehlt, solange die Erklärung nur auf einem elektronischen Datenträger gespeichert ist (BVerwG NVwZ 2018, 81 Rn. 11). Der Wiederaufnahmegrund des § 580 Nr. 7 ZPO ist nur gegeben, wenn die Urkunde vor Rechtskraft der ursprünglichen Entscheidung errichtet war (BVerwG NVwZ 1999, 1335; Buchh 310 § 153 Nr. 18; zu einer denkbaren Ausnahme vgl. BVerwGE 20, 344) und wenn sie eine für den Restitutionskläger **günstigere Entscheidung** herbeigeführt haben würde. Ob Letzteres der Fall ist, beurteilt sich aus der Sicht des Restitutionsgerichts (BVerwGE 34, 113). Es genügt nicht, dass die Urkunde lediglich im Sinne einer Schlüssigkeitsprüfung geeignet ist, zu einer günstigeren Entscheidung zu führen (BVerwG Buchh 310 § 153 Nr. 36 Rn. 35). Auf Urkunden, die nur in Verbindung mit anderen im Vorprozess nicht vorgebrachten Beweismitteln zu einer für den Restitutionskläger günstigeren Entscheidung führen können, kann die Restitutionsklage nach § 580 Nr. 7 lit. b ZPO nicht gestützt werden. Diese Maßstäbe sind verfassungsrechtlich nicht zu beanstanden (BVerfG NVwZ 2018, 582 Rn. 29 f.).

18a   Die nachträgliche Verfügbarkeit setzt voraus, dass die Urkunde zeitweilig nicht zugänglich, nicht bekannt oder aus sonstigen Gründen nicht benutzbar war (vgl. OVG NRW NVwZ-RR 2003, 535). **Auffinden** iSd Vorschrift meint, dass die Existenz oder der Verbleib der Urkunde dem Restitutionskläger unverschuldet unbekannt war. Der Tatbestand der **nachträglich benutzbar** gewordenen Urkunde liegt vor, wenn der Restitutionskläger von der Existenz und dem Verbleib der Urkunde zwar Kenntnis hatte, er sie aber unverschuldet nicht vorlegen konnte (BVerwG Buchh 310 § 153 Nr. 36 Rn. 30). Danach scheidet § 580 Nr. 7 ZPO auch aus, soweit es sich um öffentlich ausgelegte, jederzeit zu beschaffende oder in behördlichen Akten zugängliche Urkunden handelt (BVerwG Buchh 310 § 153 Nr. 8; BFSA Rn. 13; aA Kopp/Schenke Rn. 8 für Urkunden in dem Gericht vorliegenden Behördenakten). Nicht erfasst werden auch Urkunden, die lediglich neue Bekundungen von Sachverständigen (BVerwG NVwZ-RR 2016, 934; Beschl. v. 7.7.1994 – 11 B 87.94; aA Kopp/Schenke Rn. 8) oder eine schriftliche Zeugenerklärung enthalten (BVerwG Beschl. v. 15.9.1995 – 11 PKH 9.95); denn der Restitutionsgrund des § 580 Nr. 7 lit. b ZPO dient nicht dazu, im Vorprozess nicht gehörte Sachverständige oder Zeugen in das Verfahren einzuführen (BVerwG Buchh 310 § 153 Nr. 36 Rn. 35). Ein **früher rechtskräftig gewordenes Urteil** ist in der derselben Sache erlassen, wenn seine Rechtskraft den später entschiedenen Fall erfasst. Der Wiederaufnahmegrund des § 153 I iVm § 580 Nr. 7 lit. a ZPO liegt daher vor, wenn über eine Klage mit gleichem Streitgegenstand erneut sachlich entschieden wird oder wenn sich das Gericht bei der Entscheidung über einen anderen Streitgegenstand zu einem präjudiziellen Urteil in Widerspruch gesetzt hat (BVerwG Buchh 310 § 153 Nr. 37 Rn. 18). Nach § 153 I iVm § 588 II 1 ZPO sind die Urkunden, auf die die Restitutionsklage gestützt wird, der Klageschrift beizufügen.

III. Entscheidung über die Wiederaufnahme

Das Gericht prüft von Amts wegen die **Zulässigkeit** der Wiederaufnahme- **19** klage (oder des Wiederaufnahmeantrags). Bei einem Zulässigkeitsmangel ist die Klage als unzulässig zu verwerfen (§ 153 I iVm §§ 589 I ZPO). Dies kann gem. § 153 I iVm § 585 ZPO im Beschlusswege durch das OVG entsprechend § 125 II (BVerwG NVwZ-RR 2018, 787; Buchh 310 § 153 Nr. 29; OVG NRW NVwZ 1995, 95) bzw. durch das BVerwG entsprechend § 144 I (vgl. BVerwG Buchh 310 § 153 Rn. 27) erfolgen. Die Zulässigkeit der Klage/des Antrags setzt voraus, dass der angeführte Wiederaufnahmegrund schlüssig und substantiiert dargelegt wird (BayVGH Beschl. v. 28.3.2019 – 20 S 19.384, Rn. 2; NdsOVG DVBl 2018, 603 Rn. 17 mwN; Kopp/Schenke Rn. 4).

Bejaht das Gericht die Zulässigkeit der Wiederaufnahmeklage, hat es von **20** Amts wegen zu prüfen, ob die Klage begründet ist, dh ein **Wiederaufnahmegrund vorliegt.** Wird dies verneint, ist die Wiederaufnahmeklage durch Sachentscheidung als unbegründet zurückzuweisen, ggf. gem. § 130a im Beschlusswege (BVerwG NVwZ-RR 2018, 787). Der Wiederaufnahmeantrag ist stets durch Beschluss zu bescheiden (vgl. BVerwG NVwZ 2018, 81 Rn. 6; Buchh 310 § 153 Nr. 33).

Ist die Wiederaufnahmeklage begründet, ist die angefochtene Entscheidung **21** aufzuheben; die Sache ist neu zu verhandeln (§ 153 I iVm § 590 I ZPO) und zu entscheiden. Dabei sind Änderungen der Sach- und Rechtslage zu berücksichtigen, soweit dies auch sonst zulässig wäre (BVerwG NVwZ 1989, 68).

Die **Kostenentscheidung** ergeht nach den allgemeinen Vorschriften **22** (§§ 154 ff.). Im Falle eines erfolgreichen Wiederaufnahmeverfahrens ist § 154 IV zu beachten. Gegen die Entscheidung im Wiederaufnahmeverfahren steht den Beteiligten das Rechtsmittel zu, das gegen die angefochtene Entscheidung gegeben war (§ 153 I iVm § 591 ZPO).

Teil IV. Kosten und Vollstreckung

16. Abschnitt. Kosten

Vorbemerkungen zu §§ 154 bis 166

Übersicht

I. Prozesskosten: Entstehung, Erstattung und Festsetzung

1. Primäre und sekundäre Kostentragung

Jedem Beteiligten eines (Verwaltungs)Rechtsstreits entstehen **Prozesskosten,** 1
nämlich Aufwendungen unmittelbar zum Zweck der Rechtsverfolgung oder
aus Anlass einer Rechtsverteidigung (§ 162 I; ThP ZPO Vorbem § 91
Rn. 2 ff.). Entstehung und Verteilung dieser Kosten (die sog. **primäre Kostentragung**) sind nicht Gegenstand der VwGO; sie folgen Regeln außerhalb
des Prozessrechts: An die Gerichtskasse sind Kosten (Gebühren und Auslagen)
nach Maßgabe des GKG und des dort niedergelegten Veranlassungsprinzips
zu zahlen (§ 22 GKG, vgl. auch § 29 Nr. 1 GKG); dem beauftragten Rechtsanwalt ist eine Vergütung (Gebühren und Auslagen) zu zahlen, deren Höhe
sich nach dem RVG und dem zivilrechtlichen Dienstleistungsvertrag mit dem
Mandanten bemisst. Schließlich muss jeder Beteiligte zur Vorbereitung und
Durchführung des Prozesses eigene Mittel einsetzen (etwa Schreibauslagen
oder Reisekosten). Jeder Beteiligte trägt die ihm entstehenden Kosten nach
Maßgabe des jeweiligen Rechtsverhältnisses selbst. Kostenpflichtig ist grds.
auch die **öffentliche Hand,** der entspr. Kosten entstehen (→ § 162 Rn. 4a).

Demgegenüber betreffen die §§ 154 ff. die **Kostenerstattung zwischen** 2
den Beteiligten (§ 63) innerhalb des Prozesses. Sie regeln, welchem bzw.
welchen Verfahrensbeteiligten letztlich sämtliche Prozesskosten zur Last fallen,
genauer: wer entstandene Kosten wem und in welcher Höhe zu erstatten hat

(sekundäre Kostentragung). Diese Kostenlastentscheidung gehört zu den zentralen und zugleich sensibelsten Fragen der meisten Gerichtsverfahren, können die Prozesskosten doch den Wert des Streitgegenstandes deutlich übersteigen und schon bei Teilunterliegen dem Prozess wirtschaftlich gesehen seinen Sinn nehmen. Der Gesetzgeber ist deshalb verfassungsrechtlich gehalten, eine für alle Verfahrensbeteiligten vergleichbare Kostensituation zu schaffen und das Risiko am Verfahrensausgang gleichmäßig zu verteilen (BVerfGE 74, 78 (94)). Müssen die Beteiligten bei streitiger Entscheidung die Kostenverteilung des Gerichts hinnehmen, so ist etwa eine einvernehmliche Lösung in der Hauptsache kaum zu erzielen, wenn nicht zugleich eine Verständigung über die mit ihr verbundene Kostenlast herbeigeführt werden kann.

2. Prozessualer Erstattungsanspruch

3 Zur Regelung der Kostenerstattung enthalten die Prozessgesetze eigenständige prozessuale Erstattungsansprüche zwischen den Verfahrensbeteiligten, die ihre Entstehungsvoraussetzungen im Prozessrechtsverhältnis haben. Die Rechtsgrundlagen dieser Erstattung sind für den Verwaltungsprozess in §§ 154 ff. ausgeformt. Der konkrete Anspruch wird durch eine **Kosten (grund)entscheidung** ausgelöst, die das Prozessgericht in der instanzabschließenden Entscheidung vAw zu treffen hat (§ 161 I), und zwar als sog. pflichtige Nebenentscheidung, sofern eine Sachentscheidung ergeht, sonst als sog. isolierte Kostenentscheidung (§ 158 II). In ihr wird einem oder mehreren Beteiligten die Kostenlast zugewiesen (§§ 154 bis 161, 162 III), und zwar grds. unabhängig davon, ob oder welche erstattungsfähigen Kosten entstanden sind (Ausnahmen → Rn. 15). Nach Maßgabe dieser gerichtlichen Verteilungsentscheidung trägt der belastete Beteiligte seine eigenen Prozesskosten und erstattet den übrigen (begünstigten) Beteiligten ihre Prozesskosten.

3. Kostenfestsetzung

4 Der Erstattungsanspruch wird im Streitfall im Verfahren der **Kostenfestsetzung** beziffert (§ 164). Sie schafft mit dem Kostenfestsetzungsbeschluss einen neuen Vollstreckungstitel (§ 168 I Nr. 4), der seinerseits der Anfechtung unterliegt (§ 165). Zuständig ist der Urkundsbeamte der Geschäftsstelle (→ § 13). Sachlich der Kostenfestsetzung zugeordnet sind Entscheidungen über die Erstattungsfähigkeit von Kosten (§ 162). Einzelne Entscheidungen behält das Gesetz jedoch dem Prozessgericht vor (§ 162 II 2: Anwaltskosten im Vorverfahren; § 162 III: außergerichtliche Kosten des Beigeladenen). Sachlich gleichgestellt ist die Niederschlagung von Gerichtskosten (§ 21 GKG → Rn. 20). Gesondert werden nach § 19 GKG die Gerichtskosten angesetzt.

5 Ist ein Beteiligter zur Aufbringung von Prozesskosten wirtschaftlich nicht in der Lage, kann ihm nach den zivilprozessrechtlichen Modellregeln (§§ 114 ff. ZPO) eine Beihilfe aus öffentlichen Mitteln, die **Prozesskostenhilfe,** gewährt werden (§ 166 I).

II. Grundsätze der Kostenverteilung

1. Unterliegens- und Veranlasserprinzipien

Die Entscheidung über die Kostentragung wird grds. (→ Rn. 7 f.) durch das **6** **Unterliegensprinzip** dirigiert: Erstattungsverpflichtet ist, wer im Verfahren unterliegt, erstattungsberechtigt, wer obsiegt (vgl. § 154 I). Die VwGO geht – wie die ZPO – davon aus, dass der unterliegende Teil das Verfahren durch seine sachlich unberechtigte Weigerung veranlasst und den Gegner zu den Aufwendungen zur Rechtsdurchsetzung genötigt hat (arg. § 156; NK-VwGO § 154 Rn. 15). Das Unterliegen ist allerdings am **Gesamtergebnis des Verfahrens** zu bemessen, wie es sich bei Abschluss des letzten Rechtszuges darstellt („Alles-oder-Nichts-Prinzip", NK-VwGO § 154 Rn. 18).

Ausnahmsweise gibt das Unterliegen keinen tauglichen Maßstab für die **7** Kostenverteilung ab. Das gilt für das **Unterliegen mit einem Rechtsmittel** nach § 154 II (→ § 154 Rn. 6 ff.). In anderen Fällen wird es durch **speziellere Verursachungsbeiträge** überlagert, die meist mit einem Verschulden gekoppelt sind, so fordert das Ziel der Kostengerechtigkeit (BLAHG ZPO Übers § 91 Rn. 10) eine Anwendung des **Verursacherprinzips** ungeachtet des Unterliegens. Das bedingt eine **Kostentrennung.** Diese betrifft aber regelmäßig nur ausscheidbare Mehrkosten (vgl. zB § 154 IV, § 155 III und IV; § 17b II 2 GVG → § 41 Rn. 24, 37), selten die gesamten Verfahrenskosten, nämlich dann, wenn der Beklagte keine Veranlassung zur Klage gegeben hat und den Anspruch sofort anerkennt (§ 156).

Eine weitere Konsequenz des allgemeinen Verursacherprinzips ist die regel- **8** mäßige Kostenhaftung des **vollmachtlosen Vertreters** (zB der Eltern eines Volljährigen, eines Anwalts ohne Vollmacht oder Organvorstands ohne Organbeschluss), der den Mangel seiner Vertretungsmacht kennt (BVerwG NVwZ 1982, 499; BGHZ 121, 397 (400)). Damit ist eine Freistellung des unterlegenen Vertretenen von den Verfahrenskosten verbunden, die nur dann **ausnahmsweise** nicht gerechtfertigt ist, wenn der Vertretene die vollmachtlose Tätigkeit veranlasst oder den Mangel sonst zu vertreten hat; dann trägt *er* die Kosten einer erfolglosen Prozessführung (BVerwG Buchh 310 § 67 VwGO Nr. 39; ebd. § 155 VwGO Nr. 2; Kopp/Schenke § 154 Rn. 3). Neben der Haftung des vollmachtlosen Vertreters bleibt die allgemeine Regelung des § 155 IV anwendbar, wonach dem Vertretenen ausscheidbare Kosten auferlegt werden können, die er schuldhaft verursacht hat (BVerwG NVwZ-RR 1999, 692; → § 155 Rn. 17 ff.).

2. Einheitliche Kostenentscheidung

Nach dem Grundsatz der **Einheitlichkeit der Kostenentscheidung** (Eyer- **9** mann vor § 154 Rn. 7; Zöller ZPO § 92 Rn. 2) ergeht in jedem Rechtszug, und zwar in der instanzbeendenden Entscheidung (§ 161 I), nur eine Kostenentscheidung, die **alle in der Instanz angefallenen Prozesskosten iSd § 162** unabhängig von der Kostenart (Gerichtskosten und außergerichtliche Kosten) **grds. nach demselben Schlüssel,** nämlich dem Grad des jeweiligen

Unterliegens, auf die Beteiligten verteilt. Hiervon bestehen **Ausnahmen** aus übergeordneten Gründen der Kostengerechtigkeit (→ Rn. 7). Eine Kostentrennung gilt auch bei unterschiedlichem Unterliegen von Streitgenossen (nach der Baumbach'schen Formel → § 159 Rn. 3) und bei Verbindung und Trennung von Verfahren. Bei der **Verbindung** zur gemeinsamen Entscheidung (§ 93 S. 1) sind demgemäß die Kosten der zunächst getrennten Verfahren bis zur Verbindung und für die Zeit danach gesondert zu verteilen (BLAHG ZPO § 91 Rn. 139 f.). Bei **Trennung** von Verfahren ergeht in allen getrennten Verfahren eine je eigene Kostenentscheidung. Die Kostenentscheidung kann **zuvor rechtskräftig abgeschlossene** Streitgegenstandsteile zu beachten haben (→ Rn. 13).

10   Der Grundsatz erfordert, die Kostenentscheidung einer nachfolgenden End- oder Schlussentscheidung **vorzubehalten,** wenn in der Instanz keine oder nur eine Teil- oder Grundentscheidung ergeht. Vorzubehalten ist die Kostenentscheidung deshalb in **Zwischenurteilen** (§ 109), in **zurückverweisenden Entscheidungen** sowie in Beschlüssen, mit denen ein Rechtsmittel **zugelassen** wird (§ 124a V; § 132 I). Das gilt auch dann, wenn ein Rechtsmittel – bei Zurückweisung eines Zulassungsrechtsmittels im Übrigen – nur teilweise zugelassen wird. **Ausnahmen** sind anzuerkennen, wenn Kostenteile von den später zu verteilenden Kosten ausnahmsweise vollständig unabhängig sind (zB bei vollständigem Ausscheiden eines Streitgenossen hins. dessen außergerichtlichen Kosten wie bei Zurückweisung seiner Nichtzulassungsbeschwerde → § 154 Rn. 10).

3. Grundsatz der Kosteneinheit

11   Nach dem ergänzend zu beachtenden **Grundsatz der Kosteneinheit** (Eyermann vor § 154 Rn. 6) hat jede Kostenentscheidung in jeder Instanz nicht nur die Kosten des Rechtszuges zu verteilen, in dem sie ergeht, sondern sämtliche erstattungsfähigen Prozesskosten (§ 162) **aller bisherigen Rechtszüge** – eben „des" Verfahrens iSd § 154 I. Dazu werden kostenrechtlich alle Rechtszüge und alle unselbstständigen Neben- und Zwischenverfahren als Einheit aufgefasst, soweit keine Sonderregelungen bestehen. Der Grundsatz verbietet demnach Kostenentscheidungen, die auf einzelne Verfahrens- oder Zeitabschnitte bezogen sind (MüKoZPO ZPO§ 92 Rn. 11). Die Verteilung der Kosten bemisst sich nach dem **Prozessausgang in der tatsächlich letzten Instanz** (→ Rn. 6). Bei teilweisem Unterliegen (§ 155) ist die Bildung von Kostenquoten geboten, in die alle kostenrelevanten Vorgänge einbezogen und ins Verhältnis zueinander gesetzt werden.

12   Die Kostenentscheidung erfasst auch die **Kosten von Zwischenverfahren,** soweit diese nicht mit einem Dritten in einem selbstständigen Verfahren geführt werden. **Nicht veranlasst** ist daher eine Kostenentscheidung in Beschlüssen über Ausschließungs- und **Befangenheit**sgesuche (→ § 54), nicht in Entscheidungen, mit denen eine Beschwerde gegen die Aussetzung des Verfahrens oder gegen die Anordnung des Ruhens nach § 173 S. 1 iVm § 251 ZPO zurückgewiesen wird (vgl. BayVGH NVwZ-RR 2004, 698; BayVBl. 1993, 60), nicht in **In-Camera-Verfahren** (→ § 99 Rn. 32a), nicht für eine

Güteverhandlung (→ § 173 Rn. 9b) und nicht in **Verweisungsbeschlüssen** (arg. § 17b II GVG; → § 41 Rn. 37 f. und → § 83 Rn. 14), wohl aber in der Beschwerdeentscheidung, mit der ein Rechtsstreit an ein anderes Gericht verwiesen wird (→ § 41 Rn. 38; str.). Die Kosten einer **Vorlage an das BVerfG** nach Art. 100 GG sollen außer Ansatz zu lassen sein, weil dort Gerichtskosten nicht erhoben und Parteikosten nicht erstattet werden. Wohl umfassen die Verfahrenskosten außergerichtliche Kosten, die den Beteiligten infolge der **Anrufung des EuGH** entstanden sind (BVerwG Buchh 451.90 EWG-Recht Nr. 6; NK-VwGO § 162 Rn. 120; s.a. → § 166 Rn. 17a). **Nicht zu den Zwischenverfahren** gehören die Mediation (→ § 173 Rn. 9c), Abänderungsverfahren nach § 80 VII (→ § 154 Rn. 9) und die Anhörungsrüge nach § 152a. Zum Sonderfall der Kostenverteilung bei Weiterverfolgung eines **Anschlussrechtsmittels** nach Zurücknahme des hauptsächlichen Rechtsmittels vgl. BVerwGE 132, 254.

Werden **Teile des Streitgegenstandes in einer Vorinstanz** rechtskräftig **13** entschieden, zurückgenommen oder für in der Hauptsache erledigt erklärt, hat das jeweilige Instanzgericht hierüber eine gesonderte Kostenentscheidung zu treffen (§ 92 III 1; § 161 II). Diese ist **unanfechtbar** (§ 92 III 2; § 158 II) und kann in einem höheren Rechtszug, in dem der restliche Streit behandelt und entschieden wird, nicht mehr geändert werden. Der Grundsatz der Einheitlichkeit der Kostenentscheidung zwingt das Rechtsmittelgericht aber dazu (sofern nicht nur die Kosten des Rechtszuges zu verteilen sind, § 154 II), unanfechtbare Kostenentscheidungen für Teile des Streitgegenstands in seine abschließende Kostenentscheidung einzubeziehen und eine Gesamtregelung zu finden. In ihr darf der unanfechtbare Teil jedoch nicht geändert werden.

III. Anwendungsbereich des 16. Abschnitts (§§ 154 ff.)

Der Anwendungsbereich der §§ 154 ff. ist unter Beachtung der Kostengrund- **14** sätze zu bestimmen. Danach gelten die Vorschriften für alle „Verfahren", die mit einer **instanzbeendenden Entscheidung** abschließen und dadurch die Identifizierung des oder der unterliegenden Beteiligten möglich machen. Eine Kostenentscheidung ist daher zu treffen in allen Urteils- und selbstständigen Beschlussverfahren, gleichgültig, ob sie mit oder ohne Sachentscheidung beendet werden (§ 161 I), sowie in Rechtsmittelverfahren. Eine Ausnahme sind **zurückverweisende Urteile** (§ 130; § 144 III Nr. 2) und zurückverweisende Beschlüsse nach § 133 VI. Sie beenden zwar die Instanz, eröffnen das Verfahren in einem vorangehenden Rechtszug aber neu; die Entscheidung über die Kosten des Verfahrens ist der Schlussentscheidung vorzubehalten. Kein Rechtsmittel ist der Abänderungsantrag nach § 80 VII (→ § 154 Rn. 9). Dasselbe gilt für die **erfolglose Anhörungsrüge** nach § 152a (Kosten nach § 154 I → § 152a Rn. 12). Bei der erfolgreichen Anhörungsrüge wird das Ausgangsverfahren fortgeführt, das Rügeverfahren gilt als unselbstständiges Zwischenverfahren, über dessen Kosten mit der Schlussentscheidung entschieden wird. Ob in einem Verfahren denkbare Prozesskosten tatsächlich angefallen sind, ist kein Kriterium, um von einer Entscheidung abzusehen.

15   Eine Kostenentscheidung ist im Ausgangspunkt **auch** zu treffen für **Ne-
ben- und Nachverfahren** wie: isolierte Streitwert- und Gegenstandswert-
sowie Kostenfestsetzung und Vollstreckungsverfahren. Jedoch enthält das einschlägige Recht oft Sonderregeln, die der Sache nach eine **Kostenentscheidung entbehrlich** machen (→ Rn. 16). Das gilt in PKH-Verfahren (→ § 166
Rn. 58); im Beschwerdeverfahren gegen die Ablehnung von PKH wird nur
eine Festgebühr fällig (Nr. 5502 KV zum GKG), und zwischen den Verfahrensbeteiligten werden Kosten nicht erstattet (vgl. § 166 S. 1 ivm
§ 127 IV bzw. § 118 I 4, 5 ZPO; ähnlich § 66 VIII GKG, § 11 II RVG, § 4
VIII JVEG). Für die Kostentragung gilt grds. das Veranlasserprinzip: Erstattungspflichtig ist, wer das Verfahren einleitet (§ 22 I GKG).

16   **Keine Kostenentscheidung** enthalten nicht instanzabschließende Beschlüsse über Zulassungsrechtsmittel und Teilentscheidungen sowie Entscheidungen in unselbstständigen Zwischenverfahren (→ Rn. 9). Über deren
Kosten ist nach dem Grundsatz der Kosteneinheit in der späteren Kostengrundentscheidung mitzuentscheiden (→ Rn. 10, zu einer Ausnahme bei Verweisung → § 41 Rn. 38). Eine Kostenentscheidung ist **faktisch entbehrlich,**
wenn Gerichtskosten nicht erhoben und die Kosten der Verfahrensbeteiligten
kraft Gesetzes nicht erstattet werden. Bei **zurückverweisenden** Entscheidungen (nach § 130 II; § 144 II Nr. 2) ist die Kostenentscheidung der
Schlussentscheidung vorzubehalten, welche die abschließende Sachentscheidung trifft und damit zugleich den unterliegenden Teil bestimmt. Die Kosten
der Instanz, aus der zurückverwiesen worden ist, gehören (wie die Kosten
aller anderen Instanzen) zu den Kosten des Verfahrens iSd §§ 154 ff.

IV. Streitwert und Streitwertkatalog

17   Der **Streitwert** (Wert des Streitgegenstands) ist eine Bemessungsgrundlage
für die Gerichts*gebühren* (vgl. § 3 GKG) als Teil der Gerichts*kosten* (→ § 162
Rn. 4 ff.) und – soweit er festgesetzt wird – auch für die gesetzlichen
Gebühren eines Anwalts (§§ 23 I 1, 32 I RVG → § 164 Rn. 17). Er wird
vom sachentscheidenden Spruchkörper nach dem GKG (insbes. §§ 39 ff.)
festgesetzt. Zur gleichmäßigen Anwendung in der Gerichtsbarkeit sind in
dem von Verwaltungsrichtern entwickelten „**Streitwertkatalog** für die Verwaltungsgerichtsbarkeit" (aktuelle Fassung vom 15.11.2013) Vorschläge für
die Höhe des Streitwerts in den einzelnen Rechtsgebieten enthalten, an
denen sich die Gerichte durchweg orientieren. Die genaue Höhe des Streitwerts hängt aber von dem wirtschaftlichen Ziel ab, das der Kläger im
Einzelfall anstrebt, was Abweichungen vom Katalogwert erzwingen kann
(vgl. § 52 GKG). Der Streitwertkatalog ist **abgedruckt** etwa bei Kopp/
Schenke Anhang zu § 164 und bei SSB Anhang zu § 163. Im Internet ist er
auf der Homepage des BVerwG www.bverwg.de > Rechtsprechung zu
finden.

V. Rechtsbehelfe im Kostenrecht

Die im Prozess mit Kosten Belasteten, aber auch Erstattungsberechtigte kön-   **18**
nen ein Interesse haben, sich gegen kostenrelevante Aussprüche zu wehren.
Anfechtbare **Entscheidungen im Kostenrecht** sind die Kosten(grund)ent-
scheidung, der Ansatz der Gerichtskosten (die Kostenrechnung), die Festsetzung des Streitwerts und – wie in § 165 eröffnet – die Kostenfestsetzung bzw.
–ausgleichung (§ 164). Letztere betrifft den Beschluss des Urkundsbeamten
über die Kostenerstattung zwischen den Verfahrensbeteiligten. Anfechtbar
sind auch die nunmehr möglichen ablehnenden Entscheidungen des **Urkundsbeamten** bei der PKH-Prüfung (§ 166 VI). Welcher **Rechtsbehelf**
konkret statthaft ist, legen VwGO, GKG und andere Vorschriften abhängig
vom Inhalt einer Entscheidung differenziert fest:

Die **Kosten(grund)entscheidung** ist in der verfahrensabschließenden   **19**
Entscheidung des (Prozess)Gerichts zu treffen (§ 161 I) und nur mit dieser
zusammen angreifbar (§ 158). Zur Kostenfolge gehören auch die Kosten des
Beigeladenen (§§ 161 I, 162 III). Bei Übergehen der Kostenfolge ist nach
§§ 120, 122 I die Ergänzung der Entscheidung zu beantragen, bei offensichtlicher Unrichtigkeit ist sie zu berichtigen (→ § 118 Rn. 4).

Den **Ansatz der Gerichtskosten** durch die Staatskasse kann der Kosten-   **20**
schuldner mit der **Erinnerung nach § 66 GKG** überprüfen lassen. Nur in
diesem Zusammenhang kann er sich auch gegen eine festgesetzte Vergütung
oder Entschädigung für beigeordnete Rechtsanwälte (§ 33 RVG) oder ehrenamtliche Richter, Dolmetscher, Zeugen- und Sachverständige wehren (§ 4 I
JVEG; Kopp/Schenke § 165 Rn. 5). Die Befugnis des Gerichts nach **§ 21
GKG,** (Gerichts)Kosten nicht zu erheben, gehört zur Kostengrundentscheidung; ein nach Zugang der Kostenrechnungen gestellter Antrag ist als Erinnerung iSd § 66 I GKG zu werten (BVerwG NVwZ 2006, 479 mwN). Der
Antrag hat Erfolg bei unverschuldeter Unkenntnis des Antragstellers (I 3) oder
schweren Mängeln iS einer eindeutig und offenkundig unrichtigen Sachbehandlung des Gerichts; der Antrag dient nicht dazu, rechtskräftig abgeschlos-
senes Verfahren nachträglich wieder aufzurollen. Kann ein Beteiligter Gerichtskosten **wegen geringen Einkommens** nachweislich nicht aufbringen,
kann er (nur) nach § 59 BHO beim kostenansetzenden Gericht beantragen,
dass Gerichtskosten gestundet, niedergeschlagen oder erlassen werden. Zu
außergerichtlichen Kosten → § 155 Rn. 27 und → § 162 Rn. 74.

Über die Erinnerung entscheidet der Spruchkörper des Gerichts, bei dem   **21**
die Kosten angesetzt worden sind, durch eines seiner Mitglieder als **Einzelrichter,** idR den Berichterstatter (§ 66 VI 1 Hs. 1 GKG). Das gilt auch beim
BVerwG (BVerwG NVwZ 2006, 479). Unter den Voraussetzungen des
§ 66 II GKG ist gegen die gerichtliche Entscheidung die **Beschwerde zum
OVG** gegeben, über die ebenfalls der Einzelrichter entscheidet (§ 66 VI 1
Hs. 2 GKG), und zwar auch dann, wenn erstinstanzlich der BE nach § 87a
entschieden hat (OVG Münster Beschl. v. 16.8.2017 – 18 E 594/17). Die
Beschwerde an das BVerwG ist ausgeschlossen (§ 66 III 3 GKG). Beschwer-
den nach dem GKG unterliegen seit der Neuregelung der Rechtsberatung

zum 1.7.2008 (→ § 67 Rn. 1) **keinem Vertretungszwang** nach § 67 IV (früher str., vgl. OVG NRW NVwZ 2009, 123). Seit der Neufassung des § 66 V GKG (Art. 12 Gesetz v. 30.7.2009, BGBl. I 2479) können Anträge und Erklärungen entspr. § 129a ZPO ohne Mitwirkung eines Bevollmächtigten abgegeben werden. Für Streitwert- und Kostenbeschwerden und Erinnerungen besteht selbst dann kein Vertretungszwang, wenn er für das Hauptsacheverfahren vorgeschrieben ist (BT-Drs. 16/11385, S. 56). Bedient sich der Beschwerdeführer allerdings eines Bevollmächtigten, muss dieser die Anforderungen des § 67 erfüllen. Zur **PKH**-Bewilligung → § 166 Rn. 17.

22 Die **Festsetzung des Streitwerts** durch Beschluss eines **VG** kann unter den Voraussetzungen des **§ 68 I GKG** mit der **Beschwerde** zum OVG angefochten werden. Auf sie sind wesentliche Bestimmungen des Erinnerungsverfahrens (→ Rn. 21; ua über die Einzelrichterzuständigkeit) entspr. anwendbar (§ 68 I 5 iVm § 66 III, IV, V 1, 4, VI GKG). **Beschwert** ist der aus eigenem Recht vorgehende Rechtsanwalt (§ 32 II RVG) grds. nur bei zu niedriger Festsetzung; er kann also nur Heraufsetzung des Streitwerts verlangen. Die kostenpflichtige Partei kann hingegen grds. nur Herabsetzung verlangen, es sei denn, es besteht eine Honorarvereinbarung (VGH BW NVwZ-RR 2002, 900; Kopp/Schenke § 165 Rn. 6 ff.). Eine unzulässige Beschwerde kann ggf. in eine Gegenvorstellung umgedeutet werden (§ 63 III 2 GKG → Rn. 24). Bei nicht vAw vorzunehmender Festsetzung kann der Rechtsanwalt die Festsetzung des **Gegenstandswerts der anwaltlichen Tätigkeit** beantragen und gegen den gerichtlichen Beschluss Beschwerde einlegen (§ 33 RVG). Für diese gelten ähnliche Regelungen wie für die Streitwertbeschwerde nach § 68 GKG (§ 33, § 56 RVG).

23 Verfahren über Erinnerungen und Beschwerden sind **gebührenfrei, Kosten werden nicht erstattet** (§ 66 VIII; § 68 III GKG für die Streitwertbeschwerde). Eine Kostenentscheidung nach §§ 154 ff. ist folglich nicht zu treffen, ein Streitwert nicht festzusetzen. Für den Auslagenersatz gilt das Veranlasserprinzip (erstattungspflichtig ist, wer das Verfahren einleitet, § 22 I GKG). Die Gebührenfreiheit nach § 66 VIII GKG erstreckt sich **nicht** auf nach § 152 VwGO iVm § 66 III 3 GKG unzulässige Beschwerdeverfahren vor dem BVerwG (BVerwG Beschl. v. 14.12.2016 – 3 B 68.16).

24 Gegen **Entscheidungen des OVG** und des **BVerwG** sind keine Rechtsmittel gegeben (§ 63 III 3 iVm § 68 I 5 GKG). Statthaft sind aber Anregungen („Gegenvorstellungen") auf Selbstkorrektur. Denn der Streitwert darf gem. § 63 III GKG **vAw geändert** werden. Diese Befugnis hat das Gericht, das den Streitwert festgesetzt hat, auch das Rechtsmittelgericht (§ 63 III 1 GKG) sogar unabhängig von der Zulässigkeit des Rechtsmittels (OVG NRW Beschl. v. 5.8.2008 – 1 E 831/08). Über Änderungsanträge entscheidet der Spruchkörper in **Regelbesetzung** (§ 5 III, § 9 III, § 10 III → § 165 Rn. 4). Eine Änderung ist nur innerhalb von sechs Monaten zulässig, nachdem die Entscheidung in der Hauptsache Rechtskraft erlangt hat (§ 63 III 2 GKG). Verletzungen des rechtlichen Gehörs können mit der Anhörungsrüge nach § 69a GKG geltend gemacht werden.

Gegen einen **Kostenfestsetzungsbeschluss** nach § 164 ist gem. § 165 die 25
Erinnerung entspr. § 151 statthaft (§ 165). Die Besonderheiten des Erinnerungsverfahrens nach dem GKG (→ Rn. 20) gelten für diese nicht.

§ 154 [Kostentragungspflicht]

(1) Der unterliegende Teil trägt die Kosten des Verfahrens.

(2) Die Kosten eines ohne Erfolg eingelegten Rechtsmittels fallen demjenigen
zur Last, der das Rechtsmittel eingelegt hat.

(3) Dem Beigeladenen können Kosten nur auferlegt werden, wenn er Anträge
gestellt oder Rechtsmittel eingelegt hat; § 155 Abs. 4 bleibt unberührt.

(4) Die Kosten des erfolgreichen Wiederaufnahmeverfahrens können der
Staatskasse auferlegt werden, soweit sie nicht durch das Verschulden eines Beteiligten entstanden sind.

I. Kostenhaftung des Unterliegenden (I)

§ 154 I formuliert mit der Vollhaftung des unterliegenden Teils das **Grund-** 1
prinzip des Kostenrechts (→ vor § 154 Rn. 6). Die Zuweisung der Kostentragung („trägt") ist die Grundlage für die Kostenerstattung unter den Beteiligten und – im Streitfall – der Festsetzung im Kostenfestsetzungsbeschluss
(§ 164). Der obsiegende Teil erhält dadurch vice versa einen Erstattungsanspruch gegen den unterliegenden. Ohne diesen bleibt es bei der primären
Kostentragung, wonach jeder Beteiligte selbst die ihm (aus anderen Rechtsgründen) entstehenden Kosten trägt (→ vor § 154 Rn. 1).

Mit **„Teil"** iSv I sind nur die **Hauptbeteiligten** nach § 63 Nr. 1 und 2 2
gemeint, also Kläger und Beklagte bzw. Streitgenossen (§ 64), ggf. der vollmachtlose Vertreter einer unterliegenden Partei (→ vor § 154 Rn. 8). Von
den Nebenbeteiligten (§ 63 Nr. 3 und 4) können nur **Beigeladene** an den
Kosten beteiligt werden, allerdings nur unter den Voraussetzungen des
§ 154 III, niemals nach I. Für **andere Nebenbeteiligte** (VÖI, VBI, Bundesbeauftragte und Vertreter der Interessen des Ausgleichsfonds) fehlt es an einer
entspr. Regelung; sie können nur als Rechtsmittelführer nach II mit Kosten
belastet werden → Rn. 11).

Ein Hauptbeteiligter **unterliegt,** wenn und soweit der Urteilsausspruch 3
hinter seinem Begehren zurückbleibt. Die Anwendung des I setzt allerdings
ein **vollständiges** Unterliegen voraus; bei **teilweisem** Unterliegen gilt
§ 155 I, bei Unterliegen eines aus mehreren Personen bestehenden Teils
§ 159 (→ § 155 Rn. 11). Das Obsiegen/Unterliegen ist zwar in jedem
Rechtszug eigenständig zu beurteilen, in höheren Rechtszügen aber auch für
die Vorinstanzen, soweit nicht nur ein Rechtsmittel zurückgewiesen wird (II).
Daher ist für das Unterliegen letztlich nur der **abschließende Prozesserfolg**
maßgeblich, also das rechtskräftige Ergebnis in der tatsächlich letzten Instanz,
die das Ergebnis „des [gesamten] Verfahrens" festlegt; Obsiegen in einer Vorinstanz bleibt ohne Bedeutung („Alles-oder-Nichts"-Prinzip → vor § 154
Rn. 6). Bezogen auf das Gesamtergebnis ist die Formulierung „Der … trägt

die Kosten des Verfahrens" ausreichend. In der Praxis wird aber häufig klarstellend hinzugefügt, für welche Rechtszüge dies gelten soll. Erforderlich ist dies aber nur, wenn die Kostentragung für Ausgangs- und Rechtsmittelverfahren voneinander abweicht (§ 154 II).

4   Anknüpfungspunkt ist der formale Gesichtspunkt des erfolglosen Ergreifens eines Rechtsbehelfs; das **Prozessverhalten** ist grds. unerheblich. Davon gibt es jedoch **Ausnahmen,** die unter speziellen Verursachungs- bzw. Verschuldensgesichtspunkten eine Haftung für Mehr-, Teil- oder Gesamtkosten unabhängig vom Prozesserfolg vorsehen (§ 154 II, § 155 III und IV, § 156). Sie sind gegenüber dem allgemeinen Unterliegensprinzip spezieller und daher vorrangig,

5   Die **Kosten des Verfahrens** (Prozesskosten) werden für das Kostenrecht in § 162 bestimmt. Die VwGO unterscheidet Gerichtskosten (Gebühren und Auslagen) und außergerichtliche Kosten (→ vor § 154 Rn. 1; § 162 Rn. 4 ff.). Wegen dieser allgemeingültigen Definition muss das Gericht die Kostenbestandteile in seinen Entscheidungen nicht einzelnen bezeichnen. Davon gibt es die Ausnahme der außergerichtlichen Kosten des Beigeladenen, die gemäß § 162 III nur dann erstattungsfähig sind, wenn das Gericht dies ausdrücklich anordnet. Diese Entscheidung gehört zur Kostengrundentscheidung – anders als die nach § 162 II 2 zu treffende Entscheidung über die Notwendigkeit der Zuziehung eines Bevollmächtigten für das Vorverfahren (→ § 162 Rn. 46). Die erstattungsfähige **Höhe** der Verfahrenskosten wird im Streitfall in der Kostenfestsetzung (§ 164) präzisiert und kann gerichtlich überprüft werden (§ 165).

II. Erfolglose Rechtsmittel (II)

6 Die Kostenverteilung bei **erfolglos bleibendem Rechtsmittel** orientiert § 154 II am **Veranlasserprinzip** (→ vor § 154 Rn. 7): Die Kosten fallen stets ausschließlich demjenigen zur Last, der die Fortsetzung des Verfahrens veranlasst und die dadurch entstehenden Kosten verursacht hat. Das materielle Unterliegen liefert für die Rechtsmittelinstanz keine Orientierung, denn es wird in Anwendung des § 154 I durch das (im Rechtsmittelverfahren bestätigte) Ergebnis der Vorinstanzen bestimmt. Das erfordert eine Sonderregelung für das Unterliegen des Rechtsmittelführers. Die Maßgeblichkeit des Veranlasserprinzips hat Konsequenzen für **Beitritte** anderer Beteiligter (→ Rn. 11a f.).

7   Anders verhält es sich, wenn das **Rechtsmittel** (vollständig) **Erfolg** hat und sich dadurch das Unterliegen bzw. Obsiegen im Verhältnis zur Vorinstanz umkehrt. Da die Kostentragung iSd Alles-oder-Nichts-Prinzips am abschließenden Prozesserfolg gemäß der Entscheidung in der letzten Instanz auszurichten ist (→ Rn. 3), trifft die Kostenentscheidung der Vorinstanz nicht mehr zu. Das Rechtsmittelgericht hat I anzuwenden und seine Kostenentscheidung nach dem Grundsatz der Kosteneinheit (→ vor § 154 Rn. 12) dem neuen Verfahrensergebnis anzupassen: Der insgesamt unterliegende Rechtsmittelgegner hat **nach § 154 I** die gesamten Kosten des Verfahrens in allen Rechtszügen zu tragen.

Um ein **Rechtsmittel** handelt es sich nach durchgängigem Sprachgebrauch **8**
der VwGO (→ § 58 Rn. 2) bei jedem prozessualen Mittel, das die Überprüfung einer nicht rechtskräftigen Entscheidung durch eine höhere Instanz
eröffnet (Berufung, Revision, Beschwerde). In § 154 II wird der Begriff des
Rechtsmittels aber oft weiter verstanden. Er umfasst auch vorgeschaltete –
erfolglose – Verfahren auf Zulassung eines Rechtsmittels (Berufungszulassungsantrag, Nichtzulassungsbeschwerde), obwohl diese bloße Rechtsbehelfe
sind (→ § 133 Rn. 2). Nach dem Aufbau der Verwaltungsgerichtsbarkeit (§ 2)
kommen als **Rechtsmittelgerichte** nur das OVG und das BVerwG in Betracht (vgl. §§ 46, 49).

Kein Rechtsmittel ist die Anhörungsrüge, sodass dem Antragsteller die **9**
Kosten einer erfolglosen Rüge nach § 154 I (und nicht nach II) aufzuerlegen
sind (→ § 152a Rn. 12). Ein neues selbstständiges Verfahren iSd §§ 154 ff. ist
das Abänderungsverfahren nach § 80 VII, sodass nur über dessen Kosten (und
nicht neu über die Kosten des Aussetzungsverfahrens) zu entscheiden ist.

Ohne Erfolg eingelegt ist ein Rechtsmittel, wenn es (weil unzulässig) **10**
verworfen oder (weil unbegründet) zurückgewiesen wird. Bei **Teilerfolg**
eines Rechtsmittels ist § 155 I anzuwenden, wobei die Kostenanteile nach
§ 154 I und II zu bestimmen sind. Führt ein Teilerfolg des Rechtsmittels zu
einer **teilweisen Zurückverweisung** des Verfahrens an die Vorinstanz (§ 144
III Nr. 2), ist fraglich, ob die Kostenentscheidung insgesamt dem Schlussurteil
vorbehalten bleiben muss oder die Kosten für den rechtskräftigen Teil schon
zu verteilen sind (was die Möglichkeit eröffnet, insoweit schon abzurechnen).
Letzteres ist der Fall: Es gilt nichts anderes als in sonstigen Fällen, in denen in
einem Rechtszug Streitgegenstandsteile rechtskräftig werden (→ vor § 154
Rn. 10; zur Berufungszulassung → § 124a Rn. 61) Die Praxis scheut jedoch
die Teilung. Bei Erfolglosigkeit eines **Rechtsmittels gegen ein Teilurteil**
gilt: Da ein Urteil, das ein Rechtsmittel zurückweist, von der Entscheidung
eines etwaigen noch unbeschiedenen Anspruchsteils unabhängig ist, sind die
Kosten des erfolglosen Rechtsmittels nicht dem Endurteil vorzubehalten,
sondern nach § 154 II dem Rechtsmittelführer aufzuerlegen (BVerwGE 36,
16 (21)).

§ 154 II greift nicht nur bei den Hauptbeteiligten ein, sondern auch zu- **11**
lasten von **drittbeteiligten Rechtsmittelführern,** also Beigeladenen und
einem VöI (§ 36), nicht aber dem VBI, der kein Rechtsmittelführer sein kann
(→ § 35 Rn. 5 f.). Im Verhältnis zwischen ihm und einem ebenfalls unterlegenen Hauptbeteiligten gilt die Regelung des § 159 über eine Mehrheit von
Kostenpflichtigen. Legen mehrere (Haupt- und/oder Neben)Beteiligte erfolglos Rechtsmittel ein, so sind §§ 155 I, 154 II anzuwenden (BVerwG
Buchh 310 § 155 VwGO Nr. 7).

Unterstützt ein anderer Hauptbeteiligter oder Beigeladener (nicht: VöI **11a**
und VBI), ohne selbst Rechtsmittel eingelegt zu haben, einen erfolglos
bleibenden Rechtsmittelführer mit einem **gleichgerichteten Antrag,** ist der
Beitretende deswegen **nicht an den Kosten zu beteiligen,** selbst wenn er
mit dem Rechtsmittelführer materiell „in einem Lager steht". § 154 II knüpft
die Kostenfolge – anders als I – nicht an das Unterliegen, sondern an die
Veranlassung der Kosten durch erfolgloses Einlegen eines Rechtsmittels (**hM,**

NK-VwGO Rn. 45; Eyermann Rn. 6; SSB Rn. 11). Andererseits kann er von diesem **keine Erstattung seiner außergerichtlichen Kosten** verlangen, weil er im Rechtsmittelverfahren (mit) unterlegen ist (Rechtsgedanke des § 154 I; BSG Beschl. v. 10.5.2016 – B 6 KA 61/16 B –, juris; NK-VwGO Rn. 6).

11b Ist das **Rechtsmittel eines sonstigen Beteiligten** (Beigeladenen oder VöI) erfolglos geblieben, trägt er nach § 154 II die gesamten Kosten des Rechtsmittels, **auch die außergerichtlichen Kosten** der Hauptbeteiligten, unabhängig davon, ob sie materiell in seinem Lager stehen. Sie haben die Fortsetzung des Verfahrens und die dadurch verursachten Kosten nicht veranlasst, weil sie selbst kein Rechtsmittel eingelegt haben (BVerwGE 94, 269 (279); NK-VwGO Rn. 46).

III. Kostenbelastung des Beigeladenen (III)

12 In III wird geregelt, unter welchen Voraussetzungen einem Beigeladenen Prozesskosten auferlegt werden dürfen. Liegen diese Voraussetzungen nicht vor, bleibt er frei, kann idR aber auch keine Erstattung eigener Aufwendungen verlangen (→ § 162 Rn. 65 ff.). Liegen die Voraussetzungen vor, ist eine Kosten(mit)tragung allerdings zwingend; die Wendung „können nur auferlegt werden" begründet kein Ermessen, sondern eine Befugnis des Gerichts (Eyermann § 154 Rn. 8; Kopp/Schenke § 154 Rn. 8, **str.**).

12a **Nicht anwendbar** ist die Vorschrift auf **VöI** (§ 36). Für eine Analogie fehlt die Grundlage, weil seine Tätigkeit im öffentlichen Interesse liegt (zum **VBI** → § 35 Rn. 6). Beteiligt wird ein VöI nur gem. II an den Kosten eines von ihnen eingelegten erfolglosen Rechtsmittels (→ Rn. 11).

13 Die Erwähnung der Kostentragung von – einfach oder notwendig – Beigeladenen, die erfolglos Rechtsmittel eingelegt haben, ist gegenüber II deklaratorisch (→ Rn. 11). Eine originäre Kostenhaftung besteht aber für den Fall der Beteiligung an einem Verfahren durch **Antragstellung**. Erforderlich ist ein erfolgloser Sachantrag in einem Ausgangsverfahren oder in einem von anderen eingeleiteten Rechtsmittelverfahren. Als Sachantrag kommt meist nur Abweisung bzw. Zurückweisung in Betracht (BLAHG ZPO § 297 Rn. 7 „Klageabweisung"). Reine **Verfahrensanträge** (auf Ruhen, Vertagung, Verweisung, Beweiserhebung usw., vgl. BLAHG ZPO § 297 Rn. 5) oder sonstige Angriffs- oder Verteidigungsmittel lösen die Kostentragungspflicht nicht aus. Für dadurch entstehende Mehrkosten bleibt es bei der Regelung in § 159 S. 1 iVm § 100 III ZPO. Der Sachantrag muss ausdrücklich gestellt sein; Ausführungen zur Sache genügen nicht. Wird mündlich verhandelt, muss ein schriftsätzlich angekündigter Antrag nach allgemeinen Regeln gestellt werden (→ § 103 Rn. 13). Die Anbringung in einem Schriftsatz genügt aber im schriftlichen Verfahren sowie bei Nichterscheinen des Beigeladenen in der mündlichen Verhandlung.

14 Eine Kostentragung **ohne einen Antrag** ist nur in den Fällen des § 155 IV möglich (§ 154 III Hs. 2, → § 155 Rn. 17). Die Kosten eines Vorverfahrens, an dem der Beigeladene nicht beteiligt war, können ihm nicht auferlegt werden (Eyermann § 154 Rn. 9).

Der Beigeladene muss gemessen an seinem Antrag **unterlegen** sein; nach **15** dem auch insoweit mitgedachten Unterliegensprinzip scheidet eine Kostentragung bei Obsiegen von vornherein aus; es ist dann § 162 III einschlägig. Die Rücknahme eines Sachantrags kommt einem Unterliegen gleich (Eyermann § 154 Rn. 9; **str.**). Kein Unterliegen tritt ein, wenn die Hauptbeteiligten, worauf Beigeladene keinen Einfluss haben, das Verfahren unstreitig erledigen (durch Rücknahme, Hauptsacherledigungserklärungen, Vergleich oder Anerkenntnis).

IV. Kosten eines erfolgreichen Wiederaufnahmeverfahrens (IV)

Die sprachlich wenig geglückte Vorschrift regelt den seltenen Fall der Kosten- **16** verteilung in einem erfolgreichen Wiederaufnahmeverfahren nach § 153. Das VG, das die Wiederaufnahme anordnet, wird ermächtigt, ausscheidbare Mehrkosten der Staatskasse oder einem Beteiligten aufzuerlegen, durch dessen Verschulden die Mehrkosten entstanden sind. Umfasst sind aber nur die Kosten bis zum Wiedereintritt in die Verhandlung zur Sache, nicht auch diejenigen des Hauptsacheprozesses. Damit sicht das Gesetz eine Abweichung vom Unterliegensprinzip (§ 154 I) vor. Sie begünstigt potenziell jeden Verfahrensbeteiligten, effektiv denjenigen, der in der Hauptsache unterliegt (Eyermann § 154 Rn. 10).

Das VG hat eine sachgerechte **Ermessensentscheidung** über die Kosten- **17** tragung zu treffen, die sich vorrangig daran zu orientieren hat, in wessen Sphäre der Wiederaufnahmegrund liegt (vgl. § 153 I iVm § 579, 580 ZPO). Dem obsiegenden Wiederaufnahmekläger können die Kosten insbes. dann angelastet werden, wenn er eine Urkunde auffindet oder zu benutzen in den Stand gesetzt wird, die eine ihm günstigere Entscheidung herbeigeführt haben würde (§ 580 Nr. 7b ZPO). Findet sich kein spezifischer Grund für die Kostentragung, bleibt es bei der Kostentragungspflicht des Unterliegenden.

§ 155 [Kostenteilung]

(1) [1]Wenn ein Beteiligter teils obsiegt, teils unterliegt, so sind die Kosten gegeneinander aufzuheben oder verhältnismäßig zu teilen. [2]Sind die Kosten gegeneinander aufgehoben, so fallen die Gerichtskosten jedem Teil zur Hälfte zur Last. [3]Einem Beteiligten können die Kosten ganz auferlegt werden, wenn der andere nur zu einem geringen Teil unterlegen ist.

(2) Wer einen Antrag, eine Klage, ein Rechtsmittel oder einen anderen Rechtsbehelf zurücknimmt, hat die Kosten zu tragen.

(3) Kosten, die durch einen Antrag auf Wiedereinsetzung in den vorigen Stand entstehen, fallen dem Antragsteller zur Last.

(4) Kosten, die durch Verschulden eines Beteiligten entstanden sind, können diesem auferlegt werden.

I. Teilunterliegen (I)

1. Anwendungsbereich

1 § 155 I (entspr. § 92 ZPO) wendet das Unterliegensprinzip des § 154 I
(→ vor § 154 Rn. 6) auf Fälle des teilweisen Unterliegens eines **Hauptbeteiligten** iSv § 63 Nr. 1, 2 und § 64 (Kläger, Beklagten, Streitgenossen) an, und
zwar ohne Rücksicht auf dessen Beteiligungs- oder Prozessfähigkeit (BGH
NJW 1993, 1865). Die Vorschrift wird von der wohl hM auch bei Teilunterliegen eines **Beigeladenen** angewendet (vgl. BeckOK VwGO § 154 Rn. 1;
SSB § 154 Rn. 2; Kopp/Schenke § 154 Rn. 1). Jedoch sollte es im Ausgangsverfahren und jedem nicht vom Beigeladenen initiierten Rechtsmittelverfahren mit der Anwendung von § 154 III (Kostenbelastung von Beigeladenen) und § 162 III (Kostenerstattung von Beigeladenen) sein Bewenden
haben (ebenso Eyermann § 154 Rn. 2); bei Rechtsmitteleinlegung durch den
Beigeladenen gilt § 154 II auch im Fall des Teilunterliegens.

2 Die Vorschrift gilt auch in **Rechtsmittelverfahren.** Bei Teilunterliegen ist
eine einheitliche Kostenentscheidung zu fassen, die sich – differenziert nach
den Streitgegenstandsteilen – für alle Rechtszüge gem. § 154 I am Gesamt-
unterliegen orientiert und iÜ nach § 154 II am Unterliegen im Rechtsmittelverfahren.

2. Begriff des teilweisen Unterliegens

3 Wie bei § 154 (→ Rn. 3) ist das **Maß des Unterliegens** danach zu bestimmen, was dem Kläger oder Rechtsmittelführer gemessen an seinem Sachantrag zugesprochen worden ist. Unterliegen ist grds. jedes Zurückbleiben des
Tenors hinter dem antragsmäßig – uU nach Hinweis im Rechtsgespräch
(§ 86 III) – gefassten Sachbegehren. Regelmäßig ist das Teilunterliegen an der

Formulierung im Tenor zu erkennen: „Im Übrigen wird die Klage abge-
wiesen/(ein Rechtsmittel) zurückgewiesen". Wie stets kommt es auf das
Gesamtergebnis nach Abschluss aller Instanzen an (→ vor § 154 Rn. 13). Der
Grund für das Unterliegen ist unerheblich (nicht aber für die Kostenverteilung bei Erledigung → § 161 Rn. 31). § 155 I greift auch ein, wenn der
Prozessausgang etwa auf eine nachträgliche Gesetzesänderung oder auf ein
Nachgeben des Beklagten zurückzuführen ist. Es bleibt dem Kläger unbenommen, solchen Umständen durch Erledigungserklärung (§ 161 II) Rechnung zu tragen, um uU die Kostenlast zu vermeiden. Bei streitiger Entscheidung sind verhaltensbezogene Umstände ansonsten nur iR des § 155 IV
bedeutsam.

3. Einzelfälle

Beispiele für Teilunterliegen: Bei teilbarem Streitgegenstand, insbes. einer   **4**
Geldforderung, wird nur ein Teil des mit Klage oder Widerklage geltend
gemachten Anspruchs zuerkannt; ein angefochtener VA wird nur teilweise
aufgehoben; zum Erlass eines erstrebten VA wird mit der Maßgabe verpflichtet, diesen mit einer Auflage zu versehen. Das Unterliegen kann sowohl auf
den Haupt- wie auf einen Nebenanspruch oder auf beides und auch auf das
Verhältnis zwischen Leistungs- und Feststellungsantrag zutreffen. Weitere Beispiele bei SSB § 155 Rn. 3 ff.; BLAHG ZPO § 92 Rn. 6 bis 26; MüKoZPO
ZPO§ 92 Rn. 3 ff.

Der Kläger unterliegt teilweise, wenn das Gericht der Klage bei Abweisung   **4a**
des Hauptantrags nur hins. eines **Hilfsantrags** stattgibt (arg. § 45 I 2 GKG).
Einen festen **Anteil des Unterliegens** gibt es nicht. Der Anteil bemisst sich
nach dem Verhältnis des Streitwertbetrages des Hilfsantrags zum Gesamtstreitwert. Sind Haupt- und Hilfsantrag gleichwertig, unterliegt der Beklagte ungeachtet der Abweisung des Hauptantrags vollständig (SSB Rn. 4). Das Unterliegen mit einem Aufhebungsantrag gilt als geringfügig iSd I 3, wenn die
hilfsweise beantragte **Rechtswidrigkeit und Nichtvollziehbarkeit** eines
Planfeststellungsbeschlusses festgestellt wird (BVerwGE 158, 1; 156, 20).

Kann das Gericht nur ein **Bescheidungsurteil** (§ 113 V 2) fällen, unter-   **5**
liegt der Kläger iSv I 1 teilweise, wenn er uneingeschränkte Verpflichtung
beantragt hatte (BVerwGE 37, 57 (61)). Den **Anteil des Unterliegens** bewertet die uneinheitliche Praxis mit 1/2 (arg. Nr. 1.4 Streitwertkatalog) bzw.
zwischen 1/3 und 1/10 (SSB Rn. 3; Eyermann Rn. 3). Hatte sich der Kläger
von vornherein auf einen **Bescheidungsantrag** beschränkt, unterliegt er
teilweise, wenn das Gericht im Urteil mit seiner Rechtsauffassung eine geringere Bindung des Beklagten für dessen erneute Entscheidung bewirkt, als sie
der Kläger angestrebt hatte (BVerwGE 135, 34 Rn. 67; Buchh 421.0 Prüfungswesen Nr. 157).

Für das **Normenkontrollverfahren** nach § 47 sind Besonderheiten zu   **6**
beachten. Erklärt das Normenkontrollgericht ein vom Antragsteller umfassend angegriffenes Normgefüge nur für teilweise unwirksam, sind die Verfahrenskosten nach § 155 I 1 zu quoteln, wenn der Antragsteller mit der
Anfechtung des ihn beschwerenden Teils erfolglos bleibt. **Nicht anwendbar**

ist § 155 I 3, wonach einem Beteiligten die Kosten ganz auferlegt werden können, wenn der andere nur zu einem geringen Teil unterlegen ist. Insoweit kommt zum Tragen, dass das Verfahren der Normenkontrolle zugleich ein Verfahren der objektiven Rechtskontrolle darstellt. Zu Bebauungsplänen → § 47 Rn. 75.

4. Ermessensentscheidung des Gerichts

7 **a) Möglichkeiten der Verteilung.** Das Gericht hat nach § 155 I 1 eine **Ermessensentscheidung** über die Art der Kostenteilung zu treffen. § 155 I S. 1 und 3 eröffnen dazu **drei Möglichkeiten,** zwischen denen zu wählen ist: die Kosten gegeneinander aufzuheben (→ Rn. 8), sie verhältnismäßig zu teilen (→ Rn. 10) oder sie einem Beteiligten ganz aufzuerlegen (→ Rn. 12).

8   **Gegeneinander Aufheben** ist in I 2 nur dahin (teilweise) definiert, dass die Gerichtskosten (→ § 162 Rn. 4) zwischen den **Haupt**beteiligten hälftig geteilt werden; mitgedacht ist, dass Kosten nicht erstattet werden, jeder seine außergerichtlichen Kosten also selbst zu tragen hat (→ § 160 S. 1 und 2). Für eine ausgleichende Kostenfestsetzung (§ 164) ist bei Kostenaufhebung kein Raum. Demgegenüber erfordert eine **verhältnismäßige Kostenteilung** die Bestimmung, welche Anteile an den Gesamtkosten (Gerichts- und Anwaltsgebühren) die Beteiligten jeweils zu tragen haben, also eine Zuweisung von Kostenquoten (→ Rn. 10).

8a   Ist eine **Beigeladener** nach § 154 III an den Kosten zu beteiligen (→ Rn. 12), ist **str.,** ob eine Aufhebung bei gleichmäßigem Unterliegen möglich ist (bejahend SSB Rn. 7: Drittelung der Gerichtskosten) oder eine verhältnismäßige Teilung unter Berücksichtigung von § 154 III, § 162 III vorzunehmen ist (Eyermann Rn. 2). Die Antwort hängt davon ab, wodurch eine Gleichverteilung der tatsächlichen Kostenlast bewirkt wird.

9 **b) Maßstäbe für die Ermessensausübung. Ermessen** bei der Wahl der Kostenverteilung hat das Gericht **sachgerecht auszuüben.** Eine verhältnismäßige **Teilung** ist intendiert (aber nicht zwingend), je mehr das Unterliegen des einen Teils dasjenige des anderen überwiegt. Für **Kostenaufhebung** spricht grds. (aber ebenfalls nicht zwingend), dass sich das Maß des wechselseitigen Unterliegens in etwa die Waage hält. **Vorrangig** muss das Gericht jedoch dafür sorgen, dass die Verteilung der **tatsächlichen Kostenlast** dem Verhältnis des Obsiegens und Unterliegens gerecht wird (BVerwG Buchh 310 § 155 VwGO Nr. 7; Eyermann Rn. 4). Insofern geben idR die außergerichtlichen Kosten den Ausschlag: Gegenüber dem Zivilprozess besteht im Verwaltungsprozess die Besonderheit, dass sich beklagte **Behörden** – anders als eine Naturalpartei – oft **nicht anwaltlich vertreten** lassen. In einer solchen Lage bewirkt die Kostenaufhebung ein unbilliges Ergebnis, wenn die Behörde keine Anwaltskosten mitzutragen hätte, obwohl dem Kläger die anwaltliche Vertretung aus Rechtsgründen (§ 67 II) oder aus Gründen der Waffengleichheit, insbes. bei schwierigeren Fällen, zugestanden werden muss. Bei Missachtung dieser Zusammenhänge kann zB der zu 1/2 erfolgreiche Kläger schlechter stehen als der nur 1/3 obsiegende (Eyermann § 155 Rn. 4). Entspr. gilt bei der Kostenbeteiligung von Beigeladenen (§ 154 III).

c) Quotenbildung. Maßgebend für die Bildung der Kostenquote ist das **10** Verhältnis der Verlustanteile zueinander. Die Kostenverteilung hat grds. dem **umgekehrten Prozesserfolg** zu entsprechen, wobei Verteilungsmaßstab der Gesamtgebührenstreitwert ist, der wiederum vom Streitgegenstand abhängt (NK-VwGO § 155 Rn. 28; MüKoZPO ZPO§ 92 Rn. 11). Die Quoten werden üblicherweise in Brüchen oder Prozentsätzen ausgedrückt, es können aber auch feste Beträge angegeben und eine Kombination dieser Möglichkeiten gewählt werden. Letzteres sollte aus Gründen der Klarheit jedoch vermieden werden (BLAHG ZPO § 92 Rn. 33 ff.). Unzulässig ist eine Aufteilung unter Verstoß gegen den Grundsatz der Kosteneinheit nach Streitgegenständen oder Verfahrensabschnitten (→ vor § 154 Rn. 12).

Die Praxis der VG ermittelt die Kostenquoten am **Verhältnis von Streit-** **10a** **wertanteilen,** wobei der Unterliegensanteil mit einem geschätzten Teil des Gesamtstreitwerts ausgedrückt wird. Das ist streng genommen nicht richtig: Die Quoten des Unterliegens und Obsiegens haben sich nach dem Verhältnis der entstehenden Gesamtkosten, also der (genau zu errechnenden) Gerichts- und Anwalts**gebühren** zu bemessen (zu dieser sog. Quotenmethode vgl. Lahusen/Ritter JA 2017, 127). Die verwaltungsgerichtliche Praxis kommt dennoch im Regelfall zu angemessenen Ergebnissen, weil nicht um Geldbeträge gestritten wird und ohnehin nur grobe Quoten ausgeworfen werden. Eine an den Gebühren orientierte **Feinberechnung** (mit Prozentsätzen bis hinter das Komma) kann aber bei sehr hohen Streitwerten und differenziertem Unterliegen geboten sein.

Beim **Unterliegen von Streitgenossen** (§ 64) ist zu differenzieren: **11** **(1)** Unterliegen **alle,** ist nach § 159 zu entscheiden. **(2)** Unterliegen alle Streitgenossen **gleichmäßig** mit einem Teil, ist nach § 155 I 1 zu quoteln: Der Teilunterliegende trägt die Verfahrenskosten (die Gerichtskosten, seine eigenen außergerichtlichen Kosten und die außergerichtlichen Kosten der Streitgenossen) gem. dem Anteil seines Unterliegens; der Rest fällt den Streitgenossen zur Last, die dem Obsiegenden nach § 159 haften (NK-VwGO Rn. 41). **(3)** Sofern von zwei Streitgenossen **einer vollständig obsiegt,** während der andere vollständig unterliegt, kommt ebenfalls § 155 I 1 zur Anwendung. Der Unterliegende hat den obsiegenden Streitgenossen von sämtlichen Kosten freizustellen und entspr. seiner Quote die Gerichtskosten und eigenen außergerichtlichen Kosten zu tragen. Den Rest trägt der unterliegende Streitgenosse (NK-VwGO Rn. 42). **(4)** Ist die Quote des Unterliegens der Streitgenossen **unterschiedlich,** sind nach der Baumbach'schen Formel (→ § 159 Rn. 3) die Quoten für Gerichtskosten und außergerichtliche Kosten getrennt zu ermitteln und auszudrücken; § 159 gilt nicht.

d) Geringfügiges Unterliegen. Bei geringfügigem Unterliegen können **12** einem Beteiligten die Kosten ganz auferlegt werden (I 3). Das Wort „können" drückt hier ein echtes gerichtliches Ermessen aus. Voraussetzung ist die Geringfügigkeit, die idR am Maß des Unterliegens im Verhältnis zum Gebührenstreitwert festzustellen ist, hingegen nach der Bedeutung für den Unterliegenden, wenn keine bezifferbaren Streitgegenstandsteile auszumachen sind (vgl. BVerwG NVwZ 1989, 765). Die Praxis nimmt Geringfügigkeit bis zu einer 10%-Grenze an (BLAHG ZPO § 92 Rn. 49). Die Auferlegung erfordert auch dann regelmäßig das Vorliegen besonderer Billigkeitsgründe, die es rechtfertigen, den Gegner trotz Teilobsiegens zu belasten.

II. Rücknahme von Rechtsbehelfen (II)

13 Die Regelung in II über die – grds. zwingende (→ Rn. 17) – Kostenbelastung bei Rücknahme (§ 92) eines Rechtsbehelfs (→ Rn. 14) ist ein **Spezialfall des Unterliegensprinzips.** Das Gesetz unterstellt, dass sich der Zurücknehmende in die Rolle des Unterliegenden begeben hat; nach den Gründen ist nicht zu fragen. Die Rücknahme löst deshalb einen Automatismus aus, sodass der Rechtsbehelfsführer alle Kosten der Instanz zu tragen hat. Das stimmt mit der Veranlasserkostenhaftung des Antragstellers nach § 22 GKG überein. Die Regelung ist **nachrangig** gegenüber einer bei Klagerücknahme aufgrund Verpflichtung in einem außergerichtlichen Vergleich (§ 160), bei Untätigkeitsklage (§ 161 III) und gegenüber der Pflicht zur Tragung verschuldeter Kosten (§ 155 IV → Rn. 17).

14 Die Aufzählung der **Rechtsbehelfe** (Antrag, Klage, Rechtsmittel, ein anderer Rechtsbehelf, zum Begriff → § 58 Rn. 2) zeigt, dass die Regelung auf jedes Haupt-, Eil-, Neben- oder Zwischenverfahren anwendbar ist. Allerdings bezieht sie sich ausschließlich auf die **Kosten im jeweiligen Rechtszug.** Bei Rücknahme eines Rechtsmittels (Beschwerde, Berufung, Revision usw.) gilt II auch für die Rechtsmittelkosten, bei Rechtsmittel in Zwischenverfahren (wie einem Streit über die Wiedereinsetzung → Rn. 16) für die dadurch veranlassten, **ausscheidbaren Kosten.** Wer Rechtsmittelführer ist, hat keine Bedeutung; auch der VBI, VöI kann daher mit Kosten belastet werden. Zu den erstattungsfähigen Kosten gehören grds. auch die Kosten eines unselbstständigen **Anschlussrechtsmittels,** das infolge der Rücknahme unzulässig wird (§ 127 V; § 141 S. 1), es sei denn der Anschließende besteht auf einer Entscheidung (BVerwGE 132, 254; 72, 165; Eyermann § 155 Rn. 8 mwN).

15 Bei **Teilrücknahme** (und streitiger Entscheidung iÜ) ist gemäß § 155 I eine einheitliche Kostenentscheidung für alle Rechtszüge zu treffen, bei der hins. des zurückgenommenen Teils § 155 II anzuwenden, also wie bei einem Teilunterliegen zu entscheiden ist. Im etwaigen weiteren Rechtsmittelverfahren im nächsten Rechtszug wird die Kostenentscheidung auch für den zurückgenommenen Teil „mitgezogen" (Eyermann § 158 Rn. 6).

III. Kosten der Wiedereinsetzung (III)

16 Wird dem Rechtsschutzsuchenden bei Versäumung einer Rechtsbehelfsfrist Wiedereinsetzung in den vorigen Stand gewährt (§ 60), so hat er nach III die „durch" den Antrag auf Wiedereinsetzung entstehenden, also **ausscheidbaren Mehrkosten** zu tragen, und zwar unabhängig davon, ob er später in der Hauptsache obsiegt. Die Mehrkosten müssen bestimmbar sein, anderenfalls geht die Vorschrift ins Leere. Bei abgesonderter Entscheidung über die Wiedereinsetzung (etwa im Beschwerdeverfahren) enthält die instanzbeendende Entscheidung eine eigene Kostenentscheidung; ob für diese ebenfalls III gilt, ist streitig (SSB § 155 Rn. 18; Eyermann § 155 Rn. 9). Jedenfalls bei Wiedereinsetzung und Zurückverweisung ist § 154 I anzuwenden. Die Vorschrift gilt ihrem Wortlaut nach nur für eine **beantragte** Wiedereinsetzung, sie wird auf die Wiedereinsetzung vAw aber entsprechend angewendet (Kopp/Schenke § 155 Rn. 13; SSB § 155 Rn. 19).

IV. Verschuldete Kosten (IV)

1. Spezialregelung

Die generalklauselartige Bestimmung **überlagert** iR ihres Anwendungs- **17**
bereichs als lex specialis alle anderen Kostenregelungen. Lediglich § 161 III trifft eine auch ihr gegenüber speziellere Regelung. Eine verschuldensunabhängige Mehrkostenhaftung sehen nur § 155 III und § 159 S. 1 iVm § 100 III ZPO vor. Die **Kosten bei Verweisung** des Rechtsstreits sind in § 17b II GVG besonders geregelt (→ § 41 Rn. 37; → § 83 Rn. 14)

Die Regelung gilt zwar im Ausgangspunkt für alle Beteiligten iSd § 63, **18**
praktisch trifft sie jedoch nur eine **obsiegende Partei,** deren kostenerhöhendes Fehlverhalten sie zugunsten des Unterliegenden korrigieren soll. Beim Fehlverhalten des Unterliegenden ist eine Korrektur weder möglich noch nötig, denn er trägt ohnehin die Kosten.

Es ist nicht gerechtfertigt, in einem Fall des § 155 IV stets **Prozesskosten-** **19**
hilfe (§ 166 iVm § 114 ZPO) zu versagen, weil die Vorschriften unterschiedlichen Zielen dienen (BVerwG NVwZ-RR 1999, 587). Es ist lediglich zu prüfen, ob ein von § 155 IV erfasstes Verhalten zugleich als mutwillig im Sinne von § 114 ZPO angesehen werden kann.

2. Verschuldensbegriff

Voraussetzung ist die Feststellung eines spezifischen vorwerfbaren Verhaltens, **20**
das isolierbare Mehrkosten verursacht. Der **Verschuldensbegriff** entspricht dem in § 60 I (→ § 60 Rn. 8 f.). Jeder Beteiligte muss sich das Verschulden seiner Bevollmächtigten, Vertreter und Hilfspersonen zurechnen lassen. Bei Behörden ist ebenso ein individuelles Verhalten von Amtswaltern schädlich wie ein kausales Organisationsverschulden. Das Verschulden der Widerspruchsbehörde ist der Ausgangsbehörde zuzurechnen.

Die Norm ist nur anwendbar, wenn ausscheidbare Mehrkosten identifizier- **21**
bar sind, die auf Parteiverschulden zurückgeführt werden können. Es kann sich um die gesamten Kosten eines Rechtsmittels oder sogar eines Prozesses handeln, sofern eine entsprechende Kausalität vorliegt (Eyermann § 155 Rn. 10). Liegen die Voraussetzungen vor, kann die Verschuldensregelung auch bei Rücknahme (trotz der sonst zwingenden Regelung in II) und iR einer Kostenentscheidung nach Hauptsacherledigung (§ 161 II) berücksichtigt werden.

3. Beispiele für kostenverursachendes Fehlverhalten

22-23 **a) Vorprozessuales Verhalten.** Erfasst werden vorprozessuale wie (inner)
prozessuale Verhaltensweisen der Beteiligten. Vorprozessuales Fehlverhalten,
das stets einer besonderen Kausalitätsprüfung mit Blick auf seine Kostenwirk-
samkeit bedarf, ist meist **auf Behördenseite** bedeutsam. Bei vorprozessualem
Fehlverhalten des Klägers ist regelmäßig § 159 einschlägig, was zu seiner
Kostenbelastung führt und § 155 IV leerlaufen lässt. Fehlverhalten der Behörde kann einen unnützen und offensichtlich erfolglosen Prozess oder unrichtige Verfahrenshandlungen provozieren. Hauptanwendungsfall ist die **unrichtige Rechtsbehelfsbelehrung** (§ 58 II). Sie kann etwa Mehrkosten der
Klageerhebung bei einem unzuständigen Gericht auslösen (§ 17b II GVG).
Für die Richtigkeit ihrer Belehrung hat die Behörde sogar unabhängig von
einem Verschulden einzustehen (BVerwGE 73, 21 (23); 73, 126 (137); aA
SSB Rn. 26). Auf die Rechtsbehelfsbelehrung darf sich auch ein Rechtsanwalt verlassen (SSB Rn. 26). Weitere denkbare Fälle sind sonstige unrichtige Auskünfte und Belehrungen, die irrtümliche Zweitzustellung eines schon
bestandskräftigen Bescheides (BVerwGE 58, 100 (107)) oder die irreführende
Begründung eines VA (BVerwGE 60, 245 (252)).

24   Als vorprozessuales Verschulden des **Beigeladenen** kommt die unberechtigte Verweigerung des gemeindlichen Einvernehmens mit der Erteilung einer
Baugenehmigung in Betracht. Sie führt unabhängig von einer Antragstellung
iSd § 154 III zur Kostenbelastung.

25 **b) Fehlverhalten im Prozess.** Als schuldhaftes **Verhalten im Prozess**
kommt verspätetes Vorbringen oder das Ausbleiben in einem Termin in
Betracht, der dadurch nutzlos wird (vgl. § 95 ZPO; BayVGH Urt. v.
21.9.2009 – 9 N 07.1698). Das Prozessrecht begründet keine Pflicht zur
unverzüglichen Reaktion auf den Eintritt des erledigenden Ereignisses
(BVerwG NVwZ 1993, 980 (981)). Deshalb steht es dem Kläger grds. frei,
eine Erledigungserklärung erst im Termin zur mündlichen Verhandlung abzugeben (BayVGH Beschl. v. 3.5.2010 – 20 BV 09.2009).

26   Auf **Beklagtenseite** kann die Nachholung gebotener Verfahrenshandlungen (§ 45 II VwVfG, dazu SSB § 155 Rn. 26, oder eine Sachaufklärung, die
erst die Grundlage für den Erlass des angefochtenen VA gibt) verschuldet sein
oder die Herbeiführung eines erledigenden Ereignisses, sofern es vorprozessual vorwerfbar unterlassen wurde (Erlass des begehrten VA). Es gelten bei
übereinstimmenden Erledigungserklärungen die Grundsätze zu § 161 II, die
jedoch eine Berücksichtigung des § 155 IV erlauben. Auch die Haftung des
vollmachtlosen Prozessvertreters ist ein Fall der Verschuldenshaftung (→ vor
§ 154 Rn. 8).

27 **c) Fehlverhalten des Gerichts.** Für ein kostenverursachendes **Fehlverhalten des Gerichts** gilt § 21 GKG, der aber nur Gerichtskosten erfasst. Entstehen gerichtsverschuldet außergerichtliche Kosten eines Beteiligten, so hat
der Unterliegende diese nach § 154 I zu tragen. Die außergerichtlichen
Kosten eines zu Unrecht Beigeladenen können nach § 162 III der Staatskasse
auferlegt werden. Für sonstige gerichtlich verschuldete Kosten fehlt eine pro-

zessuale Rechtsgrundlage. Es ist aber an einen materiellrechtlichen Amtshaftungsanspruch (Art. 34 GG) zu denken, sofern nicht das Richterprivileg (§ 839 II BGB) eingreift.

§ 156 [Kosten bei sofortigem Anerkenntnis]

Hat der Beklagte durch sein Verhalten keine Veranlassung zur Erhebung der Klage gegeben, so fallen dem Kläger die Prozeßkosten zur Last, wenn der Beklagte den Anspruch sofort anerkennt.

Unter den beiden genannten Voraussetzungen sind dem Kläger die Verfahrenskosten trotz Erfolgs der Klage aufzuerlegen. Mit dieser – abweichend von dem in § 154 I niedergelegten Unterliegensprinzip (→ vor § 154 Rn. 6) – nicht am Prozessausgang orientierten Sichtweise sanktioniert das Gesetz einen spezifischen Verursachungsbeitrag des Klägers und schützt den Beklagten in Fällen unnötiger gerichtlicher Inanspruchnahme. Entgegen dem Anschein des Wortlauts („Klage") ist die Vorschrift in allen Urteils- und selbstständigen Beschlussverfahren anwendbar, also auch bei einstweiligen Anordnungen nach § 123.

Die kumulativ erforderlichen **Voraussetzungen** für die Kostenbelastung **2** sind, dass (1) der Beklagte vorprozessual zur Klage keine Veranlassung gegeben hat und dass er (2) den Anspruch sofort anerkennt. Die Grundsätze der ZPO (§ 93) können herangezogen werden.

(1) Der Beklagte bietet **Veranlassung zur Klage,** wenn ein vernünftiger **3** Kläger aus dessen Verhalten schließen darf, dass er ohne gerichtliche Hilfe nicht zu seinem Recht kommen wird (BeckOK VwGO § 159 Rn. 2). Der **Anwendungsbereich** der Vorschrift wird dadurch freilich **schmal:** Bei Verpflichtungs- und sonstigen Leistungsklagen ist idR ein Antrag im Verwaltungsverfahren als Klagevoraussetzung geboten (→ vor § 40 Rn. 9), ohne den die Klage – unabhängig vom Verhalten der Behörde – unzulässig ist. Auch sonst wird im Regelfall vor Klageerhebung ein Kontakt zwischen dem Kläger und der Behörde stattfinden müssen, der die Fronten klärt. Verhält sich die Behörde dabei ablehnend oder zögerlich, greift § 156 zu ihrem Schutz nicht ein; unterlässt der Kläger eine Sondierung, so darf er den in § 156 vorausgesetzten Schluss auf die Notwendigkeit der Klage im Regelfall nicht ziehen oder kann uU sogar nach § 155 IV mit den Verfahrenskosten belastet werden.

Im Prozess hat die Behörde verschiedene **Möglichkeiten zu reagieren: 4** Legt sie eine ablehnende Haltung an den Tag, so wird der Prozess streitig entschieden, die Kosten sind entsprechend dem Verfahrensausgang gemäß §§ 154 f. zu verteilen. Schließt sie sich dem Kläger an, kann sie den Anspruch sofort anerkennen oder unmittelbar erfüllen (dh einen VA erlassen oder aufheben, Geld zahlen usw.). Erfüllung führt zur Sacherledigung und einer unstreitigen Verfahrensbeendigung meist durch übereinstimmende Erledigungserklärungen, evtl. durch Rücknahme. IR der dann folgenden Entscheidung nach § 161 II ist die Wertung des § 156 umzusetzen.

5   (2) Ein **Anerkenntnis** des Klaganspruchs ist eine formgerechte Erklärung im Prozess, dass der geltend gemachte Anspruch ganz oder zum Teil erfüllt werden soll (§ 173 S. 1 iVm § 307 ZPO). Die Möglichkeit zum Anerkenntnis wird in § 156 wie in § 87a I Nr. 2 vorausgesetzt (→ § 107 Rn. 7). Sie ist Ausdruck der auch im Verwaltungsprozess grds. bestehenden Verfügungsbefugnis über den Streitgegenstand. Der Untersuchungsgrundsatz steuert die Sammlung des Tatsachenmaterials, lässt aber die Befugnis der Beteiligten unberührt, über das Prozessrechtsverhältnis zu disponieren (BVerwG NVwZ 1997, 576 mwN; SSB § 87a Rn. 31; Eyermann § 156 Rn. 1). Verneint wird dies nur für wenige Konstellationen (wie den Anfechtungsprozess, vgl. BVerwGE 62, 18 (19)).

6   Das Anerkenntnis **erfolgt sofort,** wenn es – auf ein hinreichend bestimmtes Begehren – in der ersten Äußerung zur Sache abgeben wird, spätestens in einer mündlichen Verhandlung oder mit dem Verzicht auf sie, sonst innerhalb einer gesetzten Äußerungsfrist. Vorangehendes Bestreiten schadet stets. Allerdings ist dem „überfallenen" Beklagten eine angemessene Frist für die Prüfung zuzugestehen. Ziel ist es auch, dem Gericht eine unnötige Sachbefassung zu ersparen.

7   **Konsequenz** eines Anerkenntnisses ist die unstreitige Erledigung des Rechtsstreits. Die Beteiligten können es zum Anlass für einen gerichtlichen Vergleich mit Kostenübernahmeerklärung des Beklagten nehmen (§ 106). Treffen sie keine derartige Regelung, hat das Gericht dem Anerkenntnis in seiner Kostenentscheidung Rechnung zu tragen (→ § 160 Rn. 8 ff.). Zu sonstigen Formen unstreitiger Erledigung vgl. → Rn. 4. Das Anerkenntnis kann ebenso die Grundlage eines **Anerkenntnisurteils** sein: Der Beklagte lässt sich damit vollstreckbar, aber mit der ihm günstigen Kostenfolge des § 156 verpflichten; eine mündliche Verhandlung ist überflüssig (§ 307 S. 2 ZPO). Ein Anerkenntnisurteil ist auch dann zu erlassen, wenn der Beklagte nicht sofort anerkennt; die Kostenfolge ergibt sich dann jedoch aus § 154 I. Erklärt der Beklagte das Anerkenntnis erst im **Revisionsverfahren,** ergeht ein Anerkenntnisurteil nur auf besonderen Antrag des Klägers; er kann also wählen, ob der Rechtsstreit durch streitiges Urteil mit Begründung beendet wird (§ 173 S. 3 iVm § 555 III ZPO; dazu BVerwGE 152, 346 Rn. 15).

§ 157 *(weggefallen)*

§ 158 [Anfechtung der Kostenentscheidung]

(1) Die Anfechtung der Entscheidung über die Kosten ist unzulässig, wenn nicht gegen die Entscheidung in der Hauptsache ein Rechtsmittel eingelegt wird.

(2) Ist eine Entscheidung in der Hauptsache nicht ergangen, so ist die Entscheidung über die Kosten unanfechtbar.

Die Beschränkungen der Anfechtbarkeit von Kostenentscheidungen bezwecken, die Rechtsmittelgerichte (OVG und BVerwG) aus Gründen der Verfahrensökonomie von der Überprüfung solcher Rechtsmittel zu **entlasten,** die nur wegen der Kosten ergriffen werden (BVerwG NVwZ 2002, 1385; NVwZ-RR 1999, 692; Kopp/Schenke § 158 Rn. 1). Die beiden Absätze differenzieren danach, ob eine Sachentscheidung mit Kostenentscheidung ergangen ist oder nur eine „isolierte" Kostenentscheidung (mit deklaratorischer Einstellung). **1**

Die Beschränkung betrifft **sämtliche Elemente** einer gerichtlichen Kostenentscheidung iSd §§ 154 ff. hins. aller Haupt- und Nebenbeteiligten (vgl. SächsOVG NVwZ-RR 2010, 624; SSB § 158 Rn. 2 mwN) Das gilt auch für die Entscheidung des Gerichts über die Erstattungsfähigkeit außergerichtlicher Kosten eines Beigeladenen nach § 162 III (→ § 162 Rn. 63). Die Beschränkung gilt aber **nicht** für sonstige kostenrechtliche oder kostenrelevante Entscheidungen: Kostenfestsetzungsbeschlüsse sind entsprechend § 165 iVm § 151 anfechtbar, die Festsetzung des Streitwerts nach § 68 GKG. **2**

I. Unzulässigkeit isolierter Anfechtung (I)

Ist die Kostenentscheidung als Nebenentscheidung getroffen, also mit einem Ausspruch zur Hauptsache verbunden, so kann sie nicht isoliert mit einem Rechtsmittel angegriffen werden. Der Angriff gemeinsam mit der Hauptsache erfordert nicht nur die Statthaftigkeit des Hauptsache-Rechtsmittels, sondern auch dessen Zulässigkeit. Bei Zulassungsrechtsmitteln muss das angestrebte Rechtsmittel zugelassen sein (vgl. §§ 124 I, 124a; § 132; OVG Bln-Bbg NJW 2010, 169). Daraus folgt, dass die Zulassung nicht mit der Rüge einer Unrichtigkeit der Kostenentscheidung erreicht werden kann. Eine isolierte Anfechtung der Kostenentscheidung ist nach I auch dann unzulässig, wenn sie auf der Anwendung des § 155 IV beruht (OVG Bln-Bbg NJW 2010, 169; BVerwG Buchh 310 § 158 VwGO Nr. 2; OVG NRW OVGE 27, 229 f.). **3**

Die Unstatthaftigkeit aus § 158 I gilt auch für **Gegenvorstellungen** (BVerwG NVwZ-RR 2011, 709 Rn. 4; BayVGH Beschl. v. 9.12.2009 – 9 N 09.2980). Daran ändert nichts, dass die Gegenvorstellung keine „Anfechtung" im eigentlichen Sinne ist, sondern eine Anregung an das Gericht (den iudex a quo), seine mit einem Rechtsmittel nicht angreifbare Entscheidung zu überprüfen und zu ändern (BVerwG Beschl. v. 20.11.2007 – 7 B 63.07). § 158 I will verhindern, dass das Gericht sich allein wegen der Kostenentscheidung erstmals oder erneut mit der Sache befassen muss. Ist die Kostenentscheidung in einer der Rechtskraft fähigen Entscheidung enthalten, fehlt dem Gericht zudem die nötige Änderungsbefugnis. **4**

Ist die Sache bereits in einem höheren Rechtszug anhängig, ist eine **Rechtsmittelanschließung** allein wegen der Kostenentscheidung zulässig: Das Rechtsmittelgericht ist ohnehin mit der Sache befasst, sodass der mit der Anfechtungsbeschränkung angestrebte Entlastungseffekt (→ Rn. 4) nicht eintreten kann (SächsOVG Beschl. v. 3.3.2010 – 1 E 3/10; Eyermann § 158 Rn. 4; SSB § 158 Rn. 5; Kopp/Schenke § 158 Rn. 3). **5**

6   Es muss dem Rechtsmittelführer auch auf die **Abänderung der Sachentscheidung** ankommen. Ein Rechtsmittel ist unzulässig, wenn es zur Umgehung des Verbots der isolierten Anfechtung der Kostenentscheidung (§ 158 I) bloß formell auch wegen der Hauptsache eingelegt worden ist (BVerwG NVwZ-RR 2015, 759 Rn. 4). Zulässig ist es aber, ein Rechtsmittel einzulegen, um den Rechtsstreit im höheren Rechtszug (übereinstimmend) **für erledigt zu erklären.** Darin liegt keine Umgehung des § 158, weil ein anzuerkennendes Interesse daran besteht, die vorinstanzliche Sachentscheidung mithilfe der Erledigungserklärung aus der Welt zu schaffen (→ § 161 Rn. 27). Damit verändert sich zugleich die Grundlage für die Kostenentscheidung (vgl. § 161 II). Hingegen fehlt bei einer Erledigung zwischen den Instanzen das Rechtsschutzbedürfnis für die Anfechtung der Sachentscheidung, sodass § 158 I eingreift.

II. Keine Anfechtung der isolierten Kostenentscheidung (II)

1. Grundsätzliche Unstatthaftigkeit

7   Die zweite Konstellation eines generell unzulässigen Rechtsmittels ist die Anfechtung einer Kostenentscheidung, die nicht mit einer Sachentscheidung getroffen worden ist – insofern von dieser „isoliert" – ist (II). Das betrifft die Fälle **unstreitiger Beendigung** eines Verfahrens durch Rücknahme (§ 92, § 126, § 140), übereinstimmende Hauptsachenerledigungserklärungen (§ 161 II) und Vergleich (§ 106). Bei streitiger Erledigung, also **einseitiger Erledigungserklärung** des Klägers (→ § 161 Rn. 40), ergeht eine auf die Erledigungsfrage beschränkte und anfechtbare Sachentscheidung. Die Kostentragung richtet sich nach §§ 154 f., sei es wegen des Unterliegens im Erledigungsfeststellungsstreit, sei es wegen des Unterliegens bei der Sachentscheidung trotz Erledigung (BVerwG Beschl. v. 19.12.2013 – 8 B 8.13, juris Rn. 12). Unanfechtbar sind auch Kostenentscheidungen, die einen Nichtverfahrensbeteiligten betreffen, für diesen Dritten. Ein Beispiel ist die Entscheidung über die Kostentragung eines vollmachtlosen Vertreters (→ vor § 154 Rn. 8).

2. Anfechtbarkeit bei Teilerledigung

8   Was § 158 II bedeutet, wenn ein Rechtsstreit **teilweise für erledigt** erklärt oder zurückgenommen wird, und das Gericht die diesbezügliche Kostenentscheidung in einer Entscheidung trifft, in der es iÜ zur Sache Stellung nimmt, ist umstritten (für die Zulässigkeit der Anfechtung: BVerwG Buchh 448.0 § 12 WPflG Nr. 182, NK-VwGO § 158 Rn. 51, Kopp/Schenke § 158 Rn. 5; für Unzulässigkeit: BVerwG NVwZ-RR 1999, 407; Eyermann § 158 Rn. 6; SSB § 158 Rn. 13). Nach BVerwG NJW 2006, 536 kann bei Anfechtung der Hauptsacheentscheidung die Kostenentscheidung auch hins. des erledigten Teils mit Rechtsmitteln angefochten werden, wenn die Vorinstanz nach teilweiser Erledigung des Rechtsstreits über den erledigten und den streitig gebliebenen Teil formal und sachlich eine einheitliche Kostenentscheidung getroffen hat.

3. Einbeziehung einer rechtskräftigen Teilerledigung

Wird eine Klage nach teilweiser Erledigung des Rechtsstreits im Klagever- 9
fahren im höheren Rechtszug insgesamt zurückgenommen, hat das Rechtsmittelgericht über die Kosten des Verfahrens auf der Grundlage der §§ 155 II
und 161 II VwGO zu entscheiden. Dabei ist zwar auch die Kostenentscheidung für den ersten Rechtszug neu zu fassen; es muss dabei jedoch den
rechtskräftig gewordenen Teil der Kostenentscheidung der Vorinstanz als
einen Berechnungsfaktor einbeziehen, der einer inhaltlichen Änderung entzogen ist (NK-VwGO § 158 Rn. 36), soweit nicht Rechenfehler der Vorinstanz vorliegen, die gemäß § 118 I einer jederzeitigen Berichtigung zugänglich sind (vgl. BVerwGE 30, 146 (147)).

III. Außerordentliche Rechtsmittel?

Für eine in der VwGO nicht geregelte „**außerordentliche Beschwerde**" 10
gegen eine an sich unanfechtbare gerichtliche Entscheidung wegen greifbarer
Gesetzwidrigkeit oder eines vergleichbar schwerwiegenden Fehlers ist seit
Einführung der **Anhörungsrüge** nach § 152a kein Raum mehr (BVerwG
Buchh 310 § 152a VwGO Nr. 2 mwN; Kopp/Schenke Vorb § 124 Rn. 8a).
Eine **Gegenvorstellung** ist hier zulässig, soweit das Gericht seine Kosten- 11
entscheidung ändern darf (sehr str. → § 152a Rn. 2; vgl. zu ihrer Statthaftigkeit
BVerfG NJW 2009, 829: aus verfassungsrechtlicher Sicht weder generell unzulässig aus Gründen der Subsidiarität der VB erforderlich; weiterhin
befürwortend: BSG NJW 2006, 860; BFH NJW 2006, 861; ThürOVG NJW
2008, 85; BremOVG ZfSH/SGB 2009, 353; abl.: BVerwG Beschl. v. 8.6.2009
– 5 PKH 6.09; VGH BW NJW 2005, 920; NdsOVG NJW 2005, 2171; NJW
2006, 2506; SchlHOVG NordÖR 2006, 519; BayVGH Beschl. v. 20.7.2006 –
5 ZB 06.462; OVG LSA Beschl. v. 20.12.2007 – 1 L 101/07). Die Gegenvorstellung zielt dort auf eine Selbstkorrektur, wo zwar keine Gehörsverletzung
vorliegt, wohl aber ein besonders schwerwiegender Fehler, der die Aufrechterhaltung der Kostenentscheidung als nicht hinnehmbar erscheinen lässt.

§ 159 [Mehrere Kostenpflichtige]

[1]Besteht der kostenpflichtige Teil aus mehreren Personen, so gilt § 100 der
Zivilprozeßordnung entsprechend. [2]Kann das streitige Rechtsverhältnis dem kos-
tenpflichtigen Teil gegenüber nur einheitlich entschieden werden, so können die
Kosten den mehreren Personen als Gesamtschuldnern auferlegt werden.

I. Anwendungsbereich

Die Vorschrift betrifft das Verhältnis des erstattungsberechtigten zum kosten- 1
pflichtigen Teil, wenn dieser aus mehreren Personen besteht. Sie regelt, ob die
erstattungspflichtigen Personen als Gesamtschuldner in Anspruch genommen
werden dürfen oder nur anteilig, in diesem Fall auch die Höhe der Anteile.
§ 159 gehört damit sachlich zur Kostengrundentscheidung. Das **Innenver-**

hältnis der Personen des kostenpflichtigen Teils untereinander (etwa eine interne Ausgleichspflicht von Gesamtschuldnern) wird durch das materielle Recht bestimmt. Für erstattungsberechtigte Prozessbeteiligte gilt er nicht; die Kostenausgleichung ist Sache der Kostenfestsetzung (§ 164). Bei **wechselseitigem Unterliegen** (etwa von Kläger und Beklagtem) besteht der kostenpflichtige Teil nicht iSd § 159 aus mehreren Personen, die gemeinsam einem anderen gegenüber erstattungspflichtig sind. Die Kostenverteilung richtet sich nach dem sachlich vorrangigen § 155 I.

2   Der „Teil" kann jedoch aus **mehreren** Haupt- und/oder Nebenbeteiligten (Beigeladenen, VBI, VöI) bestehen, sofern sie die Kosten bzw. (bei § 155 I) einen Teil der Kosten gegenüber dem erstattungsberechtigten Teil gemeinsam und zu **gleichen Anteilen** zu tragen haben. Das Abstellen auf den „kostenpflichtigen" (nicht: den unterliegenden) Teil verdeutlicht, dass die Vorschrift auch bei anteiligem Unterliegen gilt, sofern der kostenpflichtige Teil als Einheit erscheint. Auf welchem Rechtsgrund die Kostenpflicht beruht, ist unerheblich.

3   Besteht der kostenpflichtige Teil aus Streitgenossen, die **in unterschiedlichem Ausmaß unterliegen**, ist § 159 nicht anwendbar; es bleibt nach hM bei § 155 I. Eine Methode zu einer „gerechten" Verteilung der Kostenlast in solchen Fällen ist die **Baumbach'sche Kostenformel** (BLAHG ZPO § 100 Rn. 52; Zöller ZPO § 100 Rn. 5 ff.). Nach ihr müssen im Kostenausspruch die Quoten für die Gerichtskosten und die außergerichtlichen Kosten getrennt ausgedrückt werden (SSB § 159 Rn. 6 ff.). Die Baumbach'sche Formel macht damit eine Ausnahme vom Grundsatz der Einheitlichkeit der Kostenentscheidung (→ vor § 154 Rn. 9), um den unterschiedlichen Anteilen des Unterliegens im Innenverhältnis der Kostenpflichtigen Rechnung zu tragen und zB einen voll obsiegenden Streitgenossen von allen Kosten freizustellen. Dazu werden zunächst die Streitwerte in den einzelnen Prozessrechtsverhältnissen zu einem (fiktiv überhöhten) Gesamtstreitwert zusammengerechnet. Gemäß dem Obsiegen im jeweiligen Prozessrechtsverhältnis werden danach Kostenlastquoten gebildet. Diese werden getrennt nach Streitgenossen und Kostenarten (Gerichtskosten, außergerichtliche Kosten) ausgeworfen. Bei den Gerichtskosten ergeben sich die Quoten der Streitgenossen aus dem Verhältnis ihres jeweiligen Unterliegens zum Gesamtstreitwert, bei den außergerichtlichen Kosten hingegen nur nach dem Streitwert in dem jeweiligen Prozessrechtsverhältnis. Bei einer Mehrheit von Klägern ist etwa zu berücksichtigen, dass sie zueinander in keinem Prozessrechtsverhältnis stehen (Beispiele bei Gemmer JuS 2012, 702).

II. Kostenverteilungsregeln

1. § 100 I bis III ZPO

4   Die Bezugnahme des S. 1 auf § 100 ZPO („Kosten bei Streitgenossen") ist umfassend, meint also alle der dort geregelten vier Fallgruppen. Im **Regelfall des § 100 I** haftet der aus mehreren Kostenpflichtigen bestehende Teil nach gleichen **Kopfteilen.** Nur bei erheblicher Verschiedenheit ihrer Beteiligung

am Rechtsstreit räumt **§ 100 II** dem Gericht Ermessen ein, die unterschiedliche Beteiligung zum Maßstab zu nehmen, also individuelle Bruchteile oder Prozentsätze festzulegen. Hat ein Streitgenosse ein besonderes **Angriffs- oder Verteidigungsmittel** geltend gemacht, so sind ihm nach dem vorrangigen § 100 III die dadurch verursachten ausscheidbaren Mehrkosten zwingend gesondert aufzuerlegen.

2. Gesamtschuldnerische Kostenhaftung

S. 1 iVm § 100 IV ZPO sieht eine **gesamtschuldnerische** Kostenhaftung 5 für den Fall vor, dass **mehrere Beklagte** (materiellrechtlich) als Gesamtschuldner verurteilt worden sind; auf Kläger ist diese Vorschrift sachlogisch nicht anwendbar, weil sie nicht in die Hauptsache verurteilt werden können.

Daneben sieht § 159 S. 2 eine Ermessensermächtigung des Gerichts über 6 die eigenständige gesamtschuldnerische Auferlegung der Kosten bei **notwendigen Streitgenossen** (§ 64) vor. Das Ermessen ist wegen des Vorteils der Erlangung mehrerer gleichrangiger Schuldner (§ 421 BGB) in Richtung auf die Festlegung gesamtschuldnerischer Haftung intendiert.

Praktisch wird die gesamtschuldnerische Haftung des S. 2 neben § 100 IV 7 nur bei Klägern (zB Miteigentümern, vgl. BVerwG NVwZ-RR 2001, 143); denn auf **notwendig Beigeladene** im Verhältnis zu der von ihnen unterstützten Hauptpartei ist die Vorschrift **nicht,** auch nicht analog, **anwendbar** (Eyermann § 159 Rn. 6; Kopp/Schenke § 159 Rn. 5; aA NK-VwGO § 159 Rn. 21). Beigeladene stehen als Begünstigte einer Behördenentscheidung zwar materiell häufig auf deren Seite (also im Interessengegensatz zum Kläger); im Verhältnis zur unterliegenden Behörde befinden sie sich deshalb jedoch nicht in dem von § 159 S. 1 vorausgesetzten Kostenverbund (aA NK-VwGO § 159 Rn. 13). Dem Interessengleichklang ist idR damit Rechnung zu tragen, dass eine Erstattung zwischen Behörde und Beigeladenen nicht stattfindet (§ 162 III).

III. Tenorierung

Soll es beim Regelfall gleicher Kopfteile bleiben (§ 100 I, → Rn. 4), so bedarf 8 es keines besonderen Ausspruchs darüber („Die Kläger tragen die Kosten des Verfahrens"). Die Praxis fügt zur Klarstellung gleichwohl regelmäßig an „zu je [Bruchteil/Prozentsatz]"; die Formulierung „zu gleichen Teilen" ist nicht hinreichend klar, da sie ohne Rückschlüsse aus dem Rubrum nicht auskommt, und sollte vermieden werden. Sind mehrere Beklagte als Gesamtschuldner verurteilt worden (was im Tenor zum Ausdruck gebracht sein muss), so versteht sich die Kostenfolge des § 100 IV ZPO ebenfalls von selbst, kann klarstellend jedoch aufgenommen werden („Die Beklagten tragen die Kosten des Verfahrens als Gesamtschuldner"). **Ausdrücklich** in den Tenor aufzunehmen sind Entscheidungen nach Ermessen des Gerichts (S. 2) und Abweichungen von den gesetzlichen Regelfolgen (§ 100 II und III).

§ 160 [Kostenpflicht bei Vergleich]

[1] **Wird der Rechtsstreit durch Vergleich erledigt und haben die Beteiligten keine Bestimmung über die Kosten getroffen, so fallen die Gerichtskosten jedem Teil zur Hälfte zur Last.** [2] **Die außergerichtlichen Kosten trägt jeder Beteiligte selbst.**

1 Die Vorschrift enthält eine Regelung für die Kostenverteilung bei Verfahrensbeendigung durch Vergleich, in dem die Beteiligten **keine Vereinbarung über die Kosten** getroffen haben. Eine solche Vereinbarung ist zwar von der Dispositionsbefugnis der Beteiligten oW umschlossen und in jeden Fall vorrangig (vgl. Nr. 5131 KV zum GKG); oft ist über diesen sensiblen Punkt jedoch keine Einigung zu erzielen (→ vor § 154 Rn. 2), sodass er – und sei es durch Nichterwähnung – dem Gericht überlassen wird. Dafür macht § 160 eine subsidiär eingreifende Vorgabe, die einem **Gegeneinanderaufheben** der Kosten entspricht (→ § 155 Rn. 8).

I. Lage bei Kostenregelung im Vergleich

2 Die **Vereinbarung einer Kostenverteilung** in einem Prozessvergleich schafft einen eigenständigen Vollstreckungstitel (vgl. § 168 I Nr. 3) und erübrigt eine gerichtliche Kostenentscheidung. Das Gericht hat demgemäß lediglich das durch Vergleich erledigte Verfahren analog § 92 III 1 durch Beschluss einzustellen und in ihm Zustandekommen und Inhalt des Vergleichs festzustellen (§ 173 S. 1 iVm § 278 VI 2 ZPO).

3 Ein gleichwohl ergehender **gerichtlicher Kostenbeschluss** ist, soweit er mit der Vergleichsregelung übereinstimmt, deklaratorisch, bei Abweichung materiell rechtswidrig, in der Kostenfestsetzung aber dennoch zu beachten. Können die Beteiligten durch Anhörungsrüge (§ 152a), hilfsweise Gegenvorstellung keine Änderung bzw. Aufhebung des Beschlusses im Kostenpunkt erwirken, entsteht nach Maßgabe der Vergleichsregelung ein materiellrechtlicher **Ausgleichsanspruch,** der notfalls gerichtlich durchgesetzt werden muss (Eyermann § 160 Rn. 3; SSB § 160 Rn. 2).

4 Wegen der **Gerichtskosten** bedarf es keiner **Kostenfestsetzung** (§ 164). Der Ansatz der Gerichtskosten entsprechend der getroffenen Vereinbarung erfolgt im Verfahren nach § 19 GKG. Bei Streit über die erstattungsfähige Höhe der außergerichtlichen Kosten oder über die Erstattung schon aufgewendeter Kosten (etwa bei Abrechnung in der Vorinstanz) kann Kostenfestsetzung beantragt werden, bei der die Vergleichsregelung als Maßstab zugrunde zu legen ist.

II. Anwendungsbereich des § 160

5 Mit dem Begriff „Vergleich" nimmt § 160 Bezug auf die Regelung über den **gerichtlichen** Vergleich gemäß § 106, mit dem der Rechtsstreit unmittelbar, ganz oder teilweise erledigt wird. Bei **außergerichtlichen** Vergleichen ist eine differenzierte Behandlung angebracht, bei der in bestimmten Konstellationen jedoch eine entsprechende Anwendung in Betracht kommt (→ Rn. 8).

Bei **Teilvergleichen** ist in der streitigen Entscheidung über den Rest **6** entweder eine im Vergleich getroffene Kostenregelung in die einheitliche Kostenentscheidung einzubeziehen. Bei Fehlen einer Vereinbarung sind Inhalt und Umstände des Vergleichs zu berücksichtigen und der Rechtsgedanke des § 160 nur hilfsweise (Eyermann § 160 Rn. 5; SSB § 160 Rn. 17).

Beschränken die Beteiligten den Vergleich auf die Hauptsache – treffen sie **7** also **keine Bestimmung über die Kosten** –, so bleibt der Rechtsstreit im Kostenpunkt anhängig. Das Gericht ist zur Kostenentscheidung verpflichtet (§ 161 I). Dabei hat es § 160 anzuwenden, falls nicht ein gegenteiliger Wille der Beteiligten hervortritt. Die insoweit dispositionsbefugten Beteiligten können dazu im Vergleich die Entscheidung über die Kosten **dem Gericht vorbehalten** bzw. sie in das Ermessen des Gerichts stellen und für dessen Ausübung einen Maßstab vorgeben. In diesen Fällen ist die Kostenverteilung nicht anhand von § 160 vorzunehmen, sondern entsprechend § 161 II als Billigkeitsentscheidung unter Berücksichtigung des bisherigen Sach- und Streitstandes (BayVGH Beschl. v. 17.2.2010 – 15 B 08.372; Eyermann § 160 Rn. 6).

III. Außergerichtliche Vergleiche

1. Kosten bei Abgabe von Erledigungserklärungen

Ein außergerichtlicher – also unter den Beteiligten unmittelbar vereinbarter – **8** Vergleich beendet als solcher den Prozess nicht (→ § 106 Rn. 4 ff.). Die Verfahrensbeendigung muss durch **zusätzliche Prozesserklärungen** der Beteiligten herbeigeführt werden. Dazu stehen die üblichen Mittel zur Verfügung. Ist nicht Klage-/Antragsrücknahme vereinbart, werden die Beteiligten die materielle Erledigung durch den Vergleich regelmäßig zum Anlass nehmen, das Verfahren übereinstimmend für in der Hauptsache erledigt zu erklären. Das Gericht hat daraufhin eine **Billigkeitsentscheidung** nach § 161 II zu treffen, bei der es die ihm bekanntgemachten Umstände zu berücksichtigen hat (→ § 161 Rn. 31).

Haben sich die Beteiligten **über die Kostenverteilung außergerichtlich 9 geeinigt,** hat die gerichtliche Kostenentscheidung dem zu folgen, sofern die Beteiligten sich auf sie berufen; nur dies entspricht der Dispositionsbefugnis der Verfahrensbeteiligten (Buchh 310 § 155 VwGO Nr. 17 zur Kostenregelung bei Klagerücknahme), soweit dies nicht zu einem eklatant unbilligen Ergebnis führt (BVerwG Buchh 310 § 160 VwGO Nr. 3).

Haben die Beteiligten **keine Kostenregelung vereinbart** oder sie dem **10** Gericht vorbehalten, so wird sich das Gericht – bei Fehlen abweichender Anhaltspunkte – an dem spezielleren § 160 orientieren (BVerwGE 22, 339 (341); Kopp/Schenke § 160 Rn. 3; Eyermann § 160 Rn. 9, aA NK-VwGO § 160 Rn. 18). Entspricht dies nicht dem Parteiwillen oder würde § 160 zu einem unbilligen Ergebnis führen (BVerwG Buchh 310 § 160 Nr. 3 und 4), so hat es eine offene Ermessensentscheidung nach den allgemeinen Grundsätzen des § 161 II zu treffen.

2. Kosten bei vereinbarter Klagerücknahme

11 Wird die Klage oder der Antrag absprachegemäß zurückgenommen, so ist im Ausgangspunkt die Kostenbelastung des Klägers/Antragstellers gemäß § 155 II zwingend (→ § 155 Rn. 13), § 160 gilt von vornherein nicht. Haben die Beteiligten im außergerichtlichen Vergleich eine Kostenvereinbarung getroffen und beruft sich der Zurücknehmenden dem Gericht gegenüber darauf, so ist streitig, woran das Gericht seine Kostenlastentscheidung zu orientieren hat. Richtig ist es, die Vergleichsregelung umzusetzen (BayVGH Beschl. v. 4.11.1985 – 12 B 82 A. 1482; Eyermann § 160 Rn. 10 mwN); nur dies wird der – materiell vorrangigen – Dispositionsbefugnis der Beteiligten gerecht, deren Absprache im Anschluss an einen ihr widersprechenden Kostenbeschluss gesondert durchgesetzt werden müsste (→ Rn. 3).

IV. Kosten von Beigeladenen

12 Ein zwischen den Hauptbeteiligten (§ 63 Nr. 1 und 2) abgeschlossener gerichtlicher Vergleich erledigt den Rechtsstreit auch ohne Mitwirkung eines etwaigen Beigeladenen (§ 65) oder sonstiger Nebenbeteiligter (VBI, VöI).

1. Kostenbelastung des Beigeladenen

13 Eine Belastung des Beigeladenen mit Kosten ist bei Vergleichsabschluss nur möglich, wenn er kraft **Beteiligung an einem gerichtlichen Vergleich** Kosten übernommen hat. Die ansonsten maßstäbliche Regelung in § 154 III wird nicht einschlägig, weil der Beigeladenen auch im Falle einer Antragstellung nicht unterliegt. Entsprechendes gilt, wenn ein außergerichtlicher Vergleich geschlossen wurde. Für eine willensunabhängige Kostenbelastung durch gerichtliche Entscheidung fehlt jede Rechtsgrundlage (Eyermann § 160 Rn. 11).

2. Erstattungsfähigkeit seiner außergerichtlichen Kosten

14 Im Falle eines **Beitritts** des Beigeladenen zu einem gerichtlichen Vergleich sind dessen **Aussagen zur Übernahme** der außergerichtlichen Kosten durch die Hauptbeteiligten entscheidend. Eines gerichtlichen Kostenbeschlusses bedarf es nicht. Im Streitfall kann der Beigeladene die übernommenen Kosten gegen seinen Schuldner nach § 164 festsetzen lassen. Haben die Beteiligten in dem Vergleich **unter Beteiligung** des Beigeladenen die **Erstattungsfähigkeit** seiner außergerichtlichen Kosten **ausgeschlossen,** so hat es dabei – ähnlich wie bei → § 162 III – sein Bewenden (NK-VwGO § 160 Rn. 23; Eyermann § 160 Rn. 12).

15 War der Beigeladene an dem gerichtlichen Vergleich **nicht beteiligt,** so hat das Gericht über die Erstattungsfähigkeit durch gesonderten Kostenbeschluss gemäß §§ 161 I, 162 III zu befinden. Eine zwischen den Hauptbeteiligten etwa vereinbarte Übernahme von Kosten durch sie ist grds. beachtlich. **Fehlt** es an einer Regelung der außergerichtlichen Kosten in dem Vergleich, hat das Gericht nach Billigkeit über die Erstattungsfähigkeit zu entscheiden. Wird diese im Grundsatz bejaht (→ § 162 Rn. 63 ff.), so können nach der Wertung des § 160 die Kosten hälftig zwischen Kläger und Beklagtem aufgeteilt werden, sofern die Verteilung nicht der Billigkeit im Einzelfall widerspricht.

Bei der Beteiligung an einem **außergerichtlichen** Vergleich sind dessen **16** Regelungen in der zu treffenden gerichtlichen Kostenentscheidung umzusetzen, sofern dies der Billigkeit nicht (ausnahmsweise) grob widerspricht. Fehlt eine Beteiligung des Beigeladenen oder eine Regelung, hat es bei §§ 161 I, 162 III sein Bewenden (→ Rn. 15).

§ 161 [Kostenentscheidung; Erledigung der Hauptsache]

(1) Das Gericht hat im Urteil oder, wenn das Verfahren in anderer Weise beendet worden ist, durch Beschluß über die Kosten zu entscheiden.

(2) [1] **Ist der Rechtsstreit in der Hauptsache erledigt, so entscheidet das Gericht außer in den Fällen des § 113 Abs. 1 Satz 4 nach billigem Ermessen über die Kosten des Verfahrens durch Beschluß; der bisherige Sach- und Streitstand ist zu berücksichtigen.** [2] **Der Rechtsstreit ist auch in der Hauptsache erledigt, wenn der Beklagte der Erledigungserklärung des Klägers nicht innerhalb von zwei Wochen seit Zustellung des die Erledigungserklärung enthaltenden Schriftsatzes widerspricht und er vom Gericht auf diese Folge hingewiesen worden ist.**

(3) In den Fällen des § 75 fallen die Kosten stets dem Beklagten zur Last, wenn der Kläger mit seiner Bescheidung vor Klageerhebung rechnen durfte.

Übersicht

1 Die §§ 154 ff. unterscheiden zwischen der Kostentragung dem Grunde nach und der Kostenerstattung der Höhe nach. § 161 betrifft den ersten Bereich, indem es **Pflichten des Gerichts** begründet, über die Kosten zu entscheiden. Demgegenüber betreffen die §§ 162 bis 165 den zweiten Bereich (mit den unter → Rn. 4 genannten Ausnahmen).

I. Pflicht zur Entscheidung über die Kosten (I)

1. Kostenentscheidung bei Sachentscheidung

2 § 161 begründet die Pflicht des Gerichts („hat"), bei instanzbeendendem Abschluss des Verfahrens über die Kostenfolge (vgl. § 120 I) zu entscheiden. **Auslöser** dieser Pflicht ist grds. die Sachentscheidung. Gemeinsam mit ihr – formal und zeitlich verbunden – hat das Gericht eine pflichtige Nebenentscheidung über die Kostentragung zu treffen. Insofern stellt I ein Junktim zwischen jeder verfahrensabschließenden Sachentscheidung des Gerichts und der Kosten(grund)entscheidung her.

3 Die **Sachentscheidung** wird in der VwGO exemplarisch (wie auch etwa in §§ 46 Nr. 1, 49, 107) mit dem Begriff des Urteils (§§ 107 ff.) umschrieben. Die Pflicht zur Entscheidung über die Kosten wird aber durch jede „Entscheidung in der Hauptsache" ausgelöst (vgl. nur § 158), also unabhängig von deren Form und daher auch in Verfahren nach §§ 47, 80 und 123. **Keine Kostenentscheidung** ist in unselbstständigen Zwischenverfahren zu treffen; deren Kosten gehören zum Hauptverfahren und werden von der einheitlichen Kostenentscheidung bei Verfahrensabschluss umfasst (→ vor § 154 Rn. 9). Eine Kostenentscheidung ist **überflüssig**, wenn Gerichtskoten nicht erhoben und außergerichtliche Kosten nicht erstattet werden (wie bei Entscheidungen nach § 119, auch → vor § 154 Rn. 15). Klarstellend nehmen die Gerichte dies oft in den Tenor oder als Hinweis in die Gründe auf.

4 Der Kostenausspruch ist **in die Entscheidungsformel** (des Urteils, Gerichtsbescheides, Sachbeschlusses; vgl. § 117 II Nr. 3, für Beschlüsse → § 122 Rn. 3) aufzunehmen und in den Gründen zu erläutern (meist kurz und nur durch Angabe der Rechtsgrundlage: „Die Kostenentscheidung folgt aus § …“). Ein Antrag der Verfahrensbeteiligten ist überflüssig, bei bestehenden Spielräumen des Gerichts (§ 154 IV, § 155, § 159, § 162 II 2, III) aber als zu bescheidende Anregung zu verstehen.

Über den **Inhalt** der Kostenentscheidung verhält sich § 161 nicht. Dieser 5 bestimmt sich nach §§ 154 bis 160 (→ § 154 Rn. 5). Wegen der rein objektiven Bindung des Entscheidungsinhalts an das Kostenrecht, und zwar nach Maßgabe des abschließenden Prozesserfolgs (→ § 154 Rn. 3), unterliegt die gerichtliche Entscheidung keinem Verböserungsverbot (SSB § 161 Rn. 3).

2. Isolierte Kostenentscheidung

Ist ein Verfahren „in anderer Weise" – also **ohne** Sachentscheidung – beendet 6 worden, ist über die Kosten durch (nicht nur „in" einem) eigenständigen Beschluss zu entscheiden (I Fall 2), soweit die Beteiligten nicht bereits eine bindende Kostenregelung getroffen haben (→ § 160 Rn. 2 ff.). Es handelt sich um eine sog. **isolierte Kostenentscheidung** (vgl. § 158 II; SSB § 161 Rn. 4, Kopp/Schenke § 161 Rn. 5). Auslöser ist hier das verfahrensrechtliche Ereignis, das dem Gericht eine Sachentscheidung verwehrt. Ist ein Verfahren **teilweise unstreitig erledigt** worden, muss in der abschließenden Entscheidung eine einheitliche Entscheidung (→ vor § 154 Rn. 9) über die Kosten des erledigten Teils und des Streitrests ergehen (BVerwG Buchh 310 § 161 Abs. 2 Nr. 16; DÖV 1982, 161; NJW 1963, 923; SSB § 161 Rn. 4).

3. Fehlen einer Kostenentscheidung

Fehlt in der Entscheidungsformel ein Kostenausspruch, ist zu unterscheiden: 7 Hat das Gericht **keine Entscheidung getroffen,** ist auf Antrag eine nachholende Ergänzung gemäß § 120 vorzunehmen. Ist eine getroffene Entscheidung hingegen lediglich versehentlich **nicht** in die Entscheidungsformel **aufgenommen** worden (was sich durch Auslegung der Gründe hinreichend deutlich ersehen lassen muss), kann eine Berichtigung nach § 118 erfolgen (SSB § 161 Rn. 7; Eyermann § 161 Rn. 3).

II. Entscheidung bei Erledigung der Hauptsache (II)

1. Konsequenzen und Strategien bei Erledigung der Hauptsache

Die Erledigung der Hauptsache und die Erledigung des Rechtsstreits (Sacher- 8 ledigung) sind strikt zu unterscheiden. Die **Sacherledigung** ist dadurch gekennzeichnet, dass dem materiellen Begehren durch ein außerprozessuales Ereignis nach Antragstellung die Grundlage entzogen und der Rechtsbehelf für den Antragsteller dadurch gegenstandslos wird (BVerwG NVwZ 2004, 610; 2001, 1286; 1993, 979; 1991, 162; zu § 51 VwVfG: BVerwG NJW 1982, 2204). Mit der **Erledigung der Hauptsache** meint § 161 II demgegenüber den mit der Klage verfolgten prozessualen Anspruch; er kann infolge einer Sacherledigung nicht mehr erfüllt werden (iE vgl. BeckOK VwGO § 161 Rn. 4). Die Sacherledigung kann viele Ursachen haben und der Sphäre der Verfahrensbeteiligten entstammen oder außerhalb von ihr liegen (Fallgruppen bei Ziekow VwVfG § 43 Rn. 18 f.).

9   Die Wechselbeziehungen zwischen Sacherledigung und Hauptsachenerledigung sind vielfältig. In jedem Fall ist der Rechtsschutzsuchende zu einer **prozessualen Reaktion** gezwungen, um die Kostenlast abzuwenden, die ihm bei Abweisung des nunmehr unzulässigen Rechtsbehelfs (§ 154 I) oder bei Rücknahme (§ 155 II) unausweichlich drohte (BVerwG Buchh 310 § 161 VwGO Nr. 89). Bei den VA-Klagen (§ 42 I) kann der Kläger theoretisch zwar zu dem – in II 1 ausdrücklich bedachten – Fortsetzungsfeststellungsantrag nach § 113 I 4 übergehen; dies setzt aber neben der Sacherledigung ein besonderes Feststellungsinteresse voraus (→ § 113 Rn. 77 ff.). Fehlt es daran, muss er die Hauptsache gemäß § 161 II 1 für erledigt erklären. Die (vermeintliche) Sacherledigung ist von daher idR das Motiv für Erledigungserklärungen, für sie aber weder erforderlich (grds. auch nicht nachzuprüfen) noch würde sie für sich allein zur Beendigung des Verfahrens führen. Es bedarf vielmehr zusätzlicher Prozesshandlungen in Gestalt übereinstimmender Erklärungen der Hauptbeteiligten. Andererseits wird ein tatsächlich nicht erledigter VA im Zuge solcher Erklärungen bestandskräftig, kann sich aber iSd § 43 II VwVfG „auf andere Weise" erledigen, wenn ihn die Beteiligten in der Folgezeit übereinstimmend als obsolet betrachten (BVerwG DVBl 1998, 898).

2. Begriff und Arten der (Hauptsachen)Erledigung

10   Die Pflichten des Gerichts zur Kostenentscheidung in Fällen der Hauptsachenerledigung sind in II speziell geregelt. Während die Rücknahme eines Rechtsbehelfs als Fall freiwilligen Unterliegens gedeutet und kostenrechtlich allgemein in § 92 III 1 iVm § 155 II geregelt werden konnte, musste aus Gründen der **Kostengerechtigkeit** für die Fälle der Erledigung eine Möglichkeit der flexiblen Kostenverteilung geschaffen werden. Sie soll es dem Gericht gestatten, den individuellen Verlauf des Verfahrens und die Umstände der Erledigung zu berücksichtigen.

11   **Rechtsstreit** ist jedes Verfahren und jeder Verfahrensabschnitt, in dem eine selbstständige Kostenentscheidung zu treffen ist (→ vor § 154 Rn. 14 ff.), also die Klage, vorläufige Rechtsschutzverfahren, Normenkontrollverfahren (§ 47), aber auch Rechtsmittel (→ Rn. 39a). Der Rechtsstreit ist iSv II 1 **„in der Hauptsache erledigt",** wenn ihn die Hauptbeteiligten (→ Rn. 12) übereinstimmend für erledigt **erklären.** Mit dem Begriff der Hauptsache ist das sachliche Klagebegehren im Unterschied zum Kostenpunkt gemeint (BVerwG Buchh 310 § 161 VwGO Nr. 108). **Nicht** erforderlich ist es, dass sich das Klagebegehren auch in der Sache – objektiv – erledigt hat (→ Rn. 8).

3. Übereinstimmende Erledigungserklärungen

12   **a) Die Erklärungsbefugten.** Die Hauptbeteiligten eines anhängigen Rechtsstreits können diesen übereinstimmend für in der Hauptsache erledigt erklären (BVerwG NVwZ 1993, 979). Die Zustimmung von **Nebenbeteiligten,** etwa eines Beigeladenen (§ 63 Nr. 3 und 4) ist nicht erforderlich, ihr

Widerspruch gegen die Erledigungserklärungen dementspr. unerheblich. Denn die Beendigung des Rechtsstreits ist Ausfluss der Dispositionsbefugnis der Hauptbeteiligten (allg. Ansicht, vgl. nur BVerwG NVwZ-RR 1992, 276; BVerwGE 30, 27; Eyermann § 161 Rn. 6 mwN).

Wer Hauptbeteiligter ist, bestimmt sich allerdings nach der Verfahrensrolle **13** im jeweiligen Rechtszug. Das sind im Ausgangsverfahren (Klage oder Antragsverfahren) Kläger und Beklagter bzw. Antragsteller und Antragsgegner; in einem von einem Nebenbeteiligten angestrengten Rechtsmittelverfahren hingegen ist es dieser. Der Beigeladene als Rechtsmittelführer kann jedoch nicht das gesamte Verfahren, sondern nur das Rechtsmittel für erledigt erklären.

b) Form und Inhalt der Erklärung. Die Erklärungen sind auf einen be- **14** stimmten Erfolg gerichtet, der für die Beteiligten hinreichend deutlich erkennbar sein muss. Erledigungserklärungen müssen daher **grds. ausdrücklich** abgegeben werden („… erkläre ich den Rechtsstreit für in der Hauptsache erledigt"; „… schließe ich mich der Erledigungserklärung an"). Die Erklärungen betreffen den „Rechtsstreit" (II 1), nicht notwendig das gesamte „Verfahren" iSv 1. Sie können sich auf das **Sachbegehren** beziehen und damit das Verfahren in allen Rechtszügen erledigen oder auf ein Rechtsmittel beschränken, sodass es bei Entscheidungen der Vorinstanz(en) bleibt (→ Rn. 27). Die Erledigung kann auch nur einen **Teil** des Sachbegehrens betreffen (→ § 42 Rn. 26 ff.), dessen Umfang dann genau zu bezeichnen ist. Über den nicht erledigten Rest hat das Gericht eine streitige Entscheidung zu treffen.

Erklärungen sind jedoch auch iZ des § 161 **auslegungsfähig.** Die erläuter- **15** te Mitteilung, die Hauptsache habe sich erledigt, wird auf Beklagtenseite idR als bloßer Hinweis auf die Sacherledigung gemeint sein, aber nicht (schon) als Erledigungserklärung, zumal die einseitige Erledigungserklärung des Beklagten keine selbstständige prozessuale Wirkung hat (→ Rn. 40). Der **Kläger** kann mit ihr hingegen – vor allem, wenn er nicht anwaltlich vertreten ist – konkludent zugleich zum Ausdruck bringen wollen, dass er sein bisheriges Sachbegehren nicht weiterverfolge, das mangels Statthaftigkeit oder Rechtsschutzbedürfnis nunmehr unzulässig geworden ist. Eine Nachfrage des Gerichts kann angezeigt sein.

Eine ausdrückliche Erledigungserklärung des Klägers darf **nicht** in eine **15a** Klagerücknahme **umgedeutet** werden. Dies bedarf es selbst bei einer (ausnahmsweise anzunehmenden) „Flucht" in die Erledigungserklärung nicht: Ihr kann iR der Billigkeitsentscheidung Rechnung getragen werden (→ Rn. 38 und NK-VwGO § 161 Rn. 41). Gibt der Kläger – auch auf Hinweis und Nachfrage des Gerichts – **keine Erledigungserklärung** ab, kann ihm eine solche nicht untergeschoben werden; die Klage ist vielmehr durch Prozessurteil abzuweisen. Die Möglichkeit der Erklärungsfiktion (II 2) ist dem Beklagten vorbehalten (→ Rn. 16). Allerdings ist das **Verhalten der Hauptbeteiligten deutungsfähig.** Es kann so aufzufassen sein, als hätten sie übereinstimmend beantragt, den Rechtsstreit ganz oder teilweise für erledigt zu erklären (vgl. BVerwGE 142, 234 Rn. 9; BGHZ 21, 298 (298 f.)).

16 c) Beklagtenerklärung und Erklärungsfiktion (II 2). Dem **Beklagten**
wird allgemein zugestanden, einer Erledigungserklärung des Klägers **konkludent zuzustimmen** (BVerwG NVwZ-RR 1992, 276), etwa durch Kostenantrag oder die Erklärung, er widerspreche der Erklärung des Klägers nicht
(vgl. BVerwGE 30, 27 (28)). Ein früher für ausreichend gehaltenes **Schweigen** (dazu NK-VwGO § 161 Rn. 40 Fn. 19) ist nur noch unter den in II 2
dafür gesetzten Anforderungen als Zustimmung anzuerkennen (ebenso Beck-
OK VwGO § 161 Rn. 11). **II 2** (entspr. § 91a I 2 ZPO, vgl. BT-Drs. 15/
3482 S. 24) **fingiert die Zustimmung** des Beklagten zu einer Erledigungserklärung des Klägers. Die Fiktion setzt voraus, dass der die Erledigungserklärung enthaltende Schriftsatz gerichtsseitig mit einer Belehrung über die
gesetzlichen Fiktionsfolgen zugestellt wird (§ 56) und der Beklagte nach
Zustellung zwei Wochen schweigt („nicht widerspricht"). Die Belehrung
muss durch Wiedergabe des Gesetzeswortlauts erfolgen, bei bloßer Angabe
der Vorschrift ist sie nicht wirksam (→ § 92 Rn. 24). Die Zwei-Wochen-Frist
ist eine sog. Ereignisfrist, die nach § 187 I BGB berechnet wird (NK-VwGO
§ 57 Rn. 30). Bei Fristversäumnis dürfte **Wiedereinsetzung** entsprechend
§ 58 II, § 60 III nur im Falle höherer Gewalt zu gewähren sein (SSB § 161
Rn. 15b).

17 d) Mögliche Zeitpunkte der Erklärung. aa) Verzögerte Abgabe. Die
Erklärungen können **bis zur Rechtskraft** einer gerichtlichen Sachentscheidung abgegeben werden, also auch in einem Rechtsmittelverfahren. Es ist
daher ohne Auswirkungen auf ihre Wirksamkeit, wenn die Erledigung vor
Ergehen der Entscheidung eingetreten ist, eine Erledigungserklärung erst
danach (etwa im Rechtsmittelverfahren) abgegeben wird (BayVGH BayVBl.
1987, 636; 1979, 618 f.). Das Prozessrecht begründet keine Pflicht zur unverzüglichen Reaktion auf den Eintritt des erledigenden Ereignisses; es überlässt
es unabhängig davon, in welchem Stadium des Prozesses das erledigende
Ereignis eingetreten ist, grds. dem Beteiligten, eine Erledigungserklärung erst
dann abzugeben, wenn er dies für angezeigt hält (BVerwG NVwZ 1993,
979 f.; Buchh 310 § 161 VwGO Nr. 79 S. 3). Eine andere Frage ist es, wie
sich eine derartig verzögerte Abgabe der Erledigungserklärung auf die Kostentragung auswirkt (dazu → Rn. 37).

18 bb) Erklärung erst im Rechtsmittelverfahren. Erledigungserklärungen
können auch in einem Rechtsmittelverfahren wirksam abgegeben werden
(BVerwG NVwZ 2001, 1286 (1288)), und zwar sogar dann, wenn das
Rechtsmittel allein zu dem Zweck ergriffen worden ist, den Rechtsstreit –
etwa bei Erledigung „zwischen den Instanzen" – für in der Hauptsache
erledigt zu erklären. Der Zweck, die erstinstanzliche Sachentscheidung vom
Rechtsmittelgericht für wirkungslos erklären zu lassen und eine günstige(re)
Kostenentscheidung herbeizuführen, ist anzuerkennen und verstößt auch
nicht gegen § 158 I (VGH BW NVwZ-RR 2003, 392; OVG NRW NVwZ-
RR 2003, 701 mwN; NK-VwGO § 161 Rn. 53; SSB § 161 Rn. 19 f.; aA
OVG NRW NRW NVwZ-RR 2002, 895).

e) Wirksamkeit der Erklärungen. Die Erledigungserklärungen sind **pro-** 19 **zessuale Willenserklärungen** und Sachanträge (diff. BLAHG ZPO § 297 Rn. 6). Sie müssen den **Anforderungen** genügen, die für Prozesshandlungen allgemein gelten (dazu BVerwG NJW 1991, 508; NK-VwGO § 81 Rn. 7 ff.), können **schriftlich,** ggf. zur Niederschrift abgegeben (→ § 81 Rn. 3, 14) oder in mündlicher Verhandlung zu Protokoll erklärt werden (§ 105 iVm § 160 III Nr. 2 ZPO). Es genügt, dass die Erklärung vom Richter **telefonisch** entgegengenommen und von ihm protokolliert wird (etwa durch unterzeichneten Aktenvermerk, → § 101 Rn. 6 mwN).

Die Hauptbeteiligten müssen **prozess- und beteiligungsfähig** sein, es sei 20 denn, die Sacherledigung resultiert gerade aus dem Wegfall einer dieser Fähigkeiten, deren Fortbestand für die Abgabe der Erklärung fingiert wird (NK-VwGO § 161 Rn. 42). Die Erklärungen können nicht wegen Irrtums **angefochten** werden und sind weitgehend bedingungsfeindlich. Zulässig sollen innerprozessuale Bedingungen sein (wie etwa das Abhängigmachen von der Wirksamkeit eines gerichtlichen Vergleichs oder der Zustimmung des Gegners) Die Erklärung kann weder vom Kläger noch vom Beklagten **hilfsweise** neben einem aufrechterhaltenen Sach- bzw Abweisungsantrag abgegeben werden. Wohl aber kann umgekehrt der Sachantrag hilfsweise neben einer Erledigungserklärung aufrechterhalten werden, nämlich für den Fall, dass der Gegner der Erledigung widerspricht und es zum Erledigungsstreit (→ Rn. 40) kommt (NK-VwGO § 161 Rn. 49 ff.).

In Verfahren vor dem OVG und dem BVerwG, in denen **Vertretungs-** 21 **zwang** besteht (§ 67 IV), ist es einem anwaltlich nicht vertretenen (postulationsunfähigen) Beteiligten aus Gründen der Prozessökonomie allerdings möglich, die Erledigungserklärung persönlich abzugeben (BVerwG Buchh 310 § 161 Abs. 2 Nr. 13; Buchh § 67 VwGO Nr. 24; NVwZ 1990, 69; NJW 1971, 479; BVerwGE 30, 27; krit. NK-VwGO § 161 Rn. 56 ff. und → § 67 Rn. 13).

Nicht zu den Wirksamkeitserfordernissen gehört, dass der für erledigt 22 erklärte Rechtsstreit **zulässig und begründet** war (stRspr, vgl. nur BVerwGE 46, 215; 30, 27). Dieser Beurteilung kommt lediglich für die Verteilung der Kosten iR der Billigkeitsentscheidung Bedeutung zu (→ Rn. 32).

f) Widerruf der Erklärung. Eine Erledigungserklärung kann nach stRspr 23 des BVerwG widerrufen werden, solange die Erledigungserklärung der Gegenseite dem Gericht noch nicht zugegangen ist. Die Prozesslage wird erst durch die letzte bei Gericht eingehende Erklärung umgestaltet (→ Rn. 24). Schließt sich die Gegenseite der Erledigungserklärung nicht an, ist die Klägerseite verfahrensrechtlich nicht gehindert, zu ihrem Sachvortrag zurückzukehren (BVerwG Buchh 310 § 161 VwGO Nr. 113 S. 15; NVwZ-RR 2010, 562 Rn. 14).

4. Prozessuale Folgen übereinstimmender Erklärungen

a) Wegfall der Rechtshängigkeit. Die Hauptbeteiligten müssen den 24 Rechtsstreit übereinstimmend für erledigt erklären. Mit dem Eingang der zweiten, sich inhaltlich deckenden Erledigungserklärung bei Gericht, der bei Nutzung moderner Kommunikationsmittel sekundengenau zu bestimmen ist, **entfällt die Rechtshängigkeit** des Rechtsstreits im von den Beteiligten festgelegten Umfang (→ § 90 Rn. 14). Die Reihenfolge, in der die Erklärungen eingehen, ist ohne Bedeutung. Der Kläger kann nicht mehr zu der in II 1 ausdrücklich erwähnten Fortsetzungsfeststellungsklage (§ 113 I 4) übergehen, und eine „überholende" Klagerücknahme ist nicht mehr möglich. Soweit keine Klagefristen abgelaufen sind (§ 74), kann der Rechtsschutzantrag jedoch neu angebracht werden, weil ihm eine rechtskräftige Entscheidung (§ 121) nicht entgegensteht.

25   **b) Aussprüche des Gerichts.** In II 1 ist nur bestimmt, dass das Gericht durch Beschluss über die Kosten zu entscheiden hat (dazu → Rn. 29 ff.). Der Kostenbeschluss hat nach anderen Vorschriften jedoch weitere, überwiegend freilich deklaratorische Aussprüche zu enthalten:

26   Im Umfang der Erledigung (→ Rn. 14) ist ein Klageverfahren entsprechend § 92 III 1 **einzustellen** (BVerwG NVwZ-RR 1999, 407; ein Berufungsverfahren iVm § 125 I 1; ein Revisionsverfahren iVm § 141 S. 1).

27   In erledigtem Umfang werden etwaige Entscheidungen von Vorinstanzen **wirkungslos,** ohne dass es einer ausdrücklichen Aufhebung bedarf (§ 173 S. 1 iVm § 269 III 1 Hs. 2 ZPO). Die Wirkungslosigkeit wird aber üblicherweise zur Klarstellung festgestellt. Sie **erstreckt sich** auf noch nicht rechtskräftige Hauptsacheentscheidungen in Sachausspruch und Nebenentscheidungen. Streitwertfestsetzungen einer Vorinstanz bleiben – auch soweit sie in einem Sachbeschluss enthalten waren – unberührt. Dasselbe gilt für zurückverweisende Entscheidungen einer höheren Instanz, weil sie keine Sachentscheidungen enthalten (NK-VwGO § 161 Rn. 68). Beziehen sich die Erledigungserklärungen nur auf ein Rechtsmittel, führt das zur Rechtskraft etwaiger Vorentscheidungen im angefochtenen Umfang (NK-VwGO § 161 Rn. 69 f.).

28   Eine weitere selbstständige Pflicht des Gerichts ist es, den **Streitwert** festzusetzen (§ 63 GKG).

5. Kostenentscheidung des Gerichts

29   **a) Form und Begründung der Entscheidung.** Die eigentliche Rechtsfolge der Hauptsacheerledigung ist die Pflicht des Gerichts, eine Kosten(grund)entscheidung zu treffen (II 1). Sie erfolgt durch **eigenständigen (Einstellungs)Beschluss,** soweit der Rechtsstreit vollständig für in der Hauptsache erledigt erklärt worden ist. Bei teilweiser Hauptsacheerledigung ist die Verfahrenseinstellung und Kostenverteilung zusammen mit der Sachentscheidung über den nicht erledigten Teil **in der Schlussentscheidung** vorzunehmen (BVerwG NVwZ-RR 1999, 407; Buchh 310 § 161 Abs. 2 VwGO Nr. 16; Buchh 310 § 161 VwGO Nr. 101). Die Kostenentscheidung ist stets zu **begründen,** wie § 122 II 2 ausdrücklich bestimmt.

29a   Die **Notwendigkeit einer Kostenentscheidung entfällt,** wenn sich die Beteiligten über die Kosten einigen oder übereinstimmend auf eine Kostenentscheidung verzichten (VGH BW NVwZ-RR 2018, 416; aA SSB Rn. 21), was ihnen freisteht (→ § 160 Rn. 1). Das GKG honoriert den Wegfall eines zu begründenden Beschlusses durch Gebührenreduzierungen (zB Nr. 5111, 5115, 5123, 5131 Anlage 1 GKG). Im Verzichtsfalle trägt jeder Beteiligte seine Kosten selbst; einen Vorschuss (§ 6 I Nr. 5 GKG) kann die Partei nur zurückfordern, soweit er die reduzierte Verfahrensgebühr übersteigt. Der Einstellungsbeschluss weist auf die außergerichtliche Kostenregelung hin und setzt den Streitwert für die (reduzierten) Gerichtskosten fest.

b) Zuständigkeit, Besetzung. Zuständig ist grds. das Gericht in der für die **30** Sachentscheidung maßgeblichen **Besetzung** (§ 5 III; § 9 III; § 10 III), auch etwa bei teilweiser Erledigung. Im vorbereitenden Verfahren entscheidet der Vorsitzende bzw. der bestellte Berichterstatter (§ 87a I, III VwGO). Wird der Rechtsstreit in oder **nach der mündlichen Verhandlung** für erledigt erklärt, bleibt die für die Verhandlung geltende (Urteils)Besetzung weiter maßgebend, obwohl die Einstellung des Verfahrens durch Beschluss erfolgt **(str.).**

c) Maßstäbe der Kostenlastentscheidung. aa) Billigkeitsentscheidung. **31** Haben die Beteiligten keine vorrangig zu beachtende außergerichtliche Kostenregelung getroffen (→ § 160 Rn. 8), ist über die Kosten ist nach billigem Ermessen zu entscheiden; der bisherige Sach- und Streitstand ist zu berücksichtigen. Dieser Billigkeitsentscheidung gehen Vorschriften vor, die nach besonderen Maßstäben eine Kostentrennung vorsehen (→ vor § 154 Rn. 7). IÜ gehen die Verteilungsmaßstäbe der §§ 154 bis 160 in die Ermessenserwägungen ein (BVerwGE 22, 339 (341); Beschl. v. 4.7.2006 – 3 A 2.06).

bb) Erfolgsaussichten. Der Grundsatz des Kostenrechts, wonach der Un- **32** terliegende die Kosten des Verfahrens trägt (§ 154 I → vor § 154 Rn. 6), führt dazu, dass sich eine „billige" Kostenverteilung so weit wie möglich an den zu prognostizierenden **Erfolgsaussichten** des erledigten Rechtsstreits zu orientieren hat: Demjenigen sind die Kosten des Verfahrens aufzuerlegen, der ohne die Erledigung voraussichtlich unterlegen wäre.

Die **Prüfungstiefe** mindert sich gegenüber dem Hauptsacheverfahren je- **33** doch in tatsächlicher wie in rechtlicher Hinsicht deutlich. Schon der Wortlaut verbietet mit seiner Festlegung auf den „bisherigen" Sach- und Streitstand weitere Aufklärungen des **Sachverhalts** (BVerwGE 63, 234 (237); 46, 215). In **rechtlicher Hinsicht** ist eine nur noch summarische Prüfung auf der Grundlage des unterbreiteten Streitstoffs durchzuführen. Der in § 161 II 1 zum Ausdruck kommende Grundsatz der Prozesswirtschaftlichkeit befreit das Gericht nach der Erledigung des Rechtsstreits davon, abschließend über den Streitstoff zu entscheiden (BVerwG Buchh 123; NVwZ 1991, 872).

cc) Entscheidung bei offenem Verfahrensausgang. Einer im Kostenver- **34** fahren nicht auszuräumenden **Ungewissheit über den hypothetischen Verfahrensausgang** ist dadurch Rechnung zu tragen, dass die Verfahrenskosten zwischen den Hauptbeteiligten entsprechend § 155 I angemessen aufgeteilt werden (BVerwG Buchh 310 § 161 VwGO Nr. 123; Beschl. v.

7.4.2008 – 9 VR 6.07). Der vermutliche Prozessausgang darf offenbleiben, wenn der Rechtsstreit bisher höchstrichterlich nicht geklärte Rechtsfragen aufgeworfen hat oder sich aus anderen Gründen nicht oW übersehen lässt. Eine Ausnahme wird beim **Kapazitätsrechtsstreit** um die Zulassung zum Studium gemacht: Bei offenen Erfolgsaussichten trägt der anderweitig zugelassene Studienplatzkläger die Kosten (BVerwG DVBl 1986, 46; DVBl 1982, 736). In sonstigen Fällen ist eine **unbesehene Kostenaufhebung** (§ 155 I 2; vgl. BVerwG Buchh 310 § 161 VwGO Nr. 107) abzulehnen; sie wird den Machtverhältnissen zwischen den Beteiligten im Einzelfall ebenso wenig gerecht wie bei streitiger Entscheidung (→ § 155 Rn. 9; SSB § 161 Rn. 22; Kopp/Schenke § 161 Rn. 17).

35 **(1) Herbeiführung der Erledigung.** Der Umstand, dass die Erledigung von einem Beteiligten aus eigenem Willensentschluss herbeigeführt worden ist, besagt für sich genommen nichts – entgegen einer häufiger anzutreffenden Formel (BVerwG Buchh 310 § 161 VwGO Nr. 123; BeckOK VwGO § 161 Rn. 14 mwN; zu Recht diff. BVerwG Beschl. v. 7.4.2008 – 9 VR 6.07; abl. Kopp/Schenke § 161 Rn. 17). Das **Nachgeben** eines Beteiligten darf sehr wohl als angemessene Reaktion auf eine veränderte Prozesslage und den *dadurch* drohenden Prozessverlust gewertet werden; sie darf über die Kosten nicht sanktioniert werden. Daher ist die verbreitete Formulierung, er habe sich „in die Rolle des Unterlegenen begeben", mit Zurückhaltung zu verwenden. Sie ist allenfalls dann angebracht, wenn ein Beteiligter ohne Veränderung der Prozesslage dem Begehren unter Aufgabe des bisherigen Rechtsstandpunktes entspricht (BVerwG Buchh 310 § 161 VwGO Nr. 102).

36 Eigenständig ist das Nachgeben zu bewerten, wenn es auf einem außerhalb des Einflussbereichs der Beteiligten liegenden Ereignis beruht (Gesetzesänderung, Rechtsprechungsänderung) oder durch eine Handlung des Gegners veranlasst ist (SSB § 161 Rn. 24; vgl. OVG NRW NJW 2004, 3730). Bei **Gesetzesänderungen** kommt es darauf an, wer ohne sie obsiegt hätte (Eyermann § 161 Rn. 17; Kopp/Schenke § 161 Rn. 18). Bei **Änderung der Rspr.** trifft das Risiko grds. denjenigen, der sich auf die überholte Rspr. berufen hat. Das gilt auch, wenn es auf die **Gültigkeit einer Norm** ankommt, die das BVerfG später verwirft (Kopp/Schenke § 161 Rn. 18; str.).

37 **(2) Kostenverteilung bei verspäteter Erklärung.** Versäumt es der Antragsteller schuldhaft, nach Eintritt der Hauptsacheerledigung rechtzeitig vor Abschluss des erstinstanzlichen Verfahrens den Rechtsstreit für in der Hauptsache erledigt zu erklären, gibt er diese Erklärung vielmehr erst mit der Beschwerde gegen den seinen Antrag mangels Rechtsschutzinteresses ablehnenden Beschluss ab, trägt er nach billigem Ermessen die dadurch verursachten Kosten des bisherigen Verfahrens (OVG NRW DÖV 2010, 196 [Ls.]). Ggf. durch eine verspätete Erklärung verursachte **Mehrkosten** hat der Rechtsschutzsuchende gemäß § 155 IV gesondert zu tragen (BVerwG NVwZ 2004, 353).

38 **(3) Flucht in die Erledigungserklärung.** Eine einseitige Erledigungserklärung des Klägers darf nicht als Klagerücknahme gedeutet werden. Sie kann aber kostenrechtlich als **„verschleierte Klagerücknahme"** behandelt werden, wenn kein erledigendes Ereignis vorliegt und erkennbar ist, dass bei Widerspruch des Beklagten keine Entscheidung über die Frage der Erledigung begehrt wird (BVerwG Buchh 451.54 MStG Nr. 11; Buchh 310 § 161 Abs 2 VwGO Nr. 41; NVwZ 1989, 860).

d) Unanfechtbarkeit. Die Einstellung und Unwirksamkeitsfeststellung sind **39** entsprechend § 92 III 2 unanfechtbar. Die Kostenentscheidung nach § 161 II ist von einer Sachentscheidung isoliert und daher gemäß § 158 II unanfechtbar (BVerwG NVwZ-RR 1999, 407). Bei der Unanfechtbarkeit – bezogen auf den auf § 161 II beruhenden Ausspruch – bleibt es auch, wenn im Fall der Teilerledigung die Kostentragung Teil einer einheitlichen Kostenentscheidung ist, die das Gericht in dem Urteil trifft, in dem es zum streitigen Rest Stellung nimmt (BVerwG NVwZ-RR 1999, 407; NVwZ 1982, 372).

6. Erledigung in einer Rechtsmittelinstanz

Auch in der Beschwerde-, Berufungs- oder Revisionsinstanz kann Sacherledi- **39a** gung eintreten oder das Interesse des Rechtsmittelführers an der Fortführung des Verfahrens entfallen. Dem können die Hauptbeteiligten durch Abgabe übereinstimmender Erledigungserklärungen Rechnung tragen. Nach hM können sich diese Erklärungen auch **nur auf das Rechtsmittel** beziehen (Kopp/Schenke Rn. 33; NK-VwGO Rn. 34 mN), was vor allem in Betracht kommt, wenn Rechtsausführungen des Rechtsmittelgerichts vermieden werden sollen oder Beklagte bzw. Beigeladene als Rechtsmittelführer aufgeben. In diesem Fall bleibt es bei den vorinstanzlichen Entscheidungen; es sind nur die Kosten des Rechtsmittels zu verteilen. Beziehen sich hingegen die Erledigungserklärungen **auf den Rechtsstreit**, sind die Kosten aller Instanzen neu zu verteilen, soweit der Streitgegenstand in der Rechtsmittelinstanz noch anhängig ist. Sind Teile in einer Vorinstanz rechtskräftig entschieden worden, sind die hierzu getroffenen Kostenentscheidungen der Vorinstanzen nach dem Grundsatz der einheitlichen Kostenentscheidung (→ vor §§ 154 ff. Rn. 9) als feste Bestandteile einzubeziehen.

III. Einseitige Erledigungserklärung

1. Konstellationen

Nicht von § 161 II erfasst wird der Fall, dass einer der Beteiligten den **40** Rechtsstreit für in der Hauptsache erledigt erklärt und sich der Gegner **nicht anschließt.** Zur **Kostenentscheidung** in diesen Fällen → § 158 Rn. 7. Ein praktisches Problem ergibt sich nur bei einseitig bleibender Erledigungserklärung des Klägers bzw. eines Rechtsmittelführers. Die einseitige Erklärung des **Gegners** (dh des Beklagten im Klageverfahren) hat keine selbstständige prozessuale Wirkung, sondern ist lediglich der Hinweis auf ein erledigendes Ereignis (BVerwG ZOV 2009, 47; HmbOVG NVwZ-RR 2003, 700; Kopp/Schenke § 161 Rn. 32).

Fehlt dem Kläger ein Fortsetzungsfeststellungsinteresse (§ 113 I 4), ist der **41** Wechsel zum Erledigungsfeststellungsantrag für ihn der einzige Weg, die kostenpflichtige Klageabweisung zu vermeiden (BVerwG Buchh 310 § 161 VwGO Nr. 108 S. 7 mwN). Der Wechsel führt zum Austausch des Klagebegehrens und zu einer **Änderung des Streitgegenstandes.** An die Stelle des bisherigen Streitgegenstandes tritt der Streit über die Behauptung des Klägers, seinem Klagebegehren sei durch ein nachträgliches Ereignis die Grundlage entzogen worden.

42   Obwohl sachlich als Klageänderung einzuordnen, stellt die Rspr. den Übergang vom ursprünglichen Klageantrag zum Erledigungsfeststellungsantrag von den **Einschränkungen** einer Klageänderung nach §§ 91, 142 **frei** (stRspr, BVerwGE 114, 149; Buchh 310 § 161 VwGO Nr. 16 mwN). Der Wechsel tritt unabhängig davon ein, ob die ursprüngliche Klage zulässig und begründet war. Dies ist eine Frage der Begründetheit der umgestellten Klage. Auch die Rückkehr zum Sachantrag (→ Rn. 47) ist nicht an die Voraussetzungen des § 91 gebunden.

2. Der Erledigungsstreit

43   Bei nur einseitiger Erledigungserklärung des Klägers beschränkt sich der Rechtsstreit grds. auf die Erledigungsfrage. Das Gericht (auch noch in der Revisionsinstanz) hat **durch Urteil festzustellen,** dass der Rechtsstreit erledigt ist; bei Nichterledigung ist die Klage abzuweisen (BVerwGE 82, 41 (44); 31, 318; zur richtigen Tenorierung vgl. NK-VwGO § 161 Rn. 188 f.). Die materielle Rechtskraft des allein auf diesen tragenden Grund gestützten Erledigungsfeststellungsurteils schließt jeden weiteren Streit der Beteiligten darüber aus (BVerwGE 20, 146 (152); Buchh 448.0 § 5 WPflG Nr. 23 S. 16 f. mwN).

44   Die Feststellung setzt voraus, dass ausgehend von dem ursprünglichen Klaganspruch objektiv ein **erledigendes Ereignis** eingetreten ist. Außerdem muss die **Klage zulässig erhoben** und im Rechtsmittelverfahren auch das Rechtsmittel zulässig eingelegt worden sein (BVerwG NVwZ 1989, 862; Buchh 451.54 MStG Nr. 11). In der Rspr. des BVerwG nicht abschließend geklärt ist die Frage, ob die Zulässigkeit vAw zu prüfen ist oder nur auf Rüge des Beklagten und Vorliegen eines berechtigten Interesses an dieser Klärung. Überwiegend wird die standardmäßige Überprüfung der Zulässigkeit abgelehnt, um dem Gericht eine uU aufwendige Prüfung zu ersparen, die von beiden Beteiligten nicht gewünscht wird (BVerwG NVwZ 1991, 162; BVerwGE 73, 312; BVerwG NJW 1965, 1035; offen gelassen in BVerwGE 114, 149 (151)).

45   Abweichend von der Rspr. des BGH, nach der die ursprünglich erhobene Klage zulässig und begründet sein muss (zB BGH NJW 2003, 3134; NJW 1986, 588), ist im Verwaltungsprozess die **Begründetheit** der Klage mit dem ursprünglichen Antrag **grds. nicht** zu prüfen. Davon wird eine **Ausnahme** gemacht, wenn der Beklagte ein beachtenswertes Interesse iSd § 113 I 4 an einer Klärung zum Ausdruck bringt, dass die Klage von Anfang an keinen Erfolg haben konnte. In diesem Fall kann er eine Sachentscheidung gegen den Willen des Klägers erzwingen (BVerwGE 31, 318 (320)). Das Gericht prüft die sachliche Berechtigung der Klage als – ausnahmsweise geltendes – Erfordernis der Begründetheit des Erledigungsfeststellungsantrags (BVerwG NVwZ 1989, 862; NVwZ 1991, 162; Buchh 310 § 161 Nr. 69; Buchh 310 § 113 Nr. 181 und § 161 Nr. 83; BVerwGE 20, 146).

Verneint das Gericht die Rechtmäßigkeit, steht damit zugleich zugunsten **46** des Klägers die Rechtswidrigkeit des angegriffenen VA fest. Er ist nicht gehalten, seinerseits (etwa im Wege einer Zwischenfeststellungsklage nach § 173 S. 1 iVm § 256 II ZPO) die Rechtswidrigkeit des VA geltend zu machen. Ein **hinreichendes Interesse** an einer solchen Klärung liegt vor, wenn die Sachprüfung geeignet ist, die Rechtsbeziehungen zwischen den Beteiligten für die Zukunft zu klären und zur Vermeidung weiterer Streitverfahren beizutragen oder der Behörde die „Früchte des Rechtsstreits" zu erhalten (BVerwG NVwZ-RR 2002, 152).

Bleibt der Erledigungsfeststellungsantrag ohne Erfolg, so steht es dem Klä- **47** ger frei, seinen **ursprünglichen Sachantrag weiterzuverfolgen.** Die Rechtshängigkeit des ursprünglichen Sachbegehrens ist mit der Erledigungserklärung nicht entfallen (stRspr, BVerwG NVwZ 1999, 404), und zwar auch dann nicht, wenn der „Hauptsacheantrag" nicht zugleich mit der Erledigungserklärung ausdrücklich als Hilfsantrag für den Fall aufrechterhalten worden ist, dass das Gericht die Erledigung des Rechtsstreits in der Hauptsache verneint (BVerwG NVwZ-RR 1988, 56; Buchh 310 § 161 VwGO Nr. 101; BVerwGE 73, 312 (314)).

IV. Kosten der Untätigkeitsklage (III)

1. Anwendungsbereich

Die Sonderregelung des III, die allen anderen Kostenregelungen (wie II und **48** § 155 IV) vorgeht, schützt den Kläger vor dem **Kostenrisiko** (dazu NK-VwGO § 161 Rn. 198), das er mit einer Untätigkeitsklage nach § 75 (→ § 42 Rn. 46) eingeht. Sie setzt voraus, dass die Klage zulässigerweise erhoben, aber das gerichtliche Verfahren nach Bescheidung durch die Behörde nicht fortgeführt wird (BVerwG NVwZ 1991, 1180). III findet in allen „Fällen des § 75" Anwendung, also unabhängig davon, ob die behördliche Entscheidung positiv ausfällt oder negativ und der Kläger den Rechtsstreit deshalb für erledigt erklärt (BVerwG NVwZ 1991, 1180; SSB § 161 Rn. 40; Eyermann § 75 Rn. 17; Kopp/Schenke § 161 Rn. 37; aA BVerwG Buchh 310 § 161 VwGO Nr. 46: nur, wenn die Untätigkeitsklage in vollem Umfang durch Erlass des begehrten VA oder durch einen dem Widerspruch uneingeschränkt stattgebenden Bescheid erledigt ist). Dem Beklagten fallen die Kosten stets zur Last, wenn der Kläger mit seiner Bescheidung vor Klageerhebung rechnen durfte (dazu Rn. 50). Wählt der Kläger statt der Erledigungserklärung die **Klagerücknahme** (§ 92 III), geht III der Regelung in § 155 II vor (BVerwG NVwZ 1991, 1180; Eyermann § 75 Rn. 16; BeckOK VwGO § 161 Rn. 20 mwN; str.).

Keine Kostenüberbürdung auf den Beklagten nach III findet in folgen- **49** den Fällen statt:

– Der Kläger erstrebt ein **schlichtes Tätigwerden** der Behörde, also keinen VA oder eine Bescheidung (SSB § 161 Rn. 39 mN aus der Rspr. Fn. 3; NK-VwGO § 161 Rn. 208; Eyermann § 161 Rn. 23).

– Der Kläger setzt nach Bescheidung durch die Behörde den Rechtsstreit fort und **unterliegt** oder er zieht seine Klage zurück, bevor sich der Beklagte in der Sache geäußert hat (BVerwG NVwZ 1991, 1180). In beiden Fällen besteht zwischen der Verzögerung der Bescheidung durch den Beklagten und dem Ausgang des Prozesses kein Zusammenhang; der Kläger nimmt mit der Fortsetzung des Verfahrens das normale Kostenrisiko eines Verwaltungsprozesses auf sich (BVerwG NVwZ 1991, 1180; vgl. auch BVerwG Buchh 310 § 161 VwGO Nr. 94).

– Das **Gericht entscheidet** zur Sache, bevor eine Bescheidung durch die Behörde erfolgt; die Untätigkeit der Behörde kann dann gemäß § 155 IV berücksichtigt werden (BeckOK VwGO § 161 Rn. 21).

2. Rechtzeitigkeit der Bescheidung

50   Voraussetzung der Kostenüberbürdung ist, dass der Kläger mit seiner Bescheidung vor Klageerhebung rechnen durfte. Das ist dann nicht der Fall, wenn der Beklagte einen **zureichenden Grund** für die Nichtbescheidung hatte und dem Kläger dieser Grund bekannt war oder bekannt sein musste. Ein Grund kann nur dann „zureichend" iSd § 75 S. 1 sein, wenn er mit der Rechtsordnung in Einklang steht (BVerwG NVwZ 1991, 1180).

51   **Gründe** können sein: besonders umfangreiche und komplizierte Fälle; Abwarten eines anstehenden Musterrechtsstreits; nur bei extremen Lagen behördenbedingte Engpässe durch urlaubs- oder krankheitsbedingte Abwesenheiten oder eine generelle Überlastung bzw. angespannte Personallage. In jedem Fall ist der Antragsteller im Verwaltungsverfahren in Kenntnis zu setzen. Ohne ausdrückliche Erläuterung der Behörde darf er nach der Wertung des § 75 mit einer Entscheidung innerhalb von drei Monaten, spätestens aber innerhalb eines Jahres rechnen (Kopp/Schenke § 161 Rn. 36; BeckOK VwGO § 161 Rn. 22).

§ 162 [Erstattungsfähige Kosten]

(1) Kosten sind die Gerichtskosten (Gebühren und Auslagen) und die zur zweckentsprechenden Rechtsverfolgung oder Rechtsverteidigung notwendigen Aufwendungen der Beteiligten einschließlich der Kosten des Vorverfahrens.

(2) [1] Die Gebühren und Auslagen eines Rechtsanwalts oder eines Rechtsbeistands, in Abgabenangelegenheiten auch einer der in § 67 Abs. 2 Satz 2 Nr. 3 genannten Personen, sind stets erstattungsfähig. [2] Soweit ein Vorverfahren geschwebt hat, sind Gebühren und Auslagen erstattungsfähig, wenn das Gericht die Zuziehung eines Bevollmächtigten für das Vorverfahren für notwendig erklärt. [3] Juristische Personen des öffentlichen Rechts und Behörden können an Stelle ihrer tatsächlichen notwendigen Aufwendungen für Post- und Telekommunikations-

dienstleistungen den in Nummer 7002 der Anlage 1 zum Rechtsanwaltsver-
gütungsgesetz bestimmten Höchstsatz der Pauschale fordern.

(3) Die außergerichtlichen Kosten des Beigeladenen sind nur erstattungsfähig,
wenn sie das Gericht aus Billigkeit der unterliegenden Partei oder der Staatskasse
auferlegt.

Übersicht

Vorbemerkungen

1 Die Kostenlastentscheidung des Gerichts gemäß §§ 154 bis 161 verschafft
einen Kostentitel (§ 168 I Nr. 1) und bestimmt Kostenschuldner und Kosten-
gläubiger des Erstattungsanspruchs. **Art und Höhe** der erstattungsfähigen
Kosten werden erst in § 162 festgelegt. In I wird zugleich der **Begriff der
Prozesskosten legaldefiniert,** und zwar mit Gültigkeit für den gesamten
16. Abschnitt, aber auch für weitere Vorschriften der VwGO, die den Begriff
der „Kosten" verwenden (zB § 87a I Nr. 5, § 120 I, § 126 III 2, § 140 II 2,
§ 146 III). Zu unterscheiden sind nach I Gerichtskosten und die Aufwendungen der Beteiligten in den verschiedenen (Vorbereitungs)Stadien eines
Rechtsstreits. **Kostenrechner** sind im Internet zu finden, zB unter https://
anwaltsblatt.anwaltverein.de/de/apps/prozesskostenrechner.

2   Die **Erstattungsfähigkeit** von Prozesskosten ist insgesamt unter die Bedingung der **Notwendigkeit** ihres Entstehens gestellt. Teilweise ist diese bereits
abstrakt-generell durch § 162 vorgeben (zB für Gerichtskosten), teilweise
bedarf sie einer Konkretisierung durch das Prozessgericht (II 2 und III; Begriff
→ § 1 Rn. 4a), iÜ ist sie im Verfahren der Kostenfestsetzung (§ 164) zu
beurteilen. Nach allg. Ansicht trifft aber auch die Beteiligten schon bei der
Verursachung von Aufwendungen eine Obliegenheit sparsamer Prozessführung, die aus der Ex-ante-Sicht einer verständigen Partei zu beurteilen ist
(**Kostenminimierungspflicht,** vgl. BVerwG NJW 2000, 2832; BeckOK
VwGO § 161 Rn. 51 mwN).

3   Somit **wendet sich** § 162 an alle Beteiligten und an das Gericht, vor allem
aber an den **Urkundsbeamten:** Er wird in den Stand gesetzt, den Umfang
der erstattungsfähigen Kosten in der Kostenfestsetzung abschließend zu beurteilen. Die Verfahrensbeteiligten bekommen Maßstäbe an die Hand, um dies
iR freiwilliger Erstattung von Prozesskosten beurteilen zu können, ebenso das
Prozessgericht bei den ihm vorbehaltenen Entscheidungen und bei der Überprüfung von Kostenfestsetzungsbeschlüssen iR von Erinnerungen (§ 165 iVm
§ 151).

A. Aufwendungen der Hauptbeteiligten

I. Art der Kosten

1. Gerichtskosten

4 § 162 fasst unter dem **Oberbegriff „Kosten"** in Übereinstimmung mit den
Kostengesetzen (§ 1 I GKG) an die Gerichtskasse zu zahlende Gebühren
und Auslagen. Auch die Vergütung von Rechtsanwälten wird entsprechend
eingeteilt (vgl. § 1 I RVG). **Gebühren** sind nach allgemeinem Sprachgebrauch ein pauschales Entgelt für die Inanspruchnahme, **Auslagen** eine
Abgeltung konkret entstandener Aufwendungen. Für Verfahren vor den
Gerichten der Verwaltungsgerichtsbarkeit nach der VwGO – also für die

Tätigkeit der Gerichte – werden gemäß § 1 II Nr. 1 GKG **Gerichtskosten erhoben.**

Bund und Länder genießen als Beteiligte eines verwaltungsgerichtlichen 4a Verfahrens keine Kostenfreiheit (vgl. BT-Drs. III/1094 S. 14 zu § 160a). Bundes- oder landesrechtliche Vorschriften über **persönliche** Kostenfreiheit finden nach **§ 2 IV GKG** vor den Gerichten der Verwaltungsgerichtsbarkeit keine Anwendung. Hingegen bleiben Vorschriften über **sachliche** Kostenfreiheit der öffentlichen Hand (wie § 188 S. 2 und § 83b AsylG) unberührt. Höchstrichterlich geklärt ist, dass Art. 140 GG iVm Art. 138 Abs. 1 WRV **Religionsgemeinschaften** in Verfahren vor den VG keine Gerichtsgebührenfreiheit gewährt (BVerfGE 19, 1 (13 ff.); BVerfG-Kammer NVwZ 2001, 318; BVerwG NVwZ 1996, 786; NVwZ 1996, 787).

Gerichtskosten sind **generell erstattungsfähig,** soweit sie von einem 5 erstattungsberechtigten Beteiligten verauslagt worden sind (vgl. zur Verfahrensgebühr § 6 I Nr. 4, III GKG). Welche Gerichtskosten nach Art und Höhe anfallen und von wem sie zu zahlen sind, bestimmt sich ausschließlich nach dem GKG und seinem Kostenverzeichnis (§ 1 I aE, § 3; Einzelheiten der Erhebung bei BeckOK VwGO § 162 Rn. 5 ff.). Gebühren sind grds. (streit)wertabhängig (§§ 3 I, 34). Fehlt ein Kostentatbestand, können Kosten nicht angesetzt werden. In den Fällen des § 21 GKG (iW unrichtige Sachbehandlung durch das Gericht und unverschuldete Unkenntnis eines Beteiligten) können Kosten vom Prozessgericht niedergeschlagen werden (vgl. Hartmann, GKG § 21 Rn. 5). Stundung und Erlass von Gerichtskosten bestimmen sich nach dem jeweils anwendbaren Landesrecht (Übersicht bei Hartmann, Kostengesetze VII D Rn. 4).

Zu den erstattungsfähigen Kosten gehören auch die Kosten einer **irrtümli-** 6 **chen Zustellung** der Klageschrift durch das Gericht an einen Dritten. Die Kostenhaftung ist als grds. reine Verursachungshaftung vom Verschulden des kostenbelasteten Beteiligten unabhängig (Eyermann § 154 Rn. 2). Gerichtskosten sind aber wegen unrichtiger Sachbehandlung niederzuschlagen (§ 21 GKG), die außergerichtlichen Aufwendungen des Dritten bleiben erstattungsfähig.

Zeugen, Sachverständige usw. werden nach dem JVEG aus der Staats- 7 kasse entschädigt; diese Beträge werden damit Teil der gerichtlichen Auslagen (GKG-KV Nr. 9005). Zu den außergerichtlichen Kosten eines Beteiligten gehören sie nur, wenn dieser ausnahmsweise Auslagenvorschüsse für eine Zeugen- oder Sachverständigenvernehmung gezahlt oder sie der Staatskasse bereits nach § 22 GKG erstattet hat. Nicht erhoben werden Beträge, die an **ehrenamtliche Richter** gezahlt werden (→ § 32 Rn. 1; vgl. GKG-KV Nr. 9005 S. 1).

2. Außergerichtliche Kosten

a) Begriff und Abgrenzung. Den Begriff der **außergerichtlichen Kosten** 8 verwendet die VwGO zur Abkürzung – ohne ihn zu definieren – in § 160 S. 2 und § 162 III. In I werden sie als die „zur zweckentsprechenden Rechtsverfolgung oder Rechtsverteidigung notwendigen Aufwendungen der Beteiligten" umschrieben. Die Wendung „Rechtsverfolgung oder Rechtsverteidigung" hebt die Perspektiven der gegensätzlichen Parteirollen des Antragstellers und seines Gegners (→ § 166 Rn. 16) hervor; eine rechtserhebliche Unterscheidung lässt sich daran nicht knüpfen (BVerwG NVwZ 2006, 1294). Der Sache nach handelt es sich um alle Kosten, die nicht dem Träger der Gerichtsbarkeit (also Bund oder Land) entstehen. Dazu gehören Aufwendungen, die einem Beteiligten im Prozess entstehen, also die an einen Bevollmächtigten zu zahlenden (Anwalts)Kosten oder die ihm (in Form von Porto oder Fahrtkosten) selbst entstehen.

9   Die Regelung über die Erstattungsfähigkeit gilt für alle an einem Verfahren konkret Beteiligten iSd § 63 sowie für die aufgrund besonderer Vorschriften beteiligten natürlichen und juristischen Personen. Die Vorschrift hat denselben Anwendungsbereich wie die §§ 154 ff. allgemein (→ vor § 154 Rn. 13), gilt also in allen Verfahren, in denen eine Kostengrundentscheidung zu treffen ist und Kosten zu erstatten sind. Aufwendungen sind die Auslagen der Beteiligten selbst und ihrer Bevollmächtigten. Die Aufwendungen müssen tatsächlich entstanden sein; das Entstehen ist glaubhaft zu machen (§ 173 S. 1 iVm § 104 II 1, § 294 I ZPO). Soweit die Aufwendungen nicht im Prozess entstehen, müssen sie in einem unmittelbaren Zusammenhang mit ihm, nicht nur gelegentlich der Prozessführung entstanden sein (NK-VwGO § 161 Rn. 9).

10   **b) Notwendigkeit.** Außergerichtliche Kosten sind – anders als Gerichtskosten – weder ihrer Art noch ihrer Höhe nach automatisch erstattungsfähig. Für die Gebühren und Auslagen eines Bevollmächtigten (im Prozess und einem Vorverfahren) ist in II, für die außergerichtlichen Kosten des Beigeladenen in III eine spezielle Regelung getroffen. Den **Grundsatz** für alle sonstigen Aufwendungen enthält I: Sie müssen zur zweckentsprechenden Rechtsverfolgung oder Rechtsverteidigung **notwendig** sein. Dieses Erfordernis betrifft sowohl die Art als auch die Höhe der Aufwendungen.

11   Die Notwendigkeit beurteilt sich nach **Geeignetheit, Erforderlichkeit und Angemessenheit,** das zu befördernde prozessuale Ziel zu erreichen. Maßgebend ist nicht die subjektive Auffassung des Beteiligten, sondern die verobjektivierte Sicht eines **verständigen Beteiligten,** der bemüht ist, die Kosten so niedrig wie möglich zu halten. Abzustellen ist dabei auf den Zeitpunkt der die Aufwendungen verursachenden Handlung (Ex-ante-Sicht). Ohne Belang ist, ob sich die Handlung im Prozessverlauf nachträglich als unnötig herausstellt (BVerwG Rpfleger 2008, 666). Im Streitfall ist die Notwendigkeit im Kostenfestsetzungsverfahren (§ 164) zu klären.

II. Aufwendungen des Klägers

1. Persönlicher Aufwand

12   Die persönlichen Aufwendungen einer natürlichen oder juristischen Person des Privatrechts als Kläger sind nach I zwar grds. erstattungsfähig, soweit sie einen hinreichend engen Bezug zur Prozessführung aufweisen. Praktisch sind die anerkannten Positionen jedoch stark **eingeschränkt:** Herausgenommen

werden zum einen betriebswirtschaftlich individualisierbare Aufwendungen, die nicht mit realen Ausgaben verbunden sind (die private Mühewaltung der Prozessführung und der damit allgemein verbundene Zeitaufwand).

Zum anderen fallen zahlreiche Aufwendungen vor allem zur Vorbereitung **13** des Prozesses und außerhalb von Terminen (zu den Kosten von Terminswahrnehmungen → Rn. 20 ff.) unter die allgemeinen **Geschäftsunkosten,** denen der konkrete Bezug zur Prozessführung fehlen soll (NK-VwGO § 161 Rn. 19 ff.). Daher sind der allgemeine Zeitaufwand der Sachbearbeitung (Aktenstudium, Erstellung von Schriftsätzen usw., vgl. VGH BW NVwZ-RR 1994, 184; BayVGH BayVBl. 1980, 157) ebenso wenig zu erstatten wie grds. auch die **Schreibauslagen** einschließlich der Auslagen für Fotokopien, Telefonkosten und Porti → Rn. 16. Die **Aufwendungen eines Dritten** können nur ersetzt werden, wenn der erstattungsberechtigte Beteiligte diesem ersatzpflichtig ist, wie zB bei Insolvenzverwaltern oder Testamentsvollstreckern (Eyermann § 162 Rn. 4; BeckOK VwGO § 162 Rn 16).

Regelmäßig nicht notwendig sind **rechtsberatende Handlungen** eines **14** Anwalts oder Hochschullehrers, die über einen Rechtsrat bzw. eine anwaltliche Beratung in Bezug auf die Beurteilung der Erfolgsaussichten einer späteren Klage hinausgehen. Demgemäß können **private Rechtsgutachten** – wie auch Gutachten im Prozess – regelmäßig nicht als notwendige Aufwendungen iSv I angesehen werden (NdsOVG NJW 2010, 1301 und → Rn. 31). Bloße **Vorbereitungshandlungen** sind auch sonst keine notwendigen Auslagen (OVG NRW NVwZ-RR 2008, 503; ferner BayVGH Beschl. v. 13.11.2008 – 22 M 08.2699; NVwZ-RR 2002, 315). Zu privaten Gutachterkosten im Vorverfahren → Rn. 45.

Diese Beschränkung kann zu lockern sein, wenn **außerordentlich komplexe Fragen** tatsächlicher und rechtlicher Natur anstehen. Dann können ausnahmsweise Auslagen notwendig sein, die dem Beteiligten oder einem Bevollmächtigten anlässlich von **Vorbesprechungen** und anderen Vorbereitungen der Klageerhebung wie Akteneinsicht bei der Behörde (sogar schon vor Erlass der angefochtenen Verwaltungsentscheidung) entstehen. Voraussetzung ist, dass die Vorbereitung eindeutig im Zusammenhang mit dem späteren Klageverfahren steht, in dem die Kosten geltend gemacht werden (BVerwG Beschl. v. 6.10.2009 – 4 KSt 1009.07 und 6.12.2007 – 4 KSt 1004.07 Rn. 2 f.). Ein Gutachter – nicht aber der Rechtsanwalt – kann sich uU nur durch **Ortsbesichtigung** ausreichende Kenntnis von den Örtlichkeiten verschaffen. Zu den Kosten aus der Tätigkeit eines Bevollmächtigten vgl. → Rn. 32.

2. Aufwendungen im Prozess

a) Allgemeines Betreiben des Verfahrens. Soweit es sich um persönliche **16** Aufwendungen des Klägers/Antragstellers **im anhängigen Rechtsstreit,** aber außerhalb eines Termins handelt, gilt das oben Gesagte (→ Rn. 12) entsprechend. **Sachaufwendungen** (wie Schreibauslagen, Vervielfältigungs-,

Porto-, Telefon- und Telefaxkosten) sind – sofern ausscheidbar und belegbar – erstattungsfähig, wenn sie durch den Kontakt mit dem Gericht entstehen.

17   **Fotokopien aus Gerichtsakten** nach § 100 II sind erstattungsfähig, wenn sie (aus der Ex-ante-Sicht) für die Prozessführung notwendig und nicht anders beschaffbar waren. Die mehrfache Ablichtung einzelner Schriftstücke ist erstattungsfähig, wenn sie zur Unterrichtung des Gerichts, des Gegners oder des eigenen Bevollmächtigten für notwendig gehalten werden durfte.

18   Die Kosten einer **Informationsreise** zum bevollmächtigten Rechtsanwalt pro Rechtszug kann in schwierigeren Verfahren notwendig sein (BeckOK VwGO § 162 Rn. 18; Eyermann § 161 Rn. 4 mwN).

19   Beauftragt ein der deutschen Sprache nicht kundiger Beteiligter – außerhalb eines Gerichtstermins – einen **Dolmetscher oder Übersetzer,** sind dessen Kosten grds. erstattungsfähig (BeckOK VwGO § 162 Rn. 60 mwN; SSB § 162 Rn. 33; einschränkend OVG NRW NVwZ-RR 1992, 54). Die Notwendigkeit ist nach dem Maßstab des JVEG (insbes. §§ 8 f., 11 f.) zu bestimmen. IÜ → Rn. 27.

20   **b) Kosten von Terminswahrnehmungen.** Der Hauptanteil persönlicher Kosten entsteht Klägern im Zusammenhang mit der Wahrnehmung von Terminen. Die detailliertere Regelung in § 91 ZPO kann über § 173 S. 1 ergänzend herangezogen werden. Es können anfallen: Reisekosten, Ersatz für Zeitversäumnis, Schreibauslagen, das Honorar für Privatgutachten, Porto- und Telefonkosten und Umsatz-/Mehrwertsteuer (vgl. Nr. 7008 VV RVG).

21   **aa) Reisekosten der Partei.** Nach § 91 I 2 ZPO sind Kosten für notwendige Reisen erstattungsfähig. Notwendig sind grds. Reisen zu einem Termin in einer Tatsacheninstanz (also auch in erstinstanzlichen Verfahren zum BVerwG, nicht aber wenn es als Rechtsmittelgericht verhandelt), in dem sich der Kläger äußern darf (Erörterungs-, Verhandlungs- oder Beweistermine; **nicht** etwa in Verkündungsterminen, BVerwG NJW 2012, 1827; NK-VwGO § 162 Rn. 44). Das gilt auch dann, wenn ein Bevollmächtigter bestellt ist und das persönliche Erscheinen vom Gericht nicht angeordnet wurde. Denn jeder Beteiligte hat das Recht auf Anwesenheit, wenn seine Sache in tatsächlicher Hinsicht verhandelt wird.

22   **Übernachtungskosten** im Zusammenhang mit einer erstattungsfähigen Reise sind erstattungsfähig, wenn der Zeitaufwand für Hin- und Rückfahrt zwischen Wohnsitz und Gerichtsort zehn Stunden überschreitet (arg. § 19 Abs. 2 JVEG; BeckOK VwGO § 162 Rn. 18).

23   Reisen **zur Akteneinsicht** bei einem weit entfernten VG sind nicht erstattungsfähig, wenn die Akten im Wege einer Aktenversendung kostengünstiger bei einem wohnortnahen Gericht oder beim Prozessbevollmächtigten hätten eingesehen werden können.

24   Der **Umfang** der Reisekostenerstattung bestimmt sich nach § 5 JVEG (§ 91 I 2 ZPO; BVerwG NJW 2012, 1827; Rpfleger 1984, 159, str.). Die Verbindung einer zur zweckentsprechenden Rechtsverfolgung oder Rechtsverteidigung notwendigen Anreise zu einem Verhandlungstermin mit einem Privataufenthalt am Ort der mündlichen Verhandlung schließt die Erstattungsfähigkeit der Reisekosten dann nicht aus, wenn der Privataufenthalt lediglich „bei Gelegenheit" des Verhandlungstermins erfolgt und auf wenige Tage beschränkt ist (BVerwG NJW 2012, 1827).

bb) Zeitversäumnis. Zu den persönlichen Aufwendungen gehört auch die **25** durch notwendige Reisen oder durch die notwendige Wahrnehmung von Terminen entstandene Zeitversäumnis (zum allgemeinen Zeitaufwand → Rn. 12). Hierfür ist einer Naturalpartei bzw. einer juristischen Person Entschädigung in Anwendung des JVEG (§§ 20 bis 22) zu gewähren (vgl. § 173 S. 1 iVm § 91 I 2 Hs. 2 ZPO). Die Entschädigung ist nur dann ausgeschlossen, wenn dem Betroffenen ersichtlich kein Nachteil entstanden ist (dazu BVerwG NJW 2012, 1827). Gleichgestellt werden sollte die Zeitversäumnis, die dem Kläger durch eine erstattungsfähige Informationsfahrt zu seinem Prozessbevollmächtigten entsteht (BeckOK VwGO § 162 Rn. 20). Die Erstattungsfähigkeit für Zeitversäumnis ist auch bei **juristischen Personen** des Privatrechts zu bejahen, deren Mitarbeiter den Gerichtstermin wahrnehmen (SSB § 162 Rn. 21 mwN; str.).

cc) Anwaltskosten. Die Anreise und Teilnahme eines Bevollmächtigten am **26** Termin erzeugt Auslagen und Gebühren (nach dem RVG), die nach II 1 stets erstattungsfähig sind. Grds. sind nur die Reisekosten eines Anwalts zu einer mündlichen Verhandlung zu erstatten. Im Hinblick auf eine hohe Komplexität und Schwierigkeit der Sach- und Rechtsfragen kann die Anwesenheit von zwei Rechtsanwälten der zweckentsprechenden Rechtsverfolgung iSv I dienen (BVerwG Beschl. v. 6.10.2009 – 4 KSt 1009.07).

dd) Dolmetscher in der mündlichen Verhandlung. Ein vom Gericht zu **27** einer mündlichen Verhandlung hinzugezogener Dolmetscher zur Verständigung mit Personen, die der deutschen Sprache nicht mächtig, hör- oder sprachbehindert sind (§§ 185 f. GVG), ist gemäß §§ 8 ff. JVEG zu entschädigen. Diese Kosten zählen damit zu den abrechnungsfähigen Gerichtskosten (→ Rn. 4). Zu dem von einem Beteiligten außerhalb eines Termins beauftragten Dolmetscher → Rn. 19.

c) Kosten von Privatgutachten. Honorar- und Auslagenerstattungsansprü- **28** che für die private, also nicht vom Gericht bestellte oder angeforderte Tätigkeit von Sachverständigen iwS machen in größeren Prozessen neben den Anwaltsvergütungen einen erheblichen Teil der Aufwendungen aus. Um sie hat sich eine komplexe Rspr. entwickelt. Kosten für private Gutachten sind nach der verwaltungsgerichtlichen Praxis wegen der Pflicht des Gerichts zur Amtsermittlung (§ 86 I 1) und des Grundsatzes der sparsamen Prozessführung **nur unter besonderen Umständen erstattungsfähig** (BVerwG NJW 2007, 453). Es kann sich um Kosten für eine Fach- oder auch Rechtsberatung, Gutachtenerstellung oder eine persönliche Mitwirkung (als Sach- oder Rechtsbeistand) an einem Gerichtstermin handeln.

Nach allgemeinen Maßgaben (→ Rn. 10) **können** Aufwendungen für **29** sachverständige Fachbeiträge insbes. unter dem Aspekt der Waffengleichheit – **notwendig iSv I sein,** zB wenn dem beauftragenden Beteiligten

– die Sachkunde fehlt, die sein Begehren tragenden Behauptungen angesichts eines qualifizierten Vortrags oder Bestreitens des Gegners zu substanziieren oder unter Beweis zu stellen (BVerwG NVwZ 1993, 268)

– das Nachvollziehen von Berechnungen oder technischen Zusammenhängen einen mit der Materie nicht vertrauten Laien überfordert und es die prozessuale Mitwirkungspflicht fordert, sich selbst sachkundig zu machen (BVerwG Buchh 310 § 162 VwGO Nr. 47; NVwZ 1993, 268; OVG Koblenz Beschl. v. 31.7.2001 – 7 C 11685/90, zu einem atomrechtlichen Großverfahren)

– angesichts der eingeschränkten gerichtlichen Überprüfung von Gutachten (vgl. BVerwGE 71, 38 (41 f.); Buchh 310 § 98 VwGO Nr. 31) die Tatsachenbasis einer Verwaltungsentscheidung nicht anders derart in Zweifel gezogen werden kann, dass das Gericht Veranlassung für eine eigene Beweiserhebung sehen muss (BVerwG Rpfleger 2008, 666; NJW 2007, 453).

30 Die Notwendigkeit **setzt weiter voraus,** dass das Gutachten einen unmittelbaren Bezug zu jenem Verwaltungsprozess aufweist, in dem sie geltend gemacht wird, und durch die Prozesssituation herausgefordert worden ist. Von vornherein keine Erstattungsgrundlage besteht bei Gutachterkosten aus einem behördlichen Ausgangsverfahren (→ Rn. 41). Inhaltlich muss es auf die Verfahrensförderung zugeschnitten sein (BVerwG DVBl 2001, 1763). Schließlich muss das Gutachten in den Prozess eingeführt und von dem Beteiligten verwertet worden sein (OVG NRW NVwZ-RR 2008, 503 mwN; NdsOVG NJW 2010, 391).

30a Aus der Rspr. ergeben sind folgende **Grundsätze zur Erstattungsfähigkeit** der Kosten für Privatgutachten, die ein Auftraggeber beachten muss (nach Gatz, jurisPR-BVerwG 25/2009 Anm. 3). Der Gutachter muss

– im unmittelbaren Zusammenhang mit dem Rechtsstreit tätig werden,

– bei seiner Begutachtung von den richtigen rechtlichen Prämissen ausgehen,

– den Umfang seiner Tätigkeit auf das Angemessene beschränken,

– den Umfang seiner Tätigkeit dokumentieren und

– keine überhöhten Stundensätze zur Abrechnung stellen.

– Nicht abhängig ist die Erstattungsfähigkeit der Kosten hingegen von der Qualität des Gutachtens.

30b **Ungeklärt** ist, ob die Kosten für Privatgutachten, die im Verfahren des vorläufigen Rechtsschutzes und im Hauptsacheverfahren Bedeutung erlangt haben, nur im Hauptsacheverfahren abzurechnen sind (so die bisherige Praxis, BVerwG NJW 2007, 453) oder **anteilig auch dem vorläufigen Rechtsschutzverfahren** zuzuordnen sind (vgl. BVerwG Beschl. v. 12.9.2019 – 9 KSt 1.19; DVBl 2019, 1265).

31 Ist ein Beteiligter anwaltlich vertreten, sind die Kosten eines **privaten Rechtsgutachtens** über inländisches Recht grds. nicht erstattungsfähig (BVerwG Buchh 310 § 162 VwGO Nr. 24). Notwendig sein kann hingegen die Einholung einer Auskunft zu ausländischem Recht, die Tatsachenfeststellung ist (SSB § 162 Rn. 28).

3. Vergütung von Bevollmächtigten

An Bevollmächtigte können in den **Stadien** der Vorbereitung und Durch- **32** führung eines Verwaltungsprozesses verschiedene Vergütungen zu zahlen sein. In **II 1** werden nur die **im Prozess** entstehenden Kosten behandelt. Für die Tätigkeit von Bevollmächtigten im Vorverfahren enthält II 2 eine Sonderregelung (→ Rn. 46), sonstige außergerichtliche Tätigkeiten von Bevollmächtigten sind nach I an das allgemeine Kriterium der Notwendigkeit gebunden (→ Rn. 10).

a) Generelle Erstattungsfähigkeit im Prozess. In II 1 werden die Gebüh- **33** ren und Auslagen eines Bevollmächtigten „stets", also ausnahmslos, für erstattungsfähig erklärt. Dies gilt jedoch nur, sofern es sich um Kosten einer echten **Prozessvertretung** auf der Grundlage einer förmlichen Beauftragung und Bevollmächtigung handelt; **intern** bleibende Beratungen sind nicht nach II 1, sondern nach I zu beurteilen. Erstattungsfähig sind ausschließlich die **gesetzlichen Gebühren und Auslagen** eines Bevollmächtigten nach dem **RVG** (dazu SSB § 162 Rn. 70 f.). Daher besteht **kein** Anspruch auf Erstattung von Gebühren, die (nur) in einer privatrechtlichen **Honorarvereinbarung**, nicht auch gesetzlich vorgesehen sind (OVG NRW Beschl. v. 16.2.2005 – 12 E 837/04; 1.3.2000 – 6 E 115/00; VGH BW NVwZ-RR 1990, 167 f.; BeckOK VwGO § 162 Rn. 56).

Die generell bejahte Notwendigkeit nach II 1 findet ihre **Grenze** – mit der **34** Folge des Ausschlusses oder der Minderung des Kostenerstattungsanspruchs (HmbOVG NVwZ 2006, 1301) – in krassen Verstößen gegen die Kostenminimierungspflicht. So kann die Beauftragung eines Rechtsanwalts bei eingetretener Erledigung der Hauptsache und beiderseitig in Aussicht gestellten Erledigterklärungen treuwidrig sein (SächsOVG JurBüro 2008, 542). Im Regelfall ist es auch nicht erforderlich, dass ein Rechtsmittelgegner im Beschwerdeverfahren gegen einen Beschluss nach §§ 80, 123 alsbald nach Beschwerdeeinlegung und ohne Kenntnis der Beschwerdegründe einen Rechtsanwalt beauftragt (OVG LSA DVBl 2009, 1400 [Ls.] und DÖV 2009, 299).

b) Kreis der Bevollmächtigten. Der **Kreis möglicher Bevollmächtigter** **35** wird in II 1 (Rechtsanwalt, Rechtsbeistände wie Rechtslehrer, jedenfalls in Abgabenangelegenheiten auch Steuerberater und Wirtschaftsprüfer nach § 67 II 2 Nr. 3) nicht wörtlich, aber der Sache nach deckungsgleich mit § 67 II beschrieben. In Verfahren mit PKH-Bewilligung gehören auch beigeordnete Steuerberater, Steuerbevollmächtigter, Wirtschaftsprüfer oder vereidigter Buchprüfer dazu (§ 166 I 2).

Soweit Bevollmächtigte nicht nach eigenen Gebührenordnungen abrech- **36** nen, können Kosten nach den Grundsätzen angesetzt werden, die bei der Prozessführung durch einen Rechtsanwalt Anwendung finden (BVerwG NJW 1978, 1173; Eyermann § 162 Rn. 11; Kopp/Schenke § 162 Rn. 14). Das gilt insbes. bei der Prozessvertretung durch Rechtslehrer (§ 67 II) oder durch Patentanwälte.

37   **Rechtsanwälte in eigener Sache** haben nach hM denselben Anspruch auf Gebühren- und Auslagenersatz wie bei der Vertretung Dritter (BVerwGE 61, 100; Kopp/Schenke § 162 Rn. 9). Kosten aus der Beauftragung **mehrerer** Bevollmächtigter in derselben Sache sind idR nur bis zur Höhe der Aufwendungen *eines* Bevollmächtigten erstattungsfähig. Das gilt auch bei Anwaltswechsel (Eyermann § 162 Rn. 9).

38   Mehrkosten aus der Beauftragung eines **auswärtigen Anwalts** (dh außerhalb des Gerichtsbezirks) werden nur dann erstattet, wenn sie iSv I „notwendig" sind (HmbOVG NVwZ-RR 2007, 565; VGH BW NVwZ-RR 1996, 238 mwN). Eine kleinliche Handhabung ist angesichts der Verhältnisse im Verwaltungsrecht nicht angebracht. Spezialkenntnisse des Anwalts, eine wohnortnahe Kanzlei oder ein schon entstandenes schützenswertes Vertrauensverhältnis genügen.

39   Aufwendungen aus der zusätzlichen Beauftragung eines **Verkehrsanwalts** sind ausnahmsweise erstattungsfähig. Es muss dem Beteiligten nicht möglich oder zumutbar sein, mit seinem Bevollmächtigten unmittelbar zu korrespondieren. Dazu ist auf die rechtlichen und tatsächlichen Schwierigkeiten des Rechtsstreits und die subjektiven Fähigkeiten der Beteiligten abzustellen (BGHZ 159, 370 (374 f.); VGH BW NVwZ-RR 1996, 238; Kopp/Schenke § 162 Rn. 12).

4. Kosten eines Vorverfahrens

40   **a) Begriff des Vorverfahrens.** Zu den erstattungsfähigen Aufwendungen der Beteiligten gehören nach I ausdrücklich die Kosten eines (etwaigen) Vorverfahrens. Das bestimmt I ganz allgemein; für die Kosten eines Bevollmächtigten im Vorverfahren trifft **II 2** eine Sonderregelung.

41   Mit dem Begriff des Vorverfahrens nimmt § 162 Bezug auf das durch Erhebung eines Widerspruchs einzuleitende Verwaltungsverfahren nach den §§ 68 ff., das Anfechtungs- und Verpflichtungsklagen, sondergesetzlich auch anderen Klagearten (→ vor § 40 Rn. 39) vorzuschalten ist. Die Kosten eines solchen Vorverfahrens sind außergerichtliche Kosten der an ihnen beteiligten (späteren) Prozessparteien. Nicht von II erfasst werden Kosten eines **Ausgangsverfahren,** dessen Kosten mangels Rechtsgrundlage nie erstattungsfähig sind (BVerwG NVwZ 2005, 691 (693); BayVGH Beschl. v. 12.9.2008 – 13 M 08.1271 Rn. 8 für ein vorprozessuales Privatgutachten; VGH BW NJW 2009, 1895; NdsOVG Beschl. v. 22.2.2008 – 5 OB 187/07; BayVGH NVwZ-RR 2007, 497; OVG NRW NVwZ-RR 2006, 856 zum behördlichen Aussetzungsverfahren nach § 80 IV).

42   Über die Kosten eines Vorverfahrens ist bei regelmäßigem Verlauf der Dinge (zur Untätigkeitsklage → § 161 Rn. 48) schon **im Widerspruchsbescheid entschieden** worden (§ 73 III 2). Die gerichtliche Kostengrundentscheidung (§ 161) verdrängt und ersetzt den Kostentragungsausspruch des Widerspruchsbescheides oW (hM, BVerwG NVwZ 2006, 1294 mwN).

43   **b) Geltend zu machende Aufwendungen.** Die theoretisch anfallenden Aufwendungen unterscheiden sich ihrer Art nach nicht von denen anderer

Verfahrensstadien (→ Rn. 12 ff.). Es handelt sich allerdings durchweg um außergerichtliche Kosten, die I nach dem allgemeinen Maßstab der **Notwendigkeit** erstattungsfähig macht.

Die Kosten eines Vorverfahrens sind unabhängig davon erstattungsfähig, ob **44** dem Widerspruch ein zwei- oder dreipoliges Verwaltungsrechtsverhältnis (→ § 42 Rn. 89 ff.) zugrunde gelegen hat (BVerwG NVwZ 2006, 1294). **Dreipolige Rechtsverhältnisse** haben eine Ausdehnung des Unterliegensprinzips dahin zur Folge, dass der im Ausgangsverfahren ursprünglich begünstigte Kläger das Prozesskostenrisiko auch für die Kosten des Vorverfahrens des Dritten trägt, für die ursprünglich die Ausgangsbehörde einzustehen hatte (BVerwG NVwZ 2006, 1294 Rn. 15).

Zu den Kosten des Vorverfahrens zählen uU auch die Kosten für ein **45** **vorprozessuales Privatgutachten** (SSB § 162 Rn. 66 mwN). Dies kann der Fall sein, wenn die Einholung des Gutachtens (nach Entscheidung im Ausgangsverfahren) zur Vorbereitung des Widerspruchsverfahrens oder zur Erlangung der erforderlichen Sachkunde geboten war (BVerwG NVwZ-RR 1999, 611 (613)).

c) Zuziehung eines Bevollmächtigten im Vorverfahren. aa) Gericht- 46 liche Erforderlichkeitsprüfung. Die Erstattungsfähigkeit von Gebühren und Auslagen eines im Vorverfahren nach § 68 tätigen Bevollmächtigten iSv II 1 (→ Rn. 35) unterwirft **II 2** dem Zusatzerfordernis einer **konstitutiven Notwendigkeitserklärung.** Damit geht die Regelung deutlich – formal und sachlich – über die Anforderungen hinaus, die für die Erstattungsfähigkeit von Bevollmächtigtenkosten im Prozess gelten, die kraft Gesetzes erstattungsfähig sind (II 1 → Rn. 32), und die für die persönlichen Aufwendungen eines Beteiligten im Vorverfahren gelten, deren Notwendigkeit im Kostenfestsetzungsverfahren zu beurteilen ist.

Die Entscheidung nach II 2 ist (anders als die Entscheidung zum Beigeladenen nach III → Rn. 65) nicht Teil der Kostengrundentscheidung, sondern **47** gehört sachlich zur Kostenfestsetzung, die aber abw von § 164 dem Prozessgericht übertragen ist (stRspr; Buchh 310 § 162 VwGO Nr. 57; BVerwGE 27, 39 (40); SSb Rn. 83). Sie ist daher nicht gem. § 161 I vAw zu treffen, sondern nur auf (konkludent möglichen) **Antrag** entspr. § 164 (BVerwG NVwZ-RR 2003, 246; NK-VwGO § 162 Rn. 114), der jederzeit, auch nach Verfahrensbeendigung gestellt werden kann (keine Urteilsergänzung nach § 120; BVerwG NVwZ 2006, 1294; NVwZ-RR 2003, 246; BVerwGE 27, 39).

Das Gericht muss den Antrag durch einen **selbstständigen Beschluss 47a** bescheiden, auch wenn dieser (wie andere Beschlussaussprüche auch) mit einem Urteilstenor **verbunden** werden kann. Allerdings muss eine Kostengrundentscheidung vorliegen; andernfalls geht die Entscheidung ins Leere (BVerwGE 88, 41; 62, 296 (298)). Daher fehlt einem Antragsteller das **Bescheidungsinteresse,** wenn ihm kein Kostenerstattungsanspruch zusteht, wie bei (vollständigem) Unterliegen (§ 154 I) und idR nach Klage- oder Rechtsmittelrücknahme (Ausnahme → § 160 Rn. 8 ff.).

48 bb) Zuständiges Gericht. Zuständig für den Ausspruch ist das „Gericht". Die Praxis versteht darunter aus Gründen der Sachnähe und Zweckmäßigkeit bis zur Verfahrensbeendigung das **Prozessgericht, bei dem die Sache (jeweils) anhängig ist,** also auch das Rechtsmittelgericht, wenn der Antrag dort vor Abschluss des Berufungs- oder Revisionsverfahrens gestellt wird (BVerwG Buchh 310 § 162 VwGO Nr. 10 und Nr. 32; Buchh 310 § 161 VwGO Nr. 110; NVwZ-RR 2003, 246; ebenso die meisten OVG). Nach Verfahrensbeendigung hat entspr. § 164 nur noch das auch sonst für die Kostenfestsetzung zuständige Gericht des ersten Rechtszuges zu entscheiden (SSB Rn. 84; Eyermann Rn. 34; Kopp/Schenke Rn. 17; aA NK-VwGO Rn. 118: stets das Gericht des ersten Rechtszuges). An dieses ist ein nach Abschluss des Rechtsmittelverfahrens beim OVG bzw. BVerwG gestellter Antrag entspr. § 83 S. 1 iVm § 17a II 1 GVG **zu verweisen** (BVerwG DVBl 2018, 797; NVwZ-RR 2003, 246; Buchh 310 § 161 VwGO Nr. 110).

49 cc) Voraussetzungen der Notwendigkeit. Mit dem Erfordernis einer „Zuziehung" setzt II 2 eine **förmliche Bevollmächtigung** für das konkrete Vorverfahren und eine Tätigkeit nach „außen", dh gegenüber der Behörde voraus (BVerwG NVwZ 1988, 721 (723); OVG MV NordÖR 2005, 121). Eine intern bleibende Beratung, die kein Auftreten des Bevollmächtigten im Prozess zur Folge hat, ist nur nach Maßgabe von I erstattungsfähig (→ Rn. 33).

50 Nach hM muss es zu einem **gerichtlichen Hauptsacheverfahren** gekommen sein, dem das Vorverfahren vorzuschalten war. Ein vorläufiges Rechtsschutzverfahren nach § 80 V, § 123 genügt nicht (BVerwG NVwZ 2006, 1294; Eyermann § 162 Rn. 12; BeckOK VwGO § 162 Rn. 57; str., zum Meinungsstand Kopp/Schenke § 162 Rn 16). Über die Kosten eines sog. **isolierten** (dh nicht durch einen Prozess fortgesetzten) Vorverfahrens hat die Widerspruchsbehörde zu befinden (§ 73 III 2). Materiellrechtlicher Maßstab ist § 80 VwVfG (bzw. § 63 SGB X), den im Streitfall auch das Gericht anzuwenden hat.

51 dd) Maßstab der Notwendigkeit. Ob die Zuziehung eines Bevollmächtigten der Sache nach notwendig war, ist anhand der zu **§ 80 II VwVfG** entwickelten Maßstäbe zu beurteilen. Maßgebend ist, ob einer verständigen, aber nicht rechtskundigen Person das persönliche Betreiben des Vorverfahrens zumutbar war. Nach der stRspr des **BVerwG** soll die Zuziehung eines Bevollmächtigten schon im Vorverfahren die **Ausnahme** sein. Notwendig ist die Zuziehung eines Rechtsanwalts nur dann, wenn es einem verständigen Beteiligten nach seinen persönlichen Verhältnissen (insbes. Vorbildung, Erfahrung) wegen Schwierigkeiten der Sache nicht zuzumuten war, das Vorverfahren selbst zu führen (BVerwG NZWehr 2010, 123; BVerwGE 61, 100; Buchh 316 § 80 VwVfG Nr. 1; NVwZ-RR 2002, 446 für Wehrpflichtsachen). Mit diesem sehr strengen Ansatz soll ein angemessener Ausgleich im Einzelfall gefunden werden. Die Rspr. ist daher stark von einer auf das jeweilige Rechtsgebiet blickenden **Kasuistik** geprägt und unübersichtlich (SSB Rn. 75 ff.; NK-VwGO Rn. 101 ff.). Es soll idR der Billigkeit entsprechen,

die einem **notwendig beigeladenen Widerspruchsführer** entstandenen
Kosten für die Zuziehung eines Bevollmächtigten im Vorverfahren der unterliegenden Partei aufzuerlegen (BVerwG NVwZ 1986, 303).

Das Regel-Ausnahme-Verhältnis der Rspr. wird mit Recht als zu streng **52**
kritisiert (NK-VwGO § 162 Rn. 102). Daher geht die wohl **hL** davon aus,
dass die Zuziehung im Regelfall notwendig ist, sofern es sich nicht um einen
ganz einfach gelagerten Fall handelte oder der Schwerpunkt des Streits in
tatsächlichen Umständen aus der eigenen Sphäre des Widerspruchsführers lag.

III. Aufwendungen der beklagten Behörde

Die Grundsätze des § 162 gelten für **alle** erstattungsberechtigten **Beteiligten,** **53**
daher im Ausgangspunkt auch für die beklagte, ggf. klagende Behörde. **Be-**
sonderheiten resultieren daraus, dass Behörden – zum einen – Einrichtungen
und Personal vorhalten, die zumindest auch für die zweckentsprechende
Rechtsverfolgung eingesetzt werden können und sollen, und dass – zum
anderen – die personelle und fachliche Überlegenheit wiederum unter dem
Gesichtspunkt der Waffengleichheit Abweichungen nahelegt. Beide Gesichtspunkte erhalten allerdings kaum Gewicht.

1. Verwaltungskosten

Kosten, die den allgemeinen Verwaltungskosten zugeschlagen werden, sind **54**
nicht erstattungsfähig. Das gilt für **anteilige Personal-** und nicht ausscheidbare **Sachkosten** (SächsOVG NVwZ-RR 1998, 464). Auch **Fotokopien**
ihrer Akten sind nicht generell erstattungsfähig, schon wegen der Möglichkeit,
die Akten ggf. kurzfristig vom Gericht zurückzufordern (OVG NRW ZBR
1984, 317; VGH BW KostRspr § 162 VwGO Nr. 209 und VGHBW-Ls
1994, Beilage 7, B3–4; Eyermann § 162 Rn. 7; aA SSB § 162 Rn. 25). Zu
Recht werden hiervon **Ausnahmen** gemacht, wenn ein Vorgang oder Teile
hiervon für die weitere Arbeit benötigt werden (zB Personalakten in beamtenrechtlichen Beurteilungsstreitigkeiten) oder wenn Ablichtungen der Schriftstücke für die Führung des Prozesses stets präsent sein müssen (VG Potsdam
NVwZ-RR 2004, 800). Auch dann ist idR aber eine Auswahl der abzulichten-
den Aktenbestandteile geboten (VGH BW VBlBW 1984, 376).

2. Schreibauslagen und Telekommunikationskosten

Individualisierbare, durch das Verfahren verursachte **Schreibauslagen** einer **55**
obsiegenden Behörde (Portokosten für die Versendung von Schriftsätzen,
Akten, angeforderten Gutachten usw.) sowie Telefon-/Telegrammauslagen
sind erstattungsfähig, auch wenn sie verhältnismäßig gering sind (vgl. schon
BVerwG Buchh 310 § 162 VwGO Nr. 26; OVG Lüneburg OVGE 5, 356
(359)). Für **Post- und Telekommunikationsdienstleistungen** ergibt sich
dies nunmehr aus II 3. Danach können seit dem 1.1.2002 juristische Personen
des öffentlichen Rechts und Behörden entweder die tatsächlich entstandenen
und notwendigen Aufwendungen für Post- und Telekommunikationsdienstleistungen konkret abrechnen oder die Pauschale nach Nr. 7002 der Anlage 1

zum RVG in Ansatz bringen (20 v.H. der Gerichtsgebühren, höchstens aber 20 € (Einzelheiten bei BeckOK VwGO § 162 Rn. 38 ff.). Die Dringlichkeit im Einzelfall (etwa insbes. auf Anforderung des Gerichts) kann die Inanspruchnahme eines **Kurierdienstes** rechtfertigen (BVerwG Buchh 310 § 162 VwGO Nr. 26).

3. Terminswahrnehmung

56 Eine beklagte oder rechtsmittelführende Behörde kann Kosten im Zusammenhang mit einer Terminswahrnehmung **ähnlich wie eine Naturalpartei** geltend machen – in der Tendenz sogar teilweise **weitergehend.** Das hat seinen Grund darin, dass sie durchweg (auch vor dem OVG und dem BVerwG) keinen Rechtsanwalt beauftragen muss, sondern mittels eines geeigneten Bediensteten selbst auftreten darf (§ 67 II 2 Nr. 1) und dass sie fachlich versierte Bedienstete hat, die im Termin unentbehrlich sein können.

57 **a) Reisekosten.** Die Behörde darf denjenigen Bediensteten (Beamten, Angestellten) entsenden (und Reisekosten für ihn beanspruchen), der ihr für die Sache am besten **geeignet** erscheint. Ihr ist nicht abzuverlangen, einen Bediensteten am Gerichtssitz oder einer in der Nähe befindlichen nachgeordneten Behörde zu beauftragen. Die Reisekosten eines zusätzlich als Beistand anwesenden Beamten, etwa von einer Fachbehörde, können ebenfalls erstattungsfähig sein. Dies gilt insbes. für Normenkontroll- und anderen Verfahren mit komplexen Problemstellungen. Die Beschränkung auf Tatsacheninstanzen (→ Rn. 21) ist für Behörden zu eng. Bei gleichzeitiger Wahrnehmung mehrerer Termine können nur die anteiligen Reisekosten ersetzt werden. Der **Umfang der Reisekosten** eines Behördenvertreters ist nach dem für die Behörde geltenden Reisekostengesetz festzusetzen (BeckOK VwGO § 162 Rn. 19). Zum Ganzen vgl. Neumann DÖV 2012, 510.

58 **b) Zeitversäumnis.** Nach der verwaltungsgerichtlichen Praxis kann für die Versäumnis von Arbeitszeit der zum Termin entsandten Behördenvertreter und Vertreter juristischer Personen des öffentlichen Rechts **kein Ersatz** geltend gemacht werden (BVerwG NVwZ 2005, 466; Rpfleger 1989, 256; OVG RhPf NJW 1982, 1115; OVG NRW ZFK 1991, 88; NdsOVG NVwZ-RR 1997, 143; VGH BW NVwZ-RR 1990, 665; BayVGH NVwZ-RR 2001, 611). Es fehlt an einer Rechtsgrundlage, auch wenn die Erstattungsfähigkeit materiell kostengerecht erscheinen mag (SSB § 162 Rn. 22 m. Nachw. aus der zivilgerichtlichen Rspr.; ebenso NK-VwGO § 162 Rn. 57). Aus § 91 I 2 ZPO ist wegen grds. Unterschiede der Verfahrensarten (→ § 173 Rn. 15) nichts Gegenteiliges herzuleiten.

4. Beauftragung eines Bevollmächtigten im Prozess

59 Nach der Rspr. ist eine Behörde nicht generell gehalten, von der Beauftragung eines Rechtsanwalts im Prozess abzusehen, selbst dann nicht, wenn sie über Mitarbeiter mit der Befähigung zum Richteramt verfügt und kein Vertretungszwang besteht. Es ist **im Einzelfall zu prüfen,** ob eine Vertretung durch einen Rechtsanwalt erforderlich gewesen ist (BayVGH Beschl. v. 29.5.2009 – 6 C 08.851; BayVBl. 1978, 92; OVG Bln-Bbg EFG 2010, 109; NVwZ 2006, 713 f.; VGH BW DÖV 2009, 216 [Ls.]).

Anwaltskosten sind **nicht erstattungsfähig,** wenn die anwaltliche Vertretung gegen **Treu und Glauben** verstößt, etwa weil sie offensichtlich nutzlos oder objektiv nur dazu angetan ist, dem Gegner Kosten zu verursachen (BayVGH Beschl. v. 12.4.2001 – 4 C 01.768; NdsOVG RdL 2008, 264). Das ist der Fall bei einem Verstoß gegen das Verbot vorzeitiger Zuziehung (etwa bei Einschaltung eines Rechtsanwalts ohne Kenntnis der Begründung eines Rechtsbehelfs, BVerwG NJW 1995, 2867; NVwZ-RR 2001, 276; VGH BW DVBl 2009, 467). **60**

Lässt sich eine Behörde im Prozess durch ihre eigenen Bediensteten mit der Befähigung zum Richteramt vertreten, können sie eine Erstattung der Aufwendungen nur in **Höhe** der tatsächlich entstandenen Aufwendungen verlangen, nicht aber der einem Rechtsanwalt nach dem RVG zustehenden Gebühren und Auslagen (BayVGH BayVBl. 2003, 29; NK-VwGO § 162 Rn 86). **61**

5. Anwalt im Vorverfahren

II 2 gilt zwar seinem Wortlaut nach uneingeschränkt für alle Beteiligten, also auch für die anwaltliche Vertretung einer Behörde im Vorverfahren. Nach dem Ansatz der Rspr., die die Zuziehung eines Bevollmächtigten schon durch eine Naturalpartei als Ausnahme betrachtet (→ Rn. 51), erscheint die Zuziehung durch einen Hoheitsträger von Sonderfällen abgesehen **prinzipiell als unnötig.** **62**

B. Aufwendungen von Beigeladenen

I. Billigkeitsentscheidung

Beigeladene werden nicht zwangsläufig mit Kosten belastet (→ § 154 Rn. 12), können aber auch nicht ohne Weiteres Erstattung ihrer eigenen Aufwendungen verlangen. Die Erstattungsfähigkeit macht III von Billigkeitserwägungen im Einzelfall abhängig. Erstattungsfähig sind nur **außergerichtliche Kosten** (→ Rn. 8). Das sind insbes. Aufwendungen für Bevollmächtigte, derer sich Beigeladene in allen Instanzen fakultativ bedienen können, es sei denn, sie wollen in Rechtszügen mit Vertretungszwang (§ 67 IV: OVG, BVerwG) Rechtsmittel ergreifen oder Anträge stellen (→ Rn. 72). Die außergerichtlichen Kosten des Beigeladenen sind – über den Wortlaut des III hinaus – nur erstattungsfähig, „soweit" sie das Gericht für erstattungsfähig erklärt. Haben Beigeladene **Gerichtskosten** zu veranlassen oder zu tragen (§ 154 II, III), gelten die allgemeinen Regeln (→ Rn. 4 ff.). **63**

III ist **nicht entsprechend anzuwenden** auf den VBI, VöI oder auf Bundesbeauftragte (so aber OVG NRW KostRspr § 162 VwGO Nr. 51), ebenso wenig auf Dritte, die nicht Beteiligte des Verfahrens sind (zB das Land oder eine juristische Person, die im Normenkontrollverfahren Äußerungs- **64** berechtigte nach § 47 II 3 sind). Für solche Beteiligten oder Dritte schafft III weder eine Erstattungsgrundlage noch knüpft es die Erstattung an die zusätzliche Voraussetzung der Billigkeit (NK-VwGO § 162 Rn. 126 ff.).

II. Voraussetzungen der Erstattungsfähigkeit

1. Konstitutiver gerichtlicher Ausspruch

65 Sind Beigeladene am Verfahren beteiligt, hat das Gericht über die Erstattungsfähigkeit ihrer Aufwendungen in der verfahrensabschließenden Entscheidung (→ § 161 Rn. 2 ff.) **ausdrücklich und vAw,** also ohne Kostenantrag, zu befinden (BVerwG Buchh § 162 VwGO Nr. 21). Es hat dabei **drei Möglichkeiten,** die Kosten a) dem unterliegenden Hauptbeteiligten oder b) der Staatskasse aufzuerlegen oder c) sie nicht für erstattungsfähig zu erklären. Der Ausspruch gehört zur **Kostenfolge** iSd § 120 I und nicht zur Kostenfestsetzung (anders die Entscheidung nach II 2 → Rn. 46 f.), ist aber dort zu berücksichtigen. Bei streitiger Sachentscheidung ist sie im Urteil oder Gerichtsbescheid zu treffen, gem. § 122 I in einem Beschluss, sofern er die Sachentscheidung enthält (BVerwG Buchh 310 § 162 VwGO Nr. 5; JR 1966, 197). Ist eine Sachentscheidung ausgeschlossen, also nach Klagerücknahme, Hauptsacheerledigung oder Vergleich, ist die Entscheidung gem. § 161 I im (Einstellungs)Beschluss zu treffen.

65a **Unterbleibt** eine ausdrückliche Entscheidung über die Erstattungsfähigkeit, erfasst die Kostengrundentscheidung die Aufwendungen des Beigeladenen nicht; im Kostenfestsetzungsverfahren dürfen sie nicht in Ansatz gebracht werden. Die Entscheidung kann auch durch einen gesonderten Beschluss **nicht nachgeholt** werden. Vielmehr ist auf Antrag (BVerwG NVwZ-RR 1994, 236; NdsOVG NVwZ-RR 2008, 740; SächsOVG DÖV 1998, 936) wie bei jedem Übergehen der Kostenfolge zu verfahren (→ § 161 Rn. 7), idR also **Urteils- oder Beschlussergänzung** vorzunehmen.

2. Erstattung durch den Unterliegenden

66 **a) Angemessenheit der Aufwendungen.** Das Gericht hat stets vorab zu prüfen, ob und in welchem Umfang Beigeladenen überhaupt **erstattungsfähige Aufwendungen entstanden** sind. Die Zuziehung von Bevollmächtigten kann voreilig, unredlich (→ Rn. 60) oder sonst **nicht notwendig** iSd § 162 I sein (OVG LSA DVBl 2009, 1400 [Ls.] und DÖV 2009, 299: Beauftragung eines Anwalts sofort nach Rechtsmitteleinlegung durch Gegner ohne Kenntnis der Gründe im Regelfall voreilig; ebenso BVerwG NVwZ-RR 2001, 276 zur Nichtzulassungsbeschwerde; s.a. BayVGH NVwZ-RR 1990, 665). Entspr. gilt, wenn der Beigeladene Aufwendungen materiell-rechtlich (etwa aufgrund vertraglicher Absprachen) nicht gegen den Unterliegenden durchsetzen könnte. Generell unbillig ist iaR auch eine Kostenbelastung des Unterliegenden, der **materiell „im Lager" des Beigeladenen** steht (wie Behörde und Bauherr/Vorhabenträger bei erfolgreichen Nachbarklagen). Es entspricht nicht der Billigkeit, einen Hauptbeteiligten (idR die beklagte Behörde), der einem Antrag des Beigeladenen zu Unrecht entsprochen hat, an dessen außergerichtlichen Kosten zu beteiligen, ebenso wenig wie der Beigeladene umgekehrt außergerichtliche Kosten des unterliegenden Hauptbeteiligten zu tragen hat (OVG NRW NVwZ-RR 2004, 247; NK-VwGO § 162 Rn. 131).

b) Sachantrag oder Verfahrensförderung. Die verwaltungsgerichtliche **67** Praxis bejaht die Billigkeit iSv III unter alternativen Voraussetzungen. Regelmäßig ist erforderlich, dass der Beigeladene im Rechtszug einen **Sachantrag gestellt** und sich damit gem. § 154 III einem Kostenrisiko ausgesetzt hat (stRspr seit BVerwG DVBl 1959, 215; vgl. BVerwG Beschl. v. 20.3.2006 – 6 B 81.05; Buchh 310 § 162 VwGO Nr. 36 S. 3 mwN). Dadurch begibt er sich kostenrechtlich in die Stellung des Hauptbeteiligten, den er unterstützt. Umgekehrt entspricht es regelmäßig der Billigkeit, dass ein Beigeladener, der ein Kostenrisiko durch Unterlassen eines eigenen Antrags vermieden hat, seine außergerichtlichen Kosten selbst trägt (BVerwG Buchh 310 § 162 VwGO Nr. 21; BayVGH BayVBl. 1991, 476 (477)).

Ein Sachantrag allein ist indes weder hinreichend noch notwendig. Zum **68** einen wird verlangt, dass der Beigeladene durch Übermittelung der Klage- oder Rechtsmittelschrift einen **Anstoß hatte,** Anträge zu stellen und Ausführungen zur Sache zu machen. Dabei liegt es jenseits verfassungsrechtlicher Zwänge im Ermessen des Gerichts, einem Beigeladenen keine Gelegenheit zur Stellungnahme zu geben, um von der Sache her nicht veranlasste Kosten zu vermeiden (BVerwG NVwZ-RR 2001, 276; Buchh 310 § 162 VwGO Nr. 28, 30 und 31). Darüber hinaus verlangt die Rspr. für den Regelfall, dass der Beigeladene seinen Antrag **begründet** hat (BVerwG Beschl. v. 17.2.1993 – 4 C 16.92). Deshalb ist die Billigkeit zu verneinen, wenn der Antrag missbräuchlich (zB verfrüht, formelhaft oder nichtssagend) gestellt wurde (BVerwG NJW 1995, 2867). Eine wesentliche Verfahrensförderung ist daneben *nicht* erforderlich (NK-VwGO Rn. 132).

Alternativ (auch ohne Antragstellung) genügt es, dass der Beigeladene das **69** Verfahren durch eigenen Tatsachen- oder Rechtsvortrag **wesentlich gefördert** hat (allgM; BVerwG BeckRS 2018, 2470 = DVBl 2018, 601; DVBl 1959, 215; VGH Mannheim VBlBW 2011, 279; OVG Münster NWVBl 2017, 265; BayVGH BayVBl. 2003, 349; NK-VwGO Rn. 133; Eyermann Rn. 41; Kopp/Schenke Rn. 23).

c) Besonderheiten bei notwendig Beigeladenen? Die Grundsätze des III **70** gelten unabhängig davon, ob es sich um einfach oder notwendig Beigeladene handelt. Jedoch macht die Praxis vielfach einen Unterschied und bejaht die Billigkeit bei notwendig Beigeladenen (§ 65 II) leichter und unabhängig von einer Antragstellung (vgl. BVerwG NVwZ 1986, 303; NVwZ 2006, 1294). Das gilt auch für ihm etwa entstandene Vorverfahrenskosten iSv II 2 (→ Rn. 71) Diese Praxis ist kritisch zu sehen. Das Kostenrisiko entsteht nach § 154 III unabhängig von der Art der Beiladung, und der Umstand, dass materiell um seine Rechtsposition gestritten wird, ist ein bloßes Motiv für sein prozessuales Verhalten. Jedoch kann ein notwendig Beigeladener im Einzelfall etwa aufgrund aktiven Prozessverhaltens wie ein Hauptbeteiligter anzusehen sein (differenzierend NK-VwGO Rn. 133 ff.; SSB Rn. 96 f.).

3. Zuziehung eines Bevollmächtigten im Vorverfahren

71 War ein Beigeladener schon im Widerspruchsverfahren als Beteiligter nach § 79 iVm § 13 II VwVfG hinzugezogen worden, kann das Gericht etwaige Kosten für die Zuziehung seines Bevollmächtigten dort auf Antrag (nicht vAw → Rn. 47) für erstattungsfähig erklären (II 2). Die Rspr. bejaht die **Billigkeit** im Regelfall bei notwendig beigeladenen Widerspruchsführern (BVerwG NVwZ 2006, 1294; Buchh 406.11 § 133 BauGB Nr. 93).

4. Beigeladene als Rechtsmittelführer

72 Hat der Beigeladene einen Antrag gestellt, mit dem er **unterlegen** ist, hat er die Kosten des Verfahrens nach allgemeinen Grundsätzen zu tragen (§ 154 III), also auch seine eigenen; für eine Entscheidung nach § 162 III ist kein Raum. **Obsiegt** er mit seinem Antrag, so ist die ihn sachlich begünstigende Kostenlastentscheidung gegen den Unterliegenden mit einem Ausspruch nach III zu verbinden, der die Notwendigkeit der Erstattung bejaht.

5. Unterliegen bei Mehrzahl von Beigeladenen

73 Unterliegt ein Kläger in einem Verfahren mit einer Mehrzahl von Beigeladenen, deren außergerichtliche Kosten er nach III zu erstatten hat, kann der im Raum stehende Kostenerstattungsanspruch den Zugang des Klägers zu den Gerichten entgegen Art. 19 IV GG unzumutbar erschweren (vgl. BVerfGE 85, 337 (347)). Wie dem entgegenzuwirken ist, ist nicht abschließend geklärt (vgl. BVerfG-Kammer, NAB v. 30.7.2009 – 2 BvR 1274/09). Ist die Beiladung zu Unrecht erfolgt, kann der Kläger dies iR eines Rechtsmittels gegen die Hauptsacheentscheidung geltend machen; trifft der Einwand zu, sind die Kosten der Beiladung nach III der Staatskasse aufzuerlegen (→ Rn. 74). Bei einem geringen wirtschaftlichen Interesse der Beigeladenen können die Erstattungsansprüche der Beigeladenen im Kostenfestsetzungsverfahren (ggf. im Erinnerungsverfahren gegen den Kostenfestsetzungsbeschluss) zur Begrenzung der Kostenlast des Klägers nach dem – notfalls pauschal zu schätzenden – Anteil der Beteiligung Beigeladener am Streitgegenstand zu bemessen sein (BVerwG MDR 1973, 161; HmbOVG Beschl. v. 23.8.1994 – Bs II 30/94; Kopp/Schenke § 162 Rn. 25; SSB § 162 Rn. 100).

6. Belastung der Staatskasse

74 Anlass, die außergerichtlichen Kosten des Beigeladenen nach III der Staatskasse aufzuerlegen, besteht nur in Fällen unrichtiger Sachbehandlung durch das Gericht. Dies kommt in Betracht, wenn die Beiladung zu Unrecht erfolgte, der zu Unrecht Beigeladene die Beiladung nicht selbst beantragt hat und im Zusammenhang mit dem Verfahren erhebliche Aufwendungen entstanden sind, die von ihm oder einem kostenpflichtigen Beteiligten zu tragen sind (BayVGH NZM 2006, 230; LSK 2006, 170325; offen gelassen in BVerwG BayVBl. 2002, 125). Den Beigeladenen treffende **Gerichtskosten** dürfen dann nach § 21 I GKG nicht erhoben werden (→ vor § 154 Rn. 20).

C. Prozessuales

I. Tenorierung und Begründung

Die Zuziehung eines Bevollmächtigten für das Vorverfahren hat das 75 Gericht (→ Rn.) nach **II 2** im Urteil, sonst in einem gesonderten Beschluss für notwendig zu erklären bzw. einen entsprechenden Antrag abzulehnen. Der Ausspruch ist zu begründen, schon weil er den Antragsteller oder den Kostenschuldner belastet und grds. anfechtbar ist (§ 122 II 1 → Rn. 77). Bei Aufnahme in einen Hauptsachenerledigungsbeschluss ist § 122 II 2 zu beachten (Begründungspflicht).

Der zur Kostenentscheidung gehörende **Ausspruch nach III** (→ Rn. 65) 76 ist in den Tenor eines Urteils oder Beschlusses aufzunehmen und zu begründen (Pioch JuS 2015, 226). Zu **Formulierungen** → Anhang Entscheidungsformeln A 1.8.

II. Anfechtung

1. Entscheidung nach II 2

Die gerichtliche Entscheidung über die **Notwendigkeit der Zuziehung** 77 eines Bevollmächtigten für das Vorverfahren (II 2) kann nach hM mit der **Beschwerde** nach § 146 angefochten werden (Eyermann § 162 Rn. 15 mwN). Da es sich nicht um den Teil der Kostengrundentscheidung iSv § 120 I handelt, steht § 158 nicht entgegen (VGH BW VBlBW 1996, 340; Justiz 1989, 99; HessVGH NVwZ-RR 1996, 616; OVG MV NordÖR 2002, 363; OVG Saarl NVwZ-RR 1999, 213; Eyermann § 162 Rn. 15 und § 158 Rn. 2; aA Kopp/Schenke § 158 Rn. 2: Analogie). Nimmt das Gericht die Entscheidung in das Urteil auf, so ändert sich dadurch der Charakter der Entscheidung und die Anfechtbarkeit nicht (NK-VwGO § 162 Rn. 119 mwN). Beschwerdebefugt ist der Kostenschuldner, bei Verweigerung der Notwendigkeitserklärung der erstattungsberechtigte Beteiligte.

2. Entscheidung nach III

Die Anfechtung der Entscheidung über die außergerichtlichen Kosten eines 78 Beigeladenen nach III unterliegt als Bestandteil der Kostengrundentscheidung (→ Rn. 65) den Einschränkungen des § 158 (OVG Bln NVwZ-RR 1996, 546). Das versteht sich wegen der Abhängigkeit des prozessualen Erstattungsanspruchs von der Kostengrundentscheidung.

§ 163 *(weggefallen)*

§ 164 [Kostenfestsetzung]

Der Urkundsbeamte des Gerichts des ersten Rechtszugs setzt auf Antrag den Betrag der zu erstattenden Kosten fest.

Übersicht

I. Bedeutung des Verfahrens

1 Mit §§ 164 und 165 folgt dem materiellen Kostenrecht (in §§ 154 bis 162) das **Kostenverfahrensrecht,** dh die Kostenfestsetzung und deren gerichtliche Überprüfung. Die Kostenfestsetzung ist ein **gerichtliches** Verfahren (BVerfGE 19, 148), mit dem eine Möglichkeit zur verbindlichen betragsmäßigen **Bezifferung** des Umfangs des Kostenerstattungsanspruchs zwischen den Beteiligten des Rechtsstreits bereitgestellt wird (→ vor § 154 Rn. 4). Das Kostenfestsetzungsverfahren führt zu einem der Rechtskraft fähigen Kostenfestsetzungsbeschluss („setzt … fest."), der Vollstreckungstitel zugunsten des Kostengläubigers ist (§ 168 I Nr. 4). Hat das Prozessgericht wegen eines teilweisen Unterliegens die **Kosten verhältnismäßig geteilt** (§ 155 I 1), ergibt

sich dabei im Wege der Verrechnung nur ein Erstattungsanspruch des Beteiligten, der weniger zu erstatten hat.

Grundlage des Kostenfestsetzungsverfahrens ist die **Kosten(grund)ent-** 2
scheidung des Prozessgerichts. Das Verfahren setzt also den Abschluss eines
Hauptsacheverfahrens voraus. Es ist ein Nachverfahren zu allen Erkenntnis-
verfahren (Klage-, vorläufigen Rechtsschutz-, Rechtsmittel- und Normenkontrollverfahren), in denen eine zumindest vorläufig vollstreckbare Kostengrundentscheidung oder eine Kostenregelung in einem gerichtlichen
Vergleich ergangen ist, die auf Antrag eines Beteiligten umgesetzt wird. In
seinem Geltungsbereich schließt das Kostenfestsetzungsverfahren eine Klage
auf Erstattung der Kosten aus (zu einer Ausnahme → § 160 Rn. 3).

II. Anwendungsbereich

Die Kostenfestsetzung betrifft nur das Verhältnis der Beteiligten des Rechts- 3
streits zueinander, also die **sekundäre Kostenerstattung** (→ vor § 154
Rn. 1 f.). Für die primäre Kostenerstattung gilt die Vorschrift nicht. Insofern
ist für die Gerichtskosten (→ § 162 Rn. 4) das Kostenansatzverfahren nach
§ 19 GKG einschlägig (NK-VwGO § 164 Rn. 5, für die Festsetzung der
Gebühren und Auslagen eines Anwalts gegen seinen Mandanten das Ver-
gütungsfestsetzungsverfahren nach § 11 RVG (NK-VwGO § 164 Rn. 6).

III. Verfahren

1. Rechtsgrundlagen

Das **Verfahren** der Kostenfestsetzung ist in der VwGO – über die sparsamen 4
Vorgaben in § 164 hinaus – nicht näher geregelt. Ergänzend anzuwenden sind
die Vorschriften der **§§ 103 bis 107 ZPO,** die mangels einer besonderen
Bezugnahme über die Generalverweisung in § 173 S. 1 gelten (hM, NK-
VwGO § 164 Rn. 28 ff.).

2. Einleitung durch Antrag

§ 164 bestimmt ausdrücklich, dass das Verfahren (nur) „auf Antrag" statt- 5
findet. Ein Antrag ist entspr § 105 II ZPO entbehrlich, wenn der Beteiligte
seine Berechnung bereits vor Urteilsverkündung eingereicht hat. Der Antrag
kann schriftlich oder zur Niederschrift (entspr § 81 I) gestellt werden. Er ist
nicht fristgebunden; allerdings kann der Erstattungsanspruch verjähren oder
verwirkt werden, wenn er längere Zeit nicht geltend gemacht wird. Ein
Versuch einvernehmlicher Kostenerstattung muss der Antragstellung nicht
vorausgehen.

Die Antragsabhängigkeit drückt aus, dass der jeweilige Antragsteller im 6
Kostenfestsetzungsverfahren **verfügungsbefugt** ist. Er darf über das Ob des
Verfahrens und über die Höhe der höchstens festzusetzenden Kosten disponie-
ren. Das Kostenfestsetzungsverfahren ist somit ein bloßes „Angebot" an die
Verfahrensbeteiligten; es steht einer einvernehmlichen Regelung der Erstat-
tung unmittelbar zwischen den Verfahrensbeteiligten nicht entgegen.

7   Für den Antrag besteht **kein Vertretungszwang.** Das gilt für das VG oW (§ 67 I), aber auch dann, wenn der Antrag beim OVG oder BVerwG anzubringen ist. Es mag dahinstehen, ob § 67 IV bereits nach Sinn und Zweck nicht anwendbar ist (so Eyermann § 164 Rn. 5); jedenfalls sind Prozesshandlungen, die vor dem Urkundsbeamten der Geschäftsstelle vorgenommen werden können, durch § 173 S. 1 iVm § 78 III ZPO vom Anwaltszwang freigestellt (SSB § 164 Rn. 8). Zum Erinnerungsverfahren → § 151 Rn. 6.

3. Zuständigkeit

8   § 164 bestimmt ausdrücklich, dass der **Urkundsbeamte** des Gerichts des ersten Rechtszugs die Kostenfestsetzung vorzunehmen hat; dies verdrängt die (allerdings gleichlautende) Bestimmung in § 103 II 1 ZPO. **Gericht des ersten Rechtszuges** ist jenes Gericht (im administrativen Sinne), bei dem das Verfahren zuerst − ggf. nach Verweisung − tatsächlich entschieden worden ist, nicht also das bei richtiger Anwendung der §§ 45, 47 f., 50 sachlich zuständig gewesen wäre. Das gilt auch für selbstständige Nebenverfahren mit eigener Kostengrundentscheidung (NK-VwGO § 164 Rn. 35).

9   Innerhalb des Gerichts funktional zuständig ist der nach Anweisung der Gerichtsverwaltung (Geschäftsstellenordnung) hierfür bestimmte **Urkundsbeamte,** der insofern als richterliches Organ weisungsfrei tätig wird. In der ordentlichen Gerichtsbarkeit ist der Rechtspfleger zuständig; in der Verwaltungsgerichtsbarkeit handelt es sich um Beamte/Angestellte des gehobenen Dienstes, oft mit Rechtspflegerausbildung (→ § 13 Rn. 4). Dem Urkundsbeamten ist der Antrag gerichtsintern zuzuleiten. Er nimmt die Kostenfestsetzung für alle Rechtszüge einschließlich eines etwaigen Vorverfahrens vor.

4. Beteiligte des Verfahrens

10   Mögliche Beteiligte eines Kostenfestsetzungsverfahrens sind **Gläubiger** und **Schuldner** des durch die Kostengrundentscheidung geschaffenen prozessualen Erstattungsanspruchs. Dessen Gläubiger ist antragsbefugt, sein Schuldner ist der Gegner.

11   Dem **Prozessbevollmächtigten** des Gläubigers steht kein Antragsrecht in eigenem Namen zu (BFHE 101, 57 (59); NK-VwGO § 164 Rn. 38), und zwar selbst dann nicht, wenn ihm der Erstattungsanspruch abgetreten worden ist. Werden dennoch Kosten für ihn festgesetzt, so ist diese Festsetzung wirkungslos. Allerdings erstreckt sich die Vollmacht (sofern sie keine Einschränkung enthält) auch auf das Kostenfestsetzungsverfahren, weil es als Ergänzung der gerichtlichen Kostenentscheidung zu betrachten ist (BVerwGE 83, 271). Gemäß § 166 I 1 iVm § 123 ZPO kann der obsiegende Gegner eine Kostenfestsetzung auch gegen einen **PKH-Berechtigten** beantragen. Auf der Grundlage einer Rechtsnachfolgeklausel nach § 727 ZPO ist eine Kostenfestsetzung für und gegen **Dritte** möglich.

5. Anhörung

Die Entscheidung über den Antrag ergeht im Massenverfahren der Kosten- **12** festsetzung praktisch immer **ohne mündliche Verhandlung,** die jedoch freigestellt ist (§ 101 III). In jedem Fall ist der Gegner **anzuhören.** Der Anspruch auf rechtliches Gehör nach Art. 103 I GG gilt in jedem gerichtlichen Verfahren, auch im Kostenfestsetzungsverfahren (BVerfGE 19, 148). Der Urkundsbeamte darf daher seiner Entscheidung nur solche Tatsachen und Beweisergebnisse zugrunde legen, zu denen sich die Beteiligten des Kostenfestsetzungsverfahrens (→ Rn. 10) äußern konnten.

IV. Kostenfestsetzung

1. Voraussetzungen

Voraussetzung für die Festsetzung ist ein „zur Zwangsvollstreckung geeigneter **13** (Kosten)**Titel**" iSv § 168 I (§ 103 I ZPO). Es muss sich um eine rechtskräftige oder zumindest vorläufig vollstreckbare Kosten(grund)entscheidung handeln (vgl. § 167 II). Diese kann sich auch in einem gerichtlichen Vergleich finden (§ 168 I Nr. 3), nicht aber in einem außergerichtlichen Vergleich (ThP ZPO § 103 Rn. 2b). Er kann aber Grundlage für eine konstitutive Kostenentscheidung des Gerichts sein (→ § 160 Rn. 8 f.).

Ein Kostenfestsetzungsbeschluss wird **unwirksam,** wenn der ihr zugrunde **14** liegende Titel (und sei es auch nur hins. der Kostenentscheidung oder deren Vollstreckbarkeit) **aufgehoben oder geändert,** durch eine neue Entscheidung mit gleicher oder anderer Kostenentscheidung oder durch einen Prozessvergleich mit abweichender Kostenregelung ersetzt wird (BGH NJW-RR 2008, 1082; 2007, 784). Bei Änderung vor Abschluss des Kostenfestsetzungsverfahrens statt, **erledigt** sich das Kostenfestsetzungsgesuch; auf der Grundlage der neuen Kostenentscheidung ist ein neuer Festsetzungsantrag anzubringen (NK-VwGO § 164 Rn. 15). In dieser **Akzessorietät** zu einer Kosten(grund) entscheidung zeigt sich, dass die Kostenfestsetzung lediglich für deren betragsmäßige Ergänzung sorgt und den Anspruch betragsmäßig beziffert, der dem Grunde nach schon zugesprochen ist. Missachtet der Urkundsbeamte die Bindung, ist der Kostenfestsetzungsbeschluss unwirksam (NK-VwGO § 164 Rn. 12).

2. Tatsächliche Entscheidungsgrundlage

Die geltend gemachten (Kosten)**Ansätze** sind nach § 104 II 1 ZPO glaubhaft **15** zu machen (§ 294 I ZPO), soweit sie sich nicht aus den Gerichtsakten ergeben. Das Entstehen der Aufwendungen ist **glaubhaft** zu machen, grds. durch Einreichen von Belegen. Beim Ansatz der anwaltlichen Auslagen für Post- und Telekommunikationsdienstleistungen genügt die anwaltliche Versicherung (§ 104 II 2 ZPO), zur Berücksichtigung von Umsatzsteuerbeträgen die Erklärung des Antragstellers, dass er die Beträge nicht als Vorsteuer abziehen kann (§ 104 II 3 ZPO), sofern dies nicht offensichtlich unzutreffend ist. Bezweifelt der Gegner die Erforderlichkeit von Ansätzen, muss er die dafür sprechenden Tatsachen darlegen und beweisen. Die rechtliche Bewertung der Notwendigkeit obliegt dem Urkundsbeamten.

3. Prüfungsmaßstäbe

16 **a) Kosten(grund)entscheidungen des Prozessgerichts.** Der Urkundsbeamte prüft den Erstattungsanspruch nach Grund und Höhe. Der **Grund** der Erstattungspflicht sowie die Erstattungsberechtigten und -verpflichteten sind durch die Kostenaussprüche des Prozessgerichts verbindlich festgestellt (Akzessorietät, → Rn. 14). Soweit es hieran fehlt, muss der Antragsteller zunächst **Urteilsergänzung** bzw. -berichtigung (→ § 161 Rn. 7, → § 162 Rn. 65 f. zu den außergerichtlichen Kosten des Beigeladenen) oder die **Nachholung** der erforderlichen Beschlussfassung des Prozessgerichts herbeiführen (→ § 162 Rn. 47 zur Zuziehung eines Bevollmächtigten für das Vorverfahren). Auf dieser Grundlage zu prüfen ist nur noch das tatsächliche Entstehen und die Notwendigkeit der in Ansatz gebrachten Aufwendungen (→ Rn. 15).

17 **b) Wert des Streitgegenstands.** Weitere Grundlage für die Berechnung der erstattungsfähigen Gebühren ist der Beschluss des Prozessgerichts über den **Streitwert** (§ 63 GKG → vor § 154 Rn. 17). Gerichtsgebühren richten sich grds. (soweit keine Festgebühr vorgesehen ist) nach dem Wert des Streitgegenstands (§ 3 I GKG iVm dem Kostenverzeichnis). Soweit Gerichtsgebühren danach festgesetzt werden, richten sich auch die gesetzlichen Gebühren des Rechtsanwalts nach dem Streitwert (§§ 23 I 1, 32 I RVG iVm Vergütungsverzeichnis).

18 Ist eine **Streitwertfestsetzung unterblieben** oder findet sie nicht statt, kann der Urkundsbeamte den Streitwert grds. selbst bestimmen (arg. § 107 I ZPO; SSB § 164 Rn. 4; BLAHG ZPO § 104 Rn. 10; aA NK-VwGO § 164 Rn. 17); er kann aber auch die Festsetzung durch das Gericht veranlassen. Wo vAw kein Streitwert festzusetzen ist, kann er dem Antragsteller Gelegenheit geben, den Antrag auf Festsetzung des **Gegenstandswerts** der anwaltlichen Tätigkeit zu stellen (§ 33 RVG). Für eine Vertretung im Vorverfahren besteht diese Möglichkeit nicht. Der Urkundsbeamte hat den Gegenstandswert im Kostenfestsetzungsbeschluss selbstständig zu ermitteln und zugrunde zu legen (NK-VwGO § 164 Rn. 19).

19 Ergeht nach der Kostenfestsetzung eine Entscheidung, durch die der **Streitwert** (erstmals) **festgesetzt** oder **geändert** wird, ist die Kostenfestsetzung auf Antrag entsprechend abzuändern, falls diese neue Festsetzung von der Wertberechnung abweicht, die der Kostenfestsetzung zugrunde liegt (§ 107 ZPO).

20 **c) Maßstäbe des § 162.** Die **Notwendigkeit** geltend gemachter Aufwendungen zur zweckentsprechenden Rechtsverfolgung und ihre erstattungsfähige Höhe richten sich nach den Maßstäben des **§ 162**. Soweit keine gerichtliche Grundlagenentscheidung erforderlich ist (§ 162 II 2 und III), hat der Urkundsbeamte die Notwendigkeit selbstständig zu bewerten (→ § 162 Rn. 3). Im Kostenfestsetzungsverfahren kann der Erstattungspflichtige nicht mehr mit Einwendungen gegen die Sach- und Kostenentscheidung des rechtskräftigen Titels, sondern nur noch mit Einwendungen gegen die Berechnung des Kostenerstattungsbetrages gehört werden (BVerwG Beschl. v. 18.2.2010 – 9 KSt 1.10).

V. Entscheidung

1. Beschluss

Die Entscheidung über den Kostenfestsetzungsantrag ergeht durch Beschluss **21** nach freigestellter mündlicher Verhandlung (→ Rn. 12). Die äußere **Gestaltung des Beschlusses** richtet sich nach § 122. Das (volle) Rubrum ist in enger Anlehnung an § 117 II (→ § 117 Rn. 3 f.) zu fassen, da der Kostenfestsetzungsbeschluss Vollstreckungstitel ist. Die Beteiligten sind als Antragsteller und Antragsgegner zu kennzeichnen; in der Praxis werden ihre Rollen im Hauptsacheverfahren als Kläger/Beklagter usw. beigefügt. Ein eigenständiger Tatbestand ist nicht erforderlich; soweit die Wiedergabe von Tatsachen erforderlich ist, kann dies iR der Begründung (→ Rn. 27) erfolgen. Der Beschluss bedarf zu seiner Wirksamkeit der (räumlich abschließenden) Unterschrift des Urkundsbeamten; eine Paraphe reicht nicht.

Der Kostenfestsetzungsbeschluss ist fristgebunden anfechtbar (→ Rn. 32) **22** und daher mit einer **Rechtsmittelbelehrung** zu versehen (§ 58).

2. Tenor

Ist der Antrag unzulässig oder unbegründet, wird er **abgelehnt.** Soweit der **23** Antrag zulässig und begründet ist, wird der **Gesamtbetrag** der erstattungsfähigen Kosten im Tenor **festgesetzt** („Auf den Antrag des … vom … wird der Betrag der ihm vom … zu erstattenden Kosten auf … € festgesetzt"). Die einzelnen Kostenansätze sind Teil der Berechnung und damit in der Begründung des Beschlusses zu erläutern. Werden Ansätze nicht zugesprochen, ist der weitergehende Antrag abzulehnen. Es können die abgelehnten Ansätze aber auch in den Tenor aufgenommen werden. Nur auf Antrag sind die festgesetzten Kosten vom Eingang des Festsetzungsantrags an mit fünf Prozentpunkten (nicht: 5%) über dem Basiszinssatz des § 247 BGB **zu verzinsen** (§ 104 I 2 ZPO).

3. Einstellung des Kostenfestsetzungsverfahrens

Wird ein Kostenfestsetzungsantrag **zurückgenommen,** ist das Verfahren **24** analog § 92 III einzustellen. Dasselbe gilt, falls sich das Verfahren iSd § 161 II durch übereinstimmende Erklärungen **erledigt.** Dann ist über die Kosten des Festsetzungsverfahrens zu entscheiden (analog § 161 II 1). Ein etwa ergangener Kostenfestsetzungsbeschluss wird nach § 173 S. 1 iVm § 269 III 1 ZPO wirkungslos, ohne dass es der Aufhebung bedarf. Dies ist nach allgemeinen Grundsätzen zur Wahrung der Rechtsklarheit auszusprechen (→ § 161 Rn. 27). Der Antrag auf Kostenfestsetzung kann wiederholt werden.

4. Kostenausgleichung

25   Sind vom Gericht **Quoten festgesetzt** worden, so findet bei Mitwirkung des Gegners eine Kostenausgleichung statt (§ 106 ZPO). Der Urkundsbeamte hat nach Eingang des Festsetzungsantrags den Gegner aufzufordern, die Berechnung seiner Kosten einzureichen. Folgt der Gegner der Aufforderung, sind die Kostenansätze zu verrechnen; nur der **Überschussbetrag** ist festzusetzen.

26   Legt der Gegner nach Ablauf der gesetzlichen Ein-Wochen-Frist **keine Kostenrechnung** vor, ist der Erstattungsbetrag zugunsten des Antragstellers ohne Rücksicht auf die Kosten des Gegners festzusetzen. Das Kostenausgleichsverfahren hat keine Ausschlusswirkung: Der Gegner kann seinen Anspruch auf Erstattung nachträglich geltend machen, haftet dann aber für die Mehrkosten, die durch das nachträgliche Verfahren entstehen (§ 107 II ZPO).

5. Begründung

27   Der Beschluss ist nach hM zu begründen. Das trifft schon deshalb zu, weil der Beschuss anfechtbar ist (§ 122 II 1 → Rn. 32). Der Umfang der Begründung hängt davon ab, inwieweit der Beschluss eine Beschwer enthält. Wird dem Antrag voll entsprochen und bestand kein Streit um einzelne Ansätze, genügt die Bezugnahme auf die (bekannte) Kostenrechnung. Eine nähere Begründung ist zu verlangen, wenn ein Kostenansatz nicht oder nicht vollständig berücksichtigt wird oder wenn über ihn unter den Beteiligten Streit bestand, ferner wenn eine Ausgleichung stattgefunden hat (→ Rn. 25).

6. Nebenentscheidungen

28   **a) Kostenentscheidung.** Der Kostenfestsetzungsbeschluss enthält grds. eine Kostenentscheidung entsprechend §§ 154 ff. Diese kann sich jedoch praktisch erübrigen, wenn keine Kosten angefallen sind. Das ist aber nicht zwingend: Zwar ist das Festsetzungsverfahren (mangels eines Gebührentatbestandes im GKG) **gerichtsgebührenfrei**. Es können jedoch **Auslagen** des Gerichts durch Zustellkosten (→ Rn. 31) oder Fotokopien entstehen, die geltend zu machen sind (GKG-KV Teil 7). Erstattungsfähig sind auch die **außergerichtlichen** Auslagen der Beteiligten, etwa für Ablichtungen und Abschriften. Die Tätigkeit eines **Anwalts** im Kostenfestsetzungsverfahren (→ Rn. 11) gehört nach § 19 Nr. 13 RVG allerdings zum Rechtszug; seine Auslagen bleiben erstattungsfähig (entsprechend § 162 II 1).

29   Ist das Kostenfestsetzungsverfahren erfolgreich, hat der Gegner die eventuell angefallenen Kosten des Festsetzungsverfahrens selbst dann zu tragen, wenn er zuvor nicht zur Zahlung aufgefordert wurde. Dem kann er analog § 156 nur entgehen, wenn er sich sofort bereit erklärt, die Kosten auch ohne gerichtliche Festsetzung zu zahlen. Der Urkundsbeamte setzt die Kosten fest und bestimmt sogleich deren Höhe, um ein weiteres Kostenfestsetzungsverfahren zu vermeiden (BVerfG NJW 1977, 145; SSB § 164 Rn. 19).

b) Vollstreckbarkeit. Der Kostenfestsetzungsbeschluss ist nach § 168 I Nr. 4 **30** Vollstreckungstitel für den prozessualen Kostenerstattungsanspruch. Zuständig für die Vollstreckung sind die VG nach Maßgabe der §§ 169 ff. Der Kostenfestsetzungsbeschluss ist ohne Vollziehbarkeitsausspruch sofort vollstreckbar (§ 149 I 1). Eine **Vollziehungsaussetzung** durch den Urkundsbeamten kommt nur auf Erinnerung hin in Betracht (§§ 165, 151 S. 3 iVm § 149 I 2).

7. Zustellung

Sofern dem Kostenfestsetzungsantrag ganz oder teilweise entsprochen wird, ist **31** der Beschluss dem Gegner vAw zuzustellen. Eine Zustellung an den Antragsteller ist nur erforderlich, wenn sein Antrag ganz oder teilweise abgelehnt wird. Sonst erhält er eine formlose Mitteilung (§ 104 I 3 und 4 ZPO).

8. Anfechtung

Gegen den Kostenfestsetzungsbeschluss ist gemäß → § 165 der Antrag auf **32** gerichtliche Entscheidung (die sog. **Kostenerinnerung**) statthaft. Verstreicht die dafür vorgesehene Frist von zwei Wochen nach Zustellung bzw. Mitteilung des Kostenfestsetzungsbeschlusses, wird der Beschluss unanfechtbar. Zum Vertretungszwang nach § 67 IV im Erinnerungsverfahren → § 165 Rn. 8.

9. Rechtskraft und Nachfestsetzung

Kostenfestsetzungsbeschlüsse erwachsen nach Unanfechtbarkeit (→ Rn. 32) in **33** materielle **Rechtskraft.** Diese erstreckt sich nur auf den festgesetzten Betrag. **Nachfestsetzungen** bleiben möglich, soweit Kostenansätze faktisch nicht ausgeschöpft worden sind.

IÜ teilt der Kostenfestsetzungsbeschluss trotz seiner Rechtskraftfähigkeit das **34** Schicksal der Kosten(grund)entscheidung (→ Rn. 14). Er wird daher auch nach Eintritt der Rechtskraft unwirksam, wenn die Kostenentscheidung aufgehoben, abgeändert oder ersetzt wird; bei wesentlichen (entscheidungserheblichen) Änderungen seiner Grundlagen ist er auf Antrag zu ändern (→ Rn. 14).

§ 165 [Erinnerung gegen die Kostenfestsetzung]

[1] Die Beteiligten können die Festsetzung der zu erstattenden Kosten anfechten. [2] § 151 gilt entsprechend.

I. Erinnerung gegen den Kostenfestsetzungsbeschluss

Zum **Rechtsschutz im Kostenrecht** insgesamt → Vorb. §§ 154 Rn. 18 ff.

1. Erinnerungsverfahren

Gegen einen Kostenfestsetzungsbeschluss (§ 164) kann **entsprechend § 151** **1** insgesamt oder teilweise (etwa hins. einzelner Kostenansätze) die „Entscheidung des Gerichts", die sog. **Erinnerung** beantragt werden (§ 165 S. 1). Sie ist auch gegen Entscheidungen des Urkundsbeamten bei der **PKH-Prüfung** statthaft (→ § 166 Rn. 48b, 68a). Die **Verfahrensvorschriften** finden sich in § 151 S. 1 und 2; über die **Verweisung in S. 3** sind die Beschwerdevorschriften der §§ 147-149 ergänzend anwendbar.

2   **Erinnerungsbefugt** können der Antragsteller, der erstattungspflichtige Gegner und die Staatskasse sein. Der Antragsteller ist **beschwert,** wenn von ihm geltend gemachte Kosten nicht oder niedriger festgesetzt werden, ferner (wegen des Ausschlusses der Nachfestsetzung → § 164 Rn. 33) bei Ablehnung nicht angemeldeter Kosten. Der Gegner ist beschwert, wenn Kosten zu hoch festgesetzt sind. Die Staatskasse ist als Antragstellerin oder Gegnerin der Kostenfestsetzung unter entsprechenden Voraussetzungen erinnerungsbefugt. Hingegen kann der **Prozessbevollmächtigte** durch eine Kostenfestsetzung nicht beschwert sein, weil sein Vergütungsanspruch aus dem Geschäftsbesorgungsvertrag dadurch nicht berührt wird und er gegen den Mandanten nach § 11 RVG festsetzen lassen kann (NK-VwGO § 165 Rn. 15 mwN). Im Verfahren über eine Kostenerinnerung besteht **kein Vertretungszwang** nach § 67 IV (→ § 151 Rn. 6; Nachw. bei OVG Saarl Beschl. v. 12.2.2010 – 3 E 517/09, mwN, str.). Zum Vertretungszwang im Beschwerdeverfahren → vor § 154 Rn. 21.

2. Entscheidung über die Erinnerung

3   Der Urkundsbeamte hat zunächst über die **Abhilfe** zu entscheiden (§ 148 I), bejahendenfalls einen neuen Kostenfestsetzungsbeschluss zu erlassen, gegen den wiederum die Erinnerung statthaft ist. Bei Nichtabhilfe ist die Sache dem Spruchkörper (→ Rn. 10) vorzulegen, der nicht mehr abhelfen kann. Urkundsbeamter und Gericht können aber die Vollstreckung aus dem Kostenfestsetzungsbeschluss **aussetzen** (vgl. § 149 I 2; § 173 S. 1 iVm § 104 III 2 ZPO).

4   Da die Erinnerung eine Fortsetzung der Kostenentscheidung ist, entscheidet über sie jenes Gericht (VG, OVG, BVerwG), dessen Urkundsbeamte den Kostenfestsetzungsbeschluss erlassen hat (§ 151). Die Zuständigkeit ist funktional zu verstehen und bestimmt damit auch die **Besetzung** des Spruchkörpers: Über die Erinnerung entscheidet, wer die zugrunde liegende Kostenentscheidung getroffen hat (Vorsitzender, Einzelrichter oder Kollegium, vgl. BVerwG NVwZ 1996, 786).

5   Das Gericht **überprüft** nur die beanstandeten einzelnen Erstattungsbeträge (BVerwG Beschl. v. 19.10.2009 – 4 KSt 1000.09), wobei es grds. an die Kostengrundentscheidung gebunden ist. Eine Verringerung des zu erstattenden Gesamtbetrags ist unzulässig (Verbot der reformatio in peius, NK-VwGO § 165 Rn. 23 ff.), wohl aber eine Saldierung einzelner Kostenansätze. Der **Streitwert** darf dabei ggf. vAw geändert werden (§ 63 III GKG, → vor § 154 Rn. 24). In einem solchen Fall darf das Rechtsmittelgericht über § 118 I auch die erstinstanzliche Kostenentscheidung ändern, sofern diese wegen des neuen Streitwerts nachträglich offenbar unrichtig geworden ist (OVG NRW NVwZ-RR 2007, 212).

Über die **Kosten** des Erinnerungsverfahrens ist gemäß §§ 154 f. zu ent- 6
scheiden. Zu verteilen sind die Auslagen des Gerichts und etwaige außergerichtlich angefallenen Rechtsanwaltskosten. Gerichtsgebühren werden mangels eines Gebührentatbestandes nicht erhoben (NK-VwGO § 165 Rn. 22;
Eyermann § 151 Rn. 6), ein **Streitwert** ist daher nicht festzusetzen (§ 63
GKG), auf Antrag des Antwalts ggf. aber der Gegenstandswert. Die Kosten
einer erfolgreichen Erinnerung sind im zu ändernden Kostenfestsetzungsbeschluss als erstattungsfähige Kosten mitzuberücksichtigen.

3. Beschwerde, § 146

Gegen gerichtliche Entscheidungen des VG über Erinnerungen gegen einen 7
Kostenfestsetzungsbeschluss ist die **Beschwerde nach § 146 I** zum OVG
möglich, wenn der Wert des Beschwerdegegenstandes 200 € übersteigt,
§ 146 III. Das gilt wegen des umfassenden Ausschlusses in § 83b AsylG nicht
in Asylsachen (BVerwG Beschl. v. 24.2.2000 – 9 B 74.00 – zu § 80 AsylVfG).
Die Beschwerde **zum BVerwG** gegen Entscheidungen des OVG ist nach
§ 152 I generell unstatthaft. Rechtsbehelfe gegen die Wertfestsetzung oder
den Kostenansatz, also auch die Beschwerde, sind umfassend vom **Vertretungszwang freigestellt** (BT-Drs. 16/11385, S. 56). Das ist mit der Neuregelung des Kostenrechts klargestellt worden (→ vor § 154 Rn. 21).

Das **OVG entscheidet** durch Beschluss in der nach Landesrecht vorgesehe- 8
nen **Besetzung** (§ 9 III), sofern nicht Einverständnis mit einer Entscheidung
durch den Vorsitzenden bzw. Berichterstatter anstelle des Senats erklärt wird
(§ 87a II, III). Ist die Beschwerde begründet, kann das OVG die Entscheidung
des VG und den Kostenfestsetzungsbeschluss des UdG ändern und den zu
erstattenden Betrag neu festsetzen. Auch eine Zurückverweisung kommt in
Betracht, wenn weitere Aufklärung erforderlich ist. Der Beschluss enthält eine
Kostenentscheidung nach §§ 154 ff., mit der etwaige außergerichtliche
Kosten (eines Rechtsanwalts, Nr. 3500 VZ zum RVG) und die Gerichtskosten (Auslagen und die Festgebühr nach Nr. 5502 KV zum GKG) zu
verteilen sind. Einer **Streitwertfestsetzung** bedarf es wegen der Festgebühr
nicht (ggf. aber einer Festsetzung des Gegenstandswertes). Im **Erfolgsfall** ist
ein neues Kostenfestsetzungsverfahren durchzuführen, in dem die Kosten des
Rechtsmittelverfahrens auf Antrag zu berücksichtigen sind.

§ 165a [Prozesskostensicherheit]

§ 110 der Zivilprozessordnung gilt entsprechend.

Die erst durch Gesetz v. 20.12.2001 (BGBl. I 3987) eingefügte Vorschrift 1
inkorporiert die Regelung der ZPO über die **Prozesskostensicherheit** (sog.
aktorische Kaution). Nach § 110 ZPO haben Kläger, die ihren gewöhnlichen
Aufenthalt nicht in einem Mitgliedstaat der EU oder einem Vertragsstaat des
EWR haben, dem Beklagten auf dessen Verlangen wegen der Prozesskosten
nach hM nur für ein Hauptsacheverfahren (aA NK-VwGO § 165a Rn. 16: alle

Verfahren) Sicherheit zu leisten. Diese soll ihm (nicht der Staatskasse) ermöglichen, einen etwaigen Kostenerstattungsanspruch durchzusetzen und ihn vor Vollstreckungsschwierigkeiten außerhalb der EU bewahren (BGH NJW 1984, 2762; BT-Drs. 13/10871, S. 17). Eine **analoge Anwendung** auf Fälle vergleichbaren Sicherheitsbedürfnisses, etwa bei fehlender Kenntnis vom Wohnsitz des Klägers, ist abzulehnen (BVerwG NJW 1999, 2610; vgl. Kopp/Schenke § 165 Rn. 6). **Ausnahmen** von der Pflicht zur Sicherheitsleistung sieht § 110 II Nr. 1–5 ZPO in fünf Fällen vor, die iW auf völkerrechtliche Regelungen zurück gehen, sowie § 122 I Nr. 2 ZPO für PKH-Empfänger und Art. 16 II, III ÜbK v. 28.9.1954 (BGBl. 1976 II 473; 1977 II 235) für Staatenlose. Sicherheitsleistung hat das Gericht entspr. § 173 S. 1 iVm § 113 S. 1 ZPO **durch Zwischenurteil** (§ 109) anzuordnen (BGH NJW 2001, 3630). Die Sicherheit wird entspr. **§ 108 ZPO** durch Hinterlegung, Überweisung an die Justizkasse oder Bürgschaft geleistet. Kommt der Kläger der Anordnung nicht nach, steht dem Beklagten eine **prozesshindernde Einrede** zu. Sie gehört zu den verzichtbaren Zulässigkeitsrügen, muss entspr. § 282 III ZPO erhoben werden, und zwar grds. vor der ersten Verhandlung zur Hauptsache für alle Rechtszüge (BGH NJW-RR 1993, 1021; MüKoZPO ZPO § 110 Rn. 2).

§ 166 [Prozesskostenhilfe]

(1) [1] Die Vorschriften der Zivilprozeßordnung über die Prozesskostenhilfe sowie § 569 Abs. 3 Nr. 2 der Zivilprozessordnung gelten entsprechend. [2] Einem Beteiligten, dem Prozesskostenhilfe bewilligt worden ist, kann auch ein Steuerberater, Steuerbevollmächtigter, Wirtschaftsprüfer oder vereidigter Buchprüfer beigeordnet werden. [3] Die Vergütung richtet sich nach den für den beigeordneten Rechtsanwalt geltenden Vorschriften des Rechtsanwaltsvergütungsgesetzes.

(2) [1] Die Prüfung der persönlichen und wirtschaftlichen Verhältnisse nach den §§ 114 bis 116 der Zivilprozessordnung einschließlich der in § 118 Absatz 2 der Zivilprozessordnung bezeichneten Maßnahmen, der Beurkundung von Vergleichen nach § 118 Absatz 1 Satz 3 der Zivilprozessordnung und der Entscheidungen nach § 118 Absatz 2 Satz 4 der Zivilprozessordnung obliegt dem Urkundsbeamten der Geschäftsstelle des jeweiligen Rechtszugs, wenn der Vorsitzende ihm das Verfahren insoweit überträgt. [2] Liegen die Voraussetzungen für die Bewilligung der Prozesskostenhilfe hiernach nicht vor, erlässt der Urkundsbeamte die den Antrag ablehnende Entscheidung; anderenfalls vermerkt der Urkundsbeamte in den Prozessakten, dass dem Antragsteller nach seinen persönlichen und wirtschaftlichen Verhältnissen Prozesskostenhilfe gewährt werden kann und in welcher Höhe gegebenenfalls Monatsraten oder Beträge aus dem Vermögen zu zahlen sind.

(3) Dem Urkundsbeamten obliegen im Verfahren über die Prozesskostenhilfe ferner die Bestimmung des Zeitpunkts für die Einstellung und eine Wiederaufnahme der Zahlungen nach § 120 Absatz 3 der Zivilprozessordnung sowie die Änderung und die Aufhebung der Bewilligung der Prozesskostenhilfe nach den §§ 120a und 124 Absatz 1 Nummer 2 bis 5 der Zivilprozessordnung.

(4) [1] Der Vorsitzende kann Aufgaben nach den Absätzen 2 und 3 zu jedem Zeitpunkt an sich ziehen. [2] § 5 Absatz 1 Nummer 1, die §§ 6, 7, 8 Absatz 1 bis 4 und § 9 des Rechtspflegergesetzes gelten entsprechend mit der Maßgabe, dass an die Stelle des Rechtspflegers der Urkundsbeamte der Geschäftsstelle tritt.

(5) § 87a Absatz 3 gilt entsprechend.

(6) Gegen Entscheidungen des Urkundsbeamten nach den Absätzen 2 und 3 kann innerhalb von zwei Wochen nach Bekanntgabe die Entscheidung des Gerichts beantragt werden.

(7) Durch Landesgesetz kann bestimmt werden, dass die Absätze 2 bis 6 für die Gerichte des jeweiligen Landes nicht anzuwenden sind.

Übersicht

Vorbemerkung

Die zentrale Vorschrift über die Prozesskostenhilfe, die ursprünglich in nur einem Satz (wortgleich mit I 1 der jetzigen Fassung) schlicht auf die ZPO-Bestimmungen verwies, wurde mWz 1.1.2014 **wesentlich erweitert** (vgl. Art. 12 G v. 31.8.2013, BGBl. I 3533 und Art. 13 G v. 8.7.2014, BGBl. I 890). I 2 erlaubt nun generell auch die Beiordnung der in § 67 II 2 Nr. 3 genannten Berufsgruppen als Bevollmächtigte. II bis VI enthalten, mit dem Ziel der Entlastung der Richter, neuartige Kompetenzen des Urkundsbeamten der Geschäftsstelle iZm der Prüfung der Bedürftigkeit (→ Rn. 48a ff.). (Nur) Die Länder können aufgrund der Öffnungsklausel in VII allerdings bestimmen, dass diese Regelungen für ihre Landesgerichte nicht anzuwenden sind. Zugleich wurden die **ZPO-Vorschriften,** die I 1 in Bezug nimmt, wesentlich geändert (zu den Motiven vgl. BT-Drs. 17/11472). Zahlreiche Vorschläge des Gesetzentwurfs zur Verschärfung der Bewilligung haben sich dabei nicht durchgesetzt (vgl. BT-Drs. 17/13538). Vgl. zur Kommentierung auch **HK-KostenhilfeR,** Gesamtes Kostenhilferecht, Teil 5, Kap. 2.

I. Wesen und Funktion der PKH

1. Bedeutung als Verwaltungsverfahren

1   Die Justizgewährungspflicht (→ vor § 40 Rn. 1) gebietet nicht nur, eine Gerichtsorganisation vorzuhalten und Regularien für ihre Benutzung aufzustellen. Mit ihr ist es nicht vereinbar, Rechtsuchende durch Vorschriften über die Gerichts- und Anwaltsgebühren oder deren Handhabung mit einem Kostenrisiko zu belasten, das außer Verhältnis zu ihrem Interesse an dem

Verfahren steht und die Anrufung des Gerichts bei vernünftiger Abwägung als wirtschaftlich nicht mehr sinnvoll erscheinen lässt (BVerfGE 85, 337).

Zugunsten **Unbemittelter** müssen daher „aktive Komponenten" vorgese- 2 hen werden, um die finanzielle Zugangsbarriere auf ein zu bewältigendes Niveau abzusenken. Dazu gehören Vorkehrungen, Rechtsbehelfe trotz der mit ihnen notwendig verbundenen Aufwendungen (→ § 162) mit wirtschaftlich vertretbarem Risiko ergreifen zu können. Zu den aktiven Komponenten der Justizgewährung gehören die Beratungshilfe (außergerichtlich → Rn. 65) und die Prozesskostenhilfe. Sie ist eine besondere **staatliche Sozialleistung** zur Deckung eines spezifischen Bedarfs in einer besonderen Lebenslage mit dem Zweck, Unbemittelten einen weitgehend (nicht notwendig vollständig) gleichen Zugang zu Gericht wie Bemittelten zu ermöglichen (stRspr, BVerfGE 78, 104; 50, 217 (231); 35, 348 (355); 9, 124 (131)).

Diese Einordnung hat **verfahrensrechtliche Konsequenzen:** Über PKH 3 wird auf besonderen Antrag in einem gerichtsförmigen, aber nichtstreitigen **Verwaltungsverfahren** entschieden, das vor oder parallel zu dem Rechtsstreit verläuft, auf den es bezogen ist. Die Entscheidung trifft zwar – aus Gründen der Verfahrensökonomie – das mit der Hauptsache befasste Prozessgericht (§ 117 I ZPO → Rn. 46); es fungiert hier jedoch als Bewilligungsstelle, dh als Gericht im nicht jurisdiktionellen Sinne (→ § 1 Rn. 4). Beteiligte des Bewilligungsverfahrens sind nur der PKH begehrende „Antragsteller" (§§ 117 II, 118 II ZPO) und das Gericht. Einen „Gegner" im eigentlichen Sinne hat das PKH-Verfahren nicht. Soweit in der ZPO von „Partei" und „Gegner" die Rede ist, sind die Rollen in dem parallelen Hauptsacheverfahren gemeint (Einzelheiten bei NK-VwGO § 166 Rn. 11 ff.).

2. Rechtsgrundlagen

Die VwGO enthält eine spezielle – klarstellende – und dynamische **Voll-** 4 **verweisung** (→ § 173 Rn. 2) auf die in allen Gerichtsbarkeiten eingeführte **Modellregelung** der PKH in §§ 114 bis 127 ZPO (vgl. auch § 73a SGG, § 142 FGO, § 11a III ArbGG).

Ab dem 30.11.2004 ist bei der Auslegung der PKH-Vorschriften die **EG-** 5 **Richtlinie Nr. 2003/8** v. 27.1.2003 (ABl. L 26 S. 41, ABl. L 32 S. 15) zu beachten. Sie betrifft die **grenzüberschreitende PKH** innerhalb der Europäischen Union und ist durch §§ 1076 bis 1078 ZPO umgesetzt worden, die gemäß § 114 I 2 ZPO ergänzend gelten (vgl. EG-PKHG v. 15.12.2004, BGBl. I 3392).

Die Regelungen der ZPO werden durch **untergesetzliches Regelwerk** 6 vervollständigt. Dazu gehört die Bekanntmachung des BMJV zu § 115 (zugänglich etwa über www.gesetze-im-internet.de oder www.bmjv.de). Für die Erklärung über die persönlichen und wirtschaftlichen Verhältnisse des Antragstellers ist durch RVO auf der Ermächtigungsgrundlage des § 117 III ZPO (VO v. 17.10.1994, BGBl. I 3001) ein zwingend zu benutzender Vordruck eingeführt worden (→ Rn. 28, 45). Wichtige Erleichterungen hierzu sieht die PKHFV vom 6.1.2014 (BGBl. I 34) vor (→ Rn. 30).

3. Leistungsumfang der PKH

7 Die (Folge)**Wirkungen der Bewilligung von PKH** sind in §§ 121, 122 ZPO geregelt (→ Rn. 60 f.). Der PKH-Empfänger wird für den Rechtszug von Gerichtsgebühren und den Vergütungsansprüchen seines eigenen Anwalts befreit. Dadurch soll ihm ermöglicht werden, den Prozess zu führen. **Nicht** aber soll ihm das Kostenrisiko genommen werden. Deshalb werden ihm weder eigene Aufwendungen (→ § 162 Rn. 12 ff.) ersetzt noch im Fall des Unterliegens im Hauptsacheverfahren die Kosten des Gegners abgenommen (§ 123 ZPO; MüKoZPO ZPO § 115 Rn. 47; Musielak/Voit ZPO § 115 Rn. 56). Die Vorschriften über die PKH bilden eine iW **abschließende Sonderregelung** (BVerwG Buchh 310 § 166 VwGO Nr. 30 und 32), allerdings nur in ihrem Anwendungsbereich (→ Rn. 15 ff.). **Lücken** im Leistungsumfang können ggf. durch ergänzende Anwendung anderer Regelungen geschlossen werden (zu Reisekosten → Rn. 62 ff.). Soweit dem Antragsteller Leistungen gewährt oder Aufwendungen erspart werden, sind sozialrechtliche Vorschriften nur anwendbar, wenn in den §§ 114 ff. ZPO auf sie verwiesen wird.

4. Wirkung auf die beabsichtigte Prozessführung

8 **Taktisch** gesehen kann die PKH-Beantragung (durch eine bedürftige Partei) dazu dienen, eine Einschätzung des zuständigen Spruchkörpers (→ Rn. 46) zu den Erfolgsaussichten des Hauptsacheverfahrens zu erhalten (vgl. § 114 I 1 ZPO). Dazu kann der Antrag bereits *vor* der beabsichtigten Prozessführung (Klage, Rechtsmittel) gestellt werden. Im Verwaltungsprozess ist dies wegen der **Fristgebundenheit** der meisten Hauptsacherechtsbehelfe aber kritisch. Der unbemittelte Beteiligte läuft wegen der regelmäßigen Dauer des PKH-Verfahrens Gefahr, nach PKH-Bewilligung den Rechtsbehelf infolge Versäumung der Rechtsbehelfsfrist nicht mehr zulässigerweise ergreifen zu können. Dem begegnet das Prozessrecht iW auf **zwei Wegen:**

9 Zwar werden Rechtsbehelfsfristen durch ein PKH-Gesuch nicht gehemmt, sondern laufen auch während des Verfahrens ab. Im Falle einer Bewilligung nach Fristablauf – oft aber auch nach Ablehnung des Gesuchs (→ Rn. 11) – ist dem Rechtsschutzsuchenden jedoch **Wiedereinsetzung** in die versäumte Frist nach § 60 zu gewähren (→ § 133 Rn. 12; zur Klageerhebung → § 81 Rn. 17), was oft sogar vAw zu erfolgen hat. Denn ein nicht anwaltlich vertretener Rechtsschutzsuchender ist so lange an der Ergreifung des Rechtsbehelfs als verhindert anzusehen, als er nach den gegebenen Umständen vernünftigerweise nicht mit der Ablehnung seines PKH-Antrages rechnen musste. Das ist dann der Fall, wenn er sich für bedürftig iSv §§ 114 ff. ZPO halten durfte und aus seiner Sicht alles Erforderliche getan hatte, damit ohne Verzögerung über seinen Antrag entschieden werden konnte (BVerwG NVwZ 2004, 888; 2002, 992; NJW 1995, 2121; Buchh 310 § 166 VwGO Nr. 38; BGH NJW-RR 2004, 1218; 2001, 1146; NJW 1999, 3271; zur Gewährung von Wiedereinsetzung in die Einlegungs- und Begründungsfrist vgl. BVerwG DVBl 2002, 1050 mwN; auch etwa BVerfG-Kammer NVwZ 2003, 341; NJW 1993, 720).

Ein **Verschulden** iSd § 60 I trifft ihn jedoch **nur dann nicht,** wenn er **10** *innerhalb* der Rechtsbehelfsfrist ein den gesetzlichen Anforderungen entsprechendes PKH-Gesuch anbringt (BVerwG Buchh 310 § 166 VwGO Nr. 38). Auch einem nicht anwaltlich beratenen Beteiligten muss sich wegen des Hinweises auf das Vertretungserfordernis in einer ordnungsgemäßen Rechtsbehelfsbelehrung der angegriffenen Entscheidung aufdrängen, das dort bezeichnete Gericht innerhalb der Rechtsbehelfsfrist zu informieren und um Hilfe zu bitten, wenn mangels ausreichender finanzieller Mittel kein Anwaltsmandat erteilt werden kann (BVerwG Beschl. v. 18.8.2009 – 8 B 79.09; Buchh 310 § 166 VwGO Nr. 34).

Zum anderen ist über einen PKH-Antrag grds. (anders uU in Eilverfahren) **11** **vor** einer negativen Bescheidung des Rechtsbehelfs zu befinden, auf den sich der Antrag bezieht. Das Gericht darf einen gleichzeitig mit ihm eingelegten Rechtsbehelf **weder** vor der Bescheidung des PKH-Antrags **noch gleichzeitig** mit diesem wegen Fristablaufs oder mangelnder Vertretung als unzulässig verwerfen (BVerwG NVwZ 2004, 111; VGH BW NVwZ-RR 2001, 802; aA OVG RhPf AuAS 1999, 197; zum sozialgerichtlichen Verfahren BVerfG-Kammer FamRZ 2002, 531). Vielmehr ist dem Antragsteller nach der Bescheidung **Gelegenheit zu einer prozessualen Reaktion** zu geben. Bei Bewilligung von PKH nach Fristablauf kann der Antragsteller Wiedereinsetzung beantragen (→ Rn. 9 f.). Vor allem **bei Ablehnung** seines PKH-Antrags muss er sein weiteres Vorgehen binnen angemessener Frist erwägen können. Ihm stehen insofern **drei Wege** offen. Er kann:
- gegen die versagende Entscheidung Beschwerde einlegen (→ Rn. 66),
- den Hauptsache-Rechtsbehelf zurückzunehmen (und dadurch uU in den Genuss einer Ermäßigung der Gerichtsgebühren kommen) oder
- das Verfahren auf eigene Kosten fortzusetzen und dazu ebenfalls **Wiedereinsetzung** in die abgelaufene Frist beantragen (vgl. BVerfG, KB v. 8.1.1996 – 2 BvR 306/94). Die Wiedereinsetzung ist grds. auch dann zu gewähren, wenn PKH mangels Erfolgsaussichten **versagt** worden ist; bei Versagung mangels Bedürftigkeit handelte der Antragsteller schuldlos, wenn er vernünftigerweise nicht mit dieser Bewertung rechnen musste (BVerwG Buchh 310 § 60 VwGO Nr. 147; NJW 1995, 2121; SSB § 60 Rn. 35).

Die **gleichzeitige Ablehnung** von PKH **und Verwerfung** des Rechts- **12** behelfs nimmt dem Antragsteller diese Reaktionsmöglichkeiten und verletzt seinen Anspruch auf wirkungsvollen Rechtsschutz (Art. 19 IV GG, vgl. BVerwG NVwZ 2004, 111; BVerfGE 77, 275/284; NJW 2003, 281). Eine unbemittelte Partei, für die ein Anwalt Berufung eingelegt hat, ohne sie zu begründen, kann selbst am letzten Tag der Begründungsfrist noch ein PKH-Gesuch einreichen mit der Folge, dass der Rechtsbehelf nicht wegen Fehlens der Begründung innerhalb der Begründungsfrist verworfen werden darf (BGHZ 38, 376 (377 f.)). Bei gleichzeitiger Bescheidung des PKH-Gesuchs und des Rechtsbehelfs sind die Kosten des Hauptsacheverfahrens **nach § 21 I GKG niederzuschlagen,** wenn der Rechtsbehelf zurückgenommen wird (was bis zur Rechtskraft der Entscheidung möglich ist, vgl. nur § 92 I 1).

5. Folgen rechtswidriger Verweigerung

13   Außer durch verfahrensfehlerhafte Behandlung des PKH-Antrags kann der Rechtsschutzsuchende durch eine rechtswidrige Vorenthaltung von PKH auch in seinem grundrechtsgleichen Recht aus Art. 103 I GG verletzt werden. Ihm wird das **rechtliche Gehör versagt,** wenn unzumutbare Hindernisse der Rechtsverfolgung bestehen bleiben (BVerwG NJW 2008, 3157). Das gilt für die Verweigerung des Zugangs zu einer Instanz mit Vertretungszwang (Berufung, Revision; BVerwG NVwZ 2004, 111) wie auch bei der unberechtigten Verweigerung anwaltlichen Beistands für eine mündliche Verhandlung (BVerwG NJW 2008, 3157).

14   Der Anspruch auf rechtliches Gehör umfasst zwar keinen Anspruch auf mündliche Verhandlung, wohl aber das Recht, sich in einer im PKH-Verfahren **angesetzten mündlichen Verhandlung** (§ 118 I 3 ZPO) anwaltlich vertreten zu lassen (BVerwG Buchh 310 § 108 VwGO Nr. 248 S. 97 mwN). Einem Prozessbevollmächtigten ist nicht anzusinnen, auf eigenes Kostenrisiko an der mündlichen Verhandlung teilzunehmen. Einem Kläger ist nicht zuzumuten, etwa vorhandenes, jedoch auf die PKH nicht anzurechnendes Schonvermögen einzusetzen (§ 115 III ZPO iVm § 90 SGB XII). Die rechtswidrige Versagung von PKH haftet dem angefochtenen Urteil weiterwirkend als Gehörsverletzung an (BVerwGE 110, 40).

II. Anwendungsbereich

1. Persönlicher Anwendungsbereich

15   PKH können **natürliche Personen** erhalten, auch Ausländer (sogar im Ausland) und Staatenlose (NK-VwGO § 166 Rn. 50 ff.), ferner – unter einschränkenden Voraussetzungen – Parteien kraft Amtes (Insolvenzverwalter, Testamentsvollstrecker, Nachlassverwalter, Zwangsverwalter usw.) sowie **juristische Personen** und parteifähige Vereinigung (vgl. § 116 ZPO). **Staatlichen Stellen** (Behörden) kann keine PKH bewilligt werden.

16   Die Begriffe „Rechtsverfolgung" und „Rechtsverteidigung" sind zwar synonym (→ § 162 Rn. 8), verdeutlichen aber, dass PKH **allen Beteiligten** iSv § 62 Nr. 1-3 **unabhängig von der Prozessrolle** bewilligt werden kann, also dem Kläger, aber auch nichtstaatlichen Beklagten und ebenso Beigeladenen, sogar unabhängig davon, ob sie Rechtsmittelführer sind oder Anträge gestellt haben (allg. Meinung, SSB Rn. 6; NK-VwGO Rn. 50). Voraussetzung ist nur, dass ihnen im Verfahren Kosten entstehen können, von denen PKH sie befreit. Die Prozessführung kann auch erst **„beabsichtigt"** sein. Dadurch wird einem Mittellosen zugestanden, die Entscheidung über PKH herbeiführen zu können, bevor er mit der Anhängigmachung eines Rechtsstreits ein Kostenrisiko eingeht (zur Strategie in diesen Fällen → Rn. 8 ff.). Ein Sachbescheidungsinteresse hat der Antragsteller allerdings nur dann, wenn die Prozessführung hinreichend konkret absehbar ist.

2. Sachlicher Anwendungsbereich

Die Verfahren, für die PKH bewilligt werden kann, beschreibt § 114 I 1 ZPO **17** mit dem Begriff der **Prozessführung,** bei der eine Rechtsverfolgung oder -verteidigung beabsichtigt sein kann. Prozessführung ist **jedes streitige Verfahren** vor einem (Prozess)Gericht im jurisdiktionellen Sinne (Klage-, vorläufige Rechtsschutz- und selbstständige Zwischenverfahren sowie Normenkontroll- und Zwangsvollstreckungsverfahren), in dem **Kosten** (Gebühren und Auslagen, § 1 I GKG; § 188 S. 2) **entstehen,** von denen der Antragsteller durch PKH befreit würde. Dass ein Verfahren *gerichtskosten*frei ist (zB nach § 188 oder § 83b AsylG), hat keine Bedeutung, solange andere Kosten entstehen, die unter den Leistungsumfang der PKH fallen. So kann PKH beantragt werden als Grundlage für die Beiordnung eines Rechtsanwalts (§ 121 ZPO; BVerwG NVwZ-RR 1989, 665) oder für die Freistellung von bestimmten Auslagen (zu Reisekosten → Rn. 62).

PKH kann auch in **Vorabentscheidungsverfahren vor dem EuGH 17a** bewilligt werden, wenn eine Partei des Ausgangsrechtsstreits nicht über ausreichende Mittel zur Deckung der im Verfahren vor dem EuGH entstehenden Kosten verfügt (iW für die Kosten einer Vertretung, da das Verfahren gerichtskostenfrei ist; Nr. 28 der Empfehlungen v. 8.11.2019, ABl 2019/C 380/01). PKH kann aber nur bewilligt werden, wenn die Partei nicht bereits auf nationaler Ebene Hilfe erhält oder diese die im Verfahren vor dem Gerichtshof entstehenden Kosten nicht deckt. Die Partei hat dem EuGH sämtliche Auskünfte und Belege zu übermitteln, die eine Beurteilung ihrer tatsächlichen wirtschaftlichen Lage ermöglichen.

Nicht bewilligt werden kann PKH für das PKH-Verfahren selbst und ein **18** sich gegen die Ablehnung richtendes Beschwerdeverfahren. Nach praktisch einhelliger Auffassung ist nur das eigentliche Streitverfahren eine hilfefähige „Prozessführung" iSd § 114 I 1 ZPO (BVerwG JurBüro 1991, 570; VGH BW Beschl. v. 30.3.2010 – 6 S 2429/09, mwN). Für das PKH-Verfahren kann aber Beratungshilfe (→ Rn. 65) beantragt werden. Das **Vorverfahren** (Widerspruchsverfahren) iSd §§ 68 ff. (→ § 162 Rn. 40 ff.) ist kein gerichtliches Verfahren; in Betracht kommt aber auch hierfür Beratungshilfe. Die einem Beteiligten für ein Hauptsacheverfahren bewilligte PKH umfasst auch ein **In-Camera-Verfahren** (Zwischenverfahren) nach § 99, wirkt jedoch *nicht* für die **Beschwerde** gegen die Entscheidung des Fachsenats fort; dieser fehlt der notwendige innere Zusammenhang mit dem Hauptsacheverfahren (→ Rn. 60), obwohl die Beschwerde Kosten auslöst (→ § 99 Rn. 33). Der Beschwerdeführer kann aber PKH für sich beantragen, wenn in seiner Person die Voraussetzungen des § 114 I ZPO vorliegen (BVerwG Beschl. v. 8.5.2009 – 20 KSt 1.09). Nicht anwendbar sind nach zivilgerichtlicher Rspr. (OLG Celle NJW 2013, 486 mwN) die PKH-Vorschriften im Verfahren über die **Erinnerung** gegen den Kostenansatz nach § 66 GKG (→ vor § 154 Rn. 21).

3. PKH nach Verfahrensabschluss

19 Für eine **nach Wegfall der Rechtshängigkeit beantragte** PKH ist kein Raum (allg. Meinung, NK-VwGO Rn. 42 ff. mwN). Ihr Zweck, die Führung eines Rechtsstreits wirtschaftlich zu ermöglichen, kann nach seinem Abschluss nicht mehr erreicht werden. Aus diesem Grund kann auch nach dem **Tod des Antragstellers** (von den Erben etc.) beantragte PKH nicht bewilligt werden. Das PKH-Verfahren ist ein Verwaltungsverfahren, für das die prozessrechtlichen Regelungen über Unterbrechung und Aussetzung (§§ 239 ff. ZPO) nicht gelten. Da PKH strikt an die Person des Antragstellers geknüpft ist, eine Rechtsnachfolge also ausscheidet, endet das Verfahren automatisch und ist deklaratorisch einzustellen (vgl. BayVGH BayVBl. 2013, 123; NdsOVG DVBl 2010, 668 Ls.; HmbOVG DVBl 1996, 1318).

20 Die **rückwirkende Bewilligung** von PKH ist differenziert zu betrachten. Abzulehnen ist ein Antrag **nach** Abschluss der Instanz oder des Verfahrens (Urteil, Klagerücknahme, Tod usw., → Rn. 19). Ist der Antrag **vorher** gestellt worden, ist die Bewilligung von PKH aus Gründen der Billigkeit geboten, wenn sie lediglich infolge eines Versäumnisses des Gerichts unterblieben ist. Die sachlichen Voraussetzungen für die Bewilligung (Bewilligungsreife) müssen zu einem Zeitpunkt vorgelegen haben, in dem die Prozessführung noch nicht abgeschlossen war (OVG Bln NVwZ 1998, 650 f.; SchlHOVG NVwZ-RR 2004, 460).

III. Voraussetzungen für die Bewilligung

21 Ist der Anwendungsbereich der PKH eröffnet (→ Rn. 15 ff.), ist die Bewilligung an formelle und materielle Voraussetzungen geknüpft. In **formeller Hinsicht** bedarf es eines Antrags, der gesetzlich bestimmte Darlegungen enthält und dem ausreichende Nachweise sowie eine formgerechte Erklärung über die persönlichen und wirtschaftlichen Verhältnisse des Antragstellers beizufügen sind (§ 117 ZPO → Rn. 45).

22 Die **sachlichrechtlichen Voraussetzungen** der Bewilligung sind in § 114 I 1 ZPO beschrieben und lassen sich mit den Stichworten „Mittellosigkeit" (Bedürftigkeit), „hinreichende Erfolgsaussichten" (I 1) sowie „fehlende Mutwilligkeit" (I 1 iVm II) kennzeichnen. Die Prüfung erfolgt – grds. allein anhand des Vortrags des Antragstellers – objektiv durch das Gericht, allerdings mit sehr unterschiedlicher Prüfungsdichte (→ Rn. 47). Die Prüfung der Bedürftigkeit kann nunmehr dem **Urkundsbeamten der Geschäftsstelle** eigenverantwortlich übertragen werden (§ 166 II, III → Rn. 48a ff.).

1. Wirtschaftliche Voraussetzungen

23 **a) Mittellosigkeit natürlicher Personen.** Mittellosigkeit als wirtschaftliche Voraussetzung der Bewilligung bedeutet, dass dem Antragsteller Kosten der Prozessführung entstehen, die er nach seinen persönlichen und wirtschaftlichen Verhältnissen nicht, nur zum Teil oder nur in Raten aufbringen kann (§ 114 I 1). Dazu sind die voraussichtlichen Kosten der Prozessführung zu errechnen und den einzusetzenden Mitteln (Einkommen und Vermögen,

§ 115 I und II) gegenüberzustellen. PKH wird nicht bewilligt, wenn die Kosten der Prozessführung der Partei vier Monatsraten des einzusetzenden Vermögens und die aus dem Vermögen aufzubringenden Teilbeträge voraussichtlich nicht übersteigen (§ 115 IV; vgl. iE Seitz/Büchel, Beck'sches Richter-Handbuch, A.I, 5.1 ff.). Im Internet findet sich ein Rechenprogramm etwa unter www.pkh-rechner.de.

aa) Schätzung der Kosten der Prozessführung. § 115 IV erfordert eine **Kostenschätzung.** Diese hat überschlägig zu berechnen, welcher Betrag zur Führung des Verfahrens im jeweiligen Rechtszug (→ Rn. 60) erforderlich sein wird. Zu berücksichtigen sind nur die Kosten, die der Antragsteller ab dem Zeitpunkt der ordnungsgemäßen Antragstellung voraussichtlich noch aufwenden müsste und von denen er durch die PKH befreit würde, nicht also die gesamten Kosten für den Fall des Unterliegens. Zu den relevanten Kosten gehören nur die **Gerichtskosten** (→ § 162 Rn. 4) und die **Kosten des eigenen Anwalts,** die nach dem Streitwert zu berechnen sind (→ vor § 154 Rn. 17). Die Kosten des Gegners (iW dessen Anwaltskosten) werden von der PKH nicht umfasst (§ 123; → Rn. 7). Ein Gerichtskostenvorschuss ist zu beachten, wenn die Kosten bereits entstanden und fällig sind und der Antragsteller vorschusspflichtig ist; dasselbe gilt für Vorschüsse für Zeugen und Sachverständige (OLG Hamm MDR 2014, 366). **23a**

bb) Einzusetzendes Einkommen. Der Antragsteller hat sein Einkommen einzusetzen (§ 115 ZPO). **Einkommen** ist die Summe aller tatsächlich monatlich erzielten Einkünfte des Antragstellers in Geld oder Geldeswert (I 2). Die ZPO knüpft dabei eng an den Einkommensbegriff in § 82 SGB XII (Lohn/Gehalt einschl. Urlaubs- und Weihnachtsgeld, Pensionen/Renten, Unterhaltszahlungen, Einkünfte aus selbstständiger Tätigkeit, Vermietung, Kapitalerträge usw. grds. auch Sozialleistungen wie Eltern-, Kinder- und Wohngeld; iE Zöller ZPO Rn. 9 ff.). Vom **Bruttobetrag** der tatsächlichen monatlichen Einkünfte **abzusetzen** sind bestimmte **Belastungen und Freibeträge** in der im Zeitpunkt der Bewilligung geltenden Höhe (§ 115 I 3 Nr. 1–5 ZPO: Steuern, pflichtige Sozialabgaben, Vorsorgeaufwendungen, Werbungskosten, ggf. Mehrbedarf für Erwerbstätige uä). Die Freibeträge nach I 3 Nr. 1b, 2a und 2b werden regelmäßig in der PKH-Bekanntmachung des BMJV (→ Rn. 5) zahlenmäßig konkretisiert. Kosten der Unterkunft und Heizung (I 3 Nr. 3) sind grds. (soweit sie nicht in einem auffälligen Missverhältnis zu den Lebensverhältnissen der Partei stehen) in der tatsächlich gezahlten Höhe abzuziehen. Der nach den Abzügen verbleibende Teil des monatlichen Einkommens ist das **einzusetzende Einkommen** (§ 115 II). **24**

cc) Umfang der Bewilligung. In einem dritten Schritt ist über die **Bewilligung** und die Festsetzung etwaiger Raten zu befinden. Die Maßstäbe formuliert **§ 115 II ZPO** verbal. Die ihm früher angehängte Tabelle zur Feststellung der monatlichen Raten ist seit 2014 abgeschafft. Den **Grundsatz** der Berechnung enthält II 1: Monatsraten sind in Höhe der Hälfte des iSv I einzusetzenden Einkommens festzusetzen. **Unbeschränkt zu bewilligen** (ohne Raten) ist PKH nach II 2 nur dann, wenn die Höhe einer Monatsrate **25**

weniger als 10 € beträgt (II 2), dh das einzusetzende Einkommen geringer als 20 € ist (und auch kein Vermögen vorhanden ist → Rn. 26). Ohne ausdrückliche Anordnung von Raten ist PKH unbeschränkt bewilligt.

25a   **Raten sind festzusetzen,** wenn 20 € und mehr einzusetzen sind: Bei einem mtl. Einkommen zwischen 20 und 600 €, beträgt eine Raten die Hälfte des einzusetzenden Einkommens (II 1: 10 bis 300 €). Übersteigt das Einkommen 600 €, betragen die Raten 300 € zzgl. des 600 € übersteigenden Teil des einzusetzenden Einkommens (II 3). **Beispiel:** einzusetzendes Einkommen = 950 €: Rate = 300 + (950 – 600) 350 = 650 €. Die Neuregelung führt zu einer gewollten Erhöhung der Beteiligung der PKH-Empfänger an den Verfahrenskosten (BT-Drs. 17/11472 S. 24). Unabhängig von der Ratenhöhe sind in allen Rechtszügen zusammen **höchstens 48 Monatsraten** aufzubringen (§ 115 II 4). Was darüber hinaus an Kosten anfällt, hat die Staatskasse zu tragen. PKH ist **abzulehnen,** wenn die Kosten der Prozessführung vier Monatsraten und die aus dem Vermögen aufzubringenden Teilbeträge voraussichtlich nicht übersteigen (§ 115 IV).

26   **dd) Zumutbar einzusetzendes Vermögen.** PKH ist ferner abzulehnen bzw. nur unter Anordnung von Ratenzahlung zu bewilligen, wenn die voraussichtlichen Kosten der Prozessführung durch **Vermögen** gedeckt werden können, dessen Verwertung zumutbar ist (§ 115 III ZPO iVm § 90 SGB XII). Zur Abgrenzung der Begriffe Einkommen und Vermögen vgl. BVerwGE 108, 296; NJW 1999, 3210. Die Höhe der Raten ist im Bewilligungsbeschluss festzulegen; ihre Anzahl ergibt sich aus der zu deckenden Kostensumme (NK-VwGO § 166 Rn. 133).

26a   **Vermögen** sind alle beweglichen und unbeweglichen Güter (Grundstücke), Rechte in Geld oder Geldeswert (zB Bargeld, Bankguthaben und Forderungen). Das Vermögen muss nach § 115 III 2 iVm § 90 I SGB XII **gegenwärtig** und **zeitnah verwertbar** sein (BGH FamRZ 2004, 177; OVG Hamm FamRZ 2011, 1744). Das setzt voraus, dass der Antragsteller tatsächlich über den Vermögensgegenstand verfügen kann (nicht bei Sicherheitsabtretung, Verpfändung uä). Forderungen sind nicht verwertbar, wenn sie nicht fällig, idR auch nicht, wenn sie bestritten sind. Verwertung ist auch eine Kreditaufnahme oder Verpfändung. Eine Saldierung mit **Schulden** findet grds. nicht statt (Bruttoprinzip), es sei denn, es handelt sich um fällige Schulden, die die Partei aus ihrem Vermögen gegenwärtig bezahlt.

27   In Verfahren **unterhaltsberechtigter Antragsteller,** insbes. Minderjähriger (→ Rn. 30) über persönliche Angelegenheiten ist an Ansprüche auf einen **familienrechtlichen PKH-Vorschuss** als einzusetzendes Vermögen zu denken: Nach § 1360a IV 1 BGB sind Ehegatten (entsprechend § 1361 IV 4 BGB für Getrenntlebende, §§ 1610 II, 1615 BGB im Eltern-Kind-Verhältnis, vgl. BGH NJW 2005, 1722) verpflichtet, dem anderen die Kosten eines Rechtsstreits vorzuschießen, die dieser nicht selbst tragen kann. Der Anspruch besteht, sofern der Rechtsstreit (im weitesten Sinne, vgl. Palandt § 1610 Anm. 3 mwN) eine persönliche Angelegenheit betrifft und die Inanspruchnahme des Unterhaltspflichtigen der Billigkeit entspricht, was etwa zu verneinen ist, wenn er selbst einen PKH-Anspruch hätte (BVerwG JurBüro

1988, 1537; DÖV 1974, 428; NJW 1964, 2151; Buchh 310 § 166 VwGO Nr. 8; BGH FamRZ 2005, 883 und 1722; 2004, 1633; Palandt § 1360a Rn. 7 ff.). Besteht ein derartiger Anspruch, ist er vorrangig vor der Inanspruchnahme von PKH einzusetzen und schließt in diesem Umfang PKH aus.

b) Anforderungen an den Vortrag des Antragstellers. Der Antragsteller **28** hat seine Mittellosigkeit **darzutun** (das VG sie grds. nicht zu ermitteln), seine Angaben zu belegen (§ 117 II ZPO) und auf Verlangen glaubhaft zu machen (§ 118 II 1 ZPO). Er hat dazu eine **Erklärung** über seine persönlichen und wirtschaftlichen Verhältnisse vorzulegen, die auf dem dazu eingeführten Vordruck abgegeben werden muss (→ Rn. 45). Mit der Neuregelung ist klargestellt worden, dass der Antragsteller zur Abgabe einer **eidesstattlichen Versicherung** über seine Angaben aufgefordert werden kann, was sich nur bei Zweifeln an ihrer Richtigkeit anbieten wird. Außerdem ist eine Pflicht eingeführt worden, dem **Gegner** Gelegenheit zur Stellungnahme zu geben (→ Rn. 47). Beides soll dem Gericht (bzw. Urkundsbeamten, § 166 II → Rn. 48a) eine möglichst sichere Tatsachengrundlage für die Entscheidung verschaffen (BT-Drs. 17/11472 S. 24).

Die **Erklärung und die Belege** dürfen dem Gegner anlässlich seiner **28a** Anhörung **nicht** ohne Zustimmung des Antragstellers **zugänglich** gemacht werden (§ 117 II 2 ZPO, vgl. auch § 127 I 3 ZPO). Deshalb werden die PKH-Unterlagen zu einem gesonderten **PKH-Heft** genommen, das nicht Teil der Gerichtsakten des Hauptsacheverfahrens ist und von den Beteiligten nicht eingesehen werden kann (vgl. § 100 I). Der Gegner hat **kein Anhörungsrecht** dazu, ob die persönlichen und wirtschaftlichen Verhältnisse der Partei die Bewilligung von Prozesskostenhilfe rechtfertigen, und auch kein Recht nach § 299 I ZPO auf Einsichtnahme in die diese Angaben enthaltenden, gesondert geführten Teile der Prozessakten (BGH NJW 2015, 1827; BGHZ 89, 65 (67)). Etwas anderes gilt nach **Hs. 2** des § 117 II 2 ZPO nur, wenn der Gegner gegen den Antragsteller einen zivilrechtlichen Auskunftsanspruch hat. § 117 II 2 Hs. 1 ZPO hat rein objektiv-rechtlichen Charakter und dient allein einer besseren Aufklärbarkeit der Verhältnisse durch das Gericht (vgl. BT-Drs. 16/6308 S. 167, 325).

Hat ein Gericht **Zweifel an der Richtigkeit** der in dem Vordruck ent- **29** haltenen Angaben oder hält es diese für unvollständig, muss es dem Antragsteller Gelegenheit geben, die Zweifel zu entkräften (BVerfG NJW 2000, 275) und die ihm möglichen Aufklärungen nach § 118 II sachgerecht nutzen. Außerdem dürfen die Anforderungen an den Vortrag der Beteiligten (auch) bei der Prüfung der wirtschaftlichen Verhältnisse **nicht überspannt** werden (BVerfG NJW 2003, 576), damit der Zugang zu den Gerichten nicht übermäßig erschwert wird.

Erleichterungen des Vortrags sieht § 2 PKHFV für unverheiratete **Min- 30 derjährige** und **Sozialleistungsempfänger** (Empfänger von laufenden Leistungen zum Lebensunterhalt nach SGB XII) vor. Sie dürfen bestimmte Felder des Vordrucks unausgefüllt lassen, wenn sie den aktuellen Bewilligungsbescheid des Sozialamtes beifügen, es sei denn, das Gericht ordnet ausdrücklich das Ausfüllen des gesamten Vordrucks an. Anderenfalls darf es PKH nicht allein wegen des unvollständig ausgefüllten Vordrucks ablehnen (BVerfG KB v. 11.2.1999 – 2 BvR 229/98).

31   Beim **Fehlen einzelner entscheidungserheblicher Angaben** darf das VG den Antrag nicht oW ablehnen. Dies würde der Bedeutung der PKH für die Verwirklichung verfassungsmäßiger Rechte nicht gerecht. Deshalb muss das Gericht (bzw. der Urkundsbeamte) zunächst nachfragen. Ergänzt der Antragsteller seine Angaben zu behaupteten **Ausgaben** nicht, sind diese Positionen bei der Bewilligung von PKH und der Ratenberechnung unberücksichtigt zu lassen. Fehlen Angaben zu erkennbar vorhandenem **Vermögen,** sind Zahlungen nach § 120 I 1 ZPO festzusetzen.

32   Fehlt eine **Erklärung vollständig,** hat das Gericht zunächst eine Frist zur Vervollständigung zu setzen. Das Gesuch darf nicht abgelehnt werden, wenn der Antragsteller auf Erklärungen und Unterlagen verweist, die er in früheren oder in Parallelverfahren eingereicht hat und die dem Gericht oW zugänglich sind, und erklärt, es habe sich nichts verändert (OLG Bamberg FamRZ 2001, 628). Insgesamt ergibt sich aus der Rspr. namentlich des BVerfG, dass mit Antragstellern großzügig zu verfahren ist und die VG Sorge tragen müssen, dass ein berechtigter Anspruch auf PKH auch durchgesetzt werden kann (NVwZ 2004, 334). Dabei dürfen aus den Gerichten zuzurechnenden Fehlern, Unklarheiten oder Versäumnissen keine Nachteile für die Verfahrensbeteiligten abgeleitet werden (BVerfG WM 2010, 170; BVerfGE 110, 339 (342)). Die Anforderungen der Gerichte an die Verfahrensbeteiligten im Interesse der Verfahrensbeschleunigung müssen in einem vernünftigen Verhältnis zu der Gesamtdauer des Verfahrens stehen, insbes. soweit die Dauer des Verfahrens den Gerichten zuzurechnen ist (BVerfG NJW 1994, 1853 (1854)).

32a **c) Mittellosigkeit juristischer Personen.** Unter den Voraussetzungen des § 116 ZPO können auch Parteien kraft Amtes (Insolvenz- und Nachlassverwalter, Testamentsvollstrecker uä), juristische Personen (des öffentlichen wie des privaten Rechts wie GmbH, KG oder BGB-Gesellschaft) und parteifähige Vereinigungen iSd § 62 Nr. 2 PKH erhalten. Über die maßgeblichen Verhältnisse muss auf dem Vordruck nach § 117 ZPO (→ Rn. 45) eine Erklärung unter Beifügung entsprechender Belege abgegeben werden (→ Rn. 28 ff.). Dazu gehören **Angaben** zur Identität und den finanziellen Verhältnissen der am Gegenstand des Rechtsstreits **wirtschaftlich Beteiligten.** Dies sind diejenigen, auf deren Vermögenslage sich der Ausgang des Rechtsstreits wirtschaftlich auswirkt, bei einer GmbH also idR die Gesellschafter (BVerwG Buchh 303 § 116 ZPO Nr. 2). Bei juristischen Personen und parteifähigen Vereinigungen muss zudem das Unterlassen der Rechtsverfolgung oder Rechtsverteidigung allgemeinen Interessen zuwiderlaufen (§ 116 Nr. 2). Das ist etwa der Fall, wenn Grundrechte oder die Existenz der Gesellschaft berührt sind (BVerfG NJW 1974, 229; BGH NJW 1991, 703).

2. Hinreichende Aussicht auf Erfolg

a) Bewilligungspraxis. Weitere (praktisch oft allein problematische) Voraus- **33** setzung ist, dass die beabsichtigte Prozessführung hinreichende Aussicht auf Erfolg bietet. Diese Erfolgsaussicht ist gemäß der Parteirolle des Antragstellers, im Verwaltungsprozess meist des Klägers, aus dem **Zeitpunkt** der Bewilligungsreife (BVerfG NJW 2003, 3190; NK-VwGO § 166 Rn. 77 mwN) zu beurteilen. Die **Bewilligungspraxis der VG** ging früher dahin, den in Rede stehenden Rechtsbehelf hinsichtlich seiner Zulässigkeit und Begründetheit mehr oder weniger vollständig durchzuprüfen. Die Rate der ablehnenden PKH-Beschlüsse entsprach daher der statistischen Rate des Unterliegens im jeweiligen Hauptsacheverfahren (zwischen 70 und 90 vH). Das **BVerfG** hat vielfach Anlass gesehen, Rechtsschutzsuchende gegen diese zu kleinliche Praxis in Schutz zu nehmen und daher iW selbst die Maßstäbe der Beurteilung der Erfolgsaussichten entwickelt (BVerfG NVwZ-RR 2007, 361; NJW 2003, 3190, 1857 und 576; NJW-RR 2002, 793; BVerfGE 81, 347 (357); 78, 104 (117 f.); 67, 245 (248); 63, 380 (394); 51, 295 (302); 22, 83 (87); 10, 264 (270); 9, 124 (130 f)),

b) Hauptfehler. Die Hauptfehler **überzogener Prüfungsintensität** beste- **34** hen darin, schwierige Rechtsfragen bereits im PKH-Verfahren beantworten zu wollen (also ohne wirtschaftlich abgesicherten Beistand eines Rechtsanwalts) oder das Hauptsacheverfahren gar in das PKH-Verfahren vorzuverlagern (BVerfG NJW 2013, 1727 mwN). Ein weiterer Kardinalfehler liegt darin, im Falle gleichzeitiger Bescheidung von PKH-Antrag und Hauptsache die mangelnde Erfolgsaussicht aus dem Unterliegen in der Hauptsache folgern zu wollen (BVerfG NJW 2003, 3190). Damit wird eine unzulässige Ex-post-Sicht angelegt. Die verbreitete Formulierung, der PKH-Antrag könne aus den (nachfolgenden) Gründen der Entscheidung zur Hauptsache keinen Erfolg haben, ist überhaupt nur angängig, wenn sich aus ihnen ergibt, dass die Erfolglosigkeit schon bei Bewilligungsreife hinreichend klar war (aber → Rn. 12).

c) Verfassungsrechtliche Vorgaben. Das BVerfG hat – in zahlreichen von **35** abgelehnten Antragstellern eingeleiteten VB-Verfahren – die **grds. Voraussetzungen** geklärt, unter denen PKH wegen zu geringer Erfolgsaussichten abgelehnt werden darf (zu diesen Grundsätzen allgemein BVerfG NJW 2003, 3190; 2000, 1936; BVerfGE 81, 347 (359); BVerfGK 2, 279 (281)). Danach ist PKH immer schon dann zu bewilligen, wenn die **Risikoabschätzung zur Erfolgsaussicht** einer ausreichend bemittelten Person in einer vergleichbaren Situation, auch unter Berücksichtigung des Kostenrisikos, zugunsten der Rechtsverfolgung ausfallen würde (BVerfGE 122, 39 (49)). Eine solche Risikoabschätzung setzt nicht die Aussicht eines sicheren Obsiegens voraus; der Prozesserfolg muss nicht schon gewiss sein. Denn die Prüfung der Erfolgsaussicht darf nicht dazu dienen, die Rechtsverfolgung oder Rechtsverteidigung selbst in das Nebenverfahren der PKH vorzuverlagern und dieses an die Stelle des Hauptsacheverfahrens treten zu lassen. Das PKH-Verfahren will den

Rechtsschutz, den der Rechtsstaatsgrundsatz erfordert, nicht selbst leisten, sondern zugänglich machen.

36   PKH **ist** insbes. **zu bewilligen,** wenn eine **gewisse Wahrscheinlichkeit** des Obsiegens besteht. Sie ist sicher gegeben, wenn Obsiegen und Unterliegen gleich wahrscheinlich sind (Eyermann § 166 Rn. 26), aber auch schon bei einer geringeren Wahrscheinlichkeit als 50 vH PKH-Verfahren dürfen nicht dazu benutzt werden, strittige, schwierige oder **ungeklärte Rechtsfragen** zu klären (BVerfGE 81, 347 (356 ff.); BVerfG-Kammer NJW 2003, 1857 (1858)). Sieht das Prozessgericht eine nicht geklärte Rechtsfrage fehlerhaft als geklärt an, hängt es vornehmlich von der Eigenart der jeweiligen Rechtsmaterie und der Ausgestaltung des zugehörigen Verfahrens ab, wann hierbei der Zweck der PKH deutlich verfehlt wird (vgl. BVerfGE 81, 347 (359 f.)). Ebenso wenig darf die Klärung **streitiger Tatsachen** im Hauptsacheverfahren verhindert werden (vgl. BVerfG NJW 2003, 576). Kommt eine **Beweisaufnahme** ernsthaft in Betracht und liegen keine konkreten und nachvollziehbaren Anhaltspunkte dafür vor, dass die Beweisaufnahme mit großer Wahrscheinlichkeit zum Nachteil des Antragstellers ausgehen würde, dürfen die Erfolgsaussichten grds. nicht verneint werden; eine Beweisantizipation ist im PKH-Verfahren nur in eng begrenztem Rahmen zulässig (BVerfG NJW 2013, 1727 mwN). Hat der Antragsteller erstinstanzlich obsiegt und beantragt er – nach Rechtsmitteleinlegung durch den Gegner – PKH für den **höheren Rechtszug,** ist nicht (erneut) zu prüfen, ob die Rechtsverfolgung oder Rechtsverteidigung hinreichende Aussicht auf Erfolg bietet oder mutwillig erscheint (→ Rn. 54).

37   Entsprechend **darf PKH verweigert werden,** wenn ein Erfolg in der Hauptsache zwar nicht schlechthin ausgeschlossen ist, die Erfolgschance aber nur eine entfernte, erst recht, wenn die Prozessführung nach den prozessualen Maßstäben (zB nach § 146 IV 6 oder § 124a IV 4) in Anknüpfung an das für die Beurteilung der Rechtslage ausschließlich relevante Vorbringen des Rechtsschutzsuchenden ohne Zweifel als aussichtslos bewertet werden kann. In keinem Fall dürfen die Anforderungen, insbes. an den Vortrag der Beteiligten, überspannt werden (BVerfG NJW 2003, 576).

38   **d) Prüfung in Zulassungsverfahren.** Wird PKH für ein **Rechtsmittel** oder einen **Zulassungsrechtsbehelf** beantragt, kommt es grds. nur auf dessen Erfolgsaussichten an, also auf das Vorliegen von Zulassungsgründen iSv § 124 II, § 132 II. Ausnahmsweise darf der voraussichtliche **Erfolg in der Sache selbst** und nicht nur der isolierte Erfolg im Zulassungsrechtsbehelf berücksichtigt werden, wenn die überschaubare Wahrscheinlichkeit, im Hauptsacherechtsbehelf trotz Vorliegen von Zulassungsgründen zu obsiegen, sehr gering ist (zB nach § 144 IV). Die Annahme (vgl. BGH NJW 1994, 1160), eine vernünftige begüterte Partei ergreife trotz des Vorliegens eines Zulassungsgrundes kein Rechtsmittel, wenn sie Gefahr laufe, wegen des Grundsatzes der Kosteneinheit nach verlorenem Prozess auch die Kosten der erfolgreichen Revision zu tragen, überschreitet nicht die durch das Verfassungsrecht gezogenen Grenzen.

3. Keine Mutwilligkeit

Mutwilligkeit der Rechtsverfolgung oder Rechtsverteidigung schließt PKH **39** für sich gesehen aus (§ 114 I 1). Der Gesetzgeber hat den Begriff mit der Neuregelung 2013 (s. Vorb.) definiert, um die Bedeutung dieses Ausschlusskriteriums hervorzuheben und seine Anwendung in der gerichtlichen Praxis zu erleichtern. Nach § 114 II ist **Mutwilligkeit** zu bejahen, wenn eine wirtschaftlich leistungsfähige, also nicht bedürftige Partei bei sachgerechter und vernünftiger Einschätzung der Prozesslage von der Rechtsverfolgung oder Rechtsverteidigung Abstand nehmen oder ihre Rechte nicht in gleicher Weise verfolgen würde, weil ihr ein kostengünstigerer Weg offensteht und dieser Weg genauso Erfolg versprechend ist (BGH JurBüro 2014, 203 Rn. 9). Der Grundsatz effektiver Rechtsschutzgewährung (Art. 19 IV GG) fordert, Mutwilligkeit nur in gravierenden Fällen anzunehmen. Es kann sich um Fälle handeln, in denen der Antragsteller den Rechtsstreit durch eigenes Handeln hätte vermeiden können, keinen Nutzen von einem gerichtlichen Erfolg hätte oder den Rechtsstreit aus unsachlichen Motiven führt (→ vor § 40 Rn. 43 ff.). **Beispiele** sind die Beantragung einer einstweiligen Anordnung vor einer angekündigten dem Begehren Rechnung tragenden Entscheidung der Behörde oder das Einklagen eines unbestrittenen Anspruchs. Bei verschuldet kostenverursachendem Verhalten des Klägers kommt eine Verweigerung von PKH nur ausnahmsweise dann in Betracht, wenn das Verhalten zugleich mutwillig iSd § 114 I 1 ZPO erscheint (→ § 155 Rn. 19). Rechtsstreitigkeiten sind **nicht** allein deswegen mutwillig, weil sie um **geringe Beträge** geführt werden (BT-Drs. 17/11472 S. 29).

Ein besonderer Fall der Mutwilligkeit wegen „vorzeitiger" Prozessführung **39a** liegt vor, wenn die im Zentrum der Auseinandersetzung stehende Frage bereits **Gegenstand eines** (echten oder unechten) **Musterverfahrens** beim BVerfG oder einem Bundesgericht ist (vgl. BVerfG NJW 2010, 988). Ist die Frage Gegenstand eines instanzgerichtliches Verfahrens, kann Mutwilligkeit nur ausnahmsweise angenommen werden (Hess.LSG Beschl. v. 27.11.2019 – L 6 AS 185/19 B, juris). Mutwillig ist es auch, wenn eine **Mehrzahl von Ansprüchen** ohne nachvollziehbare Sachgründe nicht mit einer Klage oder in einem neuen Prozess geltend gemacht wird, obwohl das gleiche Klageziel kostengünstiger im Wege der Erweiterung einer bereits anhängigen Klage erreicht werden könnte (BGH JurBüro 2014, 203).

IV. Das Bewilligungsverfahren

1. Antragstellung

Das PKH-Verfahren ist ein im Prozessrecht geregeltes, gerichtsförmiges Ver- **40** waltungsverfahren und **strikt antragsabhängig** (§ 114 I 1 ZPO: „auf Antrag"). Der Antrag ist für jeden Rechtszug gesondert bei dem zuständigen Prozessgericht zu stellen (→ Rn. 46). Er kann mit dem Rechtsbehelf zusammen oder isoliert gestellt werden. Der Antrag ist **Prozesshandlung** (→ § 161 Rn. 19), sodass der Antragsteller die hierfür geltenden Anforderungen erfüllen muss. Es kann daher wirksam nur schriftlich, bedingungs- und vorbehaltlos gestellt werden (zum Zusammenhang mit einer bedingten Rechtsmitteleinlegung → § 133 Rn. 7). Er ist allerdings verständig und – besonders bei nicht vertretenen Antragstellern – wohlwollend auszulegen und ggf. umzudeuten. Der Antrag ist keine materielle Anspruchsvoraussetzung. Eine Bewilligung ist daher wirksam, wenn sie ohne oder aufgrund eines unwirksamen (bedingten) Antrags erfolgt, kann aber aufgehoben werden; insofern gelten die Regeln für einen ungenügend begründeten Antrag (§ 124 ZPO). Der Antrag kann jederzeit **zurückgenommen** werden (deklaratorische Einstellung ohne Kostenentscheidung), aber **nicht mit Rückwirkung** gestellt werden, da Bewilligung immer nur ab Bewilligungsreife möglich ist.

40a Eine **Frist für die Beantragung** sieht das Gesetz zwar nicht vor. Aus prozesstaktischen Erwägungen muss der Antragsteller aber ein ordnungsgemäß begründetes und vollständiges Gesuch bei fristgebundenen Rechtsmitteln und Rechtsbehelfen (also auch bei VA-Klagen) innerhalb der für den Rechtsbehelf vorgeschriebenen Frist stellen (stRspr, BVerwG Buchh 310 § 166 VwGO Nr. 34 mwN). Anderenfalls kommt eine Wiedereinsetzung in die versäumte Rechtsbehelfsfrist (→ Rn. 9) nicht in Betracht (BVerwGE 15, 306 (308)). Lediglich den beizuordnenden Bevollmächtigten darf er später benennen (→ Rn. 44).

41 Ist der Antrag in einem Schriftsatz enthalten, macht er diesen zu einem bestimmenden, mit dem die Prozesshandlung vollzogen ist (ThP ZPO § 129 Rn. 5). Der Schriftsatz muss dann **unterschrieben** sein, und zwar räumlich deckend (BGH NJW 1994, 2097, → § 139 Rn. 10); eine E-Mail genügt nicht (BGH NJW-RR 2009, 357). Er kann aber auch **vor der Geschäftsstelle** (Rechtsantragsstelle → § 13 Rn. 2) zu Protokoll des Urkundsbeamten erklärt werden (§ 117 I 1 Hs. 2 ZPO). Das gilt auch dann, wenn der Antrag in einer Instanz oder für ein Verfahren mit Vertretungszwang gestellt wird (§ 173 S. 1 iVm § 78 III ZPO). Entsprechendes gilt für die PKH-Beschwerde (→ Rn. 66). Der Urkundsbeamte ist verpflichtet, den Antragsteller über die Antragserfordernisse sachgemäß zu beraten.

42 Der Antrag auf Bewilligung kann (nach Ablehnung) **wiederholt** werden. Beschlüsse, mit denen PKH versagt wird, erwachsen nicht in materielle Rechtskraft und schließen weitere Anträge nicht aus (BVerfG NJOZ 2007, 3805 (3807); BGH NJW 2004, 1805, NJW 2005, 1498). Ein neuer Antrag kann auf neue Tatsachen gestützt werden, es können aber auch neue rechtliche Gesichtspunkte geltend gemacht werden, die im Ausgangsverfahren noch nicht berücksichtigt werden konnten (BGH NJW 2009, 857). Dem neuen Antrag fehlt aber das Rechtsschutzbedürfnis, wenn er missbräuchlich gestellt wird. Das kann der Fall sein, wenn er (wiederholt) auf denselben Lebenssachverhalt gestützt wird wie ein früherer Antrag, wenn er mit einer von vornherein untauglichen Begründung versehen ist, etwa lediglich auf die bisherige Begründung verweist, oder neue Tatsachen ersichtlich nur vorgeschützt sind und eine Änderung der bisherigen Beurteilung deshalb als von vornherein ausgeschlossen erscheint (BGH NJW 2004, 1805 (1806 f.)).

2. Substanziierung des Antrags

a) Begründung des Antrags. Im PKH-Antrag ist das **Streitverhältnis** 43
unter Angabe der Beweismittel **darzustellen** (§ 117 I 2 ZPO). Dies soll dem
VG die Prüfung insbes. der Erfolgsaussichten des Hauptsacheverfahrens er-
möglichen (grds. ohne weitere − allerdings mögliche − Nachforschungen).
Die Anforderungen dürfen auch insofern nicht überspannt werden; dem
Antragsteller kann und muss jedoch abverlangt werden, sein Begehren, die
beabsichtigte Prozessführung und die Tatsachen darzulegen, aus denen der
Streit entspringt. Vielfach wird es genügen, Schreiben oder die angefochtenen
Bescheide vorzulegen. Ist eine gerichtliche Entscheidung ergangen, ist überdies in Grundzügen mitzuteilen, in welchen Punkten und warum der Antragsteller nicht einverstanden ist (→ § 133 Rn. 12). Weitergehend hält der **BGH**
(NJW-RR 2004, 1218; 2001, 1146) PKH-Anträge auch dann für ordnungsgemäß gestellt, wenn eine sachliche Begründung fehlt. In solchen Fällen ist
der Antragsteller aber aufzufordern, zumindest knapp darzulegen, was ihn
bewogen hat, Rechtsschutz zu suchen. Die Prüfung iÜ ist bei nicht vertretenen Antragstellern aber Sache des Gerichts.

Nicht erforderlich ist wegen der Amtsermittlungspflicht der VG die An- 44
gabe von **Beweismitteln** (anders im Zivilprozess, vgl. ThP ZPO § 117
Rn. 5). Das Gericht kann eine **Ergänzung** der Angaben oder **Glaubhaftmachung** (§ 294 ZPO) verlangen und selbst **Nachforschungen** anstellen
(§ 118 II 2 ZPO). Im sog. Anwaltsprozess gehört zu den Pflichten des
Antragstellers auch die **Benennung eines Bevollmächtigten** seiner Wahl
(vgl. § 121 I ZPO, § 166 I 2). Die Benennung kann jedoch im Unterschied
zu dem PKH-Gesuch (→ Rn. 40a) innerhalb der durch die PKH-Bewilligung
ausgelösten Wiedereinsetzungsfrist (§ 60 II 1 → Rn. 9 ff.) nachgeholt werden
(BVerwG NVwZ 2004, 888). Ist der Antragsteller außerstande, einen Anwalt
zu benennen, kommt die Bestellung eines **Notanwalts** in Betracht
(→ Rn. 52).

b) Wirtschaftlichkeitserklärung. Schließlich hat der Antragsteller seinem 45
Gesuch nach § 117 II 1, IV ZPO eine **Erklärung über seine persönlichen
und wirtschaftlichen Verhältnisse** (Familienverhältnisse, Beruf, Vermögen,
Einkommen und Lasten) sowie entsprechende Belege beizufügen. Für die
Erklärung ist durch Rechtsverordnung des BMJ (PKHVV) ein **Formular**
eingeführt worden, dessen sich der Antragsteller bedienen muss (§ 117 IV
ZPO). Der Vordruck ist im Handel zu erwerben, wird von den Gerichten auf
Anforderung allerdings auch zur Verfügung gestellt; er kann über das **Internet**
heruntergeladen werden (zB über die Justizportale www.justiz.de;
www.bmjv.de > Service).

3. Zuständigkeit des Gerichts

Der Antrag auf Bewilligung der PKH ist „**bei dem Prozessgericht**" zu 46
stellen (§ 117 I 1 ZPO; zum Begriff → § 1 Rn. 4). Um welches Gericht es
sich in der Abfolge der Rechtszüge handelt, erschließt sich aus § 127 I ZPO:
„Zuständig [für die Entscheidung, damit auch für die Antragstellung] ist das

Gericht des ersten Rechtszuges; ist das Verfahren in einem höheren Rechtszug anhängig, ist das Gericht dieses Rechtszuges zuständig." Für seine Anbringung auch bei dem OVG und dem BVerwG besteht **kein Vertretungszwang** (§ 67 IV 1). Er kann in jedem Rechtszug persönlich vor der Geschäftsstelle **zu Protokoll erklärt** werden (§ 117 I 1 Hs. 2). Mit „**Gericht**" ist die organisatorische Einheit gemeint, nicht der nach der gerichtlichen Geschäftsverteilung berufene Spruchkörper (→ § 1 Rn. 4). Freilich weisen die Geschäftsverteilungspläne regelmäßig dem für die Hauptsache zuständigen Spruchkörper auch die Entscheidung über einen PKH-Antrag zu. Zur **Verweisung** des PKH-Antrags bei Anrufung eines unzuständigen Gerichts → § 41 Rn. 8 und → § 83 Rn. 3. Im vorbereitenden Verfahren entscheidet bei den VG/OVG der Vorsitzende oder BE (§ 87a I Nr. 2, III), beim BVerwG der Senat in Beschlussbesetzung (§ 10 III; vgl. § 141 S. 2).

4. Prüfung durch das Gericht

47   Das Gericht (der Spruchkörper oder BE) prüft, soweit dies nicht dem Urkundsbeamten übertragen wird (→ Rn. 48a ff.), die Anspruchsvoraussetzungen nach §§ 114 ff. ZPO (→ Rn. 21 ff.) vAw. Dafür gilt eine sehr unterschiedliche **Prüfungsdichte:** Die wirtschaftlichen Verhältnisse und die Mutwilligkeit sind abschließend zu prüfen (BVerfG NVwZ 2004, 334 Ls. 3). Bei den Erfolgsaussichten hat es sich grds. (zu einer Ausnahme → Rn. 48) auf eine prognostisch-summarische Abschätzung aus der Sicht bei Bewilligungsreife zu begnügen (BVerfG NJW 2003, 3190). Nach neuer Rechtslage (§ 118 I 1 ZPO) ist dem **Gegner** in jedem Fall (früher nur bei beabsichtigter Bewilligung) Gelegenheit zur **Stellungnahme** zu geben, ob er die Voraussetzungen für die Bewilligung von PKH für gegeben hält, soweit dies aus besonderen Gründen nicht unzweckmäßig erscheint. Unterlagen darf es ihm aber nicht zur Verfügung stellen → Rn. 28a). Im Fall der Bewilligung muss das Gericht sämtliche Voraussetzungen bejahen; bei Ablehnung kann es sich auf die Prüfung jener Voraussetzung beschränken, die es am schnellsten, klarsten oder eindeutigsten verneinen kann.

48   Die Prüfungsintensität wird dadurch mitbestimmt, ob der Antragsteller im PKH-Verfahren (für das keine PKH bewilligt werden kann → Rn. 18) bereits **von einem Anwalt vertreten** wird. Ist dies der Fall, was häufiger anzutreffen ist, legt der Anwalt idR zur Begründung einen von ihm verfassten Entwurf einer Rechtsbehelfsschrift vor, der Grundlage der gerichtlichen Prüfung ist (NK-VwGO § 166 Rn. 207 mwN). Liegt **keine** anwaltliche Vertretung vor, hat – wegen der verfassungsrechtlichen Bedeutung der PKH für den effektiven Zugang zu *jeder* abstrakt eröffneten Instanz – **das Gericht vAw eine Vollprüfung** durchzuführen. Insbes. kann dem Antragsteller nicht abverlangt werden, mit seinem Vortrag, der allerdings nicht völlig ausfallen darf (→ Rn. 43), vor dem Oberverwaltungsgericht oder BVerwG Zulassungsgründe (§ 124 II; § 132 II) darzulegen. Es ist bei Zulassungsrechtsbehelfen dann Aufgabe des Gerichts, den Vortrag des Antragstellers den in Betracht kommenden Zulassungsgründen zuzuordnen.

5. Neue Kompetenzen des Urkundsbeamten

a) Delegationsbefugnis und Kompetenzen. Mit der Neuregelung des **48a** § 166 (→ Vorb.) ist eine Rechtsgrundlage dafür geschaffen worden, zur Entlastung des Spruchkörpers den Urkundsbeamten der Geschäftsstelle (UdG → § 13 Rn. 2 ff.) mit gesetzlich einzeln bezeichneten Prüfungen, Maßnahmen und Entscheidungen im PKH-Verfahren zu betrauen. Dies entspricht der Rechtslage in der ordentlichen Gerichtsbarkeit, wo die Prüfungen dem Rechtspfleger übertragen sind (§ 20 I Nr. 4 RPflG). Nach früherem Recht konnten Beamte eines VG eine rein beratende Vorprüfung der wirtschaftlichen Verhältnisse vornehmen und den Verwaltungsrichtern eine Berechnung als Hilfestellung vorlegen; der Spruchkörper entschied aber eigenständig. Nun kann der Vorsitzende, im praktischen Regelfall aber der bestellte BE (V iVm § 87a III) nach Ermessen entscheiden, ob und welche Aufgaben der PKH-Prüfung er dem UdG zur eigenverantwortlichen Bearbeitung überträgt. Diese Delegationsbefugnis betrifft allerdings nur die formellen und wirtschaftlichen Voraussetzungen der Bewilligung (vgl. II und III → Rn. 48b). Die Übertragung kann zu jedem Zeitpunkt erfolgen; sie ist aus Gründen der Entlastung auch vor der Prüfung der Erfolgsaussichten durch das Gericht tunlich, wenn eine Vorprüfung des Vorsitzenden bzw. BE ergibt, dass der Antragsteller nicht bedürftig ist. Sie können die Aufgaben jederzeit wieder an sich ziehen (IV 1). Die Übertragung ist ein gerichtsinterner Akt (Verfügung), der den Beteiligten (Antragsteller und Gegner) formlos bekannt zu geben ist.

Übertragbar sind die Prüfung der persönlichen und wirtschaftlichen Ver- **48b** hältnisse nach §§ 114–116 ZPO und daran anschließende Maßnahmen und Entscheidungen. Zur Aufklärung der Einkommens- und Vermögensverhältnisse kann der UdG Maßnahmen nach § 118 II ZPO treffen (den Antragsteller unter Fristsetzung zur Glaubhaftmachung seiner tatsächlichen Angaben etwa durch Vorlage von Urkunden und Abgabe einer eidesstattlichen Versicherung auffordern). Außerdem kann dem UdG die Beurkundung von Vergleichen gem. § 118 I 3 ZPO übertragen werden (II). Da die Prüfung nur die Bedürftigkeit iSd § 114 I 1 ZPO betrifft, kann er ein PKH-Gesuch **nur ablehnen,** ihm aber niemals stattgeben. Die Ablehnung ist **in zwei Fällen** möglich: beim Ausbleiben fristgerechter Glaubhaftmachung (II 1 iVm § 118 II 4 ZPO) und wenn der UdG zu dem Ergebnis gelangt, dass die wirtschaftlichen Voraussetzungen für die Bewilligung nicht vorliegen (II 2). Gegen beide Entscheidungen kann innerhalb von zwei Wochen nach Bekanntgabe die Entscheidung des Gerichts, die **Erinnerung,** beantragt werden (VI → § 151 Rn. 7). Kommt der UdG zu dem Ergebnis, dass der Antragsteller bedürftig ist, vermerkt er in den Prozessakten, dass ihm nach seinen persönlichen und wirtschaftlichen Verhältnissen PKH gewährt werden kann und in welcher Höhe ggf. Monatsraten oder Beträge aus dem Vermögen zu zahlen sind (II 2 Hs. 2). Bei Änderung und Aufhebung von PKH obliegen ihm weitere Aufgaben schon kraft Gesetzes (→ Rn. 65e).

b) Länderöffnungsklausel. Die Delegationsbefugnisse nach II bis VI sind **48c** seit der Änderung des II durch G v. 8.7.2014 (s. Vorb.) für die **Bundes-**

gerichte obligatorisch. Damit entscheidet der jeweilige Vorsitzende oder BE im Einzelfall nach freiem Ermessen, ob eine Übertragung erfolgen soll. Hingegen kann für die **Gerichte des jeweiligen Landes** nach VII durch Landesgesetz bestimmt werden, dass die Befugnisse nicht anzuwenden sind. Inwieweit die Länder hiervon Gebrauch machen, wird sich maßgeblich nach den Erfahrungen richten, ob und in welchem Umfang durch die Übertragung eine Entlastung der Spruchkörperarbeit erzielt werden kann. Der **Entlastungseffekt** ist nicht unzweifelhaft, weil Antragsteller gegen nachteilige Entscheidungen des UdG die Entscheidung des Gerichts herbeiführen können (§ 166 VI). Abgesehen davon neigen die VG dazu, PKH-Anträge mangels Erfolgsaussicht abzulehnen und die Frage der Bedürftigkeit ungeprüft zu lassen. **Welchen Beamten** der Gerichtsverwaltung die Aufgaben der PKH-Prüfung übertragen werden können, hat der Präsident des jeweiligen Gerichts (ggf. in Übereinstimmung mit ministeriellen Vorgaben) durch **Organisationsverfügung** zu bestimmen. In Betracht kommen Beamte des gehobenen Dienstes und Spitzenbeamte des mittleren Dienstes nach entspr. Schulungen. Beim BVerwG ist nach der Geschäftsstellenordnung (→ § 13 Rn. 4) nur der gehobene Dienst zuständig.

V. Entscheidung des Gerichts

1. Der PKH-Beschluss

49 **a) Form und Tenor.** Das Prozessgericht entscheidet über den PKH-Antrag durch **Beschluss** (zum Zeitpunkt → Rn. 11 f.) Von einer mündlichen Verhandlung ist das Gericht (wie auch sonst bei Beschlüssen) freigestellt (§ 127 I 1 ZPO). Es kann die Beteiligten (des Hauptsacheverfahrens) jedoch gem. § 118 I 3 ZPO zu einer mündlichen Erörterung laden, wenn eine Einigung zu erwarten ist. Die Entscheidung wird in der für Beschlüsse geltenden regelmäßigen (Voll)Besetzung gefällt (→ § 5 Rn. 14 ff.), soweit nicht der Einzelrichter zuständig ist (→ § 6 Rn. 1 ff.). Maßgeblich sind, wegen der entspr. Anwendung des § 127 ZPO über § 166 I VwGO, die Besetzungsregeln der VwGO.

50 Liegen die Bewilligungsvoraussetzungen nicht vor, wird der durch Datum zu individualisierende Antrag im **Beschlussausspruch abgelehnt.** Anderenfalls wird dem Antragsteller für die Durchführung des (genau zu bezeichnenden) Verfahrens PKH bewilligt und der gewählte Bevollmächtigte beigeordnet (→ Rn. 51). Ggf. setzt das Gericht mit der Bewilligung die zu zahlenden Monatsraten oder aus dem Vermögen zu zahlenden Beträge (in Raten oder als Einmalbeträge) fest (§ 120 I 1 ZPO). Der Beschluss wird **ohne vorherige Anhörung** des Antragstellers zum Entscheidungsergebnis gefasst; insofern gilt nichts andres als bei anderen Beschlüssen iE s. **Anhang A 4.**

51 **b) Beiordnung eines Bevollmächtigten.** Hat der Antragsteller einen vertretungsbereiten Bevollmächtigten iSd § 67 II 1 (Anwälte, Rechtslehrer) bezeichnet, wird dieser gemäß § 121 ZPO **beigeordnet.** Die Neuregelung hat zudem in § 166 I 2 die Möglichkeit eröffnet, auch die Angehörigen **anderer beratender Berufe** (Steuerberater, Steuerbevollmächtigter, Wirt-

schaftsprüfer oder vereidigter Buchprüfer) beizuordnen. Damit sollte eine „strukturelle Schieflage" zur Beratungshilfe beseitigt, dh die Fortsetzung der Beratung im gerichtlichen Verfahren ermöglicht werden (BT-Drs. 17/11472 S. 47 f.). Die Beiordnung ist zwingend in Verfahren mit Vertretungszwang (I, III), sonst steht sie im Ermessen des Gerichts (II). Findet die Partei keinen zur Vertretung bereiten Anwalt, ordnet der Vorsitzende ihr auf Antrag einen Rechtsanwalt bei (IV). Die Beiordnung ist personengebunden; aus einer Sozietät kann daher immer nur ein bestimmter Anwalt beiordnet werden.

Unabhängig von der PKH-Entscheidung kommt die Beiordnung eines **52** **Notanwalts** für den Rechtszug entsprechend § 173 S. 1 iVm **§ 78b ZPO** in Betracht, soweit eine Vertretung durch Anwälte geboten ist. Die Beiordnung setzt regelmäßig voraus, dass sich der Antragsteller innerhalb der Rechtsmittelfrist bei mehr als nur einem Rechtsanwalt vergeblich um eine Prozessvertretung bemüht hat (BVerwG DVBl 1999, 1662; NVwZ-RR 2000, 59). Der Anwalt wird durch den Vorsitzenden des Gerichts aus der Zahl der in dem Bezirk des Prozessgerichts niedergelassenen Rechtsanwälte ausgewählt (§ 78c I ZPO). Anders als bei Bewilligung von PKH wird der Beteiligte von den Kosten des Anwalts nicht frei.

Die Anwaltsbeiordnungen des Gerichts gemäß § 121 I und § 78b ZPO **53** (s. **Anhang A.4.4**) führen zu einer öffentlich-rechtlichen Verpflichtung des beigeordneten Anwalts, das Mandat zu übernehmen (§ 48 I Nr. 2 BRAO). Die Anordnung steht einer Mandatsniederlegung durch einseitige Erklärung des Anwalts entgegen; er ist darauf verwiesen, gemäß § 48 II BRAO die Aufhebung der Beiordnung zu beantragen, was „wichtige Gründe" voraussetzt (BVerwG Beschl. v. 10.4.2006 – 5 B 87.05).

c) Bewilligung im höheren Rechtszug und nach Zurückverweisung. **54** Hat der PKH-Empfänger im ersten Rechtszug des Hauptsacheverfahrens obsiegt, ist die Erfolgsaussicht des Rechtsmittelverfahrens in einem **höheren Rechtszug** nicht zu prüfen, wenn der Gegner das Rechtsmittel eingelegt hat. Nach verbreiteter Ansicht ist **entgegen dem Wortlaut** des § 119 I 2 ZPO die Prüfung der Erfolgsaussichten auch bei dem in der Vorinstanz siegreichen Verfahrensbeteiligten in drastischen Fällen erlaubt oder gar geboten, insbes. bei eindeutiger Fehlentscheidung, Gesetzesänderung oder Änderung der tatsächlichen Grundlagen des Verfahrens (vgl. SSB § 166 Rn. 32 mwN; abl. BVerfGE 71, 122 (133); BVerfG Beschl. v. 9.1.1990 – 2 BvR 1631/88, Rn. 13). Zu prüfen sind aber die wirtschaftlichen Voraussetzungen (→ Rn. 23).

Die für den gesamten Rechtszug ausgesprochene Bewilligung wirkt **bei** **55** **Zurückverweisung** der Sache durch das Rechtsmittelgericht an das Gericht des unteren Rechtszugs fort (BVerwG NJW 2008, 3157).

d) Begründung. Der Beschluss muss **begründet** werden, soweit er eine **56** Beschwer enthält oder anfechtbar ist. Das ist für den Antragsteller der Fall, wenn die Bewilligung ganz oder teilweise oder die Beiordnung eines Rechtsanwalts abgelehnt wird. Im Fall der Bewilligung richtet sich die Begründungspflicht nach der Anfechtbarkeit (§ 122 II 1) durch die Staatskasse gemäß § 127 II 1, III 1 ZPO: Eine Begründung ist nur bei unbeschränkter Bewilligung erforderlich, wenn also weder Monatsraten noch aus dem Vermögen festzusetzende Beträge festgesetzt worden sind (SSB § 166 Rn. 62). Ob die Gründe mitzuteilen sind, die für einen Erfolg des Rechtsbehelfs sprechen, ist fraglich (verneinend: NdsOVG DÖV 1998, 346 (347); SSB § 166 Rn. 62).

57   Soweit die Beschlussgründe Angaben über die persönlichen und wirtschaftlichen Verhältnisse des Antragstellers enthalten, dürfen sie dem **Gegner** nur mit dessen Zustimmung **zugänglich gemacht werden** (§ 127 I 3 ZPO). Das stimmt mit § 117 II 2 ZPO überein (→ Rn. 28) und versteht sich, weil der Gegner des Hauptsacheverfahrens am PKH-Verfahren nicht beteiligt ist (→ Rn. 3), wirft jedoch **praktische Probleme** auf. Die Gerichte helfen sich, indem sie entweder (a) die wirtschaftlichen Angaben und die Berechnung lediglich im PKH-Heft (→ Rn. 28) vornehmen und sich in den Beschlussgründen nur abstrakt dazu verhalten oder indem sie (b) zwei verschiedene Ausfertigungen des Beschlusses für den Antragsteller und den Gegner herstellen.

58   **e) Kostenentscheidung.** Das PKH-Verfahren ist gerichtsgebührenfrei; außergerichtliche Kosten (dh ansatzfähige Auslagen) werden nicht erstattet (**§ 118 I 4 ZPO**). Entspr. gilt für erfolglose Beschwerdeverfahren (§ 127 IV ZPO), für die in Nr. 5502 des Kostenverzeichnisses zum GKG für den Fall der Verwerfung oder Zurückweisung der Beschwerde die Erhebung eines Festbetrages von 60 € vorgesehen ist. In Verfahren nach § 188 S. 2 ist das Beschwerdeverfahren insgesamt kostenfrei. Im Beschluss **kann auf die Kostenfolgen hingewiesen** werden; die Praxis verzichtet hierauf jedoch oft.

59   **f) Rechtsmittelbelehrung. Beschlüsse des VG** sind – unabhängig von seinem Inhalt – mit einer Rechtsmittelbelehrung zu versehen, in der auf die Möglichkeit zur Einlegung der Beschwerde und auf die Anfechtungsfrist (→ Rn. 66 ff.) hinzuweisen ist (§ 58). PKH-Beschlüsse des OVG sind nach § 152 I unanfechtbar und können daher keine Belehrung über ein Rechtsmittel enthalten; in der Praxis schließen sie aber häufig mit dem Hinweis: „Dieser Beschluss ist unanfechtbar".

59a   **g) Zustellung/Verkündung.** Der PKH-Beschluss ist dem Antragsteller und dem Gegner **zuzustellen,** sofern er angefochten werden kann (§ 56 I → Rn. 59 und → Rn. 66 ff.); er kann auch in einem besonderen Termin verkündet werden. Die Zustellung ist nach § 173 S. 1 VwGO iVm § 172 I 1 ZPO an den für den Rechtszug bereits bestellten **Prozessbevollmächtigten** vorzunehmen, und zwar auch dann, wenn das PKH-Gesuch von der Partei in eigener Person gestellt worden war. Eine für das Hauptsacheverfahren erteilte Prozessvollmacht erstreckte sich wegen der engen Verknüpfung iSd § 81 ZPO auch auf das PKH-Verfahren (§ 81 ZPO; BVerwG Buchh 303 § 116 ZPO Nr. 2).

2. Wirkungen der Bewilligung

60   **a) Umfang der Kostenbefreiung.** Die Wirkungen der Bewilligung sind in **§§ 121, 122 ZPO** geregelt. **Kostenrechtlich** bewirkt sie, dass der Antrag-

steller (1) von der Zahlung der Gerichtskosten befreit ist und (2) der Vergütungsanspruch (nach RVG) eines ihm nach § 121 ZPO beigeordneten
Rechtsanwalts gegen ihn grds. nicht mehr geltend gemacht werden kann
(§ 122 ZPO). Von den übrigen Kosten der Prozessführung wird er nicht
befreit (→ Rn. 7), insbes. hat die Bewilligung keinen Einfluss auf die Verpflichtung, im Falle seines Unterliegens die **dem Gegner entstandenen
Kosten** zu erstatten (§ 123 ZPO; Einzelheiten bei SSB § 166 Rn. 73). Auch
seine **eigenen Auslagen** hat der PKH-Empfänger grds. selbst zu tragen. Zu
Reisekosten zum Termin im Hauptsacheverfahren → Rn. 62. Die Tätigkeit
des eigenen **Rechtsanwalts im Vorverfahren** wird auch bei bejahter Notwendigkeit der Zuziehung (§ 162 II 2) nicht im Wege der PKH vergütet
(OVG NRW NWVBl. 1988, 26; SSB § 166 Rn. 67). Die in § 122 I Nr. 2
ZPO vorgesehene Befreiung von der Verpflichtung zur Sicherheitsleistung
kommt im Verwaltungsprozess, der eine solche Sicherheitsleistung nicht kennt
(§ 65 GKG), nicht in Betracht. Auch die Konstellation, dass der obsiegende
Gegner des PKH-Empfängers Gerichtskosten verauslagt hat, gibt es dort
nicht.

Das Gericht ist ermächtigt, die Bewilligung mit **weiteren Aussprüchen** **60a**
zu verknüpfen, wie die Beiordnung eines Anwalts (§ 121) und die Festsetzung
der vom PKH-Empfänger zu leistenden Zahlungen (§ 120).

b) Bewilligung für den Rechtszug. Die Bewilligung wirkt nach § 119 I **61**
ZPO grds. (nur) **für den ganzen Rechtszug** (NK-VwGO § 166 Rn. 159).
Sie muss daher für jeden Rechtszug gesondert beantragt und gewährt werden
(Kopp/Schenke § 166 Rn. 4). Der Begriff „Rechtszug" ist in Anlehnung an
§ 35 GKG **kostenrechtlich** zu verstehen und meint daher grds. jeden Verfahrensabschnitt, der besondere Kosten nach dem GKG, RVG oder KostO
verursacht. Mehrere Verfahrensabschnitte, die mit Kosten verbunden sind,
bilden einen einheitlichen Rechtszug, wenn zwischen ihnen ein notwendiger
innerer **Zusammenhang** besteht. Maßgeblich ist, ob diese Verfahrensabschnitte bei der Gewährung von PKH nach deren Sinn und Zweck voneinander getrennt werden können (BVerwG Beschl. v. 8.5.2009 – 20 KSt 1.09
– juris; Buchh 310 § 139 Abs. 2 VwGO Nr. 2). Die Bewilligung gilt für den
Streitgegenstand; bei Klageänderung muss PKH für das geänderte Begehren
neu beantragt werden.

Das Gericht bewilligt PKH grds. **ab dem Zeitpunkt,** in dem der Antrag- **61a**
steller Bewilligungsreife hergestellt, dh durch Einreichung eines formgerechten PKH-Gesuchs alles von seiner Seite Erforderliche für eine positive Bescheidung getan hat (BVerwG NVwZ-RR 1995, 545). Die Regelung betrifft
die im jeweiligen Rechtszug ab dem Bewilligungszeitpunkt bereits angefallenen und noch anfallenden Kosten.

3. Weitergehende Leistungen

a) Reisekostenentschädigung. Über die – praktisch häufig beantragte – **62**
Bewilligung von **Fahrtkosten zu einem Verhandlungstermin** zugunsten
eines mittellosen Beteiligten hat nach hM das Prozessgericht in entspr. An-

wendung der PKH-Vorschriften zu entscheiden (BVerwG Buchh 310 § 166
VwGO Nr. 37; BGH NJW 1975, 1124; VGH BW DÖV 2010, 48; OVG
NRW NJW 2009, 871; OVG Bln-Bbg NJW 2009, 388). IR **bewilligter
PKH** sind Reisekosten freilich in entspr. Anwendung des § 122 I Nr. 1 ZPO
von der Staatskasse zu übernehmen (vgl. SSB Rn. 66; Zöller § 122 Rn. 26;
MüKoZPO ZPO § 122 Rn. 9 mwN).

63   Bei **Ablehnung von PKH** kann die Verweigerung der Teilnahme an einer
mündlichen Verhandlung jedoch verfassungsrechtlich problematisch sein. Daher ist die Bewilligung von Reisekosten von den Erfolgsaussichten zur Gewährung rechtlichen Gehörs zu entkoppeln, wenn eine mündliche Verhandlung gesetzlich vorgeschrieben ist: Dann muss einem unbemittelten
Beteiligten **zumindest einmal** – unabhängig von der Bewilligung von PKH
und den Erfolgsaussichten – die Möglichkeit eröffnet werden, den eigenen
Standpunkt selbst oder durch einen Bevollmächtigten darzulegen (BayVGH
NJW 2006, 2204; OVG LSA Beschl. v. 13.9.2006 – 1 O 169/06). Dabei ist
die Entschädigung nicht für jede Rechtsstreitigkeit zu gewähren. Es hat eine
Gesamtabwägung aller Umstände stattzufinden, ob die Anreise zum Termin
auch bei einem bemittelten Beteiligten zur verständigen Wahrnehmung seiner
Rechte als notwendig zu erachten ist; dabei ist neben dem Anwesenheits-
interesse auch die Bedeutung des verfolgten Begehrens zu gewichten (VGH
BW VBlBW 2010, 45).

64   Eine weitere Möglichkeit besteht darin, Reisekostenentschädigung nach
der bundeseinheitlich geltenden **VwV Reiseentschädigung** des BMJ der
Fassung der Bekanntmachung vom 11.9.2006 (BAnz S. 6601, geänd. vom
20.1.2014, BAnz AT 29.1.2014 B1, s.a. www.verwaltungsvorschriften-im-
internet.de) zu erhalten (idS NK-VwGO Rn. 164). Allerdings ist ungeklärt,
ob diese Verwaltungsvorschrift neben den gesetzlichen Bestimmungen über
die PKH überhaupt anwendbar ist und ob insoweit ein Gleichlauf mit dem
Erfordernis hinreichender Erfolgsaussichten der Rechtsverfolgung besteht
(VGH BW DÖV 2010, 48). Letzteres ist abzulehnen, weil für eine solche
tatbestandliche Ergänzung der VwV kein Raum ist.

65   **b) Sonstige Sozialleistungen.** Eine weitergehende Beratung zu den Erfolgsaussichten der beabsichtigten Prozessführung kann ein Unbemittelter auf
der Grundlage des **Beratungshilfegesetzes** v. 18.6.1980 (BGBl. I 689) erhalten. Es bietet Hilfe für die Wahrnehmung von Rechten außerhalb eines
gerichtlichen Verfahrens (§ 1 I) ua in Angelegenheiten des Verwaltungsrechts
(§ 2 II Nr. 2). Die Hilfe wird von Rechtsanwälten und Rechtsbeiständen und
in Beratungsstellen gewährt (§ 3 I). Das BerHG ist mit der PKH durch Art. 2
G v. 31.8.2013 (s. Vorbem.) geändert.

4. Änderung und Aufhebung der Bewilligung

65a   **a) Änderung der zu leistenden Zahlungen.** Um missbräuchliche Inanspruchnahmen zu verhindern, wurden die Vorschriften über die Änderung
und Aufhebung von PKH stark modifiziert. Unter welchen Voraussetzungen
die Entscheidung über die zu leistenden Zahlungen aus dem Einkommen

(Raten) oder dem Vermögen geändert werden, hat in § 120a ZPO nF (bisher § 120 IV 1) eine eigenständige Regelung erfahren. Das Gericht (bzw. der Urkundsbeamte gem. § 166 III) soll (früher: „kann") die Entscheidung auf Antrag ändern, wenn sich die maßgebenden Verhältnisse wesentlich (dazu § 120a I 2) verändert haben. Die Ausgestaltung als Soll-Vorschrift verdeutlicht, dass dem Gericht kein Ermessensspielraum eingeräumt ist und es nur in atypisch gelagerten Einzelfällen von der Änderung absehen darf. Nach Ablauf von vier Jahren nach einer Verfahrensbeendigung ist die Änderung ausgeschlossen (§ 120a I 4).

65b Bei **wesentlichen Verbesserungen** seiner wirtschaftlichen Verhältnisse innerhalb dieses Zeitraums trifft den PKH-Empfänger eine anlassbezogene **Mitteilungspflicht:** Er hat die Verbesserung dem Gericht auf einem Formular nach § 117 III ZPO (§ 120a IV 1) unverzüglich mitzuteilen; bei Umzug hat er die neue Adresse mitzuteilen (§ 120a II 1). Hierüber und über die Folgen eines Verstoßes (die Aufhebung der Bewilligung nach § 124 I Nr. 4) sind Antragsteller in dem gemäß § 117 III eingeführten Formular zu belehren (§ 120a II 2). Nach § 120a III 2 darf das Gericht jederzeit, also auch ohne besonderen Anlass, die Partei zu einer Erklärung über mögliche Veränderungen der Verhältnisse auffordern. Damit ist künftig auch eine regelmäßige **Überprüfung** in bestimmten zeitlichen Abständen zulässig. Das Gericht darf aufgrund einer Mitteilung die Bewilligung ab dem Änderungszeitpunkt neu festsetzen. Hat der Empfänger durch die Rechtsverfolgung oder Rechtsverteidigung etwas erlangt, soll das Gericht prüfen, ob mit Rücksicht darauf eine Änderung der Entscheidung – zB die Anordnung von Raten – geboten ist (§ 120a III 2). Für die Überprüfung gilt § 118 II ZPO entsprechend (§ 120a IV 2).

b) Aufhebung der Bewilligung; Tod des PKH-Empfängers. Die Bewilligung von PKH „soll" bei Bekanntwerden der Tatbestände des § 124 I ZPO aufgehoben werden. Die insoweit abschließende Regelung formuliert hierfür fünf Fallgruppen iW **unredlichen oder pflichtwidrigen Verhaltens** des PKH-Empfängers. Ein gerichtliches Ermessen besteht nicht, abgesehen von atypischen Fällen, in denen die Aufhebung zu unangemessenen Folgen führt (BT-Drs. 17/11472 S. 34). Das ist konsequent, weil es sich um kostenrechtliche Sanktionsnormen handelt. Die Aufhebung ist nach I Nr. 3 weiterhin aber auch vorgesehen, wenn sich innerhalb von vier Jahren seit Verfahrensbeendigung herausstellt, dass die persönlichen oder wirtschaftlichen **Voraussetzungen** für PKH **ursprünglich nicht vorgelegen** haben. Bei einer (nachträglichen) Verbesserung der wirtschaftlichen Verhältnisse geht § 120a als Spezialregelung vor. Der neue § 124 II ermöglicht eine auf die Beweiserhebung beschränkte Teilaufhebung bei mutwilligen und nicht hinreichend erfolgversprechenden **Beweisanträgen.** Die Aufhebung wirkt grds. auf den Bewilligungszeitpunkt zurück (zu denkbaren Ausnahmen SSB § 166 Rn. 60).

65d Bei **Tod des PKH-Empfängers** bedarf es keiner Aufhebung. Die Bewilligung ist an die Person des PKH-Empfängers geknüpft; stirbt er während des Rechtsstreits, erlischt die Bewilligung automatisch (zum Tod während des PKH-Verfahrens → Rn. 19). **Str.** ist, ob dies mit Rückwirkung erfolgt. Das ist zu verneinen: Es fehlt eine Rechtsgrundlage dafür, den Erben mit Kosten zu belasten, für die der Erblasser nicht hätte einstehen müssen (SSB § 166 Rn. 60 mwN). Sind beim Tod des Empfängers Raten oder Zahlungen offen, muss der Erbe für diese aber einstehen, soweit dem Empfänger prozessuale Vorteile zugeflossen sind, die auf den Erben übergehen.

65e **c) Entscheidung durch den Urkundsbeamten.** Nach § 166 III „obliegen" dem Urkundsbeamten die Bestimmung des Zeitpunkts für die Einstellung und eine Wiederaufnahme der Zahlungen nach § 120 III ZPO sowie die Änderung und die Aufhebung der Bewilligung der PKH nach den §§ 120a und 124 I Nr. 2–5 ZPO. Anders als nach § 166 II ist **kein** richterlicher Übertragungsakt erforderlich. Die Aufgaben stehen häufig nicht mehr im zeitlichen Zusammenhang mit dem ursprünglichen Verfahren, weshalb der Gesetzgeber sie generell dem Urkundsbeamten zugewiesen hat (BT-Drs. 17/11472 S. 48 f.).

VI. Rechtsmittel

1. Rechtsmittel gegen die Versagung von PKH

66 Rechtsmittel kommen gegen (teil)versagende, bewilligende wie ändernde und aufhebende PKH-Beschlüsse in Betracht. Dabei greifen § 166 I 1 iVm § 127 ZPO und allgemeine VwGO-Bestimmungen ineinander. Gegen die Versagung von PKH durch ein VG ist die Beschwerde gem. § 146 I statthaft (→ Rn. 66a). Die Bewilligung kann nur von der Staatskasse angefochten werden (→ Rn. 69). Gegen Änderungen und Aufhebungen einer Bewilligung, die dem Urkundsbeamten obliegen (→ Rn. 65e), ist die Erinnerung statthaft (§ 166 VI), gegen einen negativen Beschluss die Beschwerde (§ 127 II 2 ZPO). Entscheidungen des OVG und des BVerwG sind unanfechtbar.

66a Gegen die **Versagung** von PKH sowie gegen die Anordnung von Raten oder Zahlungen **durch ein VG** kann der Antragsteller nach hM binnen zwei Wochen nach Bekanntgabe des Beschlusses **Beschwerde gem. § 146 I** einlegen (→ § 146 Rn. 19). Diese Regelung verdrängt die ZPO-Bestimmungen. Die Beschwerde ist zT durch vorrangige spezialgesetzliche Regelungen **ausgeschlossen** (so zB § 80 AsylG, § 34 WPflG, § 75 ZDG, § 339 LAG, § 37 II VermG). **Nicht** ausgeschlossen ist die Beschwerde allein deshalb, weil ein Rechtsbehelf gegen die Sachentscheidung im Hauptsacheverfahren ausgeschlossen ist (NK-VwGO § 166 Rn. 227). Das **OVG prüft** die PKH-Voraussetzungen **vollständig** und eigenständig nach. Maßgebend ist die Sach- und Rechtslage im Zeitpunkt der Beschwerdeentscheidung. Nachgereichte Erklärungen des Beschwerdeführers sind daher zu berücksichtigen (NK-VwGO § 166 Rn. 228).

67 Die Beschwerde ist **schriftlich** beim VG (iudex a quo) einzulegen (§ 147 I), kann nach § 166 I 1 iVm § 569 III Nr. 2 ZPO aber auch durch Erklärung zu Protokoll der Geschäftsstelle (Rechtsantragstelle) eingelegt werden (deckungsgleich mit § 147 I, der insoweit aber durch die Verweisung auf die ZPO verdrängt wird). **Vertretungszwang** besteht **nicht,** was nunmehr

§ 67 IV 1 ausdrücklich klarstellt. Für das **Beschwerdeverfahren kann PKH nicht bewilligt** werden (→ Rn. 18).

Die Beschwerdeentscheidung des **OVG** ist gem. § 152 I ebenso **un- 68 anfechtbar** wie andere OVG-Beschlüsse, etwa solche, mit denen PKH für die Beschwerde- oder Berufungsinstanz versagt wird. Dagegen ist lediglich die Anhörungsrüge (§ 152a) zur Ausräumung von Gehörsverletzungen (nicht von sachlichen Fehlern) möglich. In Bezug auf allgemeine Fehler bleibt die **Gegenvorstellung** denkbar (BVerwG NVwZ-RR 2011, 709), weil das OVG seine Entscheidung ändern darf und eine Wiederholung des PKH-Antrags möglich ist (→ Rn. 42). Die Statthaftigkeit der Gegenvorstellung neben der Anhörungsrüge wird in der Rspr. jedoch uneinheitlich beurteilt (vgl. BVerfGE 122, 190). Beruht die Entscheidung des OVG auf einer Verkennung der verfassungsrechtlichen Vorgaben der PKH, ist die **Verfassungsbeschwerde** (ggf. im Anschluss an eine Anhörungsrüge) denkbar. **Nicht** mehr statthaft ist eine außerordentliche Beschwerde wegen greifbarer Gesetzwidrigkeit (BGH NJW 2003, 3137; NK-VwGO § 166 Rn. 225).

Für **PKH-Entscheidungen des BVerwG** gelten keine Besonderheiten. **68a** Sie sind aber unanfechtbar, weil Rechtsmittel aus der Natur der Sache nicht gegeben sind. Zur Anhörungsrüge und Gegenvorstellung → Rn. 68.

Gegen nachteilige Änderungen und die (teilweise) Aufhebung der Bewilli- **68b** gung durch den **Urkundsbeamten** (jeder Instanz) kann gem. § 166 VI „innerhalb von zwei Wochen nach Bekanntgabe die Entscheidung des Gerichts", die sog. Erinnerung (§ 151) beantragt werden (→ § 165 Rn. 1). Zuständig ist der für die Entscheidung über einen PKH-Antrag berufene Spruchkörper in der Besetzung, wie er bei eigener Entscheidung über den Antrag entschieden hätte (→ Rn. 46). Gegen dessen Entscheidung eines VG ist nach allgemeinen Regeln wiederum die Beschwerde (§ 147 I) gegeben.

2. Rechtsmittel gegen die Bewilligung von PKH

Die Bewilligung von PKH kann nur nach Maßgabe **§ 127 III ZPO** ange- **69** fochten werden (§ 127 II 1 ZPO). Daraus ergeben sich **drei Einschränkungen:** Anfechtungsbefugt ist nur die Staatskasse, der die Bewilligung nicht vAw mitzuteilen ist (§ 127 III 6). Sie kann nur die unbeschränkte Bewilligung an eine Partei iSd § 114 (nicht iSd § 116) angreifen (Monatsraten und aus dem Vermögen zu zahlende Beträge gelten nach § 127 III 1 ZPO als Teilversagung) und nur geltend machen, dass die Partei nach ihren persönlichen und wirtschaftlichen Verhältnissen Zahlungen zu leisten hat (§ 127 III 2 ZPO). Rechtsmittel der Staatskasse ist die **sofortige Beschwerde,** die innerhalb einer Notfrist von einem Monat seit Bekanntgabe des Bewilligungsbeschlusses eingelegt werden kann (§ 127 III 3–5 ZPO). Für den **Gegner** des Hauptsacheverfahrens, einen Beigeladenen und für den PKH-Empfänger ist die Bewilligung demnach **unanfechtbar.**

Die sofortige Beschwerde der Staatskasse ist **entspr. § 567 I 1 ZPO** nur **70** gegen PKH-Entscheidungen **im ersten Rechtszug,** also durch die VG, statthaft. Bewilligen das **OVG** oder das **BVerwG** PKH ohne Zahlungsbestimmungen, hat die Staatskasse hiergegen kein Rechtsmittel nach § 127 III ZPO (vgl. Zöller ZPO § 127 Rn. 46).

17. Abschnitt. Vollstreckung

§ 167 [Anwendung der ZPO; vorläufige Vollstreckbarkeit]

(1) [1] Soweit sich aus diesem Gesetz nichts anderes ergibt, gilt für die Vollstreckung das Achte Buch der Zivilprozeßordnung entsprechend. [2] Vollstreckungsgericht ist das Gericht des ersten Rechtszugs.

(2) Urteile auf Anfechtungs- und Verpflichtungsklagen können nur wegen der Kosten für vorläufig vollstreckbar erklärt werden.

1   Die Vorschrift gehört zum Kreis der speziellen Verweisungen auf die ZPO (→ § 173 Rn. 9). **Vollstreckung** iSd §§ 167 ff. betrifft die Vollstreckung gerichtlicher Entscheidungen; VA werden nach den VwVG des Bundes oder der Länder vollstreckt. Die gerichtliche Überprüfung solcher Vollstreckungsakte erfolgt insbes. durch die Anfechtungsklage- (§ 42 I; im Eilverfahren § 80 V) oder die Feststellungsklage (§ 43 I) mit dem Ziel festzustellen, dass die Vollstreckung unzulässig ist.

I. Vollstreckungsverfahren

1. Anwendbare Vorschriften

2   Die Vollstreckung bestimmt sich nach den Regelungen der §§ 704–945 ZPO, deren Auslegung und Anwendung den Besonderheiten des Verwaltungsprozesses Rechnung tragen muss (BVerwG NVwZ 1998, 1177). Abweichende bzw. ergänzende Bestimmungen iSd I 1 treffen neben I 2, II vor allem §§ 168 ff. Für alle Vollstreckungsvorschriften der §§ 167 ff. gilt: Sie sind so auszulegen und anzuwenden, dass ein wirkungsvoller Schutz der Rechte des Einzelnen gegenüber der Verwaltung gewährleistet ist (BVerfG NVwZ 1999, 1330).

3   **Keine Anwendung** finden §§ 916 bis 945 ZPO (Arrest, einstweilige Verfügung), da §§ 80, 80a, 123 hierfür abschließende Regelungen treffen (Redeker/v. Oertzen Rn. 3).

2. Allgemeine Vollstreckungsvoraussetzungen

4   Wie im Zivilprozess setzt die Vollstreckung im Verwaltungsprozess als Ausdruck der Formalisierung des Vollstreckungsverfahrens einen **Antrag** des Vollstreckungsgläubigers (§ 750 I 1 ZPO), einen hinreichend bestimmten **Vollstreckungstitel** (§ 168; vgl. BVerwG Beschl. v. 19.11.2018 – 4 AV 1.18; OVG LSA NVwZ-RR 2012, 126), von den Fällen des § 171 abgesehen eine **Vollstreckungsklausel** (ggf. unter den Voraussetzungen des § 726 I ZPO,

vgl. BVerwG Beschl. v. 19.11.2018 – 4 AV 1.18) sowie die **Zustellung** von Titel und Klausel voraus (OVG NRW Beschl. v. 28.10.2008 – 12 E 1271/08).

Der **Vollstreckungstitel** ist die öffentliche Urkunde, die den Vollstre- 5 ckungsantrag gleichzeitig begründet und begrenzt. Ohne Titel ist der Vollstreckungsakt unwirksam (BGHZ 121, 98; SSB § 168 Rn. 4). Der Titel muss (grds.) mit der Vollstreckungsklausel versehen sein, um die Vollstreckung ausüben zu können. Die Zustellung des mit der Klausel versehenen Titels markiert den Beginn der Vollstreckung. Vollstreckungsakte aufgrund eines Titels, aber ohne Klausel und ohne Zustellung sind anfechtbar (BGHZ 66, 79). Wird aber zB ein Protokoll über die mündliche Verhandlung des VG, in der ein Vergleich geschlossen worden ist, dem Vollstreckungsschuldner vAw zugestellt, bedarf es einer Zustellung durch den Vollstreckungsgläubiger selbst nicht (OVG NRW NVwZ-RR 2007, 140 mwN zum Streitstand).

Als ungeschriebene Antragsvoraussetzung muss ein Vollstreckungsgläubiger 5a vor der Stellung eines Vollstreckungsantrags eine **angemessene Frist** abwarten, um dem Vollstreckungsschuldner Gelegenheit zur freiwilligen Erfüllung zu geben (BVerfGE 99, 338). Die Länge der einzuhaltenden Frist richtet sich nach den Umständen des Einzelfalls und beläuft sich zB bei der Begleichung von Rechtsanwaltskosten auf vier bis sechs Wochen (OVG Bln-Bbg Beschl. v 2.6.2014 – OVG 3 I 1.14 mwN).

3. Gerichtliches Verfahren

Vollstreckungsgericht ist nach I 2 das Gericht des ersten Rechtszugs für alle 6 Entscheidungen im Rahmen der Zwangsvollstreckung. **Sachlich zuständig** ist hiernach in Abweichung zu § 764 I ZPO regelmäßig das VG (§ 45), im Falle der erstinstanzlichen Zuständigkeit nach §§ 47 f., § 50 das OVG bzw. BVerwG. Mit dieser Zuständigkeitsregelung soll zugleich eine Entscheidung des Gesetzgebers über die Eröffnung des Verwaltungsrechtsweges verbunden sein (OVG NRW NJW 1986, 1190).

Für die **örtliche Zuständigkeit** gelten in Abweichung zu § 52 die speziel- 7 len Regelungen in I 1 iVm §§ 764 ff., da I 2 zur örtlichen Zuständigkeit keine Regelung trifft (Kopp/Schenke Rn. 5; SSB Rn. 88 ff.).

Die Gerichte entscheiden in der nach §§ 5 III, 9 III, 10 III maßgeblichen 8 Besetzung, ggf. durch den konsentierten Einzelrichter (§ 87a II, III) oder vor dem VG durch den Einzelrichter nach § 6 I. Bei Anordnungen nach § 169 ist allein der Vorsitzende zuständig (→ § 169 Rn. 2).

Eine einfache **Beiladung** (§ 65 I) kann im Vollstreckungsverfahren erfol- 9 gen (str.).

Das Gericht entscheidet durch **Beschluss,** auch wenn (unüblicherweise) 10 mündlich verhandelt wird (vgl. § 101 III).

4. Rechtsbehelfe im Vollstreckungsverfahren

Im Verwaltungsprozess finden über § 167 I 1 Anwendung die spezifischen 11 **Rechtsbehelfe im Vollstreckungsverfahren** nach § 766 ZPO (Erinnerung; vgl. OVG NRW NVwZ-RR 2008, 70), § 767 ZPO (Vollstreckungsabwehrklage; vgl. BVerwG NJW 2005, 1962; BVerwGE 118, 174; 80, 178; VGH BW VRS 136, 274), § 769 ZPO (einstweilige Einstellung der Zwangsvollstreckung; BayVGH BayVBl 2015, 65; OVG NRW RdL 2011, 21), § 771 ZPO (Drittwiderspruchsklage) und § 805 ZPO (Vorzugsklage); an die Stelle der in der ZPO vorgesehenen sofortigen Beschwerde tritt grds. die **Beschwerde** nach § 146 I, sofern diese nicht nach I 1 iVm § 707 II 2 ZPO ausgeschlossen ist (VGH BW VBlBW 2014, 432 mwN).

12   Der Rückgriff auf **materielle Einwendungen in der Zwangsvollstreckung** ist grds. unzulässig (Ausnahme: § 172). Die Änderung der Sach- und Rechtslage – wie zB der Wegfall des materiellen Anspruchs – nach rechtskräftigem Abschluss des Verfahrens ist idR kein Grund, der im Vollstreckungsverfahren zu beachten wäre (str., vgl. BVerwG NVwZ-RR 2002, 314; OVG NRW NVwZ-RR 2010, 750; SächsOVG NVwZ-RR 2010, 88; umfassend SSB Rn. 58 ff.).

II. Vorläufige Vollstreckbarkeit von Entscheidungen

13   Im Verwaltungsprozess anwendbar sind vorbehaltlich II auch die Regelungen zur **vorläufigen Vollstreckbarkeit von Urteilen** nach §§ 708–720 ZPO. Hiernach ist grds. jedes rechtsmittelfähige Endurteil **vAw** für vorläufig vollstreckbar zu erklären (SSB Rn. 138). Aus vorläufig für vollstreckbar erklärten Entscheidungen kann – ohne den Eintritt ihrer formellen Rechtskraft abzuwarten (§ 121) – unmittelbar vollstreckt werden (§ 168 I Nr. 1). Hierzu zählt im Kostenausspruch auch das klageabweisende, feststellende oder gestaltende Urteil, das in der Hauptsache keinen der Vollstreckung bedürftigen Inhalt hat (vgl. Eyermann § 168 Rn. 3).

14   Urteile, die auf **Anfechtungs-** und **Verpflichtungsklagen** ergehen, können nach II nur wegen der Kosten für vorläufig vollstreckbar erklärt werden. Vorläufiger Rechtsschutz ist in deren Anwendungsbereich über §§ 80 V, 123 zu erlangen. „Können" ist nur als Ermächtigung zur vorläufigen Vollstreckbarerklärung, nicht aber als Einräumung von Ermessen zu verstehen (OVG LSA Beschl. v. 27.10.2014 – 2 L 79.14). II findet **entsprechende Anwendung** auf **Leistungsurteile** gegen schlichthoheitliches Handeln, das in Vollziehung eines VA ergangen ist (Kopp/Schenke Rn. 11), sowie auf Urteile, durch die eine Behörde verpflichtet werden soll, die unmittelbare Ausübung hoheitlicher Tätigkeit ohne den vorherigen Erlass eines VA zu unterlassen oder unmittelbare hoheitliche Maßnahmen (auch mittels Erlasses eines VA) vorzunehmen (NdsOVG NVwZ 2000, 578; SSB Rn. 133, 135; mit umfassenden Nachweisen zur aA HessVGH NVwZ-RR 2015, 258). Dies hat seinen Grund darin, dass in die originäre Kompetenz der Verwaltung nur auf der Grundlage rechtskräftiger gerichtlicher Entscheidungen eingegriffen werden soll.

15   **Beschlüsse** sind wegen § 149 I grds. sofort vollstreckbar, es sei denn, die gegen sie gerichtete Beschwerde hat aufschiebende Wirkung (Eyermann § 168 Rn. 12).

16   Aussprüche zur vorläufigen Vollstreckbarkeit von Urteilen sind im Berufungsverfahren nach Maßgabe von § 718 I ZPO grds. einer **Vorabentschei-**

dung zugänglich (NdsOVG NVwZ 2000, 578); dies gilt auch schon für das Berufungszulassungsverfahren (OVG NRW NVwZ-RR 2014, 295). Ein Antrag nach § 719 II ZPO auf **einstweilige Einstellung der Vollstreckung** kann sowohl im Berufungszulassungsverfahren (OVG NRW Beschl. v. 24.10.2013 – 17 B 1185/13; OVG Saarl NVwZ-RR 2014, 743) als auch im Beschwerdeverfahren gegen die Nichtzulassung der Revision gestellt werden, weil anderenfalls das mit § 719 II ZPO verfolgte Ziel wegen der möglicherweise inzwischen durchgeführten Vollstreckung häufig nicht mehr zu erreichen wäre (BVerwG NJW 1999, 79).

Die vorläufige Vollstreckbarkeit **endet** mit der Rechtskraft des Urteils; auf **17** die vorläufige Vollstreckbarkeit gerichtete Anträge erledigen sich (BVerwG NJW 1993, 2066).

§ 168 [Vollstreckungstitel]

(1) Vollstreckt wird
1. aus rechtskräftigen und aus vorläufig vollstreckbaren gerichtlichen Entscheidungen,
2. aus einstweiligen Anordnungen,
3. aus gerichtlichen Vergleichen,
4. aus Kostenfestsetzungsbeschlüssen,
5. aus den für vollstreckbar erklärten Schiedssprüchen öffentlich-rechtlicher Schiedsgerichte, sofern die Entscheidung über die Vollstreckbarkeit rechtskräftig oder für vorläufig vollstreckbar erklärt ist.
(2) Für die Vollstreckung können den Beteiligten auf ihren Antrag Ausfertigungen des Urteils ohne Tatbestand und ohne Entscheidungsgründe erteilt werden, deren Zustellung in den Wirkungen der Zustellung eines vollständigen Urteils gleichsteht.

I. Vollstreckungstitel

1. Grundlagen

Das Vorhandensein eines Vollstreckungstitels ist **allgemeine Vollstreckungs-** **1** **voraussetzung** (→ § 167 Rn. 4 f.). § 168 benennt die in der verwaltungsgerichtlichen Vollstreckung zulässigen Vollstreckungstitel abschließend (BVerwG BayVBl 2000, 764; OVG NRW NWVBl. 1993, 358). Ein Rückgriff auf § 794 I Nr. 5 ZPO ist ausgeschlossen (Kopp/Schenke Rn. 8).

Allen Titeln des I ist gemein, dass sie aus verwaltungsgerichtlichen Ver- **2** fahren stammen. Diese **Herkunft** bestimmt die gerichtliche Zuständigkeit für das Vollstreckungsverfahren; auf den materiell-rechtlichen Charakter der titulierten Forderung kommt es nicht an (OVG NRW NVwZ-RR 2004, 311; Kopp/Schenke Rn. 9; SSB Rn. 2). So sind die VG zB auch nach dem Übergang der Zuständigkeit für Sozialhilfesachen auf die SG (vgl. § 51 I Nr. 4a, 6a SGG) für die Vollstreckung aus verwaltungsgerichtlichen Titeln in Sozialhilfesachen zuständig (BVerwG NVwZ 2007, 845).

3 Der Vollstreckungstitel muss in **hinreichend bestimmter** Weise zu einer Leistung, Duldung oder Unterlassung verpflichten. Sein Inhalt muss sich aus dem Titel selbst ergeben oder durch Auslegung bestimmbar sein (Eyermann § 168 Rn 1; SSB Rn. 9). Ist der Titel nicht hinreichend bestimmt, muss auf **Feststellung des Titelinhalts** geklagt werden (vgl. SSB Rn. 10).

4 Feststellungs-, Gestaltungs- und abweisende Entscheidungen sind nur hinsichtlich der Kostenentscheidung vollstreckbar. Feststellende Entscheidungen sind hinsichtlich ihres Entscheidungsinhalts einer Vollstreckung nicht fähig. Gestaltende bedürfen keiner Vollstreckung, weil sie die Rechtsänderung selbst herbeiführen. Mit rechtskräftiger Abweisung einer Anfechtungsklage (§ 42 I) wird der VA bestandskräftig und ist selbst Vollstreckungstitel für die Behörde. Dasselbe gilt für Abänderungsurteile nach § 113 II.

2. Die einzelnen Titel

5 **a) Urteile, Gerichtsbescheide, Beschlüsse.** Unter I Nr. 1 – rechtskräftige und vorläufig vollstreckbare gerichtliche Entscheidungen – fallen (verwaltungsgerichtliche) Urteile, Gerichtsbescheide (§ 84) und Beschlüsse (auch nach §§ 80 V, 80a III), sofern sie einen vollstreckbaren Inhalt haben. Bezogen auf Beschlüsse in Verfahren nach § 123 geht I Nr. 2, bezogen auf Kosten- und Vergütungsfestsetzungsbeschlüsse I Nr. 4 vor. Zur Rechtskraft → § 121 Rn. 2, zur vorläufigen Vollstreckbarkeit → § 167 Rn. 13 ff. Beschlüsse sind wegen § 149 I grds. sofort vollstreckbar (→ § 167 Rn. 15).

6 **b) Einstweilige Anordnungen.** I Nr. 2 erfasst (stattgebende) einstweilige Anordnungen nach §§ 47 VI, 113 III 2, 123, sofern diese einen vollstreckbaren Inhalt haben. Dieser fehlt beispielsweise bei der Aussetzung des Vollzugs eines Bebauungsplanes (BayVGH BayVBl 1984, 370). Über § 123 III besteht gemäß § 929 II ZPO eine Fristbindung für die Vollstreckung (OVG NRW NWVBl 2019, 40).

7 **c) Prozessvergleiche.** I Nr. 3 erfasst (wirksame) gerichtliche Vergleiche iSd § 106 (BayVGH NJW 2014, 955), nicht aber einzelne zu Protokoll gegebene Erklärungen (BVerwG Beschl. v. 19.11.2018 – 4 AV 1.18). Dies gilt auch dann, wenn hierin zivilrechtliche Fragen mitgeregelt werden, da es auf die Herkunft des Titels ankommt (→ Rn. 2). Ein außergerichtlicher (verwaltungsverfahrensrechtlicher) Vergleich ist kein tauglicher Vollstreckungstitel, sondern lediglich materiell-rechtliche Anspruchsgrundlage, die im streitigen Verfahren geltend gemacht werden muss. Wird in einem gerichtlichen Vergleich die Bestandskraft eines Bescheides vereinbart, so ist Grundlage einer beabsichtigten Vollstreckung nicht der Prozessvergleich, sondern der bestandskräftig gewordene Bescheid (HessVGH InfAuslR 2015, 181; BayVGH BayVBl 2001, 474).

8 **Einwendungen gegen die Anwendung und Erfüllung des Vergleichs** können entsprechend § 167 I 1 iVm § 767 ZPO mit der Vollstreckungsabwehrklage geltend gemacht werden. Wird die (fortbestehende) Wirksamkeit des Vergleichs bestritten, ist das streitige Verfahren fortzusetzen bzw. neu einzuleiten (→ § 106 Rn. 16 ff.).

d) Kosten- und Vergütungsfestsetzungsbeschlüsse ua. Nach I Nr. 4 **9** kann aus Kostenfestsetzungsbeschlüssen nach § 164, nach dem GKG oder auch nach § 11 RVG vollstreckt werden (OVG NRW NVwZ-RR 2004, 311; VGH BW NVwZ-RR 2008, 581; Letzteres str., vgl. HessVGH NJW 2011, 1468; SSB Rn. 29, jeweils mwN).

e) Schiedssprüche. Nach I Nr. 5 wird aus für vollstreckbar erklärten **10** Schiedssprüchen echter öffentlich-rechtlicher Schiedsgerichte vollstreckt (§ 173 S. 1, 2 iVm §§ 1025 ff. ZPO). Für unechte Schiedsgerichte, die durch Rechtsnorm eingesetzt sind (vgl. § 187 I) und nicht auf einer freiwilligen Unterwerfung unter den Schiedsspruch beruhen, gilt die Norm nicht (SSB Rn. 33).

II. Erteilung von Ausfertigungen

Nach II können für die Vollstreckung den Beteiligten auf ihren **Antrag** **11** (anders § 317 II 2 ZPO) Ausfertigungen des Urteils ohne Tatbestand und ohne Entscheidungsgründe (und ohne Rechtsbehelfsbelehrung) erteilt werden, deren Zustellung in den Wirkungen der Zustellung eines vollständigen Urteils gleichsteht. Rechtsmittelfristen werden durch die Zustellung des abgekürzten Urteils nicht ausgelöst.

§ 169 [Vollstreckung zugunsten der öffentlichen Hand]

(1) ¹Soll zugunsten des Bundes, eines Landes, eines Gemeindeverbands, einer Gemeinde oder einer Körperschaft, Anstalt oder Stiftung des öffentlichen Rechts vollstreckt werden, so richtet sich die Vollstreckung nach dem Verwaltungsvollstreckungsgesetz. ²Vollstreckungsbehörde im Sinne des Verwaltungsvollstreckungsgesetzes ist der Vorsitzende des Gerichts des ersten Rechtszugs; er kann für die Ausführung der Vollstreckung eine andere Vollstreckungsbehörde oder einen Gerichtsvollzieher in Anspruch nehmen.

(2) Wird die Vollstreckung zur Erzwingung von Handlungen, Duldungen und Unterlassungen im Wege der Amtshilfe von Organen der Länder vorgenommen, so ist sie nach landesrechtlichen Bestimmungen durchzuführen.

Die Norm erfasst die Vollstreckung der in § 168 genannten Titel gegen **1** private Vollstreckungsschuldner; gegen Rechtsträger des öffentlichen Rechts wird nach Maßgabe der §§ 170, 172 vollstreckt. Die Vollstreckung nach § 169 richtet sich, auch wenn das Gericht zur Vollstreckung berufen ist, nach dem VwVG; wegen der Einzelheiten hierzu wird auf die Kommentierung zum VwVG von Engelhardt/App verwiesen. Dieses Mischmodell ist der Kritik ausgesetzt (Durner NVwZ 2015, 841). Das Gericht ist hiernach zwar Vollstreckungsbehörde, aber nicht iSd § 4 VwVG, sondern weiterhin **Vollstreckungsgericht** (vgl. ThürOVG DVBl 2010, 1110 mwN).

I. Zuständigkeit und Verfahren

2 Der Vorsitzende des Gerichts des ersten Rechtszugs (§§ 45, 48, 50) ist nach I 2 sachlich und örtlich zuständiges Vollstreckungsgericht, unabhängig davon, wer die zu vollstreckende Entscheidung erlassen hat und ob bei dieser ggf. der Einzelrichter (§ 6) tätig gewesen ist (str., wie hier Geiger BayVBl 2007, 227; Kopp/Schenke Rn. 2; aA ThürOVG DVBl 2010, 1110). Der Vorsitzende wird nur tätig auf – nicht anfechtbaren – Antrag der Behörde, die den zu vollstreckenden Anspruch geltend machen darf (vgl. § 3 IV VwVG). Zu den Gebietskörperschaften zählen ua auch Landkreise (ThürOVG DVBl 2010, 1110). Einer besonderen Vollstreckungsanordnung der Behörde bedarf es auch bei der Vollstreckung verwaltungsgerichtlicher Kostenfestsetzungsbeschlüsse (aA Kopp/Schenke Rn. 5 mwN).

3 Entsprechend § 170 I 1 erlässt der Vorsitzende nach Ablauf der Schonfrist des § 3 II c), III VwVG die **Vollstreckungsverfügung,** die im Wege eines Beschlusses ergeht und die Vollstreckung einleitet (Androhung des Zwangsmittels nach § 13 VwVG). Die **Anordnung des dinglichen Arrests** in das bewegliche Vermögen des Vollstreckungsschuldners ist nicht von der funktionalen Zuständigkeit des Vorsitzenden als Vollstreckungsgericht gedeckt, da die Arrestanordnung nicht der Vollstreckung einer Geldforderung, sondern ihrer Sicherung dient. Rechtsgrundlage hierfür ist die einstweilige Sicherungsanordnung (OVG NRW Beschl. v. 2.9.2013 – 17 E 679/13).

Beispiel:

3a „I. Die Zwangsvollstreckung zugunsten des Vollstreckungsgläubigers wird hinsichtlich eines Gesamtbetrages in Höhe von… Euro angeordnet.

II. Wegen des unter I. des Tenors aufgeführten Gesamtbetrags in Höhe von… Euro wird die Forderung, die dem Vollstreckungsschuldner gegen den Drittschuldner… aus den Guthaben seiner bei diesen bestehenden Bankkonten zusteht und zukünftig zustehen wird, mit sofortiger Wirkung so lange gepfändet, bis der Anspruch des Vollstreckungsgläubigers vollständig erfüllt ist. Dem Drittschuldner wird verboten, an den Vollstreckungsschuldner zu zahlen, bis der Anspruch des Vollstreckungsgläubigers erfüllt ist. Der Vollstreckungsgläubiger wird ermächtigt, den Betrag, für den die Zwangsvollstreckung angeordnet worden ist, bei dem Drittschuldner einzuziehen. Dem Vollstreckungsschuldner wird geboten, sich jeder Verfügung über die Forderung, insbesondere ihrer Einziehung, zu enthalten.

III. Die Kosten des Verfahrens trägt der Vollstreckungsschuldner."

II. Vollstreckungshilfe

4 Für die **Ausführung der Vollstreckung** kann gem. I 2 eine andere Vollstreckungsbehörde – ggf. auch ein Gericht eines anderen Gerichtszweigs – oder ein Gerichtsvollzieher in Anspruch genommen werden. Bei der Amtshilfe durch Organe der Länder sind die landesrechtlichen Bestimmungen zu wahren (II). Die Inanspruchnahme der Vollstreckungshilfe ist nur zulässig, wenn der Vorsitzende die betreffende Vollstreckungshandlung nicht selbst ausführen kann (BayVGH NVwZ-RR 2014, 252). Die Vollstreckung kann auch nicht insgesamt (pauschal) übertragen werden. Die Auswahl der nach § 9 I VwVG zulässigen Zwangsmittel muss der Vorsitzende selbst vornehmen und die Vollstreckung überwachen (BayVGH NVwZ-RR 2014, 252; OVG NRW NJW 1977, 727).

Beispiel:

„I. Auf Antrag des Vollstreckungsgläubigers vom… wird die Ausführung der Vollstre- **4a** ckung aus dem am… zugestellten Kostenfestsetzungsbeschluss vom… – Az…- wegen einer Geldforderung in Höhe von… Euro nebst Zinsen in Höhe von… sowie der Kosten dieses Verfahrens gemäß § 169 VwGO dem Gerichtsvollzieher beim AG… übertragen.

II. Der Gerichtsvollzieher wird insbesondere beauftragt, die Vermögensauskunft gemäß § 802a II 1 Nr. 2 i. V. m. § 802c ZPO einzuholen und den Schuldner die Richtigkeit und Vollständigkeit gemäß § 802c III ZPO an Eides statt versichern zu lassen, dem Schuldner die Vermögensauskunft gemäß § 807 I 1 ZPO sofort abzunehmen, wenn der Schuldner die Durchsuchung verweigert oder der Pfändungsversuch ergibt, dass eine Pfändung voraussichtlich nicht zu einer vollständigen Befriedigung des Gläubigers führen wird.

Die vorstehenden Aufträge werden auch für den Fall erteilt, dass gegen den Schuldner bereits Haft zur Erzwingung der Abgabe der Vermögensauskunft angeordnet ist. Der Gerichtsvollzieher wird ferner beauftragt, die Pfändung und Verwertung körperlicher Sachen gemäß § 802a II 1 Nr. 4 i V. m. § 808 ZPO zu betreiben und eingezogene Beträge dem Gläubiger zu überweisen; insbesondere wird der Gerichtsvollzieher beauftragt, Taschenpfändung durchzuführen und ein im Besitz des Schuldners befindliches Kraftfahrzeug zu pfänden, und bei Arbeitgeberermittlung oder Feststellung sonstiger pfändbarer Forderungen eine Vorpfändung gemäß § 802a II 1 Nr. 5 i. V. m. § 845 ZPO durchzuführen und den Gläubiger unverzüglich hierüber zu informieren."

III. Rechtsschutz gegen Vollstreckungsmaßnahmen

Ob gegen eine Entscheidung des Vorsitzenden nach § 169 die gemäß § 149 **5** nicht suspendierende **Beschwerde** nach § 146 I oder die **Erinnerung** (§ 167 I 1 iVm § 766 I ZPO) gegeben ist, richtet sich nach der Qualifizierung des Vollstreckungsaktes. Wenn es sich um eine richterliche Entscheidung im eigentlichen Sinne handelt, also um eine Entscheidung des Vorsitzenden nach Anhörung des Vollstreckungsschuldners, findet das Rechtsmittel der Beschwerde statt; handelt es sich um eine Einwendung gegen eine reine Vollstreckungshandlung, mithin gegen die Art und Weise der Vollstreckung, ist die Erinnerung gegeben (OVG Bln-Bbg Beschl. v. 4.3.2015 – OVG 6 L 8.15; SächsOVG SächsVBl. 2014, 185; OVG NRW NJW 2012, 3801, jeweils mwN).

§ 170 [Vollstreckung gegen die öffentliche Hand]

(1) ¹Soll gegen den Bund, ein Land, einen Gemeindeverband, eine Gemeinde, eine Körperschaft, eine Anstalt oder Stiftung des öffentlichen Rechts wegen einer Geldforderung vollstreckt werden, so verfügt auf Antrag des Gläubigers das Gericht des ersten Rechtszugs die Vollstreckung. ²Es bestimmt die vorzunehmenden Vollstreckungsmaßnahmen und ersucht die zuständige Stelle um deren Vornahme. [3] Die ersuchte Stelle ist verpflichtet, dem Ersuchen nach den für sie geltenden Vollstreckungsvorschriften nachzukommen.

(2) [1] Das Gericht hat vor Erlaß der Vollstreckungsverfügung die Behörde oder bei Körperschaften, Anstalten und Stiftungen des öffentlichen Rechts, gegen die vollstreckt werden soll, die gesetzlichen Vertreter von der beabsichtigten Vollstreckung zu benachrichtigen mit der Aufforderung, die Vollstreckung innerhalb einer vom Gericht zu bemessenden Frist abzuwenden. [2] Die Frist darf einen Monat nicht übersteigen.

(3) [1] Die Vollstreckung ist unzulässig in Sachen, die für die Erfüllung öffentlicher Aufgaben unentbehrlich sind oder deren Veräußerung ein öffentliches Interesse entgegensteht. [2] Über Einwendungen entscheidet das Gericht nach Anhörung der zuständigen Aufsichtsbehörde oder bei obersten Bundes- oder Landesbehörden des zuständigen Ministers.

(4) Für öffentlich-rechtliche Kreditinstitute gelten die Absätze 1 bis 3 nicht.

(5) Der Ankündigung der Vollstreckung und der Einhaltung einer Wartefrist bedarf es nicht, wenn es sich um den Vollzug einer einstweiligen Anordnung handelt.

1　§ 170 regelt die Vollstreckung **wegen Geldforderungen** gegen die öffentliche Hand – mit Ausnahme derjenigen gegen öffentlich-rechtliche Kreditinstitute (IV) und führt damit zur unmittelbaren Befriedigung der öffentlichen Hand (NK-VwGO, § 172 Rn. 49). Die Norm findet zudem über § 60 II 2 SGB X und § 61 II 2 VwVfG entsprechende Anwendung.

2　Grundlage der Vollstreckung können vor allem **Titel** aus allgemeinen Leistungsklagen, aber auch aus einstweiligen Anordnungen (§ 123) sein. Verpflichtungsurteile (§ 113 V) fallen nicht hierunter, da sie lediglich auf den Erlass eines VA gerichtet sind, auch wenn dieser auf eine Geldleistung gerichtet sein sollte; diese Entscheidungen sind nach § 172 zu vollstrecken. Erlässt die Behörde den VA, zu deren Erlass sie verpflichtet worden ist, zahlt hieraus aber nicht, kann nicht unmittelbar vollstreckt, sondern es muss Zahlungsklage erhoben werden (Kopp/Schenke Rn. 1; aA SSB § 172 Rn. 34).

I. Verfahren

3　Das Vollstreckungsverfahren nach § 170 ist ein selbstständiges Beschlussverfahren. Auf **Antrag** des Gläubigers bestimmt das Gericht des ersten Rechtszugs als Spruchkörper mittels Beschlusses die Vollstreckung (I 1), sog. **Vollstreckungsverfügung.** Vor Erlass dieser Verfügung sind die Schuldner, bzw. ihre gesetzlichen Vertreter, von der beabsichtigten Vollstreckung zu benachrichtigen (II 1). Der Schuldner ist nach Zustellung des vollstreckbaren Titels aufzufordern, die Vollstreckung binnen einer Wartefrist von höchstens einem Monat abzuwenden (II 1, 2). Die Vollstreckung muss nicht angekündigt werden, und es muss auch keine Wartefrist eingehalten werden, wenn es sich um den Vollzug einer einstweiligen Anordnung handelt (V).

II. Inhalt

Das Gericht bestimmt die vorzunehmenden **Vollstreckungsmaßnahmen** 4
nach seinem Ermessen, ohne insoweit an den Antrag des Gläubigers gebunden
zu sein (Kopp/Schenke Rn. 3), und ersucht die zuständige Stelle um deren
Vornahme (I 2). Forderungen werden durch das VG selbst gepfändet (§ 167 I
1 iVm § 828 I ZPO). Die ersuchte Stelle ist verpflichtet, dem Ersuchen nach
den für sie geltenden Vollstreckungsvorschriften nachzukommen (I 3). Die
Einrichtung eines Sperrkontos oder die Leistung einer Sicherheit auf ein
solches können nicht angeordnet werden (OVG RhPf NVwZ-RR 2014,
293). Das Gericht hat eine Kostenentscheidung nach §§ 154 ff. zu treffen
(OVG Bln-Bbg Beschl. v. 2.6.2014 – OVG 3 I 1.14).

III. Vollstreckungsverbote

Die Vollstreckung ist **unzulässig** in Sachen, die für die Erfüllung öffentlicher 5
Aufgaben unentbehrlich sind (zB Einsatzwagen der Polizei) oder deren Veräußerung ein öffentliches Interesse entgegensteht (III 1). Der Begriff „Sachen" ist wörtlich iSd § 90 BGB (s.a. § 90a S. 3 BGB) zu verstehen (SSB
§ 170 Rn. 33). Eine entsprechende Anwendung des III 1 auf Geldforderungen scheidet schon mangels Regelungslücke aus (OVG Bln-Bbg LKV 2009,
287).

IV. Rechtsmittel

Die Verfügung der Zwangsvollstreckung nach I 1 ist für den Schuldner **un-** 6
anfechtbar (str., wie hier Kopp/Schenke Rn. 6). Gegen die Mitteilung
nach II und gegen den Beschluss nach III 2 ist die **Beschwerde** (§ 146 I)
eröffnet (str., vgl. OVG NRW DÖV 1987, 653; Kopp/Schenke Rn. 6).

Über **Einwendungen** hinsichtlich des Vorliegens von Vollstreckungsver- 7
boten nach III 1 entscheidet das Gericht nach Anhörung der zuständigen
Aufsichtsbehörde oder bei obersten Bundes- oder Landesbehörden des zuständigen Ministers (III 2). Will daher der Vollstreckungsschuldner den Schutz
des III 1 Anspruch nehmen, muss er das spezialgesetzliche Erinnerungsverfahren nach III 2 betreiben, das dem Beschwerdeverfahren nach § 146 I
vorgeht (OVG Bln-Bbg LKV 2009, 287).

§ 171 [Vollstreckungsklausel]

**In den Fällen der §§ 169, 170 Abs. 1 bis 3 bedarf es einer Vollstreckungsklausel
nicht.**

In den Fällen der §§ 169, 170 I bis III (Vollstreckungen zugunsten oder gegen 1
die öffentliche Hand) bedarf es **keiner Vollstreckungsklausel** (→ § 167
Rn. 4 f.).

Die Norm findet **entsprechende Anwendung** auf § 172, da es wenig 2
Sinn macht, dem Gericht eine vollstreckbare Ausfertigung vorzulegen, die

von ihm selbst erteilt worden ist (OVG NRW NWVBl. 2011, 191; SSB Rn. 12, § 172 Rn. 32; NK-VwGO Rn. 18; aA Kopp/Schenke Rn. 1). Einer Vollstreckungsklausel bedarf es auch dann nicht, wenn nicht gegen den im streitigen Verfahren beteiligten Rechtsträger, sondern gegen das Organ oder wegen § 61 Nrn. 2, 3 gegen die Behörde vorgegangen wird (SSB Rn. 3; aA Kopp/Schenke Rn. 3 unter Hinweis auf §§ 727, 929 ZPO). § 171 bietet allerdings jedenfalls dann, wenn der Kostenerstattungspflichtige eine private Person ist, keinen tragfähigen Grund für den Verzicht auf die Anforderung einer titelergänzenden Rechtsnachfolgeklausel (OVG NRW Beschl. v. 10.10.2014 – 2 D 11/11.NE). Einer Vollstreckungsklausel bedarf es des Weiteren nicht bei Kostenfestsetzungsbeschlüssen (§ 795a ZPO) sowie grds. bei einstweiligen Anordnungen nach § 123 (vgl. § 929 I ZPO). In diesen Fällen ist die einfache **Ausfertigung** des Titels Grundlage der Vollstreckung.

§ 172 [Zwangsgeld gegen eine Behörde]

[1] Kommt die Behörde in den Fällen des § 113 Abs. 1 Satz 2 und Abs. 5 und des § 123 der ihr im Urteil oder in der einstweiligen Anordnung auferlegten Verpflichtung nicht nach, so kann das Gericht des ersten Rechtszugs auf Antrag unter Fristsetzung gegen sie ein Zwangsgeld bis zehntausend Euro durch Beschluß androhen, nach fruchtlosem Fristablauf festsetzen und von Amts wegen vollstrecken. [2] Das Zwangsgeld kann wiederholt angedroht, festgesetzt und vollstreckt werden.

1 Kommt eine Behörde im Falle einer stattgebenden Anfechtungsklage bei bereits vollzogenem VA, eines stattgebendes Urteils auf eine Verpflichtungsklage oder einer stattgebenden einstweiligen Anordnung der ihr bzw. ihrem Rechtsträger auferlegten Verpflichtung ganz oder teilweise nicht nach, so kann das Gericht des ersten Rechtszugs diese **mittels Zwangsgelds zur Befolgung** des Ausspruchs anhalten. Das setzt eine **grundlose Säumnis** bei der Erfüllung der Verpflichtung voraus (OVG NRW NVwZ-RR 2010, 750). Dies schließt auch solche Fälle ein, in denen die Behörde sich bei der (formal erfolgten) Neubescheidung nicht hinreichend an die Rechtsauffassung des Gerichts in der zugrunde liegenden Gerichtsentscheidung hält. So reicht es bei der Vollstreckung von Bescheidungsurteilen zur Erfüllung einer Neubescheidungsverpflichtung nach § 113 V 2 nicht aus, dass der Vollstreckungsschuldner überhaupt eine Entscheidung getroffen hat. Kommt der Vollstreckungsschuldner seiner Verpflichtung nur unzureichend, unvollständig oder sonstwie fehlerhaft nach, steht dies einer Nichterfüllung iSd § 172 gleich (OVG NRW NVWBl 2011, 191; HessVGH NVwZ-RR 1999, 805; NdsOVG NVwZ-RR 2007, 139; 2006, 742; Kopp/Schenke § 113 Rn. 216; SSB Rn. 34).

2 § 172 ist über § 60 II 3 SGB X und § 61 II 3 VwVfG **entsprechend anwendbar,** wenn aus einem subordinationsrechtlichen Vertrag (§ 53 I 2 SGB X, § 54 S. 2 VwVfG) aufgrund einer Unterwerfung unter die sofortige

Vollstreckbarkeit vollstreckt werden soll. Die durch § 172 erfolgte Privilegierung der Behörden ist der Kritik ausgesetzt (Durner NVwZ 2015, 841).

I. Anwendungsbereich

Treten sich Vollstreckungsgläubiger und -schuldner als Gebietskörperschaften **3** gleichgeordnet gegenüber, kommt eine Vollstreckung nach § 172 von vornherein nicht in Betracht (BVerwGE 116, 175). Die Norm erfasst iÜ ihrem Wortlaut nach lediglich bestimmte **Verpflichtungsaussprüche.** Dies begrenzt einerseits ihren Anwendungsbereich; andererseits gibt dies Anlass zu einer erweiternden Auslegung auf weitere nicht ausdrücklich benannte Verpflichtungsaussprüche.

1. Beschränkung auf Verpflichtungsaussprüche

Nicht unter § 172 fallen Verurteilungen zur Vornahme von Realakten **4** (Kopp/Schenke Rn. 1 mwN). Diese werden nach Maßgabe des § 167 I 1 iVm §§ 883 ff. ZPO vollstreckt. Wird nach § 113 I 2 oder § 123 unmittelbar zur Zahlung verurteilt bzw. eine solche angeordnet, richtet sich die Vollstreckung nach dem insoweit spezielleren § 170 (Kopp/Schenke Rn. 1, SSB Rn. 15; ThürOVG ThürVBl. 2010, 230). Für die einstweilige Anordnung ergibt sich dies bereits aus § 170 V. Dementsprechend erfasst die Vollstreckung im Bereich einstweiliger Anordnungen über § 172 nur Verpflichtungskonstellationen, aber beispielsweise nicht vertretbare Handlungspflichten (VGH BW NVwZ-RR 2013, 541 mwN zum Streitstand). Auch Unterlassungspflichten werden nicht über § 172, sondern über § 167 I iVm § 890 II ZPO vollstreckt (str., vgl. OVG NRW NWVBl 2019, 40; aA SSB Rn. 18 f. mwN).

2. Erweiterte Anwendung auf sonstige Verpflichtungskonstellationen

Darüber hinaus ist streitig, ob § 172 nur Anwendung findet, wenn behörd- **5** liches Verhalten erzwungen werden soll, das den Rechtscharakter von VA aufweist (hierzu umfassend Roth VerwArch 2000, 18). Vorzugswürdig ist die Auffassung, dass die Regelung des § 172 nicht hierauf beschränkt ist (Kopp/Schenke Rn. 1; SSB Rn. 24; NdsOVG NVwZ-RR 2007, 13). Entsprechend anwendbar ist die Norm auf die **Vollstreckung gerichtlicher Anordnungen nach §§ 80 V 3, 80a III** (str., OVG NRW NVwZ 1993, 383; SSB Rn. 17), **§ 113 III 2** und die Vollstreckung wegen **Erzwingung eines VA** oder sonstiger hoheitlicher Regelungen (vgl. SSB Rn. 18 mwN) wie zB den Erlass oder die Fortschreibung von Luftreinhalteplänen (BayVGH ZUR 2019, 108; NVwZ 2017, 894) und auf **Prozessvergleiche** nach § 106, in denen die Behörde eine Verpflichtung eingegangen ist, die nicht auf eine Geldleistung gerichtet ist (OVG NRW Beschl. v. 10.9.2013 – 16 E 100/13; VGH BW IÖD 2014, 142; OVG Bln-Bbg BauR 2007, 528). Prozessvergleiche, die eine Unterlassungspflicht zum Gegenstand haben, scheiden wiederum aus; sie werden über § 167 I 1 iVm § 890 ZPO vollstreckt (VGH BW Justiz 2013, 118 mwN).

3. Verhältnis zu erneuten Klagen

6 § 172 schließt es nicht aus, in Umsetzung von verwaltungsgerichtlichen Entscheidungen ergangene behördliche Akte originär in einem neuen streitigen Verfahren anzugreifen, wenn der Betroffene geltend macht, sie setzten die gerichtlichen Vorgaben nicht in ausreichender Weise um (OVG NRW Urt. v. 26.3.2007 – 1 A 2821/05). Die Möglichkeit eines Vollstreckungsantrags beseitigt das Rechtsschutzbedürfnis für eine solche Klage nicht. Denn mit ihr kann nicht nur – wie beim Vollstreckungsantrag – geltend gemacht werden, bei der Neubescheidung sei die Rechtsauffassung des Gerichts nicht beachtet worden; vielmehr können auch sonstige, nicht von der Rechtskraft des vorangegangenen Urteils (§ 121) erfasste Gründe angeführt werden, aus denen sich der Betroffene durch die Neubescheidung in seinen Rechten verletzt sieht (BVerwG NVwZ 2010, 1151; BauR 2007, 1709).

II. Verfahren und Rechtsmittel

7 Das Verfahren nach § 172 auf Androhung und Festsetzung von Zwangsgeld wird (nur) auf elektronischen (§ 55a) oder schriftlichen – vor dem VG auch zu Protokoll zu stellenden (§ 81 I 2) – **Antrag** des Vollstreckungsgläubigers eingeleitet, wobei die **Zwangsgeldhöhe** im Antrag nicht beziffert werden muss. Die Vollstreckung des Zwangsgeldes erfolgt über § 170 **vAw. Sachlich und örtlich zuständig** ist das erstinstanzliche Gericht (§§ 45, 48, 50) des Verfahrens, in dem der Vollstreckungstitel geschaffen worden ist. Das Gericht entscheidet in **Beschlussbesetzung** (§§ 5 III, 9 III, 10 III), wobei vor dem VG eine Übertragung auf den Einzelrichter (§ 6) zulässig ist. Eine **notwendige Beiladung** ist auch in Dreieckskonstellationen nicht erforderlich, eine einfache Beiladung ist zulässig (str., vgl. OVG NRW OVGE 46, 94; SSB Rn. 39). Das Gericht entscheidet durch **Beschluss;** ein solcher eines VG ist grds. gem. § 146 I mit der **Beschwerde** anfechtbar, der bei der Festsetzung des Zwangsgeldes in entsprechender Anwendung des § 149 I 1 aufschiebende Wirkung zukommt (NdsOVG NVwZ-RR 2007, 13 mwN zum Streitstand; → § 149 Rn. 2).

III. Vollstreckungsentscheidung

1. Grundlagen

8 Liegen die allgemeinen Vollstreckungsvoraussetzungen (→ § 167 Rn. 4) mit Ausnahme der Vollstreckungsklausel (§ 171 analog, vgl. OVG NRW NVwZ-RR 2007, 140; → § 171 Rn. 1) vor und wurde eine nach den Umständen des konkreten Falls angemessene Frist abgewartet, innerhalb derer der Vollstreckungsschuldner seiner Verpflichtung grundlos (→ Rn. 1; BVerwGE 33, 230) nicht nachgekommen ist (Kopp/Schenke Rn. 5; BVerwG NVwZ-RR 2002, 314: drei Monate jedenfalls ausreichend), hat die Vollstreckung zu erfolgen. Die Formulierung „kann" bezeichnet nur die Entscheidungskompetenz des Gerichts, eröffnet ihm aber kein Ermessen (Eyermann § 172

Rn. 17). Auf ein **Verschulden** des Vollstreckungsschuldners kommt es nicht an (SSB Rn. 2 mwN).

2. Verweigerung der Mitwirkung

Verweigert ein Vollstreckungsgläubiger die notwendige Mitwirkung, die eine **9** Behörde zur Erfüllung einer ihr durch Gerichtsentscheidung auferlegten Pflicht benötigt, zB die Teilnahme an einem schulfachlichen Gespräch zur Erarbeitung einer neuen beamtenrechtlichen Beurteilung, so kann der Vollstreckungsgläubiger nicht die Festsetzung eines Zwangsgeldes gegen die Behörde wegen grundloser Säumnis verlangen (OVG NRW Beschl. v. 16.3.2009 – 6 E 1536/08).

3. Vollstreckung von einstweiligen Anordnungen

Bei der **Vollstreckung einstweiliger Anordnungen** ist insbes. § 123 III **10** iVm § 929 II ZPO zu beachten, wonach die Vollziehung unstatthaft ist, wenn seit dem Tag, an dem sie dem Beteiligten, auf dessen Antrag sie erging, zugestellt worden ist, ein Monat verstrichen ist (VGH BW IÖD 2014, 142; OVG RhPf NVwZ-RR 2014, 293; OVG NRW NWVBl 2019, 40).

4. Einwendungen

Einwendungen gegen den zugrunde liegenden Titel, aber auch solche gegen **11** die Androhung des Zwangsgeldes können – mit Ausnahme der Erfüllung – im Rahmen der Anfechtung der Festsetzung des Zwangsgeldes als weiterer selbstständiger Stufe des Vollstreckungsverfahrens nicht mehr geltend gemacht werden (BVerwGE 84, 354; VGH BW VRS 136, 274). Der Vortrag des Nichtbestehens oder des Wegfalls des materiellen, der Vollstreckung zugrunde liegenden Anspruchs ist im Verfahren nach § 172 unbeachtlich (BVerwG NVwZ-RR 2002, 314). Materiell-rechtliche Einwendungen kann die Behörde im Wege der **Vollstreckungsabwehrklage** (§ 167 I 1 iVm § 767 ZPO) geltend machen (BVerwGE 117, 44; VGH BW VRS 136, 274; BayVGH NVwZ-RR 2007, 736). Bis zur Entscheidung über diese kann (weiter) vollstreckt werden, es sei denn, die Vollstreckung wurde vorläufig eingestellt (§ 769 ZPO).

5. Entscheidungsinhalt

Das Gericht hat nach dem Wortlaut des § 172 lediglich die Möglichkeit (ggf. **12** wiederholt bis zur Erfüllung) Zwangsgeld anzudrohen, in der angedrohten Höhe festzusetzen und (nach § 170) zugunsten der Staatskasse zu vollstrecken. Da dies zuweilen lediglich zur Umbuchung im Staatshaushalt führt, wird bei beharrlicher Weigerung des Vollstreckungsschuldners vertreten, die Vollstreckung zugunsten des Vollstreckungsgläubigers zu verfügen (Klinger NVwZ 2019, 1332). Der Behörde ist eine konkrete, angemessene Frist zur Abwendung der Festsetzung zu setzen, die es der Behörde ermöglicht, ihrer Verpflichtung nachzukommen (BVerwGE 162, 331). Die **erstmalige Andro-**

hung eines Zwangsgeldes hat regelmäßig nicht im Höchstmaß zu erfolgen. Im Hinblick auf den Grundsatz der Verhältnismäßigkeit darf der vorgesehene Höchstbetrag eines Zwangsgeldes nur unter besonderen Voraussetzungen, zB einer außergewöhnlich hartnäckigen Widerspenstigkeit des Betroffenen, und idR erst nach Wiederholung des Zwangsmittels ausgeschöpft werden (NdsOVG NVwZ-RR 2007, 139). Androhung und Festsetzung können nicht gleichzeitig erfolgen; wohl aber die Festsetzung verbunden mit einer neuen (weiteren) Androhung (für eine wiederholte Festsetzung des Zwangsgeldes in einem Beschluss Klinger NVwZ 2019, 1332).

12a   **Beispiel:** „Dem Vollstreckungsschuldner wird ein Zwangsgeld in Höhe von… Euro für den Fall angedroht, dass er weiterhin seine Verpflichtung aus dem rechtskräftigen Urteil des Gerichts vom… – Az.:… – nicht erfüllt, zugunsten des Vollstreckungsgläubigers festzustellen, dass…. Der Vollstreckungsschuldner kann die Festsetzung des Zwangsgelds abwenden, wenn er der genannten Verpflichtung innerhalb einer Frist von vier Wochen nach Zustellung dieses Beschlusses nachkommt. Der Vollstreckungsschuldner trägt die Kosten des Verfahrens."

13   Aus Gründen effektiven Rechtsschutzes (Art. 19 IV GG) sind über § 172 hinausgehend auch **weitere Maßnahmen** denkbar, so zB über § 167 I 1 iVm § 888 I ZPO: Zwangsgeld bis 25.000 Euro oder Zwangshaft (vgl. BayVGH BayVGH ZUR 2019, 108; Klinger NVwZ 2019, 1332; Kring NVwZ 2019, 23), wenn sich die Behörde der (wiederholten) Festsetzung des Zwangsgeldes nicht beugt bzw. voraussichtlich nicht beugen wird (BVerfG NVwZ 1999, 1330; vgl. auch OVG NRW NVwZ 1992, 897; zur Problematik Roth VerwArch 2000, 19). Allerdings stellen sich mit Blick auf die Zwangshaft Bedenken mit Blick auf den Parlamentsvorbehalt (BayVGH ZUR 2019, 108). Das Unionsrecht, insbesondere Art. 47 I GRCh ist nach aktueller Rechtsprechung des EuGH dahin auszulegen, dass unter Umständen, die durch die beharrliche Weigerung einer nationalen Behörde gekennzeichnet sind, einer gerichtlichen Entscheidung nachzukommen, mit der ihr aufgegeben wird, eine klare, genaue und unbedingte Verpflichtung zu erfüllen, die sich aus dem Unionsrecht ergibt, das zuständige nationale Gericht Zwangshaft gegen Amtsträger der Behörde zu verhängen hat, wenn es in den Bestimmungen des innerstaatlichen Rechts eine hinreichend zugängliche, präzise und in ihrer Anwendung vorhersehbare Rechtsgrundlage für den Erlass einer solchen Zwangsmaßnahme gibt und wenn die damit verbundene Einschränkung des durch Art. 6 GRCh garantierten Rechts auf Freiheit den übrigen insoweit in ihrem Art. 52 I aufgestellten Voraussetzungen genügt. Fehlt im innerstaatlichen Recht hingegen eine solche Rechtsgrundlage, ermächtigt das Unionsrecht das nationale Gericht nicht, auf eine derartige Maßnahme zurückzugreifen (EuGH Urt. v. 19.12.2019 – C-752/18).

IV. Einstellung der Vollstreckung

14   Kommt die Behörde der Verpflichtung nach Androhung des Zwangsgeldes nach, ist der Vollstreckungsantrag zurückzunehmen oder das Vollstreckungsverfahren in der Hauptsache für **erledigt** zu erklären. Das Vollstreckungsverfahren ist sodann entsprechend § 92 II bzw. § 161 II einzustellen.

Erfüllt die Behörde ihre Verpflichtung erst nach Fristablauf oder nach Fest- **15** setzung des Zwangsgeldes, ist nach vorzugswürdiger Ansicht das Vollstreckungsverfahren auch in diesen Fällen nach entsprechenden Erklärungen der Beteiligten einzustellen bzw. ein entsprechender auf Durchführung gerichteter Antrag abzulehnen (aA Kopp/Schenke Rn. 6b; SSB Rn. 51). Intention des § 172 ist die Gewährung wirkungsvollen Rechtsschutzes, der in der Durchsetzung einer vollstreckbaren Verpflichtung besteht; hiernach gibt es keinen Anlass, diesen als nachträgliches Sanktionsinstrument wegen der Missachtung des Gerichts einzusetzen. Die Behörde trifft bei Verschulden jedenfalls die Kostenlast, ggf. nach § 155 IV.

Teil V. Schluß- und Übergangsbestimmungen

§ 173 [Entsprechende Anwendung des GVG und der ZPO]

[1] Soweit dieses Gesetz keine Bestimmungen über das Verfahren enthält, sind das Gerichtsverfassungsgesetz und die Zivilprozeßordnung einschließlich § 278 Absatz 5 und § 278a entsprechend anzuwenden, wenn die grundsätzlichen Unterschiede der beiden Verfahrensarten dies nicht ausschließen; Buch 6 der Zivilprozessordnung ist nicht anzuwenden. [2] Die Vorschriften des Siebzehnten Titels des Gerichtsverfassungsgesetzes sind mit der Maßgabe entsprechend anzuwenden, dass an die Stelle des Oberlandesgerichts das Oberverwaltungsgericht, an die Stelle des Bundesgerichtshofs das Bundesverwaltungsgericht und an die Stelle der Zivilprozessordnung die Verwaltungsgerichtsordnung tritt. [3] Gericht im Sinne des § 1062 der Zivilprozeßordnung ist das zuständige Verwaltungsgericht, Gericht im Sinne des § 1065 der Zivilprozeßordnung das zuständige Oberverwaltungsgericht.

Übersicht

I. Spezial- und Generalverweisungen (S. 1)

1. Überblick

1 Die in den Schussbestimmungen versteckte Vorschrift gehört zu den **Herzstücken** der VwGO (→ Rn. 3). Zwar versteht sich die VwGO als eigenständige Verfahrensordnung (→ § 1 Rn. 11), ihre ausformulierten Regelungen sind aber **bewusst rudimentär** gehalten (s.a. → § 1 Rn. 11a f.). Weitgehend vollständig geregelt ist lediglich die Gerichtsverfassung (§§ 1 bis 53). Auch dort sind insbes. die gerichtszweigübergreifenden Vorschriften des DRiG unausgesprochen mitzubedenken. Ansonsten finden sich eingehendere Regelungen in Bereichen, in denen es gilt, Besonderheiten des Verwaltungsrechts prozessual nachzuzeichnen. Unter diesem Aspekt sind die eigenständigen Regelungen der VwGO vor allem ausgerichtet auf den VA und die intensive Verzahnung des Verwaltungsprozesses mit dem Verwaltungsverfahren.

2 Wo immer aber möglich, entlastet sich die VwGO von der Notwendigkeit eigener Regelung mithilfe einer ausgefeilten **Technik der Verweisung** (Bezugnahme). Die schon auf dem 54. DJT (1982) als „Verweisungstrias" gekennzeichnete Struktur (NK-VwGO § 173 Rn. 1) besteht in der wörtlichen oder wortähnlichen Übernahme von ZPO-Bestimmungen in den VwGO-Text, in einer großen Zahl dynamischer (SSB § 173 Rn. 29) Einzelverweisungen auf Regelungen des GVG und der ZPO (→ Rn. 8 f.) und schließlich in der General- bzw. Globalverweisung des § 173 S. 1 auf diese beiden der sog. Reichsjustizgesetze (in Kraft getreten 1879), die zwar beide unmittelbar nur für die ordentliche Gerichtsbarkeit gelten (vgl. § 2 EGGVG; § 3 I EGZPO), aber weithin als bewährte Teilrechtsordnungen mit Modellcharakter gelten.

3 Dadurch kommt es in erheblichem Umfang zu einer **Inkorporation zivilprozessualer Bestimmungen** in die VwGO, die wegen ihrer Unschärfen („… soweit dieses Gesetz keine Bestimmung enthält") immer wieder kritisiert wird, wegen ihrer überwiegend positiven Wirkungen aber zu begrüßen ist: Sie vermeidet Redundanzen, fördert die Vereinheitlichung des Prozessrechts und macht doch eigenständige Fortentwicklungen möglich (allg. Ansicht, SSB § 173 Rn. 14; Kopp/Schenke § 173 Rn. 2). Damit kommt § 173 S. 1 zugleich der **Grundsatz weitestmöglich angleichender Auslegung** der VwGO mit der ZPO zum Ausdruck: Jede Auslegung begegnete Bedenken, die ohne einleuchtenden Grund unterschiedliche Übungen im Prozessrecht der VwGO und der ZPO aufkommen ließe (BVerwGE 36, 179 (182)). Dasselbe gilt für die FGO (§ 155) und das SGG (§ 202), die ähnlich strukturiert sind und daher einen vergleichbar „schmalen" Normbestand (mit jeweils nur rund 200 Paragrafen) aufweisen. In der Praxis (mehr als in der juristischen Ausbildung) ist ohne den ständigen Rückgriff auf die ZPO (mit ihren rund 1200 Paragrafen) eine angemessene Verfahrensgestaltung nicht denkbar. Daher ist es nicht übertrieben, die **Funktion des § 173 S. 1** als Schlussstein eines vollständigen und in sich geschlossenen Systems des Verwaltungsprozessrechts und als Mitgarant für ein möglichst einheitliches Prozessrecht zu kennzeichnen (SSB § 173 Rn. 29).

Konsequent ist es auch, die Vorschrift zur Inkorporation externer Regelungskomplexe oder zur Geltungsklarstellung zu nutzen. Mit diesem Ziel ist in den Jahren 2011 und 2012 die **Verweisung erweitert** worden. (1) Zunächst wurde durch Art. 8 G v. 24.11.2011 (BGBl. I 2302) mWv 3.12.2011 ein S. 2 eingefügt, um die für die ordentliche Gerichtsbarkeit geltenden Regelungen des GVG zur Kompensation von Nachteilen infolge **überlanger Verfahrensdauer** in die VwGO zu inkorporieren und an die Verwaltungsgerichtsbarkeit anzupassen (→ Rn. 27a ff.). Der bisherige S. 2 wurde unverändert zu S. 3. (2) Sodann wurde durch Art. 6 G v. 21.7.2012 (BGBl. I 1577) mWv 26.7.2012 in S. 1 außer Streit gestellt, dass die Vorschriften über den Güterichter (§ 278 V) und die Mediation (§ 278a) als **Instrumente einvernehmlicher Streitbeilegung** anwendbar sind (→ Rn. 9a ff.).

2. Ergänzende Regelungen außerhalb der VwGO

a) Sonderverfahrensrecht außerhalb der VwGO. Der VwGO geht spezielles Verwaltungsprozessrecht des Bundes vor. Es betrifft vor allem Rechtswegzuweisungen (→ Rn. 5 ff.), die Erforderlichkeit des Widerspruchsverfahrens (→ § 68 Rn. 9 ff.) und den Wegfall der aufschiebenden Wirkung (→ § 80 Rn. 19). Bestimmungen hierzu finden sich im AsylG (§§ 74 ff.) sowie im Bau- und Fachplanungsrecht des Bundes (zB §§ 214 f. BauGB; § 20 AEG, § 10 LuftVG, § 17e FStrG; Zusammenstellung bei Kuhla/Hüttenbrink Verwaltungsprozess Anh. IV, 3).

In weiterem Umfang erklärt sich die VwGO offen für abweichendes oder ausfüllendes **Landesrecht**, das iW in den Ausführungsgesetzen der Länder zur VwGO enthalten ist (→ § 3 Rn. 3). Die Ermächtigungen zur Abweichungsgesetzgebung werden meist mit der Wendung versehen: „sofern das Landesrecht dies bestimmt". I.E. handelt es sich um folgende Vorschriften: §§ 9 III, 12 III, 26 II 4, 36 II, 40 I 2, 42 III, 47 I Nr. 2, 48 II 3, 61 Nr. 3, 68 I S. 2, 73 I Nr. 1 und 3, 78 I Nr. 2, 80 II 1 Nr. 3, §§ 184 und 187.

b) Verfahrensergänzungsrecht. Die VwGO verweist für die Vollstreckung in § 169 I auf das **VwVG** (Bund). Das **GKG** bestimmt seine Anwendbarkeit auf verwaltungsgerichtliche Verfahren in § 1 I lit. b selbst.

3. Einzelverweisungen in der VwGO

Vorrangig anzuwenden sind die Spezialverweisungen der VwGO auf fest umgrenzte Normbereiche des GVG und der ZPO:

a) Spezielle Verweisungen auf das GVG (alphabetisch). Es gelten kraft ausdrücklicher Bezugnahme die Vorschriften über:
– die Entschädigung bei überlanger Verfahrensdauer gem. §§ 198 bis 201 nach S. 2 (neu) (→ Rn. 27a ff.)
– Geschäftsverteilung und Präsidium: § 4 iVm dem Zweiten Titel (§§ 21a ff.)

– Ordnungsmittel, Beschwerde gegen: § 149 II iVm §§ 178 und 181 II („bleiben unberührt")
– Ordnungsvorschriften: § 55 iVm §§ 169, 171a bis 198 (Öffentlichkeit, Sitzungspolizei, Gerichtssprache, Beratung und Abstimmung)
– Zuständigkeit (sachliche und örtliche): § 83 iVm §§ 17 ff. (Rechtsweg)

9 **b) Spezielle Verweisungen auf die ZPO (alphabetisch).** Es gelten kraft ausdrücklicher Bezugnahme die Vorschriften über:
– Ausschließung und Ablehnung von Gerichtspersonen: § 54 I iVm §§ 41 ff. (= Titel 4)
– Beweisaufnahme: § 98 iVm §§ 358 bis 444; §§ 450 bis 494
– Einstweilige Anordnung: § 123 III iVm §§ 920, 921, 923, 926, 928 bis 932, 938, 939, 941 und 945
– Fristen: § 57 II iVm §§ 222, 224 II, III, §§ 225 und 226
– Kosten bei mehreren Kostenpflichtigen: § 159 S. 1 iVm § 100
– Protokollführung über die mündliche Verhandlung: § 105 iVm §§ 159 bis 165
– Prozessfähigkeit: § 62 IV iVm §§ 53 ff.
– Prozesskostenhilfe: § 166 iVm §§ 114 ff.
– Streitgenossenschaft: § 64 iVm §§ 59 ff.
– Vollstreckung bei nichtigem Landesrecht: § 183 S. 3 iVm § 767
– Vollstreckung und vorläufige Vollstreckbarkeit: § 167 I iVm Buch 8 (§§ 704 ff.)
– Wiederaufnahme des Verfahrens: § 153 I iVm Buch 4 (§§ 578 ff.)
– Zustellungen: § 56 II iVm §§ 166 ff.

9a **c) Nichtkontradiktorische Streitbeilegung (Güterrichter und Mediation).** Entspr. § 278 I ZPO (iVm § 173 S. 1) soll das Gericht „in jeder Lage des Verfahrens auf eine gütliche Beilegung des Rechtsstreits oder einzelner Streitpunkte bedacht sein". Damit ausgedrückt ist eine (nicht sanktionierte) Verpflichtung in jeder Instanz und in allen Verfahren. Durch Ergänzung des S. 1 (→ Rn. 3a) ist 2012 klargestellt worden, dass auch die Möglichkeiten der ZPO zur Herbeiführung einer **einvernehmlichen Streitbeilegung** außerhalb des Prozesses nutzbar sind. In einem anhängigen Verwaltungsrechtsstreit kann das „Gericht" gem. § 278 V 1 ZPO die Beteiligten in jedem Verfahrensstadium zur gütlichen Streitbeilegung an einen „hierfür bestimmten und nicht entscheidungsbefugten Richter **(Güterrichter)** verweisen". Es ist tunlich, die Sinnhaftigkeit einer Verweisung in einem Erörterungstermin oder aufgrund freigestellter mündlicher Verhandlung auszuloten. Ein Einverständnis der Beteiligten ist gleichwohl nur faktische, keine formelle Voraussetzung (vgl. BT–Drs. 17/8058). Der Beschluss mit der verbindlichen Verweisung ist durch die entscheidungsbefugte Richterbank zu fassen; dem Vorsitzenden bzw. BE ist im vorbereitenden Verfahren (§ 87a) keine entspr. Kompetenz eingeräumt (Kopp/Schenke § 173 Rn. 4b; aA SSB § 173 Rn. 206). Im Beschluss ist der Güterrichter zu bestimmen, der nicht dem erkennenden Spruchkörper angehören darf, wohl aber demselben oder einem beliebigen anderen Gericht. Eine Pflicht von VG, Richter zu Güterrichtern zu bestimmen (was durch GVP erfolgen müsste), besteht ebenso wenig wie die Pflicht zur Anordnung eines Güteversuchs, der im Ermessen des Gerichts liegt (str., SSB § 173 Rn. 205).

Die Verweisung führt zu einem besonderen Verfahrensabschnitt innerhalb **9b** des Ausgangsverfahrens. Ziel der **Güteverhandlung** ist es, den Rechtsstreit einvernehmlich beizulegen. Der Güterichter kann dazu den Weg wählen, jenseits der Grenzen des Prozesses einen hinter dem Rechtskonflikt stehenden Interessenkonflikt einer Lösung zuzuführen. Dazu darf er nach § 278 V 2 ZPO alle Methoden der Konfliktbeilegung einschließlich der Mediation nutzen. Wählt er die Mediationsmethode, gelten nur die verfahrensbezogenen Vorschriften des MediationsG sinngemäß. Er darf im Unterschied zum Mediator (→ Rn. 9d) rechtliche Bewertungen einfließen lassen und einen eigenen Entscheidungsvorschlag einbringen. Dieses **erweiterte Güterichter-Modell** sollte die davor verbreitete gerichtsinterne Mediation ablösen (BT–Drs. 17/8058; § 9 MediationsG). Führt die Güteverhandlung zum Erfolg, ist das Streitverfahren nach den Regeln über die Verfahrensbeendigung (Prozessvergleich, Anerkenntnis, Klagerücknahme oder Erledigungserklärung) zu einem formellen Abschluss zu bringen. Der Güterichter darf auf Wunsch einen vollstreckbaren Vergleich protokollieren (§§ 106, 168 I Nr. 3 ZPO). Die Grenzen des Rechts bleiben in jedem Falle verbindlich, ein (materieller) Vergleichsvertrag contra legem wäre unwirksam. Scheitert eine gütliche Streitbeilegung, gibt der Güterichter die Sache an das erkennende Gericht zurück. Gesonderte Gerichtskosten fallen für diesen Verfahrensabschnitt nicht an (→ vor § 154 Rn. 12).

Alternativ zum Güterichter erlaubt es § 278a I ZPO, den Beteiligten eine **9c** **Verwaltungsmediation** oder ein anderes Verfahren der außergerichtlichen Konfliktbeilegung „vorzuschlagen". Da der Vorschlag keine Bindungswirkung entfaltet, kann er formlos und vom Vorsitzenden, dem BE oder (mit evtl. größerer Überzeugungskraft) vom Spruchkörper ausgehen. Der Vorschlag kann in jedem Verfahrensstadium, sollte aber möglichst früh gemacht werden. Er ist bedingt durch **Mediationseignung,** für deren Bewertung den meisten Richtern hinreichende Vorkenntnisse fehlen dürften. Ihnen sollten alsbald Hilfestellungen (durch Leitfäden und Fortbildung) an die Hand gegeben werden. Ob eine zentrale Mediationsstelle innerhalb des Gerichts denkbar ist, der ein Spruchkörper eine Sache zur (Vor)Beurteilung zuleiten kann, scheint ohne gesetzliche Grundlage fraglich. Mediation ist gem. § 1 MediationsG durch Interessenorientierung und die Ausrichtung auf eine autonome Konfliktbeilegung gekennzeichnet (→ § 1 Rn. 12). Die Eignung einer Verwaltungsmediation, die rechtsgebietsabhängig für etwa 10 bis 25% der Verwaltungsstreitsachen gegeben ist, ergibt sich demgem. daraus, dass (a) hinter dem Rechtskonflikt ein tieferliegender Interessenkonflikt und (b) eine darauf bezogene Konfliktlösung mit beiderseitigem Nutzen erkennbar sind, die in der Mediation aufgedeckt und im Einklang mit rechtlichen Regeln umgesetzt werden kann und (c) die Beteiligten eine konsensgerichtete Gesprächsbereitschaft mitbringen. Letztere kann aus strategischen Gesichtspunkten fehlen, wenn ein Beteiligter, etwa bei Musterklagen oder zur Vorbereitung einer Verfassungsbeschwerde, eine verbindliche Gerichtsentscheidung braucht. Der Verwaltungsmediation sind rechtliche Grenzen gezogen: Die in der Mediation angestrebte autonome Konfliktbeilegung mit einer abschließenden Vereinbarung hat die Grenzen zu beachten, die der Verwaltung durch bindendes Recht gezogen sind, was sich besonders in multipolaren und Dritt-Rechtsbeziehungen bemerkbar macht (Streit um kontingentierte Leistungen, Konkurrentenstreitverfahren, Auftragsvergaben), zumal dort oft nicht alle Betroffenen in die Mediation einbezogen werden können.

9d Folgen die Beteiligten dem Vorschlag, ordnet der Spruchkörper (regelmäßig der BE im vorbereitenden Verfahren nach § 87a) das Ruhen des Verfahrens an (§ 278a II iVm § 251 ZPO). Die Beteiligten wählen, ggf. auf Vorschlag des Gerichts, einen Mediator. Für das weitere Verfahren gilt das MediationsG. Der Mediator darf keinen eigenen Entscheidungsvorschlag in das Verfahren einbringen und muss sich mit rechtlichen Bewertungen zurückhalten. In der Verwaltungsmediation hat er aber doch darauf zu achten, dass die von den Beteiligten entwickelten Lösungen die – namentlich der Verwaltung gezogenen – gesetzlichen Grenzen einhalten. Führt die Mediation zum Erfolg, wird das Gerichtsverfahren gem. der Mediationsvereinbarung, die sich hierzu verhalten muss, durch prozessuale Erklärungen gegenüber dem Gericht (→ Rn. 9b) beendet. Scheitert die Mediation oder verstreicht eine vom VG für die Einigung gesetzte Frist, setzt das VG das Verfahren fort. Da die Mediation kein Verfahrensabschnitt des Ausgangsverfahrens ist, gelten für sie nicht die prozessualen Regeln, auch nicht etwa über die Kosten.

4. Die ergänzende Generalverweisung (S. 1)

10 **a) Umfang der Generalverweisung auf das GVG.** Die Bedeutung der **General**verweisung in § 173 S. 1 auf das GVG ist **gering.** Die Spezialverweisungen (→ Rn. 6) decken drei wesentliche Bereiche ab (Zuständigkeit, Geschäftsverteilung und Ordnungsvorschriften). Die weiteren Bestimmungen betreffen **exklusiv** die ordentliche Gerichtsbarkeit und die ihr zugeordneten Institutionen, sodass ihnen auch zu Einzelfragen keine Aussagen zur Lückenfüllung entnommen werden können. Letzteres gilt offenkundig für die **Titel 3 bis 12** (§§ 22 bis 152) über die Landesgerichte, Spezialkammern, den BGH und die Staatsanwaltschaft. Die **Geschäftsstelle** ist in § 13 VwGO eigenständig geregelt; § **153** ist ausdrücklich nicht anwendbar (→ § 13 Rn. 4).

11 Als **ergänzend anwendbar** gelten daher nur noch:
– die §§ **18 bis 20** über die Befreiung von Mitgliedern diplomatischer Missionen, konsularischer Vertretungen und sonstiger Exterritorialer von der deutschen Gerichtsbarkeit als Ausdruck übergeordneter Prinzipien (→ vor § 40 Rn. 20 f.).
– aus den Vorschriften über die **Rechtshilfe** (§§ 156 bis 168) die §§ 157, 158 und 159 (→ § 14 Rn. 2)

12 **b) Umfang der Generalverweisung auf die ZPO.** Die Generalverweisung auf die ZPO hat – neben den zahlreichen Spezialverweisungen (→ Rn. 9) – erhebliche Bedeutung. Über sie anwendbar werden zahlreiche Einzelvorschriften vor allem des eigentlichen **Verfahrensrechts,** das in der VwGO iW mit Blick auf die dort geltenden Verfahrensgrundsätze (namentlich den Amtsermittlungsgrundsatz) nur punktuell geregelt ist. Eine erschöpfende **systema-tische Aufzählung** der anwendbaren Bestimmungen findet sich in SSB § 173 Rn. 111–322. **Hinweise** zur Anwendbarkeit der einzelnen ZPO-Vor-schriften in der Verwaltungsgerichtsbarkeit enthält die ZPO-Kommentierung von BLAHG.

Die Anordnung einer **„entsprechenden Anwendung"** der ZPO führt zu **13** einer vollständigen Inkorporation der *anwendbaren* ZPO-Normen in die VwGO. Die entspr. Anwendung (nicht: Analogie) bedingt Anpassungen der inkorporierten Normen auf der **Tatbestandsseite**, sodass diese auf verwal-tungsprozessuale Sachverhalte anwendbar werden. Zu Recht werden aber auch Anpassungen der **Rechtsfolge** an die Besonderheiten des Verwaltungs-prozesses für möglich gehalten (BVerwG NJW 1985, 1178 zur Prüfung der Anwaltsvollmacht vAw entgegen § 88 II ZPO; vgl. BeckOK VwGO § 173 Rn. 12).

Ausdrücklich ausgenommen von der Inkorporation ist nach S. 1 idF **13a** von Art. 7 G v. 12.7.2018 (BGBl. I 1151) mWv 1.11.2018 das **6. Buch der ZPO**. Der Gesetzgeber wollte durch Anfügung des 2. Halbs. klarstellen, dass die dort ermöglichte **Musterfeststellungsklage** in den öffentlich-rechtlichen Gerichtsbarkeiten keine Anwendung finden soll (BT-Drucks. 19/2507 S. 28)

c) Voraussetzungen einer entsprechenden Anwendung. Die entspre- **14** chende Anwendung von ZPO-Vorschriften kommt nur in Betracht, soweit in der VwGO **Regelungslücken** bestehen. Nicht von Bedeutung ist, ob eine Lücke planwidrig ist (aA BeckOK VwGO § 173 Rn. 3); denn die General-verweisung ist Ausdruck eines zielgerichteten, also planmäßigen Absehens von eigenständiger Regelung mit den eingangs genannten Zwecken (→ Rn. 3). Dieses Ziel kommt besonders deutlich dort zum Vorschein, wo eine erkennbare Rahmenregelung getroffen ist (vgl. zB § 164 für die Kosten-festsetzung, → Rn. 18).

Eine Auffüllung durch ZPO-Vorschriften ist aber nur dann zugelassen, **15** wenn **keine „grundsätzlichen Unterschiede** der beiden Verfahrensarten" bestehen. Solche Unterschiede folgen vor allem aus dem Amtsermittlungs-grundsatz (→ § 86 Rn. 1 ff.), während der Zivilprozess meist vom Beibrin-gungsgrundsatz beherrscht wird, der den Verfahrensbeteiligten stärker die Ver-antwortung für die Sachverhaltsermittlung auferlegt. Mit der Amtsermittlung vertragen sich etwa Vorschriften nicht, die eine Bindung des Gerichts an Parteivorbringen vorsehen.

Unterschiede ergeben sich ferner dort, wo ein betroffenes **öffentliches** **16** **Interesse** durchzusetzen ist oder die ZPO von der formalen Gleichheit der Parteien ausgeht. Demgegenüber gilt es im Verwaltungsprozess fast überall, die **Waffengleichheit** zwischen Bürger und Verwaltung (mit ihrer größeren Sach- und Rechtskenntnis, Spezialisierung und Finanzkraft) herzustellen. Daher dürfen etwa richterliche Hinweise, Belehrungen und Rechtsausfüh-rungen an die Naturalpartei, die wie eine Bevorzugung erscheinen könnten, nicht oW als Befangenheit iSd §§ 45 ff. ZPO gedeutet werden (→ § 86 Rn. 49; weitere Beispiele bei SSB § 173 Rn. 78 ff.).

d) Anwendbare ZPO-Bestimmungen im Einzelnen (alphabetisch)

17 – **Beteiligte/Parteien:** Die VwGO regelt eigenständig, wer Beteiligter sein kann (§ 63) und wer beteiligungs- und prozessfähig ist (§§ 61 f.). Die entsprechenden Vorschriften der ZPO über die Parteien (§§ 50 bis 77) gelten daher nicht. § 64 nimmt lediglich im Wege der Spezialverweisung die in der VwGO fehlenden Vorschriften über die **Streitgenossenschaft** (§§ 59 bis 63 ZPO) in Bezug. Vgl. auch → Prozessbevollmächtigte und Beistände (§§ 78 ff. ZPO).

17a – **Beweisrecht** → § 98 Rn. 2 ff. Zur Beweiskraft eines Urteils nach § 417 ZPO BVerwG NVwZ-RR 2013, 125.

18 – **Kostenfestsetzung:** Es gelten ergänzend die Vorschriften über das Festsetzungsverfahren (§§ 103 bis 107 ZPO), das in § 164 sinngemäß (durch Absehen von Regelung in Bezug genommen ist).

19 – **Klagearten:** Die Klagearten (→ vor § 40 Rn. 47 ff.) sind wegen grundsätzlicher Unterschiede in den Verfahrensarten in der VwGO weitgehend abschließend geregelt. Die Unterschiede ergeben sich aus der prozessualen Behandlung des VA und der durch ihn bewirkten Verzahnung mit dem Verwaltungsverfahren, dem die VwGO zum erheblichen Teil ihre Existenz verdankt. Anwendbar sind die Zwischenfeststellungsklage (→ § 43 Rn. 5) und die – in der ZPO aber auch nur vorausgesetzten – Grundsätze der allgemeinen Leistungsklage.

20 – **Prozessbevollmächtigte und Beistände:** Die Vorschriften des Titels 4 (§§ 78 bis 90) sind entsprechend anwendbar, soweit sie nicht verdrängt sind. Für die Postulationsfähigkeit, Beistände und Vollmacht gilt → § 67; er verdrängt §§ 78 I und 79, 80 I ZPO. Die Bestellung eines Notanwalts nach § 78b I ist möglich (→ § 166 Rn. 52); hingegen werden §§ 78b II und 78c II ZPO durch §§ 146 und 152 I ersetzt. § 85 I 2 ZPO wird durch den Amtsermittlungsgrundsatz (§ 86 I) überlagert. Unbestritten anwendbar ist aber **§ 85 II**, der das Verschulden des Prozessbevollmächtigten dem des vertretenen Beteiligten gleichsetzt (vgl. BVerwG DÖV 2008, 517; NVwZ 2004, 1007; BVerfGE 60, 253; NVwZ 2000, 907).

21 – **Prozesskosten** (Titel 5): Das Kostenrecht der VwGO (§§ 154 bis 165) muss partiell durch Kostenbestimmungen der §§ 91 ff. ZPO ergänzt bzw. kann aus deren Blickwinkel interpretiert werden; das gilt vor allem für die Bestimmungen über die Kostenfestsetzung (→ Rn. 18).

22 – **Rechtsmittel:** Die Vorschriften der VwGO (§§ 124 bis 130b für die Berufung, §§ 132 bis 145 für die Revision und §§ 146 bis 152 für die Beschwerde) regeln das Rechtsmittelrecht der verwaltungsgerichtlichen Verfahren iW eigenständig und grds. abschließend. Ergänzend heranzuziehen bleiben, wie im Verfahrensrecht allgemein, einzelne Vorschriften der **ZPO** über Rechtsmittel**verfahren**. Entsprechend anwendbar sind insbes.:
- § 512 unterwirft der Beurteilung des Berufungsgerichts Entscheidungen, die dem angefochtenen Endurteil vorausgegangen sind, sofern ihre Anfechtung nicht gesetzlich ausgeschlossen ist (§ 557 II ZPO)
- § 520 III 1 schreibt die Schriftform für die Begründung der Berufung, § 551 II 1 entsprechend die Schriftform für die Begründung der Revision ausdrücklich vor (vgl. GmS-OGB BVerwGE 58, 359 (360))

- **§ 534** (Verlust von Verfahrensrügen in Bezug auf den ersten Rechtszug; s.a. § 556 ZPO)
- **§ 546** (§ 550 ZPO aF) legt ergänzend zu § 137 für das Revisionsverfahren begrifflich fest, wann ein revisibles Gesetz verletzt ist (BVerwG NVwZ 1982, 196)
- **§ 549 II** macht die allgemeinen Vorschriften über vorbereitende Schriftsätze (§§ 129 ff. ZPO) auf die Revisionsschrift anwendbar (SSB § 173 Rn. 281; aA BLAHG ZPO § 549 Rn. 3)
- **§ 556** schließt für das Revisionsverfahren Rügen aus, welche die Verletzung von Verfahrensvorschriften betreffen, wenn das Rügerecht bereits in der Vorinstanz über die Verzichtsregelungen des § 295 ZPO verloren gegangen ist (Nachw. bei Eyermann § 132 Rn. 18 und § 133 Rn. 15)
- **§ 557 II** unterwirft der Beurteilung des Revisionsgerichts (ergänzend zu § 137) Entscheidungen, die dem angefochtenen Endurteil vorausgegangen sind, sofern ihre Anfechtung nicht gesetzlich ausgeschlossen ist (§ 512 ZPO)
- **§ 560** bindet das Revisionsgericht an die von der Vorinstanz getroffenen Feststellungen über das Bestehen und über den Inhalt irrevisiblen Rechts und korrespondiert so mit § 137 I, wonach die Revision nur auf die Verletzung von Bundesrecht oder von solchem Landesrecht gestützt werden kann, das durch ein Bundes- oder ein Landesgesetz ausdrücklich für revisibel erklärt worden ist (BVerwG NVwZ 2010, 133; BVerwGE 108, 269 (271) zu § 562 ZPO aF)
- **§ 564** entbindet das Revisionsgericht bei Zurückweisung nicht absoluter Verfahrensrügen von der Pflicht zur Begründung (BVerwGE 80, 228)
- **§ 567 I Nr. 2** (sofortige Beschwerde gegen Beschlüsse über die Ablehnung von Gerichtspersonen) wird von § 146 II verdrängt (→ § 54 Rn. 25)
- **§ 570,** insbes. mit der Zuständigkeit des Beschwerdegerichts für die Aussetzung der Vollziehung einer erstinstanzlichen Entscheidung
- **§ 571 II 1** erlaubt es, die Beschwerde auf neue Angriffs- und Verteidigungsmittel zu stützen
- **Streitwert:** Die Bemessung richtet sich nach **§ 52 iVm §§ 39 ff. GKG** **23** (§ 1 II Nr. 1 GKG). Die früher gängige Heranziehung des § 5 ZPO zur Bestimmung des Streitwerts, wenn sich das Rechtsschutzbegehren aus mehreren Ansprüchen zusammensetzte, ist heute in § 39 GKG geregelt.
- **Terminsbestimmung und Ladung** (§§ 214–220, 229 ZPO): Anwendbar **24** ist § 227 ZPO über Terminsänderungen aus erheblichen Gründen (→ § 102 Rn. 8; BVerwG Buchh 310 § 108 VwGO Nr. 178 S. 68, BVerwGE 81, 229 (232); Buchh 303 § 227 ZPO Nr. 14 S. 9 f.; Buchh 303 § 227 ZPO Nr. 21 S. 1 f.; Beschl. v. 26.4.1999 – 5 B 49.99, Rn. 4; Buchh 303 § 227 ZPO Nr. 30 S. 6). In § 102 IV ausdrücklich ausgeschlossen ist in diesem Zusammenhang die Vorschrift über Terminsbestimmung in den Gerichtsferien (1.7. bis 31.8.), die in der Verwaltungsgerichtsbarkeit nicht festgelegt sind.
- **Verfahren:** Das eigentliche Verfahrensrecht des Verwaltungsprozesses ist im **25** 9. Abschnitt der VwGO (§§ 81 bis 106) eigenständig geregelt, was iW durch den Amtsermittlungsgrundsatz bedingt ist. Das Verfahrensrecht ist

dennoch ergänzungsbedürftig. Daher bleiben zahlreiche allgemeine Verfahrensvorschriften der §§ **128 bis 165** ZPO anwendbar (verdrängt wird § 128 II 3 ZPO durch § 101 II, BVerwG BauR 2010, 205). Aus dem Zweiten Buch (Verfahren im ersten Rechtszug, §§ **253 bis 510c**) sind hingegen wegen der Spezialverweisungen (zB in § 98) und der grds. Unterschiede (des amtsgerichtlichen Verfahrens oder bei Säumnis) iW anwendbar **nur** Vorschriften der Titel 1 (Verfahren bis zum Urteil, §§ 253 bis 299a) und Titel 2 (Urteil, §§ 300 bis 329; zu § 293 [Ermittlung fremden Rechts]: BVerwGE 143, 369). Verdrängt (durch § 58) ist die Pflicht zur Rechtsbehelfsbelehrung nach § **232** (→ § 58 Rn. 1, 8). Weitgehend anwendbar sind die Vorschriften über Unterbrechung, Aussetzung und Ruhen des Verfahrens (§§ **239–252**), soweit keine Sonderregelungen in der VwGO (wie § 94) bestehen. Zu § **283** → § 103 Rn. 12.

26   – **Vertreter, gesetzlicher:** Das Verschulden eines gesetzlichen Vertreters (zum Prozessbevollmächtigten s. dort) bei der Prozessführung steht dem Verschulden des vertretenen Verfahrensbeteiligten gleich. § **51 II** ist anwendbar; er enthält einen allgemeinen Rechtsgedanken.

27   – **Zuständigkeit:** Die VwGO enthält in § 40 eine eigenständige Regelung über den Rechtsweg und in §§ 45 bis 53 abschließende Regelungen über den Gerichtsstand und die sachliche, instanzielle und funktionelle Zuständigkeit.

II. Ansprüche wegen überlanger Verfahrensdauer (S. 2)

1. Vorgeschichte, Regelungszweck, Erfahrungen

28   Mit dem Gesetz über den Rechtsschutz bei überlangen Gerichtsverfahren und strafrechtlichen Ermittlungsverfahren v. 24.11.2011 (BGBl. I 2302; Gesetzentwurf BT-Drs. 17/7217) ist dem GVG ein 17. Titel (§§ 198–201) angehängt worden, der die Folgen überlanger Verfahren in der ordentlichen Gerichtsbarkeit regelt. Damit hat der Gesetzgeber auf Verurteilungen des EGMR wegen Verletzung des Art. 6 I EMRK (→ vor § 40 Rn. 2) reagiert (eingehend Eyermann § 173 Rn. 8 ff.). Dieser Normkomplex wird durch § 173 S. 2 in die VwGO inkorporiert und durch Maßgaben an die Verwaltungsgerichtsbarkeit angepasst. Die §§ **198–201** GVG sind dadurch iW eins zu eins anwendbar, soweit sie keine Regelungen enthalten, die der Natur der Sache nach nur für Strafverfahren oder die Staatsanwaltschaft gelten können (wie § 199). Die Folgen unangemessen langer Verwaltungsgerichtsverfahren bestehen in der **Kompensation** verzögerungsbedingter Nachteile (→ Rn. 32 f.).

29   Daraus sind die **Normzwecke** ersichtlich, die gleichermaßen präventiver wie repressiver Natur sind: Nachteile aus der Verletzung der gerichtlichen Pflicht zur angemessenen Verfahrensförderung werden kompensiert, und den Gerichten wird die Bedeutung dieser – mit zunehmender Verfahrensdauer anziehenden – Pflicht zur Beschleunigung (BVerfG NJW 2013, 3630) nachdrücklich vor Augen geführt. Darin gewinnen wichtige Gedanken Gestalt, nämlich dass meist nur schnelles Recht gutes Recht ist und dass Gerichte

(mindestens aus dieser Warte) auch Dienstleister sind, die durch die Unabhängigkeit der Entscheider zur bestmöglichen Erfüllung ihrer Aufgaben befähigt werden sollen – auch, wenn dies zwangsläufig in ein Spannungsverhältnis zu dem rechtsstaatlichen Gebot steht, eine an Recht und Gesetz gemessen inhaltlich „richtige" Entscheidung zu treffen. **Evaluierungen** des Gesetzes durch die Bundesregierung (Unterrichtung v. 17.10.2014, BT-Drs. 18/2950) und die Bundesrechtsanwaltskammer (StN Nr. 11/2014 v. März 2014) belegen, dass die Bedeutung der Verzögerungsrüge in der Praxis aller Gerichtszweige gering ist, erst recht die Zahl der Entschädigungsklagen.

2. Anspruchsvoraussetzungen

Die kompensatorischen Ansprüche setzen voraus, dass ein Verfahrensbeteiligter eines verwaltungsgerichtlichen (Primär)Verfahrens infolge einer unangemessenen Verfahrensdauer einen materiellen oder immateriellen Nachteil erlitten hat (§ 198 I GVG). Als **Verfahrensbeteiligte** (§ 63) kommen grds. nur Private und Träger eines Selbstverwaltungsrechts in Betracht, nicht hingegen alle sonstigen öffentlichen Stellen (§ 198 I iVm § 198 VI Nr. 2 GVG). **Gerichtsverfahren** ist jedes bei einem VG im administrativen Sinne (→ § 1 Rn. 4) geführte Hauptsache- oder vorläufige Rechtsschutzverfahren einschließlich von Neben- und PKH-Verfahren über sämtliche Rechtszüge von der Einleitung bis zum (formell) rechtskräftigen Abschluss (§ 173 S. 2 iVm § 198 VI Nr. 1 GVG). **30**

Am stärksten wertungsabhängig ist die Voraussetzung der **Unangemessenheit der Verfahrensdauer.** Bezugspunkt ist die Dauer des gesamten (verwaltungs)gerichtlichen Verfahrens, auch wenn dieses über mehrere Instanzen oder bei verschiedenen Gerichten geführt worden ist, nicht aber das behördliche Vorverfahren (BVerwGE 147, 146 Rn. 17). Die Angemessenheit der Verfahrensdauer beurteilt der EGMR nach den Umständen der Rechtssache sowie unter Berücksichtigung folgender **Kriterien:** der Komplexität des Falles, dem Verhalten des Beschwerdeführers und der zuständigen Behörden sowie der Bedeutung des Rechtsstreits für den Beschwerdeführer (grundlegend: EGMR-GK, Frydlender ./. Frankreich, Nr. 30979/96, Rn. 43, ECHR 2000-VII; für Deutschland EGMR NJW 2010, 3355; NVwZ 1999, 1325; EuGRZ 1996, 192; ebenso BVerfG NVwZ 2004, 334 Rn. 9). **31**

Die Beurteilung erfordert eine **Gesamtbetrachtung** des konkreten Verfahrensverlaufs, dh der Umstände des Falles, insbes. der Schwierigkeit und Bedeutung des Verfahrens und des Verhaltens der Verfahrensbeteiligten und Dritter (§ 198 I 2 GVG). Wie die Verwendung des Wortes „insbes." zeigt, werden damit die Umstände beispielhaft und ohne abschließenden Charakter benannt (BT-Drs. 17/3802 S. 18). Von der Einführung bestimmter Grenzwerte für die Dauer unterschiedlicher Verfahrenstypen hat der Gesetzgeber bewusst abgesehen. Mit der Einzelfallprüfung ist es deshalb nicht vereinbar, feste Zeitvorgaben zu entwickeln, die angesichts der Vielgestaltigkeit verwaltungsgerichtlicher Verfahren auch sachlich nicht zu rechtfertigen wären, idR ebenso wenig wie Orientierungswerte (etwa statistische Durchschnitts- **31a** laufzeiten) oder Regelfristen für die Laufzeit von Verfahren (BVerwG aaO; ebenso BVerfG NVwZ 2013, 789). **Unangemessen** ist die Verfahrensdauer, wenn eine insbes. an den Merkmalen des § 198 I 2 GVG ausgerichtete Gewichtung und Abwägung aller bedeutsamen Umstände des Einzelfalles ergibt, dass die aus konventions- und verfassungsrechtlichen Normen folgende Verpflichtung des Staates, Gerichtsverfahren in angemessener Zeit zum Abschluss zu bringen, verletzt ist. Dabei ist vor allem auch zu prüfen, ob Verzögerungen, die durch die Verfahrensführung des Gerichts eintreten, bei Berücksichtigung des dem Gericht zukommenden Gestaltungsspielraumes sachlich gerechtfertigt sind (BVerwGE 147, 146 Rn. 37). Die **Erkrankung** eines (berichterstattenden) Richters kann als Fall höherer Gewalt eine kurzfristige Verzögerung des Rechtsstreits rechtfertigen (BVerwG BayVBl 2014, 149). Hingegen ist eine **Überlastung der Verwaltungsgerichtsbarkeit** oder des konkreten Ausgangsgerichts bzw. Spruchkörpers für die Bemessung des richterlichen Spielraums für die Entscheidung nach Entscheidungsreife grds. ohne Belang (abgesehen von Sonderbelastungen wie einem exorbitanten Anstieg von Asylverfahren s. § 17 Vorbem.). Überbelastungen folgen aus strukturellen Mängeln, die sich der Staat zurechnen lassen muss und die er zu beseitigen hat (BVerwG NVwZ 2014, 1523 mwN).

31b   Die Verfahrensdauer muss **kausal** für einen **Nachteil** geworden sein (§ 198 I GVG), der materieller (wirtschaftlicher, finanzieller) oder immaterieller Natur sein kann. Immaterielle Nachteile werden bei unangemessener Verfahrensdauer widerleglich (BT-Drs. 17/3082, 19) vermutet (§ 198 II 1). **Immaterielle** (nichtvermögensrechtliche) Nachteile sind etwa psychische Beeinträchtigungen, körperliche Beeinträchtigungen, Rufschädigungen oder die Entfremdung eines Kindes von einem Elternteil (BT-Drs. 17/3802, 19). Ein immaterieller Nachteil wird vermutet, wenn ein Gerichtsverfahren unangemessen lange gedauert hat (§ 198 II 1 GVG). Unterschiede zwischen den Nachteilsarten ergeben sich bei den Rechtsfolgen (→ Rn. 31). Schließlich muss der Verfahrensbeteiligte bei dem mit der Sache befassten Gericht (dh im Primärverfahren) die Dauer des Verfahrens gerügt haben (§ 198 III GVG). Diese sog. **Verzögerungsrüge** ist materielle Voraussetzung des Anspruchs, nicht Zulässigkeitsvoraussetzung seiner prozessualen Durchsetzung. Sie ist aufgrund ihrer Warnfunktion (→ Rn. 34) Instrument zur Verfahrensbeschleunigung (anstelle einer zunächst geplanten Untätigkeitsbeschwerde, BT-Drs. 17/3802 S. 17) und Ausdruck des Vorrangs des Primärrechtsschutzes (Eyermann § 173 Rn. 15 mwN). **Gegner** aller Ansprüche ist der Träger des Gerichts des Primärverfahrens, dh ein Land oder der Bund (§ 173 S 2 iVm § 200 GVG).

3. Rechtsfolgen

32   Die Rechtsfolge nachteiliger Verfahrensdauern sind kompensatorische Ansprüche, deren Inhalt mit der Art des Nachteils variiert. Für **Vermögensnachteile** ist angemessene Entschädigung (kein Schadensersatz), grds. in Geld, zu gewähren (§ 198 I 1). Mit dieser Entschädigung wird kein Schadensersatz im Sinne der §§ 249 ff. BGB gewährt, sondern in Anlehnung an § 906

II 2 BGB lediglich ein Schadens*ausgleich* nach enteignungs- und aufopferungs-
rechtlichen Grundsätzen geleistet. Gewollt ist ein Ausgleich von Vermögens-
einbußen, aber grds. keine Naturalrestitution (BGHZ 157, 33 (47) und 147,
45 (53)) und kein Ersatz von entgangenem Gewinn (BT-Drs. 17/7217 S. 28).
Soweit es um zusätzliche Termine geht, sind etwa zusätzliche Wegekosten
ersatzfähig unter Abzug ggf. im Wege der Einkommensteuerrückerstattung
erlangter Vorteile. Nachteile dürfen durch Schätzung entspr. § 287 I ZPO
ermittelt werden (BVerwG BayVBl 2014, 149 Rn. 55 ff.). Ersatzfähig sind
auch Anwaltskosten für die vorprozessuale Verfolgung des Entschädigungs-
anspruchs (BVerwG NVwZ 2014, 1523 Rn. 40). Ausnahmsweise kann das
Entschädigungsgericht in „schwerwiegenden Fällen" (dazu BVerwGE 147,
146 Rn. 64 ff.) **zusätzlich** (§ 198 IV 3) oder **ersatzweise** (§ 198 IV 4; Bsp.:
die Verzögerungsrüge war nicht erhoben worden) feststellen, dass die Verfahrensdauer unangemessen war. Eine schlichte Feststellungsentscheidung ist
bei einem erheblichen Umfang der Verzögerung iVz Schwierigkeitsgrad des
Falles nicht ausreichend (BVerwG NVwZ-RR 2015, 641 Rn. 52).

Für **immaterielle** Nachteile ist eine differenzierte Regelung getroffen. **33**
Vorrangig ist am die Wiedergutmachung auf andere Weise als durch Geldzahlung (§ 198 II 2 iVm IV; **Tenor:** „Es wird festgestellt, dass die Dauer des
Verfahrens … unangemessen war."). Ist diese Feststellung im Einzelfall nicht
ausreichend, wird (zusätzlich) eine **pauschale Entschädigung** gewährt. Ob
eine Feststellung ausreichend ist, beurteilt sich auf der Grundlage einer umfassenden Abwägung sämtlicher Umstände des Falles (BVerwG Buchh 300
§ 198 GVG Nr. 3 Rn. 34). Die Entschädigung beträgt 1200 Euro für jedes
(volle) Jahr der Verzögerung (§ 198 II 3 iVm 2); für angefangene Jahre wird
ein zeitanteiliger Betrag zugesprochen (etwa 1800 € für 1,5 Jahre, BVerwG
NVwZ-RR 2015, 641; BSGE 113, 75 Rn. 50 mwN; BT-Drs. 17/3802, 20).
Tenor: „Der Beklagte wird verurteilt, dem Kläger für die Verzögerung im
Verfahren eine Entschädigung iHv … € zu zahlen."). Ist der sich rechnerisch
ergebende Betrag unbillig, kann das Gericht eine höhere oder niedrigere
Entschädigung festsetzen (§ 198 II 4).

4. Gerichtliche Durchsetzung

Das GVG regelt in § 201 nur Modalitäten gerichtlicher Verfahren zur Durch- **34**
setzung von Ansprüchen nach § 198 I GVG. Einem von überlanger Verfahrensdauer Betroffenen steht es aber frei, den Anspruch zunächst außergerichtlich geltend zu machen. Im Verwaltungsprozess ist ein solcher **Antrag
im Verwaltungsverfahren** nach allg. Grunds. SUV der Klage (→ vor § 40
Rn. 9; Eyermann § 173 Rn. 45). Die Erhebung der Klage ist an **Fristen**
gebunden: Sie ist grds. frühestens 6 Monate nach Erhebung der Verzögerungsrüge (§ 198 III) zulässig (§ 198 V 1), kann aber schon während des noch
laufenden Ausgangsverfahrens erhoben werden (arg. § 198 V, § 201 III),
sobald der Kläger die Voraussetzungen des § 198 I in diesem Rechtszug
eingetreten sieht (BVerwG NVwZ 2014, 1523). Diese sog. **Wartefrist** soll
der präventiven Funktion der Verzögerungsrüge Rechnung tragen und dem
Gericht die Möglichkeit einräumen, auf eine Beschleunigung des Verfahrens

hinzuwirken und dadurch (weiteren) Schaden zu vermeiden. Die Vorschrift ist aber im Wege **teleologischer Reduktion** einzuschränken, dass ihr Anwendungsbereich nicht eröffnet ist, wenn das Verfahren innerhalb von 6 Monaten nach Erhebung der Verzögerungsrüge beendet wird. In diesem Fall ist die Entschädigungsklage ausnahmsweise vom Moment des Verfahrensabschlusses an zulässig (BVerwG NVwZ-RR 2015, 641 mwN). Die Klage muss spätestens 6 Monate nach rechtskräftiger oder anderweitiger Beendigung des beanstandeten Verfahrens erhoben werden (**Ausschlussfrist,** § 198 V 2). Der **Klageantrag** für immaterielle Nachteile kann hinreichend bestimmt sein, auch wenn der Kläger den eingeklagten Geldbetrag nicht beziffert (BVerwG NVwZ-RR 2015, 641).

35 Richtiger **Klagegegner** (§ 78) ist im Anschluss an § 200 GVG das Land, wenn die Verzögerung bei einem VG des Landes entstanden ist, entspr. die Bundesrepublik Deutschland, wenn sie bei einem Bundesgericht eingetreten ist. Vorbehaltlich abw. Regelung wird das Land bzw. der Bund durch den Präsidenten des Ausgangsgerichts vertreten. Entschädigungsgericht (§ 198 III 4 GVG), dh sachlich (und damit örtlich) **zuständig** für die Entscheidung in einem Land ist das OVG, dessen „Bezirk" iSd § 201 I 1 GVG sich mit dem Land deckt (→ § 2 Rn. 4), im Bund das BVerwG (§ 173 S. 2 iVm § 201 I GVG). Sie entscheiden nach den Vorschriften über das Verfahren im ersten Rechtszug (§§ 81 ff. VwGO iVm § 201 II 1 GVG). Diese Gerichte sind auch zuständig, wenn die Verzögerung bei ihnen eingetreten war. Eine **Ablehnung der Richter** des zuständigen Senats allein deshalb oder gar des ganzen Gerichts wäre indes nicht begründet (→ § 54 Rn. 9, 17). Ein Richter, der an dem beanstandeten Ausgangsverfahren beteiligt war, ist im Entschädigungsprozess aber kraft Gesetzes ausgeschlossen (§ 41 Nr. 7 ZPO → § 54 Rn. 9b). Gerichtsintern zuständig ist stets der kollegiale **Spruchkörper.** Eine Übertragung auf den Einzelrichter ist bei den OVG zwar (anders als bei den Landgerichten) nicht möglich (→ § 6 Rn. 2), sodass das Verbot des § 201 II 2 GVG leerläuft. Der Regelung ist aber die Wertung zu entnehmen, dass wegen der besonderen Schwierigkeiten von Entschädigungssachen und der qualitätssichernden Wirkung kollegialer Entscheidungen eines Spruchkörpers auch eine **konsentierte** Übertragung auf den ER gem. § 87a II, III **nicht** zulässig sein soll; nicht berührt werden die Entscheidungsbefugnisse des Vors./BE im vorbereitenden Verfahren nach § 87a I (BT-Drs. 17/7217, 28). **Statthaft** ist, soweit es um Zahlungsansprüche geht, die allgemeine **Leistungsklage,** weil eine behördliche Zusprechung durch VA nicht erforderlich ist, iÜ die allgemeine Feststellungsklage nach § 43. Es liegt in der Dispositionsbefugnis des Klägers (§ 88), seine Entschädigungsklage auf den Ausgleich des Nachteils in einem Verfahrenszug zu **begrenzen** (BVerwG NVwZ 2014, 1523). Die Zuständigkeit von OVG bzw. BVerwG zieht einen Vertretungszwang (§ 67 IV) nach sich, der aber verfassungsrechtlich unbedenklich ist (→ § 67 Rn. 11).

III. Zuständigkeit in Schiedsgerichtsverfahren (S. 3)

S. 3 (bislang S. 2 → Rn. 3a) regelt die **zuständigen Gerichte** der Verwal- **36**
tungsgerichtsbarkeit für die Nachprüfung von Entscheidungen im schieds-
richterlichen Verfahren. Die Schiedsverfahren zahlreicher Staaten folgen heute
einem Modellgesetz der UN über internationale Handelsschiedsgerichtsbar-
keit, das im deutschen Recht durch das 10. Buch der ZPO (§§ 1025 ff.)
nachgebildet worden ist (ThP ZPO Vorb Buch 10; Kopp/Schenke § 173
Rn. 8). Einigen sich die Parteien in einer Schiedsvereinbarung auf eine Überprüfung von Schiedssprüchen durch die Verwaltungsgerichtsbarkeit, ist das
VG Gericht iSd § 1062 ZPO und das OVG des Landes Beschwerdegericht
iSd § 1065 ZPO. Dessen Zuständigkeit wird durch S. 2 auch dann begründet,
wenn das erstinstanzliche Schiedsgericht aufgrund spezieller Bestimmungen
bestimmt wurde (vgl. § 38a VermG, § 71 WVG, § 83 TierSG, § 16i
TierSchG, § 22h FlHG, § 24 GFlHG).

§ 174 [Befähigung des VöI]

**(1) Für den Vertreter des öffentlichen Interesses bei dem Oberverwaltungs-
gericht und bei dem Verwaltungsgericht steht der Befähigung zum Richteramt
nach dem Deutschen Richtergesetz die Befähigung zum höheren Verwaltungsdienst gleich, wenn sie nach mindestens dreijährigem Studium der Rechtswissenschaft an einer Universität und dreijähriger Ausbildung im öffentlichen
Dienst durch Ablegen der gesetzlich vorgeschriebenen Prüfungen erlangt worden
ist.**

**(2) Bei Kriegsteilnehmern gilt die Voraussetzung des Absatzes 1 als erfüllt,
wenn sie den für sie geltenden besonderen Vorschriften genügt haben.**

Als persönliche Befähigung des VöI schreibt § 37 II grds. die Befähigung **1**
zum Richteramt vor (→ § 37 Rn. 1), macht davon in § 37 II Hs. 2 jedoch
einen Vorbehalt zugunsten des § 174. Dieser stellt die Richterbefähigung
einer qualifiziert erworbenen **Befähigung zum höheren Verwaltungsdienst** gleich. Die Laufbahnbefähigung für den höheren Dienst ist in § 17 V
BBG und etwa in den entsprechenden Bestimmungen der Landesbeamtenge-
setze enthalten. Damit übereinstimmend erlaubt § 174 I den Verzicht auf
einen juristischen Vorbereitungsdienst und den Erwerb der praktischen Erfahrungen in einer 3jährigen Verwaltungsausbildung.

Ist ein VöI zugleich zum **Landesanwalt** bestellt, ist § 122 V DRiG zu **2**
beachten (→ § 37 Rn. 2). Die Vergünstigungen des Befähigungserwerbs zugunsten von **Kriegsteilnehmern** (II) gemäß Bestimmungen des Kriegsfol-
genrechts (BT-Drs. 3/55 S. 4, 22, 62) haben heute keine Bedeutung mehr.

§ 175 [Geltung des § 43 EGGVG]

§ 43 des Einführungsgesetzes zum Gerichtsverfassungsgesetz gilt entsprechend.

1 Die 1990 (4. VwGOÄndG) aufgehobene Vorschrift wurde durch Art. 5 II EMÖGG v. 8.10.2017 (BGBl. I 3546) iZm der Erweiterung der Medienöffentlichkeit in Gerichtsverfahren mit neuem Inhalt reaktiviert. Nach der Übergangsvorschrift des § 43 EGGVG (kraft Einzelverweisungen anzuwenden in allen Gerichtsbarkeiten) **findet § 169 II GVG nF** (Ermöglichung von Tonaufnahmen einer Verhandlung für Archivzwecke) **keine Anwendung** auf Verfahren, die am 18.4.2018 (dem Tag des Inkrafttretens des § 169 GVG nF) bereits anhängig sind. Für diese bleibt es bei § 169 GVG aF, wonach Tonaufnahmen generell unzulässig waren. Der Gesetzgeber ging davon aus, dass erst bei neuen Verfahren vollständig überblickt werden könne, ob sie sich für eine Zulassung von Archivaufzeichnungen anbieten würden (BT-Drs. 18/10144 S. 32).

§§ 176 und 177 *(weggefallen)*

§§ 178, 179 *(Änderungsvorschriften)*

§ 180 [Zeugen- und Sachverständigenvernehmung nach dem VwVfG oder dem SGB X]

[1] Erfolgt die Vernehmung oder die Vereidigung von Zeugen und Sachverständigen nach dem Verwaltungsverfahrensgesetz oder nach dem Zehnten Buch Sozialgesetzbuch durch das Verwaltungsgericht, so findet sie vor dem dafür im Geschäftsverteilungsplan bestimmten Richter statt. [2] Über die Rechtmäßigkeit einer Verweigerung des Zeugnisses, des Gutachtens oder der Eidesleistung nach dem Verwaltungsverfahrensgesetz oder nach dem Zehnten Buch Sozialgesetzbuch entscheidet das Verwaltungsgericht durch Beschluß.

1 Die Vorschrift befasst sich in ihrer heutigen, seit dem 1.1.1977 geltenden Fassung (BGBl. 1976 I 1253) mit einer **speziellen Form der Rechtshilfe** (→ § 14 Rn. 2) der VG erster Instanz für eine Verwaltungsbehörde. Sie setzt voraus, dass auf deren Ersuchen eine Vernehmung oder Vereidigung von Zeugen oder Sachverständigen durchgeführt wird, und regelt die Zuständigkeit und einige Fragen des Rechtshilfeverfahrens.

2   Die Möglichkeit der **Beweiserhebung durch Behörden** besteht gemäß § 65 VwVfG im förmlichen Verwaltungsverfahren (dazu Ziekow VwVfG § 65 Rn. 1 ff.) und gem. § 22 SGB X für Verfahren nach den SGB (vgl. Schütze SGB X § 22 Rn. 1 ff.). In den dort genannten Fällen sind Zeugen und Sachverständige zur **Aussage** oder zur **Erstattung von Gutachten** verpflichtet. Verweigern sie dies ohne ausreichenden Grund (→ Rn. 4), kann die Behörde je nach dem gegebenen Rechtsweg das zuständige SG oder VG um die Vernehmung ersuchen. Verweigern die genannten Personen einen von der Behörde für geboten erachteten Eid, so kann die Behörde das zuständige Gericht um die **eidliche Vernehmung** ersuchen (vgl. § 65 II, III VwVfG; § 22 II SGB X). Das ersuchte Gericht ist zur Vornahme der verlangten Amtshandlungen verpflichtet (Ziekow VwVfG § 65 Rn. 10). § 180 regelt die Folgen dieser Verpflichtung.

S. 1 ergänzt mit Blick auf mögliche behördliche Rechtshilfeersuchen die **3** Regelungen über die **Geschäftsverteilung** der VG (§ 4) mit dem Ziel einer Entlastung der kollegial besetzten Kammern (§ 5 II). Dazu wird das Präsidium verpflichtet, sämtliche von einer Behörde beantragten Vernehmungen und Vereidigungen von Zeugen und Sachverständigen durch Regelung im Geschäftsverteilungsplan im Voraus einem einzelnen Richter zu übertragen; Kammerzuständigkeit darf nicht begründet werden. Auf Verfahren nach dem SGB X wurde § 180 im Jahre 1980 (BGBl. I 1469) erstreckt. Diese Möglichkeit der Übertragung besonders vorzusehen war für notwendig gehalten worden, weil die VwGO seinerzeit das Institut des Einzelrichters nicht kannte. Die Vorschrift ist damit jedoch nicht überholt, weil bis heute eine andere Übertragungsmöglichkeit auf den Einzelrichter nicht besteht (→ § 6 Rn. 3), ohne § 180 S. 1 also die Kammer zuständig wäre.

Das **Verfahren vor dem** VG ist in § 180 S. 2 nur ansatzweise geregelt. **4** **Zuständig** ist der im Geschäftsverteilungsplan bezeichnete Einzelrichter „als" VG (NK-VwGO § 180 Rn. 5; Ziekow VwVfG § 65 Rn. 11; str.). Denn mit der Formulierung, es entscheide „das Verwaltungsgericht", schließt S. 2 an die vorausgehende Regelung der Zuständigkeit gem. S. 1 an. Der Einzelrichter **prüft nicht nach,** ob die von der ersuchenden Behörde bejahte Pflicht des Zeugen oder Sachverständigen (vgl. § 65 I 2 VwVfG; § 21 III SGB X) besteht; das Gericht ist nach allgemeinen Grundsätzen der Rechtshilfe an das Ersuchen gebunden (arg. § 158 GVG → § 14 Rn. 2; Ziekow VwVfG § 65 Rn. 10). Eigenständig hat er lediglich zu entscheiden, ob die **Verweigerung** des Zeugnisses, des Gutachtens oder der Eidesleistung, die Anlass für das Ersuchen der Behörde war, **rechtmäßig** erfolgte, mithin ob Verweigerungsgründe nach §§ 376, 383 bis 385 und 408 ZPO (vgl. § 65 II 1 VwVfG; § 22 I 1 SGB X) vorliegen.

Die Entscheidung über das Verweigerungsrecht ergeht durch **Beschluss 5** nach den allgemeinen Regeln (→ § 122), insbes. aufgrund freigestellter mündlicher Verhandlung. Ist die Weigerung des Zeugen oder Sachverständigen berechtigt, stellt das VG dies fest und lehnt zugleich die ersuchte Amtshandlung (→ Rn. 2) ab. Anderenfalls stellt es fest, dass die Weigerung zu Unrecht erfolgte und führt die Amtshandlung aus. Der Beschluss enthält **keine Kostenentscheidung** und keine Streitwertfestsetzung. Als interorganschaftliches Verfahren außerhalb der VwGO werden **Kosten und Auslagen** von der ersuchenden Behörde nicht erstattet; Gebühren oder andere öffentliche Abgaben bleiben außer Ansatz (entspr. § 164 GVG). Auf die außergerichtlichen Kosten der Zeugen und Sachverständigen sind die Entschädigungsregeln des JVEG anwendbar (§ 32). Der Beschluss ist gem. § 146 I mit der **Beschwerde** zum OVG anfechtbar (aA Kopp/Schenke § 180 Rn. 6: Erinnerung entspr. § 151).

6   Die **Vernehmung** des Zeugen oder Sachverständigen oder ihre **Beeidigung** nimmt das VG gem. allgemeinen Grundsätzen der Amts- und Rechtshilfe (→ § 14) nach der VwGO als dem Recht der ersuchten Stelle vor (vgl. BVerwG NVwZ 1986, 467; Ziekow VwVfG § 4 Rn. 3). Anwendbar sind §§ 97 f., die Einzelheiten richten sich kraft der Verweisung in § 98 nach den Regeln der ZPO über die Beweisaufnahme (Kopp/Schenke § 180 Rn. 5).

§§ 181, 182 *(Änderungsvorschriften)*

§ 183 [Nichtigerklärung von Landesrecht]

¹ Hat das Verfassungsgericht eines Landes die Nichtigkeit von Landesrecht festgestellt oder Vorschriften des Landesrechts für nichtig erklärt, so bleiben vorbehaltlich einer besonderen gesetzlichen Regelung durch das Land die nicht mehr anfechtbaren Entscheidungen der Gerichte der Verwaltungsgerichtsbarkeit, die auf der für nichtig erklärten Norm beruhen, unberührt. ² Die Vollstreckung aus einer solchen Entscheidung ist unzulässig. ³ § 767 der Zivilprozeßordnung gilt entsprechend.

1   Die Vorschrift löst Probleme aus der **Anwendung unerkannt nichtiger Normen des Landesrechts** in verwaltungsgerichtlichen Verfahren. Diese stellen sich, wenn infolge einer nachträglichen allgemeinverbindlichen Nichtigerklärung in einem Normenkontrollverfahren durch ein Landesverfassungsgericht feststeht, dass eine rechtskräftige Gerichtsentscheidung nicht die angenommene Grundlage im Landesrecht hatte. Für **Bundesrecht** besteht eine gleichsinnige Regelung in § 79 II BVerfGG, die nach der Rspr. des BVerfG einen allgemeinen Rechtsgedanken enthält (BVerfGE 37, 217 (263); 97, 35 (48)) und Vorbild für § 183 war (BVerfGE 56, 172). Für finanzgerichtliche Verfahren enthält § 157 FGO eine entsprechende Bestimmung.

I. Nichtigkeit von Normen und Folgen für Anwendungsakte

2   Die Regelung ist den **Konsequenzen** geschuldet, die nach der deutschen Rechtstradition bei der **Nichtigkeit von Normen** eintreten. Nichtig sind alle Rechtsnormen, die mit höherrangigem Recht unvereinbar sind. **Nichtigkeit** bedeutet anfängliche, auf den Erlasszeitpunkt (zurück)wirkende Unwirksamkeit (vgl. BVerwG NJW 1978, 2212 und DÖV 1978, 885; NK-VwGO § 183 Rn. 12 ff.). Nichtigkeit tritt ipso iure ein, bedarf also keines konstitutiven gerichtlichen Ausspruchs, sondern kann jederzeit gerichtlich festgestellt werden. Bei den Verfassungsgerichten konzentriert ist lediglich die prinzipale, für und gegen alle wirkende, oder inzidente Verwerfung formeller nachkonstitutioneller Normen (vgl. Art. 100 I GG). Namentlich aber die

Erkenntnisschwierigkeiten führen dazu, dass Verwaltung und Fachgerichte tatsächlich nichtige Normen unerkannt exekutieren.

Über das Schicksal von **Anwendungsakten** (VA, gerichtliche Entschei- **3** dungen), die auf einer nichtigen Norm beruhen, ist damit besonders zu entscheiden. Sie leiden zwar am Mangel einer gesetzlichen Grundlage, sind deshalb regelmäßig aber nur anfechtbar; ohne eine gerichtliche Aufhebung erwachsen sie in Bestands- bzw. Rechtskraft und bleiben ungeachtet ihrer Fehlerhaftigkeit beachtlich (OVG Bln-Bbg Beschl. v. 19.8.2011 – 5 N 4.08). Die spätere Nichtigkeitserklärung zieht wegen der **Entkoppelung** des Bestands der Anwendungsakte von ihrer Rechtsgrundlage Folgeprobleme nach sich. Deren Lösung muss sich zwischen den Polen der materiellen Gerechtigkeit im Einzelfall und der Rechtssicherheit bewegen, zu der auch die Rechtsbeständigkeit rechtskräftiger gerichtlicher Entscheidungen gehört (BVerfGE 2, 380, 403). Dieser Ausgleich ist Thema des § 183 für das Landesrecht.

Nach der **Grundentscheidung in § 183 S. 1** (und § 79 BVerfGG) bleiben **4** Akte der öffentlichen Gewalt, deren Rechtsgrundlage mit der Verfassung nicht vereinbar war, „unberührt", also in ihrer Wirksamkeit prinzipiell unangetastet, wenn sie im Rechtsweg nicht mehr angefochten werden können („Fortbestandsgarantie", → Rn. 9). Dies ist Ausdruck des Vorrangs der Rechtssicherheit und des Rechtsfriedens vor der Forderung nach Einzelfallgerechtigkeit und Individualrechtsschutz (vgl. BVerfGE 2, 380 (404 f.); 7, 194 (195 ff.); 11, 263 (265); 20, 230 (235); ferner BVerwGE 27, 141 (144); 29, 270 (271); 29, 276 (278); 51, 253 (257)). Er beruht zudem auf der Einsicht, dass der Rechtsgemeinschaft nicht gedient ist, wenn deren Mittel und Kapazitäten von der Bearbeitung abgeschlossener oder nie in Gang gesetzter Rechtsfälle aus der Vergangenheit beansprucht würden, sodass dadurch die Erfüllung gegenwärtiger und zukünftiger Aufgaben erheblich beeinträchtigt wäre (vgl. BVerfGE 97, 35 (48)). Daher muss dem Bürger eine Anfechtungslast aufgebürdet werden: Wer eine Entscheidung akzeptiert, muss sich grds. auch bei späterer Feststellung der Verfassungswidrigkeit der Rechtsgrundlage daran festhalten lassen.

II. Anwendungsbereich

1. Verwerfung von Landesrecht

Die geregelte Konstellation stellt sich ein, wenn eine vom VG entscheidungs- **5** erheblich herangezogene Norm des Landesrechts durch das jeweilige Landesverfassungsgericht für nichtig erklärt wird. Die Aussagen des § 183 gelten bei Verwerfung von **Landesrecht** materiellrechtlicher oder verfahrensrechtlicher Art. Entscheidend ist, dass die Norm der Normenkontrolle des Landesverfassungsgerichts unterworfen ist, worüber das jeweilige Verfassungsprozessrecht entscheidet. Praktisch handelt es sich wegen der Möglichkeit der Normenkontrolle untergesetzlicher Normen durch die OVG (§ 47) um formelle Gesetze.

Eine Norm des Landesrechts muss **principaliter** für **nichtig erklärt** wer- **6** den. Es kommt nicht darauf an, ob das Verfassungsgericht die in § 183 ausdrücklich genannten Varianten des Verwerfungsausspruchs wählt, also die Nichtigkeit feststellt oder Vorschriften für nichtig erklärt. Die Landesverfassungsgerichte haben die Entscheidungspraxis des BVerfG übernommen, die **Unvereinbarkeit** einer Norm mit der Verfassung festzustellen oder eine bestimmte **Auslegungsvariante** der Norm für unvereinbar mit der Verfassung zu erklären (dazu BVerfGE 81, 363; Papier EuGRZ 2006, 530). Diese Entscheidungsvarianten stellen ein Minus gegenüber der Nichtigerklärung dar, sodass es geboten ist, § 183 auch dann anzuwenden (NK-VwGO § 183 Rn. 29; SSB § 183 Rn. 22 mwN). Str. ist, ob die Vorschrift anwendbar ist, wenn es um ein nur inzident feststellbares automatisches **Außerkrafttreten** einer Norm wegen Funktionslosigkeit (→ § 47 Rn. 23a) geht (verneinend OVG Bln-Bbg Beschl. v. 26.10 2004 – 5 N 14.04 – und v. 19.10.2004 – 5 N 63.04).

7   Ausdrücklich für **entsprechend anwendbar** erklärt wird § 183 in **§ 47 V 3** hins. der Wirkungen einer OVG-Entscheidung, mit der eine untergesetzliche Rechtsvorschrift im Wege der prinzipalen Normenkontrolle für unwirksam erklärt wird (→ § 47 Rn. 81).

2. Anwendungsakte

8   Als Anwendungsakte der für nichtig erklärten Norm erfasst § 183 unmittelbar ausschließlich **Entscheidungen der VG/OVG** (→ Rn. 9 f.). Die Rechtsfolgenanordnungen der S. 1–3 bestimmen abschließend, in welcher Weise eine festgestellte Nichtigkeit von Landesrecht gegenüber solchen Entscheidungen zur Geltung gebracht werden kann. Für die Wirkung auf **bestandskräftige VA,** deren Rechtsgrundlage rückwirkend entfallen ist, gilt die Norm nicht unmittelbar. Es ist str., ob sie analog oder in ihrem allgemeinen Rechtsgedanken angewendet werden kann (bejahend BeckOK VwGO § 183 Rn. 29; Redeker/v. Oertzen § 183 Rn. 1; SSB § 183 Rn. 51). Dies ist richtigerweise zu verneinen: Die Rechtsfolgen ergeben sich aus dem Verwaltungsverfahrensrecht, dessen Wertungen für diese Konstellation spezieller sind und nicht unterlaufen werden dürfen (→ Rn. 18 ff.).

9   Es muss sich um eine „Entscheidung der Gerichte der Verwaltungsgerichtsbarkeit" handeln, die aufgrund einer später für nichtig erklärten Norm ergangen ist. Zu den Entscheidungen isd § 183 gehören sämtliche **Urteile** (§ 107), **Gerichtsbescheide** (§ 84) und **Beschlüsse** (§ 122), und zwar grds. auch (deklaratorische) Einstellungs- oder Kostenbeschlüsse nach Rücknahme oder Hauptsachenerledigung. Das gilt nur dann nicht, wenn die prozessuale Beendigung eines anhängigen Gerichtsverfahrens, die den Beschluss zur Folge hatte, auf einer unmittelbar verfahrensbeendenden Norm beruht. Die vom nichtigen Gesetz selbst beabsichtigte prozessuale Wirkung der Verfahrensbeendigung wird von § 183 S. 1 nicht erfasst; das eingestellte Verfahren ist fortzusetzen (so BVerwGE 57, 311 zu § 79 BVerfGG). Im Einzelfall ist allerdings die Frage zu stellen, ob die Entscheidung auf der für nichtig erklärten Norm „beruht" (→ Rn. 14).

10   Gerichtliche **Vergleiche** (§ 106) rechnen nicht zu den Entscheidungen (NK-VwGO § 183 Rn. 36; für entspr. Anwendung Kopp/Schenke § 183

Rn. 4). Sie sind zwar Vollstreckungstitel, beruhen jedoch nicht entscheidend auf einer Norm und einer sie anwendenden autoritativen Entscheidung, sondern auf einem selbstständigen risikoabwägenden Willensbildungsprozess der Beteiligten. Inwieweit die etwaige Nichtigkeit einer Norm auf ihn Einfluss hatte, ist nach den allgemeinen Regeln über Vergleichsmängel (→ § 106 Rn. 16 ff.) zu bestimmen.

III. Wirkungen für Gerichtsentscheidungen

1. Lage bei offener Anfechtbarkeit

Bei den Wirkungen einer Nichtigerklärung auf verwaltungsgerichtliche Entscheidungen ist danach zu differenzieren, ob sie noch anfechtbar sind; S. 1 schafft eine Lösung nur bei Unanfechtbarkeit im Instanzenzug (→ Rn. 12). Denn die Nichtigkeit einer anzuwendenden Norm kann in jedem laufenden Prozess geltend gemacht werden. Die VG sind ohnehin – unabhängig von einem vorgängigen Ausspruch eines Verfassungsgerichts und sogar unabhängig von einer Rüge der Beteiligten – zur Prüfung der Gültigkeit der anzuwendenden Normen verpflichtet; sie haben eine Norm ggf. einem Verfassungsgericht vorzulegen, wenn sie eine für ungültig erachtete Norm (inzident) nicht selbst verwerfen dürfen (vgl. Art. 100 I GG). Diese Prüfung ist auf eine rechtssichere Grundlage gestellt, wenn die anzuwendende Norm iSd § 183 S. 1 principaliter für nichtig erklärt ist. Dies kann der Beschwerte im verwaltungsgerichtlichen Verfahren geltend machen, bei instanziell abgeschlossenen Verfahren mit offener Anfechtungsmöglichkeit mit dem statthaften Rechtsmittel. **11**

2. Lage bei Rechtskraft

a) Ausgeschlossene Wiederaufnahme. Ist ein verwaltungsgerichtliches Verfahren rechtskräftig beendet, so können schwere Fehler der sachlichrechtlichen Grundlage einer Gerichtsentscheidung nur im Wege der Wiederaufnahme des Verfahrens nach § 153 iVm den Vorschriften des Vierten Buchs der ZPO geltend gemacht werden. Nach der Grundentscheidung in § 183 S. 1 bleiben unanfechtbare Gerichtsentscheidungen durch eine Nichtigerklärung „unberührt", die festgestellte Nichtigkeit allein hat keine Auswirkungen auf ihren Bestand (→ Rn. 4). Damit ist zugleich klargestellt, dass die Nichtigkeit nicht als Wiederaufnahmegrund geltend gemacht werden kann (Eyermann § 183 Rn. 5; Kopp/Schenke § 183 Rn. 3). **12**

b) Fortbestehen als Rechtsgrund. Die in ihrem Bestand unberührten gerichtlichen Entscheidungen bleiben jedoch **Rechtsgrund** der auf ihrer Grundlage erbrachten Leistungen. Rückabwicklung kann nicht verlangt werden. Das gilt nach der Wertung des § 183 aber nur für Leistungen, die **bis zur Nichtigerklärung** erbracht worden sind (Eyermann § 183 Rn. 6). Trotz des Fortbestands der Gerichtsentscheidung darf nach Nichtigerklärung kein staatlicher Hoheitsakt – sei es ein VA oder ein Gerichtsurteil – mehr ergehen, der in Vollzug der Entscheidung darauf hinausläuft, die für nichtig erklärten **13**

Normen anzuwenden (BVerwG NVwZ 1984, 432; Kopp/Schenke § 183 Rn. 3). Das folgt aus dem Zweck der Regelung, einerseits die nicht mehr anfechtbaren Entscheidungen aus Gründen der Rechtssicherheit bestehen zu lassen, ihre Wirkung andererseits aber – um der materiellen Gerechtigkeit willen – dahin gehend einzuschränken, dass sie als Instrumente zur zwangsweisen Herbeiführung der auf der nichtigen Norm beruhenden und deshalb mit dem materiellen Recht nicht in Einklang stehenden Rechtsfolge nicht mehr verwendet werden dürfen. Anders verhält es sich aber bei freiwilliger Befolgung der Gerichtsentscheidung (arg. § 817 S. 2 Hs. 2 BGB).

14 **c) Beruhen auf der nichtigen Norm.** Von der Sache her ist selbstverständlich, dass nur solche gerichtlichen Entscheidungen gemeint sind, die auf der für nichtig erklärten Norm „beruhen". Damit ist eine **ergebnisrelevante Entscheidungserheblichkeit** der Norm gemeint: Es muss sich feststellen lassen, dass ohne die beanstandete Norm oder Normauslegung das Gericht zu einem für den Kläger günstigeren Ergebnis gelangt wäre oder – soweit die Nichtigerklärung Verfahrensrecht betrifft – hätte gelangen können (SSB § 183 Rn. 35 f.). Der Begriff des Beruhens ist hier wie in § 132 II Nr. 2 und 3 und § 137 I auszulegen. Ein Beruhen ist daher zu verneinen, wenn sich die unanfechtbare Entscheidung aus einem anderen Grund als im Ergebnis richtig erweist (vgl. § 144 IV).

15 **d) Landesrechtlicher Vorbehalt.** Der Vorbehalt zugunsten „einer besonderen Regelung durch das Land" lässt nur Abweichungen von der Fortbestandsgarantie nach S. 1 und den daraus folgenden Konsequenzen zu, nicht aber von den Vollstreckungsregeln der S. 2 und 3. Durch Landesgesetz kann also bestimmt werden, dass unanfechtbare gerichtliche Entscheidungen im Wege einer Wiederaufnahme beseitigt werden können. Von dieser Befugnis haben die Länder Hessen, Rheinland-Pfalz, Sachsen und das Saarland Gebrauch gemacht (Nachw. bei Eyermann § 183 Rn. 7).

3. Ausschluss der Vollstreckbarkeit (S. 1 und 2)

16 Ab dem Zeitpunkt der landesverfassungsgerichtlichen Nichtigerklärung (regelmäßig der Entscheidungsverkündung) sind **Vollstreckungsmaßnahmen unzulässig,** die der Durchsetzung eines auf der nichtigen Vorschrift beruhenden Titels (§ 168 I) dienen (§ 183 S. 2). Es ist die Intention des Gesetzgebers, das durch die Anwendung einer erst nachträglich als nichtig erkannten Norm geschaffene Unrecht nicht noch durch Vollstreckungsmaßnahmen weiter zu vertiefen (vgl. BVerfGE 115, 51 (62 ff.)). Ist ein Titel vor der Nichtigerklärung durchgesetzt worden, hat es freilich damit sein Bewenden.

17 Nach der Nichtigerklärung kann sich der Vollstreckungsschuldner gem. § 183 S. 3 iVm § 767 ZPO wehren: Gegen die Einleitung und die Fortsetzung von Vollstreckungsmaßnahmen steht ihm die **Vollstreckungsabwehrklage** nach § 167 zur Verfügung. Das gilt für Titel, die auf der Norm selbst beruhen, nicht aber für Kostenfestsetzungsbeschlüsse (§ 164), die in der Folge des gerichtlichen Verfahrens ergehen. Ist die Vollstreckungsmaßnahme aber nur befristet angreifbar, kann sich der Vollstreckungsschuldner nicht zeitlich unbegrenzt auf die sich aus § 183 S. 2 ergebende Unzulässigkeit der Vollstreckung berufen, sondern muss die ihm gegen die Vollstreckungsmaßnahme zu Gebote stehenden Rechtsbehelfe innerhalb der jeweiligen Rechtsbehelfsfristen ergreifen (vgl. auch SSB § 183 Rn. 58).

IV. Wirkungen für Verwaltungsakte

Die Nichtigkeit seiner Rechtsgrundlage lässt die (innere) Wirksamkeit eines **18** VA grds. unberührt (§§ 43 f. VwVfG): Jedem rechtswidrigen VA fehlt es an einer Rechtsgrundlage, sei es, dass deren Voraussetzungen nicht erfüllt sind, sei es, dass sie nichtig ist. Diesem Fehler kann daher für sich gesehen kein zur Nichtigkeit des VA (§ 44 I VwVfG) führendes Gewicht zukommen. Mit der Wirksamkeit ist über das Schicksal eines in Anwendung einer nichtigen Norm erlassenen VA aber noch nichts Abschließendes gesagt; denn der VA ist rechtswidrig und bleibt aufhebbar (→ § 42 Rn. 4 ff.). Während **offener Anfechtungsfrist** gilt nichts grds. anderes als bei rechtswidrigen gerichtlichen Entscheidungen (→ Rn. 11). Jeder Betroffene kann die Nichtigkeit der Rechtsgrundlage geltend machen und die gerichtliche Aufhebung des rechtswidrigen VA im Instanzenzug durchsetzen (§ 113 I 1).

Ist der **VA**, der in Anwendung der nichtigen Norm erlassen worden ist, **19** **unanfechtbar** (bestandskräftig), so ist zu unterscheiden, ob die Nichtigerklärung prinzipaliter oder inzident erfolgt ist. Bei einer prinzipalen Nichtigerklärung plädiert die hM für eine entsprechende Anwendung des § 183, wofür die umfassende Geltung seiner Rechtsprinzipien (→ Rn. 1, 4) spricht (Kopp/Schenke § 183 Rn. 5; SSB § 183 Rn. 51 ff. mwN). Das bedeutet: Der Bestand eines unanfechtbaren VA wird allein durch die Nichtigerklärung der ihm zugrunde liegenden Norm nicht berührt, seine Vollstreckung ist ab diesem Zeitpunkt jedoch nicht mehr zulässig.

Die weiteren Folgen ergeben sich aus dem **Verwaltungsverfahrensrecht, 20** nicht aus § 183 (→ Rn. 8). Ein Anspruch gegen die Verwaltung auf Wiederaufgreifen nach § 51 I VwVfG besteht nicht: Die Nichtigerklärung ist keine Änderung der Sach- oder Rechtslage iSd § 51 I Nr. 1 VwVfG. Der Betroffene hat aber einen Anspruch auf ermessensfehlerfreie Entscheidung über die behördliche Rücknahme des als rechtswidrig feststehenden VA aus § 48 I VwVfG (Wiederaufgreifen iwS, Kopp/Schenke § 183 Rn. 6; → § 42 Rn. 96 ff.). Ist die Norm lediglich in einem Drittverfahren inzident, also mit Wirkung nur **inter partes** verworfen worden, so fehlt es an einer allgemeinverbindlichen Feststellung der Nichtigkeit. Diese wäre daher erneuter Gegenstand inzidenter Prüfung im Nachfolgerechtsstreit um die Verpflichtung der Behörde zur Aufhebung des VA (NK-VwGO § 47 Rn. 380 f.).

§ 184 [Sonderbezeichnung für Oberverwaltungsgerichte]

Das Land kann bestimmen, daß das Oberverwaltungsgericht die bisherige Bezeichnung „Verwaltungsgerichtshof" weiterführt.

1 Bei Inkrafttreten der VwGO (nach § 195 I 1 am 1.4.1960) besaßen Bremen und die südlichen Bundesländer Hessen, Baden-Württemberg, Bayern oberste Verwaltungsgerichte. Diese bestanden teils seit Mitte des 19. Jhdts. und waren als echte Gerichte ausgestaltet (→ § 1 Rn. 8), während iÜ noch Administrativjustiz stattfand. Die VwGO ermächtigt diese Länder dazu, ihr oberstes Gericht abweichend von § 2 („Oberverwaltungsgericht") unter der traditionellen Bezeichnung „Verwaltungsgerichtshof" (VGH) weiterzuführen.

2 Diese Bestimmung ist in einem **Gesetz** zu treffen (arg. § 3), das die süddeutschen Länder erlassen haben (Hessischer VGH; Bayerischer VGH; VGH Baden-Württemberg). Ob Bremen von der Ermächtigung theoretisch noch heute Gebrauch machen könnte, ist umstritten, wegen der offenen Gesetzesformulierung jedoch zu bejahen.

§ 185 [Sonderregelungen für Berlin, Brandenburg, Bremen, Hamburg, Mecklenburg-Vorpommern, Saarland und Schleswig-Holstein]

(1) In den Ländern Berlin und Hamburg treten an die Stelle der Kreise im Sinne des § 28 die Bezirke.

(2) Die Länder Berlin, Brandenburg, Bremen, Hamburg, Mecklenburg-Vorpommern, Saarland und Schleswig-Holstein können Abweichungen von den Vorschriften des § 73 Abs. 1 Satz 2 zulassen.

1 Die Vorschrift trägt Besonderheiten der Landesorganisation der genannten Bundesländer Rechnung, die eine direkte Anwendung bestimmter VwGO-Vorgaben nicht zulassen. Die in I aufgeführten beiden **Stadtstaaten** sind nach ihrer Verfassung in Bezirke eingeteilt, sodass diesen die Erstellung der **Vorschlagslisten** für die Wahl der ehrenamtlichen Richter anstelle der nach § 28 S. 1 regelmäßig in Pflicht genommenen Kreise und kreisfreien Städte übertragen werden musste (→ § 28 Rn. 1).

2 Die in II aufgeführten drei Stadtstaaten und kleineren Flächenstaaten besitzen keine Mittelinstanz und werden daher ermächtigt, die **Zuständigkeit für den Erlass des Widerspruchsbescheides** abweichend von den Vorgaben in § 73 I 2 zu regeln. Davon haben die Stadtstaaten, das Saarland und Schleswig-Holstein Gebrauch gemacht (Nachw. bei Kopp/Schenke § 185 Rn. 1).

§ 186 [Sonderregelungen für Berlin, Bremen und Hamburg]

[1] § 22 Nr. 3 findet in den Ländern Berlin, Bremen und Hamburg auch mit der Maßgabe Anwendung, daß in der öffentlichen Verwaltung ehrenamtlich tätige Personen nicht zu ehrenamtlichen Richtern berufen werden können. [2] § 6 des Einführungsgesetzes zum Gerichtsverfassungsgesetz gilt entsprechend.

1 Die Vorschrift gehört in den Zusammenhang der **Berufung der ehrenamtlichen** Richter (§§ 20 ff.) und fügt dem – iÜ abschließenden – Katalog der **Hinderungsgründe** einen weiteren für die drei Stadtstaaten hinzu. Dies stellt gegenüber § 22 Nr. 3 eine Verschärfung dar, weil danach ehrenamtlich tätige Bedienstete nicht generell von einer Berufung ausgeschlossen sind.

Hinter dieser Verschärfung steht die Sorge, dass es wegen des erheblichen **2** Umfangs der Mitwirkung ehrenamtlich tätiger Bürger in der aktiven Verwaltung der Stadtstaaten vermehrt zu **Interessen- und Pflichtenkollisionen** mit dem Amt eines ehrenamtlichen Richters kommen könnte (HmbOVG DÖD 1996, 163; NK-VwGO § 186 Rn. 1 mwN). Der Begriff der **öffentlichen Verwaltung** ist von diesem Normzweck materiell auszulegen und umfasst jede staatliche Tätigkeit außerhalb von Rechtssetzung und Rechtsprechung (SSB § 186 Rn. 2). **Ehrenamtliche Tätigkeit** ist jede unentgeltliche Mitwirkung bei der Erfüllung öffentlicher Aufgaben, die aufgrund behördlicher Bestellung außerhalb eines haupt- oder nebenamtlichen Dienstverhältnisses befristet stattfindet (NK-VwGO § 186 Rn. 7). Dazu gehört etwa, wer bei der Handelskammer Hamburg als Mitglied eines Prüfungsausschusses ehrenamtlich tätig ist (HmbOVG DÖD 1996, 163).

Die **Folgen eines Verstoßes** gegen das Berufungshindernis entsprechen **3** denen, die allgemein gelten. Dem Hinderungsgrund ist durch Entbindung vom Amt mit Wirkung für die Zukunft Rechnung zu tragen (§ 24 I); bis zur Entbindung hat der Ehrenamtliche an Entscheidungen mitzuwirken. Der Spruchkörper ist ordnungsgemäß besetzt; Entscheidungen unter Mitwirkung des nicht berufungsfähigen Ehrenamtlichen bleiben wirksam (→ § 20 Rn. 8; NK-VwGO § 186 Rn. 8).

Die entspr. Anwendung des **§ 6 EGGVG** lässt alle künftigen Gesetzes- **4** änderungen im Recht der Berufung ehrenamtlicher Richter mit einer **Übergangsregelung** wirksam werden (KM § 6 EGGVG Rn. 1 ff.; NK-VwGO § 186 Rn. 9 f.): Neue Regelungen über die Wahl, Auswahl und Zuziehung ehrenamtlicher Richter sowie über die Dauer der Amtsperiode (§ 6 II EGGVG) sind prinzipiell erst auf die erste nach dem Inkrafttreten der Regelung beginnende Amtsperiode der ehrenamtlichen Richter anzuwenden (iE § 6 I und II EGGVG).

§ 187 [Disziplinar-, Schieds- und Berufsgerichte; Personalvertretungssachen]

(1) Die Länder können den Gerichten der Verwaltungsgerichtsbarkeit Aufgaben der Disziplinargerichtsbarkeit und der Schiedsgerichtsbarkeit bei Vermögensauseinandersetzungen öffentlich-rechtlicher Verbände übertragen, diesen Gerichten Berufsgerichte angliedern sowie dabei die Besetzung und das Verfahren regeln.
(2) Die Länder können ferner für das Gebiet des Personalvertretungsrechts von diesem Gesetz abweichende Vorschriften über die Besetzung und das Verfahren der Verwaltungsgerichte und des Oberverwaltungsgerichts erlassen.

I ermächtigt die Länder, den VG auf den dort bezeichneten Gebieten Auf- **1** gaben zuzuweisen und hierfür die Besetzung (zB ehrenamtliche Beisitzer aus den betroffenen Kreisen) und das Verfahren zu regeln. Über I iVm Art. 99 Var. 2 GG kann – muss aber selbst mit Blick auf Art. 19 IV GG nicht – auf diesen Gebieten die Zuständigkeit des BVerwG als Revisionsinstanz begründet werden (BVerwG Beschl. v. 13.3.2018 – 2 B 16.18; GesR 2014, 33; NVwZ 2012, 514).

2   **Disziplinargerichtsbarkeit** umfasst die klassische Disziplinargerichtsbarkeit über Beamte (zB BDG, LDG NRW).

3   **Schiedsgerichtsbarkeit** bei Vermögensauseinandersetzungen öffentlichrechtlicher Verbände bezieht sich auf die in besonderen Fällen hoheitlich eingerichtete Schiedsgerichtsbarkeit (Kopp/Schenke Rn. 4 f. mwN auch zum Streit, ob zivilgerichtliche Angelegenheiten übertragen werden können); vgl. zB Art. 12 I BayAGVwGO (BayVGH BayVBl 2008, 344).

4   Die Zuständigkeit für die Verfassung und das Verfahren der (Heil)Berufsgerichtsbarkeit liegt bei den Ländern (Art. 30 GG). Die Gesetzgebungskompetenz des Bundes ist bei den Heilberufen auf das Zulassungswesen beschränkt (Art. 74 I Nr. 19 GG). Dementsprechend ist auch der Kompetenztitel für die Gerichtsverfassung und das gerichtliche Verfahren nach Art. 74 I Nr. 1 GG begrenzt (BVerwG GesR 2014, 33 mwN). Konsequent erlaubt § 187 I lediglich, **Berufsgerichte** den VG anzugliedern (zB § 61 HeilBerG NRW); eine Aufgabenübertragung auf die VG scheidet aus (Kopp/Schenke Rn. 6 mwN). Hierunter fällt zB die Berufsgerichtsbarkeit über Ärzte oder Architekten.

5   II ermächtigt die Länder, auf dem Gebiet des **Personalvertretungsrechts** bezogen auf Besetzung und Verfahren von Vorschriften der VwGO abzuweichen. In der Praxis wird die Möglichkeit genutzt, Fachkammern bzw. -senate für Personalvertretungssachen einzurichten (zB § 80 LPVG NRW) und wegen des Verfahrens auf Vorschriften des ArbGG zu verweisen (§ 79 II LPVG NRW).

§ 188 [Spezialkammern und -senate für Fürsorgeangelegenheiten; Kostenfreiheit]

¹Die Sachgebiete in Angelegenheiten der Fürsorge mit Ausnahme der Angelegenheiten der Sozialhilfe und des Asylbewerberleistungsgesetzes, der Jugendhilfe, der Kriegsopferfürsorge,* der Schwerbehindertenfürsorge sowie der Ausbildungsförderung sollen in einer Kammer oder in einem Senat zusammengefaßt werden. ²Gerichtskosten (Gebühren und Auslagen) werden in den Verfahren dieser Art nicht erhoben; dies gilt nicht für Erstattungsstreitigkeiten zwischen Sozialleistungsträgern.

1   Die Sachgebiete in Angelegenheiten der Fürsorge mit Ausnahme der in S. 1 gesondert benannten Angelegenheiten sollen – in Sonderregelung zu § 4 – in einer Kammer oder einem Senat zusammengefasst werden. Die Verletzung der Soll-Vorschrift des S. 1 ist allerdings kein revisionserheblicher Verfahrensmangel (stRspr, vgl. BVerwG Buchh 451.20 § 33a GewO Nr. 5; BVerwGE 18, 216).

---

* Die Worte „der Kriegsopferfürsorge" werden ab dem 1.1.2024 gestrichen → Rn. 8.

S. 2 ist eine Regelung des **Gerichtskostenrechts.** § 64 III 2 SGB X ist **2** daneben nicht anwendbar. Die dort geregelte **persönliche Befreiung** der Träger der Sozialhilfe, der Grundsicherung für Arbeitsuchende, der Leistungen nach dem AsylbLG, der Jugendhilfe und der Kriegsopferfürsorge von den Gerichtskosten erstreckt sich auf Verfahren nach der ZPO sowie vor Gerichten der Sozial- und Finanzgerichtsbarkeit. Verwaltungsgerichtliche Verfahren sind im Hinblick auf S. 2 nicht in die Regelung aufgenommen worden. Die subsidiäre Geltung der ZPO für das verwaltungsgerichtliche Verfahren (§ 173 S. 1) macht dieses nicht zu einem Verfahren nach der ZPO (BVerwG NVwZ-RR 2000, 189). In Verfahren nach S. 2 bedarf es konsequenterweise **keiner Streitwertfestsetzung** nach § 63 GKG, ggf. auf Antrag der Gegenstandswertfestsetzung für die anwaltliche Tätigkeit nach § 33 I RVG.

I. Gerichtskostenfreie Sachgebiete

Gerichtskostenfrei sind alle in S. 2 genannten Sachgebiete in Angelegenheiten **3** der Fürsorge einschließlich der benannten Spezialmaterien unabhängig von ihrer Übertragung auf einen speziellen Spruchkörper iSd S. 1. Die Gerichtskostenfreiheit ist nicht auf mittellose und weniger bemittelte Personen beschränkt.

1. Allgemeine Angelegenheiten der Fürsorge

Der vorangestellte Begriff der **„Angelegenheiten der Fürsorge"** verweist **4** nicht auf ein bestimmtes Gesetzeswerk, sondern erfasst alle in die Zuständigkeit der Verwaltungsgerichtsbarkeit fallenden Sachgebiete, die Fürsorgemaßnahmen im weiteren Sinne zum Gegenstand haben, die nicht schon unter eines der iE aufgezählten Sachgebiete fallen. Dazu gehören insbes. Sachgebiete, in denen Leistungen mit primär fürsorgerischer Zwecksetzung vorgesehen sind. Für sie ist kennzeichnend, dass bestimmte Einkommens- und ggf. Vermögensgrenzen nicht überschritten werden dürfen (BVerwG Beschl. v. 23.4.2019 – 5 C 2.18).

Hierzu zählen Streitigkeiten um die **Befreiung von Rundfunkgebühren** **5** aus sozialen Gründen (BVerwG NVwZ-RR 2011, 622; NdsOVG NVwZ-RR 2015, 117; OVG NRW Urt. v. 1.9.2016 – 2 A 2243/15), um bestimmte Entschädigungsleistungen nach den **Rehabilitierungsgesetzen** (§ 8 BerRehaG; § 17a StrRehaG; VG Frankfurt Beschl. v. 12.8.2019 – 2 KE 31/19; VG Würzburg ZOV 2013, 80), um **Wohngeld,** weil mit ihm gem. § 1 I WoGG auch der sozialen Sicherung dienende Zwecke verfolgt werden und Einkommensgrenzen gem. §§ 13 ff. WoGG gelten (BVerwG Beschl. v. 23.4.2019 – 5 C 2.18, unter Aufgabe der bisherigen Rspr.; aA OVG NRW NDV-RD 2018, 24), um Angelegenheiten der **Grundsicherung** (OVG RhPf NZS 2014, 346), um die Vormerkung für **öffentlich geförderten Wohnraum** (BayVGH NVwZ-RR 2013, 1019) oder um Wohnberechtigungsscheine.

Nicht zur Fürsorge zählen die **Kriegsgefangenenentschädigung** **5a** (BVerwG Buchh 412.4 § 2 KgfEG Nr. 38; Buchh 310 § 188 VwGO Nr. 8 und 19), beamtenrechtliche **Beihilfeansprüche,** auch wenn sie an einen

Sozialleistungsträger abgetreten worden sind (BVerwGE 51, 211), die polizeirechtliche **Obdachloseneinweisung** (VGH BW Justiz 2012, 487; aA
HmbOVG NVwZ-RR 2011, 462), **Härteleistungen** für Opfer terroristi-
scher Straftaten (OVG NRW Beschl. v. 19.5.2016 – 4 A 1047/16).

2. Spezialsachgebiete der Fürsorge

6   **Sozialhilfe-** (SGB XII) und **Asylbewerberleistungen** (AsylbLG) sind klassische fürsorgerechtliche Materien, die allerdings in die Zuständigkeit der
Sozialgerichte fallen (§ 51 I Nr. 6a SGG).

7   Unter **Jugendhilfe** fallen Maßnahmen im Rahmen der allgemeinen öffentlichen Fürsorge zugunsten Jugendlicher (BVerwG NVwZ 1995, 81). Er umfasst
grds. alle Streitigkeiten nach dem UVG und dem SGB VIII (vgl. BVerwG
NVwZ-RR 2018, 659) sowie den hierzu ergangenen Ausführungsgesetzen,
sofern sie dem Bereich der Fürsorge im weitesten Sinne zugeordnet werden
können (OVG Bln-Bbg JurBüro 2015, 418; enger OVG NRW NVwZ-
RR 1994, 164). Hierunter fallen ua Verfahren betreffend die Elternbeiträge für
die Kindergartenbetreuung (BVerwG NDV-RD 2019, 118), die Anerkennung
und finanzielle Förderung von Kindertageseinrichtungen (OVG Bln-Bbg Jur-
Büro 2015, 418; VGH BW VBlBW 2014, 104) oder einen Landeszuschuss für
Kindertageseinrichtungen nach Maßgabe des Haushaltsrechts (VGH BW
VBlBW 2014, 104). **Nicht** hierunter fallen bloße Annexverfahren, wie zB
Akteneinsichtsverfahren oder Datenschutzverfahren von Kindern und Jugend-
lichen, die Leistungen der Jugendhilfe beziehen oder bezogen haben (HessVGH
NVwZ-RR 2015, 258; OVG Bln-Bbg Beschl. v. 18.7.2011 – OVG 12 L 42.11).

8   Unter **Kriegsopferfürsorge** fallen Streitsachen nach §§ 25 ff. BVG, 85
SVG, 50 I ZDG sowie entsprechend §§ 60 IfSG, 7 II OEG, 80, 88 VII SVG,
51 III ZDG (vgl. Kopp/Schenke Rn. 4). Die Kriegsopferfürsorge wird am
1.1.2024 gestrichen, weil für sie die Sozialgerichte zuständig werden (Art. 58
G v. 12.12.2019, BGBl. I 2852 → § 194 Rn. 1).

9   Unter **Schwerbehindertenfürsorge** fallen die verwaltungsgerichtlichen
Streitsachen aus dem Vollzug des SGB IX, so zB bei Verfahren um die
Zustimmung zu einer Kündigung eines Schwerbehinderten (HessVGH
Beschl. v. 5.6.2013 – 10 E 849/13). **Nicht** hierunter fällt als Sachgebiet des
Verkehrswirtschaftsrechts die **Erstattung von Fahrgeldausfällen** durch die
unentgeltliche Beförderung von Schwerbehinderten im öffentlichen Per-
sonennahverkehr (BVerwG NVwZ-RR 1991, 31; Buchh 310 § 188 VwGO
Nr. 10), **Parkerleichterungen** für Schwerbehinderte (OVG NRW NVwZ-
RR 2011, 423), **Entschädigungsansprüche** nach § 15 II AGG (VGH BW
Beschl. v. 12.7.2010 – 4 S 1333/10).

10   Unter **Ausbildungsförderung** fallen die Streitsachen aus der Anwendung
des BAföG.

II. Ausschluss bei Erstattungsstreitigkeiten

11   Die Gerichtskostenfreiheit des S. 2, 1. Hs. gilt nicht für Erstattungsstreitigkeiten zwischen Sozialleistungsträgern. Das Betreiben der **Feststellung einer**

Sozialleistung nach § 95 SGB XII betrifft hingegen keine solche Erstattungsstreitigkeit. Der Gesetzgeber hat die für Erstattungsstreitigkeiten eingeführte Ausnahme von der Gerichtskostenfreiheit – offenbar bewusst – bisher nicht auf diese Verfahren erstreckt (BVerwGE 135, 310).

III. Umfang der Kostenfreiheit

§ 188 befreit von den **Gerichtskosten** (Gebühren und Auslagen → § 162 **12** Rn. 4), **nicht** aber von **außergerichtlichen Kosten.** Insoweit kommt die Gewährung von PKH (§ 166 I 1 iVm §§ 114 ff. ZPO) in Betracht. Eine darüber hinausgehende Befreiung von außergerichtlichen Kosten der Prozessführung vor den VG ist verfassungsrechtlich nicht geboten (BVerwG Buchh 310 § 166 VwGO Nr. 32).

§ 189 [Fachsenate]

Für die nach § 99 Abs. 2 zu treffenden Entscheidungen sind bei den Oberverwaltungsgerichten und dem Bundesverwaltungsgericht Fachsenate zu bilden.

§ 189 verlangt für die Entscheidung nach § 99 II **(In-Camera-Verfahren) 1** die Einrichtung von **besonderen Spruchkörpern,** um diese Entscheidungen bei jeweils einem Senat des OVG und des BVerwG zu konzentrieren (BT-Drs. 14/7474, S. 16). Diese Intention korrespondiert nicht mit der sprachlichen Fassung des § 189, welche die Bildung mehrerer solcher Senate an einem der bezeichneten Gerichte nicht ausschließt (SSB Rn. 5), auch wenn wegen der Geheimhaltungsbedürftigkeit möglichst wenige Spruchkörper mit diesen Verfahren befasst sein sollten (Kopp/Schenke Rn. 1). Besonderheiten für deren Besetzung sieht § 4 S. 2 und 3 vor.

§ 190 [Fortgeltung bestimmter Sonderregelungen]

(1) Die folgenden Gesetze, die von diesem Gesetz abweichen, bleiben unberührt:
1. das Lastenausgleichsgesetz vom 14. August 1952 (Bundesgesetzbl. I S. 446) in der Fassung der dazu ergangenen Änderungsgesetze,
2. das *Gesetz über die Errichtung eines Bundesaufsichtsamtes für das Versicherungs- und Bausparwesen* vom 31. Juli 1951 (Bundesgesetzbl. I S. 480) in der Fassung des Gesetzes zur Ergänzung des Gesetzes über die Errichtung eines Bundesaufsichtsamtes für das Versicherungs- und Bausparwesen vom 22. Dezember 1954 (Bundesgesetzbl. I S. 501),
3. (weggefallen)
4. das Flurbereinigungsgesetz vom 14. Juli 1953 (Bundesgesetzbl. I S. 591),
5. das *Personalvertretungsgesetz* vom 5. August 1955 (Bundesgesetzbl. I S. 477),

6. die **Wehrbeschwerdeordnung (WBO**[1]**)** vom 23. Dezember 1956 (Bundes-gesetzbl. I S. 1066),

7. das *Kriegsgefangenenentschädigungsgesetz (KgfEG)* in der Fassung vom 8. Dezember 1956 (Bundesgesetzbl. I S. 908),

8. **§ 13 Abs. 2 des Patentgesetzes** und die Vorschriften über das Verfahren vor dem Deutschen Patentamt.

(2) (weggefallen)

(3) (weggefallen)

Die Vorschrift hielt die in I genannten Gesetze auch insoweit aufrecht, als sie von der VwGO abweichende Regelungen über die Gerichtsverfassung und das gerichtliche Verfahren enthielten. So findet sich in § 13 PatG (I Nr. 8) eine weitere erstinstanzliche Zuständigkeit des BVerwG. Spätere Änderungen dieser Regelungen bleiben vorrangig (NK-VwGO § 192 Rn. 3). Die **Gesetze nach Nr. 2, 5 und 7** wurden aber aufgehoben.

§ 191 [Revision bei Klagen aus dem Beamtenverhältnis]

(1) (Änderungsvorschrift)

(2) § 127 des Beamtenrechtsrahmengesetzes und § 54 des Beamtenstatusgesetzes bleiben unberührt.

1 Die schwer verständliche Vorschrift erhält die Geltung von **Sonderregelungen für Streitigkeiten aus dem Beamtenverhältnis.** Schon in ihrer ursprünglichen Fassung ließen I und II der Vorschrift die den „Rechtsweg" betreffenden §§ 126 und 127 des BRRG von 1957 „unberührt", schufen also eine Ausnahme von der derogierenden Wirkung der VwGO gegenüber früherem Prozessrecht. Nach der Neuregelung der Bund-Länderkompetenzen im Bereich des Beamtenrechts (Föderalismusreform II 2006 – vgl. Art. 74 I Nr. 27 GG) wurde II durch G v. 17.6.2008 (BGBl. I 1010) mWz 1.4.2009 um § 54 BeamtStG ergänzt (erlassen aufgrund Art. 74 I Nr. 1 GG: „gerichtliches Verfahren"). Die Regelungen in §§ 126 f. BRRG wurden durch Art. 125a I 1, 2 GG als Bundesrecht aufrechterhalten, mit der Ersetzungsbefugnis durch die Länder. In der Sache bewirkt die Regelung Folgendes:

2 **§ 126 I und III BRRG** sieht als fortgeltendes Rahmenrecht **Sonderverwaltungsprozessrecht** in viererlei Hinsicht vor. Entsprechendes gilt für Bundesbeamte kraft dem aufrechterhaltenen § 126 BBG, für Landes- und Kommunalbeamte nach § 54 BeamtStG.

3 Für **Revisionsverfahren** ist **§ 127 BRRG** bedeutsam. **Nr. 1** anerkennt bei Klagen aus dem Beamtenverhältnis (über § 132 II Nr. 2 hinaus) auch die Entscheidungen von OVG/VGH als divergenzfähig an. **Nr. 2** erklärt (über § 137 I hinaus) Landesbeamtenrecht in Revisionsverfahren allgemein für revisibel. Das enthebt die Länder der Notwendigkeit, dem BVerwG gem. Art. 99 Fall 2 GG durch Landesgesetz die letztverbindliche Entscheidungs-

---

[1] Jetzt in der Fassung der Bek. v. 22.1.2009.

kompetenz für ihr Landesbeamtenrecht zuzuweisen. Vgl. weitere Einzelheiten bei SSB § 191.

§ 192 *(Änderungsvorschrift)*

§ 193 [Oberverwaltungsgericht als Verfassungsgericht]

In einem Land, in dem kein Verfassungsgericht besteht, bleibt eine dem Ober-verwaltungsgericht übertragene Zuständigkeit zur Entscheidung von Verfassungs-streitigkeiten innerhalb des Landes bis zur Errichtung eines Verfassungsgerichts unberührt.

Bei Erlass der VwGO (→ § 195 Rn. 1) waren in einigen Ländern landesver- 1 fassungsrechtliche Streitigkeiten den OVG zugewiesen. Diese Zuweisungen sollten durch § 193 aufrechterhalten werden. Ob die Regelung erforderlich war, ist str., weil die Landeskompetenz für die Landesverfassungsgerichtsbar-keit die Befugnis zur Übertragung von Verfassungsstreitigkeiten auf die OVG einschließen soll, anders gesagt: durch deren Zuständigkeiten nach §§ 46 ff. nicht eingeschränkt werden sollte (NK-VwGO § 193 Rn. 1).

In jedem Fall hat die Regelung ihre praktische Bedeutung verloren, nach- 2 dem als letztes Bundesland **Schleswig-Holstein** durch Ges. v. 17.10.2006 (GVOBl. 220) zum 1.5.2008 das Schleswig-Holsteinische Landesverfassungs-gericht eingerichtet hat (vgl. Art. 44 LV). Seither besitzen sämtliche Bundes-länder eine eigenständige Landesverfassungsgerichtsbarkeit. Ob § 193 de lege ferenda die erneute Übertragung auf ein OVG erlaubt, bleibt auf unabsehbare Zeit eine theoretische Frage.

§ 194 [Übergangsvorschriften für Rechtsmittel]

(1) Die Zulässigkeit der Berufungen richtet sich nach dem bis zum 31. Dezem-ber 2001 geltenden Recht, wenn vor dem 1. Januar 2002
1. die mündliche Verhandlung, auf die das anzufechtende Urteil ergeht, geschlos-sen worden ist,
2. in Verfahren ohne mündliche Verhandlung die Geschäftsstelle die anzufechten-de Entscheidung zum Zwecke der Zustellung an die Parteien herausgegeben hat.
(2) Im Übrigen richtet sich die Zulässigkeit eines Rechtsmittels gegen eine gerichtliche Entscheidung nach dem bis zum 31. Dezember 2001 geltenden Recht, wenn vor dem 1. Januar 2002 die gerichtliche Entscheidung bekannt gegeben oder verkündet oder von Amts wegen an Stelle einer Verkündung zugestellt worden ist.
(3) Fristgerecht vor dem 1. Januar 2002 eingelegte Rechtsmittel gegen Be-schlüsse in Verfahren der Prozesskostenhilfe gelten als durch das Oberverwal-tungsgericht zugelassen.

(4) In Verfahren, die vor dem 1. Januar 2002 anhängig geworden sind oder für die die Klagefrist vor diesem Tage begonnen hat, sowie in Verfahren über Rechtsmittel gegen gerichtliche Entscheidungen, die vor dem 1. Januar 2002 bekannt gegeben oder verkündet oder von Amts wegen an Stelle einer Verkündung zugestellt worden sind, gelten für die Prozessvertretung der Beteiligten die bis zu diesem Zeitpunkt geltenden Vorschriften.

(5) § 40 Abs. 2 Satz 1, § 154 Abs. 3, § 162 Abs. 2 Satz 3 und § 188 Satz 2 sind für die ab 1. Januar 2002 bei Gericht anhängig werdenden Verfahren in der zu diesem Zeitpunkt geltenden Fassung anzuwenden.

[6] Für am 1. Januar 2024 noch anhängige Verfahren aus dem Sachgebiet der Kriegsopferfürsorge gilt § 67 Absatz 2 Satz 2 Nummer 6 in der am 31. Dezember 2023 geltenden Fassung weiter.

1 Die heutige Fassung hat § 194 (der ursprünglich die sog. Berlin-Klausel enthielt) **mWv 1.1.2002** durch das Gesetz zur Bereinigung des Rechtsmittelrechts im Verwaltungsprozess **(RmBereinVpG)** v. 20.12.2001 (BGBl. I 3987) erhalten. Die Vorschrift enthält **Übergangsvorschriften** für Rechtsmittel (Berufungen, Beschwerden und Zulassungsrechtsmittel) und die Prozessvertretung (§ 67) sowie für die Anwendbarkeit neu gefasster Einzelbestimmungen nach V (§ 40 II 1, § 154 III, § 162 II 3 und § 188 S. 2) ab dem Inkrafttreten des RmBereinVpG. Die Vorschriften sind infolge der seit ihrem Inkrafttreten verstrichenen Zeit weitgehend **überholt** (vgl. die Kommentierungen bei Kopp/Schenke 14. Aufl. zu § 194; NK-VwGO zu § 194). Die Anfügung des Abs. 6 (einer Übergangsregelung) ist eine **am 1.1.2024 in Kraft tretende** Folgeänderung zur Aufhebung des Bundesversorgungsgesetzes zum 31.12.2023 durch Art. 58 Nr. 2, Art. 60 Abs. 7 G v. 12.12.2019 (BGBl. I 2652; vgl. BT-Drs. 19/13824 S. 237).

§ 195 [Inkrafttreten; Aufhebungs- und Übergangsvorschriften]

(1) *(Inkrafttreten)*

(2) bis **(6)** (Aufhebungs-, Änderungs- und zeitlich überholte Vorschriften)

(7) Für Rechtsvorschriften im Sinne des § 47, die vor dem 1. Januar 2007 bekannt gemacht worden sind, gilt die Frist des § 47 Abs. 2 in der bis zum Ablauf des 31. Dezember 2006 geltenden Fassung.

1 Die VwGO v. 21.1.1960 (BGBl. I 17) ist in der Ursprungsfassung gem. § 195 I 1 am **1.4.1960 in Kraft** getreten. Die weiteren Bestimmungen in II bis VI sind heute bedeutungslos. II enthielt eine **deklaratorische Kodifikationsklausel** (→ § 1 Rn. 11a), die bestimmte, dass mit dem Inkrafttreten der VwGO alle noch in Kraft befindlichen Vorschriften früherer Gesetze und Verordnungen aufgehoben wurden, wenn sie den gleichen Gegenstand regelten; besonders genannt war das **(Errichtungs)Gesetz über das BVerwG** vom 23.9.1952 (BGBl. I 625), das für dieses Gericht eigenständige gerichtsverfassungs- und –verfahrensrechtliche Vorschriften enthielt. Die heutige Fassung von I bis VI entspricht der Neufassung durch Bekm. v. 19.3.1991 (BGBl. I 686).

Durch Gesetz v. 21.12.2006 (BGBl. I 3316) ist **VII** angefügt worden. Er 2 enthält eine **Übergangsvorschrift,** die nach der Verkürzung der Anfechtungsfrist des § 47 II auf ein Jahr (Art. 3 Nr. 1 lit. a Gesetz v. 21.12.2006, BGBl. I 3316) mWv 1.1.2007 verfassungsrechtlich notwendig geworden war. Sie hat mittlerweile ebenfalls ihre Bedeutung eingebüßt: Rechtsvorschriften iSd § 47, die vor dem 1.1.2007 bekannt gemacht worden sind, konnten nur innerhalb von zwei Jahren nach Bekanntmachung mit dem Normenkontrollantrag angefochten werden, längstens also bis zum 31.12.2009.

Mustersammlung Entscheidungsformeln

Die folgenden Urteils- und Beschlussaussprüche sind als – dem Fall anzupassende – Vorschläge gemeint. Sie erfassen die typischen Konstellationen in Verwaltungsstreitverfahren aller Instanzen. Die Formulierungen in der gerichtlichen Praxis variieren. Die gerichtlichen Aussprüche lassen in den meisten Fällen (außer bei den abweisenden/ablehnenden Aussprüchen) die Anträge der Kläger und Rechtsmittelführer erkennen, auf die sie antworten. Teilweise mussten diese Anträge aber auch mit aufgenommen werden. Dem Verständnis dienen Hinweise auf Erläuterungen im Kommentartext, der Vereinfachung die Benutzung des generischen Maskulinums und der Übersichtlichkeit eine in der Praxis ungebräuchliche Nummerierung.

A. Erstinstanzliche Verfahren (VG, OVG, BVerwG)

A 1 Urteilsformeln

A 1.1 Klageabweisung

A 1.1.1 Volle Abweisung, ein Kläger

I. Die Klage wird abgewiesen.

II. Der Kläger trägt die Kosten des Verfahrens.

III.1. Das Urteil/Der Gerichtsbescheid ist wegen der Kosten vorläufig vollstreckbar.* Der Kläger darf die Vollstreckung durch Sicherheitsleistung in Höhe von 110 v.H. des auf Grund des Urteils/Gerichtsbescheids vollstreckbaren Betrages abwenden, wenn nicht der Beklagte vor der Vollstreckung Sicherheit in Höhe von 110 v.H. des jeweils zu vollstreckenden Betrages leistet.** [Var., wenn Kosten bis einschl. 1.500 € zu vollstrecken, §§ 708 Nr. 11, 711, 709 S. 2 ZPO]

III.2. Das Urteil/Der Gerichtsbescheid ist wegen der Kosten gegen Sicherheitsleistung in Höhe von 110 v.H. des aufgrund des Urteils vollstreckbaren Betrages vorläufig vollstreckbar. [wenn Kosten von mehr als 1.500 € zu vollstrecken, § 709 ZPO].

IV. Die Berufung wird zugelassen.***/Die Revision wird [nicht] zugelassen.****

V. Der Antrag des Klägers auf Zuziehung eines Bevollmächtigten für das Vorverfahren wird abgelehnt.*****

1

---

*Obligatorisch, sofern rechtsmittelfähiges Endurteil (VG/OVG) → § 167 Rn. 13. Erstinstanzliche Urteile des BVerwG enthalten daher nur den Sachausspruch und eine Kostenentscheidung.

**Abwendungsbefugnis entfällt entspr. § 713 ZPO nur dann, wenn ein Rechtsmittel
unzweifelhaft unzulässig ist.
***Nur, wenn ein VG die Berufung zulassen will; Nichtzulassung nur in den Gründen
erläutern → § 124a Rn. 1; nachholbar → § 120 Rn. 4.
****Obligatorisch bei Entscheidung des OVG/VGH (positiv wie negativ) und des VG
im Fall des § 10 II KDVG → § 132; nachholbar → § 120 Rn. 4.
*****Entscheidung nach § 162 II 2, falls trotz Unterliegens Antrag gestellt → § 162
Rn. 47a, 75. s.a. → Rn. 3, 11.

A 1.1.2 Volle Abweisung, Streitgenossen

2   I. Die Klagen werden abgewiesen.
II. Die Kläger tragen die Kosten des Verfahrens [zu gleichen Teilen/je
zur Hälfte/als Gesamtschuldner.*].
III.1. Das Urteil ist wegen der Kosten vorläufig vollstreckbar. Der
jeweilige Vollstreckungsschuldner darf die Vollstreckung durch Sicherheitsleistung in Höhe von 110 v.H. des auf Grund des Urteils vollstreckbaren Betrages abwenden, wenn nicht der Beklagte vor der Vollstreckung Sicherheit in Höhe von 110 v.H. des jeweils zu
vollstreckenden Betrages leistet. [wenn Kosten bis 1.500 € zu vollstrecken sind]
III.2. → Rn. 1, wenn Kosten über 1.500 € zu vollstrecken sind.
IV./V. → Rn. 1.

*Kostenverteilung bei Streitgenossen → § 159. Ohne Ausspruch gilt das Kopfteilprinzip
nach § 100 I ZPO; Zusatz erforderlich nur bei Gesamtschuld → § 159 Rn. 8.

A 1.2 Stattgabe: Aufhebung der angefochtenen Verfügung
(§ 113 I 1, 2)

3   I. Der Bescheid des Beklagten vom ... *und der Widerspruchs-
bescheid* des ... vom ... werden aufgehoben.**
II. Der Beklagte trägt die Kosten des Verfahrens.
III.1. Das Urteil ist wegen der Kosten vorläufig vollstreckbar. Der
Beklagte darf die Vollstreckung durch Sicherheitsleistung in Höhe von
110 v.H. des auf Grund des Urteils vollstreckbaren Betrages abwenden,
wenn nicht der Kläger vor der Vollstreckung Sicherheit in Höhe von
110 v.H. des jeweils zu vollstreckenden Betrages leistet. (Var., wenn
Kosten bis 1.500 € zu vollstrecken)
III.2. → Rn. 1 [Var., wenn Kosten von mehr als 1.500 € zu vollstre-
cken]
IV. → Rn. 1.
V. Die Zuziehung eines Bevollmächtigten für das Vorverfahren durch
den Kläger wird für notwendig erklärt.***

*Die Formulierung „in der Gestalt des Widerspruchsbescheides" gehört nicht in den Tenor und ist ohnehin nur akzeptabel, wenn der Ausgangsbescheid durch den Widerspruchsbescheid geändert worden ist.

**Mit Vollzugsfolgenbeseitigung nach § 113 I 2 zusätzlich: „Dem Beklagten wird aufgegeben, die Vollziehung seines Bescheides durch ... rückgängig zu machen."

***Falls ein begründeter Antrag nach § 162 II 2 gestellt ist → § 162 Rn. 46 ff; anderenfalls Antragsablehnung (→ Rn. 1).

A 1.3 Stattgabe: Verpflichtung zum Erlass eines VA (§ 113 V 1)

I. Der Beklagte wird unter Aufhebung seines Bescheides vom ... und   4
des Widerspruchsbescheides des ... vom ... verpflichtet, dem Kläger
(die Genehmigung ... zu erteilen).
II.–V. → Rn. 3.

A 1.4 Stattgabe: Allgemeines Leistungsurteil

I. Der Beklagte wird verurteilt, (an den Kläger ...€ zu zahlen).   5
II. Der Beklagte trägt die Kosten des Verfahrens.
III.1. Das Urteil ist vorläufig vollstreckbar. Der Beklagte darf die Vollstreckung durch Sicherheitsleistung in Höhe von 110 v.H. des auf Grund des Urteils vollstreckbaren Betrages abwenden, wenn nicht der Kläger vor der Vollstreckung Sicherheit in Höhe von 110 v.H. des jeweils zu vollstreckenden Betrages leistet. (Var., wenn der Gegenstand der Verurteilung in der Hauptsache bis 1.250 €, § 708 Nr. 11 ZPO).
III.2. Das Urteil ist gegen Sicherheitsleistung in Höhe von 110 v.H. des aufgrund des Urteils vollstreckbaren Betrages vorläufig vollstreckbar. (Var., wenn Gegenstand der Verurteilung 1.250 € übersteigt, § 709 ZPO).
IV.–V. → Rn. 3.

A 1.5 Stattgabe: Feststellungsurteil (§ 43)

I. Es wird festgestellt, dass der Bescheid des Beklagten (ggf. mit WB)   6
vom ... nichtig ist/der Kläger nicht verpflichtet/berechtigt ist, .../der
Kläger durch (eine Norm) in seinem Rechten verletzt ist.
II.–V. → Rn. 3.

A 1.6 Stattgabe: Fortsetzungsfeststellungsklage (§ 113 I 4)

7   I. Es wird festgestellt, dass der Bescheid des Beklagten vom ... (ggf. mit WB) rechtswidrig gewesen ist und den Kläger in seinen Rechten verletzt hat.*
II.–V. → Rn. 3.

*Entgegen dem Wortlaut des § 113 I 4 ist auch die Rechtsverletzung zu tenorieren → § 113 Rn. 96.

A 1.7 Teilstattgaben

A 1.7.1 bei Anfechtungsklagen (§ 113 I)

8   I. Der Bescheid des Beklagten vom ... (ggf. mit WB) wird insoweit aufgehoben, als (darin eine Gebühr von mehr als ...€ festgesetzt wird).*
Im Übrigen wird die Klage abgewiesen.
II. Der Kläger trägt ... v. H., der Beklagte ... v. H. der Kosten des Verfahrens/Die Kosten werden gegeneinander aufgehoben.**
III.1. Das Urteil ist wegen der Kosten vorläufig vollstreckbar. Der jeweilige Vollstreckungsschuldner darf die Vollstreckung durch Sicherheitsleistung in Höhe von 110 v.H. des auf Grund des Urteils vollstreckbaren Betrages abwenden, wenn nicht der jeweilige Vollstreckungsgläubiger vor der Vollstreckung Sicherheit in Höhe von 110 v.H. des jeweils zu vollstreckenden Betrages leistet. [Var., wenn Kosten bis 1.500 € zu vollstrecken]
III.2. → Rn. 1 (Var., wenn Kosten von über 1.500 € zu vollstrecken).
III.3. Das Urteil ist wegen der Kosten durch den Kläger gegen Sicherheitsleistung in Höhe von 110 v. H. des vollstreckbaren Betrags vorläufig vollstreckbar. Der Kläger darf die Vollstreckung durch den Beklagten durch Sicherheitsleistung in Höhe von 110 v.H. des auf Grund des Urteils vollstreckbaren Betrages abwenden, wenn nicht der Beklagte vor der Vollstreckung Sicherheit in Höhe von 110 v.H. des jeweils zu vollstreckenden Betrages leistet. [Var., wenn eine Seite Kosten bis 1.500 €, die andere Seite mehr als 1.500 € vollstrecken kann]
IV.–V. → Rn. 3.

*Mit Vollzugsfolgenbeseitigung nach § 113 I 2 zusätzlich: „Der Beklagte wird verpflichtet, die Vollziehung durch (Rückzahlung von ...€) rückgängig zu machen."
**Zum Unterliegensanteil → § 155 Rn. 5. Quotelung gilt ggf. auch für Beigeladene → Rn. 12.

A 1.7.2 Bescheidungsurteil (§ 113 V 2)

I. Der Beklagte wird unter Aufhebung seines Bescheides vom ... und des Widerspruchsbescheides des ... vom ... verpflichtet, über den Antrag des Klägers auf (Erteilung einer Genehmigung für ...) unter Beachtung der Rechtsauffassung des Gerichts neu zu entscheiden. Im Übrigen wird die Klage abgewiesen.★
II. Die Kosten des Verfahrens tragen der Kläger zu 1/3, der Beklagte zu 2/3.★★
III.–V. → Rn. 8.

9

★Bescheidungsurteil auf unbeschränkte Vornahmeklage. Bei isoliertem Bescheidungsantrag obsiegt der Kläger voll → Rn. 4.
★★Zum Unterliegensanteil → § 155 Rn. 5. Quotelung gilt ggf. auch für Beigeladene → Rn. 12.

A 1.7.3 Teilstattgabe nach Teil-Klagerücknahme/Hauptsachenerledigung

I. Das Verfahren wird eingestellt, soweit der Kläger die Klage zurückgenommen hat/soweit die (Haupt)Beteiligten den Rechtsstreit in der Hauptsache für erledigt erklärt haben. Im Übrigen wird der Beklagte verpflichtet/verurteilt .../wird die Klage abgewiesen.
II.–V. Je nach Erfolg des anhängig bleibenden Streitgegenstandsteils weiter wie → Rn. 3 oder → Rn. 8 f.★
Streitwertbeschluss: Der Wert des Streitgegenstandes wird bis zur teilweisen Klagerücknahme/Hauptsachenerledigungserklärung auf ... €, für die Zeit danach auf ...€ festgesetzt.★★

10

★Kostenentscheidung nach § 155 I, II, § 154 I.
★★Eine geteilte Festsetzung ist zwar nicht zwingend, weil sich die Gerichtsgebühren nur nach vollständiger Klagerücknahme ermäßigen (→ Rn. 35 und → Rn. 55), aber mit Blick auf die anwaltlichen Gebühren, insbes. die Terminsgebühr nach Nr. 3104 Anl. 1 RVG, praxisgerecht (§§ 11 III 1, 23 I 1, 32 I RVG).

A 1.7.4 Teilstattgabe bei Streitgenossen

I. Die Klage des Klägers zu 2 wird abgewiesen. Auf die Klage des Klägers zu 1 wird der Bescheid des Beklagten vom ... aufgehoben.
II. Die Gerichtskosten tragen der Kläger zu 2 und der Beklagte je zur Hälfte. Die außergerichtlichen Kosten des Klägers zu 1 trägt der Beklagte. Der Kläger zu 2 trägt die Hälfte der außergerichtlichen Kosten

11

des Beklagten. Im Übrigen trägt jeder seine außergerichtlichen Kosten selbst.★
III.+IV. → Rn. 8.
V. Für Kläger zu 1 → Rn. 3, 11; für Kläger zu 2 → Rn. 1.

★Kosten: Baumbach'sche Formel → § 159 Rn. 3 bei unterstellt gleichem Streitwert der Klagen.

Beteiligter	Anteil am Unterliegen	Kostenquote	
K1	0 €	0/10.000	= 0 %
K2	5.000 €	5.000/10.000	= 50 %
B	5.000 €	5.000/10.000	= 50 %
Summe	10.000 €	1	= 100 %

A 1.8 Verfahren mit Beigeladenen (§ 161 III VwGO)

A 1.8.1 Der Beigeladene stellt keinen Antrag und fördert das Verfahren nicht

12   II. Der Kläger/Beklagte trägt die Kosten★ des Verfahrens mit Ausnahme der außergerichtlichen Kosten des Beigeladenen, die dieser selbst trägt.★★ [Alternative: Die außergerichtlichen Kosten des Beigeladenen sind nicht erstattungsfähig.]

★Kosten sind die Gerichtskosten und die außergerichtlichen Kosten des Beklagten → § 154 Rn. 12.
★★Billigkeitsentscheidung; gilt auch, wenn der Beigeladene mit seinem Antrag unterliegt → § 162 Rn. 65 ff.

A 1.8.2 Der mitobsiegende Beigeladene stellt Antrag bzw. fördert das Verfahren

13   II. Der Kläger/Beklagte trägt die Kosten des Verfahrens einschließlich der außergerichtlichen Kosten des Beigeladenen.★ (Alternative: Die außergerichtlichen Kosten des Beigeladenen werden der Staatskasse auferlegt.★★).

★Billigkeitsentscheidung nach § 162 III → § 162 Rn. 67.
★★§ 162 III Fall 2 → § 162 Rn. 74.

A 1.8.3 Der mitunterliegende Beigeladene stellt Antrag bzw. fördert das Verfahren

> II. Die Kosten des Verfahrens tragen der Beklagte und der Beigeladene   **14**
> je zur Hälfte; eine Kostenerstattung zwischen ihnen findet nicht statt.*

*Kostenentscheidung nach § 155 I, § 162 III (Billigkeitsentscheidung → § 162 Rn. 66).

A 2 Asylklagen

A 2.1 Abweisung einfach

> I. Die Klage wird abgewiesen.   **15**
> II. Der Kläger trägt die Kosten des Verfahrens, für das Gerichtskosten
> nicht erhoben werden.*
> III.1. → Rn. 1.**
> IV./V. (entfallen, da im Asylrecht kein Anwendungsbereich)

*Nichterhebung von Gerichtskosten (Gebühren und Auslagen) gem. § 83b AsylG. Daher kein Streitwert festzusetzen.
**Vollstreckbar sind die außergerichtlichen Kosten der beklagten Bundesrepublik.

A 2.2 Abweisung als offensichtlich unbegründet

> I. Die Klage wird als offensichtlich unbegründet abgewiesen.   **16**
> II. Der Kläger trägt die Kosten des Verfahrens, für das Gerichtskosten
> nicht erhoben werden.
> III. [entfällt wegen Unanfechtbarkeit nach § 78 I AsylG]
> IV./V. → Rn. 15.

A 2.3 Volle Stattgabe

> I. Die Beklagte wird verpflichtet, dem Kläger zu 1 die Flüchtlings-   **17**
> eigenschaft zuzuerkennen.
> Im Hinblick auf die Klägerin zu 2 wird die Beklagte verpflichtet fest-
> zustellen, dass ein Abschiebungsverbot gemäß § 60 VII 1 AufenthG
> hinsichtlich (Land) vorliegt.

Der Bescheid des Bundesamtes für Migration und Flüchtlinge vom …
wird zu Ziffern … aufgehoben[, soweit sie diesen Verpflichtungen ent-
gegenstehen].
II. Die Beklagte trägt die Kosten des Verfahrens, für das Gerichtskosten
nicht erhoben werden.
III. → Rn. 1.
IV./V. → Rn. 15.

A 2.4 Teilstattgaben

18   I. Das Verfahren wird eingestellt, soweit der Kläger zu 1 die Klage
zurückgenommen hat.
Die Beklagte wird unter entsprechender Aufhebung des Bescheides des
Bundesamtes für Migration und Flüchtlinge vom … verpflichtet, der
Klägerin zu 2 die Flüchtlingseigenschaft zuzuerkennen.
II. Die außergerichtlichen Kosten der Beklagten trägt der Kläger zu 1
zu 50 v.H. Die außergerichtlichen Kosten der Klägerin zu 2 trägt die
Beklagte. Im Übrigen tragen die Beteiligten ihre außergerichtlichen
Kosten selbst. Gerichtskosten werden nicht erhoben.
III.1 → Rn. 8.★
IV./V. → Rn. 15.

★Kostenentscheidung nach § 155 II, § 154 I.
★★Vgl. → Rn. 1 zu III.

19   I. Das Verfahren wird eingestellt, soweit der Kläger die Klage zurück-
genommen hat.
Im Übrigen wird die Beklagte wird verpflichtet, unter Aufhebung der
Ziffern … des Bescheides des Bundesamts für Migration und Flücht-
linge vom …. dem Kläger subsidiären Schutz zuzuerkennen.
Im Übrigen wird die Klage abgewiesen.
II. Die Kosten des Verfahrens, für das Gerichtskosten nicht erhoben
werden, tragen der Kläger zu 2/3 und die Beklagte zu 1/3.★

★Im Übrigen wie → Rn. 18.

A 3 Zwischenverfahren

A 3.1 Beiladung (§ 65 I/II)

Die/Der (Vorhabenträger, Bauherr usw.), vertreten durch ... (An- **20** schrift), wird wird gem. § 65 I VwGO beigeladen, weil ihre/seine Interessen durch die Entscheidung berührt werden [einfache Beiladung]/gem. § 65 II VwGO beigeladen, weil die Entscheidung ihr/ihm und den übrigen Beteiligten gegenüber nur einheitlich ergehen kann [notwendige Beiladung].

A 3.2 Erfolglose Anhörungsrüge (§ 152a)

I. Die Anhörungsrüge des Klägers gegen (gerichtliche Entscheidung*) **21** der Kammer vom ... (Aktenzeichen) wird verworfen/zurückgewiesen.**
II. Der Kläger trägt die Kosten des Anhörungsrügeverfahrens.***

*Zu den gerichtlichen Entscheidungen → § 152a Rn. 4.
**Tenorierung ergibt sich aus § 152a IV 1 und 2.
***Die Kostenentscheidung beruht auf § 154 I (→ § 152a Rn. 12). Einer Streitwertfestsetzung bedarf es nicht, weil für erfolglose Verfahren über die Anhörungsrüge nach Nr. 5400 KV-GKG eine Festgebühr von 60 € anfällt (entspr. zB bei Verfahren iSd Anlage zu § 75 LDG NRW). Der Beschluss ist in jeder Instanz unanfechtbar und kurz zu begründen (§ 152a IV 3, 4 VwGO).

A 3.3 Zwischenurteil (§ 109)

I. Die Klage (Der Normenkontrollantrag) ist zulässig.* **22**
II. Die Kostenentscheidung bleibt dem Endurteil vorbehalten.**
III. Die Berufung/Revision wird (nicht) zugelassen.

*Bei Unzulässigkeit Klageabweisung → § 109 Rn. 1.
**Zum Kostenvorbehalt → vor § 154 Rn. 10.

A 3.4 Trennung und Verbindung von Verfahren (§ 93)

Die Verfahren (Aktenzeichen) und (Aktenzeichen) werden zur gemein- **23** samen Verhandlung verbunden.* /... werden zur gemeinsamen Verhandlung und Entscheidung verbunden und unter dem (Aktenzeichen) fortgeführt.**

*Verfahren werden anschließend unter ihren bisherigen Aktenzeichen entschieden.
**Bei Verbindung auch zur gemeinsamen Entscheidung (§ 93 S. 1 VwGO).
Trennungsbeschlüsse nach § 93 S. 2 VwGO → § 93 Rn. 10.

A 3.5 Befangenheit (§ 54)

24   Siehe die Kommentierung → § 54 Rn. 10b, 23a.

A 3.6 Ruhen

25   Siehe die Kommentierung → § 94 Rn. 24.

A 4 Prozesskostenhilfe (§ 166)

A 4.1 Ablehnung des Antrags auf Bewilligung von PKH

26   Der Antrag des (Antragstellers), ihm für das …verfahren (Aktenzeichen) [für die beabsichtigte Klage etc.] Prozesskostenhilfe zu bewilligen und einen Rechtsanwalt (Rechtsanwalt … aus …Stadt) beizuordnen, wird abgelehnt.
Gründe: Dem (Antragsteller) kann Prozesskostenhilfe nicht bewilligt und ein Rechtsanwalt beigeordnet werden, weil (der Rechtsbehelf/das Rechtsmittel) gegen (die angegriffene Entscheidung) vom … keine hinreichende Aussicht auf Erfolg bietet (§ 166 I 1 iVm §§ 114 I 1, 121 I ZPO; § 173 S. 1 iVm § 78b I 1 ZPO). Vgl. → § 166 Rn. 56.

Keine Kosten, kein Streitwert. Rechtsmittelbelehrung: VG (Beschwerde, § 146 I, sofern nicht ein Fall des § 146 II); OVG/VGH: „Dieser Beschluss ist unanfechtbar, § 152 I.“

A 4.2 Bewilligung von PKH

27   Dem (Antragsteller) wird für das …verfahren (Aktenzeichen) Prozesskostenhilfe bewilligt und Rechtsanwalt …, (Stadt) beigeordnet.

Keine Kosten, kein Streitwert, keine Rechtsmittelbelehrung → § 166 Rn. 69. Zur Begründung → § 166 Rn. 56.

A 4.3 Bewilligung von PKH unter Ratenzahlung

Dem (Antragsteller) wird für das …verfahren (Aktenzeichen) Prozess-kostenhilfe bewilligt und Rechtsanwalt …, (Stadt), beigeordnet. Der (Antragsteller) hat auf die Prozesskosten beginnend ab … monatliche Raten in Höhe von …€ an die zuständige Landeskasse zu zahlen.

28

Im Übrigen wie → Rn. 26 („Dem Antragsteller kann PKH nur unter Anordnung von Raten gewährt werden. …").

A 4.4 Antrags nach § 78b ZPO (Notanwalt)

A 4.4.1 Ablehnung des Antrags

Der Antrag des (Antragstellers), ihm zur Wahrnehmung seiner Rechte im (beabsichtigten) Verfahren (ggf. Aktenzeichen) einen Rechtsanwalt beizuordnen, wird abgelehnt.*

29

*Zu den Gründen → § 166 Rn. 52. Rechtsmittelbelehrung: VG (Beschwerde, § 146VwGO iVm § 78b II ZPO); OVG/VGH (Dieser Beschluss ist unanfechtbar, § 152 I); BVerwG (keine Belehrung, da unanfechtbar).

A 4.4.2 Beiordnung

Dem (Antragsteller) wird zur Wahrnehmung seiner Rechte im (be-absichtigten) Verfahren (ggf. Aktenzeichen) Rechtsanwalt … aus (Stadt) beigeordnet.*

30

*Keine Begründung → § 166 Rn. 52. Belehrung: Der Beschluss ist unanfechtbar (§ 78 II ZPO; OVG/VGH § 152 I VwGO).

A 5 Einstweiliger Rechtsschutz

A 5.1 Ablehnung des Antrags auf Regelung der Vollziehung (§ 80 V)

I. Der Antrag des Antragstellers, die aufschiebende Wirkung (seines Widerspruchs/seiner Klage/seines Rechtsmittels) gegen den Bescheid des Antragsgegners vom … (ggf. WB) anzuordnen/wiederherzustellen, wird abgelehnt.
II. Der Antragsteller trägt die Kosten des Verfahrens.
III. Der Wert des Streitgegenstandes wird auf …€ festgesetzt.

31

A 5.2 Anordnung/Wiederherstellung der aufschiebenden Wirkung (§ 80 V)

32 I.1. Die aufschiebende Wirkung des (Widerspruchs/der Klage/des Rechtsmittels) gegen den Bescheid des Antragsgegners vom … wird angeordnet/wiederhergestellt.
I.2. Es wird festgestellt, dass der Widerspruch des Antragstellers … gegen den Bescheid des Antragsgegners vom … aufschiebende Wirkung hat (Var. bei faktischer Vollziehung (→ § 80 Rn. 63).
II. Der Antragsgegner trägt die Kosten des Verfahrens.
III. Streitwert → Rn. 31.

A 5.3 Ablehnung einer einstweiligen Anordnung (§ 123)

33 I. Der Antrag auf Erlass einer einstweiligen Anordnung wird abgelehnt.
II./III. → Rn. 31; Beigeladene → Rn. 12 f.

A 5.4 Erlass einer einstweiligen Anordnung (§ 123)

34 I.1. Dem Antragsgegner wird im Wege der einstweiligen Anordnung aufgegeben, … (→ § 123 Rn. 30).
I.2. Dem Antragsgegner wird im Wege der einstweiligen Anordnung untersagt, die im … ausgeschriebene Stelle eines … zu besetzen, solange nicht über die Bewerbung des Antragstellers unter Beachtung der Rechtsauffassung des Gerichts erneut entschieden worden ist.*
I.3. Dem Antragsgegner wird im Wege der einstweiligen Anordnung untersagt, die im … ausgeschriebene Stelle eines …/ihm derzeit zur Verfügung stehenden Beförderungsplanstellen der Besoldungsgruppe … mit dem Beigeladenen/mit einem anderen Bewerber als dem Antragsteller zu besetzen zu besetzen, bis über die Bewerbung des Antragstellers unter Beachtung der Rechtsauffassung des Gerichts erneut entschieden und eine Frist von zwei Wochen nach Mitteilung der erneuten Entscheidung an den Antragsteller abgewartet worden ist.*
II./III. → Rn. 32.

*Var. bei dienstrechtlicher Stellenbesetzung/Beförderung.

A 6 Sonstige Verfahrensbeendigungen (VG; Beschluss)

A 6.1 Klagerücknahme

I. Das Verfahren wird eingestellt.
II. Der Kläger trägt die Kosten des Verfahrens.*
III. Der Wert des Streitgegenstandes wird auf ... € festgesetzt.
Gründe: Der Kläger hat seine Klage mit Schriftsatz vom .../in der mündlichen Verhandlung vor der Kammer am ... zurückgenommen. [Der Beklagte/VöI hat in die Klagerücknahme eingewilligt.**] Das Verfahren ist daher gemäß § 92 III 1 VwGO einzustellen. Die Kostenentscheidung folgt aus § 155 II VwGO, die Streitwertfestsetzung beruht auf § 52 ... GKG.***

35

*Kosten von Beigeladenen wie → Rn. 12 ff. Keine Vollstreckbarkeitserklärung, da rechtskräftiger Verfahrensabschluss.
**Bei Klagerücknahme nach Stellung der Anträge in der mündlichen Verhandlung.
***Festsetzung erforderlich, da sich die Gerichtsgebühren nach Rücknahme nur ermäßigen, vgl. KV-GKG Nr. 5111.
Siehe auch OVG/VGH → Rn. 50; BVerwG → Rn. 72 f.

A 6.2 Erledigung des Rechtsstreits in der Hauptsache (§ 161 II)

I. Das Verfahren wird eingestellt.
II. Die Kosten des Verfahrens trägt/tragen ...*
III. Streitwert → Rn. 31.
Gründe: Nachdem die Beteiligten** den Rechtsstreit übereinstimmend für in der Hauptsache erledigt erklärt haben, ist das Verfahren entspr. § 92 III 1 VwGO einzustellen. Die Kostenentscheidung beruht auf § 161 II VwGO. Danach sind die Kosten nach billigem Ermessen unter Berücksichtigung des bisherigen Sach- und Streitstands zu verteilen. ...

36

*Zur Hauptsachenerledigung → § 161 II; Kostenverteilung → § 162 Rn. 31 ff.
**Nur die Hauptbeteiligten (nicht etwaige Beigeladene).

A 6.3 Erledigung durch Vergleich (§ 106)

I. Das durch Vergleich erledigte Verfahren wird eingestellt.
II. Kläger und Beklagter tragen die Kosten des Verfahrens je zur Hälfte. Die außergerichtlichen Kosten trägt jeder Beteiligte selbst.*
III. Streitwert → Rn. 31.

37

*Kostenverteilung gem. außergerichtlicher Vereinbarung, ansonsten gem. § 160.

A 6.4 Rücknahme eines Antrags auf mündliche Verhandlung gegen Gerichtsbescheid

38   Vgl. Kommentierung → § 84 Rn. 18.

A 7 Normenkontrolle, § 47 (OVG)

A 7.1 Unwirksamkeitserklärung

39   I. Der Bebauungsplan/§ ... (Norm) vom ... (genaue Bezeichnung) (Fundstelle) wird für unwirksam erklärt.
II. Der Antragsgegner trägt die Kosten des Verfahrens.
III. Vorläufige Vollstreckbarkeit → wie Rn. 1.★
IV. Die Revision wird (nicht) zugelassen.★★

★Zur Vollstreckbarkeit → § 47 Rn. 77.
★★Obligatorisch; zuzulassen ist die Revision nur, wenn die Voraussetzungen des § 132 II VwGO vorliegen.

A 7.2 Teilweise Unwirksamkeitserklärung eines Bebauungsplans

40   I. Der Bebauungsplan des Antragsgegners vom ... (Bezeichnung) wird insoweit für unwirksam erklärt, als ...
II.1. Der Antragsgegner trägt die Kosten des Verfahrens.★
II.2. Der Antragsteller trägt ...v.H., der Antragsgegner ...v.H. der Kosten des Verfahrens.★
III./IV. → Rn. 39.

★Zur Kostenentscheidung → § 47 Rn. 75 f.

A 7.3 Teilweise Unwirksamkeitserklärung bei subjektiver Antragshäufung

41   I. Auf den Antrag des Antragstellers zu 1 wird die (§ ... der) (Norm) des (Normgebers) (Bezeichnung) vom ... (Fundstelle) für unwirksam erklärt.
Der Antrag des Antragstellers zu 2 wird verworfen.
II. Die Gerichtskosten tragen der Antragsteller zu 2 und der Antragsgegner je zur Hälfte. Die außergerichtlichen Kosten des Antragstellers zu 1 trägt der Antragsgegner, die außergerichtlichen Kosten des An-

tragsgegners trägt der Antragsteller zu 2 zur Hälfte. Im Übrigen tragen die Beteiligten ihre außergerichtlichen Kosten selbst.
III.1 → Rn. 8.
IV. Revisionszulassung → Rn. 39.

A 7.4 Ablehnung/Verwerfung

I. Der Antrag auf Feststellung der Unwirksamkeit (der Norm) vom ... (Fundstelle) wird abgelehnt/verworfen (→ § 47 Rn. 66). **42**
II./III. → Rn. 1.
IV. Revisionszulassung → Rn. 39.

A 7.5 Teilrücknahme und Verwerfung

I. Das Verfahren wird eingestellt, soweit die Antragsteller zu 1 bis 3 und 6 ihren Antrag zurückgenommen haben. Im Übrigen werden die Anträge verworfen. **43**
II. Die bis zur Antragsrücknahme entstandenen Kosten des Verfahrens tragen die Antragsteller zu 1 und 4 bis 6 zu je 1/5, die Antragsteller zu 2 und 3 als Gesamtschuldner zu 1/5; die im Anschluss entstandenen Kosten des Verfahrens tragen die Antragsteller zu 4 und 5 je zur Hälfte.
III. Vollstreckbarkeit → Rn. 8.
IV. Revisionszulassung → Rn. 39.

A 7.6 Ablehnung einer einstweiligen Anordnung (§ 47 VI VwGO)

I. Der Antrag auf ... wird abgelehnt. **44**
II./III. Kosten, Streitwertfestsetzung → Rn. 31.*

*Keine Vollstreckbarkeitserklärung, da der Beschluss sofort rechtskräftig ist (§ 152 I, § 168 I Nr. 1).

A 8 Planfeststellung (erstinstanzlich OVG/BVerwG)
A 8.1 Typische Klageanträge

Der Kläger beantragt, 1. den Planfeststellungsbeschluss des Beklagten vom ... [in der **45** Fassung des Planänderungsbeschlusses vom ... sowie der Protokollerklärungen in den

mündlichen Verhandlungen am … im Verfahren <Aktenzeichen>] aufzuheben, 2. hilfsweise festzustellen, dass der Planfeststellungsbeschluss rechtswidrig und nicht vollziehbar
ist, [soweit er … genehmigt] 3. weiter hilfsweise zu 1 und 2, den Beklagten zu verpflichten, den Planfeststellungsbeschluss um Auflagen zum Schutz des Grundstücks … vor
… zu ergänzen, 4. weiter hilfsweise zu 3, den Beklagten zu verpflichten, über weitergehende Schutzauflagen zugunsten … erneut zu entscheiden, 5. äußerst hilfsweise zu 3 und
4, zu seinen Gunsten Entschädigungsansprüche dem Grunde nach festzusetzen, soweit
Schutzmaßnahmen nicht in Betracht kommen.

A 8.2 Klageabweisung

46   I. Die Klage wird abgewiesen.★
II. Der Kläger trägt die Kosten★ des Verfahrens einschließlich der
außergerichtlichen Kosten der Beigeladenen.★★
III. Vollstreckbarkeit → Rn. 1.★★★
IV. Die Revision wird (nicht) zugelassen.★★★★

★Sachausspruch und Kostenverteilung bei Streitgenossen → Rn. 2.
★★Kosten des Beigeladenen (Vorhabenträgers) sind regelmäßig erstattungsfähig
→ Rn. 13.
★★★Nur bei OVG/VGH-Urteilen → Rn. 3
★★★★Obligatorisch für OVG/VGH; Entscheidung nach Maßgabe von § 132 II.

A 8.3 Stattgabe: Feststellung der Rechtswidrigkeit

47   I. Der Planfeststellungsbeschluss der Beklagten vom … [in der Gestalt
…] ist rechtswidrig und nicht vollziehbar [darf nicht vollzogen werden].
Im Übrigen wird die Klage abgewiesen.★
II. Die Beklagte trägt die Kosten des Verfahrens★★ mit Ausnahme der
außergerichtlichen Kosten des Beigeladenen, die dieser selbst trägt.★★★
III./IV. → Rn. 46.

★Sofern in der Hauptsache auch ein Aufhebungsantrag gestellt.
★★Unterliegen mit Aufhebungsantrag gilt als geringfügig iSd § 155 I 3 → § 155
Rn. 4a.
★★★Keine Erstattung bei unterliegendem Vorhabenträger → Rn. 12★★, 14; s.a. → § 162
Rn. 66.

A 8.4 Stattgabe: Planergänzung

48   I. Der Beklagte wird verpflichtet, seinen Planfeststellungsbeschluss vom
… [in der Gestalt …] unter Beachtung der Rechtsauffassung des

Gerichts um geeignete Maßnahmen zum Schutz des Klägers vor (Geräuschen ...) zu ergänzen. Der Planfeststellungsbeschluss wird aufgehoben, soweit er dieser Verpflichtung entgegensteht. Im Übrigen wird die Klage abgewiesen.*

II. Die Gerichtskosten tragen der Kläger zu (2/3), der Beklagte und die Beigeladene zu jeweils (1/6).** Die außergerichtlichen Kosten des Klägers tragen der Beklagte und die Beigeladene zu jeweils (1/6). Von den außergerichtlichen Kosten des Beklagten und der Beigeladenen, die insoweit** erstattungsfähig sind, trägt der Kläger (2/3); ihre außergerichtlichen Kosten im Übrigen tragen die Beteiligten selbst.***

III./IV. → Rn. 46.

---

*Sofern die Klage auch auf Aufhebung und/oder Feststellung der Rechtswidrigkeit gerichtet war. Der Planfeststellungsbeschluss bleibt vollziehbar.

**Kostenquotelung nach § 155 I.

***Teil-Erstattungsfähigkeit nach → Rn. 13 f.

B. Berufungs- und Zulassungsverfahren (OVG)

B 1 Berufungszulassung (§ 124a)

B 1.1 Zulassung der Berufung (Tenorbeschluss)

I. Die Berufung des (Antragstellers) gegen das Urteil des VG ... vom ... wird zugelassen.

49

II. Die Kosten des Zulassungsverfahrens folgen der Kostenentscheidung in der Hauptsache.*

III. Der Wert des Streitgegenstandes für das Berufungs[– und Berufungszulassungs*]verfahren wird vorläufig auf ...€ festgesetzt.**

Gründe (§ 124a V 3) – Belehrung (§ 124a V 5) – Hinweispflicht auf befristete Begründungspflicht (→ § 124a Rn. 63).

*Es handelt sich um klarstellende (entbehrliche) Hinweise.

**Ein Streitwert (§ 47 I, § 52 GKG) ist mit der Zulassung ohne Anhörung der Beteiligten vorläufig festzusetzen, weil mit der Zulassung der Berufung die Verfahrensgebühr fällig wird, vgl. § 63 I 1 iVm § 6 I 2 iVm I Nr. 5 GKG. Die Festsetzung entfällt, wenn Gegenstand des Verfahrens eine bestimmte Geldsumme in Euro ist. Die Praxis lässt aber auch dann eine (richterliche) Festsetzung zu, die für die Kostenfestsetzung Klarheit schafft. In Asylverfahren werden Gerichtskosten (Gebühren und Auslagen) gem. § 83b AsylG nicht erhoben; daher dort keine Streitwertfestsetzung.

B 1.2 Ablehnung des Antrags auf Zulassung der Berufung (Beschluss)

50 I. Der Antrag des (Antragstellers) auf Zulassung der Berufung gegen das Urteil des VG ... vom ... wird abgelehnt★.
II. Die Kosten des Berufungszulassungsverfahrens trägt der (Antragsteller).★★
III. Der Streitwert für das Berufungszulassungsverfahren wird auf ...€ festgesetzt.★★★

Gründe → § 124a Rn. 63 – Hinweis: „Der Beschluss ist unanfechtbar (§ 152 I; ggf. § 78 V 2 AsylG). Das Urteil des VG ist nunmehr rechtskräftig (§ 124a V 4).“
★Die anzutreffende Formulierung, der Antrag werde „zurückgewiesen“, widerspricht § 124a V 4.
★★Kostenentscheidung nach § 154 II (→ dort Rn. 8).
★★★Kein Streitwert in Asylverfahren → Rn. 15, 49.

B 2 Berufungsverfahren (§ 125)

B 2.1 Zurückweisung der Berufung (Urteil)

51 I. Die Berufung des (Berufungsführers) gegen das Urteil des VG ... vom ... wird zurückgewiesen.
II. Der (Berufungsführer) trägt die Kosten des Berufungsverfahrens.★
III. Das Urteil ist wegen der Kosten vorläufig vollstreckbar.★★
IV. Die Revision wird (nicht) zugelassen.★★★

★Kosten nach § 154 II, ggf. § 162 III (Beigeladene → Rn. 12 ff.).
★★Vollstreckbarkeit ohne Sicherheitsleistung entspr. § 708 Nr. 10 ZPO; iÜ → Rn. 1 III.
★★★Obligatorisch. Entscheidung über Revisionszulassung nach Maßgabe von § 132 II.
Beschluss: Der Wert des Streitgegenstandes wird für das Berufungsverfahren auf ...€ festgesetzt. (Evtl. Änderung des Streitwerts des VG nach § 63 III 1 Nr. 2 GKG: „...wird unter Änderung der verwaltungsgerichtlichen Festsetzung für beide Rechtszüge auf jeweils ...€ festgesetzt.“)

B 2.2 Verwerfung der Berufung (§ 125 II)

52 I. Die Berufung des (Berufungsführers) gegen das Urteil des VG ... vom ... wird verworfen.★
II.-IV. → Rn. 51.

★Unzulässige Berufungen sind durch fakultativen Beschluss nach Anhörung zu verwerfen, § 125 II 1-3. Rechtsmittelbelehrung nach § 125 II 5 (→ § 125 Rn. 3 ff.).

B 2.3 Stattgabe: Klageabweisung

> I. Auf die Berufung des Beklagten wird das Urteil des VG ... vom ...   **53**
> geändert. Die Klage wird [in vollem Umfang] abgewiesen.
> II. Der Kläger trägt die Kosten des Verfahrens [in beiden Rechts-
> zügen].*
> III./IV. → Rn. 51.

*Kosten nach § 154 I für beide Rechtszüge, ggf. § 162 III (Beigeladene → Rn. 12 ff.).
Streitwertfestsetzung durch gesonderten Beschluss → Rn. 51.

B 2.4 Stattgabe: Klagestattgabe

> I. Auf die Berufung des Klägers wird das Urteil des VG ... vom ...   **54**
> geändert. (Anfechtungs/Verpflichtungsausspruch usw. → Rn. 3 ff.).
> II. Der Beklagte trägt die Kosten des Verfahrens.*
> III./IV. Vollstreckbarkeit → Rn. 3, Revisionszulassung → Rn. 51.

*Kosten nach § 154 I für beide Rechtszüge. Streitwertfestsetzung durch gesonderten
Beschluss → Rn. 51.

B 3 Sonstige Verfahrensbeendigungen (Beschlüsse)

B 3.1 Zurücknahme der Berufung

> I. Das Berufungsverfahren wird eingestellt.   **55**
> II. Der (Berufungsführer) trägt die Kosten des Berufungsverfahrens.
> III. Der Wert des Streitgegenstandes wird für das Berufungsverfahren
> auf ... € festgesetzt.
> Gründe: Der ... hat seine Berufung gegen das Urteil/den Gerichts-
> bescheid* des VG ... vom ... mit Schriftsatz vom ... [mit Einwilligung
> des Beklagten/VÖI**] zurückgenommen. Das Berufungsverfahren ist
> daher in entspr. Anwendung des § 92 III 1 iVm § 125 I 1 VwGO
> einzustellen. Die Kostenentscheidung folgt aus § 155 II VwGO, die
> Festsetzung des Streitwertes beruht auf § 47 I iVm § 52 ... GKG.***

*Sofern darin die Berufung zugelassen wurde (§ 84 II Nr. 1).
**Bei Rücknahme der Berufung nach Stellung der Anträge in der mündlichen Ver-
handlung (§ 126 I 2).
***Festsetzung erforderlich, da sich die Gerichtsgebühren nach Rücknahme auch in
höheren Rechtszügen nur ermäßigen, vgl. KV-GKG Nr. 5111, 5113, 5115, 5123 f.,
5132, 5211, 5221, 5231, 5241. Ggf. Änderung der VG-Festsetzung → Rn. 51.

B 3.2 Klagerücknahme im Berufungsverfahren

56   I. Das Verfahren wird eingestellt.
II. Das Urteil/Der Gerichtsbescheid des VG … vom … ist wirkungslos.
III. Der Kläger trägt die Kosten des Verfahrens in beiden Rechtszügen.★★
IV. Der Wert des Streitgegenstandes wird für das Berufungsverfahren★★
auf … € festgesetzt.
Gründe: Der Kläger hat seine Klage mit Schriftsatz vom … zurückgenommen. [Der Beklagte/VöI hat/haben in die Klagerücknahme eingewilligt.★★★] Das Verfahren ist daher nach § 92 III 1 iVm § 125 I 1
VwGO einzustellen. Das Urteil des VG ist entspr. § 173 S. 1 VwGO
iVm § 269 III 1 Hs. 2 ZPO wirkungslos. Die Kostenentscheidung
beruht auf § 155 II VwGO, die Streitwertfestsetzung auf § 47 I iVm
§ 52 … GKG.★★★★

★Ggf. Kosten von Beigeladenen → Rn. 12 ff.
★★Ggf. Änderung der VG-Festsetzung nach § 63 III 1 Nr. 2 GKG. Keine Vollstreck-
barkeitserklärung, da sofortige Rechtskraft.
★★★Zustimmung erforderlich, nachdem die Anträge in der mündlichen Verhandlung
gestellt worden sind.
★★★★Festsetzung erforderlich → Rn. 55★★★.

B 3.3 Hauptsachenerledigung

57   I. Das für in der Hauptsache erledigt erklärte Verfahren wird eingestellt.
II. Das Urteil des VG … vom … ist wirkungslos.
III. Wie → Rn. 36 II./III.
Gründe: wie → Rn. 36. Einstellung entspr. § 92 III 1 iVm § 125 I 1.
Die Vorentscheidung ist gemäß § 173 S. 1 iVm § 269 III 1 Hs. 2 ZPO
wirkungslos.

B 3.4 Erledigung (nur) des Berufungsverfahrens

58   I. Das durch übereinstimmende Erklärungen erledigte Berufungsver-
fahren wird eingestellt.
II. Die Kosten des Berufungsverfahrens trägt … ★★
III. Der Wert des Streitgegenstandes wird für das Berufungsverfahren
auf … € festgesetzt.★★★
Gründe: wie → Rn. 36.

*Einstellung entspr. § 92 III 1 iVm § 125 I 1.
**Kosten nach § 161 II, von Beigeladenen → Rn. 12 ff. Keine Vollstreckbarkeitserklärung, da sofortige Rechtskraft.
Festsetzung erforderlich → Rn. 55, ggf. unter Änderung nach § 63 III 1 Nr. 2 GKG (→ Rn. 51).

C. Revisions- und Beschwerdeverfahren (BVerwG)

C 1 Nichtzulassungsbeschwerde

C 1.1 Beschwerdeantrag

Beschwerde gegen die Nichtzulassung der Revision in dem Urteil/ 59
Beschluss des OVG/Verwaltungsgerichtshof ... vom ... mit dem Antrag, die Entscheidung des OVG/VGH über die Nichtzulassung der Revision in diesem Urteil/Beschluss aufzuheben und die Revision zuzulassen.

C 1.2 Zurückweisung/Verwerfung der Beschwerde

Die Beschwerde des ... gegen die Nichtzulassung der Revision in dem 60
Urteil/Beschluss des OVG/VGH ... vom ... wird zurückgewiesen/
verworfen. Der (Beschwerdeführer) trägt die Kosten des Beschwerdeverfahrens. Der Wert des Streitgegenstandes wird für das Beschwerdeverfahren auf ... € festgesetzt.*

*Streitwertfestsetzung nach § 47 I 1 und III iVm § 52 ... GKG.

C 1.3 Zulassung der Revision auf Beschwerde

Die Entscheidung des (OVG/VGH) über die Nichtzulassung der Revi- 61
sion in seinem Urteil/seinen Beschluss vom ... wird aufgehoben. Die
Revision wird zugelassen. Die Entscheidung über die Kosten des Beschwerdeverfahrens folgt der Kostenentscheidung in der Hauptsache.
Der Wert des Streitgegenstandes wird für das Revisionsverfahren vorläufig auf ... € festgesetzt.*

*Zur vorläufigen Streitwertfestsetzung → Rn. 49.

C 1.4 Zurückverweisung an die Vorinstanz durch Beschluss nach § 133 VI

62 Auf die Beschwerde des (Klägers) wird das Urteil des OVG/VGH vom ... aufgehoben, soweit das (Gericht) die Klage abgewiesen hat. In diesem Umfang wird die Sache zur anderweitigen Verhandlung und Entscheidung an das (Gericht) zurückverwiesen. Soweit der Rechtsstreit zurückverwiesen worden ist, bleibt die Kostenentscheidung der Schlussentscheidung vorbehalten; im Übrigen folgt die Entscheidung über die Kosten des Beschwerdeverfahrens der Kostenentscheidung in der Hauptsache. Streitwertfestsetzung → Rn. 60.

C 1.5 Einstellung des Beschwerdeverfahrens nach Rücknahme der Beschwerde

63 Das Beschwerdeverfahren wird eingestellt. Der (Beschwerdeführer) trägt die Kosten des Beschwerdeverfahrens. Der Wert des Streitgegenstandes wird für das Beschwerdeverfahren auf ... € festgesetzt.
Gründe: Der ... hat seine Beschwerde gegen die Nichtzulassung der Revision in dem Urteil/Beschluss des (Gerichts) vom ... mit Schriftsatz vom ... zurückgenommen. Das Beschwerdeverfahren ist deshalb in entspr. Anwendung von § 92 II 1 iVm § 141 S. 1, § 125 I 1 VwGO einzustellen. Die Kostenentscheidung beruht auf § 155 II VwGO, die Festsetzung des Streitwertes auf § 47 I 1, III iVm § 52 ... GKG.

C 1.6 Hauptsachenerledigung im Beschwerdeverfahren

64 Wie → Rn. 36. Einstellung entspr. § 92 III 1 iVm § 141 S. 1, § 125 I 1. Die Vorentscheidungen sind entspr. § 173 S. 1 iVm § 269 III 1 Hs. 2 ZPO wirkungslos.

C 2 Revision
C 2.1 Verwerfung der Revision (Beschluss)

65 Die Revision des (Revisionsführers) gegen das Urteil/den Beschluss des (...gerichts) vom ... wird verworfen. Der (Revisionsführer) trägt die Kosten des Revisionsverfahrens. Streitwertfestsetzung → Rn. 51.

C 2.2 Zurückweisung der Revision (Urteil)

> Die Revision des (Revisionsführers) gegen das Urteil/den Beschluss des **66**
> OVG/VGH vom … wird zurückgewiesen.* Der (Revisionsführer)
> trägt die Kosten des Revisionsverfahrens.**

*Zurückweisung unter Umwandlung eines Prozessurteils in ein Sachurteil lautet: „…
wird mit der Maßgabe zurückgewiesen, dass die Klage als unbegründet abgewiesen wird".
**Kosten nach § 154 II; § 162 III → Rn. 12 ff.
Beschluss: Streitwertfestsetzung → Rn. 51.

C 2.3 Änderung der Berufungsentscheidung und Zurückweisung der Berufung

> Das Urteil/Der Beschluss des OVG/VGH vom … wird geändert. Die **67**
> Berufung des (Berufungsführers) gegen das Urteil des (VG) vom …
> wird zurückgewiesen. Der (Berufungsführer) trägt die Kosten des Beru-
> fungs- und des Revisionsverfahrens. (IÜ vgl. → Rn. 66).

C 2.4 Änderung der Vorentscheidung(en) und Klageabweisung

> Das Urteil/Der Beschluss des OVG/VGH vom … wird* [und das **68**
> Urteil des VG vom … werden] geändert. Die Klage wird abgewiesen.
> Der Kläger trägt die Kosten des Verfahrens.**

*Es heißt „wird", wenn die Vorinstanz im ersten Rechtszug entschieden hat.
**Keine weiteren Nebenentscheidungen, da die Klageabweisung sofort rechtskräftig.
Streitwert wie → Rn. 51.

C 2.5 Änderung der Vorentscheidung(en) und Urteil gemäß Klageantrag

> Das Urteil des (VG …)/Der Beschluss des OVG/VGH … vom … **69**
> wird* [und das Urteil des OVG/VGH … werden] aufgehoben. Der
> Bescheid des … vom … und der Widerspruchsbescheid des … vom …
> werden aufgehoben.** Der Beklagte wird unter Aufhebung seines
> Bescheides vom … verpflichtet, … *** Der Beklagte trägt die Kosten
> des Verfahrens [in allen Rechtszügen]. Streitwert wie → Rn. 66.

*Sofern die Vorinstanz im ersten Rechtszug entschieden hat.
**Bei Anfechtungsklage.
***Bei Verpflichtungsklage.

C 2.6 Teilweise Änderung der Berufungsentscheidung und Wiederherstellung der klageabweisenden erstinstanzlichen Entscheidung

70　　Das Urteil/Der Beschluss des OVG/VGH ... vom... wird insoweit geändert, als es/er der Berufung des Klägers gegen das Urteil des VG ... vom ... stattgegeben hat. Die Berufung des Klägers wird in vollem Umfang zurückgewiesen. Der Kläger* trägt die Kosten des Berufungs- und des Revisionsverfahrens.** (IU → Rn. 66).

*Die tatsächliche Kostenverteilung hängt vom erstinstanzlichen Ausgang ab (hier unterstellt volles Unterliegen).
**Es bleibt bei der Kostenentscheidung des VG; neu zu verteilen sind die Kosten für die höheren Rechtszüge.
Beschluss: Streitwertfestsetzung → Rn. 51.

C 2.7 Zurückverweisung an die Vorinstanz

71　　Das Urteil/der Beschluss des ... vom ... wird aufgehoben.* Die Sache wird zur anderweitigen Verhandlung und Entscheidung an [einen anderen Senat des**] Oberverwaltungsgerichts ... zurückverwiesen. Die Entscheidung über die Kosten bleibt der Schlussentscheidung vorbehalten.

*Bei Zurückverweisung heißt es Aufhebung, nicht Änderung (vgl. § 130 II).
**Nur, sofern von der Befugnis zur Zurückverweisung an einen anderen Spruchkörper Gebrauch gemacht wird.

C 2.8 Zurücknahme der Revision

72　　Das Revisionsverfahren (und das Anschlussrevisionsverfahren*) wird/ werden eingestellt. Der (Revisionsführer) trägt die Kosten des Revisionsverfahrens. Der Wert des Streitgegenstandes wird für das Revisionsverfahren auf ...€ festgesetzt.
Gründe: Der ... hat seine Revision gegen das Urteil/den Beschluss des ... vom ... mit Schriftsatz vom ... [mit Einwilligung des (Revisionsbeklagten)/VBl**] zurückgenommen. Das Revisionsverfahren ist daher in entspr. Anwendung des § 92 III 1 iVm § 141 S. 1, § 125 Abs. 1 S. 1

VwGO einzustellen. Die Kostenentscheidung beruht auf § 155 II VwGO, die Festsetzung des Wertes des Streitgegenstandes auf § 47 I 1 iVm § 52 ... GKG.***

*Erledigung kraft Gesetzes, § 127 V → § 142 Rn. 8.
**Bei Zurücknahme der Revision nach Stellung der Anträge in der mündlichen Verhandlung (§ 140 I 2), auch des VBl → § 35 Rn. 4.
***Ggf. Streitwertänderung wie → Rn. 51.

C 2.9 Zurücknahme der Klage/Berufung im Revisionsverfahren

Das Verfahren wird eingestellt. Das Urteil/Die Urteile des (OVG/ VGH) vom ... ist/und des (VG) vom .... sind wirkungslos. Der Kläger trägt die Kosten des Verfahrens in allen Rechtszügen/im Berufungs- und Revisionsverfahren.** Streitwertfestsetzung → Rn. 51.
Gründe: Der Kläger hat die Klage/Berufung mit Schriftsatz vom ... zurückgenommen. [Der Beklagte/VBl hat/haben der Rücknahme zugestimmt.] Dadurch ist das Revisionsverfahren/die Nichtzulassungsbeschwerde des (Beklagten/Beigeladenen) gegenstandslos geworden. Deshalb ist das Verfahren in entspr. Anwendung des § 92 III 1 iVm § 141 S. 1, § 125 I 1 VwGO einzustellen. Die Entscheidungen der Vorinstanzen sind gemäß § 173 S. 1 VwGO iVm § 269 III 1 ZPO wirkungslos. Die Kostenentscheidung folgt aus § 155 II [iVm § 162 III] VwGO, die Streitwertfestsetzung beruht auf § 47 I iVm § 52 ... GKG.

73

*Zustimmung erforderlich wie Rn. 72.
**Bei Zurücknahme nur der Berufung; ggf. Kosten von Beigeladenen → Rn. 12 ff.

Stichwortverzeichnis

Die **fettgedruckten** Zahlen bezeichnen die Paragrafen, die mageren Zahlen die Randnummern.

Stichwortverzeichnis

Stichwortverzeichnis

Stichwortverzeichnis

Stichwortverzeichnis

Stichwortverzeichnis

Stichwortverzeichnis

Stichwortverzeichnis

Stichwortverzeichnis

Stichwortverzeichnis

Stichwortverzeichnis

Stichwortverzeichnis

Stichwortverzeichnis

Stichwortverzeichnis

Stichwortverzeichnis

Stichwortverzeichnis

Stichwortverzeichnis

Stichwortverzeichnis

Stichwortverzeichnis

Stichwortverzeichnis

Stichwortverzeichnis

Stichwortverzeichnis

Stichwortverzeichnis

Stichwortverzeichnis

Stichwortverzeichnis

Stichwortverzeichnis

Stichwortverzeichnis

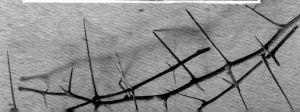